Tratado
de
Radiologia

VOLUME 2

Pulmões, coração e vasos
Gastrointestinal
Uroginecologia

Tratado de Radiologia

EDITORES

Giovanni Guido Cerri
Claudia da Costa Leite
Manoel de Souza Rocha

EDITORES ASSOCIADOS

Carlos Shimizu
Cesar Higa Nomura
Eloisa Santiago Gebrim
Flávio Spinola Castro
Leandro Tavares Lucato
Lisa Suzuki
Marcelo Bordalo Rodrigues
Maria Cristina Chammas
Nestor de Barros
Públio Cesar Cavalcante Viana
Regina Lúcia Elia Gomes
Ricardo Guerrini
Sergio Kobayashi

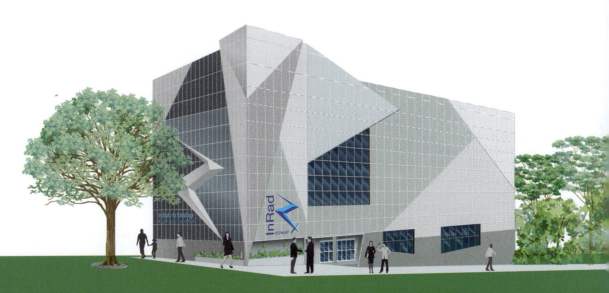

© Editora Manole Ltda., 2017, por meio de contrato com os Editores.

"A edição desta obra foi financiada com recursos da Editora Manole Ltda., um projeto de iniciativa da Fundação Faculdade de Medicina em conjunto e com a anuência da Faculdade de Medicina da Universidade de São Paulo – FMUSP."

Logotipos   © Hospital das Clínicas – FMUSP
               © Faculdade de Medicina da Universidade de São Paulo
               © Instituto de Radiologia – HCFMUSP

Editor gestor: Walter Luiz Coutinho
Editoras: Eliane Usui e Juliana Waku
Produção editorial: Juliana Waku e Patrícia Alves Santana
Produção gráfica: Anna Yue

Capa: Daniel Justi
Imagem da capa: Sirio José Braz Cançado
Projeto gráfico: Anna Yue
Ilustrações: Sirio José Braz Cançado, HiDesign Estúdio e Alexandre Bueno
Editoração eletrônica: Luargraf Serviços Gráficos e HiDesign Estúdio

Dados Internacionais de Catalogação na Publicação (CIP)
(Câmara Brasileira do Livro, SP, Brasil)

Tratado de radiologia : InRad HCFMUSP, volume 2 : pulmões, coração e vasos : gastrointestinal : uroginecologia / editores Giovanni Guido Cerri, Claudia da Costa Leite, Manoel de Souza Rocha. -- Barueri, SP : Manole, 2017.

Vários autores.
Vários coordenadores.
Bibliografia.
ISBN: 978-85-204-5144-1 (obra completa)
ISBN: 978-85-204-5384-1

1. Coração 2. Gastroenterologia 3. Pulmões 4. Radiografia médica 5. Radiologia médica 6. Uroginecologia I. Cerri, Giovanni Guido. II. Leite, Claudia da Costa. III. Rocha, Manoel de Souza.

	CDD-616.07572
17-02319	NLM-WN 100

Índice para catálogo sistemático:
1. Radiografia médica : Radiologia : Medicina   616.07572

Todos os direitos reservados.
Nenhuma parte deste livro poderá ser reproduzida, por qualquer processo, sem a permissão expressa dos editores.
É proibida a reprodução por xerox.

A Editora Manole é filiada à ABDR – Associação Brasileira de Direitos Reprográficos.

Edição brasileira – 2017

Editora Manole Ltda.
Av. Ceci, 672 – Tamboré
06460-120 – Barueri – SP – Brasil
Tel.: (11) 4196-6000
www.manole.com.br | info@manole.com.br

Impresso no Brasil | *Printed in Brazil*

Editores

Giovanni Guido Cerri

Médico Radiologista. Professor Titular da Disciplina de Radiologia da Faculdade de Medicina da Universidade de São Paulo (FMUSP).

Claudia da Costa Leite

Livre-docente pelo Departamento de Radiologia e Oncologia da Faculdade de Medicina da Universidade de São Paulo (FMUSP). Professora Associada do Departamento de Radiologia e Oncologia da FMUSP. Coordenadora do Ensino e Pesquisa do Instituto de Radiologia (InRad) do Hospital das Clínicas da FMUSP.

Manoel de Souza Rocha

Professor Associado do Departamento de Radiologia e Oncologia da Faculdade de Medicina da Universidade de São Paulo (FMUSP).

A Medicina é uma área do conhecimento em constante evolução. Os protocolos de segurança devem ser seguidos, porém novas pesquisas e testes clínicos podem merecer análises e revisões. Alterações em tratamentos medicamentosos ou decorrentes de procedimentos tornam-se necessárias e adequadas. Os leitores são aconselhados a conferir as informações sobre produtos fornecidas pelo fabricante de cada medicamento a ser administrado, verificando a dose recomendada, o modo e a duração da administração, bem como as contraindicações e os efeitos adversos. É responsabilidade do médico, com base na sua experiência e no conhecimento do paciente, determinar as dosagens e o melhor tratamento aplicável a cada situação. Os autores e os editores eximem-se da responsabilidade por quaisquer erros ou omissões ou por quaisquer consequências decorrentes da aplicação das informações presentes nesta obra.

Foram feitos todos os esforços para se conseguir a cessão dos direitos autorais das imagens aqui reproduzidas e a citação de suas fontes. Caso algum autor sinta-se prejudicado, favor entrar em contato com a editora.

Os dados sobre os colaboradores do livro foram fornecidos por eles, mas a adequação das informações às normas institucionais da Faculdade de Medicina da Universidade de São Paulo e do Hospital das Clínicas da Faculdade de Medicina da Universidade de São Paulo foi feita pela Editora Manole e pelos Editores da obra.

Editores Associados

Carlos Shimizu
Médico Radiologista do Instituto de Radiologia (InRad) do Hospital das Clínicas da Faculdade de Medicina da Universidade de São Paulo (HCFMUSP), do Instituto do Câncer do Estado de São Paulo (ICESP) e do Grupo Fleury.

Cesar Higa Nomura
Coordenador Médico de Imagem Cardiovascular do Hospital das Clínicas da Faculdade de Medicina da Universidade de São Paulo (HCFMUSP). Radiologista do Hospital Israelita Albert Einstein. Diretor do Departamento de Radiologia do Instituto do Coração (InCor) do HCFMUSP.

Eloisa Santiago Gebrim
Médica Doutora em Radiologia pela Faculdade de Medicina da Universidade de São Paulo (FMUSP). Coordenadora do Grupo de Diagnóstico por Imagem em Cabeça e Pescoço e Diretora do Serviço de Tomografia Computadorizada do Instituto de Radiologia (InRad) do Hospital das Clínicas da FMUSP. Coordenadora do Grupo de Diagnóstico por Imagem em Cabeça e Pescoço do Hospital Sírio-Libanês.

Flávio Spinola Castro
Doutor em Ciências pela Faculdade de Medicina da Universidade de São Paulo (FMUSP). Médico Assistente do Centro Especializado em Diagnóstico por Imagem (CEDIM) do Instituto de Radiologia (InRad) do Hospital das Clínicas da FMUSP. Médico do Laboratório Alta Excelência Diagnóstica de São Paulo. Médico do Hospital Pérola Byington de São Paulo e dos Hospitais Santa Cruz e Cruz Azul de São Paulo. Membro Titular do Colégio Brasileiro de Radiologia e Diagnóstico por Imagem (CBR).

Leandro Tavares Lucato
Livre-docente pelo Departamento de Radiologia e Oncologia da Faculdade de Medicina da Universidade de São Paulo (FMUSP). Coordenador do Grupo de Neurorradiologia Diagnóstica e Chefe do Setor de Ressonância Magnética do Instituto de Radiologia (InRad) do Hospital das Clínicas da FMUSP (HCFMUSP). Coordenador da Neurorradiologia do Centro de Diagnósticos Brasil (CDB).

Lisa Suzuki
Doutora em Radiologia pela Faculdade de Medicina da Universidade de São Paulo (FMUSP). Coordenadora da Radiologia do Instituto da Criança (ICr) do Hospital das Clínicas da FMUSP (HCFMUSP).

Marcelo Bordalo Rodrigues
Médico Coordenador do Serviço de Radiologia do Instituto de Ortopedia e Traumatologia (IOT) do Hospital das Clínicas da Faculdade de Medicina da Universidade de São Paulo (HCFMUSP). Médico Responsável pela Radiologia Musculoesquelética do Instituto de Radiologia (InRad) do HCFMUSP.

Maria Cristina Chammas
Médica pela Faculdade de Medicina da Santa Casa de São Paulo. Radiologista pela Faculdade de Medicina da Universidade de São Paulo (FMUSP). Titular em Radiologia e Doppler pelo Colégio Brasileiro de Radiologia e Diagnóstico por Imagem (CBR). Diretora do Setor de Ultrassonografia do Instituto de Radiologia (InRad) do Hospital das Clínicas da FMUSP. Coordenadora da Ultrassonografia do DASA.

Nestor de Barros
Professor Associado do Departamento de Radiologia e Oncologia da Faculdade de Medicina da Universidade de São Paulo (FMUSP).

Públio Cesar Cavalcante Viana
Coordenador Médico da Divisão de Radiologia Geniturinária do Instituto de Radiologia (InRad) da Faculdade de Medicina da Universidade de São Paulo (FMUSP).

Regina Lúcia Elia Gomes

Doutora em Radiologia pela Faculdade de Medicina da Universidade de São Paulo (FMUSP). Médica Supervisora da Residência Médica do Departamento de Radiologia e Diagnóstico por Imagem da FMUSP. Médica Vice-coordenadora da Residência Médica do Departamento de Imagem do Hospital Israelita Albert Einstein (HIAE). Médica Radiologista do Grupo de Cabeça e Pescoço do Instituto de Radiologia (InRad) do Hospital das Clínicas da FMUSP (HCFMUSP) e do Departamento de Imagem do HIAE. Professora da Graduação em Medicina da Faculdade Israelita de Ciências da Saúde Albert Einstein.

Ricardo Guerrini

Graduado pela Pontifícia Universidade Católica de Campinas. Especialista em Radiografia e Tomografia Computadorizada. Research *Fellow* pela Harvard University. Médico Assistente do Instituto de Radiologia (InRad) do Hospital das Clínicas da Faculdade de Medicina da Universidade de São Paulo (HCFMUSP).

Sergio Kobayashi

Especialista em Medicina Fetal pela FEBRASGO. Mestre em Obstetrícia pela Universidade Federal de São Paulo (Unifesp). Doutor em Radiologia pela Faculdade de Medicina da Universidade de São Paulo (FMUSP). Médico Assistente do Instituto de Radiologia (InRad) do Hospital das Clínicas da FMUSP (HCFMUSP). Médico Chefe de Equipe do Pronto-Socorro de Ginecologia e Obstetrícia do Hospital São Paulo da Escola Paulista de Medicina da Unifesp. Coordenador do Setor de Medicina Fetal do Hospital Sírio-Libanês. Coordenador do Grupo de Estudos de Ultrassonografia (GEUS) da Sociedade Paulista de Radiologia (SPR). Membro da Comissão de Ultrassonografia em Ginecologia e Obstetrícia da FEBRASGO. Membro da Comissão de Ultrassonografia do Colégio Brasileiro de Radiologia e Diagnóstico por Imagem (CBR). Membro da Comissão Científica do CBR. Professor Visitante da Facultad de Ciencias Médicas da Universidad Nacional de Caaguazú, Sede Coronel Oviedo, Paraguay.

Autores

Abner Donato Dorazio Souza
Médico Radiologista com especialização em Radiologia Pediátrica pelo Instituto da Criança (ICr) do Hospital das Clínicas da Faculdade de Medicina da Universidade de São Paulo (HCFMUSP). Radiologista do Hospital Infantil Sabará.

Alessandra Araújo de Castro
Graduada em Medicina pela Universidade Federal do Maranhão. Residência em Radiologia pelo A. C. Camargo Cancer Center. Pós-graduada em Radiologia Pediátrica pelo Instituto da Criança (ICr) do Hospital das Clínicas da Faculdade de Medicina da Universidade de São Paulo (FMUSP). Membro Titular do Colégio Brasileiro de Radiologia e Diagnóstico por Imagem (CBR).

Alexandre Fligelman Kanas
Graduado em Medicina pela Faculdade de Medicina da Universidade de São Paulo (FMUSP). Médico-residente de Radiologia e Diagnóstico por Imagem do Instituto de Radiologia (InRad) do Hospital das Clínicas da FMUSP (HCFMUSP).

Alexandre Maurano
Especialista em Radiologia e Diagnóstico por Imagem pelo Colégio Brasileiro de Radiologia e Diagnóstico por Imagem (CBR) e pelo Instituto de Radiologia (InRad) do Hospital das Clínicas da Faculdade de Medicina da Universidade de São Paulo (HCFMUSP). Médico Assistente do Serviço de Ultrassonografia e do Centro de Intervenção Guiada por Imagem do Hospital Israelita Albert Einstein (HIAE).

Ana Graziela Santana Antón
Médica Radiologista Especialista em Radiologia Pediátrica. Membro Titular do Colégio Brasileiro de Radiologia e Diagnóstico por Imagem (CBR). Pós-graduada em Radiologia de Cabeça e Pescoço pelo Hospital Israelita Albert Einstein (HIAE). Complementação Especializada em Radiologia Pediátrica pela Faculdade de Medicina da Universidade de São Paulo (FMUSP).

André Scatigno Neto
Doutor em Radiologia pela Faculdade de Medicina da Universidade de São Paulo (FMUSP). Médico Assistente da Hospital das Clínicas da FMUSP (HCFMUSP).

Andrea Cavalanti Gomes
Graduada pela Faculdade de Medicina da Universidade de São Paulo (FMUSP). Residência Médica em Radiologia e Diagnóstico por Imagem pelo Instituto de Radiologia (InRad) do Hospital das Clínicas da FMUSP (HCFMUSP). Médica Assistente do setor de Ultrassonografia do InRad-HCFMUSP.

Andrea de Souza Aranha
Médica Radiologista do Instituto do Câncer do Estado de São Paulo (ICESP) do Hospital das Clínicas da Faculdade de Medicina da Universidade de São Paulo (HCFMUSP).

Andrea Langone Ferme
Mestre em Radiologia pelo Departamento de Diagnóstico por Imagem (DDI) da Escola Paulista de Medicina (EPM) da Universidade Federal de São Paulo (Unifesp). Médica Radiologista do Hospital Infantil Sabará e do Laboratório Fleury.

Angela Hissae Motoyama Caiado
Residência Médica em Radiologia e Diagnóstico por Imagem e especialização em Radiologia Abdominal pelo Instituto de Radiologia (InRad) do Hospital das Clínicas da Faculdade de Medicina da Universidade de São Paulo (HCFMUSP). Médica Assistente do InRad-HCFMUSP e do Fleury Medicina e Saúde.

Antonio Fernando Lins de Paiva
Graduado em Medicina pela Faculdade de Ciências Médicas de Santos. Residência em Radiologia pelo Hospital das Clínicas da Faculdade de Medicina da Universidade de São Paulo (HCFMUSP). Pós-graduado em Radiologia Torácica e Cardíaca pelo HCFMUSP. Médico Preceptor do Instituto do Coração (InCor) do HCFMUSP. Médico Assistente do Instituto do Câncer do Estado de São Paulo (ICESP) do HCFMUSP. Médico Radiologista do Hospital Israelita Albert Einstein (HIAE).

Antonio Sergio Zafred Marcelino

Doutor em Ciências da Saúde pela Faculdade de Medicina da Universidade de São Paulo (FMUSP). Especialista em Radiologia e Diagnóstico por Imagem pelo Colégio Brasileiro de Radiologia e Diagnóstico por Imagem (CBR) e pelo Instituto de Radiologia (InRad) do Hospital das Clínicas da FMUSP (HCFMUSP). Médico Assistente do Serviço de Ultrassonografia do Hospital Sírio-Libanês.

Bety Spilberg Karpovas Chisman

Graduada em Medicina pela Faculdade de Medicina da Universidade de São Paulo (FMUSP). Residência em Diagnóstico por Imagem pelo Instituto de Radiologia (InRad) do Hospital das Clínicas da FMUSP (HCFMUSP). Especialista em Radiologia Pediátrica pelo Serviço de Diagnóstico por Imagem do Instituto da Criança (ICr) do HCFMUSP.

Bruno Aragão Rocha

Radiologista do Hospital Sírio-Libanês e do Instituto de Radiologia (InRad) do Hospital das Clínicas da Faculdade de Medicina da Universidade de São Paulo (HCFMUSP).

Camila Ferraz de Andrade Corona

Médica-residente de Radiologia e Diagnóstico por Imagem do Instituto de Radiologia (InRad) do Hospital das Clínicas da Faculdade de Medicina da Universidade de São Paulo-(HCFMUSP).

Carla Fingerhut

Médica Radiologista e Residente do Grupo de Radiologia Abdominal do Instituto de Radiologia (InRad) do Hospital das Clínicas da Faculdade de Medicina da Universidade de São Paulo (HCFMUSP).

Carla Rachel Ono

Doutora em Ciências da Saúde pela Faculdade de Medicina da Universidade de São Paulo (FMUSP). Médica Assistente dos Serviços de Medicina Nuclear do Centro de Medicina Nuclear do Instituto de Radiologia (InRad) do Hospital das Clínicas da FMUSP (HCFMUSP) e do Instituto do Câncer do Estado de São Paulo (ICESP) do HCFMUSP. Professora Colaboradora da FMUSP.

Carlos Alberto Buchpiguel

Professor Titular do Departamento de Radiologia e Oncologia da Faculdade de Medicina da Universidade de São Paulo (FMUSP). Médico Assistente dos Serviços de Medicina Nuclear do Centro de Medicina Nuclear do Instituto de Radiologia (InRad) do Hospital das Clínicas da FMUSP (HCFMUSP) e do Instituto do Câncer do Estado de São Paulo (ICESP) do HCFMUSP.

Carmen Silvia Cerqueira do Val Fausto

Doutora em Ciências pela Faculdade de Medicina da Universidade de São Paulo (FMUSP). Médica Assistente do Serviço de Ultrassonografia do Instituto de Radiologia (InRad) da do Hospital das Clínicas da FMUSP (HCFMUSP). Membro Titular do Colégio Brasileiro de Radiologia e Diagnóstico por Imagem (CBR).

Cesar Higa Nomura

Coordenador Médico de Imagem Cardiovascular do Hospital das Clínicas da Faculdade de Medicina da Universidade de São Paulo (HCFMUSP). Radiologista do Hospital Israelita Albert Einstein (HIAE). Diretor do Departamento de Radiologia do Instituto do Coração (InCor) do HCFMUSP.

Cinthia Denise Ortega

Médica Assistente do Grupo de Imagem Gastrointestinal do Hospital das Clínicas da Faculdade de Medicina da Universidade de São Paulo (HCFMUSP).

Diego Adrian Pucci de Araújo

Médico Assistente do Grupo de Radiologia Geniturinária do Instituto de Radiologia (InRad) do Hospital das Clínicas da Faculdade de Medicina da Universidade de São Paulo (HCFMUSP). Médico Radiologista do Grupo de Diagnóstico por Imagem em Abdome do Grupo Delboni Auriemo Medicina Diagnóstica (DASA).

Diogo Cunha de Medeiros

Especialista em Cabeça e Pescoço pelo Instituto de Radiologia (InRad) do Hospital das Clínicas da Faculdade de Medicina da Universidade de São Paulo (HCFMUSP). Especialista em Radiologia Oncológica pelo Instituto do Câncer do Estado de São Paulo (ICESP) do HCFMUSP. Membro Titular da Sociedade Brasileira de Radiologia e Diagnóstico por Imagem.

Eduardo Seigo Ikari

Graduado em Medicina pela Faculdade de Medicina de Ribeirão Preto da Universidade de São Paulo (FMRP-USP). Aperfeiçoamento em Radiologia pelo Instituto do Coração (InCor) do Hospital das Clínicas da Faculdade de Medicina da Universidade de São Paulo (HCFMUSP). Título de Especialista em Radiologia e Diagnóstico por Imagem pelo Colégio Brasileiro de Radiologia e Diagnóstico por Imagem (CBR). Especialista em Radiologia Torácica pelo InCor-HCFMUSP. Médico Assistente do Departamento de Radiologia e Diagnóstico por Imagem do InCor-HCFMUSP. Médico Radiologista do Hospital Israelita Albert Einstein (HIAE).

Elaine Yanata

Graduada em Medicina pela Faculdade de Medicina da Universidade de São Paulo (FMUSP). Residência em Radiologia pelo Hospital das Clínicas da FMUSP (HCFMUSP). Pós-graduada em Radiologia Cardiotorácica pelo Instituto de Radiologia (InRad) do HCFMUSP. Médica do Departamento de Radiologia do Instituto do Câncer do Estado de São Paulo (ICESP) do HCFMUSP, do Serviço de Radiologia Torácica e Cardíaca do Hospital Israelita Albert Einstein (HIAE) e do Serviço de Radiologia Torácica do Hospital Sírio-Libanês.

Felipe Carneiro

Médico Radiologista. Membro Titular do Colégio Brasileiro de Radiologia e Diagnóstico por Imagem (CBR). Médico Assistente do Serviço de Radiologia do Hospital das Clínicas da Faculdade de Medicina da Universidade de São Paulo (HCFMUSP).

Felipe Shoiti Urakawa

Médico Assistente do Setor de Radiologia Intervencionista do Instituto de Radiologia (InRad) do Hospital das Clínicas da Faculdade de Medicina da Universidade de São Paulo (HCFMUSP).

Fernando Ide Yamauchi

Médico Assistente do Setor de Radiologia Geniturinária do Instituto de Radiologia (InRad) do Hospital das Clínicas da Faculdade de Medicina da Universidade de São Paulo (HCFMUSP).

Fernando Linhares Pereira

Membro Titular do Colégio Brasileiro de Radiologia e Diagnóstico por Imagem (CBR). Médico Assistente do Serviço de Ultrassonografia do Instituto de Radiologia (InRad) do Hospital das Clínicas da Faculdade de Medicina da Universidade de São Paulo (HCFMUSP).

Francisco Donato Junior

Graduado em Medicina pela Faculdade de Medicina da Universidade de São Paulo (FMUSP). Residência Médica em Diagnóstico por Imagem pelo Instituto de Radiologia (InRad) do Hospital das Clínicas da FMUSP (HCFMUSP). Título de Especialista pelo Colégio Brasileiro de Radiologia e Diagnóstico por Imagem (CBR). *Fellowship* em *Abdominal Image* pela University of Texas Southwestern Medical Center. Radiologista do Instituto do Câncer do Estado de São Paulo (ICESP) do HCFMUSP, do Hospital Sírio-Libanês e do Hospital Alemão Oswaldo Cruz.

Gilberto Carlos Gomes

Médico Radiologista Assistente do Instituto de Radiologia (InRad) do Hospital das Clínicas da Faculdade de Medicina da Universidade de São Paulo (HCFMUSP).

Giovanni Guido Cerri

Médico Radiologista. Professor Titular da Disciplina de Radiologia da Faculdade de Medicina da Universidade de São Paulo (FMUSP).

Gisele Corrêa de Almeida

Médica Assistente do Serviço de Radiologia do Instituto da Criança (ICr) do Hospital das Clínicas da Faculdade de Medicina da Universidade de São Paulo (HCFMUSP).

Gisele Warmbrand

Doutora em Medicina pelo Instituto de Radiologia (InRad) do Hospital das Clínicas da Faculdade de Medicina da Universidade de São Paulo (HCFMUSP). Médica Sênior do Fleury Medicina e Saúde.

Guilherme de Araújo Ramin

Graduado pela Universidade de Ribeirão Preto (Unaerp). Aperfeiçoamento em Radiologia e Diagnóstico por Imagem pelo Hospital e Maternidade Celso Pierro da Pontifícia Universidade Católica de Campinas (PUC-Campinas). Complementação Especializada em Medicina Interna no Instituto de Radiologia (InRad) do Hospital das Clínicas da Faculdade de Medicina da Universidade de São Paulo (HCFMUSP).

Gustavo Borges da Silva Teles

Graduado em Medicina pela Universidade Estadual de Campinas (Unicamp). Residência em Radiologia e Pós-graduação em Radiologia Torácica pelo Hospital das Clínicas da Faculdade de Medicina da Universidade de São Paulo (HCFMUSP). Médico Assistente do Serviço de Radiologia Torácica do HCFMUSP. Médico do Serviço de Radiologia Torácica e Cardíaca do Hospital Israelita Albert Einstein (HIAE).

Hamilton Shoji

Graduado pela Faculdade de Medicina da Universidade de São Paulo (FMUSP). Residência em Radiologia e Diagnóstico por Imagem pelo Instituto de Radiologia (InRad) do Hospital das Clínicas da FMUSP (HCFMUSP). Complementação Especializada em Radiologia Torácica no InRad-HCFMUSP. Médico do Grupo de Radiologia Torácica e Cardíaca do Hospital Israelita Albert Einstein (HIAE).

Heitor Naoki Sado

Mestre e Doutor em Ciências da Saúde pela Universidade Federal do Paraná (UFPR). Médico Assistente dos Serviços de Medicina Nuclear do Centro de Medicina Nuclear do Instituto de Radiologia (InRad) do Hospital das Clínicas da Faculdade de Medicina da Universidade de São Paulo (HCFMUSP) e do Instituto do Câncer do Estado de São Paulo (ICESP) do HCFMUSP. Professor Colaborador da FMUSP.

Hilton Muniz Leão Filho

Especialista em Radiologia e Diagnóstico por Imagem pelo Colégio Brasileiro de Radiologia e Diagnóstico por Imagem (CBR). Médico Assistente da Radiologia Abdominal com Ênfase em Abdome e Imagem Vascular não Cardíaca do Instituto de Radiologia (InRad) do Hospital das Clínicas da Faculdade de Medicina da Universidade de São Paulo (HCFMUSP).

Hye Ju Lee

Graduada pela Faculdade de Medicina da Universidade de São Paulo (FMUSP). Residência em Radiologia e Diagnóstico por Imagem no Instituto de Radiologia (InRad) pelo Hospital das Clínicas da Faculdade de Medicina da Universidade de São Paulo (HCFMUSP). Especialista em Radiologia Cardiotorácica pelo InRad-HCFMUSP. Médica Assistente do Grupo de Radiologia Torácica e Médica do Grupo de Radiologia Torácica do Hospital Sírio-Libanês de São Paulo.

Igor Clausius C. Pimentel

Membro Titular do Colégio Brasileiro de Radiologia e Diagnóstico por Imagem (CBR). Complementação Especializada em Ultrassonografia pelo Instituto de Radiologia (InRad) do Hospital das Clínicas da Faculdade de Medicina da Universidade de São Paulo (HCFMUSP). Médico Radiologista do Hospital São Marcos e Clínica UDI de Teresina.

Iraí Oliveira

Médica Radiologista com ênfase em Imagem do Abdome. Médica Assistente do Departamento de Radiologia e Oncologia da Faculdade de Medicina da Universidade de São Paulo (FMUSP). Especialista em Diagnóstico por Imagem pelo Colégio Brasileiro de Radiologia e Diagnóstico por Imagem (CBR). *Research Fellow* do Massachusetts General Hospital.

José de Arimatéia Batista Araújo Filho
Especialista em Radiologia Torácica e Cardiovascular pela Faculdade de Medicina da Universidade de São Paulo (FMUSP). Doutorando em Radiologia pelo Instituto de Radiologia (InRad) do Hospital das Clínicas da FMUSP (HCFMUSP). Médico Assistente do Instituto do Coração (InCor) do HCFMUSP e do Hospital Sírio-Libanês.

Joseane Paulino da Silveira
Graduado em Medicina pela Universidade Federal do Rio de Janeiro (UFRJ). Residência Médica em Diagnóstico por Imagem pelo Instituto Nacional do Câncer (INCA). Especialista em Radiologia Pediátrica pela Faculdade de Medicina da Universidade de São Paulo (FMUSP). Médica Assistente do Instituto da Criança (ICr) do Hospital das Clínicas da FMUSP (HCFMUSP).

Julia Diva Zavariz
Médica e Radiologista pela Faculdade de Medicina do ABC. Especialista em Ultrassonografia pela Faculdade de Medicina da Universidade de São Paulo (FMUSP). Membro da Comissão de Ultrassonografia do Colégio Brasileiro de Radiologia e Diagnóstico por Imagem (CBR). Assistente de Direção do Setor de Ultrassonografia do Instituto de Radiologia (InRad) do Hospital das Clínicas da FMUSP (HCFMUSP). Coordenadora local do Centro de Ensino e Pesquisa em Ultrassonografia do Grupo Delboni Auriemo Medicina Diagnóstica em São Paulo (DASA).

Keityane Rodrigues
Membro Titular do Colégio Brasileiro de Radiologia e Diagnóstico por Imagem (CBR). Médica Radiologista com Especialização em Radiologia Pediátrica no Instituto da Criança (ICr) do Hospital das Clínicas da Faculdade de Medicina da Universidade de São Paulo (HCFMUSP).

Leticia Martins Azeredo
Doutora em Radiologia pela Faculdade de Medicina da Universidade de São Paulo (FMUSP). Membro da Comissão Nacional de Ultrassonografia e Membro Titular do Colégio Brasileiro de Radiologia e Diagnóstico por Imagem (CBR). Diretora do Instituto Mineiro de Ultrassonografia de Belo Horizonte (IMEDE – Centro de Imagem). Coordenadora da Especialização em Radiologia e Ultrassonografia Geral do Hospital Mater Dei de Belo Horizonte.

Lisa Suzuki
Doutora em Radiologia pela Faculdade de Medicina da Universidade de São Paulo (FMUSP). Coordenadora da Radiologia do Instituto da Criança (ICr) do Hospital das Clínicas da FMUSP (HCFMUSP).

Luciana Dias Rodrigues Francisco
Doutora em Ciências da Saúde pela Faculdade de Medicina da Universidade de São Paulo (FMUSP). Membro Titular e Especialista em Ultrassonografia pelo Colégio Brasileiro de Radiologia e Diagnóstico por Imagem (CBR).

Luiz Antonio Nunes de Oliveira
Especialista em Diagnóstico por Imagem pelo MEC e pelo Colégio Brasileiro de Radiologia e Diagnóstico por Imagem (CBR). Médico Assistente do Instituto da Criança (ICr) do Hospital das Clínicas da Faculdade de Medicina da Universidade de São Paulo (HCFMUSP). Coordenador do Suporte em Eventos Adversos em Diagnóstico por Imagem da Sociedade Paulista de Radiologia (SEADI-SPR).

Maíra Moraes Bezerra
Médica-residente do Instituto do Câncer do Estado de São Paulo (ICESP) do Hospital das Clínicas da Faculdade de Medicina da Universidade de São Paulo (HCFMUSP). Membro Titular do Colégio Brasileiro de Radiologia e Diagnóstico por Imagem (CBR).

Manoel de Souza Rocha
Professor Associado do Departamento de Radiologia e Oncologia da Faculdade de Medicina da Universidade de São Paulo (FMUSP).

Marcela Larizzati Zacharias
Graduada em Medicina pela Faculdade de Medicina da Universidade de São Paulo (FMUSP). Residência em Radiologia pelo Hospital das Clínicas da FMUSP (HCFMUSP). Pós-graduada em Radiologia Pediátrica pelo Instituto da Criança (ICr) do HCFMUSP.

Marcello Silveira Rovella
Graduado em Medicina pela Universidade Estadual de Campinas (Unicamp). Residência Médica em Radiologia e Diagnóstico por Imagem pela Unicamp. Especialização em Radiologia Intervencionista Oncológica no Instituto do Câncer do Estado de São Paulo (ICESP) do Hospital das Clínicas da Faculdade de Medicina da Universidade de São Paulo (HCFMUSP). Médico Assistente em Radiologia Intervencionista no ICESP-HCFMUSP. Médico Assistente em Radiologia Intervencionista no Hospital Sírio-Libanês.

Marcelo Assis Rocha
Especialista em Radiologia e Diagnóstico por Imagem pelo Colégio Brasileiro de Radiologia e Diagnóstico por Imagem (CBR). Especialista em Radiologia Abdominal pelo Instituto de Radiologia (InRad) do Hospital das Clínicas da Faculdade de Medicina da Universidade de São Paulo (HCFMUSP). Cursando Radiologia Cardiovascular no Instituto do Coração (InCor) do HCFMUSP.

Marcelo Buarque de Gusmão Funari
Graduado em Medicina pela Faculdade de Medicina da Universidade de São Paulo (FMUSP). Residência em Radiologia pelo Hospital das Clínicas da Faculdade de Medicina da Universidade de São Paulo (HCFMUSP). *Fellow* do Serviço de Ressonância Magnética Cardiotorácica na Universidade da Califórnia. Doutor em Radiologia pela FMUSP. Chefe do Departamento de Imagem do Hospital Israelita Albert Einstein (HIAE).

Marcelo Straus Takahashi

Médico Assistente do Serviço de Ultrassonografia do Departamento de Imagem do Hospital Israelita Albert Einstein (HIAE). Especialista em Radiologia e Diagnóstico por Imagem pelo Colégio Brasileiro de Radiologia e Diagnóstico por Imagem (CBR) e pelo Instituto de Radiologia (InRad) do Hospital das Clínicas da Faculdade de Medicina da Universidade de São Paulo (HCFMUSP).

Marcelo Tatit Sapienza

Professor Associado do Departamento de Radiologia e Oncologia da Faculdade de Medicina da Universidade de São Paulo (FMUSP). Médico Assistente dos Serviços de Medicina Nuclear do Centro de Medicina Nuclear do Instituto de Radiologia (InRad) do Hospital das Clínicas da FMUSP (HCFMUSP) e do Instituto do Câncer do Estado de São Paulo (ICESP) do HCFMUSP.

Marcia Wang Matsuoka

Doutora em Medicina pelo Instituto de Radiologia (InRad) do Hospital das Clínicas da Faculdade de Medicina da Universidade de São Paulo (HCFMUSP). Médica Assistente do Serviço de Apoio Diagnóstico e Terapêutico do Instituto da Criança (ICr) do HCFMUSP. Médica Ultrassonografista do Fleury Medicina e Saúde.

Marcio Valente Yamada Sawamura

Graduado em Medicina pela Faculdade de Medicina da Universidade de São Paulo (FMUSP). Residência em Radiologia pelo Hospital das Clínicas da FMUSP (HCFMUSP). Pós-graduado em Radiologia Cardiotorácica pelo HCFMUSP. Médico Assistente do Serviço de Radiologia Torácica do HCFMUSP e do Serviço de Radiologia Torácica do Hospital Sírio-Libanês.

Marcos Roberto de Menezes

Diretor do Serviço de Diagnóstico e Intervenção Guiada por Imagem do Instituto do Câncer do Estado de São Paulo (ICESP) do Hospital das Clínicas da Faculdade de Medicina da Universidade de São Paulo (HCFMUSP). Médico Chefe da Radiologia Intervencionista Percutânea do Instituto de Radiologia (InRad) do HCFMUSP. Coordenador do Centro de Intervenção Guiada por Imagem do Hospital Sírio-Libanês.

Marcos Roberto Gomes de Queiroz

Especialista em Radiologia e Diagnóstico por Imagem pelo Colégio Brasileiro de Radiologia e Diagnóstico por Imagem (CBR) e pelo Instituto de Radiologia (InRad) do Hospital das Clínicas da Faculdade de Medicina da Universidade de São Paulo. MBA em Administração em Saúde pelo Instituto de Ensino e Pesquisa (Insper). Coordenador Médico do Centro de Intervenção Guiado por Imagem e do Centro de Diagnóstico por Imagem Ambulatorial do Hospital Israelita Albert Einstein (HIAE).

Maria Cristina Chammas

Doutora em Radiologia pela Faculdade de Medicina da Universidade de São Paulo (FMUSP). Chefe do Departamento de Ultrassonografia do Instituto de Radiologia (InRad) do Hospital das Clínicas da Faculdade de Medicina da Universidade de São Paulo (HCFMUSP). Membro Titular do Colégio Brasileiro de Radiologia e Diagnóstico por Imagem (CBR).

Mario Junqueira de Andrade d'Ávila

Médico Assistente do Instituto de Radiologia (InRad) do Hospital das Clínicas da Faculdade de Medicina da Universidade de São Paulo (HCFMUSP).

Maurício Gustavo Ieiri Yamanari

Membro Titular do Colégio Brasileiro de Radiologia e Diagnóstico por Imagem (CBR). Médico Assistente do Instituto da Criança (ICr) do Hospital das Clínicas da Faculdade de Medicina da Universidade de São Paulo (FMUSP).

Mauro Mitsuru Hanaoka

Graduação pela Faculdade de Medicina de Universidade de São Paulo (FMUSP). Médico-residente do Instituto de Radiologia (InRad) do Hospital das Clínicas da FMUSP (HCFMUSP).

Miguel José Francisco Neto

Doutor em Ciências da Saúde pela Faculdade de Medicina de Universidade de São Paulo (FMUSP). Especialista em Radiologia e Diagnóstico por Imagem pelo Colégio Brasileiro de Radiologia e Diagnóstico por Imagem (CBR) e pelo Instituto de Radiologia (InRad) do HCFMUSP. Coordenador do Serviço de Ultrassonografia do Departamento de Imagem do Hospital Israelita Albert Einstein (HIAE). Médico Assistente do Serviço de Ultrassonografia do InRad- HCFMUSP.

Natally de Souza Maciel Rocha Horvat

Doutoranda do Departamento de Radiologia e Oncologia da Faculdade de Medicina de Universidade de São Paulo (FMUSP). Residência Médica em Radiologia e Diagnóstico por Imagem e Especialização em Radiologia Abdominal pelo Instituto de Radiologia (InRad) do Hospital das Clínicas da FMUSP (HCFMUSP). Médica Radiologista do Hospital Sírio-Libanês.

Osmar de Cássio Saito

Doutor em Medicina pela Faculdade de Medicina de Universidade de São Paulo (FMUSP). Médico Supervisor Técnico do Instituto de Radiologia (InRad) do Hospital das Clínicas da FMUSP (HCFMUSP). Membro Titular do Colégio Brasileiro de Radiologia e Membro do Colégio Americano de Radiologia (RSNA).

Paulo Henrique Sousa de Castro

Graduado em Medicina pela Faculdade de Ciências Médicas e da Saúde de Juiz de Fora (SUPREMA). Especialização em Radiologia e Diagnóstico por Imagem no Instituto do Coração (InCor) do Hospital das Clínicas da Faculdade de Medicina da Universidade de São Paulo (HCFMUSP). Complementação Especializada em Radiologia e Diagnóstico por Imagem em Oncologia no Instituto do Câncer do Estado de São Paulo (ICESP) do HCFMUSP.

Paulo Savoia Dias da Silva

Graduação em Medicina pela Faculdade de Medicina da Universidade de São Paulo (FMUSP). Residência em Radiologia e

Diagnóstico por Imagem pelo Instituto de Radiologia (InRad) do Hospital das Clínicas da FMUSP (HCFMUSP). Pós-graduação em Radiologia Cardiotorácica pelo InRad-HCFMUSP. Médico do Serviço de Radiologia de Emergência do HCFMUSP. Médico Radiologista do Hospital Israelita Albert Einstein (HIAE), do Hospital Alemão Oswaldo Cruz e do Grupo Fleury.

Pedro Henrique De Marqui Moraes
Graduado pela Faculdade de Medicina da Universidade de São Paulo de Ribeirão Preto (FMRP-USP). Residência Médica em Radiologia e Diagnóstico por Imagem pelo Instituto de Radiologia (InRad) do Hospital das Clínicas da FMUSP (HCFMUSP). Médico Assistente do Setor de Ultrassonografia do InRad-HCFMUSP.

Pedro Junqueira de Godoy Pereira
Preceptor do Instituto de Radiologia (InRad) do Hospital das Clínicas da Faculdade de Medicina da Universidade de São Paulo (HCFMUSP). Médico Assistente do Setor de Ultrassonografia do InRad-HCFMUSP.

Pedro Vieira Santana Netto
Graduado em Medicina pela Universidade de Ribeirão Preto. Residência Médica pela Faculdade de Medicina de São José do Rio Preto (Famerp). Pós-graduado em Radiologia Cardiotorácica pelo Hospital Israelita Albert Einstein (HIAE). Médico Assistente do Serviço de Radiologia do Instituto do Coração (InCor) do Hospital das Clínicas da Faculdade de Medicina da Universidade de São Paulo (HCFMUSP). Médico do Serviço de Radiologia Torácica e Cardíaca do HIAE.

Peter Celio Françolin
Médico Assistente do Instituto de Radiologia (InRad) do Hospital das Clínicas da Faculdade de Medicina da Universidade de São Paulo (HCFMUSP). Médico Radiologista do grupo Delboni Auriemo (DASA). Membro da Comissão Nacional de Ultrassonografia do Colégio Brasileiro de Radiologia e Diagnóstico por Imagem (CBR).

Públio Cesar Cavalcante Viana
Coordenador Médico da Divisão de Radiologia Geniturinária do Instituto de Radiologia (InRad) do Hospital das Clínicas da Faculdade de Medicina da Universidade de São Paulo (HCFMUSP).

Ralph Tavares
Médico Radiologista do Instituto de Radiologia (InRad) do Hospital das Clínicas da Faculdade de Medicina da Universidade de São Paulo (HCFMUSP).

Raphael Scoppetta
Coordenador do Aperfeiçoamento Médico em Radiologia e Diagnóstico por Imagem do Instituto do Coração (InCor) do Hospital das Clínicas da Faculdade de Medicina da Universidade de São Paulo (HCFMUSP). Médico Assistente do Departamento de Radiologia e Diagnóstico por Imagem do InCor-HCFMUSP. Médico Radiologista da Clínica de Diagnósticos Dr. Luiz Scoppetta e do Hospital São Camilo.

Regis Otaviano França Bezerra
Médico Assistente do Instituto do Câncer do Estado de São Paulo (ICESP) do Hospital das Clínicas da Faculdade de Medicina da Universidade de São Paulo (HCFMUSP). Médico Assistente do Hospital Sírio-Libanês.

Ricardo Guerrini
Graduado pela Pontifícia Universidade Católica de Campinas (PUC-Campinas). Especialista em Radiografia e Tomografia Computadorizada. *Research Fellow* pela Harvard University. Médico Assistente do Instituto de Radiologia (InRad) do Hospital das Clínicas da Faculdade de Medicina da Universidade de São Paulo (HCFMUSP).

Rodrigo Caruso Chate
Graduado em Medicina pela Faculdade de Medicina da Universidade de São Paulo (FMUSP). Residência em Radiologia e Pós-graduação em Radiologia Torácica pelo Hospital das Clínicas da Faculdade de Medicina da Universidade de São Paulo (HCFMUSP). Médico Assistente do Serviço de Radiologia do Instituto do Coração (InCor) do HCFMUSP. Chefe do Serviço de Radiologia Torácica e Cardíaca do Hospital Israelita Albert Einstein (HIAE).

Rodrigo Gobbo Garcia
Doutorando em Ciências da Saúde pelo Instituto de Pesquisa do Hospital Israelita Albert Einstein (HIAE). *Fellow* em Intervenção e Imagem Abdominal no Massachussets General Hospital. Especialista em Radiologia e Diagnóstico por Imagem pelo Colégio Brasileiro de Radiologia e Diagnóstico por Imagem (CBR) e pelo Instituto de Radiologia (InRad) do Hospital das Clínicas da Faculdade de Medicina da Universidade de São Paulo (HCFMUSP). Gerente Médico do Centro de Intervenção Guiado por Imagem do HIAE.

Rodrigo Pamplona Polizio
Radiologista do Hospital Sírio-Libanês e do Instituto de Radiologia (InRad) do Hospital das Clínicas da Faculdade de Medicina da Universidade de São Paulo (HCFMUSP).

Rosângela Pereira Maciel
Médica Assistente do Instituto do Câncer do Estado de São Paulo (ICESP) do Hospital das Clínicas da Faculdade de Medicina da Universidade de São Paulo (HCFMUSP).

Rubens Schwartz
Radiologista do Instituto de Radiologia (InRad) do Hospital das Clínicas da Faculdade de Medicina da Universidade de São Paulo (HCFMUSP).

Sandra M. Tochetto
Especialista em Radiologia e Diagnóstico por Imagem pelo Colégio Brasileiro de Radiologia e Diagnóstico por Imagem (CBR). *Research Fellowship* em Tomografia Computadorizada na Northwestern University – Feinberg School of Medicine, Chicago. Médica Assistente do Instituto de Radiologia (InRad) do Hospital das Clínicas da Faculdade de Medicina da Universidade de São Paulo (HCFMUSP).

Serli Kiyomi Nakao Ueda

Residência Médica em Radiologia e Diagnóstico por Imagem. Especialização em Radiologia Abdominal pelo Instituto de Radiologia (InRad) do Hospital das Clínicas da Faculdade de Medicina da Universidade de São Paulo (HCFMUSP). Médica Assistente do InRad-HCFMUSP e do Fleury Medicina e Saúde.

Shri Krishna Jayanthi

Médico Radiologista. Diretor Técnico do Serviço de Emergências do Instituto de Radiologia (InRad) do Hospital das Clínicas da Faculdade de Medicina da Universidade de São Paulo (HCFMUSP).

Silvia Maria Sucena da Rocha

Doutora em Ciências pela Faculdade de Medicina da Universidade de São Paulo (FMUSP) na área de Radiologia e Diagnóstico por Imagem. Médica Especialista em Radiologia e Diagnóstico por Imagem pelo Colégio Brasileiro de Radiologia e Diagnóstico por Imagem (CBR).

Simone Shibao

Médica Especialista em Radiodiagnóstico pelo Colégio Brasileiro de Radiologia e Diagnóstico por Imagem (CBR). Doutora em Ciências pela Faculdade de Medicina da Universidade de São Paulo (FMUSP).

Tatiana Cortez Romero

Graduada pela Universidade Federal do Amazonas (UFAM). Especialista em Ultrassonografia e Pesquisadora do Departamento de Radiologia e Oncologia do Instituto de Radiologia (InRad) do Hospital das Clínicas da Faculdade de Medicina da Universidade de São Paulo (HCFMUSP). Membro Titular do Colégio Brasileiro de Radiologia e Diagnóstico por Imagem (CBR).

Telma Sakuno

Mestre em Ciências Médicas pela Universidade Federal de Santa Catarina (UFSC). Doutora em Ciências pela Faculdade de Medicina da Universidade de São Paulo (FMUSP). Médica Radiologista Pediátrica do Hospital Universitário da UFSC (HU-UFSC) e do Hospital Infantil Joana de Gusmão.

Thiago Dieb Ristum Vieira

Graduado e Doutor em Radiologia pela Faculdade de Medicina da Universidade de São Paulo (FMUSP). Médico Assistente do Grupo de Radiologia Gastrointestinal do Instituto de Radiologia (InRad) do Hospital das Clínicas da FMUSP (HCFMUSP). Médico Radiologista do Centro de Diagnóstico por Imagem do Hospital Sírio-Libanês.

Thobias Nóbrega de Oliveira

Membro Titular do Colégio Brasileiro de Radiologia e Diagnóstico por Imagem (CBR) com os títulos de Ultrassonografia Geral e Ecografia Vascular com Doppler. Médico Ultrassonografista do Hospital Universitário Onofre Lopes da Universidade Federal do Rio Grande do Norte (UFRN). Médico Ultrassonografista da Maternidade Escola Januário Cicco (UFRN). Atua na Residência Médica em Radiologia da UFRN. Médico Ultrassonografista do Hospital AngioVascular de Natal.

Tiago Oliveira Morita

Médico Radiologista com Residência Médica e Especialização em Radiologia Abdominal pelo Instituto de Radiologia (InRad) do Hospital das Clínicas da Faculdade de Medicina da Universidade de São Paulo (HCFMUSP). Médico Assistente do Serviço de Diagnóstico por Imagem do Instituto do Câncer do Estado de São Paulo (ICESP) do HCFMUSP.

Tulio A. A. Macedo

Professor Adjunto de Radiologia da Universidade Federal de Uberlândia (UFU). Doutor em Radiologia pela Faculdade de Medicina da Universidade de São Paulo (FMUSP). Membro Titular do Colégio Brasileiro de Radiologia e Diagnóstico por Imagem (CBR).

Vivian Cardinal da Silva Rubin

Graduada em Medicina pela Universidade Federal de Santa Maria (UFSM). Residência em Radiologia no Instituto de Cardiologia do Rio Grande do Sul – Fundação Universitária de Cardiologia (IC-FUC). Pós-graduada em Radiologia Torácica pelo Hospital das Clínicas da Faculdade de Medicina da Universidade de São Paulo (HCFMUSP). Médica Assistente do Serviço de Radiologia Torácica do HCFMUSP.

Vivian Simone de Medeiros Ogata

Graduada em Medicina pela Faculdade de Medicina da Universidade de São Paulo (FMUSP). Médica-residente do Instituto de Radiologia (InRad) do Hospital das Clínicas da FMUSP (HCFMUSP).

Walther Ishikawa

Médico Radiologista Assistente do Setor de Tomografia e Ressonância Cardíaca do Instituto do Coração (InCor) do Hospital das Clínicas da Faculdade de Medicina da Universidade de São Paulo (HCFMUSP). Médico Radiologista do Hospital Israelita Albert Einstein (HIAE).

Yerma Lima Fugikawa

Médica Assistente do Instituto da Criança (ICr) do Hospital das Clínicas da Faculdade de Medicina da Universidade de São Paulo (HCFMUSP) e do Grupo Fleury Medicina e Saúde.

Seções do
Tratado de Radiologia

Cabeça e pescoço

Editoras Associadas:
Eloisa Santiago Gebrim
Regina Lúcia Elia Gomes

Gastrointestinal

Editor Associado:
Manoel de Souza Rocha

Mama

Editores Associados:
Carlos Shimizu
Flávio Spinola Castro
Nestor de Barros

Musculoesquelético

Editor Associado:
Marcelo Bordalo Rodrigues

Neurorradiologia

Editores Associados:
Claudia da Costa Leite
Leandro Tavares Lucato

Obstetrícia

Editor Associado:
Sergio Kobayashi

Pediatria

Editora Associada:
Lisa Suzuki

Pulmões, coração e vasos

Editores Associados:
Cesar Higa Nomura
Ricardo Guerrini

Ultrassonografia

Editora Associada:
Maria Cristina Chammas

Uroginecologia

Editor Associado:
Públio Cesar Cavalcante Viana

Sumário

Prefácio XXIII
Apresentação XXV

■ Pulmões, coração e vasos

1 Radiografia de tórax 2
Ricardo Guerrini

2 Tomografia computadorizada de tórax normal 60
Ricardo Guerrini, Hamilton Shoji, Paulo Savoia Dias da Silva

3 Padrões de tomografia computadorizada de alta resolução (TCAR) dos pulmões 69
Vivian Cardinal da Silva Rubin

4 Infecções pulmonares 93
Gustavo Borges da Silva Teles, Rodrigo Caruso Chate, Marcelo Buarque de Gusmão Funari

5 Doenças pulmonares difusas 120
Vivian Cardinal da Silva Rubin, Marcio Valente Yamada Sawamura

6 Doenças do colágeno e vasculites 147
Pedro Vieira Santana Netto, Antonio Fernando Lins de Paiva

7 Doenças das vias aéreas 171
Gustavo Borges da Silva Teles

8 Nódulos e neoplasias pulmonares 186
Eduardo Seigo Ikari

9 Tromboembolismo pulmonar 208
Hye Ju Lee

10 Doenças mediastinais 224
Hye Ju Lee, Elaine Yanata

11 Pleura, parede torácica e diafragma 262
Hamilton Shoji

12 Lesões congênitas pulmonares 279
Marcio Valente Yamada Sawamura, Lisa Suzuki

13 Trauma torácico 291
Marcio Valente Yamada Sawamura

14 Doenças da aorta torácica 303
Hilton Muniz Leão Filho, Marcelo Assis Rocha

15 Escore de cálcio e angiotomografia de coronárias 341
Raphael Scoppetta, Cesar Higa Nomura

16 Ressonância magnética cardíaca 359
José de Arimatéia Batista Araújo Filho

17 Cardiopatias congênitas 378
Walther Ishikawa

18 Diagnóstico por imagem do tórax: generalidades e como interpretar padrões 385
Luiz Antonio Nunes de Oliveira

19 Distúrbios respiratórios no recém-nascido . . 410
Alexandre Fligelman Kanas, Marcelo Straus Takahashi, Lisa Suzuki

20 Doenças agudas do sistema respiratório . . . 416
Marcelo Straus Takahashi, Alexandre Fligelman Kanas

21 Doenças pulmonares crônicas pediátricas . . 424
Joseane Paulino da Silveira

22 Lesões mediastinais na infância 434
Keityane Rodrigues, Abner Donato Dorazio Souza, Luiz Antonio Nunes de Oliveira

23 Pleura, parede torácica e diafragma na faixa etária pediátrica 449
Joseane Paulino da Silveira

■ Gastrointestinal

1 Princípios físicos e técnicos da ultrassonografia 462
Fernando Linhares Pereira, Igor Clausius C. Pimentel

2 Radiologia simples e contrastada em pediatria 467
Luiz Antonio Nunes de Oliveira

3 Radiografia simples de abdome 519
André Scatigno Neto, Rubens Schwartz, Camila Ferraz de Andrade Corona, Vivian Simone de Medeiros Ogata

4 Ultrassonografia abdominal: técnica de exame 525
Julia Diva Zavariz, Maria Cristina Chammas

5 Cintilografia de fígado e das vias biliares . . . 529
Carla Rachel Ono, Carlos Alberto Buchpiguel, Heitor Naoki Sado, Marcelo Tatit Sapienza

6 Cintilografia de glândulas salivares 534
Carla Rachel Ono, Carlos Alberto Buchpiguel, Heitor Naoki Sado, Marcelo Tatit Sapienza

7 Cintilografia hepática com hemácias marcadas para a avaliação de hemangioma hepático 536
Carla Rachel Ono, Carlos Alberto Buchpiguel, Heitor Naoki Sado, Marcelo Tatit Sapienza

8 Cintilografia hepatoesplênica e pesquisa de baço acessório 538
Carla Rachel Ono, Carlos Alberto Buchpiguel, Heitor Naoki Sado, Marcelo Tatit Sapienza

9 Cintilografia para avaliação de trânsito esofágico, refluxo gastroesofágico e esvaziamento gástrico 541
Carla Rachel Ono, Carlos Alberto Buchpiguel, Heitor Naoki Sado, Marcelo Tatit Sapienza

10 Cintilografia para pesquisa de sangramento intestinal 546
Carla Rachel Ono, Carlos Alberto Buchpiguel, Heitor Naoki Sado, Marcelo Tatit Sapienza

11 Estudos diagnósticos com análogos da somatostatina 549
Carla Rachel Ono, Carlos Alberto Buchpiguel, Heitor Naoki Sado, Marcelo Tatit Sapienza

12 PET/CT no carcinoma colorretal 554
Carla Rachel Ono, Carlos Alberto Buchpiguel, Heitor Naoki Sado, Marcelo Tatit Sapienza

13 PET/CT no câncer de esôfago 556
Carla Rachel Ono, Carlos Alberto Buchpiguel, Heitor Naoki Sado, Marcelo Tatit Sapienza

14 PET/CT no câncer de fígado e vias biliares . . 559
Carla Rachel Ono, Carlos Alberto Buchpiguel, Heitor Naoki Sado Marcelo Tatit Sapienza

15 PET/CT no câncer de pâncreas 562
Carla Rachel Ono, Carlos Alberto Buchpiguel, Heitor Naoki Sado, Marcelo Tatit Sapienza

16 PET/CT no câncer de estômago 565
Carla Rachel Ono, Carlos Alberto Buchpiguel, Heitor Naoki Sado, Marcelo Tatit Sapienza

17 Esôfago e estômago 569
Tiago Oliveira Morita

18 Intestino delgado 606
Angela Hissae Motoyama Caiado, Natally de Souza Maciel Rocha Horvat, Serli Kiyomi Nakao Ueda

19 Neoplasias do cólon e do reto 655
Cinthia Denise Ortega

20 Lesões focais hepáticas 668
Manoel de Souza Rocha

21 Hepatopatias difusas 685
Hilton Muniz Leão Filho, Iraí Oliveira

22 Hepatopatias difusas: ultrassonografia 732
Carmen Silvia Cerqueira do Val Fausto

23 Anomalias congênitas do fígado 749
Tulio A. A. Macedo, Maria Cristina Chammas

24 Doenças infecciosas do fígado 754
Leticia Martins Azeredo

25 Fígado: tumores benignos 764
Julia Diva Zavariz, Maria Cristina Chammas

26 Fígado: tumores malignos 767
Sandra M. Tochetto

27 Transplante hepático 786
Fernando Linhares Pereira, Igor Clausius C. Pimentel

28 Vias biliares 793
Cinthia Denise Ortega, Manoel de Souza Rocha

29 Estudo por imagem das vias biliares 812
Thobias Nóbrega de Oliveira, Osmar de Cássio Saito, Maria Cristina Chammas, Giovanni Guido Cerri

30 Neoplasias pancreáticas 838
Manoel de Souza Rocha

31 Pancreatite aguda 848
Gilberto Carlos Gomes

32 Pancreatites crônicas 871
Gilberto Carlos Gomes, Ralph Tavares

33 Pâncreas. 876
Miguel José Francisco Neto, Marcos Roberto Gomes
de Queiroz, Alexandre Maurano, Rodrigo Gobbo Garcia,
Luciana Dias Rodrigues Francisco, Antonio Sergio Zafred
Marcelino, Marcelo Straus Takahashi

34 Peritônio e mesentérios 902
Ralph Tavares

35 Retroperitônio 912
Gisele Warmbrand, Rosângela Pereira Maciel,
Tatiana Cortez Romero

36 Baço 918
Iraí Oliveira

37 Baço em radiologia pediátrica 932
Bety Spilberg Karpovas Chisman

38 Baço: ultrassonografia 936
Simone Shibao, Mauro Mitsuru Hanaoka,
Alexandre Fligelman Kanas, Felipe Carneiro

39 Parede abdominal 951
Thiago Dieb Ristum Vieira, Guilherme de Araújo Ramin

40 Abdome agudo 977
Shri Krishna Jayanthi

**41 Intervenções percutâneas e o trato
gastrointestinal** 983
Marcos Roberto de Menezes, Felipe Shoiti Urakawa,
Marcello Silveira Rovella

42 Abdome agudo pediátrico 1019
Maurício Gustavo Ieiri Yamanari, Alessandra Araújo de Castro,
Ana Graziela Santana Antón, Marcela Larizzati Zacharias

43 Anomalias do esôfago e do estômago 1037
Telma Sakuno, Marcelo Straus Takahashi, Lisa Suzuki

44 Intestino delgado e cólon 1048
Maurício Gustavo Ieiri Yamanari, Alessandra Araújo de Castro,
Marcela Larizzati Zacharias, Ana Graziela Santana Antón

**45 Alterações hepáticas, biliares
e pancreáticas** 1057
Lisa Suzuki, Silvia Maria Sucena da Rocha,
Marcia Wang Matsuoka

46 Trato gastrointestinal 1090
Leticia Martins Azeredo

■ Uroginecologia

1 Rim 1106
Regis Otaviano França Bezerra, Maíra Moraes Bezerra,
Diogo Cunha de Medeiros

2 Rins e vias urinárias 1143
Peter Celio Françolin, Mario Junqueira de Andrade d'Ávila

3 Vias urinárias e bexiga 1173
Francisco Donato Junior

4 Adrenais. 1204
Pedro Junqueira de Godoy Pereira, Fernando Ide Yamauchi

5 Próstata e vesículas seminais 1214
Públio Cesar Cavalcante Viana, Diego Adrian Pucci de Araújo

**6 Próstata e vesículas seminais:
ultrassonografia** 1258
Pedro Henrique De Marqui Moraes, Andrea Cavalanti Gomes

7 Pênis e testículos. 1285
Bruno Aragão Rocha, Rodrigo Pamplona Polizio

8 Ultrassonografia do escroto. 1311
Osmar de Cássio Saito

9 Útero 1330
Andrea de Souza Aranha, Carla Fingerhut

**10 Lesões de ovário, tuba uterina, vulva
e vagina** 1386
Paulo Henrique Sousa de Castro

11 Trato urinário pediátrico. 1419
Silvia Maria Sucena da Rocha, Marcia Wang Matsuoka,
Gisele Corrêa de Almeida, Marcelo Straus Takahashi,
Carla Rachel Ono, Lisa Suzuki

12 Tumores renais e retroperitoneais 1447
Bety Spilberg Karpovas Chisman

13 Puberdade precoce e tardia 1455
Keityane Rodrigues, Abner Donato Dorazio Souza, Lisa Suzuki

**14 Testículo pediátrico: diagnóstico por
imagem das doenças da bolsa testicular
em pediatria** 1467
Yerma Lima Fugikawa, Andrea Langone Ferme

Índice remissivo 1479

Prefácio

A Radiologia brasileira ocupa cada vez mais espaço no auxílio do diagnóstico das várias especialidades da Medicina. O estudo das radiografias, tomografias computadorizadas, ultrassonografias e ressonâncias magnéticas permite a análise mais precisa do corpo humano de várias formas e em diferentes situações.

Ao longo do tempo, houve importante aprimoramento da técnica radiológica e melhora significativa e progressiva na qualidade das imagens. Por meio do processo de inovação, os renomados autores desta obra prestam sua contribuição ao ensino da Radiologia, expondo suas vivências e conhecimentos teóricos aos médicos e aos alunos que se dedicam à área.

O *Tratado de Radiologia* é uma obra de grande perfil científico sobre os mais diversos temas da especialidade. Este magnífico tratado está baseado na experiência clínica do Departamento de Radiologia e do Instituto de Radiologia do Hospital das Clínicas da Faculdade de Medicina da Universidade de São Paulo.

A coleção, composta por três volumes, oito seções e 156 capítulos, é um valioso material para o aperfeiçoamento das técnicas de médicos e profissionais de Radiologia e Diagnóstico por Imagem e para a formação de estudantes de Medicina e residentes.

O *Tratado de Radiologia* abrange malformações congênitas, demências e envelhecimento, base do crânio, seios paranasais, doenças das vias aéreas, trauma torácico, vias biliares, transplante hepático, vias urinárias e bexiga, puberdade precoce e tardia. É preciso destacar ainda o rastreamento do câncer de mama por métodos de imagem, lesões benignas da mama, restrição do crescimento fetal, avaliação da placenta, afecções musculares, traumas dos membros superiores e inferiores.

Além desses tópicos, a obra aborda outros temas importantes relacionados à área de forma explicativa, ilustrativa e didática, constituindo, com as mais recentes diretrizes, uma referência fundamental para melhores práticas na área da Medicina.

Cumprimento o Prof. Dr. Giovanni Guido Cerri e todos os Editores, Editores Associados e Autores pela excelência do acervo científico.

Prof. Dr. José Otavio Costa Auler Junior
Diretor da Faculdade de Medicina da
Universidade de São Paulo

Apresentação

O Instituto de Radiologia (InRad) do Hospital das Clínicas da Faculdade de Medicina da Universidade de São Paulo (HCFMUSP), em parceria com a Editora Manole, tem a enorme satisfação de editar um livro de Radiologia que cobre suas diversas subespecialidades e que pode servir tanto para o especialista, como também para o médico que ingressa na especialidade.

Foi um grande desafio reunir este grupo de colaboradores, grandes nomes da Radiologia brasileira, para poder oferecer uma obra de qualidade, a mais completa possível e que representa a experiência do InRad e do HCFMUSP.

Agradeço o empenho de todos os autores, que, ao se dedicarem muito para reunir as belas imagens que ilustram este livro, ajudaram a concretizar este lançamento no Imagine'2017 – XV Congresso de Radiologia e Diagnóstico por Imagem do HCFMUSP.

Destaco o empenho da Editora Manole, que com sua qualidade editorial e extraordinária equipe aceitou o desafio de produzir obra tão complexa.

Espero que os radiologistas apreciem este trabalho e possam atualizar seus conhecimentos, contribuindo para o desenvolvimento da especialidade.

Prof. Dr. Giovanni Guido Cerri

Pulmões, coração e vasos

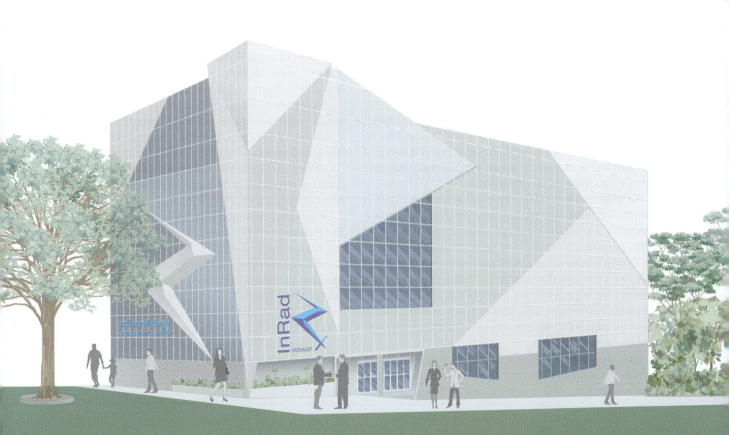

1

Radiografia de tórax

Ricardo Guerrini

Introdução

A radiografia do tórax, apesar de ser mais do que secular, é o estudo de imagem mais realizado no mundo, mas sua interpretação é ainda desafiadora. Múltiplos são os fatores que a tornam difícil de ser analisada, apesar de ser um exame extremamente simples.

O objetivo deste texto não é reavaliar extensivamente a radiologia do tórax, visto que textos excepcionais já fizeram isso e atualmente existem alternativas diagnósticas que mestres do passado não tinham.

A radiografia simples requer atenção, treino, experiência e interpretação dos achados e seus diferenciais, sendo grande a margem de erro. Na radiografia de tórax, pode passar despercebido um detalhe não percebido na primeira olhada, por exemplo, um nódulo retrocardíaco, um mínimo pneumotórax ou um tênue borramento do contorno cardíaco, que, retrospectivamente, são perfeitamente visíveis (Figura 1).

Após essa consideração, fica a primeira mensagem, que é a importância do contexto clínico. Radiografias de tórax por trauma, em decorrência de emagrecimento ou para admissão em uma empresa, por exemplo, não podem ser estudadas da mesma maneira.

Na medida do possível, deve-se ser exigente com o pedido de exame, que pode trazer informações úteis e direcionar a precisão do diagnóstico. O mundo real é outro, portanto, às vezes, o médico solicitante não fornece a história resumida ou dados clínicos, sendo útil qualquer anotação do técnico de radiografia que teve contato com o paciente. Na maioria dos serviços, o radiologista não está na sala acompanhando a realização do exame portanto, não tem acesso imediato ao paciente para lhe fazer perguntas.

Por isso, deve-se solicitar ao técnico que anote no pedido de exame informações adicionais clínicas ou cir-

cunstanciais da realização do exame, incluindo obstáculos de posicionamento, respiração, movimentação etc.

Salienta-se, também, que o estudo radiológico do tórax serve como registro documental e datado da presença ou não de processo patológico e de sua evolução. Frequentemente, a existência de exame(s) anterior(es) é de extrema ajuda na determinação da presença ou não da evolução de um processo patológico e até na determinação da conduta. Por exemplo, o diagnóstico de pseudolinfoma é quase impossível sem radiografias anteriores, sendo frequentemente considerado apenas uma condensação pneumônica. Porém, na presença de radiografias anteriores que mostrem sua evolução estável, é um diagnóstico raro, mas fácil de fazer.

O seguinte caso é frequentemente citado em aulas: garota de 12 anos, admitida no pronto-socorro (PS) com história de dor abdominal à direita e febril há 2 dias, apresentou a radiografia do abdome mostrada na Figura 2A.

Notam-se posição antálgica com proteção para o lado direito e distensão gasosa das alças intestinais, sugerindo a possibilidade de processo intestinal obstrutivo ou infeccioso, incluindo apendicite.

O médico de plantão, que não era iniciante, solicitou também radiografias de tórax posteroanterior (PA) e de perfil (Figura 2B e C).

É possível observar alguma alteração na radiografia PA? E na de perfil? No perfil, é clara a presença do sinal da coluna, que mostra evidente pneumonia basal posterior. Reavaliando a radiografia PA, há suspeita de que seja à direita, em decorrência do aumento da densidade do átrio direito. Caso resolvido – não foram necessárias ultrassonografia (USG), tomografia computadorizada (TC), consulta com a gastroenterologia e muito menos cirurgia.

A conclusão é de que pneumonia basal pode produzir dor abdominal e a ingestão de ar pelo choro pode causar distensão de alças.

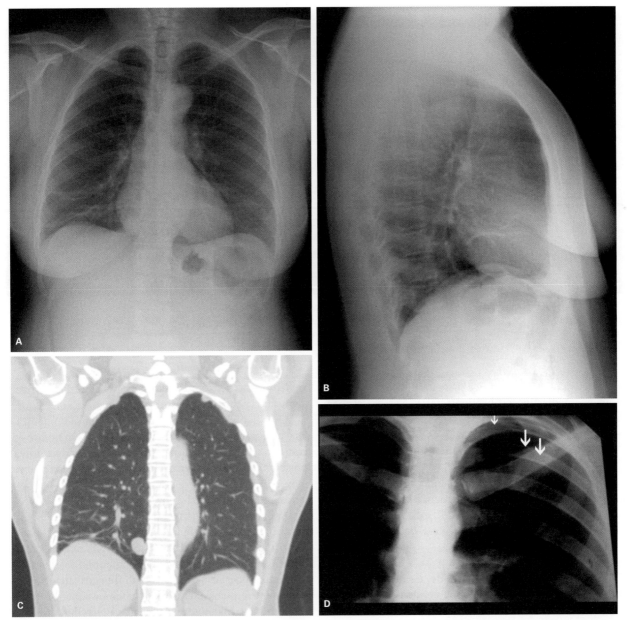

Figura 1   A: Ao observar a primeira radiografia, e somente ela, com atenção, é possível ver alguma alteração? Seja persistente, compare os dois lados. B: O perfil ajuda? C: Observa-se uma reconstrução coronal de tomografia computadorizada *multislice*, na qual a lesão é fácil de identificar. Caso não tenha visto, volte na primeira radiografia e encontre a lesão. D: mínima linha de pneumotórax.

O sinal da coluna significa que, em um tórax normal, na incidência em perfil, a coluna deve ir escurecendo inferiormente até atingir uma das cúpulas. Caso haja uma "quebra" desse padrão normal, há algum processo patológico, que pode ser pulmonar, mas também em outros compartimentos, como na própria coluna, na pleura e até na parede do tórax. Cuidado deve ser tomado para não confundir a superposição de costelas e da aorta torácica descendente, que frequentemente se superpõem, com a positividade do sinal.

Conforme mencionado, a radiografia ainda é o método de imagem mais realizado por ser rápido, objetivo e econômico; no entanto, sabe-se que a radiologia ou a imagenologia evoluíram com os exames de USG, TC, ressonância magnética (RM), medicina nuclear, tomografia por emissão de pósitrons (PET, PET/CT), impedância, enfim, métodos que avançaram muito em várias fronteiras. Logo, não deve haver nenhum obstáculo ao progredir na investigação com outros métodos.

Sabe-se que a margem de erro para estudo de micronódulos, pequenas opacidades e bronquiectasias na radiografia simples é elevada. No mediastino, mais ainda, pois várias estruturas de mesma densidade fazem sinal da silhueta umas com as outras, parecendo uma janela com as cortinas fechadas, sendo, portanto, significativamente

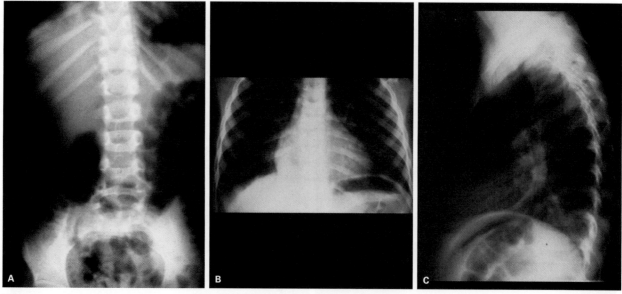

Figura 2   A: Radiografia simples de abdome por suspeita de abdome agudo por dor abdominal à direita e febre há 2 dias. Notam-se discreta distensão gasosa das alças e posição antálgica com escoliose dextrocôncava. B: Observa-se como o átrio direito do coração se apresenta mais denso que os ventrículos, apesar de ser muito menor, podendo indicar somação de densidade retrocardíaca à direita. C: Na incidência em perfil, nota-se evidente sinal da coluna positivo, indicando uma condensação pneumônica basal posterior à direita.

mais efetiva uma TC quando a suspeita clínica for de uma lesão no mediastino ou bronquiectasia. Nesses casos, a radiografia simples é útil para triagem. Cientificamente, pode-se dizer que é melhor fazer TC de alta resolução (TCAR) em todos os casos, porém há alguns problemas:

- O custo seria proibitivo para qualquer sistema de saúde.
- Disponibilidade maior de tomógrafos, custo de aquisição, manutenção e operação.
- A quantidade de radiação ainda é mais elevada em uma TC de tórax.

A radiografia convencional pode, de modo simples, rápido e econômico, mostrar uma condensação pulmonar de uma criança no PS ou um pneumotórax em outra que, juntamente com os dados clínicos, permitem diagnósticos finais corretos.

Portanto, as radiografias simples PA + perfil têm o seu espaço na imagenologia médica, devendo ser usadas com critério, sendo por vezes complementadas por outros métodos de imagem em alguns diagnósticos e por vezes usadas como métodos de controle/acompanhamento da evolução de doenças e tratamentos.

Radiografia de tórax posteroanterior ou frontal

Técnicas de exame

Essa incidência é padrão, pois mantém o coração mais próximo do filme/placa detectora, reduzindo o efeito de magnificação do coração, pois, por melhor que seja o feixe de raios X, seus fótons são sempre ligeiramente divergentes nos equipamentos utilizados.

O paciente em posição ortostática (em pé) encosta a face anterior do tórax na estativa (suporte em que se encontra o chassi com o filme ou a placa com os detectores), posiciona o dorso das mãos na cintura e força os ombros para a frente (essa manobra projeta as escápulas para os lados, melhorando a visualização dos pulmões).

Após esse posicionamento, utiliza-se o feixe de luz-guia para abranger a área de interesse, superiormente no nível de C7 (apófise espinhosa mais saliente). As regiões laterais podem ser colimadas, e a margem inferior é mais ampliada para não cortar os ângulos costofrênicos laterais e surpreender eventuais alterações do abdome superior (pneumoperitôneo, cálculos renais/biliares, níveis líquidos etc.).

Após essas etapas, solicita-se inspiração profunda com parada ao final e realiza-se a incidência de raios X. Alguns pacientes necessitam de rápido treino para realizar apneia inspiratória (Figura 3).

Se o paciente estiver fraco ou com desequilíbrio, ele pode "abraçar" a estativa ou ser amparado, obtendo-se efeito satisfatório.

Caso o paciente esteja sentado (cadeirante) ou deitado, se puder realizar rotação interna dos ombros, também há melhora da projeção lateral das escápulas.

Como em pacientes graves (UTI), inconscientes ou politraumatizados não é possível fazer a radiografia PA padrão, realiza-se rotineiramente a incidência anteroposterior (AP), que geralmente apresenta magnificação da silhueta cardíaca, frequentemente com inspiração pouco profunda, devendo o radiologista considerar sempre essas duas variáveis em sua análise.

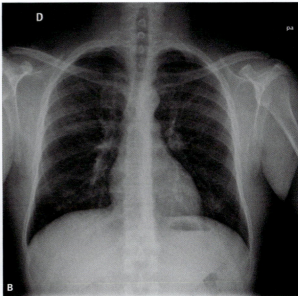

Figura 3 A: Posicionamento correto de um paciente para realização da radiografia de tórax. B: Resultado do correto posicionamento.

Pacientes gestantes também podem fazer radiografia de tórax quando necessário, devendo usar proteção com avental de chumbo anterior e posteriormente no abdome, para minimizar a radiação secundária.

A técnica adequada para a realização da radiografia de tórax é a de alta quilovoltagem (95 a 125 KV) e baixa miliamperagem (mA), pois se obtém, com isso, maior espectro de cinzas que facilitam a identificação de variações de densidade pulmonar. A distância do tubo deve ser maior que 1,80 m.

Existem variações técnicas entre diferentes departamentos de radiologia.

Em alguns serviços americanos, adota-se a técnica de baixa quilovoltagem (60-80 KV), sem o uso de grade, pois em baixa quilovoltagem há redução do efeito Compton, com menor espalhamento de radiação secundária. Nos serviços que optam por quilovoltagem alta (125 KV), o uso de grade ou *bucky* (grade oscilante) é inevitável para reduzir o efeito da radiação secundária (efeito Compton) e maximizar o efeito fotoelétrico (feixe de fótons efetivo para produção de boa imagem).

Ambas as técnicas apresentam vantagens e desvantagens quanto às estruturas mais bem visualizadas e quanto à dose de radiação para o paciente.

Devem-se evitar as radiografias com muito contraste branco/preto (baixo KV e alto mA), que é útil para identificar calcificações, sendo uma técnica mais desejável no abdome, para identificar cálculos, por exemplo.

As radiografias pediátricas, desde o período pós-natal até a idade pré-escolar, são frequentemente alvo de barbáries técnicas, como hiperexposições aos raios X, por isso são frequentemente rotuladas de "radiografias queimadas". É necessário que a equipe técnica meça o doente e faça simples cálculos pertinentes à boa técnica radiológica.

O profissional pode deparar-se com radiografias de pacientes pediátricos nas quais há dificuldade de se identificar o coração. Se a penetração excessiva pode impedir a visualização do coração, fica fácil imaginar que um pequeno foco pneumônico literalmente desaparece. É o que se chama de "radiografia curativa". Deve-se combater esse tipo de trabalho, pois já é difícil lidar com movimentação e respiração em pacientes não colaborativos e/ou pediátricos. Por sorte, com os sistemas digitais, a tendência é o desaparecimento desse problema.

Obtida a radiografia de tórax PA, deve-se avaliar a qualidade do exame:

- Posicionamento: verificar se o filme documentou todas as áreas de interesse e se o posicionamento, conforme visto previamente, está adequado. Deve-se incluir os seios costofrênicos laterais.
- Centralização: verificar se a centralização está correta. Para essa análise, observa-se a distância entre as extremidades mediais das clavículas (anteriores), que deverão estar relativamente equidistantes das apófises posteriores ou espinhosas das vértebras (posteriores) (Figura 4).
- Inspiração: além da primeira impressão visual, pode-se adotar como critério qual costela atinge a porção mais central e superior das cúpulas diafragmáticas, sendo a extremidade anterior da 6ª ou 7ª costela anteriormente (mais rápido) ou 9º ou 10º arco costal posteriormente (Figura 5).
- Exposição: nas radiografias que utilizam filme, um bom padrão é identificar de forma tênue o parênqui-

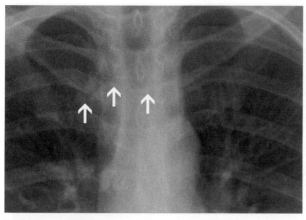

Figura 4 Verificar centralização dos raios X pela equidistância das extremidades mediais das clavículas às apófises posteriores da coluna (setas).

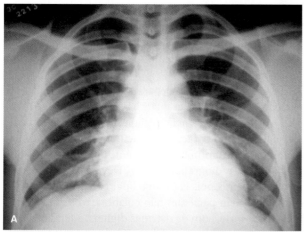

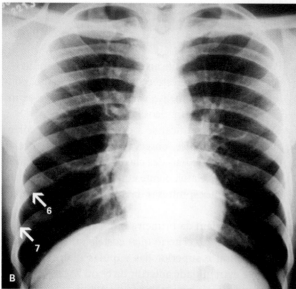

Figura 5 A: Radiografia com pouca inspiração. B: Radiografia com boa apneia inspiratória deve apresentar a extremidade anterior da 6ª ou 7ª costelas, atingindo a região central das cúpulas diafragmáticas.

ma pulmonar (cinza escuro), visualizar as silhuetas vasculares e identificar os espaços discais dorsais superiores. Estes não devem ser visíveis sobre o coração. Nas radiografias digitais, esse último aspecto é menos válido por causa da facilidade de manipulação dos parâmetros de janela e nível para distribuição da escala de cinza, visualizando-se, inclusive, de forma melhor o pulmão retrocardíaco.

- Movimentação: radiografias com muita movimentação corpórea ou respiratória devem, na medida do possível, ser repetidas (pacientes agitados, dispneicos, não contactuantes, pediátricos etc.), pois comprometem a identificação e a avaliação de estruturas normais e patológicas. Em nossa experiência com pacientes pediátricos "rebeldes", obtém-se menor movimentação quando a criança está gritando, pois entre os gritos ela está ofegante e, portanto, respirando mais rapidamente.

Radiografia em perfil

Incidência frequentemente deixada em segundo plano, sendo, no entanto, de grande ajuda na localização de lesões e na compreensão das estruturas tridimensionais do tórax.

Deve ser considerada radiografia obrigatória na rotina de uma primeira exploração radiológica do tórax.

Técnica de exame

- Posicionar o paciente em pé, com o lado esquerdo apoiado na estativa, em que está o chassi com o filme, ou a placa detectora, no caso de radiografia digital, com os braços para o alto ou para a frente, caso a elevação dos braços não seja possível.
- Direcionar o raio central aproximadamente 10 cm abaixo do cavo axilar, solicitar inspiração moderadamente profunda, seguida de apneia, e realizar a incidência.
- A elevação dos braços desloca as asas das escápulas anteriormente, que são visíveis nos ápices. Entretanto, esse fato não interfere na análise do exame, pois as áreas mais importantes no estudo em perfil estão fora dessa projeção (Figura 6).
- Usa-se o lado esquerdo junto à estativa para reduzir a magnificação do coração.
- Se houver lesão conhecida do lado direito (costal direita ou pleural direita ou na periferia do pulmão direito), pode-se fazer o perfil direito com a mesma técnica, para a lesão ficar mais nítida e com menor magnificação.
- Realizar os dois perfis rotineiramente parece desnecessário e pouco produtivo, além do custo e da radiação envolvidos, com pouco benefício diagnóstico.
- Pacientes debilitados podem fazer a incidência sentados em cadeira comum com apoio para o chassi/

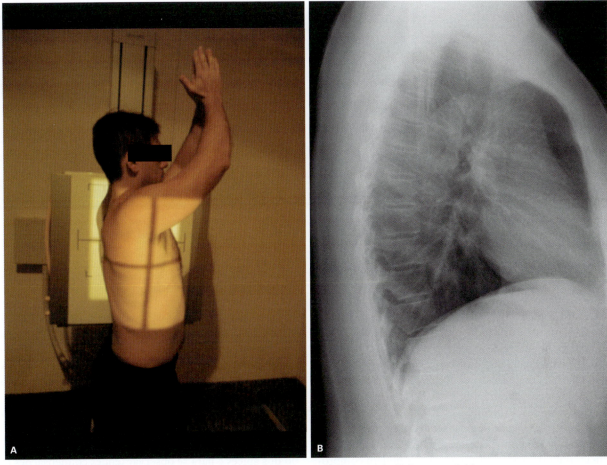

Figura 6 A: Posicionamento correto para a radiografia de tórax em perfil esquerdo. B: Imagem obtida.

placa detectora, com ajuda para elevar os braços se necessário.
- Com o paciente deitado também é possível, lembrando-se de apoiar a cabeça para evitar obliquidade do tórax e semiflexão das pernas para estabilização.
- Geralmente, a inspiração pode estar comprometida nessas técnicas.
- A radiografia deve incluir todos os segmentos pulmonares, e deve haver razoável superposição do gradeado costal posteriormente, o que é facilmente identificado pela proximidade dos ângulos costofrênicos posteriores.
- A exposição ideal deve permitir que se visualizem os vasos pulmonares retrocardíacos.

Decúbito lateral com raios horizontais

Técnica interessante e fácil para demonstrar mobilização de líquidos pleurais no diagnóstico de derrame pleural e, principalmente, de derrame subpulmonar.

Consiste em posicionar o paciente em decúbito lateral direito ou esquerdo, em uma mesa ou maca, com os braços fletidos sobre a cabeça e incidir os raios X horizontalmente, obtendo-se radiografia com o efeito da gravidade para a direita ou para a esquerda, observando-se o deslocamento de eventuais derrames pleurais (Figura 7).

Em lojas ou cavidades com ar e líquido, é muito fácil observar a mobilização do nível hidroaéreo.

Radiografias oblíquas

Essas incidências eram mais utilizadas para avaliar as alterações das câmaras cardíacas e aorta, caindo em desuso com a ecocardiografia, TC *mulstislice*, RM e medicina nuclear, que permitem avaliações infinitamente mais precisas, inclusive com modo dinâmico, avaliando a morfologia do coração, seu funcionamento, perfusão (angiocoronariografia por TC, perfusão miocárdica), metabolismo do consumo de glicose e até locais de hipoperfusão.

Outras incidências oblíquas

Outras incidências oblíquas podem ser necessárias em algumas condições.

Durante o curso de Radiologia, pergunta-se aos alunos: "Se eu tenho um nódulo visível de forma clara, na projeção da periferia do pulmão, que se projeta sobre o pulmão nas duas incidências PA e de perfil, onde está o nódulo?"

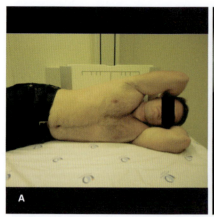 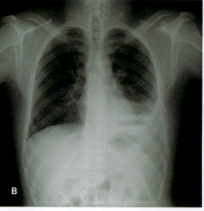 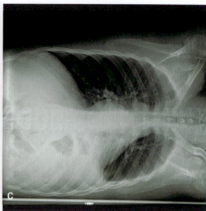

Figura 7   A: Posicionamento correto para obter-se a incidência em decúbito lateral esquerdo com raios horizontais. B: Radiografia de tórax posteroanterior ortostática (derrame pleural à esquerda). C: Radiografia em decúbito lateral com raios horizontais mostra mobilização do derrame que afasta o pulmão do gradeado costal.

A resposta instintiva é: "no pulmão". Esta resposta seria válida se o tórax fosse um quadrado ou retângulo em corte transversal (Figura 8A). No entanto, o tórax é grosseiramente oval (Figura 8B), existindo quatro zonas em que um nódulo extrapulmonar pode se projetar no pulmão em posição PA e de perfil (Figura 8C). Esse conhecimento é particularmente útil na compreensão da localização de projéteis de arma de fogo, corpos estranhos e calcificações no tórax, que não produzam reação pleural ou não pareçam pulmonares; portanto, provavelmente de localização extrapleural.

Portanto, na ausência de fluoroscopia disponível, incidências oblíquas com outras angulações podem comprovar a topografia correta de um nódulo/corpo estranho.

Fluoroscopia: a "arte perdida"

Segundo o Professor Felson, a fluoroscopia é uma "arte perdida". Trata-se de um procedimento pouco utilizado atualmente, embora seja sempre lembrado nos casos de suspeita de paralisia de um diafragma. É um exame que requer experiência anterior para minimizar erros de interpretação, não infrequentes quando se está em busca de confirmar uma hipótese diagnóstica. A experiência prática anterior é necessária para reduzir o tempo de exposição à radiação. Não é incomum avisar o residente de que radioscopia não é televisão, portanto, deve durar o menor tempo possível (menos de 3 minutos). A rotação do paciente é muito útil na determinação da tridimensionalidade das estruturas e de seu exato posicionamento.

Pode-se lançar mão de manobra de Müller, que consiste em inspiração forçada com o nariz e a boca tapados, pois reduz a pressão intratorácica, aumentando o tamanho das veias intrapulmonares. Essa manobra é mais fiel para demonstrar a perda de movimentação de um diafragma.

A manobra de Valsalva também pode ser utilizada (esforço expiratório com a glote fechada) para visualizar a redução das veias e de eventuais malformações arteriovenosas, que são mais bem caracterizadas atualmente com TC.

Radiografia expirada

Tem sua indicação para pesquisa de paralisia do diafragma e para diagnóstico mais preciso de enfisema pulmonar e aprisionamento aéreo, pois a inspiração e a expiração serão muito semelhantes, quando não iguais, nas áreas afetadas.

Incidência lordótica ou apicolordótica

Esta ainda tem alguma utilização para melhor estudo dos ápices e para se observar tênues condensações do lobo médio à direita.

Os ápices pulmonares são sempre parcialmente obscurecidos pelas clavículas e pela 1ª costela bilateralmente, juntamente com as frequentes calcificações condrocostais da 1ª costela, presentes inclusive em pacientes jovens.

O objetivo dessa incidência é projetar acima do pulmão as clavículas e, parcialmente, a 1ª costela de modo bilateral.

Para sua realização, faz-se a incidência AP com o paciente inclinado para trás, apoiando apenas os ombros na estativa. Caso ele não tenha condições físicas de realizar a manobra, pode-se posicioná-lo em pé, com as costas na estativa, e inclinar o tubo de raios X 15º cefalicamente, obtendo-se resultado semelhante (Figura 9).

Pós-processamento da radiografia digital

Inversão de negativo para positivo

Algumas escolas europeias, principalmente a francesa, adotaram por um período a inversão da imagem da radiografia (que, na verdade, é um negativo) para uma imagem em positivo. São imagens interessantes que, no entanto, não acrescentam informações para o diagnóstico, porém exigem "retrabalho" da imagem, com custo financeiro e de tempo, sendo artifício fácil nos equipamentos digitais (Figura 10).

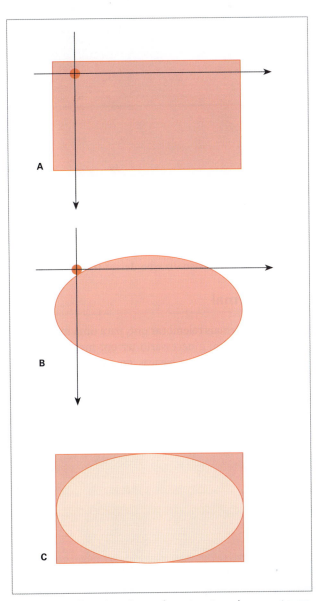

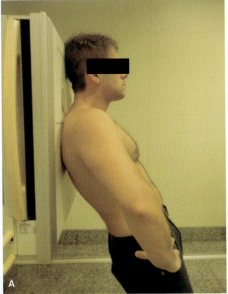
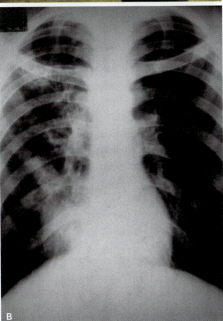
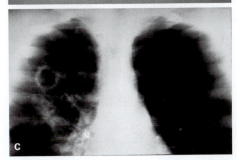

Figura 8 A: Se o tórax tivesse formato retangular ao corte, um nódulo que se projetasse no pulmão posteroanteriormente (PA) e em perfil estaria no pulmão. B: Formato real do tórax evidencia que um nódulo extrapulmonar pode se projetar no pulmão PA e em perfil. C: Quatro regiões em que isso pode ocorrer.

Figura 9 A: Posicionamento da incidência apicolordótica. B: Radiografia de tórax em incidência posteroanterior evidencia condensação do segmento medial do lobo médio à direita, pois produz o sinal da silhueta com contorno cardíaco e opacidade retroclavicular direita. C: Em incidência apicolordótica do mesmo tórax, fica evidente a cavitação tuberculosa que estava parcialmente oculta pela clavícula. Mesmo retrospectivamente, é difícil ver a caverna atrás da clavícula direita.

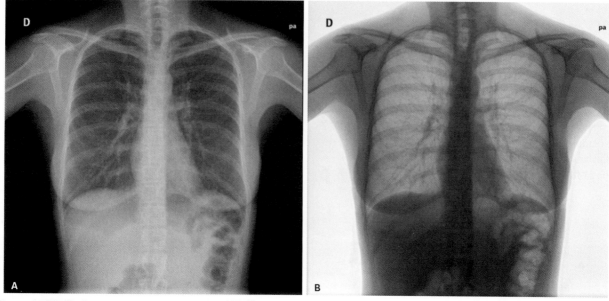

Figura 10 A: Radiografia de tórax simples, na verdade uma imagem em negativo. B: Imagem positiva do mesmo tórax.

Técnicas para melhorar o contraste

Os aparelhos digitais podem reprocessar a imagem da radiografia para acentuar o contraste, o que pode ser útil para identificar e definir pequenos nódulos. Ainda são recursos com limitações e efetividade limitadas, que poderão ser mais eficazes com avanços técnicos de reprocessamento (Figura 11).

Troca de posição da radiografia (flip)

Trata-se de um recurso muito útil, principalmente para pesquisa de fraturas costais. Analisar uma radiografia "deitada" (flip 90º), em sentido horário ou anti-horário, facilita muito a visualização dessas fraturas.

Tórax normal

Nunca é demais relembrar que, para uma melhor avaliação radiológica, é necessário ter em mente as quatro densidades radiológicas básicas no corpo humano, que são, em ordem crescente: ar, gordura, água e cálcio/metal.

Uma boa maneira de memorizar essas densidades é lembrar-se da radiografia de um ovo de ave, na qual (Figura 12):

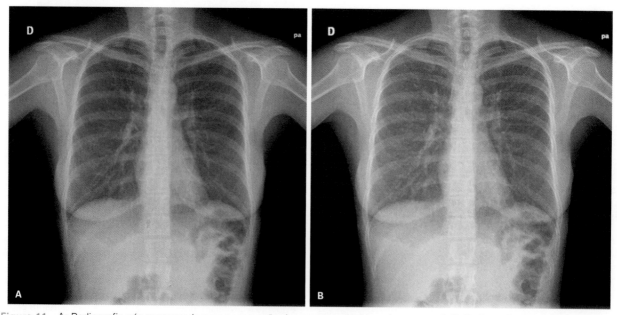

Figura 11 A: Radiografia pós-processada com acentuação das margens (edge enhancement). B: Radiografia pós-processada com maior detecção das margens (edge detect).

- Ar: saco aéreo ou câmara aérea.
- Gordura: gema.
- Água: clara.
- Cálcio: casca.

A densidade, em uma imagem radiológica, depende não só da densidade do tecido, mas também de sua espessura; portanto, um nódulo pequeno parcialmente calcificado pode ter densidade absoluta menor que a sombra mamária. É preciso bom senso na interpretação dos achados radiológicos quanto à sua densidade.

Outro lembrete importante é o valor do sinal da silhueta, no qual estruturas de densidade semelhante, que fazem contato direto umas com as outras, apagam esse contorno, fundindo-se visualmente.

Isso explica por que um derrame pleural ou uma pneumonia basal à direita se fundem ao contorno do diafragma/fígado. Explica, também, por que uma pneumonia de segmento medial do lobo médio, que toca o coração, borra seu contorno.

Outro fato muito importante na análise é a dúvida. A dúvida deve ser respeitada, descrita como tal, ou seja: se em uma radiografia houver dúvida se um nódulo é calcificado ou não, se uma lesão está no lobo médio ou superior, deve-se descrever essa dúvida e não tentar por adivinhação escolher uma das opções.

É muito fácil solicitar outros métodos de imagem para resolver a dúvida, minimizando o fator erro do relatório.

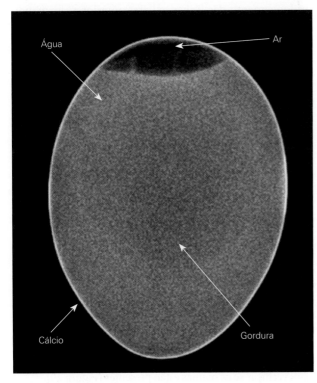

Figura 12 Radiografia simples de um ovo mostrando as quatro densidades básicas do corpo humano. É necessário ter boa vontade para ver a gema!

É importante lembrar que quando se faz uma opção, em caso de dúvida, pode-se errar; mas, quando se expõe a dúvida, o profissional não erra.

Análise do tórax normal

Vários estudos mostram que uma análise aleatória das radiografias do tórax cria condições para que algumas regiões e tecidos não sejam analisados com a devida atenção.

É importante que a análise seja sistematizada, para que todas as informações de uma radiografia possam ser avaliadas.

Utiliza-se, há décadas, uma análise chamada de fora para dentro, ou seja, inicia-se o estudo pelas partes moles e adentra-se o tórax. Seguem-se o plano ósseo, as cúpulas diafragmáticas e os espaços pleurais, o parênquima pulmonar e sua vascularização, os hilos pulmonares, a traqueia e os brônquios-fonte, o coração, a aorta e o restante do mediastino.

É imprescindível ter em mente que o tórax é uma estrutura tridimensional projetada em um filme ou imagem de forma bidimensional (parece óbvio, mas não é) e, portanto, múltiplas estruturas se superpõem, de maneira que a densidade dessas estruturas e outras incidências podem definir melhor os achados.

Não é incomum ter dúvida se um mamilo ou um calo ósseo em uma costela é uma lesão pulmonar (Figura 13).

No caso dos mamilos, sua quase sempre presente bilateralidade e simetria podem resolver a questão. Podem ser necessários exame físico e a realização de nova radiografia com os mamilos marcados com reparo radiopaco para o correto diagnóstico. Pode ocorrer assimetria dos mamilos em pacientes tanto femininos como masculinos.

Na Figura 14, observam-se o aspecto do tórax normal em adultos masculinos e femininos e a projeção das linhas mediastinais anatômicas principais.

Partes moles

A análise se inicia pela espessura das partes moles, permitindo facilmente o diagnóstico de obesidade ou magreza (caquexia), que isoladamente podem indicar diagnósticos ou condições clínicas (p. ex., obesidade alimentar/Cushing ou desnutrição/doença consumptiva) (Figura 15).

Dobras cutâneas podem ser identificáveis como linhas em geral arqueadas, mas frequentemente vistas em pacientes imobilizados (crianças) ou pacientes de unidade de terapia intensiva (UTI). Nos pacientes de UTI, em especial, essas dobras podem ser paralelas ao contorno lateral da caixa torácica, podendo induzir ao diagnóstico errado de pneumotórax (Figura 16).

Enfisema subcutâneo pode ter várias origens, sendo as mais comuns procedimentos cirúrgicos, traumas perfurantes, infecções, traqueostomias e drenos torácicos.

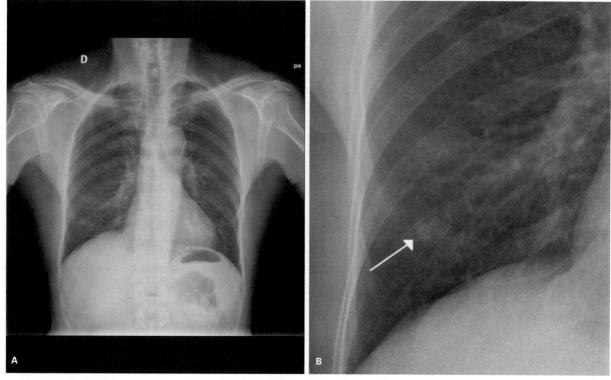

Figura 13 A: Radiografia de tórax posteroanterior masculino com mamilos identificáveis. B: Detalhe da radiografia.

Tipicamente, são imagens hipertransparentes, geralmente laminares, pois se espalham entre os planos anatômicos das partes moles, por vezes infiltrando a musculatura peitoral, sendo evidentes os feixes musculares desses planos em formato de leque (Figura 17).

Nódulos ou tumorações variados podem ser suspeitados por alteração de contorno da pele (neurofibromatose) ou quando são grandes ou calcificados pela densificação da região.

A cisticercose pode produzir calcificações riziformes nas partes moles (Figura 18).

Esclerose sistêmica progressiva pode produzir calcificações cutâneas. Miosite ossificante produz calcificações musculares.

Hemangiomas podem apresentar flebolitos em seu interior, que geralmente são resíduos de trombos venosos parcialmente recanalizados e calcificados.

Corpos estranhos, marca-passo cardíaco, eletrodos de monitoramento e outra infinidade de dispositivos e objetos, incluindo projéteis de arma de fogo e até objetos de bolso (moedas, isqueiros), tranças de cabelo, colares e artefatos radiológicos (defeitos no filme ou nos detectores) podem ser visualizados.

O cabelo pode se transformar em grande problema, quando se projeta sobre os ápices pulmonares, pois simula infiltrado tuberculoso. O que ajuda na diferenciação é o fato de o cabelo ter extensão para cima, nas partes moles, fora da projeção do pulmão.

Mamas

As sombras mamárias iniciam-se lateralmente como prolongamento das linhas axilares anteriores, formando um arco nítido inferiormente de cada lado.

As mamas produzem velamento progressivo e homogêneo, o qual aumenta inferiormente até o término delas. Notar que as mamas variam muito em dimensões e densidade, produzindo graus diferentes de velamento, não necessariamente proporcional a seu volume.

Mamas de mulheres mais jovens ou em fase de amamentação têm maior densidade, produzindo maior velamento, e mamas com substituição gordurosa produzem velamento quase inexistente, apesar de suas dimensões, lembrando que elas também são comprimidas na estativa.

As mamas femininas de pequenas dimensões ou até as masculinas podem produzir velamento no terço médio do tórax, sem ter necessariamente o contorno inferior clássico visível (Figura 19).

Pacientes masculinos com muita musculatura peitoral apresentam o mesmo efeito.

Às vezes, a paciente pode comprimir uma mama mais do que a outra na estativa, produzindo assimetria de velamento, que pode causar confusão com pneumonia de um dos lados (se for mama pequena e densa) ou até confusão com mastectomia. Portanto, é importante observar as linhas axilares para verificar se as mamas estão presentes (Figura 20).

É normal que as mamas sejam assimétricas em pequeno grau, sendo uma frequentemente maior que a ou-

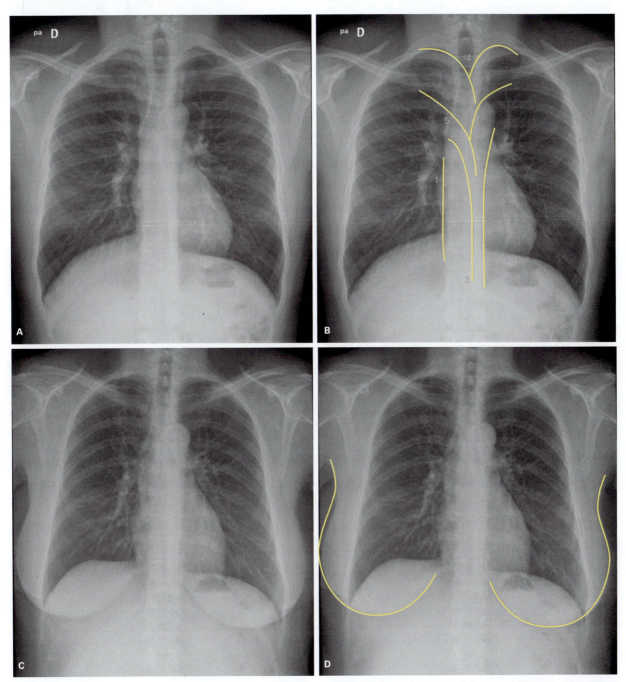

Figura 14 A: Tórax masculino normal em projeção posteroanterior (PA). B: Projeção das principais linhas mediastinais: 1) linha paravertebral direita; 2) recesso azigoesofágico/linha de junção posteroinferior; 3) linha para-aórtica; 4) linha de junção posterossuperior; 5) triângulo mediastinal anterior, seguido inferiormente pela linha de junção anterior. C: Tórax posteroanterior feminino normal. D: Observar o contorno das sombras mamárias, que são a continuação das linhas axilares anteriores. A análise do mediastino é a mesma do tórax masculino. O contorno das demais estruturas do mediastino está descrito na Figura 84.

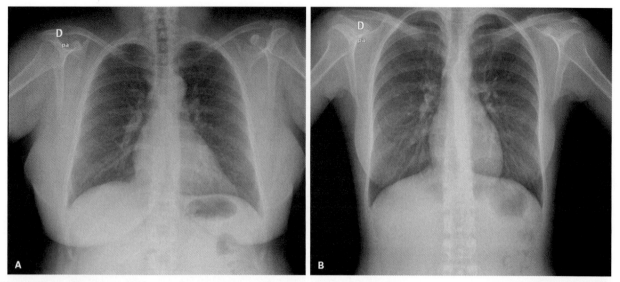

Figura 15   A: Obesidade. B: Emagrecimento.

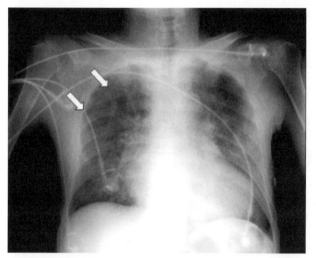

Figura 16   Paciente de unidade de terapia intensiva, mostrando dobra de pele que simula pneumotórax.

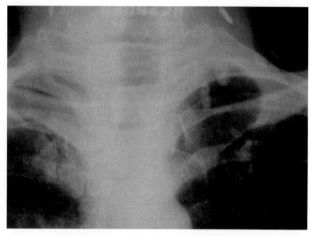

Figura 18   Calcificações riziformes nas partes moles indicativas de cisticercose.

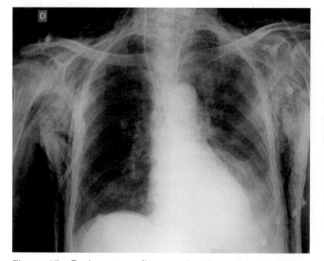

Figura 17   Exuberante enfisema subcutâneo delaminando os planos anatômicos, visualizando-se, inclusive, os feixes musculares dos peitorais.

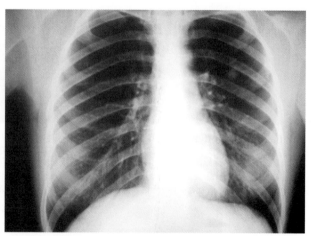

Figura 19   Mamas pequenas e densas, femininas pelo seu conteúdo parenquimatoso ou masculinas pela musculatura peitoral, provocam velamento no tórax sem o contorno clássico das mamas.

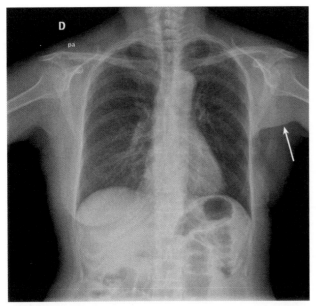

Figura 20 Mastectomia à esquerda (nota-se certa horizontalização da linha axilar anterior desse lado – seta).

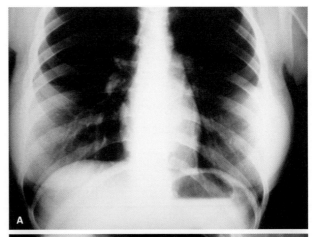

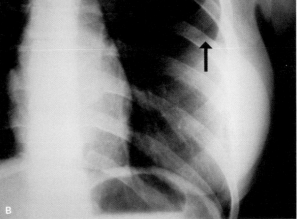

Figura 21 A: Implantes mamários bilaterais. B: Detalhe do implante: observar seu contorno superior nítido (seta), inexistente em mama normal, mesmo se for densa, e o duplo contorno inferior da mama.

tra. Esse achado pode ser variação do normal; porém, se for significativo, deve ser descrito.

A assimetria também pode ser provocada por mastectomias parciais pregressas, não citadas no pedido de exame, ou assimetrias de diâmetro anteroposterior de um hemitórax (deformidade da caixa).

Nódulos mamários calcificados (fibroadenomas) podem ser confundidos com granulomas/hamartomas pulmonares (Figura 8).

Lembre-se de que as sombras mamárias podem ser pequenas em pacientes femininas e grandes em pacientes masculinos obesos ou com ginecomastia pelas mais variadas causas.

Implantes mamários, próteses ou expansores podem ser identificados, principalmente por seus contornos superiores, que são facilmente visíveis na radiografia de tórax PA (Figura 21) e duplo contorno inferior.

A mastectomia total é fácil de identificar em função da ausência de velamento e de horizontalização da linha axilar anterior, podendo, às vezes, ser visível fibrose actínica pulmonar (pós-radioterapia) do lado da mastectomia (Figura 20).

A síndrome de Poland é rara, na qual pode haver agenesia do músculo peitoral de um dos lados, entre outras anomalias que podem estar associadas e que produzem hipertransparência unilateral.

Os mamilos podem ser identificados geralmente em pacientes femininas, nas quais podem ter grande volume. O fato de em geral serem visíveis bilateralmente e na mesma altura sugere que sejam os mamilos na base de ambos os hemitóraces, não nódulos pulmonares (Figura 13).

Os mamilos podem ser assimétricos quanto a seu tamanho e posição, inclusive nos pacientes masculinos.

Quando houver dúvida, deve-se tentar localizá-los na incidência em perfil; principalmente em mulheres, essa avaliação encerra a dúvida.

Caso o perfil não resolva o problema, sugere-se repetir o exame com os mamilos marcados com pequeno objeto radiopaco, como já foi comentado, para definir a natureza dos nódulos.

Dobras axilares

Podem ser facilmente identificadas, principalmente em indivíduos mais magros. A não visualização dessas linhas não tem significado patológico (posicionamento diferente, obesidade etc.).

Normalmente, identificam-se três linhas axilares (Figura 22).

- Posterior: mais retilínea, inclinada superiormente para fora, acompanhando a musculatura dorsal e a presença das escápulas.
- Média ou cavo axilar: arqueada para dentro.
- Anterior: mais sinuosa e que continua com a linha das mamas/músculos peitorais.

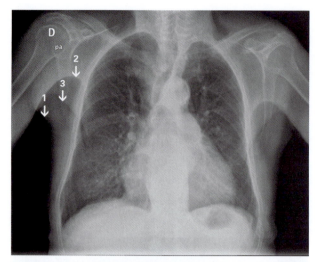

Figura 22 Linhas axilares. Posterior (1): geralmente é a mais externa, pois acompanha a musculatura dorsal. Média ou cavoaxilar (2), quando presente em pacientes mais magros, é mais profunda e arqueada superiormente. Anterior (3): é a que continua com o contorno das mamas.

Sombras companheiras das clavículas e da segunda costela

As sombras companheiras das clavículas são visíveis em indivíduos magros ou normais e consistem apenas na visualização da tangência da pele e do tecido celular subcutâneo que ficam sobre a clavícula e tendem a ser bilaterais e simétricos (Figura 23A).

As sombras companheiras das segundas costelas são menos visíveis e consistem na tangência do feixe de fótons em deflexão da pleura sob ela mesma (Figura 23B).

Sombras dos músculos esternocleidomastóideos

Como o próprio nome do músculo descreve, essas sombras conectam as mastoides à face anteromedial do tórax, inserindo-se distalmente no manúbrio esternal, e às extremidades mediais das clavículas, produzindo o movimento rotatório horizontal da cabeça quando apenas um lado é acionado e ajudando na flexão anterior da cabeça quando ambos são acionados (Figura 24).

Quando o paciente é magro e/ou contrai o músculo esternocleidomastóideo, ou durante a manobra de Müller, esse músculo pode ser visualizado em seus contornos laterais e até nos mediais, que se unem inferiormente em formato de U, caracterizando a fossa jugular logo acima da fúrcula esternal.

A fossa jugular pode ser identificada fazendo-se inspiração forçada com a glote fechada (manobra de Müller); no entanto, ela é raramente vista e tem pouca utilidade diagnóstica.

Plano ósseo

É necessária a análise de todos os ossos visíveis na radiografia do tórax, ou seja:

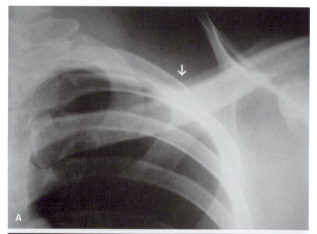

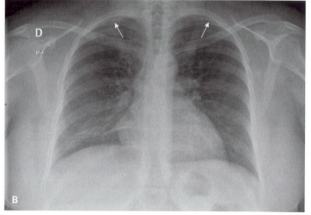

Figura 23 A: Sombra companheira da clavícula (faixa de partes moles que acompanha a clavícula superiormente). B: Sombra companheira da segunda costela (faixa de partes moles que acompanha a segunda costela inferiormente).

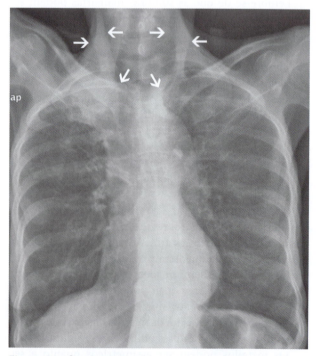

Figura 24 Sombras dos músculos esternocleidomastóideos (setas horizontais) e fossa jugular (setas oblíquas).

- Segmento inferior das vértebras cervicais, incluindo costelas cervicais calcificadas, caso presentes.
- Vértebras torácicas visíveis, incluindo os espaços discais geralmente visíveis acima do maciço cardíaco. Observar escoliose e eventualmente espondilose dorsal.
- Vértebras lombares visíveis.

Costelas

Observar todas as costelas visíveis bilateralmente (geralmente a 11 e a 12 não são visíveis, por serem obscurecidas pelas partes moles abdominais).

As costelas são ossos alongados que têm uma borda arredondada superiormente e formato inferiormente afilado, parecendo a lâmina de uma faca, em que se localizam as artérias, as veias e os nervos intercostais.

Em função desse detalhe anatômico, as punções pleuropulmonares devem ser feitas tangenciando a margem superior das costelas, para evitar lesões do feixe vasculonervoso.

Em alguns pacientes, a margem inferior dos segmentos posteriores das costelas pode não ser identificada em função de seu formato laminar, mas não deve ser confundida com lesão óssea destrutiva (Figura 25). No entanto, a descontinuidade da margem superior das costelas é indicativa de lesão. É importante lembrar-se das lesões mais comuns, que são as fraturas/calos ósseos, as metástases e as lesões primárias, que podem ser líticas ou escleróticas. São comuns ilhotas de tecido ósseo compacto nas costelas, que podem ser confundíveis com nódulos calcificados pulmonares. Caso o nódulo tenha extensão "extracostal", provavelmente está no pulmão, ou deve-se fazer radiografia em expiração (o nódulo permanece inalterado se estiver na costela ou se mobiliza se estiver no pulmão).

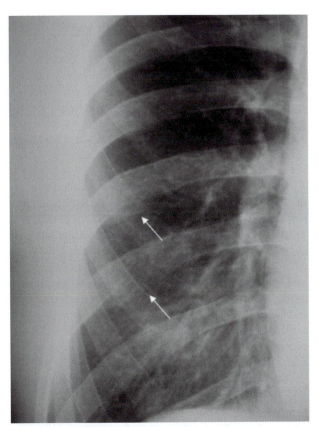

Figura 25 Observa-se a aparente descontinuidade da margem inferior das costelas assinaladas. Esse achado é normal.

Anomalias congênitas costais

Costela cervical

É uma anomalia relativamente frequente que consiste em uma costela hipoplásica, articulada, geralmente em C7, que pode estar ossificada ou não e ser uni ou bilateral, sendo visível na radiografia quando ossificada (Figura 26).

A costela cervical caracteriza uma anomalia de transição cervicotorácica e geralmente não tem sintoma ou significado patológico. Em alguns pacientes, pode produzir a síndrome do desfiladeiro torácico, que consiste em compressão de estruturas vasculonervosas (plexo braquial e artérias subclávias), podendo também ser produzida pela musculatura do escaleno e do músculo peitoral. Essa síndrome pode ser verificada sem a presença da costela cervical, e a costela cervical não produz, necessariamente, a síndrome. É importante lembrar que a costela cervical pode não estar calcificada, sendo apenas cartilaginosa e invisível na radiografia.

Em alguns pacientes, os sintomas de dor, parestesia e adormecimento do membro superior só ocorrem com va-

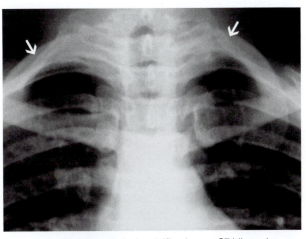

Figura 26 Costelas cervicais calcificadas em C7 bilateralmente.

riados graus de elevação do braço ou rotação da cabeça, sendo feito o diagnóstico no TC *multislice* com contraste intravenoso, na posição de gatilho (que produz o sintoma), tornando evidentes o ponto de compressão e o agente causal.

Outras anomalias costais

São relativamente frequentes as anomalias morfológicas e de desenvolvimento dos arcos costais.

Pode ocorrer costela supranumerária ou falta de uma delas. No indivíduo normal, há doze costelas de cada lado, sendo geralmente as duas últimas flutuantes e, portanto, não conectadas com as cartilagens anteriores da caixa torácica.

Observam-se, também, anomalias transicionais, como apófises transversas da primeira vértebra lombar articuladas, sendo difícil definir se é uma costela hipoplásica ou uma apófise transversa articulada. Essa alteração não produz sintomas, sendo, portanto, irrelevante o nome escolhido.

Podem ocorrer costelas fundidas em todo ou em parte, pontes ósseas e também bifidez da extremidade anterior do arco costal (deformidade em y ou em garfo).

As primeiras alterações são fáceis de identificar; no entanto, a bifidez pode passar despercebida ao radiologista ou clínico menos experientes, que podem interpretar essa opacificação assimétrica dos pulmões como pneumonia. Já houve caso em que a criança encaminhada era tratada de forma repetida para pneumonia quando ficava gripada, e essa "pneumonia" não melhorava radiologicamente, simplesmente porque não era pneumonia, era apenas bifidez costal anterior (Figura 27).

Outra alteração muito rara é a costela intrapulmonar.

Fraturas costais

É muito frequente a solicitação de radiografia de tórax para pesquisa de fraturas costais.

Rotineiramente, são realizadas incidências de tórax PA e oblíqua anterior a 45° do lado do trauma. São radiografias que devem ser analisadas com muito cuidado, pois em boa parte das vezes uma fratura invisível em uma incidência pode ser visível na outra. Em alguns casos, a fratura não é visível nas duas incidências, mas pode ser observado calo ósseo após alguns dias, prova inequívoca de fratura não detectada. É importante que o técnico escreva no pedido de exame o ponto exato do traumatismo, para intensificar a pesquisa nessa área.

A visualização das fraturas pode ser por linha radiolucente transversa ou por desalinhamento dos segmentos (Figura 28A e B). Portanto, todas as costelas devem ser avaliadas em toda a sua extensão, com atenção especial à sua margem superior, que é mais confiável para essa análise.

- Fratura por trauma focal direto: pode ocorrer em qualquer ponto da costela.
- Fratura por impacto de face: pode ser de múltiplas costelas e geralmente no mesmo nível (Figura 28C, D e E).
- Fraturas por insuficiência: ocorrem geralmente em pacientes idosos, com tosse crônica e nos segmentos mais anteriores das costelas. Em geral são bilaterais, podendo haver fraturas em fases diferentes de cicatrização (recente, calo ósseo evidente, consolidação completa).
- Fraturas patológicas: podem ocorrer por neoplasias primárias malignas (p. ex., Ewing), metástases hematogênicas ou por contiguidade (p. ex., tumor de mama), tumores benignos (p. ex., tumor marrom do hiperparatireoidismo) ou por malformação estrutural da costela (p. ex., ostegênese imperfeita).
- Fraturas de transição condrocostal ou da própria cartilagem: podem não ser visíveis na radiografia.
- Os calos ósseos podem formar imagens nodulares, que podem ser confundidas com nódulos pulmonares se a fratura não for evidente e/ou se não houver história de trauma. Algumas fraturas podem ser complicadas com pneumotórax e hemotórax, sendo importante verificar se há alguma complicação pleural associada, incluindo também enfisema subcutâneo.

Dica prática para pesquisa de fraturas costais

Como já foi comentado em técnicas complementares com pós-processamento, é de valiosa utilidade a análise da radiografia "deitada" (radiografia em filme) ou com *flip* de 90° em radiografia digital, para a pesquisa de fraturas costais (Figura 29).

Anomalias da caixa torácica

A caixa torácica normal tem o formato grosseiramente triangular. Os dois hemitóraces têm o formato aproximado de dois cones, com o vértice para cima e comprimidos ou retificados nas faces mediastinais. Esse formato triangular é mais evidente em lactentes e crianças pequenas.

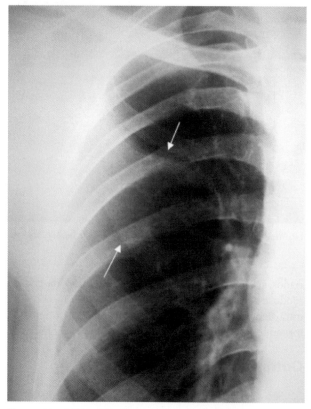

Figura 27   Bifidez costal anterior.

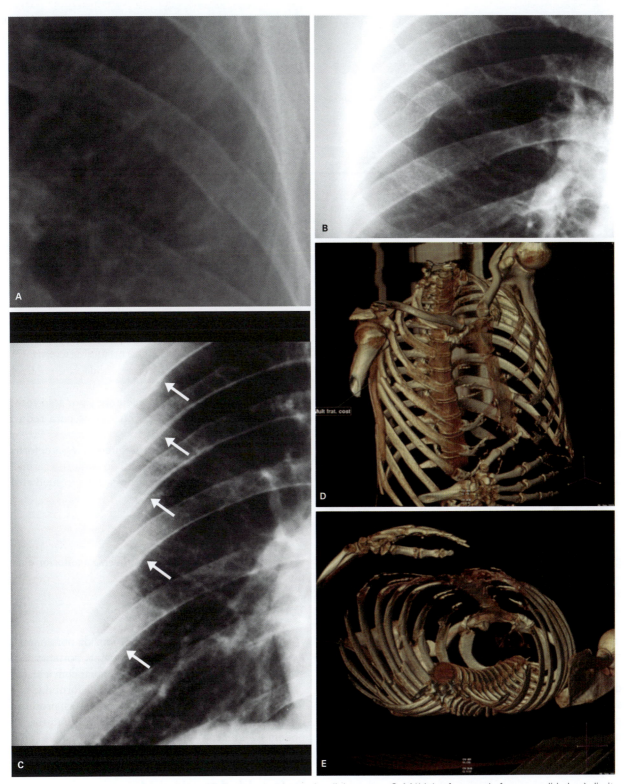

Figura 28 A: Linha radiolucente de fratura. B: Fratura costal com desalinhamento. C: Múltiplas fraturas de face consolidadas à direita. D e E: Múltiplas fraturas recentes à direita de outro paciente em reconstrução tridimensional de tomógrafo *multislice*.

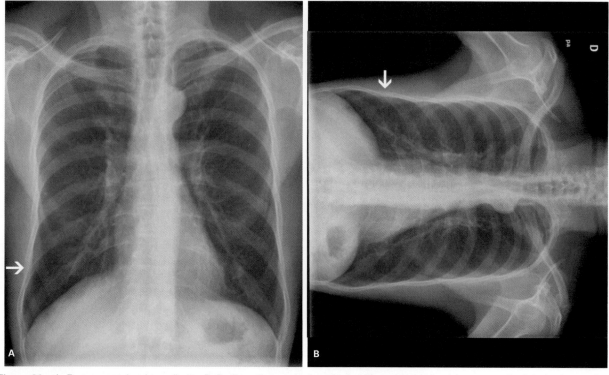

Figura 29 A: Fratura costal na base direita. B: Radiografia com inclinação de 90° em sentido horário torna mais visível a descontinuidade da costela. Experimente fazer isso na prática, quando se deparar com um caso de trauma de tórax.

Com o envelhecimento, pode haver acentuação da cifose dorsal, com consequente aumento do diâmetro anteroposterior do tórax, e seu formato tende a ficar menos triangular e mais cilíndrico na incidência PA.

Processos patológicos de evolução mais longa também produzem a transformação de tórax triangular para cilíndrico; como exemplo clássico, tem-se o enfisema, que produz o chamado tórax em barril.

Discretas assimetrias torácicas são normais; porém, quando mais exuberantes, podem ter uma causa patológica que deve ser investigada.

Um enfisema lobar congênito pode produzir uma assimetria torácica, não só de transparência, mas também de tamanho aumentado.

Uma hipoplasia pulmonar, lobectomia ou corpo estranho endobrônquico podem aumentar a densidade e reduzir o tamanho do hemitórax.

Em alguns casos, o radiologista terá problemas em definir se um hemitórax tem transparência aumentada ou se é o outro lado que tem maior densidade. Se a dúvida persistir, deve-se prosseguir a investigação com TC (ver mais adiante seção "Tórax pediátrico").

Pectus excavatum

Como o próprio nome diz, o tórax tem uma escavação no peito provocada por uma posteriorização do esterno, produzindo deformidade que, na maioria dos casos, não produz sintomas ou doenças, porém grande desconforto estético aos pacientes, por isso foram desenvolvidas várias técnicas cirúrgicas para reduzir essa deformidade.

Em função de sua relativa frequência, essa deformidade pode provocar o borramento do contorno cardíaco direito, simulando pneumonia do segmento medial do lobo médio à direita (Figura 30).

Pectus carinatum

É uma deformidade torácica inversa à anterior e menos frequente.w

Tórax cifoescoliótico

É uma alteração infrequente, produzida por anomalia de desenvolvimento congênito da coluna, portanto, é visualizada no nascimento e pode se acentuar com a idade.

Apresenta-se com variados graus de deformidades cifóticas, escolióticas e combinações entre estas, produzindo deformidades extremas e limitações respiratórias que podem evoluir com graus variados de bronquite, bronquiectasias e enfisema.

Deformidades adquiridas

Entre as mais frequentes, estão as fraturas costais, claviculares e vertebrais, podendo produzir variadas deformações assimétricas.

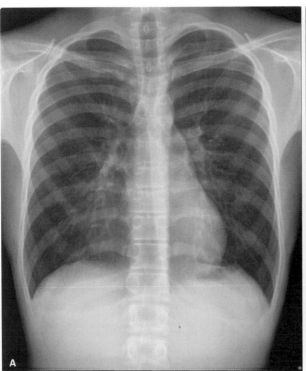
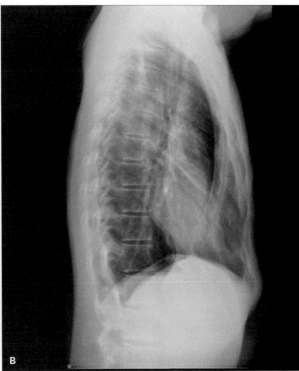

Figura 30   A: *Pectus excavatum* provocando borramento do contorno cardíaco direito. B: Perfil evidencia a deformidade com o esterno, chegando a comprimir o coração.

Essas deformidades podem ser adquiridas por processos patológicos, sendo o mais frequente a rarefação óssea, com acunhamento de vértebras dorsais, provocando acentuação da cifose e aumento do diâmetro anteroposterior do tórax (Figura 31).

Tuberculose, espondilodiscites piogênicas, metástases ou lesões neoplásicas primárias também causam destruições focais que produzem cifose angular aguda, visíveis no exame físico do paciente e em radiografia de perfil.

Deformidades cirúrgicas

Podem decorrer de ressecções cirúrgicas ósseas e musculares, em casos de neoplasias mamárias, musculares ou ósseas, assim como pós-pneumectomias com redução de hemitórax.

Décadas atrás, toracoplastias eram realizadas com costectomias superiores para tratamento de tuberculose, cujo objetivo era obter o colabamento do lobo superior, com grande êxito, pois existem pacientes com 80 a 90 anos portando essas sequelas cirúrgicas (Figura 32).

Escápulas e extremidades proximais dos úmeros

Artroses e lesões destrutivas podem ser indícios de processos patológicos locais ou sistêmicos, como a artrite reumatoide ou metástases, que podem fornecer ajuda diagnóstica.

Na posição-padrão do tórax PA, frequentemente tem-se a impressão de haver volumoso cisto na cabeça do úmero, que na realidade é normal (ver bilateralidade do achado).

Figura 31   Acunheamento de vértebras dorsais com consequente acentuação da cifose dorsal e aumento do diâmetro anteroposterior do tórax.

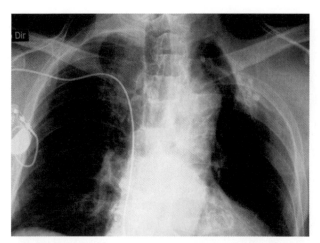

Figura 32 Toracoplastia. Ressecção dos primeiros quatro arcos costais à esquerda que curou com sucesso uma tuberculose pós-primária apical esquerda, que agora está calcificada (cortesia do Dr. Nelson Roque Paladino).

Clavículas

São ossos com cortical bem definida e formato ligeiramente em S horizontal. Portanto, variações de sua posição, principalmente com os braços elevados sobre a cabeça, podem produzir aspecto que pode ser confundido com lesão óssea cística em seu terço médio (Figura 33).

Medialmente, as clavículas articulam-se obliquamente com o manúbrio esternal, devendo-se observar o espaço articular e se existe sinal de pinçamento/irregularidade articular, labiações marginais (artrose) ou osteose (esclerose óssea reacional), que são as alterações mais frequentes.

Fossa romboide

É uma irregularidade na margem inferomedial das clavículas, geralmente simétrica e muito variável, podendo ser pequena, grande, regular ou irregular. A bilateralidade, relativamente simétrica, e sua localização são diagnósticas e representam a inserção dos ligamentos costoclaviculares, sendo apenas variação da normalidade (Figura 34).

Espaço pleural

O espaço pleural é um espaço praticamente virtual, que se mantém em decorrência de uma pressão negativa de aproximadamente $-5\ cmH_2O$, que existe em função da diferença hidrostática entre os folhetos pleurais parietal e visceral. Essa pressão negativa mantém o pulmão insuflado com ar, mesmo durante a expiração, evitando seu colabamento ou atelectasia.

As pleuras têm espessura total entre 0,2 e 0,4 mm. O espaço pleural normal tem entre 0,01 e 0,02 mm.

A pleura parietal é ligeiramente mais espessa que a visceral e reveste internamente a cavidade de ambos os

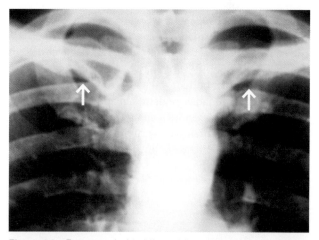

Figura 34 Fossa romboide bilateral (setas).

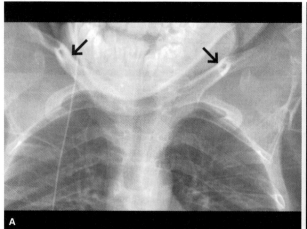
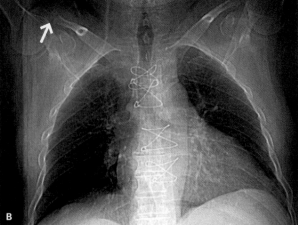

Figura 33 A: Falsas formações císticas nas clavículas provocadas apenas pelo ângulo de incidência nelas (setas). B: Paciente adulto em scout para realizar tomografia. Observar a articulação acromioclavicular (seta) frequentemente acometida por artrose, com labiações marginais. Outras alterações dessa articulação são as subluxações (aumento do espaço articular, maior que 4 mm, aproximadamente) e o desnivelamento da articulação.

hemitóraces, incluindo sua face mediastinal, e não é visível na radiografia do indivíduo normal. Na incidência PA, há a impressão visual de que o pulmão "toca" a margem interna das costelas lateralmente (Figura 35).

Em indivíduos obesos, observa-se aparente espessamento bilateral e simétrico das pleuras, em geral no terço médio do hemitórax, junto à face lateral, que corresponde apenas a aumento de gordura extrapleural, não havendo espessamento real da pleura propriamente dita (Figura 36).

Outro local em que a pleura parece espessada em indivíduos normais é nos sulcos superiores, nos quais se encaixam os ápices pulmonares, pois estes nem sempre são perfeitamente arredondados e também podem ter gordura extrapleural e a sombra companheira da 2ª costela, que deslocam inferiormente a pleura parietal dos ápices. O espessamento patológico da pleura no sulco superior é mais frequentemente provocado pela tuberculose pós-primária apical, formando uma capa pleural no ápice acometido (*pleural cap*) e, menos frequentemente, pelo carcinoma pulmonar (tumor de Pancoast), que rapidamente infiltra a parede do tórax, incluindo as costelas, e que é um achado indicativo desse diagnóstico.

Discreto espessamento pleuroapical e algumas pequenas estrias adjacentes não são tão visíveis na radiografia simples, porém são tão frequentes na TC *multislice* que, quando discretos, podem ser considerados achados não patológicos.

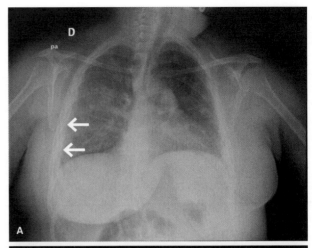

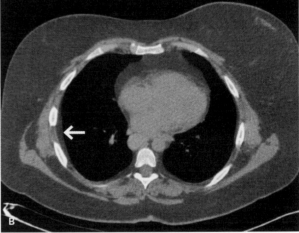

Figura 36 A: Espessamento da gordura extrapleural na radiografia. B: Espessamento da gordura extrapleural em tomografia computadorizada da mesma paciente.

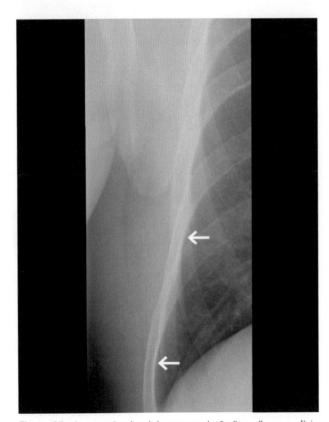

Figura 35 Impressão visual de que o pulmão "toca" a superfície interna das costelas.

Em pacientes magros, pode ser visível uma discreta ondulação da superfície do pulmão (seguido pelas pleuras) nos espaços intercostais, e esse achado é mais visível no gradeado costal anterior na incidência em perfil (Figura 37).

Em pacientes musculosos, pode haver hipertrofia de toda a musculatura que envolve as costelas, produzindo ligeiros abaulamentos inversos, ou seja, para o interior do tórax.

Esses achados normalmente são bilaterais e ocorrem em vários espaços intercostais, indicando sua natureza fisiológica. Caso isso ocorra isoladamente, em apenas uma costela, deve-se pensar em processo patológico focal.

Vale lembrar que a pleura parietal também reveste a face medial do hemitórax na superfície do mediastino, inclusive sobre o pericárdio.

A presença de líquido ou de derrame pleural apresenta-se de forma peculiar em função da cavidade que eles ocupam.

A maioria das radiografias de tórax é realizada com o paciente em ortostatismo e, portanto, a gravitação tra-

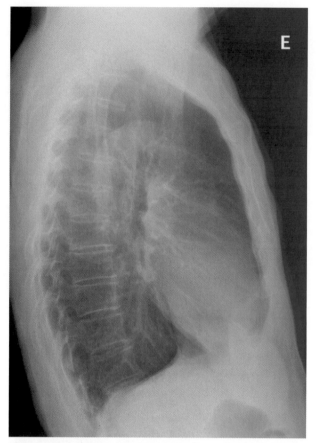

Figura 37 Ondulação normal do contorno pulmonar anterior, junto ao gradeado costal em pacientes magros.

ciona o líquido para baixo, de modo que ele seja coletado inferiormente (vetor gravitacional).

Os pulmões são ancorados ao mediastino pelos hilos pulmonares, que têm os brônquios-fonte, as artérias pulmonares, as veias pulmonares conectadas ao átrio esquerdo e os ligamentos pulmonares superiores e inferiores, surgindo portanto outro vetor que desloca o derrame para os lados (vetor hiloligamentar).

A junção gravitacional dos vetores para baixo e hiloligamentar para os lados cria uma resultante senoidal, que explica o sinal do menisco, ou linha de Demoiseau, que, na verdade, não é uma linha e sim uma zona de transição entre o local em que o derrame é mais espesso inferiormente e aquele em que é menos espesso superiormente (Figura 38).

Observe que essa "linha" não é bem definida; porém é geralmente paralela aos segmentos anteriores das costelas, sendo frequentemente confundida com elas na incidência PA. Na incidência em perfil, o sinal do menisco é mais semelhante com uma letra U, tendo limites superiores semelhantes anterior e posteriormente.

Nas regiões periféricas e laterais dos pulmões normais, há a sensação visual de que a superfície do ar dos pulmões "toca" a margem interna do gradeado costal, como já comentado. Quando existe derrame e/ou espessamento pleural, é fácil identificar o afastamento da superfície pulmonar

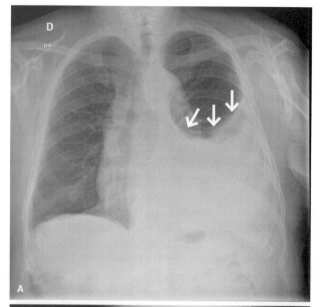

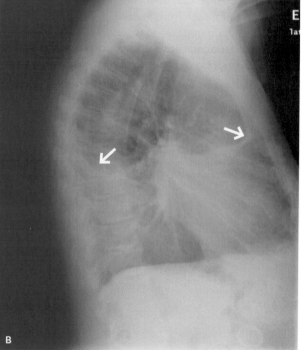

Figura 38 A: Incidência posteroanterior evidencia o sinal do menisco do derrame pleural livre (setas). B: Incidência em perfil mostra o clássico formato em U (setas).

do gradeado costal, em geral na base lateralmente, produzindo também a obliteração dos ângulos costofrênicos lateral e posterior. Se o derrame tiver maiores dimensões, pode também obliterar o seio cardiofrênico e as cúpulas diafragmáticas ou até velar o hemitórax inteiro.

O derrame pleural é muito mais denso radiologicamente nas regiões basais e laterais, pois, além de mais espesso na base, é radiografado longitudinalmente, aumentando sua densidade, pois atravessa maior espessura do derrame (Figura 39).

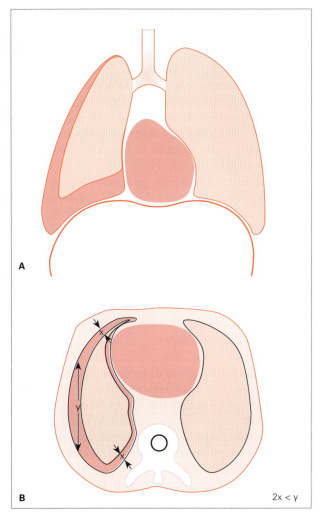

Figura 39 A: Desenho esquemático mostrando a disposição preferencial do derrame pleural livre em ortostatismo, que apresenta maior espessura e, portanto, maior densidade radiológica nas regiões mais basais e laterais. B: Corte imaginário transversal, com o paciente em ortostatismo, mostrando a disposição do derrame pleural (não é o mesmo que um corte de tomografia computadorizada, pois neste desenho não há gravidade tracionando o derrame posteriormente). As regiões mais laterais têm maior espessura de derrame a ser atravessado pelos raios X na radiografia de tórax posteroanterior e, portanto, ficam mais brancas.

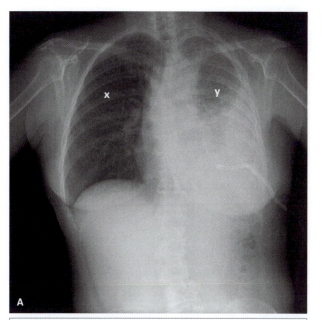

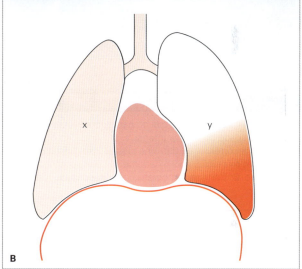

Figura 40 Derrame pleural à esquerda com sinal do menisco. Observa-se que a região Y está mais velada que seu correspondente à direita X, pois, apesar de mais fino do que na base, na projeção em Y tambem há derrame.

O hemitórax que tem derrame é mais opacificado, inclusive acima do sinal do menisco. Isso ocorre porque, embora mais fina, essa região também tem derrame e em parte menor insuflação pulmonar do mesmo lado e maior insuflação do pulmão contralateral em alguns casos (Figura 40).

Todas essas considerações sobre o espaço pleural sofrem profundas alterações quando o derrame pleural é encistado ou encarcerado (por aderências pleuropulmonares) ou quando o paciente está deitado (sala de emergência, UTI etc.).

É importante lembrar que, quando entra ar ou qualquer gás no derrame, desaparece o sinal do menisco e instala-se a presença de nível hidroaéreo.

Radiografias de pacientes em decúbito não apresentarão sinal do menisco em um derrame livre ou nível hidroaéreo caso haja hidropneumotórax, pois este vai se coletar posteriormente, velando o hemitórax de forma uniforme e dificultando o seu diagnóstico (Figura 41).

Outra situação peculiar é o derrame subpulmonar, de difícil diagnóstico na incidência PA, pois simula elevação da cúpula diafragmática, sendo, porém, de diagnóstico fácil no decúbito lateral com raios horizontais (Figura 42). É feito, também, o diagnóstico com radiografia em decúbito dorsal horizontal (AP deitado), evidenciando velamento parcial desse hemitórax por deslocamento posterior do derrame, como discutido na Figura 41.

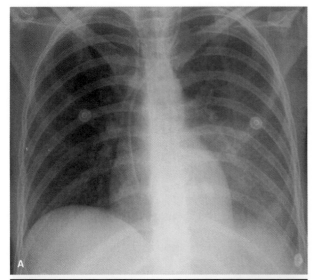

Figura 41 A: Velamento parcial do hemitórax esquerdo em paciente de unidade de terapia intensiva, em decúbito dorsal horizontal, em decorrência de derrame pleural livre. Não há sinal da silhueta com o coração, pois o derrame se coleta posteriormente em decúbito. B: Corte de tomografia computadorizada confirmando o achado.

Diafragma

As cúpulas diafragmáticas são, como diz o nome, cúpulas, porém não são cúpulas horizontais, mas inclinadas posteriormente e, por isso, os seios costofrênicos posteriores são mais baixos, acumulando derrame mais precocemente em função da força do vetor gravitacional.

O formato das cúpulas é extremamente variável, podendo ser arqueadas e regulares, boceladas, retilíneas e até escalonadas.

Os indivíduos longilíneos geralmente têm os ângulos costofrênicos mais profundos e em ângulo agudo, e os brevilíneos têm os ângulos costofrênicos mais rasos, podendo inclusive ser ângulo reto (Figura 43).

Nos indivíduos longilíneos e normolíneos, geralmente a cúpula direita é mais elevada e, nos brevilíneos, elas costumam ter a mesma altura. Isso não significa que cúpulas na mesma altura sejam um sinal patológico. Ocasionalmente, observa-se até a cúpula esquerda ligeiramente mais elevada em pacientes normais, fazendo parte do espectro da normalidade.

Esse conhecimento evita que um paciente brevilíneo receba o diagnóstico errado de derrame pleural por obliteração dos ângulos costofrênicos laterais e posteriores, pois esses pacientes apresentam as cúpulas mais horizontalizadas com seios costofrênicos retos ou rasos.

Outra causa frequente de horizontalização das cúpulas é o enfisema pulmonar, que produz rebaixamento das cúpulas, retificação e até inversão.

A chamada fixação alta da cúpula diafragmática por fibrose, em geral como sequela de processo inflamatório ou traumático, também produz cúpula retificada, que pode estar horizontal ou obliquada (Figura 44). A diferenciação desse achado com derrame pleural é que

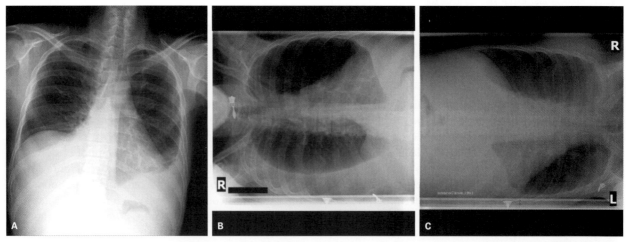

Figura 42 A: Radiografia de tórax posteroanterior em ortostatismo. Observar elevação da base do pulmão direito e sinais de derrame à esquerda. Não há suspeita clara de derrame à direita. B: Decúbito lateral direito com raios horizontais demonstra mobilização do derrame subpulmonar à direita, com evidente afastamento do pulmão do gradeado costal, diagnosticando derrame subpulmonar, insuspeito em A. C: Decúbito lateral esquerdo com raios horizontais mostra que o derrame à esquerda está parcialmente encistado, com mobilização presente, porém menor que o esperado.

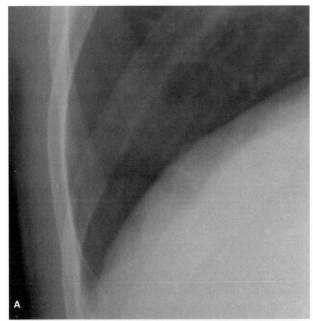

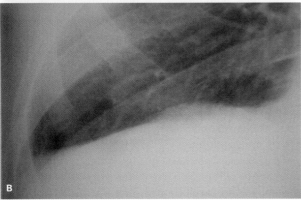

Figura 43 A: Seio costofrênico profundo (indivíduos longilíneos). B: Seio costofrênico raso (indivíduos brevilíneos).

a transição do derrame é gradual (sinal do menisco) e a fixação da cúpula é nítida e definida. A possível existência de derrame pleural encistado nessa topografia pode ser obstáculo ao diagnóstico, podendo, inclusive, coexistir com a fixação alta da cúpula.

Nota-se que não é infrequente a presença de obliteração por sequela inflamatória do seio costofrênico lateral, sem a devida obliteração do seio costofrênico posterior homolateral, como seria previsível de se encontrar, talvez por maior mobilidade do seio costofrênico posterior, diminuindo a possibilidade de formar aderência, além de que o contato entre as pleuras se faz por último no seio costofrênico posterior, em um derrame pleural em involução.

O diafragma é formado por uma lâmina aponeurótica rígida e pouco elástica, fixada lateralmente por feixes musculares diafragmáticos extrapulmonares, aderidos à caixa torácica, e esses músculos podem formar feixes espessos e separados que podem conferir ao diafragma (principalmente o direito) aspecto escalonado ("em degraus"), que é apenas variação da normalidade (Figura 45).

O diafragma é fixado medialmente pelos pilares diafragmáticos que apresentam maior extensão inferior, junto à coluna vertebral. Eles envolvem o hiato esofágico, a aorta e a veia cava inferior. Junto ao hiato esofágico, apresentam maior espessura, funcionando como um esfíncter externo, que dificulta a herniação do estômago para o mediastino.

Em alguns pacientes, os pilares podem ser visíveis na radiografia de tórax, quando eles têm maior penetração (Figura 46).

Não são raras as falhas do diafragma, que podem produzir pequenas boceladuras ou herniações de fígado quando ocorrem à direita. Existem pontos de maior fragilidade em função da formação embriológica dos diafrag-

Figura 44 Fixação alta da cúpula diafragmática direita, por sequela pleural de provável natureza inflamatória.

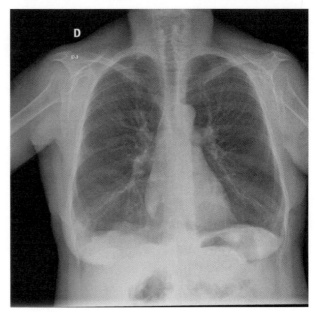

Figura 45 Cúpula direita escalonada. Este achado é normal.

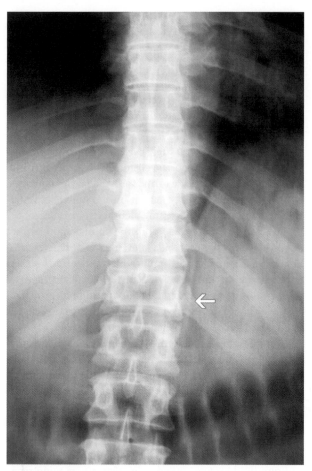

Figura 46   Pilar diafragmático esquerdo visto como uma linha horizontal paralela à coluna (seta).

mas posterior e anteriormente, que produzem as hérnias de Morgagni (anteriores) e as muito mais frequentes hérnias de Bochdalek (posteriores) (Figura 47).

Essas hérnias podem conter estruturas variadas, como gordura e vísceras abdominais, incluindo a presença de rim ectópico intratorácico posterior, que pode ser confundido com derrame pleural encistado posteriormente, mais frequente à esquerda, pois o fígado funciona como barreira. Em função dessas possibilidades, lesões aparentemente pleurais que admitem o diagnóstico diferencial de hérnias devem ser abordadas com cuidado (p. ex., em punções), podendo-se fazer previamente USG/TC para não provocar acidentes evitáveis. Os autores já foram surpreendidos por um rim intratorácico normal em exame cujo objetivo era fazer a marcação da pele para executar punção de suposto derrame pleural encistado (Figura 48).

Parênquima pulmonar

Na radiografia de tórax, o parênquima pulmonar apresenta baixa densidade em decorrência de seu alto conteúdo de ar e é mais transparente nas bases, pois apresenta mais ar e menos espessura de partes moles nessa altura do tórax (menos musculatura).

O parênquima deve ser homogêneo em toda a sua extensão e relativamente simétrico, excetuando-se as diferenças decorrentes do mediastino e do coração.

Chama a atenção a presença dos hilos pulmonares que contêm as artérias pulmonares e os brônquios-fonte e lobares. Essa ramificação dos hilos é vista principalmente pelas artérias, pois os brônquios intrapulmonares normais que as acompanham são pouco visíveis na radiografia simples, exceto quando são radiografados longitudinalmente. Isso ocorre geralmente próximo aos hilos pulmonares, caracterizando o sinal do monóculo (o círculo todo branco é a artéria pulmonar, e o círculo preto com margens brancas é o brônquio) (Figura 49).

Em geral, os contornos vasculares são chamados de silhuetas vasculares, e as artérias apresentam distribuição grosseiramente radial, divergindo a partir dos hilos pulmonares, que apresentam posicionamento medial nos pulmões e central no diâmetro AP do tórax em perfil. As artérias são mais visíveis em ortostatismo.

As veias pulmonares são pouco visualizadas no indivíduo normal e têm trajeto mais vertical nos campos superiores e mais horizontal nos campos inferiores, pois convergem para o átrio esquerdo, que se localiza na base central do tórax (Figura 50).

O pulmão tem maior espessura nas bases, e essa espessura é ainda maior na região basal medial à direita, pois o coração está do outro lado. Soma-se a esse fato a presença da veia pulmonar inferior direita, que é a mais visível, formando uma região triangular do pulmão que parece mais vascularizada que os demais segmentos pulmonares (esse triângulo tem os vértices no hilo pulmonar direito, ângulo cardiofrênico direito e seio costofrênico lateral direito). Essa região tem mais vasos, porque tem mais pulmão, e isso pode gerar confusão, parecendo que é uma área patológica. Jocosamente, esse triângulo é chamado de triângulo das Bermudas, pois geralmente o médico menos experiente "se perde" nessa avaliação.

O pulmão tem três zonas: zona central ou medial, próxima ao hilo que contém os vasos de maior calibre; zona média ou intermediária, ainda com vasos claramente visíveis; e zona periférica, na qual no indivíduo normal não se observam vasos.

Vale lembrar que a radiografia simples é uma expressão bidimensional de uma estrutura tridimensional, e essas três zonas (medial ou central, intermediária ou média e periférica) envolvem o hilo como se fossem semiesferas; portanto, uma calcificação próxima ao hilo em PA pode estar na zona periférica anterior ou posterior, além de poder estar na zona central ou intermediária. Essa constatação reforça a importância de um estudo básico PA + perfil.

Quando não houver definição da localização exata de um achado que se quer descrever e não se sabe em qual lobo e/ou segmento está localizado, utiliza-se o termo campo pulmonar. Os pulmões são divididos em três cam-

1 RADIOGRAFIA DE TÓRAX   29

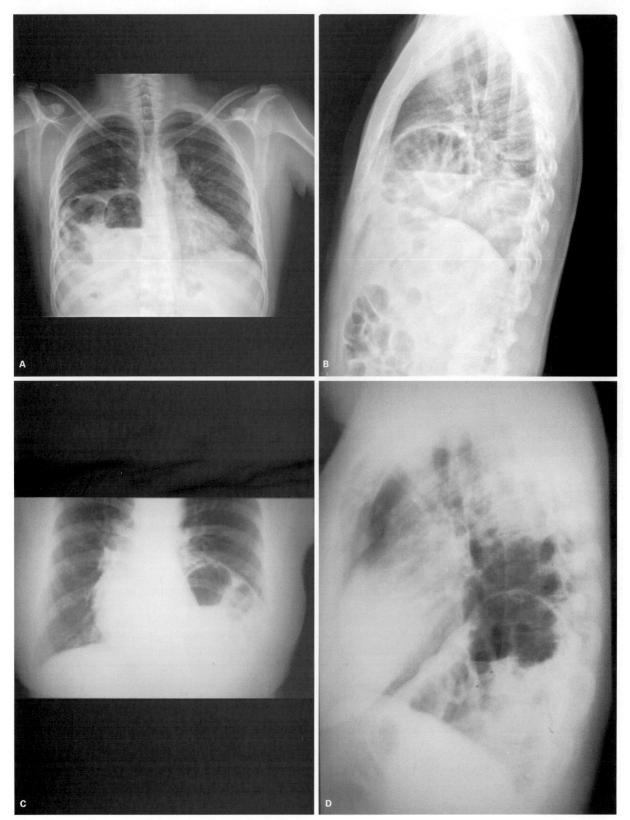

Figura 47   A e B: Hérnia de Morgagni. C e D: Hérnia de Bochdalek.

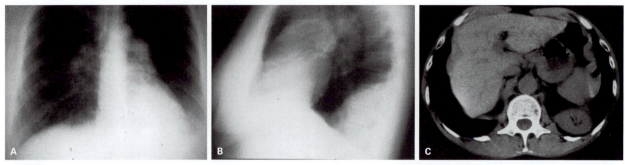

Figura 48 A: Opacidade retrocardíaca à esquerda. B: Opacidade em calota, basal posterior, sugerindo possível derrame pleural encistado. C: Tomografica computadorizada mostrando rim intratorácico à esquerda através de hérnia de Bochdalek.

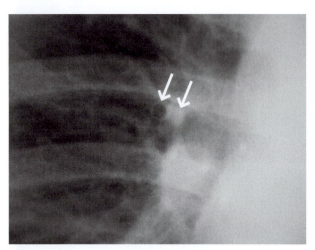

Figura 49 Sinal do monóculo. O círculo branco é a artéria, e o círculo escuro é o brônquio adjacente.

pos pulmonares: superior, médio e inferior. Para tornar essa descrição menos aleatória e individual, adota-se o seguinte critério (Figura 51):

- Campo superior: tudo o que está acima da margem mais inferior da 2ª costela.
- Campo médio: tudo o que está acima da margem mais inferior da 4ª costela e abaixo da 2ª.
- Campo inferior: tudo o que está abaixo da margem mais inferior da 4ª costela.

É claro que com o conhecimento dos lobos pulmonares e da anatomia lobar, pode-se ser muito mais específico.

A habilidade do profissional melhorará muito após estudar as próximas duas seções deste capítulo, mas é importante lembrar que nem sempre se pode ser específico quanto a lobos e segmentos, pois podem ocorrer vários fatores (agenesias, hipoplasias, lobectomias desconhecidas, fissuras com ângulos diferentes, doenças

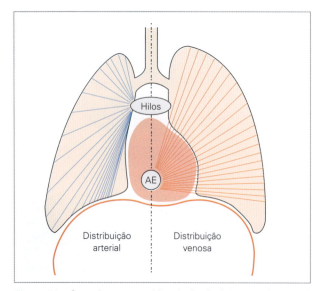

Figura 50 Conceito esquemático da distribuição vascular no pulmão. A distribuição arterial é radial a partir dos hilos pulmonares (em azul), e a disposição venosa converge para o átrio esquerdo (AE) na base do tórax (em vermelho).

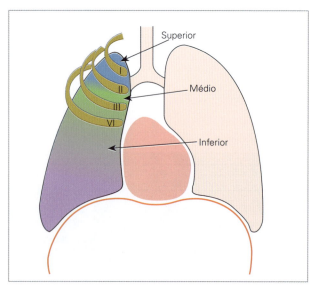

Figura 51 Desenho esquemático dos campos pulmonares: superior em azul, médio em verde e inferior em lilás. Nessa análise, nunca trocar a palavra campo por lobo.

envolvendo mais de um lobo ou até translobares, atravessando a fissura, invadindo outro lobo) e lesões em território de fronteira entre segmentos.

Em caso de dúvida, nunca é demais descrevê-la em seu relatório. Medicina é uma ciência e não aceita muito bem erros ou palpites. A ciência admite hipóteses e quase sempre aceita dúvidas ou limitações.

Lobos pulmonares

Os pulmões são divididos em lobos, que têm, em princípio, o objetivo de limitar a livre progressão de processos patológicos, maximizar a expansão de lobos remanescentes, facilitar a vida do cirurgião e infernizar a vida do radiologista.

Todos sabem que o coração, em geral, está à esquerda; portanto, o pulmão esquerdo é menor, e é intuitivo que tenha um lobo a menos.

O pulmão direito tem três lobos, e o esquerdo tem apenas dois. Os lobos são revestidos pela pleura visceral, que é uma fina e elástica membrana com geralmente 0,2 mm; portanto, a pleura visceral é muito fina e transparente.

O pulmão direito tem os lobos superior direito (LSD), o lobo inferior direito (LID) e o lobo médio direito (LMD).

Sabe-se que só o pulmão direito tem lobo médio; portanto, é redundância chamá-lo de LMD. No entanto, usam-se as três letras por convenção.

O pulmão esquerdo tem os lobos superiores esquerdos (LSE) e o lobo inferior esquerdo (LIE).

No estudo da anatomia, chamam a atenção o formato e a disposição dos lobos pulmonares, que têm interfaces oblíquas (Figura 52).

É possível ver, mesmo de forma não muito nítida, os segmentos retrocardíacos do pulmão esquerdo e os segmentos basais, posteriores bilateralmente através das cúpulas, em radiografias mais penetradas ou em uma radiografia digital principalmente.

Na radiografia em PA, é comum ver as artérias pulmonares que se dirigem à cúpula diafragmática direita, atravessando-a e descendo. Isso só é possível porque visualiza-se o segmento basal posterior do LID através da cúpula, e o vaso só é visível na radiografia simples de tórax se tiver ar ao redor. Se algum vaso entrasse no fígado, ele seria invisível por causa do sinal da silhueta.

Caso haja condensação do pulmão ou infiltrado intersticial axial, haverá apagamento das silhuetas vasculares.

Segmentos pulmonares

Os lobos são divididos em segmentos, e estes em subsegmentos formados por um conjunto de lóbulos secundários (Quadro 1).

Existe uma rara condição chamada isomerismo pulmonar, na qual os pulmões têm lobulação igual.

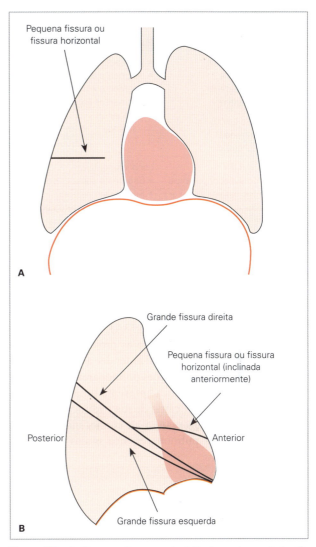

Figura 52   A: Pequena fissura na incidência posteroanterior. B: Grandes fissuras ou fissuras oblíquas e pequena fissura ou fissura horizontal, terminando na grande fissura direita.

Considerações

- Parece complexo, mas não é. O pulmão direito é maior, portanto, tem um lobo a mais.
- Os segmentos apical e posterior do LSE são fundidos, e os segmentos anterior e medial do lobo inferior esquerdo também, pois são pequenos em decorrência da presença do coração.
- A língula corresponderia ao lobo médio à esquerda; porém, pertence ao lobo superior e sua segmentação é vertical.
- Os segmentos do lobo médio são horizontais, e os segmentos da língula são verticais.
- Os lobos inferiores parecem pirâmides, pois têm o ápice na parte superior (segmento superior ou apical) e a base com quatro lados, ou segmentos basais anterior, posterior, medial e lateral, exceto o anteromedial, à esquerda.

Quadro 1	Segmentação pulmonar
Pulmão direito	**Pulmão esquerdo**

Lobo superior (LSD)
• Segmento apical
• Segmento posterior
• Segmento anterior
	Lobo superior (LSE)
	• Segmento apicoposterior
	• Segmento anterior
	• Segmentos lingulares
	  - Superior
	  - Inferior

Lobo médio (LMD) • Segmento medial • Segmento lateral	

Lobo inferior (LID)
• Segmento superior ou apical
• Segmentos basais
  - Anterior
  - Medial
  - Posterior
  - Lateral
	Lobo inferior (LIE):
	• Segmento superior ou apical
	• Segmentos basais:
	  - Segmento anteromedial
	  - Segmento posterior
	  - Segmento lateral

- Com a observação desses achados, é possível fazer um desenho simples, que ilustra essas diferenças de modo fácil para memorizar (Figura 53A).
- Na Figura 53B, observam-se as projeções dos lobos pulmonares. Fica mais fácil entender a distribuição e o formato das condensações pulmonares.
- A ramificação brônquica apresenta uma certa complexidade visual por causa de sua tridimensionalidade; no entanto, observando-a e conhecendo os lobos e os segmentos pulmonares, fica muito mais fácil (Figura 53C).

Fissuras

As fissuras (ou cissuras) representam o contato entre as pleuras viscerais de dois lobos (a soma de ambos é menor que 0,4 mm) e, portanto, têm pouca expressão radiográfica. As fissuras só são visualizadas quando os raios X incidem paralelamente a elas por alguns centímetros, o suficiente para atenuar o feixe de raios X, para ter expressão na radiografia.

Quando as fissuras são vistas, não significa que o foram em sua totalidade; aliás, geralmente, observam-se apenas os centímetros paralelos ao feixe de raios X.

Incidência posteroanterior

Na incidência PA de um pulmão normal, não é possível ver as grandes fissuras, mas pode-se ver a pequena fissura, ou fissura horizontal, à direita. Ela pode ser vista em sua totalidade, parte dela ou até duas delas.

Sabe-se que a pequena fissura separa o LSD do LMD. Então, como é possível essa variação nas fissuras? Basta entender como se forma a fissura na radiografia (Figura 54).

Salienta-se que as fissuras não são fronteiras indiscutíveis, pois muitas vezes são parciais em seu comprimento e extensão.

Incidência em perfil

Na incidência em perfil, as grandes fissuras são oblíquas, originando-se na região basal anterior, subindo obliqua-

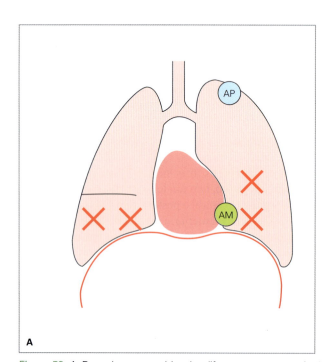
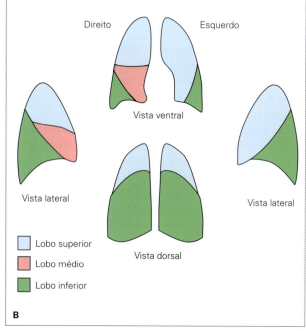

Figura 53 A: Desenho esquemático das diferenças entre os pulmões para facilitar sua memorização: os X em vermelho representam os segmentos dos lobos médios, que são horizontais em sua distribuição, e da língula do lobo superior esquerdo (LSE), que são verticais. As letras AP lembram o segmento apicoposterior do LSE, e as letras AM lembram o segmento basal anteromedial do lobo inferior esquerdo (LIE). Memorizando este desenho, fica fácil lembrar as diferenças pulmonares. B: Projeção externa dos lobos pulmonares.

(continua)

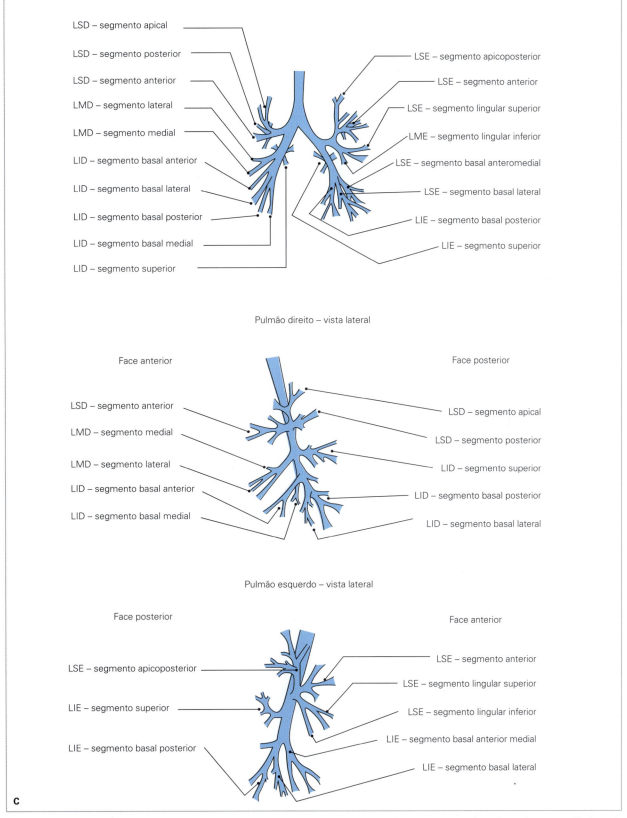

Figura 53 *(continuação)* C: Esquema de ramificação brônquica de ambos os pulmões em uma visão frontal e em perfil de cada pulmão separadamente. LSD: lobo superior direito; LMD: lobo médio direito; LID: lobo inferior direito; LME: lobo médio esquerdo. (Fonte: adaptada de Armstrong et al., 1995).

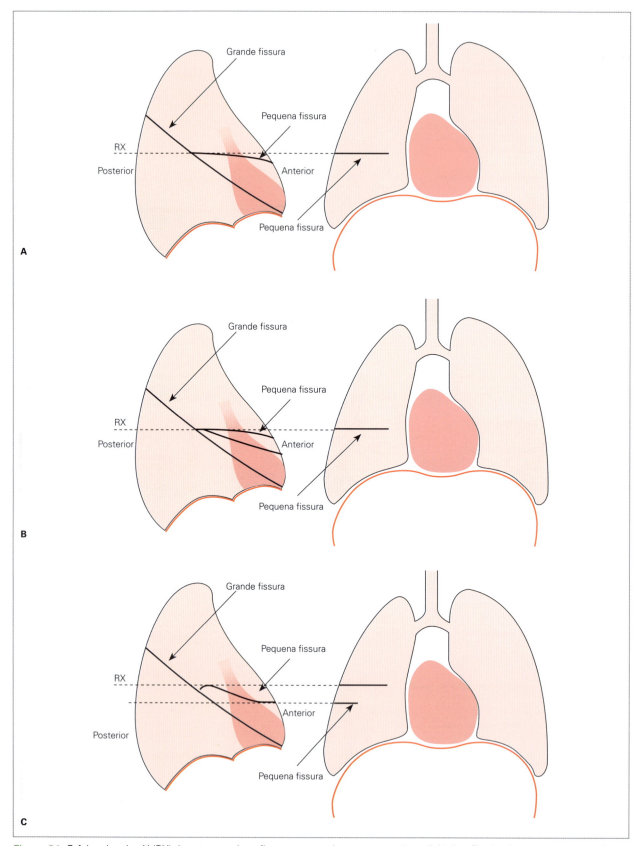

Figura 54 O feixe de raios X (RX) deve tangenciar a fissura para poder ter expressão radiológica. Em A, observa-se como se forma a pequena fissura. B: A pequena fissura pode ter angulação diferente em pontos diferentes, sendo visíveis apenas aqueles tangenciados pelo feixe de raios X, neste caso produzindo apenas meia fissura. C: Pequena fissura em S horizontal, gerando dois pontos de tangência, com consequentes duas pequenas fissuras totais ou parciais.

mente para trás até o nível das vértebras torácicas altas em inclinação variada em cada paciente. Ambas tendem a ser paralelas e, para dificultar, as margens das costelas também tendem a ser paralelas a elas, confundindo sua identificação.

Nota-se que, geralmente, as costelas são linhas nítidas com um dos lados mais claro que o outro e as fissuras também são linhas nítidas, porém com o pulmão de igual densidade dos dois lados (Figura 55).

Em perfil, também pode ser visível a pequena fissura e, em uma radiografia de "sorte", pode-se ver a pequena fissura terminando em uma grande fissura, indicando a alta probabilidade de que seja a grande fissura direita (Figura 56).

As fissuras, quando analisadas com cautela e conhecimento, são ótimos indicadores geográficos da localização das lesões pulmonares, quando se analisa em conjunto as incidências PA + perfil.

Na incidência em perfil, é possível também observar velamento triangular na ponta do coração, que é chamado de fissura cardíaca, sendo este um nome errado, pois não é uma fissura, mas apenas a expressão radiológica da gordura pericárdica afastando o pulmão na ponta do coração (Figura 57). O termo é mantido em decorrência de sua consagração pelo uso.

As fissuras também podem ser claros indicadores de localização apenas em uma radiografia (Figura 58).

Observando a radiografia em perfil, nota-se que os segmentos superiores dos lobos inferiores têm posicionamento bastante alto, podendo, inclusive, chegar ao sulco

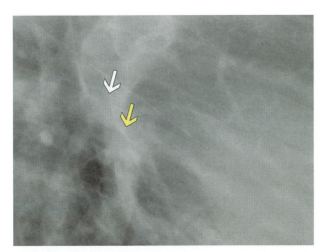

Figura 55 Margem de costela na seta amarela, com um lado mais escuro que o outro. A fissura na seta branca tem os dois lados iguais em densidade. Em perfil, as costelas e as fissuras podem se confundir, pois são quase paralelas.

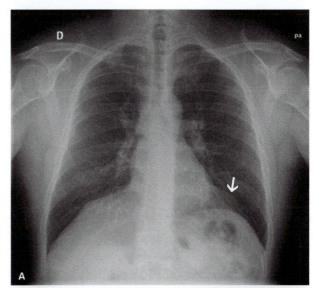

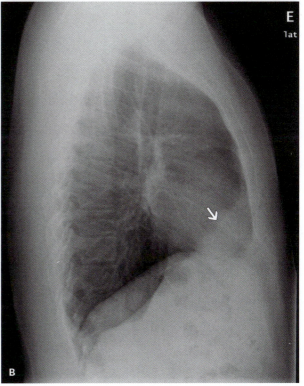

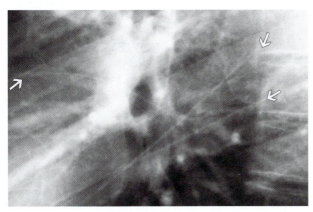

Figura 56 Detalhe de radiografia em perfil na qual, com rara felicidade, observam-se as três fissuras, sendo quase certo que a pequena fissura termine na grande fissura direita.

Figura 57 A: Tecido gorduroso na ponta do coração (gordura pericárdica). B: Na incidência em perfil, forma-se a fissura cardíaca.

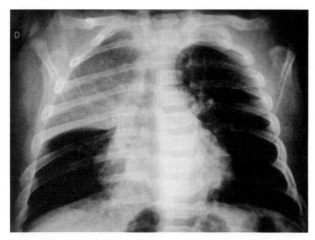

Figura 58 Pneumonia lobar que respeita a pequena fissura, sendo confiável indicador de sua localização no lobo superior direito.

superior, ou seja, uma lesão no lobo inferior pode se projetar no ápice do tórax.

Em contrapartida, uma lesão na língula inferior está na base do tórax, porém pertence ao lobo superior.

Em função dessa realida de e já comentado anteriormente, deve-se usar o critério campos pulmonares em vez de lobos, quando não se tem certeza de sua localização (ver Figura 51).

Resumindo:

- A pequena fissura separa o LMD do LSD.
- A grande fissura direita separa o LID do LMD e do LSD.
- A grande fissura esquerda separa o LIE do LSE (Figura 59).

Alguns exemplos mostram como as fissuras na incidência em perfil podem ajudar na localização lobar da lesão (Figura 60).

Com maior conhecimento sobre a lobulação e a segmentação pulmonar, pode-se fazer um teste final: olhando as duas radiografias da Figura 61, qual é a localização do nódulo?

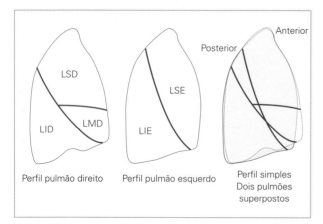

Figura 59 Esquema da projeção das fissuras. LSD: lobo superior direito; LID: lobo inferior direito; LMD: lobo médio direito; LSE: lobo superior esquerdo; LIE: lobo inferior esquerdo.

Se a resposta foi lobo médio, segmento lateral, a nota é 9. Se a resposta foi que ele também pode ter localização extrapulmonar, além do lobo médio, a nota é 10 (lembrar-se da Figura 8).

Existe uma condição que merece ser citada. Próxima pergunta: um nódulo pulmonar que se projeta logo abaixo da pequena fissura pode estar no (ver Figura 62):

- Lobo médio direito.
- Lobo médio direito ou lobo inferior direito.
- Lobo médio direito, lobo inferior direito ou, pouco provavelmente, lobo superior direito.

Se a resposta foi a terceira alternativa, está certa, mas como explicar esta resposta?

É simples. Frequentemente, a pequena fissura é arqueada e obliquada inferiormente na incidência em perfil; portanto, um nódulo na margem anteroinferior do LSD pode se projetar abaixo da pequena fissura em função da tangência do feixe de raios X sobre o segmento da pequena fissura mais superior. Situação rara, porém possível (Figura 63).

Fissura do lobo ázigos

O lobo ázigos é uma variação da normalidade e, portanto, não produz alterações funcionais do pulmão, consistindo em uma migração anormal da crossa da veia ázigos na face medial do ápice do pulmão direito, que normalmente se faz pela superfície do pulmão até sua posição definitiva, em contato com o ângulo traqueobrônquico direito.

A formação do lobo ázigos ocorre quando o arco da veia ázigos migra inferiormente através do pulmão na fase embrionária, levando consigo as pleuras visceral e parietal, formando a fissura do lobo ázigos com quatro folhetos pleurais. Às vezes, essa migração anormal é incompleta, observando-se a veia dentro do pulmão. Essa anomalia será mais bem avaliada posteriormente.

Fissuras acessórias

A mais comum de ser visualizada na radiografia é a fissura acessória inferior à direita, a qual separa o segmento basal-medial dos demais segmentos do LID (Figura 64). Porém, na TC, a mais comum é a fissura que separa o segmento superior dos demais segmentos do LID. Podem ser observadas inúmeras outras, completas ou incompletas (parciais).

Septos interlobulares

Os lóbulos secundários serão mais bem avaliados nos estudos de TC. No entanto, a visualização dos septos interlobulares pode ser realizada na radiografia quando espessados.

Vários processos intersticiais podem espessar os septos interlobulares; porém, especialmente nas insuficiências cardíacas congestivas e nas linfangites, podem-se ver

1 RADIOGRAFIA DE TÓRAX 37

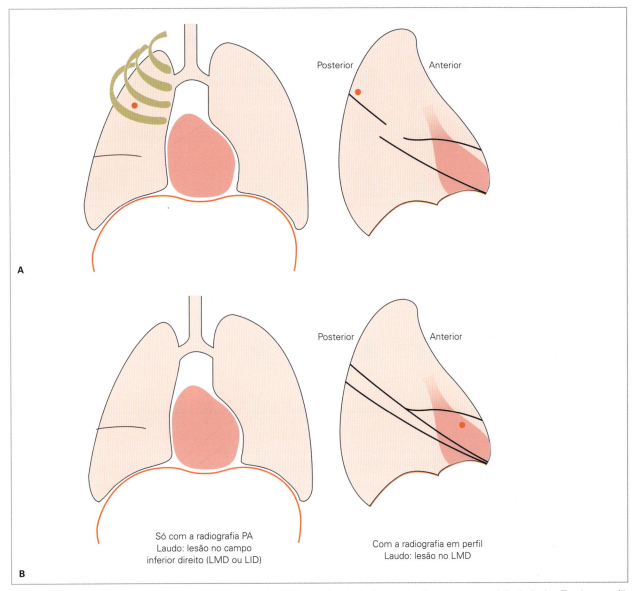

Figura 60 A: Tendo apenas a incidência posteroanterior (PA), seu laudo daria uma lesão no campo médio à direita. Tendo o perfil, seu laudo daria uma lesão no segmento posterior do LSD. B: Tendo apenas a incidência PA, seu laudo daria lesão no campo inferior direito (LMD ou LID ou extrapulmonar). Tendo o perfil, seu laudo daria uma lesão no LMD. LSD: lobo superior direito; LMD: lobo médio direito; LID: lobo inferior direito.

linhas paralelas entre si e perpendiculares à superfície pleural nas regiões basais laterais, chamadas de linhas B de Kerley (Figura 65).

Hilos pulmonares

Artérias e veias

Os hilos pulmonares representam as áreas de entrada das artérias e dos brônquios nos pulmões.

As artérias pulmonares direita e esquerda originam-se da artéria pulmonar comum, ou tronco pulmonar, que tem um trajeto de baixo para cima e de frente para trás, pois tem de levar o sangue venoso do coração, que é anterior para o meio do tórax.

Boa parte das artérias pulmonares direita e esquerda não é visível em radiografia, pois elas ficam no maciço mediastinal, identificáveis apenas em indivíduos muito magros ou com o mediastino afilado no diâmetro laterolateral (enfisematosos).

O que se vê melhor dos hilos na radiografia são as artérias, e geralmente se vê apenas pequena parte das artérias pulmonares direita e esquerda e suas ramificações em artérias lobares. As artérias visualizadas de forma mais nítida são as interlobares descendentes, que perfundem os lobos inferiores (Figura 66).

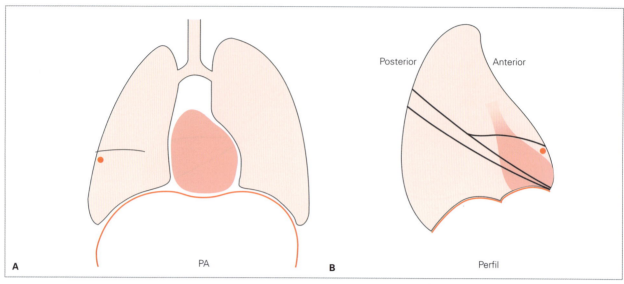

Figura 61 Qual é a localização do nódulo? (Resposta no texto.)

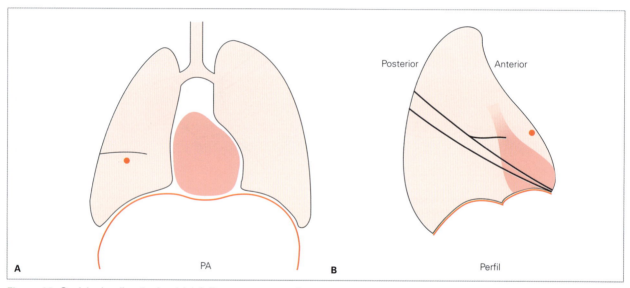

Figura 62 Qual é a localização do nódulo? (Resposta no texto.)

O hilo pulmonar esquerdo geralmente é mais alto que o direito, pois a artéria pulmonar esquerda passa sobre o brônquio-fonte esquerdo, tendo um trajeto mais vertical para baixo logo após passar por esse brônquio.

Em indivíduos mais brevilíneos, os hilos tendem a ter a mesma altura.

Entre a margem superior da artéria pulmonar esquerda e a margem inferior da crossa da aorta, observa-se segmento de pulmão em cunha, que tem o formato grosseiro de bico de águia, chamado de janela aorticopulmonar, que pode ser sede de linfonodomegalias em casos de processos patológicos inflamatórios ou neoplásicos do LSE e linfomas. Quando isso ocorre, há uma amputação desse "bico", indicando a provável ocupação desse espaço por linfonodos ou lesões primárias (Figura 67).

Em perfil, os hilos são bem avaliados quanto a seu calibre e principalmente se estão obliterados por linfonodos ou tumores.

Ainda em perfil, a artéria pulmonar esquerda é ligeiramente mais alta e posteriorizada que a direita, pois passa por cima do brônquio-fonte esquerdo e forma um arco paralelo e menos calibroso que a aorta, logo abaixo da crossa aórtica, parecendo uma pequena crossa aórtica. O espaço entre essas duas crossas é a janela aorticopulmonar. Para facilitar sua memorização, compara-se a artéria pulmonar esquerda em perfil a uma cabeça de elefante, olhando para trás, com a tromba abaixada.

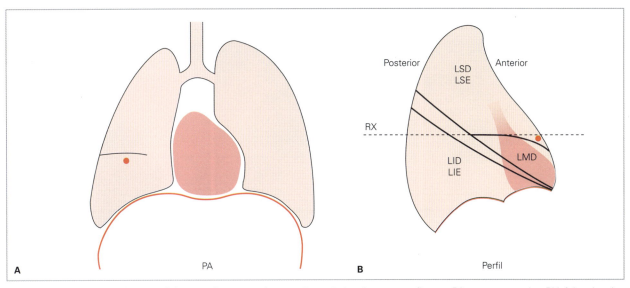

Figura 63 Explicação de lesão no lobo superior que pode se projetar abaixo da pequena fissura. PA: posteroanterior; RX: feixe de raios X; LSD: lobo superior direito; LSE: lobo superior esquerdo; LID: lobo inferior direito; LIE: lobo inferior esquerdo; LMD: lobo médio direito.

A artéria pulmonar direita é mais anterior e inferior, com formato ovalado; seus ramos lhe conferem aspecto de besouro (Figura 68).

Um adulto normal em repouso e em ortostatismo perfunde somente 25% de seus capilares pulmonares. Quando há maior solicitação pelo débito cardíaco aumentado por qualquer esforço, haverá maior recrutamento de capilares e dilatação maior das grandes artérias; porém, não haverá importante aumento da pressão no sistema arterial pulmonar, somente aumento de fluxo sanguíneo.

Considerando as artérias pulmonares um sistema de vasos comunicantes, é óbvio que a pressão maior estará nas bases pulmonares, nas quais haverá maior fluxo sanguíneo em repouso, estando o paciente em ortostatismo ou sentado.

As regiões mais superiores dos pulmões têm um funcionamento basal baixo, que só é utilizado quando a solicitação é grande (exercícios físicos), indicando que as regiões mais superiores dos pulmões são reserva funcional.

Por essas diferenças de funcionamento, explica-se o fato de as diferenças entre radiografias de um mesmo paciente em pé e deitado terem vascularização diferente e também radiografias em inspiração e expiração.

Na radiografia convencional em pé, observam-se mais vasos na base do que em um *scout* do mesmo paciente deitado no tomógrafo, por exemplo.

Em radiografia expirada, observam-se um aparente alargamento do mediastino (relativo ao tamanho do tórax) e uma horizontalização do coração, sugerindo erroneamente que ele esteja aumentado, e a aproximação dos vasos basais dos pulmões.

Lembre-se de que as artérias caminham juntamente com os brônquios, formando um interstício axial arteriobrônquico, e as veias têm trajeto independente, formando o interstício axial venoso.

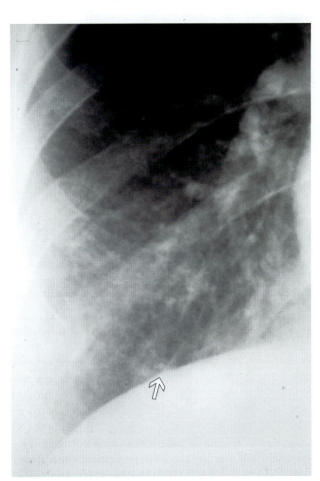

Figura 64 Fissura acessória inferior.

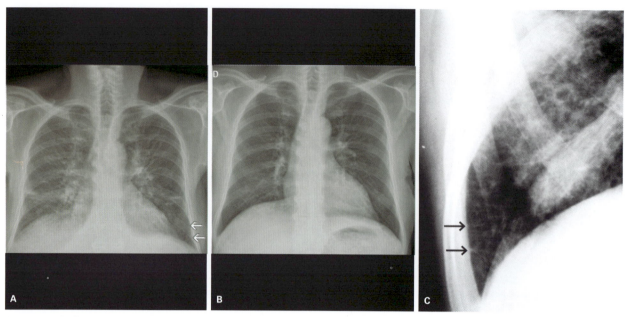

Figura 65 A: Edema agudo de pulmão – linhas B de Kerley (setas). B: Melhora do quadro após tratamento. C: Linhas B de Kerley em outro paciente.

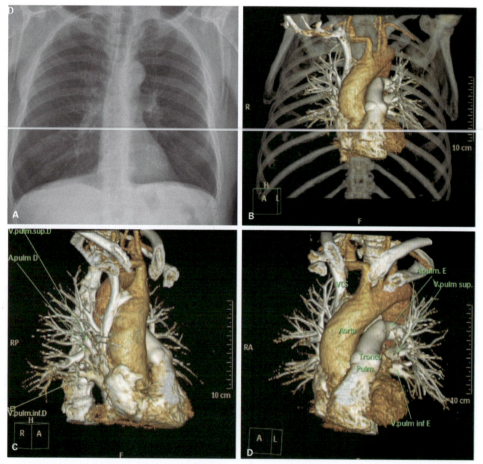

Figura 66 A: Radiografia simples mostrando hilos pulmonares normais, particularmente bem visíveis neste paciente. Observam-se as artérias pulmonares. B, C e D: Reconstruções tridimensionais de tomografia *multislice* com contraste intravenoso mostrando as artérias e as veias pulmonares em visão frontal e ligeiras oblíquas para se ver melhor os hilos.

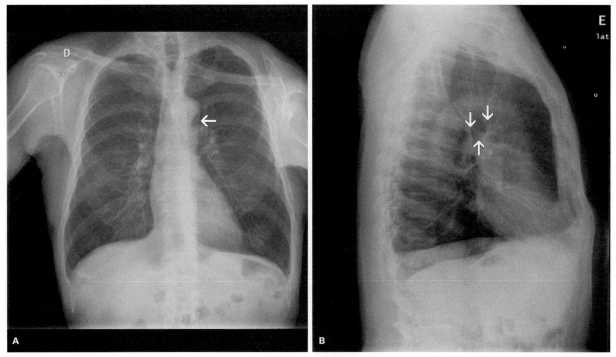

Figura 67 A: Incidência posteroanterior, mostrando a janela aorticopulmonar (seta) com seu típico formato de bico de águia. B: A janela aorticopulmonar em perfil é um arco escuro de pulmão entre os arcos aórtico e da pulmonar esquerda.

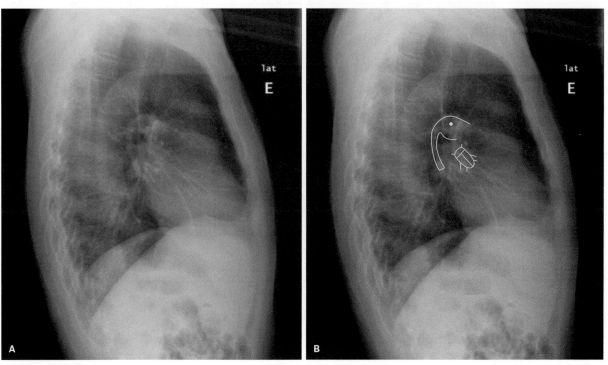

Figura 68 Perfil de tórax com hilos bem visíveis, sendo a artéria pulmonar esquerda comparável a uma cabeça de elefante com a tromba abaixada, olhando para trás, e a artéria pulmonar direita tem formato ovalado obliquado, lembrando um besouro.

As veias pulmonares têm trajeto mais anterior e lateral em relação às artérias pulmonares (Figura 69).

No interstício axial arteriobrônquico, as artérias e os brônquios intrapulmonares se ramificam juntos e em Y, ou seja, dicotomizam-se em ângulos próximos de 45° (Figura 70).

No interstício venoso, geralmente, observa-se uma veia de maior calibre, recebendo várias outras, frequente-

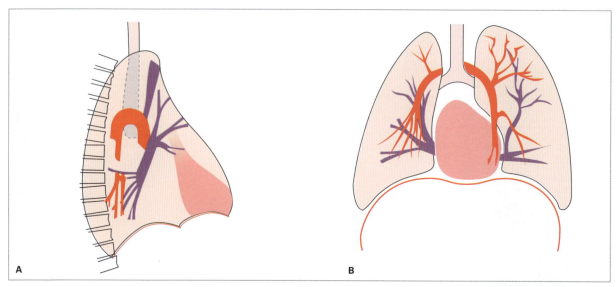

Figura 69 A: Veias mais anteriores que as artérias. B: Veias mais laterais que as artérias. Desenho esquemático da circulação pulmonar arterial em vermelho e da venosa em azul. (Fonte: modificada de Lange e Walsh, 2002.

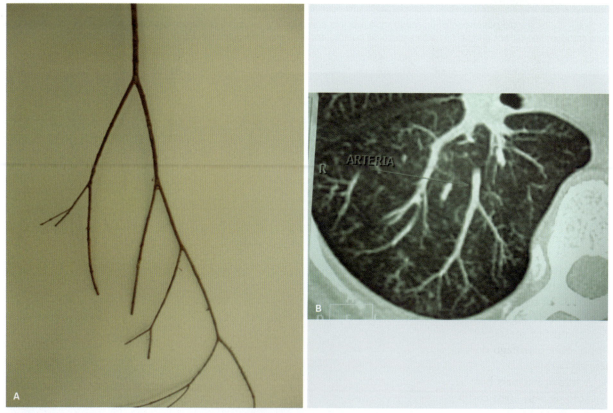

Figura 70 A: Ramo de planta com padrão de dicotomização em Y, semelhante ao padrão arterial humano. B: Padrão de dicotomização arterial visto em tomografia computadorizada.

mente em ângulo reto (90º), tornando fácil sua identificação na TC, além de ausência de brônquio acompanhando essas veias (Figura 71).

Esse conhecimento será mais útil na TC, pois na radiografia é difícil de ser identificado.

Árvore traqueobrônquica

A visualização da árvore traqueobrônquica é limitada na radiografia simples; no entanto, seus segmentos mais bem identificados estão no mediastino, pois é possível

Figura 71 A: Ramo de planta com padrão de ramificação semelhante ao padrão venoso pulmonar humano, tendendo a ângulo reto. B: Padrão de ramificação venosa visto em tomografia computadorizada.

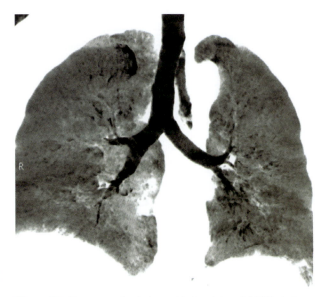

Figura 72 Reconstrução de intensidade mínima (MINIP) da árvore traqueobrônquica, cuja análise é limitada na radiografia simples.

ver a coluna aérea no interior deles, que funcionam como contraste negativo em relação às estruturas mediastinais.

A traqueia é uma estrutura fibrosa, com anéis cartilaginosos incompletos que ajudam a mantê-la sempre aberta e com luz permeável, e tem diâmetro máximo de 3 cm (adultos masculinos). Na parte posterior da traqueia, há um segmento membranoso que permite certa elasticidade de segurança a aumentos bruscos de pressão (contusões torácicas) e reduz traumatismos entre a traqueia e o esôfago durante a passagem de alimento pelo esôfago.

A traqueia é mais bem visualizada quando tem calcificação de seus anéis cartilaginosos em pacientes mais idosos. Essas calcificações podem também estar presentes nos brônquios-fonte e lobares, menos visíveis. A ramificação dos brônquios é visível na radiografia até o nível dos brônquios principais, brônquio intermediário à direita, que fica entre o mediastino e a artéria interlobar descendente. Em alguns casos, alguns brônquios lobares podem ser vistos.

Visualizam-se os broncogramas aéreos em condensações e atelectasias na radiografia simples (Figura 72).

A ramificação da árvore brônquica e dos ácinos se inicia no embrião e só termina por completo aos 7 anos de idade, aproximadamente. Isso explica por que crianças com menos de 7 anos, ao perderem um pulmão ou parte dele, apresentam crescimento/regeneração do órgão, que, na verdade, é apenas uma hipertrofia dos segmentos remanescentes. Observa-se o esquema de ramificação brônquica até o alvéolo do pulmão adulto, que também será comentado em outros capítulos sobre TC (Figura 73).

Linhas mediastinais principais visíveis na radiografia

Recesso azigoesofágico

Este recesso, na verdade, corresponde à face mediastinal da *crista pulmonaris*, visível na face medial do pulmão direito, e é apenas o parênquima que toca o mediastino entre o coração e a coluna, pelo qual passam a veia ázigos e o esôfago.

Normalmente, é uma linha branca na radiografia simples (sinal Mach+), com concavidade para a direita e ligeiramente obliquada inferiormente para a esquerda, que se inicia na topografia da crossa da veia ázigos, logo abaixo do brônquio-fonte direito (no ângulo traqueobrônquico direito), terminando no diafragma (Figura 74).

Esse recesso se inverte com o paciente em decúbito dorsal, ficando convexo para a direita (visível no *scout* do tórax na TC ou em pacientes deitados, de UTI ou PS).

Se a radiografia for feita em pé e houver abaulamento para a direita, deve-se desconfiar de possível processo patológico, frequentemente associado ao esôfago.

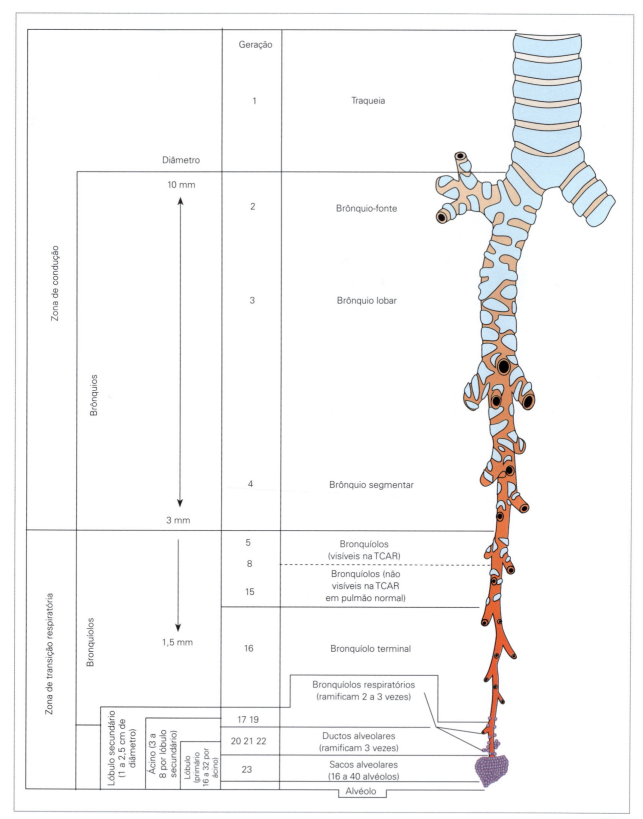

Figura 73 Ramificação de traqueia a alvéolo, importante para o melhor conhecimento da estrutura pulmonar e necessária para a compreensão e descrição das imagens de radiografia e, principalmente, de tomografia computadorizada. TCAR: tomografia computadorizada de alta resolução.

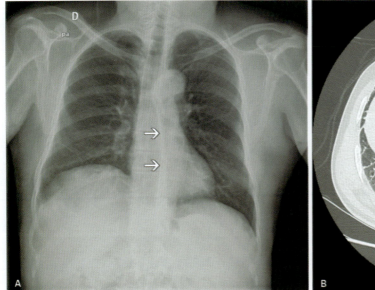 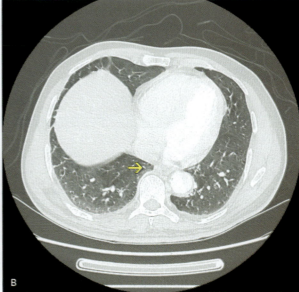

Figura 74 A: Recesso azigoesofágico. Quando afilado, caracteriza a linha de junção posteroinferior.

Efeito Mach

Ernst Mach, físico e filósofo austríaco, fez trabalhos em cosmologia e física supersônica, sendo inclusive em sua homenagem os termos Mach 1 e Mach 2 para a velocidade do som. Ele realizou também estudos sobre refração, difração e polarização da luz, descrevendo uma ilusão de ótica que produz um efeito na retina chamado de inibição lateral. Este efeito (que é uma ilusão de ótica) produz visualmente a impressão de uma linha branca no contorno de uma estrutura curva, que é envolvida por material mais denso, e uma linha preta, quando uma estrutura curva é envolvida por material menos denso. Sinal Mach positivo (Mach+) é a linha branca, e Mach negativo (Mach–) é a linha preta.

Esse artefato é particularmente importante no contorno do coração, pois pode produzir uma linha escura (Mach–), que, em alguns casos, pode até ser confundida com pneumomediastino ou pneumopericárdio.

Como o artefato tem espessura constante, facilita-se essa diferenciação (Figura 75).

Linhas de junção

São as regiões nas quais os pulmões quase se tocam e que permitem o deslocamento do mediastino para ajustes de volume entre pulmão/espaço disponível na caixa torácica.

Linha de junção anterior

É o quase contato entre os pulmões anteriormente na topografia retroesternal.

É uma linha ligeiramente oblíqua, sendo a parte mais inferior deslocada para a esquerda, e é a continuação do triângulo mediastinal anterior.

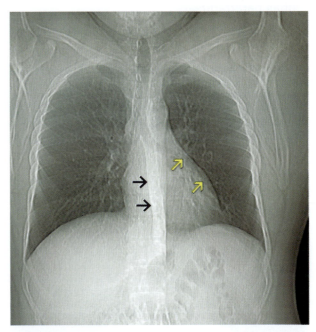

Figura 75 Sinal Mach negativo (linha preta) no contorno cardíaco (setas amarelas). Isso acontece porque uma estrutura curva (contorno cardíaco) está envolta por uma estrutura de menor densidade: o pulmão. Observar sinal Mach positivo (linha branca) no recesso azigoesofágico (setas pretas). Isso acontece porque uma estrutura curva (o contorno pulmonar no recesso azigoesofágico) está envolta por uma estrutura de maior densidade: o mediastino – como ilustra a Figura 74B).

É formada por duas pleuras parietais mais duas pleuras viscerais.

Essa linha só é visível quando é fina e quando os raios X a tangenciam (mesmo mecanismo de formação das fissuras pulmonares).

Se houver muita gordura no mediastino anterior ou se a linha for oblíqua em relação ao feixe de raios X, ela não será visível (Figura 76).

Linha de junção posterossuperior

É o quase contato entre os pulmões anteriormente à coluna, acima da aorta e posteriormente à traqueia e ao esôfago (Figura 77).

Linha de junção posteroinferior

É visível quando o paciente é magro e/ou longilíneo e/ou tem hiperinsuflação pulmonar, e o pulmão esquerdo quase toca o recesso azigoesofágico. O lado direito da linha é o recesso azigoesofágico, como discutido anteriormente.

Geralmente, é uma linha que tem o esôfago no meio e a veia ázigos posteriormente (Figura 78).

Linhas paratraqueais

Visíveis quando a parede externa da traqueia toca a pleura do pulmão; podem estar ausentes, presentes à di-

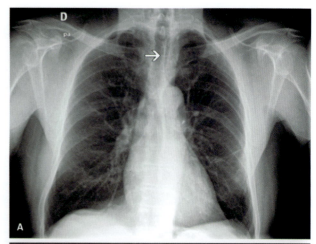

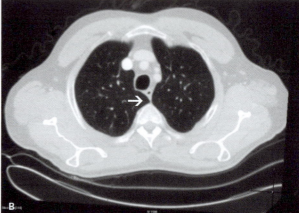

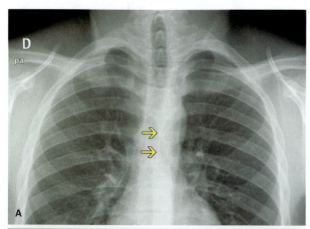

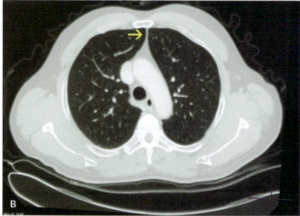

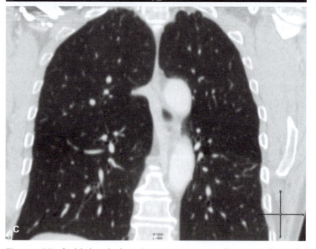

Figura 76 A: Linha de junção anterior na radiografia. B: Tomografia computadorizada do mesmo paciente.

Figura 77 A: Linha de junção posterossuperior na radiografia simples. B: Corte axial de tomografia computadorizada (TC) do mesmo paciente. C: Reconstrução coronal em TC *multislice* do mesmo paciente.

reita ou à esquerda ou bilateral, principalmente em longilíneos magros (Figura 79).

Linhas paraesofágicas

São identificáveis quando existe ar no interior do esôfago (Figura 80).

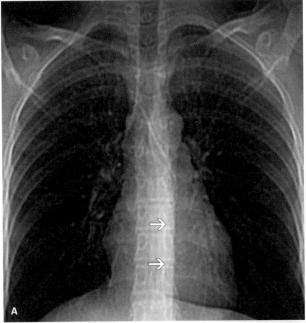

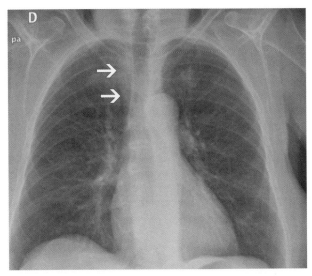

Figura 79 Linha paratraqueal direita.

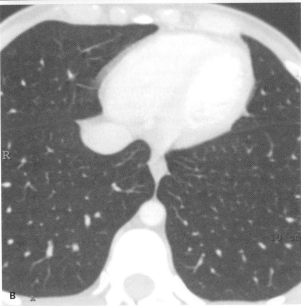

Figura 78 A: Linha de junção posteroinferior na radiografia simples. B: Corte axial de tomografia computadorizada.

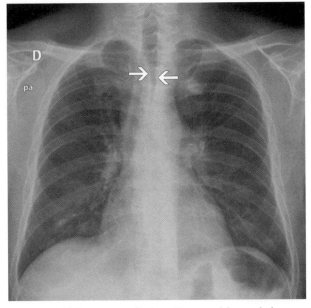

Figura 80 Linhas paraesofágicas (é necessário que haja ar no esôfago para sua visualização).

Linha paraespinal

Geralmente medial à linha para-aórtica, sempre acompanha de forma paralela à coluna, caso não haja processo patológico. Seu abaulamento pode indicar doença relacionada à coluna (osteofitose, tuberculose, metástase etc.) (Figura 81).

Linha para-aórtica

É formada pela tangência dos raios X no contorno da aorta torácica descendente.

Tem localização retrocardíaca e posição variável conforme o calibre e a tortuosidade da aorta (Figura 82).

Triângulo mediastinal anterior

É formado pela gordura mediastinal, que se estende inferiormente do pescoço, na junção cervicotorácica, para a face anterossuperior do mediastino, envolvendo predominantemente a tireoide, as veias e as artérias. Não é sempre identificável. Sua conformação alargada ou o abaulamento de seus lados pode ser indicador de aumento da tireoide ou de linfonodomegalias. Deve-se tomar

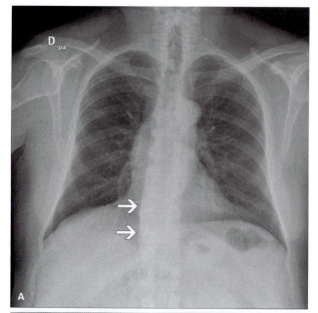

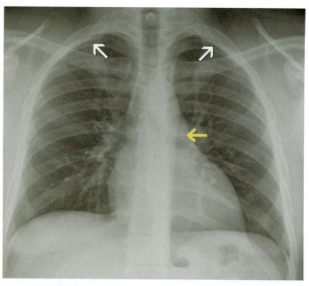

Figura 82 Linha para-aórtica assinalada com seta amarela. Presença de sombra companheira da segunda costela bilateralmente. Observa-se, também, que a linha para-aórtica é preta em decorrência do efeito Mach negativo, ou seja, uma estrutura de contornos curvos (a aorta) está rodeada por outra de menor densidade (o pulmão).

cuidado para não confundir o manúbrio esternal com o triângulo mediastinal anterior (Figura 83).

O triângulo mediastinal anterior é útil para suspeitar de lesões anteriores. Nota-se que a parede anterossuperior do tórax em perfil é inclinada para trás, restando apenas pulmão posteriormente, no nível acima das clavículas, ou seja, os segmentos apicais dos lobos superiores são eminentemente posteriores.

De conhecimento dessa informação anatômica, pode-se concluir que, geralmente, lesões acima das clavículas são posteriores. Esse é o chamado sinal cervicotorácico.

Mediastino

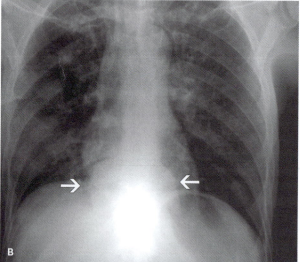

Figura 81 A: Linha paravertebral normal, evidente à direita. B: Linha paravertebral alargada por abscesso vertebral. Nessa projeção retrocardíaca, pode ser confundida com hérnia gástrica hiatal se não tiver o perfil para adequada localização.

O mediastino é uma região situada entre os pulmões, cujas estruturas, praticamente todas, têm a mesma densi-

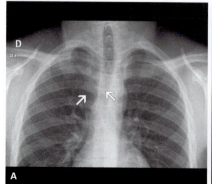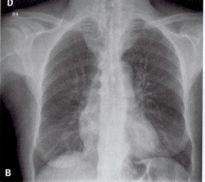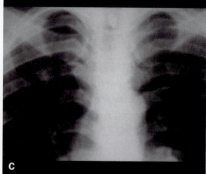

Figura 83 A: Triângulo mediastinal anterior normal na radiografia simples. O prolongamento inferior é a linha de junção anterior. B: Triângulo mediastinal anterior alargado por aumento da tireoide. C: Manúbrio esternal deve ser identificado para evitar confusão com o triângulo mediastinal anterior. Você consegue identificar, mesmo parcialmente, o manúbrio na radiografia A?

dade, exceto aquelas que contêm ou podem conter ar, ou seja, a traqueia e o esôfago.

Pelo sinal da silhueta, estruturas de densidades iguais anulam os contornos umas da outras quando se tocam, provocando um efeito visual de fusão. Por essa razão, o mediastino sempre foi e sempre será território de análise mais difícil com maior margem de erro na radiografia. Essa limitação diminuiu muito com a TC *multislice*.

Apesar dessa limitação, ainda é possível fazer bons diagnósticos e contribuições com a radiografia simples.

Contornos do mediastino

Lado direito: há um contorno retilíneo vertical, nos dois terços superiores, que corresponde à projeção da veia cava superior, e um abaulamento lateral no terço inferior, que corresponde ao átrio direito. Entre o terço superior e o médio, está o hilo pulmonar direito.

Lado esquerdo: inferiormente, existe uma curva em arco, que representa os ventrículos cardíacos, geralmente o esquerdo. Subindo, nota-se o arco médio do qual sai o hilo pulmonar esquerdo e, acima deste, o botão aórtico, que é a projeção de segmento horizontal da crossa da aorta, tangenciado em seu lado esquerdo pelo feixe de raios X. Nota-se que o arco médio não é uma estrutura e, sim, um espaço entre estruturas, formado pela gordura de enchimento do mediastino, delimitada pela pleura. Quando há aumento do tronco da artéria pulmonar que está nessa topografia, ocorre abaulamento do arco médio. O abaulamento do arco médio deve ser valorizado com certa cautela, pois em crianças e adultos jovens o arco médio pode ser naturalmente abaulado, sem qualquer significado patológico.

Superiormente à crossa da aorta, tem-se a topografia dos ramos supra-aórticos e tronco venoso braquiocefálico esquerdo.

Entre o topo do hilo esquerdo e a margem inferior da crossa da aorta, está a janela aorticopulmonar (Figura 84).

Divisão didática do mediastino

O mediastino apresenta várias classificações, feitas por anatomistas, patologistas, radiologistas, e quase todos classificam-no em anterior, médio, posterior e superior. O grande problema é que a fronteira inferior do mediastino superior é a vértebra T4, que é muito difícil, senão impossível, de identificar na radiografia de tórax em perfil convencional. Atualmente, com a radiografia digital, essa identificação tornou-se mais fácil.

A classificação em anterior, médio e posterior tem sido a mais usada pelos radiologistas, por sua praticidade anatômica e pelo conjunto de doenças que acometem esses compartimentos.

O mediastino anterior vai do esterno até uma linha que passa no contorno posterior do coração e anterior da traqueia; o mediastino médio vai dessa linha até 1 cm pos-

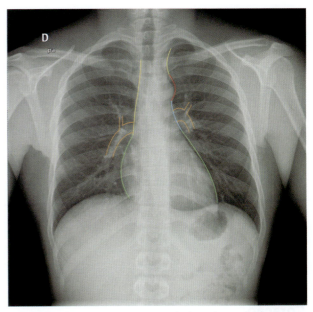

Figura 84 Principais reparos anatômicos do mediastino: átrio direito à direita e ventrículo esquerdo à esquerda, assinalados em verde claro; veia cava superior à direita e artéria subclávia à esquerda, assinaladas em amarelo; botão aórtico em rosa, arco médio em azul; e hilos pulmonares em laranja.

teriormente à margem anterior da coluna torácica; e o mediastino posterior vai dessa linha até o contorno posterior das pleuras ou coluna, lembrando que os espaços paravertebrais estão incluídos nesse compartimento (Figura 85).

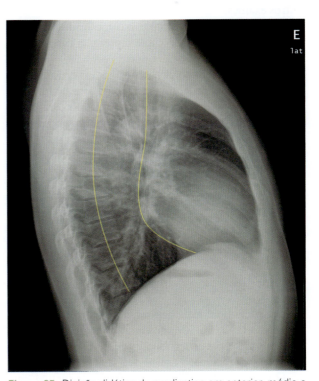

Figura 85 Divisão didática do mediastino em anterior, médio e posterior.

Nas classificações, é incluída a coluna no mediastino posterior.

É pouco útil citar todas as doenças possíveis, incluindo as mais raras, em cada compartimento mediastinal, e há as que envolvem os três compartimentos, p. ex. o linfoma. Porém, é possível listar de forma simplificada o diagnóstico diferencial das mais frequentes doenças e/ou órgãos que as originam de cada compartimento, facilitando a formulação das hipóteses diagnósticas:

- Anterior: 5 T – tireoide, timo, teratoma, terrível linfoma, trágico aneurisma.
- Médio: linfoma, cisto broncogênico, lesões de esôfago, varizes esofágicas, hérnia de hiato, cisto pericárdico, aneurisma.
- Posterior: linfoma, tumores neurogênicos, hematopoiese extramedular, abscessos vertebrais.

Coração

A avaliação radiológica do coração é extremamente complexa e com uma margem de erro considerável. Sabendo que hoje há vários métodos diagnósticos superiores, como a ecocardiografia, a TC *multislice*, a RM, a medicina nuclear etc., é desnecessário, no dias atuais, aprofundar-se muito neste estudo.

A radiografia cardíaca praticamente se resume a identificar anomalias de tamanho cardíaco e deformidade de suas câmaras e de seus vasos relacionados, incluindo a circulação pulmonar, o que pode indicar progressão para outros exames.

Para medir de forma simples o coração adulto, utiliza-se o índice cardiotorácico, que representa uma medida de tamanho para investigar aumento cardíaco.

O coração do adulto deve ter projeção vertical menor ou igual à metade da largura interna da base do tórax.

Medem-se o comprimento horizontal do coração e o comprimento interno da base do hemitórax no nível das cúpulas diafragmáticas.

A forma prática de medir o diâmetro interno é a distância entre uma linha mediana na coluna (apófises posteriores ou espinhosas) e a margem interna do gradeado costal, na altura da cúpula diafragmática.

Lembre-se de que, se houver escoliose ou outra deformidade volumétrica do tórax, é mais confiável medir toda a base do tórax e dividir essa medida por 2 (Figura 86).

Pericárdio

O pericárdio é mais bem avaliado por outros métodos, como USG, TC, RM; no entanto, algumas alterações mais simples podem ser identificadas, dispensando outros estudos adicionais.

O espaço pericárdico é uma cavidade virtual com mínima quantidade de líquido, com função umectante e lubrificante, constituída pelo folheto visceral mais fino, aderido ao coração, e o parietal, mais espesso, em contato com o mediastino, semelhante às cavidades pleurais.

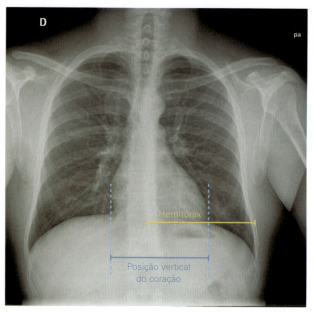

Figura 86 Medição do índice cardiotorácico. A projeção vertical do coração deve ser menor ou igual ao diâmetro da base do hemitórax.

Normalmente, não é identificável na radiografia, exceto na vigência de doença.

O acúmulo de líquido no pericárdio, ou derrame pericárdico, resulta em aumento da silhueta cardíaca, podendo ser difícil, senão impossível, a diferenciação entre cardiomegalia e coração normal com derrame pericárdico na radiografia. Quando o derrame é muito grande, pode conferir aspecto de moringa à área cardíaca; no entanto, derrames menores só serão vistos com outros métodos.

Frequentemente, observa-se na radiografia simples aumento da gordura pericárdica, que produz velamento tênue dos ângulos cardiofrênicos e pode aumentar o efeito da fissura cardíaca no perfil (ver Figura 57).

De forma não infrequente, também podem ser vistas formações arredondadas junto aos ângulos cardiofrênicos, principalmente à direita, que podem ser produzidas por lipomas ou cistos pericárdicos, de fácil confirmação na TC sem contraste intravenoso (Figura 87).

Calcificações pericárdicas pós-pericardites também podem ser ocasionalmente vistas; porém, podem ser confundidas com calcificações de miocárdio, devendo-se confirmar esse achado com outros métodos de imagem.

Espessamentos pericárdicos unilaterais são raros, como os linfomas, devendo ser feita a diferenciação com processos patológicos pleurais ou pulmonares adjacentes (diagnóstico com TC).

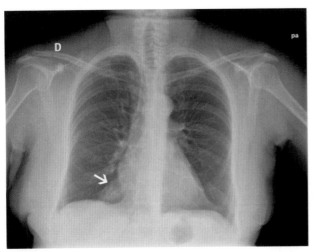

Figura 87 Lipoma pericárdico junto ao ângulo cardiofrênico direito (seta).

Timo

O timo é um órgão linfoide de localização retroesternal. Tem uma cápsula de tecido conjuntivo frouxo e, portanto, amolda-se ao espaço que lhe cabe no mediastino anterior, ocupando o contorno do joelho anterior e o segmento horizontal da crossa da aorta na chamada loja tímica. O timo tem, geralmente, o formato de ponta de seta assimétrica em cortes axiais; porém, na radiografia, tem formato grosseiramente bilobado ou em vela de jangada na incidência PA em crianças.

Ao nascimento, o timo pesa cerca de 15 a 20 g, chegando a 30 g na adolescência, involuindo de forma variada e progressiva no adulto, chegando a pesar 15 g por volta dos 50 anos. Como visto, ele apresenta crescimento apenas na infância e pode ter volumes maiores em algumas crianças, sendo visível na radiografia simples de tórax e podendo produzir o clássico aspecto de vela de jangada, que pode ter seu contorno ligeiramente ondulado em decorrência da superfície interna das cartilagens costais.

Quando o timo é maior, oblitera o espaço retroesternal na criança, o que deve ser considerado normal dentro de certos parâmetros; portanto, velamento retroesternal em crianças é esperado (Figura 88).

O timo pode apresentar variações rápidas de volume, como redução volumétrica importante em situações graves de estresse, traumas, tumores, quimioterapia, corticoterapia. Pode também apresentar o "rebote tímico", com crescimento acentuado, geralmente meses após esses eventos.

Tórax pediátrico

O tórax pediátrico apresenta algumas peculiaridades em sua realização, interpretação e doenças.

Ao se deparar com uma radiografia de tórax na faixa etária entre o nascimento e a adolescência, deve-se dar atenção aos fatores descritos a seguir.

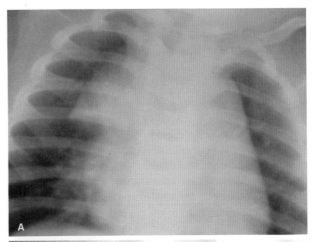
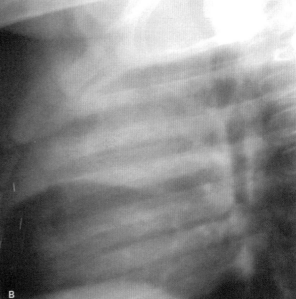
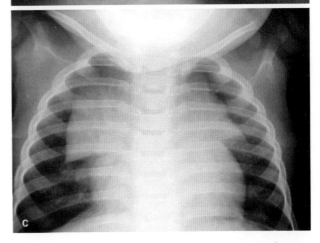

Figura 88 A: Timo em criança pequena, com o clássico formato de vela de jangada, na incidência frontal. B: Em perfil, há obliteração total do espaço retroesternal. Esse achado é normal. C: Nesta criança, há o aspecto de vela de jangada bilateralmente. (Cortesia do Professor Dr. Luiz Antonio Nunes de Oliveira, ICr-HCFMUSP.)

Fase da respiração e posicionamento

Grande parte dos pacientes pediátricos não colabora com o posicionamento ou a respiração, de modo que não é possível obter radiografias com posicionamento e grau de inspiração adequados.

Deve-se verificar se a radiografia foi feita em inspiração ou expiração.

Na radiografia em expiração, aumentam muito o coração e as silhuetas broncovasculares, podendo esconder focos pneumônicos basais posteriores. Essa análise é fundamental para não se cometer o erro de descrever cardiomegalia ou aumento da circulação pulmonar.

Em radiografia com inspiração satisfatória, deve ser observada a extremidade anterior da 5ª, 6ª ou 7ª costelas, projetando-se sobre a parte mais alta da cúpula diafragmática.

Posicionamento incorreto (rotação ou movimentação) pode produzir falsa escoliose e aumento ou redução da transparência de um hemitórax, podendo induzir o radiologista a pensar em pneumonias, derrames, hipoplasias etc. (Figura 89).

Artefatos como cabelo (preso, solto, cacheado ou com produtos e cremes) podem ser vistos nos ápices (simulando tuberculose) ou sobre a coluna (simulando pneumomediastino ou até tumores). Dobras de pele contra a estativa ou placa podem simular linhas de pneumotórax. Enfeites de roupa e acessórios também interferem (Figura 90).

Forma do tórax

O tórax do recém-nascido (RN) tem formato triangular quase equilátero e, com o passar dos anos, vai assumindo o formato mais adulto (Figura 91).

Não é incomum ver alguns broncogramas aéreos em projeção retrocardíaca, principalmente se a radiografia foi feita deitada, por hipoventilação do pulmão em seus lobos inferiores. Esse achado também é comum em pacientes anestesiados, e a atelectasia dos lobos inferiores se instala em minutos sob anestesia geral. Os seios costofrênicos laterais são mais rasos, quase retos, e com frequência o timo é visto principalmente em perfil, em que não se observa o claro retroesternal, ficando progressivamente menos visível entre 2 e 8 anos.

A análise sistemática de todos os órgãos e estruturas deve ser feita à semelhança da feita em adulto.

Especial atenção deve ser dada à centralização dos dois terços inferiores da traqueia (o terço superior pode estar ligeiramente obliquado para o lado que a criança está olhando, sendo essa obliquidade normal).

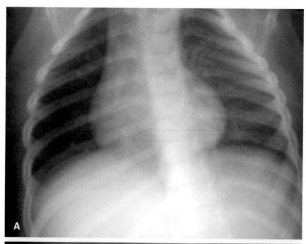

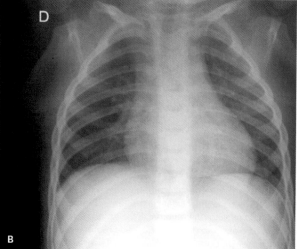

Figura 89 A: Inspiração assimétrica por flexão lateral da coluna, podendo sugerir doença à esquerda. B: Nova radiografia, com melhor posicionamento, demonstra tórax normal.

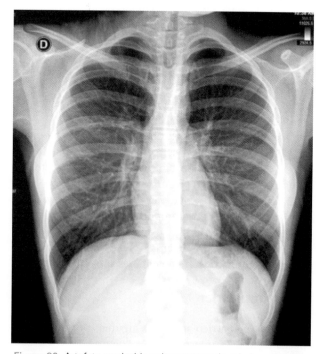

Figura 90 Artefato produzido pela presença de cabelo projetando-se sobre o ápice pulmonar direito, que pelo fato de se estender superiormente sugere sua localização extrapulmonar, sendo cabelo o mais provável. Repetição com o cabelo preso confirmou a análise.

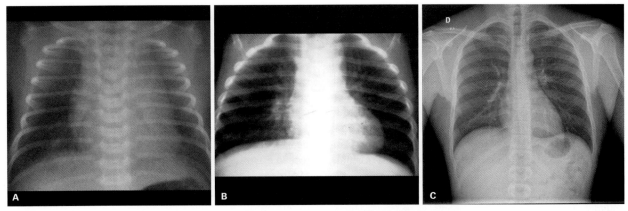

Figura 91 A: Tórax de recém-nascido com formato triangular. B: Tórax aos 5 anos. C: Tórax adulto.

Desvio traqueal ou de esôfago (se houver sonda nasogástrica) pode ser indicativo de processos expansivos).

Em criança com menos de 5 anos de idade com mal-estar de início súbito, com dispneia, deve-se considerar sempre corpo estranho ingerido ou inalado.

Aumentos hilares devem ser valorizados sempre em conjunto com a incidência em perfil, para investigar viroses e linfonodomegalias.

A causa mais comum de alargamento mediastinal é a presença do timo normal. Lembre-se de que a crossa da aorta tem pequenas dimensões e pode até literalmente não ser visível, sendo esse achado frequente e normal.

O coração da criança sempre parece aumentado se o profissional não está habituado a avaliar o tórax pediátrico. O coração deve ser medido igual ao do adulto, ou seja, em sua projeção vertical, que em RN atinge até 60% do diâmetro interno total da base do tórax. Qualquer dúvida relacionada com o coração deve ser seguida de ecocardiografia.

Nas crianças menores, o fígado parece maior que o normal em comparação com o padrão do adulto.

Pode surgir dúvida sobre qual é o lado anormal, na avaliação dos pulmões. Será que este lado é hipotransparente ou o outro lado é hipertransparente? A seguinte regra prática deve ser seguida:

- Observar a vascularização pulmonar:
  - O lado com menor vascularização é o anormal.
  - O lado com vascularização normal ou aumentada é, em geral, normal.
- Observar a variação entre radiografia inspirada e expirada (tentar obter as duas):
  - O lado que muda menos é o anormal.
- Observar o tamanho do hemitórax:
  - O lado velado e reduzido é, em geral, anormal.

Enfisema compensatório (atelectasia contralateral, hipoplasia contralateral, p. ex.) e enfisema obstrutivo podem, ambos, produzir hemitórax hipertransparente e hipovascularizado. Em fase expiratória, o enfisema compensatório se reduz; no entanto, no enfisema obstrutivo, ele fica inalterado ou pouco reduzido.

Radiografia com a criança deitada também pode mostrar hipoventilação, sugerindo-se complementação em ortostase para confirmar ou anular o achado (Figura 92).

Se o pulmão hipertransparente tiver tamanho reduzido, é mais provável que corresponda a hipoplasia

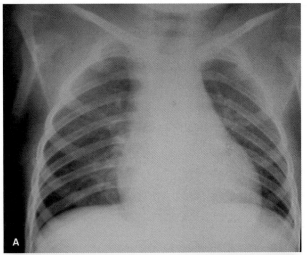

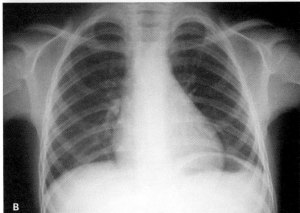

Figura 92 A: Radiografia em supino mostrou hipoventilação. B: Nova radiografia em ortostatismo mostra tórax normal.

pulmonar, que também apresentará artéria pulmonar diminuída. Por outro lado, a artéria contralateral estará aumentada junto com a hipertrofia do pulmão.

Em crianças na primeira infância (até 5-7 anos), a perda de um pulmão implica produzir, inicialmente, hiperinsuflação do pulmão contralateral, seguida de hipertrofia desse pulmão, ou seja, o pulmão remanescente ficará maior que o normal, porém, com densidade normal, como já comentado previamente. A criança terá, portanto, um pulmão grande, porém de características normais.

Quadro 2	Causas principais de anomalias de transparência pulmonar
Causas de hipertransparência unilateral em pediatria
Radiografia com rotação (erro técnico)
Assimetria da caixa torácica ou das partes moles (síndrome de Poland)
Corpo estranho em brônquio central
Enfisema lobar congênito
Atresia brônquica
Síndrome de Swyer-James McLeod (lesão pulmonar em menores de 8 anos, com bronquiolite sequelar)
Hipoperfusão pulmonar/hipoplasia pulmonar
Causas de hipertransparência bilateral em pediatria
Inspiração profunda
Enfisema
Bronquiolite
Asma
Hipoperfusão pulmonar por insuficiência do lado direito do coração
Corpo estranho
Fibrose cística
Causas de opacificação pulmonar unilateral
Infiltrados (condensações/pneumonias)
Atelectasias
Derrame pleural (paciente em decúbito)
Hipoplasia/agenesia
Tumores
Assimetria de parede de um hemitórax
Erro de posicionamento

Causas de opacificação pulmonar bilateral	
Recém-nascidos	Crianças maiores
Síndrome da angústia respiratória aguda	Síndrome da angústia respiratória aguda
Hemorragia pulmonar	Edema pulmonar
Insuficiência cardíaca	Doença neuromuscular
Infecção por Estreptococos do grupo B	Infecção oportunista
Hipoplasia pulmonar	Derrame pleural bilateral
Derrame bilateral	Doença crônica pulmonar

Fonte: Arthur, 2003.

Essa alteração será seguida de deslocamento do mediastino e pseudo-herniação do pulmão contralateralmente, deslocando a linha de junção anterior.

É importante lembrar que até os 2 anos de idade ainda existe ramificação bronquiolar nos pulmões, e o desenvolvimento/maturação do pulmão se completa aos 7 anos (ramificação dos ácinos).

No RN, causas de opacidades múltiplas e heterogêneas podem estar relacionadas a aspiração meconial, infecção e aspiração.

Pneumonias usuais por pneumococo seguem os parâmetros do adulto (broncogramas aéreos, sinal da silhueta etc.).

Pneumonias atípicas (micoplasma) dão maior componente intersticial e são bilaterais.

Nódulos pulmonares únicos têm como causa mais frequente a pneumonia redonda.

Nódulos pulmonares múltiplos e atelectasias seguem o padrão de análises dos adultos.

Pneumotórax em crianças pequenas podem localizar-se anteriormente, apenas acentuando os contornos cardíacos.

Entubação orotraqueal pode produzir enfisema bolhoso.

Elevação do diafragma

Pode ocorrer por qualquer causa de redução de volume pulmonar, paralisia do nervo frênico, eventração/hérnia diafragmática congênita, abscesso subfrênico e derrame subpulmonar.

Cabe, aqui, um comentário sobre a diferenciação entre hérnia diafragmática e eventração diafragmática.

Quadro 3	Causas principais de imagens císticas pulmonares
Bronquiectasias
Nódulos cavitados
Abscessos
Pneumatoceles
Cistos broncogênicos
Sequestro extralobar

Quadro 4	Causas principais de padrão bolhoso	
Em recém-nascidos	Enfisema intersticial congênito
	Displasia broncopulmonar
	Mickity Wilson
Crianças maiores	Fibrose cística
	Linfoma de Hodgkin cavitado
	Fungos
	Faveolamento

A própria definição de hérnia diz que este nome se aplica quando um órgão ou estrutura sai de sua cavidade natural total ou parcialmente para ocupar outro espaço ou cavidade, ou seja, na hérnia diafragmática ocorre descontinuidade congênita ou adquirida do diafragma, e uma ou várias vísceras ou estruturas passam para a cavidade torácica/pleural.

Na eventração diafragmática, existe um diafragma afilado e flácido, com provável lesão do nervo frênico, que permite que o diafragma, acompanhado das vísceras abdominais, desloque-se superiormente no tórax (pode ser muito difícil a diferenciação dessas duas entidades apenas com a radiografia simples e mesmo com outros métodos de imagem).

Ambas as condições supracitadas são mais frequentes à esquerda, pois o fígado funciona como bloqueador desses processos (Figura 93).

Tórax do idoso normal

O tórax do idoso, geralmente com mais de 70 anos, apresenta algumas peculiaridades da idade que não necessariamente caracterizam alterações patológicas e, sim, degenerativas, próprias da idade (Figura 94).

Partes moles e músculos

É muito frequente com a idade a atrofia dos planos musculares, podendo-se observar afilamento global dos músculos e sua substituição gordurosa, com grande quantidade de gordura separando os poucos feixes musculares remanescentes.

É clássica a atrofia assimétrica da musculatura extensora profunda dorsal nos casos de escoliose crônica, por vezes com décadas de evolução.

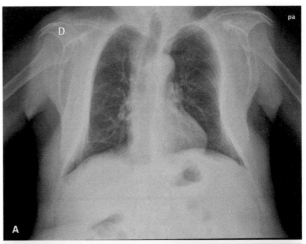
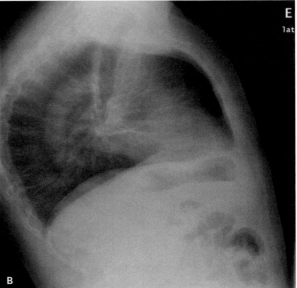

Figura 94 A e B: Tórax em incidências posteroanterior e em perfil, típico de idade avançada, superior a 80 anos.

Em função do maior sedentarismo nessa faixa etária, também é mais frequente a ocorrência do espessamento do tecido celular subcutâneo (obesidade), que pode levar, também, à flacidez da pele, com dobras e rugas cutâneas, que podem, em alguns casos, simular pneumotórax (ocorre principalmente em radiografia de tórax de pacientes acamados/em UTI) (Figura 95).

Nessa faixa etária, ocorre acentuada substituição gordurosa do parênquima mamário, aumentando sua transparência radiológica e tornando a radiografia da paciente idosa mais fácil de interpretar quanto a esse parâmetro. Soma-se a esse fato uma tendência de rebaixamento das mamas, saindo do plano de incidência da radiografia do tórax. Nota-se que, nessa idade, as mamas funcionam praticamente apenas como órgão de depósito de gordura e, na vigência de extremo emagrecimento ou caquexia, a gordura das mamas é reabsorvida, ficando estas pendentes e afiladas.

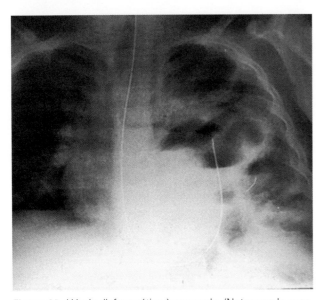

Figura 93 Hérnia diafragmática à esquerda. (Notar sonda nasogástrica no estômago herniado.)

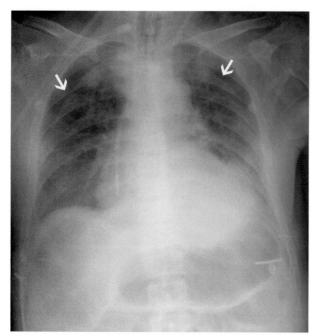

Figura 95 Dobras de pele dorsais bilaterais, simulando pneumotórax.

Plano ósseo do idoso

Nos pacientes idosos, ocorre uma notória perda da densidade óssea (osteoporose), que é chamada de rarefação óssea, pois não se pode ter certeza radiológica de que não haja osteomalacia.

Os homens começam a perder massa óssea mais cedo do que as mulheres, porém em uma taxa muito menor, no entanto, contínua.

As mulheres têm a proteção óssea hormonal dos estrógenos; porém, após a menopausa, apresentam uma taxa acelerada de perda óssea, com osteoporose que pode chegar a insuficiência óssea, levando a achatamento anterior dos corpos vertebrais, acunheamento vertebral e acentuação da cifose dorsal. Pode, inclusive, haver fraturas com colapsos parciais/totais de corpos vertebrais.

Essa acentuação de cifose dorsal produz aumento do diâmetro anteroposterior do tórax e perda da mobilidade da coluna, às vezes agravada por calcificação dos ligamentos longitudinais da coluna e sindesmófitos (osteófitos que se fundem). Somam-se a essas alterações discopatias com pinçamentos discais, que aumentam a solicitação mecânica das margens anteriores e laterais dos corpos vertebrais, com a produção reacional de esclerose e mais osteófitos, às vezes com volumes consideráveis.

Esses osteófitos podem se fundir em vértebras sucessivas, que transformam a coluna dorsal em um bloco rígido, reduzindo ainda mais a mobilidade da coluna dorsal.

O conjunto de alterações mencionadas deforma o tórax em uma posição de flexão, alterando a dinâmica e a amplitude respiratórias.

Na incidência PA, notam-se alteração da disposição das costelas e uma tendência a haver menor diâmetro lateral no centro do tórax, como se fosse uma discreta "cintura" no meio do tórax (Figura 96).

Existe também com a idade uma progressiva calcificação das cartilagens costais, que em alguns casos desenha todas as cartilagens. Esse depósito de cálcio é diferente do processo de ossificação, pois não contém matriz óssea, não conferindo maior resistência a essas cartilagens.

Existe uma tendência de as calcificações costais em pacientes masculinos ocorrerem na periferia da cartila-

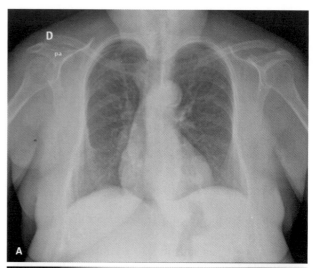

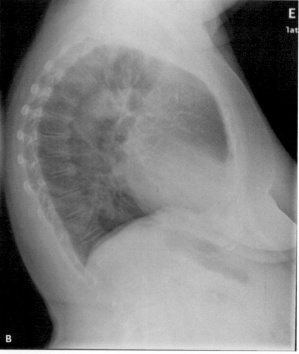

Figura 96 A: Tórax em incidência posteroanterior de paciente idoso com aumento do diâmetro anteroposterior e a clássica "cintura" bilateral e simétrica no meio do tórax. B: Perfil confirma o aumento do diâmetro anteroposterior.

gem e, nas pacientes femininas, serem encontradas mais na região central da cartilagem costal (Figura 97).

Outro fator que deve ser pesquisado com atenção são as fraturas costais em pacientes com insuficiência óssea, principalmente quando há tosse prolongada. Essas fraturas costumam ser múltiplas e bilaterais nas projeções basais laterais do tórax, muitas vezes evidenciadas pela formação de tênues calos ósseos.

Com a deformação da caixa torácica, o pulmão passa a ter como seu maior diâmetro o anteroposterior, ou seja, em uma radiografia de tórax PA, além de haver acentuação natural do interstício pelo envelhecimento, também a espessura é maior, conferindo aos campos pulmonares aspecto mais esbranquiçado, com reforço intersticial, que caracteriza o pulmão senil (Figura 98). Evita-se usar esse termo no relatório e dá-se preferência aos termos acentuação intersticial compatível com a faixa etária.

Outro achado usual são as calcificações dos anéis cartilaginosos traqueobrônquicos (Figura 99).

Pulmão do idoso

O pulmão do idoso apresenta progressiva acentuação do interstício pulmonar, que deve ser avaliado com bom

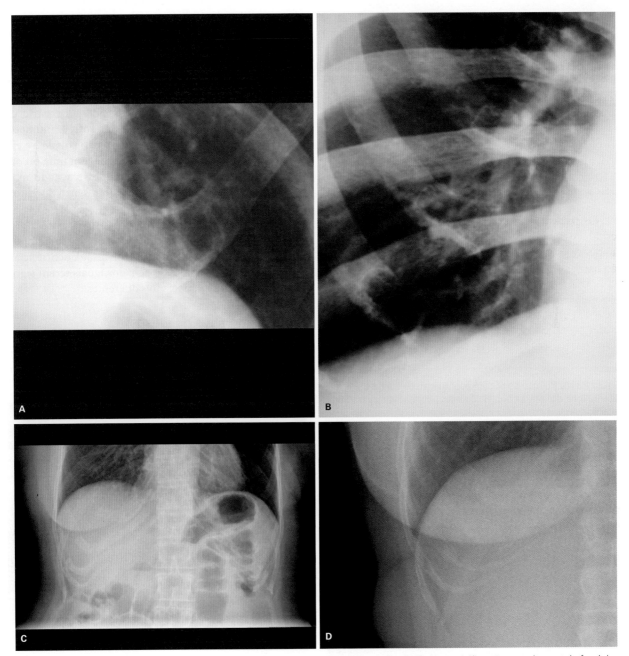

Figura 97 A e B: Típicas calcificações condrocostais masculinas (nas margens). C e D: Típicas calcificações condrocostais femininas (centrais).

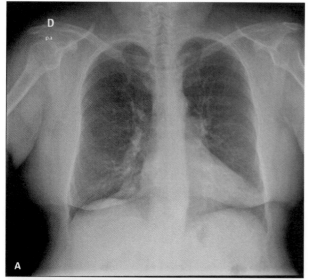

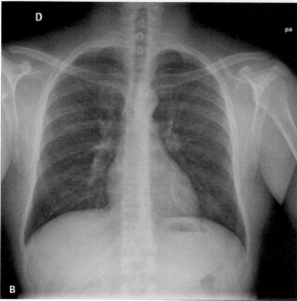

Figura 98 A: Pulmão senil com acentuação da trama pulmonar (acentuação do interstício). B: Pulmão adulto jovem para comparação.

senso, para não se considerar um pulmão idoso com intersticiopatia de outras causas (ver Figuras 94 e 98A).

Outro achado comum é a deformidade do tórax com cifose, que ajuda a realçar o aspecto de acentuação intersticial na incidência PA.

Em idosos acamados e/ou obesos, também é comum a presença de opacidades em faixas horizontais nas bases, que caracterizam atelectasias laminares (Figura 100).

Ocorrem, também, de modo muito frequente e "subclínico", algumas alterações relacionadas com enfisema, pequenos granulomas inflamatórios, sequelas de prováveis focos pneumônicos, linhas atelectásicas basais, pinçamentos pleurodiafragmáticos, espessamento das paredes brônquicas, pequenas calcificações esparsas ocasionais e mínimas irregularidades pleuroapicais bilaterais, geralmente simétricas.

Esses achados não podem ser considerados normais, mas, pela frequência com que são vistos e pelo seu limitado significado clínico, são considerados parte do envelhecimento de um pulmão que sofreu inúmeras agressões ao longo da vida. Portanto, não considere enfisematoso um paciente de 80 anos que tem uma ou outra bolha de enfisema isolada, sendo esse achado mais marcante na TC. Evidentemente, o bom senso deve nortear essa consideração.

Todas as alterações descritas são usuais, porém produzem um decaimento na função do órgão, cuja importância será definida pela intensidade de sua ocorrência e dos dados clínicos, podendo achados iguais terem significados diferentes em pacientes diferentes.

Hilos pulmonares do idoso

Os hilos pulmonares no idoso tendem a ser mais evidentes; no entanto, se houver aumento da aorta ascen-

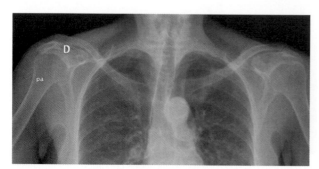

Figura 99 Calcificação dos anéis cartilaginosos traqueobrônquicos.

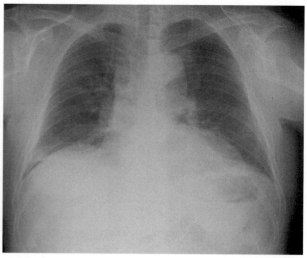

Figura 100 Atelectasias laminares basais típicas de hipoventilação das bases.

dente, achado frequente no idoso, o hilo direito estará parcialmente encoberto. Se houver dilatação da artéria pulmonar, haverá uma tendência a retificação ou até abaulamento do arco médio (contorno do mediastino à esquerda, entre o botão aórtico e o contorno visível do coração à esquerda).

Coração do idoso

Com a idade, são frequentes as alterações cardíacas morfológicas e de tamanho, pois o órgão provavelmente começa a mostrar os efeitos de anos de alterações, como isquemias, cardiomiopatias, valvulopatias e, principalmente, hipertensão arterial, que produz, até certo nível, hipertrofia do miocárdio nas fases iniciais e, nas fases mais tardias, dilatação do coração.

A hipertrofia do ventrículo esquerdo na hipertensão confere inicialmente ao coração contorno abaulado do ventrículo esquerdo, ocorrendo, mais tardiamente, aumento de todo o coração.

Aorta no idoso

A aorta naturalmente ganha aumento de seu calibre com a idade. Considera-se o diâmetro máximo de seu segmento ascendente entre 3,5 e 4 cm, e entre 3,0 e 3,5 cm no nível do botão aórtico, dependendo das dimensões corporais e do sexo do paciente.

Deve-se considerar que biotipos diferentes levam a diâmetros diferentes da aorta; portanto, não se usam valores numéricos como parâmetros absolutos.

Infelizmente, na radiografia simples de tórax PA, não é possível medir de forma confiável a aorta ascendente, em decorrência de seu contorno medial fazer sinal da silhueta com o mediastino.

Na projeção do botão aórtico (segmento horizontal + joelho posterior da crossa da aorta), há um ponto em que a aorta é mais passível de ser medida, embora com margem de erro, pois não se pode precisar o ponto mede-se da crossa, mas apenas fazer a projeção aproximada, porque frequentemente medimos a distância entre a margem lateral do botão aórtico e a margem lateral da coluna aérea da traqueia. Essa medida é imprecisa, porém fornece um parâmetro de avaliação relativamente confiável.

Esse diâmetro deve estar no máximo entre 3 e 3,5 cm. A partir de 5,0 cm, deve-se investigar aneurisma.

Com a idade, a aorta também tende a ficar alongada, estendendo-se mais superiormente e tornando-se tortuosa (Figura 101).

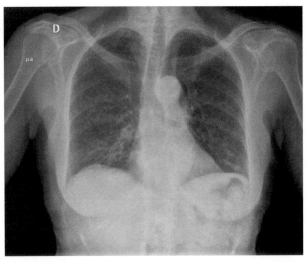

Figura 101 Aorta saliente e tortuosa e seu segmento torácico descendente.

As placas de ateroma calcificadas também se acumulam em toda a aorta, mas são mais visíveis na crossa, pois a incidência dos raios X se faz longitudinal à placa, tornando sua visualização mais fácil (semelhante a fissuras e linhas de junção).

Em alguns pacientes, também podem ser vistas placas nos ramos supra-aórticos, incluindo os segmentos cervicais da carótida, que devem ser descritos. Calcificações na tireoide são comuns nessa idade e podem ser diferenciadas das placas de ateroma na radiografia simples, em função de sua forma e localização mais mediana.

Bibliografia sugerida

1. Armstrong P, Wilson AG, Dee P, Hansell DM. Imaging diseases of the chest. 2.ed. Philadelphia: Mosby; 1995.
2. Arthur R. Interpretation of the pediatric X-ray. Current Pediatrics. 2003;13:438-47.
3. Clark KC. MBE: positioning in radiography. 8.ed. London: WM Heinemann; 1967.
4. Fraser RG, Paré JAP. Diagnoses of diseases of the chest. 3.ed. Philadelphia: WB Saunders; 1988.
5. Genereux GP. Conventional tomographic hilar anatomy emphasizing the pulmonary veins. AJR. 1983;141:1241.
6. Lange S, Walsh G. Doenças do tórax: diagnóstico por imagem. 2.ed. Rio de Janeiro: Revinter; 2002.
7. McMinn RMH, Hutchings RT. Color atlas of human anatomy. London: Wolfe; 1977.
8. Naidich DP, Zerhouni EA, Siegelman SS. Computed tomography and MR of the thorax. 2.ed. New York: Raven Press; 1991.
9. Pare JAP, Fraser R. Synopses of diseases of the chest. Philadelphia: WB Saunders; 1983.
10. Sutton D. Textbook of radiology and imaging. 73.ed. Boston: Churchill Livingstone; 2002.
11. Woodring JH, Daniel TL. Medical radiography and photography, mediastinal analysis emphasizing plain radiographs and computed tomograms. Medical Radiography and Photography. 1986;62(1).

2

Tomografia computadorizada de tórax normal

Ricardo Guerrini
Hamilton Shoji
Paulo Savoia Dias da Silva

Anatomia do mediastino

Compartimentos mediastinais

Os anatomistas frequentemente dividem o mediastino em quatro compartimentos, que ajudam a formular hipóteses e diagnósticos diferenciais. São eles: superior, anterior, médio e posterior. Entretanto, muitas vezes, não há barreiras físicas que limitem as doenças mediastinais a um ou outro compartimento.

Os mediastinos superior e inferior são divididos por uma linha imaginária que passa através da articulação manubrioesternal e do limite inferior do corpo vertebral de T4. O mediastino inferior, por sua vez, é dividido em três compartimentos: anterior, médio e posterior. O mediastino médio é composto pelo pericárdio e seu conteúdo, bem como os grandes vasos e vias aéreas centrais. O mediastino anterior se localiza na frente do mediastino médio e vai até o limite posterior do esterno. O mediastino posterior é o compartimento localizado atrás do mediastino médio, englobando o esôfago e a aorta descendente, e se estende até a coluna vertebral torácica.

Coração e grandes vasos

Coração

O coração localiza-se no mediastino médio. Em uma tomografia de tórax usual (sem aquisição direcionada para o coração), não é possível obter riqueza de detalhes com relação a sua anatomia por conta dos artefatos de movimentação cardíaca. Entretanto, alguns itens podem ser avaliados e devem fazer parte da análise de rotina de uma tomografia de tórax.

Para avaliação do tamanho cardíaco global, utiliza-se como referência de normalidade a extensão máxima horizontal de 50% do tórax, em uma extrapolação do índice cardiotorácico da radiografia. Com relação às câmaras cardíacas (Figura 1), utilizam-se as seguintes referências: diâmetro máximo transverso do átrio direito: 4,4 cm; diâmetro máximo transverso do átrio esquerdo: 9,0 cm; diâmetro máximo anteroposterior do átrio esquerdo: 4,5 cm.

O pericárdio geralmente é visto junto às margens anterior e esquerda do coração e é considerado normal se possuir espessura de até 0,7 mm (média somada a dois desvios-padrão) na tomografia computadorizada (TC) de alta resolução com 1,0 mm de espessura de corte (Figura 2).

Aorta e seus ramos

A aorta torácica é dividida em três segmentos: ascendente, crossa (ou arco) e descendente (Figura 3A). De sua crossa emergem mais comumente três ramos (56-74% dos casos), da direita para a esquerda: tronco braquiocefálico ou artéria inominada, artéria carótida comum esquerda e artéria subclávia esquerda (Figura 3B e C). Em 20-36% dos casos, existe um tronco comum esquerdo emergindo da aorta, que depois bifurcará em carótida comum esquerda e artéria subclávia esquerda. Em 6% dos casos, a artéria vertebral esquerda emerge diretamente da aorta, não da artéria subclávia esquerda.

A porção mais proximal da aorta ascendente é denominada raiz aórtica e é dela que emergem as artérias coronárias direita e esquerda. A aorta ascendente progride até a emergência do tronco braquiocefálico, e a partir daí é considerada crossa aórtica ou arco aórtico, porção que termina no istmo aórtico. O istmo é o segmento entre a emergência da artéria subclávia esquerda e o ligamento arterioso. Após o istmo, começa a aorta descendente, que segue até a aorta abdominal.

Como regra, o calibre normal da aorta torácica é de até 3,6 cm na porção ascendente, 3,0 cm na crossa e 2,5 cm na descendente, com desvios-padrão aceitáveis de até ± 1,0 cm. Entretanto, existem variações com relação ao sexo e à idade, como pode ser visto na Tabela 1.

2 TOMOGRAFIA COMPUTADORIZADA DE TÓRAX NORMAL   61

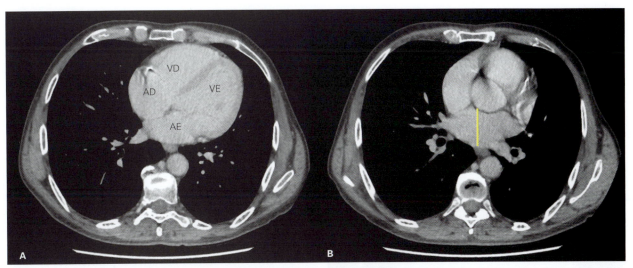

Figura 1   A: Tomografia computadorizada após a injeção do meio de contraste endovenoso – janela de mediastino – evidencia o coração com as quatro câmaras cardíacas. B: Traço esquemático da medida anteroposterior do átrio esquerdo (normal até 4,5 cm).
V: ventrículo; A: átrio; D: direito; E: esquerdo.

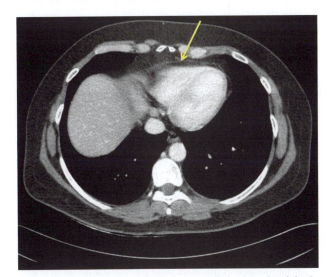

Figura 2   Pericárdio. Tomografia computadorizada após a injeção do meio de contraste endovenoso – janela de mediastino – evidencia pericárdio de aspecto habitual (seta).

Grandes veias

A veia cava superior é uma das veias mais importantes do tórax, recebendo sangue da cabeça, do pescoço e dos membros superiores. Ela é formada pela junção das veias braquiocefálicas direita e esquerda e termina inferiormente no átrio direito. As veias braquiocefálicas são formadas pela junção das veias jugular interna e subclávia também são conhecidas como veias inominadas.

As veias ázigos e hemiázigos (Figura 4) são a continuação das veias lombares ascendentes direita e esquerda. Elas drenam as veias lombares, intercostais e sistêmicas mediastinais. São importantes vias colaterais quando há obstrução nas veias cava superior ou braquiocefálicas. A veia ázigos fica à direita, levemente anterolateral à coluna vertebral e é quase sempre visível na tomografia. A veia hemiázigos fica à esquerda, de modo posterior à aorta descendente e adjacente à coluna vertebral. A veia hemiázigos termina na veia ázigos através de ramos que

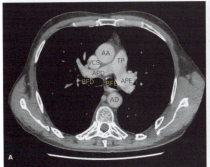
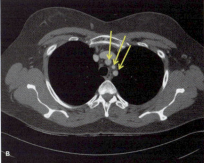
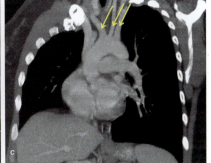

Figura 3   A: Tomografia computadorizada de tórax após a injeção do meio de contraste endovenoso – janela de mediastino. B e C: Tomografia computadorizada de tórax após a injeção do meio de contraste endovenoso – janela de mediastino – corte axial (3B) e reformatação multiplanar (MPR) seguindo o eixo longo da crossa aórtica (3C) evidencia os três ramos emergentes da crossa aórtica (setas). Da direita para a esquerda: tronco braquiocefálico, carótida comum esquerda e artéria subclávia esquerda.
AA: aorta ascendente; AD: aorta descendente; TP: tronco da artéria pulmonar; APD: artéria pulmonar direita; APE: artéria pulmonar esquerda; BFD: brônquio-fonte direito; BFE: brônquio-fonte esquerdo; VCS: veia cava superior.

| Tabela 1 | Calibre aórtico normal baseado no sexo e na idade ||||||
| | Homens (idade em anos) ||| Mulheres (idade em anos) |||
Nível	21-40	41-60	> 60	21-40	41-60	> 60
Aorta ascendente proximal (cm)	3,47	3,63	3,91	3,36	3,72	3,50
Aorta ascendente distal (cm)	3,28	3,64	3,80	2,80	3,47	3,68
Aorta descendente proximal (cm)	2,21	2,64	3,14	2,06	2,63	2,88
Aorta descendente média (cm)	2,25	2,39	2,98	1,91	2,45	2,64
Aorta descendente distal (cm)	2,12	2,43	2,98	1,89	2,43	2,40

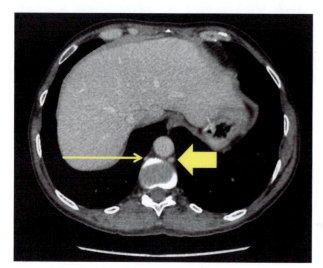

Figura 4   Veias ázigos (seta fina) e hemiázigos (seta grossa).

cruzam a linha média posteriormente à aorta descendente, na altura de T8.

Superiormente, a veia ázigos forma um arco sobre o brônquio-fonte direito e termina na porção posterior da veia cava superior. Em tal arco, pode ser encontrado ocasionalmente contraste endovenoso refluído aprisionado nos folhetos de válvula venosa, não devendo ser confundido com lesões calcificadas (Figura 5B).

Sistema arterial pulmonar

O tronco arterial pulmonar, ou artéria pulmonar principal, emerge do ventrículo direito e se estende por cerca de 5,0 cm até se bifurcar nas artérias pulmonares direita e esquerda. Deve fazer parte da avaliação de uma tomografia de tórax medir o calibre da artéria pulmonar principal (Figura 6). Kuriyama et al. mediram por meio de TC o calibre de artérias pulmonares de indivíduos normais e chegaram à média de 24,2 ± 2,2 mm, aceitando 28,6 mm como limite superior da normalidade. Tal medida foi feita de modo perpendicular ao eixo longo do vaso, ao lado da aorta ascendente, próximo à bifurcação das artérias pulmonares. Um aumento do calibre da artéria pulmonar principal deve levantar a suspeita de hipertensão pulmonar, com sensibilidade de 87% e especificidade de 89%.

Demais estruturas mediastinais

Cadeias linfonodais

O conhecimento das cadeias linfonodais, número habitualmente observado de linfonodos, bem como suas dimensões, é muito importante, principalmente no estadiamento e no acompanhamento oncológico.

É fundamental que haja uma padronização na nomenclatura e na classificação das cadeias utilizadas. Em 1997,

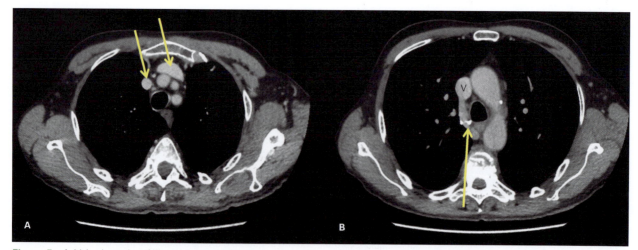

Figura 5   A: Veias braquiocefálicas (ou inominadas) direita e esquerda (setas). B: Veia cava superior (V) e crossa da veia ázigos (seta). Nota-se o acúmulo de contraste nos folhetos valvares da crossa da veia ázigos (focos hiperatenuantes).

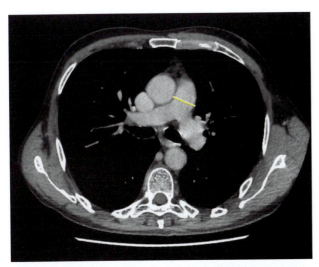

Figura 6   Tronco da artéria pulmonar e medida do seu calibre.

em razão da grande quantidade de linfonodos aumentados hiperplásicos e não neoplásicos. Isso mostra que a imagem de linfonodos mediastinais isolada não é um bom critério para diagnóstico de linfonodos com acometimento neoplásico, estando indicado um segundo método diagnóstico, como a biópsia, para confirmação. Apesar dessas limitações, a TC se mostra um bom método na avaliação de pacientes oncológicos, pois permite a localização exata dos linfonodos aumentados e, portanto, ajuda na escolha do melhor método para biópsia (mediastinoscopia, mediastinotomia, toracoscopia, biópsia transbrônquica etc.). A TC ainda pode ser utilizada para guiar uma biópsia linfonodal por agulha via radiologia intervencionista.

Traqueia e brônquios principais

A traqueia é um tubo cartilaginoso e fibromuscular que se estende da porção inferior da cartilagem cricoide (nível aproximado de C6) até a carina (nível aproximado de T5), com 10 a 12 cm de comprimento. Contém 16 a 22 anéis cartilaginosos em forma de "ferradura", incompletos posteriormente.

O diâmetro traqueal normal é bastante variável. Mede 19,5 mm em média nos homens (variando de 13 mm a 25 mm – média ± 3 desvios-padrão – no coronal e de 13 a 27 mm no sagital). Em mulheres, a média é de 17,5 mm, variando de 10 a 21 mm no coronal e de 10 a 23 mm no sagital.

O formato da traqueia intratorácica, bem como dos brônquios-fonte, pode mudar muito durante a expiração ou manobras dinâmicas. A alteração mais comum é a anteriorização da membrana posterior, dando à traqueia um formato de "ferradura" nos cortes axiais. O grau de

Mountain e Dresler reuniram as classificações mais utilizadas e as unificaram em um sistema reprodutível e aplicável, que passou a ser utilizado em grandes centros diagnósticos do mundo. Foram estabelecidas as referências anatômicas para catorze sítios de linfonodos intrapulmonares, hilares e mediastinais, pormenorizados no Quadro 1.

Utiliza-se como referência de normalidade linfonodos mediastinais com até 1,0 cm de diâmetro no menor eixo, no plano axial. McLoud et al., após extensa correlação tomografia *vs.* anatomia patológica, relataram sensibilidade de 64% e especificidade de 62% para essa medida tomográfica ao pesquisarem linfonodos neoplásicos. Tais números mostraram-se abaixo do ideal

Quadro 1	Cadeias linfonodais mediastinais
Mediastinal superior	Acima da veia braquiocefálica (ou inominada)
Paratraqueal superior	Acima do arco aórtico e inferior a 1
Pré-vascular e retrotraqueal	Divididos em 3A (anterior) e 3P (posterior). Os linfonodos na linha média são considerados ipsilaterais
Paratraqueal inferior	Abaixo do arco aórtico e superior à carina
Subaórtico (janela aortopulmonar)	Lateral ao ligamento arterioso ou aorta ou artéria pulmonar esquerda e proximal ao primeiro ramo da artéria pulmonar esquerda, ainda contido no envelope mediastinal pleural
Para-aórtico	Anterior e lateral à aorta ascendente e arco aórtico ou tronco braquiocefálico
Infracarinal	Logo abaixo da carina, não hilar
Paraesofágicos	Adjacente ao esôfago, porém abaixo do nível da carina
Ligamento pulmonar	Ao longo do ligamento pulmonar, incluindo os da parede posterior e porção mais baixa das veias pulmonares inferiores
Hilar	Juntos aos hilos pulmonares
Interlobar	Entre os brônquios lobares
Lobar	Distal ao brônquio lobar
Segmentar	Adjacente ao brônquio segmentar
Subsegmentar	Ao redor do brônquio subsegmentar

Adaptado de Mountain e Dresler, 1997.

anteriorização da membrana posterior pode ajudar no diagnóstico de traqueobroncomalácia ou aprisionamento aéreo periférico.

Esôfago

O esôfago localiza-se no mediastino posterior e, portanto, atrás das grandes vias aéreas. Fica centralizado ou levemente deslocado para a esquerda. É visto como uma estrutura tubuliforme de paredes finas, e uma pequena quantidade de gás ou líquido pode ser vista normalmente no seu interior.

Timo normal

Localizado no mediastino anterior, o timo é formado por dois lobos fundidos superiormente, próximo à glândula tireoide. Sua localização é centrada anteriormente às emergências dos grandes vasos. Um timo ectópico é raro, mas, quando presente, geralmente é encontrado no próprio pescoço.

O timo pesa cerca de 22 ± 13 g ao nascimento e vai aumentando progressivamente de tamanho até atingir o máximo na puberdade (cerca de 34 g). A partir daí o timo involui e seus folículos atróficos vão sendo substituídos por gordura até a idade de cerca de 60 anos, quando não se consegue mais identificá-lo. O timo na criança possui um formato mais globoso e com margens convexas no plano axial. Na adolescência, ele vai adquirindo uma forma mais triangular e com bordas retas.

Ele possui atenuação de partes moles semelhante à do músculo, com média de 34 UH. Após a injeção do meio de contraste, o timo realça homogeneamente em cerca de 20 a 30 UH e na ressonância magnética (RM) apresenta um sinal intermediário tanto nas sequências ponderadas em T1 como nas sequências ponderadas em T2.

Nos adultos jovens, o timo é classicamente uma estrutura triangular bilobulada, de margens retas ou levemente côncavas. Sua atenuação não é mais semelhante a do músculo e sim cada vez menor por conta da lipossubstituição. Após os 25 anos, observam-se apenas algumas pequenas ilhas de tecido de partes moles em meio à gordura mediastinal anterior. A velocidade de involução do timo é variável, e pode ser encontrado tecido tímico discreto até mesmo aos 40 anos de idade.

Existem quatro medidas para o timo adulto: comprimento (craniocaudal), largura (laterolateral), extensão anteroposterior e espessura. A espessura é a medida mais padronizada para fins de classificação de normalidade e é a medida da espessura da "asa tímica" no plano axial. É considerada normal até 1,8 cm em indivíduos de até 20 anos e até 1,3 cm em indivíduos mais velhos. Além disso, o formato tímico deve ser crucial na avaliação, uma vez que timos multilobulados e/ou de bordas nitidamente convexas em adultos apresentam alta sensibilidade para lesões tímicas, como a hiperplasia.

Um outro aspecto importante a ser considerado na avaliação tímica é a identificação ou não do prolongamento tímico, que nada mais é que um remanescente embrionário da migração tímica que pode localizar-se na região cervical, transição cervicotorácica ou mediastino superior. Na TC, o prolongamento tímico pode exibir um formato arredondado, que pode ser confundido com uma linfonodomegalia, e daí a importância de o radiologista conhecê-lo, a fim de evitar biópsias ou procedimentos desnecessários.

Ducto torácico

O ducto torácico entra no tórax pelo hiato aórtico diafragmático, anterolateralmente à direita da coluna. Na altura de T6/T7, cruza para o lado esquerdo, assumindo uma posição entre a parede esofágica esquerda e a aorta descendente. Termina desembocando no sistema venoso próximo à junção das veias jugular interna e subclávia esquerdas. O ducto torácico normalmente mede poucos milímetros e é difícil de ser reconhecido e/ou diferenciado de outras diminutas estruturas vasculares mediastinais na TC.

Anatomia normal dos pulmões e das vias aéreas

Os pulmões normais apresentam organização arquitetural razoavelmente constante (lobos, segmentação brônquica, zonas funcionais, os lóbulos pulmonares). Esta condição, aliada ao uso da TC de alta resolução com cortes finos, permite o estudo das doenças pulmonares por meio dos padrões de aspecto e de distribuição do acometimento parenquimatoso, que é o fundamento para o diagnóstico radiológico.

Esta seção do capítulo discutirá, portanto, as particularidades da anatomia pulmonar necessárias para um bom entendimento dos seus processos patológicos.

Organização anatômica da árvore traqueobrônquica

As vias aéreas são estruturas cilíndricas com afilamento progressivo no sentido do centro para a periferia e se ramificam de maneira quase sempre dicotômica desde a traqueia, passando por 20 a 23 gerações de brônquios e bronquíolos até atingir os alvéolos.

O termo "pequenas vias aéreas" é classicamente usado para localizar as patologias que acometem os bronquíolos. Entretanto, vários autores consideram "pequenas vias aéreas" aquelas com diâmetro interno menor que 2 mm (que incluem pequenos brônquios subsegmentares), sendo essa abordagem mais prática e frequente na literatura radiológica pelas limitações impostas pela resolução espacial dos métodos de imagem.

A avaliação da espessura das paredes dos brônquios e dos bronquíolos por TC é relativamente subjetiva e dependente dos ajustes da janela e do pós-processamento das imagens; a visualização com centro da janela entre −300 e −900 UH e largura da janela entre 1.000 e 1.500 UH é recomendada. Há certa proporcionalidade entre a espessura parietal e o diâmetro das vias aéreas, que varia entre um décimo e um sexto. Vale ressaltar que a imagem das paredes brônquicas na tomografia inclui seu interstício axial peribroncovascular, por isso conclui-se que processos que levem à expansão intersticial (p. ex., congestão pulmonar) também determinam aparente espessamento parietal das vias aéreas.

Quanto ao diâmetro externo, existe uma correspondência de tamanho entre o brônquio e o ramo da artéria pulmonar que acompanha seu trajeto (a artéria pulmonar e as vias aéreas apresentam padrões de ramificação semelhantes e contíguos). O limite de resolução da TC, permite visibilizar as vias aéreas com diâmetro de no mínimo 2 mm, ou seja, o espaço subpleural (entre 1 e 2 cm de distância da pleura) não deve ter brônquios normais visíveis; quando o são, devem representar bronquíolos ectasiados ou com conteúdo.

Prosseguindo as ramificações para níveis mais periféricos, normalmente não caracterizados pela TC, bronquíolos respiratórios e terminais dão origem a ductos alveolares e, por sua vez, a sacos alveolares contendo diversos alvéolos, as estruturas terminais das vias aéreas nas quais a maior parte das trocas gasosas ocorre. Destacam-se as comunicações entre alvéolos de sacos alveolares distintos, através dos poros de Kohn, e entre bronquíolos distais e alvéolos, através dos canais de Lambert (Figura 7).

Organização anatômica da vascularização pulmonar

Os pulmões são vascularizados por um sistema arterial duplo, composto pelas artérias pulmonares, que são responsáveis por 99% do suprimento sanguíneo arterial pulmonar e fazem parte das trocas gasosas, e pelas artérias brônquicas, responsáveis pela nutrição dos seus componentes estruturais e que normalmente não fazem parte da hematose.

As artérias pulmonares acompanham as vias aéreas e seu padrão de ramificação; para cada ramo de via aérea há uma artéria correspondente; esse padrão não é regular, havendo na verdade certa discrepância no número de artérias e de brônquios (a ramificação arterial tem razão entre 3 e 4 para 1 e das vias aéreas de 2 a 3 para 1). As arteríolas dão origem a redes de capilares que formam uma camada praticamente contínua de sangue entremeada por tecido conjuntivo envolvendo os alvéolos.

Distais aos capilares arteriais formam-se vênulas localizadas na periferia do lóbulo pulmonar secundário que confluem nas veias pulmonares, drenando o sangue oxigenado pelos septos interlobulares até chegar às regiões centrais dos pulmões e ao átrio esquerdo. As veias pulmonares também são responsáveis pela drenagem do sangue oriundo das artérias brônquicas da periferia dos pulmões; nas regiões centrais próximas aos hilos, há outro conjunto de veias que drena para o sistema ázigos-hemiázigos (Figura 8).

Organização anatômica da drenagem linfática pulmonar

Os linfáticos pulmonares são responsáveis por manter os alvéolos relativamente "secos", criando um ambiente otimizado para as trocas gasosas; e por criar um fluxo líquido para clarear o parênquima pulmonar inflamado e danificado, através de um espaço em íntima proximidade para apresentação de antígenos e maturação de linfócitos.

Há duas redes comunicantes de linfáticos pulmonares: o plexo subpleural, conectado aos canais linfáticos septais, que acompanham os septos interlobulares e se dirigem centralmente circundando as veias pulmonares;

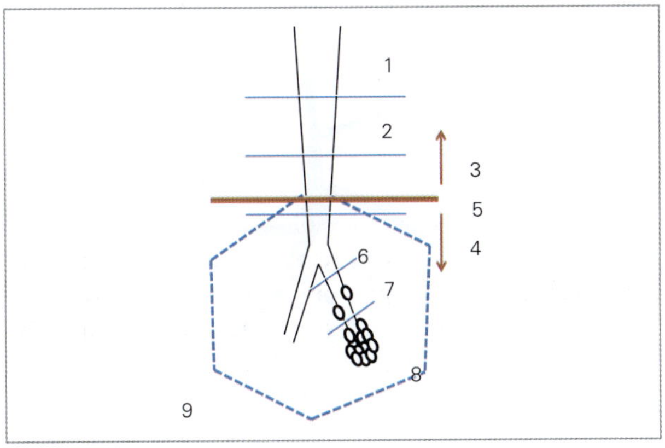

Figura 7 Organização anatômica da árvore traqueobrônquica.
1: Brônquios segmentares; 2: brônquios subsegmentares; 3: grandes vias aéreas; 4: pequenas vias aéreas; 5: Ø 2-3 mm; 6: bronquíolos terminais; 7: bronquíolos respiratórios; 8: sacos alveolares; 9: lóbulo pulmonar secundário.

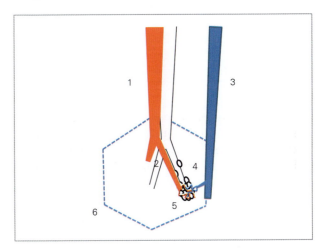

Figura 8 Organização anatômica dos vasos pulmonares.
1: Artérias; 2: arteríolas; 3: veias; 4: vênulas; 5: rede capilar; 6: lóbulo pulmonar secundário.

e os linfáticos do interstício axial peribroncovascular, ao redor de artérias e vias aéreas. Destaca-se a ausência de linfáticos no nível dos alvéolos (que prejudicaria a hematose nos estados de distensão linfática, por exemplo, por congestão pulmonar) (Figura 9).

Organização anatômica do interstício pulmonar

Os pulmões são sustentados por um esqueleto de fibras de tecido conectivo, o interstício pulmonar, que não é normalmente observado na TC de alta resolução do tórax, embora seu espessamento seja frequentemente caracterizado. Para facilitar o entendimento da distribuição dos achados toimográficos, o interstício pode ser subdividido em três componentes intercomunicantes, conforme descrito por Weibel em 1979: periférico, axial e parenquimatoso (Figura 10).

Organização lobar e segmentar pulmonar

Os pulmões humanos são divididos em cinco compartimentos distintos separados pelas fissuras pulmonares, os lobos, que por sua vez são constituídos por segmentos intimamente relacionados ao trajeto dos brônquios. Estudos anatômicos e tomográficos descreveram os padrões de segmentação brônquica e suas variações mais comuns na formação dos lobos pulmonares.

As fissuras pulmonares são invaginações com duas camadas da pleura visceral e geralmente são representadas pelas fissuras maiores (ou oblíquas), bilaterais e a fissura menor (horizontal), à direita. Muitas vezes, são incompletas, o que facilitaria a disseminação de doenças e dificulta algumas cirurgias, notadamente as ressecções anatômicas; essas descontinuidades podem variar de apenas uma pequena exposição das estruturas do hilo pulmonar com discreta fusão do parênquima até ausência incompleta (Figuras 11 e 12).

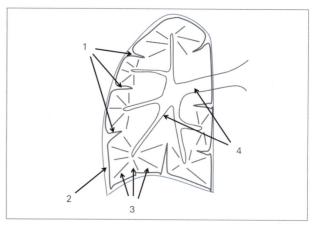

Figura 10 Os componentes do interstício pulmonar: periférico (1 e 2), parenquimatoso (3) e axial (4).
1: Septos interlobulares; 2: interstício subpleural; 3: septos intralobulares; 4: interstício axial peribroncovascular.

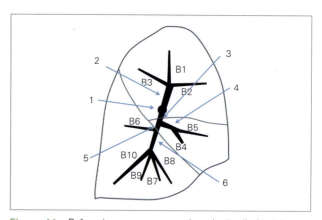

Figura 11 Brônquios segmentares do pulmão direito (vista lateral).
B1: apical; B2: anterior; B3: posterior; B4: lateral; B5: medial; B6: superior; B7: basal medial (paracardíaco); B8: basal anterior; B9: basal lateral; B10: basal posterior; 1: brônquio-fonte direito; 2: brônquio lobar superior; 3: brônquio intermédio; 4: brônquio lobar médio; 5: brônquio lobar inferior; 6: tronco basilar.

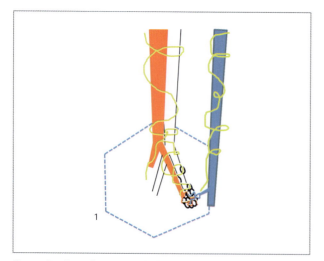

Figura 9 Organização anatômica dos linfáticos (em amarelo). 1: Lóbulo pulmonar secundário.

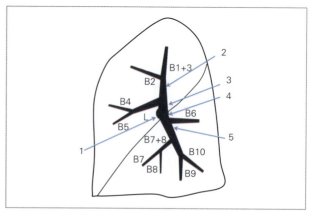

Figura 12 Brônquios segmentares do pulmão esquerdo (vista lateral).
B1+3: apicoposterior; B2: anterior; B4: superior; B5: inferior; B6: superior; B7+8: basal anteromedial; B9: basal lateral; B10: basal posterior; 1: brônquio-fonte esquerdo; 2: brônquio culminal; 3: brônquio lobar superior; 4: brônquio lobar inferior; 5: tronco basilar.

Organização subsegmentar pulmonar e lóbulo pulmonar secundário

O lóbulo pulmonar secundário é a menor unidade pulmonar circundada por septos de tecido conectivo, conforme definido por Miller. Tem aspecto relativamente poliédrico, com dimensões variando entre 1,0 e 2,5 cm na maior parte dos pulmões, em uma média de 11 a 17 mm em adultos. Sua organização estrutural é bastante constante, entre lóbulos, apesar da variabilidade de seu formato; é esta a característica que o torna muito relevante para o diagnóstico radiológico.

Para facilitar o entendimento dos achados tomográficos, o lóbulo pulmonar secundário é mais bem entendido como sendo constituído por três componentes: septos interlobulares e interstício subpleural contíguo; estruturas centrolobulares e parênquima lobular.

Septos interlobulares

Circundando os lóbulos pulmonares secundários, os septos interlobulares são formados pelo tecido conjuntivo intersticial periférico, contínuo com o espaço subpleural, e contêm veias pulmonares e vasos linfáticos (como descritos anteriormente).

Seu aspecto não é constante em todas as porções pulmonares, sendo mais bem caracterizados (por serem mais espessos e numerosos) nas porções apical, anterior e lateral dos lobos superiores, anterior e lateral do lobo médio e da língula, anterior e inferior (diafragmática) dos lobos inferiores e ao longo da face mediastinal. É nestas regiões que o lóbulo pulmonar é mais frequentemente observado na TC de alta resolução. Quando vistos em pulmões normais, costumam se estender para a superfície pleural; quando muito delgados, sua posição pode ser inferida por pequenas tributárias das veias pulmonares, particularmente caracterizáveis por seu padrão de ramificação em ângulos mais próximos a 90°.

Região centrolobular

A porção central do lóbulo pulmonar secundário contém as estruturas centrolobulares, os ramos arteriais e bronquiolares que suprem os ácinos correspondentes, envolvidos pelo interstício axial peribroncovascular. A ramificação destas estruturas é assimetricamente dicotômica, por vezes traduzida na impressão de haver uma via central de maior calibre dando origem a pequenos ramos periféricos.

Parênquima pulmonar (lobular)

É a porção funcional dos pulmões, os alvéolos e seu leito capilar, supridos pelos ramos terminais arteriais e bronquiolares, entremeados pelo interstício intralobular presente nos septos alveolares, organizados na forma de ácinos, normalmente invisíveis na TC de alta resolução (Figura 13).

Medidas da atenuação do pulmão normal na tomografia de alta resolução

O parênquima pulmonar deve ter atenuação mais elevada que o ar atmosférico, medida frequentemente entre −700 e −900 UH em indivíduos normais, e aspecto relativamente homogêneo, embora seja esperado um gradiente que se caracteriza por maior densidade nas áreas dependentes (porções posteriores e inferiores). Essa faixa de mudança de atenuação varia entre 50 e 100 UH e foi detectada tanto com o indivíduo em posição supina como prona.

Os exames expiratórios apresentam atenuação elevada em relação aos inspiratórios, e essa mudança é proporcional à porcentagem inspirada da capacidade vital no momento da aquisição das imagens, variando de modo geral entre 30 e 800 UH. Também existe um gradiente em relação às zonas dependentes, sendo esse efeito mais evidente nessas áreas.

Em indivíduos normais, é frequente a observação de áreas de aprisionamento aéreo, caracterizadas por focos de parênquima pulmonar que não apresentam o aumento esperado de sua atenuação na aquisição em expiração e aparentam uma hiperlucência relativa. Esses achados são mais presentes nos segmentos superiores dos lobos inferiores e nas porções anteriores do lobo médio e da língula, possivelmente por uma ventilação naturalmente menor que no parênquima adjacente. São descritos escores de quantificação desse aprisionamento aéreo, e alguns estudos demonstraram que pacientes sem queixas respiratórias e não tabagistas nunca excediam uma estimativa de 25% do volume pulmonar acometido (Figura 14).

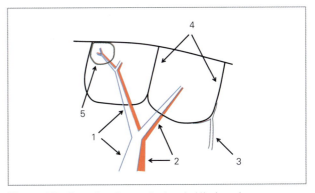

Figura 13 Organização anatômica do lóbulo pulmonar secundário.
1: Bronquíolos; 2: arteríolas; 3: veia pulmonar; 4: septos interlobulares; 5: ácino.

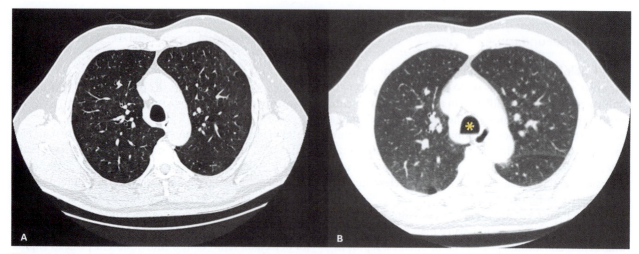

Figura 14 Tomografia computadorizada com aquisições em inspiração (A) e expiração (B), exibida com os mesmos ajustes de janela. A imagem da fase expiratória evidencia redução do volume e aumento da atenuação do parênquima pulmonar, mais acentuado nas porções posteriores, e leve abaulamento da parede posterior da traqueia (*).

Bibliografia sugerida

1. Aquino SL, Hayman LA, Loomis SL, Taber KH. Source and direction of thoracic lymphatics: Part I – upper thorax. J Comput Assist Tomogr. 2003;27(2):292-6.
2. Aquino SL, Hayman LA, Loomis SL, Taber KH. The source and direction of thoracic lymphatics, part II: The lower thorax. J Comput Assist Tomogr. 2003;27(4):657-61.
3. Aronberg DJ, Glazer HS, Madsen K, Sagel SS. Normal thoracic aortic diameters by computed tomography. J Comput Assist Tomogr. 1984;8(2):247-50.
4. Baron RL, Lee JK, Sagel SS, Peterson RR. Computed tomography of the normal thymus. Radiology. 1982;142(1):121-5.
5. Benson MT, Dalen K, Mancuso AA, Kerr HH, Cacciarelli AA, Mafee MF. Congenital anomalies of the branchial apparatus: embryology and pathologic anatomy. Radiographics. 1992;12(5):943-60.
6. Breatnach E, Abbott GC, Fraser RG. Dimensions of the normal human trachea. AJR Am J Roentgenol. 1984;142(5):903-6.
7. Bull RK, Edwards PD, Dixon AK. CT dimensions of the normal pericardium. Br J Radiol. 1998;71(849):923-5.
8. Castellote A, Vázquez E, Vera J, Piqueras J, Lucaya J, Garcia-Peña P, et al. Cervicothoracic lesions in infants and children. Radiographics. 1999;19(3):583-600.
9. Delille JP, Hernigou A, Sene V, Chatellier G, Boudeville JC, Challande P, et al. Maximal thickness of the normal human pericardium assessed by electron-beam computed tomography. Eur Radiol. 1999;9(6):1183-9.
10. Dixon AK, Hilton CJ, Williams GT. Computed tomography and histological correlation of the thymic remnant. Clin Radiol. 1981;32(3):255-7.
11. Engel IA, Auh YH, Rubenstein WA, Sniderman K, Whalen JP, Kazam E. CT diagnosis of mediastinal and thoracic inlet venous obstruction. AJR Am J Roentgenol. 1983;141(3):521-6.
12. Fausto CSCV, Chammas MC, Saito OC, Garcia MRT, Juliano AG, Simões CA, et al. Timo: caracterização ultra-sonográfica. Radiol Bras. 2004;207-10.
13. Francis IR, Glazer GM, Bookstein FL, Gross BH. The thymus: reexamination of age-related changes in size and shape. AJR Am J Roentgenol. 1985;145(2):249-54.
14. Frazier AA, Galvin JR, Franks TJ, Rosado-De-Christenson ML. From the archives of the AFIP: pulmonary vasculature: hypertension and infarction. Radiographics. 2000;20(2):491-524; quiz 30-1, 32.
15. Gamsu G, Webb WR. Computed tomography of the trachea and mainstem bronchi. Semin Roentgenol. 1983;18(1):51-60.
16. Gamsu G, Webb WR. Computed tomography of the trachea: normal and abnormal. AJR Am J Roentgenol. 1982;139(2):321-6.
17. Goldstein G, Mackey I, Green W. The human thymus. St. Louis: Mosby; 1969.
18. Goss CM. Gray's anatomy. Philadelphia: Lea & Febiger; 1996. p.579.
19. Heiberg E, Wolverson MK, Sundaram M, Nouri S. Normal thymus: CT characteristics in subjects under age 20. AJR Am J Roentgenol. 1982;138(3):491-4.
20. Kuriyama K, Gamsu G, Stern RG, Cann CE, Herfkens RJ, Brundage BH. CT-determined pulmonary artery diameters in predicting pulmonary hypertension. Invest Radiol. 1984;19(1):16-22.
21. Martin KW, McAlister WH. Intratracheal thymus: a rare cause of airway obstruction. AJR Am J Roentgenol. 1987;149(6):1217-8.
22. McLoud TC, Bourgouin PM, Greenberg RW, Kosiuk JP, Templeton PA, Shepard JA, et al. Bronchogenic carcinoma: analysis of staging in the mediastinum with CT by correlative lymph node mapping and sampling. Radiology. 1992;182(2):319-23.
23. Moeller TB, Reif E. CT. Normal findings in CT and MRI. Stuttgart: Thieme; 2000.
24. Mountain CF, Dresler CM. Regional lymph node classification for lung cancer staging. Chest. 1997;111(6):1718-23.
25. Naidich DP, Muller NL, Krinsky GA, Webb WR, Vlahos I. Computed tomography and magnetic resonance of the thorax. 4th ed. Philadelphia: Lippincott Williams & Wilkins; 2007.
26. Nicolaou S, Müller NL, Li DK, Oger JJ. Thymus in myasthenia gravis: comparison of CT and pathologic findings and clinical outcome after thymectomy. Radiology. 1996;201(2):471-4.
27. Perlo VP, Arnason B, Castleman B. The thymus gland in elderly patients with myasthenia gravis. Neurology. 1975;25(3):294-5.
28. The American Thoracic Society, The European Respiratory Society Pretreatment evaluation of non-small-cell lung cancer. Am J Respir Crit Care Med. 1997;156(1):320-32.
29. Salonen OL, Kivisaari ML, Somer JK. Computed tomography of the thymus of children under 10 years. Pediatr Radiol. 1984;14(6):373-5.
30. Sharma A, Fidias P, Hayman LA, Loomis SL, Taber KH, Aquino SL. Patterns of lymphadenopathy in thoracic malignancies. Radiographics. 2004;24(2):419-34.
31. Stern EJ, Graham CM, Webb WR, Gamsu G. Normal trachea during forced expiration: dynamic CT measurements. Radiology. 1993;187(1):27-31.
32. Takasugi JE, Godwin JD. CT appearance of the retroaortic anastomoses of the azygos system. AJR Am J Roentgenol. 1990;154(1):41-4.
33. Webb EM, Elicker BM, Webb WR. Using CT to diagnose nonneoplastic tracheal abnormalities: appearance of the tracheal wall. AJR Am J Roentgenol. 2000;174(5):1315-21.
34. Williams PL, Warwick R, Dyson M, Bannister LH. Splanchnology. In: Gray's anatomy. 37th ed. New York: Churchill Livingstone. 1989. p.1245-475.
35. Whitten CR, Khan S, Munneke GJ, Grubnic S. A diagnostic approach to mediastinal abnormalities. Radiographics. 2007;27(3):657-71.
36. Wosny C, Baroni RH, Gomes RLE, Daniel MM, Garcia RG, Garcia MRT, et al. Upper thymic prolongation simulating mediastinal lymphadenomegaly. Einstein. 2009;7(3 Pt.1):365-8.
37. Zwischenberger JB, Sankar AB. Surgery of the thoracic trachea. J Thorac Imaging. 1995;10(3):199-205.
38. Zylak CJ, Pallie W, Jackson R. Correlative anatomy and computed tomography: a module on the mediastinum. Radiographics. 1982. p.555-92.

3

Padrões de tomografia computadorizada de alta resolução (TCAR) dos pulmões

Vivian Cardinal da Silva Rubin

O reconhecimento dos padrões de envolvimento pulmonar na tomografia computadorizada de alta resolução (TCAR) depende da compreensão da anatomia do lóbulo pulmonar secundário (Capítulo 2). Esses padrões podem ser inicialmente agrupados em achados que aumentam a atenuação pulmonar e achados que reduzem a atenuação pulmonar (Quadro 1, Figura 1), subdividindo-os para facilitar o diagnóstico diferencial. Eventualmente, alterações de aumento e redução da atenuação do parênquima pulmonar coexistem, podendo representar doença com processos obstrutivo e infiltrativo concomitantes ou mesmo a presença de duas ou mais doenças. Além disso, a identificação da distribuição dos achados é de fundamental importância para o diagnóstico diferencial (periféricas, centrais ou difusas).

Nódulos e micronódulos pulmonares

Definição

O termo nódulo pulmonar é definido como uma opacidade arredondada, bem ou mal definida, variando entre 1 e 30 mm. Podem ser subdivididos em micronódulos (medem até 3 mm), pequenos nódulos (medem entre 3 e 10 mm) e nódulos (medem entre 10 e 30 mm). Uma lesão que mede mais que 30 mm é denominada massa.

Características

Além do tamanho, também são classificados quanto a atenuação, bordos, número e distribuição. Podem ser

Quadro 1	Padrões de envolvimento pulmonar na TCAR		
Atenuação pulmonar	Padrão	Subclassificação	Doenças frequentemente associadas
Aumentam	Nódulos	Centrolobulares, perilinfáticos e randômicos	Bronquiolites, sarcoidose, infecção de disseminação hematogênica
	Opacidades lineares	Espessamento septal interlobular, bandas parenquimatosas, linhas subpleurais	Edema, linfangite carcinomatosa
	Opacidades reticulares	Reticulação fina, espessamento interstício intralobular	Pneumonias intersticiais idiopáticas, pneumoconioses
	Vidro fosco	Baseada na história clínica e achados associados	Infecções oportunistas, pneumonias intersticiais idiopáticas, proteinose alveolar
	Consolidação	Baseada na história clínica e achados associados	Pneumonia, pneumonia em organização, hemorragia alveolar
Reduzem	Com paredes	Forma, distribuição, espessura da parede	Histiocitose de células de Langerhans, linfangioleiomiomatose, bronquiectasias, enfisema parasseptal, pneumonias intersticiais idiopáticas
	Sem paredes	Enfisema, perfusão em mosaico	Enfisema centrolobular e panlobular, doenças das pequenas vias aéreas

TCAR: tomografia computadorizada de alta resolução.

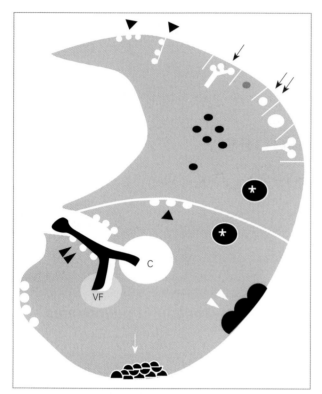

Figura 1 Esquema representando os principais padrões da tomografia computadorizada de alta resolução (TCAR). Pequenos nódulos centrolobulares com (seta preta) e sem (seta dupla preta) árvore em brotamento; nódulos perilinfáticos (cabeça de seta preta); nódulos peribroncovasculares (cabeça de seta dupla preta); opacidade em vidro fosco (VF); consolidação (C); faveolamento (seta branca); enfisema parasseptal (cabeça de seta branca) e centrolobular; cistos (*).

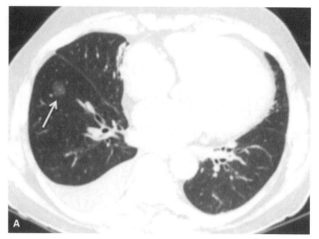
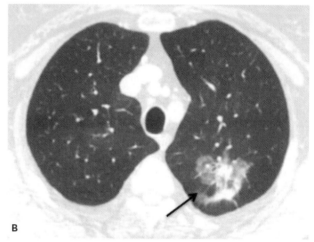
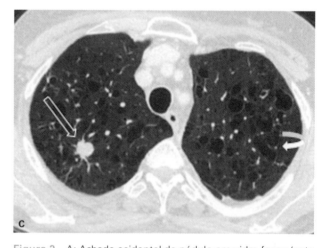

Figura 2 A: Achado acidental de nódulo em vidro fosco (seta branca), que demonstrou discreto crescimento nos exames de controle (2 anos), sendo confirmado o diagnóstico de hiperplasia adenomatosa atípica em ressecção cirúrgica. B: Tomografia computadorizada de alta resolução (TCAR) demonstra massa pulmonar semissólida espiculada no lobo superior esquerdo, sugestiva de adenocarcinoma. C: Paciente tabagista, apresentando nódulo pulmonar sólido com contornos irregulares (seta vazada), associado a inúmeros cistos pulmonares, alguns com conformação irregular (seta curva). A biópsia pulmonar confirmou o diagnóstico de adenocarcinoma e histiocitose de células de Langerhans.

únicos ou múltiplos; quando múltiplos e pequenos, caracterizam o denominado padrão nodular (variam de 1 a 10 mm).

Os nódulos pulmonares são classificados, quanto a sua atenuação, como sólidos (densidade de partes moles), semissólidos (atenuação em vidro fosco com áreas de densidade de partes moles) e não sólidos ou "em vidro fosco" (atenuação em vidro fosco) (Figura 2). Os nódulos semissólidos e não sólidos apresentam maior prevalência de malignidade em relação aos nódulos sólidos (63%, 18% e 7%, respectivamente).

Em relação aos nódulos pulmonares sólidos solitários, o principal aspecto na diferenciação de um nódulo benigno de um maligno é a presença de calcificação e as suas características (nódulo menor que 2,0 cm com calcificação central, laminada, "em pipoca" ou difusa sugere lesão benigna). A presença de gordura é outro fator sugestivo de benignidade (provavelmente representando hamartoma), especialmente em pacientes sem antecedente oncológico (Figura 3). As margens pulmonares também têm papel importante na diferenciação dos nódulos benignos e malignos, sendo 90% dos nódulos com margens espicu-

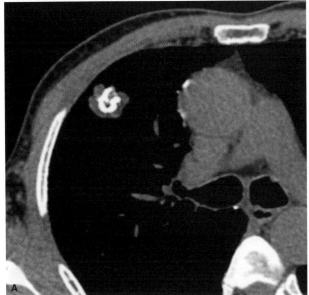

lose miliar; já os nódulos alveolares se apresentam como nódulos mal definidos, variando entre sólidos e em vidro fosco, como na bronquiolite respiratória e na broncopneumonia (Figura 4). É importante lembrar que muitas doenças nodulares pulmonares afetam tanto os compartimentos intersticiais quanto os alveolares.

Achados associados

Sinal do halo

Caracteriza-se pela presença de atenuação em vidro fosco circundando um nódulo, massa ou consolidação pulmonar (Figura 5). O halo em vidro fosco, em geral, representa hemorragia, porém pode ser decorrente de infiltração pulmonar local por outro material, como células tumorais.

A presença de sinal do halo foi inicialmente descrita na aspergilose angioinvasiva; no entanto, sabe-se que não

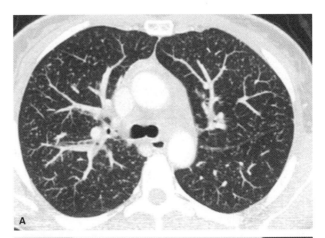

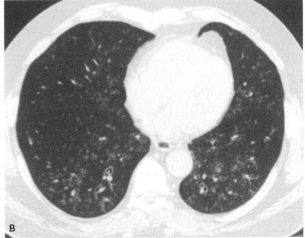

Figura 3 A: Hamartoma. A tomografia computadorizada de alta resolução (TCAR) demonstra nódulo pulmonar sólido, com calcificação "em pipoca", tipicamente benigna. B: Outro hamartoma pulmonar, com focos de atenuação de gordura de permeio.

ladas malignos, em contrapartida com as margens lisas, representando nódulos benignos em 70% dos casos.

Os bordos dos nódulos também são outro ponto importante na avaliação. Nódulos intersticiais são, em geral, bem definidas, apesar do seu tamanho (mesmo com 1-2 mm), sólidos, como na sarcoidose, silicose e na tubercu-

Figura 4 A: Nódulos intersticiais na sarcoidose. Note os micronódulos perilinfáticos mesmo muito pequenos (alguns poucos milímetros) com margens nítidas e aspecto sólido. B. Nódulos alveolares em um paciente com infecção por parainfluenza. Observe os múltiplos micronódulos centrolobulares em vidro fosco, inclusive com aspecto de "árvore em brotamento".

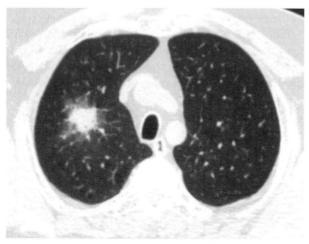

Figura 5 Aspergilose angioinvasiva. Paciente neutropênico febril no 10º dia pós-transplante de medula óssea (leucemia). Tomografia computadorizada de alta resolução (TCAR) demonstrando massa pulmonar com halo em vidro fosco (sinal do halo) no lobo superior direito.

é específica dessa patologia. Em um paciente imunocomprometido (em especial com neutropenia), representa processo infeccioso e é altamente sugestivo de infecção fúngica, mais frequentemente por *Aspergillus*. Porém também pode ocorrer em outras doenças infecciosas (p. ex., tuberculose, paracoccidioidomicose, outros fungos), nas vasculites (p. ex., granulomatose com poliangeíte), em doenças inflamatórias (p. ex., pneumonia em organização), nas metástases hemorrágicas (angiossarcoma, coriocarcinoma, melanoma, carcinoma renal, mama), no adenocarcinoma de pulmão, no sarcoma de Kaposi, no linfoma etc. Nesse contexto, a correlação com dados clínicos é de fundamental importância.

Escavação (cavidade)

Presença de gás, com ou sem nível líquido em nódulo, massa ou consolidação pulmonar. Tanto lesões benignas quanto malignas podem escavar. A espessura da parede é o principal aspecto nessa diferenciação, sendo uma cavidade isolada, com a espessura da parede menor que 4 mm, altamente sugestiva de lesão benigna (90% dos casos). Em contrapartida, cavidades únicas com espessura maior que 15 mm são malignas em cerca de 90% dos casos.

O câncer de pulmão apresenta escavação central em até 15% das vezes (Figura 6A), enquanto a frequência de escavação em metástases pulmonares é menor, podendo ocorrer em 4% dos casos. Os carcinomas espinocelulares são o tipo mais comum de tumor a determinar metástases escavadas, representando cerca de 69% delas.

As cavidades de paredes finas (< 4 mm) são mais comumente relacionadas com infecções crônicas (tuberculose e paracoccidioidomicose) e embolia séptica (Figura 6B). A granulomatose com poliangeíte e o carcinoma de pulmão são os principais exemplos de cavidades de paredes espessas (Figura 6A). Outras doenças que cursam com escavação são: nódulos na artrite reumatoide e aspergilose angioinvasiva (Figuras 6C e D).

Padrão de distribuição

Em geral, a característica mais útil no diagnóstico diferencial dos pequenos nódulos pulmonares é o padrão de distribuição em relação ao lóbulo pulmonar secundário (Quadro 2). Histopatologicamente, são reconhecidos quatro tipos de distribuição: bronquiolocêntrico, angiocêntrico, linfático e randômico. No entanto, na TCAR os nódulos bronquiolocêntricos e angiocêntricos são agrupados em nódulos centrolobulares, pois não podem ser claramente distintos, já que o brônquio e a artéria estão muito próximos, no centro do lóbulo pulmonar secundário. Assim, na TCAR, teremos três padrões de distribuição: centrolobular, perilinfático e randômico (Figura 7).

Distribuição perilinfática

Os nódulos perilinfáticos são identificados em doenças que envolvem preferencialmente os vasos linfáticos pulmonares, que se localizam na pleura visceral, nos septos interlobulares e junto aos feixes broncovascular e venoso. Esse padrão é mais típico nos pacientes com sarcoidose, silicose, linfangite carcinomatosa, doenças linfoproliferativas e amiloidose (Quadro 2).

Na TCAR, a presença de nódulos perifissurais e subpleurais, de maneira desigual, é característica do padrão perilinfático (Figura 8). É importante lembrar que também encontraremos nódulos centrolobulares, já que existem linfáticos pulmonares junto ao feixe broncovascular, porém serão menos proeminentes que os nódulos subpleurais e nos septos interlobulares.

Distribuição centrolobular

O padrão de distribuição centrolobular se refere a nódulos localizados predominantemente no centro do lóbulo pulmonar secundário, que contém o bronquíolo e a arteríola centrolobular, além de interstício. Dessa forma, a presença de nódulos centrolobulares pode indicar anormalidades alveolares, arteriolares ou intersticiais (Quadro 2).

Eles podem medir até cerca de 10 mm e parecem estar igualmente espaçados entre si, em razão do tamanho dos lóbulos pulmonares secundários. Podem ser diferenciados do padrão perilinfático e randômico por não apresentarem contato com a superfície pleural (distando cerca de 5-10 mm dela). Ainda, podem ser focais ou difusos, bem ou mal definidos, dependendo do diagnóstico. Mais frequentemente, estão relacionados a doença das pequenas vias aéreas e, nesse caso, tendem a assumir um aspecto em vidro fosco (Figuras 4B e 9).

O padrão de "árvore em brotamento" representa impactação dos bronquíolos centrolobulares, seja por

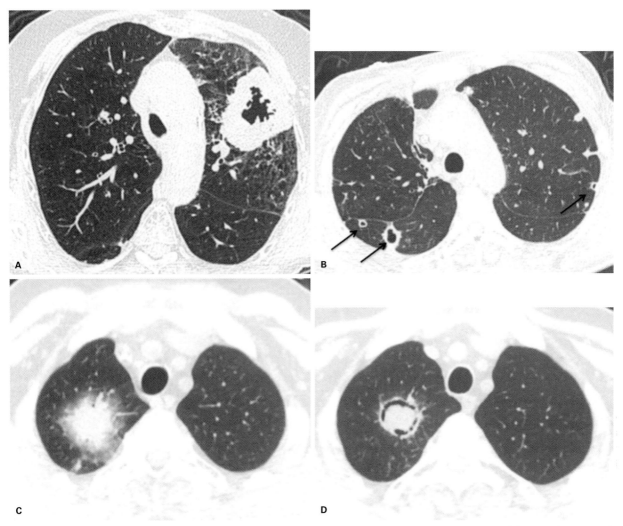

Figura 6 A: Carcinoma espinocelular. Massa pulmonar escavada, com paredes espessas e irregulares, no lobo superior esquerdo. B: Embolia séptica. Nódulos pulmonares bilaterais, alguns com escavação central (setas), predominando na periferia dos pulmões. C e D: Aspergilose angioinvasiva. C: Tomografia computadorizada de alta resolução (TCAR) demonstrando massa pulmonar com sinal do halo em paciente neutropênico febril. Após 11 dias de tratamento, TCAR de controle (D) demonstra surgimento de escavação em forma de meia-lua (sinal do crescente aéreo). O sinal do crescente aéreo é um achado específico, geralmente na fase de reconstituição da medula óssea (1 a 2 semanas após o surgimento do nódulo com halo em vidro fosco).

muco, líquido ou pus, com consequente dilatação deles, associados a inflamação peribronquiolar. Na TCAR, caracteriza-se por presença de pequenos nódulos e micronódulos de aspecto ramificado (Figura 10). A associação de nódulos centrolobulares com o padrão de "árvore em brotamento" é muito útil, pois é usualmente identificada em infecções pulmonares.

Distribuição randômica

Os nódulos randômicos não apresentam nenhum tipo de predileção em relação às estruturas do lóbulo pulmonar secundário e são identificados no centro do lóbulo e em contato com a pleura visceral e septos interlobulares. Tipicamente, a distribuição dos nódulos é uniforme, bilateral e simétrica, em contraste com o padrão perilinfático. Os principais diagnósticos diferenciais são as infecções miliares (tuberculose, micoses etc.) e as metástases hematogênicas (Quadro 2) (Figura 11).

No diagnóstico diferencial do padrão nodular, é essencial a localização anatômica do nódulo em relação ao lóbulo pulmonar secundário, aumentando a acurácia diagnóstica em até 94%, seguindo um simples algoritmo (Figura 12).

Vidro fosco e consolidação alveolar

Vidro fosco

O vidro fosco (VF) é definido como um aumento na atenuação pulmonar, sem obscurecer os vasos subjacentes ou as margens brônquicas (Figura 13). É um achado comum na TCAR, embora inespecífico, e re-

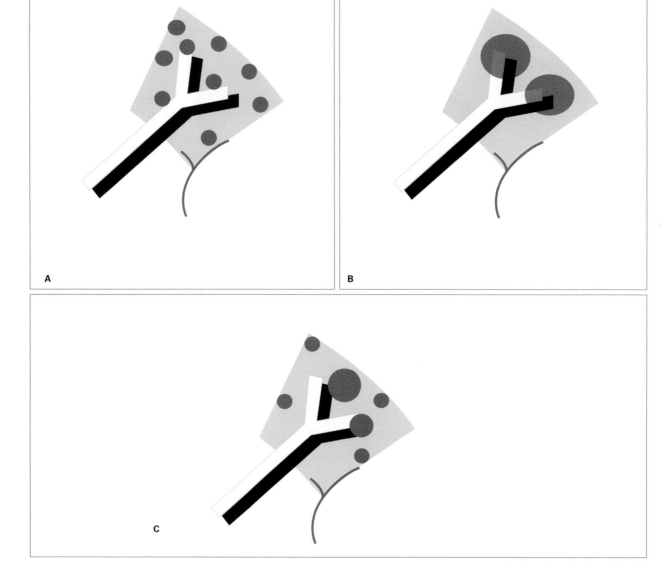

Figura 7 Esquema do padrão de distribuição com relação às estruturas do lóbulo pulmonar secundário. A: Perilinfático: pequenos nódulos em contato com os septos interlobulares, com a pleura visceral e com o interstício peribroncovascular. Observe a presença de nódulos centrolobulares, porém não são o achado predominante. B: Centrolobular: nódulos distam 5 a 10 mm da superfície pleural e dos septos interlobulares. C: Randômico: sem predileção por qualquer estrutura. São encontrados de maneira uniforme em contato com a superfície pleural, septos interlobulares e as estruturas centrolobulares.

Quadro 2 Diagnóstico diferencial dos pequenos nódulos e micronódulos baseado na distribuição com relação ao lóbulo pulmonar secundário

Distribuição	Diagnóstico	Comentários
Centrolobular	Bronquiolite infecciosa, respiratória e folicular	Segmentar ou difuso; árvore em brotamento; nódulos mal e bem definidos
	Panbronquiolite difusa	Árvore em brotamento e bronquiectasia são achados comuns
	Pneumonia de hipersensibilidade (PH)	Nódulos de tamanhos semelhantes circundando pequenos vasos
	Pneumonia intersticial linfocítica (PIL)	Centrolobular e perilinfática; pode simular PH e disseminação linfática, respectivamente; cistos
	Edema pulmonar, hemorragia alveolar	Com ou sem espessamento septal
	Silicose	Centrolobular e também subpleural; simétrica; predomina nas porções posteriores dos lobos superiores
	Aspergilose broncopulmonar alérgica (ABPA)	Árvore em brotamento e bronquiectasia são achados comuns
	Vasculite	Nódulos mal definidos/vidro fosco; colagenoses
	Metástases endobrônquicas	Segmentar ou difuso; pode ocorrer consolidação; raramente apresenta árvore em brotamento
Perilinfática	Sarcoidose	Subpleural, peribroncovascular; frequentemente esparsa e assimétrica; nódulos bem e mal definidos
	Linfangite carcinomatosa	Septal, peribroncovascular; pode ser unilateral e segmentar
	Silicose	–
	Amiloidose	Septal e subpleural
	Doenças linfoproliferativas	Espessamento septal; linfonodomegalias
Randômica	Infecções miliares	Envolvimento uniforme e homogêneo
	Metástases hematogênicas	Pode se sobrepor com disseminação linfática
	Sarcoidose (ocasionalmente)	–

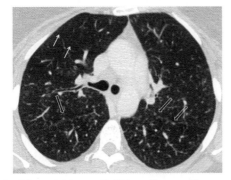

Figura 8 Micronódulos perilinfáticos. Tomografia computadorizada de alta resolução (TCAR) de paciente com sarcoidose demonstra múltiplos micronódulos com distribuição ao longo das superfícies pleurais (identificados ao longo das fissuras – setas vazadas) e ao longo do interstício peribroncovascular. Observe que os micronódulos apresentam uma distribuição não uniforme ao longo do parênquima, com áreas poupadas (setas), o que auxilia no diferencial com os micronódulos randômicos (miliares).

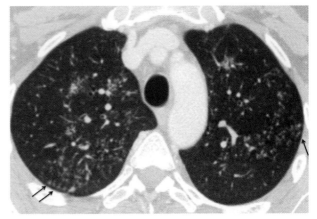

Figura 9 Micronódulos centrolobulares. Tomografia computadorizada de alta resolução (TCAR) de paciente com tuberculose. Múltiplos micronódulos pulmonares em vidro fosco, de distribuição centrolobular, nos lobos superiores. Note que os micronódulos não apresentam contato com a superfície pleural (setas).

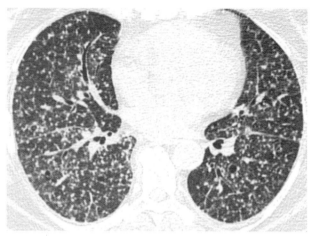

Figura 11 Micronódulos randômicos. Tomografia computadorizada de alta resolução (TCAR) de paciente masculino, 39 anos, demonstra múltiplos micronódulos de distribuição randômica pelos pulmões. Observe o padrão de envolvimento difuso e uniforme, tipicamente encontrado no padrão miliar/randômico. Paracoccidioidomicose miliar.

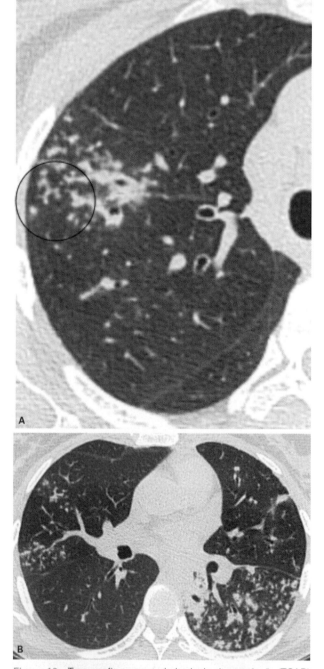

Figura 10 Tomografia computadorizada de alta resolução (TCAR) de paciente com diagnóstico de tuberculose, demonstrando micronódulos centrolobulares, no lobo superior direito e segmento superior do lobo inferior esquerdo. Observe o aspecto ramificado dos micronódulos, característico do padrão de "árvore em brotamento" (em destaque).

presenta a presença de anormalidades abaixo da resolução da TC (efeito de volume parcial). Pode ser resultado de um preenchimento parcial do espaço aéreo, de espessamento intersticial (seja por líquido, células e/ou fibrose), de colapso alveolar parcial, expiração normal, aumento do volume sanguíneo capilar, ou uma combinação variável dessas causas. Em contrapartida, quando existe obscurecimento dos vasos pulmonares, ou seja, um aumento mais intenso da densidade pulmonar, utiliza-se o termo consolidação.

O VF frequentemente representa um processo ativo e potencialmente tratável, em especial quando não se associa a achados de fibrose pulmonar (como bronquiectasias de tração e faveolamento). Nos pacientes com VF e sinais de fibrose em outras áreas do parênquima pulmonar, a biópsia deve ser direcionada para as áreas de atenuação em VF, pois apresentam maior potencial diagnóstico (maior atividade de doença).

A avaliação correta do VF depende de vários fatores, como os sintomas do paciente (quadro agudo, subagudo ou crônico), distribuição do vidro fosco (difuso, segmentar/lobar, multifocal ou centrolobular/peribronquiolar) e da presença ou ausência de outros achados na TCAR (Quadro 3). O VF pode ser difícil de identificar quando difuso, e a presença de brônquios que parecem "muito escuros" em relação ao parênquima pulmonar adjacente (sinal do brônquio negro) pode ser útil.

O achado de espessamento dos septos inter e intralobulares no interior das áreas de vidro fosco confere aos pulmões um aspecto de pavimento de paralelepípedo, caracterizando a "pavimentação em mosaico" ou "pavimentação maluca" (do inglês *crazy paving*). Classicamente descrito na proteinose alveolar (Figura 14) e tendo nessa doença a sua forma mais intensa, a "pa-

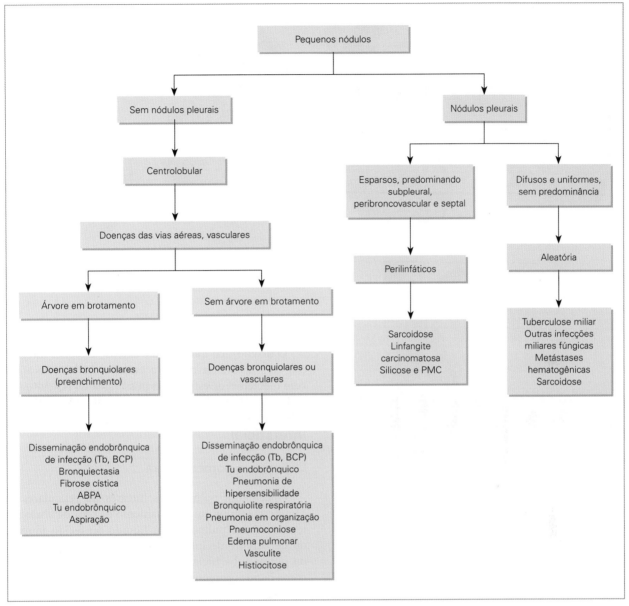

Figura 12 Algoritmo de diagnóstico diferencial do padrão nodular. ABPA: aspergilose broncopulmonar alérgica; BCP: broncopneumonia; PMC: pneumoconiose dos mineiros de carvão; Tb: tuberculose; Tu: tumor.

vimentação em mosaico" também pode ser encontrada em outras patologias (como hemorragia alveolar, edema, pneumonia intersticial aguda, SDRA, pneumocistose, adenocarcinoma pulmonar etc.).

Consolidação alveolar

A consolidação alveolar é definida por um aumento na atenuação pulmonar com obscurecimento da vasculatura, em geral com broncograma aéreo, diferindo do vidro fosco apenas quanto à intensidade do acometimento (Figura 15). A presença de consolidação representa uma substituição do ar alveolar por outro material, como sangue, pus, líquido, células (inflamatórias ou neoplásicas) ou outro elemento.

Quando a consolidação já pode ser identificada na radiografia, a TCAR nem sempre é necessária. No entanto, a TCAR pode identificar mais precocemente a consolidação alveolar e, em certos casos, trazer informações úteis quanto a distribuição e achados adicionais importantes não são visíveis na radiografia. A consolidação alveolar se caracteriza geralmente por apresentar contornos pouco nítidos, com tendência a coalescer, podendo apresentar distribuição lobar ou segmentar. Muitas vezes, mudam de aspecto em um curto intervalo de tempo.

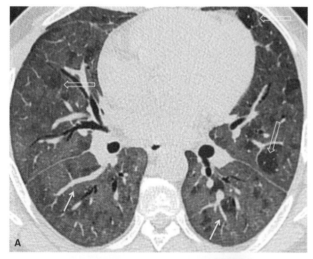

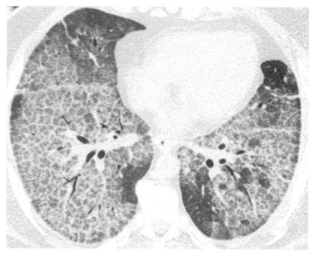

Figura 14 Proteinose alveolar. Além da atenuação em vidro fosco do parênquima pulmonar, observa-se espessamento dos septos interlobulares e intralobulares, configurando um aspecto de pavimento de paralelepípedo, denominado "pavimentação em mosaico" ou "pavimentação maluca".

O diagnóstico diferencial é extenso e requer integração com a história clínica e outros achados relevantes com o objetivo de estreitar as possibilidades (Quadro 4).

Opacidades reticulares e espessamento intersticial

Definição e nomenclatura

Opacidades pulmonares lineares ou reticulares se caracterizam por um espessamento da rede de fibras intersticiais dos pulmões, por líquido ou tecido fibroso, ou decorrente de infiltração do interstício por células ou outras substâncias. Podem se manifestar na TCAR como bandas parenquimatosas, linhas subpleurais, sinal da interface, espessamento do interstício peribroncovascular, espessamento dos septos interlobulares, espessamento intersticial intralobular (linhas intralobulares) (Figura 1).

Alterações fundamentais

Bandas parenquimatosas

Consistem em opacidades lineares, normalmente com 1 a 3 mm de espessura e até 5 cm de comprimento, em geral periféricas e em contato com a superfície pleural (que pode estar espessada e retraída). Refletem a presença de fibrose pleuroparenquimatosa, e costumam estar associadas a atelectasias ou doenças pulmonares fibrosantes (Figura 16).

Linha subpleural curvilínea

Corresponde a uma opacidade linear fina, com 1 a 3 mm de espessura, paralela à pleura e a menos de 1 cm da

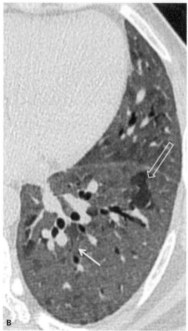

Figura 13 Pneumocistose. A e B: Tomografia computadorizada de alta resolução (TCAR) demonstrando atenuação em vidro fosco difusa de ambos os pulmões, com áreas lobulares de parênquima pulmonar preservado (setas vazadas). Observe como o aumento da atenuação pulmonar não obscurece os vasos pulmonares (setas). B. Os brônquios parecem muito escuros em relação ao parênquima pulmonar adjacente (sinal do "brônquio negro"), o que facilita a identificação do vidro fosco quando difuso.

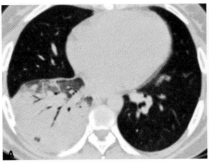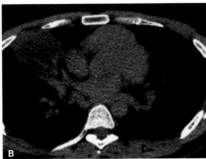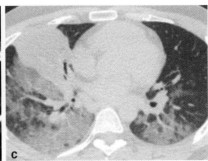

Figura 15   A: Pneumonia lobar. Consolidação alveolar caracterizada por aumento da atenuação pulmonar, com obscurecimento dos vasos pulmonares e broncograma aéreo. Note as margens mal definidas e a atenuação em vidro fosco adjacente (sugerindo áreas de menor preenchimento alveolar). B e C: Pneumonia lipoídica. Consolidação alveolar de baixa atenuação (janela de mediastino), associada a extensas áreas de atenuação em vidro fosco.

Quadro 3 Diagnóstico diferencial das opacidades em vidro fosco

Tempo de evolução	Diagnóstico	Comentários
Agudo	Pneumonia intersticial aguda/síndrome do desconforto respiratório agudo	Sempre presente, esparsa ou difusa; consolidação é comum
	Edema pulmonar	Difuso ou centrolobular; espessamento septal é comum
	Hemorragia alveolar	Difuso ou esparso; às vezes associada a espessamento septal
	Pneumonia (viral, *Mycoplasma*, Pneumocistose etc.)	Comum, esparsa ou difusa; centrolobular; também pode se associar a consolidação e espessamento septal
	Pneumonia eosinofílica aguda	Difusa; insuficiência respiratória é comum
	Pneumonia actínica	Extensão corresponde ao campo da radiação
Subagudo/crônico	Pneumonia intersticial não específica	Comum; esparsa; periférica, porém classicamente poupando a região subpleural (50%); opacidades reticulares
	Pneumonia intersticial usual/fibrose pulmonar idiopática	Comum se associada a achados de fibrose pulmonar; incomum isoladamente; subpleural e basal
	Pneumonia intersticial descamativa	Sempre presente; difusa ou esparsa; pode ter achados de fibrose
	Doença pulmonar intersticial associada a bronquiolite respiratória	Sempre presente; esparsa e localizada; pode ser centrolobular
	Pneumonia de hipersensibilidade	Muito frequente; esparsa ou centrolobular; consolidação e aprisionamento aéreo podem estar associados
	Pneumonia em organização	Comum; periférica; pode ser nodular; pode se associar a consolidação
	Pneumonia eosinofílica crônica	Consolidação é mais frequente; periférica; esparsa ou nodular
	Adenocarcinoma lepídico	Difuso, nodular ou esparso; consolidação é comum
	Pneumonia lipoídica	Esparsa ou lobular; consolidação de baixa atenuação associada
	Sarcoidose	Granulomas confluentes; incomum
	Proteinose alveolar	Muito frequente; pavimentação em mosaico; esparsa ou difusa
	Granulomatose eosinofílica com poliangeíte	Consolidação pode estar presente; nodular

sua superfície (Figura 17). As linhas subpleurais são inespecíficas, porém muitas vezes representam atelectasia das regiões decúbito-dependentes, desaparecendo na mudança do decúbito. Podem ser encontradas em doenças fibrosantes, em especial na doença pulmonar relacionada ao asbesto.

Sinal da interface

O sinal da interface é representado por espessamento e irregularidades da interface entre o parênquima pulmonar e os vasos, brônquios e pleura visceral (Figura 18). É um achado inespecífico e comum em pacientes com doenças intersticiais, independentemente de sua etiologia.

Quadro 4	Diagnóstico diferencial da consolidação alveolar	
Tempo de evolução	Diagnóstico	Comentários
Agudo	Pneumonia (bacteriana, viral, *Mycoplasma*, pneumocistose etc.)	Focal, multifocal ou lobular; dependendo do agente
	Pneumonia intersticial aguda/ Síndrome do desconforto respiratório agudo	Multifocal ou difusa
	Edema pulmonar	Difuso ou peri-hilar; espessamento septal é comum
	Hemorragia alveolar	Difusa ou esparsa
	Pneumonia eosinofílica aguda	Difusa
	Pneumonia actínica	Extensão corresponde ao campo da radiação
Subagudo/crônico	Pneumonia em organização	Comum; periférica; pode ser nodular
	Pneumonia eosinofílica crônica	Periférica; esparsa ou nodular
	Adenocarcinoma	Difuso, nodular ou esparso
	Linfoma	Difuso, nodular ou esparso
	Pneumonia intersticial não específica	Esparsa e periférica
	Pneumonia intersticial usual/fibrose pulmonar idiopática	Subpleural e basal
	Pneumonia de hipersensibilidade	Opacidade em vidro fosco é mais comum; esparsa
	Pneumonia lipoídica	Focal ou multifocal; pode ter baixa atenuação (gordura)
	Sarcoidose	Granulomas confluentes
	Proteinose alveolar	Opacidade em vidro fosco é mais comum; pavimentação em mosaico; esparsa ou difusa

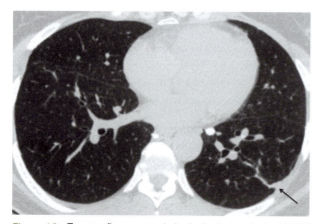

Figura 16 Tomografia computadorizada de alta resolução (TCAR) demonstrando banda parenquimatosa no lobo inferior esquerdo. Observe a extensão até a superfície pleural, que apresenta discreta retração/espessamento focal (seta).

Espessamento do interstício peribroncovascular

Os brônquios e as artérias pulmonares são circundados por uma forte bainha de tecido conjuntivo, denominada interstício peribroncovascular, que se estende desde os hilos até a periferia pulmonar. Na periferia, o interstício peribroncovascular envolve as arteríolas e os bronquíolos centrolobulares.

No espessamento do interstício peribroncovascular parece ocorrer aumento na espessura da parede brônquica e aumento correspondente no diâmetro da artéria pulmonar, com relação artéria-brônquio preservada (Figura 19). Normalmente, esses diâmetros se equiparam, com uma relação igual a 1, e a presença de um aumento desproporcional de um dos dois elementos favorece uma doença isolada (arterial ou brônquica).

Pode haver espessamento liso, nodular ou irregular do interstício peribroncovascular, o que ajuda no diagnóstico diferencial (Quadro 5) (Figura 20), sobretudo quando associado a outros achados.

Espessamento de septos interlobulares

Raros septos interlobulares podem ser visíveis em pacientes normais, especialmente adjacentes a pleura mediastinal ou nas porções anteriores, com cerca de 0,1 mm de espessura, quando proeminentes, quase sempre indicam uma anormalidade intersticial. Entre as opacidades lineares, o espessamento de septos interlobulares é o mais útil para o diagnóstico diferencial. Pode representar dilatação das veias pulmonares, infiltração dos vasos linfáticos pulmonares ou infiltração do interstício pulmonar por células, líquido ou fibrose. Assim como no espessamento peribroncovascular, pode ser liso, nodular ou irregular, o que em associação com outros achados limita as hipóteses diagnósticas (Quadro 6) (Figuras 14 e 21). O espessamento liso costuma ser identificado nas doenças venosas, linfáticas ou infiltrativas. Já o espessamento

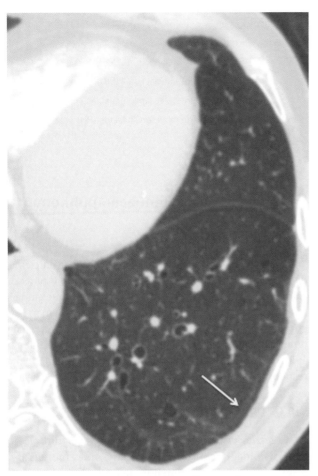

Figura 17 Linha subpleural curvilínea. Tomografia computadorizada de alta resolução (TCAR) demonstrando tênue linha paralela à superfície subpleural, achado que comumente representa atelectasia laminar pelo decúbito.

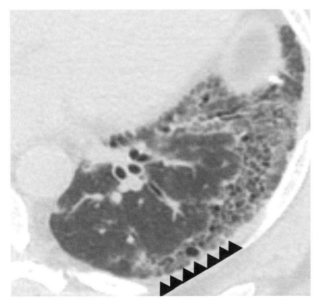

Figura 18 Sinal da interface. Paciente com pneumonia intersticial não específica, em que as setas representam sinais da interface entre a pleura visceral e o pulmão.

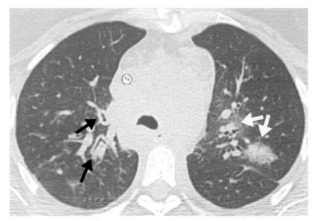

Figura 19 Leucemia mieloide aguda. Tomografia computadorizada de alta resolução (TCAR) demonstrando importante espessamento do interstício peribroncovascular (setas), associado a opacidades em vidro fosco peribrônquicas, algumas confluindo em pequenos focos de consolidação (setas brancas).

nodular é típico das doenças que envolvem os linfáticos pulmonares, como sarcoidose e linfangite carcinomatosa, porém pode ser identificado nas doenças infiltrativas (p. ex., linfoma).

Espessamento intersticial intralobular (linhas intralobulares)

O espessamento intersticial intralobular resulta em um padrão reticular fino na TCAR, com finas opacidades lineares separadas por alguns milímetros, no interior de um lóbulo pulmonar secundário, com um aspecto semelhante a uma renda (Figura 22). É um achado inespecífico, podendo representar fibrose intersticial ou infiltração intersticial difusa sem fibrose. No contexto de fibrose intersticial, em geral ocorrem em associação com bronquiolectasias de tração. As causas mais comuns de linhas intralobulares são listadas no Quadro 7.

Faveolamento

O faveolamento representa doença pulmonar em estágio terminal e pode ser observado em muitas doenças que levam a fibrose. Patologicamente, consiste em pequenos espaços císticos que contêm ar, em geral revestidos por epitélio bronquiolar e tecido fibroso denso. Na TCAR (Figura 23), caracteriza-se por pequenos espaços aéreos císticos agrupados, organizados em camadas na região subpleural, medindo entre 3-10 mm (por vezes podendo atingir dimensões maiores), com paredes bem definidas. É considerado um achado específico para fibrose pulmonar, e o padrão de distribuição do faveolamento pode ser essencial no diagnóstico etiológico (Quadro 8). Está comumente associado a outros achados de fibrose pulmonar, como distorção arquitetural, linhas intralobulares, bronquiectasias de tração e redução volumétrica.

Quadro 5	Diagnóstico diferencial do espessamento do interstício peribroncovascular	
Liso	Nodular	Irregular
Edema pulmonar	Linfangite carcinomatosa	Sarcoidose
Linfangite carcinomatosa	Linfoma	Pneumonia intersticial usual (PIU)
Linfoma	Leucemia	Pneumonia intersticial não específica (PINE)
Leucemia	Sarcoma de Kaposi	Pneumonia de hipersensibilidade (PH)
	Sarcoidose	
	Pneumoconioses	

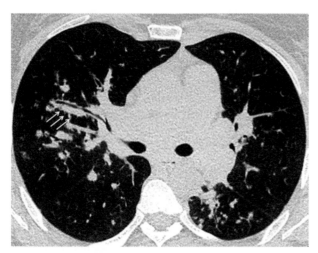

Figura 20 Sarcoidose. Tomografia computadorizada de alta resolução (TCAR) demonstrando espessamento do interstício peribroncovascular, de aspecto micronodular (setas), associado a nódulos maiores de distribuição perilinfática (correspondendo a pequenos granulomas confluentes).

Padrões com hipoatenuação pulmonar

Bolhas e *blebs*

Uma bolha é uma área focal bem definida de enfisema, de paredes lisas e finas (< 1 mm). Geralmente está associada a outros sinais de enfisema pulmonar (o que ajuda a diferenciar de cistos pulmonares) e mede 1 cm ou mais (Figura 24). Bolhas menores que 1 cm, localizadas na região pulmonar subpleural ou na pleura visceral, geralmente no ápice, são denominadas *blebs*. Os *blebs* são frequentemente responsáveis por pneumotórax espontâneo (Figura 25).

Cistos pulmonares

O termo cisto é utilizado para descrever uma lesão bem definida, circunscrita, de paredes finas (em geral < 3 mm de espessura), contendo ar ou líquido. Os cistos caracterizam-se por apresentar uma parede epitelial ou

Quadro 6	Diagnóstico diferencial do espessamento do interstício interlobular	
Aspecto	Diagnóstico	Comentários
Liso	Edema pulmonar	Achado predominante na maioria dos casos; pode ocorrer opacidade em vidro fosco
	Linfangite carcinomatosa	Achado predominante na maioria dos casos; em geral é liso, porém às vezes é nodular
	Hemorragia	Associada a opacidade em vidro fosco
	Pneumonia	Associada a opacidade em vidro fosco
	Doença linfoproliferativa	Também pode ser nodular; outras anormalidades associadas (nódulos)
	Amiloidose	Pode ser nodular
Nodular	Linfangite carcinomatosa	–
	Doença linfoproliferativa	–
	Sarcoidose	Comum; nodular e irregular; massas conglomeradas de tecido fibroso com bronquiectasias de tração no estágio terminal
	Pneumoconioses	Eventualmente
	Amiloidose	–
Irregular	Sarcoidose	–
	Pneumonia intersticial usual (PIU)	Incomum; faveolamento e espessamento intralobular predominam
	Pneumonia intersticial não específica (PINE)	Opacidades em vidro fosco e reticulares associadas
	Pneumoconioses	Na doença terminal
	Pneumonia de hipersensibilidade crônica	Incomum; faveolamento e opacidades reticulares predominam

3 PADRÕES DE TOMOGRAFIA COMPUTADORIZADA DE ALTA RESOLUÇÃO (TCAR) DOS PULMÕES 83

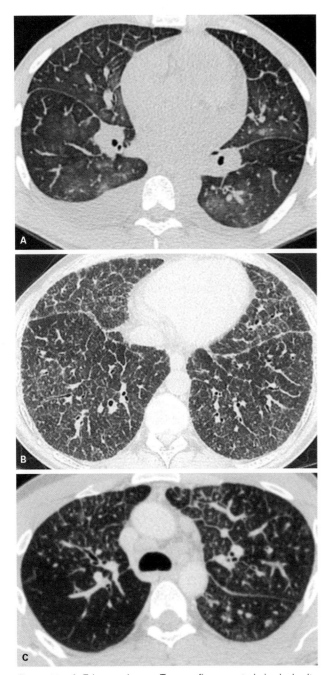

Figura 21 A: Edema pulmonar. Tomografia computadorizada de alta resolução (TCAR) demonstrando espessamento septal interlobular liso, associado a opacidades em vidro fosco esparsas e a pequeno derrame pleural bilateral. B: Sarcoidose. Nota-se espessamento nodular difuso dos septos interlobulares e do interstício subpleural e peribroncovascular. C: Linfangite carcinomatosa. TCAR evidencia espessamento irregular, associada a pequenos nódulos perilinfáticos em um paciente com diagnóstico de adenocarcinoma gástrico.

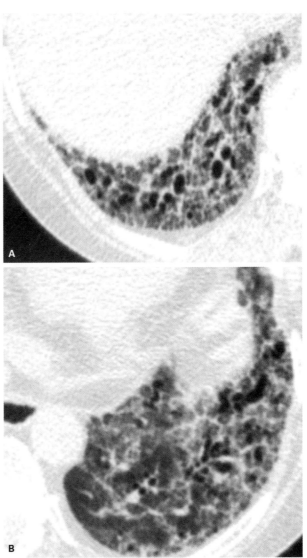

Figura 22 Padrão reticular fino. Pneumonia intersticial não específica em paciente com esclerose sistêmica. Tomografia computadorizada de alta resolução (TCAR) demonstrando espessamento intersticial intralobular, caracterizado por fino reticulado, associado a bronquiolectasias de tração, nas regiões basais.

Quadro 7 Diagnóstico diferencial do espessamento do interstício intralobular
Pneumonia intersticial usual (PIU)
Pneumonia intersticial não específica (PINE)
Doença pulmonar relacionada ao asbesto
Pneumonia de hipersensibilidade crônica
Outras pneumonias intersticiais idiopáticas
Linfangite carcinomatosa; linfoma; leucemia
Edema pulmonar
Hemorragia pulmonar
Pneumonia
Proteinose alveolar

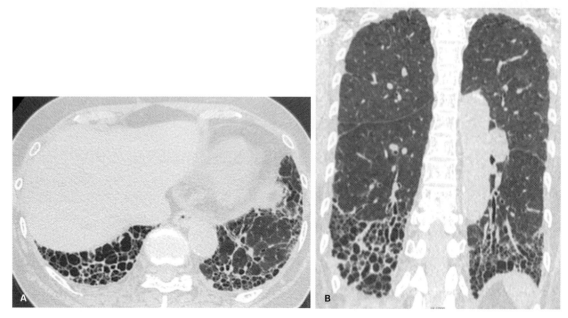

Figura 23 Faveolamento. Fibrose pulmonar idiopática em um homem de 62 anos. Tomografia computadorizada de alta resolução (TCAR) demonstrando opacidades reticulares, bronquiectasias de tração e extenso faveolamento (A, B), eminentemente nos lobos inferiores (B).

Quadro 8 Diagnóstico diferencial do faveolamento

Diagnóstico	Distribuição	Comentários
Pneumonia intersticial usual (PIU)	Lobos inferiores	Incluindo fibrose pulmonar idiopática (FPI), doença pulmonar relacionada ao asbesto, aspiração e colagenoses
Pneumonia intersticial não específica (PINE)	Lobos inferiores	Incluindo PINE fibrótica e colagenoses; outros achados são predominantes (opacidades em vidro fosco e bronquiectasias)
Pneumonia intersticial aguda (PIA)	Variável	Associado a insuficiência respiratória, opacidades em vidro fosco difusas e consolidação
Pneumonia intersticial descamativa (PID)	Variável	Associado a vidro fosco difuso ou multifocal em pacientes fumantes
Lesão actínica	Variável	Depende da região irradiada; pode apresentar distribuição não anatômica
Sarcoidose	Lobos superiores	Pode estar associado a nódulos perilinfáticos
Pneumonia de hipersensibilidade crônica	Campos pulmonares médios	Tendência a poupar as bases pulmonares
Síndrome do desconforto respiratório agudo (SDRA; fase de recuperação)	Regiões pulmonares anteriores	Atelectasias posteriores na SDRA teriam fator protetor

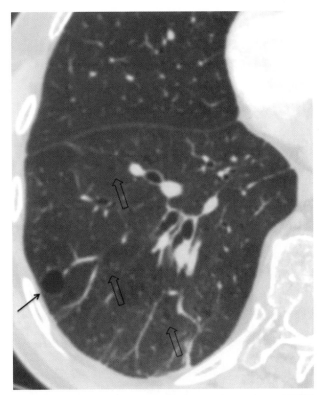

Figura 24 Tomografia computadorizada de alta resolução (TCAR) de paciente tabagista demonstra bolha pulmonar de paredes finas (seta), associada a pequenas transparências sem paredes (setas vazadas) que representam enfisema centrolobular, além de banda parenquimatosa residual.

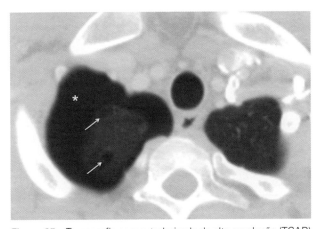

Figura 25 Tomografia computadorizada de alta resolução (TCAR) de paciente com pneumotórax espontâneo (*) demonstra pequenos *blebs* subpleurais no ápice direito (setas).

fibrosa. O padrão cístico refere-se a um grupo heterogêneo de doenças, caracterizadas por áreas císticas focais, multifocais ou difusas (Figura 26). As principais doenças relacionadas com esse padrão e suas características estão citadas no Quadro 9.

Enfisema

Enfisema é definido como aumento anormal e permanente dos alvéolos distais ao bronquíolo terminal, acompanhado de destruição das paredes desses alvéolos. Na TCAR, tais alterações são representadas por áreas focais, bem definidas, com baixa atenuação, sem paredes definidas e envolvidas por parênquima pulmonar preservado.

É possível classificar o tipo de enfisema baseado no seu aspecto na TCAR e na histopatologia. O enfisema centrolobular manifesta-se como múltiplas áreas de baixa atenuação no centro do lóbulo pulmonar secundário e predomina nos lobos superiores (Figura 27). Muitas vezes a arteríola central pode ser identificada, facilitando o diagnóstico diferencial com cistos pulmonares. Na maioria dos casos, os focos de enfisema centrolobular não apresentam paredes, embora paredes muito finas sejam visíveis em alguns pacientes e estejam relacionadas a áreas de fibrose. Com a evolução do processo e maior destruição do parênquima pulmonar, as áreas de enfisema podem confluir (aspecto idêntico ao enfisema panlobular).

O enfisema panlobular caracteriza-se por destruição uniforme do lóbulo pulmonar secundário e resulta em um padrão difuso de redução da atenuação pulmonar e afilamento dos vasos pulmonares. Habitualmente, as áreas de enfisema panlobular não apresentam paredes visíveis. Pode afetar todo o pulmão de forma homogênea ou predominar nos lobos inferiores. Essa forma de enfisema é comum em pacientes com deficiência de alfa-1 antitripsina.

O enfisema parasseptal resulta em áreas de baixa atenuação ao longo da região subpleural dos pulmões, que frequentemente compartilham paredes muito finas, e formam uma camada única – característica que auxilia no diagnóstico diferencial com o faveolamento (Figura 28). Pode ser um fenômeno isolado ou estar associado às outras formas de enfisema.

O aumento irregular do espaço aéreo, previamente conhecido como enfisema paracicatricial, refere-se a áreas hipoatenuantes e bolhas adjacentes a alterações de fibrose e distorção da arquitetura pulmonar. O termo enfisema bolhoso não representa uma entidade histológica, mas é utilizado nos casos em que grandes bolhas se associam às áreas de enfisema e está frequentemente associado ao enfisema centrolobular e parasseptal.

Faveolamento

O faveolamento representa doença pulmonar em estágio terminal e foi mais bem discutido quando as opacidades reticulares foram abordadas (Figura 23) (Quadro 8).

Bronquiectasias

Bronquiectasias são definidas como dilatações brônquicas localizadas e irreversíveis. Na TCAR, os critérios para

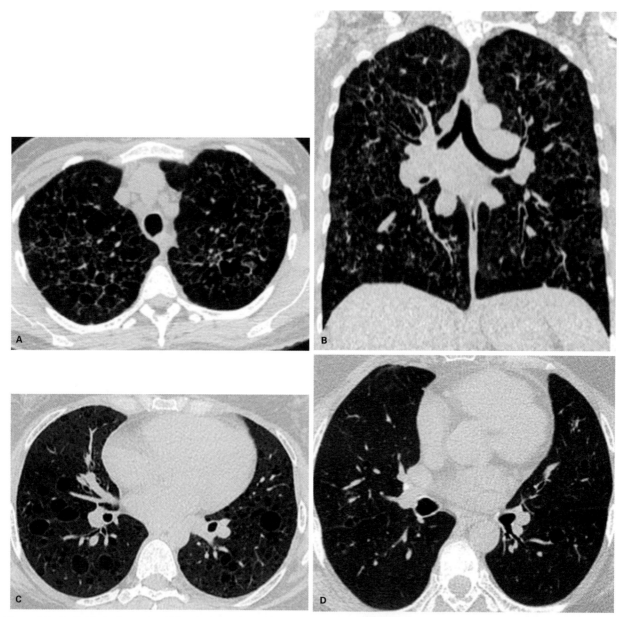

Figura 26 A, B: Histiocitose de células de Langerhans. Tomografia computadorizada de alta resolução (TCAR) demonstrando cistos pulmonares de tamanhos variados e formas irregulares, associados a pequenos nódulos centrolobulares em vidro fosco, com relativa preservação dos seios costofrênicos. C: Linfangioleiomiomatose. TCAR demonstra cistos de contornos lisos e regulares, difusos por ambos os pulmões, de diferentes tamanhos. O parênquima pulmonar de permeio tem aspecto habitual. D: Paciente com diagnóstico de síndrome de Sjögren e pneumonia intersticial linfocítica. Pequenos cistos de paredes finas e conteúdo aéreo, com tamanhos variados. Note que os cistos são menos numerosos.

Quadro 9	Diagnóstico diferencial das doenças císticas pulmonares	
Diagnóstico	Clínica	Comentários
Histiocitose de células de Langerhans	Tabagista	Lobos superiores; poupa os ângulos costofrênicos; cistos confluentes, irregulares; micronódulos centrolobulares
Linfangioleiomiomatose (LAM)	Mulher em idade fértil	Difusos; cistos uniformes; derrame pleural quiloso
Pneumonia intersticial linfocítica (PIL)	Colagenoses (especialmente síndrome de Sjögren), SIDA	Lobos inferiores; cistos perivasculares, entre 1-30 mm; espessamento septal; micronódulos centrolobulares; associa-se a doenças linfoproliferativas
Amiloidose	Síndrome de Sjögren, insuficiência renal	Cistos e nódulos maiores
Síndrome de Birt-Hogg-Dubé	Lesões cutâneas	Lobos inferiores; cistos de paredes finas, subpleurais, alongados; enfisema bolhoso
Metástases císticas	Antecedente oncológico (mais comumente em tumores de natureza epitelial)	Periféricas, hematogênicas

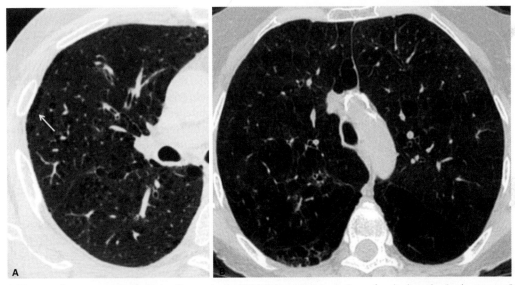

Figura 27 A: Tomografia computadorizada de alta resolução (TCAR) demonstrando áreas focais de redução da atenuação pulmonar, sem paredes visíveis, características de enfisema centrolobular. Note ainda algumas áreas de enfisema parasseptal (setas). B: Enfisema centrolobular confluente, simulando enfisema panlobular.

diagnóstico de bronquiectasia incluem aumento na relação broncoarterial > 1 (diâmetro interno do brônquio dividido pelo diâmetro da artéria adjacente) e perda do afilamento brônquico habitual. O aumento na relação broncoarterial é descrito como "sinal do anel em sinete" (Figura 29) e algumas vezes pode ser encontrado em indivíduos normais que vivem em altas altitudes ou em pacientes idosos. A perda do afilamento brônquico habitual, em direção à periferia pulmonar, é o achado mais precoce de bronquiectasia, sendo definido por manutenção do calibre brônquico por mais de 2 cm após a bifurcação (Figura 30). Além disso, a identificação de brônquios a menos de 1 cm da superfície pleural pode ser um sinal de bronquiectasia. Achados adicionais, como espessamento e irregularidade das paredes brônquicas, impactação mucoide e perfusão em mosaico com aprisionamento aéreo, estão comumente associados.

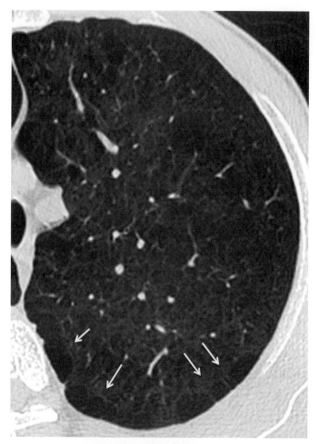

Figura 28 Tomografia computadorizada de alta resolução (TCAR) com extenso enfisema centrolobular e parasseptal (setas). Em contraste com o faveolamento, o enfisema parasseptal apresenta-se como uma camada isolada de áreas focais de redução da atenuação pulmonar.

As bronquiectasias foram classificadas em três tipos: cilíndricas, varicosas e císticas, dependendo da morfologia, porém essa diferenciação tem pouca utilidade clínica. O padrão de distribuição das bronquiectasias na TCAR tem maior importância para o diagnóstico etiológico. Os principais diagnósticos diferenciais são citados no Quadro 10.

O termo bronquiectasia de tração é utilizado na presença de fibrose pulmonar e distorção da arquitetura pulmonar, com aspecto tipicamente varicoso (Figura 31).

Padrão de atenuação (perfusão) em mosaico

A densidade pulmonar é em parte determinada pelo volume de sangue presente no tecido pulmonar. Anormalidades que levam a alterações de fluxo sanguíneo pulmonar determinam uma opacidade pulmonar heterogênea e resultam no padrão de atenuação em mosaico. As alterações na perfusão pulmonar produzem áreas de aumento da atenuação (hiperperfundidas) e áreas de redução da atenuação (hipoperfundidas), estas mais evidentes na TCAR (Figura 32).

Patologias que diminuam a perfusão sanguínea de forma direta (p. ex., tromboembolismo pulmonar crônico, hipertensão pulmonar, vasculites) ou indireta (como as várias formas de bronquiolite) podem produzir padrão de atenuação em mosaico.

Na presença de opacidade pulmonar heterogênea, a distinção entre atenuação em vidro fosco e atenuação em mosaico pode ser um desafio diagnóstico. O padrão de atenuação em mosaico pode ser diferenciado da atenuação em vidro fosco pela identificação de vasos de tamanhos reduzidos nas regiões hipoatenuantes dos pulmões, em decorrência da redução do fluxo sanguíneo. Nos casos com opacidades em vidro fosco, os vasos têm tamanho preservado em todo o pulmão. A presença de áreas lobulares de hipoatenuação favorece o diagnóstico de atenuação em mosaico, sugerindo envolvimento dos bronquíolos centrolobulares.

Uma vez estabelecido o diagnóstico da atenuação em mosaico, a diferenciação entre doença vascular ou de via aérea pode ser obtida por meio de estudo expiratório. Nas anormalidades das vias aéreas, a atenuação em mosaico se exacerba (Figura 33), já que a atenuação do pulmão aumenta quando o ar é expirado e o aprisionamento aéreo impede a saída do ar das áreas transparentes. Quando a causa da atenuação em mosaico é vascular, não há aprisionamento aéreo e todas as áreas dos pulmões aumentam a atenuação de maneira similar.

Em alguns pacientes, pode haver a presença simultânea de opacidade em vidro fosco, atenuação em mosaico e parênquima pulmonar preservado de permeio, no estudo inspiratório. Tal combinação de densidades mistas decorrente de doença obstrutiva e infiltrativa associada, fornece um aspecto geográfico denominado "sinal do *headcheese*" (Figura 34), por conta da semelhança com um embutido feito de partes da cabeça do porco. O aprisionamento aéreo é comum nas imagens expiratórias quando o "sinal do *headcheese*" está presente. As causas mais comuns desse padrão incluem pneumonia de hipersensibilidade (especialmente na forma crônica), sarcoidose e infecções atípicas (p. ex., *Mycoplasma pneumoniae*).

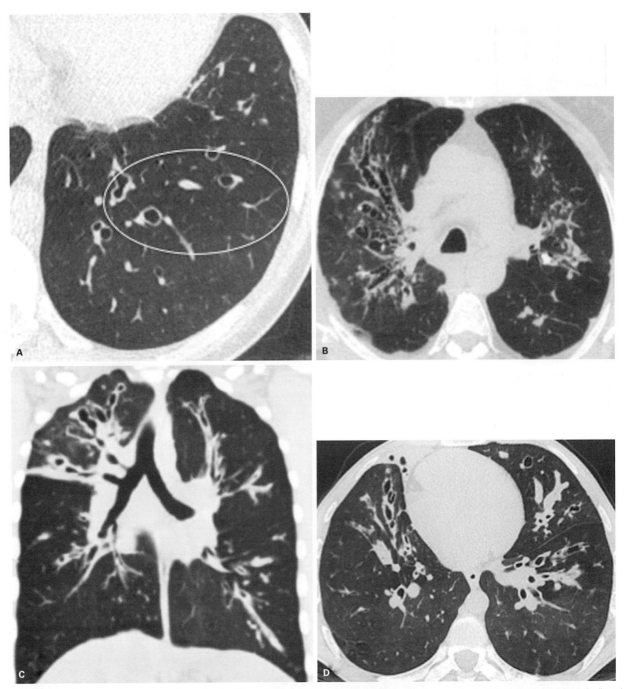

Figura 29   A: Tomografia computadorizada de alta resolução (TCAR) demonstra aumento na relação broncoarterial (sinal do "anel em sinete" – destaque). B: Aspergilose broncopulmonar alérgica. Bronquiectasias irregulares, centrais e predominando nos lobos superiores. C, D: Fibrose cística. Bronquiectasias de paredes espessas, eminentemente nos lobos superiores. Áreas de atenuação em mosaico nos lobos inferiores (D), que nesse contexto clínico devem representar aprisionamento aéreo.

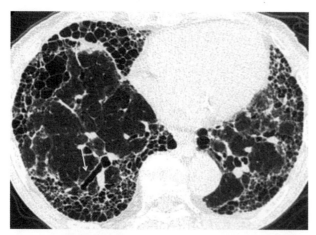

Figura 30 Fibrose pulmonar idiopática. Tomografia computadorizada de alta resolução (TCAR) evidencia as bronquiectasias de tração, associadas a extenso faveolamento e opacidades reticulares, predominantemente basais e periféricas. Note a perda do afilamento brônquico habitual (seta).

Quadro 10 Diagnóstico diferencial das bronquiectasias

Etiologia	Distribuição	Comentários
Pós-infecciosa (bacteriana e viral)	Lobos inferiores	–
Fibrose cística	Lobos superiores	Impactação mucoide
Aspergilose broncopulmonar alérgica (ABPA)	Central, lobos superiores	Impactação mucoide (pode ser hiperdensa)
Síndrome de Williams-Campbell	Central	–
Micobacterioses não tuberculosas	Língula e lobo médio	Mulher idosa
Discinesia ciliar	Língula, lobo médio e lobos inferiores	Na síndrome de Kartagener é associada a *situs inversus*
Hipogamaglobulinemia	Língula e lobo médio	–
Obstrução das vias aéreas	Focal, distal à obstrução	Frequentemente de distribuição lobar

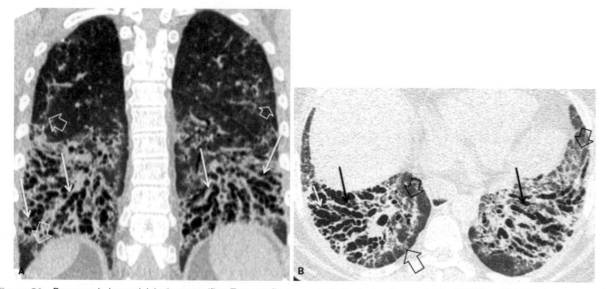

Figura 31 Pneumonia intersticial não específica. Tomografia computadorizada de alta resolução (TCAR) evidenciando presença de extensas bronquiectasias de tração (setas brancas e pretas), associadas a opacidades reticulares e a opacidades em vidro fosco, bilaterais e simétricas (setas vazadas brancas e pretas). A reformatação coronal de TCAR facilita a identificação das bronquiectasias, que poderiam ser facilmente confundidas com cistos de faveolamento.

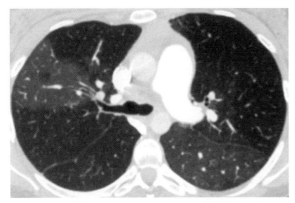

Figura 32 Tomografia computadorizada de alta resolução (TCAR) de paciente com tromboembolismo pulmonar crônico. Atenuação em mosaico do parênquima pulmonar, associada a sinais de hipertensão pulmonar (aumento do calibre da artéria pulmonar, desvio paradoxal do septo interventricular e aumento de câmaras cardíacas direitas).

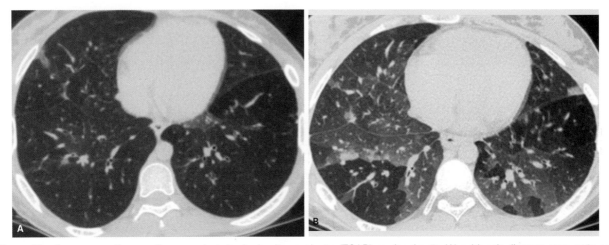

Figura 33 Asma grave. Tomografia computadorizada de alta resolução (TCAR) em inspiração (A) evidencia discreta atenuação em mosaico do parênquima pulmonar, associada a espessamento parietal brônquico. B: TCAR em expiração demonstra acentuação do padrão em mosaico (há aprisionamento aéreo nas áreas de atenuação reduzida, enquanto as demais áreas aumentam a atenuação quando o ar é expirado).

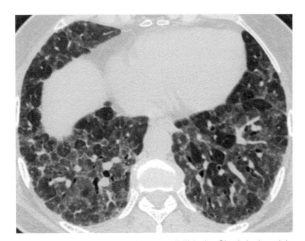

Figura 34 Pneumonia de hipersensibilidade. Sinal do *headcheese*. Tomografia computadorizada de alta resolução (TCAR) demonstrando associação de atenuação em vidro fosco, atenuação em mosaico e parênquima pulmonar preservado, decorrente de doença obstrutiva e infiltrativa associada.

Bibliografia sugerida

1. American Thoracic Society, European Respiratory Society, American Thoracic Society/European Respiratory Society international multidisciplinary consensus classification of the idiopathic interstitial pneumonias. Am J Respir Crit Care Med. 2002;(165):277-304.
2. Collins J. CT signs and patterns of lung disease. Radiol Clin N Am. 2001;(39):1115-35.
3. Corcoran HL, Renner WR, Milstein MJ. Review of high-resolution CT of the lung. Radiographics. 1992;(12):917-39.
4. Funari MBG. Padrões básicos de alteração pulmonar. In: Funari MBG, ed. Diagnóstico por imagem das doenças torácicas. Rio de Janeiro: Guanabara Koogan; 2002. p. 159-226.
5. Gotway MB, Reddy GP, Webb WR, Elicker BM, Leung JW. High-resolution CT of the lung: patterns of disease and differential diagnoses. Radiol Clin N Am. 2005;(43):513-42.
6. Gupta N, Vassalo R, Wikenheiser-Brokamp KA, McCormack FX. Diffuse cystic lung disease. Part I. Am J Respir Crit Care Med. 2015;191(12):1354-66.
7. Gupta N, Vassalo R, Wikenheiser-Brokamp KA, McCormack FX. Diffuse cystic lung disease. Part II. Am J Respir Crit Care Med. 2015;192(1):17-29.
8. Hansell DM, Bankier AA, MacMahon H, McLoud TC, Müller NL, Remy J. Fleischner society: glossary of terms for thoracic imaging. Radiology. 2008;(246):697-722.
9. Naidich DP, Webb RW, Muller NL, Vlahos I, Krinsky GA. Diffuse lung disease. In: Naidich DP, Webb RW, Muller NL, Vlahos I, Krinsky GA. Computed tomography and magnetic resonance of the thorax. 4.ed. Philadelphia: Lippincott Williams & Wilkins; 2007. p.671-768.
10. Silva CJ, Marchiori E, Souza Junior AS, Müller NL; Comissão de Imagem da Sociedade Brasileira de Pneumologia e Tisiologia. Illustrated Brazilian consensus of terms and fundamental patterns in chest CT scans. J Bras Pneumol. 2010;(36):99-123.
11. Travis WD, Costabel U, Hansell DM, King TE Jr, Lynch DA, Nicholson AG, et al. An official American Thoracic Society/European Respiratory Society statement: update of the international multidisciplinary classification of the idiopathic interstitial pneumonias. Am J Respir Crit Care Med. 2013;188(6):733-48.
12. Webb WR, Muller NL, Naidich DP. Achados na tomografia computadorizada de alta resolução na doença pulmonar. In: TC de alta resolução do pulmão. Rio de Janeiro: Guanabara Koogan; 2010. p.66-177.

4

Infecções pulmonares

Gustavo Borges da Silva Teles
Rodrigo Caruso Chate
Marcelo Buarque de Gusmão Funari

Infecções bacterianas

Pneumonia é uma doença infecciosa aguda que acomete o parênquima pulmonar, podendo ser causada por bactérias, vírus ou outros agentes. As infecções pulmonares estão entre as causas mais frequentes de morbidade e mortalidade em todo o mundo. Sabe-se que o *Streptococcus pneumoniae* é o patógeno mais frequentemente implicado na pneumonia adquirida na comunidade em todas as faixas etárias, correspondendo a cerca de 35% dos microrganismos identificados. Outros agentes comumente implicados são os vírus *Haemophilus influenzae*, *Mycoplasma pneumoniae* e *Chlamydia pneumoniae*.

A radiologia tem um papel fundamental no diagnóstico e no manejo dos pacientes com infecção pulmonar. A importância dos métodos de imagem não deve se limitar apenas a detecção ou exclusão das pneumonias, cabendo também ao radiologista se envolver na investigação etiológica, estabelecer possíveis diagnósticos diferenciais, acompanhar a resposta ao tratamento e, se necessário, planejar o uso de métodos diagnósticos complementares.

A radiografia de tórax é o método de imagem inicial na avaliação de pacientes com suspeita de pneumonia, por conta de sua razoável acurácia, grande disponibilidade, baixo custo e pouca radiação envolvida. A tomografia computadorizada (TC) é reservada para casos duvidosos, principalmente quando a radiografia de tórax é normal em pacientes com alta suspeição clínica e em pacientes imunocomprometidos, nos quais os parâmetros clínicos são menos confiáveis e o diagnóstico precoce tem maior impacto no tratamento. A TC também tem grande importância quando existem achados pulmonares persistentes ou recorrentes, na avaliação de complicações e de manifestações torácicas associadas.

Padrões radiológicos das infecções bacterianas

Pneumonia lobar

A pneumonia lobar se caracteriza na radiografia e na TC pela presença de consolidação homogênea do espaço aéreo que envolve segmentos adjacentes de um mesmo lobo. Geralmente, ela se inicia na periferia pulmonar e é limitada pelas fissuras interlobares. Os brônquios normalmente se apresentam pérvios, resultando em broncogramas aéreos em meio às áreas de consolidação. A TC pode evidenciar opacidades em vidro fosco adjacentes às consolidações, representando preenchimento incompleto do espaço aéreo (Figura 1). A maioria dos casos de pneumonia lobar é causada por bactérias, mais comumente pelo *Streptococcus pneumoniae* e, menos comumente, por *Klebsiella pneumoniae*, *Legionella pneumophila*, *Haemophilus influenzae* e *Micobacterium tuberculosis*.

Broncopneumonia

A broncopneumonia se caracteriza na radiografia por opacidades focais mal definidas e focos heterogêneos de consolidação que podem acometer um ou mais segmentos de um mesmo lobo ou múltiplos lobos. Na TC, a inflamação peribronquiolar se reflete na presença de micronódulos centrolobulares e opacidades micronodulares ramificantes (com padrão de "árvore em brotamento") (Figura 2). A extensão da infecção para o parênquima adjacente resulta na formação de opacidades nodulares centrolobulares maiores, com margens mal definidas, geralmente medindo entre 4-10 mm de diâmetro (nódulos acinares). Estas pequenas opacidades podem progredir para a formação de focos de consolidação lobulares, subsegmentares ou segmentares, que podem ser esparsos ou confluentes, unilaterais ou bilaterais e envolver um ou mais lobos. Os agentes bacterianos mais comuns res-

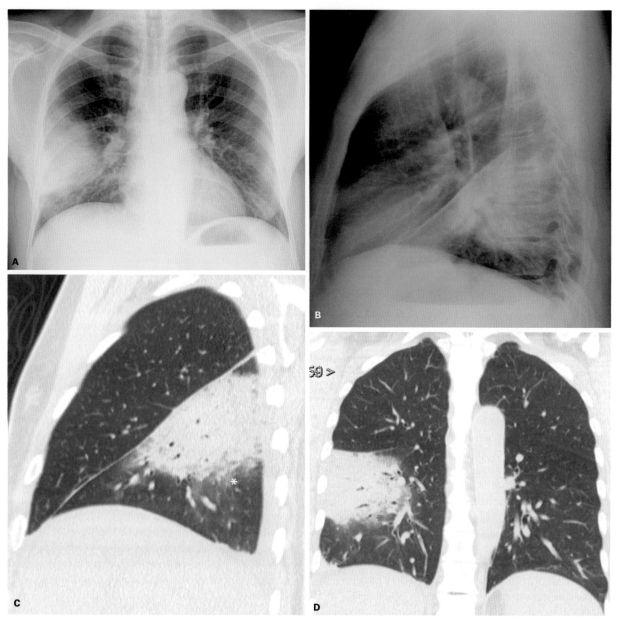

Figura 1 Pneumonia lobar. Radiografia de tórax posteroanterior (A), de perfil (B) e reformatação sagital (C) e coronal (D) de tomografia computadorizada de tórax demonstrando pneumonia lobar à direita. Notar a consolidação pulmonar limitada pela fissura oblíqua. Existem tênues opacidades em vidro fosco adjacentes, indicando preenchimento alveolar parcial (*).

ponsáveis pelas broncopneumonias são *Staphylococcus aureus*, *Haemophilus influenzae*, *Escherichia coli* e *Pseudomonas aeruginosa*.

Pneumonia intersticial

A radiografia demonstra espessamento peribrônquico difuso e opacidades reticulonodulares mal definidas, algumas vezes associadas a atelectasias laminares ou subsegmentares e áreas focais de consolidação. A TC evidencia micronódulos centrolobulares e opacidades com padrão de "árvore em brotamento", refletindo a presença de bronquiolite (Figura 3). Podem se associar opacidades em vidro fosco e áreas focais de consolidação indicativas de broncopneumonia. As pneumonias intersticiais são causadas mais comumente pelo *Mycoplasma pneumoniae* e vírus.

Embolia séptica

A embolia séptica é caracterizada pela presença de nódulos pulmonares que geralmente medem entre 1 e 3 cm de diâmetro. A presença de áreas de escavação nos nódulos é frequente. Quando ocorre oclusão de artérias pulmonares por trombos ou êmbolos sépticos, podem coexistir focos de hemorragia e/ou infarto pulmonar. A

4 INFECÇÕES PULMONARES 95

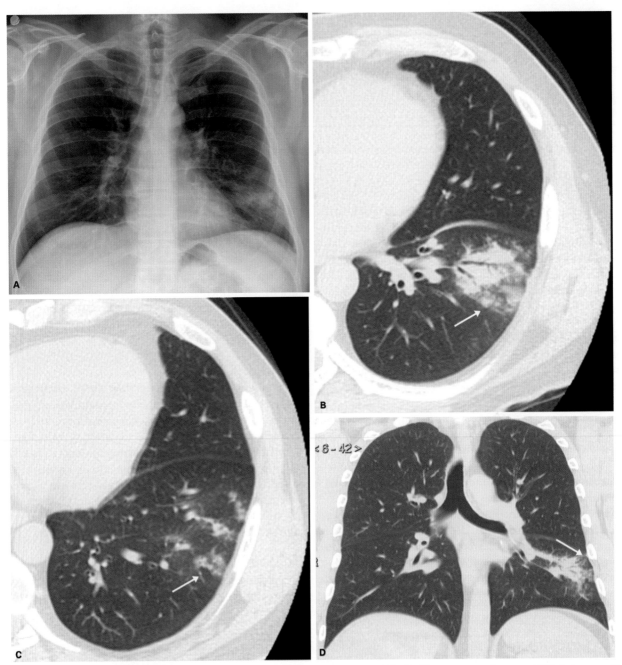

Figura 2 Broncopneumonia. Radiografia de tórax posteroanterior (A), cortes axiais (B, C) e reconstrução coronal (D) de tomografia computadorizada de tórax evidenciando foco de broncopneumonia no lobo inferior esquerdo. Existe uma consolidação segmentar neste lobo com opacidades centrolobulares adjacentes (setas).

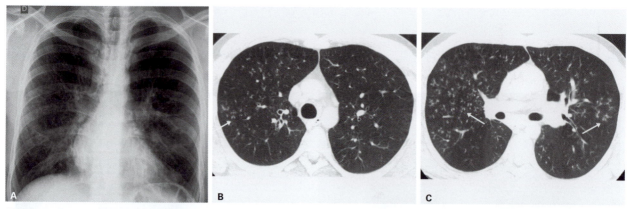

Figura 3 Pneumonia intersticial. Radiografia de tórax posteroanterior (A) evidencia espessamento parietal brônquico peri-hilar e tênues opacidades reticulonodulares bilaterais. Cortes axiais de tomografia computadorizada de tórax (B, C) demonstram a presença de micronódulos centrolobulares e opacidades com padrão de "árvore em brotamento" em ambos os pulmões (setas), indicando a presença de bronquiolite (setas).

hemorragia se apresenta na TC como áreas de opacidades em vidro fosco, e os focos de infarto se manifestam como áreas subpleurais de consolidação, cuneiformes, geralmente com componente de necrose ou franca escavação central (Figura 4). Os principais agentes bacterianos são *Staphylococcus aureus*, *Streptococcus viridans*, *Staphylococcus epidermidis* e enterococos, muitas vezes identificados nos exames de hemocultura. Os fatores de risco para endocardite bacteriana incluem tromboflebite periférica, processos supurativos da cabeça e pescoço, cateteres venosos ou cabos de marca-passo infectados e pacientes usuários de drogas endovenosas.

Complicações infecciosas pleuropulmonares

Pneumonia necrotizante e abscesso pulmonar

As pneumonias necrotizantes se manifestam radiograficamente como áreas radiolucentes em meio a uma consolidação, muitas vezes confluentes e formando cavidades. A TC evidencia áreas mal definidas hipodensas e com hiporrealce pelo meio de contraste no interior da consolidação, muitas vezes com componente escavado (Figura 5). Pode haver o sinal do crescente aéreo. Os abscessos pulmonares se manifestam como massas únicas ou múltiplas, que podem ocorrer isoladamente ou em meio a áreas de consolidação. As margens internas são lisas em cerca de 90% dos abscessos. Níveis hidroaéreos estão presentes na maioria dos casos. A TC demonstra massas com áreas centrais hipoatenuantes ou escavadas e realce periférico após a administração de meio de contraste (Figura 6). Os principais agentes bacterianos relacionados às pneumonias necrotizantes e aos abscessos pulmonares são *S. aureus*, *K. Pneumoniae*, *P. aeruginosa* e outras Gram-negativas anaeróbias.

Pneumatocele

As pneumatoceles se manifestam na TC como espaços aéreos de paredes finas, únicos ou múltiplos, em meio a áreas de consolidação ou opacidades em vidro fosco. As características que permitem o diagnóstico radiológico de pneumatocele são o desenvolvimento em associação com uma pneumonia aguda, o aumento do tamanho em período de dias ou semanas e a resolução em um período de semanas a meses (Figura 7). Geralmente, são causadas por infecções por *S. aureus*, mas também podem ser encontradas em infecções por *S. pneumoniae* e *E. coli*.

Derrame pleural e empiema

Derrame pleural se desenvolve em 20-60% dos pacientes com pneumonia bacteriana aguda. Mais de 90%

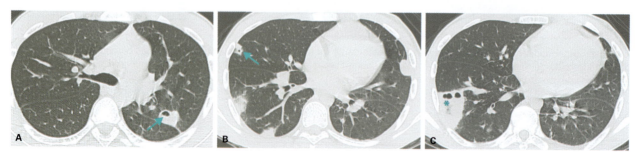

Figura 4 Embolia séptica. Cortes axiais de tomografia computadorizada de tórax de paciente com embolia séptica evidenciam nódulos pulmonares bilaterais, alguns deles apresentando áreas de escavação central (setas). Existe foco de consolidação subpleural na base pulmonar direita, com sinal do halo invertido e focos de escavação, indicativo de área de infarto pulmonar (*).

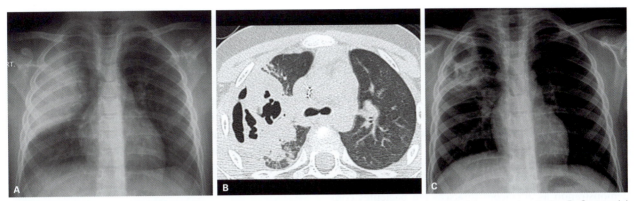

Figura 5 Pneumonia necrotizante. Radiografia de tórax posteroanterior (A) evidencia pneumonia lobar superior direita. B: Corte axial de tomografia computadorizada de tórax realizada 1 semana após a radiografia evidencia áreas de escavação irregulares em meio à consolidação do lobo superior direito (pneumonia necrotizante). C: Radiografia de tórax posteroanterior realizada 1 semana após a tomografia evidencia redução da consolidação pulmonar, notando-se ainda áreas radiotransparentes de permeio (escavações).

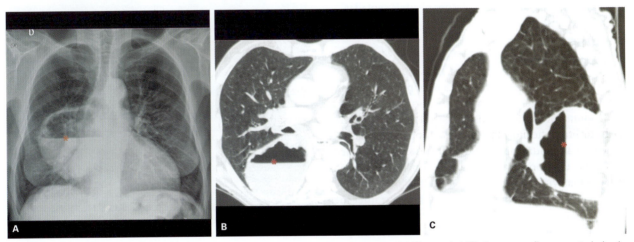

Figura 6 Abscesso pulmonar. Radiografia de tórax posteroanterior (A) e imagens axial (B) e sagital (C) de tomografia computadorizada de tórax evidenciam abscesso pulmonar no lobo inferior direito, com nível hidroaéreo em seu interior (*).

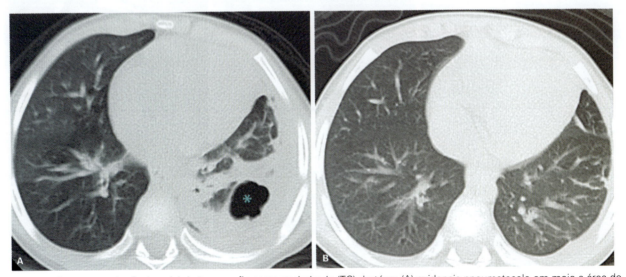

Figura 7 Pneumatocele. Corte axial de tomografia computadorizada (TC) de tórax (A) evidencia pneumatocele em meio a área de consolidação no lobo inferior esquerdo (*). B: TC de tórax realizada 1 mês após o primeiro exame evidencia resolução completa dos achados tomográficos após o tratamento.

dos derrames parapneumônicos permanecem estéreis ou minimamente infectados e apresentam resolução após uso de antibioticoterapia adequada. Derrames parapneumônicos complicados podem progredir para loculação intrapleural e formação de empiemas.

Radiografias de tórax apresentam alta sensibilidade para detecção de derrames parapneumônicos, mas são pouco específicas. A indefinição dos contornos diafragmáticos pode representar derrame pleural livre ou loculado, espessamento pleural ou presença de consolidação adjacente à cúpula. A TC pós-contraste tem alta sensibilidade, demonstrando as alterações torácicas em pacientes com empiema. Espessamento da pleura parietal nesses exames quase sempre representa a presença de um exsudato pleural (Figura 8). Conteúdo pleural com densidade elevada também pode ser identificado nos casos de empiema. A ultrassonografia (USG) também pode ser útil para distinguir derrame pleural livre de coleções pleurais septadas.

Pneumonias virais

Os vírus representam a causa mais frequente de infecção do trato respiratório, podendo provocar rinite, faringite, laringotraqueíte, bronquite, bronquiolite e, menos comumente, pneumonia. Existem diversos estudos na literatura indicando que 20-30% das pneumonias adquiridas na comunidade são de etiologia viral. Os vírus influenza dos tipos A e B respondem pela maioria das pneumonias virais em indivíduos adultos imunocompetentes; outros vírus comumente envolvidos nas infecções que acometem essa população são o vírus sincicial respiratório e o adenovírus. Os pacientes imunocomprometidos, por sua vez, são particularmente vulneráveis às pneumonias causadas por citomegalovírus e herpes vírus.

Achados radiológicos

Radiografia simples

As infecções virais que cursam com traqueobronquite frequentemente não demonstram anormalidades nos exames de imagem, embora em alguns casos possa ser observado espessamento das paredes brônquicas (Figura 9). A

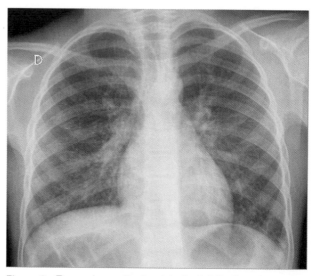

Figura 9 Traqueobronquite de etiologia viral. Radiografia de tórax (posteroanterior) mostrando espessamento difuso das paredes brônquicas, de forma mais pronunciada nas regiões peri-hilares e nos campos pulmonares inferiores.

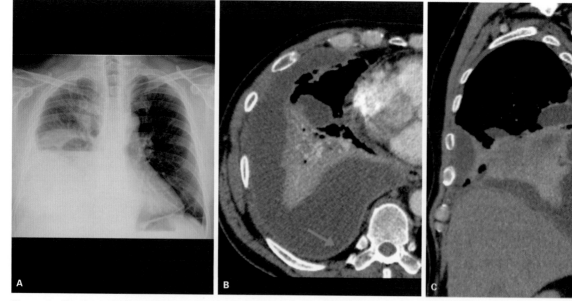

Figura 8 Empiema. Radiografia de tórax posteroanterior (A) e imagem axial (B) e sagital (C) de tomografia computadorizada de tórax com contraste evidenciam empiema secundário à pneumonia no lobo inferior direito. Notar que o derrame pleural apresenta aspecto loculado nos cortes tomográficos e a presença de espessamento e realce pleural associado (setas).

bronquiolite viral na infância classicamente manifesta-se por meio de sinais de hiperinsuflação pulmonar, muitas vezes associados a espessamento das paredes brônquicas, podendo haver atelectasias segmentares ou subsegmentares. Nos casos de pneumonia, a radiografia de tórax pode demonstrar espessamento de paredes brônquicas associado a consolidação focal ou multifocal, comprometendo um ou ambos os pulmões de forma esparsa (padrão de broncopneumonia). Outras manifestações radiográficas das infecções virais incluem acentuação difusa da trama pulmonar ou um padrão reticulonodular. O padrão de consolidação lobar é incomum em pacientes com pneumonias virais.

Tomografia computadorizada

O espectro de alterações das pneumonias virais na tomografia computadorizada de alta resolução (TCAR) pode ser agrupado em cinco categorias principais, que incluem:

- Espessamento de paredes brônquicas e/ou bronquiolares.
- Distúrbios da atenuação do parênquima (padrão de atenuação em mosaico).
- Nódulos, micronódulos e imagens de "árvore em brotamento".
- Opacidades em vidro fosco e consolidações alveolares.
- Espessamento de septos interlobulares.

Nas infecções virais, o espessamento parietal das vias aéreas em decorrência de edema, assim como o preenchimento e a obstrução de pequenas vias aéreas por exsudatos inflamatórios, podem provocar micronódulos centrolobulares, imagens de "árvore em brotamento", aprisionamento aéreo, além de atelectasias segmentares e subsegmentares esparsas. A existência de doença do parênquima pulmonar juntamente à inflamação bronquiolar pode tornar bastante evidente um padrão de atenuação em mosaico (Figura 10). Pequenos nódulos pulmonares medindo 1-10 mm também podem ser vistos.

As opacidades em vidro fosco podem ser geradas tanto por espessamento do interstício pulmonar quanto por preenchimento parcial dos espaços alveolares pelo exsudato inflamatório. Espessamento liso e difuso de septos interlobulares representa outro possível achado nas pneumonias virais (Figura 11). Muitas vezes, o espessamento de septos interlobulares é identificado juntamente

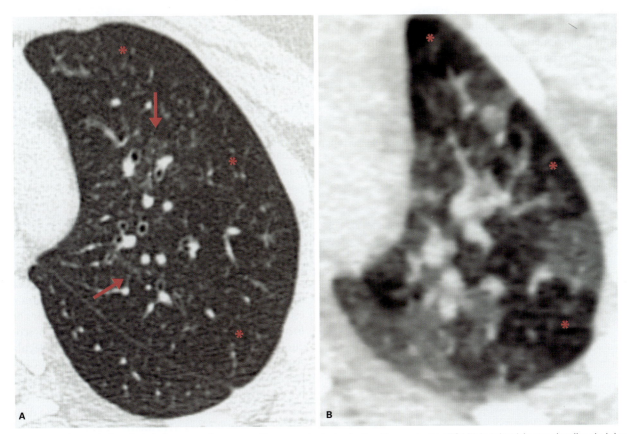

Figura 10 Bronquiolite viral. A: Imagem de tomografia computadorizada de alta resolução (TCAR) inspiratória em detalhe do lobo superior esquerdo evidenciando leve espessamento de paredes brônquicas e tênues micronódulos centrolobulares em vidro fosco (setas), além de áreas de parênquima com discreta redução da atenuação e vascularização (*). B: Imagem expiratória no mesmo plano com marcante acentuação da atenuação em mosaico do parênquima em decorrência de aprisionamento aéreo (*).

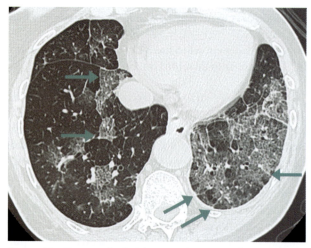

Figura 11 Pneumonia viral. Imagem de tomografia computadorizada de alta resolução (TCAR) revela opacidades em vidro fosco associadas a alguns septos interlobulares espessados (setas) comprometendo as bases pulmonares, predominando no lobo inferior esquerdo.

com opacidades em vidro fosco extensas, configurando o chamado padrão de "pavimentação em mosaico", particularmente nos pacientes que evoluem com dano alveolar difuso e síndrome da angústia respiratória aguda (SARA).

As consolidações alveolares são geralmente mal definidas e observadas de forma esparsa pelos pulmões, por vezes com aspecto lobular, configurando um padrão broncopneumônico (Figura 12). Em muitos casos de infecção pulmonar provocada pelo vírus influenza A

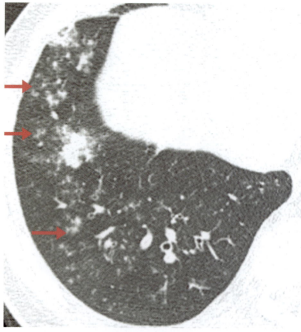

Figura 12 Broncopneumonia viral. Imagem de tomografia computadorizada de alta resolução (TCAR) em detalhe do lobo inferior direito mostrando múltiplos micronódulos centrolobulares e imagens de "árvore em brotamento" (setas), além de pequenas consolidações broncocêntricas nos segmentos basais anterior e lateral.

H1N1 (vírus da gripe suína), responsável pela pandemia de 2009 e por outro grande surto de casos no Estado de São Paulo nos primeiros meses de 2016, caracterizava-se a presença de múltiplas opacidades em vidro fosco e áreas de consolidação alveolar periféricas e/ou peribroncovasculares, com um padrão de distribuição bastante semelhante ao da pneumonia em organização (Figura 13). Conforme mencionado anteriormente, o encontro de consolidação lobar é pouco comum em pacientes com pneumonias virais.

A pneumonia por citomegalovírus (CMV) manifesta-se por meio de diversos achados, refletindo uma combinação de alterações alveolares e intersticiais. Opacidades em vidro fosco difusas, áreas de consolidação parenquimatosa, pequenos nódulos com distribuição aleatória e dimensões inferiores a 10 mm, micronódulos centrolobulares mal definidos, espessamento de septos interlobulares, brônquios dilatados e com paredes espessadas representam os achados mais frequentes na TC (Figura 14). Os nódulos pulmonares vistos na pneumonia por CMV também podem exibir o "sinal do halo".

Infecções micobacterianas

Tuberculose

O agente causador da tuberculose pulmonar é o *Mycobacterium tuberculosis*, um bacilo aeróbico obrigatório, classificado como bacilo álcool-ácido resistente (BAAR). A transmissão do *M. tuberculosis* geralmente é feita por pacientes com tuberculose pulmonar infecciosa/bacilífera, por meio de gotículas, transformadas em aerossóis por fala, espirro ou tosse. Quanto maior o tempo de contato com o paciente bacilífero, sobretudo em ambientes fechados ou aglomerados de pessoas, maior a chance de transmissão e infecção.

Clinicamente, é suspeito para tuberculose um paciente com tosse e expectoração por 3 semanas ou mais, contatos de casos de tuberculose (coabitantes de pacientes com tuberculose conhecida), portadores de doença e/ou condição social que predisponha à tuberculose e pacientes com alterações radiológicas suspeitas. O diagnóstico definitivo de infecção tuberculosa ativa geralmente é dado por meio de baciloscopia ou cultura de escarro positivas. A tuberculose também pode ser confirmada por exame anatomopatológico (histológico e citológico), método bioquímico e de biologia molecular. A prova tuberculínica deve ser interpretada com cautela, considerando a situação imunológica e de contactantes do indivíduo suspeito.

Há, basicamente, duas formas de apresentação da tuberculose nos pulmões: a) primária (infecção inicial); e b) pós-primária (de reativação). A resposta à infecção pelo *M. tuberculosis* é caracterizada na forma primária por infiltração polimorfonuclear e por rápida formação de ne-

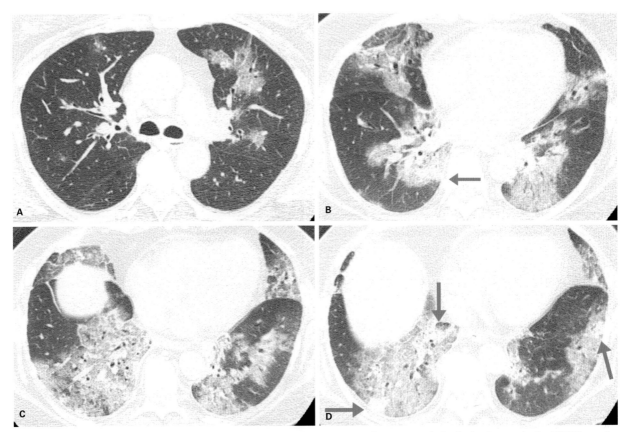

Figura 13 Pneumonia pelo vírus influenza H1N1. Imagens axiais de tomografia computadorizada de alta resolução (TCAR) no plano da carina (A), das veias pulmonares inferiores (B) e das bases pulmonares (C e D) revelam múltiplas áreas de opacidade em vidro fosco e pequenos focos de consolidação alveolar (setas) comprometendo todos os lobos pulmonares, de forma mais extensa nas bases.

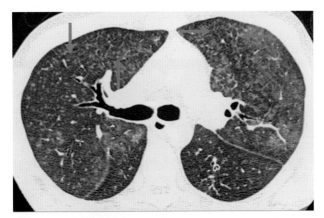

Figura 14 Pneumonia por citomegalovírus. Imagem de tomografia computadorizada de alta resolução (TCAR) obtida no plano da carina demonstra pequenos nódulos centrolobulares mal definidos e extensas opacidades em vidro fosco comprometendo os dois pulmões. Nota-se também discreto espessamento de alguns septos interlobulares nos segmentos anteriores dos lobos superiores (setas).

crose caseosa, seguida por fibrose mural, em um processo relativamente limitado em hospedeiros com imunidade preservada. Já nas formas pós-primárias, ao contrário das formas primárias, em que a cura é a regra, observa-se tendência para progressão da necrose e da inflamação, determinando maior destruição do tecido acometido e envolvimento de estruturas circunjacentes. A extensão desse acometimento determina o potencial de complicações e o grau de sequela dos órgãos envolvidos.

Tuberculose primária

É a infecção inicial pelo bacilo da tuberculose, tradicionalmente mais comum em crianças. Tão logo o bacilo aloja-se no pulmão, inicia-se um processo inflamatório, cuja expressão radiológica é um nódulo ou consolidação alveolar, havendo rápida disseminação aos linfonodos do hilo e eventualmente do mediastino. À associação do nódulo ou consolidação pulmonar com linfonodomegalia no hilo pulmonar dá-se o nome de complexo primário. O complexo primário é, em geral, assintomático ou oligossintomático, evoluindo para cura espontânea na maioria dos casos. Em uma minoria, a doença se desenvolverá.

Tanto na radiografia simples como na TC, o achado típico da tuberculose primária é de consolidação lobar ou segmentar, mais comum no lobo médio ou lobos inferiores (pode acometer virtualmente qualquer lobo), acompanhada de linfonodomegalias hilares e/ou mediastinais (estas nem sempre visíveis na radiografia). As linfonodomegalias são mais comuns em crianças (90-95%) do que em adultos (10-30%) e podem estar presentes mesmo sem haver alterações pulmonares. Geralmente, associam-se à hipodensidade central, sinal que indica necrose/liquefação em doença tuberculosa ativa (Figura 15). Outros achados mais raros na tuberculose primária incluem disseminação hematogênica (inclusive com disseminação miliar nos pulmões, discutida adiante) e derrame pleural.

Depois da infecção, pode ser encontrado um pequeno nódulo pulmonar calcificado (conhecido como nódulo de Ghon) ou linfonodos hilares e/ou mediastinais calcificados (que, associados ao nódulo de Ghon, recebem o nome de complexo de Ranke). Tais alterações são sequelares. Após a infecção primária, o paciente pode manter bacilos latentes viáveis por anos e eventualmente desenvolver no futuro a forma pós-primária.

Tuberculose pós-primária

Esta forma ocorre em pacientes previamente sensibilizados pelo *Mycobaterium tuberculosis*, podendo ser decorrente de uma reativação de tuberculose latente ou de uma reinfecção (menos comum). São fatores de risco para a reativação de infecção tuberculosa: HIV, idade acima de 70 anos, desnutrição, neoplasias, uso de terapias imunossupressoras, abuso de álcool e drogas, gastrectomia, silicose, insuficiência renal crônica e diabete.

Tipicamente, a doença predomina na região apicoposterior dos pulmões, mais especificamente nos segmentos apicais e posteriores dos lobos superiores e segmentos superiores dos lobos inferiores, em que há maior tensão de oxigênio e menor drenagem linfática. Frequentemente, o acometimento é assimétrico entre os pulmões. A disseminação da infecção ocorre pela via broncogênica, e escavação pulmonar é comum, apesar de nem sempre estar presente. O acometimento linfonodal é mais raro.

Na radiografia simples, os principais achados de imagem são consolidações de limites mal definidos, nódulos e opacidades reticulares, que apresentam extensão variável, acometendo um ou ambos os pulmões (Figura 16).

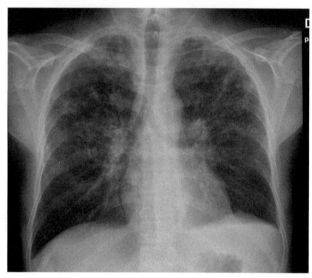

Figura 16 Tuberculose pós-primária. Radiografia de tórax posteroanterior evidencia opacidades reticulares e nódulos mal definidas bilaterais, predominando nos campos pulmonares superiores.

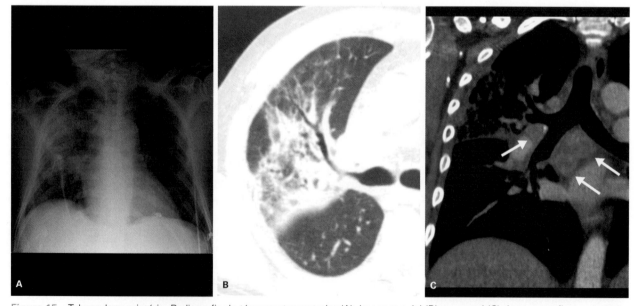

Figura 15 Tuberculose primária. Radiografia de tórax posteroanterior (A), imagem axial (B) e coronal (C) de tomografia computadorizada de tórax com contraste evidenciam consolidação pulmonar e opacidades em vidro fosco no lobo superior direito associadas a linfonodomegalias hilares à direita e mediastinais. Nota-se que as linfonodomegalias apresentam áreas de hipodensidade central compatíveis com necrose/liquefação.

As cavidades são achados comuns, geralmente de paredes anfractuosas em meio às consolidações. A presença de nível hidroaéreo de etiologia tuberculosa é incomum, sendo mais frequentemente causado por infecção bacteriana superajuntada. Outras alterações menos comuns são as linfonodomegalias hilares e mediastinais e o derrame pleural, presentes apenas na minoria dos casos. Muitas vezes, os achados são acompanhados de alterações crônicas/cicatriciais, como calcificações, distorção arquitetural e redução volumétrica do lobo acometido.

Na TC, os achados mais frequentes são as opacidades acinares e os micronódulos centrolobulares, tipicamente com aspecto de "árvore em brotamento", presentes em até 95% dos pacientes. Tais opacidades tendem a confluir em consolidações maiores, com alta propensão à escavação, presente em pelo menos 50% dos casos (Figura 17). A escavação permite o acesso dos bacilos à luz brônquica, podendo se disseminar para outras regiões dos pulmões e também para outros hospedeiros. Outro achado da tuberculose pós-primária são os nódulos, conhecidos por tuberculomas. Podem ser solitários ou múltiplos, constituírem-se no único achado ou virem acompanhados das demais alterações da doença. Tipicamente, medem entre 0,5 cm e 1 cm (variando entre 0,5 e 4 cm), podem escavar e calcificar e muitas vezes possuem contornos espiculados, tornando difícil a diferenciação com neoplasia. Nódulos satélites são encontrados em cerca de 80% dos pacientes (Figura 18). A diferenciação entre tuberculomas e neoplasias pulmonares pode ser difícil, muitas vezes só elucidada via controle evolutivo ou biópsia.

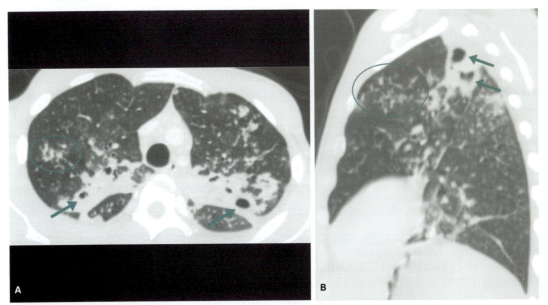

Figura 17 Tuberculose pós-primária. Imagens axial (A) e sagital (B) de tomografia computadorizada de tórax evidenciam áreas de consolidação com focos de escavação (setas), nódulos acinares e micronódulos centrolobulares e imagens com aspecto de "árvore em brotamento" (círculos) bilaterais. Observa-se o predomínio dos achados nas regiões apicoposteriores dos pulmões.

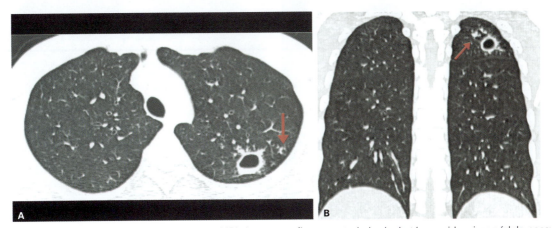

Figura 18 Tuberculoma. Imagens axial (A) e coronal (B) de tomografia computadorizada de tórax evidenciam nódulo escavado no segmento apicoposterior do lobo superior esquerdo com micronódulos centrolobulares satélites (setas).

Alterações decorrentes de fibrose, caracterizadas por bandas parenquimatosas, opacidades reticulares, distorção arquitetural, bronquiectasias de tração e enfisema paracicatricial podem ser identificadas. É também comum a simultaneidade de alterações inflamatórias agudas e cicatriciais, traduzindo o caráter temporalmente heterogêneo da doença, em que áreas de cicatriz ou fibrose coexistem com novos focos de atividade da doença. Pode ocorrer derrame pleural em até 18% dos casos. Pneumotórax e linfonodopatias são vistos apenas em 5% dos pacientes.

Tuberculose miliar

Também conhecida como tuberculose disseminada, esta forma ocorre quando há disseminação hematogênica do bacilo da tuberculose, formando múltiplos granulomas menores que 5,0 mm difusos pelos pulmões. A tuberculose miliar pode ocorrer em todas as formas de tuberculose. Sua incidência é estimada entre 1 e 7% dos pacientes com tuberculose, sendo mais comum em crianças, idosos e imunocomprometidos.

A radiografia de tórax pode ser normal no início do quadro, demonstrando os pequenos nódulos pulmonares difusos cerca de 3 a 6 semanas após a disseminação hematogênica. A TC demonstra a doença antes da radiografia, com o aspecto típico de múltiplos pequenos nódulos (entre 0,1 e 0,4 cm) não calcificados, disseminados de maneira randômica em todos os campos pulmonares, bilaterais, com leve predomínio mediobasal (presente em até 85% dos casos) (Figura 19).

Tuberculose e HIV

É muito conhecida a associação entre tuberculose e HIV, e a apresentação da doença nesses pacientes depende primariamente do grau de imunidade. Pacientes com contagem de linfócitos T-CD4 normal tendem a apresentar achados similares aos pacientes HIV negativos. Pacientes com contagem de linfócitos T-CD4 abaixo de 200/mm³ passam a apresentar achados radiológicos similares aos da tuberculose primária, mesmo na forma de reativação.

Para esses pacientes mais imunocomprometidos, nota-se maior prevalência de linfonodomegalias, associação com o padrão miliar e aumento da extensão extrapulmonar da doença; por outro lado, há menor prevalência de escavações, achado que depende de melhor resposta imune granulomatosa para se formar (Figura 20). As linfonodomegalias podem apresentar centro hipoatenuante, indicando necrose/liquefação.

Tuberculose pericárdica

Ocorre por disseminação hamatogênica ou disseminação extranodal de linfonodos mediastinais adjacentes acometidos, sobretudo junto à porção posterior do pericárdio, sendo relatada em até cerca de 1% dos casos de tuberculose. Apresenta-se como derrame e espessamento com realce do pericárdio nas fases agudas; cronicamente, em 10% das pericardites tuberculosas, há evolução para um espessamento fibrótico e calcificado do pericárdio (Figura 21), que pode determinar déficit de reenchimento diastólico das câmaras cardíacas, a pericardite constritiva.

Tuberculose pleural

O envolvimento pleural pela tuberculose geralmente se dá por ruptura de focos pulmonares periféricos e disseminação do bacilo no espaço pleural ou, menos frequentemente, por via linfática ou hematogênica. Essa infecção pode se tornar persistente e evoluir para um empiema crônico, caracterizado por espessamento pleural, proliferação da gordura extrapleural e coleção líquida, não necessariamente com aspecto loculado (Figura 22). As calcificações pleurais são frequentes. Quando a destruição do parênquima pulmonar subpleural leva à comunicação entre o espaço pleural e uma via aérea calibrosa, formam-

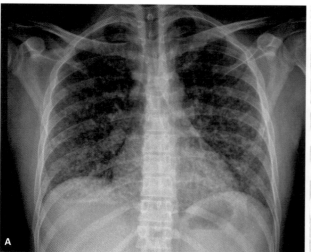 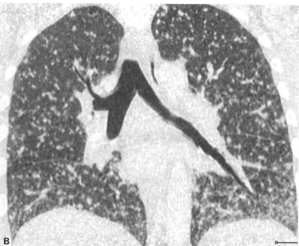

Figura 19 Tuberculose miliar. Radiografia posteroanterior (A) e imagem coronal de tomografia computadorizada de tórax (B) evidenciam múltiplos pequenos nódulos distribuídos de forma difusa e randômica por ambos os pulmões.

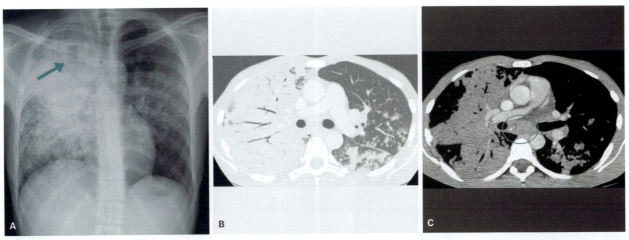

Figura 20 Tuberculose em paciente com aids. Radiografia posteroanterior (A) e imagens axiais de tomografia computadorizada de tórax (B e C) evidenciam extensas áreas de consolidação no pulmão direito, com pequeno foco de escavação (seta). Notam-se também opacidades centrolobulares esparsas no pulmão esquerdo e linfonodomegalia subcarinal (círculo).

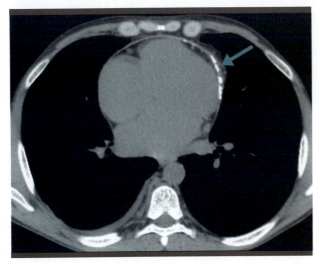

Figura 21 Tuberculose pericárdica crônica. Imagem axial de tomografia computadorizada de tórax evidencia espessamento pericárdico com calcificações (seta).

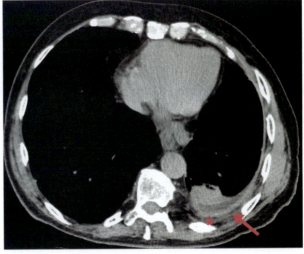

Figura 22 Tuberculose pleural. Imagem axial de tomografia computadorizada de tórax evidencia pequeno derrame com espessamento e realce pleural (seta) à esquerda. Note a proeminência da gordura extrapleural (*).

-se fístulas broncopleurais persistentes. Essa complicação tende a ter grande impacto na morbidade e na mortalidade da doença, tanto pela formação de um pneumotórax hipertensivo na fase aguda como por aspiração do empiema pleural, reinfecção e superinfecção recorrentes na fase crônica.

Tuberculose na parede torácica

A espondilite tuberculosa (mal de Pott) é causada, sobretudo, por disseminação hematogênica do bacilo a partir de um foco pulmonar ou linfonodal e geralmente se inicia no disco intervertebral. A progressão da infecção leva à destruição dos platôs vertebrais correspondentes, sobretudo das porções anteriores (com acentuação da cifose), e ao comprometimento das partes moles adjacentes, na forma de abscessos paraespinais (Figura 23). É possível o envolvimento de outros sítios da parede torácica, tanto por contiguidade como por via hematogênica. Abscessos articulares (esternoclaviculares, costocondrais, glenoumerais) e coleções superficiais são as formas mais comuns da tuberculose da parede torácica, com ou sem sinais de doença pulmonar.

Micobacterioses atípicas

As micobatérias atípicas são germes que costumam ser saprófitos, encontrados ubiquamente em vários ambientes, podendo colonizar o solo, as fontes de água (inclusive tratada) e os seres vivos. Mais de 20 espécies de micobatérias não tuberculosas já foram descritas como causado-

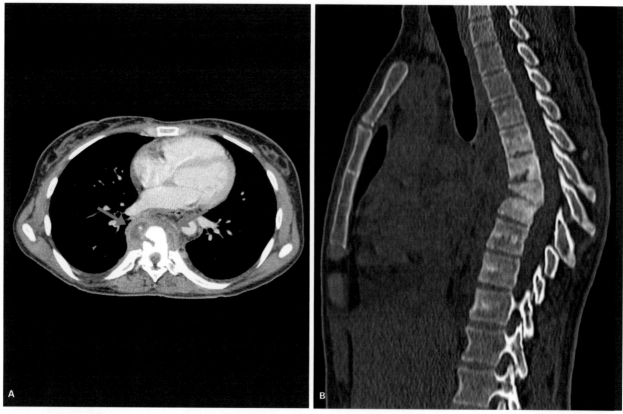

Figura 23 Espondilite tuberculosa. Imagens axial (A) e sagital (B) de tomografia computadorizada de tórax evidenciam esclerose e erosões ósseas nos platôs vertebrais de T6 a T8, principalmente na porção anterior, com acentuação da cifose. Nota-se também a presença de coleções paravertebrais (setas).

ras de doenças em seres humanos, embora muitas delas somente em raros relatos; atualmente, o complexo *M. avium-intracellulare* (MAC) e o *M. kansasii* são responsáveis pelo maior número de notificações de infecções por micobactérias atípicas nos Estados Unidos, tanto em pacientes imunocompetentes como em imunossuprimidos.

Micobactérias atípicas podem colonizar vias aéreas sem necessariamente causar sintomas e muitas vezes apresentam crescimento lento (semanas a meses) em meios de cultura *in vitro*. Desse modo, pode haver falso-positivos (especialmente em pacientes com doenças pulmonares crônicas) e falso-negativos (sobretudo nos casos sem cavidades), tornando o diagnóstico difícil, já que nem o isolamento de micobactérias não tuberculosas é bom indicador isolado dessa infecção. Há diversas formas de apresentação das infecções pulmonares por micobactérias atípicas que podem coexistir em um mesmo paciente, destacando-se a forma cavitária ("clássica"), com bronquiectasias ("não clássica") e a dos imunocomprometidos.

Forma cavitária (clássica)

Mais frequente em homens de idade avançada com doença pulmonar crônica estabelecida, assemelha-se à tuberculose pós-primária, caracterizando-se por lesões escavadas apicais e sinais de disseminação endobrônquica, estrias retráteis e espessamento pleural, sem linfonodomegalias mediastinais ou derrame pleural (Figura 24). Em geral, tem progressão mais lenta, e as lesões escavadas tendem a ser menores e com paredes mais finas que na tuberculose. Os agentes mais frequentes são os MAC e o *M. kansasii*.

Forma de bronquiectasias (não clássica)

Mulheres na pós-menopausa sem doenças predisponentes são o grupo de risco para esta forma de acometimento. O curso desta apresentação é indolente, na forma de tosse crônica lentamente progressiva, sem sintomas constitucionais associados. Os achados de imagem são bronquiectasias cilíndricas e pequenas opacidades nodulares centrolobulares, inclusive com aspecto de "árvore em brotamento". O lobo médio e a língula são as regiões mais frequentemente acometidas, embora qualquer lobo possa ser afetado (Figura 25). Linfonodomegalias e derrame pleural são incomuns. Novamente, os agentes mais comumente associados a essa forma são o MAC e o *M. kansasii*. Ressalta-se que a sensibilidade da pesquisa de BAAR no escarro nesses casos é bastante limitada, devendo ser realizados estudos mais invasivos (lavado broncoalveolar ou biópsia) na investigação laboratorial.

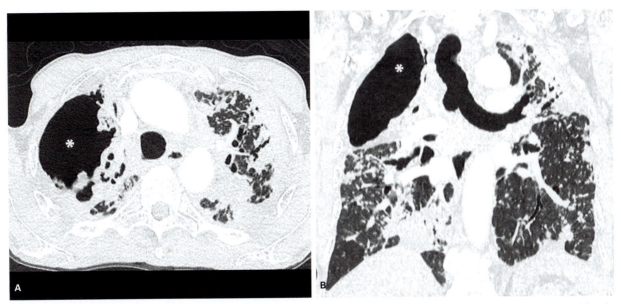

Figura 24   Micobacteriose atípica (forma cavitária). Imagens axial (A) e coronal (B) de tomografia computadorizada de tórax evidenciam cavidade pulmonar de paredes irregulares no lobo superior direito (*). Paciente com antecedente de silicose pulmonar.

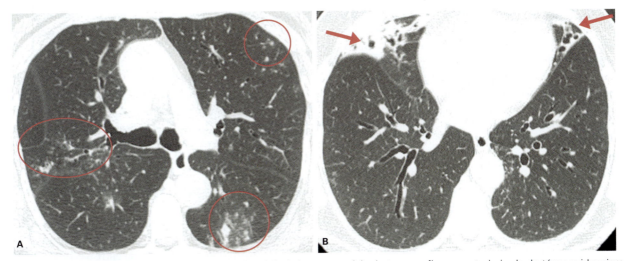

Figura 25   Micobacteriose atípica (forma bronquiectásica). Imagens axiais de tomografia computadorizada de tórax evidenciam bronquiectasias em lobo médio e língula (setas), micronódulos centrolobulares e imagens com aspecto de "árvore em brotamento" esparsas em ambos os pulmões (círculos).

Imunocomprometidos

Em pacientes com aids, o desenvolvimento de infecções micobacterianas atípicas se dá em baixas contagens de linfócitos CD4 (geralmente menores que 100 células/mm^3) e se apresenta na forma disseminada (sistêmica), sobretudo pelo MAC, encontrado em culturas do sangue, pulmões, fígado, medula óssea, baço e linfonodos. Nesse nível de imunossupressão, as coinfecções e mesmo a associação com neoplasias (como o sarcoma de Kaposi) são a regra, sendo raros os relatos de achados puros da infecção pelo MAC; nesses casos, as linfonodomegalias mediastinais parecem ser a manifestação mais comum. Nos pacientes imunocomprometidos sem aids (quimioterapia citotóxica, transplantes de órgãos sólidos, corticoterapia prolongada, leucemias), a apresentação também é a forma disseminada.

Infecções fúngicas

As infecções fúngicas pulmonares podem ser divididas em dois grupos principais: as causadas por fungos endêmicos e as provocadas por fungos oportunistas. As micoses endêmicas ocorrem com maior frequência em regiões nas quais fatores ambientais favorecem o crescimento dos organismos fúngicos no solo, destacando-se a paracoccidioidomicose e a histoplasmose. As infecções oportunistas, por sua vez, são observadas tipicamente em indivíduos com determinadas condições de imunocomprometimento (p. ex., portadores da síndrome da imunodeficiência adquirida, pacientes com neoplasias hematológicas e transplantados de órgãos) e incluem a aspergilose, a criptococose, a candidíase e a pneumocistose.

Paracoccidioidomicose

O *Paracoccidioides brasiliensis*, causador da paracoccidioidomicose (Pbmicose), é um fungo dimórfico, habitante do solo. A via inalatória é a principal forma de entrada no organismo, sendo o pulmão o principal órgão acometido. A Pbmicose é a micose sistêmica mais comum da América Latina, e o Brasil responde por aproximadamente 80% dos casos relatados, com a maioria dos casos brasileiros registrada nas Regiões Sudeste, Centro-Oeste e Sul. O pico do acometimento se dá entre 30 e 50 anos, sendo bem mais comum no sexo masculino (90% ou mais dos casos). É rara nas crianças, faixa etária em que existe uma incidência mais equânime entre ambos os sexos.

À semelhança do que ocorre com outras micoses sistêmicas, o fungo, uma vez inalado, gera uma reação inflamatória do tipo complexo primário. Esta primeira infecção é raramente sintomática ou oligossintomática, passando despercebida na grande maioria dos casos, curando-se completamente ou deixando cicatrizes radiológicas. Na outra minoria dos pacientes, a doença se desenvolve, reconhecendo-se duas formas clínicas para ela: a forma primária ou infantojuvenil e a forma crônica ou do adulto. O diagnóstico definitivo é feito por meio da identificação do fungo, seja em exame micológico direto ou por meio do seu crescimento em cultura, com base em escarro, raspado das lesões mucocutâneas e material de biópsia. Provas sorológicas que visam à identificação de antígenos ou anticorpos circulantes também são úteis não só ao diagnóstico, mas também ao controle do tratamento.

Forma infantojuvenil

A forma primária ou infantojuvenil é mais rara, responsável por 10-15% dos casos de doença, e acomete indivíduos da primeira à terceira década de vida. A sintomatologia tem início em pouco tempo após o contato com o fungo e progride por via linfática e hematogênica, de maneira mais rápida que a do adulto. Esta forma tende a ter um comprometimento difuso do sistema reticuloendotelial com envolvimento linfonodal, hepatoesplênico e da medula óssea. Ao contrário do adulto, o acometimento pulmonar é raro.

Na forma infantojuvenil, a radiografia do tórax pode ser normal ou apresentar alterações, sendo as mais comuns as linfonodomegalias nos hilos pulmonares, mediastino e axilas e as lesões ósseas líticas. Alterações pulmonares detectáveis na radiografia são infrequentes na forma juvenil. Na TC, as linfonodomegalias frequentemente contêm áreas de necrose (Figura 26). As lesões ósseas são de aspecto puramente lítico e, quando grandes

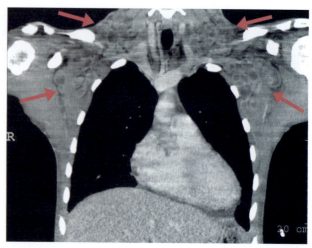

Figura 26 Paracoccidioidomicose (forma juvenil). Imagem coronal de tomografia computadorizada de tórax evidencia múltiplas linfonodomegalias necróticas axilares e supraclaviculares bilaterais (setas).

o suficiente, estendem-se aos planos musculoadiposos e articulações adjacentes, na forma de abscessos. Tendem a acometer extremidades ósseas, cristas e apófises, o que difere do padrão das metástases, as quais mais comumente acometem os corpos vertebrais e pedículos.

Forma do adulto

A forma crônica ou do adulto é oriunda da reativação de um foco quiescente, em geral nos pulmões, e tem um curso subagudo ou crônico, podendo ficar restrita aos pulmões, órgãos quase universalmente acometidos, ou disseminar-se para os mais variados sítios. É bem mais comum que a forma aguda e tem enorme predileção pelo sexo masculino. Além dos pulmões, os locais mais comuns de acometimento são o mucocutâneo (sobretudo a região do nariz, da boca e do ânus), linfonodos mediastinais e cervicais, faringe, laringe e suprarrenal. A associação entre Pbmicose e tuberculose é variável, ocorrendo com frequência entre 6 e 19%. Associação com tabagismo é comum e ocorre em até 93% dos casos.

A Pbmicose crônica apresenta grande exuberância de achados radiográficos, o que pode ser explicado pelas amplas alterações anatomopatológicas que mostram comprometimento alveolar, dos compartimentos do interstício pulmonar, formação de granulomas e fibrose. Frequentemente, os achados apresentam distribuição peri-hilar, conferindo o clássico aspecto em "asa de borboleta" na radiografia em posteroanterior (PA) (Figura 27). Os principais padrões radiográficos são:

- Padrão infiltrativo ou intersticial: espessamento peribroncovascular e opacidades reticulares, geralmente difusas, podendo ser mais finas ou grosseiras.
- Padrão pneumônico: consolidações alveolares e opacidades em vidro fosco, sendo frequente sua associação com escavações.

4 INFECÇÕES PULMONARES   109

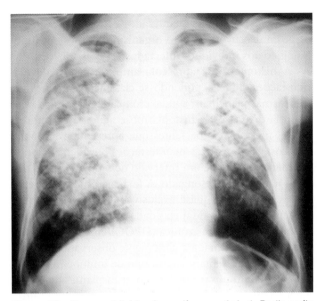

Figura 27   Paracoccidioidomicose (forma crônica). Radiografia de tórax posteroanterior evidencia opacidades alveolares com distribuição predominantemente peri-hilar bilateral (em "asa de borboleta").

- Padrão nodular: nódulos dos mais variados tamanhos, que também podem escavar.
- Micronodular: decorrente da disseminação hematogênica e miliar.
- Fibrótico: bandas parenquimatosas e opacidades irregulares acompanhadas de distorção parenquimatosa e aumento irregular do espaço aéreo.
- Padrão misto: associação de mais de um achado.

À semelhança da radiografia, a TC também apresenta diversos tipos de alterações pulmonares (Figura 28), que podem ser agrupadas em categorias:

- Micronódulos e nódulos.
- Espessamento do interstício axial e septal, linhas intralobulares.
- Opacidades em vidro fosco e consolidações alveolares.
- Bandas parenquimatosas, distorção arquitetural, bronquiectasias de tração e aumento irregular do espaço aéreo.

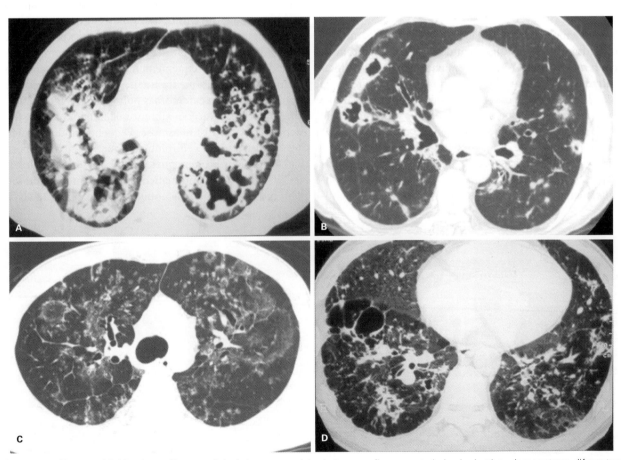

Figura 28   Paracoccidioidomicose (forma crônica). Imagens axiais de tomografia computadorizada de tórax demonstram diferentes padrões de acometimento pulmonar. A: Consolidações bilaterais com escavações. B: Nódulos bilaterais, muitos escavados. C: Micronódulos e opacidades em vidro fosco, por vezes com aspecto de halo invertido. D: Espessamento do interstício peribroncovascular e septal, com distorção arquitetural e aumento irregular do espaço aéreo.

Nódulos dos mais variados tamanhos podem ser vistos, desde uns poucos milímetros até vários centímetros, mas geralmente possuindo entre 0,5 e 1,5 cm. Caracteristicamente, possuem contornos espiculados à custa de estrias que deles se irradiam e podem escavar. Deve ser lembrado que a Pbmicose pode causar um padrão de disseminação miliar nos pulmões. O sinal do halo invertido pode ser visto na TC, acompanhando as opacidades em vidro fosco, entre 7 e 26% dos casos. Raramente, a Pbmicose pode se apresentar na forma pseudotumoral, por meio de massas localizadas e bem delimitadas.

Outra característica muito importante da forma crônica Pbmicose é a sua distribuição nos pulmões. As lesões são bilaterais e simétricas na grande maioria dos casos, sendo raras as alterações assimétricas. Muitos artigos radiográficos afirmam ser a doença mais comum nos campos médios (levando ao clássico padrão de "asa de borboleta"), ainda que na TC a doença se apresente mais frequentemente de forma difusa. Lesões da traqueia podem ser mais raramente vistas, na forma de espessamentos concêntricos ou não, nodulares ou mais regulares, acometendo a região traqueal mais superior (Figura 29).

Histoplasmose

A histoplasmose é uma doença infecciosa mundial causada pelo *Histoplasma capsulatum*, um fungo dimórfico endêmico na América Latina, encontrado principalmente em cavernas e solo contaminado com fezes de pássaros ou morcegos. A doença é contraída por meio da inalação dos esporos do fungo, que, ao atingirem o pulmão, provocam uma pneumonite focal, classicamente acompanhada de linfadenopatia hilar/mediastinal, de forma bastante parecida com o que se observa na tuberculose. A partir daí, a histoplasmose pode regredir espontaneamente ou progredir, inclusive com formas disseminadas, dependendo da quantidade de fungos inalados, da resposta desenvolvida pelo organismo e do estado imunológico dos indivíduos infectados.

A histoplasmose apresenta amplo espectro de manifestações clínicas, podendo-se classificar a doença em três formas principais: aguda, crônica e disseminada. Na maioria dos casos, a histoplasmose aguda é assintomática e, mesmo nos pacientes que apresentam sintomas clínicos, geralmente as manifestações regridem espontaneamente dentro de um intervalo de tempo variável, em geral não muito prolongado. A forma crônica da doença é rara, observada quase exclusivamente em indivíduos do sexo masculino de meia-idade portadores de doença pulmonar obstrutiva crônica (DPOC)/enfisema. A histoplasmose disseminada é geralmente observada em indivíduos que apresentam algum tipo de imunocomprometimento, como nos pacientes com transplantes de órgãos e com a síndrome da imunodeficiência adquirida (aids), podendo também ser vista nos extremos de idade (crianças e idosos).

Achados radiológicos

O achado de imagem mais comum nos indivíduos assintomáticos com histoplasmose aguda é um nódulo pulmonar solitário (histoplasmoma), cujo diâmetro pode variar desde poucos milímetros até alguns centímetros. Os nódulos podem apresentar crescimento em exames seriados e estão frequentemente associados a linfonodomegalias hilares/mediastinais, podendo inclusive ser confundidos com carcinomas pulmonares (Figura 30). A presença de escavação no interior de um nódulo constitui achado raro na histoplasmose. Pequenos nódulos satélites de distribuição centrolobular, por vezes com aspecto de "árvore em brotamento", podem ser identificados na TC. Os pacientes sintomáticos frequentemente apresentam múltiplos pequenos nódulos ou consolidação alveo-

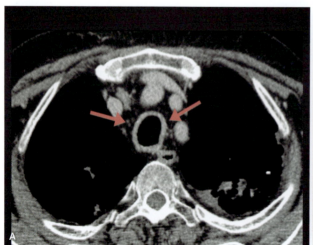
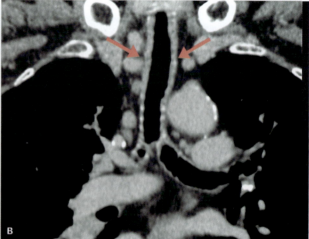

Figura 29 Paracoccidioidomicose (acometimento traqueal). Imagens axial (A) e coronal (B) de tomografia computadorizada de tórax evidenciam espessamento parietal concêntrico e regular da traqueia (setas).

4 INFECÇÕES PULMONARES 111

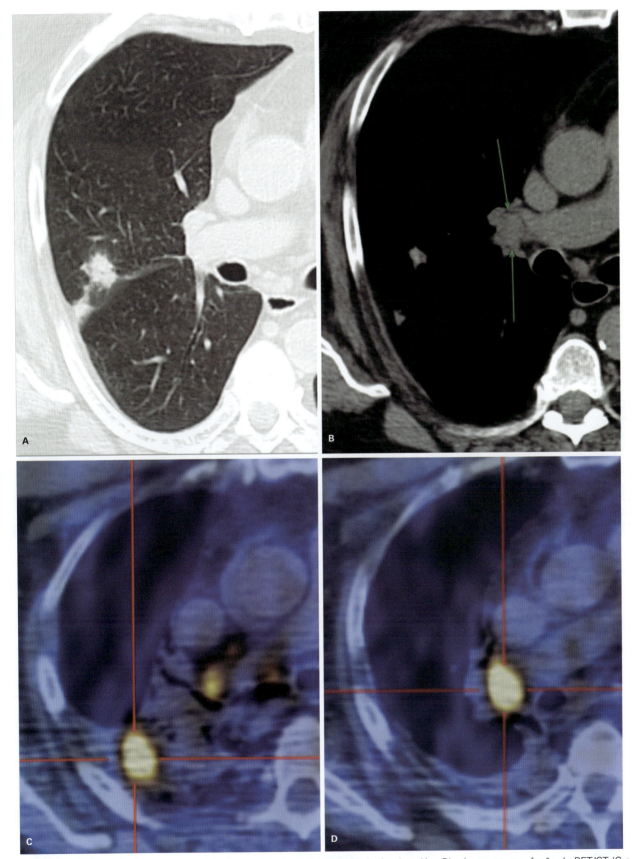

Figura 30 Histoplasmoma. Imagens axiais de tomografia computadorizada de tórax (A e B) e imagens com fusão de PET/CT (C e D) demonstram nódulo pulmonar irregular no lobo superior direito, associado à linfonodomegalia hilar ipsilateral, ambos com intensa atividade metabólica.

lar, muitas vezes também acompanhados de linfadenopatia hilar/mediastinal. Derrame pleural é raro.

Com o decorrer do tempo após a infecção aguda, o histoplasmoma pode persistir e desenvolver calcificação (difusa, central ou laminar), caracterizando um granuloma. Duas possíveis complicações da infecção crônica pelo *H. capsulatum* são o desenvolvimento de massas mediastinais localizadas formadas por linfonodomegalias conglomeradas envoltas por uma cápsula fibrótica ou a presença de um tecido necrótico e fibrótico infiltrando difusamente o mediastino, configurando a chamada mediastinite fibrosante (Figura 31). Em ambas as situações, os exames de imagem podem demonstrar calcificações grosseiras em meio às lesões mediastinais, assim como o envolvimento e a obstrução de vasos (p. ex., veia cava superior e artérias pulmonares principais), das vias aéreas centrais e do esôfago.

A histoplasmose crônica pode se apresentar com opacidades alveolares nos ápices pulmonares, muitas vezes associadas a bolhas de enfisema, formando lesões "escavadas" extremamente parecidas com as identificadas em casos de tuberculose. Tais lesões podem exibir graus variados de espessamento parietal e apresentar níveis hidroaéreos no interior. A histoplasmose disseminada manifesta-se nos exames de imagem por meio de múltiplos micronódulos difusos por todos os campos pulmonares bilateralmente, configurando um padrão de distribuição miliar (Figura 32). Opacidades lineares irregulares também podem ser identificadas. A TC frequentemente revela discretas linfonodomegalias hilares e mediastinais em associação aos micronódulos miliares. Raramente, existe derrame pleural.

Aspergilose

A aspergilose pulmonar é uma infecção causada pela inalação do *Aspergillus fumigatus*, um fungo praticamente onipresente nos mais variados ambientes. Com um intuito essencialmente didático, a aspergilose pulmonar pode ser dividida em diferentes padrões clinicorradiológicos: aspergilose saprofítica (aspergiloma ou bola fúngica), aspergilose broncopulmonar

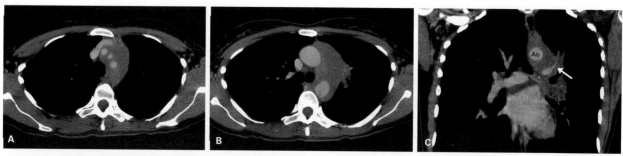

Figura 31 Mediastinite fibrosante. Imagens axiais (A e B) e coronal (C) de tomografia computadorizada de tórax demonstram massa com atenuação de partes moles envolvendo a croça da aorta e os ramos arteriais supra-aórticos. Notam-se a extensão ao hilo pulmonar esquerdo e o afilamento do ramo arterial lobar superior esquerdo (seta).

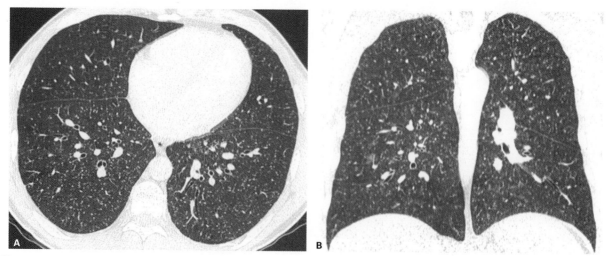

Figura 32 Histoplasmose disseminada. Imagens axial (A) e coronal (B) de tomografia computadorizada de tórax demonstram micronódulos de distribuição randômica e difusa por ambos os pulmões (padrão miliar).

alérgica (ABPA), aspergilose semi-invasiva (ou necrotizante crônica), aspergilose invasiva das vias aéreas e aspergilose angioinvasiva.

Aspergilose saprofítica (aspergiloma)

O aspergiloma, também conhecido como bola fúngica ou micetoma, representa a forma mais frequente de infecção pelo *Aspergillus* e é formado por um emaranhado de hifas fúngicas, células inflamatórias, fibrina, muco e restos celulares. O aspergiloma tipicamente coloniza cavidades ou bronquiectasias resultantes de diversas doenças, por exemplo, tuberculose, sarcoidose e espondilite anquilosante, podendo ainda se desenvolver no interior de bolhas de enfisema e cistos de faveolamento. Geralmente, é encontrado em indivíduos imunocompetentes. Quando presente, o sintoma mais comum é a hemoptise, que pode ser esporádica e de pequena monta, embora hemoptise grave e até mesmo fatal também possa ocorrer.

O aspergiloma apresenta-se nos exames de imagem como uma formação nodular ou opacidade esponjiforme, com pequenas imagens aéreas no seu interior, ocupando uma cavidade pulmonar ou bronquiectasia preexistente (Figura 33). Classicamente, a bola fúngica se acompanha de pequena quantidade de ar separando a lesão da parede da cavidade ou bronquiectasia, configurando o chamado "sinal do crescente aéreo" (Figura 34). Uma característica também bastante conhecida do aspergiloma é sua mudança de posição dentro da cavida-

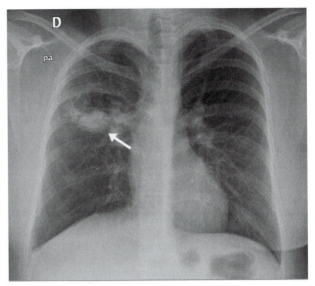

Figura 33 Aspergiloma. Radiografia de tórax posteroanterior evidencia cavidade no campo pulmonar superior direito, com opacidade ovalada depositada na sua parede inferior, compatível com bola fúngica (seta).

de pulmonar conforme se altera o decúbito do paciente. Nas fases iniciais do desenvolvimento de um aspergiloma, a TC pode revelar apenas um espessamento focal, muitas vezes nodular, da parede da cavidade/bronquiectasia. Embora não seja uma característica frequente, o aspergiloma pode apresentar calcificações com o decor-

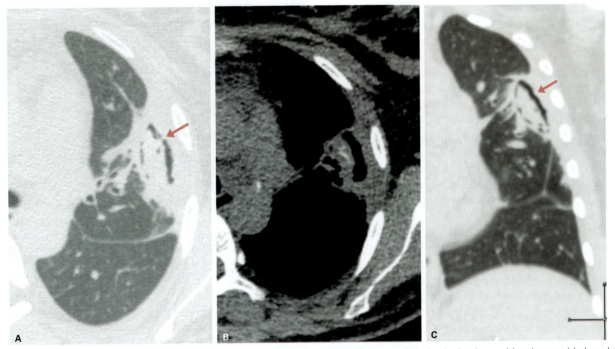

Figura 34 Aspergiloma. Imagens axiais (A e B) e coronal (C) de tomografia computadorizada de tórax evidenciam cavidade pulmonar no lobo superior esquerdo, apresentando conteúdo alongado, com pequenas calcificações de permeio. Notar as linhas de ar que separam a parede da cavidade da bola fúngica, caracterizando o "sinal do crescente aéreo" (setas).

rer do tempo. Espessamento pleural adjacente às alterações pulmonares é comumente identificado.

Aspergilose broncopulmonar alérgica

A ABPA resulta de uma reação de hipersensibilidade ao *Aspergillus*. A doença é tipicamente observada em pacientes asmáticos de longa data ou portadores de fibrose cística. A colonização das vias aéreas desses pacientes pelo *Aspergillus* provoca um processo inflamatório persistente, que tem como consequências a formação de bronquiectasias segmentares e subsegmentares, impactações mucoides e alterações no parênquima pulmonar. Suas principais manifestações clínicas incluem sibilos, expectoração acastanhada ou com tampões de muco, dispneia, febre baixa e dor pleurítica. O diagnóstico pode ser confirmado por testes sorológicos e achados de imagem característicos.

Bronquiectasias centrais e opacidades tubuliformes ramificadas com aspecto de "dedos de luva", representando brônquios dilatados preenchidos por secreção, constituem os principais achados de imagem da ABPA. As impactações mucoides podem ser transitórias ou persistentes ao longo de meses e, em cerca de 30% dos pacientes, apresentam atenuação elevada na TC em decorrência da deposição de sais de cálcio (Figura 35). As alterações tendem a predominar nos lobos pulmonares superiores. Outros achados, incluindo focos de consolidação, atelectasias (em decorrência da obstrução brônquica) e pequenos nódulos centrolobulares com padrão de "árvore em brotamento", também podem ser identificados nos exames de imagem.

Aspergilose semi-invasiva ou necrotizante crônica

A aspergilose semi-invasiva ou necrotizante crônica representa uma doença rara, usualmente observada em pacientes de meia-idade ou idosos que apresentam doenças pulmonares crônicas subjacentes (p. ex., DPOC, tuberculose inativa, pneumoconiose) ou em indivíduos com algumas condições que determinam graus leves de imunossupressão, incluindo diabete melito, desnutrição, corticoterapia prolongada e doenças do tecido conjuntivo (p. ex., artrite reumatoide e espondilite anquilosante). Trata-se de uma doença pulmonar de curso insidioso caracterizada por inflamação granulomatosa, necrose e fibrose.

Os principais achados de imagem da doença incluem consolidações segmentares ou lobares, unilaterais ou bilaterais, geralmente nos lobos superiores. Lesões escavadas com paredes espessas e irregulares, medindo 1-4 cm, podem se desenvolver ao longo de várias semanas ou meses (Figura 36); aspergilomas (bolas fúngicas) colonizam as lesões escavadas em cerca de 50% dos pacientes. Outros achados radiológicos, menos frequentes, incluem massas ou nódulos pulmonares com margens mal definidas.

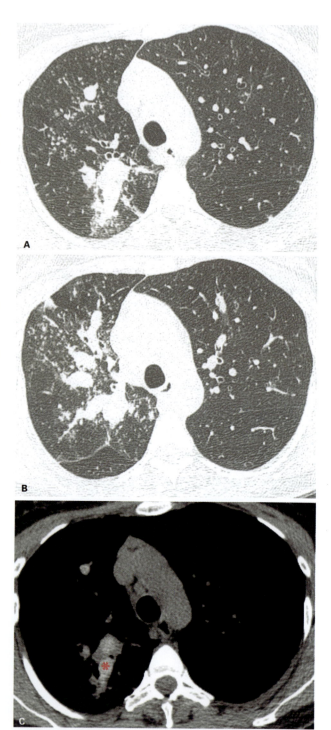

Figura 35 Aspergilose broncopulmonar alérgica (ABPA). Imagens axiais de tomografia computadorizada de tórax demonstram opacidades tubuliformes que representam broncoceles no lobo superior direito e micronódulos centrolobulares adjacentes. Nota-se a hiperdensidade do conteúdo da broncocele (*).

Aspergilose invasiva das vias aéreas

A aspergilose invasiva das vias aéreas caracteriza-se histologicamente pela presença do *Aspergillus* profundamente à membrana basal das vias aéreas. A doença acomete tipicamente pacientes imunocomprometidos, sobretudo neu-

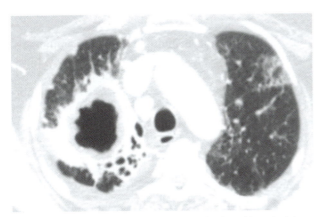

Figura 36 Aspergilose necrotizante crônica (semi-invasiva). Imagem axial de tomografia computadorizada de tórax evidencia cavidade pulmonar de paredes espessas e irregulares no ápice direito.

promovendo obstrução vascular, infarto e necrose do parênquima. A doença compromete tipicamente pacientes imunocomprometidos, e os principais fatores de risco para seu desenvolvimento incluem neutropenia prolongada, uso crônico de corticosteroides em altas doses, transplantes (especialmente de medula óssea e pulmão), neoplasias hematológicas (com destaque para leucemia), terapia citotóxica e aids.

A radiografia de tórax pode revelar focos de consolidação com limites imprecisos ou nódulos e massas pulmonares mal definidos com distribuição esparsa. Na TC, a aspergilose angioinvasiva é classicamente caracterizada pela presença de nódulos ou massas pulmonares circundados por um halo de vidro fosco, configurando o chamado "sinal do halo" (Figura 38). Os nódulos pulmonares representam áreas de infarto do parênquima tropênicos graves e indivíduos com aids. Pode cursar com traqueobronquite, bronquiolite ou broncopneumonia.

Nos casos que cursam com traqueobronquite, os exames de imagem podem ser normais ou revelar espessamento parietal difuso da traqueia e dos brônquios, que pode ser percebido mais facilmente na TCAR (Figura 37). Por sua vez, a bronquiolite infecciosa manifesta-se por meio de pequenos nódulos com distribuição centrolobular e imagens de "árvore em brotamento" dispersos pelo parênquima pulmonar. Na broncopneumonia, são identificados focos de consolidação peribrônquicos, por vezes com aspecto lobular, que podem estar associados a nódulos centrolobulares, brônquios de paredes espessadas e impactações mucoides. Geralmente, as alterações são bilaterais e multifocais.

Aspergilose angioinvasiva

A aspergilose angioinvasiva é caracterizada pela invasão de vasos sanguíneos pulmonares pelo *Aspergillus*,

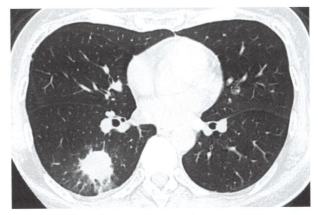

Figura 38 Aspergilose angioinvasiva. Imagem axial de tomografia computadorizada de tórax evidencia massa pulmonar no lobo inferior direito, de contornos levemente irregulares e circundada por opacidades em vidro fosco ("sinal do halo").

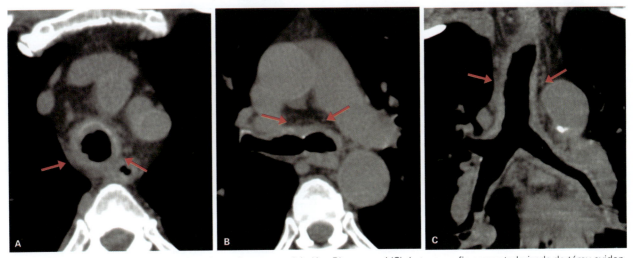

Figura 37 Aspergilose invasiva das vias aéreas. Imagens axiais (A e B) e coronal (C) de tomografia computadorizada de tórax evidenciam espessamento difuso e concêntrico da traqueia e brônquios principais (setas).

infectadas pelo *Aspergillus*, enquanto o halo de vidro fosco corresponde a hemorragia perilesional. Durante a evolução da doença, os nódulos ou massas pulmonares podem apresentar focos de escavação, sendo também possível a identificação do "sinal do crescente aéreo" nessas situações (Figura 39). Consolidação pulmonar focal ou multifocal representa outro achado radiológico da aspergilose angioinvasiva, sendo descritos focos de consolidação cuneiformes com base pleural, representando áreas de infarto pulmonar em decorrência da invasão e obstrução vascular pelo *Aspergillus*.

Criptococose

A criptococose é uma doença mundial provocada pelo *Cryptococcus neoformans*, uma levedura encapsulada de paredes finas que geralmente infecta indivíduos com algum tipo de imunocomprometimento (p. ex., pacientes em uso crônico de corticosteroides, portadores de aids, doentes com neoplasias hematológicas ou transplantados de órgãos). As principais fontes de infecção pelo *C. neoformans* são as fezes de alguns tipos de pássaros, como pombos e canários. Embora com menor frequência, a criptococose também pode ser observada em pessoas imunocompetentes.

Achados radiológicos

Nódulo solitário ou múltiplos nódulos pulmonares representam os principais achados de imagem da criptococose. Os nódulos podem medir desde poucos milímetros até alguns centímetros de diâmetro, às vezes atingindo dimensões de verdadeiras massas pulmonares (Figura 40). As margens podem ser bem ou mal definidas, e as lesões podem exibir escavação. Consolidações alveolares, áreas de vidro fosco, linfonodomegalias e derrame pleural podem ser observados, especialmente nos pacientes imunocomprometidos, embora sejam bastante incomuns em indivíduos imunocompetentes. Um padrão miliar de nódulos pulmonares também pode ser encontrado, particularmente em condições de grave imunocomprometimento e doença disseminada.

Candidíase

A candidíase representa uma rara infecção pulmonar oportunista, geralmente provocada pela *Candida albicans*, uma levedura encontrada em todo o mundo, normalmente presente no trato gastrointestinal, orofaringe, vagina e pele. A infecção pulmonar costuma resultar da multiplicação desses fungos já existentes no organismo, que tipicamente afloram em condições de imunocomprometimento.

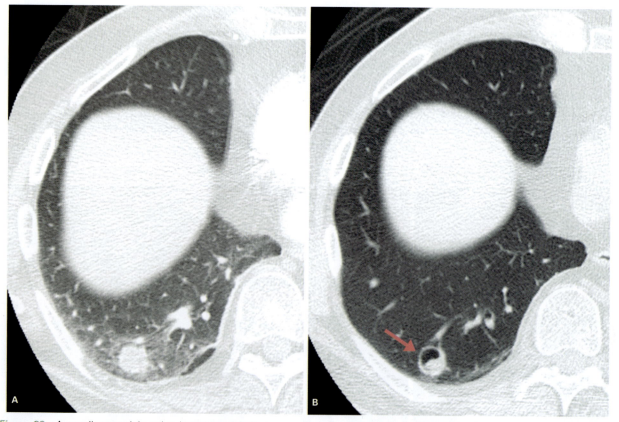

Figura 39 Aspergilose angioinvasiva. Imagens axiais de tomografia computadorizada de tórax evidenciam nódulo com halo em vidro fosco na base pulmonar direita (A); evolução 14 dias após início do tratamento para aspergilose angioinvasiva demonstrando surgimento de escavação no interior do nódulo (B) e a identificação do "sinal do crescente aéreo" (seta).

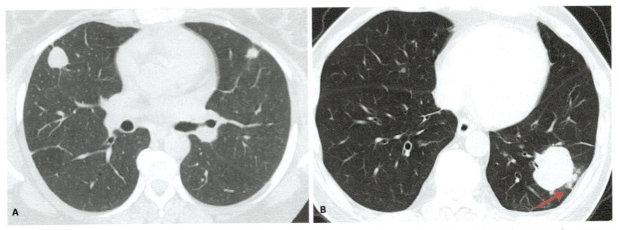

Figura 40 Criptococomas. Imagens axiais de tomografia computadorizada de tórax evidenciam nódulos pulmonares de contornos regulares nos lobos superiores (A) e massa pulmonar no lobo inferior esquerdo (B), com pequenos nódulos satélites (seta).

Achados radiológicos

O achado mais comum da candidíase pulmonar na TCAR são nódulos bilaterais esparsos, com dimensões variando desde poucos milímetros até 3 cm, muitas vezes mal definidos, que podem exibir o "sinal do halo" em cerca de 30% dos casos. A distribuição dos nódulos é variável, podendo ser centrolobular, inclusive com padrão de "árvore em brotamento", ou aleatória. Opacidades em vidro fosco e consolidações alveolares esparsas representam outros achados de imagem na candidíase pulmonar. Derrame pleural é relatado em até cerca de 25% dos pacientes.

Pneumocistose

Pneumocystis jiroveci, antes conhecido como *P. carinii*, é um microrganismo unicelular atualmente classificado como fungo. Representa uma infecção oportunista, a mais comum em pacientes HIV positivos, embora também ocorra em outras condições de imunocomprometimento. O diagnóstico é sugerido na presença de hipóxia e história típica de tosse seca, dispneia e febre baixa. O diagnóstico definitivo da pneumocistose exige o achado dos microrganismos no escarro ou no líquido do lavado broncoalveolar.

Achados radiológicos

A apresentação radiográfica da pneumocistose é variável, podendo ser normal ou se manifestar com opacidades reticulares ou alveolares bilaterais peri-hilares. Os achados mais comuns na TCAR são opacidades em vidro fosco bilaterais e simétricas (Figura 41). Outros achados menos frequentes incluem áreas de consolidação bilaterais, espessamento de septos interlobulares, opacidades

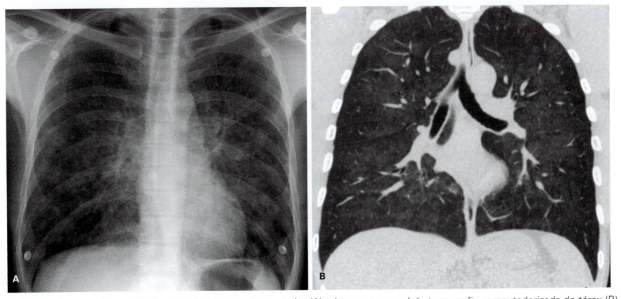

Figura 41 Pneumocistose. Radiografia de tórax posteroanterior (A) e imagem coronal de tomografia computadorizada de tórax (B) evidenciam opacidades em vidro fosco difusas por ambos os pulmões, com predomínio peri-hilar.

lineares intralobulares, lesões císticas e nódulos ou massas. A associação das opacidades em vidro fosco com o espessamento septal resulta no aspecto de pavimentação em mosaico.

As lesões císticas podem ocorrer em até cerca de 10-30% dos pacientes com aids. Os cistos podem variar em aparência, apresentam dimensões entre 5 mm e 3,0 cm, paredes finas e são bilaterais, predominando nos lobos superiores (Figura 42). A doença cística pode estar associada a pneumotórax espontâneo e, provavelmente, ocorre pela ruptura de cistos subpleurais. Derrame pleural, alterações brônquicas (como a bronquiolite e a bronquiectasia) e linfadenopatia são incomuns. A doença raramente pode cursar com fibrose difusa.

Infecções nos pacientes imunossuprimidos

Transplante de células-tronco hematopoiéticas (TCTH)

A infecção pulmonar é uma causa comum de morbidade e mortalidade nos pacientes submetidos a transplante de medula óssea, destacando-se fungos, bactérias e vírus como principais agentes etiológicos. Pacientes submetidos a transplante alogênico têm mais chance de desenvolver infecção do que aqueles com transplante autólogo. As complicações pulmonares refletem o estado imunológico do paciente e ocorrem em três fases, sendo importante a correlação com os achados de imagem para tentar definir a causa (infecciosa ou não infecciosa) e, se possível, o agente etiológico.

Fase neutropênica

Na primeira fase, que ocorre até 30 dias após o início do tratamento, há neutropenia grave e dano à membrana mucosa, predominando infecções fúngicas (principalmente aspergilose angioinvasiva) e complicações não infecciosas (como edema pulmonar, hemorragia alveolar, dano alveolar difuso e toxicidade medicamentosa). As infecções fúngicas são responsáveis por 25-50% de todas as pneumonias em pacientes com transplantes alogênicos, sendo o *Aspergillus* o mais comum nesses casos. Na fase neutropênica, as formas angioinvasiva e invasiva das vias aéreas podem ser identificadas. As outras infecções fúngicas mais comuns nesta fase são candidíase e mucormicose. A infecção pulmonar bacteriana também pode ocorrer nesse período, destacando-se agentes Gram-negativos do trato gastrointestinal e da mucosa oral e agentes Gram-positivos (*S. pneumoniae* e *S. aureus*).

Fase precoce

Na fase precoce, entre 30 e 100 dias após o transplante de medula óssea, as principais complicações são infecciosas, destacando-se pneumonia por CMV e outros vírus, como o vírus sincicial respiratório. A pneumonia por *P. jiroveci* tem sido cada vez menos frequente com a introdução de medicamentos profiláticos.

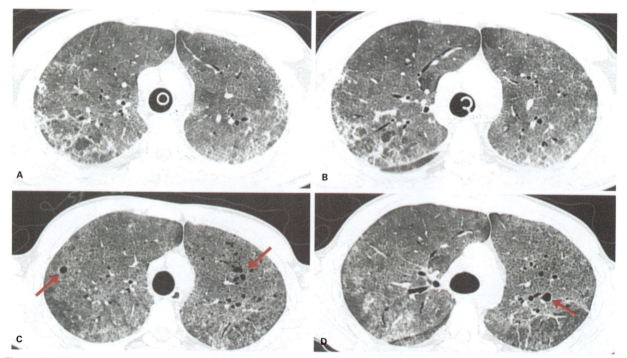

Figura 42 Pneumocistose. Imagens axiais de tomografia computadorizada de tórax evidenciam opacidades em vidro fosco pulmonares difusas, associadas a discreto espessamento septal inter e intralobular (A e B). C e D: Evolução 7 dias após início do tratamento demonstra discreta redução das opacidades em vidro fosco e surgimento de pequenos cistos bilaterais (setas).

Fase tardia

Na fase tardia, que ocorre após 100 dias do procedimento, predominam as complicações não infecciosas como bronquiolite obliterante, pneumonia em organização e doença do enxerto *versus* hospedeiro crônica (DEVH). A infecção pulmonar é incomum na ausência de DEVH por causa da função imunológica relativamente normal nesse período. Entretanto, na presença dessa condição, os pacientes apresentam aumento da chance de infecções bacterianas, virais e fúngicas em razão do uso de medicamentos imunossupressores.

Transplante de órgãos sólidos

Os pacientes submetidos a transplantes de órgãos sólidos são suscetíveis a infecção da mesma forma que os transplantados de medula óssea. A infecção é mais comum em pacientes que se submeteram a transplante de pulmão do que de outros órgãos, sendo essa a principal causa de morte desses pacientes. Nos pacientes transplantados, é importante saber o intervalo de tempo após a realização do transplante para estreitar as possibilidades diagnósticas, existindo três períodos importantes:

- No 1º mês, a maioria das infecções pulmonares ocorre por bactérias nosocomiais, além de pneumonia aspirativa, causada por bactérias da flora oral ou bacilos Gram-negativos.
- De 1 a 6 meses após o transplante, os vírus se tornam importante causa de pneumonia, destacando-se CMV, Epstein-Barr e os vírus respiratórios (p. ex., *influenza*, vírus sincicial respiratório e adenovírus).
- Após 6 meses, os pacientes desenvolvem infecção ocasionalmente, sendo os agentes semelhantes aos da população em geral. Nos pacientes em que não ocorre o funcionamento adequado do enxerto (5-10%), é necessário alta dose de imunossupressor, aumentando a chance de infecções oportunistas.

Síndrome da imunodeficiência adquirida

A infecção pulmonar é uma importante causa de morbidade e mortalidade nos pacientes HIV positivos, sendo vários os agentes definidores de aids, como criptococose, histoplasmose disseminada e pneumocistose, entre outros. A infecção respiratória de etiologia bacteriana, incluindo pneumonia e doença infecciosa de vias aéreas, é a causa mais comum de infecção pulmonar diagnosticada em pacientes HIV positivos nos Estados Unidos, sendo dois ou mais episódios de pneumonia bacteriana dentro do intervalo de 1 ano, independentemente da contagem de CD4, caracterizados como definidores da aids.

Os achados de imagem devem ser interpretados em conjunto com dados clínicos, como contagem de células CD4, forma de transmissão do vírus HIV, medicamentos utilizados pelo paciente, se a doença é aguda ou insidiosa, entre outros. Independentemente dos achados radiológicos, infecções oportunistas geralmente não ocorrem com contagem de células CD4 acima de 200. O risco de desenvolver complicações pulmonares específicas é influenciado pelo grau de imunossupressão, de tal forma que determinados agentes etiológicos tendem a estar relacionados com a contagem de CD4, como listado a seguir:

- CD4 > 200: pneumonia bacteriana e tuberculose pulmonar de reativação.
- CD4 entre 50 e 200: pneumonia bacteriana, tuberculose primária, pneumocistose, infecções fúngicas.
- CD4 < 50: pneumonia bacteriana, tuberculose primária, pneumocistose, micobacteriose atípica, CMV.

Bibliografia sugerida

1. Barreto MM, Marchiori E, Amorim VB, Zanetti G, Takayassu TC, Escuissato DL, et al. Thoracic paracoccidioidomycosis: radiographic and CT findings. Radiographics. 2012;32:71-84.
2. Chong S, Lee KS, Yi CA, Chung MJ, Kim TS, Han J. Pulmonary fungal infection: imaging findings in immunocompetent and immunocompromised patients. Eur J Radiol. 2006;59:371-83.
3. Erasmus JJ, McAdams HP, Farrell MA, Patz EF Jr. Pulmonary nontuberculous mycobacterial infection: radiologic manifestations. Radiographics. 1999;19:1487-503.
4. Franquet T. Imaging of pulmonary viral pneumonia. Radiology. 2011;260(1):18-39.
5. Franquet T, Müller NL, Giménez A, Guembe P, de La Torre J, Bagué S. Spectrum of pulmonary aspergillosis: histologic, clinical and radiologic findings. Radiographics. 2001;21:825-37.
6. Jagannathan JP, Ramaiya N, Gill RR, Alyea EP 3rd, Ros P. Imaging of complications of hematopoietic stem cell transplantation. Radiol Clin N Am. 2008;46:397-417.
7. Kim HY, Song KS, Goo JM, Lee JS, Lee KS, Lim TH. Thoracic sequelae and complications of tuberculosis. Radiographics. 2001;21:839-60.
8. Leung AN. Pulmonary tuberculosis: the essentials. Radiology. 1999;210(2):307-22.
9. Marchiori E, Müller NL, Soares Souza A Jr, Escuissato DL, Gasparetto EL, Franquet T, et al. Pulmonary disease in patients with AIDS: high-resolution CT and pathologic findings. AJR. 2005;184(3):757-64.
10. Vilar J, Domingo ML, Soto C, Cogollos J. Radiology of bacterial pneumonia. Eur J Radiol. 2004;51(2):102-13.

Doenças pulmonares difusas

Vivian Cardinal da Silva Rubin
Marcio Valente Yamada Sawamura

Pneumonias intersticiais idiopáticas

As pneumonias intersticiais representam um grupo de doenças pulmonares parenquimatosas heterogêneas, com graus variados de inflamação e fibrose. São consideradas um protótipo de reação pulmonar à lesão, e mais frequentemente tais padrões morfológicos são secundários às doenças como colagenoses, reações medicamentosas, infecções, sarcoidose, vasculites, pneumonia de hipersensibilidade e broncoaspiração recorrente. Na forma de pneumonia intersticial idiopática (PII), ou seja, quando não há uma patologia subjacente identificável, elas são consideradas doenças raras, tornando fundamental a exclusão de outras etiologias.

Em 2001, a American Thoracic Society/European Respiratory Society (ATS/ERS) padronizou a terminologia das PII e, em 2013, o mesmo grupo atualizou tal classificação. Foi dada maior ênfase na integração clínica, radiológica e patológica para uma abordagem multidisciplinar, em detrimento da classificação anterior baseada apenas nos padrões patológicos. No entanto, tal fato não elimina a importância da biópsia pulmonar, mas ajuda a definir quando ela é mais importante que a tomografia computadorizada de alta resolução (TCAR) e quando pode ser desnecessária.

Na nova classificação, embora preservadas as principais entidades, elas foram agrupadas em:

- PII fibrosantes crônicas: fibrose pulmonar idiopática (FIP) e pneumonia intersticial não específica (PINE) idiopática.
- PII relacionadas ao tabagismo: bronquiolite respiratória associada a doença pulmonar intersticial (BR--DPI) e pneumonia intersticial descamativa (PID).
- PII agudas/subagudas: pneumonia intersticial aguda (PIA) e pneumonia em organização criptogênica (POC).
- PII raras: pneumonia intersticial linfocítica (PIL) e fibroelastose pleuroparenquimatosa idiopática (esta última foi incluída na nova classificação).

Além disso, foi reforçado o fato de que o diagnóstico final nem sempre é possível, mesmo com a abordagem multidisciplinar, e tais casos são considerados "não classificáveis".

Clinicamente, os pacientes apresentam sintomas inespecíficos, como tosse e dispneia, porém outros fatores, como idade, sexo, fatores de risco e curso da doença podem ser úteis no diferencial (Quadro 1). Neste contexto, a TCAR tem papel fundamental, desde que realizada com técnica adequada (espessura de corte < 2 mm; inspiração profunda), pois auxilia na identificação do padrão morfológico das PII. Além disso, permite monitorar sua evolução e pode sugerir uma etiologia específica por meio de achados adicionais, como pneumonia de hipersensibilidade e colagenoses (Quadro 2). É importante considerar que o diagnóstico é um processo dinâmico e integrado, e interação multidisciplinar e revisões periódicas são necessárias, especialmente com surgimento de novos dados ou associações.

PII fibrosantes crônicas

Fibrose pulmonar idiopática

A fibrose pulmonar idiopática (FPI) é uma forma específica de pneumonia intersticial fibrosante crônica progressiva de causa desconhecida, que acomete principalmente os idosos, limitada aos pulmões, e se associa a um padrão radiológico e histológico denominado pneumonia intersticial usual (PIU). É a entidade mais comum entre as PII. O prognóstico é ruim, com piora gradual da função respiratória e sobrevida média de menos de 5 anos.

Os novos critérios diagnósticos da FPI exigem:

- Exclusão de outras causas conhecidas de doença pulmonar intersticial.
- Presença de um padrão de PIU na TCAR de pacientes não submetidos à biópsia.
- Combinações específicas de achados na biópsia pulmonar e na TCAR dos pacientes que realizaram a biópsia.

Quadro 1 Nova classificação das pneumonias intersticiais idiopáticas (PII) e suas principais características

	Grupos	Diagnóstico clínico-radiológico-patológico	Padrões morfológicos – Radiológicos e/ou Patológicos	Idade	Sexo	Sintomas	Instalação	Fumo	Prognóstico	Resposta ao corticoide
Principais PII	PII fibrosantes crônicas	Fibrose pulmonar idiopática (FPI)	Pneumonia intersticial usual (PIU)	> 50 anos	> M	Tosse e dispneia	Gradual	Sim	Ruim	Ruim
		Pneumonia intersticial não específica idiopática (PINE)	Pneumonia intersticial não específica (PINE)	40-50 anos	M = F	Tosse e dispneia	Gradual	Não	Variável, melhor que a FPI	Boa
	PII relacionadas ao tabagismo	Bronquiolite respiratória associada a doença pulmonar intersticial (BR-DPI)	Bronquiolite respiratória	30-40 anos	> M	Tosse e dispneia	Gradual	Sim (100%)	Bom, ao cessar fumo	Boa
		Pneumonia intersticial descamativa (PID)	Pneumonia intersticial descamativa (PID)	30-40 anos	> M	Tosse e dispneia	Insidiosa	Sim, maioria	Bom, ao cessar fumo	Boa
	PII agudas/ subagudas	Pneumonia intersticial aguda (PIA)	Dano alveolar difuso (DAD)	50 anos	M = F	Dispneia	Aguda	Não	Mortalidade de 50%	Incerta
		Pneumonia em organização criptogênica (POC)	Pneumonia em organização (PO)	55 anos	M = F	Tosse e febre	Subaguda	Não	Ótimo	Ótima
PII raras		Pneumonia intersticial linfocícita (PIL)		40-50 anos	> F	Tosse e dispneia	Lenta	Não	Variável	Variável
		Fibroelastose pleuroparenquimatosa idiopática (FEPPI)	Fibroelastose pleuroparenquimatosa	50-60 anos	M = F	Tosse e dispneia	Insidiosa	Não	Ruim	Incerta
PII não classificáveis		–	–	–	–	–	–	–	–	–

Quadro 2 — Achados na TCAR que podem sugerir uma PI de causa definida

Achados na TCAR	PI de causa definida
Cistos	Histiocitose de células de Langerhans, linfangioleiomiomatose
Micronódulos perilinfáticos	Sarcoidose, beriliose crônica, linfangite carcinomatosa, linfoma
Micronódulos centrolobulares	Pneumonite de hipersensibilidade
Árvore em brotamento	Infecção, aspiração, outras formas de bronquiolite
Atenuação em mosaico ou aprisionamento aéreo multilobular	Pneumonite de hipersensibilidade, bronquiolite obliterante

PI: pneumonia intersticial; TCAR: tomografia computadorizada de alta resolução.

A acurácia diagnóstica aumenta com as discussões multidisciplinares entre pneumologistas, radiologistas e patologistas.

Características clínicas

Tipicamente, o paciente encontra-se na 6ª ou 7ª décadas de vida e apresenta tosse seca e dispneia crônica progressiva, com baqueteamento digital e estertores inspiratórios bibasais. O tabagismo está fortemente associado com a FPI, especialmente com carga tabágica superior a 20 anos/maço. O tratamento farmacológico ainda não demonstra benefícios definitivos, e muitos destes pacientes são candidatos ao transplante pulmonar.

Características histológicas

A principal característica histológica é um envolvimento pulmonar heterogêneo em que áreas de fibrose com cicatrizes e faveolamento se alternam com áreas de pulmão normal. As zonas de fibrose são compostas por colágeno denso e, tipicamente, por focos fibroblásticos esparsos. O faveolamento é caracterizado por espaços aéreos fibróticos císticos que, frequentemente, são revestidos por epitélio bronquiolar e preenchidos com muco e células inflamatórias. Tais alterações são mais acentuadas nas porções subpleural e parasseptal do parênquima. O componente inflamatório é leve e consiste em infiltrado intersticial esparso de linfócitos e plasmócitos associados a hiperplasia de pneumócitos tipo 2 e epitélio bronquiolar. Como consequência ao acometimento pulmonar heterogêneo, biópsias multifocais podem revelar padrões histológicos discordantes em um mesmo paciente. Portanto, quando indicada, a biópsia deve ser realizada com amostras de mais de um lobo e a TCAR deve servir como orientadora do local a ser analisado.

Características de imagem

A radiografia de tórax exibe opacidades reticulares periféricas, que se intensificam a partir dos ápices até as bases dos pulmões, além de redução volumétrica dos lobos inferiores (Figura 1). Na fase inicial, a radiografia é normal na maioria dos pacientes.

A TCAR é essencial no diagnóstico da FPI e na sua diferenciação das demais doenças pulmonares crônicas fibrosantes. A presença de um padrão clássico de PIU dentro de um contexto clínico apropriado é suficiente para o diagnóstico, sem a necessidade de biópsia pulmonar. A PIU é caracterizada na TCAR por opacidades reticulares e faveolamento associados a bronquiectasias de tração (Figuras 1 e 2). O faveolamento é fundamental para o diagnóstico definitivo de PIU e se manifesta como pequenos cistos subpleurais agrupados e de tamanhos variados (3-10 mm). Opacidades em vidro fosco são comuns, porém menos extensas que as reticulares (Figura 3). As alterações pulmonares são mais evidentes nas regiões periféricas e inferiores, tendem a ser esparsas e podem ser assimétricas em 25% dos casos (Figura 1).

O diagnóstico correto de PIU depende da presença de faveolamento (Quadro 3). Se esse fator estiver ausente, mas as outras características de imagem preencherem os critérios para PIU, deve-se considerar como "possível PIU", e geralmente é necessária biópsia pulmonar para o diagnóstico definitivo. Além disso, os pacientes que não possuem o padrão clássico nem o possível de PIU ainda podem ter o diagnóstico confirmado pela histopatologia, e usualmente apresentam melhor prognóstico. O faveolamento e a evolução da fibrose pulmonar têm relação direta com o aumento da mortalidade.

Linfonodomegalia mediastinal discreta pode estar presente em até 70% dos casos, além de áreas de pequenas calcificações nodulares ou lineares finas de permeio à fibrose representando ossificação. A associação com enfisema pulmonar é frequente e pode dificultar o diagnóstico. A presença de anormalidades pleurais (placas, calcificações e derrame pleural significativo), micronódulos, aprisionamento aéreo, opacidades em vidro fosco extensas, consolidações e predomínio peribroncovascular devem conduzir a um diagnóstico alternativo.

Alguns pacientes podem apresentar uma piora respiratória aguda, que quando não relacionada a outra doença (pneumonia, tromboembolismo, insuficiência cardíaca), tem sido descrita como uma exacerbação aguda da FPI. Os critérios incluem uma piora aguda da dispneia (dentro de 1 mês), evidência de piora da hipoxemia e surgimento de novas opacidades alveolares bilaterais, na ausência de uma causa diferente (Figura 4).

Por fim, é importante lembrar que o padrão de PIU pode ser encontrado em outras condições, como colagenoses, asbestose e pneumonite de hipersensibilidade (PH). Placas ou espessamento pleurais e opacidades ramificadas subpleurais, associadas a uma história de ex-

5 DOENÇAS PULMONARES DIFUSAS 123

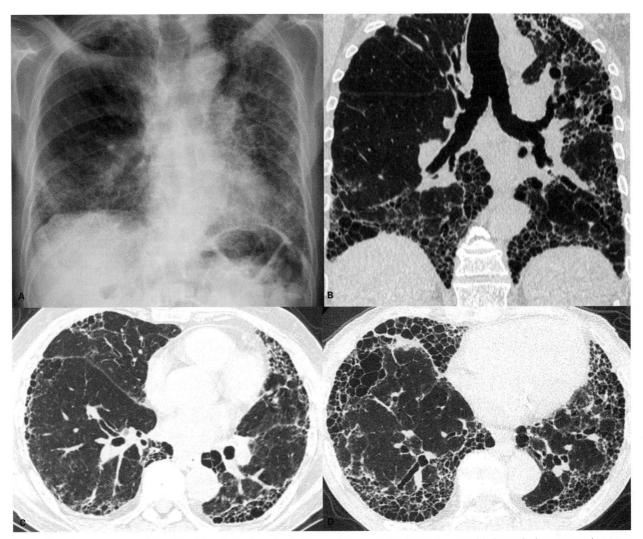

Figura 1   Fibrose pulmonar idiopática (FPI). A: Radiografia de tórax posteroanterior demonstra opacidades reticulares grosseiras com redução volumétrica, especialmente dos lobos inferiores. B: Reformatação coronal de tomografia computadorizada de alta resolução (TCAR) confirma os achados e evidencia presença de faveolamento, com envolvimento bilateral, porém assimétrico dos pulmões. C e D: Evolução da FPI em 4 anos. A TCAR demonstra clara progressão do faveolamento, das bronquiectasias de tração e maior redução volumétrica, compatível com a história natural da doença.

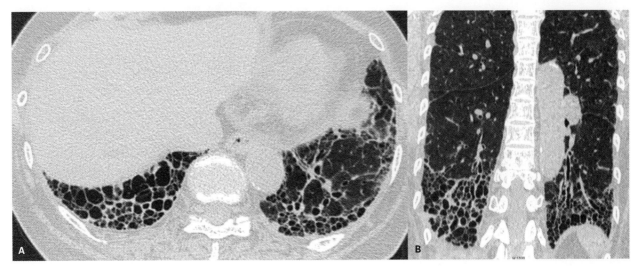

Figura 2   Fibrose pulmonar idiopática em um homem de 62 anos. Tomografia computadorizada de alta resolução (TCAR) demonstra opacidades reticulares, bronquiectasias de tração e extenso faveolamento (A e B), eminentemente nos lobos inferiores (B).

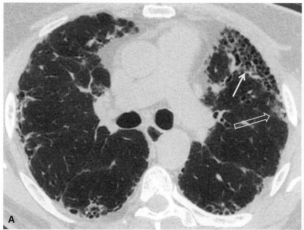
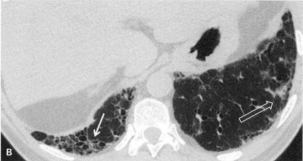

Figura 3 A tomografia computadorizada de alta resolução (TCAR) mostra opacidades reticulares finas, predominando na periferia dos pulmões (setas curvas em A), associadas a opacidades em vidro fosco (setas vazadas em A e B). Note a presença de faveolamento esparso (setas em A e B), além de algumas bronquiectasias de tração. Paciente do sexo feminino, 70 anos, com diagnóstico de fibrose pulmonar idiopática.

Quadro 3 Critérios para padrão de PIU na TCAR

Padrão PIU (todos os 4 critérios)	Padrão possível PIU (todos os 3 critérios)	Inconsistente com padrão PIU (qualquer um dos 7 critérios)
■ Predominância subpleural e basal ■ Opacidades reticulares ■ Faveolamento com ou sem bronquiectasias de tração ■ Ausência de critérios listados como inconsistentes para padrão PIU	■ Predominância subpleural e basal ■ Opacidades reticulares ■ Ausência de critérios listados como inconsistentes para padrão PIU	■ Predominância em campos médios e superiores ■ Predominância peribroncovascular ■ Opacidades em vidro fosco extensas (> opacidades reticulares) ■ Numerosos micronódulos (bilaterais, predominando nos lobos superiores) ■ Cistos discretos (múltiplos, bilaterais, separados do faveolamento) ■ Atenuação em mosaico/aprisionamento aéreo (bilateral, em três ou mais lobos) ■ Consolidação segmentar/lobar

TCAR: tomografia computadorizada de alta resolução; PIU: pneumonia intersticial usual.

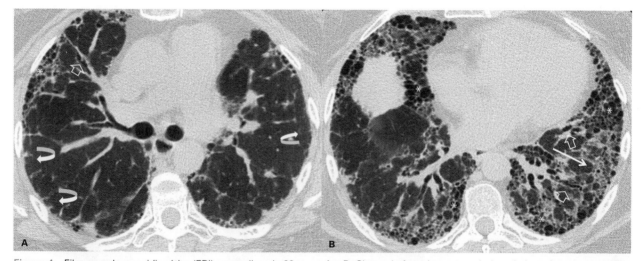

Figura 4 Fibrose pulmonar idiopática (FPI) em mulher de 69 anos. A e B: Cistos de faveolamento subpleurais (asteriscos) associados a opacidades reticulares (setas curvas), opacidades em vidro fosco (setas) e a bronquiectasias de tração (setas vazadas), predominando na periferia dos campos pulmonares médios e inferiores.

(continua)

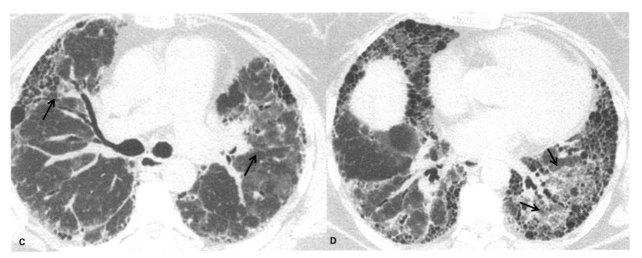

Figura 4 *(continuação)* C e D: Tomografia computadorizada de alta resolução (TCAR) da mesma paciente, 3 meses após o exame em A e B. Surgiram extensas áreas de opacidades em vidro fosco (setas). A paciente apresentava piora do quadro clínico, sem causas identificáveis, sendo compatível com exacerbação aguda da FPI.

posição, podem ser úteis no diferencial entre asbestose e FPI. Padrões atípicos de PIU, sem faveolamento, são mais frequentes nas colagenoses, que também geralmente apresentam menor associação com enfisema. A PH crônica pode simular a FPI, porém a presença de micronódulos mal definidos, aprisionamento aéreo e preservação das bases pulmonares sugere PH.

Pneumonia intersticial não específica idiopática

A PINE idiopática é uma entidade clínica distinta das demais PII, com características clínicas, radiológicas e patológicas diferentes. O achado de um padrão de PINE na biópsia implica maior atenção da equipe multidisciplinar em identificar potenciais causas e exposições, pois mais comumente estará relacionado a outras condições, como colagenoses (especialmente esclerose sistêmica e polimiosite/dermatomiosite), PH e reações a drogas. Quando idiopática, a PINE é menos comum que a PIU, representando a segunda PII mais comum (variando entre 14 e 36% dos casos).

Características clínicas

A maioria dos pacientes não é tabagista e apresenta entre 40 e 50 anos. Os sintomas são semelhantes aos da FPI, porém mais leves, com história de dispneia progressiva e tosse seca, em média por 6 a 7 meses, por vezes acompanhadas de perda ponderal. A biópsia demonstrando características histológicas de PINE é necessária para o correto diagnóstico. O tratamento destes pacientes é baseado em corticoterapia sistêmica, eventualmente combinada a drogas citotóxicas, como ciclofosfamida e ciclosporina. Embora o prognóstico da PINE idiopática seja heterogêneo, é melhor do que na FPI, com uma taxa de mortalidade em 5 anos inferior a 18%.

Características histológicas

A PINE caracteriza-se pela presença de graus variáveis de inflamação e fibrose com uma aparência uniforme. Esta homogeneidade é um achado essencial na diferenciação entre o padrão PINE e o PIU. A proporção de inflamação e fibrose define os subtipos celular e fibrótico, e a maioria dos casos apresenta um padrão predominantemente fibrótico, porém raros casos podem demonstrar um padrão exclusivamente celular de PINE. No subtipo celular, o principal achado é a presença de células inflamatórias, com hiperplasia dos pneumócitos tipo II; já no subtipo fibrótico, nota-se fibrose homogênea, com inflamação leve. Esta diferenciação tem papel na definição do prognóstico, pois os pacientes com subtipo celular tem melhor prognóstico. Áreas de pneumonia em organização ou faveolamento não estão presentes ou são discretas. A identificação de um padrão patológico de PINE requer a presença das características específicas associadas a ausência de outros padrões de doença pulmonar intersticial.

Embora nem sempre fácil, a distinção histológica de PINE fibrótica e PIU é mais do que acadêmica, pois há melhor resposta aos corticosteroides na PINE, e muitas vezes a TCAR pode ajudar a diferenciá-las.

Características de imagem

Os principais achados na TCAR (Figura 5) são opacidades reticulares (87%) bilaterais e simétricas, predominando nos lobos inferiores, associadas a bronquiectasias de tração (82%) e perda volumétrica (77%). A comparação da prevalência destes achados com a prevalência das opacidades em vidro fosco, cerca de 44% dos casos, sugere que um componente fibrótico esteja presente na maioria dos pacientes. Um padrão predominante de opacidades em vidro fosco sugere uma PINE celular (Figura 6). Na PINE fibrótica avançada, podem-se encontrar pequenos cistos subpleurais, menores e menos extensos que na PIU. Áreas de faveolamento estão ausentes ou são raras.

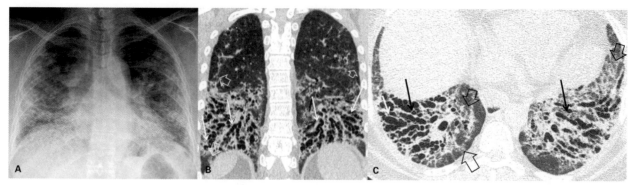

Figura 5 Pneumonia intersticial não específica fibrótica. A: Radiografia de tórax posteroanterior demonstra opacidades reticulares grosseiras simétricas, com redução volumétrica, predominando nos lobos inferiores. B e C: Tomografia computadorizada de alta resolução (TCAR) evidencia presença de extensas bronquiectasias de tração (setas brancas e pretas), associadas a opacidades reticulares e a opacidades em vidro fosco, bilaterais e simétricas (setas vazadas brancas e pretas). A reformatação coronal de TCAR facilita a identificação das bronquiectasias, que poderiam ser facilmente confundidas com cistos de faveolamento.

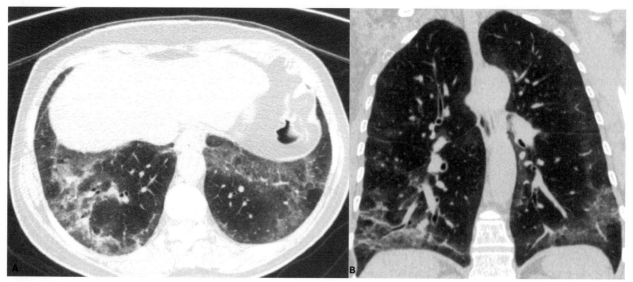

Figura 6 Pneumonia intersticial não específica celular em uma mulher de 52 anos. A e B: Opacidades em vidro fosco significativas, bilaterais e simétricas. A imagem em B demonstra a predominância basal e periférica, com relativa preservação da região subpleural.

Tais alterações podem ter uma distribuição peribroncovascular ou periférica, classicamente poupando a região subpleural dos pulmões em 21-64% dos casos (linha de preservação subpleural) (Figura 7). Os lobos inferiores são mais frequentemente envolvidos (92%) e, diferentemente da PIU, que tende a progredir aos lobos superiores, na PINE os achados podem estar restritos aos campos inferiores.

Enfim, a sobreposição dos padrões na TCAR da PINE e da PIU torna esta entidade seu principal diagnóstico diferencial. A existência de um padrão homogêneo, sem um gradiente apicobasal evidente, extenso vidro fosco e linha de preservação subpleural favorece o diagnóstico de PINE. Apesar das diferenças na distribuição e no padrão de TCAR, a diferenciação entre PIU e PINE permanece desafiadora, e na ausência de um padrão clínico-radiológico clássico de PIU, a biópsia pulmonar é necessária para o correto diagnóstico.

PII relacionadas ao tabagismo

BR-DPI e PID representam um espectro histológico de acúmulo de macrófagos, diferindo com relação à extensão e à distribuição deste processo (e também pelo padrão de acometimento na TCAR). Entretanto, são classificadas separadamente, pois a apresentação clínica, os achados de imagem e a resposta ao tratamento são distintos.

Bronquiolite respiratória associada a doença pulmonar intersticial (BR-DPI)

A bronquiolite respiratória é a forma mais comum de doença pulmonar relacionada ao tabagismo, sendo geralmente assintomática. Entretanto, uma minoria de pacientes apresenta sintomas clínicos ou alterações na prova de função pulmonar, sendo neste caso denominada BR-DPI. Na última década, a principal mudança foi a maior con-

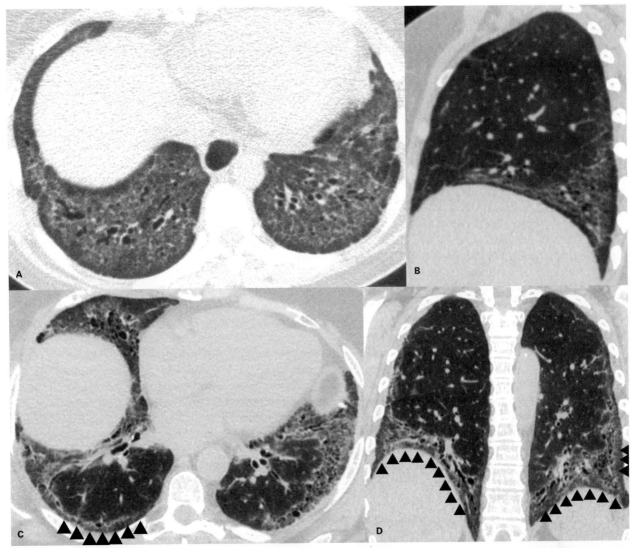

Figura 7 Tomografia computadorizada de alta resolução (TCAR) de dois pacientes diferentes com diagnóstico de pneumonia intersticial não específica. A e B: Homem de 47 anos. Opacidades em vidro fosco associadas a reticulação fina e bronquiectasias de tração, simétricas, de predomínio peribroncovascular, com linha de preservação subpleural evidente. Reformatação sagital exibe importante redução volumétrica dos lobos inferiores (B). C e D: Mulher de 45 anos. Extensas opacidades em vidro fosco e opacidades reticulares com bronquiectasias de tração de permeio, bilaterais, neste caso predominando na periferia, porém poupando a região subpleural (cabeças de setas).

fiança nos achados da TCAR e na história clínica (especialmente o tabagismo) para o diagnóstico de BR-DPI, sem a necessidade de biópsia quando em um cenário clínico adequado.

Características clínicas

Os pacientes com BR-DPI apresentam-se na 4ª ou 5ª década de vida, com uma carga tabágica média de 30 anos/maço. Os homens são afetados quase duas vezes mais do que as mulheres. Os principais sintomas são dispneia leve e tosse seca, por vezes com hipoxemia. O lavado broncoalveolar demonstra macrófagos alveolares pigmentados e ausência de linfocitose (achado que seria sugestivo de PH). O prognóstico é bom, sendo a cessação do tabagismo elemento fundamental do tratamento, por vezes associada a corticosteroides. Em raros casos, a doença progride mesmo após interrupção do tabagismo.

Características histológicas

A principal característica histopatológica da BR-DPI é o acúmulo intraluminal de macrófagos pigmentados centrado em torno dos bronquíolos respiratórios. Infiltrado inflamatório peribronquiolar e submucoso, esparso, geralmente está presente. Sinais de leve fibrose peribronquiolar e enfisema centrolobular estão comumente associados. Os achados são semelhantes aos observados em pacientes assintomáticos com bronquiolite respiratória.

Características de imagem

Os achados típicos são tênues nódulos centrolobulares mal definidos (predominando nos lobos superiores) associados a opacidades em vidro fosco esparsas (Figura 8). Além disso, áreas lobulares de redução da atenuação dispersas (confirmadas como aprisionamento aéreo lobular em estudo expiratório) podem ser evidenciadas. Coexistência com espessamento parietal brônquico e enfisema centrolobular e paraseptal são comuns. Estas alterações podem ser encontradas em pacientes tabagistas assintomáticos, geralmente menos extensas do que em pacientes tabagistas com BR-DPI.

Pneumonia intersticial descamativa

A PID é considerada o espectro final da BR-DPI, já que aproximadamente 90% dos pacientes são tabagistas. Também se caracteriza pelo acúmulo de macrófagos intra-alveolares, contudo mais difuso e extenso do que na BR-DPI, inclusive nos espaços aéreos distais. No entanto, raramente a PID pode ocorrer em não fumantes (incluindo casos de tabagistas passivos, exposições a poeiras etc.). Além disso, pode representar uma extensão da PID na infância para a vida adulta (provavelmente devido a disfunção do surfactante pulmonar).

Características clínicas

A doença acomete pessoas na 4ª ou 5ª década de vida, sendo a maioria tabagista ou ex-tabagista, afetando duas vezes mais homens do que mulheres. Os sintomas são inespecíficos e se caracterizam por dispneia e tosse seca, por semanas ou meses, podendo evoluir para insuficiência respiratória. O prognóstico é bom, com boa resposta ao tratamento (cessação do tabagismo e corticoterapia) e sobrevida média em 10 anos de 70%.

Características histológicas

O padrão de PID é caracterizado por envolvimento uniforme e difuso do parênquima pulmonar com importante acúmulo de macrófagos pigmentados nos espaços aéreos distais (diferentemente da BR-DPI, que apresenta acúmulo bronquiolocêntrico). Leve a moderada inflamação crônica intersticial e espessamento de septos alveolares estão frequentemente associados. As alterações pulmonares de pacientes com exposição a poeiras orgânicas ou mesmo em outras PII, como a PIU, podem dificultar a diferenciação com a DIP idiopática.

Características de imagem

Áreas de opacidade em vidro fosco difusas são o principal achado na TCAR, e foram descritas em praticamente todos os pacientes com PID (Figura 9). Existe um predomínio nos lobos inferiores (73%) e na região subpleural (59%), podendo ser randômica (23%) ou, mais raramente, apresentando um envolvimento difuso e uniforme (18%). Outros achados frequentes na TCAR são opacidades reticulares focais e opacidades lineares irregulares, geralmente basais. Pequenos espaços císticos podem estar presentes nas áreas de opacidade em vidro fosco, não devendo ser confundidos com faveolamento, este presente em menos de um terço dos casos.

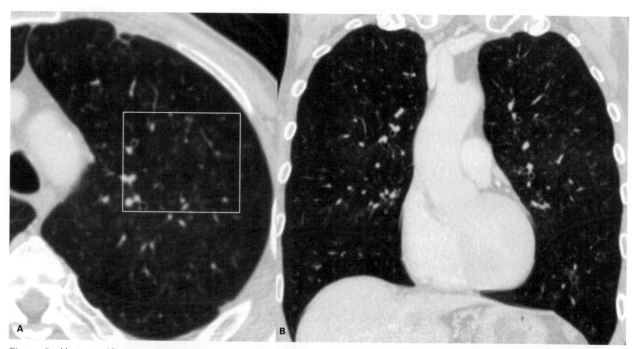

Figura 8 Homem, 43 anos, tabagista (30 anos/maço). A: Micronódulos centrolobulares mal definidos (em vidro fosco). Coexistem focos de enfisema centrolobular esparsos e leve espessamento parietal brônquico. B: Reformatação coronal demonstra melhor a distribuição dos micronódulos centrolobulares, que, embora difusos pelo parênquima pulmonar, predominam nos lobos superiores.

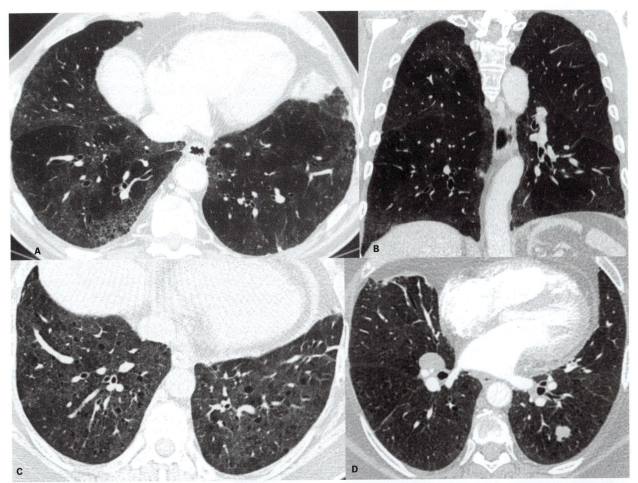

Figura 9 Tomografia computadorizada de alta resolução (TCAR) de dois pacientes com diagnóstico de pneumonia intersticial descamativa. A e B: Mulher de 51 anos, tabagista (36 anos/maço). TCAR evidencia opacidades em vidro fosco, difusas, de predomínio subpleural e nos lobos inferiores. C e D: Homem de 49 anos, tabagista (28 anos/maço). C: Opacidades em vidro fosco difusas associadas a enfisema centrolobular. Além disso, exibe nódulo sólido, lobulado no lobo inferior esquerdo, confirmado como um adenocarcinoma pulmonar.

A principal diferença entre a PID e a BR-DPI é a distribuição da doença, que é centrolobular na BR-DPI e difusa na PID. No entanto, muitas vezes os achados de imagem se sobrepõem, sendo indistinguíveis.

PII agudas/subagudas

Pneumonia em organização criptogênica

A POC continua sendo incluída na classificação das PII em razão de sua natureza idiopática e da dificuldade de ser diferenciada de outras formas de PII, especialmente quando progride para fibrose. É sempre recomendável o uso do termo genérico "pneumonia em organização", visto que é um padrão de reação pulmonar muitas vezes secundário a infecções pulmonares, colagenoses, PH, doenças intestinais inflamatórias, reações medicamentosas e outras condições. A exclusão de qualquer outra causa deve ser feita antes de se definir o diagnóstico de POC.

Características clínicas

A POC afeta igualmente homens e mulheres, com idade média de 55 anos. Os pacientes apresentam uma história de 4-6 semanas de sintomas gripais, em geral tratados previamente com antibióticos. A maioria dos pacientes não é fumante ou é ex-fumante. A POC apresenta boa resposta aos corticosteroides e bom prognóstico, porém a recidiva é comum se a corticoterapia for reduzida ou suspensa nos primeiros 3 meses, sendo recomendado um tratamento prolongado (6 meses ou mais). Raros casos podem progredir para fibrose, apesar do tratamento.

Características histológicas

O padrão histológico da pneumonia em organização é caracterizado por envolvimento pulmonar salteado, com tampões intraluminais de tecido de granulação nos ductos alveolares e alvéolos circundantes, com ou sem pólipos bronquiolares. Inflamação crônica do parênquima pulmonar circunjacente é comum, por vezes coincidente com a PINE celular. Há relativa preservação da arquitetura pulmonar.

Características de imagem

A TCAR demonstra consolidação alveolar em 90% dos pacientes com POC, esparsas e não segmentares, que podem ser uni ou bilaterais, geralmente com distribuição peribroncovascular ou subpleural (Figura 10). Opacidades em vidro fosco costumam estar associadas às consolidações, além de broncogramas aéreos e discretas ectasias brônquicas. Os achados são classicamente descritos como migratórios (Figura 10). A presença de opacidades perilobulares (Figura 11) e do sinal do halo invertido, ou sinal do atol (Figura 10), foi identificada em 57% e 20% dos casos, respectivamente, e pode auxiliar no diagnóstico.

Pequeno derrame pleural pode estar presente em 10-30% dos pacientes. Inúmeros achados atípicos foram descritos, como massas, cavidades, nódulos e bandas parenquimatosas com broncogramas aéreos, dificultando o diagnóstico. A tomografia por emissão de pósitrons/tomografia computadorizada (PET/TC) não é útil na diferenciação de POC unifocal com neoplasia maligna, pois também pode ser hipermetabólica.

As áreas de consolidação alveolar podem ser gradualmente substituídas por opacidades reticulares e opacidades em vidro fosco, com bronquiectasias de tração de permeio, com um padrão semelhante a PINE. Quando a POC se manifesta como opacidades reticulares e lineares, a resposta ao tratamento é ruim, e geralmente a condição evolui para fibrose. Em pacientes com um padrão misto de fibrose e pneumonia em organização, devem ser excluídos os diagnósticos de polimiosite ou síndrome antissintetase associada, pois nestes quadros tais diagnósticos frequentemente representam a etiologia da pneumonia em organização.

Pneumonia intersticial aguda

A PIA é uma forma distinta de PII com hipoxemia rapidamente progressiva. Trata-se de uma forma de dano alveolar difuso (DAD) idiopático indistinguível da encontrada na síndrome do desconforto respiratório agudo (SDRA) por sepse ou choque.

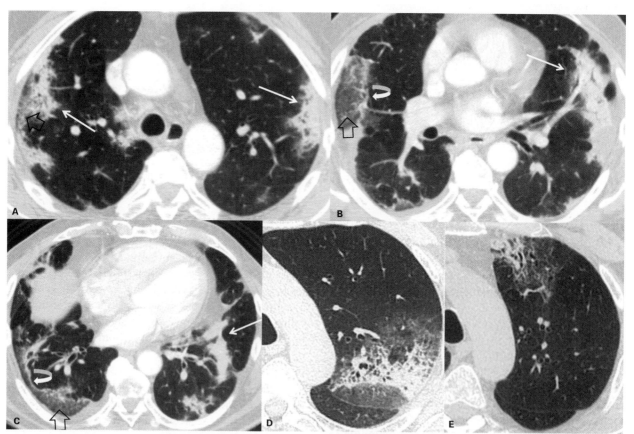

Figura 10 A-C: Mulher de 53 anos com diagnóstico de pneumonia em organização criptogênica. Consolidações alveolares (setas) associadas a opacidades em vidro fosco (setas vazadas), com distribuição subpleural e peribroncovascular. Note pequeno componente de consolidação na periferia da opacidade em vidro fosco, classicamente denominado como sinal do halo invertido (setas curvas). Mínimo derrame pleural à direita. D: Homem de 58 anos, com sintomas gripais e infecções pulmonares recorrentes. Tomografia computadorizada de alta resolução (TCAR) inicial demonstra consolidação alveolar com vidro fosco periférico, acompanhada de discreta dilatação brônquica, no segmento apicoposterior do lobo superior esquerdo. E: TCAR do mesmo paciente após 4 meses. Houve melhora das alterações no segmento apicoposterior do lobo superior esquerdo, porém com novas áreas de consolidação e opacidade em vidro fosco no segmento anterior deste mesmo lobo. O achado é altamente sugestivo de pneumonia em organização.

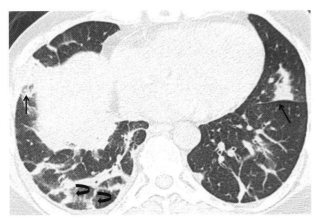

Figura 11 Mulher de 49 anos com diagnóstico de pneumonia em organização criptogênica. Consolidações alveolares bilaterais, periféricas e subpleurais (setas), associadas a opacidades perilobulares irregulares, mais evidentes na base pulmonar direita (setas curvas).

Características clínicas

Os pacientes com diagnóstico de PIA têm uma idade média de 50 anos, sem predileção por sexo ou associação com tabagismo. A maioria dos casos apresenta um quadro prévio de infecção viral das vias aéreas superiores. Após alguns dias, evoluem com dispneia intensa com necessidade de ventilação mecânica em menos de 3 semanas. A taxa de mortalidade é de mais de 50% e não há tratamento comprovadamente eficaz. Os pacientes que sobrevivem têm um prognóstico bom em longo prazo, semelhante ao dos sobreviventes da SDRA, porém alguns podem evoluir para fibrose pulmonar ou apresentar recidiva.

Características histológicas

A PIA demonstra envolvimento difuso e uniforme caracterizado por presença de dano alveolar difuso, que pode ser dividido em três fases: exsudativa precoce, proliferativa subaguda e fibrótica crônica. A fase exsudativa demonstra edema, membranas hialinas e inflamação intersticial aguda. Na fase proliferativa, o achado principal é a presença de fibroblastos difusos e hiperplasia de pneumócitos tipo II, sendo as membranas hialinas tênues ou ausentes. Na fase fibrótica crônica existe fibrose progressiva com deposição de colágeno, de aspecto uniforme.

Características de imagem

Os achados na TCAR dependem da fase da doença. Na fase precoce (exsudativa), a TCAR demonstra áreas de opacidades em vidro fosco, bilaterais, esparsas, com lóbulos pulmonares poupados esparsos, e consequente aparência geográfica. Em geral, associam-se a consolidações nas áreas decúbito-dependentes dos pulmões (Figura 12). Na fase proliferativa e tardia, associam-se distorção arquitetural com bandas peribroncovasculares, bronquiectasias de tração e faveolamento, sendo mais acentuadas nas porções não dependentes do pulmão, possivelmente pelo fator "protetor" das consolidações que atenuam o dano associado à ventilação mecânica. A extensão das anormalidades na TCAR se correlaciona com a mortalidade. Embora os achados sejam semelhantes aos da SDRA, a PIA apresenta mais frequentemente uma distribuição bilateral e simétrica, com predomínio nos campos pulmonares inferiores.

PII raras

Pneumonia intersticial linfocítica

A PIL é considerada uma doença linfoproliferativa benigna caracterizada por um infiltrado intersticial linfocítico difuso. A forma idiopática é extremamente rara e a maioria dos pacientes apresenta outras condições associadas, como colagenoses (especialmente a síndrome de Sjögren), síndrome da imunodeficiência adquirida (SIDA) ou outras desordens imunológicas.

Características clínicas

A PIL é mais comum em mulheres do que em homens e, embora possa ocorrer em qualquer idade, a 5ª década de vida é a mais frequente. O início dos sintomas é insidioso e lento, com tosse e dispneia por cerca de 3 anos ou mais. Febre, perda ponderal, dor torácica e artralgia podem estar associadas. O tratamento é realizado com corticoterapia, porém possui resposta variável.

Características histológicas

A PIL representa um infiltrado intersticial difuso, incluindo linfócitos T, plasmócitos e histiócitos, além de leve aumento dos macrófagos alveolares. Os septos alveolares são os principais envolvidos pelo infiltrado linfocítico. Folículos linfoides estão frequentemente presentes, geralmente seguindo a distribuição dos linfáticos pulmonares. Distorção arquitetural leve e granulomas sem necrose também podem ser identificados.

Características de imagem

O achado dominante na TCAR é opacidade em vidro fosco esparsa, por vezes associada a nódulos de tamanhos variados (que podem ser mal definidos), espessamento de septos interlobulares, espessamento peribroncovascular e cistos de paredes finas (1-30 mm) (Figura 13). Os cistos tendem a ter uma distribuição perivascular e podem ser exuberantes em alguns pacientes. Os achados da PIL podem coincidir com a PINE celular, pois esta também apresenta opacidades em vidro fosco com predomínio nos lobos inferiores. No entanto, os cistos são mais comuns na PIL e, em alguns pacientes, representam o único achado.

Fibroelastose pleuroparenquimatosa idiopática

A fibroelastose pleuroparenquimatosa idiopática (FEPPI) é uma doença rara que consiste em fibrose envolvendo a pleura e o parênquima pulmonar subpleural, predominantemente nos lobos superiores.

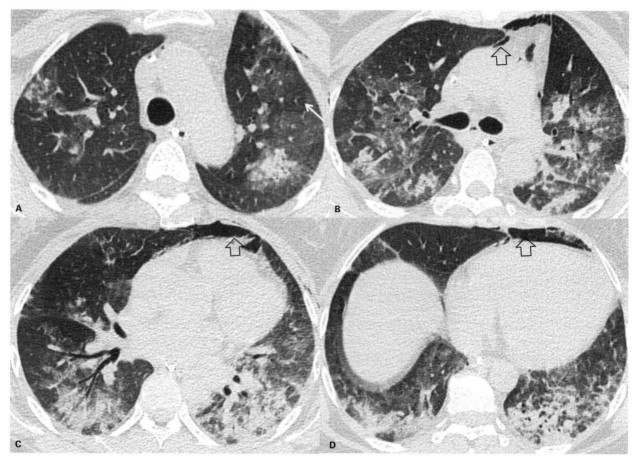

Figura 12 Pneumonia intersticial aguda. A-D: Mulher com insuficiência respiratória aguda, sem antecedentes patológicos – diagnóstico confirmado em autópsia. Opacidades em vidro fosco bilaterais e simétricas, com áreas de pulmão poupado de permeio (setas), associadas a consolidações nas áreas decúbito-dependentes dos pulmões. Ausência de derrame pleural. Discreto pneumomediastino (setas vazadas), consequente à ventilação mecânica.

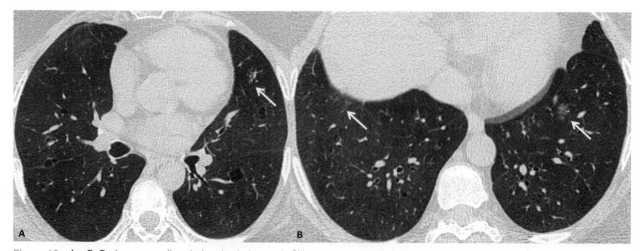

Figura 13 A e B: Paciente com diagnóstico de síndrome de Sjögren e pneumonia intersticial linfocítica (PIL). A: Pequenos cistos de paredes finas e conteúdo aéreo, com tamanhos variados. Coexistem algumas tênues opacidades em vidro fosco esparsas (setas em A e B).

(continua)

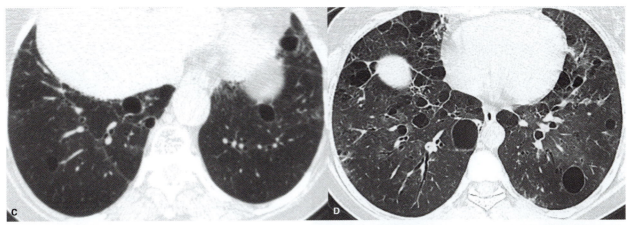

Figura 13 *(continuação)* C e D: Outros dois pacientes com diagnóstico de PIL. Tomografia computadorizada de alta resolução (TCAR) evidencia opacidades em vidro fosco esparsas, associadas a cistos pulmonares, de tamanhos variados, mais evidentes nos lobos inferiores.

Características clínicas

Os pacientes encontram-se na 6ª década de vida, geralmente sem história de tabagismo. O quadro clínico é insidioso e progressivo com dispneia e tosse seca. Dor torácica devida a pneumotórax é comum, além de história de infecções pulmonares recorrentes. Raramente, apresentam doença pulmonar intersticial familiar ou autoanticorpos inespecíficos.

Características histológicas

A FEPPI se caracteriza pela presença de fibrose intra-alveolar com elastose septal, associada a fibrose pleural. Graus variados de inflamação crônica estão presentes. Em 25% dos pacientes, um padrão de PIU pode estar presente nos lobos inferiores. Pode haver progressão da doença em 60% dos casos, com uma taxa de mortalidade de 40%.

Características de imagem

A TCAR demonstra espessamento pleural irregular, inclusive com consolidação subpleural, e bandas parenquimatosas nos lobos superiores, que confluem com alterações pulmonares fibróticas (bronquiectasias de tração, distorção arquitetural e perda volumétrica dos lobos superiores, com consequente retração dos hilos) (Figuras 14 e 15).

PII não classificáveis

Considera-se que os pacientes apresentam PII não classificável se em uma revisão prospectiva dos dados clínicos, radiológicos e patológicos não for possível um diagnóstico específico após discussões multidisciplinares. Os casos considerados não classificáveis em termos de sobreposição de padrões histológicos frequentemente estão associados a colagenoses ou reações a drogas. No entanto, a causa mais comum de PII não classificável é a ausência de avaliação histopatológica, pelo alto risco associado a biópsia cirúrgica (52%). Estes pacientes devem ser manejados com base no diagnóstico mais provável após reunião multidisciplinar e considerando a nova classificação com base no comportamento esperado da doença (Quadro 4), que serve como complemento à classificação das PII e não deve retardar a biópsia cirúrgica. Tal classificação ainda precisa ser validada quanto à sua relevância clínica.

Pneumonite de hipersensibilidade

Definição

A pneumonite de hipersensibilidade (PH) também é conhecida como pneumonia de hipersensibilidade e alveolite alérgica extrínseca. Trata-se de uma doença pulmonar inflamatória intersticial decorrente de uma resposta imunológica exagerada à inalação de antígenos como microrganismos, proteínas animais e vegetais e compostos químicos de baixo peso molecular (Quadro 5). No entanto, o agente agressor pode não ser identificado em até 40% dos casos histologicamente comprovados de PH.

Características clínicas

A apresentação clínica é classicamente dividida em aguda, subaguda e crônica. Muitas vezes, a distinção entre estes grupos é difícil e atualmente muitos autores defendem uma classificação baseada em atividade da doença (doença ativa ou doença residual).

A forma aguda é semelhante a um quadro gripal com sintomas de febre, calafrios, mialgia, tosse e dispneia, com início algumas horas após exposição maciça a algum antígeno. Pode ser confundida com uma pneumonia. A doença subaguda se desenvolve após algumas semanas ou meses de exposição, em geral menos intensa, porém contínua. As principais causas são exposições domésticas a mofo e aves. Os sintomas são tosse, dispneia, fadiga e perda de peso. Já na forma crônica, o principal sintoma é a dispneia, com duração de alguns meses ou anos.

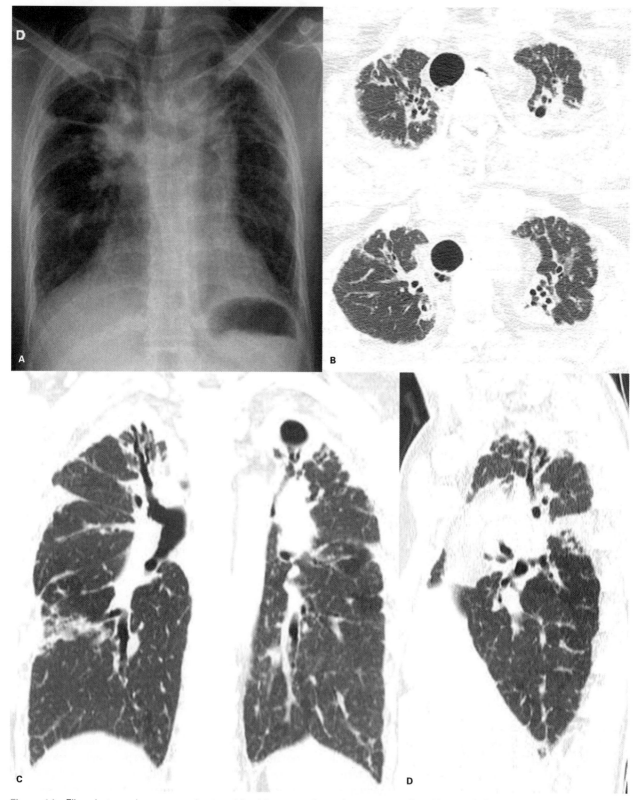

Figura 14 Fibroelastose pleuroparenquimatosa idiopática em paciente do sexo masculino, 32 anos. A: Radiografia de tórax demonstra espessamento pleural apical bilateral, associado a elevação hilar, sugerindo redução volumétrica. B: A tomografia computadorizada de alta resolução (TCAR) confirma o achado de espessamento pleural irregular, associado a opacidades reticulares e bronquiectasias, além de áreas de destruição do espaço aéreo. C e D: Reformatações coronal e sagital demonstram o envolvimento preferencial dos campos superiores e médios, com importante redução volumétrica dos lobos superiores.

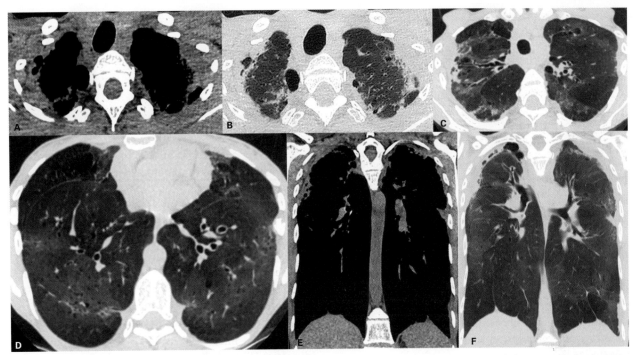

Figura 15 Fibroelastose pleuroparenquimatosa idiopática. A-C: Espessamento pleural irregular, associado a opacidades reticulares e bronquiectasias de tração, além de focos de consolidação subpleural, opacidades em vidro fosco e áreas de destruição do espaço aéreo. D: Corte de tomografia computadorizada de alta resolução (TCAR) dos lobos inferiores demonstra opacidades em vidro fosco, além de discretas áreas císticas. E e F: Reformatações coronais com envolvimento preferencial dos campos superiores e médios, importante redução volumétrica dos lobos superiores, retração hilar e opacidades em vidro fosco difusas. Cortesia do Dr. Klaus L. Irion.

Quadro 4 Pneumonias intersticiais idiopáticas: classificação de acordo com o comportamento da doença

Comportamento clínico	Objetivo do tratamento	Estratégia de controle
Reversível e autolimitado (p. ex., maioria dos casos de BR-DPI)	Remover possíveis causas	Avaliação precoce (3-6 meses) para confirmar regressão
Doença reversível com risco de progressão (p. ex., PINE celular, algumas PINE fibróticas, PID e POC)	Alcançar resposta e considerar terapia de longo prazo	Avaliação precoce para confirmar resposta ao tratamento. Acompanhamento de longo prazo para garantir estabilidade
Estável com doença residual (p. ex., PINE fibróticas)	Manter	Acompanhamento de longo prazo para determinar o curso da doença
Doença progressiva e irreversível com potencial para estabilização (p. ex., PINE fibróticas)	Estabilizar	Acompanhamento de longo prazo para determinar o curso da doença
Doença progressiva e irreversível, apesar da terapia (p. ex., FPI e algumas PINE fibróticas)	Retardar progressão	Acompanhamento de longo prazo para determinar o curso da doença e necessidade de transplante pulmonar ou tratamento paliativo

* BR-DPI: bronquiolite respiratória com doença pulmonar intersticial; PINE: pneumonia intersticial não específica; PID: pneumonia intersticial descamativa; POC: pneumonia em organização criptogênica; FPI: fibrose pulmonar idiopática.
** Para definir o grupo de comportamento clínico, consideram-se múltiplos fatores: (a) diagnóstico multidisciplinar seguro (especialmente na FPI). Entretanto, em outras PII (p. ex., PINE), mais do que um tipo de evolução é possível; (b) gravidade da doença – baseada na prova de função pulmonar ou na tomografia computadorizada de alta resolução (TCAR); (c) avaliação de achados reversíveis e irreversíveis na TCAR e na histologia; e (d) avaliação precoce dos pacientes. Tal classificação é dinâmica e passível de modificação em cada paciente, conforme a evolução da doença.

Quadro 5 Causas frequentes de pneumonite de hipersensibilidade	
Ocupação/exposição	Agente
Criadores de pássaros	Proteínas aviárias
Fazendeiros	Actinomicetos encontrados no feno
Usuários de sauna/ piscina	*Mycobacterium avium*
Condicionadores de ar	Bactérias termofílicas
Faxineiros	Isocianetos de produtos de limpeza

O tabagismo exerce uma função protetora contra o desenvolvimento de PH.

Achados de imagem e diagnósticos diferenciais

Os achados de imagem variam conforme a fase da doença e podem se sobrepor.

A radiografia pode ser normal ou demonstrar opacidades focais, pequenos nódulos e sinais de aprisionamento aéreo. Em casos de doença crônica podem ser observados sinais de fibrose pulmonar, com redução volumétrica dos pulmões, opacidades reticulares e bronquiectasias.

A TC é o método de escolha para avaliação destes pacientes. Nas fases aguda e subaguda podemos observar pequenas opacidades centrolobulares mal definidas, opacidades focais em vidro fosco e evidências de aprisionamento aéreo (Figura 16). No quadro agudo, outro possível achado são consolidações alveolares. Nestas fases, os diagnósticos diferenciais incluem infecções e outras doenças centradas nas vias aéreas, como bronquiolite respiratória do tabagista, bronquiolite folicular e asma. Nos casos de doença crônica, além dos achados descritos, também podemos observar sinais de fibrose pulmonar, como opacidades reticulares, bronquiectasias de tração e cistos de faveolamento, em geral com predomínio nos campos médios e superiores dos pulmões (Figura 17). Nestes casos, os diagnósticos diferenciais incluem

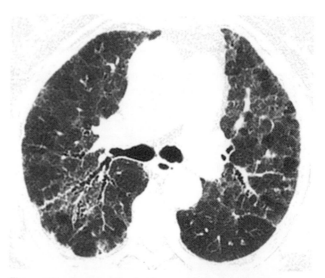

Figura 17 Pneumonite de hipersensibilidade (PH) crônica. Tomografia computadorizada evidencia opacidades reticulares e em vidro fosco associadas a bronquiectasias e atenuação em mosaico do parênquima pulmonar com predomínio nos campos médios.

sarcoidose, pneumonia intersticial não específica (PINE) e pneumonia intersticial usual (PIU)/fibrose pulmonar idiopática (FPI). A distribuição dos achados é útil na diferenciação da FPI, que ao contrário da PH predomina nas bases pulmonares. Um sinal tomográfico descrito na PH é o do "*head cheese*" (tipo de embutido consumido principalmente na Europa), em que se observa o parênquima pulmonar heterogêneo, com áreas de aprisionamento aéreo (áreas mais hipoatenuantes), entremeadas por áreas de vidro fosco (áreas mais hiperatenuantes) e áreas de parênquima normal (áreas de atenuação intermediária), lembrando a aparência heterogênea do tal embutido (Figura 18).

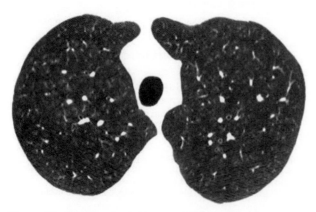

Figura 16 Pneumonite de hipersensibilidade (PH) subaguda. Tomografia computadorizada evidencia opacidades centrolobulares mal definidas difusas pelos pulmões.

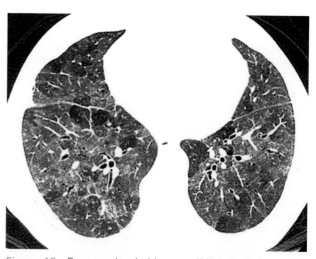

Figura 18 Pneumonite de hipersensibilidade (PH) crônica; sinal do *head cheese*. Tomografia computadorizada mostra parênquima pulmonar difusamente heterogêneo, com áreas de vidro fosco, aprisionamento aéreo e áreas de parênquima pulmonar preservado.

Portanto, a combinação dos seguintes achados tomográficos é sugestiva de PH:

- Opacidades centrolobulares mal definidas e difusas.
- Opacidades em vidro fosco esparsas.
- Áreas de aprisionamento aéreo.
- Sinais de fibrose pulmonar com predomínio nos campos médios e superiores.

Achados histopatológicos

As alterações histológicas podem fechar o diagnóstico mesmo na ausência de uma exposição conhecida. Os achados típicos incluem pneumonia intersticial crônica temporalmente uniforme e com predomínio peribronquiolar, granulomas mal formados sem necrose e/ou acúmulo de histiócitos epitelioides e focos de pneumonia em organização. Outros possíveis achados são áreas de pneumonia intersticial não específica (PINE) e pneumonia intersticial usual (PIU).

Evolução clínica e tratamento

O tratamento consiste no afastamento da exposição e na utilização de corticosteroides. Os casos agudos em geral têm bom prognóstico e os casos subagudos/crônicos dependem do grau de fibrose pulmonar.

Sarcoidose

Definição

A sarcoidose é uma doença sistêmica caracterizada pela formação de granulomas não caseosos, e pode afetar praticamente qualquer órgão, sobretudo os pulmões e o sistema linfático. Sua etiologia é desconhecida; entretanto, acredita-se que alguns microrganismos e/ou exposições ambientais sejam fatores desencadeantes da doença em alguns indivíduos.

Características clínicas

A doença predomina em mulheres jovens, embora alguns estudos recentes mostrem maior incidência em mulheres acima de 40 anos. Também é descrita maior incidência em afrodescendentes e escandinavos.

A apresentação clínica da sarcoidose é muito heterogênea, e grande parte dos pacientes (entre 30-60%) é assintomática, apesar da presença de alterações radiológicas.

Os sintomas respiratórios mais comuns são tosse, dispneia e desconforto torácico. Sintomas sistêmicos também podem estar presentes, como febre, sudorese noturna e perda de peso. Cerca de 30% dos pacientes apresentam envolvimento extrapulmonar, principalmente na pele, em que a lesão mais comum é o eritema nodoso, e nos olhos, em que a lesão mais comum é a uveíte anterior. Algumas síndromes clínicas foram descritas na sarcoidose, como a síndrome de Löefgren, caracterizada por linfadenopatia hilar bilateral, eritema nodoso, artralgia e febre, e a síndrome de Heerfordt, caracterizada por uveíte, paralisia facial e aumento das glândulas parótidas.

Achados de imagem e diagnósticos diferenciais

O achado mais típico na radiografia é o aumento dos hilos pulmonares com aspecto lobulado, caracterizando linfonodomegalias hilares bilaterais, também conhecidos como "hilos em sacos de batata". Também pode haver aumento de linfonodos paratraqueais, principalmente à direita, alargando o mediastino superior (Figura 19). A presença de calcificação nos linfonodos é frequente, podendo ser puntiforme, em "casca de ovo", tênue ou difusa. Existe uma classificação radiográfica que estratifica os pacientes em diferentes estágios e prognósticos (Tabela 1 e Figuras 19 a 22).

As alterações no parênquima pulmonar são caracterizadas na radiografia como opacidades micronodulares e reticulonodulares e áreas de consolidações, com predomínio peri-hilar e nos campos pulmonares superiores. A doença pode progredir para fibrose pulmonar, caracterizando-se redução do volume pulmonar, opacidades retráteis e bronquiectasias, também com predomínio nos campos médios e superiores dos pulmões.

A TC permite uma melhor avaliação da doença. Os achados típicos incluem:

- Linfonodomegalias hilares bilaterais e simétricas e linfonodomegalias mediastinais, principalmente paratraqueais à direita.

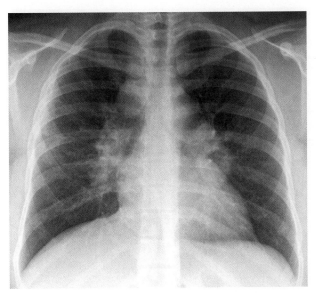

Figura 19   Sarcoidose estágio 1. Radiografia evidencia aumento dos hilos e alargamento das linhas paratraqueais, compatíveis com linfonodomegalias.

Tabela 1 Classificação dos estágios da sarcoidose por meio da radiografia de tórax

Estágio	Achados da radiografia	Possibilidade de remissão espontânea
0	Sem alterações	–
1	Linfonodomegalias	60-90%
2	Linfonodomegalias e alterações pulmonares	40-70%
3	Apenas alterações pulmonares	10-20%
4	Fibrose pulmonar	0%

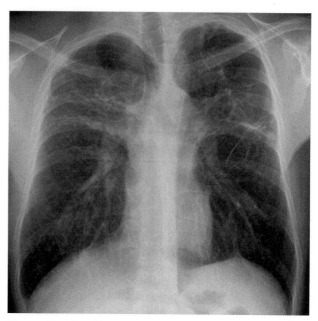

Figura 22 Sarcoidose estágio 4. Radiografia evidencia opacidades retráteis nos campos pulmonares médios e superiores.

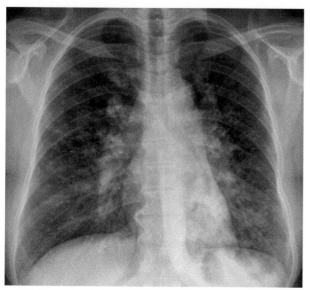

Figura 20 Sarcoidose estágio 2. Radiografia evidencia linfonodomegalias e opacidades pulmonares bilaterais.

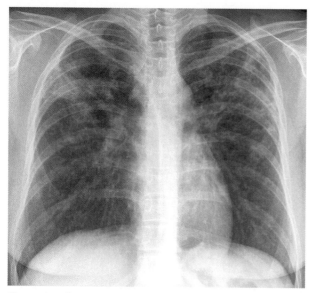

Figura 21 Sarcoidose estágio 3. Radiografia evidencia opacidades pulmonares bilaterais, com predomínio nos campos superiores. Não são caracterizadas linfonodomegalias.

- Micronódulos pulmonares com distribuição perilinfática (subpleurais e peribroncovasculares) com predomínio nos campos pulmonares médios e superiores.
- Opacidades pulmonares peri-hilares, frequentemente bilaterais e associadas aos micronódulos (Figura 23).
- Na fase fibrótica, observam-se opacidades retráteis, bronquiectasias e distorção arquitetural, com predomínio nos campos médios e superiores (Figura 24).

A doença também pode apresentar achados atípicos e sobreponíveis a outras patologias. No parênquima pulmonar podem ser observados nódulos grandes ou massas, consolidações alveolares, opacidades em vidro fosco e micronódulos com distribuição miliar (Figura 25). Linfonodomegalias unilaterais também são um achado atípico. Pode haver acometimento das vias aéreas, com estenoses brônquicas decorrentes de granulomas nas paredes dos brônquios ou compressão extrínseca pelas linfonodomegalias. O acometimento de pequenas vias aéreas pode ser caracterizado como atenuação em mosaico do parênquima pulmonar e áreas de aprisionamento aéreo. Derrame pleural é um achado muito raro na doença.

O diagnóstico diferencial se faz com outras patologias que cursam com linfonodomegalias, como tuberculose ganglionar, linfoma e metástases, e com doenças com acometimento intersticial pulmonar, como PH, silicose e linfangite carcinomatosa.

Achados histopatológicos

A lesão característica da sarcoidose é o granuloma epitelioide não caseoso. Trata-se de granulomas organizados, bem formados e de aparência uniforme. Ocasio-

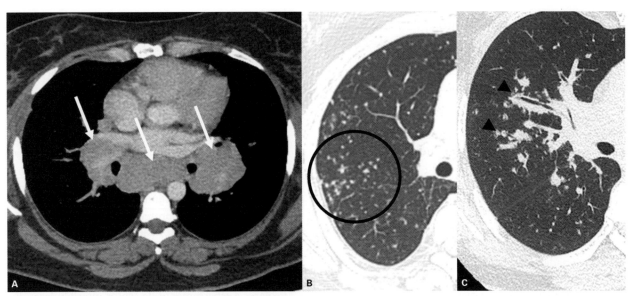

Figura 23 Achados típicos da sarcoidose na tomografia computadorizada. A: Linfonodomegalias hilares bilaterais e subcarinais (setas). B: Micronódulos pulmonares perilinfáticos (círculo). C: Opacidades peri-hilares bilaterais e nódulos perilinfáticos (cabeças de seta).

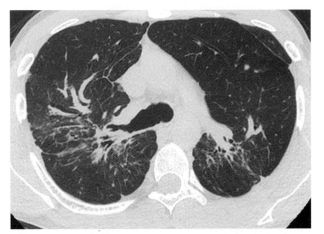

Figura 24 Sarcoidose. Tomografia computadorizada mostra opacidades retráteis peri-hilares com bronquiectasias de tração.

nalmente, podem apresentar mínima necrose ou degeneração fibrinoide central. Também são observadas células gigantes que podem conter inclusões citoplasmáticas, como corpos asteroides e de Schaumann.

Os granulomas pulmonares se localizam junto ao tecido linfático, na região peribroncovascular, subpleural e nos septos interlobulares, em correspondência aos nódulos perilinfáticos observados na TC. Em razão dessas características, a biópsia transbrônquica costuma ser suficiente para o diagnóstico.

Os granulomas podem regredir espontaneamente ou após o tratamento, porém alguns casos podem evoluir para fibrose.

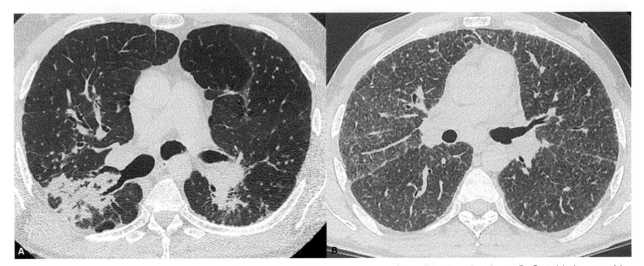

Figura 25 Achados atípicos da sarcoidose na tomografia computadorizada. A: Consolidações alveolares. B: Opacidades em vidro fosco e espessamento difuso de septos interlobulares.

Evolução clínica e tratamento

O prognóstico da sarcoidose é extremamente variável, com alguns casos apresentando resolução espontânea e outros evoluindo para fibrose pulmonar. Entretanto, a maioria dos casos (cerca de 60-70%) apresenta boa evolução clínica.

O tratamento consiste no uso de corticosteroides e imunossupressores, que por conta de seus efeitos adversos não devem ser administrados indiscriminadamente para todos os pacientes.

Pneumoconioses

As pneumoconioses ou doenças respiratórias ocupacionais são causadas pela inalação e acúmulo de partículas relacionadas a uma atividade ou ocupação. Entre as possíveis doenças, podemos citar a silicose, a pneumoconiose dos trabalhadores de carvão, doenças relacionadas ao asbesto, beriliose, talcose e siderose. Nesta seção, vamos abordar as duas pneumoconioses mais frequentes: a silicose e as doenças relacionadas ao asbesto.

Silicose

Definição

A sílica, ou dióxido de silício, é um composto encontrado na natureza. O risco de exposição à sílica está presente em uma grande variedade de ocupações: extração e beneficiamento de rochas e pedras preciosas, perfuração de poços, indústrias de cerâmica e materiais de construção, indústrias de borracha, na fabricação de vidro e de fertilizantes, em fundições, em operações de jateamento de areia, entre outros.

A inalação de poeira com sílica está associada à ocorrência de silicose, doença pulmonar obstrutiva crônica (DPOC), câncer de pulmão, insuficiência renal e aumento do risco de infecção por tuberculose e do desenvolvimento de doenças autoimunes, como esclerodermia, artrite reumatoide, lúpus eritematoso e vasculites.

Características clínicas

O risco de desenvolver silicose depende da quantidade de sílica a que se foi exposto e do tempo de exposição. Uma vez inaladas, as partículas de sílica se depositam nos bronquíolos respiratórios e alvéolos, induzindo um processo inflamatório que pode evoluir para fibrose.

A silicose possui três apresentações clínicas:

- Silicose aguda ou silicoproteinose: ocorre geralmente após meses de uma exposição maciça à sílica, com sintomas de dispneia, hipoxemia, astenia e perda de peso. Estes casos apresentam mau prognóstico, podendo evoluir rapidamente para óbito.
- Silicose crônica: é a forma mais comum de acometimento, em geral após mais de 10 anos da exposição

inicial (período de latência). Tem evolução insidiosa, pouco sintomática e bom prognóstico. Alguns casos, porém, podem evoluir para a forma complicada com fibrose pulmonar confluente, denominada fibrose maciça progressiva.
- Silicose acelerada: apresenta um período de manifestação intermediário, entre as formas aguda e crônica, geralmente após 5 a 10 anos da exposição. As manifestações clínicas e de imagem são semelhantes às da forma crônica.

Achados de imagem e diagnósticos diferenciais

- Silicose aguda (silicoproteinose): na radiografia podemos observar consolidações alveolares ou tênues opacidades, mais evidentes nas regiões peri-hilares. A TC pode caracterizar opacidades centrolobulares e em vidro fosco esparsas e bilaterais, consolidações alveolares e espessamento de septos interlobulares. Em alguns casos pode ser observado o sinal da pavimentação em mosaico, caracterizado pela sobreposição de espessamento de septos interlobulares e opacidades em vidro fosco (Figura 26). Nesta fase, os diagnósticos diferenciais incluem infecções, edema pulmonar e proteinose alveolar.
- Silicose crônica simples: na radiografia podemos observar nódulos e micronódulos pulmonares bilaterais, com predomínio nos campos superiores. Na TC, o achado mais típico é a presença de múltiplos pequenos nódulos pulmonares com menos de 0,5 cm e frequentemente calcificados, bilaterais e com predomínio perilinfático e na região posterior dos lobos superiores (Figura 27). Também podem ser observados pequenos nódulos com distribuição centrolobular. Outro achado típico é o de linfonodomegalias mediastinais e hilares, também frequentemente calcificadas. O padrão de calcificação linfonodal mais comum é o periférico, também chamado de "casca de ovo" (Figura 28).
- Silicose crônica complicada (fibrose maciça progressiva): a forma complicada decorre da confluência dos nódulos pulmonares em conglomerados e massas. Na radiografia observam-se grandes opacidades irregulares ou massas bilaterais e simétricas nos campos médios e superiores dos pulmões. Na TC pode-se caracterizar melhor as massas, que frequentemente apresentam calcificações e áreas adjacentes de aumento irregular do espaço aéreo (Figura 29). Raramente, as massas podem escavar em razão da necrose isquêmica. A silicose crônica apresenta como diagnósticos diferenciais a sarcoidose, a tuberculose, a PH e, eventualmente, linfoma e linfangite carcinomatosa.

Achados histopatológicos

A forma aguda é caracterizada por intensa alveolite e preenchimento alveolar por exsudato lipoproteináceo. A forma crônica é caracterizada por nódulos silicóticos

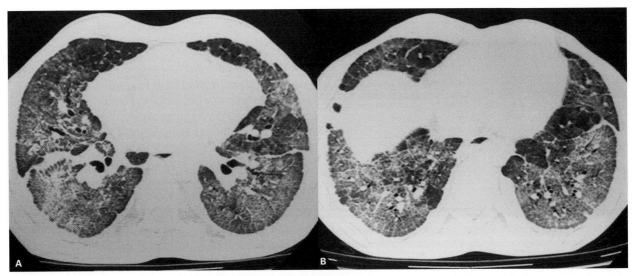

Figura 26   A e B: Silicose aguda/silicoproteinose. Tomografia computadorizada evidencia opacidades em vidro fosco e espessamento de septos interlobulares em ambos os pulmões, caracterizando padrão de pavimentação em mosaico.
Cortesia da Dra. Carmem Lucia Fujita.

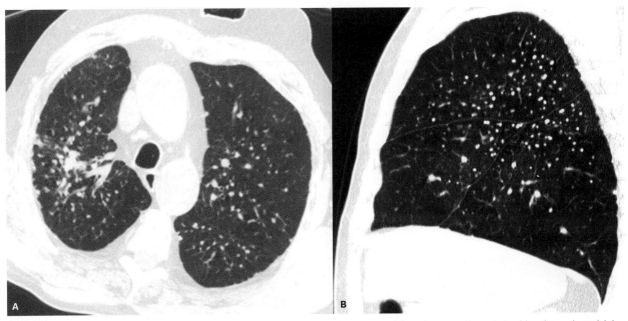

Figura 27   A e B: Silicose crônica simples. Tomografia computadorizada em corte axial e reformatação sagital evidenciam micronódulos e pequenos nódulos, muitos deles perilinfáticos e subpleurais, com predomínio na região posterior dos lobos pulmonares superiores.

no interstício pulmonar, ao redor de bronquíolos respiratórios, vasos e nas regiões subpleurais, correspondendo aos nódulos caracterizados na TC. São compostos por tecido fibroso hialino, podendo ou não estar calcificado, circundado por fibras colágenas e uma camada periférica com infiltrado linfocitário e macrófagos, às vezes com pigmento e presença de células gigantes. A microscopia com luz polarizada pode caracterizar a presença de cristais birrefringentes na periferia dos nódulos, em macrófagos ou no interstício pulmonar.

Evolução clínica e tratamento

A evolução clínica depende da forma da doença. Além disso, estes pacientes têm maior risco de infecção por tuberculose e de desenvolvimento de doenças autoimunes.

O tratamento consiste na interrupção da exposição. Algumas medicações podem ser utilizadas, assim como a lavagem broncoalveolar, porém não apresentam resultados satisfatórios. Em casos selecionados, o transplante pulmonar pode ser uma alternativa.

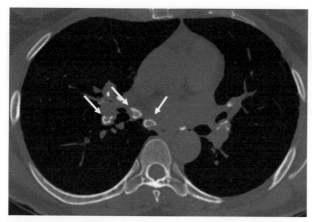

Figura 28 Silicose crônica simples. Tomografia computadorizada evidencia linfonodos mediastinais e hilares com calcificação em casca de ovo (setas).

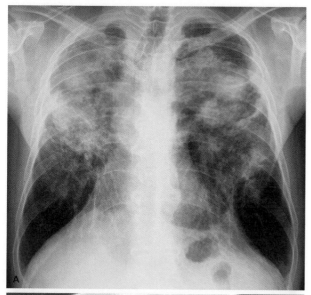

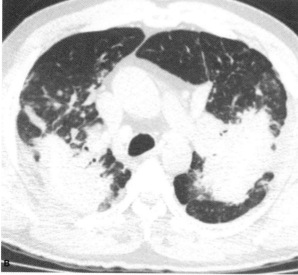

Figura 29 A e B: Silicose crônica complicada. Radiografia e tomografia computadorizada evidenciam massas pulmonares retráteis e bilaterais nos lobos superiores.

Doenças relacionadas ao asbesto

Definição

O asbesto ou amianto é uma fibra mineral encontrada na natureza. Apresenta grande resistência ao fogo e à abrasão mecânica e química, sendo utilizado como material isolante térmico e acústico e na fabricação de freios. Apesar das melhorias nas condições de trabalho e do menor uso do material atualmente, muitos casos ainda são diagnosticados por conta da grande latência entre a exposição inicial e o desenvolvimento da doença, variando entre 5 e 20 anos.

A inalação das fibras de asbesto pode causar doença pleural relacionada ao asbesto (incluindo derrame pleural, placas pleurais, espessamento pleural difuso e atelectasias redondas), asbestose, câncer de pulmão e mesotelioma maligno de pleura.

Características clínicas, achados de imagem e diagnósticos diferenciais

Doença pleural relacionada ao asbesto

O derrame pleural é raro e pode ser a primeira manifestação da doença pleural relacionada ao asbesto. O derrame costuma ser pequeno, podendo ser unilateral ou bilateral. Os pacientes podem ser assintomáticos ou apresentar dor pleurítica e febre. Posteriormente podem desenvolver espessamento pleural difuso, levando a uma diminuição da expansibilidade pulmonar e dispneia.

As placas pleurais, que não causam sintomas, são a manifestação mais comum da doença pleural relacionada ao asbesto, sendo consideradas marcadores de exposição. Apresentam grande período de latência, em geral sendo diagnosticadas após 20 a 30 anos da exposição inicial. A TC é superior à radiografia para detecção das placas pleurais, que costumam ser múltiplas e bilaterais, mais frequentes na região posterolateral do tórax e na região diafragmática. As placas podem ser irregulares e costumam apresentar calcificações (Figura 30). Atelectasias pulmonares redondas podem estar associadas, sendo caracterizadas como uma massa subpleural com brônquios confluentes (sinal da cauda de cometa) e espessamento pleural adjacente (Figura 31). Placas pleurais podem ser encontradas em pacientes com antecedentes de reações pleurais decorrentes de fraturas de costelas ou doenças inflamatórias/infecciosas pleuropulmonares, porém nestes casos costumam ser únicas ou unilaterais, ao contrário do observado na doença pleural relacionada ao asbesto.

Asbestose

A asbestose é definida como fibrose pulmonar intersticial secundária à exposição ao asbesto. O sintoma mais comum é a dispneia, e a doença também apresenta um grande período de latência. Os achados na TC são opacidades reticulares subpleurais, opacidades em

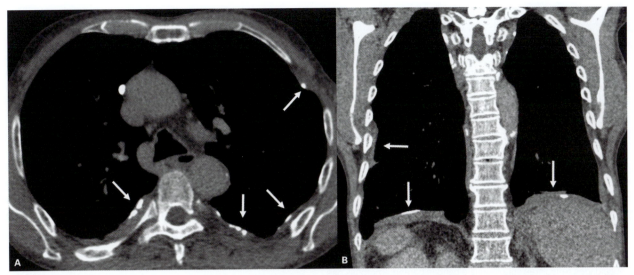

Figura 30 A e B: Doença pleural relacionada ao asbesto. Tomografia computadorizada em corte axial e reformatação coronal evidenciam placas pleurais bilaterais, inclusive na superfície diafragmática, muitas delas com calcificações (setas).

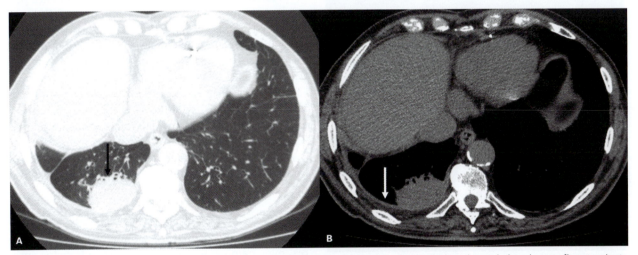

Figura 31 A e B: Atelectasia redonda. Tomografia computadorizada evidencia massa subpleural com brônquios confluentes (seta preta) e espessamento difuso da pleura adjacente (seta branca).

vidro fosco, opacidades centrolobulares mal definidas, bandas parenquimatosas, bronquiectasias de tração e, nas fases mais avançadas, cistos de faveolamento. As alterações têm predomínio subpleural e nos campos pulmonares inferiores (Figura 32). A realização da TC em decúbito ventral pode ser útil na diferenciação entre uma fibrose inicial e atelectasias. O diagnóstico diferencial inclui fibrose pulmonar idiopática, pneumopatias intersticiais relacionadas a doenças do colágeno e PH. Nestes casos, a presença de placas pleurais favorece o diagnóstico de asbestose.

Mesotelioma maligno da pleura

O mesotelioma maligno da pleura é uma neoplasia primária da pleura e tem grande associação com a exposição ao asbesto. Os pacientes costumam apresentar dor torácica e dispneia.

Na TC, é caracterizado espessamento pleural circunferencial liso ou nodular/irregular com encarceramento do pulmão (Figura 33). Derrame pleural é frequente e pode haver sinais de invasão da parede torácica e das estruturas mediastinais. O principal diagnóstico diferencial são metástases pleurais.

Achados histopatológicos

Apesar de ser uma doença inalatória, acredita-se que algumas características das fibras de asbesto favoreçam seu acúmulo nas regiões inferiores dos pulmões.

A pleura é mais sensível aos danos causados pelo asbesto, e as placas pleurais são compostas por tecido fibroso hialinizado e paucicelular, podendo ter calcificações distróficas.

A asbestose é caracterizada microspicamente por fibrose intersticial difusa e sinais de exposição ao asbesto, como corpos de asbesto ou fibras minerais.

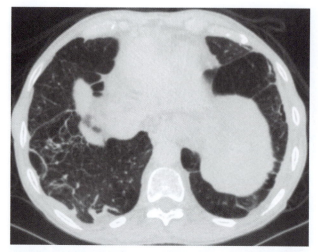

Figura 32 Asbestose – tomografia computadorizada evidencia opacidades reticulares subpleurais e bandas parenquimatosas nas bases pulmonares.

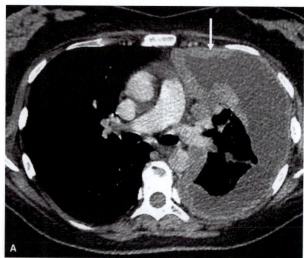

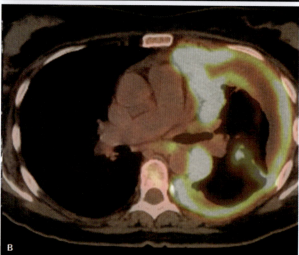

Figura 33 A e B: Mesotelioma pleural maligno. A: Tomografia computadorizada evidencia espessamento pleural circunferencial e irregular à esquerda (seta branca). B: Tomografia por emissão de pósitrons com flúor-18 (PET/CT com FDG) evidencia acentuado metabolismo glicolítico do tumor.

Evolução clínica e tratamento

O prognóstico depende da quantidade de exposição, tipo de fibra inalada e suscetibilidade individual. É importante lembrar que estes pacientes estão sujeitos a maior incidência de câncer de pulmão e mesotelioma pleural maligno.

Outras doenças pulmonares difusas

Entre as demais doenças pulmonares difusas, podemos destacar aquelas que cursam com múltiplos cistos pulmonares. Nesta seção, iremos abordar duas destas patologias: a linfangioleiomiomatose e a histiocitose de células de Langerhans.

Linfangioleiomiomatose

Definição

A linfangioleiomiomatose (LAM) é uma doença pulmonar intersticial rara, que cursa com uma proliferação anormal de células de músculo liso no interstício pulmonar e no sistema linfático do tórax e retroperitônio.

Características clínicas

A doença afeta quase que exclusivamente mulheres jovens em período reprodutivo. Pode estar associada a esclerose tuberosa (ET) ou, mais frequentemente, ocorrer na forma esporádica.

Os sintomas mais frequentes são dispneia e pneumotórax. Também pode cursar com tosse, dispneia e derrame pleural quiloso.

Achados de imagem e diagnósticos diferenciais

O principal achado de imagem são cistos pulmonares, mais bem caracterizados pela TC. Os cistos apresentam paredes finas, formato arredondado e dimensões relativamente homogêneas entre 2 e 14 mm com distribuição difusa pelo parênquima pulmonar (Figura 34). Em casos mais avançados, os cistos podem confluir e apresentar tamanhos maiores e formatos irregulares.

Outros achados que podem ser encontrados nestes pacientes são pneumotórax, derrame pleural quiloso, linfangioleiomiomas no mediastino e retroperitônio e angiomiolipomas renais. Nos casos associados à esclerose tuberosa também podem ser observados pequenos nódulos pulmonares sólidos ou com atenuação em vidro fosco (< 10 mm) esparsos pelos pulmões, representando hiperplasia de pneumócitos multifocal e micronodular, focos escleróticos na coluna vertebral, além de outros hamartomas nos demais órgãos.

O diagnóstico diferencial da LAM inclui doenças que cursam com múltiplos cistos pulmonares, como a histiocitose de células de Langerhans, pneumonia intersticial linfocítica e outras doenças fibróticas.

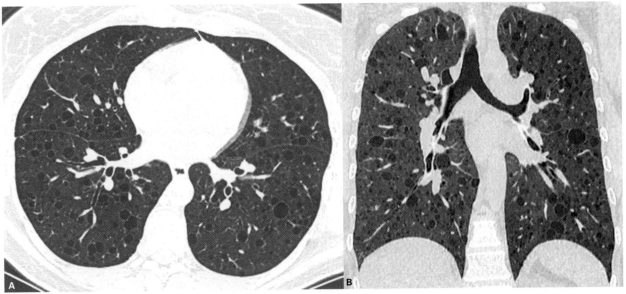

Figura 34 A e B: Linfangioleiomiomatose. Tomografia computadorizada em corte axial e reformatação coronal evidenciam pequenos cistos difusos pelo parênquima pulmonar.

Achados histopatológicos

Os achados histopatológicos típicos da LAM são a presença de cistos e a proliferação atípica de células de músculo liso (células LAM) na parede dos cistos ou junto dos linfáticos. A proliferação de células LAM pode obstruir as vias aéreas distais, levando à formação de um mecanismo de válvula, com aprisionamento aéreo e posterior formação de cistos. A infiltração dos vasos linfáticos explica a presença de derrame pleural quiloso. A imuno-histoquímica pode confirmar o diagnóstico, sendo positiva para HMB-45.

Evolução clínica e tratamento

Algumas medicações podem ser utilizadas no tratamento destes pacientes, porém sem grandes resultados clínicos. Estímulos hormonais como gravidez e uso de estrógenos podem causar a progressão da doença e devem ser evitados. Em alguns casos, a doença pode progredir rapidamente e o transplante pulmonar pode ser uma opção de tratamento.

Histiocitose de células de Langerhans

Definição

A histiocitose de células de Langerhans (HCL) é causada pela proliferação anormal de algumas células do sistema imunológico. A doença pode acometer diversos órgãos, especialmente os ossos e os pulmões. Nesta seção, discutiremos o acometimento pulmonar da doença, que é caracterizado pela infiltração de células de Langerhans e de outras células do sistema imunológico no interstício pulmonar.

Características clínicas

A maioria dos pacientes é tabagista (> 90%), com idade entre 20-40 anos, e não há predileção por sexo.

Os sintomas incluem tosse, dispneia e astenia, porém alguns pacientes podem ser assintomáticos. Pneumotórax pode ocorrer em até 25% dos casos.

Achados de imagem e diagnósticos diferenciais

Os achados de imagem variam conforme a fase da doença e podem ser mais bem avaliados pela TC.

Na fase inicial são observados pequenos nódulos pulmonares (< 10 mm) com predomínio nos campos superiores. Os nódulos podem escavar e posteriormente formar cistos. Os cistos são mais frequentes do que os nódulos, apresentam paredes finas ou discretamente espessadas e têm tamanhos e formas variados. As alterações predominam nos campos superiores e poupam a região dos seios costofrênicos (Figura 35).

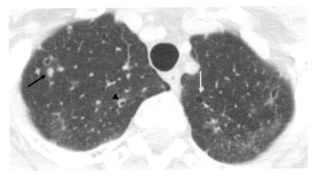

Figura 35 Histiocitose de células de Langerhans em fase inicial. Tomografia computadorizada evidencia pequenos nódulos (seta preta), nódulos escavados (cabeça de seta) e cistos nos ápices pulmonares (seta branca).

Os achados tomográficos de pequenos nódulos e cistos com predomínio nos campos pulmonares superiores, em paciente tabagista, são diagnósticos da doença.

Em fases mais avançadas, os cistos podem ficar maiores e confluentes e adquirir formatos irregulares/bizarros (Figura 36). Também podem ser observados sinais de fibrose pulmonar.

Achados histopatológicos

Os achados histológicos consistem em infiltrado peribronquiolar por células de Langerhans, com formação de granulomas e nódulos estrelados, levando à dilatação bronquiolar e à formação dos cistos. A imuno-histoquímica é positiva para S100 e CD1a.

Evolução clínica e tratamento

O principal tratamento é a cessação do tabagismo. Pacientes com diagnóstico precoce apresentam bom prognóstico, geralmente com melhora das alterações. Uma minoria dos pacientes pode progredir, mesmo com a cessação do tabagismo. Em casos avançados, corticosteroides podem ser utilizados, e em casos selecionados o transplante pulmonar pode ser uma opção terapêutica.

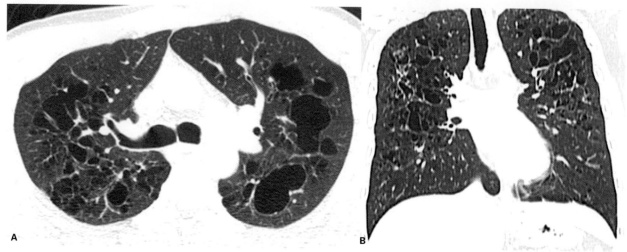

Figura 36 A e B: Histiocitose de células de Langerhans. Tomografia computadorizada em corte axial e reformatação coronal evidenciam múltiplos cistos com formatos irregulares/bizarros nos pulmões, poupando a região dos seios costofrênicos.

Bibliografia sugerida

1. American Thoracic Society; European Respiratory Society. American Thoracic Society/European Respiratory Society international multidisciplinary consensus classification of the idiopathic interstitial pneumonias. Am J Respir Crit Care Med. 2002;(165):277-304.
2. Attanoos RL. Asbestos-related lung disease. Surg Pathol. 2010(3): 109-27.
3. Chong S, Lee KS, Chung MJ, Han J, Kwon OJ, Kim TS. Pneumoconiosis: comparison of imaging and pathologic findings. Radiographics. 2006;26:59-77.
4. Criado E, Sanchez M, Ramirez J, Arguis P, de Caralt TM, Perea RJ, et al. Pulmonary sarcoidosis: typical and atypical manifestations at high resolution CT with pathologic correlation. Radiographics 2010;30:1567-86.
5. Elicker BM, Jones KD, Henry TS, Collard HR. Multidisciplinary approach to hypersensitivity pneumonitis. J Thorac Imaging. 2016;31:92-103.
6. Ferguson EC, Berkowitz EA, Lung CT. Part 2, the interstitial pneumonias – clinical, histologic, and CT manifestations. AJR. 2012;199:464-76.
7. Franks TJ, Galvin, JR. Hypersensitivity pneumonitis: essential radiologic and pathologic findings. Surg Pathol. 2010;3:187-98.
8. Gupta N, Vassalo R, Wikenheiser-Brokamp KA, McCormack FX. Diffuse cystic lung disease. Part I. Am J Respir Crit Care Med. 2015;191(12):1354-66.
9. Gupta N, Vassalo R, Wikenheiser-Brokamp KA, McCormack FX. Diffuse cystic lung disease. Part II. Am J Respir Crit Care Med. 2015;192(1):17-29.
10. Hirschmann JV, Pipavath SNJ, Godwin JD. Hypersensitivity pneumonitis: a historical, clinical, and radiologic review. Radiographics. 2009;29: 1921-38.
11. Mueller-Mang C, Grosse C, Schmid K, Stiebellehner L, Bankier AA. What every radiologist should know about idiopathic interstitial pneumonias. Radiographics. 2007;27(3):595-616.
12. Passos RBD. Pneumonias intersticiais idiopáticas e pneumonia de hipersensibilidade. In: Funari MBG, editor. Diagnóstico por imagem das doenças torácicas. Rio de Janeiro: Guanabara Koogan; 2002. p. 461-81.
13. Raghu G, Collard HR, Egan JJ, Martinez FJ, Behr J, Brown KK, et al. An official ATS/ERS/JRS/ALAT statement: idiopathic pulmonary fibrosis: evidence-based guidelines for diagnosis and management. Am J Respir Crit Care Med. 2011;183:788-824.
14. Reddy TL, Tominaga M, Hansell DM, Thusen JVD, Rassi D, Parfrey Helen, et al. Pleuroparenchymal fibroelastosis: a spectrum of histopathological and imaging phenotypes. Eur Respir J. 2012;(40):377-85.
15. Seaman DM, Meyer CA, Gilman MT, McCormack FX. Diffuse cystic lung disease at high-resolution CT. AJR. 2011;196:1305-11.
16. Silva M, Nunes H, Valeyre D, Sverzellati N. Imaging of sarcoidosis. Clinic Ver Allerg Immunol. 2015;49:45-53.
17. Sirajuddin A, Kanne J. Occupational lung disease. J Thorac Imaging. 2009;24: 310-20.
18. Sociedade Brasileira de Pneumologia e Tisiologia. Diretrizes de doenças pulmonares intersticiais da Sociedade Brasileira de Pneumologia e Tisiologia. J Bras Pneumol. 2012;38(supl. 2):S1-S133.
19. Sverzellati N, Lynch DA, Hansell DM, Johkoh T, King TE Jr, Travis WD. American Thoracic Society/European Respiratory Society classification of the idiopathic interstitial pneumonias: advances in knowledge since 2002. RadioGraphics. 2015;35(7):1849-72.
20. Travis WD, Costabel U, Hansell DM, King TE Jr, Lynch DA, Nicholson AG, et al. An official American Thoracic Society/European Respiratory Society statement: update of the international multidisciplinary classification of the idiopathic interstitial pneumonias. Am J Respir Crit Care Med. 2013;188(6):733-48.
21. Travis WD, Hunninghake G, King TE Jr, Lynch DA, Colby TV, Galvin JR, et al. Idiopathic nonspecific interstitial pneumonia: report of an American Thoracic Society project. Am J Respir Crit Care Med. 2008; (177):1338-47.

6

Doenças do colágeno e vasculites

Pedro Vieira Santana Netto
Antonio Fernando Lins de Paiva

Colagenoses

A doença pulmonar intersticial é um achado comum nos pacientes com doenças do tecido conjuntivo. O envolvimento do parênquima pulmonar pode estar associado a alterações nas vias aéreas, no sistema vascular pulmonar e nas estruturas da parede torácica, dependendo do tipo de colagenose. Essas alterações multissistêmicas promovem limitação do fluxo aéreo, hipertensão pulmonar, vasculite e restrição torácica.

As manifestações pulmonares mais importantes são as pneumopatias intersticiais e a hipertensão pulmonar, representando as principais causas de morbidade e mortalidade entre esses pacientes.

Os padrões histológicos de doença intersticial pulmonar mais encontrados nos pacientes com doença do tecido conjuntivo são: pneumonia intersticial usual (PIU), pneumonia intersticial não específica (PINE), pneumonia em organização criptogênica (POC) e pneumonia intersticial linfoide (PIL). Em pacientes com apresentação aguda, podem ainda ser encontrados os padrões de hemorragia alveolar e dano alveolar difuso. Embora as alterações pulmonares dependam do tipo de colagenose, o padrão mais comum é de PINE. A fre-

quência das pneumopatias intersticiais em cada tipo de colagenose está exemplificada na Tabela 1.

O comprometimento vascular é decorrente de hipertensão pulmonar e vasculite de pequenos e médios vasos, semelhante ao grupo das vasculites, que também será discutido neste capítulo.

O desafio na interpretação das complicações torácicas nas colagenoses não é composto apenas pela vasta gama de achados, mas também pelas implicações decorrentes da imunossupressão determinada pelo tratamento medicamentoso, com infecções oportunistas e danos pulmonares relacionados à terapêutica.

Artrite reumatoide

A artrite reumatoide (AR) é a colagenose mais comum e é caracterizada por uma poliartropatia inflamatória erosiva com artrite simétrica e diversas complicações pulmonares. Embora a AR ocorra mais comumente no sexo feminino (3:1), a doença pulmonar é mais comum em homens. A AR afeta cerca de 1 a 2% da população geral e tem pico de incidência entre a 4ª e a 5ª décadas de vida.

Cerca de 50% do risco para desenvolvimento da AR pode ser atribuído a fatores genéticos, com associação

Tabela 1	Frequência dos padrões de doença pulmonar nas colagenoses					
	Artrite reumatoide	Lúpus eritematoso sistêmico	Síndrome de Sjögren	Esclerose sistêmica progressiva	Polimiosite/ dermatomiosite	Doença mista do tecido conjuntivo
PIU	+++	+	+	+	+	+
PINE	++	++	++	+++	+++	++
POC	++	+	-	+	+++	+
PIL	+	+	++	-	-	-
Dano alveolar difuso	+	++	+	+	++	-

PIL: pneumonia intersticial linfoide; PINE: pneumonia intersticial não específica; PIU: pneumonia intersticial usual; POC: pneumonia em organização criptogênica.

dos genes PTPN22 e HLA-DRB1. Fatores ambientais também são relacionados, sendo o tabagismo o principal fator de risco ambiental para o desenvolvimento da doença intersticial pulmonar. Outros fatores ambientais incluem ingesta de álcool ou café, hipovitaminose D, uso de contraceptivos orais e baixo nível socioeconômico.

Os pacientes com AR apresentam um aumento da taxa de mortalidade relacionada a idade avançada, sexo masculino, presença de comorbidades, maior atividade da doença articular e presença de manifestações extra-articulares. As manifestações extra-articulares mais comuns são as cutâneas, oculares, pleuropulmonares, cardíacas, hematológicas, neurológicas e osteometabólicas, ocorrendo em até 30% dos pacientes. As manifestações torácicas possuem uma variada gama de alterações, sendo as mais frequentes a fibrose pulmonar intersticial, as doenças das vias aéreas e as manifestações pleurais.

A prevalência de doença pulmonar intersticial clinicamente significativa entre os pacientes com AR é de aproximadamente 5%. Os padrões de doença intersticial que podem ser vistos são diversos e incluem PIU, PINE, POC e bronquiolite folicular. Ao contrário dos pacientes com outras doenças vasculares do colágeno, nos quais predomina o padrão de PINE, os doentes com AR têm mais frequentemente PIU.

O sintoma clínico mais comum é a dispneia aos esforços, algumas vezes associada a tosse seca e dor torácica do tipo pleurítica. O teste de função pulmonar é variável e relacionado ao tipo de acometimento pulmonar, podendo mostrar um padrão restritivo em pacientes com pneumopatias intersticiais e um padrão obstrutivo em pacientes com doenças das vias aéreas, como a bronquiolite obliterante.

Os critérios para o diagnóstico da AR são baseados em achados clínicos e exames laboratoriais. Os exames complementares são constituídos por dois grupos, sendo eles:

- Provas de atividade inflamatória: velocidade de hemossedimentação (VHS) e dosagem da proteína C-reativa (PCR).
- Dosagem de anticorpos: fator reumatoide (autoanticorpos pertencentes à classe das imunoglobulinas IgM e IgA dirigidas contra o fragmento Fe da IgG); anticorpos antiproteínas e peptídeos citrulinados (ACPA) e anticorpos antipeptídeos citrulinados cíclicos (anti-CCP).

Acometimento pleural

É a manifestação torácica mais comum da AR (até 75% dos casos), caracterizada por efusão ou espessamento pleural, geralmente unilateral. As efusões pleurais possuem pequeno volume e resolução espontânea.

Acometimento pulmonar

A doença intersticial pulmonar é a manifestação mais importante da doença reumatoide (cerca de 10%), sendo a causa mais comum de mortalidade e um importante contribuinte de morbidade nesses pacientes. Como já comentado, o tabagismo é considerado um fator de risco para o desenvolvimento da intersticiopatia pulmonar.

Podem ser vistos múltiplos padrões histológicos e, ao contrário das demais colagenoses, o padrão mais frequente é o de PIU. Os demais padrões incluem PINE, POC e bronquiolite folicular.

As características de imagem na tomografia computadorizada de alta resolução (TCAR) dos pacientes com PIU são opacidades reticulares com predomínio periférico e basal, associadas a bronquiectasias e bronquiolectasias de tração e cistos de faveolamento, promovendo distorção arquitetural e redução volumétrica nos lobos acometidos (Figura 1).

Nos pacientes com AR, um desconforto respiratório agudo pode ser representado pelo padrão de pneumonia intersticial aguda (caracterizado por opacidades em vidro fosco e consolidações sobrepostas aos achados de fibrose), promovida por exacerbação da intersticiopatia, promovida por infecção num hospedeiro imunossuprimido, reação medicamentosa (p. ex., metotrexato), ou mesmo uma mistura deles.

A bronquiolite folicular é incomum e caracterizada por opacidades em vidro fosco e pequenos nódulos peribrônquicos, centrolobulares e subpleurais esparsos.

O aparecimento de nódulos ou massas de contornos regulares é sugestivo de nódulos reumatoides (Figura 2). Eles têm tendência a escavar e são possíveis precursores de complicações, como pneumotórax e fístula pleural.

Acometimento das vias aéreas

O espessamento da musculatura cricoaritenóidea e bronquiectasias são as manifestações mais comuns relacionadas ao acometimento das grandes vias aéreas.

A presença de bronquiectasias é observada em até 30% dos pacientes com AR submetidos a exames de TCAR. Nesses pacientes o padrão de bronquiolite obliterante pode ser observado com padrão de atenuação e perfusão mosaico e áreas de aprisionamento aéreo (Figura 3).

Pneumoconiose

Apesar de rara, a pneumoconiose reumatoide, também chamada de síndrome de Caplan, acontece na associação da AR em pacientes com antecedente de exposição a sílica, carvão e asbesto. Sua apresentação radiográfica usualmente é caracterizada por nódulos e o diagnóstico pode ser realizado por biópsia, demonstrando macrófagos em paliçada, típicos da síndrome.

Síndrome de Sjögren

A síndrome de Sjögren (SS) é caracterizada por infiltração linfocítica das glândulas exócrinas, afetando mais

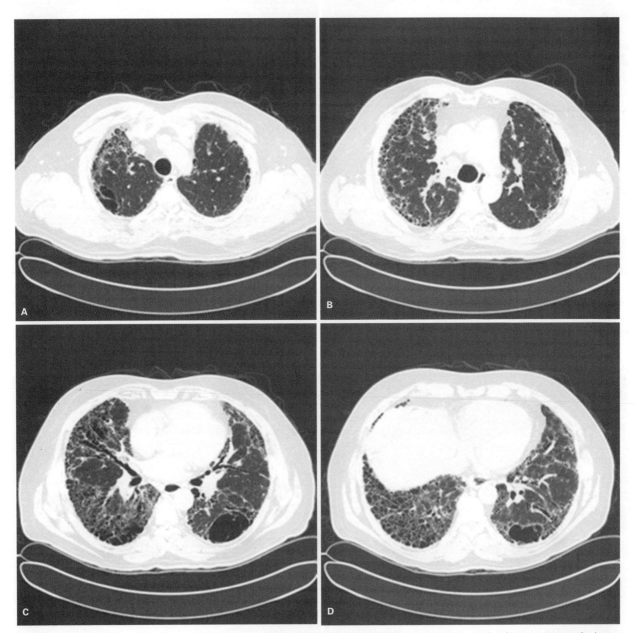

Figura 1 Artrite reumatoide. Tomografia computadorizada de tórax demonstrando opacidades predominantemente reticulares, bronquiectasias e bronquiolectasias de tração e cistos de faveolamento, com predomínio nos campos inferiores (pneumonia intersticial usual).

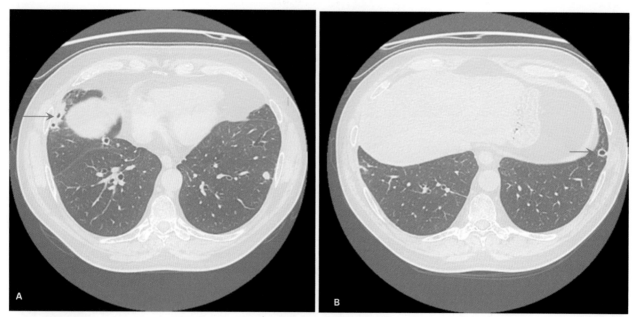

Figura 2 Artrite reumatoide. Tomografia computadorizada de tórax demonstrando nódulos bilaterais com pequenas cavidades aeradas no seu interior (setas). A biópsia percutânea torácica confirmou o diagnóstico de nódulos reumatoides.

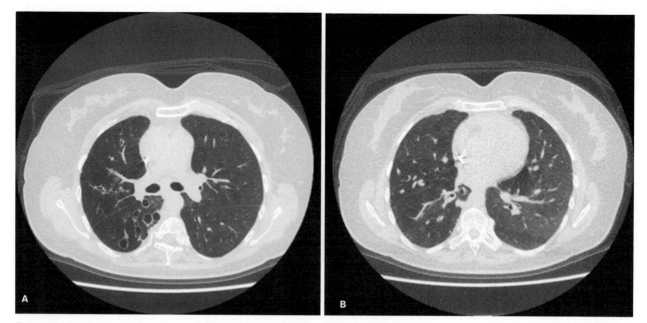

Figura 3 Artrite reumatoide – bronquiolite obliterante. A: Tomografia computadorizada de tórax com bronquiectasias e padrão de atenuação e perfusão em mosaico. B: Corte tomográfico obtido em expiração demonstrando áreas de aprisionamento aéreo.

comumente as glândulas lacrimais, salivares e o trato respiratório. Pode ocorrer isoladamente (SS primária) ou associada a outra doença autoimune (SS secundária), como uma colagenose. Sua incidência está atrás apenas da AR, afetando cerca de 0,1% da população geral, com predomínio no sexo feminino (9:1) e início dos sintomas na 4ª e 5ª décadas de vida.

Suas causas não são claramente conhecidas, sendo atribuídas a fatores de risco genéticos e ambientais (infecções virais, estresse psicológico e hormonais relacionados ao estrógeno). Fatores reumatoides e antígenos nucleares extraíveis (anti-SSA/Ro e anti-SSB/La) positivos são achados comuns.

Os sintomas característicos da SS são xeroftalmia (olhos secos) e xerostomia (boca seca), e alguns pacientes apresentam manifestações sistêmicas extraglandulares, como artralgia, mialgia e fadiga.

Existe ainda uma forma com manifestações sistêmicas e inflamação recorrente da glândula parótida, caracterizada por hipergamaglobulinemia e maior frequência de anticorpos anti-SSA/Ro e anti-SSB/La. Os sintomas torácicos mais comuns são tosse seca, dispneia progressiva e dor pleurítica.

Os critérios diagnósticos estão exemplificados no Quadro 1.

Quadro 1 Critérios do Consenso Americano-Europeu para síndrome de Sjögren

I. Sintomas oculares (pelo menos um)

- Olhos secos durante pelo menos 3 meses
- Sensação de corpo estranho nos olhos
- Uso de lágrimas artificiais 3 ou mais vezes por dia

II. Sintomas orais (pelo menos um)

- Boca seca durante pelo menos 3 meses
- Glândulas salivares recorrente ou persistentemente inchadas
- Necessidade de líquidos para engolir alimentos secos

III. Sinais oculares (pelo menos um)

- Teste anormal de Schirmer (sem anestesia: ≤ 5 mm/5 minutos)
- Coloração vital positiva da superfície do olho

IV. Histopatologia

- Biópsia labial mostrando sialoadenite linfocítica focal (pontuação de foco ≥ 1 por 4 mm²)

V. Sinais orais (pelo menos um)

- Fluxo salivar total não estimulado (≤ 1,5 mL em 15 minutos)
- Sialografia de parótida anormal
- Cintilografia salivar anormal

VI. Autoanticorpos (pelo menos um)

- Anti-SSA (Ro), anti-SSB (La) ou ambos

(continua)

Quadro 1 Critérios do Consenso Americano-Europeu para síndrome de Sjögren *(continuação)*

Para o diagnóstico da síndrome de Sjögren primária:

- 4 dos 6 critérios, devendo incluir os itens IV (histopatologia) ou VI (autoanticorpos)
- 3 dos 4 critérios objetivos (III, IV, V, VI)

Para o diagnóstico da síndrome de Sjögren secundária:

- Pacientes com outra doença do tecido conjuntivo bem definida, presença de um sintoma (I ou II), mais 2 dos 3 critérios objetivos (III, IV e V).

Critérios de exclusão: tratamento radioterápico prévio na cabeça ou no pescoço, infecção por hepatite C, síndrome da imunodeficiência adquirida (aids), linfoma preexistente, sarcoidose, doença de enxerto *versus* hospedeiro, uso atual de drogas anticolinérgicas.

Acometimento pleural

O derrame pleural é um achado incomum (menos de 1% dos pacientes) e tende a ocorrer em pacientes com coexistência de colagenoses, mais frequentemente AR e lúpus eritematoso sistêmico (LES). A polisserosite na SS primária também é incomum, geralmente associada a derrames pericárdico e pleural.

Acometimento pulmonar

A doença intersticial pulmonar é comum em pacientes com SS, especialmente na SS primária. Pode adotar diversos padrões histológicos, incluindo PIL, PINE, PIU, POC, bronquiolite e amiloidose nodular. A presença de padrão reticulonodular nos lobos inferiores é o principal achado nas radiografias de tórax. Os achados tomográficos mais comuns são opacidades em vidro fosco, micronódulos centrolobulares, espessamento septal, bronquiectasias e cistos (Figuras 4 e 5). Os cistos pulmonares podem ocorrer em até 50% dos casos, com tamanhos variados (até 3,0 cm) e aumento progressivo, podendo ser os únicos achados pulmonares.

Acometimento das vias aéreas

Anormalidades das vias aéreas são complicações frequentes da SS, sendo que a tosse seca relacionada ao seu ressecamento está presente em até 60% dos pacientes com SS primária. Os achados de imagem incluem espessamento das paredes brônquicas, bronquiectasias e áreas de aprisionamento aéreo.

Doença linfoproliferativa

Os pacientes com SS possuem risco aumentado de desenvolver linfoma, principalmente o linfoma tipo B (não Hodgkin), que pode ocorrer primariamente nas glândulas salivares, mas também com ocorrência nos tecidos linfoides associados à mucosa no estômago e pulmão. A presença de nódulos maiores que 1 cm, linfonodomegalias, consolidações e derrames devem ser considerados suspeitos.

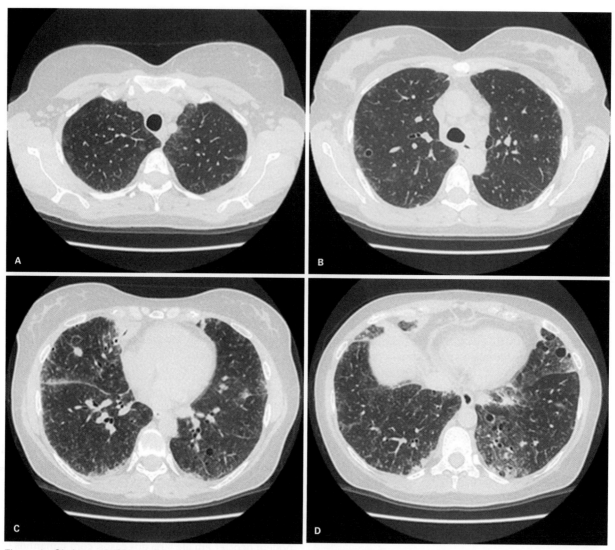

Figura 4   Síndrome de Sjögren. Tomografia computadorizada de tórax demonstrando opacidades reticulares finas e em vidro fosco, discreto espessamento septal, bronquiectasias e cistos.

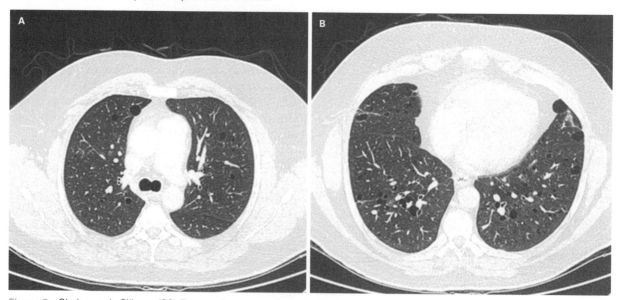

Figura 5   Síndrome de Sjögren (SS). Tomografia computadorizada de tórax demonstrando cistos pulmonares esparsos e bilaterais, que podem ser os únicos achados na SS.

Lúpus eritematoso sistêmico

O lúpus eritematoso sistêmico (LES) é um distúrbio que acomete articulações, pele, rins, sistema nervoso central e superfícies serosas de órgãos internos, incluindo o coração e os pulmões. Tem maior prevalência no sexo feminino (10:1), principalmente em mulheres com idade reprodutiva. A avaliação dos pacientes deve ser realizada minimizando as doses de radiação, com a radiografia sendo o método de escolha inicial na avaliação pulmonar.

Curiosamente, os critérios diagnósticos para o LES (Quadro 2) não incluem manifestações pulmonares, apenas pleurais. A maioria dos pacientes possui anticorpos antinucleares (ANA) positivos.

Quadro 2 Critérios de classificação do American College of Rheumatology revisados em 1997 para o lúpus eritematoso sistêmico

Critério	Definição
Eritema malar	Lesão eritematosa fixa em região malar, plana ou em relevo
Lesão discoide	Lesão eritematosa, infiltrada, com escamas queratóticas aderidas e tampões foliculares, que evolui com cicatriz atrófica e discromia
Fotossensibilidade	Exantema cutâneo como reação não usual à exposição à luz solar, de acordo com a história do paciente ou observação do médico
Úlceras orais/nasais	Úlceras orais ou nasofaríngeas, em geral indolores, observadas pelo médico
Artrite	Não erosiva, envolvendo duas ou mais articulações periféricas, caracterizadas por dor e edema ou derrame articular
Serosite	Pleurite (caracterizada por história convincente de dor pleurítica, atrito auscultado pelo médico ou evidência de derrame pleural) ou pericardite (documentada por eletrocardiograma, atrito ou evidência de derrame pericárdico)
Comprometimento renal	Proteinúria persistente (> 0,5 g/dia ou 3+) ou cilindrúria anormal
Alterações neurológicas	Convulsão (na ausência de outra causa) ou psicose (na ausência de outra causa)
Alterações hematológicas	Anemia hemolítica ou leucopenia (menor que 4.000/mm³ em duas ou mais ocasiões) ou linfopenia (menor que 1.500/mm³ em duas ou mais ocasiões) ou plaquetopenia (menor que 100.000/mm³ na ausência de outra causa)

(continua)

Quadro 2 Critérios de classificação do American College of Rheumatology revisados em 1997 para o lúpus eritematoso sistêmico *(continuação)*

Critério	Definição
Alterações imunológicas	Anticorpo anti-DNA nativo ou anti-Sm ou presença de anticorpo antifosfolípide com base em: a) níveis anormais de IgG ou IgM anticardiolipina; b) teste positivo para anticoagulante lúpico; ou c) teste falso-positivo para sífilis por no mínimo 6 meses
Anticorpos antinucleares	Título anormal de anticorpo antinuclear por imunofluorescência indireta ou método equivalente, em qualquer época e na ausência de medicamentos conhecidos por estarem associados à síndrome do lúpus induzido por drogas

Para o diagnóstico de LES, devem ser encontrados pelo menos 4 dos 11 critérios.

Embora a doença intersticial pulmonar esteja presente em cerca de um terço dos pacientes, a doença clinicamente significativa afeta apenas de 3 a 8% dos pacientes com LES. Os principais achados nos pacientes com LES incluem derrame pleural, efusões pericárdicas e cardiomegalia.

As manifestações clínicas relacionadas ao acometimento torácico mais comuns são tosse, dispneia, hemoptise e dor pleurítica. Em alguns casos, a pneumonite lúpica (PL) aguda pode ser encontrada, sendo uma manifestação incomum e caracterizada por febre, dispneia, hipoxemia e consolidações pulmonares.

A presença de anticorpos antifosfolípides em mais da metade desses indivíduos determina um aumento no risco de eventos tromboembólicos pulmonares e periféricos nos pacientes com LES.

Acometimento pleural

Os derrames pleurais são encontrados em 30 a 50% dos pacientes com LES e são considerados a manifestação torácica mais frequente. Geralmente são pequenos e a análise do líquido pleural consiste numa forma importante de diagnóstico.

Acometimento pulmonar

A doença intersticial pulmonar é um achado raro. Seu início usualmente é insidioso e apresenta sintomatologia significativa em apenas 3% dos pacientes. O principal padrão encontrado é de PINE (Figura 6), podendo também ser encontrados achados de PIU.

As infecções pulmonares são comuns em razão da terapia imunossupressora, sendo o risco três vezes maior nesses pacientes do que na população em geral. Uma das doenças infecciosas mais comuns é a pneumonia adquirida na comunidade, mas infecções por patógenos atípicos como micobactérias, *Pneumocystis jiroveci*, citomegalovírus, *Aspergillus* e Nocardia também podem ser encontradas. A presença de consolidações deve ser interpretada inicialmente como infecção, antes de outros diferenciais.

As síndromes agudas não infecciosas relacionadas a lesão alveolocapilar são a PL e a hemorragia alveolar difusa (HAD). Os achados radiográficos são inespecíficos e caracterizados por extensas opacidades em vidro fosco e/ou consolidações (Figura 7). A possibilidade de infecção deve ser considerada como principal hipótese diagnóstica inicial. Por sua vez, o derrame pleural é comum na PL e incomum na HAD.

Outros possíveis achados torácicos no LES incluem bronquiectasias (até 20% dos pacientes) e hipertensão pulmonar.

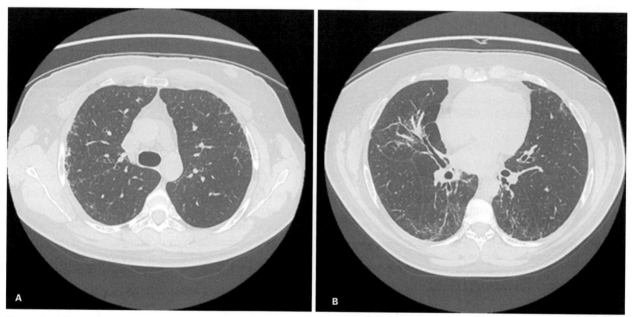

Figura 6 Lúpus eritematoso sistêmico. Tomografia computadorizada de tórax demonstrando discretas opacidades reticulares e em vidro fosco associadas a brônquios dilatados nas bases pulmonares.

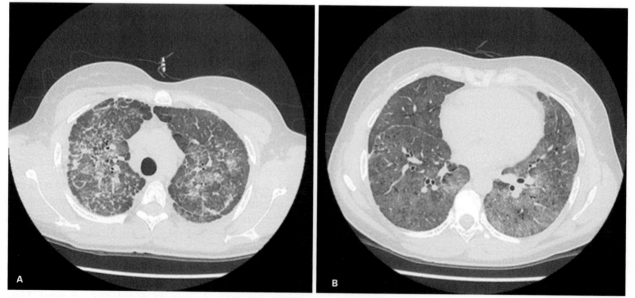

Figura 7 Lúpus eritematoso sistêmico – hemorragia alveolar difusa (HAD). Tomografia computadorizada de tórax demonstrando opacidades em vidro fosco com predomínio acinar, espessamento septal e pequenas consolidações bilaterais, característicos da HAD.

Acometimento muscular

A síndrome do pulmão encolhido (*shrinking lung syndrome*) é uma das apresentações clínicas do LES decorrente do acometimento da musculatura respiratória pela miosite. É caracterizada por dispneia progressiva, redução volumétrica pulmonar, bandas parenquimatosas atelectásicas e elevação das cúpulas diafragmáticas (Figura 8).

Neoplasias

Os pacientes com LES apresentam risco aumentado para o desenvolvimento de neoplasias, em especial neoplasias pulmonares primárias e linfoma. A presença de volumosas linfonodomegalias deve ser considerada suspeita, levando-se em consideração o diagnóstico diferencial com a sarcoidose que também apresenta associação incerta com o LES.

Esclerose sistêmica progressiva

A esclerose sistêmica progressiva (ESP) é uma doença autoimune do tecido conjuntivo, extremamente heterogênea na sua apresentação clínica, com envolvimento de múltiplos sistemas (musculoesquelético, pulmonar, gastrointestinal, cardíaco e renal). A ESP possui a maior taxa de mortalidade e acometimento pulmonar entre as colagenoses. Fibrose intersticial, hipertensão pulmonar e dilatação esofágica são suas principais manifestações torácicas. Apresenta predomínio no sexo feminino (8:1) e início geralmente na 4a e 5a décadas de vida. Estudos epidemiológicos mostram diferentes resultados nas regiões do mundo (incidência variando de 0,6 até 122 casos por milhão de habitantes), com múltiplas variáveis, incluindo étnicas.

Sua etiologia é desconhecida, sendo considerada atualmente uma causa multifatorial, possivelmente iniciada por fatores ambientais em um indivíduo predisposto geneticamente. Por exemplo, a exposição à sílica parece aumentar o risco de desenvolvimento da ESP, entretanto, esse mecanismo de ação só ocorre numa pequena população do sexo masculino.

Muitos estudos demonstram um aumento na frequência de câncer, especialmente do pulmão e de mama, entre os pacientes com ESP. Os mecanismos do aumento na frequência de diferentes tipos de câncer ainda são desconhecidos, podendo incluir alterações da resposta imune, fatores genéticos e ambientais, substâncias derivadas de tumores e efeito colateral de medicamentos.

O quadro clínico é variável, sendo os sintomas torácicos mais comuns a dispneia aos esforços, tosse seca, fadiga e dor torácica atípica. Os pacientes podem ser assintomáticos em fases iniciais do acometimento pulmonar. O teste de função pulmonar mostra redução na difusão de monóxido de carbono e padrão ventilatório restritivo com perda da capacidade vital e/ou da capacidade pulmonar total. Os critérios diagnósticos do American College of Rheumatology (ACR) e da European League Against Rheumatism (EULAR) estão exemplificados na Tabela 2, apresentando sensibilidade de 91% e especificidade de 92%.

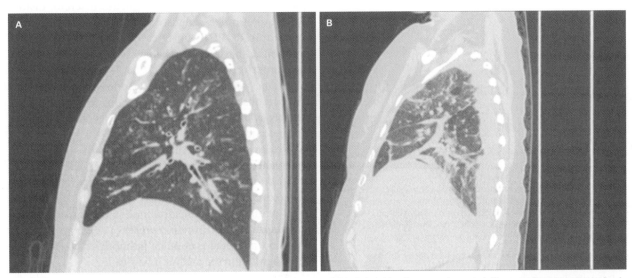

Figura 8 Lúpus eritematoso sistêmico – síndrome do pulmão encolhido (*shrinking lung syndrome*). A: Tomografia computadorizada (TC) de tórax com discretas opacidades em vidro fosco esparsas no eixo longitudinal. B: TC de tórax realizada após 6 meses, demonstrando redução volumétrica pulmonar, bandas atelectásicas basais, elevação das cúpulas frênicas e derrame pleural.

Tabela 2 Critérios diagnósticos ACR/EULAR para classificação da esclerose sistêmica (esclerodermia)

Item	Subitem	Escore
Espessamento da pele dos dedos de ambas as mãos estendendo-se proximal às articulações metacarpofalangianas (critério suficiente)		9
Espessamento da pele dos dedos (apenas contagem mais alta)	Dedos inchados	2
	Esclerodactilia dos dedos (distal às articulações metacarpofalangianas, porém, proximal às articulações interfalangianas proximais)	4
Lesões nas pontas dos dedos (apenas contagem mais alta)	Úlceras nas pontas dos dedos	2
	Cicatrizes nas pontas dos dedos	3
Telangiectasia		2
Capilares ungueais anormais		2
Hipertensão arterial pulmonar e/ou doença pulmonar intersticial (a pontuação máxima é 2)	Hipertensão arterial pulmonar	2
	Doença pulmonar intersticial	2
Fenômeno de Raynaud		3
Os autoanticorpos relacionados com a esclerose sistêmica (anticentrômero, antitopoisomerase I, anti-RNA polimerase III) (a pontuação máxima é 3)	Anticentrômero	3
	Antitopoisomerase I	
	Anti-RNA polimerase III	

Esses critérios são aplicáveis a qualquer paciente considerado para inclusão em um estudo de esclerose sistêmica. Os critérios não se aplicam a pacientes com espessamento da pele que poupam os dedos ou a pacientes com manifestações mais bem explicadas por outra disordem (p. ex., fibrose nefrogênica sistêmica, morfeia generalizada, fascite eosinofílica, esclerodermia diabeticorum, escleromixedema, eritromelalgia, porfiria, líquen escleroatrófico, doença do enxerto *versus* hospedeiro, quiroartropatia diabética).

A pontuação total é determinada adicionando o peso máximo (pontuação) em cada categoria. Os doentes com uma pontuação total ≥ 9 são classificados com o diagnóstico de esclerose sistêmica. ACR: American College of Rheumatology; EULAR: European League Against Rheumatism.

A síndrome de CREST é considerada uma forma limitada da doença, caracterizada por calcinose, fenômeno de Raynaud, dismotilidade esofágica, esclerodactilia e telangiectasias.

Achados na radiografia do tórax

Opacidades reticulares e mal definidas relacionadas à fibrose pulmonar, predominando nos campos pulmonares inferiores. Eventualmente, há consolidações. Em alguns casos, é possível a identificação de sinais de hipertensão pulmonar, como aumento do tronco pulmonar, e dilatação esofágica.

Achados na TCAR

O uso da TCAR aumentou de forma significativa a sensibilidade do diagnóstico radiológico na esclerose sistêmica progressiva, especialmente nos pacientes em fases iniciais.

Acometimento pleural

É pouco comum e, quando ocorre, está associado a doença pulmonar.

Acometimento pulmonar

É maior em relação a todas as demais colagenoses (até 80% dos pacientes), sendo considerado um dos fatores determinantes para a presença de hipertensão pulmonar. A fibrose pulmonar é característica marcante dos pacientes com anticorpo antitopoisomerase I (anti-SCL 70) positivo.

Opacidades em vidro fosco e reticulares finas, características da PINE (80%), são os achados mais frequentes (Figura 9). Em fases mais tardias pode ser observado reticulado grosseiro, bronquiectasias e bronquiolectasias de tração, faveolamento discreto, distorção arquitetural e redução volumétrica, promovendo um padrão de PINE fibrótica ou PIU (10 a 20%). Há predomínio nas regiões periféricas dos campos pulmonares inferiores.

Exames sequenciais em quase todos os pacientes com ESP demonstram opacidades em vidro fosco que são irreversíveis mesmo após o tratamento, geralmente representando fibrose.

Nos casos de exacerbação aguda, com aumento das opacidades pulmonares, pode ser observado dano alveolar difuso e pneumonia em organização sobreposta à doença intersticial.

O aumento de alguns linfonodos mediastinais é frequente (até 1,5 cm), porém, a presença de extenso acometimento linfonodal e nódulos pulmonares considerados suspeitos devem ser melhor investigados.

A associação da ESP com silicose é chamada de síndrome de Erasmus. Os achados típicos são massas pseudotumorais bilaterais de aspecto fibrótico (Figura 10), conforme visto na silicose, associadas a padrão intersticial geralmente de PIU e sintomas de esclerodermia.

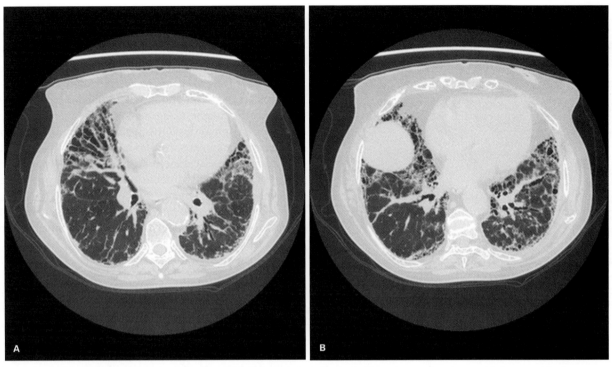

Figura 9 Esclerose sistêmica progressiva – tomografia computadorizada de tórax demonstrando opacidades em vidro fosco e reticulares finas, bronquiectasias e bronquiolectasias, sem faveolamento significativo, com predomínio periférico e basal (pneumonia intersticial não específica – PINE).

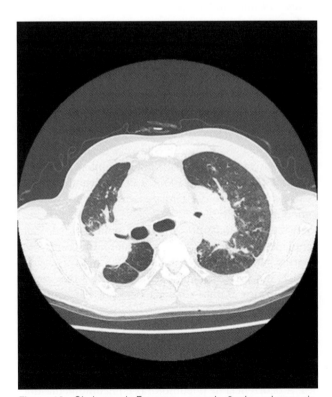

Figura 10 Síndrome de Erasmus – associação da esclerose sistêmica progressiva (ESP) com silicose em achados tomográficos de massas pseudotumorais de aspecto retrátil e que promovem distorção arquitetural nos lobos superiores, associadas a finas opacidades reticulares periféricas.

Hipertensão pulmonar

É mais comum na ESP do que em qualquer outra colagenose, sendo considerada fator de pior prognóstico e com prevalência em até 25% dos pacientes. Os sinais de hipertensão pulmonar são caracterizados por aumento do tronco pulmonar (> 2,9 cm), artérias pulmonares e ramos intrapulmonares, muitas vezes com padrão de atenuação e perfusão em mosaico do parênquima pulmonar (Figura 11).

Sua rara apresentação pulmonar ainda pode incluir opacidades centrolobulares e em vidro fosco, que podem ser relacionadas à própria hipertensão pulmonar (proliferação da microvasculatura pulmonar, congestão vascular crônica, depósitos de granulomas de colesterol e áreas focais de hemorragia) ou estarem associadas à presença de hemangiomatose pulmonar capilar (proliferação multifocal da microvasculatura pulmonar). Se as imagens da TCAR também demonstrarem espessamento dos septos interlobulares, as possibilidades de insuficiência cardíaca direita ou, menos comumente, de doença pulmonar venoclusiva pulmonar devem ser consideradas.

Acometimento esofágico

O envolvimento esofágico é observado em até 97% dos pacientes com ESP (Figura 12). A dilatação e a dismotilidade esofágica resultam em pneumonias aspirativas e bronquiolite, implicando o surgimento de bronquiectasias e bronquiolectasias de tração, impactações mucoides, nódulos centrolobulares e consolidações.

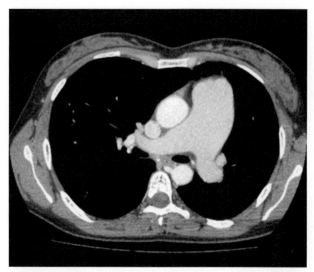

Figura 11 Esclerose sistêmica progressiva – tomografia computadorizada de tórax com dilatação do tronco pulmonar decorrente de hipertensão pulmonar secundária à doença do tecido conjuntivo.

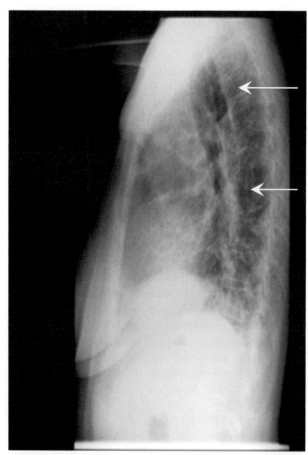

Figura 12 Esclerose sistêmica progressiva. Radiografia de tórax em perfil demonstrando dilatação esofágica decorrente da colagenose de base.

Polimiosite e dermatomiosite

A polimiosite (PM) e a dermatomiosite (DM) dividem os critérios diagnósticos de fraqueza muscular proximal simétrica, níveis aumentados de marcadores musculares e biópsia e eletromiografia com resultado de miosite. A presença de manifestações cutâneas características (heliotropo e pápulas de Gottron) são os critérios adicionais necessários para ser considerada DM. Na DM amiopática, manifestações cutâneas clássicas são observadas sem a presença de envolvimento muscular, com pouca frequência de acometimento pulmonar. A PM e a DM são consideradas doenças incomuns e mais frequentes em mulheres (2:1), com início dos sintomas geralmente entre a 4a e a 5a décadas de vida.

A doença pulmonar está presente em cerca de 40% dos pacientes e é considerada uma significante causa de mortalidade. Como na maioria das colagenoses, o envolvimento pulmonar na PM e na DM pode ocorrer de forma simultânea ou não aos sintomas extrapulmonares. Os fatores de risco para desenvolvimento de doença pulmonar incluem idade avançada (acima de 45 anos), envolvimento articular e, particularmente, a presença de anticorpos antiaminoacil-tRNAsintetase, em especial a anti-Jo1. A combinação de artrite, miosite, anticorpos antissintetase e doença intersticial pulmonar constituem a síndrome antissintetase.

Em pacientes com significativa manifestação clínica, dois principais tipos de apresentações são observados. O primeiro caracterizado por dispneia subaguda e opacidades em vidro fosco e consolidações associadas a sinais de fibrose pulmonar na tomografia computadorizada (TC). Muitos desses pacientes mostram progressão evolutiva dos achados em poucas semanas ou meses e são refratários ao tratamento. A outra forma de apresentação é mais comum e envolve dispneia insidiosa progressiva. Histopatologicamente, ambas são caracterizadas por padrão de PINE e POC. Eventualmente, os pacientes com PM e DM podem apresentar padrão tomográfico de PIU.

Estudos demonstram um risco aumentado de malignidades entre esses pacientes, sobretudo com DM. O principal local de acometimento é o pulmão. Não é possível descartar malignidades em outros sítios, sendo recomendados exames adicionais para rastreamento em pacientes idosos.

Acometimento pleural

O derrame pleural é um achado raro (menos de 1%), geralmente de pequeno volume e com resolução espontânea. A ocorrência de pneumotórax e pneumomediastino também é incomum, podendo ocorrer pela ruptura espontânea de bolhas.

Acometimento pulmonar

A frequência de doença intersticial pulmonar varia entre 5 e 30% e apresenta aparente correlação com a presença de anticorpos anti-Jo1, que está presente em até 80% desses pacientes.

Os achados na TCAR são relacionados aos padrões de PINE, POC, PIU e dano alveolar difuso. São mais frequentes os padrões histológicos de PINE e POC, podendo inclusive ocorrer de forma conjunta (Figura 13).

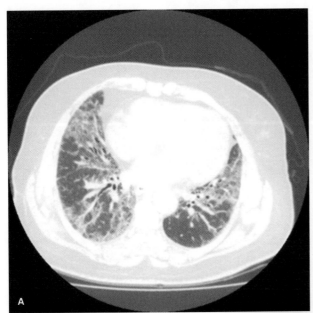

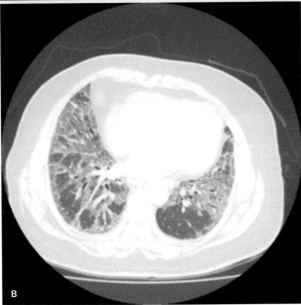

Figura 13 Polimiosite e dermatomiosite. Tomografia computadorizada de tórax demonstrando opacidades reticulares e em vidro fosco com bronquiectasias, distorção arquitetural e redução volumétrica nos lobos inferiores.

Nos pacientes com padrão de POC, os achados incluem nódulos e consolidações que possuem evolução progressiva e padrão migratório e, eventualmente, com aspecto de halo invertido (Figura 14).

As infecções são decorrentes de processos aspirativos ou por patógenos oportunistas, principalmente *Pneumocystis jiroveci* e *Candida albicans*.

DMTC

A doença mista do tecido conjuntivo (DMTC) é uma doença reumática autoimune descrita inicialmente por Sharp et al em 1972. É caracterizada por sinais e sintomas de esclerose sistêmica, lúpus e polimiosite/dermatomiosite e níveis aumentados de anticorpos anti-U1RNP. Apresenta maior incidência entre a 2a e a 3a décadas de vida e maior acometimento no sexo feminino (3:1 a 10:1).

Estudos demonstram que a frequência do haplótipo HLA-DR4, relacionado ao cromossomo 6, é maior em comparação à população geral e também às demais doenças que compõem a entidade.

O quadro clínico é caracterizado por fenômeno de Raynaud, mãos inchadas, inflamação e dor articular, acroesclerose, dismotilidade esofágica, miosite e hipertensão pulmonar.

Um dos critérios diagnósticos mais utilizados é o de Alarcon-Segovia, com nível de sensibilidade próximo a 75%, exemplificado no Quadro 3.

Quadro 3 Critérios de Alarcon-Segovia para o diagnóstico de DMTC

Critérios sorológicos	Anti-RNP positivo pela técnica de hemaglutinação em títulos maiores ou iguais a 1.600
Critérios clínicos	Edema de mãos
	Sinovite
	Miosite
	Fenômeno de Raynaud
	Acroesclerose

Para o diagnóstico, deve-se ter o critério sorológico acompanhado de pelo menos um dos critérios clínicos. DMTC: doença mista do tecido conjuntivo.

Acometimento pleural

Ocorre em até 50% dos casos e normalmente não é visto em fases iniciais. É determinado por derrame pleural uni ou bilateral, normalmente com pequeno volume e resolução espontânea. A dor torácica do tipo pleurítica pode acontecer em até 40% dos casos.

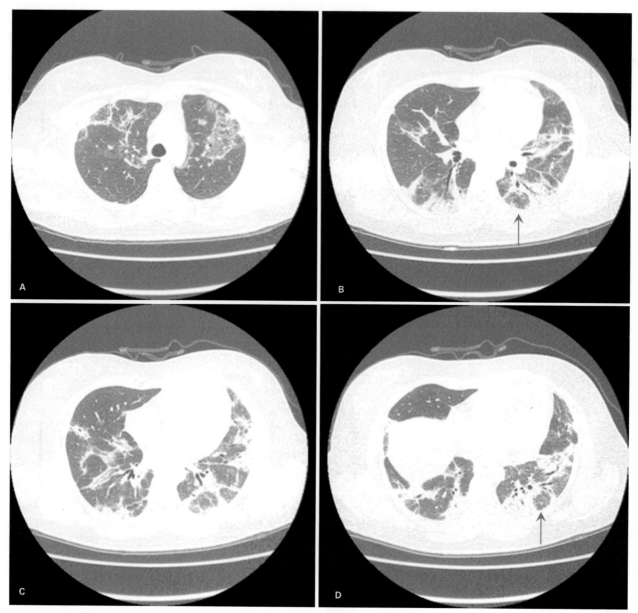

Figura 14   Polimiosite e dermatomiosite com padrão de pneumonia em organização criptogênica (POC). Tomografia computadorizada de tórax demonstrando consolidações bilaterais, algumas com aspecto de halo invertido (setas).

Acometimento pulmonar

É um achado comum (20 a 60%), sendo o padrão de doença intersticial mais frequente o de PINE, seguida de PIU e PIL. Apresenta como características opacidades em vidro fosco, reticulado fino e bronquiectasias, com predomínio periférico e basal (Figura 15). Podem ocorrer redução volumétrica, distorção arquitetural e faveolamento discreto em fases mais tardias.

Acometimento cardiovascular

A hipertensão pulmonar pode estar presente (10 a 50%), sendo considerada um fator de pior prognóstico. Diferentemente de outras colagenoses, ela não implica a presença de acometimento intersticial pulmonar. Também podem ocorrer efusões pericárdicas e pericardite.

Acometimento esofágico

Cerca de 64% dos pacientes com DMTC têm disfunção esofágica grave e 50% possuem refluxo ácido gastroesofágico. A presença de fibrose pulmonar é significativamente maior entre os pacientes com dilatação esofágica (92 vs. 45%).

Espondilite anquilosante

A espondilite anquilosante (EA) é uma espondiloartrite caracterizada por inflamação crônica de múltiplas articulações e estruturas para-articulares. A incidência é estimada em 0,1% na população geral, com predomínio no sexo masculino (10:1) e pico de incidência entre 15 e 35 anos. Há associação genética com o antígeno

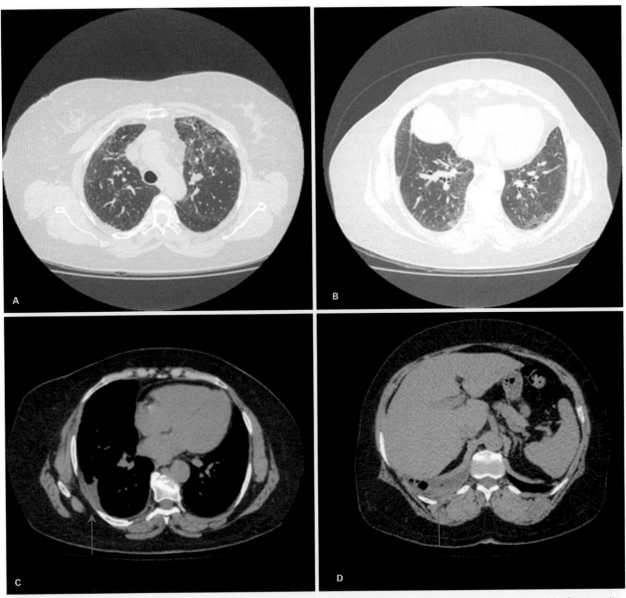

Figura 15 Doença mista do tecido conjuntivo – tomografia computadorizada de tórax demonstrando opacidades em vidro fosco, reticulado fino e bronquiectasias, com predomínio periférico e basal. Nota-se ainda pequeno derrame pleural na base pulmonar direita (setas).

HLA-B27 (90% dos pacientes apresentam teste positivo) e fator de hereditariedade com aumento na prevalência em parentes de primeiro grau (risco aumentado de 10%).

O envolvimento ósseo geralmente se inicia nas articulações sacroilíacas, seguidas da coluna toracolombar e lombossacra. Pode haver progressão da doença para outros segmentos da coluna vertebral e articulações. O acometimento da coluna vertebral sem o envolvimento das articulações sacroilíacas é incomum.

O quadro clínico é caracterizado por dor e rigidez articular progressiva nos sítios acometidos. O envolvimento pulmonar geralmente é assintomático. Pode haver complicações extra-articulares oculares, pulmonares, cardiovasculares, renais e neurológicas.

Achados na radiografia do tórax

Incluem opacidades reticulares e espessamento pleural envolvendo as regiões apicais dos campos pulmonares superiores e sindesmófitos difusos na coluna torácica, característicos da EA.

Acometimento pleural

Espessamento pleural pode ser observado. Menos de 1% dos pacientes apresentam derrame pleural, geralmente de pequeno volume e associado ao envolvimento pulmonar. O pneumotórax espontâneo é raro.

Acometimento pulmonar

É um achado raro (apenas 1% dos pacientes) e normalmente encontrado em fases tardias da doença.

Os achados característicos são de fibrose pulmonar nos lobos superiores, caracterizados por opacidades lineares subpleurais, espessamento septal e brônquico, enfisema paraseptal e bronquiectasias (Figura 16).

Principalmente os pacientes do sexo masculino (50:1) podem desenvolver doença fibrobolhosa apical, com características semelhantes à tuberculose, promovendo cistos, cavidades, fibrose, bronquiectasias e distorção arquitetural nas regiões apicais. A colonização das cavidades por patógenos oportunistas é bem descrita, principalmente por *Aspergillus*, levando a hemoptise.

Acometimento do arcabouço ósseo torácico

Além dos sindesmófitos característicos da EA, alterações inflamatórias na coluna torácica e lombar e na parede torácica anterior (articulações manubrioesternal, esternoclavicular e costoesternais) podem ser observadas. Há ocorrência de fraturas e fusão de corpos vertebrais ("coluna em bambu") (Figura 17). O comprometimento do arcabouço ósseo com múltiplas fusões costovertebrais e anquilose da coluna torácica pode levar a padrão ventilatório restritivo.

Vasculites

As vasculites são processos inflamatórios destrutivos que afetam os vasos sanguíneos. As vasculites pulmonares podem ser secundárias a outras condições (doenças infecciosas, doenças do tecido conjuntivo, malignidades e desordens por hipersensibilidade) ou podem constituir uma doença primária, muitas vezes idiopática.

O tamanho dos vasos predominantemente envolvidos (grande, médio e pequeno) tem influência nos achados clínicos e radiológicos das diferentes formas de vasculite, sendo, portanto, o maior critério para sua classificação. A revisão do consenso de Chapel Hill realizada em 2012 elaborou uma nova classificação (Quadro 4), sendo que neste capítulo serão abordadas as principais vasculites com acometimento pulmonar.

O envolvimento torácico é mais comum na vasculite dos grandes vasos (arterite de Takayasu e doença de Behçet) e nas vasculites de pequenos vasos associadas a anticorpos citoplasmáticos antineutrofílicos (ANCA) como na granulomatose com poliangeíte (Wegener), granulomatose eosinofílica com poliangeíte (Churg-Strauss) e na poliangeíte microscópica.

As manifestações radiológicas das vasculites pulmonares são extremamente variáveis e podem ser caracterizadas por diversos achados, incluindo espessamento da parede dos vasos, lesões nodulares (cavitadas e não cavitadas), micronódulos com distribuição peribrônquica e centrolobular, opacidades em vidro fosco, consolidações, estenose traqueobrônquica e dilatação aneurismática da artéria pulmonar. Portanto, o diagnóstico das vasculites consiste na correlação de características clínicas, radiológicas, laboratoriais e histopatológicas.

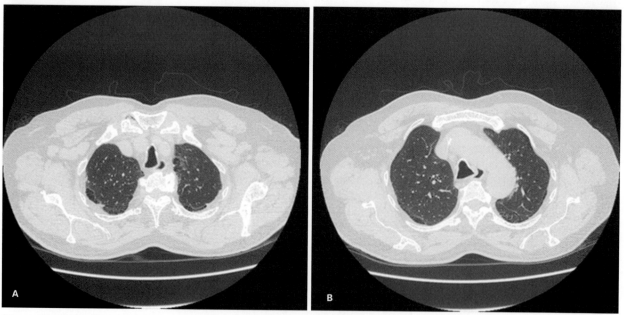

Figura 16 Espondilite anquilosante – cortes tomográficos nas regiões apicais demonstrando irregularidades pleuroparenquimatosas e discreto enfisema paraseptal em paciente com diagnóstico confirmado de espondilite anquilosante.

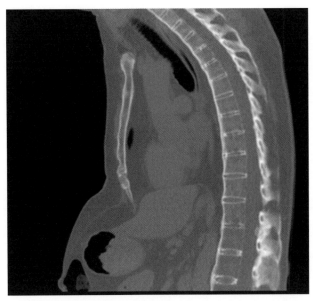

Figura 17 Espondilite anquilosante – corte tomográfico sagital demonstrando espessamento do ligamento longitudinal anterior e fusão parcial dos corpos vertebrais e elementos posteriores.

Quadro 4	Classificação das vasculites
Vasos de grande calibre	Arterite de Takayasu Arterite de células gigantes
Vasos de médio calibre	Poliarterite nodosa Doença de Kawasaki
Vasos de pequeno calibre	Vasculite associada a anticorpo citoplasmático antineutrofílico (ANCA) • Poliangeíte microscópica • Granulomatose com poliangeíte (Wegner) • Granulomatose eosinofílica com poliangeíte (Churg-Strauss)
	Vasculite associada a imunocomplexo • Doença do anticorpo antimembrana basal • Vasculite crioglobulinêmica • Vasculite IgA (Henoch Schonlein)
	Vasculite variável • Doença de Behçet • Síndrome de Cogan
	Vasculite de orgão solitário • Angeíte leucoclástica cutânea • Arterite cutânea • Outras
	Vasculite associada a doença sistêmica • Vasculite lúpica • Vasculite reumatoide • Vasculite sarcoide • Outras
	Vasculite associada a provável etiologia • Vasculite crioglobulêmica associada a hepatite C • Vasculite associada a hepatite B • Aortite associada a sífilis • Vasculite por imunocomplexo associada a medicamentos • Vasculite associada a câncer • Outras

Granulomatose com poliangeíte (Wegener)

A granulomatose com poliangeíte é a mais comum das vasculites associadas aos ANCA. Sua prevalência é de aproximadamente 1,5 a 3 casos/100 mil habitantes, sendo os adultos com idades entre 30 e 50 anos os principais afetados. A tríade clínica clássica é envolvimento das vias respiratórias superiores (sinusite, otite, ulcerações e deformidades ósseas), envolvimento do trato pulmonar (tosse, dor torácica, dispneia e hemoptise) e glomerulonefrite.

As lesões histopatológicas típicas pulmonares da granulomatose com poliangeíte incluem múltiplos nódulos pulmonares bilaterais com frequentes cavitações, que representam áreas de necrose parenquimatosa, inflamação granulomatosa e vasculite. Artérias, veias ou capilares podem ser acometidos, sendo que as paredes dos vasos são parcialmente ou completamente substituídas por infiltrados inflamatórios que contêm neutrófilos, linfócitos, eosinófilos e histiócitos epiteliais. Granulomas necrosantes ou alterações vasculares cicatriciais também podem ser encontrados.

O diagnóstico e o controle da granulomatose com poliangeíte foram facilitados com a capacidade de calcular os níveis séricos de ANCA. Aproximadamente 90% dos pacientes apresentam ANCA citoplasmático positivo e este marcador é encontrado em cerca de 50% dos pacientes com a forma localizada da doença.

Achados de imagem

- Múltiplos nódulos e massas pulmonares: são os achados radiológicos mais comuns da granulomatose com poliangeíte (Figura 18). Podem variar de alguns milímetros a mais de 10 cm de diâmetro, sendo que raramente apresentam padrão reticulonodular. Geralmente são bilaterais, randômicos, sem predileção por qualquer região pulmonar. A cavitação é comum nos nódulos maiores que 2 cm, geralmente com paredes espessas e irregulares (Figuras 19 a 21). A presença de halo em vidro fosco circundando o nódulo (sinal do halo) ocorre em mais de 15% dos casos e expressa hemorragia alveolar.
- Consolidação e atenuação em vidro fosco: podem ser bilaterais, esparsas ou confluentes, acometendo até mesmo um lobo pulmonar inteiro. A consolidação pode ser um achado isolado ou estar associada aos nódulos pulmonares, sendo geralmente secundária a hemorragia alveolar.
- Alterações das vias aéreas: espessamento parietal e estenoses podem acometer a traqueia ou os brônquios. O comprometimento pode ser unilateral ou bilateral, e até 90% das lesões da traqueia são localizadas na região subglótica. As estenoses brônquicas podem resultar em atelectasia subsegmentar, lobar ou total.

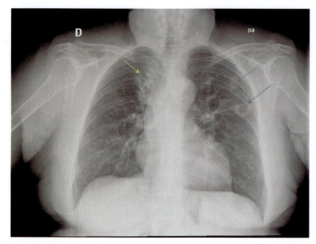

Figura 18 Granulomatose com poliangeíte (Wegener). Radiografia de tórax demonstrando massa (seta amarela) e nódulos pulmonares de tamanhos variados (setas azuis), alguns cavitados.

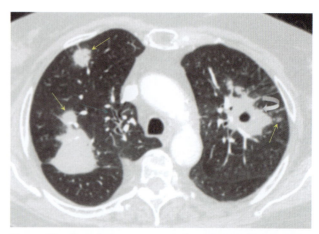

Figura 20 Granulomatose com poliangeíte (Wegener). Tomografia computadorizada de tórax demonstrando espessamento de paredes brônquicas (seta azul), nódulos de tamanhos variados (setas amarelas) e massas – uma delas com cavitação central de paredes finas (seta curva).

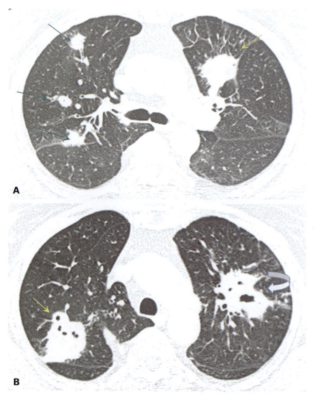

Figura 19 A e B: Granulomatose com poliangeíte (Wegener). Tomografia computadorizada de tórax demonstrando múltiplos nódulos (setas azuis) e massas pulmonares (setas amarelas), algumas cavitadas, destacando-se uma delas com nível hidroaéreo (seta curva).

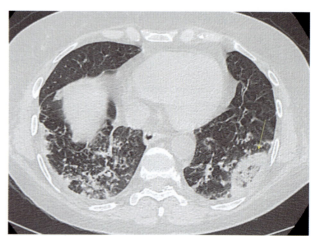

Figura 21 Granulomatose com poliangeíte (Wegener). Tomografia computadorizada de tórax demonstrando opacidade com sinal do halo invertido (seta), sugerindo provável necrose.

- Alterações pleurais: o derrame pleural está presente em até 10% dos casos, podendo ser unilateral ou bilateral. Espessamento pleural e pneumotórax são raros.
- Linfadenopatia: o aumento dos linfonodos hilares e mediastinais pode ocorrer em cerca de 5% dos casos.

Granulomatose eosinofílica com poliangeíte (Churg-Strauss)

A granulomatose eosinofílica com poliangeíte é caracterizada pela tríade clínica de asma, hipereosinofilia e vasculite necrosante. Acomete tanto homens quanto mulheres, geralmente adultos de meia-idade, e a incidência anual é estimada em 0,24 caso por 100 mil habitantes O diagnóstico é baseado na presença de quatro ou mais dos seis seguintes critérios:

- Asma.
- Eosinofilia periférica > 10%.
- Anormalidades dos seios paranasais.
- Opacidades pulmonares transitórias ou migratórias.
- Mononeuropatia ou polineuropatia periférica.
- Biópsia demonstrando eosinófilos extravasculares.

Os achados histológicos no pulmão incluem infiltrado inflamatório granulomatoso rico em eosinófilos e vasculite necrosante de pequenos vasos.

Os pacientes inicialmente apresentam uma história de doenças alérgicas (polipose nasal, sinusite ou asma) que precede outros sintomas por meses ou anos. Os sintomas pulmonares surgem durante a fase de vasculite e incluem principalmente tosse. O envolvimento cardíaco é a principal causa de mortalidade, em decorrência da arterite coronariana e da miocardite.

Achados de imagem

- Consolidação ou opacidades em vidro fosco: são os achados radiológicos mais frequentes, sendo geralmente transitórios, bilaterais, não segmentares, com predomínio periférico, sem predileção por qualquer zona pulmonar craniocaudal (Figura 22). Esse aspecto é semelhante à pneumonia eosinofílica e à pneumonia em organização.
- Nódulos ou massas: variam de 0,5 a 3,5 cm de diâmetro e podem ser escavados ou apresentarem o sinal do halo em vidro fosco (Figura 22). Nódulos centrolobulares com atenuação em vidro fosco são menos frequentes.
- Espessamento dos septos interlobulares: geralmente está relacionado a edema septal, infiltrado eosinofílico ou fibrose.
- Alterações das vias aéreas: opacidades centrolobulares com aspecto de árvore em brotamento, dilatação brônquica, espessamento de paredes brônquicas e parênquima pulmonar com padrão de atenuação em mosaico são achados que podem ser encontrados na asma, entidade quase sempre presente na granulomatose eosinofílica com poliangeíte (Figura 22).
- Alterações pleurais: o derrame pleural unilateral ou bilateral está presente em até 50% dos casos, podendo ser secundária a cardiomiopatia ou a pleurite eosinofílica.
- Linfadenopatia: o aumento dos linfonodos hilares ou mediastinais é incomum, porém, pode ocorrer secundário ao edema pulmonar ou à infiltração eosinofílica.
- Aumento do calibre das artérias pulmonares periféricas (achado raro).

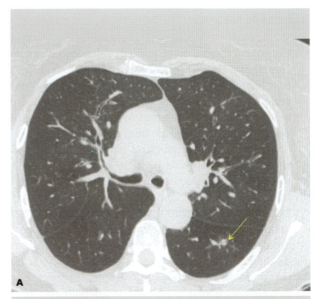

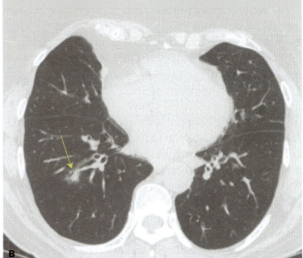

Figura 22 Granulomatose eosinofílica com poliangeíte (Churg--Strauss). A e B: Tomografia computadorizada de tórax demonstrando espessamento de paredes brônquicas (seta azul) e nódulos com tênue halo em vidro fosco (setas amarelas).

Poliangeíte microscópica

A poliangeíte microscópica é uma vasculite necrosante não granulomatosa de pequenos vasos. É a causa mais comum da síndrome renopulmonar, caracterizada por hemorragia pulmonar e glomerulonefrite.

A apresentação clínica inclui uma longa fase prodrômica de sintomas como febre e perda de peso, seguida pelo desenvolvimento de glomerulonefrite rapidamente progressiva. Dispneia, hemoptise e anemia progressiva são manifestações comuns. A poliangeíte microscópica é clinicamente diferente da poliarterite nodosa, uma vasculite de vasos de médio calibre e na qual o envolvimento arterial pulmonar é raro.

Achados de imagem

- Consolidação e/ou atenuação em vidro fosco: são secundárias a HAD (Figura 23). Geralmente são extensas e bilaterais, mas podem ser mais proeminentes nas regiões peri-hilares e nas zonas pulmonares médias e basais, tendendo a preservar os ápices pulmonares e os seios costofrênicos. As áreas de atenuação em vidro fosco podem se associar a espessamento liso dos septos interlobulares de permeio (aparência de pavimentação em mosaico), em média com 2 a 3 dias, demonstrando reabsorção da hemorragia.
- Nódulos centrolobulares: podem estar presentes refletindo acúmulo intra-alveolar de macrófagos pulmonares. Os nódulos são uniformes, com 1 a 3 mm de diâmetro, com distribuição difusa, sem zona de predomínio.
- Achados de fibrose pulmonar: ocasionalmente presentes em casos de hemorragia de repetição e indicam prognóstico ruim.
- Alterações pleurais: o derrame pleural pode estar presente em aproximadamente 15% dos casos.

Doença de Behçet

A doença de Behçet é uma vasculite sistêmica crônica rara caracterizada por ulcerações orais e genitais recorrentes, uveítes e manifestações clínicas relacionadas a múltiplos órgãos sistêmicos. A doença usualmente se apresenta na 2ª ou 3ª décadas de vida, sem predileção significativa entre os sexos. O comprometimento pulmonar na doença de Behçet pode estar presente em até 10% dos casos. A vasculite pode envolver grandes, médios ou pequenos vasos, tanto da circulação arterial como da venosa, sendo o acometimento venoso mais comum.

As lesões vasculares encontradas na doença de Behçet são oclusão arterial, oclusão venosa, aneurismas e varizes. A doença de Behçet é a causa mais comum de aneurisma arterial pulmonar, sendo que o processo fisiopatológico é inflamação da parede da artéria com destruição das fibras elásticas e dilatação do lúmen do vaso.

Os achados torácicos incluem dispneia, tosse, dor torácica e hemoptise. A hemoptise é o achado mais comum e pode representar uma das causas de morte. Os aneurismas se desenvolvem rapidamente, portanto a mensuração de suas dimensões não pode ser utilizada como predição do risco de ruptura. Sintomas de síndrome da veia cava superior, causados por sua trombose, também podem estar presentes na doença de Behçet.

Achados de imagem

Os achados de imagem na doença de Behçet incluem massas pulmonares secundárias a aneurismas das artérias pulmonares; consolidações secundárias a infarto ou hemorragia; e alargamento mediastinal secundário à trombose da veia cava superior.

- Aneurismas: os aneurismas na doença de Behçet podem ser fusiformes ou saculares; sendo geralmente múltiplos, bilaterais e variando de 1 a 3 cm de diâmetro. Podem se manifestar nas radiografias de tórax como opacidades peri-hilares arredondadas ou como um aumento hilar de rápida evolução. A TC e a ressonância magnética (RM) podem oferecer melhores informações sobre o tamanho e a localização dos aneurismas e inclusive evidenciar aneurismas trombosados. A localização comum é nos lobos inferiores ou nas artérias pulmonares principais. O espessamento das paredes aneurismáticas assim como a trombose parcial ou completa são achados comuns. As dilata-

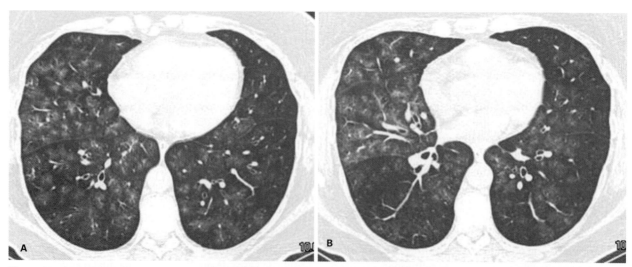

Figura 23 Poliangeíte microscópica. A e B: Tomografia computadorizada de tórax demonstrando múltiplas opacidades em vidro fosco com distribuição lobular secundárias a hemorragia alveolar.

ções aneurismáticas também podem acometer a aorta, as artérias coronárias e as artérias subclávias.
- Consolidação e/ou opacidades em vidro fosco: podem ser focais, multifocais ou difusas, geralmente representando hemorragia pulmonar decorrente da vasculite ou da ruptura de um aneurisma arterial pulmonar. Nos infartos pulmonares, as áreas de consolidação podem apresentar localização periférica, base pleural e hipodensidade central (sinal do halo invertido).
- Oligoemia: pode estar presente em pacientes com trombose da artéria pulmonar, sendo caracterizada por área de redução da atenuação ou da vascularização pulmonar.
- Trombose da veia cava superior: é identificada na radiografia de tórax sob a forma de alargamento mediastinal. Pode ser acompanhada por trombose de outras veias mediastinais, assim como por trombose intracardíaca (principalmente de câmaras direitas), neste caso podendo coexistir com tromboembolismo arterial pulmonar, trombose venosa e fibrose endomiocárdica.
- Alterações pleurais: o derrame pleural pode ser unilateral ou bilateral. Geralmente é consequente ao infarto pulmonar e menos frequentemente representa hemotórax (secundário à ruptura de artéria pulmonar) ou quilotórax (secundário à trombose da veia cava superior ou da veia braquiocefálica).

Arterite de Takayasu

A arterite de Takayasu é uma arterite idiopática crônica caracterizada por estenoses em artérias de grande calibre com grande predileção pela aorta e seus ramos. O envolvimento da artéria pulmonar pode ocorrer em cerca de 15% dos pacientes, porém o seu comprometimento isolado é raro. A doença é mais comum na Ásia, geralmente em mulheres com idade entre 10 e 40 anos. A incidência anual é estimada em 0,12 a 0,26 caso por 100.000 habitantes.

A arterite de Takayasu é caracterizada pela inflamação granulomatosa da parede arterial, com marcada proliferação intimal e fibrose das camadas média e adventícia, que eventualmente podem levar a estenose, oclusão, dilatação pós-estenótica e formações aneurismáticas.

As manifestações clínicas geralmente apresentam um padrão trifásico de expressão. Esse padrão é caracterizado por uma fase precoce com sintomas sistêmicos não específicos como febre baixa, mialgia, perda de peso e fadiga; por uma fase inflamatória vascular; e por uma fase oclusiva tardia, na qual os sintomas mais comuns são pulsos reduzidos ou ausentes (em até 96% dos pacientes), tipicamente associados a claudicação de membros. Porém, essa sequência de manifestações ocorre na minoria dos pacientes, uma vez que a doença geralmente é recorrente, podendo coexistir mais de uma fase ao mesmo tempo. Os sintomas relacionados ao comprometimento vascular podem ser minimizados pela presença de circulação colateral. Os achados laboratoriais são inespecíficos, portanto os achados de imagem são de grande importância para o auxílio diagnóstico.

Achados de imagem

A radiografia de tórax na arterite de Takayasu pode demonstrar alterações na aorta como irregularidades dos contornos (secundária a estenose multifocal) e calcificações parietais precoces para a faixa etária, além de ectasia do arco aórtico, aneurismas da aorta descendente, cardiomegalia e irregularidade da borda inferior de arcos costais secundária à presença de circulação colateral.

A TC e a RM podem fornecer informações do estágio precoce da arterite de Takayasu, como espessamento das paredes vasculares (Figura 24), antes mesmo do aparecimento das alterações luminais (estenose multifocal e dilatações aneurismáticas) (Figuras 25 e 26). A tomografia sem con-

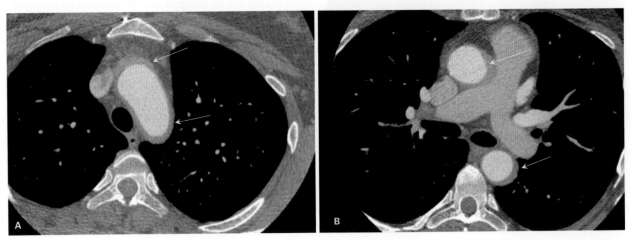

Figura 24 Arterite de Takayasu. A e B: Espessamento parietal da aorta torácica (setas).

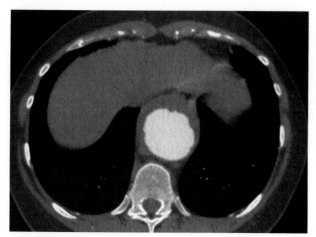

Figura 25 Arterite de Takayasu. Aneurisma da aorta toracoabdominal com espessamento parietal.

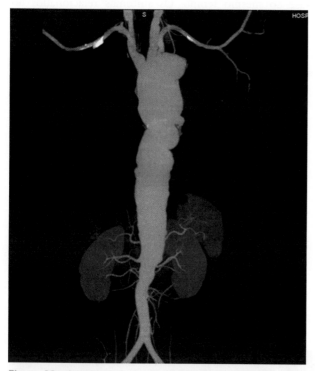

Figura 26 Arterite de Takayasu. Reformatação demonstrando estenose multifocal e dilatações aneurismáicas da aorta torácica.

traste pode evidenciar hiperatenuação da parede da aorta ou da artéria pulmonar com ou sem calcificações. O aumento da atenuação da gordura mediastinal adjacente à aorta e à artéria pulmonar principal e o espessamento circunferencial (de 1 a 4 mm) com realce tardio pós-contraste endovenoso das paredes da aorta e de outros vasos acometidos podem denotar sinais de atividade inflamatória da doença.

O envolvimento da artéria pulmonar é geralmente uma manifestação tardia da doença. O achado mais característico é a estenose ou oclusão de artérias segmentares ou subsegmentares, principalmente nos lobos superiores. Essas anormalidades vasculares podem ser acompanhadas de áreas de perfusão em mosaico do parênquima pulmonar correspondente.

A tomografia por emissão de pósitrons (PET) com 18F-fluorodesoxiglicose (FDG) é um bom indicador de inflamação das paredes vasculares. Esse método também é útil no acompanhamento dos pacientes, uma vez que a intensidade do acúmulo do FDG pode indicar o grau de resposta a terapia.

Síndrome de Goodpasture

A síndrome de Goodpasture é uma vasculite rara de pequenos vasos, que geralmente ocorre em adultos jovens do sexo masculino, sendo caracterizada pela tríade clínica: presença de anticorpo antimembrana basal no sangue periférico, HAD e glomerulonefrite. A presença de anticorpo antimembrana basal no sangue periférico a diferencia de outras síndromes nefropulmonares associadas a HAD e glomerulonefrite.

A hemorragia alveolar ou a presença de macrófagos com hemossiderina são achados histológicos da doença. O depósito linear de IgG sobre as membranas basais dos alvéolos e dos glomérulos, assim como a evidência de glomerulonefrite são dados utilizados no diagnóstico da síndrome de Goodpasture, sendo a biópsia renal importante na confirmação diagnóstica.

Tosse, dispneia, fraqueza, anemia e hemoptise são sintomas da síndrome de Goodpasture. A hemoptise é o principal achado da doença, podendo preceder a glomerulonefrite em até meses. Hematúria, proteinúria e insuficiência renal são sintomas renais comuns, mas nem sempre estão presentes.

Achados de imagem

Os achados de imagem são decorrentes da hemorragia alveolar, caracterizada por opacidades mal definidas e áreas de consolidação, geralmente bilaterais e simétricas, com frequente predominância peri-hilar, tendendo a poupar os ápices pulmonares (Figura 27). As consolidações geralmente desaparecem em 2 a 3 dias, permanecendo opacidades lineares e espessamento dos septos interlobulares, que podem persistir em até 2 semanas após o episódio agudo de hemorragia. A TC realizada na fase de remissão pode demonstrar nódulos centrolobulares com margens mal definidas, reticulações e espessamento dos septos interlobulares (Figura 27). Pacientes com hemorragias de repetição podem apresentar sinais de fibrose com distorção arquitetural pulmonar.

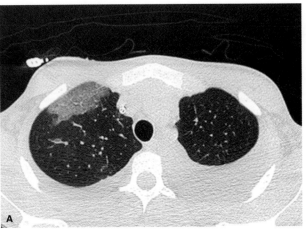
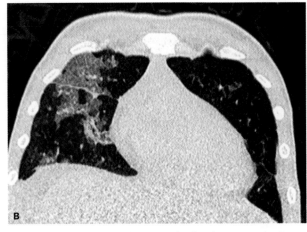

Figura 27 Síndrome de Goodpasture. Tomografia computadorizada de tórax demonstrando hemorragia alveolar caracterizada por opacidades em vidro fosco associadas a espessamento dos septos de permeio (padrão de pavimentação em mosaico).

Bibliografia sugerida

1. American Thoracic Society. European Respiratory Society international multidisciplinary consensus classification of the idiopathic intersticial pneumonias. Am J Resp Crit Care Med. 2002;165:277-84.
2. Aparicio IJ, Lee JS. Connective tissue disease-associated interstitial lung diseases: unresolved issues. Semin Respir Crit Care Med. 2016;37:468-76.
3. Bailey EE, Fiorentino DF. Amyopathic dermatomyositis: definitions, diagnosis, and management. Curr Rheumatol Rep. 2014;16:465.
4. Bohan A, Peter JB. Polymyositis and dermatomyositis. N Engl J Med. 1975;292:344-7,403-7.
5. Capobianco J, Grimberg A, Thompson BM, Antunes VB, Jasinowodolinski D, Meirelles GSP. Thoracic manifestations of collagen vascular diseases. Radiographics. 2012; 32:33-50.
6. Castañer E, Alguersuari A, Andreu M, Gallardo X, Spinu C, Mata JM. Imaging findings in pulmonary vasculitis. Semin Ultrasound CT MRI. 2012;33:567-79.
7. Castaner E, Alguersuari A, Gallardo X, Andreu M, Pallardó Y, Mata JM, et al. When to suspect pulmonary vasculites: radiologic and clinical clues. Radiographics. 2010;30:33-53.
8. Chung MP, Yi CA, Lee HY, Han J, Lee KS. Imaging of pulmonary vasculitis. Radiology. 2010;255(2):322-41.
9. Ciang NCO, Pereira N, Isenberg DA. Mixed connective tissue disease: enigma variations. Rheumatology. 2016.
10. Collins CE, Quismorio FP Jr. Pulmonary involvement in microscopic polyangiitis. Curr Opin Pulm Med. 2005;11(5):447-51.
11. Daum TE, Speecks U, Colby TV, Edell ES, Brutinel MW, Prakash UB, et al. Tracheobronchial involvment in Wegener's granulomatosis. Am J Respir Crit Care Med. 1995;151:522-6.
12. Doyle TJ, Patel AS, Hatabu H, Nishino M, Wu G, Osorio JC, et al. Detection of rheumatoid arthritis: interstitial lung disease is enhanced by serum biomarkers. Am J Respir Crit Care Med. 2015;191(12):1403-12.
13. Erkan F, Gül A, Tasali E. Pulmonary manifestations of Behçet's disease. Thorax. 2001;56(7):572-8.
14. Feragalli B, Mantini C, Sperandeo M, Galluzzo M, Belcaro G, Tartaro A, et al. The lung in systemic vasculitis: radiological patterns and differential diagnosis. Br J Radiol. 2016;89:1061.
15. Frankel SK, Sullivan EJ, Brown KK. Vasculitis: Wegener granulomatosis, Churg-Strauss syndrome, microscopic polyangiitis, polyarteritis nodosa, and Takayasu arteritis. Crit Care Clin. 2002;18(4):855-79.
16. Gotway MB, Araoz PA, Macedo TA, Stanson AW, Higgins CB, Ring EJ, et al. Imaging findings in Takayasu's arteritis. AJR Am J Roentgenol. 2005;184:1945-50.
17. Gutsche M, Rosen GD, Swigris JJ. Connective tissue disease-associated interstitial lung disease: a review. Curr Respir Care Rep. 2012;1:224-32.
18. Hansell DM. Small-vessel diseases of the lung: CT-pathologic correlates. Radiology. 2002;225(3):639-53.
19. Hiller N, Lieberman S, Chajek-Shaul T, Bar-Ziv J, Shaham D. Thoracic manifestations of Behçet disease at CT. Radiographics. 2004;24:801-8.
20. Kanathur N, Lee-Chiong T. Pulmonary manifestations of ankylosing spondylitis. Clin Chest Med. 2010;31:547-54.
21. Katzenstein AL. Diagnostic features and differential diagnosis of Churg-Strauss syndrome in the lung: a review. Am J Clin Pathol. 2000;114:767-72.
22. Kim YK, Lee KS, Chung MP, Han J, Chong S, Chung MJ, et al. Pulmonary involvement in Churg-Strauss syndrome: an analysis of CT, clinical, and pathologic findings. Eur Radiol. 2007;17(12):3157-65.
23. Lee KS, Kim TS, Fujimoto K, Moriya H, Watanabe H, Tateishi U, et al. Thoracic manifestation of Wegener's granulomatosis: CT findings in 30 patients. Eur Radiol. 2003;13(1):43-51.
24. Lohrmann C, Uhl M, Kotter E, Burger D, Ghanem N, Langer M. Pulmonary manifestations of Wegener granulomatosis: CT findings in 57 patients and a review of the literature. Eur J Radiol. 2005;53(3):471-7.
25. Marten K, Schnyder P, Schirg E, Prokop M, Rummeny EJ, Engelke C. Pattern-based differential diagnosis in pulmonary vasculitis using volumetric CT. AJR Am J Roentgenol. 2005;184(3):720-33.
26. Massey H, Darby M, Edey A. Thoracic complications of rheumatoid disease. Clin Radiol. 2013;68:293-301.
27. Mathai SC, Danoff SK. Management of interstitial lung disease associated with connective tissue disease. BMJ. 2016;352.
28. Nurmi, HM, Purokivi MK, Kärkkäinen MS, Kettunen HP, Selander TA, Kaarteenaho RL. Variable course of disease of rheumatoid arthritis-associated usual interstitial pneumonia compared to other subtypes. BMC Pulmonary Medicine. 2016;16:107.
29. Ohno Y, Koyama H, Yoshikawa T, Seki S. State-of-the-art imaging of the lung for connective tissue disease (CTD). Curr Rheumatol Rep. 2015;17:69.
30. Pagnoux C, Guilpain P, Guillevin L. Microscopic polyangiitis. Presse Med. 2007;36(5 pt 2):895-901.
31. Park JH, Kim DS, Park IN, Jang SJ, Kitaichi M, Nicholson AG, et al. Prognosis of fibrotic interstitial pneumonia: idiopathic versus collagen vascular disease-relates subtypes. Am J Respir Crit Care Med. 2007;175:705-11.
32. Ravenel JG, McAdams HP. Pulmonary vasculitis: CT features. Semin Respir Crit Care Med. 2003;24(4):427-36.
33. Seo JB, Im JG, Chung JW, Song JW, Goo JM, Park JH, et al. Pulmonary vasculitis: the spectrum of radiological findings. Br J Radiol. 2000;73(875):1224-31.
34. Sharp C, McCabe M, Dodds N, Edey A, Mayers L, Adamali H, et al. Rituximab in autoimmune connective tissue disease associated interstitial lung disease. Rheumatology (Oxford). 2016;55(7):1318-24.
35. Silva CI, Müller NL, Fujimoto K, Johkoh T, Ajzen SA, Churg A. Churg-Strauss syndrome: high resolution CT and pathologic findings. J Thorac Imaging. 2005;20(2):74-80.

36. Silva CI, Müller NL. Churg-Strauss syndrome. In: Müller NL, Silva CIS, eds. Imaging of the chest. Philadelphia: Saunders-Elsevier; 2008. p.821-7.
37. Silva CI, Muller NL. Intersticial lung disease in the setting of collagen vascular disease. Semin Roentgenol. 2010;45:22-8.
38. Smolen JS, Landewé R, Breedveld FC, Buch M, Burmester G, Dougados M, et al. EULAR recommendations for the management of rheumatoid arthritis with synthetic and biological disease-modifying antirheumatic drugs: 2013 update. Ann Rheum Dis. 2014;73(3):492-509.
39. Tachikawa R, Tomii K, Ueda H, Nagata K, Nanjo S, Sakurai A, et al. Clinical features and outcome of acute exacerbation of intersticial pneumonia: collagen vascular diseases-related versus idiopathic. Respiration. 2012;83:20-7.
40. Volkmann E, Tashkin DP. Treatment of systemic sclerosis-related interstitial lung disease: a review of existing and emerging therapies. Ann Am Thorac Soc. 2016;13(11):2045-56.
41. Watanabe N, Sakamoto K, Taniguchi H, Kondoh Y, Kimura T, Kataoka K, et al. Efficacy of combined therapy with cyclosporin and low-dose prednisolone in interstitial pneumonia associated with connective tissue disease. Respiration. 2014;87:469-77.

7

Doenças das vias aéreas

Gustavo Borges da Silva Teles

Alterações das vias aéreas centrais

As doenças da traqueia são raras e podem ter diferentes etiologias, incluindo alterações infecciosas, inflamatórias, pós-traumáticas, neoplásicas e idiopáticas. De acordo com o tipo de comprometimento, as patologias traqueais podem ser didaticamente divididas em focais ou difusas. A radiografia de tórax costuma ter um papel limitado na avaliação dessas condições. A tomografia computadorizada é o método de escolha para a avaliação das diferentes doenças traqueais, com a possibilidade de utilizar reformatações multiplanares e reconstruções tridimensionais, além de apresentar excelente correlação com a broncoscopia.

Doenças focais da traqueia

Estenose traqueal pós-intubação

Embora estenoses focais da traqueia possam ser consequência de processos inflamatórios, infecciosos ou neoplásicos, na maioria das vezes sua causa é iatrogênica, relacionada com intubação traqueal prévia. A estenose pós-intubação resulta da pressão excessiva promovida pelo balão da cânula de intubação sobre a parede da traqueia, tendo como consequências necrose da mucosa, fibrose e estreitamento luminal. Os pacientes com estenose traqueal podem apresentar estridor, sibilos e dispneia, que variam de acordo com o grau de estenose; indivíduos com estreitamentos luminais leves podem ser assintomáticos.

Achados radiológicos

A estenose pós-intubação caracteriza-se por espessamento parietal concêntrico (ou excêntrico) da traqueia acompanhado de estreitamento luminal, geralmente envolvendo um curto segmento traqueal (cerca de 2 cm de extensão), muitas vezes na região subglótica. Em alguns casos, a estenose traqueal também está associada a traqueomalácia em virtude de fraqueza e fragmentação da cartilagem traqueal, sendo possível seu diagnóstico por meio de uma aquisição expiratória dinâmica (Figura 1).

Neoplasias traqueais

As neoplasias primárias da traqueia são bastante raras. Os tumores malignos representam a maioria dos ca-

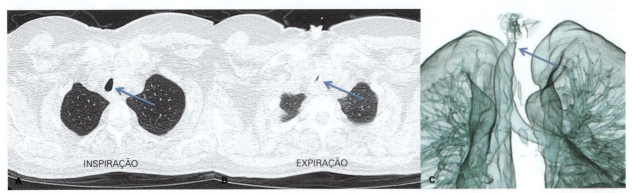

Figura 1 Estenose traqueal pós-intubação. Imagens axiais (A e B) e reconstrução tridimensional (C) de tomografia computadorizada de tórax demonstram redução luminal traqueal na região subglótica (setas), que se acentua na aquisição obtida em expiração dinâmica.

sos observados em adultos, sendo o carcinoma de células escamosas o tipo histológico mais frequente, seguido pelo carcinoma adenoide cístico; o primeiro origina-se a partir do epitélio superficial da traqueia, enquanto o segundo, do epitélio das glândulas traqueobrônquicas. Existem vários outros tumores malignos traqueais menos frequentes do que esses, por exemplo, tumor carcinoide, carcinoma mucoepidermoide, condrossarcoma, adenocarcinoma, linfoma e plasmocitoma.

Entre as neoplasias traqueais benignas, o papiloma de células escamosas corresponde ao tumor mais comum, podendo ser único ou múltiplo. Existem ainda outras neoplasias traqueais benignas mais raras, por exemplo, incluindo hamartoma, leiomioma, condroma, lipoma e schwannoma. As principais manifestações clínicas dos tumores traqueais incluem dispneia, tosse, hemoptise, sibilância e estridor. Os sintomas costumam ser importantes somente quando já existe obstrução traqueal significativa pela neoplasia, o que significa algo em torno de 75% de redução luminal das vias aéreas.

Achados radiológicos

Nódulo ou massa intraluminal representam as manifestações radiológicas mais comuns das neoplasias traqueais. Podem ser identificadas lesões intraluminais polipoides ou sésseis, geralmente com atenuação de partes moles. As neoplasias benignas costumam ter menos de 2 cm, limites bem definidos e superfície regular; por sua vez, os tumores malignos comumente medem entre 2 e 4 cm, têm contornos irregulares e podem estar associados a espessamento parietal traqueal, em geral excêntrico, e a sinais de invasão mediastinal. Ainda que restrita a situações bastante específicas, a caracterização de gordura no interior de uma lesão expansiva das vias aéreas centrais é fortemente sugestiva de hamartoma ou lipoma; por sua vez, a identificação de calcificação favorece um tumor de matriz cartilaginosa (condroma ou condrossarcoma).

Carcinoma de células escamosas

O carcinoma de células escamosas é mais frequente em pacientes do sexo masculino, entre 50 e 60 anos, e está relacionado ao tabagismo. Manifesta-se como uma lesão séssil de grandes dimensões no momento do diagnóstico, condicionando estreitamento assimétrico da luz traqueal (Figura 2). A neoplasia pode apresentar metástases para linfonodos regionais e invasão mediastinal circunjacente. Extensão para os brônquios principais é observada em cerca de 25% dos casos, podendo ainda existir complicações, como fístulas traqueoesofágicas, em cerca de 15% desses tumores.

Carcinoma adenoide cístico

O carcinoma adenoide cístico não tem predileção por sexo, nem parece apresentar nenhuma relação com o tabagismo. É mais comum em indivíduos por volta dos 40 anos. Geralmente se apresenta como uma lesão polipoide intraluminal de caráter infiltrativo (Figura 3), muitas vezes menor que 2 cm. Caracteristicamente, esses tumores não são encapsulados e disseminam-se ao longo dos feixes neurais e linfáticos, comumente já apresentando infiltração da submucosa de longos segmentos traqueais no momento do diagnóstico. Além disso, a invasão microscópica em geral é maior do que a observada nos exames de imagem, e até mesmo no ato cirúrgico.

Papiloma

O papiloma representa o tumor benigno solitário mais frequente da traqueia e costuma ocorrer por volta dos 50 anos, associado ao hábito de fumar. Geralmente se apresenta como uma pequena lesão séssil ou pedunculada originada a partir da parede da traqueia. Focos de displasia, carcinoma

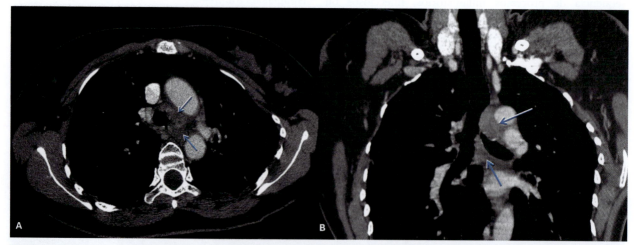

Figura 2 Carcinoma de células escamosas. Imagens axial (A) e coronal (B) de tomografia computadorizada de tórax demonstram lesão sólida heterogênea que se origina na parede lateral esquerda da traqueia distal, invade a gordura mediastinal e determina redução luminal da origem do brônquio principal esquerdo (setas).

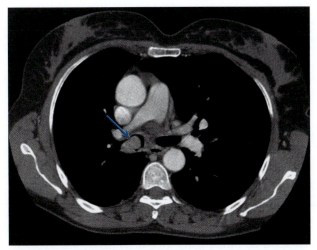

Figura 3 Carcinoma adenoide cístico. Imagem axial de tomografia computadorizada de tórax evidencia lesão sólida polipoide no interior do brônquio principal direito (seta).

in situ ou mesmo carcinoma invasivo podem ser identificados no interior de um papiloma de células escamosas.

Granulomatose com poliangeíte (granulomatose de Wegener)

A granulomatose com poliangeíte representa a principal vasculite sistêmica associada à presença de anticorpos anticitoplasma de neutrófilo com padrão citoplasmático (C-ANCA). Em sua forma clássica, é caracterizada pela tríade composta pelo comprometimento das vias aéreas superiores e inferiores, além de glomerulonefrite. A doença acomete pacientes de ambos os sexos com a mesma frequência, em diferentes faixas etárias, embora seja mais comum na quinta década de vida.

O envolvimento das vias aéreas centrais pode ser observado na granulomatose com poliangeíte, sendo mais frequente na região subglótica da traqueia, tipicamente manifestando-se por espessamento parietal acompanhado de estenose focal. Os brônquios principais, lobares e segmentares também podem ser envolvidos sob a forma de espessamento parietal e estenose focal.

Doenças difusas da traqueia

Policondrite recidivante

A policondrite recidivante é uma doença sistêmica caracterizada por surtos inflamatórios recorrentes que comprometem o tecido cartilaginoso das orelhas externas, septo nasal, articulações periféricas, laringe, traqueia e brônquios. Representa uma doença rara, de etiologia incerta, provavelmente autoimune e que acomete igualmente homens e mulheres, com idade de início entre 20 e 60 anos. O envolvimento das vias aéreas é observado em cerca de 50% dos casos e representa o principal fator de morbimortalidade da doença.

Achados radiológicos

O principal achado da policondrite recidivante na TC é o espessamento parietal traqueobrônquico associado à presença de calcificações. Por se tratar de uma doença do tecido cartilaginoso, o espessamento parietal com calcificações tipicamente preserva a porção membranosa posterior da traqueia e dos brônquios, uma característica de grande valia para se suspeitar do diagnóstico nos exames de imagem (Figura 4). A estenose traqueobrônquica representa uma complicação frequente da policondrite recidivante, podendo ser focal ou difusa. Outra complicação da doença, a traqueobroncomalácia, caracteriza-se por colapso luminal excessivo das vias aéreas durante a expiração, com redução superior a 50% da área de secção transversa.

Traqueobroncopatia osteocondroplástica

A traqueobroncopatia osteocondroplástica é uma doença extremamente rara, de etiologia desconhecida. Predomina no sexo masculino (em uma proporção de cerca de três homens para cada mulher) e o diagnóstico costuma ser feito entre as quinta e sexta décadas de vida. As principais manifestações clínicas incluem tosse, dispneia, sibilos, hemoptise e infecções de repetição, mas pode ser incidentalmente diagnosticada em indivíduos assintomáticos.

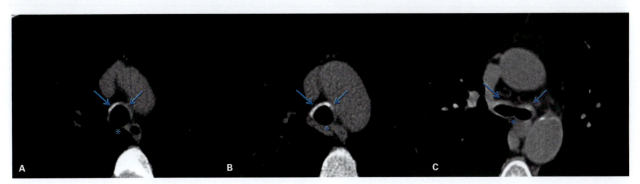

Figura 4 Policondrite recidivante. Imagens axiais de tomografia computadorizada de tórax evidenciam espessamento parietal regular da traqueia e brônquios principais (setas), com calcificações, que poupa a região membranosa posterior (*).

Achados radiológicos

Os principais achados de imagem são espessamento parietal difuso da traqueia, com pequenos nódulos calcificados associados, sobretudo na camada submucosa, que protruem para a luz traqueal, determinando graus variáveis de estreitamento luminal (Figura 5). Há preservação da porção membranosa posterior das vias aéreas, encontrando-se os nódulos submucosos calcificados caracteristicamente nas paredes laterais e anterior da traqueia.

Amiloidose

A amiloidose representa um complexo grupo de doenças relacionadas com distúrbios do metabolismo proteico, caracterizando-se por depósito extracelular de uma proteína fibrilar insolúvel, conhecida como amiloide. A doença pode ser hereditária ou adquirida, assim como sistêmica ou localizada. A amiloidose é observada em ambos os sexos com a mesma frequência, sendo mais comum a partir da quinta década de vida. Os achados torácicos da amiloidose podem ser categorizados em diferentes padrões radiológicos, sendo descritas as formas nodular pulmonar (a mais frequente), parenquimatosa difusa, traqueobrônquica e ganglionar. Além disso, o coração, as artérias pulmonares e o diafragma também podem ser comprometidos pela doença.

Achados radiológicos

A amiloidose traqueobrônquica manifesta-se tipicamente por espessamento parietal difuso da traqueia e dos brônquios centrais, que resulta em estreitamento luminal. Diferentemente do que se observa na policondrite recidivante e na traqueobroncopatia osteocondroplástica, o espessamento parietal das vias aéreas na amiloidose é circunferencial, afetando também a parede membranosa posterior. Calcificações podem ser observadas em associação ao espessamento parietal. O comprometimento das vias aéreas centrais sob a forma de nódulo ou massa intraluminal também é descrito na amiloidose, porém é ainda mais raro. Nesse caso, a doença entra no diagnóstico diferencial das neoplasias traqueais.

Papilomatose traqueobrônquica

A papilomatose traqueobrônquica resulta da infecção do trato respiratório pelo vírus do papiloma humano (HPV). Na maioria dos casos, limita-se à laringe. O comprometimento traqueal e dos brônquios centrais é muito menos frequente, ocorrendo em cerca de 5% dos pacientes. A infecção pelo HPV geralmente acontece já ao nascimento, durante a passagem pelo canal de parto contaminado, sendo a papilomatose observada com maior frequência em crianças entre 18 meses e 3 anos, acometendo ambos os sexos de forma igual. Ocasionalmente, a infecção do trato respiratório pode acontecer durante a vida adulta por contato oral com uma superfície mucosa infectada.

Achados radiológicos

Os principais achados radiológicos consistem em pequenos nódulos bem-definidos ou espessamento nodular difuso das vias aéreas centrais, determinando estreitamento luminal. Outro achado de imagem da papilomatose traqueobrônquica são múltiplos nódulos no parênquima pulmonar, frequentemente escavados e que podem resultar em cistos (Figura 7), encontrados quando ocorre a disseminação da infecção para as vias aéreas distais e os espaços alveolares (cerca de 1% dos casos). Os papilomas endobrônquicos também podem provocar bronquiectasias, impactações mucoides, atelectasias e pneumonite obstrutiva, assim como determinar aprisionamento aéreo em imagens tomográficas expiratórias.

Traqueia em bainha de sabre

A traqueia em bainha de sabre é observada quase exclusivamente em pacientes do sexo masculino, a maioria com doença pulmonar obstrutiva crônica (DPOC), sendo mais frequente a partir da sexta década de vida.

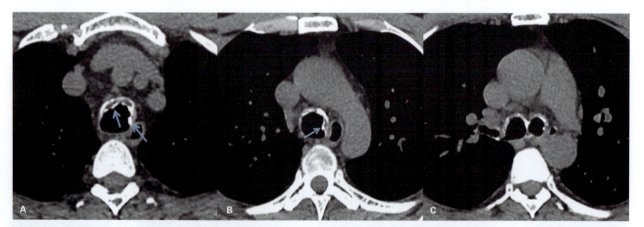

Figura 5 Traqueobroncopatia osteocondroplástica. Imagens axiais de tomografia computadorizada de tórax evidenciam espessamento parietal da traqueia e brônquios principais, com nódulos submucosos (setas) e calcificações, poupando a região membranosa posterior (*).

7 DOENÇAS DAS VIAS AÉREAS   175

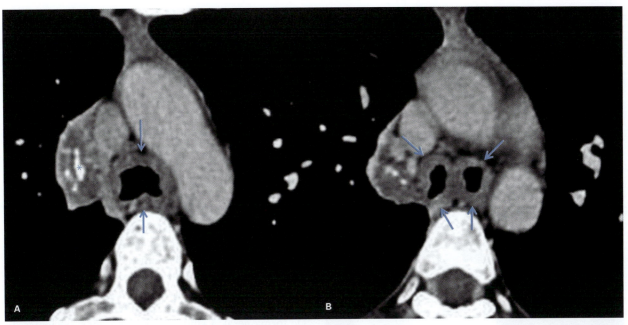

Figura 6   Amiloidose traqueobrônquica. Imagens axiais de tomografia computadorizada de tórax evidenciam espessamento parietal difuso e circunferencial da traqueia e dos brônquios principais (setas), acometendo inclusive a região membranosa posterior. Observe também atelectasia do lobo superior direito, com calcificações de permeio (*).

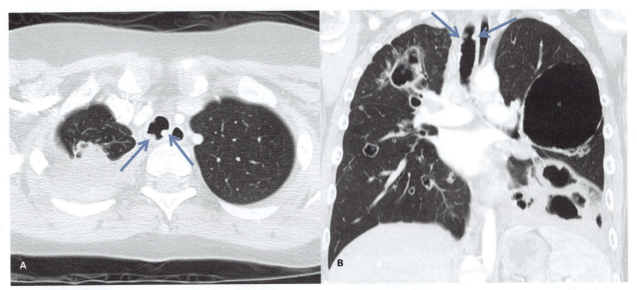

Figura 7   Papilomatose traqueobrônquica. Imagens axial (A) e coronal (B) de tomografia computadorizada de tórax evidenciam espessamento nodular da parede da traqueia (setas) associado a nódulos escavados e cistos pulmonares (*).

Achados radiológicos

A traqueia em bainha de sabre caracteriza-se pela redução do diâmetro laterolateral e aumento do diâmetro anteroposterior da traqueia, com consequente estreitamento luminal difuso (Figura 8). Caracteristicamente, as alterações são observadas apenas na porção intratorácica da traqueia, existindo, em geral, uma mudança abrupta de calibre no nível do introito torácico.

Traqueobroncomalácia

A traqueobroncomalácia é uma condição secundária à fraqueza da parede das vias aéreas centrais e do tecido cartilaginoso de suporte, resultando em colapso excessivo da árvore traqueobrônquica. Pode ser congênita, por exemplo, em virtude de distúrbios ou imaturidade do tecido cartilaginoso, ou adquirida, quando pode ser vista em associação com DPOC, compressão extrínseca

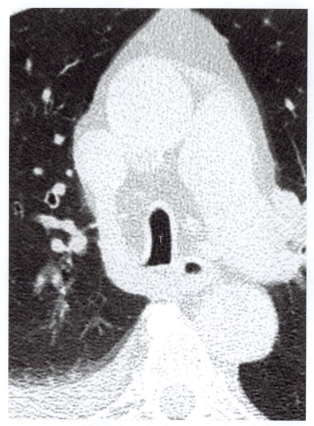

Figura 8 Traqueia em bainha de sabre. Imagem axial de tomografia computadorizada de tórax evidencia redução do diâmetro laterolateral e aumento do diâmetro anteroposterior da traqueia intratorácica.

traqueal de longa data (vascular, bócio tireoidiano etc.), policondrite recidivante, entre outras.

Achados radiológicos

A traqueobroncomalácia caracteriza-se por colapso excessivo das vias aéreas na expiração, com redução superior a 50% da área de secção transversa da traqueia e dos brônquios centrais comparativamente aos diâmetros luminais observados na inspiração. Alguns estudos sugerem que seja utilizado como ponto de corte uma redução superior a 70% para que o achado seja mais específico. A tomografia computadorizada com aquisições obtidas em inspiração e durante a expiração forçada (expiração dinâmica) é o método de imagem de escolha para o diagnóstico dessa condição. Um aspecto em "crescente" da traqueia, observado inclusive em cortes tomográficos inspiratórios, pode ser identificado em alguns casos de traqueobroncomalácia (Figura 9).

Traqueobroncomegalia

Também conhecida como síndrome de Mounier-Kuhn, a traqueobroncomegalia é uma patologia rara, de etiologia incerta, provavelmente relacionada com um defeito do tecido conjuntivo. Na maioria dos casos ocorre de forma esporádica, mas também pode ser observada em associação com as síndromes de Ehlers-Danlos e Marfan. De forma geral, a síndrome acomete mais pacientes do sexo masculino entre as terceira e quinta décadas de vida.

É importante ressaltar que alguns indivíduos com patologias pulmonares crônicas fibrosantes, talvez em decorrência de tosse de longa evolução e infecções de repetição, também podem apresentar dilatação difusa da traqueia (traqueomegalia), uma condição que difere da síndrome de Mounier-Kuhn.

Achados radiológicos

Embora exista alguma variação na literatura, os diâmetros normais máximos da traqueia são de 25 mm (transverso) e 27 mm (anteroposterior), no sexo masculino, e 21 mm (transverso) e 23 mm (anteroposterior), no sexo feminino; por sua vez, os brônquios principais direito e esquerdo podem ter, em seus diâmetros anteroposteriores, até 21 e 18 mm nos homens e 20 e 17 mm nas mulheres, respectivamente. Na traqueobroncomegalia, os

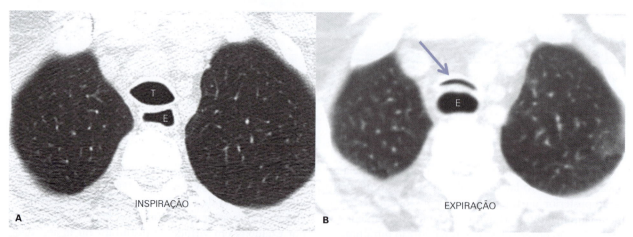

Figura 9 Traqueomalácia. Imagens axiais de tomografia computadorizada de tórax evidenciam alteração morfológica da traqueia com aspecto "biconvexo" na imagem em inspiração e redução luminal significativa da sua área de secção transversa na aquisição obtida em expiração dinâmica (seta).

diâmetros da traqueia e dos brônquios principais excedem os valores mencionados. Além da dilatação difusa das vias aéreas centrais, a TC demonstra um aspecto ondulado da parede traqueal e dos brônquios, característico dessa condição (Figura 10). Divertículos traqueobrônquicos, localizados ou difusos (diverticulose), são frequentemente observados em pacientes com a síndrome de Mounier-Kuhn, porém são raros na traqueomegalia secundária a patologias pulmonares crônicas fibrosantes.

Bronquiectasias

As bronquiectasias representam dilatações irreversíveis dos brônquios. Existem inúmeras causas conhecidas de bronquiectasias, sendo as infecções a causa mais frequente. As bronquiectasias podem resultar de infecções agudas, crônicas ou recorrentes das mais variadas etiologias, incluindo bacteriana, micobacteriana, viral e fúngica.

As bronquiectasias também podem estar relacionadas com diversas anomalias genéticas, particularmente aquelas que cursam com alterações estruturais brônquicas, imunodeficiências ou comprometimento da função mucociliar. Fibrose cística, discinesia ciliar primária, deficiência de alfa-1-antitripsina, síndrome de Williams-Campbell, síndrome de Mounier-Kuhn e algumas imunodeficiências (p. ex., IgA-IgG) representam as principais anomalias congênitas associadas ao desenvolvimento de bronquiectasias.

Doenças não infecciosas que promovem inflamação crônica das vias aéreas (p. ex., asma), obstrução brônquica por neoplasia ou corpo estranho, doenças do colágeno e pneumopatias fibrogênicas também são condições que podem cursar com o desenvolvimento de bronquiectasias. Vale ressaltar que, a despeito de todas as patologias listadas, uma causa específica de bronquiectasias pode não ser identificada em até 40% dos pacientes.

As bronquiectasias podem ser focais ou difusas e tradicionalmente são classificadas em três tipos, de acordo com o grau e o formato da dilatação brônquica: cilíndricas, varicosas e císticas. Um quarto tipo descrito de bronquiectasias, as chamadas bronquiectasias de tração, são aquelas observadas em associação com áreas de fibrose e apresentam paredes irregulares e tortuosas. Embora os exames de imagem não apresentem boa eficácia para a determinação da causa das bronquiectasias na maioria dos casos, sua utilidade, em especial da tomografia computadorizada, relaciona-se com o fato de permitirem uma avaliação relativamente precisa da extensão e da distribuição da doença, o que, em algumas situações específicas, pode ajudar a estreitar o diagnóstico diferencial.

Achados de imagem

Radiografia

A radiografia de tórax apresenta limitações importantes para o diagnóstico de bronquiectasias. Em função do processo inflamatório que geralmente acompanha as bronquiectasias, as paredes brônquicas tornam-se visíveis na radiografia, originando linhas paralelas ("trilhos de trem") que podem ser mais bem caracterizadas nas bases pulmonares na radiografia de frente, bem como no lobo médio e na língula na incidência em perfil. Quando visualizadas de frente (em corte transversal), as bronquiectasias formam imagens anelares ou císticas (Figura 11),

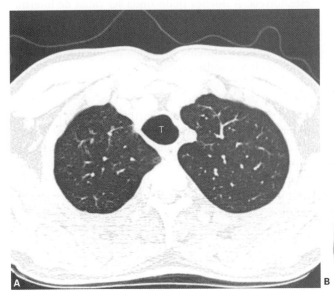
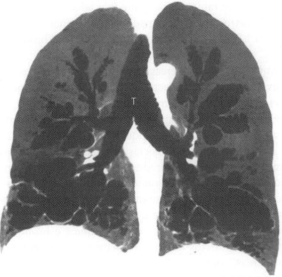

Figura 10 Traqueobroncomegalia. A: Imagem axial de tomografia computadorizada (TC) de tórax evidencia dilatação da traqueia com aspecto ondulado da sua parede. B: Imagem coronal de TC de tórax com projeção de intensidade mínima (MinIP) evidencia dilatação da traqueia e brônquios principais, associada a múltiplas bronquiectasias bilaterais.

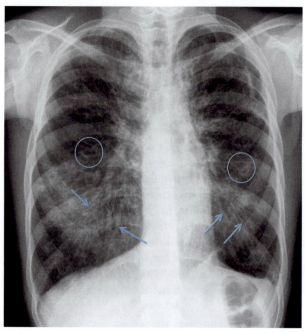

Figura 11 Bronquiectasias. Radiografia de tórax posteroanterior (PA) evidencia linhas paralelas ("trilhos de trem") (setas) e imagens anelares (círculos) indicativas de bronquiectasias.

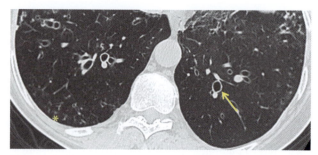

Figura 12 Bronquiectasias. Imagem axial de tomografia computadorizada de tórax evidencia aumento do calibre brônquico em relação à artéria pulmonar adjacente, caracterizando o sinal do anel de sinete (seta). Observe também micronódulos centrolobulares esparsos, indicando preenchimento bronquiolar (*).

que algumas vezes apresentam secreção luminal, formando níveis hidroaéreos. Faixas de atelectasia, opacidades mal definidas e áreas de consolidação do parênquima podem ser identificadas associadamente às bronquiectasias.

Tomografia computadorizada

A dilatação brônquica pode ser diagnosticada comparando-se o diâmetro interno do brônquio com o diâmetro do ramo arterial pulmonar adjacente. Em um indivíduo com bronquiectasias, a relação broncoarterial é maior do que 1 de forma persistente. A associação de um brônquio dilatado a um ramo arterial pulmonar adjacente com menor diâmetro forma o chamado sinal do "anel de sinete" (Figura 12). Outras características da dilatação brônquica na TC são: a perda do afilamento brônquico gradativo e a identificação das vias aéreas na periferia dos pulmões. Em indivíduos sem bronquiectasias, as vias aéreas raramente são vistas a menos de 2 cm da superfície pleural, uma vez que os brônquios normais apresentam paredes muito finas nessa faixa periférica do parênquima pulmonar.

Pacientes com bronquiectasias muitas vezes apresentam espessamento das paredes brônquicas. Focos de impactação mucoide e micronódulos centrolobulares com padrão de "árvore em brotamento" são outros achados vistos com frequência em pacientes com bronquiectasias, refletindo acúmulo de secreção brônquica e bronquiolar. Sinais indiretos de comprometimento de pequenas vias aéreas, como padrão de atenuação em mosaico do parênquima pulmonar nos cortes inspiratórios e aprisionamento aéreo nas imagens expiratórias, também podem ser identificados em muitos destes pacientes.

Fibrose cística

A fibrose cística é uma doença genética autossômica recessiva relacionada com um defeito na estrutura de uma proteína que resulta em transporte anormal de cloreto através das membranas epiteliais das glândulas exócrinas, trato respiratório, sistema gastrointestinal e aparelho reprodutivo. Como consequência, um conteúdo de água anormalmente reduzido na secreção das vias aéreas resulta em diminuição da renovação de muco e formação de tampões mucosos no interior das vias aéreas, aumentando a incidência de infecções bacterianas nos pacientes com a doença. O acometimento pulmonar é responsável pelas maiores taxas de morbidade e mortalidade da fibrose cística, que representa a causa mais comum de insuficiência respiratória nas primeiras três décadas de vida.

As manifestações clínicas da fibrose cística frequentemente começam na infância, com tosse crônica, infecções de repetição, dispneia progressiva, sinusopatia crônica e esteatorreia. A doença pode ainda ser causa de infertilidade em adultos jovens. Nos pacientes que apresentam suspeita de fibrose cística, o diagnóstico pode ser confirmado laboratorialmente mediante demonstração de excesso de cloro e sódio no suor.

Achados radiológicos

A radiografia pode demonstrar aumento da trama broncovascular e sinais de espessamento das paredes brônquicas, geralmente predominando nos campos superiores. Brônquios dilatados com paredes assumindo aspecto de "trilhos de trem", assim como imagens anelares e císticas refletindo a presença de bronquiectasias, também podem ser observados, embora, em alguns casos, a radiografia de tórax possa parecer normal ou bastante inespecífica.

A TC demonstra múltiplas bronquiectasias, que podem estar limitadas às regiões peri-hilares (bronquiectasias centrais) ou envolver tanto os brônquios centrais como os periféricos. No início da doença, as bronquiectasias geralmente predominam nos lobos superiores, porém, com a progressão do quadro, todos os lobos pulmonares são acometidos. As bronquiectasias cilíndricas são as mais comumente observadas, porém bronquiectasias varicosas e císticas também podem estar presentes.

Outros achados da fibrose cística na TC incluem espessamento das paredes brônquicas, impactações mucoides, pequenos nódulos centrolobulares, imagens de "árvore em brotamento", perfusão em mosaico do parênquima pulmonar na inspiração e extensas áreas de aprisionamento aéreo nos cortes expiratórios (Figura 13). A existência de grande quantidade de secreção no interior das vias aéreas (às vezes formando níveis hidroaéreos) e de focos de consolidação do parênquima pulmonar pode traduzir um episódio infeccioso agudo, especialmente nos pacientes que apresentam exacerbação clínica da doença. A comparação com eventuais exames anteriores é de grande importância nesses casos, uma vez que os mesmos achados podem também refletir apenas alterações inflamatórias crônicas.

Discinesia ciliar primária

A discinesia ciliar primária é uma doença hereditária autossômica recessiva caracterizada por anormalidades ultraestruturais que comprometem a atividade ciliar normal, prejudicando o *clearance* mucociliar e predispondo a infecções de repetição e doença crônica do trato respiratório. A discinesia ciliar primária tem prevalência de aproximadamente 1:20 mil indivíduos, acomete ambos os sexos e não apresenta predileção por grupos raciais.

Nos primeiros anos de vida, predomina o comprometimento das vias aéreas superiores e orelha média. Com a progressão da doença, os pacientes apresentam sintomas recorrentes de infecção do trato respiratório inferior, surgindo as bronquiectasias. A tríade clássica de sinusopatia, bronquiectasias e *situs inversus* está presente em aproximadamente metade dos pacientes e caracteriza a síndrome de Kartagener. Vale dizer que a infertilidade masculina pode ser a queixa predominante na presença ou ausência de sintomas respiratórios, uma vez que o curso da doença é variável, e alguns indivíduos podem atingir a vida adulta com poucos sintomas respiratórios.

Achados radiológicos

Na discinesia ciliar primária, a radiografia de tórax pode mostrar aumento da trama vasobrônquica e sinais de espessamento das paredes brônquicas, embora possa também ser normal ou bastante inespecífica. Brônquios dilatados com paredes visíveis assumindo aspecto de "trilhos de trem", assim como imagens anelares e císticas refletindo a presença de bronquiectasias, podem ser identificados em pacientes com doença mais extensa.

Na TC, a discinesia ciliar primária caracteriza-se por múltiplas bronquiectasias e espessamento das paredes brônquicas, que tendem a predominar nos campos pulmonares médios e inferiores (Figura 14). Outros achados relacionados com o acometimento das vias aéreas também podem ser identificados, entre os quais se destacam focos de impactação mucoide, pequenos nódulos

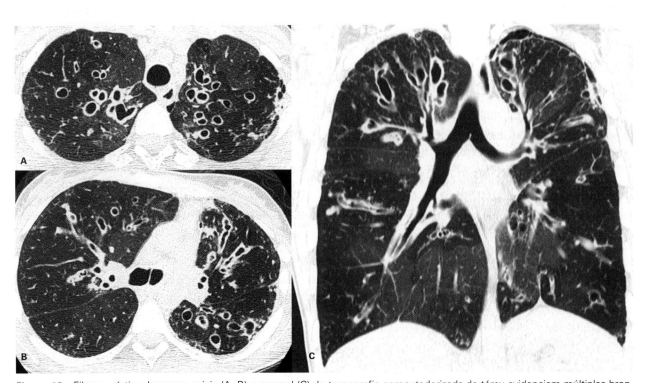

Figura 13 Fibrose cística. Imagens axiais (A, B) e coronal (C) de tomografia computadorizada de tórax evidenciam múltiplas bronquiectasias de paredes espessadas bilaterais, com predomínio nos campos superiores. Observe também micronódulos centrolobulares esparsos e padrão de atenuação em mosaico do parênquima pulmonar.

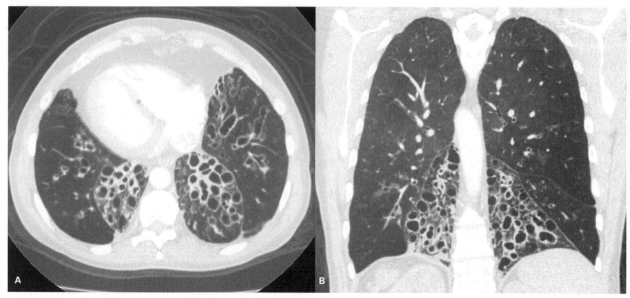

Figura 14 Discinesia ciliar primária (síndrome de Kartagener). Imagens axial (A) e coronal (B) de tomografia computadorizada de tórax evidenciam múltiplas bronquiectasias de paredes espessadas bilaterais, com predomínio nos lobos inferiores, que apresentam redução volumétrica. Observe também padrão de atenuação em mosaico do parênquima pulmonar e *situs inversus* (*).

centrolobulares com padrão de "árvore em brotamento", perfusão em mosaico nos cortes inspiratórios e aprisionamento aéreo nas imagens expiratórias. Nas exacerbações infecciosas, áreas de consolidação do parênquima e grande quantidade de secreção no interior das vias aéreas podem ser observadas.

Bronquiolites

O acometimento das vias aéreas distais é um achado comum na prática radiológica e pode ocorrer em uma grande variedade de situações clínicas, como processos infecciosos, aspiração, doenças autoimunes, patologias relacionadas com a inalação de agentes tóxicos, reação a drogas e após transplantes de órgãos, entre outros. Os aspectos tomográfico e histológico dessas manifestações frequentemente não são específicos, sendo importante a correlação com fatores clínicos e ambientais para um correto diagnóstico.

A TC é o melhor método de imagem para a caracterização de alterações bronquiolares. Seu limite de resolução permite a visualização de vias aéreas com 2,0 mm ou mais de diâmetro, logo, bronquíolos normais não são visíveis na tomografia. Entretanto, bronquíolos inflamados apresentam-se dilatados, preenchidos por secreção e com paredes espessadas, tornando-se visíveis nos estudos tomográficos.

Achados radiológicos

Radiografia de tórax

As radiografias de tórax podem ser normais ou mostrar sinais de hiperinsuflação nas bronquiolites obstrutivas, como a constritiva. Em outras patologias bronquiolares, o principal achado é a presença de opacidades micronodulares ou reticulonodulares.

Tomografia computadorizada

As alterações bronquiolares vistas na TC podem ser divididas entre sinais diretos e indiretos (Figura 15). Os sinais diretos incluem espessamento das paredes bronquiolares (por inflamação ou fibrose), dilatação dos bronquíolos (bronquiolectasias) e preenchimento luminal, os quais assumem a forma de micronódulos centrolobulares. Quando esses focos de impactação têm morfologia ramificada, seguindo a anatomia da árvore traqueobrônquica distal, tem-se o padrão de "árvore em brotamento".

Os sinais indiretos de acometimento inflamatório bronquiolar na TC incluem atelectasias subsegmentares e sinais de aprisionamento aéreo. O aprisionamento aéreo ocorre distalmente a um bronquíolo obliterado ou estenosado, como resultado de um mecanismo de válvula (permitindo a entrada do ar, mas não sua saída), e por meio de vias colaterais de ventilação. A hipoventilação do alvéolo distal à obstrução bronquiolar resulta em vasoconstrição reflexa e hipoperfusão pulmonar. As áreas pulmonares menos afetadas têm perfusão normal ou aumentada, consequentemente com valores de atenuação normais ou aumentados. A combinação desses achados resulta no padrão de atenuação em mosaico.

A aquisição de imagens obtidas em expiração máxima fornece informações úteis para o diagnóstico diferencial das patologias determinantes do padrão de atenuação em mosaico, incluindo as doenças bronquiolares, pulmonares vasculares e parenquimatosas difusas. Nas doenças bronquiolares, as áreas de menor densidade vistas nos

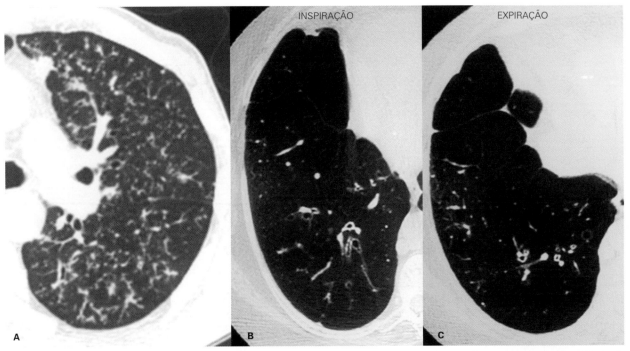

Figura 15 Alterações bronquiolares vistas na tomografia computadorizada (TC). Imagens axiais de TC de tórax evidenciam (A) sinais diretos (micronódulos centrolobulares e opacidades com aspecto de árvore em brotamento) e (B, C) indiretos (padrão de atenuação em mosaico e aprisionamento aéreo) de acometimento bronquiolar.

pulmões durante a inspiração máxima permanecem com baixa atenuação e volume preservado durante a expiração, por conta do aprisionamento aéreo, enquanto nas doenças pulmonares vasculares e parenquimatosas difusas, essas áreas tendem a aumentar a sua atenuação e a reduzir seu volume.

Classificação das bronquiolites

Bronquiolite é um termo genérico para várias doenças inflamatórias que afetam predominantemente as pequenas vias aéreas. A classificação das bronquiolites é bastante variável e pode se basear em achados patológicos, clínicos ou radiológicos. Algumas doenças têm características clínicas, patológicas e, até certo ponto, radiológicas diferenciadoras das demais, sendo, portanto, mais bem descritas.

Bronquiolite constritiva (bronquiolite obliterante)

A bronquiolite constritiva é caracterizada por um padrão de fibrose peribronquiolar, que determina compressão extrínseca progressiva do bronquíolo, reduzindo sua luz e culminando em sua completa oclusão. As áreas de fibrose são discretas e em retalho, entremeadas por parênquima pulmonar normal. Clinicamente, a bronquiolite constritiva apresenta-se de forma insidiosa, com dispneia progressiva e padrão obstrutivo na espirometria. Costuma ter evolução progressiva, com pouca resposta ao uso de corticoides ou medicamentos imunossupressores.

As causas conhecidas de bronquiolite constritiva são: doenças do tecido conjuntivo, infecções, lesões por inalação de agentes tóxicos, uso de medicamentos e após transplante de medula óssea ("doença do enxerto *versus* hospedeiro"), entre outros. Talvez a apresentação mais conhecida da bronquiolite constritiva seja a síndrome de Swyer-James-MacLeod, que ocorre em crianças após infecção respiratória pelo adenovírus. Caracteriza-se por um pulmão hiperlucente, com sinais de aprisionamento aéreo e redução da vascularização (Figura 16). Outra causa relacionada com a bronquiolite constritiva inclui seu desenvolvimento em mulheres com artrite reumatoide (particularmente durante as quinta e sexta décadas de vida).

Bronquiolite infecciosa aguda (bronquiolite celular)

Infecções agudas causadas por agentes virais e alguns bacterianos (p. ex., micoplasma e clamídia) estão associadas a esse padrão histológico. Bronquiolite aguda é um termo frequentemente usado em pacientes pediátricos para descrever um quadro de infecção respiratória aguda, que ocorre mais comumente no primeiro ano de vida, durante o inverno. Seu agente mais comum é o vírus sincicial respiratório, entretanto outros vírus (adenovírus, *influenza*) e agentes não virais (micoplasma e clamídia) podem estar envolvidos. Em adultos, infecções agudas sintomáticas são muito mais raras. Infecções crônicas pela tuberculose e por micobacterioses atípicas também podem mostrar evidências desse padrão (Figura 17). Histologicamente caracteriza-se por um padrão

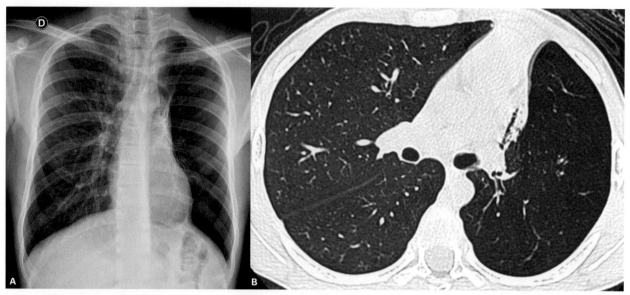

Figura 16 Síndrome de Swyer-James-MacLeod. A: Radiografia de tórax posteroanterior (PA) evidencia redução volumétrica e aumento difuso da transparência do pulmão esquerdo. B: Imagem axial de tomografia computadorizada de tórax demonstra redução volumétrica e hipoatenuação difusa do pulmão esquerdo, com redução do número e calibre das estruturas vasculares.

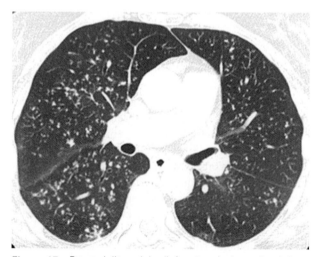

Figura 17 Bronquiolite celular (infecção micobacteriana). Imagem axial de tomografia computadorizada de tórax evidencia múltiplos micronódulos centrolobulares e opacidades com aspecto de árvore em brotamento em ambos os pulmões.

de lesão bronquiolar aguda, destacando-se necrose epitelial, infiltrado inflamatório peribronquiolar rico em linfócitos e neutrófilos e exsudato intraluminal.

Panbronquiolite difusa

A panbronquiolite difusa é uma entidade rara, quase exclusiva de pacientes asiáticos de meia-idade (sobretudo japoneses e coreanos), caracterizada por inflamação bronquiolar e sinusite crônica. Sua etiologia é desconhecida, aparentemente sem relação com o tabagismo, mas a sua distribuição étnica favorece um componente genético. Os pacientes apresentam tosse crônica produtiva, com escarro purulento, dispneia e sinais de obstrução ao fluxo aéreo. A maior parte dos pacientes também apresenta sinais de sinusite crônica. Os achados histopatológicos da panbronquiolite difusa são característicos e incluem um infiltrado broncocêntrico de linfócitos, plasmócitos e macrófagos "espumosos" no nível dos bronquíolos respiratórios, com neutrófilos intraluminais.

Tem evolução progressiva, com perda da função respiratória, associada a episódios sobrepostos de infecção bacteriana. Na TC, apresenta-se como múltiplos micronódulos centrolobulares difusos, associados a espessamento das paredes brônquicas e sinais de aprisionamento aéreo. Bronquiectasias podem estar presentes nos estágios mais avançados.

Bronquiolite respiratória e doença pulmonar intersticial associada à bronquiolite respiratória (BR-ILD)

A bronquiolite respiratória é uma lesão histopatológica encontrada em quase todos os pacientes fumantes, geralmente assintomática ou com pequeno significado clínico. Caracteriza-se pela infiltração de macrófagos pigmentados nos bronquíolos respiratórios, associado a graus variados de alterações inflamatórias peribronquiolares. O achado tomográfico mais comum é a presença de micronódulos centrolobulares com atenuação em vidro fosco, predominando nos campos pulmonares superiores (Figura 18).

Muito mais rara, a doença pulmonar intersticial associada à bronquiolite respiratória (BR-ILD) é a síndrome clínica cujos sintomas têm como substrato patológico as alterações da bronquiolite respiratória. Afeta pacientes fumantes nas terceira e quarta décadas de vida e caracteriza-se por tosse crônica com dispneia leve a moderada. Sua apresentação patológica é semelhante à da pneumonia intersticial descamativa, devendo representar o espec-

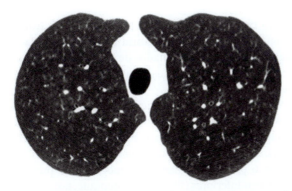

Figura 18 Bronquiolite respiratória do tabagista. Imagem axial de tomografia computadorizada de tórax evidencia opacidades centrolobulares mal definidas com atenuação em vidro fosco nos lobos pulmonares superiores.

tro mais leve das pneumonias intersticiais relacionadas com o tabagismo. Os pacientes acometidos geralmente têm um bom prognóstico, e o aspecto mais importante do tratamento é cessar o tabagismo.

Bronquiolite folicular

A bronquiolite folicular é caracterizada pela hiperplasia do tecido linfoide associado aos brônquios (em inglês BALT – *bronchus-associated lymphoid tissue*). Histologicamente, nota-se a presença de folículos linfoides hiperplásicos distribuídos ao longo dos bronquíolos e brônquios. Os linfócitos são policlonais nos estudos imuno-histoquímicos, o que auxilia no diagnóstico diferencial com o linfoma BALT. A maioria dos casos de bronquiolite folicular ocorre em pacientes com doenças do tecido conjuntivo, particularmente artrite reumatoide e síndrome de Sjögren.

O principal achado na TC é a presença de micronódulos centrolobulares e peribrônquicos, eventualmente com padrão de "árvore em brotamento". Cistos também podem estar presentes, provavelmente resultado da obstrução de bronquíolos com mecanismo de válvula, o que favorece o aprisionamento aéreo. A foliculite bronquiolar parece ser o espectro mais leve de alterações que, quando mais difusas, podem ser classificadas como pneumonite intersticial linfocítica.

Bronquiolite aspirativa

Alterações inflamatórias bronquiolares secundárias a episódios de aspiração são relativamente frequentes. Os pacientes que apresentam maior risco de aspiração são aqueles com rebaixamento do nível de consciência, com patologias esofágicas (p. ex., divertículo de Zenker ou carcinomas obstrutivos), demenciados ou com incoordenação da deglutição. As alterações histológicas podem ter um aspecto inflamatório agudo ou podem ser caracterizadas alterações de natureza inflamatória crônica, determinando fibrose e redução da luz bronquiolar, semelhantes àquelas observadas na bronquiolite constritiva. Os sinais de bronquiolite aspirativa podem ou não ser acompanhados de áreas de consolidação do parênquima (pneumonia aspirativa).

Doença pulmonar obstrutiva crônica

A DPOC é uma patologia respiratória com repercussões sistêmicas, caracterizada por limitação crônica do fluxo aéreo, que não é totalmente reversível com o uso de broncodilatador. A obstrução do fluxo aéreo geralmente é progressiva e está associada a uma resposta anormal do pulmão à inalação de partículas e gases tóxicos, sobretudo da fumaça do cigarro. A OMS estima que cerca de 210 milhões de pessoas no mundo são portadoras de DPOC moderada ou grave, com estimativas que projetam a DPOC como a terceira principal causa de mortalidade no ano de 2020.

O termo DPOC engloba os conceitos de bronquite crônica (definida clinicamente como tosse com expectoração na maior parte dos dias, por um período mínimo de 3 meses ao ano, em pelo menos 2 anos consecutivos, afastadas outras causas que possam produzir os mesmos sintomas) com obstrução de pequenas vias aéreas e o enfisema, caracterizado histologicamente por alargamento permanente do espaço aéreo distal aos bronquíolos terminais, com destruição das suas paredes.

A obstrução ao fluxo aéreo nos pacientes com enfisema ocorre por colabamento das pequenas vias aéreas e perda da elasticidade pulmonar. Até cerca de 30% do parênquima pulmonar pode estar acometido por enfisema sem que haja alterações obstrutivas na prova de função pulmonar. Morfologicamente existem três tipos principais de enfisema: centrolobular/centroacinar (destruição no centro do lóbulo pulmonar secundário, frequentemente associado ao tabagismo), panacinar (destruição de todo o lóbulo pulmonar secundário, geralmente associado a deficiência de alfa-1-antitripsina) e parasseptal (destruição que acomete a periferia do lóbulo pulmonar secundário).

Achados radiológicos

Radiografia de tórax

A radiografia de tórax tem papel limitado no diagnóstico de DPOC, sendo mais útil o da identificação de eventuais complicações. Os sinais de hiperinsuflação pulmonar são mais frequentes, refletindo o aumento do espaço aéreo decorrente do enfisema e/ou obstrução de pequenas vias aéreas. A idenficação de bolhas na radiografia é o único sinal direto de enfisema. Redução do número e afilamento dos vasos pulmonares também podem ser observados, representando de forma indireta a destruição do parênquima pulmonar (Figura 19). Os sinais de bronquite crônica nas radiografias são sutis, podendo ser observados espessamento de paredes brônquicas (mais evidente nas regiões peri-hilares) e aumento da trama pulmonar em todos os campos.

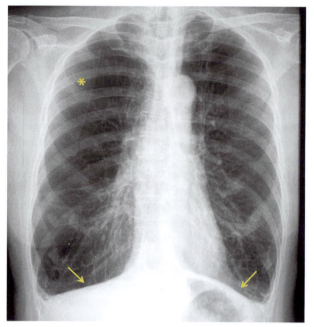

Figura 19 Doença pulmonar obstrutiva crônica. Radiografia de tórax posteroanterior (PA) evidencia sinais de hiperinsuflação pulmonar bilateral, com cúpulas diafragmáticas retificadas (setas). Observe também a redução dos vasos pulmonares, principalmente no campo superior direito (*).

Tomografia computadorizada

O enfisema centrolobular se apresenta inicialmente na tomografia computadorizada como áreas de baixa atenuação, sem paredes bem delimitadas, no centro do lóbulo pulmonar secundário, ao redor do bronquíolo e da artéria central. Com a evolução do processo, as áreas de enfisema aumentam de volume e podem atingir a periferia do lóbulo pulmonar secundário, gerando o aspecto confluente observado nos casos mais avançados (Figura 20). Como na maioria das doenças relacionadas ao tabagismo, os achados de enfisema centrolobular tendem a predominar nos campos pulmonares superiores e médios.

Nos pacientes com deficiência de alfa-1-antitripsina, há destruição mais uniforme do lóbulo pulmonar secundário, gerando um padrão difuso de baixa atenuação, associado a afilamento das artérias pulmonares. Esses achados podem afetar o pulmão de maneira homogênea ou predominar nos lobos inferiores (Figura 21). Bronquiectasias representam outro achado frequente nesse grupo de pacientes.

O enfisema parasseptal pode ser um achado isolado ou associado a outras formas de enfisema. Áreas de baixa atenuação são vistas ao longo da região subpleural dos pulmões, frequentemente circundadas pelos septos interlobulares intactos ou mesmo pela superfície pleural (Figura 22). Esta forma de enfisema está relacionada a episódios de pneumotórax espontâneo.

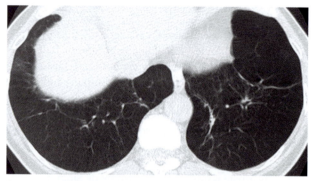

Figura 21 Enfisema panlobular (deficiência de alfa-1-antitripsina). Imagem axial de tomografia computadorizada de tórax evidencia padrão difuso de baixa atenuação nos lobos pulmonares inferiores.

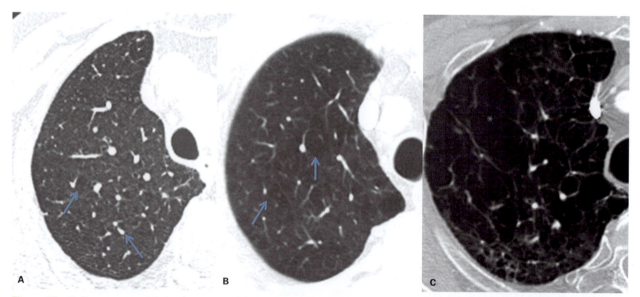

Figura 20 Enfisema centrolobular. Imagens axiais de tomografia computadorizada de tórax evidenciam focos de baixa atenuação sem paredes definidas no centro do lóbulo pulmonar secundário (setas em A e B) e aspecto confluente (* em C).

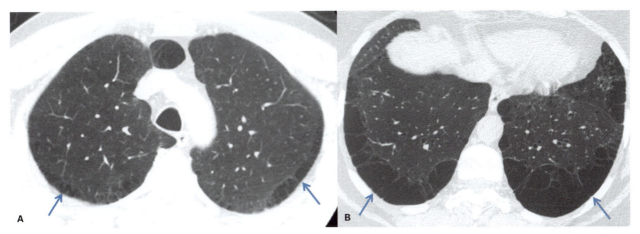

Figura 22 Enfisema parasseptal. Imagens axiais de tomografia computadorizada de tórax evidenciam áreas de baixa atenuação ao longo das regiões subpleurais dos pulmões (setas).

O termo enfisema bolhoso é utilizado nos casos em que grandes bolhas se associam às áreas de enfisema. Bolhas são definidas como áreas focais hipodensas que apresentam paredes muito finas (menores ou iguais a 1 mm), bem definidas e lisas. O termo enfisema bolhoso gigante pode ser utilizado quando as bolhas ocupam pelo menos um terço do hemitórax.

Espessamentos difusos de paredes brônquicas com focos de secreção luminal também são frequentemente caracterizados, representando a inflamação crônica das paredes brônquicas e o aumento da produção de muco. As imagens obtidas em expiração podem caracterizar aprisionamento aéreo, definido como áreas que mantêm baixa atenuação e volume preservado durante a fase expiratória do ciclo ventilatório.

Bibliografia sugerida

1. Prince JS, Duhamel DR, Levin DL, Harrell JH, Friedman PJ. Nonneoplastic lesions of the tracheobronchial wall: radiologic findings with bronchoscopic correlation. RadioGraphics. 2002;22:S215-S23.
2. McCarthy MJ, Rosado-de-Christenson ML. Tumors of the trachea. J Thorac Imaging. 1995;10:180-98.
3. Marom EM, Goodman PC, McAdams HP. Diffuse abnormalities of the trachea and main bronchi. Am J Roentgenol. 2001;176:713-7.
4. McGuinness G, Naidich DP. Bronchiectasis: CT/clinical correlations. Semin Ultrasound CT MR. 1995;16:395-419.
5. Pipavath SJ, Lynch DA, Cool C, Brown KK, Newell JD. Radiologic and pathologic features of bronchiolitis. Am J Roentgenol. 2005;185:354-63.
6. Webb WR. Radiology of obstructive pulmonary disease. Am J Roentgenol. 1997;169:637-47.

8

Nódulos e neoplasias pulmonares

Eduardo Seigo Ikari

Introdução

O nódulo pulmonar é um dos achados mais frequentes na radiologia torácica, estimando-se que possa ser encontrado em cerca de 30% da população, sendo que essa incidência aumenta para até 50% em pacientes tabagistas. Representa um problema clínico importante por apresentar extenso diagnóstico diferencial, sendo o câncer de pulmão o mais temido, correspondendo à neoplasia primária de maior incidência e mortalidade no mundo quando combinados ambos os sexos.

Nos últimos anos, vários fatores contribuíram de forma significativa para o aumento da detecção de nódulos pulmonares. A evolução dos equipamentos e o aumento da resolução espacial, principalmente em imagens de tomografia computadorizada (TC), possibilitaram a detecção de lesões cada vez menores, sendo muitas lesões subcentimétricas antes indetectáveis ao método. Além disso, o desenvolvimento e a melhoria de *softwares* de detecção automatizada de nódulos pulmonares contribuirão de forma substancial para a rotina do radiologista torácico.

Múltiplos estudos de rastreamento para o câncer de pulmão demonstraram a superioridade dos exames de TC para detecção precoce de lesões neoplásicas, sendo este o principal fator a reduzir significativamente mortalidade e morbidade nestes pacientes oncológicos.

Diante da detecção de um número elevado de nódulos pulmonares na população, a decisão de como conduzir o paciente recai em grande parte na probabilidade de malignidade da lesão; e o radiologista tem um papel fundamental nesta avaliação.

Conceitos

O nódulo é definido como uma opacidade pulmonar representada por aumento focal da atenuação, com contornos relativamente bem definidos, apresentando forma grosseiramente arredondada e dimensões menores que 3,0 cm em seu maior eixo. Opacidades medindo 3,0 cm ou mais em seu maior eixo são denominadas massas e têm probabilidade significativamente aumentada para natureza maligna.

- Nódulo sólido: é chamado de sólido o nódulo em meio ao qual não são caracterizadas estruturas vasculares em um exame realizado sem a injeção de meio de contraste intravenoso (Figura 1).
- Nódulo em vidro fosco ou não sólido: nódulo representado pelo aumento da atenuação focal, embora não suficiente para ocultar as estruturas vasculares em meio à lesão (Figura 1).
- Nódulo parte-sólido ou semissólido: apresenta tanto o componente em vidro fosco como uma porção sólida em meio à alteração (Figura 1).
- Nódulo subsólido: termo mais amplo a incluir os nódulos em vidro fosco e também os parte-sólidos.
- Nódulo pulmonar solitário: opacidade arredondada, menor que 3,0 cm, sem contato com a pleura ou associação com derrame pleural, atelectasia, linfonodomegalia ou processo infeccioso, em paciente assintomático. O nódulo pulmonar solitário constitui tema de inúmeros trabalhos científicos publicados em periódicos de diferentes especialidades médicas em razão do fato de possuir uma gama muito grande de diagnósticos diferenciais, incluindo causas neoplásicas (benignas e malignas), infecciosas, inflamatórias não infecciosas, congênitas, embora a imensa maioria destas lesões representem granulomas, hamartomas ou neoplasia primária.
- Tempo de duplicação: refere-se ao tempo necessário para que o nódulo cresça o suficiente a dobrar o seu volume. Considerando a forma esférica do nódulo, um aumento em cerca de 26% do diâmetro da lesão é equivalente ao aumento de 100% do volume, ou seja, sua duplicação.

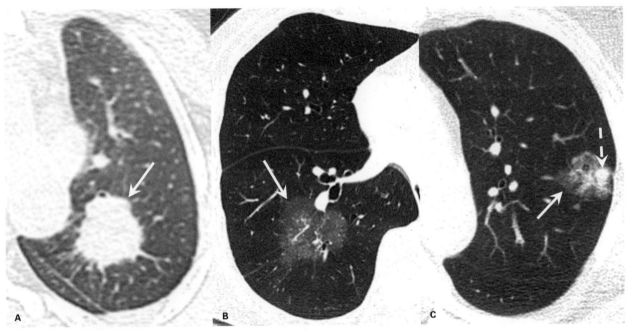

Figura 1 Exemplos de nódulo sólido (A), não sólido ou em vidro fosco (B) e semissólido ou parte-sólido (C) – este último apresenta tanto o componente em vidro fosco (seta) como o sólido (seta tracejada).

Avaliação do nódulo pulmonar

A avaliação multidisciplinar do nódulo pulmonar inicia-se por estratificá-lo quanto à probabilidade de representar uma lesão maligna. Para isso podem ser utilizadas diferentes ferramentas, como avaliação subjetiva pela experiência do médico responsável ou modelos estatísticos como a análise bayesiana. A decisão pela conduta mais apropriada depende muito da probabilidade de malignidade da lesão, sendo mais conservadora quando há menor risco de malignidade e mais invasiva em caso contrário. Atualmente estão à disposição *sites* na internet e aplicativos para dispositivos móveis para essa análise.

Apesar de a TC possuir sensibilidade e especificidade muito maiores que a radiografia convencional para a avaliação morfológica do nódulo, muitos nódulos pulmonares podem ser caracterizados em radiografias convencionais. O principal objetivo da avaliação radiológica do nódulo consiste em dar subsídios para a conclusão de um diagnóstico benigno.

Qualquer nódulo difusamente calcificado ou que apresente estabilidade em um período de 2 anos em radiografias sequenciais pode ser considerado benigno. Nestes casos, não há necessidade de prosseguimento da investigação, reduzindo assim a morbidade e custos decorrentes de eventuais procedimentos invasivos, bem como a ansiedade do paciente. A TC possibilita a identificação de outras características altamente específicas para benignidade que também abreviam essa investigação.

As características suspeitas para malignidade, por outro lado, podem ser simuladas por entidades e situações benignas, sendo considerado o nódulo indeterminado quando é desprovido de características específicas de benignidade, não havendo características de imagem altamente acuradas para o diagnóstico de malignidade. Estes são os casos que podem ser beneficiados por condutas mais invasivas e elucidativas.

Para esta avaliação, a TC por múltiplos detectores apresenta maior resolução espacial e contraste, além disso, a utilização de cortes finos (até 3 mm) reduz os artefatos de volume parcial que poderiam levar a uma interpretação inadequada de um nódulo sólido como uma lesão subsólida.

Nódulo sólido

Avaliando o nódulo pulmonar sólido, é possível fazer um diagnóstico acurado de benignidade de três formas:

- Detecção de um padrão benigno de apresentação.
- Tempo de duplicação benigno.
- Amostragem (biópsia ou ressecção).

Padrões benignos de apresentação
Calcificação

A identificação de calcificações (Figura 2) dos tipos difusa, central, lamelar ou em pipoca permite um diagnóstico altamente específico de benignidade. Os padrões difuso, central e lamelar representam granulomas cicatriciais, e o padrão em pipoca está presente em cerca de 30% dos hamartomas, como calcificações globulares e grosseiras. Exceção a essa regra se faz na avaliação de pacientes com

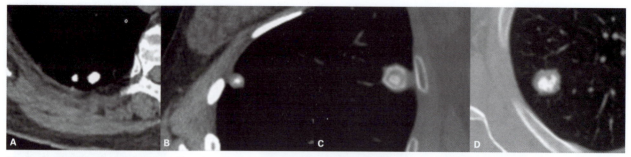

Figura 2 Padrões benignos de calcificação: difuso (A), central (B), lamelar (C) e em pipoca (D).

antecedente de osteossarcoma ou condrossarcoma, lesões que apresentam matriz óssea, e suas metástases também podem calcificar de forma a simular padrões benignos.

Calcificações dos tipos salpicado (ou pontilhado) e excêntrica são consideradas indeterminadas. As primeiras podem ser observadas em metástases de tumores mucinosos (p. ex., cólon e ovário) e as últimas podem representar calcificações distróficas de um tumor ou englobamento de uma calcificação benigna por uma lesão infiltrativa regional.

Gordura

Focos de atenuação de gordura (−40 a −120 UH) em meio a um nódulo representam um indicador confiável do diagnóstico de hamartoma pulmonar (Figura 3). Essa característica pode ser observada em cerca de 60% dos hamartomas. Ainda, a associação de focos adiposos com calcificação na mesma lesão é considerada como patognomônica de hamartoma.

Pacientes com antecedente de lipossarcoma e carcinoma de células renais classicamente podem apresentar lesões secundárias com algum componente adiposo no interior, embora com diagnóstico maligno. Outras raras lesões benignas intrapulmonares contendo gordura são lipoma, mielolipoma e pneumonia lipoídica.

Artéria nutridora e veia eferente

Malformações arteriovenosas podem apresentar-se como lesões nodulares e lobuladas e podem ser únicas ou múltiplas. A identificação de uma artéria nutridora e uma veia eferente, frequentemente ectasiadas, permite o diagnóstico confiável dessa natureza benigna (Figura 4). Caso tenha sido utilizado meio de contraste iodado intravenoso, nota-se realce intenso semelhante às estruturas arteriais pulmonares e ao ventrículo direito. Nesses casos, a informação dos calibres da artéria nutridora e veia eferente é útil para o planejamento de um eventual tratamento endovascular.

Nódulo perifissural

Considera-se um nódulo perifissural aquele com forma oval, lentiforme ou poligonal (mais frequente-

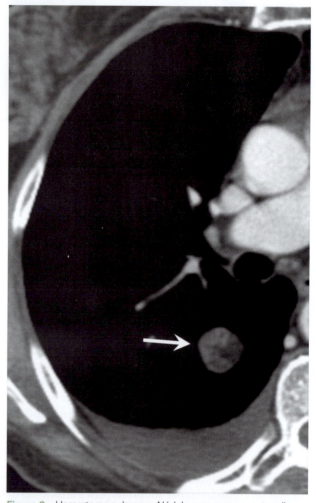

Figura 3 Hamartoma pulmonar. Nódulo com componente adiposo (−80 UH).

mente triangular), que apresente ligação com a fissura pulmonar e/ou septos interlobulares adjacentes (Figura 5). No estudo NELSON, um dos maiores relacionados a rastreamento de câncer de pulmão no mundo, cerca de 20% dos nódulos acompanhados preenchiam os critérios estabelecidos. Após uma média de 5,5 anos de acompanhamento, nenhum desses nódulos revelou-se maligno, mesmo aqueles com crescimento durante o período de

8 NÓDULOS E NEOPLASIAS PULMONARES   189

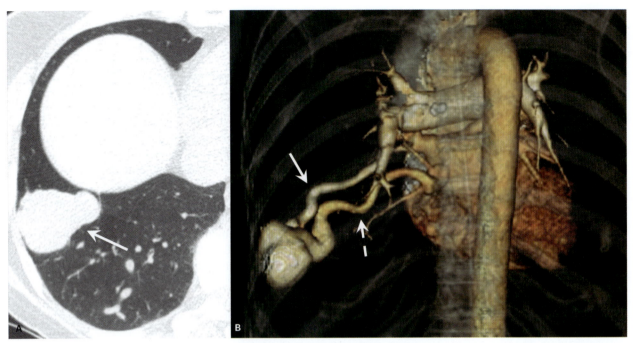

Figura 4   Malformação arteriovenosa. Formação nodular em imagem axial (A), apresentando artéria nutridora (seta) e veia eferente (seta tracejada) evidenciadas na reconstrução volumétrica e em vista posterior (B).

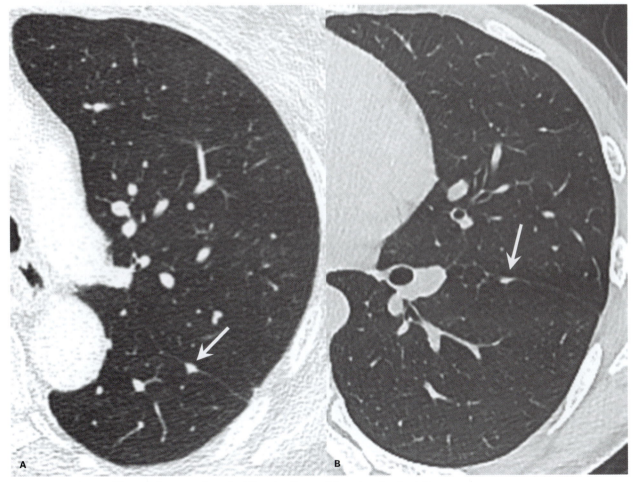

Figura 5   Nódulo perifissural. Aspecto triangular (A) ou lentiforme (B), ambos ligados à fissura.

controle evolutivo. Alguns poucos nódulos perifissurais ressecados em diferentes estudos com correlação histológica mostraram representar linfonodos intrapulmonares.

Nódulos ovais, lentiformes ou poligonais não conectados a fissuras ou septos interlobulares são classificados como prováveis nódulos perifissurais enquanto aqueles irregulares, redondos ou que apenas tocam a fissura são considerados indeterminados.

Atelectasia redonda

Atelectasia redonda pode ser diagnosticada com confiança quando a opacidade for adjacente a uma área de espessamento pleural, associada à redução volumétrica do lobo com tração das fissuras e eventualmente elevação da hemicúpula frênica ou desvio ipsilateral das estruturas mediastinais, além de observar estruturas vasculares e brônquicas convergindo para a alteração (sinal da cauda do cometa) (Figura 6).

Broncocele

Brônquios distendidos por secreção acumulada no interior frequentemente adquirem forma nodular. A tarefa de caracterizar sua natureza brônquica pode ser facilitada quando sua forma for alongada, possuir ramificações (Figura 7) ou, ainda, associar-se a distúrbio ventilatório do respectivo segmento pulmonar, mais frequentemente com aprisionamento aéreo.

Tempo de duplicação

Independentemente de suas dimensões iniciais, quando optado pelo controle evolutivo, os nódulos sólidos que apresentam estabilidade por um período de 2 anos são considerados benignos. Além destes, as lesões que apresentam crescimento com tempo de duplicação inferior a 20 dias ou superior a 400 dias também são considerados de comportamento benigno, visto que o crescimento excessivamente rápido é característico de lesões inflamatórias e o crescimento demasiadamente lento infere baixa agressividade. Exceção que representa nódulo sólido de natureza maligna e crescimento muito lento é o tumor carcinoide.

Padrões indeterminados de apresentação

Outras características, embora menos específicas, são úteis para a predição de malignidade das lesões.

Tamanho e crescimento

As dimensões do nódulo no momento de sua apresentação inicial representam um preditor independente de malignidade. Nódulos com menos de 0,5 cm têm proba-

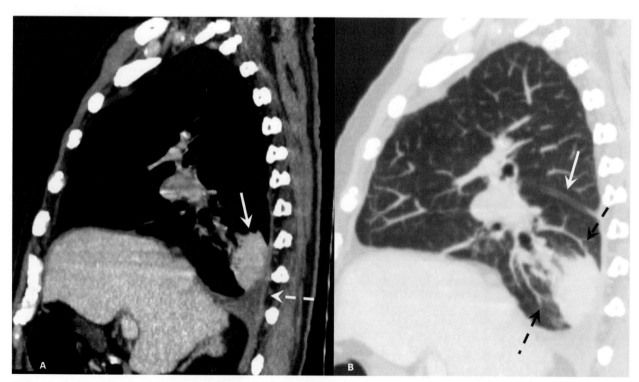

Figura 6 Atelectasia redonda (seta) adjacente a espessamento e derrame pleurais (seta tracejada), mostrando sinais de redução volumétrica do lobo pulmonar inferior direito caracterizados por deslocamento inferior da fissura oblíqua (seta) e sinal da cauda do cometa (setas tracejadas).

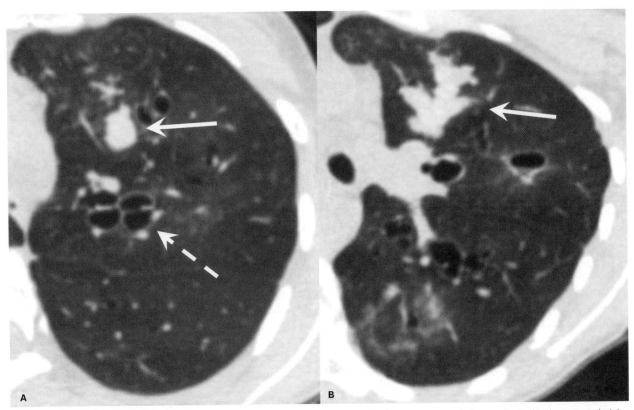

Figura 7 Broncocele. Paciente portador de aspergilose broncopulmonar alérgica, apresentando bronquiectasias (seta tracejada) e imagem nodular (seta) no segmento anterior do lobo superior esquerdo nas imagens axiais (A). Reconstrução oblíqua demonstrando aspecto ramificado compatível com brônquio ectasiado e preenchido por secreção (seta) (B).

bilidade menor que 1% para malignidade na ausência de antecedente pessoal; aqueles entre 0,5 e 0,8 cm possuem entre 2-6% de risco; entre 0,8 e 2,0 cm, cerca de 18%; e aumenta para cerca de 50% naqueles maiores que 2,0 cm.

É importante ressaltar que qualquer crescimento de um nódulo de natureza indeterminada com tempo de duplicação entre 20 e 400 dias representa alta probabilidade para malignidade (Figura 8). A disponibilização de exames anteriores para avaliação comparativa é de extrema importância para essa análise. Padrões infrequentes de progressão da lesão maligna a serem lembrados são o de espessamento progressivo das paredes de uma formação cística, podendo este possuir aspecto sólido ou mesmo em vidro fosco, e, ainda, a redução transitória das dimensões do nódulo. O desenvolvimento de um componente desmoplásico em meio à lesão pode ocasionar um efeito retrátil e a redução transitória das dimensões. O acompanhamento destes nódulos deve ser continuado a fim de se verificar a resolução, estabilidade ou retomada do crescimento no longo prazo.

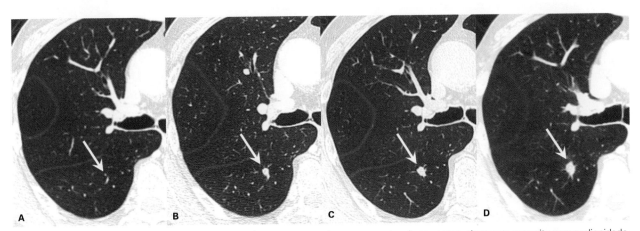

Figura 8 Micronódulo pulmonar apresentando crescimento progressivo em exames subsequentes, altamente suspeito para malignidade.

Localização

Exceto em pacientes com fibrose pulmonar, a localização do nódulo nos campos médios e superiores aumenta a probabilidade de malignidade da lesão. Apesar disso, é importante destacar a maior incidência de adenocarcinomas pulmonares em sítios de fibrose (Figura 9) ou alterações actínicas, as primeiras frequentemente acometendo a periferia dos campos inferiores, regiões mais acometidas pela fibrose, e a última em qualquer região dentro do campo irradiado.

Contornos

Apesar de haver grande interposição de lesões benignas e malignas quando se trata dos contornos, tipicamente as benignas apresentam-se com contornos bem definidos e regulares, enquanto as malignas apresentam-se lobuladas, espiculadas ou irregulares (Figura 10).

Lesões com margens espiculadas, com aspecto de raios de sol, têm alta probabilidade de malignidade, podendo chegar a 90%, embora algumas vezes representem doenças benignas retráteis, como os granulomas residuais e a fibrose maciça progressiva relacionada à silicose. De forma similar, a caracterização de contornos regulares não exclui a possibilidade de lesão neoplásica primária e ainda representa a forma mais comum de apresentação das metástases de sítios extrapulmonares.

Halo e halo invertido

A presença de opacidades em vidro fosco mal definidas na periferia da lesão pode representar infiltração tumoral, hemorragia (Figura 11) ou inflamação. Adenocarcinomas com crescimento lepídico e lesões secundárias com comportamento hemorrágico podem apresentar-se desta forma. Exemplos de lesões secundárias que frequentemente sangram são as metástases de angiossarcoma e coriocarcinoma.

O sinal do halo invertido (região central menos densa que a periferia) pode ser observado após procedimentos de radioablação de nódulos pulmonares.

Escavação

Áreas de escavação em meio ao nódulo podem ocorrer em diferentes situações benignas e malignas, como abscesso, vasculite, infarto, neoplasias primárias e metástases. Lesões malignas de natureza espinocelular têm grande tendência a apresentar escavação, tanto as primárias quanto as secundárias (Figura 12).

Cavidades com paredes finas e regulares possuem maior probabilidade de benignidade, sendo cerca de 90% benignos quando a espessura parietal for inferior a 0,5 cm. Lesões escavadas com espessura parietal maior que 1,5 cm têm cerca de 95% de risco de malignidade. Além disso, a presença de broncogramas aéreos em meio ao nódulo é notada com maior frequência em lesões malignas, causada principalmente por reação desmoplásica que distorce e distende a via aérea.

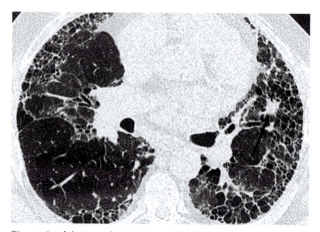

Figura 9 Adenocarcinoma em meio à área de fibrose pulmonar.

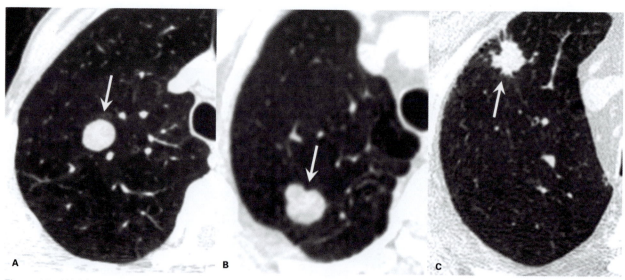

Figura 10 Nódulos com contornos regulares (A), lobulados (B) e espiculados (C).

8 NÓDULOS E NEOPLASIAS PULMONARES   193

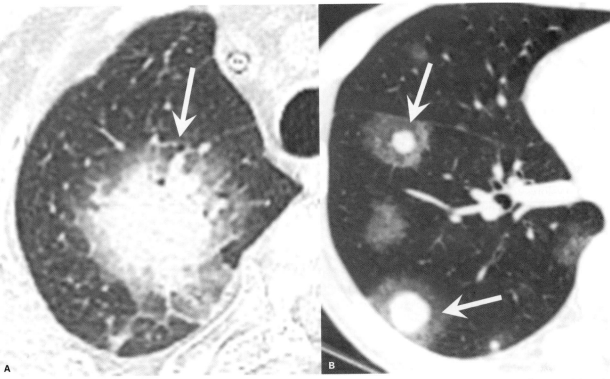

Figura 11 Nódulos com vidro fosco periférico (sinal do halo) secundário a hemorragia em paciente com aspergilose angioinvasiva (A) e metástases de coriocarcinoma (B).

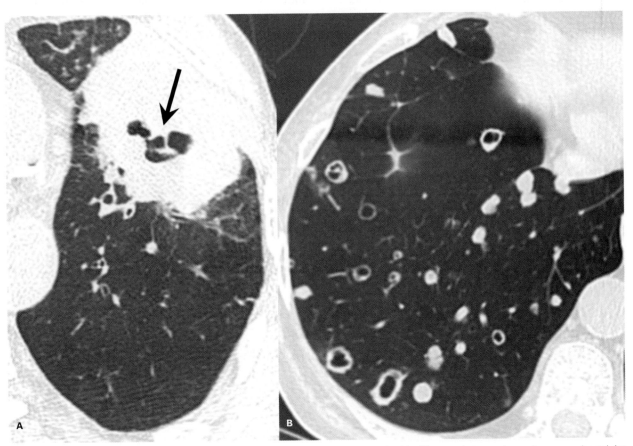

Figura 12 Massa com foco de escavação (seta) em carcinoma espinocelular primário (A) e metástases de carcinoma espinocelular de laringe (B), várias delas com escavação.

Realce ao meio de contraste

Em nódulos maiores que 0,5 cm, o grau de vascularização correlaciona-se com o potencial maligno da lesão. Em nódulos com atenuação homogênea, o protocolo compreende obter imagens com 3 mm de colimação antes e 1, 2, 3 e 4 min após a administração do meio de contraste intravenoso por bomba de infusão. O realce deve ser calculado subtraindo-se o valor de atenuação do nódulo antes da injeção do contraste da maior atenuação observada após a injeção. Realce inferior a 15 UH tem alto valor preditivo negativo (96%) para lesão benigna, enquanto valores acima de 20 UH podem ser observados em lesões malignas ou inflamatórias em atividade.

Metabolismo

A avaliação metabólica por tomografia por emissão de pósitrons (PET) ou tomografia por emissão de pósitrons/tomografia computadorizada (PET/CT) com FDG (fluorodesoxiglicose) pode dar indícios sobre o potencial maligno da lesão. Valores de SUV (*standard uptake value*) superiores a 2,5 podem ser utilizados para suspeição de malignidade, embora a avaliação visual subjetiva tenha acurácia semelhante (Figura 13). Podem ser avaliados por PET nódulos sólidos com diâmetro de ao menos 0,7 cm em aparelhos mais modernos.

Falsos-negativos podem ser observados em adenocarcinomas, particularmente aqueles com apresentação na forma de lesões subsólidas e tumores carcinoides. Alterações inflamatórias em atividade, por outro lado, podem ocasionar falsos-positivos nesta avaliação.

Nódulos subsólidos

Tanto os nódulos parte-sólidos como o não sólidos, por seu menor leque de diagnósticos diferenciais benignos, acabam por possuir maior probabilidade de lesão maligna, particularmente quando persistem após um controle evolutivo precoce.

A reavaliação em cerca de 3 meses após sua detecção inicial é importante para documentar sua persistência, descartando a possibilidade de natureza inflamatória aguda, congestiva e infecciosa, que tendem a se resolver ou mesmo modificar-se em curto intervalo de tempo (Figura 14). As opacidades inalteradas 3 meses após a primeira análise por imagem são suspeitas para uma lesão no espectro do adenocarcinoma pulmonar, embora possam ainda representar fibrose intersticial focal ou pneumonia em organização.

Morfologia

Baseando-se na forma e nas características morfológicas de apresentação das lesões subsólidas, é muito difícil diferenciar as benignas das malignas. Apesar disso, as alterações de natureza maligna tendem a apresentar forma mais arredondada enquanto focos inflamatórios mais frequentemente se apresentam com formas mais variadas, alongadas e irregulares.

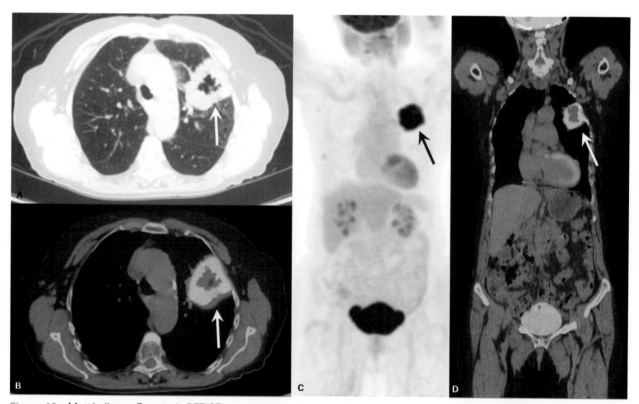

Figura 13 Metabolismo. Exame de PET/CT mostrando carcinoma espinocelular em imagem de tomografia computadorizada (A), destacando-se sua elevada atividade metabólica evidenciada pelo PET (C) e fusão de ambos os métodos (B) e (D).

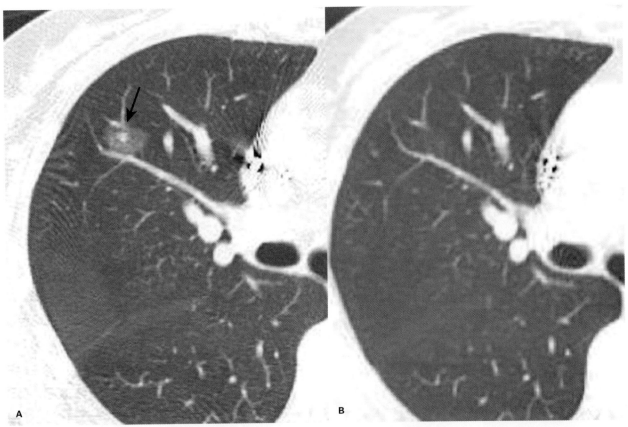

Figura 14 Controle evolutivo. Paciente com insuficiência cardíaca congestiva apresentando nódulo parte-sólido (seta) na avaliação inicial (A). Controle evolutivo em 3 meses evidencia resolução completa da opacidade (B).

Diminutos focos aéreos de aspecto bolhoso (*bubble-like lucencies*) foram mais frequentemente descritos em meio a lesões malignas como adenocarcinoma (Figura 15) e eventualmente linfoma, embora possam ocorrer menos comumente em algumas entidades benignas, como sarcoidose e pneumonia em organização.

Tamanho e crescimento

Diferentemente dos nódulos sólidos, as lesões subsólidas podem crescer de forma muito lenta, com tempo de duplicação muito longo, ultrapassando 400 dias. A estabilidade por 2 anos neste tipo de lesão não constitui critério de benignidade, sendo recomendado o acompanhamento por pelo menos 3 a 5 anos.

Além do aumento do diâmetro, considera-se também progressão da lesão subsólida o aumento da atenuação da porção não sólida (Figura 16), bem como o aparecimento ou aumento de uma porção sólida em meio à alteração (Figura 17).

Manejo

Decisões relativas ao manejo do paciente com nódulo pulmonar serão baseadas de acordo com fatores de risco e características morfológicas de cada lesão. A investigação em pacientes com nódulos que possuam maior suspeição

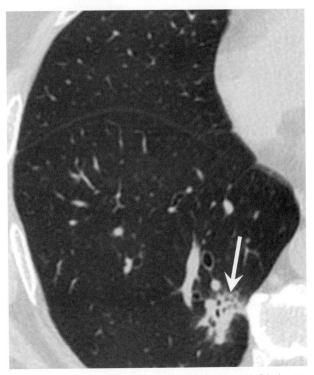

Figura 15 Aspecto bolhoso (*bubble-like lucencies*). Diminutos focos aéreos em meio ao nódulo, decorrente de reação desmoplásica com retração e distensão de vias aéreas em meio à lesão.

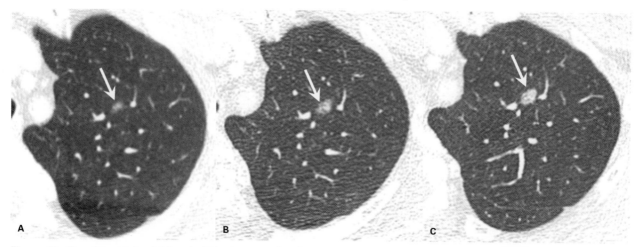

Figura 16   Crescimento de nódulo subsólido. Aumento das dimensões e atenuação do nódulo em vidro fosco.

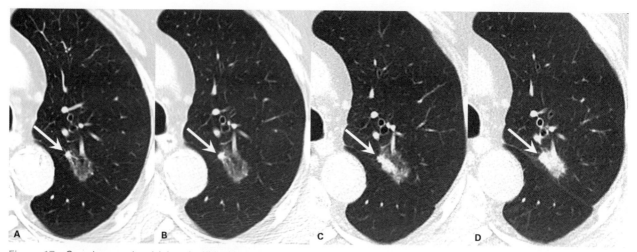

Figura 17   Crescimento de nódulo subsólido. Nódulo semissólido apresentando crescimento progressivo da porção sólida durante o controle evolutivo.

para natureza maligna deve ser direcionada a procedimentos mais invasivos, enquanto pacientes com lesões com maior probabilidade de benignidade devem ser poupados dos riscos e custos destes procedimentos (Figura 18).

A análise bayesiana para o cálculo de probabilidade de malignidade inclui, clinicamente, os fatores associados com um risco elevado para o desenvolvimento do câncer de pulmão, como a idade do paciente (principalmente quando acima de 50 anos), a presença de hemoptise, antecedente de tabagismo (notadamente quando acima de 40 anos-maço), fibrose pulmonar, antecedente de malignidade (pessoal ou familiar de primeiro grau) e exposições (radônio, asbesto ou urânio). Na avaliação radiológica, essa análise compreende a identificação de características que inferem maior potencial maligno às lesões, como tamanhos maiores (superiores a 2,0 cm), localização nos campos médios ou superiores, contornos espiculados, taxa de duplicação entre 20 e 400 dias, escavação com paredes espessas (maiores que 1,5 cm), aqueles não calcificados e também os que apresentam realce significativo ao meio de contraste (mais de 15 UH). Além disso, a expressão metabólica significativa caracterizada em exame de PET ou PET/CT com captação acima de 2,5 SUV favorece a possibilidade de natureza maligna.

A Fleischner Society, dedicada a estudo de doenças torácicas por imagem, publicou as orientações mais amplamente utilizadas para o acompanhamento radiológico de nódulos sólidos e subsólidos incidentalmente detectados (Quadros 1 e 2). Seguindo os estudos em que foram baseadas, essas recomendações não se aplicam a pacientes com antecedente de malignidade, idade inferior a 35 anos e sintomas infecciosos (quando nódulos mais provavelmente terão essa natureza), por conta da falta de evidência científica e escassez de estudos nessas populações.

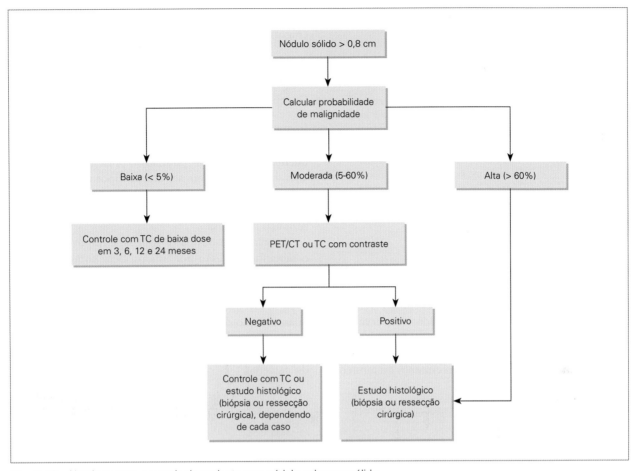

Figura 18 Algoritmo para o manejo de paciente com nódulo pulmonar sólido.
PET/CT: tomografia por emissão de pósitrons/tomografia computadorizada; TC: tomografia computadorizada.

Quadro 1 Recomendações da Fleischner Society para acompanhamento de nódulos pulmonares sólidos detectados incidentalmente. Pacientes com antecedentes de tabagismo significativo ou outros fatores de risco representam alto risco

Tamanho	Baixo risco	Alto risco
≤ 0,4 cm	Sem acompanhamento	Controle em 12 meses
> 0,4 cm e ≤ 0,6 cm	Controle em 12 meses	Controle em 6-12 meses e 18-24 meses
> 0,6 cm e ≤ 0,8 cm	Controle em 6-12 meses e 18-24 meses	Controle em 3-6 meses, 9-12 meses e 24 meses
> 0,8 cm	Controle em 3, 9 e 24 meses; considerar complementação com TC com contraste, PET/CT ou biópsia	Controle em 3, 9 e 24 meses; considerar complementação com TC com contraste, PET/CT ou biópsia

PET/CT: tomografia por emissão de pósitrons/tomografia computadorizada; TC: tomografia computadorizada.

Em pacientes sem fatores de risco para câncer de pulmão, nódulos medindo até 0,4 cm possuem menos de 1% de probabilidade de malignidade e não necessitam de avaliação complementar. Para nódulos que medem entre 0,4 e 0,8 cm, a frequência do controle evolutivo depende do tamanho do nódulo e da presença ou não de fatores de risco. Nódulos maiores que 0,8 cm têm seu manejo determinado pela probabilidade pré-teste de malignidade de acordo com os modelos estatísticos.

Opções de procedimentos para a investigação relativa aos nódulos subsólidos se resumem ao controle evolutivo por imagem ou estudo histológico. Isso porque é muito difícil a avaliação de realce ao meio de contraste do componente em vidro fosco das lesões, além de essa porção tipicamente possuir baixa atividade metabólica para ser avaliada por PET.

Nódulos subsólidos devem ser avaliados 3 meses após a detecção inicial para verificar sua persistência. Nódulos persistentes puramente em vidro fosco e menores que 0,5 cm classicamente representam hiperplasia adenomatosa atípica e não há consenso sobre a necessidade de prosseguir o controle evolutivo.

Quadro 2 Recomendações da Fleischner Society para acompanhamento de nódulos pulmonares subsólidos detectados incidentalmente	
Tipo/tamanho	Recomendação
Vidro fosco ≤ 0,5 cm	Sem acompanhamento
Vidro fosco > 0,5 cm	Controle em 3 meses. Persistindo, controle anual por pelo menos 3 anos
Parte-sólido	Controle em 3 meses Persistindo e componente sólido < 0,5 cm, controle anual por pelo menos 3 anos Persistindo e componente sólido ≥ 0,5 cm, realizar biópsia ou ressecção cirúrgica. Considerar PET/CT quando porção sólida >1,0 cm

PET/CT: tomografia por emissão de pósitrons/tomografia computadorizada.

Opacidades maiores que 0,5 cm devem ser acompanhadas e, quando inalteradas, medidas conservadoras são adotadas, incluindo acompanhamento anual de ao menos 3 anos. Por outro lado, a progressão da lesão com aumento da atenuação, aparecimento ou aumento de componente sólido requer sua ressecção cirúrgica (Figura 19).

Neoplasias primárias

Carcinomas do tipo não pequenas células

Adenocarcinoma

O adenocarcinoma é o tipo histológico mais frequente de câncer de pulmão, representando cerca de 40% dos casos. Podem ser dos subtipos mucinoso e não mucinoso. Em termos de atenuação, os nódulos subsólidos mais frequentemente representam lesões de natureza não mucinosa.

Ao avaliar lesões parte-sólidas, é importante relatar o tamanho da lesão por inteiro, bem como as dimensões de um eventual componente sólido. Este componente pode representar a porção invasiva da lesão ou colapso alveolar focal. Estudos têm demonstrado que a quantificação da porção sólida tem relação direta com o grau de invasão e agressividade da lesão, assim como inversamente proporcional ao prognóstico e sobrevida do paciente.

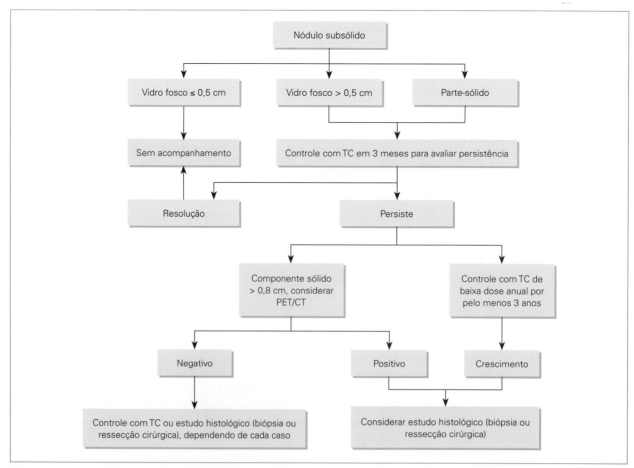

Figura 19 Algoritmo para o manejo de paciente com nódulo pulmonar subsólido.
PET/CT: tomografia por emissão de pósitrons/tomografia computadorizada; TC: tomografia computadorizada.

Fazem parte do espectro dos adenocarcinomas:

- Hiperplasia adenomatosa atípica: lesão pré-maligna, representada por opacidade puramente em vidro fosco, mais frequentemente medindo até 0,5 cm, mas tipicamente menores que 1,0 cm (Figura 20).
- Adenocarcinoma *in situ*: lesão não invasiva, pode chegar até 3,0 cm, poucas vezes apresentando componente sólido (Figura 20). Histologicamente pode ser classificado em mucinoso, não mucinoso ou misto. A diferenciação entre hiperplasia adenomatosa atípica e adenocarcinoma *in situ* não é possível por imagem.
- Adenocarcinoma minimamente invasivo: possui diâmetro inferior a 3,0 cm e um componente invasivo (em estudo histológico) menor de 0,5 cm, podendo ter aparência em vidro fosco ou parte-sólida à TC (Figura 20). Histologicamente pode ser classificado em mucinoso, não mucinoso ou misto.
- Adenocarcinoma invasivo: representado mais frequentemente por lesão parte-sólida ou como nódulo sólido, apresentando componente de invasão estromal maior que 0,5 cm (Figura 20). Compreende vários tipos histológicos (predomínio lepídico, predomínio acinar, predomínio papilar, predomínio micropapilar e predomínio sólido com secreção mucosa), além das variantes mucinoso, coloide, fetal e entérico.

Carcinoma espinocelular

Também conhecido como carcinoma de células escamosas, o carcinoma espinocelular representa o segundo tipo histológico de câncer primário mais frequente nos pulmões, responsável por cerca de 30% dos casos. Possui prognóstico melhor que os adenocarcinomas e forte relação com tabagismo.

Apresentam-se como nódulo sólido e, por sua localização mais frequentemente central peri-hilar, possui maior propensão a obstruir vias aéreas mais calibrosas, resultando em atelectasias e pneumonias pós-obstrutivas. Frequentemente é observada área de necrose central (Figura 21) e surgimento de escavação, assim como ocorre em suas lesões secundárias e também nas metástases pulmonares de lesões extratorácicas deste tipo, principalmente aquelas originadas no pescoço e colo uterino.

Carcinoma de grandes células

O carcinoma de grandes células representa entre 5-10% das neoplasias primárias malignas dos pulmões. Existe forte associação com o tabagismo e os pacientes possuem mau prognóstico. Mais frequentemente se apresenta como lesão grande (maior que 4 cm), localizada na periferia dos pulmões, com crescimento rápido. A disseminação secundária para linfonodos e sistema nervoso central pode ocorrer em época precoce (Figura 22).

Seu subtipo carcinoma neuroendócrino de grandes células costuma ter comportamento ainda mais agressivo e prognóstico ainda pior.

Carcinoma do tipo pequenas células

Considerado um tumor neuroendócrino, representa cerca de 10-15% dos casos de lesões malignas primárias dos pulmões. O carcinoma de pequenas células possui alta agressividade, frequentemente apresentando sintomas gerais e metástases no momento da apresentação. Quase a totalidade dos casos (cerca de 98%) ocorrem em pacientes tabagistas.

Na apresentação, podem já haver sintomatologia variada, constitucionais, relacionados à invasão mediastinal (disfagia, rouquidão, síndrome da veia cava superior), à disseminação metastática (óssea, sistema nervoso central e hepática) e ainda podem apresentar comportamento neuroendócrino manifestando-se por síndromes paraneoplásicas, como as de secreção inapropriada de hormônio antidiurético e Cushing. Acomete majoritariamente a região

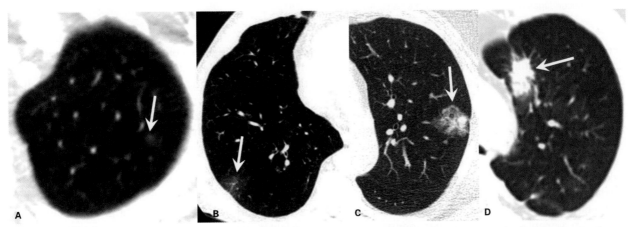

Figura 20   Lesões do espectro do adenocarcinoma. Hiperplasia adenomatosa atípica (A), adenocarcinoma *in situ* (B), adenocarcinoma minimamente invasivo (C) e adenocarcinoma invasivo (D).

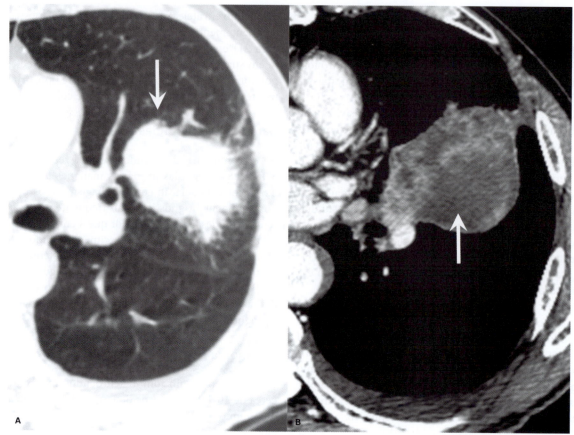

Figura 21   Carcinoma espinocelular. Massa peri-hilar (A) apresentando realce heterogêneo com áreas hipoatenuantes (seta) por conta da extensa necrose (B).

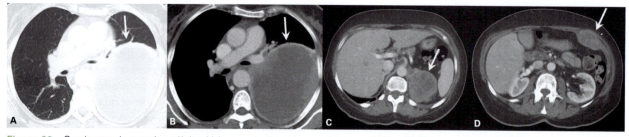

Figura 22   Carcinoma de grandes células. Volumosa lesão pulmonar à esquerda (A e B), já no momento da apresentação associadas a lesões secundárias na adrenal esquerda (C) e na parede abdominal (D).

peri-hilar do pulmão e rapidamente se dissemina para os linfonodos mediastinais, formando grandes conglomerados ou invadindo estruturas mediastinais (Figura 23). É o tipo de câncer pulmonar de pior prognóstico.

Tumor carcinoide

Tumores carcinoides têm natureza neuroendócrina e constituem menos de 5% das neoplasias malignas primárias dos pulmões. Costumam acometer pacientes em faixa etária pouco mais jovem que os demais tipos e representam a neoplasia pulmonar mais comum na infância e adolescência. Podem ser divididos histologicamente em carcinoides típicos, considerados de baixo grau e com melhor prognóstico, e atípicos, de grau moderado e relativamente pior prognóstico, não sendo possível realizar esta diferenciação por características de imagem.

Cerca de 65% dos tumores carcinoides acometem brônquios centrais (principal, lobares ou segmentares) e, quando sintomáticos, estão relacionados a algum grau de obstrução das grandes vias aéreas, resultando em atelectasia, pneumonia pós-obstrutiva ou infecções de repetição. Apesar disso, 25% dos pacientes permanecem assintomáticos, assim como a grande maioria dos pacientes com carcinoides periféricos, muitas vezes detectados incidentalmente.

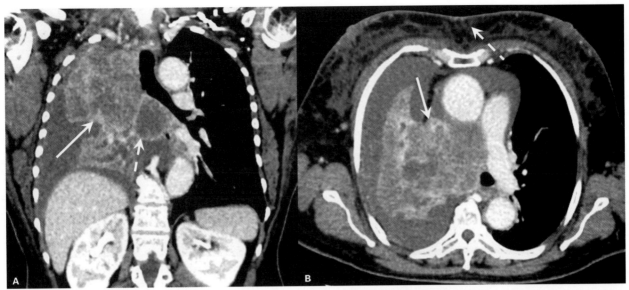

Figura 23 Carcinoma de pequenas células. Grande massa pulmonar peri-hilar em contiguidade com conglomerados linfonodais paratraqueais inferiores (seta) e subcarinal (seta tracejada) (A) e obliterando a veia cava superior (seta) (B), determinando edema de partes moles na parede torácica anterior (síndrome da veia cava superior) (seta tracejada).

Possuem crescimento lento, raramente apresentando comportamento invasivo em estruturas adjacentes ou metástases a distância. Quando ocorrem, os sítios mais frequentes são fígado, ossos, adrenais e sistema nervoso central. Sua associação com síndromes relacionadas à produção ectópica de hormônios também é muito infrequente, podendo ser responsáveis por produção ectópica de ACTH e, nos casos com metástases hepáticas, a síndrome carcinoide.

Em exames de imagem, apresentam-se como nódulos sólidos bem definidos, regulares ou lobulados, podendo apresentar um componente insinuando na luz brônquica (Figura 24). Cerca de 30% exibe calcificações puntiformes de permeio. Frequentemente são lesões muito vascularizadas, apresentando realce exuberante ao meio de contaste, achado que pode ser útil para diferenciá-lo de um *plug* mucoso ou consolidação pulmonar adjacentes. Apenas raramente podem aparecer como lesão exclusivamente endoluminal junto à parede brônquica.

Embora possam não apresentar expressão metabólica em exames de PET ou PET/CT com fluorodesoxiglicose (FDG), a presença de receptores para somatostatina permite que seja realizado estudo cintilográfico com octreotida marcado, um análogo da somatostatina.

Tipos raros

Raramente os pulmões podem originar outros tipos de neoplasia maligna, como linfoma primário, carcinoma adenoescamoso, alguns tipos com componente sarcomatoso ou, ainda, de glândulas salivares (Figura 25).

Estadiamento

Atualmente na 7ª edição do estadiamento TNM (tumor, linfonodo, metástase) para o câncer de pulmão, essa iniciativa representa importante esforço no sentido de padronizar a descrição das características relevantes da lesão. O objetivo é possibilitar o agrupamento dos pacientes de acordo com seu prognóstico e o comportamento biológico da lesão e então servir de guia para a terapêutica. Esta representa a primeira edição a abranger os carcinomas de

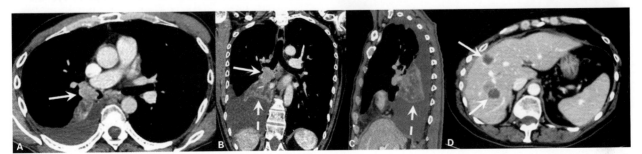

Figura 24 Tumor carcinoide. Lesão acometendo brônquio central; apresenta realce significativo ao contraste, insinuando-se para a luz brônquica (A); associação com atelectasia e pneumonia pós-obstrutiva (seta tracejada) (B e C), além de metástases hepáticas (D).

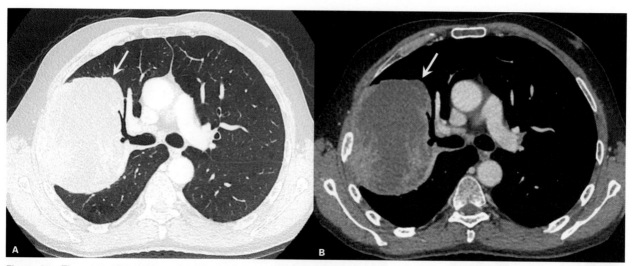

Figura 25 Tipos raros de neoplasia. Carcinoma sarcomatoide representado por massa pulmonar volumosa à direita (A), apresentando realce heterogêneo ao meio de contraste (B).

pequenas células e os tumores carcinoides, anteriormente não passíveis de estadiamento pelo sistema TNM.

O critério T (tumor) refere-se à lesão primária e compreende características como o tamanho, invasão tumoral direta e a presença de nódulos satélites. A TC é o método de escolha para essa avaliação.

São considerados T1 as lesões primárias com dimensões medindo até 3,0 cm no maior eixo, podendo ainda ser divididas em T1a e T1b quando medem até 2,0 cm ou são maiores que 2,0 cm, respectivamente. Além disso, são mais periféricas e não infiltram os brônquios principais ou o brônquio intermédio, bem como não apresentam contato com a pleura, sendo circundados por parênquima pulmonar aerado (Figura 26).

As lesões T2 são maiores que 3,0 cm, medindo até 7,0 cm, dividindo-se em T2a quando medem até 5,0 cm ou T2b quando maiores. Também são T2 as lesões menores a infiltrar o brônquio intermédio ou os principais desde que com mais de 2,0 cm de distância da carina, determinar atelectasia ou pneumonia pós-obstrutiva parciais ou tocar a pleura (Figura 27).

São consideradas T3 aquelas maiores que 7,0 cm ou que, de quaisquer dimensões, infiltrem os brônquios fonte até proximamente à carina ou determinem atelectasia ou pneumonia pós-obstrutiva completa do pulmão e, ainda, quando há invasão da parede torácica, diafragma, nervo frênico, pleura mediastinal ou pericárdio parietal ou na presença de nódulo satélite no mesmo lobo pulmonar. Constituem sinais de invasão da parede torácica o contato pleural com mais de 3,0 cm de extensão, densificação de planos adiposos adjacentes, insinuação intercostal da lesão, erosão óssea e franca extensão da massa para a parede torácica (Figura 28).

As lesões consideradas T4 podem ter qualquer tamanho desde que seja caracterizada invasão de carina, traqueia, coração, grandes vasos, nervo laríngeo recorrente, esôfago e corpo vertebral, ou, ainda, que apresente um nódulo satélite em outro lobo pulmonar ipsilateral (Figura 29). São características preditoras de invasão aórtica o contato de mais de 25% da circunferência do vaso com a lesão, ausência de plano de clivagem e a presença de irregularidades na luz vascular com redução do calibre.

A classificação N (linfonodal) refere-se à disseminação da lesão para linfonodos intrapulmonares, hilares, mediastinais ou cervicais inferiores. A TC pode avaliar morfologicamente os linfonodos, detectando o aumento das dimensões que representa um dos sinais de acometimento maligno secundário. Linfonodos maiores que 1,0 cm no menor eixo são considerados suspeitos para malignidade. Mesmo assim, podem estar acometidos sem que suas di-

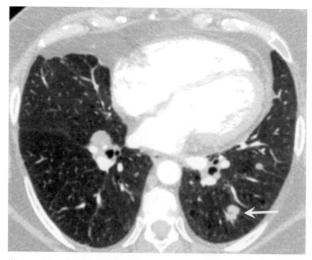

Figura 26 Estádio T1. Lesão pequena, periférica, circundada por parênquima pulmonar aerado.

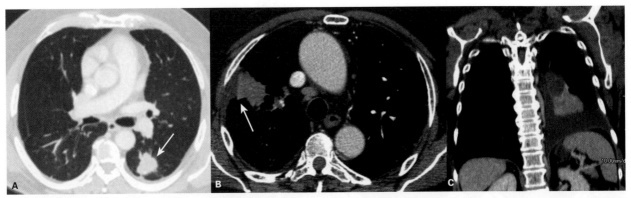

Figura 27   Estádio T2. Lesão medindo entre 3 e 7 cm (A), tocando a pleura visceral (B) e associada a atelectasia obstrutiva parcial do pulmão (C).

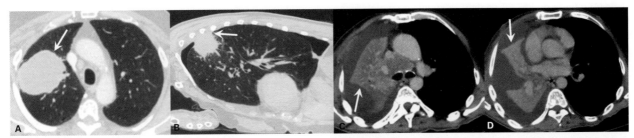

Figura 28   Estádio T3. Lesão maior que 7 cm (A), outro paciente com massa aderida à parede torácica apesar de pneumotórax (B) e um terceiro paciente com lesão que determina pneumonia pós-obstrutiva (lobo superior) (C) e atelectasia (lobos médio e inferior) (D), acometendo todo o pulmão direito.

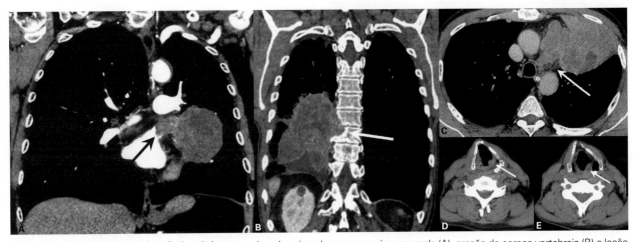

Figura 29   Estádio T4. Lesão invadindo o átrio esquerdo pela veia pulmonar superior esquerda (A), erosão de corpos vertebrais (B) e lesão invadindo mediastino subaórtico (C), acometendo o nervo laríngeo recorrente e determinando paralisia de prega vocal esquerda (D e E).

mensões estejam aumentadas ou, ainda, pode-se verificar aumento linfonodal em uma grande variedade de condições benignas que podem coexistir ou simular a natureza maligna. Para esta avaliação, o estudo por PET/CT é o método de escolha (Figura 30).

O estágio N0 refere-se à ausência de acometimento linfonodal. Os pacientes com estádio N1 apresentam acometimento linfonodal nas cadeias peribrônquicas intrapulmonares, hilar ipsilateral à lesão primária (Figura 31), incluindo a extensão direta da lesão ao hilo pulmonar em contiguidade com as linfonodomegalias. São considerados N2 a presença de disseminação secundária para linfonodos mediastinais ipsilaterais ou subcarinais. O estágio N3 representa o acometimento de linfonodos mais distantes, como os mediastinais ou hilares contralaterais à lesão, supraclaviculares e escalenos.

O componente M (metástase) do estadiamento relaciona-se à presença de disseminação à distância e é

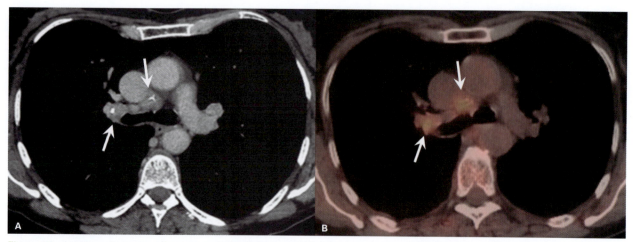

Figura 30 Imagens de tomografia computadorizada mostrando linfonodos mediastinal e hilar à direita no limite superior da normalidade (A) e fusão de PET/CT confirma aumento do metabolismo e acometimento secundário dos linfonodos (B).

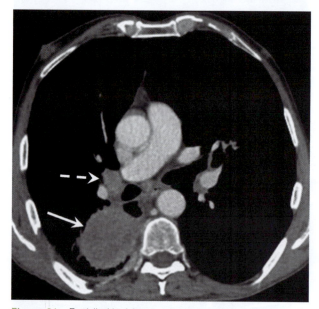

Figura 31 Estádio N1. Massa pulmonar à direita (seta) e linfonodomegalia hilar ipsilateral (seta tracejada).

Metástases pulmonares de lesões extratorácicas

Os pulmões são um dos sítios mais comuns de metástases de lesões primárias extrapulmonares. Alguns estudos com necrópsias de pacientes oncológicos mostraram que até 20-50% apresentavam lesões pulmonares secundárias, sendo mais frequentes em casos de câncer de mama, cólon, rins, útero e cabeça e pescoço.

A apresentação mais comum das metástases pulmonares consiste em múltiplos nódulos de contornos regulares, dimensões variadas, distribuídas perifericamente por ambos os pulmões, predominando nos campos inferiores, onde há maior perfusão do parênquima pulmonar, favorecendo a disseminação hematogênica nestas regiões (Figura 34).

O envolvimento secundário dos pulmões pode, ainda, se apresentar na forma de linfangite carcinomatosa, com espessamento de septos interlobulares, do interstício peribroncovascular e das fissuras, podendo assumir aspecto liso ou nodular/irregular, este último com maior especificidade para malignidade (Figura 35). O acometimento pode ser focal ou difuso e bilateral, e ainda estar associado a opacidades parenquimatosas em vidro fosco, linfonodomegalias mediastinais ou hilares e derrame pleural.

Área de escavação em meio à lesão secundária é mais frequentemente observada em metástases de carcinomas espinocelulares e estas estão mais relacionadas com lesões originadas no útero ou cabeça e pescoço (Figura 36). Sarcomas ósseos, de partes moles e outros tipos de tumor com comportamento agressivo e necrótico também podem apresentar lesões secundárias pulmonares escavadas, algumas vezes complicando com pneumotórax, principalmente quando periféricas. Muitas vezes a escavação do nódulo é relacionada ao início do tratamento quimioterápico. As paredes da cavidade são na maioria das vezes espessadas e/ou irregulares, embora paredes finas possam ser observadas com alguma frequência em metástases de adenocarcinomas e sarcomas.

classificado como M0 na ausência de metástases ou M1 quando essa disseminação for caracterizada. Quando há disseminação metastática intratorácica, esta pode ser por envolvimento pleural, pericárdico ou presença de nódulo no pulmão contralateral e é classificada como M1a (Figura 32). Por outro lado, na presença de disseminação hematogênica extratorácica são classificadas como M1b; os sítios que podem ser acometidos são adrenais, sistema nervoso central, fígado, ossos, peritôneo, pleura contralateral ou pele (Figura 33). É imprescindível a pesquisa de células neoplásicas no líquido pleural quando presente, bem como a realização de PET/CT de corpo inteiro e ressonância magnética encefálica para a pesquisa de metástases a distância.

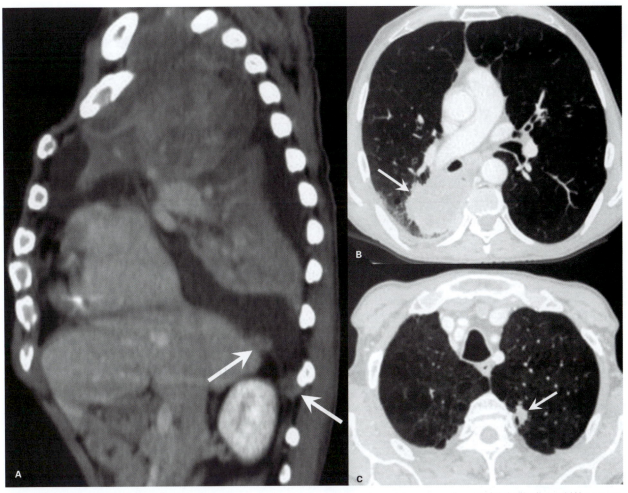

Figura 32 Estádio M1a. Grande lesão pulmonar associada a implantes pleurais nodulares no seio costofrênico ipsilateral (A) e massa pulmonar à direita (B) associada a nódulo no pulmão contralateral (C).

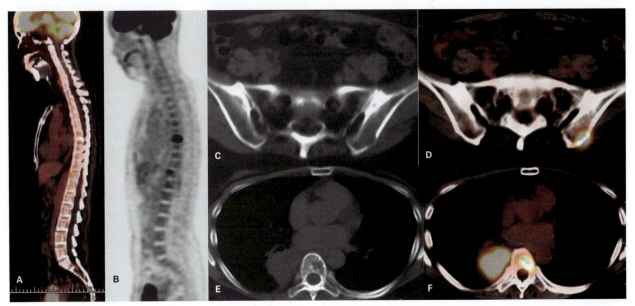

Figura 33 Estádio M1b. PET/CT é superior à tomografia computadorizada para detecção de lesões secundárias por disseminação hematogênica à distância.

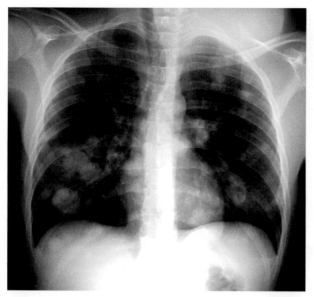

Figura 34 Metástases. Múltiplos nódulos pulmonares com dimensões variadas, maiores e mais numerosos nos campos pulmonares médios e inferiores, relacionados a carcinoma renal de células claras.

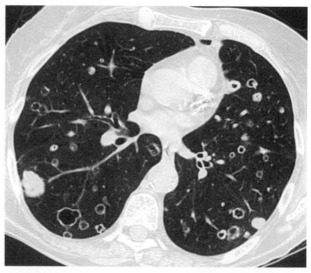

Figura 36 Metástases escavadas. Múltiplos nódulos, vários deles escavados, representando metástase de carcinoma espinocelular de laringe.

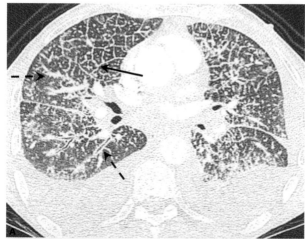

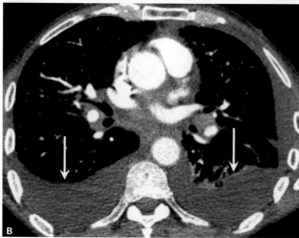

Figura 35 Linfangite carcinomatosa. Espessamento nodular dos septos interlobulares (seta) e do interstício peribroncovascular (seta tracejada) (A) associado a derrame pleural bilateral (B).

Embora alguns padrões de calcificação sejam virtualmente patognomônicos de benignidade, deve-se avaliar com cuidado nódulos calcificados em pacientes com antecedente maligno, pois a diferenciação entre padrões benignos e malignos pode ser difícil. Calcificações em lesões secundárias relacionam-se à presença de matriz óssea (osteossarcoma e condrossarcoma) (Figura 37), calcificações mucoides (mama e adenocarcinomas mucinosos do trato digestivo) ou natureza distrófica (carcinoma papilífero da tireoide e lesões previamente tratadas).

Lesões com predisposição a sangramentos podem apresentar um halo em vidro fosco, representando hemorragia alveolar regional e podem estar presentes em doenças malignas ou benignas (aspergilose angioinvasiva, vasculites, candidíase). Disseminação secundária de angiossarcomas e coriocarcinomas (Figura 38) são as lesões mais representativas deste grupo com metástases hemorrágicas em razão da fragilidade de suas estruturas neovasculares.

Raramente, células malignas metastáticas podem alojar-se na parede das vias aéreas por via hematogênica ou linfática, crescendo como uma lesão polipoide na parede traqueal ou brônquica. Este padrão endobrônquico de acometimento secundário é mais comumente observado nos tumores renais, mamários e colorretais. O crescimento da lesão endoluminal pode resultar em obstrução da via aérea, evoluindo com atelectasia e, quando única, pode ser difícil a diferenciação com carcinoma broncogênico.

Metástases únicas podem ser um desafio para a diferenciação com lesão pulmonar primária. Na presença de antecedentes pessoais malignos já conhecidos, a probabilidade de malignidade de um nódulo pulmonar único

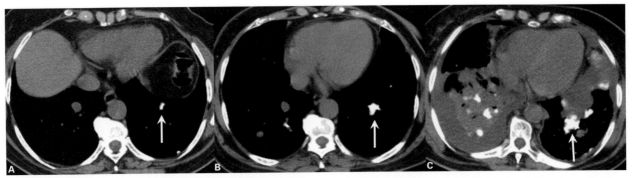

Figura 37 Metástases calcificadas de osteossarcoma. Múltiplas lesões secundárias com graus variados de calcificação, mostrando aumento das dimensões de nódulo difusamente calcificado.

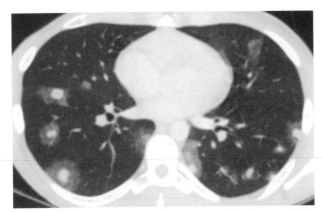

Figura 38 Metástases hemorrágicas de coriocarcinoma. Nódulos de natureza secundária apresentando halo em vidro fosco.

é de cerca de 25%. Melanomas, sarcomas, câncer de cólon, rim, mama, testículo e bexiga são os mais prováveis a apresentarem metástases únicas.

Por fim, as metástases não são exclusividade das lesões malignas e, embora raro, podem estar associadas a lesões benignas. O aspecto das lesões é indistinguível da disseminação secundária maligna; contudo, lesões de natureza benigna têm crescimento muito lento. As metástases de lesões benignas geralmente originam-se de leiomiomas uterinos, mola hidatiforme, condroblastoma, adenoma pleomórfico ou meningeoma e podem ou não estar relacionadas à manipulação da lesão primária.

Bibliografia sugerida

1. American College of Radiology. Lung CT Screening Reporting and Data System (Lung-RADS™). Disponível em: http://www.acr.org/Quality-Safety/Resources/LungRADS
2. Chong S, Lee KS, Chung MJ, Han J, Kwon OJ, Kim TS. Neuroendocrine tumors of the lung: clinical, pathologic, and imaging findings. RadioGraphics. 2006;26:41-58.
3. de Hoop B, van Ginneken B, Gietema H, Prokop M. Pulmonary perifissural nodules on CT scans: rapid growth is not a predictor of malignancy. Radiology. 2012;265(2):611-6.
4. Gould MK, Donington J, Lynch WR, Mazzone PJ, Midthun DE, Naidich DP, et al. Evaluation of individuals with pulmonary nodules: when is it lung cancer? Chest. 2013;143(5 Suppl):e93S-120S.
5. MacMahon H, Austin JHM, Gamsu G, Herold CJ, Jett JR, Naidich DP, et al. Guidelines for management of small pulmonary nodules detected on CT scans: a statement from the Fleischner Society. Radiology. 2005;237(2):395-400.
6. Molinari F, Bankier AA, Eisenberg RL. Fat-containing lesions in adult thoracic imaging. AJR. 2011;197:W795-813.
7. Seo JB, Im J-G, Goo JM, Chung MJ, Kim M-Y. Atypical pulmonary metastases: spectrum of radiologic findings. RadioGraphics 2001;21:403-17.
8. Truong MT, Ko JP, Rossi SE, Rossi I, Viswanathan C, Bruzzi JF, et al. Update in the evaluation of the solitary pulmonary nodule. RadioGraphics. 2014;34:1658-79.

9

Tromboembolismo pulmonar

Hye Ju Lee

Tromboembolismo pulmonar agudo

A embolia pulmonar (EP) constitui a terceira emergência cardiovascular mais comum, sendo causada pela obstrução do leito arterial pulmonar, desencadeada por um evento tromboembólico, geralmente originário de uma trombose venosa profunda (TVP). O termo tromboembolismo venoso (TEV) engloba essas duas condições, a EP e a TVP, que compartilham os mesmos fatores de risco e muitas vezes coexistem.

Epidemiologia e fatores de risco

O TEV é diagnosticado pela primeira vez em cerca de 100 a cada 100 mil pessoas nos Estados Unidos a cada ano. A taxa de mortalidade atinge até 6% dos casos de TVP e 12% dos casos de EP nos primeiros 30 dias após o diagnóstico e, apesar da terapia anticoagulante, o índice de recorrência é de até 7% em 6 meses.

Entre os fatores de risco para TEV, destacam-se a idade avançada, imobilização prolongada, histórico oncológico, cirurgias de grande porte (gerais e ortopédicas), traumatismos múltiplos, fraturas de quadril e ossos longos, história prévia de TEV e insuficiência cardíaca.

Fisiopatologia

As repercussões hemodinâmicas costumam ocorrer em obstruções superiores a 30-50% do leito arterial pulmonar. No entanto, a resposta hemodinâmica à EP depende não só das dimensões e/ou extensão do êmbolo, mas também de outros fatores, como a coexistência de doenças cardiopulmonares e da resposta neuro-humoral, por meio da liberação de serotonina pelas plaquetas, de trombina pelo plasma e de histamina pelos tecidos.

A EP aguda causa aumento da resistência vascular pulmonar, seja pela obstrução direta ou pela vasoconstri-

ção secundária a hipóxia. O aumento da pós-carga pode causar dilatação e hipocinesia do ventrículo direito, regurgitamento tricúspide e insuficiência cardíaca direita. A sobrecarga pressórica do ventrículo direito pode também resultar em um movimento paradoxal do septo interventricular, distorcendo a morfologia do ventrículo esquerdo e prejudicando seu enchimento durante a diástole.

Aumentos pressóricos significativos no ventrículo direito podem também causar compressão da artéria coronária direita, diminuindo a perfusão subendocárdica, limitando a oxigenação do miocárdio e causando isquemia e microinfartos.

Em condições normais, a ventilação e a perfusão pulmonares funcionam em equilíbrio, as áreas mais ventiladas são também as mais perfundidas e as áreas com ventilação mais comprometida recebem menor aporte sanguíneo. A principal causa de hipoxemia na EP é a redistribuição do fluxo sanguíneo, resultando em uma discordância na relação entre a ventilação e a perfusão pulmonares (V/Q) e consequente prejuízo nas trocas gasosas.

Outro fator que influencia na hipoxemia dos pacientes com EP é a redução do débito cardíaco, que leva a um aumento na extração de oxigênio do sangue pelos tecidos, reduzindo a pressão parcial de oxigênio no sangue venoso (PO_2). O sangue venoso com PO_2 anormalmente baixa amplifica o efeito do desequilíbrio entre a ventilação e perfusão pulmonares, sobretudo quando passa por territórios com baixa relação V/Q.

Avaliação clínica

Os sintomas clínicos da EP são bastante variáveis, englobando desde pacientes completamente assintomáticos até pacientes que se apresentam com choque e hipotensão. Os sintomas mais comuns, no entanto, são dor torácica (do tipo pleurítica, nas embolias periféricas, e retroesternais, nas embolias centrais, por isquemia do ventrículo direito) e dispneia. Outros sintomas menos frequentes incluem tosse, febre, hemoptise e pré-síncope/síncope.

Apesar de os sinais e sintomas clínicos de EP terem individualmente baixa sensibilidade e especificidade, a combinação de alguns achados permite classificar os pacientes com suspeita clínica de EP em diferentes categorias de probabilidade clínica pré-teste. Os critérios de Wells são os mais utilizados na rotina clínica e permitem a categorização dos pacientes em probabilidade baixa, intermediária ou alta para EP, ou em apenas dois níveis: EP improvável ou provável. Mais recentemente, foi proposta e também validada a forma simplificada desses critérios (Tabela 1).

Espera-se que a EP seja confirmada em cerca de 10% dos pacientes com probabilidade baixa, 30% dos pacientes com probabilidade intermediária e 65% dos pacientes com probabilidade alta pré-teste.

Abordagem diagnóstica

O algoritmo proposto para a conduta diagnóstica nos pacientes com suspeita clínica de EP, segundo a European Society of Cardiology (ESC), está ilustrado na Figura 1.

D-dímero

O D-dímero é um exame com alto valor preditivo negativo (VPN), sendo portanto improvável o diagnóstico de EP ou de TVP quando seus valores estão normais. Porém, diversas situações, além da EP ou da TVP, podem alterar seus valores – como doenças oncológicas, processos inflamatórios, sangramentos, trauma, cirurgias e necrose –, o que o torna um exame de baixo valor preditivo positivo (VPP).

Tabela 1 Critérios de Wells (probabilidade de embolia pulmonar)

Critérios	Pontos	
	Versão original	Versão simplificada
EP ou TVP prévia	1,5	1
FC ≥ 100 bpm	1,5	1
Cirurgia ou mobilização nas últimas 4 semanas	1,5	1
Hemoptise	1	1
Câncer	1	1
Sinais clínicos de TVP	3	1
Outros diagnósticos menos prováveis que EP	3	1

Probabilidade clínica – baixa: 0-1; intermediária: 2-6; alta ≥ 7 ou improvável: 0-4 (versão simplificada: 0-1); provável: ≥ 5 (versão simplificada: ≥ 2). bpm: batimentos por minuto; EP: embolia pulmonar; FC: frequência cardíaca; TVP: trombose venosa profunda.

Angiotomografia computadorizada

A angiotomografia computadorizada (angio TC) é atualmente considerada o método de imagem de escolha para os pacientes com suspeita de EP na rotina clínica, tendo demonstrado uma sensibilidade de 83% e especificidade de 96% no estudo PIOPED II (*Prospective investigation of pulmonary embolism diagnosis II*).

O estudo PIOPED II também evidenciou que o valor preditivo da angio TC varia de acordo com a probabilidade clínica pré-teste para EP. Em pacientes com probabilidade pré-teste baixa ou intermediária para EP, a angio TC apresentou alto VPN (96% e 89%, respectivamente), enquanto nos pacientes com probabilidade alta o VPN foi de apenas 60%. De forma recíproca, o VPP da angio TC foi alto nos pacientes com probabilidade pré-teste intermediária ou alta (92-96%), e baixo nos pacientes com baixa probabilidade (58%). Diante disso, torna-se imprescindível a correlação do resultado da angio TC com a probabilidade clínica pré-teste dos pacientes.

Um achado não tão incomum na rotina clínica, principalmente na era da tomografia computadorizada de múltiplos detectores, é a EP em ramo arterial subsegmentar isolado na angio TC. Na ausência de TVP concomitante, é questionável o tratamento anticoagulante, sendo decisiva a avaliação individual desses casos.

Outra situação não tão infrequente é o achado incidental de EP em exames de tomografia computadorizada de tórax realizados para outras finalidades, sendo descrito em até 1-2% dos casos. Ocorre mais frequentemente em pacientes em acompanhamento oncológico, sendo também descrita sua maior frequência em pacientes com fibrilação atrial. Embora não exista atualmente um consenso em relação à abordagem terapêutica de pacientes com EP incidental, há uma tendência a se recomendar que pacientes oncológicos ou que apresentam EP em ramo arterial lobar ou mais proximal sejam anticoagulados.

Cintilografia pulmonar

A cintilografia pulmonar, por ser um método que utiliza menor dose de radiação e raramente relacionado a reações alérgicas, pode ser aplicada em pacientes com baixa probabilidade clínica de EP e radiografia de tórax normal, em pacientes jovens (principalmente do sexo feminino), gestantes, pacientes com histórico de reação alérgica ao meio de contraste iodado, insuficiência renal, mieloma e paraproteinemia. Um resultado normal praticamente exclui o diagnóstico de EP, enquanto uma cintilografia com alta probabilidade para EP é considerada diagnóstica. A maior limitação desse método está na alta proporção de resultados inconclusivos ou não diagnósticos, que exigem a complementação com outros métodos.

Angiografia pulmonar

Apesar de ser considerada padrão-ouro no diagnóstico de EP, a angiografia pulmonar é raramente utilizada na

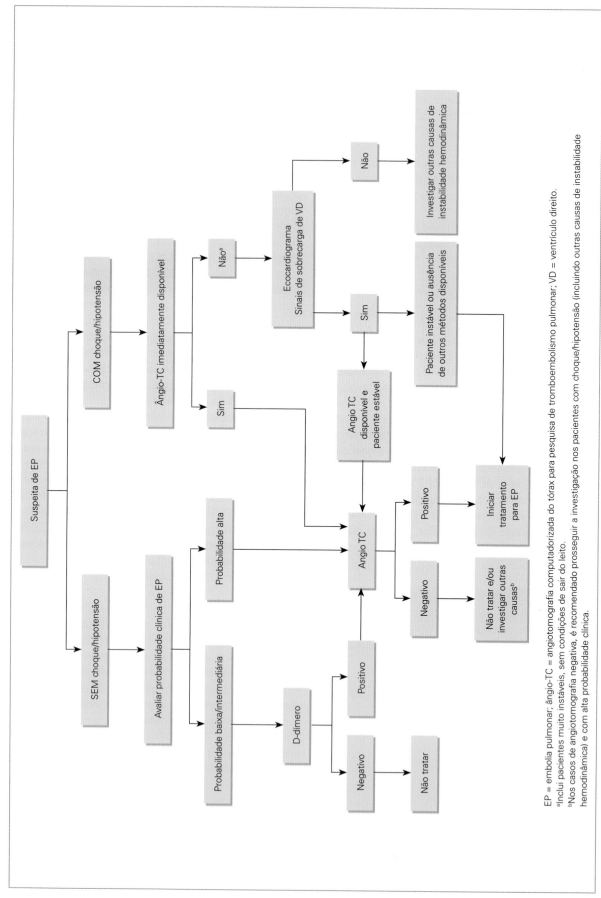

Figura 1 Algoritmo proposto para diagnóstico de pacientes com suspeita de embolia pulmonar (EP), segundo a European Society of Cardiology (ESC).

EP = embolia pulmonar; ângio-TC = angiotomografia computadorizada do tórax para pesquisa de tromboembolismo pulmonar; VD = ventrículo direito.
[a]Inclui pacientes muito instáveis, sem condições de sair do leito.
[b]Nos casos de angiotomografia negativa, é recomendado prosseguir a investigação nos pacientes com choque/hipotensão (incluindo outras causas de instabilidade hemodinâmica) e com alta probabilidade clínica.

rotina clínica para essa finalidade, tendo sido substituída pela angio TC, que é um método mais disponível, menos invasivo e que apresenta acurácia semelhante. Atualmente, sua maior aplicação é nos pacientes submetidos a tratamento percutâneo de EP.

Angiorressonância magnética

As principais vantagens da angiorressonância magnética em relação à angio TC são a utilização de um meio de contraste menos alergênico (gadolínio) e a não utilização de radiação ionizante. Embora tenha mostrado resultados promissores como um método alternativo no diagnóstico de EP em casos específicos, suas principais limitações são a baixa sensibilidade, a alta proporção de resultados inconclusivos, a baixa disponibilidade do método em um contexto de emergência e o maior tempo de exame em relação à angio TC, sendo este um fator crucial na abordagem de pacientes hemodinamicamente instáveis.

Ecocardiografia

Os achados ecocardiográficos em pacientes com EP aguda estão relacionados a sobrecarga pressórica e disfunção do ventrículo direito (VD). Esses achados, no entanto, têm baixo valor preditivo negativo (40-50%) e são pouco específicos para EP, podendo estar presentes em diversas outras doenças cardíacas ou respiratórias. A ecocardiografia, portanto, não deve ser utilizada como método diagnóstico na abordagem de pacientes hemodinamicamente estáveis com suspeita clínica de EP.

Em contrapartida, por ser um método disponível à beira do leito, a ecocardiografia pode ser a primeira alternativa em pacientes de alto risco, hemodinamicamente instáveis, nos casos em que a angio TC não é acessível ou em que a instabilidade do paciente impossibilita o seu transporte até o tomógrafo. Nessa situação, a presença de sinais ecocardiográficos de sobrecarga ou disfunção do VD já justifica a terapia de reperfusão, caso a angio TC não esteja disponível, enquanto a ausência desses sinais praticamente exclui a EP como causa da instabilidade hemodinâmica. Além disso, a ecocardiografia também permite a avaliação de outras potenciais causas dessa instabilidade, como tamponamento cardíaco, disfunção valvar, disfunção do ventrículo esquerdo, dissecção de aorta ou hipovolemia.

Ultrassonografia de membros inferiores

A ultrassonografia compressiva dos membros inferiores tem sensibilidade de 90% e especificidade de 95% no diagnóstico de TVP em pacientes sintomáticos. A trombose venosa está presente à ultrassonografia em cerca de 30-50% dos pacientes com EP, sendo ainda mais frequente naqueles pacientes que apresentam trombose venosa proximal.

Estratificação de risco

Além da confirmação diagnóstica, uma etapa essencial na abordagem dos pacientes com EP aguda é o reconhecimento daqueles com maior risco de evolução clínica desfavorável e morte precoce, sendo a presença de sinais de disfunção aguda do VD o principal determinante dessa situação. A avaliação clínica, em conjunto com exames laboratoriais e de imagem, auxilia nessa estratificação de risco e contribui na decisão entre uma conduta terapêutica mais agressiva e a alta precoce com acompanhamento ambulatorial.

Os principais parâmetros clínicos preditores do prognóstico dos pacientes com EP aguda podem ser sumarizados em escores clínicos, sendo um dos mais utilizados o PESI (*Pulmonary Embolism Severity Index*), na sua forma original ou simplificada, demonstrado na Tabela 2.

Marcadores laboratoriais de disfunção do ventrículo direito, como o BNP (peptídeo natriurético cerebral) e N-terminal (NT)-proBNP, ou de lesão miocárdica (por isquemia do ventrículo direito), como a troponina T e I ou a H-FABP (proteína ligada a ácidos graxos), quando alterados, podem refletir maior repercussão hemodinâmica da EP e estão relacionados a maior risco de morte precoce e evolução desfavorável.

No estudo realizado pela ICOPER (International Cooperative Pulmonary Embolism Registry), demonstrou-se que a presença de hipocinesia do ventrículo direito na ecocardiografia é um preditor independente de morte precoce por EP e também auxilia na estratificação de risco.

A angio TC, por sua vez, além de método diagnóstico de escolha, também auxilia na avaliação da gravidade da EP, por meio da identificação de sinais indiretos de disfunção do ventrículo direito, a serem pormenorizados a seguir.

Achados de imagem da angiotomografia computadorizada

Sinais diretos

A visualização da obstrução arterial pulmonar à angio TC é considerada um sinal direto de EP aguda, podendo essa obstrução ser completa ou parcial. Na obstrução completa, observa-se uma falha de enchimento ocupando todo o calibre do ramo arterial, que pode apresentar aumento de seu diâmetro, quando comparado ao seu respectivo brônquio ou aos demais vasos de mesma ordem (Figura 2). Nas obstruções parciais, a falha de enchimento pode ser central ("*polo mint sign*" no plano transversal e "*railway track sign*" no plano longitudinal) (Figura 3) ou na periferia, formando ângulo agudo com a parede do vaso (Figura 4).

Sinais indiretos

A oligoemia, classicamente descrita relacionada à EP aguda, consiste na redução do fluxo sanguíneo pulmo-

Tabela 2 PESI (*Pulmonary Embolism Severity Index*)

Fatores preditores	Pontos (original)[a]	Pontos (simplificada)[b]
Idade	Em anos	> 80 anos = 1
Sexo masculino	+ 10	
Antecedente oncológico	+ 30	1
Insuficiência cardíaca	+ 10	1
Doença pulmonar crônica	+ 10	
Frequência cardíaca ≥ 110/minuto	+ 20	1
Pressão arterial sistólica < 100 mm Hg	+ 30	1
Frequência respiratória ≥ 30/minuto*	+ 20	
Temperatura < 36°C	+ 20	
Alteração do estado mental[†]	+ 60	
Saturação de oxigênio < 90%*	+ 20	1

[a] Classificação: ≤ 65, classe I; 66-85, classe II; 86-105, classe III; 106-125, classe IV; > 125, classe V. Classes I e II: baixo risco. [b] Classificação: 0: baixo risco; ≥ 1: alto risco. * Medidos com ou sem a administração de suplemento de oxigênio. [†] Definida como confusão mental, desorientação ou sonolência. Adaptada de European Society of Cardiology (ESC) Guidelines, 2014.

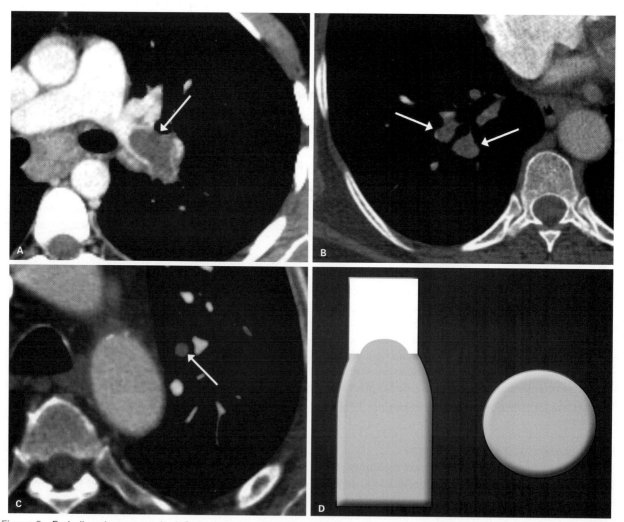

Figura 2 Embolia pulmonar aguda. A-C: Angiotomografia computadorizada demonstra falhas de enchimento completas em ramos arteriais pulmonares de diferentes ordens. Em A, obstrução completa da artéria principal esquerda, vista no plano longitudinal (seta). Em B e C, obstruções completas em ramo segmentar e subsegmentar, respectivamente, vistas no plano transversal (setas). D: Ilustração da morfologia do trombo nos planos longitudinal e axial.

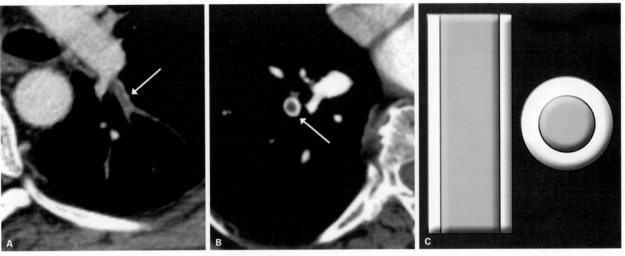

Figura 3 Embolia pulmonar aguda. A e B: Angiotomografia computadorizada demonstra falhas de enchimento parciais no centro dos ramos arteriais pulmonares, no plano longitudinal (seta em A) e no plano axial (seta em B). C: Ilustração da morfologia do trombo nos planos longitudinal e axial.

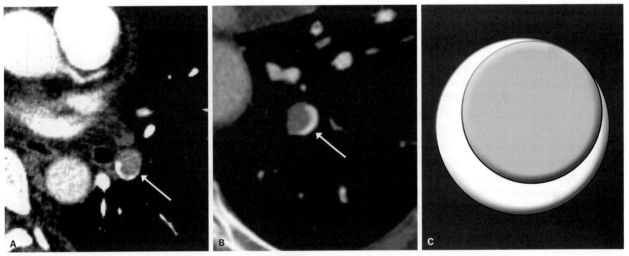

Figura 4 Embolia pulmonar aguda. A e B: Angiotomografia computadorizada demonstra falhas de enchimento parciais na periferia dos ramos arteriais pulmonares (setas). C: Ilustração da morfologia do trombo no plano axial.

nar secundário à EP, sendo mais bem caracterizada na angiografia pulmonar. Ocasionalmente na angio TC, ela pode ser identificada sob a forma de redução do calibre de vasos pulmonares periféricos na presença de volumosos trombos centrais ou pela atenuação em mosaico do parênquima pulmonar.

Achados associados
Sinais de sobrecarga do VD

Sinais de sobrecarga do VD podem ser detectados na angio TC e devem ser relatados com a finalidade de contribuir na estratificação de risco dos pacientes com EP aguda. Dilatação do VD (maior que o diâmetro do VE no eixo curto), desvio paradoxal do septo interventricular, refluxo de contraste para as veias hepáticas, aumento do calibre da artéria pulmonar e aumento do diâmetro da veia cava superior compõem os principais achados que sugerem sobrecarga pressórica do VD na angio TC (Figura 5).

Embora não esteja incorporada à rotina clínica, a mensuração da obstrução vascular, também denominada "*clot burden*" (carga embólica) pela angio TC também demonstrou ter correlação com o grau de gravidade da EP, podendo ser realizada semiquantitativamente, por meio de escores, ou quantitativamente, por meio da mensuração volumétrica dos êmbolos no interior dos ramos arteriais pulmonares.

Infarto pulmonar

O infarto pulmonar na EP aguda consiste em uma resposta à injúria isquêmica no pulmão secundária à hipoperfusão pulmonar, que resulta em lesão celular e hemorragia, seguidas de necrose coagulativa e infarto.

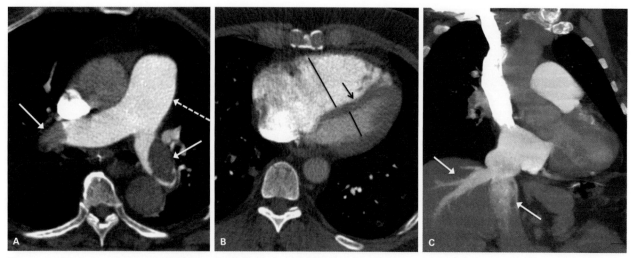

Figura 5 Sinais de sobrecarga de ventrículo direito. A-C: Angiotomografia computadorizada demonstra falhas de enchimento em ambas as artérias pulmonares principais (setas em A), compatíveis com embolia pulmonar aguda. Observa-se aumento do calibre do tronco pulmonar (seta pontilhada em A), que mede 37 mm. Em B, aumento do diâmetro transverso do ventrículo direito em relação ao ventrículo esquerdo e leve desvio paradoxal do septo interventricular (seta). Em C, reformatação coronal demonstra refluxo do contraste para a veia cava inferior e veias hepáticas (setas).

Cerca de 10-30% dos pacientes com EP aguda apresentam áreas de infarto pulmonar à autópsia, sendo mais comuns nas embolias periféricas (≤ 3 mm) do que nas centrais e mais frequentemente observadas nos lobos inferiores. A presença de dor pleurítica está muitas vezes relacionada à presença de infarto pulmonar.

A apresentação clássica do infarto pulmonar à tomografia é de uma opacidade pulmonar subpleural em cunha (Figura 6). O sinal do "halo invertido", que consiste em uma opacidade focal em vidro fosco circundada por um anel de consolidação, está presente em cerca de um terço dos casos e possui alta especificidade (98%) (Figura 7). Outras características que favorecem a hipótese de infarto pulmonar incluem: morfologia triangular, vaso

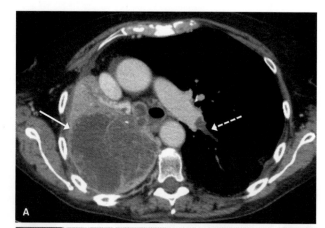

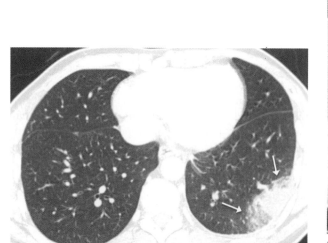

Figura 6 Infarto pulmonar. Angiotomografia computadorizada em janela pulmonar demonstra opacidade pulmonar subpleural em cunha no lobo inferior esquerdo (setas) (mesmo paciente da Figura 2A).

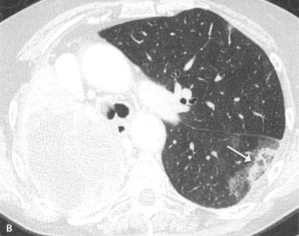

Figura 7 Infarto pulmonar. A e B: Angiotomografia computadorizada em paciente com neoplasia de pulmão avançada demonstra volumosa massa pulmonar à direita (seta em A) e sinais de embolia pulmonar à esquerda (seta pontilhada em A). Em B, janela pulmonar evidencia opacidade subpleural no lobo inferior esquerdo com sinal do "halo invertido".

calibroso atingindo o vértice da opacidade e ausência de broncograma aéreo.

Derrame pleural

O derrame pleural está presente em cerca de 30-50% dos pacientes com diagnóstico de EP aguda, sendo mais comumente unilateral e de pequeno volume.

A liberação de mediadores inflamatórios na EP aguda resulta em aumento da permeabilidade capilar, com consequente aumento do fluido intersticial, que atravessa a pleura visceral e atinge o espaço pleural, resultando em um acúmulo de líquido predominantemente exsudativo (Figura 8).

Princípios do tratamento

A conduta terapêutica na EP aguda baseia-se na estratificação de risco individual para uma evolução desfavorável ou morte precoce. Dessa forma, condutas mais agressivas, como a trombólise, são recomendadas aos pacientes de alto risco, enquanto em pacientes de baixo risco pode-se considerar a alta precoce com instituição de tratamento anticoagulante domiciliar. O fluxograma recomendado para pacientes com suspeita clínica de embolia pulmonar está ilustrado na Figura 9.

Tromboembolismo pulmonar crônico

A hipertensão pulmonar é definida pela pressão arterial pulmonar igual ou superior a 25 mmHg. A classificação da hipertensão pulmonar pode ser visualizada no Quadro 1.

A hipertensão pulmonar tromboembólica crônica (HPTEC) pertence ao grupo 4 dessa classificação e ocorre pelo aumento da resistência vascular pulmonar secundário à obstrução arterial crônica, sendo uma causa potencialmente tratável de hipertensão pulmonar.

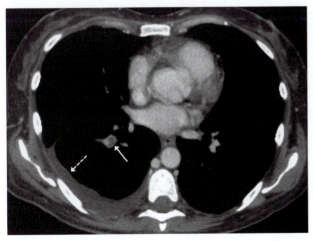

Figura 8 Derrame pleural. Tomografia computadorizada com contraste demonstra a falha de enchimento no ramo arterial do lobo inferior direito (seta) e o pequeno derrame pleural homolateral (seta pontilhada).

Epidemiologia e fatores de risco

A HPTEC ocorre em cerca de 4% dos pacientes após um evento tromboembólico agudo, sendo esta incidência maior em pacientes com doenças oncológicas, cardiovasculares ou pulmonares. Outros fatores de risco também descritos incluem esplenectomia, *shunt* ventriculoatrial, doença inflamatória intestinal e síndromes mieloproliferativas.

Entre os pacientes com HPTEC, cerca de 80% apresentam antecedente de tromboembolismo venoso.

Fisiopatologia

Mais de 90% dos pacientes com EP aguda recuperam a hemodinâmica pulmonar após 30 dias de tratamento, por meio de dois mecanismos principais: fragmentação mecânica do trombo e fibrinólise.

Uma pequena parcela das EP agudas, no entanto, apresenta resolução incompleta do trombo e evolui para um processo de remodelamento com fibrose e obstrução do leito vascular pulmonar. Essa obstrução, em conjunto com a vasculopatia arteriolar distal desencadeada pela hipertensão pulmonar, pode levar a quadros ainda mais graves de hipertensão pulmonar e, em alguns, casos a *cor pulmonale*. Secundariamente, a circulação brônquica e colateral intercostal pode se tornar proeminente.

A anticoagulação inadequada, trombos volumosos e recorrência de EP agudas podem contribuir para o desenvolvimento da HPTEC.

Avaliação clínica

Os sintomas clínicos do tromboembolismo pulmonar crônico estão relacionados à presença de hipertensão pulmonar, podendo ser assintomáticos em uma fase mais precoce, com piora progressiva à medida que ocorre deterioração da função cardíaca direita.

Os sintomas são bastante superponíveis aos da EP aguda; em comparação com a hipertensão arterial pulmonar idiopática (HAPi), edema e hemoptise são achados mais frequentes na HPTEC, enquanto a síncope é um sintoma mais frequente na HAPi.

Abordagem diagnóstica

O diagnóstico de HPTEC deve ser suspeitado após pelo menos 3 meses de terapia anticoagulante. São considerados critérios diagnósticos:

- Pressão arterial pulmonar média ≥ 25 mmHg, com pressão de oclusão da artéria pulmonar ≤ 15 mmHg.
- Ao menos uma falha de perfusão segmentar à cintilografia de perfusão pulmonar ou obstrução arterial pulmonar à angio TC ou angiografia pulmonar.

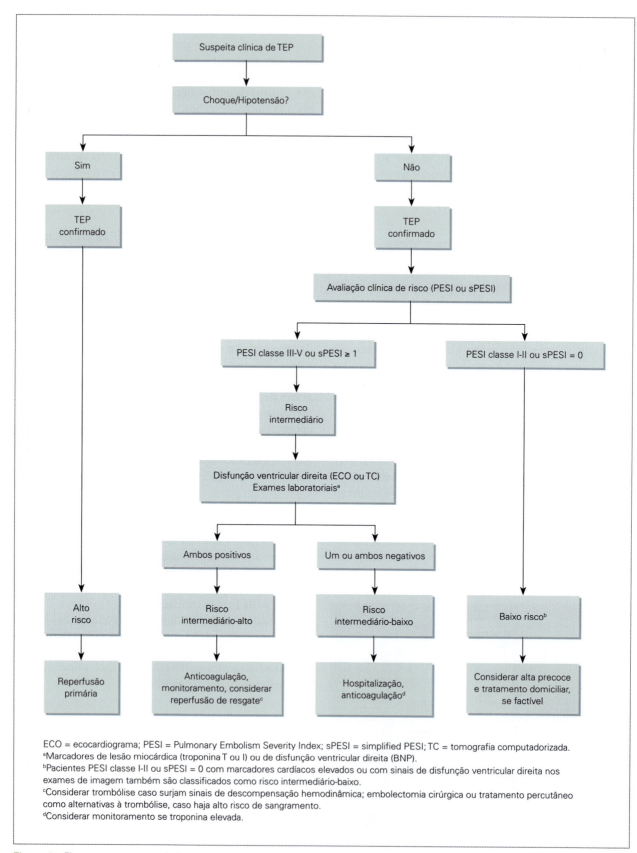

Figura 9 Fluxograma recomendado para pacientes com suspeita clínica de tromboembolismo pulmonar (TEP).

Quadro 1 Classificação da hipertensão pulmonar (atualização em 2013)

1. Hipertensão arterial pulmonar (HAP)

1.1 HAP idiopática
1.2 HAP hereditária
    1.2.1 BMPR2
    1.2.2 ALK-1, ENG, SMAD9, CAV1, KCNK3
    1.2.3 Desconhecida
1.3 Induzida por drogas ou toxinas
1.4 Associada a:
    1.4.1 Doenças do tecido conjuntivo
    1.4.2 Infecção pelo HIV
    1.4.3 Hipertensão portal
    1.4.4 Doença cardíaca congênita
    1.4.5 Esquistossomose
1'. Doença pulmonar veno-oclusiva e/ou hemangiomatose capilar pulmonar
1". Hipertensão pulmonar persistente do recém-nascido

2. Hipertensão pulmonar decorrente de doença cardíaca esquerda

2.1 Disfunção sistólica do ventrículo esquerdo
2.2 Disfunção diastólica do ventrículo esquerdo
2.3 Doença valvular
2.4 Obstruções congênitas/adquiridas da via de entrada/saída do coração esquerdo e cardiomiopatias congênitas

3. Hipertensão pulmonar decorrente de doenças pulmonares e/ou hipoxemia

3.1 DPOC
3.2 Doença pulmonar intersticial
3.3 Outras doenças pulmonares com padrão misto obstrutivo e restritivo
3.4 Distúrbios respiratórios do sono
3.5 Síndrome de hipoventilação alveolar
3.6 Exposição crônica a grandes altitudes
3.7 Anomalias do desenvolvimento pulmonar

4. Hipertensão pulmonar tromboembólica crônica (HPTEC)

5. Hipertensão pulmonar com mecanismos multifatoriais incertos

5.1 Doenças hematológicas: anemia hemolítica crônica, doenças mieloproliferativas, esplenectomia
5.2 Doenças sistêmicas: sarcoidose, histiocitose pulmonar, linfangioleiomiomatose
5.3 Doenças metabólicas: doença de depósito de glicogênio, doença de Gaucher, doenças tireoidianas
5.4 Outros: obstrução tumoral, mediastinite fibrosante, insuficiência renal crônica, hipertensão pulmonar segmentada

*ALK-1: *activin receptor-like kinase type 1*; BMPR2: *bone morphogenetic protein receptor type 2*; HIV: vírus da imunodeficiência humana; ENG: *endoglin*; SMAD9: *mothers against decapentaplegic 9*; CAV1: *caveolin-1*; KCNK3: *a gene encoding potassium channel super family K member-3*; DPOC: doença pulmonar obstrutiva crônica.

A cintilografia pulmonar de ventilação/perfusão está indicada na suspeita clínica de HPTEC, tendo sensibilidade de 96-97% e especificidade de 90-95%. Um estudo negativo praticamente descarta o diagnóstico de HPTEC, enquanto a presença de defeitos perfusionais ou resultados inconclusivos requer um estudo angiográfico ou uma angio TC para pesquisa de obstruções arteriais pulmonares.

Achados de imagem da angiotomografia computadorizada

Sinais diretos
Obstrução arterial completa

A ausência de contrastação, normalmente com morfologia convexa, do ramo arterial pulmonar, associada a redução do diâmetro arterial distal ao ponto de estenose constitui sinal indicativo de tromboembolismo pulmonar crônico (Figura 10).

Obstrução arterial parcial

As obstruções parciais podem apresentar três principais morfologias no tromboembolismo crônico (Figuras 11, 12 e 13):

- Falha de enchimento periférica em crescente, formando ângulo obtuso com a parede do vaso.
- Falha de enchimento periférica difusa, determinando espessamento irregular da parede do vaso, que apresenta normalmente calibre reduzido.
- Falhas de enchimento lineares ou em bandas.

Outros achados

A dilatação ou aneurisma pós-estenótico também podem estar presentes em casos de tromboembolismo pulmonar crônico. Calcificações em trombos crônicos, embora incomuns, também podem ser visualizadas à angio TC (Figura 14).

Alterações cardiovasculares secundárias
Artérias pulmonares

O aumento do diâmetro do tronco pulmonar (superior a 29 mm) e da relação entre o diâmetro do tronco pulmonar e a aorta ascendente (maior que 1, principalmente em pacientes com menos de 50 anos) constitui sinais sugestivos de hipertensão pulmonar, independentemente de sua causa (Figura 15A). Na HPTEC, o aumento do diâmetro das artérias pulmonares principais é mais comumente assimétrico, quando comparado a outras causas de hipertensão pulmonar. A tortuosidade dos vasos pulmonares é também descrita como achado associado à HPTEC, assim como a presença de placas ateroscleróticas calcificadas nos ramos arteriais pulmonares, ambas secundárias ao regime hipertensivo pulmonar.

Coração

Sinais de sobrecarga pressórica do ventrículo direito, que também podem ser vistos na EP aguda (diâmetro do VD maior que o diâmetro do VE no eixo curto, desvio paradoxal do septo interventricular), podem estar presentes na HPTEC. Em consequência ao regime hipertensivo crônico, é possível também observar hipertrofia do ventrículo direito (espessura miocárdica maior que 4 mm) (Figura 15B).

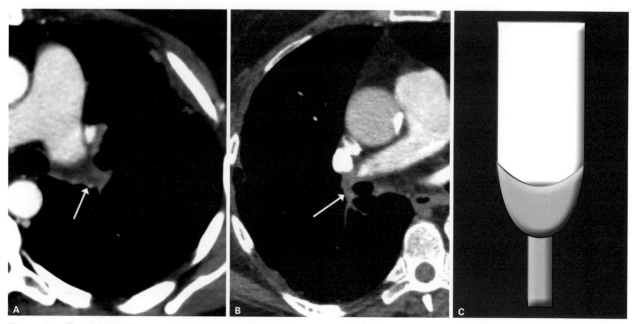

Figura 10 Tromboembolismo pulmonar crônico. A e B: Angiotomografia computadorizada demonstra obstruções completas de ramos arteriais pulmonares, com morfologia convexa e redução do diâmetro arterial distal no ponto de estenose (setas). C: Ilustração da morfologia do trombo no plano longitudinal.

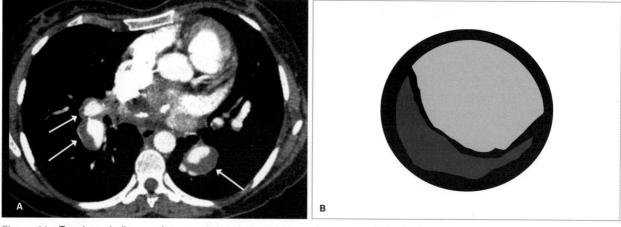

Figura 11 Tromboembolismo pulmonar crônico. A: Angiotomografia computadorizada demonstra obstruções parciais e periféricas em crescente, formando ângulo obtuso com a parede do vaso (setas). B: Ilustração da morfologia do trombo no plano axial.

Circulação colateral

A obstrução crônica de ramos arteriais pulmonares na HPTEC acarreta o aumento do fluxo sanguíneo em ramos arteriais sistêmicos para os pulmões, provenientes tanto da circulação brônquica como de outras colaterais, que se originam principalmente de artérias intercostais, frênicas e torácicas internas. Na angio TC, esses vasos colaterais tornam-se proeminentes e calibrosos, sendo esse achado mais frequente na HPTEC do que na hipertensão pulmonar idiopática e quase inexistente na EP aguda.

Alterações parenquimatosas

A atenuação em mosaico, embora seja um achado pouco específico, pode ser encontrada nos casos de HPTEC, e se caracteriza pela presença de áreas de maior atenuação do parênquima pulmonar intercaladas com áreas de menor atenuação. No caso da HPTEC, esse padrão é decorrente da redução do fluxo sanguíneo pulmonar nas áreas acometidas pelo tromboembolismo crônico, que apresentam menor atenuação do parênquima e vasos pulmonares em número e calibre reduzidos, ao passo que as áreas com maior atenuação representam o parênquima pulmonar com vascularização normal ou até mesmo aumentada, em decorrência da redistribuição do fluxo (Figura 16).

Focos de infarto pulmonar prévio também podem ser visualizados nos pacientes com tromboembolismo pulmonar crônico, podendo se manifestar sob a forma

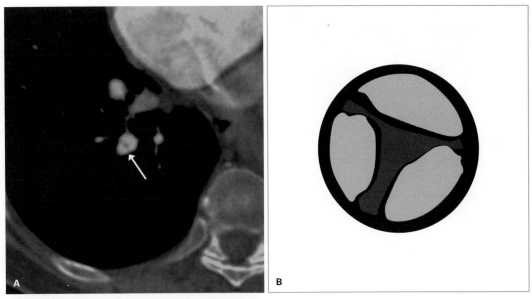

Figura 12 Tromboembolismo pulmonar crônico. A: Angiotomografia computadorizada demonstra falhas de enchimento lineares ou em bandas (seta). B: Ilustração da morfologia do trombo no plano axial.

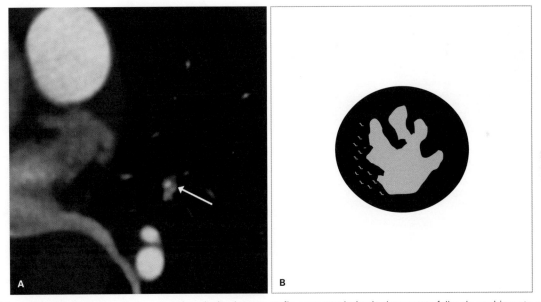

Figura 13 Tromboembolismo pulmonar crônico. A: Angiotomografia computadorizada demonstra falha de enchimento periférica difusa, determinando espessamento irregular da parede do vaso, que apresenta calibre reduzido (seta). B: Ilustração da morfologia do trombo no plano axial.

de bandas parenquimatosas, opacidades periféricas em cunha, nodulares ou escavadas (Figura 17).

A dilatação de brônquios segmentares e subsegmentares nas áreas acometidas pelo tromboembolismo pulmonar crônico é descrita em até um terço dos pacientes com HPTEC, podendo ser explicada pela hipóxia inerente ao quadro clínico ou pelo desvio do fluxo sanguíneo das artérias brônquicas, responsáveis pela irrigação da parede dos brônquios, para a circulação pulmonar. O aprisionamento aéreo também é descrito nos casos de HPTEC, sendo mais uma possível causa do padrão em mosaico do parênquima.

Princípios do tratamento

O tratamento de escolha da HPTEC é a endarterectomia pulmonar. Em pacientes não candidatos ao tratamento cirúrgico, no entanto, o prognóstico é bastante limitado, sendo nesses casos indicado o tratamento clínico com terapia anticoagulante, diuréticos e oxigenioterapia.

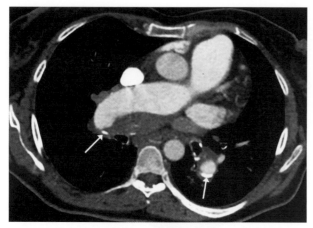

Figura 14 Tromboembolismo pulmonar crônico. Angiotomografia computadorizada demonstra falhas de enchimento periféricas em ramos arteriais bilaterais, com calcificações (setas).

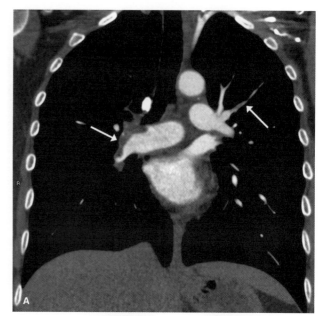

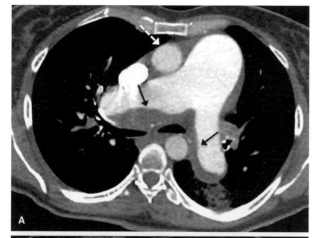

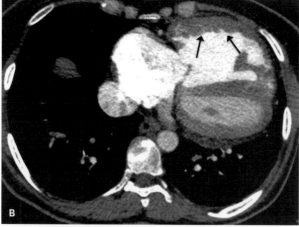

Figura 15 Tromboembolismo pulmonar crônico. A: Angiotomografia computadorizada demonstra falhas de enchimento periféricas em ambas as artérias pulmonares principais (setas) e acentuado aumento do calibre do tronco e artérias pulmonares principais. Observe o aumento importante do tronco pulmonar em comparação com a aorta ascendente (seta pontilhada). Em B, mesmo paciente, com aumento do diâmetro transverso do ventrículo direito e importante aumento da espessura miocárdica (seta).

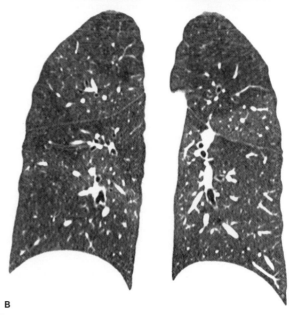

Figura 16 Atenuação em mosaico. A: Angiotomografia computadorizada demonstra sinais de tromboembolismo pulmonar crônico (setas). Em B, atenuação em mosaico do parênquima pulmonar.

Algumas drogas específicas utilizadas no tratamento da hipertensão arterial pulmonar também têm sido estudadas e aplicadas em pacientes não operados ou com persistência da hipertensão pulmonar pós-endarterectomia.

Embolia pulmonar não trombótica

Embolia séptica

A embolia séptica é mais comumente associada a endocardite, tendo como fatores de risco o uso de drogas

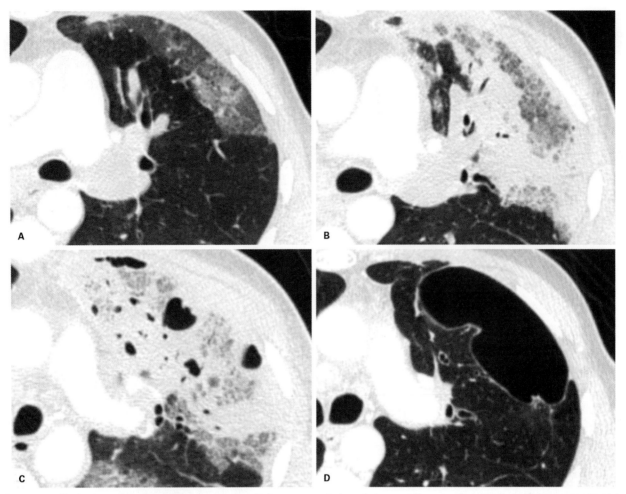

Figura 17 Evolução temporal do infarto pulmonar. A-D: Imagens evolutivas de tomografia computadorizada de paciente com história prévia de embolia pulmonar aguda que evoluiu para tromboembolismo pumonar crônico (mesmo paciente da Figura 10A). Em A, opacidade em vidro fosco subpleural em cunha; em B, aumento da extensão da opacidade e sinal do "halo invertido"; em C, surgimento de algumas cavidades aéreas; em D, área completamente escavada.

ilícitas intravenosas, de cateteres venosos ou marca-passo cardíaco, sendo também descrita relacionada a doenças periodontais.

O achado mais frequente na tomografia computadorizada (TC) consiste em nódulos pulmonares múltiplos, com distribuição principalmente periférica, podendo apresentar escavação e halo em vidro fosco (hemorragia perinodular). O sinal do vaso nutridor ("*feeding vessel sign*") é um achado descrito na embolia séptica, porém não específico, e consiste na visualização de uma estrutura vascular que se dirige diretamente ao nódulo pulmonar.

Embolia de corpo estranho

Produtos de aplicação cirúrgica (silicone), de fixação ortopédica (cimento) e fragmentos de cateteres são alguns exemplos de materiais que podem embolizar para as artérias pulmonares, caso atinjam a circulação venosa sistêmica ou diretamente a circulação pulmonar.

Embolia gordurosa

A embolia gordurosa ocorre classicamente em pacientes com fratura da bacia ou de ossos longos, ou submetidos a cirurgias de fixação ortopédica, podendo também ocorrer durante a infusão de drogas lipídicas, como o propofol, coleta de medula óssea, doença falciforme, esteatose hepática, pancreatite e lipoaspiração.

Embora seja na maioria das vezes autolimitada, a reação inflamatória desencadeada pela embolização gordurosa pode levar a quadros respiratórios graves, que culminam na síndrome do desconforto respiratório do adulto (SDRA).

A microembolização do material gorduroso não permite, na maioria das vezes, a visualização de falhas de enchimento à TC; os achados da embolia gordurosa no pulmão são pouco específicos, incluindo áreas de consolidação, opacidades em vidro fosco, espessamento de septos interlobulares e pequenos nódulos pulmonares (Figura 18).

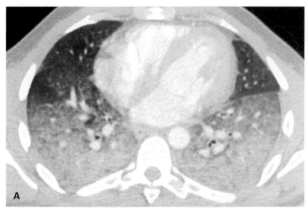

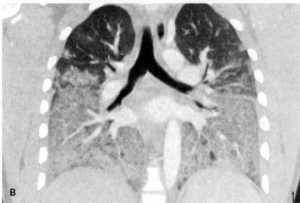

Figura 18 Embolia gordurosa. A e B: Tomografia computadorizada em corte axial (A) e reformatação coronal (B) de paciente com história de fratura de fêmur recente e dispneia demonstra extensas consolidações e opacidades em vidro fosco simétricas e difusas, com predomínio nos campos médios e inferiores.

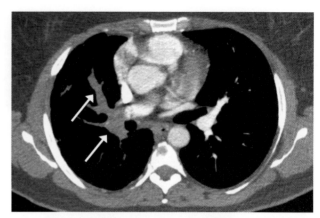

Figura 19 Embolia tumoral. Angiotomografia computadorizada de paciente com antecedente de coriocarcinoma. Observam-se as falhas de enchimento completas dos ramos arteriais pulmonares à direita, com aspecto irregular dos seus contornos (setas).

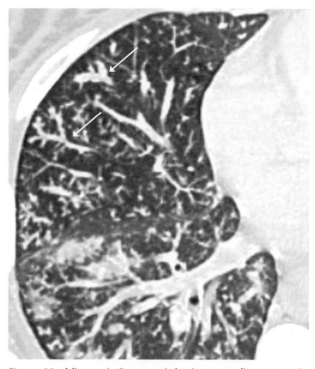

Figura 20 Microembolia tumoral. Angiotomografia computadorizada de paciente com antecedente de coriocarcinoma. Reformatação em projeção de intensidade máxima (MIP) demonstra opacidades micronodulares centrolobulares difusas, com imagens de árvore em brotamento, porém em aparente contiguidade com ramos arteriais pulmonares (setas).

Embolia pulmonar tumoral

A embolia pulmonar tumoral consiste na embolização de células neoplásicas para o leito arterial pulmonar, provenientes da circulação venosa sistêmica. Sarcomas, carcinoma hepatocelular, neoplasia de mama e carcinoma de células renais são as neoplasias primárias que mais frequentemente invadem veias sistêmicas.

À TC, as embolias tumorais costumam acarretar dilatação e irregularidades na artéria pulmonar acometida, podendo também ser visto o realce do tecido tumoral no interior da artéria pulmonar. A persistência dos achados tomográficos após terapia anticoagulante em um contexto oncológico deve sugerir o diagnóstico (Figura 19).

A embolia pulmonar tumoral microscópica, por sua vez, está mais frequentemente relacionada a adenocarcinomas mucinosos, originários da mama, pulmões e estômago. Os achados tomográficos podem ser imperceptíveis nesses casos, sendo incomum a detecção de falhas de enchimentos arteriais. Micronódulos centrolobulares são descritos, representando o preenchimento tumoral das arteríolas centrolobulares (Figura 20).

Bibliografia sugerida

1. 2014 ESC Guidelines on the diagnosis and management of acute pulmonary embolism. Eur Heart J. 2014;35(43):3033-73.
2. Aghayev A, Furlan A, Patil A, Gumus S, Jeon K, Park B, et al. The rate of resolution of clot burden measured by pulmonary CT angiography in patients with acute pulmonary embolism. Am J Roentgenol. 2013;200(4):791-7.
3. Anderson F. Risk factors for venous thromboembolism. Circulation. 2003;107(90231):9-16.

4. Aujesky D, Perrier A, Roy P, Stone R, Cornuz J, Meyer G, et al. Validation of a clinical prognostic model to identify low-risk patients with pulmonary embolism. J Intern Med. 2007;261(6):597-604.

5. Aujesky D. Validation of a model to predict adverse outcomes in patients with pulmonary embolism. Eur Heart J. 2005;27(4):476-81.

6. Castañer E, Gallardo X, Ballesteros E, Andreu M, Pallardó Y, Mata J, et al. CT Diagnosis of chronic pulmonary thromboembolism. RadioGraphics. 2009;29(1):31-50.

7. Chan C, Woods C, Shorr A. The validation and reproducibility of the pulmonary embolism severity index. J Thrombosis and Haemostasis. 2010;8(7):1509-14.

8. Engelke C, Rummeny E, Marten K. Acute pulmonary embolism on MDCT of the chest: prediction of cor pulmonale and short-term patient survival from morphologic embolus burden. Am J Roentgenol. 2006;186(5):1265-71.

9. Funari M. Diagnóstico por imagem das doenças torácicas. Rio de Janeiro: Guanabara Koogan; 2012.

10. Ghaye B, Ghuysen A, Bruyere P, D'Orio V, Dondelinger R. Can CT pulmonary angiography allow assessment of severity and prognosis in patients presenting with pulmonary embolism? What the radiologist needs to know. RadioGraphics. 2006;26(1):23-39.

11. Goldhaber S, Visani L, De Rosa M. Acute pulmonary embolism: clinical outcomes in the International Cooperative Pulmonary Embolism Registry (ICOPER). The Lancet. 1999;353(9162):1386-9.

12. Goldhaber S. Acute pulmonary embolism: Part I: Epidemiology, pathophysiology, and diagnosis. Circulation. 2003;108(22):2726-9.

13. He H, Stein M, Zalta B, Haramati L. Pulmonary infarction. J Thor Imaging. 2006;21(1):1-7.

14. Khashper A, Discepola F, Kosiuk J, Qanadli S, Mesurolle B. Nonthrombotic pulmonary embolism. Am J Roentgenol. 2012;198(2):W152-W159.

15. Peña E, Dennie C, Veinot J, Muñiz S. Pulmonary hypertension: how the radiologist can help. RadioGraphics. 2012;32(1):9-32.

16. Qanadli S, El Hajjam M, Vieillard-Baron A, Joseph T, Mesurolle B, Oliva V, et al. New CT index to quantify arterial obstruction in pulmonary embolism. Am J Roentgenol. 2001;176(6):1415-20.

17. Simonneau G, Robbins I, Beghetti M, Channick R, Delcroix M, Denton C, et al. Updated clinical classification of pulmonary hypertension. J Am Coll Cardiol. 2009;54(1):S43-S54.

18. Stein P, Woodard P, Weg J, Wakefield T, Tapson V, Sostman H, et al. Diagnostic pathways in acute pulmonary embolism: recommendations of The PIOPED II Investigators. Am J Med. 2006;119(12):1048-55.

19. Torbicki A, Perrier A, Konstantinides S, Agnelli G, Galie N, Pruszczyk P, et al. Guidelines on the diagnosis and management of acute pulmonary embolism: The Task Force for the Diagnosis and Management of Acute Pulmonary Embolism of the European Society of Cardiology (ESC). Eur Heart J. 2008;29(18):2276-315.

20. White R. The epidemiology of venous thromboembolism. Circulation. 2003;107(90231):41-8.

21. Wittram C, Kalra M, Maher M, Greenfield A, McLoud T, Shepard J. Acute and chronic pulmonary emboli: angiography – CT correlation. Am J Roentgenol. 2006;186(6_supplement_2):S421-9.

22. Wittram C, Maher M, Yoo A, Kalra M, Shepard J, McLoud T. CT Angiography of pulmonary embolism: diagnostic criteria and causes of misdiagnosis. RadioGraphics. 2004;24(5):1219-38.

23. Wu A, Pezzullo J, Cronan J, Hou D, Mayo-Smith W. CT Pulmonary angiography: quantification of pulmonary embolus as a predictor of patient outcome – initial experience. Radiology. 2004;230(3):831-5.

10

Doenças mediastinais

Hye Ju Lee
Elaine Yanata

Introdução

O mediastino localiza-se na porção central do tórax, sendo delimitado lateralmente pela pleura parietal paramediastinal, superiormente pela abertura torácica superior e inferiormente pelo diafragma. Embora exista na literatura uma certa diversidade na divisão dos compartimentos do mediastino, podemos dividi-lo anatomicamente em três compartimentos: anterior, médio e posterior (Figura 1). Tais compartimentos não são completamente isolados entre si, porém essa divisão permite estreitar os diagnósticos diferenciais quando nos deparamos com uma massa mediastinal.

Os limites dos compartimentos mediastinais, segundo a divisão anatômica a ser adotada neste capítulo, estão descritos no Quadro 1, e as principais estruturas pertencentes a cada compartimento estão descritas no Quadro 2.

Para o estudo das lesões localizadas no mediastino, embora a radiografia simples possa detectar lesões de maiores dimensões, é essencial a complementação com estudo de tomografia computadorizada (TC) e, em alguns casos, também com a ressonância magnética (RM). Por meio da TC, é possível conhecer a localização mais detalhada das lesões mediastinais, assim como suas margens, contornos, atenuação (partes moles, líquido, gordura ou calcificação) e sua relação com as demais estruturas mediastinais. Na ausência de contraindicações, é recomendada a injeção intravenosa do meio de contraste na TC para avaliação do mediastino, pois esta permite melhor delimitação da lesão, assim como seu padrão de realce e melhor caracterização de sua relação com as estruturas vasculares. A RM pode ser indicada como um complemento à TC; por exemplo, em pacientes com contraindicação à utilização de meio de contraste iodado, para diferenciar lesões císticas e sólidas, para detectar a presença de gordura na lesão ou no estudo de tumores neurogênicos, quando se deve avaliar a sua extensão ao forame intervertebral e ao canal vertebral.

Os tumores localizados no mediastino anterior correspondem a cerca de 50% de todas as massas mediastinais, sendo seus principais diferenciais as massas de origem tímica, os tumores de células germinativas, o linfoma e o bócio. Massas localizadas no mediastino médio incluem as linfadenopatias, cistos de duplicação entérica, massas e cistos pericárdicos e as afecções vasculares (aorta ascendente, arco aórtico e artéria pulmonar) e da traqueia. Lesões esofágicas, patologias da aorta descendente, tumores neurogênicos, abscessos paraespinhais, meningocele lateral, hematopoiese extramedular e também os cistos de duplicação entérica compõem os principais diagnósticos diferenciais das massas mediastinais posteriores.

Abordaremos nos tópicos a seguir os principais diagnósticos diferenciais das lesões mediastinais.

Massas do mediastino anterior

Timo

Timo normal

O timo origina-se da terceira e quarta bolsas branquiais, migrando ao mediastino anterior durante o desenvolvimento embrionário. Apresenta crescimento até a puberdade, quando atinge seu peso absoluto máximo, ao redor de 35 g.

Durante a infância, nas faixas etárias mais precoces, o timo apresenta morfologia quadrangular e margens laterais convexas, amolda-se anteriormente ao esterno e parede torácica anterior e, posteriormente, ao coração e grandes vasos. À TC, apresenta atenuação semelhante à musculatura, e à RM, apresenta sinal pouco mais intenso que o músculo em T1 e sinal intermediário em T2. À injeção do meio de contraste, o timo normal exibe realce homogêneo.

Com o avançar da idade, o timo adquire morfologia triangular ou bilobada e, a partir da puberdade, sofre redução progressiva de suas dimensões e lipossubstituição. Há substituição completa do tecido tímico por gordura

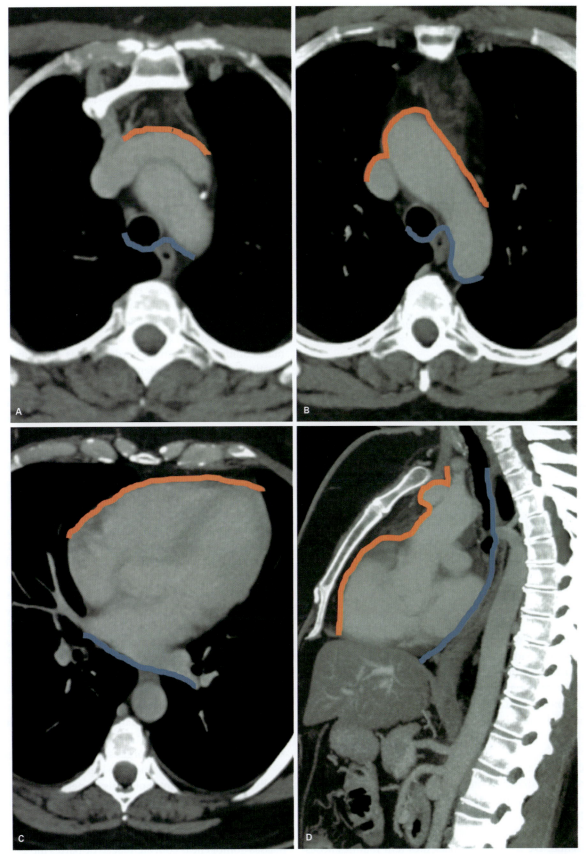

Figura 1   Divisão anatômica dos compartimentos mediastinais na tomografia computadorizada do tórax. Imagens axiais (A, B e C) e em reformatação sagital (D) demonstrando os limites entre os compartimentos anterior e médio (linha vermelha) e entre os compartimentos médio e posterior (linha azul).

Quadro 1 Divisão anatômica do mediastino: limites dos compartimentos mediastinais

Compartimento mediastinal	Limites
Anterior	Anterior – esterno Posterior – contorno anterior do pericárdio, aorta e vasos braquiocefálicos
Médio	Anterior – limite posterior do compartimento anterior Posterior – contorno posterior do pericárdio e parede posterior da traqueia
Posterior	Anterior – limite posterior do compartimento anterior Posterior – coluna vertebral*

*Massas paravertebrais são consideradas pertencentes ao compartimento mediastinal posterior.

Quadro 2 Principais estruturas anatômicas pertencentes aos compartimentos mediastinais

Compartimento mediastinal	Principais estruturas anatômicas
Anterior	Timo Vasos mamários internos Linfonodos
Médio	Coração e pericárdio Aorta ascendente e ar co aórtico Veias cavas superior e inferior Veias braquiocefálicas Vasos pulmonares principais Traqueia e brônquios principais Nervos frênico, vago e laríngeo recorrente esquerdo Linfonodos
Posterior	Esôfago Aorta descendente Veias ázigos e hemiázigos Ducto torácico Nervo vago Linfonodos

em mais de 50% da população a partir dos 40 anos, e de quase a totalidade a partir da sexta década.

São diagnósticos diferenciais de massas localizadas no timo: timoma, carcinoma tímico, carcinoide tímico, timolipoma e cisto tímico. Outras causas não tumorais de aumento do timo incluem a hiperplasia e o rebote tímico.

Timoma

O timoma é a neoplasia primária mais comum do timo e do mediastino anterior. Ocorre com mais frequência em adultos acima de 40 anos e, mais raramente, em adultos jovens e crianças.

Cerca de 50% dos casos são diagnosticados de modo incidental. De 25-30% dos pacientes têm manifestações clínicas relacionadas à compressão de estruturas mediastinais, sendo as mais comuns: tosse, dispneia, dor torácica, infecções respiratórias, rouquidão, disfagia e síndrome da veia cava superior.

O timoma pode se associar a outras condições patológicas, denominadas síndromes paratímicas, que ocorrem em cerca de 40% dos casos. A associação mais comum e mais bem estabelecida é com *miastenia gravis*. A *miastenia* acomete cerca de 35% dos pacientes com timoma, e pode se manifestar em alguns casos após a ressecção do timoma; entre os pacientes com *miastenia gravis*, 15% apresentam timoma. Outras associações mais raras são com a aplasia pura de células vermelhas, hipogamaglobulinemia, lúpus eritematoso sistêmico, artrite reumatoide e algumas neoplasias primárias malignas.

Os timomas são neoplasias primárias epiteliais, compostas de células epiteliais e linfoides, sem características citológicas de malignidade. Caracterizam-se por crescimento lento e podem apresentar áreas de hemorragia e necrose. São classificados em invasivos e não invasivos, de acordo com a presença ou não de sinais histopatológicos de invasão de sua cápsula fibrosa. Os timomas invasivos representam cerca de um terço dos casos, sendo mais comum a invasão da gordura e das estruturas mediastinais adjacentes. Podem ainda invadir o parênquima pulmonar ou a parede torácica, e apresentar extensão à cavidade pleural e, por via transdiafragmática, à cavidade abdominal. Raramente, apresentam metástases a distância para o fígado, ossos, linfonodos, rim e cérebro.

A classificação histológica das neoplasias epiteliais do timo proposta pela World Health Organization (WHO), em 1999, baseia-se na morfologia das células epiteliais e na proporção de células epiteliais e linfócitos. O tipo A corresponde ao tipo medular ou de células fusiformes; o tipo AB ao tipo misto; o B1 ao tipo predominantemente cortical ou rico em linfócitos; B2 ao tipo cortical; B3 ao tipo epitelial, timoma atípico ou carcinoma tímico bem diferenciado; o tipo C corresponde ao carcinoma tímico. Os tipos A e AB tendem a ser não invasivos; os tipos B1, B2 e B3 têm probabilidade crescente de serem invasivos e o tipo C é quase sempre invasivo.

O estadiamento dos timomas proposto por Masaoka demonstrou apresentar boa correlação com a sobrevida dos pacientes, sendo:

- Estádio I: ausência de sinais de invasão capsular.
- Estádio II: invasão capsular, da gordura ou da pleura mediastinal.
- Estádio III: invasão de órgãos e estruturas adjacentes (pulmão, pericárdio, veia cava superior e aorta).
- Estádio IVa: implantes pleurais ou pericárdicos.
- Estádio IVb: metástase linfática ou hematogênica.

À TC, os timomas costumam se apresentar como massas homogêneas com atenuação de partes moles, contornos lisos ou lobulados, geralmente em contato com a raiz da aorta e a artéria pulmonar, sendo mais comum o crescimento assimétrico unilateral (Figura 2). A maioria dos timomas tem em média 5 a 10 cm. Após a injeção do meio de contraste, costumam apresentar realce homogêneo. Áreas de hemorragia e necrose, calcificações e cistos podem estar presentes. Achados como margens mal definidas, sinais de infiltração da gordura adjacente, compressão e/ou perda do plano de clivagem com as estruturas mediastinais e margens irregulares com o parênquima pulmonar devem ser avaliados e relatados, embora nem sempre haja correlação direta desses achados com evidências histopatológicas de invasão. A presença de nódulos pleurais (geralmente unilaterais) e sinais de extensão transdiafragmática do tumor também pode ser evidenciada à TC.

Um estudo realizado por Tomyiama et al. comparou achados tomográficos de timomas invasivos e não invasivos e evidenciou que a combinação de margens lobuladas ou irregulares, presença de áreas císticas ou de necrose e de calcificações multifocais é sugestiva de timoma invasivo.

Na RM, os timomas apresentam sinal isointenso ao músculo nas imagens ponderadas em T1 e hipersinal em T2, que se aproxima ao sinal da gordura; áreas císticas apresentam baixo sinal em T1 e alto sinal em T2. Sinais de invasão vascular podem também ser bem avaliados pela RM.

A ressecção cirúrgica é o tratamento de escolha dos timomas invasivos e não invasivos. A radioterapia é preconizada nos casos invasivos e de ressecção incompleta. Embora ainda não esteja bem estabelecida, a quimioterapia tem sido utilizada em casos de recorrência, ressecção subtotal e de doença metastática.

Carcinoma tímico

O carcinoma tímico representa o subtipo mais raro de neoplasia epitelial primária do timo e acomete mais comumente adultos de meia-idade do sexo masculino. São sinais e sintomas mais comuns tosse, dispneia e dor torácica.

Representa um grupo heterogêneo de neoplasias epiteliais malignas, com comportamento agressivo e tendência a invasão local precoce. Os carcinomas tímicos têm características citológicas malignas, o que os diferencia dos timomas invasivos. Metástases estão presentes em mais de 50% dos casos ao diagnóstico, sendo estes os sítios mais comuns: pulmão, fígado, cérebro e ossos.

À TC, manifestam-se como massas infiltrativas de grandes dimensões no mediastino anterior, contornos mal definidos e atenuação heterogênea, podendo apresentar calcificações e áreas de necrose (Figura 3). Derrame pleural e pericárdico podem também estar associados. Embora muitas dessas características sejam superponíveis às do timoma invasivo, a presença de linfonodomegalias e metástases a distância devem levar à suspeita diagnóstica.

À RM, os carcinomas tímicos costumam apresentar sinal mais intenso que o músculo em T1 e alto sinal em T2, podendo também ser evidenciadas áreas císticas, de necrose e hemorragia (Figura 3).

Estudos indicam que o FDG-PET pode ser um método eficaz em diferenciar os carcinomas tímicos dos timomas. Sasaki et al. evidenciaram em seu estudo que os carcinomas tímicos apresentam maior avidez pela glicose que os timomas, atingindo boa sensibilidade (84,6%) e especificidade (92,3%), utilizando-se um nível de corte de 5,0 SUV.

O tratamento de escolha consiste na ressecção cirúrgica do tumor, sendo a radioterapia e quimioterapia uma opção para os tumores irressecáveis.

Carcinoide tímico

O carcinoide tímico é uma neoplasia primária do timo com diferenciação neuroendócrina. Constitui o subtipo

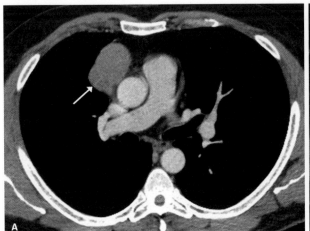
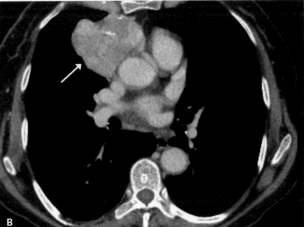

Figura 2 Timoma. Tomografia computadorizada com contraste. Em A, timoma não invasivo em paciente masculino de 49 anos, apresentando lesão expansiva no mediastino anterior à direita, de contornos regulares e atenuação homogênea (seta). Em B, timoma invasivo em paciente feminino de 77 anos apresentando lesão expansiva heterogênea e com tênues calcificações também no mediastino anterior à direita.

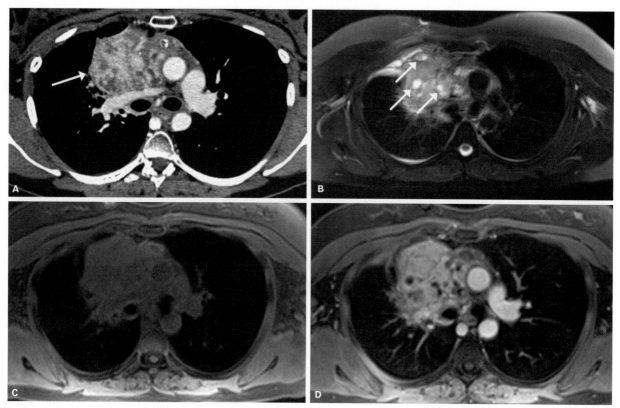

Figura 3 Carcinoma tímico. Paciente feminino, de 33 anos. A: tomografia computadorizada com contraste demonstra volumosa lesão expansiva heterogênea e de contornos irregulares no mediastino anterior (seta). B-D: Imagens axiais de ressonância magnética demonstram leve hipersinal da lesão em T2 (B) e realce intenso e heterogêneo na sequência pós-contraste (D), quando comparada à sequência pré-contraste (C). Observe as pequenas áreas císticas em meio à lesão, mais bem caracterizadas pelos focos de alto sinal em T2 (setas em B).

mais raro entre as neoplasias malignas primárias do timo, representando cerca de 2-5% dos tumores tímicos e 0,4% de todos os tumores carcinoides. Tem predileção pelo sexo masculino, sendo mais comum na quarta e quinta décadas. A maioria dos casos é assintomática.

Cerca de um terço até metade dos pacientes apresentam associação com síndrome de Cushing e neoplasia endócrina múltipla, sendo mais comum a associação com o tipo I (NEM-I). Diferentemente dos tumores carcinoides de outros sítios, a associação com síndrome carcinoide é rara.

As características de imagem do carcinoide tímico são semelhantes às das neoplasias epiteliais invasivas do timo, sendo o achado mais comum o de uma massa mediastinal anterior de grandes dimensões, contornos lobulados ou mal definidos, comumente com características invasivas, podendo apresentar áreas de degeneração cística e necrose (Figura 4).

A invasão de tecidos adjacentes é mais comum no carcinoide tímico que no timoma; metástases linfonodais e à distância também são frequentes, sendo os sítios mais comuns o pulmão, os ossos e o fígado.

Embora tenha alta taxa de recorrência local, o tratamento de escolha do carcinoide tímico é a ressecção cirúrgica.

Timolipoma

Timolipoma é uma neoplasia benigna rara, de crescimento lento, que corresponde a menos de 10% das neoplasias tímicas. Acomete sobretudo adultos jovens, que costumam ser assintomáticos. Existem raros casos descritos de associação com *miastenia gravis*, anemia aplástica e doença de Graves.

Histologicamente, é composto de tecido adiposo maduro e de tecido tímico, sendo em geral de grandes dimensões no momento do diagnóstico.

Por conta de seu componente gorduroso e consistência amolecida, tende a se amoldar ao coração e demais estruturas mediastinais, podendo se estender inferiormente até os ângulos cardiofrênicos. À TC e à RM, a caracterização de massa com predomínio de gordura e componente de partes moles, esta última geralmente sob a forma de septações ou traves, em topografia tímica, sugerem o diagnóstico.

Outras massas mediastinais que contêm gordura devem, no entanto, entrar no diagnóstico diferencial (Quadro 3).

A ressecção cirúrgica é o tratamento de escolha dos timolipomas.

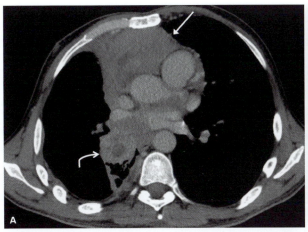 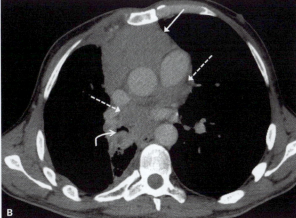

Figura 4 Carcinoide tímico, em paciente masculino, de 40 anos, com diagnóstico de neoplasia endócrina múltipla tipo 1 (NEM–1). A-B: Tomografia computadorizada com contraste demonstra lesão expansiva heterogênea ocupando o mediastino anterior (setas retas em A e B) e também o mediastino médio (setas pontilhadas em B), envolvendo as estruturas vasculares. Presença de lesão semelhante também na região peri-hilar direita, que obstrui o brônquio lobar inferior (setas curvas em A e B).

Quadro 3 Principais diagnósticos diferenciais de lesões mediastinais contendo gordura

	Características histológicas	Localização mais comum no mediastino	Características principais
Lipomatose	Deposição anômala de tecido gorduroso normal	Variável	Atenuação homogênea, bilateral e simétrica
Lipoma	Tumor mesenquimal benigno	Anterior	Massa homogênea e circunscrita
Timolipoma	Neoplasia benigna do timo	Anterior	Lesão mista, com gordura e partes moles (tecido tímico)
Teratoma	Tumor de células germinativas	Anterior	Massa heterogênea com partes moles, gordura, líquido e calcificações
Lipossarcoma	Tumor mesenquimal maligno	Anterior	Massa infiltrativa, com quantidades variáveis de gordura e partes moles, realce geralmente heterogêneo
Lipoblastoma	Tumor mesenquimal originário do tecido adiposo embrionário (mais comum em < 3 anos)	Variável	Massa heterogênea, com estrias fibrovasculares de permeio à gordura

Cisto tímico

Cistos tímicos são raros, correspondendo a cerca de 1-3% das massas mediastinais anteriores, geralmente assintomáticos, podendo ser congênitos ou adquiridos.

Cistos tímicos congênitos são os mais comuns, correspondendo a remanescentes do ducto timofaríngeo e podem se localizar no mediastino anterior ou ao longo do trajeto de migração do timo na região cervical. São normalmente menores que 6,0 cm, uniloculares e com paredes finas.

Cistos adquiridos têm origem inflamatória, sendo descritos em associação com tumores tímicos, em pacientes com doença de Hodgkin submetidos a radioterapia ou ainda após toracotomia. Podem apresentar dimensões maiores que os cistos congênitos, são em geral multiloculares e podem ter paredes espessas.

Aos exames de imagem, são massas mediastinais anteriores bem circunscritas, podendo ser uni ou multiloculares e costumam ter baixa atenuação à TC (Figura 5). Calcificações parietais ou septais podem estar presentes. As características císticas da lesão podem também ser bem caracterizadas pela RM (Figura 5). Na presença de componente sólido associado, o diferencial deve ser feito com tumores mediastinais com componente cístico.

Causas não tumorais de aumento do timo
Hiperplasia tímica

A hiperplasia linfoide ou folicular do timo caracteriza-se pelo aumento no número de folículos linfoides na medular do timo, podendo ou não estar associada a aumento volumétrico desse órgão.

É comumente associada a *miastenia gravis* (até 65% dos casos), sendo também descrita sua associação com diversas doenças imunomediadas, como o lúpus eritematoso sistêmico, artrite reumatoide, esclerodermia, vasculites, tireotoxicose e doença de Graves.

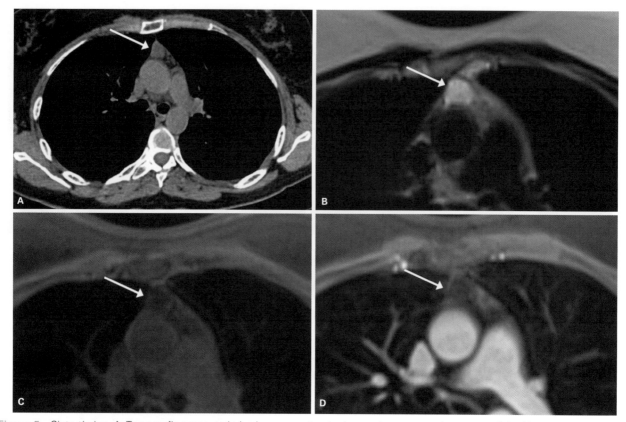

Figura 5 Cisto tímico. A: Tomografia computadorizada sem contraste demonstra pequena imagem nodular hipoatenuante e de contornos regulares no mediastino anterior (seta). Imagens axiais de ressonância magnética em T2, T1 pré e T1 pós-contraste (respectivamente, B, C e D) demonstram alto sinal em T2 (seta em B), baixo sinal em T1 (seta em C) e ausência de realce pós-gadolínio (seta em D), confirmando sua natureza cística.

O timo apresenta aspecto normal aos exames de imagem em até 50% dos casos de hiperplasia tímica. Nos demais, o achado mais comum à TC ou à RM é de um aumento difuso e simétrico de suas dimensões, com preservação de sua morfologia, bem como de sua atenuação e características de sinal (Figura 6). Em alguns casos, pode se manifestar sob a forma de uma massa ou nódulo em topografia do timo, podendo nesses casos ser indistinguível de uma neoplasia tímica.

À RM, a técnica de *chemical shift* pode auxiliar na diferenciação entre a hiperplasia tímica e tumores tímicos. A perda de sinal nas imagens fora de fase quando comparadas às imagens em fase permite a caracterização de gordura microscópica em um tecido. Inaoka et al.

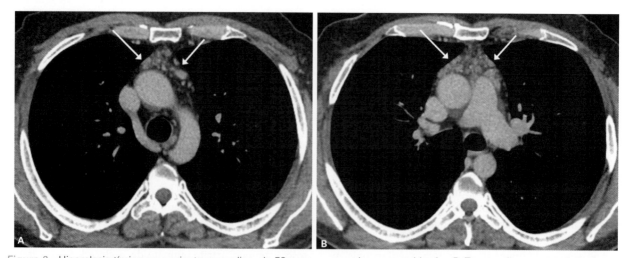

Figura 6 Hiperplasia tímica em paciente masculino, de 53 anos, com artrite reumatoide. A e B: Tomografia computadorizada com contraste demonstra aumento difuso e simétrico das dimensões do timo para a faixa etária, com preservação da morfologia e atenuação.

demonstrou em seu estudo que todos os pacientes com hiperplasia tímica apresentaram queda de sinal nas imagens fora de fase, enquanto nenhum paciente com tumor tímico apresentou queda de sinal significativa.

Rebote tímico

Em condições de estresse, o timo pode sofrer uma involução ou atrofia, resultando em redução volumétrica do órgão. Na fase de recuperação, geralmente alguns meses após o evento desencadeador, o timo retorna às suas dimensões normais ou, em alguns casos, pode apresentar um crescimento ainda maior, preservando suas características histológicas, sendo esse fenômeno denominado de rebote tímico. Situações comumente descritas associadas a esse fenômeno são as queimaduras térmicas, tratamento quimioterápico, corticoterapia e radioterapia.

O achado mais comum à TC ou RM consiste em aumento difuso e homogêneo das dimensões do timo, com atenuação e características de sinal semelhantes ao timo normal (Figura 7).

Tumores de células germinativas do mediastino

Os tumores de células germinativas (TCG) representam cerca de 10-15% dos tumores mediastinais anteriores em adultos e acometem principalmente adultos jovens, entre a segunda e quarta décadas de vida. A localização mais comum é no mediastino anterior; contudo, em menos de 10% dos casos, ocorrem no mediastino posterior. Podem ser classificados em teratomas, seminomas e TCG não seminomatosos.

Mais de 80% dos TCGs são benignos, dentre os quais o mais comum é o teratoma. O subtipo mais comum de TCG maligno é o seminoma. A presença de neoplasia primária gonadal deve ser afastada para o diagnóstico de TCG maligno primário do mediastino.

Teratoma do mediastino

O teratoma é o tipo mais comum de TCG, sendo caracterizado histologicamente pela presença de pelo menos duas das três camadas germinativas (ectoderme, mesoderme e endoderme). São classificados em teratoma maduro, teratoma imaturo e teratoma maligno.

Os teratomas maduros compõem a maioria dos casos, correspondem a 60-70% de todos os TCG mediastinais e são histologicamente bem diferenciados e benignos. São mais frequentes em crianças e adultos jovens, sem significativa predileção pelo sexo. A maioria dos pacientes é assintomática, porém tumores que atingem maiores dimensões podem causar dor torácica, dispneia, tosse ou outros sintomas compressivos.

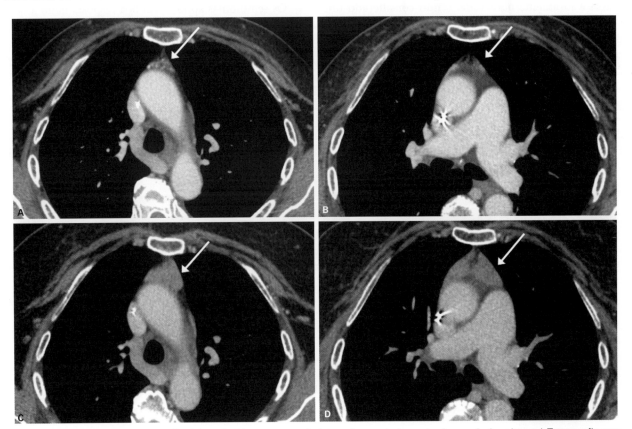

Figura 7 Rebote tímico. Paciente feminino, de 61 anos, em quimioterapia para tratamento de neoplasia colorretal. Tomografia computadorizada com contraste realizada antes (A e B) e 10 meses após o início da quimioterapia (C e D) demonstra aumento difuso e homogêneo do timo (setas).

A secreção de enzimas digestivas por mucosa intestinal ou tecido pancreático, eventualmente presentes em meio à massa, pode precipitar a rotura da lesão para brônquios, pleura, pericárdio ou pulmão. A expectoração de cabelo ou material sebáceo é um sintoma raro, porém, quando presente, é patognomônico de teratoma mediastinal roto. Outras complicações secundárias à rotura incluem derrame pleural e pericárdico e pneumonia lipoídica.

O teratoma maduro é uma massa encapsulada, composta de áreas císticas e sólidas. Pode conter dente, pele, cabelo (tecidos derivados da ectoderme); cartilagem, osso, músculo (tecidos derivados da mesoderme); e/ou tecido brônquico, intestinal ou pancreático (tecidos derivados da endoderme).

Teratomas imaturos são raros e são caracterizados pela presença de tecido fetal ou imaturo; apresentam geralmente bom prognóstico em crianças, porém apresentam um comportamento mais agressivo em adultos.

Os teratomas malignos podem conter focos de carcinoma, sarcoma ou TCG maligno; são mais prevalentes no sexo masculino e apresentam prognóstico reservado.

À TC, a combinação de líquido, tecido com densidade de partes moles, cálcio e/ou gordura em uma massa é altamente sugestiva de teratoma (Figura 8). A presença de nível líquido-gordura no componente cístico da massa é raramente observada, sendo considerado um achado típico e diagnóstico (Figura 8). O predomínio de componente cístico, em geral multilocular e com paredes bem definidas caracterizam o teratoma maduro cístico (Figura 9).

A presença de gordura, com alto sinal em T1, e de líquido, com sinal mais baixo em T1 e alto em T2, pode ser bem caracterizada também à RM. O acometimento de estruturas vasculares adjacentes também pode ser bem estudado por esse método.

Os teratomas malignos costumam apresentar margens mal definidas e maior componente sólido, sendo também menos frequente a detecção de gordura que nos teratomas benignos.

O tratamento de escolha dos teratomas é a ressecção cirúrgica.

Seminoma do mediastino

Os seminomas representam de 25-40% dos TCG malignos primários do mediastino, acometendo mais comumente homens na terceira e quarta décadas de vida.

Os sinais e sintomas mais comuns são dispneia, dor torácica, fraqueza, tosse, febre, perda de peso e síndrome da veia cava superior. Cerca de 10% dos seminomas puros apresentam elevação nos níveis de β-HCG (gonadotrofina coriônica humana). Embora não específica, a dosagem sérica de desidrogenase lática (DHL) pode estar elevada em até 80% dos casos de doença avançada.

À TC, apresentam atenuação homogênea, semelhante às partes moles, e apenas discreto realce após a injeção do meio de contraste (Figura 10). Podem se estender ao mediastino médio e posterior. Calcificações e necrose/hemorragia central são descritos, porém raros.

Apesar de a invasão local ser rara, os seminomas podem estar associados a metástases, cujos sítios mais comuns são linfonodos regionais, pulmão, ossos e fígado.

Os seminomas apresentam boa resposta tanto à quimioterapia quanto à radioterapia, sendo ainda controverso qual deva ser o tratamento de escolha. Os tumores menores e encapsulados podem ser ressecados e submetidos à radioterapia adjuvante. O tratamento cirúrgico também é aplicado nos casos de lesão residual.

Tumores de células germinativas não seminomatosos

Os TCG não seminomatosos são tumores com comportamento agressivo, mais comuns em adultos jovens

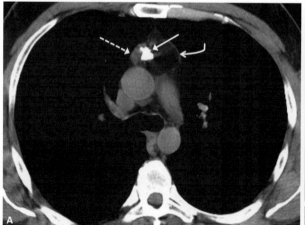 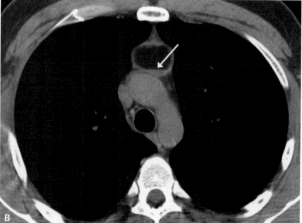

Figura 8 Teratoma maduro. A e B: Tomografia computadorizada sem contraste demonstra lesão mediastinal anterior contendo cálcio (seta reta em A), gordura (seta curva em A) e partes moles (seta pontilhada em A). Observe a presença de nível líquido-gordura no componente cístico da lesão (seta em B), achado praticamente patognomônico deste diagnóstico.

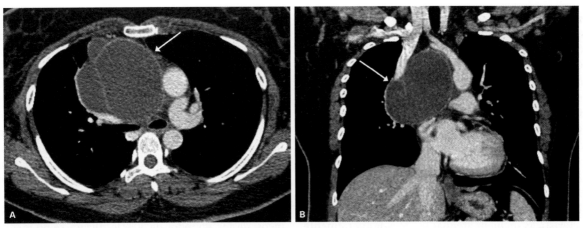

Figura 9 Teratoma maduro cístico. A e B: Tomografia computadorizada com contraste demonstra volumosa lesão cística com septações localizada no mediastino anterior (setas). Em B, reformatação no plano coronal.

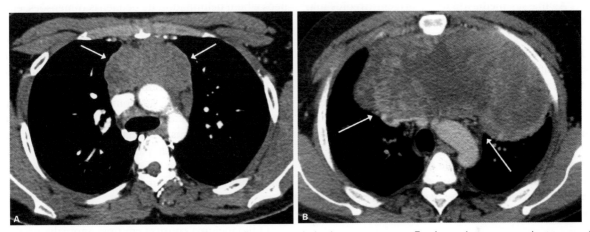

Figura 10 Tumores de células germinativas. Tomografia computadorizada com contraste. Em A, seminoma em paciente masculino de 21 anos, apresentando massa mediastinal anterior homogênea, sem grande efeito de massa (setas). Nos exames laboratoriais, apresentava aumento de DHL. Em B, tumor do saco vitelino em paciente masculino de 39 anos, apresentando volumosa massa mediastinal anterior heterogênea, com áreas de necrose central, que comprime e desloca posteriormente as estruturas vasculares mediastinais (setas). Aos exames laboratoriais, apresentava aumento de alfafetoproteína e DHL.

(terceira e quarta décadas de vida) e no sexo masculino. É também descrita uma associação dos TCG malignos não seminomatosos com a síndrome de Klinefelter (cariótipo XXY) em até 20% dos casos e com neoplasias hematológicas. Compõem esse grupo o carcinoma embrionário, o tumor do saco vitelino (ou tumor do seio endodérmico), o coriocarcinoma e o tumor misto de células germinativas.

A maioria dos pacientes é sintomática, sendo as manifestações mais comuns dor torácica, dispneia, tosse, perda de peso e síndrome da veia cava superior.

Alguns marcadores tumorais podem estar elevados em pacientes com TCG não seminomatosos, como a α-fetoproteína, mais comumente associada ao carcinoma embrionário e ao tumor do saco vitelino, e o β-HCG; o DHL também se mostrou elevado em até 60% dos casos.

Os TCG não seminomatosos se apresentam radiologicamente como massas mediastinais anteriores volumosas, de contornos lisos ou lobulados, podendo ter margens irregulares. À TC, apresentam atenuação heterogênea, sendo comum o achado de necrose/hemorragia central associada (Figura 10). Perda dos planos gordurosos mediastinais, bem como sinais de invasão de estruturas adjacentes podem ser detectados. Linfonodomegalias, derrame pleural ou pericárdico e metástases pulmonares e hepáticas também podem estar presentes.

O tratamento de escolha consiste em quimioterapia, seguida de ressecção cirúrgica do tumor residual.

Massas tireoideanas

Massas mediastinais de origem tireoideana acometem mais comumente o compartimento anterior e correspondem tipicamente a uma extensão intratorácica de uma lesão tireoideana cervical. Embora seja raro, a presença de tecido ou massa tireoideana mediastinal ectópica, sem conexão com o parênquima tireoideano cervical, pode existir. Constituem os principais diagnósticos diferenciais de massas mediastinais tireideanas o bócio, o aumento tireoideano secundário à tireoidite e o carcinoma de tireoide.

O bócio representa cerca de 10% das massas mediastinais. Ocorre mais comumente em mulheres, sendo assintomático na maioria dos casos. Cerca de 20% dos bócios cervicais apresentam componente mergulhante intratorácico, sendo mais comum a localização na região superior do mediastino anterior. Em cerca de 20-25% dos casos podem se localizar no mediastino posterior.

À TC, o principal achado que sugere a origem tireoideana de uma massa mediastinal é a sua continuidade com o parênquima tireoideano cervical; outras características incluem atenuação elevada (geralmente superior a 100 UH), ao menos em parte da massa, e realce precoce, intenso e prolongado pelo meio de contraste. As massas mediastinais de origem tireoideana, independentemente de sua natureza, costumam ser heterogêneas, podendo apresentar áreas císticas e calcificações. O bócio se exibe mais comumente como uma massa encapsulada, de limites bem definidos. Embora muitas vezes não seja possível diferenciar o bócio de uma massa tideroideana maligna à TC, são achados que sugerem malignidade a presença de contornos irregulares, borramento dos planos gordurosos adjacentes e linfonodopatia regional.

A avaliação da morfologia e extensão da massa, bem como sua relação com a traqueia, o esôfago e as estruturas vasculares adjacentes pode ser bem avaliada pela TC ou pela RM (Figura 11).

Outras causas de massa no mediastino anterior

Linfoma mediastinal

Os linfomas constituem uma das principais causas de tumores mediastinais, sendo porém rara a forma primária do mediastino. Embora sejam mais comuns no mediastino anterior, podem acometer qualquer um dos compartimentos mediastinais. O linfoma mediastinal será abordado a seguir em conjunto com as demais doenças linfoproliferativas.

Adenoma de paratireoide

O adenoma de paratireoide é uma neoplasia benigna funcionante, sendo a principal causa de hiperparatireoidismo primário. A persistência ou recorrência do hiperparatireoidismo após ressecção cirúrgica das paratireoides cervicais sugerem a presença de tecido glandular ectópico.

Cerca de 10% dos adenomas de paratireoide são ectópicos; destes, ao redor de 50% localizam-se no mediastino anterior e geralmente apresentam íntima relação com o timo. Consistem em tumores encapsulados, homogêneos e bem delimitados, de pequenas dimensões, em geral menores que 3,0 cm.

Quando localizados no mediastino anterior, costumam se localizar em topografia tímica, sendo muitas vezes indistinguível de um timoma ou de um linfonodo à TC. A cintilografia com 99mTc-sestamibi é um bom método na detecção dos adenomas de paratireoide, atingindo sensibilidade de 88-100% (Figura 12). Estudos também indicam uma acurácia de até 90% da RM na detecção dos adenomas de paratireoide, sendo as características mais comuns o hipersinal em T2 e a presença de realce após a injeção do meio de contraste (Figura 12).

Linfangioma

O linfangioma consiste em uma anomalia no desenvolvimento do sistema linfático, resultando em uma proliferação anormal da sua rede vascular. Pode ser classificado em três subtipos histológicos: linfangioma capilar, linfangioma cavernoso e linfangioma cístico (higroma), podendo mais de um subtipo estar presente em uma mesma lesão.

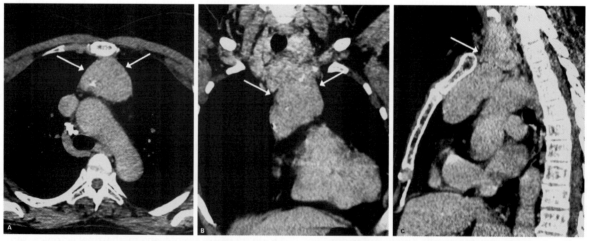

Figura 11 Bócio mergulhante multinodular. A-C: Tomografia computadorizada sem contraste demonstra massa mediastinal anterior heterogênea (seta), com pequenas calcificações e continuidade com o tecido tireoideano cervical (B e C).

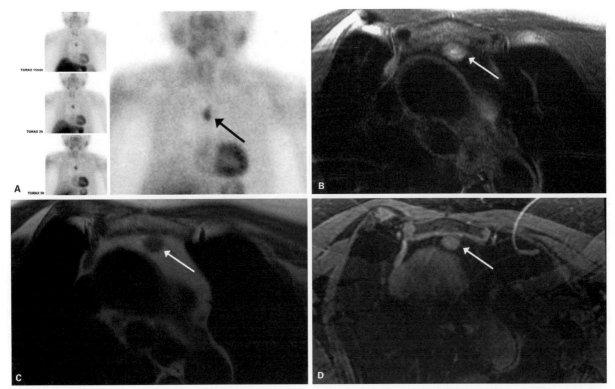

Figura 12 Adenoma de paratireoide. A: cintilografia de paratireoide evidencia captação no tórax em região retroesternal (seta). B-D: ressonância magnética em cortes axiais demonstrando pequeno nódulo com hipersinal em T2 (seta em B), sinal intermediário em T1 (seta em C) e realce pós-gadolínio (seta em D).

Os linfangiomas são alterações típicas da infância, sendo detectados até os 2 anos de idade em até 90% dos casos. Acometem geralmente a região cervical e/ou axilar (até 95% dos casos); até 10% dos casos podem apresentar extensão ao mediastino.

Raramente, os linfangiomas podem ser diagnosticados em adultos; a localização mais comum nesses casos é o mediastino, podendo ser uma manifestação primária ou uma recorrência de uma ressecção cirúrgica incompleta na infância.

Apresentam crescimento lento, sendo geralmente lesões de grandes dimensões no momento do diagnóstico; sintomas relacionados a compressão de estruturas adjacentes, como dor torácica, tosse, dispneia e síndrome da veia cava superior, podem estar presentes.

A localização mais comum no mediastino é a região superior do compartimento anterior, podendo também ocorrer no mediastino médio e posterior. Outras localizações mais raras já foram descritas no hilo pulmonar, pericárdio, esôfago e parede torácica.

À TC, o achado mais frequente é de uma massa uniloculada ou multicística, em geral volumosa, podendo apresentar componente cervical ou axilar associado. Costumam ser hipoatenuantes, com densidade semelhante à água, porém podem exibir atenuação maior quando apresentam maior teor proteico. Septos internos podem ter espessura variável e realce pelo meio de contraste (Figura 13).

À RM, exibem sinal heterogêneo, com alto sinal em T2, caracterizando o componente cístico da massa (Figura 13).

Os linfangiomas podem estar associados a malformações vasculares, estas mais bem avaliadas após a injeção do meio de contraste; podem também ter uma aparência sólida, quando compostas de espaços linfáticos de espessura capilar.

A ressecção cirúrgica é o tratamento de escolha.

Massas do mediastino médio e posterior

Cistos de duplicação entérica

Os cistos compõem cerca de 15-20% de todas as massas mediastinais, podem ocorrer em qualquer um dos compartimentos do mediastino e admitem diversos diagnósticos diferenciais, descritos no Quadro 4.

Os cistos de duplicação entérica representam a principal causa de cistos mediastinais e resultam de uma anomalia no desenvolvimento do intestino primitivo. Correspondem aos cistos broncogênicos, cistos de duplicação esofágica e cistos neuroentéricos.

Cistos broncogênicos

Os cistos broncogênicos correspondem a cerca de 60% dos cistos mediastinais; resultam de uma ramificação anômala da porção ventral do intestino primitivo, que origina a árvore traqueobrônquica durante o desenvolvi-

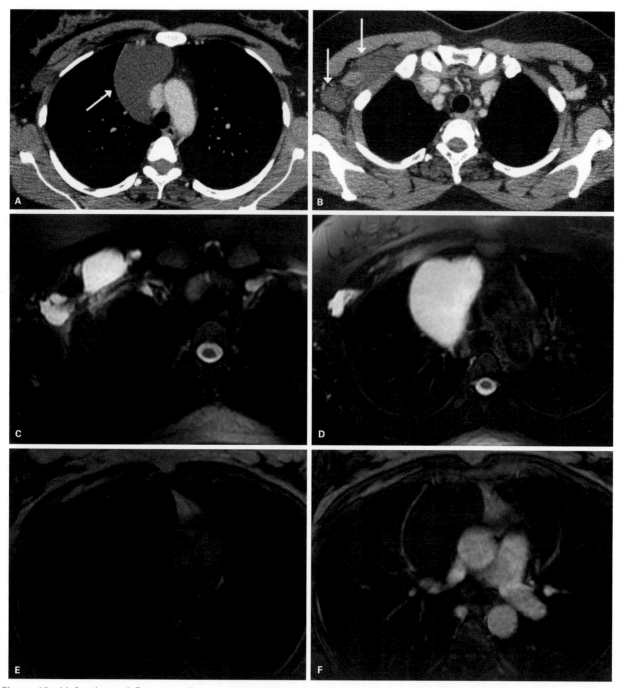

Figura 13 Linfangioma. A-B: tomografia computadorizada com contraste demonstra formação expansiva de aspecto cístico no mediastino anterior (seta em A) e outras de aspecto semelhante na região axilar e retropeitoral direitas (setas em B). C-F: Imagens axiais de ressonância magnética, demonstrando o aspecto cístico das lesões, com alto sinal em T2 (C e D), baixo sinal em T1 (E) e ausência de realce pós-gadolínio (F).

mento embrionário. A maioria dos cistos broncogênicos se localiza no mediastino (até 85% dos casos), e o restante localiza-se nos pulmões, na pleura ou no diafragma. Raramente, podem ocorrer em associação a outras malformações pulmonares, como o sequestro pulmonar e o enfisema lobar congênito.

As paredes do cisto são compostas de epitélio respiratório colunar e podem conter cartilagem, músculo liso e tecido mucoso glandular. O conteúdo pode ser seroso ou mucoide.

A localização mais comum dos cistos broncogênicos é subcarinal ou paratraqueal. À TC, manifestam-se mais comumente como uma massa de contornos lisos, arredondada, com atenuação variável, dependendo do conteúdo do cisto, que pode ser próxima da água, intermediária ou até mesmo cálcica, caracterizando leite de cálcio

Quadro 4 — Principais diagnósticos diferenciais de lesões císticas do mediastino

	Características histológicas	Localização mais comum no mediastino	Achados associados
Cisto broncogênico	Anomalia no desenvolvimento do intestino primitivo	Mediastino médio e posterior infracarinal	Associação com malformações pulmonares é rara
Cisto de duplicação esofágica	Anomalia no desenvolvimento do intestino primitivo	Mediastino posterior, próximo ao esôfago	Associação com malformações do trato gastrointestinal em até 20% dos casos
Cisto neuroentérico	Anomalia no desenvolvimento do intestino primitivo	Mediastino posterior, superior à carina	Associação com anomalias da coluna vertebral em até 50% dos casos
Cisto pericárdico	Anomalia na formação da cavidade celômica	Ângulo cardiofrênico, mais frequente à direita	
Cisto tímico	Origem tímica	Mediastino anterior	
Teratoma cístico maduro unilocular	Tumor de células germinativas	Mediastino anterior	Nível líquido-gordura no interior do cisto, apesar de raro, é altamente específico
Linfangioma	Anomalia no desenvolvimento do sistema linfático	Mediastino anterior, região superior	Extensão cervical e/ou axilar é comum, principalmente em crianças
Meningocele lateral	Herniação das meninges pelo forame intervertebral	Mediastino posterior	Associação com neurofibromatose em até 75% dos casos

(Figura 14). As paredes não costumam ser imperceptíveis, sendo raramente observadas calcificações. A presença de ar formando nível hidroaéreo no interior do cisto sugere comunicação com a árvore traqueobrônquica ou infecção secundária. Exibem hipersinal em T2 à RM e sinal variável em T1, a depender do conteúdo do cisto (Figura 14).

Cistos de duplicação esofágica

Cistos de duplicação esofágica representam até 10% dos cistos mediastinais; acredita-se que sua origem esteja no desenvolvimento embrionário do esôfago, quando pequenas saculações coalescem para formar a luz esofágica, podendo uma delas se isolar e formar uma cavidade cística paraesofágica ou intramural, que origina o cisto de duplicação.

Malformações congênitas do trato gastrointestinal podem estar associadas a até 20% dos casos. São geralmente diagnosticadas na infância e podem ser assintomáticas ou apresentar sintomas como disfagia e dor.

Suas paredes são formadas por epitélio escamoso ou entérico e músculo liso. A localização mais comum dos cistos de duplicação esofágica é junto ao terço inferior à direita do esôfago, podendo ter morfologia arredondada ou tubuliforme; a comunicação com o esôfago é rara.

Os achados à TC e RM se assemelham aos cistos broncogênicos, embora possam eixbir paredes mais espessas; a proximidade com o esôfago favorece o diagnóstico (Figura 15).

Cistos neuroentéricos

Cistos neuroentéricos correspondem a até 5% dos cistos mediastinais. Acredita-se que se originem de uma anomalia entre o intestino primitivo e a notocorda, que apresentam grande proximidade durante a fase precoce do desenvolvimento embrionário. É conhecida a associação dos cistos neuroentéricos com anomalias da coluna vertebral, que ocorrem em até 50% dos casos, sendo mais comuns a escoliose, *spina bifida*, hemivértebra, vértebra em borboleta e fusão de corpos vertebrais. Associações mais raras ocorrem com cistos de duplicação intestinal e cistos mesentéricos.

Histologicamente, podem apresentar tecido entérico e neural; podem se manifestar como cistos mediastinais isolados ou exibir extensão à coluna vertebral (até 20% dos casos).

A maioria dos cistos neuroentéricos se localiza no mediastino posterior, sendo mais comuns superiormente à carina e à direita (Figura 16). A RM exerce um importante papel na avaliação de possível comprometimento da coluna vertebral.

Massas pericárdicas

Os principais diagnósticos diferenciais de massas pericárdicas incluem os cistos pericárdicos, neoplasias e o hemopericárdio.

Cistos pericárdicos

Os cistos pericárdicos congênitos resultam de uma anomalia na formação da cavidade celômica. As paredes do cisto são compostas de tecido conectivo e células mesoteliais e seu conteúdo é normalmente um líquido claro. Não costumam apresentar comunicação com a cavidade pericárdica. A maioria dos pacientes é assintomática.

Podem ter qualquer localização no mediastino, porém são mais comumente encontrados nos ângulos cardiofrê-

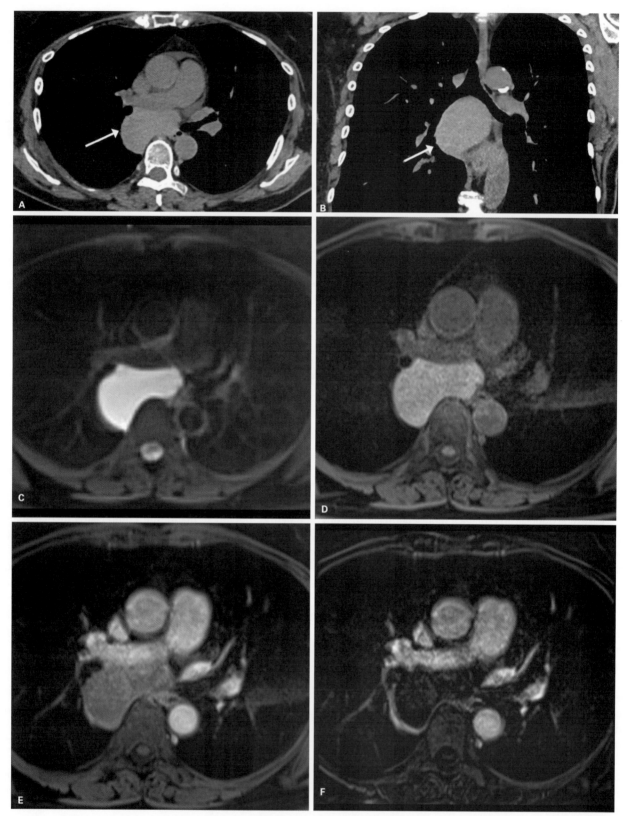

Figura 14 Cisto broncogênico. A e B: Tomografia computadorizada sem contraste demonstra formação nodular de contornos regulares e atenuação homogênea, pouco superior à de partes moles (70 UH) ocupando o mediastino médio/posterior na região infracarinal (imagem axial em A e reformatação coronal em B – setas). C-F: Imagens axiais de ressonância magnética em T2 com saturação de gordura, T1 pré e pós-contraste e de subtração (C, D, E e F, respectivamente) demonstram que a lesão apresenta alto sinal em T2 (C) e ausência de realce pós-gadolínio (em E e na imagem de subtração em F), caracterizando sua natureza cística. O hipersinal em T1 (D) sugere alto teor proteico.

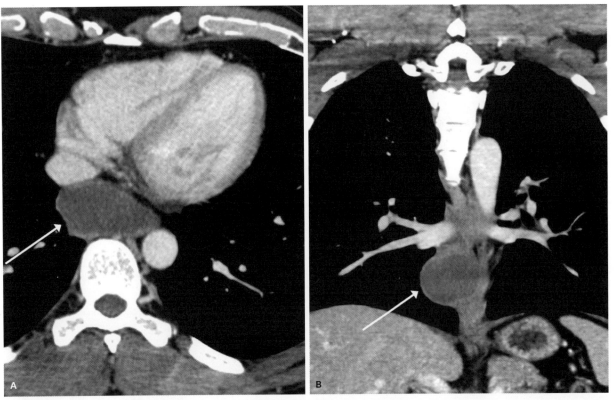

Figura 15 Cisto de duplicação esofágico. A e B: Tomografia computadorizada com contraste demonstra formação nodular de aspecto cístico no mediastino posterior, em íntimo contato com a parede do esôfago (setas). Em B, reformatação no plano coronal.

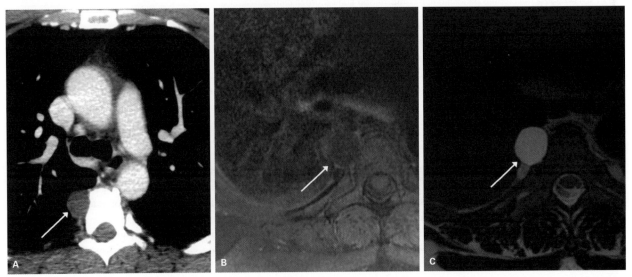

Figura 16 Cisto neuroentérico. A: tomografia computadorizada com contraste demonstra formação nodular hipoatenuante no mediastino posterior, paravertebral à direita (seta). B e C: nas imagens axiais de ressonância magnética, a lesão apresenta baixo sinal em T1 (seta em B) e alto sinal em T2 (seta em C), caracterizando sua natureza cística.

nicos, sendo ainda mais frequentes à direita (até 70%). Caracterizam-se por terem paredes finas e lisas, contornos regulares, morfologia arredondada ou oval e são em geral uniloculares. À TC, exibem atenuação semelhante à água e não realçam após a injeção do meio de contraste. À RM, apresentam sinal baixo ou intermediário em T1 e alto sinal em T2 (Figura 17).

Neoplasias pericárdicas

As neoplasias pericárdicas primárias são raras, sendo mais comum o mesotelioma maligno. Outros tumores mais raros incluem o teratoma, lipoma, fibroma, hemangioma, linfoma e sarcoma.

O mesotelioma primário do pericárdio corresponde a mais de 50% dos tumores primários do pericárdio, embo-

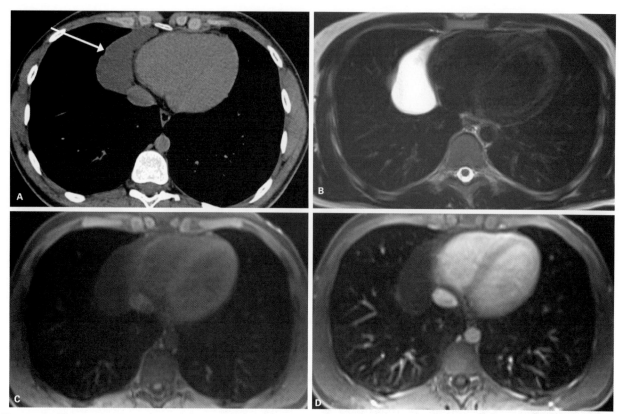

Figura 17 Cisto pericárdico. A: tomografia computadorizada sem contraste demonstra formação alongada hipoatenuante no ângulo cardiofrênico direito (seta). B-D: Nas imagens axiais de ressonância magnética, a formação apresenta alto sinal em T2 (B), baixo sinal em T1 (C) e não há realce pelo gadolínio (D), confirmando sua natureza cística.

ra representem menos de 1% de todos os mesoteliomas. Dor torácica, tosse, dispneia e palpitações podem estar presentes ao diagnóstico. Os principais achados à TC e RM incluem espessamento difuso e irregular do pericárdio associado a derrame pericárdico.

O acometimento neoplásico secundário do pericárdio é mais comum, podendo ocorrer por invasão local ou metástases a distância. As principais causas de metástase no pericárdio são as neoplasias de mama e pulmão, seguidas do linfoma e melanoma. À TC, o achado mais comum é de derrame associado a espessamento irregular do pericárdio ou de uma massa pericárdica (Figura 18). À RM, a maioria dos tumores apresentam baixo sinal em T1 e alto sinal em T2; metástases de melanoma podem ter alto sinal em T1.

Hemopericárdio

Os hematomas pericárdicos entram no diagnóstico diferencial de massas pericárdicas, podendo ocorrer após cirurgias cardíacas ou infarto do miocárdio. A presença de derrame pericárdico heterogêneo com áreas hiperatenuantes à TC sugere o diagnóstico (Figura 19). A RM pode auxiliar na caracterização dos hematomas, que geralmente apresentam alto sinal homogêneo na fase aguda; sinal heterogêneo, com áreas de alto sinal em T1 e T2 na fase subaguda; na fase crônica, um halo de hipossinal e focos internos de hipossinal nas imagens em T1, representando calcificação, fibrose ou deposição de hemossiderina, podem ser caracterizados. A ausência de realce pelo meio de contraste permite diferenciar os hematomas de neoplasias ou pseudoaneurismas.

Tumores neurogênicos

Os tumores neurogênicos constituem a principal causa de massa mediastinal posterior, correspondendo a 9-20% dos tumores mediastinais em adultos e até um terço dos tumores mediastinais da infância.

Incluem os tumores que se originam de nervos periféricos, de gânglios simpáticos e raramente de gânglios parassimpáticos. Tumores de nervos periféricos são mais comuns em adultos, enquanto tumores de gânglios simpáticos são mais comuns em crianças. Até 80% dos tumores neurogênicos são benignos, sendo esta proporção no entanto menor nas crianças.

Tumores de nervos periféricos

Schwannomas (neurilemomas) e neurofibromas constituem os tumores benignos originados de nervos periféricos e representam os principais tumores neurogênicos mediastinais. Acometem mais comumente indivíduos na terceira e quarta décadas de vida, sem nítida predileção

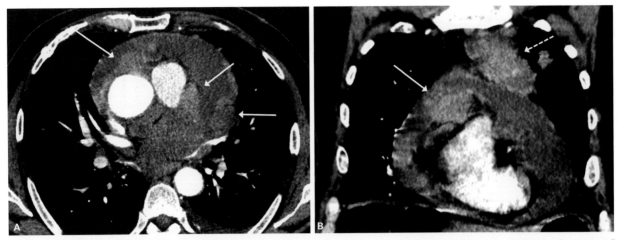

Figura 18 Metástases pericárdicas. Paciente masculino, 65 anos, com neoplasia de pequenas células de pulmão. A e B: tomografia computadorizada com contraste demonstra volumoso derrame pericárdico e várias lesões sólidas no pericárdio (setas). B: Reformatação coronal evidencia parte da lesão primária pulmonar (seta pontilhada).

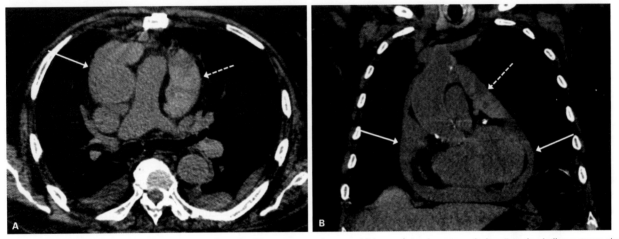

Figura 19 Hemopericárdio. Paciente masculino, de 81 anos, em pós-operatório recente de revascularização miocárdica e troca de prótese valvar. A e B: tomografia computadorizada sem contraste demonstra moderado derrame pericárdico (setas contínuas) com atenuação heterogênea à custa de focos hiperatenuantes (setas pontilhadas), compatíveis com material hemático. Em B, reformatação no plano coronal.

pelo sexo, e costumam ser assintomáticos. Sintomas como parestesia ou dor estão raramente presentes.

Os schwannomas são tumores benignos encapsulados que se originam da bainha neural e são constituídos por células de Schwann, que comprimem extrinsecamente as fibras nervosas.

Os neurofibromas são tumores não encapsulados, que se originam de uma proliferação anômala de diversos tipos celulares, incluindo células de Schwann, fibroblastos e células perineurais. Quando acometem diversos troncos nervosos de um plexo são chamados de neurofibroma plexiforme.

Até 45% dos neurofibromas ocorrem em pacientes com neurofibromatose, sendo o diagnóstico de neurofibroma plexiforme considerado patognomônico desta condição.

Os tumores malignos da bainha neural, também denominados de schwannoma maligno ou neurofibrossarcoma, são raros, estando relacionados à neurofibromatose em até 50% dos casos, e podem também ocorrer de forma esporádica ou induzida por radiação. Dor, massa palpável e sintomas neurológicos podem estar presentes ao diagnóstico.

À TC, os tumores de nervos periféricos são tipicamente massas paravertebrais de contornos regulares, margens lisas ou lobuladas com atenuação de partes moles, geralmente pouco inferior ao músculo (Figura 20). Em cerca de 50% dos casos, associam-se a alterações ósseas, como expansão do forame neural ou erosão de arcos costais e corpos vertebrais adjacentes. Pequenas calcificações e áreas de menor atenuação correspondendo a degeneração cística ou focos hipocelulares podem estar presentes. As características de realce da massa podem ser variáveis.

Os neurofibromas plexiformes podem ser localmente invasivos e se associar a aumento das partes moles ad-

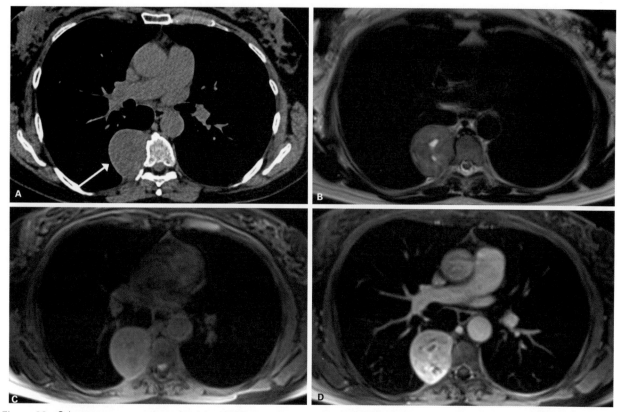

Figura 20 Schwanoma, em paciente feminino de 55 anos. A: tomografia computadorizada sem contraste demonstra lesão nodular no mediastino posterior, paravertebral à direita (seta). B-D: imagens axiais de ressonância magnética evidenciam que a massa paravertebral direita apresenta leve hipersinal em T2 (B), sinal intermediário em T1 (C) e realce pelo meio de contraste (D).

jacentes. Embora sejam considerados benignos, apresentam até 5% de risco de malignidade. Massa de aspecto infiltrativo localizada ao longo do trajeto de nervos mediastinais da cadeia simpática ou de nervos intercostais sugerem o diagnóstico (Figura 21).

Embora os tumores malignos da bainha neural possam ter características de imagem indistinguíveis dos schwannomas e neurofibromas, sinais de invasão de estruturas mediastinais adjacentes ou da parede torácica podem sugerir o diagnóstico. Metástases pulmonares são também descritas na literatura.

À RM, apresentam sinal intermediário ou baixo nas imagens ponderadas em T1 e sinal intermediário a alto nas imagens ponderadas em T2 (Figura 20). Extensão ao forame intervertebral e ao canal vertebral pode ser visualizada pela RM e está presente em até 10% dos casos.

A ressecção cirúrgica constitui o tratamento de escolha. Os tumores malignos apresentam maior taxa de recorrência e de metástases nos pacientes com neurofibromatose.

Tumores de gânglios simpáticos

Os tumores derivados de gânglios simpáticos correspondem a até 80% dos tumores neurogênicos em crianças. São derivados de células primordiais da crista neural que formam o sistema nervoso simpático. Estas células precursoras podem permanecer indiferenciadas (neuroblastos) ou se tornarem maduras (células ganglionares e células de Schwann). Os tumores compostos de células imaturas (neuroblastos) constituem os neuroblastomas; aqueles compostos por células ganglionares maduras são denominados ganglioneuromas e aqueles com células maduras e imaturas constituem os ganglioneuroblastomas.

Os ganglioneuromas são tumores benignos encapsulados. Acometem mais comumente adolescentes e adultos jovens; podem ser assintomáticos ou apresentar sintomas decorrentes da compressão de estruturas adjacentes ou de extensão ao interior do canal vertebral.

Os ganglioneuroblastomas são mais raros que os ganglioneuromas e apresentam características histológicas do ganglioneuroma e do neuroblastoma. São mais comuns em uma faixa etária mais precoce que os ganglioneuromas, geralmente na primeira década de vida.

Os neuroblastomas são tumores malignos tipicamente da infância; cerca de 60% dos casos ocorrem em crianças com menos de 2 anos de idade e até 90% antes dos 5 anos de vida. Cerca de 15% dos neuroblastomas localizam-se no mediastino. A maioria dos pacientes é sintomática, e podem se apresentar com dor, sintomas constitucionais, déficits neurológicos, síndrome de Horner e ataxia.

Os tumores derivados de gânglios simpáticos do mediastino costumam se apresentar à TC como massas paravertebrais alongadas, localizadas anterolateralmente à

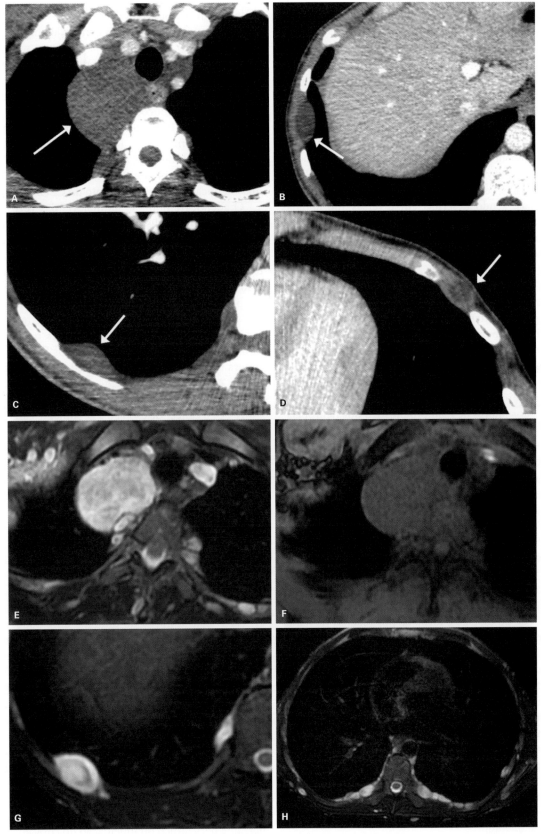

Figura 21 Neurofibroma plexiforme em paciente com neurofibromatose tipo 1. A-D: tomografia computadorizada com contraste demonstra formação expansiva no mediastino médio/posterior à direita (seta em A) e outros vários pequenos nódulos intercostais (setas em B, C e D). E-H: Imagens axiais de ressonância magnética evidenciam alto sinal em T2 (E, G e H) e sinal intermediário em T1 (F) das lesões. Em H, observe os múltiplos nódulos ao longo do trajeto de nervos intercostais.

coluna vertebral, em geral estendendo-se por 3 a 5 níveis vertebrais, sendo as características tomográficas bastante superponíveis entre estas três entidades.

Os ganglioneuromas são geralmente hipoatenuantes, com realce leve a moderado após a injeção do meio de contraste; escoliose e erosões em estruturas ósseas adjacentes podem estar presentes. Calcificações podem ser vistas à TC em até 60% dos casos. À RM, costumam apresentar sinal intermediário nas imagens ponderadas em T1 e sinal alto e heterogêneo em T2 (Figura 22). Possível extensão ao interior do canal vertebral pode ser visualizado pela RM.

Calcificações estão presentes em até 80-90% dos neuroblastomas, sendo descritas em diversas morfologias (pontilhado, anelar, curvilíneo, sólido etc.). Áreas de necrose ou hemorragia e realce heterogêneo pelo meio de contraste são achados frequentes dos ganglioneuroblastomas e neuroblastomas à TC. Podem ter aspecto heterogêneo à RM e mais comumente apresentam baixo sinal em T1 e alto sinal em T2. Sinais de invasão local, bem como o grau de extensão e acometimento do canal vertebral podem ser bem avaliados pela RM (Figura 23).

A cirurgia é o tratamento de escolha dos tumores de gânglios simpáticos. Radioterapia e quimioterapia adjuvantes são preconizados nos casos de neuroblastoma e ganglioneuroblastoma em estádio mais avançado. São considerados fatores de mau prognóstico dos neuroblastomas e ganglioneuroblastomas: idade mais avançada do paciente no momento do diagnóstico, maiores dimensões do tumor, tipo histológico pouco diferenciado, estádios avançados (III e IV) e sítio primário extratorácico.

Neoplasias do esôfago

O esôfago normal

O esôfago é um tubo muscular (com aproximadamente 25 cm de comprimento) que se estende da faringe até o estômago. Inicia-se na borda inferior da cartilagem cricoide, no nível da sexta vértebra torácica.

A parede do esôfago é formada por mucosa (apoiada sobre uma lâmina própria e muscular da mucosa), submucosa, duas camadas de muscular própria (uma interna circular e outra externa longitudinal) e adventícia. A mucosa exibe epitélio escamoso estratificado que muda abruptamente, junto à cárdia do estômago, para um epitélio colunar simples. Não há camada serosa, o que permite uma rápida disseminação das lesões esofágicas malignas para estruturas adjacentes e linfonodos regionais.

A espessura da parede do esôfago observada à tomografia varia de acordo com o grau de distensão da víscera, normalmente não ultrapassando 5 mm.

Câncer de esôfago

Aproximadamente 80% das neoplasias esofágicas são malignas, e mais de 90% destas correspondem a carcinoma espinocelular (CEC) ou adenocarcinoma. O câncer de esôfago é uma importante causa de mortalidade, representando a quinta causa mais comum de mortes relacionadas ao câncer em homens e a oitava em mulheres em todo o mundo, com sobrevida em 5 anos inferior a 20% nos Estados Unidos.

O CEC é derivado do epitélio escamoso estratificado, característico da mucosa normal do esôfago. É a neoplasia esofágica mais comum no mundo e ocorre mais frequentemente em homens a partir dos 50 anos. Este tumor acomete sobretudo o terço médio do esôfago. Tabagismo e etilismo são os maiores fatores de risco e atuam de forma sinérgica no desenvolvimento do CEC.

O adenocarcinoma é, na maioria das vezes, encontrado no esôfago distal, geralmente desenvolvendo-se em associação com esôfago de Barret, uma condição pré-maligna na qual ocorre metaplasia colunar do epitélio escamoso em consequência de refluxo gastroesofágico crônico. O adenocarcinoma representa a segunda neoplasia maligna esofágica mais comum na maioria dos países; no entanto, a sua incidência tem aumentado dramaticamente em alguns países ocidentais nas últimas décadas, inclusive nos Estados Unidos, onde já supera o CEC como o tipo histológico predominante de câncer esofágico. A obesidade é um fator de risco adicional para esta neoplasia.

À TC, o câncer de esôfago é geralmente caracterizado como um espessamento localizado da parede esofágica (Figura 24) ou uma massa com atenuação de partes moles, muitas vezes de superfície irregular, com ulcerações. O espessamento pode ser assimétrico nas neoplasias em estágios iniciais e progredir para um envolvimento circunferencial. Caso a lesão determine estenose esofágica significativa, observa-se dilatação do segmento esofágico a montante, com formação de nível hidroaéreo.

Existe uma grande sobreposição das características radiológicas das neoplasias malignas esofágicas, sendo o papel principal dos métodos de imagem seccionais o estadiamento oncológico (Quadro 5).

Na avaliação inicial do tumor, a ultrassonografia endoscópica pode ser utilizada para caracterizar a profundidade da invasão das diversas camadas da parede esofágica, permitindo a diferenciação entre tumores T1, T2 e T3.

A TC desempenha um importante papel no estadiamento, especialmente na avaliação da invasão local das estruturas adjacentes (tumores T4). Os critérios tomográficos para invasão local incluem perda dos planos adiposos entre o tumor e as estruturas adjacentes e deslocamento ou indentação das estruturas mediastinais adjacentes. Há suspeita de invasão pericárdica se as imagens de TC mostram obliteração do plano adiposo entre a massa esofágica e o pericárdio, espessamento pericárdico, derrame pericárdico ou indentação do coração com uma deformidade de aspecto côncavo (Figura 25). Uma fístula traqueobrônquica (Figura 26A) ou extensão direta para a luz é um sinal inequívoco de invasão da via aérea pelo tu-

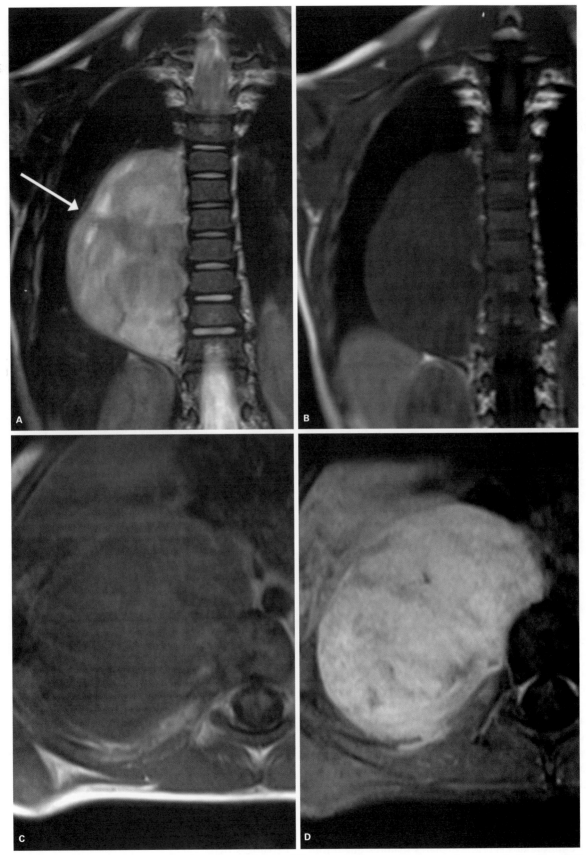

Figura 22 Ganglioneuroma, em paciente feminino, de 3 anos. A-D: ressonância magnética em cortes coronais (A e B) e axiais (C e D) demonstra volumosa massa paravertebral direita, com sinal alto e heterogêneo em T2 (seta em A), sinal intermediário em T1 (B e C) e realce difuso pelo gadolínio (D).

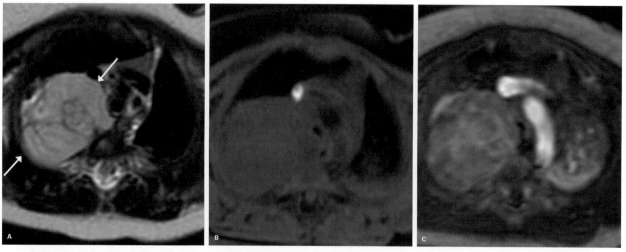

Figura 23 Neuroblastoma em paciente masculino, de 2 anos. A-C: Imagens axiais de ressonância magnética evidenciam volumosa lesão expansiva no mediastino posterior ocupando parte do hemitórax direito, apresentando alto sinal em T2 (setas em A), sinal intermediário em T1 (B) e realce heterogêneo pelo gadolínio (C).

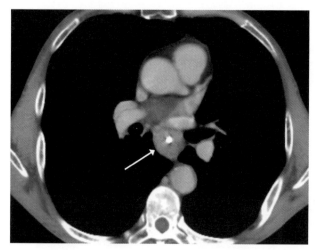

Figura 24 CEC esofágico. Tomografia computadorizada com contraste venoso demonstra espessamento parietal localizado no terço médio do esôfago (seta). Observa-se sonda digestiva na luz esofágica.

Quadro 5	Classificação TNM de câncer do esôfago e da junção esofagogástrica, conforme a sétima edição do manual de estadiamento da American Joint Committee on Cancer (AJCC), publicada em 2009
Categoria	
Tumor	Tis: displasia de alto grau
	T1: invasão da lâmina própria, muscular da mucosa (T1a) ou submucosa (T1b)
	T2: invasão da muscular própria
	T3: invasão da adventícia
	T4: invasão de estruturas adjacentes T4a: ressecável (pleura, pericárdio ou diafragma) T4b: irressecável (aorta, artérias carótidas, veia ázigos, traqueia, brônquios-fonte ou corpo vertebral)
Linfonodo	N0: ausente
	N1: 1-2 linfonodos regionais
	N2: 3-6 linfonodos regionais
	N3: 7 ou mais linfonodos regionais
Metástase	M0: ausente
	M1: presente

mor. Também existe a suspeita de invasão traqueobrônquica nos casos em que há indentação da parede posterior (Figura 26B) ou deslocamento da traqueia ou brônquio pelo tumor, sendo indicado um estudo complementar com broncoscopia para confirmação da infiltração. Invasão aórtica é sugerida se houver contato entre o tumor e mais do que 90° da circunferência da aorta (Figura 27) ou se existe obliteração do plano gorduroso triangular entre o esôfago, aorta e coluna adjacentes ao tumor primário.

Na definição de linfonodos regionais (fator N) da sétima edição do TNM são incluídos quaisquer linfonodos paraesofágicos, desde linfonodos cervicais até pericelíacos. Linfonodos intratorácicos e abdominais maiores que 1 cm e linfonodos supraclaviculares maiores que 5 mm de diâmetro no menor eixo, bem como linfonodos heterogêneos (Figura 28), são suspeitos para disseminação linfonodal da neoplasia pelos critérios tomográficos; no entanto, a ultrassonografia endoscópica e o PET/CT com FDG mostram maiores taxas de acurária para avaliação do fator N. Em geral, os linfáticos dos dois terços superiores do esôfago drenam superiormente, enquanto os do terço inferior drenam inferiormente para o abdome. Tumores do esôfago superior e médio geralmente se disseminam para linfonodos paratraqueais, já os do esôfago inferior muitas vezes acometem linfonodos do ligamento hepatogástrico.

Existem relatos de metástases à distância na apresentação inicial de 20-30% dos pacientes com neoplasia de

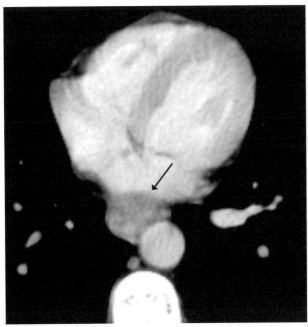

Figura 25 Neoplasia de esôfago. Tomografia computadorizada com contraste demonstra lesão esofágica causando deformidade de aspecto côncavo da parede posterior do átrio cardíaco esquerdo (seta).

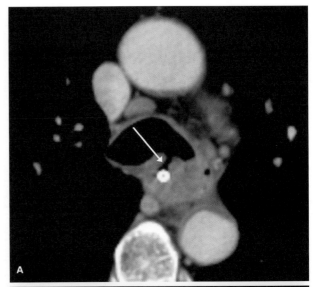

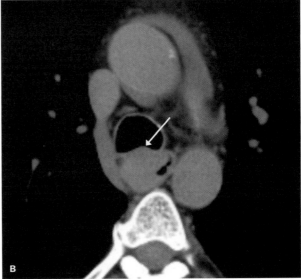

Figura 26 Avaliação de invasão traqueobrônquica. A: Tomografia computadorizada com contraste demonstra fístula comunicando a luz esofágica com o brônquio-fonte esquerdo (seta). Sonda digestiva no interior do esôfago. B: tomografia computadorizada sem contraste de outro paciente mostra espessamento parietal assimétrico do esôfago determinando abaulamento da parede posterior da carina (seta).

esôfago, sendo os sítios mais comuns fígado (35%), pulmões (20%), ossos (9%), adrenais (5%) e, raramente, peritônio e encéfalo. O PET/CT com FDG e a tomografia são métodos indicados para a pesquisa de metástases.

A classificação TNM inclui ainda as seguintes características não anatômicas para o câncer de esôfago: tipo histológico, grau histológico e localização da neoplasia. Este último critério é relevante apenas para casos de CEC e baseia-se na posição da extremidade superior do tumor no esôfago, não sendo considerada a posição em que o tumor ocupa o maior volume. Segundo a sétima edição do TNM, o esôfago seria dividido em quatro segmentos: o esôfago cervical inicia-se no músculo cricofaríngeo (distância de 15 cm dos incisivos pela esofagoscopia) e termina no nível da fúrcula esternal (20 cm); o esôfago torácico superior termina no nível do arco da veia ázigos (25 cm); o esôfago torácico médio termina no nível da veia pulmonar inferior (30 cm); por fim, o esôfago torácico inferior termina no esfíncter esofágico inferior (40 cm).

Tumores que acometem a junção esofagogástrica são estadiados como câncer esofágico se: a) o epicentro do tumor estiver localizado no esôfago torácico inferior ou na junção esofagogástrica; ou b) o epicentro estiver localizado nos 5 cm proximais do estômago e o tumor estender-se pelo esôfago. Se o epicentro for nos 5 cm proximais do estômago e não houver extensão para o esôfago, a neoplasia será estadiada como câncer de estômago.

As opções terapêuticas variam de acordo com o estádio tumoral e incluem desde alternativas endoscópicas, como mucosectomia, tratamento fotodinâmico e prótese esofágica; cirúrgicas, como esofagectomia com reconstrução por tubo gástrico (Figura 29) ou colônico e *bypass*; até tratamentos por quimio e radioterapia.

A perfuração esofágica (Figura 30) é uma das complicações possíveis das neoplasias avançadas do esôfago. Nesses casos, a TC pode demonstrar pneumomediastino, densificação dos planos gordurosos mediastinais ou uma coleção líquida localizada, podendo haver abscessos mediastinais e pulmonares.

Outras neoplasias esofágicas

O carcinoma neuroendócrino pode demonstrar uma aparência radiológica similar ao CEC e adenocarcinoma, mas metástases hipervasculares podem estar presentes.

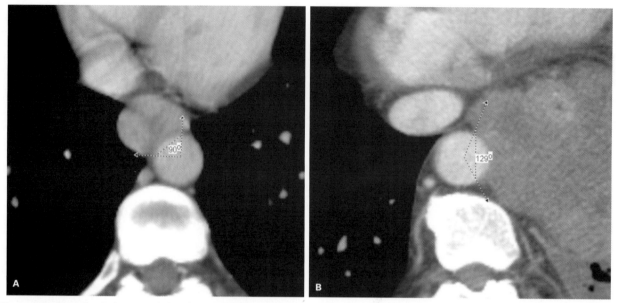

Figura 27 Suspeita de invasão aórtica. A: tomografia computadorizada com contraste demonstra contato entre o tumor e a aorta de cerca de 90° da circunferência da aorta. B: tomografia computadorizada com contraste de outro paciente, em que se observa contato superior a 90°.

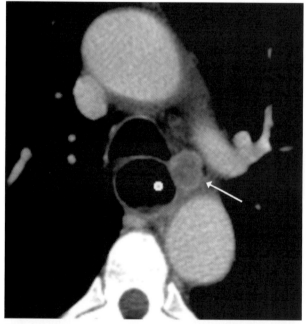

Figura 28 Tomografia computadorizada com contraste venoso demonstra linfonodo paratraqueal inferior esquerdo com centro hipoatenuante, sugerindo necrose/liquefação (seta). O esôfago apresenta-se distendido (em razão da presença de neoplasia estenosante em um nível inferior ao demonstrado na imagem), com mínimo material hipoatenuante depositado e sonda digestiva no interior.

Leiomiomas (Figura 31A) são os tumores benignos mais frequentes do esôfago. Eles compõem-se de células musculares lisas, tipicamente ocorrem no terço distal e podem ser vistos como massas sólidas homogêneas intramurais, sem irregularidades mucosas ou ulceração. Os tumores de células granulares fazem parte do diagnóstico diferencial destas lesões, embora tumores de células granulares sejam bem menos comuns e tenham certa tendência a serem múltiplos. Calcificações ocorrem em cerca de 10% do leiomiomas esofágicos, algumas vezes de forma grosseira. Alguns tumores estromais gastrointestinais (GIST) esofágicos também podem apresentar calcificações. Volumosos GIST podem ser diferenciados por áreas de baixa atenuação central secundárias a necrose ou degeneração cística (Figura 31B).

Pólipos fibrovasculares são massas intraluminais polipoides, de contornos lisos, que se originam no esôfago cervical, contendo variadas proporções de tecido fibroso e adiposo (este último de fácil reconhecimento por meio da TC ou da RM) associados a vasos sanguíneos. São bastante conhecidos por uma forma de apresentação rara em que os pólipos são regurgitados para a faringe ou boca, com possibilidade de asfixia e morte súbita. O lipossarcoma também pode ser caracterizado pelo componente gorduroso (Figura 31C) e existem raros relatos de transformação maligna de pólipos fibrovasculares para lipossarcoma.

O carcinoma de células fusiformes (Figura 31D), também chamado de carcinoma sarcomatoide ou carcinossarcoma, é uma neoplasia bifásica, com componentes escamosos e sarcomatosos, que comumente também se manifesta como massa intraluminal polipoide, porém de contornos lobulados, em geral com origem no esôfago médio ou distal e não apresenta o componente gorduroso caracterizado no pólipo fibrovascular. O melanoma maligno primário do esôfago pode ter uma apresentação radiológica indistinguível do carcinoma de células fusiformes.

10 DOENÇAS MEDIASTINAIS 249

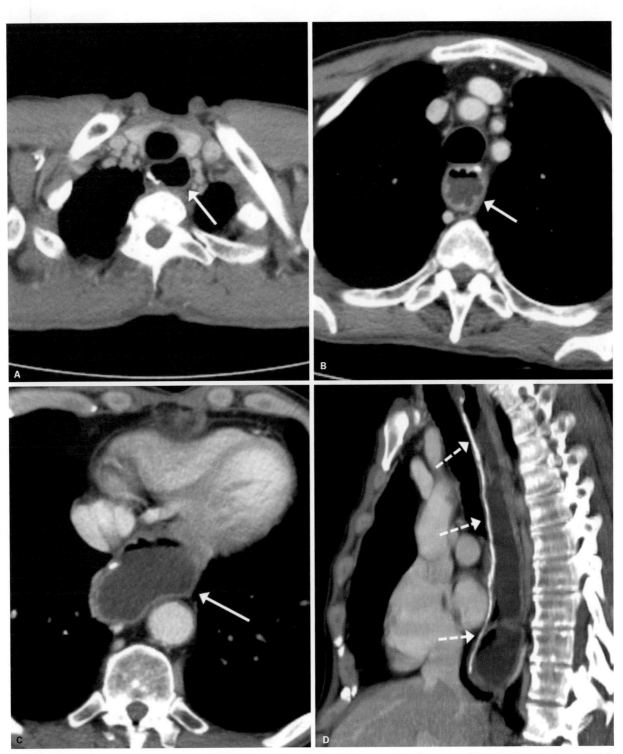

Figura 29 Pós-operatório de neoplasia de esôfago com tubo gástrico. Imagens axiais de tomografia computadorizada no nível dos ápices pulmonares (A), origem dos vasos supra-aórticos (B) e no terço inferior do tórax (C) mostram tubo gástrico com conteúdo líquido e gasoso (setas). Na reconstrução sagital (D) é possível observar grande parte do tubo gástrico, com fio de sutura metálica na parede anterior (setas pontilhadas).

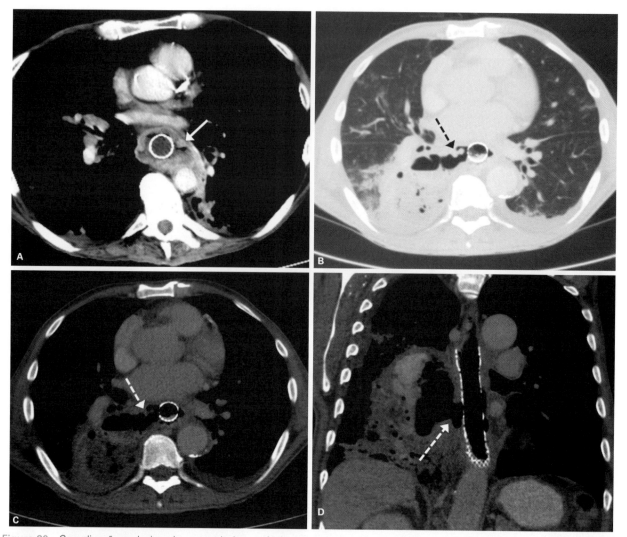

Figura 30 Complicações relacionadas a neoplasias esofágicas avançadas. A: tomografia computadorizada com contraste demonstra prótese esofágica, que evoluiu com fístula esofagomediastinal (seta). B-D: tomografia computadorizada com contraste em outro paciente com prótese esofágica e abscesso pulmonar, decorrente de perfuração esofágica (seta pontilhada), visto na janela pulmonar (B), de mediastino (C) e em reformatação coronal (D).

O linfoma esofágico tem uma grande variedade de apresentações, mas costuma ser secundário à doença extraesofágica.

Linfadenopatias mediastinais

As linfadenodopatias podem se localizar em qualquer um dos compartimentos mediastinais, a depender da cadeia linfonodal acometida, embora envolvam mais comumente o mediastino médio.

Há um amplo espectro de patologias que podem cursar com linfonodomegalias mediastinais, que variam desde patologias benignas, como processos granulomatosos e infecciosos, até neoplasias malignas. Entre os principais diagnósticos diferenciais de linfonodopatias mediastinais, destacam-se as neoplasias pulmonares, metástases, linfoma, doença de Castelman, sarcoidose, doenças infecciosas e doenças infiltrativas pulmonares crônicas. Embora superponíveis, algumas características podem auxiliar no estreitamento dos diagnósticos diferenciais.

A neoplasia pulmonar primária é uma causa comum de linfonodomegalia mediastinal e hilar, e a coexistência de uma lesão pulmonar reforça a suspeita diagnóstica. A maioria dos tumores pulmonares drenam para linfonodos hilares antes de alcançar o mediastino. Lesões localizadas no lobo superior direito drenam principalmente para linfonodos da cadeia paratraqueal direita e do mediastino anterior; lesões do lobo médio e lobo inferior direito drenam principalmente para linfonodos subcarinais e subsequentemente para as cadeias paratraqueal direita e mediastinal anterior; lesões do lobo superior esquerdo drenam sobretudo para linfonodos subaórticos e paraórticos; e, por fim, lesões do lobo inferior esquerdo drenam principalmente para linfonodos subcarinais e subaórticos.

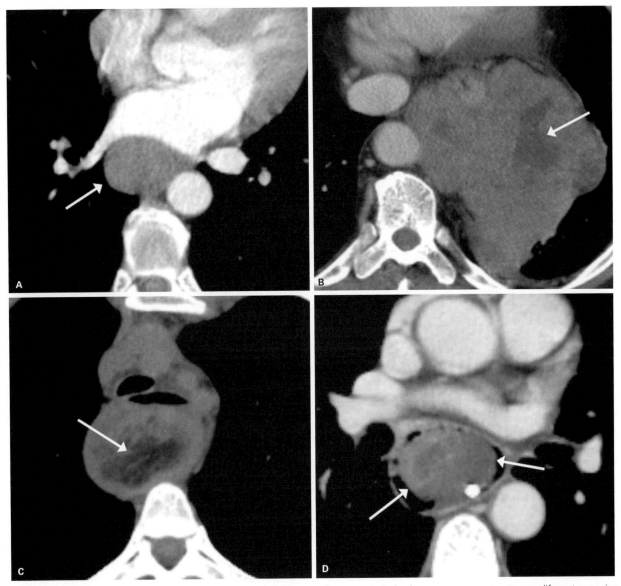

Figura 31 Exemplos de outras neoplasias esofágicas. A-D: Tomografia computadorizada com e sem contraste, em diferentes pacientes. A: leiomioma caracterizando-se por massa esofágica homogênea (seta). B: volumoso tumor estromal gastrointestinal (GIST) com áreas hipoatenuantes de permeio (seta). C: lipossarcoma com componente gorduroso identificável (seta). D: carcinoma de células fusiformes manifestando-se por massa intraluminal polipoide (setas).

A neoplasia de pequenas células do pulmão, especificamente, muitas vezes se apresenta com volumosas massas mediastinais (que correspondem a conglomerados linfonodais) já no momento do diagnóstico, sendo estas muitas vezes indistinguíveis da lesão primária pulmonar, por conta de sua localização preferencialmente hilar/peri-hilar (Figura 32).

Metástases linfonodais de tumores extrapulmonares também podem acometer o mediastino, sendo mais comuns na neoplasia de mama, melanoma, tumores de cabeça e pescoço, genitourinários e gastrointestinais (incluindo neoplasias do esôfago) (Figura 33).

Os linfomas acometem mais frequentemente as cadeias linfonodais mediastinais do que as hilares e, em geral, de forma assimétrica. O acometimento linfonodal mediastinal na doença de Castelman se caracteriza pela presença de intenso realce pelo meio de contraste nos linfonodos acometidos (Figura 33). Outros diferenciais, no entanto, devem ser considerados na presença de linfonodomegalias com realce intenso pelo contraste, sendo as principais as metástases hipervasculares (sobretudo o carcinoma de células renais, carcinoma papilar de tireoide e o melanoma).

A presença de linfonodomegalias hilares e mediastinais bilaterais, em geral simétricas, constituem o achado mais clássico na sarcoidose, podendo ou não ser calcificadas. Entre as cadeias mediastinais, as cadeias paratraqueais são as mais acometidas na sarcoidose (Figura 33).

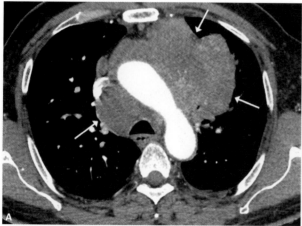 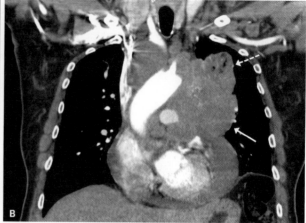

Figura 32 Neoplasia de pequenas células do pulmão. A e B: tomografia computadorizada com contraste evidencia volumosos conglomerados linfonodais mediastinais (setas), indistinguíveis da lesão primária pulmonar (seta pontilhada em B, reformatação coronal).

Entre as doenças infecciosas, embora infecções virais e bacterianas também possam cursar com linfonodomegalias na fase aguda, merecem destaque os processos infecciosos granulomatosos, como a tuberculose e as infecções fúngicas (histoplasmose) que caracteristicamente podem apresentar linfonodomegalias com necrose central (mais bem visualizada na TC com contraste) e que, posteriormente, podem calcificar (Figura 33). Linfonodomegalias necróticas também podem ser vistas nas metástases.

Finalmente, algumas doenças infiltrativas pulmonares crônicas podem cursar com linfonodomegalias mediastinais, como as pneumopatias intersticiais crônicas (idiopáticas ou secundárias), a silicose (neste caso, podendo apresentar o aspecto clássico de calcificações em "casca de ovo") e a asbestose (Figura 33).

Outras causas de massas mediastinais paravertebrais

Paraganglioma

Paragangliomas mediastinais são tumores raros originados de células neuroectodérmicas em associação a células ganglionares do sistema nervoso autônomo. São localizações típicas dos paragangliomas mediastinais a janela aortopulmonar e o mediastino posterior. Sintomas relacionados à secreção de catecolaminas podem estar presentes e ocorrem em até 50% dos pacientes com paragangliomas paravertebrais, embora estes sintomas sejam raros em paragangliomas localizados na janela aortopulmonar.

À TC, apresentam atenuação de partes moles na fase sem contraste; por serem bastante vascularizados, apresentam intenso realce pelo meio de contraste (Figura 34).

Meningocele lateral

A meningocele lateral resulta de herniação das meninges pelo forame intervertebral. Ocorre mais comumente na 4ª e 5ª décadas de vida, sendo geralmente assintomática. Há descrição de associação com neurofibromatose em até 75% dos casos.

Apresentam baixa atenuação à TC e sinal semelhante ao liquor à RM. A caracterização de comunicação do conteúdo da lesão com o espaço liquórico no canal vertebral sugere o diagnóstico. Alterações ósseas locais em arcos costais ou vértebras e escoliose podem estar associadas.

Hematopoiese extramedular

A hematopoiese extramedular ocorre em pacientes com anemia hemolítica crônica, como a talassemia, esferocitose hereditária e anemia falciforme.

Caracterizam-se, no mediastino, por massas paravertebrais lobuladas, geralmente múltiplas e bilaterais, sendo mais comuns em níveis torácicos inferiores. Podem ter atenuação homogênea à TC ou conter áreas com densidade de gordura, identificáveis à TC e à RM (Figura 35). Erosões ósseas não costumam estar presentes. Alterações do trabeculado ósseo podem sugerir o diagnóstico de anemia crônica.

Doenças linfoproliferativas

Linfomas

Acometimento mediastinal pelo linfoma

Linfoma constitui cerca de 20% de todas as neoplasias mediastinais em adultos e 50% em crianças (sendo a causa mais frequente de massas mediastinais na faixa etária pediátrica). Mais frequentemente, o acometimento linfomatoso mediastinal ocorre como uma forma secundária ou recorrente do linfoma extratorácico. Embora o linfoma seja um dos tumores mediastinais mais comuns, é incomum tanto para o linfoma não Hodgkin (LNH) quanto para o linfoma Hodgkin (LH) serem limitados ao mediastino no momento do diagnóstico, o que ocorre em apenas 5% dos casos.

10 DOENÇAS MEDIASTINAIS 253

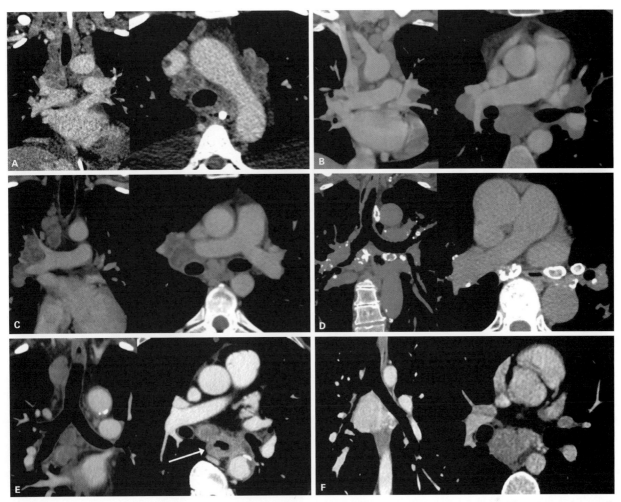

Figura 33 Diagnóstico diferencial de linfadenopatias mediastinais. A-F: tomografia computadorizada em diferentes pacientes. Em A, múltiplas linfonodomegalias mediastinais bilaterais com áreas de necrose em paciente com tuberculose ganglionar. Em B, linfonodomegalias hilares e mediastinais bilaterais simétricas, em paciente com sarcoidose. Em C, linfonodomegalias com áreas de necrose no hilo pulmonar direito e no mediastino homolateral em paciente com neoplasia de pulmão. Em D, linfonodomegalias mediastinais e hilares com calcificação em "casca de ovo" em paciente com silicose. Em E, linfonodomegalias metastáticas em neoplasia de esôfago. Observe o espessamento parietal esofágico (seta). Em F, linfonodomegalia subcarinal com realce intenso pelo meio de contraste em paciente com doença de Castelman.

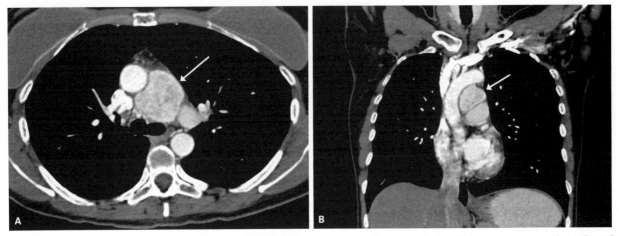

Figura 34 Paraganglioma. A e B: tomografia computadorizada com contraste demonstra lesão sólida, com intenso realce pelo meio de contraste, localizada no mediastino médio, na janela aortopulmonar (setas). Em B, reformatação no plano coronal.

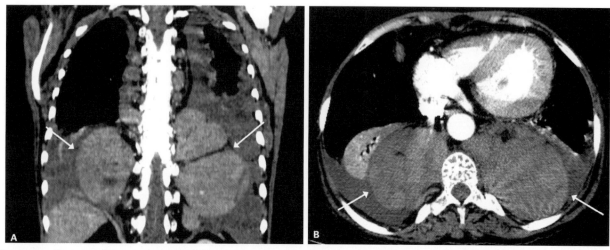

Figura 35 Hematopoiese extramedular em paciente com anemia falciforme. A e B: tomografia computadorizada com contraste em reformatação coronal (A) e corte axial (B) demonstrando volumosas massas paravertebrais bilaterais, relativamente simétricas e com predomínio na metade inferior dos hemitórax (setas). Pequeno derrame pleural bilateral associado.

Achados de imagem que sugerem linfoma incluem linfadenopatia disseminada e conglomerados linfonodais (Figura 36), além de grandes massas com atenuação de partes moles que demonstram pouca evidência de destruição/invasão local (relativamente ao volume de doença). À radiografia pode ser caracterizado alargamento mediastinal, que se apresenta à tomografia como linfonodomegalias e massas linfonodais, muitas vezes homogêneas e com leve a moderado realce pelo meio de contraste. Alguns subtipos de linfoma podem ainda se manifestar por número aumentado de pequenos linfonodos.

É difícil diferenciar LH e LNH com base apenas na distribuição linfonodal. O LH envolve predominantemente o mediastino anterior (Figura 37) e regiões paratraqueais e tende a se disseminar para cadeias mediastinais contíguas. Linfonodos subcarinais, peridiafragmáticos, periesofágicos e mamários internos estão envolvidos em ordem de frequência decrescente pelo LH. As cadeias paratraqueais (Figura 38) e o mediastino anterior também são os locais mais frequentemente acometidos pelo LNH, porém este tipo de neoplasia tende a demonstrar linfonodomegalias generalizadas na apresentação inicial. Outras cadeias comumente acometidas pelo LNH, em ordem de frequência decrescente, são os linfonodos subcarinais, hilares, mediastinais posteriores (adjacentes à aorta, paravertebrais e retrocrurais) e pericárdicos.

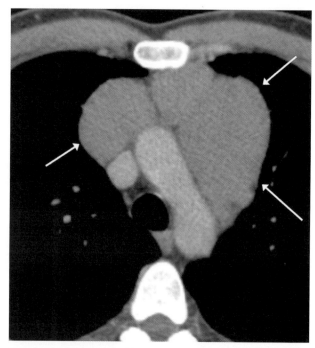

Figura 37 Linfoma de Hodgkin. Tomografia computadorizada com contraste demonstra massas linfonodais com predomínio no mediastino anterior (setas).

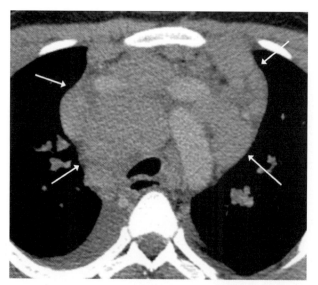

Figura 36 Linfoma de Hodgkin. Tomografia computadorizada com contraste demonstra grandes conglomerados linfonodais mediastinais homogêneos (setas), além de derrame pleural bilateral.

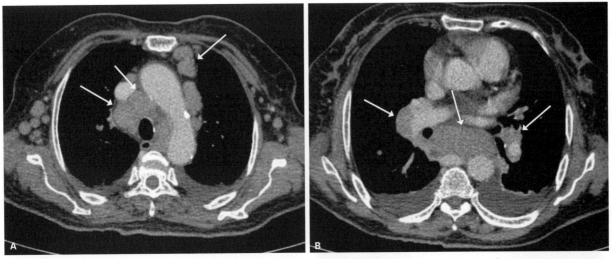

Figura 38 Linfoma não Hodgkin. A e B: Tomografia computadorizada com contraste demonstrando acometimento de múltiplas cadeias linfonodais mediastinais, entre elas as paratraqueais, mediastinais anteriores (setas em A), subcarinal e hilares (setas em B), associando-se a derrame pleural bilateral.

O linfoma pode se apresentar também como uma massa tímica com ou sem envolvimento linfonodal. O envolvimento tímico pode ser de difícil diferenciação em relação a linfonodomegalias mediastinais anteriores, mas, para fins de estadiamento, o timo é considerado uma estação linfonodal.

Os linfonodos mediastinais podem formar conglomerados e massas com aspecto infiltrativo, deslocando, comprimindo ou invadindo estruturas vasculares (geralmente sem prejuízo de sua patência) ou a traqueia. Sintomas relacionados à síndrome da veia cava superior e à obstrução de vias aéreas, quando presentes, são mais frequentemente observados nas formas agressivas do LNH.

Necrose central e calcificações podem ser encontradas na apresentação inicial das massas linfonodais dos linfomas, mas são mais comuns após o tratamento quimio e radioterápico (Figura 39). As calcificações podem ser irregulares, distróficas ou até em "casca de ovo".

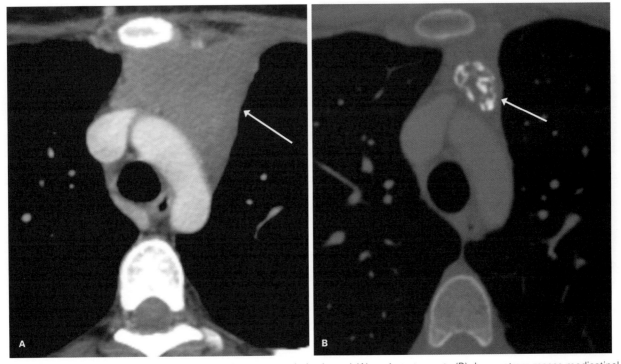

Figura 39 Linfoma de Hodgkin. A e B: Tomografias computadorizadas pré (A) e pós-tratamento (B) demonstram massa mediastinal anterior (seta em A) que apresentou redução de suas dimensões e calcificação grosseira após o tratamento (seta em B).

A doença linfoproliferativa pós-transplante pode se manifestar no tórax por linfonopatias mediastinais.

Após o tratamento, crianças e adultos jovens podem apresentar massas residuais (Figura 40) em até 88% dos casos, sendo estas frequentemente benignas e tipicamente compostas por áreas de necrose, fibrose e inflamação. O PET/CT tem importante papel nessas situações, diferenciando lesões viáveis de massas residuais inativas, tendo inclusive valor prognóstico determinante, caso negativo.

Acometimento pulmonar, pleural e pericárdico pelo linfoma

O acometimento pulmonar pelo linfoma pode ser dividido basicamente em três grupos: linfoma primário do pulmão, secundário do pulmão e pulmonar de alto grau.

O linfoma primário pulmonar constituiu menos de 1% de todos os linfomas. Geralmente é um LNH de células B de baixo grau do tecido linfoide associado à mucosa (MALT). Ocorre mais comumente em adultos, com idade média ao diagnóstico de 55-60 anos. A taxa de sobrevida em 5 anos é em geral de 80-90%. O achado de imagem consiste em nódulo de margens irregulares ou consolidação alveolar, por vezes com broncograma aéreo, de crescimento insidioso ao longo de meses ou anos, cabendo como principal diagnóstico diferencial o adenocarcinoma pulmonar de crescimento lepídico (antigo bronquioloalveolar).

O envolvimento secundário do pulmão pode se manifestar pela presença de nódulo único ou múltiplos nódulos com margens mal-definidas (por vezes com escavação central – Figura 41), áreas de consolidação alveolar (Figura 42), lesões endobrônquicas e espessamento dos interstícios septal interlobular e peribroncovascular. Nestes casos, o envolvimento geralmente se dá por extensão direta dos acometimentos mediastinal e hilar pelo interstício peribroncovascular (Figura 43).

A maioria dos linfomas pulmonares primários de alto grau são LNH de células B e incluem pacientes com doença linfoproliferativa pós-transplante e a síndrome da imunodeficiência adquirida (aids). Manifestações radiológicas pulmonares são mais comumente múltiplos nódulos ou massas com características infiltrativas e de crescimento rápido. Insuficiência respiratória associada é comum.

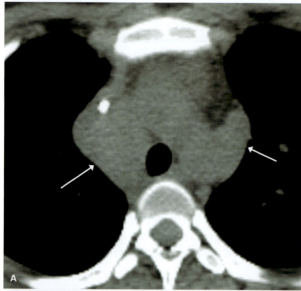
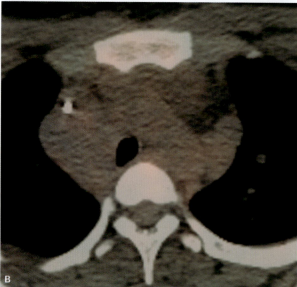

Figura 40 Massa residual de linfoma de Hodgkin. A: Imagem axial de tomografia computadorizada evidencia conglomerados linfonodais mediastinais residuais após término do tratamento (setas). B: Imagem axial de PET/CT no mesmo nível demonstra que tais lesões não apresentam aumento significativo do metabolismo glicolítico em relação ao nível basal, indicando resposta completa ao tratamento.

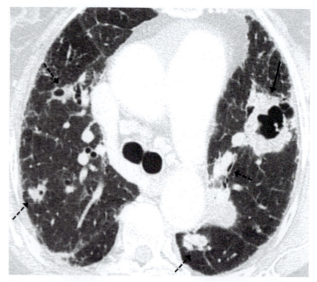

Figura 41 Acometimento pulmonar em paciente com linfoma. Tomografia computadorizada mostra massa pulmonar no lobo superior esquerdo (seta) e nódulos bilaterais (setas pontilhadas) com escavações.

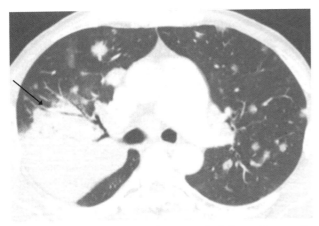

Figura 42 Acometimento pulmonar pelo linfoma. Tomografia computadorizada demonstra extensa consolidação no segmento posterior do lobo superior direito (seta), além de pequenos nódulos pulmonares de margens mal definidas bilaterais.

Derrames pleural e pericárdico podem ser observados em cerca de 30% dos pacientes com linfoma. Podem ser caracterizados espessamento, nódulos ou massas pleurais (Figura 44) em casos de doença disseminada ou recorrente. Na ausência de tais achados, o derrame pleural tende a ser de natureza reacional, tipicamente resulta de obstrução linfática e raramente contém células malignas. Já o derrame pericárdico (Figura 45) é geralmente maligno quando observado em associação com o linfoma.

Estadiamento do linfoma

O sistema mais recente para estadiamento e avaliação de resposta do linfoma é conhecido como classificação de Lugano, publicado em 2014, e pode ser utilizado tanto para LH quanto LNH. Segundo este sistema, os linfomas

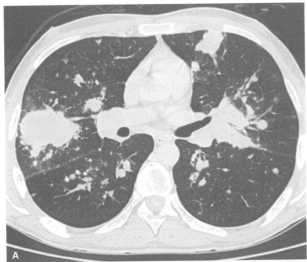

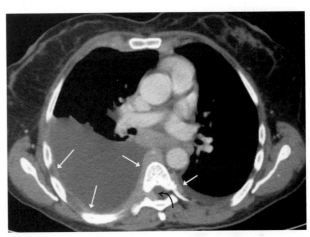

Figura 44 Acometimento pleural pelo linfoma. Tomografia computadorizada com contraste evidenciando massas pleurais posteriores em paciente com linfoma (setas), principalmente à direita, com insinuação para o interior do canal vertebral (seta curva) e associando-se a derrame pleural.

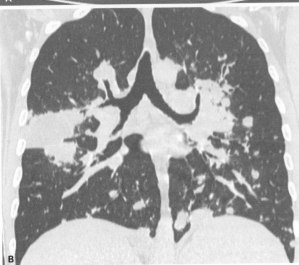

Figura 43 Acometimento pulmonar pelo linfoma. Tomografia computadorizada em corte axial (A) e reformatação coronal (B) evidenciam conglomerados linfonodais mediastinais e hilares associados a massas e nódulos pulmonares bilaterais, com disseminação predominantemente peribroncovascular.

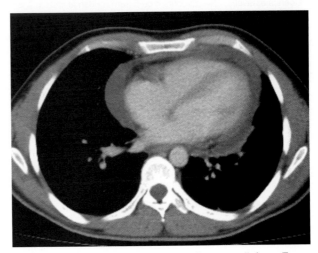

Figura 45 Derrame pericárdico em paciente com linfoma. Tomografia computadorizada com contraste demonstrando moderado derrame pericárdico.

com baixa ou variável captação do FDG devem ser estadiados pela TC. Para linfomas ávidos pelo FDG, o PET/CT é fortemente recomendado para o estadiamento; no entanto, uma TC com contraste deve ser incluída no estadiamento inicial para melhor avaliação anatômica. A carga de doença deve ser calculada da seguinte maneira: escolha até seis dos maiores linfonodos ou depósitos de linfoma (as lesões escolhidas devem ser passíveis de mensuração adequada em duas dimensões, e os linfonodos elegíveis são aqueles com diâmetro maior que 1,5 cm e lesões extranodais elegíveis são aquelas com diâmetro maior que 1,0 cm); faça a medida do maior e menor diâmetro de cada lesão no plano transverso; multiplique o maior e menor diâmetro de cada lesão para obter o "produto dos diâmetros"; por fim, faça a soma destes para obter a "soma do produto dos diâmetros". Esplenomegalia é definida por uma medida maior que 13 cm no comprimento vertical.

A avaliação pelo PET/CT é baseada em uma "escala de 5 pontos":

- Escore 1 – ausência de hipercaptação de FDG em relação à captação basal (de fundo).
- Escore 2 – captação menor ou igual ao mediastino.
- Escore 3 – captação maior que o mediastino, mas menor ou igual ao fígado.

- Escore 4 – captação moderadamente maior que o fígado.
- Escore 5 – captação marcadamente maior que o fígado e/ou novas lesões linfomatosas.

Considerando-se os dados obtidos, foram determinadas quatro categorias para a TC e o PET/CT: resposta completa, resposta parcial, doença estável/ausência de resposta e doença progressiva (Tabela 1).

Entre outras recomendações adicionais da classificação de Lugano inclui-se que a medida pela TC do maior diâmetro do *bulky* neoplásico deve ser registrada para fins de estadiamento.

Leucemias

Achados radiográficos em pacientes com leucoestase ou infiltração pulmonar leucêmica podem incluir graus variados de opacidades intersticiais ou alveolares; no entanto, a aparência radiográfica dos pulmões pode também ser normal, mesmo na presença de insuficiência respiratória grave. A TC apresenta maior sensibilidade para detecção das alterações leucêmicas, demonstrando espessamento dos interstícios septal interlobular e peribroncovascular, que se correlaciona com a propensão das células leucêmicas a se disseminar por vias linfáti-

Tabela 1 Critérios de Lugano para avaliação de resposta pela TC e PET/CT		
Modalidade	**PET/CT com FDG**	**TC**
Resposta completa	Escores 1, 2, 3 em sítios linfonodais ou extranodais com ou sem massa residual	Linfonodos ≤ 1,5 cm no MaET Desaparecimento completo da evidência radiológica de doença
Resposta parcial	Escores 4 ou 5 com ↓ da captação comparativamente ao *baseline* e massa residual	Lesão única: ↓ ≥ 50% do PDP Múltiplas lesões: ↓ ≥ 50% da SPD de até seis linfonodos ou sítios extranodais
Doença estável/ ausência de resposta	Escores 4 ou 5 sem mudança significativa na captação de FDG	↓ < 50% da SPD de até seis linfonodos ou sítios extranodais (sem critérios para doença progressiva)

Doença progressiva	Escore 4 ou 5 em qualquer lesão com um ↑ na intensidade da captação comparativamente ao *baseline* e/ou novo foco ávido por FDG consistente com linfoma	1) Linfadenopatia nova ou maior; um linfonodo individual deve ser anormal com:
		  a) MaET > 1,5 cm; e
		  b) ↑ ≥ 50% do PDP em relação ao nadir; e
		  c) ↑ do MaET ou MeET em relação ao nadir (a menor medida registrada) deve ser > 0,5 cm para lesões ≤ 2 cm e > 1 cm para lesões > 2 cm.
		2) ↑ do volume esplênico:
		  a) com esplenomegalia prévia: aumento do comprimento em > 50% do aumento prévio além do *baseline*; por exemplo, aumento do comprimento esplênico de 15 cm (2 cm acima da esplenomegalia *baseline* de 13 cm) para > 16 cm (> 3 cm acima do *baseline*);
		  b) sem esplenomegalia prévia: ↑ de pelo menos 2 cm;
		  c) esplenomegalia nova ou recorrente.
		3) Lesões não mensuradas novas ou maiores.
		4) Recorrência de lesões previamente resolvidas.
		5) Nova lesão extranodal > 1 cm em qualquer eixo (novas lesões < 1 cm em qualquer eixo são incluídas se "inequivocamente atribuíveis" ao linfoma).
		6) Um linfonodo novo > 1,5 cm em qualquer eixo.

MaET: maior eixo transverso; MeET: menor eixo transverso; PDP: produto dos diâmetros perpendiculares; SPD: soma do produto dos diâmetros perpendiculares de múltiplas lesões.

cas (Figura 46). Outros achados comuns são pequenos nódulos distribuídos tanto ao longo do feixe peribroncovascular quanto em topografia centrolobular (neste caso representando, provavelmente, acometimento perilinfático distal). Também podem ser caracterizadas opacidades em vidro fosco e consolidações causadas por infiltrado celular leucêmico nos espaços alveolares e septos, com hemorragia e edema em razão do dano alveolar difuso. Aumento linfonodal é comumente observado entre os pacientes, bem como derrame pleural, e placas leucêmicas pleurais já foram descritas.

Embora os achados radiológicos de leucoestase sejam inespecíficos e processos agudos como edema pulmonar e infecção devam ser excluídos, a presença de infiltrados pulmonares leucêmicos deve ser considerada quando a TC revelar espessamento intersticial em pacientes com leucemia e hiperleucocitose.

Doença de Castleman

Também conhecida por hiperplasia linfonodal angiofolicular ou hiperplasia linfonodal gigante, é uma doença linfoproliferativa não monoclonal incomum, de etiologia desconhecida. Pode afetar todo o corpo, acometendo o tórax em cerca de 70% dos casos.

Existem duas classificações para a doença: a primeira e mais antiga divide a doença em unicêntrica ou multicêntrica, baseando-se na extensão das cadeias linfonodais acometidas; a segunda classificação é histopatogenética e divide a doença nas formas hialinovascular, de células plasmocitárias, associada ao herpes-vírus humano 8 (HHV-8) e em doença multicêntrica não especificada.

A forma hialinovascular corresponde a 90% dos casos, acometendo adultos jovens entre a terceira e a quarta décadas de vida. É unicêntrica em 90% dos casos e geralmente apresenta-se como massa assintomática com curso benigno. São observados três padrões de apresentação pelos métodos de imagem: massa linfonodal solitária não invasiva (50%), massa linfonodal dominante infiltrativa com linfadenopatia associada (40%) e emaranhado de linfonodomegalias sem uma massa dominante (10%). Caracteristicamente, apresenta realce intenso e homogêneo após a administração do meio de contraste e a presença de vasos proeminentes alimentando a lesão (Figura 47) é uma pista para o diagnóstico, podendo ser identificados *flow voids* proeminentes à RM. Aproximadamente 10% dos casos possuem calcificações internas, cuja apresentação mais típica e infelizmente mais rara é a de aspecto grosseiro ou ramificado. Uma hipoatenuação nodal central também pode ser vista em uma minoria dos casos.

A forma de células plasmocitárias responde por menos de 10% dos casos, é tipicamente multicêntrica, mais frequente em pacientes a partir da sexta década de vida, associando-se a manifestações sistêmicas (febre, suores noturnos e mal-estar) e a alterações imunoematológicas (hiperglobulinemia, esplenomegalia, anemia e trombocitopenia). Os achados de imagem incluem linfadenopatia difusa, envolvendo múltiplas regiões anatômicas, com menos realce após a administração de contraste do que a forma hialinovascular, o que dificulta a diferenciação com as linfonodomegalias reacionais. Calcificações são incomuns. Fibrose e necrose no interior das lesões as tornam mais heterogêneas, principalmente quando maiores que 5 cm. A associação com opacidades pulmonares em vidro fosco difusas e cistos pode estar relacionada com a pneumonia intersticial linfocítica (LIP).

A forma associada ao HHV-8 é a variação plasmablástica da doença e tem o pior prognóstico, com sobrevida estimada em meses. Ocorre predominantemente em pacientes imunocomprometidos e/ou infectados com o HIV. Suas manifestações na TC são indistinguíveis da forma de células plasmocitárias; entretanto, geralmente podem ser observadas em associação com mais manifestações sistêmicas graves (linfonodomegalias difusas, hepatomegalia, esplenomegalia, derrame pleural e/ou pericárdico, ascite).

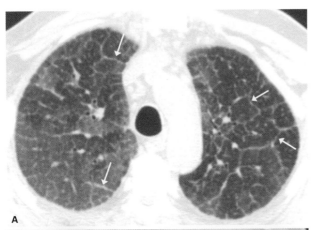
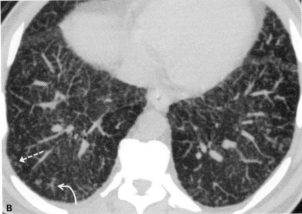

Figura 46 Infiltração pulmonar leucêmica. A e B: Tomografia computadorizada em janela pulmonar evidencia espessamento nodular difuso dos interstícios septal interlobular (setas) e peribroncovascular (seta curva), associado a opacidades em vidro fosco e alguns pequenos nódulos centrolobulares (seta pontilhada).

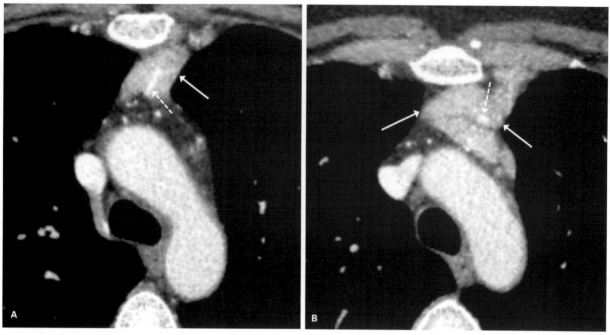

Figura 47 Doença de Castleman, forma hialinovascular. A e B: tomografia computadorizada com contraste demonstra linfonodomegalias mediastinais hipervascularizadas (setas), notando-se vasos proeminentes alimentando as lesões (setas pontilhadas).

Bibliografia sugerida

1. Boiselle P, Patz E, Vining D, Weissleder R, Shepard J, McLoud T. Imaging of mediastinal lymph nodes: CT, MR, and FDG PET. Radiographics. 1998;18(5):1061-9.
2. Bonekamp D, Horton K, Hruban R, Fishman E. Castleman disease: the great mimic. Radiographics. 2011;31(6):1793-807.
3. Chaer R, Massad M, Evans A, Snow N, Geha A. Primary neuroendocrine tumors of the thymus. Ann Thorac Surg. 2002;74(5):1733-40.
4. Cheson B, Fisher R, Barrington S, Cavalli F, Schwartz L, Zucca E, et al. Recommendations for initial evaluation, staging, and response assessment of Hodgkin and non-Hodgkin lymphoma: the Lugano classification. J Clin Oncol. 2014;32(27):3059-67.
5. Drucker E, McLoud T, Dedrick C, Hilgenberg A, Geller S, Shepard J. Mediastinal paraganglioma: radiologic evaluation of an unusual vascular tumor. Am J Roentgenol. 1987;148(3):521-2.
6. Duwe B, Sterman D, Musani A. Tumors of the mediastinum. Chest. 2005;128(4):2893-909.
7. Ebrahimzadeh S. Differentiation between sarcoidosis and Hodgkin's lymphoma based on mediastinal lymph node involvement pattern: evaluation using spiral CT scan. Pol J Radiol. 2013;78(3):15-20.
8. Francis I, Glazer G, Bookstein F, Gross B. The thymus: reexamination of age-related changes in size and shape. Am J Roentgenol. 1985;145(2):249-54.
9. Funari M. Diagnóstico por imagem das doenças torácicas. Rio de Janeiro: Guanabara Koogan; 2012.
10. Gaerte S, Meyer C, Winer-Muram H, Tarver R, Conces D. Fat-containing Lesions of the chest. Radiographics. 2002;22(suppl_1):S61-S78.
11. Gaur P, Leary C, Yao JC. Thymic neuroendocrine tumors: a SEER database analysis of 160 patients. Ann Surg. 2010;251(6):1117-21.
12. Goto K, Kodama T, Matsuno Y, Yokose T, Asamura H, Kamiya N, et al. Clinicopathologic and DNA cytometric analysis of carcinoid tumors of the thymus. Mod Pathol. 2001;14(10):985-94.
13. Haaga J. TC e RM: uma abordagem do corpo humano completo. Rio de Janeiro: Elsevier, 2010.
14. Heyneman L, Johkoh T, Ward S, Honda O, Yoshida S, Müller N. Pulmonary leukemic infiltrates. Am J Roentgenol. 2000;174(2):517-21.
15. Hong S, Kim T, Nam K, Lee I, Yang H, Cho S, et al. New TNM staging system for esophageal cancer: what chest radiologists need to know. Radiographics. 2014;34(6):1722-40.
16. Inaoka T, Takahashi K, Mineta M, Yamada T, Shuke N, Okizaki A, et al. Thymic hyperplasia and thymus gland tumors: differentiation with chemical shift MR imaging. Radiology. 2007;243(3):869-76.
17. Jeung M, Gasser B, Gangi A, Bogorin A, Charneau D, Wihlm J, et al. Imaging of cystic masses of the mediastinum. Radiographics. 2002;22(suppl_1):S79-S93.
18. Jeung M, Gasser B, Gangi A, Bogorin A, Charneau D, Wihlm J, et al. Imaging of cystic masses of the mediastinum. Radiographics. 2002;22(suppl. 1):S79-S93.
19. Johnson S, Kumar A, Matasar M, Schöder H, Rademaker J. Imaging for staging and response assessment in lymphoma. Radiology. 2015;276(2):323-38.
20. Kawashima A, Fishman E, Kuhlman J, Nixon M. CT of posterior mediastinal masses. Radiographics. 1991;11(6):1045-67.
21. Kim J, Goo J, Lee H, Chung M, Jung S, Lim K, et al. Cystic tumors in the anterior mediastinum. J Comput Assist Tomogr. 2003;27(5):714-23.
22. Lewis R, Mehrotra A, Rodriguez P, Levine M. From the radiologic pathology archives: esophageal neoplasms: radiologic-pathologic correlation. Radiographics. 2013;33(4):1083-108.
23. Lonergan G, Schwab C, Suarez E, Carlson C. From the archives of the AFIP. Radiographics. 2002;22(4):911-34.
24. Masaoka A, Monden Y, Nakahara K, Tanioka T. Follow-up study of thymomas with special reference to their clinical stages. Cancer. 1981;48(11):2485-92.
25. McAdams H, Kirejczyk W, Rosado-de-Christenson M, Matsumoto S. Bronchogenic cyst: imaging features with clinical and histopathologic correlation. Radiology. 2000;217(2):441-6.
26. Merten D. Diagnostic imaging of mediastinal masses in children. Am J Roentgenol. 1992;158(4):825-32.
27. Müller N, Silva C. Imaging of the chest. Philadelphia: Saunders/Elsevier; 2008.
28. Naidich D, Müller N, Webb R. Mediastinum: computed tomography and magnetic resonance of the thorax. 4.ed. Philadelphia: Lippincott Williams & Wilkins; 2007.
29. Nasseri FE, Ftekhari F. Clinical and radiologic review of the normal and abnormal thymus: pearls and pitfalls. Radiographics. 2010;30(2):413-28.
30. Nishino M, Ashiku S, Kocher O, Thurer R, Boiselle P, Hatabu H. The thymus: a comprehensive review. Radiographics. 2006;26(2):335-48.
31. Ordovás G, Higgins C. Pericardial diseases. In: Higgins C, Roos A. MRI and CT of the cardiovascular system. Philadelphia: Lippincott Williams & Wilkins; 2006.
32. Rosado-de-Christenson M, Galobardes J, Moran C. Thymoma: radiologic-pathologic correlation. Radiographics. 1992;12(1):151-68.

33. Rosado-de-Christenson M, Templeton P, Moran C. From the archives of the AFIP. Mediastinal germ cell tumors: radiologic and pathologic correlation. Radiographics. 1992;12(5):1013-30.

34. Sasaki M, Kuwabara Y, Ichiya Y, Akashi Y, Yoshida T, Nakagawa M, et al. Differential diagnosis of thymic tumors using a combination of 11C-methionine PET and FDG PET. J Nucl Med. 1999;40:1595-601.

35. Shaffer K, Rosado-de-Christenson M, Patz E, Young S, Farver C. Thoracic lymphangioma in adults: CT and MR imaging features. Am J Roentgenol. 1994;162(2):283-9.

36. Sharma A, Fidias P, Hayman L, Loomis S, Taber K, Aquino S. Patterns of lymphadenopathy in thoracic malignancies. Radiographics. 2004;24(2):419-34.

37. Strollo D, de Christenson M, Jett J. Primary mediastinal tumors. Part 1. Chest. 1997;112(2):511-22.

38. Strollo D, Rosado-de-Christenson M. Primary tumors of the middle and posterior mediastinum. Semin Respir Crit Care Med. 1997;18(04):393-403.

39. Suwatanapongched T, Gierada D. CT of thoracic lymph nodes. Part II: diseases and pitfalls. Brit J Radiol. 2006;79(948):999-1000.

40. Thingnam S, Puri D, Jha N, Vasishta R, Suri R. Thymolipoma of anterior mediastinum. Asian Cardiovasc Thorac Ann. 1999;7(1):62-4.

41. Tomiyama N, Johkoh T, Mihara N, Honda O, Kozuka T, Koyama M, et al. Using the World Health Organization classification of thymic epithelial neoplasms to describe CT findings. Am J Roentgenol. 2002;179(4):881-6.

42. Tomiyama N, Müller N, Ellis S, Cleverley J, Okumura M, Miyoshi S, et al. Invasive and noninvasive thymoma: distinctive CT features. J Comput Assist Tomogr. 2001;25(3):388-93.

43. Wang D, Chang D, Kuo S, Yang P, Lee Y, Hsu H, et al. Carcinoid tumours of the thymus. Thorax. 1994;49(4):357-60.

44. Wang Z, Reddy G, Gotway M, Yeh B, Hetts S, Higgins C. CT and MR Imaging of pericardial disease. Radiographics. 2003;23(suppl_1):S167-S180.

45. Whitten C, Khan S, Munneke G, Grubnic S. A diagnostic approach to mediastinal abnormalities. Radiographics. 2007;27(3):657-71.

46. Woo O, Yong H, Shin B, Oh Y, Kim H, Kang E. Wide spectrum of thoracic neurogenic tumours: a pictorial review of CT and pathological findings. Brit J Radiol. 2008;81(968):668-76.

11

Pleura, parede torácica e diafragma

Hamilton Shoji

Introdução

Os movimentos da parede torácica, gerados por contrações coordenadas de diversos grupos musculares, associados à ampla excursão das cúpulas diafragmáticas e às forças de tensão inerentes aos espaços pleurais são, em conjunto, os principais responsáveis pela ventilação dos pulmões. Este capítulo compreende o estudo dos principais padrões de doenças que acometem as pleuras, o diafragma e a parede torácica.

Pleura

Anatomia

Recobrindo completamente a face interna da parede torácica, as porções superiores do diafragma, parte do mediastino e a superfície externa dos pulmões, a pleura é uma membrana fina e translucente, composta histologicamente por cinco camadas: o mesotélio; uma fina conjuntiva submesotelial; uma camada elástica superficial; outra camada conjuntiva, frouxa, rica em artérias, veias, linfáticos e nervos; e uma camada elástica fibrosa profunda, intimamente aderida às superfícies supracitadas.

Há dois folhetos pleurais na cavidade torácica: o que recobre internamente a parede torácica, o diafragma e o mediastino é denominado parietal; o que recobre os pulmões, nomeado visceral. O folheto pleural visceral acompanha cada uma das reflexões pulmonares que determinam sua divisão em lobos, formando as fissuras interlobares.

Entre os folhetos pleurais parietal e visceral existe um espaço laminar preenchido por líquido seroso, com volume proporcional à massa corpórea do indivíduo (0,1 a 0,2 mL/kg), continuamente produzido e absorvido, determinando lubrificação ao deslizamento durante a movimentação respiratória. A quantidade de fluido pleural é regulada pela relação entre pressões hidrostática e osmótica, e pelo fluxo de drenagem pleurolinfática, que se dá preferencialmente por poros no folheto parietal. Esses poros são abundantes sobretudo nas regiões basais dos hemitórax, tanto nas faces laterais e posteriores como nas mediastinais.

A vascularização pleural parietal se dá por ramos dos vasos intercostais; na face mediastinal, pela artéria pericardiofrênica; na face diafragmática, pelas artérias frênicas superiores e musculofrênicas. A pleura visceral é vascularizada predominantemente pelas artérias brônquicas, recebendo também pequena contribuição do sistema arterial pulmonar.

Com grande extensão superficial, ampla área de contato com os pulmões, mediastino e parede torácica, as pleuras são acometidas por variados processos, raramente primários, em geral como manifestação de outras doenças (adjacentes ou sistêmicas). São as principais formas de apresentação das doenças pleurais: as coleções no espaço pleural, incluindo gases e variados tipos de líquidos, sangue, pus, urina, quilomícrons, células neoplásicas, entre outros; os espessamentos dos folhetos pleurais; e as lesões expansivas (nódulos e massas). Seus diagnósticos diferenciais e o papel dos exames de imagem no seu estudo serão descritos a seguir.

Derrame pleural

Definido como o acúmulo anormal de líquido no espaço pleural, é gerado por um desequilíbrio entre a produção e a reabsorção de fluidos nesse espaço. Há grande número de doenças que podem determinar as condições necessárias para essa desproporção (Quadro 1). A investigação etiológica é feita, inicialmente, pelas informações clínicas e pela análise bioquímica e citológica de uma amostra do derrame pleural, geralmente obtida por uma punção diagnóstica (toracocentese), sendo capaz de identificar o fator causal em cerca de 75% dos casos. Os métodos de imagem são utilizados para, sobretudo, detecção, mensuração, guia para punção pleural segura, controle evolutivo, pesquisa de complicações e auxílio à determinação de sua etiologia.

Quadro 1 Etiologia do derrame pleural

Transudatos	Exsudatos
Insuficiência cardíaca esquerda	Neoplasias
Cirrose hepática com hidrotórax	Pneumonia (derrame parapneumônico, empiema)
Diálise peritoneal	Tuberculose/infecções fúngicas
Hipoalbuminemia/hipoproteinemia	Embolia pulmonar/infarto pulmonar
Síndrome nefrótica	
Glomerulonefrites	Colagenoses (artrite reumatoide, lúpus eritematoso sistêmico, granulomatose com poliangeíte)
Urinotórax	Doença pleural relacionada ao asbesto
Pericardite constritiva	Síndrome pós-pericardiotomia
Obstrução da veia cava superior	Reação a drogas
Síndrome de hiperestimulação ovariana	Abscessos abdominais
Síndrome de Meigs	Pancreatite aguda/pancreatite crônica com fístula pancreatopleural
Idiopático	Doença inflamatória intestinal

De acordo com algumas características bioquímicas, os derrames pleurais são divididos em dois grandes grupos: os transudatos e os exsudatos. Com baixas concentrações de proteína, os transudatos são um bom indicativo de preservação dos folhetos pleurais. Causas comuns de transudatos são a insuficiência cardíaca esquerda (esta, a mais frequente), cirrose hepática e diálise peritoneal. Os exsudatos se apresentam com altas concentrações de proteína e de lactato desidrogenase (LDH). Infecções, neoplasias e tromboembolismo pulmonar são as etiologias mais comuns desse grupo.

Na maior parte dos cenários clínicos, o primeiro exame de imagem do tórax é a radiografia. Uma opacidade homogênea com borda superior côncava, mais alta na periferia que na região central, tanto na imagem de frente como na de perfil, caracteriza o sinal do menisco (Figura 1), classicamente descrito no derrame pleural. É necessário um volume apreciável de fluido para que seja possível sua detecção em posição ortostática; o velamento dos seios costofrênicos posteriores (na imagem de perfil) começa a aparecer com aproximadamente 50 mL, e o sinal do menisco nos seios costofrênicos laterais (na imagem em projeção anteroposterior), com 200 mL. Quando há a suspeita de pequeno derrame pleural livre, uma radiografia em decúbito lateral com raios horizontais no plano dos rebordos costais é capaz de detectar volumes menores que 10 mL.

Muitas vezes, o derrame pleural não se acumula apenas nos recessos costofrênicos, podendo dificultar seu diagnóstico radiográfico. Quando presente inferiormente a um dos pulmões, pode preservar o seio costofrênico, dando a impressão de elevação da cúpula diafragmática correspondente. São sinais (muitas vezes não presentes) de derrame subpulmonar, na radiografia, o deslocamento lateral da porção mais superior da cúpula diafragmática, o aumento da distância entre a base do pulmão e a bulha gástrica (maior que 1,0 cm) e o apagamento dos vasos pulmonares inferiormente à cúpula frênica (Figura 2). Derrames em resolução comumente demonstram componentes acumulados nas fissuras interlobares; dependendo de sua morfologia e posição, podem simular a presença de massas e nódulos, rapidamente resolvidos após o tratamento da causa primária do derrame (assim chamados de tumores evanescentes – Figura 3).

Pacientes em piores condições clínicas que realizam a radiografia em decúbito dorsal também podem representar desafios para o diagnóstico de derrame pleural. Acumulado posteriormente, em geral só é detectável em maiores volumes que em ortostase, na forma de opacidade crescente nas regiões apical e lateral do tórax, de hipotransparência relativa difusa do hemitórax acometido, espessamento da fissura horizontal ou borramento dos contornos diafragmáticos.

Na tomografia, o pequeno derrame pleural se apresenta como uma imagem em aspecto de foice, nas porções posteriores de ambos os hemitórax, em geral nos recessos costofrênicos posteriores, com atenuação tipicamente entre 10-20 UH. Quando loculado, tende à con-

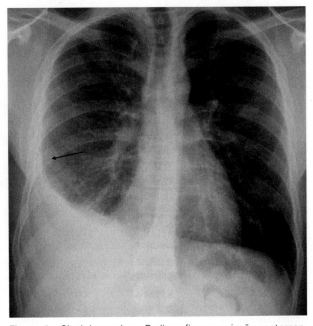

Figura 1 Sinal do menisco. Radiografia em projeção posteroanterior (PA). Obliteração do seio costofrênico direito, com curvatura de concavidade superior e medial (seta). Notam-se o apagamento da trama broncovascular na base do hemitórax e o obscurecimento da cúpula diafragmática correspondente.

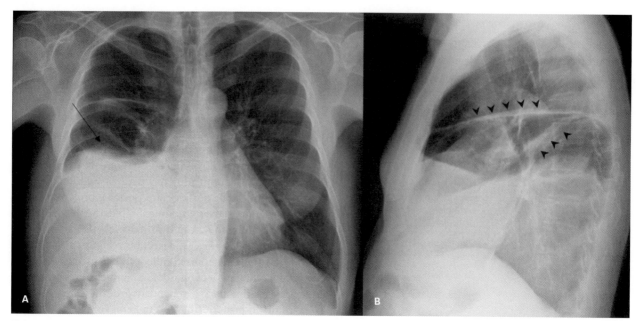

Figura 2 Derrame subpulmonar em paciente cirrótico, com ascite refratária. A: Radiografia em projeção posteroanterior (PA) – aparente elevação da cúpula diafragmática direita, com posicionamento lateral do ápice do contorno frênico (seta); o diafragma esquerdo serve como referência. B: Radiografia de perfil: espessamento das fissuras horizontal e oblíqua corroboram o achado (cabeças de seta).

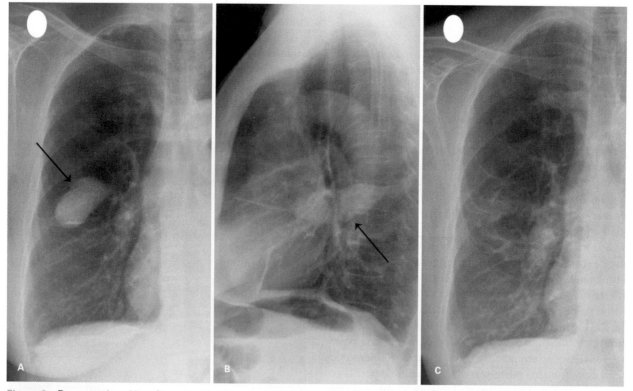

Figura 3 Derrame pleural intrafissural encistado, simulando lesão expansiva. A e B: Radiografias em projeções posteroanterior (PA) e de perfil. Opacidade circunscrita, lobulada e alongada, na projeção da fissura horizontal (setas). C: Radiografia em projeção PA, após 2 meses, mostrando resolução da lesão (tumor evanescente).

formação em aspecto lentiforme e se acumula inclusive em áreas não dependentes da gravidade. Sempre que o objetivo do exame for a caracterização de um derrame pleural, a tomografia deve ser adquirida após a injeção do meio de contraste endovenoso: espessamentos, nódulos e loculações pleurais são mais facilmente observados e diferenciados de lesões pulmonares e do próprio derrame. Quando encontrados, esses achados costumam ser relacionados a exsudatos; a densificação dos planos gordurosos extrapleurais também sugere exsudato.

A ultrassonografia (USG) é um excelente método na avaliação dos derrames pleurais, por sua boa sensibilidade na pesquisa das coleções, mesmo que pequenas e, sobretudo, por ser portátil e facilmente utilizada em pacientes debilitados, sendo o método de escolha para guiar toracocenteses diagnósticas (e de alívio). Em geral, os derrames pleurais se apresentam como coleções líquidas anecogênicas bem delimitadas pelos folhetos pleurais; septações e loculações são mais facilmente identificadas na USG do que por outros métodos de imagem, definindo se tratarem de exsudatos.

Derrame parapneumônico simples, derrame complicado e empiema

Entre 20 e 40% das pneumonias se complicam com derrames parapneumônicos. São exsudatos estéreis, não purulentos, unilaterais ao foco infeccioso pulmonar. A grande maioria desses derrames simples se resolve sozinha, junto ao tratamento da pneumonia. Em cerca de 10% dos casos, o derrame não se resolve sem terapia específica: quando ainda estéril, mas purulento e com pH baixo, é dito derrame complicado; quando as culturas se mostram positivas para o agente bacteriano, é denominado empiema. Essas formas não autolimitadas de derrame parapneumônico necessitam de tratamento específico, em geral com toracocenteses terapêuticas e/ou drenagens. O atraso nessa intervenção está associado a maiores taxas de morbidade e mortalidade.

Os métodos de imagem podem fazer parte desse diagnóstico precoce; a suspeita de derrame complicado deve ser levantada quando se observam espessamento dos folhetos parietais pleurais, interposto por líquido (o sinal da pleura dividida – *split pleura sign*), hiper-realce ao contraste endovenoso, densificação dos planos gordurosos circunjacentes à pleura e bolhas de gás em meio ao derrame (obviamente, se não houver história de manipulação pleural com possível entrada de ar) (Figura 5).

Pneumotórax

Pneumotórax é toda a coleção gasosa no espaço pleural. Além de dor pleurítica, quando volumoso o pneumotórax pode representar ameaça à expansão pulmonar normal ou determinar acentuados desvios mediastinais, comprometendo a estabilidade hemodinâmica. A origem anômala do gás pode se dar diretamente pela atmosfera (como nos traumas torácicos) ou pelo ar dos pulmões (como na ruptura de bolhas subpleurais ou de lesões pulmonares com erosão da pleura visceral).

Assim como na investigação do derrame, a modalidade de entrada para o diagnóstico do pneumotórax é a radiografia. Em ortostase, os sinais mais confiáveis de pneumotórax são a linha pleural densa paralela à parede torácica, especialmente se associada à ausência de marcas vasculares pulmonares, em geral na região apical (Figura 6); pode haver aumento relativo da densidade do pulmão subjacente, pela redução de sua expansão.

A sensibilidade do método é baixa, especialmente se há pouca quantidade de gás. Algumas manobras são utilizadas para aumentar o nível de detecção em casos de significativa suspeita clínica: aquisição em expiração profunda, que em teoria amplia relativamente o espaço pleural pela redução das pressões negativas e dos volumes pulmonares; e em decúbito lateral, evidenciando a linha pleural densa na face lateral do tórax, em que pode ser mais facilmente individualizada.

Em decúbito dorsal (p. ex., no paciente politraumatizado), a sensibilidade da radiografia é ainda mais reduzida. A detecção se resume à hipertransparência relativa do hemitórax acometido, ao aprofundamento do recesso costofrênico lateral (sinal do sulco profundo) e ao aumento da nitidez dos contornos diafragmáticos e mediastinais, com taxas de falsos-negativos variando entre 30 e 70%. Podem gerar confusão os artefatos longitudinais paramedianos determinados por roupas, dobras cutâneas e dispositivos de suporte à vida e monitorização, por vezes simulando a linha pleural.

Grandes pneumotórax se caracterizam por colapso pulmonar, muitas vezes total do lado acometido, com re-

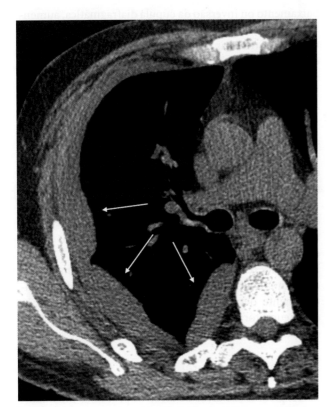

Figura 4 Derrame pleural loculado. Tomografia computadorizada de tórax, corte axial, sem contraste endovenoso. Múltiplas imagens hipoatenuantes em topografia pleural, com morfologia lentiforme e distribuição não gravidade-dependente (setas). O derrame pleural loculado geralmente ocorre em exsudatos.

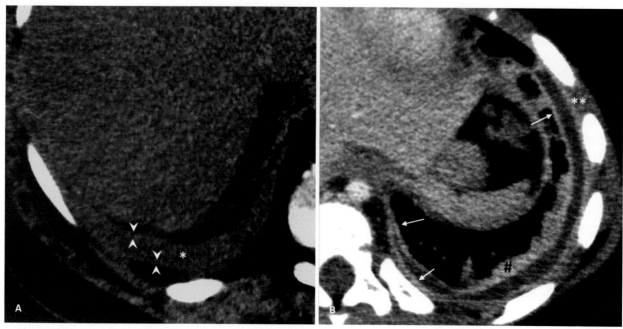

Figura 5 Empiemas pleurais. A: Tomografia computadorizada (TC) de tórax, corte axial sem contraste endovenoso. Pequeno derrame pleural coletado no seio costofrênico direito (*), sendo possível identificar o espessamento dos folhetos pleurais parietais (entre os pares de cabeças de seta), em um janelamento adequado (*split pleura sign*). B: TC de tórax, corte axial com contraste endovenoso. Além do derrame e do espessamento, destaca-se o hiper-realce das pleuras parietais (setas), acentuando o sinal da pleura dividida. O contraste ainda favorece a identificação de anormalidades no parênquima pulmonar adjacente, como essas atelectasias laminares (#), bem como o borramento dos planos gordurosos extrapleurais (**), sugerindo acometimento inflamatório atual.

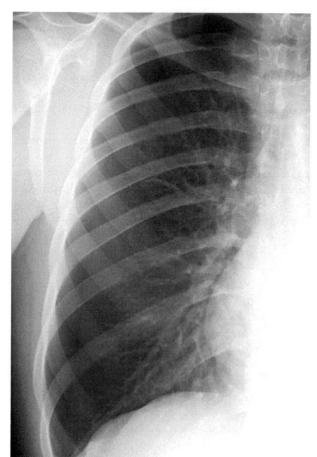

Figura 6 Pneumotórax espontâneo.

baixamento ou inversão da cúpula diafragmática, aumento dos espaços intercostais e, por vezes, desvio contralateral das estruturas mediastinais. É importante ressaltar que o desvio mediastinal, por si só, não é preditivo do grau de comprometimento hemodinâmico e ventilatório, havendo importante dissociação clinicorradiológica dessa urgência médica.

Além de mais sensível, inclusive para coleções gasosas mínimas, a tomografia é muito mais confiável na identificação da origem dos pneumotórax. Fraturas costais, bolhas enfisematosas subpleurais, lesões escavadas (pneumonias necrotizantes, cavidades tuberculosas, neoplasias), doenças císticas pulmonares (histiocitose de células de Langerhans, linfangioleiomiomatose) e pneumopatias intersticiais fibrosantes fazem parte das causas de pneumotórax secundário (Figura 7).

A USG realizada à beira do leito ganhou importância com a maior experiência dos executantes, tendo ultimamente demonstrado melhor acurácia na detecção do pneumotórax em pacientes em estado crítico, quando comparada à radiografia em posição supina.

Espessamento pleural

As pleuras são alvos de diversos processos inflamatórios, mesmo que por contiguidade ao pulmão subjacente. É comum que a apresentação inicial dessas afecções seja na forma preponderante de derrames, e o espessamento seja pouco evidente. A evolução natural da inflama-

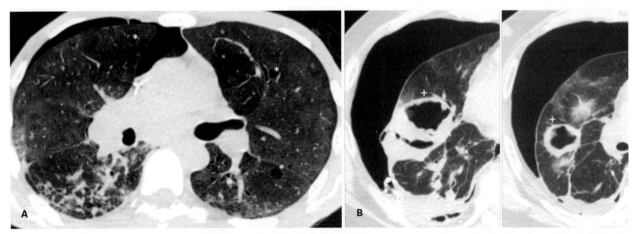

Figura 7 Pneumotórax secundário. A: Tomografia computadorizada (TC) de tórax, corte axial em janela de pulmão. Tênue infiltrado difuso em vidro fosco, com raros pequenos cistos esparsos bilateralmente (*), em um paciente com quadro de aids com pneumocistose. B: TC de tórax, cortes axiais em janela de pulmão. Lesões nodulares escavadas (+), com contornos irregulares, associadas a opacidades grosseiramente nodulares e vidro fosco. Paciente em quadro ativo de granulomatose com poliangeíte.

ção pleural pode ser a cura, com resolução completa ou, muito frequentemente, com algum grau de fibrose, por desequilíbrio na produção e na eliminação de matriz extracelular. É esta a fase de espessamento pleural mais frequentemente observada nos exames de imagem, quase sempre sem sintomas associados, caracterizada, portanto, como sua via final de involução.

Entretanto, a pleura também é sítio de doenças expansivas evolutivas, muitas vezes com aspecto morfológico diverso já na abertura do quadro clinicodiagnóstico. A abordagem desta seção se dá pelo estudo dos principais diferenciais de cada apresentação morfológica, com ênfase na diferenciação entre doenças benignas autolimitadas e neoplasias.

Placas pleurais

As radiografias apresentam sensibilidade inferior à da tomografia computadorizada (TC) na detecção, na distinção entre doenças pleurais e pulmonares e de pseudolesões (sobreposição de imagens, como a gordura extrapleural), e na extensão das lesões. Quando presentes na radiografia, as placas pleurais se caracterizam como opacidades de localização subpleural e morfologia alongada ou laminada, acompanhando os contornos da parede torácica adjacente, e são mais facilmente visibilizadas quando calcificadas (Figura 8). Na tomografia, a marca das placas pleurais é a subjacência com a gordura extrapleural.

A inalação de fibras de asbesto por exposição ambiental (geralmente ocupacional) é um importante fator causal implicado em doenças pleurais e pulmonares e de grande relevância por questões médico-legais. A apresentação em placas na pleura parietal é característica da doença, presente em até 8% dos expostos. Há um longo e variável período de latência da exposição ao desenvolvimento das lesões pleurais (classicamente descrito entre 20 e 30 anos); calcificações nas placas trazem bastante especificidade ao achado e, em geral, mostram uma latência ainda mais longa (30 a 40 anos), sendo observadas em cerca de 15% das placas. Quanto à localização, as faces posterolaterais sob o 6º, 7º, 8º e 9º arcos costais, as cúpulas diafragmáticas e as faces mediastinais junto ao pericárdio são as mais frequentemente acometidas; diz-se que placas calcificadas sobre as cúpulas são virtualmente diagnósticas da doença pleural relacionada ao asbesto (Figura 9). Por vezes, as placas se associam a linhas intersticiais espessadas no pulmão subjacente (*hairy plaques*), possivelmente por algum grau de fibrose.

Os principais diferenciais das placas da doença pleural relacionada ao asbesto são os decorrentes de empiemas, hemotórax ou tuberculose pleural em passado remoto; estas em geral são unilaterais, extensas, em menor número e não necessariamente poupam os ápices e os recessos costofrênicos. Calcificações extensas pleurais também são observadas após procedimentos terapêuticos, em especial a pleurodese por talco.

Espessamento pleural difuso

Geralmente relacionados às doenças da pleura visceral (em contraste com as placas pleurais supracitadas), os espessamentos difusos são decorrentes principalmente de doenças inflamatórias pleurais – pleurites – e neoplasias. Aqui, destaca-se o espessamento pleural difuso benigno, de natureza inflamatória e fibrótica (há uma seção dedicada às neoplasias pleurais, a seguir).

Novamente, a exposição ao asbesto faz parte dos diferenciais etiológicos, embora muito menos frequente, nesse grupo; empiema tuberculoso, colagenoses (sobretudo a artrite reumatoide e o lúpus eritematoso sistêmico), hemotórax complicado com infecção superposta e pleurites reacionais ao uso de algumas drogas são seus principais componentes. A fisiopatologia envolvida no espessamento pleural difuso é o processo de inflamação

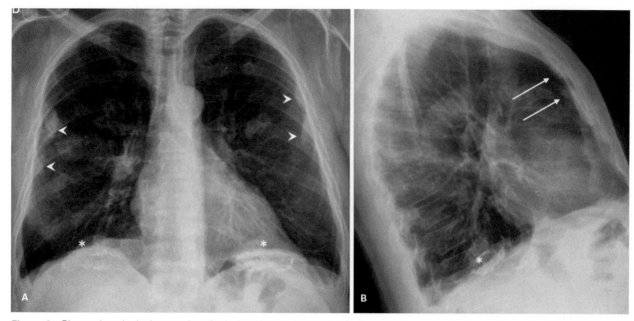

Figura 8 Placas pleurais da doença pleural relacionada ao asbesto. A e B: Radiografias em projeções posteroanterior (PA) e de perfil. Opacidades focais grosseiramente nodulares, irregulares, com imagens lineares densas (calcificadas) de permeio, sendo possível caracterizar a localização periférica nas lesões junto às faces anterior (setas) e laterais (cabeças de seta) dos hemitórax e sobre as superfícies diafragmáticas (*), quando compostas as informações de ambas as projeções.

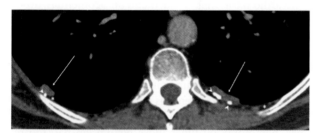

Figura 9 Doença pleural relacionada ao asbesto. Tomografia computadorizada de tórax, corte axial com contraste endovenoso. Pequenas placas pleurais posteriores em ambos os hemitórax (setas), com contornos regulares e circunscritos e algumas calcificações de permeio. Nota-se discreto aumento da gordura extrapleural adjacente (*), denotando cronicidade.

crônica e fibrose que se segue a essas lesões, após a fase aguda; sua importância se dá nos casos mais graves que evoluem para o fibrotórax, caracterizado por fusão das pleuras parietal e visceral. Há grave limitação da expansibilidade do hemitórax acometido, com perda funcional pulmonar.

Além do extenso espessamento, são características de imagem o aumento da gordura extrapleural, a redução dos espaços intercostais e a hiperostose das costelas adjacentes. Raramente, essa forma de acometimento pleural calcifica. Na radiografia, a obliteração dos seios costofrênicos laterais com elevação da porção adjacente da cúpula diafragmática (sem a formação de nítido menisco) com espessamento pleural estendendo-se cranialmente sugere essa entidade (Figura 10).

Tumores pleurais

A pleura é sitio de acometimento tumoral, primário ou secundário. As lesões primárias são bem menos comuns (cerca de 10%) e incluem o mesotelioma, o tumor fibroso benigno da pleura, as lesões de linhagem lipomatosa e os sarcomas (sinovial primário da pleura, fibrossarcoma). As lesões secundárias são em sua maioria originárias dos pulmões (40%), mama (20%) e linfoma (10%). Tumores gástricos, ginecológicos e do timo também se apresentam eventualmente com metástases para a pleura.

Pode ser impossível distinguir o mesotelioma das metástases pleurais; em geral, o papel dos exames de imagem é estabelecer a diferenciação entre as causas malignas e benignas. A tomografia é o método de escolha inicial para avaliação das doenças pleurais; o uso do contraste endovenoso permite a caracterização de espessamentos, nódulos e massas pleurais, bem como a identificação de estruturas adjacentes (parede torácica, pulmões).

Os achados que favorecem etiologias malignas são descritos para a tomografia e são: espessamento pleural circunferencial; espessamento de aspecto nodular; espessamento na face mediastinal da pleura; espessamento acentuado, maior que 1,0 cm (Figuras 11 e 12). Apresentam sensibilidades relativamente baixas (em torno de 50%), mas elevadas especificidades, maiores que 80 ou 90%. Uma exceção deve ser ressaltada, especialmente nas localidades com alta incidência de tuberculose, porque o empiema pela micobactéria pode acometer a face mediastinal pleural, reduzindo a especificidade desse achado.

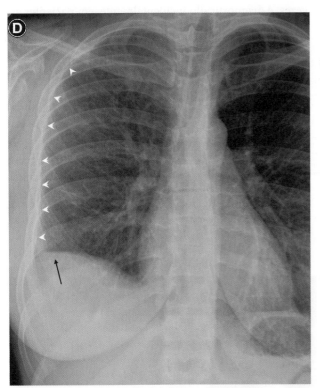

Figura 10 Espessamento pleural difuso. Radiografia em projeção posteroanterior (PA). Obliteração do seio costofrênico direito, sem sinal do menisco, com elevação da porção lateral da cúpula (seta) e espessamento pleural com extensão cranial até o terço superior do hemitórax (cabeças de seta).

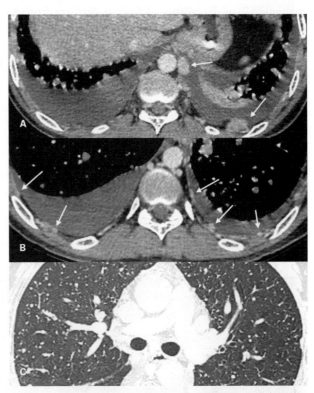

Figura 11 Neoplasia de tireoide com acometimento secundário pleural e pulmonar. A e B: Tomografia computadorizada (TC) de tórax, cortes axiais com contraste endovenoso. Derrame pleural, bilateral, homogêneo, com nódulos hiper-realçantes implantados na pleura parietal (setas). C: TC de tórax, corte axial em janela de pulmão. Numerosos pequenos nódulos pulmonares secundários, em distribuição miliar.

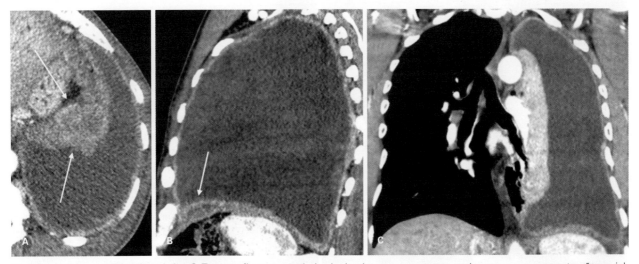

Figura 12 Mesotelioma pleural. A a C: Tomografia computadorizada do tórax com contraste endovenoso, em reconstruções axial, sagital e coronal, respectivamente. Espessamento pleural circunferencial do hemitórax esquerdo, associado a volumoso derrame. Destaque para área de mais acentuado espessamento, maior que 1,0 cm, junto à face diafragmática anterior (setas), e para a relativa redução volumétrica do hemitórax (em C), apesar do grande derrame, achado que favorece as etiologias malignas.

Diante de um exame com características sugestivas de malignidade, o diagnóstico definitivo deve ser firmado com base em biópsias teciduais. O estadiamento da neoplasia é feito de acordo com o sítio primário identificado. O mesotelioma maligno é localmente agressivo e raramente se apresenta como doença disseminada; tem suma importância a avaliação de sua extensão, especialmente da invasão das estruturas adjacentes (parede torácica, diafragma). Para isso, nos casos selecionados em que há dúvidas dessa extensão pela tomografia, uma ressonância magnética (RM) pode ser indicada.

Existem tumores primários da pleura de comportamento pouco agressivo. Seu principal representante é o tumor fibroso solitário/localizado da pleura (TFSP). Incomum, acometendo igualmente ambos os sexos, o TFSP tem crescimento tipicamente lento e, na maior parte das vezes, é diagnosticado incidentalmente, em pacientes assintomáticos, com dimensões que giram em torno de 6,0 cm. Além do potencial de atingir grandes volumes (existem relatos de lesões de até 36,0 cm), há uma porcentagem desses tumores que apresenta natureza maligna, com maior chance de recorrência e até metástases.

O TFSP se apresenta como uma lesão arredondada ou ovoide, circunscrita, localizada na periferia dos pulmões, demonstrando muitas vezes o sinal da borda incompleta (limites bem definidos na face pulmonar e relativamente indistintos na face da parede torácica). Em geral, tem atenuação homogênea, mas as lesões volumosas podem ter realces heterogêneos, áreas de necrose e até calcificações (Figura 13). Em muitos casos,

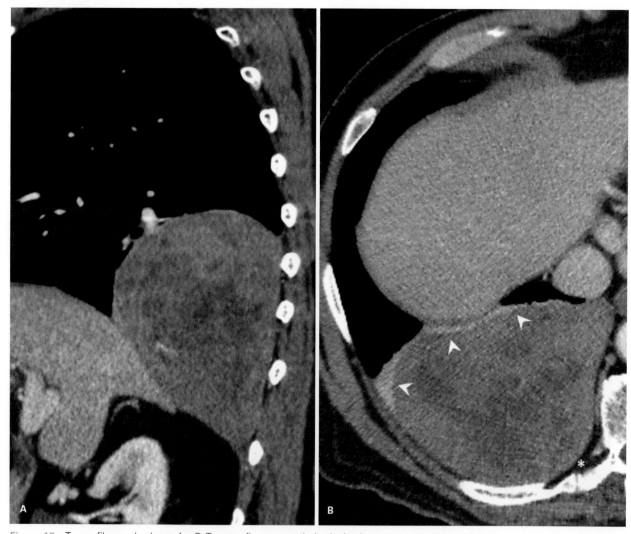

Figura 13 Tumor fibroso da pleura. A e B: Tomografia computadorizada do tórax com contraste endovenoso, em reconstruções sagital e axial, respectivamente. Lesão expansiva ocupando grande parte do terço inferior do hemitórax direito, de contornos bem delimitados e realce heterogêneo. Apesar de seu grande volume, amolda-se junto ao seio costofrênico e determina discretas atelectasias restritivas do parênquima pulmonar adjacente (cabeças de seta), sugerindo crescimento lento. Nota-se a ausência de sinais de invasão das estruturas circunjacentes, inclusive com preservação da gordura extrapleural (*).

como achado cirúrgico, descreve-se um pedículo vascular de até cerca de 1,0 cm, provendo relativa mobilidade à lesão, no espaço pleural (que pode eventualmente ser demonstrada por exames de imagem em decúbitos diferentes). Quando presente, esse pedículo é indicativo de benignidade.

Tumores pleurais primários benignos são raros; quase sempre são representados por lesões de linhagem lipomatosa (lipomas). São nódulos com atenuação de gordura, homogêneos ou com finas estrias de permeio, circunscritos, e não demonstram significativo aumento de suas dimensões com o tempo (Figura 14). É muito pouco provável que um lipoma pleural apresente repercussões clínicas, não suscitando tratamento específico.

Diafragma

Paralisia diafragmática

Paralisias diafragmáticas mais frequentemente são unilaterais e estão relacionadas a alguma lesão ou compressão do nervo frênico (invasão por neoplasias, trauma, cirurgias, algumas infecções nervosas como por herpes zóster, paralisia após cirurgia cardíaca, exuberante osteofitose na coluna cervical). Quando bilaterais, doenças neuromusculares (distrofia muscular de Duchenne, esclerose lateral amiotrófica), poliomielite e, sobretudo, lesões da medula espinhal são as causas implicadas.

Não havendo doenças pulmonares concomitantes, as paralisias diafragmáticas unilaterais não são clinicamente relevantes, mais frequentemente identificadas como achados de radiografias. Os métodos de imagem se fazem relevantes, nesses casos, para firmar o diagnóstico e buscar a causa (especialmente porque até um terço das paralisias unilaterais são determinadas por tumores).

O aspecto das paralisias diafragmáticas na radiografia é a elevação da cúpula frênica, com curvatura acentuada e aprofundamento dos seios costofrênicos. Havendo essa hipótese clinicorradiológica, o prosseguimento da investigação se faz com estudos dinâmicos (USG ou fluoroscopia), verificando-se a mobilidade diafragmática com o *sniff test*. Elevação paradoxal do lado acometido durante a inspiração forçada, quando significativa (maior que 2,0 cm), é diagnóstica da condição. A tomografia se reserva para a pesquisa da causa da paralisia, em geral com o intuito de se excluir lesões expansivas torácicas ou cervicais (Figura 15).

Eventração diafragmática

Trata-se de falha congênita do desenvolvimento de parte ou de todo um hemidiafragma (ou ambos). A porção muscular não desenvolvida é substituída por delgada membrana afixada normalmente ao restante do músculo (ou ao arcabouço ósseo torácico). Quando completa,

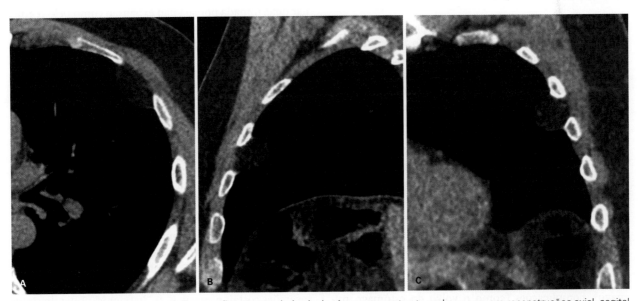

Figura 14 Lipoma da pleura. A a C: Tomografia computadorizada do tórax sem contraste endovenoso, em reconstruções axial, sagital e coronal, respectivamente. Nódulo em localização pleural, ovoide, circunscrito, com atenuação de gordura (compare com o tecido subcutâneo da parede torácica adjacente e mínimas estrias densas de permeio).

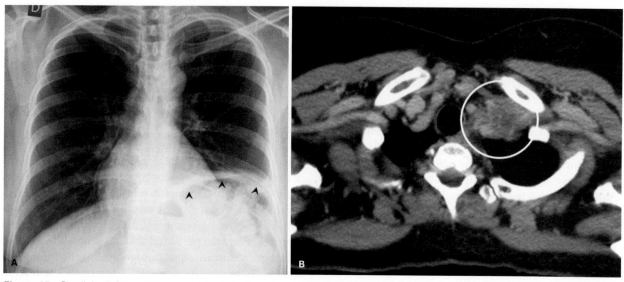

Figura 15 Paralisia diafragmática esquerda. A: Radiografia em projeção posteroanterior (PA). Elevação da cúpula frênica esquerda (cabeças de seta), com atelectasias do parênquima pulmonar basal adjacente. B: Tomografia computadorizada do tórax com contraste, corte axial. Lesão expansiva com sinais de liquefação/necrose na fossa supraclavicular esquerda (círculo), trajeto do nervo frênico. Paciente de 46 anos com metástase linfonodal de carcinoma espinocelular do colo do útero.

é quase exclusiva à esquerda e se apresenta radiologicamente idêntica à paralisia frênica; quando parcial, é mais frequente na face anteromedial direita ou nas regiões centrais de ambas as cúpulas.

Hérnias diafragmáticas

Descontinuidades ou pontos de fraqueza no diafragma podem resultar em herniação do conteúdo abdominal à cavidade torácica, caracterizada por regimes de pressão negativa. Tais pontos podem ser naturais ou adquiridos, em geral por trauma. As hérnias não traumáticas mais comuns se fazem através do hiato esofágico (hérnias hiatais); mais raramente, pelo forame pleuroperitoneal (hérnia de Bochdalek) ou pelo hiato paraesternal (hérnia de Morgagni).

Hérnias de hiato

Em geral, portadores de hérnias de hiato são assintomáticos, embora possam desenvolver sintomas e condições relacionadas ao refluxo. O aspecto de imagem radiográfico é característico, como massa arredondada retrocardíaca, muitas vezes contendo ar ou nível hidroaéreo (Figura 16). A tomografia identifica prontamente a herniação, seu conteúdo (nem sempre é apenas o estômago), complicações (como o volvo do estômago migrado) e o alargamento do hiato esofágico, normalmente medido entre as cruras diafragmáticas em até 1,5 cm.

Hérnias de Bochdalek

Quando diagnosticadas na infância e de grande tamanho, as hérnias através do forame pleuroperitoneal obliteram boa parte da cavidade torácica, quase sempre à esquerda. Essas hérnias congênitas estão relacionadas a mau prognóstico do bebê, tanto pela hipoplasia pulmonar determinada por sua não expansão como pelo regime de hipertensão pulmonar que se segue.

Quando diagnosticadas no adulto, são virtualmente assintomáticas e de pequena monta. O aumento da incidência conforme o incremento na faixa etária sugere se tratar de condição adquirida. O aspecto tomográfico é de pequena descontinuidade no contorno posterior do diafragma, lateral à crura, em geral à esquerda, contendo somente gordura retroperitoneal, ou pequena porção do polo superior renal (Figura 17). Na radiografia, pode simular massas pulmonares ou mediastinais.

Hérnias de Morgagni

Bastante incomuns, as hérnias através do hiato paraesternal geralmente ocorrem em pacientes com aumento da pressão abdominal (obesos, traumatizados, esforços de grande intensidade). Contendo em geral gordura e omento, mais frequentemente ocorrem à direita, entre as inserções costais e esternais do diafragma, podendo simular massas paracardíacas ou pulmonares na radiografia (Figura 18).

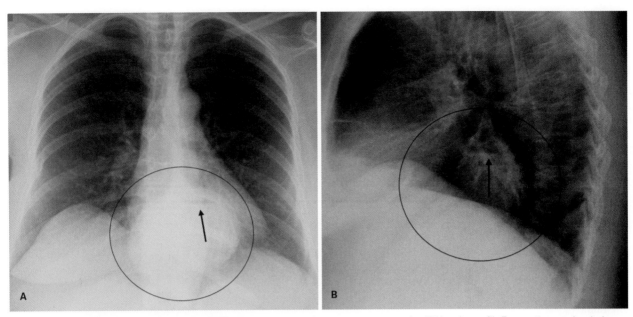

Figura 16 Hérnia gástrica de hiato. A e B: Radiografia em projeções posteroanterior (PA) e de perfil. Formação arredondada em projeção retrocardíaca (círculo), centrada no plano da transição toracoabdominal mediana, com pequeno nível hidroaéreo (setas).

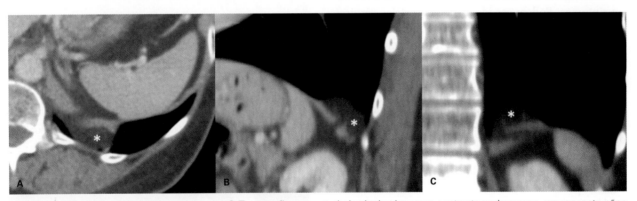

Figura 17 Hérnia de Bochdalek no adulto. A a C: Tomografia computadorizada do tórax com contraste endovenoso, em reconstruções axial, sagital e coronal, respectivamente. Pequena descontinuidade do diafragma esquerdo, lateralmente à crura diafragmática, com herniação de mínima quantidade de gordura retroperitoneal (*) ao tórax.

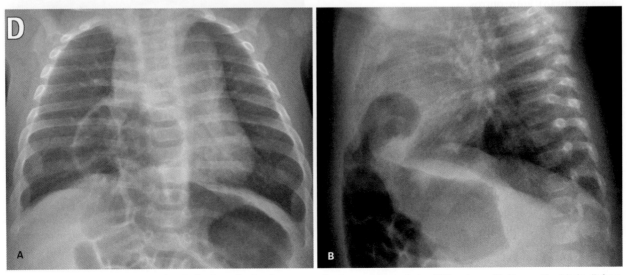

Figura 18 Hérnia de Morgagni. A e B: Radiografia do tórax em projeções posteroanterior (PA) e de perfil. Descontinuidade diafragmática paraesternal anterior direita, com herniação de alças intestinais para o mediastino anterior.

Hérnias diafragmáticas traumáticas

Mais frequentemente relacionadas a traumas fechados, provavelmente por súbitos aumentos de pressão (abdominal ou torácica), também são causadas por lesões penetrantes. O método de escolha para a investigação das hérnias traumáticas do diafragma é a tomografia, especialmente analisada com reconstruções multiplanares; nela, podem se identificar alguns sinais característicos: descontinuidades súbitas do diafragma; herniação do estômago ou de alças intestinais com estreitamento no ponto de passagem do diafragma (sinal do colar); contato do estômago, alças intestinais ou do terço superior do fígado com os arcos costais posteriores.

Parede torácica

Lesões congênitas e do desenvolvimento

Costelas

Identificadas em 1-2% das radiografias do tórax, alterações congênitas costais raramente representam doenças ou sintomas. Podem ser identificadas costelas cervicais, bífidas, fundidas, hipoplásicas ou até mesmo com mau posicionamento, como na costela intratorácica (Figuras 19 e 20).

Costelas cervicais são supranumerárias, bilaterais em até 70% dos casos, e se originam do 7º corpo vertebral cervical. Infrequentemente, podem estar associadas à síndrome do desfiladeiro torácico, uma entidade determinada por compressão vascular e/ou nervosa no introito torácico, com sintomas relacionados a posições específicas do membro superior acometido (parestesias, dor, claudicação, hipotrofia muscular).

Uma rara facomatose, a síndrome do nevo basocelular (Gorlin-Goltz) inclui carcinomas basocelulares da pele, cistos odontogênicos, defeitos costais (bifidez, hipoplasia ou fusão), entre outros.

Pectus excavatum

Pectus excavatum é a anomalia do desenvolvimento mais comum do arcabouço ósseo torácico (1:300-400 nascidos vivos), caracterizada por uma depressão anormal da parede torácica anterior, em geral no plano do esterno, na articulação xifoesternal. Sua importância é muito mais estética que funcional ou sintomática; por vezes, alguns pacientes se queixam de dor torácica ou dorsal, exacerbada durante a atividade física. Do ponto de vista de imagem, a imagem de frente da radiografia revela borramento da silhueta cardíaca direita, que pode ser confundida com atelectasias ou pneumonias do lobo médio, ou mesmo um coxim gorduroso cardiofrênico proeminente. O perfil não deixa dúvidas quanto ao posicionamento anormal do esterno (Figura 21).

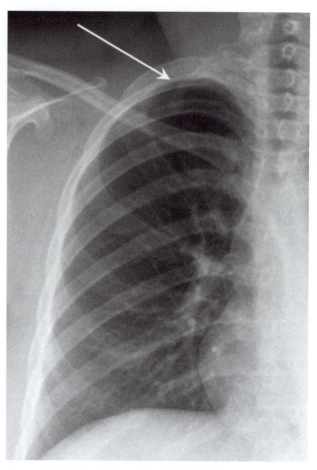

Figura 19   Radiografia de tórax em projeção posteroanterior (PA). Costela cervical à direita (seta).

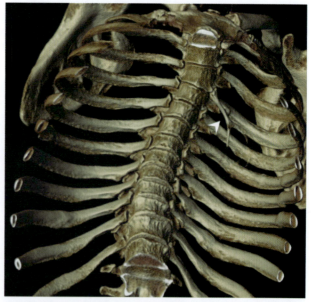

Figura 20   Tomografia computadorizada de tórax com reformatação tridimensional de superfície, ajustada para o arcabouço ósseo. Costela intratorácica (cabeça de seta).

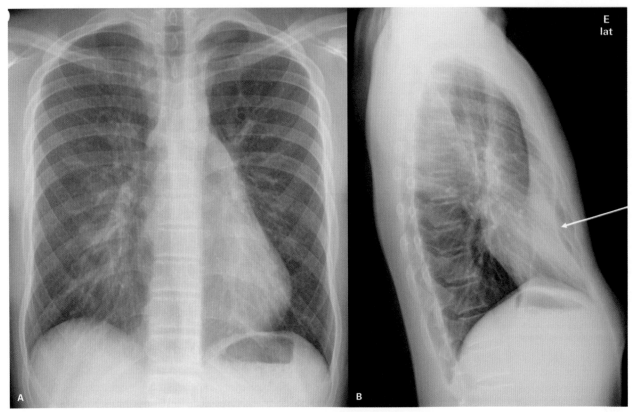

Figura 21 *Pectus excavatum*. Radiografia de tórax em projeções posteroanterior (PA) e de perfil. A: Imagem em PA demonstra indefinição do contorno cardíaco direito, que faz diferencial principalmente com pequenas consolidações ou atelectasias no lobo médio. B: Imagem de perfil esclarece o achado da incidência frontal pelo acentuado abaulamento interno do esterno (corpo e apêndice xifoide) (seta).

Pectus carinatum

O *pectus carinatum*, ou peito de pombo, é bem menos frequente que o *excavatum* e quase sempre assintomático. Caracteriza-se por uma curvatura anômala do esterno, protruindo-se anteriormente (Figura 22). É classificado na forma condrogladiolar, mais frequente, na articulação xifoesternal, e na forma condromanubrial, mais rara e associada a outras malformações.

Síndrome de Poland

Doença rara, caracterizada pela ausência total ou parcial de um dos músculos peitorais maiores. É muitas vezes associada a outras malformações do membro superior ipsilateral (em geral, o lado envolvido é o direito) e da parede torácica, incluindo a mama, outros músculos e o gradeado costal. Na tomografia, o diagnóstico é óbvio, cabendo ao radiologista pesquisar as lesões associadas; na radiografia, o achado mais marcante é a assimetria da transparência dos hemitórax, reduzida do lado acometido (Figura 23), fazendo diferencial com várias outras etiologias mais comuns, como doenças das vias aéreas (obstruções brônquicas) e vasculares (embolia pulmonar, malformações congênitas), bem como manipulações da parede torácica (mastectomia).

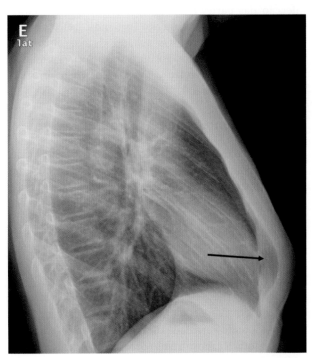

Figura 22 *Pectus carinatum*. Radiografia de tórax de perfil. Protrusão do esterno, com acentuação da angulação do terço inferior do corpo (seta).

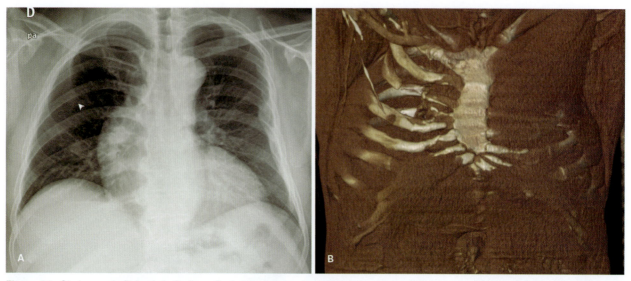

Figura 23 Síndrome de Poland. A: Radiografia de tórax em projeção posteroanterior (PA) demonstrando assimetria muito tênue da transparência dos campos pulmonares superiores e aparente descontinuidade anterior do 3° arco costal direito (cabeça de seta), bem como algumas fraturas desalinhadas em costelas esquerdas. B: Tomografia computadorizada de tórax com reconstrução tridimensional de superfície, ajustada para musculatura e ossos, destacando a ausência do músculo peitoral maior direito e a hipoplasia anterior do 3° arco costal ipsilateral.

Doenças infecciosas

Infecções primárias na parede torácica não são frequentes e costumam estar associadas a manipulações cirúrgicas, especialmente nas esternotomias medianas (via de acesso comum para a maior parte das cirurgias cardíacas). As esternotomias podem se complicar com infecção das partes moles da parede torácica (celulite, abscessos), do próprio esterno (osteomielite) e do mediastino (mediastinite). Os achados tomográficos são densificação dos planos gordurosos, coleções líquidas, bordas realçantes, rarefação óssea com irregularidades ou destruição cortical.

Doenças inflamatórias

A síndrome SAPHO, do acrônimo sinovite, acne, pustulose palmoplantar, hiperostose e osteíte, caracteristicamente envolve as articulações esternoclaviculares e esternocostais, sítio infrequente de outras manifestações patológicas. Não há conhecimento de sua etiologia ou claros fatores predisponentes. Também podem ser acometidas a coluna dorsal e as articulações sacroilíacas.

Tumores e lesões pseudotumorais

Neoplasias malignas na parede torácica

Uma grande variedade de neoplasias pode acometer a parede torácica, envolvendo ossos, cartilagens, músculos, gordura e tecidos conjuntivos. Lesões primárias são muito infrequentes, sendo representadas mormente por lesões de natureza sarcomatosa; a maior probabilidade de se encontrar neoplasias na parede torácica é na forma de metástases e do mieloma múltiplo. Havendo sinais de agressividade pelos métodos de imagem (Figura 24), quase invariavelmente a conduta a ser tomada é o prosseguimento da investigação com estudo anatomopatológico de uma amostra da lesão; trata-se aqui das lesões com aspecto que pode simular tumores, mas cujas características podem evitar procedimentos invasivos desnecessários.

Displasia fibrosa

Podendo acometer virtualmente qualquer osso, a displasia fibrosa é uma anomalia congênita do desenvolvimento ósseo, com substituição da medular por tecido fibroso. Trata-se de condição benigna, embora com possíveis complicações (fraturas e deformidade), e a forma monostótica acomete com bastante frequência as costelas, em até 28% dos casos. O aspecto de imagem característico é de lesão lítica na medular, com bordos escleróticos lobulados, sem reação periosteal, com ou sem expansão do osso, contendo material com aspecto de vidro fosco (Figura 25).

Osteocondroma

Segunda lesão costal benigna mais comum, o osteocondroma é um foco de expansão óssea que se projeta do local acometido, coberta por uma capa de cartilagem, sendo mais frequente na região metafisária de ossos longos. Em algumas ocasiões, pode passar por transformação maligna (condrossarcoma); no tórax, como complicações pouco frequentes, podem ser citados hemotórax, pneumotórax e compressões neurovasculares.

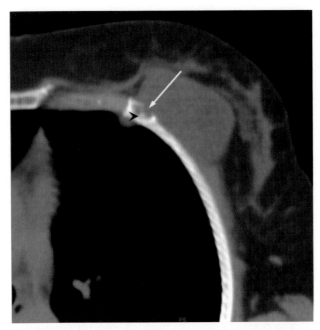

Figura 24 Condrossarcoma costal. Tomografia computadorizada de tórax sem contraste, corte axial. Lesão expansiva com grande componente de partes moles, associada à irregularidade com erosão cortical costal (seta), em que se notam mínimas calcificações de permeio (cabeça de seta). Todos são sinais de agressividade, justificando uma biópsia.

Defeito fibroso cortical/fibroxantoma/fibroma não ossificante

Considerados lesões fibrosas do desenvolvimento, defeitos fibrosos corticais e fibromas não ossificantes têm natureza invariavelmente benigna e aspecto por imagem característico. São descritos sobretudo na metáfise de ossos longos, em especial próximos aos joelhos, mas também encontrados nas costelas. Definem seu diagnóstico as lesões medulares ósseas arredondadas e ovais com centro lucente, posicionadas assimetricamente dentro do eixo radial do osso tubular, com bordas escleróticas bem definidas, em geral mais espessas na face medular (Figura 26). É comum que diminuam de tamanho com o passar do tempo. Radiografias simples bastam para o diagnóstico, na maioria dos casos.

Elastofibroma

É um pseudotumor fibroelástico razoavelmente comum, que ocorre quase exclusivamente na região subescapular, talvez em razão de repetitivos traumas relacionados à movimentação do ombro. Em geral observado de modo incidental em tomografias, pode se tornar sintomático como massa palpável quando atinge maiores dimensões. O aspecto de imagem característico é de uma lesão de partes moles com estrias gordurosas, não encapsulado, mais evidente ou unilateral, à direita.

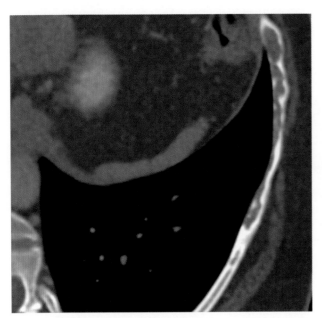

Figura 25 Displasia fibrosa. Tomografia computadorizada de tórax com reconstrução multiplanar ajustada à angulação costal. Lesão lítica na medular da 9ª costela esquerda, com aspecto insuflativo, afilamento cortical e atenuação homogênea, dita em vidro fosco.

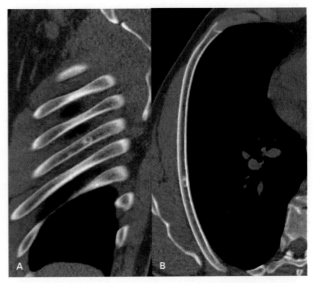

Figura 26 Defeito fibroso cortical. A e B: Tomografia computadorizada de tórax com reconstrução multiplanar ajustada à angulação costal. Lesão lítica excêntrica na medular da 5ª costela direita, ovoide, com bordas escleróticas mais evidentes na face medular da lesão.

Bibliografia sugerida

1. Betsy M, Kupersmith LM, Springfield DS. Metaphyseal fibrous defects. J Am Acad Orthop Surg. 2004;12(2):89-95.
2. Blackmore CC, Black WC, Dallas RV, Crow HC. Pleural fluid volume estimation: a chest radiograph prediction rule. Acad Radiol. 1996;3:103-9.
3. Chandrasekar CR, Grimer RJ, Carter SR, Tillman RM, Abudu A, Davies AM, et al. Elastofibroma dorsi: an uncommon benign pseudotumour. Sarcoma. 2008;2008:756565.
4. English JC, Leslie KO. Pathology of the pleura. Clin Chest Med. 2006;27:157-80.
5. Froudarakis ME. Diagnostic work-up of pleural effusions. Respiration. 2008;75(1):4-13.
6. Guttentag AR, Salwen JK. Keep your eyes on the ribs: the spectrum of normal variants and diseases that involve the ribs. Radiographics. 1999;19:1125-42.
7. Harting MT, Lally KP. The Congenital Diaphragmatic Hernia Study Group registry update. Semin Fetal Neonatal Med. 2014.
8. Heffner JE. Diagnosis and management of malignant pleural effusions. Respirology. 2008;13(1):5-20.
9. Hooper C, Lee YC, Maskell N. Investigation of a unilateral pleural effusion in adults: British Thoracic Society pleural disease guideline 2010. Thorax. 2010;65(Suppl 2):ii4-17.
10. Kahrilas PJ, Kim HC, Pandolfino JE. Approaches to the diagnosis and grading of hiatal hernia. Best Pract Res Clin Gastroenterol. 2008;22(4):601-16.
11. Kelly RE Jr, Mellins RB, Shamberger RC, Mitchell KK, Lawson ML, Oldham KT, et al. Multicenter study of pectus excavatum, final report: complications, static/exercise pulmonary function, and anatomic outcomes. J Am Coll Surg. 2013;217(6):1080-9.
12. Light RW. The undiagnosed pleural effusion. Clin Chest Med. 2006;27(2):309-19.
13. Light RW, Macgregor MI, Luchsinger PC, Ball WC. Pleural effusions: the diagnostic separation of transudates and exudates. Ann Intern Med. 1972;77(4):507-13.
14. Murphey MD, Choi JJ, Kransdorf MJ, Flemming DJ, Gannon FH. Imaging of osteochondroma: variants and complications with radiologic-pathologic correlation. Radiographics. 2000;20(5):1407-34.
15. Obermeyer RJ, Goretsky MJ. Chest wall deformities in pediatric surgery. Surg Clin North Am. 2012;92(3):669-84, ix.
16. Patel PA, Ernst FR, Gunnarsson CL. Ultrasonography guidance reduces complications and costs associated with thoracentesis procedures. J Clin Ultrasound. 2012;40(3):135-41.
17. Sahn SA. The differential diagnosis of pleural effusions. West J Med. 1982;137(2):99-108.
18. Tateishi MY, Gladish GW, Kusumoto M, Hasegawa T, Yokoyama R, Tsuchiya R, et al. Chest wall tumors: radiologic findings and pathologic correlation, part 1: benign tumors. Radiographics. 2003;23:1477-90.
19. Tateishi MY, Gladish GW, Kusumoto M, Hasegawa T, Yokoyama R, Tsuchiya R, et al. Chest wall tumors: radiologic findings and pathologic correlation, part 2: malignant tumors. Radiographics. 2003;23:1491-508.
20. van Vugt AB, Schoots FJ. Acute diaphragmatic rupture due to blunt trauma: a retrospective analysis. J Trauma. 1989;29(5):683-6.
21. Wang NS. Anatomy of the pleura. Clin Chest Med. 1988;19:229-40.
22. Wang NS. The preformed stomas connecting the pleural cavity and the lymphatics in the parietal pleura. Am Rev Respir Dis. 1975;111:12-20.
23. Wang ZJ, Reddy GP, Gotway MB, Higgins CB, Jablons DM, Ramaswamy M, et al. Malignant pleural mesothelioma: evaluation with CT, MR imaging, and PET. Radiographics. 2004;24(1):105-19.

12

Lesões congênitas pulmonares

Marcio Valente Yamada Sawamura
Lisa Suzuki

Introdução

As lesões congênitas pulmonares decorrem de alterações de natureza vascular, pulmonar, da árvore traqueobrônquica ou do trato digestório alto durante o período embrionário e fetal e apresentam amplo espectro, que pode manifestar-se isoladamente ou associado a outras alterações, caracterizando síndromes. Malformação congênita de vias aéreas (anteriormente denominada malformação adenomatoide cística), sequestro pulmonar, cisto broncogênico, atresia brônquica e hiperinsuflação lobar congênita (anteriormente denominada enfisema lobar congênito) são as mais comuns. Outras lesões consideradas neste espectro de malformações são: agenesia, aplasia e hipoplasia pulmonares, síndrome da cimitarra, divertículos traqueal e esofágico, brônquio traqueal, isomerismo brônquico, cistos neuroentérico e esofágico, estenose congênita de esôfago, atresias de traqueia e esôfago, fístula traqueoesofágica e outras conexões entre o trato digestivo e pulmão. De forma geral, elas podem ser classificadas em quatro grandes grupos de acordo com a existência de alteração do parênquima pulmonar, tipo de suprimento vascular (pulmonar ou sistêmico), presença de anomalia da árvore traqueobrônquica ou do trato digestório alto. A dificuldade na classificação ocorre por conta da sobreposição e associações entre as alterações apresentadas.

Malformações broncopulmonares

Malformação pulmonar congênita de vias aéreas (malformação adenomatoide cística)

A malformação adenomatoide cística, atualmente denominada malformação pulmonar congênita de vias aéreas (MPCVA), é a lesão congênita mais comum do pulmão, com uma incidência aproximada de 1:25.000 a 1:35.000 gestações. É caracterizada por uma massa de tecido pulmonar hamartomatoso, que acomete parte ou a totalidade de um ou mais lobos pulmonares ou até mesmo os dois pulmões. O diagnóstico geralmente ocorre no período neonatal, porém alguns casos são diagnosticados tardiamente. Atualmente, o diagnóstico pré-natal da lesão tanto pela ultrassonografia (USG) como pela ressonância magnética (RM) fetal é comum e importante para a conduta pós-natal ou até mesmo para a intervenção intrauterina em casos graves. O prognóstico está relacionado ao tamanho da lesão, que interfere no desenvolvimento do pulmão, resultando em hipoplasia pulmonar em casos graves. Na USG fetal, a MPCVA apresenta-se como uma massa ecogênica, geralmente ocupando um lobo ou quase todo o pulmão, sendo semelhante às outras lesões congênitas, como sequestro, hiperinsuflação lobar congênita, atresia brônquica ou cisto broncogênico. A RM fetal pode definir melhor a anatomia lobar, a relação da lesão com as estruturas vasculares e mediastinais, presença de hidropsia fetal ou outras anomalias associadas. Geralmente, a lesão apresenta hipersinal homogêneo ou cistos de permeio nas sequências ponderadas em T2 (Figura 1).

A MPCVA foi inicialmente classificada em três categorias por Stocker e posteriormente expandida para uma classificação com cinco categorias, de acordo com as características macroscópicas e microscópicas e a localização da malformação. O tipo 0 representa anormalidades na traqueia e brônquios-fonte, tipo I na região brônquica proximal, tipo II na região bronquiolar, tipo III na região do bronquíolo terminal e tipo IV na região acinar. O aspecto radiológico é variável, dependendo do tipo histológico. As lesões do tipo I são as mais comuns, diagnosticadas no período neonatal e apresentam múltiplos cistos de paredes finas contendo ar, de tamanhos variados, medindo entre 2-10 cm. Geralmente, são unilaterais, podendo ocupar todo o hemitórax, desviando o mediastino para o outro lado e causando efeito de massa sobre o diafragma (Figura 2). O pulmão hiperinsuflado pode herniar para o outro lado através da linha média, causando compressão sobre o pulmão contralateral, que por sua vez pode estar atelectasiado ou hipoplásico. Uma lesão cística dominante associada a pequenos cistos ou opacidades sólidas homogêneas adjacentes é outra forma de apresentação dessa lesão. Nesses casos, as opacidades sólidas podem corresponder às áreas de atelectasias ou hipoplasia pulmonar, cistos com conteúdo líquido ou cistos colabados, simulando paredes espessadas. As lesões do tipo II apresentam múltiplos pequenos cistos, menores que 1-2 cm, contendo ar ou líquido. Podem ser pequenas ou ocupar todo o hemitórax e estar associadas a outras anomalias, principalmente sequestro extralobar (40%) ou anomalias de tratos genitourinários, gastrointestinal, cardíaco e ósseo em aproximadamente 30%. As lesões do tipo III geralmente são grandes e apresentam aspecto sólido homogêneo, globoso, lembrando mais uma consolidação ou massa do que uma lesão cística. Diminutos cistos de permeio podem estar presentes. As lesões do tipo IV geralmente afetam um lobo pulmonar e apresentam cistos periféricos grandes, sendo difícil a sua diferenciação por imagem do tipo I. A lesão tipo 0 afeta todo o pulmão e é incompatível com a vida.

A tomografia computadorizada (TC) é superior à radiografia para caracterizar estas lesões, definindo melhor a presença de pequenos cistos, as suas características, presença de atelectasia ou área de aprisionamento aéreo (Figura 3). Os cistos podem ter conteúdo aéreo, líquido ou os dois, formando nível líquido.

O principal diagnóstico diferencial nas lesões do tipo I na radiografia simples é a hiperinsuflação lobar congênita (enfisema lobar congênito). A presença de cistos ou finas septações favorece o diagnóstico de MPCVA, porém a TC poderá ser necessária para o diagnóstico final. Outro diagnóstico diferencial é o hamartoma mesenquimal cístico, frequentemente associado a pneumotórax, que também pode ser uma das complicações da MPCVA, apesar de rara.

O tratamento adequado (cirúrgico ou clínico) é controverso. Por não regredir espontaneamente e pelo risco de desenvolvimento de tumores malignos, como rabdomios-

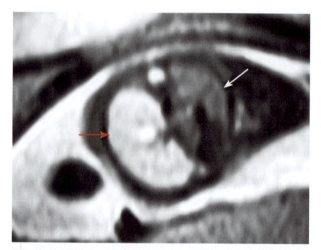

Figura 1 Malformação pulmonar congênita de vias aéreas (malformação adenomatoide cística). Ressonância magnética fetal, em sequência ponderada em T2 evidenciando formação com hipersinal homogêneo ocupando praticamente todo o hemitórax esquerdo (seta vermelha). O pulmão normal direito apresenta sinal intermediário (seta branca).

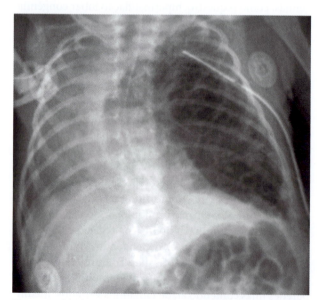

Figura 2 Malformação pulmonar congênita de vias aéreas tipo I. Radiografia simples pós-natal evidencia volumosa formação cística multisseptada/multiloculada ocupando praticamente todo o hemitórax esquerdo, com desvio das estruturas mediastinais e do coração para a direita.

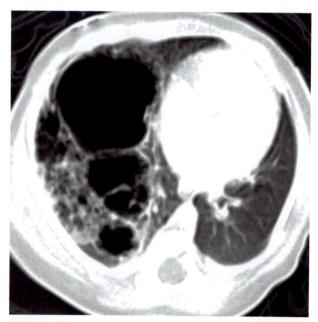

Figura 3 Malformação pulmonar congênita de vias aéreas tipo I. Tomografia computadorizada do tórax evidencia formação expansiva com múltiplos cistos de dimensões variadas no lobo inferior direito. Nota-se discreto desvio do coração para a esquerda.

sarcoma embrionário, adenocarcinoma, blastoma pulmonar e sarcoma mesenquimal, a conduta recomendada em muitos centros é a de ressecção cirúrgica dessas lesões.

Sequestro pulmonar

O sequestro pulmonar é uma lesão rara, caracterizada por tecido de parênquima pulmonar isolado em razão da ausência de conexão com a árvore traqueobrônquica e irrigado por uma artéria sistêmica. Pode ser classificado em sequestro intralobar (SIL) ou extralobar (SEL).

Sequestro extralobar

O sequestro é classificado como extralobar quando o tecido pulmonar é isolado completamente do pulmão normal por conta do revestimento pleural próprio, sendo conhecido também como lobo acessório ou lobo de Rokitanski (localização intratorácica) e apresenta drenagem venosa sistêmica. A associação com outras anomalias é comum (50-65%), sendo a MPCVA a mais frequente (15-50%), seguidas de hérnia diafragmática (30%), hipoplasia pulmonar (8%), cardiopatia congênita (8%), comunicação com o trato digestivo, cisto broncogênico e outras.

É mais comum no sexo masculino (4:1), e as localizações mais frequentes são no espaço pleural, no sulco costodiafragmático posterior esquerdo (63-77%), mediastino e região paravertebral. Raramente, é infradiafragmático, exceto quando associado à MPCVA.

O diagnóstico de SEL pode ser sugerido no período antenatal pela presença de uma lesão sólida ou cística, paravertebral intratorácica ou infradiafragmática na USG ou RM fetal. Quando localizado abaixo do diafragma, o diagnóstico diferencial com neuroblastoma ou hemorragia da adrenal deve ser feito. Após o nascimento, a lesão geralmente é detectada como um achado de exame em crianças submetidas à radiografia. O aspecto habitual é de uma opacidade homogênea na base pulmonar ou paravertebral inferior, geralmente à esquerda, junto da cúpula diafragmática. Por não ter comunicação com a árvore brônquica, não apresenta broncogramas aéreos; a sua presença pode sugerir comunicação com o trato digestivo alto. Nesses casos, a utilização de contraste oral poderá demonstrar a comunicação entre o sequestro e o trato gastrointestinal. Pneumonias recorrentes, opacidades persistentes após tratamento adequado e atelectasias persistentes são outros achados que podem sugerir a presença de sequestro. Na TC, a apresentação mais comum é a de uma massa com atenuação de partes moles, homogênea, na região paravertebral, podendo estar associada a pequenos cistos ou menos frequentemente a uma lesão multicística. Área de hipoatenuação do parênquima pulmonar adjacente ao sequestro, correspondendo a pequenos cistos com paredes finas ou enfisema, é um outro possível achado. A TC com contraste ou angiotomografia caracterizando vascularização sistêmica que se origina da aorta na grande maioria dos casos ou de outros ramos da aorta abdominal fecha o diagnóstico de sequestro (Figura 4).

Sequestro intralobar

O sequestro é classificado como intralobar quando o tecido pulmonar isolado compartilha a mesma pleura do pulmão adjacente e usualmente apresenta drenagem venosa pulmonar. É mais comum que a forma extralobar, correspondendo a 75% dos casos. Há uma controvérsia quanto à sua etiologia, se congênita ou adquirida, porém a associação com outras anomalias congênitas, embora raras, e relatos de sequestro intralobar em fetos e neonatos favorecem a primeira hipótese. MPCVA, hérnia diafragmática, comunicação com o trato digestivo alto, cardiopatias e anomalias ósseas estão ocasionalmente associadas.

A localização mais comum é nos lobos inferiores, principalmente à esquerda, e os achados na radiografia e na TC podem ser semelhantes aos do SEL, sendo difícil diferenciá-los por meio de estudos de imagem.

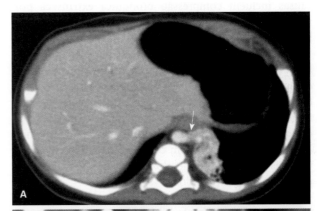

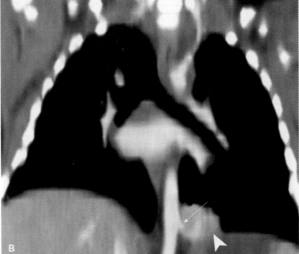

Figura 4 Sequestro pulmonar intralobar. A: Tomografia computadorizada de tórax com contraste evidencia formação circunscrita com atenuação de partes moles na base do hemitórax esquerdo, irrigada por uma artéria calibrosa proveniente da aorta (seta). B: A reformatação coronal evidencia mais facilmente a artéria proveniente da aorta (seta), irrigando a lesão (cabeça de seta).

Hiperinsuflação lobar congênita (enfisema lobar congênito)

O termo enfisema lobar congênito não é a melhor definição para esta lesão, que se caracteriza por uma hiperinsuflação progressiva dos espaços aéreos no período pré-natal ou pós-natal, sem evidência de destruição das paredes alveolares (como caracterizado no enfisema). Por isso, atualmente, utiliza-se o termo hiperinsuflação lobar congênita (HLC).

A HLC representa de 10-15% das lesões pulmonares congênitas e geralmente é diagnosticada antes dos 6 meses de idade. As localizações mais frequentes são: lobo superior esquerdo (40%), lobo médio (30%) e lobo superior direito (20%). Pode acometer dois lobos, porém raramente é bilateral.

A etiologia é variável, sendo o mecanismo mais comum uma alteração na cartilagem da parede brônquica, resultando em um colapso brônquico na expiração, aprisionamento aéreo e consequente hiperinsuflação. Outras causas incluem compressão brônquica extrínseca por vasos anômalos ou dilatados, compressão intrínseca por hiperplasia da mucosa ou anomalias parenquimatosas.

O diagnóstico intrauterino de HLC é descrito, e o aspecto na USG é de uma massa ecogênica que causa compressão sobre o pulmão adjacente, com desvio das estruturas mediastinais para o outro lado e eversão do diafragma, semelhante às lesões congênitas, como MPCVA e sequestro pulmonar. A RM geralmente define melhor a localização da lesão, bem como a anatomia com as estruturas adjacentes, podendo demonstrar herniação do pulmão para o outro lado.

Na radiografia simples, observa-se aumento da transparência pulmonar focal, com atelectasia do pulmão adjacente e desvio das estruturas mediastinais para o outro lado (Figura 5). Não há evidências de septos ou cistos no lobo hiperexpandido e há alargamento do espaço intercostal. No período perinatal imediato, o lobo ainda pode estar preenchido por líquido, resultando em uma opacidade homogênea. A aeração do lobo ocorre em alguns dias, pela absorção progressiva do fluido pelo sistema linfático e capilar e aeração por colaterais. Nesta fase, pode-se observar espessamento de septos periféricos (linhas B de Kerley) secundário à estase linfática.

A TC pode ajudar no diagnóstico e na definição da etiologia, pois permite estudar melhor a anatomia brônquica e presença de anéis vasculares ou de massas extrínsecas causando compressão brônquica. Descarta a possibilidade de MPCVA pela ausência de septos ou cistos no lobo acometido ou pela presença de anatomia vascular normal (Figura 6).

É importante lembrar que outras doenças raras podem resultar em lobo enfisematoso, com achados radiográficos semelhantes ao da HLC. A primeira é a atresia brônquica, que acomete crianças maiores. Radiograficamente, ela é idêntica à HLC, porém na TC pode-se observar a presença de uma massa peri-hilar, que representa a impactação mucoide no brônquio dilatado, proximal à

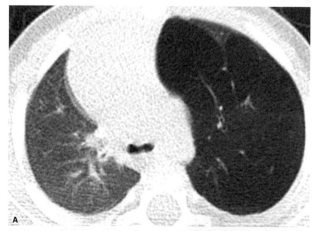

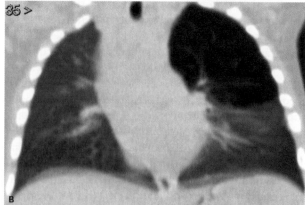

Figura 6 Hiperinsuflação lobar congênita. Tomografia computadorizada em cortes axiais (A) e reformatação sagital (B) demonstrando acentuada hiperinsuflação do lobo pulmonar superior esquerdo e desvio das estruturas mediastinais para a direita.

Figura 5 Hiperinsuflação lobar congênita. Radiografia de tórax demonstrando hiperinsuflação do lobo pulmonar superior esquerdo e desvio mediastinal contralateral.

atresia. Anomalias associadas ocorrem em até 14%, principalmente de origem cardíaca.

O tratamento da HLC é controverso. Quando há insuficiência respiratória grave, a conduta é cirúrgica, porém, na presença de uma insuficiência respiratória discreta, há uma tendência para conduta clínica. Estudos mostram que não há crescimento progressivo das lesões nem maior incidência de infecções ou impedimento do crescimento normal do pulmão adjacente. A função pulmonar geralmente é normal.

Cisto broncogênico

É caracterizado por um cisto pulmonar revestido por epitélio colunar ciliado, sem parênquima pulmonar. A localização mais comum é mediastinal (85%), porém pode ser pulmonar, pleural, diafragmático, cervical, pericárdico ou intra-abdominal. Pode estar associado a agenesia do pericárdio, MPCVA, sequestro pulmonar ou hérnia diafragmática congênita. A localização mais frequente do cisto broncogênico mediastinal é subcarinal. O cisto broncogênico intrapulmonar geralmente é uniloculado, localizado nos lobos inferiores (dois terços dos casos) e apresenta comunicação com a árvore brônquica, o que explica o conteúdo aéreo em dois terços dos casos. O diagnóstico diferencial deve ser feito com cisto congênito, MPCVA, pneumatocele, abscesso e nódulos escavados.

A apresentação radiográfica mais comum é de uma opacidade arredondada pulmonar ou mediastinal com dimensões variadas, contendo ar ou líquido (Figura 7A). O conteúdo aéreo delimita a parede do cisto, usualmente fina e regular. A TC evidencia uma lesão cística de paredes finas, geralmente contendo líquido (gelatinoso ou mucoide) com atenuação entre −10 e +10 unidades Hounsfield (Figura 7B). Eventualmente, pode apresentar uma atenuação maior em razão do conteúdo proteico, leite de cálcio, calcificação parietal ou irrigação vascular. Nesses casos, a ressonância magnética pode ajudar no diagnóstico (Figura 8). O diagnóstico diferencial do cisto broncogênico mediastinal inclui outras lesões císticas, como cisto de duplicação esofágica e cisto pericárdico; e do cisto broncogênico intrapulmonar inclui pneumonia redonda, neoplasia pulmonar primária ou metástase, derrame interlobar, outras lesões císticas congênitas e granulomas. Na presença de conteúdo aéreo ou aéreo-líquido, MPCVA, pneumatocele, abscesso pulmonar e nódulo cavitado devem ser considerados no diagnóstico diferencial.

Brônquio traqueal

O termo brônquio traqueal inclui uma variedade de anomalias brônquicas com origem na traqueia, na carina ou nos brônquios principais e com trajeto para os lobos pulmonares superiores. Em geral, esses brônquios anômalos originam-se na parede lateral direita da traqueia e suprem todo o lobo superior direito ou seu segmento apical (Figura 9). O brônquio traqueal pode ser o único a suprir o segmento pulmonar ou pode representar um brônquio supranumerário. O brônquio traqueal que termina em fundo cego é chamado de divertículo traqueal. Quando o brônquio supranumerário termina em parênquima pulmonar aerado ou bronquiectásico, é chamado de pulmão acessório apical ou lobo traqueal. O brônquio traqueal direito tem prevalência de 0,1-2%, e o brônquio traqueal esquerdo tem prevalência de 0,3-1% em estudos de broncoscopia e broncografia. Os pacientes normalmente são assintomáticos, mas há relato

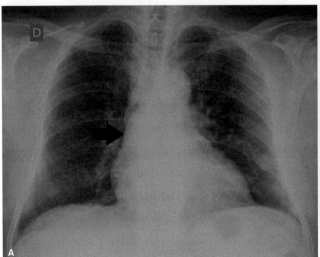
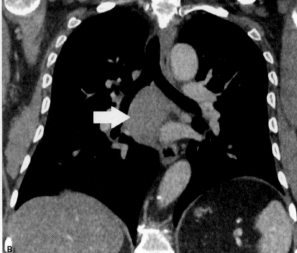

Figura 7 Cisto broncogênico. Radiografia (A) e tomografia computadorizada em reformatação coronal (B) evidenciam formação arredondada subcarinal.

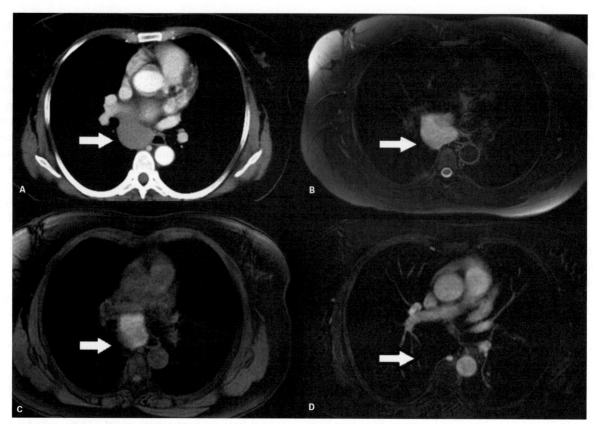

Figura 8 Cisto broncogênico. A: Tomografia computadorizada demonstra formação arredondada subcarinal (seta). B: Ressonância magnética de tórax com aquisição axial ponderada em T1 (A), T2 (B) evidenciam alto sinal da lesão (setas) e sequencia de subtração após contraste (D) não evidencia realce na lesão.

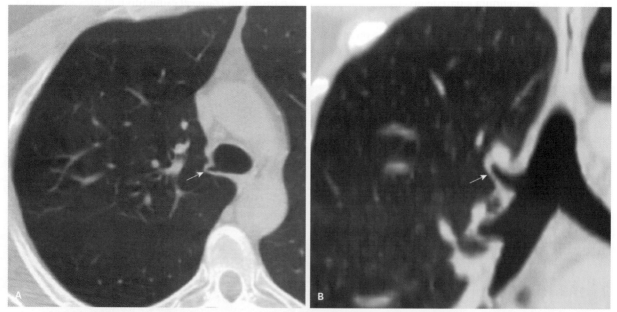

Figura 9 Corte axial (A) e reformatação coronal (B) de tomografia computadorizada de tórax demonstrando brônquio traqueal (setas).

de casos de associação com pneumonias de repetição, bronquiectasias, atelectasias e tumores.

Brônquio cardíaco acessório

Este brônquio supranumerário se origina na parede medial do brônquio principal direito ou no brônquio intermédio e apresenta direção oposta ao brônquio do lobo superior (Figura 10). Tem trajeto em direção ao pericárdio e costuma medir de 1-5 cm, com mucosa brônquica normal e cartilagem em sua parede, o que o distingue de divertículo ou fístula. Geralmente, termina em fundo cego, mas também pode terminar em parênquima pulmonar rudimentar. Essa anomalia ocorre em aproximadamente 0,1% da população, e os pacientes costumam ser assintomáticos.

Atresia brônquica

A atresia brônquica congênita é uma anomalia rara, resultado da obliteração focal de um brônquio lobar, segmentar ou subsegmentar, geralmente em sua origem ou segmento proximal. As estruturas brônquicas distais se desenvolvem normalmente, mesmo sem conexão com as vias aéreas centrais e, portanto, tornam-se preenchidas por muco, formando broncoceles. Os alvéolos supridos pelos brônquios distais à estenose são ventilados por vias colaterais e apresentam características de hiperinsuflação e aprisionamento aéreo. O local mais comum da atresia é o brônquio segmentar apicoposterior do lobo superior esquerdo, seguido dos brônquios segmentares do lobo superior direito, do lobo médio e, raramente, do lobo inferior.

No período neonatal, a atresia brônquica é caracterizada como uma massa com densidade líquida correspondente ao líquido pulmonar fetal aprisionado pela estenose. Durante a infância, há redução do conteúdo líquido e o aprisionamento aéreo se torna evidente. Os achados radiográficos incluem massa e/ou opacidades nodulares e ramificantes que se estendem do hilo pulmonar, associadas à hiperlucência do parênquima pulmonar regional. A TC pode visualizar as impactações mucoides brônquicas e a dilatação brônquica (broncocele) imediatamente distal ao local da estenose (Figura 11A). O parênquima pulmonar apresenta-se hiperinsuflado e hipovascularizado (Figura 11B). As impactações mucoides também podem ser caracterizadas na RM, com alto sinal nas sequências ponderadas em T2 e sinal variável em T1.

O diagnóstico diferencial da atresia brônquica é feito com obstruções causadas por corpos estranhos ou tumores endobrônquicos, que também podem ocasionar hiperinsuflação pulmonar distal. O tratamento cirúrgico é indicado apenas nos casos associados a complicações, principalmente quando ocorrem infecções de repetição.

Malformações vasculares

Interrupção proximal da artéria pulmonar

A interrupção proximal da artéria pulmonar é uma anomalia rara do desenvolvimento, em que a artéria pulmonar termina em fundo cego no hilo. A circulação pulmonar é feita por colaterais arteriais sistêmicas, principalmente pelas artérias brônquicas, mas também por ramos transpleurais das artérias intercostais, mamárias internas, subclávias e inominadas. O termo interrupção é preferível ao termo ausência, visto que as porções intrapulmonares da artéria estão pérvias e intactas. A interrupção da artéria pulmonar direita é mais frequente que a esquerda

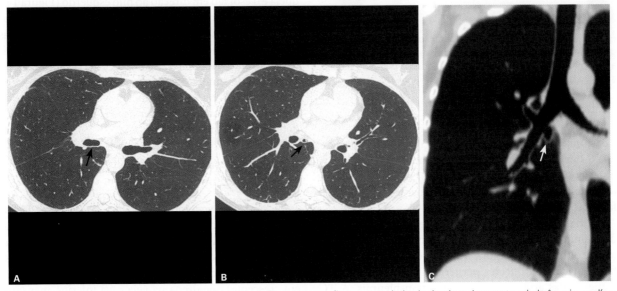

Figura 10 Cortes axiais (A e B) e reformatação coronal (C) de tomografia computadorizada de tórax demonstrando brônquio cardíaco (setas).

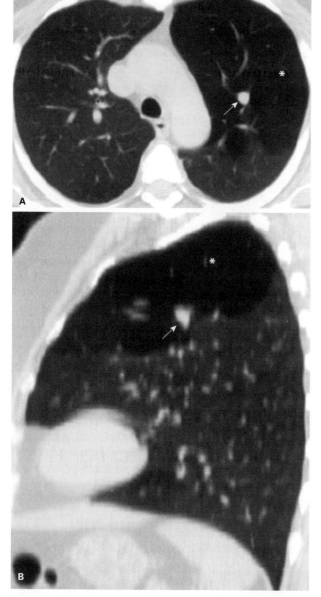

Figura 11   Corte axial (A) e reformatação coronal (B) de tomografia computadorizada de tórax demonstrando broncocele distal a brônquio atrésico no lobo superior esquerdo (setas) e hiperinsuflação do parênquima pulmonar regional (*).

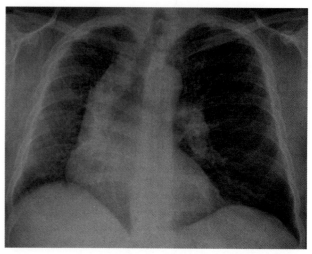

Figura 12   Radiografia de tórax posteroanterior demonstrando hipoplasia do pulmão direito em paciente com interrupção da artéria pulmonar. Não é possível caracterizar a artéria pulmonar no hilo direito e existem finas opacidades lineares na periferia deste pulmão.

e costuma ser um achado isolado na maioria dos pacientes. Os principais sintomas são dispneia e hemoptise. A hipertensão pulmonar acomete entre 19-25% dos pacientes com interrupção da artéria pulmonar e é seu principal fator prognóstico.

A radiografia de tórax mostra redução volumétrica do hemitórax acometido e hiperinsuflação compensatória contralateral (Figura 12). Podem ser observadas finas opacidades lineares periféricas nos pacientes com aumento das artérias intercostais e transpleurais. A TC evidencia redução volumétrica pulmonar e dos ramos arteriais intrapulmonares, e a porção mediastinal da artéria pulmonar acometida pode estar ausente ou terminar após cerca de 1 cm da sua origem (Figura 13). Espessamento irregular da pleura e bandas parenquimatosas subpleurais também podem ser identificados. O diagnóstico definitivo da anomalia pode ser feito pela TC.

Sling da artéria pulmonar esquerda ou anel pulmonar

Nesta rara anomalia do desenvolvimento, a artéria pulmonar esquerda tem origem na porção posterior da artéria pulmonar direita e apresenta trajeto entre a traqueia e o esôfago em direção ao hilo esquerdo (Figura 14). Pode estar associada a malformações da árvore traqueobrônquica (como estenose de traqueia ou membranas traqueais) ou anomalias cardíacas, com elevada mortalidade durante a infância. O sling da artéria pulmonar esquerda pode simular massas mediastinais na radiografia de tórax. A TC e a RM identificam o trajeto aberrante da artéria pulmonar e podem ser usadas para o diagnóstico definitivo dessa malformação.

Síndrome venolobar congênita (síndrome do pulmão hipogenético/síndrome da cimitarra)

A síndrome venolobar congênita é caracterizada por um retorno venoso pulmonar anômalo para a circulação sistêmica parcial ou total do pulmão direito. Geralmente, o retorno venoso ocorre por uma veia anômala com aspecto de cimitarra (antiga espada árabe com morfologia em crescente) que drena na veia cava inferior, mas também pode drenar na veia cava superior ou no átrio di-

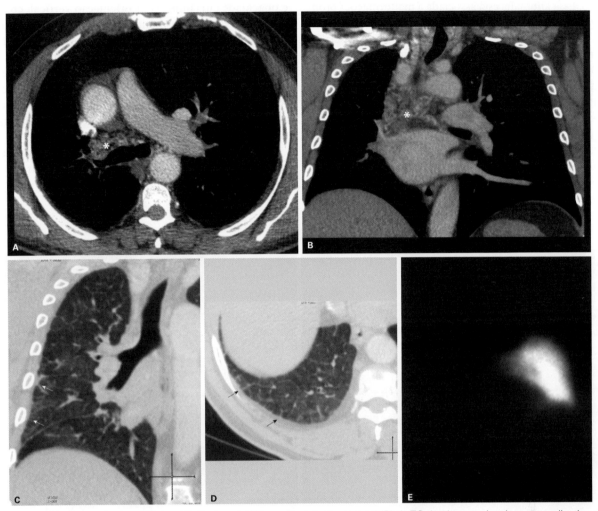

Figura 13 Mesmo paciente da Figura 12. Corte axial (A) e reformatação coronal (B) de TC de tórax em janela para mediastino demonstrando a ausência da artéria pulmonar direita e a hipertrofia das artérias brônquicas no hilo (*). (C, D) Imagens de TCAR evidenciam opacidades lineares subpleurais no pulmão direito, correspondendo a vasos colaterais transpleurais (setas). (E) A cintilografia de perfusão pulmonar demonstra ausência de perfusão no pulmão direito.

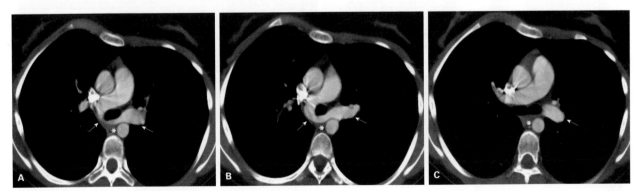

Figura 14 Cortes axiais de tomografia computadorizada de tórax demonstram que a artéria pulmonar esquerda (setas) se origina da artéria pulmonar direita e apresenta trajeto entre a traqueia e o esôfago (*).

reito. Essa anomalia está associada a malformações broncopulmonares à direita, principalmente agenesia, aplasia ou hipoplasia do lobo superior. Existe também associação com malformações cardíacas (cerca de 20% dos casos), anomalias diafragmáticas à direita (como aplasia, hérnia e duplicação), podendo ser encontrada também agenesia da pleura direita, com fusão entre o pulmão e a parede torácica e casos de pulmão em ferradura. Os pacientes podem ser assintomáticos ou apresentar sintomas relacionados à hipertensão pulmonar ou às anomalias cardíacas ou pulmonares associadas.

A radiografia evidencia redução volumétrica variável do pulmão direito (dependendo do grau de hipoplasia) e opacidade curvilínea com orientação vertical, convexidade lateral e maior diâmetro em sua porção inferior, que corresponde à veia anômala (cimitarra) (Figura 15). A TC demonstra a veia cimitarra e as malformações no hemitórax direito, incluindo as anomalias brônquicas, pulmonares, cardiovasculares, pleurais e diafragmáticas. A RM também pode ser utilizada na caracterização das anomalias vasculares e é superior à TC na caracterização das malformações cardíacas associadas.

O diagnóstico diferencial se faz com veias que apresentam trajeto semelhante à cimitarra, mas que drenam o átrio esquerdo (pseudocimitarra).

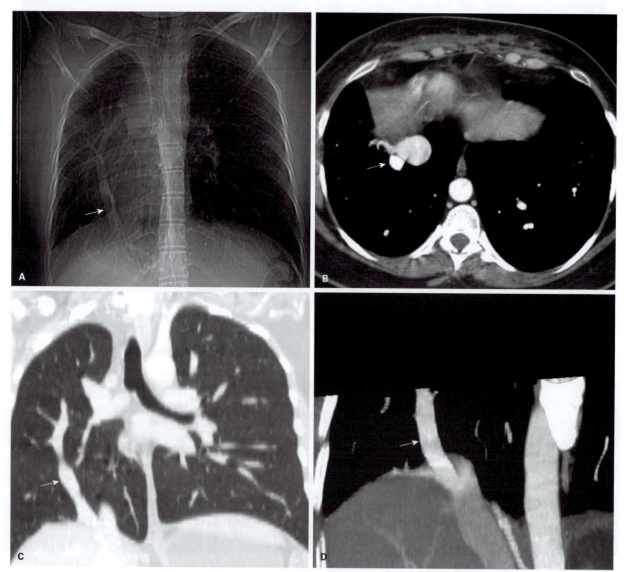

Figura 15 A: Radiografia digital de tórax posteroanterior evidencia redução volumétrica pulmonar direita associada à opacidade com aspecto de cimitarra (seta). Corte axial (B) e reformatação coronal (C) de tomografia computadorizada (TC) de tórax evidenciam a veia de drenagem anômala pulmonar direita com aspecto de cimitarra (setas). D: Reformatação coronal de intensidade máxima (MIP) de TC de tórax evidencia que a veia anômala (seta) drena na veia cava inferior.

Outras formas de drenagem venosa pulmonar anômala parcial

A drenagem venosa pulmonar anômala (DVPA) é definida como drenagem de uma ou mais veias pulmonares fora do átrio esquerdo e com retorno venoso para o átrio direito. A DVPA pode ser classificada como total ou parcial. A total sempre está associada às cardiopatias congênitas e apresenta defeito do septo atrial associado, pois sua ausência é incompatível com a vida. A parcial pode ocorrer em associação com cardiopatias congênitas ou como um achado isolado. Quando não apresentam malformações cardíacas, os pacientes com DVPA parcial geralmente são assintomáticos e o diagnóstico costuma ser um achado incidental (incidência de 0,4-0,7% da população). A DVPA parcial resulta em um *shunt* esquerdo-direito, geralmente representando menos que 25% do débito cardíaco. Em casos de lobectomia ou pneumectomia contralateral, pode haver aumento da magnitude do *shunt* e os pacientes podem se tornar sintomáticos.

Nos casos de DVPA parcial, a radiografia de tórax pode detectar opacidades tubulares intrapulmonares com graus diferentes de sinuosidade quando associadas a veias ectópicas e dilatadas. Quando a DVPA parcial ocorre em veias com calibre normal ou com trajeto pouco alterado, a radiografia não é capaz de detectá-la. A TC é um método eficaz na caracterização da DVPA parcial (Figura 16), e as principais drenagens dessa condição ocorrem para a veia braquicefálica esquerda (por uma veia vertical), para a veia cava superior, para o átrio direito ou seio coronariano e para a veia cava inferior ou veia porta. A RM geralmente é realizada para avaliação de possíveis cardiopatias congênitas associadas.

Malformações arteriovenosas pulmonares (MAV)

As MAV podem ser isoladas, múltiplas ou parte de um processo sistêmico no qual comunicações arteriovenosas ocorrem na pele, nas mucosas e em outros órgãos (telangiectasia hemorrágica hereditária ou doença de Rendu-Osler-Weber). Cerca de dois terços dos pacientes com MAV pulmonares apresentam múltiplas lesões, e 60% destas se localizam nos lobos inferiores. Os pacientes podem ser assintomáticos ou apresentar hemoptise, dispneia e cianose.

A radiografia de tórax pode identificar opacidades tubulares ou massas arredondadas, homogêneas, principalmente nos lobos inferiores (Figura 17A). A TC de tórax demonstra uma artéria nutridora anômala e veias de drenagem dilatadas e tortuosas (Figura 17B). O uso de contraste intravenoso facilita a identificação dessa anomalia, apontando realce vascular.

A RM fetal pode identificar múltiplas MAV em localizações diferentes, demonstrando lesões irregulares com hipossinal nas sequências ponderadas em T2, muitas vezes adjacentes aos hilos pulmonares. O diagnóstico diferencial é feito com nódulos pulmonares. As lesões maiores geralmente são tratadas com embolização endovascular ou, raramente, com ressecção cirúrgica.

Considerações finais

As lesões congênitas pulmonares apresentam amplo espectro de alterações de natureza vascular, pulmonar, traqueobrônquica e do trato digestivo alto. Elas podem manifestar-se isoladamente, concomitantemente ou associada a outras alterações, tornando muitas vezes difícil a sua classificação.

Os exames de imagem com suas múltiplas modalidades podem auxiliar na determinação de sua localização, características da lesão (cística, sólida ou mista), presença de irrigação por artérias sistêmicas e via de drenagem venosa, auxiliando no diagnóstico diferencial e na conduta terapêutica.

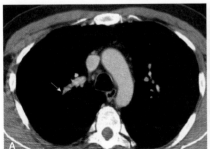
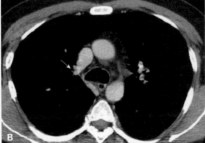
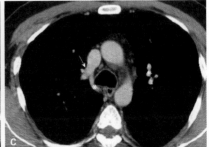

Figura 16 Cortes axiais de tomografia computadorizada de tórax demonstrando drenagem venosa parcial anômala do pulmão direito (setas) para a veia cava superior. Observar a veia anômala drenando na veia cava superior na altura da croça da veia ázigos (*).

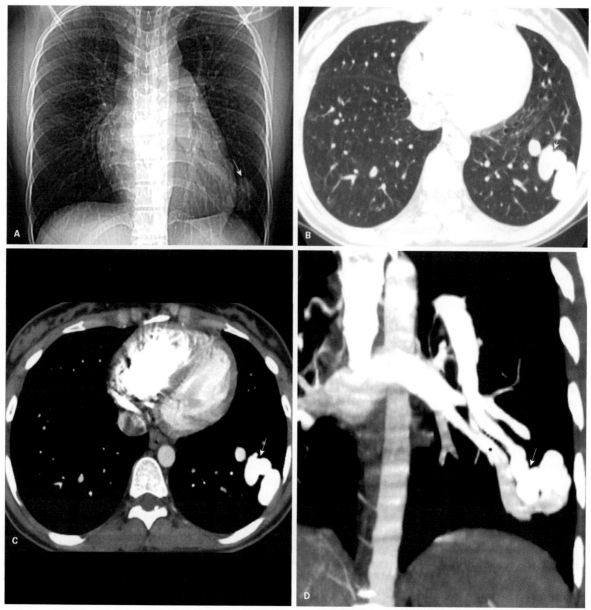

Figura 17 A: Radiografia digital de tórax posteroanterior evidencia opacidade nodular projetada no campo inferior do pulmão esquerdo (seta). B, C: Cortes axiais de tomografia computadorizada de tórax evidenciam estruturas vasculares dilatadas e tortuosas no lobo inferior esquerdo (setas) compatíveis com malformação arteriovenosa pulmonar. D: Reformatação coronal de intensidade máxima (MIP) evidencia a artéria nutridora (seta) e a veia de drenagem (*).

Bibliografia sugerida

1. Biyyam DR, Chapman T, Ferguson MR, Deutsch G, Dighe MK. Congenital lung abnormalities: embryologic features, prenatal diagnosis, and postnatal radiologic-pathologic correlation. Radiographics. 2010;30(6):1721-38.
2. Castañer E, Gallardo X, Rimola J, Pallardó Y, Mata JM, Perendreu J, et al. Congenital and aquired pulmonary artery anomalies in the adult: radiologic overview. Radiographics. 2006;26(2):329-71.
3. Chowdhury MM, Chalraborty S. Imaging of congenital lung malformations. Semin Pediatr Surg. 2015;24(4):168-75.
4. Daltro P, Werner H, Gasparetto TD, Domingues RC, Rodrigues L, Marchiori E, et al. Congenital chest malformation: a multimodality approach with emphasis on fetal MR imaging. Radiographics. 2010;30(2):385-95.
5. Daltro P, Fricke BL, Kuroki I, Domingues R, Donnelly LF. CT of congenital lung lesions in pediatric patients. AJR. 2004;183(5):1497-506.
6. Garcia-Peña P, Coma A, Enríquez G. Congenital lung malformations: radiological findings and clues for differential diagnosis. Acta Radiol. 2013;54(9):1086-95.
7. MacSweeney F, Papagiannopoulos K, Goldstraw P, Sheppard MN, Corrin B, Nicholson AG. An assessment of the expanded classification of congenital cystic adenomatoid malformations and their relationship to malignant transformation. Am J Surg Pathol. 2003;27(8):1139-46.
8. Thacker PG, Rao AG, Hill JG, Lee EY. Congenital lung anomalies in children and adults: current concepts and imaging findings. Radiol Clin North Am. 2014;52(1):155-81.
9. Thacker PG, Schooler GR, Caplan MJ, Lee EY. Developmental lung malformations in children: recent advances in imaging techniques, classification system, and imaging findings. J Thorac Imaging. 2015;30(1):29-43.

Trauma torácico

Marcio Valente Yamada Sawamura

Introdução

As lesões traumáticas são mais comuns em jovens e têm como principais causas acidentes automobilísticos, quedas de altura, acidentes de trabalho e acidentes esportivos. O tórax é frequentemente afetado e suas lesões apresentam alta morbimortalidade.

A avaliação inicial do trauma torácico é realizada pela radiografia de tórax (RX) em razão de sua rápida disponibilidade, inclusive na sala de emergência. É possível realizar o diagnóstico de condições que ameaçam a vida do paciente, como um hemotórax extenso ou um pneumotórax hipertensivo e verificar o posicionamento de cânulas, cateteres e sondas (Figura 1). Entretanto, a radiografia

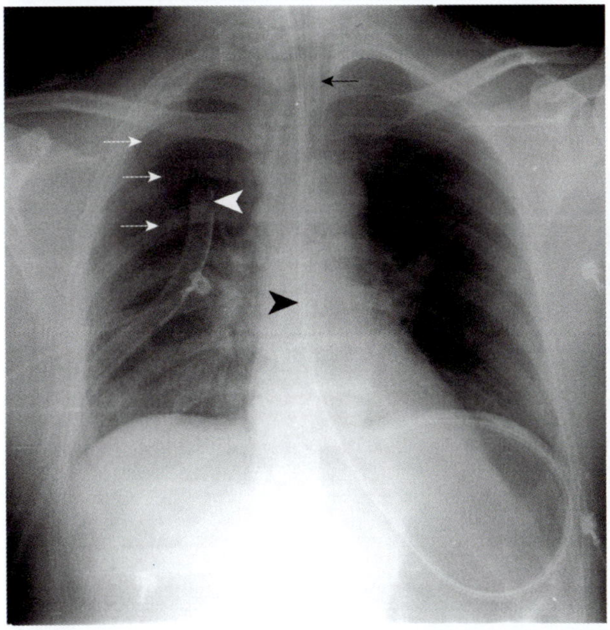

Figura 1 Radiografia de tórax de politraumatizado evidencia tubo traqueal (seta preta), sonda digestiva (cabeça de seta preta) e dreno torácico à direita (cabeça de seta branca) com posicionamentos adequados. Há também fraturas de alguns arcos costais à direita (setas brancas).

apresenta limitações no diagnóstico de diversas lesões traumáticas, especialmente as vasculares, e a tomografia computadorizada (TC) pode complementar a avaliação de forma confiável, rápida e não invasiva.

Mecanismos de trauma

É importante conhecermos os mecanismos de trauma para entender as causas das lesões e procurá-las ativamente. Por exemplo, nos traumas de alta energia o ideal é realizar TC com contraste endovenoso, para a detecção de possíveis lesões vasculares.

Trauma torácico fechado

A maioria dos casos de trauma torácico fechado decorre da desaceleração brusca a partir de altas velocidades ou do trauma direto na parede torácica. A desaceleração inercial é diferente em cada um dos tecidos do tórax, dependendo de sua massa, volume e fixação. Desta forma, podem ocorrer lacerações na árvore traqueobrônquica, parênquima pulmonar e nos vasos. O impacto direto, além de causar lesões na região do trauma, pode ocasionar lesões de contragolpe (contralaterais), sobretudo nos pulmões (contusões pulmonares).

Trauma torácico penetrante

O trauma torácico penetrante acontece principalmente nos ferimentos por arma branca ou arma de fogo e nos acidentes de trabalho. Em relação às lesões causadas por arma de fogo, além do trauma causado diretamente pelo projétil, há uma onda de choque que o acompanha, cuja intensidade varia de acordo com o calibre e a velocidade do projétil, e gera um dano maior aos tecidos. Nestes casos, é importante reconhecer o ferimento de entrada e de saída (quando houver) para estabelecer o trajeto do ferimento perfurante e avaliar suas possíveis lesões, sobretudo no mediastino.

Lesões da parede torácica, diafragma e espaço pleural

Fraturas de costelas

As fraturas de costelas são comuns e na grande maioria dos casos não apresentam complicações e não necessitam de tratamento específico. No entanto, podem ocorrer deslocamentos dos fragmentos ósseos para o interior da cavidade torácica, causando hemopneumotórax, contusão e laceração pulmonar (Figura 2). Outra complicação é o tórax instável, que pode ocorrer quando há fraturas de três ou mais arcos costais consecutivos em dois pontos distintos, levando a um movimento respiratório paradoxal, que compromete a ventilação pulmonar (Figura 3). Fraturas dos primeiros arcos costais e da escápula são observadas em traumas de alta energia, devendo-se atentar para lesões vasculares e do plexo braquial. Já as fraturas dos últimos arcos costais podem estar associadas a lesões de órgãos intra-abdominais, como fígado, baço e rins.

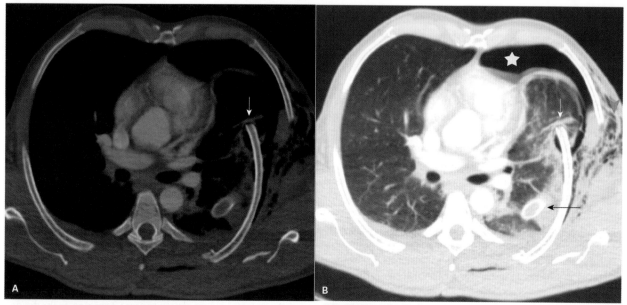

Figura 2 A e B: Paciente atropelado por carro. Tomografia computadorizada de tórax em janela óssea (A) e de pulmão (B) evidenciam fraturas de arcos costais à esquerda, com fragmento intratorácico lacerando o parênquima pulmonar (setas brancas). Há também hemopneumotórax (estrela), dreno torácico (seta preta) e enfisema dos planos subcutâneos à esquerda (cabeça de seta vermelha).

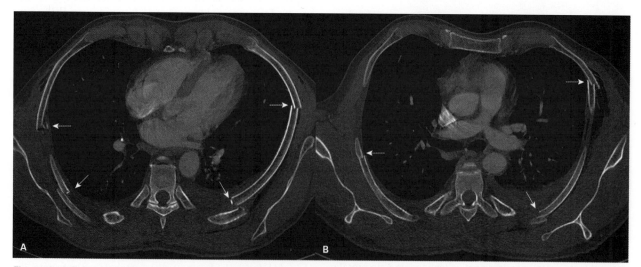

Figura 3 Vítima de queda de altura com tórax instável. Tomografia computadorizada de tórax evidencia fraturas de múltiplos arcos costais em dois pontos distintos e bilaterais (setas).

Fraturas do esterno e luxação esternoclavicular

As fraturas do esterno podem ocorrer por trauma direto ou por mecanismo de hiperflexão da coluna vertebral e estão associadas a fraturas dos arcos costais e da coluna. Na TC, as fraturas podem ser mais bem observadas em reformatações nos planos sagital e coronal (Figura 4).

A luxação esternoclavicular está associada a traumas de alta energia e pode ser anterior ou posterior. A luxação anterior é a mais comum, geralmente diagnosticada no exame físico e não costuma apresentar complicações. Já a luxação posterior apresenta difícil diagnóstico clínico, pode provocar lesões em vasos e nervos mediastinais e necessita de redução cirúrgica. Na TC, o diagnóstico é mais fácil por meio de reformatações no plano coronal (Figura 5).

Fraturas da coluna vertebral

As fraturas da coluna vertebral podem ocorrer por diversos mecanismos como hiperflexão, hiperextensão, torção, compressão e hiperflexão lateral. As lesões podem ser caracterizadas por achatamento dos corpos vertebrais, subluxação das articulações interapofisárias e costovertebrais, fraturas de apófises, processos espinhosos e transversos, hérnias de disco e lesões ligamentares (Figura 6). Em casos mais graves, pode-se observar descontinuidade e desalinhamento entre os corpos vertebrais (Figura 7).

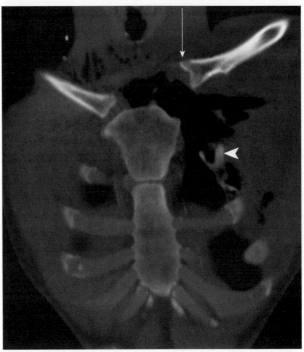

Figura 5 Atropelamento. Tomografia computadorizada de tórax em reformatação coronal evidencia luxação esternoclavicular esquerda (seta) e fraturas da porção cartilaginosa de arcos costais esquerdos (cabeça de seta).

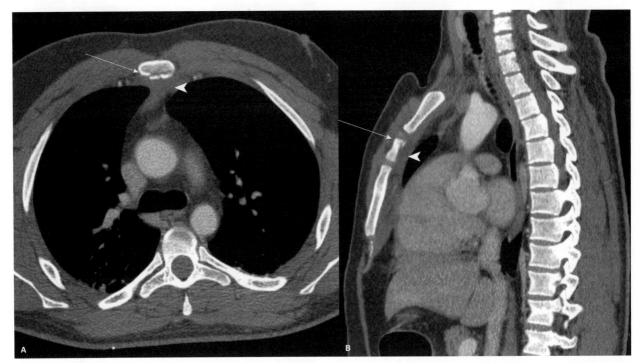

Figura 4 Acidente automobilístico. Tomografia computadorizada de tórax com corte axial e reformatação sagital mostrando fratura do corpo do esterno (seta) com pequeno hematoma adjacente (cabeça de seta).

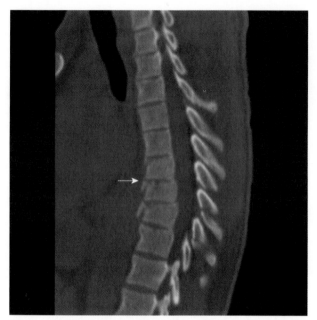

Figura 6   Queda de altura. Tomografia computadorizada de tórax em reformatação sagital evidencia fraturas da porção anterior de corpos vertebrais torácicos (seta).

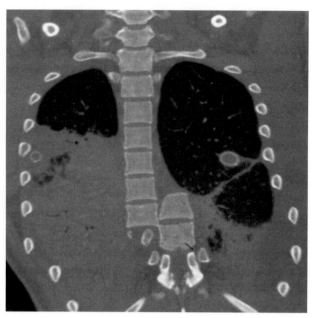

Figura 7   Acidente de motocicleta. Tomografia computadorizada de tórax em reformatação coronal evidencia fratura na coluna torácica com luxação lateral dos corpos vertebrais.

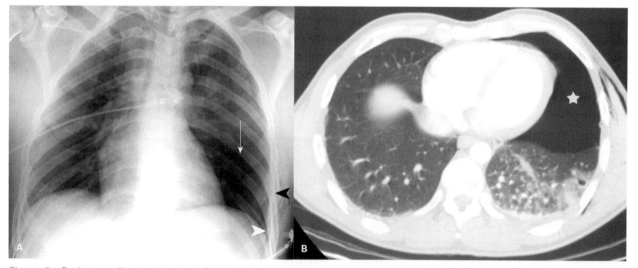

Figura 8   Paciente politraumatizado. A: Radiografia de tórax realizada no leito evidencia hiperlucência basal à esquerda (seta) e aprofundamento do seio costofrênico esquerdo (cabeça de seta branca). Há também fratura de arco costal adjacente (cabeça de seta preta). B: Tomografia de tórax na mesma data evidencia o pneumotórax à esquerda (estrela).

Pneumotórax

O pneumotórax é um achado frequente no trauma torácico, e tem como causas lesões penetrantes, fraturas de costelas, lesões pulmonares e traqueobrônquicas. Seu diagnóstico pode ser difícil na radiografia realizada no leito e em posição supina, uma vez que o ar fica coletado na região anterior do seio costofrênico e pode ser caracterizado como hiperlucência basal, aprofundamento do seio costofrênico (sinal do sulco profundo) e melhor definição dos contornos do coração e diafragma (Figura 8).

Na radiografia realizada em pé, o ar tende a coletar na região apical do hemitórax, sendo mais fácil a sua observação (Figura 9). A radiografia realizada em expiração pode facilitar a visualização desses achados. Na TC, seu diagnóstico é fácil, observando-se ar no espaço pleural. É importante reconhecer sinais de pneumotórax hipertensivo, caracterizados por rebaixamento do diafragma ipsilateral, desvio contralateral do mediastino, aumento dos espaços intercostais e ingurgitamento da veia cava inferior, pois necessita de abordagem imediata urgente (Figura 10).

Hemotórax

O hemotórax frequentemente coexiste com o pneumotórax. Além das fraturas da parede torácica, outras possíveis causas são as contusões e lacerações pulmonares, lesões de vasos intercostais ou da aorta e perfurações iatrogênicas decorrentes da passagem de cateteres, cânulas e drenos. Na radiografia, é observado como um derrame pleural, com aumento da densidade do hemitórax afetado. A TC permite a caracterização do sangue no espaço pleural, usualmente com atenuação entre 30 e 70 unidades Hounsfield (UH), variando conforme a quantidade de coágulos (Figura 11). O tratamento, em geral, consiste na drenagem do tórax, uma vez que pode evoluir para fibrose e encarceramento pleural.

No contexto do trauma, outros tipos de derrame pleural podem ocorrer, como o simples transudato, que pode decorrer da perda da dinâmica respiratória normal, com redução da drenagem do líquido fisiológico pleural e o quilotórax, em casos de lesão do ducto torácico.

Lesões diafragmáticas

As lesões diafragmáticas podem ser observadas nos traumas penetrantes, decorrentes de lesões diretas ao diafragma ou nos traumas fechados, por conta do aumento súbito da pressão intratorácica ou intra-abdominal. A ruptura diafragmática é mais comum à esquerda em razão da presença do fígado no hipocôndrio direito, que gera certa proteção ao diafragma.

Na radiografia, os sinais de ruptura do diafragma são hiperlucências bolhosas e níveis hidroaéreos na base torácica, aparente elevação ou indistinção do contorno diafragmático e localização intratorácica das vísceras abdominais. A TC permite facilmente identificar esta lesão e o eventual conteúdo abdominal herniado (Figura 12).

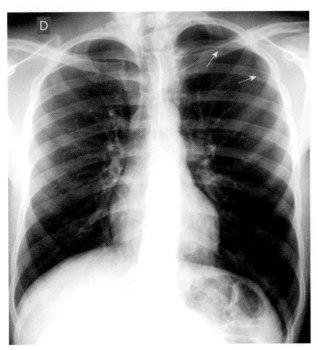

Figura 9 Radiografia de tórax realizada em pé evidencia pequeno pneumotórax no campo superior do hemitórax esquerdo (setas).

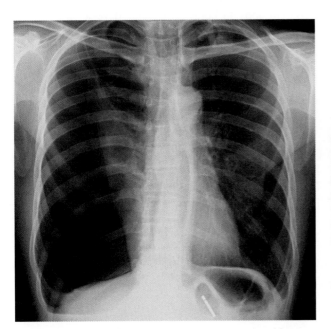

Figura 10 Radiografia de tórax mostra pneumotórax hipertensivo à direita, com rebaixamento e retificação da cúpula diafragmática direita e discreto desvio das estruturas mediastinais para a esquerda.

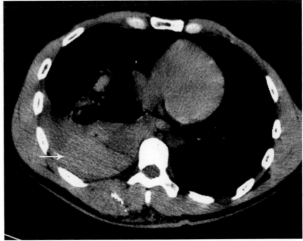

Figura 11 Vítima de ferimento por arma de fogo. Tomografia computadorizada evidencia hemotórax à direita. Nota-se a maior atenuação do sangue parcialmente coagulado (seta).

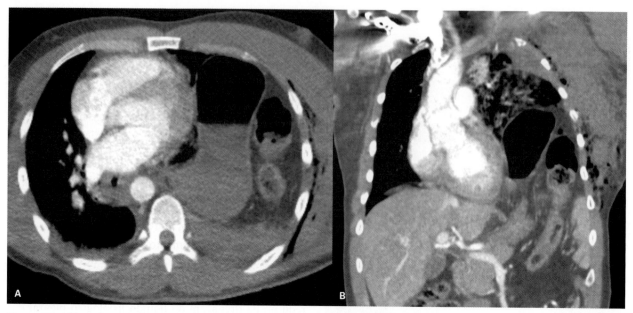

Figura 12 Vítima de atropelamento com ruptura diafragmática. Tomografia computadorizada corte axial (A) e reformatação coronal (B) evidenciam falha no diafragma esquerdo, com herniação do estômago e de parte do cólon e baço para a cavidade torácica.

Lesões pulmonares

Contusão pulmonar

As contusões pulmonares são caracterizadas por lesões nos espaços aéreos e em pequenos vasos pulmonares, levando a extravasamento de sangue para os alvéolos e o interstício. É mais comum na periferia do pulmão, por causa da compressão do parênquima sobre a parede torácica e a coluna vertebral. As contusões pulmonares aparecem nas primeiras horas após o trauma e tendem a reduzir após cerca de 48 horas. A TC é mais sensível que a radiografia para a detecção das contusões pulmonares, que se apresentam como áreas de preenchimento alveolar, variando de pequenos focos de vidro fosco até extensas consolidações alveolares (Figura 13).

No caso de as opacidades pulmonares aumentarem ou surgirem após 48 horas do trauma, deve-se suspeitar de outras causas, como infecção, síndrome da angústia respiratória aguda (SARA) e embolia gordurosa (Figuras 14 e 15).

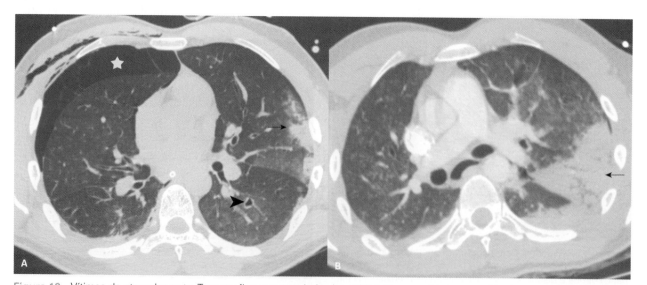

Figura 13 Vítimas de atropelamento. Tomografias computadorizadas evidenciam opacidades em vidro fosco e consolidações no pulmão esquerdo, compatíveis com contusões pulmonares (setas). Em A, há também pneumotórax à direita (estrela) e pequena laceração no pulmão esquerdo (cabeça de seta).

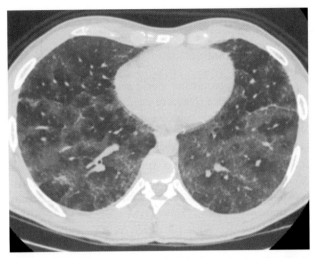

Figura 14 Embolia gordurosa. Queda de moto com fratura de fêmur; o paciente evoluiu com dispneia e rebaixamento do nível de consciência após fixação da fratura. Tomografia computadorizada evidencia opacidades em vidro fosco difusas pelos pulmões.

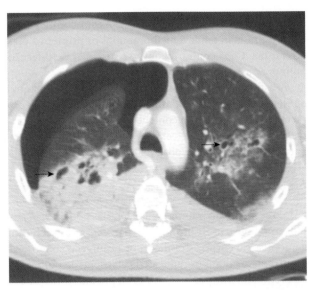

Figura 16 Vítima de atropelamento. Tomografia computadorizada evidencia lacerações pulmonares bilaterais circundadas por áreas de contusão pulmonar (setas). Pneumotórax à direita.

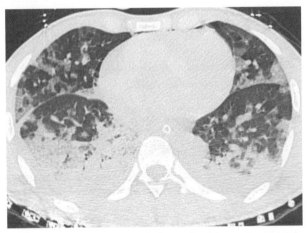

Figura 15 Síndrome da angústia respiratória aguda. Atropelamento; o paciente evoluiu com piora clínica após 48 horas do trauma. Tomografia computadorizada evidencia opacidades em vidro fosco e consolidações difusas pelos pulmões, com predomínio posterior e inferior.

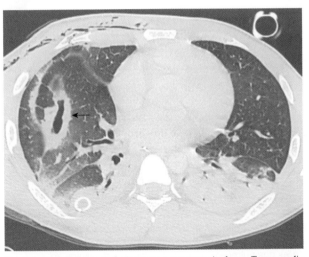

Figura 17 Vítima de ferimento por arma de fogo. Tomografia computadorizada mostra laceração do pulmão direito, no trajeto do projétil de arma de fogo, circundada por área de contusão pulmonar (seta).

Laceração pulmonar

As lacerações pulmonares são causadas por rupturas na integridade dos tecidos em razão de algum mecanismo de trauma. Essas lesões adquirem a forma arredondada ou ovalada por causa da extrema elasticidade do parênquima pulmonar, diferentemente das lacerações em órgãos sólidos abdominais que costumam ser lineares.

A TC também é mais sensível do que a radiografia nestes casos, caracterizando lesões arredondadas preenchidas por ar (pneumatoceles), sangue (hematoceles) ou ambos (hematopneumatoceles), frequentemente circundadas por áreas de contusão pulmonar (Figuras 16 e 17).

Ao contrário das contusões pulmonares, essas lesões têm uma evolução lenta, demorando semanas ou meses para resolução. As complicações são raras e incluem infecção e fístula broncopleural.

Aspiração

A broncoaspiração é frequente nos casos de trauma por conta de perda de consciência, intubação de emergência e eventuais manobras de reanimação cardiorrespiratória. Na TC podem ser observadas opacidades centrolobulares, opacidades em vidro fosco e consolidações alveolares, preferencialmente nas regiões posteriores e inferiores dos pulmões (Figura 18). Assim como a contusão pulmonar, tende a melhorar após os primeiros dias do trauma. Caso contrário, deve-se suspeitar de infecção pulmonar associada ou SARA.

A aspiração de corpos estranhos (p. ex., fragmentos de elementos dentários) também pode ocorrer, sendo caracterizada na TC como conteúdo endobrônquico (Figura 19). Nestes casos, atelectasias do parênquima pulmonar também podem ser observadas.

Atelectasias

No contexto do trauma, as atelectasias podem ser causadas por obstrução brônquica (por causa de secreção, hemoptise ou corpo estranho), por respiração superficial decorrente de dor, por redução da elasticidade pulmonar ou eventualmente por hemotórax ou pneumotórax. A TC é o melhor exame para identificar as atelectasias e para avaliação da árvore traqueobrônquica.

Lesões mediastinais

Pneumomediastino

O pneumomediastino pode ser um sinal de lesão traumática torácica. Decorre da dissecção de ar no mediastino, por meio de soluções de continuidade na pleura parietal (a partir de pneumotórax ou de ar ambiente), de fístulas entre o mediastino e o retroperitônio, de fístulas com vísceras ocas (esôfago, traqueia ou brônquios), ou oriundos do interstício pulmonar em razão da ruptura alveolar. É frequente a associação com enfisema dos planos subcutâneos.

O diagnóstico pode ser difícil na RX, sendo evidenciada área de hipertransparência junto aos contornos do mediastino ou ao redor dos brônquios e vasos (Figura 20). Outro sinal é o do diafragma contínuo, que ocorre quando o ar interposto ao coração delimita a porção central do

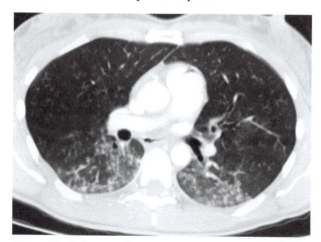

Figura 18 Politrauma. Tomografia computadorizada evidencia opacidades centrolobulares e em vidro fosco nas regiões posteriores dos pulmões, compatíveis com broncoaspiração.

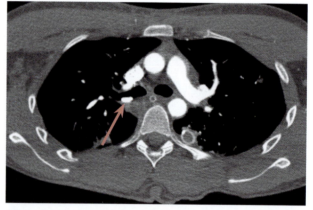

Figura 19 Politrauma. Tomografia computadorizada evidencia pequeno material denso no brônquio fonte direito (seta), correspondendo à aspiração de corpo estranho (fragmento dentário).

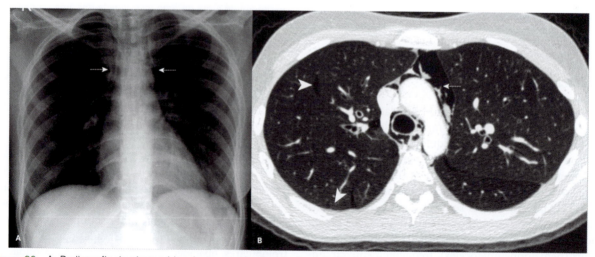

Figura 20 A: Radiografia de tórax evidencia pneumomediastino (setas). Tomografia computadorizada de tórax confirma o achado. Nota-se também enfisema intersticial no pulmão direito (cabeça de seta)

diafragma (Figura 21). Na TC, seu diagnóstico é simples, caracterizando-se ar no mediastino.

Aorta e grandes vasos

As lesões traumáticas da aorta torácica têm alta mortalidade e suas principais causas são acidentes automobilísticos, atropelamentos, quedas de altura e esmagamentos da caixa torácica. Os mecanismos responsáveis pelas lesões da aorta são complexos e incluem forças avulsivas, rápida desaceleração, aumento da pressão hidrostática e compressões ósseas.

Os locais mais comuns de lesão traumática na aorta são os pontos em que ela é mais fixa: próximo ao ligamento arterioso (também chamado de istmo da aorta, local mais frequentemente afetado), raiz da aorta e transição toracoabdominal, próximo ao diafragma. Os ferimentos penetrantes também podem causar lesões na aorta, assim como fragmentos ósseos de costelas ou vértebras.

A parede da aorta é constituída de três camadas: íntima (camada mais interna), média e adventícia. O espectro de lesões traumáticas da aorta inclui:

- Hemorragia intimal.
- Laceração da camada íntima com hemorragia intimal.
- Laceração das camadas íntima e média (podendo evoluir com dissecção, ruptura ou formação de pseudoaneurisma).
- Laceração completa da aorta (Figura 22).

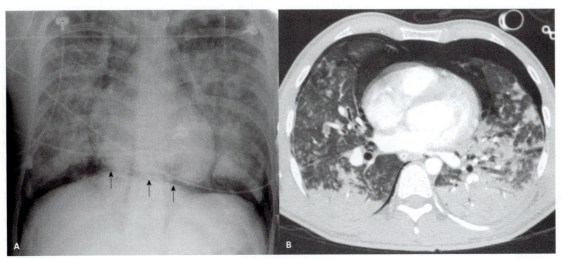

Figura 21 Politraumatizado. A: Radiografia de tórax evidencia pneumomediastino com o sinal do diafragma contínuo (setas) e área de hipertransparência ao redor do coração. B: Tomografia computadorizada de tórax confirma o achado. Há também múltiplas contusões pulmonares e pequeno pneumotórax bilateral.

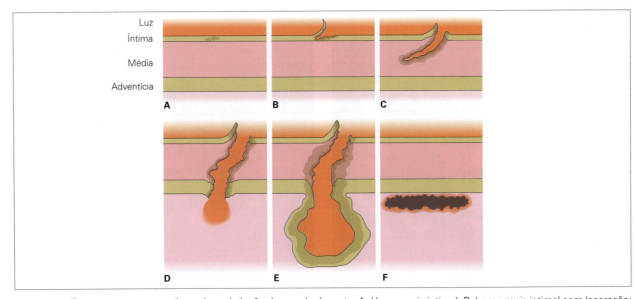

Figura 22 Esquema representando os tipos de lesão da parede da aorta. A: Hemorragia intimal; B: hemorragia intimal com laceração; C: laceração da camada média; D: laceração completa; E: pseudoaneurisma; F: hemorragia periaórtica.

O hematoma periaórtico é frequente por conta do sangramento de pequenas veias adjacentes à aorta, sangramento dos vasos que suprem as paredes da aorta (*vasa vasorum*) ou eventualmente sangramento da própria aorta. Na radiografia pode ser observado alargamento do mediastino e indefinição dos contornos da aorta. Essas alterações na radiografia apresentam alta sensibilidade, porém baixa especificidade e a TC é o método de escolha para avalição dessas lesões.

A TC com contraste permite melhor visualização do hematoma periaórtico e das eventuais lesões aórticas. São sinais tomográficos de lesão aórtica: a presença de *flap* endoluminal ou dissecção, pseudoaneurisma ou ruptura contida, trombo intramural ou endoluminal e irregularidades dos contornos da aorta (Figuras 23, 24 e 25).

No trauma torácico fechado, lesões em outros grandes vasos são incomuns, sendo mais frequente o acometimento do tronco braquiocefálico. Por outro lado, em traumas penetrantes, podemos observar lesões vasculares ao longo da trajetória do ferimento.

Coração

As lesões cardíacas são mais comuns no trauma penetrante e também apresentam alta mortalidade.

Lesões no pericárdio podem cursar com hemopericárdio ou pneumopericárdio e, eventualmente, acarretar tamponamento cardíaco. O ultrassom de emergência na beira do leito pode fazer rapidamente este diagnóstico. Em pacientes estáveis, a TC ou a ecocardiografia evidenciam melhor essas alterações (Figura 26).

As contusões cardíacas geralmente são diagnosticadas por meio de suspeita clínica, alterações no eletrocardiograma e nas enzimas cardíacas. Lesões nas câmaras e vál-

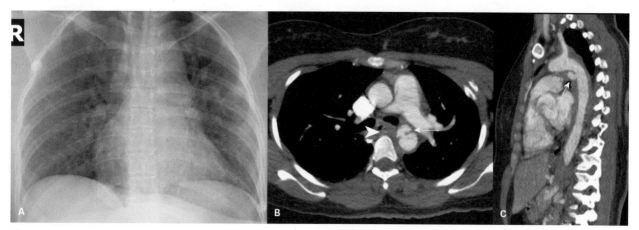

Figura 23 Acidente automobilístico. Radiografia de tórax de entrada evidencia alargamento do mediastino. Tomografia computadorizada de tórax corte axial e reformatação sagital mostram pseudoaneurisma traumático no istmo da aorta (setas) e hematoma periaórtico (cabeça de seta).

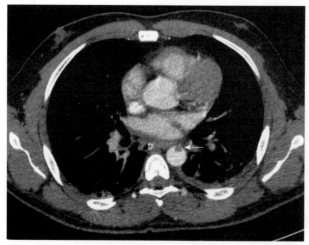

Figura 24 Acidente automobilístico com lesão traumática da aorta. Tomografia computadorizada de tórax evidencia irregularidade na luz da aorta com trombo endoluminal (seta)

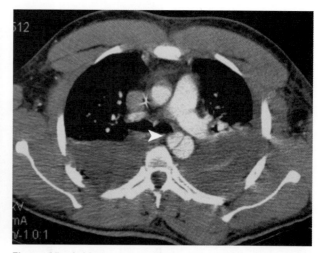

Figura 25 Acidente automobilístico com lesão aórtica. Tomografia computadorizada de tórax evidencia dissecção na luz da aorta (cabeça de seta).

vulas do coração são raras e mais frequentes em pacientes com alterações cardíacas prévias.

Esôfago

As lesões esofágicas são mais comuns nos traumas penetrantes e são de difícil diagnóstico. A trajetória da lesão penetrante pode ajudar nestes casos.

O sinal mais comum é o pneumomediastino, em geral em pequena quantidade e que no contexto de trauma pode acabar sendo atribuído a outras causas (Figura 27). A descontinuidade da parede esofágica dificilmente é caracterizada na TC, podendo-se utilizar meio de contraste oral para melhor caracterização. O diagnóstico muitas vezes é tardio, após o aparecimento de complicações como mediastinite e empiema pleural.

Árvore traqueobrônquica

Lesões da traqueia e brônquios são raras e apresentam alta morbidade e mortalidade. Podem ocorrer por trauma direto da traqueia na região cervical, por compressão sobre a coluna ou esterno, ou por aumento brusco da pressão intraluminal. As lesões são mais frequentes nos brônquios, sobretudo à direita. Na traqueia, as lesões mais frequentemente ocorrem a cerca de 2,0 cm acima da carina.

Os sinais indiretos de lacerações da árvore traqueobrônquica são o pneumomediastino e o pneumotórax. Outro sinal descrito é do balão do tubo traqueal hiperinsuflado (com diâmetro superior a 2,8 cm). Áreas de descontinuidade da parede traqueobrônquica raramente são observadas na TC (Figura 28).

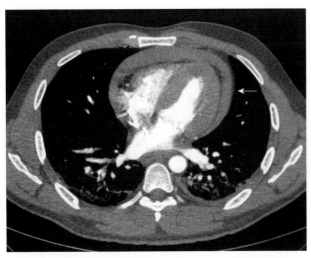

Figura 26 Ferimento por arma branca (faca) na região precordial. Tomografia computadorizada de tórax evidencia moderado hemopericárdio (seta).

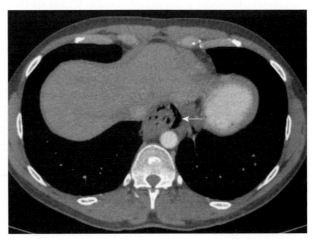

Figura 27 Laceração esofágica. Tomografia computadorizada de tórax evidencia ar fora da luz do esôfago, caracterizando pneumomediastino (seta).

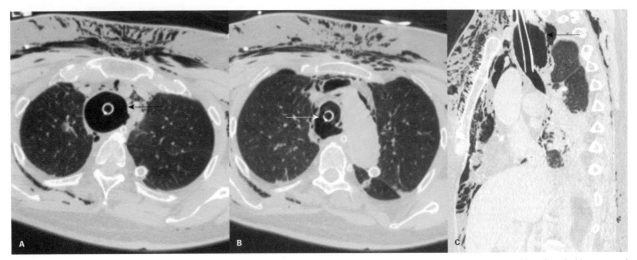

Figura 28 Laceração esofágica. Tomografia computadorizada de tórax, cortes axiais e reformatação sagital evidenciam balão traqueal hiperinsuflado (setas pretas) e laceração da parede posterior da traqueia (seta branca).

A presença de pneumotórax persistente após drenagem torácica deve levantar a suspeita de lesão da árvore traqueobrônquica com fístula broncopleural.

Em casos extremos de ruptura brônquica completa, pode-se observar o pulmão atelectasiado nas porções gravitacionalmente dependentes da cavidade torácica (sinal do pulmão caído).

Considerações finais

O trauma torácico é relativamente comum e apresenta alta morbidade e mortalidade.

A radiografia de tórax, apesar de ser um bom exame para a avaliação inicial, apresenta muitas limitações e, portanto, a TC tem papel fundamental nesses pacientes. A TC deve ser realizada preferencialmente com contraste endovenoso, para caracterização de possíveis lesões vasculares. Também é importante conhecermos os mecanismos de trauma e suas possíveis lesões traumáticas para podermos identificá-las corretamente nos exames de imagem.

Bibliografia sugerida

1. Durso AM, Caban K, Munera F. Penetrating thoracic injury. Radiol Clin N Am. 2015;53:675-93.
2. Gunn ML, Clark RT, Sadro CT, Linnau KF, Sandstrom CK. Current concepts in imaging evaluation of penetrating transmediastinal injury. RadioGraphics. 2014;34:1824-41.
3. Ho M, Gutierrez FR. Chest radiography in thoracic polytrauma. AJR. 2009;192:599-612.
4. Kaewlai R, Avery LL, Asrani AV, Novelline RA. Multidetector CT of blunt thoracic trauma. Radiographics. 2008;28:1555-70.
5. Miller LA. Chest wall, lung, and pleural space trauma. Radiol Clin N Am. 2006;44:213-24.
6. Peters S, Nicolas V, Heyer CM. Multidetector computed tomography-spectrum of blunt chest wall and lung injuries in polytraumatized patients. Clin Radiol. 2010;65(4):333-8.
7. Sangster GP, González-Beicos A, Carbo AI, Heldmann MG, Ibrahim H, Carrascosa P, et al. Blunt traumatic injuries of the lung parenchyma, pleura, thoracic wall, and intrathoracic airways: multidetector computer tomography imaging findings. Emerg Radiol. 2007;14:297-310.
8. Chen J, Shanmuganathan K, Mirvis SE, Killeen KL, Dutton RP. Using CT to diagnose tracheal rupture. AJR. 2001;176:1273-80.

14

Doenças da aorta torácica

Hilton Muniz Leão Filho
Marcelo Assis Rocha

Introdução

A avaliação da aorta por imagem vem evoluindo continuamente na radiologia, sobretudo por métodos de imagem seccional como a tomografia computadorizada (TC) e a ressonância magnética (RM), e o primeiro método vem sendo um dos mais utilizados atualmente. O advento de aparelhos de TC com múltiplas fileiras de detectores possibilitou uma avaliação muito mais rápida do tórax e das estruturas vasculares, com maior resolução espacial (sobretudo no eixo longitudinal) e promoveu a sincronização com o ciclo cardíaco, possibilitando uma melhor avaliação anatômica da raiz da aorta e de estruturas adjacentes (como as artérias coronárias). Essa mesma sincronização permite ainda uma avaliação do ciclo cardíaco, permitindo muitas vezes uma análise funcional das estruturas cardíacas (Figura 1).

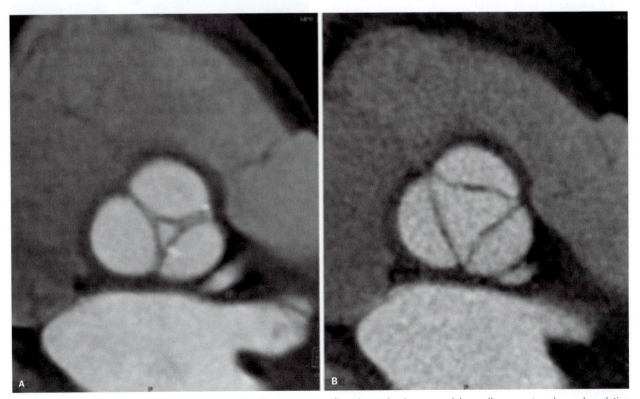

Figura 1   Avaliação da valva aórtica por tomografia. Exame tomográfico sincronizado com o ciclo cardíaco mostrando a valva aórtica na diástole máxima em A, onde se pode identificar o fechamento incompleto da valva (indicando insuficiência) e na sístole máxima em B, quando mostra aspecto preservado.

Neste capítulo abordamos as principais doenças adquiridas da aorta torácica, particularmente aneurismas e síndromes aórticas agudas como dissecção clássica, hematoma intramural e úlcera penetrante, todos tratados em itens distintos.

Aneurisma da aorta torácica

Anatomia

A aorta torácica é o segmento mais proximal da aorta, consistindo em uma estrutura tubular responsável pela distribuição de sangue oxigenado oriundo do ventrículo esquerdo a todos os segmentos do corpo. Ela se estende desde a via de saída do ventrículo esquerdo até a transição com a aorta abdominal, sendo este limite inferior pouco preciso, situado junto ao diafragma.

A aorta torácica consiste em quatro segmentos principais, a raiz da aorta que inclui o ânulo aórtico, as cúspides da valva aórtica e o seio de Valsalva, a porção ascendente que se estende desde a junção sinotubular (estreitamento discreto na transição entre o seio de Valsalva e as demais porções deste segmento) até a emergência do tronco braquicefálico. O segmento transverso (ou arco) progride desde a emergência do tronco braquicefálico até o istmo (situado entre a emergência da artéria subclávia esquerda e o ducto arterioso) e o segmento descendente, que é a maior porção, estendendo-se até a aorta abdominal (Figura 2).

A parede da aorta é dividida em três camadas principais, sendo a íntima a mais interna, constituída de apenas uma camada de células endoteliais. A íntima é separada da camada média pela lâmina elástica interna e esta última consiste em células musculares e tecido conjuntivo, sendo a mais espessa das três. A adventícia é a camada mais externa e contém tecido conjuntivo e nervos perivasculares. A parede da aorta recebe sua irrigação por difusão interna do sangue na luz, que envolve os segmentos mais proximais, notadamente a íntima e a região mais interna da média. Os segmentos mais externos recebem sangue oxigenado do *vasa vasorum*, pequenos vasos compostos de tecido conjunto e células musculares que penetram externamente da aorta e se originam de diversos segmentos arteriais, dependendo da altura da aorta (Figura 3).

Definição

O desenvolvimento de aneurismas na aorta e mesmo de dissecção foi classicamente denominada de necrose cística medial, apesar de ser um termo impróprio, pois não existem formações de cistos ou mesmo necrose na parede do vaso. O termo mais adequado seria uma degeneração da média, com perdas das fibras elásticas associadas a depósito de proteoglicanos na parede do vaso. Apesar de muitas vezes se identificarem alterações de aterosclerose associadas, o processo é muitas vezes superposto a degeneração. A perda de células musculares lisas na parede da aorta ainda é um processo questionado na literatura, podendo haver na verdade alguma alteração na orientação e arranjo das fibras em alguns pacientes portadores de mutações específicas, e em outros pode ocorrer um remodelamento (mesmo com áreas de hiperplasia) no processo de dilatação. Destaca-se ainda que, em pesquisas recentes, a patogênese de aneurismas e da dissecção da aorta tem demonstrado a influência de fatores inflamatórios, algo que classicamente era descartado na degeneração da média.

Todo o processo acima determina um aumento do calibre progressivo da aorta, com aspecto geralmente fusiforme, que pode ser classificado como ectasia quando o diâmetro é superior ao calibre máximo admitido para a aorta naquele paciente, porém não superior a 150% deste limite. Quando o diâmetro da aorta supera 150% do calibre máximo esperado para aquele segmento naquela faixa etária e gênero, é denominado como aneurisma. Essas duas definições compreendem o envolvimento das três camadas da aorta. Se existe a ruptura da parede da aorta em algum segmento e este é contido pelos tecidos adjacentes, essa alteração é denominada pseudoaneurisma. Outra definição interessante é a de arteriomegalia, considerada quando vários segmentos arteriais estão dilatados acima de 50% do calibre esperado para aquela região.

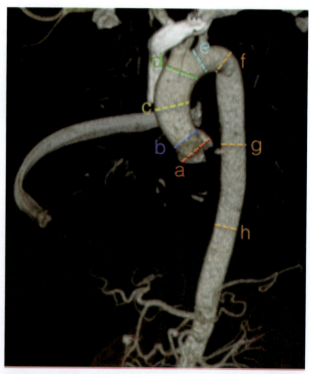

Figura 2 Anatomia da aorta torácica com pontos de medida recomendados.

a: Região dos seios de Valsalva (parte da raiz da aorta); b: junção sinotubular; c: terço médio da aorta ascendente; d: limite superior da aorta ascendente; e: segmento transverso que progride desde d até f; f: região do ducto arterioso; g e h: terços médio e inferior do segmento descendente.

14 DOENÇAS DA AORTA TORÁCICA

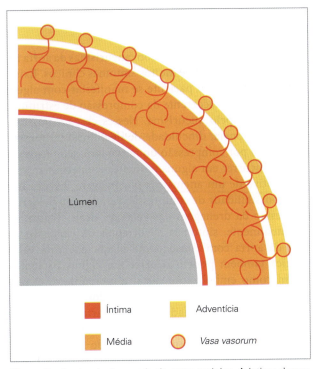

Tabela 1	Medidas gerais da aorta toracoabdominal		
Aorta torácica	Variação da média (cm)	Desvio-padrão (cm)	Método utilizado
Raiz ♀	3,5-3,72	0,38	TC
Raiz ♂	3,63-3,91	0,38	TC
Ascendente (♀/♂)	2,86	NA	Rx
Terço médio descendente ♀	2,45-2,64	0,31	TC
Terço médio descendente ♂	2,39-2,98	0,31	TC
Diafragmático ♀	2,40-2,44	0,32	TC
Diafragmático ♂	2,43-2,69	0,27-0,4	TC, arteriografia

Rx: radiografia; TC: tomografia computadorizada.
Modificada de Hiratzka, 2010.

Figura 3 Anatomia da parede da aorta torácica. A íntima demarcada em vermelho é a camada mais interna, constituída por uma camada de células endoteliais. A média é separada da íntima pela lâmina elástica interna e é a camada mais espessa, constituída de células musculares e tecido conjuntivo, sendo que sua porção mais interna é irrigada por difusão do sangue da luz da aorta e a mais externa por ramos do *vasa vasorum*. A adventícia é a camada mais externa, formada praticamente por tecido conjuntivo.

O diâmetro normal da aorta é afetado por múltiplos fatores, podendo variar com idade, sexo, tamanho do corpo e localização onde a medida é feita. Existem algumas tabelas com medidas de referência para o diâmetro da aorta, destacando-se da Sociedade de Cirurgia Vascular de 1991 (Tabela 1). Alguns estudos mostram que o diâmetro está mais relacionado com a área de superfície corporal, e esse parâmetro tende a anular as alterações relacionadas ao sexo do paciente. A aorta exibe uma redução gradual do calibre quanto mais distante se faz a medida, salientando-se que o diâmetro na altura dos seios de Valsalva tem de ser maior do que o do segmento ascendente, caso contrário este será considerado aumentado (mesmo se demonstrar um diâmetro normal para a faixa etária). Deve-se ter muita atenção em relação ao tipo de técnica empregada para se medir a aorta torácica, uma vez que técnicas ultrassonográficas geralmente não incluem a parede e podem determinar resultados levemente inferiores aos de métodos como a tomografia e ressonância (geralmente da ordem de 2 a 3 mm). A fase do ciclo em que se está estudando a aorta também pode afetar os valores de calibre, e a sístole determina resultados levemente superiores aos da diástole (também da ordem de 2 mm). Na tentativa de se resumir os resultados de diâmetro, tende-se a considerar o valor máximo permitido da aorta torácica como sendo cerca de 4,0 cm nos seios de Valsalva, 4,0 cm no segmento ascendente, 3,5 cm no segmento transverso e 3,0 cm no descendente, quando se está avaliando pacientes acima de 40 anos de idade pela tomografia. Os valores de pacientes pediátricos são muito variados e é recomendado utilizar tabelas específicas para melhor acurácia.

Epidemiologia

A prevalência de aneurismas da aorta torácica fica em torno de 10,4 por 100 mil habitantes por ano, sendo uma patologia relativamente comum da aorta, superado em frequência apenas pela aterosclerose e encontrado habitualmente na prática clínica do radiologista. A maioria é causada por fatores degenerativos que determinam uma expansão da luz da aorta. Os fatores de risco mais associados ao desenvolvimento de aneurisma são hipertensão arterial sistêmica, tabagismo e doença pulmonar obstrutiva crônica. Outros processos também estão associados, porém são encontrados menos frequentemente, como a presença de válvula aórtica bicúspide, algumas anomalias congênitas como síndromes de Marfan, Turner, Erlen-Danlos (do tipo IV) e Loyes-Dietz, além de doenças inflamatórias, assim como a possibilidade de uma herança genética, cunhada como síndrome do aneurisma da aorta familiar.

Deve-se ter em mente que a presença de aneurismas em outros segmentos da aorta também predispõe a envolvimento da aorta torácica. Alguns estudos mostram que pacientes com aneurismas da porção abdominal apresentam dilatação do segmento torácico em cerca de 30%. Da mesma forma, a presença de aneurismas da aorta torácica está relacionada a um risco maior de aneurismas em segmentos periféricos, particularmente das artérias poplíteas, que costumam ficar excluídas da análise de imagem inicial, sendo encontrados em algumas séries em até 14% (Quadro 1).

Além do próprio risco de morte pela expansão do aneurisma com eventual ruptura, o aneurisma está ainda relacionado a aumento no risco de outros eventos cardiovasculares mais provavelmente relacionados aos fatores de risco descritos anteriormente (tabagismo e hipertensão). Dessa forma, a mortalidade em 10 anos, decorrente de causas não relacionadas diretamente ao aneurisma (como infarto agudo do miocárdio e eventos isquêmicos cerebrais), é cerca de 15 vezes mais frequente. E esses riscos permanecem elevados mesmo quando existe a correção satisfatória do aneurisma.

Quadro 1 Recomendações em pacientes com aneurismas de aorta – torácico e abdominal

Recomendação	Classe	Nível
Quando um aneurisma da aorta é identificado em qualquer local, recomenda-se avaliar toda a aorta e sua valva no diagnóstico e acompanhamento	I	C
Em casos de aneurisma da aorta abdominal, deve-se considerar a triagem ultrassonográfica de doença arterial periférica e aneurismas desses ramos	IIa	C
Pacientes com aneurismas da aorta têm risco aumentado de doença cardiovascular. Os princípios gerais de prevenção dessas doenças devem ser considerados	IIa	C

Modificado de The Task Force for the Diagnosis and Treatment of Aortic Diseases of the European Society of Cardiology (ESC), 2014.

Diagnóstico

A maioria dos pacientes com aneurismas da aorta torácica (AOT) não exibe muitos sintomas clínicos. Existe a possibilidade de o paciente se manifestar com algum tipo de quadro decorrente da compressão de estruturas mediastinais pelo aneurisma. Nesses casos a possibilidade de dispneia, dificuldade de deglutição ou mesmo rouquidão por compressão do nervo laríngeo recorrente pode ocorrer em alguns pacientes e determinar uma busca ativa de um aneurisma por imagem. Existe, ainda, a possibilidade de compressão venosa com posterior congestão da drenagem das veias cervicais (Figura 4). Eventualmente, sintomas decorrentes da expansão da raiz da aorta com consequente insuficiência da valva aórtica também podem ocorrer em alguns pacientes, assim como embolização distal e, por último, dissecção e ruptura com sintomas mais agudos. No entanto, o diagnóstico é determinado na maior parte das vezes por meio de algum estudo de imagem. Eventualmente, uma radiografia indicando uma expansão do mediastino levantaria a suspeita do aneurisma, que teria de ser avaliado posteriormente por um estudo mais específico de imagem, como TC, RM ou mesmo técnicas de ultrassonografia (transtorácica ou, mais precisamente, uma pela via transesofágica). O diagnóstico é realizado quando se identifica uma expansão da luz da aorta maior que 150% do diâmetro máximo esperado para o paciente em questão. É importante frisar que a parede da aorta deve ser incluída na medida, independentemente da medida da luz pérvia do segmento acometido. O trombo mural que circunda a maioria dos aneurismas determina um

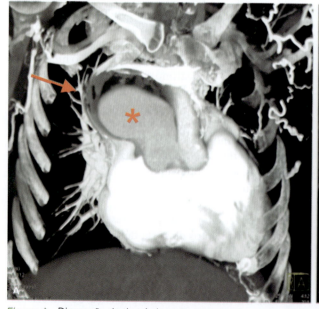
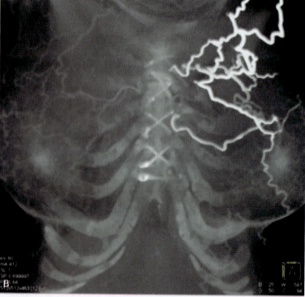

Figura 4 Dissecção do tipo A da aorta com grande expansão do segmento ascendente (* em A), determinando compressão e afilamento importante da veia cava superior (seta em A), com múltiplas colaterais em paciente com sintomas de congestão facial/cervical. Observar ainda as colaterais superficiais em B.

prognóstico pior por alterações inflamatórias e fragilidade da íntima adjacente a ele, com consequente taxa de expansão maior que aneurismas sem componentes de trombos murais. A mensuração do aneurisma (e de qualquer segmento da aorta) também deve obedecer ao eixo verdadeiramente perpendicular ao maior diâmetro do vaso, sendo muitas vezes necessário realizar reformações multiplanares com angulações para se obter a medida desejada, sem correr o risco de superestimar a medida (Figura 5). Atualmente existem várias opções de *softwares* que possibilitam, de forma automática ou semiautomática, a mensuração do eixo axial verdadeiro de qualquer ponto na aorta (ou qualquer outro vaso), tornando esse trabalho significativamente mais fácil e reprodutível. Alguns estudos mostram que essas técnicas tornam as medidas mais concordantes entre leitores com menor e maior experiência (Figura 6).

A medida correta do aneurisma para se definir o diagnóstico de aneurisma (ou ectasia, úlcera e mesmo dissecção) é apenas um dos pontos a serem abordados no exame da aorta, no que diz respeito a mensuração e planejamento terapêutico. Com o avanço das técnicas de tratamento endovascular, existem vários pontos fundamentais a serem observados nessa análise, devendo-se sempre utilizar os mesmos princípios de eixos perpendicular e paralelo já descritos. A estratégia de planejamento está mais bem detalhada no item seguinte.

Uma vez feito o diagnóstico, deve-se excluir a possibilidade de instabilidade ou mesmo ruptura do aneurisma, algo que combina os achados de imagem com os dados clínicos. O critério de imagem mais aceito para se colocar o paciente em determinado prognóstico é a simples medida do aneurisma, e quanto maior o aneurisma, maior sua chance de ruptura. Existe um fato interessante relacionado ao risco de ruptura pelo tamanho do aneurisma: ele é bem pequeno (menor que 5%) em diâmetros inferiores a 6 cm na aorta, e aumenta subitamente para mais de 30% quando se ultrapassa essa medida, chamada de *hinge point* (ou ponto da dobradiça). Logo, a maioria das diretrizes recomenda a abordagem do aneurisma da aorta ascendente em pacientes assintomáticos com diâmetros ≥ 5,5 cm (classes I ou IIa de recomendação/nível de evidência: C) em que o risco de uma cirurgia eletiva é menor que o risco de um evento adverso potencialmente fatal. Aneurismas com menos de 5,5 cm devem ser abordados caso o crescimento deles seja superior a 0,5 cm/ano, destacando-se que a expansão esperada é de 0,1 a 0,42 cm ao ano. Vale a pena lembrar que a presença de algumas doenças coloca o paciente em risco maior de ruptura do aneurisma mesmo em menores diâmetros, tornando a recomendação de cirurgia mais precoce. Pacientes com síndromes de Marfan, Turner, Ehlers-Danlos (tipo IV), valva aórtica bicúspide ou história familiar de aneurisma ou dissecção devem ser abordados quando a aorta atinge diâmetros de 4-5,0 cm (grau de recomendação I/evidência: C). Pacientes com síndromes de Loeys-Dietz, mutação TGFBR1 ou TGFBR2 também devem ser abordados mais precocemente, quando a aorta atinge 4,2 cm (recomendação IIA) (Quadro 2). Em várias dessas síndromes é inclusive recomendado um exame de base ao diagnóstico e pelo menos um exame seriado em 6 meses para documentar a expansão.

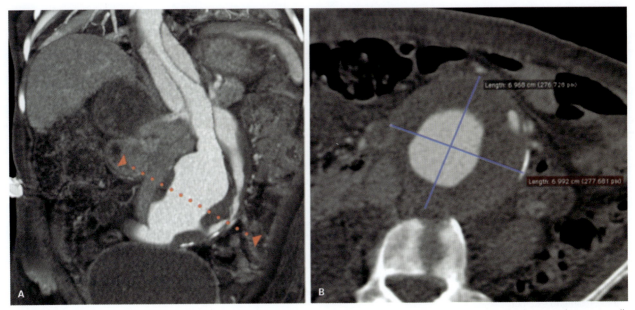

Figura 5 Mensuração correta de aneurismas da aorta. Deve-se sempre orientar o plano de forma a obedecer o eixo perpendicular verdadeiro do vaso, conforme identificado pela linha pontilhada em A, e incluir o componente de trombo mural, conforme demonstrado em B.

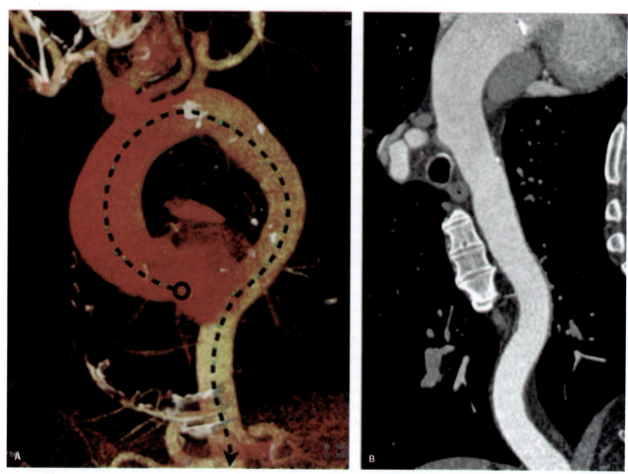

Figura 6 Avaliação automática da aorta torácica. Atualmente vários programas dedicados de análise vascular em estações de trabalho ou mesmo no sistema PACS permitem traçar de maneira automática ou semiautomática a linha de centro da aorta e exibir em cada ponto o verdadeiro eixo perpendicular, facilitando muito o trabalho de mensuração correta de seus segmentos. Em A vemos uma imagem 3D da aorta com a linha determinada por um programa e em B a reformação curva do trajeto da aorta.

Quadro 2 Recomendações de cirurgia em pacientes assintomáticos com aneurismas de aorta torácica		
Recomendação	Classe	Nível
Pacientes assintomáticos com aneurismas da aorta torácica, dissecção crônica, HIM, UPA, aneurisma micótico ou pseudoaneurisma, considerados aceitáveis para cirurgia e cujo diâmetro do segmento ascendente ou seio de Valsalva é 5,5 cm ou maior, devem ser avaliados para cirurgia	I	C
Pacientes com síndrome de Marfan ou outra desordem genética (Ehlers-Danlos vascular, Turner, valva aórtica bicúspide ou aneurisma e dissecção familiar da aorta torácica) devem se submeter a cirurgia com diâmetros menores da aorta (4,0-5,0 – dependendo da condição) para evitar dissecção ou ruptura	I	C
Em paciente com aneurismas de crescimento maiores que 0,5 cm/ano, deve se considerar a cirurgia	I	C
Em pacientes com indicação de troca de valva aórtica que exibem aneurismas da aorta ascendente ou da raiz maiores que 4,5 cm, deve-se considerar abordagem da aorta concomitante	I	C
Cirurgia da aorta é razoável em pacientes com síndrome de Marfan, outras doenças genéticas ou valva bicúspide quando a razão da maior área da raiz da aorta (ou segmento ascendente) dividida pela altura do paciente em metros é maior que 10	IIa	C
É razoável para pacientes com síndrome de Loeys-Dietz ou uma mutação confirmada de TGFBR1 ou TGFBR2 que se submetam a reparo da aorta quando o diâmetro alcança 4,2 cm (por ecocardiograma transesofágico) ou 4,4-4,6 por TC ou RM (diâmetro externo)	IIa	C

HIM: hematoma intramural; RM: ressonância magnética; TC: tomografia computadorizada; UPA: úlcera penetrante.
Modificado de Hiratzka, 2010.

Além do diâmetro, existem outros sinais de instabilidade que devem ser avaliados em pacientes com aneurismas da aorta torácica, salientando-se que sua relevância é menor. Um dos mais citados é o sinal do crescente hiperdenso (Figura 7), inicialmente introduzido por Mehard e Garnic em 1992, sendo também descrito por outros autores. Está relacionado a uma maior chance de ruptura do aneurisma. Essa hiperatenuação do trombo foi inicialmente considerada como superior à luz da aorta, porém menor que as calcificações e posteriormente relatada como superior à musculatura adjacente. Apesar de relativamente discutida na literatura radiológica, os autores do capítulo não conseguem reproduzir ou mesmo identificar esse sinal na prática clínica, a não ser se identificado no acompanhamento do paciente com aneurisma. Um sinal mais preocupante também amplamente descrito (porém com nomenclatura distinta) é o da aorta "drapeada" (Figura 8), definido classicamente na aorta abdominal, como uma lobulação periférica do aneurisma (particularmente no aspecto posterolateral) com perda dos planos de clivagem gordurosos com a musculatura do psoas em razão de uma ruptura "contida". Esse sinal foi inicialmente descrito por Pillari em 1988, porém ele chamou a atenção da descontinuidade das calcificações associada a ele, o que também é determinado pela ruptura contida, com ruptura da íntima e demais segmentos da aorta. Este é um sinal de instabilidade importante e deve ser destacado no relatório para chamar a atenção do solicitante para o processo. Um ponto que pode gerar dúvida é se o componente de trombo mural poderia oferecer alguma proteção para o aneurisma, reduzindo a possibilidade de ruptura. É preciso esclarecer que a presença de trombo mural é um fator de pior prognóstico, conforme já discutido, relacionado a alterações inflamatórias, maior fragilidade da íntima e expansão do aneurisma. Destaca-se ainda que na experiência do autor a área de ruptura dos aneurismas geralmente é direcionada para pontos com o componente de trombo mural (Figura 9). A presença/desenvolvimento de dissecção em um aneurisma também determina aumento no risco de sua expansão e ruptura, porém é um evento relativamente raro.

Tratamento

O tratamento dos aneurismas da aorta torácica é geralmente dependente do segmento acometido. Caso seja o segmento ascendente, o tratamento preconizado na maioria das vezes é a ressecção do aneurisma com interposição de prótese vascular na porção envolvida. Existem, no entanto, vários procedimentos auxiliares que podem ser realizados durante a correção cirúrgica de aneurismas do segmento ascendente, como a revascularização cirúrgica do miocárdio, correção de problemas na válvula, defeitos septais, entre outros. A maioria desses procedimentos pode ser prevista se um estudo direcionado de angiotomografia de coronárias e aorta torácica for utilizado com a sincronização ciclo cardíaco, desde que se estejam disponíveis estações de trabalho com programas dedicados para essa avaliação (Figura 10). Existem várias possibilidades de tratamento, particularmente em pacientes com doença valvular concomitante, lembrando que naqueles em que a indicação de cirurgia primária é a doença valvular, os diâmetros da aorta que levariam a uma intervenção seriam menores que os preconizados em pacientes normais, em torno de 4,5 a 5,0 cm.

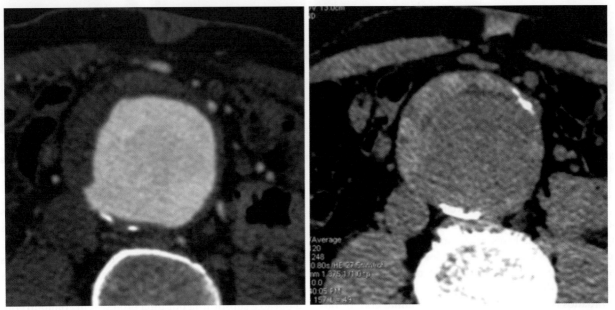

Figura 7 Sinal do crescente hiperdenso. Observar como o trombo mural relacionado ao aneurisma mostra-se espontaneamente hiperdenso em relação à musculatura adjacente na série sem contraste. Este sinal tem sido relacionado à eminência de ruptura da aorta, mesmo que não seja amplamente aceito.

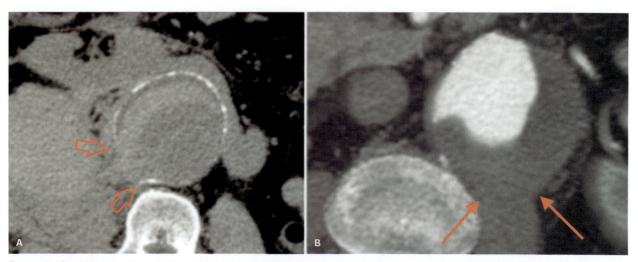

Figura 8 Sinal da aorta "drapeada" e descontinuidade das calcificações. Observar a descontinuidade das calcificações intimais no aspecto posterolateral direito em A (setas abertas), onde já existia franca ruptura e a lobulação dos contornos do aneurisma da aorta abdominal com a musculatura do psoas à esquerda (setas), indicando a possibilidade de ruptura contida.

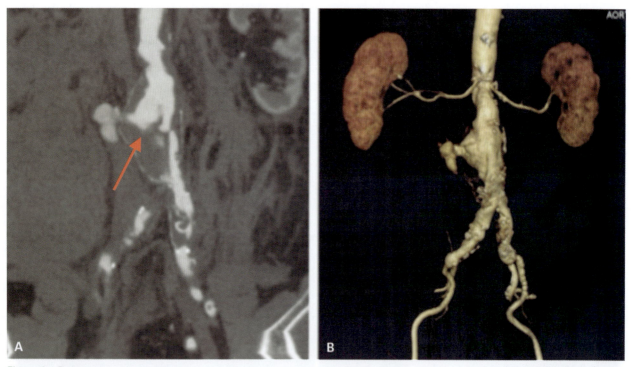

Figura 9 Ruptura de pequeno aneurisma de aorta na região de maior componente de trombo mural. Esse caso demonstra o aspecto de ruptura com fluxo na aorta abdominal, geralmente envolvendo o aspecto de maior componente de trombo mural, conforme pode ser identificado em A (seta).

Os aneurismas que envolvem o segmento transverso da aorta são geralmente abordados de acordo com a sua topografia. Esses aneurismas estão associados a maiores riscos quando comparados aos que envolvem isoladamente as aortas ascendente ou descendente. A experiência dos autores é que apenas raramente eles são abordados de forma isolada ou em conjunto com os outros, sendo a cirurgia reservada apenas para quando suas dimensões são muito exageradas. Da mesma forma que o descrito para a aorta ascendente, aneurismas com taxas de expansão maiores que 0,5 cm/ano ou mesmo aqueles associados a sintomas como rouquidão (envolvimento do nervo laríngeo recorrente esquerdo), distúrbios da deglutição ou mesmo dispneia devem ser abordados classicamente. Se apenas a porção proximal é envolvida, a opção é substituí-la por uma prótese (em conjunto com o segmento ascendente). Caso todo o segmento transverso esteja envolvido, têm-se utilizado enxertos vascu-

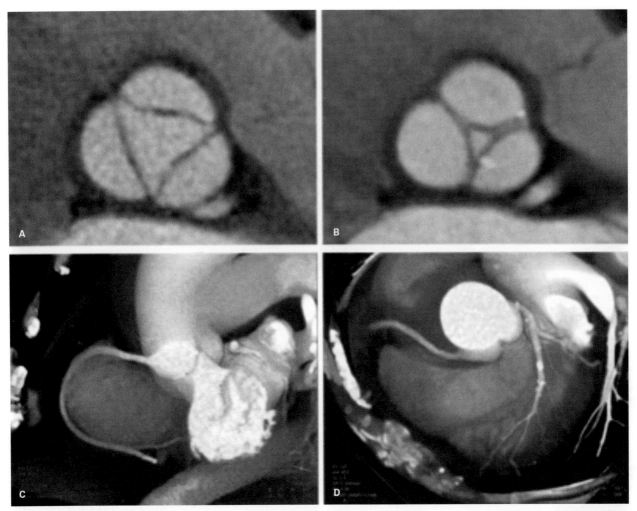

Figura 10 Paciente com aneurisma da aorta ascendente (não demonstrado nas imagens), com avaliação concomitante e dinâmica da válvula aórtica e artérias coronárias, durante o ciclo cardíaco. A, B: Imagem transversal da válvula na sístole e diástole respectivamente, onde se pode identificar insuficiência da válvula (que poderia inclusive ser quantificada no mesmo momento). C, D: Representação das coronárias que exibem algumas placas calcificadas, porém sem estenose significativa.

lares para os ramos supra-aórticos, com anastomose nas próteses do segmento ascendente. Geralmente ectasias menores que 4,0 cm no segmento transverso podem ser acompanhadas por imagem com intervalos de 12 meses e aquelas maiores que 4,0 cm (porém menores que 5,5 cm) a intervalos semestrais. Existe, ainda, a possibilidade de tratamento combinado de aneurismas difusos da aorta torácica, com envolvimento dos segmentos ascendente, transverso e descendente, podendo-se dividir a abordagem com correção dos dois primeiros segmentos inicialmente com um enxerto mais alongado que é anastomosado na porção descendente e fica "livre" no interior dela para correção futura, como uma espécie de "tromba". Esse tipo de correção é denominado tromba de elefante (*elephant trunk*) e tem sido utilizado com certa frequência nesses comprometimentos mais exuberantes.

A avaliação dos enxertos vasculares na aorta por imagem é geralmente simples. Existem vários tipos de enxertos e técnicas que podem ser utilizados na substituição da aorta ascendente e do segmento transverso. Pode-se incluir ou não a região bulbar na cirurgia, reimplantando as artérias coronárias no enxerto ou se preservando a saída delas. O próprio enxerto pode ter atenuação distinta da aorta e, portanto, ser facilmente identificado como uma estrutura levemente mais densa nas imagens pré-contraste, caso seja sintético (Figura 11). Se o tecido utilizado for biológico (no caso de próteses e valvas porcinas, por exemplo), sua atenuação é semelhante à das estruturas e, portanto, de difícil identificação. Algumas vezes pode-se utilizar tiras de feltro para se reforçar algumas regiões da aorta em cirurgias que envolvem o segmentos fragilizados pela doença de base, destacando-se que essas tiras são mais densas, podendo simular uma deiscência de sutura se a fase pré-contraste não for avaliada com cautela (Figura 12). Não é incomum que se tenham algumas "dobras" na prótese da aorta ascendente, mais bem identificadas em formatações sagitais e coronais, não tendo, na maioria das vezes, significado clínico. Pode-se se utilizar ainda

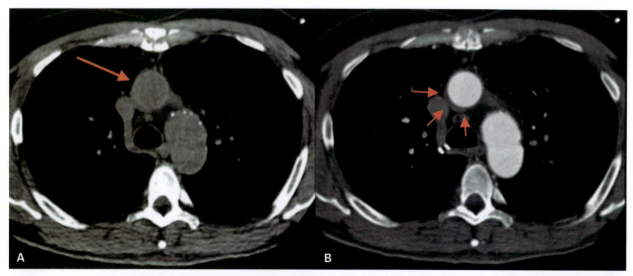

Figura 11 Avaliação pós-operatória da aorta. Observar a densidade mais elevada do enxerto sintético no segmento ascendente da aorta para correção de aneurisma em A (seta). Caracteriza-se ainda material circundando o aspecto posterior da prótese (setas em B), achado habitual e sem significado clínico quando discreto.

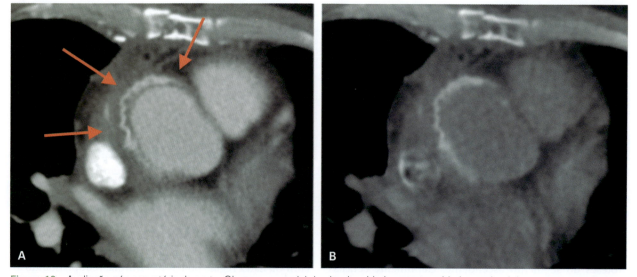

Figura 12 Avaliação pós-operatória da aorta. Observar material de alta densidade na extremidade proximal do enxerto vascular, que poderia ser confundido com uma área de deiscência de sutura em A (setas), mas na técnica pré-contraste virtual em B (exame adquirido com dupla energia) pode-se observar que é um material espontaneamente hiperdenso da cirurgia prévia.

uma proteção da prótese da aorta para evitar fístulas e/ou aderências com estruturas adjacentes, podendo ser utilizada a própria parede da aorta, tecidos biológicos ou mesmo componentes de gordura do omento.

No pós-operatório é comum identificar coleções líquidas que circundam o enxerto, geralmente de atenuação baixa e homogênea, em particular nas primeiras semanas, sendo constituídas de uma mistura de sangue, seroma e fibrose, que tende a reduzir com o passar do tempo e em geral não determina preocupação. Se o componente líquido persistir ou mesmo aumentar, deve-se considerar a possibilidade de infecção da prótese, podendo-se prosseguir com punção para análise. Da mesma forma, o surgimento de material gasoso de permeio a estas coleções sugere a possibilidade de infecção. Raramente a deiscência de sutura também pode se apresentar desta maneira, sendo preciso ter cautela e sempre avaliar pontos de opacificação extrínsecos ao enxerto. Essas deiscências são eventos raros e não devem ser confundidos com áreas de ramificações fechadas do enxerto (como para reimplatação de vasos).

O tratamento de aneurismas do segmento descendente da aorta foi o que mais sofreu modificações nos últimos anos, particularmente pelo desenvolvimento de endopróteses autoexpansivas para correção deles. Deve-se ter em mente que pacientes com aneurismas nessa topografia devem ser abordados independentemente do método de tratamento, mesmo quando assintomáticos, quando o diâmetro atinge cerca de 5,5 cm, a menos que sejam pacientes com aneurismas extensos e muito complicados, nos quais se pode aguardar até 6,0 cm. As endopróteses supracitadas foram desenvolvidas por Juan Carlos Parodi, um médico argentino, em 1991, para o tratamento de aneurismas da aorta abdominal, ganhando rápida aceitação, sendo posteriormente utilizadas para o tratamento de aneurismas da aorta torácica descendente e mesmo de dissecções nesta última topografia. Apesar de ser possível tratar aneurismas do segmento descendente utilizando a técnica aberta convencional, a maioria dos autores têm notado uma mudança brusca na direção do tratamento endovascular nos últimos anos. No entanto, não existe nenhum estudo prospectivo randomizado que determine que o tratamento endovascular seja superior ao convencional aberto. Vários estudos unicêntricos não randomizados e algumas metanálises têm mostrado benefício no tratamento endovascular, sendo particularmente direcionado para pacientes mais idosos, com expectativa de vida reduzida e maiores comorbidades, o que tornaria a abordagem convencional mais complicada. Geralmente o uso de endoprótese reduz a taxa de mortalidade inicial, e esta fica semelhante ao da abordagem aberta no tempo médio de acompanhamento (disponível na literatura). A mortalidade geral nos pacientes com endoprótese parece estar mais relacionada a problemas cardiovasculares do que com eventos relacionados diretamente ao aneurisma. Deve-se lembrar que não existem dados robustos o suficiente para se afirmar que o uso de tratamento endovascular reduziu as taxas de eventos neurológicos (isquemia medular) ou mesmo os custos gerais em relação ao tratamento convencional. De qualquer forma, o uso desses aparatos determinou uma brusca mudança na avaliação pré e pós-operatória dos pacientes, conforme detalhado a seguir.

A avaliação do aneurisma para o tratamento endovascular requer um grau de complexidade maior que o exigido para o tratamento aberto, uma vez que essas próteses são o mais específicas possível para cada paciente. Os principais pontos a serem avaliados são (Figuras 13 e 14):

- Diâmetro e comprimento do sítio de ancoragem: é a região onde ficará a extremidade proximal da prótese, algumas vezes referida como colo proximal do aneurisma. É uma das medidas mais importantes a ser relatada e o diâmetro vai definir o calibre da prótese a ser solicitada (cerca de 10-20% superior ao da aorta) e sua extensão vai determinar a possibilidade de se usar esse tratamento. A extensão é mensurada a partir de um vaso importante (normalmente a subclávia esquerda) e deve ser de cerca de 1,5 cm para segurança da abordagem. A presença de trombos circunferen-

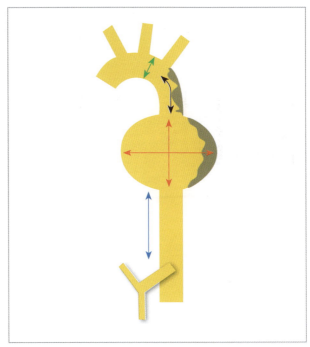

Figura 13 Avaliação pré-operatória da aorta. Observar as principais medidas necessárias para se solicitar uma endoprótese autoexpansiva da aorta torácica. Mensuração de comprimento e extensão do colo proximal (em verde e preto respectivamente), medida do colo distal (em azul, relacionado ao tronco celíaco) e as medidas do aneurisma (em vermelho), particularmente o comprimento. A caracterização de placas ateromatosas no colo proximal é importante para se verificar a fixação da endoprótese.

ciais, sejam eles calcificados ou não nessa topografia, limita esse tipo de tratamento pelo risco de deslocamento da prótese por delaminação das placas.
- Angulação do sítio de ancoragem: geralmente é algo mais utilizado para a aorta abdominal, podendo ser mensurado de acordo com o eixo perpendicular do aneurisma e do colo proximal. Se for muito acentuado, pode dificultar o procedimento, com surgimento de *endoleaks*. Além da mensuração do ângulo, pode-se ainda usar o índice de tortuosidade da aorta, que é a razão entre a extensão do aneurisma considerando sua curvatura sobre a medida linear da sua distância.
- Formato do sítio de ancoragem: também mais utilizado na aorta abdominal, pode eventualmente ser importante na torácica e diz respeito à morfologia tridimensional do colo proximal. A morfologia cônica (colo mais largo na extremidade inferior) tem um pior prognóstico que a cônica reversa (colo mais estreito inferiormente) e está relacionada a uma chance maior de desenvolvimento de *endoleaks* do tipo I.
- Diâmetro e extensão do aneurisma: o diâmetro do aneurisma tem um papel predominantemente relacionado ao prognóstico e à chance de ruptura, com uma importância secundária no planejamento da prótese. A extensão do aneurisma é um aspecto mais

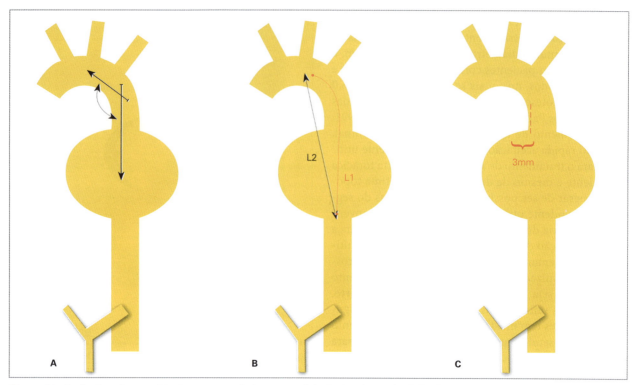

Figura 14 Avaliação pré-operatória da aorta, com ênfase na morfologia do colo proximal. Em A vemos a mensuração do ângulo do colo proximal, salientando-se que ângulos muito agudos, particularmente aqueles menores que 140° ou mesmo a 120° estão mais relacionados com complicações. O índice de tortuosidade B é análogo ao ângulo, sendo calculado como L1/L2, e resultados maiores que 1,2 são mais difíceis de se tratar. A morfologia cônica reversa definida em C também é um fator de prognóstico pior para colocação de próteses.

importante no planejamento, para que se possa solicitar uma prótese adequada a fim de revestir todo o segmento afetado.

- Medidas do colo distal: o colo distal muitas vezes é ignorado nos exames de imagem, particularmente porque no tratamento atual dos aneurismas de aorta recomenda-se sempre o uso de endopróteses ramificadas com componentes ilíacos. No entanto, o tratamento adequado de aneurismas da aorta torácica requer a descrição entre a distância da extremidade inferior dele para os vasos viscerais mais craniais, notadamente o tronco celíaco. Deve-se lembrar que o tronco celíaco pode ser ocluído para o tratamento adequado de aneurismas adjacentes, uma vez que existe uma grande circulação colateral entre esses seus ramos e a artéria mesentérica superior. Deve-se ter em mente que existem modelos atuais de endopróteses ramificadas que podem revestir todo o segmento toracoabdominal, mas ainda são pouco utilizadas no nosso país (Figura 15).

- O aspecto das artérias ilíacas, ou mesmo das subclávias, é outro fator importante a ser considerado, pois são as vias de colocação das endopróteses. Como o aparato consiste no fio guia, no mecanismo de abertura e na própria prótese, ele é calibroso e geralmente necessita de um calibre de luz opacificada de pelo me-

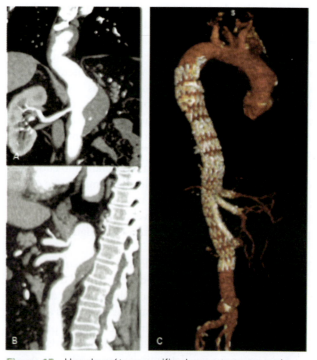

Figura 15 Uso de prótese ramificada para tratamento de extenso aneurisma envolvendo o segmento descendente da aorta torácica e a aorta abdominal em A e B. Observar que o aneurisma foi tratado inteiramente pelo uso de endoprótese ramificada em C, onde se observa a presença de *stents* nos principais ramos abdominais. Caso cedido pelo Dr. Guilherme Mourão – SP.

nos 0,7 cm para passar. É ainda importante detalhar tortuosidades muito acentuadas, para que o intervencionista possa escolher a via mais adequada.

Uma vez colocada a endoprótese, o paciente deve ser seguido por exames de imagem indefinidamente para avaliação de complicações relacionadas ao procedimento. O acompanhamento geralmente é realizado por TC e inicia-se com 1 mês pós-procedimento, sendo o próximo realizado em 6 meses e depois continua-se com avaliação anual do paciente indefinidamente. O acompanhamento com uso de TC sem contraste pode ser utilizado habitualmente nesses pacientes após o primeiro estudo de controle e, se as dimensões do saco aneurismático não sofrerem mudança superior a 2%, pode-se continuar com exames sem contraste. Caso exista aumento superior a 2% nas dimensões do saco, deve-se prosseguir com estudo contrastado imediatamente. O acompanhamento deve continuar mesmo com a redução progressiva do saco aneurismático, pois existem relatos de ruptura nesses casos.

Existem vários tipos de complicações decorrentes do uso de endopróteses para o tratamento de aneurismas da aorta torácica. Como em todo procedimento, pode haver problemas durante a implantação da próstese, com consequente trombose do segmento envolvido, infecção no sítio de punção ou no local de tratamento, pseudoaneurismas (Figura 16), entre outros. Porém, existem problemas relacionados predominantemente ao tratamento endovascular, destacando-se os extravasamentos para o saco aneurismático (*endoleaks*) e migração da prótese.

A migração é descrita como um evento raro no acompanhamento desses pacientes, ocorrendo em torno de 3,6% ao ano em algumas séries mais antigas (2003), e esses números são provavelmente bem menores em situações atuais onde existe um ganho de experiência com esses dispositivos. Esse tipo de complicação geralmente acontece em casos de aposição incompleta, seleção errada de próteses, colo proximal com morfologia ruim ou mesmo com muito envolvimento ateromatoso. É importante lembrar que a migração pode ocorrer como evento precoce ou mesmo tardio, com a alteração da morfologia do saco aneurismático.

Os extravasamentos de contraste para o saco aneurismático (*endoleaks*) são o evento adverso mais comumente relacionado com o uso de endopróteses. Em uma grande revisão feita em 1.757 pacientes nos Estados Unidos pelo Registro da Fundação Lifeline para endopróteses, verificou-se a presença de *endoleaks* em 17% dos pacientes. Existem cinco tipos de *endoleaks*, descritos a seguir.

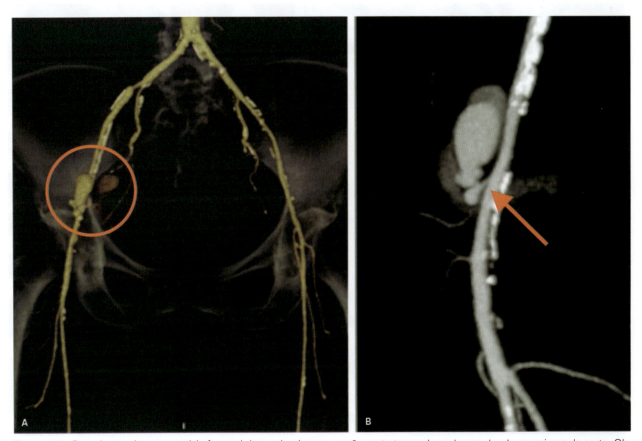

Figura 16 Pseudoaneurisma na artéria femoral determinado por punção no tratamendo endovascular de aneurisma da aorta. Observar am A o pseudoaneurisma (círculo) no sítio de punção, melhor caracterizado em B, onde se identifica a área de comunicação com a artéria femoral (seta).

- Tipo 1: é o resultado do posicionamento inadequado da endoprótese, recobrindo parcialmente os limites do aneurisma, e a opacificação do saco aneurismático se faz pela extremidade proximal (tipo 1A) ou distal (tipo 1B) da endoprótese, sendo ele exposto a pressão da aorta e com risco de ruptura. Este tipo de extravasamento costuma ser corrigido ativamente, em geral de maneira endovascular (Figuras 17 e 18).
- Tipo 2: é o tipo mais frequente, relacionado a fluxo retrógrado de ramos periféricos do saco aneurismático, ocorrendo em cerca de 20-30% dos pacientes na análise inicial e persistindo em 6 meses em cerca de 10-15% dos casos. Muitas vezes esses tipos de extravasamento ficam restritos à periferia do saco aneurismático, não comprometendo sua malha metálica e intimamente relacionados aos vasos adjacentes responsáveis pelo fluxo retrógrado (Figura 19). Esse tipo de complicação geralmente é acompanhado em um primeiro momento, podendo ser abordado se houver crescimento significativo do saco aneurismático ou mesmo persistência do achado em 6 meses. O tratamento é relativamente complexo, pois consiste na embolização do ramo responsável pelo achado (geralmente a artéria subclávia ou mesmo ramos inter-

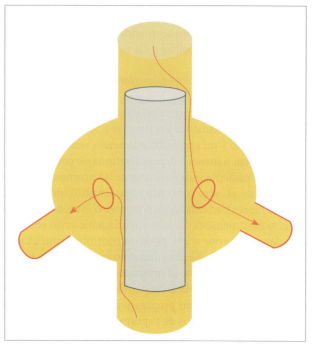

Figura 17 Esquema gráfico de *endoleak* do tipo 1. O fluxo do sangue para a área de opacificação origina-se a partir da extremidade da endoprótese, seja ela cranial ou caudal. O fluxo pode então ficar restrito ao saco ou opacificar algum ramo periférico obstruído.

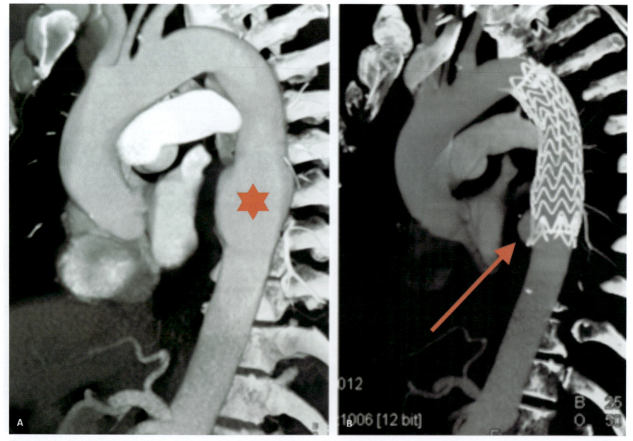

Figura 18 Aneurisma na aorta torácica descendente (estrela em A), com tratamento por endoprótese. Observar que o posicionamento da endoprótese ficou pouco acima do ideal, deixando uma porção do aneurisma não revestida e determinando um *endoleak* do tipo 1B (seta em B).

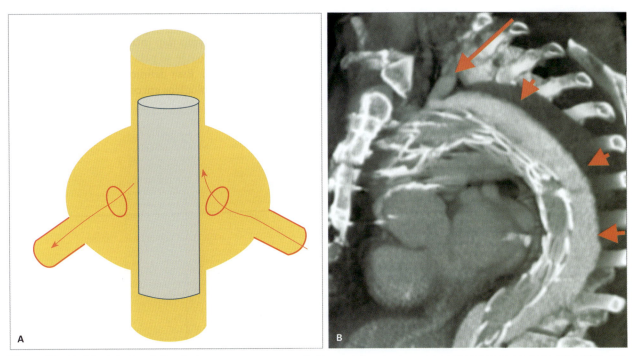

Figura 19 *Endoleak* do tipo II. Em A observa-se o esquema do fluxo retrógrado dos vasos adjacentes ao saco aneurismático, responsáveis pela sua opacificação. Em B caracteriza-se um exemplo dessa complicação com opacificação extensa do saco (pontas de setas) por fluxo retrógrado da artéria subclávia esquerda (seta – posteriormente ocluída – não demonstrada na imagem).

costais), por via dos seus colaterais. Pode-se também utilizar um agente esclerosante diretamente no saco aneurismático, na região do *endoleak*.
- Tipo 3: está relacionado a um problema na endoprótese, geralmente por ruptura do tecido que envolve a malha ou mesmo por desconexão dos componentes das endopróteses (Figura 20). Esse tipo de complicação também expõe o saco aneurismático aos níveis pressóricos da aorta, de forma semelhante ao tipo 1, com chances significativas de ruptura e, portanto,

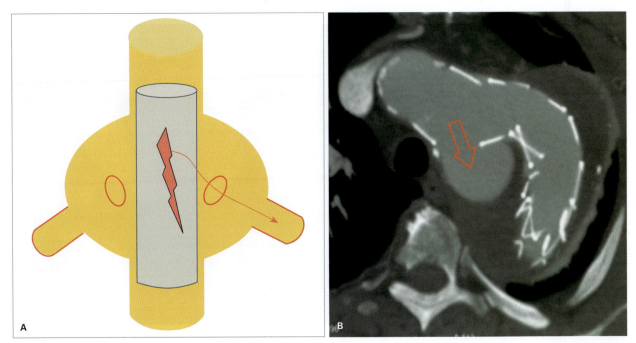

Figura 20 *Endoleak* do tipo III. Em A observa-se um desenho esquemático de ruptura da malha que reveste a endoprótese, com o fluxo opacificando o saco aneurismático. Em B caracteriza-se um exemplo dessa complicação com opacificação nodular do saco, determinada por ruptura nítida da prótese com alargamento/afastamento da malha metálica.

deve ser abordado ao diagnóstico, na maioria das vezes. Acredita-se que sua incidência possa aumentar com o tempo de acompanhamento dos pacientes, que vão exibindo mudanças morfológicas na aorta e distorções da endoprótese.

- Tipo 4: esse era um tipo de endoprótese relacionado com uma alteração da porosidade da malha do dispositivo. Geralmente identificado durante o procedimento intervencionista como um *blush* no saco aneurismático e corrigido com a retirada da anticoagulação do paciente (Figura 21). Esse tipo de complicação não acontece com os novos tipos de próteses.
- Tipo 5 (endotensão): esse tipo descreve uma expansão do saco aneurismático, sem que se identifique área de opacificação. Geralmente é um diagnóstico de exclusão, e algumas das vezes pode estar relacionado à não identificação de *endoleak* de baixo fluxo por um método (p. ex., TC), que poderia ser identificado por outro (RM). Seu tratamento e abordagem são ainda controversos, sendo, no entanto, um evento raro.

Dissecção clássica da aorta

A dissecção clássica da aorta (DA) é definida como uma ruptura da íntima e da média por um evento agudo, com fluxo sanguíneo no interior desta última, separação das camadas e consequente criação de duas (ou mais) luzes na aorta, uma falsa (criada pelo evento) e outra verdadeira, revestida pela íntima (Figura 22). Normalmente existe o ponto de ruptura intimal principal que iniciou o processo e outros de reentrada por uma extensão variável no trajeto da aorta. As duas luzes são separadas pelo *flap* intimomedial (o termo *flap* intimal é errôneo, uma vez que ele é constituído não só pela íntima, mas por porções variáveis da média). Essa definição determina os principais aspectos morfológicos encontrado na DA: um duplo

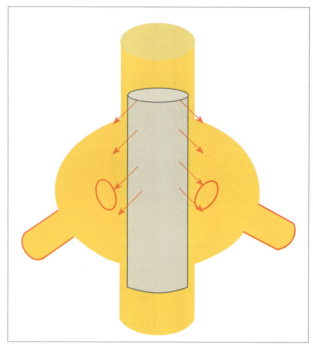

Figura 21   *Endoleak* do tipo IV. Este tipo de opacificação geralmente não é identificado no acompanhamento dos pacientes, apenas durante o ato de colocação da endoprótese, em que se observa um leve *blush* de realce no saco aneurismático. Geralmente a retirada da anticoagulação resolve o problema.

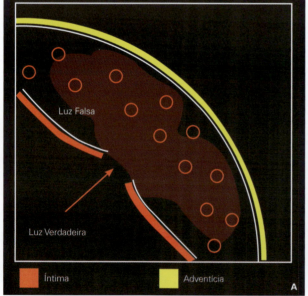
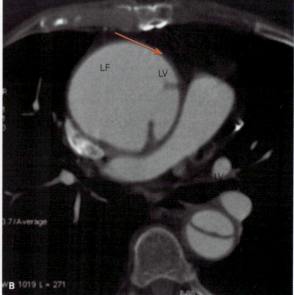

Figura 22   Desenho esquemático da dissecção clássica da aorta em A. Observar a área de ruptura intimal e o fluxo de sangue na média da aorta (luz falsa). Os círculos no interior da média são os *vasa vasorum*. B: Imagem axial de exame de angiotomografia em paciente com dissecção do tipo A, mostrando área de ruptura intimal no segmento ascendente com luzes falsa (LF) e verdadeira (LV) que progride pelo segmento descendente.

lúmen na aorta envolvida e a separação deles por uma lâmina de tecido de partes moles (*flap*). A proporção da camada média que permanece na luz falsa da dissecção tem uma importância de prognóstico, pois está relacionada com a fragilidade desta luz e a probabilidade de ruptura, destacando-se que a ruptura deste compartimento é a principal causa de morte dos pacientes.

Epidemiologia

A DA exibe uma prevalência estimada até 3,5 casos por 100 mil habitantes, o que está correlacionado a cerca de 10 mil casos por ano nos Estados Unidos. Deve-se ressaltar, no entanto, que essa estatística é provavelmente subestimada e que a prevalência da doença parece estar aumentando nos últimos anos, independentemente do aumento da idade em geral. Dada a gravidade da doença e sua alta mortalidade, uma proporção significativa dos pacientes acometidos provavelmente não chega a receber o tratamento médico (e o diagnóstico), falecendo antes de chegar ao hospital. Existem ainda outros pacientes que chegam efetivamente a receber tratamento inicial no hospital, porém falecem antes que o diagnóstico preciso seja estabelecido e a causa da morte é relacionada à outra entidade. Os dados do Registro Internacional de Dissecção Aguda da Aorta (IRAD) mostram que homens são mais acometidos pela dissecção clássica, representando cerca de 65% dos pacientes, com uma idade média de acometimento de 63 anos. Apesar de menos acometidas, as mulheres têm prognóstico pior que o dos homens. O fator de risco mais comumente observado é a hipertensão arterial sistêmica (em cerca de 65-75% dos casos), geralmente mal controlada, e associações com doenças preexistentes da aorta, da valva aórtica, história de cirurgia cardíaca, tabagismo e uso de drogas intravenosas também são conhecidas (Quadro 3). A doença tem uma alta mortalidade, e cerca de 40% dos pacientes morrem imediatamente após o início dos sintomas, com uma mortalidade de 1% por hora dos que conseguem sobreviver ao primeiro momento. Ainda, cerca de 5-20% falecem durante a cirurgia ou mesmo pouco tempo após o procedimento.

Classificação

A DA tem algumas classificações relacionadas à sua topografia, sendo a de Stanford a mais simples e frequentemente utilizada nos relatos. Essa classificação é determinada pelo envolvimento do segmento ascendente, sendo assim determinada como do tipo A de Stanford, ou pela ausência de envolvimento desta porção, caracterizada como tipo B de Stanford. Vale lembrar que se a dissecção envolve e se inicia no segmento transverso, ela será classificada como do tipo B (Figura 23). Esta classificação determina o risco de óbito do paciente, e aqueles com o tipo

Quadro 3 Fatores de risco associados à dissecção da aorta torácica

Condições associadas a aumento do estresse na parede da aorta

Hipertensão, particularmente se não controlada

Feocromocitoma

Uso de cocaína ou outro estimulante

Levantamento de peso ou outras manobras de Valsalva

Trauma

Desaceleração ou lesão de torção (acidente de veículo)

Coactação da aorta

Condições associadas a anormalidades da média da aorta

Genética:
- Síndrome de Marfan
- Síndrome de Ehlers-Danlos (forma vascular)
- Valva aorta bicúspide
- Síndrome de Turner
- Síndrome de Loeys-Dietz
- Síndrome do aneurisma ou dissecção familiar da aorta torácica

Vasculites inflamatórias:
- Arterite de Takayasu
- Arterite de células gigantes
- Arterite de Behçet

Outras:
- Gravidez
- Doença renal policística
- Administração de imunossupressores ou corticosteroides crônicos
- Infecções que envolvem a parede da aorta ou adjacentes

Modificado de Hiratzka, 2010.

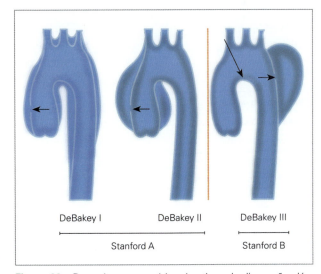

Figura 23 Desenho esquemático dos tipos de dissecção clássica da aorta, mostrando a classificação de DeBakey no aspecto superior, onde o envolvimento do segmento ascendente pode ser subdividido e a mais utilizada de Stanford na região inferior, mais simples e que apenas diferencia o envolvimento do segmento ascendente como A e sua ausência como B. Se a porção transversa for envolvida a dissecção também será de Stanford B.

A têm o dobro do risco dos demais, geralmente secundário às complicações mais graves que podem ocorrer neste tipo (como tamponamento cardíaco, insuficiência aórtica e coronária etc.). Esta divisão também determina o tipo de abordagem clássica dos pacientes, e aqueles do tipo A serão inicialmente tratados cirurgicamente, com algum tipo de substituição do segmento ascendente (com ou sem troca da válvula) e os do tipo B serão conduzidos clinicamente. Outra classificação utilizada é a de DeBakey, menos comum e um pouco mais complexa. Ela é dividida em tipo I, nos casos em que o acometimento se inicia no segmento ascendente e progride para o transverso ou mesmo para o descendente, tipo II quando apenas o segmento ascendente é envolvido e o tipo III, quando o início da dissecção é no segmento descendente, podendo ser ainda subdividido em IIIa, quando restrito à aorta torácica, acima do diafragma, e IIIb, quando a aorta abdominal também é acometida.

Sintomatologia (Tabela 2)

A dissecção ainda pode ser classificada como aguda ou crônica, relacionada ao tempo de início dos sintomas clínicos, particularmente da dor. Ela é definida como aguda se identificada até 2 semanas do início da dor, subaguda se entre 2 e 6 semanas e crônica se depois de 6 semanas. A clínica é mais comumente associada à dissecção clássica da aorta e suas variantes (que serão expostas posteriormente), é a dor torácica aguda, ocorrendo em cerca de 80% dos pacientes com o envolvimento do segmento ascendente e cerca de 70% daqueles com com-

prometimento do descendente, sendo abrupta em 85% dos casos. A dor também pode ser posterior e abdominal em cerca de 40-25% dos pacientes, respectivamente. Alteração do pulso, apesar de frequentemente relacionada ao diagnóstico de dissecção, só é observado em cerca de 30% dos casos de pacientes com a dissecção do tipo A e 15% daqueles com a do tipo B. Deve-se ter em mente que os aspectos clínicos da DA foram demonstrados como falhos em um número significativo de casos nos estudos do IRAD. Em relação às complicações cardíacas, a regurgitação aórtica é frequentemente identificada em pacientes com DA do tipo A, ocorrendo em aproximadamente 40-75% dos casos e sendo a segunda causa de mortalidade nesses pacientes após a ruptura da aorta acometida. Ainda dentro das alterações cardíacas, podem ser encontrados casos de isquemia mesentérica em até 15% dos pacientes, geralmente secundário a dissecções do tipo A, com expansão da luz falsa e oclusão do óstio das coronárias por ela, ou eventualmente extensão da dissecção para esses ramos. Eventualmente pacientes com dissecções do tipo B também podem apresentar sinais de isquemia miocárdica, relacionada a potencial hipotensão e choque. Outros sintomas, como insuficiência congestiva, podem estar relacionados principalmente ao grau de regurgitação aórtica, sendo encontrado em menos de 10% dos casos, podendo também acontecer tanto em pacientes com tipos A e B.

Problemas pulmonares como derrames pleurais pequenos não são incomuns, geralmente como resultado do processo inflamatório resultante da dissecção, destacando-se que grandes volumes hemáticos decorrentes de extravasamento de sangue para a pleura raramente podem ocorrer. Outras complicações pulmonares como compressões das estruturas vasculares e brônquicas podem acontecer de forma bastante rara, determinando primariamente alterações congestivas, destacando-se que em alguns casos de dissecções do tipo A pode haver a progressão do processo pela bainha da artéria pulmonar.

Complicações neurológicas podem ocorrer em cerca de 10-40% dos casos e são geralmente determinadas por alterações isquêmicas por envolvimento dos ramos supra-aórticos (encontrados de forma mais frequente na invaginação intimointimal), ou por eventuais compressões nervosas secundárias à expansão da luz falsa. Quando essas complicações ocorrem geralmente dominam o quadro clínico, sendo transitórias em cerca de 50% dos casos. Alterações relacionadas ao comprometimento da medula por envolvimento de ramos espinhais é muito raro, sendo encontrado em menos de 1% dos pacientes.

Existe ainda a possibilidade de comprometimento dos órgãos abdominais pelo envolvimento de ramos viscerais (cerca de 5% dos pacientes desenvolvem isquemia mesentérica), resultado de seu envolvimento pela dissecção, podendo ser silencioso em até 40% das vezes, devendo-se manter elevada a suspeição clínica deste

Tabela 2 Principais apresentações clínicas da dissecção da aorta

Clínica	Tipo A	Tipo B
Dor torácica	80%	70%
Dor posterior	40%	70%
Início agudo da dor	85%	85%
Dor migratória	< 15%	20%
Regurgitação aórtica	40-75%	N/A
Tamponamento cardíaco	< 20%	N/A
Infarto ou isquemia miocárdica	10-15%	10%
Falência cardíaca	< 10%	< 5%
Derrame pleural	15%	20%
Síncope	15%	< 5%
Déficit neurológico maior	<10%	< 5%
Dano na medula espinhal	< 1%	NR
Falência renal aguda	< 20%	10%
Isquemia mesentérica	< 5%	NR
Isqueimia de membros inferiores	10%	10%

Modificado de Authors/Task Force Members Document, 2014.

acometimento, pois sua presença determina um prognóstico nitidamente pior, com mortalidade intra-hospitalar até três vezes maior. Alguns estudos apontam que o estudo de imagem, particularmente a TC, pode demonstrar essa complicação muitas vezes antes de qualquer alteração clínica e laboratorial. A falência renal é mais comumente encontrada em casos de dissecção, com frequência de 20% no tipo A e 10% no B, secundária a hipotensão prolongada, choque e eventualmente comprometimento direto das artérias que irrigam os rins. É importante relembrar que a avaliação completa da dissecção da aorta torácica compreende também o estudo do abdome, uma vez que o acometimento é muitas vezes simultâneo.

Diagnóstico e abordagem

Uma vez avaliado um paciente com suspeita de dissecção, existem algumas prioridades que devem ser sempre analisadas e detalhadas ao clínico e/ou cirurgião para que o paciente possa ser abordado de forma adequada (Quadro 4). O primeiro aspecto é confirmar a dissecção da aorta, uma vez que outras patologias podem se apresentar com características clínicas semelhantes, particularmente outras síndromes aórticas agudas que possuem tratamento distinto da dissecção clássica. Em seguida, faz-se necessário classificar o tipo de acometimento, no caso, sobretudo se houve o envolvimento do segmento ascendente (tipo A de Stanford ou I/II de DeBakey), onde classicamente seria necessária a abordagem cirúrgica. Uma vez identificado que o segmento ascendente está envolvido, deve-se proceder em reconhecer e descrever algumas alterações associadas a um pior prognóstico, como a presença de efusões pleurais e pericárdicas, uma morfologia muito irregular da aorta, sugerindo maior instabilidade dela, o envolvimento de artérias coronárias (Figura 24) e mesmo o comprometimento dos ramos supra-aórticos. Existe uma complicação rara porém interessante na dissecção do tipo A, que é a extensão da dissecção pela bainha da artéria pulmonar. Esse tipo de complicação acontece por conta de uma bainha conjunta da aorta e do tronco da artéria pulmonar; logo, com pontos de ruptura no aspecto posterior do segmento ascendente, existe a possibilidade de dissecção da artéria pulmonar e de seus ramos (Figura 25). Alguns autores ainda referem um pior prognóstico quando os ramos pulmonares mais distais são acometidos. O segmento ascendente pode ainda ser acometido por um tipo de dissecção atípica, conhecida como invaginação intimointimal, onde toda a circunferência da íntima é rompida em determinada altura e existe uma invaginação cranial desta, geralmente interrompida na região da emergência do tronco braquiocefálico (Figura 26). Esse tipo de dissecção não exibe o *flap* característico, mas deve-se estar atento para não se classificá-la erroneamente com um aneurisma da aorta ou mesmo uma dissecção do tipo B.

O envolvimento dos segmentos transverso e descendente é algo que requer maior detalhamento na descrição radiológica. Inicialmente tratado de modo conservador, apenas com medicação, esse tipo de acometimento re-

---

Quadro 4 Pontos-chave a serem avaliados no estudo de imagem das síndromes aórticas agudas

Dissecção da aorta:
- Visualização do *flap* médio intimal
- Extensão da doença de acordo com a segmentação anatômica da aorta
- Identificação das luzes falsa e verdadeira
- Localização de áreas de entrada e reentrada
- Identificação de dissecção aórtica anterógrada e/ou retrógrada
- Identificação, graduação e mecanismos de regurgitação da valva aorta
- Envolvimento de ramos secundários
- Detecção de má perfusão
- Detecção de isquemia de órgão
- Detecção de derrame pericárdio e a sua gravidade
- Detecção e caracterização de derrame pleural
- Detecção de sangramento periaórtico
- Sinais de sangramento mediastinal

Hematoma intramural:
- Localização e extensão do espessamento da parede da aorta
- Caracterização de doença ateromatosa preexistente (deslocamento do cálcio intimal)
- Presença de rupturas intimais (ulcerações)

Úlcera penetrante:
- Localização da lesão (extensão e profundidade)
- Coexistência de hematoma intramural
- Presença de sangramento periaórtico
- Espessura da parede remanescente da aorta

Modificado de Authors/Task Force Members Document, 2014.

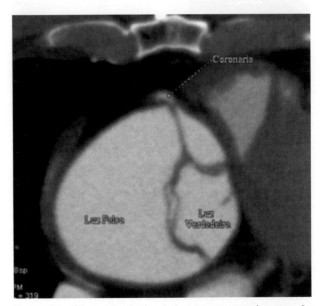

Figura 24 Dissecção do tipo A da aorta mostrando extensão do *flap* intimomedial para a origem da coronária esquerda, aspecto esse que deve ser destacado no relatório para o planejamento cirúrgico.

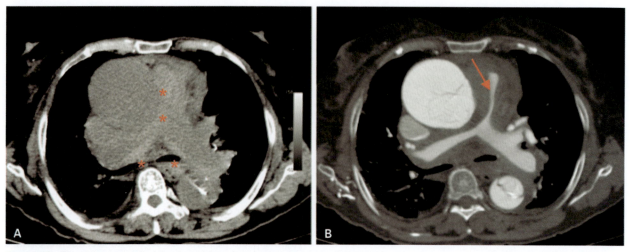

Figura 25 Envolvimento da bainha da artéria pulmonar por dissecção do segmento ascendente da aorta. Observar um componente hemático comprometendo o tronco e os ramos principais da artéria pulmonar (* em A) associado a uma dissecção do segmento ascendente, com redução da luz desses ramos (seta em B). Este aspecto é encontrado raramente nas dissecções do tipo A, estando relacionado à bainha conjunta destes segmentos.

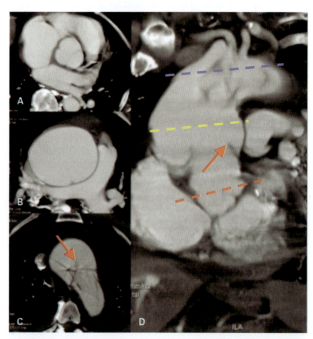

Figura 26 Paciente com dissecção do tipo A da aorta, com o aspecto de invaginação intimointimal. Observar que esta pode simular um aneurisma fusiforme se observada apenas nas imagens axiais (A, B e C), correspondendo aos cortes vermelho, amarelo e azul na imagem D. Observar que toda a circunferência intimal foi descolada no aspecto cranial do segmento ascendente (seta em D) e ficou "presa" no segmento transverso (seta em C).

quer controles por imagem seriados, sendo eventualmente necessária a abordagem cirúrgica ou endovascular. A localização do ponto de ruptura intimal principal, geralmente na porção proximal do segmento transverso, é muito importante, uma vez que o tratamento endovascular é direcionado a esta região, com o intuito de se obliterá-la e impedir o fluxo de contraste para a luz falsa na maior porção do segmento descendente. A distância em relação à emergência da artéria subclávia esquerda e seu maior diâmetro são fatores importantes para a programação endovascular, e alguns trabalhos descrevem um pior prognóstico quanto maior for o diâmetro e maior a proximidade com o aspecto cranial desse segmento. Além de se identificar e localizar o ponto de entrada, é importante também caracterizar os pontos de reentrada ao longo da dissecção, lembrando que os principais podem estar em uma orientação mais vertical como nas artérias ilíacas, sendo o plano coronal o ideal para visibilização. A identificação de luz falsa e verdadeira já foi um aspecto importante, havendo vários sinais para essa caracterização na literatura, como o maior diâmetro da luz falsa, o sinal do "bico", das calcificações intimais, da "teia de aranha" e outros. Na maioria das vezes a distinção entre as luzes falsa e verdadeira pode ser facilmente realizada simplesmente seguindo a dissecção desde seu início na aorta. A partir daí, faz o detalhamento de quais ramos arteriais viscerais se originam de cada luz. A morfologia da luz verdadeira é outro aspecto importante a ser destacado, e muitas vezes ela pode assumir um formato muito reduzido, semelhante a uma "lua minguante" e referido como isquêmico, distinto de uma luz mais ampla e biconvexa (Figura 27). Esse formato isquêmico pode predispor a má perfusão de órgãos-alvo na cavidade, especialmente pelo efeito de estenose dinâmica em um ramo visceral (onde o *flap* intimomedial funciona como uma cortina sobre a origem deste ramo). Alguns autores recomendam a intervenção nesse tipo de morfologia via endovascular (às vezes por meio de próteses não revestidas) para melhorar o fluxo para os órgãos irrigados por estes vasos. Um aspecto mais simples de ser avaliado, mas muito importante, é o diâmetro dos segmentos envolvidos pela dissecção, uma vez que a expansão deles, predominantemente pela luz falsa, vai

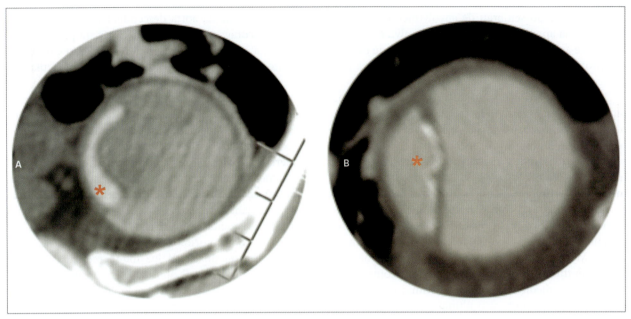

Figura 27 Padrões morfológicos da luz verdadeira da dissecção. Em A observa-se uma luz verdadeira (*) muito reduzida e em forma de "meia-luz", indicando configuração isquêmica e potencial risco de perfusão para os órgãos abdominais. Em B observa-se uma configuração mais usual da luz verdadeira (*), sem sinais de risco perfusional para os órgãos.

ser o principal fator determinante de quando tratar esses pacientes, sendo geralmente abordados quando o diâmetro ultrapassa 5,5 cm.

Outros aspectos também devem ser avaliados e considerados no prognóstico desses pacientes. Estudos recentes que avaliaram grupos de pacientes do IRAD notaram que a trombose parcial da luz falsa é fator de pior prognóstico e maior mortalidade como fator independente na análise multivariada. Os autores acreditam que este aspecto está relacionado com eventuais alterações inflamatórias que o trombo determina na luz falsa, associado a elevação da pressão no interior desta luz por obliteração de pontos de reentrada. Outros autores ainda encontraram uma relação entre maior mortalidade e presença de tripla luz, onde se caracteriza mais de um *flap* no interior da luz falsa. Esse aspecto é distinto do sinal da "teia da aranha", identificado apenas na luz falsa e relacionado a imagens lineares isoladas de separação incompleta da camada média (Figura 28).

Tratamento

O tratamento da dissecção da aorta torácica está intimamente relacionado ao segmento envolvido. Quando a porção ascendente é comprometida, é preconizada a ressecção de todo o segmento envolvido com interposição de prótese nessa topografia, de maneira bem semelhante ao destacado no tratamento do aneurisma da aorta torácica. O tratamento concomitante da raiz da

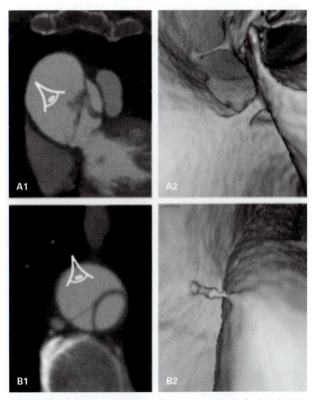

Figura 28 Identificação da luz falsa por meio de "teias de aranha". Dois exemplos de "teias de aranha" caracterizadas por imagens lineares nas imagens convencionais (A1 e B1), mais bem avaliadas pela reconstrução tridimensional por navegação (imagens A2 e B2 com ponto de vista determinado pelos "globos oculares" nas imagens convencionais).

aorta depende do seu grau de envolvimento, podendo ser realizada apenas a ressuspensão da valva se for parcialmente acometida, ou sua troca nos casos de extenso comprometimento, utilizando-se geralmente uma prótese combinada.

No caso de envolvimento do segmento descendente ou mesmo o transverso, tem-se optado pelo uso de endopróteses autoexpansivas nos casos complicados, que seriam aqueles sintomáticos, geralmente com dor recorrente, hipertensão de difícil controle, sinais de perfusão insuficiente nos órgãos, expansão do segmento envolvido ou sinais de ruptura. Algumas diretrizes destacam grau de recomendação I (com nível de evidência C) para o tratamento endovascular nesses pacientes, com grau de recomendação IIb para o tratamento cirúrgico convencional. Mesmo em pacientes não complicados com dissecção do tipo B já existem alguns estudos comparando o tratamento médico convencional com a endoprótese, mostrando benefício para o último, principalmente em acompanhamentos mais prolongados (5 anos), com menores taxas de mortalidade relacionadas a aorta e menores taxas de progressão de doença, sem alteração na mortalidade global. Com base em tais resultados algumas diretrizes internacionais indicam o tratamento com endoprótese mesmo nestes pacientes não complicados, com grau de recomendação IIa e nível de evidência B.

Os critérios para uso de endoprótese na dissecção do tipo B seguem muito aqueles destacados para o tratamento do aneurisma da aorta descendente, com atenção ao sítio de ancoragem, às artérias ilíacas (para passagem da prótese), à angulação do segmento envolvido e a outros descritos anteriormente. O tratamento endovascular da dissecção envolve, porém, um objetivo distinto do tratamento do aneurisma, e a intenção primária é fechar o ponto principal de ruptura intimal da dissecção (Figura 29), geralmente situada no aspecto cranial do segmento descendente, inferior à emergência da artéria subclávia esquerda, próxima da região do canal arterial. Logo, informações sobre a localização exata do ponto de ruptura (comunicação entre as luzes falsa e verdadeira), seu diâmetro e distância da emergência dos vasos supra-aórticos são de fundamental importância (Figura 30). Outras informações como morfologia da luz verdadeira (no caso, aspecto de isquemia, com luz muito reduzida) podem determinar mudança de abordagem, com uso de próteses não revestidas na transição toracoabdominal, com o intuito de ajudar na expansão desta luz (Figura 31). A caracterização das luzes falsa e verdadeira é importante, porém, conforme já descrito, geralmente não apresenta maiores dificuldades, em particular se seguirmos a dissecção desde seu ponto inicial.

De modo geral, as complicações do procedimento são as mesmas descritas para o tratamento do aneurisma, porém deve-se ter em mente que o objetivo primário é distinto, devendo-se ater à obstrução do ponto de comunicação principal. Algumas áreas de opacificação da luz falsa po-

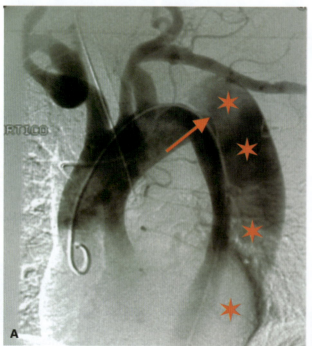 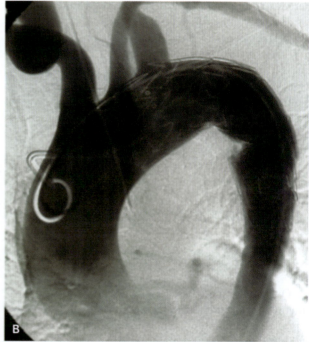

Figura 29 Tratamento satisfatório de dissecção do tipo B da aorta com endoprótese autoexpansiva. Em A observa-se estudo diagnóstico de angiografia digital com dissecção do tipo B, observando-se extensa opacificação da luz falsa (estrelas) e ponto principal de comunicação com a luz verdadeira no aspecto cranial do segmento descendente (seta). Após a colocação da endoprótese, em B, observa-se obliteração do ponto de comunicação e ausência de opacificação da luz falsa.

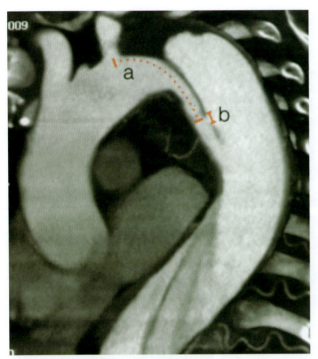

Figura 30 Medidas importantes de se incluir no relatório de dissecção do tipo B de aorta, quando o intuito é o tratamento endovascular. Observar que a medida do diâmetro da principal área de ruptura intimal (b) deve ser incluída, assim como sua distância em relação aos principais vasos supra-aórticos (notadamente a artéria subclávia esquerda – linha tracejada a). Outras medidas importantes são o diâmetro da aorta dissecada e os aspectos do ponto de ancoragem da prótese, semelhantes ao descrito para os aneurismas.

dem ser encontradas habitualmente, sem que se configure falência do tratamento, em particular se encontradas junto da extremidade distal da endoprótese, uma vez que a luz falsa não foi totalmente trombosada (este não é o objetivo) e permanece muitas vezes pérvia na aorta abdominal, permitindo o refluxo de sangue no aspecto inferior (Figura 32). Porém, se o componente de opacificação da luz falsa situa-se mais proximal, junto da área de comunicação ou em nítida proximidade de um ramo supra-aórtico, deve-se considerar a possibilidade de *endoleak* (Figura 33). Outra complicação rara que deve ser identificada e caracterizada é a colocação da prótese na luz falsa da dissecção, aspecto esse que pode ocorrer em casos de ampla comunicação entre as luzes falsa e verdadeira e pode ter consequências catastróficas, como extensa trombose de ramos abdominais e dos membros inferiores (Figura 34).

Por fim, pode-se expandir o uso de endopróteses para tratamento de outros segmentos da aorta, particularmente em pacientes com múltiplas comorbidades, que seriam candidatos ruins a uma abordagem aberta convencional. Nesses casos, pode-se fazer uso de endopróteses isoladas no segmento ascendente ou mesmo de próteses extensas envolvendo todo o segmento transverso, com enxertos vasculares nos ramos supra-aórticos (Figuras 35 e 36).

Hematoma intramural

O hematoma intramural (HIM) é uma síndrome aguda bem menos frequente que a dissecção típica da aorta, sendo descrita como a classe III de Svenson. Nessa condição existe uma expansão da camada média da aorta por sangue, sem se caracterizar sinais de fluxo no interior dele. Aproximadamente 10-20% dos pacientes com sintomas de síndrome aórtica aguda exibem o aspecto de HIM, sendo mais frequente em populações asiáticas.

Historicamente o HIM é considerado uma patologia decorrente da ruptura dos *vasa vasorum* na parede de grandes vasos, uma vez que não se identificam sinais de fluxo ou opacificação da parede expandida pelo contraste, logo não haveria ruptura intimal. Existe, no entanto, uma controvérsia sobre a patogenia desse processo, e alguns autores consideram a possibilidade de um componente de ruptura intimal focal sem área de reentrada na luz do vaso que poderia ser totalmente obliterada e trombosada. Existem estudos recentes de patologia e radiologia que identificaram pequenas áreas de ruptura da íntima em cerca de 60-70% dos casos de HIM. De qualquer forma, como a dissecção clássica, o principal processo relacionado com essa patologia é a hipertensão, que determina alterações na parede do vaso com hipertrofia e hiperplasia muscular, constrição dos *vasa vasorum* com alterações isquêmicas e rigidez da média mais externa.

Apesar da controvérsia acerca da patogenia, o diagnóstico da HIM permanece relativamente simples. O processo se apresenta como um espessamento concêntrico da parede da aorta exibindo densidade espontaneamente elevada na tomografia sem contraste, relacionada com a presença do sangramento na camada média, sendo mais bem identificada em cortes mais espessos, particularmente de 5 mm (Figura 37). Esse sinal (sinal do crescente), coloca em evidência a importância de se incluir a fase pré-contraste no estudo de angiotomografia da aorta em pacientes com dor torácica aguda. Após a injeção do contraste geralmente não se identifica realce do componente de espessamento parietal (Figura 38).

A HIM é classificada da mesma forma que a dissecção clássica, sendo importante a caracterização de acometimento do segmento ascendente, classificação A de Stanford, que exibe melhor prognóstico se abordada cirurgicamente, de acordo com os dados do RIDAA. A ausência de envolvimento do segmento ascendente é classificada como tipo B de Stanford e tratada inicalmente de maneira conservadora, da mesma forma que a dissecção clássica. Cerca de 40% dos casos de HIM são do tipo A, em contraste com 70% dos casos de dissecção clássica, sendo os dados asiáticos um pouco diferentes dos ocidentais.

A HIM também mostra controvérsia no manejo quanto ao envolvimento do segmento ascendente. Apesar de a abordagem cirúrgica ser a clássica, assim como na

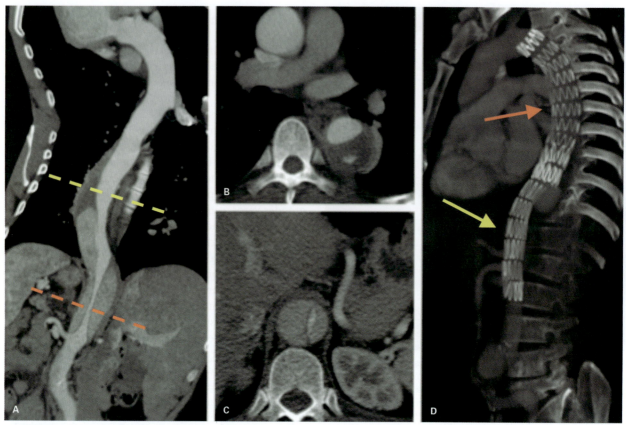

Figura 31 Tratamento combinado de dissecção do tipo B com próteses combinadas (revestidas e não revestidas) em A e B. Observar o aspecto isquêmico da luz verdadeira na dissecção da aorta abdominal (linha tracejada vermelha em C), sendo utilizada prótese revestida convencional para o segmento descendente (seta vermelha em D) e prótese não revestida para expansão da luz verdadeira na aorta abdominal (seta amarela em D).

dissecção típica, dados de autores asiáticos tentam descriminar fatores de pior prognóstico e selecionar casos menos graves que poderiam ser manejados conservadoramente. É importante ressaltar que a opção do tratamento conservador nos casos de envolvimento do segmento ascendente requer uma vigilância muito frequente desses pacientes, geralmente com exames de imagem seriados nas primeiras semanas para se excluir eventuais complicações não evidentes clinicamente. Existem ainda outros autores que recomendam retardar em alguns dias (3-4 dias) o tratamento cirúrgico desses pacientes, com o intuito de esperar a resolução do processo inflamatório inicial da aorta, tornando a cirurgia mais fácil e simples de ser realizada e/ou a remoção do paciente para uma instituição mais preparada. Deve-se ter em mente que tais opções de tratamento só devem ser consideradas em pacientes hemodinamicamente estáveis.

Alguns achados de imagem foram relacionados com um melhor prognóstico desses pacientes e com possível abordagem conservadora descrita no parágrafo anterior. O diâmetro da aorta com o componente de hematoma é um dos fatores relacionados, e diâmetros superiores a 55 mm no segmento ascendente e 41 mm no descendente estão relacionados com uma evolução pior.

A espessura do hematoma também é implicada em algumas pesquisas, sendo menos relevante que o aspecto anterior, destacando-se que hematomas medindo mais de 10 mm são aqueles que levam a um prognóstico pior. Achados como derrame pleural e pericárdico são mais controversos, porém identificados como fator de risco pior nos pacientes que os exibem. A presença de áreas de opacificação focais nos componentes de hematoma são fatores importantes na condução desses pacientes e podem ser morfologicamente de dois tipos: a ulceração (*ulcerlike projection*) e o acúmulo focal de contraste (*intramural blood pool*). Esses dois tipos de opacificação focal são, algumas vezes, considerados em conjunto e como fatores de pior prognóstico nos pacientes, porém vários estudos mostram distinção entre eles. A ulceração seria uma área de opacificação mais proeminente, exibindo comunicação evidente e ampla com a luz da aorta (superior a 1-2 mm) e relacionada a um prognóstico pior, especialmente se o colo de comunicação for maior que 20 mm e uma profundidade superior a 10 mm (Figura 39). O acúmulo focal de contraste tem uma evolução mais incerta, uma vez que foi considerado e descrito como entidade nova apenas recentemente. Em geral, esse achado exibe uma comunicação inexis-

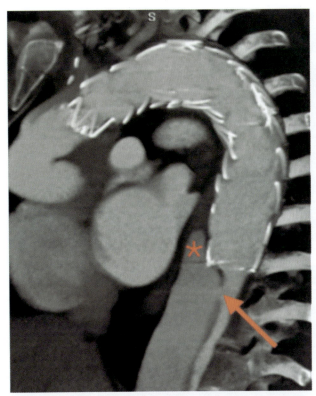

Figura 32 Estudo tomográfico pós-tratamento endovascular de dissecção com uso de endoprótese, mostrando mínimo componente de opacificação da luz falsa junto da extremidade distal da prótese (*). Observar que essa opacificação é esperada e provavelmente resulta de fluxo retrógrado por pequena área de comunicação entre as luzes falsa e verdadeira (indicada por seta), não significando que o tratamento não foi bem-sucedido. Mesmo que esta outra área fosse fechada por outra prótese, opacificações como esta podem ainda ocorrer por fluxo retrógrado da luz falsa pérvia na aorta abdominal.

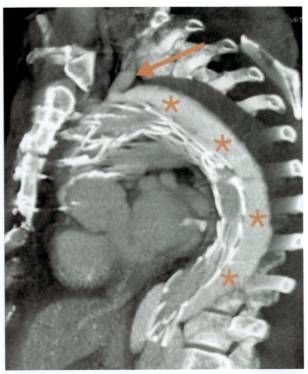

Figura 33 Falha no tratamento de dissecção do tipo B da aorta, mostrando extensa opacificação da luz falsa (*) com nítida comunicação com a artéria subclávia esquerda (seta). Esse exame mostra realmente um *endoleak* do tipo II.

tente com a luz da aorta ou mesmo inferior a 1-2 mm e possui na maioria das vezes uma nítida relação com vasos periféricos adjacentes, notadamente ramos intercostais ou lombares, formando um aspecto similar a um pseudoaneurisma (Figura 39), e quando são encontradas múltiplas áreas destas a aorta assume um aspecto de "espada chinesa". Nos casos em que o HIM envolve apenas o segmento descendente, a opção de se abordar cirurgicamente o paciente pode também depender dos fatores acima.

A mortalidade dessa entidade é bastante similar à da dissecção típica, nos casos de envolvimento do segmento ascendente, e levemente superior se essa porção não for envolvida. De qualquer forma, possui uma sobrevida de aproximadamente 43-90% em 5 anos, dependendo da referência utilizada. Cerca de 10% dos casos se resolvem espontaneamente (Figura 40), e a evolução da lesão para dissecção e eventual ruptura pode ocorrer; a primeira hipótese tem uma ocorrência de 30-40% nos casos que acometem o segmento ascendente, sendo mais frequente nos 8 primeiros dias.

A avaliação radiológica desses pacientes segue os mesmos conceitos descritos anteriormente. É fundamental detalhar todos os segmentos envolvidos, destacando os maiores diâmetros nos segmentos principais da aorta, sobretudo aqueles acometidos pelo hematoma. A espessura da parede da aorta é um dado importante, visto que alguns autores a consideram um dos critérios de prognóstico e ainda pode ser usado no controle desses pacientes. Uma atenção maior deve ser dada nas regiões de opacificação focal da aorta, particularmente nas áreas de ulceração, uma vez que estas têm papel mais estabelecido no prognóstico e eventualmente devem ser tratadas, muitas vezes por técnicas endovasculares (nos casos de envolvimento do segmento descendente). Assim, a descrição da sua localização exata, medidas de colo e profundidade e a distância de vasos importantes deve ser incluída no relatório. Obviamente deve-se incluir uma análise de todo o restante do tórax, incluindo as estruturas vasculares e não vasculares, conforme descrito para as outras patologias.

Úlcera penetrante aterosclerótica

A úlcera penetrante (UPA) é uma síndrome aórtica aguda com características epidemiológicas distintas das demais mencionadas. Ela é classificada como tipo IV de Svenson e definida como uma ulceração em uma placa aterosclerótica que rompeu a lâmina elástica e atingiu a

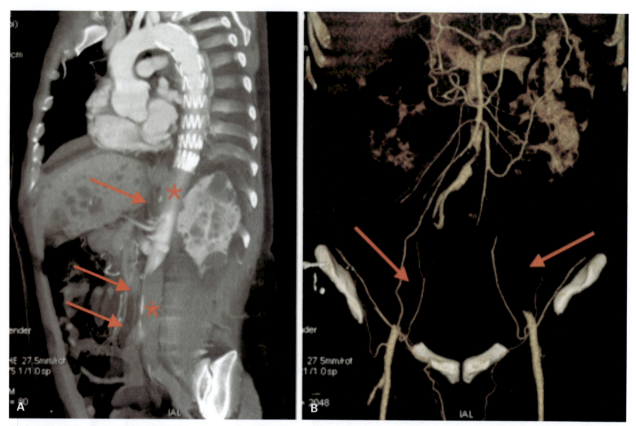

Figura 34 Falha no tratamento de dissecção do tipo B da aorta torácica. Observar o posicionamento aparentemente correto da endoprótese no segmento descendente. Na verdade, a endoprótese foi colocada na luz falsa da aorta, determinando uma extensa trombose na aorta abdominal (*) e afilamento acentuado com áreas de trombose e embolia na luz verdadeira (setas em A). A reconstrução 3D em B também mostra áreas de trombose extensa nas ilíacas, também identificadas em artérias dos membros inferiores (não demonstradas).

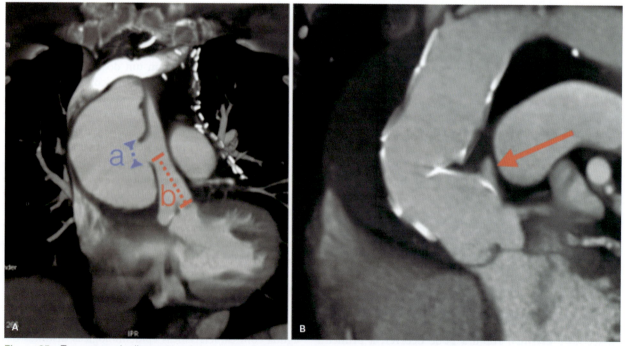

Figura 35 Tratamento de dissecção crônica do tipo A da aorta em paciente sem condições clínicas de cirurgia aberta convencional. Foi optado por abordagem endovascular com uma endoprótese curta, direcionada para o ponto de comunicação principal, sendo este mensurado (a) e localizado em relação ao ânulo aórtico (b). Em B observa-se bom posicionamento da prótese, com mínimo *endoleak* do tipo I (seta), tratado conservadoramente com bons resultados.

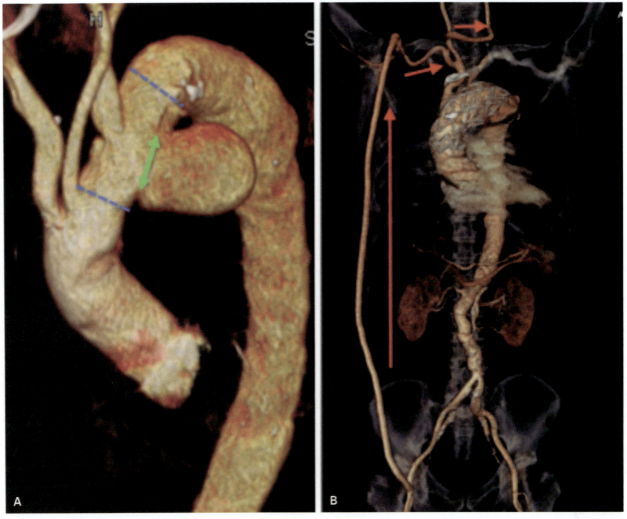

Figura 36 Tratamento de úlcera penetrante do tipo B da aorta (segmento transverso) em paciente sem condições clínicas de cirurgia aberta convencional (A). Observar ponto de ancoragem proximal e distal (linhas azuis) e colo amplo da úlcera (seta verde). Foi optado por abordagem endovascular com uma endoprótese extensa revestindo todo o segmento transverso, com oclusão dos ramos supra-aórticos, recanalizados por enxertos vasculares da artéria femoral direita com a artéria axilar e anastomose entre as carótidas comuns (setas) em B.

camada média (Figura 41), sendo responsável por cerca de 2-7% dos casos de síndromes agudas da aorta.

O fato de estar relacionada com um envolvimento ateromatoso preexistente faz com que a faixa etária geralmente seja mais elevada que os demais tipos de acometimento e que regiões mais distais da aorta sejam mais comumente envolvidas. A região mais afetada normalmente é a porção descendente da aorta torácica, sobretudo nos terços médio e inferior, em cerca de 90% das vezes (Figura 42), podendo também comprometer outras localizações, como o arco e a aorta abdominal, sendo muito raro o envolvimento da porção ascendente.

A ulceração penetrante costuma ser acompanhada de porções variáveis de hematoma intramural adjacente, geralmente focal, com uma evolução natural que tende a uma expansão focal do segmento afetado, com formação de pseudoaneurismas e eventuais rupturas.

O aspecto de apresentação da lesão nos exames de imagem é o de uma área focal abaulada de opacificação pelo contraste em uma placa ateromatosa. A melhor caracterização da lesão como uma úlcera penetrante e não uma ulceração rasa em uma placa é a evidência de lesão da lâmina elástica e progressão para a camada média, que pode ser identificada como uma lobulação que se estende para além dos limites das calcificações intimais, aspecto esse que pode ser identificado mesmo em exames de tomografia sem contraste (Figura 43). Esse tipo de lesão vem quase sempre acompanhado de um hematoma mural circunjacente (lembrando que o componente sem opacificação pelo contraste periférico à úlcera não pode ser trombo, uma vez que a íntima está interna a ela) (Figura 41). A frequência com que essas lesões progridem para a formação de pseudoaneurismas leva alguns autores a considerar que todos estes últimos são derivados de UPA. Destaca-se uma tendência internacional a rotular

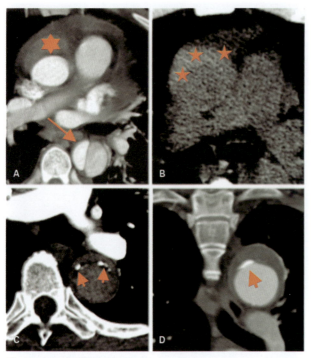

Figura 37 Caso de hematoma intramural no segmento ascendente da aorta torácica (tipo A), com dissecção clássica no segmento descendente (seta em A). Observar o hematoma como um "crescente", simulando um trombo mural no aspecto anterior do segmento ascendente (estrela em A), muito regular para ser um trombo comum. A imagem sem contraste demonstra hiperatenuação espontânea do hematoma (estrelas em B), corroborando com o diagnóstico. Dois outros pacientes demonstram o sinal do deslocamento da calcificação intimal (pontas de setas em C e D), mostrando-se internas ao hematoma, ao contrário do trombo mural.

como termo pseudoaneurisma apenas lesões que não exibem mais nenhuma das paredes nativas da aorta e cujo fluxo é apenas contido pelo tecido conjuntivo adjacente ao segmento envolvido. Considerando esse novo termo, haveria uma distinção entre pseudoaneurismas e UPA, podendo estas últimas evoluírem para os anteriores.

Por conta da raridade dessas lesões e de seu comportamento incerto, vários autores recomendam a abordagem de lesões caracterizadas como UPA no momento do diagnóstico, principalmente se o paciente exibir os sintomas típicos de síndromes aórticas agudas. No entanto, existem autores que recomendam o acompanhamento em curto intervalo destas lesões, sobretudo se os pacientes se mostrarem estáveis do ponto de vista hemodinâmico e não apresentarem sintomas relacionados a elas. Algumas revisões recomendam que lesões com colo superior a 20 mm e profundidade superior a 20 mm seriam critérios de instabilidade e estariam relacionadas a maior chance de ruptura em curto prazo, devendo ser agressivamente abordados, e outros autores não conseguiram demonstrar o mesmo. De todo modo, qualquer sinal de ruptura contida ou evidência de instabilidade da lesão deve ser considerado um potencial risco e tratado agressivamente. Algumas diretrizes recentes recomendam o acompanhamento por imagem de UPA estáveis e discretos com tratamento daqueles com aspecto mais agressivo, e o tratamento utilizado e recomendado na maioria das vezes é o endovascular com endopróteses autoexpansivas (Figura 44), uma vez que a lesão acomete segmentos favoráveis da aorta e tem uma extensão longitudinal pequena. De qualquer forma, no caso de envolvimento da aorta ascendente

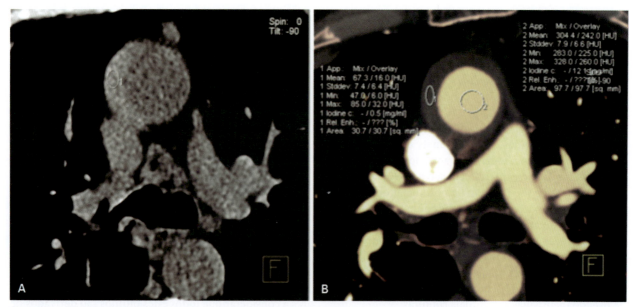

Figura 38 Paciente com hematoma intramural no segmento ascendente, mostrando a hiperdensidade do hematoma em A, associado com a ausência de realce em B (técnica de dupla energia, com mapas de cores indicando o realce).

14 DOENÇAS DA AORTA TORÁCICA **331**

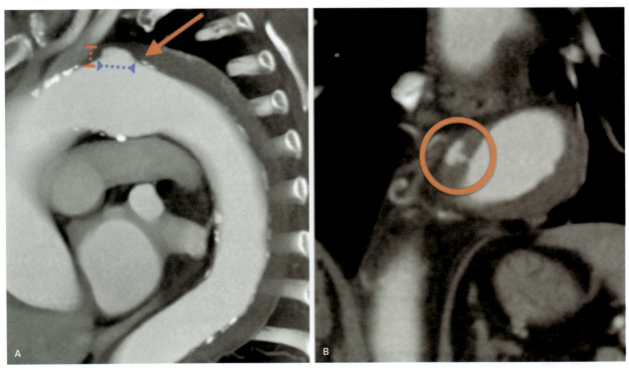

Figura 39 Acompanhamento de paciente com hematoma intramural (HIM) envolvendo a aorta descendente, identificando-se área de ulceração no aspecto proximal desta porção (seta em A), com ampla base de comunicação com a luz da aorta, podendo-se definir prognóstico pela medida do colo (linha tracejada azul) e da profundidade (linha tracejada vermelha). O mesmo paciente apresenta um acúmulo focal de contraste na transição toracoabdominal (círculo em B), achado este distinto do de A, sendo considerado de melhor prognóstico por alguns autores.

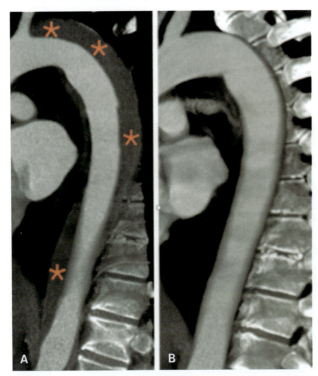

Figura 40 Acompanhamento tomográfico de paciente com hematoma intramural (HIM) do tipo B, diagnosticado em A, onde se pode identificar o componente de hematoma comprometendo o segmento descendente (* em A). Após 5 meses de acompanhamento (B), verifica-se resolução praticamente completa do hematoma, sem nenhum tipo de intervenção.

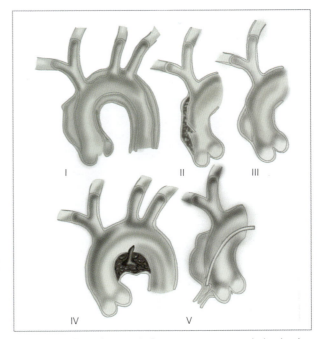

Figura 41 Classificação de Svenson para ruturas intimais: tipo I – dissecção clássica; tipo II – hematoma intramural (HIM) (sem áreas identificáveis de ruptura intimal); tipo III – rutura intimal sem hematoma mural (dissecção limitada ou incompleta); tipo IV – úlcera penetrante aterosclerótica, com formação de pseudoaneurisma circundado por hematoma mural; tipo V – lesão iatrogênica.
Reproduzido de Hiratzka et al., 2010.

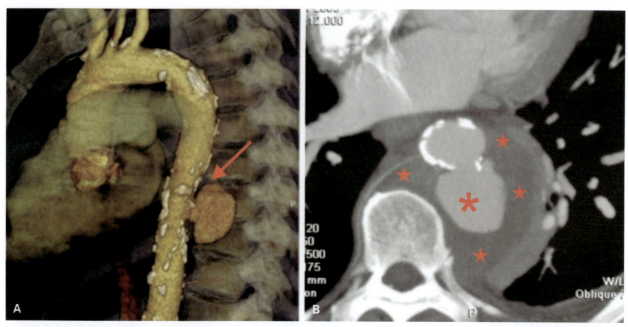

Figura 42 Caso de úlcera penetrante no terço médio do segmento descendente da aorta torácica, com formação de pseudoaneurisma. Em A pode-se observar a formação de aneurisma sacular em aorta com extensa ateromatose (seta em A). Na imagem axial B identifica-se o pseudoaneurisma extrínseco às calcificações intimais (*), circundado por componente de hematoma mural (estrelas).

ou de regiões desfavoráveis, sugere-se proceder com a cirurgia aberta convencional.

Processos inflamatórios

Por definição, aortite é um termo genérico que se refere a um processo inflamatório na parede da aorta. Nesse tópico abordamos especificamente as doenças inflamatórias vasculares primárias (vasculites) que acometem a aorta. Aortites secundárias, como as infecciosas e aquelas secundárias a doenças sistêmicas (p. ex., lúpus, espondiloartropatias, sarcoidose), entre outras entidades (p. ex., policondrite recidivante), devem ser lembradas dentro do diagnóstico diferencial, no entanto, por motivos didáticos, não são abordadas neste tópico. Algumas entidades, em vez de promover aortite, mais comumente cursam com periaortite, distinção essa que pode não ser facilmente realizável por meio de exames de imagem. Um exemplo

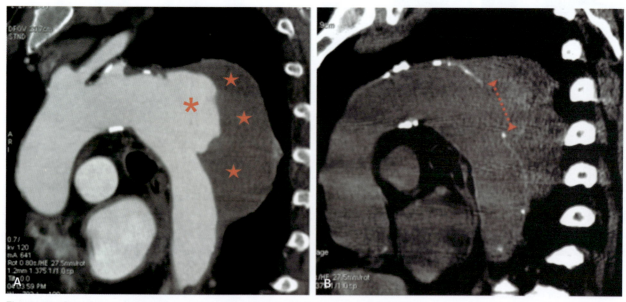

Figura 43 Proeminente ulceração no segmento descendente da aorta determinando um pseudoaneurisma, de aspecto sacular (* em A), circundado por componente de hematoma mural (estrelas em A). Observar que a série pré-contraste B define melhor a área de ruptura intimal (linha tracejada vermelha).

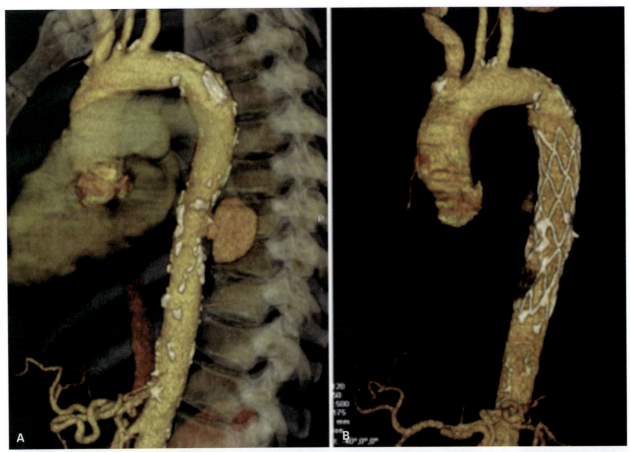

Figura 44 Mesmo paciente da Figura 43, mostrando o tratamento do pseudoaneurisma sacular determinado pela ulceração no segmento descendente por colocação de endoprótese autoexpansiva. Pode-se ver o pseudoaneurisma em A e o tratamento satisfatório com sua exclusão em B.

clássico de periaortite é a fibrose retroperitoneal (Figura 45), doença que participa do espectro das alterações sistêmicas relacionadas a IgG4, que usualmente cursa com um tecido que envolve a aorta abdominal infrarrenal e estruturas adjacentes, tipicamente causando obstrução dos ureteres e dilatação do sistema coletor a montante. O envolvimento ureteral com dilatação a montante é tão característico desta entidade que ela foi inicialmente descrita por um urologista, levando o seu nome (doença de Ormond). Outro diagnóstico diferencial das aortites/periaortites, mas que apresenta achados sistêmicos característicos, é a doença de Erdheim-Chester (Figura 46), uma histiocitose xantogranulomatosa de células não Langerhans que acomete mais comumente os ossos e apresen-

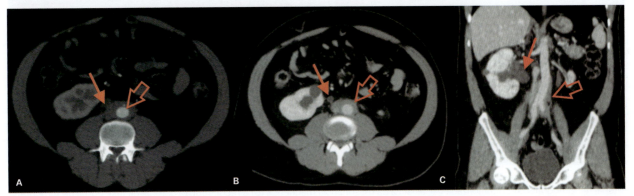

Figura 45 Paciente masculino, 44 anos, com diagnóstico de fibrose retroperitoneal. A: Imagem axial na fase arterial do estudo tomográfico evidencia tecido hipoatenuante (seta aberta) envolvendo a aorta, a veia cava inferior e o sistema coletor urinário bilateral (seta aponta dilatação do sistema coletor urinário direito). Em B e C, esta última no plano coronal, nota-se realce tardio do tecido periaórtico.

ta envolvimento extraesquelético em 50% dos casos. Entre os sítios extraesqueléticos, destacam-se glândula pineal, pele, órbita, coração, pulmão e retroperitônio, onde pode haver envolvimento da aorta abdominal e da gordura perirrenal. Ainda entre estes tipos de histiocitoses de células não Langerhans com possível envolvimento da aorta, inclui-se a doença de Rosai-Dorfman.

Vasculites (com ênfase no envolvimento aórtico)

O acometimento inflamatório isolado da aorta é raro. Mais comumente, a aortite é parte do espectro de manifestação de alguma vasculite, definida como inflamação da parede do vaso, e esta ocorre ao menos em algum momento do curso da doença (ou seja, a doença pode não apenas estar limitada à manifestação de inflamação parietal vascular).

O Consenso Internacional Revisado de Nomenclatura das Vasculites de Chapel Hill (2012) definiu a nomenclatura e proporcionou a classificação das vasculites (Quadro 5), que podem ser classicamente divididas em vasculites de grandes, médios e pequenos vasos, bem como aquelas de vasos variáveis e de vasos de órgãos únicos, entre outras (Figura 47).

As vasculites que mais comumente determinam aortite, devendo estar sempre entre os principais diagnósticos diferenciais nesse contexto, são as arterites de Takayasu e de células gigantes. Outras vasculites que também acometem a aorta são a doença de Kawasaki, doença de Behçet, síndrome de Cogan e a aortite isolada.

A apresentação clínica da aortite tem espectro variável, não sendo raros os casos com manifestação subclínica. Quando sintomáticos, em muitas ocasiões as queixas são inespecíficas (Quadro 6). Os sintomas mais específicos, quando presentes, estão relacionados à doença de base.

Arterite de Takayasu

Classicamente, a arterite de Takayasu acomete mulheres jovens, cerca de 75-97% dos pacientes são do gênero feminino, com idade média ao diagnóstico variando entre 25-30 anos. A literatura mostra variação na incidência

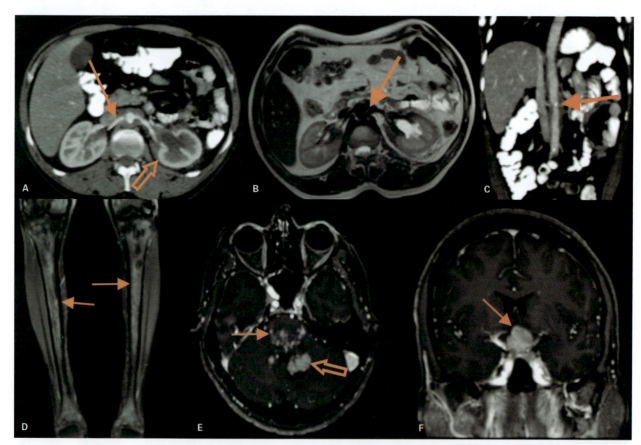

Figura 46 Homem, 42 anos, com perda ponderal, teve diagnóstico confirmado de doença de Erdheim-Chester. Imagens axial da fase arterial de tomografia computadorizada (A), axial T2 da ressonância magnética (B) e reconstrução coronal da fase portal de tomografia (C) mostram um tecido sólido envolvendo a aorta. Concomitantemente, observa-se tecido perirrenal (seta aberta em A), realce difuso da tíbia (setas em D) na imagem coronal T1 pós-contraste de ressonância magnética e lesões expansivas na ponte (seta em E), no cerebelo (seta aberta em E) e na região suprasselar (seta em F) no estudo de ressonância magnética do encéfalo.

Quadro 5	Nome das vasculites definidos pela Conferência do Consenso Internacional de Chapel Hill para nomenclatura das vasculites
Vasculites de grandes vasos	Arterite de Takayasu
Vasculite de médios vasos	Arterite de células gigantes Poliarterite nodosa
Vasculite de pequenos vasos	Doença de Kawasaki
Vasculite associada ao anticorpo anticitoplasma de neutrófilo (ANCA)	Poliangeíte microscópica Granulomatose com poliangeíte (Wegener) Granulomatose eosinofílica com poliangeíte (Churg-Strauss)
Vasculite de pequenos vasos por imunocomplexos	Doença antimembrana basal glomerular (anti-MBG) Vasculite crioglobulinêmica Vasculite por IgA (Henoch-Schönlein) Vasculite urticariforme hipocomplementêmica (vasculite anti-C1q)
Vasculite de vasos variáveis	Doença de Behçet Síndrome de Cogan
Vasculite de órgão único	Angeíte cutânea leucocitoclástica Arterite cutânea Vasculite primária do sistema nervoso central Aortite isolada Outras
Vasculite associada a doença sistêmica	Vasculite lúpica Vasculite reumatoide Vasculite sarcoide Outras
Vasculite associada a etiologia provável	Vasculite crioglobulinêmica associada ao vírus da hepatite C Vasculite associada ao vírus da hepatite B Aortite associada à sífilis Vasculite por imunocomplexo associado a droga Vasculite associada à ANCA, associada a drogas Vasculite associado ao câncer Outras

Adaptado de Jennette et al., 2013.

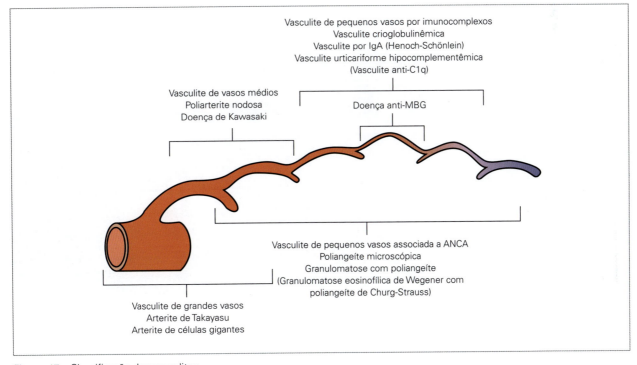

Figura 47 Classificação das vasculites.
Adaptada de Jennette et al., 2013.

Quadro 6	Espectro variável de apresentação clínica da aortite
Febre com dor lombar ou abdominal	
Síndrome inflamatória sistêmica causada pela vasculite	
Doença aneurismática	
Aneurisma de aorta torácica	
Aneurisma de aorta abdominal	
Anormalidades cardíacas	
Insuficiência aórtica (aguda ou crônica)	
Angina estável ou síndrome coronariana aguda causada por envolvimento coronariano	
Trombose aórtica com embolização distal	
Rotura ou dissecção aórtica (raro)	
Claudicação das extremidades superiores e/ou inferiores com déficit de pulso	
Hipertensão arterial em paciente jovem (arterite de Takayasu)	
Adaptada de Gornik, 2008.	

Diz-se que em algum momento da doença, seja na apresentação ou como manifestação tardia, a arterite de Takayasu determina sintomas relacionados a obstruções de grandes artérias, como hipertensão (doença obstrutiva suprarrenal ou renal), déficits de pulso e/ou sopros arteriais e claudicação das extremidades superiores e/ou inferiores (Quadro 7). Outra sintomatologia de des-

Quadro 7	Critérios de classificação de arterite de Takayasu do Colégio Norte-americano de Reumatologia (1990)
Idade de manifestação da doença < 40 anos: desenvolvimento dos sintomas ou achados relacionados à arterite de Takayasu anterior aos 40 anos de idade	
Claudicação de extremidades: desenvolvimento ou piora da fadiga e desconforto muscular em uma ou mais extremidades durante o uso, especialmente nas extremidades superiores	
Pulso arterial braquial reduzido: redução do pulso em uma ou ambas artérias braquiais	
Diferença de pressão arterial maior que 10 mmHg: diferença maior do que 10 mmHg na pressão sistólica dos braços	
Sopro nas artérias subclávias ou aorta: sopro audível à ausculta em uma ou ambas as artérias subclávias ou aorta abdominal	
Anormalidades à arteriografia: arteriografia evidenciando estenose ou oclusão de toda a aorta, seus ramos principais ou grandes artérias proximais das extremidades superiores ou inferiores não relacionadas a arteriosclerose, displasia fibromuscular ou causas similares; mudanças focais ou segmentares	
A presença de 3 ou mais critérios é compatível com o diagnóstico de arterite de Takayasu com sensibilidade de 91% e especificidade de 98%.	

variando entre 0,4 e 2,6 casos a cada 1 milhão de residentes nas localidades estudadas nos Estados Unidos e Alemanha, sendo relativamente mais rara do que a arterite de células gigantes.

No caso da arterite de Takayasu, a apresentação clínica mais comum é de doença arterial oclusiva da aorta, arco aórtico e seus ramos, bem como de outras grandes artérias. A aorta abdominal é o sítio mais acometido (Figura 48), seguido pela aorta torácica descendente e pelo arco aórtico.

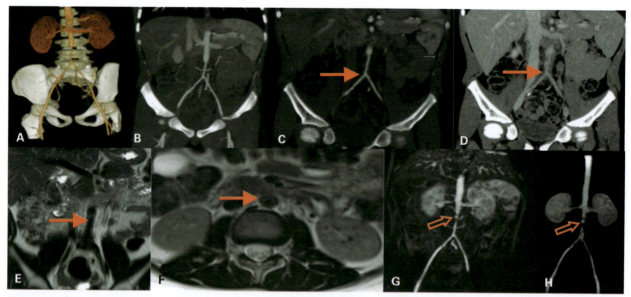

Figura 48 Paciente masculino, 7 anos de idade, com diagnóstico de arterite de Takayasu e sopro abdominal ao exame físico. Angiotomografia de aorta abdominal (imagens superiores). (A) Reconstrução 3D *volume rendering* (VR) e (B) reconstrução no plano coronal em MIP (*maximum intensity projection*) evidenciam estenose acentuada da aorta abdominal infrarrenal com extensão às artérias ilíacas comuns. (C) Reconstruções no plano coronal que evidenciam exuberante espessamento e hiper-realce (D) parietal na região da estenose (setas). Angiorressonância de aorta abdominal (imagens inferiores): estudo de controle evolutivo que evidencia nas imagens ponderadas em T2 no plano coronal (E) e axial (F) o espessamento e o hipersinal parietal aórtico (setas). Imagens (G) e (H) mostram a persistência da estenose aortoilíaca e o surgimento de pequeno aneurisma focal (setas abertas) na porção superior da região estenótica da aorta.

taque é o desenvolvimento de anormalidades cardíacas, estimado em 40% dos casos. Entre elas, destacam-se infarto miocárdico, angina e insuficiência aórtica aguda. Embora não seja comum, séries de casos relatam evolução grave como expansão rápida de aneurisma aórtico, rotura aórtica, aneurismas aórticos em regiões de anastomoses após manipulações cirúrgicas. O acometimento de ramos aórticos é bastante prevalente no Takayasu, com destaque para envolvimento das subclávias, tronco braquiocefálico, artérias renais, carótidas comuns e vertebrais, bem como artéria mesentérica. Pode haver ainda acometimento de artérias pulmonares, mais comumente com lesões estenóticas, embora dilatações também possam ocorrer. Uma das classificações mais utilizadas para essa entidade é a de Numano, que compreende praticamente todos os tipos de acometimento (Figura 49).

Arterite de células gigantes

Anteriormente conhecida como arterite temporal, a arterite de células gigantes tipicamente é uma desordem de adultos mais velhos e idosos, sendo mais comum em mulheres brancas. Um estudo em Olmstead County, Minnesota, Estados Unidos, mostrou incidência em pessoas com 50 anos ou mais estimada em 18,8 para cada 100 mil habitantes por ano, com idade média à época do diagnóstico de 75 anos, sendo duas vezes mais comum em mulheres.

A apresentação clínica clássica da arterite de células gigantes é de cefaleia localizada, com dor e alteração da sensibilidade à palpação da artéria temporal, sensação de redução do seu pulso e elevação de marcadores inflamatórios em adultos mais velhos e idosos (Quadro 8). Outras manifestações comuns nessa arterite incluem polimialgia reumática, dor/sensibilidade à palpação da cabeça, claudicação da mandíbula (relacionada ao envolvimento de ramos da artéria carótida externa), alterações do campo visual (relacionado a acometimento da artéria oftálmica, ciliar posterior ou central da retina) e mono ou polineuropatia. Menos comumente, a arterite de células gigantes se apresenta com claudicação de braços ou pernas, por envolvimento das artérias que suprem as extremidades, sobretudo a axilar e a subclávia. Destaca-se ainda que pode haver envolvimento das artérias coronárias e da aorta. Nesse sentido, há recomendação para que pacientes com arterite de células gigantes e sintomas extracranianos façam investigação por imagem da aorta e ramos principais. Outro fato que reforça a necessidade dessa avaliação é a associação de arterite de células gigantes e o desenvolvimento de aneurismas da aorta, particularmente da aorta torácica (Figura 49). Essa associação é menos frequente nos indivíduos com manifestação clínica clássica limitada à região craniana e mais comum naqueles com manifestação extracraniana.

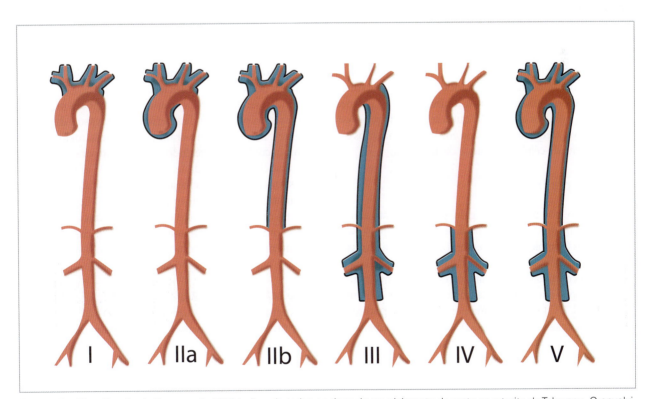

Figura 49 Classificação de Numano de 1996 indicando todos os tipos de envolvimento da aorta na arterite de Takayasu. O envolvimento das artérias pulmonares e coronárias deve ser demarcado como P(+) e C(+), respectivamente.
Reproduzido com permissão de Nastri et al., 2004.

Quadro 8	Critérios da classificação de arterite de células gigantes do Colégio Americano de Reumatologia (1990)
Idade de manifestação da doença > 50 anos: desenvolvimento dos sintomas ou achados relacionados à arterite de células gigantes aos 50 anos de idade ou mais
Cefaleia nova: início ou novo tipo de cefaleia localizada
Anormalidade na artéria temporal: artéria temporal com dor/alteração da sensibilidade à palpação ou pulsação reduzida não relacionada à arteriosclerose das artérias cervicais
Elevação da velocidade de hemossedimentação das hemácias (VHS): VHS ≥ 50 mm/h pelo método de Westergren
Biópsia arterial alterada: espécime da biópsia com artéria mostrando vasculite caracterizada por predominância de infiltrado de células mononucleares ou inflamação granulomatosa usualmente com células gigantes multinucleadas
A presença de 3 critérios ou mais é consistente com o diagnóstico de arterite de células gigantes com sensibilidade de 94% e especificade de 91%.

Manejo

O manejo da aortite depende da causa base que a desencadeia. No caso das vasculites, uma vez que esse diagnóstico é firmado, o paciente deve ser acompanhado por equipe multidisciplinar, incluindo a presença de um reumatologista e cirurgião vascular. A terapia inicial nos pacientes com aortite causada por vasculite de grandes vasos consiste na imunossupressão. São utilizados mais comumente corticoides para essa finalidade, com o objetivo de atingir remissão completa, o que pode durar alguns meses ou até anos. A dose de corticoide é então gradualmente reduzida. Nesse cenário, tanto durante a terapia de imunossupressão, quanto após a suspensão dos medicamentos, o paciente é mantido em constante monitoramento de sintomas, marcadores inflamatórios e, muitas vezes, de exames de imagem, uma vez que se sabe que a recidiva do processo inflamatório é frequente, estimada em 50% ou mais nos casos de arterite de células gigantes e de Takayasu.

Avaliação por imagem

O estudo por imagem dirigido para a investigação e acompanhamento das aortites pode ser realizado por diversos métodos (complementares entre si), entre eles a ultrassonografia com Doppler/ecocardiografia com Doppler, angiotomografia computadorizada, angiorressonância magnética, tomografia por emissão de pósitrons/tomografia computadorizada (PET/CT) e tomografia por emissão de pósitrons/ressonância magnética (PET/RM). Diante da suspeita de aortite, normalmente um estudo por imagem completo da aorta e ramos principais deve ser realizado para auxiliar no diagnóstico, para avaliar a extensão da doença e detectar eventuais sinais de gravidade.

É papel do radiologista participar ativamente da indicação do mais adequado estudo a se realizar no paciente com aortite, levando em consideração as diversas variáveis que influenciam essa decisão, como o objetivo do estudo (que pergunta clínica se deseja responder com o estudo? Ele é direcionado para o diagnóstico? Para acompanhamento?); quais são os achados de imagem que influenciam na mudança da conduta?; qual a condição clínica do paciente (tolerância de tempos de exame e de apneia longos/idade do paciente e potencial necessidade de múltiplos exames, ponderando o uso de radiação ionizante neste caso); qual a região a ser avaliada?; qual a urgência do caso?; se existe contraindicação à ressonância magnética ou à injeção de meio de contraste iodado ou paramagnético; qual a experiência da equipe de imagem e do radiologista em realizar e interpretar determinado método de imagem? (eventualmente o melhor exame pode ser um que a equipe disponível não tem experiência); se existem exames anteriores; se o estudo consegue ou não responder a dúvida clínica; se existem outras opções melhores para avaliar o caso. Todas essas variáveis individualizam a decisão da avaliação por imagem no contexto das aortites para o paciente e a dúvida que se deseja responder, devendo-se evitar generalizações em benefício do paciente.

Ultrassonografia com Doppler/ecocardiografia com Doppler

Embora não sejam geralmente utilizados como modalidade primária para o estudo da aortite, os métodos ultrassonográficos podem auxiliar, por exemplo, na medida de aneurismas abdominais e no rastreio de eventuais complicações (alterações inflamatórias, sinais de instabilidade etc.). Na avaliação da aorta torácica, o ecocardiograma (transtorácico ou transesofágico) avalia a raiz da aorta e a presença de insuficiência aórtica.

O ultrassom tem papel importante também na avaliação vascular periférica da arterite de Takayasu e de células gigantes. Evidências mostram que o espessamento parietal hipoecogênico (inferindo edema, componente agudo) está associado a atividade inflamatória e a ausência de espessamento está relacionada com ausência de atividade inflamatória em correlação com a biópsia. Espessamento parietal mais isoecogênico ou hiperecogênico tem correlação com processo inflamatório crônico. Esses achados permitem não só a detecção, mas também o acompanhamento e avaliação da resposta ao tratamento.

Angiotomografia computadorizada

Angiotomografia computadorizada é o método mais utilizado para avaliação das aortites por sua disponibilidade e agilidade em relação à ressonância e ao PET. Deve-se ressaltar, no entanto, que estudos de angiotomografia computadorizada da aorta (sobretudo toracoabdominal) determinam altas doses de radiação, problema particularmente maior nos pacientes com Takayasu, em geral mais jovens.

No contexto das aortites, a angiotomografia tem ótima acurácia na avaliação de estenoses, no entanto, é limitada na avaliação da inflamação parietal. Alguns sinais de atividade inflamatória vistos à tomografia são o espessamento parietal (mais comumente segmentar e circunferencial) e densificação dos planos adiposos periaórticos. No entanto, processos inflamatórios mais sutis podem não ter expressão à tomografia.

Angiorressonância magnética

O método mais completo para a avaliação das aortites é a angiorressonância magnética com contraste (gadolínio). Além da ausência de radiação, a angiorressonância com contraste avalia estenoses e tem excelente resolução de contraste para avaliação de edema, realce e espessamento parietal (com sequências específicas que permitem essa análise), achados que podem inferir atividade inflamatória. Evidências sugerem que o edema parietal isolado visto à RM, por vezes, pode não ter correlação com atividade inflamatória. Acredita-se que o remodelamento tecidual após resolução do edema pode ser responsável por esses falsos-positivos. Destaca-se, no entanto, que alguns tipos de contraste específicos (como aqueles direcionados para análise vascular e menos propensos a disseminar para o espaço extracelular) podem estar relacionados a atividade inflamatória caso identifique-se o realce parietal em imagens mais tardias. Técnicas como a difusão e o sinal em T2 também já mostraram relação com atividade inflamatória em alguns estudos, devendo-se ressaltar, no entanto, que outras pesquisas não mostraram sucesso com esta análise.

PET/CT e PET/RM

Mais recentemente, a PET/CT e a PET/RM com uso do radiofármaco 18F-FDG (18-fluorodesoxiglicose) têm mostrado crescente evidência de boa acurácia na avaliação de atividade inflamatória (Figura 50). É necessário, entretanto, unir as informações metabólicas fornecidas pelo PET/FDG com as informações anatômicas da angioressonância magnética ou de angiotomografia computadorizada para melhor localização e interpretação dos achados. Embora promissor, a definição do papel desses métodos ainda carece de grandes ensaios clínicos. Deve-se ressaltar ainda que a captação do radiofármaco pode ocorrer em casos de síndromes aórticas agudas (principalmente na fase mais precoce do processo), tornando difícil a distinção dessas patologias com processos inflamatórios, destacando-se particularmente casos de hematomas intramurais que podem mimetizá-las.

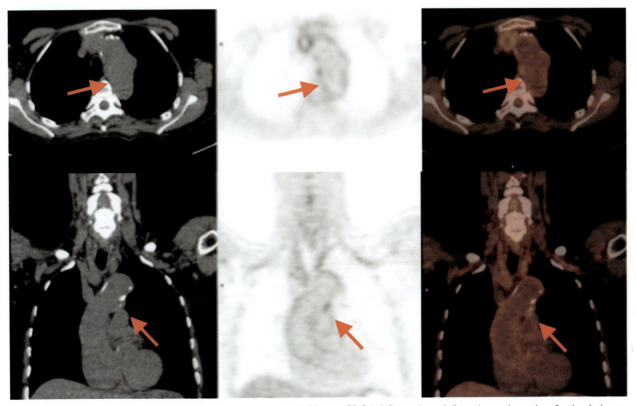

Figura 50 Paciente feminina, 75 anos de idade, realizou PET/CT com FDG (18-fluorodesoxiglicose) para investigação de síndrome paraneoplásica, sendo confirmado posteriormente diagnóstico de arterite de células gigantes. Imagens no plano axial (linha superior) e coronal (linha inferior) mostrando, da esquerda para a direita, cortes tomográficos, imagens metabólicas do PET e a fusão de ambos. Nota-se as irregularidades nos contornos aórticos (setas) e o aumento difuso da captação de 18F-FDG nas paredes aórticas, sobretudo em algumas das irregularidades, achados que inferem atividade inflamatória da arterite.

Angiografia

Antigamente método de excelência na avaliação das aortites, a angiografia deu lugar aos métodos não invasivos citados, principalmente pela sua característica de não avaliar a parede do vaso. Atualmente, tem papel auxiliar em casos de dúvida diagnóstica. É particularmente importante, no entanto, para casos de tratamento percutâneo de complicações das doenças.

Agradecimentos ao Dr. Adriano Tachibana por ceder imagens de casos para ilustração do capítulo.

Bibliografia sugerida

1. Baliga RR, Nienaber CA, Bossone E, Oh JK, Isselbacher EM, Sechtem U, et al. The role of imaging in aortic dissection and related syndromes. JCMG. 2014;7(4):406-24.
2. Hiratzka LF, Bakris GL, Beckman JA, Bersin RM, Carr VF, Casey DE, et al. 2010 ACCF/AHA/AATS/ACR/ASA/SCA/SCAI/SIR/STS/SVM Guidelines for the diagnosis and management of patients with thoracic aortic disease. JAC. 2010;55(14):e27-e129.
3. Jennette JC, Falk RJ, Bacon PA, Basu N, Cid MC, Ferrario F, et al. 2012 Revised International Chapel Hill Consensus Conference Nomenclature of Vasculitides. Arthritis Rheum. 2013;65:1-11.
4. Nastri MV, Baptista LP, Baroni RH, Blasbalg R, de Avila LF, Leite CC, et al. Gadolinium-enhanced three-dimensional MR angiography of Takayasu arteritis. Radiographics. 2004;24(3):773-86
5. Nienaber CA. Aortic dissection: new frontiers in diagnosis and management. Part I: From etiology to diagnostic strategies. Circulation. 2003;108(5):628-35.
6. Nienaber CA. Aortic dissection: new frontiers in diagnosis and management. Part II: Therapeutic management and follow-up. Circulation. 2003;108(6):772-8.
7. Song JK. Update in acute aortic syndrome: intramural hematoma and incomplete dissection as new disease entities. J Cardiol Japanese Coll Cardiol. 2014;64(3):153-61.
8. Task Force Members, Erbel R, Aboyans V, Boileau C, Bossone E, Bartolomeo RD, et al. 2014 ESC Guidelines on the diagnosis and treatment of aortic diseases: document covering acute and chronic aortic diseases of the thoracic and abdominal aorta of the adult. The Task Force for the Diagnosis and Treatment of Aortic Diseases of the European Society of Cardiology (ESC). Eur Heart J. 2014;35(41):2873-926.

15

Escore de cálcio e angiotomografia de coronárias

Raphael Scoppetta
Cesar Higa Nomura

Introdução

A imagem cardíaca é certamente uma das subespecialidades em radiologia e diagnóstico por imagem que mais se beneficiaram dos avanços tecnológicos oferecidos pelos tomógrafos de última geração.

O exame de tomografia computadorizada do coração permite a quantificação da calcificação coronária por meio do escore de cálcio (EC) e a avaliação de forma não invasiva das artérias coronárias (ângio-TC). Essas duas técnicas fornecem informações distintas e são realizadas em momentos diferentes durante a aquisição das imagens.

O objetivo deste capítulo é introduzir o método de tomografia do coração aos médicos residentes de radiologia e radiologistas gerais, e destacar suas principais aplicações na prática médica atual.

Técnica

A obtenção de imagens de qualidade diagnósticas do coração e das artérias coronárias só é possível pela sincronização da aquisição das imagens com o eletrocardiograma (ECG), imprescindível por minimizar o surgimento de artefatos de movimentação cardíaca, que deterioram as imagens, podendo hiperestimar os valores do EC e limitar a avaliação das estenoses coronarianas.

Em aparelhos de 64 fileiras de detectores, o ritmo cardíaco regular é ainda mais imprescindível, uma vez que os dados serão obtidos por diversos batimentos cardíacos e depois combinados em um único volume. Por sua vez, aparelhos de última geração ainda são pouco encontrados no território nacional, apenas disponíveis em alguns grandes centros diagnósticos, permitindo uma aquisição de imagens de forma mais rápida, durante apenas um ou dois batimentos cardíacos.

Destacamos o aumento progressivo da velocidade de rotação do tubo de raios X e de sua área de cobertura anatômica por rotação como fatores determinantes para uma maior qualidade do exame, com redução dos tempos de aquisição das imagens e apneia do paciente, assim como da dose de radiação e do volume de contraste infundido.

A dose de radiação é um tema de bastante destaque na literatura atual. Aparelhos de tomografia computadorizada (TC) atuais, a partir de algoritmos iterativos recentemente introduzidos por diversos fabricantes, conseguem reduzir significativamente a dose de radiação efetiva, sem redução da acurácia diagnóstica do método.

A realização do escore de cálcio é recomendada em tomógrafos a partir de 16 fileiras de detectores; enquanto no estudo de angiotomografia computadorizada das coronárias (ATCC) é obrigatória a realização em tomógrafos com 64 ou mais fileiras de detectores.

Anatomia arterial coronariana

A valva aórtica anatomicamente normal possui três cúspides (cúspide coronariana esquerda, cúspide coronariana direita e cúspide não coronariana), e três comissuras, que ligam as margens das cúspides à parede da aorta, com a formação dos seios de Valsalva. Os óstios da artéria coronária direita (ACD) e do tronco coronário esquerdo (TCE) originam-se habitualmente dos seios de Valsalva de igual denominação, cabendo ao seio de Valsalva posterior a designação de não coronariano (Figura 1).

O TCE após se originar do seio coronariano esquerdo, habitualmente bifurca-se em artéria descendente anterior (ADA) e artéria circunflexa (ACx) (Figura 2).

A variação anatômica coronária mais comum é a trifurcação do TCE, presente em um pouco mais de um terço da população, na qual um ramo intermediário (também chamado de artéria *diagonalis*) origina-se entre as ADA e ACx (Figura 3).

A ADA tem trajeto no sulco interventricular anterior, em direção ao apex, sendo responsável pela irrigação das paredes septal e anterior do ventrículo esquerdo (VE). Apresenta ramos septais (mais facilmente identificados na angiografia coronária invasiva) que irrigam o septo inter-

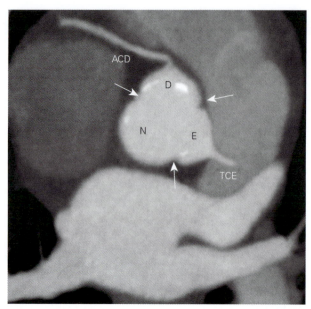

Figura 1 Note na figura os três seios de Valsalva. O seio coronariano direito (D), de onde se origina a artéria coronária direita (ACD); seio coronariano esquerdo (E), de onde se origina o tronco coronário esquerdo (TCE); e o seio não coronariano (N). As setas apontam para as comissuras.

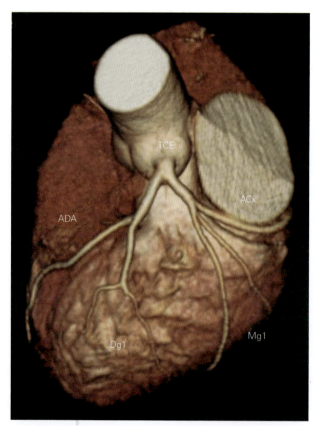

Figura 2 Reconstrução tridimensional. Bifurcação do tronco coronário esquerdo (TCE) em artéria descendente anterior e artéria circunflexa. Observe a origem do primeiro ramo diagonal (Dg1) da artéria descendente anterior (ADA), com trajeto na parede anterior do ventrículo esquerdo; e o primeiro ramo marginal (Mg1) da ACx com trajeto na parede lateral do ventrículo esquerdo.

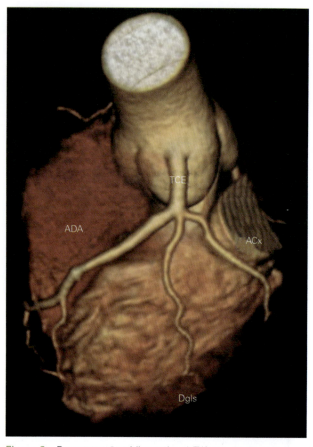

Figura 3 Reconstrução tridimensional. Trifurcação do tronco coronário esquerdo (TCE) em artéria descendente anterior, artéria *diagonalis* (Dgls) e artéria circunflexa.

ventricular anterior, e ramos diagonais, que irrigam a parede anterolateral do VE. Pode ser dividida em terços proximal, médio e distal. Os ramos diagonais também podem ser utilizados para dividir a ADA em segmentos (Figura 4).

A ACx tem trajeto no sulco atrioventricular esquerdo e origina ramos que irrigam a parede lateral do VE, chamados de ramos marginais (Figura 5).

A ACD após origem no seio coronariano direito, assume trajeto no sulco atrioventricular direito, podendo ser dividida em terços proximal, médio e distal. Dá origem aos ramos marginais direitos (MgD), que suprem a parede do ventrículo direito (Figura 6).

Em cerca de metade da população, o primeiro ramo da ACD é o ramo do cone, que irriga a via de saída do ventrículo direito (VD). O segundo ramo, mais comumente, é o ramo do nó sinoatrial, que irriga o nó sinoatrial e o átrio direito (AD). Este ramo, em um pouco mais de um terço da população, pode também se originar da artéria coronária esquerda, e, numa grande minoria, de ambas as coronárias ou diretamente dos seios coronarianos. Também poderemos observar uma quantidade variável de ramos marginais para a parede livre do VD. Todos esses pequenos ramos não possuem valor terapêutico significativo na doença coronária aterosclerótica (Figura 7).

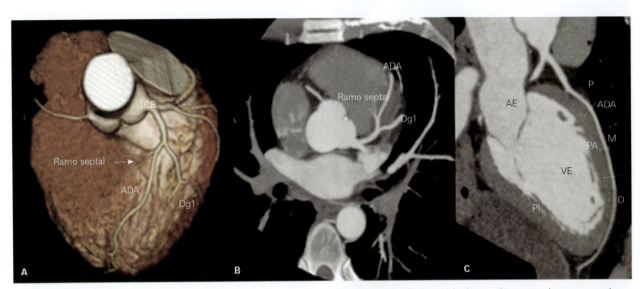

Figura 4 A e B: Reformatação tridimensional e projeção de intensidade máxima (MIP) da artéria descendente anterior: notar a origem do ramo septal, que caminha para a direção do septo interventricular (trajeto medial), e do ramo diagonal, que caminha para a parede anterior do ventrículo esquerdo (trajeto lateral). C: reformatação curva da artéria descendente anterior: a artéria irriga a parede anterior do ventrículo esquerdo, circundando seu ápice. Observe sua divisão em terços proximal (P), médio (M) e distal (D).
AE: átrio esquerdo; VE: ventrículo esquerdo; PI: parede inferior do VE; PA: parede anterior do VE.

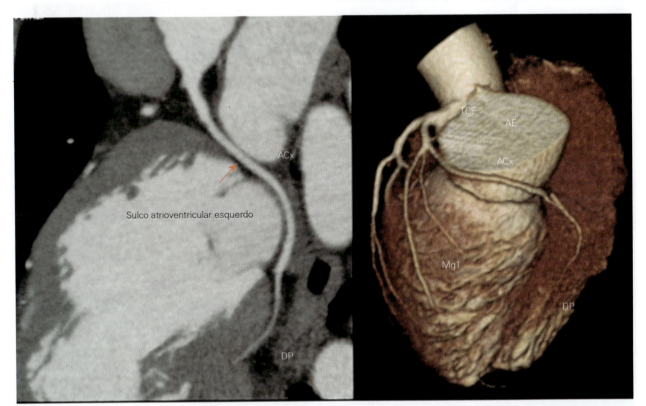

Figura 5 Reconstrução curva e tridimensional da artéria circunflexa: A artéria tem trajeto no sulco entre o átrio e o ventrículo esquerdo, de onde se originam os ramos marginais. Note que este é um exemplo de circulação coronariana com dominância esquerda, com a artéria descendente posterior (DP) originando-se da artéria circunflexa.

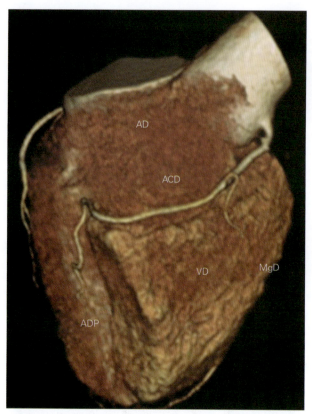

Figura 6 Reconstrução tridimensional da artéria coronária direita: observe o trajeto entre o sulco entre o átrio e o ventrículo direito (VD), originando ramos marginais direitos para a parede do VD.

Outro aspecto anatômico que merece ser destacado é em relação à dominância coronariana (comumente o primeiro dado fornecido em nossos relatórios de ângio-TC de coronárias). Na grande maioria dos indivíduos (em cerca de 80%) a dominância é direita, com uma ACD que se estende além do *crux cordis* e origina a artéria descendente posterior (ADP).

A dominância ainda pode ser esquerda, quando a ADP se origina da ACx ou balanceada quando a ADP se origina da ACD e a artéria ventricular posterior (AVP) se origina da ACx e caminha paralela a ADP, contribuindo na irrigação da parede inferior do ventrículo esquerdo (Figura 8).

Preparo do paciente

A qualidade do exame de ATCC será provavelmente superior em pacientes que apresentam ritmos cardíacos regulares e frequências cardíacas (FC) não elevadas, sendo muitas vezes necessária a utilização de drogas para atingir a FC ideal. Sempre lembrar que o controle rígido da frequência cardíaca é uma das etapas mais importantes do exame, com protocolos que variam de acordo com os serviços. De forma geral, deverá receber medicação todo paciente que chegar ao setor com FC acima do valor considerado ideal para o tomógrafo disponível. A seguir são apresentadas algumas particularidades das principais drogas utilizadas para o manejo da FC.

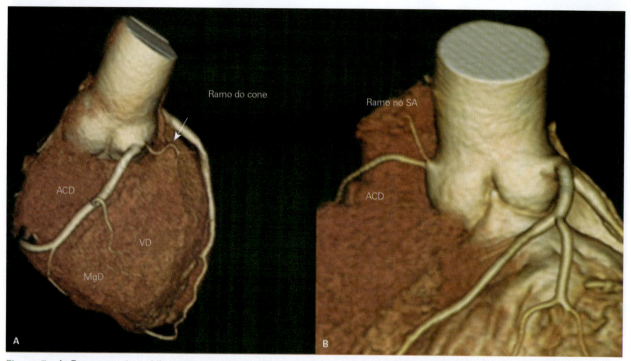

Figura 7 A: Reconstruções tridimensionais (3D) do ramo do cone originando-se diretamente do seio coronariano direito (variação anatômica) e caminhando em direção à via de saída do ventrículo direito. O ramo do cone é mais comumente o primeiro ramo da artéria coronária direita. B: Reconstrução tridimensional 3D do ramo do nó sinoatrial também originando-se diretamente do seio coronariano direito (variação anatômica). O ramo do nó sinoatrial é mais comumente o segundo ramo da artéria coronária direita.

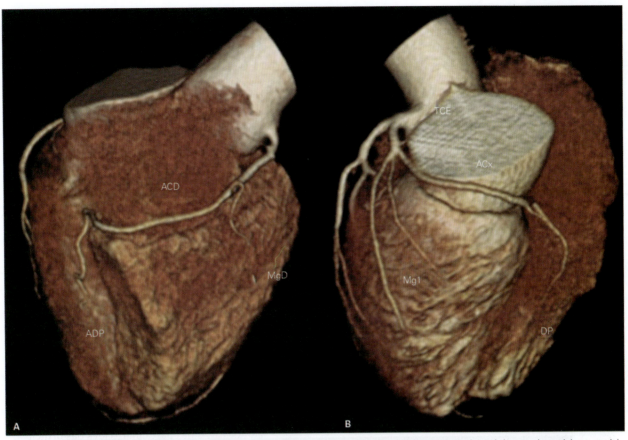

Figura 8 Reconstruções tridimensionais das dominâncias direita. A: Artéria descendente posterior origina-se da artéria coronária direita) e esquerda. B: Artéria descendente posterior origina-se da artéria circunflexa.

- Betabloqueadores (via oral e/ou endovenosa): é a principal classe de droga para o controle da FC; a via oral é mais efetiva para a redução da frequência, sendo realizada a cerca de 1 hora antes da realização do exame; a via endovenosa é realizada com o paciente já em sala, minutos antes da aquisição das imagens; entre as principais contraindicações estão pacientes com asma grave e/ou doença pulmonar obstrutiva grave, insuficiência cardíaca congestiva (ICC) descompensada, hipotensão arterial (pressão arterial sistólica < 100 mmHg) e bloqueio atrioventricular avançado.
- Bloqueadores dos canais de cálcio (como o diltiazem): drogas alternativas aos betabloqueadores para redução da FC, podendo ser utilizada em casos de pacientes com doença pulmonar obstrutiva, sendo também o medicamento de escolha para tentativa de controle de FC em pacientes com fibrilação atrial.

O acesso venoso periférico deve ser calibroso para um alto fluxo de injeção de contraste venoso (5 mL/s), a fim de garantir boa opacificação da luz coronariana. O meio de contraste venoso deverá ser injetado por meio de sistema de dupla via, seguido por solução salina em *bolus*.

O dinitrato de isossorbida sublingual deve ser administrado de forma rotineira, alguns minutos antes da injeção do contraste venoso. O medicamento é um vasodilatador de ação direta sobre a musculatura vascular lisa, com objetivo de facilitar a visualização da luz da coronária. Algumas das principais contraindicações que devemos estar atentos são pacientes com estenose aórtica grave (lembre-se do protocolo específico para implante transcateter de prótese valvar aórtica) e em uso de drogas para disfunção erétil (como o citrato de sildenafila e a tadafila). Entre as reações adversas mais comuns, destacam-se a dor de cabeça e hipotensão.

Vale ressaltar que as drogas utilizadas no estudo são bastante seguras quando administradas na ausência de contraindicações.

Por fim, deveremos sempre orientar o paciente sobre a importância de uma boa apneia, em que a caixa torácica e o abdome devem estar totalmente imóveis, sendo praticados exercícios respiratórios antes da aquisição das imagens. Durante os exercícios de apneia, sempre avalie eventuais alterações no ECG, sendo comum a ocorrência de eventuais extrassístoles, que poderão ser danosas para a qualidade do estudo. O tempo da apneia será variado, sendo dependente do protocolo que será utilizado e do aparelho de tomografia disponível em seu serviço.

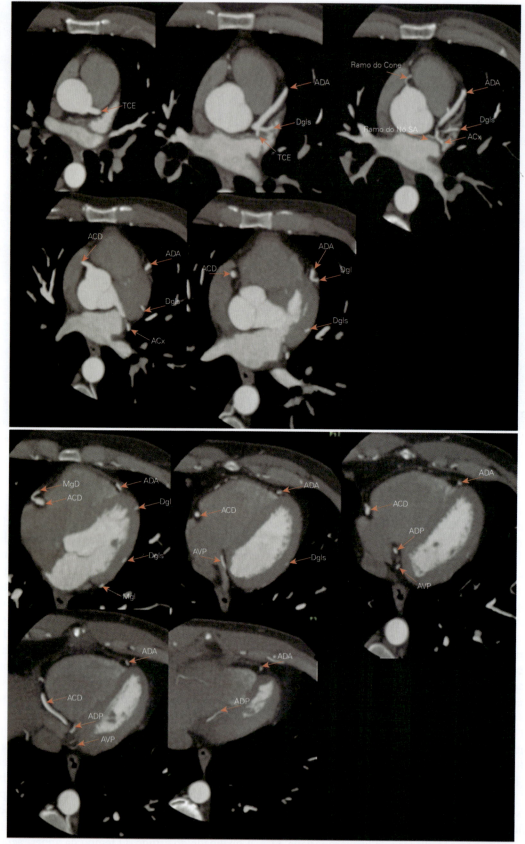

Figura 9 Imagens axiais sequenciais de angiotomografia de coronárias demonstrando as artérias coronárias e seus ramos.
TCE: tronco coronário esquerdo; ADA: artéria descendente anterior; Dg1: ramo primeiro diagonal; Dgls: *diagonalis*; ACx: artéria circunflexa; Mg1: ramo primeiro marginal; ACD: artéria coronária direita; MgD: ramo marginal direito; ADP: artéria descendente posterior; AVP: artéria ventricular posterior.

Escore de cálcio

A predição do risco cardiovascular é importante para definir prognóstico, traçar metas de tratamento e motivar os pacientes na mudança do estilo de vida, e uma das ferramentas mais utilizadas para a estratificação é o escore de risco de Framingham. Muitos indivíduos desenvolvem doença arterial coronariana (DAC) e não apresentam nenhum fator de risco tradicional, limitando a eficácia das ferramentas tradicionais nesse processo de estratificação. Sabe-se também que mais da metade dos casos de infartos agudos do miocárdio e morte súbita cardíaca ocorrem em indivíduos previamente assintomáticos. É dentro deste contexto que se destaca a importância da detecção da aterosclerose subclínica, possível pela tomografia computadorizada, por meio do escore de cálcio (EC) e da ATCC.

O EC é um marcador da presença e extensão da DAC. Já foi demonstrado seu importante valor prognóstico, fornecendo informações independentes e aditivas aos fatores de risco tradicionais de Fragmingham, de forma complementar na estratificação do risco individual. Vale destacar que alguns trabalhos demonstraram que o EC foi superior ao escore de Framingham na predição de eventos.

Para o estudo do EC, fase inicial do exame, não é necessária a injeção de contraste venoso. A calcificação coronária marcada nas imagens pela técnica é a que possuir imagens de pelo menos 3 pixels contíguos com coeficiente de atenuação superior a 130 unidades Hounsfield. O valor absoluto do EC coronariano será a somatória de todos os escores obtidos em todas as artérias coronárias, em todos os cortes tomográficos (escore de Agatson).

O EC também poderá ser calculado por métodos que determinam seu volume e/ou massa de cálcio. Como os grandes trabalhos que descreveram a presença e extensão da calcificação coronariana são baseados no escore de Agatson, este será o mais ultizado na prática clínica.

Estudos demonstraram que quanto maior a quantidade de cálcio, maior a chance de estenoses significativas. Por sua vez, a ausência de calcificação coronária se associa a uma baixa probabilidade de lesão significativa, em especial em pacientes assintomáticos, e sua presença não indica necessariamente estenose luminal.

A utilização do EC não é recomendada para indivíduos sintomáticos, uma vez que não identifica lesões vulneráveis e/ou exclui a presença de obstrução luminal. Sempre lembrar: lesões obstrutivas podem ocorrer sem calcificação.

Sua principal utilização é na estratificação do risco cardiovascular por meio da detecção de aterosclerose subclínica, sendo uma das principais ferramentas atuais para essa detecção. Seu maior impacto é na população de risco intermediário, onde temos os maiores índices de reclassificação de risco, com modificação das metas de prevenção primária. Como demonstrado pelo estudo MESA (*The Multi-Ethnic Study of Atherosclerosis*), o risco de morte ou infarto agudo do miocárdio aumenta com a elevação do EC, elevando em quase 8 vezes o risco em pacientes com EC entre 101 e 300, e em quase 10 vezes quando EC superior a 300. Em subestudo recentemente publicado, o EC melhorou sensivelmente a estratificação do risco em indivíduos assintomáticos de risco intermediário quando utilizados os valores de EC menores que 100 para reclassificação para baixo risco, e EC superior a 400 para reclassificação para alto risco.

Outro ponto interessante e que merece ser discutido é a relação do EC com estudos de cintilografia de perfusão miocárdica, habitualmente solicitados em consultas ambulatoriais de rotina por cardiologistas. A investigação de isquemia miocárdica em pacientes com EC inferior a 100 pode não ser a conduta mais apropriada pela baixíssima prevalência de estudos positivos nessa população. Pacientes com EC superior a 400 mereceriam investigação de isquemia silenciosa pela maior prevalência de DAC obstrutiva.

Tabela 2 Forma de interpretação clínica do escore de cálcio

Escore de cálcio	Interpretação clínica
Zero	Baixa probabilidade de DAC. Risco muito baixo
< 100 e percentil < 75	Risco baixo
> 100	Fator agravante para DAC. Risco alto. Considerar reclassificação do paciente para alto risco
> 400	Maior probabilidade de isquemia miocárdica

DAC: doença arterial coronariana.

Também vale ressaltar que a técnica não é recomendada para monitoramento de resposta terapêutica (acompanhamento de DAC por EC).

A seguir, algumas informações sobre o EC que merecem ser destacadas e compreendidas:

- EC negativo indica baixa probabilidade de DAC.
- EC positivo confirma a presença de DAC.

Tabela 1 Relação entre o valor absoluto do EC e o grau de calcificação das coronárias

Valor absoluto do EC	Grau de calcificação
0	Ausente
1-100	Discreto
101-400	Moderado
401-1.000	Alto
> 1.000	Muito alto

EC: escore de cálcio.

- Valores elevados do escore sugerem a presença de ao menos uma lesão coronariana significativa.
- EC elevado é preditivo de alto risco cardiovascular.
- EC baixo é preditivo de baixo risco cardiovascular.
- EC tem potencial de alterar a conduta clínica, principalmente em pacientes de risco intermediário.

Angiotomografia de coronárias

O método de ATCC é um meio diagnóstico não invasivo cada vez mais utilizado para a avaliação da DAC. É um método que permite não só avaliar o grau da redução luminal e o número de segmentos coronarianos acometidos, como também os componentes formadores da placa aterosclerótica e o remodelamento positivo eventualmente associado à lesão.

Assim como na técnica de EC, as imagens da ATCC também são adquiridas de forma sincronizada ao ECG.

O protocolo de aquisição poderá ser prospectivo, em que as imagens são adquiridas apenas dentro de um intervalo pré-definido do ciclo cardíaco, com menor quantidade de radiação; ou retrospectivo, em que as imagens são adquiridas durante todo o ciclo cardíaco, com maior dose de radiação. Hoje, em tomógrafo de última geração, é possível realizar o estudo tomográfico com dose efetiva inferior a 1,0 mSv, sem perda de qualidade de imagem.

Aspectos que devem ser avaliados nas placas ateroscleróticas

- Grau de redução luminal:
    - < 25%: irregularidade parietal; 25-49%: redução luminal discreta; 50-69%: redução luminal moderada; > 70%: redução luminal importante.
    - Classificaremos como redução luminal significativa a estenose superior a 50%.

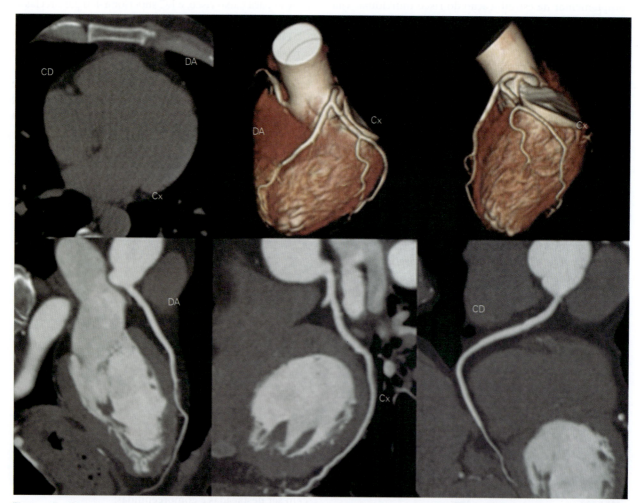

Figura 10   Caso 1: paciente de baixo risco com escore de cálcio (EC) zero e angiotomografia computadorizada das coronárias (ATCC) sem redução luminal. Paciente do sexo masculino, 45 anos, com dor torácica atípica. Antecedente pessoal: ex-tabagista. Antecedente familiar negativo. Foi solicitada ATCC em consulta ambulatorial de rotina. Angiotomografia de coronárias sem redução luminal.

- É importante destacar a extensão da DAC no final do seu relatório, podendo os pacientes ser classificados em uniarterial (um território coronário com redução luminal significativa), biarterial (dois dos territórios coronários com redução luminal significativa) ou triarterial (os três territórios coronários com redução luminal significativa).
- O acréscimo de informação de um estudo funcional poderá ser útil à avaliação anatômica pela tomografia para a tomada de decisão terapêutica, em especial nas lesões moderadas.
- Devemos lembrar que placas ateromatosas associadas a reduções luminais discretas são muito mais frequentes e comumente associadas ao desencadeamento de síndrome coronariana aguda. Logo, devemos valorizar não somente o grau de redução luminal determinado pela placa, como também eventuais achados associados a placas instáveis/vulneráveis, como o remodelamento positivo, *spotty calcification*, placa de baixa atenuação e o *Napkin-Ring Sign* (discutidos a seguir).
- Achados morfológicos da placa aterosclerótica:
    - Segundo a Society of Cardiovascular Computed Tomography (SCCT), as placas ateroscleróticas podem ser subdivididas em placas calcificadas, parcialmente calcificadas e não calcificadas (conforme Figura 11), com excelente concordância inter e intraobervador.
- Remodelamento positivo: definido como aumento do diâmetro do vaso no local da placa aterosclerótica em relação ao diâmetro de referência do vaso; sugere-se, como teoria, que o fenômeno acontece como tentativa de manter a luz do vaso na vigência do crescimento volumétrico da luz placa.

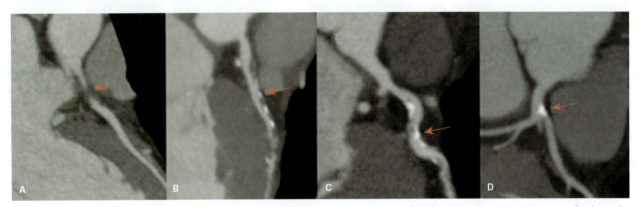

Figura 11 Reconstruções curvas de artérias coronárias demonstrando os tipos morfológicos das placas ateromatosas. A: placa não calcificada. B, C: Placas parcialmente calcificadas (predominantemente não calcificadas e predominantemente calcificadas). D: Placa calcificada.

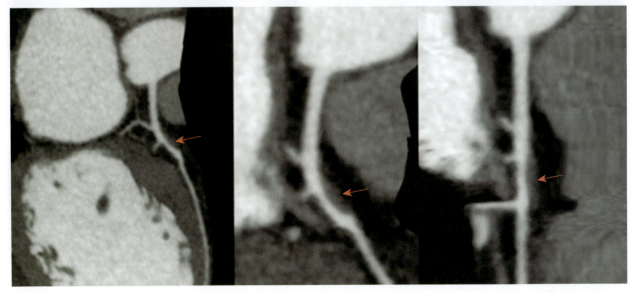

Figura 12 Reconstruções curvas e reta da artéria descendente anterior, demonstrando placa ateromatosa não calcificada segmentar em seu terço proximal, associada a remodelamento positivo, com redução luminal discreta/moderada (próximo de 50%).

- *Spotty calcification e placas de baixa atenuação*: são outros achados que habitualmente correlacionamos com lesão instável. Quanto maior o componente de baixa atenuação (< 30 UH, conforme proposto por Motoyama para detecção de núcleos lipídicos), maior será a instabilidade da lesão. Outro achado que denota instabilidade é o chamado *spotty calcification*, que são calcificações puntiformes em distribuição localizada e pontual na placa aterosclerótica.
- *Napkin-Ring Sign*: achado que denota instabilidade; é o núcleo necrótico rico em lípides (componente de menor atenuação central em corte axial na ATCC) circundado por tecido fibrótico (componente de maior atenuação periférico na ATCC).

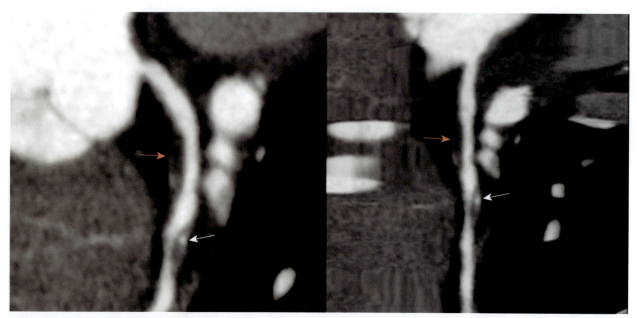

Figura 13 Reconstrução curva e reta da artéria descendente anterior. Setas vermelhas: placa hipoatenuante associada a remodelamento positivo no terço proximal da artéria descendente anterior (ADA), com redução luminal moderada (ao redor de 50%). Em seguida, notar outra placa segmentar com diminuta calcificação puntiforme de permeio (*spotty calcification* – seta branca) associada a remodelamento positivo, com redução luminal importante.

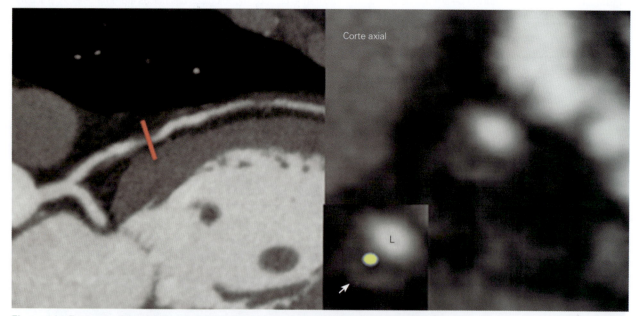

Figura 14 Reconstrução curva e corte axial verdadeiro no plano da placa ateromatosa não calcificada (conforme indicado pela barra vermelha na primeira figura) associada a remodelamento positivo, com redução luminal moderada. Observe no corte axial a hiperatenuação periférica (seta branca) e o componente hipoatenuante central (círculo amarelo), achados compatíveis com *Napkin-Ring Sign*.
L: luz da coronária.

Avaliação de dor torácica aguda

A angiotomografia computadorizada tem excelente acurácia para excluir lesão coronariana obstrutiva significativa em pacientes com suspeita de síndrome coronariana aguda (SCA) de baixo ou intermediário risco, com destaque para seu alto valor preditivo negativo, cujos valores se aproximam de 100%. De forma geral, o método reduz o tempo de exclusão de DAC e também o tempo de permanência do paciente no hospital, podendo evitar admissões desnecessárias e custosas, e liberações inadvertidas de pacientes de baixo e intermediário risco com lesões coronarianas significativas. Sabe-se que muitos pacientes liberados da emergência apresentam eventos cardíacos, e fazem parte do grupo que se beneficiaria de uma ferramenta para estratificação adicional com alto valor preditivo negativo (capaz de excluir DAC). Outro dado importante é o fato de que a maioria dos pacientes submetidos ao cateterismo não apresentam lesões obstrutivas significativas, sendo expostos a um risco desnecessário desse procedimento invasivo e não isento de complicações. Vale ressaltar que, por sua vez, os pacientes de alto risco beneficiam-se de uma estratégia invasiva, com angiografia coronária invasiva e revascularização.

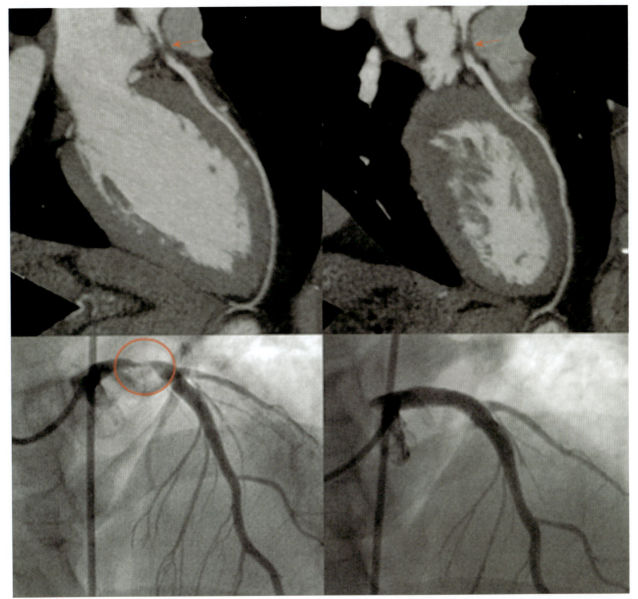

Figura 15 Paciente do sexo masculino, 45 anos e de baixo risco para doença arterial coronariana (DAC), com dor torácica aguda no pronto-socorro. Antecedentes pessoal e familiar negativos. Apresentou eletrocardiograma normal e marcadores de necrose miocárdica negativos. Foi solicitada angiotomografia de coronárias. Escore de cálcio: zero. Angiotomografia computadorizada das coronárias: placa não calcificada no terço proximal da artéria descendente anterior determinando redução luminal importante. Foi realizada angioplastia da lesão com sucesso.

Na Figura 16, verifica-se uma proposta para o modelo de algoritmo do uso da ATCC na emergência.

Uma das principais características do método, que o distingue da angiografia coronária invasiva, é sua capacidade de visualizar não apenas a luz do vaso, mas também as paredes arteriais. Estudos apontam para um maior risco relativo de SCA em pacientes com placas ateroscleróticas descritas como de risco, sendo inclusive um risco maior do que em relação ao grau de redução luminal promovida pela placa. Alguns trabalhos sugerem que essas lesões poderiam ser caracterizadas na ATCC como placas com componente de baixo coeficiente de atenuação (achado que sugere conteúdo lipídico) e/ou lesões associadas a um remodelamento positivo do vaso. É importante saber que quanto maior o volume da placa, maior será o remodelamento positivo associado e, consequentemente, maior será a vulnerabilidade da lesão.

Apesar do grande avanço tecnológico observado nos tomógrafos de última geração, alguns fatores podem limitar a análise das imagens e reduzir a acurácia do método, com casos falsos-positivos. Os principais fatores que podem limitar a avaliação são: arritmias durante a aquisição das imagens, artefatos causados pela movimentação respiratória (por apneia inadequada) e cardíaca (como pode acontecer em casos de pacientes com frequência elevada), e os artefatos gerados pela malha do *stent* (principalmente *stents* com malhas densas e de menor calibre) e/ou grande quantidade de placas ateromatosas densamente calcificadas, que limitam a análise da luz coronariana.

Por fim, destaca-se que o método também poderá revelar diversas causas de dor torácica não cardíaca, como fraturas de arcos costais, hérnias gástricas, doenças da aorta, pneumonias, pneumotórax, entre outras.

Stents

Em condições ideais, a ATCC é uma ferramenta útil e de boa acurácia na avaliação de reestenose intra-*stent*. O fator preponderante é o calibre do *stent*, sendo os maiores de 3 mm e/ou localizados no TCE mais bem avaliados.

Embora a trombose intra-*stent* aguda tipicamente determina sintomas clínicos importantes, a reestenose intra-*stent* geralmente é assintomática e muitas vezes não suspeitada, um achado relevante e que poderá ser fornecido pela ATCC.

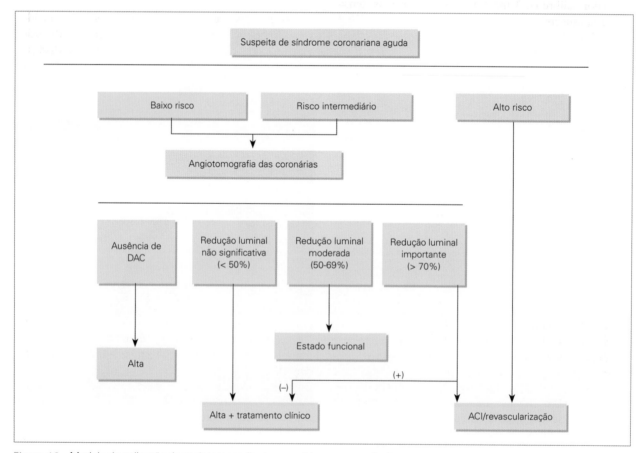

Figura 16 Modelo de aplicação da angiotomografia de coronárias na emergência.
ACI: artéria carótida interna; DAC: doença arterial coronariana.

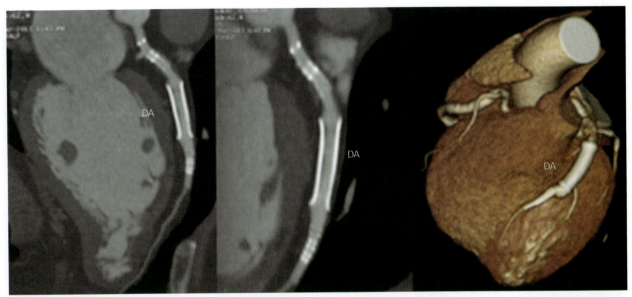

Figura 17 Recontruções curvas e tridimensional. *Stents* pérvios e sem redução luminal significativa na artéria descendente anterior. No dispositivo localizado no terço médio da artéria descendente anterior (ADA), observe a presença de hipoatenuação intra-*stent*, compatível com neoproliferação intimal e redução luminal discreta.

É preciso ter conhecimento de que a avaliação do *stent* poderá ser limitada principalmente em dispositivos de menor calibre (< 3 mm) e de estrutura mais densa/metálica, aspectos que podem causar prejuízo na avaliação da luz coronariana. Alguns algoritmos especiais de reconstrução poderão ser utilizados a fim de minimizar o artefato determinado pela malha do *stent*, embora algumas vezes de forma limitada.

A avaliação de re-estenose intra-*stent* em pacientes sintomáticos com probabilidade pré-teste intermediária tem classe de recomendação IIb, nível de evidência B na última diretriz de ressonância magnética e tomografia computadorizada cardiovascular da Sociedade Brasileira de Cardiologia e do Colégio Brasileiro de Radiologia.

O aperfeiçoamento da resolução temporal e especial dos estudos de ATCC, a combinação da imagem anatômica com o estudo perfusional com estresse por tomografia e/ou o implemento de *stents* com malhas menos densas (como os *stents* biodegradáveis) são aspectos que determinarão o aumento significativo da acurácia do método na avaliação da luz do *stent*.

A ATCC é também o principal método para avaliação de fraturas de *stents*, fator de risco para reestenose e trombose aguda intra-*stent*. Logo, devemos sempre procurar ativamente por eventuais descontinuidades e/ou deformidades dos contornos da malha do dispositivo.

Por fim, vale lembrar que muitas vezes poderemos acrescentar informações clinicamente significativas não necessariamente relacionadas ao *stent*, como a caracterização de uma outra placa ateromatosa com características instáveis, como demonstrado no caso a seguir.

Avaliação de enxertos vasculares de revascularização miocárdica

Em geral, os estudos por ATCC de pacientes submetidos à revascularização miocárdica cirúrgica serão os de maior complexidade para análise. No exame, serão avaliados o leito coronariano nativo e os enxertos vasculares utilizados.

A avaliação dos enxertos vasculares venosos tende a ser mais fácil, por apresentarem geralmente um maior calibre, menor mobilidade (logo, menos artefatos) e menos calcificações (frequentemente ausentes). Por sua vez, a avaliação dos enxertos vasculares arteriais tende a ser um pouco mais difícil, pelo menor calibre, maior mobilidade e maior número de calcificações parietais associadas. No caso dos enxertos de artérias mamárias, os clipes metálicos utilizados na cirurgia e dispostos adjacentes ao vaso geram artefatos regionais que podem limitar parcialmente a análise de algum segmento luminal. Outro aspecto que merece destaque por sua maior dificuldade é a avaliação da anastomose distal do enxerto, local da maior mobilidade cardíaca e frequentemente com algum clipe produtor de artefato no local.

Entretanto, embora não sejam raras as dificuldades referidas acima, a acurácia do método para a avaliação de lesões nos enxertos é ótima, com acréscimo de informações úteis ao médico solicitante.

Em indivíduos com lesões multiarteriais maiores que 50%, o uso de três a quatro enxertos geralmente é requerido e, habitualmente, serão utilizados tanto enxerto arterial quanto enxerto venoso. Os dois enxertos vasculares mais utilizados serão o enxerto de veia safena e o enxerto de artéria mamária interna esquerda (AMIE).

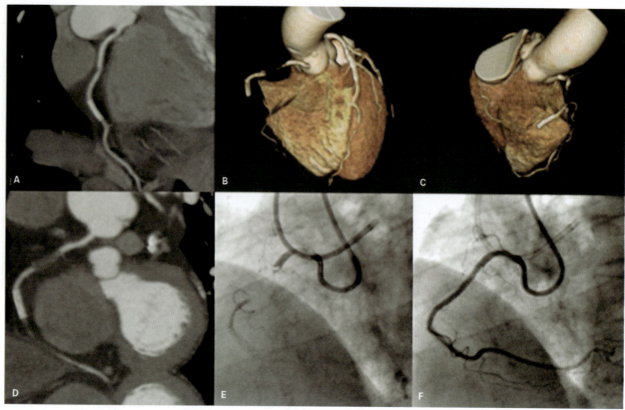

Figura 18 Recontruções curvas e tridimensionais. A: *stent* pérvio e sem redução luminal no terço médio da artéria coronária direita (ACD). Destacamos a presença de placa não calcificada associada a discreto remodelamento positivo no terço proximal da ACD, com redução luminal discreta (ao redor de 40%). O paciente é do sexo masculino, de 65 anos, com antecedentes de diabete e dislipidemia, assintomático neste momento. B-D: Após 2 anos, paciente começou a apresentar dispneia, sendo solicitado um novo estudo de angiotomografia das coronárias (ATCC), onde foi observada oclusão do terço proximal da ACD, com reenchimento distal por prováveis colaterais. E, F: O achado de oclusão da ACD foi confirmado por cateterismo, sendo o paciente submetido a angioplastia com sucesso primário.

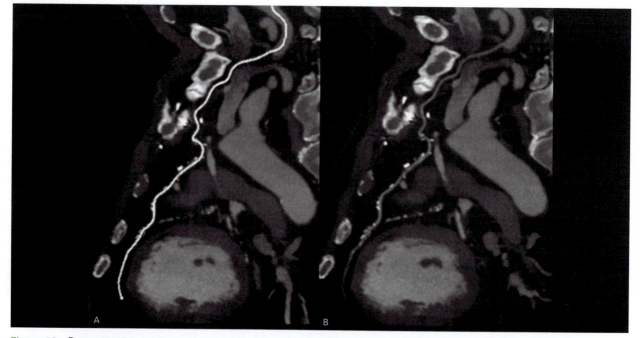

Figura 19 Reconstruções curvas do enxerto de artéria mamária interna esquerda (demarcado pela linha branca em A) para o terço distal da artéria descendente anterior, pérvio, sem redução luminal.

O enxerto venoso de veia safena em geral será utilizado no tratamento de lesões em território de artéria coronária direita. Por sua vez, no geral, o enxerto de AMIE será utilizado para o tratamento de lesão em território de artéria descendente anterior. Vale ressaltar a maior taxa de perviedade dos enxertos vasculares arteriais, especialmente em longo prazo, em relação aos enxertos venosos, com maiores taxas de eventos cardiovasculares em territórios miocárdicos protegidos por estes últimos. Destaca-se a grande durabilidade do enxerto de AMIE, com perviedade superior a 90% após 10 anos da cirurgia de revascularização miocárdica. Ao longo dos anos, nota-se uma maior durabilidade dos enxertos, especialmente pelo aperfeiçoamento da técnica cirúrgica e a associação com uma terapia medicamentosa antitrombótica cada vez mais eficiente.

Por fim, lembrar do possível uso do enxerto de AMIE associado a segmentos arteriais e/ou venosos, conhecidos como enxertos em "Y" ou "T", para vascularização de mais de um território vascular.

Deveremos sempre avaliar nos enxertos vasculares: oclusão/perviedade, estenoses, lesões parietais, acotovelamentos e angulações do trajeto, aneurismas e pseudoaneurismas.

A avaliação pela angiotomografia será mais limitada na avaliação do leito coronariano nativo em razão das extensas placas ateromatosas, com acentuadas calcificações parietais que podem limitar a avaliação da luz de algum segmento coronariano.

Avaliação de pacientes assintomáticos

A fim de reduzir o número de eventos cardiovasculares futuros, é importante tentar identificar, entre os indivíduos assintomáticos, aqueles de maior risco para evento cardiovascular futuro. É dentro desse contexto que o EC (como já discutido) e a ATCC podem desempenhar papéis importantes como ferramentas complementares aos escores clínicos, que são muitas vezes limitados em seu poder de estratificação do risco. A gravidade da DAC demonstrada pela angiotomografia é um fator preditor importante de mortalidade, com valor prognóstico incremental não apenas aos fatores de risco tradicionais, como também à avaliação pelo EC e pela cintilografia miocárdica.

A utilização do método deve sempre ser ponderada em relação à radiação vs. benefício. Neste ponto, vale ressaltar que o estudo por ATCC gera uma menor dose de radiação em relação à cintilografia miocárdica, exame habitualmente solicitado em consultas ambulatoriais de rotina por cardiologistas. Assim, com a redução significativa e gradativa da dose de radiação empregada pelo estudo de angiotomografia de coronárias, é esperado um aumento significativo da sua utilização na avaliação de DAC em indivíduos assintomáticos.

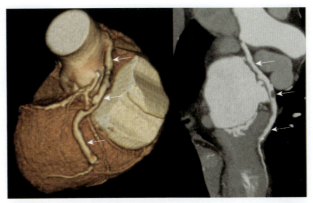

Figura 20 Reconstrução curva e tridimensional. Enxerto venoso para o segundo ramo marginal apresentando irregularidades parietais difusas e imagens hipoatenuantes compatível com trombo em seu terço médio determinando redução luminal importante.

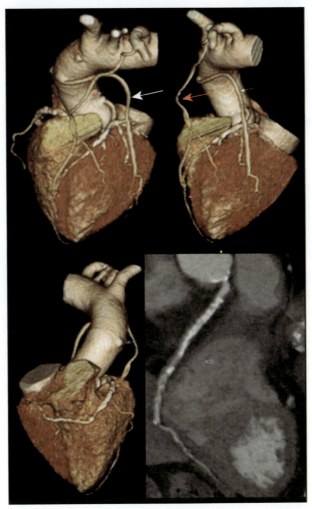

Figura 21 Reconstruções tridimensionais-enxerto em "Y" da artéria mamária interna esquerda para revascularização miocárdica da artéria descendente anterior e primeiro ramo diagonal (seta vermelha). Enxerto vascular também para o primeiro ramo marginal (seta branca). Observe o enxerto vascular ocluído para o território da artéria coronária direita (seta azul), território desprotegido, com extensa ateromatose e reduções luminais importantes.

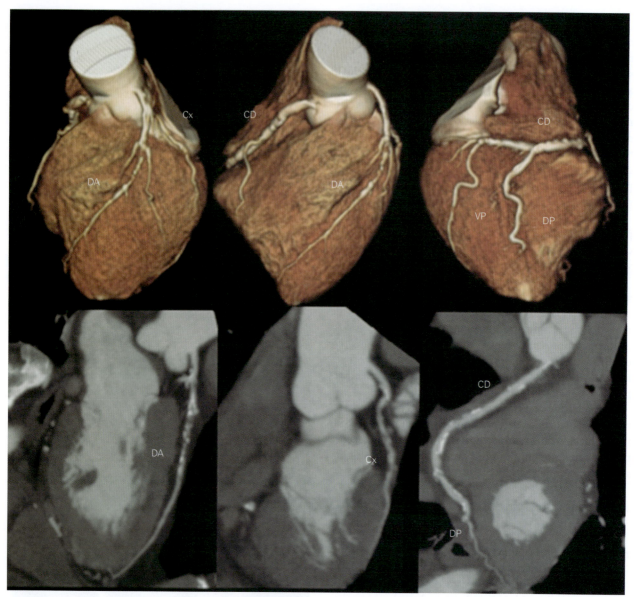

Figura 22 Recontruções curvas e tridimensionais. Caso de um paciente assintomático, 67 anos, sexo masculino. Antecedente pessoal: ex-tabagista. Solicitado angiotomografia das coronárias (ATCC) em consulta ambulatorial de rotina. Observe as extensas placas ateromatosas predominantemente não calcificadas, principalmente evidentes em território de ADA proximal e média, com redução luminal triarterial significativa. Paciente também realizou cintilografia miocárdica com isquemia estresse-induzida em paredes anterior, lateral e septal medioapical do ventrículo esquerdo. Foi realizada revascularização miocárdica.

Avaliação de dor torácica aguda pela técnica de *triple rule-out*

O protocolo de aquisição específico chamado de descarte triplo (*triple rule-out*) permite avaliar em um único exame as artérias coronárias (avaliar eventual lesão coronária significativa como causa da dor torácica), tromboembolismo pulmonar (TEP) e as síndromes aórticas agudas (úlcera penetrante, hematoma intramural, dissecção, aneurisma e pseudoaneurisma). Também será possível a avaliação de outras causas de dor torácica, como pneumonias, pneumotórax, fraturas de arcos costais, entre outras.

Merece ser destacado que, embora eficiente, o protocolo de aquisição para triplo descarte é menos eficiente do que os protocolos específicos para avaliação individual das artérias coronárias, aorta ou artérias pulmonares. No estudo de *triple rule-out* a chance de algum segmento coronariano ter avaliação limitada é maior. A grande dificuldade do exame é achar uma boa opacificação em leitos vasculares distintos, de diferentes tempos de contrastação (no geral, as artérias pulmonares apresentam pico de contrastação cerca de 10 segundos antes da aorta). Outros aspectos importantes e que merecem ser mencionados é que o protocolo geralmente exige uma maior dose de radiação, maior volume de contraste e uma maior apneia do paciente.

Portanto, orienta-se sua utilização apenas em situações clínicas específicas, de maior dificuldade no direcionamento para um diagnóstico específico. No geral, pacientes com dor torácica aguda de baixa ou intermediária probabilidade para DAC, com sinais clínicos ou antecedentes pessoais confusionais para TEP ou doenças da aorta.

Classes de recomendações e níveis de evidências

A seguir, algumas das principais indicações de ATCC e suas classes de recomendação e níveis de evidência de acordo com a II Diretriz de Ressonância Magnética e Tomografia Computadorizada Cardiovascular da Sociedade Brasileira de Cardiologia e do Colégio Brasileiro de Radiologia.

Classe de recomendação I, nível de evidência A

- Avaliação de DAC crônica em pacientes sintomáticos com probabilidade pré-teste intermediária (10-90%) calculada pelos critérios de Diamond-Forrester.
- Suspeita de síndrome coronariana aguda de baixo/intermediário risco, ECG normal ou não diagnóstico e marcadores de necrose miocárdica negativos.
  Pacientes com suspeita de DAC crônica com:
  - Testes de isquemia prévios conflitantes ou inconclusivos;
  - Sintomas contínuos e testes de isquemia prévios normais ou inconclusivos;
  - Discordância entre a clínica e resultados de testes de isquemia prévios.

Classe de recomendação IIa, nível de evidência B

- Avaliação da patência de enxertos de revascularização miocárdica em indivíduos sintomáticos com probabilidade pré-teste intermediária calculada pelos critérios de Diamond-Forrester.
- Avaliação pré-operatória de cirurgia cardíaca não coronária (paciente de risco baixo/ moderado).
- Opção à angiografia invasiva no acompanhamento de pacientes com Kawasaki.
- Opção à angiografia invasiva na diferenciação entre cardiopatias isquêmicas e não isquêmicas.

Bibliografia sugerida

1. Agatston AS, Janowitz WR, Hildner FJ, Zusmer NR, Viamonte M Jr, Detrano R. Quantification of coronary artery calcium using ultrafast computed tomography. J Am Coll Cardiol. 1990;15(4):827-32.
2. Andreini D, Pontone G, Bartorelli AL, Trabattoni D, Mushtaq S, Bertella E, et al. Comparison of feasibility and diagnostic accuracy of 64-slice multidetec-tor computed tomographic coronary angiography versus invasive coronary angiography versus intravascular ultrasound for evaluation of in-stent restenosis. Am J Cardiol. 2009;103(10):1349-58.
3. Bamberg F, Sommer WH, Hoffmann V, Achenbach S, Nikolaou K, Conen D, et al. Meta-analysis and systematic review of the long-term predictive value of assessment of coronary atherosclerosis by contrast-enhanced coronary computed tomography angiography. J Am Coll Cardiol. 2011;57(24):2426-36.
4. Becker CR, Kleffel T, Crispin A, Knez A, Young J, Schoepf UJ, et al. Coronary artery calcium measurement: agreement of multirow detector and electron beam CT. AJR Am J Roentgenol. 2001;176(5):1295-8.
5. Budoff MJ, Achenbach S, Blumenthal RS, Carr JJ, Goldin JG, Greenland P, et al. Assessment of coronary artery disease by cardiac computed tomography: a scientific statement from the American Heart Association Committee on Cardiovascular Imaging and Intervention, Council on Cardiovascular Radiology and Intervention, and Committee on Cardiac Imaging, Council on Clinical Cardiology. Circulation. 2006;114(16):1761-91.
6. Budoff MJ, Dowe D, Jollis JG, Gitter M, Sutherland J, Halamert E, et al. Diagnostic performance of 64-multidetector row coronary computed tomographic angiography for evaluation of coronary artery stenosis in individuals without known coronary artery disease: results from the prospective multicenter ACCURACY (Assessment by Coronary Computed Tomographic Angiography of Individuals Undergoing Invasive Coronary Angiography) trial. J Am Coll Cardiol. 2008;52(21):1724-32.
7. Cury RC, Abbara S, Achenbach S, Agatston A, Berman DS, Budoff MJ, et al. CAD-RADS coronary artery disease – reporting and data system. An expert consensus document of the Society of Cardiovascular Computed Tomography (SCCT), the American College of Radiology (ACR) and the North American Society for Cardiovascular Imaging (NASCI). Endorsed by the American College of Cardiology. J Cardiovasc Comput Tomogr. 2016;10(4):269-81
8. Dewey M, Vavere AL, Arbab-Zadeh A, Miller JM, Sara L, Cox C, et al. Patient characteristics as predictors of image quality and diagnostic accuracy of MDCT compared with conventional coronary angiography for detecting coronary artery stenoses: CORE-64 Multicenter International Trial. AJR Am J Roentgenol. 2010;194(1):93-102.
9. Dewey M, Zimmermann E, Deissenrieder F, Laule M, Dubel HP, Schlattmann P, et al. Noninvasive coronary angiography by 320-row computed tomography with lower radiation exposure and maintained diagnostic accuracy: comparison of results with cardiac catheterization in a head-to-head pilot investigation. Circulation. 2009;120(10):867-75.
10. Goldstein JA, Abbas A. Anatomic-pathophysiologic approach to hemodynamics: complementary roles of noninvasive and invasive diagnostic modalities. Cardiol Clin. 2011;29(2):173-90.
11. Greenland P, Alpert JS, Beller GA, Benjamin EJ, Budoff MJ, Fayad ZA, et al. 2010 ACCF/AHA Guideline for assessment of cardiovascular risk in asymptomatic adults: a report of the American College of Cardiology Foundation/ American Heart Association Task Force on Practice Guidelines. Circulation. 2010;122(25):e584-636.
12. Greenland P, Bonow RO, Brundage BH, Budoff MJ, Eisenberg MJ, Grundy SM, et al.; American College of Cardiology Foundation Clinical Expert Consensus Task Force (ACCF/AHA Writing Committee to Update the 2000 Expert Consensus Document on Electron Beam Computed Tomography); Society of Atherosclerosis Imaging and Prevention; Society of Cardiovascular Computed Tomography. ACCF/AHA 2007 clinical expert consensus document on coronary artery calcium scoring by computed tomography in global cardiovascular risk assessment and in evaluation of patients with chest pain: a report of the American College of Cardiology Foundation Clinical Expert Consensus Task Force (ACCF/AHA Writing Committee to Update the 2000 Expert Consensus Document on Electron Beam Computed Tomography) developed in collaboration with the Society of Atherosclerosis Imaging and Prevention and the Society of Cardiovascular Computed Tomography. J Am Coll Cardiol. 2007;49(3):378-402.
13. Greenland P, LaBree L, Azen SP, Doherty TM, Detrano RC. Coronary artery calcium score combined with Framingham score for risk prediction in asymptomatic individuals. JAMA. 2004;291(2):210-5.
14. Hamon M, Morello R, Riddell JW. Coronary arteries: diagnostic performance of 16-versus 64-section spiral CT compared with invasive coronary angiography – meta-analysis. Radiology. 2007;245(3):720-31.
15. Hoffmann U, Truong QA, Schoenfeld DA, Chou ET, Woodard PK, Nagurney JT, et al.; ROMICAT-II Investigators. Coronary CT angiography versus standard evaluation in acute chest pain. N Engl J Med. 2012;367(4):299-308.

16. Litt HI, Gatsonis C, Snyder B, Singh H, Miller CD, Entrikin DW, et al. CT angiography for safe discharge of patients with possible acute coronary syndromes. N Engl J Med. 2012;366(15):1393-403.

17. Mahabadi AA, Achenbach S, Burgstahler C, Dill T, Fischbach R, Knez A, et al.; Working group "Cardiac CT" of the German Cardiac Society. Safety, efficacy, and indications of beta-adrenergic receptor blockade to reduce heart rate prior to coronary CT angiography. Radiology. 2010;257(3):614-23.

18. Mark DB, Berman DS, Budoff MJ, Carr JJ, Gerber TC, Hecht HS, et al.; American College of Cardiology Foundation Task Force on Expert Consensus Documents.ACCF/ACR/AHA/NASCI/SAIP/SCAI/ SCCT 2010 Expert Consensus Document on Coronary Computed Tomographic Angiography: a Report of the American College of Cardiology Foundation Task Force on Expert Consensus Documents. Circulation. 2010;121(22):2509-43.

19. Min JK, Dunning A, Lin FY, Achenbach S, Al-Mallah M, Budoff MJ, et al. Age- and sex-related differences in all-cause mortality risk based on coronary computed tomography angiography findings results from the International Multicenter CONFIRM (Coronary CT Angiography Evaluation for Clinical Outcomes: An International Multicenter Registry) of 23,854 patients without known coronary artery disease. J Am Coll Cardiol. 2011;58(8):849-60.

20. Raff GL. Radiation dose from coronary CT angiography: five years of progress. J Cardiovasc Comput Tomogr. 2010;4(6):365-74.

21. Romagnoli A, Patrei A, Mancini A, Arganini C, Vanni S, Sperandio M, et al. Diagnostic accuracy of 64-slice CT in evaluating coronary artery bypass grafts and of the native coronary arteries. Radiol Med. 2010;115(8):1167-78.

22. Sara L, Szarf G, Tachibana A, Shiozaki AA, Villa AV, de Oliveira AC, et al.; II Diretriz de ressonância magnética e tomografia computadorizada cardiovascular da Sociedade Brasileira de Cardiologia e do Colégio Brasileiro de Radiologia. Arq Bras Cardiol. 2014;103(6 Suppl 3):1-86.

23. Schmermund A, Mohlenkamp S, Berenbein S, Pump H, Moebus S, Roggenbuck U, et al. Population-based assessment of subclinical coronary atherosclerosis using electron-beam computed tomography. Atherosclerosis. 2006;185(1):177-82.

24. Stein PD, Yaekoub AY, Matta F, Sostman HD. 64-slice CT for diagnosis of coronary artery disease: a systematic review. Am J Med. 2008;121(8):715-25.

16

Ressonância magnética cardíaca

José de Arimatéia Batista Araújo Filho

Introdução

A ressonância magnética cardíaca (RMC) é uma técnica de imagem não ionizante e não invasiva, com alta resolução espacial, que é considerada hoje o padrão ouro para avaliação morfológica do coração, bem como para a avaliação dos volumes, massa e função sistólica e diastólica ventriculares. Outrossim, ao permitir a caracterização tecidual miocárdica, sobretudo na detecção de infarto e fibrose, é uma ferramenta indispensável na avaliação da viabilidade miocárdica, sendo também considerada o padrão-ouro nessa avaliação.

Após as melhorias técnicas que transformaram o método em um reduto de grande especulação e entusiasmo no final dos anos 1990, temos hoje um panorama marcado por uma visão mais equilibrada sobre a utilidade da ressonância magnética (RM) no arsenal diagnóstico da Cardiologia moderna. A crescente utilidade clínica do método e seu vasto potencial como ferramenta de pesquisa, aliados aos recentes avanços no pós-processamento de imagens e criação de novas sequências de pulso, sedimentaram a RMC na vanguarda da propedêutica cardiovascular deste início de século.

Neste capítulo, revisaremos os aspectos técnicos mais importantes na aquisição e interpretação de imagens, bem como as principais contribuições do método nas suas variadas indicações clínicas, com especial enfoque para a avaliação das cardiomiopatias isquêmicas e não isquêmicas. É válido e oportuno salientar que, tendo em vista a vastidão e complexidade do tema, uma visão mais detalhada do método foge ao nosso escopo e pode ser encontrada nas referências sugeridas ao final do texto.

Técnica

Tendo em vista os preceitos técnicos de todo exame de RM, a RMC apresenta algumas particularidades. O paciente deve, antes de tudo, estar bem orientado sobre a duração do exame e a necessidade de colaboração em momentos de apneia.

O pareamento dos dados adquiridos com o traçado do eletrocardiograma é necessário em praticamente toda RMC. Eletrodos de monitorização cardíaca e bobina torácica próprios, bem como um sensor de movimentação respiratória são necessários para sua correta execução. Acesso vascular, oximetria de pulso e monitores pressóricos não invasivos são indicados conforme o protocolo aplicado, sobretudo quando o estresse farmacológico for realizado.

O meio de contraste paramagnético (gadolínio) é frequentemente indicado (sobretudo nas sequências angiográficas, realce tardio e perfusão dinâmica), sendo as contraindicações de sua administração as mesmas dos demais exames de RM.

Alguns aspectos de segurança merecem destaque em virtude da potencial interação do campo magnético com alguns dispositivos cardiovasculares. Nos pacientes portadores de marca-passo ou cardiodesfibrilador implantável (CDI), o American College of Radiology (ACR) sugere que a RMC seja indicada apenas quando estritamente necessária, em virtude da possibilidade de efeitos adversos, como danos ao dispositivo, inibição de sua função ou deflagração de ritmos inapropriados. Outrossim, recomenda-se uma avaliação conjunta com a equipe de eletrofisiologia, evitando-se a indicação do exame em pacientes totalmente dependentes do marca-passo. Recentemente, alguns centros passaram a oferecer esse exame para esta população em casos selecionados, principalmente após o desenvolvimento de marca-passos de nova geração.

O Quadro 1 resume as principais contraindicações do método em Cardiologia. Sempre que persistam dúvidas sobre o assunto, sugerimos consultas rotineiras ao endereço eletrônico www.mrisafety.com, que contém informações sistemáticas sobre segurança na utilização de equipamentos de RM.

Quadro 1 Considerações práticas sobre as contraindicações da RM em cardiologia	
Não podem realizer exames	Podem realizer exames
Portadores de marca-passos não compatíveis com RM	Pacientes com *stents* coronários (mesmo logo após o implante)
Portadores de cardiodesfibriladores implantáveis não compatíveis com RM	Portadores de próteses valvares (biológicas ou metálicas)
Pacientes com clipes cerebrais	Pacientes com sutura metálica no esterno
Pacientes com implantes cocleares	Pacientes com próteses de aorta
Pacientes com fragmentos metálicos nos olhos	Próteses ortopédicas (p. ex., prótese de quadril)

Principais técnicas utilizadas em ressonância magnética cardiovascular

Cinerressonância magnética

A técnica de cinerressonância consiste na avaliação da função ventricular a partir de múltiplos quadros em planos de corte sequenciais, que, quando expostos em sequência temporal, permitem a avaliação dinâmica do ciclo cardíaco, desde a sístole até a diástole. Apresenta excelente resolução temporal e caracteriza-se pelo alto sinal do sangue em suas imagens (sangue branco ou *bright blood*), sendo geralmente usada para mensuração dos diâmetros e volumes cavitários (Figura 1).

Para tal fim, a sequência mais utilizada é a de gradiente-eco (GRE) rápido, com aquisição em estado de equilíbrio (SSFP), geralmente com aquisição das informações

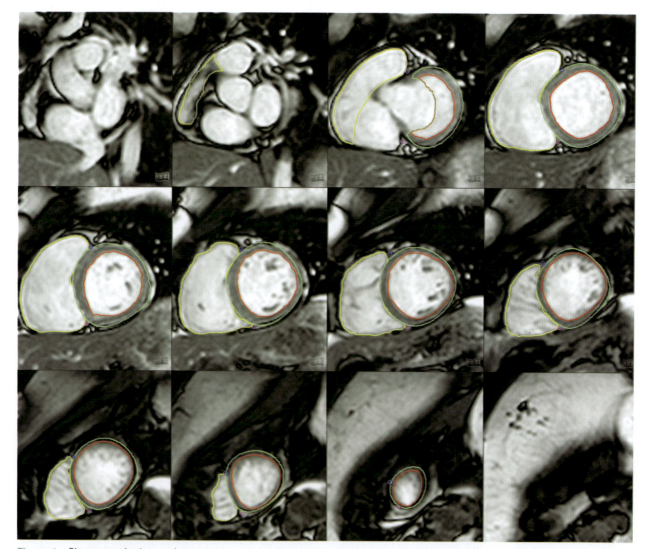

Figura 1 Cinerressonância em eixo curto com marcação dos perímetros ventriculares direito (linha amarela) e esquerdo epicárdico (linha verde) e endocárdico (linha vermelha) para avaliação volumétrica e funcional biventricular.

acoplada ao eletrocardiograma (ECG) de forma fracionada, eliminando os artefatos de movimento. De acordo com o fabricante do equipamento, esta sequência recebe diferentes nomes: FIESTA®, True-FISP®, Balanced-FFE®, entre outros.

Em pacientes com arritmias ou dificuldade de obtenção de apneia, as sequências conhecidas como tempo real (*real time*) são uma alternativa e podem ser utilizadas com qualidade diagnóstica satisfatória.

Anatomia cardíaca

A sequência de pulso mais utilizada para avaliação da anatomia cardíaca é a de *spin-echo* rápido com duplo pulso de inversão-recuperação, conhecida como *FSE-double IR* (*fast spin-echo*-duplo pulso de inversão-recuperação) ou somente *double – IR*. Apresenta alta resolução espacial e é reconhecida pela ausência de sinal do sangue nas imagens (sangue escuro ou *black blood*). O acréscimo de um terceiro pulso de saturação que elimina o sinal da gordura, saturando-a, gera uma outra sequência conhecida como *triple-IR*.

Realce miocárdico precoce e tardio

O gadolínio (Gd) é um meio de contraste paramagnético extracelular capaz de interagir com o campo magnético, reduzindo os tempos de relaxamento tecidual, determinando hipersinal nas sequências ponderadas em T1 e redução do sinal nas sequências em T2. Dessa forma, os quelantes de Gd distribuem-se pelo espaço extracelular do miocárdio, mas não são capazes de ultrapassar as membranas celulares íntegras dos miócitos. Apenas em situações de perda da integridade dessas membranas, como na necrose isquêmica associada aos infartos agudos, as moléculas de Gd adentram o espaço intracelular e determinam um aumento do sinal do tecido infartado. Outrossim, nos casos de expansão da matriz extracelular, como ocorre na fibrose miocárdica ou nas doenças infiltrativas (como amiloidose), ocorre aumento da concentração de Gd nas regiões de cicatriz ou depósito amiloide, com conseguinte hipersinal nas sequências de realce tardio. Nas miocardites e na sarcoidose, o hipersinal amiúde observado se associa a graus variados de edema, inflamação e morte celular que contribuem para um aumento do volume de distribuição do Gd no espaço extracelular.

Uma das técnicas mais utilizada de aquisição do realce tardio se baseia numa sequência de pulsos do tipo GRE rápida ponderada em T1, com um pré-pulso de inversão-recuperação e um tempo de inversão (TI) ajustado para anular o sinal do miocárdio normal, 10 a 20 minutos após a injeção do contraste baseado em gadolínio (0,02 a 0,04 mmoL/kg). Recentemente, sequências que utilizam reconstruções sensíveis à fase, como a *phase-sensitive reconstruction of inversion recovery* – PSIR (Figura 2), permitem a utilização de um TI fixo, sem necessidade de escolha prévia do melhor TI para supressão do miocárdio normal.

Em relação ao realce precoce, adquirem-se imagens 1 a 2 minutos após a injeção do contraste, que podem ser úteis na avaliação de uma eventual obstrução microvascular, caso a sequência de perfusão não possa ser realizada. Outros usos do realce precoce ainda necessitam de maior comprovação científica.

Perfusão miocárdica

A passagem do Gd pelas cavidades ventriculares (primeira passagem) e pelo miocárdio permite a avaliação da perfusão miocárdica pela RM. Para tal fim, uma das técnicas mais utilizadas baseia-se em uma sequência híbrida de GRE rápido com leitura ecoplanar ultrarrápida, precedida por um pulso de saturação do sinal tecidual. São assim obtidas imagens em múltiplos cortes, a cada um ou dois batimentos cardíacos e repetidas durante alguns segundos, de forma a acompanhar o trajeto do contraste. Pode ser realizada em repouso e sob estresse farmacológico (geralmente com dipiridamol ou adenosina), com posterior reversão (geralmente após injeção endovenosa de aminofilina), sendo cada vez mais utilizada atualmente para avaliação de isquemia miocárdica (Figura 3) e da vascularização de tumores cardíacos.

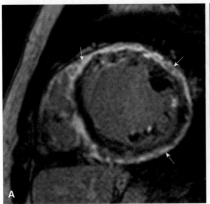
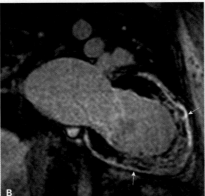
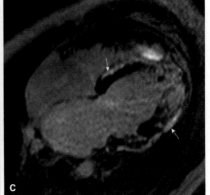

Figura 2 Realce tardio (PSIR) – paciente com síndrome de Noonan, hipertrofia ventricular e extenso realce tardio multifocal e heterogêneo (setas).

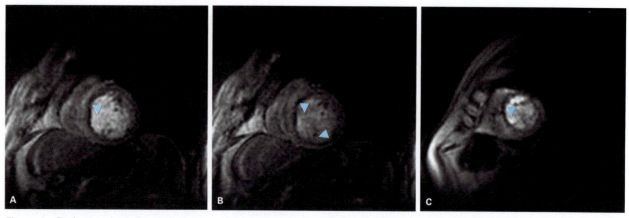

Figura 3 Perfusão miocárdica após estresse farmacológico com dipiridamol evidenciando áreas de isquemia subendocárdicas no septo, parede lateral e ápice do ventrículo esquerdo (cabeças de seta).

Mapeamento de fluxo

A avaliação da velocidade, volume e gradiente sanguíneos por RM é uma técnica ainda pouco utilizada que se baseia em uma técnica (*phase contrast*) na qual estruturas estáticas manifestam intensidade zero e estruturas dinâmicas apresentam intensidade positiva ou negativa de acordo com a direção e velocidade do seu deslocamento. Os recentes avanços nos equipamentos, sequências de pulso, técnicas de pós-processamento e *softwares* de visualização permitiram significativos avanços nesta análise, sobretudo na avaliação de doenças valvares (Figura 4) e de fluxos anômalos em pacientes com defeitos cardíacos congênitos. Aplicações mais recentes, como a medição do fluxo pelas artérias coronárias e o mapeamento da velocidade tecidual, apresentam grande potencial futuro, mas ainda encontram-se na seara da pesquisa científica.

Angiorressonância

A angiorressonância magnética (ângio-RM) consiste na avaliação do leito vascular, inclusive coronariano, após a infusão de contraste em uma aquisição rápida GRE-3D ponderada em T1 (Figura 5). No entanto, diferentes técnicas sem a injeção de contraste foram desenvolvidas para o mesmo fim, destacando-se as mais amplamente utilizadas delas, a *time of flight* (TOF), e suas variantes, em que múltiplos pulsos de radiofrequência saturam os tecidos estacionários, realçando as estruturas em que há fluxo.

Planos anatômicos básicos e segmentação cardíaca

O exame de RMC inicia-se com a aquisição de imagens nos três planos em relação ao eixo do corpo (axial, sagital e coronal), semelhante a uma aquisição de imagem *multislice* do tórax na tomografia computadorizada. No entanto, como o eixo longitudinal do coração não coincide com os eixos principais do tórax, a partir desses eixos clássicos são traçados os principais eixos cardíacos intrínsecos, presentes em todo exame de RMC, a saber: o eixo curto (Figura 1) e os três eixos longo do coração (quatro câmaras, duas câmaras e via de saída do ventrículo esquerdo – VSVE, ilustrados na Figura 6). Em geral, os cortes de eixo curto do ventrículo esquerdo (VE) são obtidos com 8 mm de espessura e 2 mm de espaçamento, o que gera uma distância de 10 mm entre o centro de cada corte e permite uma completa varredura do coração desde seu ápice até a base, com oito a doze cortes em média. Outros planos podem ser prescritos para avaliação do ventrículo direito, valvas cardíacas ou coronárias, de acordo com o protocolo aplicado.

Por recomendação das principais sociedades de imagem e de cardiologia, foram propostas várias tentativas de padronização da segmentação miocárdica entre os vários métodos de imagem do coração. A proposta mais amplamente aceita atualmente é a subdivisão do ventrículo esquerdo em três porções no seu eixo longitudinal (basal, medial e apical), englobando 17 segmentos graficamente representados por um *bull's eye* ou mapa polar (Figura 7). Nessa representação, o plano de corte mais externo (basal) representa os segmentos de 1 a 6 (anterior basal, anterosseptal basal, inferosseptal basal, inferior basal, inferolateral basal e anterolateral basal, respectivamente). O plano medial, por sua vez, representa os segmentos de 7 a 12, sendo estes: anterior medial, anterosseptal medial, inferosseptal medial, inferior medial, inferolateral medial e anterolateral medial, respectivamente. Por fim, o plano apical (mais interno) é representado por apenas quatro segmentos de 13 a 16, sendo estes, respectivamente, o anterior apical, septal apical, o inferior apical e o lateral apical. O segmento 17 é o ápex, segmento mais bem estudado nos eixos longos do VE.

Foi também estabelecida uma correlação entre os segmentos supracitados e os territórios de irrigação de cada ramo coronariano, considerando-se as variantes anatômicas mais comuns e o padrão de dominância observado. Desta forma (como ilustrado na Figura 8), os segmentos 1, 2, 7, 8, 13, 14 e 17 estão geralmente relacionados à coronária descendente anterior (DA), e os segmentos 3, 4 e 10 à coronária direita (CD), enquanto os segmentos 9 e 15 podem estar relacionados à CD ou à DA, os segmentos

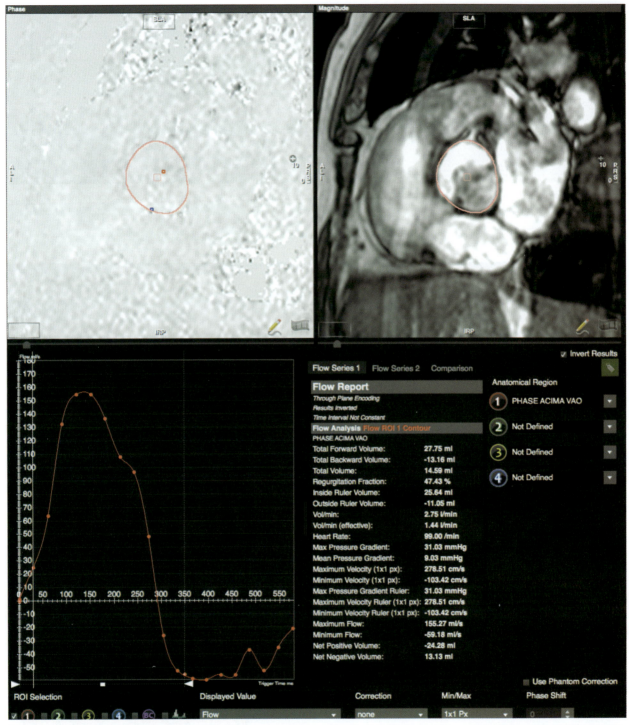

Figura 4 *Phase contrast* da valva aórtica cujo pós-processamento evidenciou insuficiência valvar, com fração de regurgitação de 47%.

5 e 11 à coronária circunflexa (Cx) ou CD e, por fim, os segmentos 6, 12 e 16 podem se relacionar à Cx ou à DA.

RMC na cardiopatia isquêmica

Diversos métodos de imagem não invasivos são utilizados na avaliação de pacientes com suspeita de doença arterial coronariana (DAC). Entre eles, a RMC é atualmente reconhecida como uma modalidade que pode proporcionar uma precisa e altamente reprodutível avaliação da morfologia e função cardíacas, permitindo a detecção de alterações contráteis segmentares ou no espessamento sistólico miocárdico. Outrossim, a RMC possibilita a caracterização tecidual miocárdica e identificação do in-

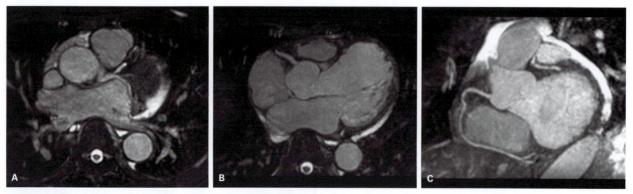

Figura 5 Angiografia das coronárias por ressonância magnética (com contraste endovenoso) – tronco da coronária esquerda (A) e da coronária direita (B e C).

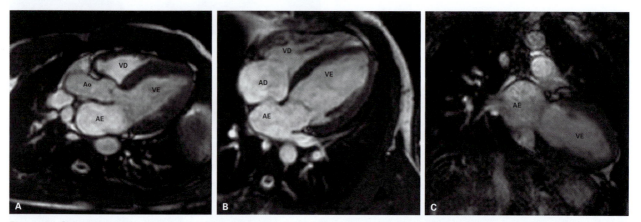

Figura 6 Cinerressonância dos eixos básicos cardíacos – via de saída do ventrículo esquerdo ou três câmaras (A), quatro câmaras ou eixo longo verdadeiro (B) e duas câmaras de eixo longo, com as respectivas estruturas avaliadas: átrios direito (AD) e esquerdo (AE), ventrículos direito (VD) e esquerdo (VE) e aorta (Ao).

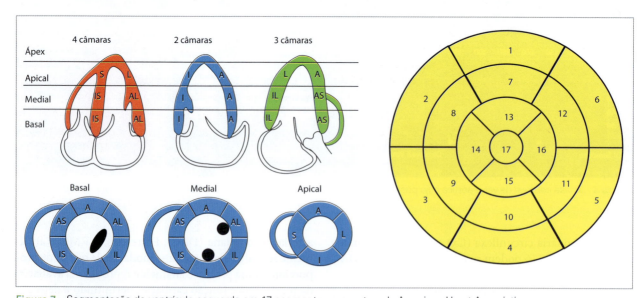

Figura 7 Segmentação do ventrículo esquerdo em 17 segmentos proposta pela American Heart Association.
1: basal anterior (A); 2: basal anterosseptal (AS); 3: basal inferosseptal (IS); 4: basal inferior (I); 5: basal inferolateral (IL); 6: basal anterolateral (AL); 7: medioanterior (A); 8: medioanterosseptal (AS); 9: medioinferosseptal (IS); 10: medioinferior (I); 11: medioinferior (IL); 12: medioanterolateral (AL); 13: apical anterior (A); 14: apical septal (S); 15: apical inferior (I); 16: apical lateral (L); 17: ápex.

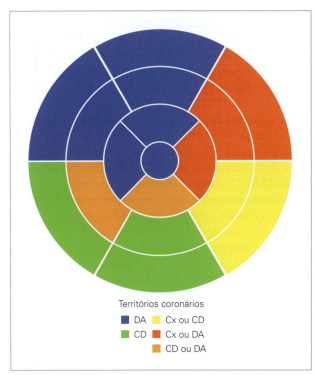

Figura 8 Correlação entre a segmentação cardíaca (*bulls' eye*) e os territórios coronarianos mais prováveis do ventrículo esquerdo (VE). Variantes anatômicas podem se associar a diferentes padrões de irrigação dos segmentos acima.
CD: coronária direita; Cx: circunflexa; DA: descendente anterior.

farto miocárdico com grande resolução espacial, além da avaliação de isquemia e viabilidade miocárdicas nesses pacientes, fornecendo imprescindíveis informações prognósticas para seu manejo clínico.

Entre as técnicas mais utilizadas para a avaliação de DAC pela RMC, destacam-se aquelas que avaliam os efeitos da isquemia induzida por estresse farmacológico sobre a contratilidade segmentar (RMC com estresse ou cine-estresse) e a perfusão miocárdica – a primeira apresentando maior especificidade e a segunda maior sensibilidade diagnóstica.

No caso da RMC com estresse, algumas metanálises indicam sensibilidade de 83% e especificidade de 86% para o diagnóstico de lesões coronarianas significativas em pacientes de alto risco para DAC, como uma ferramenta alternativa ou complementar ao exercício na ergometria. Ao estimular os receptores adrenérgicos cardíacos, a dobutamina, com seu conhecido efeito inotrópico positivo, é a droga mais utilizada para tal fim. Em uma RMC com estresse farmacológico, a presença de isquemia miocárdica é definida como um déficit de contratilidade segmentar novo após a infusão de dobutamina ou pela ocorrência de resposta bifásica, isto é, o aumento da contratilidade miocárdica em baixas doses e disfunção segmentar em altas doses da medicação. O protocolo de aquisição do exame envolve a administração de doses crescentes de dobutamina (10, 20, 30 e 40 mcg/kg/min) em períodos de 3 minutos até que um dos critérios de término do exame sejam atingidos (Quadro 2), respeitando-se a dose máxima de dobutamina preconizada. As imagens de cineressonância SSFP são obtidas em repouso e após cada estágio de infusão de dobutamina. Atualmente, a RMC com estresse farmacológico está indicada de forma apropriada para avaliação de isquemia em pacientes sintomáticos com probabilidade pré-testes intermediária para DAC e/ou com ECG não diagnóstico, ou em pacientes impossibilitados de se exercitar. Em pacientes com hipertrofia ventricular esquerda, este método não adiciona informação prognóstica significativa.

Por sua vez, a avaliação da perfusão miocárdica por RMC apresenta sensibilidade e especificidade de 89 e 80% para avaliação de DAC, respectivamente (em comparação com a angiografia coronariana). Em comparação aos estudos de perfusão cardíaca por medicina nuclear, inclusive tomografia por emissão de pósitrons (PET) e tomografia computadorizada por emissão de fóton único (SPECT), vários estudos multicêntricos e metanálises têm ostensivamente relatado uma equivalência ou discreta superioridade da RMC, ratificando a relevância diagnóstica e prognóstica do método.

O protocolo para estudo de isquemia por perfusão miocárdica inclui a administração de agentes vasodilatadores de forma semelhante à cintilografia. Essas drogas agem aumentando em até cinco vezes o fluxo sanguíneo pela árvore coronariana normal mediante a vasodilatação das arteríolas que autorregulam a perfusão miocárdica. O mesmo não acontece no leito coronariano com estenoses significativas, haja vista que se espere uma dilatação compensatória máxima do leito arteriolar neste contexto, sem possibilidade de incremento de fluxo pós-estresse. Embora de uso muito disseminado internacionalmente, a adenosina é pouco utilizada no Brasil e age diretamente sobre os receptores A2 do músculo liso arteriolar, causando seu relaxamento e conseguinte vasodilatação. Na nossa rotina, o dipiridamol (na dose de 0,56 mg/kg, diluído em soro fisiológico e administrado manual e lentamente

Quadro 2 Critérios para término do exame (ressonância magnética cardíaca com estresse)
Atingir frequência cardíaca submáxima: (220 – idade) × 0,85
Queda da pressão arterial sistólica ≥ 40 mmHg
PA > 240 × 120 mmHg
Sintomas intratáveis
Alteração contrátil segmentar nova ou piora de existente em mais de um segmento
Arritmia complexa ou sintomática
Solicitação do paciente

por cerca de 4 minutos) é amplamente difundido e age inibindo a reabsorção e a inativação da adenosina. Cerca de 2 a 3 minutos após a administração do dipiridamol, procede-se à aquisição da perfusão de estresse (Figura 3), seguida da reversão do efeito do agente vasodilatador por meio da injeção lenta de aminofilina diluída em soro fisiológico durante 2 minutos. Por fim, repete-se mais uma sequência conhecida como perfusão de repouso. As imagens das duas fases são obtidas de forma semelhante (gradiente-eco pesado em T1 em três cortes no eixo curto: basal, médio e apical), e a comparação entre as fases permite a avaliação da reversibilidade da hipoperfusão miocárdica. É válido e oportuno salientar a importância da análise conjunta das áreas de hipoperfusão e de necrose/fibrose nas imagens de realce tardio obtidas posteriormente, as quais se apresentarão como áreas de hipoperfusão nas imagens de perfusão em repouso e estresse (fixas). A análise da perfusão miocárdica pode ser realizada de forma visual (avaliação subjetiva/qualitativa, mais utilizada na prática clínica), semiquantitativa ou quantitativa.

Conforme discutido anteriormente, o contraste à base de Gd distribui-se rapidamente pelo espaço extracelular, mas não é capaz de penetrar o miócito com membrana celular íntegra. Em casos de quebra dessa barreira celular (necrose) ou de expansão do espaço extracelular (fibrose, edema, infiltração amiloide etc.), a impregnação de contraste determinará hipersinal nas sequências ponderadas em T1, a qual será proporcionalmente maior e mais evidente alguns minutos (idealmente 10 a 20) após a injeção do contraste. Dessa forma, a sequência de realce tardio é capaz de caracterizar e quantificar, com grande resolução espacial e de contraste, as áreas de infarto do miocárdio em suas fases aguda (necrose) ou crônica (fibrose), clas-sicamente diferenciadas pelo afilamento da parede fibrótica nos infartos antigos. Alguns infartos agudos podem ainda apresentar um hipersinal associado nas sequências em sangue escuro (Double e Triple IR), sugerindo edema associado (Figura 9). Outro achado de grande relevância prognóstica na RMC é o fenômeno de *no-reflow*, fortemente sugestivo de obstrução microvascular nos infartos agudos e mais bem caracterizado nas sequências de realce precoce (Figura 10) ou de perfusão miocárdica. A presença deste achado se associa a maior morbimortalidade pós-IAM. O conjunto dessas informações tem grande importância prognóstica e é um importante preditor de desfechos clínicos adversos entre cardiopatas isquêmicos.

No contexto do infarto crônico, vários métodos de imagem se propõem à avaliação da extensão transmural ("transmuralidade") do infarto, visando à probabilidade de recuperação funcional após a revascularização cirúrgica ou percutânea. Diversos estudos em diferentes centros mostraram que os segmentos disfuncionais que apresentarem área de realce tardio com extensão inferior a 50% da área do mesmo segmento têm grande probabilidade de recuperação funcional após a revascularização, sendo assim considerados viáveis (Figura 11). Por outro lado, uma minoria dos segmentos com realce tardio igual ou superior a 50% (acometimento transmural) serão passíveis de recuperação funcional após a revascularização, sendo assim considerados não viáveis (Figura 12). Em última análise, o conceito de viabilidade miocárdica se relaciona clinicamente ao potencial de melhora contrátil em um músculo disfuncional (miocárdio atordoado) e histologicamente à ausência de necrose/fibrose e à existência de músculo vivo. Quando comparada aos métodos baseados em medicina nuclear, inúmeros estudos demonstra-

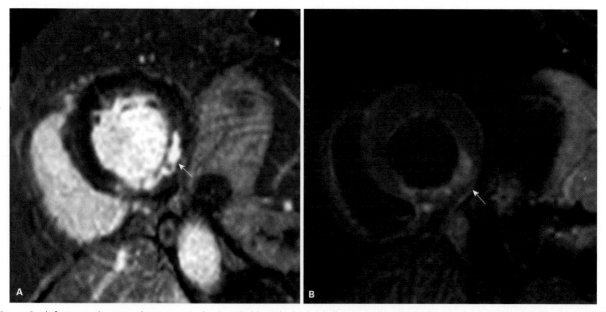

Figura 9 Infarto agudo com edema caracterizado pelo hipersinal miocárdico (setas) nas sequências de realce tardio (A) e *triple IR* (B).

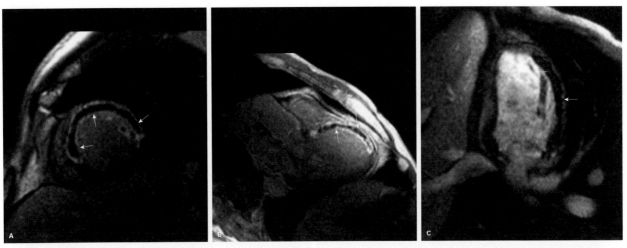

Figura 10   Realce tardio – extenso infarto transmural (hipersinal) com áreas de *no-reflow* (hipossinal de permeio), indicadas pelas setas, sugerindo obstrução microvascular associada.

ram que a RMC é superior à cintilografia por SPECT e apresenta a mesma sensibilidade e especificidade do PET para a identificação de áreas de infarto crônico.

A utilização de RM para avaliação de estenoses coronarianas pelas sequências de ângio-RM ainda encontra-se limitada ao campo experimental; no entanto, o desenvolvimento de novas técnicas melhoraram a resolução das imagens (Figura 5) e, atualmente, incluiu esta modalidade como uma alternativa na propedêutica das anomalias de trajeto e aneurismas coronarianos.

As indicações de RMC na avaliação das cardiopatias isquêmicas descritas na Diretriz de Ressonância Magnética e Tomografia Computadorizada Cardiovascular da Sociedade Brasileira de Cardiologia e do Colégio Brasileiro de Radiologia (2014) encontram-se resumidas no Quadro 1.

RMC nas cardiopatias não isquêmicas

Entre os pacientes que apresentam disfunção ventricular esquerda, é sabido que aqueles que apresentam etiologia isquêmica (geralmente de natureza coronariana), quando não adequadamente tratados, apresentam sobrevida média inferior àqueles que não têm algum grau de isquemia primariamente associado à sua disfunção. Nesse contexto, estes últimos pacientes podem ser didaticamente incluídos em um grande e heterogêneo grupo de cardiomiopatias, definidas pela American Heart Association (AHA) como "doenças do miocárdio que cursam com disfunção mecânica e/ou elétrica e que usualmente (mas não invariavelmente) exibem dilatação ou hipertrofia ventriculares inapropriadas".

As cardiomiopatias são didaticamente divididas em primárias ou secundárias, sendo as primeiras geralmente relacionadas a um defeito intrínseco do miocárdio e subdivididas em três grupos principais: genéticas, mistas e adquiridas. As secundárias compõem a maioria das cardiomiopatias e se relacionam a outras disfunções orgânicas e/ou sistêmicas. A investigação etiológica das cardiomiopatias nem sempre é simples e pode envolver vários métodos diagnósticos: desde uma simples ecocardiografia até métodos invasivos, como a angiografia e, em último caso, a biópsia miocárdica, raramente indicada e sabidamente associada a um elevado risco de complicações.

É nesse panorama que a RMC tem se tornado uma valiosa técnica na avaliação morfológica, funcional e etiológica das cardiomiopatias, permitindo a caracterização tecidual miocárdica por meio da análise e quantificação dos graus de edema, infiltração e fibrose potencialmente associados a tais patologias. O desenvolvimento e aperfeiçoamento das sequências de sangue escuro e pós-contraste – sobretudo o realce tardio – têm contribuído sobremaneira para este fim. Nesta última sequência, quando o hiper-realce estiver presente, seu padrão poderá ser útil na diferenciação clínica entre as patologias isquêmicas e não isquêmicas, além de contribuir para a investigação etiológica das cardiomiopatias. Se o padrão subendocárdico ou transmural for observado, é provável a existência de doença coronariana determinando cardiomiopatia isquêmica (Figura 13A). Se outro padrão de realce estiver presente, outras cardiomiopatias não isquêmicas devem ser consideradas (Figura 13B).

As indicações de RMC na avaliação das cardiopatias não isquêmicas descritas na mesma Diretriz de 2014 são resumidas no Quadro 4.

É importante salientar ainda que o protocolo de aquisição para cada cardiomiopatia deve ser individualizado e especificamente adaptado de acordo com a suspeita clínica. A presença do radiologista sempre que possível no console pode ser bastante útil nesse sentido, de modo que sequências adicionais subsequentes possam ser indicadas sempre que necessário.

Resumiremos aqui os mais significativos achados da RMC nas principais cardiomiopatias.

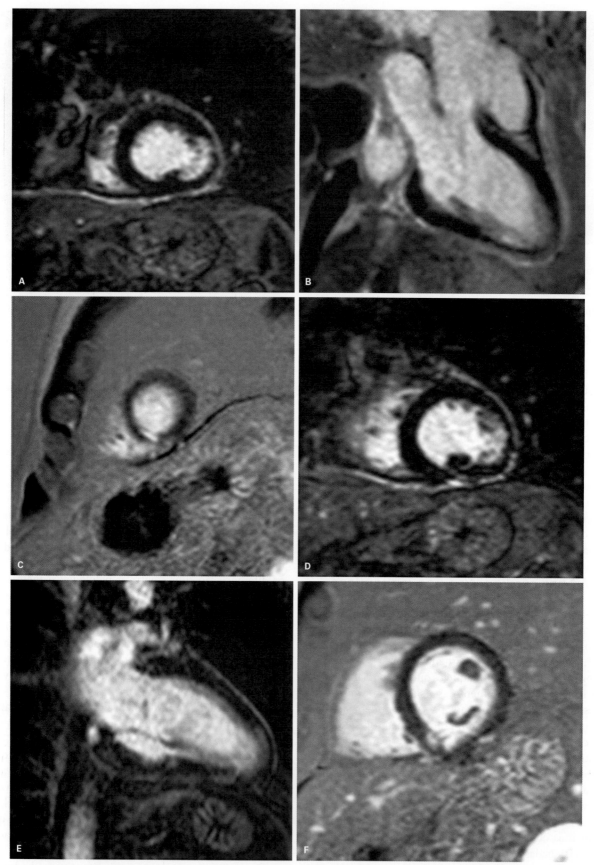

Figura 11 Realce tardio (A, C, D e F: eixo curto; B: via de saída; e E: duas câmaras) – infartos subendocárdicos (hipersinal), não transmurais e com viabilidade preservada.

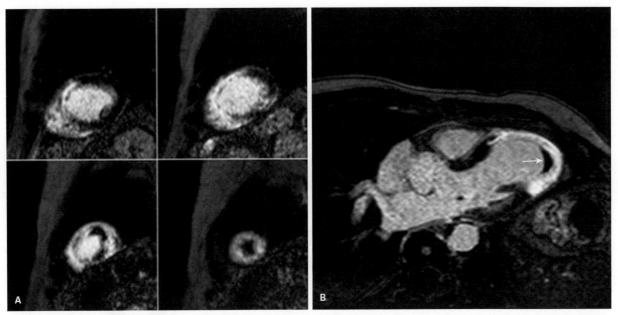

Figura 12 Realce tardio (A: eixo curto; B: via de saída) – infarto crônico transmural anterior e septal medioapical (hipersinal no território da DA), com afilamento parietal e trombo apical (seta), sem viabilidade.

Quadro 3 Ressonância magnética cardíaca nas cardiopatias isquêmicas

Indicação	Classe de recomendação	Nível de evidência
Avaliação da função ventricular global e segmentar (esquerda e direita), volumes ventriculares e massa miocárdica	I	A
Detecção de isquemia miocárdica		
Avaliação da perfusão miocárdica sob estresse com vasodilatadores	I	A
Avaliação da contratilidade ventricular sob estresse com dobutamina	I	B
Infarto do miocárdio (agudo e crônico)		
Detecção e quantificação de fibrose miocárdica e massa infartada	I	A
Avaliação de viabilidade miocárdica	I	A
Diagnóstico de síndrome coronariana na fase aguda	IIa	B
Angiorressonância das artérias coronárias		
Avaliação de anomalias congênitas	I	B
Detecção de estenose luminal coronária	IIb	B
Avaliação de patência de enxertos	IIb	C

Cardiomiopatia hipertrófica

A cardiomiopatia hipertrofia (CMH) é uma cardiomiopatia primária autossômica dominante na qual mutações genéticas determinam alterações proteicas e no sarcômero do músculo cardíaco, com conseguinte hipertrofia muscular cardíaca em diferentes padrões de localização e extensão. Com uma prevalência estimada em 1 a cada 500 adultos, a CMH é tipicamente associada com um espessamento muscular de 15 mm ou mais na diástole ventricular esquerda, podendo acometer também o ventrículo direito em 17% dos casos. No entanto, muitas vezes pode cursar assintomática por vários anos, e o primeiro sintoma observado pode ser a morte súbita.

Além da hipertrofia do VE, os métodos de imagem podem evidenciar uma cavidade ventricular pequena, além de disfunção diastólica com função sistólica inicialmente preservada. A RMC é atualmente considerada a modalidade não invasiva de escolha para avaliação da morfologia ventricular na CMH, claramente demonstrada nas sequências cine-SSFP. No caso da CMH de predomínio septal (Figura 14A), há risco potencial de obstrução da via de saída do VE e morte súbita. A RMC pode estimar assim com precisão o grau de obstrução

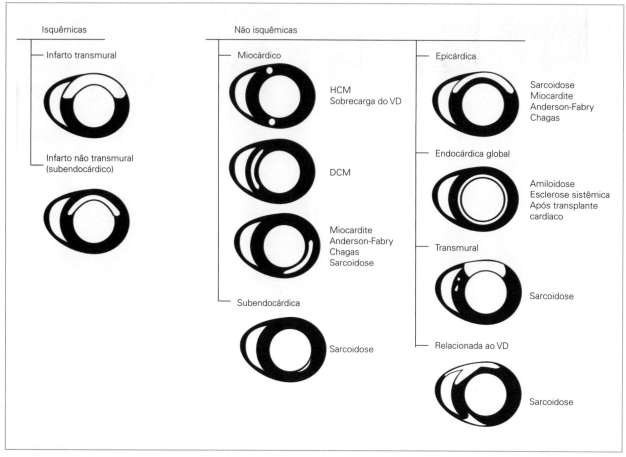

Figura 13 Padrões de realce nas principais cardiomiopatias isquêmicas (A) e não isquêmicas (B).
DCM: cardiomiopatia dilatada; HCM: cardiomiopatia hipertrófica; VD: ventrículo direito.

Quadro 4 Ressonância magnética cardíaca nas cardiopatias não isquêmicas		
Indicação	Classe de recomendação	Nível de evidência
Cardiomiopatia hipertrófica		
Avaliação diagnóstica	I	B
Avaliação prognóstica	IIa	B
Diagnóstico diferencial do coração de atleta	IIa	B
Cardiomiopatia restritiva/infiltrativa	IIa	B
Cardiomiopatia dilatada – diagnóstico diferencial com etiologia isquêmica	I	B
Miocardite (fase aguda ou crônica)		
Diagnóstico	I	B
Reavaliação/acompanhamento de 4 a 8 semanas após o evento agudo	IIa	C
Displasia/cardiomiopatia arritmogênica do ventrículo direito	I	B
Cardiomiopatia siderótica, especialmente secundária a talassemia	I	A
Miocárdio não compactado	I	B
Cardiomiopatia periparto	IIa	C
Distrofinopatias	IIa	B
Cardiomiopatia chagásica	IIa	B
Cardiomiopatia de Takotsubo	I	C
Transplantes cardíacos	IIb	B

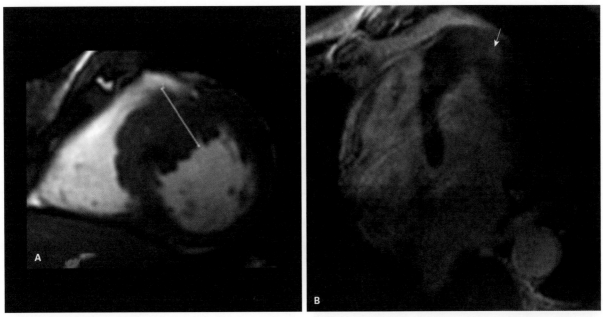

Figura 14 Cinerressonância (A) e realce tardio (B) – pacientes com cardiomiopatia hipertrófica septal (A) e apical (B), com fibrose de padrão não isquêmico em B (seta).

sistólica, mais bem caracterizada em um plano de três câmaras (via de saída).

A presença de realce pelo Gd pode ser observado em significativa parte dos pacientes, indicando fibrose subjacente, sendo seu padrão habitualmente multifocal, sem respeitar a anatomia coronariana (Figura 14B). Embora qualquer segmento miocárdico possa ser acometido, a junção entre o septo interventricular e a parede livre do VD é frequentemente envolvida. Assim como na cardiomiopatia dilatada, vários estudos recentes relacionaram a presença de realce tardio a desfechos adversos nesta população, sobretudo o desenvolvimento de arritmias, morte súbita cardíaca e necessidade de cardioversão.

Por fim, a RMC pode ser útil na diferenciação entre a CMH e a hipertrofia causada pelo aumento da pós-carga, como nos casos de hipertensão, estenose aórtica e coração de atleta; ao descrever a morfologia ventricular, avaliar a presença de realce tardio e estimar a razão entre a espessura diastólica final da parede miocárdica e o volume diastólico final do VE (negativo para CMH quando inferior a 0,15 mm/mL/m^2).

Cardiomiopatia dilatada

A cardiomiopatia dilatada é caracterizada pela dilatação das câmaras cardíacas e pela disfunção dos ventrículos, que apresentam aumento dos volumes diastólico e sistólico e queda da fração de ejeção. Embora na maioria das vezes seja uma doença idiopática, algumas condições podem estar associadas a ela, como a doença de Chagas e algumas patologias genéticas. Sua forma idiopática é a maior causa de insuficiência cardíaca no paciente jovem, com uma prevalência estimada de 36,5 a cada 100 mil pessoas nos Estados Unidos.

Embora a ecocardiografia continue sendo a primeira e principal ferramenta propedêutica na cardiomiopatia dilatada, a RMC fornece informações adicionais à avaliação volumétrica e funcional cardíaca. Sabemos que a disfunção sistólica é o preditor independente mais importante de resultados adversos na cardiomiopatia dilatada, com cabal importância na identificação precoce daqueles pacientes que vão evoluir com os piores desfechos clínicos em longo prazo. No entanto, a detecção de áreas de fibrose nas sequências de realce tardio (Figura 15), caracteristicamente em topografia meso ou subepicárdica (embora uma minoria dos casos apresente realce subendocárdico), assume grande importância no diagnóstico diferencial com as cardiomiopatias isquêmicas, além de ser um marcador prognóstico relevante e independente ao se associar com uma maior mortalidade, hospitalizações e arritmias complexas.

Cardiomiopatia chagásica

Segundo a I Diretriz Latino-Americana para o diagnóstico e tratamento da cardiopatia chagásica, a RMC pode identificar precocemente o envolvimento miocárdico na doença de Chagas, e a extensão da fibrose potencialmente detectada se relaciona com o estágio da doença e a classe funcional desses pacientes. O acometimento miocárdico na doença pode evoluir ainda com áreas de afilamento miocárdico, áreas de hipocinesia ou acinesia e formação de aneurismas, tipicamente em topografia apical (Figura 16), com conseguinte dilatação e disfunção ventriculares comumente observadas em seu estágio final.

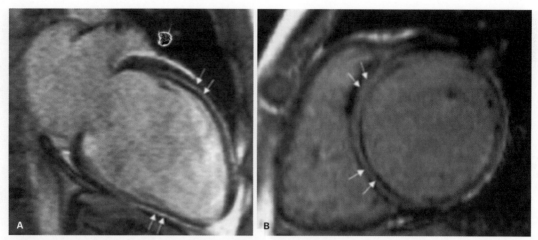

Figura 15 Realce tardio – paciente com cardiomiopatia dilatada idiopática, apresentando VE dilatado, com realce mesocárdico (setas), poupando o subendocárdio (padrão não isquêmico).

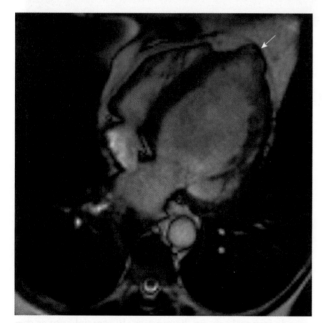

Figura 16 Aneurisma apical do ventrículo esquerdo (seta) em paciente chagásico.

Displasia arritmogênica do ventrículo direito (DAVD)

A DAVD é uma cardiopatia familiar de diagnóstico difícil, cuja característica principal é a substituição fibrogordurosa do miocárdio no ventrículo direito. Dos critérios diagnósticos propostos em 1994 e revisados em 2010 para a DAVD, vários podem ser descritos pela RM: a fração de ejeção do VD, a dilatação ventricular e as alterações de contratilidade (acinesia ou discinesia regional) são os principais deles. Outras contribuições da RMC na DAVD são a caracterização de zonas de fibrose pelo realce tardio como substrato arritmogênico e a detecção de infiltração gordurosa intramiocárdica pelo hipersinal nas sequências em T1. É importante salientar, todavia, que a presença de sinal de gordura na parede do VD não é exclusiva da DAVD, não sendo assim considerada critério diagnóstico para esta doença.

Sarcoidose cardíaca

O envolvimento cardíaco na sarcoidose ocorre em 20-30% dos pacientes e se caracteriza pela infiltração do miocárdio nas etapas de edema, formação de granulomas e fibrose. Pode cursar com quadros restritivos ou de dilatação ventricular, disfunção sistólica, áreas de afilamento parietal e derrame pericárdico. Quando presente, o realce tardio pode ser epicárdico, mesocárdico, subendocárdico ou mesmo transmural (Figura 17); sendo utilizado como guia para a biópsia miocárdica (aumentando sua sensibilidade) ou como um marcador no acompanhamento clínico da doença, haja vista que a diminuição das áreas de realce possa se associar à melhora clínica desses pacientes.

Amiloidose cardíaca

Das diferentes formas de amiloidose, o acometimento cardíaco é mais comum na forma sistêmica do tipo AL, na qual 90% dos pacientes apresentam algum grau de cardiomiopatia associada. O envolvimento cardíaco se caracteriza pelo depósito extracelular de proteínas amiloides fibrilares no miocárdio, com conseguinte espessamento da parede miocárdica, disfunção diastólica e, eventualmente, restrição ventricular. A presença de realce tardio positivo é um indicador de mortalidade e ocorre em 75% dos casos. O padrão mais comum é o realce difuso global, geralmente subendocárdico circunferencial (Figura 18) ou transmural, sendo comum a dificuldade em se anular a intensidade do sinal miocárdico normal (preto) durante a aquisição dos exames.

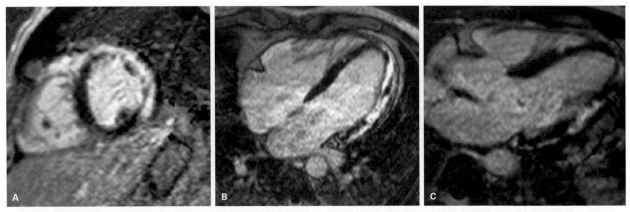

Figura 17   Realce tardio – fibrose mesoepicárdica (poupando subendocárdio) de padrão não isquêmico em paciente com diagnóstico histopatológico de sarcoidose.

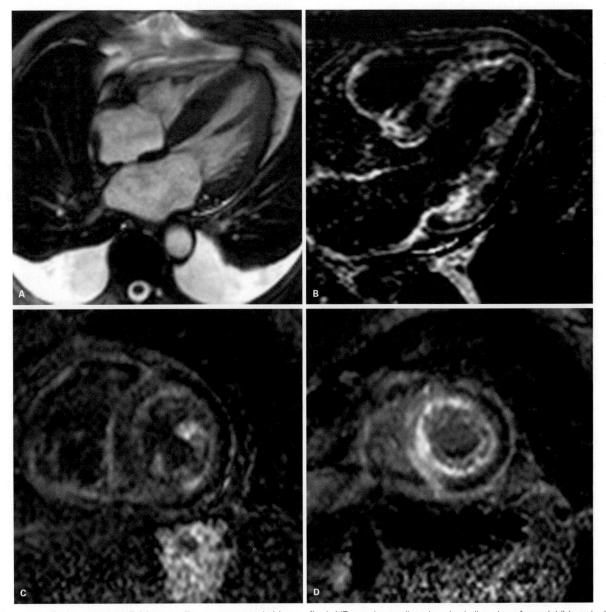

Figura 18   Paciente com amiloidose cardíaca apresentando hipertrofia do VE e realce tardio subendocárdico circunferencial (hipersinal).

Endocardiomiofibrose

É a mais frequente das cardiomiopatias restritivas, acometendo cerca de 12 milhões de pessoas no mundo, sobretudo em países tropicais, muitas vezes com hipereosinofilia associada. De forma semelhante à endocardite de Loffer, caracteriza-se pelo depósito de tecido fibrótico no endocárdio, em seu caso mais proeminente na região apical de um ou ambos os ventrículos (Figura 19). Os volumes ventriculares geralmente estão normais ou reduzidos, enquanto os volumes atriais se encontram frequentemente aumentados. O achado característico da doença é o realce tardio linear em forma de V (*double V sign* – Figura 19), no qual as três camadas observadas representam (de fora para dentro da cavidade) o tecido muscular normal, o tecido fibrótico espessado e a existência de trombos ou calcificações associados.

Miocardiopatia não compactada

A miocardiopatia não compactada (MNC) é uma cardiopatia rara caracterizada pela proeminência das trabeculações da parede miocárdica e pela formação de recessos intertrabeculares profundos, achados que parecem estar relacionados a falhas na compactação miocárdica intra-uterina, que ocorre habitualmente nas primeiras semanas do desenvolvimento fetal. A ecocardiografia e, mais recentemente, a RMC são as modalidades propedêuticas imagenológicas mais utilizadas para avaliar e quantificar o grau de trabeculação e compactação miocárdicas. No entanto, outras doenças, como cardiomiopatia hipertrófica ou dilatada, valvopatias e hipertensão, podem cursar com hipertrabeculação miocárdica, o que dificulta sobremaneira o diagnóstico diferencial.

Atualmente, a RMC é considerada a melhor modalidade diagnóstica na suspeita de MNC, ao permitir avaliar com maior resolução espacial a estrutura miocárdica, bem como quantificar precisamente e com reprodutibilidade confiável o grau de compactação por meio da relação entre a espessura diastólica final da camada não compactada (NCC) em relação à compactada (CC) (positiva se maior que 2,3 pelos critérios de Petersen, como na Figura 20) ou pela estimativa da massa de miocárdio não compactado em relação à massa ventricular global, conforme proposto por Jacquier et al. (alterada se superior a 20%). Sabe-se ainda que a presença de realce tardio pelo Gd como marcador de fibrose miocárdica (confirmada pela histologia) está associada com doença clínica mais grave, menor fração de ejeção e pior prognóstico, sendo por conseguinte um marcador prognóstico para disfunção sistólica futura.

Miocardites

A RMC apresenta cabal importância no diagnóstico, acompanhamento e avaliação prognóstica das miocardites, permitindo desde a caracterização tecidual do dano miocárdico agudo/subagudo (edema e necrose) até a análise das lesões cicatriciais em sua fase crônica (fibrose). As três principais técnicas utilizadas na caracterização da lesão miocárdica na miocardite são as sequências que caracterizam o edema miocárdico (sequências ponderadas em T2 com sangue escuro), o realce global precoce e o realce tardio. O realce precoce pode indicar áreas de hiperemia e extravasamento capilar no miocárdio acometido, enquanto o realce tardio comumente apresenta o padrão mesoepicárdico típico da doença (Figura 21), muitas vezes multifocal, heterogêneo e sem respeitar os

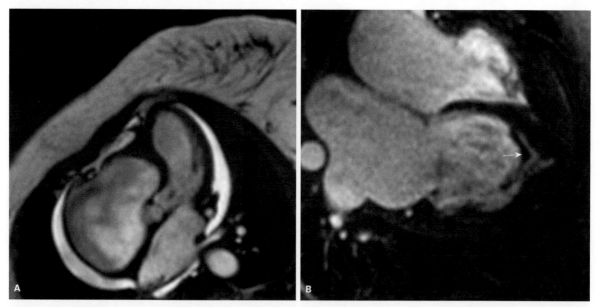

Figura 19 Cinerressonância (A) e realce tardio (B). Endocardiomiofibrose de ventrículo direito (A) e ventrículo esquerdo (B), com *double V sign* (seta em B).

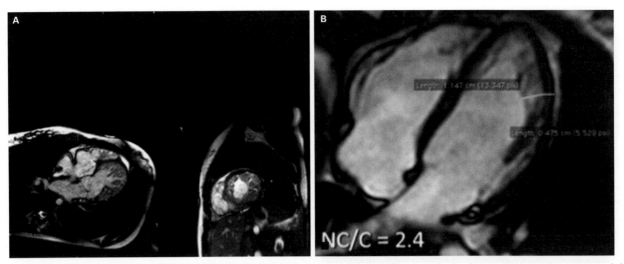

Figura 20 Cinerressonância – extensa trabeculação do ventrículo esquerdo (A e B), com relação das espessuras não compactada/compactada superior a 2,3.

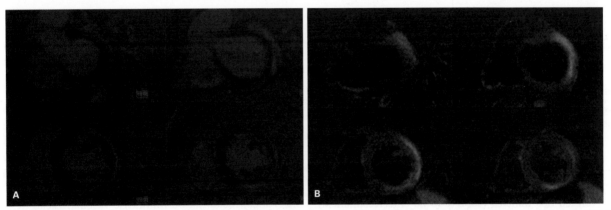

Figura 21 Ressonância magnética cardíaca de paciente jovem com dor torácica após infecção das vias aéreas superiores (IVAS) evidencia realce tardio mesocárdico (A) e hipersinal em T2 (B), sugerindo edema associado.

territórios coronarianos. Além de sua inegável relevância diagnóstica, a presença de realce tardio positivo é considerada atualmente o maior preditor independentemente de mortalidade no contexto da miocardite, superando a fração de ejeção e a classe funcional.

Cardiopatia de Takotsubo

Também conhecida como cardiomiopatia por estresse ou balonamento apical transitório do VE, a cardiopatia de Takotsubo constitui causa incomum de disfunção aguda ventricular e diagnóstico diferencial das síndromes coronarianas agudas ao cursar com elevação do segmento ST e discreta elevação das enzimas miocárdicas, sem lesão coronariana significativa. Geralmente relacionada a antecedentes emocionais ou de estresse físico, é mais comum em mulheres, especialmente idosas. A cinerressonância é útil na caracterização do abaulamento e disfunção apicais, enquanto o edema miocárdico pode eventualmente ser observado nas imagens ponderadas em T2. Por razões óbvias, o realce tardio é obrigatoriamente negativo.

Cardiomiopatia siderótica

A RM é um método não invasivo capaz de avaliar a sobrecarga de ferro nos tecidos, sobretudo fígado e coração, sendo utilizada para diagnóstico e acompanhamento de pacientes com hemocromatose primária ou hemossiderose. Entre os métodos que se propõem à análise de sobrecarga férrica por RM, as medidas das taxas de relaxamento T2 e T2* apresentam excelente correlação com a biópsia cardíaca, com rapidez e reprodutibilidade adequadas. Nesta técnica, repetem-se imagens em GRE no mesmo plano cardíaco (geralmente no eixo curto) em diferentes tempos de eco (TE) e observa-se o decaimento do sinal miocárdico. Por meio de um *software* de pós-processamento, traçam-se regiões de interesse (ROI) englobando toda a espessura do miocárdio, e os valores de intensidade de sinal obtidos para cada TE são plotados em uma curva (Figura 22) a partir da qual se estima o peso seco do ferro em mg/g de miocárdio. Tais dados são de grande importância para a indicação de tratamento e evolução da doença nesse grupo de pacientes.

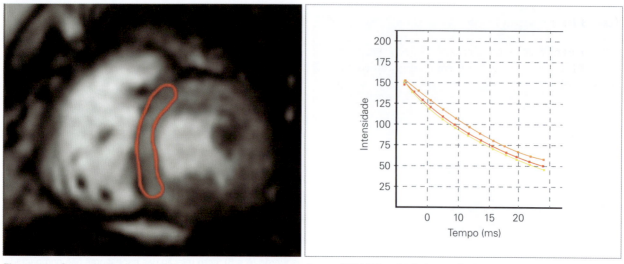

Figura 22 Curva de decaimento T2* evidencia valor de tempos de eco (TE) (17,8 ms) inferior aos limites da normalidade (20-84 ms), inferindo sobrecarga férrica.

Outras indicações de RMC

Além das cardiomiopatias, a RMC tem sua utilidade em diferentes cenários clínicos que vão desde os tumores cardíacos e as pericardiopatias até as doenças vasculares e as cardiopatias congênitas.

Embora a ecocardiografia seja o método mais amplamente utilizado para avaliação do aparelho valvar cardíaco, a RMC vem se consolidando como uma alternativa em casos selecionados, com bom desempenho no detalhamento anatômico dos folhetos (sobretudo na cinerressonância), na estimativa da área valvar, caracterização de vegetações e tumores valvares, bem como na análise quantitativa de estenoses e insuficiências pelas sequências de mapeamento de fluxo (*phase contrast* – Figura 4). Em relação às doenças vasculares, a RM pode ser uma alternativa à angiotomografia com vantagens relacionadas à ausência de radiação e às sequências que dispensam a injeção de contraste.

Segundo as diretrizes nacionais e internacionais, a RMC já se consolidou como o principal método de imagem na avaliação das massas e tumores cardíacos (Figura 23). Mais do que informações relacionadas a localização e relações anatômicas destes achados, algumas sequências fornecem informações relevantes quanto à composição tecidual (presença de gordura, conteúdo hemorrágico e necrótico, melanina ou líquido) e vascularização dessas massas, contribuindo sobremaneira com a definição de conduta e planejamento terapêutico dessas doenças.

As cardiopatias congênitas serão mais bem discutidas em capítulo específico mais adiante.

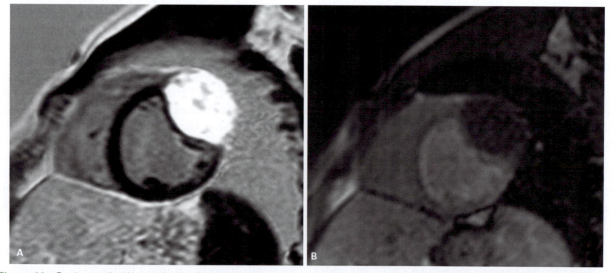

Figura 23 Realce tardio (A) e perfusão (B) – massa intramiocárdica com extensa fibrose (hipersinal em A) e sem vascularização significativa (hipossinal em B) envolvendo a parede anterolateral do ventrículo esquerdo. Anatomopatológico compatível com fibroma.

Novas tecnologias e perspectivas em RMC

Entre os métodos da moderna propedêutica cardiovascular, a RMC é, sem dúvida, um dos mais promissores. Os últimos anos trouxeram uma miríade de inovações tecnológicas, com novas fronteiras e modernas ferramentas, muitas delas ainda com uso restrito à seara da pesquisa científica.

Softwares e *hardwares* mais modernos têm permitido o desenvolvimento de protocolos em imagem molecular cardíaca por espectroscopia, como na pesquisa de esteatose miocárdica e no estudo das características energéticas do miocárdio, assim como na avaliação do *strain* e da deformação ventricular por RM. Novas sequências para avaliação de fluxo e perfusão sem contraste, bem como o mapeamento T1 e T2 na caracterização tecidual miocárdica, têm mostrado grande potencial em diversos estudos, alguns deles ainda em validação clínica.

Em um futuro próximo, a maior disponibilidade de magnetos mais potentes, sobretudo com os novos aparelhos de 3T e 7T, deve contribuir com melhorias nas sequências de perfusão e angiografia coronariana. Procedimentos invasivos guiados por RM no tratamento de cardiopatias congênitas, cardiopatias valvares, ablações e intervenção direcionada de células-tronco têm sido encorajados em alguns centros de pesquisa. Além disso, novos meios de contraste têm sido desenvolvidos e novas tecnologias híbridas, como o PET-RM, têm gerado grande entusiasmo na comunidade científica.

Bibliografia sugerida

1. Doesch C, Papavassiliu T. Diagnosis and management of ischemic cardiomyopathy: Role of cardiovascular magnetic resonance imaging. World J Cardiol. 2014;6(11):1166-74.
2. Ginat DT, Fong MW, Tuttle DJ, et al. Cardiac imaging: Part 1. MR pulse sequences, imaging planes, and basic anatomy. Am J Roentgenol. 2011;197:808-15.
3. Hundley WG, Bluemke DA, Finn JP, Flamm SD, Fogel MA, Friedrich MG, et al; American College of Cardiology Foundation Task Force on Expert Consensus Documents. ACCF/ACR/AHA/NASCI/SCMR 2010 expert consensus document on cardiovascular magnetic resonance: a report of the American College of Cardiology Foundation Task Force on Expert Consensus Documents. Circulation. 2010;121(22):2462-508.
4. Kramer CM, Barkhausen JR, Flamm SD, Kim RJ, Nagel E; Society for Cardiovascular Magnetic Resonance Board of Trustees Task Force on Standardized Protocols. Standardized cardiovascular magnetic resonance (CMR) protocols 2013 update. J Cardiovasc Magn Reson. 2013;15:91.
5. Nacif MS, Oliveira Junior AC, Carvalho ACP, Rochitte CE. Ressonância magnética cardíaca e seus planos anatômicos: como eu faço? Arq Bras Cardiol. 2010;95(6):756-63.
6. O'Donnell DH, Abbara S, Chaithiraphan V, Yared K, Killeen RP, Martos R, et al. Cardiac MR imaging of nonischemic cardiomyopathies: imaging protocols and spectra of appearances. Radiology. 2012;262(2):403-22.
7. Rajiah P, Desai MY, Kwon D, Flamm SD. MR Imagin of myocardial infarction. RadioGraphics. 2013;33(5):1383-1412.
8. Schuster A, Morton G, Chiribiri A, Perera D, Vanoverschelde J, Nagel E. Imaging in the management of ischemic cardiomyopathy: special focus on magnetic resonance. J Am Coll Cardiol. 2012;59(4):359-70.
9. Saeed M, Van TA, Krug R, Hetts SW, Wilson MW. Cardiac MR imaging: current status and future direction. Cardiovasc Diagn Ther. 2015;5(4):290-310.
10. Sara L, Szarf G, Tachibana A, Shiozaki AA, Villa AV, Oliveira AC, et al. II Diretriz de ressonância magnética e tomografia computadorizada cardiovascular da Sociedade Brasileira de Cardiologia e do Colégio Brasileiro de Radiologia. Arq Bras Cardiol. 2014;103(6 Suppl 3):1-86.

17

Cardiopatias congênitas

Walther Ishikawa

Introdução: multimodalidade e cardiopatias congênitas

O rápido desenvolvimento das diferentes técnicas de imagenologia cardíaca nas últimas décadas afetou drasticamente a estratégia de investigação de pacientes com cardiopatias congênitas (CC). Desde um passado não muito remoto, quando era disponível somente a angiografia invasiva (AI), atualmente o cardiologista pediátrico dispõe de vasto arsenal diagnóstico, que inclui a ecocardiografia (EC), a tomografia computadorizada (TC), a ressonância magnética (RM), entre outras ferramentas. Cada um desses métodos tem suas peculiaridades, com vantagens e desvantagens, e indicações específicas.

Hoje, a EC transtorácica (muitas vezes associada à fluxometria Doppler) é a peça central na investigação dessas condições, com claras vantagens técnicas e práticas sobre as demais modalidades, como precisão, disponibilidade, portabilidade e preço. Muitas vezes, a avaliação somente pela EC é suficiente para o manuseio clínico dos pacientes. No entanto, também não é raro que a informação da EC seja incompleta e inconclusiva, por janelas acústicas inadequadas ou por limitações inerentes ao método. Este fato é mais comum em adultos com CC, uma população cada vez mais expressiva no dia a dia do cardiologista, em razão dos grandes avanços no diagnóstico e no tratamento desses doentes, com cada vez maior aumento na sua expectativa de vida, mesmo com defeitos mais complexos. Raramente os procedimentos terapêuticos nestes pacientes são curativos, apresentando-se com alguma lesão residual que precisa de acompanhamento por toda a vida e necessitando de novas intervenções. Ou seja, muitas vezes, é fundamental a associação da EC com outras modalidades, permitindo a avaliação integral do paciente.

Ecocardiografia

Historicamente, o profissional que realiza a EC é o cardiologista. Porém, é mandatório que todo radiologis-

ta envolvido com imagem cardíaca tenha noções básicas sobre vantagens e desvantagens da EC e saiba quando complementar de forma inteligente a avaliação com TC ou RM, permitindo o manejo adequado dos pacientes com CC. Não há nenhuma regra de quando a EC será insuficiente nessa avaliação, e cada caso deve ser julgado de forma individual.

Como já mencionado, a EC possui inúmeras vantagens e sempre deve ser considerada a ferramenta inicial na investigação. É um método prático e disponível, portável, possibilitando exames à beira-do-leito e intraoperatórios, totalmente não invasivo e seguro. Tem excelente acurácia na avaliação da anatomia e da função cardíaca, fornecendo essas informações em tempo real. Agregando os recursos do estudo Doppler e mapeamento de fluxo em cores, permite avaliar de forma quantitativa fluxos cavitários, gradientes valvares e *shunts*. Técnicas mais recentes como o Doppler tecidual e imagens tridimensionais expandiram ainda mais o papel da EC nessa população. Contudo, pode ser limitada por janelas acústicas e não possibilita a avaliação adequada de estruturas localizadas perifericamente. Os acessos ecográficos são ainda mais difíceis em adultos, em especial naqueles submetidos a múltiplas cirurgias.

Via de regra, quando há acesso ecográfico adequado, a avaliação de estruturas intracardíacas é excelente pela EC. Por exemplo, defeitos septais e valvares podem ser estudados de forma completa, sem necessidade de exames adicionais. Das primeiras, os defeitos do septo interventricular de topografia supracristal podem necessitar de avaliação complementar. Das valvopatias, destaca-se a insuficiência pulmonar, que também pode necessitar de um método adjunto. Outra estrutura que muitas vezes não pode ser avaliada de forma integral é o ventrículo direito (p. ex., em pós-operatório de tetralogia de Fallot).

Ressonância magnética

A RM é um método bem estabelecido, que vem sendo usado desde a década de 1990 para a avaliação de CC. Seu princípio físico é baseado na interação de prótons de hidrogênio submetidos a potentes campos magnéticos, dessa forma, não envolve a utilização de radiação ionizante. É um método seguro, permitindo avaliações seriadas em indivíduos com acompanhamento ambulatorial. Pode ser feito em mulheres grávidas, desde que não se utilize o meio de contraste paramagnético.

Algumas vantagens da RM incluem seu grande campo de visão, com acesso irrestrito à anatomia cardiovascular, inclusive em vasos localizados mais perifericamente, ou em outras topografias nas quais a EC pode encontrar dificuldades de análise, como ventrículo direito e ápice ventricular esquerdo. Da mesma forma, há total liberdade na escolha do plano de aquisição de imagem, sem depender de janelas acústicas.

Bastante versátil, permite medidas precisas de volumetria e função contrátil biventricular, sem interferência da sua geometria, mesmo em anatomias bizarras. É possível ainda obter medidas de fluxo, caraterização tecidual, avaliação da viabilidade e perfusão miocárdicas. É considerado o método padrão-ouro para a medida de massa, volume e função ventricular.

Algumas sequências de aquisição básicas incluem imagens anatômicas *spin*-eco em "sangue escuro", úteis para avaliação de anatomia, e sequências cinéticas em gradiente-eco, para análise da contratilidade ventricular, vistas na forma de imagens-cine ao longo do ciclo cardíaco. Nestas últimas sequências, há um contraste vascular espontâneo ("sangue claro"), cavidades preenchidas por sangue aparecem com alto sinal, mesmo sem o uso do contraste venoso. Diferentemente da EC, não são imagens cinéticas em tempo real, mas reconstruções baseadas no pareamento de dados com o traçado eletrocardiográfico. Dessa forma, arritmias podem comprometer a qualidade dessas imagens. Quando necessário, pode se fazer também uma sequência em contraste de fase (também uma forma de gradiente-eco), que permite mensuração do sentido e da velocidade de fluxo sanguíneo, de forma bastante análoga ao Doppler da EC, permitindo o cálculo do débito cardíaco, gradientes pressóricos em obstruções, frações de regurgitação valvar e mensuração de *shunts* (Qp:Qs).

A RM permite ainda a realização de imagens angiográficas tridimensionais, de forma semelhante à angiografia invasiva. Essas imagens são possíveis sem o contraste venoso, mas em baixa resolução. Idealmente, deve-se utilizar um contraste metálico paramagnético (gadolínio) injetado numa veia periférica. Muitas outras sequências de pulso existem e podem ser utilizadas em casos específicos, como aquelas desenhadas para a avaliação dinâmica de perfusão miocárdica (inclusive com estresse farmacológico), realce tardio para pesquisa de fibrose miocárdica e sequências para estudo de composição tecidual (supressão de gordura, multieco para quantificação férrica, pesquisa de edema com aquisições ponderadas em T2/T2*,

mapeamento T1, entre outros). Fica claro também que o exame de RM é realizado de forma bastante individualizada, com protocolos e sequências sendo escolhidos de forma específica para responder dúvidas pontuais do médico solicitante. Sua duração deve ser otimizada buscando-se resolver a dúvidas clínicas que ainda não tenham sido resolvidas pela EC, minimizando possíveis complicações de uma anestesia mais prolongada.

Desvantagens da RM incluem maior preço e menor disponibilidade, além do tempo de exame extremamente longo (pelo menos 20 minutos, mas em geral ultrapassando 1 hora), limitando bastante o seu uso em pacientes graves e em condições hemodinâmicas limítrofes. Este fato também limita seu uso em crianças pequenas, em que há a necessidade de sedação ou anestesia. Algumas outras condições contraindicam a realização da RM, as mais importantes nos indivíduos com CC são a presença de marca-passos e desfibriladores. Outras estruturas metálicas não contraindicam o estudo, porque não representam risco à realização do exame. Aqui estão incluídos outros grampos, fios de esternotomia e a maioria das próteses valvares e endopróteses. Mesmo não representando risco à realização da RM, vale lembrar que todas aquelas que forem ferromagnéticas vão gerar artefatos que degradam o sinal local, impossibilitando análise adequada na região adjacente ao metal (p. ex., impossibilitando a avaliação da patência de endopróteses aórticas).

Na população com CC, a RM estabeleceu-se como a peça central para acompanhamento e avaliação seriada das doenças que cursam com disfunção sistólica ventricular direita ou esquerda, assim como regurgitação das valvas semilunares, o exemplo mais conhecido é o controle pós-operatório de tetralogia de Fallot. Quase todos os pacientes permanecem com algum grau de disfunção valvar pulmonar após a correção cirúrgica, e a RM tendo papel crucial no acompanhamento em longo prazo dessa população, definindo o momento ideal de eventual reintervenção. Nos pacientes adultos com CC, a RM torna-se um recurso propedêutico de maior utilidade, por conta das limitações técnicas da EC transtorácica e por não haver limitações na realização do exame de RM relacionadas à sedação.

Tomografia computadorizada

Com os recentes avanços técnicos resultando em aparelhos de aquisição cada vez mais rápida, poucas ferramentas diagnósticas tiveram um desenvolvimento tão vertiginoso quanto a TC. Hoje, é uma peça central no estudo não invasivo de diversas doenças cardiovasculares, contribuindo de forma expressiva no manejo clínico dos pacientes. Juntamente com a RM, disputa o posto de método de segunda linha na investigação de CC, em casos já estudados com EC, e triando indivíduos que poderão ser avaliados com AI.

A TC é um método excelente para a avaliação de grandes vasos mediastinais, equivalente ou discretamente superior à RM, sendo esta a principal indicação em indivíduos com CC. Sua resolução espacial superior pode ser decisiva na avaliação de vasos de menor calibre, como artérias coronárias e colaterais sistêmico-pulmonares. Ou seja, ao contrário da RM, a TC é essencialmente um estudo angiográfico, e quase sempre é utilizado um contraste iodado intravascular. A aquisição das informações é feita durante o pico de opacificação vascular, em tempos diferentes dependendo da estrutura a ser analisada (artérias pulmonares, aorta, veia sistêmica etc.). Dados volumétricos são adquiridos no plano transaxial, que podem ser reformatados para qualquer outro plano, ou gerando-se imagens tridimensionais com apresentações simulando cor e textura de peças anatômicas, auxiliando bastante o cirurgião previamente a intervenções.

Tem a grande vantagem de ser um estudo de aquisição extremamente rápida, possível de ser feito até em crianças graves e em condições hemodinâmicas limítrofes, muitas vezes sem apneia, minimizando a necessidade de sedação. Também é superior na avaliação de calcificações e estruturas aeradas, como traqueia, brônquios e parênquima pulmonar.

Em aparelhos multidetectores, também é possível a sincronização de dados com o eletrocardiograma, o que possibilita a geração de imagens de alta precisão da circulação coronária, porém à custa de uma dose mais elevada de radiação. Essa técnica permite também uma análise cinética (contratilidade regional e global) das paredes ventriculares, útil naqueles pacientes com contraindicação à RM, como portadores de marca-passos.

Uma clara desvantagem da TC em relação aos outros métodos é o fato de ela envolver o uso de radiação ionizante, especialmente em pacientes pediátricos, que são mais suscetíveis aos seus efeitos deletérios, pela maior radiossensibilidade dos seus tecidos e também pelo maior tempo de vida em que podem surgir esses efeitos. Vale lembrar também que, muitas vezes, esses indivíduos ne-

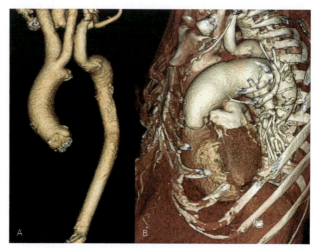

Figura 1 Angiotomografia com reconstrução tridimensional volume rendering, imagem A editada, mostrando somente a aorta. Paciente adulto com hipoplasia do arco aórtico, complicada com trombose deste segmento. Também há dilatação das artérias pulmonares, decorrente de uma comunicação interventricular.

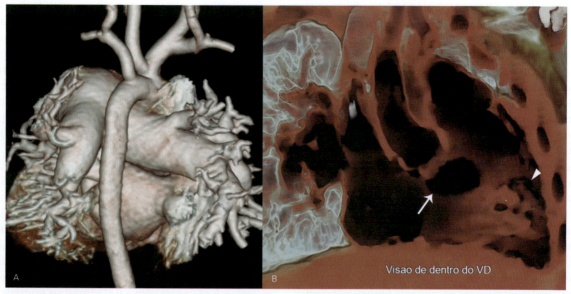

Figura 2 Angiotomografia com reconstrução tridimensional volume rendering. A: Visão posterior demonstrando acentuada dilatação das artérias pulmonares. B: Cavidade cardíaca, com visão a partir do ventrículo direito. Observam-se a ampla comunicação interventricular subaórtica (seta) e múltiplas comunicações musculares apicais (cabeça de seta).

Figura 3 Angiotomografia com reconstrução tridimensional *volume rendering*, em visão posterior. Exemplo de cardiopatia congênita complexa avaliada por TC. Drenagem venosa anômala parcial direita, drenagem do lobo superior através de coletor com trajeto subaórtico, drenando na veia braquiocefálica esquerda, com obstrução na região subaórtica (seta). Exuberante circulação colateral venovenosa intrapulmonar, comunicando veias dos lobos superior e inferior direitos.

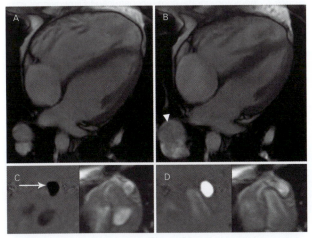

Figura 4 Imagens de ressonância magnética adquiridas em cinegradiente quatro câmaras (A) e contraste de fase axial ao tronco pulmonar (B), na diástole (C) e na sístole (D). Paciente com T4F submetido à correção cirúrgica. Nota-se a dilatação do ventrículo direito. Insuficiência pulmonar total (seta). Também pode ser vista a dilatação de ramos arteriais pulmonares, lobar inferior direita, com aumento da sua pulsatilidade, outro sinal de insuficiência pulmonar (cabeça de seta).

cessitam de exames seriados, tornando mais crítico o uso de métodos de imagem que envolvam radiação. Com a crescente preocupação com o tema e recentes avanços tecnológicos, foram desenvolvidas diversas ferramentas para redução de dose, como sincronização eletrocardiográfica prospectiva, protocolos de modulação de dose e reconstruções iterativas, permitindo a aquisição com doses cada vez mais baixas. Mesmo assim, sempre que possível, a escolha deve pender para os métodos que não envolvam radiação ionizante.

A impossibilidade de medir fluxo e as limitações na avaliação da função ventricular são outras desvantagens da TC, especialmente porque em muitas situações, são justamente essas as informações mais importantes para o acompanhamento destes indivíduos em longo prazo.

Em contrapartida, justamente pelo acompanhamento pós-tratamento desses indivíduos, não é incomum que tenham sido utilizadas endopróteses metálicas e outros dispositivos ferromagnéticos no tratamento. Diferentemente da RM, a avaliação por TC é muito menos prejudicada pela presença desses artefatos, permitindo inclusive a avaliação da patência de *stents*. Outra conduta relativamente comum é o implante de marca-passos e desfibriladores, o que em princípio contraindica a realização de RM, tornando a TC uma alternativa atrativa.

Coarctação da aorta

Entre as doenças congênitas cardiovasculares, a coarctação da aorta merece destaque neste capítulo porque não é raro que sua avaliação por TC e RM (especialmente naqueles indivíduos após tratamento, no acompanhamento ambulatorial) torne-se responsabilidade do radiologista não especialista em cardiopatias congênitas. Dessa forma, é fundamental que todos os radiologistas tenham noções básicas sobre essa entidade.

Trata-se de uma constrição congênita no istmo aórtico, localizada próximo à região da inserção do canal/ligamento arterial. É a sexta cardiopatia congênita mais comum, frequentemente associada a outros defeitos cardiovasculares, destacando-se a valva aórtica bivalvulada (cerca de metade dos pacientes), nestes casos havendo maior incidência de dilatação da aorta proximal com risco de ruptura em longo prazo. Metade dos casos apresenta também hipoplasia do arco aórtico. Outros defeitos associados frequentes são a comunicação interventricular e o canal arterial persistente. Em outros territórios, destaca-se a maior incidência de aneurismas intracranianos.

O grau da redução luminal é bastante variável, desde casos sutis até uma interrupção luminar segmentar, porém, mantendo-se a continuidade das paredes aórticas (o que o diferencia da interrupção aórtica). Sua morfologia também varia bastante, em termos de extensão, excentricidade e localização. Na sua forma clássica, há uma protrusão transversa se estendendo para a luz da aorta, em topografia oposta à inserção ductal. Mais raramente, quando acomete um longo segmento do vaso, envolvendo inclusive o arco distal, é chamada de hipoplasia tubular.

Em crianças, a EC é o exame de escolha para sua avaliação inicial e geralmente é suficiente para confirmar o diagnóstico e estimar sua gravidade. Casos selecionados

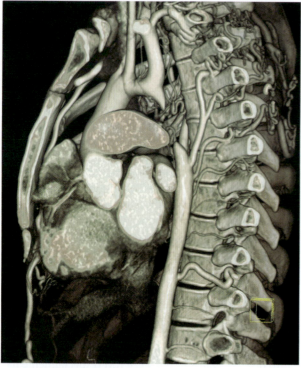

Figura 5 Angiotomografia com reconstrução tridimensional *volume rendering*. Paciente com coarctação extrema da aorta, com atresia luminal do vaso e exuberante rede colateral. Imagem antes do tratamento cirúrgico com prótese sintética, conectando a artéria subclávia esquerda à aorta descendente.

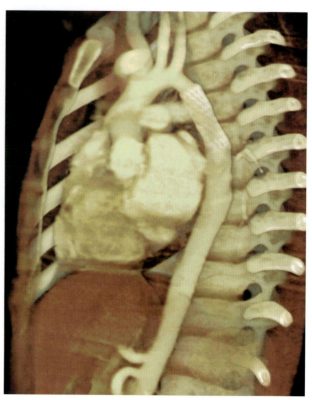

Figura 7 Angiotomografia com reconstrução tridimensional *volume rendering*, paciente com coarctação da aorta, após tratamento com *stent* metálico no local.

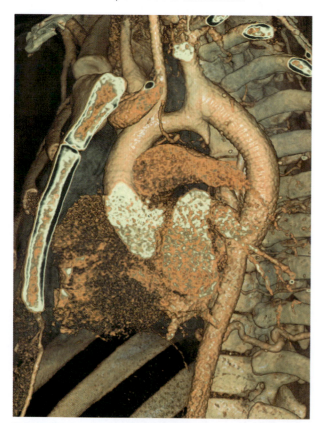

Figura 6 Mesmo paciente da Figura 5. Imagem depois do tratamento cirúrgico com prótese sintética.

são complementados com TC ou RM, com o intuito de avaliar melhor a morfologia aórtica próxima ao local de constrição, dessa forma auxiliando na escolha da melhor abordagem terapêutica. Em adolescentes e adultos, muitas vezes, as janelas ecográficas supraesternais são limitadas, havendo necessidade de complementação diagnóstica.

Devem ser descritas detalhadamente as estenoses e as eventuais dilatações, com diâmetros luminais, extensão e localização. A geometria do arco aórtico deve ser descrita, assim como a anatomia dos seus ramos, e da aorta a jusante à alteração. Havendo um canal arterial pérvio, este deve ser descrito também. A presença e a quantificação de circulação colateral também são achados importante a serem descritos, já que estimam sua gravidade e podem explicar um menor gradiente pressórico por meio da coarctação vista na EC ou na sequência de contraste de fase da RM. Deve-se descrever quais vasos compõem essa rede colateral, já que pode interferir na estratégia cirúrgica. Um circuito colateral importante é o das artérias intercostais, que pode levar ao clássico sinal de Roesler, com erosão da margem inferior de costelas. Porém, vale lembrar que este e outros sinais da radiografia simples só surgem em pacientes mais velhos, sendo cada vez mais incomuns de serem vistos na prática diária.

A fluxometria por RM também permite a detecção de um padrão espectral *tardus et parvus* na aorta distal, de

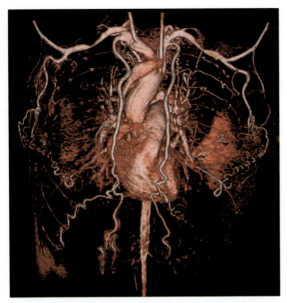

Figura 8 Angiografia por ressonância magnética (RM) com reconstrução tridimensional *volume rendering* em visão anterior. Paciente com coarctação da aorta, RM demonstrando exuberante rede de circulação colateral. Observa-se a dilatação das artérias torácicas internas.

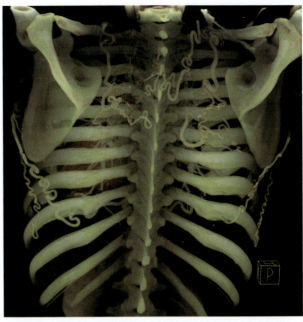

Figura 9 Angiotomografia com reconstrução tridimensional *volume rendering*, em visão posterior. Paciente com coarctação da aorta, demonstrando exuberante rede de circulação colateral.

forma análoga à EC. É possível também a estimativa funcional do grau de circulação colateral, comparando-se as medidas de fluxo imediatamente proximal à coarctação e na aorta toracoabdominal.

Após o tratamento, os indivíduos são acompanhados com um trabalho ambulatorial detalhado, já que a recoarctação é comum, ocorrendo em 10% dos casos tratados com cirurgia. Muitos desses pacientes desenvolvem ou permanecem com hipertensão arterial sistêmica, mesmo após tratamento efetivo, com maior risco de desenvolvimento de aterosclerose. Tanto a TC quanto a RM permitem a avaliação adequada do leito cirúrgico, detectando complicações como recoarctação ou aneurisma. Diretrizes sugerem a avaliação por esses métodos a cada 5 anos ou menos. Deve ser dada sempre preferência pela RM, um método que não envolve radiação, com vantagens adicionais de possibilitar uma análise funcional, quantificando a repercussão hemodinâmica da recoarctação, e também seu impacto sobre o ventrículo esquerdo. Informações sobre a valva aórtica também podem ser extraídas, mas com qualidade inferior à da EC. Por outro lado, a maioria das endopróteses metálicas aórticas é ferromagnética, gerando artefatos de suscetibilidade magnética na RM que limitam a avaliação da sua luz (embora não ofereçam perigo ao paciente na realização da RM). Dessa forma, nesses casos, a TC é o método de escolha para o acompanhamento desses indivíduos. Deve-se avaliar a integridade da sua malha metálica (fraturas), posição (migração) e perviedade da sua luz (re-estenose e trombose).

Bibliografia sugerida

1. Baumgartner H, Bonhoeffer P, De Groot NM, de Haan F, Deanfield JE, Galie N, et al. ESC Guidelines for the management of grown-up congenital heart disease (new version 2010). Eur Heart J. 2010;31(23):2915-57.
2. Fratz S, Chung T, Greil GF, Samyn MM, Taylor AM, Valsangiacomo Buechel ER, et al. Guidelines and protocols for cardiovascular magnetic resonance in children and adults with congenital heart disease: SCMR expert consensus group on congenital heart disease. J Cardiovasc Magn Reson. 2013;15:51.
3. Goo HW, Park IS, Ko JK, Kim YH, Seo DM, Park JJ. Computed tomography for the diagnosis of congenital heart disease in pediatric and adult patients. Int J Cardiovasc Imaging. 2005;21(2-3):347-65; discussion 67.
4. Goo HW, Park I-S, Ko JK, Kim YH, Seo D-M, Yun T-J, et al. CT of congenital heart disease: normal anatomy and typical pathologic conditions. RadioGraphics. 2003;23(suppl 1):S147-S65.
5. Han BK, Lesser JR. CT imaging in congenital heart disease: an approach to imaging and interpreting complex lesions after surgical intervention for tetralogy of Fallot, transposition of the great arteries, and single ventricle heart disease. J Cardiovasc Comput Tomogr. 2013;7(6):338-53.
6. Hendel RC, Patel MR, Kramer CM, et al. ACCF/ACR/SCCT/SCMR/ASNC/NASCI/SCAI/SIR 2006 appropriateness criteria for cardiac computed tomography and cardiac magnetic resonance imaging: a report of the American College of Cardiology Foundation Quality Strategic Directions Committee Appropriateness Criteria Working Group, American College of Radiology, Society of Cardiovascular Computed Tomography, Society for Cardiovascular Magnetic Resonance, American Society of Nuclear Cardiology, North American Society for Cardiac Imaging, Society for Cardiovascular Angiography and Interventions, and Society of Interventional Radiology. J Am Coll Cardiol. 2006;48:1475-97.
7. Kilner PJ, Geva T, Kaemmerer H, Trindade PT, Schwitter J, Webb GD. Recommendations for cardiovascular magnetic resonance in adults with congenital heart disease from the respective working groups of the European Society of Cardiology. Eur Heart J. 2010;31(7):794-805.
8. Kimura-Hayama ET, Meléndez G, Mendizábal AL, Meave-González A, Zambrana GFB, Corona-Villalobos CP. Uncommon congenital and acquired aortic diseases: role of multidetector CT angiography. RadioGraphics. 2010;30(1):79-98.
9. Kutty S, Danford DA. Pediatric and adult congenital heart disease imaging: choices and considerations. J Ultrasound Med. 2013;32(8):1351-2.

10. Lee T, Tsai IC, Fu YC, Jan SL, Wang CC, Chang Y, et al. Using multidetector-row CT in neonates with complex congenital heart disease to replace diagnostic cardiac catheterization for anatomical investigation: initial experiences in technical and clinical feasibility. Pediatric Radiology. 2006;36(12):1273-82.

11. Leschka S, Oechslin E, Husmann L, Desbiolles L, Marincek B, Genoni M, et al. Pre- and postoperative evaluation of congenital heart disease in children and adults with 64-section CT. Radiographics. 2007;27(3):829-46.

12. Oosterhof T, van Straten A, Vliegen HW, Meijboom FJ, van Dijk AP, Spijkerboer AM, et al. Preoperative thresholds for pulmonary valve replacement in patients with corrected tetralogy of Fallot using cardiovascular magnetic resonance. Circulation. 2007;116(5):545-51.

13. Orwat S, Diller GP, Baumgartner H. Imaging of congenital heart disease in adults: choice of modalities. Eur Heart J Cardiov Imag. 2014;15(1):6-17.

14. Pennell DJ, Sechtem UP, Higgins CB, Manning WJ, Pohost GM, Rademakers FE, et al. Clinical indications for cardiovascular magnetic resonance (CMR): consensus panel report. Eur Heart J. 2004;25:1940-65.

15. Pignatelli RH, McMahon CJ, Chung T, Vick GW 3rd. Role of echocardiography versus MRI for the diagnosis of congenital heart disease. Curr Opin Cardiol. 2003;18(5):357-65.

16. Prakash A, Powell AJ, Geva T. Multimodality noninvasive imaging for assessment of congenital heart disease. Circ Cardiovasc Imaging. 2010;3(1):112-25.

17. Puranik R, Muthurangu V, Celermajer DS, Taylor AM. Congenital heart disease and multi-modality imaging. Heart, Lung & Circulation. 2010;19(3):133-44.

18. Samyn MM. A review of the complementary information available with cardiac magnetic resonance imaging and multi-slice computed tomography (CT) during the study of congenital heart disease. Int J Cardiovasc Imaging. 2004;20(6):569-78.

19. Sara L, Szarf G, Tachibana A, Shiozaki AA, Villa AV, Oliveira AC de, et al. II Diretriz de ressonância magnética e tomografia computadorizada cardiovascular da Sociedade Brasileira de Cardiologia e do Colégio Brasileiro de Radiologia. Arq Bras Cardiol. [Internet]. 2014;103(6Suppl3):1-86.

20. Spevak PJ, Johnson PT, Fishman EK. Surgically corrected congenital heart disease: utility of 64-MDCT. AJR Am J Roentgenol. 2008;191(3):854-61.

21. Taylor AJ, Cerqueira M, Hodgson JM, Mark D, Min J, O'Gara P, et al.; American College of Cardiology Foundation Appropriate Use Criteria Task Force; Society of Cardiovascular Computed Tomography; American College of Radiology; American Heart Association; American Society of Echocardiography; American Society of Nuclear Cardiology; North American Society for Cardiovascular Imaging; Society for Cardiovascular Angiography and Interventions; Society for Cardiovascular Magnetic Resonance. ACCF/SCCT/ACR/AHA/ASE/ASNC/NASCI/SCAI/SCMR 2010 Appropriate use criteria for cardiac computed tomography. A report of the American College of Cardiology Foundation Appropriate Use Criteria Task Force, the Society of Cardiovascular Computed Tomography, the American College of Radiology, the American Heart Association, the American Society of Echocardiography, the American Society of Nuclear Cardiology, the North American Society for Cardiovascular Imaging, the Society for Cardiovascular Angiography and Interventions, and the Society for Cardiovascular Magnetic Resonance. Circulation. 2010;122(21):e525-55.

22. Therrien J, Provost Y, Merchant N, Williams W, Colman J, Webb G. Optimal timing for pulmonary valve replacement in adults after tetralogy of Fallot repair. Am J Cardiol. 2005;95(6):779-82.

23. Tsai IC, Chen MC, Jan SL, Wang CC, Fu YC, Lin PC, et al. Neonatal cardiac multidetector row CT: why and how we do it. Pediatr Radiol. 2008;38(4):438-51.

24. Valente AM, Cook S, Festa P, Ko HH, Krishnamurthy R, Taylor AM, et al. Multimodality imaging guidelines for patients with repaired tetralogy of Fallot: a report from the American Society of Echocardiography: developed in collaboration with the Society for Cardiovascular Magnetic Resonance and the Society for Pediatric Radiology. J Am Soc Echocardiography. 2014;27(2):111-41.

18

Diagnóstico por imagem do tórax: generalidades e como interpretar padrões

Luiz Antonio Nunes de Oliveira

Introdução

Com a evolução dos vários métodos de estudo por imagem do tórax, a radiologia convencional foi enriquecida pelas técnicas de tomografia computadorizada (TC), ultrassonografia (USG), ressonância magnética (RM) e medicina nuclear (MN).

Radiologia convencional

Radiologia de tórax

O exame radiográfico simples do tórax é responsável por quase um terço dos exames realizados na infância. Entretanto, a imagem radiológica deve ser sempre correlacionada com o contexto clínico e o exame físico.

Técnica

Uma boa técnica de execução radiográfica é essencial para que se interprete corretamente a imagem.

As incidências mais frequentemente utilizadas são:

- Incidência frontal: as incidências frontais, tanto a anteroposterior (AP) quanto a posteroanterior (PA), devem ser realizadas em inspiração profunda, sempre que possível (Figuras 1 e 2); e em inspiração e expiração (Figura 3), no caso de suspeita de aspiração de corpo estranho e pneumotórax.
- Incidências e técnicas adicionais: algumas incidências podem ser utilizadas em ocasiões específicas:
    - Lateral: como complemento do estudo adequadamente interpretado em incidência frontal. Não deve ser realizada se houver patologia bilateral, pois haverá superposição de imagens.
    - Oblíqua: para avaliações de partes moles, costelas, câmaras cardíacas e anel vascular (Figura 4), quando o esôfago pode ser contrastado com sulfato de bário.

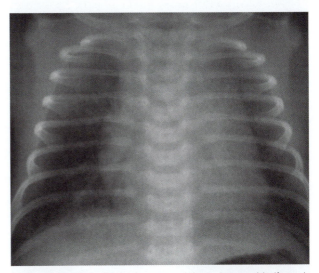

Figura 1 Radiografia de tórax normal de recém-nascido (frente): pulmões expandidos, com vasculatura normossistematizada, de calibre usual. Transparência normal. Cúpulas frênicas convexas, com seios livres. Silhueta cardiomediastinal normal.

- Decúbito lateral e/ou dorsal, com raios horizontais: para avaliação de derrame pleural, pneumotórax, pneumomediastino (Figura 5) e corpo estranho com represamento aéreo.
- Técnicas complementares: fluoroscopia, broncografia e planigrafia linear em progressivo desuso.

Fatores técnicos

- Colimação: para proteção e prevenção de radiação secundária.
- Penetração: é a qualidade que permite avaliar o máximo de estruturas anatômicas em uma incidência única. Para a identificação correta das estruturas intratorácicas, é necessário que sejam visualizadas as vértebras posteriores ao coração e os vasos pulmonares nas regiões para-hilares. Pode-se utilizar

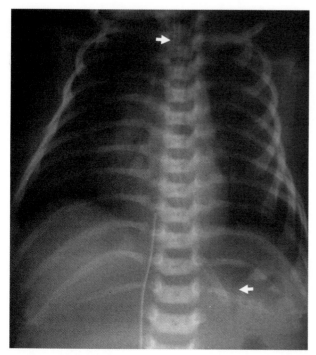

Figura 2 Radiografia de tórax de recém-nascido (frente): cânula endotraqueal, sonda nasogástrica e cateter venoso normoposicionados.

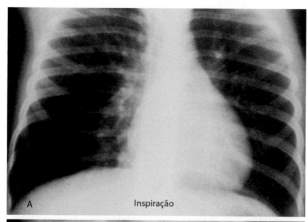
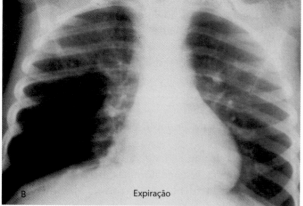

Figura 3 Observa-se assimetria de marcas broncovasculares. Hiperluscência na base pulmonar direita, mais conspícua na fase expiratória (corpo estranho endobrônquico segmentar).

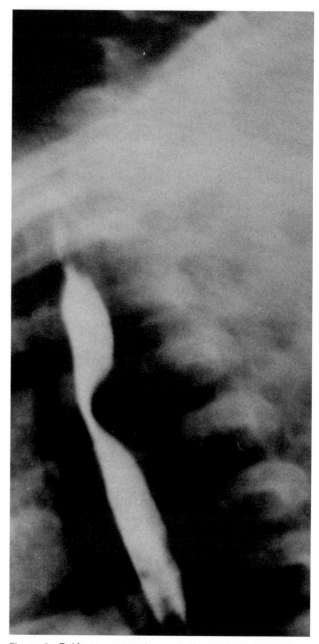

Figura 4 Esôfago contrastado com sulfato de bário: compressão posterior por anel vascular.

maior grau de penetração para visualização de sondas e cateteres.
- Posicionamento e rotação: para saber se a incidência AP ou PA está adequada, a linha média e o arco lateral das costelas devem ser equidistantes (espaço simétrico).
- Inspiração: para avaliar a inspiração, as cúpulas diafragmáticas devem estar no nível da extremidade da oitava costela posterior ou sexto arco costal anterior.
- Exposição: o tempo de exposição deve ser o mais curto possível.
- Meios de contraste: sulfato de bário para contrastação de esôfago e alças intestinais e respectivas inter-relações com estruturas normais ou patológicas do tórax

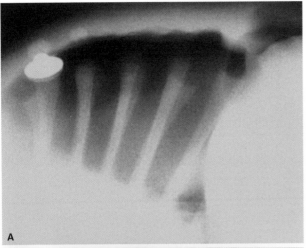

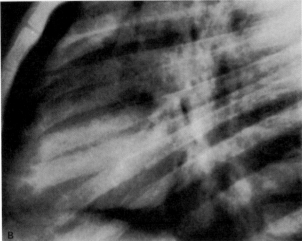

Figura 5 A: Decúbito dorsal com raios horizontais. Neonato com pneumotórax retroesternal. B: Incidência lateral. Pneumomediastino com dissecção da imagem tímica e extensão para base do pescoço configurando também enfisema subcutâneo.

(figura 6). Deve-se usar reparo metálico colocado em área de interesse clínico para confirmar a possível relação de causa e efeito.

Análise

- Metodologia: o roteiro sugerido inicia-se pelas estruturas extratorácicas, porção superior do abdome, base do pescoço, tubos e cateteres, partes moles, esqueleto torácico, mediastino (timo, traqueia, grandes vasos e coração), diafragma e, finalmente, campos pulmonares.

Radiografia das vias aéreas superiores

Técnica

A incidência lateral do pescoço em inspiração permite a identificação das estruturas mais importantes da via aérea da nasofaringe[4,5] (tonsilas faríngeas e palatinas, epiglote e pregas ariepiglóticas) (Figuras 7 a 9).

A incidência AP permite a avaliação da região subglótica e das partes moles do pescoço.

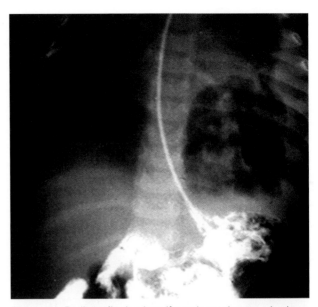

Figura 6 Radiografia de tórax (frente): sonda nasogástrica e contrastação gastroentérica com bário demonstrando que as imagens císticas no hemitórax esquerdo correspondem a pneumatoceles e não a alças intestinais. Há também empiema pleural (*Staphylococcus*).

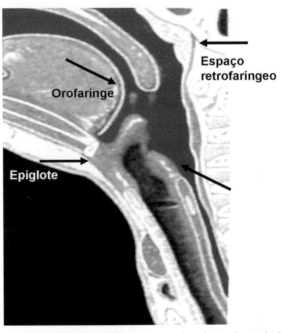

Figura 7 *Cavum* (perfil): esquema da coluna aérea pérvia de morfologia e amplitude habitual.

Tomografia computadorizada do tórax

Preferencialmente, deve ser realizada pela técnica helicoidal, especialmente de multidetectores, com protocolos adequados à suspeita clínica. Exemplos: angiotomografia, alta resolução (cortes finos), aquisição volumétrica e convencional.

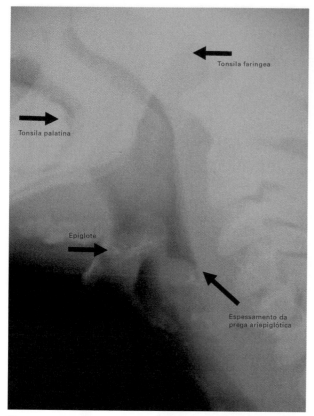

Figura 8   *Cavum* (perfil): redução da amplitude da coluna aérea.

As principais indicações são: avaliação das vias aéreas (Figura 10), doença metastática, estudo do mediastino (Figura 11) e lesões subpleurais.

Ultrassonografia de tórax

É um método auxiliar prático e cada vez mais utilizado. É indicado para:

- Avaliação da mobilidade diafragmática.
- Diagnóstico precoce de derrame pleural (Figura 12).
- Avaliação do timo e diagnóstico diferencial de suas afecções.
- Ultrassonografia com Doppler (técnica que avalia fluxo) permite a avaliação de acesso vascular para cateteres, permeabilidade de vasos e/ou formação de coágulos.

Ressonância magnética do tórax

Essa técnica, realizada por meio das sequências convencionais e/ou especiais para estudo vascular, pode ser útil na avaliação do tórax. É indicada em doenças vasculares do mediastino, extensão de massas para o canal raquidiano, avaliação do suprimento vascular de malformações broncopulmonares (Figura 13), avaliação de lesões congênitas cardíacas e dos grandes vasos.

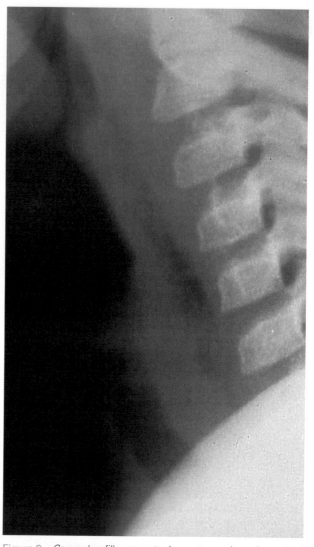

Figura 9   *Cavum* (perfil): aumento das partes moles pré-vertebral e presença de gás. Abscesso retrofaríngeo.

Medicina nuclear no estudo do tórax

Com a utilização de radioisótopos, pode-se avaliar: perfusão pulmonar, tromboembolismo e infartos pulmonares, refluxo gastroesofágico, pneumonias aspirativas, doenças pulmonares inflamatórias e indicação clínica peculiar (Figura 14).

Tem indicação especial em cardiologia e oncologia pediátrica.

Exame do tórax

Esqueleto torácico

Aspectos do desenvolvimento

O desenvolvimento normal da caixa torácica é influenciado pelas alterações de ventilação pulmonar. As causas mais frequentes de alterações no crescimento do arcabouço ósseo

18 DIAGNÓSTICO POR IMAGEM DO TÓRAX: GENERALIDADES E COMO INTERPRETAR PADRÕES 389

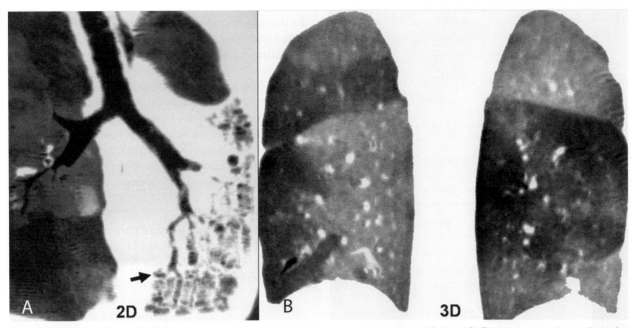

Figura 10 Tomografia computadorizada por multidetectores do tórax com reconstruções 2D (A) e 3D (B): colapso com bronquiectasias em vista coronal e padrão de atenuação "em mosaico".

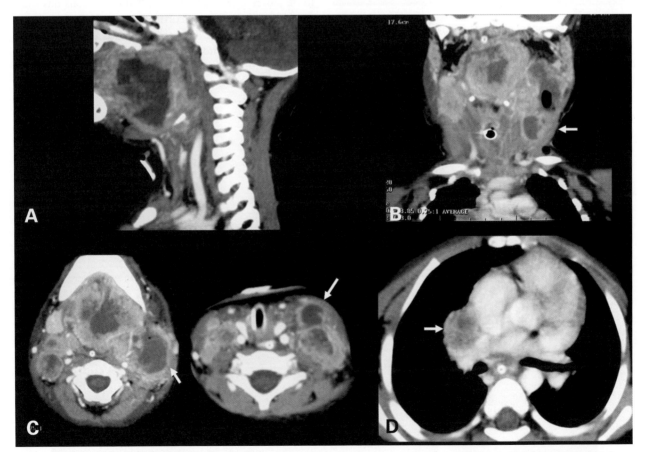

Figura 11 Tomografia computadorizada por multidetectores cervicotorácicos, com contraste iodado não iônico intravenoso: linfonodomegalias cervicais e mediastinais por tuberculose (escrofulose).

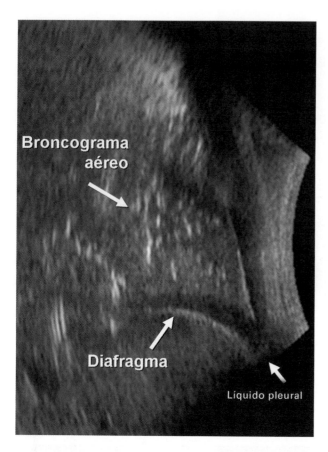

Figura 12 Ultrassonografia de tórax (longitudinal): pequena quantidade de líquido anecoico no espaço pleural e condensação pulmonar no lobo inferior.

são todas as doenças que impliquem a redução do volume respiratório. Na hipoventilação por atelectasia pulmonar e hipoplasias, há assimetria da caixa torácica e aproximação dos espaços intercostais. Pode-se observar aumento volumétrico simétrico nas hiperinsuflações, com o diafragma rebaixado e retificado. Ampliação do espaço claro retroesternal é fenômeno passageiro nas bronquiolites/asma e persistente nas distensões crônicas. São comuns variações morfológicas de costelas, com bifidez ou soldaduras, assim como do esterno com *pectus excavatum* (Figura 15) e *carinatum*. A escápula está elevada na anomalia de Sprengel.

Lesões traumáticas

Fraturas costais são raras em crianças, em razão da elasticidade da caixa torácica. Podem ocorrer na osteogênese imperfeita (Figura 16). Fraturas dos arcos posteriores sugerem fratura não acidental (abuso – síndrome de Caffey).

Comprometimento sistêmico

Envolvimento do arcabouço e de partes moles do tórax pode ocorrer em doenças metabólicas e sistêmicas, como genéticas (Figuras 17 e 18), hiperparatireoidismo, raquitismo (Figura 19), doença de Cushing, anemias (Figura 20), doenças do colágeno etc. Infecções de parede podem ser vistas na radiografia e na TC como aumento de partes moles (Figura 21). Erosões costais nas margens inferiores podem ocorrer na neurofibromatose e na coarctação da aorta. Lesões expansivas em costelas são notadas na histiocitose por células de Langerhans (Figu-

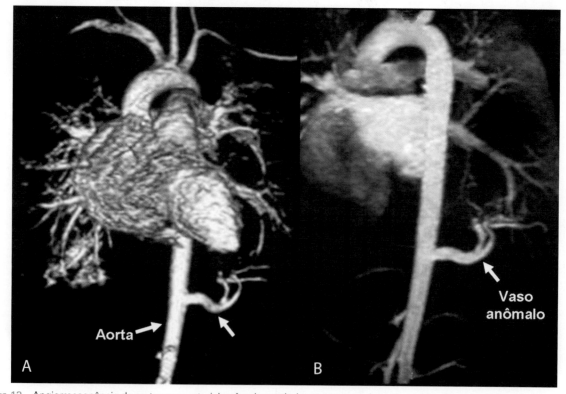

Figura 13 Angiorressonância da aorta: vaso arterial anômalo nutrindo sequestro pulmonar no lobo inferior esquerdo.

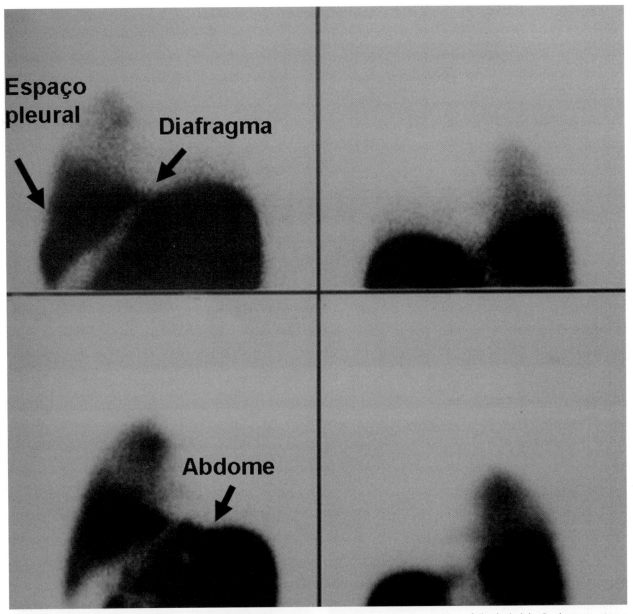

Figura 14 Cintilografia com enxofre coloidal: cateter de derivação ventriculoperitoneal por hidrocefalia. Após injeção do contraste na cavidade peritoneal, houve passagem para o espaço pleural, determinando derrame pleural por liquor.

ra 22). Neoplasias benignas são raras. As mais frequentes são exostoses (osteocondroma), condromas e displasia fibrosa. As neoplasias malignas mais frequentes são sarcoma de Ewing, tumor neuroectodérmico primitivo (Askin) e metástase de neuroblastoma (Figura 23).

Coluna vertebral

Aspecto "em degrau" dos planaltos vertebrais dorsais é sinal radiológico patognomônico de anemia falciforme. Epifisites em núcleos vertebrais anteriores associadas a nódulos de Schmorl configuram a cifose juvenil ou doença de Scheuermann. Deformidades de corpos vertebrais podem ser secundárias a doenças displásicas (Figura 24), tumorais ou infecciosas, como a tuberculose (mal de Pott) (Figura 25).

Pulmão

Assim como as doenças pulmonares influenciam o desenvolvimento esquelético, as doenças ósseas interferem nas condições respiratórias.

Na análise do tórax, devem ser consideradas as alterações volumétricas, de transparências e de vascularização.

Pelo fato de a radiologia se basear principalmente na avaliação do branco (opacidade) e do preto (transparência), alguns parâmetros devem ser rigorosamente observados. Serão analisados, a seguir, os aspectos radiográficos específicos das várias síndromes clínicas e as doenças correspondentes.

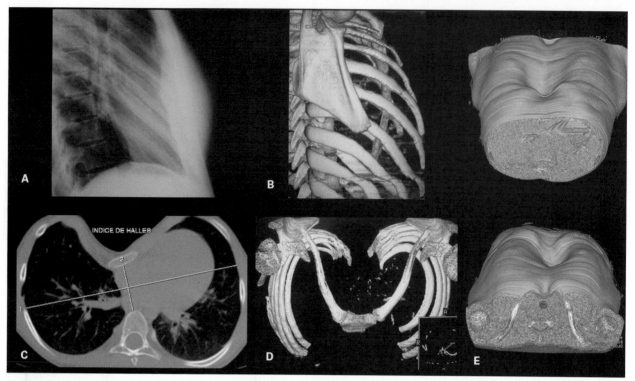

Figura 15 Radiografia de tórax lateral (A) e tomografia computadorizada com reconstruções 3D (B a E): *pectus excavatum*.

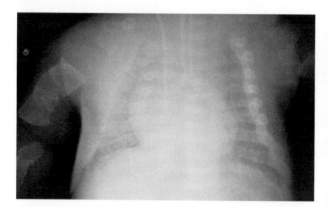

Figura 16 Radiografia de tórax (frente): osteopenia difusa, fraturas de costelas e úmeros curtos (osteogênese imperfeita).

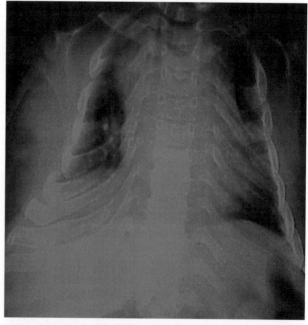

Figura 17 Radiografia de tórax (frente): tórax "em sino" (displasia torácica asfixiante – Jeune).

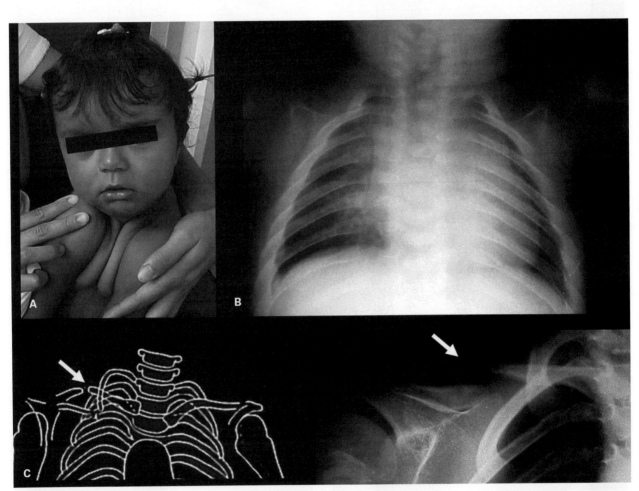

Figura 18 Radiografia de tórax (frente) (B) e esquema (C e D): ausência e hipoplasia das clavículas (displasia cleidocraniana).

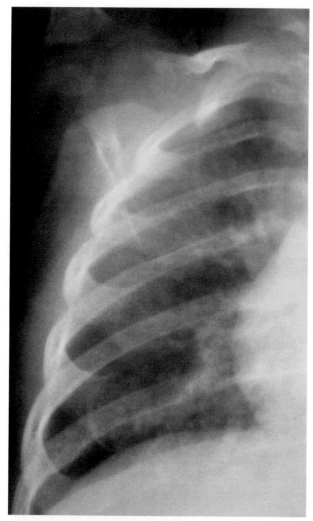

Figura 19 Radiografia do hemitórax direito: osteopenia com alargamento da metáfise proximal do úmero e da extremidade condrocostal, com aspecto de "contas de rosário" (raquitismo).

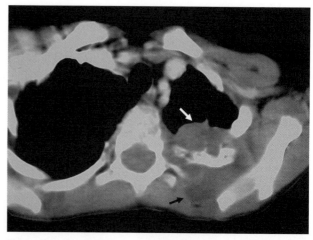

Figura 21 Tomografia computadorizada com contraste intravenoso: deformidade de arco costal associada a massa de partes moles, com componente hipoatenuante em relação à musculatura (schwannoma).

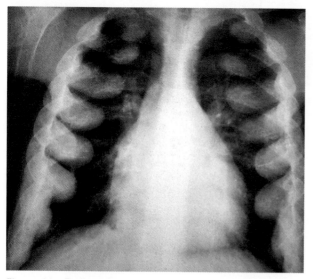

Figura 20 Radiografia de arcos costais (frente): alargamento dos ossos da caixa torácica, especialmente do compartimento medular das costelas (anemia hemolítica de Cooley).

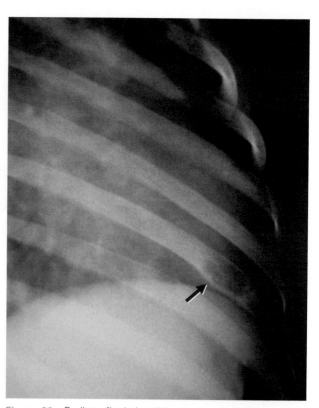

Figura 22 Radiografia de hemitórax esquerdo (oblíqua): lesão osteolítica geográfica de arco costal (histiocitose por células de Langerhans).

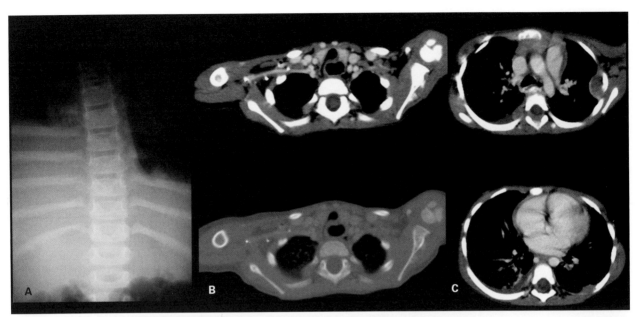

Figura 23 A: Radiografia simples da transição dorsolombar – alargamento da linha paravertebral inferior e elevação da base pulmonar direita. B e C: Tomografia computadorizada de tórax com janelas ósseas e partes moles – efeito de massa paravertebral à direita e lesões ósseas agressivas múltiplas, na escápula e nos arcos costais (metástase de neuroblastoma).

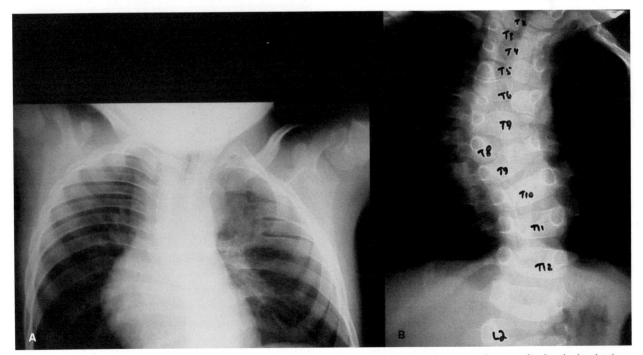

Figura 24 Radiografias de arcos costais (A) e coluna dorsal (B) (frente): sinostoses costais e anomalias constitucionais de vértebras (disostose espondilocostal).

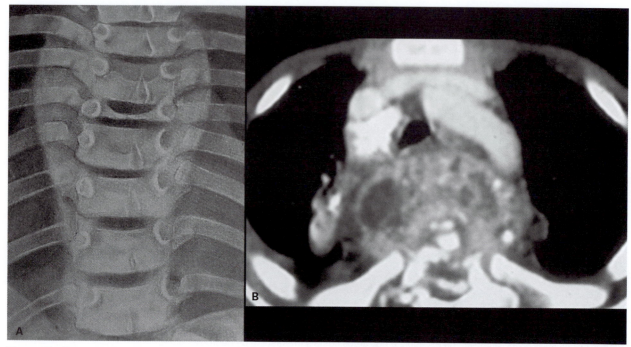

Figura 25 Esquema (A) e tomografia computadorizada com contraste (B): esquema demonstrando alargamento da linha paravertebral e tomografia computadorizada demonstrando lesão osteolítica vertebral, abscesso peridural e paravertebral (espondilodiscite – mal de Pott).

Hipertransparência ou hipotransparência

A densidade radiográfica do hemitórax pode apresentar-se na forma de hiper ou hipotransparência, uni ou bilateralmente.

Hemitórax hipertransparente unilateral

É importante analisar o aumento da transparência, que pode ser difusa ou localizada.

Causas de hemitórax hipertransparente unilateral são:

- Rotação.
  - Escoliose.
  - Erro de posicionamento técnico.
- Parede torácica.
  - Poliomielite.
  - Atrofia muscular associada a desuso e ressecções.
  - Síndrome de Poland.
- Pleura.
  - Pneumotórax (Figura 26).
- Pulmão.
  - Enfisema compensatório: pós-lobectomia ou pós-atelectasia.
  - Enfisema obstrutivo: deve-se à estenose ou à oclusão parcial brônquica. Há represamento aéreo na expiração, aumento do volume pulmonar e desvio do mediastino para o lado contralateral.
  - Síndrome de Swyer-James-MacLeod: há hipoplasia de artéria pulmonar com redução da perfusão e do volume pulmonar. Pode ser sequela de agressão infecciosa, como bronquiolite (usualmente adenovírus).
  - Pós-radioterapia.
  - Enfisema lobar congênito
- Vasculatura pulmonar: embolia pulmonar.

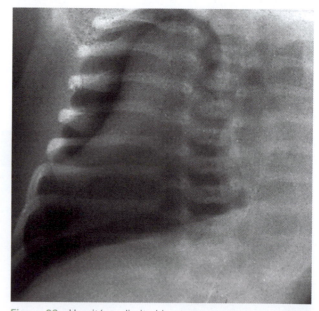

Figura 26 Hemitórax direito hipertransparente e com volume aumentado (pneumotórax hipertensivo) e consequente colapso pulmonar hilar.

Hemitórax hipertransparente bilateral
- Com hiperinsuflação pulmonar:

- Asma brônquica: observa-se hiperinsuflação pulmonar, retificação das cúpulas frênicas e acentuação das marcas brônquicas.
- Bronquiolite aguda: infecção viral da árvore traqueobrônquica. O quadro radiológico é de broncopatia com espessamento, edema peribrônquico e opacidades atelectásicas (Figura 27).
- Estenose traqueal, laríngea ou brônquica bilateral.
- Enfisema e doença adquirida secundária (Figura 28).

- Com menor volume pulmonar ou pulmões de tamanho normal:

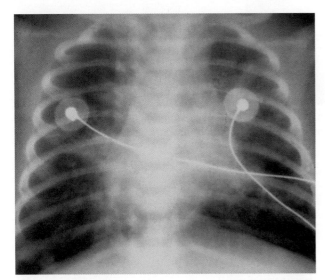

Figura 27 Radiografia de tórax (frente) no leito: pulmões hiperinsuflados e hipertransparentes. Cúpulas frênicas rebaixadas. Opacidades lineares bilaterais simétricas e centrais peri-hilares (bronquiolite viral).

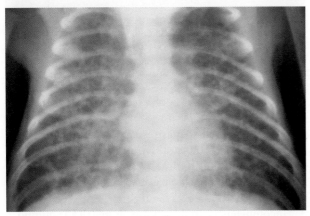

Figura 28 Radiografia de tórax (frente): pulmões hiperinsuflados e hipertransparentes. Desorganização da arquitetura pulmonar com traves e faixas de distribuição randômica (displasia broncopulmonar).

- Estenose de artéria pulmonar.
- Hipertensão pulmonar primária.
- Embolia pulmonar múltipla.
- Cardiopatia congênita com oligoemia.

Aumento da densidade de um hemitórax
- Com mediastino centrado:
  - Consolidação alveolar: caracteriza-se por opacidade de limites imprecisos, não uniforme, frequentemente com broncograma aéreo e focal (padrão algodonoso) (Figura 29). Inclui pneumonia infecciosa ou aspirativa, edema unilateral, hemorragia e proteinose alveolar.
  - Efusão pleural: em paciente na posição supina, o líquido localiza-se posteriormente, e em quantidade pequena ou moderada pode não deslocar o mediastino.
- Com desvio mediastinal contralateral:
  - Derrame pleural, em maior volume.
  - Hérnia diafragmática.
- Com desvio mediastinal ipsilateral:
  - Atelectasia.
  - Pós-pneumectomia.
  - Agenesia ou hipoplasia pulmonar.
  - Pneumopatia crônica.

Padrões de lesões parenquimatosas
Padrão acinar: opacidade com broncograma aéreo

As opacidades com padrão alveolar (algodonoso) podem ser uni ou bilaterais. As imagens são de nódulos acinares, de 4 a 10 mm de diâmetro, margens mal definidas, coalescentes, geralmente não segmentares. O broncograma aéreo surge pelo contraste entre densidades nos espaços aéreos e ar na luz dos brônquios e bronquíolos.

- Edema pulmonar – surge por meio de três mecanismos básicos:
  - Aumento da pressão hidrostática: edema cardiogênico e sobrecarga hídrica.
  - Redução da pressão oncótica: hipoproteinemia e doença hepática.
  - Lesão capilar e extravasamento: agressão por inalação, reação a drogas e síndrome da angústia respiratória aguda (SARA).
- Imagem – três possíveis aparências:
  - Redistribuição do fluxo para os ápices.
  - Edema intersticial: aparecimento das linhas de Kerley – espessamento dos septos interlobulares por dilatação dos linfáticos e veias. Espessura menor que 1 mm e extensão de 1 a 3 cm, perpendicular à superfície pleural, vista no seio costofrênico. Surge na hipertensão venosa pulmonar passiva e nas obstruções linfáticas (Figura 30).
  - Edema alveolar com padrão "em asa de borboleta".

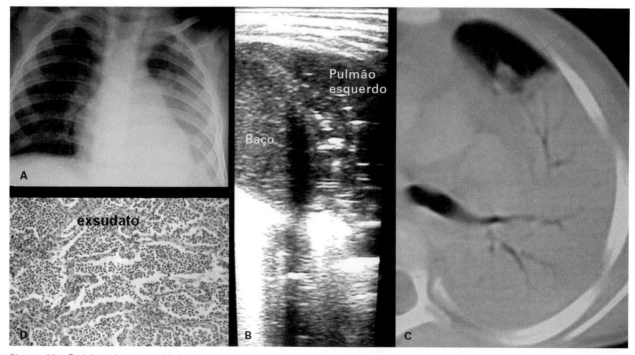

Figura 29   Padrão acinar: opacidades com broncograma aéreo. Na radiografia convencional (A), caracteriza-se por opacificação algodonosa (flu). Na ultrassonografia (B), por ecos refletidos e na tomografia computadorizada (C), com nítido aerobroncograma (D). Anatomopatológico com exsudato alveolar.

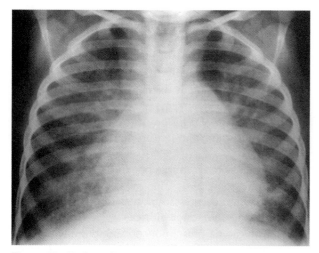

Figura 30   Radiografia de tórax (frente): opacidades peribroncovasculares com áreas confluentes e aumento das dimensões do coração (edema interstício alveolar).

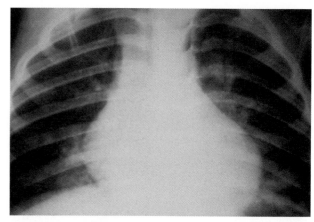

Figura 31   Radiografia de tórax (frente): pneumonia aspirativa; opacidades alveolares nas bases pulmonares, em áreas dependentes (ingestão de hidrocarbonetos – querosene).

- Pneumonia lobar – consolidação que envolve o espaço aéreo.

Padrão alveolar

Pneumonia de evolução lenta ou recorrente apresentando:

- Obstrução brônquica: especialmente por corpo estranho.
- Terapia inadequada: por exemplo, para tuberculose, micoses e *Klebsiella* sp.
- Aspirativa: refluxo gastresofágico, fístula, distúrbio neuromuscular ou paralisia, aspiração exógena (Figura 31) e sinusite crônica.
- Doença pulmonar de base: abscesso, bronquiectasia, fibrose cística.
- Incompetência imunológica: desnutrição, quimio e corticoterapia, diabete, deficiência de glóbulos brancos e imunoglobulinas.
- Aids.

- Pneumonias que se curam com fibrose: tuberculose e fungos.
- Hemossiderose.

Pneumonia com hilo ampliado – é importante diferenciar os aspectos radiográficos apresentados por uma massa hilar, que usualmente exerce efeito de compressão local sobre os brônquios com consequente colapso e/ou pneumonia secundária, dos presentes em pneumonia secundária e dos presentes em pneumonia com adenomegalia. São sinais sugestivos de pneumonia secundária: consolidação de resolução lenta e/ou recorrente, associada a colapso e melhor definição dos contornos que em pneumonia primária.

- Pneumonias primárias que podem apresentar-se com adenite hilar:
    - Tuberculose primária (Figura 32).
    - Pneumonia viral.
    - Pneumonia por *Mycoplasma* (Figura 33).
- Pneumonias secundárias acompanham estenose ou oclusão brônquica. A obstrução pode ser:
    - Intraluminar: corpo estranho, impactação mucoide (asma ou fibrose cística), mau posicionamento de tubo endotraqueal e aspergilose.
    - Parede brônquica: adenoma, fibrose, atresia e fratura.
    - Causas extrínsecas: adenomegalias, tumor mediastinal, aumento atrial esquerdo e anomalias vasculares.

Bronquiectasias – os sinais radiológicos são espessamento e dilatações brônquicas, com retenção variável de secreções (Figura 34). Pode haver espaços císticos com ou sem nível líquido, perda de volumes em segmentos pulmonares e enfisema compensatório. O padrão "em favo de mel" é tardio. As bronquiectasias podem ser secundárias a:

- Infecções: sarampo e pertússis.
- Obstruções brônquicas: corpo estranho, impactações mucoides (fibrose cística, asma) e aspergilose.
- Aspiração crônica.
- Defeitos congênitos.
- Estados de imunodeficiência: hipogamaglobulinemia, doença granulomatosa crônica e síndrome de Chediak-Higashi.

Ampliação hilar unilateral – suas causas principais são:

- Infecciosas: tuberculose primária, *Mycoplasma* e pertússis.
- Sarcoidose: rara na infância.
- Artéria pulmonar: dilatação pós-estenótica, embolia pulmonar e aneurisma.

Ampliação hilar bilateral – pode ocorrer por adenomegalias ou aumento vascular.

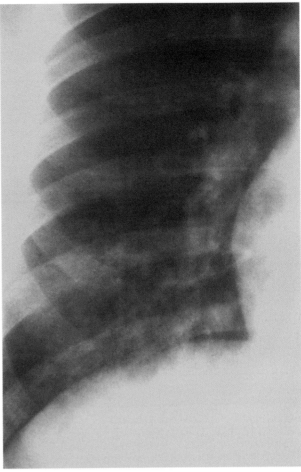

Figura 33 Hemitórax direito: opacidade peribroncovascular focal basal direita (*Mycoplasma pneumoniae*).

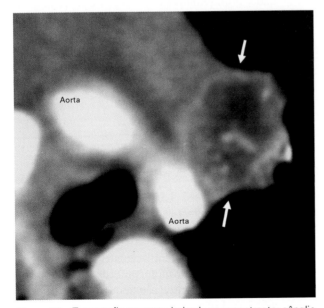

Figura 32 Tomografia computadorizada com contraste: gânglio necrótico/liquefeito hilar esquerdo (tuberculose primária).

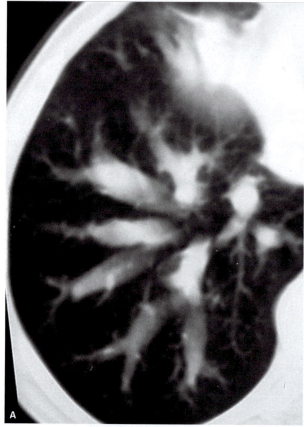

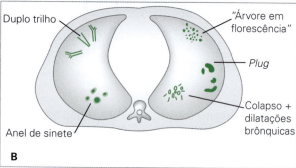

Figura 34   A: Padrão "em dedo de luva", por impactações (aspergilose broncopulmonar alérgica). B: Esquema de apresentação tomográfica de bronquiectasias e impactações.

- Adenomegalia infecciosa: viral (Figura 35) e tuberculose.
- Adenomegalia neoplásica: linfoma.
- Vascular: hipertensão arterial pulmonar.

Padrão intersticial

O interstício pulmonar é o espaço de sustentação pulmonar entre o feixe broncovascular e os alvéolos. Divide-se em axial, periférico ou septal e parenquimatoso intralobular.

Os aspectos radiográficos encontrados são:

- Espessamento do interstício axial, com obliterações dos contornos peribroncovasculares.

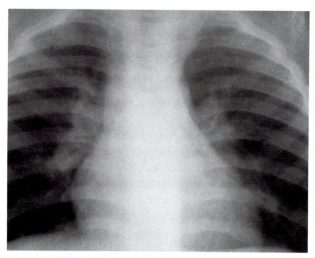

Figura 35   Radiografia de tórax (frente): ampliação hilar bilateral por adenomegalias (infecção viral).

- Espessamento do septo interlobular: finas linhas periféricas, em estrias, com extensão pleural (linhas de Kerley).
- Alterações no lóbulo pulmonar (Figuras 36 e 37):
    - Pequenos nódulos: menores que 10 mm (Figura 38).
    - Espessamento intersticial intralobular: aspecto reticulado ou em "teia de aranha".
    - Vidro fosco (despolido): aumento da densidade pulmonar, porém, sem comprometer a nitidez dos vasos (Figura 39).
    - Enfisema: aumento anormal de ar reduzindo a densidade do parênquima.
    - Desorganização do lóbulo: casos de fibrose em que há espessamento septal, aumento da densidade, bronquiolopatia de tração e faveolamento (pequenas formações císticas).
    - Bronquioloectasia: pode ser secundária a doença das vias aéreas ou a presença de fibrose (tração). Se ela estiver preenchida com muco, tem-se a impactação bronquiolar – aspecto de "árvore em florescência" (Figura 40).

Padrão "em favo de mel"

O aspecto faveolar caracteriza-se por estriação intersticial difusa entremeada por espaços aéreos. Há obliteração das marcas vasculares. É a via final comum de várias entidades. Pneumotórax é complicação frequente, podendo ocorrer *cor pulmonale* em estágio final.

Padrão "em mosaico"

Áreas de distúrbio ventilação/atenuação, visíveis principalmente nos estudos tomográficos, facilitados em expiração ou decúbito ventral são frequentes em casos de asma, enfisema, bronquiolite e bronquiolite obliterante (Figura 41).

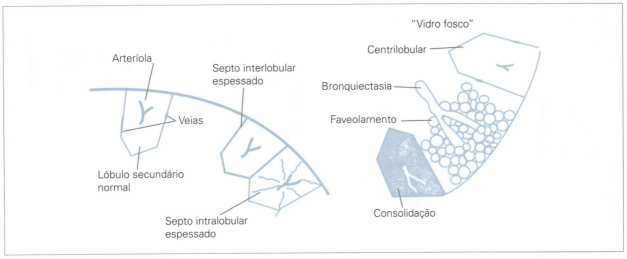

Figura 36   Esquema representando o interstício pulmonar analisado na tomografia computadorizada de alta resolução.

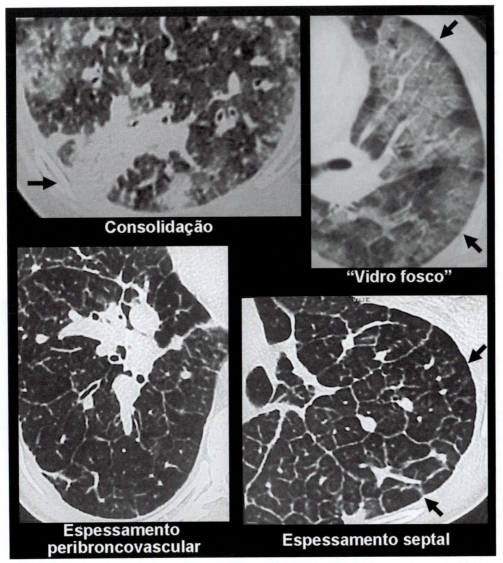

Figura 37   Padrões de intersticiopatia na tomografia computadorizada de alta resolução.

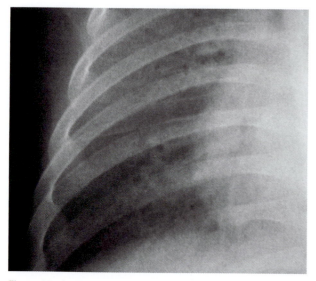

Figura 38 Imagem ampliada da base pulmonar direita com padrão de fina reticulação periférica e micronódulos (pneumonia viral).

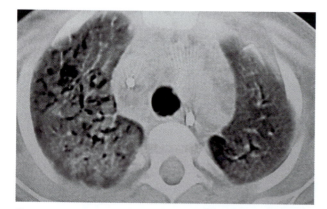

Figura 39 Tomografia computadorizada de alta resolução: imagem de hiperatenuação pulmonar com padrão "em vidro fosco" e broncograma aéreo (*Pneumocystis carinii*).

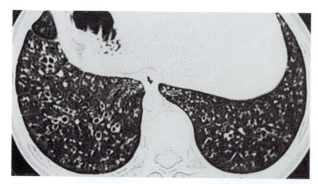

Figura 40 Tomografia computadorizada de alta resolução: aspecto de "árvore em florescência", caracterizando bronquioloectasias com conteúdo, em paciente com destrocardia e sinusopatia de repetição (síndrome de Kartagener).

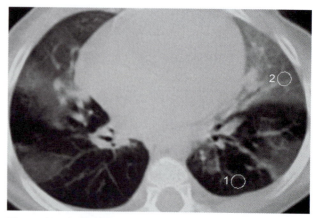

Figura 41 1: Coeficiente de atenuação menor demonstrando hiperaeração e vasoconstrição. 2: Coeficiente de atenuação maior, demonstrando hiperemia e opacidade "em vidro fosco", do parênquima normal.

Represamento aéreo

Persistência da radiotransparência aumentada em expiração ou mudança de decúbito.

Mineralização pulmonar

A mineralização pulmonar caracteriza-se radiograficamente por depósitos de cálcio.

Seus aspectos principais são:

- Calcificações localizadas:
  - Tuberculose: geralmente residual. Pode haver calcificação ganglionar e parenquimatosa, geralmente subpleural (complexo de Ranke) (Figura 42).
  - Histoplasmose: calcificação pulmonar e esplênica.

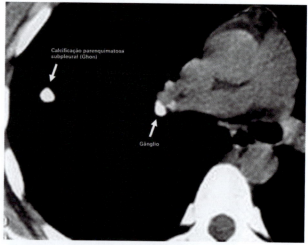

Figura 42 Tomografia computadorizada: nódulo pulmonar e gânglio calcificado hilar ipsilateral (complexo primário calcificado residual de Ranke).

– Neoplásica: calcificação em um nódulo sugere benignidade. São exceções: metástase solitária de osteossarcoma, carcinoma papilífero da tireoide, cistoadenocarcinoma de ovário e carcinoide.
- Calcificações difusas ou múltiplas:
  – Infecciosas: tuberculose, varicela, histoplasmose.
  – Metástases: conforme terceiro item do tópico anterior.
  – Microlitíase alveolar.
- Calcificação de linfonodo ("casca de ovo"): linfoma pós-radioterapia e silicose.

Nódulos pulmonares

Podem ser únicos ou múltiplos.

- Únicos:
  – Congênitos: cisto broncogênico, malformação arteriovenosa e sequestro.
  – Inflamatórios: pneumonia redonda, abscesso, granulomas, tuberculose (Figura 43) e fungos, granuloma de células plasmáticas (pseudotumor inflamatório).
  – Neoplásicos: metástase (tumor de Wilms e sarcomas), adenoma brônquico, hamartoma, blastoma pulmonar.
- Múltiplos:
  – Congênitos: linfangiectasia e malformação arteriovenosa.
  – Neoplásicos: metástase (tumor de Wilms e sarcomas), neuroblastoma, carcinoma papilífero da tireoide e papilomatose laríngea.
  – Inflamatórios: viral (varicela), pneumonia intersticial linfocítica e granulomas (tuberculose, fungos e sarcoidose).
  – Doenças de depósito.

As lesões metastáticas têm predileção pelas bases dos pulmões, pela periferia, pelos trajetos vasculares e apresentam contornos bem definidos.

Os nódulos múltiplos ainda podem ser classificados de acordo com suas dimensões e densidade radiográfica:

- Múltiplas opacidades nodulares de 0,5 a 2 mm.
  – Com densidade de partes moles: tuberculose miliar (micronódulos disseminados de dimensões uniformes), doenças fúngicas, sarcoidose e alveolites, mais raramente.
  – Com densidade maior que das partes moles: hemossiderose.
- Múltiplas opacidades nodulares de 2 a 5 mm.
  – Carcinoma metastático, sarcomas e tireoide.
  – Linfoma: quase sempre também com adenomegalias associadas.

Massas pulmonares

São opacidades de partes moles maiores de 3 cm.

Lesões sólidas
- Inflamatórias: são mais comuns, especialmente o granuloma.
- Neoplásicas:
  – Benignas: a mais comum é o hamartoma.
  – Malignas: primárias (raras: sarcomas, blastoma pulmonar), secundárias (metástases: tumor de células germinativas, linfoma, leucemia e neuroblastoma).

Pseudomassas

São imagens projetadas no campo pulmonar, mas de outra natureza e que mimetizam neoplasias. Dentre elas, citam-se:

- Artefatos externos: cabelo, nódulos cutâneos, mama adolescente e lesões ósseas (calo de fratura).
- Lesões ou distopias de órgãos adjacentes: hérnia ou eventração diafragmática e hérnia esofágica.
- Lesões vasculares: aneurisma, malformação vascular, varizes e cardiopatia.
- Infecção intrapulmonar (pneumonia redonda), atelectasia e derrame pleural loculado.
- Outras causas: timo assimétrico, hiperplasia e ectopia tímica, manúbrio esternal saliente para o mediastino.
- Massas de origem óssea:

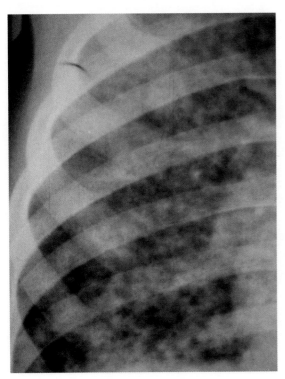

Figura 43   Imagem ampliada da base pulmonar direita: múltiplos micronódulos grosseiros (disseminação miliar da tuberculose).

- Benignas: displasia fibrosa, osteocondroma e cisto ósseo aneurismático.
- Malignas: sarcoma de Ewing.
- Histiocitose por células de Langerhans.

Cavitações

São cavidades aéreas delimitadas, distribuídas no parênquima. Podem ter dimensões variadas, isoladas ou confluentes, paredes finas ou espessas, regulares ou irregulares, com conteúdo ou, às vezes, com nível hidroaéreo (Figura 44).

- Infecções: pneumatoceles, abscessos, lesões escavadas (tuberculose) (Figura 45).
- Neoplasias: metástases.
- Vascular: embolia séptica (Figura 46).

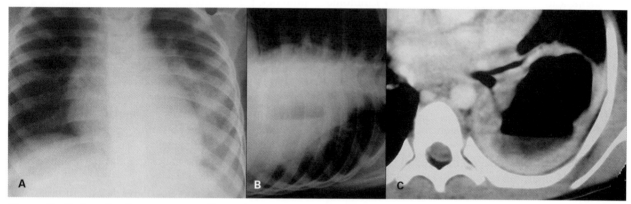

Figura 44 Radiografias demonstram opacificação heterogênea retrocardíaca (A) e decúbito lateral esquerdo com raios horizontais na presença de nível hidroaéreo (B). Na tomografia computadorizada (C), observa-se cavitação de parede espessa e nível líquido (abscesso).

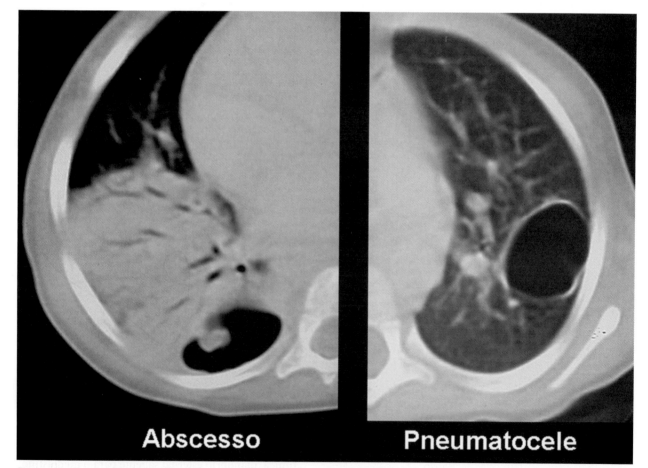

Figura 45 Tomografia computadorizada: consolidação alveolar pulmonar à direita com aerobroncograma e formação de abscesso. Pneumatocele contralateral (Sthaphylococcus).

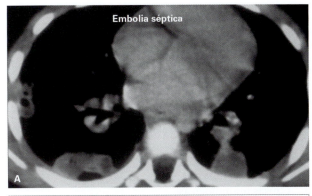
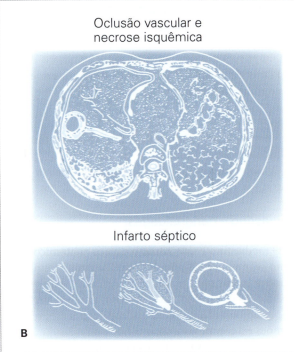

Figura 46 Tomografia computadorizada (A) demonstrando nódulos escavados periféricos e esquemas (B) de embolia séptica.

- Cavitações associadas com pulmão anormal:
  - Bronquiectasias císticas.
  - Sequestro pulmonar.
  - Cisto broncogênico.
  - Malformação adenomatoide cística.
- Granulomas:
  - Granulomatose de Wegener.
  - Nódulos reumatoides.
- Traumatismo: cisto pulmonar traumático.

Cúpula diafragmática

Pode apresentar-se bocelada, elevada ou rebaixada uni ou bilateralmente.

Boceladura diafragmática do lado direito em qualquer local

- Causas supradiafragmáticas: colapso ou consolidação do pulmão adjacente, efusão pleural localizada.
- Causas diafragmáticas: eventração localizada, neoplasias do músculo.
- Causas infradiafragmáticas: abscesso subfrênico, abscesso hepático, massa hepática de qualquer natureza.

Boceladura diafragmática do lado direito medial

- Coxim gorduroso pericárdico/epicárdico.
- Aneurisma.
- Cisto pleuropericárdico.
- Sequestro pulmonar.

Boceladura diafragmática do lado direito anterior

- Hérnia de Morgagni.

Boceladura diafragmática do lado direito posterior

- Hérnia de Bochdalek.

Cúpulas diafragmáticas elevadas bilateralmente

- Causas supradiafragmáticas: hipoexpansibilidade pulmonar, obesidade, atelectasias e fibrose pulmonar.
- Causas infradiafragmáticas: ascite, hepatoesplenomegalia, grandes tumores abdominais.

Elevação diafragmática unilateral

- Causas supradiafragmáticas:
  - Paralisia do nervo frênico.
  - Sequelas de cirurgia pulmonar e paquipleuris.
  - Atelectasia pulmonar.
  - Hemiplegia.
- Causa diafragmática: eventração.
- Causas infradiafragmáticas:
  - Doenças inflamatórias: abscessos e pancreatite.
  - Distensões aéreas do estômago ou colo.
  - O lado côncavo de uma curva escoliótica.
  - O lado dependente de um filme em decúbito lateral.

Nota: o diagnóstico diferencial deve ser feito com derrame subpulmonar e rotura diafragmática.

Lesões pleurais

Efusão (derrame) pleural

Efusão pleural é a presença de líquido no espaço pleural. Pode ser classificada como:

- Transudato.
- Exsudato.
- Hemorrágico.
- Quiloso (Figura 47).
- Liquor.

Efusão pleural secundária a doença extratorácica

Apresenta-se com pulmão radiograficamente normal (Figura 48). Pode ser causada por:

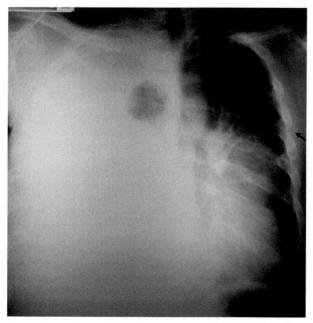

Figura 47 Radiografia de tórax (frente): opacificação do hemitórax direito com aumento volumétrico, deslocando o mediastino contralateral. Derrame pleural com linfa. Observar lesões osteolíticas em arcos costais (linfangiectasia).

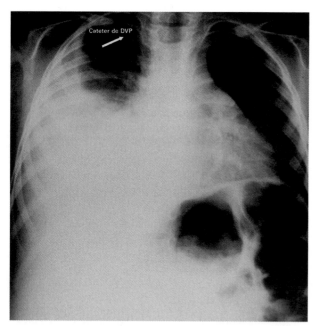

Figura 48 Radiografia de tórax (frente): presença de cateter de derivação liquórica ventriculoperitoneal. Hidrotórax-liquor secundário à coleção na extremidade do cateter no abdome.

- Pancreatite.
- Abscesso subfrênico.
- Pós-operatório.
- Síndrome nefrótica.
- Cirrose.
- Sobrecarga hídrica.
- Síndrome de Meigs.

Efusão pleural isolada com as demais estruturas torácicas normais

Acompanha doenças intratorácicas.

- Causas infecciosas:
  - Tuberculose primária (geralmente unilateral).
  - Viral e micoplasma (pequenos derrames).
- Causas neoplásicas:
  - Linfoma.
  - Metástase.
  - Mesotelioma.
- Causas imunológicas:
  - Lúpus eritematoso sistêmico.
  - Doença reumatoide.

Calcificação pleural

Placas de calcificações pleurais ocorrem em empiemas e em hemotórax crônicos.

Massas pleurais

Massas pleurais ocorrem em metástases de tumor de Wilms e derrame loculado.

O diagnóstico diferencial é feito com massa extrapleural.

Mediastino – generalidades

O mediastino é tido como o espaço anatômico situado no segmento mediano do tórax, separando ambos os pulmões e suas pleuras viscerais. Estende-se do estreito superior ao diafragma, e do esterno à coluna vertebral. Nele estão contidas todas as vísceras torácicas, exceto os pulmões e a pleura visceral.

É importante avaliar o posicionamento do mediastino: centralizado, deslocado homo ou contralateral à lesão, refletindo as diferenças de pressão em um hemitórax.

As afecções do mediastino podem caracterizar-se pelos componentes de diversos tecidos sólidos, gordura, conteúdo cístico, presença de calcificações e de ar (Figura 49).

Pneumomediastino

É a presença de gás no compartimento mediastinal. A individualização do timo é o sinal mais fidedigno.

Tumores e outras afecções mediastinais

Para uma análise mais prática dos tumores mediastinais, costuma-se dividir o mediastino em três compartimentos: anterior, médio e posterior. As imagens com cortes seccionais por TC e RM são essenciais para o diagnóstico.

Segmentos do mediastino

Mediastino anterior

Localizado anteriormente a uma linha imaginária traçada desde a porção mais cefálica do manúbrio esternal até o diafragma, paralelamente aos corpos vertebrais.

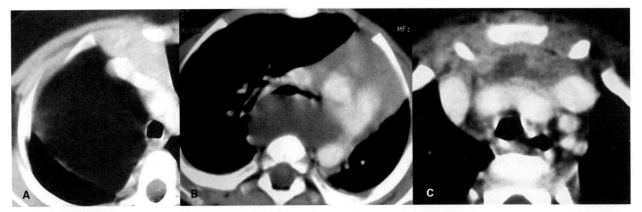

Figura 49 Tomografia computadorizada com contraste intravenoso. A: Massa mediastinal com coeficientes de atenuação próprios de gordura (lipoma). B: Massa no mediastino médio com coeficiente de atenuação de líquido (cisto broncogênico). C: Alargamento e densificação do mediastino com formação de abscesso (mediastinite).

Nesse compartimento anatômico, estão contidos: timo, linfonodos, porção anterior do coração, artéria pulmonar comum, aorta ascendente proximal, nervos frênicos e extensão subesternal da tireoide. Nessa localização estão 30% dos tumores, sendo os mais comuns os linfomas e os de células germinativas.

- Timo – o timo normal é mais proeminente radiologicamente entre 3 e 5 anos de idade, podendo permanecer até a adolescência. É um órgão maleável, mole, sem infiltração ou efeito de massa em estruturas adjacentes. Sua apresentação é homogênea em relação a ecogenicidade, atenuação e intensidade de sinal. Tecido tímico normal pode ser encontrado em localização ectópica, com extensão para o pescoço, paratraqueal, posterior à veia cava e até no mediastino médio e posterior. As doenças tímicas mais comuns são:
  - Hiperplasia tímica: aumento de volume com manutenção do sinal.
  - Cisto tímico: mais comum em localizações ectópicas do timo e infecção por aids.
  - Timoma: muito raro.
- Linfoma não Hodgkin.
- Doença de Hodgkin.
- Tumores de células germinativas.

Mediastino médio

Está localizado entre as duas outras subdivisões do mediastino. Nele estão contidos a porção posterior do coração, o arco aórtico, a origem dos vasos braquiocefálicos, as artérias pulmonares, os brônquios, os linfonodos, os nervos vagos, a veia cava, a veia ázigos e o esôfago. Nesse compartimento, desenvolvem-se 30% dos tumores. Suas alterações são divididas classicamente em adenopatias e malformações broncopulmonares.

- Adenopatias: massas linfonodais no mediastino médio são compatíveis com linfomas e leucemias, metástases de tumor de Wilms, neuroblastoma, sarcomas, neoplasia testicular e, menos comumente, com processos inflamatórios granulomatosos bacterianos.
- Malformações broncopulmonares e outras afecções: cistos de duplicação, linfangiomas, cistos pericárdicos, além de todo o espectro de malformações broncopulmonares e do intestino superior, como cisto broncogênico neurentérico, sequestro pulmonar e fístulas.

Mediastino posterior

Localizado posteriormente a uma linha traçada tangencialmente às margens ventrais dos corpos vertebrais. Estão contidas nessa região anatômica as seguintes estruturas: ducto torácico, aorta descendente, veia ázigos, hemiázigos, coluna vertebral, nervos e cadeia simpática. Estão correlacionados a essa estrutura e, portanto, apresentam-se nesse espaço anatômico 40% dos tumores mediastinais, sendo 95% deles neurogênicos: neuroblastoma, ganglioneuroma e ganglioneuroblastoma.

Considerações finais

O diagnóstico por imagem é frequentemente necessário para o manejo clínico e cirúrgico dos pacientes. O principal objetivo é prover informações sobre a natureza e a extensão das doenças. O conhecimento dos dados clínicos de interesse, dos dados laboratoriais e dos procedimentos terapêuticos aplicados é necessário para determinar a escolha da modalidade mais apropriada. Esse é o primeiro passo para reduzir a radiação ionizante e na escolha do método mais sensível, seguro e de melhor custo-benefício.

É importante compreender e reconhecer a anatomia relacionada com o crescimento, com o desenvolvimento e suas variações.

Quando a lesão for mais sutil ou a evolução clínica, incompatível (dissociação clínico-radiológica), deve-se incluir estudo-controle em aproximadamente dez dias, na média, e/ou prosseguir com propedêutica diagnóstica com outros métodos por imagem escolhidos por avaliação multidisciplinar.

O reconhecimento dos principais padrões de imagens no tórax facilita a interpretação e permite pensar nos diagnósticos diferenciais.

No Quadro 1, está citada a prevalência das principais causas em cada padrão, com base na experiência do Serviço de Diagnóstico por Imagem do Instituto da Criança do HCFMUSP.

A seguir, estão citados os diversos métodos que podem ser utilizados:

- Radiografias: simples convencional (radiografias) e por meio de imagens digitais. Como regra, sempre devem preceder os estudos contrastados.
  - Vantagens: alta disponibilidade, custo relativamente baixo, excelente detalhe anatômico e ideal também para a avaliação do comprometimento ósseo relacionado.
  - Desvantagens: dose de radiação ionizante, contraste limitado das partes moles e resolução espacial em plano único.
- Fluoroscopia: o princípio básico é similar à obtenção de imagem radiográfica convencional, por meio da emissão de raios X, mas permite imagens em tempo real e avaliação dinâmica. Exemplos: paralisia do diafragma e laringotraqueomalacia.
- USG: exame de escolha na população pediátrica pelas vantagens da ausência de radiação ionizante, rapidez na execução, portabilidade dos aparelhos, excelente detalhamento anatômico, avaliação dinâmica e útil para guiar procedimentos de biópsia, aspiração e drenagem.
  - Desvantagens: ser "médico-dependente", inacessível na presença de interposição gasosa e não ser transmitido por obstáculo ósseo. Estruturas profundas podem ser difíceis de se detectar.
  - Efeito Doppler nas aplicações vasculares e de irrigação tissular.

Quadro 1	Diagnóstico diferencial e prevalência de anomalias que podem cursar com:
Hemitórax opaco aumentado de volume	
• Empiema (pus)	Muito comum
• Derrame pleural com linfoma/neuroblastoma	Comum
• Hemotórax	Comum
• Derrame pleural com tuberculose	Incomum
• Doença fúngica	Incomum
• Pancreatite	Incomum
• Tumor abdominal e infecção	Incomum
• Quilotórax	Incomum
• Tumor torácico	Incomum
• Grande massa ou cisto (com líquido)	Raro
• Hérnia diafragmática, sem conteúdo gasoso	Raro
• Lesão congênita pulmonar com conteúdo (atresia brônquica, enfisema lobar congênito)	Raro
Hemitórax opaco normal ou reduzido de volume	
• Opaco (reduzido de volume)	
– Atelectasia	Comum
– Agenesia	Rara
• Opaco centrado (volume normal)	
– Derrame pleural em decúbito dorsal	Comum
– Empiema em evolução	Moderadamente comum
– Consolidação pulmonar total (todos os lobos)	Raro
• Hemitórax hipertransparente aumentado de volume	
– Enfisema obstrutivo	Comum
– Enfisema compensatório	Comum
– Pneumotórax	Moderadamente comum
– Doença cística pulmonar	Relativamente rara
– Pneumatocele gigante	Relativamente rara
– Hérnia diafragmática gástrica	Relativamente rara
Hemitórax hipertransparente reduzido de volume	
• Hipoplasia pulmonar	Moderadamente comum
• Síndrome de Swyer-James	Moderadamente comum
• Pós-radiação	Raro
• Embolia pulmonar	Raro
• Atresia/estenose da veia pulmonar	Raro

- TC: utiliza radiação ionizante na aquisição da imagem. A dose de radiação é consideravelmente maior quando comparada ao estudo convencional.
  - Vantagens: excelente detalhamento anatômico, excelente para estrutura óssea, imagens de alta qualidade e reconstruções multiplanares.
  - Desvantagem: radiação ionizante elevada e que deve ser indicada de forma rigorosa, visando a manipulação clínica mais apropriada. O radiologista deve seguir os preceitos da *image gently* e da ALARA.
- RM:
  - Vantagem: não utilizar radiação ionizante. Apresenta excelente contraste de partes moles e detalhamento anatômico.
  - Desvantagens: elevado tempo de execução do procedimento, claustrofobia, necessitar frequentemente de sedação ou de anestesia geral e cuidados em relação aos objetos metálicos e outras contraindicações.
- MN: necessária utilização de radioisótopos e indicações específicas.

A equipe multidisciplinar deve estar familiarizada com as técnicas, suas limitações e interpretações das diversas modalidades disponíveis para avaliação, suas indicações, vantagens, desvantagens e reações adversas. Frequentemente, a experiência do departamento de diagnóstico por imagem e a disponibilidade dos diversos métodos pode influenciar algoritmos de diagnóstico por imagem nas afecções do tórax.

Bibliografia sugerida

1. Blikman H. Pediatric radiology. The requisites. 2nd ed. St. Louis: Mosby; 1997. p.5.
2. Boiselle PM. Imaging of the large airways. Cardiopulmonary imaging. Categorical Course Syllabus presented at the American Roentgen Ray Society 105th Annual Meeting. New Orleans; 2005.
3. Chapman S, Nakiely R. Aids to radiological differential diagnosis. 2nd ed. London: Bailliere Tindall; 1990. p.87.
4. Chowdhury MM, Chakraborty S. Imaging of congenital lung malformations. Seminars in Pediatric Surgery. 2015;24:168-75.
5. Ebel KD, Blickman H, Willich E, Richter E. Differential diagnosis in pediatric radiologie. Berlin: Thiemme Vrlag; 1999. p.14-42.
6. Ebel KD, Blickman H, Willich E, Richter E. Differential diagnosis in pediatric radiologie. Berlin: Thiemme Vrlag; 1999. p.612.
7. Enriquez G, Serres X Chest US. In: Lucaya J, Strife JL. Pediatric chest imaging: chest imaging in infants and children. Berlin: Springer-Verlag; 2002. p.1-26.
8. Fefferman NR, Pinkney LP. Imaging evaluation of chest wall disorders in children. Radiol Clin North Am. 2005;43(2):355-70.
9. Franco A, Mody NS, Meza MP. Imaging evaluation of pediatric mediastinal masses. Radiol Clin North Am. 2005;43(2):325-53.
10. Frush D. Pediatric chest imaging. Radiol Clin North Am. 2005;43(2):253-449.
11. Gildoy DL. The contribution of nuclear medicine to pulmonary imaging. In: Lucaya J, Strife JL. Pediatric chest imaging: chest imaging in infants and children. Berlin: Springer-Verlag; 2002. p.27-32.
12. Gotway MB. High-resolution CT of bronchiolitis. Cardiopulmonary imaging. Categorical Course Syllabus presented at the American Roentgen Ray Society 105th Annual Meeting. New Orleans; 2005. p.247.
13. Johnson K, Willian H, Foster K, Miller C. Paediatric radiology. Oxford specialist handbook in paediatrics. Oxford: Oxford University Press; 2009. p.20-21/60-61.
14. Johnson K, Willian H, Foster K, Miller C. Paediatric radiology. Oxford specialist handbook in paediatrics. Oxford: Oxford University Press; 2009. p.66.
15. Kuhn JP, Slovis TL, Haller JO. Caffey's, pediatric diagnostic imaging. 10th ed. Philadelphia: Mosby; 2004. 2v. p.2502.
16. Lucaya J. Part I: technique, indication, anatomy and features of lung disease. In: Lucaya J, Strife JL. Imaging: chest imaging in infants and children. Berlin: Springer-Verlag; 2002. p.55-73.
17. Nussbaum ES, Rockswold GL, Bergman TA, Erickson DL, Seljeskog EL. Spinal tuberculosis: a diagnostic and management challenge. J Neurosurg. 1995;83(2):243-7.
18. Oliveira LAN, Suzuki L, Rocha SMS, Valente M. Diagnóstico por Imagem. Série Pediatria/Instituto da Criança, Hospital das Clínicas: Manole, 2012.
19. Quattromani F. Pediatric imaging: rapid-fire questions and answers. New York: Thieme; 2008. p.1-28.
20. Quattromani F. Pediatric imaging: rapid-fire questions and answers. New York: Thieme; 2008. p.402-31.
21. Riccabona M. Pediatric Imaging Essentials. Radiography, Ultrasound, CT, and MRI in Neonates and Children. Thieme, 2014
22. Rodrigues, J. C.; Adde, Fabiola Villac (Org.) ; Silva Filho, Luiz Vicente Ribeiro Ferreira da (Org.) . Doenças respiratórias. Série Pediatria/Instituto da Criança, Hospital das Clínicas. 2. ed. Manole, 2011.
23. Staatz G. Imaging of the pediatric chest. In: Riccabona M. Pediatric imaging essential. Berlin: Thieme Verlag; 2014 p.37-66.
24. Staatz G, Honnef D, Piroth W, Rodko PT. Direct diagnosis in radiology pediatric imaging. In: Staatz G. Pediatric imaging. New York: Thieme; 2008. p.1-54.
25. Strife JL. Airway obstruction in infants and children. In: Poznanski AK, Kirkpatrick Jr JA. A categorical course in diagnostic radiology: pediatic radiology. Oak Brook: RSNA; 1989. p.135.

19

Distúrbios respiratórios no recém-nascido

Alexandre Fligelman Kanas
Marcelo Straus Takahashi
Lisa Suzuki

Introdução

Os distúrbios respiratórios se destacam como a principal causa de morbidade e mortalidade no período neonatal. A incidência dessa patologia é de cerca de 7% nos nascidos vivos. Clinicamente, os pacientes costumam apresentar taquipneia (frequência respiratória maior que 60 ipm), bradipneia (frequência respiratória menor que 30 ipm) ou apneia. Além disso, pode-se observar tiragem intercostal, subdiafragmática, xifóidea ou da fúrcula, batimento de asa nasal e, em casos extremos em que esses mecanismos de compensação não são suficientes, cianose. Contudo, é importante lembrar que o distúrbio respiratório no recém-nascido (RN) pode ser causado por diferentes patologias, as quais apresentam fisiopatologias bastante diferentes e, como consequência, tratamentos distintos. Entre elas, merecem destaque as seguintes:

- Taquipneia transitória do RN.
- Deficiência de surfactante.
- Síndrome da aspiração meconial.
- Pneumonia neonatal.
- Displasia broncopulmonar.

Para diferenciá-las, é essencial conhecer as manifestações nos exames de imagem de cada uma dessas patologias, sobretudo na radiografia de tórax, que costuma ser o exame de escolha nessa situação. Porém, como veremos, muitas vezes os achados de imagem se sobrepõem, particularmente em quadros mais leves com achados frustros, devendo-se sempre fazer uso da história clínica do paciente, que pode servir como uma ferramenta auxiliar importantíssima para o diagnóstico por imagem. Além disso, é comum a radiografia de um paciente dessa idade, normalmente realizada somente no eixo anteroposterior, não ser de ótima qualidade (pela não colaboração, dificuldade no manuseio, pequenas dimensões e cuidado para exposição mínima a radiação), o que torna ainda maior o peso da história clínica no raciocínio diagnóstico.

Taquipneia transitória do recém-nascido

Contexto clínico

Também conhecida como "pulmão molhado", é a patologia pulmonar mais comum do RN, representando cerca de 40% dos casos dos distúrbios respiratórios desses pacientes, com uma prevalência de 5-9%. É um quadro respiratório de evolução autolimitada (benigno) que incide principalmente em neonatos a termo ou próximos do termo. Geralmente, o suporte com oxigênio inalatório é suficiente para a condução do quadro, e a necessidade de suporte ventilatório mecânico implica a necessidade de se considerar outro diagnóstico.

Fisiopatologicamente, ocorre retardo na reabsorção do líquido pulmonar fetal pelo sistema linfático pulmonar, determinando edema pulmonar. Ocorre compressão e colapso bronquiolar, com áreas de aprisionamento de ar e hiperinsuflação. Acredita-se que sua possível etiologia é a ausência da compressão do tórax do RN durante o parto normal, provavelmente por conta da não progressão normal dele. Assim, a produção de certos hormônios (como epinefrina, corticoide, hormônios tireóideos etc.) não é estimulada, diminuindo a reabsorção de líquido pelos canais de sódio epiteliais, além de uma mínima eliminação de líquido pelo próprio efeito mecânico da compressão. Em condições normais, esse líquido deveria ser absorvido em até 2 horas após o nascimento.

Clinicamente, ocorre um desconforto respiratório leve/moderado, com acentuada taquipneia, acompanhado ou não de batimento de asa nasal, tiragens e cianose. O quadro clássico surge imediatamente após o nascimento, ou até as primeiras seis horas de vida, durando, em média, 24 horas, com resolução completa em até 72 horas de vida. Assim, algumas vezes, o diagnóstico é feito de maneira retrospectiva, mas é sempre um diagnóstico clínico.

Os principais fatores de risco são:

- Cesárea, sobretudo nos casos em que precede o início do trabalho de parto.
- Sedação materna.
- Ser do sexo masculino.
- Asma materna.
- Diabete melito materna.
- Macrossomia.

Achados radiográficos

- Hilo proeminente, com opacidades simétricas lineares emergindo do hilo, por excesso de líquido intersticial (congestão peri-hilar).
- Fissuras interlobares proeminentes, por presença de líquido pleural → cisurite.
- Discreto derrame pleural.
- Mínima hiperlucência e aumento do volume pulmonar.
- Retificação do diafragma.
- Pequena cardiomegalia.
- Opacidades granulares podem ser vistas (diagnóstico diferencial com deficiência de surfactante).

Síndrome do desconforto respiratório do recém-nascido (SDR)

Contexto clínico

Também conhecida como deficiência de surfactante, síndrome da angústia respiratória do recém-nascido ou, antigamente, como síndrome da membrana hialina, ocorre em prematuros (menos de 36 semanas), em filhos de mãe diabética, em nascidos por cesárea e em casos de hemorragia materna/fetal e é uma das causas mais comuns de desconforto respiratório no recém-nascido. Decorre de uma deficiência primária na produção do surfactante pelos pneumócitos tipo 2 e/ou de sua imaturidade estrutural, acarretando em atelectasias e desequilíbrio ventilação-perfusão.

Ocorre em cerca de 93% dos RN com idade gestacional inferior a 28 semanas, em um terço daqueles com idade gestacional entre 28 e 34 semanas e, aproximadamente, em 10% dos com idade gestacional de 34 semanas.

Clinicamente, caracteriza-se por desconforto respiratório progressivo, surgindo em geral com 2 a 6 horas de vida, e cursando com assincronia entre tórax e abdômen, cianose, tiragens intercostais, subdiafragmática e de fúrcula, além de gemido expiratório, que visa produzir uma pressão positiva expiratória para manter um volume alveolar residual maior a fim de evitar a atelectasia e diminuir o trabalho necessário para reexpandir os alvéolos. Ocorre piora progressiva até 48 horas.

O principal diagnóstico diferencial é a pneumonia causada pelo *S. agalactiae*, e os exames laboratoriais têm um papel fundamental nessa diferenciação.

Ações que visem à prevenção da síndrome do desconforto respiratório são essenciais. Assim, deve-se detectar precocemente os pacientes de risco, buscando evitar a ocorrência do parto prematuro e, caso isso não seja possível, deve-se administrar corticoide para a gestante, o que acarreta na redução da incidência dessa patologia.

Dependendo da gravidade do caso, o tratamento inclui a administração de surfactante, o fornecimento de oxigênio, a instalação de pressão positiva contínua nas vias aéreas (CPAP), a fim de se impedir a atelectasia, e, em último caso, o suporte ventilatório mecânico.

As complicações são enfisema intersticial, pneumotórax/pneumomediastino, broncodisplasia, persistência do ducto arterioso, hemorragia pulmonar e derrame pleural (duas últimas bastante raras).

Achados radiográficos

- Padrão reticulonodular bilateral e simétrico, com opacidades granulares, representando atelectasia difusa (Figura 1).
- Broncograma aéreo (costuma se estender perifericamente) (Figuras 1 e 2).
- Opacidades em vidro fosco e confluência das opacidades granulares (Figuras 1, 2 e 3).

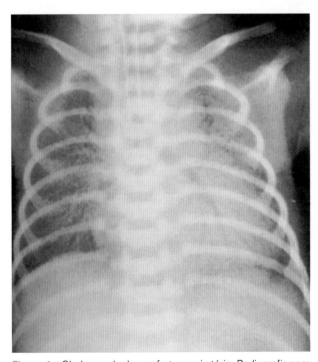

Figura 1 Síndrome do desconforto respiratório. Radiografia com padrão reticulonodular bilateral, mais evidente à esquerda. Presença de broncograma aéreo na região central. Silhueta cardíaca pouco nítida.

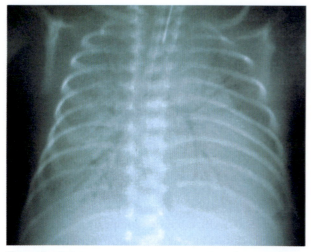

Figura 2 Síndrome do desconforto respiratório. Radiografia com padrão reticulonodular difuso e acentuado, com broncogramas aéreos estendendo-se até a periferia do pulmão e borramento da silhueta cardíaca.

- Volume pulmonar reduzido (achado raro atualmente, pois intuba-se e administra-se surfactante antes da radiografia inicial) (Figuras 1 e 3).
- Velamento atelectásico completo dos pulmões (perda do contorno cardíaco/mediastinal) (Figuras 2 e 3).

Podem ocorrer variações entre radiografias sequenciais por expiração (ar desaparece) ou melhor aeração (formação de pequenas bolhas).

O SDR pode ser classificado em quatro graus, como mostra o Quadro 1.

As complicações são enfisema intersticial, pneumotórax/pneumomediastino (Figura 4), broncodisplasia, hemorragia pulmonar e derrame pleural.

Síndrome da aspiração meconial

Contexto clínico

Diferentemente do que ocorre com a deficiência de surfactante, a síndrome da aspiração meconial está

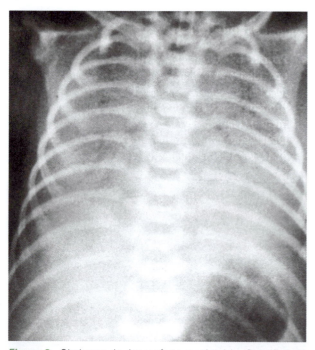

Figura 3 Síndrome do desconforto respiratório. Opacificação praticamente total do pulmão bilateral, com broncogramas aéreos e perda da visualização da silhueta cardíaca.

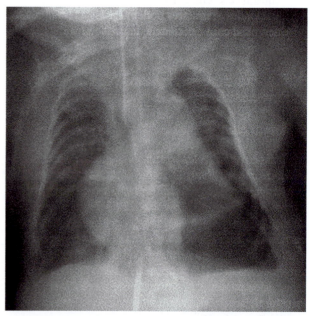

Figura 4 Síndrome do desconforto respiratório. Complicação com pneumotórax à esquerda.

Quadro 1	Classificação da SDR			
Aspecto	Grau I	Grau II	Grau III	Grau IV
Parênquima pulmonar	Padrão reticulonodular/ granulações finas	Padrão reticulonodular/ padrão em vidro fosco difuso, moderado	Padrão reticulonodular/ padrão em vidro fosco difuso e intenso	Opacidade total dos campos pulmonares
Broncograma aéreo	Ausente ou se presente, nunca fora da área cardíaca	Fora do contorno cardíaco	Extenso, até a periferia pulmonar	Extenso e marcado
Silhueta cardíaca	Nítida	Pouco nítida	Borrada	Imperceptível

relacionada com RN próximos do termo, a termo ou pós-termo, além de fetos macrossômicos ou com restrição do crescimento intrauterino (consequentemente idade materna avançada, uso de cocaína, insuficiência placentária e oligoâmnio). Isso se explica porque, nesses grupos de risco, a presença de mecônio diluído no líquido amniótico é muito mais comum, pois o mecônio está associado tanto a maturidade quanto ao sofrimento fetal. Desse modo, considerando-se o fato de que 6-20% dos RN com presença de mecônio diluído no líquido amniótico desenvolvem a síndrome da aspiração meconial, essas populações são muito mais suscetíveis.

Clinicamente, como ocorre na maior parte dos distúrbios respiratórios dos RN, os sinais e sintomas dependem da gravidade da injúria hipoxêmica, mas, nesse caso, dependem também da quantidade e da consistência do mecônio aspirado. O quadro clássico é uma insuficiência respiratória logo após o nascimento, associada a líquido amniótico meconial no parto. Se a criança nascer deprimida, deve ser intubada e o mecônio deve ser aspirado sob visão direta. O tratamento preconizado pode incluir suporte de oxigênio, ventilação mecânica e surfactante. Como muitas vezes o diagnóstico diferencial com pneumonia bacteriana é difícil, deve-se realizar hemocultura e antibioticoterapia empírica com penicilina G cristalina e amicacina até resultados definitivos.

As principais complicações são a persistência da circulação fetal e o extravasamento de ar (pneumotórax/pneumomediastino), este último considerado um marcador de gravidade, com uma mortalidade de 42%.

A aspiração do mecônio pelo feto, que ocorre ainda intraútero, tem graves consequências para as vias aéreas do RN:

- A consistência espessa do mecônio pode levar a sua obstrução mecânica.
- O mecônio em contato com o parênquima pulmonar pode induzir a ocorrência de uma pneumonite química.
- O mecônio pode inativar a substância surfactante, aumentando a tensão superficial nos alvéolos.

Tais achados, em conjunto, podem levar a áreas de hiperinsuflação e de atelectasia, que, se concomitantes, sugerem a síndrome da aspiração meconial.

Achados radiográficos

- Hiperinsuflação (nas áreas de obstrução parcial por efeito de valva) (Figura 7):
  - hiperlucência;
  - horizontalização das costelas;

- rebaixamento das cúpulas diafragmáticas (mais de 7 espaços intercostais visíveis).

- Atelectasias: densidades laminares peri-hilares (nas áreas de obstrução total).
- Opacidade reticulonodulares bilaterais, principalmente peri-hilares.
- Opacidades algodonosas ou nodulares grosseiras (áreas de consolidação).
- Achados normalmente assimétricos.
- Derrame pleural.

Pneumonia neonatal

Contexto clínico

A pneumonia neonatal é uma doença à qual qualquer neonato está suscetível; contudo, existem fatores de risco associados:

- Ruptura prolongada de membranas.
- Prematuridade.
- Mãe colonizada por *S. agalactiae*.
- Infecções maternas (principalmente corioamnionites).
- Hospitalização prolongada.

Fisiopatologicamente, a infecção pode ser adquirida intraútero (transplacentária ou por ascensão pelo líquido amniótico), perinatal (pela aspiração de material ou contato com bactérias no canal de parto) ou no período neonatal.

Clinicamente, apresenta-se com um quadro de insuficiência respiratória com importante repercussão sistêmica e possível sepse neonatal. Quando ocorre nos primeiros 7 dias de vida, costuma ser mais grave, com aumento da chance de sepse neonatal associada. A grande maioria ocorre nas primeiras 48-72 horas de vida. Muitas vezes, os sintomas são inespecíficos (hipoglicemia, instabilidade térmica, distensão abdominal, taquicardia/bradicardia e taquipneia/apneia). Os principais agentes etiológicos envolvidos são *S. agalactiae* (incidência tem caído pela pesquisa de colonização materna e antibioticoterapia intraparto) e Gram-negativos (sobretudo *Escherichia coli*).

A fim de se fazer o diagnóstico diferencial com os demais distúrbios respiratórios do RN, deve-se prosseguir investigação com hemograma, hemocultura, proteína C-reativa e radiografia de tórax.

Dependendo do caso, a terapêutica pode incluir suporte de oxigênio, ventilação mecânica e antibioticoterapia, com penicilina G cristalina e amicacina até resultado da hemocultura e antibiograma.

Os achados radiográficos são bastante variáveis, desde infiltrado intersticial descontínuo até consolidação lobar (Figura 5).

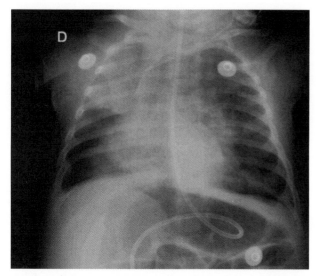

Figura 5 Recém-nascido com quadro de pneumonia congênita. Radiografia com vários focos de consolidação, nos lobos superior direito, médio e inferior esquerdo.

Displasia broncopulmonar

Contexto clínico

A displasia broncopulmonar é uma doença pulmonar crônica causada por uma combinação de danos gerados por hipóxia e pelo próprio oxigênio aplicado sob pressão positiva em crianças prematuras, podendo ser uma complicação da síndrome da aspiração meconial, da pneumonia neonatal ou, principalmente, da síndrome do desconforto respiratório do RN. Tal fato explica por que ela costuma ocorrer em crianças que nasceram com menos de 1 kg e entre 22 e 32 semanas de gestação, e raramente ocorre em RN que pesam mais de 1.250 g e que nasceram com mais de 30 semanas de gestação.

Ela é caracterizada, por definição, quando uma das seguintes circunstâncias estão presentes:

- Dependência de O_2 por mais de 28 dias para manter uma PaO_2 > 50 mmHg em um recém-nascido pré-termo, que permaneceu em ventilação mecânica por, no mínimo, 3 dias das suas 2 primeiras semanas, associada a alterações clínicas e radiográficas.
- Dependência de O_2 em um recém-nascido pré-termo com 36 semanas de idade gestacional corrigida, associada a alterações clínicas e radiográficas.

Clinicamente, o paciente apresenta taquipneia e taquicardia, dessaturação de oxigênio e perda de peso.

Seu manejo clínico se baseia em alguns pilares:

- Oferecimento de O_2, sempre com cautela e evitando a hiperóxia, mantendo a saturação de O_2 entre 88-92%.
- Administração de furosemida (na fase inicial).
- Administração de hidroclorotiazida e espironolactona, de uso crônico.
- Antibioticoterapia profilática se o paciente apresentar infecção de repetição.
- Administração de vacinas (influenza e pneumococo) e de palivizumab.
- Em geral, corticoide não é utilizado de rotina.

Tal manejo clínico é essencial e, associado ao uso de corticoide antenatal e à administração de substância surfactante, possibilitou uma importante redução da mortalidade dessa doença, embora ela apresente relevantes complicações em potencial:

- Hipertensão pulmonar.
- Risco aumentado do desenvolvimento de asma.
- Risco aumentado do desenvolvimento de infecções pulmonares.
- Risco aumentado de morte súbita infantil.

Achados radiográficos

- Inicialmente, deve-se considerar que muitas vezes é impossível distinguir estágios precoces de displasia broncopulmonar de estágios mais avançados de síndrome do desconforto respiratório do recém-nascido.
- As alterações da displasia broncopulmonar na radiografia de tórax costumam desaparecer na maioria dos pacientes após 2 anos de idade.

Há quatro estágios radiológicos da displasia broncopulmonar:

- Estágio I: desenvolve-se 1 a 3 dias após o nascimento e é indistinguível clínica e radiologicamente da SDR.
- Estágio II: desenvolve-se entre o quarto e o décimo dias de vida. Há uma opacificação praticamente total do pulmão bilateral.
- Estágio III: desenvolve-se entre o décimo e o vigésimo dias de vida. Radiologicamente, tem um aspecto de faveolamento, com pequenas áreas radiolucentes de limites imprecisos e áreas de opacidades irregulares.
- Estágio IV: desenvolve-se após 30 dias de vida. Apresenta o mesmo aspecto do estágio III, porém mais acentuado. Há aumento das áreas radiolucentes alternados com áreas de opacidades em faixa. Pode apresentar cardiomegalia e enfisema intersticial.

Radiografia simples:

- Pulmão hiperinsuflado (Figura 6).
- Infiltrado reticular mal definido, associado a áreas com baixa densidade e arredondadas, que envolvem difusamente os pulmões (Figuras 6 e 7).

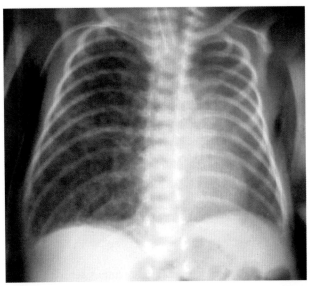

Figura 6 Displasia broncopulmonar. Radiografia simples de um paciente pré-termo apresenta pulmão direito hiperinsuflado, com pequenas áreas radiolucentes associadas a opacidades irregulares grosseiras, após 3 semanas de vida. Há uma tênue opacidade em vidro fosco no pulmão esquerdo.

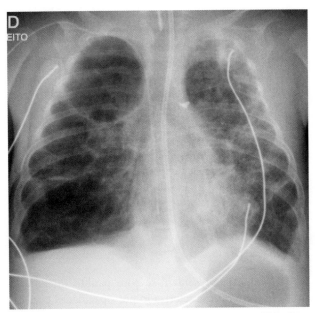

Figura 7 Displasia broncopulmonar em um prematuro após 5 meses. Radiografia evidencia opacidades em faixa irregulares associadas às áreas radiolucentes com distribuição assimétrica, com imagem de um pseudocisto no lobo superior direito.

- Na incidência de perfil, pode apresentar um diâmetro anteroposterior relativamente preservado. Contudo, em casos mais crônicos, esse diâmetro tende a ficar mais estreito que o diâmetro laterolateral.
- Associação com cardiomegalia pode indicar o desenvolvimento de hipertensão pulmonar.

Tomografia computadorizada:

- Parênquima pulmonar com padrão em mosaico, com áreas radiolucentes de aprisionamento aéreo focal, observadas na aquisição em expiração.
- Espessamento da parede brônquica.
- Pequenas opacidades subplurais triangulares/lineares, que representam atelectasia/fibrose.

Bibliografia sugerida

1. Agrons GA, Courtney SE, Stocker JT, Markowitz RI. From the archives of the AFIP: Lung disease in premature neonates: radiologic-pathologic correlation. Radiographics. 2005;25(4):1047-73.
2. Allen J, Zwerdling R, Ehrenkranz R, Gaultier C, Geggel R, Greenough A, et al. Statement on the care of the child with chronic lung disease of infancy and childhood. Am J Respir Crit Care Med. 2003;168(3):356-96.
3. Avery ME, Fletcher BD, Williams RG. The lung and its disorders in the newborn infant. Major Probl Clin Pediatr. 1981;1(4):1-367.
4. Blickman JG, Parker BR, Barnes PD. Pediatric radiology, the requisites. Philadelphia: Mosby; 2009.
5. Breysem L, Smet MH, Van Lierde S, Devlieger H, De Boeck K. Bronchopulmonary dysplasia: correlation of radiographic and clinical findings. Pediatr Radiol. 1997;27(8):642-6.
6. Cleveland RH. A radiologic update on medical diseases of the newborn chest. Pediatr Radiol. 1996;25(8):631-7.
7. Donnelly LF. Fundamentals of pediatric radiology. Philadelphia: WB Saunders; 2001.
8. Haney PJ, Bohlman M, Sun CC. Radiographic findings in neonatal pneumonia. AJR Am J Roentgenol. 1984;143(1):23-6.
9. Lederman HR, Cioni CH. Doenças pulmonares do recém-nascido. Diagnóstico por Imagem. Coleção Pediatria. Barueri: Manole; 2012.
10. Tonson la Tour A, Spadola L, Sayegh Y, Combescure C, Pfister R, Argiroffo CB, et al. Chest CT in bronchopulmonary dysplasia: clinical and radiological correlations. Pediatr Pulmonol. 2013;48(7):693-8.
11. Webber S, Wilkinson AR, Lindsell D, Hope PL, Dobson SR, Isaacs D. Neonatal pneumonia. Arch Dis Child. 1990;65(2):207-11.
12. Wilson AC. What does imaging the chest tell us about bronchopulmonary dysplasia?. Paediatr Respir Rev. 2010;11(3):158-61.

20

Doenças agudas do sistema respiratório

Marcelo Straus Takahashi
Alexandre Fligelman Kanas

Introdução

A avaliação de quadros infecciosos pulmonares é a principal indicação para a realização de radiografias de tórax. A adequada interpretação dessas radiografias, que são na maioria dos casos o ponto de partida da investigação radiológica, é importante não só para tentar predizer o agente etiológico, mas também para avaliar complicações associadas e resposta ao tratamento.

O trauma torácico não é uma ocorrência tão frequente em crianças, mas em razão da gravidade em potencial desses casos a avaliação radiológica, em especial em momento inicial (radiografia simples), pode ser decisiva e ter forte impacto na sobrevida desses pacientes.

O papel da ultrassonografia tem crescido muito na avaliação de doenças torácicas agudas, sobretudo no ambiente de cuidados intensivos e emergências, por conta de sua praticidade e acessibilidade.

Já a tomografia computadorizada é menos frequentemente utilizada na avaliação desses doentes, indicada em geral para avaliação de complicações ou dúvidas diagnósticas. Vale aqui ressaltar que o estudo da tomografia computadorizada com contraste tende a ser mais utilizado nesse cenário, assumindo logicamente que o paciente já tenha sido submetido a uma investigação radiológica inicial minuciosa.

Avaliação radiológica na suspeita de pneumonia

A infecção respiratória é uma das causas mais comuns de doença na população pediátrica e é a principal indicação para realização de radiografias. Os exames de imagem têm papel importante nesses pacientes, destacando-se:

- Confirmação do diagnóstico de pneumonia.
- Ajudar a predizer a fator etiológico.
- Avaliar a resposta inadequada ao tratamento e complicações relacionadas à infecção.

O diagnóstico de pneumonia tende a ser mais trabalhoso na faixa etária pediátrica, pois os sintomas e achados clínicos costumam ser inespecíficos e o exame físico mais difícil. Por esse motivo, muitos pediatras se fazem valer dos achados radiográficos para auxiliar não só no diagnóstico, mas também na conduta terapêutica.

Sabe-se que para os pacientes pediátricos a causa mais comum de pneumonia é a viral, mas sua incidência varia muito com a idade. Pacientes em idade pré-escolar (4 meses a 5 anos) têm o vírus como fator responsável por até 95% das infecções, já pacientes em idade escolar (6-16 anos), apesar de ainda apresentarem o vírus como principal fator etiológico, têm maior incidência de outros agentes, como *Streptococcus pneumoniae*, *Staphylococcus aureus* e *Mycoplasma pneumoniae*, este último podendo corresponder a até 30% dos casos.

Embora atualmente já se saiba que o diagnóstico do fator etiológico apenas pela imagem é muito difícil e que esses achados radiológicos muitas vezes se sobrepõem, é muito importante saber e entender os padrões classicamente descritos:

Infecções virais

Geralmente apresentam-se com padrão intersticial, difuso e bilateral, caracterizado por opacidades peri-hilares lineares e mal definidas, envolvendo mais de um lobo e associadas a espessamento de paredes brônquicas, pequenas atelectasias sub-segmentares e hiperinsuflação (Figura 1).

Infecções bacterianas

Geralmente apresentam-se com padrão de consolidações, por vezes com broncogramas aéreos de permeio, tipicamente lobar ou segmentar (Figura 2). Não é rara a associação com derrame pleural.

Em crianças menores que 8 anos, a consolidação pode se apresentar com uma morfologia arredondada,

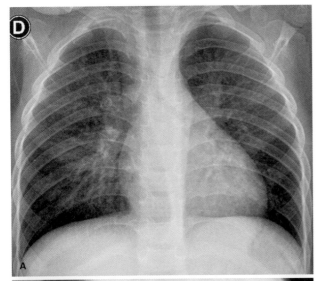

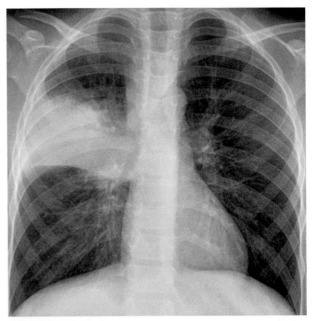

Figura 2 Incidência posteroanterior (PA). Consolidação alveolar segmentar anterior do lobo superior direito. Delimitação fissural.

Infecções atípicas

Infecções causadas por bactérias atípicas como *Mycoplasma pneumoniae* ou *Chlamydophila pneumoniae* e *Bordetella pertussis* que cursam com quadro clínico e laboratorial mais inespecífico.

Podem se apresentar tanto como opacidades reticulares ou em banda, com distribuição não focal, ou como consolidações focais mal definidas (Figura 4).

Apesar de essa classificação radiológica existir, o diagnóstico etiológico baseado apenas nos achados radiológicos é falho. No entanto, alguns estudos já demonstraram que as radiografias têm um valor preditivo alto para excluir infecções bacterianas, embora uma radiografia com achados classicamente descritos como pertencentes à infecção bacteriana possa muitas vezes ser encontrada em pacientes com infecções virais ou bactérias atípicas.

Infecções fúngicas

Infecções fúngicas são raras em crianças e estão relacionadas principalmente à imunossupressão (transplante de medula óssea, transplante de órgãos sólidos, imunodeficiências congênitas ou adquiridas, uso de medicação específica etc.). Por causa das condições clínicas desses pacientes e da importância de um diagnóstico rápido e preciso, recomenda-se o uso precoce do exame de tomografia computadorizada.

As infecções fúngicas geralmente se manifestam como nódulos pulmonares, por vezes com margens mal definidas, halo em vidro fosco e cavitações. É importante ressaltar que esses achados são inespecíficos e devem

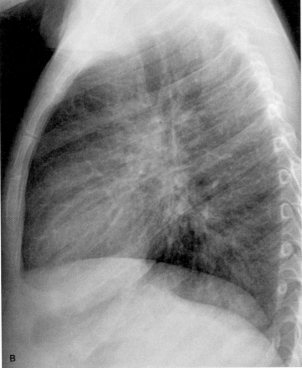

Figura 1 Radiografia de tórax com padrão intersticial. Espessamento peribroncovascular, associado a tênues opacidades lineares peri-hilares e hiperinsuflação.

conhecida também como pneumonia redonda. A pneumonia redonda, geralmente causada pelo *S. pneumoniae*, apresenta-se como opacidade esférica, única, geralmente acometendo os segmentos posteriores dos lobos inferiores, mais à esquerda. Está relacionada a uma imaturidade das vias aéreas colaterais nessa idade. No contexto clínico apropriado (faixa etária, presença de febre e tosse), o diagnóstico pode ser confirmado apenas pela radiografia, caso contrário é recomendado que se prossiga a investigação com exame tomográfico para descartar outras patologias (Figura 3).

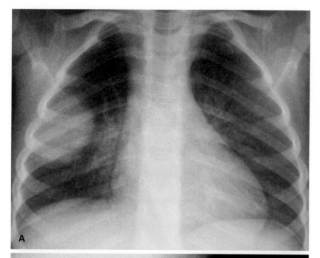

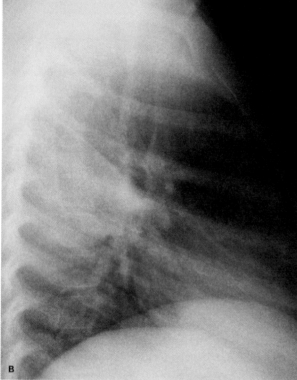

Figura 3 Incidências frente e lateral. Opacidade arredondada posterior no segmento superior do lobo inferior direito (pneumonia redonda).

sempre ser correlacionados com dados clínicos e laboratoriais do paciente (Figura 5).

Tuberculose

A maioria dos casos de tuberculose pulmonar em crianças é primária. O quadro radiológico clássico é de adenopatia mediastinal, com liquefação, muitas vezes sem nenhum foco evidente de consolidação. É importante, no entanto, ressaltar que a presença de consolidação não exclui o diagnóstico de tuberculose. Às vezes, a utilização da incidência ápico-lordótica pode ser útil.

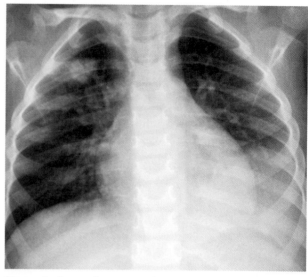

Figura 4 Frente demonstrando consolidação em lobo inferior esquerdo. Observa-se a indefinição da cúpula diafragmática correspondente. Tênue opacidade arredondada, superior à direita. Pneumonia por *Mycopasma*.

Crianças menores têm risco aumentado para a evolução desfavorável desse quadro, podendo em alguns casos evoluir com aumento e necrose das adenopatias, estreitamento brônquico e até mesmo disseminação brônquica da doença. Nessa condição, teremos imagens condizentes com conteúdo no espaço aéreo distal. Padrões de impactação bronquiolar, nódulos acinares e consolidação focal.

A presença de um nódulo pulmonar calcificado no contexto clínico adequado está geralmente relacionada à sequela de tuberculose (foco de Gohn), podendo estar acompanhado de linfonodos hilares ou mediastinais ipsilaterais calcificados (complexo de Ranke) (Figura 6).

O derrame pleural não é comum em crianças, mas quando presente pode estar associado a espessamento pleural e septações. Nesses pacientes muitas vezes a radiografia simples de tórax pode não ser suficiente para a avaliação detalhada do parênquima pulmonar e mediastino e por esse motivo o uso precoce da tomografia computadorizada com contraste iodado endovenoso, em casos selecionados, também está indicado.

Após o início do tratamento, a regressão dos achados radiológicos tende a ser lenta e a permanência de alguns desses achados não é por si só contraindicação para suspender as medicações.

Acompanhamento radiológico pós-tratamento das pneumonias

Em pacientes pediátricos, os achados de imagem de uma pneumonia podem persistir por 2 a 4 semanas e a reavaliação radiológica só está indicada em pacientes que não apresentarem melhora satisfatória, devendo ser realizada no mínimo 2 a 3 semanas após o início do tratamento, para reduzir os fatores de confusão.

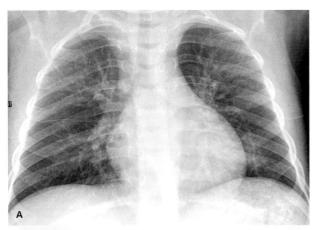
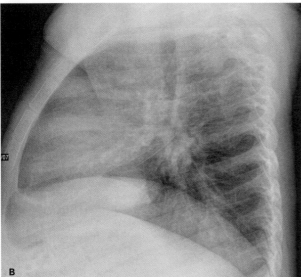
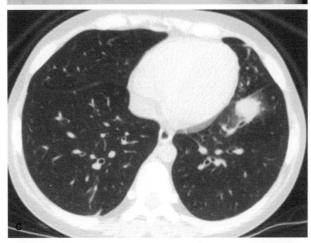

Figura 5   Paciente em tratamento de leucemia linfoide aguda com quadro de febre. As radiografias evidenciam espessamento peribroncovascular peri-hilar e tênue opacidade no lobo inferior esquerdo, de limites imprecisos (A e B). Na tomografia computadorizada (C) realizada um dia após a radiografia, há evidência nítida de um nódulo com sinal do halo em vidro fosco. Aspergilose confirmado pela ressecção do nódulo.

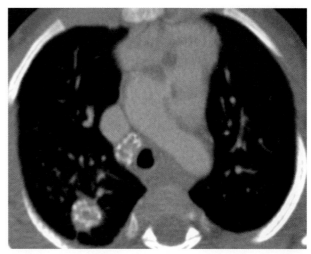

Figura 6   Tomografia computadorizada de tórax com contraste endovenoso. Tuberculose – complexo de Ranke (nódulo calcificado pulmonar posterior, associado com linfonodo calcificado mediastinal ipsilateral também calcificado).

Complicações

Em pacientes sem melhora satisfatória ou com piora após o início do tratamento, a hipótese de complicação deve ser considerada. A avaliação radiológica nesses casos é muito importante; e, em muitos casos, com o intuito de melhor avaliar tanto a cavidade pleural quanto o parênquima pulmonar, a tomografia com contraste se faz necessária.

Derrame pleural

A presença de derrame pleural parapneumônico está frequentemente associada a infecções bacterianas. A diferenciação entre empiema e transudato pode ser feita pela análise do líquido e é determinante na escolha do tratamento.

O derrame pleural pode ser caracterizado nas radiografias tanto pelo velamento do seio costofrênico como pela opacificação total do hemitórax (Figura 7). A alteração da morfologia e a localização do derrame com a mudança de decúbito sugerem que ao menos em parte o derrame seja livre.

A tomografia é capaz de quantificar melhor o derrame pleural, podendo também demonstrar achados sugestivos de empiema, como realce e espessamento pleural, presença de septações, conteúdo pleural heterogêneo e densificação da gordura extrapleural, embora nenhum desses achados possa caracterizar de forma acurada a presença ou não de empiema.

A ultrassonografia pode ser realizada a beira-leito, permite excelente caracterização do derrame e pode ser utilizada no auxílio à realização de intervenções minimamente invasivas. É capaz de identificar alterações como espessamento pleural, heterogeneidade do derrame, além de ter uma melhor resolução para visualização de septações.

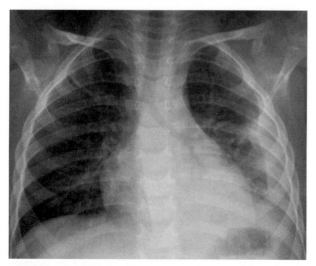

Figura 7 Incidência frontal. Consolidação pulmonar em lobo inferior esquerdo associado à opacidade pleural (derrame pleural loculado).

Complicações relacionadas ao parênquima pulmonar

Na tomografia computadorizada, tanto a atelectasia quanto a consolidação costumam apresentar realce pós-contraste. Na presença de contrastação heterogênea do parênquima pulmonar, o radiologista deve atentar-se para a possibilidade de complicações supurativas. Entre essas complicações, podem-se citar:

- Abscesso pulmonar: apresenta-se como uma cavidade preenchida por líquido ou gás, com paredes grossas, irregulares, definidas e realçantes (Figura 8).
- Pneumatocele: termo usado para cisto de paredes finas relacionado a um estágio mais tardio ou menos grave de uma necrose em resolução (Figura 9).

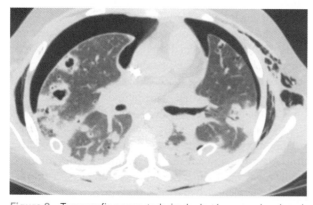

Figura 8 Tomografia computadorizada de tórax com janela pulmonar. Sinais de pneumotórax bilateral e enfisema subcutâneo. Nódulos pulmonares cavitados de parede espessa e realce (abscessos). Paciente imunocomprometido com infecção por *Streptococcus pneumoniae*.

Pneumonia necrosante: apresenta-se como áreas mal delimitadas e não realçantes dentro de uma consolidação pulmonar, que perde sua arquitetura habitual. Muitas vezes exibe pequenos cistos periféricos preenchidos por gás ou líquido (Figura 10). Está relacionada a infecções mais intensas e prolongadas, principalmente as causadas por *S. aureus* e *S. pneumoniae*.

Aspiração de corpo estranho

Geralmente acomete crianças menores, entre 1 e 3 anos, e o fato nem sempre é testemunhado pelos pais. Apresenta-se com quadro clínico de tosse, chiado, dispneia e em alguns casos febre.

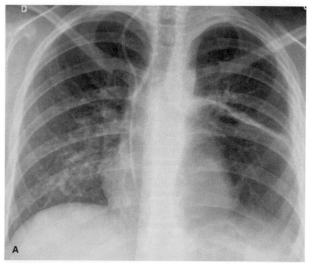

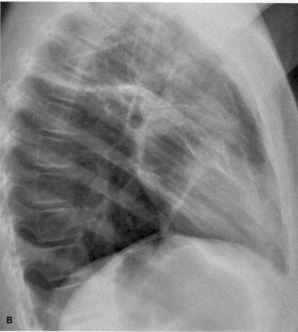

Figura 9 Tórax de frente e perfil. Imagens císticas de paredes finas peri-hilar e basal à esquerda. Reação pleural da margem axilar correspondente (pneumatoceles).

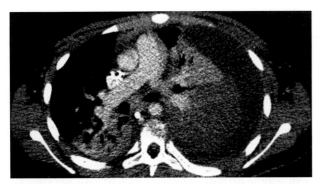

Figura 10 Tomografia computadorizada com contraste. Derrame pleural esquerdo. Pulmão esquerdo hipoexpandido com área consolidativa hipocontrastante posterior, compatível com pneumonia necrosante.

O objeto aspirado tende geralmente a alojar-se nas vias aéreas mais calibrosas (brônquios fonte) e pode produzir um mecanismo de válvula.

Embora muitas vezes o corpo estranho não seja radiopaco, a radiografia convencional é o método inicial de escolha. Um exame normal não exclui o diagnóstico, e a principal alteração esperada é a assimetria da aeração dos pulmões, relacionada ao represamento aéreo, achado que fica mais evidente em expiração.

Para pacientes pequenos e que não cooperam, uma incidência em decúbito lateral sobre o lado com a suspeita de aspiração força a expiração sobre esse lado, permitindo a avaliação do represamento aéreo, que é considerado positivo quando não há mudança na transparência do pulmão na radiografia convencional e em decúbito lateral (Figura 11). Caso a dúvida persista, a tomografia computadorizada sem contraste é o próximo método de escolha, por permitir uma melhor avaliação da árvore traqueobrônquica.

Trauma torácico

O trauma torácico é incomum em crianças, mas quando presente, pode ter repercussões graves. Em sua maioria, os traumas torácicos são fechados, resultantes de acidentes automobilísticos ou quedas. As lesões mais comuns são: contusão pulmonar, laceração pulmonar, hemotórax, pneumotórax e fraturas de costela. Lesões mediastinais como contusões cardíacas, laceração da árvore traqueobrônquica ou esofágica, ruptura diafragmática e lesões aórticas são menos frequentes.

A radiografia simples é o exame inicial de escolha no paciente com trauma torácico por conta da facilidade e disponibilidade do exame. Permite a rápida avaliação de alterações possivelmente fatais, como pneumotórax hipertensivo ou hemotórax maciço.

A tomografia computadorizada com contraste endovenoso é o exame mais confiável e sensível no contexto do trauma. Permite excelente avaliação do arcabouço ósseo, espaço pleural, parênquima pulmonar, estruturas mediastinais e superfície diafragmática, estando indicada em casos de trauma alta energia, traumas perfurantes, ou melhor avaliação de achados radiográficos indeterminados.

Fraturas de costelas

Em razão da diferente composição óssea dos pacientes pediátricos, as fraturas de arcos costais não são tão comuns quanto em adultos e geralmente são encontradas nas porções mais posteriores das costelas (Figura 12).

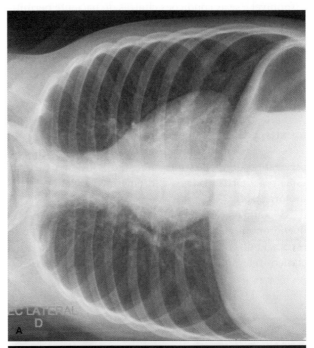

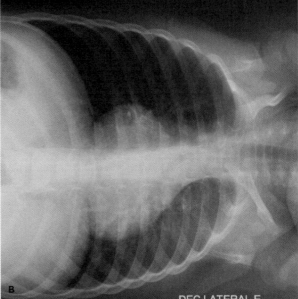

Figura 11 Criança com corpo estranho radiolucente à direita. Durante o decúbito lateral direito não há expiração forçada do hemitórax direito, permanecendo os pulmões com transparência semelhante. Durante o decúbito lateral esquerdo, há expiração forçada desse lado com acentuação da transparência dos pulmões.

Ruptura diafragmática

Lesões diafragmáticas são raras, em geral associadas a trauma contuso abdominal. A incidência é maior à esquerda, presumivelmente pela proteção hepática da cúpula diafragmática direita.

Na radiografia e na tomografia computadorizada, observa-se herniação de conteúdo abdominal, em geral alças intestinais, para dentro da cavidade torácica. Em casos em que a dúvida persista ou que a tomografia não esteja disponível e se as condições clínicas do paciente permitirem é possível realizar um estudo radiográfico com contraste positivo administrado via oral, que pode demonstrar herniações de vísceras ocas para a cavidade torácica.

Lesões da árvore traqueobrônquica

Lesões raras e que podem se apresentar de formas diferentes, a depender do segmento acometido.

Lesões mais proximais estão relacionadas a enfisema cervical ou de mediastino, enquanto lesões mais distais estão mais relacionadas a enfisema intersticial ou pneumotórax.

A confirmação radiológica da lesão da árvore traqueobrônquica pode muitas vezes ser difícil, portanto esses achados radiológicos, quando associados a achados clínicos relevantes como rouquidão, hemoptise, tosse ou dispneia, devem remeter à possibilidade de que a via aérea possa ter sido lesada.

Pneumotórax

O pneumotórax pode estar relacionado tanto a traumas penetrantes como a lesão pulmonar, da via aérea ou do esôfago, sendo caracterizado pela presença de gás no espaço pleural.

A radiografia, apesar de ser o exame inicial de escolha, nem sempre permite um diagnóstico preciso, em especial pelo posicionamento do paciente e pela sobreposição de imagens. Em casos de dúvida, a tomografia permite excelente resolução, podendo detectar até mesmo mínima quantidade de ar no espaço pleural.

Vale ressaltar que a ultrassonografia também pode ser utilizada na avaliação do pneumotórax, já sendo estabelecida sua utilidade, em especial para descartar o diagnóstico.

O pneumotórax hipertensivo é uma emergência clínica potencialmente letal e que deve ser abordado o quanto antes. Na radiografia simples, nota-se hiperlucência do hemitórax afetado com desvio do mediastino para o lado contralateral. Esse achado no contexto clínico adequado é patognomônico, não se fazendo necessário nenhum outro exame para confirmação.

Contusão e laceração pulmonar

A contusão pulmonar é caracterizada por preenchimento do espaço alveolar e intersticial por sangue e edema secundário ao trauma, estando relacionados a maior morbidade e mortalidade no contexto do trauma.

Na tomografia apresentam-se como opacidades mal definidas, confluentes e nodulares, sem distribuição anatômica definida, podendo assumir conformação em crescente e em alguns casos poupando as regiões subpleurais (Figura 13).

Nas lacerações pulmonares há descontinuidade do parênquima pulmonar secundária ao trauma, notando-se nesses casos a presença de imagens císticas preenchidas por líquido, gás ou com nível hidroaéreo.

Lesões mediastinais

A incidência de lesões aórticas em crianças é muito baixa, mas os achados radiológicos nesses pacientes não diferem dos achados nos pacientes adultos. Deve-se atentar à presença de hematomas mediastinais que podem ser um achado secundário a lesões vasculares mediastinais.

A presença isolada de pneumomediastino é inespecífica e deve ser correlacionada aos dados clínicos. O pneumomediastino pode ser caracterizado em pacientes sem nenhuma lesão mediastinal, mas também pode estar associado à lesão esofágica e/ou da árvore traqueobrônquica.

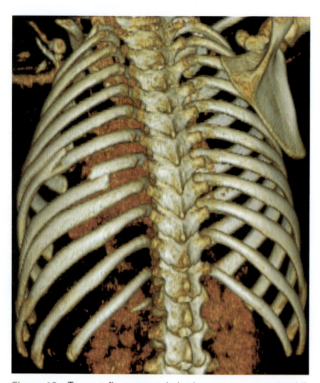

Figura 12 Tomografia computadorizada com reconstrução tridimensional. Fratura de arcos costais (7º e 8º arcos). Criança vítima de atropelamento.

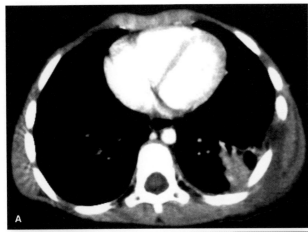

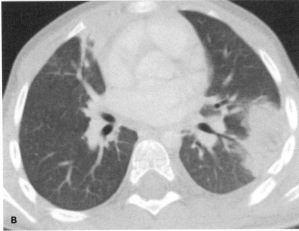

Figura 13 Tomografia computadorizada com contraste janela de mediastino (A) e pulmonar (B). Consolidação periférica justa-pleural posterior (contusão), em que há também fratura costal e modificação da atenuação das partes moles da parede torácica, possivelmente por edema/hematoma.

Bibliografia sugerida

1. Bramson RT, Griscom NT, Cleveland RH. Interpretation of chest radiographs in infants with cough and fever. Radiology. 2005;236(1):22-9.
2. Calder A, Owens CM. Imaging of parapneumonic pleural effusions and empyema in children. Pediatric Radiology. 2009;39(6):527-37.
3. Coley BD. Chest sonography in children: current indications, techniques, and imaging findings. Radiol Clin North Am. 2011;49(5):825-46.
4. Daltro P, Eloá N. Pulmonary infections. Pediatric Radiology. 2011;41(1):69-82.
5. Donnelly LF. CT of acute pulmonary disease: infection, infarction, and trauma. In: Lucaya J, Strife JL (eds.). Pediatric chest imaging. Berlin: Springer; 2008. p. 147-64.
6. Donnelly LF. Imaging in immunocompetent children who have pneumonia. Radiol Clin North Am. 2005;43(2):253-65.
7. Eslamy HK, Newman B. Pneumonia in normal and immunocompromised children: an overview and update. Radiol Clin North Am. 2011;49(5):895-920.
8. Fonseca-Santos J. Tuberculosis in children. Eur J Radiol. 2005;55(2):202-8.
9. Kim WS, Moon WK, Kim IO, Lee HJ, Im JG, Yeon KM, et al. Pulmonary tuberculosis in children: evaluation with CT. Am J Roentgenol. 1997;168(4):1005-9.
10. Ng KK, Araújo-Neto CA, Nascimento-Carvalho CM. Severity of childhood community-acquired pneumonia and chest radiographic findings. Pediatric Pulmonology. 2009;44(3):249-52.
11. Kurian J, Levin TL, Han BK, Taragin BH, Weinstein S. Comparison of ultrasound and CT in the evaluation of pneumonia complicated by parapneumonic effusion in children. Am J Roentgenol. 2009;193(6):1648-54.
12. Leung AN, Müller NL, Pineda PR, Fitzgerald JM. Primary tuberculosis in childhood: radiographic manifestations. Radiology. 182(1):87-91.
13. Lobo L, Antunes D. Chest CT in infants and children. Eur J Radiol. 2013;82(7):1108-17.
14. Markel TA, Kumar R, Koontz NA, Scherer LR, Applegate KE. The utility of computed tomography as a screening tool for the evaluation of pediatric blunt chest trauma. J Trauma Acute Care Surg. 2009;67(1):23-8.
15. Moore MA, Wallace EC, Westra SJ. The imaging of paediatric thoracic trauma. Pediatric Radiology. 2009;39(5):485-96.
16. Patel RP, Hernanz-Schulman M, Hilmes MA, Yu C, Ray J, Kan JH. Pediatric chest CT after trauma: impact on surgical and clinical management. Pediatric Radiology. 2010;40(7):1246-53.
17. Riccabona M. Ultrasound of the chest in children (mediastinum excluded). European Radiology. 2008;18(2):390-9.
18. Vervloet LA, Camargos PAM, Soares DRF, Oliveira GA, Oliveira JN, et al. Clinical, radiographic and hematological characteristics of Mycoplasma pneumoniae pneumonia. J Pediatria. 2010;86(6):480-7.
19. Virkki R, Juven T, Rikalainen H, Svedström E, Mertsola J, Ruuskanen O. Differentiation of bacterial and viral pneumonia in children. Thorax. 2002;57(5):438-41.
20. Wylie J, Morrison GC, Nalk K, Kornecki A, Kotylak TB, Fraser DD, et al. Lung contusion in children: early computed tomography versus radiography. Pediatr Crit Care Med. 2009;10(6):643-7.

21

Doenças pulmonares crônicas pediátricas

Joseane Paulino da Silveira

Doenças pulmonares crônicas em pediatria podem manifestar-se como sinais e sintomas pouco específicos, existindo uma vasta gama de diagnósticos diferenciais. O objetivo deste capítulo é ressaltar as principais características das doenças que ocorrem exclusivamente ou com maior frequência na faixa etária pediátrica.

Doenças intersticiais da infância

O termo doenças intersticiais da infância, conhecido na literatura pela sigla chILD, foi cunhado para descrever um grupo heterogêneo de patologias pulmonares nos primeiros 2 anos de vida. O termo pode ser considerado incompleto, visto que tais doenças comprometem não somente o interstício, mas também as vias aéreas e os alvéolos. Diferentemente dos adultos, crianças pequenas desenvolvem doenças pulmonares difusas em razão de anomalias genéticas ou do desenvolvimento.

A síndrome chILD deve ser considerada na presença de alguns dos seguintes itens:

- Sinais: taquipneia, esforço respiratório, ruídos adventícios, deformidade da caixa torácica, baqueteamento digital e déficit do ganho ponderoestatural.
- Sintomas: dispneia, tosse, intolerância ao exercício, dificuldade para mamar.
- Hipoxemia.
- Alterações radiológicas persistentes.

Por conta de sua raridade, causas mais comuns de doença pulmonar difusa devem ser excluídas antes de prosseguir a investigação, preferencialmente em centros especializados com equipe multidisciplinar incluindo pneumologistas pediátricos, radiologistas pediátricos e patologistas. O diagnóstico específico é fundamental, pois a conduta e o prognóstico variam significativamente de uma patologia para outra, sendo a hipertensão pul-

monar o principal preditor de mortalidade. Até um terço dos casos podem ser classificados com base em critérios clínicos, genéticos e radiológicos apenas; os demais são classificados pela biópsia pulmonar.

Tomografia computadorizada (TC) do tórax, comparada com radiografia simples, produz informações mais precisas, podendo guiar o sítio de biópsia ou mesmo sugerir um diagnóstico específico. Padrões radiológicos comuns são opacidades em vidro fosco, atenuação em mosaico, aprisionamento aéreo, distorção arquitetural, nódulos, consolidação, espessamento septal e cistos pulmonares.

Os principais diagnósticos podem ser classificados de acordo com o Quadro 1, sendo os de maior interesse detalhados adiante.

Desordens difusas do desenvolvimento são distúrbios primários que ocorrem no estágio mais precoce do desenvolvimento pulmonar. Na ausência de transplante pulmonar, a letalidade se aproxima dos 100% por conta da hipertensão pulmonar e insuficiência respiratória que se agravam nos primeiros dias de vida. Biópsias dos pacientes com displasia acinar ou displasia alveolar congênita demonstram interrupção do crescimento do lóbulo pulmonar. A displasia alveolocapilar com desalinhamento de veias pulmonares adicionalmente apresenta *shunt* direita-esquerda intrapulmonar, com anastomoses entre ramos das artérias pulmonares e artérias brônquicas que desviam o fluxo do leito capilar alveolar, levando a dilatação das veias brônquicas. Na TC, observa-se opacidade em vidro fosco difusa e espessamento septal.

Distúrbios do desenvolvimento alveolar são as causas mais comuns de pneumopatia em lactentes. Nesse grupo caracteriza-se histologicamente simplificação do lóbulo pulmonar secundário, desencadeada por fatores como condições pré-natais, prematuridade e anomalias genéticas. A hipoplasia pulmonar e a doença pulmonar crônica neonatal são os destaques.

Quadro 1	Diagnóstico de doenças intersticiais da infância
Categoria	Diagnósticos diferenciais
Desordens difusas do desenvolvimento	Displasia acinar Displasia alveolar congênita Displasia alveolocapilar com desalinhamento de veias pulmonares
Desordens do desenvolvimento alveolar	Hipoplasia pulmonar Doença pulmonar crônica neonatal Associada a desordens cromossômicas (trissomia do 21) Associada a cardiopatia congênita
Desordens específicas de etiologia desconhecida	Hiperplasia de células neuroendócrinas Glicogenose intersticial pulmonar
Desordens relacionadas à disfunção do surfactante	Mutações nos genes SP-B, SP-C, ABCA3, NKX2.1/TTF1
Desordens relacionadas a doenças sistêmicas	Colagenoses Doenças de depósito Sarcoidose Histiocitose de células de Langerhans
Desordens do paciente imunocompetente	Processos infecciosos/pós-infecciosos (bronquiolites) Agentes ambientais (pneumonia de hipersensibilidade, inalação de substâncias tóxicas) Síndromes aspirativas Pneumonia eosinofílica
Desordens do paciente imunocomprometido	Infecções oportunistas Desordens relacionadas a transplante e rejeição Dano alveolar difuso

A hipoplasia pulmonar pode ser primária, porém mais frequentemente é secundária a cardiopatias congênitas com fluxo pulmonar reduzido ou a condições que resultam em volume torácico fetal diminuído, como displasias esqueléticas, hérnia diafragmática, massas torácicas e abdominais; em oligoidrâmnio prolongado como malformações renais; ou em movimentos respiratórios fetais reduzidos como nas doenças neuromusculares. Na radiografia, os pulmões em geral são normotransparentes e há aproximação dos arcos costais no lado acometido. Pode ser unilateral, com desvio mediastinal e herniação do pulmão contralateral ou bilateral, com o característico tórax em sino (Figura 1).

A doença pulmonar crônica neonatal é uma das sequelas mais importantes da prematuridade. Broncodisplasia foi o termo originalmente utilizado para descrever a pneumopatia observada em prematuros tardios (32-33 semanas) com síndrome do desconforto respiratório submetidos a ventilação mecânica com altas concentrações e pressões de oxigênio. Microscopicamente, havia extensa inflamação e fibrose do parênquima e das vias aéreas. Com o advento da terapia com surfactante e o aprimoramento das técnicas de ventilação mecânica, surgiu uma nova forma da doença que compromete prematuros de extremo baixo peso, nos quais o pulmão imaturo desenvolve menos alvéolos, e as vias aéreas são relativamente poupadas.

O diagnóstico de doença pulmonar crônica baseia-se na necessidade de oxigênio suplementar por pelo menos 28 dias após o nascimento e sua gravidade é de-

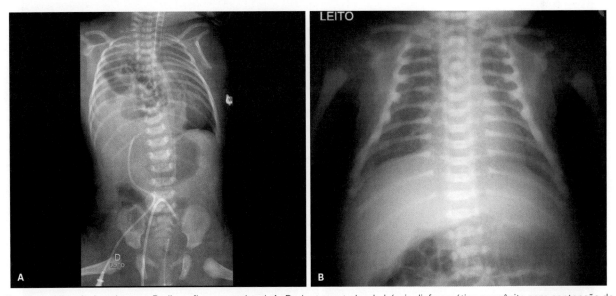

Figura 1 Hipoplasia pulmonar. Radiografia convencional. A: Paciente portador de hérnia diafragmática congênita com contenção do fígado, que é fator determinante para maior grau de hipoplasia pulmonar. Observa-se aproximação dos arcos costais no hemitórax esquerdo e desvio do mediastino com pulmão normotransparente. B: Paciente portador de osteopetrose, apresentando tórax em sino e pulmões normotransparentes, de dimensões reduzidas.

finida pelo tipo de suporte ventilatório necessário com 36 semanas de idade gestacional corrigida. Radiologicamente, caracteriza-se por áreas hiperlucentes, correspondendo a alvéolos aumentados e redução da vascularização distal, entremeadas por opacidades lineares relacionadas a fibrose. Cada vez mais esses achados são sutis. A TC tem papel importante na detecção desses achados, que incluem atenuação em mosaico, aprisionamento aéreo, distorção arquitetural e espessamento difuso de paredes brônquicas (Figura 2).

Entre as desordens específicas de etiologia desconhecida, extremamente raras, citamos a hiperplasia de células neuroendócrinas e glicogenose intersticial pulmonar. Histologicamente, não há evidência de inflamação, simplificação acinar ou fibrose, fato que as distingue das demais doenças. A presença das células neuroendócrinas nos bronquíolos evidenciada por imuno-histoquímica e o espessamento do interstício em razão da presença de células mesenquimais com acúmulo de glicogênio são, respectivamente, os achados característicos. Ambas apresentam bom prognóstico.

A hiperplasia de células neuroendócrinas manifesta-se no primeiro ano de vida, sendo comum entre os portadores a necessidade de oxigênio suplementar com melhora progressiva. Na radiografia simples identifica-se hiperinsuflação, pouco específica. Todavia, os achados de TC são típicos e incluem atenuação em mosaico e/ou aprisionamento aéreo em pelo menos quatro lobos pulmonares, opacidades em vidro fosco mais evidentes no lobo médio e na língula. Quando esse conjunto de achados está presente, a biópsia não é necessária (Figura 3).

A glicogenose intersticial pulmonar se manifesta nas primeiras semanas de vida com desconforto respiratório. Os achados de imagem típicos na TC incluem opacidades em vidro fosco, opacidades reticulares e áreas de hiperinsuflação predominantemente subpleurais. Mais raramente pode estar associada a distúrbio do desenvolvimento pulmonar, apresentando neste caso maior gravidade.

As desordens relacionadas a disfunção do surfactante apresentam amplo espectro de gravidade, desde insuficiência respiratória letal no período neonatal até doença pulmonar crônica intersticial em crianças e adultos jovens, dependendo da mutação envolvida. O aspecto de imagem da forma neonatal é idêntico à doença da membrana hialina com opacidades em vidro fosco difusas e broncogramas aéreos. Na forma tardia da doença, o aspecto é variável, podendo ser caracterizada como fibrose pulmonar, proteinose alveolar, pneumonia intersticial usual ou descamativa (Figura 4).

As desordens pulmonares histiocíticas em pediatria são raras e ocorrem no contexto de doenças sistêmicas, geralmente associadas a hepatoesplenomegalia, lesões ósseas e distúrbios neurológicos. O protótipo desse grupo de patologias é a histiocitose de células de Langerhans, uma neoplasia monoclonal cujos achados de imagem pulmonares são inicialmente nódulos centrolobulares,

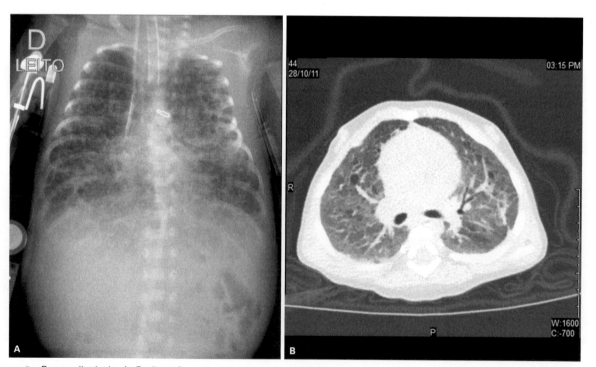

Figura 2 Broncodisplasia. A: Radiografia convencional evidenciando áreas radiolucentes entremeadas por fibrose. B, C: Cortes de tomografia computadorizada demonstrando áreas de atenuação em mosaico, espessamento brônquico e distorção arquitetural do parênquima.

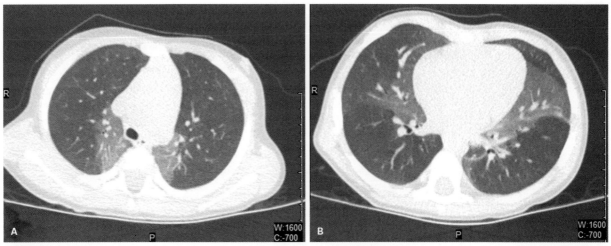

Figura 3 Hiperplasia de células neuroendócrinas. Cortes de tomografia computadorizada evidenciando as opacidades em vidro fosco em distribuição característica, bem como discretas áreas de vascularização reduzida compatível com atenuação em mosaico sutil.

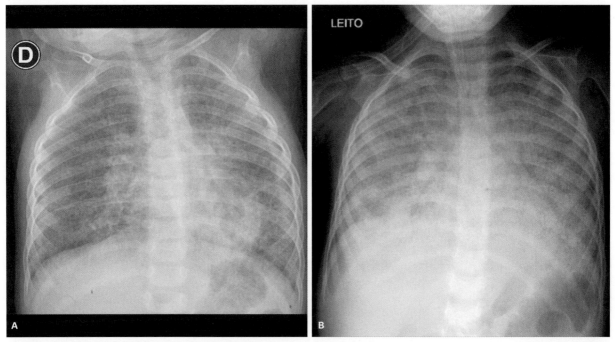

Figura 4 Disfunção do surfactante. Radiografia convencional. A: Forma crônica semelhante à intersticiopatia, com infiltrado reticular difuso. B: Apresentação aguda semelhante à membrana hialina, com hipotransparência difusa dos campos pulmonares e broncogramas aéreos, sendo o paciente submetido à ventilação mecânica.

por vezes assumindo padrão reticulonodular bilateral, que podem cavitar formando os cistos de paredes finas e conteúdo aéreo que lhe são característicos. As doenças de depósito são distúrbios metabólicos que levam ao acúmulo de substâncias nos macrófagos. Nos pulmões, elas se depositam nos alvéolos, levando a achados característicos de opacidades em vidro fosco e espessamento septal, mais frequentes na doença de Niemann Pick, podendo ser também observadas nas doenças de Gaucher e Fabry (Figura 5).

A bronquiolite obliterante consiste no estreitamento dos bronquíolos por inflamação e fibrose. Pode ser criptogênica ou secundária a inalação de gases tóxicos, doença do enxerto *versus* hospedeiro, transplante pulmonar, artrite reumatoide, doença inflamatória intestinal e infecções. A síndrome pós-infecciosa ocorre principalmente após quadro viral ou infecção por *Mycoplasma*, mas também por tuberculose ou coqueluche, afetando a maturação pulmonar na infância e resultando em redução no número de alvéolos e vasos pulmonares. A apre-

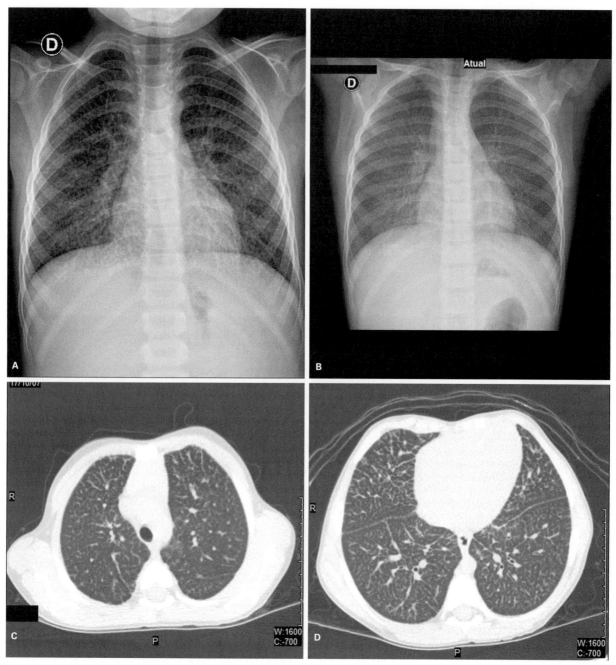

Figura 5 Doenças de depósito. Radiografia simples do tórax, mostrando a semelhança entre o acometimento pulmonar entre diferentes patologias. O diagnóstico diferencial se dá pela análise de múltiplos sistemas. Pacientes portadores de Niemann Pick (A) e Gaucher (B) apresentando espessamento septal difuso. C, D: Representação tomográfica desse padrão.

sentação típica é de atenuação em mosaico caracterizada por áreas de opacidade em vidro fosco alternadas com áreas de aprisionamento aéreo, mais conspícuas na TC em expiração. Na síndrome de Swyer-James-MacLeod há predomínio de um pulmão ou de um lobo, destacando-se a redução de calibre dos vasos pulmonares. Em ambos pode haver espessamento difuso de paredes brônquicas e bronquiectasias, refletindo acometimento concomitante de pequenas e grandes vias aéreas (Figura 6).

As síndromes aspirativas têm em comum a passagem de material sólido ou líquido para vias aéreas e pulmões. Em pediatria, as principais causas desse fenômeno são corpo estranho, refluxo gastroesofágico, fístula traqueoesofágica e distúrbio neuromuscular. As principais complicações da aspiração são supurativas, como pneumonia, abscesso e empiema, cuja distribuição característica nos segmentos posteriores dos lobos superiores e nos segmentos superiores dos lobos inferiores deve favorecer esse

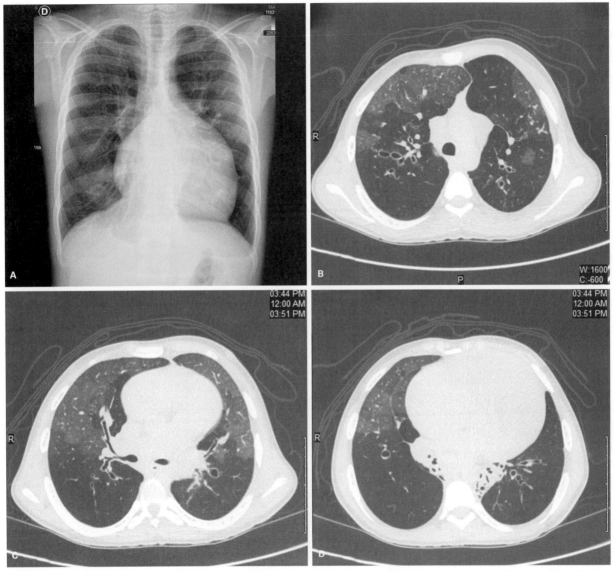

Figura 6 Bronquiolite obliterante. Radiografia simples e cortes de tomografia computadorizada em protocolo de alta resolução evidenciando áreas de vascularização reduzida alternadas com vidro fosco (atenuação em mosaico), espessamento de paredes brônquicas e bronquiectasias.

diagnóstico. Atelectasias, bronquiectasias, bronquiolites difusa e obliterante são manifestações menos comuns da aspiração crônica. A pneumonia lipoídica se distingue pelo aspecto de "*crazy paving*" e atenuação negativa (< 0 UH) das opacidades em vidro fosco (Figura 7).

Infecções recorrentes

Infecções recorrentes são queixa frequente em pediatria. Pequena parcela dos pacientes apresenta condições predisponentes, seja por disfunção do sistema imune ou do mecanismo mucociliar respiratório.

As imunodeficiências primárias decorrem do déficit de componentes específicos do sistema imune. Pacientes com desordens relacionadas às células B adquirem infecções bacterianas, enquanto nos distúrbios relacionados às células T os pacientes são suscetíveis a infecções oportunistas por vírus, fungos e outros microrganismos como *Pneumocystis*. Os principais diagnósticos são resumidos no Quadro 2.

Todas as patologias desse grupo cursam com bronquiectasias, que consistem em dilatação irreversível das vias aéreas devido ao estado inflamatório crônico, ocorrendo predominantemente nos campos pulmonares médios e inferiores. Outros achados são indicativos de doença de pequenas vias aéreas, como espessamento de paredes brônquicas, opacidades centrolobulares nodulares e em árvore em brotamento, e áreas de aprisionamen-

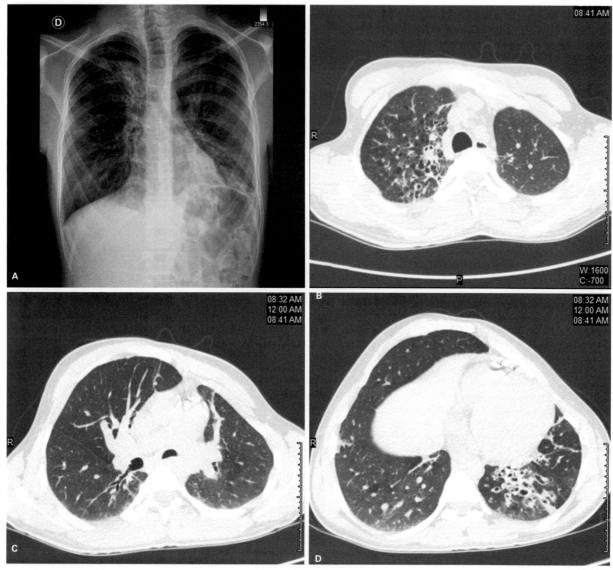

Figura 7 Aspiração. Paciente portador de síndrome aspirativa crônica, apresentando bronquiectasias em distribuição característica no lobo superior direito e no segmento superior do lobo inferior esquerdo, na radiografia simples e na tomografia computadorizada.

Quadro 2	Diagnóstico das imunodeficiências
Categoria	Diagnósticos diferenciais
Desordens das células B	Deficiência de IgA
	Agamaglobulinemia ligada ao X
	Imunodeficiência comum variável
Desordens das células T	Síndrome de DiGeorge
	Imunodeficiência ligada ao X com IgM elevada
Desordens combinadas de células B e T	Imunodeficiência combinada grave
	Síndrome de Wiskott-Aldrich
	Ataxia, telangiectasia
	Síndrome de hiper-IgE
Desordens fagocíticas e de moléculas de adesão	Doença granulomatosa crônica

to aéreo. A presença de consolidação sugere agudização do quadro.

A síndrome dos cílios imóveis se manifesta precocemente como bronquite, otite e rinossinusite crônicas, e pode evoluir com infertilidade masculina. Classicamente há associação com *situs inversus*, constituindo a síndrome de Kartagener. Os aspectos de imagem incluem espessamento peribroncovascular, impactações brônquicas, aprisionamento aéreo, opacidade em vidro fosco ou em árvore em brotamento e consolidação. As bronquiectasias são achados típicos, predominando nos campos pulmonares médios e inferiores.

Fibrose cística é uma disfunção exócrina multissistêmica que cursa com aumento da viscosidade do muco. Com frequência, o diagnóstico é feito por conta do quadro de íleo meconial ao nascimento. A diminuição do *clearance* mucociliar respiratório cursa com sinusite crônica, pólipos nasais e infecções pulmonares recorrentes. A TC de alta resolução apresenta maior sensibilidade que as provas de função pulmonar em detectar a progressão da doença. Nos estágios iniciais, o achado principal é atenuação em mosaico e aprisionamento aéreo, mais bem caracterizado na expiração, que nas crianças menores pode ser obtido com a aquisição em decúbito lateral. Com a evolução do quadro, surgem os achados clássicos, como bronquiectasias comprometendo os lobos superiores e impactação mucoide (Figura 8).

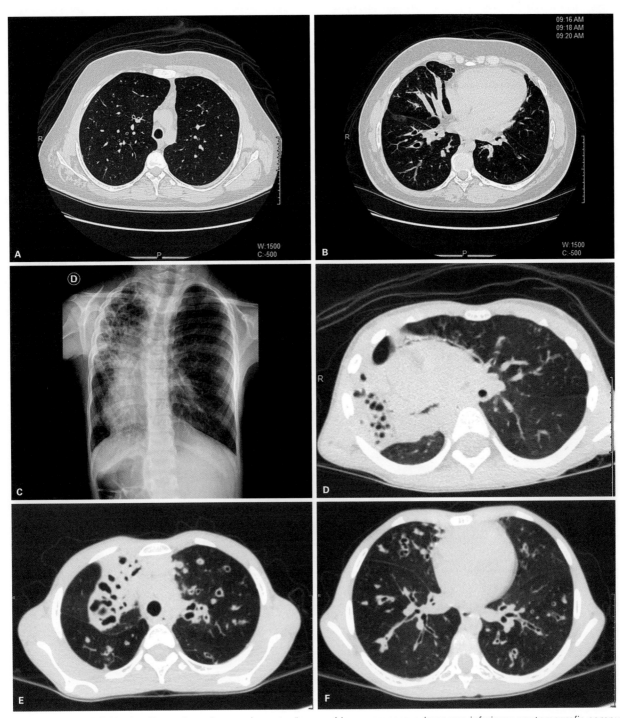

Figura 8 Imunodeficiências. Bronquiectasias com impactação mucoide nos campos pulmonares inferiores em tomografia computadorizada (TC) de paciente portador de agamaglobulinemia (A e B). *Situs inversus* associado a bronquiectasias, aprisionamento aéreo e impactações distais, compatível com síndrome de Kartagener na radiografia e na TC (C e D). Achados típicos de fibrose cística na TC, bronquiectasias com e sem conteúdo comprometendo também os lobos superiores (E e F).

Asma

Asma é certamente a doença pulmonar crônica mais prevalente em pediatria e consiste em hiper-reatividade das vias aéreas com obstrução reversível delas. Hiperinsuflação é a principal característica de imagem desses pacientes. Observa-se ainda atenuação em mosaico, aprisionamento aéreo, espessamento difuso de paredes brônquicas, opacidades centrolobulares e impactações bronquiolares distais. Atelectasias podem estar presentes nas exacerbações agudas e na asma persistente.

A aspergilose broncopulmonar alérgica é uma complicação que pode ocorrer nos asmáticos e também nos portadores de fibrose cística. Consiste em uma reação de hipersensibilidade ao crescimento endobrônquico do fungo *Aspergillus fumigatus*. Na TC, identificam-se as clássicas opacidades em dedo de luva, que representam os brônquios de aspecto tubular se ramificando nos lobos superiores preenchidos por material homogêneo, por vezes hiperdenso, sugerindo calcificação. Pode haver também opacidades centrolobulares e impactação mucoide (Figura 9).

Infecções crônicas

Entre as patologias infecciosas crônicas, salientam-se aquelas de características únicas na infância.

A maioria dos casos de tuberculose na infância ocorre na forma primária, caracterizada por consolidação alveolar e linfonodomegalia regional, denominada complexo de Ranke. Os linfonodos comprometidos podem crescer e comprimir vias aéreas adjacentes, causando hiperinsuflação.

Na radiografia convencional, alargamento do mediastino pode ser o único sinal. A TC com contraste venoso evidencia os linfonodos com necrose central e também as consolidações do espaço aéreo, que podem cavitar. Menos frequentemente pode ocorrer a forma miliar, com múltiplos nódulos coalescentes e lesões hepáticas e/ou esplênicas. A confirmação bacteriológica na infância é extremamente complicada, por isso o diagnóstico depende fundamentalmente da história de contato com portadores bacilíferos da doença, das manifestações clínicas e dos achados radiológicos.

Apesar de sua raridade, cabe mencionar a papilomatose respiratória, relacionada à transmissão perinatal do papilomavírus humano (HPV). Mais comumente observa-se a forma laríngea e subglótica, que cursa com estridor e regressão espontânea. Cerca de 1% desses pacientes desenvolvem a forma pulmonar da doença, na segunda década de vida. Na imagem há presença de nódulos sólidos ou císticos bem definidos, que podem apresentar paredes espessas. Com a disseminação das lesões pode haver insuficiência respiratória e raramente surgimento de carcinoma de células escamosas. Constitui diagnóstico diferencial com histiocitose, metástase de tumor de Wilms e síndrome de Birt-Hogg-Dubé (Figura 10).

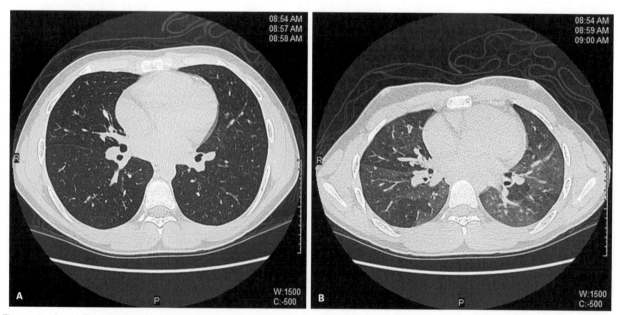

Figura 9   Asma. Tomografia computadorizada em inspiração com parênquima pulmonar preservado, observando-se áreas de aprisionamento aéreo na aquisição em expiração, caracterizando a natureza dinâmica do acometimento de vias aéreas.

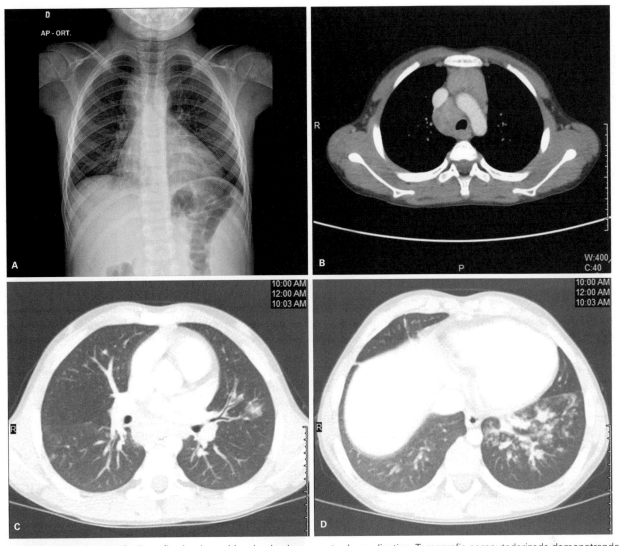

Figura 10 Tuberculose. Radiografia simples evidenciando alargamento do mediastino. Tomografia computadorizada demonstrando linfonodomegalia paratraqueal superior, bem como opacidades parenquimatosas nodulares e centrolobulares com aspecto de árvore em brotamento.

Considerações finais

O conhecimento das principais patologias pediátricas e suas particularidades pode contribuir para o diagnóstico preciso e a abordagem menos invasiva nesses pacientes.

Bibliografia sugerida

1. Spagnolo P, Bush A. Interstitial lung disease in children younger than 2 years. Pediatrics. 2016;137(6):e20152725.
2. McEvoy CT, Aschner JL. The natural history of bronchopulmonary dysplasia: the case for primary prevention. Clin Perinatol. 2015;42(4):911-31.
3. Pilar García-Peña, Boixadera H, Barber I, Toran N, Lucaya J, Enríquez G. Thoracic findings of systemic diseases at high-resolution CT in children. RadioGraphics. 2011;31(2):465-82.
4. Pipavath SJ, Lynch DA, Cool C, Brown KK, Newell JD. Radiologic and pathologic features of bronchiolitis. Am J Roentgenol. 2005;185(2):354-63.
5. Franquet T, Giménez A, Rosón N, Torrubia S, Sabaté JM, Pérez C. Aspiration diseases: findings, pitfalls, and differential diagnosis. RadioGraphics. 2000;20(3):673-85.
6. Silva CIS, Colby TV, Müller NL. Asthma and associated conditions: high-resolution CT and pathologic findings. Am J Roentgenol. 2004;183(3):817-24.
7. Kim WS, Choi J-I, Cheon J-E, Kim I-O, Yeon KM, Lee HJ. Pulmonary tuberculosis in infants: radiographic and CT findings. Am J Roentgenol. 2006;187(4):1024-33.
8. Engelke C, Schaefer-Prokop C, Schirg E, Freihorst J, Grubnic S, Prokop M. High-resolution CT and CT angiography of peripheral pulmonary vascular disorders. RadioGraphics. 2002;22(4):739-64.
9. Giménez A, Franquet T, Prats R, Estrada P, Villalba J, Bagué S. Unusual primary lung tumors: a radiologic-pathologic overview. RadioGraphics. 2002;22(3):601-19.

Lesões mediastinais na infância

Keityane Rodrigues
Abner Donato Dorazio Souza
Luiz Antonio Nunes de Oliveira

Introdução

Massas mediastinais na infância são um grupo heterogêneo e amplo de lesões congênitas, infecciosas, neoplásicas benignas ou malignas e pseudomassas, assintomáticas ou sintomáticas, que podem determinar dificuldades diagnósticas e planejamentos terapêuticos complexos. Costumam ser descobertas incidentalmente na radiografia torácica e quando apresentam grandes dimensões podem causar compressão das estruturas mediastinais adjacentes, podendo haver comprometimento cardiovascular ou compressão de vias aéreas.

As massas mediastinais são geralmente atribuídas a um único compartimento mediastinal para limitar o diagnóstico diferencial, porém diversas vezes não são localizadas em um só compartimento anatômico. O epicentro da massa e a direção do efeito de massa nas estruturas adjacentes, como traqueia e grandes vasos, além de suas características internas (calcificações, gordura, água etc.) sugerem o sítio de origem da massa.

Para o diagnóstico dos tumores mediastinais, é importante o conhecimento da complexa anatomia do mediastino e da frequência das doenças de acordo com a localização anatômica e a idade da criança.

Anatomia

O mediastino é o espaço localizado na porção central do tórax, entre as duas cavidades pleurais, o diafragma e a entrada torácica.

Anatomicamente é dividido em porções, superior e inferior, separadas por uma linha desenhada no ângulo esternal (ângulo de Louis) até o quarto espaço intervertebral (D4-D5). Essas porções correspondem aos mediastinos superior e inferior. O inferior geralmente é dividido em anterior, médio e inferior.

A classificação de Fraser et al. divide o mediastino nos compartimentos anterior, médio e posterior com base na radiografia lateral de tórax (Figura 1). Não existem planos fasciais separando esses compartimentos, mas essa divisão categoriza doenças e massas de acordo com a localização de origem.

O mediastino anterior é definido como a região posterior ao esterno e anterior ao coração e vasos braquiocefálicos e da entrada torácica superior até o diafragma, inferiormente. Ele contém o timo, gordura, linfonodos e os vasos mamários internos. É o compartimento mediastinal mais acometido com aparecimento de lesões.

O compartimento mediastinal médio é localizado posterior ao mediastino anterior e anterior ao mediastino posterior. Este espaço contém o coração e pericárdio, aor-

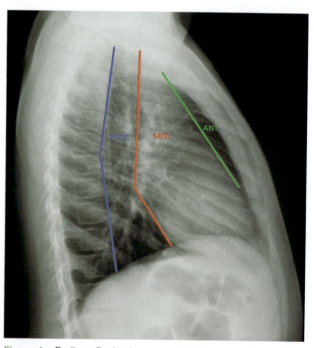

Figura 1 Radiografia de tórax em perfil demonstrando a divisão mediastinal em compartimentos anterior, médio e posterior.

ta ascendente e transversa, vasos braquiocefálicos, veia cava superior e veia pulmonar principal, traqueia, brônquio, linfonodos, nervos frênico e vago e nervo laríngeo recorrente esquerdo.

O compartimento mediastinal posterior está localizado posterior ao coração e à traqueia e se estende posteriormente até a borda anterior vertebral torácica, incluindo as goteiras paravertebrais. Contém a aorta torácica descendente, o esôfago, veias ázigos e hemiázigos, nervos e gânglios autonômicos, ducto torácico, linfonodos e gordura.

Divisão

Massas do mediastino anterior

Para melhor didática, serão separadas de acordo com sua atenuação em lesões sólidas, gordurosas e císticas. As lesões sólidas compreendem: timo proeminente, timo ectópico, hiperplasia tímica, timoma, carcinoma tímico, linfoma e teratoma.

As lesões gordurosas são: o lipoma e o timolipoma e as lesões císticas são o cisto tímico e a malformação linfática.

Lesões sólidas

Timo normal

O timo é um órgão glandular endócrino encapsulado, bilobulado, localizado na porção anterossuperior do mediastino. Após a puberdade, diminui e reduz sua atividade na maioria dos indivíduos, sendo gradualmente substituído por gordura.

Consiste em dois lobos laterais em íntimo contato na linha média, situado parcialmente no tórax, parcialmente no pescoço e estende-se da quarta cartilagem costal até a borda inferior da tireoide. Posteriormente, repousa no pericárdio e é separado da aorta e grandes vasos por uma camada de fáscia. Os dois lobos costumam diferir em tamanho. Ocasionalmente são unidos e formam uma massa única e às vezes são separados por um lobo intermediário.

Representa um importante papel no desenvolvimento do sistema imune no início da vida e sua função primária é a maturação de linfócitos T.

O tamanho do timo em crianças saudáveis aumenta do nascimento até 4-8 meses de idade e então diminui até a puberdade, quando aumenta. Normalmente pesa cerca de 15 g ao nascimento e 35 g na puberdade. A maioria das variações individuais pode ser explicada pela condição de amamentação e tamanho corporal.

Na radiografia de tórax, o timo normal não é visível em adolescentes e adultos. Em crianças normais, no entanto, o timo pode ser muito proeminente e mimetizar uma massa verdadeira (Figura 2).

O timo normal aparece na radiografia de tórax, inclusive na incidência lateral, como uma densidade de partes

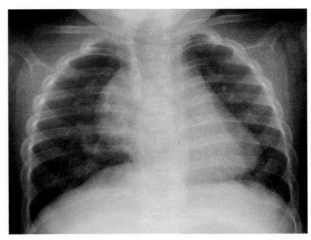

Figura 2 Radiografia de tórax anteroposterior de um menino de 11 meses mostrando um timo proeminente.

moles proeminente preenchendo o mediastino anterossuperior de lactentes e crianças. O lobo esquerdo mimetiza alargamento mediastinal superior, sem deslocar estruturas adjacentes; e indentações da borda anterolateral de um lobo esquerdo proeminente oposto à cartilagem costal são frequentemente vistas, formando o "sinal da onda" tímico. A margem inferior do lobo direito é achatada na fissura menor, produzindo o sinal da "vela de barco" (Figura 3).

Em ambas as incidências do timo, é frequentemente inseparável da borda cardíaca superior, mimetizando cardiomegalia.

Na ultrassonografia, o timo normal tem ecotextura homogênea e finamente granular com linhas ecogênicas, com margem bem definida e regular, pois cada lobo é circundado por uma cápsula fibrosa (Figura 4). É moderadamente hipoecogênico em relação ao fígado, ao baço e à glândula tireoide. O Doppler colorido demonstra que o timo normal é hipovascular.

Na tomografia computadorizada (TC) sem contraste, tem uma atenuação maior que os vasos, mas a mesma intensidade que o tecido muscular. Durante a infância, o nível médio de atenuação do timo normal é 80,8 UH. Em adolescentes, a média de atenuação é 56 UH. Isso é atribuído à infiltração gordurosa. Demonstra realce homogêneo de 20 a 30 UH, em seguida à injeção de contraste (Figura 5).

Na ressonância magnética (RM), tem um sinal homogêneo. Nas imagens ponderadas em T1, demonstra um sinal ligeiramente mais intenso que o músculo normal. Nas imagens em T2, o sinal é mais intenso que o do tecido muscular, ocorrendo da mesma forma quando a saturação de gordura é usada. Sinal não homogêneo do timo pode ser considerado patológico.

Timo ectópico

A maioria dos casos de timo ectópico é encontrada em qualquer nível da via de descida do timo normal, des-

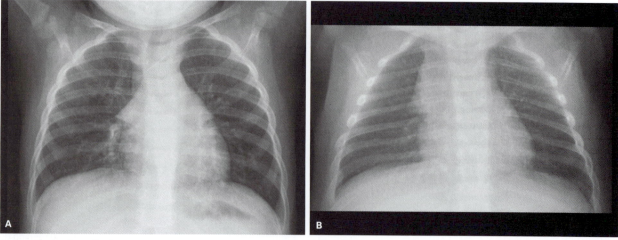

Figura 3 Radiografia de tórax anteroposterior mostrando o sinal da "vela de barco" tímico em uma criança de 1 ano e 9 meses (A) e em uma criança de 2 meses (B).

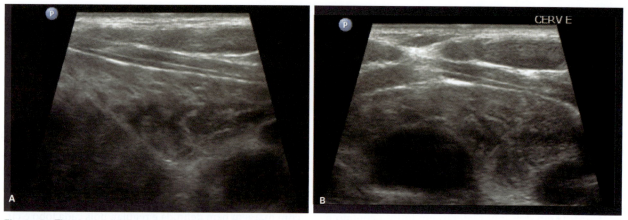

Figura 4 Timo normal. Ultrassonografia longitudinal (A) e transversal (B) de uma menina de 9 anos.

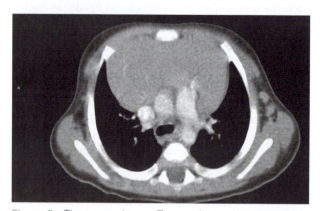

Figura 5 Timo proeminente. Tomografia computadorizada de tórax com contraste de um recém-nascido de 10 dias demonstrando um timo proeminente, homogêneo.

de o ângulo da mandíbula até o mediastino anterossuperior. Mais comumente, o timo ectópico é identificado em uma localização paratraqueal direita.

Infrequentemente decorrente de uma migração anormal durante o desenvolvimento fetal, o timo se estende da posição atual até o mediastino médio e posterior como uma estrutura contígua.

O diagnóstico de timo ectópico mediastinal pode ser feito com base em quatro critérios: 1) intensidade de sinal similar ao timo tópico normal; 2) intensidade de sinal homogêneo; 3) realce uniforme ao contraste; e 4) continuidade com o tecido tímico normoposicionado. O quarto critério é útil, mas não é necessário, pois nem sempre está ligado a um timo no mediastino anterior ou é conectado por uma banda fibrosa fina que não pode ser vista pelas técnicas de imagem.

Um timo retrocaval é uma variante normal, em que existe uma extensão posterior do timo entre a veia cava superior e os grandes vasos. Na radiografia torácica, pode produzir uma aparência que mimetiza uma massa mediastinal verdadeira ou colapso do lobo superior direito.

Hiperplasia tímica

As desordens tímicas são raras na população pediátrica.

A hiperplasia é o processo mais comum que acomete o timo em lactentes e crianças. É difícil avaliar o peso da glândula, uma vez que continua a crescer após o nascimento até a puberdade e posteriormente sofre progressiva atrofia.

A glândula hiperplásica usualmente mantém as características radiográficas de um timo normal, mas pode causar efeito de massa nas estruturas adjacentes sem invasão e raramente produz alteração respiratória neonatal.

Doença tímica ocorre em 80-90% dos pacientes com *miastenia gravis*, e a hiperplasia tímica linfofolicular ocorre em 70% dos pacientes, o timoma em 10-20% e a atrofia tímica em 10%.

O rebote tímico refere-se ao aumento da glândula depois da atrofia por doença grave ou medicações (quimioterapia, tratamento com corticoesteroide), crescendo novamente nos próximos meses, e o volume do rebote tímico pode exceder o volume inicial. Após quimioterapia, o timo atrofia em cerca de 90% dos casos.

Em complementação à avaliação pela TC, a RM pode mostrar a hiperplasia tímica, que tipicamente apresenta folículos linfóides localizados predominantemente na medula, associado a compressão e atrofia do córtex (hiperplasia folicular tímica) e pode ser distinguida do componente de partes moles de outras entidades.

O rebote tímico é visto rotineiramente no acompanhamento de paciente com estudos com tomografia por emissão de pósitrons (PET), por neoplasia e não pode ser confundido com uma condição patológica.

Timomas

São neoplasias epiteliais contendo uma quantidade variável de linfócitos. Embora representando cerca de 20% dos tumores do mediastino, são pouco frequentes na população pediátrica, correspondendo a 4% das neoplasias pediátricas mediastinais, e estão associados a doenças autoimunes: *miastenia gravis*, diabete melito tipo I, hepatite autoimune e tireoidite de Hashimoto.

A aparência radiológica mais frequente do timoma é uma massa oval de partes moles no mediastino anterior de tamanho variável, que se projeta em um dos lados do tórax, resultando em uma massa lobulada. São frequentemente mais bem visualizados na imagem lateral, obliterando o espaço retroesternal.

Linfoma

Eles são a causa mais comum de massa no mediastino pediátrico e a massa mediastinal anterior mais comum em crianças.

Após leucemia e tumores do sistema nervoso central, é a terceira neoplasia mais comum em indivíduos com menos de 16 anos de idade.

São o terceiro grupo mais comum de câncer em crianças e adolescentes nos Estados Unidos, correspondendo a aproximadamente 13% dos recém-diagnosticados com câncer nessa faixa etária. No Brasil, o linfoma é o segundo tipo de câncer mais frequente na faixa etária de 0 a 18 anos, ficando abaixo apenas das leucemias, segundo o Ministério da Saúde.

O linfoma não Hodgkin representa 60% desses diagnósticos e a doença de Hodgkin, o restante.

Definição

Linfomas são transformações neoplásicas de células linfoides normais que residem predominantemente em tecidos linfoides. Eles são morfologicamente divididos em linfomas de Hodgkin (LH) e não Hodgkin.

A classificação mais utilizada atualmente é a da Organização Mundial da Saúde (OMS), que se baseia em dados de morfologia, imunofenotipagem, genética e informações clínicas e divide os vários tipos de neoplasias linfoides em três grandes grupos: neoplasias de células B, neoplasias de células T/NK e linfoma de Hodgkin.

Linfoma não Hodgkin

O linfoma não Hodgkin (LNH) acomete crianças entre 7 e 11 anos de idade, com prevalência no sexo masculino (3:1).

Histologicamente, sua classificação se baseia no tipo, no grau de diferenciação celular e nos marcadores celulares, sendo dois tipos conhecidos: linfoblástico e não linfoblástico. O tipo não linfoblástico é subdividido em histiocítico e indiferenciado. O tipo indiferenciado inclui o Burkitt e o não Burkitt.

Há quatro tipos de LNH infantil: o linfoblástico (30-35%), o indiferenciado não Burkitt (25-30%), o indiferenciado Burkitt (20-25%) e o histiocítico ou de células grandes (15-20%).

O LNH infantil acomete mais frequentemente o abdome (região ileocecal), seguido pelo mediastino (segundo sítio mais comum). Existe uma correlação importante entre o tipo de LNH e o sítio de envolvimento. O tipo linfoblástico é geralmente supradiafragmático e se apresenta como massa mediastinal, com linfadenopatia cervical. O indiferenciado ocorre no abdome, sendo a região ileocecal a mais comum. O histiocítico ocorre em várias regiões, mas raramente é mediastinal. Mais de 70% dos LNH em crianças estão disseminados no momento do diagnóstico e o acometimento geralmente é extranodal.

Por conta de mais de 70% dos LNH pediátricos estarem disseminados quando diagnosticados, metástases microscópicas são presumidas e é feita quimioterapia em todos os pacientes.

A doença extranodal envolvendo baço, fígado, rins e trato gastrointestinal causa áreas de baixa atenuação única ou múltiplas no parênquima ou um padrão infiltrativo difuso na tomografia.

Linfoma de Hodgkin

O linfoma de Hodgkin (LH) possui uma distribuição de incidência bimodal. Nos países desenvolvidos, o primeiro pico ocorre na segunda década e o segundo, na quinta década de vida; já nos países em desenvolvimento o primeiro pico de ocorrência é observado mais precocemente, em geral antes da adolescência.

De acordo com a OMS, o LH pode ser classificado histologicamente em dois grandes subgrupos: o LH nodular com predomínio de linfócitos e o LH clássico, este subdividido em esclerose nodular, celularidade mista, depleção de linfócitos e LH clássico rico em linfócitos.

O tipo esclerose nodular é o mais frequente, observando em 60-70% dos casos.

As células de Reed-Sternberg (RS), linfócitos, histiócitos e suas variantes compõem as células malignas do linfoma de Hodgkin e seu diagnóstico é feito por exame histológico de linfonodo excisado.

A presença de células de RS na histologia é um achado patognomônico para caracterizar a doença.

O envolvimento linfonodal é a apresentação mais comum e a linfadenopatia cervical, o sintoma mais frequente na apresentação.

Envolvimento do tórax (85%), dos linfonodos paraórticos (35%) e do baço (35%) também é comum. A doença usualmente progride via linfática por contiguidade pelas cadeias linfonodais e pelo baço. O envolvimento frequente de cadeias linfonodais abdominais é outra diferença entre doença de Hodgkin e linfoma não Hodgkin. Na doença de Hodgkin, linfonodos mesentéricos são raramente envolvidos, enquanto linfonodos paraórticos e celíacos são locais comuns da doença.

Cerca de 85% dos linfomas de Hodgkin mostram envolvimento torácico na apresentação, com os linfonodos hilares envolvidos em mais de 25% dos casos, mais comumente afetando os linfonodos mediastinais anterossuperiores, com as cadeias linfonodais pré-vascular e paratraqueal envolvidas (Figura 6).

A doença de Hodgkin frequentemente envolve este compartimento mediastinal em cerca de dois terços de todos os casos pediátricos de adenopatia mediastinal. Em adição ao aumento linfonodal ou conglomerados linfonodais, linfoma de Hodgkin pode manifestar-se como nódulos pulmonares múltiplos e consolidação multifocal.

Métodos de imagem

Na radiografia torácica, observa-se uma massa mediastinal anterior com obliteração do espaço retroesternal ou alargamento mediastinal. Achados associados incluem nódulos pulmonares que podem cavitar, consolidação e espessamento intersticial difuso. O envolvimento pleural no linfoma não Hodgkin pode manifestar-se como efusão (cerca de 15% dos pacientes) ou massa pleural.

No linfoma não Hodgkin, cerca de 50% dos casos mostram um envolvimento intratorácico. As cadeias nodais mediastinais anterior e posterior são igualmente envolvidas.

A TC e a RM são importantes para o estadiamento e a avaliação da resposta à terapia.

Tomografia contrastada é mais útil com base na definição acurada da localização do linfonodo e na caracterização da massa mediastinal. Calcificações são raras. Apresenta-se como massa com densidade de partes moles, com realce heterogêneo ao contraste endovenoso, geralmente sem invasão vascular. O envolvimento linfomatoso do timo frequentemente causa alargamento homogêneo da glândula. Contudo, conglomerados linfonodais frequentemente tornam-se heterogêneos, com áreas císticas e hipodensas, sugestivas de necrose (Figura 7).

A RM é uma ferramenta útil, apesar de não ser tipicamente usada para avaliação mediastinal no linfoma devido a TC ser excelente para avaliar a doença

Cintilografia com gálio (Ga) é um exame acurado para monitorizar a resposta à terapia e para detectar precocemente recorrência. Atualmente, o PET provêm melhor avaliação da doença ativa comparada com a cintilografia com Ga.

Tumor de células germinativas

É a terceira neoplasia mais comum do mediastino, depois do linfoma e dos tumores neurogênicos. Quando surgem primariamente no mediastino ocorrem sobretudo no mediastino anterior e podem corresponder a 10-20% de todas as neoplasias mediastinais.

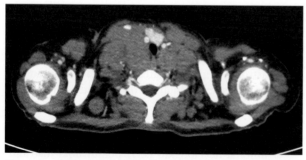

Figura 6 Linfoma de Hodgkin. Tomografia de tórax com contraste de uma menina de 14 anos com múltiplas linfonodomegalias globosas e heterogêneas cervicais e mediastinais, a maior na transição cervicotorácica à direita.

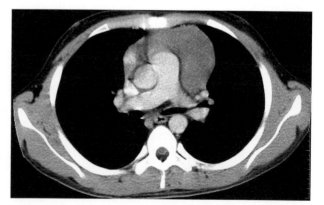

Figura 7 Linfoma não Hodgkin. Tomografia de tórax com contraste de um menino de 13 anos mostrando uma massa com atenuação de partes moles no mediastino anterior, região pré-vascular, com mínimo realce ao meio de contraste.

São neoplasias pouco comuns que acometem mais frequentemente as gônadas e surgem mais frequentemente no mediastino anterior próximo à glândula tímica.

Um pequeno subtipo de tumores de células germinativas surge nos outros compartimentos mediastinais. Correspondem a 6-18% dos tumores mediastinais e compreendem somente 1-3% de todos os tumores germinativos.

Entre os tumores desta linhagem celular estão os teratomas (maligno imaturo e benigno maduro) e as lesões não teratomatosas, que incluem: seminomas, tumores de células germinativas não seminomatosos e não teratomatosos (tumores do saco vitelino, carcinomas embrionários e coriocarcinomas) e tumores de células germinativas combinados sem componentes teratomatosos.

O teratoma corresponde a aproximadamente 60% de todos os tumores de células germinativas no mediastino.

Na radiografia torácica, os teratomas maduro e imaturo podem ser redondos ou lobulados, e grandes em tamanho. Mais de 26% exibem calcificações, que podem ser central, periférica ou curvilínea.

Na TC, são tumores císticos multiloculados com espessura de parede variável. A combinação de atenuação de líquido, partes moles, cálcio e gordura em uma massa mediastinal anterior é altamente específica de teratoma.

Outra importante característica diagnóstica é a presença de tecido sólido dentro da lesão, uma característica comumente vista mais em teratomas malignos imaturos que nos tumores benignos maduros. Teratomas benignos maduros tendem a se deslocar em vez de invadir estruturas adjacentes.

O seminoma se manifesta como uma volumosa massa lobulada, que raramente calcifica. Incomumente invade as estruturas adjacentes, mas pode metastatizar para linfonodos regionais e osso. O tumor não seminomatoso é radiograficamente grande e irregular com grandes áreas heterogêneas de baixa atenuação na TC causadas por necrose, hemorragia e formação cística.

Pelo fato de serem histologicamente indistinguíveis de tumores germinativos originados dos testículos e ovários, o diagnóstico de neoplasia primária maligna de células germinativas mediastinal requer a exclusão de tumor primário gonadal como fonte de metástases do mediastino.

O tumor de células germinativas aparece nas imagens de RM como massa de intensidade de sinal heterogêneo, sendo a ressonância mais sensível na detecção de infiltração de estruturas adjacentes, por conta da obliteração do plano gorduroso.

Lesões gordurosas

Lipomas

São massas encapsuladas com uma composição idêntica a gordura subcutânea. Eles podem ocorrer em qualquer lugar no corpo, incluindo o mediastino. Em virtude de os lipomas serem moles e flexíveis, os pacientes são usualmente assintomáticos e, dependendo do tamanho e da localização do lipoma, radiografias torácicas podem mostrar uma massa que é relativamente radiolucente, comparada com os tecidos moles adjacentes. A TC e a RM podem confirmar a natureza gordurosa da massa.

Timolipoma

É uma massa mediastinal anterior benigna incomum que consiste em tecido tímico normal entremeado por gordura. Por serem massas flexíveis, pacientes são usualmente assintomáticos. Um timolipoma costuma aparecer como uma massa grande e de margens definidas. Radiografias torácicas mostram a baixa densidade da lesão em cerca de metade dos casos. TC e RM podem confirmar o diagnóstico, demonstrando tecido de partes moles entremeado por gordura, sem realce.

Lesões císticas

Malformação linfática

É uma estrutura cística ou multicística que contém linfa recoberta por endotélio. Era denominada linfangioma ou higroma cístico; no entanto, por conta de essas malformações não serem neoplasias, palavras como linfangioma ou higroma são impróprias e a terminologia está sendo abandonada.

Essa malformação pode ocorrer em qualquer lugar do corpo e frequentemente envolve a região cervical, com extensão para dentro do mediastino anterior.

Estudos de imagem revelam uma massa multicística bem definida, contendo septações e um número variável de cistos de tamanhos variados.

A TC e, mais frequentemente, a RM podem mostrar realce dos septos internos e da parede dos cistos, mas sem realce das porções centrais. No caso de hemorragia prévia ou infecção produzindo material proteináceo dentro dos cistos, as malformações linfáticas aparecem como coleções fluidas complexas em vez de massas císticas simples preenchidas por fluido.

Cisto tímico

Representa um remanescente cístico do ducto timofaríngeo e corresponde a 3% das lesões do mediastino anterior, podendo ser de natureza congênita ou adquirida.

É uma massa cística rara e é preenchido por líquido, tipicamente encontrado na lateral do pescoço, no infra-hióideo, e intimamente associado com a bainha carotídea, porém pode ocorrer em qualquer lugar ao longo do ducto timofaríngeo do seio piriforme ao mediastino anterior. Também pode estar ligado ao timo mediastinal diretamente ou por um cordão fibroso.

A TC e a RM mostram uma massa cística de baixa densidade sem realce. O sinal na RM depende do conteúdo do fluido cístico, com material rico em proteína ou hemorrágico aparecendo com alto sinal nas imagens ponderadas em T1. A ultrassonografia pode ser realizada para caracterizar a massa preenchida por fluido; no entanto, a TC e a RM são superiores por mostrar a extensão da lesão e sua relação com as estruturas mediastinais.

Massas do mediastino médio

Para uma proposta prática, as massas do mediastino médio podem ser classificadas em lesões vasculares e não vasculares.

Anomalias vasculares

Correspondem a cerca de 3-6% das massas mediastinais na infância. As malformações linfáticas podem ocorrer como massa mediastinal e são lesões vasculares, um grupo que inclui malformações venosas e hemangiomas. A maioria é causada por extensão de outros locais, como o pescoço ou a axila, e menos de 1% localiza-se no mediastino.

Na radiografia de tórax, aparecem como massas bem definidas, redondas, lobuladas, geralmente no mediastino anterior ou médio. Poucas podem ocorrer no mediastino posterior. Derrame pleural pode estar presente e é geralmente quiloso. Quando abrange a parede envolvimento ósseo pode estar presente.

O exame ultrassonográfico mostra uma massa multicística com ecos internos. A TC ou a RM demonstram uma massa cística, frequentemente septada ou multiloculada, que envolve ou molda as estruturas mediastinais adjacentes. O realce com meio de contraste geralmente é mínimo na malformação linfática, e é restrito à fina septação.

Anéis vasculares são anomalias congênitas que ocorrem no desenvolvimento do arco aórtico e dos grandes vasos. Outras massas raras vasculares no mediastino médio na população pediátrica incluem massas arteriais e venosas.

Lesões não vasculares
Cistos de duplicação

São anomalias congênitas incomuns que surgem como resultado de malformações do desenvolvimento do intestino primitivo embrionário e consistem em três tipos celulares distintos. Podem ser classificados em: cistos broncogênicos, entéricos (duplicação esofágica, duplicação lingual e duplicação gástrica) e neuroentéricos.

São os cistos mediastinais mais comuns, correspondendo a aproximadamente 20% das massas mediastinais, e os cistos broncogênicos representam 50-60% de todos os cistos mediastinais, enquanto os cistos enterogênicos, que incluem os de duplicação esofágica e cistos neuroentéricos, constituem 5-10% e 2-5%, respectivamente.

Cistos broncogênicos

Este tipo de cisto de duplicação surge de brotamento anormal do intestino anterior, de uma divisão anormal da árvore traqueobrônquica entre o 26º e 40º dias de gestação. Eles podem ser mediastinais ou intrapulmonares, dependendo da época da ocorrência do defeito: antes da 4ª semana gestacional, tendem a ser mediastinais e após a 6ª semana, a ser intrapulmonares.

São recobertos por epitélio respiratório e contêm feixes cartilaginosos, glândulas brônquicas e feixes de músculo liso nas paredes, similares à árvore bronquial.

Podem ser encontrados em qualquer lugar ao longo da árvore traqueoesofágica, mas as localizações mais comuns são:

- Mediastinal (70%), subcarinal, paratraqueal à direita e hilar são as localizações mais comuns. Incidência: carina 50%, paratraqueal 20%, parede orotraqueal 15%, retrocardíaco 10%.
- Intraparenquimatoso (intrapulmonar 20-30%), tipicamente peri-hilar, com preferência pelos lobos inferiores. A visualização de epitélio respiratório provê um diagnóstico definitivo.
- Outras localizações: pescoço, pele, pericárdio, através do diafragma com aspecto de haltere e retroperitoneal.

Eles não costumam se comunicar com a árvore brônquica e, portanto, não contêm ar. Em vez disso, eles contêm líquido (água), quantidades variáveis de material proteico, produtos sanguíneos e oxalato de cálcio, resultando em aumento de atenuação e simulando lesões sólidas. Eles raramente são múltiplos.

Cistos de duplicação esofágica

Resultam de desenvolvimento anormal da divisão posterior do intestino embrionário. Disfagia é o sintoma mais comum. Apesar de serem tipicamente localizados adjacente à parede esofágica, eles podem ser encontrados dentro do parênquima pulmonar, se houver desprendimento do esôfago durante o desenvolvimento e, posteriormente, migrar com um brotamento de pulmão.

A maioria dos cistos de duplicação entérica tem sido localizada mantendo relação com a traqueia ou o esôfago. Sua localização mais comum é no mediastino posterior, próximo à transição toracoabdominal. São geralmente recobertos por epitélio alimentar e 50-60% contêm mucosa gástrica ou tecido pancreático. A visualização histológica de uma camada muscular ou submucosa do trato gastrointestinal dentro da lesão provê um diagnóstico definitivo.

Cistos neuroentéricos

Resultam da falha de separação do trato gastrointestinal da crista neural primitiva durante a vida embrionária. A maioria é encontrada no mediastino posterior, onde eles podem estender-se ou comunicar-se com o canal espinhal e estar associados com defeitos ósseos congênitos da espinha. A associação com anomalias vertebrais está bem documentada nesses casos, em especial a hemivértebra.

Histologicamente, ambos os elementos, neural e epitélio gastrointestinal, são tipicamente vistos. Presença de mucosa gástrica com suas possíveis complicações também pode ocorrer.

Métodos de imagem

Radiologicamente, os cistos de duplicação se manifestam como massas bem delimitadas, homogêneas, esféricas, com tamanho de 2 a 10 cm.

Embora cistos broncogênicos sejam geralmente cheios de líquido, ocasionalmente uma comunicação pode desenvolver-se após uma infecção ou intervenção, o que resulta em uma estrutura cística cheia de ar com um nível líquido.

Na radiografia, aparecem como estruturas arredondadas com densidade de partes moles, às vezes com compressão de estruturas vizinhas. Como os cistos podem conter oxalato de cálcio, camadas dependentes de material de densidade calcificada (leite de cálcio) podem ser vistas.

Na TC, tipicamente aparecem como massas esféricas ou ovoides bem circunscritas de atenuação e composição fluida variáveis, explicando as diferentes atenuações vistas na TC (Figura 8).

Cerca de 50% têm densidade fluida (0-20 UH), mas uma proporção significativa tem densidade de partes moles (> 30 UH) ou ainda hiperatenuante em relação aos tecidos de partes moles circundantes. O grau de atenuação depende da quantidade de conteúdo proteináceo interno.

Realce e calcificação da parede do cisto podem ocorrer. Em crianças, compressão da árvore traqueobrônquica pode ocorrer produzindo aprisionamento aéreo, um hemitórax hiperlucente, atelectasia ou desvio da traqueia. O cisto pode estar oculto ou obscurecido por uma consolidação pulmonar.

A RM é algumas vezes realizada para confirmação (especialmente em casos atípicos) e exibe imagem cística bem definida, com sinal alto e homogêneo em T2. Na sequência em T1 o conteúdo cístico pode exibir baixo ou alto sinal (por causa do conteúdo proteico) e o contraste evidencia mínimo realce periférico e nenhum realce central. Nível líquido-líquido pode estar presente.

Cistos pericárdicos

São lesões mediastinais benignas incomuns e muito raras em crianças. São geralmente lesões císticas uniloculares com uma parede fina de tecido conectivo, contêm fluido claro e são geralmente considerados anomalias na formação/desenvolvimento da cavidade celômica, mas alguns podem ser adquiridos.

Radiologicamente se manifestam como uma massa bem definida, esférica, de 5 a 8 cm (alguns atingem tamanhos maiores), que caracteristicamente confina o coração.

Cerca de 70% são localizados no ângulo cardiofrênico direito, 22% no ângulo cardiofrênico esquerdo e o restante 8% em outra localização paracardíaca.

Na TC, são massas hipoatenuantes, sem realce, uniloculares com conteúdo de atenuação de água e uma parede imperceptível. Na RM, têm baixo sinal nas imagens ponderadas em T1 e alto sinal nas imagens em T2.

Linfadenopatia

Os grupos linfonodais podem ser visíveis na radiografia torácica, quando estão aumentados, e estão localizados no mediastino anterior e posterior, paratraqueal, traqueobronquial, hilar, subcarinal e paracardíaco.

A etiologia do aumento linfonodal é ampla. Na realidade, a maioria das massas mediastinais é causada por adenopatia ou malformações broncopulmonares do intestino primitivo.

A linfadenopatia no compartimento mediastinal médio em crianças é mais comumente decorrente de processos infecciosos (tuberculose e histoplasmose) (Figura 9) ou neoplásicos (linfoma e metástase de tumor abdomino-pélvico).

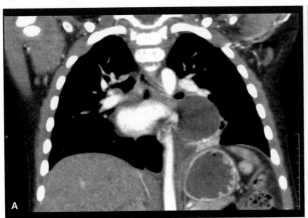
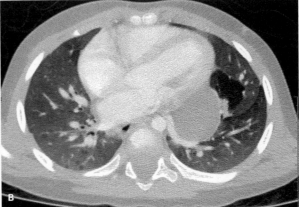

Figura 8 Cisto broncogênico. Tomografia de tórax com contraste de menino com 2 anos mostrando uma massa hipoatenuante redonda bem-definida, para-hilar à esquerda, associada a represamento aéreo adjacente. A: Coronal; B: axial, janela pulmonar.

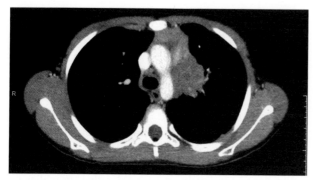

Figura 9 Histoplasmose pulmonar. Tomografia de tórax com contraste de uma menina de 9 anos demonstrando linfonodomegalias mediastinais confluentes, heterogêneas com presença de calcificações, localizadas nas cadeias hilares, infracarinal, janela aortopulmonar e pré-vascular.

As causas mais frequentes de adenopatia são linfoma, leucemia, tuberculose (Figura 10), histoplasmose, sarcoidose, fibrose cística, mononucleose infecciosa, histiocitose das células de Langerhans, doença de Castleman e neoplasias metastáticas, como neuroblastoma em crianças mais novas e carcinoma testicular em adolescentes, que metastatizam para linfonodos mediastinais.

Pacientes com linfadenopatia metastática mediastinal podem ser assintomáticos ou apresentar uma variedade de sintomas que dependem da extensão e do efeito de massa nas estruturas vitais adjacentes. Geralmente têm também anormalidades do parênquima pulmonar que ajudam a alcançar o diagnóstico correto.

TC sem contraste pode ser necessária, antes da fase contrastada, para identificar linfonodos calcificados, que sugerem doença granulomatosa.

A linfadenopatia metastática mediastinal costuma aparecer na TC e RM como massa de partes moles homogênea ou heterogênea que pode representar um conglomerado linfonodal. Determinar o tumor primário responsável pela linfonodopatia metastática mediastinal é frequentemente difícil.

Na RM, nas imagens ponderadas em T1, os linfonodos apresentam intensidade de sinal semelhante ao músculo. Nas imagens ponderadas em T2, apresentam sinal mais intenso que o músculo, assemelhando-se ao sinal da gordura adjacente. O sinal pode ser semelhante ao sinal do timo em todas as sequências.

Massas do mediastino posterior

De todas as massas mediastinais pediátricas, 30-40% ocorrem no mediastino posterior e mais de 85-90% dessas massas são de origem neurogênica.

A imagem, particularmente TC e RM, é usada como guia para determinar a extensão da doença, estabelecer diagnóstico diferencial e ajudar a avaliar a eficácia do tratamento.

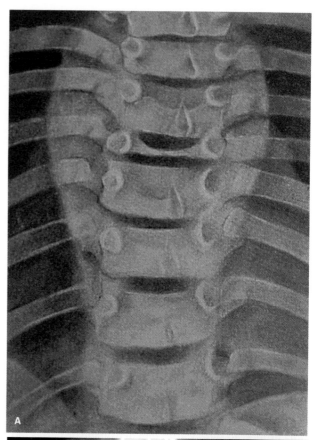
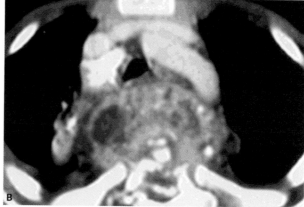

Figura 10 Espondilodiscite (mal de Pott). A: Radiografia de tórax demonstrando alargamento da linha paravertebral. B: Tomografia computadorizada de tórax com contraste mostrando lesão osteolítica, abscesso peridural e paravertebral.
Imagens gentilmente cedidas pelo Dr. Luiz Antônio Nunes de Oliveira.

Os tumores neurogênicos estão divididos em três categorias: tumores de células ganglionares, tumores neurais e tumores da bainha neural/outros tumores de tecidos neurais, como paragangliomas.

Outras massas mediastinais posteriores menos comuns incluem hematopoiese extramedular, lipomatose, massa vascular, hemangioma e malformação vascular e malignidades de partes moles, como sarcoma de Ewing, tumor de células germinativas e rabdomiossarcoma.

Tumores de ganglionares da cadeia simpática

Cerca de 90% dos tumores do mediastino posterior são neurogênicos, derivados dos gânglios das cadeias simpáticas localizadas ao longo dos corpos vertebrais torácicos. Variam de massas malignas (neuroblastoma) a tumores benignos (ganglioneuroma). Nos pacientes pediátricos, a grande maioria desses tumores neurogênicos são neuroblastomas. O restante é ganglioneuroblastoma ou ganglioneuroma.

Ganglioneuroblastoma tem componentes de ambos, neuroblastoma e ganglioneuroma. Os três tipos histológicos são radiologicamente indistintos. Ganglioneuromas são em geral vistos na população pediátrica mais velha.

Neuroblastoma

Neuroblastoma é um tumor maligno de células da crista neural primitiva. Embora a maioria se desenvolva na glândula adrenal, pode surgir em qualquer lugar ao longo da cadeia simpática, particularmente no mediastino posterior.

É o tumor sólido extracraniano mais comum em crianças. Representa 10% de todos os cânceres da infância e, por conta de sua potencial natureza altamente agressiva, representa 15% de todas as mortes por câncer.

Depois do abdome, o tórax é a segunda localização mais comum do neuroblastoma (15-20%).

Incidência de localização: adrenais 35% (local mais comum), retroperitôneo 30-35% (órgão de Zuckerkandl, tronco celíaco, cadeia simpática paravertebral), mediastino posterior 20%, pescoço 1-5% e pelve 2-3%.

Neuroblastoma é uma malignidade de crianças jovens diagnosticado com idade média menor que 2 anos e superior a 95% em 10 anos de idade. Neuroblastoma congênito ou fetal pode ser visto na ultrassonografia pré-natal.

Pacientes com neuroblastoma torácico podem ser assintomáticos. As massas podem ser vistas incidentalmente na radiografia torácica. Quando os sintomas ocorrem, pode ser decorrente de massa ou doença mestastática.

Efeito de massa local ou extensão intraespinhal pelo tumor pode causar dificuldade respiratória, paraplegia, fraqueza muscular e disfunção vesical ou intestinal. Neuroblastoma pode secretar catecolaminas, como ácido vanilmandélico e ácido homovanílico. Essas catecolaminas raramente causam sintomas. No caso de pacientes com doença amplamente disseminada, pode apresentar sintomas constitucionais como febre, perda de peso e dor óssea. Tipicamente há dor ou massa palpável e distensão abdominal, porém diversas apresentações podem ser encontradas em decorrência do efeito de massa local.

Outras síndromes que acompanham incluem: síndrome Pepper (hepatomegalia decorrente de extensa metástase hepática), síndrome de Hutchinson (dor óssea ou nódulo palpável ou irritabilidade decorrente de metástases ósseas), síndrome Blueberry-Muffin (lesões cutâneas múltiplas), opsoclonus-mioclonus (movimentos oculares rápidos conjugados e involuntários).

A radiografia torácica mostra opacidade de partes moles na região paravertebral, bem delimitadas, regulares e alongadas, às vezes associada a erosão vertebral ou de costela ou a destruição/alargamento do espaço intercostal por extensão intraespinhal (Figura 12A).

Em razão de o sistema esquelético ser o local mais comum de metástases, uma avaliação inicial esquelética com radiografias convencionais com cintilografias ósseas é uma parte essencial da avaliação de qualquer paciente com diagnóstico de neuroblastoma. Áreas de lise discreta ou associação lítica e esclerótica ou lucências metafisárias são típicas de envolvimento metastático e ajudam na determinação do tratamento.

Na ultrassonografia, quando acessível, aparece como uma massa heterogênea com vascularização interna ao Doppler e podem haver áreas de baixa ecogenicidade que correspondem à necrose.

A TC é realizada para avaliar o neuroblastoma torácico e pode delinear as margens do tumor e calcificações internas, assim como a extensão local e metástases a distância. A aparência é de massa de partes moles em uma localização paraespinal (Figura 11). Com realce ao contraste, a massa tem atenuação semelhante à do músculo e pode mostrar áreas de baixa atenuação de necrose ou hemorragia. Calcificação pode ser vista em até 80% dos pacientes e pode ser grosseira, salpicada, sólida ou em forma de anel.

Por ser invasivo, o neuroblastoma tende a circundar e encarcerar vasos sanguíneos e disseminar-se através do forame neural dentro do canal espinhal. A TC fornece informação a respeito da extensão do tumor, invasão regional, adenopatia metastática e encarceramento vascular. Quando o tumor primário se estende através do forame neural e ao canal espinhal, cria o clássico sinal *dumbbell* (haltere) (Figura 12A e B).

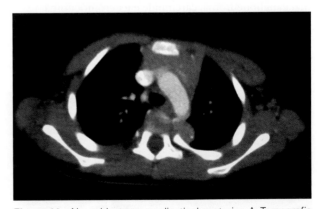

Figura 11 Neuroblastoma mediastinal posterior. A: Tomografia computadorizada de tórax com contraste de um rapaz de 17 anos mostrando formação expansiva com realce heterogêneo no mediastino posterior à esquerda, junto da aorta.

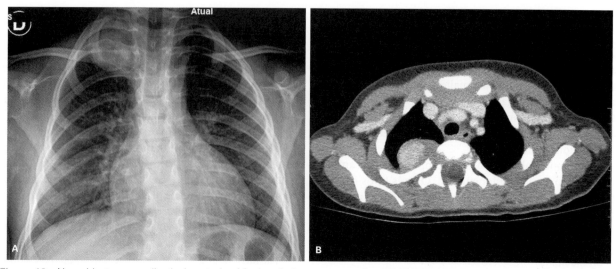

Figura 12   Neuroblastoma mediastinal posterior. Menino de 3 anos com radiografia de tórax mostrando imagem ovalada em projeção apical à direita, paratraqueal (A). Tomografia computadorizada de tórax contrastada com imagem fusiforme, sólida, com realce heterogêneo do meio de contraste localizada na goteira costovertebral superior direita, que envolve o forame e o canal vertebral adjacente sem desvio da medula com alargamento e erosão foraminal (B).

A RM é o melhor método de imagem para mostrar a disseminação local do tumor e para detectar a extensão no canal espinhal, que influencia o planejamento, o manejo cirúrgico e a resposta à terapia. O tumor tem um tempo de relaxamento prolongado em T1 e T2, exibindo alto sinal nas imagens ponderadas em T2 e baixo sinal nas imagens em T1. Ele tende a realçar precocemente, refletindo a sua intensa vascularização. Componentes císticos e hemorrágicos podem ser vistos em ambas as sequências T1 e T2 com intensidade de sinal variável (Figura 13). Metástases ósseas aparecem como áreas de baixo sinal em T1 e áreas de hipersinal nas imagens em T2.

Crianças com neuroblastoma torácico têm prognóstico mais favorável que aquelas com tumores abdominais.

Na medicina nuclear, é utilizado o MIBG (metaiodobenzilguanidina marcado para o iodo-123), porém não faz distinção entre neuroblastoma, glanglioneuroblastoma, ganglioneuroma, carcinoide e feocromocitoma.

A tomografia por emissão de pósitrons/tomografia computadorizada (PET/CT) FDG é utlizada na vigilância da recidiva metastática e o Tc-99m MDP principalmente para avaliar as metástases esqueléticas, sendo também capaz de detectar algumas metástases de pulmão e fígado.

Existem dois métodos de estadiamento do neuroblastoma, um baseado em pacientes pós-operatórios (INSS – International Neuroblastoma Staging System) e o outro desenvolvido para pacientes pré-tratamento (INRGSS – International Neuroblastoma Risk Group Staging System).

A classificação INSS se baseia em critérios cirúrgico-patológicos, dividindo em estádios da doença, com base em extensão local, envolvimento linfonodal e presença de metástases.

Crianças com tumores nos estádios I, II e IVS têm taxa de sobrevida em 3 anos de 75-90%.

Crianças menores de 1 ano com tumores nos estádios III e IV têm taxa de sobrevida em 1 ano de 89-90% e 60-75%, respectivamente.

Em 2004, foi desenvolvido o sistema do International Neuroblastoma Risk Group, o INRGSS, que se baseia em fatores de risco definidos por imagem (IDRF) e é determinado antes da cirurgia ou outra terapia. Com a aplicação do estadiamento INRGSS, o papel do radiologista na

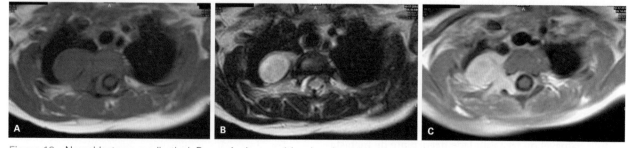

Figura 13   Neuroblastoma mediastinal. Ressonância magnética de coluna demonstrando a massa mediastinal nas sequências T1 (A), T2 (B) e STIR (C).

Quadro 1 — Descrição dos estádios INSS

Estádio tumoral	Descrição
1	Tumor localizado, bem-circunscrito, não invasivo, ipsilateral. Excisão cirúrgica completa é considerada curativa na doença no estádio I e é o tratamento de escolha
2ª	Tumor localizado com excisão cirúrgica incompleta, linfonodos ipsilaterais microscopicamente negativos
2B	Tumor localizado com excisão cirúrgica completa ou incompleta, linfonodos ipsilaterais positivos para tumor; linfonodos contralaterais aumentados microscopicamente negativos
3	Tumor unilateral irressecável infiltrando da linha média para o outro lado da coluna vertebral, com ou sem envolvimento linfonodal regional ou tumor na linha média com extensão bilateral ou envolvimento linfonodal. Para estádios II e III, quando a excisão cirúrgica não for possível, é indicada a associação com quimioterapia e radioterapia
4	Qualquer tumor primário com doença amplamente metastática (linfonodos distantes, osso, medula óssea, fígado, pele e/ou outros órgãos). Está associado a desfecho sombrio
4S	Tumor primário localizado com doença metastática limitada ao fígado, pele ou medula óssea mas não no osso cortical. Está reservado para crianças abaixo de 1 ano e tem prognóstico geral muito bom

INSS: *International Neuroblastoma Staging System*.

realização do estadiamento de crianças com neuroblastoma aumentou.

Ganglioneuroblastoma e ganglioneuroma

Esses tumores de células da crista neural primitiva também surgem no mediastino posterior. O ganglioneu-

Quadro 2 — Descrição dos estádios INRGSS

Estádio do tumor	Descrição
L1	Tumor localizado, sem envolvimento de estruturas vitais, confinado a uma cavidade do corpo e que não envolva fatores de risco definidos por imagem
L2	Tumor locorregional com presença de um ou mais fatores de risco definidos por imagem
M	Doença metastática a distância; exclui estádio MS
MS	Doença metastática em crianças < 18 meses (em alguns locais < 12 meses) confinada a pele, fígado e/ou medula óssea

INRGSS: *International Neuroblastoma Risk Group Stating System*.

Quadro 3 — Fatores de risco definidos por imagem em tumores neuroblásticos

Extensão tumoral ipsilateral em dois compartimentos corporais
Pescoço-tórax, tórax-abdome, abdome-pelve

Pescoço
Tumor envolvendo artéria carótida e/ou vertebral e/ou veia jugular interna
Tumor estendendo-se à base do crânio
Tumor comprimindo a traqueia

Junção cervicotorácica
Tumor envolvendo as raízes do plexo braquial
Tumor envolvendo a veia subclávia e/ou artérias vertebral e/ou carótida
Tumor comprimindo a traqueia

Tórax
Tumor envolvendo a aorta e seus ramos principais
Tumor comprimindo a traqueia e/ou brônquio principal
Tumor mediastinal inferior, infiltrando a junção costovertebral entre D9 e D12

Toracoabdominal
Tumor envolvendo a aorta e/ou veia cava

Abdome/pelve
Tumor infiltrando a porta hepatis e/ou o ligamento hepatoduodenal
Tumor envolvendo ramos da artéria mesentérica superior na raiz mesentérica
Tumor envolvendo a origem do tronco celíaco e/ou da artéria mesentérica superior
Tumor invadindo um ou ambos os pedículos renais
Tumor envolvendo a aorta e/ou veia cava
Tumor envolvendo os vasos ilíacos
Tumor pélvico cruzando o *sciatic notch*

Extensão tumoral intraespinhal em qualquer localização associado a: mais que um terço do canal espinhal invadido e/ou espaços perimedulares leptomeníngeos não visíveis e/ou sinal do cordão espinhal anormal

Infiltração de órgãos/estruturas adjacentes
Pericárdio, diafragma, rim, fígado, bloco duodeno-pancreático e mesentério

Condições a ser lembradas, mas não consideradas IDRF:
Tumores primários multifocais
Efusão pleural, com ou sem células malignas
Ascite, com ou sem células malignas

IDRF: Fatores de risco definidos por imagem.

roma é atualmente considerado uma neoplasia benigna, enquanto o ganglioneuroblastoma tem o potencial de metástases a distância e, portanto, é considerado maligno.

O ganglioneuroma maduro se apresenta até mais tarde na infância, mais frequentemente após os 10 anos de idade, em adolescentes e jovens adultos, metade dos quais são assintomáticos, apesar das grandes dimensões do tumor.

Quando presentes, os sintomas são geralmente decorrentes do efeito de massa ou extensão intraespinhal, podendo produzir escoliose, deslocamento e erosão benigna por pressão das estruturas esqueléticas adjacentes.

Na TC, o ganglioneuroma pode se manifestar como uma massa alongada homogênea ou heterogênea. A RM normalmente demonstra sinal homogêneo, com intensidade do sinal intermediário em todas as sequências.

Ganglioneuroblastomas são tumores compostos que apresentam características histológicas de ganglioneuroma e neuroblastoma, variando graus de malignidade desde células ganglionares maduras até neuroblastos imaturos (Figura 14).

A média de apresentação do ganglioneuroblastoma é de 5,5 anos.

Radiologicamente, eles são difíceis de diferenciar dos neuroblastomas por conta de características de imagem semelhantes em todos os métodos de imagem. No entanto, ganglioneuroblastomas e ganglioneuromas podem ter configuração mais fusiforme que o neuroblastoma.

Idade também é uma pista diagnóstica: ganglioneuroblastoma e ganglioneuromas tendem a ocorrer em crianças mais velhas, enquanto neuroblastomas são vistos durante os primeiros anos de vida. A análise histopatológica é necessária para um diagnóstico definitivo.

O estadiamento do neuroblastoma e do ganglioneuroblastoma é radiológica ou cirurgicamente determinado pela extensão local da doença e sítios de envolvimento mestastático.

Os dois mais importantes critérios para estabelecer prognóstico na malignidade é a idade da criança e o estádio no momento do diagnóstico.

É possível que células imaturas encontradas no neuroblastoma e ganglioneuroblastoma desenvolvam um processo de maturação espontânea e sigam o curso benigno do ganglioneuroma. Isso frequentemente ocorre em pacientes com tumores do estádio IVS.

Tumores da bainha neural

Embora a maioria das massas do mediastino posterior na população pediátrica sejam tumores dos gânglios simpáticos, algumas correspondem a tumores benignos ou malignos da bainha do nervo periférico (schwannoma, neurofibroma).

Tumores malignos da bainha neural periférica são sarcomas de células fusiformes pleomórficas de alta celularidade de origem na bainha neural.

Nos pacientes pediátricos, esses tumores comumente surgem de um neurofibroma plexiforme preexistente, como em pacientes com neurofibromatose tipo 1. Menos comumente, um tumor periférico da bainha neural surge de um schwannoma preexistente.

Schwannomas são mais comumente benignos e assintomáticos, raramente vistos em menores de 20 anos de idade, correspondendo a cerca de 75% dos tumores da bainha neural. Surgem dos nervos intercostais ou simpáticos e são mais comuns em pacientes com neurofibromatose tipo II.

Radiologicamente, schwannomas e neurofibromas são indistinguíveis e costumam ser massas no mediastino posterior, paraespinhais marginadas, esféricas e lobuladas, associadas com alargamento do forame neural e seguem o curso do nervo envolvido.

Anormalidades ósseas, como erosão de costela e deslocamento dos arcos costais, são mais comuns com tumores da bainha neural que com tumores de células ganglionares e podem ser vistas em 50% das vezes (Figura 15).

Na TC, esses tumores geralmente mostram redução da atenuação por conta de seu conteúdo lipídico ou degeneração cística e têm um realce heterogêneo (Figura 16). A extensão em forma de haltere no canal medular pode ser vista na TC e na RM.

Na RM, na sequência T1, neurofibromas e schwannomas tipicamente apresentam sinal homogêneo. Em T2, eles exibem aparência em alvo com alto sinal na periferia e sinal intermediário na zona central (Figura 17).

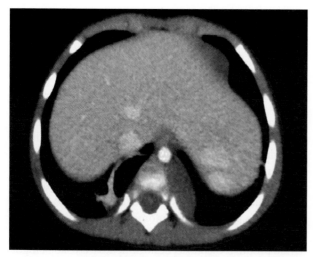

Figura 14 Ganglioneuroblastoma. Tomografia computadorizada de tórax com contraste de menina de 3 anos de idade com lesão sólida com ampla base de contato pleural, paravertebral esquerda, estendendo-se entre os níveis de T8 e T10.

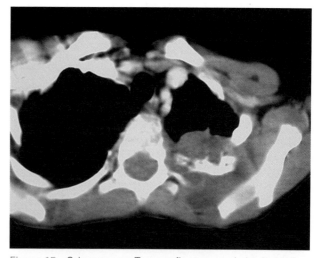

Figura 15 Schwannoma. Tomografia computadorizada de tórax contrastada, demonstrando formação expansiva sólida no mediastino posterior à esquerda, com erosão de costela e deslocamento do arco costal sobrejacente.

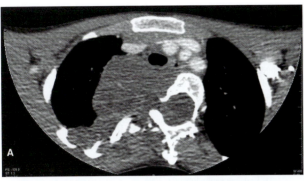 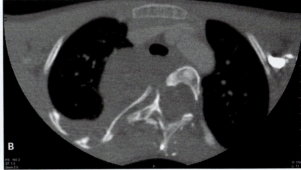

Figura 16 Neurofibroma. Tomografia computadorizada de tórax com contraste, janela mediastinal (A), janela óssea (B) de um menino de 13 anos. Observa-se volumosa formação expansiva com atenuação de partes moles, na região paravertebral direita nos níveis de C7 a D7, que se insinua pelos respectivos forames neurais, alargando-os. Nota-se ainda alargamento do canal raquiano e *scalloping* dos corpos vertebrais nestes níveis.

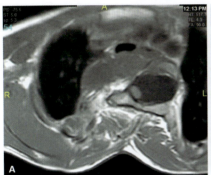 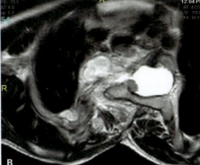 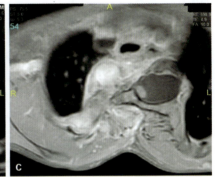

Figura 17 Neurofibroma. Ressonância magnética demonstrando a massa mediastinal posterior nas sequências T1 (A), T2 (B) e SPIR (C).

Neurofibroma plexiforme é um tumor bem definido, não encapsulado, que pode ocorrer em qualquer localização e a presença de somente um já é patognomônica de neurofibromatose tipo I.

Essas massas são lesões mixoides multifocais e têm aparência de "saco de vermes", consistindo em regiões periféricas de material mixoide com alto sinal e baixo sinal central com material fibroso visto nas sequências em T2.

Paragangliomas

Outros tumores de tecidos nervosos devem ser considerados na formulação de um diagnóstico diferencial completo, além dos tumores de células ganglionares ou bainha do nervo ou de origem nervosa.

Paragangliomas ou feocromocitomas extra-adrenais são tumores raros de células cromafins de tecido nervoso simpático, que podem ser vistos no mediastino posterior dentro do sulco paravertebral. Pacientes com esse tipo de lesão frequentemente apresentam sinais de excesso de catecolaminas. Menos de 2% desses tumores são malignos.

Tanto a TC quanto a RM mostram uma massa paraespinhal de partes moles, que pode ser maior que 3 cm com extensão para o canal espinhal. Na TC, a atenuação do tumor é semelhante à do fígado, mas pode aparecer heterogênea, secundária à necrose ou hemorragia. A calcificação é rara. Nas imagens de ressonância, a massa é hipointensa a isointensa ao fígado em T1 e altamente intensa em T2. A massa também contrasta difusamente com gadolíneo.

Massas mediastinais posteriores não neurogênicas

A hematopoiese extramedular é frequentemente assintomática, porém pode estar presente com sinais de compressão medular. É vista em desordens hematológicas, mais comumente talassemia. Massas paraespinhais bilaterais com margens regulares são a apresentação clássica na radiografia torácica. Tal massa pode conter gordura e quase sempre é vista no tórax inferior. Podem ser observadas se assintomáticas ou ser ressecadas cirurgicamente.

Lipomatose é um depósito de gordura madura nos espaços extrapleural e mediastinal, comumente associada com administração de esteroides por longos períodos. Na TC ou na RM, a aparência é a mesma da gordura do subcutâneo.

Massas vasculares, incluindo hemangiomas (neoplasias verdadeiras) e malformações vasculares, podem ocorrer no mediastino posterior. Na TC ou na RM, a aparência depende do tipo de malformação vascular (espaços císticos, grandes vasos sanguíneos, componentes gordurosos) ou estádio do hemangioma.

O diagnóstico diferencial de massas não neurogênicas do mediastino posterior também inclui malignidades primárias de partes moles, como sarcoma de Ewing, tumor de células germinativas e rabdomiossarcoma, pois podem surgir na região paraespinhal.

Considerações finais

Diante do extenso e heterogêneo grupo das massas mediastinais na infância, o domínio do conhecimento para a abordagem prática de diagnóstico por imagem com base nos três compartimentos do mediastino e nas características de imagem pode auxiliar e direcionar o adequado diagnóstico e o tratamento eficaz.

Bibliografia sugerida

1. Couto WJ, Gross JL, Deheinzelin D, Younes RN. Tumores de células germinativas primários do mediastino. Rev Assoc Med Bras. 2006;52(3).
2. Araújo LH de L, Victoriano Apo de S, Melo AC, Assad DX, Lima DS, Alencar DR, et al. Linfoma não-Hodgkin de alto grau: revisão da literatura. Rev Bras Cancerol. 2008;54(2):175-83.
3. Cohn SL, Pearson ADJ, London WB, Monclair T, Ambros PF, Brodeur GM, et al. The International Neuroblastoma Risk Group (INRG) classification system: an INRG task force report. J Clin Oncol. 2009;27(2):289-97.
4. Duwe BV, Sterman DH, Musani AI. Tumors of the mediastinum. Chest. 2005;128(4):2893-909.
5. Evans AE, D'Angio GJ, Randolph J. A proposed staging for children with neuroblastoma. Children's cancer study group A. Cancer. 1971;27(2):374-8.
6. Felson B. Chest roentgenology. Philadelphia: WB Saunders; 1973.
7. Fernandes S de SM. Linfoma de Hodgkin na infância: relato de caso e revisão da literatura. 2011;44(3):34.
8. Schaffer LF, Macuglia CCN, Santos CD, Garlet CM. Linfomas Hodgkin e não Hodgkin: uma revisão de literatura. Seminário Interinstitucional de Ensino, Pesquisa e Extensão. São Paulo: Unicruz; 2010.
9. Fraser RS, Müller NL, Colman N, Paré PD. The mediastinum. In: Fraser RS, Müller NL, Colman N, Paré PD. Fraser and Paré's diagnosis of diseases of the chest. 4.ed. Philadelphia: WB Saunders; 1999. The mediastinum; p. 196-234.
10. Frush DP. Pediatric chest imaging. Radiol Clin North Am. 2005;43(2).
11. Gontijo B, Baptista Pereira L, Resende Silva CM. Malformações vasculares. An Bras Dermatol. 2004;79(1):7-25.
12. Hamrick-Turner JE, Saif MF, Powers CI, Blumenthal BI, Royal SA, Iyer RV. Imaging of childhood non-Hodgkin lymphoma: assessment by histologic subtype. Radiographics. 1994;14:11-28.
13. Jeung M-Y, Gasser B, Gangi A, Bogorin A, Charneau D, Wihlm JM, et al. Imaging of cystic masses of the mediastinum. Radiographics. 2002;22:S79-93.
14. Johkoh T, Müller NL, Ichikado K, Nishimoto N, Yoshizaki K, Honda O, et al. Intrathoracic multicentric Castleman disease: CT findings in 12 patients. Radiology [Internet]. 1998;209(2):477-81. Disponível em: http://www.ncbi. nlm.nih.gov/pubmed/9807577.
15. Juhl JH, Crummy AB, Kuhlman JE. Interpretação radiológica. 7. ed. Rio de Janeiro: Guanabara Koogan; 2000.
16. Kawashima A, Fishman EK, Kuhlman JE, Nixon MS. CT of posterior mediastinal masses. Radiographics. 1991;11:1045-67.
17. Kirks DR, Griscon NT. Diagnóstico por imagem em pediatria e neonatologia. 3. ed. São Paulo: Revinter; 2003.
18. Krug KB, Wootton-gorges SL, Schmidt M, Shulkin BL, Matthay KK, Lewington VJ, et al. Guidelines for imaging and staging of neuroblastic tumors: consensus report from the International Neuroblastoma Risk. 2011;261(1):243-57.
19. McAdams HP, Kirejczyk WM, Rosado-de-Christenson ML, Matsumoto S. Bronchogenic cyst: imaging features with clinical and histopathologic correlation. Radiology. 2000;217(2):441-6.
20. McCarville MB. Imaging neuroblastoma: what the radiologist needs to know. Cancer Imaging. 2011;11(SPEC. ISS. A):44-7.
21. Mckinney D, Alford A, Sutton L, Rodgers M. Asymmetric radiographic in the pediatric approach findings chest: approach to early diagnosis. Radiographics. 1993;13:77-94.
22. Monclair T, Brodeur GM, Ambros PF, Brisse HJ, Cecchetto G, Holmes K, et al. The International Neuroblastoma Risk Group (INRG) staging system: an INRG Task Force report. J Clin Oncol. 2009;27(2):298-303.
23. Nishino M, Ashiku SK, Kocher ON, Thurer RL, Boiselle PM, Hatabu H. The thymus: a comprehensive review. Radiographics. 2006;26(2):335-48.
24. Original A. Tumores do mediastino em crianças: mediastinal tumors in children. Oncol. 2003;29(5):253-7.
25. Ranganath SH, Lee EY, Restrepo R, Eisenberg RL. Mediastinal masses in children. Am J Roentgenol. 2012;198(3):W197-216. Disponível em: http://www. ajronline.org/doi/abs/10.2214/AJR.11.7027.
26. Strollo DC, Rosado-de-Christenson ML, Jett JR. Primary mediastinal tumors: Part II. Tumors of the middle and posterior mediastinum. Chest. 1997;112(5):1344-57. Disponível em: http://dx.doi.org/10.1378/chest.112.5.1344.
27. Vilela TT, Daher RT, Domiciano M, Nóbrega A, Alberto C, Filho X, et al. Cistos congênitos do mediastino: aspectos de imagem. Radiol Bras. 2009;42(1):57-62.
28. Wang Y. Classification of non-Hodgkin's lymphoma. AJR. 1986;147:205-8.
29. Whitten CR, Khan S, Munneke GJ, Grubnic S. A diagnostic approach to mediastinal abnormalities. Radiographics [Internet]. 2007;27(3):657-71. Disponível em: http://radiographics.rsna.org/content/27/3/657.full.
30. Yoneda KY, Morrissey BM, Shelton DK. Mediastinal tumors: a diagnostic approach. US Respiratory Care. 2006;89-93.

23

Pleura, parede torácica e diafragma na faixa etária pediátrica

Joseane Paulino da Silveira

O objetivo deste capítulo é indicar os principais diagnósticos diferenciais nessas topografias e grupo etário, bem como demonstrar a semiologia básica necessária para alcançá-los.

Pleura

O espaço pleural consiste em um espaço potencial revestido pela pleura visceral e parietal. Em pediatria, as principais alterações pleurais são relacionadas ao seu conteúdo, sendo raro o acometimento neoplásico.

Pneumotórax

A presença de ar no espaço pleural compromete a adequada expansão pulmonar, prejudicando a troca gasosa, e em graus acentuados compromete a circulação pulmonar, seja por distúrbio ventilatório grave ou compressão vascular direta no caso do pneumotórax hipertensivo.

Os achados radiológicos são semelhantes aos dos pacientes adultos, entre eles imagem radiolucente periférica com ausência de trama vascular, colapso pulmonar e o pneumomediastino e enfisema subcutâneo associados.

Frequentemente, as radiografias são obtidas com o paciente em decúbito dorsal em projeção anteroposterior, notadamente em recém-natos, nos quais as alterações tornam-se mais sutis, como tórax hipertransparente unilateral, sinal do sulco profundo ou da faixa radiolucente medial, esta última relacionada ao acúmulo de ar em topografia anterior no espaço pleural. A projeção em decúbito lateral pode auxiliar, pois com o lado suspeito para cima a faixa radiolucente desloca-se para a margem lateral do tórax. A expiração também pode tornar mais conspícua a área de pneumotórax, ao aumentar a densidade do parênquima pulmonar.

Tomografia computadorizada (TC) é considerada o padrão-ouro para o diagnóstico, porém seu uso deve ser limitado nesse grupo por conta da necessidade frequente de anestesia e sua maior suscetibilidade à radiação ionizante, sendo reservada para avaliação de doença parenquimatosa subjacente, quando necessário.

A ultrassonografia é útil nos neonatos e pacientes em cuidados intensivos, pois pode ser realizada à beira do leito. É possível visualizar o deslizamento do pulmão normal, com presença de linhas B, verticais, e também o chamado sinal da orla ou beira-mar (*seashore sign*) no modo M. O ar no espaço pleural impede a visualização dessa interface, substituindo as linhas verticais por horizontais (linhas A) e gerando o sinal do código de barras ou estratosfera no modo M. A identificação da transição entre a área de deslizamento e de não deslizamento se chama *lung point sign* (sinal da extremidade do pulmão, em tradução livre) e é 100% específica, porém pouco sensível, pois não é facilmente caracterizada no pneumotórax de grande monta (Figura 1).

Frequentemente os pacientes são assintomáticos; as condições predisponentes estão resumidas no Quadro 1. Sua ocorrência pode ser espontânea, podendo ainda ser secundária a patologia pulmonar com componente cístico, trauma ou ventilação com pressão positiva, na qual o ar alveolar disseca o espaço intersticial até a pleura visceral.

Derrame pleural

A presença de líquido no espaço pleural pode estar relacionada a doença pulmonar ou sistêmica, mais raramente à patologia pleural isolada. O líquido pleural pode ser seroso, purulento, hemorrágico ou quiloso, e quando em grande volume possui efeito restritivo sobre o parênquima pulmonar.

A avaliação inicial do tórax por radiografia pode demonstrar sinais clássicos como o velamento do seio costofrênico associado ao sinal da parábola, porém em geral observam-se sinais mais sutis, como pequena opacidade

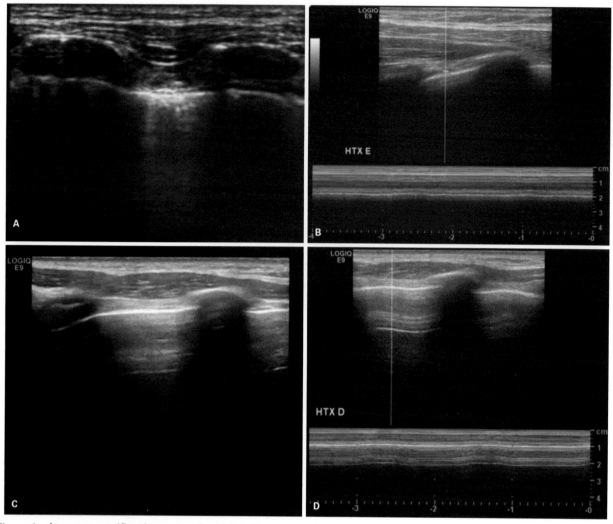

Figura 1 Aspecto ecográfico do pneumotórax. Modo B: exemplo de paciente normal (A) mostrando as linhas B. Pneumotórax com presença de linhas A (C). Modo M: sinal da orla em paciente normal (B) e sinal do código de barras no pneumotórax (D). Imagens gentilmente cedidas pelo Dr. Marcelo Straus Takahashi.

Quadro 1	Causas e fatores predisponentes de pneumotórax
Idiopática	Abscesso pulmonar
Ventilação mecânica	Pneumonia necrosante
Cirurgia torácica	Tuberculose
Trauma	Embolia séptica
Síndrome de Marfan	Fibrose cística
Síndrome de Ehler-Danlos	Asma
Espondilite anquilosante	Metástases de osteossarcoma e tumor de Wilms
Deficiência de alfa-1-antitripsina	Radionecrose (sequela actínica)
Linfangioleiomiomatose	Cistos pulmonares congênitos
Histiocitose de células de Langerhans	Cisto broncogênico
Intersticiopatia (faveolamento)	Malformação congênita de vias aéreas
Pneumonia por *Pneumocystis jiroveci* ou por fungos	

periférica no hemitórax ou discreta hipotransparência difusa de um hemitórax, principalmente nos pacientes menores, em que a imagem é adquirida em projeção anteroposterior em decúbito dorsal. A projeção em decúbito lateral com raios horizontais pode contribuir ao evidenciar o deslocamento do derrame pleural livre. O derrame pleural subpulmonar pode se manifestar como discreta elevação da cúpula diafragmática.

Muitas vezes, o derrame pleural de grande volume, derrame pleural loculado ou a associação do derrame pleural com atelectasia ou outras patologias pulmonares levam à sobreposição de imagens na radiografia, dificultando sua interpretação. Em pediatria, a avaliação por ultrassonografia é excelente ferramenta para essa diferenciação em razão das propriedades acústicas das coleções líquidas e da excelente janela acústica na maioria dos pacientes, podendo afastar a presença de massas pleurais e sugerir a natureza do líquido, bem como caracterizar a sua extensão e servir de guia para punção e drenagem.

O derrame pleural simples corresponde a líquido anecogênico na cavidade, podendo apresentar raros ecos internos em suspensão. Ao Doppler colorido, o deslocamento dessas partículas leva à produção de sinal colorido. O derrame pleural complexo pode apresentar nível líquido-líquido ou apresentar septos de fibrina, a princípio lineares e móveis e em casos mais graves com aparência de favo de mel. Tais detalhes frequentemente não são evidenciados na TC. A avaliação dinâmica por ultrassom permite avaliar a mobilidade do líquido com a respiração ou mudança de decúbito do paciente, caracterizando coleção livre ou loculada. Pode haver também espessamento pleural difuso nos casos de empiema. A evolução para fibrose pleural pode se caracterizar por espessamentos pleurais focais ecogênicos, mesmo na ausência de líquido na cavidade (Figura 2).

A quantificação do derrame pleural é um assunto controverso, sendo na prática mais utilizada a espessura do maior bolsão, por conta de sua maior reprodutibilidade, complementando com a descrição da extensão anatômica, p. ex., posterobasal ou até o ápice, sendo detalhe importante relatar se o exame foi realizado em decúbito dorsal ou com o paciente sentado, levando em consideração a possibilidade de deslocamento do líquido.

A principal causa de derrame pleural em pediatria é a pneumonia e suas complicações. Em geral, o derrame parapneumônico se manifesta como não resposta ao tratamento antibiótico, porém pode estar presente na apresentação inicial, dependendo da virulência do agente infeccioso. A ultrassonografia ajuda a caracterizar e quantificar o líquido pleural, e é útil no controle evolutivo desses doentes. A abordagem tem sido mais conservadora sendo o tratamento de escolha a toracocentese e/ou terapia fibrinolítica no caso dos derrames septados. A TC com contraste venoso fica reservada aos casos com evolução desfavorável, como febre persistente e piora radiológica, para identificar complicações como mau posicionamento do dreno torácico, atelectasia, fístula broncopleural, pneumonia necrosante e abscesso pulmonar. Mesmo nesses casos, a abordagem cirúrgica é pouco frequente e a drenagem torácica e antibioticoterapia prolongada têm sido o tratamento preferencial.

As demais causas de derrame pleural, menos prevalentes, são resumidas no Quadro 2.

Neoplasias

As neoplasias primárias da pleura são extremamente raras em pediatria, ocorrendo predominantemente na primeira década de vida, destacando-se rabdomiossarcoma, blastoma pleuropulmonar e mesotelioma. Costumam se apresentar como grandes massas heterogêneas, podendo estar associadas a derrame pleural ou invasão de estruturas adjacentes. O blastoma pleuropulmonar pode ser extrapulmonar em 25% dos casos, ligado à pleura parietal. Nas de-

Quadro 2	Causas e fatores predisponentes de derrame pleural
Cirurgia cardíaca	Pneumonia
Trauma	Abscesso pulmonar
Síndrome nefrótica	Tuberculose
Insuficiência renal	Embolia séptica
Insuficiência cardíaca	Pancreatite
Cirrose hepática	Abscesso subfrênico
Colagenoses	Metástases
Linfangiectasia	Tumores primários pleurais

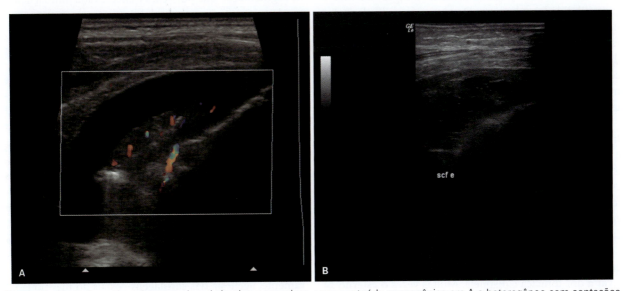

Figura 2 Distinção entre o derrame pleural simples e complexo, com conteúdo anecogênico em A e heterogêneo com septações em B.

mais situações, apresenta lesão pulmonar concomitante. O mesotelioma nessa faixa etária não apresenta relação com a exposição aos asbestos. Sarcomas mesenquimais, rabdomiossarcomas e blastoma pleuropulmonar podem surgir de lesões císticas preexistentes, inclusive as malformações císticas de vias aéreas, e por isso se sugere o controle periódico por imagem dessas lesões.

As metástases pleurais são as neoplasias pleurais mais frequentes, porém raras como achado isolado; normalmente estão associadas a nódulos pulmonares ou linfonodomegalias mediastinais. Podem ocorrer por invasão direta nos tumores torácicos ou disseminação linfática, sendo a principal apresentação o derrame pleural e, mais raramente, massas pleurais. As principais causas são tumor de Wilms, sarcoma, linfoma e neuroblastoma.

Parede torácica

A parede torácica é sujeita a diversas doenças no grupo pediátrico, com destaque para o arcabouço ósseo que reflete o comprometimento por doenças sistêmicas, apresenta diversas variações anatômicas, ligadas ou não a síndromes genéticas, e é sítio de neoplasias primárias.

Aspectos do desenvolvimento

O desenvolvimento normal da caixa torácica é influenciado pelo volume pulmonar. Na hipoventilação por atelectasia pulmonar e hipoplasias, há assimetria da caixa torácica e aproximação dos espaços intercostais. Pode-se observar aumento volumétrico simétrico, com o diafragma rebaixado e retificado, persistente nas hiperinsuflações crônicas ou como fenômeno passageiro nas bronquiolites e na asma.

As displasias esqueléticas são raras, porém com frequência envolvem a caixa torácica, comprometendo a expansibilidade pulmonar. Destacam-se a displasia tanatofórica, acondroplasia e displasia torácica asfixiante (síndrome de Jeune), devendo-se incluir no diagnóstico diferencial as síndromes que cursam com polidactilia e costelas curtas, como Saldino-Noonan, Majewski e Verma-Naumoff. O inventário ósseo é parte obrigatória da investigação nesses casos.

São comuns variações do esterno como *pectus excavatum* e *pectus carinatum*, assim como variações no número e na morfologia de costelas, com bifidez ou sinostoses, isoladas ou associadas a alterações vertebrais. A escápula está elevada na anomalia de Sprengel. A musculatura peitoral está ausente na síndrome de Poland, sendo uma das causas de tórax hipertransparente unilateral na radiologia convencional.

Pectus excavatum consiste em depressão esternal, geralmente assintomática, porém em casos graves pode levar a dor torácica e dispneia. Muitas vezes o esterno se desloca para a direita, com abaulamento de arcos costais e desvio contralateral do mediastino, resultando em pseudoinfiltrado na radiografia de tórax, em razão da maior visibilidade dos vasos hilares à direita. Com o advento dos métodos axiais, desenvolveu-se o índice de Haller, que é calculado dividindo-se o máximo diâmetro transverso do tórax por seu diâmetro anteroposterior. Um valor < 2,56 é considerado normal, enquanto um valor > 3,25 muitas vezes tem indicação cirúrgica. Atualmente, é possível obter esse dado com aquisições tomográficas com protocolo de baixa dose de radiação ou ressonância magnética (RM).

Pectus carinatum é definido como protrusão anterior do esterno, e é menos frequente que o *pectus excavatum*. Diferentemente dele, apresenta associação com escoliose, cardiopatia congênita, prolapso da válvula mitral e homocistinúria, além de síndromes genéticas como Morquio, Marfan, Noonan, Prune Belly e osteogênese imperfeita. Geralmente é assintomático, porém pode cursar com intolerância ao exercício e dispneia. Em sua forma mais comum, há protrusão das porções médias e inferior do esterno ou, mais raramente, há protrusão do manúbrio e da porção superior do esterno, caracterizadas na radiografia em perfil. O índice de Haller também pode ser utilizado, sendo o valor < 1,98 considerado positivo.

Alterações no número de arcos costais são raras variantes da normalidade. Costelas supranumerárias são menos frequentes do que 11 pares de arcos costais. Número aumentado de arcos costais são vistos na trissomia do cromossomo 21 e na sequência VATER. A presença de 11 arcos costais pode também ocorrer nas trissomias dos cromossomos 21 e 18 e, mais raramente, nas displasias cleidocranial e campomélica.

Quanto à morfologia dos arcos costais, a sinostose e a bifidez são variantes anatômicas comuns. A fusão de arcos costais (sinostose) pode ser considerada uma falha de segmentação que por vezes é encontrada junto a defeitos de segmentação vertebral. É interessante mencionar a associação de costelas bífidas com a síndrome de Gorlin-Goltz, que pode também cursar com costelas supranumerárias (Figura 3).

Erosões das margens inferiores habitualmente são de origem neural ou vascular, tendo como principais exemplos a neurofibromatose e a coarctação da aorta.

A anomalia de Sprengel consiste na elevação congênita da escápula. Pode estar presente a barra omovertebral – barra óssea articulada às vértebras cervicais inferiores. Além disso, pode haver associação com alterações vertebrais como cifoescoliose, *spina bifida* cervical e anomalia de Klippel-Feil, bem como hipoplasia dos ossos e musculatura do ombro (Figura 4).

A síndrome de Poland é definida como a ausência completa ou parcial do músculo peitoral maior. Pode ocorrer hipoplasia de outros músculos adjacentes e, mais raramente, agenesia das cartilagens costais do mesmo lado, amastia ou hipoplasia do tecido mamário e sindactilia.

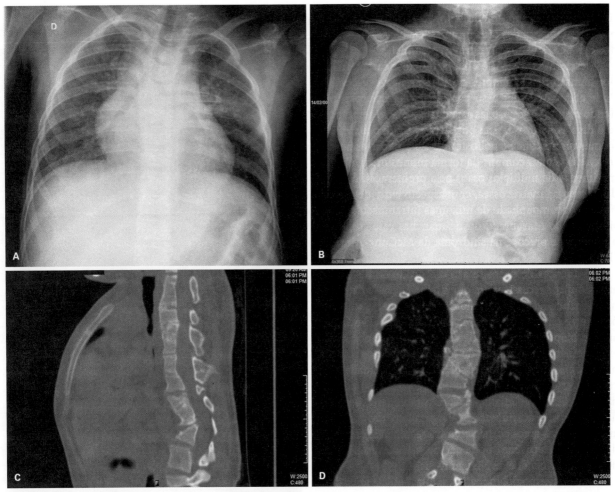

Figura 3 A: Sinostose da porção posterior de arcos costais à esquerda associada à presença de hemivértebra dorsal média. B: Sinostose de arcos costais à direita associada a blocos vertebrais, melhor caracterizada em cortes tomográficos nos planos sagital (C) e coronal (D).

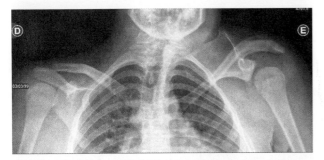

Figura 4 Elevação da escápula na anomalia de Sprengel (à esquerda).

Lesões traumáticas

Fraturas costais são raras em crianças, em razão da elasticidade da caixa torácica. Podem ocorrer na osteogênese imperfeita, detalhada adiante, geralmente associadas a fraturas dos membros. Fraturas dos arcos posteriores sugerem fratura não acidental, que podem ser acompanhadas de hematomas subdurais, hemorragia retiniana e fraturas metafisárias de ossos longos.

Comprometimento sistêmico

Envolvimento do arcabouço ósseo do tórax pode ocorrer em doenças sistêmicas, como as doenças genéticas, endócrinas e hematológicas. Entre as doenças genéticas, a osteogênese imperfeita e a osteopetrose são as principais causas de alteração na densidade óssea. A osteogênese imperfeita consiste em distúrbio na síntese do colágeno tipo I, que diminui a quantidade e qualidade da massa óssea, com maior suscetibilidade a fraturas e deformidade. A presença de escleras de coloração azul, deficiência auditiva e dentinogênese imperfeita podem compor a síndrome, de apresentação variável, desde formas leves que cursam com baixa estatura a formas graves, incompatíveis com a vida. A osteopetrose consiste no aumento generalizado da mineralização óssea, substituindo a medular e levando à pancitopenia. Crianças maiores são sujeitas a comprometimento dos nervos cranianos por estreitamento dos seus forames. Os ossos são alargados e frágeis, sujeitos a fraturas e osteomielite.

A esclerose tuberosa é uma facomatose caracterizada por hamartomas e tumores do sistema nervoso central. Pode afetar qualquer osso com áreas de esclerose, podendo assumir nas costelas aspecto expansivo semelhante à displasia fibrosa. Esta por sua vez pode ocorrer nas formas monostótica e poliostótica. As costelas estão entre os sítios mais comuns da forma monostótica. O acometimento de múltiplos ossos pela proliferação de tecido fibroso na matriz óssea, com aspecto em vidro fosco, pode ser acompanhado de mixomas intramusculares na síndrome de Mazabraud ou de manchas café com leite e puberdade precoce na síndrome de McCune-Albright (Figura 5).

As doenças de depósito são um grupo de distúrbios autossômicos recessivos em que a deficiência de determinada enzima leva ao acúmulo de metabólitos na medula óssea e vísceras. O diagnóstico específico é realizado por análise bioquímica que pode ser direcionada por sinais evidenciados na avaliação de todo o esqueleto, como a morfologia alargada dos ossos ilíacos e achatada dos corpos vertebrais, e também a presença de braquidactilia e instabilidade atlantoaxial. Classicamente descrito nas mucopolissacaridoses, o alargamento das porções anteriores dos arcos costais com trabeculado grosseiro e densidade heterogênea pode ser observado também na doença de Gaucher e de Niemann-Pick.

Entre as hemoglobinopatias, a talassemia *major* destaca-se como a mais grave, que na ausência da terapia adequada leva à expansão da medula óssea, com costelas heterogêneas, largas, com déficit de tubulação, bem como espessamento da díploe, hipoplasia dos seios paranasais, hepatoesplenomegalia e focos de hematopoiese extramedular. Tal aspecto pode ser observado em anemias crônicas de outras causas.

Das síndromes metabólicas, destacam-se as alterações no metabolismo do cálcio e da vitamina D. O raquitismo pode estar relacionado à deficiência da vitamina D, rara hoje em dia, ou distúrbio de sua hidroxilação no rim ou fígado. Ocorre em maior frequência nos prematuros de extremo baixo peso ou secundariamente à disfunção hepática ou renal ou ao uso crônico de anticonvulsivantes. O retardo na ossificação da matriz osteoide leva a sua hiperplasia, sendo o alargamento com aspecto em taça mais evidente nas metáfises dos joelhos, punhos e arcos costais, nesta última localização podendo tornar-se palpável, formando o clássico "rosário raquítico". O hiperparatireoidismo normalmente está associado a insuficiência renal crônica e consiste em reabsorção óssea endosteal e subperiosteal e resulta em remodelamento, fraturas e deformidade. Tumor marrom é uma rara manifestação, caracterizada por áreas líticas bem definidas sem halo de esclerose.

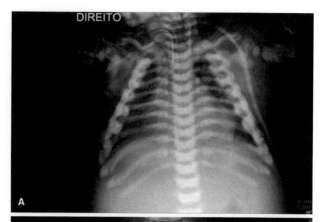
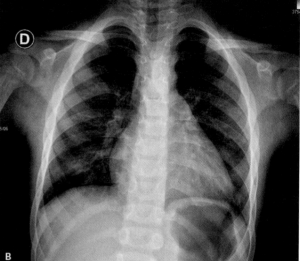
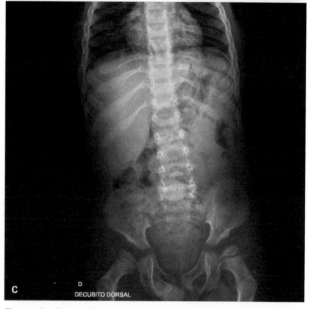

Figura 5 Acometimento dos arcos costais na osteopetrose (A), Síndrome de McCune-Albright (B) e mucopolissacaridoses (C).

Infecção

O acometimento infeccioso dos arcos costais apresenta uma particularidade: a disseminação hematogênica é extremamente rara. Quando ocorre, compromete a junção costocondral ou o arco posterior. O aspecto de imagem não difere das infecções dos ossos longos, com formação de sequestro e reação periosteal. A osteomielite de arco costal em geral é adquirida por contiguidade, seja por presença de empiema ou pneumonia, tal fato contribuindo para a diferenciação com outras lesões ósseas, como histiocitose.

Importante diagnóstico diferencial é a osteomielite multifocal recorrente crônica, processo inflamatório idiopático e autolimitado, possivelmente autoimune, que ocorre em adolescentes com achados radiológicos sutis, como lesões líticas com halo de esclerose, sem reação periosteal significativa, sem formação de sequestro e sem aumento das partes moles adjacentes. No tórax, compromete mais comumente a clavícula, porém pode ser visto nos demais ossos. A RM de corpo inteiro tem se mostrado útil na avaliação desses pacientes.

Neoplasias

Há uma grande variedade de tumores ósseos e de partes moles do tórax, porém está além do escopo deste texto a descrição exaustiva, ressaltando-se as lesões tipicamente pediátricas, associadas a síndromes ou com prevalência significativa nessa faixa etária.

Neoplasias benignas de parede torácica são raras, e com maior frequência possuem origem óssea. A formação expansiva mais frequente de arco costal é a displasia fibrosa, previamente descrita.

O osteocondroma é uma exostose com uma capa de cartilagem que pode ser única ou fazer parte do quadro de exostoses múltiplas hereditárias, que frequentemente envolvem arcos costais (> 50%). As exostoses que se projetam externamente podem ser palpáveis. As exostoses que se projetam internamente são assintomáticas, porém podem simular nódulos pulmonares na radiografia convencional. Os estudos por TC e RM são úteis na identificação e acompanhamento dessas lesões, que apresentam chance pequena, porém real, de malignização, caracterizada por aumento do componente cartilaginoso (Figura 6).

O encondroma é um tumor cartilaginoso da medula óssea. Pode ser único ou múltiplo no caso da condição esporádica chamada encondromatose, que isolada constitui a doença de Ollier e que, em associação com hemangiomas, constitui a síndrome de Maffucci. A lesão típica é radiolucente, por vezes sendo identificadas áreas de matriz condral de permeio, e pode acometer qualquer osso, mas mais comumente os arcos costais e os ossos tubulares das mãos e dos pés. Existe associação com gliomas, neoplasias do pâncreas e ovário, e a própria lesão apresenta risco de 25% de degeneração maligna.

A histiocitose de células de Langerhans é decorrente da proliferação de células de linhagem dos monócitos e macrófagos. O termo granuloma eosinofílico refere-se à lesão única; no entanto, o acometimento de múltiplos ossos e órgãos é frequente. O achado clássico ósseo é de uma área radiolucente bem definida ou de colapso de corpo vertebral, porém o aspecto é variável, podendo apresentar componente de partes moles ou mesmo aspecto agressivo, expansivo e mal delimitado.

O hamartoma mesenquimal – proliferação intraóssea de componentes ósseos e de cartilagem hialina –, apesar de extremamente raro, cabe ser mencionado por simular neoplasia. Tipicamente observa-se formação expansiva com calcificações grosseiras comprometendo arcos cos-

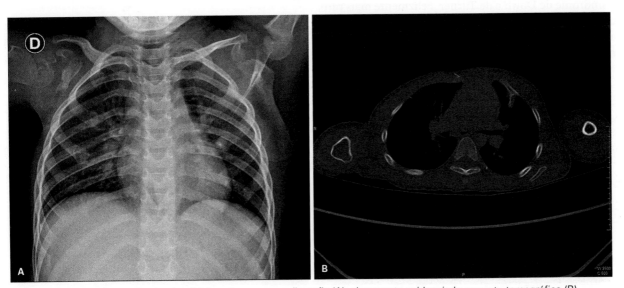

Figura 6 Osteocondroma simulando nódulo pulmonar na radiografia (A), claramente evidenciado no corte tomográfico (B).

tais nos primeiros meses de vida, condição que pode ser diagnosticada intraútero na RM fetal. Pode ser multifocal ou bilateral, por vezes formando cisto ósseo aneurismático secundário, cuja presença favorece o diagnóstico de hamartoma. A lesão tipicamente para de crescer no primeiro ano de vida, podendo até mesmo regredir espontaneamente. Esse conhecimento evita condutas invasivas desnecessárias.

Das formações expansivas benignas de partes moles, pode-se destacar o hemangioma infantil (Figura 7). A história clínica é bem sugestiva. A lesão está ausente ao nascimento, porém cresce rapidamente nos primeiros meses de vida, para depois entrar em uma fase de lenta involução, podendo regredir completamente até os 10 anos de idade. Em casos duvidosos, a ultrassonografia pode ajudar ao evidenciar uma massa bem delimitada, heterogênea, hiperecogênica em relação ao músculo, tipicamente exibindo múltiplos pequenos vasos com fluxo arterial de baixa resistência com uma ou mais veias de drenagem. Na TC, a lesão é isodensa às partes moles com acentuado realce após contraste. Na RM apresenta sinal intermediário em T1, elevado em T2, *flow voids* de permeio por conta dos vasos de alto fluxo e importante realce após contraste. Quando começa a involuir, aumenta o sinal em T1 em decorrência da substituição gordurosa e necrose. Como a lesão regride espontaneamente, normalmente não é necessário tratamento. No entanto, lesões de grandes dimensões podem causar sintomas em razão do efeito de massa sobre estruturas vitais ou descompensação hemodinâmica. Nesses casos, a terapia farmacológica com propranolol é a abordagem inicial, seguida de embolização e cirurgia nos casos persistentes. O diagnóstico diferencial principal engloba malformações venolinfáticas – lesões vasculares de baixo fluxo, habitualmente mais infiltrativas, podendo se estender ao pescoço e ao mediastino, por vezes ligadas à síndrome de Down e de Turner. Felizmente mais raro, o hemangioendotelioma kaposiforme é uma neoplasia agressiva com potencial maligno, associada ao fenômeno de Kasabach-Merritt (coagulopatia devida a trombocitopenia) em mais de 50% dos casos, diferenciado dos hemangiomas pelos sinais de invasão local.

Entre as neoplasias malignas primárias de parede torácica, o sarcoma de Ewing tem maior incidência, com curso agressivo. Originalmente descrito como tumor de Askin, atualmente é considerado parte do espectro dos tumores de células pequenas, redondas e azuis, e juntamente ao tumor neuroectodérmico primitivo (PNET), com características clínicas e radiológicas semelhantes. A avaliação inicial por radiografia convencional evidencia lesão lítica permeativa de arco costal associada a massa extrapleural. A TC auxilia na caracterização da cortical óssea e do parênquima pulmonar para estadiamento. A RM é excelente na detecção da extensão da doença na medula óssea e do componente de partes moles associado, frequentemente com áreas de necrose e invasão de estruturas adjacentes. A TC por emissão de pósitrons é excelente no estadiamento e acompanhamento desses pacientes (Figura 8).

Metástases ósseas são pouco frequentes, devendo ser suspeitadas nos casos de lesões em múltiplos ossos na presença de tumor primário conhecido, destacando-se o neuroblastoma, seja por invasão direta de lesão no mediastino posterior ou por disseminação hematogênica. Outras causas importantes de metástases em crianças são leucemia, linfoma, tumor de Wilms e sarcomas.

Diafragma

O diafragma é um importante marco anatômico, podendo sinalizar doenças torácicas e abdominais. O próprio diafragma está sujeito a doenças congênitas e funcionais, trauma ou tumores, embora estes últimos sejam raros em pediatria.

Alterações anatômicas

As anomalias mais comuns do diafragma são a hérnia diafragmática congênita e eventração. Aplasia ou hipoplasia e diafragma acessório são extremamente raros.

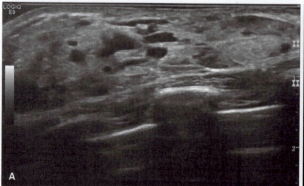 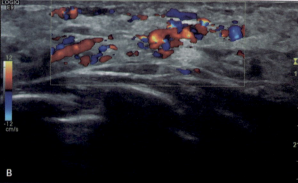

Figura 7   Hemangioma infantil da parede torácica anterior. Ultrassonografia em modo B (A) e Doppler colorido (B).

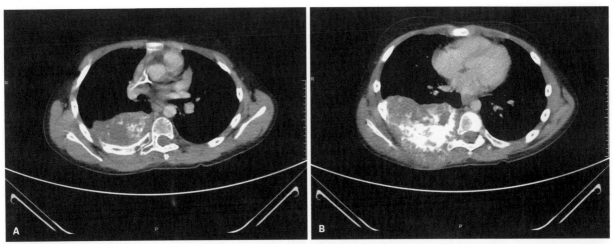

Figura 8   Tumor neuroectodérmico primitivo de parede torácica. Corte tomográfico mostrando relação da lesão com arco costal em A e franca invasão da parede em B.

Quadro 3   Resumo das principais patologias de parede torácica

Alteração	Diagnósticos principais	Diagnóstico diferencial
Costelas supranumerárias	Síndrome de Down, sequência VATER, variante da anatomia	Síndrome de Gorlin-Goltz
Onze pares de arcos costais	Síndrome de Down, síndrome de Edwards, variante da anatomia	Displasias campomélica e cleidocranial
Hipoplasia da caixa torácica	Displasia tanatofórica, displasia torácica asfixiante (Jeune) e acondroplasia	Saldino-Noonan, Majewski e Verma-Naumoff
Deformidade da caixa torácica	*Pectus excavatum* e *pectus carinatum*	Sinostose, costela bífida, cartilagem costal proeminente
Redução da densidade	Osteogênese imperfeita	Hipofosfatasia, raquitismo, hiperparatireoidismo, leucemia
Aumento da densidade	Osteopetrose	Esclerose fisiológica do neonato, picnodisostose, osteodistrofia renal
Alargamento dos arcos costais	Hemoglobinopatias, doenças de depósito	Anemias crônicas de outras etiologias
Lesão expansiva de arco costal	Displasia fibrosa, encondroma, osteocondroma	Cisto ósseo simples, tumor marrom, esclerose tuberosa, linfangiomatose, osteomielite, histiocitose de células de Langerhans, xantogranuloma, metástases
Lesão expansiva de partes moles	PNET, sarcoma, hemangioma	Tumor desmoide, linfangioma, histiocitose

PNET: tumor neuroectodérmico primitivo.

Existe rara associação com síndromes de heterotaxia e malformações da drenagem venosa pulmonar.

A eventração consiste na elevação anormal de parte ou de todo o diafragma, sem solução de continuidade. Acredita-se estar relacionada à ausência focal de fibras musculares, sendo a área revestida por pleura e peritônio, ou mesmo uma fraqueza/discinesia focal da parede. O aspecto anteromedial do hemidiafragma direito é o local preferencial, habitualmente ocupado por segmento do fígado, na maioria das vezes assintomático. Diagnósticos diferenciais incluem hérnia de Morgagni, cisto pericárdico, hérnia paraesofágica, cisto broncogênico e tumor. A eventração completa de um hemidiafragma tipicamente ocorre à esquerda e clinicamente apresenta a mesma repercussão ventilatória que a paralisia diafragmática. Visualização do diafragma intacto diferencia de hérnia, porém pode ser difícil diferenciar radiologicamente de paralisia.

A hérnia diafragmática congênita pode ser um defeito posterolateral, hérnia de Bochdalek, mais comum à esquerda, ou um defeito anteromedial, hérnia de Morgagni, mais comum à direita (Figura 9).

A hérnia de Bochdalek é a mais comum, a maioria diagnosticada na ultrassonografia obstétrica ou ao nascimento em pacientes com desconforto respiratório grave. Habitualmente existe associação com hipoplasia pulmonar e hipertensão pulmonar, com necessidade de

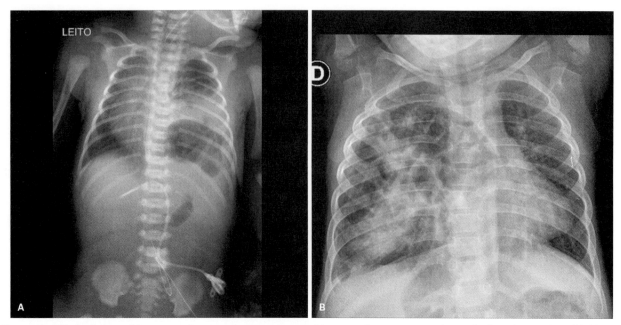

Figura 9 Hérnia diafragmática esquerda em paciente recém-nascido, notando-se presença da sonda digestiva no tórax (A). Hérnia diafragmática direita, notando-se presença de segmentos de alças intestinais no tórax (B).

ventilação mecânica. Até 50% dos pacientes podem apresentar outras anomalias, como atresia do esôfago, malformações cardíacas, do sistema nervoso central e dos membros, constituindo importante fator prognóstico. O diagnóstico diferencial inclui malformação congênita de vias aéreas pulmonares, sequestro e agenesia/hipoplasia pulmonar, porém estes podem coexistir com a hérnia.

O diagnóstico antenatal é feito pela ultrassonografia morfológica, realizada em torno de 24 semanas, mostrando conteúdo abdominal no tórax e desvio contralateral do mediastino. A insinuação do fígado indica presença de grande defeito, que pode levar a grave comprometimento ventilatório. A RM fetal pode confirmar o achado e avaliar malformações associadas. Ambas as modalidades podem aferir o volume pulmonar como fator prognóstico.

Após o nascimento, a radiografia de tórax em geral é diagnóstica, ao evidenciar o estômago e/ou alças intestinais no tórax. TC e RM permitem esclarecer casos duvidosos e avaliar anomalias associadas, bem como avaliar os reparos cirúrgicos, constituídos por tela ou retalho muscular. Recorrência não é incomum e o crescimento do diafragma pode ser prejudicado, podendo ocorrer mobilidade reduzida, hipoperfusão pulmonar ipsilateral e escoliose.

A hérnia de Morgagni em geral é detectada em crianças maiores e adultos como achado incidental ou como obstrução intestinal. Pode ocorrer como componente da pentalogia de Cantrell. A imagem radiográfica típica é de alças intestinais na porção anterior do tórax na incidência em perfil. Ultrassonografia ou TC são úteis quando vísceras sólidas são herniadas, como fígado, baço ou omento. O reparo cirúrgico é indicado em todos os casos em razão do risco de encarceramento e estrangulamento.

Hérnia de hiato é a herniação de uma porção do estômago no mediastino através do hiato esofágico do diafragma. Na hérnia por deslizamento, a junção esofagogástrica e parte do estômago deslocam-se através de um hiato alargado. Na hérnia paraesofágica, a junção esofagogástrica permanece em sua posição habitual e uma porção do estômago se insinua no tórax. Nesses pacientes, os ligamentos gastroesplênico e gastrocólico podem estar ausentes, predispondo ao volvo organoaxial do estômago e à herniação do cólon. Um terceiro tipo de hérnia de hiato seria o esôfago curto congênito, com o estômago fixo no mediastino. Com exceção desse tipo, hérnias de hiato são extremamente raras em crianças menores de 1 ano, sendo a maioria dessas hérnias adquiridas, frequentemente em pacientes com refluxo gastroesofágico. Na radiografia, hérnias de hiato podem ser vistas como massa retrocardíaca sólida ou preenchida por gás, dependendo do conteúdo gástrico. O estudo contrastado do esôfago, estômago e duodeno permite diagnóstico definitivo, sendo os métodos axiais condutas de exceção.

Alterações funcionais

A causa mais comum de paralisia diafragmática em crianças pequenas é lesão do nervo frênico, seja por trauma obstétrico ou por cirurgia torácica para correção de cardiopatias ou ressecção de tumores. Tumores cervicais ou torácicos podem raramente comprimir o nervo frênico. A paralisia diafragmática é mais grave em crianças porque os músculos intercostais não são desenvolvidos e o mediastino apresenta maior mobilidade. Dificuldade inexplicada no desmame de ventilação mecânica, aumento da necessidade de oxigênio, taquipneia e desconforto respiratório, pneumonia ou atelectasia recorrentes são sinais clínicos de paralisia, mesmo unilateral.

A elevação da cúpula diafragmática na radiografia simples é um achado inespecífico. Tradicionalmente, a fluoroscopia era o método preferencial para avaliar a mobilidade diafragmática. A técnica permite avaliar o paciente em ortostase ou decúbito, em incidência anteroposterior e lateral, durante a respiração basal e profunda. Ausência ou redução da mobilidade, movimento paradoxal (elevação durante a inspiração e vice-versa) e desvio do mediastino durante a inspiração são todos sinais sugestivos ao método. Limitações da técnica consistem na avaliação da porção anterior (menos móvel) do diafragma, na incidência anteroposterior, e possível erro de interpretação na paralisia bilateral. A ultrassonografia substituiu a fluoroscopia por ser um método acessível, livre de radiação e que pode ser realizado à beira do leito, fornecendo imagens anatômicas das estruturas adjacentes e permitindo uma análise qualitativa e quantitativa em tempo real. O movimento do diafragma é considerado normal quando ele se aproxima do transdutor na inspiração. Em pacientes sob ventilação mecânica, o respirador é temporariamente desconectado para avaliação da respiração espontânea. Excursão diafragmática menor que 4 mm, movimento paradoxal e diferença maior que 50% na excursão das duas cúpulas no modo M são sugestivos de paralisia unilateral. Sequências dinâmicas em RM têm sido utilizadas com sucesso em adultos com paralisia diafragmática e doença pulmonar obstrutiva crônica, sendo o seu uso limitado em crianças pequenas por conta da necessidade de sedação (Figura 10).

Trauma

Lesões traumáticas do diafragma são pouco frequentes nessa faixa etária, normalmente relacionadas a mecanismos de alta energia, via de regra acompanhadas de lesões graves como traumatismo craniano, fraturas pélvicas, lacerações renais e esplênica, que são determinantes do prognóstico do paciente. As lesões são mais frequentes à esquerda, sendo o lado direito provavelmente poupado pela presença do fígado. A radiografia inicial é sugestiva em grande parte dos casos, evidenciando elevação e/ou indefinição do contorno do diafragma, herniação de vísceras ocas no tórax, podendo apresentar constrição focal no local do defeito, presença de sonda nasogástrica acima do diafragma ou desvio contralateral do mediastino. Apresentação tardia, mais comum à direita, pode levar a herniação e estrangulamento. TC pode ser útil no diagnóstico de lesão aguda; RM pode ser empregada em pacientes estáveis.

Neoplasias

Tumores diafragmáticos são muito raros, com cerca de 40 casos relatados na literatura, ocorrendo em geral em torno dos 10 anos de idade, sendo a maioria malignos, com sintomas torácicos predominando em relação aos abdominais. O tumor mais frequente é o rabdomiossarcoma. Outros diagnósticos incluem sarcoma indiferenciado, tumor de células germinativas, sarcoma de Ewing e blastoma pleuropulmonar. Entre as lesões benignas descritas estão cisto mesotelial, cisto broncogênico, linfangioma, hemangioma, lipoma, teratoma cístico, miofibroma e neurofibroma. O principal desafio de um tumor diafragmático consiste em determinar o seu local de origem, mesmo se valendo de todas as modalidades de imagem. O sinal da garra, deslocamento de estruturas adjacentes e presença de ângulo obtuso entre a lesão e o diafragma podem eventualmente ajudar quando presentes. Com frequência, a origem diafragmática do tumor fica mais evidente com a redução volumétrica da lesão após quimioterapia.

Considerações finais

As patologias torácicas extrapulmonares, excetuando-se as lesões mediastinais, são um grupo heterogêneo de doenças e variantes anatômicas. O conhecimento das diferentes modalidades de imagem e diagnósticos diferenciais permite uma abordagem mais eficiente na investigação desses pacientes.

Bibliografia sugerida

1. Kim OH, Kim WS, Kim MJ, Jung JY, Suh JH. US in the diagnosis of pediatric chest diseases. RadioGraphics. 2000;20:3:653-71.
2. Goh Y, Kapur J. Sonography of the pediatric chest pictorial essay. J Ultrasound Med. 2016;35:1067-80.
3. Baez JC, Lee EY, Restrepo R, Eisenberg RL. Chest wall lesions in children. Am J Roentgenol. 2013;200(5):W402-19.
4. Glass RBJ, Norton KI, Mitre SA, Kang E. Pediatric ribs: a spectrum of abnormalities. RadioGraphics. 2002;22(1):87-104.
5. Chavhan GB, Babyn PS, Cohen RA, Langer JC. Multimodality imaging of the pediatric diaphragm: anatomy and pathologic conditions. RadioGraphics. 2010;30(7):1797-817.

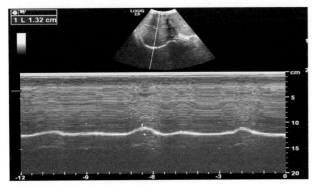

Figura 10 Avaliação da mobilidade diafragmática pela ultrassonografia no modo M. Exemplo de paciente normal. Imagem gentilmente cedida pelo Dr. Marcelo Straus Takahashi.

Gastrointestinal

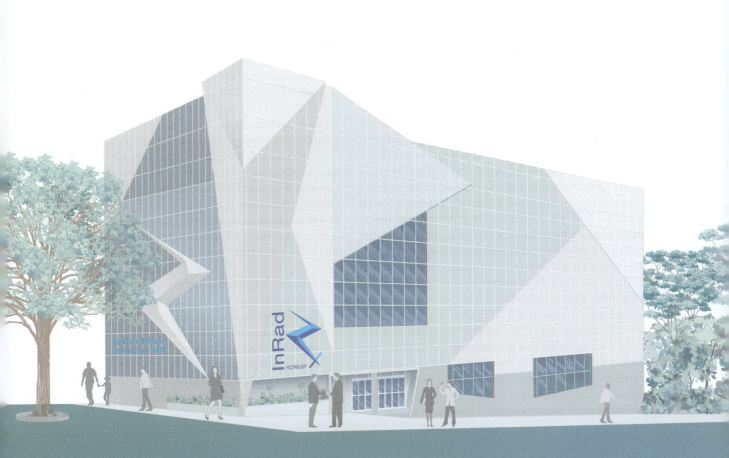

1

Princípios físicos e técnicos da ultrassonografia

Fernando Linhares Pereira
Igor Clausius C. Pimentel

Introdução

O método diagnóstico ultrassonográfico se fundamenta na geração de ondas mecânicas (propagação de energia acústica) que interagem com os tecidos corporais ao longo de sua propagação e na captação dos ecos refletidos. O conhecimento básico de fenômenos físicos específicos que ocorrem durante o processo de geração, captação, processamento de dados e análises dos sinais acústicos são primordiais para otimizar a qualidade das imagens e melhorar a acurácia diagnóstica, os quais serão abordados neste capítulo.

O som e suas interações

O som, fenômeno cíclico de compressão e rarefação, pode ser descrito conforme propriedades ondulatórias e suas características dependem da fonte emissora e do meio propagado, sob os limites de ação da lei de Hooke (F = kX). Quanto maior a diferença de intensidade entre compressão e rarefação, que é determinada pelo índice mecânico (IM), maior o risco de cavitação ("fratura") do meio. Como as ondas sonoras dependem da potência (*acoustic power*, energia por tempo de exposição) e da intensidade (energia por tempo de exposição em determinada área) da fonte emissora de ecos, existem limites seguros para utilização dessa ferramenta diagnóstica, evitando outros efeitos deletérios no tecido humano, como também o aumento da temperatura dos tecidos moles, aferido pelo índice térmico (TIST).

As sondas (transdutores) utilizadas nos equipamentos de ultrassonografia (USG) médica são compostas por lentes e bandas de cristais piezelétricos (cerâmicas com propriedade de transformar energia mecânica em elétrica) que emitem pulsos sonoros e captam seus ecos propagados através dos meios condutores. Todos os sinais sonoros são processados pelo equipamento de USG para, fundamental-

mente, calcular distâncias e intensidade de ecos relacionados à fonte emissora e à zona focal de interesse do estudo clínico, respeitando os seguintes conceitos físicos básicos:

- Comprimento de onda (D): distância entre a compressão e a rarefação, representando um ciclo (m).
- Frequência de onda (f): número de ciclos de oscilação produzidos em um segundo (Hz).
- Período (T): tempo levado para que cada ciclo se repita (inverso da frequência).
- Amplitude de onda (A): magnitude, intensidade da onda sonora (dB).
- Velocidades de propagação de onda (V): os equipamentos são calibrados assumindo velocidade padrão $(1,54 \times 10^3$ m/s) para aquisição de imagens médicas, mesmo sabendo que há grandes variações conforme o meio biológico de propagação do som.

As características das ondas sonoras podem ser expressas matematicamente em relação a seu D, f ou V (Figura 1).

A interação entre a onda sonora e cada interface do meio ao longo de seu trajeto determina eventos relevantes a depender da impedância acústica (resistência do meio à condução do feixe sonoro). Nos meios biológicos, assume-se que as impedâncias são semelhantes, excetuando-se ar e ossos, permitindo o estudo das estruturas sólidas e líquidas (Figura 2). Esses eventos podem ser assim descritos:

- Reflexão: fenômeno ocorrido quando o feixe sonoro atinge a interface de outro meio de impedância acústica distinta, dependente de seu ângulo de incidência limite (anisotropia) para formação do eco. Quanto maior a diferença de impedância acústica entre os meios, maior a reflexão.
- Refração: fenômeno ocorrido por parte do feixe sonoro (que não é refletido) quando atinge a interface de outro meio, sendo submetido a mudança de sua di-

1 PRINCÍPIOS FÍSICOS E TÉCNICOS DA ULTRASSONOGRAFIA

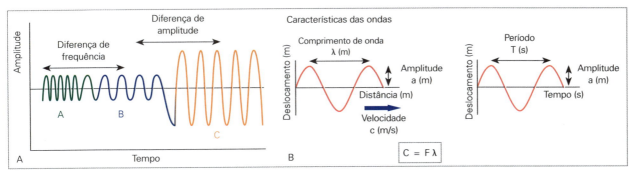

Figura 1 Representações gráficas das características dos pulsos ultrassonográficos (A) e suas relações matemáticas (B).

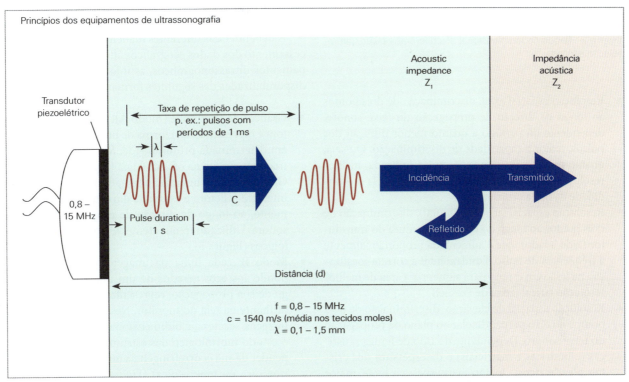

Figura 2 Fenômenos físicos ocorridos durante a geração e propagação dos pulsos ultrassonográficos.

reção inicial. Relacionada à formação de artefatos de duplicação de imagem em local irreal.
- Atenuação: perda da intensidade sonora em função da absorção durante o trajeto percorrido (ida e volta), dependente da frequência e do comprimento de onda. Quanto maior a frequência de onda, maior a atenuação do feixe sonoro.
- Reforço acústico: fenômeno ocorrido quando o feixe sonoro se propaga por um meio homogêneo, de baixa atenuação, como nas lesões císticas.
- Difração (*scatter*): fenômeno ocorrido quando o comprimento de onda é semelhante às dimensões da estrutura de estudo, a qual assume papel de fonte sonora.
- Espalhamento: reflexão não direcional do pulso sonoro, que será pobremente captada pelo transdutor.

Conjuntamente com a difração, são fenômenos que dão o padrão textural em tons de cinza em meios sólidos como, por exemplo, o do fígado.

Parâmetros técnicos dos equipamentos e artefatos acústicos

Atualmente, os equipamentos de USG têm grande capacidade técnica em discriminar dois pontos próximos (resolução) para formar imagens confiáveis. Apesar disso, a correta e ativa regulagem dos diferentes parâmetros técnicos (profundidade, ganho, foco e resolução) é mandatória para evitar armadilhas diagnósticas, adequando correta interpretação de eventuais artefatos de técnica durante o estudo clínico. Assim, podemos definir os diferentes tipos de resolução dos equipamentos (Figura 3):

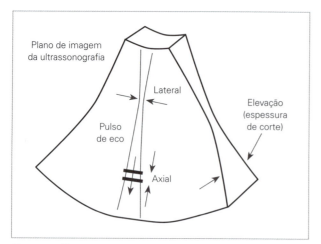

Figura 3 Esquema tridimensional dos diferentes planos de resolução espacial.

- Resolução espacial axial: discriminação de dois pontos ao longo da direção de propagação do feixe sonoro, dependente do período a quanto menor duração dos pulsos, maior a capacidade de discriminação. Ou seja, quanto maior a frequência de pulso utilizada, melhor resolução espacial, cada vez mais limitada pela profundidade da onda propagada.
- Resolução espacial lateral (azimutal): discriminação de dois pontos ao longo do eixo de varredura do transdutor (lado a lado), que é aumentada proporcionalmente à frequência de pulso. Fundamental a correta focalização na lesão em estudo para aumentar a área de melhor resolução lateral (zona de Fresnel).
- Resolução espacial de elevação: discriminação de dois pontos no eixo perpendicular ao plano de propagação do feixe sonoro. Dependente do tipo de lentes acústicas (cilíndricas e matriciais) e da espessura dos cristais piezelétricos. Quanto mais espessa a lente, maior a zona de Fresnel. Transdutores matriciais reduzem o artefato de volume parcial, pois focalizam melhor as estruturas lateralmente.
- Resolução temporal: determina o número de imagens (quadros) por segundo, na dependência da densidade de linhas (*frame rate*). É reduzida quanto maior a profundidade, maior número de zonas focais e durante a utilização do modo Doppler (lentificação na produção das imagens).
- Resolução de contraste: capacidade de discriminação da variação de amplitude ou intensidade de dois pontos refletores (alcance dinâmico ou *dynamic rage* [DR]). Quanto menor o DR, mais comprimida as faixas de tons de cinza, sendo mais difícil discriminar estruturas distintas, com ecogenicidades semelhantes.

Os artefatos acústicos são fenômenos inerentes às interações das ondas com os tecidos, dentre os quais podemos citar os mais relevantes para o estudo ultrassonográfico:

- Reverberação: causada quando o feixe sonoro atinge um forte refletor, especialmente em um ângulo perpendicular (artefato de "cauda de cometa"). A utilização de frequências harmônicas de eco reduz esse artefato.
- Espelhamento: ocorre reflexão e duplicação do feixe sonoro quando atinge interface de alta diferença de impedância acústica.
- Sombra acústica: ocorre interrupção da propagação do feixe sonoro em decorrência da interposição de estrutura altamente reflexiva ou altamente atenuante, tal qual componentes cálcicos ou ar.

Modalidades ultrassonográficas

A depender das diferentes maneiras de geração e processamento dos dados ecográficos adquiridos pelos equipamentos ultrassonográficos, as informações podem ser disponibilizadas das seguintes formas:

- Gráficos de amplitude (modo A): cada interface refletora é representada na forma de um pico de amplitude em determinada profundidade. Modo utilizado mais frequentemente na oftalmologia (Figura 4).
- Gráficos de movimentação temporal (modo M): cada interface refletora é estudada durante todo seu movimento, ao longo da direção de propagação da onda sonora. Utilizado frequentemente nos estudos cardiológicos (Figura 5).
- Modo B: cada linha da imagem adquirida corresponde aos ecos gerados de um único pulso ao longo de sua propagação, representado como um ponto brilhante na tela do monitor. Nesse caso, são geradas imagens seccionais bidimensionais, que possibilitam o estudo morfológico das estruturas corpóreas a depender de sua ecorrefringência (anecoica, hipoecoica, isoecoica ou hiperecoica) (Figura 6). O advento dos transdutores matriciais, compostos por bandas justapostas de cristais piezelétricos, e de novas técnicas de pós-processamento de dados possibilitam gerar vários pulsos em ângulos diferentes num mesmo plano de varredura, tornando-se possível a reconstrução de blocos de imagens em tempo real e de aquisições volumétricas (3D e 4D).
- Modo Doppler: modalidade que analisa qualitativa e quantitativamente os movimentos relativos entre a estrutura refletora estudada (volume da amostra ou *sample volume*) e a fonte emissora de pulsos sonoros contínuos ou de pulsos repetidos com frequências pré-determinadas (PRF) em estreita faixa de tempo (*gate size*), sendo dependente do ângulo formado entre eles. Basicamente, expressa a diferença aparente (um percentual; taxa) entre o valor da frequência emitida e a captada pelo transdutor ao ecoar nas hemácias, também conhecida como frequência de deslocamento Doppler (em kHz). Considera-se que o efeito

Doppler não é "notado" em ângulo de 90°, sendo máximo em ângulo de 0° e aceitável até 60° para o cálculo das velocidades de fluxo vascular, segundo a seguinte relação (Figura 7):

(frequência de deslocamento Doppler =
2 freq. original emitida * cos da velocidade do
fluxo vascular/velocidade do meio).

Atualmente, as informações sobre o efeito Doppler podem ser representadas de duas formas distintas, sendo por meio de:

A. Análise em mapas coloridos (Doppler colorido e de amplitude):
   - Doppler colorido: são mapas bidimensionais coloridos do deslocamento Doppler (aproximação ou afastamento em relação ao transdutor) em um volume de amostragem (*sample volume*) sobreposta em imagem modo B (*duplex scan*). Permitem a análise de presença/ausência de fluxo e de distúrbios hemodinâmicos (turbilhonamentos), na dependência do ângulo de insonação e da potência do sinal de deslocamento Doppler.
   - Doppler de amplitude (*power* Doppler ou *angio* Doppler): apresenta mapas bidimensionais coloridos do deslocamento Doppler, sendo detectados sinais de baixas amplitudes (menor filtragem), independentemente do ângulo de insonação, sem representar, porém, o sentido do fluxo sanguíneo.

B. Análise espectral (Doppler pulsátil ou espectral):
   Após processamento de demodulação ("limpeza" de sinais ecográficos sobrepostos indesejáveis), o equipamento apresenta em histogramas a distribuição dos sinais refletidos (padrão espectral) ao longo do tempo em virtude da ótima resolução temporal. Permite análise hemodinâmica quantitativa através das velocidades de pico sistólico e diastólico, índices de resistividade (IR) e pulsatilidade (IP), além de aceleração e tempo de aceleração do fluxo sanguíneo. Contaminação de informações no espectro do fluxo pode gerar artefatos como o *crosstalk* (onda espelhada na linha de base) e pode ser evitada reduzindo ganho, utilizando dispositivo que amplifica o sinal recebido, ou adequando ângulo de insonação. Corrigir parâmetros técnicos ao tamanho e localização do vaso estudado evita leitura de sinais sonoros ambíguos indesejados para correta análise espectral, tal qual ocorrido no fenômeno estroboscópico denominado *aliasing* (fenômeno de Nykvist), em que a frequência recebida é maior que metade da frequência do pulso de repetição (PRF). Quanto maior o PRF, maior a amostragem de diferentes velocidades detectáveis (escala de velocidades), na ausência de sinais ambíguos. Equipamentos que apresentam simultaneamente imagem modo B em tempo real, mapeamento colorido e análise espectral são denominados tríplex scan.

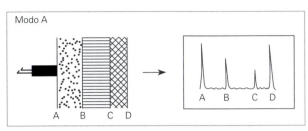

Figura 4 Esquema de geração de imagem ao modo A: cada interface é representada por seu pico de sinal de eco.

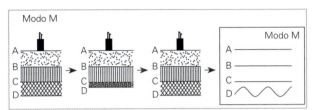

Figura 5 Esquema de geração de imagem ao modo M: detecção do sinal de eco à movimentação da interface D.

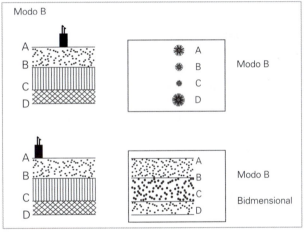

Figura 6 Esquema de geração de imagens ao modo B. A intensidade do sinal de eco captada é representada em tons de brilho.

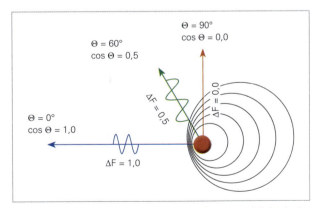

Figura 7 Representação da decomposição vetorial do deslocamento das hemácias, em relação ao eixo de insonação ecográfica (fonte). A velocidade do fluxo depende da frequência do deslocamento Doppler (frequência de deslocamento Doppler [ΔF] = 2 frequências originais emitidas x cos da velocidade do fluxo vascular /velocidade do meio).

Novas tecnologias

Rapidamente, novas fronteiras de estudo na área da USG complementar se ampliam. A incorporação de novas tecnologias aos equipamentos tende a melhorar a caracterização do contraste entre as diferentes estruturas que, por ventura, apresentem mesma ecogenicidade e ecotextura. Destacam-se duas delas, já disponíveis nos aparelhos de última geração:

- Imagem tecidual harmônica (THI): equipamentos de ultrassom ajustados com baixo IM e com *software* específico (THI) permitem a supressão da imagem linear (modo B) e a leitura dos sinais não lineares, em tempo real, formados pela oscilação natural de contração e expansão das microbolhas contida no contraste ultrassonográfico. Este é administrado via endovenosa, tem excreção pulmonar e é composto por gás de baixa solubilidade envolto por invólucro (albumina), que não transpassa a barreira do endotélio vascular. Permite o estudo quantitativo da vascularização, no nível perfusional, em suas diferentes fases (arterial, portal, venosa), tal como a tomografia computadorizada (TC) e a ressonância magnética (RM). Além de se evitar exposição a radiação e riscos de toxicidade dos contrastes iônicos e do gadolínio, esses adventos tem papel promissor na função terapêutica, já que as bolhas podem carrear drogas e serem estouradas no momento e local desejado ao aumentar o IM do aparelho.
- Modo elastografia: nova modalidade dos equipamentos ultrassonográficos de última geração e da RM. É capaz de inferir a elasticidade dos tecidos corpóreos quando submetidos a uma força extrínseca de deformação (*stress*), não invasiva, determinando geração de ondas mecânicas e ecos específicos que serão analisados durante todo processo de deformação (*strain*). Fundamentalmente, associa-se a maior rigidez/dureza dos tecidos ao risco de malignidade, como ocorrido, por exemplo, na fibrose hepática ou na aterosclerose. São categorizadas diferentes modalidades elastográficas a depender do tipo de força aplicada e da maneira como se avaliam as deformações, a saber:
  - *Strain elastography* (SE) ou elastografia por compressão: permite análises qualitativas da deformação do meio (através da compressão manual da pele pelo transdutor), gerando mapas coloridos de elasticidade (elastogramas); ou análises semiquantitativas, ao calcular relações entre deformações de estruturas elasticamente diferentes.
  - *Shear wave elastography* (SWE) ou elastografia por ondas de cisalhamento: adicionalmente permite análise quantitativa da elasticidade dos tecidos por meio de cálculos baseados na medida da velocidade de propagação das ondas de cisalhamento – quanto mais rápida suas velocidades, maior grau de dureza dos tecidos excitados. As ondas de cisalhamento são geradas apenas em meios viscoelásticos, através de pulso mecânico extrínseco (ou deformação) determinados por pistão automático da sonda do equipamento, como na elastografia transitória (TE), ou por impulso de radiação acústica (ARFI) gerado pelo transdutor do ultrassom. Nesse último caso, duas diferentes tecnologias são diferenciadas: pSWE (*point shear wave elastogrphy*), em que a velocidade da onda (m/s) é aferida em uma determinada região de interesse (ROI); e 2D-SWE (elastografia bidimensional em tempo real), em que há capacidade de mensuração das velocidades de ondas de cisalhamento em profundidades diferentes, permitindo mapeamento ampliado e bidimensional do comportamento elástico da região focal (FOV), que pode ser expresso em m/s ou kPa.

Bibliografia sugerida

1. Bamber J, Cosgrove D, Dietrich CF, Fromageau J, Bojunga J, Calliada F, et al. EFSUMB guidelines and recommendations on the clinical use of ultrasound elastography. Part 1: Basic principles and technology. Ultraschall Med. 2013;34(2):169-84.
2. Claudon M, Dietrich CF, Choi BI, Cosgrove DO, Kudo M, Nolsøe CP, et al. Guidelines and good clinical practice recommendations for Contrast Enhanced Ultrasound (CEUS) in the liver - update 2012: A WFUMB-EFSUMB initiative in cooperation with representatives of AFSUMB, AIUM, ASUM, FLAUS and ICUS. Ultrasound Med Biol. 2013;39(2):187-210.
3. Hall TJ. Beyond the basics: elasticity imaging with US. Radiographics. 2003; 23:1657-71.
4. Hangiandreou NJ. B-mode US: basic concepts and new technology. Radiographics. 2003;23:1019-33.
5. Hoskins PR. Diagnostic ultrasound: physics and equipment. Greenwich Medical Media; 2003. p. 7-22.
6. Kodaira SK. Princípios físicos de ultrassonografia e suas aplicações no mapeamento Doppler. In: Ventura C. Ultrassonografia vascular – correlação com angiografia. Rio de Janeiro: Revinter, 2012. p.1-7.
7. Kodaira SK. Princípios físicos de ultrassonografia. In: Chammas MC, Cerri GG. Ultrassonografia abdominal. 2. ed. Rio de Janeiro: Revinter; 2009. p. 1-31.
8. Merrit CRB. Física do ultrassom. In: Rumack CM, et al. Tratado de ultrassonografia diagnóstica. 4. ed. Rio de Janeiro: Elsevier; 2012. p. 1-33.
9. Williams D. The physics of ultrasound. Anesthesia and Intensive Care Medicine. 2012; 13:264-8.

Radiologia simples e contrastada em pediatria

Luiz Antonio Nunes de Oliveira

Introdução

A radiologia convencional deve ser considerada a base do diagnóstico por imagem na pediatria. As alterações mais recentes estão relacionadas com a digitalização das imagens e do impacto das diversas modalidades novas na prática clínica, particularmente a ultrassonografia (USG), que, assim como os outros métodos, será avaliada nos capítulos subsequentes (Quadro 1).

Considerações práticas

Para melhor aproveitamento da prática pediátrica, há a necessidade de trabalho em equipe com técnicos treinados no atendimento de neonatos e crianças. São utilizados equipamentos de imobilização, provavelmente a causa mais importante de estudos inadequados, e a qualidade de imagem é diretamente proporcional à imobilização. Ela é necessária para um melhor posicionamento para os estudos radiográfico e fluoroscópico. Isso resultará em menor dose de radiação para a criança e as pessoas participantes da contenção, como os pais.

Existem várias formas de imobilização, como fitas de velcro e pesos, pranchas de madeira etc. O material deve ser sempre mantido com medidas antissépticas.

O estudo das vias aéreas e do tórax deve ser realizado preferencialmente em ortostase. Deve-se manter a

Quadro 1	Seis regras para o conforto e a imobilização
1. Entrevista	
2. Preparar a criança e o acompanhante para o procedimento	
3. Presença do acompanhante	
4. Usar local apropriado para procedimentos dolorosos	
5. Posicionar a criança de maneira confortável	
6. Manter a calma e atmosfera positiva	

temperatura da sala de exames, pois a hipotermia é um risco significativo para as crianças. É importante também manter a criança higienicamente limpa, e não molhada. Deve-se usar agentes de contraste em pediatria, considerando sua escolha adequada, seu aquecimento e sua manipulação com luvas etc., para que se evite contaminação, especialmente no estudo baritado. O ambiente deve ser mantido limpo e esterilizado do mesmo modo que o berçário.

Para o preparo dos diversos procedimentos radiológicos, é importante que o jejum não exceda o intervalo entre as refeições da criança. Deve-se avaliar o estado de hidratação das crianças nos exames fluoroscópicos e contrastados.

O tempo de fluoroscopia na criança deve ser o mínimo possível, pois só é necessário o reconhecimento topográfico dos segmentos intestinais, como o ligamento de Treitz e a posição do ceco.

Particularidades dos exames pediátricos

Deve-se seguir metodologia para cada tipo de exame, respeitando-se as indagações clínicas:

- Técnica para examinar o trato gastrointestinal na infância com pneumonia de repetição; técnica de exame para atresia de esôfago.
- Enema baritado na infância.
- Redução de íleo meconial.
- Redução de intussuscepção.
- Avaliação de possível doença de Hirschsprung (Figura 1).
- Avaliação de colostomia e coto; avaliação de ânus imperfurado.
- Exame de cistouretrografia miccional, uretrocistografia retrógada e urografia excretora.
- Exposição à radiação no berçário e na unidade de terapia intensiva (UTI).

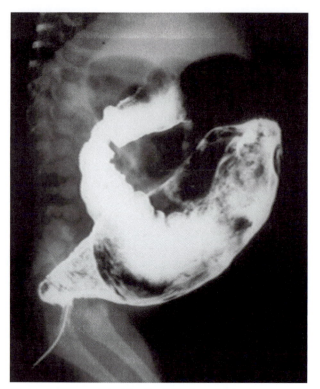

Figura 1 Doença de Hirschsprung. Introdução de contraste baritado diluído em projeção lateral. Sonda retal localizada distalmente. Notar dilatação do sigmoide com desproporção com o reto (razão reto/sigmoide < 1).

Tórax e vias aéreas superiores

A radiografia de tórax é o exame pediátrico mais frequente e deve ser indicada para se estabelecer um diagnóstico preliminar ou monitorar a evolução da condição respiratória e a introdução, a avaliação e a evolução do tratamento.

Inicialmente, deve-se solicitar incidência frontal em decúbito supino (posição ideal para a realização do exame) nas crianças que não ficam em ortostase. A projeção em perfil é considerada uma incidência adicional, como decúbito lateral com raios horizontais, oblíquos ou mesmo interesse do arcabouço ósseo. Algumas dificuldades técnicas e informações são relevantes para interpretação adequada das radiografias.

A bifurcação da traqueia (carina) localiza-se no nível da terceira vértebra torácica na infância e atinge a quarta vértebra com 8 anos. O desenvolvimento da pelve afeta a capacidade e a forma da caixa torácica, pois os órgãos abdominais descem para a cavidade pélvica, reduzindo a pressão interna que o abdome exerce sobre o tórax e facilitando a excursão caudal do diafragma. Como resultado, a forma do tórax muda de essencialmente cilíndrica com os arcos costais horizontais para redução do diâmetro anteroposterior com os arcos costais anteriores mais baixos que os posteriores. Essa mudança altera a respiração da criança de abdominal para diafragmática.

Timo

O timo é um órgão linfoide, localizado no mediastino inferior. É proeminente na radiografia de tórax na infância, pois a cavidade torácica é relativamente pequena; no entanto, variações da normalidade são comuns. Ele cresce durante a infância, atingindo sua dimensão máxima perto dos 15 anos, quando inicia sua regressão. Além disso, o timo é ativo durante a infância, produzindo os linfócitos T que fazem parte do mecanismo de defesa imune do organismo (Figura 2).

Coração

O coração é proeminente na radiografia de tórax na infância e, como consequência, ocupa espaço mais transversal em cerca de 40% da cavidade torácica. Por causa disso, o índice cardiotorácico normal atinge até 0,6 na infância, comparativamente ao do adulto, de até 0,5.

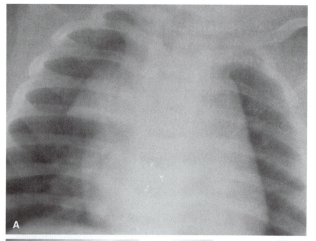

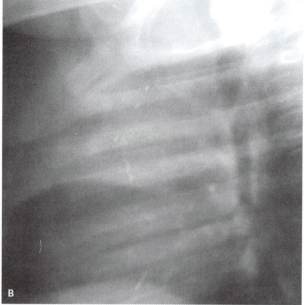

Figura 2 Opacidade mediastinal anterior com aspecto de "vela de barco". Contornos precisos e sem exercer efeito de massa.

Via aérea superior (extratorácica)

Incidência lateral – boca aberta e fechada. Visando aos diagnósticos de aumento da tonsila faríngea (adenoide), aumento das tonsilas palatinas (amígdalas), abscesso retrofaríngeo, laringomalacia, estenose subglótica, epiglotite e croupe.

Via aérea inferior (intratorácica)

As principais indicações clínicas e achados no parênquima pulmonar são: pneumonia, asma, bronquiolite, bronquiectasias, tuberculose, aids, fibrose cística, neoplasia pulmonar, atelectasia, corpo estranho etc. Pode haver envolvimento da parede torácica e pleura, além de escoliose, *pectus excavatum*, pneumotórax, pneumomediastino, derrame pleural etc.

Escolha da projeção

Dependendo da idade e do peso, pode-se escolher as projeções preferenciais (Tabela 1)

Não há diferença no valor diagnóstico na incidência anteroposterior (AP) comparada à posteroanterior (PA) na criança menor de 4 anos, pois a caixa torácica é essencialmente cilíndrica e a magnificação dos órgãos mediastinais é insignificante. Entretanto, a projeção AP é associada com maior dose de radiação na mama em desenvolvimento e na tireoide.

Tabela 1 Guia para radiografia pediátrica de tórax

Idade	Projeção	Posição do paciente
< 3 meses	Anteroposterior	Supino
3 meses a 4 anos	Anteroposterior	Ortostase
> 4 anos	Posteroanterior	Ortostase

Área de interesse a ser incluída na radiografia

Incluir a caixa torácica do primeiro arco costal aos ângulos costofrênicos inferiormente e às margens externas das costelas lateralmente.

Rotação

O tórax da criança pequena é mais cilíndrico e, portanto, um pequeno grau de rotação aparenta significativa assimetria. Deve-se utilizar os arcos costais anteriores que devem ter distância equivalente e simétrica em relação à coluna vertebral. É essencial minimizar a rotação do paciente, pois pode simular condições patológicas, como pulmão hiperlucente, contorno cardíaco aumentado etc.

Lordose

A lordose é frequente na incidência AP, que se corrige colocando apoio de 15° ao nível interescapular e sem estender os braços. A radiografia em lordose é identificada quando o arco anterior se torna horizontal ou angulado cranialmente, posicionando-se acima do arco posterior. A posição da clavícula não é uma indicação acurada, pois ela se altera com o movimento do ombro.

Respiração

Um problema comum nas radiografias é a incidência não satisfatoriamente inspirada. É importante a adequada inspiração para a visualização clara dos campos pulmonares e não se deve mimetizar cardiomegalia e proeminência da vasculatura pulmonar. A inspiração adequada ocorre quando o nível das cúpulas diafragmáticas atinge (Tabela 2).

Tabela 2 Guia para avaliar graus de inspiração na radiografia de tórax

Idade	Ótima inspiração
0 a 3 anos	8° arco posterior
4 a 7 anos	9° arco posterior
8 anos ou mais	10° arco posterior

Exposição

A correta exposição deve demonstrar os vasos pulmonares nos dois terços centrais dos campos pulmonares sem evidência de borramento. A traqueia e os brônquios-fonte devem ser visibilizados, assim como os espaços discais da coluna torácica inferior, através do coração.

Artefatos

É necessário evitar os artefatos nas roupas, nos cutâneos e no cabelo, que devem ser retirados do campo de interesse.

Projeções radiográficas suplementares

Perfil do tórax

A incidência lateral é fácil de ser realizada se a criança puder sentar ou ficar de pé. O lado a ser investigado deve se aproximar do chassi.

O critério de qualidade é de superposição dos arcos costais e as vértebras sem rotação.

Decúbito lateral (anteroposterior)

É útil quando a projeção com raios horizontais for necessária e o paciente não puder ser posicionado em pé. O

Incidência lateral do pescoço

Indicada para investigar suspeita de corpo estranho ou edema de partes moles. É preciso fazer a exposição durante inspiração. Crianças maiores podem realizar com sucesso manobra de Valsalva (expiração forçada com a glote fechada).

O posicionamento correto é verificado pela superposição dos ramos mandibulares. Deve-se ter cuidado com a projeção do lóbulo da orelha.

Cavum (espaço pós-nasal)

Demonstra o tecido com densidade de partes moles comprimindo o espaço aéreo. Por exemplo, aumento adenoideano.

Fatores de exposição e proteção radiológica

A recomendação nas diretrizes é de combinação ecran/filme rápida (400 a 800), combinando com tempo de exposição inferior a 10 ms para reduzir o risco de moção com indefinição de estruturas anatômicas. O uso de exposição automática não é recomendado para as crianças pequenas.

Com o objetivo de reduzir a dose de radiação, deve-se realizar radiografias com técnica de alta quilovoltagem e utilizar filtros no nível do tubo de raios X. O uso de grade ou Bucky não é apropriado nas crianças menores, apenas nas maiores e nos adolescentes (Tabela 3).

Abdome

A radiografia simples do abdome tem papel importante na investigação do abdome pediátrico, particularmente nas doenças dos tratos genitourinário e gastrointestinal. Por causa da radiação ionizante, a indicação deve ser bem justificada e comparada a outros métodos de investigação por imagem.

Anatomia estrutural e funcional

O abdome é limitado pelo diafragma superiormente e pela escavatura pélvica inferior. Deve-se incluir a sínfise púbica nas incidências. Para o sistema gastrointestinal, deve-se entender que se inicia na cavidade oral, incluindo a faringe e o esôfago, ainda supradiafragmático (p. ex., ingestão de corpo estranho).

O estômago é mais horizontalizado nos primeiros anos de vida, aumentando sua capacidade de aproximadamente 30 mL no recém-nascido (RN) para 500 mL na adolescência.

O intestino delgado duplica no comprimento entre o nascimento e a puberdade. Os intestinos delgado e grosso apresentam parede fina ao nascimento em virtude de pouco desenvolvimento muscular, impossibilitando a diferenciação radiológica entre as válvulas coniventes do delgado e as características haustrações do colo. Até os 2 anos de idade, a pelve infantil é pequena e poucas alças do delgado se insinuam.

Trato genitourinário

O sistema urinário localiza-se no espaço retroperitoneal e, geralmente, os rins são bilaterais de situação posterolateral, ligeiramente divergente em relação aos pés (triângulo de Gutierrez). Os rins não são totalmente funcionais ao nascimento, com restrição da filtração glomerular no primeiro ano de vida. O crescimento renal depende da sua função, e a evidência disso é a compensação vicariante do rim contralateral quando um apresenta disfunção ou é removido.

A bexiga urinária situa-se predominantemente no abdome ao nascimento com extensão inferior com o alargamento da cavidade pélvica. As gônadas e a genitália externa têm desenvolvimento restrito na infância e evoluem na adolescência, sob influência dos hormônios gonadotróficos. Os maiores órgãos na pelve masculina ao nascimento são o reto e a glândula prostática. A pelve feminina contém o reto, a vagina e o útero, com os ovários e a bexiga situando-se na cavidade abdominal no nível da crista pélvica. Esses órgãos situam-se na pelve propriamente dita após o sexto ano de vida, achado que deve ser considerado no posicionamento dos protetores de radiação na menina.

Aplicação na doença gastrointestinal
Intussuscepção

É a causa mais frequente de obstrução intestinal na criança com menos de 2 anos, sendo mais comum na região ileocecal. A radiografia simples pode auxiliar, demonstrando "vazio" de alças intestinais na fossa ilíaca di-

Tabela 3	Fatores de exposição: guias para a radiografia de tórax					
Idade (anos)	Ponto focal	Quilovoltagem (kV)	mA/s	DFF (cm)	Grade	CEA
< 1	Fino	60	2	150	Não	Não
1 a 4	Grosso	75	2	150	Não	Não
5 a 10	Grosso	75	4	150	Sim	Não
11 ou mais	Grosso	80 a 120 (dependendo do tamanho)	CEA	150 a 180	Sim	Sim

DFF: distância foco-filme; CEA: controle de exposição automática; mA: miliamperagem.

reita, com dilatação de alças a montante. No entanto, a USG é a modalidade de escolha.

Radiografia simples nos padrões da normalidade não invalida a hipótese clínica de invaginação.

Apendicite

É a causa mais comum de abdome agudo inflamatório. O diagnóstico é essencialmente clínico, e a imagem deve incluir a USG como modalidade de escolha. A radiografia simples pode demonstrar apendicolite, íleo adinâmico e eventual efeito de massa e perfuração.

Ingestão de corpo estranho

A maioria dos corpos estranhos ingeridos são exonerados naturalmente com as fezes, e a radiografia simples é indicada se o objeto for cortante, pontiagudo ou potencialmente capaz de intoxicação, como bateria de relógio, e também na dúvida clínica quanto à ingestão ou não. Os lugares mais comuns de impactação são faringe, esôfago no nível do brônquio fonte esquerdo e junção gastroesofágica. Se o objeto passar por esses níveis, deve prosseguir livremente nos outros sítios de dificuldade, como o arco duodenal e íleo terminal. Deve-se lembrar de incluir incidência desde a cavidade oral até anal nesses casos. São perceptíveis os corpos estranhos radiopacos.

Outras indicações

Em caso de estenose hipertrófica do piloro, hérnias, refluxo gastroesofágico, divertículo de Meckel e doença inflamatória intestinal, a radiografia simples não é o primeiro método indicado.

Aplicação no sistema genitourinário

Aplicações na infecção urinária, no refluxo vesicoureteral, na hidronefrose, na válvula de uretra posterior, na hematúria, na agenesia renal, na insuficiência renal crônica, na criptorquidia e na massa abdominal não são geralmente o exame de escolha.

Sinais e sintomas de doença abdominal

Dor abdominal, vômito, sangramento gastrointestinal, constipação, diarreia crônica e dilatação gástrica.

Técnica radiográfica do abdome

Não há preparo específico para a radiografia simples. Deve-se proceder com explicações para se adquirir confiança e cooperação. É preciso afastar as roupas da área de interesse a ser radiografada para a manutenção da dignidade da criança. Cuidado na proteção dos testículos nos meninos e dos ovários nas meninas.

A incidência anteroposterior em decúbito supino é a projeção de escolha. Projeções adicionais com inclinação dos raios X, ortostase, decúbito lateral com raios horizontais e decúbito ventral são ocasionais. Na suspeita de se demonstrar "ar livre", o decúbito lateral esquerdo é preferível para que a interposição gasosa ocorra com o fígado.

Abdome supino

Posicionamento semelhante ao do adulto, sendo, no entanto, necessária técnica de imobilização e de distração para que haja cooperação e redução de artefatos de movimento e de posicionamento.

A exposição radiográfica deve ser realizada no final da expiração, com ou sem cooperação espontânea, apenas com a observação da respiração concordante.

Abdome em ortostase

Paciente em posição ereta utilizando-se raio central horizontal. Grande valor na investigação de obstrução intestinal, com evidências de nível hidroaéreo e de perfuração com evidências de pneumoperitônio.

A técnica preconizada nas radiografias de abdome encontra-se na Tabela 4.

Como existe variação natural no tamanho e nas dimensões das crianças da mesma idade, o técnico que realiza os exames necessita adequar os valores *standard* para cada paciente individualmente, dependendo também dos dados clínicos e do equipamento utilizado. O uso de exposição automática é restrito nas crianças menores e na dependência de se utilizar ou não grade para minimizar dose de radiação. Essas compensações são mais factíveis com a técnica digital de imagens.

Tabela 4	Fatores de exposição e proteção radiográfica					
Idade (anos)	Ponto focal	Quilovoltagem (kV)	mA/s (exposição ≤ 0,02 s)	DFF (cm)	Grade	CEA
< 1	Fino	60	2	100 a 115	Não	Não
1 a 4	Fino	75	4	100 a 115	Sim/não Depende do tamanho	Não
> 4	Grosso	75	CEA	100 a 115	Sim	Sim

CEA: controle de exposição automática; DFF: distância foco-filme; mA: miliamperagem. Fonte: Hardy & Boynes, 2003.

Critérios de qualidade radiográfica

A radiografia corretamente posicionada resulta na demonstração nítida das tuberosidades isquiáticas, do diafragma e da parede abdominal lateral. A coluna vertebral deve estar centrada e equidistante das laterais, sem evidências de rotação.

A exposição correta permite avaliação das sombras dos músculos psoas, das linhas pré-peritoneais nos flancos e dos contornos do fígado, do baço e dos rins. Mesmo considerando-se a escassez relativa de gordura nas crianças, pode-se colimar os feixes de radiação em relação ao órgão estudado (p. ex., rins), nas indicações específicas para doenças do trato urinário.

Neonatos

Terminologia utilizada na neonatologia (Quadro 2).

Quadro 2 Termos associados com neonatos
Período neonatal precoce (inicial): nascimento a 7 dias
Período neonatal tardio: 7-28 dias
Período pós-neonatal: 28 dias a 1 ano
Período perinatal: período imediatamente antes ou após o nascimento
Infante: primeiro ano de vida
Termo: de 37-42 semanas gestacionais
Pré-termo: inferior a 37 semanas
Pós-termo: 42 semanas ou mais de gestação
Baixo peso ao nascimento: inferior a 2.500 g
Muito baixo peso: inferior a 1.500 g
Extremo baixo peso: inferior a 1.000 g
Fonte: Hardy & Boynes, 2003.

Cuidados técnicos

A radiografia neonatal requer *expertise* técnica e considerações importantes dos cuidados neonatais relacionados a contenção, infecções, aquecimento e ruídos.

Atresia do esôfago

Deve-se utilizar radiografia AP do tórax e do abdome superior após inserção de sonda radiopaca para identificar o local da atresia, na maioria das vezes suficiente.

Pode-se utilizar pequena quantidade de contraste iodado diluído não iônico a 50% e é proibida a introdução de contraste baritado. Se não for observado gás no abdome, significa a inexistência de fístula traqueoesofágica.

Atresia duodenal

Pode ser observado gás no estômago e no duodeno, mas não no trato gastrointestinal distal (sinal da dupla bolha) (Figura 3).

Atresia jejunal e ileal

Achados típicos de obstrução intestinal com alças dilatadas e nível hidroaéreo.

Atresia anorretal (imperfuração anal)

Radiografia em decúbito ventral na posição de "prece maometana" e reparo radiopaco ao nível anal (Figura 4).

Íleo meconial

Associação de distensão das alças intestinais com relativa escassez de gás intraluminar e calcificações grosseiras peritoneais.

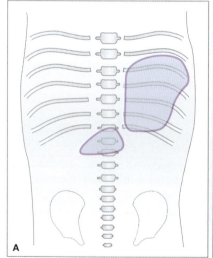 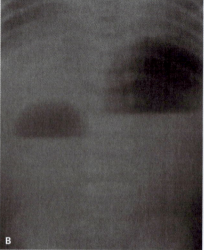 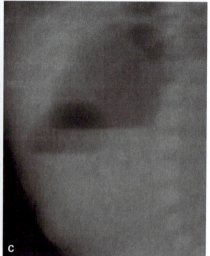

Figura 3 Dilatação e nível hidroaéreo no estômago e no bulbo duodenal. Padrão de obstrução duodenal com "dupla bolha". A: Esquema; B: radiografia simples do abdome em ortostase anteroposterior; C: perfil.

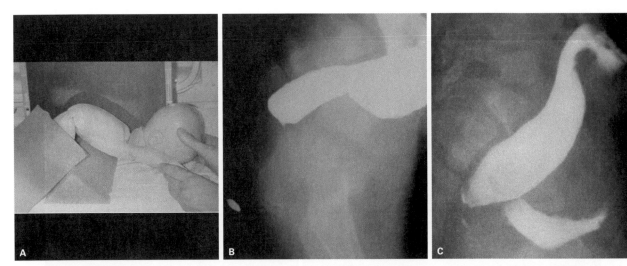

Figura 4   A: Projeção lateral do abdome com elevação e compressão abdominal por suporte de esponja com objetivo de que o conteúdo aéreo atinja o ponto mais distal do reto (imperfuração anal com atresia). B: Estudo com contraste iodado diluído e marcador metálico no nível anal para avaliação de atresia retal. C: Colograma distal com contraste iodado diluído demonstrando fístula retovesical.

Enterocolite necrosante

Distensão de alças intestinais e eventual presença de gás na parede intestinal (pneumatose); pneumoperitônio como resultado de perfuração intestinal (30% dos casos) e gás no sistema portal.

Cateter, linhas e tubos

Radiografias são realizadas para a identificação do posicionamento para as respectivas condutas terapêuticas.

Tubo endotraqueal

Intubação endotraqueal é necessária para a ventilação mecânica. A extremidade distal do tubo deve estar localizada no nível da segunda vértebra torácica, aproximadamente 1-2 cm acima da carina.

Cateter umbilical arterial

É um acesso seguro para monitoração invasiva sanguínea e infusão de líquidos. O cateter inicialmente tem trajeto caudal na pelve antes de se situar na artéria ilíaca interna e na aorta. A posição correta deve ser na aorta, abaixo da vértebra L3 ou acima do diafragma (superior à vértebra T12) com o objetivo de não obstruir as emergências das artérias renais. A radiografia simples, com o objetivo de avaliar a posição do cateter arterial, deve incluir o tórax e o abdome para demonstrar todo o seu comprimento (Figura 5).

Cateter umbilical venoso

Quando corretamente posicionado, o cateter deve percorrer a veia umbilical pelo ducto venoso e pela veia cava inferior e sua extremidade distal no átrio direito cardíaco. É usado primariamente para via de administração de líquidos e drogas e pressão e monitoração da pressão venosa central. Também deve incluir o tórax e o abdome na radiografia.

Cateter venoso central

É inserido em veia antecubital, veia safena ou veia temporal superficial. Quando corretamente posicionado, sua extremidade deve se localizar na junção da veia cava superior e do átrio direito.

Dreno torácico

Locais comuns de inserção quando a indicação for pneumotórax: na parede torácica anterior entre o segundo e terceiro espaços intercostais logo lateral à linha medioclavicular e na parede lateral entre o quarto, o quinto ou o sexto espaço intercostal, logo anterior à linha axilar. O tubo deve ser inserido por aproximadamente 3 cm na cavidade torácica e direcionado ao ápice pulmonar. Quando a indicação for drenagem de líquido pleural, o tubo deve ser direcionado posteroinferiormente.

Sondas de alimentação

As sondas nasogástrica ou orogástrica são usadas como alternativa à alimentação intravenosa quando a alimentação gástrica normal for apropriada. Pode ser utilizada para descompressão gástrica e intestinal, nas distensões excessivas abdominais. Quando corretamente posicionada, a extremidade da sonda deve ser identificada dentro do estômago ou, quando for nasoenteral, no jejuno.

Outras indicações

Má-rotação, vólvulo, megacolo congênito (doença de Hirschsprung), massa abdominal e icterícia apenas ocasional.

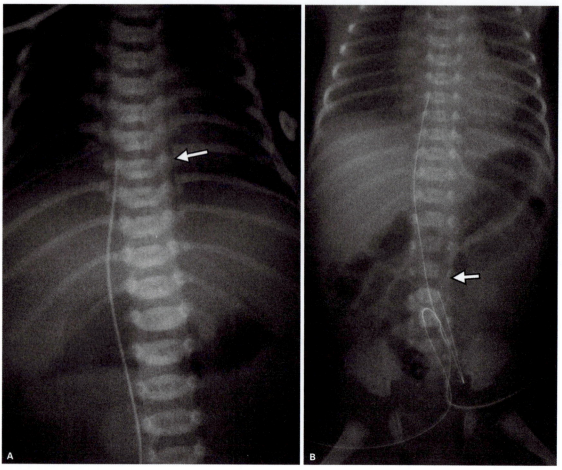

Figura 5 Cateter umbilical. A: Cateter umbilical venosos (T8). B: Cateter umbilical arterial (L4).

Técnica radiográfica para o tórax

Anteroposterior (supino)

É a incidência mais comumente utilizada. Deve-se seguir os cuidados e os princípios gerais para o estudo radiográfico pediátrico quanto ao posicionamento e às superposições de estruturas, tubos, cateteres, à exposição no final da inspiração etc.

Exposição única anteroposterior supina do tórax e do abdome concomitante para checar o posicionamento de cateteres e sondas.

É considerada a incidência lateral adicional no estudo do tórax. As principais indicações encontram-se no Quadro 3.

Técnica radiográfica para o abdome

A anteroposterior (supino) é a mais utilizada. Abdome lateral (supino) com raios horizontais é projeção útil para demonstrar ar livre em caso de perfuração, sendo demonstrada como pequena coleção triangular de gás anterior.

Perfil do reto

Utilizada na atresia do reto quando o neonato tiver no mínimo 18 horas de vida para que seja possível a presença de gás no nível da obstrução distal.

Quadro 3 Posição lateral do tórax pode ser necessária nas seguintes indicações

Corpo estranho
Pneumotórax
Derrame pleural
Anormalidades da caixa torácica e do diafragma
Anomalia cardíaca congênita
Massa e atelectasia

Fonte: Hardy & Boynes, 2003; Johnson et al., 2009.

Quadro 4	Fatores de exposição
Ponto focal: 0,6 mm	
Distância foco-filme: 100 cm	
Quilovoltagem: 65 a 85 kV	
Tempo de exposição: < 20 ms	
Filtração adicional: até 1 mm Al + 0,1 ou 0,2 mL Cu (ou equivalente)	
Grade antidifusora: não	
Fonte: Kohn et al, 1996.	

Fatores de exposição adaptado do Guia Europeu para critério de qualificação de imagens em pediatria (Quadro 4).

O capítulo salienta algumas das indicações mais comuns e os exames radiográficos solicitados durante o período neonatal, além da participação necessária da técnica radiográfica na organização geral da unidade neonatal e do papel multiprofissional da equipe. É importante que toda radiografia neonatal seja diagnóstica e todas as questões sejam comunicadas à equipe médica assistencial.

Trauma esquelético

Radiografias do esqueleto são estudos referidos com muita frequência, especialmente para confirmar ou excluir fratura. Fraturas esqueléticas constituem cerca de 10-25% de todas as lesões na infância, sendo importante reconhecer o mecanismo de trauma e o padrão das lesões para o estudo por imagem mais apropriado. O osso infantil é menos calcificado, mais poroso e com maior elasticidade e flexibilidade que o adulto. As fraturas tendem a ser mais frequentes nos membros que no esqueleto axial.

Descolamentos epifisários são frequentes, pois as fises são menos resistentes que os ligamentos e a cápsula articular. Portanto, as lesões ligamentares e as luxações articulares são menos frequentes. São necessárias incidências mínimas nos planos ortogonais e é preciso incluir as articulações proximais e distais relacionadas com a área lesionada.

Trauma oculto pode não ser identificado na radiografia inicial e subsequentes estudos por imagem devem ser considerados se os sintomas clínicos não se resolverem em 7-10 dias.

Epífise

A epífise é o centro de ossificação secundário e relacionado com o crescimento e o desenvolvimento ósseo. É essencial um diagnóstico para evitar deformidades osteoarticulares. Ocorrem principalmente entre 10 e 16 anos, com exceção da epífise umeral distal, que ocorre antes dos 10 anos. A classificação utilizada é a de Salter-Harris (Figura 6).

Lesão no membro superior

Clavícula

Fratura e deslocamento da clavícula são lesões frequentes nas crianças com menos de 10 anos.

Escápula

Só é comprometida em trauma intenso por sua forte proteção muscular.

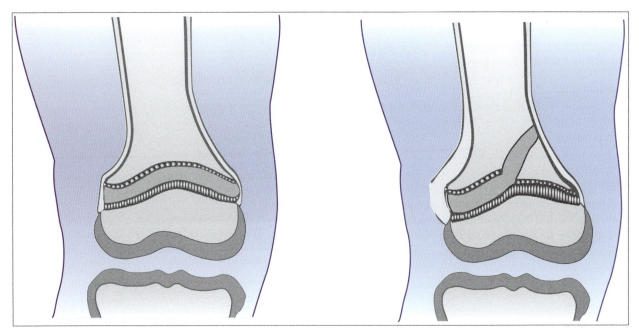

Figura 6   Fratura (classificação de Salter-Harris). A: Classificação tipo I – epifisiólise. B: Classificação tipo 2 – linha de fratura envolvendo a placa de crescimento (fise), com extensão metafisária.

Articulação glenoumeral

Pouco frequente e ocorre em direção anterior em 97% dos casos.

Úmero proximal

Tipo I e II de Salter-Harris são mais frequentes. Fratura diafisária em 25% dos casos tem associação com lesão do cotovelo e da clavícula e, por isso, o úmero deve ser examinado completamente.

Cotovelo

O cotovelo é uma articulação complexa com seis centros de ossificação secundários. Esquema CRITOE (C = capitelo, R = cabeça do rádio, I = epicôndilo interno, T = tróclea, O = olécrano e E = epicôndilo externo) (Figura 7) com calcificação progressiva dos centros de ossificação secundários.

É útil a aplicação das linhas umeral anterior e do radiocapitelo. Elevação e deslocamento do coxim adiposo na projeção lateral do cotovelo é um indicador de que exista fratura intracapsular mesmo que a fratura não tenha sido identificada na radiografia inicial.

Fratura supracondilar

Corresponde a 60% das lesões do cotovelo na infância e entre 4 e 8 anos.

Côndilos

Isoladamente, ocorre em 20% das lesões e entre 5 e 10 anos, envolvendo o capitelo. Essa identificação é importante, pois fragmento interposto resulta em deformidade em valgo, paralisia do nervo ulnar e fechamento prematuro da fise.

Epicôndilos

Avulsão especialmente do medial em 10% das lesões. Pode, em seu deslocamento inferior, ser confundido com o centro de ossificação troclear.

Radioproximal

Cabeça do rádio é rara, pois só se ossifica aos 10 anos.

Ulna proximal

Envolve o processo olecraniano.

Antebraço

De um único osso, geralmente por encurvamento. Diafisária dos dois ossos geralmente associada com lesões no cotovelo e no punho. Fratura de Monteggia consiste em fratura da diáfise da ulna e deslocamento anterior da cabeça do rádio.

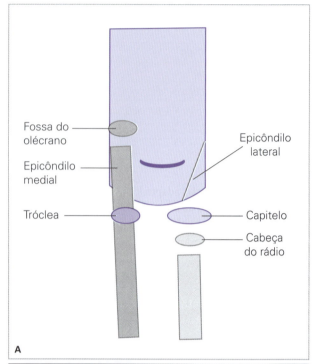

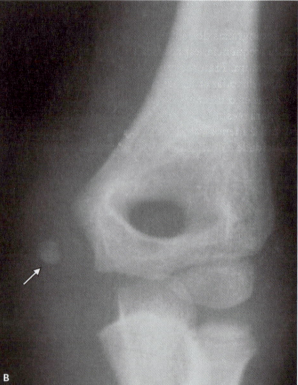

Figura 7 A: Cotovelo com esquema de ossificação dos núcleos secundários (CRITOE). B: Fratura com descolamento do epicôndilo medial do úmero, por mecanismo de tração.

Punho

A lesão mais frequente na criança é a fratura distal do rádio, geralmente metafisária e subperiosteal. Lesão de ossos do carpo é rara.

Mão

É delicada e possui mínimo revestimento de partes moles. Frequentemente apresenta fratura cominutiva e lesões das partes moles e dos ligamentos.

Lesão no membro inferior

Quadril

Fratura do colo é rara, exceto em acidente automobilístico ou queda de altura. O descolamento da cabeça femoral (epifisiólise) é frequente.

Fêmur

Diáfise – se não adequadamente tratada – pode ocasionar discrepância do membro por encurtamento, báscula pélvica e escoliose vertebral (Figura 8).

Joelho

Muito suscetível em medicina esportiva com múltiplos achados de lesões meniscais, ligamentares e ósseas. Não confundir fratura patelar com a variante anatômica de patela "multipartida".

Lesão da tuberosidade anterior da tíbia por tração
Tíbia e fíbula

A fratura mais frequente é a da diáfise média inferior da tíbia espiral, que ocorre entre 1 e 3 anos com início da deambulação (*toddler*). Fratura de estresse na cortical tibial, excêntrica.

Tornozelo e pé

A estabilidade da articulação é mantida pelas estruturas ligamentares, que são mais resistentes que a fise. É importante a fratura em "triplano" distal da tíbia por interrupção da cartilagem de crescimento. No calcâneo, tende a ser extra-articular e a envolver a tuberosidade. Lesão do talo tem propensão a desenvolver necrose avascular.

Lesão no esqueleto axial

Coluna cervical

Por maior flexibilidade da criança, as lesões são menos frequentes e se concentram na região superior (C1-C3) até os 10 anos. Projeções radiográficas de escolha: anteroposterior C1-C2, transoral C3-C7 e projeção lateral. Deve-se incluir as linhas anterior e posterior vertebrais e a linha espinholaminar, além de avaliação da altura dos corpos vertebrais e espessura dos discos.

Coluna toracolombar

Geralmente, fratura causada por compressão na transição toracolombar. Ocasionalmente, pode haver componente de retropulsão e estenose do canal vertebral e, dependendo do nível, compressão medular. Fraturas de processos transversos lombares podem se associar com lesão abdominal interna (p. ex., laceração renal). Radiografia simples anteroposterior e lateral.

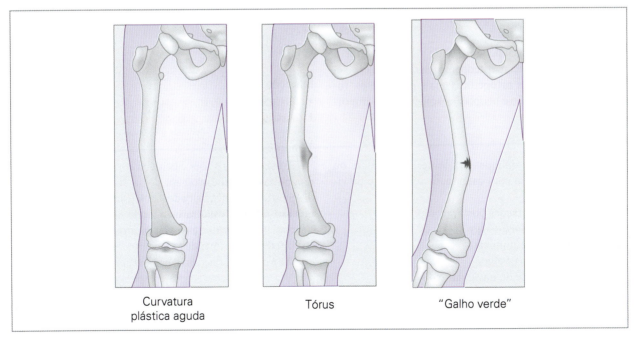

Figura 8 Fratura incompleta.

Pelve

Fraturas pélvicas são incomuns na infância; no entanto, complicações médicas e índice de mortalidade são elevados quando estas existirem. É mais frequente a lesão das partes moles internas (p. ex., vesical). Não se deve confundir as variações anatômicas da cartilagem trirradiada do acetábulo, assimetria do centro de ossificação ísquio púbico, amplitude maior das articulações sacroilíacas e da sínfise púbica juvenil. Incidência radiográfica de escolha é a pelve em projeção anteroposterior com fêmur em rotação interna. Incidências oblíquas e em abdução são opcionais.

Ortopedia

Anomalias congênitas e do desenvolvimento podem ocorrer como resultado de distúrbio embriônico, cromossômico, hereditário, do desenvolvimento e metabólico. Entretanto, a causa exata etiológica de muitas dessas condições é desconhecida. O papel da imagem é frequentemente fundamental no diagnóstico, no tratamento e na manipulação dos pacientes com anormalidades esqueléticas, e todas as modalidades de imagem têm indicações específicas para a estrutura desejada e necessária de ser avaliada.

Radiografia simples

Vantagens:

- Método de investigação inicial.
- Anatomia macroscópica óssea e inter-relações articulares.
- Baixo custo relativo e ampla disponibilidade.

Desvantagem:

- Necessita de perda da densidade óssea superior a 30-50% para detectar osteopenia. Serão citadas a seguir as condições ortopédicas mais prevalentes, incluindo-se infecção e neoplasia esquelética e a importância do método.

Pé

- Incidências AP e oblíquas nas lesões traumáticas ou focais. AP e lateral com carga para a avaliação de vícios posturais.
- As principais alterações posturais são:
  - *Metatarsus aductus/varus.*
  - Pé torto tipo equinovaro.
  - Pés tipo plano e valgo.
  - Osteocondrose do navicular e do calcâneo.
  - Osteocondrite do talo.
  - Coalizão óssea (barra).

Joelho e membro inferior

- Doença de Osgood-Schlatter: apofisite da tuberosidade anterior da tíbia.
- Doença de Freiberg: osteocondrose da cabeça do segundo metatarso.
- Síndrome de Sinding-Larson-Johansson: apofisite do polo distal da patela (*jumper's knee*).
- Encurvamento tibial:
- Encurvamento anterior, geralmente associado com hemimelia fibular.
- Abaulamento anterolateral pode resultar em fratura cortical tibial e possível pseudoartrose.
- Encurvamento posteromedial pode ter anomalias associadas do pé.

Quadril

Radiografia simples:

- Epifisiólise com epifisiolistese da cabeça femoral.
- Doença de Perthes: avaliar extensão e gravidade.
- Outras condições: sinovite transitória do quadril e displasia do quadril.

Membro superior

- Deformidade de Sprengel: elevação congênita da escápula. Associação com síndrome de Klippel-Feil (bloco vertebral cervical).
- Sinostose radioulnar, hipoplasia/ausência do rádio/ulna e deformidade de Madelung.
- Polidactilia e sindactilia.

Coluna vertebral

- Discite.
- Cifose e lordose.
- Escoliose.
- Espondilolistese.
- Hérnia discal.

Infecção

- Osteomielite.
- Artrite séptica.

Tumores ósseos

A maioria das lesões é benigna e tem características radiográficas específicas ou apresentação clínica que permite diagnóstico sem necessidade de biópsia. Os tumores malignos são relativamente raros quando comparados a outras neoplasias pediátricas, e a maioria corresponde a osteossarcoma (60%) e sarcoma de Ewing (30%) e deve-se considerar que 20% das crianças com leucemia apresentam dor óssea.

Principais tumores benignos:

Defeito fibroso cortical/fibroma não ossificante, displasia fibrosa, osteocondroma, encondroma, condroblastoma, osteomasteoide, cisto ósseo unicameral/solitário e cisto ósseo aneurismático.

Principais tumores malignos:

Osteossarcoma, sarcoma de Ewing, metástase de neuroblastomas e histiocitose por células de Langerhans.

Lesão não acidental

Abuso infantil é um problema social persistente que transcende o século. Há quatro categorias principais: negligência, violência física, violência sexual e abuso emocional. A suspeita clínica de abuso físico (lesão não acidental) geralmente resulta em solicitação de estudos radiográficos (inventário ósseo). Exemplo das oito projeções do estudo do esqueleto:

- AP/PA do tórax (avaliar clavícula, costelas e escápulas).
- AP do abdome (avaliar coluna e pelve).
- AP dos dois membros superiores (ombro a metacarpos).
- AP dos dois membros inferiores (quadril a ossos do tarso).
- Lateral da coluna toracolombar (incluir processos espinhosos).
- Lateral do crânio.

Pode-se adicionar, caso seja considerado necessário pelo radiologista:

- Projeções localizadas de fraturas ou suspeita de lesões metaepifisárias.
- AP/PA do crânio (dependendo do tipo e do local da injúria).
- Mãos e pés (se houver evidências de lesão).
- Fraturas esqueléticas sugestivas de injúria não acidental:
  - Fratura metafisária (*corner*).
  - Fraturas do esterno e dos arcos posteriores costais.
  - Fratura vertebral.
  - Fratura da escápula (particularmente do acrômio).
  - Fratura da extremidade lateral da clavícula.
- Fraturas bilaterais.
- Múltiplas fraturas em fases diferentes de consolidações.
- Fratura craniana complexa (intervalo maior de 5 mm).
- Fraturas digitais.
- Fraturas em espiral do esqueleto apendicular.

Algumas considerações

O diagnóstico por imagem nas diversas doenças é frequentemente necessário para o manejo clínico e cirúrgico dos pacientes. O principal objetivo é prover informações sobre a natureza e a extensão das doenças. O conhecimento dos dados clínicos de interesse, laboratoriais e procedimentos terapêuticos aplicados é necessário para determi-

nar a escolha da modalidade mais apropriada; o Quadro 5 exemplifica o caso do sistema musculoesquelético. Este é o primeiro passo para reduzir a radiação ionizante e para a escolha do método mais sensível, seguro e de melhor custo/benefício; a Tabela 5 exemplifica o caso do trato genitourinário.

Radiologia contrastada e agentes de contraste em pediatria

Os meios de contraste são substâncias naturais ou administradas capazes de melhorar a definição das imagens obtidas em exames radiológicos. Podem ser utilizados em estudos radiográficos, tomográficos e por ressonância magnética (RM). Os contrastes podem ser administrados por via oral, retal, instilação, endovenoso etc. O tipo e a utilização do meio de contraste dependem da modalidade diagnóstica, da anatomia e da indicação clínica.

- Ar: sua expressão nas radiografias e tomografias é preta. É tipicamente introduzido por via externa retal ou no estômago para obtenção de distensão e melhor visualização intraluminar.
- Sulfato de bário: esse composto é radiopaco na radiografia e na tomografia computadorizada (TC). É usado no trato intestinal superior e inferior, nos estudos gastroenterológicos. O ar pode ser instilado simultaneamente, para produzir efeito de duplo contraste.
- Contraste iodado: compostos iodados também são radiopacos. Podem ser usados tanto por via oral ou retal (com substituto para sulfato de bário), administrado no trato urinário, tanto por instilação uretral, vesical, como estudos intravasculares (contrastados, angiográficos, cardíacos etc.). Em imagem tomográfica pós-contraste, demonstra a vascularização e a permeabilidade das membranas celulares teciduais. Em geral, o componente inflamatório resulta em realce pelo meio de contraste e em maior atenuação no estudo tomográfico.
- Gadolínio: agentes compostos por gadolínio são utilizados nos estudos por RM. É um agente paramagnético que aparece com hipersinal nas sequências ponderadas em T1.

O agente de contraste "ideal" não deve produzir qualquer tipo de reação adversa, mas, infelizmente, essa substância ainda não existe. Por esse motivo, é fundamental que os médicos estejam atentos quanto à indicação desses agentes, saibam optar entre os meios disponíveis no sentido de reduzir os riscos de reações adversas e, se estas ocorrerem, estejam aptos a minimizar seus efeitos colaterais.

Aspectos gerais

A estrutura básica dos meios de contraste iodados é formada por um anel benzênico, ao qual foram agregados

Quadro 5 O papel da imagem no diagnóstico, no manejo e no tratamento das anormalidades esqueléticas e adjacências

Modalidade de imagem	Vantagens	Desvantagens
Radiografia simples convencional/ imagens digitais	Investigação inicial Base anatômica panorâmica Disponível e de baixo custo Corpos estranhos radiopacos e calcificações Como regra geral, sempre deve preceder os estudos contrastados	Dose de radiação ionizante, limitado contraste das partes moles e resolução espacial em plano único Não detecta osteopenia, exceto se houver redução da densidade mineral óssea em cerca de 30 a 50%
Fluoroscopia	Permite imagens em tempo real e avaliação dinâmica das vísceras ocas	Princípio similar ao da imagem radiográfica convencional
Tomografia computadorizada	Demonstra partes moles e ósseas Meio de contraste pode realçar lesão Reconstruções multiplanares	Alta dose de radiação e custo Seguir os preceitos da image gently e da ALARA* (ver Capítulo 11 – Proteção radiológica em pediatria) Pode necessitar de sedação/anestesia
Ressonância magnética	Excelente detalhe de partes moles Ausência de radiação ionizante	Claustrofobia Pobre detalhamento ósseo Relativamente cara, menos disponível, tempo longo de execução Necessita de sedação/anestesia nas crianças menores Cuidados em relação aos objetos metálicos e outros
Ultrassonografia	Sensível à detecção de efusão em articulações superficiais Exame de escolha na população pediátrica por ausência de radiação ionizante Portabilidade dos aparelhos Útil para guiar procedimentos Efeito Doppler	Técnica, qualidade do exame e interpretação são operador-dependentes Limitação em avaliação de estruturas profundas Não transmissível por obstáculo ósseo e interposição gasosa
Cintilografia	Útil na identificação de lesão multifocal Mais sensível que radiografia simples em detectar alterações no metabolismo ósseo resultando na identificação mais precoce de doença	Investigações são inespecíficas, devendo ser correlacionadas com outras modalidades de diagnóstico por imagem Dose de radiação moderada comparando-se com a radiografia simples

* ALARA: *as low as reasonably achievable* – "tão baixo quanto razoavelmente exequível".

Tabela 5 Avaliação comparativa das diversas modalidades de diagnóstico por imagem no trato genitourinário[7]

Variação*	UE	TC	USG	RM	Cistoscopia/pielografia
Sistema coletor	++++	++/+++	0/+	++	++++
Parênquima	+++	++++	++	++++	0
Massa renal	++	++++	+++	++++	0
Função	++++	++++	0	++++	0
Cálculo	+++	++++	++	0	++
Ureter	++++	+++	0	++	++++
Bexiga	++/+++	+++	0/+	+++	++++
Retroperitôneo	+	++++	+++	++++	0
Custo	++++	+	++++	+	0
Radiação ionizante	++	+	++++	++++	+++

*Escala de 0 a ++++, em que 0 = pior; ++++ = ideal. UE: urografia excretora; TC: tomografia computadorizada; USG: ultrassonografia; RM: ressonância magnética.

átomos de iodo e grupamentos complementares e onde se encontram ácidos e substitutos orgânicos, que influenciam diretamente na sua toxicidade e excreção (Figura 9 e Quadro 6).

Na molécula, o grupo ácido (H^+) é substituído por um cátion (Na^+ ou meglumina), dando origem aos meios de contraste ditos "iônicos", ou por aminas portadoras de grupos hidroxila (R = radical orgânico), denominando-se, nesse caso, "não iônicos". Salienta-se que tanto os agentes iônicos quanto os não iônicos têm iodo. Podem apresentar apenas um anel benzênico, formando "monômeros", ou ter dois anéis benzênicos, denominando-se "dímeros".

Todos os meios de contraste iodados utilizados regularmente são muito hidrofílicos, têm baixa lipossolubili-

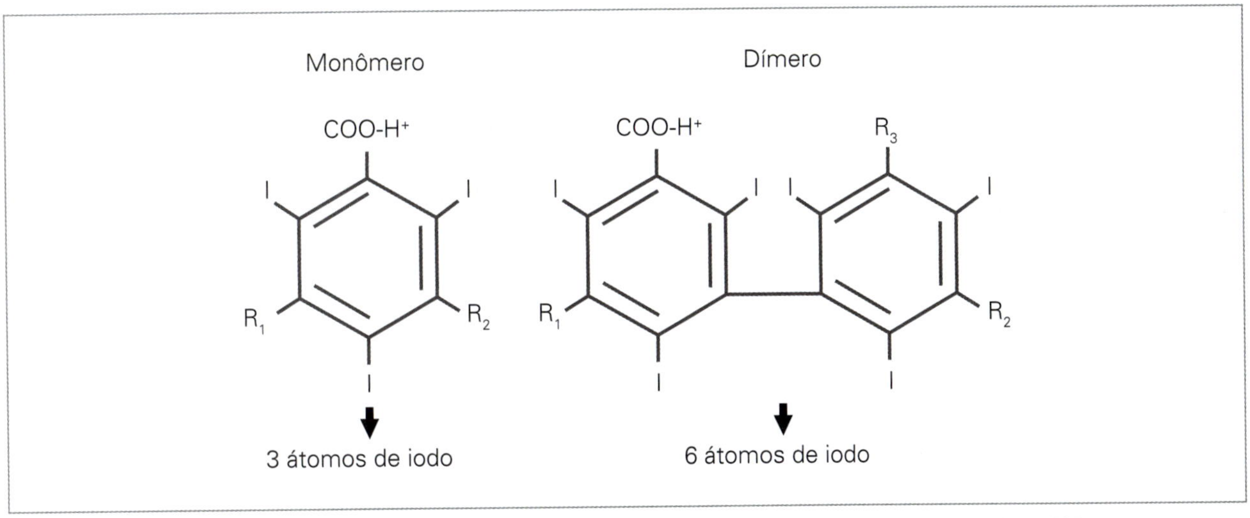

Figura 9   Estrutura básica dos meios de contraste iodados com um e dois anéis de benzeno. Fonte: Jacobs, 1995.

Quadro 6 Estrutura química dos contrastes iodados (resumo das funções)	
Elementos estruturais	**Significado**
Benzeno	Estrutural
I – Átomo de iodo	Componente radiopaco
COOH – Grupamento ácido	Solubilidade em água Formação salina ou aminoácida
R1/R2 – Substitutivos orgânicos	Liofilia (influência) Redução na toxicidade
R2 – Substitutivo orgânico	Influência na eliminação
Fonte: Jacobs, 1995.	

dade, peso molecular inferior a 2 mil e pouca afinidade de ligação com proteínas e receptores de membranas. Distribuem-se no espaço extracelular, sem ação farmacológica significativa.

A partir dessas características, os meios de contraste podem ser agrupados em quatro classes (Figura 10).

Meios de contraste mais utilizados em pediatria

Iodados

Monômeros iônicos

Utilizados principalmente nos estudos contrastados da via urinária inferior (cistouretrografia miccional) e diluídos para estudos contrastados digestivos ou fístulas, quando indicado.

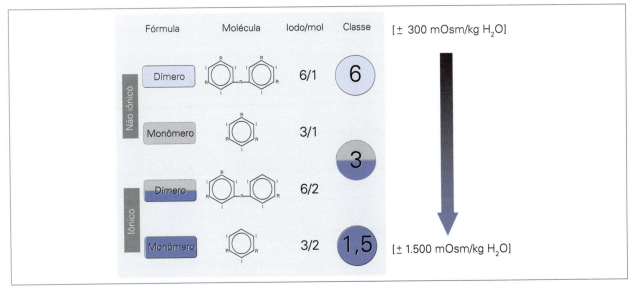

Figura 10   Classificação dos meios de contraste iodados. Fonte: Thomsen & Webb, 2009.

Monômeros não iônicos e dímeros não iônicos

São os mais utilizados nas injeções endovenosas em radiologia geral contrastada e TC.

As propriedades físico-químicas, como densidade, viscosidade e osmolalidade, são importantes na eficácia e na segurança dos meios de contraste. Outras condições têm muita influência na qualidade da imagem, especialmente com o advento do tomógrafo *multislice*:

- Via de administração: determina, em parte, a quantidade de substância que chega ao órgão estudado.
- Dose de contraste*.
- Velocidade de injeção*.
- Calibre do cateter: em razão da viscosidade da solução utilizada.

- Temperatura da substância: principalmente no uso de contrastes não iônicos (interfere em sua viscosidade).
- Retardo e tempo de *scan*: maximizar o estudo das fases arterial e venosa, entre outras.

Peculiaridades pediátricas

Independentemente do tipo de contraste utilizado, as reações alérgicas ou não idiossincráticas são mais raras na infância. As reações adversas são mais relacionadas com as vias aéreas na população pediátrica. Os fatores de risco (Figuras 11 e 12) mais relevantes são os de reação prévia ao meio de contraste e asma brônquica. A pré-medicação, quando utilizada, obedece a prescrição a seguir:

Instituto da Criança
Prof Pedro de Alcantara
Hospital das Clínicas - FMUSP

SERVIÇO DE DIAGNÓSTICO POR IMAGEM

Nome:
Registro: Idade:
Data:
Exame:

QUESTIONÁRIO DE ALERGIA

O seu filho (a):

	sim	não	não sei
1. Está em jejum?	( )	( )	( )
2. Tem ou teve rinite alérgica ou asma brônquica?	( )	( )	( )
3. Já apresentou alergia ao pó, animais, alimentos e/ou medicamentos? Qual?	( )	( )	( )
4. Já recebeu contraste por via endovenosa ou oral ao fazer tomografia, urografia excretora?	( )	( )	( )
5. Apresentou alguma reação alérgica ao receber o contraste?	( )	( )	( )
6. Tem insuficiência renal?	( )	( )	( )
7. Tem insuficiência hepática?	( )	( )	( )
8. Já recebeu sedativo ao fazer algum procedimento? Qual?	( )	( )	( )
9. Apresentou alguma reação ao sedativo?	( )	( )	( )
10. Recebe alguma medicação?	( )	( )	( )

Autorizo a infusão do contraste/sedativo

( ) Sim   ( ) Não

_____
Assinatura do responsável

Figura 11   Questionário e informe de consentimento utilizado no Serviço de Diagnóstico por Imagem do Instituto da Criança do Hospital das Clínicas da Faculdade de Medicina da Universidade de São Paulo.

Instituto da Criança
Prof Pedro de Alcantara
Hospital das Clínicas - FMUSP

Nome:
Registro: Idade:
Data:
Exame:

SERVIÇO DE DIAGNÓSTICO POR IMAGEM

SISTEMATIZAÇÃO DE ASSISTÊNCIA MULTIPROFISSIONAL

1. Sinais Vitais: Hora   Temp   SO2   FC   PA

Pré exame:

Pós exame:

PESO:

2. Prescrição Médica

Medicação: _____
_____
_____
_____

_____
Assinatura e CRM

3. Administração de Contraste:

Via:
EV _____ VO _____ SNG _____ RETAL _____

Local
MSD _____ MSE _____ MID _____ MIE _____ OUTROS _____

4. Evolução de enfermagem:

_____
Assinatura e função

Figura 12   Sistematização de assistência multiprofissional utilizada no Serviço de Diagnóstico por Imagem do Instituto da Criança do Hospital das Clínicas da Faculdade de Medicina da Universidade de São Paulo.

- Prednisona: 0,5 a 0,7 mg/kg até 50 mg via oral em tomadas 13 horas, 7 horas e 1 hora antes do exame.
- Anti-histamínicos: 1 hora antes do exame:
  - Neonato: hidroxizine (atarax*) 10 mg via oral (obs.: benadryl não recomendado).
  - 2 a 5 anos: difenil-hidramina 6,25 mg via oral.
  - 6 a 12 anos: difenil-hidramina 12,5 a 25 mg via oral.
  - 12 anos: difenil-hidramina 25 a 50 mg via oral.

Quelatos de gadolínio

Apresentam a mesma distribuição farmacocinética do contraste iodado, com excreção renal rápida por filtração glomerular (completa em 24-48 horas). O aumento da osmolalidade do plasma após injeção do gadolínio é muito menor que a induzida, até mesmo pelos agentes iodados de baixa osmolalidade, o que justifica menor reação adversa comparativamente. Porém, os mesmos cuidados devem ser seguidos em relação a sua utilização, como no iodado, pois a reação anafilactoide imprevisível pode ocorrer em 1:350.000 a 500.000 injeções.

Estudo avaliando incidência e gravidade de reações adversas em 12.494 injeções endovenosas em crianças demonstrou a porcentagem de 0,46% (57 casos), em uma proporção de 1 reação a cada 200 pacientes; 0,38% foram do tipo leve e 0,08%, moderadas. Não houve reação grave. Há aumento na frequência com o grupo etário maior.

A escolha do contraste de baixa osmolalidade é crucial, pois as crianças apresentam maior conteúdo de água e são mais suscetíveis à desidratação. Quanto menor a criança, mais pronunciados são os distúrbios de água e eletrólitos (Figura 13).

Nefropatia induzida por contraste

A alteração da função renal é uma contraindicação relativa ao contraste iodado. (creatinina sérica superior a 1,5 mg/dL e *clearance* de creatinina inferior a 60 mL/min). Pacientes diabéticos são de alto risco.

Em relação ao gadolínio, agente de contraste utilizado em RM, também é fundamental a função glomerular ser normal para o risco presumido de fibrose sistêmica nefrogênica.

Para os pacientes com estudos de TC com risco de nefropatia induzida por meio de contraste, deve-se utilizar o menor volume possível do agente de contraste, reduzindo em 50% a dose e evitar reexame, com intervalo mínimo de 72 horas.

O gadolínio não deve ser utilizado como alternativa ao contraste iodado, e o paciente alérgico ao iodo é a única exceção, com reação prévia importante e, mesmo assim, com função renal normal. É proibida a sua utilização com doença renal 4 e 5 (função glomerular renal, GFR < 30 mL/min/1,73 m^2), por alto risco para fibrose sistêmica nefrogênica.

Reações mais raras (anafilactoides e não cardíacas):

- Osmolalidade: distúrbios hidreletrolíticos.
- Observação rigorosa e monitoração dos sinais vitais.

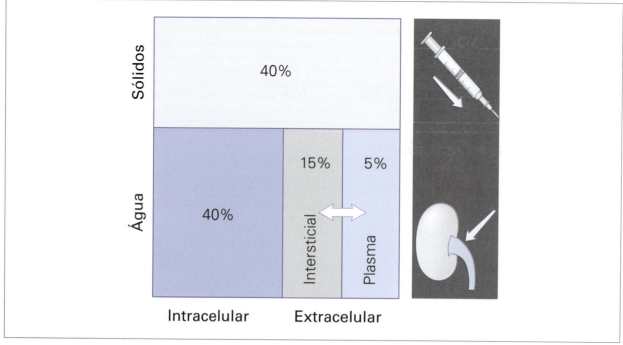

Figura 13 Distribuição de líquido intra e extracelular. Criança: maior conteúdo de água.

Fisiologia

No Quadro 7, encontra-se o resumo da farmacocinética e biodistribuição dos meios de contraste iodados.

Efeitos de dor à injeção de contraste hiperosmolar reduz a cooperação durante a obtenção de imagens. Há maior morbidade em relação ao risco de extravasamento. Por isso, a utilização de contraste iônico tem sido praticamente abandonada no grupo pediátrico, inclusive a indicação de contraste isosmolar nos prematuros e nos pacientes instáveis clinicamente. Com o intuito de escolher e indicar corretamente os meios de contraste utilizados por via endovenosa e no trato digestivo deve-se consultar os Quadros 8 a 10.

Há reações adversas aos meios de contraste administrados, em graus diferentes de riscos e benefícios. Abaixo são exemplificados os efeitos fisiopatológicos menores de um determinado contraste iodado não iônico.

Efeito fisiopatológico (contraste de baixa osmolalidade)

- Efeito osmolar/vasodilatação/hemodiluição/morfologia celular/diurese celular.
- Efeito ECG/ ⁻ contratividade miocárdica/débito cardíaco.

Quadro 7	Resumo dos meios de contraste iodados
Farmacocinética	
Hidrossolúvel	
Biodistribuição	
Líquido extracelular	
Espaço vascular	
Pequena absorção enteral	
Biodistribuição no espaço extracelular	
Hidrofílico	
Filtração glomerular (99%)	
Meia-vida de excreção (2 horas)	
Eliminação extrarrenal (1%)	
Eliminação prolongada na insuficiência renal	
Dialisável	
Passagem negligenciável pela placenta, pela glândula mamária e pela barreira hematoencefálica	
Farmacocinética do iodixanol	
Mais de 6 meses comparável ao adulto normal	
Menos de 6 meses excreção prolongada por imaturidade renal	
Criança tem maior conteúdo de água total	
Indicado em prematuros e neonatos de alto risco e em broncografia	

Fonte: Oliveira, 1994; Matos et al., 2011.

Quadro 8	Indicação certa de contraste iodado
Iodado	
▪ Urografia excretora	
▪ Uretrocistografia	
Tomografia computadorizada	
▪ Trato gastrointestinal via oral	
▪ Nas contraindicações ao bário	
▪ Prematuro/neonato: não iônico dimérico	
▪ É absorvido	
▪ Não é deletério ao peritôneo/pleura/mediastino	

Fonte: Oliveira, 2009.

Quadro 9	Indicações do contraste iodado via oral no trato gastrointestinal
Hiposmolar	
Risco de aspiração e fístula traqueobrônquica	
Lactente com suspeita de perfuração	
Avaliação do delgado em lactente	
Pós-operatório de íleo adinâmico e impactação de bário	

Fonte: Oliveira, 2009.

Quadro 10	Contraindicações ao contraste iodado
Reação prévia grave	
Reação anafilactoide	
1-2% pode ser absorvido e excretado pós-administração vias oral e retal (inflamação, infecção e obstrução)	
Pode causar eosinofilia transitória na dosagem sanguínea	
Doses	
▪ 150-180 mg/mL, via oral	
▪ 90-150 mg/mL, enema	
▪ 7-9 mg/mL, vias oral e retal TC	

TC: tomografia computadorizada. Fonte: Oliveira, 2009.

- Lesão do endotélio ou liberação de substâncias vasoativas, histamina e inibição da acetilcolinesterase.
- Conforto/melhor qualidade de imagem.

Administração endovenosa de contraste iodado

Independentemente do tipo de contraste, o excesso de iodo circulante pode provocar crise tireotóxica em pacientes hipertireóideos. Pode-se desenvolver hipotireoidismo em bebês entre 4 e 10 dias após administração de contraste. O excesso de iodo inibe a síntese de T3 e T4, induzindo hipotireoidismo transitório que pode necessitar de tratamento. Recomenda-se notificar o pediatra.

Programas de iodoterapia ou cintilografia

Pacientes submetidos a programas de iodoterapia ou que vão realizar cintilografia tireóidea não devem receber o contraste iodado, no mínimo, nos 2 meses prévios, para não interferir nos respectivos resultados.

Baritado

O contraste baritado (sulfato de bário) também é muito utilizado nos exames contrastados do trato digestivo, tanto por via oral na seriografia de esôfago, estômago e duodeno, trânsito intestinal e enema opaco. Apresenta vantagens, indicações e contraindicações (Quadros 11 e 12). O Quadro 8 orienta a escolha correta do contraste baritado *versus* iodado (Quadros 9 e 10).

Quadro 11	Vantagens do sulfato de bário
Alta radiopacidade	
Isosmolar	
Inerte	
Baixo custo	
Se aspirado: ■ Não causa edema agudo ■ Não causa reação alérgica ■ Melhor relevografia e aderência ■ Detecta 22% de fístula não identificada com iodado	

Fonte: Oliveira, 2009.

Quadro 12	Indicações e contraindicações do sulfato de bário
Indicações ■ Anastomose pós-operatória, sem suspeita de fístula ■ Pós-iodado ou falha na demonstração de fístula	
Contraindicações ■ Perfuração ou fístula ■ Pré-administração em endoscopia ou cirurgia agendada ■ Confirmação de cateter intestinal percutâneo ■ Bário "ralo" = 40% $BaSO_4$	

Fonte: Oliveira, 2009.

Urografia excretora

As indicações de urografia excretora são atualmente restritas pelo maior uso de USG na triagem dos pacientes nefro e urológicos e pela possibilidade de realizar urografia por RM. É importante jejum aproximado de 4 a 8 horas e proibição de líquidos por 2 horas nas crianças maiores. Nos neonatos, pode-se apenas suspender a última mamada. Não se deve permitir dieta líquida mais prolongada e uso de laxante para prevenir desidratação.

A dose de contraste por kg de peso é maior nos neonatos e nos lactentes que nas crianças maiores e nos adultos, por maior quantidade de água corpórea total e também por imaturidade dos rins, particularmente no neonato.

As indicações são:

- Pré-cirúrgica.
- Litotripsia.
- Patomorfologia complexa.

Tomografia computadorizada

Pacientes pediátricos têm problemas inerentes: moção e escassa gordura perivisceral. Esses fatores são minimizados com o uso de sedação e contraste por via oral e venosa.

É essencial opacificar as alças intestinais com contraste diluído administrado por via oral, pois as alças aglomeradas podem simular massas e coleção líquida anômala. A exceção ocorre em pacientes com risco de aspiração e trauma abdominal fechado, sem tempo hábil para o preparo por via oral. Utiliza-se contraste iodado diluído entre 1 e 3%, administrado por via oral ou sonda nasogástrica. Há também contraste baritado diluído e próprio para essa via de administração. Em regra geral, a quantidade inicial administrada é semelhante à de mamada e, imediatamente 15 minutos antes do início do exame, adicionam-se outros 50% do volume administrado inicialmente.

Pode-se misturar com groselha ou essência para melhor sabor e aceitação.

Se for necessário delinear a pelve, pode-se utilizar a via retal, com a mesma dosagem citada anteriormente. A dose de contraste endovenosa geralmente não excede 2 mL/kg para TC utilizando-se a técnica helicoidal. Deve-se ajustar o intervalo de injeção dependendo da idade da criança e da natureza do exame. Como regra, quanto mais jovem o paciente, o tempo de circulação é mais curto e é menor o intervalo (em geral, entre 20 e 30 segundos).

É importante fazer jejum aproximado de 4 a 8 horas e proibição de líquidos por 2 horas nas crianças maiores. Nos neonatos, pode-se apenas suspender a última mamada.

O ideal é que o acesso venoso seja obtido antes da sala de exame por equipe especializada. A regra é utilizar o maior calibre de *scalp* ou gelco possível para o grupo etário. A injeção pode ser manual ou por bomba injetora, com ou sem *flush* salino.

O uso de contraste é de maneira quase universal de não iônicos hiposmolar ou isosmolar em prematuros e neonatos.

Dose usual de 2 mL/kg, não excedendo 4 mL/kg e dose máxima de 120 mL para os exames de abdome e angiotomografia computadorizada.

- Dose usual em TC de crânio de 1 mL/kg/peso.
- Dose usual em TC de tórax de 1,5 mL/kg/peso.

Cistouretrografia

Deve-se utilizar contraste iodado iônico diluído, preferencialmente com meglumina exclusiva a 20-30% em solução salina fisiológica tépida. Como alternativa ocasional, pode ser utilizado contraste não iônico monomérico diluído a 50%.

Os mesmos cuidados em relação às reações adversas devem ser considerados por essa via de aplicação, pois podem ocorrer reações idiossincráticas. Ocasionalmente, pode ocorrer reação adversa ao látex e irritação urotelial e bacteremia.

Broncografia

É um método virtualmente obsoleto, substituído pela avaliação de TC, especialmente no estudo de bronquiectasias.

Trato gastrointestinal

A osmolalidade do meio de contraste é crucial no exame do trato gastrointestinal. O contraste hiperosmolar carreia água do compartimento intersticial para a luz intestinal e, por consequência, reduz o volume de líquido no espaço vascular (risco de choque hipovolêmico).

O maior volume do conteúdo intestinal acelera o tempo de trânsito e reduz a definição e a densidade do contraste.

Deve-se respeitar a regra de isosmolaridade, diluindo-se a solução administrada semelhante à utilizada em uretrocistografias.

Enema opaco

Nos casos em que o sulfato de bário for contraindicado, deve-se utilizar os iodados mantendo-se a mesma regra. A única exceção é a manipulação, sob supervisão do médico pediatra assistente, do alívio e terapêutica do íleo meconial, utilizando-se contraste iodado hiperosmolar para diluir e facilitar a exoneração do mecônio espesso (Figura 14).

Contraindicações ao sulfato de bário: perfuração, fístula e alças em fundo cego (coto), em colostomias, em que o bário se adere (Figura 15).

O bário apresenta risco de reação desmoplásica e fibrose nas cavidades com serosas (peritônio, pleura e mediastino).

Mielografia e tomomielografia

São exames cada vez menos realizados. Deve-se utilizar apenas contraste adequado para administração intratecal.

Principais aplicações das radiografias contrastadas em crianças

Tubo digestório

O diagnóstico por imagem é frequentemente necessário para o manejo clínico e cirúrgico dos pacientes. O principal objetivo é prover informações sobre a natureza e a extensão das doenças. O conhecimento dos dados clínicos de interesse, dos laboratoriais e dos procedimentos terapêuticos aplicados é necessário para determinar a escolha da modalidade mais apropriada. Este é o primeiro passo para reduzir a radiação ionizante e a escolha do método mais sensível, seguro e de melhor custo/benefício.

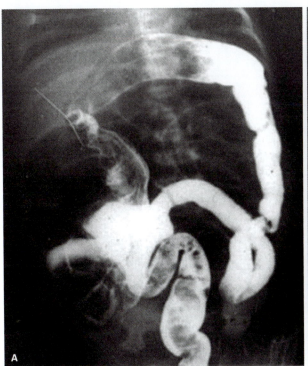
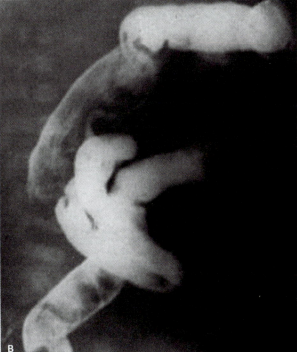

Figura 14 Escolha certa: usar iodado hiperosmolar em íleo meconial e *plug* meconial (dose: 100 a 175 mg de iodo/mL).

É importante compreender e reconhecer a anatomia relacionada com o crescimento e o desenvolvimento e suas variações.

Quando a lesão for mais sutil ou a evolução clínica incompatível (dissociação clínica – radiológica), deve-se incluir estudo controle e/ou prosseguir propedêutica diagnóstica com outros métodos por imagem escolhidos por avaliação multidisciplinar. Neste capítulo, serão citados os diversos métodos a serem utilizados, suas vantagens, desvantagens e principais indicações.

Intestino delgado e grosso

Os métodos de imagem mais importantes são radiografias simples do abdome, exames contrastados por via oral ou retrógrada e USG. A TC é usada menos frequentemente e a RM, excepcionalmente. A medicina nuclear é usada principalmente na demonstração de mucosa gástrica ectópica em casos suspeitos de divertículo de Meckel.

Radiologia convencional (radiografia simples e contrastada)

Na radiografia simples do abdome, sobretudo, é preciso observar a quantidade e a distribuição dos gases, procurando responder às seguintes perguntas:

- Há distensão gasosa?
- Há obstrução?
- Qual é sua localização?
- É parcial ou total?
- Qual a etiologia? Existem complicações?

Estudo contrastado
Trânsito intestinal

Estudo realizado após a administração de contrate baritado (sulfato de bário por via oral). São realizadas radiografias com intervalos de tempo e compressões localizadas quando necessárias (Figura 15).

Enema opaco

Estudo realizado por via retrógrada, após passagem de sonda retal e introdução de contraste baritado ou iodado diluído em situações definidas pelo radiologista. Para pesquisa de pólipos e hiperplasia nodular focal, utiliza-se a técnica com duplo contraste, baritado e insuflação gasosa (Figura 16).

Outros métodos utilizados são US, TC, RM e medicina nuclear.

Após indicações dos diversos métodos por imagem utilizados nas doenças gastrointestinais e hepáticas, será abordado o papel da imagem em apresentações clínicas escolhidas por frequência e importância.

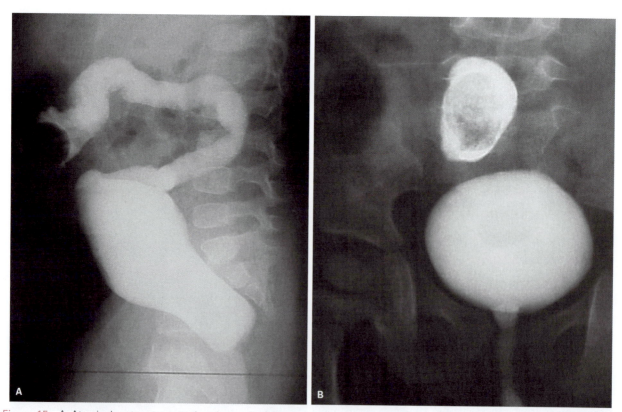

Figura 15 A: Atresia do reto, com coto de colostomia. Colograma com contraste iodado diluído hidrossolúvel. B: Contraste baritado aderido em coto terminando em fundo cego. Uretrocistografia para pesquisa de refluxo ureteral.

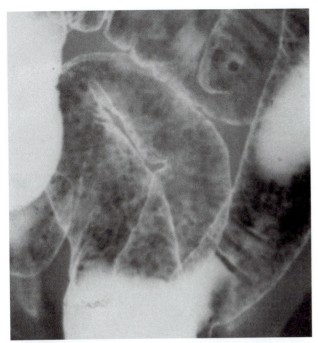

Figura 16 Hiperplasia nodular linfoide. Enema opaco: falhas de enchimento regulares, difusas por proeminência de folículos linfoides.

Apresentação clínica: distensão abdominal
- Dilatação intestinal: obstrução (Figura 17); íleo.
- Líquido peritoneal: ascite; sangue pós-trauma/hemorragia.
- Organomegalia: fígado, baço, rim e adrenal.
- Massa abdominal.
- Obesidade.

Papel da imagem
A investigação depende do órgão ou processo patológico envolvido, o contexto clínico e achados de exames.

- Radiografia simples: obstrução do íleo, suspeita de perfuração com pneumoperitôneo (Figura 18).
- USG: avaliação inicial de massas e organomegalia; confirmar ou detectar e quantificar ascite; suspeita de intussuscepção; detecção de coleções/abscessos.
- TC: trauma agudo; tumor; avaliação de massas e coleções (Figura 19).
- RM: tumor (estadiamento e acompanhamento).

Apresentação clínica: dor abdominal aguda
- Neonato/lactente/infante:
  - Cirúrgica: intussuscepção (Figura 20); hérnia estrangulada; vólvulo (Figura 21); apendicite; diverticulite de Meckel; torção testicular; doença de Hirschsprung (Figura 22).
  - Médica: infecção do trato urinário (ITU); pneumonia; intolerância/alergia alimentar; constipação; enterocolite; vasculite; injúria não acidental; intoxicação.
- Pré-escolar/adolescente:
  - Infecciosa: adenite mesentérica; pneumonia; ITU; hepatite aguda; infecção gastrointestinal; discite.
  - Cirúrgica: apendicite (Figura 23); trauma; pancreatite (Figura 24); torção testicular; diverticulite de Meckel; colecistite/litíase; cólica renal/cálculo.
  - Médica: úlcera péptica; doença inflamatória intestinal; nefrite aguda; constipação; intolerância/alergia alimentar; crise falciforme, cetoacidose diabética; porfiria.
  - Ginecológica: menstruação; ovulação; doença inflamatória pélvica; gravidez ectópica; *hematocolpus*; cisto/tumor ovariano.

Papel da imagem
- Radiografia simples do tórax: suspeita de pneumonia e perfuração intestinal (ortostase).
- Radiografia simples de abdome: sinais e sintomas sugestivos de obstrução, íleo adinâmico, colite tóxica, perfuração intestinal, cálculo renal.
- USG: suspeita de intussuscepção, colecistite, ITU complicada; condições ginecológicas; espessamento de parede de alças intestinais; coleções e apendicite.
- Fluoroscopia: seriografia esôfago, estômago e duodeno (SEED) na suspeita de má rotação intestinal e/ou vólvulo (Figura 25).
- Trânsito intestinal: doença de Crohn (Figura 26).
- TC: trauma.
- Estudo radioisotópico (medicina nuclear: divertículo de Meckel ou cisto de duplicação).

Apresentação clínica: dor abdominal crônica/recorrente
Causas
- Gastrointestinal: úlcera péptica, esofagite/gastrite, adenite mesentérica, infecções, intolerância/alergia alimentar, constipação e má rotação.
- Trato urinário: ITU, litíase, hidronefrose.

Causas metabólicas e funcionais
- Usualmente não requerem diagnóstico por imagem.

Papel da imagem
- Segue a orientação praticamente semelhante a dor abdominal aguda.

Apresentação clínica: sangue nas fezes (hematoquesia e melena)
Papel da imagem
- Radiografia simples: enterocolite necrosante (Figura 27), sinais de obstrução, íleo, perfuração e colite, suspeita de intussuscepção com utilização limitada.

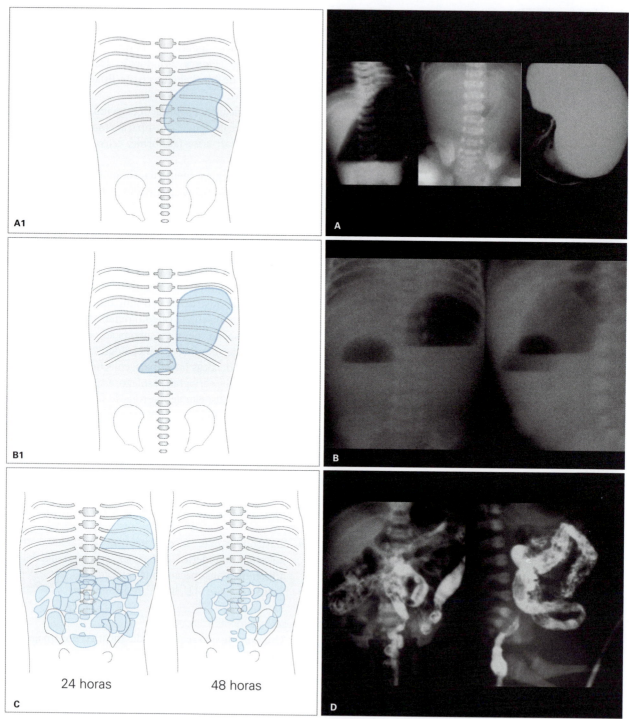

Figura 17 A: Atresia do piloro. Obstrução na via de saída do estômago. Vômitos não biliosos. B: Atresia duodenal. Dois níveis hidroaéreos no estômago e no bulbo duodenal. C: Padrão de obstrução distal com múltiplas alças distendidas com retardo da eliminação de mecônio e microcolo. D: Enema opaco evidenciando livre progressão do meio de contraste e alças de menor calibre que o habitual, por desuso. Presente em casos de atresia ileal, íleo meconial e atresia colônica.

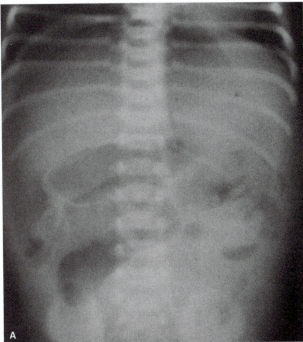

Figura 18 A: Gás livre na cavidade abdominal, de localização subfrênica e visualização do ligamento falciforme do fígado (aspecto em bola de futebol americano). B: Bolha gasosa triangular subumbilical em incidência com raios horizontais.

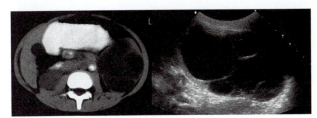

Figura 19 Linfangioma. Tomografia computadorizada e ultrassonografia: efeito de massa abdominal caracterizada por múltiplos espaços císticos e septos.

- USG: intussuscepção; hipertensão portal, coleções/abscessos, cisto de duplicação intestinal, espessamento de parede de alça em doença inflamatória intestinal e púrpura de Henoch-Schönlein.
- Fluoroscopia:
    - SEED (má rotação/vólvulo).
    - Trânsito intestinal/enema opaco: doença de Crohn e pólipos.
    - Angiografia: identificação de local de sangramento agudo.
    - TC: papel limitado na detecção de coleções/abscessos em doenças inflamatórias.
    - Estudo radioisotópico: divertículo de Meckel/cisto de duplicação intestinal.

Apresentação clínica: constipação
Papel da imagem

- Radiografia simples: utilizada em estudos do trânsito intestinal com marcadores radiopacos.
- Fluoroscopia: demonstrar o calibre dos acompanhamentos colônicos e área de aganglionose.
- RM: na investigação em anormalidades congênitas raquimedular.

Apresentação clínica: diarreia
Papel da imagem

- Radiografia simples: enterocolite necrosante, colite tóxica, perfuração com pneumoperitôneo.
- USG: intussuscepção, espessamento de parede de alças intestinais, coleções e abscessos, apendicite e tumores secretores de hormônio.
- Fluoroscopia:
    - Trânsito intestinal: doença de Crohn e síndrome do intestino curto.
    - Enema opaco: doença de Hirschsprung.
- TC: detecção e localização de abscessos e detecção e estadiamento de tumores secretantes de hormônio.
- RM: avaliação de doença de Crohn perianal e doença inflamatória intestinal, detecção e estadiamento de tumores secretantes.

Apresentação clínica: vômitos
Papel da imagem

- Radiografia simples: suspeita de obstrução, íleo ou perfuração intestinal.
- USG: suspeita de intussuscepção, estenose hipertrófica do piloro (Figura 28) e apendicite.
- Fluoroscopia:
    - SEED: suspeita de má rotação intestinal e vólvulo que requer conduta cirúrgica imediata; suspeita de obstrução esofágica e bezoar (Figura 29).
    - Trânsito intestinal: doenças de Crohn.
    - Enema opaco: obstrução intestinal baixa neonatal e outras causas de estenose.

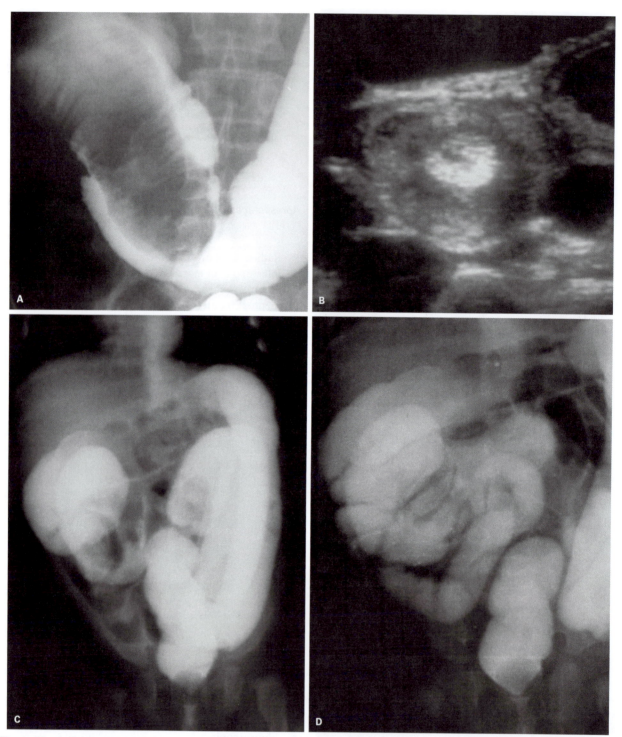

Figura 20 A: Enema opaco com contraste hidrossolúvel diluído evidenciando falha de enchimento intraluminar correspondendo ao intussepto. B: Estudo ultrassonográfico evidenciando o aspecto de "pseudorrim" e correspondendo ao intussepto no interior da alça. C e D: Redução da invaginação com a utilização de contraste diluído e fluoroscopia. Observar refluxo para o íleo terminal.

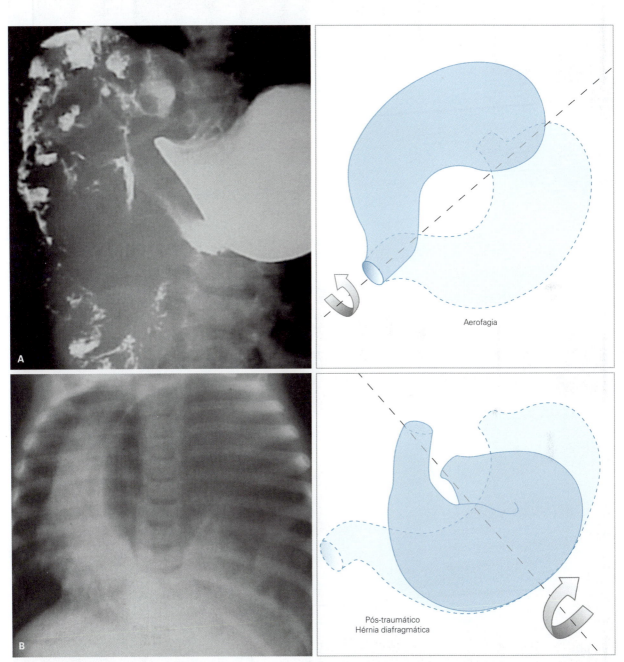

Figura 21 A: Organoaxial. Seriografia do estômago e duodeno com rotação do estômago e alças do delgado deslocadas subfrênicas à direita. B: Mesentério axial. Radiografia de tórax demonstrando conteúdo aéreo no hemitórax esquerdo, deslocando o mediastino contralateralmente. Indefinição da hemicúpula diafragmática por outra.

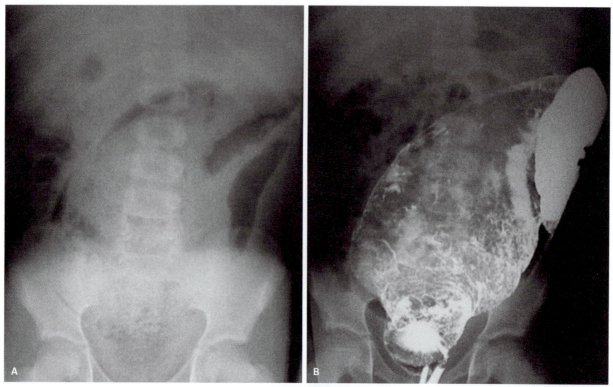

Figura 22 Radiografia simples demonstrando fecaloma. Enema opaco com acentuada dilatação do sigmoide e desproporção em relação ao reto.

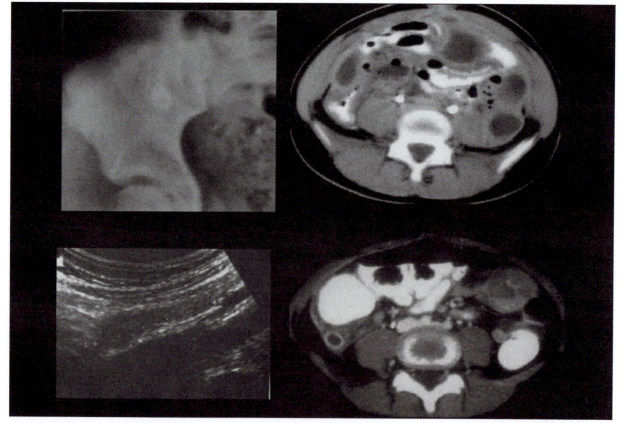

Figura 23 Radiografia simples demonstrando apendicolito. Ultrassonografia com apêndice aumentado de dimensões. Tomografia computadorizada com contraste por via oral e endovenoso: apêndice aumentado de calibre com intenso realce da sua parede pelo contraste endovenoso e íleo adinâmico.

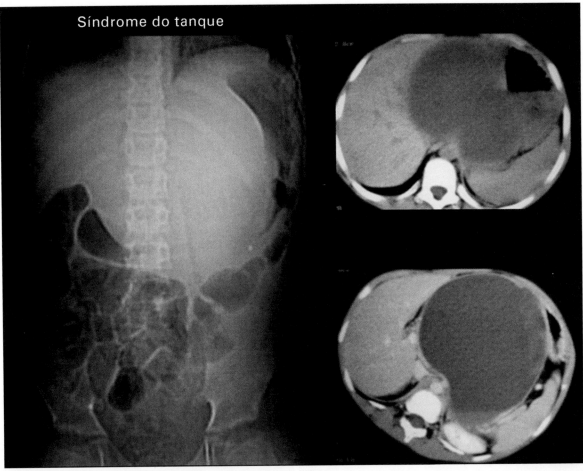

Figura 24 Topograma e tomografia computadorizada: volumosa massa epigástrica, cística, exercendo compressão gástrica. Pseudocisto traumático do pâncreas por contusão abdominal (queda do tanque).

- TC:
  - Suspeita de hemorragia intracraniana aguda.
  - Detecção de tumor na fase aguda quando a RM não for disponível.
  - Pode detectar causa abdominais agudas, mas não como diagnóstico primário.
- RM:
  - Detecção e estadiamento de tumor do sistema nervoso central (SNC), sendo a modalidade de escolha.

Apresentação clínica: perda de peso
Papel da imagem
- Radiografia simples: infecção pulmonar ou aguda crônica.
- USG:
  - Avaliação de massa abdominal/suspeita de tumor.
  - Monitorar doença renal.
  - Avaliar aumento e nódulo tireoideano.
- Fluoroscopia: trânsito intestinal – doença inflamatória.
- TC: detecção e estadiamento de tumores (Figura 30).
- RM: avaliação estadiamento de tumor do sistema nervoso central.

O imaginologista na prática clínica, utilizando qualquer um dos métodos, necessita reconhecer os principais padrões de imagens na avaliação das doenças gastrointestinais e hepáticas. O que facilita a interpretação mais apropriada e permite hipóteses diagnósticas.

É necessário considerar o grupo etário e o desenvolvimento da criança submetida à investigação. Uma anamnese detalhada e a suspeita clínica aproximam muito o diagnóstico, permitindo o manejo clínico e cirúrgico.

As evidências e o conhecimento da prevalência das principais causas relacionadas com os diversos padrões estão dispostas no Quadro 13.

Trato genitourinário

O trato genitourinário pediátrico pode ser afetado por distúrbios congênitos e adquiridos. Embora algumas entidades possam ser diagnosticadas clinicamente,

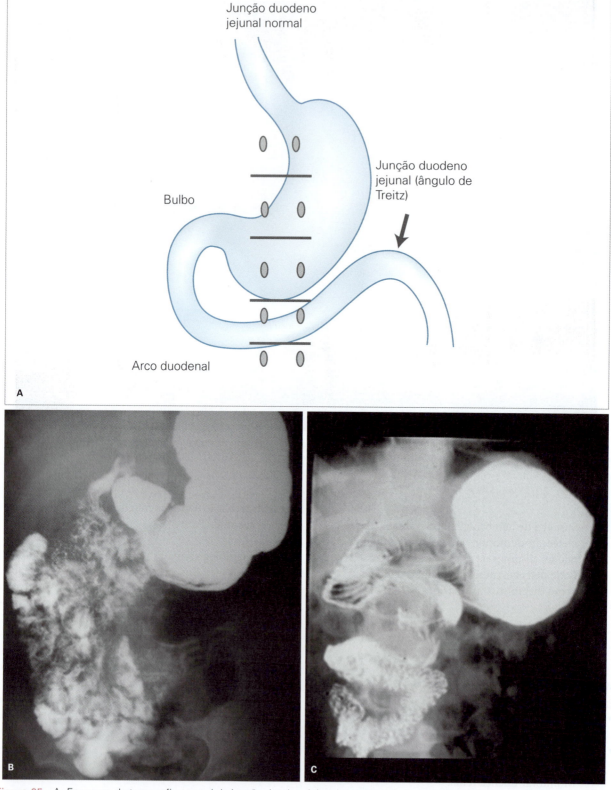

Figura 25   A: Esquema da topografia normal da junção duodenojejunal, à esquerda da vértebra L1, no nível do bulbo duodenal. B: Seriografia contrastada do estômago e do duodeno demonstrando alças jejunais à direita em vício de rotação mesentério comum. C: Aspecto em "saca-rolha" da junção em vício de rotação parcial.

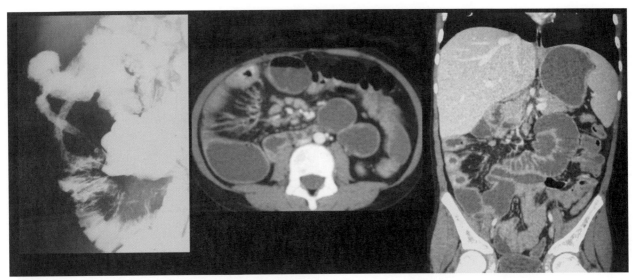

Figura 26   Trânsito intestinal: lesão estenosante do íleo terminal (sinal do cordão). TC: Espessamento de parede de alças intestinais do íleo distal e vasculatura mesenterial exuberante.

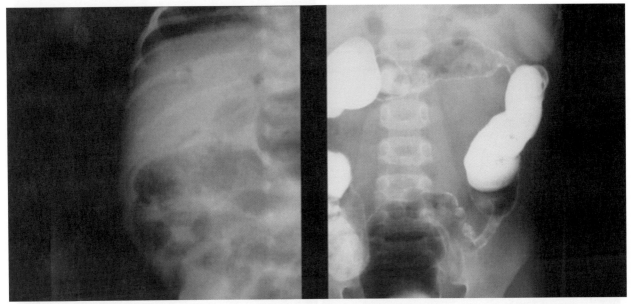

Figura 27   Radiografia simples com gás na parede de alça intestinal e no sistema portal periférico (aspecto centrífugo). Enema opaco: dois segmentos estenosantes tardios no colo por fibrose pós-enterite.

imagens e algoritmo de diagnóstico são frequentemente necessários.

O primeiro objetivo da imagem é fornecer informações sobre a natureza e a extensão da doença. O conhecimento de dados clínicos, laboratoriais e procedimentos terapêuticos influencia na escolha da modalidade, considerando a eficácia diagnóstica e a proteção de radiação. A radiografia digital permite substancial redução de dose até 50%, sem diferença significativa na acurácia diagnóstica e na qualidade da imagem.

Radiologistas e médicos solicitantes devem conhecer a técnica, as limitações e a interpretação das várias modalidades de diagnóstico disponíveis para a avaliação do trato genitourinário, além das respectivas indicações nas diversas doenças. Este capítulo apresenta uma breve revisão de procedimentos radiológicos simples e contrastados (RX), USG, TC e RM, em conjunto com achados específicos de cada um e suas controvérsias.

Radiografia simples de abdome

A radiografia abdominal se realiza em decúbito supino, com raios verticais e ocasionalmente com angulações cefálicas e caudais de 10 a 20°. Nesse exame, alguns procedimentos são necessários: proteção das gônadas com lâ-

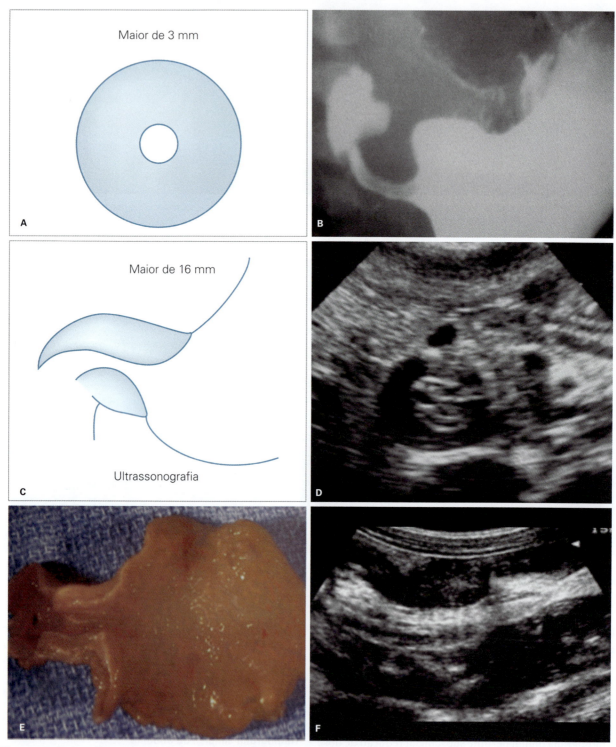

Figura 28 Seriografia contrastada do estômago: alongamento e redução do calibre do piloro, fixa. Ultrassonografia: espessamento da camada muscular do piloro, com medida ≥ 3 mm e extensão ≥ 16 mm.

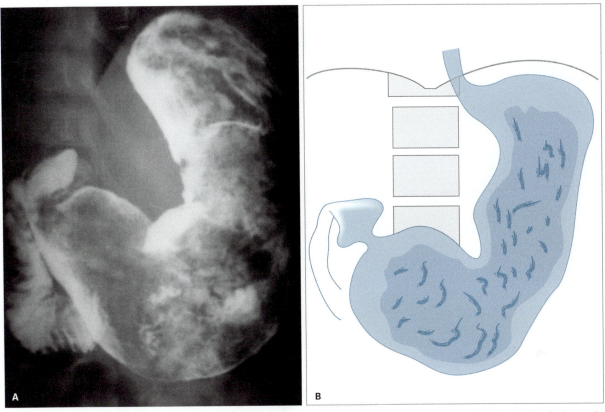

Figura 29   Seriografia contrastada do estômago: falha de enchimento na luz do estômago, por conteúdo de cabelo (tricobezoar).

minas plumbíferas, colimação do feixe de raios X, técnica adequada (Figura 35) e eventual preparo intestinal quando se fizer necessário. Esse clichê é útil em estudo de anomalias da coluna vertebral/óssea (Figuras 36 e 37), em calcificações e em caso de massa abdominal palpável (Figura 38).

Na criança, os contornos dos rins e músculos iliopsoas, por causa da tênue espessura e quantidade de tecido gorduroso e da superposição de alças intestinais, sem e com conteúdo gasoso e sólido, são mal delineados (Quadro 14). Ocasionalmente, podem ser perceptíveis espontaneamente os contornos da bexiga urinária quando em repleção, e esse aspecto deve ser valorizado no contexto clínico.

Deve-se realizar uma incidência adicional de perfil em decúbito no caso de alterações morfoestruturais da coluna vertebral/óssea e oblíquas renais, quando esse procedimento for necessário.

Exames contrastados
Cistografia e cistouretrografia miccional

A cistouretrografia miccional (CUM) é um exame clássico e bem estabelecido no diagnóstico em urorradiologia pediátrica. Introduz-se um cateter na bexiga, e meio de contraste radiopaco é instilado na bexiga vazia. Detalhe anatômico da bexiga e uretra (assim como refluxo ureteral) pode ser observado. Avaliação de perfil da uretra masculina é mandatório para avaliação de válvula da uretra posterior (VUP). Se for detectado refluxo vesicoureteral (RVU), devem-se detalhar a extensão para o sistema pielocalicial, o refluxo intrarrenal e a drenagem dinâmica do contraste refluído. Deve-se utilizar pressão de enchimento fisiológica e informações funcionais e adicionais podem ser obtidas por guia fluoroscópico. O enchimento cíclico permite maior sensibilidade na detecção de refluxo. A fluoroscopia pulsada e o sistema digital com amplificação e congelamento de imagens contribuem para significativa redução de radiação (Figura 39).

Técnica

Para realização de cistografia/uretrocistografia e urografia excretora, não é necessário preparo intestinal prévio ou jejum superior a 2-3 horas.

Escolha da técnica

Duas vias de acesso são possíveis: retrógrada e punção suprapúbica. A via retrógrada é usada na maioria das vezes e é, também, frequentemente, motivo de grande preocupação e receio dos pais e das crianças maiores. Deve

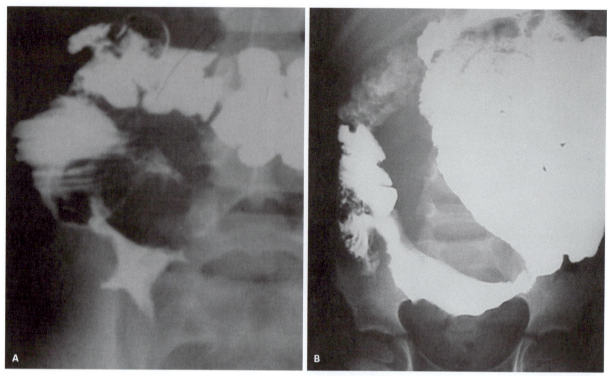

Figura 30   A: Estudo contrastado intestinal demonstrando falha de enchimento no ceco em enema opaco. B: Trânsito intestinal, dilatação do íleo terminal associado a massa envolvente (dilatação aneurismática do íleo terminal).

Quadro 13 Diagnóstico diferencial	
Neonato	**Infância**
Calcificação abdominal	
Calcificação hepática: • Infecção congênita: toxoplasmose, rubéola, citomegalovírus, herpes (TORCH) • Tumores: hemangioma, hemangioendotelioma, hepatoblastoma, metástase de neuroblastoma e teratoma • Tromboembolismo da veia porta • Infarto isquêmico	Fígado/vias biliares: hepatoblastoma, carcinoma hepatocelular, doença granulomatosa sequelar (p. ex., tuberculose), cisto hidático e calculose
	Esplênica: • Anemia falciforme, pós-infarto e doença granulomatosa
	Pancreática: • Pancreatite crônica e fibrose cística
Peritoneal difusa: peritonite meconial (Figura 31)	
Parede intestinal e intraluminar: em alguns casos de obstrução intestinal e malformação anorretal	
Estenose intestinal	
Intestino delgado • Brida, pós-anastomose, pós-radioterapia, pós-infecção/inflamação, hematoma de parede, compressão extrínseca e neoplasias (p. ex., linfoma)	
Intestino grosso • Doença inflamatória intestinal pós-enterocolite necrosante • Infecção parasitária (ameba e esquistossomose) e tuberculose • Intolerância/alergia alimentar (p. ex., proteína do leite de vaca) • Isquêmica (ver Figura 27) • Pós-cirúrgica com anastomose • Pós-radioterapia • Neoplásica (p. ex., linfoma, tumor secundário à síndrome poliposa) (Figura 32)	

(continua)

2 RADIOLOGIA SIMPLES E CONTRASTADA EM PEDIATRIA

Quadro 13 *(continuação)* Diagnóstico diferencial

Neonato	Infância

Edema e espessamento da parede colônica

Qualquer causa de colite:
- Infecção viral (p. ex., rotavírus, citomegalovírus e herpes)
- Infecção bacteriana (p. ex., *Salmonella, Shiguella, Campylobacter, Hersinia, E. coli*)
- Infecção parasitária (p. ex., *Estrongyloidiasis, Amoebiasis, Shistosomiasis*)
- Colite pseudomembranosa (p. ex., *Clostridium difficile*)
- Enterocolite associada a doença de Hirschsprung
- Colite neutropênica (p. ex., tiflite) (Figura 33)
- Pós-químio e radioterapia.
- Intolerância/alergia alimentar (p. ex., proteína do leite de vaca)
- Síndrome de Behçet
- Colite isquêmica
- Enterocolite necrosante
- Doença inflamatória intestinal (p. ex., Crohn e colite ulcerativa)

Miscelânea:
- Angioedema hereditário
- Síndrome hemolítica urêmica
- Iatrogênica: detergente e enemas cáusticos

Massa abdominal

Neonatal	Infância
Gastrointestinal: ■ Cisto de duplicação ■ Cisto mesentérico ou omental ■ Malformação linfática ■ Pseudocisto meconial	Gastrointestinal: ■ Massa ou abscesso do apêndice ■ Cisto de duplicação ■ Cisto mesentérico ou omental ■ Malformação linfática
Hepatobiliar: ■ Aumento hepático difuso: ■ Infecção congênita (TORCH) ■ Metástase de neuroblastoma ■ Insuficiência cardíaca	Hepatobiliar: ■ Hepatomegalia ■ Doença do depósito ■ Tirosinemia ■ Insuficiência cardíaca ■ Infecção
Tumores: ■ Hemangioma ■ Hemangioendotelioma ■ Hepatoblastoma	Tumores: ■ Hepatoblastoma, carcinoma hepatocelular ■ Doença metastática ■ Amartoma mesenquimal
Cisto hepático: ■ Cisto de colédoco	Cisto hepático ou abscesso: ■ Cisto do colédoco

Ascite

Gastrointestinal: ■ Perfuração intestinal com peritonite meconial ■ Rotura de cisto mesentérico ou omental ■ Enterocolite necrosante	Gastrointestinal: ■ Desnutrição ■ Enteropatia com perda proteica
Hepatobiliar: ■ Hepatite neonatal ■ Veia porta: obstrução ou compressão ■ Insuficiência hepática com hipoalbuminemia ■ Rotura de ductos biliares ou cisto do colédoco	Hepática: ■ Cirrose ■ Obstrução da veia hepática ■ Insuficiência hepática com hipoalbuminemia

Dilatação colônica

Colite tóxica

Obstrução mecânica:
- Doença de Hirschsprung
- Estenose/brida intestinal
- Hérnia
- Compressão extrínseca
- Neoplasia – síndromes poliposas e linfoma

(continua)

TRATADO DE RADIOLOGIA GASTROINTESTINAL

Quadro 13 *(continuação)* Diagnóstico diferencial

Neonato	Infância

Escassez gasosa abdominal

Obstrução alta:
- Atresia duodenal
- Má rotação e vólvulo do intestino médio
- Banda peritoneal (Ladd)
- Pâncreas anular
- Estenose hipertrófica do piloro
- Compressão extrínseca intestinal (p. ex., cisto de duplicação e cisto do colédoco)

Vômitos

Conteúdo líquido intraluminar intestinal:
- Obstrução mecânica ou adinâmica
- Gastroenterite
- Infarto mesentérico

Ascite

Hérnia diafragmática congênita: alça intestinal no tórax

Microcolo neonatal

Aganglionose colônica total

Colo de desuso (escasso conteúdo intraluminar):
- Atresia ileal distal
- Íleo meconial

Estenose do esôfago (Figura 34)

Péptica secundária a refluxo gastroesofágico

Ingestão cáustica

Epidermólise bolhosa

Esofagite infecciosa (geralmente em imunocomprometidos):
- Citomegalovírus
- Cândida
- Herpes

Pós-operatório: reparo de atresia

Doença de Crohn

Doença granulomatosa crônica

Rádio e quimioterapia

Pneumatose intestinal (gás na parede intestinal)

Primária – idiopática

Secundária:
- Enterocolite necrosante
- Terapia com corticosteroides e imunossupressores
- Leucemia
- Colites e enterites
- Desordem do tecido conectivo (colagenoses)

Pneumoperitôneo (ar ou gás livre na cavidade peritoneal)

Perfuração de víscera abdominal que contenha gás:
- Dilatação tóxica do estômago
- Úlcera péptica: associada com esteroide e estresse agudo
- Obstrução intestinal
- Inflamação/infecção intestinal
- Traumática
- Rotura de "cisto" mural em *Pneumatosis* coli.

Iatrogênica: pós-laparotomia, laparoscopia ou inserção de cateter/dreno peritoneal

(continua)

Quadro 13 (continuação) Diagnóstico diferencial	
Neonato	Infância
Causas intratorácica: • Pneumomediastino • Pneumotórax: fístula pleuroperitoneal congênita	
Causa ginecológica: abuso ou após início de vida sexual ativa	

Fonte: Johnson et al., 2009; Ebel, 1998.

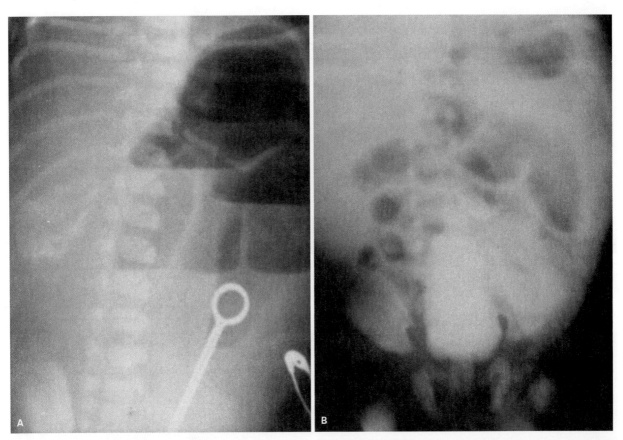

Figura 31 A: Radiografia simples de neonato – dilatação com nível hidroaéreo do delgado proximal e calcificação grosseira peritoneal. B: Cistouretrografia miccional – coleção de urina por refluxo ureteral em neonato com válvula de uretra posterior.

ser utilizada sem traumas. Em pacientes selecionados, pode-se utilizar sedação.

- Via retrógrada: realizar assepsia local com higienização da região vulvar ou da glande. Utilizar soluções antissépticas. Deve-se mobilizar cuidadosamente o prepúcio. No caso de meninos, injetar anestésico em gel, por via retrógrada, alguns minutos antes da cateterização (Figura 40).
- Via suprapúbica: a punção suprapúbica será difícil se não houver repleção mediana ou completa. Nesse caso, pode ser útil a USG.
- Preparação: antissepsia e anestesia local para punção, com agulha-cateter (do tipo Jelco®) de calibre

18G ou 5F e comprimento superior a 40 mm. Deve-se esvaziar a bexiga antes da injeção de contraste e no final da exploração, se houver retenção pós--miccional. A punção suprapúbica é usada apenas em neonatos com retenção vesical, bexiga neurogênica e reconstruções complexas do aparelho urinário inferior.

Produtos de contraste

Utiliza-se contraste iodado hidrossolúvel não iônico diluído a 20-30% (120 a 140 mg de iodo/mL), com aquecimento da solução na temperatura aproximada de 37°C.

Deve-se diluir o contraste, pois há risco de irritação química. Além disso, o contraste hiperdenso pode prejudicar a

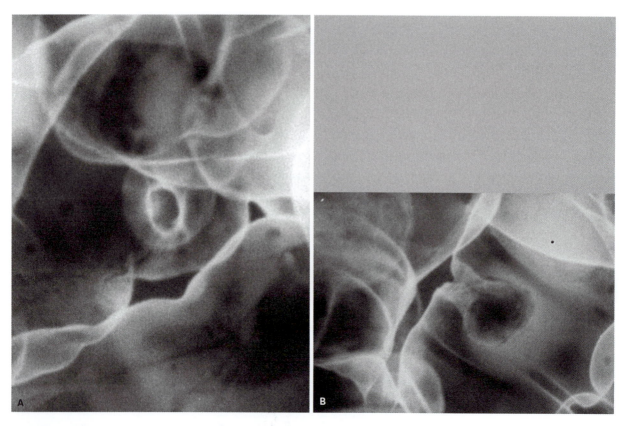

Figura 32 Enema opaco com duplo contraste: falha de enchimento intraluminal em incidência axial e visão lateral demonstrando seu pedículo estreito.

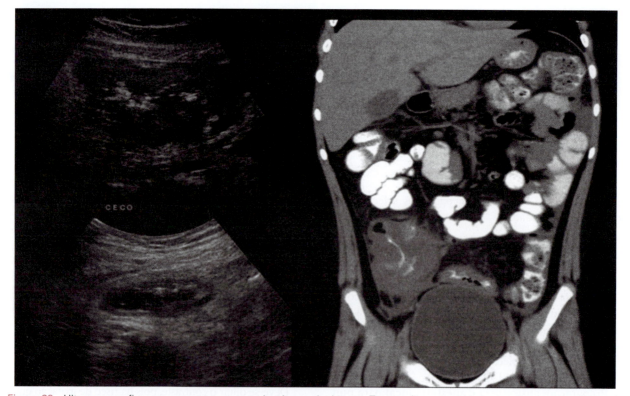

Figura 33 Ultrassonografia: espessamento em camadas da parede do ceco. Tomografia computadorizada: aumento do calibre e da densidade e obliteração da gordura pericecal.

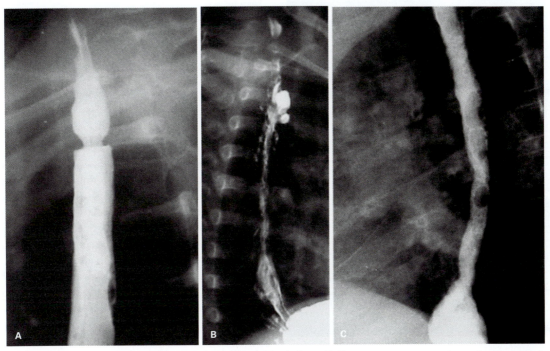

Figura 34 A: Esofagograma – estenose anelar proximal, epidermólise bolhosa. B: Estenose extensa com ulcerações e pseudodivertículos – esofagite cáustica. C: Dismotilidade esofágica. Observar gânglios aumentados no mediastino – esofagite por radioterapia em linfoma.

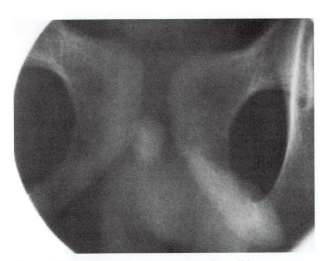

Figura 35 Calcificação na projeção da sínfise púbica, correspondendo a cálculo na uretra posterior. Observar a radiografia com colimação e angulação do feixe de raios X.

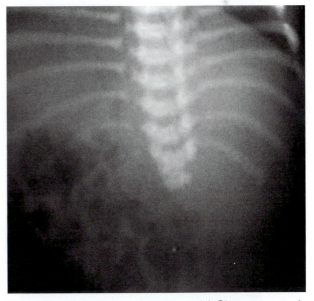

Figura 36 Síndrome da regressão caudal. Observar agenesia de vértebras lombares.

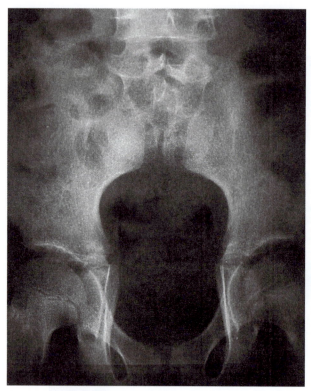

Quadro 14	Indefinição do contorno renal na radiografia simples
Fator técnico	
Agenesia (ausência congênita)	
Rim ectópico ou deslocado (pré-sacral, ectopia cruzada, intratorácica)	
Abscesso/hematoma perinefrético	
Pós-nefrectomia	

Figura 37 Agenesia do sacro. Observar aproximação dos ilíacos. Bexiga neurogênica.

percepção de lesões elevadas ou vegetantes e intraluminares. Embora na literatura haja descrição de complicações, trata-se de uma técnica segura, e o desconforto pós-procedimento é leve e raro. Pode haver infecção urinária pós-cateterização, e a melhor prevenção é a assepsia rigorosa durante os exames pós-sondagem. O risco de infecção é particularmente importante no RN e no lactente com RVU significativa. É essencial o uso de antibiótico com a consulta clínica. Foram descritas roturas vesicais por excessiva distensão em bexigas patológicas e extravasamentos limitados em pacientes submetidos a hemodiálise e cateterismo intermitente.

No decorrer de cistografia por punção suprapúbica, pode haver extravasamento anterior de contraste através de orifício de punção, que não representa gravidade. Por

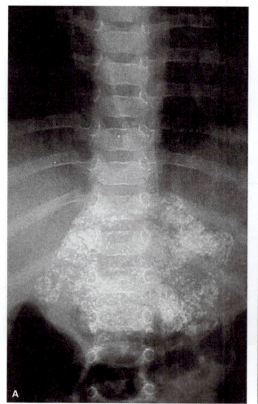 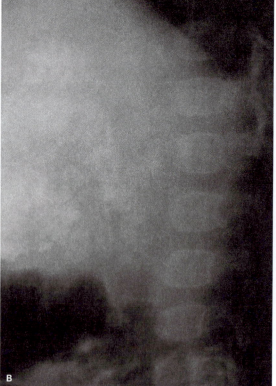

Figura 38 A: Massa retroperitoneal com calcificações amorfas e grosseiras. B: Neuroblastoma.

fim, deve-se recordar que o contraste pode reabsorver-se por causa da existência de escape mucosovascular, no qual podem surgir reações alérgicas.

Após rever os dados clínicos e os resultados de exames prévios, é essencial explicar o procedimento aos pais e às crianças para adquirir confiança e uma atmosfera agradável com o propósito de obter um resultado satisfatório. A infecção do trato urinário (ITU) com sintomas clínicos é uma razão para postergar esse exame até uma semana após o diagnóstico.

No caso de nefropatia induzida por contraste, deve-se calcular a função glomerular por meio da equação de Schwarz, que é obtida após dosagem sérica de creatinina. A alteração da função renal é uma contraindicação ao contraste iodado. Pacientes diabéticos que utilizam metformina devem suspender a droga 48 horas antes da administração do meio de contraste, para reduzir o risco de acidose láctea.

Em relação ao gadolínio, agente de contraste utilizado em RM, também é fundamental que a função glomerular seja normal para o risco presumido de fibrose sistêmica nefrogênica.

Quando se tratar de pacientes com estudos de TC e RM em que se constate risco para nefropatia induzida por meio de contraste, deve-se utilizar o menor volume possível do agente de contraste – aproximadamente 50% da dose – e evitar a repetição do exame em um período mínimo de 48 horas.

O gadolínio não deve ser utilizado como alternativa ao contraste iodado, exceto quando se tratar de paciente alérgico ao iodo, com reação prévia importante e mesmo assim com função renal normal.

Escolha da sonda

Deve-se utilizar sonda vesical flexível com extremidade cega e orifícios laterais, de calibre suficiente (8F em geral; em lactentes, utiliza-se calibre 5F). A saída de urina pela sonda indica com certeza a entrada vesical, sendo o momento adequado de fixar a sonda com fita adesiva.

Após coleta da urina cateterizada, deve-se mensurar o volume residual e encaminhar uma amostra para cultura, quando solicitado pelo clínico. O volume de contraste administrado é proporcional à capacidade vesical com o equipo, na altura aproximada de 70 cm do nível da mesa de exame.

A capacidade vesical é variável, especialmente em crianças menores de 4 anos, mas pode ser estimada pelas fórmulas:

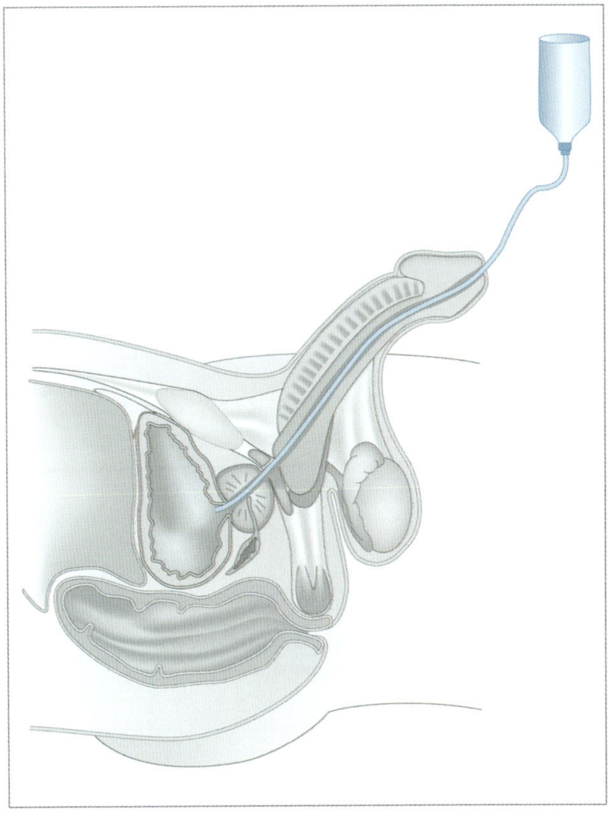

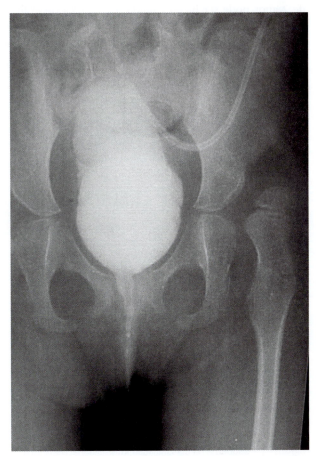

Figura 40 Cateter de derivação ventriculoperitoneal e coxa valga luxada à esquerda indicando retardo do desenvolvimento psicomotor e distúrbio miccional.

Figura 39 Esquema da técnica de cistouretrografia miccional.

- Idade inferior a 1 ano: capacidade vesical = 7 vezes o peso (kg).
- Idade superior a 1 ano: capacidade vesical = [(idade em anos) + 2] 3 30.
- Idade superior a 5 anos: capacidade vesical = [(idade em anos) + 1] 3 30.

A título de orientação, a capacidade vesical é de 15 a 30 mL no RN, de 50-100 mL na idade de 1 ano e 150-200 mL a partir dos 7 anos.

Com o objetivo de manter uma dose baixa de radiação, a dose média ovariana é de 0,029 mGy, resultando em uma dose de exposição comparável à de cistografia por radionuclídeo.

No início do exame, é obtida incidência colimada na região vesical, com pequeno enchimento para avaliar falhas de enchimento, como ureterocele.

O refluxo vesicoureteral é graduado na fase de enchimento vesical (se passivo) e após a micção na projeção anteroposterior, de acordo com a classificação internacional de refluxo (Figura 41), que se baseia na extensão e no grau de enchimento e dilatação do ureter, da pelve renal e dos cálices pela CUM (Figuras 42 e 43).

A acurácia diagnóstica de RVU em crianças menores de 2 anos pode ser incrementada por técnica de exame cíclico. A UCG cíclica é mais importante para documentar a ausência de refluxo do que para graduá-lo (Figuras 44 e 45).

Posicionamento e seriografia

A radiografia simples deve ser realizada na primeira exploração. Durante o enchimento vesical, são necessárias duas exposições, com pequena repleção para assegurar ausência de anomalias intravesicais (ureterocele-litíase) e em repleção máxima para o estudo da forma e dos contornos da parede vesical.

As incidências miccionais são realizadas no início, no meio e no final da micção. Antes do início da micção, o menino é colocado em posição lateral ou oblíqua, e a menina, em posição anteroposterior. Dessa forma, pode-se obter a exposição durante a micção, visualizando desde a uretra até os rins.

Deve-se imobilizar a criança com dispositivos, como sacos de areia, fitas de velcro e cintas de compressão. Sempre que possível, deve-se utilizar proteção radiológica testicular.

Se for observado refluxo durante a micção, será útil a incidência oblíqua para avaliar o segmento retrovesical do ureter. No final da micção, deve-se obter um clichê para avaliação do resíduo urinário. Em casos de refluxo de grau 4/5, um filme entre 5 e 15 minutos de retardo é útil para avaliar obstrução concomitante da junção ureteropiélica ou ureterovesical.

Resultados normais
- Bexiga: os contornos e a elasticidade da parede vesical são avaliados perfeitamente durante a cistografia no

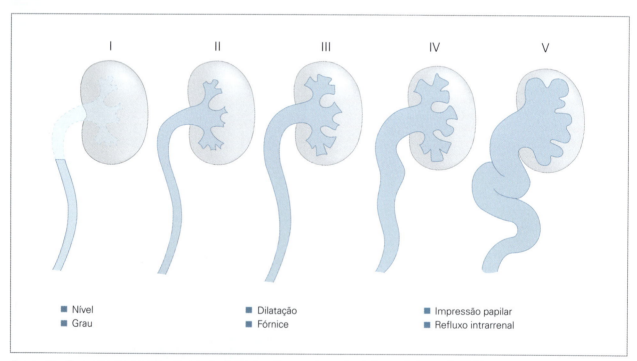

Figura 41 Esquema da classificação internacional de refluxo vesicoureteral. Fonte: Kuhn et al., 2004.

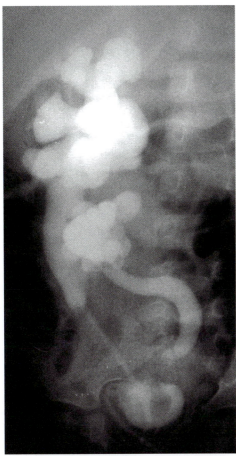

Figura 42   Refluxo vesicoureteral bilateral de graus IV/V. Observar ectopia renal esquerda cruzada.

início do enchimento, quando a prega horizontal interureteral (trígono) pode ser visível. Durante a micção, há irregularidades da parede no nível do contorno posterior por contração do músculo detrusor. O resíduo pós-miccional deve ter avaliação relativa por causa das condições anômalas de micção (decúbito, pós-cateterização, inibição etc.). No RN e em crianças com idade inferior a 2 anos, o plano vesical é mais elevado em relação à sínfise púbica e corresponde a vestígios da posição fetal da bexiga urinária (Figura 46).
- Uretra: na menina, a morfologia uretral é simples: cilíndrica, cônica ou fusiforme, sem nítido limite entre os planos vesical, do colo e da uretra. A opacificação vaginal é possível e frequente no curso da micção, *a priori*, sem significado clínico. No menino, é necessária incidência oblíqua miccional para o reconhecimento dos diversos segmentos anatômicos (Figuras 47 e 48).

Uretrocistografia retrógrada

O exame retrógrado é realizado com sondas do tipo Foley (Figura 49) número 8, com insuflação do balão na fosseta navicular retromeatal, o que permite melhor distensão na uretra anterior. Deve ser o primeiro exame no caso de suspeita de rotura uretral traumática, antes de cateterização vesical. Esse exame é indicado nos casos de doenças uretrais.

Urografia excretora

Antes do advento da USG, a urografia excretora (UE) era a modalidade diagnóstica mais importante para avaliação do trato urinário na infância. Por causa da exposição à radiação, da relativa invasibilidade e do inadequado detalhamento de imagem na criança, sua indicação se reduziu substancialmente, sendo substituída por USG, RM e medicina nuclear. Não é mais utilizada no período neonatal e raramente durante a infância. As indicações estão restritas às avaliações pré e pós-operatórias, ocasional em urolitíase e em condições traumáticas (suspeita de urinoma ou lesão ureteral), quando a TC não está disponível.

Técnica
Preparação

No RN e no lactente, jejum de 2 a 3 horas é suficiente. Deve-se suspender a última mamada, sem restrição hídrica. Independentemente do tipo de contraste utilizado, as reações alérgicas ou não idiossincráticas são mais raras na infância, sobretudo antes dos 10 anos.

Deve-se seguir as orientações de pesquisa de pacientes de risco para administração de meios de contraste iodado, assim como informe de consentimento assinado por responsáveis maiores de idade.

O preparo antialérgico e a utilização de contraste não iônico estão indicados. São necessárias condições de pronto atendimento e de suporte de vida.

Meios de contraste

Devem-se utilizar contrastes iodados hidrossolúveis não iônicos.

Técnica

Quando necessário, o paciente deve ser imobilizado. Deve-se realizar incidência em decúbito supino com as observações apresentadas no item Radiografia simples de abdome. Deve-se ainda providenciar acesso venoso adequado.

A seriografia, radiografia simples feita antes da injeção do contraste, é útil, mas deve ser evitada no caso de explorações seriadas.

A incidência endovenosa de 5 a 7 minutos pós-contraste permite a precisão de topografia, dimensões, forma e contornos dos rins. Observam-se simultaneamente opacificação e excreção do sistema coletor (pielocalicial) e dos ureteres.

Deve-se realizar clichê de 12 a 15 minutos em decúbito ventral. Após avaliação, é imprescindível indicar incidências suplementares oblíquas e tardias com retardo variável, conforme avaliações e correlações clínicas radio-

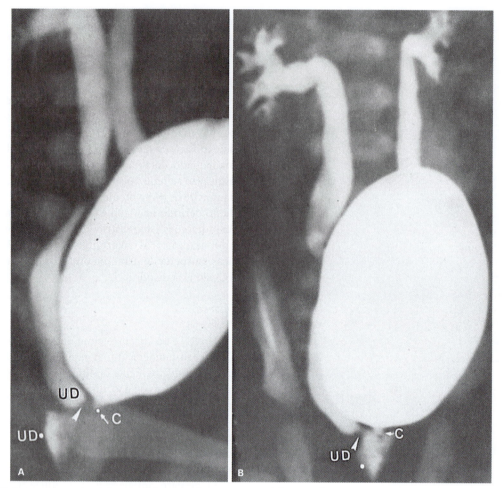

Figura 43 Refluxo vesicoureteral de grau III à esquerda, com ureter tópico, e refluxo vesicoureteral de grau V à direita, com implantação ectópica e perda urinária. A: Com maior grau de obliquidade para avaliação retrovesical.

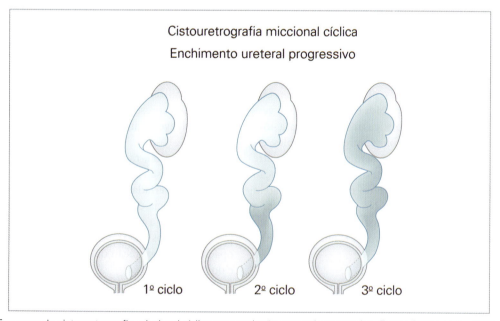

Figura 44 Esquema de cistouretrografia miccional cíclica com repleção ureteral progressiva. Fonte: Paltiel et al., 1992.

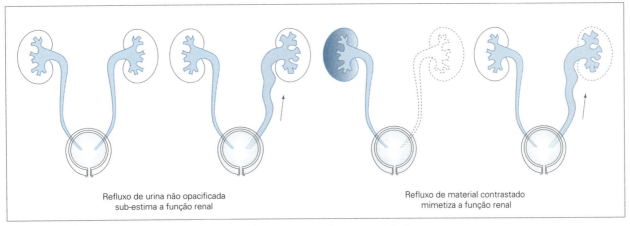

Figura 45 Esquema para correlacionar refluxo maciço sem e com drenagem vesical.
Fonte: Paltiel et al., 1992.

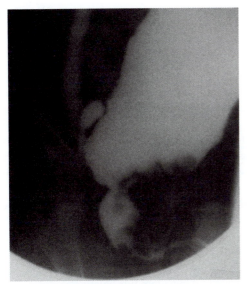

Figura 46 Falha de enchimento irregular nas paredes inferior e anterior da bexiga (sarcoma de Botryoides) – rabdomiossarcoma. Observar refluxo vesicoureteral e sácula de Hutch na junção ureterovesical direita.

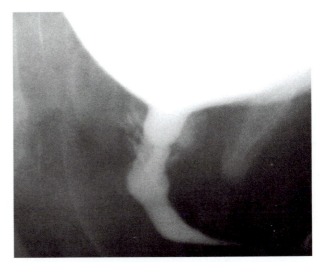

Figura 48 Cistouretrografia miccional de hipospádia mostrando dilatação da uretra posterior e refluxo prostático.

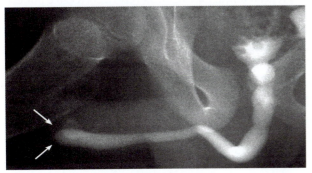

Figura 47 Cistouretrografia miccional, com estenose meatal e dilatação a montante, e bexiga de esforço. Observar jato forte e fino (setas).

lógicas. Portanto, a exploração deve responder à indagação clínica com o mínimo de exposição.

Alguns artifícios técnicos podem ser utilizados: distensão do estômago para melhor visibilidade dos contornos dos rins e compressões com faixas e balões para deslocamento de alças intestinais sobrepostas.

Em caso de RVU, aconselha-se realizar a exploração urográfica com prévia introdução de sonda vesical para assegurar seu esvaziamento e evitar fenômenos associados ao refluxo, que interferem na opacificação das vias urinárias.

Se existir megabexiga de caráter obstrutivo ou neurológico, é indispensável explorar ambos os rins, com a bexiga urinária vazia e cheia.

Para diferenciar dilatação obstrutiva de não obstrutiva do sistema coletor, e no caso de suspeita de obstrução ureteropiélica, podem-se utilizar diurético para exacerbar

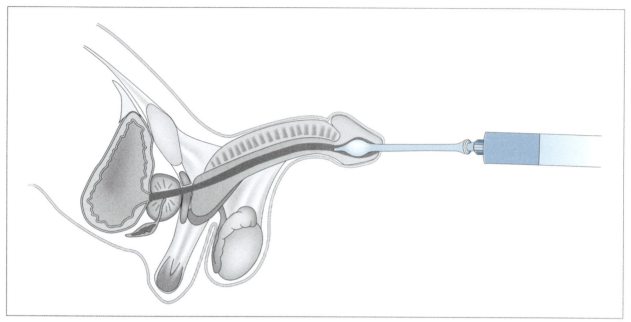

Figura 49   Esquema da técnica de uretrocistografia retrógrada.

dilatação e fraco *washout* do contraste após 20 minutos, indicando relevante obstrução. Deve-se indicar furosemida na dose de 0,5 mg/kg.

Resultados normais

No RN com até 1 mês de idade, ainda há imaturidade renal com escassa filtração glomerular, débil concentração do contraste e certo grau de retardo na opacificação fisiológica dos cálices. Nesse grupo etário, as indicações são excepcionais e devem ser discutidas.

- Rins: a UE mostra bem a topografia dos rins e seus eixos. É possível medir objetivamente o tamanho com boa reprodutibilidade. No lactente, pode haver lobulação fetal que progressivamente vai desaparecendo. Em grupos etários maiores, deve-se distinguir da retração cortical por cicatriz. Há grande variabilidade da morfologia piélica, dos infundíbulos e dos cálices renais.
- Ureteres e bexiga: no lactente, é frequente observar aspecto sinuoso dos ureteres e também pregas (ureteres fetais). No trajeto do ureter, as zonas fisiológicas de estreitamento são avaliadas em figuras e clichês contrastados. A repleção completa do ureter e sua visualização em toda a extensão dependem de compressões e obstrução. A bexiga pode apresentar variação anatômica, como "orelha de bexiga" (Figuras 50 e 51) e é facilmente compressível por estruturas adjacentes.

Pielografia translombar

A exploração é indicada quando as vias excretoras intrarrenal e a pelve estão dilatadas. A pielografia translombar é realizada com o paciente em decúbito prono, com anestesia local ou geral e controle por fluoroscopia ou USG. Esse exame permite avaliar a morfologia das vias excretoras e particularmente o nível da obstrução e sua repercussão, quando os outros métodos forem insuficientes.

Esse método permite drenagem por nefrostomia em casos de retenção urinária, geralmente infectada, com o intuito de equilibrar a função renal antes da decisão terapêutica definitiva.

Principais controles radiológicos pós-operatórios

A maior parte das intervenções cirúrgicas das vias urinárias da infância tem por objetivo a correção de malformação congênita e, mais raramente, o tratamento de uma patologia adquirida, para restituir ao sistema a anatomia e a função o mais próximo da normalidade.

Algumas enfermidades podem ser corrigidas em intervenção única, mas algumas vezes a correção é por etapas. Os controles radiológicos são determinantes para a decisão cirúrgica e para as sucessivas intervenções necessárias (Figuras 52 a 56 e Quadro 15).

Técnica e objetivo dos controles

Todas as técnicas de diagnóstico por imagem podem ser utilizadas em razão dos objetivos pretendidos:

- Opacificação de um trajeto fistuloso, punção percutânea, pielografia, uretrocistografia, urografia excretora, USG e outros: os controles por imagem visam detectar as eventuais complicações pós-operatórias imediatas ou tardias, demonstrar a eficácia da intervenção cirúrgica e avaliar a evolução morfofuncional das vias urinárias após intervenção cirúrgica corretora.

Para interpretação, essas técnicas devem ser correlacionadas com a técnica cirúrgica realizada e com o estado inicial pré-operatório.

- Exploração de fístulas urinárias e genitografia: a deiscência é caracterizada por coleções e extravasamento do meio de contraste. Genitografia é o estudo contrastado das malformações da genitália feminina. Deve-se injetar contraste iodado diluído nos orifícios presentes para avaliação de conduta terapêutica (Figuras 57 e 58).
- Perviedade da anastomose e dilatação residual: pode observar-se dilatação a montante da anastomose em consequência de edema e de hematoma ou coleção pós-operatória. Habitualmente essas dilatações se reduzem progressivamente aos 6 meses. A dilatação relacionada com a uropatia pode persistir vários meses depois da intervenção ou até mesmo manter-se, porém sem hipertensão intraluminar. Tardiamente, pode ocorrer estenose na zona anastomótica.

Aplicações clínicas

A maior indicação para UCG é a detecção de RVU em ITU, hidronefrose pré e pós-natal e megaureter.

A UCG é indicada para crianças com idade inferior a 5 anos com a primeira infecção urinária documentada e para aquelas maiores com infecção urinária febril ou infecções recorrentes. No acompanhamento das crianças com refluxos tratadas clinicamente, pode-se utilizar estudo cintilográfico.

Em pacientes com obstrução da junção ureteropiélica, a CUM deve ser usada se houver megaureter na USG.

A CUM é indicada também após ureterocistoneostomia (reimplantes), para avaliar obstrução ou refluxo mesmo com resultados limitados nos pacientes de risco para ITU febril. É utilizada também em distúrbios miccionais para avaliar a morfologia vesical e da uretra posterior, e na investigação de malformação anorretal e de trauma.

A UE foi suplantada na avaliação de crescimento renal de massas abdominais, exclusão renal (Quadro 16) e lesões adrenais por USG, TC e RM. Nos casos de displasia renal, a UE não contribui por conta da redução da função renal. Esse exame pode ser utilizado para obter informação morfológica em casos de duplicidade renal, com o objetivo de identificar ureter ectópico ou ureterocele (Figuras 59 e 60), mas é inferior à pielografia ântero ou retrógrada nas lesões ureterais.

Não é mais indicada em crianças com ITU não complicada e enurese. Entretanto, quando se usa o clássico critério para cicatriz renal (Quadro 17), deformidade calicial e redução da espessura cortical do parênquima, a UE é capaz de detectar nefropatia por refluxo ou pielonefrite crônica atrófica.

Em pacientes com uropatia obstrutiva, a UE deve ser realizada após USG somente se a USG e o renograma diurético forem inconclusivos. A UE permanece útil na avaliação de doença calculosa do trato urinário, mas pode ser substituída por USG e TC. Entretanto, esse exame continua importante no planejamento pré-operatório de litotripsia extracorpórea em crianças.

Considerações finais

A equipe multidisciplinar deve estar familiarizada com as técnicas, suas limitações e interpretações das diversas modalidades disponíveis para avaliação, bem como suas indicações, vantagens, desvantagens e reações adversas. É importante compreender e reconhecer a anatomia relacionada com o crescimento e o desenvolvimento e suas variações. Há livros e textos que auxiliam na interpretação dos achados, não se recomendando radiografia contralateral apenas como comparação.

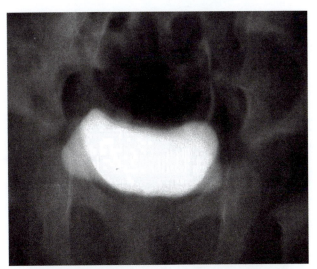

Figura 50 Saliência simétrica dos contornos da bexiga com aspecto de "orelha" (variação anatômica).

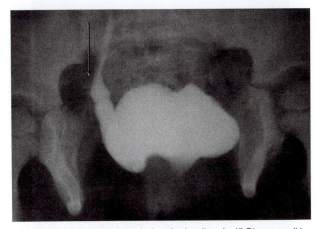

Figura 51 Contornos bocelados do tipo "vesical". Observar diástase da sínfise púbica. Extrofia vesical corrigida com neobexiga. É necessária uma correlação clínica cirúrgica.

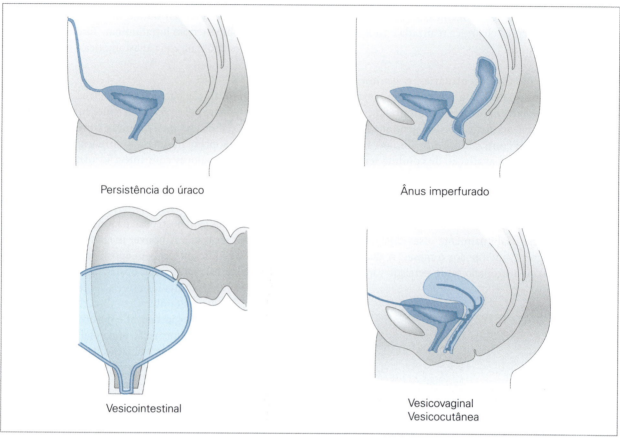

Figura 52 Esquema de algumas fístulas possíveis do trato genitourinário.

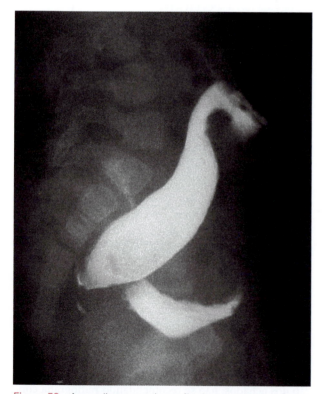

Figura 53 Anomalia anorretal com fístula para a bexiga. Observar introdução de contraste iodado diluído por colostomia.

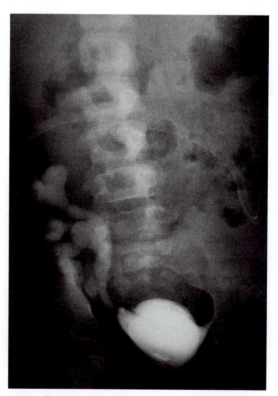

Figura 54 Refluxo vesicoureteral: rim transplantado. Sonda de diálise peritoneal.

2 RADIOLOGIA SIMPLES E CONTRASTADA EM PEDIATRIA 515

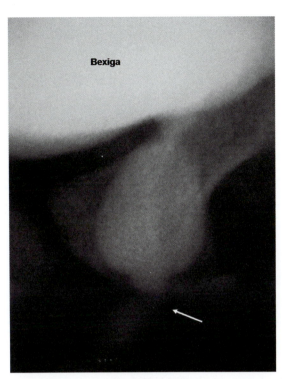

Figura 55 Cistouretrografia miccional. Válvula de uretra posterior pós-fulguração. Observar a abertura no local da válvula pregressa. Notar certo grau de ectasia a montante.

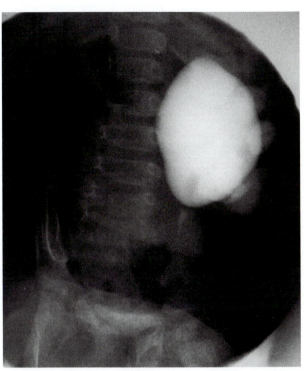

Figura 56 Urografia excretora pós-furosemida. Estenose da junção ureteropiélica com retardo da excreção do contraste à esquerda.

Quadro 15 Prazos e objetivos dos controles radiológicos

Período pós-operatório	Objetivo	Técnica	
		Vias urinárias superiores	Vias urinárias inferiores
10 a 30 dias	Complicações pós-operatórias imediatas	USG	USG
		UE	Cisto/uretrografia
		Fistulografia	
6 meses	Resultados cirúrgicos	USG	Cisto/uretrografia
	Complicações em curto prazo	UE ± furosemida	USG
		Cintilografia	
12 meses (acompanhamento)	Evolução das vias urinárias	USG	Cisto/uretrografia
		UE ± furosemida	USG
		Cintilografia	

UE: urografia excretora; USG: ultrassonografia.

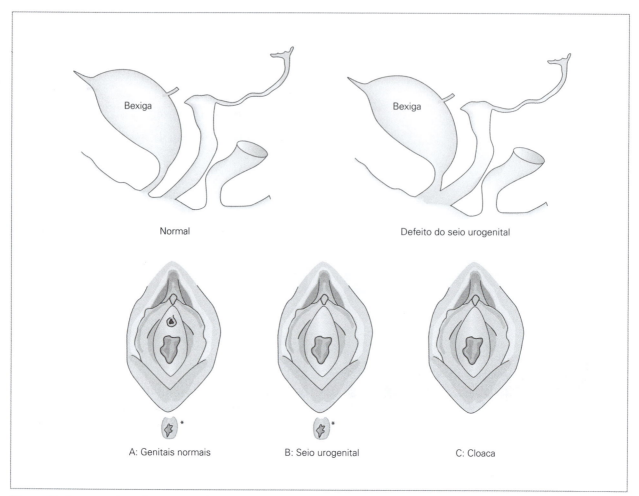

Figura 57 Esquema de malformação genitourinária e anorretal. A: Orifícios femininos perineais normais: uretral, vaginal e anal (*). B: Defeito do seio urogenital: dois orifícios, com uretra e vagina únicas; ânus (*). C: Persistência da cloaca – orifício único para os tratos genitourinário e gastrointestinal.

Figura 58 Seio urogenital com opacificação da vagina, do útero e da bexiga.

Quadro 16 Não visualização renal unilateral na urografia excretora
▪ Ausência renal – congênita ou pós-nefrectomia ▪ Rim ectópico ▪ Uropatia obstrutiva crônica ▪ Infecção – pionefrose, pielonefrite xantogranulomatosa e tuberculose ▪ Tumor ▪ Rim multicístico ▪ Oclusão de artéria ou veia renal
Fonte: Chapman & Nakiely, 1990.

Quadro 17 Retração dos contornos (cicatriz renal unilateral)
▪ Nefropatia por refluxo ▪ Tuberculose ▪ Infarto lobar ▪ Displasia renal
Fonte: Chapman & Nakiely, 1990.

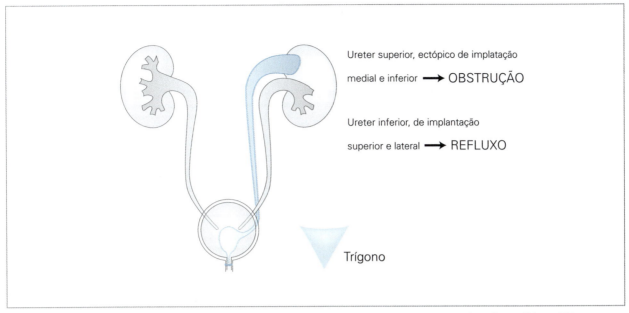

Figura 59 Esquema: anomalias da junção ureterovesical, lei de Weigert-Meyer, duplicidade completa. Fonte: Kriss, 1998.

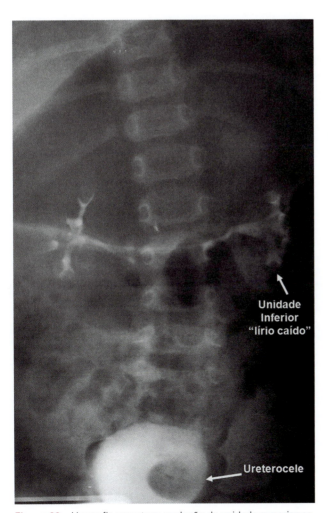

Figura 60 Urografia excretora: exclusão da unidade superior esquerda por hidronefrose, com deslocamento caudal da unidade inferior ("lírio caído") – ureterocele ectópica.

Quando a lesão for mais sutil ou a evolução clínica incompatível (dissociação clínica – radiológica), deve-se incluir estudo-controle em aproximadamente 10 dias, em média e/ou prosseguir propedêutica diagnóstica com outros métodos por imagem escolhidos por avaliação multidisciplinar.

Bibliografia sugerida

1. Blickman H. Pediatric radiology. The requisites. 2. ed. St. Louis: Mosby; 1997. p. 153-94.
2. Bruyn R. Pediatric ultrasound: how, why and when. Edinburgh: Elsevier Churchill Livingstone; 2005. p.181-206.
3. Buonomo C, Taylor GA, Share JC, Kirks DR. Gastrointestinal tract. In: Kirks DR, Griscom NT. Practical pediatric imaging diagnostic radiology of infants and children. 3. ed. Philadelphia: Lippincott-Raven; 1998. p.822-910.
4. Chapman S, Nakiely R. Aids to radiological differential diagnosis, 2.ed. London: Bailliere Tindall; 1990. p.250-87.
5. Ebel KD. Differential diagnosis in pediatric radiology. New York: Thieme; 1998. p. 264-342.
6. Godderidge C. Pediatric imaging. Philadelphia: W.B. Saunders; 1995. p. 11-262.
7. Gomes H, Lallemand A, Lallemand P. Ultrasound of the gastroesophageal junction. Pediatr Radiol. 1993;23(2):94-9.
8. Gomes H, Menanteau B. Gastro-esophageal reflux: comparative study between sonography and pH monitoring. Pediatr Radiol. 1991;21(3):168-74.
9. Hardy M, Boynes S. Paediatric radiography. Oxford: Blackwell Science; 2003. p. 1-191.
10. Hattery RR, King BR. Invited commentary. Author's response. RadioGraphics. 2001;21(4):823.
11. Hiorns MP, Ryan MM. Current practice in paediatric videofluoroscopy. Pediatr Radiol. 2006;36(9):911-9.
12. Jacobs CG. Radiocontrast nefrotoxicity: review. Invest Radiol. 1995;30(4):221-5.
13. Jang HS, Lee JS, Lim GY, Choi BG, Choi GH, Park SH. Correlation of color Doppler sonographic findings with pH measurements in gastroesophageal reflux in children. J Clin Ultrasound. 2001;29(4):212-7.
14. Johnson K, Willian H, Foster K, Miller C. Paediatric radiology. Oxford specialist handbook in paediatrics. Oxford: Oxford University Press; 2009. p. 1-15.
15. Johnson K, Willian H, Foster K, Miller C. Paediatric radiology. Oxford specialist handbook in paediatrics. Oxford: Oxford University Press; 2009. p. 2-16;96-116;120-38.

16. Kohn MM, Moores BM, Schibilla H, et al. (eds.). European Guidelines on Quality Criteria for Diagnostic Radiographic Images in Paediatrics (EUR 16261 EN). Office for Official Publications of the European Communities, Luxembourg; 1996.

17. Kriss VM. Handbook of pediatric radiology. Section IV – Genitourinary system. St. Louis: Mosby; 1998. p.194-244.

18. Matos H, Patricio H, Estevao A. Contrast induced nephropathy after intravenous iodinated contrast administration. Coimbra: ESR; 2011 (poster n.: C-1475).

19. Oliveira LAN. Contrastes radiológicos iodados: reações adversas à sua administração endovenosa. Uma abordagem prática. Departamento de Radiologia do Hospital do Servidor Público Estadual de São Paulo; 1994.

20. Oliveira LAN. Assistência à vida em radiologia: guia teórico e prático. Colégio Brasileiro de Radiologia. São Paulo, 2009.

21. Oliveira LAN, Suzuki L, Rocha SMS, Valente M. Diagnóstico por imagem.. Série Pediatria/Instituto da Criança, Hospital das Clínicas. Barueri: Manole; 2012.

22. Paltiel HJ, Rupich RC, Kirulata HG. Emhandec detection of vesicoureteral reflux in infants and small children with use of cyclic voiding cystourethrography. Radiol. 1992;184:753-5.

23. Poznanski AK. Practical considerations in examining infants in the radiology department. Syllabus: a categorical course in pediatric radiology. November 26 – December 1, 1989. Presented at the 75th Scientific Assembly and Annual Meeting of the RSNA.

24. Riccabona M, Maurer U, Lackner H, Uray E, Ring E. The role of sonography in the evaluation of gastro-oesophageal reflux – correlation to pH-metry. Eur J Pediatr. 1992;151(9):655-7.

25. Riccabona M. Pediatric imaging essentials. Radiography, ultrassound, CT, and MRI in neonates and children. New York:Thieme; 2014.

26. Rohrschneider WK, Mittnacht H, Darge K, Troyer J. Pyloric muscle in asymptomatic infants: sonographic evaluation and discrimination from idiopathic hypertrophic pyloric stenosis. Pediatr Radiol. 1998;28(6):429-34.

27. Simanovsky N, Buonomo C, Nurko S. The infant with chronic vomiting: the value of the upper GI series. Pediatr Radiol. 2002;32(8):549-50.

28. Slovis TL. Caffey's pediatric diagnostic imaging. v. 2. 11. ed. Philadelphia: Mosby Elsevier; 2008.

29. Swischuk LE. Imaging of the newborn, infant, and young child. 4.ed. Baltimore: Williams & Wilkins; 1997. p. 352-404.

30. Thomsen HS, Webb JAW. Contrast media: safety issues and ESUR guidelines, 2.ed; 2009. p.4.

31. Vazquez JL, Buonomo C. Feeding difficulties in the first days of life: findings on upper gastrointestinal series and the role of the videofluoroscopic swallowing study. Pediatr Radiol. 1999;29(12):894-6.

Radiografia simples de abdome

André Scatigno Neto
Rubens Schwartz
Camila Ferraz de Andrade Corona
Vivian Simone de Medeiros Ogata

Introdução

A radiografia simples de abdome, embora com menos sensibilidade e especificidade do que os métodos multiplanares, é capaz de fornecer bastantes dados úteis à avaliação médica complementar de um paciente. Trata-se de um estudo de baixo custo e elevada disponibilidade nos serviços de saúde, e que não apresenta contraindicações absolutas, apenas relativas e restritas às gestantes.

Está indicada para avaliação nos seguintes casos:

- Distensão abdominal, obstrução intestinal e íleo paralítico: para avaliação e acompanhamento.
- Perfuração intestinal.
- Pneumoperitônio.
- Posicionamento de dispositivos médicos (como sondas e cateteres).
- Pós-operatório: para acompanhamento da abordagem e avaliação de corpos estranhos cirúrgicos.
- Corpos estranhos: para diagnóstico e localização.
- Cálculo do trato urinário: para avaliação diagnóstica, localização e acompanhamento.
- Prévia de exames de imagem dinâmicos (fluoroscopias).
- Anormalidades congênitas.
- Massa palpável em crianças.
- Enterocolite necrotizante em recém-nascidos.
- Megacólon tóxico.

Incidências mais utilizadas

Comumente, a radiografia simples de abdome é realizada apenas em decúbito dorsal horizontal anteroposterior. No entanto, em quadros de abdome agudo, o estudo deve ser complementado com a posição ortostática e com a radiografia de tórax em incidência posteroanterior para avaliação das cúpulas diafragmáticas (Figura 1).

Se o paciente não estiver em condições clínicas para se manter em ortostase, esta última incidência pode ser substituída pelo decúbito lateral direito ou esquerdo com raios horizontais.

Outras incidências são pouco utilizadas, sendo a oblíqua restrita à avaliação de cálculos urinários e de corpos estranhos e a incidência em perfil destinada à avaliação de corpos estranhos e de massas abdominais.

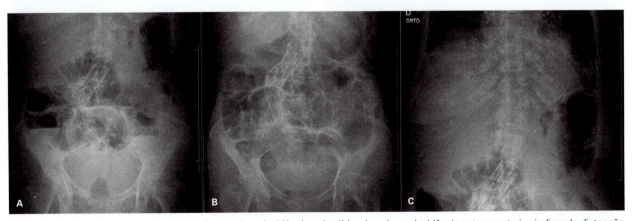

Figura 1 Radiografia simples de abdome ilustrando as incidências: decúbito dorsal com incidência anteroposterior, indicando distensão de alças intestinais (A); ortostática com incidência anteroposterior, indicando nível hidroaéreo (B); e transição toracoabdominal com imagem de cúpulas diafragmáticas, indicando pneumoperitôneo (C). Como achado adicional, nota-se endoprótese em aorta abdominal.

Avaliação da radiografia simples de abdome

A avaliação da radiografia simples de abdome deve abranger a análise da distribuição do gás nas alças intestinais, a presença de gás extraluminal, a análise de partes moles, a procura de calcificações patológicas e a conferência da integridade das estruturas ósseas. Na incidência de cúpulas diafragmáticas e na de tórax, os achados torácicos devem ser incluídos na análise.

Distribuição de gás intraluminal

É padrão da normalidade a presença de gás no estômago (na incidência ortostática), em dois a três segmentos de delgado e no reto e/ou sigmoide.

Além da distribuição, o calibre das alças também deve ser avaliado. Os calibres máximos esperados são de 3,5 cm para jejuno, de 2,5 cm para íleo, de 5,5 cm para cólon transverso e de 9,0 cm para o ceco.

A distinção entre intestino delgado e grosso pode ser difícil. Os padrões de imagem que os diferencia são os seguintes para:

- Alças de delgado: normalmente de localização central. São alças menos calibrosas e possuem válvulas coniventes que atravessam todo o calibre da alça (caracterizando o aspecto de empilhamento de moeda na radiografia). Podem apresentar nível líquido como padrão de benignidade.
- Cólon: de distribuição periférica (em moldura). Apresentam haustrações que envolvem parcialmente o calibre das alças. Podem apresentar massa fecal (com aspecto em miolo de pão na radiografia).

As principais afecções que cursam com alteração na distribuição de gás nas alças intestinais são: quadros obstrutivos (de cólon, de delgado e volvo) e íleo paralítico.

Nos quadros obstrutivos, o papel do radiologista é o de diagnosticar a obstrução, identificar os sinais de complicações (como sinais de sofrimento vascular ou de perfuração) e, quando possível, determinar o nível, a causa e a gravidade do quadro.

Obstrução de intestino delgado

Achados de imagem incluem a dilatação de alças de intestino delgado com pouco gás/ausência de gás em cólon e reto.

Causas de obstrução de intestino delgado incluem brida, hérnia encarcerada, volvo, íleo biliar e intussuscepção. O principal diagnóstico diferencial é com íleo funcional localizado.

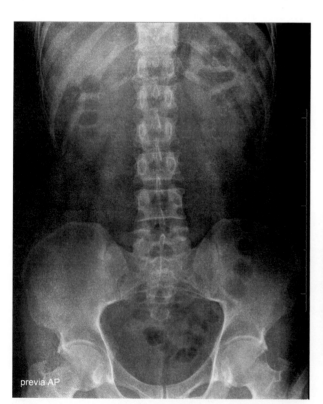

Figura 2 Radiografia simples de abdome em incidência anteroposterior dentro dos padrões de normalidade. O passo a passo da avaliação da radiografia simples de abdome será detalhado adiante.

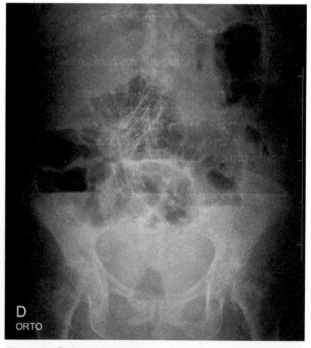

Figura 3 Radiografia simples de abdome em ortostase, já parcialmente ilustrada no conjunto da Figura 1, indicando distensão de alças delgadas. Notam-se distribuição mais central das alças distendidas, presença de válvulas coniventes, lembrando aspecto de empilhamento de moedas, e nível hidroaéreo. Além disso, há pouco gás nas porções cólicas. A endoprótese em aorta abdominal foi um achado adicional já mencionado na legenda da Figura 1.

Obstrução de cólon

Achados de imagem incluem a dilatação a montante do ponto de obstrução, pouco gás/ausência de gás no reto e no sigmoide. Gás em delgado pode estar presente, se a válvula ileocecal for incompetente. Se não houver gás em delgado, ou seja, se a válvula ileocecal for competente, configura-se a obstrução em alça fechada, com maior risco de perfuração.

Causas de obstrução de cólon incluem tumor, volvo, hérnia encarcerada, diverticulite e intussuscepção.

Volvo intestinal

O volvo pode acometer diversas porções do trato gastrointestinal, mais tipicamente o estômago, o delgado, o ceco e o sigmoide. Os achados de imagem são específicos para cada um desses segmentos, a saber:

- Volvo de intestino delgado: ocorre por má rotação intestinal. Os achados de imagem incluem sinais tardios de sofrimento de alça e sinais de pneumoperitônio. Ocasionalmente, pode apresentar o sinal da dupla bolha quando acometer o duodeno.
- Volvo de ceco: caracteriza-se por distensão do ceco fora de sua posição habitual, estando localizado no hipocôndrio esquerdo e simulando um estômago distendido. Há manutenção do padrão de haustrações. Quando a distensão do ceco ultrapassa 9 cm, há grande risco de perfuração.
- Volvo de cólon sigmoide: são alças cólicas distendidas, paralelas e com perda das haustrações. Os sinais

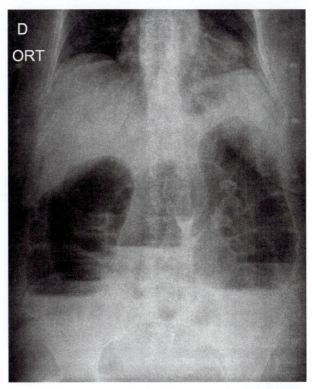

Figura 4 Radiografia simples de abdome em ortostase, indicando distensão de cólon. Notam-se distribuição mais periférica das alças distendidas, presença de haustrações e nível hidroaéreo. Além disso, há pouco gás nas porções mais distais do trato gastrointestinal. Como achado adicional, observa-se cálculo coraliforme à esquerda.

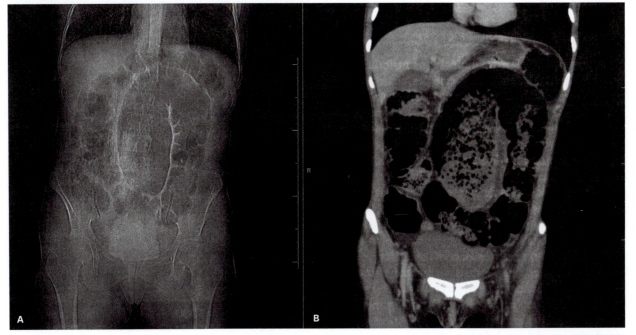

Figura 5 A: Radiografia simples de abdome em decúbito dorsal com incidência anteroposterior. Nota-se dilatação importante do cólon sigmoide, com volvo, e das porções cólicas a montante. As alças sigmóideas se apresentam, além de dilatadas, paralelas, lembrando um "U" invertido ou a imagem de um grão de café. B: Imagem tomográfica, com correspondência com a imagem radiológica.

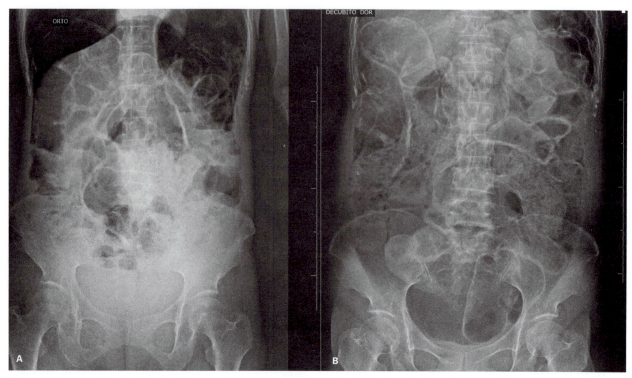

Figura 6   Radiografias simples de abdome realizadas em ortostase e decúbito dorsal, respectivamente. Presença de grande pneumoperitôneo, mais evidente em A. Observando-se mais atentamente a imagem B, nota-se pneumatose intestinal sobretudo em alças delgadas, além de distensão dessas alças.

característicos dessa alteração são: sinal do grão de café (ou do "U" invertido), ausência de gás na ampola retal e sinal de Friemann-Dahl (caracterizado por três linhas densas, convergindo para o ponto de obstrução).

Presença de gás extraluminal

A presença de gás extraluminal é, na maioria das vezes, patológica, salvo em poucas exceções, como pós-operatório recente (até o 5º ao 7º dia pós-operatório).

O gás pode se localizar na parede das alças (pneumatose intestinal), na cavidade abdominal (pneumoperitônio), dentro dos vasos, como na veia porta hepática (aeroportia), ou dentro de estruturas específicas, como na árvore biliar (aerobilia).

As principais causas de presença de gás extraluminal incluem perfuração no trato gastrointestinal, pós-operatório recente e isquemia/sofrimento de alça intestinal. Este último pode cursar com pneumatose intestinal, pneumoperitôneo e aeroportia, como complicações.

O pneumoperitônio é mais facilmente encontrado logo abaixo do diafragma (sinal do crescente), no entorno da parede das alças (sinal de Riegler) e no ligamento falciforme (sinal do ligamento falciforme). Outros achados característicos são: sinal da bola de futebol americano, sinal do "V" invertido e sinal do úraco.

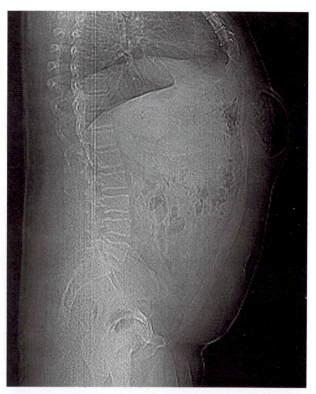

Figura 7   Imagem de SCOUT de tomografia, bastante semelhante, em termos de técnica, a uma radiografia simples de abdome. A imagem em perfil evidencia hérnia epigástrica com conteúdo de estômago.

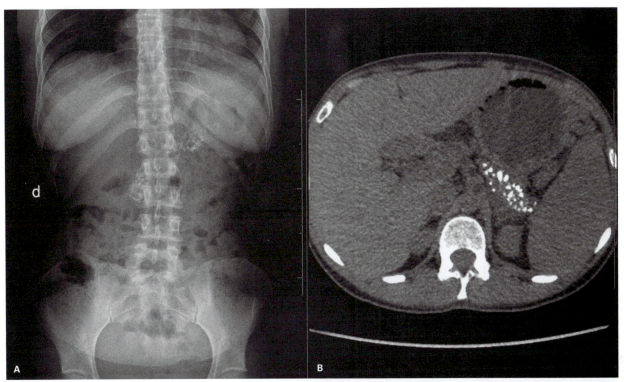

Figura 8 A: Radiografia simples de abdome em incidência anteroposterior, evidenciando calcificações em abdome superior. B: Imagem tomográfica correspondente, com diagnóstico de calcificações pancreáticas, achado compatível com pancreatite crônica.

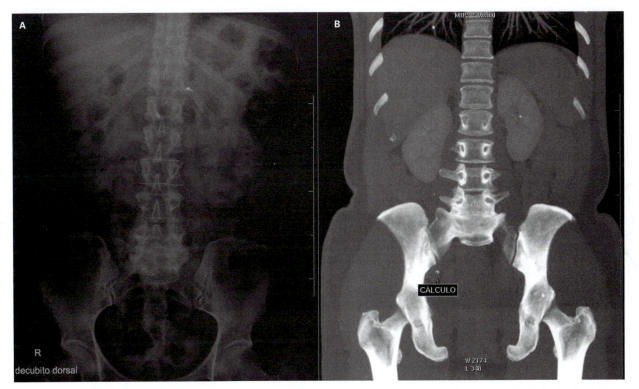

Figura 9 A: Radiografia simples de abdome em incidência anteroposterior, evidenciando calcificação na pelve à direita. B: Reconstrução tomográfica correspondente, com cálculo ureteral distal na topografia da junção ureteropiélica à direita.

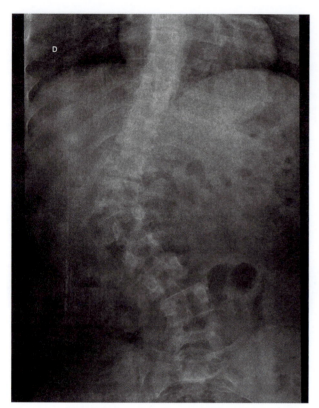

Figura 10 Radiografia simples da região do abdome realizada em incidência anteroposterior, evidenciando escoliose dorsolombar acentuada.

Partes moles

Em relação às estruturas com densidade de partes moles, geralmente é possível avaliar a topografia, as dimensões, os contornos e outras alterações como calcificações, cálculos e corpos estranhos.

A atenção deve estar focada nas seguintes estruturas e suas alterações: rins (entre T12 e L2), trajetos ureterais, bexiga, bordas do músculo psoas, flancos (gordura pré-peritoneal), parede abdominal, fígado, vesícula biliar, vias biliares, baço e região pancreática (entre T9 e T12).

Calcificações abdominais

As calcificações abdominais incluem as que ocorrem nas estruturas vasculares (como ateromatoses calcificadas e flebólitos), os cálculos no trato urinário ou biliar, as calcificações prostáticas e as pancreáticas (típicas da pancreatite crônica), o apendicolito, os corpos estranhos, os linfonodos mesentéricos calcificados e o leiomioma uterino, principalmente.

Seu formato, somado à sua localização, ajuda no diagnóstico da calcificação. Notam-se:

- Formato anelar: pode corresponder a cisto renal, aneurisma de aorta e vesícula em porcelana.
- Formato linear (da parede de um tubo): pode corresponder a ureter e ou ateromatose em vaso.
- Formato redondo: pode corresponder a litíase renal, vesical, biliar ou flebólitos (tipicamente estruturas arredondadas, de contornos regulares, de até 0,5 cm de diâmetro e com radiotransparência central).
- Formato amorfo/em pipoca (em interior de um órgão sólido): pode corresponder a leiomioma uterino, cistoadenoma ovariano ou nefrocalcinose.

Ossos

A avaliação das estruturas ósseas (costelas inferiores, vértebras, ossos da bacia e fêmur proximal) deve fazer parte da análise da radiografia de abdome, na procura ativa por possíveis doenças osteoarticulares, como tumores primários, metástases ósseas, fraturas, doença de Paget, entre outras.

Bibliografia sugerida

1. American College of Radiology e Society for Pediatric Radiology. Practice parameter for the performance of abdominal radiography. Disponível em: http://www.acr.org. Acesso em: jun. 2016.
2. Chen MYM. Radiografia simples de abdome. In: Chen MYM, Pope TL, Ott DJ. Radiologia básica. 2. ed. São Paulo: AMGH; 2012. p.219.
3. Herring W. Plain films of the abdomen. Disponível em: http://learningradiology.com. Acesso em: jun. 2016.
4. Johnson CD, Rice RP. The acute abdomen: plain radiographic evaluation. Radiographics. 1985;5(2):259-72.

4

Ultrassonografia abdominal: técnica de exame

Julia Diva Zavariz
Maria Cristina Chammas

Introdução

A ultrassonografia (USG) abdominal é um exame amplamente solicitado como método inicial na investigação de diversas doenças locais ou sistêmicas, além do acompanhamento de alterações previamente identificadas. Pode ser suficiente para o diagnóstico ou necessitar de avaliações complementares, seja com outros métodos de imagem ou análise conjunta com dados laboratoriais ou clínicos.

As estruturas anatômicas podem ser caracterizadas pela USG por meio de suas características gerais (topografia, morfologia, posição, contornos e dimensões) e específicas (ecogenicidade e ecotextura).

Os conhecimentos gerais de anatomia são empregados na USG como em qualquer outro método de imagem, porém, ao realizar o exame, o médico precisa ter em mente a localização dos órgãos e as relações espaciais, pois além dos planos de corte convencionais (axial ou transversal, sagital ou longitudinal e coronal) muitas vezes as melhores imagens obtidas são em planos oblíquos. Isso deve-se à limitação imposta ao feixe sonoro pelo gradil costal e, muitas vezes, pela interposição de conteúdo do trato gastrointestinal. O exame do abdome deve ser realizado com preparo básico de jejum, de acordo com a faixa etária do paciente. É utilizada a sonda convexa (baixa frequência) para toda a varredura, e o transdutor linear (alta frequência) pode ser utilizado para complementar a avaliação das estruturas mais superficiais e de alças intestinais.

Além do modo B (brilho), os equipamentos de ultrassom dispõem de outras ferramentas, sendo as principais: o Doppler (avaliação das estruturas vasculares e análise do fluxo sanguíneo), a elastografia (avaliação da rigidez) e o contraste por microbolhas (avaliação da perfusão dos órgãos, com o benefício de não ser nefrotóxico). Conhecimento da técnica, ajuste do aparelho, interpretação das imagens e conhecimento dos artefatos de imagem (que no caso do ultrassom podem ser úteis) são primordiais para a realização adequada da USG médica, e maiores detalhes sobre a parte física podem ser encontrados no capítulo sobre o assunto.

A análise de morfologia dos órgãos segue o mesmo padrão em qualquer método de imagem. O conhecimento específico que deve ser adquirido para a realização do ultrassom é dos padrões de ecotextura e ecogenicidade de cada órgão, bem como do ajuste do aparelho para otimizar as imagens.

Fígado

Localizado predominantemente sob o gradil costal direito, o fígado é mais bem visualizado por meio de insonações subcostais e intercostais, adicionadas a varredura transversal e a longitudinal habituais.

Seus bordos são normalmente finos, e os contornos, lisos. Inicialmente, as alterações de contorno são sutis, podendo evoluir para um serrilhado franco. A avaliação das dimensões hepáticas pode ser realizada de diversas maneiras. No nosso serviço, adotam-se os valores considerados normais: diâmetro longitudinal do lobo esquerdo obtido na linha média: 7-10 cm e diâmetro longitudinal do lobo direito obtido na linha axilar anterior direita: 12-15 cm (Figura 1). Lembrando que as variações anatômicas do fígado não são infrequentes e precisam ser reconhecidas para evitar erros de interpretação. Subjetivamente, utiliza-se o polo renal inferior direito como limite para um lobo direito de tamanho normal.

O fígado possui uma ecotextura característica, mais granulada do que o parênquima renal. Acostumar-se com o padrão do fígado normal permite o reconhecimento de alterações sutis. Deve-se dar especial atenção ao ajuste da faixa dinâmica.

Pacientes com fibrose hepática podem ter sua avaliação complementada por meio de análise elastográfica (Figura 2). Os métodos quantitativos permitem inferir qual o grau de fibrose correlacionável com a escala Metavir.

A ecogenicidade hepática é similar ou discretamente mais ecogênica que a do parênquima renal e esplênico.

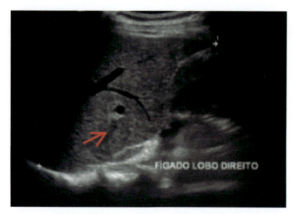

Figura 1 Medida do lobo direito do fígado. Ultrassonografia modo B: corte longitudinal do fígado obtido na linha axilar anterior. Observam-se os reparos anatômicos presentes: bordo hepático (*caliper 1*), veia portal direita no corte transversal (seta) e diafragma (*caliper 2*). Esse fígado apresenta algumas características de hepatopatia crônica, como os contornos bosselados e a ecotextura finamente heterogênea. As bordas ainda são finas, e não há alteração de dimensões.

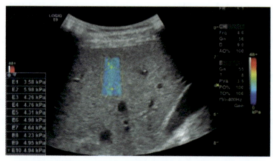

Figura 2 Medida da elasticidade hepática. Elastografia por ultrassonografia: no exemplo, uma avaliação pelo método *shear wave*, em que medidas elastométricas são dadas em KPa (ou em velocidade). Na referência da escala, o vermelho representa um tecido mais "duro" (ainda não há nenhuma padronização das cores, como no caso do Doppler). A mediana obtida é correlacionável com a escala METAVIR (sendo os valores de referência diferentes em cada marca de aparelho) da análise histopatológica empregada na biópsia hepática.

Quando o fígado apresenta aumento difuso de sua ecogenicidade, a avaliação subcostal permite analisar a atenuação do feixe acústico, demonstrada por uma aparente hipoecogenicidade gradual nas porções mais distantes insonadas pelo transdutor. Conforme a intensidade da atenuação, pode haver dificuldade em visualizar as veias hepáticas e até o contorno diafragmático. Embora não apresente acurácia para definir o grau de esteatose correlacionado à graduação histológica, permite de forma qualitativa definir quais pacientes possuem critérios compatíveis com o depósito de gordura.

Lesões focais que não forem passíveis de diagnóstico ao ultrassom convencional podem ser estudadas por meio da USG contrastada por microbolhas, que permite diferenciação de lesões benignas das malignas e definir o diagnóstico na maior parte dos casos. Além de poupar tempo de diagnóstico, possui os benefícios de utilizar uma ferramenta não ionizante (ultrassom) e um contraste de excreção pulmonar, podendo ser utilizado, portanto, inclusive, em pacientes com função renal reduzida.

As veias hepáticas e a veia porta e seus ramos também devem ser avaliados quanto a anatomia e calibre. Se alterações de conteúdo forem notadas, o uso do Doppler adiciona informações preciosas. Considera-se uma veia porta de calibre aumentado quando maior que 1,20 cm; pois no acompanhamento pacientes com hepatopatia crônica esse valor proporciona uma sensibilidade alta, ainda que diminua a especificidade na pesquisa das alterações hemodinâmicas portais. Os ramos portais não possuem nenhum valor de referência, mas devem ser simétricos. Um calibre aumentado pode ser um sinal para a procura de colaterais, e um calibre reduzido, para tromboses parciais, entre outros diagnósticos. Para as veias hepáticas, um calibre superior a 1 cm medido a 2 cm da confluência na veia cava (evitando troncos, comuns principalmente entre as veias hepáticas média e esquerda) pode traduzir uma alteração hemodinâmica de sobrecarga, como na insuficiência cardíaca.

Documentação fotográfica mínima: lobo direito (com medida), lobo esquerdo (com medida), tronco da veia porta e ramos, confluência das veias hepáticas na veia cava inferior.

Vesícula biliar e vias biliares

O ultrassom é o melhor método de imagem para análise da vesícula biliar na análise de desordens agudas.

Uma distensão adequada é necessária à boa avaliação e deve ser repetido o exame se a causa da hipodistensão for jejum inadequado e não patológica. As paredes devem ser finas e refringentes, e o conteúdo, anecogênico e homogêneo. Uma vesícula muito distendida é aquela que apresenta diâmetro superior a 5 cm no corte transversal do fundo da vesícula biliar e um comprimento superior a 10 cm.

O hepatocolédoco deve ter calibre e conteúdo analisados no hilo hepático. Os ramos biliares intra-hepáticos normais são quase imperceptíveis no ultrassom. Dilatações podem ser observadas, bem como a presença de cálculos ou gás. Ambas as imagens são hiperecogênicas no ultrassom, mas o gás costuma ocupar a extensão do ramo, não sendo focal como o cálculo e os artefatos sonoros posteriores diferem da sombra para a reverberação, respectivamente.

O contraste de microbolhas pode ser utilizado na avaliação de obstruções de drenos de vias biliares se o débito ou a melhora clínica não estiver ocorrendo como o esperado.

Documentação fotográfica mínima: vesícula biliar nos planos longitudinal e transversal na altura do fundo. Sempre deve ser examinada também em decúbito lateral esquerdo para pesquisa de cálculo. Hepatocolédoco no hilo hepático.

Baço

O baço apresenta ecogenicidade similar à do fígado. Embora o cálculo do volume seja matematicamente mais indicado para avaliação e acompanhamento da esplenomegalia, é de mais difícil reprodução. Em nosso serviço, emprega-se o índice esplênico (multiplicação do eixo longitudinal pelo transversal, mensurados no corte em que aparece o hilo), sendo considerados normais os valores inferiores a 60. Embora o volume pudesse fornecer um valor mais acurado, o índice esplênico demonstrou maior reprodutibilidade em nosso serviço e, portanto, maior confiança nas medidas e acompanhamento.

As lesões focais esplênicas também podem ser estudadas por meio do contraste de microbolhas.

Documentação fotográfica mínima: baço em dois eixos ortogonais.

Pâncreas

Por sua posição posterior ao estômago, algumas manobras podem ser necessárias para a boa avaliação ultrassonográfica. O uso do baço como janela acústica, a repleção do estômago com água e a compressão com o transdutor associada a manobras de aumento da pressão intra-abdominal podem ser valiosos.

A ecogenicidade do pâncreas varia conforme a idade, sendo hipoecogênico no jovem e tornando-se hiperecogênico conforme haja substituição gordurosa do parênquima.

Nos aparelhos atuais o ducto pancreático principal pode ser observado, mesmo com calibre preservado (até 0,2 cm em jovens e 0,3 cm em idosos).

Documentação fotográfica mínima: uncinado, colo e cabeça do pâncreas em dois eixos ortogonais. Corpo e cauda no eixo longitudinal.

Rins e vias urinárias

A maior parte da avaliação renal no ultrassom não difere de outros métodos, devendo ser analisados: posicionamento, número, contornos, dimensões, espessura do parênquima etc. Destacam-se aqui os achados particulares na USG. Um aumento na ecogenicidade do parênquima renal costuma traduzir nefropatia, de diferentes etiologias. A lipomatose do seio renal é observada como uma alteração hipoecogênica, que pode simular tumor, mas que não apresenta efeito de massa. A diferenciação entre cistos de conteúdo espesso e nódulos sólidos, se não for conclusiva no Doppler (presença de vascularização em tumores sólidos), pode ser estudada por contraste de microbolhas, assim como os cistos complexos.

Considera-se para o adulto um valor normal do comprimento longitudinal dos rins entre 9-13 cm; podendo haver uma diferença normal de até 2 cm entre os eixos bipolares dos rins. O parênquima deve ter uma espessura mínima de 1 cm e ser mensurado fora da região central, em que a coluna de Bertin costuma ser mais proeminente.

Os cálculos renais são imagens ovaladas hiperecogênicas formadoras de sombra acústica. A maioria dos equipamentos oferece soluções para minimizar os artefatos de imagem, mas para a pesquisa de cálculos o melhor ajuste é desligar esses corretores, principalmente o feixe cruzado. Um artefato posterior similar pode ser obtido no Doppler, aparecendo um *aliasing* em vez de sombra posterior ao cálculo (Figura 3).

A urina na dilatação do sistema coletor é observada, como outros líquidos homogêneos, anecogênica no ultrassom. Pode-se graduá-la em leve (sem deformidade de cálices), moderada (com deformidade de cálices) ou grave (quando há afilamento do parênquima). Diante de uma dilatação, sempre se deve pesquisar se há um fator obstrutivo ou compressivo associado.

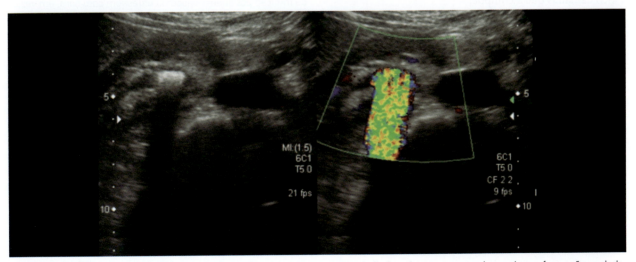

Figura 3 Cálculo renal. Ultrassonografia (transdutor convexo): na imagem à direita, observa-se no seio renal uma formação ovalada, hiperecogênica, produtora de sombra acústica posterior. Na imagem da esquerda, uso do color *Doppler* para formar o artefato posterior de cintilação (*twinkle*).

Por ser uma estrutura volumosa quando repleta, a bexiga é suscetível a artefatos de reverberação acústica com linhas paralelas equidistantes a partir da parede anterior. Isso não deve ser confundido com conteúdo espesso e pode ser minimizado com o uso do ganho parcial.

Documentação fotográfica mínima: rins e bexiga em dois planos ortogonais.

Retroperitônio

A aorta abdominal e a veia cava inferior têm trajeto, calibre e paredes avaliados. A presença de linfonodomegalias ou de alterações na morfologia das glândulas suprarrenais deve sempre ser documentada.

A aorta tem um calibre de cerca de 2 cm na maioria dos adultos saudáveis. Um crescimento de 50% de diâmetro em qualquer vaso traduz o aneurisma, tendo, portanto, o valor de referência para a aorta um diâmetro de 3 cm ou mais. Ateromatose, espessamento da parede, tortuosidade e trombos são outras alterações que podem ser observadas no ultrassom.

A veia cava inferior possui calibre normal entre 1-2 cm. Um calibre aumentado pode sugerir congestão hemodinâmica, enquanto uma veia com calibre reduzido e perda da variabilidade com o movimento respiratório podem ser sinais de hipovolemia. Tromboses também são passíveis de diagnóstico com o Doppler.

Documentação fotográfica mínima: aorta e veia cava inferior em dois cortes ortogonais (longitudinal e transversal).

Trato gastrointestinal

De maneira geral, a parede dessas vísceras ocas mede até 3 mm quando distendida de 5 mm se contraída ou vazia. O uso do transdutor linear permite a análise das cinco camadas que a compõe:

- A interface da mucosa com o conteúdo da luz (mais interna) é hiperecogênica.
- A muscular da mucosa, como as camadas musculares costumam ser, é hipoecogênica.
- Submucosa, hiperecogênica.
- Muscular própria, hipoecogênica.
- Interface entre a serosa e a gordura perivisceral, hiperecogênica.

Essa alternância de ecogenicidades facilita o reconhecimento das camadas e, em alterações como nas doenças inflamatórias intestinais ou na endometriose profunda, ela é referência importante.

O Doppler pode ser utilizado na avaliação de viabilidade de alça (Figura 4), e uma hipervascularização da parede intestinal pode ser observada nas inflamações de diferentes etiologias.

O contraste de microbolhas tem especial função na avaliação dos pacientes portadores de doença inflamatória intestinal, ajudando a diferenciar alterações inflamatórias agudas de fibroses.

Documentação fotográfica mínima: por não fazerem parte do protocolo habitual do exame, devem ser fotografadas quando alteradas ou quando a hipótese diagnóstica for dirigida a esses órgãos.

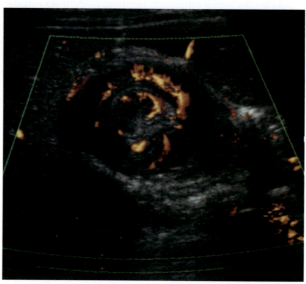

Figura 4 Intussuscepção intestinal. Ultrassonografia (transdutor linear): alça intestinal em corte transversal com aspecto de anéis concêntricos múltiplos – "em casca de cebola" ou "sinal do alvo", compatível com intussuscepção. O estudo com o Doppler de amplitude mostra que há perfusão e, portanto, viabilidade de conservação, caso os demais parâmetros permitam a tentativa de redução por enema opaco ou ultrassom com soro, em vez do tratamento cirúrgico.

Bibliografia sugerida

1. Bennett G, Balthazar E. Ultrasound and CT evaluation of emergent gallbladder pathology. Radio Clin North Am. 2003;41(6):1203-16.
2. Chammas MC, Cerri GG. Ultra-sonografia abdominal. 2. ed. Rio de Janeiro: Revinter; 2009.
3. Rodrigues MB, Amaro Junior E, Kodaira SK. Anatomia ultra-sonográfica do abdome. In: Cerri GG, Chammas MC, editors. Ultra-sonografia abdominal. 2. ed. Rio de Janeiro: Revinter; 2009. p. 32-52.
4. Rumack CM, Wilson SR, Charboneau JW, Levine D. Tratado de ultrassonografia diagnóstica. 4. ed. Rio de Janeiro: Elsevier; 2012.

Cintilografia de fígado e das vias biliares

Carla Rachel Ono
Carlos Alberto Buchpiguel
Heitor Naoki Sado
Marcelo Tatit Sapienza

Introdução

Para a avaliação do fígado e das vias biliares, utiliza-se o ácido 2, 6-di-isopropil iminodiacético marcado com o tecnécio 99 metaestável ([99mTc]-DISIDA). Os hepatócitos captam [99mTc]-DISIDA da corrente sanguínea por transporte ativo, observando-se clareamento da atividade do *pool* sanguíneo cardíaco em 5 minutos após a sua administração. Seguem a via da bilirrubina no sistema biliar, e o [99mTc]-DISIDA é secretado através dos canalículos biliares, seguindo o fluxo habitual da bilirrubina na árvore biliar: vias biliares intra e extra-hepáticas, vesícula biliar e intestino.

Por tratar-se de um radiofármaco que tem um comportamento semelhante ao da bilirrubina, o estudo em sua fase inicial (primeira hora de exame) é dinâmico. Após a administração da [99mTc]-DISIDA por via intravenosa, o tempo de melhor visualização do fígado ocorre entre 5 e 10 minutos, com progressivo clareamento hepático e visualização da via biliar. A vesícula biliar normalmente é observada após 10 a 30 minutos da administração, e as alças intestinais após 30 minutos, com aumento progressivo da atividade do radiofármaco em alças intestinais ao longo do exame. Dependendo das indicações clínicas, a aquisição das imagens mais tardias varia, assim como o preparo (jejum ou não) e as intervenções famarcológicas (fenobarbital, morfina).

Principais aplicações clínicas

Colecistite aguda

Em cerca de 90-95% dos quadros de colecistite aguda, há obstrução do ducto cístico ou do colo da vesícula biliar por um cálculo. Existem outros fatores importantes na patogênese, incluindo fatores químicos como as prostaglandinas e o crescimento bacteriano. Lesões na mucosa da parede da vesícula biliar por fatores mecânicos ou químicos estimulam as células epiteliais a secretarem fluidos. A secreção ativa de fluido em uma vesícula biliar com obstrução provoca aumento da pressão intravesicular, que causa piora da circulação e isquemia da mucosa e parede da vesícula biliar. A distensão da vesícula biliar aumenta a produção de prostaglandinas, que aumenta a secreção de fluido e fecha um círculo vicioso. Aproximadamente 60-70% dos pacientes relatam um quadro álgico prévio com resolução espontânea.

A colecistite acalculosa ocorre em cerca de 5-10% dos casos. A doença da colecistite acalculosa é similar à previamente descrita, pois o ducto cístico está frequentemente obstruído, mesmo que por mecanismo obscuro. Os fatores que precipitam o quadro de colecistite aguda acalculosa incluem: trauma ou queimaduras graves, cirurgia de grande porte, nutrição parenteral prolongada, parto prolongado, tumores obstruindo a vesícula biliar e infestação parasitária da vesícula biliar.

Apesar da maior acurácia da cintilografia na avaliação de colecistite aguda, o ultrassom é o primeiro exame diagnóstico solicitado na maioria das instituições, pela facilidade de realização, possibilitando a realização do exame na beira do leito do paciente sem deslocá-lo para o centro diagnóstico, e a avaliação é imediata, além de não envolver radiação ionizante.

A cintilografia é solicitada geralmente quando não há confirmação de um quadro de colecistite aguda pelos achados ultrassonográficos e o quadro clínico apresenta alta probabilidade para tal, ou mesmo para confirmar os achados ultrassonográficos de colecistite aguda em pacientes que apresentam risco cirúrgico.

Os critérios cintilográficos para a caracterização de quadro de colecistite aguda é a não visualização da vesícula biliar após 4 horas da administração do [99mTc]-DISIDA ou após 30 minutos da administração do sulfato de morfina por via intravenosa, após a primeira hora do estudo dinâmico, com o intuito de se reduzir o tempo de exame. A visualização da vesícula biliar em qualquer tempo durante o exame exclui a presença de colecistite aguda.

Uma metanálise com 2.466 pacientes demonstrou sensibilidade de 97% e especificidade de 90% para o diagnóstico de colecistite aguda.

Potenciais causas de resultados falsos-positivos e falsos-negativos

Jejum insuficiente pode resultar em uma contração da vesícula biliar, induzida pela circulação endógena de colecistoquinina, inibindo a entrada do fluxo biliar na vesícula biliar. Um jejum de no mínimo 4 horas é necessário antes do início do exame para a avaliação de colecistite aguda.

Jejum prolongado (maior que 24 horas), alcoolismo e nutrição parenteral prolongada são causas de resultados falsos-positivos.

Em situações que demonstram achados compatíveis com obstrução do ducto biliar comum (não visualização de atividade do radiofármaco em colédoco e alças intestinais) ou em pacientes com acentuado déficit funcional hepatocelular, a presença ou não de colecistite aguda não pode ser determinada.

Resultados falsos-negativos, com identificação equivocada da vesícula, podem ocorrer em casos de retenção de atividade do radiofármaco no duodeno ou em pelve renal direita dilatada. Muitas vezes, a atividade presente na vesícula biliar não pode ser claramente separada da atividade no duodeno.

Doenças biliares crônicas acalculosas

Cerca de 98% dos pacientes com doença vesicular sintomática têm cálculos. Ocasionalmente, os pacientes apresentam sinais e sintomas de colecistopatia, mas nenhum cálculo é demonstrado por ultrassons de repetição.

Avaliação da fração de ejeção da vesícula biliar

A colecistoquinina sintética (CCK-8) tem sido utilizada para avaliar a fração de ejeção da vesícula biliar ou para avaliar a resposta do esfíncter de Oddi, para definir quais pacientes poderiam se beneficiar da colecistectomia, esfincterectomia ou tratamento com relaxantes de musculatura lisa. Porém, infelizmente, não é disponível no Brasil.

Várias refeições gordurosas têm sido avaliadas como alternativas à CCK-8. A maior desvantagem da refeição em relação à CCK-8 é que uma resposta anormal da vesícula biliar pode ser por vários fatores, como esvaziamento gástrico reduzido, insuficiência pancreática, doença celíaca ou trânsito intestinal anormal. O início do estímulo do esvaziamento da vesícula biliar pela refeição pode variar durante as diferentes fases do complexo de migração motora do trato digestório.

É importante ter atenção no conteúdo gorduroso, textura, sabor, forma de administração e os tempos de aquisição das imagens, sendo necessária a padronização deles, assim como a definição dos valores de normalidade, de acordo com protocolo adotado.

Hiperbilirrubinemia

A cintilografia de fígado e vias biliares é frequentemente utilizada para diferenciar quadro cirúrgico de icterícia (obstrução do ducto hepático comum e atresia biliar) das icterícias de etiologia não cirúrgicas, tais como colestase intra-hepática e/ou doença hepatocelular.

Obstrução do ducto hepático comum *versus* doença hepatocitária

A cintilografia com ^{99m}Tc-DISIDA tem se mostrado útil no diagnóstico de obstrução do ducto hepático comum. Atividade focal do radiofármaco em projeção de ducto hepático comum que persiste 2-4 horas, às vezes por 24 horas, sem evidência de excreção biliar para alça intestinal é um padrão cintilográfico de obstrução.

A ausência de atividade do radiofármaco no intestino e ausência de visualização do ducto hepático comum fazem o diagnóstico de colestase intra-hepática mais provável. No entanto, a distinção entre uma obstrução acentuada do ducto hepático comum e acentuada colestase intra-hepática pode ser difícil quando há relativa preservação da função hepatocitária, sendo necessária uma avaliação por imagem complementar e o ultrassom tem um papel importante nessa situação.

Em pacientes com obstrução parcial do ducto hepático comum, a cintilografia pode demonstrar ausência de atividade do radiofármaco no intestino, retardo no trânsito do radiofármaco da árvore biliar para o intestino e/ou padrão persistente de atividade proeminente do radiofármaco ductal.

Pobre captação hepática com persistente atividade do ^{99m}Tc-DISIDA no *pool* sanguíneo em pacientes ictéricos geralmente indica uma doença hepatocelular.

Hiperbilirrubinemia neonatal

Icterícia persistente é considerada patológica em recém-nascidos de termo em um período de 3 semanas de vida e em 4 semanas em recém-nascidos pré-termos. A colestase com bilirrubinemia conjugada pode ser decorrente de uma variedade de alterações, incluindo anormalidades da árvore biliar (atresia de vias biliares e cisto de colédoco) ou doenças intra-hepáticas.

A causa e a patogênese da atresia de vias biliares permanecem desconhecidas. A atresia de vias biliares é um processo obstrutivo panductal progressivo. Sem a correção do fluxo biliar nos primeiros 2-3 meses de vida promove a completa obliteração da árvore biliar extra-hepática e dano hepático irreversível. Esses processos podem ser progressivos mesmo após a intervenção cirúrgica.

A síndrome da hepatite neonatal engloba vários tipos de doença, como hepatite neonatal idiopática, hepatite infecciosa, hepatite metabólica e hepatite de causa genética.

A urgência na correção da atresia de vias biliares é um reflexo dos resultados após a cirurgia de Kasai (portoenterostomia), que demonstra uma sustentabilidade de fluxo biliar em torno de 91% quando realizada antes de 60 dias de vida, *versus* 17% quando o procedimento é realizado em crianças com mais de 90 dias de vida.

A cintilografia tem sensibilidade próxima a 100% para o diagnóstico de atresia de vias biliares, porém apresenta baixa especificidade.

A cintilografia nos pacientes com atresia de vias biliares nos dois primeiros meses de vida geralmente demonstra boa captação hepática, ausência de visualização da vesícula biliar e prolongada retenção do traçador no fígado sem excreção biliar. Nas crianças com mais de 3 meses de vida, há normalmente déficit da função hepatocelular com redução da fração de extração e ausência de excreção biliar do radiofármaco.

A cintilografia é útil na exclusão do diagnóstico de atresia de vias biliares com uma sensibilidade e valor preditivo negativo virtualmente de 100% quando atividade do radiofármaco nas alças intestinais é observada. Especificidade para o diagnóstico de atresia de vias biliares varia de 43 a 90%. A repetição do exame deve ser considerada quando o diagnóstico não é claro.

É importante salientar que são necessárias imagens tardias, inclusive de 24 horas após a administração de ^{99m}Tc-DISIDA para que se tenha certeza da ausência ou não da presença de atividade do radiofármaco nas alças intestinais. Presença de atividade do radiofármaco na urina ou contaminação da pele com o radiofármaco podem ser fatores de confusão e darem impressão de se tratar de atividade do radiofármaco em alças intestinais.

Avaliação da árvore biliar no pós-operatório

A colecistectomia laparoscópica tem se tornado uma técnica operatória muito comum, e isso tem aumentado a taxa de complicações pós-operatórias. O aumento do número de transplantes hepáticos também tem feito crescer a utilização do estudo cintilográfico para avaliação de complicações pós-operatórias, como fístula biliar, lesões do ducto hepático ou estenose, presença de cálculo biliar retido e obstrução.

A presença de extravasamento é mais fácil de ser identificada nas imagens mais precoces de primeira e segunda hora de exame, no entanto para a avaliação da extensão do extravasamento as imagens tardias podem fornecer melhores informações. A colangiopancreatografia endoscópica retrógrada e/ou a colangiografia percutânea trans-hepática podem ser necessárias para a definição do diagnóstico e do tratamento.

Quando a ultrassonografia ou a tomografia computadorizada demonstram uma coleção fluida, a cintilografia pode ser útil não somente para confirmar, mas também para excluir o biloma.

A eficácia dos procedimentos para correção de fístula biliar pode ser avaliada por meio da cintilografia se clinicamente indicada.

A cintilografia também é útil na avaliação da perviedade da anastomose biliodigestiva.

A avaliação de presença de estenose no sistema biliar é realizada por meio da análise de clareamento do parênquima hepático e progressão da atividade do radiofármaco para as alças intestinais.

A presença de um cálculo retido pode ser inferida caso se identifique uma região focal específica de drenagem de uma via biliar com retenção persistente do radiofármaco nas imagens tardias.

A cintilografia também é útil na avaliação pós-operatória de procedimento antirrefluxo enterogástrico, pois a presença de refluxo enterogástrico é identificada com a presença de atividade do radiofármaco no estômago proveniente do duodeno.

Transplante hepático

Adicionalmente à avaliação das complicações pós-operatórias descritas anteriormente que também podem ocorrer na cirurgia de transplante hepático, a cintilografia também é útil na avaliação de oclusão vascular, detectada precocemente no exame com a ausência de captação do radiofármaco na região normalmente observada do fígado. Os achados de disfunção hepatocelular e o padrão de colestase são achados inespecíficos na rejeição.

Lesões hepáticas focais

A cintilografia com ^{99m}Tc-DISIDA pode contribuir na caracterização de lesões hepáticas focais. A captação dos radiofármacos hepatobiliares indica a presença de hepatócitos funcionantes, excluindo as massas de origem não hepáticas ou de lesões constituídas por células indiferenciadas do fígado que perderam a capacidade de concentrar o ^{99m}Tc-DISIDA.

Hepatocarcinoma

O hepatocarcinoma é tipicamente mais bem identificado nas imagens tardias, pois apresenta redução relativa da captação do radiofármaco nas imagens precoces e posteriormente apresenta claramente lentificado com retenção do radiofármaco nas imagens tardias. Geralmente, a captação do radiofármaco correlaciona-se fortemente com o grau de diferenciação do tumor. Os menos diferenciados/mais indiferenciados apresentam menor captação do ^{99m}Tc-DISIDA. Cerca de 40-50% dos hepatocarcinomas concentram o ^{99m}Tc-DISIDA. Outro achado interessante é a vascularização de padrão arterial da lesão, que já pode ser identificada na fase angiográfica do exame. O hepatocarcinoma apresenta grande avidez pelo citrato de gálio-67 e pouca ou nenhuma avidez pela glicose marcada com 18F-FDG, porém quanto mais indiferenciado, maior é o metabolismo glicolítico e, portanto, maior é a captação de 18F-FDG.

Hiperplasia nodular focal

A hiperplasia nodular focal contém vários elementos celulares hepáticos, como hepatócitos, células de Küpffer e ductos biliares em um arranjo arquitetural característico. Apresenta fluxo sanguíneo arterial, exibe concentração de coloide e apresenta acúmulo de traçadores biliares, com retenção dos traçadores biliares e se diferencia do hepatocarcinoma na fase inicial, pois as lesões de hiperplasia nodular focal apresentam concentração preservada do ^{99m}Tc-DISIDA e o hepatocarcinoma geralmente apresenta déficit de concentração dele.

Adenoma hepático

Os adenomas hepáticos apresentam padrão cintilográfico semelhante à hiperplasia nodular focal com fluxo sanguíneo arterial, concentração preservada de traçadores biliares e retenção deles nas imagens tardias, não sendo possível a sua diferenciação com hiperplasia nodular focal somente pela cintilografia de fígado e vias biliares, sendo necessário o auxílio da cintilografia com traçador do sistema reticuloendotelial, que emprega ^{99m}Tc-coloides.

Outras doenças do sistema biliar

Colangite

Pacientes com colangite esclerosante podem ser avaliados com a cintilografia de fígado e vias biliares que demonstra múltiplas áreas de retenção do radiofármaco representando a estase biliar nos ductos biliares intra-hepáticos dilatados observados na colangiografia.

Cistos hepáticos com comunicação com a árvore biliar e cisto de colédoco

A cintilografia é um método não invasivo complementar aos métodos de imagem anatômicos na confirmação da comunicação com a árvore biliar com os cistos hepáticos e na confirmação do cisto de colédoco.

O grande ponto de atenção nessas situações é a realização de imagens tardias, pois muitos dos cistos hepáticos apresentam grandes dimensões e podem necessitar de maior tempo para realizarem a "troca" da bile não ra-

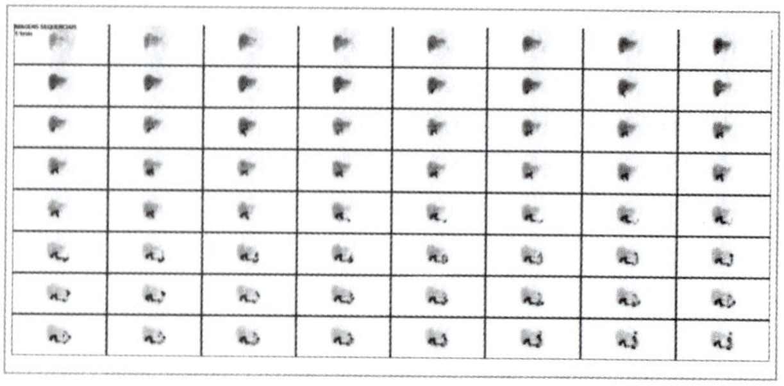

Figura 1 Imagens dinâmicas na projeção anterior de abdome após administração de ^{99m}Tc-DISIDA demonstrando concentração e eliminação do radiofármaco em tempos normais pelo fígado, com visualização de vias biliares intra e extra-hepáticas, vesícula biliar e alças intestinais em tempos normais. Presença de refluxo enterogástrico com atividade do radiofármaco em topografia gástrica.

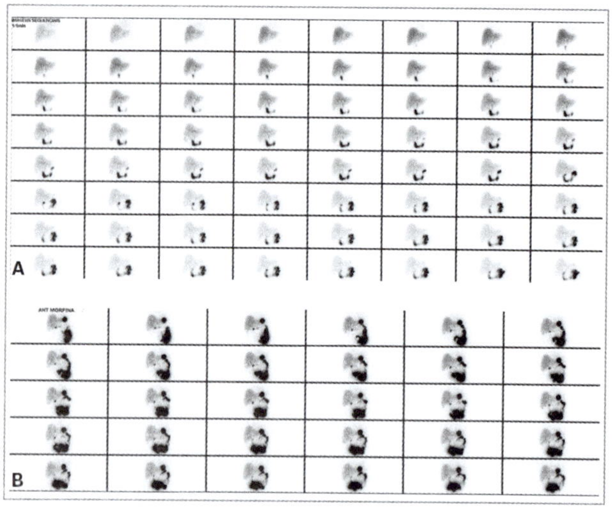

Figura 2 A: Imagens dinâmicas na projeção anterior de abdome, durante a primeira hora imediatamente após a administração de ^{99m}Tc-DISIDA demonstra padrão normal de concentração e eliminação do radiofármaco pelo fígado, porém não se identifica atividade do radiofármaco no interior da vesícula biliar. B: Imagens dinâmicas na projeção anterior de abdome, por 30 minutos após a administração de morfina por via intravenosa, persistindo a ausência de atividade do radiofármaco no interior da vesícula biliar. Esse achado cintilográfico é compatível com colecistite aguda.

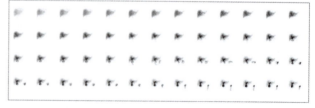

Figura 3 Imagens dinâmicas na projeção anterior de abdome, durante a primeira hora imediatamente após a administração de ^{99m}Tc-DISIDA, demonstram padrão normal de concentração e eliminação do radiofármaco pelo fígado, porém não se identifica a vesícula biliar (status pós-colecistectomia) e com sinais de dilatação de vias biliares intra-hepáticas (a árvore biliar fica mais evidente).

dioativa pelo ^{99m}Tc-DISIDA, assim como o cisto de colédoco pode apresentar um retardo no seu preenchimento com o radiofármaco. A correlação com os métodos de imagens convencionais é importante para identificar corretamente a topografia dos cistos hepáticos e do cisto de colédoco, assim como também para ter o conhecimento de suas dimensões.

Bibliografia sugerida

1. Lambie H, Cook AM, Scarsbrook AF, Lodge JP, Robinson PJ, Chowdhury FU. Tc-^{99m}-hepatobiliary iminodiacetic acid (HIDA) scintigraphy in clinical practice. Clin Radiol. 2011;66(11):1094-105.
2. Ziessman HA. Functional hepatobiliary disease: chronic acalculous gallbladder and chronic acalculous biliary disease. Semin Nucl Med. 2006;36(2):119.
3. Ziessman HA. Nuclear medicine hepatobiliary imaging. Clin Gastroenterol Hepatol. 2010;8(2):111-6.

Cintilografia de glândulas salivares

Carla Rachel Ono
Carlos Alberto Buchpiguel
Heitor Naoki Sado
Marcelo Tatit Sapienza

Introdução

O pertecnetato de sódio ($Na^{99m}TcO4$) é o radiofármaco utilizado na cintilografia de glândulas salivares, sendo administrado por via intravenosa. O exame é dinâmico e realizado em duas fases: a primeira de fluxo e acúmulo e a segunda de excreção após estímulo com suco de limão, instilado na cavidade oral, após a fase de acúmulo (Figura 1).

Aplicações clínicas

Síndrome de Sjögren

O acometimento das glândulas salivares é frequente na síndrome de Sjögren. A cintilografia de glândulas salivares representa método de escolha na avaliação de xerostomia e na suspeita de Sjögren (Figura 2), e o exame de cintilografia alterado é aceito como um dos critérios para diagnóstico da síndrome pelo consenso Americano-Europeu.

O padrão cintilográfico de déficit generalizado da função de acúmulo e secreção salivar seria compatível com acometimento pela doença.

Sialoadenite

Infecções ou abscessos de glândulas salivares em geral são diagnosticados clinicamente ou por métodos estruturais como o ultrassom, com pouca contribuição da cintilografia.

Na sarcoidose, há um comprometimento difuso das glândulas salivares mais bem avaliadas pelo estudo com gálio-67.

A cintilografia de glândulas salivares pode ser útil na avaliação e no acompanhamento de pacientes submetidos a radioterapia de cabeça e pescoço ou radioiodoterapia, podendo detectar alterações funcionais sequelares, orientando redução da dose radioativa, assim como introdução de anti-inflamatórios ou saliva sintética.

Litíase

Sialografia contrastada, tomografia computadorizada e ultrassonografia avaliam melhor a litíase das glândulas salivares. O papel da cintilografia de glândulas salivares é na avaliação da repercussão inflamatória e funcional secundária à obstrução, assim como pode ser útil no monitoramento da recuperação funcional após tratamento cirúrgico ou medicamentoso.

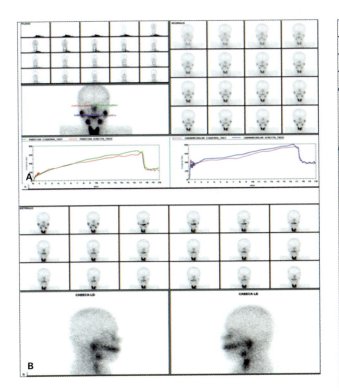
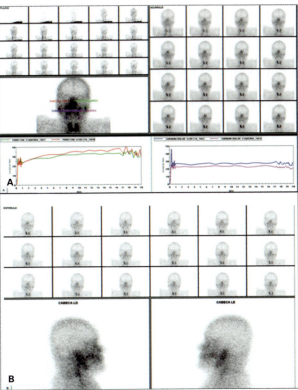

Figura 1 Cintilografia de glândulas salivares. Exemplo de exame normal. A: Fase de fluxo e acúmulo demonstrando função de acúmulo do radiofármaco pelas glândulas parótidas e glândulas submandibulares preservadas, de forma simétrica e crescente, representada nos gráficos com as curvas ascendentes até o 17º minuto de estudo. B: Fase de excreção demonstrando boa excreção do radiofármaco pelas glândulas salivares após o estímulo com suco de limão, demonstrando que a atividade do radiofármaco se reduz na topografia das glândulas salivares e aumenta na cavidade oral. Nos gráficos (A), há queda abrupta das curvas após o 17º minuto de estudo (momento da instilação do suco de limão na cavidade oral).

Figura 2 Cintilografia de glândulas salivares de paciente com síndrome de Sjögren, queixando-se de boca seca, demonstrando déficit de acúmulo (A) e excreção (B) do radiofármaco pelas glândulas salivares.

Bibliografia sugerida

1. Vinagre F, Santos MJ, Prata A, da Silva JC, Santos AI. Assessment of salivary gland function in Sjögren's syndrome: the role of salivary gland scintigraphy. Autoimmun Rev. 2009;8(8):672-6.

Cintilografia hepática com hemácias marcadas para a avaliação de hemangioma hepático

Carla Rachel Ono
Carlos Alberto Buchpiguel
Heitor Naoki Sado
Marcelo Tatit Sapienza

Hemangioma hepático

O hemangioma é o tumor benigno mais comum no fígado. A maioria dos hemangiomas é do tipo cavernoso, constituído de espaços vasculares dilatados não anastomosados cercados por células endoteliais achatadas e apoiadas por tecido fibroso. Trombose em diferentes estágios de organização é frequentemente encontrada, e lesões antigas demonstram extensa hialinização ou calcificação.

Os pacientes que são encaminhados ao serviço de medicina nuclear para avaliação de hemangioma hepático normalmente já realizaram um exame estrutural de imagem convencional que demonstrou sua presença. O papel da cintilografia é nos casos em que os exames convencionais, como ultrassonografia, tomografia computadorizada ou ressonância magnética, não definiram o diagnóstico de hemangioma por conta provavelmente das dimensões ou porque apresentam padrão de vascularização diferente do padrão esperado para o hemangioma.

É importante a análise de cada lesão identificada em um exame convencional estrutural no exame de cintilografia com hemácias marcadas, pois o paciente pode apresentar várias lesões e nem sempre todas correspondem a hemangiomas.

A cintilografia com hemácias marcadas com tecnécio-99m é um método não invasivo de alta especificidade para o diagnóstico de hemangioma hepático, apesar de a sensibilidade variar, dependendo do protocolo de aquisição das imagens, da localização e das dimensões das lesões.

Os achados clássicos da cintilografia com hemácias marcadas na avaliação de hemangioma hepático são o acúmulo do radiotraçador nas lesões que correspondam aos hemangiomas hepáticos.

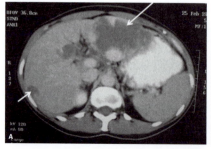 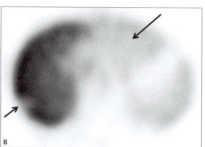 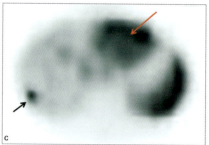

Figura 1 As setas demonstram os hemangiomas hepáticos. A: Tomografia computadorizada do abdome (plano axial) demonstrando o realce periférico pelo contraste iodado de padrão globuliforme nas lesões localizadas nos segmentos laterais do lobo hepático esquerdo (lesão maior) e na menor lesão no lobo direito. B: Imagem tomográfica por emissão de fóton único (SPECT) realizada com 99mTc-enxofre coloidal no mesmo nível de corte da tomografia computadorizada (A) demonstrando áreas focais de déficit de concentração do radiofármaco, que avalia a função do sistema reticuloendotelial (células de Küpffer), na topografia das lesões identificadas na tomografia computadorizada. C: Imagem tomográfica (SPECT) realizada com hemácias marcadas com tecnécio-99m no mesmo nível de corte das imagens A e B demonstrando áreas focais de hiperconcentração do radiofármaco, representando os hemangiomas.

Resultados falsos-negativos têm sido relatados em lesões de hemangioma hepático com extensa trombose e/ou fibrose, que se apresentam como lesões hipocaptantes. Casos de falsos-positivos estão relacionados às lesões malignas, incluindo hepatocarcinoma, angiossarcoma, metástases e linfoma hepático. No entanto, a ocorrência é bastante rara, sendo a especificidade virtualmente de 100%.

É sempre importante diferenciar o hemangioma de estruturas vasculares e do rim direito para evitar resultados falsos-negativos e falsos-positivos. Nessas circunstâncias, o equipamento híbrido de tomografia computadorizada por emissão de fóton único (SPECT/CT) pode reduzir esses falsos resultados. Caso esse equipamento híbrido não esteja disponível, é sempre importante a realização das imagens tomográficas (SPECT) e correlacionar com as imagens estruturais convencionais.

Bibliografia sugerida

1. Middleton ML. Scintigraphic evaluation of hepatic mass lesions: emphasis on hemangioma detection. Semin Nucl Med. 1996;26:4-15.
2. Tsai CC, Yen TC, Tzen KY. The value of Tc-99m red blood cell SPECT in differentiating giant cavernous hemangioma of the liver from other liver solid masses. Clin Nucl Med. 2002;27:578-81.

Cintilografia hepatoesplênica e pesquisa de baço acessório

Carla Rachel Ono
Carlos Alberto Buchpiguel
Heitor Naoki Sado
Marcelo Tatit Sapienza

Cintilografia hepatoesplênica

O sistema reticuloendotelial do fígado e baço pode ser avaliado funcionalmente por meio de coloides radiomarcados, pois os coloides são fagocitados pelos macrófagos do sistema reticuloendotelial.

O enxofre coloidal marcado com tecnécio-99m (^{99m}Tc) é o radiofármaco mais utilizado para imagens do fígado e baço (sistema reticuloendotelial), atualmente sendo utilizado também o estanho coloidal. O radiofármaco é clareado pelas células do sistema reticuloendotelial, composto por 85% de células de Küpffer (presentes no fígado), 10% dos macrófagos presentes no baço e 5% dos macrófagos presentes na medula óssea. O fitato marcado com ^{99m}Tc também é um radiofármaco que pode ser utilizado para avaliação do fígado e baço, porém, como as suas partículas são menores, a captação esplênica é menor em relação à observada com enxofre coloidal.

Com a administração do enxofre coloidal marcado com ^{99m}Tc por via intravenosa, normalmente observa-se uma concentração maior do radiofármaco no fígado em relação ao baço. Na maioria das vezes, as lesões que ocupam espaço não apresentam células do sistema reticuloendotelial, e elas apresentam-se hipocaptantes ou fotopênicas.

A correlação com imagens convencionais estruturais para localizar as lesões é de extrema importância, pois há lesões hepáticas que apresentam células do sistema reticuloendotelial e concentram o radiofármaco, podendo apresentar-se como lesões isocaptantes em relação ao fígado e, sem a análise comparativa com os métodos convencionais, a localização e correta análise delas fica comprometida.

Aplicações clínicas

Lesões que ocupam espaço

Lesões que ocupam espaço e que não apresentam células do sistema reticuloendotelial apresentam-se como áreas fotopênicas/hipocaptantes, independentemente da etiologia: metástases hepáticas, cistos hepáticos, abscessos. O emprego da técnica com finalidade diagnóstica é infrequente, sendo interessante como estudo complementar a aquisição com duplo isótopo em situações de dúvidas de alteração hepática e/ou esplênica na cintilografia de corpo inteiro com ^{131}I-mIBG (utilizada para avaliação de tumores neuroendócrinos) ou citrato de gálio-67 (atualmente usado em geral para avaliação de processos inflamatórios).

Cirrose

Na cirrose hepática, a forma do fígado geralmente está alterada nas fases mais avançadas, e as dimensões, reduzidas. Há uma alteração no padrão de distribuição do radiofármaco, com maior concentração dele em medula óssea e no baço (secundária à hipertensão portal).

Síndrome de Budd-Chiari

Nesta síndrome, há trombose das veias supra-hepáticas causando uma redução de concentração do radiofármaco no parênquima hepático como um todo, com exceção do lobo caudado, que apresenta uma drenagem venosa distinta do restante do fígado. O lobo caudado apresenta um aumento relativo de concentração do radiofármaco, além de aumento de suas dimensões.

Lesões hepáticas focais

Adenoma

Geralmente, apresenta-se como lesão fotopênica, atribuída antigamente à ausência de células de Küpffer, mas estudos mais recentes têm demonstrado a presença das células de Küpffer nos adenomas, porém elas não fagocitam o coloide marcado com ^{99m}Tc por apresentarem-se disfuncionais. Os estudos têm demonstrado que em torno de 60-70% dos adenomas apresentam hipoconcentração do radiofármaco e 30% concentração heterogênea ou maior concentração dele, mas não há diferença histológica significativa entre as lesões que concentram e as que não concentram o radiofármaco.

Hiperplasia nodular focal

A hiperplasia nodular focal apresenta células hepáticas como hepatócitos, ductos biliares e também células de Küpffer. Cerca de 30-70% das lesões de hiperplasia nodular focal apresentam concentração normal de coloide, refletindo a variação da quantidade de células de Küpffer nesse tipo de lesão. Em um terço das lesões, a apresentação da lesão é de uma lesão fotopênica e em cerca de 10% a concentração do radiofármaco é mais intensa que o restante do parênquima hepático.

Hepatocarcinoma

O hepatocarcinoma em geral apresenta-se como lesão fotopênica, no entanto o tipo histológico fibrolamelar, considerado bem diferenciado, pode apresentar concentração preservada do radiofármaco.

Pesquisa de baço acessório

O baço geralmente é avaliado utilizando-se radiocoloides, fagocitados pelos macrófagos do sistema reticuloendotelial.

Uma forma mais específica de avaliar o baço é a utilização de hemácias esferocitadas marcadas com ^{99m}Tc, captadas preferencialmente pelo baço. As hemácias são

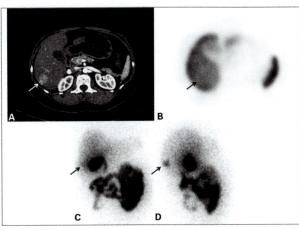

Figura 2 A: Tomografia computadorizada com contraste intravenoso de abdome, corte no plano axial demonstrando lesão hipervascularizada (seta). B: Imagem tomográfica (SPECT) realizada com ^{99m}Tc-enxofre coloidal, corte no plano axial, demonstrando concentração preservada do radiofármaco na topografia da lesão identificada na tomografia computadorizada (seta). C e D: Imagens planas realizadas com ^{99m}Tc-DISIDA, nas projeções anterior de abdome (C) e oblíqua posterior direita (D) demonstrando retenção focal do radiofármaco no parênquima hepático, na topografia da lesão (seta). O conjunto dos achados favorece a possibilidade de tratar-se de hiperplasia nodular focal.

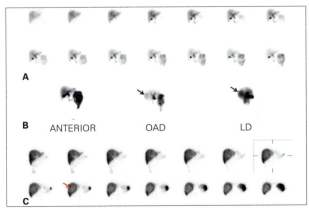

Figura 1 A e B: Cintilografia de fígado e das vias biliares com ^{99m}Tc-DISIDA. A: Imagens dinâmicas na projeção anterior de abdome. B: Imagens planas nas projeções anterior, oblíqua anterior direita (OAD) e lateral direita (LD) de abdome. C: Cintilografia de fígado e baço com ^{99m}Tc-enxofre coloidal (imagens tomográficas – SPECT no plano coronal). As imagens realizadas com ^{99m}Tc-DISIDA demonstram presença de hepatócitos na lesão em lobo direito, em razão da concentração do radiofármaco, com clareamento lentificado do radifármaco na topografia da lesão (setas nas imagens planas – B). As imagens tomográficas (SPECT) realizadas com ^{99m}Tc-enxofre coloidal demonstram déficit de concentração do radiofármaco na topografia da lesão identificada no exame realizado com ^{99m}Tc-DISIDA. O conjunto dos achados favorece a possibilidade de tratar-se de adenoma hepático.

marcadas com ^{99m}Tc e após são aquecidas sob uma temperatura de 50ºC por 20 a 30 minutos para serem esferocitadas e após o processo é que são administradas no paciente por via intravenosa.

As hemácias esferocitadas marcadas com ^{99m}Tc apresentam concentração no fígado, baço e medula óssea, porém com uma preferência de concentração no baço.

Aplicações clínicas

Esplenose

A esplenose é uma condição anormal do tecido esplênico, que surge após lesão no baço com extravasamento de células esplênicas que se implantam em vários locais, multiplicando-se e formando nódulos de dimensões variadas com parênquima semelhante ao do baço normal.

As formações nodulares podem apresentar-se até mesmo fora da cavidade peritoneal, e métodos de imagens estruturais podem sugerir ou não o diagnóstico. A cintilografia com hemácias esferocitadas é empregada para confirmar a hipótese, por conta da alta especificidade do método.

Baço acessório

O diagnóstico de baço acessório por meio da imagem é facilmente realizado pelos métodos convencionais (ultrassom, tomografia computadorizada e ressonância magnética).

O método cintilográfico é realizado para complementação da investigação em algumas situações, em razão de sua especificidade, quando os métodos convencionais de imagens não demonstram achados característicos ou quando a localização dele não é tão típica ou quando é necessária a certeza diagnóstica.

Anemia e/ou plaquetopenia recorrente pós-esplenectomia

Pacientes com doenças hematológicas como a púrpura trombocitopênica idiopática normalmente são submetidos à esplenectomia para o controle da plaquetopenia. Em algumas situações, o paciente após um período de controle da doença apresenta recorrência nos sintomas, e os métodos convencionais de imagens podem não detectar a presença de baço acessório. A cintilografia com hemácias esferocitadas é realizada para investigação e complementação diagnóstica.

Bibliografia sugerida

Cintilografia hepatoesplênica

1. Welch TJ, Sheedy PF, Johnson CM, Stephens DH, Charboneau JW, Brown ML, et al. Focal nodular hyperplasia and hepatic adenoma: comparison of angiography, CT, US, and scintigraphy. Radiology. 1985;156:593-5.
2. Zuckier LS, Freeman LM. Liver, spleen and biliary tree. In Biersack H-J, Freeman LM (eds.), Zuckeir LS, Grünwald F (associate eds.). Clinical nuclear medicine. Berlin: Springer-Verlag; 2007.

Pesquisa de baço acessório

3. Massey MD, Stevens JS. Residual spleen found on denatured red blood cell scan following negative colloid scans. J Nucl Med. 1991;32:2286-7.

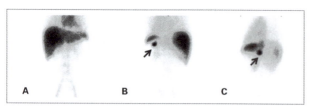

Figura 3 Exame realizado com hemácias esferocitadas marcadas com tecnécio-99m em paciente com púrpura trombocitopênica idiopática, submetida à esplenectomia prévia, cursando com plaquetopenia, em investigação de baço acessório. A: Projeção anterior de abdome. B: Projeção posterior de abdome. C. Projeção oblíqua posterior de abdome. As setas demonstram área focal de acúmulo do radiofármaco na topografia de baço acessório.

9

Cintilografia para avaliação de trânsito esofágico, refluxo gastroesofágico e esvaziamento gástrico

Carla Rachel Ono
Carlos Alberto Buchpiguel
Heitor Naoki Sado
Marcelo Tatit Sapienza

Cintilografia para avaliação do trânsito esofágico

O radiofármaco ideal para avaliação do trânsito esofágico e gastrointestinal deve permanecer na luz do órgão analisado após a sua administração por via oral, não ser absorvido, ser de fácil preparação e ter características físicas que permitam boa qualidade de imagem com baixa exposição à radiação ionizante. O coloide marcado com tecnécio-99m (^{99m}Tc-coloide) apresenta a maioria dessas características, assim como o ^{99m}Tc-DTPA, este último primariamente utilizado nos estudos renais.

Aplicações clínicas

Disfagia e dispepsia são os sintomas mais frequentes nos distúrbios motores do esôfago, sendo a avaliação diagnóstica iniciada por fluoroscopia contrastada e/ou tomografia computadorizada para investigação de lesões estruturais e pela manometria esofágica para quantificação da peristalse e da pressão e relaxamento esfincteriano.

A cintilografia de trânsito esofágico, por ser um método pouco invasivo e de baixo custo, estaria indicada nos pacientes com resultados inconclusivos ou impossibilidade de realizar a manometria.

Acalasia

Caracterizada por não relaxamento do esfíncter esofagiano inferior e perda da peristalse esofágica por degeneração neuronal, podendo ser idiopática ou secundária a doença de Chagas.

A cintilografia pode demonstrar acentuada e prolongada retenção do radiofármaco no terço inferior do esôfago e mínima progressão para estômago.

Espasmo esofágico difuso

Síndrome caracterizada por espasmo dos dois terços inferiores do esôfago e com dor torácica ou disfagia intermitentes, geralmente relacionadas à deglutição de alimentos muito gelados ou quentes. A cintilografia revela movimentação anterógrada e retrógada com fragmentação do *bolus* do radiofármaco administrado por via oral com múltiplos picos por segmento na curva atividade-tempo.

Esôfago em quebra-nozes

Caracterizado por peristalse de alta amplitude no corpo esofágico, em geral nos dois terços inferiores, associada à dor torácica ou disfagia.

A cintilografia pode variar de normal a retenção prolongada do radiofármaco no terço inferior do esôfago, com refluxo moderado até seu terço médio.

Esclerodermia

Doença do tecido conectivo que na sua forma sistêmica costuma acometer a musculatura lisa do esôfago médio e distal. A cintilografia de trânsito esofágico pode detectar alterações motoras antes do aparecimento de sintomas, evidenciando estase do *bolus* nos terços médio e inferior, com significativa melhora do padrão na posição em pé ou sentada.

Cintilografia para avaliação de esvaziamento gástrico

Refeição sólida *versus* líquida

Para compreensão dos diferentes mecanismos e padrões de esvaziamento gástrico de refeição sólida ou líquida, deve-se compreender a fisiologia do estômago, que funcionalmente pode ser dividido em duas partes: estômago proximal (fundo), responsável pelo esvaziamento de líquido, e estômago distal (antro), por sua vez responsável pelo esvaziamento de refeição sólida.

O fundo gástrico funciona como grande reservatório e é o principal regulador do esvaziamento de líquido. A contração tônica do fundo acarreta em esvaziamento exponencial do líquido sem fase de atraso (*lag phase*), e quanto maior o volume líquido, mais rápido será o esvaziamento gástrico, tornando-se alterado apenas nos estágios avançados da gastroparesia.

Alimentos sólidos são transitoriamente armazenados no fundo até serem transferidos para o antro por lentas contrações rítmicas, local em que são triturados. Partículas de 1 a 2 mm conseguem passar pelo piloro para o duodeno, entretanto partículas maiores retornam ao fundo, seguindo novamente para o antro de forma cíclica até serem suficientemente trituradas a ponto de saírem do estômago. Dessa maneira, ocorre um retardo no início do esvaziamento gástrico para sólidos, denominado *lag phase* ou *lag time*. Uma vez iniciado o esvaziamento gástrico do alimento sólido, o padrão de esvaziamento é contínuo e linear, de forma mais lenta do que o líquido. O esvaziamento gástrico para sólidos depende de quantidade, características físicas e teor nutritivo do alimento, sendo fundamental a padronização da refeição-teste e dos parâmetros normais.

Na presença de alteração da motilidade gástrica, o esvaziamento gástrico para refeição sólida apresenta-se alterado precocemente, com maior sensibilidade para detecção de gastroparesia, sendo indicado na maioria dos estudos em adultos.

Já o esvaziamento gástrico para líquidos apresenta padrões de normalidade por mais tempo, mesmo em pacientes com gastroparesia, sendo seu uso reservado nos adultos com limitação à refeição sólida ou na faixa pediátrica, na qual o estudo frequentemente está associado à pesquisa de refluxo gastroesofágico.

Aplicações clínicas

Gastroparesia diabética

Náusea pós-prandial, vômitos, distensão ou desconforto abdominal e saciedade precoce são os principais sintomas de retardo no esvaziamento gástrico, tendo como uma das causas mais frequentes a gastroparesia diabética, que acomete pacientes insulino-dependentes de longa data.

A fisiopatologia está relacionada à lesão do nervo vago decorrente da neuropatia diabética, e o retardo no esvaziamento gástrico pode prejudicar o adequado controle glicêmico. A grande maioria dos pacientes apresenta esvaziamento gástrico lentificado, porém uma pequena parcela desses pacientes diabéticos pode apresentar esvaziamento gástrico acelerado.

Dumping e síndromes do esvaziamento rápido

A síndrome de *dumping* é uma resposta do organismo à presença de grandes quantidades de alimentos hiperosmolares no intestino proximal, decorrente de esvaziamento gástrico acelerado após gastrectomia parcial. Os sintomas podem ser precoces relacionados à translocação de líquido para luz intestinal e resposta vasovagal com taquicardia, sudorese, sonolência, sensação de morte, diarreia; ou sintomas tardios, de hipoglicemia por conta da absorção intestinal e liberação de grande quantidade de insulina.

A cintilografia de esvaziamento gástrico é útil na detecção de esvaziamento gástrico acelerado, uma vez que os sintomas muitas vezes são inespecíficos. São muito importantes a avaliação da sequência inicial de 20 minutos (avaliação do *lag time*) e a análise do tempo em que ocorre o esvaziamento da metade da quantidade do alimento teste (T1/2), sendo por isso realizado o estudo com alimentos líquidos, no qual a aquisição das imagens é dinâmica.

Aplicações em pediatria

Por conta da relação direta entre refluxo gastroesofágico (RGE) e retenção no estômago proximal (fundo), o estudo de esvaziamento gástrico com alimento líquido pode ser indicado em associação à pesquisa de refluxo gastroesofágico em lactentes. Alguns estudos com amostra restrita sugerem valores normais de esvaziamento gástrico para sólidos semelhantes entre adultos e crianças na faixa etária de 5 a 11 anos, podendo diagnosticar disfunção da motilidade gástrica, frequentemente presente nas crianças com déficits neurológicos. Alguns estudos demonstram sua utilidade na indicação e no controle de intervenções cirúrgicas, tanto após piloroplastia com balão, como nas cirurgias antirrefluxo.

Avaliação de intervenções e terapia farmacológica

Ainda é necessária a validação científica, porém desde que o protocolo esteja padronizado no serviço, por envolver baixas doses de radiação, não ser invasiva e fornecer medidas quantitativas reprodutíveis, a cintilografia de esvaziamento gástrico pode ser útil no controle de efeitos de medicamentos pró-cinéticos e cirurgias gástricas.

Cintilografia para pesquisa de refluxo gastroesofágico

O radiofármaco ideal para avaliação do RGE se enquadra nas mesmas características descritas na avaliação do trânsito esofágico, ou seja, não ser absorvido e permanecer na luz do órgão analisado, após ser administrado por via oral, ser disponível e ter características físicas que permitam boa qualidade de imagem com baixa exposição à radiação ionizante. O enxofre coloidal marcado com ^{99m}Tc-coloide apresenta a maioria dessas características, assim como o ^{99m}Tc-DTPA.

Detecção de refluxo em crianças e adultos

Clinicamente, o RGE pode ser classificado como fisiológico ou patológico. Nos lactentes, pode ser fisiológico até os 4 meses de idade, em geral com resolução espontânea entre 7 e 8 meses. Já em crianças maiores ou adultos, o RGE pode ser fisiológico no período pós-prandial imediato, em razão do relaxamento transitório do esfíncter esofagiano inferior. O RGE patológico acontece na persistência de regurgitações ou vômitos em crianças maiores que 6 meses, além de sinais e sintomas clínicos, tais como parada do crescimento, irritabilidade e sintomas respiratórios nas crianças, e sinais e sintomas de esofagite no adulto.

A sensibilidade da cintilografia para detecção de RGE varia de 80-90%. O RGE é detectado como atividade esofágica do radiofármaco retrógrada nas imagens dinâmicas. Apesar de ainda não existirem critérios cintilográficos estabelecidos para diferenciar RGE fisiológico do patológico, alguns autores sugerem que RGE alto (atingindo mais da metade do comprimento do esôfago) e de longa duração (maior que 10 a 15 segundos) apresentam maior significado clínico.

Estudos de acompanhamento

A cintilografia para RGE permite análises quantitativas de forma reprodutível e pouco invasiva, com baixo custo e baixa exposição à radiação ionizante, sendo, portanto, método ideal para acompanhamento e avaliação de resposta terapêutica.

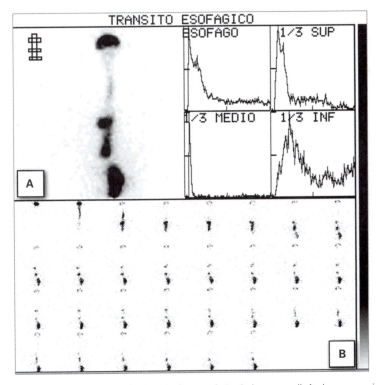

Figura 1 Cintilografia para avaliação de trânsito esofágico. A: Composição de imagens dinâmicas na projeção anterior do tórax. Gráficos demonstrando atividade do radiofármaco × tempo, com avaliação nos terços superior, médio e inferior. B: Imagens dinâmicas na projeção anterior do tórax demonstrando o percurso do *bolus* do radiofármaco deglutido pelo paciente em tempos normais por toda a extensão do esôfago. Nota-se atividade focal no terço médio do esôfago, persistente, correspondendo à retenção do radiofármaco em divertículo esofágico.

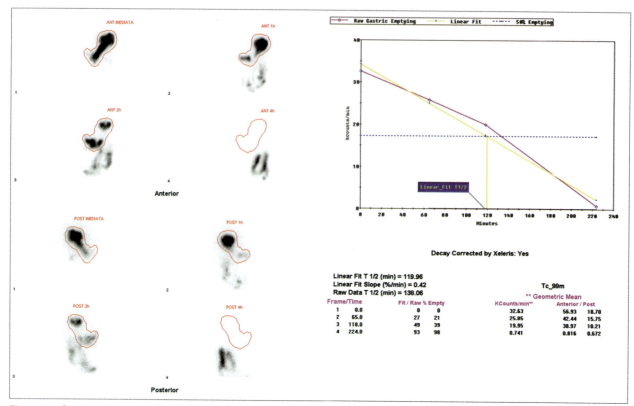

Figura 2 Cintilografia para avaliação de esvaziamento gástrico com alimento sólido. Imagens nas projeções anterior e posterior do abdome são realizadas imediatamente após a ingestão de alimento-teste radiomarcado, após 1, 2 e 4 horas. É avaliada a porcentagem de esvaziamento, estando o presente exame com parâmetros normais (porcentagem de esvaziamento maior que 90% após 4 horas da ingestão do alimento-teste).

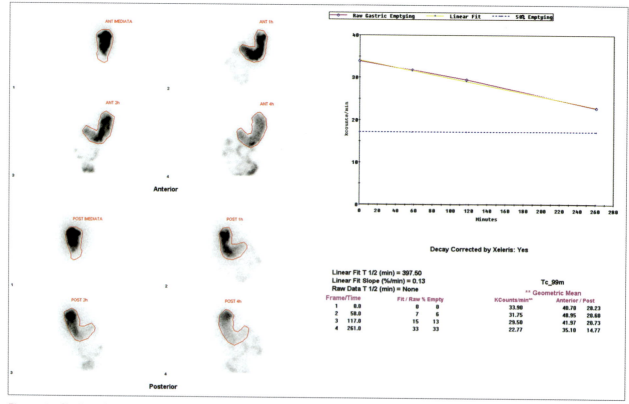

Figura 3 Cintilografia para avaliação de esvaziamento gástrico realizada em paciente com gastroparesia diabética, demonstrando esvaziamento gástrico lentificado. A porcentagem de esvaziamento após 4 horas da ingestão do alimento-teste de 67%.

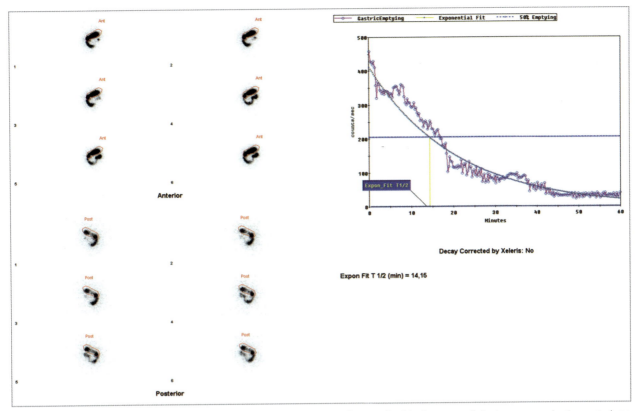

Figura 4 Cintilografia para avaliação de esvaziamento gástrico com alimento líquido. Imagens dinâmicas nas projeções anterior e posterior de abdome são adquiridas por 60 minutos após a ingestão de alimento líquido radiomarcado. O exemplo acima demonstra esvaziamento gástrico acelerado com T1/2 de 14,15 minutos, sendo o valor normal esperado entre 20 e 40 minutos.

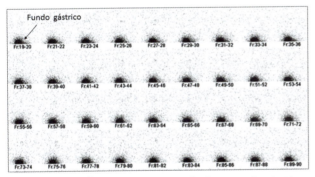

Figura 5 Imagens dinâmicas na projeção posterior do tórax após a ingestão de leite radiomarcado. Estudo negativo para refluxo gastroesofágico. A atividade do radiofármaco permanece no fundo gástrico, não se caracterizando atividade retrógrada do radiofármaco em topografia esofágica.

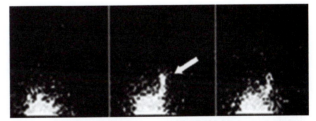

Figura 6 Imagens dinâmicas demonstrando atividade retrógada do radiofármaco proveniente do fundo gástrico para o esôfago, demonstrando episódio de refluxo gastroesofágico (seta).

Bibliografia sugerida

1. Maurer AH, Parkman HP. Update on gastrointestinal scintigraphy. Semin Nucl Med. 2006;36(2):110-8.
2. Maurer AH. Gastrointestinal motility. Part 1: Esophageal transit and gastric emptying. J Nucl Med. 2015;56:1229-38.

10

Cintilografia para pesquisa de sangramento intestinal

Carla Rachel Ono
Carlos Alberto Buchpiguel
Heitor Naoki Sado
Marcelo Tatit Sapienza

Sangramento intestinal

Sangramento intestinal agudo é uma emergência comum, e a sua incidência é dependente da faixa etária do paciente. A apresentação clínica do sangramento do trato gastrointestinal é muito variável na maioria dos pacientes. Cerca de 85% deles recuperam-se do sangramento sem nenhuma intervenção específica. Porém é essencial identificar a causa nos 15% restantes. O sangramento intestinal é a maior causa de morbidade especialmente nos idosos e nos pacientes com comorbidades associadas. Entre os pacientes hospitalizados, a taxa de mortalidade é alta, em torno de 10-14%.

As manifestações clínicas do sangramento gastrointestinal agudo frequentemente não permitem identificar a fonte do sangramento. A avaliação clínica proporciona um correto diagnóstico em menos de 40% dos pacientes. Por conta do peristaltismo retrógrado e do acúmulo transitório do sangramento que podem ocorrer nas alças intestinais após um episódio de sangramento, a evidência clínica do sangramento apresenta uma falha na resolução temporal em relação à acurácia diagnóstica e ao tratamento, além da evidência clínica de sangramento frequentemente não coincidir com o episódio agudo do sangramento gastrointestinal.

O sangramento gastrointestinal agudo é classificado de acordo com o sítio de origem do sangramento, sendo classificado como sangramento digestivo alto quando a fonte de sangramento é proximal ao ligamento de Treitz ou sangramento baixo quando a fonte de sangramento é distal ao ligamento de Treitz e, se não for possível a categorização em alto ou baixo, é classificado como obscuro ou oculto.

As causas de sangramento digestivo alto incluem: varizes de esôfago, malformações vasculares, esofagite, úlcera de Mallory-Weiss, gastrite, úlcera gástrica ou duodenal e neoplasias. As causas de sangramento digestivo baixo são: angiodisplasia, divertículo, pólipos adenomatosos, neoplasias, inflamação e, em crianças, o divertículo de Meckel.

A endoscopia digestiva alta é o método de escolha para avaliação de sangramento do trato digestivo alto, com acurácia de 90%. A colonoscopia para avaliação de sangramento do trato digestivo baixo apresenta acurácia de cerca de 70% para confirmação ou exclusão do sítio de sangramento. A colonoscopia e a arteriografia podem ser utilizadas para localizar e tratar o sangramento do trato digestivo baixo, mas geralmente falham no sangramento intermitente. Apesar da cintilografia não apresentar papel terapêutico, ela tem um papel complementar à arteriografia e à colonoscopia na avaliação do sangramento intestinal baixo.

A avaliação de sangramento intestinal pode ser realizada com coloides ou com hemácias ambos marcados com ^{99m}Tc.

O enxofre coloidal é um agente rapidamente clareado do compartimento vascular. Em razão da rápida extração pelos elementos do sistema reticuloendotelial, como fígado, baço e medula óssea, o enxofre coloidal oferece alta relação alvo/radiação de fundo entre o sítio de sangramento e os tecidos moles adjacentes, aumentando teoricamente a sensibilidade do método.

A técnica com o enxofre coloidal continua a ter sua aplicação nos dias de hoje, principalmente em pacientes com sangramento ativo no momento do exame e geralmente em condição clínica grave, por conta de suas vantagens de rápida captação do radiofármaco pelo sistema reticuloendotelial com rápido clareamento do *pool* sanguíneo, que facilita a detecção de pequenas quantidades de extravasamento dos sítios de sangramento, porém a captação fisiológica hepática e esplênica obscurece sítios de sangramento nas flexuras hepática e esplênica do cólon, limitando a visualização do andar superior do abdome. Outra limitação significativa da técnica é o rápido clareamento do traçador do compartimento vascular, menos de 10% do traçador permanece no compartimento vascular aos 7 minutos de estudo, sendo uma limitação importante na avaliação dinâmica do sangramento intestinal intermitente, pois não possibilita a realização de imagens tardias.

Geralmente, dá-se preferência à cintilografia com hemácias marcadas, pois estas permanecem no compartimento vascular por horas, permitindo aquisições de imagens dinâmicas por mais de 90 minutos e imagens adicionais após 24 horas. Esse ponto é bastante importante em razão da natureza intermitente da maioria dos sangramentos intestinais, que é avaliada no setor de medicina nuclear.

Antes de o paciente chegar ao setor de medicina nuclear, é essencial que o colega solicitante tenha um plano de conduta e esteja preparado para implementá-lo. Por conta da natureza intermitente do sangramento, a maioria das situações de sangramento intestinal que é encaminhada à medicina nuclear cessa espontaneamente. Um atraso temporal causado pela falta de comunicação prévia entre os médicos (solicitantes e o médico nuclear) pode contribuir para a discordância entre o sangramento positivo visualizado na cintilografia com hemácias marcadas e uma arteriografia subsequente com resultado negativo. A avaliação pré-teste é crítica para o sucesso da confirmação do sítio de sangramento e para o tratamento pela radiologia intervencionista ou cirurgia ou ambos.

Os critérios para um estudo cintilográfico positivo para sangramento intestinal são extravasamento do radiofármaco do compartimento vascular para a luz intestinal e a movimentação do radiofármaco extravasado que age como um catártico dentro de um segmento intestinal identificável, em direções anterógrada e retrógrada.

Uma vez que o sítio de sangramento é identificado, é importante continuar o estudo por tempo suficiente para identificar definitivamente o segmento intestinal que está apresentando o sangramento.

Sangramento do intestino grosso tipicamente ocorre na periferia do abdome e apresenta um trajeto alongado. O sangramento do intestino delgado acontece geralmente na região central do abdome, propaga em alças curvilíneas e pode perder intensidade com o tempo por conta da diluição do radiotraçador no fluido que há no intestino delgado.

Resultados falsos-positivos e artefatos

Áreas estáticas de extravasamento e acúmulo do radiofármaco na cintilografia com hemácias marcada raramente representam sangramento gastrointestinal agudo, mas são mais comuns por causa de varizes, aneurismas, inflamação ou tumores. Esplenose pode aparecer como um foco fixo de acúmulo de hemácias marcadas e ser causa de falso-positivo para sangramento intestinal. Outras fontes de erros para resultados falsos-positivos são: uso de catárticos, inflamação ou irritação intestinal, procedimento recente de colonoscopia. É fundamental para se evitar um erro de interpretação a investigação de causas relacionadas ao não sangramento, como correlação com TC ou SPECT/CT quando não há sinais de movimentação do sítio de acúmulo do radiofármaco nas imagens dinâmicas.

Causas de falso-positivo ou erros de interpretação também podem estar relacionadas ao tecnécio livre que acumula nos rins; atividade do traçador no pênis, ser confundido com sangramento retal, por isso imagens em várias projeções são interessantes para se confirmar ou excluir um possível sítio de sangramento.

SPECT/CT

Com o advento dos equipamentos híbridos SPECT/CT, a fusão das imagens promove uma oportunidade de aumentar a sensibilidade e a acurácia da detecção e da localização do sítio de sangramento intestinal. É sabido que as imagens tomográficas (SPECT) aumentam o contraste de resolução em relação às imagens planas, aumentando em torno de 10-15% a habilidade de detectar sítios com volume pequeno de sangramento, além de as imagens híbridas de SPECT/CT fornecerem informações anatômicas específicas, permitindo a localização do sítio de sangramento de forma mais precisa. As imagens de SPECT/CT também evitam os erros de interpretação em razão dos artefatos mais comuns com a cintilografia com hemácias marcadas.

Pesquisa de mucosa gástrica ectópica

Para este objetivo, utiliza-se o pertecnetato de sódio (Na^{99m}TcO4) por via intravenosa.

Aplicações clínicas

Divertículo de Meckel

Trata-se de uma anomalia congênita causada por falha embriológica no fechamento do ducto onfalomesentérico, com formação de divertículo localizado na face antimesentérica do intestino delgado, geralmente localizado a 90 cm da válvula ileocecal, com padrão de captação focal do pertecnetato no quadrante inferior direito ou na região central do abdome.

Sua incidência é de cerca de 2%, e 7-30% dos divertículos de Meckel apresentam mucosa gástrica ectópica, causando sintomas em 60% dos casos, sendo a grande maioria por meio de sangramentos intestinais decorrentes de secreção pela mucosa gástrica ectópica e ulceração péptica do divertículo ou íleo adjacente, sendo mais comum em crianças menores que 2 anos.

A cintilografia para pesquisa de mucosa gástrica ectópica é o método de escolha no diagnóstico pré-operatório do divertículo de Meckel como causa de sangramento intestinal, com sensibilidade e especificidade de cerca de 80-90%.

Antro gástrico retido

A retenção do antro gástrico junto ao coto duodenal é uma das causas de recidiva de úlcera péptica após gastrectomia parcial com reconstrução à Billroth II. A cintilografia para pesquisa de mucosa gástrica pode ser útil no diagnóstico desses casos, sobretudo por ser método disponível e minimamente invasivo. Porém, é utilizada como método auxiliar à endoscopia digestiva alta com biópsia ou achados endoscópicos inconclusivos, pois não é pequena a possiblidade de resultados falsos-negativos da cintilografia nos casos de pequeno volume de mucosa gástrica retida.

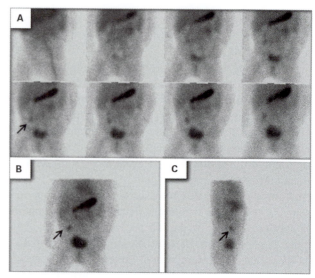

Figura 2   Pesquisa de mucosa gástrica ectópica (divertículo de Meckel) em criança com sangramento intestinal. A: Imagens dinâmicas na projeção anterior de abdome após a administração intravenosa de pertenectato de sódio (Na^{99m}TcO$_4$) demonstram área focal de acúmulo anômalo focal progressivo em fossa ilíaca direita. B: Imagem plana na projeção anterior de abdome e (C) imagem plana na projeção lateral direita de abdome demonstram área focal de acúmulo anômalo (setas), compatível com mucosa gástrica ectópica (divertículo de Meckel).

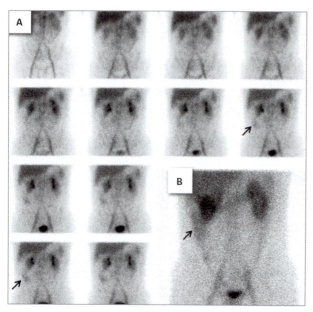

Figura 1   A: Imagens dinâmicas na projeção anterior de abdome realizadas após a administração intravenosa de hemácias marcadas com ^{99m}Tc demonstram área focal de acúmulo anômalo do radiofármaco em flanco direito (setas) com aumento progressivo de sua intensidade, na topografia de cólon ascendente. B: Imagem tardia na projeção anterior de abdome demonstra persistência do acúmulo anômalo do radiofármaco em flanco direito, com progressão da atividade para cólon transverso e cólon descendente. Estudo positivo para sangramento intestinal ativo com início em cólon ascendente.

Bibliografia sugerida

1. Howarth DM, Tang K, Lees W. The clinical utility of nuclear medicine imaging for the detection of occult gastrointestinal haemorrhage. Nucl Med Commun. 2002;23(6):591-4.
2. Grady E. Gastrointestinal bleedin scintigraphy in the early 21st century. J Nucl Med. 2016;57:252-9.
3. Spottswood SE, Pfluger T, Bartold SP, Brandon D, Burchell N, Delbeke D, et al. SNMMI and EANM Practice guideline for Meckel diverticulum scintigraphy 2.0. J Nucl Med Technol. 2014;42:163-9.
4. Warrington JC, Charron M. Pediatric gastrointestinal nuclear medicine. Semin Nucl Med. 2007;37(4):269-85.

Estudos diagnósticos com análogos da somatostatina

Carla Rachel Ono
Carlos Alberto Buchpiguel
Heitor Naoki Sado
Marcelo Tatit Sapienza

Análogos da somatostatina

A somatostatina é um peptídeo regulatório com ação predominantemente inibitória sobre a secreção de diversos hormônios (GH, insulina, glucagon). Apresenta elevada expressão em diferentes células tumorais, com destaque para os tumores de origem neuroendócrina.

O octreotídeo é um octapeptídeo com estrutura similar a da somatostatina, porém com meia-vida plasmática mais longa. Além do octreotídeo, outros peptídeos análogos de somatostatina foram desenvolvidos com finalidade diagnóstica e terapêutica.

Radiofármacos para cintilografia

O primeiro peptídeo radiomarcado aprovado para fins diagnósticos foi o octreotídeo marcado com índio-111. Após sua administração intravenosa, o ^{111}In-octreotídeo é rapidamente clareado do sangue, e 35% da atividade injetada permanecem circulante após 10 minutos e apenas 1% 20 horas após a injeção. A excreção é renal, com apenas 2% de excreção hepatobiliar.

Radiofármacos PET

Os análogos de somatostatina para tomografia por emissão de pósitrons (PET) também podem ser marcados com gálio-68, que é um radioisótopo com meia-vida de 68 minutos e emissor de pósitrons. A sua obtenção é por meio de gerador germânio-68/gálio-68, cuja primeira descrição data da década de 1960, porém sua maior atenção vem mais recentemente com a ampliação do acesso à tecnologia PET pelos centros diagnósticos ao redor do mundo.

A complexação do gálio-68 ao análogo de somatostatina é feita por um quelante bifuncional, que estabelece uma ligação entre o metal e o peptídeo. O quelante usado é o DOTA, que compõe o nome do radiofármaco junto ao peptídeo: DOTA-TOC, DOTA-NOC, DOTA-TATE.

Mecanismos de captação dos análogos da somatostatina

Os radiofármacos análogos da somatostatina ligam-se aos receptores de somatostatina expressos na membrana celular, sendo descritos cinco subtipos principais de receptores (sstr-1 a sstr-5). No caso do octreotídeo, há maior afinidade pelos receptores do tipo 2, seguido pelo tipo 5 (sstr-2 e sstr-5). Após sua ligação, ocorre internalização do complexo receptor-octreotídeo. Diversos tumores apresentam aumento da expressão de receptores de somatostatina. Além disso, há expressão de receptores em linfócitos, o que contribui para a captação em alguns tumores e também em outras doenças inflamatórias.

A principal vantagem da PET sobre a cintilografia é decorrente da melhor resolução espacial e da sensibilidade dos equipamentos.

O uso de análogos da somatostatina não radiomarcados pode reduzir a sensibilidade dos métodos diagnósticos por imagem, sendo recomendada a realização do exame imediatamente antes da próxima administração das fórmulas de ação prolongada (4 semanas após última administração) ou a suspensão por 24 horas de fórmulas de ação curta.

Em relação aos exames cintilográficos, o emprego de imagens tomográficas (SPECT) associado à tomografia computadorizada (SPECT/CT) possivelmente aumenta a acurácia do método, ao permitir melhor identificação das estruturas com concentração do radiofármaco e identificar sítios de concentração fisiológica, evitando resultados falsos-positivos.

Estudos falsos-negativos podem ser decorrentes de uso recente de análogos da somatostatina, variação da expressão dos subtipos de receptores de somatostatina (como nos insulinomas que apresentam menor expressão dos receptores sstr-2), lesões hepáticas ou esplênicas com concentração do traçador semelhante ao parênquima esplênico ou hepático normal e lesões de pequenas dimensões.

Estudos falsos-positivos são, em sua maioria, decorrentes de variações da biodistribuição habitual, como presença de baço acessório, atividade em vesícula biliar, atividade adrenal, atividade em luz intestinal e atividade urinária e da possibilidade de acúmulo em processos inflamatórios, particularmente nos granulomatosos, como cicatriz cirúrgica, tuberculose, sarcoidose, granulomatose de Wegener, pneumonia bacteriana ou actínica.

Aplicações clínicas

De modo geral, os estudos com análogos da somatostatina são indicados para:

- Avaliação diagnóstica, estadiamento ou reestadiamento de tumores expressores de receptores de somatostatina.
- Localização de tumores expressores de receptores de somatostatina ocultos após diagnóstico por biópsia de lesão metastática.
- Seleção de pacientes para indicação de terapia com análogos da somatostatina fria.
- Seleção de pacientes para tratamento com análogos da somatostatina radiomarcados com ítrio-90 ou lutécio-177.

Tumores neuroendócrinos

Os tumores neuroendócrinos (TNE) são um grupo de tumores indolentes originários embrionariamente de células da crista neural, com baixa incidência (2,5 a 5/100.000), mas com prevalência significativa em razão do longo tempo de progressão observado em muitos casos, com sobrevida de 5 anos próxima a 60%. A apresentação é heterogênea, com localização mais frequente no pâncreas, trato gastrointestinal, pulmão e timo. Cerca de 70% dos casos têm origem gastrointestinal, 25% pulmonar e 5% em outros locais (timo, mama, genitourinário). O diagnóstico leva em conta os achados histopatológicos e imuno-histoquímicos (positivo para cromogranina A e hormônios específicos), marcadores e hormônios circulantes e imagem.

São classificados como:

- Tumor neuroendócrino bem diferenciado (tumor carcinoide): grau 1, contagem mitótica < 2, Ki67 ≤ 2%.
- Carcinoma neuroendócrino bem diferenciado: grau 2, contagem mitótica 2-20, Ki67 3-20%.
- Carcinoma neuroendócrino pouco diferenciado: grau 3, contagem mitótica > 20, Ki67 > 20%.

Tumores neuroendócrinos gastroenteropancreáticos

Os TNE gastroenteropancreáticos são aqueles localizados no trato digestivo e no pâncreas e cursam com sintomas relacionados à produção hormonal específica de cada tumor. Como exemplo, existem os carcinoides do tubo intestinal e os pancreáticos (insulinoma, gastrinoma, glucagonoma, VIPoma). O tumor pode se manifestar pela secreção de peptídeos com ação hormonal e promover sintomas pelo efeito de sua massa. A hipersecreção hormonal é observada em cerca de metade dos pacientes e pode levar a manifestações clínicas variadas, de acordo com o hormônio secretado. Por exemplo, se há secreção de serotonina pelo tumor carcinoide, o paciente pode apresentar rubor, diarreia e broncoespasmo; se há secreção de gastrina pelo gastrinoma, o paciente pode apresentar síndrome de Zollinger-Ellison, úlcera recorrente e diarreia; se há secreção de insulina pelo insulinoma, há episódios frequentes de hipoglicemia.

Os tumores não funcionantes podem se manifestar por efeito de massa, obstrução, icterícia e sangramento. Tipicamente, apresentam diagnóstico tardio, por conta da falta de sintomas em estádios precoces.

A tomografia e a ressonância são empregadas na localização e no estadiamento dos TNE, apesar de limitada sensibilidade para lesões de pequenas dimensões. A ultrassonografia endoscópica tem importante papel na identificação de lesões duodenais e pancreáticas, com sensibilidade alta nestas últimas, ressaltando-se que a localização precoce do tumor primário permite a abordagem cirúrgica com finalidade curativa, objetivo dificilmente alcançado em quadros de maior extensão.

Os TNE mais bem diferenciados, com menor índice mitótico e baixo K67, expressam mais receptores de somatostatina, tendo maior indicação de realização de estudos com análogos da somatostatina. A perda de diferenciação celular nos tumores mais agressivos, além do aumento de proliferação celular identificada pelo índice de Ki-67, cursa com um aumento da atividade glicolítica, que pode ser investigada pela PET com [18]FDG.

A cintilografia com ^{111}In-octreotídeo apresenta sensibilidade de 60-80% para os TNE gastroenteropancreáticos, em razão da alta expressão de receptores de somatostatina. A sensibilidade varia para diferentes tumores: 90% para gastrinomas e tumor carcinoide, < 50% para insulinomas (os quais expressam pouco o subtipo de receptor sstr-2, como já anteriormente mencionado). A cintilografia é o método com maior sensibilidade para metástases hepáticas (80-95%), representando importante etapa no estadiamento dos TNE, além de ter um crescente papel na indicação de terapia com peptídeos radiomarcados. A cintilografia também pode ser indicada para rastreamento de tumores neuroendócrinos associados a síndromes hereditárias como a neoplasia endócrina múltipla (NEM-1), na qual, apesar de a manifestação mais frequente ser o hiperparatireoidismo, os TNE gastroenteropancreáticos são a principal causa de mortalidade.

A PET com análogos da somatostatina marcados com gálio-68 apresenta sensibilidade e especificidade superiores às da cintilografia com ^{111}In-octreotídeo e às dos exames de imagem convencional na detecção de tumores neuroendócrinos e carcinoides brônquicos típicos, com sensibilidade de 93% e especificidade de 91%, como demonstrado em metanálise com 16 estudos avaliando 567 pacientes. A comparação direta dos métodos nos mesmos pacientes mostra a superioridade da PET com ^{68}Ga-DOTA*(*TOC/NOC/TATE), positivo em quase 90% dos casos com cintilografia negativa ou duvidosa, contribuindo não apenas para estadiamento como também para indicação da terapia com peptídeos radiomarcados. Por conta do maior valor diagnóstico e da crescente disponibilidade dos traçadores PET, ocorre nesse momento a progressiva substituição das indicações da cintilografia pelo método PET.

Carcinoma medular da tireoide

O carcinoma medular de tireoide é um tumor neuroendócrino originário das células C da tireoide. Representa cerca de 5% dos carcinomas de tireoide e é mais frequente na forma esporádica, apesar de poder ser associado à síndrome de neoplasia endócrina múltipla tipo 2. É um tumor de bom prognóstico, mesmo em casos com manutenção de níveis elevados de calcitonina na evolução.

Os exames de imagem de maior sensibilidade na detecção do carcinoma medular de tireoide são a ultrassonografia cervical e a ressonância magnética cervical; tomografia computadorizada do abdome para detecção de metástases hepáticas, cintilografia óssea e ressonância magnética da coluna para metástases ósseas e tomografia do tórax para metástases pulmonares. Entretanto, a localização da lesão por esses exames aumenta somente com níveis de calcitonina superiores a 400 pg/mL. Diversos métodos cintilográficos são propostos na investigação de pacientes com doença não localizada, em geral com sensibilidade limitada (30-40% para mIBG, 50-60% para PET com ^{18}F-FDG e 60-80% para o ^{99m}Tc-DMSA pentavalente).

A cintilografia com ^{111}In-octreotídeo mostra sensibilidade de 60-70% na detecção de recorrência em pacientes com investigação negativa por métodos convencionais, podendo ser associada a estudo com ^{99m}Tc-coloide do fígado em caso de suspeita de lesões isoconcentrantes. A investigação com radiofármacos PET análogos da somatostatina marcados com gálio-68 (DOTA-TOC, DOTA-NOC, DOTA-TATE) tem mostrado bons resultados em fase preliminar.

Tumores do sistema simpaticoadrenal

Os tumores mais frequentes são o feocromocitoma, o paraganglioma e o neuroblastoma. Normalmente, sua expressão de receptores de somatostatina é menor que os tumores neuroendócrinos do trato gastrointestinal, e sendo mais habitual o uso do mIBG-radiomarcado com iodo radioativo (iodo-131 ou iodo-123) para seu diagnóstico. No entanto, principalmente para os tumores que não captam mIBG radiomarcado com iodo radioativo, que podem expressar receptores de somatostatina, o uso da PET/CT com ^{68}Ga-DOTA-TATE é interessante, principalmente quando o objetivo for propor tratamento subsequente com emissores beta marcando o DOTA-TATE.

Outros tumores

A síndrome de Cushing pode ser causada por tumores com produção ectópica de ACTH. A localização desses tumores é essencial para direcionar a ressecção cirúrgica, no entanto, 10-40% dos tumores não são identificados por tomografia ou ressonância magnética. O ^{111}In-octreotídeo e os análogos da somatostatina marcados com gálio-68 têm sido empregados nesses casos, visto que os tumores mais prevalentes expressam receptores de somatostatina: carcinoides brônquicos, tumor de células pequenas, carcinoma de pulmão, pâncreas, carcinoide de timo e carcinoma medular da tiroide.

Diversos outros tumores são ocasionalmente avaliados pela cintilografia com ^{111}In-octreotídeo, incluindo meningiomas, astrocitomas de baixo grau, carcinoma pulmonar de pequenas células. O impacto clínico da investigação com análogos da somatostatina nesses casos ainda precisa ser determinado.

Para os tumores com baixa expressão de receptores de somatostatina, a principal indicação é na avaliação e na quantificação de captação do radiofármaco para posterior tentativa de tratamento com emissores beta radiomarcando análogos de somatostatina, na situação dos pacientes em que todas as alternativas habituais de tratamento falharam.

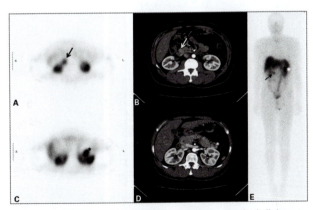

Figura 1 Paciente com suspeita de lesões tumorais da linhagem neuroendócrina na tomografia computadorizada (TC). Realizou estudo de cintilografia com análogo da somatostatina (octreotídeo) marcado com índio-111. Imagens tomográficas (SPECT) no plano axial (A e C), imagem de varredura na projeção anterior de corpo inteiro (E) realizadas 24 horas após a administração intravenosa de ^{111}In-octreotídeo. Imagens no plano axial de TC de abdome com contraste intravenoso (B e D). As imagens demonstram nódulo hipervascularizado exofítico ao processo uncinado do pâncreas em contato com a terceira porção do duodeno (seta) e na cauda pancreática com componente cístico (*) na TC que concentra o radiofármaco. Tais lesões são compatíveis com tumores de linhagem neuroendócrina.

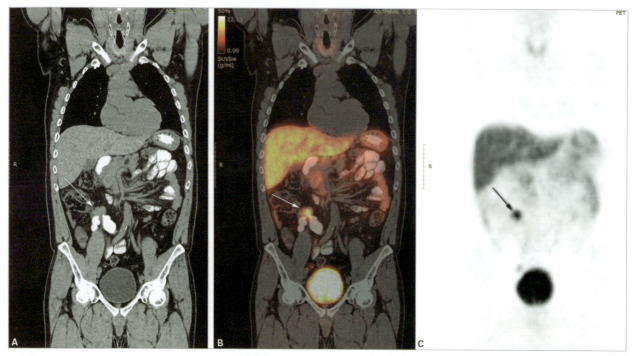

Figura 2 Tomografia por emissão de pósitrons/tomografia computadorizada (PET/CT) com ^{68}Ga-DOTA-TATE solicitado para paciente com suspeita de tumor neuroendócrino no íleo. Imagens no plano coronal: (A) tomografia computadorizada (TC), (B) fusão de imagens de PET e TC, (C) PET com ^{68}Ga-DOTA-TATE. As imagens demonstram área focal de acúmulo anômalo do radiofármaco em lesão com atenuação de partes moles no íleo terminal (seta), compatível com tumor neuroendócrino.

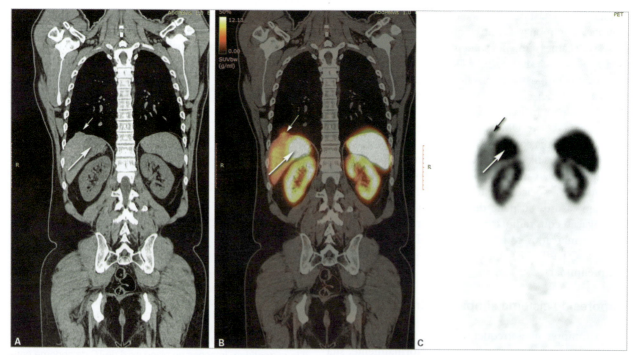

Figura 3 Tomografia por emissão de pósitrons/tomografia computadorizada (PET/CT) com ^{68}Ga-DOTA-TATE solicitado para paciente com suspeita de tumor neuroendócrino no íleo (mesmo paciente da Figura 2). Imagens no plano coronal: (A) tomografia computadorizada (TC); (B) fusão de imagens de PET e TC, (C) PET com ^{68}Ga-DOTA-TATE. As imagens demonstram áreas focais de acúmulo anômalo do radiofármaco compatíveis com implante peritoneal na região do domo hepático (seta menor) e de metástase hepática (seta maior), secundários ao tumor neuroendócrino de íleo.

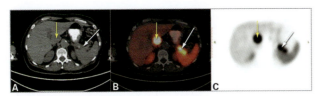

Figura 4 Tomografia por emissão de pósitrons/tomografia computadorizada (PET/CT) com ^{68}Ga-DOTA-TATE solicitado para paciente com suspeita de tumor neuroendócrino no pâncreas. Imagens no plano axial: (A) tomografia computadorizada (TC), (B) fusão de imagens de PET e TC, (C) PET com ^{68}Ga-DOTA-TATE. As imagens demonstram acúmulo anômalo do radiofármaco em lesão na cauda pancreática (seta branca), compatível com tumor neuroendócrino e em linfonodomegalia no hilo hepático (seta amarela), compatível com acometimento secundário.

Bibliografia sugerida

1. Baum RP, Kulkarni HR, Carreras C. Peptides and receptors in image-guided therapy: theranostics for neuroendocrine neoplasms. Semin Nucl Med. 2012;42:190-207.
2. Breeman WAP, de Blois E, Chan HS, Konijnenberg M, Kwekkeboom DJ, Krenning EP. 68Ga-labeled DOTA-peptides and 68-Ga-radiopharmaceutical for positron emission tomography: current status of research, clinical applications, and future perspectives. Semin Nucl Med. 2011;41:314-21.
3. Hofman MS, Lau WF, Hicks R. Somatostatin receptor imaging with 68Ga DOTATATE PET/CT: clinical utility, normal patterns, pearls and pitfalls in interpretation. Radiographics. 2015;35:500-16.
4. Klöppel G, Couvelard A, Perren A, Komminoth P, McNicol AM, Nilsson O, et al. ENETS Consensus guidelines for the standards of care in neuroendocrine tumors: towards a standardized approach to the diagnosis of gastroenteropancreatic neuroendocrine tumors and their prognostic stratification. Neuroendocrinology. 2009;90:162-6.
5. Kwekkeboom DJ, Kam BL, van Essen M, Teunissen JJ, van Eijck CH, Valkema R, et al. Somatostatin-receptor-based imaging and therapy of gastroenteropancreatic neuroendocrine tumors. Endocr Relat Cancer. 2010;17(1):R53-73.

PET/CT no carcinoma colorretal

Carla Rachel Ono
Carlos Alberto Buchpiguel
Heitor Naoki Sado
Marcelo Tatit Sapienza

Introdução

O carcinoma colorretal constitui a quarta causa mais comum de câncer no homem e na mulher nos Estados Unidos. No Brasil, a estimativa de novos casos em 2016, baseados em levantamentos estatísticos é de 34.280 novos casos, sendo 16.660 em homens e 17.620 em mulheres. A taxa de óbito em 2013 foi de 7.387 no sexo masculino e 8.024 no sexo feminino. Alguns fatores podem estar associados a maior risco de desenvolvimento desse tipo de tumor, tais como idade acima de 50 anos, presença de pólipos em exame de colonoscopia e história familiar de câncer colorretal. Em relação à localização, os segmentos mais acometidos são o reto (25-40%) e o sigmoide (25-30%), seguidos pelo ceco e cólon ascendente (18-25%) e, em menor frequência, pelos cólons transverso e descendente (5-9%). O adenocarcinoma é o tipo histológico mais comum, sendo significativa a parcela dos casos (20-40%) que se apresentam com doença locorregional avançada ou metastática (principalmente hepática) na ocasião do diagnóstico, com possibilidade de cirurgia com intenção curativa em cerca de 70% dos casos. A principal causa de morte do carcinoma colorretal é a recidiva, que após tratamento inicial ocorre em cerca de 40% dos casos (pico após 5 anos), tendo como principais fatores de risco a doença localmente avançada (tumores T3 e T4) e o acometimento linfonodal (N+) na ocasião do estadiamento inicial (estádios II e III). As recidivas mais frequentes são a hepática (40-80%), locorregional, incluindo peritônio (3-47%) e pulmonar (10%), podendo ainda ser classificada como recidiva bioquímica nos casos de controle com dosagem sérica do CEA ≥ 5 ng/mL, com estudos recentes sugerindo melhores resultados com valores de corte menores de 2,0-2,5 ng/mL. A detecção precoce da recidiva do carcinoma colorretal acarreta em maior eficácia do tratamento secundário e aumento da sobrevida em até 30%, sendo uma das principais aplicações atuais da tomografia por emissão de pósitrons/tomografia computadorizada (PET/CT) com [18]FDG no câncer colorretal, conforme abordado adiante.

Papel da PET/CT com 18FDG

O maior grau de evidência do uso da PET/CT com [18]FDG no carcinoma colorretal é na detecção da recidiva, local ou sistêmica, principalmente nos casos de recidiva bioquímica ou quando existe incongruência entre os achados clínicos e de imagem convencional, tais como a tomografia computadorizada (TC) e a ressonância magnética (RM). A literatura demonstra superioridade na detecção de recidiva da PET/CT (sensibilidade de 94-98%) quando comparada à TC (sensibilidade de 81%) e RM (sensibilidade de 89%). Já se sabe da maior eficácia da PET/CT nos pacientes com CEA alterado, principalmente a partir de níveis séricos maiores que 3,4 ng/mL, porém publicações recentes demonstram capacidade da PET/CT em detectar recidiva em até 40% dos pacientes com níveis normais de CEA, implicando a identificação de mais lesões ressecáveis em comparação aos pacientes com o CEA alterado, inferindo maior impacto da PET/CT na eficácia do tratamento secundário e sobrevida. Dessa forma, a PET/CT com [18]FDG é recomendada na detecção de recidiva do câncer colorretal, sendo atualmente indicação estabelecida e aprovada por órgãos reguladores internacionais e nacionais.

Outra aplicação estabelecida da PET/CT com [18]FDG é na seleção de potenciais candidatos à ressecção de metástases de carcinoma colorretal, principalmente hepáticas e pulmonares. A PET/CT com [18]FDG permite a detecção de metástases hepáticas com alta sensibilidade, superiores em até 40% na TC (principalmente nos pacientes com esteatose), porém apresentando limitações em lesões menores que 5 a 10 mm (variação dependente da geração do equipamento e do protocolo utilizado), situação em que a RM dirigida para fígado é superior à PET/CT na taxa de detecção por lesão hepática, sem diferenças significativas na taxa de detecção por paciente. A limitação na detecção de metástases pulmonares da PET/CT com [18]FDG, principalmente em razão do protocolo de aquisição de corpo inteiro (espessura do corte da TC de 2,5 a 5,0 mm e artefatos respiratórios), pode facilmente ser suplantada pela adição de série de TC do tórax em apneia, com espessura de corte de 1 mm e reconstrução com filtros para parênquima pulmonar e mediastino, resultando em acurácia similar ou mesmo superior da PET/CT em relação a TC isolada do tórax. Nos serviços de Medicina Nuclear do InRad e do ICESP do HCFMUSP, adota-se como parte do protocolo oncológico padrão de PET/CT a série de TC do tórax em apneia. Em relação à detecção das demais metástases a distância do carcinoma colorretal (categoria M do sistema TNM), dados consolidados da literatura demonstram superioridade da PET/CT em relação à TC e à RM, com *upstage* e mudança de conduta em 14-27% dos casos e, quando comparado à TC isoladamente, evitando cirurgias desnecessárias em 1 a cada 6 pacientes. Dessa forma, a PET/CT com ^{18}FDG é recomendada e aprovada por órgãos reguladores internacionais e nacionais na seleção de pacientes com câncer colorretal candidatos à metastasectomia.

No estadiamento inicial do carcinoma colorretal, a PET/CT com ^{18}FDG ainda não tem papel estabelecido, não sendo atualmente recomendada como rotina, sendo este papel desempenhado principalmente pela RM dirigida. Estudos demonstram potenciais aplicações da PET/CT no estadiamento inicial do câncer colorretal, como nos casos com alto risco para metástase (tumor primário invadindo a camada muscular ou CEA > 10 ng/mL) e quando os métodos convencionais (TC ou RM) forem inconclusivos.

A avaliação do tratamento neoadjuvante ou adjuvante com PET/CT ^{18}FDG, quer seja quimioterápico ou radioterápico, tem se tornado importante, visto que novos paradigmas têm sido avaliados, como critérios moleculares mais do que volumétricos ou anatômicos para caracterizar uma resposta terapêutica efetiva. Alguns estudos têm demonstrado que em pacientes que apresentam tumores de reto distal, nos quais a amputação anorretal é a única alternativa de retirada cirúrgica do tumor, a resposta clínica completa ao tratamento neoadjuvante, associada a resultados negativos da PET/CT, poderia reforçar a conduta conservadora, preservando a função anorretal e a qualidade de vida do paciente. Entretanto, a indicação como rotina da PET/CT com ^{18}FDG na avaliação de resposta terapêutica ainda necessita de comprovação, principalmente no impacto no manejo clínico e na sobrevida, assim como melhor entendimento na potencial limitação na avaliação de resposta em linfonodos mesorretais.

O método tem sido empregado também no controle de tratamento de metástases hepáticas, seja com drogas citotóxicas ou citostáticas, seja por meio de procedimentos intervencionistas, como o tratamento por radiofrequência e a quimioembolização. Porém, o impacto clínico desse tipo de aplicação necessita de maior investigação na literatura especializada. Na avaliação do controle de ablação por radiofrequência, é imperativo que o exame de PET/CT com ^{18}FDG seja realizado nas primeiras 24-48 horas após a ablação, pois em períodos mais tardios pode-se seguir uma resposta inflamatória ao redor e no interior da lesão tratada que promove também incremento de captação da glicose marcada pelas células inflamatórias ativadas. Um resultado negativo da PET/CT é considerado altamente preditivo de boa resposta terapêutica.

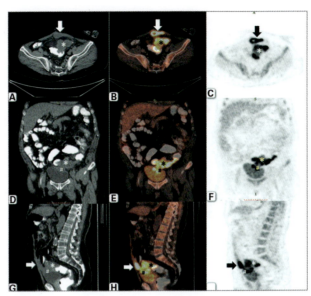

Figura 1 Imagens de exame de PET/CT realizada com ^{18}FDG de paciente com câncer de sigmoide, submetido à cirurgia somente para colocação de colostomia e posteriormente quimioterapia neoadjuvante com o objetivo de avaliação pós-terapia neoadjuvante. Imagens de tomografia computadorizada (TC) (A, D e G), imagens de fusão TC e PET com ^{18}FDG (B, E e H) e imagens de PET com ^{18}FDG (C, F e I), nos planos axial (primeira linha), coronal (segunda linha) e sagital (terceira linha) da região abdominopélvica. As imagens demonstram extensa lesão parietal no cólon sigmoide (*) exofítica estendendo-se e acometendo a parede abdominal anterior (setas) e a bexiga urinária (#), com incremento do metabolismo glicolítico.

Bibliografia sugerida

1. Habr-Gama A, Gama-Rodrigues J, Perez RO, Proscurshim I, São Julião GP, Kruglensky D, et al. Late assessment of local control by PET in patients with distal rectal cancer managed non-operatively after complete tumor regression following neoadjuvant chemoradiation. Tech Coloproctol. 2008;12(1):74-6.
2. Hubner RH, Park KC, Sheperd JE, Schwimmer J, Czernin J, Phelps ME, et al. A meta-analysis of the literature for whole body 18F-FDG PET detection of recurrent colorectal cancer. J Nucl Med. 2000;41:1177-89.
3. Mainenti PP, Iodice D, Segreto S, Storto G, Magliulo M, De Palma GD, et al. Colorectal cancer and 18FDG-PET/CT: what about adding the T to the N parameter in loco-regional staging? World J Gastroenterol. 2011;17(11):1427-33.
4. Patel S, McCall M, Ohinmaa A, Bigam D, Dryden DM. Positron emission tomography/computed tomographic scans compared to computed tomographic scans for detecting colorectal liver metastases: a systematic review. Ann Surg. 2011;253(4):666-71.

PET/CT no câncer de esôfago

Carla Rachel Ono
Carlos Alberto Buchpiguel
Heitor Naoki Sado
Marcelo Tatit Sapienza

Introdução

O câncer de esôfago é uma neoplasia de prognóstico reservado e alta mortalidade, estando entre as principais causas oncológicas de morte no mundo. A sobrevida em 5 anos é geralmente menor do que 20% em estimativas norte-americanas.

Histologicamente, o câncer de esôfago é dividido em carcinoma de células escamosas e adenocarcinoma, este com incidência crescente ao longo dos anos, principalmente nos países desenvolvidos. O carcinoma de células escamosas se origina geralmente nos terços superior e médio do esôfago e tem como principais fatores de risco álcool e tabagismo, enquanto o adenocarcinoma acomete comumente terço inferior e junção esofagogástrica e está associado a esôfago de Barrett, metaplasia colunar do epitélio escamoso relacionada à doença do refluxo gastroesofágico. Esse tumor pode ser classificado segundo sua atividade biológica, sendo os tumores G1 bem diferenciados, G2 moderadamente diferenciados e G3 indiferenciados.

Tem sido empregada uma abordagem multimodal para a definição dessa neoplasia, e ao longo dos anos o papel da tomografia por emissão de pósitrons/tomografia computadorizada (PET/CT) realizada com [18]FDG está cada vez mais solidificado, inclusive estando presente na diretriz mais recente publicada pela National Comprehensive Cancer Network (NCCN). O tratamento envolve ressecção endoscópica e tratamentos ablativos nos estágios iniciais, cirurgia associada ou não à quimiorradioterapia neoadjuvante e tratamentos paliativos nos estágios avançados.

A PET/CT é indicada para o estadiamento pré-operatório dos tumores de esôfago, com uma acurácia em torno de 90%, e pode trazer informações importantes na avaliação da resposta terapêutica neoadjuvante, no planejamento de radioterapia e na avaliação de recidiva em pacientes clinicamente suspeitos.

Estadiamento T e PET/CT com [18]FDG

A sensibilidade da PET/CT varia de 78-95% na detecção do tumor primário, entretanto a PET/CT tem pouca utilidade na correta classificação do T, já que não fornece dados relacionados à profundidade da invasão tumoral. Os valores de falsos-negativos podem ser elevados em tumores T1 ou T2 pequenos. Esofagite e refluxo gastroesofágico, especialmente nos tumores de transição esofagogástrica, são fontes frequentes de falsos-positivos.

Estadiamento N e PET/CT com [18]FDG

O estádio N é o fator prognóstico mais importante no tumor de esôfago, já que os pacientes N0 têm melhor sobrevida. A drenagem linfática do esôfago segue uma linha longitudinal, abrangendo superiormente linfonodos cervicais até a cadeia celíaca inferiormente.

A ultrassonografia endoscópica tem a maior acurácia para detecção no estadiamento N. A PET/CT é superior à tomografia computadorizada (TC) na detecção de linfonodos metastáticos, já que é capaz de identificar linfonodos com incremento do metabolismo glicolítico menores do que 1 cm. A sensibilidade reportada para a PET/CT está em torno de 51%, muito pelo fato do efeito da captação aumentada de [18]FDG pelo tumor primário, dificultando a visualização dos linfonodos peritumorais e a especificidade é de cerca de 84%.

Estadiamento M e PET/CT com [18]FDG

A caracterização de metástases a distância é fundamental para o correto planejamento cirúrgico. Estão presentes em até 30% dos casos no momento do diagnóstico, e o sítio mais comum é o fígado, seguido de pulmões, ossos, adrenais, peritônio e cérebro. A PET/CT tem a vantagem da avaliação do organismo inteiro, tendo como papel primordial a definição de metástases, principalmente o acometimento ósseo e hepático, no qual se mostra superior à TC. Outra vantagem do método é a detecção de tumores sincrônicos, já que neoplasias da árvore aerodigestiva compartilham fatores de risco em comum, como tabagismo e consumo de álcool.

Controle de resposta terapêutica

A terapia neoadjuvante tornou-se fundamental na abordagem do tumor de esôfago. Aqueles pacientes que respondem de forma satisfatória podem se beneficiar de procedimentos cirúrgicos mais conservadores e um maior intervalo até a cirurgia. Porém, naqueles pacientes com resposta insatisfatória ao tratamento quimioterápico, o tratamento cirúrgico não pode ser postergado. A PET/CT pode ser utilizada nesse contexto. Entretanto, a PET/CT isoladamente ainda não é recomendada para alterar a terapia, pois o índice de recidiva é alto (podendo chegar até 40%).

Sítios metastáticos identificados no período são identificados pela PET/CT em até 8% dos casos, contraindicando a cirurgia.

Planejamento de radioterapia

O delineamento correto do volume tumoral é crucial para o correto planejamento radioterápico, visando otimizar a dose para o alvo e minimizar os efeitos nos tecidos adjacentes. A TC e o ultrassom endoscópico são usados, porém muitas vezes a TC não consegue identificar com precisão as extremidades da lesão. A PET/CT permite a caracterização do volume metabólico ativo tumoral, com boa correspondência histopatológica, permitindo melhor visualização do volume maligno.

Acompanhamento

Não há benefício comprovado no acompanhamento por imagem, porém a PET/CT pode ser importante naqueles pacientes com suspeita clínica, principalmente em

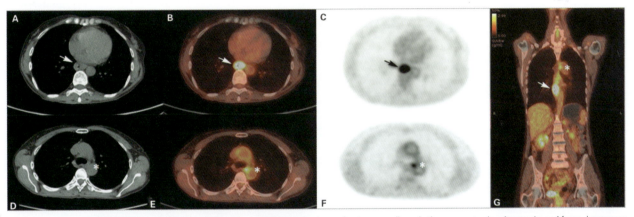

Figura 1 Exame de PET/CT com ^{18}FDG solicitando estadiamento de paciente com diagnóstico recente de câncer de esôfago. Imagens no plano axial: tomografia computadorizada (A e D), imagens de fusão PET/CT (B e E), imagens de PET (C e F) e imagem de fusão PET/CT no plano coronal (G). As imagens mostram área de espessamento concêntrico das paredes do esôfago médio com incremento do metabolismo glicolítico (seta), correspondendo ao processo neoplásico primário e a um linfonodo paratraqueal esquerdo, nível 4L (*) altamente suspeito para acometimento secundário.

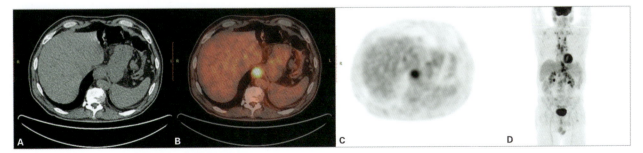

Figura 2 Exame de PET/CT com ^{18}FDG solicitando estadiamento de paciente com diagnóstico recente de câncer de esôfago. Imagens no plano axial: tomografia computadorizada (A), imagens de fusão PET/CT (B), imagens de PET (C) e imagem MIP (projeção das imagens compostas com a intensidade máxima) de PET (D). As imagens mostram área de espessamento concêntrico das paredes do esôfago distal com incremento do metabolismo glicolítico (A, B e C) correspondendo ao processo neoplásico primário e a múltiplos linfonodos mediastinais e infradiafragmáticos (cadeia hepatogástrica), indicativo de acometimento neoplásico secundário.

razão de sua alta sensibilidade nesse contexto. Entretanto, é preciso ter em mente o elevado número de falsos-positivos na região de perianastomose, ocasionado pela elevada incidência de processos inflamatórios locais que cursam com incremento do metabolismo glicolítico.

Biliografia sugerida

1. Erasmus JJ, Rohren EM, Roland Hustinx R. PET and PET/CT in the diagnosis and staging of esophageal and gastric cancers. PET Clin. 2008;3:135-45.
2. Goense L, van Rossum PSN, Reitsma JB, Lam MG, Meijer GJ, van Vulpen M, et al. Diagnostic performance of 18F-FDG PET and PET/CT for the detection of recurrent esophageal cancer after treatment with curative intent: a systematic review and meta-analysis. J Nucl Med. 2015;56:995-1002.
3. Kim TJ, Lee KH, Kim YH, Sung SW, Jheon S, Cho SK, et al. Postoperative imaging of esophageal cancer: what chest radiologists need to know. Radiographics. 2007;27:409-29.
4. Kwee RM, Marcus C, Sheikhbahaei S, Subramaniam RM. PET with fluorodeoxyglucose F 18 /computed tomography in the clinical management and patient outcomes of esophageal cancer. PET Clin. 2010;10:197-205.
5. Wachsmann JW, Gerbaudo VH. Thorax normal and benign pathologic patterns in FDG-PET/CT imaging. PET Clin. 2014;9:147-68.

14

PET/CT no câncer de fígado e vias biliares

Carla Rachel Ono
Carlos Alberto Buchpiguel
Heitor Naoki Sado
Marcelo Tatit Sapienza

Hepatocarcinoma

Lesões malignas primárias hepáticas constituem uma das principais causas de morte oncológicas no mundo. Os hepatocarcinomas representam quase 90% dos casos. Frequentemente associados à hepatopatia crônica, apresentam taxas de sobrevida em 5 anos entre 5 e 20% e de sobrevida média de 6 a 20 meses. Acomete mais homens que mulheres, sobretudo entre 60 e 70 anos de idade. Pelo menos metade dos pacientes apresenta cirrose hepática, principalmente por etilismo ou hepatite crônica pelos vírus B e C. Outras causas de cirrose são doença hepática gordurosa não alcoólica, cirrose biliar primária, colangite esclerosante, uso de esteroides androgênicos, hemocromatose, doença de Wilson e outras doenças de depósito, sendo a esquistossomose também um fator de risco para o hepatocarcinoma.

Papel da PET/CT com [18]FDG

A tomografia por emissão de pósitrons/tomografia computadorizada (PET/CT) com [18]FDG apresenta baixa capacidade de detecção tumoral, porém deve-se ressaltar que o hepatocarcinoma de alto grau e pouco diferenciado exibe hipermetabolismo glicolítico evidente. Já os hepatocarcinomas bem diferenciados têm captação da glicose marcada minimamente aumentada ou idêntica à dos hepatócitos do parênquima adjacente, pois há baixa expressão de receptores GLUT-1, havendo dificuldade de detecção tumoral e taxas de até 50% de falsos-negativos.

Estadiamento

Sua principal aplicação é na detecção de doença extra-hepática. Estudos sugerem que o método oferece valor incremental à tomografia computadorizada (TC), na identificação de metástases, tendo impacto no manejo dos pacientes. Pode ser interessante na exclusão de doença extra-hepática nos casos equívocos por TC ou ressonância magnética (RM). Os principais sítios metastáticos são linfonodos, pulmão, esqueleto e cérebro.

Detecção de recorrência e avaliação prognóstica

Estudos sugerem a aplicação da PET/CT com [18]FDG em suspeitas de recorrência após ressecção cirúrgica e terapias ablativas e de embolização ou em pacientes com elevação dos níveis séricos de alfafetoproteína sem alterações nos outros métodos de imagem. No entanto, é importante salientar que pode ocorrer incremento do metabolismo glicolítico em forma de halo ao redor do local da manipulação hepática até 6 meses após os procedimentos. Nesses casos, áreas de acúmulo da glicose marcada de aspecto focal levantariam as suspeitas para recidiva local. Mais estudos são necessários para validar essa aplicação, e atualmente o uso rotineiro do método na detecção de doença recorrente não é indicado pelas principais diretrizes.

Acentuada avidez à glicose marcada indicaria pior prognóstico, o que é plausível considerando-se a biologia molecular dos tumores, uma vez que hepatocarcinomas indiferenciados e de alto grau demonstram maior expressão de receptores GLUT-1 e, portanto, maior incremento do metabolismo glicolítico.

Colangiocarcinoma

Cânceres das vias biliares, ou colangiocarcinomas, são raros, representando menos de 5% dos tumores gastrointestinais. O subtipo histológico mais comum é o adenocarcinoma (> 90% dos casos), que é o segundo tipo mais comum de câncer do fígado, após os hepatocarcinomas. Os colangiocarcinomas originam-se nos colangiócitos, células epiteliais da árvore biliar, em qualquer localização ao longo das vias biliares. Os tumores mais incidentes são os de colédoco (33-40% dos casos) e do ducto hepático comum (30-32%), seguidos pelos pela confluência dos ductos biliares hepáticos e, por fim, do ducto cístico.

Cerca de 20% dos cânceres primários hepáticos são colangiocarcinomas, com acometimento sobretudo entre os 60 e 70 anos de idade. Associam-se a diversos processos inflamatórios e infecciosos das vias biliares, como colangite esclerosante primária, colangite piogênica recorrente por hepatolitíase, doença de Caroli e cistos de colédoco, exposição a toxinas e infecções virais (HIV, hepatites B e C e Epstein-Barr).

Papel da PET/CT com [18]FDG

A avidez pela glicose marcada pelos colangiocarcinomas varia de acordo com os seus tipos:

- Formadores de massa:
  - Normalmente, exibem muita expressão de receptores GLUT-1, demonstrando acentuada avidez pela glicose marcada.
  - Em geral, demonstram maiores dimensões e áreas centrais de necrose e fibrose, acarretando padrões heterogêneos de distribuição da glicose marcada.
- Periductais infiltrativos:
  - O grau de acúmulo da glicose marcada é proporcional às células tumorais, havendo bastante tecido fibroso, o que pode reduzir o grau de hipermetabolismo glicolítico e a sensibilidade do método nesse subtipo de colangiocarcinoma.
  - Processos inflamatórios (colangite), manipulação cirúrgica e inserção de *stents* podem causar aumento do metabolismo glicolítico e causar confusão com neoplasia. Nesses casos, é importante a identificação desses antecedentes na anamnese, eventualmente indicando a realização do exame em dois tempos (*dual time*): as imagens tardias, obtidas após mais de 90 minutos da administração da [18]FDG, podem ajudar a diferenciar os processos inflamatórios dos neoplásicos, já que estes últimos demonstram tendência a aumento da intensidade de captação nas imagens tardias em relação às imagens precoces.
- Intraductais:
  - Tumores de baixo grau, de dimensões reduzidas e com alto conteúdo de mucina.
  - Não apresentam elevada avidez à glicose marcada.
  - PET/CT com [18]FDG apresenta menor aplicabilidade.

Estadiamento

A PET/CT com [18]FDG tem importante papel no estadiamento linfonodal e na detecção de metástases a distância. Para o estadiamento N, aparentemente, demonstra valores de especificidade e de acurácia maiores que os da TC com contraste.

Para o estadiamento M, apresenta a vantagem de avaliar o corpo inteiro, sendo capaz de detectar os principais sítios de metástases: hepáticas, pulmonares, peritoneais, ósseas e adrenais.

Detecção de recorrência

Estudos têm demonstrado dados de que a PET/CT com [18]FDG tenha utilidade no acompanhamento após tratamento cirúrgico, radioterápico ou sistêmico, porém ainda sendo necessária a confirmação dos dados por estudos mais robustos.

Tratamento de lesões hepáticas com microesferas marcadas com [90]Y

Como opção para a radio embolização hepática, há as microesferas marcadas com ítrio-90 (^{90}Y), que é um emissor de partículas beta, com partículas de energia média de 0,93 MeV, e máxima de 2,27 MeV, penetração tecidual média de 2,5 mm e máxima de 11 mm, e meia-vida física de 64,2 horas. Em razão de seu poder embólico, é possível distribuir doses tumorais de 50-150 Gy a até > 1.000 Gy, de forma segura para os tecidos adjacentes.

Este é um tratamento multidisciplinar que envolve várias etapas, como a seleção do paciente para o procedimento, com participação do oncologista e/ou cirurgião responsável pelo paciente, avaliação da nutrição arterial do tumor feita pelo radiologista intervencionista, e a determinação da atividade a ser administrada no paciente que é feita pelo médico nuclear.

Uma vez definida esta opção terapêutica pela equipe médica em concordância com o paciente, ele é submetido à arteriografia para se selecionar o melhor segmento arterial para distribuir a medicação no tumor e minimamente para o restante do fígado. Nessa arteriografia, após selecionar a artéria "ideal", é feita a administração de macroagregado de albumina marcado com tecnécio-99m, com o objetivo de se realizar a cintilografia de corpo inteiro, com intervalo de cerca de 1 hora após o término da arteriografia. Essa cintilografia é utilizada para descartar atividade extra-hepática abdominal e quantificar o *shunt* fígado-pulmão. Este *shunt* é decorrente do escape de microesferas radioativas, administradas por via intra-arterial na arteriografia hepática, para o pulmão decorrente de *shunts* arteriovenosos intratumorais.

Em geral, a seleção de pacientes inclui lesões hepáticas irressecáveis, em pacientes com doença predominantemente hepática, não candidatos a quimioterapia ou terapias sistêmicas, tendo função hepática preservada e expectativa de vida superior a 3 meses. Gravidez e amamentação contraindicam o tratamento de forma absoluta. As indicações têm sido para tratamentos de tumores hepáticos primários e também para metástases hepáticas.

No hepatocarcinoma, uma metanálise que incluiu 14 estudos demonstrou até 80% de resposta pelo menos parcial, demonstrando sobrevida média variando de 7,1 a 21 meses. Para metástases, as taxas de resposta são variáveis de acordo com a histologia do tumor primário, se usado como primeira linha de tratamento ou como terapia de resgate. Para metástases de carcinoma colorretal, quando usado como primeira linha, a literatura demonstra taxas de resposta de 91 a 44%, com sobrevida global de até 29,4 meses, enquanto quando usado para terapia de resgate as taxas de resposta variam de 47 a 12,5%, com sobrevida global encontrada de até 15,2 meses.

Por se tratarem de doenças avançadas ou com arsenal terapêutico bastante restrito, a radioembolização hepática pode ser alternativa interessante para o controle da doença, ainda que seu potencial curativo seja muito limitado.

Bibliografia sugerida

1. Ahmadzadehfar H, Biesarck HJ, Ezziddin S. Radioembolization of liver tumors with Ytrium 90 microespheres. Semin Nucl Med. 2010;40:105-21.
2. Carr BI. Hepatic arterial 90Yttrium glass microsphres (therasphere) for unresectable hepatocellular carcinoma: interim safety and survival data on 65 patients. Liver Transpl. 2004;10(2 Suppl 1):S107-S110.
3. Esteves FP, Schuster DM, Halkar RK. Gastrointestinal tract malignancies and positron emission tomography: an overview. Semin Nucl Med. 2006;36(2):169-81.
4. Hillner BE, Siegel BA, Shields AF, Liu D, Gareen IF, Hunt E, et al. Relationship between cancer type and impact of PET and PET/CT on intended management: findings of the NOPR. J Nucl Med. 2008;49(12):1928-35.
5. Lee JD, Kang WJ, Yun M. Primary cancer of the liver and biliary duct. PET Clin. 2008;3(2):169-86.
6. Parikh U, Marcus C, Sarangi R, Taghipour M, Subramaniam RM. FDG PET/CT in pancreatic and hepatobiliary carcinomas: value to patient management and patient outcomes. PET Clin. 2015;10(3):327-43.
7. Van de Wiele C, Maes A, Brugman E, D'Asseler Y, De Spiegeleer B, Mees G, et al. SIRT of liver metastases: physiological and pathophysiological considerations. Eur J Nucl Med Mol Imaging. 2012;39:1646-55.

PET/CT no câncer de pâncreas

Carla Rachel Ono
Carlos Alberto Buchpiguel
Heitor Naoki Sado
Marcelo Tatit Sapienza

Introdução

O câncer de pâncreas é uma neoplasia com prognóstico reservado e alta taxa de mortalidade, sendo responsável por cerca de 4% do total de mortes relacionadas ao câncer no Brasil. É mais comum em homens e tem como possíveis fatores de risco o tabagismo, a obesidade e a dieta ocidental rica em gorduras. Cerca de 10% dos pacientes apresentam história familiar positiva e mais comumente está associado ao oncogene *KRAS* ativado.

O adenocarcinoma ductal pancreático corresponde a 95% dos casos e é a forma mais agressiva das neoplasias pancreáticas. A maioria dos pacientes é assintomática, e quando presentes, os sintomas são geralmente inespecíficos e associados aos estágios mais avançados. Os sintomas mais comuns são dor abdominal, perda de peso, anorexia e icterícia. Por conseguinte, menos de 30% dos casos são ressecáveis no momento do diagnóstico. Na doença localmente avançada, a sobrevida é de 13 a 15 meses e menor do que 6 meses na doença metastática.

As células tumorais do carcinoma pancreático possuem aumento da expressão de GLUT-1 em superfície de membrana, dessa forma permitindo sua avaliação metabólica pela glicose marcada. Classicamente, são evidenciadas as áreas focais hipermetabólicas, porém hipercaptções difusas também podem ser encontradas. O método hoje tem um papel complementar ao da tomografia computadorizada (TC) na propedêutica desses pacientes. A tomografia por emissão de pósitrons/tomografia computadorizada (PET/CT) também tem utilidade para guiar sítio de biópsia, já que muitas vezes lesões benignas e malignas podem coexistir.

Indicações clínicas

Diagnóstico

A PET/CT atualmente não faz parte do arsenal de métodos de imagem no diagnóstico inicial do câncer de pâncreas, porém pode ter um papel complementar em casos duvidosos. Alguns estudos relatam especificidade e sensibilidade superiores a 90%.

Estadiamento

As diretrizes da National Comprehensive Cancer Network (NCCN) reconhecem a utilidade da PET/CT no estadiamento do adenocarcinoma de pâncreas, mas ressaltam que esse método não é uma técnica substituta da TC, mas que podem ser usados em conjunto. Segundo alguns autores, a PET/CT pode alterar a conduta em relação ao tratamento dos pacientes em até 40% dos casos, principalmente evitando procedimentos cirúrgicos de altas morbidade e mortalidade.

PET/CT com [18]FDG na avaliação do estádio T

A TC ou ressonância magnética com uso de contraste endovenoso é fundamental para o estadiamento T e a PET/CT até o presente momento não é indicada com esse objetivo.

PET/CT com [18]FDG na avaliação do estádio N

A TC é a modalidade de escolha.

A PET/CT hoje tem pouco papel no estadiamento N, com sensibilidade de 46-71% e especificidade de 63-100%. Os linfonodos peripancreáticos muito próximos ao tumor podem ter sua captação mascarada pelo efeito penumbra da lesão primária, enquanto os linfonodos positivos devem ser confirmados histologicamente quando possível, já que o índice de falso-positivo é alto, como a presença de incremento do metabolismo glicolítico em linfonodos inflamatórios após procedimento em vias biliares.

PET/CT com [18]FDG na avaliação do estádio M

É o principal campo de atuação da PET/CT com [18]FDG no estadiamento do adenocarcinoma de pâncreas.

Os sítios mais frequentes de metástases são: fígado, peritônio, pulmões e ossos. A PET/CT apresenta resultados superiores aos da TC, notadamente na detecção de implantes peritoneais. Porém, deve-se ter atenção às lesões hepáticas menores do que 1 cm, fonte comum de falso-negativo pelos limites de resolução espacial do método. Caso haja suspeita, recomenda-se estudo de ressonância magnética com protocolo específico.

PET/CT com ^{18}FDG na avaliação de controle de resposta terapêutica

A doença irressecável é tratada com quimioterapia associada ou não à radioterapia, e a efetividade do tratamento é comumente feita por meio dos critérios do RECIST (maior diâmetro da lesão mensurável) e dosagem sérica do marcador tumoral CA 19-9. Alguns estudos têm mostrado que a análise semiquantitativa trazida pelo SUV (*standard uptake value*) máximo pode ser considerada preditora de boa resposta, bem como pode se relacionar diretamente com os níveis séricos de CA 19-9. Muitas vezes, a avaliação por imagem dos pacientes submetidos à ressecção cirúrgica é prejudicada em razão das diversas alterações inerentes ao tratamento e da anatomia complexa pós-procedimento cirúrgico. Dessa forma, a identificação de áreas ávidas pela glicose marcada suspeitas pode direcionar o manejo desse paciente.

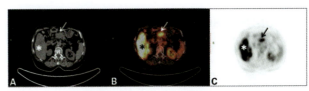

Figura 1 Exame de PET/CT com ^{18}FDG para avaliação de paciente com câncer de pâncreas. Imagens no plano axial: tomografia computadorizada (A), PET/CT (B) e PET (C). As imagens demonstram lesão nodular com atenuação de partes moles no corpo do pâncreas com incremento do metabolismo glicolítico (seta), compatível com a neoplasia primária e várias áreas de acentuado incremento do metabolismo glicolítico no fígado (*), compatíveis com acometimento secundário.

PET/CT com no acompanhamento

Marcadores tumorais séricos como CA 19-9 são sensíveis para detecção da recorrência tumoral. Porém, nas imagens seccionais, muitas vezes é difícil diferenciar recorrência de alterações induzidas pela terapia (cirurgia ou radioterapia). A literatura traz poucos trabalhos que demonstram o papel da PET/CT nesse contexto, mas os resultados são promissores, sendo provavelmente a principal indicação para a PET/CT quando o paciente apresenta-se com marcadores tumorais positivos e achados inconclusivos na TC.

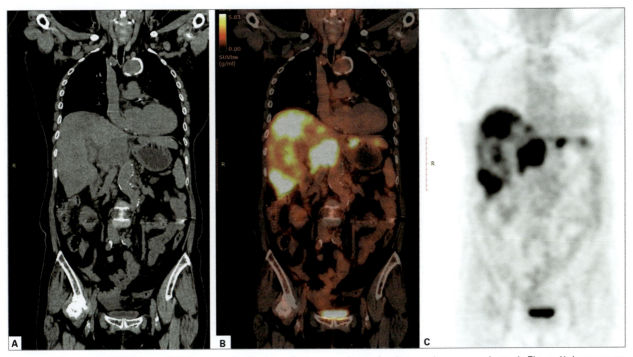

Figura 2 Exame de PET/CT com ^{18}FDG para avaliação de paciente com câncer de pâncreas (mesmo paciente da Figura 1). Imagens no plano coronal: tomografia computadorizada (A), PET/CT (B) e PET (C). As imagens demonstram várias áreas de acentuado incremento do metabolismo glicolítico no fígado, compatíveis com acometimento secundário.

Bibliografia sugerida

1. Ergul N, Gundogan C, Tozlu M, Toprak H, Kadıoglu H, Aydin M, et al. Role of (18)F-fluorodeoxyglucose positron emission tomography/computed tomography in diagnosis and management of pancreatic cancer; comparison with multidetector row computed tomography, magnetic resonance imaging and endoscopic ultrasonography. Revista Espanola de Medicina Nuclear e Imagen Molecular. 2013;33(3):159-64.

2. Lee JW, Kang CM, Choi HJ, Lee WJ, Song SY, Lee J-H, et al. Prognostic value of metabolic tumor volume and total lesion glycolysis on preoperative 18F-FDG PET/CT in patients with pancreatic cancer. J Nuclear Med. 2014;55(6):898-904.

3. Low G, Panu A, Millo N, Leen E. Multimodality imaging of neoplastic and nonneoplastic solid lesions of the pancreas. Radiographics. 2011;31(4):993-1015.

4. Pakzad F, Groves AM, Ell PJ. The role of positron emission tomography in the management of pancreatic cancer. Semin Nuclear Med. 2006;36(3):248-56.

5. Sahani DV, Bonaffini PA, Catalano OA, Guimaraes AR, Blake MA. State-of-the-art PET/CT of the pancreas: current role and emerging indications. Radiographics. 2012;32:1133-58.

PET/CT no câncer de estômago

Carla Rachel Ono
Carlos Alberto Buchpiguel
Heitor Naoki Sado
Marcelo Tatit Sapienza

Adenocarcinoma gástrico

As neoplasias gástricas se apresentam como três tipos histológicos mais frequentes: adenocarcinoma – responsável por cerca de 95% dos tumores; linfoma – cerca de 3%; e leiomiossarcoma – menos de 2% dos casos.

Cerca de dois terços dos pacientes diagnosticados com neoplasias malignas de estômago têm mais de 50 anos, com pico de incidência em homens com idade média de 70 anos. No Brasil, representam a terceira causa de câncer entre homens e a quinta entre mulheres.

Histórico familiar e consumo de álcool, tabaco e de alimentos defumados, enlatados, com corantes e conservados em sal são importantes fatores de risco. Conservantes, que se transformam em nitrosaminas, encontrados em alimentos industrializados, estão relacionados à maior incidência de tumores gástricos. Também existe forte associação de câncer de estômago com anemia perniciosa, lesões pré-cancerosas, como gastrite atrófica e metaplasia intestinal, e infecções por *H. pylori*.

Os locais mais comuns do câncer gástrico são:

- Antro – 30%.
- Corpo – 30%.
- Fundo e região da cárdia – 30%.
- Lesões infiltrativas difusas pelas paredes do estômago – 10%.

Papel da PET/CT com [18]FDG

É importante salientar que apenas cerca de 50% dos cânceres gástricos demonstram expressão significativa dos transportadores de glicose GLUT-1, ocorrendo mais frequentemente em carcinomas papilares, tubulares e adenocarcinomas pouco diferenciados sólidos, sobretudo em estágios mais tardios da carcinogênese, relacionando-se a piores prognósticos.

Adenocarcinomas de células em anel de sinete não demonstram habitualmente avidez significativa pela glicose marcada.

Há captação fisiológica da glicose marcada ao longo da mucosa gástrica normal e em condições benignas, como processos inflamatórios. Captação significativa de [18]FDG na junção esofagogástrica também é comum, de natureza benigna na maior parte dos casos: fisiológica, inflamatória ou decorrente da contração da musculatura lisa do esfíncter cárdico. Geralmente, solicita-se correlação com estudo endoscópico em casos de hipercaptação acentuada para avaliação complementar e diagnóstico diferencial.

Para reduzir a taxa de falsos-positivos, é necessária a adequada distensão do estômago com contraste intraluminal iodado ou negativo (água).

Atenção deve ser tomada em relação a eventuais artefatos de corregistro entre as imagens de PET e tomografia computadorizada (TC): contornos e volume gástricos na PET e na TC podem ser diferentes, gerando imagens à fusão que não são perfeitamente superponíveis. Peristaltismo, movimento de fluidos e gases no interior do estômago e esvaziamento do órgão ao longo da aquisição são os motivos desses artefatos. Em caso de incertezas, imagens adicionais localizadas no abdome superior podem diminuir eventuais dúvidas.

A acurácia da PET/CT com [18]FDG no estadiamento de câncer gástrico é de aproximadamente 85%. As diretrizes para estadiamento oncológico da NCCN (The National Comprehensive Cancer Network) incluem indicação de PET/CT para pacientes com câncer gástrico portadores de tumores acima de T1 sem evidências de doença metastática, uma vez que o método é o mais eficiente na detecção de metástases.

A PET/CT com [18]FDG quanto ao estadiamento TNM:

- (T) Não fornece muitas informações em relação ao envolvimento das diferentes camadas da parede gástrica e pode falhar quanto ao acometimento de órgãos adjacentes. Para esse propósito, ultrassonografia endoscópica e TC diagnóstica com contraste são os métodos mais indicados.
- (N) A Associação Japonesa de Câncer Gástrico classifica os linfonodos perigástricos em vinte cadeias, divididos em três grupos. Dependendo dos grupos acometidos, diferentes tipos de linfadenectomia são realizados, portanto, é necessária a caracterização das estações nodais suspeitas de acometimento metastático, tanto por incremento do metabolismo glicolítico quanto por linfonodomegalias, heterogeneidades e alterações morfológicas linfonodais.
- A PET/CT com [18]FDG, apesar de demonstrar especificidade superior a 90% na detecção de metástases nodais, não demonstra grande sensibilidade, inferior a 40%. Por isso, o valor do método no estadiamento N ocorre ao identificar comprometimento linfonodal avançado, situação em que se reduz a quantidade de laparotomias desnecessárias em pacientes com metástases nodais irressecáveis. A PET/CT não traz informações confiáveis nos casos em que se demonstra pouco ou nenhum comprometimento linfonodal.
- (M) A principal indicação do método é a avaliação de metástases a distância, sendo o melhor método da imagem para esse objetivo, demonstrando valores de sensibilidade de 74%, especificidade de 93%, acurácia de 88%, valor preditivo positivo de 81% e valor preditivo negativo de 79%.

Os cânceres gástricos apresentam disseminação hematogênica, sobretudo para o fígado, em razão de sua drenagem portal. Também podem ser acometidos por via hematogênica, adrenais e rins. Por disseminação peritoneal, pode haver acometimento dos ovários (metástase de adenocarcinoma de células em anel de sinete para o ovário – tumor de Krukenberg) e do baço. Envolvimento linfático não regional é considerado M1, sendo a cadeia supraclavicular esquerda (linfonodo de Virchow) a mais habitual. Casos mais avançados podem demonstrar metástases pulmonares e cerebrais e carcinomatose peritoneal.

Detecção de recorrência

A principal aplicabilidade do método na avaliação de recorrência é na avaliação de metástases a distância, porém ainda são necessários mais dados de literatura que comprovem definitivamente a superioridade da PET/CT com [18]FDG em relação à TC diagnóstica com contraste na detecção de recorrência em pacientes com câncer gástrico previamente tratado.

Tumores estromais gastrointestinais

Os tumores estromais gastrointestinais (GIST) são tumores de partes moles de origem mesenquimal. Representam menos de 3% das neoplasias do trato gastrointestinal, com prevalência inferior a dos adenocarcinomas e dos linfomas. Podem ser malignos ou benignos e acometer qualquer segmento do trato gastrointestinal, mais frequentemente no estômago (60%) e no intestino delgado (20%), seguidos por cólon e reto (15%) e esôfago (5%). Geralmente, os tumores se desenvolvem na parede desses órgãos, a partir da camada muscular própria ou muscular da mucosa, ou entre ambas.

A média de idade dos pacientes com GIST é de cerca de 60 anos, e doença nos extremos de idade é infrequente. Não há predileção por sexo. Em geral, cerca de um terço dos GIST são malignos e apresentam tendência à recorrência e ao acometimento metastático. No estômago, os GIST benignos são de três a cinco vezes mais frequentes que os malignos, enquanto as taxas de malignidade são mais altas no intestino.

A maioria das metástases ocorre no fígado e no peritônio, por disseminação hematogênica e propagação peritoneal. Pulmão, pleura, retroperitônio e esqueleto são outras sedes menos frequentes de lesões secundárias. É importante ressaltar que acometimento linfonodal é incomum.

Os principais fatores prognósticos são: tamanho tumoral > 5 cm, ressecabilidade, grau de diferenciação tumoral e localização anatômica do tumor. Encontra-se bem descrita na literatura a associação de GIST com outras neoplasias, principalmente o adenocarcinoma gástrico.

Papel da PET/CT com [18]FDG

A sensibilidade (cerca de 90%) e o valor preditivo positivo (cerca de 98%) da PET/CT com [18]FDG são semelhantes aos da TC contrastada. No estudo pré-tratamento, análise visual e de SUV (*standard uptake value*) são fundamentais, permitindo a avaliação comparativa nos estudos subsequentes de reestadiamento e avaliação de resposta terapêutica. Habitualmente, os GIST demonstram alta avidez pela glicose marcada, o que facilita a localização tumoral e de eventuais sítios metastáticos. Entretanto, há casos com pouca avidez pela [18]FDG, e lesões não captantes podem ser encontradas inclusive em pacientes que apresentam outras lesões ávidas pelo radiofármaco, geralmente representando lesões com necrose e hemorragia central.

A PET/CT com [18]FDG quanto ao estadiamento TNM:

- (T) Em geral, a PET/CT tem papel limitado, quando habitualmente utilizando TC não diagnóstica e sem

contraste intravenoso e oral. A possibilidade de artefatos por movimentação respiratória e efeito de volume parcial merece atenção na análise do abdome superior.
- (N) Apesar de o acometimento linfonodal ser incomum, os métodos de imagem mostram-se pouco acurados no estadiamento N. A PET/CT com ^{18}FDG demonstra baixo desempenho, similar ao da TC e da ressonância magnética.
- (M) É a principal vantagem do estadiamento com PET/CT com ^{18}FDG, que tem boa capacidade de detecção de metástases a distância.

Avaliação de resposta terapêutica

Acredita-se que os GIST sejam provenientes das células intersticiais de Cajal, complexa rede celular que desempenha ação semelhante a um "marca-passo", proporcionando motilidade ao sistema gastrointestinal. Tanto as células de Cajal quanto os GIST expressam um receptor tirosina-quinase transmembrana chamado receptor

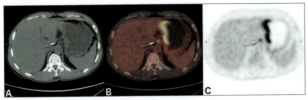

Figura 1 Exame de PET/CT com ^{18}FDG para avaliação de paciente com câncer gástrico. Imagens no plano axial: tomografia computadorizada (A), PET/CT (B) e PET (C). As imagens demonstram incremento acentuado do metabolismo glicolítico em espessamento parietal da curvatura menor gástrica, compatível com a neoplasia primária. Há também incremento do metabolismo glicolítico em linfonodo subcentimétrico hepatogástrico (seta), suspeito para acometimento secundário.

Figura 2 Exame de PET/CT com ^{18}FDG para avaliação de paciente com GIST gástrico. Imagens no plano axial: tomografia computadorizada (A), PET/CT (B) e PET (C). As imagens demonstram incremento acentuado do metabolismo glicolítico em acentuado espessamento parietal difuso do corpo gástrico, compatível com o GIST gástrico.

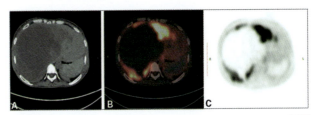

Figura 4 Exame de PET/CT com ^{18}FDG de paciente com GIST de alça de delgado operado, evoluindo com metástases hepáticas em tratamento quimioterápico, com o objetivo de avaliar a atividade de doença. Imagens no plano axial: tomografia computadorizada (A), PET/CT (B) e PET (C). As imagens demonstram incremento acentuado do metabolismo glicolítico na periferia de extensa lesão hepática ocupando o lobo direito, estendendo-se para lesões hipoatenuantes nos segmentos laterais do lobo hepático esquerdo, compatível com atividade de doença secundária no fígado. A região central da lesão em lobo direito apresenta-se hipoatenuante na tomografia computadorizada e apresenta-se desprovida de atividade metabólica glicolítica.

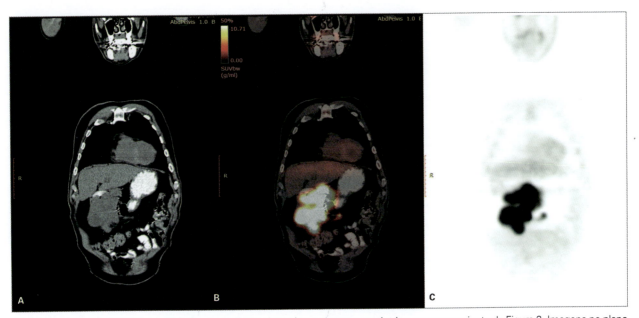

Figura 3 Exame de PET/CT com ^{18}FDG para avaliação de paciente com tumor gástrico, mesmo paciente da Figura 2. Imagens no plano coronal: tomografia computadorizada (A), PET/CT (B) e PET (C). As imagens demonstram incremento acentuado do metabolismo glicolítico em acentuado espessamento parietal difuso do corpo gástrico, compatível com o GIST gástrico, com extensão para o duodeno.

c-Kit (CD117), responsável por proliferação, apoptose e diferenciação celular, e nos GIST ocorre mutação no proto-oncogene responsável por esse receptor. Assim, foi possível desenvolver tratamento mais eficaz com inibidores seletivos da tirosina quinase expressa na proteína c-Kit, utilizado com sucesso em tumores inoperáveis. Atualmente, o mesilato de imatinib é o tratamento mais comum.

A principal aplicação da PET/CT ^{18}FDG nos GIST é a avaliação de resposta terapêutica e seu papel prognóstico, notadamente em pacientes tratados com imatinib, nos quais a resposta metabólica avaliada pela PET/CT ^{18}FDG pode antecipar em semanas a detecção de resposta por métodos anatômicos. A intensidade de captação de ^{18}FDG após a terapia deve ser avaliada em relação ao estudo basal. É importante salientar que nos cerca de 20% dos casos em que os tumores não demonstram avidez à glicose marcada no estudo de estadiamento a PET/CT com ^{18}FDG não deve ser utilizada na avaliação de resposta.

Bibliografia sugerida

1. Donswijk ML, Hess S, Mulders T, Lam MG. [18F]Fluorodeoxyglucose PET/computed Tomography in Gastrointestinal Malignancies. PET Clin. 2014;9(4):421-41.
2. Le Roux PY, Duong CP, Cabalag CS, Parameswaran BK, Callahan J, Hicks RJ, et al. Incremental diagnostic utility of gastric distension FDG PET/CT. Eur J Nucl Med Mol Imaging. 2016;43(4):644-53.
3. Malibari N, Hickeson M, Lisbona R. PET/computed tomography in the diagnosis and staging of gastric cancers. PET Clin. 2015;10(3):311-26.
4. Van den Abbeele AD. The lessons of GIST-PET and PET-CT: a new paradigm for imaging. Oncologist. 2008;13(Suppl 2):8-13.

17

Esôfago e estômago

Tiago Oliveira Morita

Métodos de imagem

O exame contrastado do esôfago, estômago e duodeno (ou simplesmente EED) permite avaliação de diversas patologias desde o esôfago cervical até o ângulo de Treitz. Como em qualquer exame radiológico, é fundamental a realização de uma anamnese dirigida, relacionada às queixas do paciente: se há disfagia, queimação retroesternal, odinofagia ou outras queixas dispépticas; se o paciente já fez cirurgias, como fundoplicatura, cardiomiotomia, esofagectomia etc.; se existem condições associadas, como doença de Chagas, doenças neurológicas com risco de aspiração, esclerodermia, diagnóstico endoscópico prévio de esôfago de Barrett ou de neoplasia esofágica ou gástrica; se há histórico de reação ao meio de contraste baritado ou iodado.

O meio de contraste a ser utilizado para o EED depende de algumas situações clínicas, a saber:

O meio de contraste à base de sulfato de bário deve ser utilizado na maioria dos exames, inclusive quando houver história de cirurgia do trato gastrointestinal e o paciente já estiver com dieta por via oral e sem sintomas, bem como nas condições em que há suspeita de aspiração, visto que o meio de contraste iodado exerce maior efeito osmótico na luz das vias aéreas, o que pode contribuir para obstrução mecânica.

O meio de contraste iodado deve ser utilizado quando há história de reação prévia ao meio de contraste baritado, se o paciente fez cirurgia recente do trato gastrointestinal e ainda está em jejum por via oral ou quando há suspeita de fístulas ou perfurações para a cavidade abdominal.

O EED proporciona uma avaliação dinâmica do processo de deglutição e da passagem do bolo alimentar pelo trato gastrointestinal alto, sendo fundamental a análise das imagens de fluoroscopia nos distúrbios de motilidade esofágica. O exame é realizado em ortostase e em decúbitos oblíquos (para eliminar a sobreposição da coluna vertebral em relação ao esôfago), sempre incluindo manobras para pesquisa de hérnia de hiato e de refluxo gastroesofágico. Quando o exame é direcionado para avaliação de hérnia de hiato ou estenose esofágica, pode-se utilizar o meio de contraste simples (apenas com meio de contraste baritado), mas quando o foco do exame é a avaliação da mucosa gástrica ou esofágica, o ideal é realizar o exame com duplo contraste (contraste baritado e gás), que pode ser obtido com a utilização de sal de frutas.

Os métodos seccionais permitem melhor caracterização de alterações identificadas em outros exames e são importantes no estadiamento das neoplasias pela possibilidade de avaliação da extensão do tumor além da parede do esôfago e do estômago, bem como pela detecção de metástases à distância. A tomografia computadorizada (TC) é utilizada na maioria dessas situações em virtude da acessibilidade, do menor custo, da alta resolução espacial e da menor suscetibilidade a artefatos de peristalse em relação à ressonância magnética (RM), que em geral é reservada para casos específicos, como nas situações em que há alguma contraindicação ao meio de contraste iodado endovenoso.

De rotina, qualquer tomografia computadorizada do abdome deve ser realizada com distensão gástrica adequada para que seja possível a identificação de áreas de espessamento parietal verdadeiro (evitando a presença de "pseudoespessamentos" causados por pregas não distendidas). Se o objetivo do exame é a avaliação do estômago, a distensão da câmara gástrica deve ser feita preferencialmente com meio de contraste oral negativo (como a água), para que não haja prejuízo na identificação de áreas de realce anômalo na parede gástrica. Três copos de água (600 a 750 mL) na sala de exame, logo antes do posicionamento do paciente na mesa, são suficientes para se obter distensão adequada na maioria dos casos. No contexto de pós-operatório do abdome superior com suspeita de fístula gástrica ou entérica, o meio de contraste iodado diluído por via oral pode ser utilizado para aumentar a sensibilidade do método. O contraste iodado endovenoso pode ser administrado a um volume de 1,5 mL/kg com fluxo de 4 mL/s, sendo importante a aquisição de uma fase arterial do abdome superior e uma fase portal do abdome superior e da pelve. Quando for feita aquisição do tórax, esta pode ser feita na mesma fase portal em uma aquisição única.

Anatomia do esôfago

O esôfago tem a função de conduzir o bolo alimentar da faringe até o estômago e constitui uma estrutura tubular que se inicia na região cervical no plano do músculo cricofaríngeo (aproximadamente no nível de C5-C6), apresenta um segmento torácico mais extenso ao longo do mediastino posterior, em localização anterolateral direita em relação à aorta descendente, e um curto segmento no abdome superior no plano da transição esofagogástrica.

A parede esofágica possui as camadas mucosa, submucosa e muscular própria e, diferentemente das demais porções do tubo digestivo, não há uma camada serosa verdadeira, mas apenas uma fina camada de tecido conjuntivo, o que facilita a disseminação de neoplasias e infecções para os tecidos adjacentes. A mucosa é composta por epitélio escamoso estratificado, que apresenta poucas glândulas em comparação com o resto do tubo digestivo. A camada muscular própria possui dois componentes, um mais externo com fibras longitudinais e outro mais interno com fibras circunferenciais, e a musculatura no terço superior (especialmente no esôfago cervical) é constituída de músculo estriado e nos dois terços inferiores de músculo liso.

Impressões extrínsecas normais podem ser observadas no esofagograma no plano do arco aórtico, do brônquio-fonte esquerdo e do átrio esquerdo. Algumas variações anatômicas, como a presença de uma artéria subclávia direita aberrante, com trajeto posterior ao esôfago também pode causar uma impressão extrínseca típica, de aspecto regular ascendente em direção à direita do paciente (Figura 1).

O segmento mais inferior do esôfago tem morfologia algo sacular, é conhecido como vestíbulo esofágico (ou ampola frênica) e apresenta um "anel A" superiormente, que representa o plano de transição entre a morfologia tubular e esse segmento distal com morfologia mais sacular. O "anel B" é uma incisura, comumente assimétrica, no plano da transição entre o epitélio escamoso do esôfago e o epitélio colunar do estômago, que eventualmente pode ser observado nos estudos radiológicos contrastados. A linha Z é uma linha fina e irregular que está no mesmo plano do anel B (da transição epitelial), e pode ser observada em alguns estudos radiológicos com duplo contraste.

Há uma certa mobilidade da transição esofagogástrica, e durante a deglutição, o anel B e a linha Z podem ser observados até 1,5 cm acima do hiato esofágico, em virtude do encurtamento do esôfago causado pelas contrações.

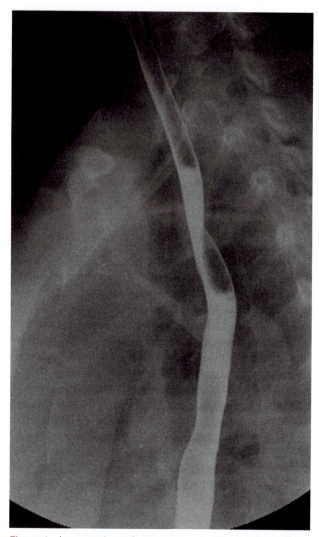

Figura 1 Imagem de esofagograma em incidência lateral oblíqua evidencia uma impressão extrínseca regular na parede posterior do esôfago, causada pela presença de uma artéria subclávia direita aberrante.

O esfíncter esofágico inferior não tem uma representação anatômica verdadeira, mas é definido como uma área de alta pressão com extensão de 2-4 cm no vestíbulo esofágico, identificado apenas em estudos de manometria.

O suprimento arterial do esôfago torácico se dá por artérias brônquicas e esofágicas, que se originam na aorta e formam uma rede anastomótica com ramos da artéria tireóidea inferior, que suprem o esôfago cervical e com ramos ascendentes das artérias gástrica esquerda e frênicas, que suprem o esôfago abdominal. A drenagem venosa é mista (sistêmica e portal) e ocorre através das veias esofágicas para o sistema ázigos no esôfago torácico, para a veia tireóidea inferior no esôfago cervical e para tributárias da veia gástrica esquerda no esôfago abdominal. O esôfago apresenta uma extensa rede linfática submucosa, com drenagem para linfonodos cervicais profundos no segmento cervical, para linfonodos mediastinais posteriores no segmento torácico e para linfonodos gástricos esquerdos no segmento abdominal.

Anatomia do estômago

O estômago, além de conduzir o bolo alimentar do esôfago ao duodeno, também funciona como um reservatório com formato em "J", que promove a mistura e o início da digestão enzimática dos alimentos. Pode ser dividido em cárdia, fundo, corpo e região antropilórica. O cárdia é a região da transição esofagogástrica; o fundo apresenta morfologia em domo e se projeta superiormente e à esquerda do cárdia, em contato com a cúpula frênica esquerda; o corpo é o maior segmento gástrico, formando uma curva com orientação inferior e para a direita, apresentando a pequena curvatura como sua margem superior e a grande curvatura como sua margem inferior e se estende desde o fundo até o plano da incisura *angularis*, que está localizada na pequena curvatura; o antro é o segmento distal que fica entre a incisura *angularis* e o piloro, que por sua vez atua como um esfíncter com cerca de 1-2 cm de comprimento, controlando o esvaziamento gástrico.

Há quatro camadas na parede do estômago: a mucosa é o revestimento interno, com epitélio colunar, que apresenta uma transição abrupta no cárdia em relação ao epitélio estratificado do esôfago e possui glândulas com células especializadas, com distribuição variada ao longo da parede gástrica; a submucosa é composta por tecido conjuntivo para dar suporte à mucosa e possui uma rica rede linfática, de estruturas vasculares e de plexos nervosos; a camada muscular própria no estômago possui três componentes, um oblíquo (mais interno), um circular e um longitudinal (mais externo); a serosa é o revestimento mais externo e corresponde ao peritônio visceral, que recobre praticamente todo o órgão.

As pregas gástricas são dobras que surgem no revestimento interno do estômago (compostas por mucosa e submucosa) apenas quando o estômago não está distendido, não representando áreas de espessamento parietal verdadeiro. A superfície mucosa do estômago assume um aspecto poligonal, que é conhecido como *areae gastricae*, que pode ser observada no EED com duplo contraste em até 70% dos indivíduos com um padrão reticulado, com 2-5 mm de diâmetro.

O estômago possui dimensões e posição variáveis a depender do indivíduo, do decúbito, do grau de distensão, da respiração etc. Está suspenso na cavidade peritoneal por diversos ligamentos, que nada mais são do que reflexões do peritônio originadas no processo de desenvolvimento do mesogástrio ventral e dorsal durante a embriogênese. Esses ligamentos promovem uma comunicação direta entre o estômago, o fígado, o pâncreas, o baço e o cólon transverso e são importantes vias na disseminação de doenças. O ligamento hepatogástrico se estende desde o cárdia e a pequena curvatura até a superfície hepática, insinuando-se para a fissura do ligamento venoso e ao pilar diafragmático direito. O ligamento hepatoduodenal é a continuação inferior do ligamento hepatogástrico (juntos formam o pequeno omento) e se estende desde a primeira e segunda porções do duodeno ao hilo hepático. O ligamento gastroesplênico se estende desde a porção posterolateral da região fúndica e do aspecto superior da grande curvatura até o hilo esplênico. O ligamento esplenorrenal é uma continuação do ligamento gastrosplênico e se estende do hilo esplênico à cauda do pâncreas. O ligamento gastrocólico (ou omento supracólico) se estende desde a grande curvatura do estômago até a borda anterossuperior do cólon transverso e continua inferiormente como o grande omento, recobrindo as alças delgadas e cólicas na cavidade peritoneal.

O suprimento arterial do estômago é feito por ramos do tronco celíaco. A artéria gástrica esquerda (que é ramo direto do tronco celíaco) e a artéria gástrica direita (que é ramo da artéria hepática própria) cursam ao longo da pequena curvatura. A artéria gastroepiploica esquerda (que é ramo da artéria esplênica) e a artéria gastroepiploica direita (que é ramo da artéria gastroduodenal) cursam ao longo da grande curvatura. As artérias gástricas curtas (ramos da artéria esplênica) suprem a região fúndica. Há uma ampla rede anastomótica entre esses vasos ao longo da pequena e da grande curvatura e variações anatômicas são comuns, como a presença de uma artéria hepática esquerda com origem da artéria gástrica esquerda, que pode ter relevância nas cirurgias que cursam com mobilização do estômago. A drenagem venosa do estômago se dá para o sistema portal através de veias que cursam com trajeto semelhante às artérias. A drenagem linfática do estômago ocorre também ao longo do trajeto das artérias, mas alguns linfonodos peripancreáticos e no hilo hepático também drenam áreas do estômago e são importantes em casos de neoplasias malignas.

Distúrbios de motilidade

Existem três tipos de peristalse no esôfago: primária, secundária e terciária.

A peristalse primária ocorre como um ato reflexo que é desencadeado como parte do processo de deglutição, que inclui a fase oral, a peristalse faríngea, o relaxamento do esfíncter esofágico superior, a peristalse esofágica e o relaxamento do esfíncter esofágico inferior. A contração do músculo milo-hióideo é o fator determinante para o início dessa sequência de eventos. As contrações esofágicas ocorrem no sentido craniocaudal, possuem duração de 2 a 7 segundos e apresentam maior intensidade no segmento mais inferior e menor intensidade no plano de transição entre as musculaturas estriada e lisa.

A peristalse secundária ocorre quando há algum resíduo alimentar no esôfago, apresenta características semelhantes às contrações primárias, mas não envolve contração faríngea ou relaxamento do esfíncter esofágico superior, iniciando-se no plano em que está localizado o resíduo, com contração acima e relaxamento abaixo desse ponto. O aspecto radiológico em exames contrastados é igual ao das contrações primárias.

As ondas de contração terciária são incoordenadas e não peristálticas, normalmente no segmento de músculo liso, que sempre devem ser consideradas anormais e comumente são observadas nos distúrbios de motilidade (Figura 2).

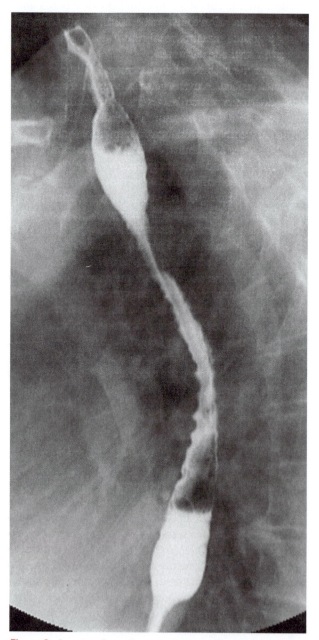

Figura 2 Imagem de esofagograma em incidência lateral oblíqua evidencia múltiplas pequenas contrações incoordenadas, sem peristalse efetiva ao longo de boa parte do esôfago torácico, compatíveis com ondas de contração terciária, comumente associadas aos distúrbios de motilidade.

As doenças que acometem a porção de músculo estriado do esôfago são os distúrbios neuromusculares, como a doença cerebrovascular, a doença de Parkinson, a esclerose múltipla, as lesões neoplásicas no sistema nervoso central, as lesões traumáticas do sistema nervoso central, as distrofias musculares, a dermatomiosite etc. Nesse contexto, há também envolvimento da musculatura da orofaringe, que em geral é o maior determinante para o quadro clínico do paciente.

As doenças que acometem a musculatura lisa do esôfago podem ser consideradas primárias quando o envolvimento é restrito ao órgão, como na acalásia, no espasmo esofágico difuso ou no presbiesôfago. Por outro lado, nas doenças sistêmicas que cursam com acometimento esofágico, como as doenças do tecido conjuntivo, o diabete melito, a amiloidose ou a doença de Chagas, o envolvimento esofágico é considerado secundário.

Acalásia

A acalásia é uma doença incomum, de causa desconhecida, em que ocorre degeneração do plexo mioentérico (localizado entre as camadas da muscular própria), resultando em perda da peristalse esofágica e aumento da pressão de repouso do esfíncter esofágico inferior, que não relaxa durante o processo de deglutição. Em geral, ocorre em pessoas entre 30 e 50 anos de idade, sem predileção por sexo, que apresentam disfagia progressiva, podendo também se manifestar com disfagia para líquidos desde o início da doença. Pode cursar com halitose, dor retroesternal e regurgitação, raramente complicando com aspiração. A radiografia simples do tórax pode evidenciar alargamento mediastinal, presença de nível líquido no mediastino ou ausência de bolha gástrica. No esofagograma, o aspecto característico é a acentuada dilatação esofágica com resíduos alimentares, com redução regular de calibre no segmento distal, até o plano da junção esofagogástrica com morfologia em "bico de pássaro", não se evidenciando contrações primárias na fluoroscopia. O tratamento pode ser feito com bloqueadores do canal de cálcio, injeção de toxina botulínica, dilatação pneumática, cardiomiotomia com fundoplicatura parcial ou, mais recentemente, com miotomia endoscópica.

Algumas doenças podem simular a acalásia (pseudoacalásia), como o carcinoma da transição esofagogástrica, estenoses esofágicas distais, doença de Chagas ou outras com associação mais rara, como amiloidose, sarcoidose, neurofibromatose etc. O carcinoma da transição esofagogástrica deve ser suspeitado especialmente quando houver história de perda ponderal significativa e o segmento de transição de calibre no esofagograma seja mais abrupto, mais longo ou irregular.

Megaesôfago chagásico

A doença de Chagas é causada pelo protozoário *Trypanosoma cruzi*, que apresenta duas fases clínicas, uma aguda, caracterizada por miocardite difusa com gravidade variável, podendo evoluir para a forma crônica caso não seja tratada com medicação específica. A forma crônica mais comum é a indeterminada, em que o diagnóstico é feito apenas pelo teste sorológico, sem manifestações clínicas. Quando o paciente apresenta manifestações clínicas, estas podem ser cardíacas, que são a principal causa de morte, ou digestivas, causadas por destruição dos plexos nervosos ao longo do trato gastrointestinal, manifestando-se mais comumente com megaesôfago ou megacólon. O megaesôfago chagásico se apresenta radiologicamente igual à acalásia.

Existem algumas classificações para estratificar o grau de acometimento esofágico na doença de Chagas, como a de Rezende, que apresenta quatro grupos:

- Grupo I: calibre esofágico praticamente normal, com trânsito lento e pequena retenção do meio de contraste.
- Grupo II: pequeno a moderado aumento de calibre esofágico, com retenção apreciável do meio de contraste e ondas terciárias frequentes, com ou sem hipertonia do esfíncter esofágico inferior (Figura 3).
- Grupo III: grande aumento de diâmetro esofágico, com grande redução da atividade motora e grande retenção do meio de contraste.
- Grupo IV: esôfago bastante dilatado, dobrando-se sobre a cúpula diafragmática, também chamado de dolicomegaesôfago (Figura 4).

Outra classificação comumente utilizada é a de Ferreira-Santos, com base no diâmetro transverso do esôfago (em incidência anteroposterior) e no tempo de estase:

- Grau I: até 4 cm de diâmetro, com pequena estase aos 5 minutos;
- Grau II: de 4 a 7 cm de diâmetro, com estase aos 30 minutos;
- Grau III: diâmetro entre 7 e 10 cm, com grande estase aos 30 minutos e resíduo alimentar visível;
- Grau IV: diâmetro superior a 10 cm.

Espasmo esofágico difuso

O espasmo esofágico difuso é uma condição incomum, observada em geral em pacientes de meia-idade, que ocorre em menos de 5% dos pacientes que realizam manometria para investigação de alteração na motilidade esofágica, tem causa desconhecida e cursa com graus variáveis de lesão dos nervos inibitórios do plexo mioentérico, de forma não tão exuberante como na acalásia, resultando em contrações não peristálticas simultâneas, que podem ocorrer espontaneamente ou induzidas pela deglutição. O relaxamento do esfíncter esofágico inferior em geral é normal, mas pode haver algum grau de disfunção.

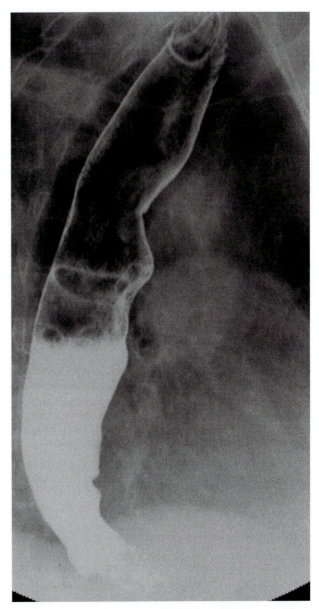

Figura 3 Imagem de esofagograma em incidência lateral oblíqua evidencia dilatação do esôfago com retenção do meio de contraste baritado, em paciente com doença de Chagas.

Os pacientes referem dor retroesternal e disfagia, não sendo comum a ocorrência de regurgitação. O esofagograma revela múltiplas contrações não peristálticas simultâneas, gerando a aparência clássica de saca-rolhas (Figura 5). As contrações primárias e secundárias estão presentes, mas são menos frequentes que o habitual. Podem ser observados divertículos de pulsão causados pelo aumento da pressão intraluminal gerado pelas contrações simultâneas. É comum o espessamento da camada muscular própria, que eventualmente pode ser observado como um espessamento parietal em métodos de imagem seccionais. Não há um consenso no tratamento dessa condição, mas alguns grupos de pacientes se beneficiam com medicações que relaxam a musculatura lisa, com an-

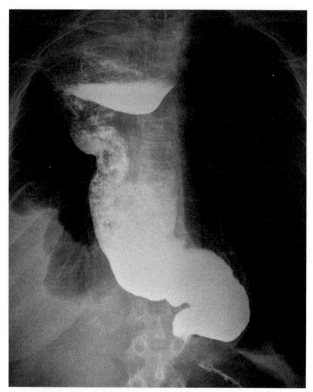

Figura 4 Imagem de esofagograma em incidência anterior evidencia esôfago bastante dilatado, dobrando-se sobre o diafragma, com grande retenção do meio de contraste baritado e estase de conteúdo alimentar, em paciente com doença de Chagas.

tidepressivos tricíclicos, com injeções periódicas de toxina botulínica ou com dilatação pneumática.

Esôfago em quebra-nozes

Alguns diagnósticos exclusivamente manométricos são observados em pacientes com dor retroesternal ou disfagia, entre eles a peristalse hipertensiva (também conhecida como esôfago em quebra-nozes), que cursa com aumento na amplitude (> 180 mmHg) ou na duração das contrações esofágicas (> 7,5 segundos), mas a relação de causa e efeito não é bem estabelecida nessa condição. Os exames radiológicos contrastados são normais. Alguns estudos de manometria ambulatorial prolongada evidenciam a presença de contrações não peristálticas esporádicas, que podem ocorrer durante as refeições. O curso clínico é extremamente variável, com alguns pacientes melhorando espontaneamente após alguns meses e outros com persistência de sintomas por vários anos, limitando a qualidade de vida. Acredita-se na relação significativa entre essa condição e fatores psicossociais.

Presbiesôfago

O presbiesôfago é uma condição que foi descrita há algumas décadas, mas que permanece controversa até

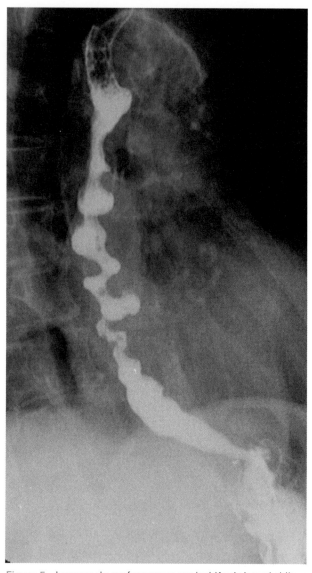

Figura 5 Imagem de esofagograma em incidência lateral oblíqua evidencia múltiplas contrações simultâneas no espasmo esofágico difuso, com aspecto clássico de "saca-rolhas".

os dias de hoje, visto que a disfunção da motilidade esofágica não parece ser uma consequência inevitável do processo de envelhecimento, mas algumas alterações podem ser observadas, especialmente no esfíncter esofágico superior e no corpo do esôfago, sendo menos frequentes alterações no esfíncter esofágico inferior. Uma consideração que sempre deve ser feita é a ocorrência concomitante de outras condições que podem interferir na motilidade esofágica, como a presença de doença do refluxo gastroesofágico, que pode contribuir para as alterações clínicas e radiológicas observadas. O esofagograma evidencia redução na peristalse primária e presença de contrações terciárias, sendo menos comum o relaxamento incompleto do esfíncter esofágico inferior.

Esclerodermia

A esclerodermia é uma doença autoimune que ocorre mais comumente em mulheres entre 30 e 50 anos, que afeta pequenos vasos e o tecido conjuntivo, cursa com acometimento cutâneo e pode envolver múltiplos órgãos (esclerose sistêmica), incluindo o trato gastrointestinal, os pulmões, o coração, os rins e o sistema nervoso central. O esôfago é o órgão mais comumente envolvido no trato gastrointestinal, sendo a terceira manifestação mais comum da esclerodermia, ocorrendo em até 90% dos pacientes. A doença causa atrofia da musculatura lisa do esôfago, com consequente perda do tônus do esfíncter esofágico inferior e redução da peristalse esofágica. Os pacientes podem ser assintomáticos ou apresentar outras manifestações relacionadas à doença de base, especialmente o fenômeno de Raynaud e sintomas respiratórios, que podem ser relacionados ao envolvimento pulmonar pela esclerodermia ou secundários à aspiração. Os sintomas mais comuns do envolvimento esofágico são pirose e regurgitação, relacionados ao refluxo, ou disfagia, relacionada ao déficit de motilidade esofágica.

No esofagograma pode-se observar peristalse normal no segmento de músculo estriado (acima do arco aórtico), com redução da peristalse ou mesmo aperistalse nos dois terços inferiores, associada a algum grau de distensão da luz do esôfago, normalmente leve a moderada (Figura 6). No início da doença, a junção esofagogástrica comumente é aberta e com refluxo livre, o que resulta em esofagite, com erosões e úlceras, que podem evoluir para o desenvolvimento de estenoses ao longo do curso da doença. Cerca de 40% dos pacientes evoluem com esôfago de Barrett. O estômago comumente é dilatado e apresenta retardo no esvaziamento. Não há tratamento específico para o envolvimento esofágico na esclerodermia, sendo adotadas medidas clínicas para o manejo do refluxo gastroesofágico. Em geral, não é feita cirurgia antirrefluxo em virtude do risco de evolução com disfagia grave nesse grupo de pacientes.

Gastroparesia

Gastroparesia é um distúrbio de motilidade comum, que produz sintomas relacionados ao retardo do tempo de esvaziamento gástrico, sem obstrução mecânica associada. Em até 50% dos casos nenhuma causa é identificada (gastroparesia idiopática), mas pode ser associada a diversas condições, como o diabete melito, cirurgias gastrointestinais, pancreáticas e biliares, o uso de analgésicos, narcóticos e, menos comumente, distúrbios metabólicos, neurológicos ou doenças oncológicas. Os pacientes apresentam uma ampla gama de sintomas, incluindo náuseas, vômitos, saciedade precoce, sensação de inchaço e dor epigástrica, que pode ser constante, pós-prandial ou noturna. A patogênese ainda não é bem compreendida e provavelmente apresenta vários mecanismos envolvidos, visto que a avaliação histopatológica em pacientes com gastroparesia grave revela alterações morfológicas bastante variáveis em grupos celulares diversos. Além disso, essa condição também é observada mesmo após cirurgias que não cursam com vagotomia.

O diagnóstico por métodos de imagem é controverso e o método mais utilizado é a cintilografia para avaliar o tempo de esvaziamento gástrico, mas esse diagnóstico também pode ser sugerido nos estudos radiológicos contrastados quando o estômago se apresenta dilatado, com peristalse reduzida ou ausente, especialmente na presença de resíduo alimentar mesmo com jejum prolongado, quando o quadro clínico do paciente é compatível. O tratamento inclui modificações nos hábitos alimentares e medicações pró-cinéticas e antieméticas, bem como intervenções endoscópicas com injeção de toxina botulínica no piloro e cirurgias com implantação de aparelhos que causam estimulação elétrica.

Divertículos

Os divertículos esofágicos podem ser divididos em função da localização ao longo do esôfago (proximais, no terço médio e no terço distal) e em função do mecanismo de formação (divertículos de tração ou divertículos de pulsão).

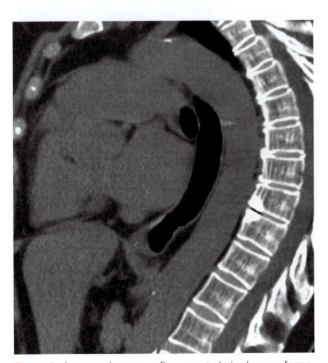

Figura 6 Imagem de tomografia computadorizada em reformatação sagital evidencia moderada ectasia esofágica difusa em paciente com esclerodermia, que também apresentava acometimento pulmonar pela doença.

Divertículos de tração

Divertículos de tração são protrusões da parede esofágica que na maioria das vezes resultam de alterações inflamatórias com componente retrátil nos tecidos adjacentes ao esôfago, normalmente em doenças granulomatosas envolvendo linfonodos hilares ou subcarinais e, consequentemente, localizam-se com maior frequência no terço médio do esôfago. Normalmente são observados em pacientes mais idosos e em regiões endêmicas para histoplasmose ou tuberculose. No esofagograma, apresentam uma morfologia em tenda ou algo triangular, com uma abertura larga e uma extremidade menor e tendem a esvaziar rapidamente quando o esôfago se contrai, uma vez que possuem todas as camadas da parede esofágica (muscular própria, submucosa e mucosa); logo, são divertículos verdadeiros. Na radiografia simples, podem ser observados linfonodos calcificados nas regiões hilares. Se o divertículo for grande, o paciente pode apresentar disfagia ou regurgitação e, nesses casos, o tratamento é cirúrgico.

Divertículos de pulsão

Divertículos de pulsão são causados por aumento crônico da pressão intraluminal do esôfago, como consequência dos distúrbios de motilidade e, menos comumente, relacionados a obstruções esofágicas, como em tumores, estenoses etc. Em geral, eles possuem morfologia mais arredondada e, como são revestidos apenas por camada mucosa e submucosa que se insinuam através de área de descontinuidade na camada muscular própria (não são divertículos verdadeiros), apresentam a tendência a reter o meio de contraste baritado após o esvaziamento da luz esofágica, o que ajuda na diferenciação com os divertículos de tração, em especial no terço médio do esôfago. Quando os divertículos são pequenos, os pacientes costumam ser assintomáticos, mas divertículos maiores em geral apresentam sintomas, como disfagia, regurgitação e halitose. O tratamento padrão é a diverticulectomia endoscópica.

Divertículo de Zenker

O divertículo de Zenker é um divertículo de pulsão que ocorre por uma área de fragilidade anatômica imediatamente acima do músculo cricofaríngeo (triângulo de Killian) na parede posterior da junção faringoesofágica (no nível C5-C6), é mais comum em pacientes idosos e ocorre com maior frequência em homens. Praticamente todos os pacientes possuem alterações na motilidade esofágica, comumente em associação com refluxo gastroesofágico e hérnia hiatal. Na radiografia simples pode ser observado nível líquido no mediastino superior. No esofagograma, o divertículo se projeta posteriormente na linha mediana, abaixo do nível da hipofaringe, comumente comprimindo a parede posterior do esôfago proximal (Figura 7). O músculo cricofaríngeo comumente está espessado e é observado como uma falha de enchimento regular e alongada entre o divertículo e a parede posterior do esôfago. O diâmetro máximo do divertículo em geral é ao redor de 2,5 cm, mas pode apresentar tamanhos maiores, com até 8,0 cm e, nesses casos, costuma se projetar lateralmente para a esquerda. Após a deglutição do meio de contraste pelo paciente, pode ser observada regurgitação durante a fluoroscopia. Irregularidades nos contornos do divertículo devem levantar a suspeição para complicação inflamatória ou neoplásica. Após o tratamento cirúrgico, pode haver a persistência de um pequeno remanescente do divertículo, especialmente quando realizado por via endoscópica.

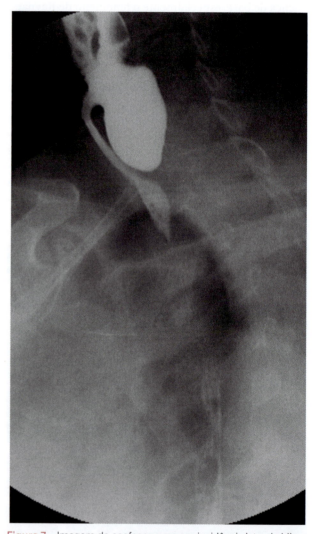

Figura 7 Imagem de esofagograma em incidência lateral oblíqua evidencia divertículo com origem na transição faringoesofágica, projetando-se posteriormente e comprimindo a luz esofágica, compatível com divertículo de Zenker. Note a falha de enchimento regular entre a luz esofágica e a luz do divertículo, correspondendo ao músculo cricofaríngeo espessado. Há também retenção do meio de contraste após o esvaziamento esofágico.

Divertículo de Killian-Jamieson

O divertículo de Killian-Jamieson também é um divertículo de pulsão, que ocorre por uma área de fragilidade anatômica na parede anterolateral do esôfago cervical, imediatamente abaixo do músculo cricofaríngeo, mais comumente à esquerda, mas podendo ser bilateral. É menos comum que o divertículo de Zenker, em geral tem dimensões menores e os pacientes usualmente são assintomáticos, não necessitando de tratamento na maioria dos casos. Em virtude do local da área de fragilidade anatômica, no esofagograma, o divertículo aparece como uma projeção anterolateral nas imagens frontais, no plano da transição faringoesofágica (Figura 8). Como também não é um divertículo verdadeiro, não se esvazia rapidamente após a passagem do meio de contraste.

Divertículos epifrênicos

Os divertículos epifrênicos nada mais são do que divertículos de pulsão no terço distal do esôfago, logo acima do esfíncter esofágico inferior, podem ser grandes e ocorrem com maior frequência do lado direito (Figura 9). O principal diagnóstico diferencial é com hérnias gástricas hiatais em virtude de sua localização.

Pseudodiverticulose intramural

Pseudodiverticulose intramural do esôfago é uma condição rara causada pela dilatação de ductos de glân-

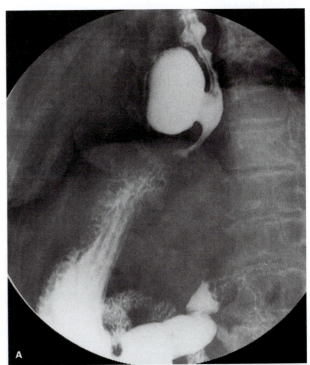

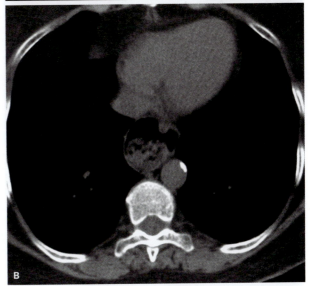

Figura 9 Imagem de exame do esôfago, estômago e duodeno (EED) em incidência oblíqua evidencia divertículo epifrênico que se projeta lateralmente no esôfago distal, pouco acima da transição esofagogástrica (A). Imagem de tomografia computadorizada evidenciando divertículo epifrênico projetando-se à direita do esôfago, com resíduo alimentar em seu interior (B).

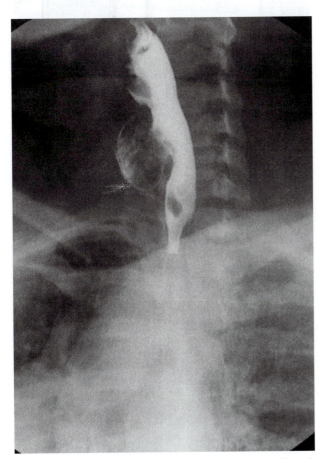

Figura 8 Imagem de esofagograma em incidência anterior evidencia divertículo com origem no plano da transição faringoesofágica, projetando-se lateralmente, compatível com divertículo de Killian-Jamieson.

dulas mucosas profundas, comumente em associação com estenose secundária a refluxo gastroesofágico. No esofagograma, são observadas inúmeras diminutas projeções preenchidas por meio de contraste baritado ao longo do eixo longitudinal do esôfago (Figura 10). Nem sempre a comunicação dessas projeções com a luz do esôfago é evidente durante o exame, em virtude de seu calibre (cerca de 1 mm). Após o tratamento da estenose esofágica e do refluxo, a pseudodiverticulose pode não ser mais observada nos exames subsequentes.

Divertículos gástricos

Divertículos gástricos ocorrem na maioria das vezes em proximidade com a transição esofagogástrica, normalmente no aspecto posterior da pequena curvatura, são congênitos e apresentam as camadas mucosa, submucosa e muscular própria (são divertículos verdadeiros). Em geral, são assintomáticos e não necessitam de tratamento, exceto quando surgem complicações, como sangramento ou ulceração. Para o radiologista, o mais importante é o diagnóstico diferencial com outras entidades, como lesões expansivas na adrenal esquerda ou na cauda do pâncreas ou ainda coleções abdominais. No EED o diagnóstico não gera grandes problemas, sendo observada uma projeção próximo à região do fundo gástrico. Na TC, podem ser observadas bolhas de gás, nível líquido e não há realce do conteúdo pelo meio de contraste endovenoso (Figura 11). Caso seja administrado meio de contraste iodado por via oral, o divertículo torna-se preenchido pelo meio de contraste.

Posições anormais do estômago

O estômago se mantém suspenso em sua posição habitual no abdome superior em virtude dos diversos ligamentos perigástricos, que determinam as relações do estômago com os órgãos adjacentes e com o diafragma. O hiato esofágico é uma abertura no diafragma com forma elíptica, por onde passam o esôfago, os nervos vagos e ramos dos vasos gástricos esquerdos. Embora haja algu-

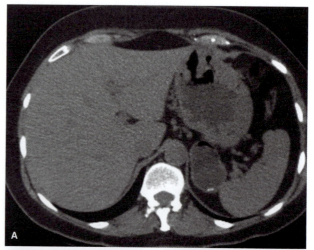
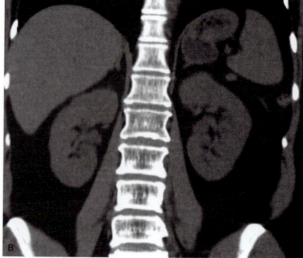

Figura 11 Imagens de tomografia computadorizada evidenciam divertículo gástrico em localização posterior ao fundo gástrico, com bolha de gás e conteúdo alimentar em seu interior (A), destacando-se íntimo contato com a adrenal esquerda (B).

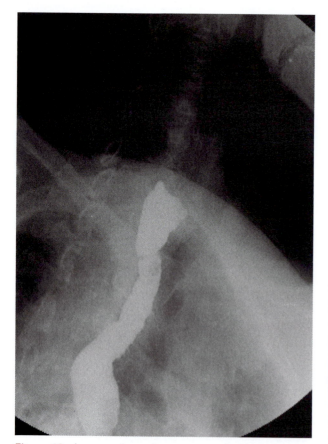

Figura 10 Imagem de esofagograma em incidência oblíqua evidencia diminutas projeções laterais à luz do terço superior do esôfago torácico preenchidas pelo meio de contraste baritado, compatível com pseudodiverticulose intramural.

ma variabilidade na composição do hiato esofágico com a presença de fibras do pilar diafragmático esquerdo, as margens do hiato esofágico são formadas na maioria dos indivíduos por fibras do pilar diafragmático direito, que se inserem posteriormente em corpos vertebrais e com um trajeto entrelaçado envolvem o esôfago e se inserem anteriormente no tendão central do diafragma. A estrutura mais importante na fixação da posição esofágica é a membrana frenoesofágica (ou ligamentos frenoesofágicos), que se insere circularmente à camada muscular do esôfago na altura da junção escamocolunar da mucosa.

Hérnia de hiato

A hérnia de hiato ocorre quando há um deslocamento cranial do estômago para o mediastino através do hiato esofágico. Podem ser classificadas em quatro tipos:

- Tipo I: hérnia por deslizamento, é o tipo mais comum (cerca de 95% dos casos) e ocorre quando há enfraquecimento e estiramento da membrana frenoesofágica, resultando no deslizamento do cárdia para o mediastino (Figura 12), com elevação da posição da junção esofagogástrica (> 2 cm acima do plano do hiato esofágico);
- Tipo II: hérnia paraesofágica ou de rolamento, ocorre quando há um defeito no aspecto anterolateral da membrana frenoesofágica, resultando na herniação do fundo gástrico para o mediastino, com permanência da transição esofagogástrica em sua localização habitual (Figura 13);
- Tipo III: hérnia mista ou composta, é a segunda hérnia mais comum e surge por uma combinação dos tipos I e II, com enfraquecimento da membrana frenoesofágica associado a um defeito anterolateral, resultando em herniação da transição esofagogástrica junto ao fundo gástrico;
- Tipo IV: praticamente todo o estômago está herniado para o mediastino, normalmente com rotação organoaxial associada.

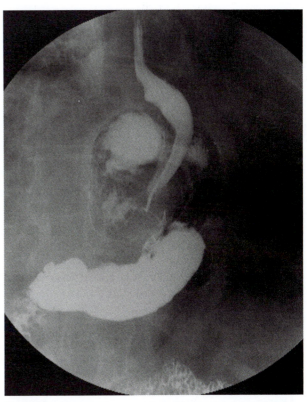

Figura 13 Imagem de exame do esôfago, estômago e duodeno (EED) em incidência anterior evidencia hérnia do fundo gástrico para o tórax, com persistência da transição esofagogástrica no plano do diafragma (hérnia paraesofágica).

No EED, observa-se a linha B (ou o ponto em que terminam as pregas gástricas) pelo menos 2 cm acima do diafragma nas hérnias do tipo I. Frequentemente há algum grau de redução com o indivíduo em ortostase. Nas hérnias dos tipos II a IV, observamos ao menos parte do fundo gástrico se insinuando anterior ou lateralmente ao esôfago, e no tipo II a linha B permanece no plano do diafragma. A TC pode ser utilizada de forma complementar ao EED e evidencia o alargamento do hiato esofágico (diâmetro > 1,5 cm), demonstrando com precisão o tipo da hérnia, o volume de estômago herniado, bem como complicações associadas, como o volvo gástrico.

O tratamento das hérnias por deslizamento é semelhante ao da doença do refluxo gastroesofágico, por meio de modificações no estilo de vida e medicações ou cirurgia. Já as hérnias paraesofágicas são sempre tratadas com cirurgia. A técnica cirúrgica mais utilizada é a fundoplicatura a Nissen, consistindo em mobilização do esôfago distal para o abdome sem tensão e liberação do estômago proximal, que é suturado anteriormente envolvendo o esôfago distal em 360°,

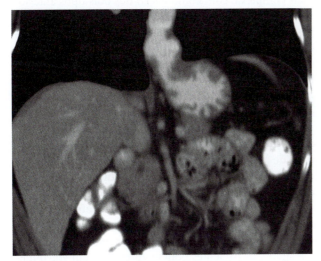

Figura 12 Imagem de tomografia computadorizada em reformatação coronal evidencia pequena hérnia gástrica por deslizamento da transição esofagogástrica para o mediastino.

seguido de sutura do diafragma. O aspecto da fundoplicatura ao EED é o de uma deformidade no fundo gástrico como uma falha de enchimento regular. Eventualmente pode ser visto meio de contraste no interior do segmento gástrico que foi utilizado para envolver o esôfago. Na TC, pode-se observar o fundo gástrico envolvendo o esôfago distal (Figura 14). Algumas complicações da fundoplicatura podem ser observadas nos exames de imagem, a saber:

- A luz esofágica no plano da fundoplicatura pode ficar muito estreita, provavelmente relacionada a uma sutura muito justa ou extensa e o paciente se queixa de disfagia e regurgitação de alimentos não digeridos. Ao EED, observa-se afilamento regular progressivo do esôfago e dilatação proximal, com retardo no esvaziamento esofágico.
- A luz esofágica no plano da fundoplicatura pode ficar muito ampla, sendo evidenciado no EED a fundoplicatura em localização infradiafragmática, mas com persistência de refluxo gastroesofágico.
- A fundoplicatura pode desgarrar (parcial ou completamente), com ou sem migração para o mediastino (Figura 15). Nesses casos, a deformidade do contorno no fundo gástrico relacionada à fundoplicatura pode ser pequena ou estar ausente.
- Pode haver migração do segmento gástrico que envolve o esôfago distal por falha na sutura entre esse segmento gástrico e o esôfago, com ou sem recidiva da hérnia.

Volvo gástrico

O volvo gástrico é relativamente incomum e ocorre por frouxidão dos ligamentos que sustentam o estômago, resultando em rotação do órgão sobre o seu próprio eixo, sendo classificado como organoaxial, mesenterioaxial ou misto.

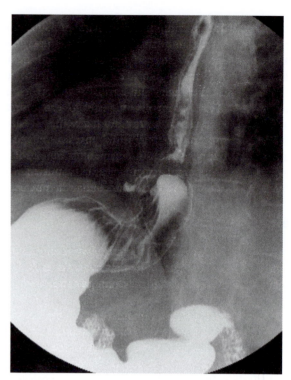

Figura 15 Imagem de exame do esôfago, estômago e duodeno (EED) evidencia deformidade no fundo gástrico compatível com fundoplicatura, parcialmente migrada para o mediastino.

O volvo organoaxial é mais comum e ocorre quando o estômago roda sobre o seu eixo longo (uma linha imaginária entre o cárdia e o piloro), ficando "de cabeça para baixo", com a grande curvatura acima da pequena curvatura. O volvo mesenterioaxial é mais comum em crianças e ocorre quando o estômago roda sobre o seu eixo curto (uma linha imaginária perpendicular à pequena e à grande curvatura), podendo ser para a direita ou para a esquerda. O volvo misto ocorre quando há uma rotação mais complexa, com combinação dos dois tipos anteriores. Algumas condições podem estar associadas ao volvo gástrico, como hérnias paraesofágicas volumosas (especialmente no tipo organoaxial), hérnias diafragmáticas congênitas ou pós-traumáticas, ou mais raramente, um baço errante (do inglês, *wandering spleen*).

O volvo gástrico pode se apresentar de forma aguda, com o quadro clínico clássico definido pela tríade de Borchardt: dor epigástrica súbita e contínua, náuseas intensas com pouco ou nenhum vômito associado e impossibilidade de passagem de sonda nasogástrica além do esôfago distal. Nessa apresentação aguda, constitui uma emergência cirúrgica, na qual é realizada a correção da torção do estômago, reparos de eventuais defeitos diafragmáticos e gastropexia para evitar novos episódios ou gastrectomia, caso haja sofrimento do órgão com necrose. Além da forma aguda, os pacientes podem apresentar um volvo menos grave, que pode ser até mesmo assintomático, identificado de forma incidental em exames realizados por

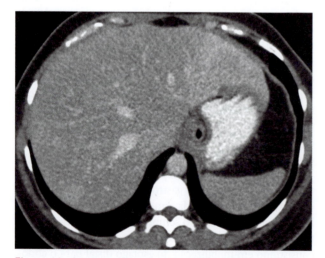

Figura 14 Imagem de tomografia computadorizada evidencia fundoplicatura tópica e com aspecto normal (curto segmento do fundo gástrico envolvendo o esôfago distal).

outros motivos. Nesses casos, observa-se em geral uma rotação incompleta (inferior a 180°), mais comumente do tipo organoaxial, sendo preferível referir no relatório que o estômago apresenta uma posição em rotação organoaxial em vez de utilizar o termo volvo (Figura 16).

No EED, o volvo organoaxial se apresenta com distensão gástrica acentuada no quadrante superior esquerdo do abdome ou no tórax, notando-se a grande curvatura para cima e a pequena curvatura para baixo. Caso a rotação seja superior a 180°, observa-se passagem incompleta ou ausente do meio de contraste baritado para o interior do estômago, bem como do estômago para o duodeno, o que é mais comum nos casos agudos. No volvo mesenterioaxial, a região antropilórica está localizada acima do fundo gástrico. A TC pode apresentar padrões variados, a depender do tipo de volvo, do grau de rotação, da presença de achados associados (p. ex., um baço errante), ou de complicações como obstrução, pneumoperitôneo quando há perfuração ou pneumatose gástrica se houver isquemia. A identificação adequada dessas complicações associadas em um exame tomográfico é muito mais relevante do que a definição precisa do tipo de volvo.

Condições inflamatórias e infecciosas

Doença do refluxo gastroesofágico

A doença do refluxo gastroesofágico (DRGE) é definida pela presença de refluxo gastroesofágico associado a sintomas e/ou lesão do epitélio esofágico. A patogênese da doença é extremamente complexa, com múltiplos fatores envolvidos, muitos ainda controversos, mas os mais relevantes são: a composição e a acidez do conteúdo gástrico; a integridade estrutural e a competência do esfíncter esofágico inferior em prevenir ou não o refluxo; os mecanismos de defesa da mucosa, que estão relacionados ao tempo de exposição do esôfago ao conteúdo gástrico; e os mecanismos sensoriais envolvidos na produção dos sintomas, visto que há grande variabilidade entre o grau de dano epitelial e o quadro clínico. Várias condições são observadas em associação com a DRGE, como hérnia de hiato, obesidade, alcoolismo e tabagismo. A maioria dos pacientes com DRGE é composta de adultos de meia-idade e os sintomas clássicos são queimação retroesternal e regurgitação. Podem ocorrer também dor torácica simulando angina, disfagia e odinofagia.

O Colégio Americano de Gastroenterologia não indica a utilização de estudos radiológicos no diagnóstico da DRGE, quando o quadro clínico é típico, reservando o EED para situações em que o paciente apresenta disfagia, pela possibilidade de complicações, como estenoses. Os achados dos exames de imagem na DRGE estão relacionados à presença da esofagite e de eventuais complicações, como estenoses, esôfago de Barrett ou neoplasia. O EED deve ser realizado de preferência com duplo-contraste para melhor avaliação da mucosa.

Na esofagite de refluxo aguda, podem ser observados ao EED:

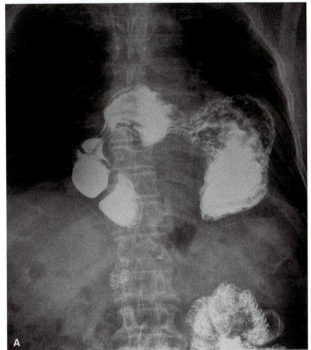
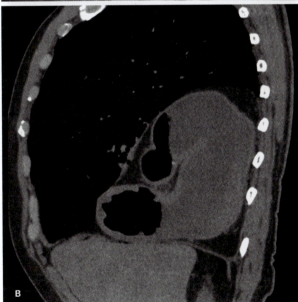

Figura 16 Imagem de exame do esôfago, estômago e duodeno (EED) evidencia volumosa hérnia com praticamente todo o estômago em localização intratorácica, apresentando posição em rotação organoaxial (hérnia tipo IV). Note que houve passagem do meio de contraste administrado por via oral para o interior da câmara gástrica e para as alças jejunais no abdome superior (A). Imagem de tomografia computadorizada em reformação sagital oblíqua de outro paciente, em que se observa o estômago completamente intratorácico, com o piloro acima da região fúndica do estômago (B).

- Redução da motilidade esofágica.
- Alterações no relevo mucoso, relacionadas a inflamação/edema, que apresenta aspecto finamente nodular ou granular, ou ainda com falhas de enchimento em placa (pseudomembranas).
- Encurtamento do esôfago, que pode ser secundário a um espasmo da camada muscular longitudinal, não necessariamente por fibrose.
- Espessamento das pregas verticais ou transversas (> 3 mm).
- Presença de úlceras, identificadas como pequenas coleções de contraste baritado, circundadas pela mucosa edemaciada, normalmente próximas à junção esofagogástrica.

Na esofagite de refluxo crônica, podem ser observados ao EED:

- Redução na distensibilidade do esôfago distal.
- Aspecto em "escada" na mucosa, causado pelo desenvolvimento de pregas transversas fixas.
- Pseudodiverticulose e saculações.
- Estenoses pépticas, que são concêntricas e com afilamento luminal regular do esôfago distal, com dilatação a montante, em geral com extensão inferior a 4 cm.
- Presença de pólipo inflamatório, que tem natureza reacional, de pequenas dimensões e com morfologia ovalada, localizado junto à transição esofagogástrica.
- Presença de hérnia hiatal, que é caracterizada em quase todos os pacientes.

Caso seja observada uma estenose irregular ou nodular, ou com margens proximal ou distal abruptas, é obrigatório o prosseguimento da investigação com endoscopia com biópsia, pelo risco de malignidade.

O tratamento da DRGE inclui mudanças no estilo de vida, medicações para supressão da acidez gástrica, agentes pró-cinéticos e fundoplicatura. Para pacientes obesos candidatos a tratamento cirúrgico, a cirurgia bariátrica é o tratamento de escolha.

Esôfago de Barrett

O esôfago de Barrett é uma complicação do refluxo gastroesofágico crônico, caracterizado por metaplasia intestinal com epitélio colunar no esôfago distal. É mais comum em homens a partir dos 50 anos e é considerada uma condição pré-maligna, aumentando o risco de adenocarcinoma do esôfago distal em 30 a 40 vezes, sendo responsável atualmente por quase todos os casos de adenocarcinoma esofágico. O diagnóstico é feito por meio de endoscopia com biópsia.

O esôfago de Barrett pode ser classificado em segmento longo ou segmento curto em relação à extensão da metaplasia. O segmento longo é observado quando o revestimento de epitélio colunar apresenta uma extensão superior a 3 cm acima da transição esofagogástrica, em geral está associado a esofagite mais grave e a hérnia de hiato em praticamente todos os pacientes. No EED, o achado clássico é o de estenose, úlcera ou irregularidade mucosa com aspecto reticulado no terço médio do esôfago, acima do segmento de metaplasia, porém esses achados são observados em apenas 5-10% dos pacientes com esôfago de Barrett (Figura 17). O segmento curto (metaplasia com extensão inferior a 3 cm acima da transição esofagogástrica) ocorre em casos de esofagite menos grave e, quando cursa com estenose, úlcera ou irregularidade mucosa, esses achados ocorrem em um segmento mais distal (o segmento de metaplasia não é tão longo). O acompanhamento e o tratamento do esôfago de Barrett dependem do grau de displasia observado nas biópsias, o que pode resultar em um acompanhamento mais precoce ou em tratamentos locais, possivelmente por via endoscópica.

Esofagite cáustica

A esofagite cáustica ou corrosiva pode ser causada tanto por substâncias alcalinas quanto por ácidos fortes,

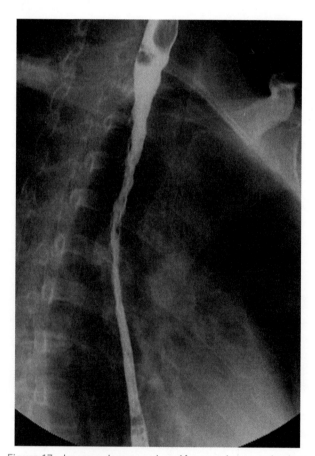

Figura 17 Imagem de exame do esôfago, estômago e duodeno (EED) em incidência oblíqua evidencia estenose longa no terço médio/proximal do esôfago torácico, com irregularidades no relevo mucoso, relacionada a esôfago de Barrett em paciente com doença do refluxo gastroesofágico (DRGE) crônica.

com graus variáveis de injúria da mucosa esofágica a depender do tipo de substância, da concentração, do volume e do tempo de exposição ao agente. Além do esôfago, pode haver injúria gastroduodenal relacionada à ingestão de agentes corrosivos (gastroduodenite cáustica). A lesão esofágica mais grave geralmente ocorre secundária à ingestão de soda cáustica líquida (NaOH), uma substância alcalina forte, ao contrário do estômago e do duodeno, que são mais suscetíveis a ácidos fortes, como o ácido sulfúrico e o ácido clorídrico. Pode ocorrer de forma intencional, na tentativa de suicídio (geralmente adultos jovens) ou de forma acidental (geralmente crianças). O paciente se queixa de dor, vômitos ou hematêmese e pode evoluir para um quadro de choque, com instabilidade hemodinâmica.

No paciente com história de ingestão de agente corrosivo com suspeita de lesão cáustica grave, a TC com utilização de meio de contraste endovenoso é o melhor método de imagem na avaliação da fase aguda necrotizante (primeiros dias), pela identificação mais adequada de complicações como perfuração, mediastinite, peritonite ou formação de fístulas.

Na fase aguda da lesão cáustica, a TC evidencia espessamento da parede esofágica, com realce da mucosa e importante edema da submucosa, achados que podem estar presentes também no estômago (Figura 18). Caso haja perfuração esofágica, observa-se pneumomediastino e derrame pleural. No caso de perfuração gástrica, observa-se pneumoperitôneo e líquido livre intraperitoneal. O EED, caso seja realizado nesse contexto agudo, deve ser feito com meio de contraste iodado pela possibilidade de perfuração, podendo apresentar: redução luminal esofágica, distensão gástrica com retardo no tempo de esvaziamento causado por espasmo do piloro, irregularidades da mucosa e úlceras esofágicas e gástricas. Caso haja perfuração, pode ser observada a presença de gás, líquido ou meio de contraste no mediastino, no espaço pleural ou na cavidade peritoneal.

Após os primeiros dias da ingestão cáustica, inicia-se uma fase de ulceração e formação de tecido de granulação, que pode ser observada no esofagograma através de úlceras mais bem definidas e pela presença de espasmo esofágico.

Na fase crônica (cicatricial), após o primeiro mês, podem ser observadas estenoses cicatriciais, que comumente envolvem um segmento esofágico mais longo em relação às estenoses causadas por outras esofagites, podendo apresentar irregularidades na mucosa e retração do estômago para o mediastino, pelo encurtamento esofágico (Figura 19). O estômago e o duodeno também podem apresentar alterações sequelares, com redução volumétrica e deformidades.

O prognóstico do paciente e a eventual necessidade de intervenções cirúrgicas depende da gravidade do quadro clínico e do surgimento das complicações acima descritas, bem como do risco aumentado de desenvolvimento de carcinomas, tanto no esôfago quanto no estômago.

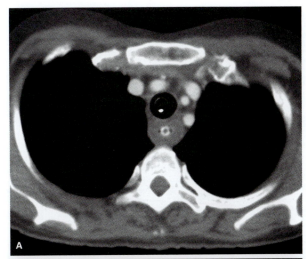
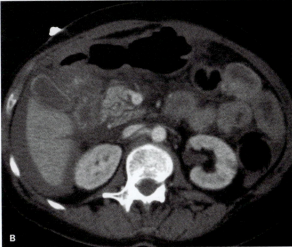

Figura 18 Imagens de tomografia computadorizada evidenciam edema circunferencial da parede esofágica (A) e densificação dos planos gordurosos adjacentes ao estômago e ao duodeno, bem como líquido livre intraperitoneal (B), em paciente com tentativa de suicídio por ingestão de soda cáustica. Não havia pneumoperitôneo ou pneumomediastino.

Esofagite actínica

Esofagite actínica é a inflamação da parede esofágica causada por radioterapia com o intuito curativo ou paliativo para neoplasias pulmonares, mediastinais ou na coluna torácica. Doses abaixo de 4.500 cGy costumam cursar com esofagite leve e reversível, mas doses acima de 4.500-6.000 cGy podem resultar em esofagite grave, com danos permanentes.

Na fase aguda, cerca de 2 a 4 semanas após o início do tratamento radioterápico, o paciente apresenta queimação retroesternal, disfagia ou odinofagia. Ao esofagograma, as alterações costumam ser restritas ao campo da radioterapia: a mucosa esofágica apresenta um aspecto granulado, com proeminência de pregas, relacionado ao edema. Outros achados comuns são perda da distensibilidade esofágica no segmento acometido, ou úlceras, que podem ser

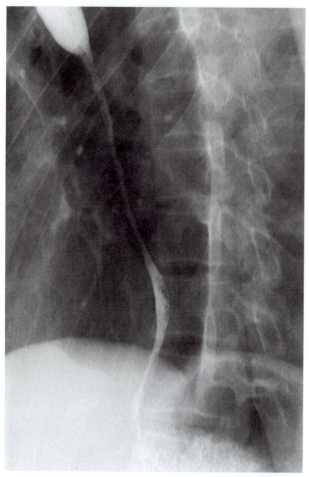

Figura 19 Imagem de exame do esôfago, estômago e duodeno (EED) evidenciando longa estenose no esôfago torácico, associada à retenção do meio de contraste no segmento proximal, em paciente com sequela de tentativa de suicídio por ingestão de querosene.

desde superficiais e puntiformes até profundas e irregulares, a depender da gravidade do quadro. Alterações da motilidade esofágica podem surgir em um

período um pouco mais tardio (cerca de 4 a 8 semanas após o término da radioterapia), caracterizadas por interrupção da peristalse primária no segmento irradiado e surgimento de ondas terciárias distais a esse segmento, podendo inclusive persistir por décadas após o tratamento radioterápico.

Na fase crônica, normalmente de 4 a 8 meses após o término da radioterapia, podem ser observadas estenoses concêntricas, comumente nos terços médio e superior do esôfago, com dilatação a montante e estase do meio de contraste baritado. Úlceras tardias também podem estar presentes, eventualmente evoluindo para a formação de fístulas (mais comumente para o brônquio-fonte esquerdo).

O estômago também pode apresentar alterações secundárias ao tratamento radioterápico, com espessamento de pregas, ulcerações, gastroparesia ou espasmos na fase aguda e deformidade cicatricial na fase crônica, com afilamento da região antral e perda da distensibilidade.

Esofagite medicamentosa

A esofagite medicamentosa ocorre após a ingestão inadequada de medicamentos por via oral. Tipicamente o paciente ingere comprimidos sem ou com pouca água, comumente logo antes de deitar e a medicação fica retida no interior do esôfago, em geral no nível de algum dos pontos de redução luminal fisiológica (arco aórtico, brônquio-fonte esquerdo e átrio esquerdo), causando uma esofagite de contato. Algumas medicações são mais associadas a quadros de esofagite, como tetraciclina, doxiciclina, quinidina, anti-inflamatórios não esteroidais e o alendronato. Os pacientes podem apresentar odinofagia, queimação retroesternal ou disfagia, normalmente com melhora após suspensão da medicação ou correção na forma de administração. No esofagograma podem ser observadas úlceras, caracterizadas como pequenos acúmulos de meio de contraste na mucosa esofágica no local de contato prolongado com a medicação. Alguns medicamentos, como a quinidina, os anti-inflamatórios e o alendronato, podem estar associados à formação de úlceras maiores, que eventualmente evoluem para estenoses focais.

Esofagite e gastrite eosinofílica

Esofagite e gastrite eosinofílica fazem parte de um espectro de doenças crônicas que são caracterizadas por graus variáveis de infiltração eosinofílica na parede de qualquer segmento do trato gastrointestinal e podem envolver qualquer camada da parede, desde a mucosa até a serosa. As manifestações clínicas e os exames laboratoriais são inespecíficos e a eosinofilia periférica pode não estar presente. É mais comum em adultos jovens do sexo masculino e com história de outros distúrbios atópicos associados. O diagnóstico é feito pela presença de sintomas gastrointestinais (dor abdominal, disfagia, náuseas, vômitos, diarreia etc.) e demonstração de eosinofilia na biópsia, na ausência de outras causas para eosinofilia tecidual, como as infestações parasitárias. O EED pode demonstrar finas estenoses concêntricas sequenciais no esôfago, eventualmente associadas a alterações de motilidade e espasmos. No estômago pode ser observado um espessamento inespecífico do pregueado mucoso. O tratamento é feito à base de corticosteroides.

Esofagites infecciosas

Embora as esofagites infecciosas também ocorram em indivíduos imunocompetentes, elas são mais frequentes em um contexto de comprometimento do sistema imune, como na infecção pelo vírus da imunodeficiência humana (HIV), após transplantes, ou com o uso crônico de corticosteroides. Dessa forma, a história clínica é fundamental para o diagnóstico, que normalmente é confirmado pelo aspecto da mucosa na endoscopia ou pela identificação do microrganismo na biópsia, sendo difícil a diferenciação do agente etiológico nos exames de imagem (Figura 20). Os agentes mais comuns de esofagites infecciosas são a *Candida*, o citomegalovírus e o herpes simples.

Esofagite por *Candida*

A esofagite por *Candida* é causada na maioria das vezes pela espécie *Candida albicans* e normalmente ocorre como infecção oportunista nos pacientes com síndrome da imunodeficiência adquirida (AIDS), mas também está associada a condições que determinam estase esofágica, como a acalásia e a esclerodermia. A manifestação clínica mais comum é a odinofagia e apenas 50% dos pacientes apresentam candidíase oral associada. O esofagograma com duplo contraste apresenta várias pequenas lesões em placa, que se manifestam como pequenas falhas de enchimento lineares ou irregulares que se distribuem longitudinalmente ao longo do esôfago e apresentam mucosa normal entre as lesões, sendo mais comum nos terços médio e superior. Em casos mais graves de candidíase esofágica, pode ser observada no esofagograma uma imagem grosseiramente heterogênea, com pseudomembranas coalescentes e placas, com retenção do contraste baritado entre as lesões, formando um aspecto de esôfago "despenteado" (*shaggy esophagus*).

Esofagite herpética

Esofagite herpética pode ocorrer como um quadro autolimitado em pacientes imunocompetentes, mas é mais comum em pacientes imunocomprometidos, e se manifesta como pequenas úlceras superficiais que podem ser circundadas por edema, aparecendo no esofagograma como diminutas coleções de contraste baritado circundadas por um halo radiolucente, entremeadas por mucosa normal. Um ponto relevante na diferenciação entre esofagite por *Candida* e esofagite herpética é a ausência de placas na esofagite herpética, que só são observadas em casos de doença avançada.

Esofagite por citomegalovírus

A esofagite por citomegalovírus (CMV) ocorre de forma muito mais comum no contexto de um paciente com AIDS, e apresenta úlceras semelhantes às úlceras herpéticas, mas além dessas úlceras menores, a esofagite por CMV apresenta também úlceras gigantes superficiais alongadas, com morfologia ovoide, circundadas por um fino halo de edema, com extensão de alguns centímetros, permitindo a diferenciação entre as duas etiologias. Por outro lado, o próprio HIV pode determinar um quadro de esofagite (esofagite por HIV), com úlceras gigantes que são indistinguíveis das úlceras por CMV. Para fazer a diferenciação é necessária a realização de endoscopia com biópsia, visto que o tratamento dessas duas entidades é bastante diferente: antivirais no caso de etiologia por CMV e corticosteroides no caso de esofagite pelo HIV.

Outros vírus também podem cursar com esofagite mais raramente, como o Epstein-Barr (EBV), que apresenta úlceras lineares profundas, e o papilomavírus humano (HPV), que apresenta múltiplas excrescências papilares, que se manifestam como múltiplos nódulos agrupados.

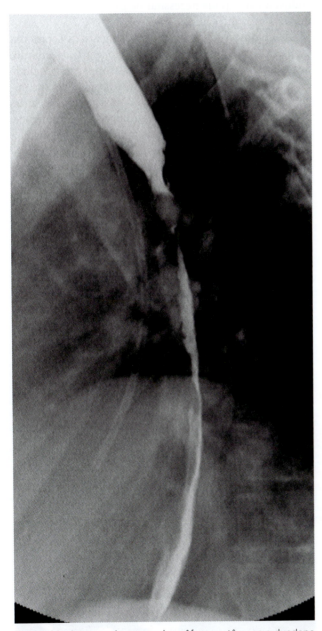

Figura 20 Imagem de exame do esôfago, estômago e duodeno (EED) em incidência oblíqua evidencia estenose acentuada no esôfago torácico associada a úlceras e pequenas lesões elevadas, com retenção do meio de contraste a montante, em paciente com infecção pelo vírus da imunodeficiência humana (HIV) e diagnóstico endoscópico confirmado por biópsia de esofagite grave por citomegalovírus e *Candida albicans*. O aspecto de imagem não é específico, notadamente em casos avançados como esse.

Gastrite

Gastrite é a inflamação da mucosa gástrica, mais comumente acometendo a região antral, que pode ter diversas etiologias diferentes, com manifestações clínicas também variadas. A causa mais comum de gastrite é a infecção pelo *Helicobacter pylori*, mas diversos outros fatores também podem ser associados, como uso de anti-inflamatórios não esteroidais, álcool, café, estresse etc. Os pacientes podem ser assintomáticos ou apresentar dor epigástrica, náuseas, vômitos ou hematêmese. Os achados de imagem mais comuns no EED com duplo contraste são:

- Espessamento do pregueado mucoso, por vezes de aspecto algo nodular.
- Erosões superficiais, que atingem até a camada muscular da mucosa, ou erosões varioliformes (úlceras aftosas), que são mais profundas e apresentam-se como pequenas coleções de contraste baritado com halo de edema circunjacente.
- Perda da distensibilidade gástrica, notadamente no antro.
- Prolapso da mucosa antral para o duodeno.

Na TC são observados: espessamento do pregueado mucoso com hipoatenuação da submucosa (edema) e realce da mucosa. Esses achados de imagem são sugestivos de gastrite, mas são inespecíficos para a causa da gastrite.

Alguns tipos específicos de gastrite podem apresentar quadro clínico e achados de imagem também mais específicos, como a gastrite crônica atrófica e a gastrite enfisematosa.

Gastrite crônica atrófica

Gastrite crônica atrófica é uma doença autoimune que cursa com destruição de células parietais na mucosa da região fúndica, com consequente redução na produção de ácido e de fator intrínseco (FI), levando a deficiência de vitamina B12 e anemia perniciosa. Os exames de imagem evidenciam redução ou ausência de pregas mucosas na região fúndica (fundo "careca"), redução da distensibilidade, afilamento do estômago e *areae gastricae* com padrão reticular reduzido (< 1-2 mm) ou ausente.

Gastrite enfisematosa

Gastrite enfisematosa é uma infecção bacteriana aguda rara, causada por microrganismos produtores de gás, normalmente associada a fatores de risco como ingestão de substâncias corrosivas, abuso de álcool, cirurgia recente, uso de anti-inflamatórios não esteroidais e diabete. Os pacientes apresentam dor epigástrica intensa e hematêmese. Os exames de imagem demonstram a presença de gás na parede gástrica (pneumatose gástrica), com ou sem gás no interior do sistema portal (Figura 21). É importante "janelar" a imagem de tomografia ativamente para identificar a presença de gás no interior da parede gástrica ou fora do tubo digestivo (aumentando a largura da janela). A endoscopia com biópsia pode ser útil na diferenciação entre infecção e outras causas de pneumatose. O tratamento é realizado com antibióticos endovenosos e pode necessitar de gastrectomia para eliminar o foco infeccioso.

A identificação de gás na parede gástrica é rara em exames de imagem (o estômago é o local menos comum de pneumatose ao longo do trato gastrointestinal) e pode estar relacionada a condições graves como a gastrite enfisematosa ou isquemia gástrica, ou a condições mais benignas, como gastrites crônicas, após procedimentos, associada a infecções em outros órgãos ou relacionada a quimioterapia. Os achados de imagem podem ser superponíveis e o quadro clínico do paciente é fundamental na decisão terapêutica.

Úlceras gástricas

As úlceras gástricas são descontinuidades da mucosa gástrica que atingem além da camada muscular da mucosa e ocorrem com maior frequência em pacientes acima dos 40 anos, comumente são múltiplas e apresentam natureza benigna em cerca de 95% dos casos. Possuem os mesmos fatores etiológicos da gastrite, e a principal causa é a infecção pelo *Helicobacter pylori* (cerca de 70% dos casos), podendo também estar associada a diversas outras condições, como o uso de anti-inflamatórios não esteroidais (20-30% dos casos), álcool, tabagismo, café, estresse,

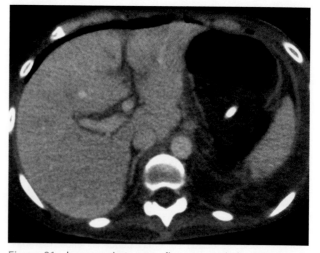

Figura 21 Imagem de tomografia computadorizada evidencia gás no interior da parede da região fúndica do estômago, pneumoperitôneo e derrame pleural esquerdo com componente hemático em paciente com diabete melito tipo 1 no pós-operatório recente de drenagem de abscesso no rim esquerdo.

refluxo de bile e condições que cursam com retardo do esvaziamento gástrico. Causas mais raras são a síndrome de Zollinger-Ellison, o hiperparatireoidismo, o traumatismo cranioencefálico (úlcera de Cushing) e queimaduras extensas (úlcera de Curling). Alguns pacientes podem ser assintomáticos, enquanto outros apresentam dor epigástrica que muitas vezes não melhora com a alimentação ou com o uso de antiácidos e que eventualmente acorda o paciente à noite. Pode haver ainda anemia e perda de peso. Alguns aspectos de imagem no EED com duplo contraste podem ser utilizados para diferenciar úlceras benignas e úlceras malignas.

Aspectos que sugerem benignidade das úlceras gástricas no EED:

- Acúmulo de contraste baritado na cavidade da úlcera com morfologia arredondada ou oval, que se projeta além do contorno gástrico quando vista em perfil.
- Pregas lisas que se dirigem para as bordas da úlcera, relacionadas à retração da mucosa adjacente.
- Presença de um anel radiolucente ao redor da úlcera de espessura variável, representando edema.
- Presença da linha de Hampton (uma fina linha radiolucente atravessando a base da úlcera).

Aspectos que sugerem malignidade das úlceras gástricas no EED:

- Massa associada à ulceração, normalmente excêntrica.
- Cavidade irregular, que não ultrapassa o contorno gástrico quando vista em perfil.
- Aspecto irregular da mucosa ao redor da úlcera, com nodulações, depressões ou elevações.

As úlceras que não apresentam aspecto tipicamente benigno precisam ser avaliadas com endoscopia e biópsia para excluir a presença de malignidade.

A TC sempre deve ser realizada com distensão gástrica adequada e em alguns casos pode identificar a úlcera propriamente dita, sendo comum a presença de espessamento parietal gástrico por edema da submucosa, eventualmente com densificação dos planos gordurosos perigástricos relacionada ao processo inflamatório (Figura 22), apesar de não ter papel na avaliação de rotina das úlceras gástricas. A TC ainda permite identificar complicações, como a presença de perfuração, caracterizada por gás e/ou líquido livre intraperitoneal. No caso de úlceras malignas, a tomografia é capaz de avaliar a extensão local da lesão e a presença de metástases à distância.

O tratamento das úlceras gástricas benignas é clínico, direcionado para a causa da úlcera, com importância para o tratamento do *Helicobacter pylori* nos casos em que a infecção está presente. Abordagem cirúrgica pode ser necessária nos casos recorrentes e nas complicações, mas é rara nos dias de hoje.

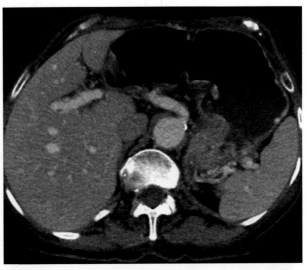

Figura 22 Imagem de tomografia computadorizada evidencia espessamento com ulceração da parede gástrica na pequena curvatura em paciente com relato de náuseas e vômitos há cerca de um mês, sem perda ponderal. O diagnóstico de benignidade foi feito por meio da endoscopia com biópsia e houve melhora após tratamento clínico.

Neoplasias e condições pseudotumorais

Esôfago

A maioria dos tumores esofágicos são malignos (mais de 80%), especialmente os que estão associados a sintomas que levam o paciente a buscar atendimento médico (menos de 1% desses casos são benignos).

Leiomioma

Os leiomiomas representam a neoplasia benigna mais comum do esôfago e, ainda assim, são cerca de 50 vezes menos frequentes do que os carcinomas esofágicos. São duas vezes mais comuns em pacientes do sexo masculino e normalmente são assintomáticos, mas podem estar associados a dor e disfagia, a depender do tamanho da lesão e, nesses casos, os pacientes apresentam sintomas de longa data. O esôfago é o único sítio do trato gastrointestinal em que os leiomiomas são mais comuns do que os tumores gastrointestinais estromais (do inglês *gastrointestinal stromal tumor* ou GIST).

São lesões que surgem da musculatura lisa do esôfago, a partir da camada muscular da mucosa ou da camada muscular própria, em geral nos terços médio e inferior, normalmente com menos de 3,0 cm. Na radiografia simples do tórax, os leiomiomas podem se apresentar como alargamento mediastinal, eventualmente com calcificações. No EED, a apresentação mais típica é a de uma massa intramural extramucosa, de contornos lisos e regulares, formando ângulos retos ou levemente obtusos em relação à parede esofágica (Figura 23), podendo ainda apresentar aspecto circunferencial (10% dos casos). Na

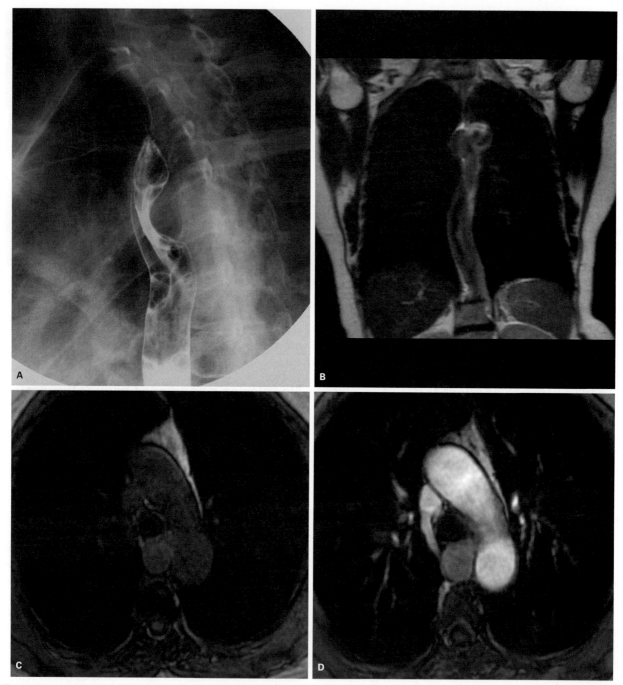

Figura 23 Imagem de esofagograma evidencia falha de enchimento de contornos regulares e margens levemente obtusas, inferindo provável origem extramucosa no esôfago torácico (A). Imagens de ressonância magnética evidenciam lesão de contornos bem delimitados, localizada à direita da aorta descendente, com discreto hipersinal em T2 (B) e realce homogêneo pós-contraste (C) e (D). O diagnóstico de leiomioma foi confirmado após ressecção cirúrgica.

TC, os leiomiomas se apresentam como lesões de contornos regulares, com atenuação semelhante à do músculo, possivelmente com calcificações e realce homogêneo, sem áreas de degeneração cística ou necrose. Na RM, apresentam leve hipersinal em T2 e realce homogêneo (Figura 23). Essas lesões podem ser tratadas com ressecção endoscópica, enucleação cirúrgica ou observação e não costumam recidivar após o tratamento. O diagnóstico diferencial dos leiomiomas inclui cistos de duplicação, tumores de células granulares, GIST, linfoma e metástases hematogênicas.

Cisto de duplicação esofágica

O cisto de duplicação esofágica não é uma lesão neoplásica verdadeira, mas sim uma anomalia do desenvolvimento causada pela persistência de um dos vacúolos do esôfago primitivo, que são responsáveis pelo surgimento da luz esofágica. É diagnosticado com maior frequência em crianças, podem gerar sintomas pelo efeito de massa, como disfagia ou dor torácica e podem apresentar tecido ectópico gástrico ou pancreático. Na maioria das vezes se apresentam como lesões císticas paraesofágicas, tipicamente no terço distal e à direita do esôfago, com paredes finas e regulares e conteúdo líquido com atenuação e sinal variáveis, a depender da presença de componente proteináceo ou hemorrágico (Figura 24). O tratamento é a excisão cirúrgica.

Tumor gastrointestinal estromal (GIST) do esôfago

Os GIST esofágicos são raros, representando menos de 1% dos tumores estromais do trato gastrointestinal e costumam apresentar grandes dimensões, na maioria das vezes com atenuação e sinal heterogêneos à custa de ulceração e necrose (Figura 25), o que pode levar à presença de gás e de preenchimento do meio de contraste baritado no interior da lesão ao esofagograma. Ao contrário dos leiomiomas, os GIST são positivos para CD117 e CD34 na imuno-histoquímica.

Tumor de células granulares

Os tumores de células granulares são neoplasias que se originam das células de Schwann, mais comumente são encontrados na pele, no tecido subcutâneo e na língua. A grande maioria dos casos no esôfago é encontrada de forma incidental, localizada na submucosa, em autópsias ou endoscopias e costuma apresentar curso indolente, e mais raramente são lesões malignas. Nos exames de imagem

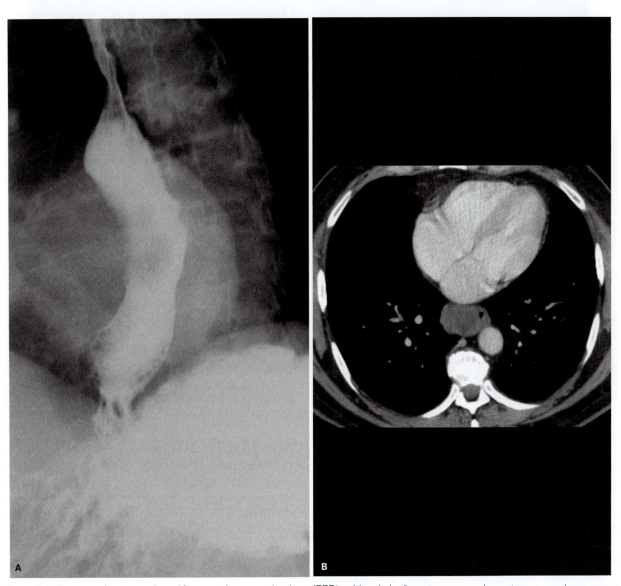

Figura 24 Imagem de exame do esôfago, estômago e duodeno (EED) evidencia lesão extramucosa de contornos regulares e margens levemente obtusas, rechaçando a luz do esôfago para a esquerda (A). Imagem de tomografia computadorizada evidencia lesão hipoatenuante homogênea (B).

(continua)

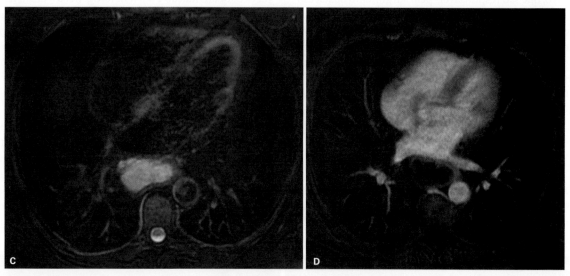

Figura 24 *(continuação)* Imagens de ressonância magnética evidenciam conteúdo com hipersinal em T2 (C) e realce pós-contraste apenas na parede (D), confirmando natureza cística. O diagnóstico de cisto de duplicação esofágica foi confirmado após ressecção cirúrgica.

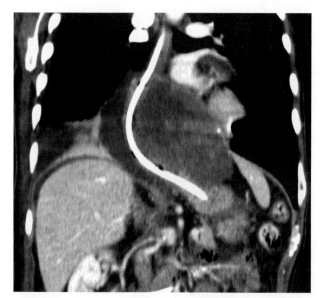

Figura 25 Imagem de tomografia computadorizada evidencia grande lesão extramucosa com atenuação heterogênea (por provável necrose), envolvendo completamente o esôfago distal (com sonda em sua luz) e extensão ao cárdia. O diagnóstico de tumor gastrointestinal estromal (GIST) foi confirmado após esofagectomia.

são pequenas lesões bem delimitadas na submucosa do esôfago distal, com atenuação e sinal variáveis.

Pólipo fibrovascular

Os pólipos fibrovasculares são lesões esofágicas intraluminais alongadas, que se originam no esôfago cervical, próximo ao plano do músculo cricofaríngeo e apresentam componentes variáveis de tecido fibroso, tecido adiposo e vasos sanguíneos. Representam menos de 2% das lesões benignas do esôfago e ocorrem com maior frequência em pacientes de meia-idade, que apresentam disfagia e sensação de corpo estranho no tórax, comumente com relato de regurgitação intermitente do pólipo. Pela possibilidade de cursar com asfixia e morte súbita e pelo fato de que os pacientes normalmente são sintomáticos, o tratamento cirúrgico é recomendado. Os exames de imagem evidenciam uma massa alongada e bem delimitada na luz do esôfago proximal (normalmente com mais 7 cm de comprimento). Os métodos seccionais apresentam atenuação e sinal variáveis a depender da composição do pólipo, normalmente com componente gorduroso exuberante (Figura 26).

Neoplasias malignas do esôfago

Mais de 95% das neoplasias malignas do esôfago são carcinomas (carcinoma espinocelular ou adenocarcinoma).

Carcinoma espinocelular ou escamocelular

O carcinoma espinocelular (CEC) surge de células escamosas estratificadas por meio da progressão de lesões precursoras de neoplasia intraepitelial e ocorre com maior frequência em homens acima dos 60 anos de idade. Há uma grande variação étnica e geográfica, sendo mais comum no sul da África e no leste asiático. Os dois principais fatores de risco são o tabagismo e o etilismo, mas vários outros fatores também podem ser observados, como dietas pobres em frutas e vegetais e ricas em nitrosaminas, acalásia, doença de Chagas, doença celíaca, esofagite cáustica e a síndrome de Plummer-Vinson. Os

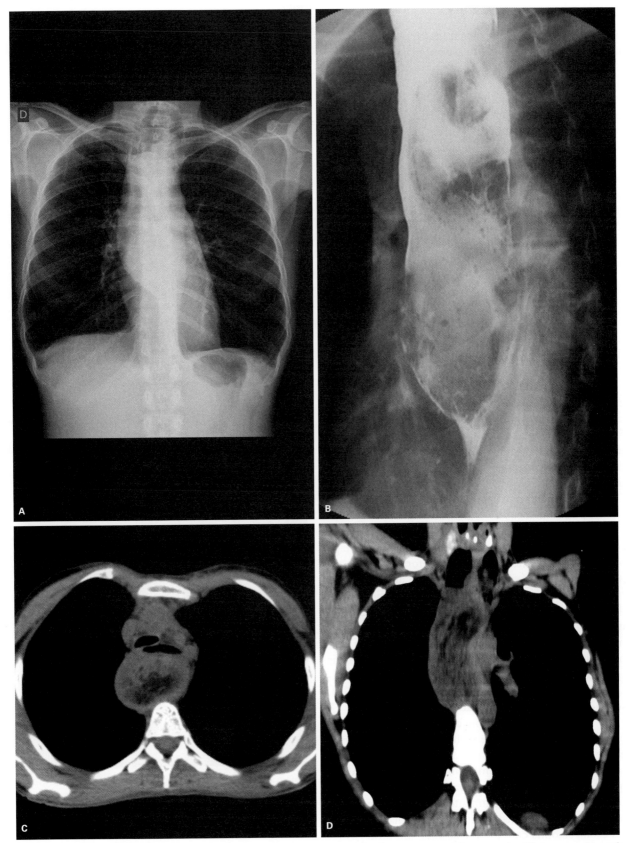

Figura 26 Imagem de radiografia simples evidencia alargamento do mediastino no terço médio e superior (A). Imagem de esofagograma evidencia dilatação do esôfago, que está preenchido por grande lesão alongada. Imagens de tomografia computadorizada evidenciam grande lesão polipoide bem delimitada com exuberante componente de gordura (C) e pedículo que se origina no esôfago cervical (D), sugerindo o diagnóstico de pólipo fibrovascular, que foi confirmado após ressecção cirúrgica.

sintomas mais comuns são disfagia progressiva, perda de peso e odinofagia, que quando estão presentes costumam estar associados à doença avançada. O prognóstico é ruim na maioria dos casos, e a sobrevida média em 5 anos é inferior a 10%.

Os carcinomas espinocelulares do esôfago ocorrem com maior frequência no terço médio, e no esofagograma se apresentam como lesões infiltrativas, que promovem estenoses irregulares, com ulcerações e margens abruptas em relação à parede esofágica (Figura 27). Apresentações como lesões polipoides, em placa ou como úlceras são menos comuns e podem ser sutis, com margens mal definidas. Na TC, pode-se observar espessamento parietal assimétrico ou circunferencial ou uma massa heterogênea com atenuação de partes moles (Figura 27). Na RM, as lesões apresentam sinal intermediário em T2.

Adenocarcinoma

O adenocarcinoma de esôfago surge quase que invariavelmente associado ao esôfago de Barrett. Outros fatores de risco associados são o tabagismo e a obesidade. Enquanto o CEC é o tumor maligno do esôfago mais comum na maioria dos países, o adenocarcinoma vem apresentando aumento de incidência nas últimas décadas, de forma que em alguns países desenvolvidos, como nos Estados Unidos, já aparece como a histologia mais frequente. A maioria dos pacientes são homens e o pico de incidência é na sétima década de vida. Os pacientes diagnosticados com doença precoce costumam ser assintomáticos ou apresentam apenas sintomas relacionados a DRGE. De forma semelhante ao CEC, a maioria dos pacientes possuem doença avançada ao diagnóstico.

Por causa da relação com DRGE e esôfago de Barrett, a grande maioria dos adenocarcinomas de esôfago ocorre no terço inferior do esôfago torácico e comumente apresentam extensão ao cárdia e ao fundo gástrico. Além dessa diferença significativa na localização das lesões entre o CEC e o adenocarcinoma, o aspecto morfológico aos métodos de imagem costuma ser semelhante nas duas histologias. Uma exceção são os adenocarcinomas mucinosos, que podem apresentar áreas com baixa atenuação na TC, possivelmente com calcificações associadas e marcado hipersinal em T2 na RM, secundários ao componente de mucina extracelular.

O manejo do paciente com câncer de esôfago é complexo e envolve uma equipe multidisciplinar, com vários esquemas de tratamento, que incluem cirurgia (normalmente para tumores mais iniciais) e esquemas de quimioterapia e radioterapia para tumores mais avançados, bem como procedimentos paliativos em casos não curativos. O procedimento cirúrgico mais utilizado é a esofagectomia com interposição de um tubo gástrico (com piloroplastia para evitar obstrução relacionada à vagotomia), associada a linfadenectomia (Figura 28). Existem várias técnicas, a depender da preferência da

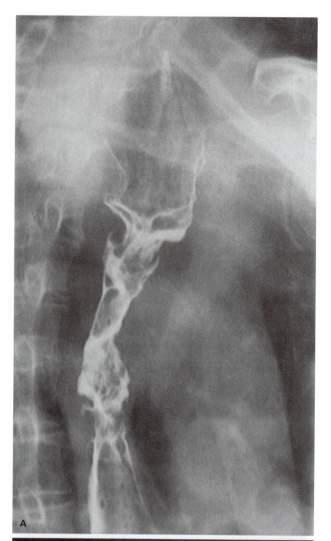

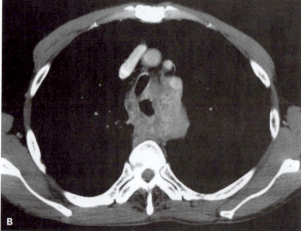

Figura 27 Imagem de esofagograma evidencia lesão irregular de margens abruptas, com ulcerações no esôfago médio/superior (A). A mesma lesão na tomografia computadorizada, notando-se grande componente da lesão infiltrando os planos gordurosos periesofágicos, com envolvimento da parede posterior da traqueia e dos ramos supra-aórticos, especialmente a artéria subclávia esquerda, além de apresentar amplo contato com o corpo vertebral (B). A lesão foi confirmada como carcinoma espinocelular (CEC) na endoscopia com biópsia.

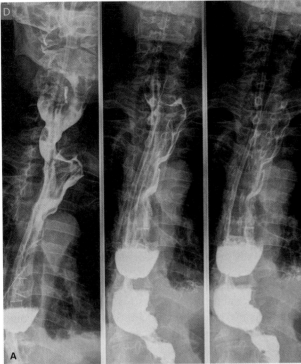
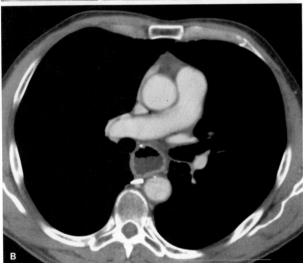

Figura 28 Esofagectomia com interposição de tubo gástrico ao esofagograma (A) e à tomografia computadorizada (B).

equipe cirúrgica e da localização do tumor ao longo do esôfago, sendo mais comuns a abordagem de Ivor Lewis para tumores do esôfago médio e distal e de McKeown para tumores do esôfago proximal. O tubo gástrico pode ser colocado em trajeto subesternal, no mediastino posterior ou intrapleural. Caso o estômago não esteja disponível para confecção do tubo gástrico (p. ex., gastrectomia prévia), um segmento de cólon pode ser utilizado como segunda escolha, e o cólon direito tem a vantagem de ser anastomosado em sentido isoperistáltico. Caso seja utilizado o cólon esquerdo, ele é anastomosado em sentido antiperistáltico.

Estadiamento do câncer de esôfago

A seleção dos pacientes para cada modalidade de tratamento depende diretamente do estadiamento do câncer de esôfago com base na 7ª edição do TNM, publicada em 2009 pela American Joint Committee on Cancer (AJCC), que inclui a avaliação da extensão do tumor primário (T), do envolvimento de linfonodos regionais (N) e da presença de metástases (M).

A avaliação da extensão da lesão (T) é feita de forma rotineira pela TC, que é o melhor método para identificar o envolvimento de estruturas adjacentes. Embora a acurácia da ultrassonografia endoscópica seja maior na avaliação de lesões menos infiltrativas, esse procedimento é mais caro, menos disponível, operador-dependente e de utilização limitada em tumores estenóticos. A tomografia por emissão de pósitrons (PET) tem papel limitado na identificação da extensão local da lesão.

Os tumores T1 invadem a lâmina própria ou a camada muscular da mucosa (T1a) ou a submucosa (T1b). Essas lesões muitas vezes não são visualizadas na TC.

Os tumores T2 invadem a camada muscular própria. Essas lesões podem ser observadas como espessamento parietal assimétrico na TC.

Os tumores T3 invadem a adventícia. Nesses casos, a lesão continua como um tecido mal delimitado periesofágico, mas há um plano gorduroso separando a lesão e as estruturas adjacentes.

Os tumores T4 invadem estruturas adjacentes e são divididos em T4a (envolvimento da pleura, do peritôneo, do pericárdio ou do diafragma) e T4b (envolvimento da aorta, dos vasos carotídeos, da veia ázigos, da traqueia, do brônquio-fonte esquerdo ou de um corpo vertebral). Os tumores T4a são considerados ressecáveis e os T4b irressecáveis. Invasão pericárdica é suspeitada quando há perda do plano gorduroso entre a lesão e o pericárdio, espessamento do pericárdio, derrame pericárdico ou deformidade no contorno cardíaco. A invasão traqueobrônquica é inequívoca quando há formação de fístula entre o esôfago e a via aérea ou extensão direta da lesão para a luz traqueobrônquica (Figura 29). A invasão aórtica é sugerida quando há contato superior a 90° com a lesão ou obliteração do plano gorduroso entre a aorta, o esôfago e a coluna vertebral (Figura 30).

O envolvimento de linfonodos regionais (N) é o principal fator prognóstico no câncer de esôfago e, na 7ª edição do TNM, qualquer linfonodo paraesofágico é classificado como linfonodo regional, desde níveis cervicais até o tronco celíaco (não mais incluídos na categoria de metástases a distância). Na TC, os linfonodos são considerados suspeitos quando apresentam margens irregulares, atenuação heterogênea ou mais de 1,0 cm no menor eixo no tórax e no abdome e mais de 0,5 cm em cadeias supraclaviculares. A ultrassonografia endoscópica possui acurácia superior à tomografia e permite avaliação citológica por meio de punção por agulha fina, mas apresenta

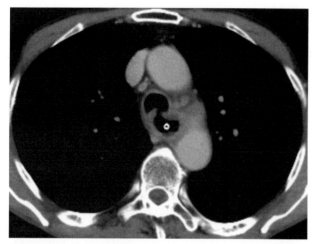

Figura 29 Imagem de tomografia computadorizada de paciente com carcinoma espinocelular (CEC) de esôfago após esquema de tratamento com quimioterapia e radioterapia, evoluindo com fístula traqueoesofágica.

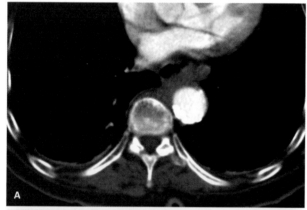

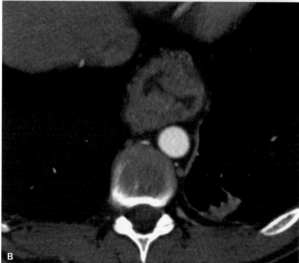

Figura 30 Imagens de tomografia computadorizada de dois pacientes com adenocarcinoma de esôfago, em um deles notando-se contato da lesão com a aorta superior a 90°, além de obliteração do espaço entre o esôfago, a aorta e o corpo vertebral (A), sugerindo invasão (T4b), e em outro, notando-se um fino plano gorduroso entre a lesão e a aorta (B), configurando uma lesão T3.

todas as limitações já descritas. A tomografia por emissão de pósitrons acoplada à tomografia computadorizada (PET/CT) também é superior à tomografia na detecção de metástases linfonodais. A quantificação de linfonodos pode ser limitada nos métodos de imagem, quando estes estão próximos à lesão primária.

- N0: ausência de linfonodos acometidos.
- N1: até dois linfonodos acometidos.
- N2: três a seis linfonodos acometidos.
- N3: sete ou mais linfonodos acometidos.

Metástases a distância (M) estão presentes ao diagnóstico do câncer de esôfago em até 30% dos casos e são mais comumente observadas no fígado, nos pulmões, nos ossos e nas adrenais. A ultrassonografia endoscópica não tem papel na avaliação de metástases à distância. Na TC, as metástases hepáticas são visualizadas como nódulos hipoatenuantes parcialmente definidos (mais conspícuos na fase portal), as metástases pulmonares são visualizadas como nódulos arredondados não calcificados e as metástases nas adrenais são identificadas como lesões heterogêneas. As metástases ósseas são identificadas mais facilmente pela cintilografia óssea, pelo PET/CT ou pela RM.

Os tumores da transição esofagogástrica (normalmente adenocarcinomas) apresentam uma particularidade importante em relação ao estadiamento e ao prognóstico: tumores cujo epicentro está localizado no esôfago distal ou na junção esofagogástrica, ou tumores cujo epicentro está nos 5 cm proximais do estômago, mas que se estendem ao esôfago são estadiados e tratados como tumores esofágicos (Figura 31).

Linfoma esofágico

O linfoma esofágico primário é extremamente raro, representando menos de 1% de todos os linfomas do trato gastrointestinal. Dessa forma, o acometimento esofágico pelo linfoma ocorre na maioria das vezes como extensão de doença do estômago ou de linfonodos mediastinais. Os pacientes podem apresentar disfagia ou ser assintomáticos. No EED pode ser observado afilamento irregular do esôfago distal por extensão direta de uma lesão gástrica, mas também podem ser observados nódulos submucosos, lesões polipoides ou ulceradas, pregas espessadas e, ainda mais raramente, dilatação aneurismática do esôfago. Nos métodos seccionais, os achados de imagem também são inespecíficos, mas pode ser observado espessamento parietal assimétrico ou concêntrico, especialmente quando há preservação dos planos gordurosos adjacentes a uma grande lesão esofágica.

Outros tumores esofágicos

Outro tumor raro do esôfago é o carcinoma de células fusiformes (do inglês, *spindle cell carcinoma*), que apresenta componentes escamosos e sarcomatosos, conside-

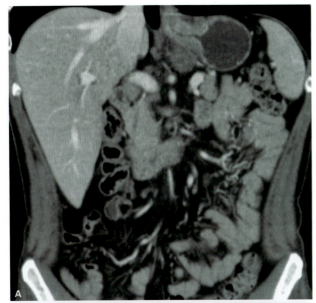

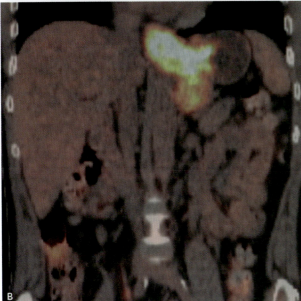

Figura 31 Imagem de tomografia computadorizada evidencia lesão na transição esofagogástrica, com linfonodomegalia regional (A). A mesma lesão na imagem de fusão da tomografia por emissão de pósitrons/tomografia computadorizada (PET/CT), mostrando intensa captação do radiofármaco pela lesão e pelo linfonodo acometido (B).

rado atualmente como uma variante do CEC com graus diversos de metaplasia sarcomatosa, que se apresenta como grande lesão polipoide intraluminal no terço médio/distal, que distende o esôfago sem causar obstrução, cujo aspecto de imagem também pode ser observado no melanoma primário do esôfago, ainda mais raro. Outro diagnóstico diferencial dessa lesão é o pólipo fibrovascular, já abordado neste capítulo, mas que normalmente surge no esôfago proximal e apresenta graus variáveis de componente gorduroso. Os tumores neuroendócrinos do esôfago também são raros e em geral são malignos (carcinomas neuroendócrinos, representando menos de 1% dos tumores malignos do esôfago), com comportamento agressivo, apresentando metástases em mais de 70% dos pacientes ao diagnóstico, normalmente localizados no esôfago médio/distal e caracterizados como espessamento parietal, lesão polipoide, ou ulcerada, com hipervascularização na TC.

Estômago

As lesões gástricas costumam ser divididas em epiteliais (quando se originam na mucosa gástrica) ou subepiteliais (quando se originam em outras camadas da parede abaixo da mucosa), o que permite, em parte dos casos, estreitar o diagnóstico diferencial com base no aspecto de imagem das lesões. A ultrassonografia endoscópica é o melhor método na identificação da camada de origem das lesões gástricas, especialmente para pequenas lesões. A TC e a RM possuem a capacidade de avaliar a lesão por completo (mesmo lesões maiores) e identificar a extensão local, bem como a presença de metástases a distância.

Pólipos gástricos

Os pólipos gástricos têm origem na mucosa e normalmente são identificados de forma incidental em até 6% das endoscopias digestivas altas (EDA). Do ponto de vista histológico, podem ser divididos em hiperplásicos, adenomatosos e hamartomatosos.

Os pólipos hiperplásicos, também conhecidos como pólipos inflamatórios, ocorrem associados a gastrite e não são neoplasias verdadeiras. Em geral, apresentam-se isoladamente, mas podem ser múltiplos (um terço dos casos), são sésseis ou ovoides, com dimensões inferiores a 1,0 cm, e ocorrem mais comumente no fundo e no corpo do estômago. Podem regredir ou aumentar de dimensões ao longo do tempo. Os pacientes costumam ser assintomáticos, mas podem ter sintomas relacionados à gastrite. Apesar de tradicionalmente serem consideradas lesões sem potencial maligno significativo, já foram encontrados focos de displasia e de carcinoma, especialmente em pólipos maiores (mais de 2,0 cm) e em pacientes mais idosos. No EED são observados como pequenas falhas de enchimento radiolucentes regulares.

Os pólipos de glândulas fúndicas atualmente são o tipo mais comum (77% dos casos) e estão relacionados ao uso de inibidores de bomba de próton. Histologicamente são caracterizados por dilatação cística de glândulas fúndicas e por vezes são considerados uma variante dos pólipos hiperplásicos, também podendo regredir. Na maioria dos casos são múltiplos, com dimensões inferiores a 1,0 cm e localizados na região fúndica, indistinguíveis dos pólipos hiperplásicos.

Os pólipos adenomatosos são mais comuns nos países em que o câncer gástrico é endêmico e estão associados à gastrite crônica atrófica e à metaplasia intestinal, bem como à polipose adenomatosa familiar. Apresentam potencial maligno bem estabelecido por meio da sequência adenoma-carcinoma (em até 50% dos pólipos acima de 2,0 cm). Na maioria dos casos são solitários e localizados no antro, com dimensões maiores do que os pólipos hiperplásicos (3-4 cm), com morfologia séssil ou pedunculada. Ao EED se apresentam como falhas de enchimento mais lobuladas, podendo formar o sinal do "chapéu mexicano", com um par de anéis concêntricos, em que o anel externo é o contorno do pólipo e o anel interno representa o pedículo.

Os pólipos hamartomatosos comumente estão associados à síndrome de Peutz-Jeghers e se apresentam como pólipos de base larga agrupados.

Adenocarcinoma

O adenocarcinoma gástrico surge da mucosa e representa 95% dos tumores malignos do estômago. Costuma ser dividido em precoce, quando é restrito à mucosa ou à submucosa, e avançado, quando infiltra a camada muscular própria. Há uma distribuição geográfica da doença, com alta incidência em países do leste asiático, e alguns deles possuem programas de rastreamento, o que ao menos em parte contribui para uma maior proporção de tumores precoces, ao contrário do ocidente, onde a maioria dos tumores diagnosticados são avançados. Alguns fatores de risco são bem estabelecidos para o adenocarcinoma gástrico, como uma dieta com alimentos ricos em sal, nitratos e nitritos (defumados), a infecção pelo *H. pylori*, a gastrite crônica atrófica e algumas síndromes hereditárias, como a síndrome do câncer de cólon hereditário não polipose, a polipose adenomatosa familiar e a síndrome de Peutz-Jeghers. Os pacientes podem ser assintomáticos ou apresentar perda ponderal, anemia, dor epigástrica ou melena. O prognóstico é bom para lesões precoces (sobrevida em 5 anos acima de 85%) e ruim para lesões avançadas (sobrevida em 5 anos inferior a 20%).

Existem várias classificações histológicas, sendo mais comum a de Laurén, que divide o adenocarcinoma gástrico em subtipos intestinal, difuso e indeterminado. O subtipo intestinal está associado à injúria da mucosa gástrica com metaplasia intestinal e com maior frequência se apresenta como uma lesão vegetante. O subtipo difuso está menos relacionado a fatores ambientais e ocorre em pacientes mais jovens, com pior prognóstico, apresentando-se com maior frequência como lesões infiltrativas.

Ao EED os tumores gástricos precoces podem se apresentar como pequenas lesões polipoides, pequenas lesões em placa ou úlceras rasas irregulares. Os tumores avançados podem se apresentar como falhas de enchimento nodulares, lobuladas ou ulceradas, ou ainda como ausência de pregas gástricas com irregularidades na parede e redução volumétrica no caso de uma lesão mais esquirrosa, conhecida como linite plástica (infiltração difusa das paredes gástricas pela lesão). Na TC, as lesões se apresentam como massas polipoides com ou sem ulceração, como espessamento parietal irregular com perda do pregueado habitual (Figura 32) ou como espessamento parietal difuso com realce pós-contraste nas lesões mais esquirrosas (Figura 33). Os adenocarcinomas mucinosos podem se apresentar com baixa atenuação e com focos de calcificação.

Metástases hepáticas são mais comumente observadas em adenocarcinomas do subtipo intestinal, e carcinomatose peritoneal, metástases ovarianas (tumor de Krukenberg) e pulmonares são mais frequentes no subtipo difuso. Metástases intestinais são raras, mas podem ser observadas em tumores gástricos pouco diferenciados.

Um padrão de disseminação típico dos adenocarcinomas gástricos é através dos ligamentos perigástricos e pode ser subperitoneal (entre os folhetos peritoneais) ou transperitoneal (normalmente resultando em carcinomatose peritoneal), podendo cursar com envolvimento da via biliar extra-hepática ou até dos ureteres, quando há extensão ao retroperitôneo (Figura 34).

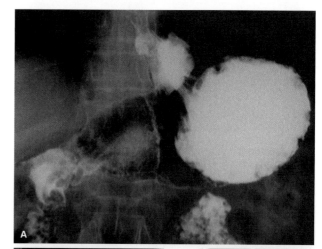
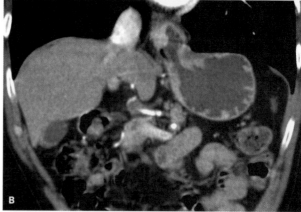

Figura 32 Imagem de exame do esôfago, estômago e duodeno (EED) evidenciando hérnia de hiato e falha de enchimento irregular na porção herniada do estômago na região do cárdia (A). Imagem de tomografia computadorizada em reformação coronal oblíqua evidencia a mesma lesão como espessamento parietal irregular com realce pós-contraste (B). O diagnóstico de adenocarcinoma foi confirmado na endoscopia com biópsia.

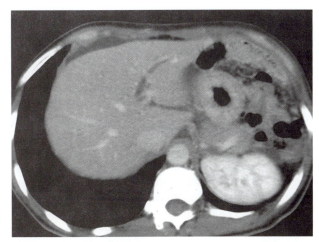

Figura 33 Imagem de tomografia computadorizada evidencia redução volumétrica do estômago, com espessamento parietal difuso com hiperrealce pós-contraste (linite plástica), com biópsia confirmando adenocarcinoma pouco diferenciado.

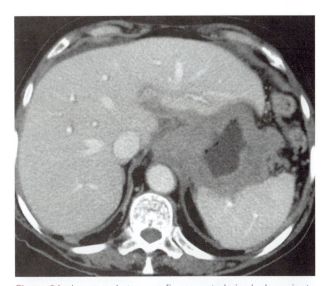

Figura 34 Imagem de tomografia computadorizada de paciente com adenocarcinoma gástrico com células em anel de sinete, apresentando padrão de disseminação pelos ligamentos perigástricos (envolvimento do ligamento hepatogástrico com insinuação à fissura do ligamento venoso e ligamento gastroesplênico).

De forma geral, o câncer gástrico apresenta prognóstico ruim, com sobrevida global em 5 anos em torno de 35% e taxas de recidiva de até 80%, que pode ser local, em geral próximo à anastomose gastroentérica ou a distância, normalmente em linfonodos, no fígado ou no peritôneo.

Estadiamento e tratamento do câncer gástrico

Na 7ª edição do TNM houve uma tentativa de normatizar a avaliação da extensão da lesão (T) para os tumores de todo o tubo digestivo, com a criação da classificação T4a (extensão ao peritôneo visceral), que anteriormente era classificado como T3.

Classificação TNM do câncer gástrico:

Na avaliação do grau de invasão da parede (T), a ultrassonografia endoscópica apresenta maior acurácia, especialmente em tumores precoces, mas é limitada em tumores grandes ou estenosantes. A TC é o método de escolha no estadiamento do câncer gástrico e permite a realização de reformatações multiplanares (Figura 35), que são importantes na avaliação da relação da lesão com as estruturas adjacentes e na detecção de lesões pequenas. A RM é uma opção para pacientes que apresentam contraindicação ao meio de contraste iodado. O PET/CT ainda tem papel controverso, visto que alguns tipos histológicos não são ávidos pela fluordesoxiglicose-18 (^{18}F-FDG), como os tumores mucinosos ou com células em anel de sinete.

- T1a: restrito à mucosa; T1b: restrito à submucosa.
- T2: restrito à camada muscular própria.
- T3: restrito ao tecido conjuntivo subseroso (não infiltra o peritôneo visceral).
- T4a: envolvimento do peritôneo visceral; T4b: envolvimento de estruturas adjacentes.

A sensibilidade da TC na identificação de linfonodos malignos (N) é ao redor de 50% e os critérios mais

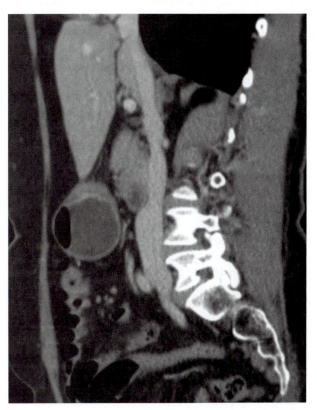

Figura 35 Imagem de tomografia computadorizada em reformatação sagital, evidenciando espessamento parietal irregular na incisura angular, com confirmação de adenocarcinoma na endoscopia com biópsia. Note que essa lesão pode passar despercebida caso o exame seja avaliado apenas no plano axial.

comumente utilizados são a morfologia globosa ou irregular, a atenuação heterogênea, o hiperrealce e as dimensões (> 0,9 cm).

- N0: ausência de linfonodos acometidos.
- N1: até dois linfonodos acometidos.
- N2: três a seis linfonodos acometidos.
- N3: sete ou mais linfonodos acometidos.

Na avaliação de metástases a distância (M), a TC continua sendo o método de escolha, embora apresente sensibilidade relativamente baixa na detecção de carcinomatose peritoneal incipiente, de forma que alguns serviços preconizam a realização de laparoscopia diagnóstica antes de cirurgia com intenção curativa. O PET/CT pode ter papel na pesquisa de recidiva, especialmente a distância, em tumores do subtipo intestinal.

- M0: ausência de metástases.
- M1: presença de metástases.

O tratamento do câncer gástrico inclui ressecção cirúrgica associada a linfadenectomia, e atualmente são utilizados também esquemas de quimioterapia e radioterapia pré e pós-cirúrgicos em alguns grupos de pacientes. A cirurgia no câncer gástrico depende da localização da lesão, de forma que pacientes com tumores proximais ou do terço médio do estômago são submetidos a gastrectomia total e os que possuem tumores do terço distal são submetidos a gastrectomia parcial. Existem várias técnicas de reconstrução do trânsito intestinal nas gastrectomias, sendo mais comuns as seguintes:

- Gastroduodenostomia Billroth I: gastrectomia parcial com anastomose término-terminal entre o remanescente gástrico e o duodeno.
- Gastrojejunostomia Billroth II: gastrectomia parcial com fechamento do coto duodenal e anastomose término-lateral entre o remanescente gástrico e uma alça jejunal.
- Esofagojejunostomia com alça em Y-de-Roux: gastrectomia total, com anastomose término-lateral entre o remanescente esofágico e um segmento jejunal em fundo cego, jejunojejunostomia término-lateral e fechamento do coto duodenal.

As principais complicações no pós-operatório do câncer gástrico são a deiscência de anastomose (que podem evoluir para peritonite e/ou abscesso), síndrome da alça aferente, sangramento intra-abdominal e o surgimento de hérnias da parede abdominal ou de hérnias internas.

Tumor gastrointestinal estromal (GIST) do estômago

O GIST surge das células intersticiais de Cajal, que são mais numerosas na camada muscular própria, especialmente junto ao plexo mioentérico; logo, são lesões subepiteliais. Representa 90% dos tumores mesenquimais do trato gastrointestinal e podem ser benignos ou malignos. O estômago é o sítio mais frequente dos GIST (60-70% dos casos), seguido do intestino delgado (30%) e raramente ocorre em outros segmentos do trato gastrointestinal, mas também pode ocorrer no mesentério ou no omento. Os GIST são caracterizados pela positividade ao c-KIT (CD117) na avaliação imuno-histoquímica.

GIST pequenos costumam ser assintomáticos, mas os pacientes podem apresentar sintomas de sangramento gastrointestinal caso a lesão seja ulcerada. Como as lesões apresentam padrão de crescimento predominantemente exofítico, é comum atingir grandes dimensões até se tornarem sintomáticos e raramente cursam com obstrução intestinal.

Os GIST gástricos normalmente são solitários. Tumores com menos de 3 cm de diâmetro são menos agressivos (com menor potencial maligno) e na TC apresentam contornos regulares, atenuação homogênea de partes moles e realce variável. As lesões maiores costumam ter margens irregulares ou lobuladas, com ulceração da mucosa e realce heterogêneo (Figura 36). Calcificações são incomuns. Os GIST malignos costumam apresentar metástases para o fígado e para o peritônio, mas acometimento linfonodal é raro. Um aspecto característico dos GIST é o padrão de resposta ao tratamento com mesilato de imatinibe, em que as lesões apresentam pouca ou nenhuma redução de dimensões (ou até aumentam), mas apresentam acentuada redução na atenuação, relacionada à degeneração mixoide causada pela droga, inferindo boa resposta ao tratamento (Figura 37).

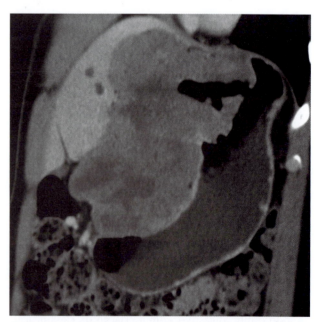

Figura 36 Imagem de tomografia computadorizada evidencia grande lesão subepitelial na pequena curvatura do estômago, com realce heterogêneo e área ulcerada, confirmada como tumor gastrointestinal estromal (GIST) na endoscopia com biópsia.

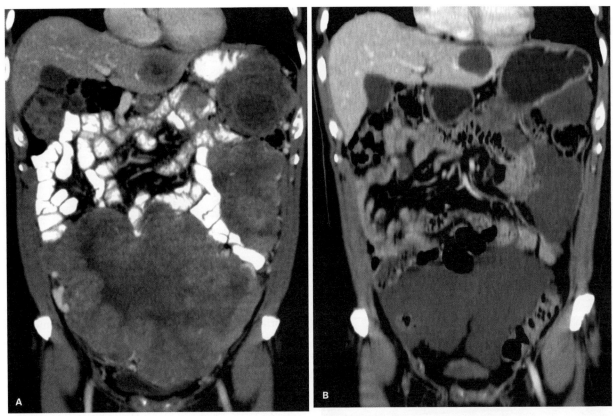

Figura 37 Imagens de tomografia computadorizada evidenciam lesão subepitelial na grande curvatura do estômago associada a exuberantes lesões peritoneais e nódulo no lobo esquerdo do fígado com realce heterogêneo à custa de áreas de necrose, confirmados como tumor gastrointestinal estromal (GIST) gástrico com metástases hepáticas e peritoneais (A), que apresentaram acentuada redução na atenuação, mas sem alteração volumétrica significativa após tratamento com imatinibe (B).

Tumor glômico

O tumor glômico é uma lesão de natureza vascular que se origina dos corpos glômicos, que são encontrados com maior abundância na derme ou subcutâneo das extremidades (relacionados à regulação da temperatura corporal), mas que já foram descritos em todas as partes do corpo. No trato gastrointestinal ocorrem quase que exclusivamente no estômago e representam cerca de 2% dos tumores gástricos benignos. Ocorre com maior frequência em mulheres ao redor dos 55 anos de idade. Na maioria dos casos o tumor glômico se apresenta como uma lesão subepitelial bem delimitada com menos de 3 cm, mais comumente no antro gástrico, com realce intenso na fase arterial, com persistência nas fases venosas.

Leiomioma

Os leiomiomas do estômago são raros (muito menos comuns do que os GIST gástricos) e normalmente surgem a partir da camada muscular própria. Ao contrário dos GIST, são negativos para c-KIT e são positivos para desmina e para actina de músculo liso. Quase sempre os leiomiomas se apresentam como lesões homogêneas no cárdia, com baixa atenuação e padrão de crescimento endoluminal. Leiomiomas com mais de 2 cm podem apresentar ulceração central.

Schwannoma

Os schwannomas são tumores benignos da bainha neural, surgem no plexo mioentérico na camada muscular própria e representam 2-7% dos tumores mesenquimais do trato gastrointestinal. O estômago é o sítio mais comum no trato gastrointestinal (60-70% dos casos), seguido do cólon e do reto. Na imuno-histoquímica são positivos para a proteína S-100. São mais frequentes em pacientes do sexo feminino ao redor dos 60 anos. Os pacientes podem ser assintomáticos ou podem apresentar dor abdominal ou sangramento gastrointestinal, caso a lesão seja ulcerada. Os schwannomas se apresentam como lesões com crescimento exofítico ou intramural, com atenuação homogênea, mesmo quando possuem dimensões maiores, com discreto realce na fase arterial e realce mais intenso na fase de equilíbrio (Figura 38). Calcificações são raras.

Lipoma

O lipoma gástrico é composto por células lipídicas maduras circundadas por uma cápsula fibrosa, com origem na submucosa da parede gástrica. Normalmente são assintomáticos, mas como outras lesões subepiteliais, podem ulcerar e cursar com dor abdominal ou sangramento gastrointestinal, caso possuam dimensões maiores. O local

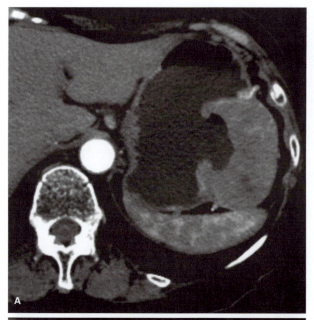

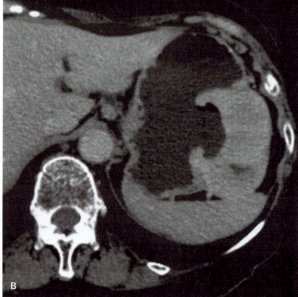

Figura 38 Imagens de tomografia computadorizada evidenciam lesão ulcerada na parede gástrica, com componente exofítico bem delimitado (A), que apresenta maior realce na fase de equilíbrio (B). O diagnóstico de schwannoma foi confirmado na imuno-histoquímica.

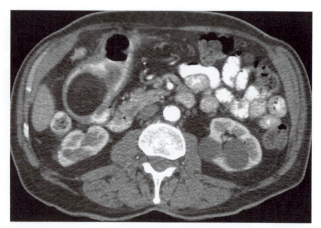

Figura 39 Imagem de tomografia computadorizada de paciente em estadiamento de neoplasia colorretal, com achado incidental de lesão gástrica bem delimitada, com atenuação de gordura, compatível com lipoma.

mais comum do lipoma gástrico é o antro. Apresentam atenuação homogênea de gordura (Figura 39), mas podem apresentar densificações no interior da lesão relacionadas a alterações inflamatórias, caso estejam ulcerados. Não há indicação de tratamento se o paciente for assintomático.

Pâncreas heterotópico

O pâncreas heterotópico é uma condição que pode simular uma lesão gástrica subepitelial e representa tecido pancreático que surge do destacamento de um broto pancreático durante a embriogênese, que ocorre na maioria das vezes no abdome superior, especialmente na parede gástrica da região pré-pilórica ao longo da grande curvatura. O padrão de realce é semelhante ao do parênquima pancreático (hipervascularizado na fase arterial) e um pequeno ducto rudimentar pode ser observado em alguns casos. Em uma menor proporção dos casos, o tecido pode ser hipovascularizado quando há predomínio de componente muscular envolvendo as estruturas ductais, dificultando o diagnóstico. Assim como o pâncreas tópico, o tecido pancreático heterotópico está sujeito às mesmas condições, como alterações inflamatórias e neoplásicas, embora estas sejam raras.

Tumor neuroendócrino

Os tumores neuroendócrinos surgem das células enterocromafins no trato gastrointestinal, no sistema biliopancreático e nos pulmões. A localização mais comum do trato gastrointestinal é o apêndice cecal e o intestino delgado, sendo raro ocorrer no estômago. Parte desses tumores secretam aminas vasoativas, que podem causar a síndrome carcinoide (menos de 10% dos casos), caracterizada por rubor facial e diarreia, que praticamente não acontece na ausência de metástases hepáticas, visto que o fígado metaboliza e inativa essas substâncias (as metástases hepáticas secretam as aminas diretamente na circulação).

Como essas lesões surgem em uma região profunda da mucosa gástrica, podem apresentar aspecto semelhante às lesões subepiteliais à endoscopia. O tipo I é associado à gastrite crônica atrófica e representa cerca de 75-80% dos tumores neuroendócrinos do estômago, que se apresentam como múltiplas pequenas lesões hipervascularizadas de aspecto polipoide, normalmente com dimensões inferiores a 1,0 cm. O tipo II inclui os tumores que surgem no contexto da síndrome de Zollinger-Ellison, especialmente em pacientes com neoplasia endócrina múltipla do tipo I. Esses pacientes com tumores neuroendócrinos do tipo II apresentam espessamento parietal gástrico e múltiplas lesões de dimensões variáveis, mas que ao contrário do tipo I, podem ulcerar e metastatizar. Há ainda um tipo III de tumor neuroendócrino gástrico, que surge de forma esporádica, sem associação com fatores bem estabelecidos, semelhante ao que ocorre no restante do trato gastrointestinal e nesses casos normalmente são solitários, podendo ulcerar e metastatizar, especialmente se apresentarem dimensões superiores a 3 cm.

Linfoma gástrico

O envolvimento do trato gastrointestinal por linfoma é mais comum de forma secundária, por disseminação da doença no mesentério ou no retroperitôneo. O linfoma primário do trato gastrointestinal na maioria dos casos é do tipo não Hodgkin e o subtipo mais comum é o linfoma difuso de grandes células B (quase 50% dos casos), seguido do linfoma MALT (do inglês *mucosa-associated lymphoid tissue*), depois do linfoma folicular e de células do manto. O estômago é o sítio mais comum do linfoma primário do trato gastrointestinal (50-70% dos casos), que comumente se origina de um linfoma MALT de baixo grau associado à infecção crônica pelo *H. pylori*, que progride para linfoma de grandes células de grau intermediário ou alto se não for tratado no início da doença. Em alguns casos, o linfoma MALT de baixo grau apresenta regressão apenas com a erradicação do *H. pylori*.

Ao EED com duplo contraste, o linfoma gástrico pode apresentar padrão ulcerado, polipoide ou infiltrativo, muitas vezes indistinto do adenocarcinoma. Favorece a possibilidade de linfoma a presença de múltiplas lesões polipoides com ulceração central, lesões escavadas de grandes dimensões ou espessamento difuso de pregas gástricas por uma lesão infiltrativa. Na TC, os achados também podem ser superponíveis aos do adenocarcinoma, mas favorecem a possibilidade de linfoma quando há uma maior preservação dos planos gordurosos perigástricos, especialmente na presença de uma lesão grande (os adenocarcinomas apresentam padrão típico de disseminação pelos ligamentos perigástricos e, dessa forma, acometem esses planos gordurosos na maioria dos casos) (Figura 40). Além disso, mesmo com extensa infiltração linfomatosa na parede gástrica, é incomum a presença de quadro obstrutivo. A presença de extensão transpilórica é mais comum no linfoma do que no adenocarcinoma, mas como o adenocarcinoma é muito mais prevalente, a presença de extensão transpilórica não pode ser utilizada como critério para direcionar o diagnóstico para o linfoma. Outra diferença relevante é que no linfoma o acometimento linfonodal costuma ser mais exuberante em relação ao adenocarcinoma, especialmente quando estão presentes linfonodos de grandes dimensões e abaixo do plano dos hilos renais.

Metástases

Metástases para o estômago são raras, mas quando ocorrem na maioria das vezes são secundárias ao melanoma ou a neoplasia de mama ou pulmão. Se as lesões forem hipervascularizadas, os sítios primários principais são o melanoma e o carcinoma de células renais. Na maioria das situações em que o estômago é acometido de forma secundária a outra neoplasia, o envolvimento se dá de forma direta por carcinomatose peritoneal ou por extensão direta da lesão, como nos tumores esofágicos.

Miscelânea

Anel de Schatzki

O anel de Schatzki é uma constrição anular na junção esofagogástrica, na maioria das vezes relacionada a esofagite de refluxo ou a esofagite eosinofílica, comumente associada à hérnia gástrica hiatal. Representa um espessamento inflamatório da mucosa no plano do anel B, com ou sem fibrose associada. No EED o anel de Schatzki aparece como uma membrana fina (2 a 4 mm de espessura), de margens regulares, no plano da junção esofagogástrica, normalmente associada à hérnia de deslizamento. O quadro clínico depende do diâmetro da luz no plano do anel: > 20 mm (normalmente sem sintomas); 13-20 mm (disfagia ocasional para alimentos maiores, pouco mastigados); < 13 mm (disfagia recorrente). O tratamento se baseia na reeducação alimentar do paciente e intervenção endoscópica com dilatação nos casos de disfagia recorrente.

Membranas esofágicas

As membranas esofágicas são constrições finas da mucosa esofágica, sem camada muscular, que ocorrem com maior frequência na parede anterior do esôfago cervical, mas podem ser circunferenciais (Figura 41). Podem ser congênitas, idiopáticas (variação anatômica) ou sequelares a uma alteração inflamatória. Comumente estão relacionadas a outras condições, como a síndome de Plummer-Vinson (glossite, anemia ferropriva e disfagia), a epidermólise bolhosa, a esofagite eosinofílica, a doença celíaca ou ao refluxo gastroesofágico. Na maioria dos casos são assintomáticas, mas podem cursar com disfagia para alimentos maiores ou comprimidos, podendo necessitar de tratamento com dilatação endoscópica.

Síndrome de Boerhaave

A síndrome de Boerhaave é caracterizada pela ruptura esofágica secundária a um aumento súbito da pressão intraluminal, na maioria dos casos na parede esquerda do terço distal do esôfago. Os pacientes comumente apresentam histórico de alcoolismo crônico, com relato de vômitos incoercíveis e surgimento de dor subesternal súbita intensa. Pode haver evolução rápida para sepse, com mortalidade de até 70% caso não tratada em até 24 horas.

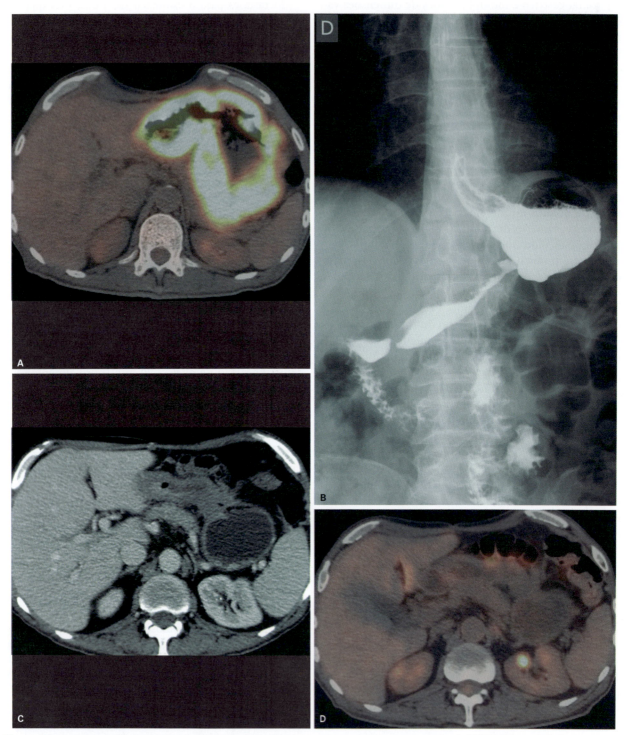

Figura 40 Imagem de fusão de tomografia por emissão de pósitrons/tomografia computadorizada (PET/CT) de paciente com linfoma não Hodgkin difuso de grandes células B, evidenciando acentuado espessamento parietal gástrico, com grande captação do radiofármaco, sem alterações significativas nos planos gordurosos perigástricos (A). Imagens de exame do esôfago, estômago e duodeno (EED) e tomografia computadorizada após tratamento com esquema RCHOP, evoluindo com estenose no corpo gástrico (B) e (C). Imagem de fusão de PET/CT, sem captação significativa ao longo da lesão tratada (D). O paciente foi submetido a gastrectomia, sem evidência de doença na peça cirúrgica.

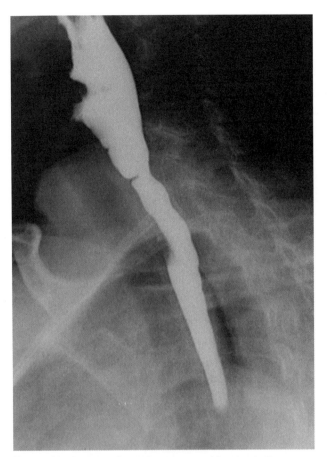

Figura 41 Imagem de esofagograma evidenciando fina membrana na parede anterior do esôfago cervical.

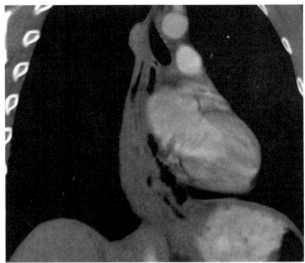

Figura 42 Imagem de tomografia computadorizada evidencia espessamento parietal do esôfago distal e pneumomediastino em paciente com dor torácica súbita após vômitos incoercíveis. Não houve extravasamento significativo do meio de contraste administrado por via oral para o mediastino.

Os achados mais comuns são pneumomediastino, derrame pleural (mais comum à esquerda) ou hidropneumotórax na radiografia de tórax, e extravasamento do meio de contraste no esofagograma (preferencialmente com meio de contraste iodado diluído). A TC também evidencia as mesmas alterações e pode avaliar melhor eventuais coleções associadas (Figura 42). Pequenas perfurações bloqueadas podem ser tratadas com antibioticoterapia e nutrição parenteral, mas perfurações maiores necessitam de abordagem cirúrgica precoce, com drenagem das coleções.

Varizes esofágicas e gástricas

Varizes esofágicas e gástricas, comumente presentes no contexto de hepatopatia crônica com hipertensão portal ou de trombose crônica da veia esplênica, podem simular lesões subepiteliais ao EED ou na endoscopia. A TC realizada com aquisição de fase venosa é capaz de identificar com facilidade o diagnóstico (Figura 43), evitando indicação de uma biópsia, potencialmente catastrófica.

Bezoar gástrico

O bezoar gástrico é uma massa de material ingerido, mas não digerido, que fica acumulado na câmara gástrica,

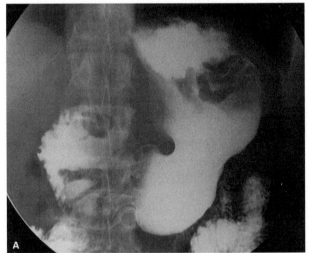

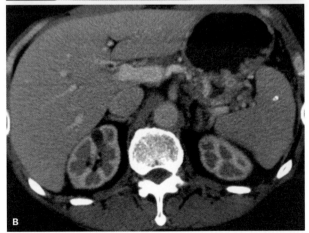

Figura 43 Imagem de exame do esôfago, estômago e duodeno (EED) evidenciando falhas de enchimento alongadas, de aspecto serpiginoso, na transição entre o fundo e o corpo gástrico (A), compatíveis com varizes gástricas à tomografia (B).

podendo ter várias etiologias, como o fitobezoar (fibras vegetais), tricobezoar (cabelo), lactobezoar (concreções lácteas), farmacobezoar (medicações) etc. Há algumas condições que podem predispor ao bezoar, como cirurgia gástrica prévia (vagotomia, piloroplastia, antrectomia, gastrectomia parcial), edentulismo, mastigação inadequada, dieta com excesso de fibras ou alteração na motilidade gástrica. No EED, o bezoar gástrico se apresenta como falha de enchimento móvel, possivelmente com preenchimento de parte dos espaços internos pelo meio de contraste. Na TC, o aspecto é de massa heterogênea pela presença de bolhas de ar no interior, sem nível líquido, sem realce pós-contraste, que pode ocupar toda a câmara gástrica. Se for administrado meio de contraste positivo por via oral, é possível identificar o meio de contraste envolvendo toda a massa, caracterizando que ela não se origina da parede do estômago. Bezoares grandes e sintomáticos requerem remoção cirúrgica ou fragmentação endoscópica.

Doença de Ménétrier

A doença de Ménétrier é uma condição rara, de causa desconhecida, que cursa com hiperplasia foveolar acentuada da mucosa gástrica, com produção de mucina, hipoproteinemia (secundária à perda de albumina na luz gástrica) e hipocloridria (por redução da população de células parietais e principais na região fúndica). É observada em uma distribuição bimodal, com um pico na infância, mais comum em meninos com menos de 10 anos e outro pico ao redor dos 55 anos, também mais comum em indivíduos de sexo masculino. As manifestações mais frequentes são dor epigástrica e hipoalbuminemia, mas também podem ser observados perda de peso, náuseas, vômitos, diarreia etc. O EED evidencia acentuado espessamento de pregas mucosas, mais evidente na região fúndica (mas que também pode ser observado na região antral), e as pregas apresentam morfologia mais tortuosa, com perda da distribuição normal ao longo do eixo longitudinal do estômago. Não há perda da distensibilidade gástrica. A TC evidencia importante espessamento da mucosa e da submucosa, proeminência das artérias e veias do estômago, sem alterações nos planos gordurosos adjacentes.

Cirurgia bariátrica

Com a epidemia de obesidade, especialmente nos países ocidentais, a cirurgia bariátrica vem sendo amplamente realizada e pode ser dividida em duas categorias: as técnicas restritivas, em que o volume gástrico é reduzido, visando reduzir a ingesta calórica e a saciedade precoce; e as técnicas disabsortivas, em que é feita alteração no trânsito intestinal para induzir a redução da ingesta calórica.

A cirurgia bariátrica mais realizada atualmente é o *bypass* gástrico em Y-de-Roux, que é uma técnica combinada, com componente restritivo e componente disabsortivo. Apesar de existirem várias técnicas com pequenas variações entre elas, a cirurgia consiste basicamente em redução do volume gástrico por meio da construção de uma pequena bolsa (com 15-30 mL), que fica sem comunicação com o restante do estômago, que pode ser feito por separação anatômica com ressecção e sutura ou pelo grampeamento mecânico entre os dois componentes. Em seguida, o jejuno é seccionado cerca de 30-40 cm após o ângulo de Treitz, com anastomose do segmento distal à pequena bolsa gástrica por meio de uma gastrojejunostomia látero-lateral (essa alça jejunal que é anastomosada ao estômago é chamada de alça de Roux ou alça eferente, e pode assumir um trajeto ascendente retrocólico ou antecólico). Finalmente é confeccionada uma jejunojejunostomia entre 100 e 150 cm após a gastrojejunostomia.

Algumas complicações podem ocorrer secundárias ao *bypass* gástrico:

- Deiscência de anastomose (normalmente na gastrojejunostomia), que ocorre em até 2-5% dos casos, sendo fundamental a detecção precoce pelo risco de rápida evolução para sepse. No EED ou na TC com contraste por via oral, observa-se extravasamento do meio de contraste, comumente no quadrante superior esquerdo do abdome (adjacente à gastrojejunostomia). No caso de deiscências menos exuberantes, o único achado ao EED pode ser a contrastação dos drenos intracavitários.
- Estenose de anastomose (normalmente na gastrojejunostomia), que pode ocorrer em até 3-9% dos casos, secundária à isquemia ou edema (se ocorre nos primeiros dias de pós-operatório) ou secundária a aderências (após meses ou anos). No EED, observa-se afilamento no plano da gastrojejunostomia e distensão da bolsa gástrica.
- Obstrução do trânsito intestinal, que pode ocorrer em vários pontos e por vários mecanismos, como estenoses de anastomoses, bridas ou hérnias internas.
- Deiscência da separação entre a bolsa gástrica e o remanescente gástrico, que pode resultar em fístula para a cavidade peritoneal (caso a bolsa gástrica e o remanescente gástrico estejam anatomicamente separados) ou em fístula gastrogástrica (caso tenha sido realizado o grampeamento separando as cavidades) (Figura 44). No caso de fístula para a cavidade peritoneal, o paciente pode apresentar sinais de irritação peritoneal e sepse e no caso de fístula gastrogástrica, o paciente refere perda ponderal insuficiente e ausência da sensação de saciedade precoce.

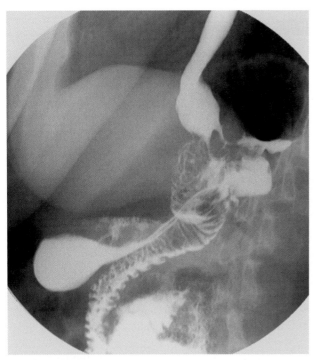

Figura 44 Imagem de exame do esôfago, estômago e duodeno (EED) evidenciando gastroplastia redutora com passagem do meio de contraste da bolsa gástrica para o remanescente gástrico, configurando uma fístula gastrogástrica.

Bibliografia sugerida

1. Abbara S, Kalan MMH, Lewicki AM. Intrathoracic stomach revisited. AJR Am J Roentgenol. 2003;181(2):403-14.
2. Carbo AI, Kim RH, Gates T, D'Agostino HR. Imaging findings of successful and failed fundoplication. Radiographics. 2014;34(7):1873-84.
3. Chandler RC, Srinivas G, Chintapalli KN, Schwesinger WH, Prasad SR. Imaging in bariatric surgery: a guide to postsurgical anatomy and common complications. Am J Roentgenol. 2008;190(1):122-35.
4. Friedman J, Platnick J, Farruggia S, Khilko N, Mody K, Tyshkov M. Ménétrier disease. Radiographics. 2009;29(1):297-301.
5. Ghai S, Pattison J, Ghai S, O'Malley ME, Khalili K, Stephens M. Primary gastrointestinal lymphoma: spectrum of imaging findings with pathologic correlation. Radiographics. 2007;27(5):1371-88.
6. Hallinan JTPD, Venkatesh SK. Gastric carcinoma: imaging diagnosis, staging and assessment of treatment response. Cancer Imaging. 2013;13(2):212-27.
7. Hasler WL. Gastroparesis: pathogenesis, diagnosis and management. Nat Rev Gastroenterol Hepatol. 2011;8(8):438-53.
8. Hong SJ, Kim TJ, Lee IS, Yang HC, Kim K. New TNM staging system for esophageal cancer: what chest radiologists need to know. Radiographics. 2014;34(6):1722-41.
9. Horton KM, Fishman EK. Current role of CT in imaging of the stomach. Radiographics. 2003;23(1):75-87.
10. Johnson PT, Horton KM, Fishman EK. Hypervascular gastric masses: CT findings and clinical correlates. Am J Roentgenol. 2010;195(6):415-20.
11. Kang HC, Menias CO, Gaballah AH, Shroff S, Taggart MW, Garg N, et al. Beyond the GIST: mesenchymal tumors of the stomach. Radiographics. 2013;33(6):1673-90.
12. Katz PO, Gerson LB, Vela MF. Guidelines for the diagnosis and management of gastroesophageal reflux disease. Am J Gastroenterol. 2013;108(3):308-28; quiz 329.
13. Kim KW, Choi BI, Han JK, Kim TK, Kim AY, Lee HJ, et al. Postoperative anatomic and pathologic findings at CT following gastrectomy. Radiographics. 2002;22(2):323-36.
14. Lee NK, Kim S, Kim GH, Jeon TY, Kim DH, Jang HJ, et al. Hypervascular subepithelial gastrointestinal masses: CT-pathologic correlation. Radiographics. 2010;30(7):1915-34.
15. Levine MS, Rubesin SE. Diseases of the esophagus: diagnosis with esophagography. Radiology. 2005;237(2):414-27.
16. Levy AD, Quiles AM, Miettinen M, Sobin LH. Gastrointestinal schwannomas: CT features with clinicopathologic correlation. Am J Roentgenol. 2005;184(3):797-802.
17. Lewis RB, Mehrotra AK, Rodriguez P, Levine MS. From the radiologic pathology archives: esophageal neoplasms: radiologic-pathologic correlation. Radiographics. 2013;33(4):1083-108.
18. Liu HT, Lau KK. Wandering spleen: an unusual association with gastric volvulus. AJR Am J Roentgenol. 2007;188(4):328-30.
19. Luedtke P, Levine MS, Rubesin SE, Weinstein DS, Laufer I. Radiologic diagnosis of benign esophageal strictures: a pattern approach. Radiographics. 2003;23(4):897-909.
20. Matsuda NM, Miller SM, Evora PRB. The chronic gastrointestinal manifestations of Chagas disease. Clinics (Sao Paulo). 2009;64(12):1219-24.
21. Matsushima K, Won EJ, Tangel MR, Enomoto LM, Avella DM, Soybel DI. Emphysematous gastritis and gastric emphysema: similar radiographic findings, distinct clinical entities. World J Surg. 2015;39(4):1008-17.
22. Peterson CM, Anderson JS, Hara AK, Carenza JW, Menias CO. Volvulus of the gastrointestinal tract: appearances at multimodality imaging. Radiographics. 2009;29(5):1281-93.
23. Rubesin SE, Levine MS, Laufer I. Double-contrast upper gastrointestinal radiography: a pattern approach for diseases of the stomach. Radiology. 2008;246(1):33-48.
24. Rubesin SE, Levine MS. Killian-Jamieson diverticula: radiographic findings in 16 patients. AJR Am J Roentgenol. 2001;177(1):85-9.
25. Shaheen NJ, Falk GW, Iyer PG, Gerson LB; American College of Gastroenterology. ACG clinical guideline: diagnosis and management of Barrett's esophagus. Am J Gastroenterol. Nature Publishing Group; 2016;111(1):30-50; quiz 51.
26. Sung SW, Jheon S, Cho S. Postoperative imaging of esophageal cancer: what chest radiologists need to know. Radiographics. 2007;27(2):409-30.
27. Tan CH, Peungjesada S, Charnsangavej C, Bhosale P. Gastric cancer: patterns of disease spread via the perigastric ligaments shown by CT. Am J Roentgenol. 2010;195(2):398-404.
28. Uppal V, Kreiger P, Kutsch E. Eosinophilic gastroenteritis and colitis: a comprehensive review. Clin Rev Allergy Immunol. 2016;50(2):175-88.
29. Vaezi MF, Pandolfino JE, Vela MF. ACG Clinical guideline: diagnosis and management of achalasia. Am J Gastroenterol. 2015;108(8):1238-49.

18

Intestino delgado

Angela Hissae Motoyama Caiado
Natally de Souza Maciel Rocha Horvat
Serli Kiyomi Nakao Ueda

Introdução

Na última década os métodos seccionais direcionados para a avaliação do intestino delgado, também chamados de enterografias por tomografia computadorizada (TC) e por ressonância magnética (RM), ganharam maior importância na avaliação do intestino delgado. Tais exames superam as principais desvantagens das técnicas radiológicas convencionais, como o trânsito intestinal, pois permitem a adequada avaliação das diversas camadas da parede intestinal, da extensão transmural das doenças e de eventuais alterações vasculares.

Os métodos endoscópicos para avaliação do intestino delgado, incluindo a enteroscopia com duplo balão e a cápsula endoscópica, apresentam algumas vantagens em relação às enterografias como a maior sensibilidade na detecção de alterações superficiais/incipientes da mucosa e a obtenção de biópsias para avaliação histológica, no caso da enteroscopia com duplo balão. No entanto, a avaliação endoscópica é invasiva e requer equipamento e especialização especiais. Além disso, podem ser limitadas por estenoses intestinais e não permitem a avaliação de anormalidades extraluminais.

Protocolos e métodos de imagem

Estudo do esôfago, estômago e duodeno

Assim como o trânsito intestinal, esta metodologia de estudo também vem perdendo sua importância, sendo substituída pelo uso cada vez mais amplo da endoscopia digestiva alta.

As indicações mais frequentes do estudo do esôfago, estômago e duodeno (EED) são:

- Proporcionar um panorama geral da anatomia na avaliação pré-cirúrgica.

- Avaliação da motilidade.
- Suspeita de fístulas/deiscências.

O estudo radiológico convencional duodenal geralmente é incluído no EED e faz parte de um acompanhamento da coluna de contraste baritado que foi ingerido para estudo prévio do esôfago e estômago. Normalmente são realizados estudos estáticos, porém sequenciais desta região, além de estudos dinâmicos, com registro de imagens em seriógrafos. Como nos outros estudos contrastados radiológicos, o exame deve ser acompanhado pelo médico radiologista, que pode avaliar a necessidade de compressões localizadas ou mudanças de decúbito para melhorar a acurácia do estudo.

Trânsito intestinal

O estudo radiológico contrastado do intestino delgado, denominado de trânsito intestinal (TI), está cada vez mais em desuso, com o advento de novas tecnologias, entre elas as enterografias por tomografia computadorizada (ETC) e por ressonância magnética (ERM).

As indicações que ainda prevalecem referem-se à dinâmica intestinal, pois o estudo permite avaliar a progressão do contraste e o tempo de trânsito dele e ainda, avaliar alterações precoces da mucosa (Figura 1), pois o TI apresenta maior sensibilidade que as enterografias para esse tipo de lesão, quando realizado com técnica adequada e avaliado por examinador experiente. As vantagens e desvantagens do TI estão listadas no Quadro 1.

A metodologia de estudo por enteróclise (introdução do meio de contraste por sonda digestiva) pode ser realizada, porém em razão da dificuldade técnica e do desconforto proporcionado ao paciente, não se tornou um método muito difundido em nosso meio, a despeito da melhor distensão intestinal alcançada com a intubação duodenal.

Figura 1 Radiografia de 30 minutos revela calibre e padrão mucoso normal das alças delgadas.

Quadro 1 Vantagens e desvantagens do trânsito intestinal

Vantagens	Desvantagens
Menor custo	Não permite adequada avaliação extraluminal
Avaliação do peristaltismo intestinal	Radiação ionizante
Maior acurácia na detecção de alterações mucosas incipientes	Sobreposição de alças

Protocolo de estudo

- Radiografia simples do abdome: para avaliação de possíveis imagens densas (calcificações ou estruturas metálicas pós-cirúrgicas) e distribuição das alças por intermédio da posição dos gases intestinais.
- Ingestão de 250 mL de meio de contraste baritado com uso de medicamentos antifiséticos, que facilitam a eliminação de gases.
- Radiografia de 15 minutos. Para avaliação (não detalhada) do trato gastrointestinal superior.
- Radiografia de 30 minutos. Para avaliação jejunal.
- Sequências de radiografias a cada 30 minutos. Para acompanhamento da coluna de contraste. O exame deve ser supervisionado pelo radiologista, que pode solicitar radiografias localizadas com compressão ou em outros posicionamentos (p. ex., decúbito ventral ou incidências oblíquas) para haver melhor distinção entre as alças ou melhor avaliação de alterações específicas.
- O exame pode ser finalizado quando a coluna baritada atinge a região da válvula ileocecal. Nesse momento, devem ser realizadas radiografias localizadas com compressão, se necessário, para estudo específico dessa região. Idealmente, deve-se documentar imagens do íleo terminal opacificado pelo contraste baritado e também em duplo contraste (com ar no interior) para avaliação da mucosa.
- Em alguns casos pode ser interessante a realização de radiografias em tempos mais tardios, para estudo da progressão do contraste para o cólon.

A utilização de meio de contraste iodado deve ser realizada em casos de suspeita de fístulas abdominais ou deiscências. Pode ser utilizado até 100 mL de contraste iodado sem diluição, com a mesma metodologia de estudo. Porém, deve-se ressaltar que por conta do pequeno volume de contraste e da menor capacidade de opacificação dele, haverá prejuízo na análise da mucosa. Além disso, nos casos de obstrução intestinal, a distensão líquida das alças intestinais provoca a diluição do contraste, prejudicando ainda mais a avaliação.

Enterografias por tomografia computadorizada e ressonância magnética

Como mencionado anteriormente, a ETC e a ERM vêm se tornando os exames de escolha para avaliação do intestino delgado. A ETC e a ERM apresentam vantagens e desvantagens, sendo estas comparadas nos Quadros 2 e 3.

Preparo intestinal

Previamente ao exame orienta-se apenas jejum de 6 horas. A adequada distensão do intestino delgado é imprescindível tanto na ETC quanto na ERM, sendo realizada por meios de contraste neutros (MCN), ou seja, com atenuação e sinal semelhantes à água. Entre os MCN utilizados em nosso meio, podemos citar a água, soluções de manitol e de polietilenoglicol (PEG). A água não apresenta efeitos colaterais, porém a distensão obtida com ela é subótima. Por outro lado, soluções com efeito osmótico como o manitol e o PEG permitem uma melhor distensão das alças intestinais. Em nosso serviço, utilizamos a solução de PEG, por apresentar menos distúrbios hidroeletrolíticos em relação ao manitol. Os efeitos colaterais do PEG incluem episódios de diarreia autolimitados e flatulência.

A ingestão do MCN deve ocorrer de forma contínua, entre 45 e 60 minutos, podendo ser mais curta (30 a 40 minutos) em pacientes com antecedente de enterectomias. No Quadro 4 encontram-se descritas duas propostas de preparo intestinal.

Quadro 2 Vantagens e desvantagens da ETC em relação à ERM

Vantagens da ETC	Desvantagens da ETC
Exame mais rápido	Radiação ionizante
Maior resolução espacial	Menor resolução de contraste
Menor quantidade de artefatos	Uso imprescindível do meio de contraste iodado intravenoso, principalmente na avaliação de doença inflamatória intestinal
Maior disponibilidade	Não permite avaliação dinâmica das alças intestinais
Menor custo	

ERM: enterografia por ressonância magnética; ETC: enterografia por tomografia computadorizada.

Quadro 3 Vantagens e desvantagens da ERM em relação à ETC

Vantagens da ERM	Desvantagens da ERM
Maior resolução de contraste	Exame mais demorado e mais sujeito a artefatos, principalmente em pacientes não colaborativos e claustrofóbicos
Avaliação do peristaltismo intestinal	Menor resolução espacial
Não utiliza radiação ionizante	Maior custo e menor disponibilidade
Maior acurácia na detecção de neoplasias do intestino delgado	Contraindicações referentes ao campo magnético
Pode ser realizada sem administração do meio de contraste intravenoso (apesar de não ser o ideal), com menor prejuízo no diagnóstico se comparada à ETC sem contraste intravenoso	

ERM: enterografia por ressonância magnética; ETC: enterografia por tomografia computadorizada.

Quadro 4 Sugestão de preparo com solução de PEG

Preparo intestinal	
Jejum	6 horas
MCN via oral	150 g de PEG diluído em 1.500 mL de água
Tempo de preparo	45 a 60 minutos*
Antiespasmódico	Escopolamina IV (1 ampola) Meia dose: início da administração do MCN ou no início da aquisição das imagens Meia dose: antes da administração do meio de contraste IV
Antiemético	Ondansetrona IV (1 ampola) ou ondansetrona comprimido de desintegração oral (8mg) antes da ingestão do MCN.
Ingestão MCN**	▪ 0 min: 700 mL MCN ▪ 10 min: 200 mL MCN ▪ 20 min: 200 mL MCN ▪ 30 min: 200 mL MCN ▪ 40 min: 200 mL MCN ▪ 50 min: 200 mL de água

* Nos pacientes com antecedente de enterectomia o tempo de ingestão deve ser menor (30 a 40 minutos). ** Em pacientes que não tolerarem o MCN, mesmo após as medidas antieméticas, pode ser administrada água na mesma quantidade e intervalo. IV: intravenoso; MCN: meio de contraste neutro; PEG: polietilenoglicol.

Durante a ingestão do MCN, os pacientes podem apresentar episódios de náuseas e/ou vômitos, sendo indicados o uso de antieméticos por via oral ou intravenosa (metoclopramida ou ondansetrona). Nos pacientes que não tolerarem ingerir o MCN, mesmo após medidas antieméticas, pode ser administrada água na mesma quantidade e intervalo da solução de PEG.

O uso de antiespasmódico (escopolamina) é indicado em dois momentos do exame:

- No início da administração do MCN para facilitar principalmente a distensão do jejuno.
- Antes da injeção do meio de contraste intravenoso para reduzir o peristaltismo no momento da aquisição dessas imagens. No caso da ERM, as sequências pós-contraste são realizadas no final do exame, após a aquisição de sequências dinâmicas (cine-RM), para que o antiespasmódico não interfira na avaliação do peristaltismo.

Técnica da ETC

Recomenda-se a utilização da TC com multidectores para a aquisição de cortes finos interpolados que permitam reconstruções multiplanares. Na ETC habitualmente é realizada apenas uma fase pós-contraste. Preconiza-se a utilização de 2,0 mL/kg de contraste iodado intravenoso (máximo 140 mL), com velocidade de injeção de 3,5 a 4,0 mL/s. O pico de realce das alças de intestino delgado ocorre 50 segundos após a administração do meio de contraste ou 14 segundos após o pico de realce aórtico, sendo esse o tempo ideal de aquisição da fase enterográ-fica (Figura 2). O exame de ETC com múltiplas fases é reservado para casos de avaliação de neoplasias ou de alterações vasculares (como na pesquisa de isquemia mesentérica, angiodisplasias e hemorragia digestiva), nos quais as fases pré-contraste e arterial também estão indicadas.

Técnica da ERM

Preconiza-se o uso de sequências menos sensíveis aos artefatos de movimentação nos planos axial e coronal. O tempo de realização do exame não deve exceder 30 minutos, uma vez que a distensão intestinal deve ser adequada do início até o final do exame. O meio de contraste intravenoso (gadolínio) deve ser administrado na dose de 0,2 mL/kg em bomba injetora a uma velocidade de 4,0 mL/s. As fases após a administração do meio de contraste são arterial, enterográfica e tardia, adquiridas respectivamente 25, 50 e 90 segundos após a administração do meio de contraste intravenoso.

As sequências utilizadas (Figura 3) podem ser adquiridas nos planos coronal e/ou axial, destacando-se:

- Gradiente eco balanceado (FIESTA, b-FFE ou true-FISP).
- *Single-shot spin-echo* rápida (FSE ou TSE) ponderada em T2 com e sem saturação de gordura.

18 INTESTINO DELGADO   609

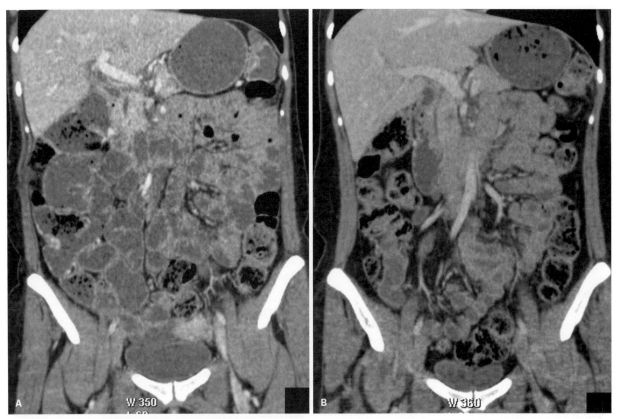

Figura 2   Imagens com reformatação coronal, pós-contraste. Enterografia por tomografia computadorizada (A) e tomografia computadorizada de abdome convencional (B) no mesmo paciente. Verificar a melhor distensão das alças delgadas obtidas com a ingestão prévia do meio de contraste oral neutro (polietilenoglicol).

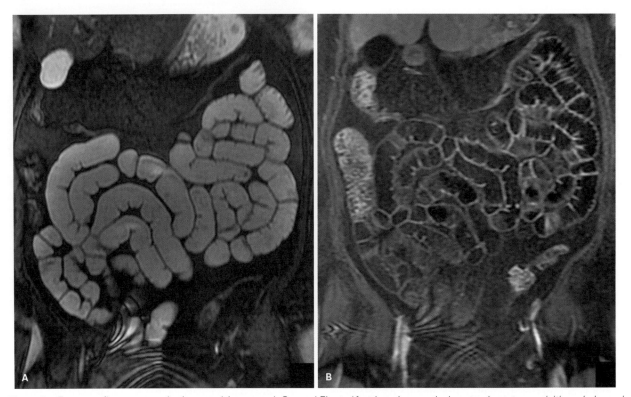

Figura 3   Enterografia por ressonância magnética normal. Coronal Fiesta (*fast imaging employing steady-state acquisition – balanced steady-state – gradiente echo*) (A) e sequência coronal T1 após a administração do meio de contraste intravenoso (B).

- Sequências dinâmicas ponderadas em T2 (cine-RM).
- Gradiente eco 2D ou 3D com saturação de gordura ponderada em T1 antes e após a administração do meio paramagnético (gadolínio) intravenoso.
- Sequências de difusão.

Tomografia computadorizada convencional

Na pesquisa de fístulas ou deiscências de alças delgadas, asbscessos abdominais ou em pós-operatórios abdominais recentes recomenda-se o uso do contraste via oral positivo. Em casos de abdome agudo obstrutivo ou em outras situações de emergência nas quais os pacientes não consigam ingerir o meio de contraste via oral, o exame deve ser realizado sem a administração dele.

Anatomia

O intestino delgado é a parte mais extensa do canal alimentar e é dividido em três segmentos: duodeno, jejuno e íleo.

Duodeno

É um tubo em forma de "C", cuja porção inicial (cerca de 2,5 cm) apresenta-se totalmente recoberta pelo peritônio. As demais porções são retroperitoneais. Não possui mesentério. É dividido em quatro porções:

- Primeira porção: apresenta cerca de 5 cm. Inicia-se pelo bulbo duodenal, que tem cerca de 2 a 3 cm e fica no nível do plano transpilórico.
- Segunda porção (ou porção descendente): estende-se por cerca de 8 cm. A segunda porção a papila duodenal maior onde drena a ampola de Vater constituída pela junção do ducto pancreático principal e do colédoco. A papila duodenal menor localiza-se cerca de 2 cm acima da papila maior na qual drena o ducto pancreático acessório.
- Terceira porção (ou porção horizontal): tem cerca de 8 cm, e seu segmento distal localiza-se entre a aorta e a artéria mesentérica superior.
- Quarta porção (ou porção ascendente): apresenta cerca de 5 cm de extensão. Termina no ligamento de Treitz (extensão do pilar diafragmático direito), onde o duodeno faz uma curva abrupta e se une ao jejuno.

A metade superior é irrigada pela artéria pancreático-duodenal superior, que é ramo da gastroduodenal. A metade inferior é irrigada pela artéria pancreático-duodenal inferior, que é ramo da artéria mesentérica superior.

A drenagem venosa se faz para a circulação portal, com a veia superior drenando diretamente na veia porta e a inferior, na veia mesentérica superior.

Jejuno e íleo

O jejuno e o íleo apresentam 6,0 a 7,0 metros de extensão, e 2/5 do total são de alças jejunais.

A transição de jejuno para íleo é gradual. O jejuno situa-se predominantemente na parte superior da cavidade abdominal, abaixo e à esquerda do mesocólon transverso. O íleo, por sua vez, situa-se predominantemente na parte inferior da cavidade abdominal e à direita. Denomina-se íleo terminal os 20 cm de íleo proximais à válvula ileocecal.

O jejuno tem diâmetro interno maior e apresenta pregas em maior número e mais espessas que as ileais (Figura 4).

O suprimento arterial jejunoileal se faz com ramos da artéria mesentérica superior, que se originam do contorno esquerdo (4 a 6 ramos jejunais) da artéria mesentérica superior. Os ramos ileais são em número de 9 a 13 ramos. As veias têm trajeto semelhante e drenam na veia mesentérica superior.

Alterações congênitas

As alterações congênitas do delgado são raras e geralmente ocorrem na fase embrionária do desenvolvimento do intestino primitivo. Entre elas podemos destacar:

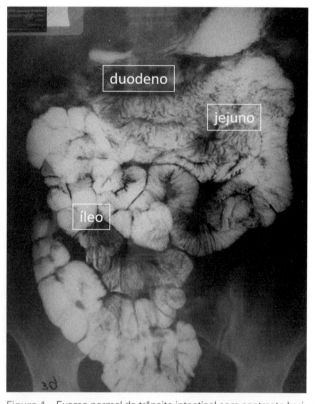

Figura 4 Exame normal de trânsito intestinal com contraste baritado. As alças jejunais, distribuídas preferencialmente no quadrante superior à esquerda têm maior número de pregas do que as ileais, distribuídas preferencialmente no quadrante inferior direito.
Fonte: arquivo de imagens do Instituto de Radiologia do Hospital das Clínicas da Faculdade de Medicina da Universidade de São Paulo – Dr. Francisco Lanari do Val.

- Atresia, estenoses e *web* de duodeno.
- Má-rotação e banda de Ladd.
- Pâncreas anular.
- Cistos de duplicação.
- Divertículos.

Daremos destaque às alterações congênitas com manifestação na vida adulta.

Bandas congênitas duodenais

Na embriologia, há um estágio de dilatação fusiforme do intestino primitivo, acima e abaixo dos brotos hepatobiliar e pancreático dorsal. A dilatação é seguida por uma proliferação epitelial e de uma vacuolização epitelial, como uma onda de limpeza de material epitelial, que passa do piloro ao jejuno, deixando um lúmen patente no embrião de 12 semanas. Na falha deste sistema de limpeza, ocorrem as atresias e as bandas.

Essas alterações parecem ser mais propensas a ocorrer próximas a áreas de fusão ou crescimento visceral, por isso são mais comuns em regiões periampulares. Essa topografia justa-ampular torna o procedimento cirúrgico e endoscópico de ressecção potencialmente perigoso.

A banda duodenal é rara e pode ser confundida com cicatriz de úlcera duodenal. Ladd et al. descreveram 76 casos de bandas duodenais em adultos, não havendo diferença entre sexo e com idade média de diagnóstico de 51,5 ±17,1 anos (variação de 17 a 81 anos).

Manifestações clínicas

O sintoma na fase adulta parece ser efeito da descompensação progressiva da força peristáltica do estômago e do duodeno proximal pela obstrução duodenal, que é demonstrada pela dilatação gástrica e da primeira porção duodenal, bem como pelo piloro aberto.

Achados de imagem

Em estudos radiológicos podem ser encontradas dilatações gástrica e duodenal, além de um diafragma transverso no duodeno descendente, com abertura excêntrica ou central (Figura 5). Cerca de 70% são de localização pré-ampular, 25% são pós-ampulares e 5% intra-ampulares. Cerca de 90% dos pacientes têm banda única.

Apesar de ser uma afecção bastante rara, a banda duodenal deve ser de conhecimento do radiologista, já que o diagnóstico muitas vezes é feito em exames de imagem, seja por seriografia contrastada, TC ou RM.

Cisto de duplicação

O cisto de duplicação é uma malformação congênita rara (Figura 6).

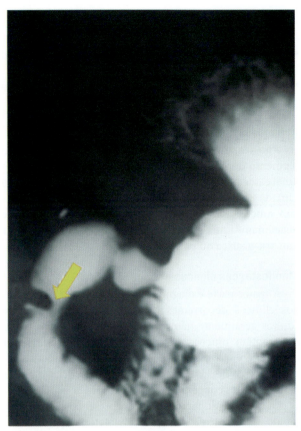

Figura 5 Estudo do esôfago, estômago e duodeno (EED) demonstra imagem de diafragma transverso (seta) no duodeno descendente com abertura excêntrica.
Fonte: Ladd et al 2001.

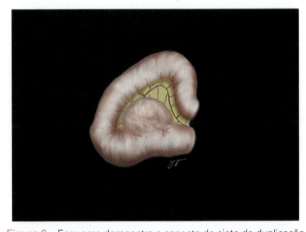

Figura 6 Esquema demonstra o aspecto do cisto de duplicação intestinal. A maioria não apresenta comunicação com o lúmen intestinal.
Imagem gentilmente cedida por Gabriela Sayuri Motoyama Caiado.

Localização:

- Jejuno: 33% dos cistos de duplicação do trato gastrointestinal (TGI).
- Íleo: 10% dos cistos de duplicação do TGI.
- Duodeno (5%) dos cistos de duplicação do TGI.

Forma:

- Esférica (80%) – a maioria sem comunicação com o lúmen do TGI.
- Tubular (20%) – habitualmente, comunica-se com o lúmen do TGI.

Achados histopatológicos

Apresentam aparência histológica que mimetiza o segmento do TGI ao qual estão relacionados, possuindo uma camada mucosa/submucosa circundada por uma camada de músculo liso. Na maioria dos casos apresentam mucosa similar ao segmento intestinal ao qual se relacionam. Em alguns casos, porém, podem apresentar mucosa gástrica ou pancreática ectópicas.

Manifestações clínicas

A maior parte é diagnosticada na infância com achados clínicos decorrentes de obstrução intestinal. Nos adultos geralmente não provocam sintomas. Nos cistos que contêm mucosa gástrica heterotópica pode haver doença péptica, resultando em ulcerações e hemorragia.

Em cerca de 35% dos casos pode se associar a outras malformações congênitas, como a atresia de esôfago.

Os cistos de duplicação podem apresentar crescimento rápido decorrente de alterações inflamatórias, provocando compressão e quadros obstrutivos. Quando localizados no duodeno podem causar icterícia obstrutiva e pancreatites.

Achados de imagem

Estudos radiológicos contrastados

O diagnóstico pode ser sugerido pela presença de compressão extrínseca. Na maioria das vezes não apresenta comunicação com o lúmen intestinal.

Tomografia computadorizada

Lesão cística (Figura 7). Pode apresentar gás caso haja comunicação com o lúmen do TGI.

Ressonância magnética

Lesão cística (alto sinal em T2 e baixo sinal em T1), sem realce pelo meio de contraste intravenoso.

Diagnóstico diferencial

- Divertículo de Meckel: no íleo, localizado na borda antimesentérica.
- Pseudocisto: histórico de pancreatite.

Má-rotação intestinal

A má-rotação intestinal é uma anomalia congênita caracterizada por qualquer desvio da rotação normal do intestino que ocorre no período embrionário, resultando em posicionamentos anormais do intestino delgado e do cólon na cavidade peritoneal. Associa-se também a defeitos ou

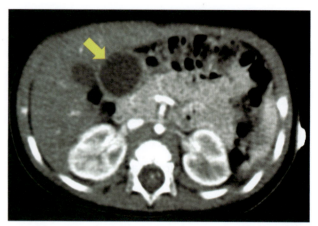

Figura 7 Cisto de duplicação duodenal. Tomografia computadorizada de abdome com contraste intravenoso demonstra imagem cística arredondada adjacente ao duodeno (seta), porém sem comunicação com ele.

ausência de fixação do mesentério, aumentando o risco de volvos e obstrução. Ressalta-se que há um grande número de variações em decorrência de diferentes combinações. A Figura 8 demonstra o desenvolvimento embrionário normal.

Pode apresentar associação com diversas síndromes (p. ex., heterotaxia, Prune-belly, Cantrel, Marfan, cromossomopatias) e com outras anomalias (p. ex., hérnia diafragmática congênita, onfalocele, gastrosquise, atresia ou estenose duodenal ou jejunal, intussuscepção, doença de Hirchsprung e pâncreas anular).

Manifestações clínicas

Geralmente o diagnóstico é realizado nos primeiros meses de vida (cerca de 75% dos casos sintomáticos ocorrem em recém-nascidos e 90% no primeiro ano de vida). Em pacientes adultos, os sintomas, quando presentes, são intermitentes geralmente com dor abdominal e, raramente, apresentam quadros obstrutivos agudos decorrentes de hérnias internas, volvos ou obstrução intestinal.

Achados de imagem

A má-rotação intestinal caracteriza-se por alteração do posicionamento normal da junção duodenojejunal (Figura 9) podendo ocorrer em diversos graus. O segundo e o terceiro estágios da rotação são diferentes para o intestino delgado e para o cólon, assim um pode ter rotação normal e o outro, anormal.

Na ausência de rotação (Figura 10), o intestino delgado encontra-se predominantemente do lado direito do abdome e o cólon, do lado esquerdo. Nesse subtipo de má-rotação há menor risco de volvos e de quadros obstrutivos, e os pacientes podem ser assintomáticos ou oligossintomáticos.

Estudos radiológicos contrastados

- Incidência de frente: junção duodenojejunal com posição anormal (Figuras 11 e 12) (posição normal: en-

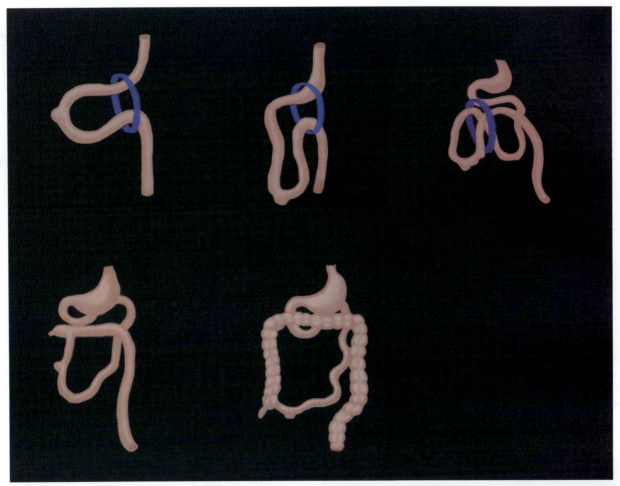

Figura 8 Representação esquemática do desenvolvimento embrionário normal. O intestino tem início como um tubo reto do estômago ao reto. A partir da sexta semana, o intestino se torna cada vez mais longo e se projeta para o cordão umbilical. Entre a sexta e a décima semanas de gestação, a alça duodenojejunal sofre rotação de 180° no sentido anti-horário, ficando posterior à artéria mesentérica superior. Na décima semana o intestino retorna à cavidade peritoneal. A junção duodenojejunal sofre rotação de 90° no sentido anti-horário ficando à esquerda da linha mediana no nível do piloro, o jejuno posiciona-se, predominantemente, no quadrante superior esquerdo e o íleo, no quadrante inferior direito. Posteriormente, a alça cecocólica roda 90° no sentido anti-horário. A base larga do mesentério posiciona-se do quadrante superior esquerdo ao quadrante inferior direito, com fixação intestinal na base do ceco e ao ligamento de Treitz. Imagem gentilmente cedida por Gabriela Sayuri Motoyama Caiado.

contra-se à esquerda dos pedículos vertebrais esquerdos e no mesmo plano do bulbo duodenal).
- Incidência lateral: segunda e terceira porções do duodeno com posição anormal (posição normal: retroperitoneais).

Tomografia computadorizada

Posicionamento anômalo da junção duodenojejunal, com o delgado preferencialmente à direita e o cólon, à esquerda. Inversão do posicionamento da artéria mesentérica superior e da veia mesentérica superior (artéria à direita e a veia à esquerda) (Figura 13).

Diagnóstico diferencial

O ceco móvel pode ser encontrado em 15% da população normal e constitui uma variação anatômica. Raramente se observa a má rotação isolada do cólon.

Divertículo de Meckel

O divertículo de Meckel é a anomalia congênita mais comum do trato gastrointestinal, resultante da involução incompleta do ducto onfalomesentérico. Pode apresentar complicações (inflamação, hemorragia, perfuração ou obstrução) em cerca de 5% dos pacientes.

A localização habitual do divertículo de Meckel é na borda antimesentérica do íleo, a cerca de 40 cm da válvula ileocecal, e pode conter no seu lúmen mucosa gástrica ou pancreática (Figura 14). Em alguns casos pode haver um trato fibroso comunicando-o com a região umbilical.

É um achado incidental em exames radiológicos na maioria das vezes.

Eventualmente, os pacientes podem apresentar quadro de dor abdominal quando houver processo inflamatório agudo do divertículo, sendo observados espessamentos pa-

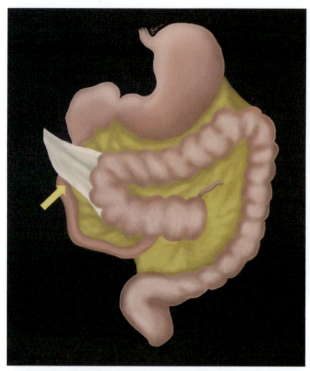

Figura 9 Esquema demonstra anomalia da rotação intestinal associada à banda de Ladd (seta).
Imagem gentilmente cedida por Gabriela Sayuri Motoyama Caiado.

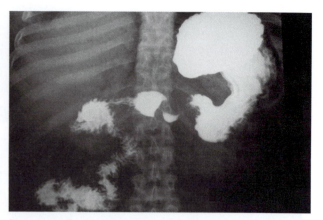

Figura 11 Estudo do esôfago, estômago e duodeno (EED) demonstra o aspecto da má-rotação intestinal. Observe que a junção duodenojejunal localiza-se à direita da linha mediana.
Imagem gentilmente cedida pelo Dr. Benjamin Carneiro Rodrigues, de São Paulo.

Em casos de hemorragia, a TC pode evidenciar conteúdo espontaneamente hiperatenuante na fase pré-contraste, porém o sangramento nem sempre é claramente identificado. A cintilografia com Tc-99m é o teste mais específico para diagnosticar o divertículo de Meckel e pode detectar casos de sangramento.

Doenças inflamatórias e infecciosas

Úlcera duodenal

A úlcera inicia-se a partir da ruptura focal da mucosa, que penetra através da muscular da mucosa e pode comprometer as demais camadas da parede. Em casos avançados, pode se estender ainda para os órgãos e estruturas adjacentes.

As úlceras duodenais são mais frequentes do que as gástricas, sendo 95% de localização bulbar e 5% pós-bulbar. Os principais fatores de risco relacionados ao seu desenvolvimento são: infecção pelo *Helicobacter pylori*, uso de anti-inflamatórios não esteroides (AINE), uso de corticosteroides, etilismo, tabagismo e refluxo de bile. Em casos de úlceras múltiplas a possibilidade de síndrome de Zollinger-Ellison deve ser considerada.

Manifestações clínicas

Alguns pacientes são assintomáticos, porém a manifestação mais frequente é a epigastralgia periódica que cessa com uso de antiácidos ou com ingestão de alimentos. As complicações agudas que podem ocorrer são, principalmente, hemorragia e perfuração. Alguns pacientes com processo inflamatório crônico cicatricial podem apresentar obstrução intestinal.

Achados de imagem

O diagnóstico é essencialmente endoscópico e hoje em dia o papel da radiologia é fazer diagnóstico diferencial com outras patologias e avaliar as possíveis complicações.

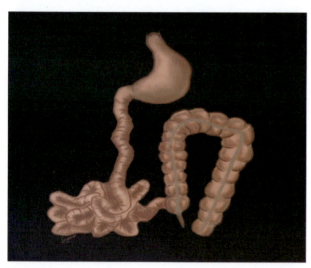

Figura 10 Representação esquemática da ausência de rotação intestinal. O intestino delgado encontra-se predominantemente do lado direito e o cólon, do lado esquerdo.
Imagem gentilmente cedida por Gabriela Sayuri Motoyama Caiado.

rietais do divertículo e do íleo adjacente, com densificação da gordura mesentérica (Figura 15). Se houver perfuração do divertículo, além das alterações inflamatórias regionais, podem ser observados pneumoperitônio e extravasamento do contraste ingerido por via oral.

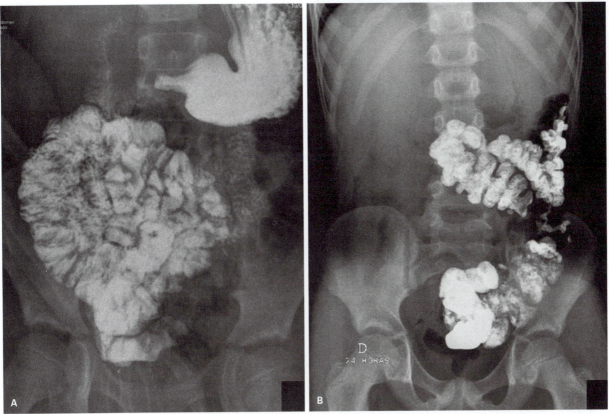

Figura 12 Trânsito intestinal demonstrando o aspecto da não rotação intestinal, com as alças delgadas preferencialmente à direita (A) e o cólon à esquerda (B).
Imagens gentilmente cedidas pelo Dr. Benjamin Carneiro Rodrigues, de São Paulo.

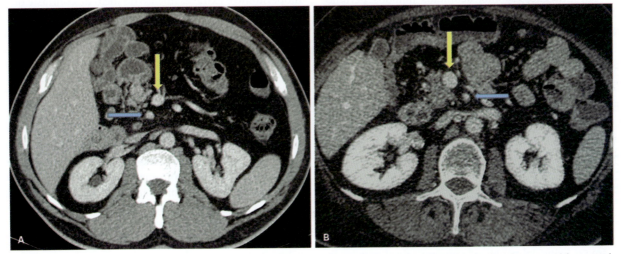

Figura 13 Tomografia computadorizada de abdome no plano axial pós-contraste. A: Posição anômala da veia mesentérica superior (seta amarela) à esquerda da artéria mesentérica superior (seta azul). Observe que as alças delgadas se encontram à direita da linha mediana. B: Posicionamento normal dos vasos mesentéricos em paciente com rotação intestinal normal.

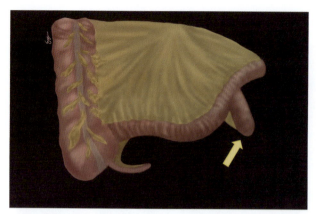

Figura 14 Representação esquemática do divertículo de Meckel (seta), habitualmente localizado no íleo distando cerca de 40,0 cm da válvula ileocecal.
Imagem gentilmente cedida por Gabriela Sayuri Motoyama Caiado.

Estudos radiológicos contrastados

No EED as úlceras duodenais podem ser caracterizadas como imagens de adição (Figura 16) circundadas por áreas de mucosa edemaciada e com pregas que convergem ao centro da úlcera, por vezes associadas a deformidades regionais, decorrentes de processo cicatricial, edema ou espasmo.

Tomografia computadorizada

A TC é o método de escolha nos casos de suspeita de complicações. Os principais achados tomográficos são espessamento parietal, por vezes com estreitamento e irregularidade luminais e densificação dos planos gordurosos adjacentes (Figura 17).

Algumas vezes a úlcera também pode ser caracterizada como imagem de adição. Nos casos de perfuração, além desses achados, são observados pneumoperitônio ou retropneumoperitônio, acúmulos líquidos periduodenais e, quando administrado o meio de contraste oral, extravasamento dele. Nos casos cicatriciais crônicos pode haver distorções e espessamento parietal concêntrico regionais, determinando obstrução duodenal em alguns pacientes.

Diagnóstico diferencial

Os principais diagnósticos diferenciais são úlceras malignas e divertículo duodenal. As úlceras malignas costumam apresentar aspecto mais irregular e as pregas não convergem para o fundo da úlcera; no entanto o melhor critério de benignidade é o desaparecimento após o tratamento. Já o divertículo duodenal, por sua vez, pode ser diferenciado da úlcera duodenal pelo aspecto mais arredondado, eventual mudança de morfologia durante o exame e, principalmente, pela ausência de alterações inflamatórias regionais na parede duodenal ou na gordura adjacente. É importante também a correlação com o quadro clínico do paciente.

Duodenites

As inflamações duodenais podem ser decorrentes de processos inflamatórios ou infecciosos de diversas naturezas. As principais causas de duodenites infecciosas são: *Helicobacter pylori*, infecções virais, bacterianas ou parasitárias, destacando-se a giardíase. As duodenites inflamatórias podem ser causadas por uso de AINE, doença de Crohn, doença celíaca, duodenite actínica ou decorrente de processos inflamatórios regionais, como pancreatites e colecistites. Em razão de sua proximidade com a vesícula biliar, em casos de colecistite grave e prolongada o cálculo pode erodir a parede da vesícula biliar e fistulizar para o duodeno em uma situação conhecida como síndrome de Bouveret.

Manifestações clínicas

As manifestações clínicas são variadas e dependem da doença de base, sendo dor abdominal, náusea, vômitos e episódios de hemorragia digestiva alta os sintomas mais frequentes.

Achados de imagem

Estudos radiológicos contrastados

No EED pode haver espessamento de pregas duodenais, ulcerações superficiais ou profundas, estenose duodenal (Figura 18) e retardo do esvaziamento gástrico.

Tomografia computadorizada

Na TC os achados da duodenite são espessamento do pregueado mucoso e das paredes duodenais, por vezes estratificado, associado a espessamento de pregas e distensão gástrica a montante, nos casos de estenose. Alguns pacientes podem complicar com perfuração e, nesses casos, podem ser observados pneumoperitônio ou retropneumoperitônio e extravasamento do meio de contraste oral. Nos casos de síndrome de Bouveret os achados tomográficos são aerobilia, espessamento parietal duodenal, fístula colecistoduodenal e cálculo vesicular causando a obstrução duodenal.

Doença de Crohn

A doença de Crohn é uma doença inflamatória intestinal crônica e recidivante que pode acometer qualquer segmento do trato gastrointestinal, desde a boca até o ânus, porém acomete com maior frequência o intestino delgado, notadamente o íleo terminal. O primeiro pico de incidência ocorre dos 15 aos 20 anos e o segundo pico, menos frequente, entre os 50 e 80 anos. A etiologia da doença de Crohn permanece controversa, sendo provavelmente multifatorial, porém alguns estudos mostram o tabagismo como um fator de risco significativo.

O envolvimento da doença de Crohn é segmentar, descontínuo e transmural, características essas que podem

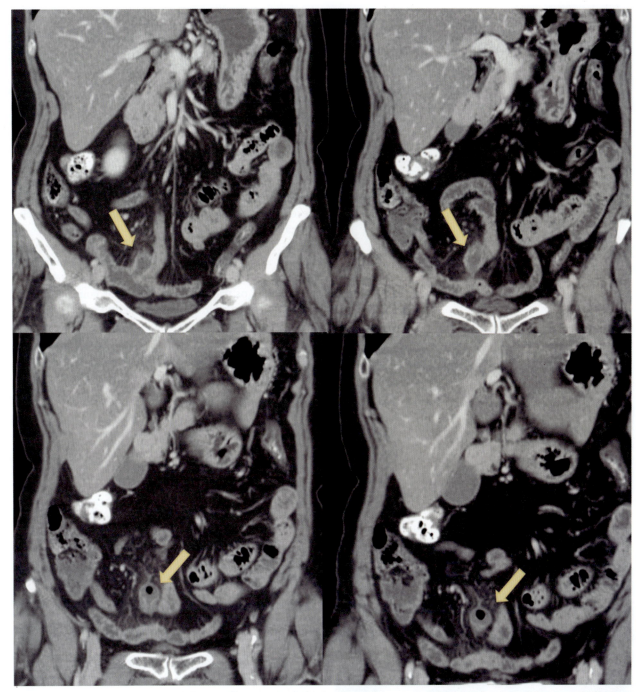

Figura 15 Diverticulite de Meckel. Tomografia computadorizada pós-contraste com reformatação coronal demonstrando divertículo de Meckel com paredes espessadas (setas), associado a densificação dos planos gordurosos mesentéricos e pequenos linfonodos reacionais.

ajudar a diferenciá-la da retocolite ulcerativa idiopática e de outras enterites. Os padrões que podem ser observados são inflamatório, estenosante, fistulizante ou misto.

A diferenciação entre as formas de apresentação e a detecção de complicações é essencial no manejo terapêutico dos pacientes e os métodos radiológicos têm grande importância nesse aspecto.

Manifestações clínicas

As manifestações clínicas da doença de Crohn são variadas e podem ser subdivididas em sistêmicas, abdominais e extra-abdominais.

As manifestações sistêmicas estão relacionadas com o processo inflamatório e resultam em febre, emagrecimento e anemia.

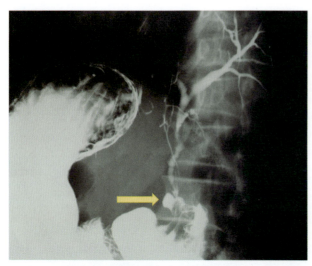

Figura 16 Estudo do esôfago, estômago e duodeno (EED) demonstrando úlcera, caracterizada por imagem de adição no bulbo duodenal (seta) associada a fístula com a árvore biliar.

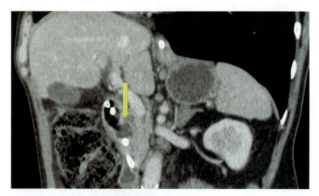

Figura 17 Tomografia computadorizada pós-contraste com reformatação oblíqua demonstrando úlcera duodenal terebrante na cabeça do pâncreas (seta).

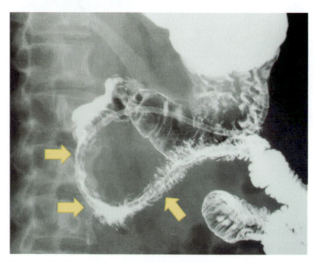

Figura 18 Duodenite. Estudo do esôfago, estômago e duodeno (EED) demonstrando espessamento e irregularidade das pregas duodenais (setas), determinando redução do calibre luminal.
Fonte: Arquivo de imagens do Instituto de Radiologia do Hospital das Clínicas da Faculdade de Medicina da Universidade de São Paulo – Dr. Francisco Lanari do Val.

As manifestações abdominais variam de acordo com a forma da doença de Crohn e com a presença ou não de complicações. Na doença inflamatória ativa, as principais manifestações são dor abdominal, diarreia e hemorragia digestiva; já na doença estenosante os sintomas oclusivos e suboclusivos também podem ser observados. Na doença fistulizante, o paciente pode queixar-se de saída de secreção ou fezes na pele, urina ou na região perianal, pneumatúria, infecções urinárias de repetição ou aumento da frequência de evacuações, dependendo da localização da fístula. Nas exacerbações agudas pode haver formação de abscessos ou perfuração intestinal e as manifestações são decorrentes do processo inflamatório/infeccioso e da irritação peritoneal.

As manifestações extra-abdominais mais frequentes são: artropatias periféricas, alterações oftalmológicas (episclerite e uveíte), eritema nodoso e estomatite aftosas. Além disso, os pacientes podem cursar com neoplasias, como linfoma e adenocarcinoma, sendo mais frequentes em pacientes com doença de longa data.

Exames laboratoriais

Laboratorialmente, o paciente com doença inflamatória ativa pode apresentar anemia ferropriva, leucocitose, hipovitaminoses (vitamina B12, ácido fólico) e hipoalbuminemia. Além disso, pode haver elevação dos marcadores sorológicos de resposta aguda à inflamação (PCR, VHS, alfa 1-glicoproteína ácida) e de marcadores fecais de inflamação mucosa, como a calprotectina e lactoferrina.

Métodos endoscópicos

Os métodos endoscópicos são os principais exames na avaliação da doença de Crohn, pois permitem a visualização da mucosa e obtenção de material para análise histológica, o que possibilita graduação da inflamação e exclusão dos diagnósticos diferenciais, porém não é possível avaliação das alterações extraluminais.

As lesões não acessíveis por enteroscopia alta ou baixa podem ser avaliadas com a cápsula endoscópica. No entanto, tal método apresenta algumas desvantagens, como: não permitir a realização de biópsias e risco de retenção, principalmente quando há estenoses com calibre luminal inferior a 1,0 cm.

Achados de imagem

Os principais objetivos dos exames radiológicos são: avaliação diagnóstica, definição do local e extensão das lesões, avaliação da atividade inflamatória, detecção de complicações e diagnóstico das lesões extraintestinais. Algumas vezes, o exame radiológico é solicitado antes do estudo endoscópico para definir o local da alteração intestinal (o que ajuda a definir o tipo de enteroscopia, alta ou baixa, por exemplo) ou para excluir a presença de estenoses (que é uma contraindicação ao uso da cápsula endoscópica).

Na avaliação das exacerbações agudas, a TC é o exame de escolha e o uso do meio de contraste iodado intravenoso e via oral aumentam a acurácia do método.

No diagnóstico e estadiamento da doença de Crohn é essencial a avaliação de alterações parietais, para isso a distensão adequada das alças delgadas com o meio de contraste neutro é de vital importância. Sendo assim, as enterografias e enteróclises por TC ou RM são os principais métodos utilizados. A ultrassonografia com distensão intestinal e quando possível com o uso do meio de contraste intravenoso também é um exame que pode ser utilizado na avaliação das alterações intestinais, porém com as limitações inerentes ao método. Os métodos radiológicos contrastados também podem ser usados, porém seu papel é limitado na avaliação de alterações extraluminais, como a identificação de abscessos e a diferenciação entre doença de Crohn ativa e inativa.

Estudos radiológicos contrastados

Na radiografia convencional contrastada, os principais achados são irregularidades mucosas, úlceras longitudinais e transversais, espessamento parietal associado ou não a estenose em segmentos descontínuos (Figura 19). Na doença penetrante, eventualmente o trajeto fistuloso pode ser identificado com o auxílio de manobras compressivas. Quando ulcerações são entremeadas por áreas de mucosa normal ou edemaciada, pode ser encontrado o padrão de "pedra de calçamento" (Figura 20). Já no paciente com doença de Crohn de longa duração, pode-se observar o afastamento da alça inflamada em

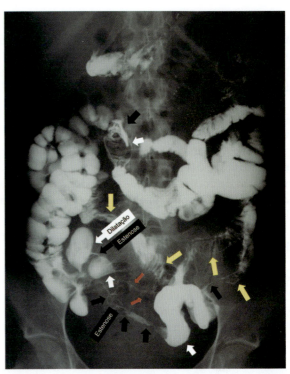

Figura 20 Doença de Crohn penetrante. Trânsito intestinal demonstrando acometimento descontínuo e multissegmentar do íleo e jejuno distal. Observam-se as irregularidades da mucosa com padrão em pedra de calçamento (presença de ulcerações longitudinais e transversais, entremeadas por mucosa edemaciada) (setas amarelas), estenoses (setas pretas), dilatações (setas brancas) e fístulas entéricas (setas vermelhas).
Fonte: Arquivo de imagens do Instituto de Radiologia do Hospital das Clínicas da Faculdade de Medicina da Universidade de São Paulo – Dr. Francisco Lanari do Val.

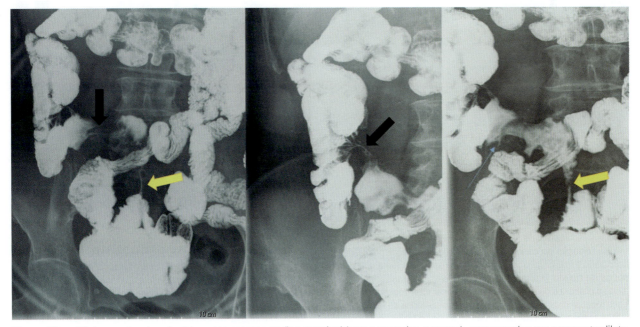

Figura 19 – TI demonstra duas lesões estenosantes no íleo terminal (setas amarelas e pretas), entremeadas por segmento dilatado. Notam-se ainda segmentos afetados com desorganização da mucosa, ulcerações (seta estreita) e espessamento das paredes.
Imagens gentilmente cedidas pelo Dr. Benjamin Carneiro Rodrigues, de São Paulo.

relação às demais, devida proliferação fibroadiposa do mesentério e deformidades da alça com a formação de pseudodivertículos na face antimesentérica (Figuras 19 e 21). Além disso, a alça também pode apresentar acentuado estreitamento fixo ("sinal da corda").

Enterografias por tomografia computadorizada e por ressonância magnética

Os achados radiológicos nesses exames são utilizados para classificar a doença de Crohn em ativa e inativa. Tal subdivisão da doença não pode ser realizada adequadamente pelo trânsito intestinal, sendo esta mais uma das deficiências do método.

Na doença de Crohn ativa (Figuras 22-25) os achados são:

- Espessamento parietal (acima de 3 mm).
- Hiper-realce da mucosa.
- Edema da submucosa.
- Espessamento parietal estratificado ("sinal do alvo").
- Ulcerações na mucosa.
- Ingurgitamento dos vasos retos.
- Densificação dos planos adiposos mesentéricos regionais.
- Linfonodomegalias mesentéricas reacionais, que habitualmente apresentam realce homogêneo.
- Restrição à difusão na RM.

As alterações são mais bem avaliadas quando há distensão adequada da alça intestinal. Na ausência de dis-

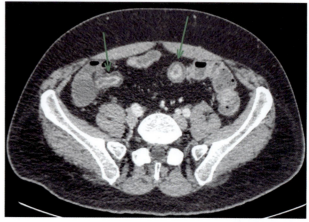

Figura 22 Enterografia por tomografia computadorizada, no plano axial, demonstrando sinais de doença inflamatória ativa em segmentos descontínuos do íleo (setas). Note o espessamento parietal estratificado, com hipoatenuação da submucosa (edema), aumento do realce mucoso e seroso.

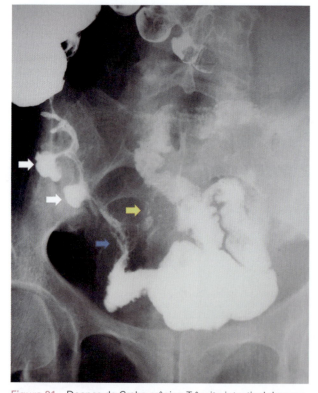

Figura 21 Doença de Crohn crônica. Trânsito intestinal demonstrando redução do calibre luminal, com espessamento parietal associado a irregularidades da mucosa e estenose (seta azul). Presença de trajeto fistuloso entre alças ileais (seta amarela). Note ainda a presença de alterações crônicas caracterizadas por saculações (pseudodivertículos) na borda antimesentérica do íleo terminal (setas brancas) e afastamento das alças por provável proliferação fibroadiposa do mesentério.
Fonte: Arquivo de imagens do Instituto de Radiologia do Hospital das Clínicas da Faculdade de Medicina da Universidade de São Paulo – Dr. Francisco Lanari do Val.

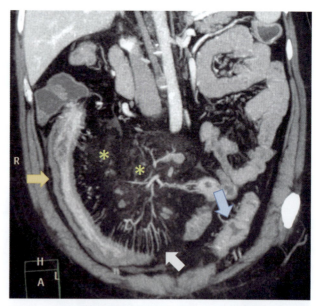

Figura 23 Enterografia por tomografia computadorizada, com reformatação oblíqua, evidenciando enterite em longo segmento de íleo distal (seta amarela), que apresenta espessamento parietal com estratificação das suas camadas e aumento do grau de realce da mucosa. Associam-se ingurgitamento da arcada vascular (seta branca), lipoproliferação, densificação do mesentério (*) e linfonodos reacionais. Observe, ainda, outro segmento de alça intestinal ulcerado (seta azul).
Fonte: Tiferes & Caiado et al., 2015.

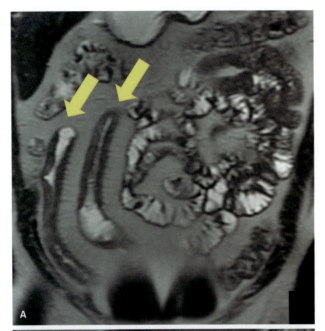

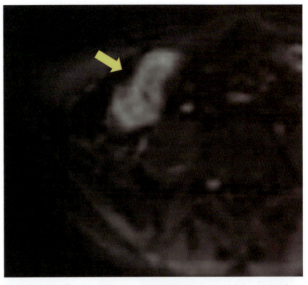

Figura 25 Enterografia por ressonância magnética em paciente com doença de Crohn. A sequência ponderada em difusão (b = 700 s/mm²) demonstra sinais de restrição (seta), que, associados às alterações nas demais sequências, são indicativos de atividade inflamatória.

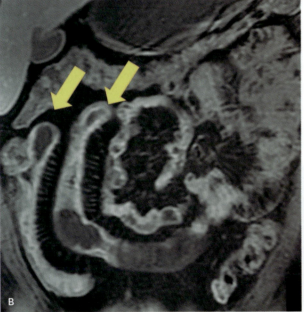

Figura 24 Enterografia por ressonância magnética – imagens no plano coronal T2 SSFSE (*single-short fast spin-echo*) sem saturação de gordura (A) e T1 pós-contraste na fase enterográfica (B). Envolvimento multissegmentar e descontínuo de alças ileais (setas), com espessamento parietal de alto sinal em T2, realce estratificado e ingurgitamento dos vasos retos. Há sinais de estenose intestinal, porém sem dilatação funcionalmente significativa a montante.

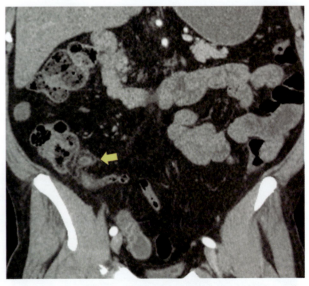

Figura 26 Enterografia por tomografia computadorizada no plano coronal evidenciando doença de Crohn crônica inativa, com deposição de gordura na submucosa (seta) do íleo terminal.

tensão, achados como hiper-realce mucoso devem ser avaliados com cautela, pois a alça normal não distendida normal pode apresentar aparente aumento do realce mucoso por conta da sobreposição de camadas da mucosa.

Os achados de doença em sua fase crônica, podendo ter ou não atividade inflamatória associada, são:

- Deposição de gordura na submucosa (Figura 26).
- Pseudodivertículos no aspecto antimesentérico da alça (Figura 27).
- Proliferação fibroadiposa do mesentério adjacente ao segmento intestinal acometido (Figuras 23, 26 e 27).
- Espessamento parietal com baixo sinal em T2 que pode ter realce transmural homogêneo ou heterogêneo tardio discreto (doença fibroestenosante inativa) (Figura 28) ou realce mural associado a hiper-realce mucoso (doença fibroestenosante ativa) (Figura 29).

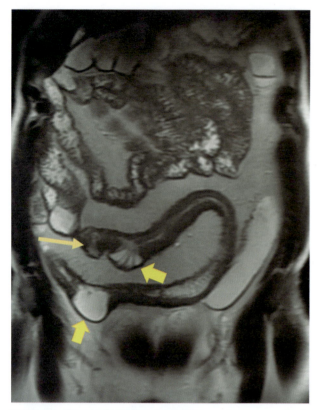

Figura 27 Doença de Crohn crônica. Enterografia por ressonância magnética. Coronal T2 SSFSE (*single-short fast spin-echo*) demonstrando segmentos descontínuos de espessamento parietal, com formação de saculações da borda antimesentérica (setas largas). Note também ulceração no segmento acometido (seta estreita).

Tais achados de atividade e inatividade não são exclusivos da doença de Crohn e podem ser encontrados em diversos outros tipos de enterites. As características radiológicas que favorecem a possibilidade de doença de Crohn são: envolvimento descontínuo intestinal e acometimento assimétrico da parede intestinal com uma tendência a ser mais intenso na borda mesentérica da alça. Contudo, o diagnóstico definitivo é feito com base na associação de dados clínicos, laboratoriais, endoscópicos, histológicos e radiológicos.

Vale ressaltar também que o mesmo paciente pode apresentar segmentos com sinais de doença ativa e outros, com sinais de doença inativa e que a deposição de gordura na submucosa pode ocorrer em pacientes sem nenhum tipo de doença intestinal, principalmente em obesos.

Na doença estenosante é importante diferenciar estenoses inflamatórias e fibróticas, pois estas últimas não respondem ao tratamento clínico isoladamente, podendo requerer ressecção cirúrgica ou dilatação. Na RM, a estenose inflamatória apresenta edema na parede da alça, que resulta em alto sinal nas sequências ponderadas em T2 com e sem saturação de gordura. Já as estenoses de origem fibrótica apresentam baixo sinal em ambas as sequências. No entanto, inflamação e fibrose podem coexistir no mesmo paciente (Figuras 29 e 30). Para tentar quantificar a quantidade de fibrose, algumas sequências podem ser utilizadas, como transferência de magnetização e elastografia, porém ainda há necessidade de padronização dos valores de referência.

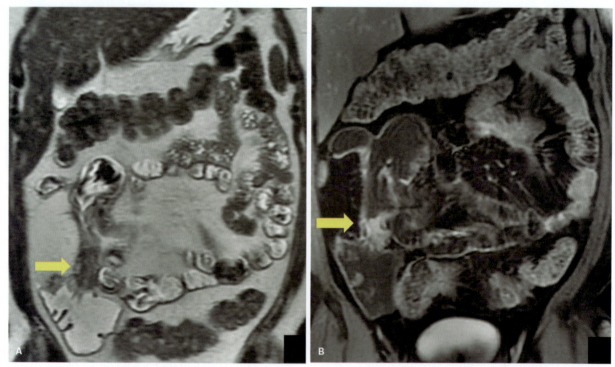

Figura 28 Paciente com doença de Crohn. Enterografia por ressonância magnética, imagens no plano coronal T2 SSFSE (*single-short fast spin-echo*) sem saturação de gordura (A) e T1 pós-contraste (B). Espessamento parietal (setas) do íleo terminal determinando estenose e distensão a montante. Há predomínio de fibrose caracterizada por baixo sinal em T2 (A) e realce transmural (B).

18 INTESTINO DELGADO 623

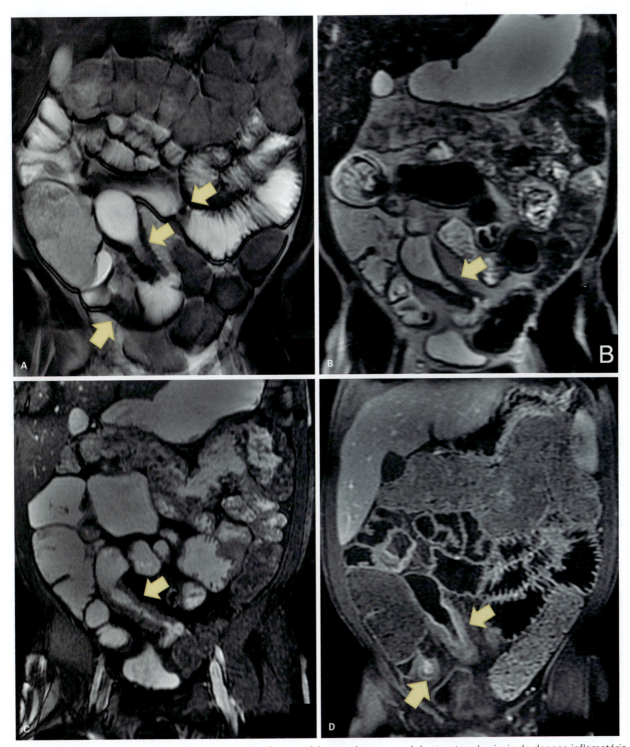

Figura 29 Sequências de enterografia por ressonância magnética no plano coronal demonstrando sinais de doença inflamatória predominantemente ativa e estenosante em segmentos descontínuos de jejuno distal e do íleo. A: Sequência cine mostra segmentos de estenose associados a espessamento parietal, provocando dilatação a montante. B: T2 SSFSE (*single-short fast spin-echo*) sem saturação de gordura e FIESTA mostram o baixo sinal decorrente de fibrose. D: T1 pós-contraste demonstrando realce estratificado caracterizando atividade inflamatória.

Na doença penetrante/fistulizante é possível detectar aderências e fístulas entre as alças e outros órgãos ou com a pele (Figuras 30 e 31). Além disso, podem ser encontrados abscessos intracavitários, retroperitoneais ou superficiais (Figura 32).

Os achados extraintestinais habituais nos exames dos pacientes com doença de Crohn são colelitíase, colangite esclerosante primária, cálculos renais e sacroileíte.

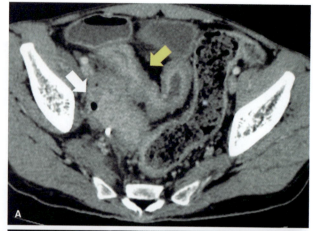

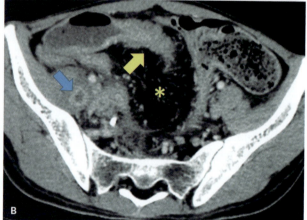

Figura 32 Doença de Crohn fibroestenosante e penetrante, com atividade inflamatória. Enterografia por tomografia computadorizada no plano axial demonstrando acometimento de alça ileal (setas amarelas), com sinais de perfuração e formação de flegmão e abscesso na pelve (seta branca). Observe em (B) a presença de pequeno abscesso no músculo iliopsoas direito (seta azul), associado a sinais de miosite. Há também proliferação fibroadiposa mesentérica indicando processo inflamatório crônico (*).

Diagnóstico diferencial

Os principais diagnósticos diferenciais da doença de Crohn são enterites infecciosas, principalmente tuberculosa, enterite isquêmica, enterite actínica e linfoma. Os achados radiológicos isoladamente não são suficientes na diferenciação dessas enterites, sendo habitualmente necessária correlação clínica, laboratorial e/ou histológica.

Doença celíaca

A doença celíaca é uma desordem autoimune induzida em pacientes com intolerância crônica ao glúten.

A ingestão de alimentos que contêm glúten nos indivíduos com doença celíaca gera uma reação inflamatória intestinal linfocitária progressiva inicialmente no duodeno, causando destruição das vilosidades e hiperplasia das criptas, com consequente excesso de líquido nas alças. Posteriormente a mucosa jejunal também é destruída, re-

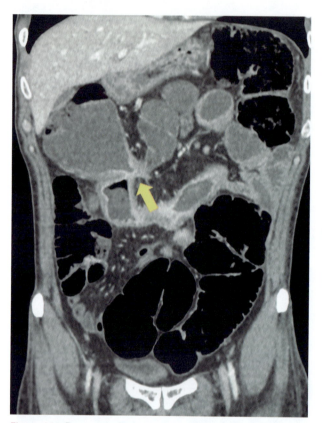

Figura 30 Doença de Crohn fibroestenosante com envolvimento multissegmentar e descontínuo do jejuno distal e íleo proximal, com sinais de atividade inflamatória e fístula entérica (seta).

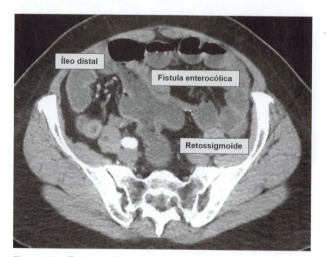

Figura 31 Enterografia por tomografia computadorizada demonstrando doença inflamatória penetrante inativa, com fístula ileocólica.

duzindo ainda mais a capacidade absortiva e, consequentemente, aumentando o excesso de líquido na luz, com redução do tônus intestinal. Com isso, o íleo é exposto ao glúten, havendo espessamento, hipertrofia e inflamação de pregas ileais.

O diagnóstico é feito por meio da associação dos achados da biópsia intestinal, dosagem dos autoanticorpos (principalmente antiendomísio e antitransglutaminase tecidual) e dados clínicos.

Manifestações clínicas

As manifestações clínicas são inespecíficas e, muitas vezes, o diagnóstico é tardio. Os principais sintomas apresentados pelos pacientes com doença celíaca são diarreia ou constipação, dor abdominal e perda ponderal.

Achados de imagem

Os achados radiológicos da doença celíaca são:

- Duodenite, caracterizada por espessamento parietal duodenal intenso, por vezes de aspecto nodular; distensão duodenal; trânsito intestinal lento que pode determinar diluição e floculação do meio de contraste oral (Figuras 33 e 35).
- Inicialmente espessamento do pregueado mucoso jejunal (Figura 33 e 34), com posterior atrofia (redução das pregas jejunais) e aumento das pregas ileais.
- Flacidez do intestino delgado (Figura 35), que pode predispor a episódios de intussuscepção.
- Proeminência de linfonodos mesentéricos (Figura 35); raramente os linfonodos mesentéricos podem apresentar cavitação e nível líquido de gordura, principalmente na doença mais avançada.

As duas principais complicações da doença celíaca são o surgimento de malignidades intestinais (principalmente adenocarcinoma e linfoma) e jejunoileíte ulcerativa, caracterizada por múltiplas úlceras benignas de extensão e profundidades variadas, mais frequentes no jejuno.

Doença do enxerto contra hospedeiro

A reação enxerto contra hospedeiro é uma complicação comum após transplante alogênico, sendo mais frequente após transplante de medula óssea. Pode acometer pele, alças intestinais ou fígado. O acometimento intestinal é mais frequente na forma aguda (primeiros 100 dias após o transplante) e as principais manifestações clínicas são dor abdominal, náusea, vômito e diarreia intensa.

Achados de imagem

O aspecto radiológico mais frequente é espessamento parietal estratificado difuso do intestino delgado (Figuras 36, 37 e 38), com edema da submucosa e ingurgitamento dos vasos retos e densificação/borramento da gordura

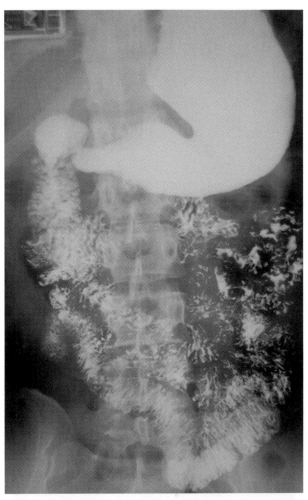

Figura 33 Doença celíaca. Trânsito intestinal demonstrando floculação do meio de contraste oral, além de espessamento do pregueado mucoso do duodeno, assim como do jejuno.
Fonte: Arquivo de imagens do Instituto de Radiologia do Hospital das Clínicas da Faculdade de Medicina da Universidade de São Paulo – Dr. Francisco Lanari do Val.

mesentérica. Pode haver também acometimento de segmento intestinal mais curto. Em longo prazo, o paciente pode evoluir com estenose intestinal sequelar.

Doença de Whipple

A doença de Whipple é uma doença infecciosa rara causada pela bactéria *Tropheryma whipplei* em pacientes geneticamente e/ou imunologicamente suscetíveis. Pode envolver o intestino, as articulações, os linfonodos, o sistema nervoso central e olhos.

O quadro clínico é inespecífico. Nas fases iniciais as principais manifestações clínicas são febre e artralgia, já na fase tardia surgem as manifestações relacionadas a má-absorção e diarreia (esteatorreia, dor abdominal em cólica e perda ponderal). Pode haver também manifestações oculares (uveíte) e alterações do sistema nervoso central.

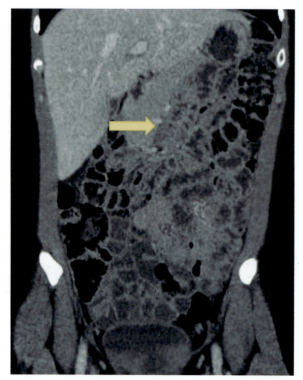

Figura 34 Doença celíaca. Tomografia computadorizada pós-contraste com reformatação coronal demonstrando espessamento do pregueado mucoso duodenal e jejunal, associado a discreta distensão líquida do delgado.

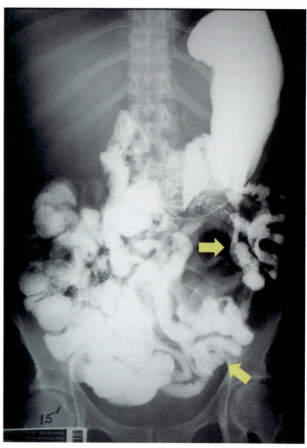

Figura 36 Reação enxerto contra hospedeiro. Trânsito intestinal demonstrando redução do calibre e espessamento parietal difuso de alças delgadas (setas).
Fonte: Arquivo de imagens do Instituto de Radiologia do Hospital das Clínicas da Faculdade de Medicina da Universidade de São Paulo – Dr. Francisco Lanari do Val.

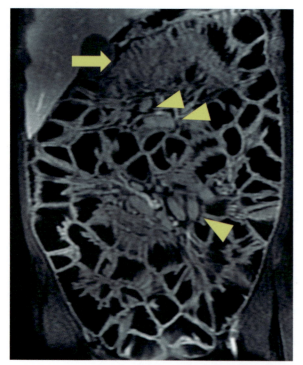

Figura 35 Doença celíaca. Enterografia por ressonância magnética T1 pós-contraste coronal. Observe o espessamento parietal do duodeno (seta), linfonodomegalias mesentéricas (cabeças de seta) e distensão líquida difusa de alças delgadas.
Fonte: Caiado et al., 2017.

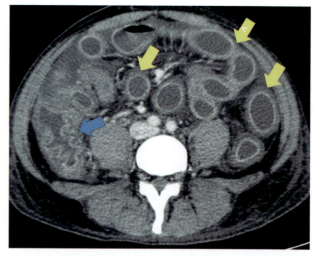

Figura 37 Reação enxerto contra hospedeiro em paciente submetido a transplante de medula óssea. Enterografia por tomografia computadorizada pós-contraste no plano axial demonstrando acometimento difuso de alças delgadas (setas amarelas) e do cólon (seta azul), com espessamento e hiper-realce parietal estratificado (em "alvo").

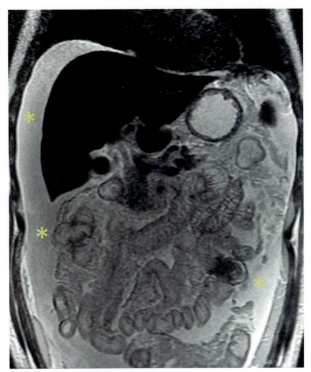

Figura 38 Reação enxerto contra hospedeiro em paciente submetido a transplante de medula óssea. Enterografia por ressonância magnética T2 SSFSE (*single-short fast spin-echo*) coronal sem supressão de gordura evidenciando acometimento difuso de alças delgadas com espessamento parietal associado a edema (alto sinal da submucosa). Associa-se volumosa ascite (*).

Achados de imagem

Os achados radiológicos são: espessamento parietal de alças intestinais proximais (duodeno e jejuno, principalmente), linfonodomegalias mesentéricas ou retroperitoneais com atenuação próxima a de gordura, esplenomegalia, ascite e, eventualmente, pneumatose intestinal.

Diagnóstico diferencial

Os principais diagnósticos diferenciais são:

- Outras doenças infecciosas do trato gastrointestinal (sobretudo giardíase, criptosporidiose e tuberculose).
- Doença celíaca.
- Linfoma.

Mastocitose sistêmica

Ocorre pelo acúmulo desordenado de mastócitos em vários órgãos. Muitos casos são autolimitados e/ou não diagnosticados. É mais comum em crianças (75% dos casos), com predomínio em brancos.

As manifestações clínicas incluem dor, diarreia, náuseas, vômitos, lesões em pele, dores ósseas, hepatomegalia e esplenomegalia.

Achados de imagem

Estudos radiográficos contrastados

Podem ser observadas múltiplas úlceras, nodularidade mucosa, pregas irregulares, espessas e distorcidas, além de espessamento parietal difuso (Figura 39). Podem ser observadas ainda lesões escleróticas ou líticas nos ossos.

Tomografia computadorizada

Espessamento parietal do intestino delgado, com distensão e acúmulo líquido. Podem ser observados também omento e mesentério espessados e densificados, hepatomegalia (40% dos casos) e esplenomegalia (50% dos casos).

Diagnóstico diferencial

Síndrome de Zollinger-Ellison, linfangiectasia, linfoma, doença celíaca e outras alterações disabsortivas.

Esclerodermia

Doença do colágeno de etiologia desconhecida, associada a proliferação de tecido conjuntivo determinando uma variedade de distúrbios funcionais de vários sistemas orgânicos. Mais comum em indivíduos do sexo feminino, com idade entre 30 e 40 anos.

As manifestações principais acometem a pele e o sistema vascular. No trato gastrointestinal, provoca disfunções de motilidade e má-absorção. A atonia leva a impactação das fezes e acúmulo gasoso, com distensão e proliferação bac-

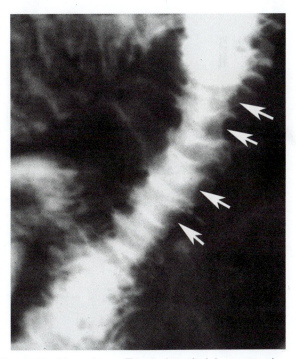

Figura 39 Mastocistose. Trânsito intestinal demonstrando espessamento, distorção e irregularidade de pregas do intestino delgado (setas).
Imagem gentilmente cedida pelo Dr. Benjamin Carneiro Rodrigues, de São Paulo.

teriana, o que provoca síndrome de má-absorção. Podem ocorrer ulcerações com hemorragia grave, infarto intestinal, perfuração e peritonite.

Achados de imagem

Estudos radiográficos e TC:

- Dilatação do duodeno e jejuno, com redução do peristaltismo (Figura 40).
- Sinal de "*hide-bound*" intestinal: atrofia e fibrose das camadas musculares.
- Pseudo-obstrução, pseudossaculações na borda antimesentérica intestinal.
- Tempo prolongado de trânsito.
- Pneumatose cistoide.

Diagnóstico diferencial

Doença celíaca, doença de Crohn, íleo adinâmico, processos obstrutivos de natureza mecânica.

Enterite actínica

A enterite actínica ocorre geralmente quando a radioterapia excede a dose de 45 Gy, causando vasculite obliterativa e efeito citotóxico direto na parede intestinal e no mesentério. As alças ileais são as mais frequentemente acometidas e as possíveis complicações são fístula, estenose com obstrução intestinal, hemorragia digestiva, perfuração intestinal e abscesso.

Manifestações clínicas

As principais manifestações clínicas do paciente são dor abdominal, náusea, vômito, má-absorção com diarreia e esteatorreia, além de perda ponderal.

Achados de imagem

Os principais achados radiológicos nas fases iniciais são espessamento parietal homogêneo ou estratificado. Nas fases mais crônicas, os pacientes podem evoluir com estenoses focais ou segmentares, com distensão intestinal a montante (Figura 41).

Enterites infecciosas

As doenças infecciosas que acometem o intestino delgado podem ser causadas por diversos agentes, como bactérias, vírus, parasitas e fungos. No intestino delgado

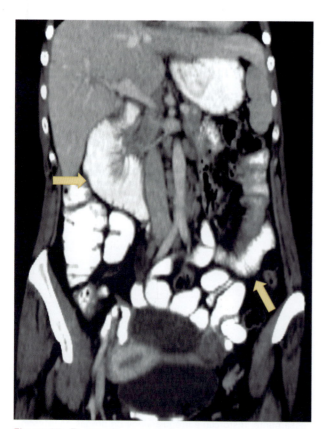

Figura 40 Tomografia computadorizada com contraste intravenoso e via oral e reformatação coronal demonstrando dilatação e sinais de atonia do duodeno e jejuno (setas).

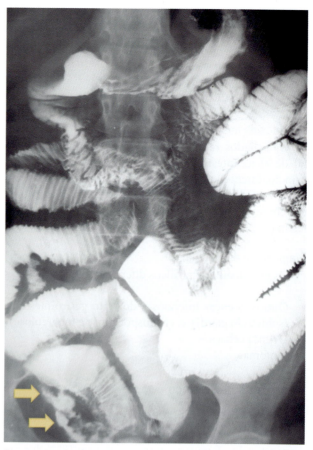

Figura 41 Enterite actínica. Trânsito intestinal demonstrando distensão difusa de alças delgadas determinada por estenoses em alças ileais localizadas na pequena pelve à esquerda (setas).
Fonte: Arquivo de imagens do Instituto de Radiologia do Hospital das Clínicas da Faculdade de Medicina da Universidade de São Paulo – Dr. Francisco Lanari do Val.

proximal, os principais agentes etiológicos são: *Giardia lamblia*, *Strongyloides stercolaris* e *Mycobacterium avium intracellulare*. No intestino delgado distal, os principais agentes etiológicos são: *Shigella* spp., *Salmonela* spp., *Yersinia enterocolitica* e *Campylobacter jejuni*. Já no íleo terminal, os dois principais agentes etiológicos são: *Mycobacterium tuberculosis* e *Entamoeba histolytica*.

A ascaridíase pode provocar obstrução intestinal, sobretudo na faixa etária pediátrica. O verme adulto pode migrar pela papila duodenal para o ducto pancreático principal e provocar pancreatite, assim como para a árvore biliar, provocando obstruções, formação de cálculos biliares, colecistite, colangite piogênica e abscesso hepático.

Achados de imagem

Os achados radiológicos são inespecíficos, sendo espessamento parietal e linfonodopatia regional os achados mais comuns. Sendo assim, os dados epidemiológicos, clínicos e laboratoriais do paciente são muito importantes para estreitar o diagnóstico. Nesse contexto, os exames radiológicos são úteis na avaliação de possíveis complicações e também na exclusão de outros diagnósticos diferenciais.

Nos estudos contrastados, os vermes de *Ascaris* caracterizam-se por falhas de enchimento alongadas (Figura 42). O lúmen intestinal do verme pode ser opacificado pelo meio de contraste. Na ultrassonografia, o trato digestivo do verme pode ser visualizado como duas linhas ecogênicas paralelas.

Tuberculose

A tuberculose, causada pelo *Mycobacterium tuberculosis*, continua sendo um problema de saúde pública no Brasil. As formas extrapulmonares da tuberculose vêm aumentando tanto na população imunocompetente quanto nos imunodeprimidos. O trato gastrointestinal pode ser acometido em qualquer segmento; no entanto a região do íleo terminal é a mais comumente acometida.

Manifestações clínicas

O quadro clínico é inespecífico e os sintomas mais frequentes são dor abdominal, febre, perda ponderal e diarreia. A concomitância entre tuberculose pulmonar ativa e acometimento intestinal é variável.

O diagnóstico precoce é essencial para reduzir a morbidade e a mortalidade da doença, que pode complicar com obstrução, perfuração e hemorragia intestinal, inclusive na vigência do tratamento.

Achados de imagem

As principais manifestações radiológicas são espessamento parietal circunferencial irregular (Figura 43), hiper-realce da mucosa e linfonodomegalias mesentéricas, que podem apresentar áreas liquefeitas (Figura 44).

Após a resolução do quadro agudo/subagudo, o segmento intestinal acometido pode apresentar alterações fibróticas sequelares, como válvula ileocecal fixa, alterações morfológicas da alça acometida e retrações locorregionais.

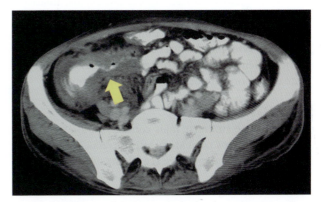

Figura 43 Tomografia computadorizada pós-contraste no plano axial, com contraste oral positivo, demonstrando acentuado espessamento parietal heterogêneo e irregular da região ileocecal (seta).

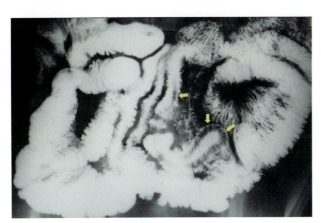

Figura 42 Ascaridíase. Trânsito intestinal demonstrando falha de enchimento alongada (setas) no intestino delgado.
Cortesia do Dr. Luiz Nunes de Oliveira.

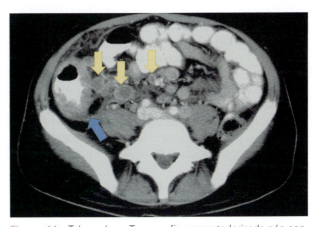

Figura 44 Tuberculose. Tomografia computadorizada pós-contraste e com contraste oral positivo demonstrando espessamento parietal da região ileocecal (seta azul) e linfonodomegalias mesentéricas com centro necrótico (setas amarelas).

Diagnóstico diferencial

Os principais diagnósticos diferenciais da tuberculose intestinal são doença de Crohn, neoplasias e enterites infecciosas de outra natureza.

Doenças metabólicas

Linfangiectasia intestinal

Afecção rara caracterizada por hipoproteinemia, linfocitopenia, hipogamaglobulinemia, edema periférico decorrente de perda de fluido linfático pelo intestino. É uma importante causa de enteropatia perdedora de proteínas. O diagnóstico é realizado por meio da análise histopatológica de biópsia duodenal.

A linfangiectasia intestinal pode ser primária ou secundária. A forma primária (doença de Waldmann) é uma malformação congênita intestinal cujos sintomas podem ocorrer desde o período fetal até a idade adulta, porém sua instalação é mais comum antes dos 3 anos de idade.

A linfangiectasia secundária pode ser causada por obstrução linfática ou lesão direta dos canais linfáticos. Pode ocorrer na fibrose retroperitoneal, tuberculose, pancreatite crônica, doença de Crohn, má-rotação intestinal, doença de Whipple, doença celíaca, pericardite constritiva, insuficiência cardíaca congestiva ou, ainda, ser resultante de tumores abdominais ou retroperitoneais.

Manifestações clínicas

Os sinais e sintomas mais comuns são diarreia (presente em 80% dos pacientes), esteatorreia (20%), má-absorção, ascite, derrame pleural e edema de extremidades.

Achados de imagem

Exames radiográficos contrastados

Pode ser caracterizado espessamento parietal difuso do jejuno e do íleo.

Tomografia computadorizada

Espessamento parietal difuso do intestino delgado (Figura 45) que pode apresentar o sinal do halo, caracterizado por hipoatenuação da submucosa por edema e hiper-realce das camadas mucosa e serosa. Além disso, pode haver infiltração do mesentério, linfonodopatias e intussuscepções intestinais não obstrutivas. Nas formas secundárias podem ser observadas as alterações relativas às doenças já mencionadas.

Neoplasias e lesões tumorais não neoplásicas

Os grupos de risco para desenvolvimento de tumores de intestino delgado são: doença inflamatória intestinal, doença celíaca e síndromes hereditárias como polipose

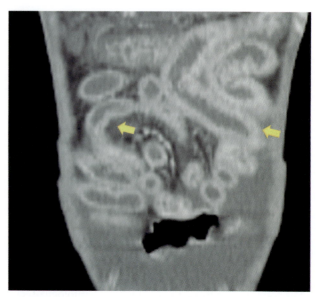

Figura 45 Linfangiectasia intestinal – tomografia computadorizada pós-contraste com reformatação coronal demonstrando espessamento parietal difuso de alças delgadas (setas) e volumosa ascite.

adenomatosa familiar, síndrome de Lynch e síndrome de Peutz-Jeghers.

Os pacientes são, em sua maioria, assintomáticos ou apresentam achados incidentais, sendo os sintomas mais frequentes dor abdominal, hemorragia digestiva e obstrução intestinal, geralmente associados a intussuscepção. O diagnóstico dessas lesões costuma ser tardio em razão da baixa incidência, sintomas inespecíficos e dificuldade de avaliação do intestino delgado nos exames radiológicos e endoscópicos convencionais. A acurácia diagnóstica aumenta com exames dedicados ao estudo do delgado, como enterografia por TC ou RM, enteróclise por TC ou RM, enteroscopia e cápsula endoscópica.

A diferenciação entre neoplasias benignas e malignas muitas vezes só é possível após análise histológica da lesão. O papel do radiologista é detectar a lesão, localizá-la ao longo do intestino delgado para auxiliar na escolha do tipo de método endoscópico e realizar o estadiamento.

Lesões neoplásicas benignas e lesões tumorais não neoplásicas

Lesões da mucosa
Pólipo duodenal

Habitualmente são encontrados na primeira e segunda porções do duodeno (Figura 46). Tipos histológicos:

- Adenomas (tubular, tubuloviloso e viloso).
- Pólipos hiperplásicos.
- Hamartomas.

Os adenomas de intestino delgado representam aproximadamente um terço das neoplasias benignas de delgado, e,

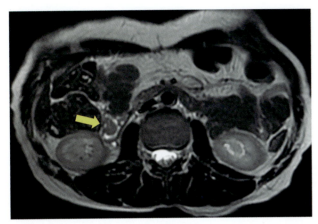

Figura 46 Ressonância magnética ponderada em T2 sem saturação de gordura no plano axial demonstrando pólipo séssil no duodeno (seta).

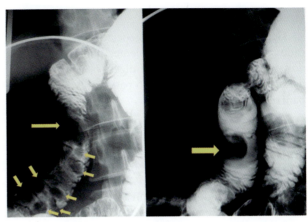

Figura 47 Paciente com síndrome de Peutz-Jeghers. Trânsito intestinal com compressão localizada demonstrando múltiplas imagens de falha de enchimento de aspecto polipiforme nas alças delgadas (setas).
Imagens gentilmente cedidas pelo Dr. Benjamin Carneiro Rodrigues, de São Paulo.

semelhantemente aos adenomas cólicos, apresentam potencial maligno. Podem ser sésseis ou pediculados e normalmente são lesões únicas. Os adenomas podem ser divididos em tubular, viloso e tubuloviloso, sendo estes dois últimos menos frequentes, em geral maiores, com padrão de crescimento séssil e com maior chance de degeneração maligna. A maioria dos adenomas duodenais tem distribuição periampular, surgindo como lesão solitária na parede medial.

Os pólipos hiperplásicos são lesões benignas pouco comuns e quase sem potencial maligno.

Os pólipos hamartomatosos são mais comuns no jejuno e íleo e podem estar associados a diversas síndromes poliposas, destacando-se a síndrome de Peutz-Jeghers (Figura 47). Destacam-se algumas síndromes poliposas:

- Síndrome de Peutz-Jeghers (síndrome de polipose intestinal hereditária): doença autossômica dominante, caracterizada por máculas hiperpigmentadas nos lábios e na mucosa oral e pólipos hamartomatosos no TGI, sendo mais comuns no intestino delgado e no cólon, com risco aumentado de desenvolver neoplasias malignas do TGI.
- Síndrome de Cronkhite-Canada: síndrome rara não hereditária, caracterizada por alterações epiteliais no TGI e na epiderme. Cerca de 2/3 dos pacientes têm ascendência japonesa. Além dos pólipos hamartomatosos, tais pacientes apresentam alterações da mucosa do TGI, associadas a distúrbios hidroeletrolíticos, má-absorção, desnutrição e sangramento. Cerca de 10% dos pacientes desenvolvem neoplasias malignas do TGI.
- Síndrome de Cowden (síndrome de múltiplos hamartomas): risco elevado de câncer de mama e de endométrio, tireoide e rim.
- Polipose juvenil: síndrome autossômica dominante, caracterizada pelo aparecimento de 10 ou mais pólipos hamartomatosos no TGI, predominando no cólon. Manifesta-se mais frequentemente entre 4 e 14 anos de idade. Os pólipos apresentam chance de malignização.

- Síndrome de Ruvalcaba-Myhre-Smith: associa-se a macrocefalia e máculas pigmentadas nos genitais.

Manifestações Clínicas

A maioria dos pólipos não provocam sintomas significativos. Alguns pacientes podem apresentar hemorragia digestiva alta discreta. Pólipos maiores e próximos à papila duodenal podem provocar quadro clínico de icterícia obstrutiva.

Achados de Imagem

Os pólipos hiperplásicos geralmente são menores que 1,0 cm, arredondados, sésseis e de contornos lisos. Os pólipos adenomatosos costumam ser lobulados, surgindo na parede medial do duodeno, na região periampular.

Diagnóstico diferencial

Os diagnósticos diferenciais incluem pseudopólipos inflamatórios, hiperplasia da glândula de Brunner, mucosa gástrica ectópica, lipoma, neoplasia neuroendócrina, entre outros.

Lesões submucosas

As lesões da submucosa incluem hiperplasia e hamartoma da glândula de Brunner, pâncreas heterotópico, lesões císticas intramurais e tumores mesenquimais (tumores estromais gastrointestinais – GIST, lipoma, leiomioma, tumor neurogênico, tumor glômico, hemangioma, linfangioma, entre outros).

Pâncreas heterotópico

Caracteriza-se por tecido pancreático sem continuidade anatômica ou vascular com o pâncreas. Pode ocorrer em todo o trato gastrointestinal, mas a maioria dos casos (80%) está localizada no estômago, duodeno ou jejuno proximal. Geralmente são pequenos, medindo entre 1 e 3 cm.

Manifestações clínicas

Geralmente sem sintomas associados, são diagnosticados incidentalmente. Os pacientes podem apresentar dor epigástrica ou hemorragia digestiva alta ou, ainda, desenvolver complicações como pancreatite e neoplasias pancreáticas.

Achados de imagem
Exames radiológicos contrastados

Geralmente aparece como lesão polipiforme submucosa, de base ampla e contornos lisos, que se assemelha a tumores mesenquimais. Podem apresentar umbilicação central, que representa o orifício de um ducto pancreático rudimentar, representado por foco de acúmulo central de bário.

Tomografia computadorizada e ressonância magnética

O aspecto mais comum é de lesão polipiforme hipervascularizada, com projeção endoluminal (Figura 48), mais frequentemente encontrada no antro gástrico ou bulbo duodenal. Os contornos são pouco precisos, com proeminente realce da mucosa circundante, decorrente de alteração inflamatória.

Diagnóstico diferencial

O diagnóstico diferencial inclui outras lesões submucosas, como GIST, leiomioma e tumores neuroendócrinos.

Hiperplasia e hamartoma da glândula de Brunner

As glândulas de Brunner localizam-se principalmente no bulbo duodenal, com redução numérica progressiva, distalmente, podendo ser encontradas em menor concentração no jejuno. Produzem uma secreção mucinosa alcalina, tendo uma ação complementar na neutralização da solução ácida gástrica. Podem se apresentar como múltiplas formações polipiformes ou nodulares da mucosa, compostas por proliferação das glândulas de Brunner (hiperplasia), ou como lesão polipoide formada pelo conjunto de ácinos, ductos glandulares, músculo liso, tecido adiposo, tecido linfoide e, eventualmente, ácinos pancreáticos heterotópicos (hamartoma).

Manifestações clínicas

Os hamartomas podem, raramente, causar sintomas de obstrução ou sangramento gastrointestinal associado a ulcerações.

Achados de imagem
Radiologia contrastada

Nos estudos contrastados, a hiperplasia aparece mais comumente como múltiplos pequenos nódulos mucosos ou lesões polipiformes no duodeno proximal, em sua maioria menores que 5 mm. O padrão de "queijo suíço" ou "pedras de pavimento" pode estar presente quando os nódulos são numerosos. O hamartoma pode aparecer como uma ou mais lesões submucosas ou sésseis, em geral maiores que 5 mm.

Tomografia computadorizada

Pode ser visto espessamento nodular da parede duodenal, podendo ser multifocal nos casos de hiperplasia. Os hamartomas apresentam padrão de realce heterogêneo, que se correlaciona com o achado histológico de proliferação de músculo liso, gordura e alteração glandular cística.

Diagnóstico diferencial

Adenomas múltiplos da polipose adenomatosa familiar, hamartomas relacionados à síndrome de Peutz-Jeghers, hiperplasia linfoide, duodenite nodular, tumor carcinoide e metástases podem ser incluídos no diagnóstico diferencial.

Leiomioma

O leiomioma é uma neoplasia benigna constituída por feixes entrelaçados de musculatura lisa, originando-se da muscular da mucosa ou da muscular própria. Os leiomiomas são diferenciados do GIST pela não expressão do KIT (CD117), uma tirosinoquinase expressa na membrana celular. Apresentam crescimento lento, mas podem alcançar grandes dimensões. Geralmente são tumores bem delimitados, luminais, intramurais ou subserosos, podendo conter áreas de necrose, hemorragia e calcificação.

Manifestações clínicas

Os pacientes geralmente são assintomáticos, sobretudo quando apresentam lesões pequenas. Podem apresentar sangramento associado à presença de lesões ulceradas.

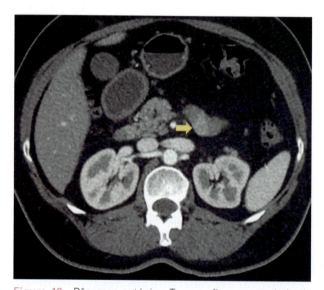

Figura 48 Pâncreas ectópico. Tomografia computadorizada pós-contraste no plano axial demonstrando pequena imagem polipiforme, de contornos pouco precisos, homogênea e hipervascularizada (seta) localizada no jejuno proximal.

Achados de imagem

Os achados radiológicos isoladamente não são suficientes para diferenciá-los de outras neoplasias mesenquimais, como o GIST.

Estudos radiológicos contrastados

Lesões maiores que 2,0 cm podem conter ulceração, que se manifesta por acúmulo central do contraste. Os tumores exofíticos subserosos podem provocar compressão extrínseca sobre o tubo digestivo.

Tomografia computadorizada

Geralmente são lesões murais arredondadas ou ovaladas, com densidade homogênea e impregnação uniforme ao contraste intravenoso.

Lipoma

Lipomas são tumores benignos constituídos por tecido adiposo maduro, geralmente circundado por cápsula fibrosa. Os lipomas originam-se na submucosa e costumam apresentar crescimento lento, com projeção luminal.

Manifestações clínicas

O lipoma isolado costuma ser um achado incidental, muitas vezes sem sintomas associados. Lipomas maiores que 4,0 cm de diâmetro podem produzir uma variedade de sintomas, incluindo hemorragia gastrointestinal, dor abdominal ou obstrução, decorrentes de ulceração ou intussuscepção. A lipomatose intestinal é uma condição rara e associa-se com mais frequência aos sintomas mencionados.

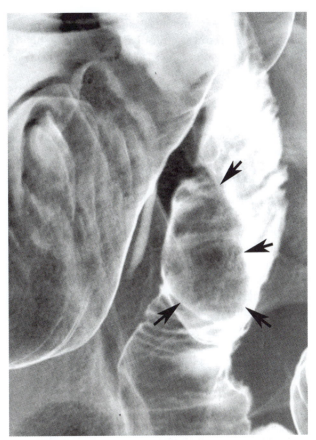

Figura 49 Lipoma de delgado. Imagem de falha de enchimento em alça delgada (setas) indistinguível de outras lesões de origem mural.

Achados de imagem

Estudos radiológicos contrastados

Formação submucosa elevada lisa ou lesão ulcerada em olho de boi, indistinguível de outros tumores mesenquimais (Figura 49). Quando maior e com consistência macia característica, o diagnóstico correto pode ser sugerido pela mudança de tamanho e forma, de acordo com o peristaltismo.

Tomografia computadorizada e ressonância magnética

Lesão parietal circunscrita, com densidade de gordura à TC (Figura 50). Na RM, seu sinal acompanha os demais tecidos gordurosos (elevado sinal em T1 e T2 nas sequências sem supressão de gordura e baixo sinal nas sequências com supressão de gordura).

Tumor estromal gastrointestinal

Os GIST serão abordados no tópico de neoplasias malignas.

Tumores de origem neural

Os tumores neurais são relativamente raros. A maioria destes é composta por tumores da bainha nervosa

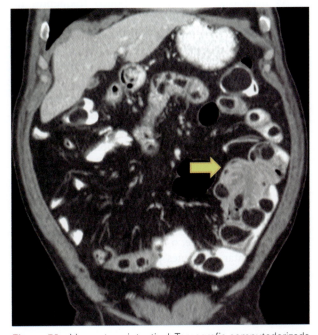

Figura 50 Lipomatose intestinal. Tomografia computadorizada de abdome com contraste intravenoso e via oral positivo demonstrando diversos nódulos circunscritos com densidade de gordura em alças delgadas e no cólon. Associam-se intussuscepções, a mais proeminente no flanco esquerdo (seta).

(neurinomas ou schwannomas) e ocorre mais frequentemente entre a terceira e quinta décadas de vida. Os neurofibromas tendem a ser lesões isoladas, porém podem ser múltiplos em pacientes com neurofibromatose.

Manifestações clínicas

Os pacientes costumam ser assintomáticos. Raramente podem apresentar sangramentos, dor abdominal ou sintomas obstrutivos.

Achados de imagem

Em geral, aparecem como lesões submucosas ou parietais, relativamente homogêneas quando de pequenas dimensões, sendo indistinguíveis de outros tumores mesenquimais. Podem ter crescimento endoluminal ou exofítico, com eventual ulceração da mucosa que recobre a lesão. Neurofibromas e neurofibromas plexiformes podem se originar primariamente na parede intestinal e determinar redução luminal dependendo do tamanho das lesões. Na TC as lesões apresentam densidade de partes moles. Na RM apresentam alto sinal em T2 e aumento da impregnação pelo meio de contraste. Neurofibromas mesentéricos, por sua vez, podem envolver a parede do segmento intestinal adjacente (Figura 51).

Neoplasias malignas ou com potencial de malignidade

Adenocarcinoma
Duodeno

As neoplasias malignas são pouco frequentes no duodeno e os adenocarcinomas representam o tipo histológico mais comum. Acomete pacientes entre a 5ª e a 7ª décadas de vida, sem predileção por sexo e apresenta associação com polipose adenomatosa familiar (principalmente síndrome de Gardner), síndrome de Lynch, síndrome de Peutz-Jeghers, doença celíaca e doença de Crohn. A presença de pólipos adenomatosos é o principal fator de risco associado ao desenvolvimento do adenocarcinoma (sequência adenoma-carcinoma).

O adenocarcinoma duodenal localiza-se mais frequentemente na região periampular e no segmento mais distal, próximo ao jejuno. Quando ocorre nas porções duodenais mais proximais, a possibilidade de síndromes de câncer hereditário deve ser considerada.

Macroscopicamente, o adenocarcinoma de duodeno pode apresentar diferentes padrões: plano, estenosante, ulcerativo, infiltrativo ou polipiforme. A maioria dos adenocarcinomas de duodeno são moderadamente diferenciados, com produção variada de mucina.

Manifestações clínicas

A apresentação clínica é inespecífica e de início insidioso, habitualmente relacionada a suboclusão intestinal, obstrução biliar e síndrome consumptiva. As principais manifestações clínicas são dor abdominal, emagrecimento, náusea, vômitos e hemorragia digestiva alta. As neoplasias de localização periampular podem cursar com icterícia.

Achados de imagem

Os achados radiológicos são variados, dependendo do padrão de crescimento do adenocarcinoma duodenal.

Estudos radiológicos convencionais

Na radiografia simples de abdome pode ser observada obstrução duodenal proximal em graus variados. Na radiografia contrastada (EED) podem ser observadas lesões ulceradas (imagens de adição irregulares), polipiformes ou sésseis (falhas de enchimento) ou anulares estenosantes (sinal da "maçã mordida").

Ultrassonografia

Geralmente as neoplasias que acometem a região periampular determinam dilatação das vias biliares e do ducto pancreático principal. Eventualmente, a lesão duodenal também pode ser identificada.

Tomografia computadorizada e ressonância magnética

Podem ser observados pólipos pediculados ou sésseis, espessamento parietal duodenal (Figura 52), com estreitamento luminal, por vezes associados a ulcerações e/ou distensão a montante. As lesões que atingem a papila duodenal geralmente cursam com dilatação das vias biliares e do ducto pancreático principal. As lesões mais avançadas podem infiltrar os planos adiposos e os órgãos adjacentes. As metástases mais comuns são para linfonodos, fígado e peritônio, que também podem ser caracterizadas na TC e na RM.

Diagnóstico diferencial

Os principais diagnósticos diferenciais do adenocarcinoma de duodeno são linfoma, doença ulcerosa péptica, doença de Crohn e doenças infecciosas (como tuberculose). Apesar de alguns achados radiológicos (como lesões em outros locais do trato gastrointestinal na doença de Crohn) e informações clínicas (como os sintomas infecciosos na tuberculose) auxiliarem nessa diferenciação, a realização de biópsia é indispensável. Nesse contexto, a importância da radiologia é detectar a lesão e estadiar a neoplasia, auxiliando na decisão terapêutica.

Jejuno e íleo

O adenocarcinoma primário do intestino delgado é incomum, sendo o jejuno, principalmente a porção proximal, o local mais frequente.

A presença de pólipos adenomatosos é o principal fator de risco para desenvolvimento do adenocarcinoma. Outros fatores de risco conhecidos são: polipose adenomatosa familiar (principalmente síndrome de Gardner), síndrome de Lynch, síndrome de Peutz-Jeghers, doença

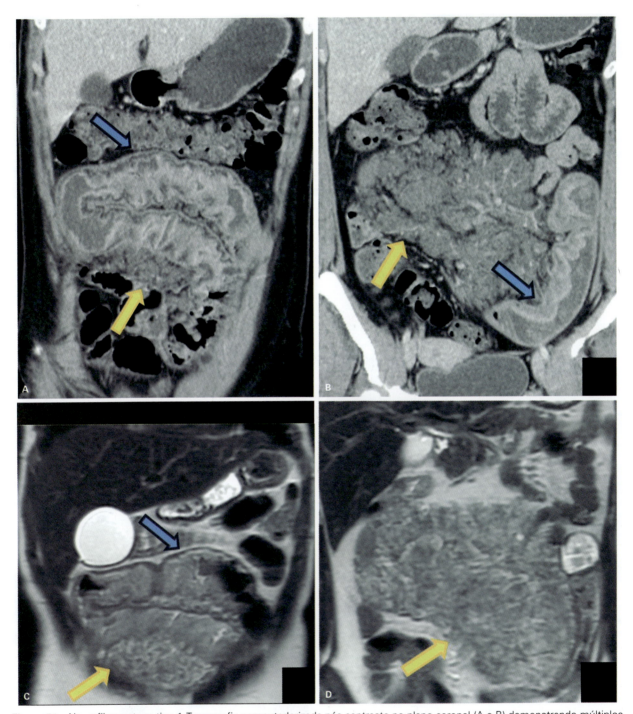

Figura 51 Neurofibromatose tipo 1. Tomografia computadorizada pós-contraste no plano coronal (A e B) demonstrando múltiplos neurofibromas plexiformes no mesentério (setas amarelas), assim como na submucosa e mucosa de alças delgadas (setas azuis), provocando acentuado espessamento parietal. Observe o discreto hiper-sinal das lesões nas imagens de ressonância magnética ponderadas em T2 no plano coronal (C e D).

celíaca e doença de Crohn. O quadro clínico é insidioso e inespecífico, o que retarda o diagnóstico.

Achados de imagem

Os achados radiológicos são variados, dependendo do padrão de crescimento, que pode ser polipiforme, ulcerativo ou estenosante (Figura 53). Nas fases mais avançadas pode haver infiltração da gordura perivisceral e invasão vascular, além de metástases, sobretudo linfonodais, hepáticas, peritoneais e ovarianas.

Linfoma

O linfoma apresenta maior incidência após a 7ª década e pode ser primário ou secundário ao linfoma sistêmi-

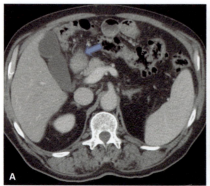
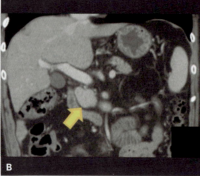
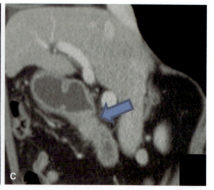

Figura 52 Adenocarcinoma de duodeno. Imagens de tomografia computadorizada de abdome pós-contraste (A) no plano axial, (B) com reformação coronal e (C) com reformatação oblíqua demonstram espessamento parietal circunferencial (seta azul) da segunda porção do duodeno, associado a borramento dos planos gordurosos adjacentes e volumosa linfonodomegalia (seta amarela).

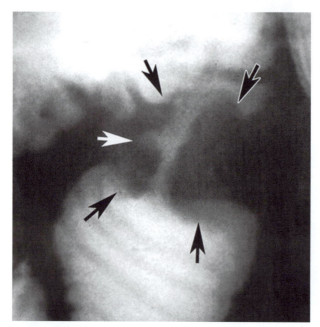

Figura 53 Adenocarcinoma de jejuno. Trânsito intestinal demonstrando lesão estenosante e irregular em "mordida de maçã" (setas).
Imagens gentilmente cedidas pelo Dr. Benjamin Carneiro Rodrigues, de São Paulo/SP.

Manifestações clínicas

As manifestações clínicas são inespecíficas e as mais frequentes são dor abdominal, náusea, vômito, perda ponderal e hemorragia digestiva alta.

Achados de imagem

O linfoma apresenta diversos aspectos radiológicos; destacam-se os mais observados:

- Espessamento parietal homogêneo associado ou não a dilatação aneurismática da alça (Figuras 54 e 55).

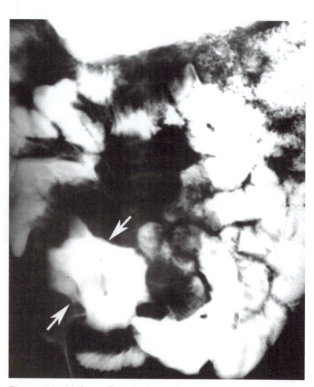

Figura 54 Linfoma. Trânsito intestinal demonstrando dilatação aneurismática do íleo, associada a irregularidades luminais (setas).
Imagens gentilmente cedidas pelo Dr. Benjamin Carneiro Rodrigues, de São Paulo.

co, sendo este muito mais frequente. Entre as localizações no intestino delgado, o linfoma é mais frequente no íleo, seguido do jejuno e por último do duodeno.

O linfoma da mucosa (MALT) é um tipo distinto de linfoma extranodal que apresenta curso clínico indolente, melhor prognóstico e está associado a infecção pelo *Helicobacter pylori*.

Pacientes portadores de doença celíaca apresentam risco aumentado de desenvolver linfoma de células T associado a enteropatia e outros subtipos de linfoma não Hodgkin. Outros fatores de risco relacionados ao desenvolvimento do linfoma são situações de imunossupressão, como AIDS e uso de terapia imunossupressora pós-transplante.

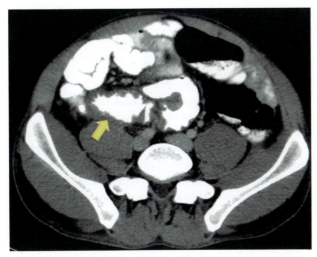

Figura 55 Linfoma. Tomografia computadorizada pós-contraste, com contraste oral positivo, demonstrando lesão anular em alça ileal, com paredes irregulares (seta). Nota-se a dilatação aneurismática da alça acometida.

- Lesões nodulares ou polipiformes únicas ou múltiplas mucosas ou submucosas, que podem predispor a intussuscepção ou podem apresentar ulceração central (lesão em "olho de boi" ou "em alvo").
- Lesões ulceradas, formando grandes cavidades, e, por vezes, fístulas (Figura 56).

Entre os padrões mencionados, os mais típicos são espessamento circunferencial homogêneo e dilatação aneurismática da alça. Um subtipo do padrão polipiforme é o de múltiplos nódulos (polipose linfomatosa), que pode ocorrer no subtipo linfoma folicular de células do manto.

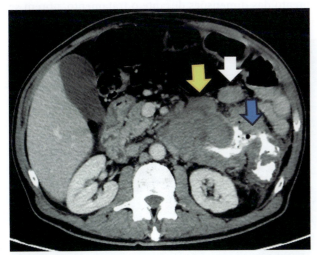

Figura 56 Linfoma. Tomografia computadorizada pós-contraste com contraste oral positivo demonstrando volumosa lesão heterogênea e ulcerada em alça jejunal (seta amarela), formando trajeto fistuloso com o cólon bem demonstrado pelo contraste oral positivo (seta azul). Associam-se volumosas linfonodomegalias (seta branca).

Outros achados radiológicos que podem ser observados são: linfonodomegalias locorregionais ou sistêmicas, às vezes formando volumosos conglomerados homogêneos e envolvimento de outros órgãos, em especial fígado e baço.

Diagnóstico diferencial

Os principais diagnósticos diferenciais a serem considerados são adenocarcinoma, doenças inflamatórias, como doença de Crohn e doença celíaca, infecções, como giardíase. Um achado que pode auxiliar na diferenciação é o padrão de realce do segmento intestinal espessado que costuma ser homogêneo e não estratificado no linfoma. Esse padrão de realce parietal não é habitualmente observado nas demais condições: no adenocarcinoma costuma ser heterogêneo e, nas doenças inflamatórias e infecciosas, geralmente é estratificado, com o típico sinal do alvo. Outro achado que auxilia nessa diferenciação é a ausência de obstrução intestinal, que é mais frequente no adenocarcinoma, sendo raro no linfoma.

Porém, a principal função do radiologista é detectar a alteração, estadiar adequadamente e, com isso, auxiliar na decisão terapêutica, bem como na escolha da melhor via para realizar biópsia, que é imprescindível para se estabelecer o diagnóstico definitivo. As lesões ulceradas, perfuradas ou com dilatação aneurismática, por exemplo, são habitualmente tratadas cirurgicamente e tais aspectos são facilmente detectados nos exames radiológicos.

Neoplasias neuroendócrinas

Na classificação atual, os tumores neuroendócrinos são divididos em:

- Tumores endócrinos bem diferenciados (comportamento benigno ou potencial maligno incerto).
- Carcinomas endócrinos bem diferenciados (malignidade de baixo grau).
- Carcinomas endócrinos mal diferenciados (alto grau de malignidade).

O termo carcinoide é utilizado como sinonímia do tumor endócrino gastroentérico bem diferenciado. Apresenta origem em células do sistema endócrino difuso, fora do pâncreas ou da tireoide. A maioria (~70%) desenvolve-se no trato gastrointestinal, em células localizadas na mucosa ou submucosa, e todos apresentam potencial maligno.

Os sítios mais comuns de ocorrência de tumores carcinoides são:

- Apêndice (35%).
- Íleo (16%).
- Pulmão (14%).
- Reto (13%).
- Demais segmentos cólicos (2-3%).

Manifestações clínicas

Geralmente são assintomáticos, porém alguns pacientes podem apresentar sintomas relacionados a obstrução intestinal. A síndrome carcinoide ocorre na presença de metástases hepáticas, quando as substâncias vasoativas produzidas pelo tumor alcançam a corrente sanguínea. A síndrome carcinoide clássica é caracterizada por episódios de *flushing* cutâneo, diarreia, asma, dor abdominal e insuficiência cardíaca direita. O tamanho da lesão primária intestinal é importante, pois aquelas maiores que 2 cm apresentam mais de 50% de risco para doença metastática.

Achados de imagem

A lesão intestinal pode ser única ou múltipla, hipervascularizada em sua grande maioria (Figura 57). A distensão das alças intestinais com meio de contraste neutro e a realização da fase arterial após injeção do meio de contraste intravenoso facilitam a detecção da lesão intestinal.

O envolvimento mesentérico é frequente e pode ser decorrente tanto de extensão direta quanto de metástases linfonodais. O aspecto do acometimento mesentérico é de massa espiculada (Figura 58), que pode conter calcificações, associada a retração e angulação das alças intestinais adjacentes. A lesão mesentérica costuma ser mais facilmente detectada do que a lesão intestinal primária.

O PET/CT com 68 gálio DOTATATE tem sido cada vez mais utilizado para detecção de tumores neuroendócrinos bem diferenciados e moderadamente diferenciados. Esse exame tem uma capacidade superior para detectar lesões em comparação à cintilografia com tecnécio-99m marcado com octreotide, método tradicionalmente mais usado, em razão da maior afinidade com o receptor de somatostatina.

A captação de FDG, por outro lado, ocorre principalmente em tumores pouco diferenciados que não têm receptores de somatostatina.

Tumor estromal gastrointestinal

Os GIST são tumores derivados das células intersticiais de Cajal e representam a neoplasia mesenquimal mais comum do intestino delgado. Exibem um amplo espectro de comportamento biológico, desde lesões indolentes potencialmente curáveis até tumores muito agressivos, frequentemente metastáticos. Os GIST apresentam rara associação com neurofibromatose tipo 1 e com outras síndromes familiares, mas são esporádicos em sua grande maioria.

Histologicamente, os GIST assemelham-se às demais neoplasias mesenquimais, sendo a imuno-histoquímica essencial para seu diagnóstico (expressão dos marcadores c-KIT ou CD 117).

Achados de imagem

Em geral, são lesões únicas, que podem apresentar os seguintes padrões de crescimento exofítico, intramural, endoluminal ou misto. O tamanho é variável, podendo atingir grandes dimensões. Lesões maiores de 5 cm apresentam maior potencial de malignidade.

As lesões menores costumam apresentar limites precisos e, geralmente, hipervascularização (Figura 59). As lesões maiores apresentam-se mais irregulares, com realce heterogêneo, pela presença de áreas de necrose, hemorragia e ulceração (Figura 60).

O GIST pode apresentar degeneração cística antes ou após o tratamento quimioterápico com imatinib, sendo inclusive um sinal de resposta ao tratamento. Paradoxalmente, alguns GIST podem apresentar aumento das dimensões durante o tratamento, porém se

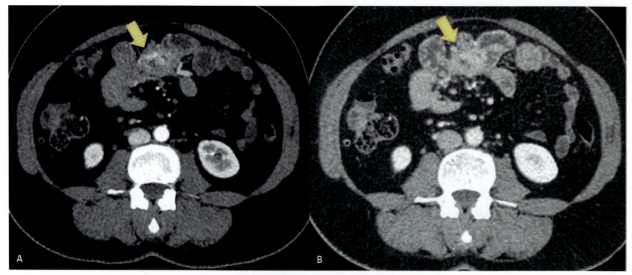

Figura 57 Neoplasia neuroendócrina. A: Enterografia por tomografia computadorizada no plano axial demonstrando lesão em alça delgada com intenso realce na fase arterial (seta). B: Observa-se o realce menos proeminente na fase portal (seta).

18 INTESTINO DELGADO 639

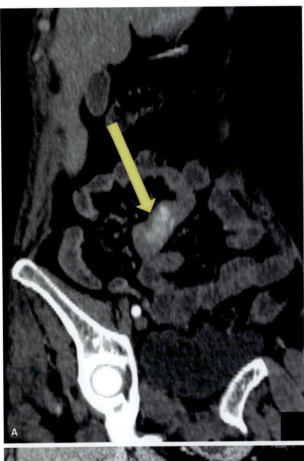

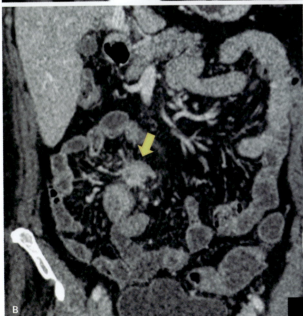

Figura 58 Neoplasia neuroendócrina. A: Enterografia por tomografia computadorizada (ETC) com reformatação coronal oblíqua demonstrando lesão ileal com intenso realce arterial (seta). B: ETC no plano coronal na fase portal evidenciando metástase mesentérica de contornos espiculados pela presença de reação desmoplásica (seta).

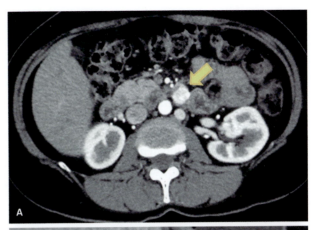

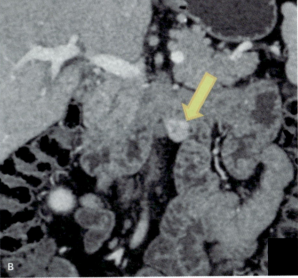

Figura 59 Tumor estromal gastrointestinal (GIST). Tomografia computadorizada pós-contraste, nas fases arterial (A) e portal (B) demonstrando pequena lesão duodenal exofítica, bem delimitada, com intenso realce arterial (setas).

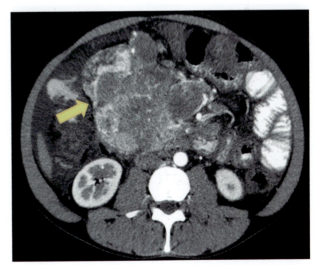

Figura 60 Tumor estromal gastrointestinal (GIST) duodenal. Tomografia computadorizada pós-contraste com contraste via oral positivo demonstrando volumosa lesão expansiva, heterogênea, hipervascularizada, contendo vasos calibrosos (seta).

esse aumento estiver associado a redução do realce não indica progressão. O acompanhamento após tratamento com imatinib tem características próprias, já que a redução das dimensões pode ocorrer de maneira mais lenta, mesmo em pacientes com resposta satisfatória. Na TC o critério a ser utilizado para resposta ao imatinib é a mudança no padrão de densidade, caracterizada pela rápida transição de lesão com hiper-realce heterogêneo para padrão hipoatenuante homogêneo, com resolução dos nódulos tumorais com realce e redução dos vasos tumorais.

Cerca de metade dos pacientes pode apresentar metástases, frequentemente hepáticas e peritoneais. Como a lesão primária, as metástases também podem apresentar degeneração cística (Figura 61). Metástase linfonodal é pouco frequente no GIST. Tanto a lesão primária quanto as metastáticas demonstram intensa captação no PET-FDG.

Metástases

As metástases intestinais podem ocorrer por meio de disseminação peritoneal, hematogênica ou linfática. O tumor primário com maior predileção para metastatizar para alças intestinais é o melanoma (Figura 63), seguido de neoplasias de pulmão e mama, além de neoplasias do trato gastrointestinal e ovário (Figura 62).

As metástases intestinais caracterizam-se como lesões polipiformes ou anulares na parede intestinal, acometendo tanto a borda mesentérica quanto a antimesentérica, dependendo do mecanismo de disseminação. Tais lesões podem causar aderência e fixação das alças intestinais, progredindo para graus variáveis de obstrução intestinal.

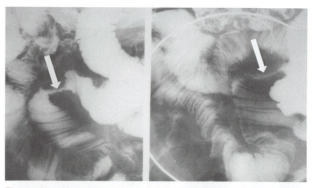

Figura 62 Neoplasia de ovário com implantes peritoneais. Trânsito intestinal com suboclusão intestinal determinado por lesão estenosante e irregular em alça ileal (setas). Imagens gentilmente cedidas pelo Dr. Benjamin Carneiro Rodrigues, de São Paulo/SP.

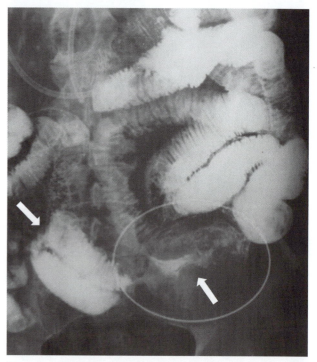

Figura 63 Metástases de melanoma. Trânsito intestinal demonstrando sinais de suboclusão intestinal pela presença de lesões luminais determinando estenoses irregulares em alças delgadas (setas).
Imagens gentilmente cedidas pelo Dr. Benjamin Carneiro Rodrigues, de São Paulo/SP.

Desordens vasculares

Isquemia mesentérica

A isquemia intestinal aguda é uma urgência clínica que requer diagnóstico e intervenção precoces, pois a taxa de mortalidade varia de 50-90%.

A isquemia mesentérica pode ser causada por oclusão arterial (60-70% dos casos), oclusão venosa (5-10% dos casos), obstrução por estrangulamento (10% dos casos) ou hipoperfusão associada a doença vascular não oclusiva (20% dos casos).

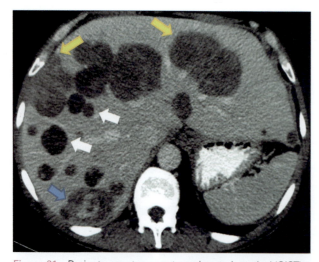

Figura 61 Paciente com tumor estromal gastrointestinal (GIST) e metástases hepáticas após tratamento com imatinib. Tomografia computadorizada pós-contraste revelando múltiplas lesões hepáticas, algumas totalmente císticas (setas brancas) e outras com conteúdo hemático (seta azul) ou áreas sólidas (setas amarelas).

A oclusão arterial representa a causa mais frequente de isquemia mesentérica, tem início abrupto e pode ser decorrente de embolia ou trombose. Os fatores de risco para embolia são fibrilação ou *flutter* atrial, aneurisma ventricular, doença valvar cardíaca e placas ulceradas instáveis. Já os fatores de risco para trombose arterial são progressão da doença aterosclerótica, dissecção arterial e hipercoagulabilidade sanguínea.

A oclusão venosa tem início subagudo e está relacionada a hipercoagulabilidade, uso de estrógenos, condições inflamatórias intra-abdominais (como apendicite e diverticulite, por exemplo) e hipertensão portal.

Já a isquemia intestinal causada pela obstrução por estrangulamento tem início abrupto e pode ocorrer em diversas situações, como bridas, aderências, hérnias e volvos intestinais.

A isquemia mesentérica não oclusiva ocorre em pacientes com hipoperfusão esplâncnica, como choque, desidratação, pancreatite aguda grave, entre outros, e o início pode ser tanto agudo quanto subagudo.

Manifestações clínicas

As manifestações clínicas mais frequentes são dor abdominal, náusea, vômitos e sangramento intestinal de início súbito, exceto na isquemia venosa, que possui um curso mais indolente. Os exames laboratoriais podem identificar leucocitose, hemoconcentração, aumento dos níveis de ácido láctico, amilase e das enzimas hepáticas, bem como acidose metabólica.

Achados de imagem

O exame radiológico de escolha para avaliação de isquemia intestinal é a TC sem contraste via oral nas seguintes fases: sem contraste, arterial e venosa.

Os achados radiológicos variam de acordo com o tempo de isquemia. Logo após o evento isquêmico, a alça reduz o peristaltismo e fica distendida, inicialmente de forma segmentar. Posteriormente, o realce parietal diminui, podendo haver espessamento parietal com densificação mesentérica adjacente ou ainda, na isquemia de origem arterial, pode ocorrer o adelgaçamento das paredes. Com a evolução da isquemia, há necrose da mucosa com entrada de gás na parede da alça intestinal (pneumatose intestinal) e subsequente aeroportia (Figura 64). Por fim, há necrose transmural da parede da alça, com perfuração e pneumoperitônio (Figura 65). Alguns pacientes também podem apresentar hemorragia na parede da alça (que pode ser espontaneamente hiperatenuante na fase sem contraste).

As principais funções do radiologista nesse contexto são: a) localizar a alça acometida e levantar a possibilidade de isquemia intestinal, principalmente valorizando achados inespecíficos (como espessamento parietal) em pacientes com quadro clínico sugestivo; b) avaliar a perviedade vascular arterial e venosa (reforçando que a ausência de falhas de enchimento vascular não excluem isquemia intestinal); c) pesquisar sinais de isquemia mais tardios (pneumatose intestinal, aeroportia e ausência de realce parietal); d) pesquisar complicações, como perfuração.

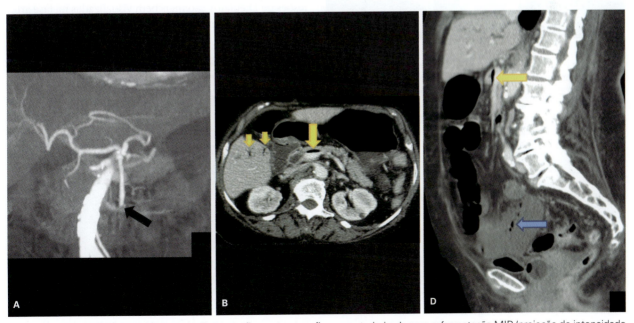

Figura 64 Isquemia mesentérica aguda. Enterografia por tomografia computadorizada com reformatação MIP (projeção de intensidade máxima) no plano coronal (A) na fase arterial demonstrando oclusão da artéria mesentérica superior (seta preta). Imagem no plano axial (B), fase portal, revelando gás na junção esplenomesentérica (seta amarela), assim como no sistema portal (setas amarelas). C: Reformatação sagital na fase portal demonstrando gás na junção esplenomesentérica (seta amarela), distensão líquida de alças delgadas e sinais de pneumatose (seta azul).

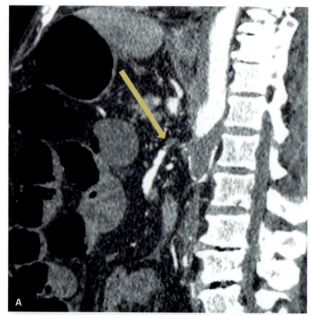

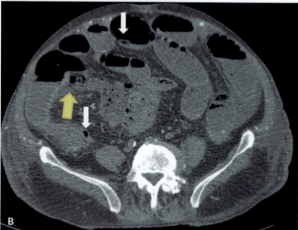

Figura 65 Isquemia mesentérica. Tomografia computadorizada de abdome pós-contraste (A) com reformatação sagital demonstrando trombose do segmento inicial da artéria mesentérica superior (AMS). A artéria mesentérica superior apresenta reenchimento pelo tronco celíaco através de colaterais pancreático-duodenais. B: Observa-se a hipocontrastação das paredes do intestino delgado associada a distensão líquida, pneumatose (setas brancas) e necrose com perfuração (seta amarela).

Sangramento gastrointestinal obscuro (SGIO)

O sangramento intestinal é uma causa comum de hospitalização, com alta morbidade e requer um manejo multidisciplinar. O sangramento gastrointestinal obscuro é definido como perda aguda ou crônica de sangue, de forma intermitente ou contínua, sem causa definida pela endoscopia digestiva alta ou colonoscopia e constitui 20% dos casos de hemorragia digestiva.

Os sangramentos proximais ao ângulo de Treitz são considerados altos e os distais são considerados baixos.

As principais causas de hemorragia digestiva alta são: úlceras, varizes, síndrome de Mallory-Weiss, lesões vasculares e tumores. Já nos casos de sangramentos baixos as principais causas são: doença diverticular, angiectasias, tumores, doenças inflamatórias/infecciosas e lesões isquêmicas.

O intestino delgado é a principal origem dos sangramentos obscuros e as lesões vasculares são as causas mais comuns.

Cabe ao radiologista tentar diagnosticar a fonte do sangramento, localizando-a com a máxima precisão possível, para auxiliar na decisão terapêutica. Entre os exames radiológicos, enteróclise ou enterografia por TC ou por RM são os métodos de escolha, sendo necessárias as fases sem contraste, arterial e venosa. O uso do meio de contraste oral positivo (iodado) não é indicado, pois pode dificultar a detecção e caracterização das lesões vasculares.

Angiectasia

As angiectasias são geralmente múltiplas, constituídas por veias tortuosas sem camada elástica interna. É a causa mais comum de SGIO. Podem apresentar aspecto nodular ou em placa, intramural, com impregnação mais evidente na fase entérica e redução na fase tardia (Figura 66). Pode associar-se a vasos proeminentes.

Dieulafoy

As lesões de Dieulafoy são mais comuns no estômago. Podem causar sangramento intermitente, choque hipovolêmico e óbito. São caracterizadas por artérias histologicamente normais, porém tortuosas, com diâmetro aumentado e em localização anômala. Assim, uma artéria submucosa pode estar anormalmente próxima da mucosa, facilitando sua emergência e tornando-a mais susceptível à ruptura. As lesões de Dieulafoy são mais bem visualizadas na fase arterial, tornando-se imperceptíveis nas demais fases.

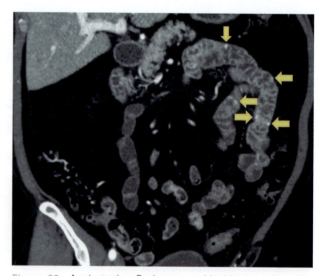

Figura 66 Angiectasias. Paciente com história de melena. Enterografia por tomografia computadorizada na fase entérica, com reformatação coronal demonstrando pequenas imagens nodulares menores que 5 mm, que apresentam intenso realce apenas nessa fase (setas), sendo indetectáveis nas demais.

Malformações arteriovenosas

Comunicação anormal entre artérias e veias, de causa desconhecida, podendo se originar de angiectasias (Figura 67).

Varizes e hemangiomas venosos

Os hemangiomas intestinais geralmente são tumores submucosos, podendo se apresentar como lesões sésseis ou pediculadas. Geralmente são pequenos e podem apresentar calcificações (flebólitos) de permeio (Figura 68). Na RM apresentam relativo baixo sinal em T1 e discreto alto sinal em T2, com realce nodular central.

Varizes no intestino delgado são uma causa incomum de sangramento gastrointestinal. As varizes no intestino delgado são mais frequentes em pacientes cirróticos com hipertensão portal e naqueles submetidos a cirurgias abdominais.

Hérnias internas

Hérnia interna é definida como protrusão de víscera abdominal através de uma abertura dentro da cavidade peritoneal, embora nem todas as hérnias internas sejam estritamente intraperitoneais. As hérnias internas representam cerca de 4% das causas de obstrução aguda de intestino delgado.

A maior parte do mesentério e dos ligamentos peritoneais consistem em duas camadas peritoneais. Aberturas anormais podem atingir uma ou duas camadas peritoneais, a depender do grau do defeito, sendo assim classificadas:

- Transmesentérico ou tipo fenestra, se as duas camadas estiverem envolvidas.
- Intramesentérica ou tipo *pouch*, se apenas uma camada estiver envolvida.

O uso do meio de contraste intravenoso é desejável para descartar outras causas de obstrução intestinal, auxiliar no estudo vascular, assim como na viabilidade das paredes do intestino herniado. A fase pré-contraste deve ser realizada para detecção de eventual hiperatenuação da parede intestinal, que pode refletir hematomas parietais e para ser comparada com as demais fases (avaliação do

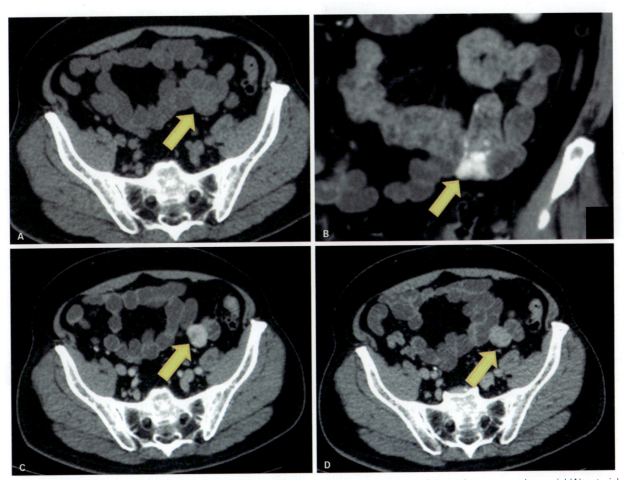

Figura 67 Malformação arteriovenosa. Enterografia por tomografia computadorizada nas fases pré-contraste, plano axial (A), arterial, com reformatação coronal (B), portal (C) e de equilíbrio (D) ambas no plano axial, demonstrando imagem circunscrita, parcialmente exofítica em alça delgada com intenso realce arterial e densidade semelhante às veias na fase de equilíbrio (setas).

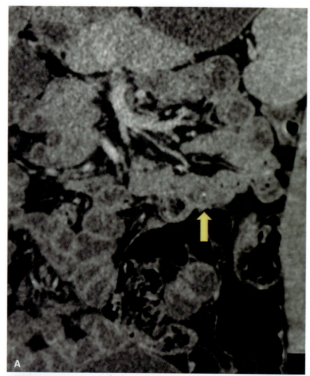

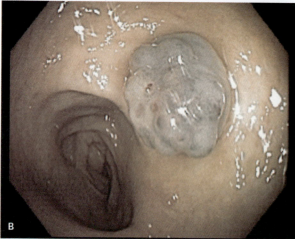

Figura 68 Hemangiomas em paciente com síndrome dos nevos azuis. Paciente com quadro de SGIO. Enterografia por tomografia computadorizada na fase entérica, plano coronal (A), demonstrando pequeno nódulo hipovascularizado e com diminuto flebólito (seta) em alça jejunal. A enteroscopia (B) confirmou o diagnóstico de hemangioma.

grau de realce). A fase mais importante é a portal, embora a fase arterial com reformatações angiográficas seja de grande valor para estudo arterial mesentérico.

O uso do contraste via oral é controverso. O meio de contraste hidrossolúvel auxilia na identificação do ponto e do grau de obstrução e pode ter efeito terapêutico, particularmente em obstruções por aderências. Mas a administração oral do contraste é desconfortável para o paciente e apresenta risco de aspiração em pacientes com alto grau de obstrução. O conteúdo intestinal pela obstrução (líquido e gás) já fornece excelente contraste com a parede intestinal. Por essa razão, o contraste por via oral prévio é considerado desnecessário.

Abordagem diagnóstica com a TC multidetectores

Passo 1: detectar a alça intestinal fechada

O sinal direto da alça fechada é a forma de "U" ou "C", com nível hidroaéreo, distensão de alças intestinais com distribuição radial de vasos mesentéricos estirados e espessados através de um ponto de obstrução.

Um sinal que auxilia muito no diagnóstico de alça fechada em hérnia interna é o aspecto de saco. Infelizmente, esse sinal não é observado em todos os tipos de hérnias internas. O aspecto em saco pode ser observado somente em casos de hérnia interna para dentro de uma fossa incomum no retroperitônio ou do tipo intramesentérica.

A obstrução em alça fechada é uma condição de emergência, podendo evoluir para estrangulamento e isquemia.

Passo 2: identificação do orifício da hérnia

A convergência das alças intestinais, gordura mesentérica e dos vasos da alça fechada são sinais diretos do orifício da hérnia. O ingurgitamento e a torção dos vasos mesentéricos no orifício da hérnia podem ser observados e são úteis na detecção da hérnia. Entretanto, esses sinais refletem estrangulamento intestinal e não são patognomônicos de hérnia interna.

Passo 3: análise do deslocamento das estruturas e dos vasos chaves ao redor

O diagnóstico definitivo da hérnia interna requer a identificação do deslocamento anormal das estruturas e vasos chaves ao redor do orifício da hérnia e do saco herniário. Os ligamentos peritoneais e mesentéricos não são individualizados na TC com multidetectores, exceto em casos de ascite. Porém, identificando-se minuciosamente os vasos, podemos nos aproximar da localização do mesentério e dos ligamentos peritoneais.

A seguir são mencionadas as hérnias internas mais comuns.

Hérnia paraduodenal

É o aprisionamento do intestino delgado para o interior da fossa paraduodenal. As fossas mais importantes são:

- Fossa paraduodenal de Landzert: a fossa que causa a hérnia paraduodenal esquerda.
- Fossa mesentericoparietal de Waldeyer: a fossa que causa hérnia paraduodenal direita.

A hérnia paraduodenal esquerda é três vezes mais comum que a direita.

Hérnia paraduodenal esquerda

Fossa de Landzert: fossa peritoneal não usual situada atrás do mesocólon descendente. Ela é resultado da falha parcial de fusão do mesocólon descendente com o peritônio parietal posterior. Na TC observa-se um aglomerado de alças distendidas com aspecto em saco no espaço pararrenal anterior esquerdo (Figura 69). A veia mesentérica inferior e a artéria cólica esquerda ascendente são pontos de referência situados na margem anteromedial da fossa de Landzert. Existem casos assintomáticos.

Hérnia paraduodenal direita

Geralmente está associada à fossa de Waldeyer, que resulta da falha de fusão de parte do mesocólon ascendente com o peritônio parietal posterior. A hérnia paraduodenal direita ocorre mais frequentemente em quadros de não rotação de delgado. Na TC, tem aspecto de saco. A fossa de Waldeyer está localizada inferiormente à 3ª porção duodenal, logo atrás da raiz do mesentério do delgado, lateralmente à artéria e à veia mesentéricas superiores.

Hérnia relacionada ao mesentério do intestino delgado

O mesentério do intestino delgado conecta o jejuno e o íleo ao peritônio parietal posterior, estendendo-se do ângulo de Treitz para a junção ileocecal e contendo a artéria mesentérica superior, veia mesentérica superior e seus ramos. Os defeitos mesentéricos geralmente ocorrem próximo ao íleo terminal ou ao ligamento de Treitz. Essas hérnias podem ser transmesentéricas ou intramesentéricas, sendo a primeira mais frequente. A hérnia intramesentérica é mais frequentemente reportada em crianças, apesar de não ser comum.

Como achado na TC, além daqueles relacionados à oclusão (Figura 70), pode-se ver deslocamento do tronco mesentérico principal para a direita.

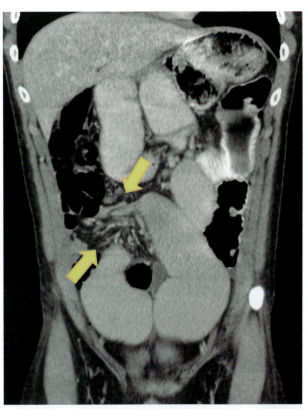

Figura 70 Hérnia transmesentérica. Tomografia computadorizada pós-contraste, com contraste oral positivo no plano coronal, demonstrando obstrução ileal em alça fechada com distensão dela. Observa-se o orifício da hérnia próximo ao íleo terminal (setas).

Hérnia relacionada ao grande omento

O grande omento pende da grande curvatura do estômago e parte proximal do duodeno, recobrindo o intestino delgado e afixa-se ao aspecto superior do mesocólon transverso.

Os defeitos causadores de herniações tendem a ocorrer à direita ou à esquerda do omento e as herniações podem ocorrer através ou para o interior do orifício. Achados semelhantes aos de hérnia transmesentérica são encontrados na TC, sendo características típicas desses casos a distensão de alças delgadas sem aspecto de saco, localizadas na porção anterior da cavidade peritoneal (Figura 71). Destaca-se o achado de vasos omentais ao redor do saco herniário, que tem orientação vertical, contribuindo para o diagnóstico.

Hérnia na pequena cavidade

A pequena cavidade dos epíplons decorre da rotação das vísceras no abdome na vida fetal, onde fazia parte do espaço peritoneal direito. Permanece uma única comunicação que é denominada forame de Winslow. Os limites desta cavidade incluem: baço, estômago, duodeno, cólon transverso e pâncreas.

As referências anatômicas para a localização do forame de Winslow são: inferior ao caudado, porção anterior

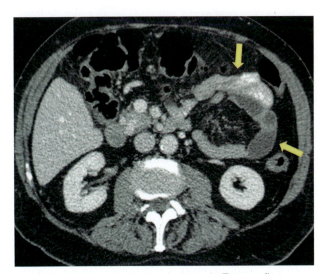

Figura 69 Hérnia paraduodenal esquerda. Tomografia computadorizada pós-contraste, com contraste via oral positivo evidenciando alças delgadas distendidas no interior de um saco herniário (setas), no espaço pararrenal anterior esquerdo.

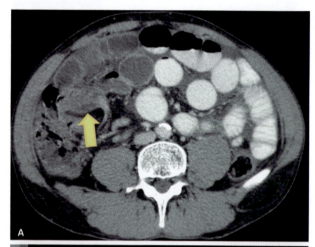
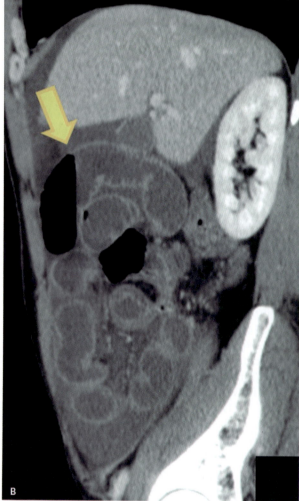

Figura 71 Hérnia transomental. Tomografia computadorizada de abdome pós-contraste e com contraste via oral, (A) no plano axial e (B) com reformatação sagital, demonstrando alças delgadas distendidas posicionadas anteriormente na cavidade peritoneal (setas).

da veia cava inferior (VCI), superior à 2ª porção duodenal e posterior do ligamento do hepatoduodenal (que contém a artéria hepática, veia porta e ducto biliar).

Na TC podemos identificar as alças distendidas formando um "bico" em direção ao forame de Winslow.

Hérnia relacionada ao mesocólon transverso

O mesocólon transverso suspende o cólon transverso posteriormente pelo peritônio parietal posterior e contém a artéria e a veia cólicas médias. Em pacientes sem antecedentes de cirurgia de *by-pass* gástrico, esse tipo de hérnia é incomum.

Essas hérnias são mais comumente do tipo transmesentéricas. De achado imagiológico mais específico podemos identificar o deslocamento anterior e inferior do cólon transverso.

Hérnia pericecal

A hérnia pericecal ocorre através de recessos incomuns perto do ceco, congênitos ou adquiridos. Na TC pode ser observado um saco herniário, contendo alças distendidas, que desloca o ceco e o cólon ascendente medial ou anteriormente (Figura 72).

Hérnias relacionadas à anastomose em Y de Roux

As reconstruções com essa anastomose são frequentes por causa das cirurgias bariátricas, gástricas e biliares. A incidência de hérnias internas após o procedimento varia entre 0,2 e 9,0%.

As hérnias relacionadas a esse procedimento podem ocorrer sem causar obstrução e mais comumente são transmesentéricas, sendo as mais frequentes: transmesocólica, jejunojejunoanastomose mesentérica e hérnia de Petersen.

- Hérnia transmesocólica: através de defeito cirúrgico no mesocólon transverso, por onde passa a alça de Roux. Essa complicação é peculiar a reconstruções retrocólicas.
- Hérnia mesentérica em anastomose jejunojejunal: herniação através do defeito do mesentério do intestino delgado no local da anastomose jejunojejunal.
- Hérnia de Petersen: herniação através do espaço potencial chamado de defeito de Petersen, que está localizado entre o mesentério jejunal da alça de alimentar e o mesocólon transverso (Figura 73). Achados como deformidade e deslocamento das alças alimentar e biliopancreática, assim como do cólon transverso, podem servir como pontos de referência.

Achados tomográficos descritos incluem enovelamento mesentérico, agrupamento de alças intestinais de delgado, sinal do "cogumelo" (raiz do mesentério com formato em cogumelo entre a artéria mesentérica superior e o ramo arterial mesentérico distal), sinal do "olho do furacão" (mesentério distal tubular envolvido por alças de delgado), alça intestinal curta atrás da artéria mesentérica

18 INTESTINO DELGADO   647

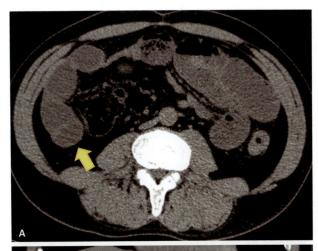

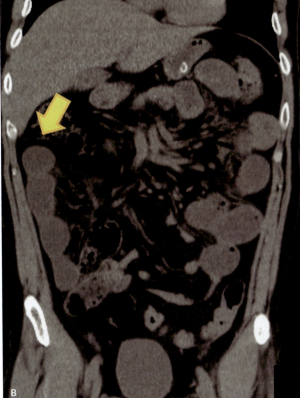

Figura 72 Hérnia pericecal. Tomografia computadorizada de abdome sem contraste (A) no plano axial e (B) no plano coronal demonstrando saco herniário com alças distendidas, que desloca o ceco e o cólon ascendente medialmente (setas).

superior, posição anormal da anastomose jejuno-jejunal e mesentério "em lágrimas" (mesentério edematoso com linfonodomegalias).

Alterações pós-cirúrgicas do intestino delgado

O tratamento cirúrgico das doenças do intestino delgado requer relativamente o uso de poucas técnicas operatórias e a maior parte dessas intervenções cirúrgicas são aplicáveis a qualquer segmento de jejuno e íleo.

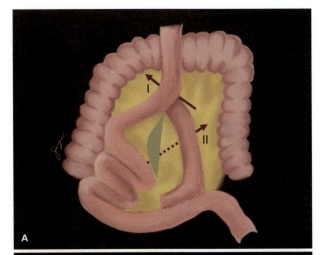

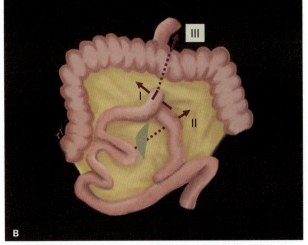

Figura 73 Representação esquemática da anastomose em Y de Roux, com posicionamento (A) anterior ao cólon e (B) posterior a ele. Os esquemas mostram três locais possíveis de ocorrência de hérnia interna: (I) entre o mesentério da alça alimentar e o mesocólon transverso, também chamado de espaço de Petersen (II) na abertura do mesocólon transverso (III) na abertura mesentérica da alça biliopancreática. Na reconstrução anterior ao cólon não há nenhuma abertura no mesocólon transverso e a hérnia atrás da alça alimentar é menos comum.
Imagem gentilmente cedida por Gabriela Sayuri Motoyama Caiado.

As técnicas mais utilizadas são de ressecção de segmento com reconstrução por anastomose entérica, que também pode ser realizada em cirurgia de *by-pass* (p. ex., para tratamento de obesidade mórbida), confecção de estomias ou fístulas mucosas e construção de reservatórios.

O conhecimento da anatomia pós-operatória e as alterações intestinais associadas têm sua importância, já que a história cirúrgica pode estar incompleta ou desconhecida no momento do estudo imagiológico. Algumas das alterações pós-operatórias mais comuns serão descritas a seguir.

Alterações após cirurgias gástricas

A síndrome de *dumping* pode ocorrer em razão do fluxo rápido do conteúdo hiperosmótico gástrico para o intestino delgado e clinicamente apresenta sintomas de empachamento pós-prandial e diarreia urgente. Nos estudos radiológicos contrastados, é possível observar discreta dilatação luminal e hipermotilidade do jejuno eferente.

Os pacientes que foram submetidos à vagotomia também podem apresentar quadros diarreicos, sendo identificados nos estudos radiológicos contrastados a dismotilidade intestinal.

Em gastrectomias subtotais existem dois tipos clássicos de reconstruções: Billroth I (ressecção do piloro com anastomose do coto gástrico com o duodeno) e Billroth II (anastomose da grande curvatura gástrica com o jejuno proximal), sendo esta última mais frequente. Como complicações destacamos a obstrução da alça aferente, cujas causas incluem hérnia interna (mais frequente), acotovelamento da anastomose, aderências, estenose de estomia, neoplasias e doenças inflamatórias. No estudo radiológico contrastado podemos identificar a não opacificação da alça aferente ou a opacificação preferencial da alça distendida proximal com estase e retardo no esvaziamento. É preciso lembrar que a alça aferente pode não apresentar opacificação em 20% dos EED. Na TC podemos identificar duas ou três formações císticas de paredes finas adjacentes ao pâncreas com conformação em "U". Em alguns casos pode haver dilatação de vias biliares e vesícula biliar. O tamanho uniforme da alça aferente obstruída e o deslocamento anterior da artéria mesentérica superior podem ser sinais para a diferenciação com pseudocistos pancreáticos.

Enterectomia e anastomoses

A anastomose entérica é um dos procedimentos cirúrgicos abdominais mais comumente realizados. Considerando-se a frequência das anastomoses enteroentéricas, as obstruções intestinais relacionadas a estenoses ou acotovelamentos no local da anastomose não são complicações tão comuns. Além das estenoses, outra complicação que pode ocorrer são as deiscências, que podem ser detectadas pela presença de pneumoperitônio ou por meio de extravasamento de contraste oral. Nos casos de deiscências pequenas ou pequenas fístulas, pode haver processo inflamatório ao redor perianastomótico ou flegmão, que podem resultar em obstrução intestinal parcial. A TC ainda pode ser útil na detecção de coleções/abscessos associados.

Síndrome da bolsa (*pouch*) em fundo-cego

Ocasionalmente, anastomoses laterolaterais podem estar associadas a formação de bolsa (*pouch*) em fundo cego. A dilatação desse segmento em fundo cego pode ocorrer como complicação tardia, cerca de 5 a 15 anos após a cirurgia. A incisão do músculo circular realizada nesse tipo de anastomose pode resultar em estase secundária a distúrbio de motilidade, com dilatação do segmento proximal e formação de bolsa em fundo

cego. Outra situação seria a de anastomose errônea, do tipo terminolateral com a lateral do segmento proximal suturada com o terminal da alça distal, que cria uma bolsa anômala.

Essa bolsa em fundo cego pode apresentar inflamação e ulceração com estase e pode também se manifestar como sangramento intestinal. Os sintomas são pouco específicos, sendo os mais comuns episódios de diarreia, dor abdominal e perda de peso. Esses sintomas associados à história de anastomoses intestinais prévias podem sugerir a anormalidade. Nos estudos radiológicos são identificados como uma bolsa com nível hidroaéreo ou totalmente preenchidos por líquido/contraste.

Síndrome da alça cega

Na síndrome da alça cega clássica, ocorre o envolvimento de um segmento de intestino delgado completamente derivado (*bypassed*) por uma enteroanastomose. A estagnação do conteúdo leva a proliferação bacteriana, que nos casos mais graves pode se assemelhar à flora bacteriana cólica. A proliferação bacteriana no delgado pode acarretar distúrbios da função absortiva, sendo a mais notável a má-absorção de lipídios e vitamina B12. Os sintomas mais frequentes são diarreia, esteatorreia, anemia, dor abdominal e deficiências vitamínicas. Embora algumas características clínicas sejam semelhantes à síndrome da bolsa em fundo-cego, as anormalidades anatômicas são diferentes em razão dos procedimentos cirúrgicos distintos realizados.

Síndrome do intestino curto

A síndrome do intestino curto é caracterizada por desnutrição, esteatorreia e diarreia ácida. Em casos de extensão jejunal residual menor que 200 cm, especialmente se houver colectomia total, pode haver necessidade de suplementação nutricional. Em casos de ressecção de grande parte do jejuno pode haver resposta adaptativa ileal, caracterizada por hipertrofia vilosa e hiperplasia celular mucosa. Em ressecções de mais de 100 cm de íleo, ou aproximadamente 50% do íleo distal, podem ocorrer alterações no transporte seletivo de fator complexo vitamina B12 e sais biliares.

Os estudos radiográficos contrastados podem estimar intestinos curtos (menores que 200 cm) e podem indicar adaptações ileais como aumento do número de pregas e do diâmetro luminal.

Enterostomia

Jejunostomia

É ideal para administração de suporte nutricional, com vantagens sobre a gastrostomia por reduzir náuseas e vômitos e apresentar menor risco de aspiração pulmonar. A jejunostomia é feita pelo menos a 70 cm distalmente à junção duodenojejunal. As anormalidades mais comuns incluem refluxo enterogástrico, acotovelamento ou enovelamento do tubo, mau posicionamento do cateter com formação de fístula e obstrução intestinal no local ou próximo à jejunostomia.

Ileostomia

Geralmente é realizada para eliminação de conteúdo intestinal em situações clínicas nas quais não sejam possíveis a utilização do cólon. As ileostomias podem ser classificadas como temporárias ou definitivas e terminais ou em alça. Geralmente, as derivações temporárias são confeccionadas em alça, visando ao restabelecimento do trânsito com o fechamento do estoma, sem necessidade de laparotomia. As principais indicações são:

- Proteção de anastomoses de alto risco de deiscência (anastomoses colorretal baixa, coloanal e ileoanal).
- Como tempo operatório inicial no tratamento da obstrução do cólon esquerdo.
- Derivação do trânsito de fezes em casos de trauma anorretoperineal e processos infecciosos perineais graves.

Destaca-se a ileostomia convencional a Brooke, na qual há mobilização de 5,0 cm de segmento ileal através da parede abdominal com técnica de sutura específica para permitir a maturação da ileostomia. Um dos motivos do mau funcionamento da ileostomia a Brooke é a hérnia paraileostômica, que é mais prevalente nesse tipo de ileostomia e geralmente está associada a soluções de continuidade maiores que 3,0 cm.

Ileostomias continentes com reservatório ileal

É construído um reservatório para armazenar temporariamente o conteúdo ileal. A "bolsa" ileal geralmente possui capacidade de armazenamento entre 400 e 600 mL e a continência se deve a um mecanismo tipo válvula unidirecional criado por uma intussuscepção cirúrgica do íleo distal. O esvaziamento é feito pelo próprio paciente por meio de cateterização.

Apresentam as mesmas indicações das ileostomias terminais.

Esse tipo de reconstrução também pode ser realizado com anastomose ileoanal e interposição desse reservatório em pacientes submetidos a colectomia e proctectomia mucosa.

Pouch ileoanal

Em cirurgias de proctocolectomia total, pode ser realizada a anastomose ileoanal com reservatório ileal. As duas principais formas de construções de reservatório (*pouch*) ileal (Figura 74) são *pouch* em "J" e *pouch* em "S". O *pouch* em "J" é construído a partir dos 20-25 cm distais ileais em forma de "J" com anastomose laterolateral das duas alças adjacentes. O *pouch* em "S" é feito com o dobramento dos 50 cm distais ileais em forma de "S", de maneira que a porção distal forme uma saliência

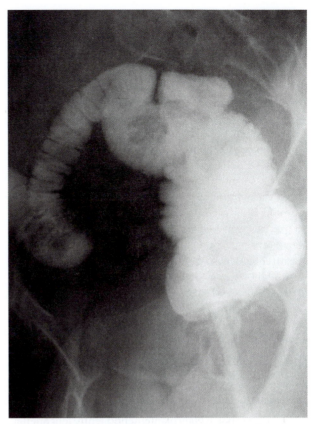

Figura 74   Trânsito intestinal, proctocolectomia total e reconstrução do trânsito com bolsa ileal.

que constitui um conduto eferente. As alças dobradas são abertas e suturadas de modo a formar um *pouch* único e ovoide. O *pouch* é anastomosado na linha denteada. É realizada uma ileostomia proximal de proteção, que permanece por 8 a 12 semanas para permitir a cicatrização das anastomoses. O *pouch* em "J" é preferido por conta da simplicidade na construção, capacidade reservatória adequada, fácil esvaziamento e ausência de potencial de obstrução da porção eferente. Em alguns casos podemos realizar estudos contrastados para avaliação de complicações, lembrando-se de utilizar contraste hidrossolúvel em estudos pós-operatórios precoces.

A pouchite ou inflamação do *pouch* ileoanal ocorre em cerca de 50% dos pacientes, tendo como principais sintomas febre, cólica abdominal e diarreia. O estudo radiográfico contrastado é pouco específico, podendo-se encontrar espasmo e espessamento de pregas ileais. A obstrução intestinal geralmente se manifesta após o fechamento da ileostomia de proteção. Outra complicação menos frequente é a estenose da anastomose ileoanal e obstrução do segmento eferente no *pouch* em "S".

Transplante intestinal

O transplante intestinal tem emergido como alternativa em pacientes com síndrome do intestino curto e insuficiência intestinal irreversível em pacientes que não toleram a nutrição parenteral. As principais dificuldades desse tipo de transplante incluem o grande número de linfócitos do doador transplantados e a colonização do órgão. A anastomose arterial é feita diretamente na aorta e a venosa na veia cava inferior. No pós-operatório imediato é realizada gastrostomia, jejunostomia e construída alça de ileostomia para acompanhamento endoscópico.

As complicações infecciosas são a principal causa de morte desses pacientes, ocorrendo em cerca de 50% nos primeiros 5 anos. Incluem-se as infecções bacterianas e virais, destacando-se aquelas por citomegalovírus.

Outra complicação a ser destacada é a doença linfoproliferativa pós-transplante, cuja incidência é maior do que nos transplantes de outros órgãos e é 2 a 4 vezes mais prevalente em crianças do que em adultos. Ocorre mais frequentemente entre a 2ª semana e o 6º mês pós-transplante. Em estudos radiológicos manifesta-se com espessamento parietal e com linfonodomegalias.

A rejeição é mais comum no primeiro ano, particularmente nos primeiros 6 meses pós-transplante. A rejeição pode se manifestar com febre, dor abdominal, aumento do débito da estomia, distensão abdominal e acidose. Alguns pacientes podem ser assintomáticos. A reação enxerto *versus* hospedeiro ocorre em 7-9% dos transplantados intestinais. Ocorre mais frequentemente entre 1-8 semanas após o transplante, sendo febre, leucopenia, diarreia e *rash* os sintomas mais frequentes. Alguns serviços têm reportado que o transplante combinado fígado-delgado tem efeito protetor maior (menor incidência e gravidade da rejeição aguda) que o transplante isolado de intestino delgado.

Outra alteração pós-operatória que frequentemente pode ser encontrada no intestino delgado é a brida ou obstruções intestinais por aderências, e mais de 80% delas têm resolução espontânea e não necessitam de intervenção cirúrgica.

Obstrução intestinal por aderências

Cerca de 60-70% das síndromes oclusivas intestinais são causadas por aderências/bridas. Geralmente as aderências não são individualizadas na TC, sendo sua presença inferida no local de transição abrupta de calibre da alça dilatada para a colapsada, sem individualização da causa. Como a compressão é extrínseca, o local da obstrução tem aspecto afunilado ou "em bico". Na enterografia por RM, eventualmente, podem ser identificadas bandas no mesentério de baixo sinal nas sequências ponderadas em T2.

A isquemia é a complicação do quadro obstrutivo que pode aumentar a morbidade e a mortalidade, e na sua suspeição há indicação cirúrgica, para evitar necrose transmural e perfuração. A TC multidetectores com contraste venoso é amplamente utilizada na pesquisa da isquemia, porém a sensibilidade pode variar entre 75-100% e a especificidade entre 61-93%. Alguns trabalhos, porém, mostram sensibilidade menor (cerca de 15%). A ausência de edema e líquido na gordura mesenterial adjacente às alças dilatadas associa-se a intestino viável, de acordo com alguns autores.

As obstruções em alça fechada aumentam o risco de isquemia intestinal.

Outras causas de obstrução intestinal incluem intussuscepção, hérnias, enterites e neoplasias.

Achados de imagem
Radiografia simples do abdome:

- Distensão de alças delgadas proximais ao local de obstrução com alça distal descomprimida.
- Dilatação de delgado com diâmetro maior que 3,0 cm; e em maiores proporções que o cólon e com estômago distendido.
- "Sinal do estiramento" (*stretch sign*): gás no interior do intestino delgado organizado com tiras de baixa densidade perpendiculares ao maior eixo intestinal.
- Ausência de gás no reto. Esse achado não é muito relevante, pois pode ser encontrado em pessoas normais.
- Pobreza de gás no intestino delgado, em razão do maior preenchimento por líquido do que por gás nesses casos. Nas radiografias em supino há pobreza de gás no intestino delgado e pode haver o sinal do colar de contas (pequenas quantidades de ar entre as pregas coniventes), formando níveis hidroaéreos.
- Essas alças intestinais totalmente preenchidas por líquido podem mimetizar massa abdominal. Este é o sinal do pseudotumor e é mais visto em crianças.
- Nas radiografias em decúbito lateral (direito ou esquerdo) temos como achados:
  - Múltiplos níveis hidroaéreos.
  - Nível hidroaéreo mais extenso que 2,5 cm.
  - Níveis hidroaéreos com alturas diferentes (maior que 0,5 cm) na mesma alça.
  - Sinal do colar de contas.

Achados tomográficos: o uso da TC como estudo adicional para evolução de pacientes com radiografias inconclusivas tem sido considerado de grande utilidade para o diagnóstico de oclusão intestinal. A sensibilidade e a especificidade da TC para oclusão intestinal delgada são altas (maiores que 92-93%, respectivamente). Costuma-se realizar o exame com meio de contraste positivo por via oral, tendo como vantagem a verificação se há trânsito além do ponto de obstrução, que exclui obstrução de alto grau. Vários serviços estão optando por não utilizar o contraste oral positivo. Entretanto, em casos de suboclusões intermitentes, é importante uma adequada distensão das alças delgadas para facilitar a identificação de pontos de estenose, podendo ser realizada com o preparo das enterografias, mencionado anteriormente. O uso de contraste intravenoso é recomendado como rotina, exceto em casos de contraindicação a seu uso.

Achados de obstrução intestinal (Figura 75):

- Dilatação de intestino delgado maior ou igual a 2,5 cm e cólon não dilatado (< 6,0 cm).
- Ponto de transição entre intestino delgado dilatado e não dilatado.
- Nível hidroaéreo.
- Cólon descomprimido.
- Fecalização do conteúdo do intestino delgado próximo ao ponto de transição: ocorre em obstrução de alto grau ou obstruções crônicas (Figura 76). Está presente em 5-7% dos pacientes com suspeita de oclusão intestinal.

Achados de isquemia:

- Espessamento parietal intestinal.
- Edema mesentérico.
- Líquido no mesentério e/ou na cavidade peritoneal.
- Impregnação anormal da parede intestinal.
- Oclusão dos vasos mesentéricos.
- Veias mesentéricas engurgitadas.
- Sinal de torção.
- Obstrução em alça-fechada ou volvo.
- Pneumatose.
- Gás no sistema venoso mesentérico.
- Gás no sistema portal.

Síndrome da artéria mesentérica superior

Ocorre quando a terceira porção duodenal é comprimida entre a artéria mesentérica superior (AMS) e a aorta. Geralmente associa-se a perda do coxim gorduroso retroperitoneal, com angulação da AMS. Algumas situações podem predispor a sua ocorrência como: perda ponderal acentuada, hiperlordose da coluna, ligamento de Treitz mais curto, origem mais inferior da AMS, cirurgias abdominais e redução do peristaltismo duodenal, que pode ocorrer na esclerodermia e em neuropatias.

Manifestações clínicas

Rápida perda de peso, empachamento pós-prandial, náuseas e vômitos.

Achados de imagem

Radiografia simples

Pode ser caracterizado o sinal da "dupla bolha", decorrente da distensão do estômago e do duodeno.

Radiografia contrastada

Demonstra dilatação do estômago, da segunda e da terceira porções do duodeno. Eventualmente, a obstrução pode ser aliviada colocando-se o paciente em decúbito ventral ou em decúbito lateral esquerdo.

Tomografia computadorizada

Observa-se também dilatação do estômago, da segunda e da terceira porções do duodeno até o plano da emergência da artéria mesentérica superior, com compressão entre a aorta e a AMS (Figura 77). A reformatação sagital pode ser útil em demonstrar uma redução do ângulo aortomesentérico (valor normal de 18° a 70°), assim como da distância aortomesentérica (valor normal de 10 a 28 mm).

Trauma duodenal

O traumatismo duodenal corresponde a cerca de 5% dos traumas abdominais, porém apresenta significativa taxa de

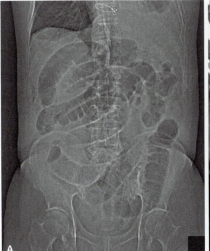 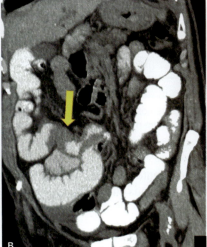 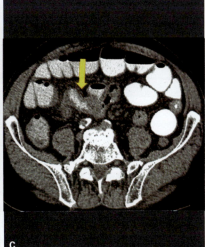

Figura 75 Obstrução intestinal por brida. Tomografia computadorizada de abdome pós-contraste e com contraste via oral positivo, (A) radiografia digital, (B) com reformatação coronal e (C) no plano axial, demonstrando distensão de alças delgadas determinada por bridas espessas no íleo (setas), confirmadas cirurgicamente.

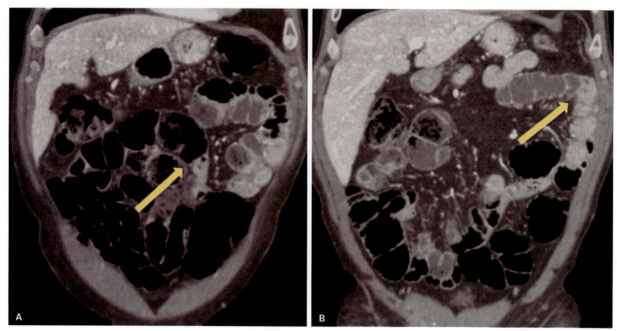

Figura 76 Paciente com episódios de suboclusão intestinal ocasionadas por aderências pós-cirúrgicas. Enterografia por tomografia computadorizada com reformatação coronal (A e B) demonstrando distensões segmentares de alças jejunais e ileais entremeadas por alguns segmentos não dilatados, com gradientes de calibres abruptos, sem caracterização de lesões (setas). Os segmentos dilatados apresentam níveis hidroaéreos e aspecto de "fecalização" do conteúdo compatível com estase.
Fonte: Caiado et al., 2017.

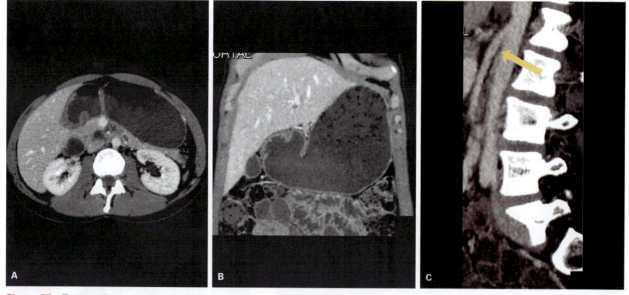

Figura 77 Tomografia computadorizada pós-contraste nos planos axial (A) e coronal (B) demonstrando distensão gástrica e duodenal determinada por compressão do duodeno entre a artéria mesentérica superior e a aorta. (C) Nota-se a redução do ângulo aortomesentérico na reformatação sagital (seta).

mortalidade, que pode chegar a 30%, principalmente se o diagnóstico for tardio, se houver lesão vascular associada ou lesões em outros órgãos, como pâncreas e fígado.

O diagnóstico de lesões duodenais pode ser muito difícil, ocorrendo tardiamente, sobretudo no trauma abdominal fechado, uma vez que os sintomas são inespecíficos e o exame físico pode ser normal. Além disso, pelo fato de as porções retroperitoneais serem as mais frequentemente acometidas, o FAST (*focused assessment with sonography in trauma*) e o lavado peritoneal costumam ser negativos.

O trauma duodenal pode se apresentar na forma de hematoma e/ou laceração, dependendo do mecanismo de trauma. A gravidade da lesão é classificada de acordo com a escala da American Association of the Surgery of Trauma (AAST) (Quadro 5), que também orienta o tratamento.

Quadro 5	Escala da American Association of the Surgery of Trauma (AAST) de gravidade da lesão duodenal
I	Hematoma: envolvendo uma única porção Laceração: lesão superficial, sem perfuração
II	Hematoma: contusão envolvendo mais de uma porção duodenal Laceração: laceração < 50% da circunferência
III	Laceração: • Ruptura 30-75% da circunferência da segunda porção duodenal • Ruptura 50-100% da circunferência da primeira, terceira e quarta porções duodenais • Ruptura > 75% da circunferência da segunda porção duodenal
IV	Laceração: envolvendo ampola ou ducto biliar comum
V	Laceração: destruição maciça do complexo duodenopancreático Desvascularização do duodeno

Achados de imagem

Os achados radiológicos podem ser sutis e não serem detectados, principalmente quando há lesões em outros órgãos, desviando a atenção do radiologista.

Radiografia simples

Caso haja perfuração intestinal, podem ser observados pneumoperitônio ou retropneumoperitônio, e se o hematoma obstruir a luz intestinal pode haver distensão a montante.

Radiografia contrastada (EED)

O hematoma pode ser caracterizado sob a forma de falha de enchimento em curto ou longo segmento duodenal com diversos aspectos, podendo ser regular ou irregular, por vezes com aspecto em espiral e associado a espessamento de prega. Vale ressaltar que em casos de suspeita de trauma ou perfuração de víscera oca é contraindicado o uso do meio de contraste baritado por via oral, sendo recomendado o uso do meio de contraste iodado.

Ultrassonografia

Pode evidenciar o hematoma como uma massa heterogênea, sem fluxo ao Doppler colorido e com ecogenicidade variável, dependendo do tempo de evolução do trauma.

Tomografia computadorizada

A TC é o exame de escolha para avaliação de pacientes com suspeita de trauma duodenal. Nos casos de hematoma observa-se espessamento parietal duodenal, que pode se apresentar espontaneamente hiperatenuante na fase pré-contraste. Além disso, pode haver densificação da gordura adjacente e, em casos de hematomas volumosos, distensão do duodeno a montante, assim como do estômago.

Nos casos de laceração duodenal os principais achados na TC são acúmulos líquidos e/ou líquido-gasosos adjacentes ao duodeno, pneumoperitônio e retropneumoperitônio, dependendo da porção duodenal acometida, além de densificação da gordura adjacente (Figura 78). Em alguns casos, também é possível observar descontinuidade da parede intestinal no local da perfuração e, quando administrado, pode haver extravasamento do meio de contraste iodado oral.

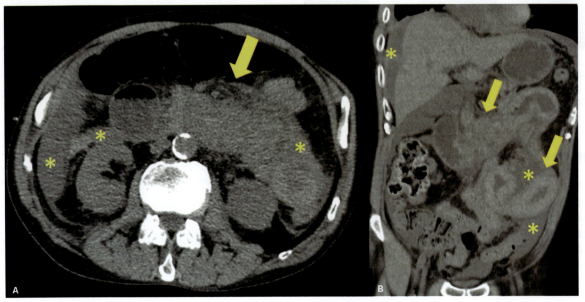

Figura 78 Hematoma intestinal por trauma abdominal fechado. Tomografia computadorizada de abdome sem contraste (A) no plano axial e (B) no plano coronal demonstrando espessamento parietal com discreto aumento da densidade (setas) do duodeno, assim como de alças jejunais. Note o borramento da gordura adjacente e líquido hiperdenso (*) – hemoperitônio e retro-hemoperitônio.

Divertículos de delgado

Os divertículos apresentam-se como uma pequena saculação, surgindo em um ponto de fraqueza da parede intestinal, que geralmente corresponde ao local no qual os vasos mesentéricos penetram na camada muscular.

Os divertículos são classificados como verdadeiros ou falsos: os primeiros são constituídos de todas as camadas do intestino, enquanto os pseudodivertículos apresentam apenas as camadas mucosa e submucosa.

Os divertículos do intestino delgado são muito menos frequentes do que os divertículos do cólon, e os duodenais são cinco vezes mais frequentes do que os jejunoileais. Os divertículos podem ser divididos em intraluminais e extraluminais. Os divertículos extraluminais são adquiridos e os divertículos intraluminais e de Meckel são congênitos.

Os divertículos podem apresentar complicações como diverticulite (Figura 79), perfuração, hemorragia, pancreatite, obstrução biliar e intestinal.

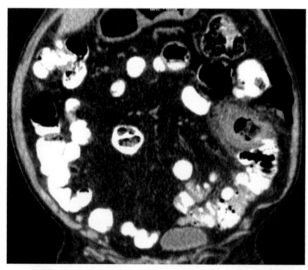

Figura 79   Diverticulite jejunal. Tomografia computadorizada de abdome pós-contraste com contraste via oral positivo, no plano coronal demonstrando volumoso divertículo com paredes espessadas (setas). Associam alterações inflamatórias da gordura mesentérica adjacente caracterizadas por sua densificação.

Agradecimentos

Aos Doutores Francisco Lanari do Val (*in memoriam*), Benjamin Carneiro Rodrigues e Luiz Nunes de Oliveira pelos ensinamentos e pelas belíssimas imagens de exames contrastados convencionais.

À Gabriela Sayuri Motoyama Caiado pelas ilustrações apresentadas neste capítulo.

Bibliografia sugerida

1. Al-Hawary MM, Kaza RK, Platt JF. CT enterography: concepts and advances in Crohn's disease imaging. Radiol Clin North Am. 2013;51:1-16.
2. Aref H, Felemban B. Post traumatic acquired multiple mesenteric defects. International Journal of Surgery Case Reports. 2013;4:547-9.
3. Boudiaf M, Soyer P, Terem C, Pelage JP, Maissiat E, Rymer R. Ct evaluation of small bowel obstruction. Radiographics. 2001;21:613-24.
4. Caiado AHM, Tiferes, DA, Horvat NMR, Ueda SKN. Trânsito intestinal, enterotomografia e enterorressonância: protocolos, indicações e achados nas principais doenças. Artmed/Panamericana/Colégio Brasileiro de Radiologia – PRORAD; 2017.
5. Di Saverio S, Coccolini F, Galati M, Smerieri N, Biffl WL, Ansaloni L, et al. Bologna guidelines for diagnosis and management of adhesive small bowel obstruction (ASBO): 2013 update of the evidence-based guidelines from the world society of emergency surgery ASBO working group. WJES. 2013;8:42.
6. Furukawa A, Kanasaki S, Kono N, Wakamiya M, Tanaka T, Takahashi M, et al. CT diagnosis of acute mesenteric ischemia from various causes. AJR Am J Roentgenol. 2009;192:408-16.
7. Hamza MUS. Congenital anomalies of the duodenum. Med J Babylon. 2014;7.
8. Hong X, Choi H, Loyer EM, Benjamin RS, Trent JC, Charnsangavej C. Gastrointestinal stromal tumor: role of CT in diagnosis and in response evaluation and surveillance after treatment with imatinib. Radiographics. 2006;26:481-95.
9. Ilangovan R, Burling D, George A, Gupta A, Marshall M, Taylor SA. CT enterography: review of technique and practical tips. Brit J Radiol. 2012;85:876-86.
10. Jayaraman MV, Mayo-Smith WW, Movson JS, Dupuy DE, Wallach MT. CT of the duodenum: an overlooked segment gets its due. Radiographics. 2001;21 Spec No:S147-60.
11. Kazerooni EA, Austin JH, Black WC, Dyer DS, Hazelton TR, Leung AN, et al. ACR-STR practice parameter for the performance and reporting of lung cancer screening thoracic computed tomography (CT): 2014 (Resolution 4). J Thorac Imaging. 2014;29:310-6.
12. Ladd AP, Madura JA. Congenital duodenal anomalies in the adult. Arch Surg. 2001;136:576-84.
13. Levine MS, Rubesin SE, Laufer I. Barium studies in modern radiology: do they have a role? Radiology. 2009;250:18-22.
14. Maglinte DD, Sandrasegaran K, Chiorean M, Dewitt J, McHenry L, Lappas JC. Radiologic investigations complement and add diagnostic information to capsule endoscopy of small-bowel diseases. AJR Am J Roentgenol. 2007;189:306-12.
15. Masselli G, Casciani E, Polettini E, Laghi F, Gualdi G. Magnetic resonance imaging of small bowel neoplasms. Cancer Imaging. 2013;13:92-9.
16. Masselli G, Colaiacomo MC, Marcelli G, Bertini L, Casciani E, Laghi F, et al. MRI of the small-bowel: how to differentiate primary neoplasms and mimickers. Brit J Radiol. 2012;85:824-37.
17. Masselli G, Gualdi G. MR imaging of the small bowel. Radiology. 2012;264:333-48.
18. Ortega CD, Ogawa NY, Rocha MS, Blasbalg R, Caiado AH, Warmbrand G, et al. Helminthic diseases in the abdomen: an epidemiologic and radiologic overview. Radiographics. 2010;30:253-67.
19. Sarkar D, Gongidi P, Presenza T, Scattergood E. Intestinal obstruction from congenital bands at the proximal jejunum: a case report and literature review. J Clin Imaging Sci. 2012;2:78.
20. Snell RS. Anatomia. 2.ed. Rio de Janeiro: Medsi; 1984.
21. Tiferes DA, Caiado AHMR M, Ogawa R. Diagnóstico radiológico na doença inflamatória intestinal. In: Cardozo WSS. Doença inflamatória intestinal, 2. ed. Barueri: Manole; 2015. p. 241-65.
22. van Oudheusden TR, Aerts BA, de Hingh IH, Luyer MD. Challenges in diagnosing adhesive small bowel obstruction. World J Gastroenterol. 2013;19:7489-93.
23. Wittenberg J, Harisinghani MG, Jhaveri K, Varghese J, Mueller PR. Algorithmic approach to CT diagnosis of the abnormal bowel wall. Radiographics. 2002;22:1093-107; discussion 107-9.
24. Zhao J, Cui MY, Chan T, Mao R, Luo Y, Barua I, et al. Evaluation of intestinal tuberculosis by multi-slice computed tomography enterography. BMC Infect Dis. 2015;15:577.

19

Neoplasias do cólon e do reto

Cinthia Denise Ortega

Introdução

O câncer colorretal é a terceira neoplasia mais frequente no mundo e estima-se que seja responsável pelas quatro causas mais frequentes de mortes por câncer.

Entre os principais fatores de risco, incluem-se: idade, hábitos alimentares, sedentarismo, doença inflamatória intestinal, antecedentes familiares e síndromes genéticas. Está associado a grande consumo de carne vermelha, alimentos processados e baixa ingesta de fibras. Duas das síndromes genéticas associadas ao desenvolvimento de tumores colorretais são: a polipose adenomatosa familiar e o câncer colorretal hereditário não polipoide, também conhecido por síndrome de Lynch.

O desenvolvimento da grande maioria dos tumores segue a sequência adenoma-carcinoma. A partir de um pólipo adenomatoso, diversos mecanismos genéticos levam à progressão da lesão até o carcinoma. Adenocarcinoma é o tipo histológico mais frequente, responsável por mais de 90% das lesões. São exemplos de outras lesões menos frequentes: lipomas, tumores mesenquimais, estromais, tumores neuroendócrinos e linfoma. Os adenocarcinomas são abordados a seguir.

Quadro clínico

Tumores do cólon esquerdo e do reto apresentam-se clinicamente com alteração do hábito intestinal e sangramento nas fezes, além de puxo e tenesmo caso a lesão seja no reto distal. Tumores do cólon direito podem se manifestar com anemia, dor abdominal e obstrução intestinal. O diagnóstico pode ser feito por meio do exame proctológico nas lesões retais e de colonoscopia nas demais lesões. Vale lembrar que os tumores de reto, em sua maioria, são lesões tocáveis no exame proctológico.

O diagnóstico definitivo é firmado por meio da colonoscopia com biópsia da lesão. A colonoscopia tem o papel adicional de identificar lesões sincrônicas no restante do cólon. As lesões do cólon e do reto são, em sua maioria, adenocarcinomas. A partir do diagnóstico, exames de imagem são necessários para estadiamento. Os exames de escolha no estadiamento são: tomografia de tórax, abdome e pelve nos tumores de cólon acrescidos de ressonância de pelve nos tumores de reto.

Os papéis dos métodos de imagem na avaliação dos tumores colorretais podem ser divididos em:

- Rastreamento de pacientes assintomáticos.
- Avaliação do cólon após colonoscopia incompleta.
- Estadiamento local e sistêmico da neoplasia do cólon.
- Estadiamento local e sistêmico da neoplasia do reto.

Rastreamento

O câncer colorretal é um bom candidato para rastreamento, já que a doença é frequente, o intervalo de evolução da sequência adenoma-carcinoma é extenso e o tratamento da lesão precoce pode evitar doença em estágios mais avançados. Existem diversos métodos de rastreamento: pesquisa de sangue oculto nas fezes, retossigmoidoscopia flexível e colonoscopia.

O rastreamento por imagem das neoplasias colorretais é possível por meio de enema opaco e colonografia por tomografia (colonoscopia virtual). As principais vantagens do enema opaco são o baixo custo e a segurança. No entanto, o método tem baixa sensibilidade para detecção de pólipos e vem sendo abandonado.

O método de rastreamento por imagem mais promissor é a colonoscopia virtual. O teste tem maior sensibilidade e especificidade para detecção de pólipos com relevância clínica, isto é, os maiores que 1 cm. Permite visualização de todo o cólon e deve ser realizado a cada 5-10 anos. Não está claro se a colonoscopia virtual pode reduzir a mortalidade por câncer. No entanto, apresenta boas taxas de detecção de pólipos e já se sabe que a retirada de pólipos pode reduzir a incidência de câncer.

Para realização do exame, o paciente deve realizar preparo de cólon. Contraste iodado por via oral é administrado para marcar eventuais resíduos aderidos à parede e que possam mimetizar lesões na mucosa. A seguir, é feita a insuflação de gás para distensão luminal e adquirido o exame tomográfico em duas fases, com decúbito ventral e decúbito dorsal (Figuras 1 e 2). As imagens são reconstruídas e visualizadas por meio de programas específicos de navegação pelo cólon (Figura 3).

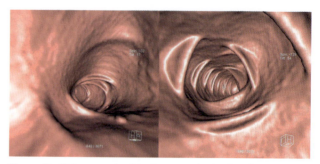

Figura 3 Colonoscopia virtual – exemplo de visualização da parede do cólon por *software* de navegação.

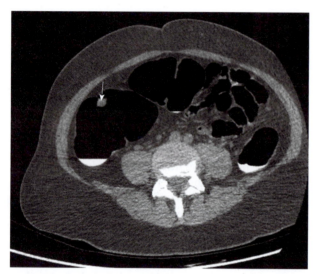

Figura 1 Colonoscopia virtual com insuflação de gás por via retal e contraste iodado por via oral. Destaque para pólipo parietal (seta). Paciente em decúbito dorsal.

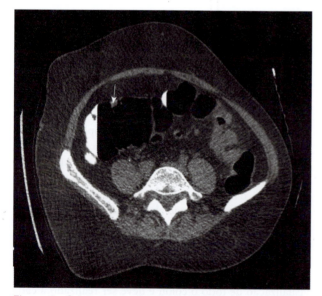

Figura 2 Colonoscopia virtual com insuflação de gás por via retal e contraste iodado por via oral. Destaque para pólipo parietal (seta). Paciente em decúbito lateral.

Avaliação do cólon após colonoscopia incompleta

Anatomia desfavorável ou intolerância do paciente estão entre as causas de colonoscopia incompleta. Nestes casos, colonoscopia virtual pode servir como método complementar para rastreamento de neoplasias.

Em casos de neoplasia obstrutiva que impeça a progressão do aparelho, a colonoscopia virtual pode auxiliar no diagnóstico de lesões sincrônicas.

Estadiamento local e sistêmico da neoplasia do cólon

Após diagnóstico histológico do adenocarcinoma de cólon, prossegue-se a avaliação do paciente com exames de estadiamento. O primeiro exame de escolha para estadiamento sistêmico dos tumores colorretais é a tomografia de tórax, abdome e pelve com contraste venoso. Atualmente, os estadiamentos T e N não mudam a indicação cirúrgica de tratamento dos tumores de cólon, e o exame é dirigido para planejamento cirúrgico, detecção de doença metastática e de complicações.

No exame de estadiamento, deve-se sistematizar a análise para:

- Detectar e localizar a lesão. Em algumas situações, a lesão já foi retirada no momento do exame por imagem. Por exemplo, após polipectomias, não será vista alteração parietal na maior parte dos casos. Já nos casos em que as lesões são maiores, o tumor pode ser visto como lesão polipoide (Figura 4) ou espessamento parietal focal, com bordas elevadas e arredondadas (Figura 5). Determinar se a lesão está no ceco, cólon ascendente, ângulo hepático, cólon transverso, ângulo esplênico, cólon descendente ou cólon sigmoide é fundamental, já que a localização pode ser difícil pela colonoscopia, e esta informação é importante para o planejamento cirúrgico.
- Avaliar a extensão da lesão. Observar os limites da lesão, infiltração da gordura mesocólica e invasão de estruturas adjacentes. A tomografia pode auxiliar o planejamento da ressecção em bloco de órgãos envolvidos para que o resultado oncológico seja o melhor possível

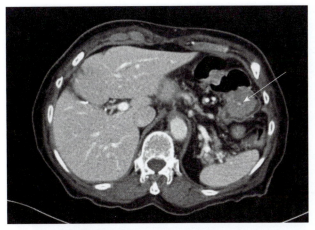

Figura 4 Tomografia com contraste na fase portal. Lesão polipoide no ângulo esplênico do cólon com pedículo vascular central (seta).

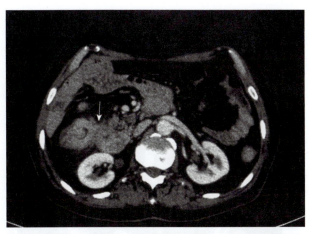

Figura 6 Tomografia com contraste na fase portal. Neoplasia do cólon ascendente que invade o duodeno.

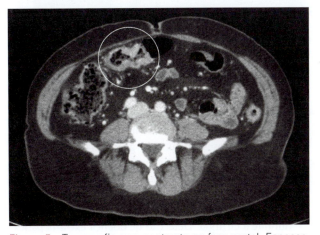

Figura 5 Tomografia com contraste na fase portal. Espessamento parietal circunferencial que determina redução luminal no cólon transverso (círculo).

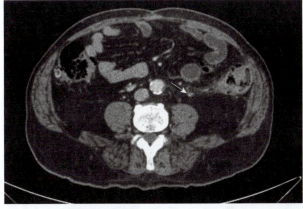

Figura 7 Tomografia com contraste na fase portal. Neoplasia do cólon descendente com extensão posterior e contato com a margem retroperitoneal. Espessamento da fáscia pararrenal anterior esquerda (seta).

(Figura 6). Vale lembrar que o cólon ascendente e o cólon descendente são recobertos anteriormente pelo peritôneo. Posteriormente, existe uma área não peritonealizada que constitui a margem cirúrgica retroperitoneal. Extensão da lesão para os planos retroperitoneais pode estar relacionada a positividade da margem e aumento do risco de recidiva local (Figura 7).
- Detectar lesões sincrônicas. Cerca de 3% dos pacientes com neoplasia de cólon têm lesões sincrônicas, definidas como duas lesões primárias diagnosticadas no mesmo paciente no mesmo momento. Principalmente em pacientes com colonoscopia incompleta, é preciso procurar lesões sincrônicas, porque o tratamento necessário pode mudar de uma colectomia parcial para uma colectomia total, por exemplo.
- Avaliar complicações. A manifestação clínica inicial de um paciente com neoplasia de cólon pode ser abdome agudo obstrutivo ou abdome agudo perfurativo (Figura 8). Em pacientes com redução luminal e distensão dos segmentos proximais, há aumento do risco de colite isquêmica por aumento da pressão luminal e redução da perfusão parietal. Pesquisa de coleções, pneumoperitôneo e distensão de alças faz parte da avaliação desses casos.
- Em tumores do cólon direito, apendicite por obstrução do óstio apendicular pode ser uma complicação. Casos de intussuscepção também podem ocorrer.
- Disseminação linfonodal. A drenagem linfonodal dos tumores de cólon segue o trajeto das veias, que são retiradas por cirurgia que siga princípios oncológicos de ressecção. Juntamente ao tumor, a drenagem angiolinfática é ressecada. Em geral, a colectomia esquerda é realizada após ligadura da artéria mesentérica inferior na origem e ligadura da veia mesentérica inferior na desembocadura. Portanto, linfonodos eventualmente acometidos ao longo do trajeto da via de drenagem são retirados. No entanto, linfonodos fora destas cadeias, como no retroperitôneo, são considerados metastáticos (Figura 9).

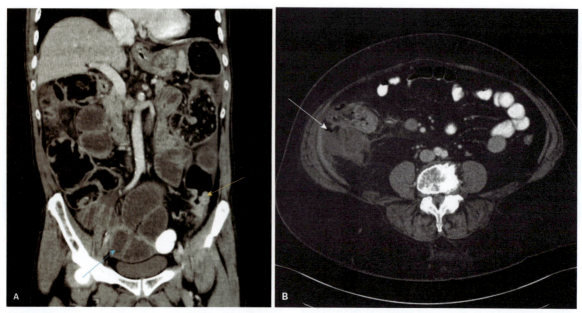

Figura 8   A: Tomografia com contraste na fase portal. Lesão expansiva no cólon sigmoide (seta amarela) com obstrução dos segmentos cólicos proximais e distensão do delgado (seta azul). B: Tomografia com contraste na fase portal. Lesão do ceco com sinais de perfuração. Conteúdo líquido e bolha gasosa posterior à lesão, em contato com a fáscia pararrenal anterior direita.

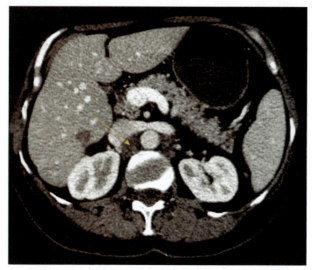

Figura 9   Tomografia com contraste na fase portal. Nódulo secundário no lobo direito do fígado e linfonodomegalias retroperitoneais (seta).

Em geral, as metástases hepáticas apresentam-se como nódulos sólidos hipovascularizados (Figura 10). Caso haja doença com critérios de irressecabilidade do fígado, ou metástases em outros órgãos, em geral o paciente é dirigido a tratamento quimioterápico. Na possibilidade de ressecção hepática, ressonância com contraste hepatoespecífico tem se mostrado método útil para detecção de outras lesões hepáticas a serem retiradas durante a cirurgia. Detecção de doença extra-hepática, como linfonodomegalias retroperitoneais ou disseminação peritoneal, implantes, espessamento nodular do omento e ascite são critérios de irressecabilidade a serem avaliados pela tomografia ou por PET/CT.

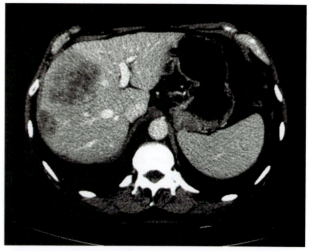

Figura 10   Tomografia com contraste na fase portal. Nódulos secundários no lobo direito do fígado.

- Variações anatômicas. Houve aumento do emprego de laparoscopia no tratamento das neoplasias colorretais. O planejamento das colectomias direitas pode ser facilitado pela avaliação tomográfica da anatomia das veias cólicas, sua relação com o tronco gastrocólico, o posicionamento da veia mesentérica superior em relação à artéria ileocólica e à artéria cólica direita.
- Detecção de lesões secundárias. Fígado, peritônio e retroperitônio são sítios frequentes de acometimento por doença metastática. Na avaliação da doença metastática hepática, a tomografia é o primeiro método empregado.

Estadiamento local da neoplasia do reto

O objetivo do tratamento do adenocarcinoma do reto é retirar o mesorreto, englobando tanto o tumor primário quanto a drenagem linfonodal e vascular. Para tanto, o limite de ressecção cirúrgica é a fáscia mesorretal, estrutura fibrosa que envolve a gordura mesorretal, estruturas neurais, vasculares e linfáticas. Tratamentos pré-operatórios como radioterapia e quimioterapia podem ser utilizados com o objetivo de reduzir o volume de lesão para atingir margens livres.

Alguns indicadores de mau prognóstico podem ser observados pelo patologista no câncer de reto operado. No entanto, se esses fatores de risco forem detectados somente na peça cirúrgica, não é possível atuar de modo a modificar a história natural da doença com tratamento pré-operatório. Portanto, é necessário método capaz de diagnosticar fatores de risco dos tumores de reto no exame de estadiamento inicial e, dessa forma, indicar tratamento neoadjuvante. Os métodos de escolha para avaliação da neoplasia de reto são a ressonância magnética (RM) e a ultrassonografia endoanal, esta para avaliação de lesões precoces candidatas à ressecção local.

Protocolo e anatomia

A RM dirigida para avaliação de lesões retais emprega protocolo com imagens de alta resolução anguladas perpendicularmente ao eixo longitudinal do reto. São adquiridas imagens axiais do reto com cortes finos e focadas na avaliação do reto e do mesorreto (Figura 11).

Um dos principais determinantes do correto estadiamento é a realização de exame adequado. Não são necessários realização de preparo intestinal, administração de gel retal ou injeção de contraste endovenoso. Antiespasmódicos auxiliam na redução de artefatos de movimentação intestinal e devem ser administrados imediatamente antes do exame. O estudo é baseado em aquisição de imagens ponderadas em T2 sem supressão de gordura.

As imagens em alta resolução permitem avaliar a anatomia do reto e a do mesorreto, que são relevantes para o tratamento dos tumores. Pela boa resolução de contraste, as diferentes camadas do reto – mucosa, submucosa, muscular própria –, além da gordura mesorretal e fáscia mesorretal, são distinguíveis (Figura 12).

O mesorreto é composto não só pelo reto, mas também por gordura mesorretal, linfonodos, estruturas vasculares, neurais e envelopados pela fáscia mesorretal. À medida que o reto se aproxima da borda anal, o mesorreto afunila-se. Dessa maneira, há maior quantidade de gordura envolvendo o reto alto, e a espessura da gordura sofre redução progressiva ao atingir o plano do aparelho esfincteriano.

Familiaridade com a anatomia do aparelho esfincteriano é fundamental no estadiamento do tumor do reto baixo. O esfíncter interno é composto de musculatura lisa, formado pelas fibras da camada muscular própria. O esfíncter externo é composto de musculatura estriada, formado pelos músculos elevadores do ânus (Figura 13). O músculo puborretal é um dos componentes da musculatura elevadora e marca o plano do anel anorretal. Entre os dois complexos esfincterianos, interno e externo, encontra-se o plano interesfincteriano. Externamente ao esfíncter externo, encontra-se a fossa isquioanal.

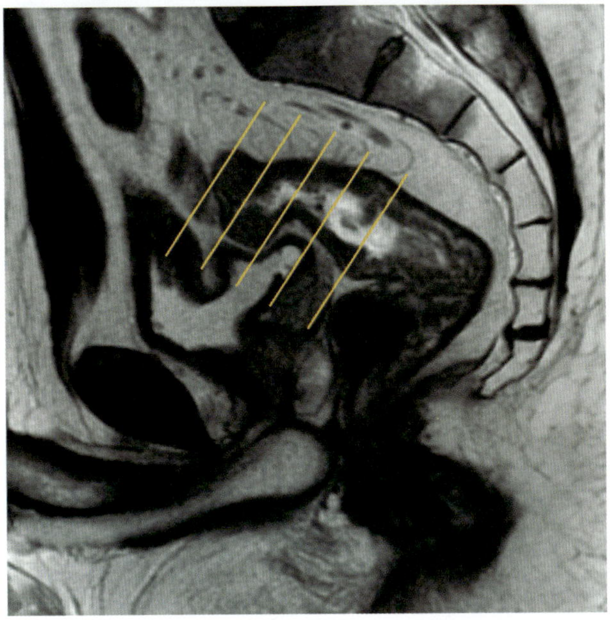

Figura 11 Sequência T2 sagital da pelve. Linhas mostram a angulação da sequência axial do reto para estadiamento da lesão alta.

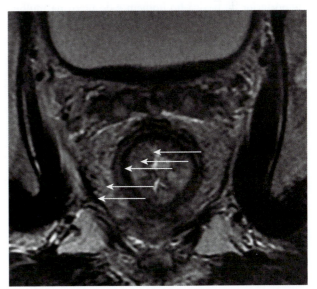

Figura 12 Sequência T2 axial em alta resolução do reto. Boa resolução de contraste permite identificar as camadas que compõem a parede do reto. Da luz para a parede, as setas mostram a mucosa com baixo sinal, submucosa com alto sinal, as duas camadas da muscular própria com baixo sinal, gordura mesorretal com alto sinal e fáscia mesorretal com baixo sinal.

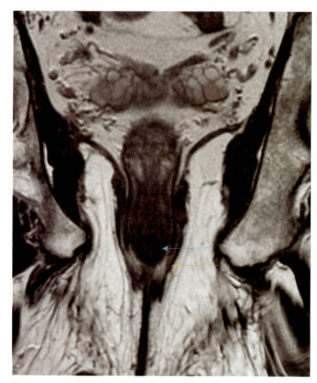

Figura 13 Sequência T2 coronal do canal anal. Anatomia do complexo esfincteriano. A seta azul indica o esfíncter interno formado pelas fibras da camada muscular própria, e a seta amarela indica o esfíncter externo formado pelas fibras estriadas da musculatura elevadora do ânus.

Uma porção do reto é recoberta por peritôneo. Enquanto o reto baixo é totalmente envolvido pela fáscia mesorretal, deve-se lembrar que o peritôneo recobre a parede posterior da bexiga no homem e do útero na mulher, estende-se posteriormente e recobre a parede anterior do reto. O ponto em que o peritôneo tem contato com o reto é a reflexão peritoneal. A reflexão peritoneal pode ser vista como estrutura linear de baixo sinal em T2 nas sequências sagital e axial. Tumores altos e anteriores podem infiltrar o peritôneo e podem ter disseminação peritoneal.

A drenagem venosa do reto médio e do reto alto é preferencialmente para tributárias da veia mesentérica inferior e sistema portal. Já o reto baixo pode drenar para a circulação sistêmica através das veias ilíacas.

Estadiamento inicial

Após o diagnóstico do adenocarcinoma do reto, a RM é utilizada para detecção de fatores de mau prognóstico para seleção de candidatos a tratamento cirúrgico e de pacientes que se beneficiam de radioterapia pré-operatória. São considerados fatores de mau prognóstico dos adenocarcinomas de reto:

- Infiltração da gordura mesorretal por mais que 5 mm de profundidade.
- Presença de quatro ou mais linfonodos mesorretais acometidos.
- Invasão vascular extramural.
- Acometimento da fáscia mesorretal.
- Linfonodos pélvicos laterais comprometidos.

A análise do exame de estadiamento inicial do tumor de reto deve ser organizada para avaliar diversos quesitos. O uso de relatório estruturado auxilia a organização do relatório, de modo que nenhuma informação relevante seja omitida.

Informações fundamentais para estadiar o tumor de reto:

- Localização da lesão.
- Estadiamento T.
- Estadiamento N.
- Invasão vascular extramural.
- Fáscia mesorretal.
- Linfonodos pélvicos laterais.
- Implantes peritoneais, ascite ou metástases.

A análise das imagens inicia-se pela localização da lesão no plano sagital T2. Para detecção do tumor, deve-se procurar lesão com bordas elevadas e arredondadas, em geral envolta por conteúdo líquido, e que pode ou não levar à redução luminal (Figura 14). As informações mínimas no relatório são:

- Distância da margem distal à borda anal – esta informação em geral já é conhecida pelo coloproctologista

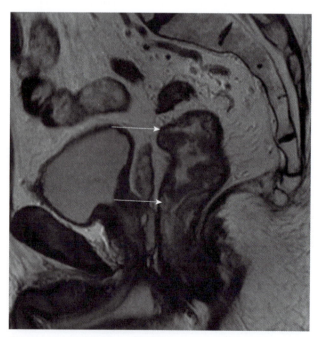

Figura 14 Sequência sagital T2 mostra as duas bordas elevadas e arredondadas circundadas por conteúdo líquido luminal no reto médio.

durante a retoscopia rígida ou o toque retal. No entanto, é relevante fornecer este dado para confirmação da localização da lesão a ser estadiada. Dessa maneira, pequenas diferenças de medidas são aceitáveis, porém discrepâncias maiores podem indicar incorreções nas medidas de um dos métodos. Em geral, diferenças maiores são vistas quando a medida é dada pela colonoscopia flexível, que pode superestimar a distância até a borda anal.

- Relação da margem inferior com o anel anorretal – lesões cuja margem inferior encontra-se no plano ou abaixo do anel anorretal devem ser estadiadas como tumores de reto baixo.
- Relação da lesão com a reflexão peritoneal – tumores com componente acima da reflexão peritoneal, principalmente na parede anterior, podem ter disseminação peritoneal. Tumores ressecáveis e localizados totalmente acima da reflexão peritoneal podem ter tratamento mais semelhante ao de tumores de cólon (Figura 15).
- Localização da porção mais infiltrativa – os tumores podem ter morfologia anular, semianular, ulcerada ou polipoide. Tumores com morfologia anular, semianular e ulcerada apresentam-se com duas bordas elevadas e arredondadas e uma porção central ulcerada e infiltrativa, pela qual se dá a infiltração da gordura mesorretal. Tumores polipoides têm um pedículo vascular, no qual ocorre a infiltração. Localiza-se a porção infiltrativa com o paciente em posição de litotomia, em que a parede anterior está às 12 h, a parede posterior às 6 h, a lateral direita às 9 h e a lateral esquerda às 3 h. Tumores mucinosos têm sinal alto nas sequências ponderadas em T2 (Figura 16).

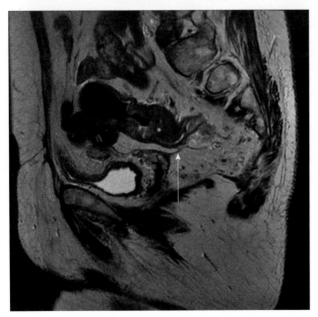

Figura 15   Sequência sagital T2. Lesão (*) localizada totalmente acima da reflexão peritoneal (seta).

A seguir, no local da porção mais infiltrativa, deve-se analisar a relação da lesão com as camadas da parede do reto. De acordo com a extensão da lesão na porção mais infiltrativa, o tumor é classificado de acordo com o Quadro 1.

O grau de infiltração das paredes do reto e da gordura mesorretal tem implicação prognóstica. Tumores que infiltram mais que 5 mm da gordura têm pior prognóstico e estão associados a maior risco de disseminação linfonodal, doença metastática e de recidiva local (Figura 17).

Nos tumores de reto baixo, acrescenta-se a avaliação da relação da lesão com o plano interesfincteriano. Lesões pouco infiltrativas podem ter pior prognóstico em virtude da pequena quantidade de gordura mesorretal circundando o reto baixo, fator que pode predispor à positividade da margem.

O estadiamento linfonodal por RM tem baixa sensibilidade. No entanto, ao se utilizarem critérios de irregularidade dos contornos e heterogeneidade do sinal dos linfonodos, pode-se atingir alta especificidade (Figura 18). O estadiamento N varia de acordo com o número de linfonodos mesorretais acometidos. Caso haja até três linfonodos acometidos, a lesão é classificada como N1. Quatro ou mais linfonodos levam à classificação N2.

A invasão vascular extramural é preditora de doença metastática e está associada a menor sobrevida global. É identificada por sinal de tumor estendendo-se para a gordura mesorretal de forma alongada, infiltrando a luz ou envolvendo as estruturas venosas mesorretais (Figura 19).

O maior fator de risco para recidiva local é a positividade da margem de ressecção cirúrgica avaliada pelo patologista. A RM pode prever o acometimento da fáscia mesorretal com grande sensibilidade e especificidade. A fáscia mesorretal é considerada acometida se a extensão do tumor, a invasão vascular extramural ou os depósitos de tumor estiverem localizados a menos que 1 mm de distância (Figura 20).

Linfonodos pélvicos laterais estão localizados externamente à fáscia mesorretal e não são rotineiramente ressecados na cirurgia de excisão total do mesorreto (Figura 21). Estão relacionados a tumores mais avançados e associados à doença metastática. Devem ser relatados porque o acometimento dessas cadeias pode levar à persistência de doença neoplásica na pelve.

Presença de carcinomatose peritoneal ou doença metastática na pelve também deve ser relatada, porque pode alterar o curso de tratamento (Figura 21).

Reestadiamento após tratamento neoadjuvante

Pacientes com tumores de reto que apresentam fatores de mau prognóstico ou que são candidatos à amputação são submetidos a tratamento neoadjuvante. Caso haja necessidade de *downstaging* ou de clareamento da fáscia

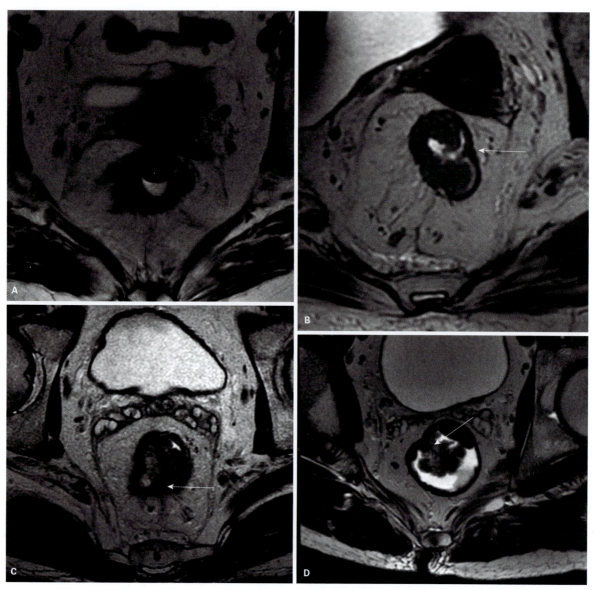

Figura 16 A: Sequência T2 axial de alta resolução mostra lesão anular, com bordas elevadas e arredondadas entre 1 e 2 h e porção infiltrativa entre 7 e 9 h. B: Sequência T2 axial de alta resolução mostra lesão semianular na parede lateral direita do reto. A parede lateral esquerda encontra-se preservada (seta). C: Sequência T2 axial de alta resolução mostra lesão ulcerada com bordas elevadas e arredondadas às 12 h e porção central ulcerada entre 5 e 6 h (seta). Sinal alto da lesão sugere conteúdo mucinoso. D: Sequência T2 axial de alta resolução mostra lesão polipoide com pedículo vascular às 11 h (seta).

Quadro 1	Estadiamento do tumor de reto
Tx	Não é possível determinar a extensão da lesão
Tis	Lesão restrita à mucosa
T1	Tumor estende-se à submucosa
T2	Tumor infiltra a camada muscular própria
T3a	Tumor estende-se além da muscular própria e infiltra a gordura por 1 mm
T3b	Tumor estende-se além da muscular própria e infiltra a gordura por > 1-5 mm
T3c	Tumor estende-se além da muscular própria e infiltra a gordura por > 5-15 mm
T3d	Tumor estende-se além da muscular própria e infiltra a gordura por > 15 mm
T4 visceral	Tumor invade outros órgãos
T4 peritoneal	Tumor invade o peritônio

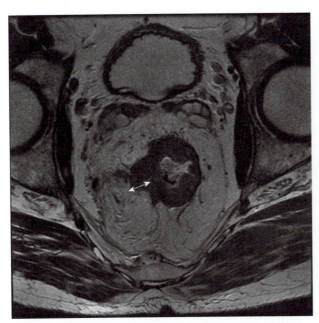

Figura 17 Sequência T2 axial de alta resolução mostra lesão semianular com porção infiltrativa entre 7 h e 10 h. Extensão além da camada muscular própria, com infiltração da gordura mesorretal por mais de 5 mm de espessura (seta).

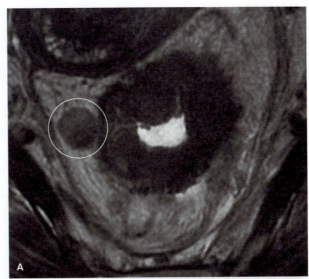

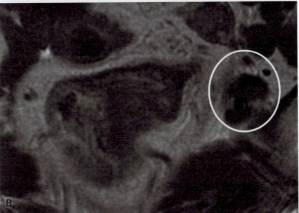

Figura 18 A: Sequência T2 axial de alta resolução mostra linfonodo mesorretal com sinal heterogêneo, apresentando focos de baixo sinal. B: Sequência T2 axial de alta resolução mostra linfonodo com contornos irregulares (círculo).

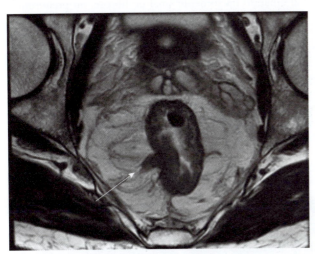

Figura 19 Sequência T2 axial de alta resolução mostra sinais de invasão vascular extramural, com sinal de tumor ao longo das estruturas vasculares.

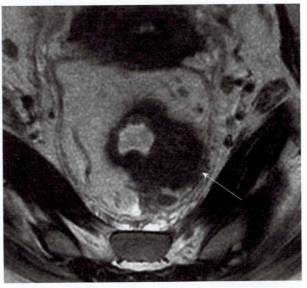

Figura 20 Sequência T2 axial de alta resolução mostra infiltração da gordura mesorretal e lesão em contato com a fáscia mesorretal acometida.

mesorretal, o tratamento de escolha é a radioterapia de curso longo. Este tratamento é realizado ao longo de 5 semanas, e quimioterapia com intuito de potencializar o efeito da radioterapia é associada.

Após o término da neoadjuvância, espera-se por 6 a 12 semanas para que o efeito da radioterapia seja possível e é realizado o reestadiamento por ressonância.

O exame de reestadiamento após neoadjuvância deve ser um guia para o cirurgião, mapeando a presença de lesão residual para possibilitar a ressecção cirúrgica com margens livres. No exame de reestadiamento, é preciso avaliar:

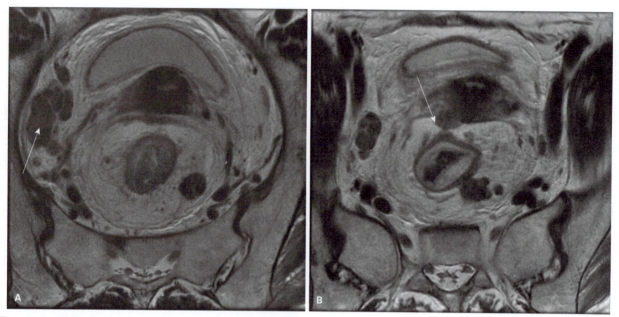

Figura 21   A: Sequência T2 axial de alta resolução mostra linfonodos pélvicos laterais acometidos, com sinal heterogêneo (seta). B: Sequência T2 axial de alta resolução mostra implante peritoneal no fundo de saco posterior.

- Resposta ao tratamento.
- Presença de lesão residual e estadiamento.
- Situação da fáscia mesorretal.
- Doença externa à fáscia mesorretal.

Um dos objetivos do tratamento neoadjuvante é reduzir o tamanho da lesão retal. A resposta ao tratamento é variável e constitui um preditor prognóstico. Pacientes com lesões que tiveram resposta à radioterapia têm maior sobrevida livre de doença quando comparados aos pacientes com tumores que não responderam.

A avaliação por RM procura quantificar a resposta ao tratamento por meio do grau de regressão tumoral (TRG).

Quando há boa resposta, é observada fibrose, o que se traduz por redução do sinal nas sequências ponderadas em T2. Quando há somente sinal de fibrose, ou predomínio de fibrose com mínimo sinal de tumor residual, a classificação é TRG 1 e 2, respectivamente (Figura 22). Quando há fibrose com baixo sinal e tumor residual com sinal intermediário nas sequências ponderadas em T2 em proporção semelhante, a classificação é TRG 3 (Figura 23). Se há predomínio de sinal de tumor residual ou somente sinal de tumor residual, a classificação é TRG 4 e 5, respectivamente, associada a pior prognóstico (Figura 24).

Atualmente, é crescente o número de trabalhos que propõem acompanhamento vigilante dos pacientes que

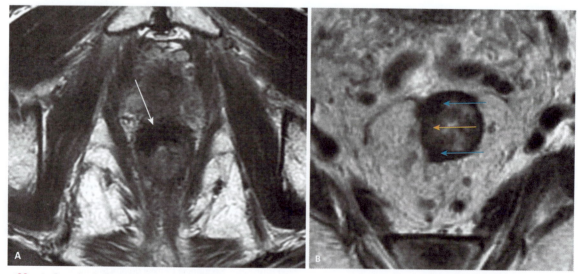

Figura 22   A: Sequência T2 axial de alta resolução mostra lesão tratada com sinal de fibrose – TRG 1. B: Sequência T2 axial de alta resolução mostra lesão tratada com sinal de fibrose (setas azuis) e focos de sinal de tumor residual (seta amarela) – TRG 2.

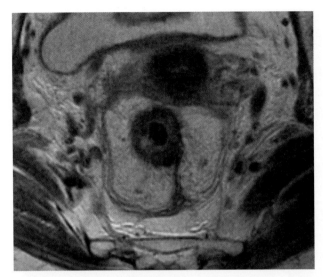

Figura 23 Sequência T2 axial de alta resolução mostra lesão tratada com sinal de fibrose e sinal de tumor residual – TRG 3.

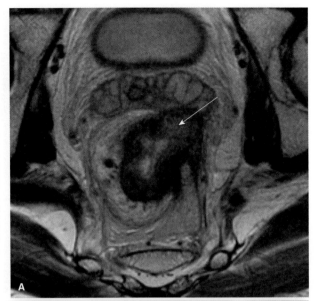

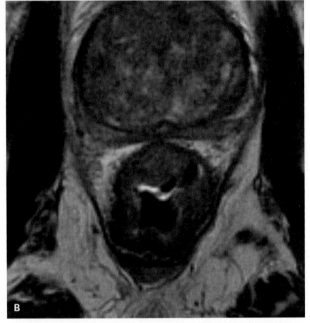

Figura 24 Sequência T2 axial de alta resolução mostra lesão tratada com mínimo sinal de fibrose e predomínio de sinal de tumor residual (seta) – TRG 4. Invasão da vesícula seminal esquerda. B: Sequência T2 axial de alta resolução mostra lesão tratada sem sinal de fibrose e com predomínio de sinal de tumor residual – TRG 5.

têm resposta completa ao tratamento neoadjuvante. Nesta proposta, pacientes com lesões que mostram grande componente de fibrose pela RM e boa resposta parietal não são operados imediatamente. São seguidos e operados no momento em que há evidência de crescimento do tumor (Figura 25).

Quando há evidente lesão residual no reestadiamento, o tratamento de escolha é cirurgia. O papel dos métodos de imagem será de planejamento cirúrgico. Os mesmos critérios do estadiamento inicial são utilizados para avaliar o estádio T e o estádio N.

Deve-se considerar a situação da fáscia mesorretal e avaliar por qual abordagem o cirurgião conseguirá obter margens livres. Caso haja invasão de outros órgãos, cirurgias mais exenterativas podem ser necessárias (Figura 24A). Se a fáscia mesorretal estiver livre, excisão total do mesorreto será suficiente. A informação do local mais crítico para ressecção pode alertar o cirurgião dos pontos em que há maior proximidade de tumor com a fáscia mesorretal, de modo a atingir margem de ressecção livre.

Linfonodos pélvicos laterais acometidos devem ser relatados. Não se sabe ao certo qual o impacto da ressecção destes linfonodos na sobrevida dos pacientes com câncer de reto. No entanto, o cirurgião pode optar pela linfadenectomia pélvica nos casos em que há doença pélvica para evitar persistência da doença.

Tumores de reto baixo

Tratando-se da contribuição dos métodos de imagem no tratamento dos pacientes com tumores de reto, o maior impacto dos exames de estadiamento é nas lesões do reto baixo. Os tumores de reto baixo estão associados a maiores taxas de recidiva local. Por conta da anatomia do mesorreto, com afunilamento da gordura à medida que se aproxima da borda anal, tumores pequenos podem ter margem de ressecção positiva quando realizada amputação abdominoperineal.

No estadiamento dos tumores de reto baixo, a situação da fáscia mesorretal é avaliada por meio de um sistema próprio (Quadro 2). Por conta da anatomia do plano interesfincteriano, somente são consideradas lesões com plano interesfincteriano livre aquelas que se estendem até parte da espessura da camada muscular própria.

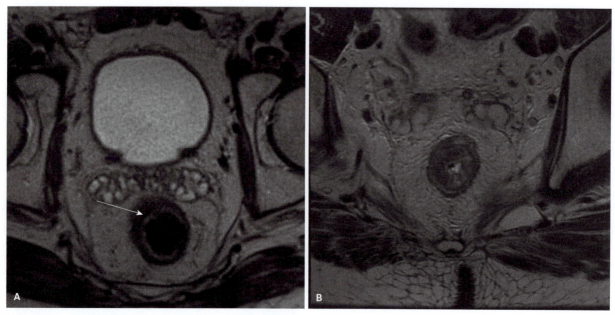

Figura 25 A: Sequência T2 axial de alta resolução mostra lesão tratada com predomínio de sinal de fibrose no momento do reestadiamento com 12 semanas – TRG 2. Paciente optou por aguardar na tentativa de não operar. B: Sequência T2 axial de alta resolução mostra recrescimento da lesão, que permanece restrita à muscular própria; no entanto, com aumento do sinal de tumor em relação à fibrose – TRG 3.

Quadro 2	Estadiamento do tumor de reto baixo
Plano interesfincteriano seguro	**Plano interesfincteriano em risco**
Lesão estende-se para a camada submucosa	Lesão infiltra toda a espessura da camada muscular própria
Lesão infiltra parte da espessura da camada muscular própria	Lesão infiltra o plano interesfincteriano
	Lesão infiltra a musculatura do esfíncter externo
	Lesão infiltra a gordura da fossa isquioanal

Caso a lesão infiltre toda a espessura da muscular própria, ou estenda-se à gordura do plano interesfincteriano, à musculatura do esfíncter externo ou à fossa isquioanal, o plano interesfincteriano estará em risco. Nestes casos, mudança da abordagem cirúrgica com acesso extraelevador para ampliar a margem de ressecção pode levar a obtenção de margem livre.

Portanto, mesmo lesões classificadas como T2 podem estar relacionadas à margem de ressecção circunferencial positiva, com aumento do risco de recidiva local.

Estadiamento sistêmico

O estadiamento sistêmico dos tumores de reto é feito por meio de tomografia de tórax, abdome e pelve com contraste. Caso haja lesões duvidosas no fígado, a ressonância pode trazer incremento na detecção e na caracterização de lesões focais. PET/CT pode detectar lesões sistêmicas extra-hepáticas nos candidatos à ressecção do fígado.

Considerações finais

Nos tumores de cólon, os métodos de imagem têm papel fundamental no estadiamento e no planejamento cirúrgico. A tomografia é o exame de escolha, e a ressonância pode auxiliar no estadiamento da doença hepática.

Em relação aos tumores de reto, muitas decisões clínicas são tomadas exclusivamente com base nos exames de imagem. É papel do radiologista participar da decisão multidisciplinar de forma ativa, informando os aspectos fundamentais do estadiamento no relatório. A seleção de pacientes que se beneficiam de radioterapia, a detecção de possíveis respostas completas, o planejamento de cirurgias convencionais e exenterativas e a mudança da história natural da doença são exemplos da participação do radiologista nesse processo. A realização de exame adequado e a elaboração de relatório dirigido são pré-requisitos para atingir esses objetivos.

Bibliografia sugerida

1. Battersby NJ, How P, Moran B, Stelzner S, West NP, Branagan G, et al. Prospective validation of a low rectal cancer magnetic resonance imaging staging system and development of a local recurrence risk stratification model: The MERCURY II Study. Ann Surg. 2016;263(4):751-60.
2. Beets-Tan RG, Beets GL, Vliegen RF, Kessels AG, Van Boven H, De Bruine A, et al. Accuracy of magnetic resonance imaging in prediction of tumour-free resection margin in rectal cancer surgery. Lancet. 2001;357(9255):497-504.

3. Brown G, Richards CJ, Newcombe RG, Dallimore NS, Radcliffe AG, Carey DP, et al. Rectal carcinoma: thin-section MR imaging for staging in 28 patients. Radiology. 1999;211(1):215-22.

4. Brown G, Richards CJ, Bourne MW, Newcombe RG, Radcliffe AG, Dallimore NS, et al. Morphologic predictors of lymph node status in rectal cancer with use of high-spatial-resolution MR imaging with histopathologic comparison. Radiology. 2003;227(3):371-7.

5. Brown G, Kirkham A, Williams GT, Bourne M, Radcliffe AG, Sayman J, et al.

6. de Haan MC, Halligan S, Stoker J. Does CT colonography have a role for population-based colorectal cancer screening? Eur Radiol. 2012;22(7):1495-503.

7. Elibol FD, Obuz F, Sökmen S, Terzi C, Canda AE, Sağol Ö, et al. The role of multidetector CT in local staging and evaluation of retroperitoneal surgical margin involvement in colon cancer. Diagn Interv Radiol. 2016;22(1):5-12.

8. Halligan S, Dadswell E, Wooldrage K, Wardle J, von Wagner C, Lilford R, et al. Computed tomographic colonography compared with colonoscopy or barium enema for diagnosis of colorectal cancer in older symptomatic patients: two multicentre randomised trials with economic evaluation (the SIGGAR trials). Health Technol Assess. 2015;19(54).

9. High-resolution MRI of the anatomy important in total mesorectal excision of the rectum. AJR. 2004;182:431-9.

10. Johnson CD, Chen MH, Toledano AY, Heiken JP, Dachman A, Kuo MD, et al. Accuracy of CT colonography for detection of large adenomas and cancers. N Engl J Med. 2008;359:1207-17.

11. Lee SJ, Park SC, Kim MJ, Sohn DK, Oh JH. Vascular anatomy in laparoscopic colectomy for right colon cancer. Dis Colon Rectum. 2016;59(8):718-24.

12. Lin JS, Piper MA, Perdue LA, Rutter CM, Webber EM, O'Connor E, et al. Screening for colorectal cancer: updated evidence report and systematic review for the US Preventive Services Task Force. JAMA. 2016;315(23):2576-94.

13. MERCURY Study Group. Diagnostic accuracy of preoperative magnetic resonance imaging in predicting curative resection of rectal cancer: prospective observational study. BMJ. 2006;333:779.

14. MERCURY Study Group. Extramural depth of tumor invasion at thin-section MR in patients with rectal cancer: results of the MERCURY study. Radiology. 2007;243(1):132-9.

15. Quirke P, Steele R, Monson J, Grieve R, Khanna S, Couture J, et al. Effect of the plane of surgery achieved on local recurrence in patients with operable rectal cancer: a prospective study using data from the MRC CR07 and NCIC-CTG CO16 randomised clinical trial. Lancet. 2009;373(9666):821-8.

16. Patel UB, Taylor F, Blomqvist L, George C, Evans H, Tekkis P, et al. Magnetic resonance imaging-detected tumor response for locally advanced rectal cancer predicts survival outcomes: MERCURY experience. J Clin Oncol. 2011;29(28):3753-60.

17. Patel UB, Blomqvist LK, Taylor F, George C, Guthrie A, Baes N, et al. MRI after treatment of locally advanced rectal cancer: how to report tumor response—The MERCURY Experience. AJR. 2012;199(4):W486-W495.

18. Salerno G, Daniels IR, Moran BJ, Wotherspoon A, Brown G. Clarifying margins in the multidisciplinary management of rectal cancer: the MERCURY experience. Clin Radiol. 2006;61(11):916-23.

19. Smith NJ, Barbachano Y, Norman AR, Swift RI, Abulafi AM, Brown G. Prognostic significance of magnetic resonance imaging-detected extramural vascular invasion in rectal cancer. Br J Surg. 2008;95(2):229-36.

20. Spada C, Stoker J, Alarcon O, Barbaro F, Bellini D, Bretthauer M, et al. Clinical indications for computed tomographic colonography: European Society of Gastrointestinal Endoscopy (ESGE) and European Society of Gastrointestinal and Abdominal Radiology (ESGAR) Guideline. Eur Radiol. 2015;25:331-45.

21. Taylor FG, Swift RI, Blomqvist L, Brown G. A systematic approach to the interpretation of preoperative staging MRI for rectal cancer. AJR. 2008;191(6):1827-35.

22. Taylor FG, Quirke P, Heald RJ, Moran B, Blomqvist L, Swift I. Preoperative high-resolution magnetic resonance imaging can identify good prognosis stage I, II, and III rectal cancer best managed by surgery alone: a prospective, multicenter, European study. Ann Surg. 2011;253(4):711-9.

23. Taylor FG, Quirke P, Heald RJ, Moran BJ, Blomqvist L, Swift IR, et al. Preoperative magnetic resonance imaging assessment of circumferential resection margin predicts disease-free survival and local recurrence: 5-year follow-up results of the MERCURY study. J Clin Oncol. 2014;32(1):34-43.

24. Yee J, Kim DH, Rosen MP, Lalani T, Carucci LR, Cash BD, et al. ACR Appropriateness Criteria colorectal cancer screening. J Am Coll Radiol. 2014;11(6):543-51.

20

Lesões focais hepáticas

Manoel de Souza Rocha

Introdução

As lesões focais hepáticas (LFH) são muito comuns e os radiologistas exercem um papel relevante na avaliação e consequente determinação da conduta a ser adotada. A análise de uma lesão focal hepática pelo radiologista sempre utiliza os dados clínicos do paciente. É fundamental saber se a lesão foi um achado incidental (paciente assintomático) ou se o paciente tem quadro febril; hepatopatia crônica conhecida ou é portador de fator de agressão hepática crônica; tem neoplasia conhecida em outro local; ou quadros mais inespecíficos como o de emagrecimento.

O leque de possibilidades diagnósticas diante de uma LFH é muito amplo, porém a correlação dos dados radiológicos com os dados clínicos permite uma determinação de conduta adequada para a grande maioria dos casos. Independentemente do tipo de exame de diagnóstico por imagem que esteja utilizando, deve-se obedecer a uma análise sistematizada, procurando obter o maior número de informações, porém sem imaginar que para todos os casos se conseguirá um diagnóstico preciso com base na avaliação radiológica.

Mais importante do que saber se uma LFH apresenta hipersinal na ressonância magnética (RM) ponderada em T2, hiperdensidade na tomografia computadorizada (TC) ou se é hiperecogênica na ultrassonografia (USG) é compreender as suas características macroscópicas e de comportamento local. Se tivermos uma boa noção da natureza da LFH, dos seus componentes macroscópicos e microscópicos, do tipo de vascularização e das suas variabilidades, saberemos imaginar como ela se apresentará nos diferentes tipos de métodos de diagnóstico por imagem. A análise radiológica de uma LFH deve responder pelo menos às seguintes perguntas:

- A lesão é realmente hepática?
- A lesão é única?
- A lesão é cística ou sólida?

- Qual o padrão de vascularização da lesão?
- Quais as repercussões dessa LFH nas estruturas vasculares e biliares?
- Há outros achados no restante do exame que ajudem na caracterização da LFH?

É claro que algumas perguntas adicionais, específicas de determinados métodos, podem ser feitas, como em exames de tomografia por emissão de pósitrons (PET/CT) nos quais se avalia a intensidade de atividade metabólica da LFH, ou em um exame de RM no qual se pode dizer se a lesão apresenta restrição à difusão ou não, porém os princípios gerais de análise da LFH devem ser os mesmos, não importa o método radiológico que estamos utilizando.

Vejamos como cada uma dessas perguntas nos orienta no racional de análise de uma LFH.

A lesão é realmente hepática?

Ao se identificar uma LFH, deve-se considerar também a possibilidade de a alteração identificada não ser realmente uma LFH, ou seja, estarmos diante de uma pseudolesão hepática.

As pseudolesões hepáticas podem ser lesões de outras estruturas, artefatos de imagem, distúrbios perfusionais transitórios ou mesmo estruturas normais que podem simular uma LFH.

A lesão é única?

Quase todas as LFH podem ser únicas ou múltiplas, porém o número de lesões sem dúvida ajuda na diferenciação, como no diagnóstico de uma doença policística. É preciso, porém, evitar conclusões precipitadas. Não é porque se pensa em doença metastática ao ver múltiplas LFH sólidas que ela não possa se apresentar como uma lesão única.

A lesão é cística ou sólida?

As LFH mais comuns são os cistos, porém eles na maioria das vezes não representam um grande desafio diagnóstico. A caracterização de uma lesão como cística não é suficiente. Deve-se prosseguir na análise, pois há lesões hepáticas císticas simples, na grande maioria os chamados cistos simples, e lesões hepáticas císticas complexas, quando é preciso considerar outras possibilidades, como neoplasias císticas e lesões parasitárias.

Qual o padrão de vascularização da lesão?

O fígado tem um suprimento sanguíneo complexo fornecido pela veia porta, pela artéria hepática e pelo sistema peribiliar. Esses sistemas se conectam entre si e têm mecanismos compensatórios.

Os métodos de diagnóstico por imagem permitem dizer se uma LFH é avascularizada, hipovascularizada, isovascularizada ou hipervascularizada. Essa avaliação é sempre feita comparativamente ao restante do parênquima hepático. Também é possível determinar como se dá o fluxo dentro de uma LFH, quando então dizemos se uma LFH tem fluxo rápido ou fluxo lento. Uma lesão é dita como tendo fluxo rápido quando o meio de contraste que a opacificou nela permanece por curto espaço de tempo, enquanto em uma lesão de fluxo lento o meio de contraste permanece na lesão, mesmo em avaliações tardias.

Para avaliar o parâmetro da vascularização de uma LFH, deve-se estudá-la em diferentes fases antes e após a administração do meio de contraste, nas fases denominadas de pré-contraste, arterial (cerca de 30 segundos), venosa (cerca de 70 segundos) e de equilíbrio (cerca de 180 segundos).

Quais as repercussões dessa LFH nas estruturas vasculares e biliares?

A avaliação das repercussões de uma LFH nas estruturas vasculares e biliares é útil na tentativa de caracterização da natureza dessa lesão e extremamente relevante quando se imagina que a LFH necessitará de um tratamento cirúrgico. De maneira geral, porém sujeita a exceções, LFH benignas tendem a deslocar as estruturas vasculares enquanto lesões malignas podem invadir ou envolver e reduzir o calibre de vasos ou ductos biliares.

Há outros achados no restante do exame que ajudem na caracterização da LFH?

Estudadas detalhadamente as características de uma LFH, deve-se fazer uma análise das demais estruturas incluídas no exame, incluindo a transição toracoabdominal. Na prática diária, não raro, o radiologista recebe a demanda de avaliar uma LFH e detecta uma alteração em outra estrutura incluída no exame e que representa a chave para o diagnóstico da natureza da LFH.

Lesões císticas

Cisto hepático simples

Os cistos simples hepáticos, também chamados de cistos disontogenéticos, são bastante comuns, tendo dimensões muito variáveis. Radiologicamente, fala-se em cisto simples quando a LFH tem contornos regulares, conteúdo líquido homogêneo e paredes finas, porém é preciso saber que cistos simples podem ter septações.

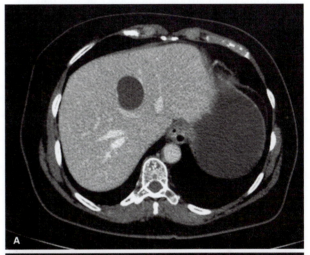

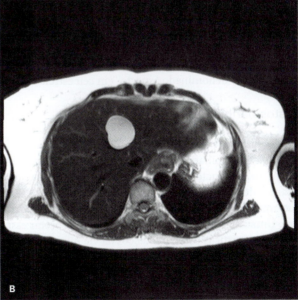

Figura 1 Cisto hepático. A: Tomografia computadorizada na fase portal mostra lesão bem delimitada com conteúdo de baixa atenuação. B: Intenso hipersinal na imagem de ressonância magnética ponderada em T2.

Doença policística hepática

A doença policística pode ser só hepática ou mais comumente hepática e renal. Isoladamente, cada uma das lesões focais tem um padrão de cisto simples, como já descrito. É interessante notar que a função hepática permanece preservada mesmo em pacientes com a maior parte do parênquima hepático substituído por cistos. Ao contrário do que ocorre com o cisto hepático simples isolado, na doença policística não é excepcional a ocorrência de sangramento para o interior de cistos ou a infecção de um dos cistos.

Quando um cisto hepático está infectado, em geral, o seu conteúdo torna-se mais espesso, porém isso também ocorre quando há sangramentos. Atualmente, tem se recorrido ao PET/CT para identificar se há infecção de algum dos cistos renais ou hepáticos, pois o cisto infectado apresentará uma maior atividade metabólica de suas paredes.

Hamartomas biliares

Os hamartomas biliares também são denominados complexos de von Meyenburg ou ainda micro-hamartomas biliares e se enquadram dentro do espectro das lesões fibrocísticas hepatobiliorrenais.

Normalmente os hamartomas biliares são vistos como múltiplas lesões císticas com até 1,0 cm, embora um ou outro possam ser maiores. No diferencial com a doença policística ressalta-se o fato de os hamartomas biliares serem na grande maioria de um tamanho muito aproximado, enquanto na doença policística há uma maior diversidade de tamanho das lesões císticas.

De uma maneira bem peculiar, os hamartomas biliares podem ter um aspecto de hiperecogenicidade nos exames de USG, gerando um aspecto dito "em cauda de cometa". Para os que gostam de descrições por analogias, nas imagens de RM ponderadas em T2 os hamartomas biliares geram uma multiplicidade de pequenos pontos de hipersinal, o que é denominado aspecto "em céu estrelado".

Cistos peribiliares

Os cistos peribiliares são resultantes de ectasias de glândulas peribiliares, estruturas normalmente presentes junto aos ductos biliares. Mais facilmente vistos em exames de TC ou de RM, os cistos peribiliares em geral são múltiplas pequenas lesões císticas, menores que 1,0 cm. Uma análise menos detalhada pode interpretar essas formações císticas como dilatações da via biliar. Como se distribuem acompanhando o trajeto dos ductos biliares, são mais facilmente vistas junto aos ductos biliares intra-hepáticos maiores.

Os cistos peribiliares são mais comumente vistos em pacientes com hepatopatias crônicas ou com doença policística renal.

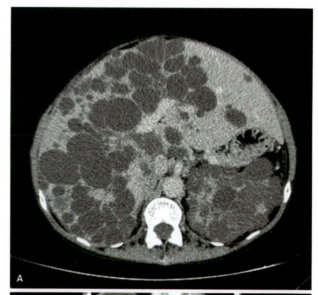
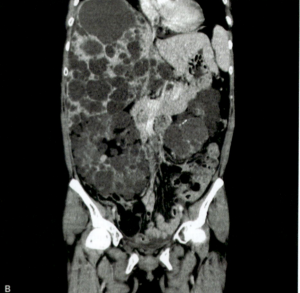
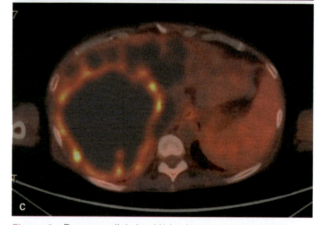

Figura 2 Doença policística. Várias lesões císticas hepáticas e renais (A: plano axial; B: plano coronal). C: Imagem de tomografia por emissão de pósitrons (PET/CT) mostrando hipermetabolismo nas paredes de cisto hepático infectado.

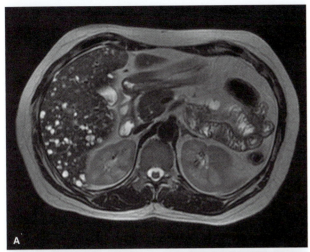

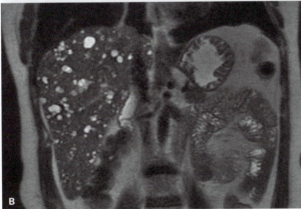

Figura 3 Micro-hamartomas biliares. Múltiplas lesões com pequenas dimensões e hipersinal em T2 (A: plano axial; B: plano coronal).

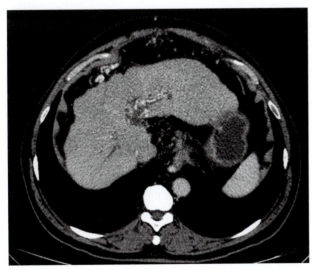

Figura 4 Cistos peribiliares. Tomografia computadorizada na fase portal. Pequenas imagens císticas acompanhando o ramo esquerdo da veia porta, simulando dilatação das vias biliares.

Cisto hepático ciliado

Algumas características permitem ao radiologista considerar a possibilidade de um cisto hepático ciliado, quais sejam a localização preferencial periférica nos segmentos anterossuperiores (IV e VIII) e o conteúdo hiperproteico, que pode resultar em hiperdensidade espontânea nas imagens de TC e um hipersinal em T1 e um moderado hipersinal em T2 nos exames de RM. Normalmente os cistos ciliados são lesões únicas.

Neoplasia cística mucinosa

Anteriormente denominada cistoadenoma biliar e cistoadenocarcinoma biliar, a neoplasia cística mucinosa (NCM) do fígado é a mesma neoplasia que pode ocorrer no pâncreas e nos ovários, ou muito mais raramente em outros locais, sendo quase exclusiva de pacientes do sexo feminino. Na anatomia patológica, identifica-se um estroma ovariano nessa neoplasia.

A NCM é normalmente uma lesão cística única, na grande maioria dos casos localizada no lobo esquerdo, em particular no segmento IV. Essa localização preferencial se explica, atualmente, pela proximidade entre a gônada primitiva direita e o lobo esquerdo do fígado durante a embriogênese. Morfologicamente, a NCM é uma lesão bem delimitada, de paredes espessas, septada e por vezes com vegetações sólidas no seu interior.

Os diagnósticos diferenciais para uma NCM são o cisto ciliado e a hidatidose, porém a análise detalhada da morfologia e dos dados do paciente (sexo e dados epidemiológicos) normalmente permite um diagnóstico radiológico preciso. A NCM não costuma se comunicar com a via biliar, porém pode, eventualmente, comprimir a via biliar e provocar dilatação biliar a montante.

Hidatidose ou equinococose

Quatro espécies de *Echinococcus* são reconhecidamente patogênicas para os humanos. No Brasil, a maior parte dos casos de equinococose é causada por *E. granulosus* e *E. vogeli*, porém há casos de *E. multilocularis* e *E. oligarthrus*.

Os padrões epidemiológicos são distintos para os dois tipos mais comuns de equinococose no Brasil. Os pacientes com equinococose por *E. granulosus* adquirem a doença ao se contaminarem com fezes de cães em fazendas de criação de ovídeos. Essa situação, no Brasil, é mais comum na região Sul. Por sua vez, a contaminação por *E. vogeli* decorre da contaminação ao lidar com paca, um tipo de roedor da família *Cuniculidae*, que em algumas regiões do norte do Brasil pode ser caçado para servir de alimentação humana. Os diferentes tipos de equinococose podem acometer diversas estruturas do organismo, sendo o fígado um dos sítios mais frequentemente lesa-

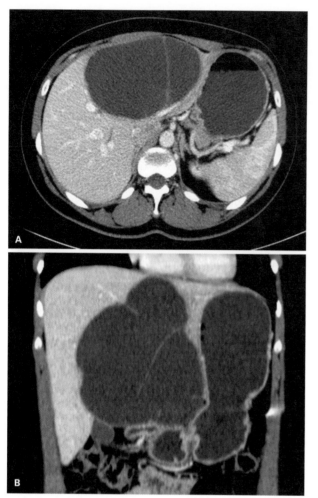

Figura 5 Neoplasia cística mucinosa hepática. Tomografia computadorizada na fase portal (A: plano axial; B: plano coronal). Lesão cística septada no lobo esquerdo hepático em paciente do sexo feminino.

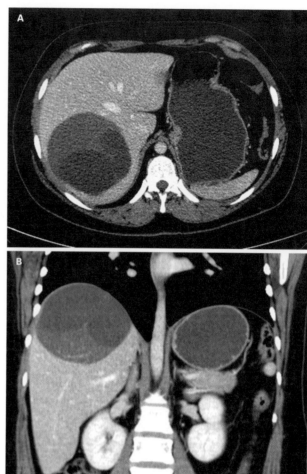

Figura 6 Hidatidose. Tomografia computadorizada na fase portal (A: plano axial; B: plano coronal). Lesão cística complexa, com zonas de diferentes densidades.

dos. Muitas vezes, a equinococose hepática permanece assintomática, sendo descoberta por exames de imagem, ou pode se apresentar com hepatomegalia.

No cisto hidático pode-se distinguir o endocisto, onde os escólex são produzidos, e o pericisto, este composto por células do hospedeiro que formam um tecido fibroso reacional. A morfologia das equinococoses é um pouco diferente, de acordo com a espécie.

As formas mais iniciais da equinococose podem se apresentar como lesões císticas simples. Com o prosseguir da doença, ocorre o desenvolvimento de cistos menores no interior da lesão, os chamados cistos-filhos, a formação de septos, muitas vezes espessos, e de calcificações nas paredes periféricas e nos septos.

A equinococose por *E. vogeli* costuma ter uma apresentação policística, por vezes com extensão da doença à cavidade peritoneal. A suspeita radiológica de uma hidatidose sempre se faz considerando a morfologia da lesão e os dados clínicos e epidemiológicos do paciente.

Lesões não císticas

Abscesso hepático em pacientes imunocompetentes

O padrão de imagem dos abscessos hepáticos está relacionado ao grau de imunocompetência do paciente analisado. Nos pacientes imunocompetentes, os abscessos piogênicos ou amebianos se apresentam como lesões com diferentes graus de liquefação e que provocam um aumento da vascularização no parênquima adjacente. O grau de liquefação depende do tempo de evolução do abscesso. Assim, a morfologia pode variar bastante, desde a de uma lesão unilocular até a de uma lesão complexa multisseptada. Nunca é demais repetir o que já foi dito para outras LFH, que o diagnóstico passa pela correlação da morfologia com os dados clínicos do paciente.

Não raro, os abscessos provocam tromboses segmentares de ramos portais ou de veias hepáticas, o que

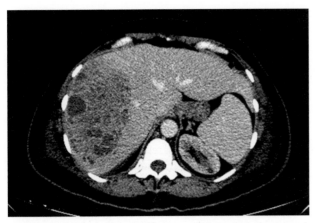

Figura 7 Abscesso. Tomografia computadorizada na fase portal. Lesão liquefeita multisseptada no lobo direito hepático.

resulta em distúrbios perfusionais. Um tipo peculiar de abscesso piogênico é o abscesso colangiolítico, termo que se utiliza para descrever os abscessos hepáticos decorrentes de colangites e que se comunicam com a via biliar.

Muito já se escreveu sobre uma eventual distinção radiológica entre abscessos hepáticos piogênicos e abscessos hepáticos amebianos, porém essa distinção não pode ser feita radiologicamente de maneira confiável. Ao analisar um abscesso hepático, o radiologista deve descrever o seu grau de liquefação, localização, tamanho, presença ou não de septações, número e repercussão sobre outras estruturas, informações relevantes para se decidir a forma de tratamento a ser adotada. Atualmente, destacam-se bastante os bons resultados obtidos com o tratamento percutâneo de abscessos hepáticos.

Como sempre, a análise do exame de pacientes com abscessos hepáticos não se limita ao estudo da LFH, pois por vezes é possível detectar a causa do abscesso, seja por encontrar sinais de colangite ou por identificar lesões inflamatórias infecciosas intestinais.

Abscesso hepático em paciente imunodeficiente

Os abscessos hepáticos em pacientes imunodeficientes costumam ser múltiplos e de pequenas dimensões, sem apresentar realce do parênquima adjacente, o que se explica pela menor resposta inflamatória comparativamente ao que ocorre com pacientes imunocompetentes. Não raro se observa acometimento concomitante do baço e, menos frequentemente, dos rins.

Outro ponto interessante a lembrar é que a melhora da imunidade pode resultar em aparente aumento das dimensões de abscessos hepáticos em pacientes imunodeficientes.

Diferentes patógenos podem se apresentar com o mesmo padrão radiológico, portanto o papel dos exames de imagem é identificar o que pode ser um abscesso hepático em paciente imunodeficiente, procurar por outras lesões nas demais estruturas analisáveis no exame e eventualmente colher material para análise laboratorial.

Tuberculose hepática

O acometimento hepático é comum nos casos de tuberculose disseminada, porém nem sempre com dimensões suficientes para ser detectada por exames de imagem. Mais comumente, o que se percebe é apenas uma hepatomegalia, muitas vezes acompanhada de esplenomegalia.

Quando se apresenta como LFH, a tuberculose pode ser uma lesão única ou múltipla com diferentes graus de liquefação, sem nenhuma característica radiológica patognomônica.

Actinomicose

A actinomicose é uma infecção em geral crônica supurativa causada por *Actinomyces*, sendo o *Acinomyces israelii* o mais frequentemente envolvido na actinomicose humana. O acometimento hepático pode ser isolado ou parte de uma doença sistêmica. Os métodos de imagem reproduzem o caráter normalmente crônico dessa infecção, demonstrando um halo espesso de realce após a administração do meio de contraste.

Como os achados de imagem não são patognomônicos, em geral há necessidade de punção para obtenção de material para análise laboratorial.

Sarcoidose

A grande maioria dos casos de sarcoidose hepática se manifesta radiologicamente por hepatomegalia inespecífica. Em alguns casos, podem-se ver múltiplas lesões focais com diferentes graus de liquefação. O mesmo padrão pode ser visto concomitantemente no baço.

Mais raramente, a sarcoidose pode se apresentar com um padrão semelhante ou idêntico ao de uma cirrose.

Angiomatose bacilar

A angiomatose bacilar é uma doença proliferativa vascular causada pela infecção por espécies do gênero *Bartonella*, particularmente pela *Bartonella henselae*, que ocorre com mais frequência em pacientes imunodeficientes, pela síndrome da imunodeficiência adquirida, por estarem recebendo imunossupressores (transplantados), existindo poucos relatos de casos em pacientes imunocompetentes.

No fígado, a angiomatose bacilar provoca o desenvolvimento de múltiplas pequenas "cavidades" preenchidas por sangue, a denominada peliose hepática bacilar. Deve-

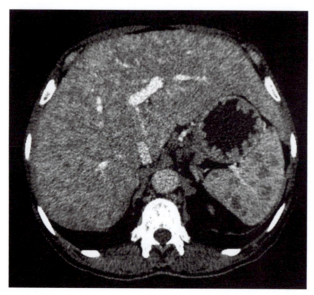

Figura 8 Sarcoidose. Tomografia computadorizada na fase portal. Múltiplas lesões sólidas no fígado e no baço.

-se ressaltar que há outras causas para o desenvolvimento de peliose hepática.

Radiologicamente, a angiomatose bacilar hepática pode ser vista como múltiplas lesões focais arredondadas, pequenas e que se realçam pelo meio de contraste endovenoso, em geral nas fases mais tardias do exame, configurando um quadro de fluxo lento no interior das lesões.

Hemangioma

O hemangioma é o tumor primário mais comum do fígado, muito frequentemente diagnosticado como achado incidental durante a realização de exames de imagem, pois na imensa maioria dos casos não provoca nenhum tipo de sintoma ou sinal clínico.

Os hemangiomas são lesões bem delimitadas, em geral arredondadas, compostas por múltiplos canais vasculares que se comunicam entre si. Os grandes hemangiomas podem apresentar zonas centrais de esclerose.

Entender os hemangiomas como um conjunto de "cavidades vasculares" comunicantes entre si ajuda a entender o padrão observável nos exames de imagem, qual seja a de uma lesão que realça pelos meios de contraste de maneira progressiva e que apresenta fluxo lento no seu interior. Um maneira clássica e eficaz de descrever o aspecto radiológico de um hemangioma é o de uma lesão com realce inicialmente periférico e descontínuo (o suprimento sanguíneo se faz de fora para dentro), descontínuo e globuliforme (algumas "cavidades" periféricas realçam primeiro), progressivamente centrípeto (as cavidades "mais centrais" vão progressivamente se enchendo à medida que "extravasa" meio de contraste das "cavidades periféricas") e que se mantém realçada nas fases tardias (fluxo lento dentro da lesão).

Pelas múltiplas interfaces internas do hemangioma, geralmente ele é visto como uma lesão hiperecogênica na USG. Vale sempre dizer que várias lesões podem ter o mesmo tipo de hiperecogenicidade em exames de USG, de tal forma que o padrão ultrassonográfico não é patognomônico. Ademais, quando há uma hiperecogenicidade do parênquima hepático, o hemangioma pode se apresentar hipoecogênico.

Na TC e na RM, vê-se a reprodução do padrão vascular já descrito, com a RM trazendo a informação adicional do homogêneo hipersinal nas imagens ponderadas em T2 (lesão com conteúdo líquido de fluxo lento).

A esclerose central, comum nos grandes hemangiomas, também pode ser vista nos exames de imagem, como uma área que se assemelha a uma cicatriz central e que não se realça após a administração do meio de contraste nos tempos das etapas usuais dos exames radiológicos.

Cronicamente, os hemangiomas podem sofrer um processo de hialinização, o que resulta na diminuição do tamanho com retração de contornos e perda do padrão de vascularização já descrito. É preciso cautela ao tentar fazer um diagnóstico de hemangioma hialinizado e se preconiza que esse diagnóstico seja feito quando tivermos acesso simultâneo também a exames anteriores nos quais o padrão de imagem era o de um hemangioma típico. Por sua vez, pequenos hemangiomas podem não demonstrar radiologicamente o esperado realce progressivo (as pequenas "cavidades sanguíneas" já estarão preenchidas desde as fases iniciais pós-contraste), configurando os chamados hemangiomas de enchimento rápido. Esse padrão é semelhante ao que pode ser observado em pequenas fístulas arteriovenosas.

Adenoma hepático

Os adenomas hepáticos são neoplasias benignas atualmente entendidas como um grupo de condições, caracterizando-se pelo menos quatro tipos: inflamatório, mutação da β-catenina, mutação do fator nuclear hepatocitário 1-α e quarto tipo dito não classificado.

Mais frequentes em pacientes do sexo feminino, os adenomas estão relacionados com o uso de anticoncepcionais orais ou de anabolizantes e também com obesidade e doenças de depósito de glicogênio, porém na maioria dos casos os adenomas hepáticos são diagnosticados incidentalmente em pacientes assintomáticos.

Particularmente, o tipo com mutação do fator nuclear hepatocitário 1-α pode ter deposição de gordura, demonstrável pela RM pela queda de sinal nas sequências de gradiente "fora de fase".

A maioria dos adenomas não retém o ácido gadoxético na fase hepatobiliar dos exames de RM, porém isso pode ocorrer com certa frequência nos adenomas do tipo inflamatório.

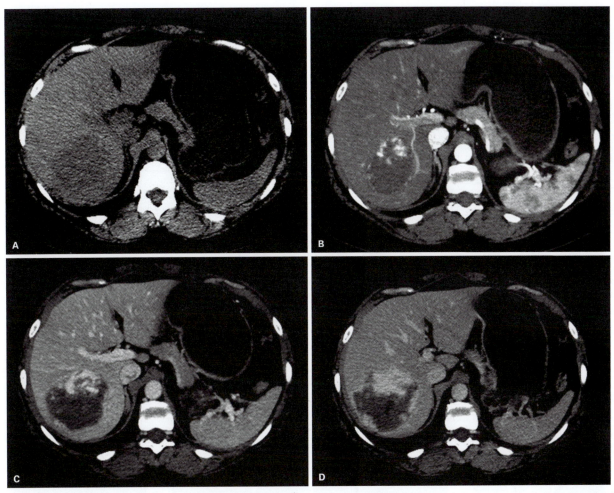

Figura 9 Hemangioma. Tomografia computadorizada (A: fase sem contraste; B: fase arterial; C: fase portal; D: fase de equilíbrio). Lesão focal com progressivo realce pelo meio de contraste.

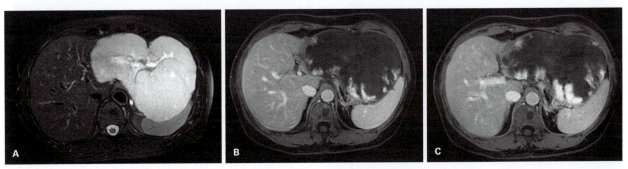

Figura 10 Hemangioma. Ressonância magnética (A: ponderada em T2; B: fase arterial; C: fase tardia). Lesão focal no lobo esquerdo com intenso hipersinal em T2 e progressivo realce pelo meio de contraste. Nota-se a zona esclerótica central na ponderação T2 (A).

Os adenomas são a lesão focal hepática que com mais frequência sangra espontaneamente. Quando isso ocorre, por vezes não se identifica mais a lesão que sangrou, em meio ao hematoma.

Outra preocupação em relação aos adenomas é a possibilidade de transformação maligna, que ocorre mais frequentemente no tipo com mutação da β-catenina. Durante muitos anos destacou-se que a adenomatose hepática seria uma entidade à parte, na qual existiriam 10 ou mais adenomas. Mais recentemente, tem se entendido que adenomas podem ser múltiplos, mas sem que se constitua uma entidade específica. Ressalte-se ainda que, quando múltiplos, os adenomas podem ser de diferentes tipos.

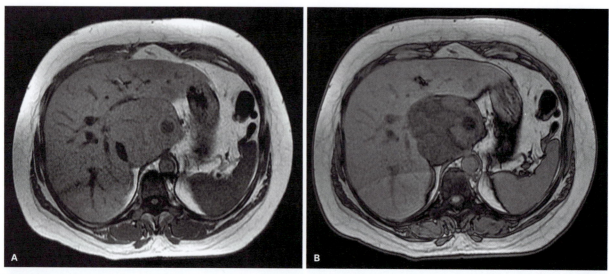

Figura 11 Adenoma hepático. Ressonância magnética. A: T1 gradiente "em fase"; B: T1 gradiente "fora de fase". Acentuada queda do sinal na sequência "fora de fase", indicando a presença de gordura em adenoma do tipo com mutação do fator nuclear hepatocitário 1-α.

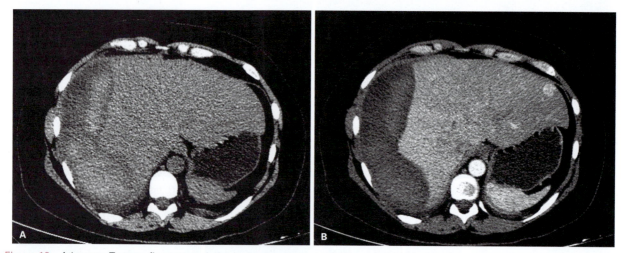

Figura 12 Adenoma. Tomografia computadorizada. A: sem contraste; B: fase arterial. Volumoso hematoma subcapsular hepático consequente à rotura de adenoma no lobo direito hepático. Outro adenoma é visto como uma lesão hipervascularizada no lobo esquerdo (B).

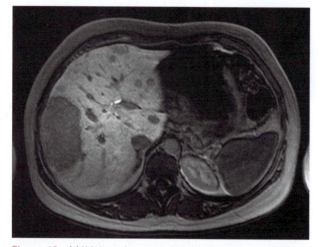

Figura 13 Múltiplos adenomas. Imagem de ressonância magnética na fase hepatobiliar mostra várias lesões sem captação do meio de contraste.

Hiperplasia nodular focal (HNF)

A HNF é considerada uma reação hepática a uma alteração que demande aumento da vascularização hepática, não sendo, portanto, uma neoplasia. Assim como os adenomas, a HNF em geral é descoberta incidentalmente em pacientes assintomáticos. O padrão radiológico mais característico de HNF é o de uma lesão sólida, lobulada, hipervascularizada, com uma cicatriz central que se realça tardiamente.

Nos exames de RM, a HNF normalmente apresenta sinal semelhante ao do parênquima hepático, tanto T1 quanto em T2, exceto a área de cicatriz central que é hipointensa em T1 e hiperintensa em T2. Na fase hepatobiliar de exames de RM feitos com meio de contraste de eliminação biliar, como o ácido gadoxético, a HNF mais comumente retém o meio de contraste.

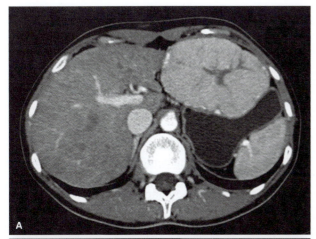

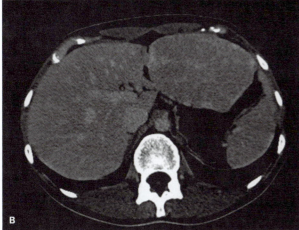

Figura 14 Hiperplasia nodular focal. Tomografia computadorizada (A: fase arterial; B: fase tardia). Lesão hipervascularizada com cicatriz central que se realça tardiamente.

Angiomiolipoma

Os angiomiolipomas podem ocorrer esporadicamente no fígado ou como parte de um quadro de esclerose tuberosa.

A proporção de gordura no angiomiolipoma determinará o seu padrão nos exames de imagem. A forma mais favorável ao diagnóstico de angiomiolipoma é quando identificamos uma lesão única, arredondada, bem delimitada, na qual pelo menos parte da lesão é gordura, que pode ser diagnosticada radiologicamente pela medida da atenuação na TC ou por técnicas de supressão de gordura na RM.

Os angiomiolipomas epitelioides costumam ter um menor ou não identificável radiologicamente componente de gordura e também podem ter um comportamento mais maligno. O seu aspecto radiológico é inespecífico. O diagnóstico diferencial dos angiomiolipomas típicos se faz com lipomas, pseudolipomas da cápsula de Glisson e com adenomas.

Lipoma hepático

Não muito frequentes, os lipomas hepáticos podem ser vistos como pequenas lesões, em geral únicas, constituídas unicamente por gordura.

Pseudolipoma da cápsula de Glisson ou pseudolipoma hepático

Acredita-se que os pseudolipomas da cápsula de Glisson sejam apêndices epiploicos que se desprendem do cólon e ficam em contato com a cápsula hepática (de Glisson), o que resulta no desenvolvimento de uma pseudocápsula fibrosa que os envolve. Essencialmente, pela sua origem, um pseudolipoma da cápsula de Glisson

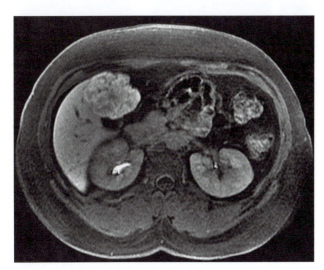

Figura 15 Hiperplasia nodular focal. Ressonância magnética. Lesão lobulada com captação do meio de contraste na fase hepatobiliar.

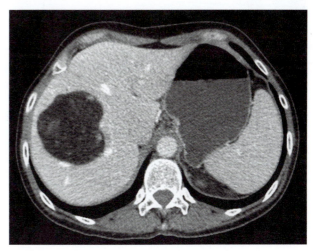

Figura 16 Angiomiolipoma. Tomografia computadorizada na fase portal. Lesão predominantemente constituída por gordura.

seria uma pseudolesão hepática. Radiologicamente, os pseudolipomas hepáticos são vistos como pequenas lesões compostas unicamente por gordura justacapsulares.

Hemangioendotelioma epitelioide

O hemangioendotelioma epitelioide é uma neoplasia maligna rara que pode ocorrer, entre outros locais, em ossos, pulmões e no fígado, sendo mais comuns em mulheres. A evolução clínica dessa neoplasia é bastante variável, com casos de comportamento altamente agressivo e casos muito mais indolentes.

No fígado, os hemangioendoteliomas epitelioides podem se apresentar como lesões únicas ou múltiplas. Embora não se possa dizer que é patognomônico, o padrão radiológico mais favorável à possibilidade de um hemangioendotelioma epitelioide é o de uma lesão hepática periférica na qual se percebem diferentes camadas como "lamelas circulares concêntricas". Muitas vezes, essas lesões provocam uma retração capsular, achado também não exclusivo dessa doença.

Angiossarcoma hepático

Os angiossarcomas hepáticos são uma neoplasia mesenquimal rara, extremamente maligna, originária de células endoteliais dos vasos hepáticos que ocorre em pacientes com mais de 50 anos de idade. Embora classicamente se fale que esse tumor esteja relacionado com exposição a agentes tóxicos como dióxido de tório, altas doses de radiação e cloridrato de vinil, na maior parte dos pacientes não se identifica um fator causal.

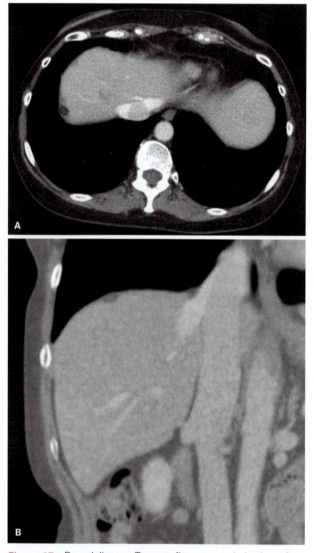

Figura 17 Pseudolipoma. Tomografia computadorizada na fase portal. A: Plano axial; B: plano coronal. Pequena imagem de baixa densidade junto à cápsula hepática.

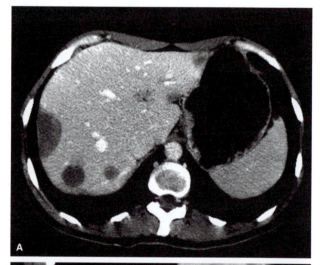

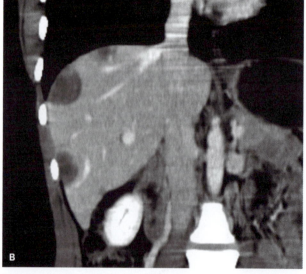

Figura 18 Hemangioendotelioma epitelioide. Tomografia computadorizada fase portal (A: plano axial; B: plano coronal). Múltiplas lesões sólidas, hipoatenuantes, periféricas, com retrações da cápsula hepática.

O padrão radiológico é muito variável e em geral inespecífico, podendo se apresentar como massa única de tamanho variável ou múltiplas lesões. A vascularização dessa neoplasia é muito mais "desorganizada" do que a observável em hemangiomas hepáticos.

Colangiocarcinoma intra-hepático

Os colangiocarcinomas são a segunda neoplasia maligna primária do fígado mais comum e na grande maioria dos casos são adenocarcinomas, podendo se originar em qualquer parte das vias biliares. De acordo com a sua localização, os colangiocarcinomas são classicamente divididos em colangiocarcinomas intra-hepáticos (anteriormente chamados de colangiocarcinomas periféricos) e colangiocarcinomas extra-hepáticos hilar e distal.

Enquanto os colangiocarcinomas extra-hepáticos se manifestam com icterícia mesmo quando de pequenas dimensões, os colangiocarcinomas intra-hepáticos podem permanecer assintomáticos até atingirem grandes volumes.

Todos os processos que levam à inflamação crônica das vias biliares são considerados fatores predisponentes ao desenvolvimento de colangiocarcinomas, como é o caso da colangite esclerosante primária e das doenças fibrocísticas hepatobiliares. Os pacientes com cirrose também têm uma maior predisposição para desenvolverem colangiocarcinoma.

A forma intra-hepática do colangiocarcinoma se apresenta como uma massa sólida, em geral bem delimitada, mais comumente em um fígado sem sinais de hepatopatia crônica. O padrão de vascularização dos colangiocarcinomas intra-hepáticos é bem variável, porém alguns deles têm um grande componente de desmoplasia que pode ser demonstrado radiologicamente por um realce mais acentuado nas fases tardias dos exames com meio de contraste.

Os relatórios dos exames de imagem devem mencionar detalhadamente a localização da lesão e as suas relações com estruturas vasculares, pois com base nessas informações se decidirá se a lesão é ressecável ou não.

Carcinoma hepatocelular

O carcinoma hepatocelular (CHC) é a neoplasia maligna primária mais comum no fígado. O maior fator de risco para CHC é a cirrose, embora o CHC possa ocorrer em fígado não cirróticos. Admite-se que o desenvolvimento do CHC no fígado cirrótico pode se dar por dois mecanismos. O primeiro seria um processo de múltiplas etapas (*multistep hepatocarcinogenesis*), incluindo o foco hiperplásico, os nódulos displásicos de baixo grau, displásicos de alto grau, o CHC tipo "nódulo em nódulo", o CHC bem diferenciado e o CHC moderadamente diferenciado. O segundo processo de hepatocarcinogênese,

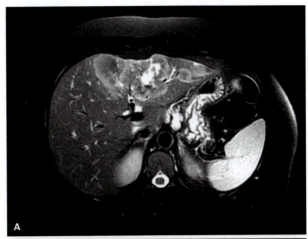

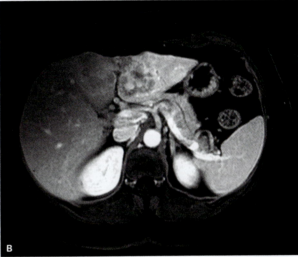

Figura 19 Colangiocarcinoma intra-hepático. Ressonância magnética (A: ponderada em T2; B: ponderada em T1, fase portal). Massa sólida com realce heterogêneo, provocando retração capsular e com realce central tardio.

considerado menos frequente, seria a chamada hepatocarcinogênese "de novo", na qual o CHC já se apresentaria diretamente como CHC moderadamente diferenciado.

A hepatocarcinogênese por múltiplas etapas possibilita uma oportunidade de detecção do CHC em estádios mais precoces. Como se conhece o grupo de risco (pacientes cirróticos) e existe tratamento eficaz para os casos diagnosticados precocemente, o CHC é uma das neoplasias para as quais se advoga a adoção de métodos de rastreamento. Todas as diretrizes internacionais recomendam que pacientes cirróticos sejam registrados em programas de rastreamento e realizem exames de ultrassonografia hepática a cada 6 meses. Normalmente também é feita a dosagem sérica da alfafetoproteína.

Identificado um nódulo hepático pela ultrassonografia, é necessário estudar o padrão de vascularização. Sabe-se que no processo de hepatocarcinogênese por múltiplas etapas ocorre uma progressiva diminuição do fluxo portal, ao mesmo tempo em que ocorre um aumento do fluxo arterial no nódulo em questão. Dessa forma, exames com meio de contraste, particularmente a TC e a RM, mas também a US, podem estudar a dinâmica de vascularização dos nódulos hepáticos.

Quando o nódulo hepático se transforma de nódulo displásico em CHC, ele costuma passar a ser mais vascularizado que o restante do fígado na fase arterial e a demonstrar uma diminuição do fluxo portal nas fases tardias. Em resumo, quando se percebe que um nódulo é hipervascularizado na fase arterial e com fluxo rápido demonstrado pela perda de realce nas fases tardias, ele é dito como tendo um aspecto característico de CHC. Nos relatórios de tais nódulos, deve constar a expressão "hipervascularizado com fluxo rápido" (wash-out).

É importante mencionar que alguns nódulos já podem ter se transformado em CHC bem diferenciados sem ainda apresentarem hipervascularização, condição que chamamos de CHC hipovascularizados. O diagnóstico dessa situação passa a ser dependente de se perceber um nódulo que se destaca na fase tardia do exame por demonstrar uma menor vascularização. Os meios de contraste hepatoespecíficos da RM podem ser úteis nessa situação ao demonstrarem ausência ou diminuição de retenção do meio de contraste na fase hepatobiliar nesses CHC.

Os CHC apresentam tendência à invasão vascular, portanto é fundamental procurar por trombose tumoral nas veias porta ou hepáticas sempre que se diagnostica um CHC. O radiologista deve saber fazer a distinção entre trombose tumoral e trombose hemática. A trombose tumoral apresenta fluxo no trombo, o que pode ser demonstrado pelo realce pelo meio de contraste na TC e na RM ou pelo Doppler na USG.

Como no Brasil, pacientes com CHC podem receber uma pontuação especial quando inscritos em listas de transplante hepático. O relatório radiológico deve ser altamente preciso, mencionando todos os nódulos com os seus padrões de vascularização, localização e tamanho. Além da forma nodular, mais comum, o CHC pode ter uma forma difusa, infiltrativa. Nesses casos, em geral são vistas grandes massas, mal delimitadas, muitas vezes já com trombose tumoral.

É importante mencionar que esses casos de CHC avançado, infiltrativo, costumam não apresentar hipervascularização na fase arterial, sendo mais facilmente perceptíveis nas fases tardias dos exames. Muitas vezes, os pacientes com CHC avançados infiltrativos apresentam níveis séricos muito elevados de alfafetoproteína. Aqui vale lembrar que, não infrequentemente, os níveis séricos de alfafetoproteína podem estar normais em pacientes com CHC.

Atualmente, tem se observado um aumento no número de casos de CHC decorrente de esteato-hepatite não alcoólica (NASH). Como os pacientes obesos não costumam fazer exames de rastreamento para lesões hepáticas, é comum que os CHC relacionados à NASH sejam diagnosticados já em formas avançadas, com grandes massas.

Carcinoma hepatocelular fibrolamelar

O carcinoma hepatocelular fibrolamelar (CHC-FL) é uma neoplasia maligna, mais rara do que o carcinoma hepatocelular clássico, que se desenvolve em fígados não cirróticos.

A maioria dos CHC-FL ocorre em pacientes jovens, entre a segunda e terceira décadas de vida, sendo mais comum no sexo feminino. Em geral, o CHC-FL se apresenta como uma massa sólida, compacta, bem delimitada, por vezes com uma zona central parcialmente fibrótica.

Cabe aos exames radiológicos realizar um diagnóstico diferencial com lesões malignas e benignas, sendo a hiperplasia nodular focal a lesão com a qual o CHC-FL mais pode se assemelhar. Vários aspectos são úteis para a diferenciação entre essas duas condições, como demonstrado no Quadro 1.

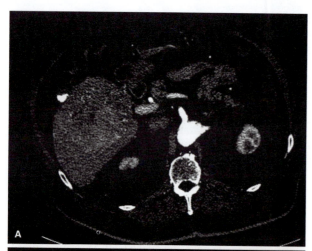
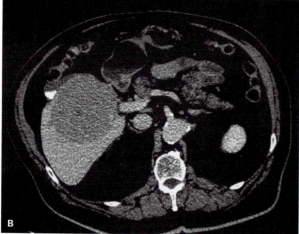

Figura 20 Carcinoma hepatocelular. Tomografia computadorizada (A: fase arterial; B: fase tardia). Massa hipervascularizada na fase arterial com wash-out na fase tardia.

20 LESÕES FOCAIS HEPÁTICAS   681

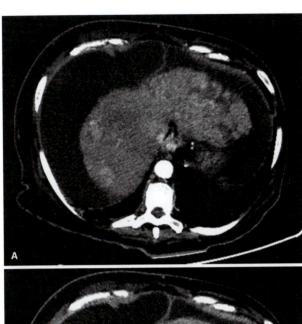

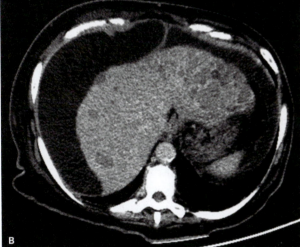

Figura 21 Carcinoma hepatocelular infiltrativo. Tomografia computadorizada (A: fase arterial; B: fase tardia). Lesão mal delimitada, heterogênea na fase arterial e mais bem caracterizada como lesão hipoatenuante, sólida infiltrativa na fase tardia.

Quadro 1		
	CHC-FL	HNF
Natureza	Maligna	Benigna
Sintomas	Sintomas consumptivos (emagrecimento)	Assintomática
Cicatriz central	Sem realce tardio, com hipossinal em T2	Com realce tardio, com hipersinal em T2
Vascularização na fase arterial	Heterogênea	Intensa e homogênea
Linfonodomegalias	Usuais (mais de 50% dos casos)	Ausentes
Invasão vascular	Possível	Ausente
Idade dos pacientes	2ª ou 3ª décadas	Qualquer idade
Calcificações	Possíveis (puntiformes)	Ausentes

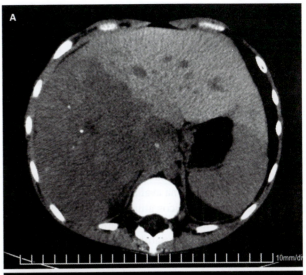

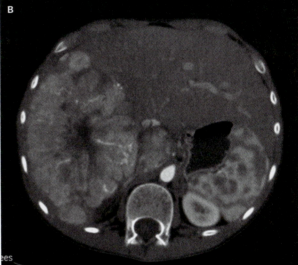

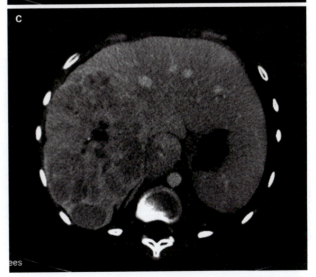

Figura 22 Carcinoma hepatocelular fibrolamelar. Tomografia computadorizada (A: fase sem contraste; B: fase arterial; C: fase tardia). Massa sólida com necrose central e focos de calcificações.

Metástases hepáticas

O fígado é sede frequente de metástases, não apenas das provenientes do trato digestivo, mas também de pulmões, mamas, adrenais, rins, tireoide e praticamente de qualquer outro sítio primário. As metástases hepáticas são cerca de 20 vezes mais frequentes que as neoplasias malignas hepáticas primárias.

O diagnóstico de metástases hepáticas pode ser feito como resultado de uma busca ativa no estadiamento de uma neoplasia já conhecida ou como um achado de um exame realizado para uma avaliação global do exame.

Os exames radiológicos atuam em diversos momentos na avaliação de metástases hepática: detecção da lesão focal, diagnóstico da natureza metastática, avaliação da extensão, discussão da ressecabilidade cirúrgica e nos controles após tratamento quimioterápico ou cirúrgico.

A evolução das técnicas cirúrgicas mudou completamente o conceito do tratamento cirúrgico de metástases hepáticas. Hoje, são tratados cirurgicamente, mesmo os casos com múltiplas metástases distribuídas por ambos os lobos. Pode-se dizer de modo simplificado que a possibilidade de tratamento cirúrgico deve ser considerada desde que o fígado remanescente futuro seja igual ou superior a 25 ou 30% do volume hepático total (critérios variáveis na literatura); seja possível uma ressecção R0; e o fígado remanescente tenha um suprimento sanguíneo arterial e portal adequados; a drenagem venosa esteja garantida; bem como a drenagem biliar, isso é claro considerando-se que o fígado é o único sítio de doença metastática.

Os relatórios radiológicos, portanto, devem contemplar todas essas informações, nunca sendo demais ressaltar a necessidade de uma descrição precisa das relações das metástases com as estruturas vasculares e biliares. Em condições ideais, todas essas discussões devem ser feitas em reuniões multidisciplinares de tomada de decisão sobre o tipo de tratamento a ser adotado, com a presença de oncologistas, cirurgiões e radiologistas.

Embora possam ser lesões únicas, em geral as metástases são vistas como lesões múltiplas que tendem a reproduzir o comportamento vascular da lesão neoplásica primária. Assim, a maioria das metástases hepáticas são lesões hipovascularizadas, porém costuma apresentar um halo de realce. Entre as causas de metástases hipervascularizadas, devem ser consideradas sobretudo as neoplasias primárias de mama, tireoide, melanoma, rim e de neoplasias neuroendócrinas malignas mais bem diferenciadas.

Embora a TC continue como a técnica mais utilizada na pesquisa de metástases hepáticas, estudos comparativos têm demonstrado uma maior eficácia da RM na detecção de metástases hepáticas, particularmente com o uso de técnicas de difusão e também com o uso de meio de contraste hepatoespecífico.

Algumas metástases apresentam padrões peculiares que podem evocar o diagnóstico de uma neoplasia primária específica (Quadro 2).

Quadro 2 Padrões que definem o diagnóstico de neoplasia primária

Padrão	Neoplasia primária
Hiperdensidade espontânea na TC e hipersinal em T1 na RM	Melanoma
Sangramento espontâneo	Coriocarcinoma
Calcificação (antes de tratamento)	Neoplasias mucinosas
Osteossarcoma	
Acentuada hipodensidade na TC e hipersinal em T2 na RM	Neoplasias mucinosas

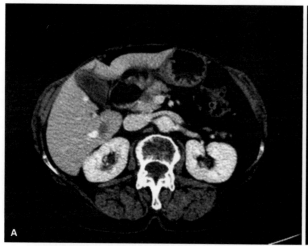
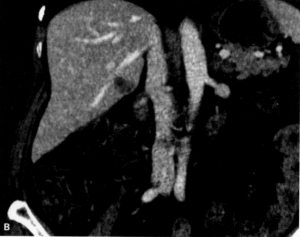

Figura 23 Metástase hepática de adenocarcinoma de cólon. Tomografia computadorizada da fase portal (A: plano axial; B: plano coronal). Lesão sólida, hipoatenuante, situada junto a uma veia hepática direita acessória.

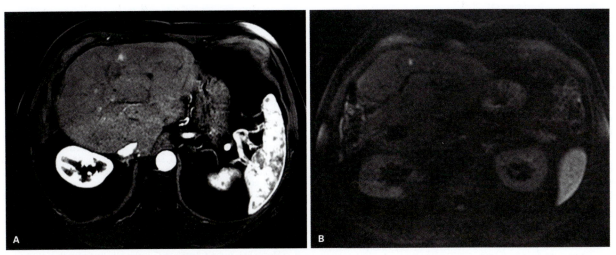

Figura 24 Metástase de tumor neuroendócrino. Ressonância magnética (A: fase arterial; B: difusão). Pequena lesão focal hipervascularizada na fase arterial e bem caracterizada na sequência de difusão.

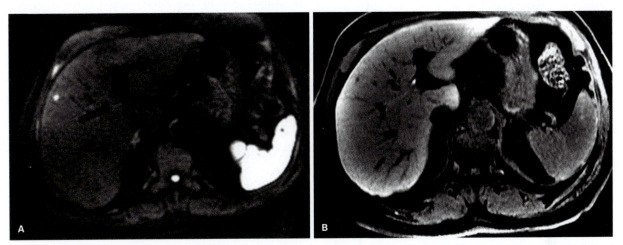

Figura 25 Metástase de adenocarcinoma de cólon. Ressonância magnética (A: sequência de difusão; B: fase hepatobiliar). Lesão subcentrimétrica no segmento VIII, caracterizada na sequência de difusão e na fase hepatobiliar (ausência de captação do meio de contraste).

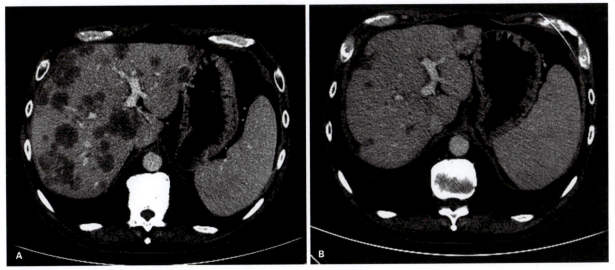

Figura 26 Pseudocirrose pós-tratamento de metástases hepáticas. Tomografia computadorizada da fase portal (A: primeiro exame; B: exame de controle após o tratamento quimioterápico). A boa resposta ao tratamento resultou em distorção arquitetural hepática com várias retrações capsulares simulando uma cirrose.

Os radiologistas devem saber reconhecer também as modificações que ocorrem no parênquima hepático com o uso dos modernos quimioterápicos. Muito comumente, os tratamentos quimioterápicos induzem a deposição de gordura nos hepatócitos, levando a uma doença gordurosa hepática de intensidade variável desde esteatose até a esteato-hepatite induzida por quimioterapia (CASH – *chemotherapy associated steatohepatitis*).

Tratamentos com oxaliplatina podem resultar em quadros de síndrome da obstrução sinusoidal, perceptíveis radiologicamente por um padrão difusamente heterogêneo do fígado após a administração de meio de contraste endovenoso.

Algumas vezes, o tratamento quimioterápico provoca um intenso processo fibrótico hepático, resultando na chamada pseudocirrose pós-quimioterapia. Essa condição tem sido mais descrita no tratamento de metástases hepáticas de neoplasia de mama.

Bibliografia sugerida

1. Blachar A, Federle MP, Sosna J. Liver lesions with hepatic capsular retraction. Semin Ultrasound CT MR. 2009;30:426-35.
2. Bonder A, Afdhal N. Evaluation of liver lesions. Clin Liver Dis. 2012;16:271-83.
3. Cogley JR, Miller FH. MR imaging of benign focal liver lesions. Radiol Clin N Am. 2014;52:657-82.
4. Jang HJ, Yu H, Kim TK. Imaging of focal liver lesions. Semin Roentgenol. 2009;44:266-82.
5. Kamaya A, Maturen KE, Tye GA, Liu YI, Parti NN, Desser TS. Hypervascular liver lesions. Semin Ultrasound CT MR. 2009;30:387-407.
6. Katabathina VS, Menias CO, Shanbhoque AK, Jagirdar J, Paspulati RM, Prasad SR. Genetics and imaging of hepatocelular adenoma: 2011 update. Radiographics. 2011;31:1529-43.
7. Lamba R, Fananapazir G, Corwin MT, Khatri VP. Diagnostic imaging of hepatic lesions in adults. Surg Oncol Clin N Am. 2014;23:789-820.
8. McInnes MD, Hibbert RM, Inácio JR, Schieda N. Focal nodular hyperplasia and hepatocellular adenoma: Accuracy of gadoxetic acid-enhanced MR imaging: a systematic review. Radiology. 2015;277:413-23.
9. Merkle EM, Zech CJ, Bartolozzi C, Bashir MR, Ba-Ssalamah A, Huppertz A, et al. Consensus report from the 7th international forum for liver magnetic resonance imaging. Eur Radiol. 2016;26:674-82.
10. Mortelé KJ, Peters HE. Multimodality imaging of common and uncommon cystic liver lesions. Semin Ultrasound CT MR. 2009;30:368-86.
11. Siegelman ES, Chauhan A. MR characterization of focal liver lesions: pearls and pitfalls. Magn Reson Imaging Clin N Am. 2014;22:295-313.
12. Tsurusaki M, Sofue K, Murakami T. Current evidence for the diagnostic value of gadoxetic acid-enhanced magnetic resonance imaging for liver metastasis. Hepatol Res. 2016;46:853-61.

21

Hepatopatias difusas

Hilton Muniz Leão Filho
Iraí Oliveira

Introdução

O tema de hepatopatias difusas vem ganhando importância nos últimos anos, principalmente com o desenvolvimento de novas técnicas de imagem capazes de quantificação objetiva de doenças de depósito (relacionada a ferro e/ou gordura) ou mesmo na avaliação não invasiva da fibrose.

O desenvolvimento desses métodos vem sendo acompanhado da mudança no entendimento de algumas doenças e da relação delas com o desenvolvimento de fibrose e perda da função hepática. Como exemplos podemos citar os avanços recentes no entendimento da doença gordurosa hepática não alcoólica e seu aspecto dinâmico, com potencial progressão para inflamação e fibrose. O depósito de ferro, por sua vez, sempre foi um fator de risco para fibrose nos órgãos acometidos, em particular no fígado, porém recentemente alguns trabalhos têm mostrado a importância do ferro em pacientes já portadores de algum tipo de hepatopatia crônica. Nesses pacientes, mesmo em pequenas quantidades, o ferro tem se mostrado fator importante de pior prognóstico, determinando aceleração da fibrose, da perda de função e mesmo de desenvolvimento de carcinomas hepatocelulares.

Até mesmo a fibrose vem ganhando maior atenção com o desenvolvimento de técnicas não invasivas amplamente difundidas, possibilitando uma melhor estratificação de risco dos pacientes, melhor seleção daqueles que merecem biópsia ou mesmo tratamento específico. Além disso, esses métodos têm possibilitado um controle mais preciso desses mesmos pacientes, identificando a resposta positiva ou não ao tratamento, ou mesmo ajudando na subclassificação dos tipos de cirrose.

Este capítulo é dividido nos principais tipos de doença difusa hepática, sendo inicialmente discutidos os depósitos de gordura (esteatose) e ferro, para posteriormente finalizar com o tema da fibrose. Cada item é subdividido nas técnicas disponíveis, além de apresentar uma pequena introdução.

Esteatose

A esteatose é uma condição muito comum na população mundial, particularmente nos dias atuais, e é caracterizada, como o próprio nome diz, pelo depósito de gordura no fígado, principalmente na forma de triglicerídeos. Em termos mais precisos, é definida por uma porcentagem de gordura superior a 5% pela biópsia (ou alguns outros métodos de imagem não invasivos como será demonstrado a seguir). Ela é a base da doença hepática gordurosa não alcoólica (DHGNA), mas também é encontrada em pacientes portadores do HIV, lipodistrofias, abuso de álcool, hepatites virais e uso de medicamentos como quimioterápicos. Uma das causas mais comuns de esteatose atual é a DHGNA, que por definição tem, além de depósito de gordura no fígado, a associação com resistência à insulina e a exclusão de causas secundárias e consumo significativo de álcool (definido em ≤ 30 g por dia para homens e ≤ 20 g para mulheres). A doença abrange duas grandes condições distintas, o fígado gorduroso não alcoólico e a esteato-hepatite não alcoólica (EHNA), esta última com graus variados de gravidade, com inflamação, fibrose, cirrose e eventual desenvolvimento de carcinomas hepatocelulares. Ela é a doença hepática crônica mais prevalente dos países ocidentais, envolvendo cerca de 17-46% dos adultos, dependendo da metodologia utilizada na análise, sendo encontrada em 20 a 80 milhões de americanos. O processo pelo qual o depósito de gordura progride para inflamação e posterior cirrose é complexo e não totalmente esclarecido. De forma mais simples, ocorre morte celular por indução de estresse oxidativo, desencadeado pelo acúmulo de ácidos graxos livres no fígado. Essa morte celular determina liberação de citoquinas e oxigênio reativo que ativará a apoptose celular e resultar finalmente em doença hepática progressiva. Estima-se que cerca de 5-15% dos pacientes com DGHNA vai demonstrarão cirrose em biópsias e 4-5% daqueles com esteatose isolada desenvolverão cirrose no futuro, mostrando a importância de se avaliar esses pacientes.

Uma das principais preocupações com a presença de gordura no fígado é a importante mudança no entendimento desse achado e suas implicações. Antes considerada um aspecto de pouca relevância e muitas vezes ignorado, é atualmente um fator importante para desenvolvimento e piora do prognóstico em várias enfermidades. Entre os vários exemplos, destaca-se a piora no curso de hepatites virais, inclusive com redução da eficácia no tratamento da hepatite C. É ainda um dos principais fatores que determina a impossibilidade de doação parcial de fígado em transplantes intervivos, e sua presença está relacionada a piora da função hepática e possível falência do enxerto (mesmo com volume adequado de parênquima). Existem ainda evidências relacionando essa condição com a piora e o desenvolvimento do diabete (com estudos mostrando uma taxa de 20-50% de pacientes esteatóticos com desenvolvimento da doença), relações entre risco de mortalidade cardiovascular aumentado e mesmo surgimento de carcinoma hepatocelular (CHC) nesses fígados, mesmo na ausência de cirrose.

Em virtude do exposto acima fica claro que o conceito clássico de que esteatose seria um achado sem grande importância sofreu uma grande mudança, sendo atualmente considerada uma condição relacionada a riscos em múltiplos sistemas, como o endócrino, cardiovascular e mesmo o próprio parênquima, levando a disfunção progressiva do órgão e eventual desenvolvimento de CHC. Dessa forma, a identificação precisa da doença deve ser realizada sempre que possível para que o paciente seja avaliado e posteriormente tratado para tentar reverter o quadro. Uma diretriz recente das associações europeias para o estudo do fígado (EASL – European Association for the Study of the Liver), da diabetes (EASD – European Association for the Study of Diabetes) e da obesidade (EASO – European Association for the Study of Obesity) recomenda que a avaliação inicial desses pacientes seja feita por ultrassonografia (USG), porém o único método que poderia quantificar corretamente o depósito de gordura seria a ressonância magnética (RM), particularmente pela espectroscopia, destacando-se que este último método seria mais complicado pelo seu custo e complexidade, algo que o autor pretende mostrar no texto que pode mudar muito nos próximos anos pelo desenvolvimento de novas técnicas. Um detalhe importante a ser destacado ainda é que o padrão-ouro a ser utilizado é a biópsia hepática percutânea, que possibilita não apenas a avaliação da gordura hepática, mas também uma análise global da patologia, associando outros fatores como grau de siderose, inflamação, balonização e fibrose. No entanto, deve-se também ter em mente que

ela avalia uma pequena porção do parênquima (cerca de 1/50.000), não refletindo o aspecto global do órgão, não é isenta de morbidade e mesmo de mortalidade (com taxas de 1-3% e 1:10.000, respectivamente) e possui variabilidade interobservador significativa, abrindo espaço para que métodos não invasivos possam discriminar melhor os pacientes em que a biópsia seria realmente necessária e possibilitar um melhor controle desses doentes. O acompanhamento é um aspecto importante desses pacientes. Uma vez que eles podem ser tratados, com regressão (ou progressão) da doença, é imperativo que existam meios de se avaliar a resposta, de preferência sem a necessidade de outro método invasivo.

Houve uma grande e recente evolução no entendimento da esteatose hepática, como um processo dinâmico e com prognóstico não tão benigno quanto se imaginava. Atualmente existe a associação da esteatose com doença vascular, síndrome metabólica e ainda a possibilidade de progressão da doença, com desenvolvimento de inflamação e eventualmente fibrose e cirrose. A doença ainda tem a característica de possibilidade de desenvolvimento de carcinoma hepatocelular, mesmo sem a cirrose estabelecida. Logo, a identificação de esteatose e eventual acompanhamento desses pacientes para controle da doença é muito importante, sendo o papel da imagem fundamental nesse aspecto, ainda com possibilidade de avaliar associação com outros processos e mesmo presença de lesões focais.

Ultrassonografia

A USG é frequentemente o método de imagem inicial na avaliação de alterações parenquimatosas difusas no fígado, muitas vezes utilizada em pacientes assintomáticos com alterações das enzimas hepáticas. Seu amplo uso na prática clínica se deve ao fato de ser amplamente disponível, segura, não invasiva, com baixo custo e sem uso de radiação ionizante, podendo ser utilizado inclusive à beira do leito. Esse método apresenta, entretanto, algumas desvantagens, como o campo de visão relativamente pequeno, ser operador-dependente, dificuldade de avaliação em pacientes obesos, além da limitação na avaliação de alterações em estágios iniciais e dos achados serem muitas vezes não específicos, necessitando de uma avaliação adicional por outros métodos.

O exame deve ser realizado com transdutor convexo, que apresente frequência entre 3 e 5 MHz. O paciente pode ficar em decúbito dorsal, sendo também muitas vezes necessário utilizar o decúbito lateral direito. Segundo o guia prático do American College of Radiology (ACR), a avaliação do fígado durante a realização de uma USG abdominal deve incluir imagens transversais e no eixo longo do fígado e o parênquima deve ser avaliado para a pesquisa de alterações focais e difusas. A ecogenicidade do fígado deve ser comparada com a do rim direito e as seguintes imagens devem ser obtidas:

- Imagens dos principais vasos hepáticos, incluindo a veia cava inferior, as veias hepáticas, a veia porta e se possível seus ramos principais.
- Imagens dos lobos hepáticos e se possível do hemidiafragma direito e de espaço pleural adjacente.

O padrão radiológico mais frequentemente observado na esteatose é o acometimento difuso do parênquima, caracterizado na USG pelo aumento difuso e homogêneo da ecogenicidade do parênquima. Essa avaliação é relativamente subjetiva e podemos usar como referência o córtex renal ou o baço, uma vez que a ecogenicidade do fígado normal é igual ou minimamente superior à do córtex renal e à do baço. Outros achados que podem ser observados são: atenuação do feixe acústico levando a uma visualização ruim dos segmentos posteriores e do diafragma, má definição das estruturas vasculares hepáticas (por redução da penetrabilidade) e ecogenicidade das paredes portais menos evidente (redução da ecogenicidade portal) (Figura 1). O aumento das dimensões hepáticas também pode ser observado, mas não é necessário para o diagnóstico.

Outros padrões também muito comuns são a deposição focal e preservação focal de gordura (Figura 2). Esses achados costumam ocorrer em áreas específicas do fígado, sendo as mais comuns junto ao ligamento falciforme, ao ligamento venoso e no leito da vesícula biliar. Essa distribuição poderia ser atribuída a variações do suprimento venoso, como drenagens venosas anômalas e diferentes aportes de conteúdo gorduroso. O diagnóstico desse padrão pode ser mais difícil, sobretudo em pacientes oncológicos, pois pode mimetizar lesões hepáticas focais. Os achados que favorecem o diagnóstico de deposição ou preservação gordurosa focal são: localização em áreas típicas, morfologia geográfica e contornos mal delimitados, sem apresentar efeito de massa. Geralmente são áreas pequenas, mas que podem se tornar confluentes.

Outros padrões menos comuns incluem:

- Esteatose multifocal, quando múltiplos focos de gordura esparsos pelo fígado são observados em localizações atípicas, podendo ser arredondados ou ovalados. Podem simular nódulos verdadeiros, mas não apresentam efeito de massa e permanecem estáveis ao longo do tempo. O diagnóstico pode ser difícil, sobretudo à USG, sendo muitas vezes necessário complementar com outros exames radiológicos ou, eventualmente, estudo histopatológico.
- Deposição perivascular: presença de halos de gordura circundando as veias hepáticas, a veia porta e seus ramos ou ambos. A morfologia é tubuliforme, seguindo o trajeto dos vasos, sem efeito de massa.
- Deposição subcapsular: ocorre em pacientes com insuficiência renal e diabete insulino-dependente, quando a insulina é administrada através do fluido da diálise, levando à deposição de gordura subcapsular. Pode se manifestar como nódulos ou áreas confluentes periféricas de acúmulo de gordura.

Muitos autores relatam a baixa acurácia da USG na detecção de esteatose hepática e o diagnóstico pode não ser confiável ao método caso o conteúdo de gordura no fígado seja menor do que 30% do peso. Por outro lado, acentuada deposição gordurosa, contendo mais de 30% de gordura por peso, é detectada através da USG com uma sensibilidade e especificidade de 67-84% e 77-100%.

Um ponto controverso em relação à avaliação ultrassonográfica é a quantificação do grau de esteatose. Por muito tempo, utilizou-se na prática clínica uma classificação subjetiva em leve, moderada e acentuada esteatose com base no nível de aumento de ecogenicidade e atenuação do feixe acústico posterior. Nessa abordagem, a esteatose seria considerada leve quando houvesse um leve aumento difuso da ecogenicidade do parênquima, mas

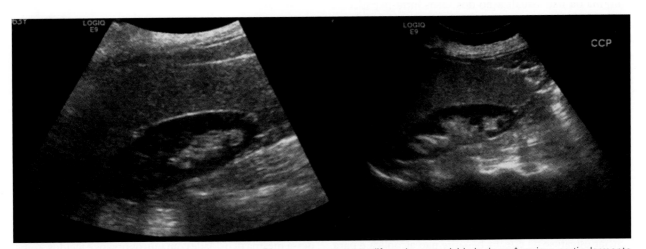

Figura 1 Mulher, 63 anos de idade, com esteatose. Observa-se o aumento difuso da ecogenicidade do parênquima, particularmente em relação ao córtex renal, determinando limitação dos contornos posteriores.

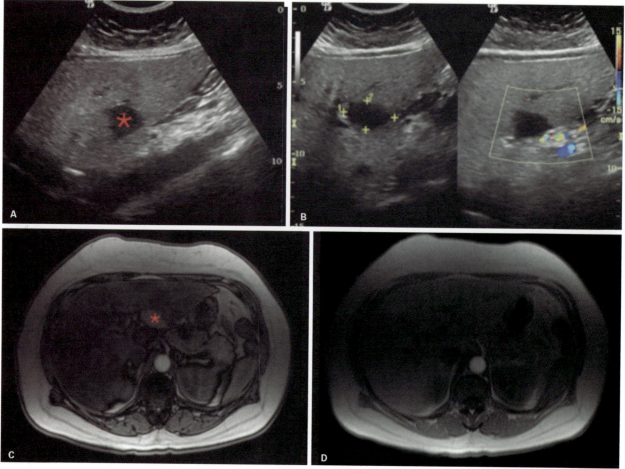

Figura 2 Mulher, 55 anos de idade, com esteatose e área de preservação gordurosa focal no segmento III. Observar em A e B a área hipoecogênica no aspecto posterior do segmento III (* em A). A mesma área se mostrou como área de preservação focal da esteatose na ressonância magnética, particularmente na série OUT-phase C (*).

com clara visualização do diafragma e dos vasos intra-hepáticos; moderada quando o aumento da ecogenicidade determinasse uma atenuação do feixe acústico obscurecendo a parede dos vasos e o diafragma; e acentuada, quando houvesse importante aumento da ecogenicidade com má ou não visualização dos vasos intra-hepáticos e do diafragma. Por ser uma quantificação muito subjetiva, tem sido menos utilizada atualmente.

Alguns autores descrevem um método quantitativo de avaliação da esteatose, o índice hepatorrenal, calculado em um *software* a partir das imagens obtidas no exame modo B do fígado e do rim direito e transferidas para um sistema de arquivo de imagens, com boa correlação com o percentual de gordura mensurado através de biópsia.

Uma das grandes limitações da USG seria distinguir os diversos estágios do espectro da doença gordurosa hepática e diferenciar esteato-hepatite e fibrose da esteatose, uma distinção que cada vez tem mais impacto no planejamento do tratamento clínico e no prognóstico dos pacientes. Infelizmente, a USG não é sensível para diferenciar esteatose de esteato-hepatite não alcoólica e para detectar a presença de fibrose.

Um avanço recente nessa área é o uso da elastografia, uma técnica não invasiva para medir o grau de rigidez hepática, que será descrita no item específico.

Tomografia computadorizada

A tomografia computadorizada (TC) é um método que ganhou enorme importância nos últimos anos, com grande disponibilidade de máquinas em território nacional. Com as máquinas atuais, pode-se realizar o exame de todo o abdome em menos de 5 segundos, com resolução temporal e espacial muito elevada. A avaliação de esteatose por tomografia tem sido feita há vários anos, com os primeiros estudos sobre o tema sendo publicados no final da década de 1970, demonstrando a relação entre os valores de atenuação e a quantidade de gordura hepática (ou em outros tecidos). A partir destes e de vários outros estudos, foram determinados alguns índices para caracterizar o acúmulo de gordura no fígado, relacionados a valores absolutos de densidade do parênquima, ou mesmo secundários à razão dessa mesma densidade com outros órgãos e tecidos, como o baço, e vasos adjacentes. Os índices mais utilizados são:

- Valor absoluto do parênquima hepático < 40 a 45 unidades Hounsifield (UH).
- Relação da densidade fígado-baço < 10 UH.
- Razão da densidade fígado/baço < 1.

Esses vários valores de referência estão geralmente relacionados a um depósito estimado de 30% de gordura na correlação com a patologia (Figura 3), sendo necessários outros índices para depósitos mais leves. Alguns autores sugerem o uso da diferença entre a densidade entre o fígado e baço menor ou igual a 1 UH como uma possibilidade mais abrangente para caracterizar o depósito mais leve, aumentando a sensibilidade. Porém, a maioria dos autores ainda prefere utilizar valores mais elevados, com foco em depósitos de 30% ou mais na patologia, pois refletem uma especificidade maior. Nesse caso, os principais artigos preferem o uso do valor de atenuação isolado do fígado, sem correlação com o baço ou outro órgão, com valores variando entre 40 e 48 UH. É importante destacar que o uso de valores absolutos de densidade do fígado para avaliação de esteatose necessita de aparelhos bem calibrados, com avaliações dedicadas de seus números de TC em intervalos frequentes, para que não haja erros na análise. Sempre deve-se lembrar de olhar a atenuação de outros tecidos com densidade conhecida (gordura macroscópica, líquido etc.), caso haja alguma dúvida sobre essa calibração. É ainda de se esperar que existam discretas variações entre os números de TC em aparelhos de fabricantes diferentes, algo já descrito, geralmente sem muita repercussão, devendo, porém, ser levado em conta. Existem ainda múltiplos fatores que podem prejudicar a avaliação do depósito de gordura baseado apenas na densidade hepática, como a presença de ferro, cobre, amiodarona e mesmo edema/congestão associados no fígado (Figura 4). O uso de radiação ionizante é outro fator relevante ao tema, uma vez que pode restringir o uso da TC em pacientes pediátricos, muitas vezes acometidos pelo processo. Apesar de ser um tema controverso, o uso da radiação ionizante derivado da tomografia estaria muito bem indicado caso houvesse um benefício claro na sua utilização e, uma vez que a quantificação de gordura isolada pode ser aferida por outras técnicas sem o uso de radiação, talvez esse benefício não seja tão evidente.

A evolução da tomografia trouxe alguns benefícios na caracterização de tecidos, particularmente com o uso de múltiplas energias (conhecidos como tomógrafos com uso de dupla energia). Esse novo tipo de tecnologia pode avaliar melhor os tecidos, com base na alteração de sua densidade em energias distintas. A gordura é um dos tecidos que, em teoria, poderia ser mais bem explorado, pois exibe densidades menores quanto menor a energia (Figura 5). Na verdade, esse tópico não é tão recente assim, sendo explorado com algum sucesso desde a década de 1990 com aparelhos convencionais, adquirindo duas séries com energias diferentes. Atualmente, essa análise pode ser feita de maneira mais elegante, *pixel* a *pixel* e produz resultados mais precisos, porém a controvérsia na literatura ainda continua, com alguns autores não demonstrando benefício em relação aos exames convencionais, e o depósito de ferro concomitante poderia ser um dos fatores limitante.

A tomografia continua uma técnica importante na caracterização da esteatose. Existem vários critérios que têm mostrado boa sensibilidade e especificidade, particularmente aqueles que usam valores absolutos de atenuação para o parênquima hepático. Deve-se ter em mente, no entanto, que esses valores geralmente estão relacionados à presença de 30% ou mais de gordura na patologia

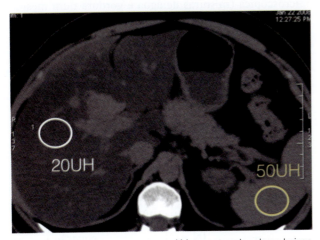

Figura 3 Paciente com esteatose nítida, mostrando valores baixos de densidade no parênquima hepático (inferiores a 45-49 UH), o que já indicaria esteatose maior ou igual a 30% na patologia. Observa-se ainda que a correlação com o baço também é positiva, podendo-se fazer o diagnóstico também por essa forma. O círculo branco representa um ROI no parênquima hepático e o amarelo no baço.

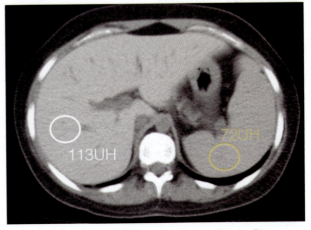

Figura 4 Paciente com depósito de ferro no fígado. Observa-se a alta densidade do parênquima hepático (quantificada em 113 UH), muito superior ao da Figura 1. A avaliação de depósito de gordura combinado nesse paciente é impossibilitada pelo depósito de ferro nele. Verifica-se a presença de depósito de ferro menos exuberante também no baço.

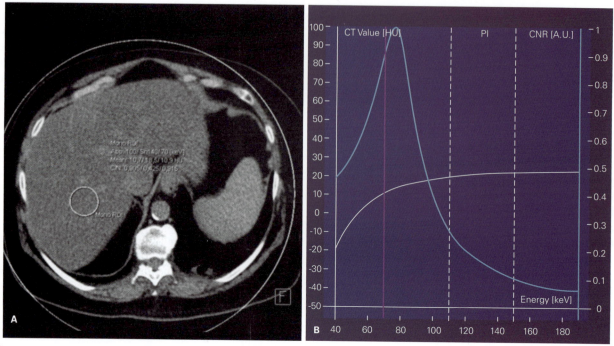

Figura 5 Paciente com esteatose avaliado em tomografia de dupla energia. Em A, observa-se a imagem axial do abdome superior com a região de interesse (ROI) no lobo hepático direito. Em B, observa-se a representação gráfica da densidade (ordenada – y) nas múltiplas energias (abscisa – x), denominada imagem espectral da tomografia. Como o fígado tem gordura, podemos identificar valores de atenuação mais baixos em energias menores (abaixo de 70 keV), corroborando que a redução da densidade está relacionada à presença de gordura.

que aparelhos de marcas distintas podem apresentar valores diferentes de atenuação para o corte de esteatose e que o aparelho deve estar sempre bem calibrado. Ainda, o método tem mostrado resultados poucos precisos na avaliação longitudinal dos pacientes em tratamento, pode ser prejudicado se houver depósito de ferro associado e utiliza radiação ionizante.

Ressonância magnética

A quantificação de gordura pela RM é considerada bastante acurada, sendo o mais preciso entre os métodos de imagem e totalmente não invasivo, sem necessidade de contraste intravenoso ou de radiação ionizante, achado este já descrito em alguns artigos de metanálise comparando as possibilidades disponíveis. Essa técnica explora o efeito de desvio químico relacionado à diferença de precessão (ou de ressonância) entre os sinais de prótons distintos. Nesse caso, os prótons de hidrogênio ligados à gordura têm frequência de precessão menor do que os ligados à água (aproximadamente 210 Hz em 1,5 T).

Uma das possibilidades é a utilização do desvio químico de segundo tipo (ou efeito de interferência de fase), observado nas técnicas gradiente-*echo* em que as diferenças de frequência precessionais entre os prótons de água e gordura causam interferências periódicas nos sinais deles, sendo as mais utilizadas rotineiramente para detecção e quantificação de esteatose hepática, tendo ainda fundamental importância na caracterização de várias lesões focais no fígado, adrenais e rins (Figura 6). Em um dado tempo de *echo* (TE) os prótons de água de um tecido estarão orientados na mesma direção (logo, em fase) com os de gordura (no mesmo tecido) e seu sinal será aditivo, enquanto em outro momento os dois estarão em direções opostas (fora de fase) e o valor do sinal será igual à diferença absoluta dos dois. Logo, tecidos com gordura microscópica (misturas de água e gordura num mesmo voxel) apresentarão queda do sinal na sequência fora de fase comparada com a em fase. Essas sequências são muito rápidas, sendo obtidas em uma apneia do paciente. Deve-se ter em mente que todas as estruturas são incluídas na mesma, podendo-se avaliar tecidos com conteúdo lipomatoso no fígado, rins, pâncreas, entre outros, tanto em doenças difusas, como em lesões expansivas (Figura 7). Essa sequência foi inicialmente descrita por Thomas Dixon em 1984 e ainda hoje faz parte de todo exame de rotina do abdome (e algumas fabricantes nomeiam suas sequências como o nome do autor). Existe ainda a possibilidade de se quantificar a porcentagem de esteatose por essa sequência, por meio da simples equação:

$$FATfrac = \frac{IN - OUT}{2(IN)} \qquad \text{equação 1}$$

E *IN* equivale ao valor do sinal na região de interesse (ROI) da sequência em fase, *OUT* corresponde ao mesmo ROI na sequência fora de fase e *FATfrac* seria a porcen-

21 HEPATOPATIAS DIFUSAS 691

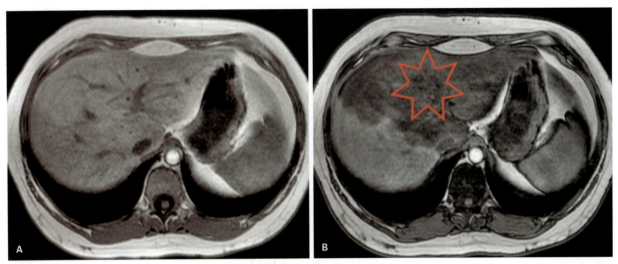

Figura 6 Paciente com esteatose parcial no lobo hepático esquerdo, avaliado por ressonância magnética. Sequência gradiente-*echo* T1 *IN* (A) e *OUT* (B) *of-phase* em paciente com esteatose no lobo hepático esquerdo ("estrela" em B), identificada por área geográfica de redução do sinal nessa topografia. Esse aspecto foi determinado por uma trombose do ramo portal direito (não mostrada), que preserva o mesmo da deposição de gordura.

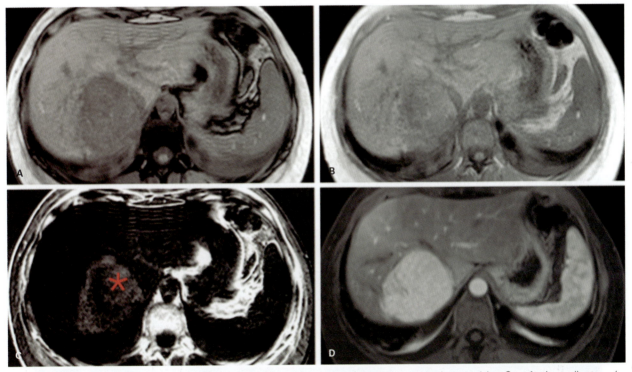

Figura 7 Paciente com lesão vascularizada no lobo hepático direito, avaliado por ressonância magnética. Sequência gradiente-*echo* T1 *OUT* (A) e *IN* (B) *of-phase* demonstrando uma lesão com queda do sinal na primeira, inferindo conteúdo gorduroso microscópico, melhor avaliada em C, que representa a subtração da imagem A de B – a área de gordura é demarcada por *. A lesão foi caracterizada como provável adenoma hepático do subtipo relacionado a inativação do gene HNF-1α – característico por essa apresentação com conteúdo gorduroso no interior. Em D, observa-se a proeminente vascularização precoce da lesão.

tagem de gordura no fígado. O motivo da multiplicação do denominador por 2 pode ser explicado pelas seguintes fórmulas:

$$FATfrac = \frac{g}{(a+g)}$$

Se o que queremos medir é a gordura num tecido (representado por *g*), temos de ver sua porcentagem em relação aos demais componentes do tecido (que no fígado e na maior parte do corpo é constituída por água – representada por *a* – e gordura). Temos então, a partir das séries em fase e fora de fase as seguintes possibilidades:

$$IN = a + g$$
$$OUT = a - g*$$
(*considerando que a água é o elemento mais abundante)

Logo:

$$FATfrac = \frac{(a+g)-(a-g)}{x(a+g)}$$

O que evolui para:

$$FATfrac = \frac{a+g-a+g}{x(a+g)}$$

e:

$$FATfrac = \frac{2g}{2(a+g)}$$

Sendo que x seria 2 para anular o 2 do numerador.

Uma das limitações pouco conhecidas na avaliação quantitativa dessa técnica é a sua incapacidade de se caracterizar depósitos de gordura superiores a 50% no parênquima hepático (ambiguidade intrínseca de Dixon), uma vez que a diferença dos valores é vetorial e absoluta, não se podendo distinguir se o sinal mais proeminente é o da água ou o da gordura (Figura 8). Essa limitação é discreta, uma vez que depósitos de gordura no fígado superiores a 50% são extremamente raros.

Outras limitações da técnica é o efeito T1 do parênquima, que superestima o depósito se não for corrigido (Figura 9) e o problema decorrente do decaimento T2* do fígado, o que pode prejudicar a quantificação, particularmente se houver depósito de ferro combinado. A presença de ferro no fígado determina redução progressiva do sinal do parênquima por suscetibilidade

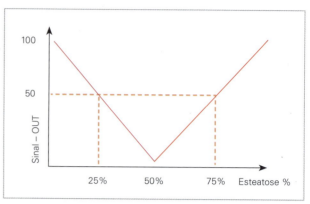

Figura 8 Gráfico esquemático mostrando o comportamento de sinal na sequência convencional gradiente-*echo OUT-phase* em depósitos crescentes de gordura. Observa-se que, como o resultado do sinal é vetorial, quando atingimos a marca de 50% estatose o sinal seria nulo e posteriormente, prevaleceria o sinal da gordura sobre o da água, logo de maneira contraintuitiva voltaríamos a ter ascensão do sinal do fígado, mesmo com maior porcentagem de gordura. Logo, uma redução de 50% do sinal na sequência *OUT-phase* poderia indicar 25% ou 75% de gordura, teoricamente. Como depósitos superiores a 50% são extremamente raros, considerar esta última porcentagem é uma possibilidade muito remota.

magnética, mais evidente em sequências gradiente-*echo*, sendo mais proeminente quanto maior o tempo de *echo* utilizado, limitando a quantificação e detecção de esteatose (Figura 10). Para tentar minimizar esses erros, é necessário obter sequências com *flip angle* baixo, para resolver o problema do viés de T1, além de sequências adicionais com os prótons "em fase" em tempos de *echo* mais longo, no sentido de estimar o artefato de suscetibilidade determinado pela presença de ferro e corrigi-lo.

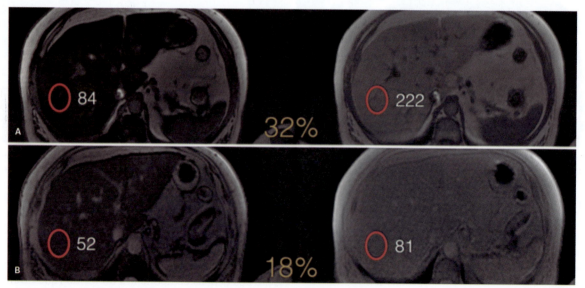

Figura 9 Influência do *flip-angle* (FA) na quantificação da esteatose. Em A, observam-se imagens GE *OUT* e *IN-phase* com FA de 70 graus, indicando uma esteatose de 32%. Em B, observa-se uma sequência semelhante obtida no mesmo dia e no mesmo paciente com FA de 20 graus, mostrando uma quantificação mais precisa da esteatose, estimada em 18%. Essa variação é devida ao viés de T1 que superestima a gordura em FA mais elevados (que são habitualmente utilizados na prática clínica).

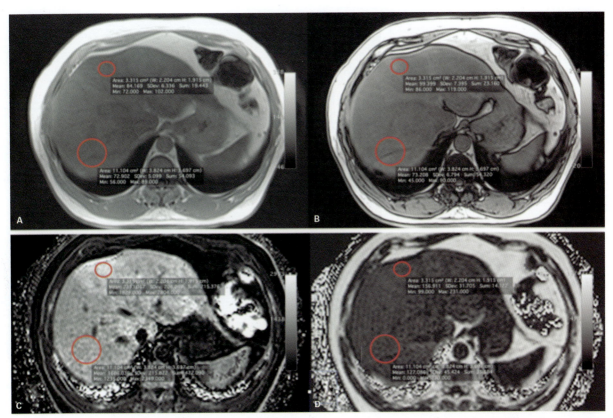

Figura 10 Paciente com depósito de ferro e gordura no fígado, limitando a análise convencional pela sequência GE *IN/OUT-phase* (A e B). Observe que o sinal do fígado é menor na sequência *IN-phase* (A), o que infere depósito de ferro, mas a série *OUT-phase* (B) também demonstra sinal mais baixo que o esperado, que pode ser secundário ao ferro ou mesmo a gordura. As séries C e D correspondem ao mapa de R2* (relacionado ao ferro) e ao mapa de pocentagem de gordura, respectivamente, corroborando nossa hipótese. O paciente tem um depósito de ferro leve (R2* = 203 s^{-1} – VR < 60 s^{-1}) e esteatose, com porcentagem de gordura de 14% (VR < 5%).

Outro problema a ser corrigido é a complexidade espectral da gordura nos tecidos. Quando se utilizam sequências convencionais T1 *IN* e *OUT-phase* estamos considerando apenas o componente mais proeminente de gordura nos tecidos (localizado em 1,3 ppm – etileno), que representa apenas 70% do total dos tipos de fração de gordura/triglicérides nos tecidos (incluindo o fígado). Existem ainda outras cinco frações de gordura identificadas em 0,9, 2,0, 2,2 e 5,3 ppm, com contribuições variadas para o total de triglicérides hepáticos. Uma vez que cada pico destes exibe uma velocidade de precessão diferente na RM, nunca os picos de gordura estarão verdadeiramente "em fase" de novo, a não ser no TE = 0. Da mesma forma, eles nunca estarão verdadeiramente "fora de fase" e o decaimento é mais anárquico que habitualmente se espera, em particular em tecidos com muita gordura (Figura 11).

Para se corrigir todos os três problemas principais, foram desenvolvidas equações direcionadas para se quantificar a real fração de gordura nos tecidos, denominadas *proton density fat fraction*. Essa análise depende de sequências gradiente-*echo* com 3 ou mais tempos de *echo* (os fabricantes têm utilizado entre 6 e 8 tempos de *echo*) que podem ser obtidas numa apneia. Pode-se adotar posteriormente a aquisição, uma análise de magnitude ou complexa para se aferir a percentagem de gordura, por meio da correção da curva da equação com as intensidades de sinal de cada *pixel* de interesse. A análise de magnitude é mais simples, podendo ser realizada apenas com as imagens em formato DICOM e posteriormente com a aquisição delas, em programas de terceiros, havendo inclusive opções gratuitas para tal. Essa análise corrige os três principais erros descritos, sem levar em conta outros que geralmente afetam menos a quantificação, como as *Eddy currents* e o ruído de fundo. Estes dois últimos só poderão ser corrigidos se a aquisição também incluir as imagens da *phase*, para que se possa avaliar a heterogeneidade do campo magnético na região de interesse. Quando a técnica contempla essas correções ela é chamada de análise complexa. O método de magnitude foi originalmente descrito por Bydder et al. enquanto o método complexo foi inicialmente desenvolvido por Reeder et al. Apesar de o método complexo possibilitar uma análise mais precisa com uma separação melhor da gordura, existe muito pouca diferença na prática. Um ponto importante é que a maioria das técnicas de magnitude abrange um intervalo de apenas 0-50% de gordura (o que é suficiente para o fígado), porém inviabiliza a análise de outros tecidos com porcentagens maiores. A análise complexa pode quanti-

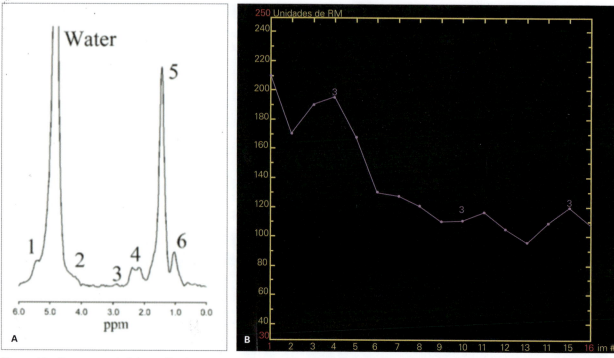

Figura 11 Curva espectral de um fígado com esteatose em A mostrando todos os 6 picos de gordura existentes no parênquima. A existência desses 6 picos, com tempos de precessão distintos, torna o padrão de decaimento do sinal muito anárquico, como visto em B, dificultando uma análise mais simples com apenas 2 tempos de *echo*. Adaptada de Hamilton et al., 2010.

ficar porcentagens de gordura entre 0-100% (Figura 12). Existe pelo menos uma possibilidade de se quantificar depósitos de gordura superiores a 50% com técnicas de magnitude, fornecida por um grupo australiano (MagnePath®) com um *software* próprio (Figura 13).

Essas técnicas novas de análise de gordura possibilitam ainda a quantificação dos valores de T2*/R2* já corrigidos para eventuais depósitos de gordura, uma vez que eles têm de ser calculados para que se obtenha a porcentagem precisa de lipídios. Essa análise será mais

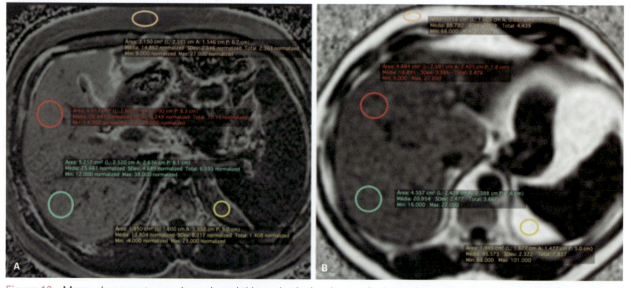

Figura 12 Mapas de porcentagem de gordura obtidos pela técnica de magnitude em A e análise complexa em B. Observa-se que as regiões de interesse (ROI) posicionadas na gordura do subcutâneo e retroperitoneal nas duas imagens (com cores laranja e amarelo) demonstram valores de 14-15% em A, nitidamente subestimados, pois essa técnica também é influenciada pela ambiguidade de Dixon. Em B, os valores são mais precisos, indicando porcentagens acima de 88% nessas posições, pois essa técnica não sofre com essa limitação. Mesmo assim, ambas as técnicas possibilitam uma boa quantificação de esteatose hepática (superior a 50% em casos extremos), sendo corretamente quantificada em 26% em A e 19% em B – pacientes diferentes.

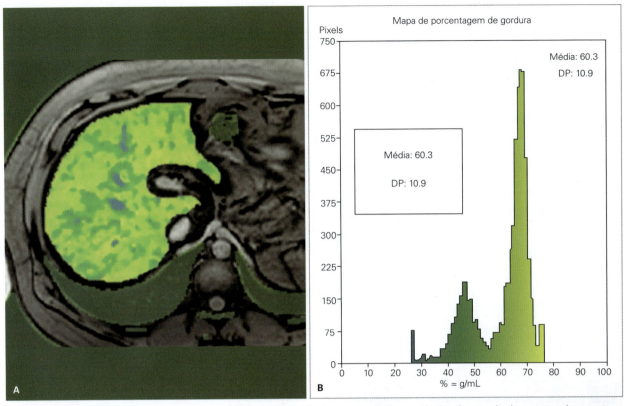

Figura 13 Paciente com esteatose muito acentuada, sendo utilizada uma avaliação por técnica de magnitude, mostrando esteatose estimada em 60%. Esse é um tipo de processamento específico que consegue quantificar índices de gordura acima de 50% usando uma técnica de magnitude.

bem descrita no item seguinte, relacionado ao depósito de ferro no fígado.

A maioria dessas técnicas de quantificação de gordura já está disponível comercialmente nas principais fabricantes de equipamentos de RM, com nomenclaturas variadas. A aquisição é feita em apenas uma apneia e o pós-processamento é totalmente feito em segundo plano, e o resultado é apresentado geralmente como uma sequência *IN* e *OUT-phase*, uma imagem da água (semelhante a uma técnica volumétrica com saturação de gordura) e uma imagem da gordura (muito semelhante ao proposto por Dixon no trabalho original). Finalmente são também disponibilizadas uma série com o mapa de fração de gordura e outra com o mapa de R2* (Figura 14). Existem ainda algumas possibilidades gratuitas para se quantificar a esteatose, uma delas disponibilizada pela Universidade de Rennes por meio do *site*: http://imagemed.univ-rennes1.fr/ironbymr.

Existem outros métodos para se quantificar a esteatose hepática, porém eles geralmente não são tão robustos ou mesmo tão facilmente acessíveis na prática clínica. Dois deles que merecem destaque são a espectroscopia de prótons e a simples supressão seletiva da gordura.

A espectroscopia de prótons na ressonância usa a variação na frequência de ressonância dos prótons para separá-los de acordo com sua composição. Além de sua localização e separação caracteriza-se ainda a concentração dos picos, dada pela intensidade de sinal de cada um, obtida pela integral da curva de determinado metabólito.

O pico de água é geralmente o mais proeminente, situado em 4,7 ppm, e existem alguns picos relacionados a lipídios (pelo menos 6 – já referidos acima), identificados em 0,9; 1,3; 2,1; 2,75; 4,2; 4,7 e 5,3 ppm, sendo mais proeminentes os dois primeiros, relacionados ao metil e metileno da molécula de triglicérides. A quantificação da gordura pela espectroscopia não sofre a mesma limitação de depósitos superiores a 50% de gordura descritos para as técnicas de magnitude, sendo limitada, no entanto, pela amostra de tecido estudado. Enquanto as outras sequências possibilitam um "mapeamento" no grau de depósito de gordura em todo o parênquima hepático, a espectroscopia avalia apenas um pequeno volume, geralmente posicionado no lobo hepático direito (escolhido por ser menos sujeito a variações de movimento respiratório e cardíaco). Esse método é tido como o mais preciso na quantificação de gordura hepática e tem sido utilizado inclusive na validação de outros métodos em vez da análise histológica. Apesar de precisa, a espectroscopia é trabalhosa e dificilmente realizada na prática clínica, destacando-se que alguns fabricantes têm desenvolvido uma facilitação do seu processamento, tornando-o totalmente automático, sendo necessário apenas o posicionamento correto do volume de interesse (VOI) (Figura 15).

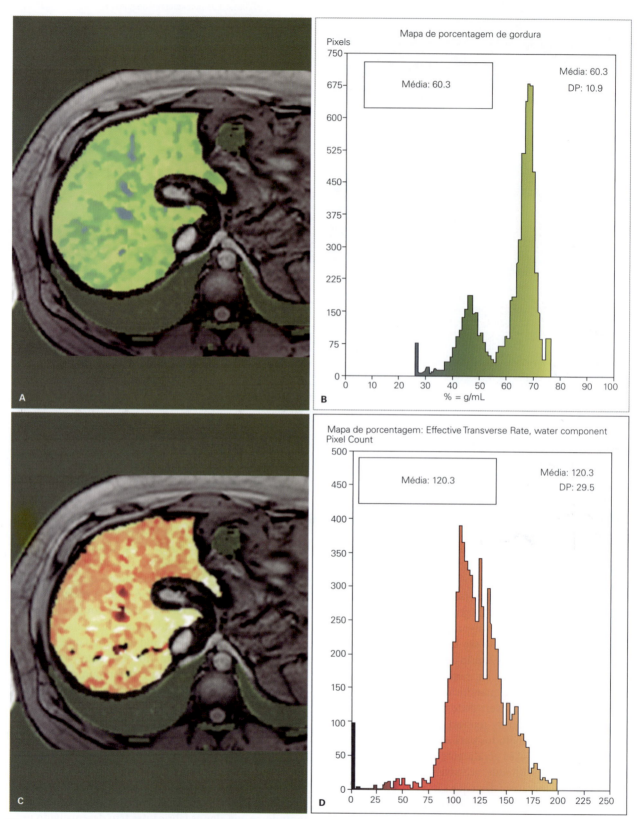

Figura 14 Mesmo paciente da Figura 11, mostrando o resultado das técnicas de PDFF, com criação de mapas de porcentagem de gordura em A (com resultado em B) e mapas de R2* em C (com valores em D), este último diretamente proporcional ao depósito de ferro nesse paciente. Esse paciente exibe esteatose muito acentuada e depósito leve de ferro no parênquima hepático (R2* de 120 s^{-1}).

21 HEPATOPATIAS DIFUSAS **697**

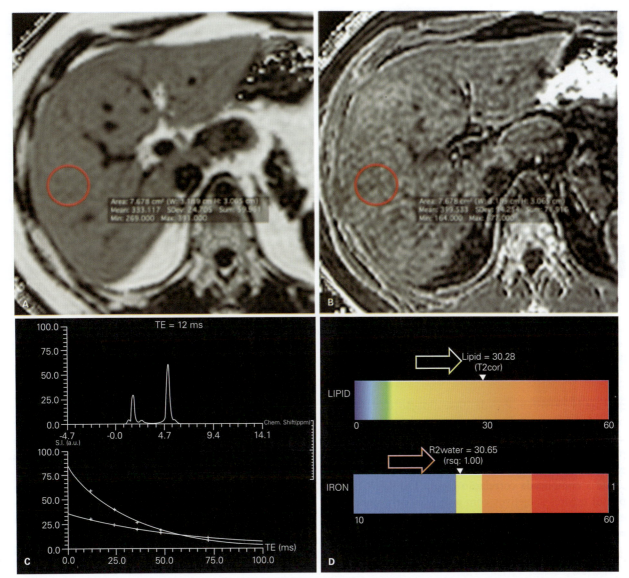

Figura 15 Paciente com esteatose difusa acentuada, mostrando mapa de gordura em A, com porcentagem de gordura calculada em 33% (VR < 5%), mapa de R2* em B, com valores normais. Foi ainda realizada técnica semiautomática de espectroscopia, com VOI posicionado de maneira semelhante à região de interesse (ROI) de A, obtendo-se valores similares de esteatose (30% – seta amarela em D). A técnica ainda quantifica os valores de R2 (distintos de R2*), também relacionados a depósito de ferro e dentro da normalidade (seta vermelha em D).

As técnicas de frequência seletiva baseiam-se no isolamento e saturação de um sinal específico, no caso da gordura, sendo habitualmente utilizadas na melhoria do contraste da imagem ou mesmo na redução de artefatos de desvio químico indesejados. Contudo, essa sequência pode ser obtida para quantificação de gordura nos tecidos, desde que sejam utilizados os mesmos parâmetros em sequências com e sem o pulso de saturação. Logo, tecidos com misturas variadas de água e gordura produzirão um sinal maior na técnica simples sem saturação, que vai se reduzir nas técnicas com saturação seletiva, podendo ser quantificado. Como essa sequência utiliza os mesmos tempos de *echo*, sofre menos interferência com o depósito de ferro e pode quantificar depósitos superiores a 50% de gordura em tecidos (Figura 16). Apesar de uma abordagem interessante, esse método foi praticamente abandonado pela maior facilidade e precisão das técnicas PDFF supracitadas.

A RM é atualmente o método mais preciso para se identificar e quantificar a esteatose hepática. Seja com espectroscopia (método considerado o mais preciso disponível) ou com as sequências novas com correção de múltiplos vieses de quantificação, têm-se obtido resultados muito precisos, rápidos e totalmente não invasivos para os pacientes, uma vez que não se utiliza contraste intravenoso ou mesmo radiação ionizante. Um dos problemas

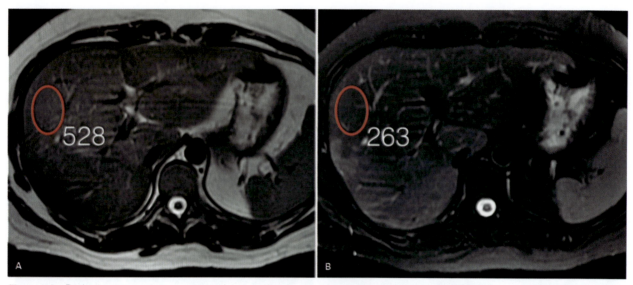

Figura 16 Paciente com esteatose acentuada, quantificada pela técnica de saturação, frequência seletiva de gordura (conhecida tipicamente por saturação de gordura – *fat sat*). Em A, observa-se uma imagem axial TSE T2 sem *fat sat* e em B, a mesma imagem com *fat sat*. Ambas as séries foram obtidas com TE de 85 ms. Colocando-se uma região de interesse (ROI) na mesma localização, pode-se estimar a porcentagem de gordura em 50% pelo método. Este é um método pouco estudado e validado, com resultados teoricamente bons, porém deve-se ter em mente que supressões incompletas e artefatos de não homogeneidade do campo podem prejudicar os valores.

que ainda persistem é o da disseminação das técnicas novas no meio radiológico (em particular no território brasileiro), uma vez que são comercialmente distribuídas pelos fabricantes em apenas alguns aparelhos (apesar de existirem métodos gratuitos disponíveis). Ainda assim, existe a complicada correlação com a histologia que já possui escores subjetivos com avaliação de prognóstico em muitos anos, cuja técnica utiliza uma premissa diferente da RM. Eventualmente com o tempo, espera-se que índices próprios para as técnicas de RM sejam disponibilizados para que se possa avaliar e conduzir mais facilmente esses pacientes.

Aplicação clínica

Uma vez que a esteatose pode ser quantificada por métodos de imagem, como foi demonstrado, resta saber a sua utilidade e se poderia ser correlacionada com métodos tradicionais tidos como referência, no caso, a análise histológica.

A biópsia hepática é sem sombra de dúvida a referência para avaliação da doença hepática difusa, incluindo nessa análise a esteatose e suas variantes. Ela possibilita não apenas uma quantificação subjetiva da quantidade de hepatócitos comprometidos por gordura, mas também outras alterações associadas, extremamente importantes, como inflamação, fibrose, siderose e outras. A graduação da EHNA é feita por biópsia hepática e a quantificação de gordura também entra nessa análise. Existem importantes considerações quando vamos avaliar a relação da correlação entre a histologia e a biópsia. A principal é que, por definição, a patologia avalia de forma subjetiva o número de hepatócitos com gotículas de gordura no tecido, enquanto os métodos radiológicos, particularmente a RM, identificam a razão dos prótons de gordura em relação aos prótons de água, de maneira objetiva. Este é um dos principais motivos por que a graduação da histologia, definida arbitrariamente como < 5% para normal, 5-33% leve, 33-66% moderado e acima de 66% acentuado, é geralmente muito superior à identificada nos métodos de imagem (muitas vezes inferiores a 50%). Esse fato já foi discutido em alguns artigos que mostraram clara superioridade dos métodos de imagem (mesmo com a tomografia) em relação à biópsia para a quantificação da porcentagem de gordura. Um trabalho recente mostrou ainda que esses novos métodos de imagem por RM são altamente precisos, muito semelhantes aos obtidos com a espectroscopia e mesmo mais próximos da análise química do fígado (explante) do que a histologia convencional. Destacam-se ainda como dificuldades da biópsia a avaliação de apenas pequena porção do fígado, o fato de ser um método invasivo não desprovido de morbidade e mortalidade (ainda que muito pequena) e a certa discrepância entre leitores pelo método.

No entanto, a avaliação por biópsia é, sem dúvida, muito mais completa do que o obtido atualmente por qualquer método de imagem, uma vez que avalia não apenas a gordura, mas outros parâmetros, sendo indicada para avaliação de qualquer paciente com esteato-hepatite pelas últimas diretrizes da patologia. Uma vez que a análise histológica ainda é o padrão mais recomendado, existem tentativas de se identificar um fator de correção para tentar ajustar a porcentagem identificada na imagem com aquela feita pela biópsia, mas deve-se ter em mente que as diferenças inerentes entre os métodos tornam a identificação de um fator numérico de correção muito difícil. Alguns trabalhos tentaram realizar essa comparação e, mesmo não se identificando um número preciso, encontraram geralmente um valor de gordura na patologia cerca de 2,5 a 3 vezes o valor identificado na RM. Outro aspecto a ser frisado é que a identificação isolada da esteatose é altamente questionável como fator de pior prognóstico em pacientes, quando considerado de forma isolada, e alguns trabalhos (mesmo radiológicos em essência) corroboraram essa afirmação. A associação com inflamação e mesmo fibrose parece ter um peso muito mais significativo em relação ao prognóstico desses pacientes. De qualquer forma, a avaliação longitudinal de pacientes em algum tipo de tratamento para esteatose ou mesmo EHNA pode ser feita de forma bastante precisa por imagem, e já existem estudos mostrando que essa avaliação é mais precisa mesmo quando comparada à biópsia. Ainda em relação à forma de se mensurar o depósito de gordura, existem certas controvérsias sobre como se dispor as regiões de interesse, se envolvendo a maior área do fígado, se estimada como a região de maior porcentagem de gordura ou mesmo se avaliando por médias de algumas áreas esparsas. O autor e outros pesquisadores consideram que a média da avaliação de algumas áreas de interesse (entre 4 ou mais) dispostas de maneira esparsa por ambos os lobos do fígado, produz uma estimativa razoável da porcentagem de gordura do parênquima de forma simples e reprodutível (Figura 17).

A avaliação de fibrose e inflamação do fígado poderia ser obtida por métodos não invasivos, no mesmo momento da quantificação da esteatose, como foi exposto no tópico da USG. A RM também poderia realizar essa avaliação no mesmo momento do exame, utilizando-se alguns métodos adicionais. Esses métodos são pelo uso de agente hepatobiliares, perfusão, difusão multi-b, T2 multi-*echo*, T1 multi-*echo* e elastografia hepática. Esses métodos têm se mostrado bastante acurados na análise, principalmente quando comparados com técnicas convencionais e mesmo com análises laboratoriais avançadas. Destaca-se principalmente a técnica de elastografia, que é um método semelhante ao do ultrassom e Fibroscan® e tem mostrado resultados superiores à maioria dos outros métodos. Essa técnica não precisa de contraste, podendo ser realizada em cerca de 1 minuto de exame, avaliando uma grande parte do parênquima hepático, possibilitando a detecção de alterações na "rigidez" do parênquima com mensuração quantitativa, o que confere ainda o controle evolutivo desses pacientes. Um dos fatores desfavoráveis da técnica é a sua necessidade de *hardwares* específicos, tornando o custo dele discretamente elevado no momento atual. Esses métodos serão descritos com melhor detalhe no item fibrose.

Em resumo, a avaliação da porcentagem de gordura no parênquima hepático evoluiu de sobremaneira pelos métodos de imagem, de tal forma que atualmente é possível se quantificar precisamente o grau de esteatose de um paciente, em uma técnica muito rápida, obtida em uma apneia, sem a necessidade de contraste ou de radiação ionizante. Esse método possibilita a avaliação pontual de pacientes (seja para identificar aqueles que precisam de

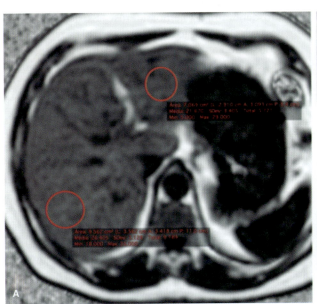
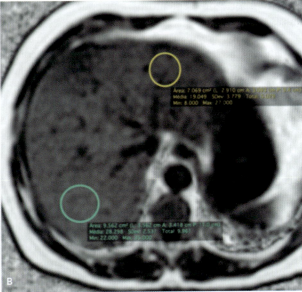

Figura 17 Método simples de se estimar a porcentagem de gordura no parênquima hepático. Uma vez que pode haver variações entre as regiões do fígado, pode-se mensurar cerca de 4 a 6 regiões de interesse (ROI) em diferentes segmentos e fazer a média para se ter uma avaliação geral do parênquima.

tratamento ou mesmo para analisar eventuais doadores hepáticos) e o acompanhamento deles já com tratamento em atividade, mesmo que o depósito seja secundário a alguma droga. Apesar de outros métodos como a USG e a TC poderem também identificar pacientes com graus variados de esteatose, eles não são tão precisos para uso em acompanhamento clínico, em que é necessária uma graduação mais rigorosa do depósito.

Depósito de ferro

O elemento ferro é essencial para várias células do corpo, particularmente aquelas ligadas à produção da mioglobina e hemoglobina. Sua absorção pelos enterócitos é realizada principalmente na porção proximal do intestino delgado, na região de transição gastroduodenal, e a dose diária é de 1-2 mg, o que corresponde a 10% do ferro presente na dieta. A concentração de ferro é em geral mantida numa faixa estreita de normalidade, ficando em torno de 40 mg/kg em mulheres na pré-menopausa e 50 mg/kg em homens. A perda de ferro ocorre geralmente por descamação de células epiteliais e/ou das mucosas, geralmente ficando na faixa da dose absorvida, ou seja, 1-2 mg/dia. A perda por menstruação nas mulheres fica em torno de 2 mg/dia.

Cerca de 80% do ferro é funcional e encontra-se ligado à hemoglobina e mioglobina, e uma porção menor se situa em outras enzimas. Aproximadamente 20% do ferro fica armazenado na ferritina, uma apoproteína com uma cavidade central onde podem ser acumulados cerca de 4.500 átomos de ferro. Essa proteína situa-se principalmente em células de Kupffer no fígado, no baço e na medula óssea. O restante fica ligado à transferrina, uma molécula essencial ao metabolismo do ferro, responsável pelo transporte do elemento para estoque, utilização e outras funções.

Geralmente a regulação de absorção de ferro em casos de deficiência é bem adequada, aumentando de acordo com a necessidade. Porém o acúmulo de ferro não é regulado de forma a abortar a absorção. Se houver acúmulo no organismo por algum motivo, a absorção continua a mesma, não existindo forma de regular a excreção, aumentando assim a concentração do elemento no organismo, principalmente na forma de ferritina. O ferro funcional continua o mesmo. No momento em que a concentração excede a quantidade de acúmulo pela ferritina, o ferro começa a cumular diretamente no citoplasma das células dos tecidos. As moléculas de ferritina saturadas podem ainda formar agregados no citoplasma das células, e algumas se desnaturam para formar hemossiderina. Todo esse ferro interage de forma negativa com hidrogênio e peróxidos de lipídios e gera radicais tóxicos que atacam ácidos nucleicos, a membrana celular e mesmo proteínas das células, e se o dano for contínuo e sustentado, determina fibrose do tecido com perda da função do órgão.

O acúmulo de ferro pode ser secundário principalmente ao aumento na absorção intestinal ou mesmo em repetidas transfusões sanguíneas. Na primeira possibilidade o acúmulo se dá sobretudo em hepatócitos periportais e posteriormente em todo o parênquima, com posterior acometimento de células de Kupffer e epiteliais. O ferro eventualmente progride e acomete também a transferrina que vai distribuir o elemento para outros órgãos-chave (com alta densidade de receptores de transferrina), notadamente pâncreas, coração, tireoide, gônadas, hipófise e pele. Deve-se ter em mente que alguns tipos de hemocromatose primária, como na 4A, o defeito genético determina alteração na reciclagem do ferro, com acúmulo nos macrófagos e células de Kupffer, com envolvimento primário do baço e fígado.

Múltiplas transfusões são causas comuns de depósito de ferro encontradas clinicamente. Os primeiros órgãos a ser afetados são aqueles do sistema reticuloendotelial. Cada transfusão transfere cerca de 200 a 250 mg de ferro por unidade, sendo acumulada sobretudo pelo baço, pelos linfonodos e pela medula óssea, onde pode ser armazenado de forma segura na ferritina. Porém, esse sistema comporta cerca de 10 g de ferro (ou 40-50 unidades de transfusão) e a partir desse ponto fica saturado, possibilitando que o elemento se acumule diretamente em outros órgãos como fígado, coração e pâncreas. Dessa forma, é possível sugerir o tipo de acometimento dependendo do padrão na imagem. Se o envolvimento for principalmente do fígado, com certa preservação dos órgãos do sistema reticuloendotelial, tem-se que o excesso deve ter sido na absorção. Se o acúmulo ocorre principalmente no baço e nos linfonodos e a preservação (ou acúmulo mais leve) no fígado, possivelmente estamos diante de um paciente com múltiplas transfusões sanguíneas (Figura 18), sendo esse aspecto denominado hemossiderose. Existem inúmeras doenças relacionadas ao acúmulo anormal de ferro no organismo, sendo a mais conhecida a hemocromatose primária, como principal exemplo de aumento na absorção, podendo-se ainda ter outros tipos de distúrbios dietéticos com apresentações semelhantes, doenças hemolíticas que determinam aumento do ferro por múltiplas transfusões, como as talassemias, a anemia sideroblástica e a anemia falciforme, entre outras, destacando-se esta última que tem uma particularidade de determinar destruição intra-arterial de hemácias, o que determina um acúmulo de ferro na cortical dos rins, aspecto que também pode ser observado em pacientes com hemoglobinúria paroxística noturna e próteses metálicas aórticas, porém apenas ela também está associada a autoesplenectomia (Figura 19).

Ainda dentro do espectro de depósito, podemos ter as hepatopatias crônicas, como as virais, relacionadas ao álcool e depósito de gordura (EHNA), onde o processo primário de disfunção hepática está associado a acúmulo de ferro, geralmente mais leve que o descrito nas demais, atribuído muitas vezes à diminuição da função celular,

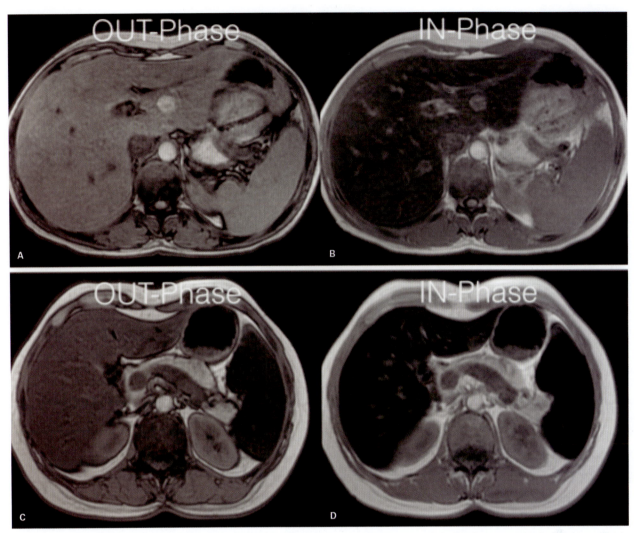

Figura 18 Pacientes distintos com depósito de ferro, identificado por redução do sinal do fígado na sequência *IN-phase*. Em A, observa-se um paciente com hemocromatose primária (aumento da absorção), demonstrando depósito no fígado e não no baço. Em B, observa-se um paciente com talassemia e depósito relacionado a múltiplas transfusões, com depósito mais acentuado no baço, porém também com envolvimento do fígado.

com sinalização hepática aberrante e redução da mobilização do ferro armazenado do fígado. Apesar do depósito ser leve, vários trabalhos recentes demonstram que a presença de ferro nessas patologias tem um papel importante no prognóstico desses pacientes, sendo sinérgico com o desenvolvimento de fibrose, resultando em eventual aumento na incidência de carcinomas hepatocelulares e mesmo aumento na mortalidade.

O depósito de ferro está intimamente relacionado com o dano celular do órgão em que acomete, e sua identificação e quantificação pode trazer vários benefícios para o tratamento e acompanhamento desses pacientes. O fígado é o principal órgão a ser avaliado, pois é o mais fiel substituto para o acúmulo total de ferro no corpo. Mesmo que esta última definição seja variável, a depender da doença de base, as variações de depósito do órgão correlacionam-se muito bem com as do corpo. Deve-se ter em mente que o padrão de depósito varia entre as diferentes patologias, podendo ser secundário ao aumento na absorção intestinal, a múltiplas transfusões sanguíneas ou mesmo em casos de hepatopatias crônicas por outras causas.

Ultrassonografia

Entre os métodos de imagem, a RM é a principal ferramenta utilizada na quantificação de ferro no parênquima hepático e na avaliação de suas complicações; a USG, por outro lado, não tem um papel na avaliação da estimativa de conteúdo férrico, uma vez que as partículas de ferro são muito pequenas para dispersar as ondas do ultrassom. Entretanto, este pode ser o primeiro exame de imagem realizado nesses pacientes, sobretudo em crianças. Os achados ultrassonográficos não são específicos, podendo o fígado ter aspecto normal nos estágios iniciais. Os achados que

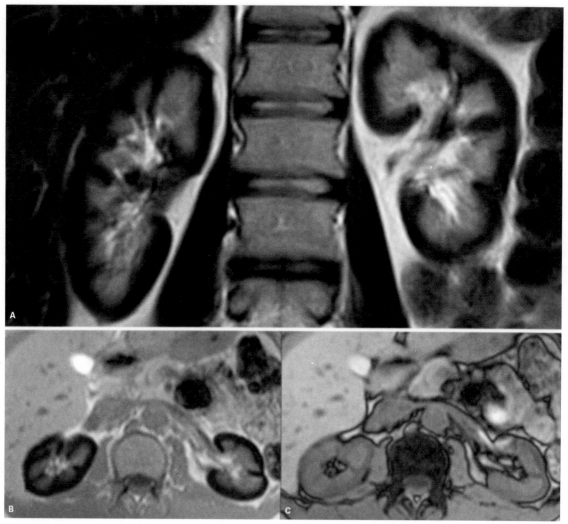

Figura 19 Paciente com anemia falciforme demonstrando depósito de ferro na cortical de ambos os rins. Observar a redução do sinal do córtex renal na sequência *IN-phase* em B quando comparada com a *OUT-phase* em C. O depósito também pode ser observado na sequência T2 coronal A, como baixo sinal acentuado. Esse aspecto acontece por conta da hemólise intra-arterial que ocorre nesses pacientes.

podem ser observados são hepatomegalia e aumento difuso da ecogenicidade do parênquima, inespecíficos e comuns em diversas outras alterações parenquimatosas difusas, podendo ser confundido com depósito de gordura, muito mais frequente (Figuras 20 e 21). A depender da progressão da doença, achados morfológicos de cirrose podem ser vistos, como aumento relativo dos segmentos laterais do lobo esquerdo e do caudado, atrofia do lobo direito, acentuação das fissuras hepáticas, contornos irregulares com múltiplos nódulos regenerativos e ecotextura difusamente heterogênea, além de hipertensão portal (aumento do calibre da veia porta, esplenomegalia, ascite, entre outros).

Tomografia computadorizada

A presença de ferro no parênquima hepático é um fator que sabidamente eleva a sua densidade normal. Logo, pacientes com depósito de ferro no fígado exibem aumento significativo da densidade, e valores superiores a 72-75 UH sugerem essa possibilidade (Figura 22). Da mesma forma que a esteatose, vários outros fatores podem alterar a densidade do fígado, como doença de Wilson e particularmente algumas drogas (amiodarona e sais de ouro), limitando a sua utilidade. Ainda, o método é particularmente qualitativo, e a quantificação do elemento é muito prejudicada. Existem alguns artigos sugerindo o uso da tomografia de dupla energia para avaliação de depósito de ferro, com melhor acurácia, melhor diferenciação do depósito de gordura e mesmo melhor quantificação, porém sua utilidade é ainda controversa quando aliada ao uso de radiação ionizante, que limitaria essa avaliação de forma longitudinal.

O acúmulo de ferro não pode ser identificado por técnicas como a USG, pois a mesma pode se apresentar sem quaisquer alterações ou mesmo como aumento da ecogenicidade, sugerindo erroneamente a possibilidade de esteatose.

21 HEPATOPATIAS DIFUSAS 703

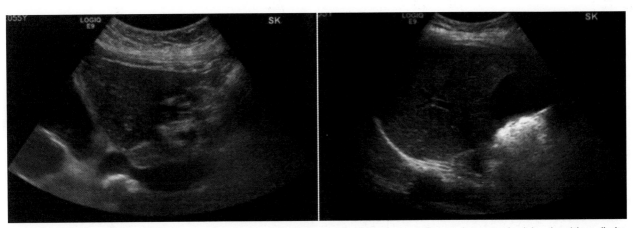

Figura 20   Mulher, 59 anos de idade, com diagnóstico de hemocromatose. Ultrassonografia com imagens dos lobos hepáticos direito e esquerdo com aspecto normal.

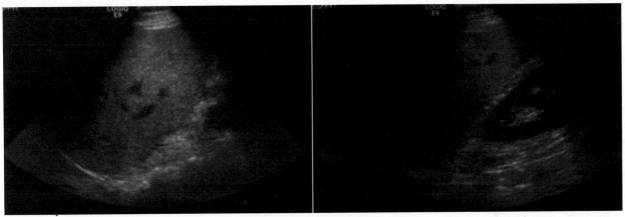

Figura 21   Homem, 44 anos de idade, com hemocromatose e com leve aumento difuso da ecogenicidade do parênquima, podendo ser facilmente confundido com esteatose.

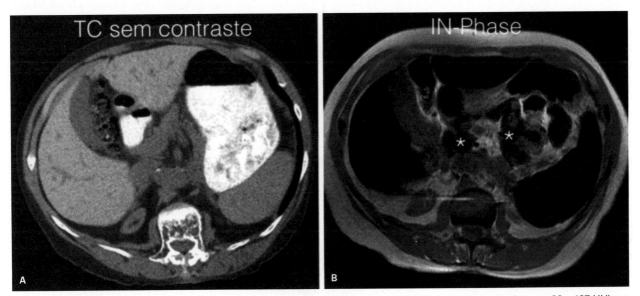

Figura 22   Depósito de ferro no fígado visto pela tomografia. Observa-se a alta densidade do fígado (variando entre 99 e 107 UH) em A e a densidade aparentemente habitual do pâncreas e do baço (cerca de 65 UH). Em B, observa-se uma série *IN-phase* do fígado com poucos dias de diferença de A, mostrando o depósito acentuado de ferro no parênquima hepático, mas também no pâncreas (*) e no baço – paciente com múltiplas transfusões.

A tomografia possui a capacidade de diagnosticar com certa sensibilidade a presença de ferro no parênquima. Porém, a especificidade do achado de aumento da densidade é prejudicada pois outros processos também podem determinar esse aspecto. Além disso, o método não é acurado o suficiente para permitir o controle dos pacientes e a graduação do depósito.

Ressonância magnética

O uso de técnicas de RM para detecção e quantificação de ferro no fígado é descrito desde 1983, com o desenvolvimento de sequências para a esteatose. Houve avanços expressivos a partir das duas últimas décadas, e atualmente existem três principais técnicas utilizadas na prática clínica que foram amplamente validadas: o índice de intensidade de sinal (IIS), usando a razão entre o sinal do fígado e do músculo e desenvolvida por Yves Gandon (Universidade de Rennes) desde o final da década de 1990, com uma publicação importante em 2004, além de técnicas que utilizam o tempo de relaxamento T2 e T2* do fígado, sem necessidade de correção com outros tecidos, denominadas relaxometria. O uso do tempo de relaxamento T2 foi desenvolvido e intensamente validado por um grupo australiano em 2005, sendo atualmente a única técnica validada pelo FDA americano. A outra maneira de se mensurar o relaxamento T2 é pela espectroscopia, com resultados semelhantes, porém bem menos avaliada. A relaxometria T2* foi introduzida inicialmente por Anderson em 2001, com objetivo de se estudar o miocárdio, sendo posteriormente direcionada para estudo no fígado por vários autores, destacando-se em particular os trabalhos de Wood, Garbowski e Hankins. Essas técnicas serão descritas a seguir em maior detalhe.

Deve-se ter em mente que a avaliação e quantificação do ferro no fígado é algo bem mais complexo que o depósito de gordura, sendo considerado uma "caixa preta", pois ainda não se compreende muito bem a interação que esse elemento cria no ambiente da RM. Logo, não se pode usar o primeiro princípio da física para se quantificar o ferro, como é feito na análise de esteatose, tendo de se utilizar correlação direta entre um método quantitativo robusto (no caso a quantificação química de ferro no tecido hepático) e o parâmetro escolhido da RM. De qualquer forma, a presença de ferro no tecido encurta os tempos de relaxamento T2, T2* e T1, o que determina geralmente uma redução do sinal nas imagens obtidas, particularmente nas gradientes-*echo* com tempos de *echo* maiores. A sequência de difusão é também muito sensível ao ferro, podendo ser utilizada como marcador da presença dele nos tecidos. O ferro ainda altera a suscetibilidade dos tecidos, resultando em alterações macroscópicas no campo magnético B0.

Índice de intensidade de sinal (IIS)

Esse método é um dos mais utilizados de quantificação de ferro no parênquima hepático, sendo gra-

dualmente substituído nos dias de hoje por técnicas de relaxometria T2*. É um método que pode ser utilizado em qualquer máquina, desde 0,5 T a 1,5 T, validado em mais de 100 pacientes com análise química do ferro. Por ser um método multiplataforma e extremamente fácil de se fazer, ele foi amplamente utilizado na rotina clínica. O método consiste na aquisição de cinco sequências de gradiente-*echo*, cada um obtido em uma apneia separada com tempos de *echo* e *Flip Angles* levemente diferentes. Toda a informação acerca dessa técnica pode ser obtida gratuitamente no *site*: http://www.radio.univ--rennes1.fr/Sources/EN/Hemo.html. As sequências estão dispostas na Tabela 1. Todo o exame dura cerca de 3-5 minutos, sendo este tempo necessário para as apneias. É extremamente importante que as imagens sejam obtidas sem o uso de bobina de superfície, apenas com a bobina do aparelho (*body coil*) – esse aspecto é fundamental para que a técnica funcione de maneira adequada e, na experiência do autor é uma das principais causas de erro nela.

Após a aquisição das imagens, o leitor tem de posicionar três regiões de interesse (ROI) circulares no lobo hepático direito, com cerca de 1 cm², não incluindo grandes vasos ou áreas de suscetibilidade magnética e dois ROI na musculatura paravertebral, sendo um de cada lado (Figura 23). Feito isso, deve-se transportar manualmente os valores de intensidade de sinal para uma tabela no *site* supracitado que utilizará esses dados para avaliar a razão entre a média do sinal do lobo hepático direito e a média da musculatura paravertebral. Feito isso, o próprio *site* tem um algoritmo interno que identifica a melhor sequência a ser utilizada no paciente em questão, desprezando as demais séries e o resultado será dado pela razão de sinais obtida apenas com a sequência escolhida (Figura 24).

Apesar de extensamente validado e usado em várias partes do mundo, existem certas limitações dessa técnica que merecem destaque. A primeira está relacionada ao depósito de gordura no fígado. A última sequência com TE de 21 ms é ponderada em *OUT-phase*, podendo exibir redução do sinal do parênquima inferior à do músculo e levando ao algoritmo do *site* entender se tratar de depósito leve de ferro, se houver apenas esteatose. Para resolver esse problema, pode-se obter uma série extra com TE de 19 ou de 23 ms, utilizando-se os valores de sinal no lugar da de 21 ms (Figura 25). O autor usa normalmente a sequência com TE de 23 ms e isso resolve bem o problema quando existe apenas esteatose, notando-se recuperação do sinal baixo identificado na sequência de 21 ms. Outro problema é a saturação da sequência pela sobrecarga acentuada. Essa técnica exibe um limite de quantificação de ferro no fígado, determinado pela saturação do sinal na sequência menos sensível T1, estimado em cerca de 320-350 μmol/g (o que seria o equivalente a 20 mg/g de ferro). Esse valor cobre a

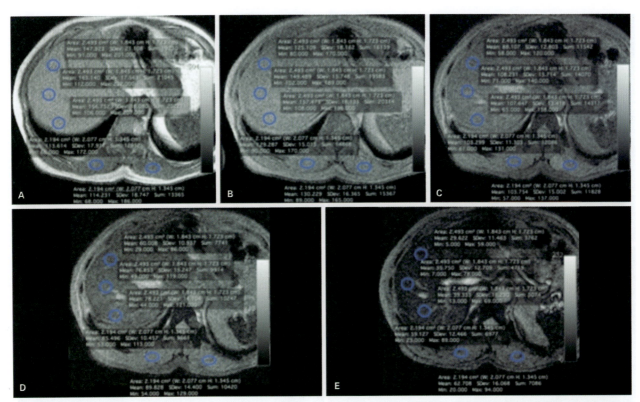

Figura 23 Técnica de IIS (Protocolo da Universidade de Rennes) mostrando as sequências (A: T1; B: PD; C: T2; D: T2+ e E: T2++) e o posicionamento dos ROI no lobo hepático direito e na musculatura paravertebral. Observa-se que a localização da região de interesse (ROI) foi copiada e colada em cada série para que seja na mesma topografia.

Figura 24 Técnica de IIS (Protocolo da Universidade de Rennes) mostrando o quadro disponível para ser completado no *site* da Universidade. Esse caso é o mesmo da Figura 4, devendo-se colocar a média das intensidades de sinal em cada quadro respectivo. Na linha final, o algoritmo seleciona a melhor sequência, nesse caso a T2++ e dá o resultado em µmol/g em negrito (marcado com quadro vermelho na figura). As outras sequências foram desprezadas pelo programa.

imensa maioria dos pacientes com depósito de ferro no fígado, mas alguns poderiam ser subestimados, limitando assim a análise de controle para um tratamento bem realizado (Figura 26). Não existe maneira de resolver o problema de saturação com a técnica de intensidade de sinal, pois seu algoritmo fica oculto no sistema do *site*.

Vale a pena lembrar que o método pode ser utilizado facilmente para controle de tratamento dos pacientes, uma vez que é multiplataforma e não utiliza contraste ou radiação ionizante.

Relaxometria T2*/R2*

Comparada com o método anterior, as técnicas de relaxometria são consideradas teoricamente mais robustas, calculadas por meio do decaimento do sinal com aumento gradual dos tempos de *echo* em que as imagens são adquiridas. Esse método não necessita de outro tecido para comparação com o parênquima hepático (como o citado para o IIS), podendo-se calcular esse decaimento para o fígado como um todo ou mesmo em outro órgão incluído na aquisição (Figura 27). Outro aspecto é que as alterações de sinal não são dependentes da profundidade, logo pode-se usar bobinas de superfície com esse método.

Existem algumas alternativas para se realizar a relaxometria T2*/R2*, com modificações relacionadas ao primeiro tempo de *echo* (TE), o número de *echos* adquiridos e mesmo o intervalo entre esses TE. Apesar de

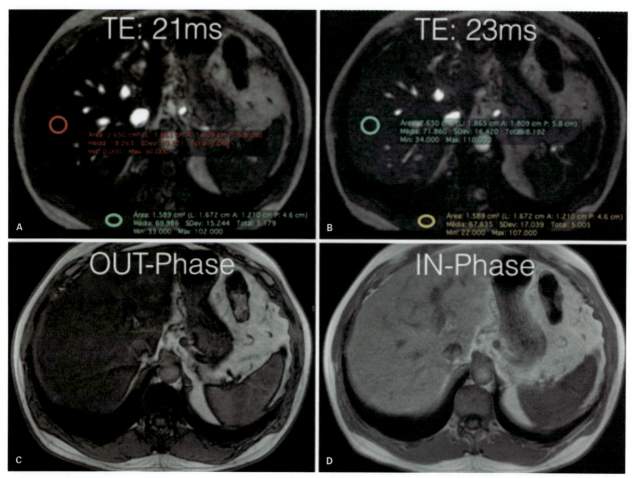

Figura 25 Técnica de IIS (Protocolo da Universidade de Rennes), em paciente com esteatose. Observa-se a queda do sinal na sequência *OUT-phase* em C versus a *IN-phase* em D, confirmando a esteatose. Se utilizássemos apenas a última sequência do protocolo com 21 ms de TE, teríamos uma provável superestimação de ferro (observa-se o sinal do fígado menor que o do músculo em A – TE:21ms), pois a sequência é em *OUT-phase*. Para superar o problema, utiliza-se o próximo tempo de echo *IN-phase* de 23 ms, em B, onde se verifica ausência de sinais de depósito de ferro, com sinal do fígado maior que o músculo.

haver algumas opções disponíveis na literatura para se adquirir essas sequências, deve-se ter em mente que é uma técnica de aquisição muito rápida, geralmente obtida com uma apneia e com duração de poucos segundos (5 a 15 segundos). Esse método pode avaliar praticamente todo o abdome superior em apenas uma apneia. Os valores dos parâmetros de aquisição devem ser suficientes para abordar toda o espectro de depósito de ferro no parênquima hepático (valores que variam entre 0,5 e 40 mg/g de Fe no tecido). Para isso, o TE inicial deve ser idealmente o menor possível, situando-se em torno de 1 ms ou menos nessa técnica. O TE final deve ser o mais longo possível sem que haja degradação pelo movimento ou por outras causas, situando-se em torno de 10 a 15 ms para essa sequência. O número de TE adquiridos no intervalo é variável e existem basicamente duas abordagens que podem ser consideradas. Uma é coletar o máximo número de *echos* possível e o outro é separá-los de maneira exponencial.

Uma vez adquirida a sequência, a análise do decaimento da intensidade de sinal nos múltiplos TE têm de ser realizada para que se possa calcular os parâmetros T2* e R2*. A escolha de usar o valor do decaimento de sinal R2* ou mesmo a constante de tempo T2* pode ser feita sem prejuízo no resultado do paciente. Existe uma tendência crescente entre os autores e os fabricantes a utilizar o valor de R2* como referência na avaliação desses pacientes. R2* reflete de maneira mais simples o depósito de ferro nos tecidos, pois é diretamente proporcional a esse processo (e não inversamente proporcional como T2*), tornando mais intuitiva a interpretação dos resultados pelo médico solicitante. De qualquer forma os valores são recíprocos, e R2* = 1.000/T2*. Uma boa representação das diferenças na dificuldade de interpretação dos resultados pode ser ilustrada da seguinte forma: se um paciente com depósito acentuado de ferro no fígado, com T2* calculado em 0,75 ms (concentração férrica estimada em 34 mg/g – calibração de Wood)

21 HEPATOPATIAS DIFUSAS 707

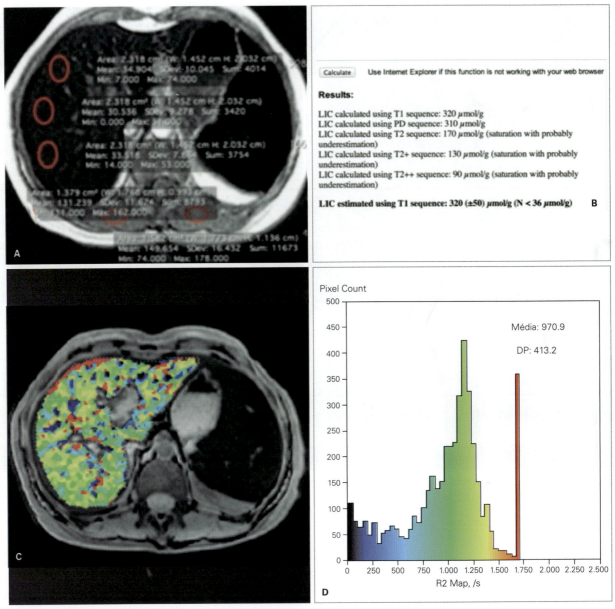

Figura 26 Técnica de IIS (Protocolo da Universidade de Rennes), em paciente com depósito acentuado de ferro no fígado. Observa-se o valor obtido com a técnica de Rennes em A e B, como sendo cerca de 320 μmol/g. O resultado mostra-se subestimado quando comparado a outra técnica em C e D (relaxometria R2*), em que o valor de R2* foi estimado em 971 s⁻¹, o que seria o equivalente a 445 μmol/g ou 25,0 mg/g de ferro.

Tabela 1	Sequências utilizadas na técnica de IIS, desenvolvida pela Universidade de Rennes		
	0,5T	1,0T	1,5T
	TR/TE/F.A.	TR/TE/F.A.	TR/TE/F.A.
Sequência GRE "T1"	120/14/90°	120/7/90°	120/4/90°
Sequência GRE "PD"	120/14/20°	120/7/20°	120/4/20°
Sequência GRE "T2"	120/28/20°	120/14/20°	120/9/20°
Sequência GRE "T2+"	–	120/21/20°	120/14/20°
Sequência GRE "T2++"	–	–	120/21/20°

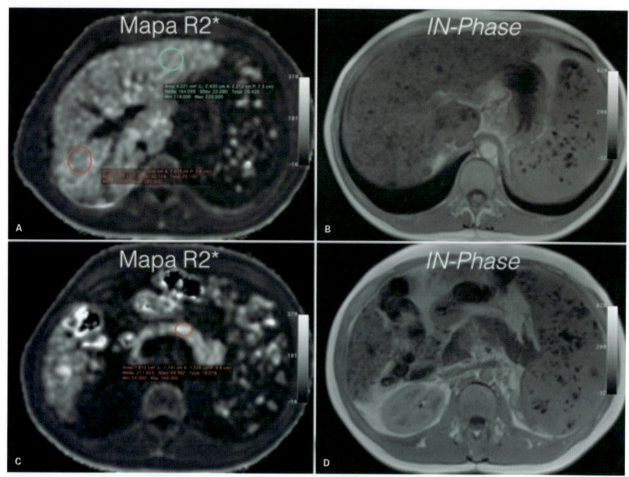

Figura 27 Técnica de relaxometria com criação de mapas de R2*. Observe os mapas gerados pela análise das imagens de relaxometria em A e C. A caracterização do parâmetro pode ser realizada apenas com a colocação de um ROI em qualquer ponto da imagem, no caso o fígado em A e o pâncreas em B, ambos com depósito de ferro nesse paciente com hemocromatose primária. As imagens B e D são as alturas correspondentes da sequência IN-phase.

sofre intervenções com bons resultados e demonstra no controle um valor de T2* de 2 ms, a mudança desse parâmetro parece ser pequena, porém o resultado da concentração é muito significativo (passando de 34,4 mg/g para 12,9 mg/g). Agora, se usássemos o parâmetro R2*, essa mudança poderia ser mais facilmente interpretada, com um resultado inicial de 1.333,3 s^{-1} para 500 s^{-1}, refletindo de forma mais simples e direta o bom resultado do tratamento. Vale a pena lembrar que a unidade utilizada para R2* é s^{-1} e não Hertz.

A estimativa do valor de R2* pode ser realizada pela modelagem do decaimento do sinal das imagens do fígado obtidas. O método mais simples de se realizar essa modelagem é o decaimento monoexponencial, por meio da equação:

$$S(TE) = Ae^{-TE \cdot R2^*}$$

Em que "S" é a intensidade de sinal e "A" é o sinal esperado quando TE = 0 ms. Apesar de ser muito prático,

existem limitações no uso desse modelo, destacando-se que o mesmo assume que a concentração de ferro no voxel é homogênea, porém temos estruturas com ferro, como as células de Kupffer e outras sem, como capilares num mesmo volume. Essa heterogeneidade determina um decaimento biexponencial, mais rápido dos componentes com muito ferro e lento naqueles com baixo ferro. Além disso, esse modelo ignora os efeitos de ruído na imagem. Existem vários modelos que podem ser usados para modelar a intensidade de sinal das imagens obtidas, destacando-se:

- Monoexponencial com truncagem: simples eliminação de *echos* com sinal baixo (e com muita interferência do ruído), até se obter uma correlação adequada. Este é o método mais simples e facilmente obtido na prática clínica.
- Monoexponencial com "peso": "pesos" menores vão sendo assumidos nos sinais de *echos* mais longos com baixo sinal.

- Monoexponencial com compensação (*offset*): adiciona-se uma constante à equação destacada acima para compensar o ruído e os componentes de alto T2*.
- Monoexponencial com subtração da linha de base: Subtrai-se da intensidade de sinal de cada tempo de *echo* o valor estimado do ruído de fundo para posteriormente usar o modelo exponencial. Esse tipo de abordagem pode ser realizado em alguns programas dedicados, de forma simples.
- Biexponencial: modela-se o sinal dos dois componentes descritos, o de alto conteúdo de ferro e o de baixo conteúdo, com a seguinte equação:

$$S(TE) = Ae^{-TE R2^*_A} + Be^{-TE R2^*_B}$$

Cada modelo tem seu ponto forte e fraco, destacando-se que o método mais simples de ser utilizado é o de truncagem, podendo ser feito com um programa simples de planilha eletrônica e modelagem dos dados (Figura 28). O modelo que considera a subtração do ruído de fundo também pode ser facilmente obtido por alguns programas dedicados para análise de imagens médicas (Figura 29).

O cálculo da concentração de ferro (CF) no parênquima a partir dos valores de R2*/T2* pode ser feito através de curvas de calibração definidas por alguns autores. Conforme colocado anteriormente, não se pode utilizar o primeiro princípio da física para se definir o valor de CF através dos parâmetros calculados na imagem. O método mais utilizado é o de correlação direta da concentração de ferro pela biópsia (medida quimicamente de forma objetiva) com o parâmetro medido (no caso R2*/T2*). Existem pelo menos três trabalhos amplamente divulgados na literatura com um bom número de pacientes, com as curvas de calibração disponíveis, o de Wood et al. (2005), Hankins et al. (2009) e Garbowski et al. (2014). Cada autor utilizou parâmetros discretamente diferentes para a aquisição das imagens, disponíveis na Tabela 2, gerando curvas de calibração levemente distintas.

A relação obtida entre os valores de R2* e a concentração férrica no fígado nesses trabalhos foi sempre linear (até valores acima de 30 mg/g de CF), com equações simples, e a conversão pode ser feita sem maiores problemas. Existem, no entanto, discretas variações dos resultados obtidos entre os trabalhos, geralmente não significativas. É importante ressaltar que para se quantificar a CF de maneira segura, utilizando a curva de calibração de algum dos autores acima, deve-se utilizar parâmetros de aquisição das imagens semelhantes aos usados pelo autor escolhido. Da mesma forma, uma vez selecionado o protocolo e a curva de calibração, deve-se optar por manter o mesmo processo de análise em eventuais controles do paciente durante o tratamento, para que não haja confusão sobre a resposta do paciente a ele. As equações para correlação de R2* com a CF é definida da seguinte maneira:

- Hankins: $CF = \dfrac{-454{,}85 + (28{,}02 \times R2^*)}{1.000}$
- Wood: $CF: 0{,}0254 + R2^* \times 0{,}202$
- Garbowski: $CF = (0{,}032 \times R2^*) - 0{,}14$

Vários autores atualmente têm optado por não fazer a correção dos valores, relatando apenas o resultado de R2* em s^{-1} (ou T2* em ms), por utilizar técnicas com parâmetros diferentes dos autores acima. Se for optado por usar a conversão é bom saber que os resultados de CF derivados de cada curva de calibração são discretamente distintos para um determinado R2*, principalmente se utilizados depósitos leves e moderados (sendo estes,

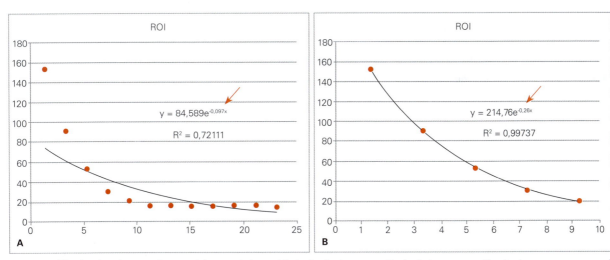

Figura 28 Técnica de relaxometria – modelagem da intensidade de sinal com o método de truncagem. Em A, observa-se uma modelagem de decaimento monoexponencial simples utilizando todos os valores em todos os tempos de *echo* – veja que os últimos valores são muito semelhantes, provavelmente relacionados ao ruído e prejudicando o *fitting* (R² de 0,72). O valor de R2* (seta) de 97 s^{-1} está provavelmente subestimado. Em B, faz-se a truncagem, eliminando os últimos pontos da curva, até um *fitting* adequado da curva (R² de 0,997), obtendo-se um valor de R2* adequado de 260 s^{-1}.

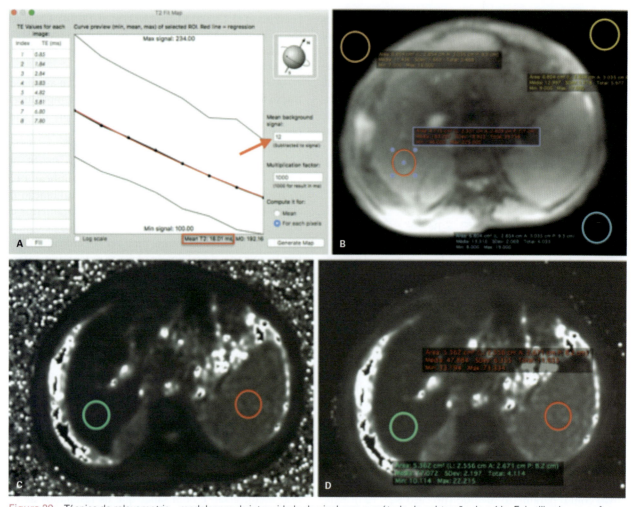

Figura 29 Técnica de relaxometria – modelagem da intensidade de sinal com o método de subtração de ruído. Foi utilizado um *software* gratuito com o auxílio de um *plugin* para fazer as imagens acima. Observe que o programa permite o cálculo automático por *pixel* do decaimento monoexponencial (em A), podendo-se calcular a média de ruído no fundo (região de interesse – ROI de fundo em B), com preenchimento do valor em A, demarcado por seta. Em C e D, observam-se as imagens sem e com subtração do ruído. Pode-se ver que D o fundo é bem mais "limpo" e o sinal resultante é levemente inferior ao de C (T2* calculado em 19 ms), sendo mais fidedigno.

Tabela 2 Protocolos das sequências disponíveis nos trabalhos de mensuração de ferro mais divulgados na literatura com foco no fígado e usando técnica da relaxometria T2*/R2*

Autor	Sequência	TE inicial	ΔTE	No. de TE	TE final
Wood (2005)	GRE	0,8 ms	0,25 ms	16	4,8 ms
Hankins (2009)	GRE	1,1 ms	0,81 ms	20	17,3 ms
Garbowski (2014)	GRE	0,93 ms			16 ms

a grande maioria dos pacientes), salientando-se que concentrações muito elevadas podem determinar discrepâncias mais proeminentes, porém clinicamente não muito significativas (Figura 30).

O valor de R2* considerado normal para o fígado varia muito nos pacientes, e um autor encontrou valores entre 14 e 46 ms, com uma média de 28 ms e desvio-padrão de 7 ms. Essa grande variação de valores de R2* no fígado de pacientes normais é contrária aos valores mais estreitos de normalidade para o depósito de gordura, criando uma dificuldade para se identificar pacientes com depósito discreto de ferro no fígado. Apesar de não existir um consenso sobre qual o valor de corte para se diferenciar um paciente normal daquele com depósito leve de ferro, a maioria dos autores considera que índices de R2* > 55 a 70 s^{-1} (T2* < 15 a 18 ms) teriam uma boa acurácia. Valores de R2* maiores que 260 s^{-1} e 560 s^{-1} identificariam pacientes com depósito moderado e acentuado, respecti-

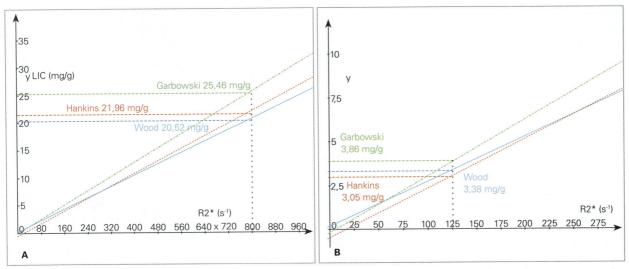

Figura 30   Técnica de relaxometria – curvas de calibração dos principais trabalhos de relaxometria R2*/T2*. Observe que, apesar das equações de calibração serem bem similares, existem discretas diferenças nos resultados. Em A, onde o intervalo de R2* é maior (0 a 1.000 s^{-1}), observa-se que um paciente com depósito acentuado de ferro (R2* de 800 s^{-1}) vai demonstrar valores próximos, porém não iguais de CE em cada uma das técnicas. Com valores mais baixos em B, observa-se uma proximidade ainda maior dos valores de CE para um depósito leve/moderado (R2* de 125 s^{-1}). Logo, o ideal é utilizar sempre a mesma curva de calibração nos controles do paciente, para que não haja erro na avaliação evolutiva deles. A equação de calibração de cada um dos autores está discriminada no texto.

vamente, porém podem variar de acordo com a referência utilizada, mesmo que pouco.

Existem algumas limitações e cuidados que devem ser considerados quando se utiliza a técnica de relaxometria para mensurar ferro no fígado, destacando-se:

- Intensidade do campo: os valores obtidos de R2* variam de maneira proporcional ao campo magnético do equipamento utilizado. Os valores obtidos em aparelhos de 1,5T não são os mesmos que os obtidos com máquinas de 3T. Alguns autores tentaram obter a relação entre esse parâmetro examinando pacientes em aparelhos com campos diferentes. Em um trabalho recente abordando a questão, os autores chegaram na seguinte relação:

$$R2^*_{3T} = 2 \times R2^*_{1,5T} - 11 \pm 4$$

Outros autores porém ignoram o fator de correção 11±4 e simplesmente multiplicam o resultado de R2* por 2 para correlação com aparelhos de 3T.

- Saturação: depósitos mais acentuados de ferro podem levar a saturação da técnica, uma vez que o sinal do fígado em valores de TE mais elevados ficam muito baixos, no mesmo nível do ruído de fundo, não podendo ser diferenciados dele. Dessa maneira, é sempre importante observar a precisão da correlação entre as curvas de decaimento e o sinal obtido do fígado (Figura 28). Para resolver esse problema, a abordagem mais simples é a truncagem, salientando-se que outros métodos também podem ser utilizados, conforme colocado acima. Pode-se ainda utilizar técnicas complexas de PDFF para corrigir esse problema.

- Conforme já descrito anteriormente, existem duas técnicas de obtenção de mapas de gordura e R2* pelo método de PDFF, a análise de magnitude e a complexa. A análise de magnitude não considera a informação da *phase* e por isso seria também prejudicada pela saturação em níveis de ferro elevados no fígado (podendo-se utilizar os mesmos processos para corrigir esse problema, como truncagem, compensação etc.). Já a análise complexa, como tem a informação da *phase*, poderia discriminar o que é ruído e o que seria o sinal do fígado nos pacientes, sendo superior ao primeiro método. Apesar de isso ser verdadeiro, deve-se considerar que a versão comercial dessas sequências possui um TE inicial relativamente mais longo (por volta de 1,2 a 1,5 ms para 1,5 T), o que determina certa limitação ao método. Os autores recomendam que valores de R2* acima de 400 s-1 (para 1,5 T e 800 s-1 para 3T) poderiam ser calculados, mas não são tão acurados, sendo limitados para controle evolutivo. Ainda, níveis acima desses valores determinam um prejuízo muito grande na quantificação de gordura e não poderiam ser utilizados para tal finalidade (Figura 31).

- Logo, quando estiver diante de um paciente com sinais de depósito acentuado de ferro, é importante saber que essas sequências PDFF possuem uma limitação significativa da sua performance. Uma boa alternativa é sempre deixar pronta uma sequência de relaxometria convencional com valo-

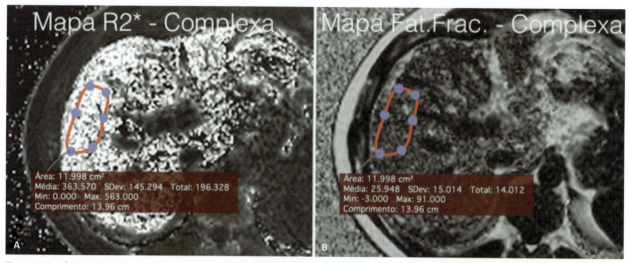

Figura 31 Saturação com análise complexa de PDFF. Paciente com depósito acentuado de ferro no fígado, mostrando a limitação de técnicas avançadas de PDFF para cálculo de esteatose e ferro. Observa-se a heterogeneidade do sinal do mapa de R2* em A, com valores subestimados de ferro, com R2* de 364 s^{-1} (esse paciente utilizou técnica de relaxometria convencional que mostrou valores de R2* acima de 600 s^{-1}). O cálculo de gordura também é nitidamente prejudicado, com valores calculados de 25%, inferindo esteatose moderada/acentuada, bem fora do observado por outros métodos (que não mostravam depósito de gordura significativo).

res bem baixos de TE inicial (algo em torno de 0,5 ms para 1,5 T), e calcular o R2* nesses pacientes com essa sequência, fazendo ainda uso de técnicas de truncagem ou compensação associadas.

- Gordura: a possibilidade de depósito de gordura associado a presença do ferro pode alterar a quantificação desses dois processos. O processo de como o ferro prejudica a identificação e mensuração da esteatose já foi descrito previamente. Deve-se ter em mente que a recíproca também é verdadeira, porém menos proeminente. A presença de esteatose (pelo menos moderada ou acentuada) pode superestimar a quantificação de ferro. A causa desse processo é basicamente a mesma que foi determinada na discussão sobre esteatose, sendo causada pela distorção do decaimento de sinal pelos múltiplos picos de gordura presentes no fígado. Para se resolver esse problema, pode-se utilizar a saturação seletiva de gordura (pico de saturação) e mesmo a aquisição de tempos de *echo* apenas *IN-phase*. Apesar de ajudar, essas duas técnicas resolvem apenas parcialmente o problema, pois não consideram o decaimento anárquico do sinal pela complexidade espectral da gordura. Os métodos mais confiáveis são aqueles que modelam de maneira adequada a complexidade do sinal nos múltiplos TE, como as descritas previamente como PDFF.
  – Essas técnicas possibilitam a quantificação mais precisa da gordura, com correção de múltiplos fatores de confusão, incluindo a presença de ferro e a complexidade espectral da gordura. Como ele tem de considerar o padrão de decaimento de sinal para calcular o valor de R2*, ele também nos retorna esse valor, corrigido para um eventual depósito de gordura (Figura 32).

  – Essas técnicas de quantificação de gordura e ferro descritas acima geralmente são produtos que as maiores companhias disponibilizam comercialmente ou são vendidas separadamente por companhias de terceiros. Uma opção gratuita que já foi validada previamente é a que foi descrita no tópico de mensuração de gordura, desenvolvida pela Universidade de Rennes por Yves Gandon através do *site*: https://imagemed.univ-rennes1.fr/ironbymr. Existem informações sobre o protocolo para cada um dos principais fabricantes de aparelhos de RM no mercado, relacionado a sequência que deve ser utilizada no *software* da Universidade. A análise é bastante autoexplicativa e retorna o valor médio de T2* e gordura para o lobo direito do fígado, o valor de T2* para o baço e ainda faz o cálculo do índice de intensidade de sinal ao mesmo tempo (Figura 33).

Os métodos utilizados para relaxometria são bastante robustos e confiáveis, se forem utilizados com cautela e se tomadas as devidas precauções quanto aos problemas descritos acima. Atualmente a avaliação do depósito de ferro por essa técnica tem se tornado padrão na avaliação de fígado e coração, sendo cada vez mais simples de se realizar nos aparelhos atuais. Da mesma forma que a técnica anterior, a relaxometria T2*/R2* possibilita não apenas a avaliação inicial, mas também o controle evolutivo desses pacientes, com o intuito de se verificar a resposta ao tratamento (Figura 34). São técnicas bastante rápidas, podendo ser obtidas na maioria das vezes em 1 apneia (10-15 segundos) e sem a necessidade de contraste.

É importante destacar que muitas vezes a técnica permite estimar os valores de T2*/R2* não só do fígado,

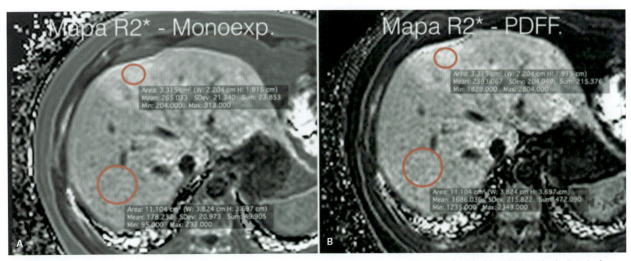

Figura 32 Técnica de relaxometria – mapas de R2* no mesmo paciente com esteatose moderada (de 16%), calculados de forma convencional em A por meio do decaimento monoexponencial e pela PDFF (técnica de magnitude) em B, em que se considera o decaimento com a complexidade espectral da gordura. Observa-se que os valores de R2* são superestimados em A (até 265 s^{-1}) e mais bem avaliados em B (onde alcançam 239 s^{-1} – o valor tem de ser dividido por 10 nessa imagem).

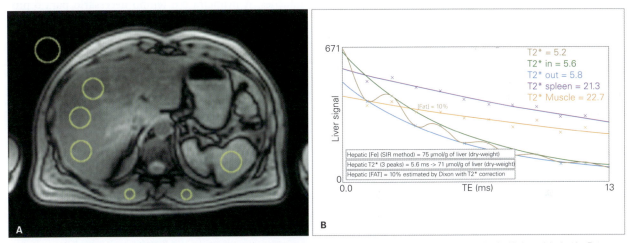

Figura 33 Técnica de relaxometria combinada com o índice de intensidade de sinal – novo protocolo da Universidade de Rennes. Observa-se em A uma imagem axial gradiente-*echo*, em que foram posicionadas 3 regiões de interesse (ROI) no lobo direito, dois na musculatura paravertebral, 1 no baço e 1 no ruído de fundo (ar). A técnica calcula o valor de T2* do fígado (e do baço) por relaxometria, retornando ainda o valor de CF (pela curva de calibração dos autores – em "B"). Observa-se ainda o resultado de concentração férrica pela técnica de IIS. O valor de gordura também é estimado levando em conta a correção por T2* (B).

mas também em qualquer órgão incluído nas imagens, como pâncreas, rins, baço e medula óssea. Eventualmente, pode-se incluir o coração com imagens trigadas com o ciclo cardíaco, podendo-se aferir também a relaxometria do miocárdio, devendo-se lembrar que existem curvas de correlação para o cálculo da CF específicas para ele, sendo diferentes das do fígado.

Relaxometria T2/R2

Da mesma forma que foi descrito para a relaxometria T2*/R2*, existem algumas alternativas para se realizar a técnica para calcular os parâmetros T2/R2, com as mesmas considerações em relação ao primeiro TE, o número

de *echos* coletados e o intervalo entre esses TE. Existem poucas opções disponíveis na literatura para se adquirir essas sequências, devendo-se ter em mente que é uma técnica relativamente demorada, com tempos de aquisição variando da ordem de 8 a 30 minutos de exame, apenas para avaliar o depósito de ferro no fígado. Da mesma forma que a outra técnica de relaxometria, deve-se utilizar parâmetros de aquisição suficientes para abordar o espectro de depósito de ferro no fígado. Para tal, o TE inicial deve ser o menor possível, algo em torno de 5 ms ou menos nessa técnica, com o TE final longo, sem que haja degradação pelo movimento ou outras causas, situando-se em torno de 15 a 30 ms. O número de TE adquiridos

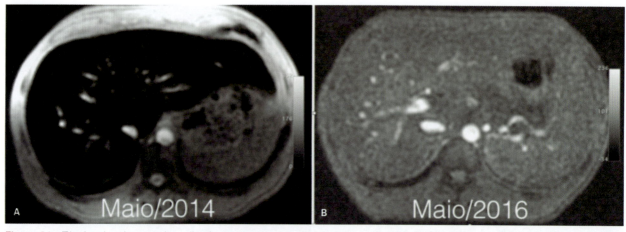

Figura 34 Técnica de relaxometria avaliando a resposta ao tratamento em paciente com hemocromatose. Em A, observa-se o exame inicial, com uma imagem axial GE com TE = 9 ms, mostrando o sinal muito baixo do fígado, relacionado a depósito acentuado de ferro no parênquima (T2* = 1,67 ms / R2* = 600 s^{-1} / LIC = 16,36 mg/g). Após alguns anos de tratamento por flebotomia o paciente fez um exame de controle, demonstrando nítido aumento do sinal do fígado na mesma sequência, inferindo resolução importante do conteúdo de ferro (T2* = 14,7 ms / R2* = 68 s^{-1} / LIC = 1,45 mg/g).

no intervalo também é variável, podendo-se considerar as mesmas duas abordagens descritas anteriormente.

O método utilizado para se adquirir as imagens pode ser uma série de sequências *single spin echo* (SSE), cada uma com uma excitação separada, ou com um *spin echo train* após uma única excitação (sequência de Carr-Purcell-Meiboom-Gil). Existe diferença nos valores de R2 obtidos nos dois métodos, sendo menores na sequência de *echo train*.

A estimativa do valor de R2 pode ser realizada através da modelagem do decaimento do sinal das imagens do fígado obtidas. Essa modelagem pode ser realizada através de decaimento monoexponencial ou mesmo biexponencial, sendo esta última forma utilizada no método mais conhecido e divulgado na literatura por essa técnica, disponibilizado comercialmente como Ferriscan®, pela empresa Resonance Health. Os autores do trabalho de 2005 compararam os resultados da relaxometria T2/R2 com a CF, obtendo resultados acurados em todos os cenários clínicos de depósito de ferro. Esta é a única técnica disponível na literatura que tem a aprovação pelo FDA para ser utilizada. A curva de calibração dos autores é bastante distinta da obtida com os outros métodos de relaxometria, tendendo a um platô nas concentrações mais elevadas, com uma equação complexa para cálculo da CF:

$$CF = (29{,}75 - \sqrt{900{,}7 - 2{,}2283 \times R2})^{1{,}424}$$

O motivo do platô nas concentrações mais elevadas ainda não foi totalmente esclarecido, mas pode estar relacionado a formação de agrupamentos de ferro em grandes agregados nesses pacientes.

Apesar de a técnica ter sido amplamente validada em muitos pacientes e vários aparelhos, ela tem algumas limitações. A primeira é o tempo necessário para o protocolo, sendo precisos cerca de 15 a 20 minutos de aquisição em respiração livre, apenas para se ter o cálculo de ferro no fígado do paciente. Outro problema é o custo, uma vez que depois de adquiridas, as imagens têm de ser enviadas à companhia para pós-processamento, com envio dos resultados.

Uma outra maneira de se calcular o ferro com relaxometria T2 é pela espectroscopia. Pode-se obter curvas espectrais de um volume do fígado em vários tempos de *echo*, podendo-se posteriormente calcular o decaimento T2 da água pelas curvas obtidas, com uma análise comparável à modelagem de intensidade do sinal

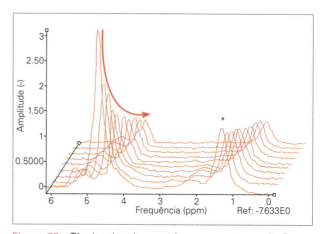

Figura 35 Técnica de relaxometria por espectroscopia. Foram obtidas curvas espectrais do lobo hepático direito em vários tempos de *echo*, conforme demonstrado na figura. Pode-se calcular o decaimento do sinal da água (identificado pela seta vermelha) e calcular o valor de T2, correlacionado com o depósito de ferro. Observe o pico de metileno ("*"), no ppm de 1,3, bem identificado nesse paciente com esteatose.

nas imagens convencionais (Figura 35). Existem alguns poucos trabalhos com essa técnica, com resultados interessantes, sendo, no entanto, pouco utilizada na prática clínica.

Como já foi dito, a RM é o método de escolha para se quantificar o acúmulo de ferro no fígado, sendo rápido e não invasivo (sem uso de contraste ou radiação ionizante). Apesar disso, deve-se ter cautela na avaliação e interpretação das imagens, pois existem vários fatores complicadores. Além disso, como existem várias técnicas validadas disponíveis, deve-se escolher e padronizar a mais robusta e acessível ao serviço e tentar utilizá-la como referência para futuros controles dos pacientes avaliados. As curvas de calibração existem para vários métodos, mas não são totalmente intercambiáveis, por isso seu uso não deve ser indiscriminado.

Susceptometria

Este é um método que merece ser conhecido por curiosidade, sendo habitualmente visto como a técnica mais acurada para se mensurar depósito de ferro no fígado. Ele é realizado por meio de um aparelho referido como SQUID (*superconducting quantum interference device*), que consegue mensurar o grau de variação do campo magnético da superfície corporal de um paciente. Como alterações de suscetibilidade magnética determinam essas variações e são relacionadas a presença de ferro, o grau dessa variação no campo correlaciona-se com a CF do paciente.

Apesar de ser um método muito acurado e já validado, sua complexidade, altíssimo custo e a presença de apenas quatro aparelhos no mundo que realizam essa medida tornaram esse método difícil de ser implantado em larga escala.

Fibrose

A fibrose hepática é parte das alterações estruturais e funcionais na maioria das doenças hepáticas crônicas, sendo um resultado da lesão crônica ao fígado. As principais causas de fibrose em países industrializados incluem infecção crônica pelo vírus da hepatite C (HCV), uso de álcool e esteato-hepatite não alcoólica, devendo ser lembrada também a importância do vírus da hepatite B, sobretudo em regiões endêmicas. É um dos principais fatores prognósticos em pacientes com hepatopatia crônica e se correlaciona com o risco de desenvolver cirrose e complicações relacionadas ao fígado. Na verdade, seria o resultado final da maioria das doenças hepáticas difusas, inclusive o depósito de ferro e gordura.

Seu aparecimento é geralmente insidioso, e as principais causas de morbidade e mortalidade ocorrem após o desenvolvimento de cirrose, porém alguns pacientes podem ter risco elevado de comorbidades mesmo nos estádios iniciais de fibrose. Na maioria dos pacientes, a progressão final para cirrose ocorre após um intervalo de 15-20 anos, mas este é extremamente variável e depende de vários fatores, sobretudo da etiologia da hepatopatia. Os pacientes com cirrose podem permanecer sem complicações maiores durante vários anos (cirrose compensada). As complicações clínicas mais comuns da cirrose incluem ascite, insuficiência renal, encefalopatia e sangramento de varizes, estando associadas com redução significativa da sobrevida, sendo o transplante hepático a única terapia definitiva. A fibrose pode progredir rapidamente para cirrose hepática em algumas situações clínicas, incluindo episódios repetidos de hepatite alcoólica aguda grave, hepatite fulminante e colestase fibrosante em pacientes com reinfecção por HCV após transplante do fígado. Deve-se lembrar que a cirrose também é um fator de risco independente para o desenvolvimento de carcinoma hepatocelular, que também pode apresentar risco aumentado em algumas etiologias nos estádios iniciais, destacando-se entre elas a EHNA.

A fibrose hepática foi historicamente pensada como um processo passivo e irreversível por conta do colapso do parênquima hepático e a sua substituição por um tecido rico em colágeno. Mas muitos autores (destacando-se os trabalhos de Wanless et al.) têm demonstrado há décadas a possibilidade de reversão da fibrose, podendo esta ser considerada um modelo da resposta de cicatrização de feridas. Em humanos, a resolução espontânea da fibrose hepática pode ocorrer após o tratamento da doença subjacente. Isso tem sido descrito em pacientes com sobrecarga de ferro e cobre, hepatite alcoólica, hepatite crônica por vírus B, C e D, hemocromatose, cirrose biliar secundária, EHNA e hepatite autoimune. Uma regressão significativa pode levar anos para ocorrer e o tempo varia dependendo da etiologia da lesão hepática e da sua gravidade. A infecção crônica por vírus C é a condição mais extensivamente estudada e que teve uma mudança importante do tratamento recentemente.

A biópsia hepática é considerada o método de referência para a avaliação do dano tecidual em pacientes com doença hepática crônica, sendo o exame histológico útil na identificação da causa da doença hepática e na avaliação da atividade necroinflamatória e do estádio de fibrose. Porém existem algumas limitações do método que devem ser conhecidas:

- Uma das principais é o fato de que fornece a avaliação de apenas uma pequena parte do órgão (1/50.000 do fígado), podendo não ser representativa da doença, em razão da heterogeneidade na sua distribuição.
- É um método com variabilidade interobservador, relacionada com a discordância entre patologistas na interpretação da biópsia, sendo mais proeminente do que a observada nas doenças de depósito descritas acima.

- A biópsia é um método caro e invasivo, não isenta de complicações, sobretudo nesse grupo de pacientes. Complicações leves, como dor, podem ocorrer em até 40% dos pacientes e complicações maiores em até 0,5%. Portanto, existe uma necessidade de métodos confiáveis, simples e não invasivos para avaliar fibrose hepática.

Os métodos não invasivos podem ser basicamente divididos em dois subtipos: uma abordagem biológica, baseada na quantificação de biomarcadores em amostras sorológicas ou uma abordagem física, com base na medição da rigidez hepática. Muitos marcadores sorológicos têm sido utilizados para a avaliação de fibrose hepática, com diversas fórmulas e escores estudados para as diferentes etiologias. Um dos primeiros a serem utilizados foi o Fibrotest em pacientes com hepatite por vírus C. Trata-se de uma fórmula patenteada que combina os resultados de macroglobulina-alfa-2, apolipoproteína A1, haptoglobina, bilirrubina total, idade e sexo. Apesar de terem alta aplicabilidade e serem muito disponíveis, os biomarcadores utilizados nessas fórmulas não são específicos e seus resultados podem ser influenciados por alterações na depuração e excreção de cada um dos parâmetros individuais.

Avaliação por imagem

Métodos subjetivos

Praticamente todos os métodos de imagem são capazes de reproduzir a morfologia hepática com grande resolução espacial. As imagens atuais de TC e RM exibem uma anatomia extremamente fiel à realidade, com tempos de aquisição cada vez menores. Vale ressaltar em particular os avanços da tomografia com os aparelhos com múltiplos detectores, que possibilitaram imagens praticamente isométricas, sobretudo no plano longitudinal (Figura 36). A USG também demonstrou avanços muito expressivos, com sondas de resolução cada vez melhores para avaliação espacial.

Infelizmente, a análise convencional morfológica não exibe sensibilidade adequada para avaliação da fibrose, particularmente nos estádios iniciais, uma vez que o fígado mostra aspecto morfológico macroscópico praticamente inalterado (Figura 37). Em estádios mais avançados e particularmente nos casos de cirrose, fica mais fácil identificar e classificar esses pacientes. Existem vários sinais com graus variados de sensibilidade e especificidade, destacando-se a irregularidade dos contornos, a retração posterior do lobo direito, o aumento do lobo caudado e redução do lobo direito, entre outros. Esses sinais podem variar ainda em relação ao tipo de etiologia da cirrose. No entanto, é importante para o leitor entender que a impressão global do aspecto do fígado é muitas vezes o fator mais acurado para se avaliar um paciente e identificar a presença de cirrose.

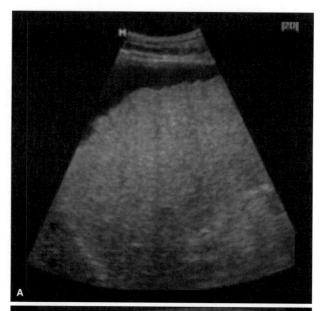
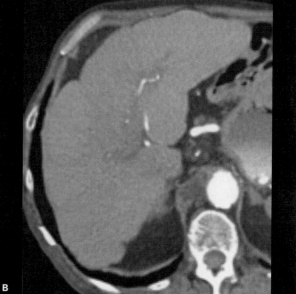
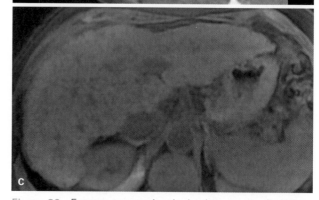

Figura 36 Exames convencionais de ultrassonografia (A), tomografia computadorizada (B) e ressonância magnética (C) de pacientes com cirrose (pacientes diferentes) mostrando o aspecto mais avançado da doença, com importante irregularidade/lobulação dos contornos hepáticos, tanto no aspecto anterior quando no posterior e heterogeneidade do sinal/densidade/ecogenicidade do parênquima.

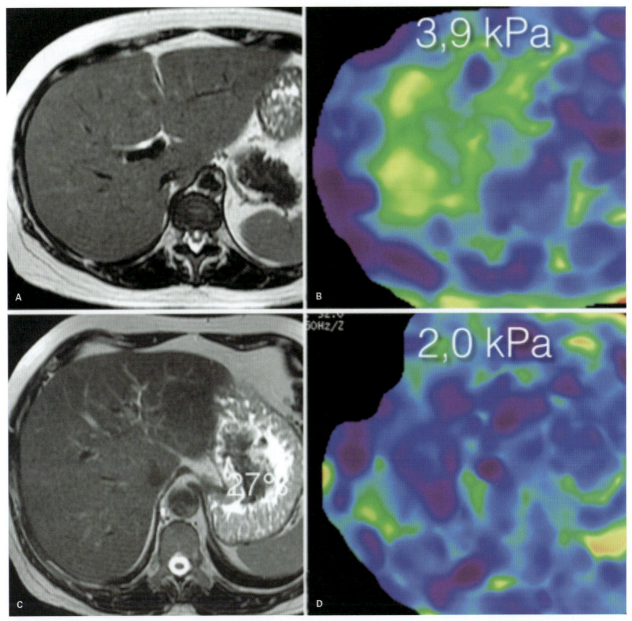

Figura 37 Limitação da análise morfológica convencional para se identificar pacientes com fibrose inicial no fígado. Observe as imagens convencionais T2 em A e C de pacientes distintos, destacando-se certa lobulação dos contornos do paciente em C, podendo sugerir algum grau de hepatopatia crônica. Os mapas de "rigidez" hepática pela elastografia mostram um aumento da mesma no paciente A, correlacionado com fibrose inicial (F2-F3), o que foi confirmado por biópsia percutânea. O paciente B mostra padrão de rigidez normal.

Métodos quantitativos

Elastografia

As técnicas de elastografia por imagem foram desenvolvidas para medir a rigidez e outras propriedades mecânicas de forma não invasiva, por meio da medição da resposta de um tecido a um estilo mecânico conhecido. Em geral, essas técnicas não podem medir a rigidez diretamente e sim indiretamente por meio da medição da velocidade de onda de cisalhamento (*shear-wave*) que se propaga no tecido estudado. Isso se baseia no conceito de que a velocidade de onda de cisalhamento é proporcional à rigidez tecidual: ondas de cisalhamento se propagam mais rapidamente em tecidos rígidos e mais lentamente nos tecidos moles.

Por meio da medição da velocidade de onda de cisalhamento, as técnicas de elastografia por ultrassonografia e por RM estimam a rigidez hepática. Dependendo da técnica, vários parâmetros relacionados a rigidez podem ser relatados. Os parâmetros e as unidades mais comumente relatados são a velocidade de onda de cisalhamento (em m/s), a magnitude do módulo de cisalhamento complexo (em quilopascal – kPa, comumente descrito na literatura como rigidez de cisalhamento) e o módulo de elasticidade de Young (em quilopascal, descrito como elasticidade). Essas técnicas de elastografia também podem medir outros parâmetros além da rigidez, incluindo a atenuação das ondas de cisalhamento e a viscosidade do tecido, embora esses parâmetros adicionais sejam considerados em investigação e ainda não estejam em uso clinicamente. Logo, ainda existe muita variação na literatura, mesmo em métodos que medem especificamente a rigidez, sendo difícil por vezes fazer a correlação dos resultados deles.

Indicação

A principal indicação clínica para elastografia é o diagnóstico e estadiamento de fibrose em paciente com hepatopatia crônica. Outras possíveis indicações incluem acompanhamento de fibrose, avaliação de resposta a tratamento em pacientes com fibrose, pesquisa de hipertensão portal (elastografia esplênica) e avaliação de pacientes com hipertensão portal de etiologia desconhecida.

Tipos de elastografia
Estática e quasiestática

As elastografias estática e quasiestática avaliam a rigidez por meio da medição da deformação (*strain*) em resposta a uma compressão repetida. Na elastografia estática, o estresse é produzido pela compressão manual do tecido, enquanto na elastografia quasiestática ocorre compressão produzida pela vibração fisiológica de tecidos adjacentes (p. ex., o coração ou vasos sanguíneos).

A avaliação é qualitativa, uma vez que a força aplicada não pode ser quantificada precisamente: a compressão manual na elastografia estática é operador-dependente e as tensões causadas pelo movimento fisiológico na elastografia quasiestática não são controláveis. Ambas as técnicas atualmente são baseadas em ultrassom e têm papel limitado na avaliação de fibrose, sendo atualmente mais utilizadas na avaliação de nódulos de tireoide e mama.

As técnicas de elastografia dinâmicas, também conhecidas como imagens das ondas de cisalhamento, avaliam a rigidez e os parâmetros relacionados com a rigidez rastreando a propagação das ondas de cisalhamento por intermédio dos meios. A velocidade de onda de cisalhamento está relacionada com a rigidez do tecido; por exemplo, a onda se propaga mais rapidamente em um fígado rígido (por fibrose ou cirrose) e mais lentamente em um fígado "mole" (normal ou esteatótico). Por meio da medição da velocidade de onda de cisalhamento, a rigidez pode ser inferida. Para a maioria dos tecidos biológicos, a velocidade da onda de cisalhamento e, consequentemente, a rigidez inferida são dependentes da frequência: mantendo todos os outros parâmetros iguais, a velocidade de onda de cisalhamento e a rigidez são maiores se as ondas de

cisalhamento forem aplicadas em uma frequência maior. Como as frequências das ondas de cisalhamento diferem dependendo das diferentes técnicas, os valores obtidos não são diretamente comparáveis.

As ondas de cisalhamento podem ser geradas aplicando uma vibração mecânica externa à superfície do corpo ou focalizando os impulsos da força de radiação acústica dentro do tecido de interesse. As técnicas por ultrassom podem usar ambos os métodos, mas as técnicas por RM utilizam apenas a vibração mecânica.

Independentemente da técnica, a elastografia dinâmica geralmente segue os seguintes passos: uma imagem inicial, geração das ondas de cisalhamento, rastreamento dessas ondas e medida de velocidade de onda de cisalhamento ou dos outros parâmetros de interesse.

As técnicas atuais disponíveis clinicamente trazem como resultado a velocidade de onda de cisalhamento, a magnitude do módulo de cisalhamento complexo ou o módulo de Young. Os parâmetros de módulo são frequentemente chamados de rigidez na literatura médica, mas estritamente falando, não têm o mesmo significado que rigidez, que é uma propriedade qualitativa avaliada por meio da palpação.

Técnicas

Todos as técnicas atuais de elastografia dinâmica por ultrassom usam excitações transitórias das ondas de cisalhamento com uma frequência de 50 a 400 Hz.

Elastografia transitória unidimensional

A primeira técnica de medição das ondas de cisalhamento por USG baseada no conceito de elastografia transitória foi comercializada como FibroScan. Um transdutor de ultrassom montado em um gerador de vibração gera uma vibração transitória (*punch*) de curta duração (< 30 ms), em uma frequência de 50 Hz. O impulso mecânico gera uma onda de cisalhamento que se propaga simetricamente em relação ao eixo do transdutor. A velocidade de propagação da onda de cisalhamento está diretamente relacionada à rigidez do tecido, chamada módulo de elasticidade. Quanto mais rígido for o tecido, mais rápida é a propagação da onda de cisalhamento.

A elastografia transitória (TE) é realizada com o paciente em posição supina e com o braço direito elevado para facilitar o acesso ao lobo direito do fígado. O aparelho é encostado na pele do paciente na região do 9º ao 11º espaço intercostal, local onde normalmente seria realizada uma biópsia hepática. O operador localiza uma área do fígado com pelo menos 6 cm de profundidade e sem grandes estruturas vasculares adjacentes e então pressiona o botão da sonda para iniciar as medições (*shots*). O protocolo padrão do exame requer um jejum de pelo menos 2 horas e pelo menos 10 medições (*shots*), com uma taxa de sucesso superior a 60% (percentual de medidas bem-sucedidas em relação ao total).

Os resultados são expressos em quilopascal (kPa), e variam de 1,5 a 75 kPa, sendo os valores normais em torno de 5 kPa, mais elevados em homens e em pacientes com índice de massa corpórea baixo ou alto. As vantagens incluem rapidez (sendo realizado em menos de 5 minutos), resultados imediatos e a possibilidade de ser realizado no leito ou ambulatorialmente. Embora apresente uma boa concordância inter e intraobservador, sua aplicabilidade não é tão boa quanto a dos biomarcadores. Na maior série relatada até o momento (13.369 exames), a incapacidade de obter qualquer medição foi de 3,1% dos casos e resultados não confiáveis foram observados em 15,8% dos casos. Outras importantes limitações incluem o fato de não utilizar imagens modo B em tempo real, podendo ocorrer erro na escolha da área de interesse estudada, além de ter sua utilização limitada em pacientes obesos e com ascite.

Elastografia shear-wave pontual

A elastografia *shear-wave pontual* (pSWE)/impulso da força de radiação acústica (ARFI) envolve a excitação mecânica do tecido usando impulsos acústicos de curta duração, que propagam ondas de cisalhamento e geram deslocamentos localizados e em microescala nos tecidos. O deslocamento da onda de cisalhamento criado por esses impulsos é gravado por um probe de USG e a velocidade da onda de cisalhamento pode ser derivada a partir dessas informações. A velocidade da onda de cisalhamento é medida em uma região menor do que na TE (10 mm de comprimento e 6 mm de largura), mas a localização exata onde as medições são obtidas podem ser selecionadas pelo operador sob visualização em modo-B. Algumas importantes vantagens é que a técnica pode ser facilmente implementada em aparelhos de ultrassom comerciais e a área a ser avaliada pode ser escolhida pelo operador nas imagens modo B. A sua taxa de falha é significativamente menor do que a de TE (2,9% *vs.* 6,4%), especialmente em pacientes com ascite ou obesidade. Sua reprodutibilidade é boa, no entanto, os resultados pSWE/ARFI são influenciados pela ingestão de alimentos, pela atividade necroinflamatória e pelos níveis séricos de aminotransferases.

Elastografia shear-wave

Essa técnica tem a capacidade de rastrear o deslocamento das ondas de cisalhamento por meio de um plano inteiro de imagem, combinando uma frente de ondas em formato de cone e uma técnica de ultrassom ultrarrápida. Essa combinação permite que sejam gerados elastogramas em tempo real. A grande vantagem é a possibilidade de serem escolhidas várias áreas de interesse nos elastogramas, amostrando uma porção muito maior do fígado.

Uma descrição mais bem detalhada das técnicas de elastografia dinâmica por USG pode ser obtida no capítulo dedicado a este tópico neste livro.

Elastografia por RM

Uma das principais técnicas de imagem atualmente utilizadas para a avaliação de fibrose hepática é a elastografia por ressonância magnética (elasto-RM). Seus resultados promissores têm aumentado a sua utilização na prática clínica. Em uma das maiores séries de casos publicados (1.377 pacientes), a elasto-RM se mostrou uma técnica muito robusta, podendo ser utilizada em diversos grupos de pacientes, com uma taxa de falha muito baixa, cerca de 5,6%, sendo a maioria desses exames não diagnósticos observada em casos de sobrecarga férrica ou mesmo por algum problema técnico não identificado no momento da aquisição. Apesar de nesse estudo não ter sido observada diferença entre graus próximos de fibrose (F0 de F1, F1 de F2 e F0 de F2), pacientes com fibrose avançada (estágios F3 e F4) apresentaram medidas de rigidez significativamente maiores do que os pacientes com fibrose leve a moderada (F0, F1 e F2), reafirmando o seu potencial para detecção e estadiamento de fibrose, particularmente aqueles com estádios mais avançados.

Outra importante característica da elasto-RM é sua alta reprodutibilidade. Um estudo recente, de Trout et al., demonstrou que as medidas de rigidez obtidas são reprodutíveis independentemente da marca do aparelho, do campo magnético (1,5 ou 3,0T) e das sequências utilizadas (gradiente-*echo*, *echo*-planar *spin-echo* 2D e *echo*-planar *spin-echo* 3D) – a diferença média nesse estudo entre as comparações pareadas de fatores foi sempre inferior a 0,3 kPa e a diferença média para um mesmo paciente entre todas as medidas nos diferentes cenários foi de 10,7%. Existe porém outro estudo mostrando uma taxa de falha maior em aparelhos de 3T em relação aos de 1,5T, e os autores acreditam que a interferência do ferro deve ser o fator preponderante nesse problema.

Técnica

A elastografia por RM baseia-se em três passos fundamentais: propagação das ondas mecânicas pelo fígado utilizando uma fonte vibratória; imagem da propagação da onda usando uma sequência dinâmica sensível à movimentação; e processamento da informação espacial para gerar mapas quantitativos da rigidez hepática.

As técnicas podem ser implantadas em aparelhos de 1,5 ou 3,0 T. Vale ressaltar que as propriedades mecânicas aferidas não dependem do campo magnético e sim da frequência mecânica, ou seja, a rigidez hepática será a mesma em um aparelho de 1,5 ou 3,0 T desde que seja mantida a mesma frequência. A frequência tipicamente utilizada nas técnicas por RM é de 60 Hz. O paciente é posicionado no aparelho em supinação, como em um exame habitual de abdome superior, e as sequências são obtidas em apneia.

Vários sistemas podem ser utilizados para produzir a onda de cisalhamento; o aparelho gerador das ondas (*driver* ativo) normalmente fica localizado fora da sala do aparelho e é conectado por cabos a um pequeno disco plástico colocado em contato com o corpo do paciente, na altura do lobo hepático direito (*driver* passivo). Esse pequeno disco transmite as vibrações geradas ao corpo do paciente. Para visualizar o movimento do tecido gerado pelas ondas de cisalhamento, gradientes codificadores de movimento oscilando na mesma frequência dessas ondas são aplicados em uma sequência convencional de RM (gradiente-*echo* GRE, *spin-echo*, *steady-state* SSFP ou *echo*-planar). As ondas de cisalhamento contínuas resultam em um deslocamento do tecido, que induzem um movimento cíclico dos *spins*, produzindo uma mudança de fase que é mensurável na presença dos gradientes. O sinal obtido contém informações da mudança de fase em cada voxel, mostrando uma "fotografia" da propagação das ondas de cisalhamento pelo fígado. Posteriormente, algoritmos de inversão são aplicados a essas imagens para calcular o módulo de cisalhamento e gerar os mapas de rigidez ou elastogramas. Uma sequência de elasto-RM geralmente produz várias imagens diferentes ao final do processamento: imagens de magnitude e fase, mapas de rigidez em escala de cinza ou coloridos, mapas de confiança e imagens coloridas de ondas (normalmente todas essas imagens são enviadas ao sistema – Figura 38). Uma área de interesse (ROI) é então escolhida, tendo em mente que se deve evitar as margens do fígado, grandes vasos, fissuras hepáticas, fossa da vesícula biliar e áreas de artefato entre as ondas, que podem ser aditivas ou não (Figura 39). Normalmente, evitamos posicioná-lo no lobo hepático esquerdo, por conta dos artefatos de movimentação gerados pelo coração. Quando posicionado no mapa em escala de cinza, o ROI traz a medida de rigidez em kilopascals. Geralmente são obtidos quatro cortes em diferentes pontos do fígado e a medida de rigidez é calculada a partir da média desses quatro valores. Outra imagem bastante utilizada é o mapa colorido, que mostra uma visão geral da rigidez em todo o fígado.

O fígado normal não é um órgão rígido e a rigidez normal média varia entre 1,54 e 1,87 kPa (a 60 Hz). A variabilidade dos valores normais é muito grande entre os estudos, mas a maioria dos fígados normais deve apresentar valores inferiores a 2,5 kPa, similar ao da gordura do tecido subcutâneo. Ainda não está bem estabelecida a influência de fatores como idade, sexo, IMC e raça nos valores de rigidez obtidos.

Indicações
Detecção e estadiamento de fibrose hepática

A elastografia por RM tem alta acurácia para a detecção de fibrose hepática e para diferenciá-la de fígados normais, permitindo a detecção de rigidez hepática mesmo quando ainda não se observam alterações morfológicas por meio das imagens convencionais (Figura 37). A elasto-RM consegue diferenciar um fígado fibrótico de um normal com uma acurácia de 89-99%, além de detectar fibrose clinicamente significativa com uma acurácia de 95% e diferenciar cirrose de fibrose em mais de 98% dos casos (Figura 40). Isso tem um impacto significativo nas decisões clínicas, uma vez que os pacientes com fibrose têm indicação de receber tratamento antifibrogênico específico. Algumas condições podem influenciar as medidas de rigidez e devem ser excluídas antes da inter-

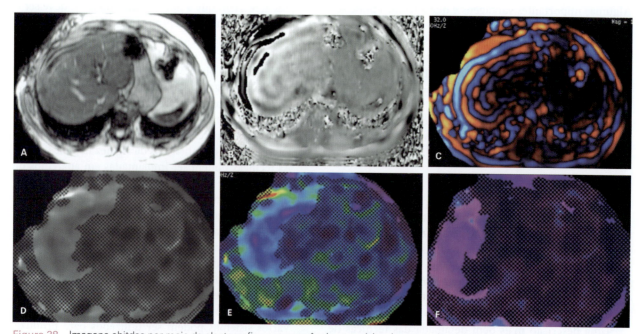

Figura 38 Imagens obitdas por meio da elastografia por ressonância magnética: imagens de *phase* e magnitude em A e B, seguidas pela imagem das ondas em C e os mapas de "rigidez" em escala de cinza D (onde são feitas as medidas) e coloridos na escala menor F e maior G. Esse paciente é normal, obtendo-se cores no fígado em F semelhantes às do tecido subcutâneo.

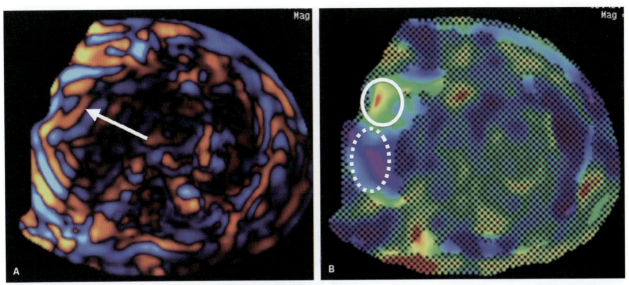

Figura 39 Áreas a serem evitadas na mensuração da "rigidez" hepática pela elastografia. Deve-se evitar grandes vasos, periferia do fígado, fossa da vesícula biliar e regiões de artefatos de adição ou subtração das ondas, como mostrado em A (área de adição – seta branca), que determina uma maior "rigidez" incorreta no mapa colorido em B (círculo liso). A região a ser mensurada é a do círculo pontilhado, onde as ondas são paralelas e bem formadas.

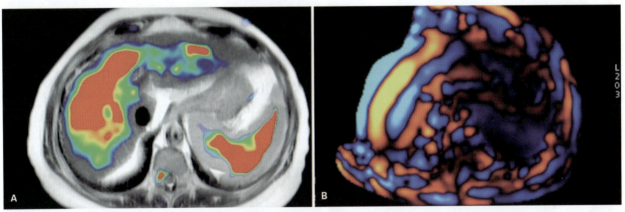

Figura 40 Elastografia por ressonância magnética em paciente cirrótico. Observar o aumento difuso da "rigidez" do parênquima no paciente, com cores bem mais vermelhas se comparadas às dos pacientes das Figuras 38 e 39 (a "rigidez" foi calculada em 8,2 kPa). Observe ainda em B como as ondas são mais largas que nas figuras anteriores.

pretação dos resultados: hepatite aguda, períodos de agudização em uma hepatite crônica viral, obstrução biliar aguda e alterações congestivas de qualquer causa.

Diferenciação de esteatose e esteato-hepatite

A doença hepática gordurosa não alcoólica é uma das principais causas de hepatopatia crônica no mundo e compreende um espectro que varia desde a esteatose até a EHNA, podendo esta progredir para cirrose e suas complicações. A esteatose por si só não determina aumento dos índices de rigidez hepática, ao contrário da EHNA. Um estudo demonstrou que essas duas condições podem ser diferenciadas com uma acurácia de 93% usando um valor de 2.74 kPa como corte (Figura 41). No entanto, deve-se ter em mente que outros trabalhos recentes tiveram dificuldade de identificar a presença de inflamação e diferenciar de esteatose simples, sendo essa avaliação mais limitada pela técnica.

Acompanhamento de hepatopatia crônica

Como a avaliação da elastografia por RM fornece uma avaliação quantitativa do grau de "rigidez" hepático, ela pode ser utilizada como método não invasivo no acompanhamento de pacientes com hepatopatias crônicas. Atualmente, com medicamentos altamente efetivos para o tratamento de certas hepatopatias virais (como o vírus C) e a atuação dietética associada a exercício físico e/ou alguns tipos de drogas para pacientes com EHNA, pode-se controlar a resposta pelo método de forma não invasiva. Na última possibilidade, pode-se ainda adicionar

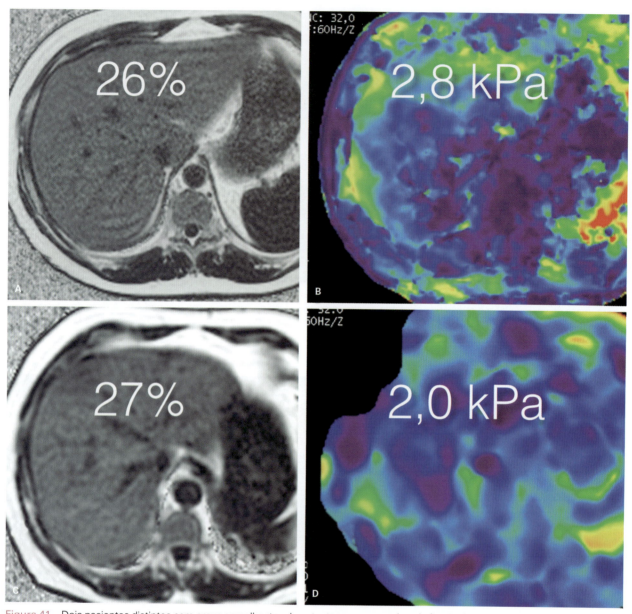

Figura 41 Dois pacientes distintos com graus semelhantes de esteatose, mensurada pela fração de gordura como 26 e 27%. Observe que o paciente de C/D tem valores normais de "rigidez" pela elastografia, mensurados em 2,0 kPa. O paciente de A/B exibe leve aumento na "rigidez", podendo corresponder a inflamação (esteato-hepatite não alcoólica – EHNA), o que foi confirmado por biópsia.

sequências direcionadas de mensuração de gordura e R2* para avaliação da resposta desses fatores ao tratamento, também de forma não invasiva e bem rápida.

Outras aplicações

Uma das aplicações promissoras da elasto-RM é a avaliação de lesões hepáticas focais. Alguns estudos têm demonstrado que tumores malignos apresentam uma rigidez maior do que lesões benignas e o fígado normal. Outro potencial de aplicação da elastografia seria o estudo do baço para avaliação de hipertensão portal e predizer o risco de varizes esofágicas. Existem ainda pesquisas avaliando o padrão de heterogeneidade da "rigidez" do fígado e sua capacidade de predizer a etiologia da fibrose (como exemplo, a colangite esclerosante primária tenderia a determinar áreas mais rígidas na periferia com maior preservação da região central).

Existem ainda estudos em andamento para avaliar a técnica em outras áreas do corpo, como encéfalo, mama, pâncreas entre outros, ampliando a área de atuação do método.

Vantagens:

- Apresenta uma alta acurácia diagnóstica, permitindo a avaliação de uma grande área do fígado (o que reduz potencialmente o viés de seleção), factível mesmo em pacientes obesos ou com ascite (em que a elastografia por USG tem papel limitado). A sociedade internacional de USG produziu recentemente algumas diretrizes sobre a mensuração de fibrose hepática, afirmando que a elastografia por RM seria a técnica com a maior acurácia alcançável atualmente.

- Os resultados obtidos são reprodutíveis e comparáveis, algo relativamente raro em imagem quantitativa por RM. O principal motivo dessa alta reprodutibilidade está relacionado ao fato que o *hardware* e o pacote de sequências utilizados para a técnica nos três principais fabricantes de aparelhos de RM é o mesmo, desenvolvido por uma firma de terceiros (Resoundant®).
- O método pode ser utilizado em pacientes obesos e com ascite na cavidade, contornando as principais limitações da TE.
- Os trabalhos têm demonstrado acurácia superior aos demais métodos de imagem por elastografia disponíveis, sendo ainda superior a alguns outros métodos quantitativos de RM para avaliação de fibrose (principalmente a difusão e o uso de ácido gadoxético).
- Desvantagens:
  - Sua utilização é limitada em pacientes com sobrecarga férrica, dado que as imagens se baseiam em sequências gradiente-*echo*. Destaca-se que novos métodos de aquisição, baseados em imagem *echo-planar*, têm contornado esse problema, com melhoras na área de interesse a ser estudada.
  - Existe certa subjetividade na escolha das áreas de interesse a serem avaliadas, uma vez que esse processo é feito de maneira manual, apesar de a maior parte dos trabalhos demonstrar que existe pouca variabilidade interobservador quando são utilizados certos critérios na seleção das regiões.
  - Em pacientes com um padrão respiratório não constante podem surgir erros na obtenção das sequências, geralmente feitas em apneia.
  - É um método ainda pouco testado, e o número de pacientes é muito inferior aos dos trabalhos que avaliam a TE. Dessa forma, não se sabe se o método vai oferecer os mesmos resultados quando forem incluídos mais pacientes e com outras patologias (atualmente o principal foco do método tem sido pacientes com hepatopatia por vírus C e EHNA).

Outros métodos

Tomografia computadorizada

Apesar da TC ser utilizada na maioria das vezes como um método qualitativo, seu uso em análise quantitativa também tem sido usado com taxas de sucesso variado na literatura.

Essas técnicas objetivas utilizam tanto refinamento e avaliação quantitativa do grau de irregularidade da superfície hepática, quanto uma análise relacionada ao uso de contraste intravenoso para se discriminar a razão entre os volumes intra e extracelular quanto à mudança do padrão de realce do parênquima, baseado na perfusão.

As técnicas automatizadas de quantificação da irregularidade do parênquima têm sido descritas principalmente pelo grupo de Wisconsin (Pickhardt et al.) e utilizam uma análise semiautomatizada do grau de irregularidade dos contornos do fígado. Eles recentemente divulgaram um trabalho com resultados promissores na identificação de pacientes com fibrose significativa ($\geq$ F2 – sens. e espe. de 80%), fibrose avançada ($\geq$ F3 – sens. e espe. de 89-84%) e cirrose ($\geq$ F4 – sens. e espe. de 98-85%). Apesar de ser um estudo inicial, espera-se que essa técnica extremamente simples seja disponibilizada para análise. Ela tem como grande ponto positivo a possibilidade de ser utilizada em qualquer aparelho e qualquer exame simples de tomografia, não necessitando de protocolos avançados de aquisição de imagem.

As técnicas que são dependentes da avaliação de contraste pela tomografia são geralmente dependentes de múltiplas aquisições com resolução temporal pequena após o uso de contraste (técnicas de perfusão), necessitando geralmente de uma técnica avançada de aquisição (muitas vezes com dose de radiação mais elevada que as técnicas padrão). Além disso, esses métodos são dependentes do método de pós-processamento, podendo gerar resultados distintos, mesmo se as mesmas técnicas de aquisição forem utilizadas. De qualquer forma, observam-se alterações distintas no padrão de perfusão hepática no avançar do processo de fibrose até a cirrose. Apesar de existirem alterações no volume sanguíneo, fluxo sanguíneo, entre outros, pode-se caracterizar diferenças na perfusão dependente do fluxo arterial *versus* daquela dependente do fluxo venoso portal, com progressivo aumento da primeira durante a evolução da doença (Figura 42).

Existem, porém, outras maneiras mais simples de se utilizar o realce do parênquima hepático pelo contraste de forma mais simples. Uma delas é a observando e mensurando o valor de densidade do fígado na sequência tardia. Como o contraste iodado preenche o espaço extracelular, o grau de atenuação do fígado em fases mais tardias estaria de alguma forma relacionado ao volume desse espaço. Geralmente, com o desenvolvimento e progressão da fibrose, o montante de espaço extracelular vai aumentando (preenchido por colágeno), com redução do volume do intracelular, tornando o fígado mais denso e possibilitando uma avaliação desse processo. Logo, pode-se correlacionar o grau de atenuação do parênquima (ou mesmo sua diferença em relação à fase pré-contraste) como um marcador de fibrose ou mesmo de função hepatocelular, algo que alguns trabalhos têm demonstrado. Alguns autores ainda têm demonstrado o uso de técnicas de tomografia com dupla energia nesse processo, utilizando o montante de contraste identificado pela decomposição do iodo no fígado como um marcador da fibrose.

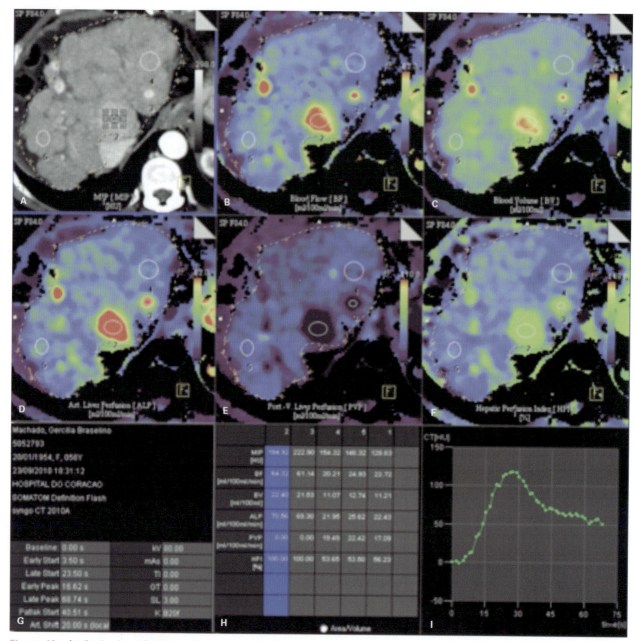

Figura 42 Avaliação da perfusão hepática por tomografia computadorizada. Paciente cirrótico com múltiplos nódulos compatíveis com carcinoma hepatocelular (CHC). A figura demonstra um dos métodos de perfusão desenvolvido por uma fabricante, mostrando o parênquima hepático em uma das fases em A e os múltiplos mapas de cores (B a F) com os parâmetros escolhidos (fluxo sanguíneo, volume sanguíneo, perfusão hepática etc.). Além disso, pode-se obter o valor de cada um desses parâmetros, demarcando uma área de interesse, conforme demonstrado em H. Apesar de complexa, essa técnica tem mostrado resultados interessantes em alguns trabalhos, porém nem todos conseguem boa acurácia por esses métodos.

Em resumo, existe ainda um grande potencial na TC a ser explorado, envolvendo tanto análises de pós-processamento complexas em exames de rotina quanto exames mais complexos de perfusão e dupla-energia. O ponto forte da TC nesse tipo de avaliação encontra-se no fato que é uma técnica mais barata e mais acessível para vários pacientes, podendo ser o exame de diagnóstico deles. Em contrapartida, o uso de radiação ionizante em conjunto com uma ausência de padronização dos métodos disponíveis prejudica seu uso em larga escala, pelo menos no momento atual.

Ressonância magnética – difusão

A técnica de difusão tem tido um papel cada vez mais fundamental na imagem do abdome, por meio de sequências mais rápidas e com melhor resolução espacial. Ela tem sido utilizada principalmente em pacientes oncológicos, sobretudo na melhoria da detecção de lesões

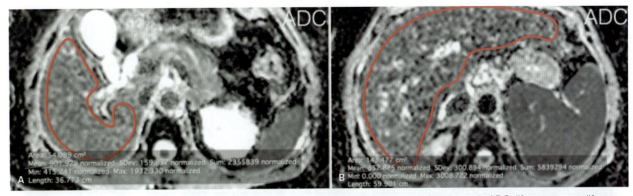

Figura 43 Avaliação de difusão para doença hepática difusa. Pacientes distintos mostrando valores de ADC diferentes para diferentes graus de fibrose. A técnica é uma análise multi-B com 10 valores crescentes. Foi realizado um cálculo de ADC com análise monoexponencial. Observe em A uma média de ADC de 902 × 10^{-6} mm²/s para um paciente sem fibrose. O paciente B exibe fibrose grau F2-F3, com valores de ADC menores, estimado em 852 × 10^{-6} mm²/s. Destaca-se que os valores de ADC obtidos são bem diferentes daqueles da literatura, possivelmente pelo número diferente dos valores de B.

focais e sua distinção entre benignas e malignas, como um método predominantemente qualitativo.

A técnica, porém, tem um aspecto quantitativo, por meio do cálculo de coeficiente de difusão aparente (ADC). Essa avaliação quantitativa tem sido utilizada na avaliação das mesmas lesões focais com o intuito de uma melhor discriminação entre processos benignos e malignos. A técnica também tem sido avaliada em múltiplos trabalhos em relação à avaliação de doença hepática difusa, principalmente por meio do cálculo do ADC.

O racional para o uso da técnica é que ela avaliaria o movimento randômico (browniano) de moléculas de água entre os tecidos. Uma vez que o fígado com fibrose e/ou cirrose teria maior acúmulo de colágeno (algo atualmente aceito, porém controverso, pelo menos nas fases iniciais), esse movimento seria limitado e poderia ser identificado pelo método, por meio de uma maior restrição à difusão e valores de ADC menores. A forma de ponderação da sequência de difusão é por meio do valor de b (b-value), e quanto maior esse valor, menor a ponderação T2 (a sequência tem uma ponderação T2 com supressão de gordura) e maior a ponderação na difusão da água. Logo em valores de b altos, como 1.000, os tecidos "normais" tendem a ter um sinal alto e aqueles "alterados", como o fígado cirrótico e as metástases, exibem sinal elevado (Figura 44). Para se confirmar a alteração de sinal, pode-se observar e mensurar o valor de ADC que, em tecidos com restrição, tem de ser mais baixo. Existem alguns tecidos, como o baço e os rins, que demonstram difusão mais restrita que a maioria dos outros, como o fígado normal. O valor de ADC pode ser calculado sempre que se obtiver mais de um valor de b numa sequência de difusão (geralmente são adquiridos dois valores, um deles sendo b = 0) por meio da equação:

$$ADC = \ln \left[\frac{(S2/S1)}{(b1 - b2)} \right]$$

Onde S2 e S1 representam o sinal da região de interesse nos valores de b = 0 (ou mais baixo) e o valor de b mais alto. b1 e b2 representam os valores de b usados na aquisição. Vários autores têm utilizado os valores de ADC como uma possibilidade para se avaliar a presença e evolução de fibrose no parênquima hepático com resultados variados, destacando-se os trabalhos do grupo de Nova York (particularmente Taouli et al.). O grande problema nessa abordagem é a falta de padronização na técnica, e resultados diferentes são obtidos se forem adquiridos valores de b diferentes. Mesmo se foram utilizados os mesmos valores de b, existem estudos mostrando diferenças entre fabricantes distintos e mesmo na mesma máquina. Apesar de essas diferenças serem pequenas, as diferenças entre os valores de ADC para se distinguir os níveis distintos de fibrose também são muito pequenas, tornando o método pouco reprodutível, mesmo que com bons resultados em alguns trabalhos.

Outro problema importante é que o método e os resultados são influenciados pela presença de ferro e gordura no fígado, não se podendo utilizar os valores de referência dos autores se o paciente apresentar algum tipo de doença de depósito associada (Figura 45). Apesar de existir uma possibilidade de se corrigir esses fatores de confusão, as técnicas não são facilmente obtidas e dependem de métodos sofisticados não disponíveis na maioria dos centros.

Existem ainda outras possibilidades a serem exploradas pela técnica de difusão. O decaimento do sinal da sequência com o aumento do valor de b demonstra um aspecto biexponencial (e mesmo triexponencial se forem explorados valores de b acima de 3.000) e não monoexponencial. Esse decaimento é descrito por fatores de microvasculatura em b menores (cerca de 150 a 200 no fígado) e por fatores intrínsecos do tecido em valores de b mais altos. Essa técnica foi descrita inicialmente por Denis Le Bihan em 1988 como uma maneira de avaliar

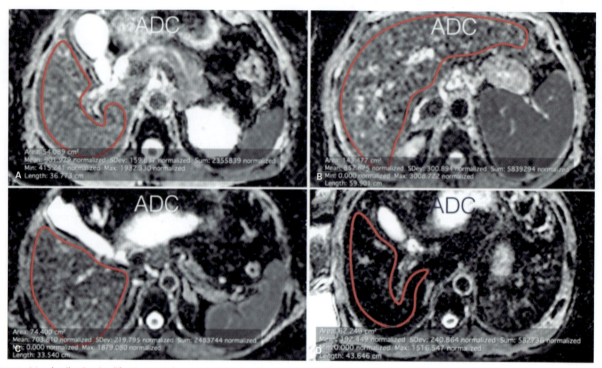

Figura 44 Avaliação de difusão para doença hepática difusa – influência de ferro e gordura. Os pacientes de A e B são os mesmos da figura anterior, com fígado normal e fibrose F2-F3, respectivamente. O paciente C não tem fibrose no fígado, porém apresenta uma fração de gordura de 25%, com ADC inferior ao do paciente B, estimado em 704 × 10^{-6} mm²/s. O paciente D exibe depósito de ferro moderado, com R2* de 250 s^{-1}, associado a esteatose moderada, de 23%, exibindo um valor de ADC muito baixo, estimado em 192 × 10^{-6} mm²/s. Esses exemplos mostram a importante limitação da difusão para doença difusa do fígado, se estiver associado depósito de ferro ou gordura.

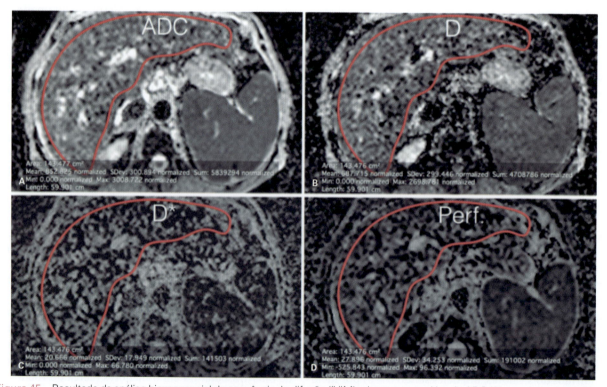

Figura 45 Resultado da análise biexponencial da sequência de difusão (IVIM): observe que, além do ADC (A) que pode ser obtido na análise convencional, podem também ser extraídos valores de perfusão pelo decaimento mais rápido dos valores menores de B (D), como uma medida análoga à microvasculatura da região, valores da difusão tecidual D (em B) decorrente do decaimento dos valores de B mais altos e da pseudodifusão em C.

melhor o comportamento da difusão nos tecidos do corpo. Apesar de possibilitar um estudo mais minucioso do parênquima hepático, ela é mais complexa de se adquirir e processar. Para se conseguir uma boa técnica, deve-se obter um número razoável de valores de b na difusão mais rápida (cerca de 5 ou mais com b abaixo de 15-200) e alguns valores mais espaçados com valores de b mais elevados. Logo, o tempo de aquisição é bem mais elevado que nas técnicas de difusão convencional. Os valores obtidos com a técnica também tendem a apresentar uma maior variabilidade entre pacientes do mesmo estudo e entre os estudos relacionados, mostrando uma reprodutibilidade ainda mais complicada que o estudo convencional. Deve-se lembrar ainda que os mesmos fatores de confusão relacionados a doença de depósito também se aplicam com essa técnica.

Em resumo, a difusão é uma técnica com potencial muito interessante para ser explorado, sendo mais utilizada na avaliação de lesões focais, tanto no aspecto qualitativo quanto quantitativo. Seu papel na análise de doença hepática difusa é mais secundário, sendo substituído por outras técnicas mais padronizadas e com resultados mais consistentes, como a elastografia.

Ressonância magnética – uso de contraste hepatoespecífico/extracelular

O uso de contraste na RM pode ser explorado de forma mais profunda que na TC. Pode-se utilizar meios de contraste convencionais e técnicas avançadas de perfusão (*dynamic contrast enhancement* – DCE), de forma semelhante às descritas pela tomografia, porém sem o problema da radiação ionizante. A técnica se baseia em uma sequência T1 (geralmente 3D gradiente-*echo*) com alta resolução temporal (algo em torno de 4 segundos), que acompanha a passagem de contraste pelo parênquima hepático.

Existem algumas maneiras de se modelar matematicamente o padrão de realce do parênquima relacionado ao encurtamento de T1, dependendo do tipo de suposição que o leitor (ou *software*) vai fazer, ou seja, assumindo o padrão de dupla irrigação (arterial e portal) e o modelo bicompartimental (o sangue sai da vasculatura para o espaço extracelular). Algumas variáveis mais comumente obtidas com os modelos disponíveis são a constante de transferência de fluxo (K^{trans}), o espaço de *leakage* (v_e) e a constante da razão de saída (K_{ep}). Existem ainda outros modelos mais simplistas que são comumente descritos em alguns artigos sobre o tema nos quais pode-se estudar a curva de realce e aferir o índice de perfusão hepático ou mesmo a área abaixo da curva. Existem ainda outras possibilidades a serem observadas, como modelos de duplo fluxo e compartimento único, em que se pode extrair valores de fluxo absoluto e relativo arterial e venoso portal, volume de distribuição do contraste no fígado e tempo médio de trânsito (MTT – *mean transit time*). Os trabalhos relacionados ao tema geralmente mostram aumento do fluxo arterial com redução do portal, conforme já era esperado pelo processo de fibrose, associado ainda a aumento do MTT (provavelmente pela menor difusão das partículas secundário ao aumento da proporção de colágeno) e do volume de distribuição (possivelmente secundário à expansão do espaço intersticial).

Essas técnicas têm resultados promissores para avaliação do processo de fibrose no fígado, porém como descrito para as correspondentes tomográficas, geralmente dependem de programas dedicados de terceiros, de difícil acesso e não padronizados. Outra possibilidade mais explorada de tais técnicas é na avaliação da resposta de lesões neoplásicas hepáticas com agentes quimioterápicos antiangiogênicos (incluindo aqui o carcinoma hepatocelular), uma vez que o padrão perfusional desses tumores pode apresentar alterações bem mais rápidas do que a avaliação morfológica da redução volumétrica.

O contraste hepatobiliar, em particular do ácido gadoxético, também tem sido utilizado na avaliação de doença difusa hepática, com resultados positivos em vários tipos de pacientes. Esse agente possui uma excreção mista, biliar (cerca de 50%) e renal, com capacidade de entrar no interior do hepatócito por alguns receptores transmembrana dessas células (principalmente o OATP1 – polipeptídeo orgânico transportador de ânions), sendo excretado por outros receptores para a via biliar (MRCP – proteína associada a resistência multidrogas). Muitos autores têm demonstrado que a capacidade de o contraste "entrar" no hepatócito está relacionada à função hepática e mesmo à presença de fibrose e/ou cirrose. Existem algumas maneiras de se mensurar o parâmetro de entrada de contraste na célula, sendo o mais simples a mensuração do sinal do fígado na fase hepatobilar (HPB) (cerca de 20 minutos após a injeção do contraste), normalizada com o fígado na fase pré-contraste ou mesmo com músculo (nas mesmas fases). A relação seria inversamente proporcional, ou seja, quanto menor o sinal do fígado na fase HPB, pior sua função e maior o grau de fibrose (Figura 46). Vários autores têm demonstrado bons resultados da técnica, correlacionando a função hepática em relação a outros agentes (como o ICG – verde indocianina) e mesmo com desfechos de morbidade e mortalidade após cirurgias de ressecção parcial do fígado. A correlação com fibrose também mostra resultados interessantes em alguns trabalhos, superiores aos obtidos com a técnica de difusão (quando avaliada nos mesmos pacientes). Deve-se ressaltar que mesmo com resultados interessantes, a mensuração do sinal do fígado com normalizações simples, conforme discutido, pode ser limitada, pois não é linear à concentração de primovist no parênquima. Outras técnicas mais quantitativas, como a mensuração de relaxometria por T2* e T1, podem ser mais robustas e têm demonstrado resultados também interessantes, devendo-se nesses casos obter sequências adicionais para realizar essas análises.

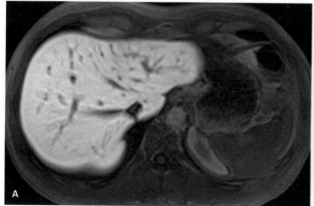 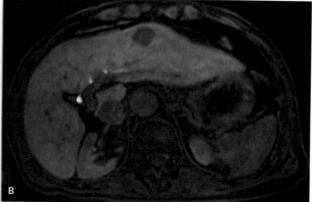

Figura 46 Uso de contraste hepatobiliar na avaliação de fibrose. Dois pacientes distintos mostrando a nítida diferença no sinal do fígado na fase hepatobiliar. Em A, observa-se um paciente sem fibrose (foi indicado para avaliação de área de hiperplasia nodular focal) e pode-se observar o sinal muito elevado do parênquima. Em B, é demonstrada uma fase hepatobiliar de outro paciente com cirrose e um carcinoma hepatocelular (CHC) no lobo esquerdo, mostrando o sinal no parênquima muito inferior ao de A.

De qualquer forma, um relatório de consenso internacional sobre os usos de ácido gadoxético no fígado realizado no Canadá em setembro de 2012 demonstrou que os participantes concordam no potencial do uso desse agente na avaliação da função hepática e fibrose, com concordância de 93% (a concordância foi em relação à frase: a RM do fígado com uso de ácido gadoxético é uma técnica em desenvolvimento com potencial para quantificação não invasiva da função hepática e estadiamento da fibrose hepática) e grau de evidência IIa (evidência de pelo menos um ensaio controlado bem concebido sem randomização). Outro consenso mais recente da European Society of Gastrointestinal and Abdominal Radiology (ESGAR), publicado em 2016, também corrobora esses dados, mostrando boa concordância dos participantes no uso do contraste para essa finalidade.

Ressonância magnética – outras técnicas

Existem ainda outras técnicas disponíveis para avaliação de fibrose no fígado pela RM. Em geral, estão relacionadas a avaliação dos tempos de relaxamento T2 ou mesmo T1 e uso de espectroscopia.

A espectroscopia de prótons é um método muito utilizado para avaliação e quantificação de gordura no fígado, conforme exposto em item anterior. Seu uso na avaliação de fibrose e atividade inflamatória é mais restrito a alguns poucos trabalhos na literatura, avaliando outros metabólitos que não os picos de água e gordura descritos anteriormente. Alguns autores demonstraram resultados interessantes utilizando aparelho de 3 T com ênfase nos picos de cholina, complexo glutamato/glutamina, fosfomonoésteres e o complexo glicose/glicogênio para avaliação de doença difusa. Apesar dos resultados positivos para atividade necroinflamatória, os autores dos trabalhos não conseguiram uma boa avaliação do grau de fibrose por essas técnicas. Além disso, os autores deste capítulo não tiveram sucesso em reproduzir os achados com a mesma técnica, mostrando que ela é, no mínimo, pouco reprodutível.

Outros autores utilizaram técnicas de espectroscopia por RM de fósforo 31 (^{31}P) com prótons desacoplados e obtiveram resultados interessantes na análise de processos relacionados à fibrose e mesmo a atividade inflamatória hepática, principalmente por meio da avaliação de fosfato de dinucleotídeo de adenina e nicotinamida (NADPH). Deve-se ressaltar que essas técnicas são ainda muito experimentais, sendo limitado o acesso a tais bobinas, o que torna o método ainda muito inicial.

A avaliação de relaxometria por T1 vem ganhando interesse crescente na literatura de doenças hepáticas crônicas. Essas sequências têm mostrado grande destaque na imagem do miocárdio e foram "exportadas" para avaliação do parênquima do fígado. As técnicas mais utilizadas são as com uma sequência de recuperação curta de inversão *Look Locker* modificada (conhecidas como T1 shMOLLI). Essa sequência avalia a curva de recuperação T1 usando aquisições *single-shot steady-state free precession*, podendo ser adquiridas em uma apneia. Essas técnicas têm demonstrado bons resultados na avaliação de fibrose, com destaque para um estudo de Oxford que conseguiu uma estratificação interessante de pacientes com hepatopatias crônicas de várias etiologias em 77 pacientes e 7 voluntários. Eles conseguiram diferenciar pacientes normais daqueles com fibrose inicial com uma acurácia de 94%, sensibilidade de 86% e especificidade de 93%, com um ponto de corte de T1 = 800 ms (Figura 47). Eles também obtiveram significância estatística em praticamente todas as classes de fibrose, com exceção da distinção entre aqueles com graus leve e moderado. Os próprios autores desse estudo disponibilizam essa técnica comercialmente por meio da companhia Perspectum®. O contrato possibilita a padronização da sequência do aparelho no *site*, destacando-se que as imagens adquiridas

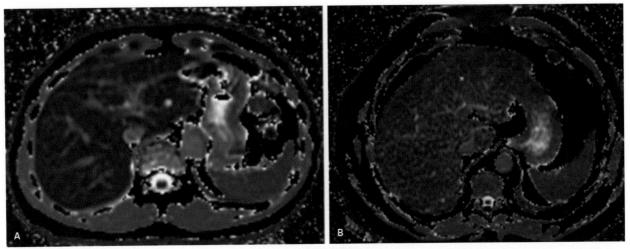

Figura 47 A: Paciente sem fibrose identificada (confirmada pela elastografia por ressonância magnética). B: Paciente com fibrose grau 3-4 confirmada por biópsia (e por elastografia). Os valores médios de T1 são de 650 ms em A e 890 ms em B.

têm de ser enviadas à empresa para pós-processamento. O processamento atual confere um mapa T1 com correção de ferro (R2*) que os autores assumem ser um fator de confusão importante. De acordo com eles, apesar de a gordura teoricamente ser um limitante da técnica, eles não têm encontrado alteração significativa na avaliação em pacientes com esteatose.

Existem ainda outras possibilidades de avaliação de T1, com técnicas de avaliação de T1rho, que determina a decomposição da magnetização transversa na presença de um campo de radiofrequência. Essa avaliação foi sensível à composição macromolecular dos tecidos, podendo ser potencialmente sensível na avaliação de fibrose hepática. Novamente, já existem estudos mostrando o valor da sequência em modelos animais (ratos), em voluntários humanos normais e mesmo em alguns pacientes (destacando-se os trabalhos do grupo de Muenster na Alemanha – Allkemper et al.), mostrando resultados interessantes, sendo, no entanto, de difícil utilização na prática clínica, pela dificuldade de se obter a sequência na maioria dos aparelhos e sua falta de padronização.

Existem ainda técnicas que avaliam o potencial de sequências quantitativas T2 multi-*echo* para avaliação quantitativa da relaxometria multicompartimental (R2) na avaliação de fibrose e inflamação. Esse método ainda é experimental, porém tem mostrado resultados interessantes em um grupo de pacientes com EHNA. Na avaliação de fibrose, os autores conseguiram distinguir praticamente todas as classes de pacientes com significância estatística, com exceção de pacientes F3/F4 (porém foram incluídos poucos pacientes com cirrose). Na distinção entre pacientes normais daqueles com fibrose inicial, os autores obtiveram uma acurácia de 99%, sensibilidade de 95% e especificidade de 98%, com a técnica (Figura 48). Na avaliação de inflamação isolada, os resultados também foram satisfatórios, com boa correlação de inflamação lobular leve (e distinção de pacientes normais), sendo obtidas acurácias de 96%, com sensibilidade de 91% e especificidade de 91% (Figura 49). Essas técnicas ainda são experimentais, com resultados não publicados em artigos. Seu tempo de aquisição é mais lento, variando de 2 a 6 minutos, dependendo do número de cortes necessários. Os principais autores envolvidos são de uma empresa de Perth, Austrália – MagnePath.

Como foi demonstrado, existem várias técnicas quantitativas disponíveis para se mensurar a fibrose do parênquima hepático de forma não invasiva. Entre esses métodos, destacam-se os relacionados à utilização de elastografia, seja pela elastografia transitória, USG ou RM. Esses métodos têm sido largamente utilizados na avaliação de pacientes com hepatopatias crônicas, tanto para diagnóstico quanto para acompanhamento, e o primeiro já faz parte das diretrizes internacionais mais recentes de avaliação de pacientes. A RM apresenta atualmente a melhor acurácia, porém é o método menos difundido e com o menor número de pacientes avaliados.

Os outros métodos avaliados exibem taxas de acurácia muito variáveis e estão ainda na fase de pesquisa clínica, sendo limitada sua adoção em larga escala. Deve-se ressaltar que os métodos de mensuração de T1 e T2 descritos acima têm mostrado resultados muito interessantes na identificação da fibrose inicial e sua distinção do fígado normal, um ponto considerado limitado pelas técnicas de elastografia.

Considerações finais

Conforme foi discutido no texto, houve um grande avanço na avaliação da doença difusa hepática nos últimos anos, particularmente pelas técnicas de RM. Atualmente, por meio de sequências rápidas, que levam apenas 1 apneia do paciente, pode-se avaliar de forma precisa a

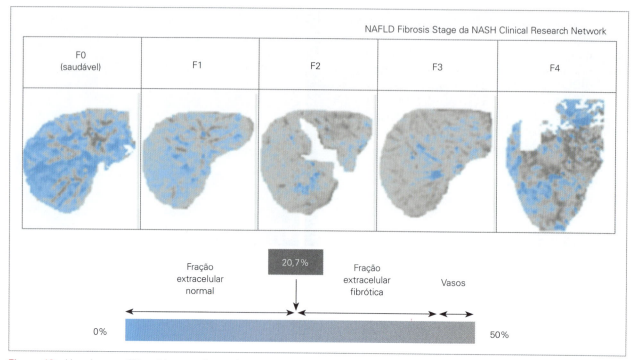

Figura 48 Uso de mapa T2 multicompartimental para avaliação de fibrose hepática: o mapa mostra o espectro dos graus de fibrose entre pacientes normais (mais azul pelo mapa de cores e com valores menores de fração extracelular) e aqueles com fibrose presente, em que se caracteriza maior componente cinza escuro pelas cores, inferindo uma maior porcentagem do espaço extracelular.

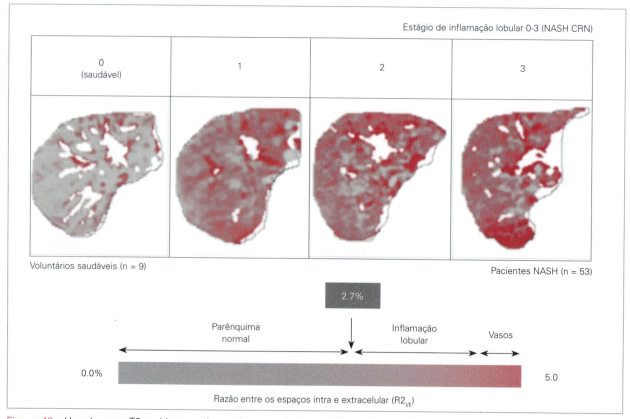

Figura 49 Uso de mapa T2 multicompartimental para avaliação de inflamação hepática: o mapa mostra o espectro dos graus de inflamação entre pacientes normais (menos vermelho azul pelo mapa de cores e com valores menores da razão entre os espaços intra e extracelular) e aqueles com inflamação presente, em que se caracteriza maior componente vermelho pelas cores, inferindo uma maior razão entre os espaços intra e extracelular.

fração de gordura do paciente, sem o uso de radiação ionizante ou contraste intravenoso, sendo o método mais acurado nessa análise. A quantificação de ferro pela relaxometria pode ser feita pela mesma aquisição obtida para avaliação de gordura, com resultados favoráveis, porém menos estudados que a mensuração da esteatose. De qualquer forma, métodos mais validados de relaxometria podem também ser obtidos atualmente na maioria dos aparelhos em apenas uma apneia, sendo a principal técnica a ser utilizada na avaliação desses pacientes.

Em relação à fibrose, houve grande avanço dos métodos de imagem não invasivos, e técnicas com uso de elastografia tem tido um papel muito importante nessa análise, algumas inclusive já fazendo parte das diretrizes de avaliação dos pacientes. A elastografia por RM possui um papel também extremamente relevante nessa análise, com acurácia maior que as demais técnicas atuais, sem necessidade de contraste ou radiação ionizante, tendo ainda um número relativamente pequeno de pacientes estudados. Outros métodos de RM têm surgido com resultados interessantes, porém em populações ainda restritas, alguns com aparente superioridade na avaliação de estádios iniciais da fibrose.

Finalmente, deve-se lembrar que o custo dessas técnicas de RM não é necessariamente alto como alguns autores afirmam. Se for considerado que o custo do exame está relacionado ao tempo do paciente em máquina, pode ser muito reduzido (uma vez que essas técnicas são muito rápidas, podendo ser realizadas em menos de 5 minutos).

Deve-se ainda considerar que a RM pode num mesmo momento avaliar toda a patologia hepática, seja na quantificação de doença difusa, lesões nodulares e mesmo complicações vasculares, caso sejam detectadas.

Bibliografia sugerida

1. ACR-AIUM-SPR-SRU. Practice parameter for the performance of an ultrasound of the abdomen and/or retroperitoneum. Revised; 2012.
2. Garbowski MJ, Carpenter JP, Smith G, Pennell DJ, Porter JB. Calibration of improved T2* method for the estimation of liver iron concentration in transfusional iron overload. Blood. 2009;114:791. abstract 2004.
3. Hamer OW, Aguirre DA, Casola G, Lavine JE, Woenckhaus M, Sirlin CB. Fatty liver: imaging patterns and pitfalls. Radiographics. 2006;26:1637-53.
4. Hamilton G, Yokoo T, Bydder M, Cruite I, Schroeder ME, Sirlin CB, et al. In vivo characterization of the liver fat 1H MR spectrum. NMR Biomed. 2010;24(7):784-90.
5. Hankins JS, McCarville MB, Loeffler RB, Smeltzer MP, Onciu M, Hoffer FA, et al. R2* magnetic resonance imaging of the liver in patients with iron overload. Blood. 2009;113:4853-5.
6. Hernando D, Levin YS, Sirlin CB, Reeder SB. Quantification of liver iron with MRI: state of the art and remaining challenges. J Magn Reson Imaging. 2014;40(5):1003-21.
7. Lall CG, Aisen AM, Bansal N, Sandrasegaran K. Nonalcoholic fatty liver disease. AJR. 2008;190:993-1002.
8. Srinivasa Babu A, Wells ML, Teytelboym OM, Mackey JE, Miller FH, Yeh BM, et al. Elastography in chronic liver disease: modalities, techniques, limitations, and future directions. Radiographics. 2016;36(7):1987-2006.
9. Wells SA. Quantification of hepatic fat and iron with magnetic resonance imaging. Magn Reson Imaging Clin N Am. 2014;22(3):397-416.
10. Wood JC, Enriquez C, Ghugre N, Tyzka JM, Carson S, Nelson MD, et al. MRI R2 and R2* mapping accurately estimates hepatic iron concentration in transfusion-dependent thalassemia and sickle cell disease patients. Blood. 2005;106:1460-5.

Hepatopatias difusas: ultrassonografia

Carmen Silvia Cerqueira do Val Fausto

Introdução

A doença hepática pode ser decorrente de doença hepatocelular ou de doença hepática colestática pela obstrução do fluxo biliar. As hepatites virais e a doença alcoólica são alguns exemplos de doença hepática por dano celular. A doença hepática colestática por obstrução do fluxo biliar pode ser resultado da colelitíase, de obstrução maligna ou da cirrose biliar primária, bem como de muitas doenças induzidas por medicamentos ou toxinas. Na avaliação de indivíduos com suspeita de doença hepática, a ultrassonografia (USG) é frequentemente o primeiro exame de diagnóstico por imagem (DI) a ser realizado. A detecção e a avaliação de doença hepática difusa por meio da USG podem ser difíceis, porque nem sempre há distorção evidente da arquitetura hepática.

Os sintomas, quando presentes e típicos da doença hepática, incluem icterícia, fadiga, prurido, dor no quadrante superior direito, distensão abdominal e hemorragia digestiva, sendo que, na maioria dos casos, os exames bioquímicos fazem o diagnóstico da doença.

As causas mais comuns de doença hepática aguda são: hepatite viral (vírus da hepatite A, vírus da hepatite B e vírus da hepatite C), hepatite medicamentosa, colangite e doença hepática alcoólica. Nas hepatites agudas, os achados ultrassonográficos não são específicos, a USG pode ser normal ou pode revelar o fígado de dimensões aumentadas, de superfície regular, com bordos rombos, parênquima com redução da ecogenicidade associado a discreto aumento da ecogenicidade periportal, espessamento das paredes da vesícula biliar, esplenomegalia, linfonodomegalia no território do ligamento hepatoduodenal e ascite. Os achados ultrassonográficos devem sempre ser relacionados com o quadro clínico do paciente. Estudo retrospectivo de pacientes com hepatite aguda revelou que o espessamento das paredes da vesícula biliar é a alteração de imagem preditora mais indicativa da gravidade da hepatite aguda ou da colestase de duração prolongada.

Por mecanismos variados – decorrentes de diferentes fatores etiológicos das hepatopatias – lesões hepáticas repetidas, com graus variados de necrose, regeneração celular, fibrose e inflamação podem evoluir para hepatite crônica ou para cirrose hepática. O resultado final da alteração da arquitetura hepática é semelhante.

Hepatite crônica é caracterizada por inflamação hepática por mais de 6 meses com sinais clínicos, bioquímicos, sorológicos e anatomopatológicos. O diagnóstico histológico da hepatite crônica caracteriza-se pelo acometimento difuso do tecido hepático por infiltrado inflamatório portal, com atividade necroinflamatória e neoformação de tecido conjuntivo com angiogênese e fibrose, que ocorre na interface entre os espaços-porta e o parênquima, que pode evoluir para deterioração da função hepática e para o desenvolvimento de cirrose, hipertensão portal e carcinoma hepatocelular. A hepatite crônica pode ou não evoluir para cirrose. A cirrose é definida como um processo de desorganização arquitetural difusa, caracterizada pela presença de traves de fibrose e desenvolvimento de nódulos regenerativos. No diagnóstico da hepatopatia crônica/cirrose, a biópsia percutânea hepática é considerada o padrão-ouro. O número de biópsias hepáticas tem se reduzido nos últimos anos, por conta dos maiores conhecimentos virológicos e imunológicos e do surgimento de numerosos testes bioquímicos e técnicas como a elastografia, que têm contribuído no diagnóstico e no acompanhamento terapêutico do paciente, na avaliação do grau de fibrose do parênquima hepático. A cirrose é dividida clinicamente em compensada e descompensada. Estabelecer a fase na qual a cirrose se encontra é importante na definição do prognóstico e do tratamento do paciente. Entretanto, essa avaliação é difícil, especialmente em pacientes assintomáticos. Quando a cirrose está compensada, cerca de 70% dos pacientes são assintomáticos ou oligossintomáticos. Podem ser sinais clínicos de descompensação a colestase, a ascite, a hemorragia digestiva, a encefalopatia hepática, as infecções bacterianas etc. O estudo ultrassonográfico na doença hepática difusa deve, rotineiramente, pesquisar a presença de ascite, pois é um sinal significativo de descompensação da hepatopatia.

Conhecer o agente da hepatopatia crônica/cirrose é fundamental na escolha do tratamento e no estabelecimento do prognóstico. No Brasil e internacionalmente, as hepatites crônicas por vírus são as mais frequentes e representam importante problema de saúde pública, destacando-se o vírus da hepatite B (VHB) e o vírus da hepatite C (VHC). As causas de hepatite crônica que podem evoluir para cirrose são: hepatite crônica viral B, C e D (o vírus da hepatite C é o principal responsável por cirrose em pacientes na lista de espera do transplante hepático em nosso meio); etilismo crônico; congestão venosa crônica/obstrução do fluxo hepático venoso, como ocorre na síndrome de Budd-Chiari, na pericardite constritiva e na doença venoclusiva; colestase intra e extra-hepática, presente na cirrose biliar primária, na cirrose biliar secundária, na colangite esclerosante primária; síndromes ductopênicas da criança e do adulto; alterações metabólicas decorrentes da deficiência de alfa-1-antitripsina, da doença de Wilson, da hemocromatose, da glicogenose tipo IV, da tirosemia hereditária, da galactosemia e da esteato-hepatite não alcoólica; hepatite autoimune; drogas/medicamentos e agentes tóxicos, como o metotrexato, a alfa-metildopa e as aflotoxinas; criptogênica (quando a causa é desconhecida). A classificação prognóstica da cirrose, por meio de parâmetros clínicos e laboratoriais, permite ao clínico acompanhar melhor o seu paciente. A classificação para avaliação prognóstica da cirrose mais aceita é a de Child-Pugh. Esta classificação gradua em três níveis dois dados clínicos (ascite e encefalopatia hepática) e três dados laboratoriais (níveis de bilirrubina total, albumina e atividade de protombina), os dados são pontuados e a sua somatória resulta na divisão em três classes: A, B e C.

À medida que ocorre a evolução da cirrose, a USG é capaz de caracterizar padrões diferentes, que não são específicos para nenhum tipo particular de cirrose. O fígado com hepatite crônica sofre alterações dimensionais à medida que a doença progride, tendendo a diminuir de tamanho. Inicialmente observa-se hepatomegalia e, nos estágios tardios, atrofia focal ou generalizada. Classicamente, ocorre atrofia do lobo direito e do segmento IV, com aumento do caudado e predomínio dos segmentos laterais do lobo esquerdo. A diminuição seletiva do segmento IV é provavelmente secundária à hipoperfusão venosa portal, e sua atrofia determina um aumento do espaço periportal hilar. A causa ou a gravidade da cirrose hepática não têm relação com a atrofia do segmento IV. No acompanhamento do hepatopata crônico, é possível detectar alterações morfológicas hepáticas diferentes conforme a evolução clínica do paciente: quando clinicamente estáveis, detecta-se o aumento das dimensões do lobo caudado e dos segmentos laterais do lobo esquerdo, sem alteração do lobo direito; e na evolução clínica para cirrose, observa-se a atrofia progressiva do lobo direito e do segmento IV. Os numerosos nódulos regenerativos, o infiltrado inflamatório e a fibrose presentes na cirrose são responsáveis pelas diversas alterações ultrassonográficas, a saber: o aspecto ultrassonográfico do parênquima hepático de ecotextura finamente heterogênea com leve aumento da ecogenicidade, a superfície hepática irregular, as veias hepáticas e ramos portais intra-hepáticos com trajetos irregulares e calibre afilado, podendo ser observado discreto aumento da ecogenicidade periportal. O aumento da ecogenicidade do parênquima hepático pode estar associado à fibrose e/ou à infiltração gordurosa, bem como a outros distúrbios, como os que ocorrem nas doenças de depósito (Figuras 1 a 5).

Na avaliação das alterações hemodinâmicas provocadas pela cirrose, o mapeamento ultrassonográfico com Doppler é utilizado de rotina. A hipertensão portal pode levar à formação de vasos colaterais portossistêmicos, através de pequenos vasos já existentes, suscetíveis a hemorragias gastrointestinais. A USG pode revelar o aumento do calibre das veias do sistema porta e a presença de circulação colateral no território da veia gástrica esquerda, em região periesplênica ou, ainda, a recanalização de veias paraumbilicais e esplenomegalia. Quando ocorre trombose venosa no sistema porta pode-se desenvolver circulação colateral. A circulação colateral que se desenvolve na trombose de tronco da veia porta é conhecida como transformação cavernomatosa da veia porta, que aparece à USG como "novelo de veias" no trajeto da veia porta. As veias colaterais portossistêmicas aparecem como resposta ao fato do fluxo portal não conseguir chegar à veia cava inferior através do fígado cirrótico. Quando ocorre uma significativa descompressão do sistema porta, pela presença de colaterais portossistêmicas, o calibre da veia porta pode estar normal, apesar da hipertensão portal. Uma veia paraumbilical patente e dilatada leva ao aumento da velocidade e do volume portal. Por outro lado, a presença de colaterais esplenorrenais efetivas poderia determinar o efeito contrário, havendo redução e até inversão do fluxo portal, ou seja, de hepatopetal para hepatofugal. A esplenomegalia ocorre como resposta secundária ao aumento da pressão nas veias porta e esplênica e também em razão de um distúrbio imunológico, que acompanha a cirrose. A esplenomegalia é um sinal inespecífico de hipertensão portal, e não é excluída por um baço de tamanho normal. O parênquima do baço na hipertensão portal pode apresentar pontos hiperecogênicos, que correspondem aos nódulos sideróticos ou corpos de Gamna-Gandy, que consistem em pequenos nódulos fibrosos com acúmulo de hemossiderina resultantes de micro-hemorragias focais no parênquima esplênico, em

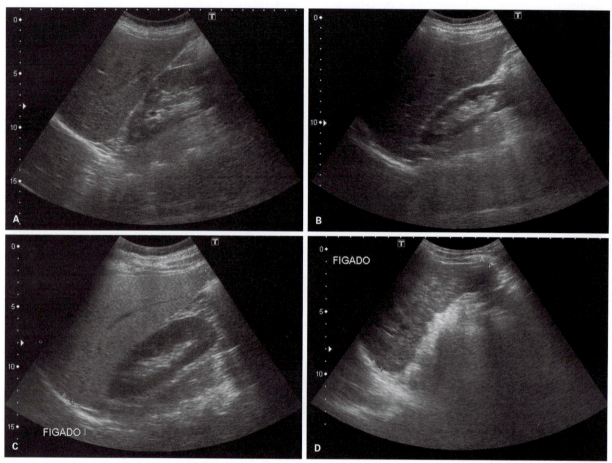

Figura 1 Ultrassonografia hepática do lobo direito ao modo B de diferentes pacientes, em corte longitudinal, revela as dimensões, os bordos, a superfície, a ecotextura e a ecogenicidade do parênquima. A: Paciente do sexo feminino, 33 anos, sem hepatopatia, apresenta lobo hepático direito de dimensões normais, com bordos finos, superfície regular e parênquima de ecotextura homogênea e ecogenicidade preservada. B: Paciente do sexo feminino, 46 anos, com hepatite crônica autoimune, apresentou lobo hepático direito de dimensões normais, com bordos rombos, superfície regular e parênquima de ecotextura homogênea e ecogenicidade preservada. Bordos rombos são sinal de hepatopatia. C: Paciente do sexo masculino, 37 anos, com hepatite crônica alcoólica, apresenta lobo hepático direito de dimensões nos limites superiores da normalidade, com bordos rombos, superfície aparentemente regular, parênquima de ecotextura homogênea e leve aumento da ecogenicidade com pequena atenuação acústica. Aumento leve da ecogenicidade do parênquima é um sinal de hepatopatia, que pode ser decorrente de esteatose e/ou de fibrose hepática. D: Paciente do sexo feminino, 44 anos, com cirrose hepática por doença de Wilson, apresenta lobo hepático direito de dimensões reduzidas, com bordos rombos, superfície nitidamente irregular, parênquima de ecotextura finamente heterogênea e leve aumento da ecogenicidade com pequena atenuação acústica. A superfície hepática nitidamente irregular é um sinal significativo de cirrose hepática.

22 HEPATOPATIAS DIFUSAS: ULTRASSONOGRAFIA 735

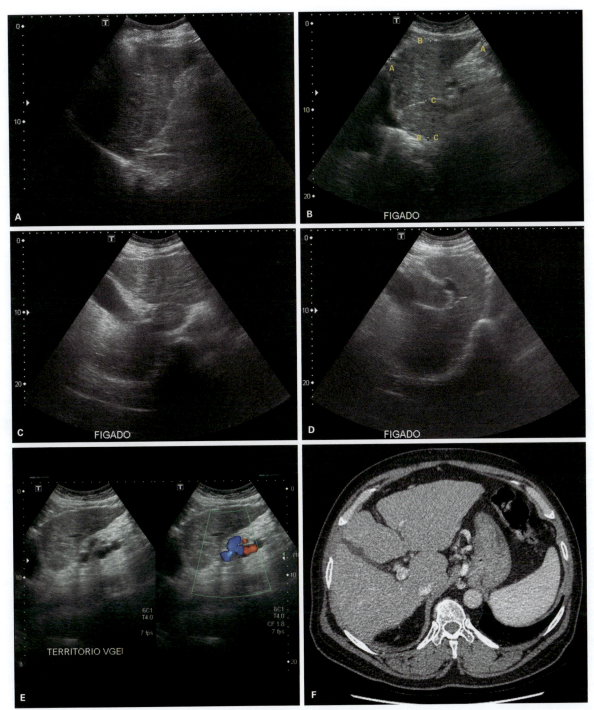

Figura 2 Paciente do sexo feminino, 62 anos, com cirrose biliar primária. A: Corte longitudinal ao modo B do lobo hepático direito revelando fígado de dimensões reduzidas, bordos rombos, superfície irregular, parênquima de ecotextura finamente heterogênea, com leve aumento da ecogenicidade e pequena atenuação acústica. B: Corte longitudinal ao modo B do lobo hepático esquerdo revelando caudado de dimensões aumentadas, lobo esquerdo de bordos rombos, superfície irregular, parênquima de ecotextura finamente heterogênea, com leve aumento da ecogenicidade e pequena atenuação acústica. C: Corte axial ao modo B do fígado evidenciando lobo direito de dimensões reduzidas, predomínio do lobo esquerdo sobre o direito, aumento das dimensões do caudado, superfície irregular, parênquima de ecotextura finamente heterogênea, com leve aumento da ecogenicidade e pequena atenuação acústica. D: Corte axial ao modo B do fígado mostrando segmento IV de dimensões preservadas. E: Corte longitudinal ao modo B e ao mapeamento Doppler do lobo hepático esquerdo revelando no território da veia gástrica esquerda a presença de veias tortuosas e enoveladas, compatível com circulação colateral. F: Corte axial pós-contraste de tomografia computadorizada (TC) evidenciando as alterações das dimensões hepáticas: lobo direito de dimensões reduzidas, predomínio do lobo esquerdo sobre o direito, aumento das dimensões do caudado, superfície irregular, parênquima de densidade homogênea e circulação colateral no território da veia gástrica esquerda. As alterações morfológicas da cirrose hepática reveladas pela ultrassonografia são obtidas por meio de múltiplos pequenos cortes setorizados, enquanto ao estudo com TC os cortes obtidos são panorâmicos.

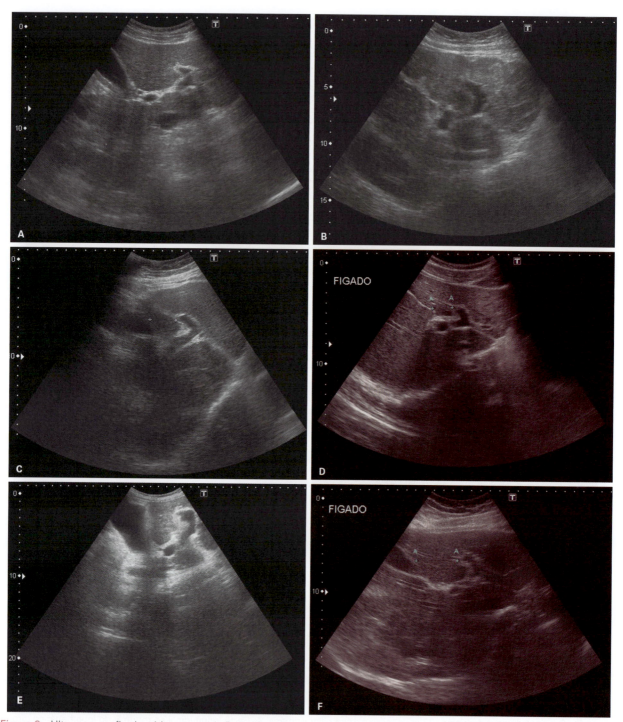

Figura 3 Ultrassonografias hepáticas ao modo B de diferentes pacientes, em cortes axiais, que revelam as dimensões do segmento IV, do caudado e a ecogenicidade periportal. A: Paciente do sexo masculino, 77 anos, com cirrose hepática por hemocromatose, apresenta segmento IV de dimensões normais, discreto aumento do caudado e ecogenicidade periportal preservada. B: Paciente do sexo feminino, 63 anos, com cirrose biliar primária, segmento IV de dimensões nos limites inferiores da normalidade/reduzidas, aumento do caudado, redução do lobo direito e ecogenicidade periportal aumentada. C: Paciente do sexo feminino, 63 anos, com cirrose criptogênica, apresenta segmento IV de dimensões reduzidas, aumento do caudado, redução do lobo direito e discreto aumento da ecogenicidade periportal. D: Paciente do sexo masculino, 21 anos, com hepatopatia crônica por doença de Wilson, segmento IV de dimensões nitidamente reduzidas, dimensões do caudado preservadas e discreto aumento da ecogenicidade periportal. E: Paciente do sexo feminino, 55 anos, com esquistossomose na forma hepatoesplênica de longa duração, apresenta segmento IV de dimensões nos limites inferiores da normalidade/reduzidas, aumento do caudado, redução do lobo direito e acentuado aumento da ecogenicidade periportal e perivesicular. F: Paciente do sexo feminino, 51 anos, com fígado normal. Esta última imagem é importante para lembrar como é o aspecto normal do corte axial ao modo B do fígado, que revela as dimensões do segmento IV, do caudado e a ecogenicidade periportal.

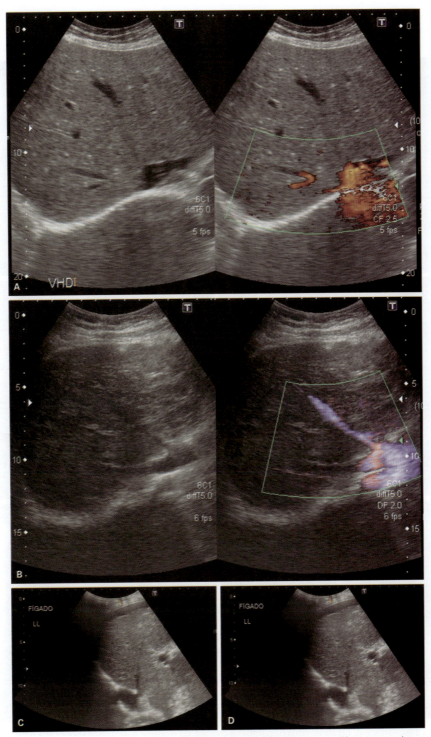

Figura 4 Ultrassonografias hepáticas ao modo B e algumas com mapeamento Doppler de diferentes pacientes, em cortes axiais, no estudo das veias hepáticas. A: Paciente do sexo feminino, 38 anos, com hepatopatia crônica por síndrome de Budd-Chiari, apresentando imagem de obstrução por trombose da veia hepática direita próxima de confluência com a veia cava inferior, onde se observou desvio do trajeto da veia hepática direita "em vírgula", mais bem evidenciado ao mapeamento Doppler de amplitude, achado típico nos casos de síndrome de Budd-Chiari. B: Paciente do sexo feminino, 63 anos, com cirrose biliar primária, apresentando imagem de veia hepática média de calibre afilado, trajeto irregular e pérvia ao mapeamento Doppler colorido, achado comum nos casos de cirrose avançada de qualquer etiologia. C: Paciente do sexo feminino, 45 anos, com cirrose por doença de Wilson, a imagem apresenta veia hepática direita de calibre afilado e trajeto irregular, bem como irregularidade da superfície hepática mais bem evidenciada pela presença de ascite. As alterações da veia hepática e da superfície hepática observadas na cirrose são decorrentes da presença de nódulos regenerativos e da fibrose. D: Paciente do sexo feminino, 18 anos, com cirrose por hepatite autoimune, apresenta imagem de veias hepáticas direita e média com discretas alterações em relação ao calibre e ao trajeto.

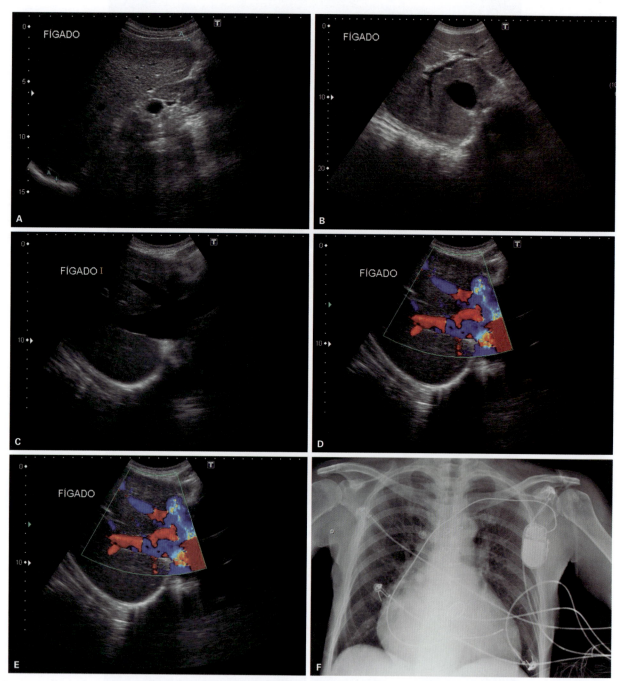

Figura 5 Paciente do sexo feminino, 69 anos, com hepatopatia crônica cardiogênica. A: Ultrassonografia (USG) hepática ao modo B, corte longitudinal do lobo direito, revelando lobo direito de dimensões aumentadas, bordos rombos, superfície regular, parênquima de ecotextura e ecogenicidade preservadas. B: USG hepática ao modo B, corte axial, revelando o aumento do calibre da veia cava inferior, porção intra-hepática. C: USG hepática ao modo B, corte axial, revelando o aumento do calibre das veias hepáticas na confluência com a veia cava inferior. D: USG hepática com mapeamento Doppler colorido, corte axial, evidenciando que as veias hepáticas de calibre aumentado estavam pérvias. E: USG hepática com mapeamento Doppler colorido, corte oblíquo intercostal direito, revelando a veia porta pérvia, com fluxo hepatopetal de pulsatilidade acentuada. F: Radiografia convencional do tórax, incidência de frente, evidenciando cardiomegalia. Os achados aqui observados são frequentes em pacientes com hepatopatia cardiogênica. Essas alterações são decorrentes da congestão passiva crônica do fígado, que em casos avançados pode evoluir para cirrose.

geral por congestão vascular neste órgão. A importância de se detectar a presença de nódulos sideróticos esplênicos está relacionada ao fato de ser uma evidência morfológica de um regime de hipertensão portal de longa duração (Figuras 6 a 12).

As hepatopatias crônicas com graus variados de necrose, regeneração, fibrose e inflamação podem levar à transformação neoplásica dos hepatócitos. A hepatocarcinogênese é um processo de múltiplas etapas, por meio das quais vários fatores interagem, levando o nódulo regenerativo a transformar-se sequencialmente em nódulo displásico de baixo grau, nódulo displásico de alto grau, carcinoma hepatocelular (CHC) precoce, CHC bem diferenciado, CHC moderadamente diferenciado e, por fim, em CHC pouco diferenciado. Outros métodos DI, como a tomografia computadorizada (TC) e a ressonância magnética (RM), são utilizados juntamente com a biópsia para o diagnóstico, ou seja, para melhor caracterização da lesão focal detectada pela USG. Um nódulo hipo ou hiperecogênico identificado durante o rastreamento ultrassonográfico em pacientes cirróticos é sempre suspeito de CHC. A identificação de pequenos nódulos é limitada em decorrência do parênquima heterogêneo da hepatite crônica/cirrose e apresenta variável sensibilidade, dependendo principalmente do treinamento do ultrassonografista. O programa de rastreamento do CHC recomendado pela American Society for Study of Liver Disease (ASSLD), pela European Association for the Study of Liver Disease (EASL) e pela Sociedade Brasileira de Hepatologia (SBH) leva em conta a relação custo-benefício, devendo ser aplicado somente em pacientes com hepatopatia crônica por VHB ou com cirrose de qualquer etiologia, que possam aproveitar o tratamento curativo. Por isso, é importante considerar a idade do paciente, a existência de outras doenças associadas e o estado da função hepática. O rastreamento na população de risco é realizado por meio da dosagem da alfa-fetoproteína (AFP) e USG hepática em intervalos específicos, geralmente de 6 meses. A determinação desse intervalo depende do nível de AFP, da presença de nódulo e suas características. O aumento dos valores da AFP ou a persistência de valores altos são um alerta da presença de CHC. O valor de corte da AFP é 20 ng/mL; quando igual ou maior que 400 ng/mL é diagnóstico e o aumento progressivo, independentemente do valor, é suspeito. O paciente com AFP normal de base que apresenta um aumento de 20 ng/mL e com USG normal deve realizar TC. Se o resultado for negativo e a AFP continuar aumentada, deve-se realizar a RM. Desse modo, a AFP pode ajudar na detecção de CHC que não aparece à USG. É recomendável intervalo de 6 meses para identificar nódulos menores que 3 cm. O tempo de crescimento de um tumor não detectável a 2 cm é de aproximadamente 4 a 12 meses. Estudos na literatura mostram que a metade dos nódulos menores que 1 cm não corresponde ao CHC e, quando identificados, deve-se fazer controle ul-

trassonográfico a cada 3 meses. Se o nódulo for maior que 1 cm, recomenda-se o estudo hemodinâmico com meio de contraste por um dos métodos de DI (USG, TC ou RM). Se o nódulo apresentar padrão hemodinâmico típico de CHC, pode ser diagnosticado como tal pelos métodos DI, não sendo necessária a biópsia para a confirmação diagnóstica. A RM é considerada um método DI superior à TC para nódulos menores que 2 cm. Quando os métodos DI não conseguem distinguir um CHC de outros nódulos malignos ou benignos, é necessário realizar a biópsia histológica ou citológica. Por outro lado, uma biópsia negativa em um fígado cirrótico não exclui a presença de CHC, e o nódulo deve ser acompanhado. O aspecto ultrassonográfico do CHC varia conforme o estágio de desenvolvimento do tumor. À medida que o tumor cresce e torna-se mais vascularizado, surgem áreas de gordura, fibrose e necrose. É por isso que o aspecto varia de homogêneo hipoecogênico na sua fase inicial até heterogêneo na sua fase tardia, conhecido como padrão em mosaico. O padrão ecográfico se altera conforme o tamanho do CHC. Quando menores que 3 cm de diâmetro, mais de 50% são hipoecogênicos. Entre 2 e 3 cm surge um halo hipoecogênico, que corresponde à cápsula fibrosa do tumor; dessa forma, a lesão passa a ser isoecogênica com um halo hipoecogênico. À medida que o tumor se desenvolve, torna-se hiperecogênico e depois heterogêneo, com áreas hipo e hiperecogênicas. A presença da cápsula sugere o diagnóstico de CHC. Ela é composta por duas camadas. A mais externa é formada pelo tecido hepático adjacente comprimido e por vasos peritumorais. A mais interna é constituída pelo colapso dos hepatócitos normais, com condensação e colaginização das fibras. O estudo da cápsula por realce dos meios de contraste (USG, RM e TC) revela, na fase arterial, hipovascularização e, nas fases portal e tardia, hipervascularização. O aumento progressivo das dimensões do CHC leva ao rompimento da cápsula e à disseminação para o parênquima hepático adjacente e para os vasos do fígado (forma difusa). Tumores menores que 4 cm geralmente não evoluem para a forma difusa. Na forma difusa, a probabilidade de invasão vascular com trombose tumoral é maior que 50%. Por meio do mapeamento com Doppler colorido é possível detectar sinal arterial no interior do trombo tumoral. Esse fato ocorre porque CHC recebe suprimento sanguíneo através da artéria hepática e o trombo tumoral contém pequenos vasos internos e periféricos. A utilização dos meios de contraste melhora a identificação do fluxo arterial no interior do trombo tumoral. A maioria dos CHC menores que 1,5 cm de diâmetro é composta por tecido bem diferenciado uniforme. Cerca de 40% dos CHC entre 1,5 e 3,0 cm de diâmetro apresentam mais de dois tecidos com graus diferentes do tumor, geralmente áreas bem e moderadamente diferenciadas. A área de tecido tumoral menos diferenciado localiza-se no interior da área mais bem diferenciada, conferindo a aparência de

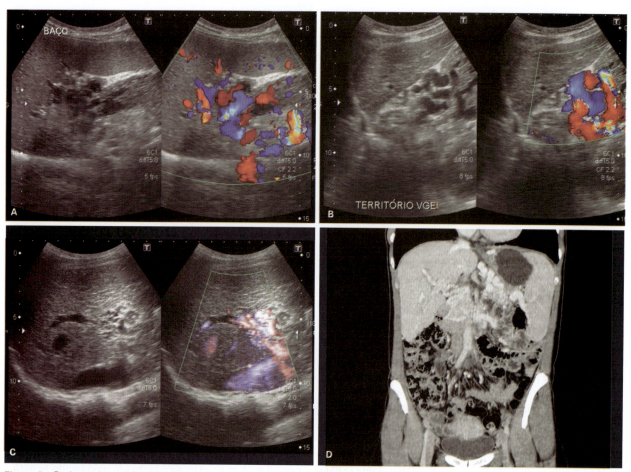

Figura 6 Paciente do sexo feminino, 31 anos, com cirrose por hepatite autoimune. A: Ultrassonografia esplênica ao modo B e ao mapeamento Doppler, corte longitudinal, revelando esplenomegalia associada a presença de veias tortuosas no hilo esplênico. B: Ultrassonografia hepática ao modo B e ao mapeamento Doppler, corte longitudinal do lobo esquerdo, revelando no território da veia gástrica esquerda, adjacente à face posterior do lobo esquerdo, a presença de veias tortuosas e enoveladas. C: Ultrassonografia hepática ao modo B e ao mapeamento Doppler, corte oblíquo intercostal do lobo direito, revelando no trajeto do tronco e ramo direito da veia porta a presença de veias tortuosas e enoveladas e não se identificando a imagem característica da veia porta, achados compatíveis com trombose da veia porta com transformação cavernomatosa. D: Tomografia computadorizada em reconstrução coronal do abdome revelando sinais de hepatopatia, trombose e circulação colateral no trajeto da veia porta, circulação colateral no território da veia gástrica esquerda e esplenomegalia.

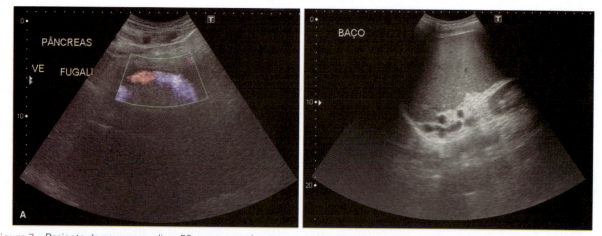

Figura 7 Paciente do sexo masculino, 59 anos, com cirrose por esteato-hepatite não alcoólica com esplenomegalia. A: Ultrassonografia (USG) ao mapeamento Doppler colorido da veia esplênica em região retropancreática, corte axial, revelando fluxo hepatofugal. Na presença de veias colaterais periesplênicas muito efetivas pode ocorrer inversão do sentido do fluxo sanguíneo na veia esplênica observada na região retropancreática. B: USG ao modo B do baço, corte oblíquo subcostal, revelando a presença de veias tortuosas e enoveladas no território das veias gástricas curtas.

(continua)

22 HEPATOPATIAS DIFUSAS: ULTRASSONOGRAFIA 741

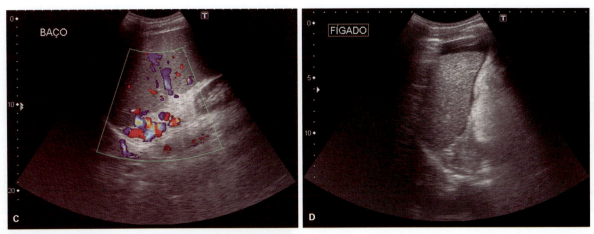

Figura 7 *(continuação)* C: USG esplênica ao mapeamento Doppler colorido, corte oblíquo subcostal, revelando a presença de veias tortuosas e enoveladas no território das veias gástricas curtas. D: USG hepática ao modo B, corte longitudinal do lobo direito, revelando lobo direito de dimensões reduzidas, bordos rombos, superfície irregular do tipo "papel rasgado" mais bem evidenciada pela presença da ascite, parênquima de ecotextura finamente heterogênea com leve aumento da ecogenicidade. A irregularidade da superfície hepática foi mais bem evidenciada pela presença de ascite.

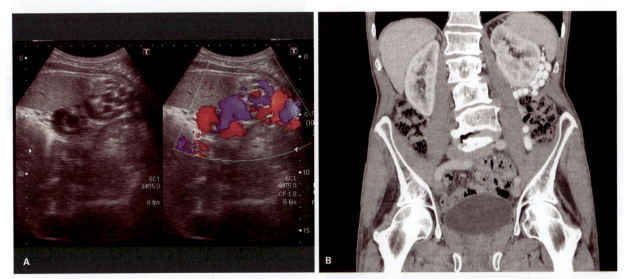

Figura 8 Paciente do sexo masculino, 60 anos, com cirrose por doença de Wilson. A: Ultrassonografia (USG) esplênica ao modo B e ao mapeamento Doppler, corte axial, revelando esplenomegalia associada à presença de veias tortuosas e enoveladas do hilo esplênico, que passam entre o terço inferior do baço e a face lateral do rim esquerdo, em direção ao retroperitônio. B: Tomografia computadorizada em reconstrução coronal revelando a circulação colateral periesplênica detectada pela USG.

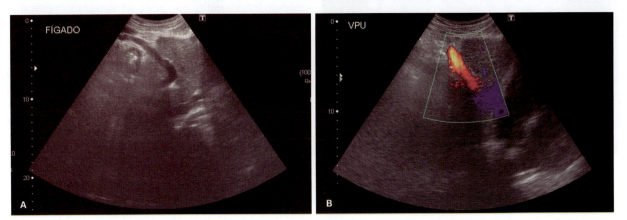

Figura 9 Paciente do sexo masculino, 58 anos, com cirrose criptogênica. A: Ultrassonografia (USG) hepática ao modo B em corte axial revelando a presença de veia no trajeto do ligamento falciforme. B: USG hepática ao mapeamento Doppler colorido da veia no trajeto do ligamento falciforme evidenciando a presença de veia paraumbilical pérvia com fluxo hepatofugal.

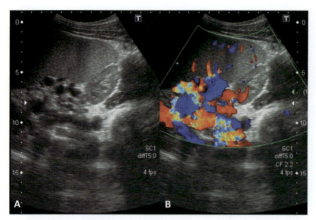

Figura 10 Paciente do sexo masculino, 20 anos, com cirrose por hepatite autoimune. Ultrassonografia esplênica ao modo B (A) e ao mapeamento Doppler (B), corte axial, revelando esplenomegalia associada à presença de veias tortuosas e enovelada do hilo esplênico, que se dirigem ao hilo renal esquerdo, sugerindo *shunt* esplenorrenal espontâneo.

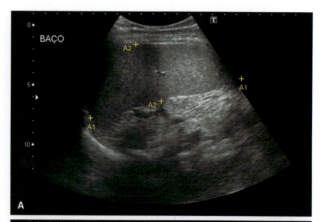

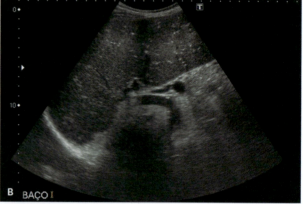

Figura 12 A esplenomegalia ocorre como resposta secundária à hipertensão portal e também em decorrência de alteração imunológica que acompanha a hepatite crônica. A: Paciente do sexo masculino, 21 anos, com hepatite crônica por doença de Wilson. A ultrassonografia (USG) esplênica ao modo B, corte longitudinal, revela baço de dimensões aumentadas e ecotextura homogênea. B: Paciente do sexo feminino, 55 anos, com hepatite por esquistossomose na forma hepatoesplênica de longa duração, com hipertensão portal. USG esplênica ao modo B, em corte longitudinal, revela baço de dimensões aumentadas e ecotextura heterogênea pela presença de numerosos pontos hiperecogênicos dispersos, compatíveis com nódulos sideróticos ou corpos de Gamna-Gandy, que estão relacionados ao regime de hipertensão portal de longa duração.

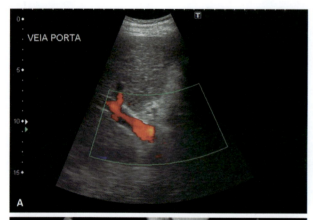

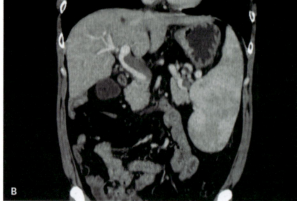

Figura 11 Paciente do sexo masculino, 46 anos, com cirrose criptogênica. A: Ultrassonografia (USG) hepática com mapeamento Doppler colorido do tronco da veia porta evidenciando a presença de material ecogênico preenchendo parcialmente a luz do tronco da veia. B: Tomografia computadorizada em reconstrução coronal revelando a trombose parcial do tronco da veia porta, já observada pela USG.

nódulo intranódulo, que pode ser detectado pelos diferentes métodos DI. Esse aspecto de imagem de nódulo intranódulo também pode ser encontrado no nódulo displásico com área de tecido tumoral no seu interior. O seu aspecto ultrassonográfico é de um nódulo ecogênico, contendo no seu interior um nódulo hipoecogênico e este último, ao estudo com realce por meio de contraste, revela-se hipervascularizado. À medida que o tumor cresce em tamanho, a área bem diferenciada diminui, sendo substituída por tecido neoplásico moderadamente ou pouco diferenciado. Isso ocorre quando o CHC atinge aproximadamente 3 cm de diâmetro. Não há tempo determinado para a duração de cada fase do desenvolvimento do CHC. Entretanto, observou-se que os tumores hipoecogênicos crescem devagar quando comparados àqueles que alteram a sua ecotextura de hipoecogênicos homogêneos para heterogêneos e também quando surge o halo hipoecogênico há uma aceleração do crescimento. O aumento repentino da AFP frequentemente coincide com alteração do padrão ultrassonográfico de nodular para a forma difusa. Porém, não há uma relação entre o tamanho do tumor e os níveis de AFP, que variam de caso a caso. Como se trata de um tumor tipicamente hipervascular, o estudo da lesão por meio do mapeamento com Doppler colorido é muito importante no diagnóstico diferencial de lesões nodulares hepáticas de outra natureza, com características semelhantes ao CHC, como hemangioma, hiperplasia nodular focal, adenoma hepático, esteatose hepática focal e nódulos regenerativos. O suprimento sanguíneo dos tumores hepáticos malignos é quase inteiramente pela artéria hepática e pequeno pela veia porta. O CHC apresenta uma neovascularização extensa com padrão espectral de baixa resistividade e aumento da diástole. O padrão "em cesto" descrito no CHC pelo mapeamento com Doppler colorido é determinado por uma rede de vasos envolvendo o tumor, que emitem ramos para o seu interior, porém não é específico. O mapeamento com Doppler colorido revela os vasos maiores do tumor e suas relações anatômicas. A apresentação hemodinâmica típica do meio de contraste ultrassonográfico no CHC é o realce difuso e precoce na fase arterial, clareamento precoce iso ou hipoecogênico na fase portal e o volume sanguíneo, comparado ao restante do fígado, é igual ou menor que na fase tardia, utilizando-se TC, RM ou USG (Figuras 13 e 14).

Na doença hepática crônica, em cerca de 40% dos casos pode ocorrer o aumento dos linfonodos abdominais, aparentemente como uma resposta ao processo inflamatório hepático, mais evidente à USG no ligamento hepatoduodenal. Não são específicos, podendo ser encontrados em hepatopatias de diversas etiologias. Os linfonodos diminuem de tamanho à medida que o tratamento tem efeito, o processo inflamatório regride e há melhora do paciente (Figura 15).

Doença hepática gordurosa não alcoólica

A esteatose hepática é definida como acúmulo de lipídios no citoplasma de hepatócitos maior que 5% do peso do fígado. É o produto final de lesão hepatocelular crônica decorrente de numerosos processos patológicos diferentes. Em relação às diversas etiologias, as causas mais comuns são a obesidade, o consumo excessivo de

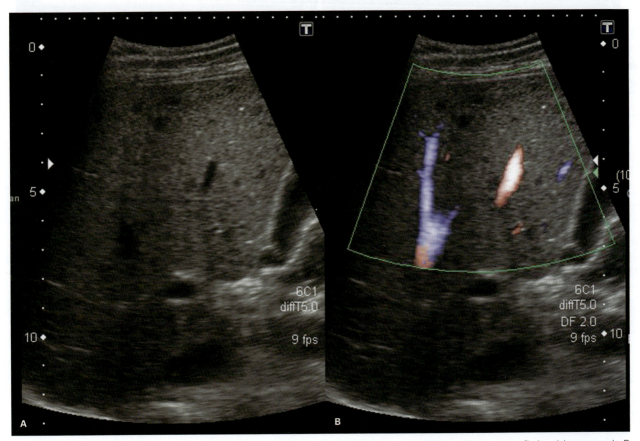

Figura 13 Paciente do sexo masculino, 21 anos, com hepatite crônica por doença de Wilson. Ultrassonografia hepática ao modo B (A) e ao mapeamento Doppler (B) revela parênquima hepático com aumento da ecogenicidade e ecotextura heterogênea pela presença de diversos nódulos hipoecogênicos, sem vascularização ao Doppler. No acompanhamento do paciente, esses nódulos foram caracterizados como macronódulos regenerativos.

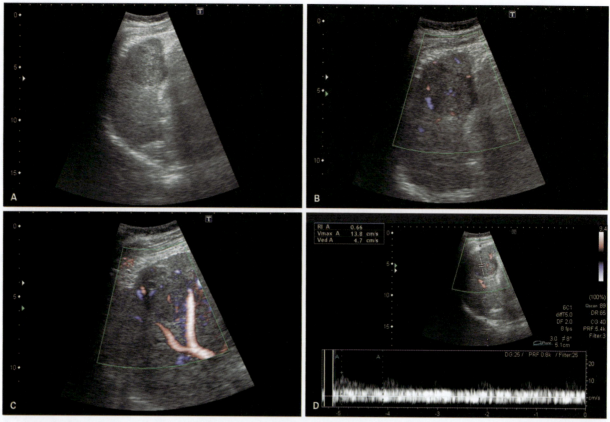

Figura 14 Paciente do sexo masculino, 42 anos, com cirrose hepática por vírus da hepatite B e nódulo de carcinoma hepatocelular moderadamente diferenciado. A: Ultrassonografia (USG) do lobo hepático direito ao modo B, em corte longitudinal, revelando lobo direito reduzido, com bordos rombos, superfície irregular, parênquima de ecotextura finamente heterogênea e presença de um nódulo sólido, bem delimitado, com áreas hiper e hipoecogênicas. B, C: USG do lobo hepático direito ao mapeamento com Doppler colorido, em corte longitudinal, revelando nódulo com vascularização periférica e central. D: USG do lobo hepático direito ao mapeamento Doppler colorido revelando vasos nodulares com padrão de fluxo arterial.

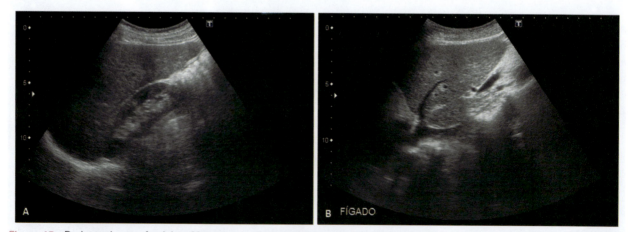

Figura 15 Paciente do sexo feminino, 63 anos, com cirrose hepática por vírus da hepatite C. A: Ultrassonografia hepática ao modo B, corte longitudinal do lobo direito, revelando aumento das dimensões, bordos rombos, superfície irregular, parênquima de ecotextura finamente heterogênea e com leve aumento da ecogenicidade. B: Corte longitudinal do lobo esquerdo evidenciando dimensões preservadas, bordos rombos, superfície irregular, parênquima de ecotextura finamente heterogênea e com leve aumento da ecogenicidade, veia hepática esquerda afilada e com trajeto irregular.

(continua)

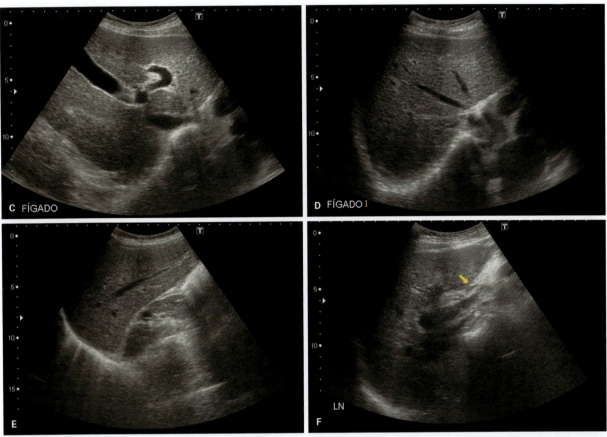

Figura 15 *(continuação)* C: Corte axial do segmento IV do lobo esquerdo revelando dimensões reduzidas do segmento IV, dimensões preservadas do caudado, com leve aumento da ecogenicidade periportal. D: Corte axial no nível da confluência das veias hepáticas com a veia cava inferior mostrando veias hepáticas afiladas. E: Corte longitudinal do lobo direito revelando veia hepática direita afilada e com trajeto irregular. F: Corte oblíquo na região hilar revelando a presença de imagem de linfonodomegalia de aspecto reacional, achado comum nas hepatopatias.

álcool, a doença gordurosa não alcoólica e as hepatites virais. A esteatose pode ser decorrente de doenças raras do fígado, como hepatite autoimune, doença de Wilson, hemocromatose, cirrose biliar primária, entre outras; ou pode ter uma causa exógena, como agentes tóxicos e medicamentos. A maioria dos indivíduos com esteatose é assintomática e sem sinais de doença. Laboratorialmente, as alterações em geral são discretas, dependendo da doença de base. Em geral, com a correção da anormalidade primária a esteatose reverte. A USG apresenta alta sensibilidade e especificidade na detecção da esteatose, revela aumento da ecogenicidade do parênquima hepático e hepatomegalia homogênea, sem alteração das dimensões de algum segmento hepático em particular, porém não permite uma graduação segura da esteatose. O padrão ultrassonográfico é de aumento da ecogenicidade do parênquima hepático, comparando-se com a ecogenicidade do parênquima renal e/ou do parênquima esplênico. Na esteatose hepática, o aumento da ecogenicidade do parênquima hepático pode variar em: esteatose difusa leve (com leve aumento da ecogenicidade hepática em relação à ecogenicidade do parênquima renal, visualização preservada do diafragma e dos vasos intra-hepáticos), esteatose difusa moderada (com aumento moderado da ecogenicidade hepática difusamente, pequeno prejuízo na visualização do diafragma e dos vasos intra-hepáticos), esteatose difusa acentuada (com aumento importante da ecogenicidade hepática, de modo difuso, sendo pequena a penetração do som no segmento posterior do lobo hepático direito, com visualização prejudicada ou não visualização do diafragma); esteatose difusa com áreas de parênquima preservado (aparecem como áreas hipoecogênicas, em geral perivesicular ou no segmento IV, sem efeito de massa, que podem simular lesões); esteatose focal (aparecem como áreas hiperecogênicas, em geral perivesicular ou no segmento IV, sem efeito de massa, que podem simular lesões).

A doença hepática gordurosa não alcoólica (DHGNA) é considerada uma epidemia mundial, sendo a forma de doença mais comum do fígado, podendo ocorrer em qualquer idade, sem predomínio de sexo e associada a diversos fatores de risco, como obesidade, dislipidemia, diabete tipo 2, síndrome metabólica, medicamentos e alguns tipos de cirurgia. Pode evoluir para hepatite crônica ou esteato-hepatite não alcoólica (EHNA), que pode levar a cirrose, hipertensão portal e carcinoma hepatocelular. No mundo ocidental, inclusive no Brasil, EHNA sem ou com cirrose é um fator de risco significativo para o CHC e representa uma causa significativa de transplante hepático. A EHNA é uma forma de doença metabólica do fígado relacionada à esteatose, porém os fatores para que a esteatose se transforme em EHNA ainda não foram esclarecidos. Os indivíduos em geral são assintomáticos, obesos, com hepatomegalia com esteatose, esplenomegalia e apresentam alteração dos exames laboratoriais. A USG é o método mais utilizado de DI para detectar a esteatose em pacientes com DHGNA, por ter boa disponibilidade, possuir baixo custo e ter sensibilidade semelhante aos demais métodos. Porém, nenhum método de diagnóstico por imagem consegue detectar inflamação e fibrose presente na EHNA. Cerca de 20 a 25% dos pacientes com EHNA podem evoluir para cirrose. As alterações decorrentes da cirrose são semelhantes às alterações observadas em cirroses de outras etiologias, já descritas neste capítulo. A elastografia já ocupa um papel importante no acompanhamento desses pacientes na detecção da fibrose. A biópsia hepática ainda é o padrão-ouro para o diagnóstico e estadiamento desta doença em toda sua extensão (esteatose, esteato-hepatite e cirrose) (Figuras 1, 16 e 17).

Considerações finais da USG na doença hepática difusa

Na doença hepática difusa, o estudo ultrassonográfico ao modo B e ao mapeamento Doppler tem um importante papel no diagnóstico e no acompanhamento da evolução da doença, revelando as alterações da arquitetura hepática, o surgimento de circulação colateral portossistêmica e outras complicações da hipertensão portal, além da presença de nódulos. A USG apresenta altas sensibilidade e especificidade na detecção da esteatose, porém

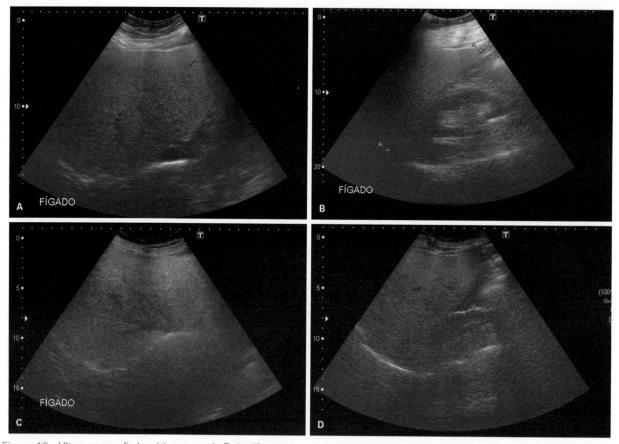

Figura 16 Ultrassonografia hepática ao modo B de diferentes pacientes que apresentaram imagem de esteatose acentuada, com hepatomegalia de bordos rombos, parênquima com aumento da ecogenicidade e acentuada atenuação do feixe sonoro, com prejuízo ao estudo da superfície hepática posterior, da vascularização portal e hepática, bem como de nódulos hepáticos. A, B: Paciente do sexo masculino, 44 anos, obeso, com doença gordurosa não alcoólica, realizou exame ultrassonográfico ao modo B para avaliação pré-operatória de cirurgia bariátrica. Corte axial no nível da confluência das veias hepáticas na veia cava inferior (A) e corte longitudinal do lobo direito (B). C, D: Paciente do sexo feminino, 34 anos, obesa, com esteato-hepatite não alcoólica. Corte axial ao nível da confluência das veias hepáticas na veia cava inferior (C) e corte longitudinal do lobo direito (D).

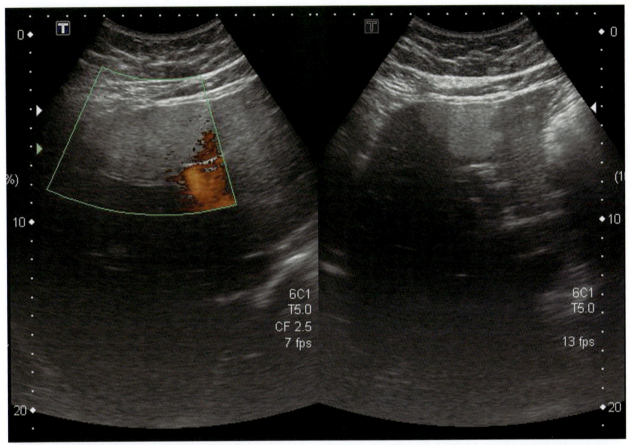

Figura 17 Paciente do sexo masculino, 39 anos, sem história de hepatopatia. A ultrassonografia hepática ao modo B e ao mapeamento Doppler colorido revelou área hiperecogênica do parênquima hepático, amorfa, de aspecto geográfico, de limites nítidos, sem efeito de massa aparente e sem vascularização ao Doppler, sugestiva de área de esteatose focal.

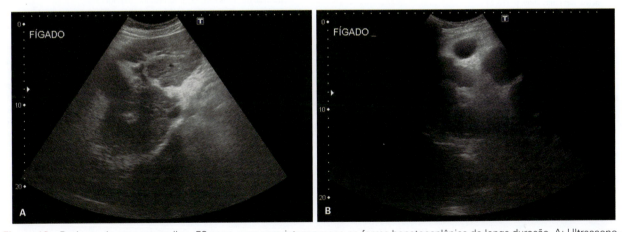

Figura 18 Paciente do sexo masculino, 53 anos, com esquistossomose na forma hepatoesplênica de longa duração. A: Ultrassonografia (USG) hepática ao modo B, corte oblíquo do lobo esquerdo, revelando dimensões aumentadas do caudado, predomínio do lobo esquerdo sobre o lobo direito e acentuado aumento da ecogenicidade periportal. B: USG hepática ao modo B, corte oblíquo do lobo direito, revelando lobo direito de dimensões reduzidas e acentuado aumento da ecogenicidade periportal e perivesicular.

não permite uma graduação segura. A detecção e o grau de fibrose do parênquima hepático podem ser avaliados por meio da elastografia. O diagnóstico etiológico dos nódulos detectados à USG pode ser realizado pelo estudo do realce do meio de contraste ultrassonográfico, ao revelar um padrão hemodinâmico típico. O estudo ultrassonográfico não é capaz de fazer o diagnóstico etiológico da doença hepática. Portanto, os achados ultrassonográficos devem ser sempre avaliados com os dados clínicos e laboratoriais e, quando necessário, devem complementar o estudo com outro método de diagnóstico por imagem. A biópsia hepática ainda é o padrão de referência no diagnóstico da doença hepática.

Bibliografia sugerida

1. Aravalli RN, Steer CJ, Cressman ENK. Molecular mechanisms of hepatocellular carcinoma. Hepatology. 2008;48(6):2047-63.
2. Azeredo LM, Queiroz LC, Marinho CC, Espírito Santo MCC, Chammas MC, Ruiz-Guevara R, et al. Aspectos ultrassonográficos e hemodinâmicos da esquistossomose mansônica: avaliação pela ultrassonografia Doppler em áreas endêmicas. Radiol Bras. 2010;43(2):69-76.
3. Brasil. Ministério da Saúde. Secretaria de Vigilância em Saúde. 2014. Disponível em: http://bvsms.saude.gov.br/bvs/publicacoes/vigilancia_esquistossome_mansoni_diretrizes_tecnicas.pdf.
4. Brasil. Ministério da Saúde. Secretaria de Vigilância em Saúde. 2015. Disponível em: http://www.aids.gov.br/sites/default/files/anexos/publicacao/2015/58551/manual_tecnico_hv_pdf_75405.pdf.
5. Bruix J, Reig M, Sherman M. Evidence-based diagnosis, staging, and treatment of patients with hepatocellular carcinoma. Gastroenterology. 2016;150(4):835-53.
6. Bruix J, Sherman M. Management of hepatocellular carcinoma: an update. Hepatology. 2011;53(3):1020-2.
7. Burrel M, Llovet JM, Ayuso C, Iglesias C, Sala M, Miquel R, et al. MRI angiography is superior to helical CT for detection of HCC prior to liver transplantation: an explant correlation. Hepatology. 2003;38(4):1034-42.
8. Carrilho FJ, Mattos AA, Vianey AF, Vezozzo DCP, Marinho F, Souto FJ, et al. Brazilian Society of Hepatology recommendations for the diagnosis and treatment of hepatocellular carcinoma. Arq Gastroenterol. 2015;52:2-14.
9. Cerri GG, Alves VAF, Magalhães A. Hepatosplenic schistosomiasis mansoni: ultrasound manifestations. Radiology. 1984;153:777-80.
10. Cerri GG, Mólnar L, Vezozzo D. Avaliação duplex do fígado, sistema porta e vasos vicerais. In: Cerri G, Mólnar L, Vezozzo D (eds.). Doppler. São Paulo: Sarvier; 1996. p. 91-130.
11. Chammas MC, Macedo T. Fígado: disturbios do metabolismo. In: Chammas M, Cerri G, editores. Ultra-sonografia abdominal. Rio de Janeiro: Revinter; 2009. p. 102-14.
12. Chammas MC, Macedo T, Fausto C, Caiado A. Fígado: lesões focais/tumores. In: Chammas M, Cerri G, editores. Ultra-sonografia abdominal. Rio de Janeiro: Revinter; 2009. p. 154-215.
13. Cotrim HP, Oliveira CP, Coelho HSM, Silva MRA, Nabuco L, Parise ER, et al. Nonalcoholic steatohepatitis and hepatocellular carcinoma: Brazilian survey. Clinics. 2016; 71(5):281-284.
14. Ebara M, Ohto M, Shinagawa T, Sugiura N, Kimura K, Matsutani S, et al. Natural-history of minute hepatocellular-carcinoma smaller than 3 centimeters complicating cirrhosis – a study in 22 patients. Gastroenterology. 1986;90(2):289-98.
15. Gayotto LCdC, Alves VAF. Patologia das hepatites crônicas. In: Gayotto LCdC, Alves VAF, editores. Doenças do fígado e vias biliares. São Paulo: Atheneu; 2001. p. 553-64.
16. Gerstenmaier JF, Gibson RN. Ultrasound in chronic liver disease. Insights Imaging. 2014;5:441-55.
17. Harbin WP, Robert NJ, Ferrucci JT. Diagnosis of cirrhosis based on regional changes in hepatic morphology – a radiological and pathological analysis. Radiology. 1980;135(2):273-83.
18. Heller MT, Tublin ME. The role of ultrasonography in the evaluation of diffuse liver disease. Radiol Clin N Am. 2014;52:1163-75.
19. Ito K, Mitchell DG. Hepatic morphologic changes in cirrhosis: MR imaging findings. Abdomin Imaging. 2000;25(5):456-61.
20. Jang HJ, Kim TK, Wilson SR. Small nodules (1-2 cm) in liver cirrhosis: characterization with contrast-enhanced ultrasound. Eur J Radiol. 2009;72(3):418-24.
21. Kojiro M. Pathology of early hepatocellular carcinoma. In: Bruix J (ed.). Hepatocellular carcinoma. Barcelona: Permanyer; 2004. p. 41-54.
22. Kojiro M, Wanless IR, Alves V, Badve S, Bala-Baud C, Bedosa P, et al. Pathologic diagnosis of early hepatocellular carcinoma: a report of the International Consensus Group for Hepatocellular Neoplasia. Hepatology. 2009;49(2):658-64.
23. Kurtz AB, Rubin CS, Cooper HS, Nisenbaum HL, Cole-Beuglet C, Medoff J, Goldberg BB. Ultrasound findings in hepatitis. Radiology. 1980;136(3):717-23.
24. Lurie Y, Webb M, Cytter-Kuint R, Shteingart S, Lederkremer GZ. Non-invasive diagnosis of liver fibrosis and cirrhosis. World J Gastroenterol. 2015;21(41):11567-83.
25. Macedo TAA, Azeredo LM, Chammas MC. Fígado: doenças parasitárias (amebíase, doença hidática, esquistossomose, Pneumocystis carinii). In: Cerri GG (ed.). Ultrassonografia abdominal. 2. ed. Rio de Janeiro: Revinter; 2009. p. 85-100.
26. Martinez-Noguera A, Montserrat E, Torrubia S, Villalba J. Doppler in hepatic cirrhosis and chronic hepatitis. Semin Ultrasound CT MRI. 2002;23(1):19-36.
27. Nicolau C, Bianchi L, Vilana R. Gray-scale ultrasound in hepatic cirrhosis and chronic hepatitis: diagnosis, screening, and intervention. Seminars in Ultrasound, CT, and MRI. 2002:3-18.
28. Oliveira CPMS, Cotrim HP. Doença hepática gordurosa não alcoólica. In: Parise ER, Porta G. Manual de diagnóstico e tratamento das doenças do fígado no paciente adulto e pediátrico. São Paulo: Atheneu; 2011. p. 123-7.
29. Olmo JA, Esteban JM, Maldonado L, Rodriguez F, Escudero A, Serra MA, et al. Clinical significance of abdominal lymphadenopathy in chronic liver disease. Ultrasound in Medicine and Biology. 2002;28(3):297-301.
30. Souza FPC, Vitorino RR, Costa AP, Faria FC, Santana LA, Gomes AP. Esquistossomose mansônica: aspectos gerais, imunologia, patogênese e história natural. Rev Bras Clin Med. São Paulo. 2011;9(4):300-7.
31. Park SJ, Kim JD, Seo YS, Park BJ, Kim MJ, Um SH, et al. Computed tomography findings for predicting severe acute hepatitis with prolonged cholestasis. World J Gastroenterol. 2013;19(16):2543-9.
32. Strauss E, Ribeiro MdFGdS. Cirrose hepática: aspectos gerais. In: Gayotto LCdC, Alves VAF, eds. Doenças do fígado e vias biliares. São Paulo: Atheneu; 2001. p. 591-601.
33. Tchelepi H, Ralls PW, Radin R, Grant E. Sonography of diffuse liver disease. J Ultrasound Med. 2002;21(9):1023-32.
34. WHO – World Health Organization. Ultrasound in schistosomiais – a practical guide to the standardized use of ultrasonography for the assessment of schistosomiasis-related morbidity. Second International Workshop, october 22-26, 1996. Geneva: World Health Organization; 2000.

Anomalias congênitas do fígado

Tulio A. A. Macedo
Maria Cristina Chammas

Cisto hepático

O cisto hepático congênito é definido como uma formação preenchida por líquido, revestida por uma camada epitelial. A natureza desses cistos não é clara, mas como muitos apresentam epitélio colunar, suspeita-se que tenham origem ductal. Estas lesões são mais comuns após a meia-idade, sendo observadas em 2,5% da população geral e em 7% da população acima dos 80 anos. É a lesão mais comum no fígado (Figuras 1 e 2). Abscessos, cistos parasitários e cistos pós-traumáticos são formações de padrão cístico, mas não constituem cistos verdadeiros.

Os cistos hepáticos podem fazer parte de um espectro de doenças, entre elas a doença policística do adulto, doença fibropolicística da infância, fibrose hepática congênita, hamartomas biliares, doença de Caroli e cistos do colédoco.

O aspecto ultrassonográfico do cisto simples benigno é de lesão anecoica, bem delimitada, com paredes finas, apresentando reforço acústico. Eles podem ser milimétricos ou superar 20 cm de diâmetro. Podem estar localizados na superfície hepática ou na intimidade do parênquima.

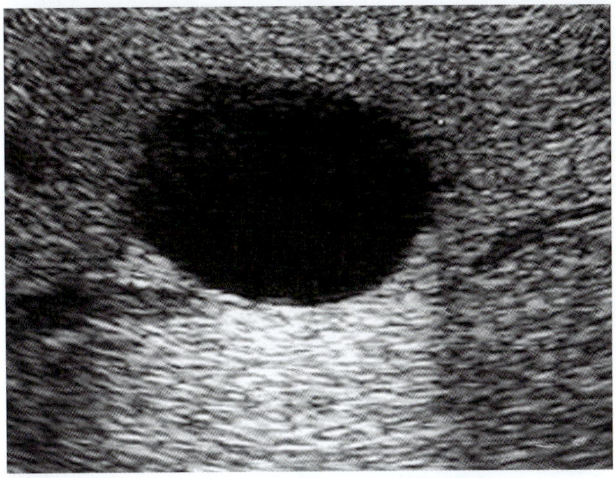

Em algumas situações podem ser evidenciados finos septos no interior desses cistos – completos ou incompletos –, coalescentes ou agrupados. Geralmente são assintomáticos, mas quando sofrem hemorragia ou infecção, o paciente pode apresentar febre e dor no hipocôndrio direito. Nestas situações a ultrassonografia pode evidenciar conteúdo espesso com ecos (ou debris) em suspensão, aparência sólida, paredes calcificadas e septações finas (Figuras 2 e 3). Apenas nos casos sintomáticos a intervenção pode ser recomendada. Por apresentarem camada epitelial, a simples aspiração desses cistos pode não ser efetiva, havendo recorrência em vários casos. A ablação com álcool pode ser realizada sob orientação ultrassonográfica, que é uma alternativa à excisão cirúrgica. A presença de septos espessos ou projeções sólidas (nódulos) no interior dos cistos configura padrão complexo do cisto, cujos diagnósticos diferenciais também incluem cistadenoma e metástases, sendo recomendável a avaliação por outros métodos de imagem.

Figura 1 Cisto simples. Observe as paredes finas, os contornos regulares e o conteúdo anecoico.

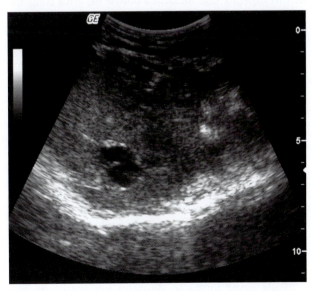

Figura 2 Cisto simples com fina septação. Cortesia da Dra. Letícia Azeredo.

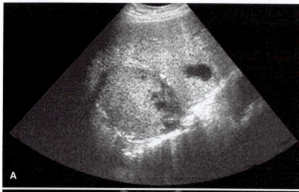

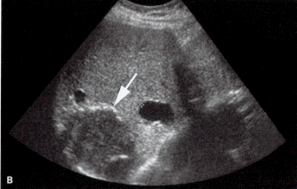

Figura 3 Cisto com conteúdo espesso/hemorrágico, apresentando calcificação parietal à US modo B (A). Outro corte do conteúdo espesso (hipoecogênico) apresenta-se com periferia calcificada – seta (B).

Doenças policísticas da infância

As doenças fibropolicísticas hepatobiliares, caracterizadas por graus variáveis de fibrose e dilatação dos ductos biliares intra-hepáticos, estão sendo mais frequentemente diagnosticadas em decorrência da melhora dos métodos de investigação. Elas incluem a fibrose hepática congênita, a síndrome e a doença de Caroli, a doença policística renal autossômica recessiva, a doença policística renal autossômica dominante, o fígado policístico e os hamartomas biliares ou complexos de Meyenburg. Alguns autores ainda incluem os cistos de colédoco.

Doença policística do adulto

A doença policística do adulto é uma condição autossômica dominante, sendo concomitante com a doença policística renal em 57 a 74% dos casos. Clinicamente os pacientes portadores da doença policística hepática são oligossintomáticos ou assintomáticos, sem comprometimento da função hepática, não havendo correlação com extensão do comprometimento renal. Nos casos de testes de função hepática alterada, devem-se excluir complicações, como neoplasia, infecção de cisto e obstrução biliar.

Pode haver formação de cistos em outros órgãos, como pâncreas, baço, ovários e pulmões.

O padrão ultrassonográfico desta doença é de múltiplos cistos, de tamanhos variados, conteúdo anecoico, apresentando reforço acústico, esparsos pelo parênquima hepático. Os contornos hepáticos podem estar bocelados pela presença de cistos, e as dimensões hepáticas podem estar aumentadas em aproximadamente 40% dos casos. Geralmente não se observa aumento dos cistos; contudo, quando isto ocorre, podem aparecer sintomas como dores abdominais e sensação de peso. Icterícia pode ocorrer em aproximadamente 9% dos pacientes em decorrência da compressão das vias biliares pelos cistos.

O prognóstico destes pacientes é definido pelo comprometimento da doença renal associada. Raramente há desenvolvimento de hipertensão portal, compressão da veia cava inferior e insuficiência hepática.

Em geral estes cistos não requerem tratamento, exceto quando são muito volumosos e causam sintomatologia. A conduta intervencionista (punção aspirativa com agulha fina ou cirurgia) pode ser indicada nestas ocasiões. A ablação com álcool também é uma alternativa referida na literatura.

As complicações nos cistos hepáticos são pouco comuns, assumindo padrão ultrassonográfico de cisto complexo. Incluem hemorragia, ruptura, infecção bacteriana, fistulização para o duodeno, comunicação com a árvore biliar intra-hepática, torção e cistadenocarcinoma (Figura 4).

Fibrose hepática congênita

A fibrose hepática congênita pode ocorrer esporadicamente, contudo a maioria dos autores a considera uma doença autossômica recessiva que afeta igualmente

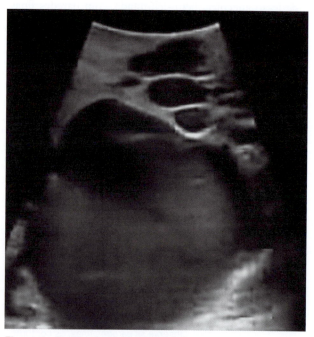

Figura 4 Doença hepática policística.

ambos os sexos. Classicamente está associada à doença policística renal autossômica recessiva. Geralmente se manifesta no nascimento ou na infância.

Seu prognóstico, assim como na doença policística do adulto, é determinado pelo grau de comprometimento da função renal. A fibrose hepática congênita deve ser diferenciada da cirrose, a função hepática está geralmente preservada e, portanto, esses pacientes apresentam um prognóstico sensivelmente melhor que os cirróticos. Seu comprometimento relaciona-se com o desenvolvimento da fibrose hepática congênita em diferentes graus, principalmente nos pacientes que apresentam maior sobrevida. O fígado geralmente está aumentado, com superfície lisa ou irregular, caracteristicamente bastante firme e endurecido, associado à esplenomegalia.

A ultrassonografia pode mostrar, além desses sinais, alterações de textura, sinais de hipertensão portal e lesão renal. Em alguns pacientes observam-se dilatações císticas, por provável dilatação dos ductos biliares. Contudo, nestes casos deve-se considerar a possibilidade de associação com a doença de Caroli.

A biópsia é característica, mostrando tecido hepático cortado por quantidade variável de septos largos e finos que unem os espaços portais. Além de fibrose, estes septos contêm ductos revestidos por epitélio biliar cuboide, alguns com pequena luz, outros dilatados ou microscópicos. Esta luz pode estar vazia, conter bile ou substância mucoide.

Alguns dúctulos biliares apresentam-se acentuadamente dilatados, assumindo o aspecto de pequenos cistos, que se comunicam com a árvore biliar.

Os ramos arteriais são normais, enquanto as veias aparecem com tamanho reduzido. Ao exame histológico, não se observa infiltrado inflamatório.

É importante observarmos que essa doença pode se associar a:

- Anomalias renais: displasia renal, doença renal autossômica recessiva, nefronoftise (doença medular cística renal) e doença policística renal autossômica dominante.
- Anomalias dos ductos biliares: doença de Caroli, cistos de colédoco e complexos de von Meyenburg.
- Síndromes: síndrome de Meckel (encefalocele ou anencefalia, cistos renais, polidactilia); displasia familiar de Ivermark (displasia do pâncreas, fígado e rins, com presença de cistos pancreáticos e hepáticos em alguns casos); síndrome de Ellis-van-Creveld (ou displasia condroectodérmica); síndrome de Jeune (displasia esquelética, hipoplasia pulmonar e lesões de retina); síndrome de Joubert (hipoplasia ou agenesia do verme cerebelar, distrofia de retina, anormalidades oculomotoras, hiperpneia episódica, ataxia, retardo mental e fibrose hepática congênita); atresia vaginal; esclerose tuberosa.
- Outras associações: enfisema pulmonar, fístulas arteriovenosas pulmonares, retardo mental, dismorfismo facial etc.

Os pacientes comprometidos geralmente desenvolvem hipertensão portal, que se torna evidente na infância ou nos adultos jovens. As provas de função hepática costumam permanecer inalteradas.

As características clínicas variam conforme a idade do paciente e a presença de alterações renais e/ou biliares associadas. São descritas quatro formas clínicas da doença:

- Com hipertensão portal: é a mais frequente. Ocorre em 70% dos casos, com hemorragia digestiva em 50% deles, geralmente entre 5 e 20 anos de idade, em alguns pacientes.
- Com colangite: pouco frequente. Surge quando há dilatação concomitante das vias biliares intra-hepáticas. Manifesta-se com dor no quadrante superior direito, associada à febre e, raramente, à icterícia. Pode evoluir com septicemia, choque e óbito ou episódios de colangite.
- Mista: aparecem manifestações de hipertensão portal e colangite.
- Latente: é a forma assintomática. O diagnóstico é feito por cirurgia, biópsia, necropsia, investigação de hepatoesplenomegalia ou estudo familiar.

Há complicações do curso clínico desses pacientes, como aparecimento de hepatocarcinomas, colangiocarcinomas e hiperplasia adenomatosa.

Ao exame ultrassonográfico observam-se áreas de fibrose periportal (Figura 5), que se apresentam hiperecoicas em decorrência dos septos fibrosos densos esparsos pelo parênquima hepático.

Doença de Caroli e síndrome de Caroli

São duas formas de dilatação congênita, macroscópica, dos ductos biliares intra-hepáticos. A doença de

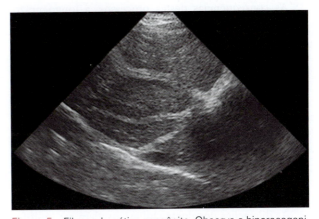

Figura 5 Fibrose hepática congênita. Observe a hiperecogenicidade periportal compatível com fibrose.

Caroli é mais rara e cursa com ectasia ductal pura. Há acometimento das grandes vias biliares, inclusive os ductos hepáticos direito ou esquerdo, ductos segmentares e alguns de seus ramos aferentes.

A segunda forma, denominada síndrome de Caroli, é mais comum, e as alterações do trato portal decorrem da malformação da placa ductal e da fibrose hepática congênita. Nessa associação, doença de Caroli com fibrose hepática congênita, a dilatação cística das vias biliares tende a apresentar distribuição predominantemente difusa pelo fígado. Há relatos esporádicos de famílias com doença de Caroli isolada, que parecem seguir padrão de herança autossômica dominante. Mas, para a maioria dos autores, tanto a doença como a síndrome seriam autossômicas recessivas.

Ambas as formas estão quase sempre associadas à doença renal, principalmente à doença policística renal autossômica recessiva e, mais raramente, à doença policística renal autossômica dominante. Aparecem igualmente em ambos os sexos, porém, conforme o autor, relata-se predomínio em um ou outro gênero. Quanto à idade, manifestam-se geralmente na adolescência ou no adulto jovem. Alguns pacientes podem permanecer assintomáticos durante toda a vida, enquanto outros são diagnosticados em razão das complicações, como crises de colangite.

Na doença de Caroli apresentam-se dilatações congênitas saculares e segmentares, acometendo os ductos biliares intra-hepáticos, sem outras anormalidades histológicas hepáticas. Caracteristicamente, os ductos dilatados comunicam-se com o sistema biliar, podendo haver infecção ascendente, levando a colangite, formação de abscesso subfrênico e septicemia. A ocorrência de episódios repetitivos de colangite é fator de destaque, fazendo parte da evolução clínica desses pacientes. Este processo de estase biliar e infecção favorece o desenvolvimento de cálculos nas vias biliares intra-hepáticas, que podem migrar para o hepatocolédoco, determinando quadros colestáticos extra-hepáticos e, eventualmente, pancreatite aguda.

As consequências destes processos, a longo prazo, incluem cirrose, insuficiência hepática, amiloidose e até colangiocarcinoma.

Os achados clínicos são hepatomegalia, dor abdominal e febre, além de sinais e sintomas de choque séptico. A icterícia é leve ou ausente, podendo ser maior durante os episódios de colangite ou na vigência de obstrução biliar por cálculo. Na síndrome de Caroli a hipertensão portal pode fazer parte do quadro clínico desses pacientes. Assim como na fibrose hepática congênita, os exames de função hepática em geral estão preservados, com exceção de elevações moderadas nos níveis de fosfatase alcalina e de gamaglutamiltransferase.

As dilatações dos ductos biliares podem ser multifocais, onde se observam ductos dilatados, em forma de saculações, de diversos tamanhos, separados por segmentos de ductos normais. Na doença de Caroli, a dilatação segmentar e multifocal dos ductos pode se distribuir difusamente no fígado, afetando a árvore biliar como um todo, mesmo que mais acentuadamente em determinadas localizações. Por outro lado, pode-se observar dilatação multifocal dos ductos, envolvendo apenas uma parte do fígado (padrão localizado), geralmente o lobo esquerdo ou um dos segmentos hepáticos. O número de cistos é grande na forma difusa e, na forma localizada, geralmente é menor que dez. A doença de Caroli também se associa frequentemente a cistos de colédoco.

Com relação ao tratamento, as formas unilaterais podem ser tratadas com ressecção hepática, enquanto as formas difusas podem necessitar de transplante hepático. A infecção apresentada por alguns pacientes, entretanto, constitui contraindicação para o transplante. Nestes casos o prognóstico é ruim, com os episódios de colangite recorrente por longos períodos.

Ao exame ultrassonográfico observam-se formações císticas de diversos tamanhos, distribuídas difusamente pelo parênquima hepático ou localizadas em uma parte do fígado. Este aspecto pode ou não estar associado à dilatação segmentar de ductos biliares. Entretanto, a análise desses pacientes com aparelhos de alta resolução permite que se identifique o aspecto dos ductos dilatados, com as formações císticas correspondendo à extensão direta desses ductos.

Os cálculos intraductais são evidenciados como imagens hiperecoicas, habitualmente com sombra acústica. O exame com Doppler colorido pode auxiliar no diagnóstico, demonstrando a identificação do ramo portal venoso, circundado pelo ramo biliar dilatado, que alguns autores denominam de *central dot sign*.

Nos casos da síndrome de Caroli, as alterações são semelhantes às descritas para a fibrose hepática congênita, com hiperecogenicidade periportal, associadas às dilatações císticas das vias biliares intra-hepáticas (Figura 5).

Hamartomas biliares (complexos de von Meyenburg)

Os hamartomas dos ductos biliares são pequenas lesões focais do desenvolvimento do fígado, compostas por grupos de ductos biliares intra-hepáticos dilatados, localizados dentro do estroma denso de colágeno. São lesões benignas encontradas incidentalmente em até 5,6% das séries de necropsias. São nódulos pequenos, geralmente menores que 1,0 cm, que podem ser únicos (Figura 6) ou, mais frequentemente, múltiplos. Exibem padrão hipoecoico homogêneo e menos comumente são hiperecoicos. Em algumas situações apresentam-se como focos brilhantes hiperecoicos com reverberação sonora (Figura 7). Estes hamartomas são comumente isolados e sem sig-

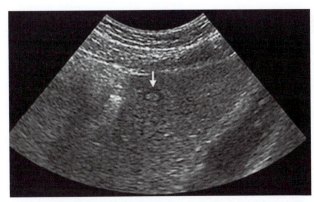

Figura 6 Hamartoma biliar representado por imagem nodular com centro hiperecoico e fino halo hipoecoico.

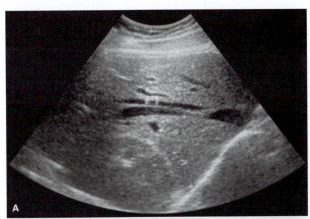

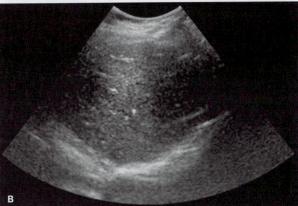

Figura 7 Pequenos focos hiperecoicos com reverberação sonora esparsos no parênquima hepático, próximos aos ramos portais intra-hepáticos, compatíveis com hamartomas biliares (complexo de von Meyenburg). A reverberação sonora provavelmente deve-se a depósitos de cristais de colesterol em ductos biliares.

nificado clínico. Podem ocorrer em associação a doenças congênitas, como fibrose hepática congênita, doença policística renal ou hepática. Existem alguns relatos de associação com colangiocarcinoma.

Cistos peribiliares

Estes cistos são descritos em pacientes com doença hepática grave, como cirrose, hipertensão portal e infecções sistêmicas. São cistos pequenos, medindo até 2,5 cm. Localizam-se centralmente dentro da *porta hepatis* ou na junção dos ductos hepáticos direito e esquerdo. Geralmente são assintomáticos, mas podem causar obstrução biliar. Postula-se que representem pequenas glândulas periductais obstruídas e não devem ser confundidos com dilatações das vias biliares, colangites ou linfedema periportal.

À ultrassonografia identificam-se cistos diminutos, cistos agrupados ou estruturas de padrão tubular com finos septos, paralelos aos ductos biliares e ramos venosos portais.

Bibliografia sugerida

1. Macedo T, Chammas MC. Anomalias congênitas. In: Chammas MC, Cerri GG. Ultra-sonografia abdominal. 2. ed. Rio de Janeiro: Revinter; 2009. p.69-75.
2. Miura IK. Doenças fibropolicísticas hepatobiliares na infância. In: Gayotto LCC, Alves VAF. Doenças do fígado e vias biliares. São Paulo: Atheneu; 2001. p.283-98.
3. Wilson SR, Withers EE. O fígado. In: Rumack CR, Wilson JA, Charbonneau JW, editors. Diagnostic ultrasound. 4. ed. Rio de Janeiro: Elsevier Mosby; 2012. p.78-145.
4. Yuji I, Ebihara R, Tohno E, Tsunoda HS, Kurosaki Y, Saida Y, Doy M. Hepatic peribiliary cysts: multiple tiny cysts within the larger portal tract, hepatic hilum, or both. Radiology. 1994;191:107-10.

24

Doenças infecciosas do fígado

Leticia Martins Azeredo

Doenças fúngicas

A disseminação hematogênica de infecção micótica de outros órgãos pode, não raramente, acometer o fígado, principalmente em pacientes imunocomprometidos (portadores de neoplasias, transplantados ou com doenças granulomatosas crônicas). Pode também ocorrer durante a gravidez ou em pacientes submetidos a nutrição parenteral prolongada.

As características clínicas são febre persistente e neutropenia.

O principal organismo responsável é a *Candida*, que a partir de infecção em outros órgãos, sobretudo os pulmões, atinge o fígado, evoluindo com múltiplas e pequenas lesões, caracterizadas como microabscessos. Lesões maiores em alvo podem ocorrer ocasionalmente.

As principais características ultrassonográficas da candidíase hepática são:

- Lesão "em alvo" ou "olho de boi": apresentam de 1 a 4 cm de diâmetro com área central hipoecogênica e halo periférico ecogênico (Figura 1).
- "Roda dentro de roda": ocorre na fase inicial da doença e é caracterizada por centro hipoecogênico em decorrência de necrose focal e elementos do fungo, circundado por área ecogênica e periferia hipoecogênica.
- Várias e diminutas lesões hipoecoicas, sendo este o padrão mais comum (Figura 2).
- Focos hiperecogênicos calcificados: indicando formação de tecido cicatricial pós-tratamento.

Doenças parasitárias

Amebíase

A infecção hepática causada por *Entamoeba histolytica* é a manifestação extraintestinal mais comum da

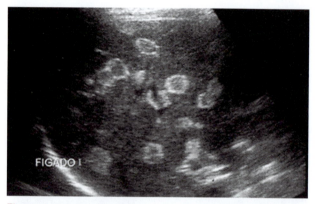

Figura 1 Lesões hepáticas por candidíase. Lesões "em alvo" ou "olho de boi".

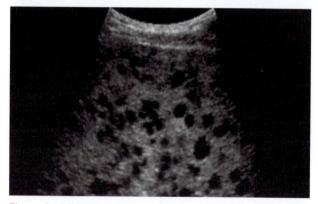

Figura 2 Microabscessos hepáticos por *Candida* em paciente portador de HIV.

amebíase. A disseminação ocorre por via fecal-oral. Após passar pelo cólon e pelas vênulas mesentéricas, os protozoários chegam à veia porta e alcançam o fígado.

A dor é o sintoma inicial mais frequente do abscesso amebiano, podendo ocorrer em até 99% dos pacientes e a diarreia em até 15%.

As características ultrassonográficas dos abscessos amebianos são lesões arredondadas ou ovais, sem parede proeminente, hipoecogênicas, podendo conter finos ecos internos com reforço acústico posterior e contiguidade com o diafragma. Esses padrões são também encontrados nos abscessos piogênicos. No entanto, duas características se destacam como mais frequentes nos abscessos amebianos:

- Forma arredondada ou oval (presente em 82% dos casos).
- Hipoecogenicidade com ecos internos (56% dos casos) (Figura 3).

A maioria ocorre no lobo direito. O diagnóstico é baseado no exame clínico, nos achados ultrassonográficos e nos resultados sorológicos. O teste de hemaglutinação indireta é positivo em 94 a 100% dos casos.

A maior parte dos abscessos desaparece após tratamento adequado, por meio de terapia medicamentosa. O tempo de resolução pode variar de 1,5 a 23 meses. Uma minoria pode desenvolver cistos residuais ou áreas focais de redução ou aumento da ecogenicidade hepática.

Doença hidática

A doença hidática humana é causada pela infecção pelo parasita *Echinococcus granulosus*, que tem distribuição mundial, sendo mais frequente em áreas rurais de criação de ovinos e caprinos. No Brasil, a doença é mais prevalente no Rio Grande do Sul, com áreas consideradas endêmicas tanto para ruminantes domésticos quanto para o homem.

O *E. granulosus* é um cestódeo com cerca de 3-6 mm de comprimento, que vive no trato gastrointestinal de carnívoros, geralmente cães, raposas e lobos, que são seus hospedeiros definitivos. Os ovos do parasita são excretados nas fezes destes animais e podem ser ingeridos por hospedeiros intermediários, como ovinos, caprinos, bovinos, equinos e suínos, sendo o homem um hospedeiro acidental. As hidátides (larvas originárias dos ovos) são liberadas no duodeno, invadem sua mucosa, chegam às vênulas mesentéricas e atingem o fígado por meio do sistema venoso portal. A maioria desses embriões fica aderida ao fígado, mas pode também envolver, secundariamente, pulmões, rins, baço, sistema nervoso central e ossos. No fígado, o lobo direito é o mais frequentemente afetado. As larvas apresentam crescimento lento e encistam-se, formando uma membrana externa que pode calcificar (endocisto). O cisto é repleto de líquido hidático e é formado por três camadas: uma do hospedeiro e duas do parasita.

Do ponto de vista ultrassonográfico, podemos dividir a apresentação da doença hidática hepática em quatro grupos:

- Cistos simples, sem arquitetura interna, exceto por finos ecos esparsos no seu interior.
- Cistos com endocisto descolado por conta de ruptura.
- Cistos com cistos-filhos associados, com material ecogênico (matriz) entre os cistos-filhos.
- Massas densamente calcificadas.

Comumente, os cistos hidáticos, quando jovens, possuem aspecto tipicamente líquido, bem circunscrito e com parede bem definida. Quando ocorrem na periferia do fígado, alteram os seus contornos. Este aspecto é especialmente evidente nas porções superiores dos lobos hepáticos, um dos locais mais frequentes da doença hidática no fígado. Outras vezes, os cistos hidáticos apresentam-se com conteúdo mais espesso, podendo simular nódulos sólidos.

Os cistos hidáticos podem ser múltiplos ou ter aspecto multiloculado, em razão de seus cistos-filhos (Figura 4). O aspecto em "roseta" dos cistos-filhos, que estão em contato uns com os outros, delimitados pelo contorno externo da "roseta", pode ser bastante específico. Em alguns casos, os cistos hidáticos podem ocorrer fora do fígado. O aparecimento de pequenos "cistos filhos" pode levar à perda da textura líquida habitual, que é substituída por uma textura sólida, dificultando o diagnóstico diferencial com tumor. A presença de calcificações parietais, que ocorrem em até 10% dos casos, pode auxiliar no diagnóstico pela ultrassonografia (USG). O diagnóstico diferencial inclui cistos simples, abscessos e neoplasias.

Essas calcificações podem ter aspectos em "casca de ovo" (finas calcificações parietais), parietais mais exuberantes ou focais.

Os pacientes com cisto hidático, assim como os pacientes com cistos simples, são frequentemente assintomáticos. Os sintomas podem aparecer quando o cisto cresce. Lesões maiores causam dor e massa palpável no quadrante superior direito, por compressão sobre os órgãos abdominais ou por alguma complicação.

A ruptura do cisto hidático é a complicação mais temível, em razão do risco de choque anafilático. As complicações mais comuns são: ruptura para a árvore biliar (21%);

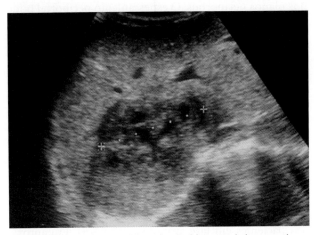

Figura 3   Abscesso amebiano. Lesão hipoecogênica com áreas hipoecoicas centrais e ecos internos.

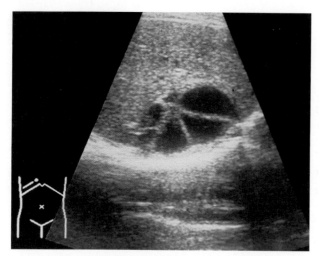

Figura 4 Cisto hidático multiloculado: formação cística bem definida apresentando septações internas.

infecção bacteriana (12%); ruptura para a cavidade peritoneal (10%) ou para a cavidade pleuropulmonar (1%).

A cirurgia é considerada o tratamento convencional da doença, embora se tenha obtido sucesso com a drenagem percutânea. Outros autores referem bons resultados com injeção de substância salina hipertônica, guiada por USG.

A USG é útil no acompanhamento da evolução da doença na vigência de tratamento clínico. As alterações observadas na resolução da doença são: redução gradual da dimensão dos cistos (43%); descolamento da membrana (30%); aumento progressivo da ecogenicidade da cavidade dos cistos (12%) e calcificações capsulares (6%). Em cerca de 26% dos cistos pode não ocorrer qualquer alteração na aparência dos cistos. O reaparecimento ou a persistência de líquido no interior das cavidades dos cistos podem indicar falha no tratamento e na viabilidade dos parasitas.

Esquistossomose

A esquistossomose é uma endemia parasitária típica das Américas, da Ásia e da África.

São várias as espécies de *Schistosoma* parasitas do homem, sendo as mais prevalentes: *S. mansoni*, única espécie existente no Brasil (esquistossomose mansônica), *S. japonicum* (esquistossomose japonesa) e *S. haematobium* (esquistossomose hematóbia, vesical ou urinária). No Brasil, acredita-se que sejam cerca de 6 milhões de infectados, com 30 milhões de indivíduos vivendo sob risco, encontrados principalmente nos estados do Nordeste e em Minas Gerais.

Aspectos clínicos da esquistossomose mansônica

A fase aguda da doença é geralmente assintomática ou apresenta-se sob forma leve. Excepcionalmente, os pacientes desenvolvem na fase aguda quadros clínicos mais graves, chamados de forma aguda toxêmica.

Na fase crônica, a maioria dos indivíduos infectados apresenta forma branda, sem sintomas ou sinais da doença, exceto pela possível presença de ovos de *S. mansoni* nas fezes. Clinicamente, esta fase pode ser classificada em:

- Forma intestinal – pode ser assintomática ou caracterizada por diarreias repetidas que podem ser mucossanguinolentas, com dor ou desconforto abdominal.
- Forma hepatointestinal – apresenta diarreias e epigastralgias. Ao exame, observa-se hepatomegalia, podendo ser notadas à palpação, nas fases mais avançadas, nodulações correspondentes às áreas de fibrose periportal.
- Forma hepatoesplênica – forma mais grave da doença, caracterizada pela presença de hepatoesplenomegalia e hipertensão portal. Nesse estágio, inicia-se a formação de circulação colateral e de varizes do esôfago, com o comprometimento do estado geral do paciente.

Apenas cerca de 5-10% dos indivíduos infectados desenvolvem a forma hepatoesplênica. Em razão da hipertensão portal, a hemorragia digestiva alta decorrente da ruptura de varizes esofagogástricas é a mais séria complicação e representa a causa usual de óbitos na esquistossomose hepatoesplênica.

No diagnóstico, suspeita-se de doença esquistossomótica em função do quadro clínico e dos dados epidemiológicos e é confirmada pela presença de ovos do *S. mansoni* no exame parasitológico de fezes.

A USG apresenta importante contribuição no diagnóstico da forma hepatoesplênica da esquistossomose. Por sua capacidade de revelar a gravidade da doença, tem sido utilizada de forma sistemática nos estudos de morbidade da parasitose.

Aspectos ultrassonográficos da esquistossomose hepatoesplênica

O espessamento fibroso periportal (fibrose de Symmers) (Figura 5) é a alteração que permite identificar a doença, sendo considerada patognomônica da esquistossomose mansônica. É caracterizada ao exame ecográfico como espessamento e aumento da ecogenicidade nos planos periportais. O espessamento periportal pode acometer tanto o tronco da veia porta e seus ramos direito e esquerdo (fibrose periportal central) (Figura 6), como pode se estender para os ramos intra-hepáticos periféricos de menor calibre (fibrose periportal periférica) (Figura 7). Dessa forma, pode-se verificar desde discreto aumento da espessura e da ecogenicidade dos planos periportais nas formas mais brandas, até bandas ecogênicas espessas e confluentes por todo o fígado nos casos mais graves, conferindo ao órgão um aspecto rajado (Figura 8). Entre essas bandas fibróticas, observa-se o parênquima hepático com textura e ecogenicidade normais, já que não há envolvimento parenquimatoso.

O aumento do baço tem sido encontrado em 90-100% dos pacientes em fase avançada (Figura 9). Em aproximadamente 7% dos casos, podem ser observados pontos

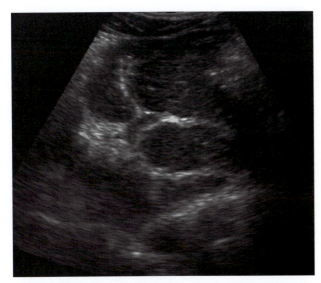

Figura 5 Fibrose periportal caracterizada na ultrassonografia pelo espessamento e aumento da ecogenicidade nos planos periportais.

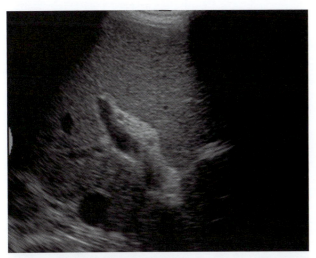

Figura 6 Fibrose periportal central – espessamento fibroso envolvendo apenas o tronco da veia porta.

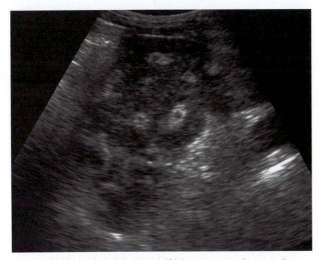

Figura 7 Fibrose periportal periférica – acometimento dos ramos portais secundários no lobo esquerdo.

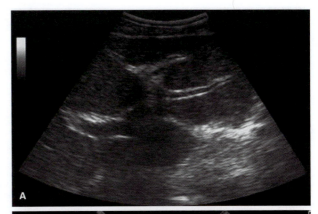

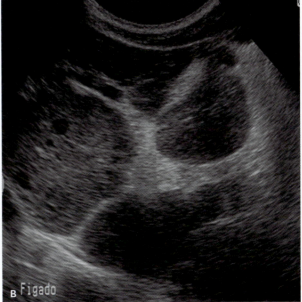

Figura 8 Diferentes graus de fibrose periportal: (A) moderada e (B) acentuada, conferindo ao fígado um aspecto rajado.

hiperecogênicos de pequenas dimensões (3 a 15 mm), dispersos por todo o parênquima esplênico, que correspondem a nódulos fibróticos contendo hemossiderina, chamados de corpúsculos de Gamna-Gandy (Figura 10).

Outro achado ultrassonográfico é a fibrose perivesicular, que se traduz como espessamento parietal hiperecogênico. Considera-se que esse comprometimento vesicular possa corresponder a uma extensão da fibrose periportal, com diferentes graus de acometimento, dependendo da gravidade da doença (Figura 11). O espessamento geralmente é maior na região do colo vesicular, às vezes com preservação das outras partes da vesícula biliar, podendo estar presentes traves fibróticas que penetram no parênquima hepático (Figura 12).

O aumento do lobo hepático esquerdo e a redução volumétrica do lobo hepático direito são frequentes na forma hepatoesplênica (Figura 13). Como na esquistossomose o fluxo esplênico está aumentado por conta da esplenomegalia, o aporte sanguíneo é maior ao lobo esquerdo, condicionando sua hipertrofia.

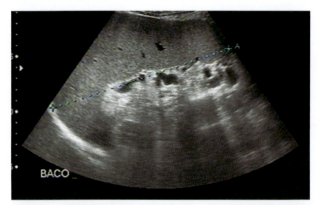

Figura 9   Baço aumentado de volume (eixo longitudinal = 16,8 cm; valor normal até 12,0 cm).

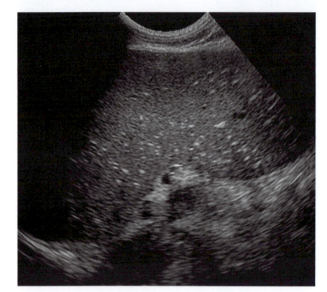

Figura 10   Esplenomegalia com nódulos de Gamna-Gandy – pequenos pontos hiperecogênicos dispersos pelo parênquima esplênico.

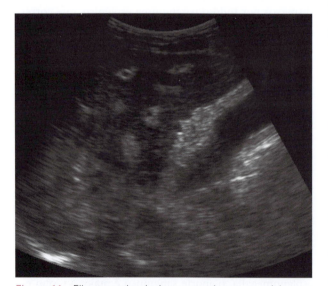

Figura 11   Fibrose perivesicular acentuada com envolvimento de toda a vesícula biliar.

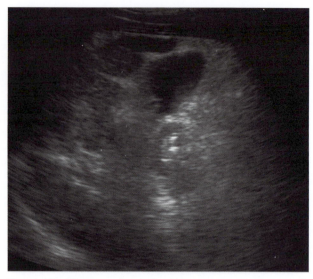

Figura 12   Fibrose perivesicular. Note a presença de traves fibróticas penetrando no parênquima hepático.

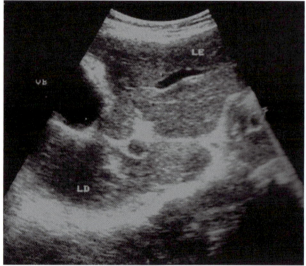

Figura 13   Assimetria dos lobos hepáticos, com hipertrofia do lobo esquerdo (LE) e hipotrofia do lobo direito (LD). Presença de fibrose periportal e perivesicular.

Como consequência do quadro de hipertensão portal, pode ocorrer aumento do calibre das veias do território esplâncnico (veias porta, esplênica e mesentérica superior) (Figura 14).

Como parte da resposta ao quadro hipertensivo, desenvolve-se rede de colaterais portossistêmicas, cujo alcance e intensidade variam conforme o grau e a velocidade com que a hipertensão portal se instala. Essas colaterais muitas vezes produzem a primeira ou mais importante manifestação clínica da doença: a hemorragia digestiva alta. Apresentam-se como vasos dilatados no hilo hepático, na pequena curvatura gástrica (veia gástrica esquerda ou coronária) (Figura 15), no hilo esplênico

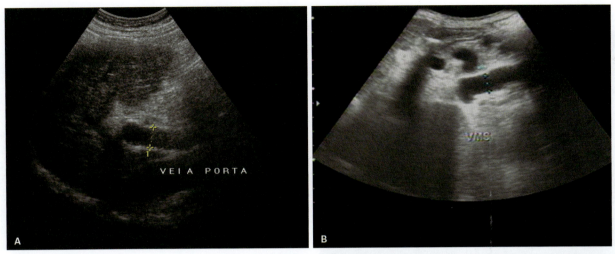

Figura 14   Dilatação dos vasos portais. Aumento do calibre das veias porta (A) e mesentérica superior (B) na esquistossomose hepatoesplênica com sinais de hipertensão portal.

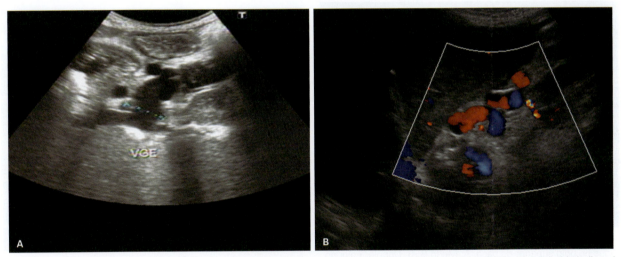

Figura 15   Colateral gástrica esquerda. A: Modo B – vaso calibroso com trajeto cranial no hilo hepático. B: Doppler colorido indicando vaso serpiginoso margeando o lobo esquerdo com fluxo hepatofugal.

(veias gástricas curtas e anastomoses venosas esplenorrenais espontâneas) (Figura 16), como vaso dilatado ao longo do ligamento redondo (veia paraumbilical) (Figura 17) e como pequenos vasos serpiginosos na parede da vesícula biliar (varizes císticas) (Figura 18). A colateral mais frequente na esquistossomose hepatoesplênica é a gástrica esquerda.

Hipertensão portal na esquistossomose hepatoesplênica

A hipertensão portal esquistossomótica tem múltiplas causas e sua fisiopatologia apresenta características próprias. Existem dois componentes de aumento da resistência, sendo o principal a fibrose periportal. O outro componente é a acentuada redução do leito vascular em razão das obstruções vasculares causadas pela endoflebite. Associa-se a este quadro o aumento do volume de fluxo determinado pelo hiperfluxo esplênico.

Ao Doppler colorido deve ser estudada a direção do fluxo (se hepatopetal ou hepatofugal) e ao Doppler pulsado devem ser avaliados os padrões espectrais e mensuradas as velocidades de fluxo nesses vasos.

Nos esquistossomóticos, os valores de velocidade do fluxo sanguíneo na veia porta habitualmente estão dentro dos limites da normalidade, ou seja são ≥ 15 cm/s. A curva espectral normal da veia porta, monofásica pulsátil com leve variação à respiração, usualmente permanece inalterada, apresentando às vezes discreta retificação. A direção do fluxo pode estar invertida (hepatofugal) nos quadros hipertensivos graves, principalmente na presença de colaterais hepatofugais (Figura 19). Também as velocidades de fluxo nas veias esplênica e mesentérica superior apresentam valores normais. As curvas espectrais nestes vasos preservam seu padrão habitual monofásico pulsátil como o da veia porta. A direção de fluxo pode

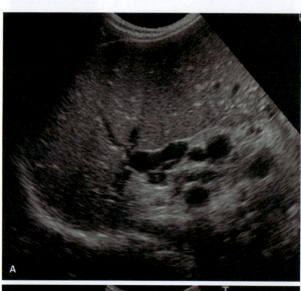

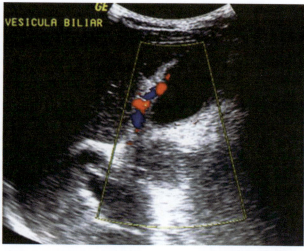

Figura 18 Colaterais císticas. Vasos dilatados na parede da vesícula biliar.

Figura 16 Colaterais gástricas curtas. Vasos serpiginosos dilatados no polo superior do baço. A: Modo B; B: Doppler colorido.

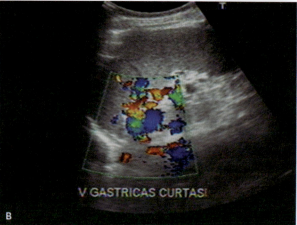

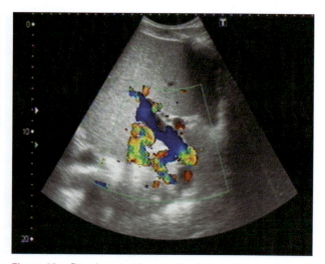

Figura 19 Doppler colorido com direção invertida na veia porta, indicando fluxo hepatofugal – sinal de hipertensão portal.

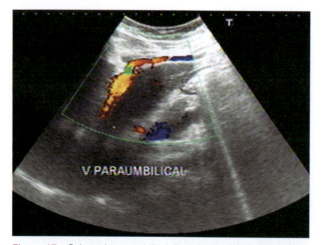

Figura 17 Colateral paraumbilical. Recanalização da veia paraumbilical que se encontra dilatada (> 5 mm) com fluxo hepatofugal ao Doppler colorido.

estar hepatofugal; na veia esplênica indica-se a presença de colateral esplenorrenal, e na veia mesentérica superior presença de colateral hemorroidária.

O não acometimento do parênquima hepático com preservação de sua complacência na esquistossomose faz com que o fluxo das veias hepáticas permaneça inalterado com padrão espectral trifásico normal, mesmo na presença de fibrose periportal na maioria dos casos. Os pacientes com fibrose mais avançada podem apresentar fluxo alterado, com padrão espectral monofásico ou retificado (Figura 20).

A demonstração da presença ou não de circulação colateral é de fundamental importância, pois o achado de vasos colaterais define o diagnóstico de hipertensão portal. O Doppler é particularmente útil na identificação dessa circulação colateral, sendo capaz de indicar alterações muitas vezes não visualizadas ao modo B.

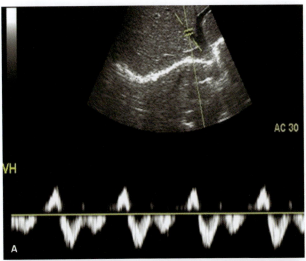
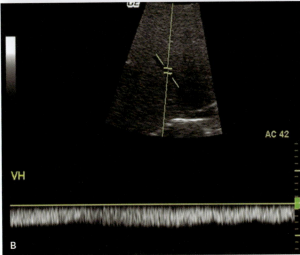

Figura 20 Traçado espectral da veia hepática: trifásico habitual nos casos de fibrose leve (A) e monofásico retificado nos casos de fibrose acentuada (B).

A trombose da veia porta não é muito frequente nos pacientes esquistossomóticos, tendo sido referidos índices de 6% na literatura.

Doenças virais

As hepatites virais são uma doença de grande prevalência em todo o mundo. São responsáveis por grande número de mortes secundárias à necrose hepática aguda ou hepatite crônica, que podem evoluir com hipertensão portal, cirrose e carcinoma hepatocelular. Atualmente, são identificados seis vírus distintos da hepatite: A, B, C, D, E e G.

- Hepatite A: ocorre em todo o mundo e seu marcador é o anticorpo sérico anti-HAV. É transmitida por água e alimentos contaminados ou de uma pessoa para outra. A doença fica incubada entre 10 e 50 dias e normalmente não causa sintomas, porém, quando presentes, os mais comuns são febre, icterícia, náusea e vômitos, desconforto abdominal, anorexia, urina escura e fezes esbranquiçadas. Nos países em desenvolvimento, a doença é endêmica e a infecção ocorre nas fases mais precoces da vida. A hepatite A é uma infecção aguda que em geral evolui para recuperação completa, podendo raramente levar à morte por insuficiência hepática aguda.
- Hepatite B: é transmitida por via parenteral, transfusões sanguíneas, procedimentos com agulhas contaminadas ou por contato sexual. A hepatite B apresenta uma condição de portador, que se estima serem em torno de 300 milhões em todo o mundo. Os dois marcadores mais usados na infecção aguda são o antígeno de superfície (HBsAg) e o anticorpo contra o antígeno-core (anti HBc).
- Hepatite C: pode ser adquirida pela via parenteral, sendo que alguns consideram a possibilidade de transmissão por contato sexual. Em quase 50% dos casos não é possível identificar a fonte de infecção. A hepatite C é diagnosticada pela presença do anticorpo anti- HCV no sangue. Até 85% dos pacientes com infecção aguda podem evoluir para doença hepática crônica.
- Hepatite D: é causada pelo vírus delta e depende de infecção prévia pelo vírus B, pois é necessário que o HBsAg lhe forneça um revestimento para fixação do vírus da hepatite D. Consequentemente, sua distribuição geográfica é semelhante à da hepatite B.
- Hepatite E: semelhante à hepatite A; tem transmissão fecal-oral.

As manifestações clínicas das hepatites têm aspectos variados. Na hepatite aguda não complicada, 99% dos casos apresentam recuperação clínica completa em até 4 semanas.

Alguns casos podem evoluir com insuficiência hepática subfulminante ou fulminante, icterícia progressiva, coagulopatia e encefalopatia hepática. A maioria desses casos é secundária à hepatite B ou à toxicidade causada por drogas. Essa condição é caracterizada patologicamente pela necrose hepática; quando ocorre perda de mais de 40% do parênquima, pode-se evoluir para óbito.

A hepatite crônica é definida como a persistência das alterações bioquímicas por mais de 6 meses. Apresenta outras etiologias além da viral, como metabólica (doença de Wilson, deficiência de alfa-1-antitripsina, hemocromatose), autoimune ou induzida por drogas. O prognóstico e o tratamento da doença dependem do agente etiológico.

Na hepatite aguda ocorre um edema difuso dos hepatócitos, proliferação das células de Kupffer que revestem os sinusoides e infiltração dos espaços porta por linfócitos e monócitos. As características ultrassonográficas acompanham os achados histológicos, sendo que na maioria dos casos o fígado apresenta aspecto ecográfico normal. Quando alguma alteração está presente, a hepatomegalia é o achado mais frequente. Em alguns casos, observa-se hiperecogenicidade periportal por provável infiltração leucocitária. Ocasionalmente, nota-se ainda diminuição difusa da ecogenicidade do parênquima hepático em decorrência provavelmente do edema dos hepatócitos. Também pode ocorrer espessamento da parede da vesícula biliar (Figura 21). Linfonodomegalias no hilo hepático e no tronco celíaco são frequentes (Figura 22).

A maioria dos casos de hepatite crônica também tem um aspecto ultrassonográfico normal. Quando a cirrose se desenvolve, a ultrassonografia pode mostrar uma textura heterogênea, grosseira, com superfície irregular e outras alterações morfológicas da cirrose.

Doenças bacterianas

Os abscessos piogênicos correspondem a mais de 80% dos abscessos hepáticos. As bactérias piogênicas podem chegar ao fígado por várias rotas, sendo a mais comum a que vem diretamente do trato biliar em pacientes com infecções supurativas. Outras vias incluem o sistema venoso portal em pacientes com infecções abdominais como diverticulite e apendicite, ou ainda pela artéria hepática, em pacientes com bacteremia ou septicemia como nos portadores de osteomielite e endocardite bacteriana subaguda. Bactérias piogênicas também podem acometer o fígado como resultado de traumas abdominais, perfurantes ou não, ou por armas de fogo. Em cerca de 50% dos casos não se encontra uma causa específica.

As manifestações clínicas iniciais mais comuns do abscesso piogênico do fígado são febre, mal-estar geral, anorexia e dor no quadrante superior direito. A icterícia ocorre em aproximadamente 25% dos pacientes. Também pode estar presente o derrame pleural.

A faixa etária mais prevalente encontra-se entre a sexta e a sétima décadas de vida, com predominância masculina.

A ultrassonografia provou ser extremamente útil no diagnóstico dos abscessos hepáticos, sendo seus achados bastante variados. As características mais comumente encontradas são: dimensões variáveis (de menos de 1 cm a muito grandes); localização predominante no lobo direito (até 80%); múltiplos (de 10 a 75%); formato variável (redondos ou ovoides); paredes geralmente irregulares e textura também variável. Os abscessos bacterianos nas fases iniciais tendem a ter aspecto semissólido, com textura heterogênea (áreas iso, hipo e hiperecogênicas) (Figura 23), embora em muitos casos predomina o aspecto hipoecogênico. Com a progressão da necrose do parênqui-

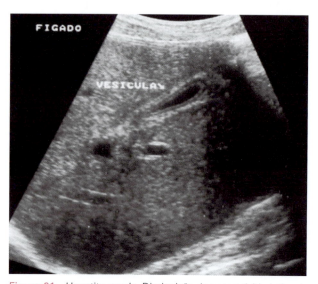

Figura 21 Hepatite aguda. Diminuição da ecogenicidade hepática e espessamento da parede da vesícula biliar.

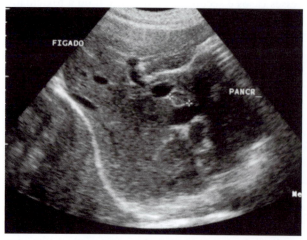

Figura 22 Hepatite aguda. Linfonodomegalia no hilo hepático.

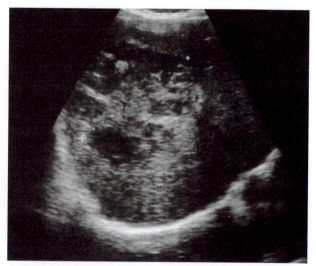

Figura 23 Abscesso hepático piogênico. Lesão heterogênea, com contornos irregulares e áreas hipoecogênicas e ecogênicas.

ma hepático, passam a apresentar aparência cística, sendo que a porção líquida pode variar desde totalmente anecoica até francamente hiperecogênica, dependendo do seu conteúdo. Podem também conter debris, níveis líquido-líquido e septações. Ocasionalmente, microrganismos produtores de gás dão origem a focos hiperecogênicos com artefato de reverberação acústica posterior (Figura 24). As paredes dos abscessos podem ser bem definidas e espessas. Inicialmente, podem ter configuração irregular, tornando-se regulares com a progressão da necrose. Um dos padrões que os abscessos podem assumir é o de múltiplos pequenos abscessos agrupados, que precedem a coalescência em um abscesso maior.

O diagnóstico diferencial dos abscessos piogênicos do fígado inclui abscessos amebianos, infecção por equinococos, cisto simples hemorrágico, hematoma e neoplasia necrótica ou cística.

A punção hepática guiada pela ultrassonografia é um método rápido para confirmar o diagnóstico. Uma vez feito o diagnóstico de abscesso, a coleção pode ser drenada com o auxílio da USG ou da TC. Após a drenagem, a cavidade do abscesso reabsorve lentamente, podendo ser substituída por uma área de cicatriz residual hiperecogênica ou por calcificações.

Bibliografia sugerida

1. Abdel-Wahab MF, Esmat G, Milad M, Abdel-Razek S, Strickland GT. Characteristic sonografic pattern of schistosomal hepatic fibrosis. Am J Trop Med Hyg. 1989;40:72-6.
2. Azeredo LM, Queiroz LC, Marinho CC, Espírito Santo MCC, Chammas MC, Ruiz-Guevara R, et al. Aspectos ultrassonográficos e hemodinâmicos da esquistossomose mansônica: avaliação pela ultrassonografia Doppler em áreas endêmicas. Radiol Bras. 2010;43(2):69-76.
3. Barros JL. Hydatid disease of the liver. Am J Surg. 1978;135:597-600.
4. Cerri GG. Contribuição da ultra-sonografia no diagnóstico da forma hepato-esplênica da esquistossomose mansônica [Tese, Doutorado]. São Paulo: Faculdade de Medicina Universidade de São Paulo,1984.
5. Cerri GG, Alves VAF, Magalhães A. Hepatosplenic schistosomiasis mansoni: ultrasound manifestations. Radiology. 1984;153:777-80.
6. Hatz C, Jenkins JM, Ali QM, Abdel-Wahab MF, Cerri GG, Tanner M. A review of the literature on the use of ultrasonography in schistosomiasis with special reference to its use in field studies. 2. Schistosoma mansoni. Acta Trop. 1992;51:15-28.
7. Homeida M, Abdel-Gadir AF, Cheever AW, Bennett JL, Arbab BM, Ibrahium SZ, et al. Diagnosis of pathologically confirmed Symmers periportal fibrosis by ultrasonograpy: a prospective blinded study. Am J Trop Med Hyg. 1988;38:86-91.
8. Jha R, Lyons EA, Levi CS. Ultrasound care of the day. Radiographics. 1994;14:455-8.
9. Katz N, Almeida K. Esquistossomose, xistosa, barriga d'água. Cienc Cult. 2003;55(1).
10. Lambertucci JR, Serufo JC, Gerspacher-Lara R, Rayes AAM, Teixeira R, Nobre V, et al. Schistosoma mansoni: assessment of morbidity before and after control. Acta Trop. 2000;77:101-9.
11. Lewall DB, McCorkell SJ. Hepatic echinococal cyst: sonographic appearance and classification. Radiology. 1985;155:773-5.
12. Macedo TAA, Azeredo LM, Chammas MC. Doenças parasitárias. In: Cerri GG, Chammas MC. Ultra-sonografia abdominal. São Paulo: Revinter, 2009.
13. Machado MM, Rosa ACF, Azeredo LM, Barros N, Cerri LMO, Figueiredo MAJ, et al. Qual o seu diagnóstico? Radiol Bras. 2003;36(2):vii-ix.
14. Ralls PW, Colletti PM, Quinn MF, Halls J. Sonographic findings in hepatic amebic abscess. Radiology. 1982;145:123-6.
15. Santos CSR, Tavares-Neto J. Abscesso hepático fúngico. GMB. 2004;74(2):127-44.
16. Sharma MP, Vineet A. Amoebic liver abscess. JIACM. 2003;4(2):107-11.
17. Strauss E. Hepatosplenic schistosomiasis: a model for the study of portal hypertension. Annals of Hepatology. 2002;1(1):6-11.
18. Val Fausto CSC, Chammas MC. Doenças infecciosas. In: Cerri GG, Chammas MC. Ultra-sonografia abdominal. São Paulo: Revinter; 2009.
19. Withers CE, Wilson SR. The liver. In: Rumack CM, Wilson SR, Charboneau JW. Diagnostic Ultrasound. 2.ed. St. Louis: Mosby; 1998. p.87-154.

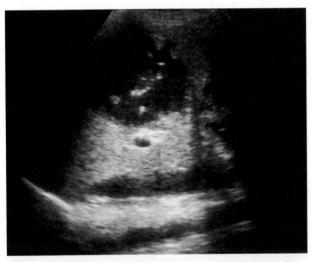

Figura 24 Abscesso hepático piogênico. Lesão heterogênea apresentando focos hiperecogênicos com reverberação acústica posterior.

Fígado: tumores benignos

Julia Diva Zavariz
Maria Cristina Chammas

Cistos

Cistos hepáticos aparecem à ultrassonografia como estruturas ovaladas, bem delimitadas, sem cápsula perceptível e, quando simples, anecogênicas, com reforço acústico posterior e sem fluxo detectável ao Doppler. A ultrassonografia também permite a visualização de septações, paredes espessas ou com calcificações, estas hiperecogênicas. Caso apresentem sangramento ou infectarem, passam a ter uma aparência heterogênea.

Nas doenças que cursam com cistos hepáticos, como na doença policística do adulto, a aparência dos cistos é a mesma, diferindo no número maior de lesões, de tamanhos diferentes que, em casos mais graves, podem alterar a morfologia hepática.

Entre todas as ferramentas disponíveis nos equipamentos, o uso das harmônicas é fundamental para uma boa análise de conteúdos líquidos, devendo sempre ser empregada.

Cistos menores que 1 cm, que na tomografia computadorizada (TC) ou na ressonância magnética (RM) podem ser difíceis de ser confirmados, são facilmente diagnosticados na ultrassonografia, sendo de especial interesse na avaliação de pacientes com possíveis metástases ou tumores primários hepáticos.

Abcessos

No contexto clínico apropriado, a visualização de lesão hepática heterogênea ao ultrassom é compatível com o diagnóstico de abcesso. Assim como no restante do abdome, costumam ser causados por bactérias entéricas e, caso gás esteja presente, áreas ecogênicas móveis à mudança de decúbito e formadoras de artefato de reverberação acústica são observadas.

Hemangiomas

A grande maioria é assintomática, sendo achados de exame. Habitualmente são nódulos pequenos (1 a 3 cm), bem delimitados, subcapsulares e podem ser múltiplos em cerca de 10-30% dos casos.

Costumam ser bem delimitados, hiperecogênicos e com pouca ou nenhuma vascularização ao Doppler, em razão do baixo fluxo venoso interno. Em pacientes com esteatose e/ou fibrose hepática, que tornam o fígado mais hiperecogênico, podem aparecer como nódulos hipoecogênicos. Algumas características menos comuns que podemos observar ao ultrassom são a presença de um halo hiperecogênico (Figura 1) e a mudança de ecogenicidade conforme alteramos o decúbito do paciente.

Hemangiomas cavernosos têm origem mesenquimal e podem estar associados a uma série de síndromes, como Osler-Rendu-Weber, von Hippel-Lindau ou Klippel-Trenaunay-Weber. Nestes casos, podem variar de poucos centímetros até grandes massas. Quanto maiores, mais heterogêneos.

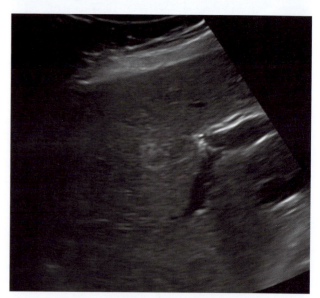

Figura 1 Hemangioma atípico. Nódulo hepático isoecogênico ao parênquima, com halo hiperecogênico. Na tomografia computadorizada com contraste, comprovou-se o diagnóstico de hemangioma.

Adenomas hepáticos

Tumores de origem hepatocelular apresentam hepatócitos bem diferenciados, sem ductos biliares ou tríade portal. Ocorrem em sua maioria em mulheres (90%) e costumam ser solitários (80%).

As características ultrassonográficas são inespecíficas, pois estes nódulos podem ser isoecogênicos, hipoecogênicos ou hiperecogênicos, mas tipicamente bem delimitados e de contornos lisos, heterogêneos, em decorrência de hemorragias, necrose, presença de gordura e, mais raramente, calcificações.

Adenomatose hepática múltipla

Entidade rara, é caracterizada pela presença de múltiplos (arbitrariamente estabeleceu-se pelo menos dez) adenomas em um fígado normal. Não há correlação demonstrada com o uso de contraceptivos orais, como nos adenomas solitários.

Hiperplasia nodular focal

Mais comum em mulheres, é um nódulo de expansão espontânea, com alteração do suprimento sanguíneo, que apresenta obliteração das radículas da veia porta e aumento sanguíneo compensatório arterial.

À ultrassonografia podem ser nódulos pouco conspícuos, praticamente isoecogênicos ao parênquima ou hipoecogênicos. O efeito de massa distorcendo as estruturas vasculares ao redor é muitas vezes o que inicialmente chama a atenção durante o exame para a presença do nódulo.

Ao Doppler, caso apresente a presença de vaso central, torna o diagnóstico mais assertivo (Figuras 2 e 3).

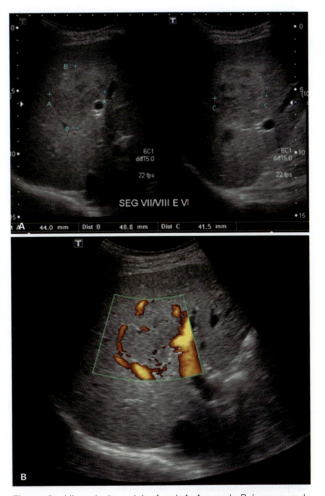

Figura 3 Hiperplasia nodular focal. A: Ao modo B é mensurada uma lesão pouco conspícua, isoecogênica, discretamente heterogênea, parcialmente delimitável por halo hiperecogênico. B: Ao Doppler de amplitude é possível delimitar melhor a lesão.

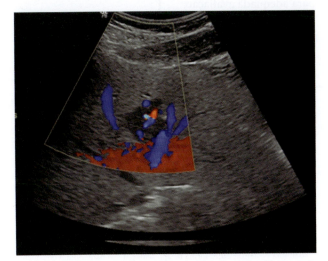

Figura 2 Hiperplasia nodular focal. Nódulo hepático hipoecogênico que apresenta vaso central (espectro arterial, não demonstrado) na região da cicatriz central.

Hamartomas biliares

Também conhecidos por complexos de von Meyenburg, representam uma proliferação focal de ductos biliares em um estroma fibroso. Geralmente pequenos, apresentam-se ao ultrassom como diminutos cistos produtores de artefato de reverberação acústica.

Lipomas e angiomiolipomas hepáticos

Nódulos raros, são lesões hiperecogênicas e bem delimitadas ao ultrassom, podendo ser facilmente confundidas com hemangiomas. Em geral, seu brilho é maior que nos hemangiomas e podem apresentar uma discreta atenuação posterior ou mesmo uma sutil sombra. Os angiomiolipomas podem apresentar uma vascularização mais proeminente que um hemangioma ao color Doppler.

Esteatose focal e áreas menos acometidas por esteatose em fígado gorduroso

A substituição gordurosa do parênquima hepático pode ocorrer como lesão focal, ou em um padrão desigual com áreas mal delimitadas em um mosaico hiperecogênico e isoecogênico de parênquima, ou ainda um acometimento difuso e mais homogêneo. A forma nodular costuma ser uma pseudolesão de fácil reconhecimento ao ultrassom: hiperecogênica, de contornos geográficos e que não causa efeito de massa. Os locais mais frequentes de acometimento são: o segmento IV, perivesicular e anterior à bifurcação portal (Figura 4).

Em oposição, as áreas menos acometidas por esteatose em fígado gorduroso (evitamos o termo "área poupada", pois histologicamente podem representar uma área esteatótica com menor grau que no restante do fígado) são hipoecogênicas em relação ao restante do parênquima, que tem ecogenicidade aumentada pela esteatose. Também apresentam contornos geométricos e sem efeito de massa.

Peliose hepática

Lesão vascular constituída de sinusoides dilatados e lagos sanguíneos, causados por diversas etiologias, incluindo corticosteroides, contraceptivos hormonais e agentes infecciosos, como o bacilo da tuberculose, sendo idiopática em cerca de 50% dos casos.

Nos fígados com ecogenicidade normal, apresentam-se como lesões nodulares mal delimitadas e hiperecogênicas ao ultrassom, podendo ser hipoecogênicas em fígados com esteatose (Figura 5).

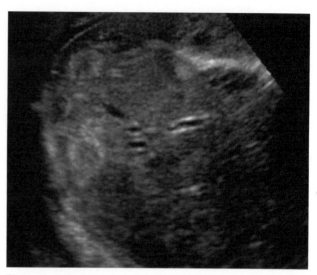

Figura 5   Peliose hepática. Lesões isoecogênicas com halo hiperecogênico são uma forma de apresentação da peliose hepática. A análise da periferia com o transdutor linear pode auxiliar na observação de lesões pequenas.

Nódulos regenerativos no fígado cirrótico

Os nódulos regenerativos, assim como os displásicos e pequenos carcinomas hepatocelulares, são indistinguíveis ao ultrassom modo B e Doppler.

Em um exame ultrassonográfico de rastreio em um paciente com cirrose, qualquer novo nódulo ou crescimento de nódulo previamente identificado deve ser correlacionado com o nível de alfa-feto-proteína e deve-se prosseguir a investigação com exame contrastado (ultrassonografia contrastada – CEUS, TC ou RM).

Nódulos menores que 1 cm podem ser acompanhados ao ultrassom em intervalos mais curtos (3 meses) por terem diagnóstico limitado pelo pequeno tamanho nos métodos axiais, até apresentarem crescimento suficiente para adequada avaliação.

Bibliografia sugerida

1. Anderson SW, Kruskal JB, Kane RA. Benign hepatic tumors and iatrogenic pseudotumors. Radiographics. 2009;29:211-29.
2. Catalano O, Nunziata A, Lobianco R, Siani A. Real-time harmonic contrast material – specific US of Focal Liver Lesions. RadioGraphics. 2005;25:333-49.
3. Cerri GG, Chammas MC. Ultra-sonografia abdominal, 2. ed. Rio de Janeiro: Revinter; 2009.
4. Crawford JM. O fígado e o trato biliar. In: Cotran RS, Kumar V, Collins T, eds. Patologia estrutural e funcional. 6. ed. Rio de Janeiro: Guanabara-Koogan; 2000. p .795-6.
5. Lewin M, Handra-Luca A, Arrivé L, Wendum D, Paradis V, Bridel E, et al. Liver adenomatosis: classification of MR imaging features and comparison with pathologic findings. Radiology. 2006;241(2):433-40.
6. Machado MM, Rosa ACF, Barros N, Azeredo LM, Cerri LMO, Cerri GG. Hemangiomas hipoecogênicos. Radiol Bras. 2003;36(5):273-6.
7. Machado MM, Rosa ACF, Barros N, Mota OM, Silva OQ, Santana Filho JB, et al. Múltiplos pequenos nódulos hepáticos hiperecogênicos sem reverberação sonora posterior: outra forma de apresentação dos hamartomas dos ductos biliares. Radiol Bras. 2005;38(5):389-91.
8. Reading CC, Charboneau W. Ultrasound – case report: hepatic lipoma. Radiographics. 1990;10:511-2.

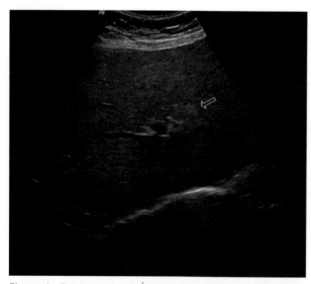

Figura 4   Esteatose focal. Área hiperecogênica nodular (seta), junto aos ramos portais, que não causa efeito de massa.

26

Fígado: tumores malignos

Sandra M. Tochetto

Ultrassonografia

A ultrassonografia é, comumente, a primeira modalidade de imagem utilizada na avaliação do fígado. Por causa das vantagens inerentes ao método – baixo custo, ampla disponibilidade e ausência de radiação ionizante –, constitui uma ferramenta útil na pesquisa de lesões hepáticas focais. A ultrassonografia convencional, no entanto, apresenta menor sensibilidade que a tomografia computadorizada e a ressonância magnética na detecção e, principalmente, na caracterização das lesões hepáticas focais. Recentemente, o desenvolvimento do contraste por microbolhas para ultrassonografia (CEUS – *contrast enhanced ultrasound*) tem mostrado potencial para aumentar a sensibilidade da ultrassonografia na detecção e também na caracterização das lesões hepáticas focais, e alguns estudos demonstram resultados comparáveis aos obtidos na tomografia computadorizada e ressonância magnética.

Carcinoma hepatocelular

A ultrassonografia hepática faz parte do protocolo de monitoramento de indivíduos com alto risco de desenvolver carcinoma hepatocelular. Nesse grupo, as normas de orientação clínica da European Association for the Study of the Liver (EASL) e da European Organisation for Research and Treatment of Cancer (EORTC), bem como da American Association for the Study of Liver Disease (AASLD), recomendam a realização de ultrassonografia abdominal, para rastreamento de lesões hepáticas focais, em intervalos de 6 meses (evidência 2D; recomendação 1B). Um intervalo de acompanhamento menor (3-4 meses) é recomendado nas seguintes situações:

- No acompanhamento de nódulo menor que 1 cm.

- No acompanhamento após ressecção ou tratamentos loco-regionais (evidência 3D; recomendação 2B) (Figura 1).

Modo-B

O carcinoma hepatocelular tem apresentação variável, dependo principalmente do tamanho da lesão. A maioria das lesões menores que 3 cm é hipoecogênica (Figura 2), de margens bem definidas e correspondem a tumores sólidos sem necrose na avaliação histopatológica. Um fino halo hipoecogênico pode ser observado em 10-76% dessas lesões, dependendo do estudo (Figura 3). O halo, em geral, corresponde a uma cápsula de tecido conjuntivo, embora invasão capsular ou êmbolos tumorais na microvasculatura do parênquima hepático adjacente estejam presentes em até dois terços dessas lesões. Lesões maiores que 3 cm tendem a perder a definição das margens, que se tornam parcialmente definidas ou indefinidas. A presença de halo nessas lesões é incomum. Com o crescimento, as lesões apresentam maior desorganização arquitetural interna, tornam-se heterogêneas, podendo apresentar áreas hiperecogênicas (que podem traduzir hemorragia), áreas císticas (que podem corresponder a necrose) e calcificações (Figura 4). Lesões maiores que 5 cm tendem a ser discretamente hiperecogênicas (Figura 5).

O carcinoma hepatocelular também pode ser isoecogênico, tornando difícil sua detecção. A presença de um halo hipoecogênico ou de efeito de massa sobre estruturas/vasos adjacentes/superfície hepática pode ser a única característica que permite a sua identificação (Figuras 6 e 7). Menos comumente, o carcinoma hepatocelular pode ser hiperecogênico (Figura 8). Esse aspecto pode resultar da dilatação sinusoidal ou da presença de gordura no interior da lesão. Nesse caso, não é possível distingui-lo

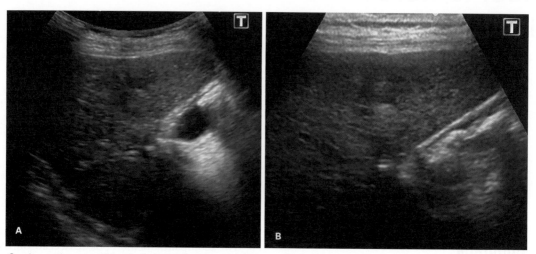

Figura 1   Carcinoma hepatocelular. Paciente de 64 anos, do sexo masculino, com hepatopatia crônica pelo vírus da hepatite C (VHC), exame realizado 6 meses após segmentectomia V-VI por carcinoma hepatocelular. A: A imagem de ultrassonografia demonstrou nódulo hipoecogênico, de contornos irregulares, medindo 1,2 cm, no segmento VII, junto à margem cirúrgica. B: A irregularidade dos contornos e a indefinição das margens foi mais bem observada com o uso de transdutor linear (7 MHz). Estudo de ressonância magnética confirmou tratar-se de recidiva de carcinoma hepatocelular.

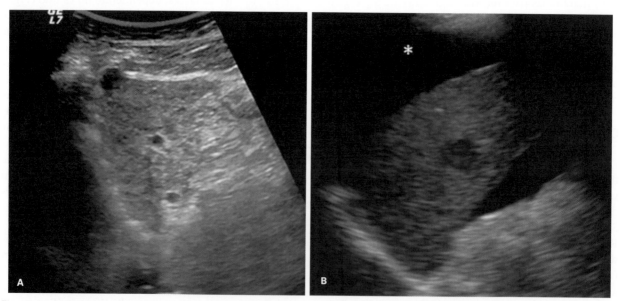

Figura 2   Carcinoma hepatocelular. As imagens de ultrassonografia de dois pacientes com hepatopatia crônica por vírus da hepatite C (VHC) demonstram exemplos de carcinoma hepatocelular que se manifestaram como nódulo hipoecogênico, bem delimitado, de contornos irregulares, em A na periferia do lobo esquerdo, abaulando a superfície hepática, e em B no lobo direito. *Ascite.

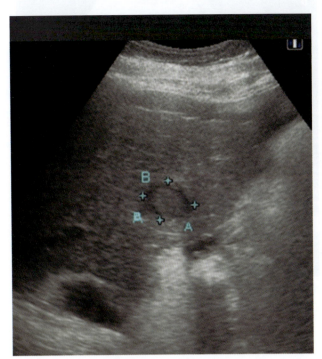

Figura 3 Carcinoma hepatocelular. Imagem de ultrassonografia demonstra fígado com sinais de hepatopatia crônica e nódulo isoecogênico, bem delimitado, com halo hipoecogênico. A presença do halo facilitou a identificação da lesão.
Cortesia do Dr. do Rodrigo Otavio Gomes Pina do Departamento de Radiologia do Hospital das Clínicas da Faculdade de Medicina da Universidade de São Paulo.

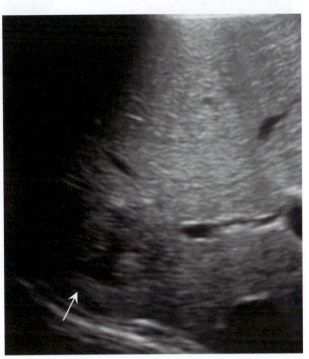

Figura 4 Carcinoma hepatocelular. Imagem de ultrassonografia demonstra nódulo heterogêneo, de limites parcialmente definidos, com área cística no interior (seta).

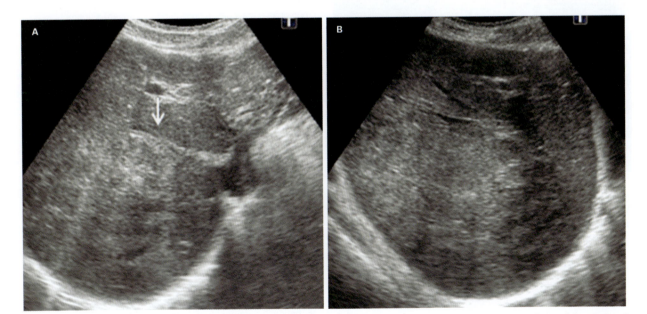

Figura 5 Carcinoma hepatocelular. A-D: As imagens de ultrassonografia demonstram volumosa lesão expansiva no lobo direito do fígado, heterogênea, discretamente hiperecogênica, de limites indefinidos, com efeito de massa sobre a veia hepática direita (seta) que se encontra parcialmente ocluída.

(continua)

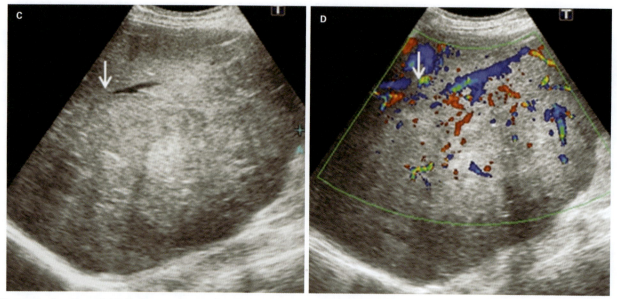

Figura 5 *(continuação)* C-D: O mapeamento Doppler colorido demonstra uma lesão muito vascularizada (D).

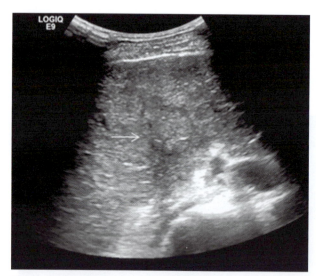

Figura 6 Carcinoma hepatocelular. Nódulo (seta) isoecogênico, com halo parcial, em um fígado com sinais de hepatopatia crônica. A presença do halo, mesmo que parcial, auxiliou na identificação do nódulo.

Quadro 1 Pontos principais – ultrassonografia

Lesões hepáticas focais podem ser um achado incidental durante exame de ultrassonografia ou podem ser identificadas durante o rastreamento de grupos de alto risco ou durante a investigação de pacientes sintomáticos. Apesar de haver considerável sobreposição na apresentação das lesões benignas e malignas, alguns aspectos podem ajudar a determinar quais lesões precisam de avaliação adicional para determinar sua natureza:
- A presença de um halo hipoecogênico em um nódulo isoecogênico ou hiperecogênico
- Nódulos hipoecogênicos têm maior probabilidade de representarem lesões malignas e requerem um diagnóstico definitivo
- Múltiplos nódulos hepáticos aumentam a probabilidade de tratar-se de metástases ou de tumor hepático maligno multifocal (hemangiomas, no entanto, podem ser multifocais)
- História clínica de câncer, doença hepática crônica, hepatite e sintomas clínicos relacionados ao fígado

Contraste por microbolhas:
- Permite a caracterização imediata de lesões hepáticas benignas, com enorme impacto clínico (reduz o tempo do diagnóstico, a ansiedade do paciente e a necessidade de exames adicionais)
- Aumenta significativamente a sensibilidade para detecção de metástases hepáticas
- Lesões hepáticas malignas podem ter realce variável na fase arterial; no entanto, não retêm contraste como o parênquima hepático e demonstram hiporrealce (*washout*) nas fases portal ou tardia. Uma lesão com *washout* nas fases portal ou tardia tem mais de 90% de chance de ser maligna

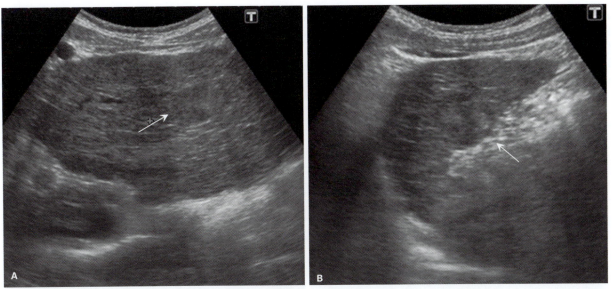

Figura 7 Carcinoma hepatocelular. Paciente de 59 anos, do sexo masculino, com hepatopatia crônica por vírus da hepatite B (VHB). A-B: Nódulo (setas) isoecogênico, heterogêneo, que abaula discretamente a superfície hepática (B).

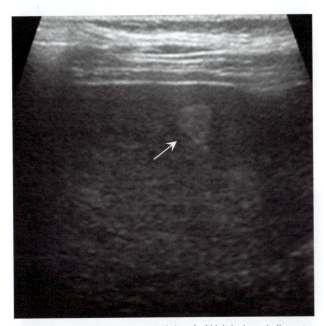

Figura 8 Carcinoma hepatocelular. A: Nódulo (seta) discretamente hiperecogênico, bem delimitado, em um fígado com sinais de hepatopatia crônica.

de um hemangioma com base apenas nas características ultrassonográficas (Figura 9). É importante ressaltar que, independentemente da ecogenicidade, uma lesão focal identificada no contexto de hepatopatia crônica deve sempre ser considerada suspeita para malignidade.

Na forma difusa do carcinoma hepatocelular, as margens do tumor são indefinidas, sendo observada apenas uma área de alteração ecotextural no parênquima hepático. A presença de trombose tumoral – invasão tumoral de ramos portais e, menos comumente, de veias hepáticas ou cava inferior – é um achado comum nesses casos (30-60%, dependendo do estudo). O vaso que contém trombo tumoral costuma ter calibre aumentado, material hipoecogênico ocupando sua luz e, na avaliação Doppler, podem-se identificar vasos com padrão de fluxo arterial no trombo (Figura 10). Na forma multifocal, são observados vários carcinomas hepatocelulares, que geralmente apresentam-se como nódulos hipoecogênicos, sem necrose central (Figura 11).

O espectro de lesões focais hepáticas em indivíduos com doença hepática crônica inclui, além do carcinoma hepatocelular, lesões benignas como nódulos regenerativos e displásicos. Esses nódulos são, geralmente, menores que 2 cm, isoecogênicos ao parênquima hepático, pouco conspícuos e raramente identificados no exame de ultrassonografia. Nódulos regenerativos maiores que 3 cm, denominados macronódulos regenerativos, podem conter maior teor de ferro (nódulos sideróticos) e se apresentar na avaliação ultrassonográfica como nódulos tenuamente hiperecogênicos.

O carcinoma hepatocelular em indivíduos sem cirrose comumente se apresenta como um nódulo de maiores dimensões (geralmente maior que 5 cm) e discretamente hiperecogênico (Figura 12). Esses nódulos podem ser bem definidos e homogêneos; no entanto, tumores maiores ou menos diferenciados tendem a apresentar maior heterogeneidade interna (em razão da presença de necrose e hemorragia) e limites mais indefinidos. Pequenos nódulos junto à periferia do tumor (lesões satélites) podem ser observados.

Dúplex-Doppler colorido

O Doppler colorido frequentemente evidencia uma lesão com vascularização aumentada, podendo demonstrar uma rede de vasos periféricos que emitem ramos em direção ao centro da lesão ("padrão em cesto") ou vasos de maior calibre na região central que se ramificam ("padrão de vasos dentro do tumor") (Figura 13). Podem ser identificadas fístulas arteriovenosas no interior da lesão, caracterizadas por vasos com baixa impedância e fluxos sistólicos e diastólicos de altas velocidades. Um aumento na velocidade de pico sistólico da artéria hepática pode ser observado, achado comumente relacionado à presença de fístulas no interior da lesão. Os achados ao Doppler,

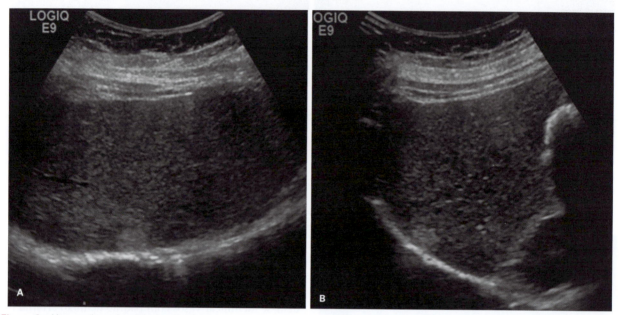

Figura 9　Hemangioma hepático em paciente com hepatopatia crônica pelo vírus da hepatite C (VHC). Paciente de 38 anos, do feminino. Imagens de ultrassonografia nos planos axial (A) e sagital (B) demonstraram nódulo sólido, hiperecogênico, bem delimitado, de cerca de 1,3 cm, localizado na periferia do lobo direito do fígado (segmento VII). Estudo de tomografia computadorizada com contraste demonstrou tratar-se de um hemangioma hepático.

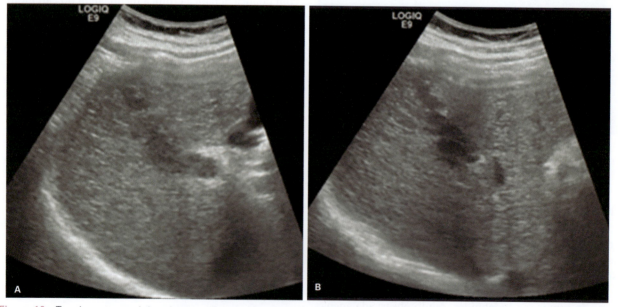

Figura 10　Trombose tumoral da veia porta. Ramo porta direito (A) e ramos para os segmentos anteriores do lobo direito (B) com calibre aumentado e material hipoecogênico ocupando a sua luz, compatível com trombose.

(continua)

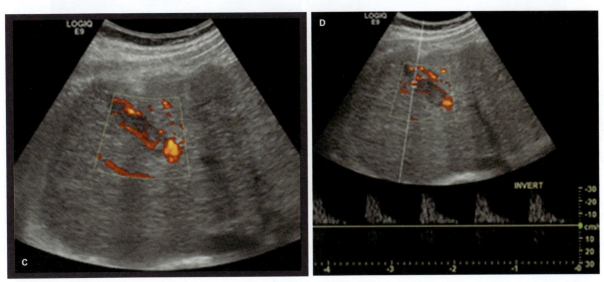

Figura 10 *(continuação)* C-D: Na avaliação Doppler observam-se vasos tortuosos, com padrão de fluxo arterial no trombo, sugerindo a possibilidade de trombose tumoral.

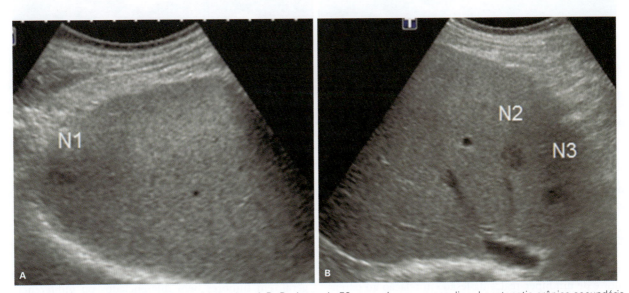

Figura 11 Carcinoma hepatocelular multicêntrico. A-B: Paciente de 52 anos, do sexo masculino, hepatopatia crônica secundária ao alcoolismo. As imagens de ultrassonografia demonstram três nódulos hipoecogênicos e de contornos irregulares. Em estudo de ressonância magnética com contraste, os nódulos foram compatíveis com carcinoma hepatocelular.

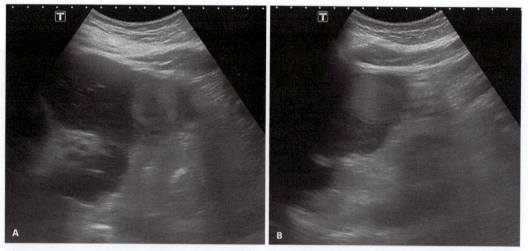

Figura 12 Carcinoma hepatocelular em fígado não cirrótico. Paciente de 94 anos, sexo masculino. Imagens de ultrassonografia do lobo esquerdo do fígado, no plano axial (A) e sagital (B), demonstram nódulo sólido, discretamente hiperecogênico, bem delimitado, com cerca de 5,0 cm de diâmetro. Foi realizada biópsia da lesão, com resultado histopatológico de carcinoma hepatocelular em fígado não cirrótico.

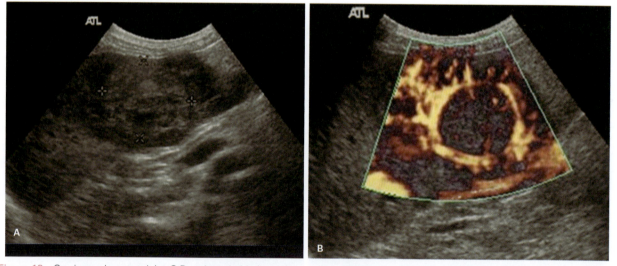

Figura 13 Carcinoma hepatocelular. O Doppler colorido frequentemente evidencia uma lesão com vascularização aumentada, podendo demonstrar uma rede de vasos periféricos que emitem ramos com direção ao centro da lesão ("padrão em cesto").

no entanto, não são específicos, podendo ser encontrados em outras lesões hepáticas.

Contraste por microbolhas

O padrão de realce característico consiste na demonstração de vasos tortuosos e irregulares no interior do tumor e de um hiper-realce da lesão em relação ao parênquima hepático na fase arterial, seguida de uma lavagem (*washout*) rápida nas fases portal e tardia, com a lesão passando a exibir um hiporrealce em relação ao parênquima hepático. Esse padrão é observado em 90-96% dos carcinomas hepatocelulares. Vasos tortuosos e irregulares podem também ser observados durante a fase arterial na região peritumoral, sendo um vaso nutridor identificado na maioria dos casos. O hiper-realce na fase arterial pode ser homogêneo ou heterogêneo e demonstra a natureza hipervascular do tumor (Figura 14).

Padrões atípicos de realce têm sido observados, em geral, em tumores bem diferenciados ou indiferenciados. Alguns carcinomas hepatocelulares bem diferenciados podem exibir um *washout* tardio (algumas vezes iniciando-se somente após 4 minutos) ou não apresentar *washout* e exibir um realce semelhante ao parênquima hepático nas fases portal e tardia (isorrealce), assim como

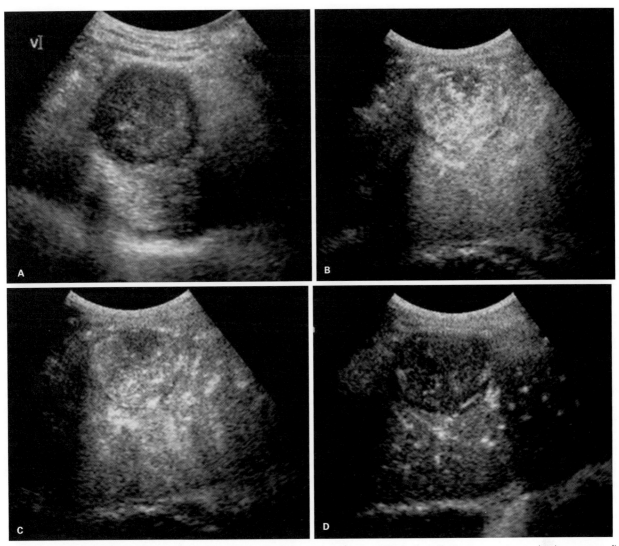

Figura 14 Carcinoma hepatocelular. A: Imagem modo-B pré-contraste por microbolhas. A avaliação com contraste de ultrassonografia demonstra (B-C) um hiper-realce na fase arterial e um hiporrealce (washout) em relação ao parênquima hepático na fase tardia (D).

o observado em lesões benignas. Raramente, carcinomas hepatocelulares podem demonstrar um hipo/isorrealce na fase arterial e um realce pontilhado e persistente nas fases portal e tardia.

Carcinoma fibrolamelar

Modo-B

Costuma ser uma lesão única, volumosa, de margens bem definidas e contornos lobulados, em um fígado sem sinais de cirrose. Apresenta-se, em geral, como uma lesão hiperecogênica ou isoecogênica; menos comumente, pode ser hipoecogênica (Figura 15). Uma cicatriz central, presente em até 75% dos casos, é caracterizada como uma área hiperecogênica e irregular no interior da lesão. A partir da cicatriz central, observam-se septos hiperecogênicos (fibrosos) que se distribuem de forma radial. Lesões maiores são heterogêneas, com áreas císticas e calcificações no interior (estas presentes em até 68%). Pequenos nódulos junto à periferia do tumor – lesões satélites – foram relatados em até 16% dos casos. Os achados ao modo-B, no entanto, não são específicos, sendo encontrados em outras lesões hepáticas, como na hiperplasia nodular focal.

Dúplex-Doppler colorido

O Doppler colorido demonstra uma lesão com vascularização aumentada. Trombose venosa hepática (portal, veias hepáticas ou veia cava inferior) foi descrita em até 80% dos casos, por conta da compressão, invasão tumoral ou trombo hemático (relacionado a síndrome paraneoplásica – síndrome de Trousseau).

Contraste por microbolhas

Não apresenta padrão de realce específico na fase arterial, apesar de poucos casos terem sido descritos até o mo-

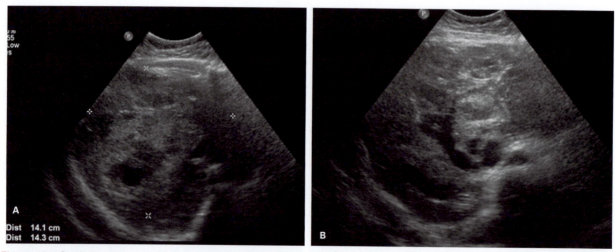

Figura 15 Carcinoma fibrolamelar. Imagens de ultrassonografia demonstram lesão única, volumosa, de margens bem definidas, contornos lobulados, discretamente hiperecogênica, em um fígado sem sinais de cirrose.

mento. Mais comumente, um hiper-realce heterogêneo na fase arterial foi observado. Nas fases portal e tardia, no entanto, os casos descritos demonstraram *washout*.

Hepatoblastoma

Modo-B

Consiste em uma lesão volumosa, bem delimitada, discretamente hiperecogênica, geralmente no lobo hepático direito. Pode apresentar o aspecto em "aro de roda" em razão da presença de faixas fibrosas proeminentes orientadas centralmente. A lesão pode apresentar certa heterogeneidade, por causa da presença de necrose (áreas císticas), hemorragia e calcificações.

Dúplex-Doppler colorido

O Doppler colorido frequentemente demonstra uma lesão pouco vascularizada, com poucos vasos irregulares e tortuosos identificados no interior. Trombose venosa hepática (portal, veias hepáticas ou veia cava inferior) pode ser observada.

Colangiocarcinoma intra-hepático

Modo-B

O colangiocarcinoma intra-hepático pode se apresentar na forma "formadora de massa" ou na forma ductal infiltrativa. A primeira manifesta-se como uma massa, de contornos irregulares, limites parcialmente definidos, em geral isoecogênica ou discretamente hipoecogênica ao parênquima hepático adjacente. A segunda manifesta-se por uma lesão infiltrativa, envolvendo os ductos biliares, podendo levar a espessamento parietal com ou sem estreitamento do ducto, ou crescer/infiltrar e obliterar a luz do ducto.

Lesões situadas na periferia do fígado (≈ 10%) costumam ser volumosas ao diagnóstico, pois determinam sintomas tardiamente. Muitas vezes, observa-se associação com retração da cápsula hepática e dilatação de ductos biliares periféricos circunjacentes (cerca de 30% dos casos). Lesões originadas de ductos biliares centrais, de localização hilar, muitas vezes denominadas tumor de Klatskin (≈ 60%), determinam dilatação ductal mais precocemente e acentuada. O colangiocarcinoma é um tumor pouco conspícuo na ultrassonografia e, muitas vezes, sinais indiretos como retração da cápsula hepática ou dilatação dos ductos biliares podem ser os únicos sinais que denunciem o tumor (Figuras 16 e 17).

Dúplex-Doppler colorido

O estudo Doppler colorido não é característico. A lesão geralmente não apresenta vasos demonstráveis ao exame de ultrassonografia ou apresenta pouca vascularização. Trombose de vasos próximos à lesão pode ser observada.

Contraste por microbolhas

Demonstra um hiporrealce heterogêneo em relação ao parênquima hepático em todas as fases, sendo o hiporrealce acentuado na fase tardia. Ocasionalmente, demonstra um tênue realce periférico na fase arterial que desaparece já no início da fase portal.

Neoplasia papilífera intraductal de ductos biliares

Modo-B

Representa a contrapartida intraductal biliar das neoplasias mucinosas intraductais do pâncreas.

Manifesta-se por várias lesões papilares no interior dos ductos biliares, muitas vezes coalescentes. Em associação, observa-se acentuada dilatação das vias biliares que pode ser decorrente da obstrução ductal pelas lesões ou decorrente da produção de mucina pelos tumores que preenche os ductos biliares (Figura 18).

26 FÍGADO: TUMORES MALIGNOS 777

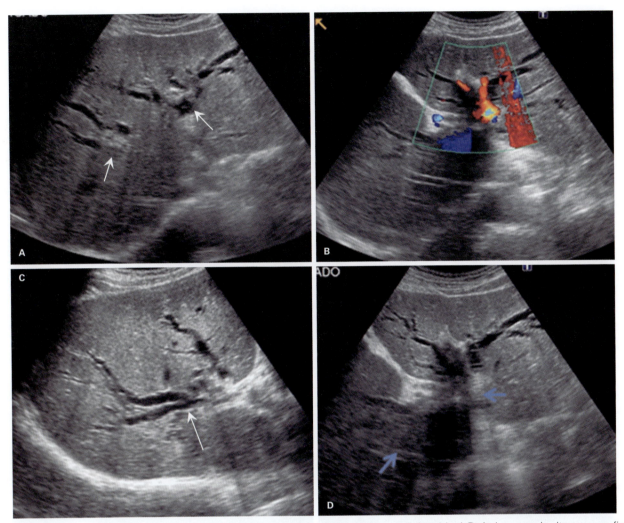

Figura 16 Colangiocarcinoma hilar. Paciente de 70 anos, sexo masculino, apresentando icterícia. A-D: As imagens de ultrassonografia demonstram uma acentuada dilatação das vias biliares intra-hepáticas até a região do hilo hepático onde apresentam redução abrupta no calibre (setas brancas). No hilo hepático observa-se uma lesão infiltrativa, pouco conspícua, hipoecogênica, de limites pouco definidos, que invade e obstrui as vias biliares (setas azuis).

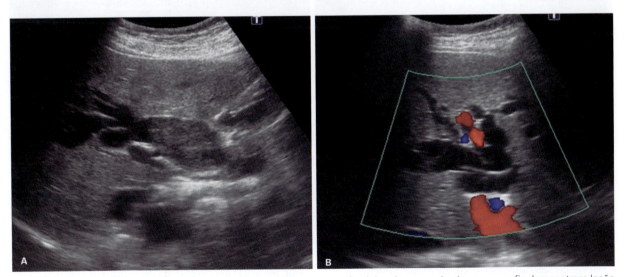

Figura 17 Colangiocarcinoma intra-hepático. Paciente de 60 anos, sexo feminino. Imagens de ultrassonografia demonstram lesão infiltrativa na confluência dos ductos biliares principais, estendendo para o ducto biliar esquerdo, obliterando sua luz (A). Nota-se acentuada dilatação das vias biliares intra-hepáticas a montante (setas) (B).

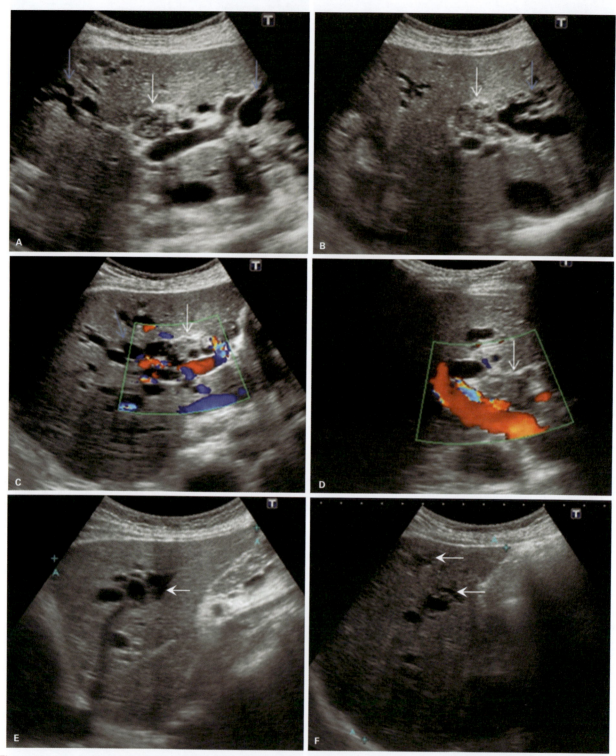

Figura 18   Neoplasia papilífera intraductal dos ductos biliares (NPIDB). Paciente de 83 anos, sexo feminino. Imagens de ultrassonografia demonstram acentuada dilatação das vias biliares intra-hepáticas, com predomínio central (setas azuis), em que se observam vegetações sólidas coalescentes (A-D – setas brancas). Vegetações semelhantes, com menores dimensões, foram observadas em vias biliares periféricas de ambos os lobos hepáticos (E-F – setas brancas). O colédoco distal tinha calibre normal para a faixa etária.

Dúplex-Doppler colorido

Apresenta pouca ou nenhuma vascularização apreciável ao Doppler colorido.

Cistoadenocarcinoma

Modo-B

Apresenta-se como uma lesão expansiva cística, bem delimitada, multiloculada (raramente uniloculada), com septos e calcificações (septais ou parietais) (Figura 19). Nodulações e projeções papilares septais ou parietais também são observadas e sugerem fortemente uma origem neoplásica. A presença de nível líquido-líquido pode estar presente (conteúdo líquido seroso, mucinoso, hemático). A localização intra-hepática é mais comum, no entanto, podem ser extra-hepáticos na dependência do ducto biliar de origem.

Dúplex-Doppler colorido

Apresenta pouca vascularização, com alguns poucos vasos demonstráveis nos septos ou nas paredes.

Contraste por microbolhas

Septos e a periferia do tumor podem apresentar realce após a administração do contraste por microbolhas.

Hemangioendotelioma epitelioide

Modo-B

Apresenta-se comumente como nódulos sólidos, hipoecogênicos, localizados na região mais periférica/subcapsular do fígado, com diâmetros que variam de 2 a 4 cm (Figura 20). Podem ser únicos (12%); no

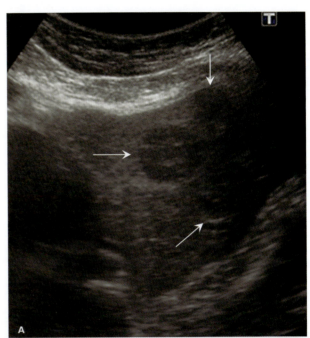

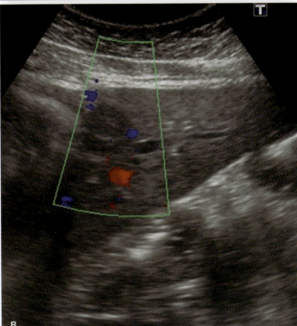

Figura 20 Hemangioendotelioma epitelioide. Imagens de ultrassonografia do lobo esquerdo do fígado, no plano axial (A) e sagital (B), demonstram nódulos sólidos, hipoecogênicos, com área central discretamente hiperecogênica, bem delimitados, agrupados (setas brancas), sem vascularização ao mapeamento com Doppler colorido.

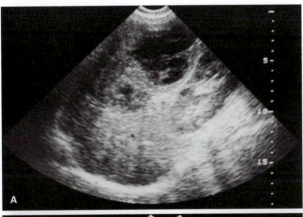

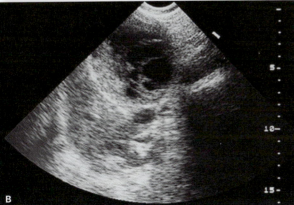

Figura 19 Cistoadenocarcinoma. Imagens de ultrassonografia demonstram lesão cística, de paredes e septos espessos, imagens nodulares parietais e debris em suspensão no interior.

entanto, geralmente são múltiplos (88%), tendendo a crescer e coalescer, formando muitas vezes massas confluentes. Lesões periféricas podem causar retração da cápsula hepática. Nas lesões maiores, podem ser observadas calcificações centrais. Menos comumente, pode se apresentar como nódulos isoecogênicos ou hiperecogênicos. Nesses casos, um halo hipoecogênico está frequentemente presente.

Dúplex-Doppler colorido

Ao estudo de Doppler colorido demonstram vascularização variável e não característica, com vasos na periferia e no centro da lesão.

Contraste por microbolhas

Em estudo com contraste de ultrassom, Dietrich et al. observaram que o padrão mais comum foi de hiper-realce periférico (72%) ou heterogêneo (28%) na fase arterial e *washout* nas fases portal e tardia (100%).

Angiossarcoma

Modo-B

Em razão do diagnóstico, muitas vezes em estágio avançado a forma de apresentação mais comum é de múltiplas massas, predominantemente hiperecogênicas e de limites indefinidos. Essas lesões costumam ser heterogêneas por causa da presença de hemorragia interna em diversos estágios de degradação. Em alguns casos, o envolvimento hepático é tão extenso que se observa apenas um fígado aumentado e de ecotextura grosseiramente heterogênea. Hemoperitônio pode ser observado.

Linfoma

Modo-B

O linfoma primário do fígado se manifesta como uma massa, hipoecogênica, de limites definidos e única, em cerca de 60% dos casos (Figura 21). Pode-se apresentar também como múltiplos nódulos, hipoecogênicos, embora uma lesão maior dominante seja encontrada na maioria das vezes. Em alguns casos, as lesões podem demonstrar um centro hiperecogênico com halo hipoecogênico periférico que confere um aspecto "em alvo". Uma forma infiltrativa e difusa é rara. Linfonodomegalia hilar hepática pode ser observada em cerca de 30% dos linfomas primários.

O linfoma secundário do fígado, comumente, se caracteriza por múltiplos nódulos, distribuídos pelo parênquima hepático, com uma maior predominância nas regiões periportais. Uma lesão maior, dominante, não costuma ser identificada. Nódulos não tratados são caracteristicamente hipoecogênicos/marcadamente hipoecogênicos, podendo ter tamanho variado. Em alguns casos, o envolvimento hepático é muito extenso, não se caracterizando mais nódulos individuais, apenas hepatomegalia e heterogeneidade difusa do parênquima. Nódulos esplênicos são encontrados em um terço dos pacientes com linfoma secundário. Linfonodomegalia é observada na vasta maioria.

A doença linfoproliferativa pós-transplante hepático pode se apresentar como:

- Nódulos hipoecogênicos e de limites indefinidos.
- Uma massa iso/hipoecogênica, de limites indefinidos, infiltrativa, geralmente de localização periportal.

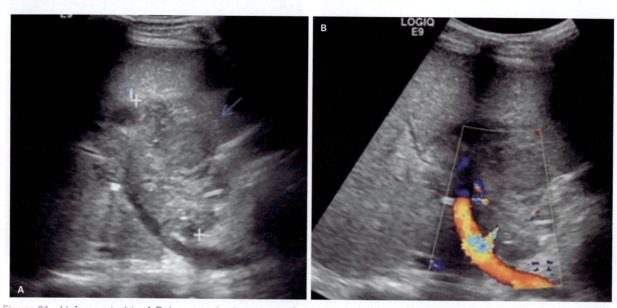

Figura 21　Linfoma primário. A-B: Imagens de ultrassonografia demonstram lesão infiltrativa (setas azuis), hipoecogênica, no hilo hepático, que envolve a veia porta principal sem ocluí-la.

(continua)

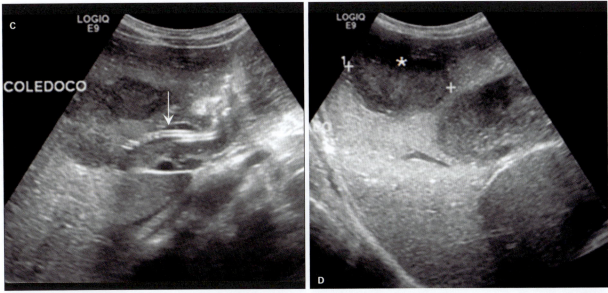

Figura 21 (*continuação*) C: O tumor também infiltra e oclui o colédoco; um cateter para derivação biliar foi colocado (seta). D. Outro nódulo tumoral foi observado na periferia do lobo direito (*).

- Uma massa infiltrativa no hilo hepático envolvendo a árvore biliar e os vasos hepáticos (que podem estar afilados ou ocluídos).

Dúplex-Doppler colorido

Observa-se comumente aumento da vascularização na periferia das lesões hepáticas ao Doppler colorido.

Contraste por microbolhas

A forma nodular exibe um hiporrealce em relação ao parênquima hepático na fase tardia, de forma semelhante às metástases hipovasculares.

Mieloma múltiplo

Modo-B

O acometimento hepático pode manifestar-se por hepatomegalia (seja por infiltração plasmocitária ou depósito de amiloide) ou nódulos. Os nódulos mais comumente têm aspecto "em alvo" (centro isoecogênico e halo periférico hipoecogênico) e, raramente, são nódulos hiperecogênicos.

Cloroma

Modo-B

Pode se apresentar como massa hipoecogênica, única ou múltipla, mais bem definida que o linfoma. Numa forma rara, dissemina-se através do espaço peribiliar e se caracteriza por espessamento e hipoecogenicidade periportal, com estenoses e obstrução das vias biliares.

Metástases

Modo-B

Podem se apresentar como lesões únicas ou múltiplas (mais de 95% dos casos), de formato arredondado, bem delimitadas e muitas vezes distribuídas em ambos os lobos hepáticos (cerca de 80%). Apesar de lesões hepáticas benignas serem bastante prevalentes na população geral, quando encontradas em indivíduos em acompanhamento oncológico, mesmo uma lesão única é suspeita para metástase. Por outro lado, lesões únicas, identificadas no exame de ultrassonografia, em indivíduos sem malignidade conhecida, raramente são metástases.

A capacidade da ultrassonografia em identificar metástases hepáticas depende de alguns fatores: ecogenicidade, tamanho, localização e efeito de massa. O contraste fígado-lesão é um fator importante, pois mesmo lesões pequenas, mas acentuadamente hiperecogênicas/hipoecogênicas podem ser facilmente identificadas. Lesões isoecogênicas são difíceis de diagnosticar; a presença de halo hipoecogênico ou efeito de massa pode auxiliar no diagnóstico. Metástases subcapsulares tendem a abaular o contorno hepático e, quando próximas a vasos, tendem a deslocar ou comprimi-los. A sensibilidade da ultrassonografia convencional também é menor para metástases subcentimétricas.

Metástases provenientes de um mesmo sítio primário podem ter padrão ultrassonográfico diverso, dependendo das alterações arquiteturais internas (presença de hemorragia, necrose e fibrose), do suprimento sanguíneo e da diferenciação celular. Apresentam ecogenicidade variável, não sendo possível definir o sítio primário com base nas características ultrassonográficas. No entanto, algumas considerações podem ser feitas em relação ao padrão ultrassonográfico e ao sítio do tumor primário.

- Metástases hipoecogênicas: é a forma mais comum de apresentação. Metástases hipovasculares comumente se apresentam como lesões hipoecogênicas. Os sítios primários mais comuns são: mama, pulmão, pâncreas, esôfago, estômago e colo uterino (Figura 22A).
- Metástases hiperecogênicas: Metástases hipervasculares tendem a ser hiperecogênicas em razão do maior número de interfaces internas que refletem o feixe sonoro. Esse padrão é observado frequentemente em: tumores neuroendócrinos, rim (carcinoma de células renais), carcinoma hepatocelular e coriocarcinoma.

Neoplasias do trato gastrointestinal, principalmente cólon e estômago, podem originar metástases hiperecogênicas [presença de mucina (glicoproteína)]. Alguns tumores de mama, sarcomas e melanoma podem originar metástase hiperecogênica (Figura 22B).

- Metástases "em alvo": caracterizam-se por nódulos com halo periférico hipoecogênico e centro de maior ecogenicidade (podendo ser hiper/iso ou mesmo discretamente hipoecogênicos em comparação com o halo) (Figura 22C-D). O halo hipoecogênico parece corresponder ao parênquima hepático comprimido por lesões de crescimento rápido ou a uma zona de alta proliferação de células tumorais. Sua identificação favorece a possibilidade de metástase (VPP 86%, VPN 88%) e é associada a metástases de tumores agressivos

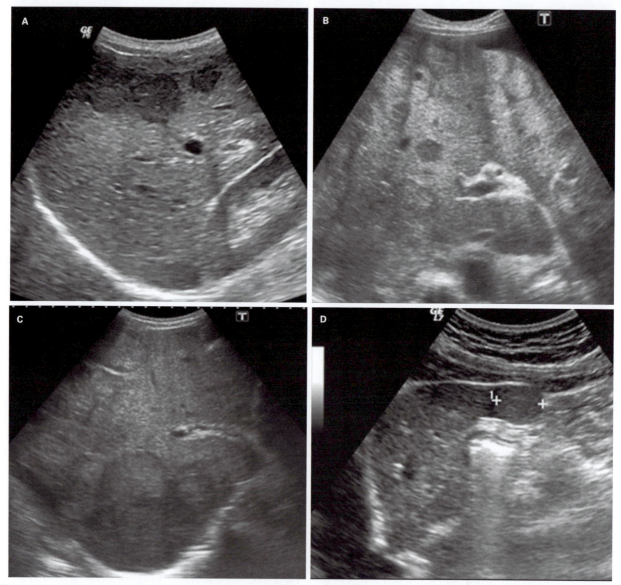

Figura 22 Metástases hepáticas. A: Metástases hipoecogênicas de carcinoma de mama. B: Metástases hiperecogênicas e hipoecogênicas de adenocarcinoma de estômago. C: Metástases iso/hiperecogênicas, com halo, de adenocarcinoma de colo. D: Metástase isoecogênica de carcinoma de reto.

como pulmão (carcinoma brônquico) e sarcomas. No entanto, pode ser encontrado em lesões benignas como adenomas, HNF, linfomas e abscessos fúngicos.

- Metástases císticas: são raras e, geralmente, apresentam-se como cistos complexos por conta de uma ou mais das seguintes características: paredes espessas, septos espessos ou irregulares, conteúdo espesso, nódulos ou projeções papilares parietais. Originam-se de tumores primários císticos (cistoadenocarcinoma de ovário ou pâncreas) ou em razão de necrose extensa decorrente do suprimento sanguíneo insuficiente (sarcomas, carcinoma de células escamosas, carcinoma colorretal) (Figura 23A-B).
- Metástases calcificadas: apresentam calcificações no interior, caracterizadas à ultrassonografia por áreas hiperecogênicas com sombra acústica posterior. São observadas em metástases de adenocarcinomas mucinosos (cólon, ovário, estômago). Mais raramente, outros tumores podem dar origem a metástases calcificadas, como osteossarcoma, condrossarcoma, neuroblastoma e teratocarcinoma de ovário (Figura 23C).
- Metástases infiltrativas: o envolvimento do parênquima hepático é difuso, não se caracterizam nódulos à ultrassonografia, apenas uma alteração ecotextural difusa. São encontradas no melanoma, câncer de mama, pulmão e carcinoma hepatocelular multifocal.

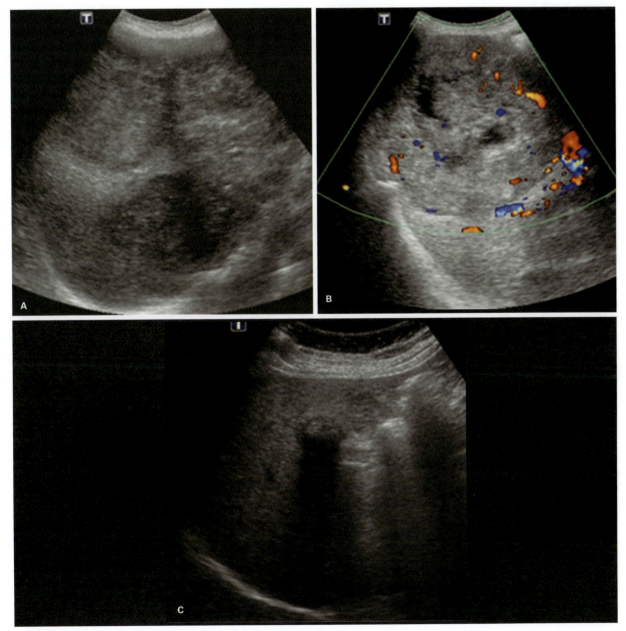

Figura 23 Metástases hepáticas. A-B: Metástases de leiomiossarcoma de bexiga. Em B, observa-se área cística central em razão da necrose tumoral. C: Metástase calcificada de adenocarcinoma de colo.

Dúplex-Doppler colorido

Metástases hipovasculares não costumam demonstrar vascularização apreciável ao Doppler. Metástases hipervasculares podem demonstrar vascularização aumentada, com vasos periféricos que emitem ramos em direção ao centro da lesão ou alguns vasos na região central que se ramificam, padrões semelhantes aos do carcinoma hepatocelular.

Contraste por microbolhas

Caracteristicamente, as metástases demonstram nas fases portal e tardia um hiporrealce (ou *washout*) em relação ao parênquima hepático, com apenas algumas raras exceções reportadas. O hiporrealce inicia-se cedo, já no início da fase portal, e costuma ser pronunciado. Raramente, um padrão de realce pontilhado fino pode ser observado nas fases portal e tardia. De forma geral, as metástases exibem algum grau de realce na fase arterial: as hipovasculares muitas vezes apresentam um realce periférico que desaparece na fase portal e as hipervasculares em geral exibem hiper-realce em relação ao parênquima hepático e depois "lavam" o contraste (Figura 24).

Lesões hepáticas malignas não retêm contraste na ultrassonografia. O hiporrealce (*washout*) nas fases portal e tardia, durante estudo ultrassonográfico com contraste, tem sido demonstrado nos tumores hepáticos malignos, independentemente de sua etiologia. Pouquíssimas exceções a esse padrão têm sido demonstradas, a maioria dos casos consistindo em carcinomas hepatocelulares com padrões de realce atípico.

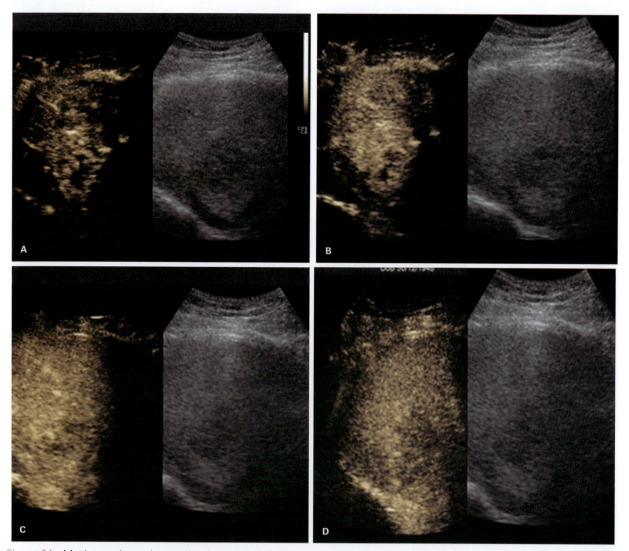

Figura 24   Metástase de carcinoma de colo uterino. A-B: Na fase arterial observa-se um hiper-realce periférico que desapareceu já no início da fase portal. Nas fases portal (C) e tardia (D) observa-se um hiporrealce em relação ao parênquima hepático (*washout*).

* Cortesia do Prof. Dr. Paul Sidhu, do Departamento de Radiologia do King' College Hospital, Londres, UK, e da Dra. Julia Diva Zavariz do Departamento de Radiologia, do HCFMUSP, São Paulo, Brasil.

Bibliografia sugerida

1. Albrecht T, Blomley MJ, Burns PN, Wilson S, Harvey CJ, Leen E, et al. Improved detection of hepatic metastases with pulse-inversion US during the liver-specific phase of SHU 508A: multicenter study. Radiology. 2003;227(2):361-70.
2. Bruix J, Sherman M, American Association for the Study of Liver D. Management of hepatocellular carcinoma: an update. Hepatology. 2011;53(3):1020-2.
3. Caturelli E, Pompili M, Bartolucci F, Siena DA, Sperandeo M, Andriulli A, et al. Hemangioma-like lesions in chronic liver disease: diagnostic evaluation in patients. Radiology. 2001;220(2):337-42.
4. Chung YE, Park MS, Park YN, Lee HJ, Seok JY, Yu JS, et al. Hepatocellular carcinoma variants: radiologic-pathologic correlation. AJR Am J Roentgenol. 2009;193(1):W7-13.
5. Claudon M, Dietrich CF, Choi BI, Cosgrove DO, Kudo M, Nolsoe CP, et al. Guidelines and good clinical practice recommendations for Contrast Enhanced Ultrasound (CEUS) in the liver – update 2012: A WFUMB-EFSUMB initiative in cooperation with representatives of AFSUMB, AIUM, ASUM, FLAUS and ICUS. Ultrasound Med Biol. 2013;39(2):187-210.
6. Dong Y, Wang WP, Cantisani V, D'Onofrio M, Ignee A, Mulazzani L, et al. Contrast-enhanced ultrasound of histologically proven hepatic epithelioid hemangioendothelioma. World J Gastroenterol. 2016;22(19):4741-9.
7. Estrella Diez E, Alvarez Higueras FJ, Marin Zafra G, Bas Bernal A, Garre Sanchez C, Egea Valenzuela J, et al. Fibrolamellar hepatocellular carcinoma: a rare entity diagnosed by abdominal ultrasound. Rev Esp Enferm Dig. 2016;108(8):494-5.
8. European Association For The Study of The L, European Organisation For R, Treatment of C. EASL-EORTC clinical practice guidelines: management of hepatocellular carcinoma. J Hepatol. 2012;56(4):908-43.
9. Gaddikeri S, McNeeley MF, Wang CL, Bhargava P, Dighe MK, Yeh MM, et al. Hepatocellular carcinoma in the noncirrhotic liver. AJR Am J Roentgenol. 2014;203(1):W34-47.
10. Harvey CJ, Albrecht T. Ultrasound of focal liver lesions. Eur Radiol. 2001;11(9):1578-93.
11. Ichikawa T, Federle MP, Grazioli L, Marsh W. Fibrolamellar hepatocellular carcinoma: pre- and posttherapy evaluation with CT and MR imaging. Radiology. 2000;217(1):145-51.
12. Jang HJ, Kim TK, Burns PN, Wilson SR. Enhancement patterns of hepatocellular carcinoma at contrast-enhanced US: comparison with histologic differentiation. Radiology. 2007;244(3):898-906.
13. Kim TJ, HJ; Wilson, SR. Hepatic Neoplasms: Features on Grayscale and Contrast Enhanced Ultrasound. Ultrasound Clin 2007;2:333-54.
14. Kitao A, Zen Y, Matsui O, Gabata T, Nakanuma Y. Hepatocarcinogenesis: multistep changes of drainage vessels at CT during arterial portography and hepatic arteriography – radiologic-pathologic correlation. Radiology. 2009;252(2):605-14.
15. Lencioni R, Pinto F, Armillotta N, Bartolozzi C. Assessment of tumor vascularity in hepatocellular carcinoma: comparison of power Doppler US and color Doppler US. Radiology. 1996;201(2):353-8.
16. Lim JH, Choi D, Park CK, Lee WJ, Lim HK. Encapsulated hepatocellular carcinoma: CT-pathologic correlations. Eur Radiol. 2006;16(10):2326-33.
17. Liu S, Chan KW, Wang B, Qiao L. Fibrolamellar hepatocellular carcinoma. Am J Gastroenterol. 2009;104(10):2617-24; quiz 25.
18. Malhi H, Grant EG, Duddalwar V. Contrast-enhanced ultrasound of the liver and kidney. Radiol Clin North Am. 2014;52(6):1177-90.
19. Mandry D, Bressenot A, Galloy MA, Chastagner P, Branchereau S, Claudon M. Contrast-enhanced ultrasound in fibro-lamellar hepatocellular carcinoma: a case report. Ultraschall Med. 2007;28(6):547-52.
20. Miller WJ, Dodd GD, 3rd, Federle MP, Baron RL. Epithelioid hemangioendothelioma of the liver: imaging findings with pathologic correlation. AJR Am J Roentgenol. 1992;159(1):53-7.
21. Tanaka S, Ioka T, Oshikawa O, Hamada Y, Yoshioka F. Dynamic sonography of hepatic tumors. AJR Am J Roentgenol. 2001;177(4):799-805.
22. Tomasian A, Sandrasegaran K, Elsayes KM, Shanbhogue A, Shaaban A, Menias CO. Hematologic malignancies of the liver: spectrum of disease. Radiographics. 2015;35(1):71-86.
23. Wernecke K, Vassallo P, Bick U, Diederich S, Peters PE. The distinction between benign and malignant liver tumors on sonography: value of a hypoechoic halo. AJR Am J Roentgenol. 1992;159(5):1005-9.
24. Wernecke K, Henke L, Vassallo P, von Bassewitz DB, Diederich S, Peters PE, et al. Pathologic explanation for hypoechoic halo seen on sonograms of malignant liver tumors: an in vitro correlative study. AJR Am J Roentgenol. 1992;159(5):1011-6.

Transplante hepático

Fernando Linhares Pereira
Igor Clausius C. Pimentel

Introdução

Os avanços da medicina na última década permitiram melhora expressiva da sobrevida dos pacientes submetidos a transplante de órgãos, e o transplante hepático é um tratamento eficaz para uma variedade de doenças hepáticas irreversíveis agudas e crônicas.

No Brasil, foram realizados 1.811 transplantes hepáticos em 2015 e um total acumulado de 20.478 de 1997 até março de 2016. O refinamento das técnicas cirúrgicas e a presença de drogas imunossupressoras potentes reduziram a rejeição significativamente, contribuindo para o aumento da sobrevida do paciente.

Os métodos de imagem, em especial a ultrassonografia, transformaram o cuidado dos pacientes submetidos ao transplante, constituindo método diagnóstico de fácil disponibilidade e proporcionando resposta imediata a um cenário clínico muitas vezes não específico. A ultrassonografia com Doppler colorido, assim como a utilização de agentes de contraste ultrassonográfico por via endovenosa (microbolhas), tem ajudado consideravelmente a gestão das anormalidades vasculares associadas ao transplante.

Este capítulo abordará o papel da ultrassonografia no pré e pós-transplante hepático do paciente adulto.

Indicações para transplante hepático

As indicações para transplante de fígado incluem estágio final da insuficiência hepática aguda, doença hepática crônica avançada, transtornos metabólicos hereditários e malignidade hepática primária confinada ao fígado, incurável por qualquer outro tratamento. As afecções mais comuns que justificam transplante hepático são as relacionadas com:

- Doença hepática crônica, relacionada a hepatopatia alcoólica (OH); hepatites virais (B, C e D); cirrose biliar primária e secundária; colangite esclerosante primária; doenças autoimunes; e síndrome de Budd-Chiari.
- Doenças metabólicas, como doença de Wilson; hemocromatose; deficiência de alfa-1-antitripsina; hipercolesterolemia familiar; e fibrose cística.
- Neoplasias, entre as quais carcinoma hepatocelular (CHC) e hemangioendotelioma epitelioide.
- Insuficiência hepática aguda, como a causada por hepatotoxinas, hepatites virais (A, B, C, D e E), doença de Wilson, síndrome de Budd-Chiari e doenças idiopáticas.
- Causas congênitas, como no caso da doença hepática policística, da doença de Caroli e da atresia biliar.

No Brasil, a hepatite C e a hepatopatia relacionada ao álcool são responsáveis por cerca de 50% dos casos de transplante. Pacientes com CHC em estágio inicial são aceitos para o transplante se cumprirem os critérios de Milão: nenhuma lesão com mais de 5 cm de diâmetro e não mais do que três lesões acima de 3 cm de diâmetro.

Avaliação ultrassonográfica pré-transplante

A avaliação ecográfica abdominal busca ativamente avaliar as complicações da doença hepática sob cada contexto clínico específico, guiar biópsias e identificar anormalidades anatômicas que podem alterar a abordagem cirúrgica. O estudo com Doppler colorido e pulsátil é essencial para avaliar a perviedade, a direção (hepatopetal ou hepatofugal) e o padrão espectral do fluxo sanguíneo no sistema vascular esplâncnico (veia porta, veias hepáticas, veia cava inferior, veia esplênica, veia mesentérica superior e artéria hepática principal). A identificação de potenciais contraindicações ao transplante é imperativa, especialmente quando ele é inviável ou de pouco benefício, como na doença metastática, cirurgia hepática prévia e na presença de extensa trombose venosa ou massas hepáticas.

Dessa forma, são pontos-chave que o ultrassonografista deve ativamente avaliar:

- Existência de doença hepática crônica, associada ou não a hipertensão portal. Vale lembrar que os achados mais específicos para diagnóstico de hipertensão portal são a presença de circulação colateral portossistêmica e a perda de variação do calibre dos vasos portais durante manobras respiratórias.
- Presença de trombose portal ou supra-hepática: se extensa ou tumoral, pode contraindicar para o transplante.
- Lesões hepáticas focais: avaliar critérios de Milão. Um CHC com mais de 3 cm de diâmetro tem 80% de chance de recidiva pós-transplante; se único e menor que 2 cm, há alto índice de cura. A confirmação dessas lesões habitualmente exige a administração de agentes de contraste, sejam ultrassonográficos ou de métodos axiais de imagem, como tomografia computadorizada ou ressonância magnética.
- Existência de malignidade extra-hepática.
- Documentação adequada das possíveis variações anatômicas vasculares (inclusive do doador), perviedade dos vasos, velocidades e fasicidade do fluxo e índices dopplervelocimétricos da artéria hepática, da veia porta e das veias hepáticas.
- Dimensões esplênicas, assim como a documentação de vias de circulação colateral preexistentes, importantes para comparações evolutivas pós-operatórias.
- Ocorrência de incidentalomas que, por vezes, podem alterar o planejamento terapêutico.

Noções das técnicas cirúrgicas

Existem diferentes modalidades de transplante do fígado, podendo ser utilizado todo o órgão, um único lobo ou mesmo um segmento hepático. No Brasil, o procedimento mais usual em adultos é a retirada do órgão nativo em substituição por um enxerto completo de doador cadáver. As principais anastomoses vasculares (artéria hepática, veia porta e veia cava inferior), assim como a reconstrução das vias biliares, devem ser ativamente avaliadas conforme a técnica cirúrgica utilizada e de acordo com a anatomia vascular dos doadores e receptores, levando-se em conta a doença hepática de base.

Tradicionalmente, as anastomoses arteriais, portais e biliares são término-terminais. Especialmente na anastomose caval, diferentes técnicas são utilizadas, objetivando a redução de complicações associadas às ligaduras (Figura 1).

A anastomose arterial término-terminal ("em boca de peixe") é geralmente realizada entre a artéria hepática comum do receptor e a artéria hepática própria do doador no nível da bifurcação das artérias hepática direita e esquerda. Pode-se também ligar a artéria hepática comum do doador na bifurcação da artéria hepática própria e gastroduodenal do receptor, a depender de variações anatômicas, doenças arteriais presentes (aterosclerose) e possíveis limitações técnicas (Figura 2).

A anastomose biliar realizada com maior frequência é a término-terminal do colédoco do doador com o ducto hepático comum do receptor. Derivação bileodigestiva também pode ser realizada dependendo da etiologia da doença hepática (geralmente doenças inflamatórias) ou da técnica cirúrgica utilizada, determinando, frequentemente, discreta aerobilia.

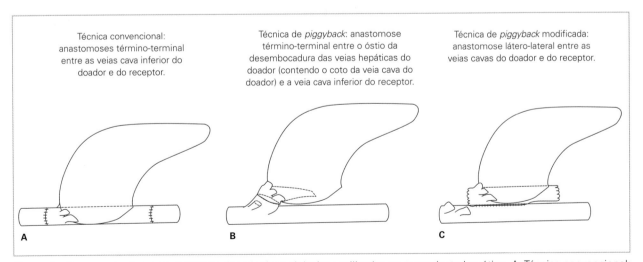

Figura 1 Representações esquemáticas das técnicas cirúrgicas utilizadas no transplante hepático. A: Técnica convencional: anastomoses término-terminais entre as veias cavas inferiores do doador e do receptor. B: Técnica de *piggyback*: anastomose término-terminal entre o óstio da desembocadura das veias hepáticas do doador (contendo o coto da veia cava do doador) e a veia cava inferior do receptor. C: Técnica de *piggyback* modificada: anastomose látero-lateral entre as veias cavas do doador e do receptor. Fonte: Mehrabi et al., 2008.

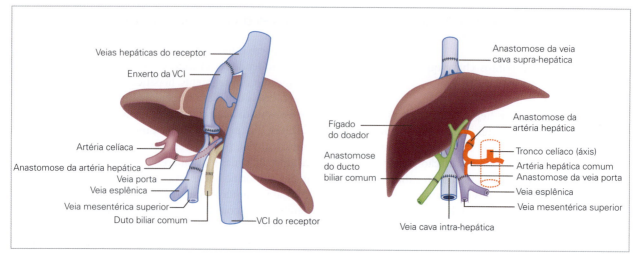

Figura 2   Anastomoses arterial, venosas e das vias biliares em representações de vista posterior (A) e anterior (B) de diferentes técnicas cirúrgicas. VCI: veia cava inferior.

Avaliação ultrassonográfica pós-transplante

A ultrassonografia é o método de escolha para o rastreamento de complicações pós-operatórias precoces ou tardias. É fundamental o reconhecimento dos achados anormais que podem ser considerados não patológicos, especialmente no pós-operatório recente, evitando-se assim diagnósticos incorretos e a desnecessária exposição à radiação e aos contrastes endovenosos.

Achados habituais no pós-transplante hepático

O parênquima hepático geralmente se apresenta homogêneo ou finamente heterogêneo (característico). Pode-se evidenciar discreta redução global ou focal de sua ecogenicidade, traduzindo edema, determinando aumento do contraste entre o parênquima e as paredes dos vasos portais (aspecto de "céu estrelado"). Aerobilia pode ser caracterizada dependendo da técnica cirúrgica executada, porém sem dilatação significativa das vias biliares intra ou extra-hepáticas. Pequenas coleções peri-hepáticas são comuns nos primeiros dias pós-transplante, geralmente correspondendo a pequenos hematomas que apresentam ecogenicidade variável conforme o período de organização: anecogênicos, hipo ou hiperecogênicos. Discreta ascite residual e pequeno derrame pleural não septado, habitualmente direito, comumente resolvem de modo espontâneo em uma ou duas semanas.

A vascularização hepática deve ser avaliada inicialmente no modo B, tentando-se identificar afilamentos ou dilatações segmentares e presença de trombos intraluminais (frequentes na veia porta, no pós-operatório imediato). Diferenças de calibre dos vasos portais do doador e do receptor (geralmente aumentado) podem simular estreitamentos, sempre exigindo análise complementar dopplerfluxométrica para descartar distúrbios hemodinâmicos (estenoses).

Inicialmente, a veia porta pode exibir fluxo turbilhonado com velocidades elevadas (superiores a 60 cm/s), que devem reduzir gradativamente na primeira semana, adquirindo padrão monofásico habitual, hepatopetal (em direção ao fígado), com discretas variações fásicas às manobras respiratórias (Figura 3).

A artéria hepática, vaso de resistência intermediária, deve apresentar fluxo de padrão bifásico com índice de resistividade (IR) normal entre 0,5 e 0,8, tempo de aceleração inferior a 0,08 s (do fim da diástole ao primeiro pico sistólico) e aceleração (*sloop*) maior que 3 m/s². Velocidades de pico sistólico de até 250 cm/s são consideradas normais no pós-operatório precoce (Figura 4). Nas primeiras 72 horas, o IR pode estar pouco aumentado, representando achado inespecífico geralmente relacionado a períodos prolongados de isquemia do enxerto e/ou fígados de doadores mais antigos. A análise espectral arterial deverá ser adquirida na projeção hilar, nos ramos intra-hepáticos e, quando possível, na região da anastomose, em busca de padrões de fluxos patológicos (pré e pós-estenóticos).

As veias hepáticas tendem a manter padrão espectral multifásico, respeitando a transmissão das variações de pressão nas câmaras direitas do coração durante o ciclo cardíaco (Figura 5). A ausência desse padrão de fluxo, apesar de achado frequente e não patológico no pós-operatório, obriga o examinador a avaliar atentamente todos os segmentos das veias hepáticas em busca de oclusões parciais ou estenose da anastomose caval.

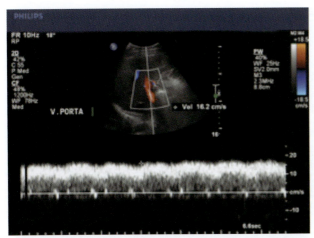

Figura 3 Veia porta normal no estudo Doppler colorido e espectral, apresentando padrão de fluxo monofásico e média das velocidades máximas acima de 15 cm/s.

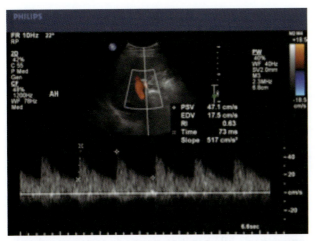

Figura 4 Análise espectral da artéria hepática no pós-transplante: parâmetros dopplervelocimétricos (índice de resistividade, aceleração e tempo de aceleração) dentro dos limites normais.

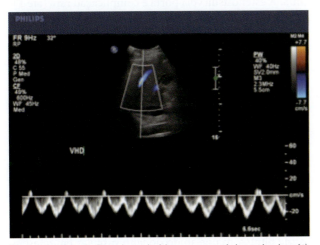

Figura 5 Estudo Doppler colorido e espectral das veias hepáticas, destacando-se padrão de fluxo multifásico, traduzindo adequada complacência do parênquima hepático.

Complicações pós-operatórias detectáveis à ultrassonografia

O metabolismo hepático é monitorado laboratorialmente e, quando níveis elevados de aminotransferases, bilirrubinas e/ou fosfatase alcalina estão presentes, podem sinalizar os primeiros sinais de disfunção do enxerto ou de complicações operatórias, devendo-se sempre correlacionar com as doenças primárias. Perante suspeita clínica daquelas alterações, o primeiro exame complementar de imagem a ser solicitado é a ultrassonografia. Reconhecer complicações pós-operatórias passíveis de diagnóstico pela ultrassonografia (excetuando-se rejeição, complicação mais frequente) e saber indicar a complementação com outros métodos de imagem são requisitos fundamentais ao examinador do fígado transplantado.

Vias biliares

Complicações biliares são uma importante causa de morbimortalidade pós-operatória, ocorrendo em cerca de 15% dos transplantes hepáticos, sendo apenas menos prevalentes que a rejeição, cujo diagnóstico é histopatológico (biópsia percutânea). As principais complicações, que ocorrem mais frequentemente após os três primeiros meses, são fístulas, bilomas (coleções), estenose da anastomose biliar, obstruções por cálculos e drenagem disfuncional da via biliar (Figura 6). A colestase e o conteúdo entérico (nas derivações bileodigestivas) podem predispor a infecção biliar ascendente com eventual formação de abscessos, agravados pela imunossupressão. A medida do calibre das vias biliares principais no pós-operatório precoce deve servir como uma base para estudos prospectivos.

Artéria hepática

A artéria hepática sadia é vital para o sucesso do transplante, também por ser a única fonte de fornecimento vascular para o sistema biliar. A oclusão aguda da artéria hepática é grave, determinando mortalidade de 50-58%, podendo resultar em isquemia e subsequente necrose hepática fulminante, sendo tratada como emergência cirúrgica e requerendo, não raro, retransplante. Dentro de um contexto clínico consistente ou mesmo inespecífico, frequentemente denunciado pela deterioração generalizada dos testes de função hepática (não específica) ou por extravasamento biliar, o diagnóstico ecográfico precoce confiável de oclusão arterial permite à equipe médica encaminhar o paciente imediatamente à intervenção cirúrgica.

Os principais fatores de risco para trombose da artéria hepática são: diferença de calibre entre a artéria hepática do doador e do receptor, tempo prolongado de isquemia fria do enxerto, incompatibilidade ABO, infecção ativa, técnica cirúrgica inadequada, doença hepática subjacente, estenose prévia do tronco celíaco e rejeição aguda. Na rotina hospitalar, o primeiro exame ultrassonográfico de controle costuma ser realizado sob condições técnicas desfavoráveis

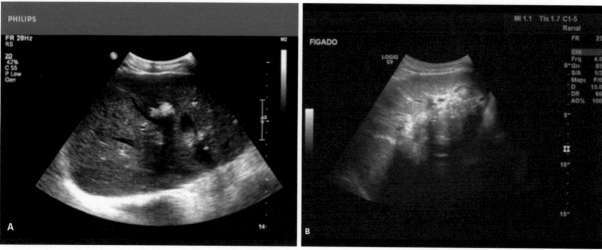

Figura 6 Achados ultrassonográficos das complicações biliares. Estenose da anastomose biliar predispondo a formação de cálculos (A) e dilatações segmentares das vias biliares intra-hepáticas (B).

e desafiadoras. O conhecimento da física do ultrassom e o correto manejo dos parâmetros técnicos do equipamento aumentam, obviamente, a acurácia do método para o diagnóstico desta e das demais complicações.

A adequada análise da anastomose arterial, local mais comum de estenose, é frequentemente limitada pela interposição de alças, edema hilar ou de coleções peri-hepáticas. Se não tratada a isquemia, pode ocorrer rejeição do halo enxerto e outras complicações podem se desenvolver, como necrose dos ductos biliares, colangites, causando extravasamentos (fístulas e bilomas), abscessos e áreas de infarto no tecido hepático (geralmente lesões hipoecogênicas). Estenose da artéria hepática pode ocorrer mesmo após vários anos de transplante, apesar de ser mais frequente no período pós-operatório precoce. É uma complicação relativamente comum no pós-transplante, comprometendo até 12% dos pacientes adultos e cerca de 9-18% dos pacientes pediátricos. A sensibilidade do estudo Doppler para o diagnóstico de oclusão arterial é de até 86%, sendo a angiografia, ainda, o "padrão-ouro".

A análise com Doppler espectral da artéria evidencia aumento importante das velocidades de pico sistólico (pelo menos duas vezes maior que a aferida no ponto pré-estenótico), habitualmente acima de 250 cm/s no local da estenose. O fluxo arterial no leito distal ao distúrbio, sobretudo nos ramos intra-hepáticos, pode também apresentar baixa amplitude, determinando o clássico padrão *tardus parvus*, caracterizado pela redução do IR (inferior a 0,55), da aceleração (menor que 3 m/s^2) e pelo aumento do tempo de aceleração (maior que 0,08 s). Quando qualquer um desses índices ou ambos estão alterados, a sensibilidade e a especificidade para o diagnóstico de estenose da artéria hepática no estudo Doppler são de, respectivamente, 81% e 60% (Figura 7). É importante a correlação dos achados ultrassonográficos com o *status* clínico do paciente, uma vez que o fluxo da artéria hepática pode não ser caracterizado na hipotensão sistêmica (vasoplegia), nos casos de acentuado edema hepático e nas suboclusões da artéria hepática, constituindo exemplos clássicos de falsos-positivos para diagnóstico de obstruções.

Outra complicação arterial pós-transplante menos frequente (ocorrência de 1%), porém não menos importante, é a formação de pseudoaneurisma da artéria hepática, determinada pela reconstrução vascular defeituosa da anastomose ou por infecção. Quando ocorre na topografia intra-hepática, geralmente é associado a complicação pós-biópsia hepática percutânea.

Veia porta

A anastomose portal é facilmente demonstrada na topografia do hilo hepático através de corte coronal na linha axilar ou da insonação subcostal. A análise espectral evidencia fluxo turbilhonado na topografia da anastomose, geralmente com velocidades normais entre 15-100 cm/s. A estenose da veia porta é complicação rara (até 1% dos casos), relacionada a técnica de sutura, caracterizando-se pelo aumento de três vezes ou mais da velocidade de fluxo no segmento pós-estenótico, podendo provocar aumento gradativo das dimensões esplênicas durante o controle evolutivo pós-operatório (Figura 8).

A trombose da veia porta após o transplante de fígado é um evento incomum, ocorrendo em menos de 2% dos pacientes adultos, sendo geralmente relacionada a dificuldades da técnica cirúrgica. O trombo pode ser demonstrado na ultrassonografia por ecos internos dentro da veia porta e pela falha de sinal Doppler colorido. Como o trombo agudo pode ser anecogênico ao estudo ecográfico, ressalta-se a importância do correto ajuste dos parâmetros técnicos (Doppler e do modo B) dos equipamentos de ultrassom no estudo do leito vascular em questão, como: PRF, ganho, filtro de parede, ângulo de insonação e volume de amostra. A redução do IR da artéria hepática

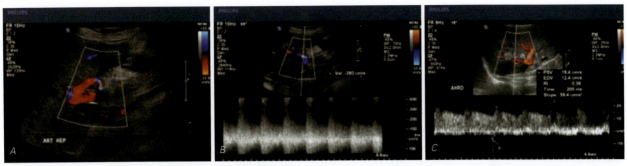

Figura 7 Estenose da artéria hepática caracterizada no estudo Doppler colorido pelo acentuado turbilhonamento de fluxo na projeção da anastomose (A) e no Doppler espectral, evidenciando velocidades de pico sistólico maiores que 250 cm/s (B). Padrão de fluxo pós-estenótico *tardus parvus* nos segmentos intra-hepáticos.

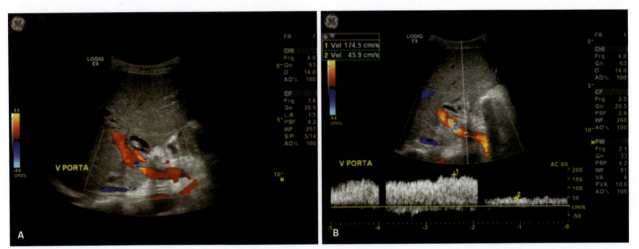

Figura 8 Avaliação complementar com estudo Doppler colorido e espectral de afilamento segmentar da veia porta caracterizado no modo B. Turbilhonamento do fluxo na projeção da anastomose venosa (A). Aumento em mais de 4 vezes das velocidades de fluxo pré e pós-anastomose, caracterizando estenose da veia porta.

pode ser um sinal secundário útil na caracterização da trombose da veia porta. O tratamento dessa complicação pode ser realizado através de trombólise, trombectomia ou mesmo reconstrução da veia com enxerto vascular.

Veia cava inferior e veias hepáticas

A anastomose das veias hepáticas com a veia cava inferior é de difícil acesso ecográfico em decorrência do ângulo de insonação quase perpendicular entre esta e o transdutor, limitando o estudo vascular espectral da veia cava inferior retro-hepática. O Doppler de amplitude é útil para confirmar a perviedade vascular nos casos tecnicamente difíceis, uma vez que independe do ângulo de insonação.

A trombose na veia cava é uma complicação relativamente rara nos transplantes, representando menos de 3% dos pacientes. Especial atenção deve ser dada aos transplantes realizados em decorrência de síndrome de Budd-Chiari, já que prevalece risco para novas tromboses das veias hepáticas e da veia cava inferior. A estenose da veia cava, complicação rara (menos de 1% dos casos), pode estar relacionada a fibrose tardia ou a hiperplasia neointimal, bem como eventos raros de rotação do enxerto.

As veias hepáticas muito raramente apresentam complicações pós-operatórias (menos de 1% dos casos). As estenoses podem ser suspeitadas quando há perda da fasicidade do fluxo no estudo Doppler espectral, na presença de inversão do sentido de fluxo e, classicamente, quando há aumento significativo (três vezes ou mais) das velocidades de fluxo pré e pós do segmento acometido.

Lesões hepáticas focais

Lesões focais parenquimatosas no fígado transplantado geralmente são indicadores de prognóstico ruim. Recorrência de carcinoma hepatocelular (CHC) em transplantados por cirrose, com malignidade, constitui complicação grave, especialmente quando associada a níveis séricos crescentes de alfafetoproteína. Halo hipoecoico periférico nas lesões focais é forte preditor de malignidade.

Abscessos hepáticos podem ser múltiplos e, por vezes, de difícil delimitação no ultrassom em suas fases iniciais, quando são isoecogênicos ao parênquima hepático normal.

O infarto hepático também pode se manifestar como lesão focal de ecogenicidade variável e, sem determinar efeito de massa, classicamente apresenta formato de cunha nas regiões subcapsulares, sendo associado à interrupção segmentar do suprimento arterial.

Doença linfoproliferativa deve sempre ser lembrada no diagnóstico diferencial das lesões focais, diante de associação às terapias imunossupressoras.

Coleções

Acúmulos líquidos podem ser monitorados pela ultrassonografia, representando geralmente hematoma, seroma, ascite septada ou biloma. Não é possível determinar a natureza da coleção somente pelos aspectos ultrassonográficos, devendo-se considerar o contexto clínico. Acúmulos líquidos ocorrem com maior frequência na pequena pelve e nos espaços peri-hepáticos, principalmente próximos às anastomoses vasculares e biliar.

Pequenos hematomas são frequentemente autorresolutivos. No entanto, vale considerar que um hematoma volumoso pode resultar de uma fístula vascular, necessitando de intervenção cirúrgica. Extravasamento de bile pela anastomose do ducto biliar é uma complicação potencialmente grave, que pode causar peritonite e rapidamente evoluir insatisfatoriamente, por conta dos variados fatores de risco do paciente transplantado.

Bibliografia sugerida

1. Berrocal T, Parrón M, Alvarez-Luque A, Prieto C, Santamaria ML. Pediatric liver transplantation: a pictorial essay of early and late complications. Radiographics. 2006;26:1187-209.
2. Berry JD, Sidhu PS. Microbubble contrast-enhanced ultrasound in liver transplantation. Eur Radiol. 2004;14:P96-P103.
3. Bisset GS, Strife J, Balistreri WF. Evaluation of children for transplantation; value of MR imaging and sonography. AJR Am J Roentgenol. 1990;155:351-6.
4. Bowen A, Hungate RG, Kaye RD, Reyes J, Towbin RB. Imaging in liver transplantation. Pediatr Gastrointest Radiol. 1996;34:757-78.
5. Colli A, Cocciolo M, Riva C, Martinez E, Prisco A, Pirola M, et al. Abnormalities of Doppler waveform of the hepatic veins in patients with chronic liver disease: correlation with histologic findings. AJR Am J Roentgenol. 1994;162:833-7.
6. Crossin JD, Muradali D, Wilson SR. US of liver transplants: normal and abnormal. Radiographics. 2003;23:1093-114.
7. Devlin J, O'Grady J. Indications for referral and assessment in adult liver transplantation: a clinical guideline. Gut. 1999;45(Suppl 6):VI1-VI22.
8. Dodd GD, Memel DS, Zajko AB, Baron RL, Santaguida LA. Hepatic artery stenosis and thrombosis in transplant recipients: Doppler diagnosis with resistive index and systolic acceleration time. Radiology. 1994;192:657-61.
9. Ducerf C, Rode A, Adham M, De la Roche E, Bizollon T, Baulieux J, et al. Hepatic outflow study after piggyback liver transplantation. Surgery. 1996;120:484-7.
10. Furst G, Malms J, Heyer T, Saleh A, Cohnen M, Frieling T, et al. Transjugular intrahepatic portasystemic shunts: improved evaluation with echo-enhanced color Doppler sonography, power Doppler and spectral duplex sonography. AJR Am J Roentgenol. 1998;170:1047-54.
11. Garcia-Criado A, Gialbert R, Salmerón JM, Nicolau C, Vilana R, Bianchi L, et al. Significance of and contributing factors for a high resistive index on Doppler sonography of the hepatic artery immediately after surgery: prognostic implications for liver transplant recipientes. AJR Am J Roentgenol. 2003;181(3):831-8.
12. Glockner JF, Forauer AR. Vascular or ischemic complications after liver transplantation. AJR Am J Roentgenol. 1999;173:1055-9.
13. Gorg C, Riera-Knorrenschild J, Dietrich J. Pictorial review: colour Doppler ultrasound flow patterns in the portal venous system. British Journal of Radiology. 2002;75:919-29.
14. Guerra L. Postoperative hepatic transplants. Review of ultrasound applications in detecting hepatic artery thrombosis. Journal of Diagnostic Medical Sonography. 1996;12:12-7.
15. Haskal ZJ, Pentecost MJ, Soulen MC, Shlansky-Goldberg RD, Baum RA, Cope C. Transjugular intrahepatic portosystemic shunt stenosis and revision: early and midterm results. AJR Am J Roentgenol. 1994;163:439-44.
16. Holbert BL, Campbell WL, Skolnick ML. Evaluation of the transplanted liver and postoperative complications. Radiol Clin North Am. 1995;33:521-40.
17. Huang TL, Chen TY, Tsang LL, Weng HH, Cheng YF, Chen YS, et al. The significance of hepatic vein outflow volume in hepatic outflow insufficiency of living right liver graft evaluated by Doppler ultrasound. Transplant Proc. 2005;37:1115-6.
18. Kaplan S, Zajko AB, Koneru B. Hepatic bilomas due to hepatic artery thrombosis in liver transplant recipients: percutaneous drainage and clinical outcome. Radiology. 1990;174:1031-5.
19. Karani JB, Heaton ND. Review. Imaging in liver transplantation. Clin Radiol. 1998;53:317-22.
20. Katyal S, Oliver JH, Buck DG, Federle MP. Detection of vascular complications after liver transplantation: early experience in multislice CT angiography with volume rendering. AJR Am J Roentgenol. 2000;175:1735-9.
21. Klein AS, Savader S, Burdick JF, Fair J, Mitchell M, Colombani P, et al. Reduction of morbidity and mortality from biliary complications after liver transplantation. Hepatology. 1991;14:818-23.
22. Mehrabi A, Fonouni H, Müller SA, Schmidt J. Current concepts in transplant surgery: liver transplantation today. Langenbecks Arch Surg. 2008;393(3):245-60
23. Mok TSK, Yu SCH, Lee C, Sung J, Leung N, Lai P, et al. False-negative rate of abdominal sonography for detecting hepatocellular carcinoma in patients with hepatitis B and elevated serum α-fetoprotein levels. AJR Am J Roentgenol. 2004;183:453-8.
24. Mueller AR, Platz KP, Kremer B. Early postoperative complications following liver transplantation. Best Pract Res Clin Gastroenterol. 2004;18:881-900.
25. Nicolau C, Vilana R, Bru C. The use of contrast-enhanced ultrasound in the management of the cirrhotic patient and for the detection of HCC. Eur Radiol. 2004;14:P63-P71.
26. Nolten A, Sproat IA. Hepatic artery thrombosis after transplantation; temporal accuracy of diagnosis with duplex ultrasound and the syndrome of impending thrombosis. Radiology. 1996;198:553-9.
27. Norris S. Chronic liver diseases: indications for liver transplantation. In: Sidhu PS, Baxter GM (eds.). Ultrasound of abdominal transplantation. Stuttgart: Thieme; 2002. p. 61-8.
28. Platt JF, Yutzy GG, Bude RO, Ellis JH, Rubin JM. Use of Doppler sonography for revealing hepatic artery stenosis in liver transplant recipients. American Journal of Roentgenology. 1997;168:473-6.
29. Raby N, Karani JB, Thomas S, O'Grady J, Williams R. Stenoses of vascular anastomoses after hepatic transplantation: treatment with balloon angioplasty. AJR Am J Roentgenol. 1991;157:167-71.
30. Ramos E, Coelho JCU. Transplante hepático no Brasil: Situação atual. Brazil liver transplantation: current situation. ABCD Arq Bras Cir Dig Editorial. 2010;23(3):143.
31. Redvanly RD, Nelson RC, Stieber AC, Dodd GD. Imaging in the preoperative evaluation of adult liver-transplant candidates: goals, merits of various procedures, and recommendations. AJR Am J Roentgenol. 1995;164:611-7.
32. Rossi AR, Pozniak MA, Zarvan NP. Upper inferior vena caval anastomotic stenosis in liver transplant recipients: Doppler US diagnosis. Radiology. 1993;187:387-9.
33. Shaw AS, Ryan SM, Beese RC. Liver transplantation. Imaging. 2002;14:314-28.
34. Shaw AS, Ryan SM, Beese RC, Sidhu PS. Ultrasound of nonvascular complications in the post liver transplant patient. Clinical Radiology. 2003;58:672-80.
35. Sugawara Y, Makuuchi M. Advances in adult living donor liver transplantation: a review based on reports from the 10th anniversary of the adult-to-adult living donor liver transplantation meeting in Tokyo. Liver Transpl. 2004;10:715-20.
36. Ueno N, Kawamura H, Takahashi H, Fujisawa N, Yoneda M, Kirikoshi H, et al. Characterization of portal vein thrombus with the use of contrast-enhanced sonography. J Ultrasound Med. 2006;25:1147-52.
37. White SA, Al-Mukhtar A, Lodge JP, Pollard SG. Progress in living donor liver transplantation. Transplant Proc. 2004;36:2720-6.
38. Wozney P, Zajko AB, Bron KM, Point S, Starzi TE. Vascular complications after liver transplantation: a five-year experience. AJR Am J Roentgenol. 1986;147:657-63.

Vias biliares

Cinthia Denise Ortega
Manoel de Souza Rocha

Introdução

A avaliação de doenças que acometem as vias biliares é possível por meio dos seguintes métodos diagnósticos: ultrassonografia (USG), tomografia computadorizada (TC), ressonância magnética (RM), cintilografia de fígado e vias biliares (DISIDA), ultrassonografia endoscópica e colangiografia por via transparietal ou por via retrógrada endoscópica.

Doenças com etiologias distintas, porém com sinais e sintomas semelhantes, podem envolver as vias biliares. A manifestação clínico-laboratorial dessas entidades pode incluir icterícia, prurido, sinais de colestase, febre e quadro de infecção decorrentes de colangite ou, ainda, sintomas inespecíficos. Como o tratamento desses processos pode variar de acordo com o fator etiológico, os métodos de imagem contribuem de forma indispensável para diagnóstico e planejamento terapêutico.

Trataremos de doenças mais frequentes das vias biliares e da avaliação realizada principalmente por meio de TC e RM.

Métodos de imagem

A USG é, em geral, a primeira ferramenta de avaliação das vias biliares. Trata-se de um método disponível, acessível e barato, que pode ser feito à beira do leito e não utiliza radiação ionizante. Algumas limitações podem ser decorrentes de interposição gasosa ou do biotipo do paciente. No entanto, o excelente contraste entre o conteúdo líquido da via biliar, os cálculos biliares e o parênquima hepático circundante faz da USG um método muitas vezes diagnóstico e resolutivo, que não demanda estudos adicionais (Figura 1). Para a pesquisa de microcálculos no colédoco distal, a USG endoscópica é o melhor método diagnóstico.

A TC para avaliação biliar deve conter fases sem e com contraste venoso (Figura 2). O protocolo adequado é de um exame trifásico – arterial, portal e de equilíbrio. Água por via oral está indicada, e vale lembrar que contraste positivo por via oral pode obscurecer cálculos biliares e não deve ser utilizado. A tomografia é um método disponível e rápido. Permite a avaliação biliar e vascular com boa resolução espacial. Como desvantagens, destacam-se a radiação e a necessidade de contraste venoso, o que pode ser contraindicado em pacientes com a função renal prejudicada, por exemplo.

A RM com sequência colangiográfica é de grande utilidade para avaliação biliar (Figura 3). Substituiu a colangiografia como método diagnóstico, deixando-a reservada para opção terapêutica. Algumas limitações relacionam-se com a necessidade de cooperação do paciente, a contraindicações para entrada no magneto e para injeção de contraste venoso. Tem menor resolução espacial que a tomografia, porém maior resolução de contraste. Meios de contraste com excreção biliar podem colaborar no diagnóstico de algumas lesões, como de fístulas (Figura 4).

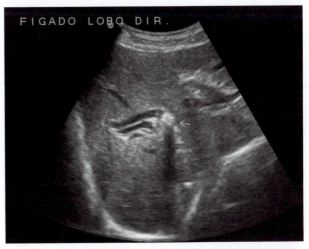

Figura 1 Ultrassonografia mostra imagem hiperecogênica com sombra acústica posterior compatível com cálculo intra-hepático (seta). O contraste entre o cálculo e o conteúdo anecogênico da via biliar dilatada facilita a detecção dos cálculos.

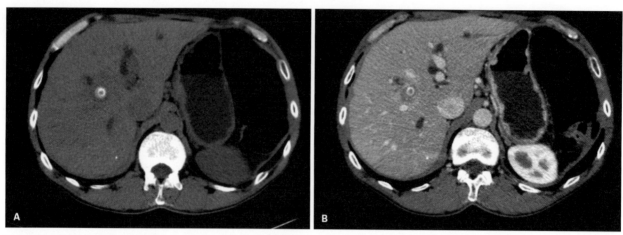

Figura 2   A: Tomografia de abdome sem contraste. Cálculos com conteúdo cálcico podem ser detectados pela tomografia mais facilmente na fase pré-contraste, pelo maior contraste com o parênquima hepático. B: Tomografia de abdome com contraste venoso na fase portal. O cálculo é visível, porém na fase pré-contraste é mais conspícuo.

Figura 3   Ressonância magnética de abdome. Sequência T2 coronal HASTE com supressão de gordura e cortes grossos. Múltiplos cálculos na via biliar intra-hepática e no colédoco, dilatados.

Atualmente, os métodos colangiográficos invasivos são fundamentais para tratamento – drenagem biliar e retirada de cálculos. Como métodos diagnósticos, participam de biópsias para diagnóstico anatomopatológico, no entanto, por serem invasivos, perderam o papel de diagnóstico com o avanço da TC e da RM.

Anatomia normal e variações anatômicas

Na maioria dos indivíduos, os ductos biliares anterior e posterior direitos confluem no plano da porta hepatis formando o ducto direito, que, por sua vez, se junta ao ducto biliar esquerdo, formando o ducto hepático comum. A partir da inserção do ducto cístico, inicia-se o colédoco.

Existem diversas variações anatômicas descritas. As mais frequentes são: a drenagem do ducto posterior direito no ducto esquerdo e a confluência tripla entre o ducto

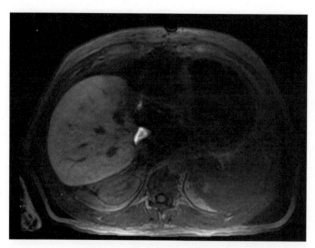

Figura 4   Ressonância magnética de abdome (sequência T1 com supressão de gordura e contraste de excreção hepatobiliar na fase tardia) mostra extravasamento do contraste por meio de fístula biliar inadvertida pós-cirúrgica.

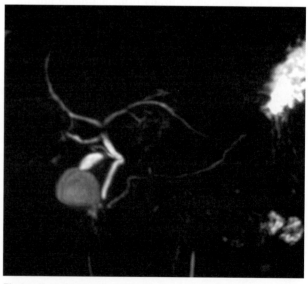

Figura 5   Inserção do ducto posterior direito no ducto hepático comum na sequência colangiográfica.

anterior direito, o ducto posterior direito e o ducto esquerdo. A descrição dessas variações anatômicas é fundamental no planejamento cirúrgico do fígado, principalmente no transplante intervivos e nas hepatectomias direita ou esquerda (Figura 5).

Variações anatômicas da vesícula biliar também são descritas. Algumas são frequentemente encontradas, como a vesícula em "barrete frígio", que consiste em uma dobra da porção fúndica. Duplicidade e agenesia da vesícula biliar são extremamente raras.

Doenças congênitas

Espectro das doenças fibropolicísticas hepatobiliares

As doenças fibropolicísticas hepáticas originam-se do desenvolvimento embriológico anormal da placa ductal. No processo normal de embriogênese, a reabsorção dos ductos biliares primitivos inicia-se a partir do hilo em direção à periferia do fígado, formando a árvore biliar normal. A depender do estágio em que ocorre a reabsorção deficiente da placa ductal, surgem alterações morfológicas em ductos maiores – cistos de colédoco, ductos médios – doença de Caroli e doença policística autossômica dominante, ou ductos menores – hamartomas biliares e fibrose hepática congênita.

Cistos de colédoco

Cistos de colédoco são extremamente raros. As principais hipóteses para explicar a origem dos cistos de colédoco são: malformação da placa ductal e junção anômala biliopancreática.

A teoria da junção anômala biliopancreática justifica a formação dos cistos de colédoco pela fusão do ducto pancreático principal e do colédoco fora da parede do duodeno, com formação de um ducto comum alongado que permite o refluxo de secreção pancreática para a via biliar, gerando processo inflamatório e dilatação da via biliar (Figura 6).

Os cistos de colédoco são classificados em cinco tipos, de acordo com Todani:

- Tipo I – dilatação fusiforme da via biliar extra-hepática (Figura 7).
  - Ia: dilatação difusa.
  - Ib: dilatação focal segmentar.
  - Ic: dilatação do ducto hepático comum.
- Tipo II – divertículo.
- Tipo III – coledococele.
- Tipo IV – envolvimento intra e extra-hepático (Figura 8).
  - IVa: múltiplos cistos intra e extra-hepáticos.
  - IVb: múltiplos cistos extra-hepáticos.

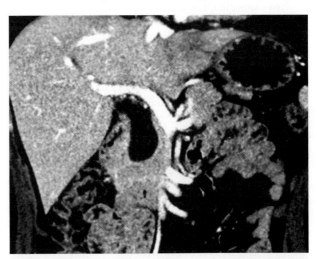

Figura 7 Tomografia de abdome com contraste na fase portal mostra dilatação fusiforme do colédoco sem dilatação das vias biliares intra-hepáticas, compatível com cisto de colédoco Todani I.

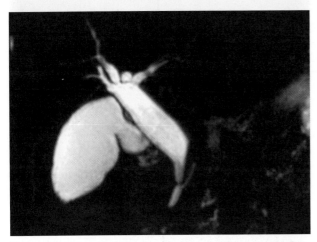

Figura 6 Sequência colangiográfica da ressonância magnética mostra ducto comum alongado e dilatação fusiforme do colédoco, compatível com cisto de colédoco. Não há dilatação do ducto pancreático principal.

Figura 8 Sequência colangiográfica da ressonância magnética mostra dilatação fusiforme do colédoco e dilatações fusiformes e saculares das vias biliares intra-hepáticas, compatíveis com cisto de colédoco Todani IVa.

- V: doença de Caroli (Figura 9).

Os métodos de imagem permitem a visualização dos cistos de colédoco e são diagnósticos. O tratamento é cirúrgico, com ressecção da lesão e derivação biliodigestiva pelo risco aumentado de colangiocarcinoma.

Doença de Caroli

A doença de Caroli apresenta-se clinicamente por crises recorrentes de colangite, secundárias à estase biliar. Os métodos de imagem mostram dilatação cística multifocal da via biliar intra-hepática, destacando-se o achado típico do *central dot sign*, que consiste no ramo portal correspondente à via biliar dilatada (Figura 10). Cálculos ou bile espessa podem ser vistos.

Nos casos em que existe fibrose hepática concomitante, a doença é chamada de síndrome de Caroli. Doença cística renal pode estar associada (Figura 11). As principais complicações clínicas são decorrentes dos quadros de colangite e da hepatopatia crônica biliar. Abscessos, cálculos e hipertensão portal podem estar presentes.

O diagnóstico diferencial principal é colangite piogênica recorrente.

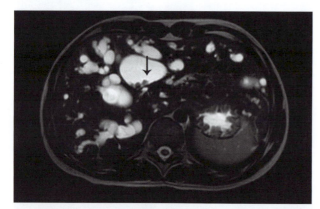

Figura 9 Ressonância magnética de abdome sequência T2FSE sem supressão de gordura mostra dilatações císticas da via biliar intra-hepática, contendo cálculos (seta).

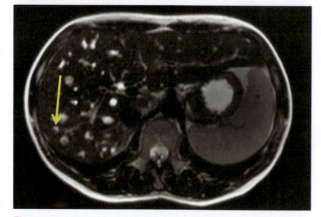

Figura 10 Ressonância magnética de abdome sequência T2FSE sem supressão de gordura. *Central dot sign* (seta).

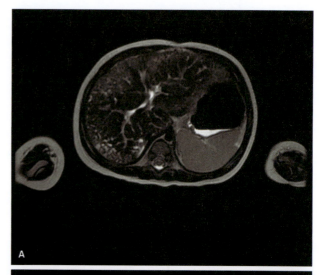

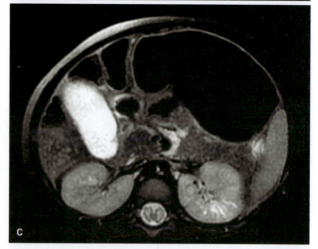

Figura 11 A: Ressonância magnética de abdome sequência T2FSE sem supressão de gordura. Múltiplos cistos hepáticos, áreas de hipersinal do parênquima, sugerindo fibrose e alterações morfológicas hepáticas, sugerindo síndrome de Caroli. B: Sequência colangiográfica mostra aumento da distensão da vesícula biliar, aspecto que pode estar presente. C: Cistos renais, que também podem ser encontrados na síndrome.

Doença policística autossômica dominante

Na doença policística autossômica dominante, múltiplos cistos hepáticos que não têm comunicação com a via biliar são vistos (Figura 12).

O fígado torna-se aumentado pela presença das lesões, que podem gerar sintomas dolorosos ou compressão de outras estruturas. As dimensões dos cistos são variáveis, e complicações como sangramento, rotura ou infecção também podem levar a sintomas. A degeneração neoplásica é extremamente rara.

Hamartomas biliares

Os hamartomas biliares são pequenas lesões císticas sem comunicação com a via biliar. São decorrentes da reabsorção deficiente da placa ductal nos ductos biliares pequenos intra-hepáticos (Figura 13). Os métodos de imagem são diagnósticos. À USG, as pequenas lesões císticas podem se apresentar hiperecogênicas.

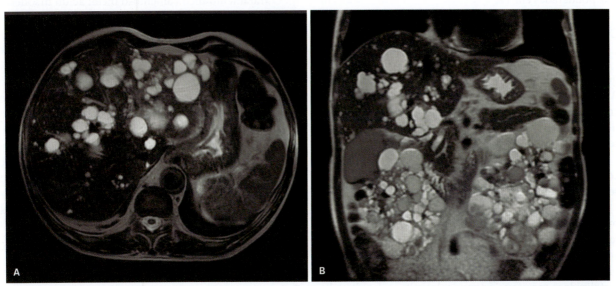

Figura 12   A: Múltiplos cistos sem comunicação com a via biliar, de diversos tamanhos; alguns podendo ter conteúdo hemático ou hiperproteico são encontrados na doença policística autossômica dominante. B: Rins aumentados, de aspecto policístico e com cistos substituindo o parênquima renal.

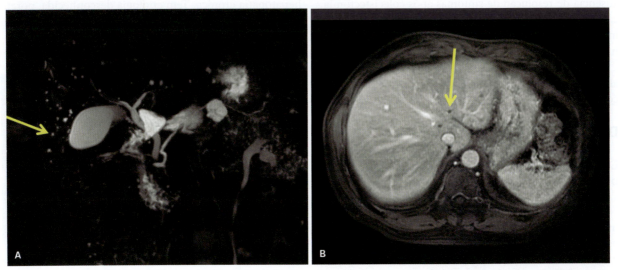

Figura 13   A: A sequência colangiográfica mostra múltiplas pequenas imagens com sinal alto no T2 (seta), compatíveis com hamartomas biliares. B: Na fase T1 pós-contraste com supressão de gordura, os hamartomas biliares aparecem como focos hipovascularizados (seta).

Fibrose hepática congênita

Na fibrose hepática congênita, associam-se a fibrose periportal com a doença dos pequenos ductos biliares. A evolução da doença pode ser de cirrose e hipertensão portal. Os métodos de imagem podem auxiliar no diagnóstico.

As alterações morfológicas descritas nas hepatopatias crônicas incluem hipertrofia do segmento lateral do lobo esquerdo. Na fibrose hepática congênita, é descrita hipertrofia ou tamanho normal do segmento medial do lobo esquerdo. A fibrose periportal pode se manifestar como aumento do sinal ao longo dos tratos portais nas sequências ponderadas em T2.

Colestase familiar

A colestase familiar é causada por mutações nos genes que codificam transportadores canaliculares do fígado. As mutações podem levar a um espectro de síndromes colestáticas, compostas por colestase familiar intra-hepática progressiva, colestase intra-hepática benigna recorrente e colestase intra-hepática da gravidez.

A manifestação clínica pode ter início na infância, com prurido, icterícia e alteração laboratorial de colestase. A evolução tardia pode ser de cirrose biliar.

Um dos tipos de colestase familiar intra-hepática progressiva manifesta-se pela secreção deficiente de fosfolipídeos biliares, levando a litíase biliar recorrente em adultos jovens, com menos de 40 anos.

Clinicamente, a colelitíase associada a deficiência de fosfolipídeos manifesta-se com colecistite, colangite e litíase intra-hepática com ou sem pancreatite aguda associada a microcálculos biliares. Em geral, há antecedentes familiares semelhantes.

Deve-se suspeitar dessa possibilidade nos casos de ausência de resolução de sintomas após colecistectomia, cálculos intra-hepáticos, conteúdo espesso na via biliar intra-hepática, antecedente familiar em parentes próximos ou antecedente familiar de colestase da gravidez.

O diagnóstico é feito por meio de análise genética e alguns pacientes podem responder a tratamento clínico com ácido ursodesoxicólico.

Doenças imunomediadas

Cirrose biliar primária ou colangite biliar primária

A cirrose biliar primária é uma doença autoimune, inflamatória crônica progressiva, que se caracteriza pela destruição de ductos intra-hepáticos de pequeno e médio calibre. Tem etiologia desconhecida. A maioria dos pacientes tem níveis séricos elevados de anticorpos antimitocondriais, marcador bioquímico mais relevante para a doença.

Afeta principalmente mulheres ao redor da quinta década de vida. Clinicamente, manifesta-se por prurido e fadiga. O diagnóstico é firmado quando são observados critérios laboratoriais de colestase, presença de anticorpos antimitocondriais, biópsia mostrando colangite não supurativa e destruição de ductos biliares de pequeno ou médio calibre.

Na vigência de evidência laboratorial de colestase, os métodos diagnósticos servem para pesquisa de dilatação das vias biliares. Caso a USG não mostre dilatação das vias biliares, pode-se firmar o diagnóstico de cirrose biliar primária se houver anticorpos positivos.

O tratamento medicamentoso inclui ácido ursodesoxicólico, corticoesteroides e imunossupressores.

A história natural da doença evolui para hepatopatia crônica, hipertensão portal, varizes e necessidade de transplante de fígado.

Os achados radiológicos da doença na fase tardia são os aspectos comuns à hepatopatia crônica e hipertensão portal: irregularidade dos contornos do fígado, aumento do lobo caudado, circulação colateral e esplenomegalia. Linfonodos hilares são frequentes e podem não estar relacionados a doença maligna. Um padrão de imagem que pode ser observado em alguns casos avançados é o halo periportal, descrito como um halo de hipossinal ou hipoatenuação no parênquima circundando o ramo portal e sem efeito de massa (Figura 14). Carcinoma hepatocelular pode se desenvolver nesses casos de hepatopatia biliar, e é uma lesão a ser detectada nos estudos.

Colangite esclerosante

A colangite esclerosante primária é uma doença colestática crônica caracterizada por inflamação e fibrose persistente e progressiva das vias biliares, que evolui para hepatopatia crônica. Tem etiologia desconhecida, porém acredita-se que fatores genéticos e ambientais participam da patogênese. Há nítida associação com doença infla-

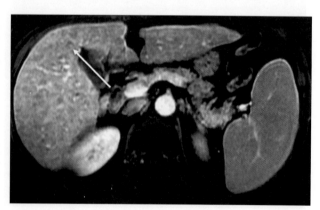

Figura 14 Ressonância magnética de abdome (sequência T1 com supressão de gordura pós-contraste na fase portal). Hipovascularização do parênquima que circunda o ramo portal (seta) caracteriza o halo periportal.

matória intestinal (Figura 15), e constitui fator de risco para neoplasia de cólon, colangiocarcinoma e neoplasia de vesícula biliar.

Afeta homens mais frequentemente que mulheres. Clinicamente, pode manifestar-se com sintomas inespecíficos, e muitas vezes o diagnóstico é feito por alteração de exames laboratoriais da função hepática. Hepatoesplenomegalia, prurido, icterícia e fadiga podem estar presentes.

O diagnóstico pode ser feito por meio de achados de imagem típicos em pacientes com alterações laboratoriais de colestase. Os métodos de imagem podem auxiliar na confirmação da hipótese diagnóstica e na exclusão de outras causas de obstrução biliar.

Os achados radiológicos típicos são: múltiplas áreas de estenose que determinam dilatação descontínua da árvore biliar intra-hepática (Figura 16). Alguns pacientes têm acometimento preferencial de pequenos ductos biliares, outros podem ter sobreposição entre colangite esclerosante e hepatite autoimune.

Sinais de colangite, como espessamento parietal da via biliar, distúrbio perfusional do parênquima peribiliar podem estar presentes (Figura 17). O parênquima peribiliar pode exibir distúrbio perfusional pelo processo inflamatório ou por redução do fluxo portal e arterialização do fígado. Linfadenopatia hilar reacional é frequente.

Nas fases tardias, alterações morfológicas como hipertrofia do caudado e das porções centrais do fígado podem ser explicadas pela redução do fluxo de sangue portal para o parênquima periférico (Figura 18).

Pelo aumento do risco de neoplasias, o papel dos métodos de imagem não se limita ao diagnóstico. Esses pacientes são monitorados para detecção de colangiocarcinoma, principalmente em momentos de piora clínica.

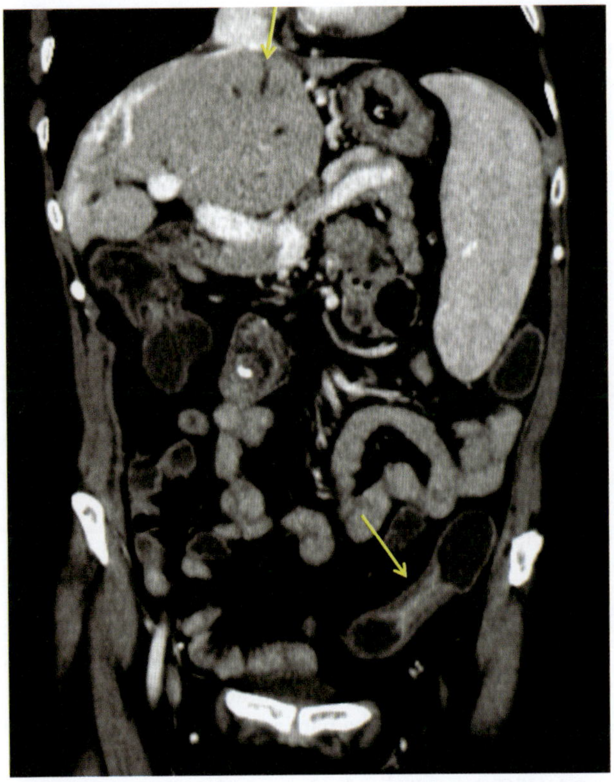

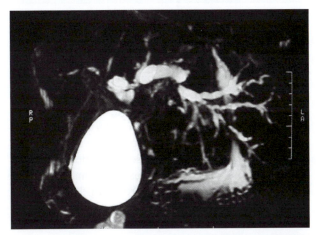

Figura 16 Sequência colangiográfica da ressonância magnética mostra áreas descontínuas de dilatação das vias biliares intra-hepáticas, intercaladas com focos de estenose, conferindo padrão de colar de contas.

Figura 15 Paciente com retocolite ulcerativa e colangite esclerosante. Tomografia com contraste na fase portal, reformatação coronal. Espessamento parietal de segmento do cólon sigmoide, que apresenta pobreza das haustrações, vistos na doença inflamatória intestinal (seta). Alterações morfológicas hepáticas secundárias a hepatopatia biliar, com hipertrofia da porção central do fígado. Dilatação da via biliar intra-hepática (seta).

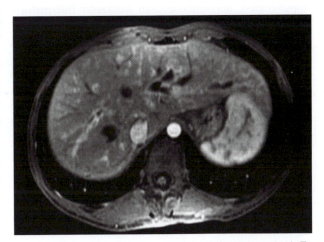

Figura 17 Ressonância magnética de abdome (sequência T1 com supressão de gordura pós-contraste na fase arterial) mostra espessamento com realce parietal das vias biliares intra-hepáticas, dilatadas, além de distúrbio perfusional do parênquima peribiliar, compatível com colangite.

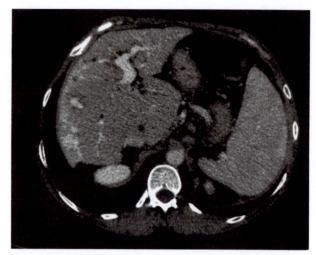

Figura 18   Tomografia de abdome pós-contraste na fase portal. Alterações morfológicas hepáticas, com acentuada hipertrofia do lobo caudado e da porção central do parênquima hepático, com atrofia da periferia.

Síndromes de sobreposição

Alguns pacientes apresentam critérios clínicos, sorológicos, histológicos e radiológicos que não se enquadram totalmente em uma das seguintes doenças: hepatite autoimune, colangite esclerosante primária e cirrose biliar primária. Esses pacientes recebem diagnóstico de síndrome de sobreposição.

Colangite relacionada à IgG4

A doença relacionada ao IgG4 é uma doença inflamatória sistêmica que se caracteriza por lesões tumefativas nos órgãos envolvidos e aumento dos níveis séricos de IgG4. A maioria dos pacientes é do sexo masculino, com mais de 50 anos de idade. Do ponto de vista histopatológico, apresenta-se com infiltrado inflamatório linfoplasmocitário, fibrose e flebite obliterativa.

Diversos órgãos podem estar acometidos: pâncreas, glândulas salivares, glândulas lacrimais, órbita, retroperitôneo, vias biliares e outros. A doença de acometimento biliopancreático varia entre pancreatite autoimune com ou sem envolvimento de ductos biliares, com ou sem pseudotumor e colangite relacionada ao IgG4 com ou sem pseudotumor hilar.

Clinicamente, manifesta-se por icterícia obstrutiva. Os níveis séricos de IgG4, gamaglobulinas e autoanticorpos podem aumentar. O tratamento é baseado em corticoterapia.

Os achados de imagem incluem espessamento parietal e estenose de ductos biliares, com realce pelo contraste, semelhante ao que é visto na colangite esclerosante primária (Figura 19). Em alguns casos, o diagnóstico diferencial entre colangiocarcinoma, neoplasia de pâncreas e colangite esclerosante é dificultado pela sobreposição de achados. Portanto, o diagnóstico é firmado por meio de conjunto de achados de exames de imagem, alteração dos níveis séricos de IgG4 e aspectos histopatológicos.

Doenças infecciosas

Colangite piogênica

Quadros de colangite piogênica são relacionados a obstrução biliar e infecção bacteriana por via ascendente a partir do trato gastrointestinal. O papel dos métodos de imagem é detectar a causa obstrutiva para guiar o tratamento, já que o diagnóstico de colangite é clínico.

Coledocolitíase é a causa mais frequente de obstrução (Figura 20). Na maioria dos casos, os cálculos migram da vesícula biliar e, durante o trânsito para a papila, podem levar à obstrução. Fatores que levem à estase biliar podem predispor à formação de cálculos primários da via biliar. Complicações da coledocolitíase são obstrução biliar e pancreatite aguda.

Colangite manifesta-se clinicamente por icterícia, febre e dor no hipocôndrio direito. Os casos de maior gravidade evoluem para confusão mental e choque. As alterações encontradas nos exames de imagem dos pacientes com colangite são espessamento com realce parietal da via biliar, distúrbio perfusional do parênquima peribiliar visto na fase arterial, além de microabscessos colangiolíticos, caracterizados por focos hipovascularizados de distribuição peribiliar (Figura 21).

A USG é, em geral, o primeiro método para avaliação de obstrução biliar. Pode ser método resolutivo nos casos de coledocolitíase com cálculo visível e guiar o tratamento de colangiografia retrógrada endoscópica para desobstrução biliar. Alguns cálculos distais ou justapapilares podem ser de difícil detecção pela USG.

A tomografia pode perder cálculos que não tenham conteúdo cálcico, e a ressonância, embora menos disponível, pode auxiliar no diagnóstico.

Cálculo no infundíbulo vesicular ou no ducto cístico pode levar a compressão do ducto hepático comum ou do colédoco e gerar dilatação das vias biliares, o que é descrito na síndrome de Mirizzi (Figura 22).

Colecistite aguda

Cálculos são a causa mais frequente de colecistite aguda. A obstrução do infundíbulo aumenta a pressão luminal, e a distensão leva a menor perfusão da parede, o que pode resultar em necrose e perfuração.

O método de escolha para avaliação da vesícula biliar é a USG. A tomografia pode mostrar aspectos semelhantes à USG, com distensão da vesícula, espessamento parietal, cálculo no infundíbulo e líquido perivesicular, e a tomografia pode também mostrar distúrbio perfusional do parênquima perivesicular (Figura 23).

Perfuração, fistulização, sangramento e gás nas paredes podem ser complicações da colecistite aguda.

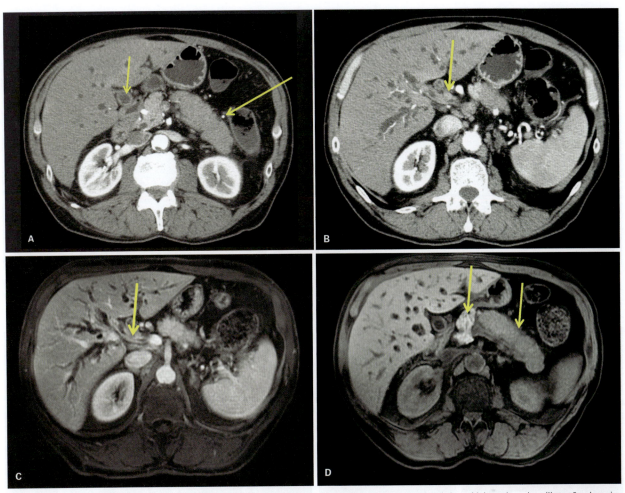

Figura 19   A: Tomografia de abdome com contraste na fase arterial – espessamento parietal do colédoco (seta) e dilatação das vias biliares intra-hepáticas. Alterações pancreáticas concomitantes (aumento volumétrico da cauda e densificação da gordura peripancreática) tornam a hipótese de colangiopatia relacionada a IgG4 mais provável. B: Espessamento parietal acentuado da via biliar extra-hepática (seta). C: Aspecto semelhante é visto pela ressonância magnética (RM) de abdome pós-contraste (seta). D: RM de abdome sequência T1 com supressão de gordura sem contraste. Alteração de sinal da cauda pancreática e sinal preservado da porção cefálica.

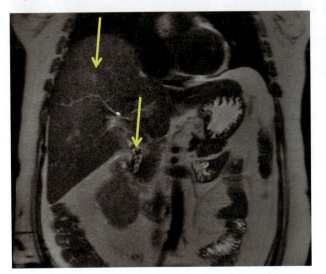

Figura 20   Ressonância magnética de abdome (sequência coronal SSFSE sem supressão de gordura) mostra aumento do sinal do parênquima hepático, sugerindo edema/inflamação, com lesões focais compatíveis com abscessos (seta). Múltiplos cálculos no colédoco distal (seta).

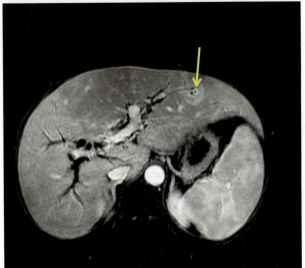

Figura 21   Ressonância magnética de abdome (sequência T1 com supressão de gordura pós contraste na fase arterial) mostra dilatação das vias biliares intra-hepáticas, distúrbio perfusional do parênquima e abscessos colangiolíticos (seta).

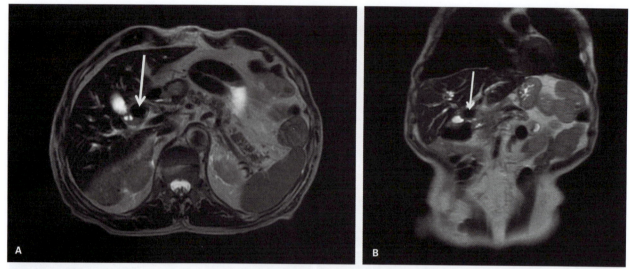

Figura 22   A: Ressonância magnética de abdome (sequência FSET2 sem supressão de gordura) mostra cálculo no infundíbulo da vesícula biliar (seta). B: Sequência SSFSE coronal sem supressão de gordura. O cálculo (seta) comprime o ducto hepático comum e promove dilatação das vias biliares intra-hepáticas, compatível com síndrome de Mirizzi.

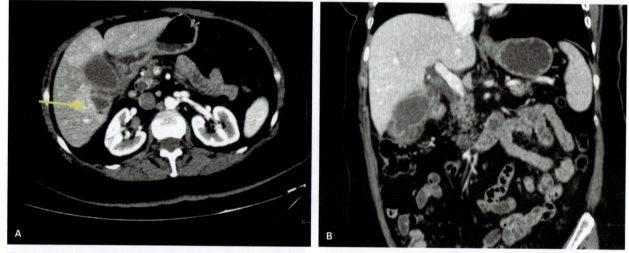

Figura 23   A: Tomografia com contraste venoso na fase arterial mostra vesícula biliar distendida, distúrbio perfusional do parênquima perivesicular e pequeno abscesso hepático contíguo (seta). B: Reconstrução coronal mostra delaminação da parede da vesícula e densificação da gordura perivesicular.

Fasciolíase

A fasciolíase é causada pela *Fasciola hepatica*, verme com transmissão fecal-oral. A partir da infecção, as larvas perfuram a parede do duodeno, invadem o fígado e dirigem-se à árvore biliar, onde viram vermes adultos e podem viver por anos.

Os aspectos de imagem encontrados são falhas de enchimento na luz da via biliar, além de achados de colangite – espessamento com realce parietal (Figura 24). Lesões alongadas formando abscessos e cavidades necróticas tubulares que ligam a periferia do fígado à árvore biliar podem ser observadas.

Equinococose

A equinococose é uma doença parasitária que pode envolver diversos órgãos abdominais. O fígado pode estar acometido, com presença de cistos hidáticos, e o acometimento biliar pode ser por compressão ou por invasão (Figura 25).

Os cistos hidáticos típicos são compostos do endocisto, onde os múltiplos cistos filhos são produzidos, e do pericisto, que constitui a cápsula fibrosa de resposta do hospedeiro.

O diagnóstico de equinococose leva em conta aspectos epidemiológicos, presença de cistos nos exames de imagem e de alterações laboratoriais imunológicas.

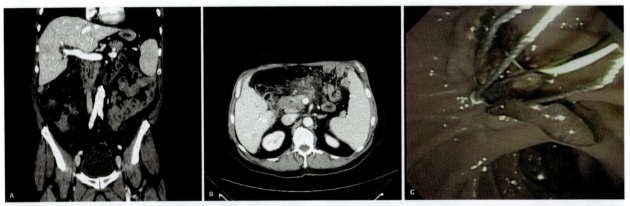

Figura 24   A: Fascioliáse. Tomografia de abdome com contraste na fase portal; reformatação coronal. Espessamento com realce parietal do colédoco distal, que aparentava conter material hiperatenuante. B: Densificação da gordura da retrocavidade dos epíplons, possivelmente alterações inflamatórias decorrentes do ciclo do parasita. C: Foto da colangiografia retrógrada endoscópica mostra a retirada dos vermes da via biliar.

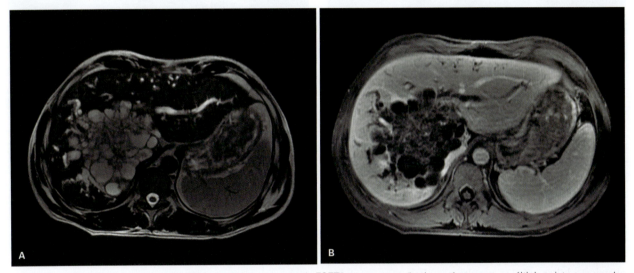

Figura 25   A: Ressonância magnética (RM) de abdome sequência FSE T2 sem supressão de gordura mostra múltiplos cistos agrupados no lobo direito do fígado, além de dilatação das vias biliares intra-hepáticas. B: RM de abdome sequência T1 com supressão de gordura pós-contraste na fase portal mostra as lesões císticas no lobo direito. A lesão foi considerada irressecável por infiltração do hilo hepático.

Ascaridíase

Ascaridíase é a verminose mais frequente do mundo, com transmissão fecal-oral, ciclo pulmonar e vermes adultos habitando a luz intestinal. O acometimento biliar se dá pela migração dos parasitas para a árvore biliar.

Os métodos de imagem mostram falhas de enchimento de aspecto tubular na árvore biliar ou na vesícula (Figura 26). À USG, os vermes podem se movimentar.

Cronicamente, acredita-se que a infecção da via biliar por *Ascaris* pode levar à litíase intra-hepática.

Litíase intra-hepática

Litíase intra-hepática também é conhecida como colangite piogênica de repetição ou colangio-hepatite oriental. Trata-se de doença inflamatória crônica relacionada a condições socioeconômicas ruins. Na Ásia, está associada a infecção por *Clonorchis sinensis* e, na América Latina, por infecção por *Ascaris lumbricoides*.

A infecção da via biliar por *Ascaris* acontece por via ascendente pela papila duodenal a partir da luz intestinal. Gera processo inflamatório biliar, com estenoses que predispõem à formação de cálculos. A análise histológica mostra ductos biliares com cálculos, espessa-

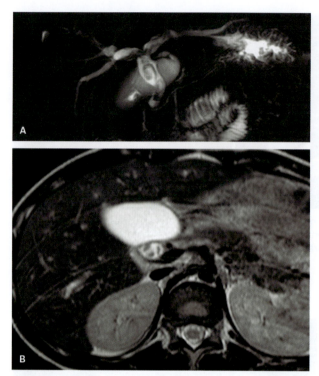

Figura 26 A: Sequência colangiográfica da ressonância magnética (RM) mostra falha de enchimento alongada na luz do colédoco e das vias biliares intra-hepáticas, achados consistentes com ascaridíase. B: RM de abdome (sequência FSET2 sem supressão de gordura) mostra o aspecto dos parasitas no plano axial.

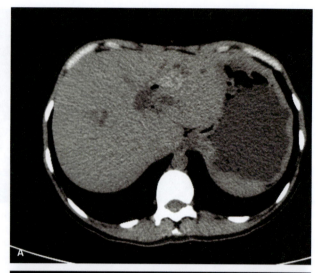

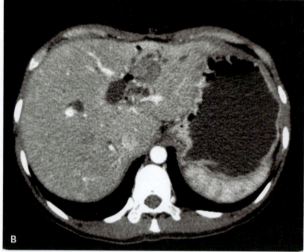

Figura 27 A: Tomografia de abdome sem contraste – múltiplos cálculos hiperatenuantes são vistos na via biliar do lobo esquerdo do fígado. B: Os cálculos encontram-se na luz da via biliar dilatada.

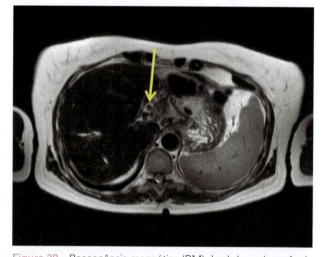

Figura 28 Ressonância magnética (RM) de abdome (sequência FSET2 sem supressão de gordura) mostra cálculos na luz da via biliar do lobo esquerdo do fígado (seta). Pela morfologia e pela posição, é possível afirmar que se trata de cálculos, e não de aerobilia.

mento fibrótico das paredes ductais e fibrose dos tecidos periductais.

Clinicamente, manifesta-se por quadros recorrentes de colangite, com dor no hipocôndrio direito, febre, calafrios e icterícia. As colangites de repetição podem causar trombose de ramos portais, o que, em conjunto com a obstrução biliar crônica, resulta nas alterações morfológicas do fígado.

A avaliação por imagem dessa doença é feita por meio de USG, tomografia e RM. Os métodos mostram os cálculos, as áreas de espessamento parietal e consequente dilatação das vias biliares (Figura 27). Abscessos colangiolíticos podem aparecer como complicações agudas da infecção, e há aumento do risco de colangiocarcinoma pelo quadro inflamatório crônico. Os principais diagnósticos diferenciais são doença de Caroli e colelitíase associada a deficiência de fosfolipídeos.

Os cálculos em geral são pigmentados e podem ser vistos como falhas de enchimento na via biliar hiperatenuantes na tomografia sem contraste e com alto sinal nas sequências ponderadas em T1 na RM. A diferenciação das falhas de enchimento entre cálculos e aerobilia pode ser feita pelo posicionamento da falha de enchimento, formando nível hidroaéreo quando há aerobilia e depositado nas porções posteriores quando se trata de cálculos (Figura 28).

Colangiocarcinoma é descrito em até 11% dos pacientes com litíase intra-hepática, e o diagnóstico pode ser tardio pela sobreposição dos achados por imagem da doença inflamatória recorrente e a lesão neoplásica.

A abordagem desses pacientes é multidisciplinar. O objetivo do tratamento é desobstruir a via biliar e remover os cálculos. Nas fases mais tardias, quando há lesão irreversível da via biliar, os métodos de imagem contribuem para planejamento de hepatectomia. No planejamento cirúrgico, tomografia e ressonância podem ajudar a mapear as estruturas biliares e vasculares.

Colangiopatia do HIV

A colangiopatia relacionada ao HIV tem origem provável da infecção oportunista da árvore biliar causada por patógenos entéricos. Os quadros de infecção de repetição geram inflamação e colangite esclerosante secundária. *Cryptosporidium* e *Cytomegalovirus* são os agentes mais frequentemente relacionados. *Mycobacterium*, *Salmonella*, *Enterobacter* e *Candida*, entre outros, também podem se encontrados.

A colangiopatia do HIV está presente quando a contagem de CD4 é menor que 100/mm^3. Com a terapia antirretroviral mais eficiente, a doença tende a ser menos frequente. A manifestação da doença é espectral. Varia entre estenose de papila, lesões semelhantes às da colangite esclerosante, estenose da via biliar extra-hepática e espessamento da parede da vesícula biliar, inclusive com colecistite alitiásica.

Doenças neoplásicas

Neoplasias císticas biliares

As neoplasias císticas biliares caracterizam-se por conterem estroma ovariano à análise histológica, e são muito mais frequentes no sexo feminino. Trata-se de lesões neoplásicas císticas sem comunicação com as vias biliares e revestidas por epitélio que secreta mucina, localizadas mais frequentemente no segmento IV. Os principais tipos histológicos são cistadenoma biliar e cistadenocarcinoma biliar. Os achados por imagem dessas duas entidades são superponíveis. Portanto, recomenda-se ressecção cirúrgica pela dificuldade de diferenciação. Espessamento parietal, nódulos murais ou septações espessas são indicativos de malignidade.

Os métodos de imagem mostram lesões expansivas císticas, que podem ser uniloculadas, multiloculadas, com conteúdo líquido ou hemático/hiperproteico. Septações, projeções murais sólidas e calcificações podem estar presentes nas lesões benignas e malignas, o que dificulta esse diferencial (Figuras 29 e 30).

O papel dos métodos de imagem é mapear as relações anatômicas da lesão para planejamento da ressecção. Entre os diagnósticos diferenciais, destacam-se os cistos hidáticos, metástases e abscessos. Hamartoma mesenquimal e sarcoma embrionário podem ter aspectos de imagem semelhantes, mas acometem preferencialmente crianças.

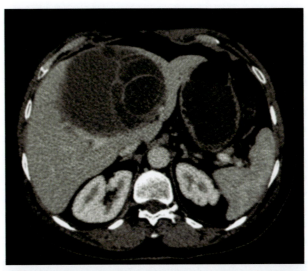

Figura 29 Tomografia de abdome com contraste na fase portal mostra lesão cística complexa, com septos espessos e áreas de conteúdo denso no segmento IV do fígado. O aspecto sugere neoplasia cística biliar.

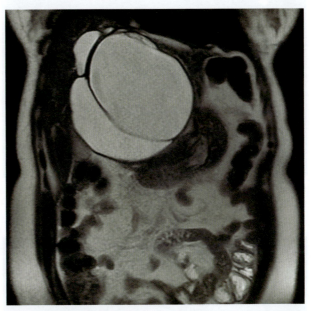

Figura 30 RM de abdome sequência SSFSET2 sem supressão de gordura mostra lesão cística complexa com septos espessos no segmento IV do fígado.

Neoplasia da vesícula biliar

A neoplasia da vesícula biliar acomete preferencialmente mulheres entre a sexta e a sétima décadas de vida. Em geral, quando há manifestação clínica, a neoplasia se encontra em estágio avançado. Tumores em fase inicial podem ser encontrados de forma incidental na análise histológica da vesícula retirada por causas benignas.

Colelitíase é fator de risco pelo processo inflamatório crônico, também presente em quadros de infecção crônica por vermes ou salmonela. Colangite esclerosante primária e vesícula em porcelana são outros fatores de risco relacionados.

Adenocarcinoma é o tipo histológico mais frequente, originando-se na mucosa e, à medida que cresce, invadindo as estruturas adjacentes. O tratamento é cirúrgico, com recomendação de retirada do parênquima hepático adjacente. Na história natural da doença, são frequentes disseminação luminal pelo ducto cístico e ductos hepáticos (Figura 31), disseminação linfática para o hilo hepático, disseminação peritoneal e disseminação hematogênica para o fígado e os pulmões.

A detecção da neoplasia pode se dar por meio da USG. Lesões polipoides ou espessamento parietal podem ser facilmente visualizados. Lesões maiores podem ser de difícil caracterização por USG, e os cálculos em meio à neoplasia podem levantar a possibilidade diagnóstica (Figura 32).

Quadros de colecistite crônica ou de colecistite aguda complicada podem simular neoplasia de vesícula. Muitas vezes, o diagnóstico definitivo só é dado após a análise histopatológica.

O estadiamento da neoplasia é feito por meio de TC ou RM. Na ausência de lesões secundárias, o papel dos métodos é de planejamento cirúrgico, com avaliação da extensão da lesão para ductos biliares e estruturas vasculares.

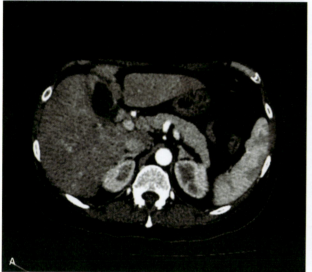
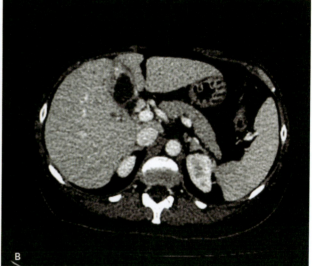

Figura 31 A, B: Tomografia de abdome com contraste na fase arterial. Espessamento parietal de aspecto infiltrativo da junção do ducto cístico no ducto hepático comum. O diagnóstico final foi de tumor de vesícula com infiltração do infundíbulo.

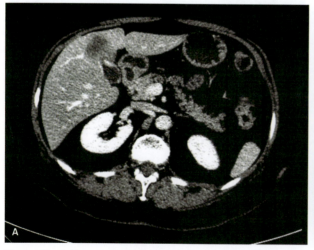
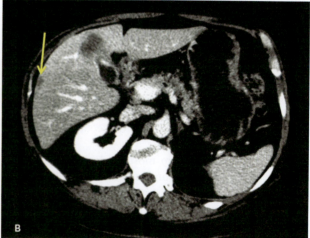

Figura 32 A: Tomografia de abdome com contraste na fase portal. Espessamento parietal fúndico da vesícula biliar com infiltração do parênquima hepático nos segmentos IV e V. O diagnóstico final foi de neoplasia de vesícula. B: Tomografia de abdome com contraste na fase portal. Espessamento parietal fúndico da vesícula biliar com infiltração do parênquima hepático nos segmentos IV e V. Nódulo secundário no lobo direito (seta).

Colangiocarcinoma

Colangiocarcinoma é a segunda neoplasia primária do fígado mais frequente. Apresenta-se sob duas formas: colangiocarcinoma extra-hepático, dividido em hilar e distal, e colangiocarcinoma intra-hepático.

Entre os fatores de risco conhecidos, destacam-se inflamação crônica das vias biliares, colestase, anomalias congênitas e hepatopatia crônica. Observa-se aumento da frequência dessas neoplasias. Populações com risco aumentado de desenvolver essa neoplasia são pacientes com colangite esclerosante, cisto de colédoco, litíase intra-hepática e cirrose por vírus B e C.

Clinicamente, os colangiocarcinomas extra-hepáticos podem ter manifestação mais precoce, com os sintomas de icterícia obstrutiva. No entanto, colangiocarcinomas intra-hepáticos podem ser pouco sintomáticos e serem detectados somente em estágios avançados.

O colangiocarcinoma é um tipo de adenocarcinoma. À histologia, apresenta-se como uma lesão com estroma fibroso abundante, com desmoplasia e mucina. Macroscopicamente, manifesta-se como lesão que forma massa, espessamento ductal de padrão infiltrativo, lesão ductal vegetante ou uma combinação entre os padrões de massa e espessamento ductal. O comportamento da lesão é infiltrativo, estendendo-se aos tecidos periductais, estruturas vasculares, neurais e linfáticas (Figuras 33 e 34).

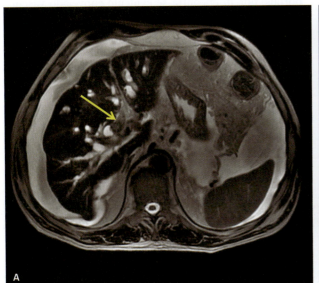
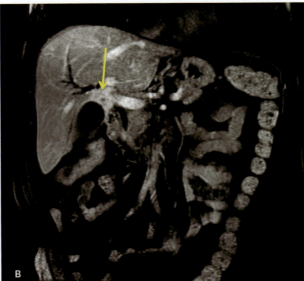

Figura 33   A: Ressonância magnética de abdome sequência FSET2 sem supressão de gordura mostra lesão de aspecto infiltrativo na confluência dos ductos biliares direito e esquerdo (seta), determinando dilatação das vias biliares intra-hepáticas, compatível com colangiocarcinoma. Ascite moderada já era observada ao diagnóstico. B: Lesão que envolvia o ramo portal (seta).

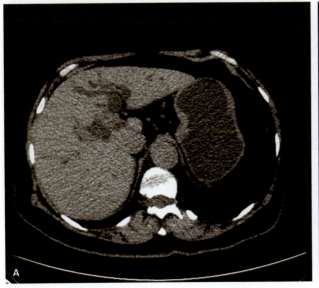
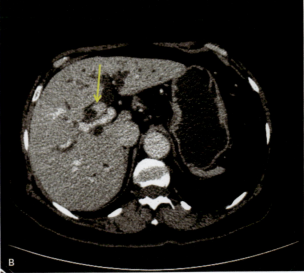

Figura 34   A: Tomografia sem contraste mostra dilatação da via biliar intra-hepática. B: Tomografia com contraste fase portal mostra lesão vegetante na confluência dos ductos biliares direito e esquerdo, causando dilatação da via biliar intra-hepática (seta).

Esses aspectos histopatológicos se transpõem aos métodos de imagem. As lesões caracterizam-se por realce tardio quanto maior o componente esquirroso, retração capsular, infiltração das estruturas vasculares e nódulos satélites.

A TC e a RM com contraste têm papel diagnóstico, de estadiamento e de programação do tratamento. O único tratamento curativo é a ressecção cirúrgica. Portanto, os métodos de imagem devem avaliar a ressecabilidade da lesão.

Nos colangiocarcinomas hilares, deve-se avaliar:

- Altura da obstrução biliar.
- Invasão das artérias hepáticas, dos ramos portais e das veias hepáticas.
- Extensão ao parênquima.
- Volumetria hepática.
- Lesões secundárias.

É de extrema importância que o exame de estadiamento seja realizado antes de passagem de próteses biliares. As próteses podem dificultar o estadiamento por induzir reação inflamatória e gerar artefatos que podem dificultar a análise das imagens.

Neoplasias intraductais papilares das vias biliares também são neoplasias biliares. Semelhantemente ao que é visto nas lesões intraductais mucinosas pancreáticas, as lesões intraductais papilares das vias biliares levam a dilatações das vias biliares intra ou extra-hepáticas por mucina. São doenças neoplásicas de baixo grau, geralmente restritas à mucosa, portanto com prognóstico mais favorável quando comparadas aos colangiocarcinomas.

O diagnóstico dessas lesões pode ser incidental, ou por quadros clínicos inespecíficos, com dor ou lesão palpável. Icterícia ou pancreatite podem ser complicações relacionadas.

O aspecto típico por imagem é de dilatações aneurismáticas das vias biliares intra e/ou extra-hepáticas, com lesões vegetantes na luz dos ductos biliares (Figura 35).

Doenças vasculares

Colangiopatia portal

Colangiopatia portal está relacionada à obstrução biliar secundária a trombose com transformação cavernomatosa da veia porta (Figura 36). Após a trombose portal, circulação colateral proveniente do ingurgitamento vascular dos plexos peribiliares pode comprimir e dilatar a via biliar (Figura 37). Além da compressão vascular, alterações fibróticas ou inflamatórias decorrentes de isquemia contribuem para as alterações biliares.

O aspecto por imagem é de trombose portal, em que não se visualiza a perviedade do tronco e/ou dos ramos portais, porém encontra-se evidente enovelado vascular circundando as vias biliares. Outros achados decorrentes de hipertensão portal também podem estar presentes – esplenomegalia e circulação colateral. É relevante esclarecer essa causa de obstrução biliar porque o risco aumentado de sangramento torna a via biliar inacessível para procedimentos cirúrgicos de desobstrução.

Complicações pós-operatórias

Transplante hepático

A via biliar do fígado transplantado é nutrida pela anastomose arterial. No pós-operatório imediato ou precoce, a trombose da anastomose arterial é fator de risco para colangiopatia isquêmica e motiva retransplante de urgência.

No pós-operatório tardio, pode já haver desenvolvimento de rede de colaterais que nutre a via biliar em caso de trombose nessa fase.

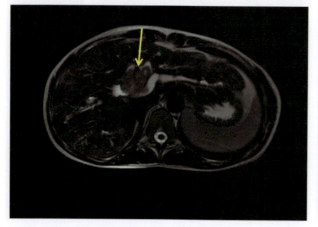

Figura 35 Lesões polipoides sólidas na luz da via biliar do lobo esquerdo do fígado, acentuadamente dilatada (seta).

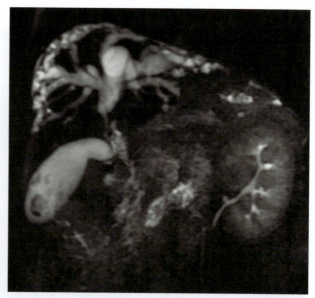

Figura 36 Sequência colangiográfica da ressonância magnética mostra dilatação das vias biliares intra e extra-hepáticas até o plano hilar. O diagnóstico da causa obstrutiva era o cavernoma portal.

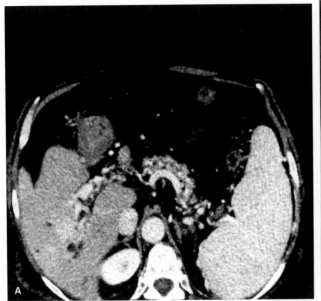
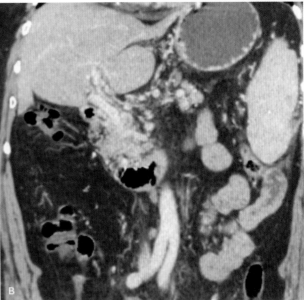

Figura 37 A: Tomografia de abdome com contraste fase portal mostra o cavernoma portal envolvendo a via biliar do lobo direito, dilatada. O aspecto é de colangiopatia portal. B: Reformatação coronal.

Fatores de risco para estenose da via biliar do fígado transplantado são vários, incluindo fístula biliar, tempo de isquemia, incompatibilidade ABO, idade do doador, rejeição e infecção por citomegalovírus (CMV). Os mecanismos fisiopatológicos são isquêmicos e imunológicos.

A partir de estenose biliar, outra complicação relacionada ao transplante é a síndrome do molde biliar. Debris e aumento da viscosidade da bile geram um material escurecido que ocupa e se amolda à luz biliar, agravando a obstrução (Figura 38).

Drenagem endoscópica ou percutânea pode ser tentativa de desobstrução. Cirurgia é indicada quando a via biliar permanece obstruída.

Estenose cicatricial

A lesão iatrogênica dos ductos biliares após colecistectomia é a causa mais frequente de estenose cicatricial das vias biliares. Trata-se de complicação infrequente, relacionada a etiologia isquêmica ou não isquêmica. Ramos arteriais de maior ou menor calibre podem ser lesados no

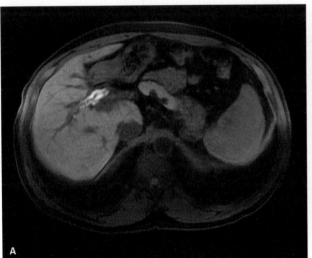
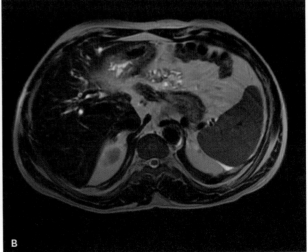

Figura 38 A: Ressonância magnética de abdome sequência T1 com supressão de gordura sem contraste venoso mostra material com alto sinal em T1 denotando alto conteúdo proteico amoldado na parede da via biliar, compatível com molde biliar. B: Sequência FSET2 sem supressão de gordura mostra o conteúdo na luz da via biliar.

intraoperatório, gerando lesões isquêmicas térmicas ou por secção ou ligadura inadvertidas.

Em geral, as lesões cicatriciais são vistas no ducto hepático comum (Figura 39). Variações anatômicas biliares podem estar relacionadas à ligadura inadvertida da via biliar e também ser causa de estenose cicatricial.

O tratamento é cirúrgico, com correção da estenose pela confecção de derivação biliodigestiva, por exemplo (Figura 40). Os métodos de imagem podem contribuir para o planejamento cirúrgico dessas lesões. Portanto, são papéis principalmente da tomografia e da ressonância: estabelecer o diagnóstico, procurar por lesões vasculares associadas e mapear o ponto de obstrução da via biliar para guiar intervenção.

Considerações finais

O manejo dos pacientes com doenças das vias biliares é multidisciplinar. Nesse contexto, o radiologista pode contribuir para o diagnóstico das diversas doenças que acometem a via biliar, mas, fundamentalmente, participar ativamente da tomada de decisões e planejar a melhor opção terapêutica.

A anatomia vascular e biliar determinam a possibilidade de ressecção cirúrgica dessas doenças. Para tanto, o exame deve ser feito de forma adequada e o relatório deve conter essas informações que decidem as intervenções.

Bibliografia sugerida

1. Bilgin M, Balci NC, Erdogan A, Momtahen AJ, Alkaade S, Rau WS. Hepatobiliary and pancreatic MRI and MRCP findings in patients with HIV infection. AJR. 2008;191:228-32.
2. Blachar A, Federle MP, Brancatelli G. Primary biliary cirrhosis: clinical, pathologic, and helical CT findings in 53 patients. Radiology. 2001;220:329-36.
3. Boonstra K, Beuers U, Ponsioen CY. Epidemiology of primary sclerosing cholangitis and primary biliary cirrhosis: a systematic review. J Hepatol. 2012;56:1181-8.
4. Brancatelli G, Federle MP, Vilgrain V, Vullierme MP, Marin D, Lagalla R. Fibropolycystic liver disease: CT and MR imaging findings. Radiographics. 2005;25:659-70.
5. Buetow PC, Buck JL, Pantongrag-Brown L, Ros PR, Devaney K, Goodman ZD, et al. Biliary cystadenoma and cystadenocarcinoma: clinical-imaging-pathologic correlations with emphasis on the importance of ovarian stroma. Radiology. 1995;196:805-10.
6. Caiado AH, Blasbalg R, Marcelino AS, da Cunha Pinho M, Chammas MC, da Costa Leite C, et al. Complications of liver transplantation: multimodality imaging approach. Radiographics. 2007;27:1401-17.
7. Catalano OA, Sahani DV, Forcione DG, Czermak B, Liu CH, Soricelli A, et al. Biliary infections: spectrum of imaging findings and management. Radiographics. 2009;29:2059-80.
8. Culver EL, Bateman AC. IgG4-related disease: can non-classical histopathological features or the examination of clinically uninvolved tissues be helpful in the diagnosis? J Clin Pathol. 2012;65:963-9.
9. Czermak BV, Akhan O, Hiemetzberger R. Echinococcosis of the liver. Abdom Imaging. 2008;33:133-43.
10. Eun HW, Kim JH, Hong SS, Kim YJ. Malignant versus benign hepatic masses in patients with recurrent pyogenic cholangitis: MR differential diagnosis. Abdom Imaging. 2012;37(5):767-74.
11. Herman P, Bacchella T, Pugliese V, Montagnini AL, Machado MA, da Cunha JE, et al. Non-oriental primary intrahepatic lithiasis: experience with 48 cases. World J Surg. 2005;29:858-64.
12. Hernandez Bartolome MA, Fuerte Ruiz S, Manzanedo Romero I, Ramos Lojo B, Rodriguez Prieto I, Gimenez Alvira L, et al. Biliary cystadenoma. World J Gastroenterol. 2009;15(28):3573-5.
13. Ito K, Mitchell D, Outwater EK, Blasbalg R. Primary sclerosing cholangitis: MR imaging features. AJR. 1999;172:1527-33.
14. Knowlton JQ, Taylor AJ, Reichelderfer M, Stang J. Imaging of biliary tract inflammation: an update. AJR. 2008;190:984-92.
15. Lazaridis KN, LaRusso NF. Primary sclerosing cholangitis. N Engl J Med. 2016;375:1161-70.
16. Lim JH, Mairiang E, Ahn GH. Biliary parasitic diseases including clonorchiasis, opisthorchiasis and fascioliasis. Abdom Imaging. 2008;33:157-65.
17. Menias CO, Surabhi VR, Prasad SR, Wang HL, Narra VR, Chintapalli KN. Mimics of cholangiocarcinoma: spectrum of disease. Radiographics. 2008;28:1115-29.
18. Mortelé KJ, Rocha TC, Streeter JL, Taylor AJ. Multimodality imaging of pancreatic and biliary congenital anomalies. Radiographics. 2006;26:715-31.
19. Nakanuma Y. Tutorial review for understanding of cholangiopathy. Int J Hepatol. 2012;2012:547840.
20. Nguyen DL, Juran BD, Lazaridis KN. Primary biliary cirrhosis. Best Pract Res Clin Gastroenterol. 2010;647-54.
21. O'Connor OJ, O'Neill S, Mahe MM. Imaging of biliary tract disease. AJR. 2011;197:W551-W558.

Figura 39 Sequência colangiográfica por ressonância magnética mostra estenose do ducto hepático comum abaixo da confluência em paciente colecistectomizado. Cálculos biliares eram vistos proximalmente à obstrução (seta).

Figura 40 Sequência colangiográfica por ressonância magnética após a correção da estenose mostra derivação biliodigestiva, com alça delgada que se dirige à via biliar, atualmente sem dilatação.

22. Okazaki K, Uchida K, Koyabu M, Miyoshi H, Ikeura T, Takaoka M. IgG4 cholangiopathy: current concept, diagnosis, and pathogenesis. J Hepatol. 2014;61:690-5.

23. Ortega CD, Ogawa NY, Rocha MS, Blasbalg R, Caiado AH, Warmbrand G, et al. Helminthic diseases in the abdomen: an epidemiologic and radiologic overview. Radiographics. 2010;30:253-67.

24. Park MS, Kim KW, Ha HK, Lee DH. Intestinal parasitic infection. Abdom Imaging. 2008;33:166-71.

25. Parry SD, Muiesan P. Cholangiopathy and the biliary cast syndrome. Eur J Gastroenterol Hepatol. 2003;15:341-343.

26. Review article: overlap syndromes and autoimmune liver disease. Aliment Pharmacol Ther. 2012;36(6):517-33.

27. Rosmorduc O, Poupon R. Low phospholipid associated cholelithiasis: association with mutation in the MDR3/ABCB4 gene. Orphanet J Rare Dis. 2007;2:29.

28. Shanbhogue AKP, Tirumani SH, Prasad SR, Fasih N, McInnes M. Benign biliary strictures: a current comprehensive clinical and imaging review. AJR. 2011;197:W295-W306.

29. Shin SM, Kim S, Lee JW, Kim CW, Lee TH, Lee SH, et al. Biliary abnormalities associated with portal biliopathy: evaluation on MR cholangiography. AJR Am J Roentgenol. 2007;188:W341-W347A.

30. Thompson CM, Saad NE, Quazi RR, Darcy MD, Picus DD, Menias CO. Management of iatrogenic bile duct injuries: role of the interventional radiologist. RadioGraphics. 2013;33:117-34.

31. Tsui WMS, Lam PWY, Lee W, Chan Y. Primary hepatolithiasis, recurrent pyogenic cholangitis, and oriental cholangiohepatitis: a tale of 3 countries. Adv Anat Pathol. 2011;18:318-28.

32. van der Woerd WL, van Mil SWC, Stapelbroek JM, Klomp LWJ, van de Graaf SFJ, Houwen RHJ. Familial cholestasis: progressive familial intrahepatic cholestasis, benign recurrent intrahepatic cholestasis and intrahepatic cholestasis of pregnancy. Best Pract Res Clin Gastroenterol. 2010;24:541-53.

33. Venkatanarasimha N, Thomas R, Armstrong EM, Shirly JF, Fox BM, Jackson SA. Imaging features of ductal plate malformations in adults. Clin Radiol. 2011;66:1086-93.

34. Vlachou PA, Khalili K, Jang HJ, Fischer S, Hirschfield GM, Kim TK. IgG4-related sclerosing disease: autoimmune pancreatitis and extrapancreatic manifestations. Radiographics. 2011;31:1379-402.

35. Wenzel JS, Donohoe A, Ford III KL, Glastad K, Watkins D, Molmenti E. Primary biliary cirrhosis: MR imaging findings and description of MR imaging periportal halo sign. AJR. 2001;176:885-9.

36. Yeh BM, Liu PS, Soto JA, Corvera CA, Hussain HK. MR imaging and CT of the biliary tract. Radiographics. 2009;29:1669-88.

37. Zen Y, Nakanuma Y. IgG4 cholangiopathy. Int J Hepatol. 2012;2012:472376.

38. Zen Y, Harada K, Sasaki M, Sato Y, Tsuneyama K, Haratake J, et al. IgG4-related sclerosing cholangitis with and without hepatic inflammatory pseudotumor, and sclerosing pancreatitis-associated sclerosing cholangitis: do they belong to a spectrum of sclerosing pancreatitis? Am J Surg Pathol. 2004;28:1193-203.

29

Estudo por imagem das vias biliares

Thobias Nóbrega de Oliveira
Osmar de Cássio Saito
Maria Cristina Chammas
Giovanni Guido Cerri

Introdução

Na ultrassonografia, a natureza cística tanto da vesícula quanto dos ductos biliares, particularmente quando dilatados, fornece um contraste inerente de alta resolução em comparação aos tecidos adjacentes, tornando este um excelente método de imagem.

A visualização da via biliar intra-hepática em pacientes normais é dificultada em virtude de suas pequenas dimensões. Com o uso de transdutores de alta frequência, é possível observar estas estruturas tubuliformes anecoicas, que normalmente medem até 2 mm de diâmetro, ou não mais que 40% do diâmetro do ramo da veia porta que a acompanha. O tecido conjuntivo que reveste a chamada tríade portal (artéria, veia e ducto biliar) confere um padrão hiperecoico às suas paredes em relação aos hepatócitos.

As vias biliares intra-hepáticas apresentam trajeto perpendicular ao feixe sonoro nos segmentos laterais do lobo hepático esquerdo, razão pela qual costumam ser mais facilmente observadas nesta topografia. Os métodos diagnósticos são: ultrassonografia, ultrassonografia com

contraste por microbolhas, elastossonografia, ultrassonografia 3D com navegação virtual intracavitária (Fly--Thru), ultrassonografia endoscópica, colangiopancreatografia retrógrada endoscópica, colangiopancreatografia percutânea, tomografia e colangiorressonância (Tabela 1).

Na síndrome colestática a icterícia é a principal queixa dos pacientes, e a ultrassonografia abdominal é o primeiro passo para excluir ductos intra e extra-hepáticos dilatados e lesões de massa, pois é bastante sensível e específica, não invasiva, portátil e relativamente barata. As desvantagens são que os resultados são operador-dependentes e as alterações das vias biliares, como as que são observadas na colangite esclerosante, podem ser ignoradas. Além disso, o canal biliar comum mais baixo e o pâncreas podem não ser bem representados.

A obstrução biliar extra-hepática pode ser causada por cálculos, tumores, cistos ou estenoses. Se estudos de imagem não demonstrarem uma obstrução mecânica, o diagnóstico de colestase intra-hepática pode ser feito. No entanto, num indivíduo cuja história sugere uma causa extra-hepática (como pancreatite precoce ou carcinoma

Tabela 1 Acurácia das modalidades de imagem preferidas para diagnóstico diferencial das doenças das vias biliares que causam dor no quadrante superior direito

Diagnóstico suspeitado	Modalidade de imagem	Sensibilidade (%)	Especificidade (%)
Colelitíase	Ultrassonografia	95	99
Colecistite calculosa aguda	Ultrassonografia	85	95
	Cintilografia	95	95
Colecistite acalculosa aguda	Ultrassonografia	36-93	17-89
	Cintilografia	70-80	90-100
Coledocolitíase	CPRE	95	89
	CPRM	95	98
	Colangiografia intraoperatória	78	97
	Ultrassonografia laparoscópica	80	99
Discinesia biliar	Cintilografia	94	80

CPRE: colangiopancreatografia retrógrada endoscópica; CPRM: colangiografia por ressonância magnética.

ampular), o julgamento clínico deve prosseguir e repetir a ultrassonografia ou deve ser realizado outro procedimento de imagem.

Quando a obstrução extra-hepática for excluída, o trabalho de diagnóstico de colestase intra-hepática depende da situação clínica. Como a junção do ducto cístico com o ducto hepático comum geralmente não é definida pela ultrassonografia, por conseguinte, o início do colédoco também não é definido. Costuma-se, portanto, referir-se a este como hepatocolédoco. Quando a junção do ducto cístico é mais baixa que o habitual (variação anatômica), ela costuma ser mais facilmente caracterizada (Figura 1).

Em conjunto com a tomografia e colangiorressonância, a ultrassonografia tem um papel importante quando múltiplas modalidades de imagem são usadas na avaliação de problemas biliares mais complexos, como o diagnóstico e estadiamento do colangiocarcinoma hilar. A ultrassonografia também proporciona importante informação anatômica para o cirurgião – presença de pólipos, diâmetro do colédoco ou quaisquer anormalidades no parênquima hepático.

Variações normais das medidas do calibre do ducto colédoco

O colédoco é uma estrutura facilmente detectada pela ultrassonografia e o seu calibre suprapancreático não deve ultrapassar 6 mm, embora sejam consideradas normais medidas de até 10 mm em situações específicas, tais como: colecistectomizados; idade acima de 50 anos; transplantados hepáticos (Figura 2).

Alterações congênitas das vias biliares

Atresia das vias biliares

É a ausência ou obliteração da luz do colédoco ou de partes dos ductos biliares intra-hepáticos. Geralmente a atresia das vias biliares ocorre isoladamente, mas em cerca de 25% dos casos pode haver outras malformações associadas, tais como: poliesplenia, má rotação intestinal, agenesia total ou de parte da veia cava inferior, simetria dos lobos direito e esquerdo do fígado, *situs inversus totalis*, suprimento arterial hepático anômalo, pulmão direito bilobado, malformações cardíacas e nefromegalia. O quadro clínico inicial é de icterícia entre 2 e 3 semanas após o nascimento, geralmente associado a colangite de repetição.

Principais achados ultrassonográficos: vesícula biliar muito pequena ou ausente; dilatação dos ductos biliares intra-hepáticos remanescentes; pequenos cistos hepáticos intraparenquimatosos; e vários nódulos sólidos na topografia esplênica (poliesplenia).

Um dos sinais ultrassonográficos mais confiáveis no diagnóstico da atresia das vias biliares é a caracterização do chamado "cordão triangular", cuja imagem consiste num tecido fibroso ecogênico encontrado no espaço *porta hepatis*, junto à bifurcação portal, tanto em cortes transversais quanto longitudinais (Figura 3).

Doença de Caroli

Anomalia congênita de transmissão cromossômica autossômica recessiva, com duas formas distintas de manifestação:

- Forma pura: ocorre de modo difuso ou focal, sendo caracterizada por dilatações saculares comunicantes com os ductos biliares. Geralmente não apresenta fibrose hepática, e pode determinar estase biliar com colangites piogênicas, abscessos, cálculos e colangiocarcinomas (Figura 4).
- Forma atípica: aparece desde a infância e possui uma menor dilatação das vias biliares, entretanto há associação com fibrose hepática (e consequente hipertensão portal), cisto de colédoco e doença policística do tipo infantil.

No achado de cálculos intrabiliares sem dilatação evidente das vias biliares deve-se considerar o diagnóstico diferencial com trombose venosa calcificada.

Hamartomas dos ductos biliares (complexos de Von Meyenburg)

São malformações hepáticas benignas que se apresentam histologicamente como pequenas dilatações císticas revestidas por tecido fibroso e sem comunicação com a árvore biliar. Representam uma entidade clinicopatológica rara, tipicamente assintomática e sem alterações nos parâmetros hepáticos.

Os achados ultrassonográficos são:

- Focos hiperecoicos com reverberação posterior na projeção dos ramos biliares intra-hepáticos (Figura 5).
- Raramente podem ser grandes e mimetizar nódulos malignos.

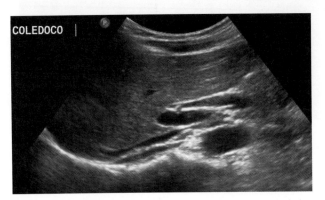

Figura 1 Implantação baixa do cístico. Junção do ducto cístico com o ducto hepático comum próximo à cabeça pancreática.

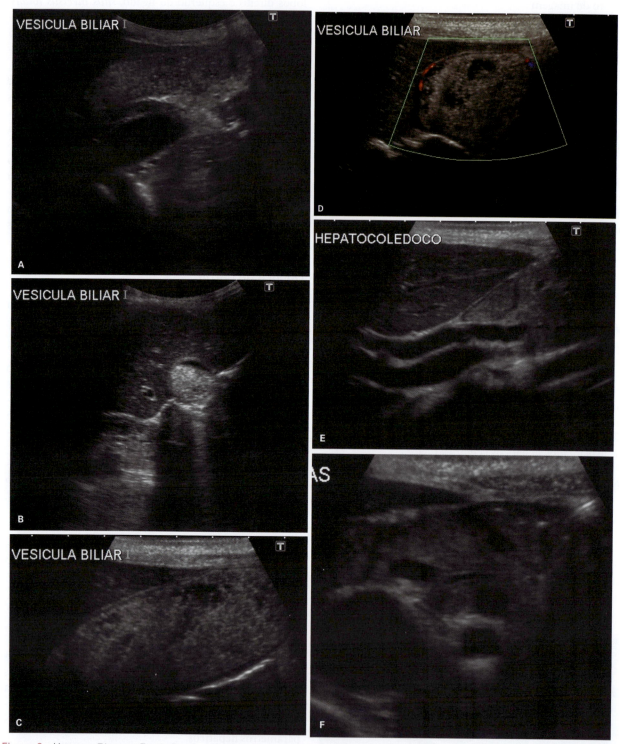

Figura 2 Homem, 74 anos. Em A, B e C, vesícula biliar repleta de bile tumefacta com microcálculos. Em D, Doppler colorido não mostra fluxo intraluminal. Em E, hepatocolédoco com calibre de 7 mm, compatível com a idade do paciente. Em F, ducto pancreático principal com calibre preservado.

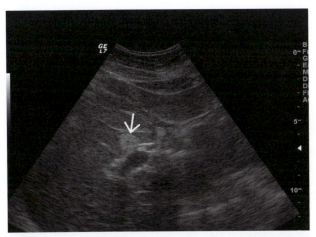

Figura 3 Atresia das vias biliares. Corte transverso do fígado evidenciando imagem de cordão triangular hiperecogênico junto à bifurcação dos ramos portais (seta).

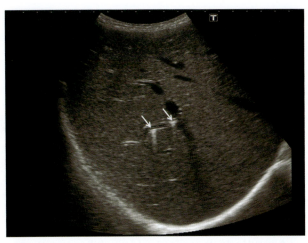

Figura 5 Hamartomas das vias biliares. Focos hiperecoicos puntiformes com reverberação acústica posterior adjacentes às vias biliares (complexos de Von Meyenburg).

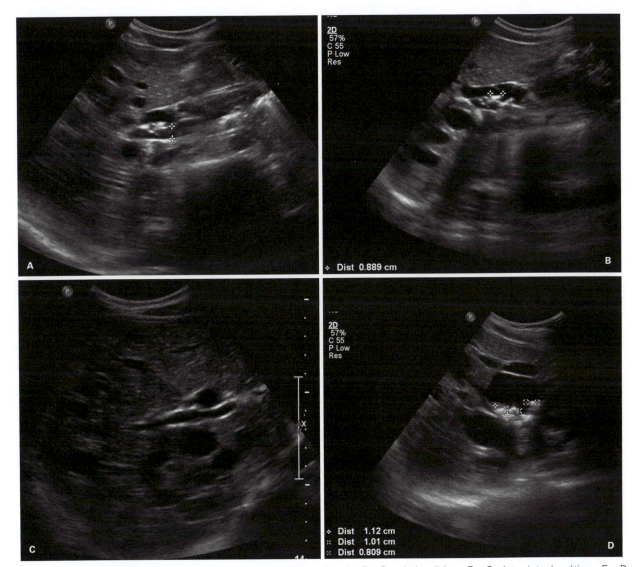

Figura 4 Doença de Caroli – forma pura. Em A, hepatocolédoco dilatado. Em B, coledocolitíase. Em C, cistos intra-hepáticos. Em D, cálculos dentro dos cistos intra-hepáticos.

Cistos peribiliares

Geralmente relacionados a doença hepática grave, estes cistos estão localizados no tecido biliar que envolve o espaço *porta hepatis*, e são constituídos por cistos serosos resultantes da obstrução das glândulas periductais. Quando volumosos podem causar obstrução das vias biliares (Figura 6).

Cistos de colédoco

Os pacientes têm uma alta incidência de lama biliar, colelitíase ou coledocolitíase e comumente já foram submetidos a colecistectomia.

A incidência de carcinoma (ducto biliar, hepático ou na vesícula biliar) em pacientes com cisto de colédoco varia de 2,5-26%, o que está bem acima da taxa de menos de 1% para a população geral. O diagnóstico pode ser estabelecido com ultrassonografia ou tomografia. A colangiografia é necessária para determinar o tipo de cisto e planejar o tratamento operatório.

Podem ser subdivididos em vários tipos, sendo a classificação de Todani a mais utilizada (Figura 7):

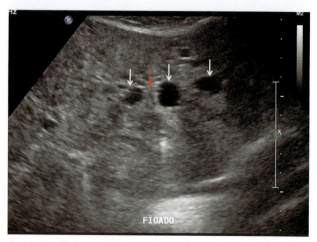

Figura 6 Cistos peribiliares. Corte axial do fígado evidenciando imagem de cistos simples no trajeto do ramo biliar esquerdo (setas brancas) e imagem de ducto bilar (seta vermelha).

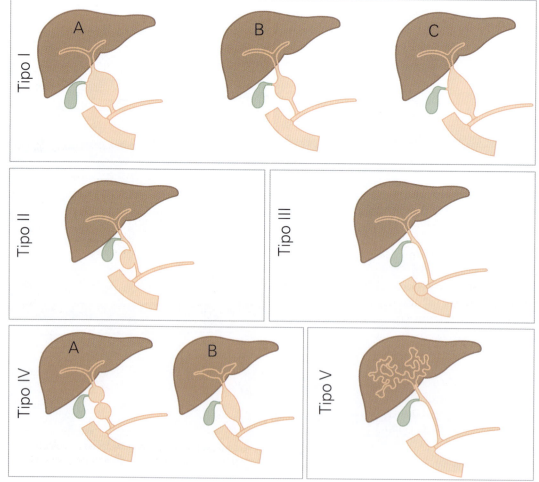

Figura 7 Classificação de cistos biliares de Todani.

- Tipo I: esta é a forma mais comum e ocorre em 80-90% dos casos.
  - No tipo IA, há acentuada dilatação do colédoco com dilatação parcial ou total da árvore biliar extra-hepática.
  - No tipo IB, há o envolvimento focal ou segmentar do ducto colédoco, geralmente o segmento distal.
  - O tipo IC corresponde a dilatação difusa e fusiforme do colédoco. A vesícula biliar desemboca no ducto colédoco dilatado, e as vias biliares intra-hepáticas não se encontram dilatadas.
- Tipo II: constitui a forma diverticular que se protrui da parede do colédoco.
- Tipo III: coledococele ou herniação do colédoco que envolve somente a porção do colédoco no interior do duodeno, de uma forma análoga à "ureterocele".
- Tipo IV:
  - No tipo IVA, há dilatação cística intra e extra-hepática. A dilatação cística intra-hepática pode acometer vários segmentos de forma regular ou irregular.
  - No tipo IVB, há o aparecimento de múltiplos segmentos dilatados no hepatocolédoco, sendo esta forma muito mais rara do que a IVA.
- Tipo V (doença de Caroli): esta forma envolve a dilatação de um ou de vários segmentos dos ductos intra-hepáticos.

Na doença de Caroli de longa duração, a lesão do parênquima hepático pode decorrer de dilatação biliar difusa e fibrose periportal e, por fim, resultar em cirrose e insuficiência hepática. O transplante de fígado oferece uma potencial cura sem complicações a longo prazo de recidivas da doença de Caroli.

Quando o cisto intra-abdominal for muito grande, outros diagnósticos diferenciais devem ser considerados, tais como: cisto de mesentério, cisto omental, cistos ovarianos, cistos renais à direita, cisto adrenal, cistos hepáticos, cistos de duplicação gastrointestinal e pseudocisto pancreático.

Geralmente o cisto de colédoco aparece com imagem cística simples localizada no hilo hepático, junto à veia porta e artéria hepática (Figura 8).

As complicações nos cistos de colédoco são: coledocolitíase, colangite infecciosa, abscesso hepático, ruptura do cisto com peritonite, pancreatite por compressão do ducto pancreático pelo cisto adjacente, cirrose secundária à obstrução biliar de longa duração, trombose portal, hipertensão portal por compressão da veia porta pelo cisto adjacente e colangiocarcinoma (Figura 9).

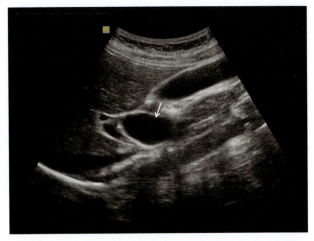

Figura 8   Cisto de colédoco. Corte longitudinal mostrando dilatação cística simples do colédoco na projeção do hilo hepático.

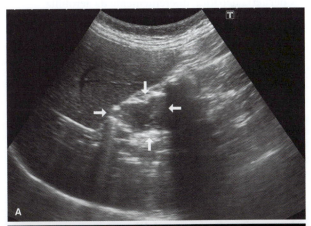

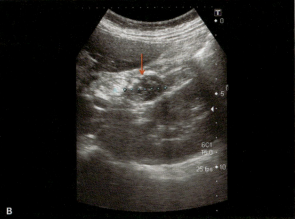

Figura 9   Cisto de colédoco com colangiocarcinoma. A: Corte longitudinal mostrando dilatação do colédoco, o qual se encontra preenchido por material sólido hipoecogênico (setas brancas). B: Corte transversal mostrando dilatação do colédoco com material sólido hipoecogênico no seu interior (seta vermelha).

Aerobilia

Definição: gás na árvore biliar, incluindo o interior da vesícula biliar, com etiologia variada.

Aspectos da imagem ultrassonográfica:
- Apresenta-se como focos hiperecoicos com reverberação posterior ou sombra "suja", com configuração linear ou ramificada, seguindo a distribuição da tríade portal (Figura 10).
- A movimentação do ar dentro das vias biliares pode ser visualizada com as manobras de decúbitos.
- Geralmente são caracterizadas nas vias biliares intra-hepáticas, mas podem envolver as vias biliares extra-hepáticas e a vesícula biliar.

Diagnósticos diferenciais:
- Aeroportia (ar na veia porta ou seus ramos): apresenta-se, como a aerobilia, como focos hiperecoicos lineares ou ramificados. Entretanto, na aeroportia os focos costumam se localizar predominantemente na periferia hepática, diferentemente da aerobilia.
- Cálculos intra-hepáticos ou bile espessa intra-hepática.
- Calcificações da artéria hepática ou seus ramos.
- Granuloma hepático calcificado.
- Hamartomas das vias biliares.

Causas:
- Intervenção biliar prévia (anastomoses biliodigestivas e papilotomia).
- Fístulas colecistoentérica ou coledocoentérica.
- Infecção biliar por microrganismos produtores de gás.
- Colangite piogênica recorrente.

Obstrução da árvore biliar

O exame ultrassonográfico é um dos mais específicos na identificação de dilatação das vias biliares. A dilatação dos ductos biliares extra-hepáticos ocorre quando o colédoco apresentar calibre superior a 10 mm ou ductos intra-hepáticos maiores que 4 mm, ambos sugerindo obstrução biliar.

Um sinal ecográfico característico da dilatação biliar é a irregularidade das paredes dos ductos biliares, com uma confluência central estrelada com reforço acústico posterior, aspecto esse semelhante a uma aranha (Figura 11). Sempre que houver dúvida, o mapeamento com Doppler colorido distinguirá facilmente vasos intra-hepáticos de ductos biliares. Um sinal ultrassonográfico que pode ser utilizado para diferenciar a icterícia obstrutiva é a dilatação da árvore biliar, causada por cálculos biliares impactados no ducto hepatocolédoco ou na ampola, estenoses benignas, carcinoma pancreático, colangite, cirurgia biliar e pancreatite crônica. O nome de sinal do duplo cano advém de uma aparência semelhante a arma de fogo com

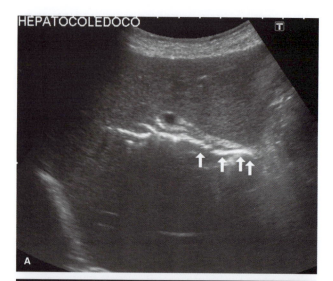
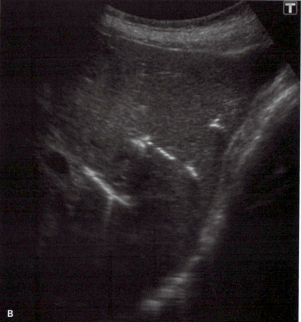
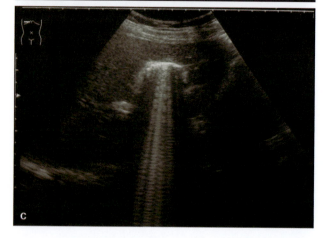

Figura 10 Aerobilia após papilotomia. A: Aerobilia no hepatocolédoco e ramos intra-hepáticos. B: Aerobilia intra-hepática com áreas de reverberação dentro da árvore biliar intra-hepática. C: Vesícula biliar com gás no seu interior.

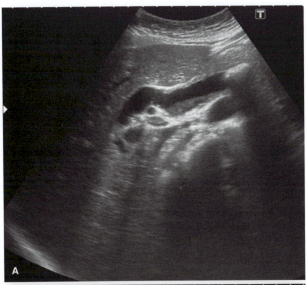

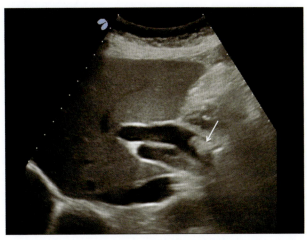

Figura 12   Sinal do duplo cano. Colédoco dilatado com imagem de cálculo fixo no segmento distal (seta) e veia porta de calibre normal.

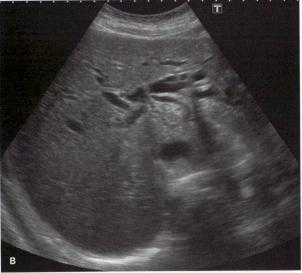

Figura 11   Coledocolitíase. Em A, colédoco dilatado com bile espessa e imagem de cálculo no segmento distal. Em B, dilatação das vias biliares intra-hepáticas de aspecto aracniforme.

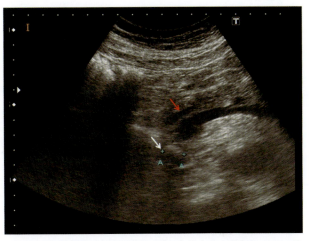

Figura 13   Cálculo no colédoco distal. Coledocolitíase com cálculo fixo na porção distal do colédoco (seta branca), localizada na cabeça pancreática e dilatação do ducto pancreático principal (seta vermelha).

dois canos, um deles o colédoco, de trajeto paralelo à veia porta (Figura 12).

Sempre que diagnosticada a dilatação das vias biliares, deve-se procurar esclarecer o ponto exato da obstrução, sendo três os pontos principais:

- Colédoco distal (intrapancreático).
  - É o ponto de obstrução mais comum, responsável por cerca de 90% das ictericias obstrutivas (Figura 13).
  - Causas: coledocolitíase, carcinoma da cabeça pancreática, carcinoma da papila duodenal, cistos da cabeça pancreática e estenoses distais.
  - A coledocolitíase distal pode ser diagnosticada em mais de 70% dos pacientes. Pode ser detectada em colédocos de calibre normal, mas é mais bem caracterizada nos colédocos dilatados.
  - A pancreatite focal crônica pode ser indistinguível da neoplasia.
  - Nódulos vegetantes no interior do colédoco podem ter como origem tumores da papila, colangiocarcinoma e neoplasia do duodeno.
  - As causas tumorais podem cursar com invasão das veias porta, esplênica ou mesentérica superior, achado este que poderá ser suspeitado, e muitas vezes confirmado, pelo Doppler colorido, ultrassonografia com contraste e ultrassonografia endoscópica.
  - Estenose não é habitualmente vista e demanda muita experiência e destreza do operador.

- Colangites com espessamento ecogênico das paredes e estreitamento do colédoco distal são comuns nos pacientes com síndrome da imunodeficiência adquirida (SIDA) decorrente da infecção pelo citomegalovírus.
- Colédoco suprapancreático.
  - Origina-se entre o pâncreas e o espaço *porta hepatis*. Neste tipo de obstrução, a cabeça do pâncreas encontra-se com aspecto normal.
  - Várias podem ser as causas desta obstrução, mas as malignas são mais comuns e podem ser determinadas por neoplasias primárias ou secundárias. A ultrassonografia mostrará, nestes casos, lesão sólida ou linfonodomegalia no terço médio ou superior do hepatocolédoco, determinando dilatação a montante deste segmento e, às vezes, cálculos intraductais acima da lesão.
- Ducto hepático comum no nível do espaço *porta hepatis*.
  - Os processos obstrutivos do espaço *porta hepatis* ocorrem por neoplasias primárias ou secundárias. Nestes pacientes há dilatação das vias biliares intra-hepáticas, com colédoco de calibre normal e, dependendo do nível da obstrução, a vesícula biliar estará murcha.
  - Nestes casos a ultrassonografia deve buscar metástases hepáticas e sinais de invasão ou oclusão da veia porta (irregularidades na parede do vaso ou ausência de fluxo ao Doppler colorido), achados que fazem parte de critérios de irressecabilidade do tumor.

Causas de dilatação dos ductos biliares

- As causas mais comuns de obstrução biliar são coledocolitíase, estenoses benignas, estenoses anastomóticas bilioentéricas, colangiocarcinoma e câncer periampular. Causas extrínsecas, como compressão por linfonodomegalias ou aneurisma da artéria hepática, também são descritas na literatura.
- Embora a ultrassonografia, a tomografia e a ressonância possam ser úteis na identificação da causa de obstrução, a colangiografia é obrigatória como intervenção diagnóstica e potencialmente terapêutica. Se a colangiopancreatografia retrógrada endoscópica (CPRE) não estiver disponível, deve-se realizar a colangiografia trans-hepática percutânea.

Coledocolitíase

Um ducto biliar dilatado à ultrassonografia do paciente com cálculos biliares, icterícia e dor biliar é altamente sugestivo de coledocolitíase, sendo a prevalência de coledocolitíase significativamente mais alta no quadro de colédoco dilatado do que em pacientes com ducto sem dilatação (58% *versus* 1%).

Nos casos de pouca ou nenhuma dilatação das vias biliares, a ultrassonografia apresenta baixa sensibilidade. O recurso da harmônica pode auxiliar na visualização. Os cálculos no colédoco não apresentam sombra acústica posterior em até 30-40% dos casos.

Na pancreatite aguda de causa indeterminada, a ultrassonografia deve pesquisar cálculos biliares e coledocolitíase.

O diagnóstico correto da coledocolitíase depende da experiência do ultrassonografista, pois pode haver falso diagnóstico pela interposição de gás intestinal, conteúdo duodenal, aerobilia ou calcificações intrapancreáticas.

A papila de Vater pode, dificilmente, ser visualizada na ultrassonografia transabdominal, e aparece como estrutura oval ou cilíndrica de 3 a 6 mm que se projeta em direção à luz duodenal, porém a sua melhor identificação é feita por meio da ultrassonografia endoscópica.

A ultrassonografia endoscópica também pode ser utilizada para identificar cálculos do ducto biliar sem cateterização da ampola e seus riscos associados, mas é menos sensível que a CPRE.

Se forem descobertos cálculos logo após a colecistectomia, eles são classificados como residuais; aqueles diagnosticados meses ou anos mais tarde são denominados recorrentes.

Síndrome de Mirizzi

Causa incomum de obstrução biliar extra-hepática. Ocorre pela migração de um cálculo que se fixa no ducto cístico, determinando compressão extrínseca do ducto hepático comum e dilatação das vias biliares intra-hepáticas.

Os achados ultrassonográficos mais comumente encontrados são: dilatação da árvore biliar intra-hepática, ducto colédoco de calibre normal, um grande cálculo fixo no infundíbulo vesicular ou ducto cístico e consequente dilatação da árvore biliar intra-hepática. Nos quadros agudos, a vesícula biliar encontra-se distendida, porém nas fases tardias poderá haver seu esvaziamento após o aparecimento de fístulas colecistoentéricas ou colecistocolédocos (Figura 14). A ultrassonografia com contraste por microbolhas pode auxiliar na caracterização de trajetos fistulosos por meio da injeção do contraste diretamente na via biliar ou vesícula biliar.

Colangite aguda

A colangite é uma infecção bacteriana ascendente do sistema ductal biliar com obstrução mais comumente consequente a coledocolitíase.

A ultrassonografia pode evidenciar espessamento parietal das vias biliares, dilatação das vias biliares e coledocolitíase. A vesícula pode ou não estar dilatada, a depender do ponto de obstrução.

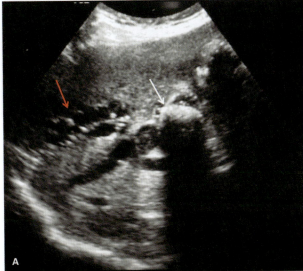

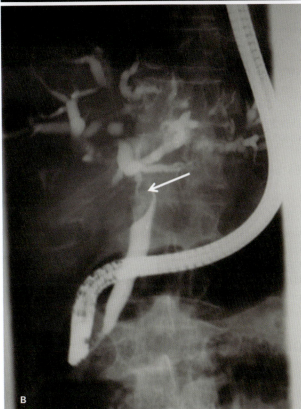

Figura 14   Mirizzi. A: Ultrassom mostrando imagem de cálculo fixo no infundíbulo da vesícula biliar vazia (seta branca) e que comprime o ducto hepático comum com dilatação dos ramos biliares intra-hepáticos (seta vermelha). B: Colangiografia hepática evidenciando cálculo fixo no infundíbulo vesicular (seta branca) e que determina dilatação intra-hepática.

Colangite piogênica recorrente

A lama biliar e os corpos celulares bacterianos mortos formam cálculos de pigmento marrom em toda a árvore biliar, o que causa obstrução parcial (Figura 15). Estenoses biliares e episódios repetidos de colangite são o curso clínico comum e podem ocasionar abscessos hepáticos e cirrose. Os pacientes estão sob o risco de colangiocarcinoma em decorrência da infecção biliar persistente e irritação causada pelos cálculos e pela lama.

Papilomatose mucinosa biliar

É uma doença rara que pode estar associada a colangites de repetição.

Apresenta vários focos de dilatação biliar com múltiplas vegetações intraductais com baixo potencial de metastização, fato que explica sua confinação aos ductos biliares.

O achado ultrassonográfico mais comum é hepatomegalia, dilatação das vias biliares intra-hepáticas, massas sólidas vegetantes dentro do colédoco. A existência de dilatação e estase biliar favorece o surgimento de cálculos e bile espessa.

O diagnóstico diferencial deve ser feito com os adenomas, carcinomas, bile espessa, coágulos, cálculos sem sombra acústica, neuromas, granulomas, metástases biliares, lipomas, fibromas e tumor carcinoide.

Parasitas biliares

São muito comuns em comunidades com condições sanitárias precárias. Os sintomas mais comuns incluem cólicas, colangites e colecistite aguda.

No ocidente, o parasita mais comum é o *Ascaris lumbricoides*. O verme adulto coloniza o trato gastrointestinal e possui comprimento de 10 cm e espessura de 3 a 6 mm,

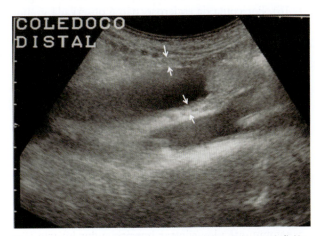

Figura 15   Colangite. Paciente com síndrome da imunodeficiência adquirida (SIDA), apresentando dilatação do colédoco com espessamento da parede anterior e posterior (setas).

fato que facilita a penetração deste parasita na árvore biliar, produzindo focos de obstrução e dilatação.

O exame ultrassonográfico detecta os vermes como estruturas tubulares hiperecoicas com disposição linear ou espiralada, podendo ser encontrados:

- No ducto biliar extra-hepático, com graus variáveis de dilatação das vias biliares intra-hepáticas e aerobilia.
- No interior da vesícula biliar, confinados em meio à lama biliar.
- De permeio a abscessos intra-hepáticos.

Outra imagem descrita é a caracterização de massa na projeção do hepatocolédoco com dilatação das vias biliares intra-hepáticas.

Colangite esclerosante

A colangite esclerosante é uma doença hepática colestática caracterizada por estenoses fibróticas envolvendo a árvore biliar intra e extra-hepática, que aos poucos evolui para obliteração destes segmentos.

Na ausência de causa precipitante conhecida é chamada de colangite esclerosante primária.

Alguns pacientes permanecem assintomáticos durante anos, enquanto outros evoluem rapidamente para perda do ducto biliar, cirrose e insuficiência hepática. Está relacionada também com o aparecimento de colangiocarcinoma.

Possui forte associação com doenças inflamatórias intestinais, em especial a retocolite ulcerativa (60-72%).

Os achados ultrassonográficos são muito discretos e muitas vezes não visualizados.

- Pontos de estenose seguidos de dilatação, associados a espessamento das paredes das vias biliares intra-hepáticas, geralmente de forma esparsa e sem conexão evidente com os ductos intra-hepáticos centrais (Figura 16). Por conta da esclerose, não é observada grande dilatação nas vias biliares.
- No hepatocolédoco pode-se caracterizar múltiplos pontos de estenose com espessamento parietal.
- O parênquima hepático apresenta alterações texturais com hiperecogenicidade difusa ou focal periportal.
- A vesícula biliar pode apresentar espessamento difuso e simétrico da parede associada a cálculos. Apesar do espessamento parietal da vesícula ser frequente, no achado de espessamento assimétrico, sem hipertensão portal e hipoalbuminemia, deve-se avaliar a possibilidade de processo inflamatório ou tumoral.
- Como a colangite esclerosante é uma das causas de colangiocarcinoma, esta hipótese deve ser aventada sempre que se encontrar um paciente com icterícia,

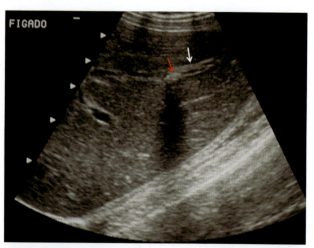

Figura 16 Colangite de repetição. Dilatação focal de ducto biliar e espessamento hiperecogênico parietal na periferia do parênquima hepático (seta branca) e imagem de cálculo intra-hepático (seta vermelha).

dilatação das vias biliares e qualquer nódulo sólido ou espessamento irregular do colédoco.

A colangiografia confirma o diagnóstico de colangite esclerosante com evidência de estenoses multifocais difusas comumente encontradas nos ductos biliares intra e extra-hepáticos.

A colangite esclerosante primária tem apresentado até 10% de recidiva após transplante hepático, podendo demandar retransplante.

Colangite esclerosante e colecistite acalculosa podem ser encontradas em pacientes com SIDA, e a maioria dos casos decorre da infecção biliar por agentes oportunistas.

Estenoses biliares

As estenoses benignas do ducto biliar têm inúmeras causas, incluindo pancreatite crônica (Figura 17), coledocolitíase, colangite aguda, obstrução biliar decorrente de colecistolitíase (síndrome de Mirizzi), colangite esclerosante, colangite piogênica recorrente, estenoses pós-transplante e anastomoses bilioentéricas. Os pacientes mais comumente manifestam episódios de colangite ou icterícia.

Disfunção do esfíncter de Oddi

Dor semelhante a cólica biliar com testes de função hepática normais e episódios de pancreatite aguda tem sido atribuída a uma síndrome pouco definida, conhecida como disfunção do esfíncter de Oddi.

Um colédoco dilatado (> 12 mm de diâmetro) é um achado típico, mas não específico, à ultrassonografia.

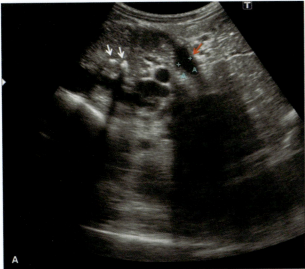
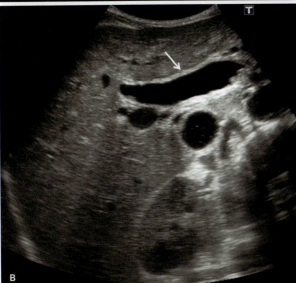
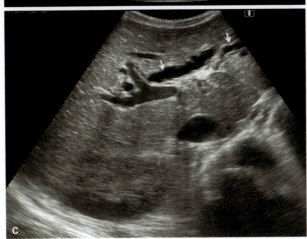

Figura 17 Pancreatite crônica. A: Corte ultrassonográfico obliquado mostrando aumento do volume da cabeça do pâncreas e múltiplos cálculos intraductais secundários (setas brancas) acompanhados de dilatação do ducto pancreático principal (seta vermelha). B: Corte longitudinal no hilo hepático mostrando dilatação do hepatocolédoco (seta). C: Corte transversal do fígado evidenciando dilatação das vias biliares intra-hepáticas (setas brancas).

Colangiocarcinoma

É um tumor incomum e pode ocorrer em qualquer parte ao longo da árvore biliar intra ou extra-hepática.

Como regra geral, a incidência de cânceres das vias biliares é ligeiramente mais alta em homens e aumenta com a idade; o paciente típico com colangiocarcinoma está entre 50-70 anos de idade.

O diagnóstico de colangiocarcinoma deve ser considerado em todos os pacientes com icterícia obstrutiva, uma vez que grande parte dos colangiocarcinomas se manifesta com icterícia.

Fatores de risco: colangite esclerosante primária, colite ulcerativa, doença de Caroli, cistos biliares, hepatolitíase, infestações parasitárias intrabiliares, distúrbios genéticos (síndrome de Lynch II e papilomatose biliar múltipla), hepatites B e C, anastomose bilioentérica prévia e exposição a agentes químicos.

Estadiamento e classificação

O colangiocarcinoma é classificado em três grupos amplos: intra-hepático, peri-hilar e distal.

Os cânceres da confluência dos ductos hepáticos também têm sido classificados de acordo com sua localização anatômica (classificação de Bismuth-Corlette) (Figura 18).

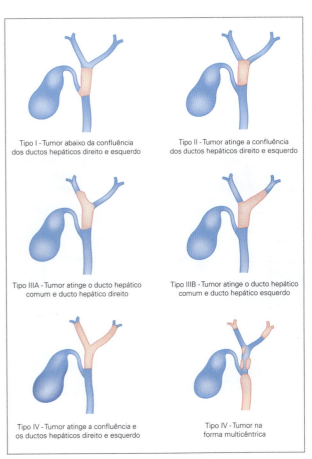

Figura 18 Esquema da classificação de Bismuth-Corlette.

- Tipo I: tumor abaixo da confluência entre os ductos principais direito e esquerdo.
- Tipo II: tumor alcançando a confluência, mas sem acometimento superior dos ramos principais.
- Tipo IIIa: tumor obstruindo a confluência e o ramo principal direito.
- Tipo IIIb: tumor obstruindo a confluência e o ramo principal esquerdo.
- Tipo IV: tumor acometendo a confluência e ambos os ductos principais direito e esquerdo; ou tumores multicêntricos.

Os colangiocarcinomas localizados na zona de confluência dos ductos direito e esquerdo são chamados de tumores de Klatskin, sendo esta a localização mais frequente (60-80% dos casos). O tumor de Klatskin pode invadir o parênquima hepático, a veia porta e a artéria hepática. O Doppler colorido e a ultrassonografia com contraste auxiliam na detecção de invasão tumoral dessas estruturas. O aspecto ultrassonográfico mais sugestivo deste tumor é a dilatação isolada das vias biliares. Na maioria das vezes a lesão tumoral não é vista imediatamente ao exame, porém observa-se dilatação das vias biliares a partir da topografia da confluência dos ductos hepáticos direito e esquerdo (Figura 19).

A vesícula biliar e a árvore biliar extra-hepática se encontram normais ou colabadas. Os tumores distais promovem distensão da vesícula biliar e da árvore biliar intra e extra-hepática.

O diagnóstico diferencial compreende a colangite esclerosante, a colangite supurativa, as estenoses biliares benignas, os tumores do colédoco e as metástases.

Neoplasias biliares intra-hepáticas

Cistoadenomas e cistoadenocarcinomas são neoplasias biliares intra-hepáticas raras. O aspecto ultrassonográfico é de massa intra-hepática heterogênea, com componente cístico, septos espessos irregulares e vegetações. Entretanto, o aspecto imagenológico não é patognomônico e o diagnóstico diferencial deve ser feito com cistos complicados por hemorragia ou infecção, cistos hidáticos, abscessos, hematomas e metástases com degeneração cística.

Tumores da papila de Vater

Os tumores da papila de Vater se originam do revestimento do epitélio glandular dos ductos e podem ser benignos (adenoma) ou malignos (adenocarcinoma).

Quando pequenos e restritos à papila podem passar despercebidos ao exame de ultrassonografia, tomografia ou exames contrastados. Neste caso, a ultrassonografia endoscópica é o método de escolha para avaliação do tamanho e da propagação destes pequenos tumores. Por outro lado, os tumores maiores podem ser vistos como vegetações papilares ou tumores murais.

A ultrassonografia mostra dilatação do colédoco e por várias vezes o tumor pode não ser visualizado.

O diagnóstico diferencial deve ser feito com lesões próprias da parede duodenal, como coledococele e tumor carcinoide.

Tumores metastáticos e outros tumores malignos

Os tumores hepáticos primários e secundários também podem produzir obstrução biliar por metástase para os linfonodos hilares ou pericoledocianos.

O carcinoma hepatocelular, o carcinoma colorretal e o carcinoma pancreático são os sítios primários mais comumente associados à obstrução distal das vias biliares por metástases para linfonodos.

Metástases nodais de vários tumores, incluindo câncer de mama e de ovário, também têm sido relatadas como causadoras de obstrução do ducto biliar.

O linfoma também pode resultar em obstrução biliar e mimetizar câncer pancreático ou colangiocarcinoma peri-hilar.

Coleções intra-hepáticas

Hemobilia

Consiste na presença de sangue no interior da vesícula e/ou árvore biliar. Pode causar dor e cólica biliar.

Entre as causas de hemobilia deve-se considerar o trauma (50%), a causa espontânea (28%) e a inflamatória

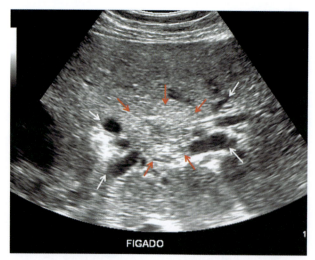

Figura 19 Tumor de Klatskin. Corte ultrassonográfico em transversal do fígado evidenciando imagem de lesão sólida ligeiramente hiperecogênica localizada na confluência dos ductos hepáticos direito e esquerdo (setas vermelhas) e que determina dilatação das vias biliares intra-hepáticas.

(22%). O trauma abdominal fechado é o principal agente da hemobilia, mas esta pode ser iatrogênica como nas punções ou passagem de anastomose portossistêmica intra-hepática transjugular (TIPS).

Aspecto ultrassonográfico

- Dilatação da árvore biliar com material ecogênico amorfo no interior dos ductos, muitas vezes semelhante a bile espessa com cristais de colesterol, a cálculos sem sombra acústica e a neoplasias infiltrativas.
- No interior da vesícula biliar o sangramento pode ser confundido com tumor ou com colecistite gangrenosa. O emprego do Doppler colorido ajuda na diferenciação entre tumor e coágulo, pois o tumor pode apresentar vascularização no interior do componente sólido, enquanto o coágulo não apresenta vascularização. Após algumas semanas os coágulos se dissolvem, podendo assumir aspecto reticulado até o completo desaparecimento. Grandes sangramentos podem formar pseudoaneurismas.

Biliomas

O vazamento de bile não infectada ocorre nos traumas fechados ou por iatrogenia. O local mais comum do trauma é próximo à borda superior do pâncreas e geralmente acompanha ruptura completa do colédoco.

Biliomas também podem ser vistos como:

- Cistos intra-hepáticos de conteúdo anecoico a espesso.
- Cistos coletados na loja extra-hepática junto ao hilo hepático.
- Líquido livre intraperitoneal.

Anatomia da vesícula biliar

Reservatório em forma de pera que se comunica com o restante da árvore biliar através do ducto cístico. A vesícula biliar se divide anatomicamente em três porções: fundo, corpo e infundíbulo.

Parâmetros normais:

- Forma: ovoide.
- Conteúdo: anecoico.
- Comprimento (longitudinal): 7 a 10 cm.
- Largura (transversal): até 4 cm.
- Volume: 30 a 60 mL.
- Espessura da parede: até 0,3 cm – mais bem avaliada no corte transversal, na parede anterior, junto à superfície hepática (menos artefatos).

Hidrópica:

- Forma: arredondada.
- Largura (transversal): maior que 5 cm.

Contraída:

- Largura (transversal): menor que 2 cm.

Camadas da parede da vesícula biliar:

- Mucosa (hiperecoica), muscular (hipoecoica) e serosa (hiperecoica).
- A estratificação é de difícil caracterização em situações normais (com a vesícula repleta).

Anomalias congênitas

Anomalias de forma

- Hipoplasia (vesícula biliar rudimentar):
  - Associação com fibrose cística.
  - Vesícula biliar com funcionamento normal, mas pequena, devendo ser diferenciada da vesícula escleroatrófica repleta de cálculos.
- Deve-se dedicar especial atenção à avaliação das vesículas com anomalias de forma, uma vez que as dobras ou septos podem dificultar a visualização adequada das paredes e do conteúdo, e esconder cálculos ou pólipos, por exemplo.
- Pregas ou acotovelamentos:
  - Bastante frequentes, podem ser confundidos com septos, sem significado clínico.
  - Vesícula biliar em barrete frígio: prega ou dobra no fundo vesicular, podendo desaparecer se a vesícula biliar é examinada em jejum prolongado (com aumento da repleção).
- Septos:
  - Completos ou incompletos, sem significado clínico (Figura 20).
- Vesícula multisseptada:
  - Extremamente rara.
  - Múltiplos finos septos por meio da luz vesicular (padrão em favo de mel).
  - Diagnóstico diferencial: mucosa descamativa (achado incomum na colecistite aguda).

Anomalias de número

- Agenesia:
  - Anormalidade extremamente rara.
  - O diagnóstico pode ser feito precocemente, intraútero, a partir da 15ª semana de gestação.
  - Os principais diagnósticos diferenciais são vesícula biliar: excluída, escleroatrófica, vazia por contração fisiológica, ectópica e por erro técnico.

- Duplicação vesicular:
  - Rara.
  - Completa ou incompleta, com ducto cístico único ou duplicado.
  - Diagnósticos diferenciais: pregas, cisto de colédoco, líquido pericolecístico, divertículo vesicular, adenomiomatose, banda fibrosa intraperitoneal (banda de Ladd), banda vascular cruzando a vesícula.

Anomalias de posição (ectopias)

- *Situs inversus totalis*: vesícula no hipocôndrio esquerdo.
- *Situs ambíguos*: vesícula numa posição transversa na linha média.
- Vesícula intra-hepática: envolta por parênquima, geralmente em topografia subcapsular (Figura 21).
- Anormalidades hepáticas podem determinar rotação e deslocamento vesicular.
- Vesícula flutuante: um longo mesentério permite uma mobilidade anormal, podendo levar à herniação (geralmente pelo forame de Winslow) ou vólvulo.
  - Vólvulo ou torção:
    - Mais frequente em mulheres, magras, entre 60 e 80 anos.
    - Fatores de risco: cifoescoliose, multiparidade, manipulação cirúrgica prévia.
    - Quadro que simula colecistite.
    - Achados ultrassonográficos: vesícula distendida, com paredes espessas, sem cálculos, fora da localização habitual (em topografia mais baixa que o fígado, ou em orientação transversa).
  - Herniação:
    - Pode ser assintomática ou intermitente, causando desde vago desconforto até estrangulamento.
    - Achados ultrassonográficos: inespecíficos, mostrando apenas formação cística na pequena cavidade epiploica, sendo o diagnóstico mais sugestivo se existir litíase associada.

Avaliação ultrassonográfica

A ultrassonografia é o primeiro exame a ser realizado no estudo da vesícula biliar. As vantagens são:

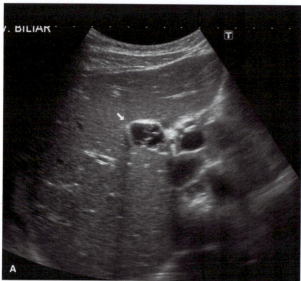
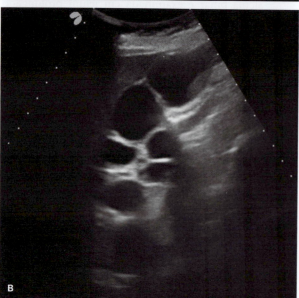

Figura 20 Vesícula com septos. A: Vesícula biliar hipodistendida e com múltiplos septos. B: Vesícula biliar multisseptada e com bile espessa em algumas loculações.

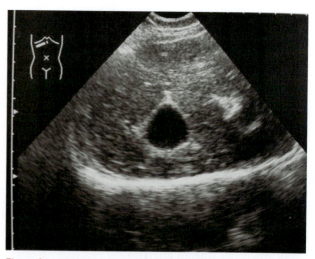

Figura 21 Vesícula biliar intra-hepática. Corte ultrassonográfico em coronal identificando vesícula biliar normal, porém de topografia intra-hepática com parênquima hepático envolvendo-a em toda a sua extensão.

- Alta sensibilidade, especificidade e acurácia na identificação de cálculos biliares intra e extra-hepáticos, e de alterações parietais (pólipos, tumores, colecistoses hiperplásicas etc.).
- Não necessita de radiação ionizante ou meio de contraste.
- É de baixo custo, segura e flexível.
- Independe da função gastrointestinal, hepática ou biliar; e possibilita o estudo de outros órgãos do abdome, caracterizando, muitas vezes, doenças extravesiculares.

Fatores que podem prejudicar a análise da vesícula biliar: obesidade, meteorismo intestinal excessivo, jejum inadequado.

Possíveis causas de não visualização da vesícula biliar:

- Colecistectomia.
- Jejum inadequado.
- Vesícula preenchida por cálculos – a sombra acústica na loja vesicular pode auxiliar no diagnóstico.
- Vesícula escleroatrófica, com ou sem cálculos.
- Vesícula com massa litiásica.
- Anomalias congênitas (agenesia, ectopia, alterações de forma ou número).
- Colecistite enfisematosa.

Além de bile espessa e cálculos, colesterolose e adenomiomatose da vesícula biliar podem causar sintomas biliares típicos e todas são detectáveis na ultrassonografia.

Técnica de exame

Preparo: 6 a 8 horas de jejum são suficientes para a distensão fisiológica da vesícula biliar no paciente adulto. Apesar do jejum adequado, a vesícula biliar pode se apresentar anormalmente contraída, dificultando sua visualização.

A ausência do preparo pode levar a erros diagnósticos. Por exemplo, a contração fisiológica da vesícula cursa com espessamento parietal e dimensões reduzidas, que são sinais, no paciente com jejum adequado, sugestivos de processo patológico. A hipodistensão vesicular prejudica a pesquisa de lesões murais, bem como pode esconder cálculos.

Transdutores convexos de 3,5 a 5 MHz são suficientes; transdutores de maior frequência podem ser utilizados para melhor resolução de imagem em avaliações de anormalidades específicas (p. ex., avaliação da parede).

O estudo é iniciado com o paciente em decúbito dorsal, devendo-se complementar o exame com o decúbito lateral esquerdo e, se necessário, em posição ortostática. Os decúbitos variados auxiliam na caracterização de cálculos e no estudo da mobilidade deles. Além disso,

permitem a avaliação das paredes vesiculares que antes estavam inacessíveis pela presença da sombra acústica determinada pelos cálculos.

O infundíbulo vesicular é um local de difícil análise e deve ser estudado com especial atenção na pesquisa de cálculos, os quais podem ser fixos nesta região e obscurecidos pela presença de gás intestinal.

A junção do ducto cístico com o colédoco pode não ser definida pela ultrassonografia em até 50% dos pacientes.

Referência anatômica: a maneira mais fácil de se encontrar a vesícula é no corte ultrassonográfico onde se expõe o "H hepático", sendo este corte extremamente útil na caracterização e documentação do leito da vesícula biliar (Figura 22), principalmente em situações em que a vesícula encontra-se contraída ou cheia de cálculos e sua visualização pode ser difícil.

Discinesias

Os pacientes que se apresentam com sintomas típicos de cólica biliar, mas não possuem evidência de cálculos biliares à ultrassonografia, devem ser investigados à procura de discinesia biliar.

A discinesia biliar é caracterizada por um quadro de sintomas típicos de cólica biliar em um paciente sem evidências de cálculos biliares e com redução da contratilidade da vesícula.

A ultrassonografia pode ser utilizada como exame de triagem – para a realização da cintilografia – na avaliação da contratilidade, uma vez que não utiliza radiação nem contraste, é mais acessível, rápida e de baixo custo.

O exame é realizado em duas etapas: em jejum, e após 45 minutos da ingestão de refeição estimulante da contratilidade vesicular (leite e derivados, chocolate, gema de ovo).

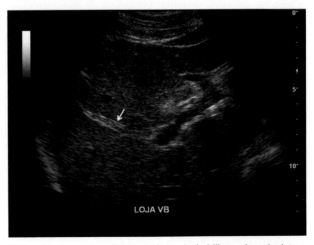

Figura 22 Leito sem imagem da vesícula biliar após colecistectomizado (seta).

A função contrátil é avaliada pela fração de ejeção, a qual quantifica a diferença de volume na vesícula biliar entre as duas etapas.

- Volume = comprimento longitudinal × transversal × anteroposterior × 0,52.
- Fração de ejeção (%) = [(volume inicial – volume final) / volume inicial] × 100
- Após 45 minutos é esperada como normal, na avaliação ultrassonográfica, uma fração de ejeção superior a 60%.

Comumente há evidência histopatológica de colecistite crônica.

Bile espessa

Sinônimos: lama biliar, barro biliar, areia biliar e bile ecogênica.

Refere-se a uma mistura de cristais de colesterol, grânulos de bilirrubinato de cálcio e uma matriz de gel de mucina.

É caracterizada por ecos de baixa amplitude, formando uma camada homogênea depositada, com nível líquido-líquido (quando não ocupa todo o lúmen vesicular), e que se desloca lentamente às mudanças de decúbitos, sem sombra acústica posterior.

É um sinal de estase biliar, podendo ser encontrada em qualquer situação que curse com hipomotilidade vesicular, como no jejum prolongado ou com o uso de nutrição parenteral, não sendo uma condição cirúrgica por si só, embora possa ser observada em quadros inflamatórios agudos.

Ecos artefatuais no interior da luz vesicular podem simular bile espessa. Alguns ajustes no aparelho podem contribuir na redução desses artefatos, como a utilização da harmônica, de modo a reduzir o ganho e posicionar o foco na altura da vesícula. Mudanças de decúbito também costumam auxiliar na diferenciação.

Quando a vesícula se encontra completamente preenchida por bile espessa ela pode adquirir uma ecogenicidade semelhante à hepática, condição denominada "hepatização" da vesícula biliar, podendo, inclusive, dificultar sua caracterização.

A distinção entre pus, muco, coágulo e microcálculos pode ser bastante difícil pelo método. Tanto pus quanto microcálculos podem "flutuar" (Figura 23).

Microcálculos e cálculos, quando associados à bile espessa, podem formar sombra acústica posterior, determinando um aspecto heterogêneo e com deslocamento rápido às mudanças de decúbito.

A bile espessa pode formar aglomerados denominados "bile tumefacta", a qual apresentará um aspecto semelhante a "cálculos biliares sem sombra acústica posterior" (Figura 24). A bile tumefacta pode assumir morfologias diversas, simulando massas intraluminais (pólipos e neoplasias malignas). Nestes casos a diferenciação pode ser feita por meio da mobilização da bile tumefacta. A bile tumefacta pode "dissolver" espontaneamente, muitas vezes desaparecendo após alguns dias, fato que também auxilia na diferenciação com lesões sólidas. A não mobilização associada à presença de fluxo ao Doppler colorido sugere lesão sólida. O Doppler colorido deve ser ajustado para captar fluxos lentos: frequência de repetição de fluxo (PRF) baixa, ganho alto, filtro de parede baixo (Figura 2).

Colelitíase

Os cálculos biliares são classificados, por seu conteúdo de colesterol, como cálculos de colesterol ou cálculos pigmentares. Os cálculos pigmentares são classificados, adicionalmente, em pretos ou marrons.

Diferentemente da tomografia, na ultrassonografia pode-se visualizar de modo adequado todos os tipos de cálculos, embora não se possa classificá-los.

O exame ultrassonográfico é o método de imagem mais acurado no diagnóstico de colelitíase, com excelente sensibilidade (95%) e especificidade (99%).

A microlitíase se caracteriza por pequenas imagens ecogênicas aglomeradas menores que 0,4 cm.

À ultrassonografia, a colelitíase pode se apresentar das seguintes formas:

- Estrutura ecogênica intraluminal, produtora de sombra acústica posterior, habitualmente móvel à mudança de decúbito (Figura 25).
- Estrutura ecogênica intraluminal, não produtora de sombra acústica posterior, mas que pode, ao exame

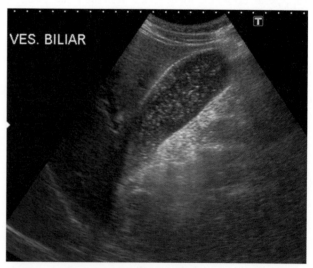

Figura 23   Microcálculos flutuantes. Vesícula biliar repleta de bile espessa e microcálculos em suspensão.

29 ESTUDO POR IMAGEM DAS VIAS BILIARES   829

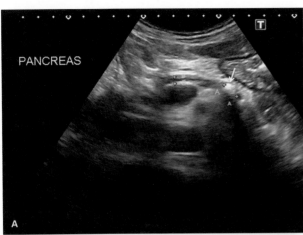
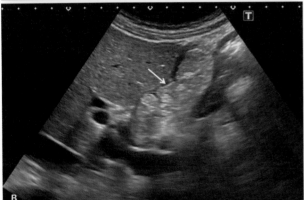
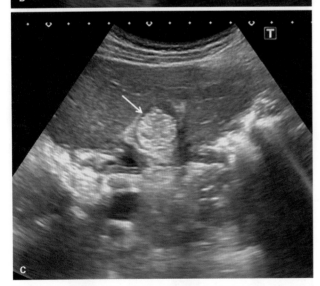

Figura 24 Pancreatite crônica. A: Corte ultrassonográfico em transversal do pâncreas que mostra dilatação do ducto pancreático principal e cálculo intraductal (seta). B e C: Vesícula biliar em corte longitudinal e transversal repleta de bile tumefacta na forma de conteúdo hiperecogênico amorfo (seta).

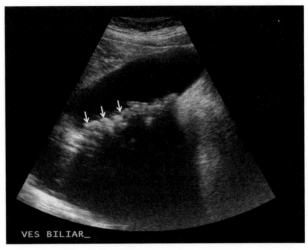

Figura 25 Colecistopatia calculosa. Corte ultrassonográfico longitudinal evidenciando imagem de múltiplos microcálculos (diâmetro menor que 0,4 cm) móveis no interior da vesícula biliar e com sombra acústica posterior (setas).

ultrassonográfico, com auxílio das manobras de decúbito, ser diferenciada de estruturas como septos intravesiculares ou pólipo vesicular.
- Estrutura fortemente ecogênica, produtora de sombra acústica posterior, no leito vesicular. Este é o aspecto muitas vezes encontrado na vesícula repleta de cálculos. Uma avaliação mais cuidadosa poderá identificar a parede vesicular anterior e pequena quantidade de bile.
- A vesícula escleroatrófica pode se apresentar como descrito acima, e distingue-se da vesícula em porcelana pela calcificação parietal característica desta última.

Vesícula hidrópica

A vesícula biliar hidrópica é assim caracterizada quando se apresenta distendida, tensa, arredondada e com diâmetro transversal maior que 5,0 cm (Figura 26). As principais causas de vesícula hidrópica são obstruções por cálculo no infundíbulo vesicular, ducto cístico e hepatocolédoco.

Alterações de parede

Espessamento da parede vesicular

O espessamento parietal pode ser focal ou difuso. Este tópico tratará do espessamento difuso, uma vez que espessamentos focais serão abordados em tópicos específicos (adenomiomatose, pólipo, colecistite gangrenosa, carcinoma etc.).

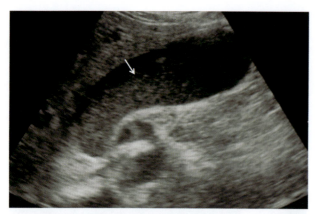

Figura 26 Colecistopatia aguda acalculosa. Corte ultrassonográfico longitudinal evidenciando imagem de vesícula biliar distendida e com bile espessa no seu interior (seta).

- Espessura da parede: até 0,3 cm no paciente em jejum – mais bem avaliada no corte transversal, na parede anterior, junto à superfície hepática (menos artefatos).
- Camadas da parede: mucosa (hiperecoica), muscular (hipoecoica) e serosa (hiperecoica).
- O espessamento parietal pode ocorrer em diversas situações, não significando, necessariamente, processo patológico primário da vesícula biliar.
- O espessamento parietal difuso (com ou sem delaminação) não é específico de processo inflamatório ou de qualquer outra doença.
- Causas de espessamento difuso da parede vesicular: colecistite aguda, colecistite crônica, contração vesicular pós-prandial, ascite, hepatopatias, insuficiência cardíaca, dengue, apendicite, varizes císticas, SIDA, carcinoma vesicular, entre outras.

Colesterolose

A colesterolose tem como causa o acúmulo de colesterol nos macrófagos na mucosa da vesícula, localmente ou como pólipos.

Os tipos são:

- Plana: pontos hiperecoicos na parede vesicular, geralmente acompanhados por reverberação sonora posterior (artefato em "cauda de cometa").
- Polipoide: consiste em pólipos de colesterol (pseudopólipos), que podem ser únicos ou múltiplos, apresentando-se como estruturas ecogênicas fixas à parede, projetando-se no lúmen vesicular.

Adenomiomatose

É uma colesterolose hiperplásica, caracterizada por hiperplasia das camadas mucosa e muscular da parede da vesícula biliar, com evaginação da mucosa através da muscular, desenvolvendo divertículos intramurais, os chamados seios de Rokitansky-Aschoff, onde pode haver precipitação de cristais de colesterol e formação de cálculos (Figura 27).

É classificada em difusa, fúndica ou segmentar. A forma segmentar dá origem à deformidade chamada "vesícula em ampulheta" (Figura 28).

Achados ultrassonográficos:

- Espessamento da parede vesicular.
- Pequenos focos intraparietais anecoicos (bile), hiperecoicos (microcálculos) e hiperecoicos com reverberação acústica posterior (colesterolose).

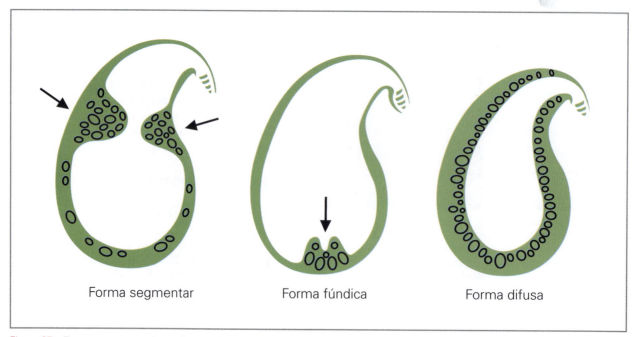

Figura 27 Esquema mostrando as diversas formas de adenomiomatose.

A adenomiomatose pode simular tumores da vesícula biliar, especialmente as formas localizadas, como a segmentar ou a fúndica.

Pólipos

É definida como lesão polipoide da vesícula biliar qualquer elevação a partir do seu contorno interno.

Os pólipos ocorrem em 3-7% dos indivíduos normais que se submetem a ultrassonografia abdominal e são identificados à ultrassonografia como uma imagem ecogênica, sem sombra acústica e fixa à parede vesicular, projetando-se para sua luz (Figura 29). São únicos ou múltiplos; sésseis ou pediculados.

Os pólipos comumente são classificados como:

- Benignos:
  - Não neoplásicos (pseudopólipos).
  - Pólipos de colesterol.
  - Adenomiomas (forma localizada da adenomiomatose).
  - Neoplásicos (adenomas).
- Malignos (adenocarcinomas e metástases).
  - A ultrassonografia não é capaz de distinguir a natureza dos pólipos (não neoplásicos, neoplásicos benignos ou neoplásicos malignos).
  - Os pólipos de colesterol são as massas benignas mais comuns da vesícula biliar e, em geral, são menores que 10 mm, têm uma aparência pediculada ecogênica característica na ultrassonografia e, em geral, são múltiplos (30% dos casos).
  - O adenomioma aparece como um pólipo séssil com microcistos característicos na ultrassonografia e, em geral, tem mais de 10 mm (Figura 30).

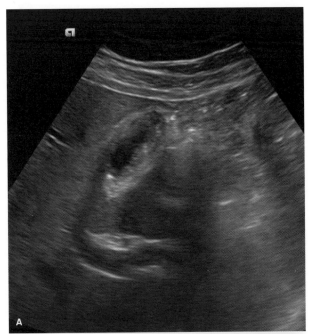
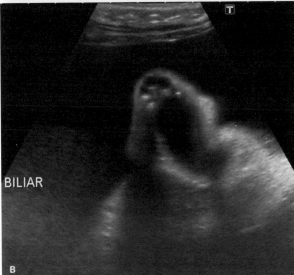
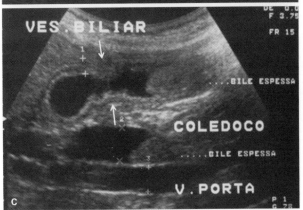

Figura 28 Adenomiomatose. Nas diferentes formas de adenomiomatose, notam-se os seios de Rokitansky-Aschoff e colesterolose. A: Forma difusa. B: Forma fúndica com alguns microcálculos no interior de alguns desses seios. C: Forma segmentar (setas), com vesícula em ampulheta.

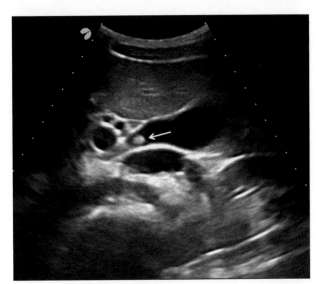

Figura 29 Pólipo. Ultrassom mostrando imagem de vegetação sólida hiperecogênica fixa na região do infundíbulo da vesícula biliar.

- Pode ser difícil diferenciar o adenoma do adenocarcinoma da vesícula biliar; a principal característica diferenciadora é a ausência de invasão transmural na ultrassonografia, que algumas vezes é difícil de precisar.
- Os fatores de risco associados à malignidade são idade acima de 60 anos, coexistência de cálculos biliares, aumento documentado do tamanho e tamanho acima de 10 mm.
- Habitualmente os pólipos são assintomáticos, mas, eventualmente, causam sintomas, principalmente se forem localizados na região infundibular, podendo levar inclusive à colecistite aguda por obstrução.
- Pólipos maiores que 10 mm possuem indicação de colecistectomia. Pólipos assintomáticos, menores que 10 mm e sem características ultrassonográficas de neoplasia, podem ser acompanhados por ultrassonografia.
- O diagnóstico diferencial inclui cálculo, bile tumefacta, coágulo sanguíneo e muco.

Processos inflamatórios

Colecistite calculosa aguda

A colecistite aguda geralmente é uma complicação da colelitíase (90-95% dos casos), que obstrui a região infundibulocística (Figura 31). Compressões extrínsecas, como linfonodomegalias, também podem causar obstrução e colecistite aguda.

A obstrução do ducto cístico, que promove cólica biliar, é o evento inicial na colecistite aguda. Se o ducto cístico permanecer obstruído, a vesícula biliar distende-se e sua parede torna-se então inflamada e espessada.

No quadro mais comum, o cálculo se desloca e a inflamação gradualmente se resolve, mas o quadro também pode apresentar-se com um caráter urgente, como nas complicações com choque séptico.

A colecistite gangrenosa representa uma inflamação grave, cursando com formação de abscesso ou empiema no interior da vesícula e necrose parietal. Geralmente são casos com muitos dias de dor e sintomas. A ocorrência de necrose (ou gangrena) é mais frequente na região fúndica, pois é a parte menos irrigada da parede vesicular. Ela é uma das causas de falso-negativo do sinal de Murphy ultrassonográfico, pois a necrose leva à denervação da vesícula biliar, resultando em ausência de sintomatologia local.

Quando microrganismos formadores de gás são parte da infecção bacteriana secundária, o gás pode ser observado na luz e na parede da vesícula biliar no estudo de imagem, resultando em colecistite enfisematosa. Esta é uma forma mais comum em homens diabéticos, e como apresenta cinco vezes mais complicações, como gangrena e perfuração, é acompanhada de maior morbidade e mortalidade.

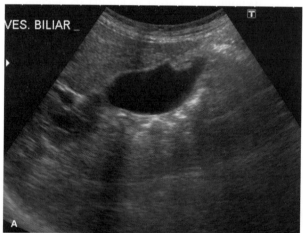
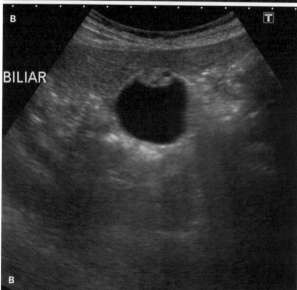

Figura 30 Adenomiomatose fúndica. A e B: Lesão sólida hiperecogênica simulando pólipo. É possível visualizar os seios de Rokitansky-Aschoff.

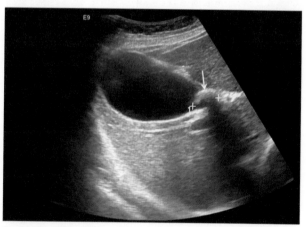

Figura 31 Cálculo infundibular. Vesícula biliar hidrópica com cálculo impactado no infundíbulo (seta).

Áreas de gangrena ou infarto hemorrágico parietal podem dar origem à perfuração da parede da vesícula biliar, e determinar os seguintes quadros:

- Na perfuração aguda: peritonite generalizada.
- Na perfuração subaguda: pelo maior tempo, o omento envolve a região e se forma um abscesso perivesicular.
- Na forma crônica: a vesícula "gruda" numa estrutura adjacente e forma uma fístula. As mais comuns são as colecistoentéricas, geralmente com o duodeno.

A ultrassonografia é o exame de imagem mais útil para o diagnóstico de colecistite aguda (Figura 32). Os achados ultrassonográficos são:

- Distensão da vesícula biliar (exceto em casos de perfuração), em geral com diâmetro transversal maior que 4,0 cm. Uma dica é observar se as paredes estão convergindo para a luz ou não; quando estão convergentes, provavelmente não há hipertensão luminal.
- Espessamento parietal (acima de 3,0 mm) – achado nem sempre presente –, podendo haver delaminação das camadas.
- Cálculos biliares. Quando os cálculos se encontram fixos no infundíbulo podem ser difíceis de serem identificados, mesmo com manobras de decúbito.
- Bile espessa.
- Líquido pericolecístico.
- Sinal de Murphy ultrassonográfico positivo (sensibilidade focal diretamente sobre a vesícula).
    - Colelitíase associada a sinal de Murphy positivo possui um valor preditivo positivo de 92% para colecistite aguda.
- Aumento de fluxo vascular parietal caracterizado ao Doppler e, com maior sensibilidade, na ultrassonografia com contraste por microbolhas.

Na forma gangrenosa, observa-se desestruturação arquitetural da parede da vesícula biliar, com espessamento parietal e descontinuidade da mucosa, a qual se desprende e apresenta-se como membranas ecogênicas intraluminais em suspensão.

A forma enfisematosa é caracterizada pela presença de ar (áreas hiperecoicas com reverberação acústica posterior) e pode variar desde uma pequena quantidade de gás intraluminal localizada, geralmente, na região fúndica; até casos em que a vesícula é de difícil caracterização, notando-se apenas o artefato produzido pelo gás ocupando toda a luz vesicular, não se distinguindo a parede vesicular posterior. Também pode haver acúmulo de gás intraparietal, quando se observam zonas de maior reflexão sonora parietal com reverberação posterior dos ecos (Figura 33).

É importante sempre, para evitar erros diagnósticos, ter em mente os efeitos acústicos posteriores determinados pelo ar (reverberação acústica posterior, muitas vezes como uma "sombra suja") e pelos cálculos (sombra acústica posterior, geralmente compacta).

A perfuração da vesícula biliar é reconhecida por líquido e/ou coleção peri-hepática e/ou perivesicular, podendo, raramente, ocorrer a formação de abscesso hepático. A ultrassonografia e a tomografia apresentam especificidades similares em determinar o ponto de perfuração.

Colecistite acalculosa aguda

A inflamação aguda da vesícula biliar pode ocorrer sem cálculos biliares e responde por 5-10% de todos os pacientes com colecistite aguda.

Ocorre mais frequentemente em idosos e pacientes criticamente doentes após trauma, queimaduras, nutri-

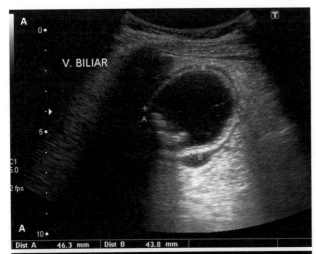
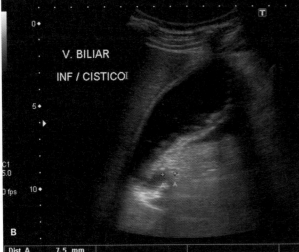

Figura 32 Colecistite aguda. A e B: Cortes ultrassonográficos transversais e longitudinais da vesícula biliar que se encontra distendida, com cálculo impactado na região do infundíbulo, microcálculos móveis no seu interior, bile espessa, espessamento parietal com delaminação das camadas e líquido perivesicular.

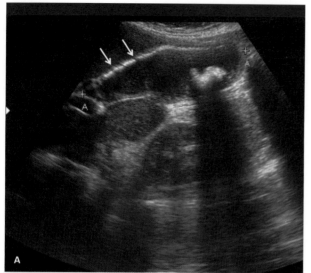
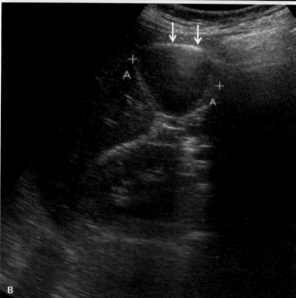
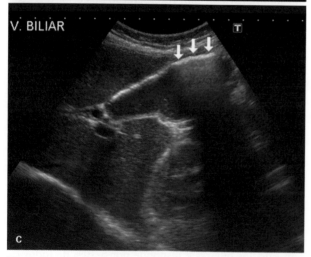

Figura 33 Colecistite aguda enfisematosa. A: Vesícula biliar distendida, com cálculos no seu interior e bile espessa. B e C: Espessamento parietal com ar intraparietal determinando o fenômeno de reverberação (setas).

ção parenteral de longa duração e operações grandes. Esses pacientes muitas vezes apresentam dificuldade de externar suas sintomatologias clínicas.

Apresenta um curso mais fulminante que a colecistite calculosa aguda e mais comumente evolui para gangrena, empiema ou perfuração.

A isquemia visceral é comum nos pacientes com colecistite acalculosa aguda e pode explicar a alta incidência de gangrena na vesícula biliar.

A ultrassonografia é o exame diagnóstico preferido, em especial porque pode ser realizada à beira do leito. Os achados ultrassonográficos são semelhantes aos da colecistite calculosa aguda, exceto pela ausência de cálculos biliares.

Como a maioria dos pacientes está criticamente doente, a taxa de mortalidade em séries recentes é de 40%. Se os pacientes estiverem inaptos para cirurgia, a colecistostomia percutânea, orientada por ultrassonografia ou tomografia, é o tratamento preferido.

Colecistite xantogranulomatosa

É um tipo de inflamação rara da vesícula biliar. Ela pode mimetizar um carcinoma, tanto clínica como radiologicamente. Apresenta-se com extenso espessamento da parede vesicular ou como massa sugestiva de carcinoma.

Colecistite crônica

A inflamação em andamento, com episódios recidivantes de cólica biliar ou dor proveniente da obstrução do ducto cístico, é referida como colecistite crônica.

A inflamação crônica da parede vesicular está quase sempre associada à presença de cálculos e se desenvolve por episódios recidivantes e transitórios de obstrução do ducto cístico, havendo persistente irritação mecânica da parede vesicular. A regra são ataques repetidos, cicatrização e uma vesícula biliar não funcionante.

Os diabéticos com colecistite calculosa crônica apresentam risco aumentado de colecistite aguda ou colecistite gangrenosa.

A colecistite crônica pode se apresentar como:

- Forma hipertrófica – paredes espessadas e heterogêneas, com aumento do volume vesicular, principalmente no diâmetro longitudinal.
- Forma escleroatrófica – paredes espessadas, redução do volume vesicular e conglomerado de cálculos, assumindo a morfologia vesicular. Muitas vezes observa-se na topografia da vesícula biliar apenas a parede anterior, pequena quantidade de bile e uma forte sombra acústica compacta determinada por cálculos únicos ou múltiplos (Figura 34).

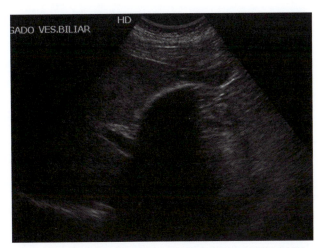

Figura 34 Vesícula biliar escleroatrófica. Vesícula biliar repleta de cálculos, caracterizando-se apenas sua parede anterior e forte sombra acústica posterior na sua topografia.

Na vesícula em porcelana, a forte sombra acústica compacta inicia-se no plano da parede vesicular, traduzindo a calcificação parietal e distinguindo-a da forma escleroatrófica.

É importante lembrar que a presença de cálculos e de sombra acústica posterior limita ou até impossibilita a visualização de possíveis anormalidades concomitantes, principalmente na parede posterior.

Tumores malignos

Carcinoma da vesícula biliar

É o quinto processo maligno gastrointestinal mais comum; duas a três vezes mais comum em mulheres do que em homens, em parte pela maior incidência de cálculos biliares em mulheres.

Mais de 75% dos pacientes com esse câncer têm mais de 65 anos de idade. É um processo maligno agressivo, com prognóstico ruim para a maioria dos pacientes.

Fatores de risco: cálculos biliares, junção pancreatobiliar anômala, vesícula biliar em porcelana, cistos de colédoco, colangite esclerosante primária, pólipos adenomatosos da vesícula.

Em geral, a ultrassonografia é a primeira modalidade diagnóstica usada na avaliação dos pacientes com dor abdominal no quadrante superior direito. Sua sensibilidade na detecção de câncer da vesícula biliar varia de 70-100%.

O câncer da vesícula biliar é, muitas vezes, diagnosticado incorretamente como colecistite crônica, câncer pancreático, colecistite aguda, coledocolitíase ou hidropsia da vesícula biliar. São descritos três padrões ecográficos do carcinoma de vesícula biliar:

- Massa tumoral ocupando a loja vesicular: este é o padrão mais frequente (40-65% dos casos). Aparece como massa hipoecoica e heterogênea, eventualmente com focos hiperecoicos (cálculos) e áreas císticas (necrose) de permeio.
- Tumoral infiltrativo, com espessamento da parede vesicular (Figura 35): este é o segundo padrão mais frequente (20-30% dos casos). O espessamento parietal

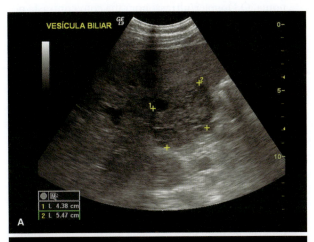

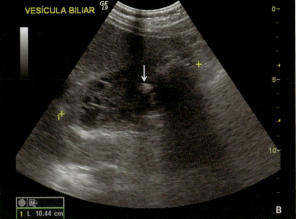

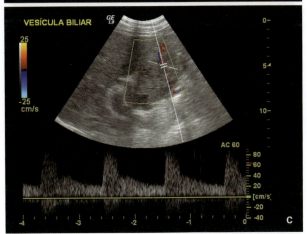

Figura 35 Carcinoma de vesícula biliar. Em A e B, corte transversal e longitudinal da vesícula biliar que se encontra preenchida por material sólido amorfo heterogêneo. C: O mapeamento com Doppler colorido mostra fluxo no interior desse componente sólido e com padrão espectral arterial.

pode se apresentar como: hipoecoico ou hiperecoico; focal ou difuso, fazendo diagnóstico diferencial com colecistite aguda, embora espessamentos muito irregulares sejam mais sugestivos de carcinoma.

- Polipoide: faz diagnóstico diferencial com as outras lesões polipoides, bile tumefacta e coágulos, embora contornos irregulares sejam mais sugestivos de carcinoma. O Doppler/ultrassonografia com contraste por microbolhas pode ser útil na avaliação da vascularização, a qual, quando presente, afasta lesões como bile tumefacta ou coágulos.

Além da massa na vesícula biliar, a ultrassonografia pode identificar cálculos, calcificações parietais (contínuas ou descontínuas), linfonodomegalia, obstrução da árvore biliar e metástases hepáticas.

Caso os estudos de imagem sugiram que o tumor seja irressecável (metástases hepáticas ou peritoneais, acometimento da veia porta, ou invasão hepática extensa), a biópsia do tumor está justificada e pode ser guiada por ultrassonografia ou tomografia.

Especial atenção deve ser dada a achados ultrassonográficos de obstrução da árvore biliar na topografia do hilo hepático, quando um tumor infiltrativo pode ser erroneamente diagnosticado como síndrome de Mirizzi.

O Doppler/ultrassonografia com contraste por microbolhas pode evidenciar relações vasculares do tumor, bem como auxiliar no estadiamento.

Outras neoplasias da vesícula biliar

O linfoma primário de vesícula biliar é muito raro. Geralmente o envolvimento da vesícula se dá por infiltração secundária de linfoma disseminado. A ultrassonografia pode identificar um espessamento parietal difuso, massa intraluminal ou massa ocupando o leito vesicular, hipoecoica e associada a cálculos.

O tumor carcinoide primário de vesícula biliar é raro, e deve ser suspeitado quando a síndrome carcinoide estiver presente. Além da possibilidade de associação com bile espessa e cálculos, são descritas duas formas de apresentação: nódulo bem circunscrito, medindo 0,3 a 0,5 cm de espessura e 1 a 2 cm de diâmetro; e espessamento parietal difuso com vegetações papilares.

Metástases

O melanoma maligno é o sítio primário em 50-60% dos casos de acometimento metastático da vesícula biliar. O quadro clínico mais frequente é de colecistite aguda. O padrão ecográfico encontrado nas metástases de melanoma é o mesmo descrito para os carcinomas de vesícula biliar, sendo encontradas massas hiperecoicas, usualmente maiores que 1,0 cm de diâmetro e fixas à parede vesicular.

Estudo com Doppler colorido (varizes císticas)

As varizes císticas são vasos colaterais no leito ou na parede da vesícula biliar decorrentes da obstrução extra-hepática da veia porta. Apesar de assintomáticas, sua identificação é fundamental, pois procedimentos cirúrgicos inadvertidos podem acarretar sangramentos volumosos.

As varizes císticas caracterizam-se por moderado espessamento parietal contendo numerosos e diminutos espaços císticos, que podem erroneamente ser interpretados como seios de Rokitansky-Aschoff. Entretanto, o estudo com Doppler colorido identifica fluxo no interior dessas estruturas císticas. A análise espectral demonstra fluxo venoso de velocidade uniforme, sem pulsatilidade, sugerindo fluxo de origem portal.

Bibliografia sugerida

1. Adamietz B, Wenkel E, Uder M, Meyer T, Schneider I, Dimmler A, et al. Contrast enhanced sonography of the gallbladder: a tool in the diagnosis of cholecystitis. Eur J Radiol. 2007;61:262-6.
2. Bennett GL, Balthazar EJ. Ultrasound and CT evaluation of emergent gallbladder pathology. Radiol Clin N Am. 2003;41:1203-16.
3. Bortoff GA, Chen MY, Ott DJ, Wolfman NT, Routh WD. Gallbladder stones: imaging and intervention. RadioGraphics 2000;20:751-66.
4. Bricault I. Infections of the right hypochondrium. Diagnostic and Interventional Imaging. 2012;93:453-65.
5. Brook OR, Kane RA, Tyagi G, Siewert B, Kruskal JB. Lessons learned from quality assurance: errors in the diagnosis of acute cholecystitis on ultrasound and CT. AJR Am J Roentgenol. 2011;196:597-604.
6. Çay A, Imamoğlu M, Sarihan H, Ahmetoğlu A. Ultrasonographic evaluation of fatty meal stimulated gallbladder contraction in the diagnosis of biliary dyskinesia in children. Acta Pædiatrica. 2006;95:838-42.
7. Cerri GG. Ultra-sonografia abdominal. 2. ed. Rio de Janeiro: Revinter; 2009.
8. Corr P. Sonography of gangrenous cholecystitis. J Emerg Trauma Shock. 2012;5(1):82-3.
9. Duncan CB, Riall TS. Evidence-based current surgical practice: calculous gallbladder disease. J Gastrointest Surg. 2012;16:2011-25.
10. Hanbidge AE, Buckler PM, O'Malley ME, Wilson SR. Imaging evaluation for acute pain in the right upper quadrant. Radiographics. 2004;24:1117-35.
11. Harvey RT, Miller WT Jr. Acute biliary disease: initial CT and follow-up US versus initial US and follow-up CT. Radiology. 1999;213:831-6.
12. Julka K, Ko CW. Infectious diseases and the gallbladder. Infect Dis Clin N Am. 2010;885-98.
13. Konno K, Ishida H, Sato M, Naganuma H, Obara K, Andoh H, et al. Gallbladder perforation: color Doppler findings. Abdom Imaging. 2002;27:47-50.
14. Middleton WD, Kurtz AB, Hertzberg BS. Ultra-som: os requisitos. 2. ed. Rio de Janeiro: Elsevier; 2005.
15. Nuernberg D, Ignee A, Dietrich CF. Ultrasound in gastroenterology. Biliopancreatic system. Med Klin (Munich). 2007;102(2):112-26.
16. Ray CE, Lorenz JM, Burke CT, Darcy MD, Fidelman N, Greene FL, et al. ACR Appropriateness Criteria radiologic management of benign and malignant biliary obstruction. J Am Coll Radiol. 2013;10(8):567-74.
17. Reitz S, Slam K, Chambers LW. Biliary, pancreatic, and hepatic imaging for the general surgeon. Surg Clin N Am. 2011;91:59-92.
18. Rosenthal SJ. Pitfalls and differential diagnosis in biliary sonography. Radiographics. 1990;10:28-311.
19. Rubens DJ. Hepatobiliary imaging and its pitfalls. Radiol Clin N Am. 2004;42:257-78.
20. Charboneau W, Rumack CM. Tratado de ultrassonografia diagnóstica. 4. ed. Rio de Janeiro: Elsevier; 2012.
21. Schmidt G. Guia de ultrassonografia: diagnóstico por imagem. Porto Alegre: Artmed; 2010.

22. Shah PA, Cunningham SC, Morgan TA, Daly BD. Hepatic gas: widening spectrum of causes detected at CT and US in the interventional era. Radiographics. 2011;31(5):1403-13.

23. Silveira I, Mota F, Ferreira JP, Dias R, Leuschner P. Complexo de Von Meyenburg ou metástases hepáticas. Acta Med Port. 2014;27(2):271-3.

24. Tadokoro H, Takase M. Recent advances in choledochal cysts. Open Journal of Gastroenterology. 2012;2:145-54.

25. Townsend CM. Sabinston: tratado de cirurgia – a base biológica da prática cirúrgica moderna. 18. ed. Rio de Janeiro: Elsevier; 2010.

26. Vialle R, L'helgouarc'h JL, Burdy G, Mellot F, Attal E, Frileux P. Aerobilia: a rare consequence of anaerobic acute cholecystitis: a case report. Gastroenterol Clin Biol. 2002;26(3):289-91.

27. Takada T, Strasberg SM, Solomkin JS, Pitt HA, Gomi H, Yoshida M. TG13: Updated Tokyo guidelines for the management of acute cholangitis and acute cholecystitis. J Hepatobiliary Pancreat Sci. 2013;20(1):1-7.

30

Neoplasias pancreáticas

Manoel de Souza Rocha

Introdução

Os métodos de diagnóstico por imagem exercem papel decisivo na avaliação de massas pancreáticas, desde a etapa do diagnóstico, incluindo a diferenciação entre massas inflamatórias e massas neoplásicas até no controle do tratamento. Essa avaliação pode ser feita por diversos métodos, mas neste capítulo daremos destaque para a tomografia computadorizada (TC) e para a ressonância magnética (RM). Contudo, de início é preciso destacar o papel relevante da ultrassonografia endoscópica na avaliação das lesões pancreáticas, oferecendo detalhes da morfologia e, eventualmente, obtendo material para avaliação bioquímica e anatomopatológica.

Neste capítulo, as massas pancreáticas serão classificadas em císticas e sólidas.

Massas císticas pancreáticas

A maior utilização de métodos de diagnóstico por imagem tem resultado no entendimento de que lesões císticas pancreáticas não são tão raras como se imaginava no passado, pelo contrário, sabe-se hoje que em pacientes mais idosos é muito frequente o encontro de pequenas lesões císticas pancreáticas.

Quando encontra uma lesão cística pancreática, o radiologista deve fazer uma série de perguntas para avançar na caracterização da natureza dessa lesão:

- A massa é realmente cística?
- A lesão é única ou são múltiplas lesões
- A lesão cística é um achado isolado ou faz parte de um contexto clínico sindrômico?
- Há história de pancreatite aguda?
- Qual a idade do paciente?
- Qual o sexo do paciente?
- Qual a localização da lesão no pâncreas?
- Qual a morfologia da lesão?
- A massa é realmente cística?

Particularmente na TC é preciso uma análise cuidadosa para não se confundir uma lesão sólida necrótica ou de baixa densidade com uma lesão cística. Já a RM tem maior facilidade nessa diferenciação.

A lesão cística é um achado isolado ou faz parte de um contexto clínico sindrômico?

Em geral, ao encontrar uma lesão focal é preciso analisar o restante do exame e mesmo exames prévios para saber se tal lesão é um achado isolado ou faz parte de um contexto clínico mais amplo.

No caso de múltiplas lesões císticas pancreáticas, deve-se lembrar da síndrome de von Hippel-Lindau e da fibrose cística. A síndrome de von Hippel-Lindau se manifesta com tumores do sistema nervoso central, cistos e neoplasias renais e cistos e neoplasias pancreáticas. Já a fibrose cística pode ter diferentes formas de acometimento pancreático, como redução difusa do volume pancreático, lipossubstituição do parênquima e a forma da cistose pancreática em que o parênquima pancreático é substituído por vários cistos de tamanhos variados.

Há história de pancreatite aguda?

As pancreatites agudas e crônicas podem resultar em lesões císticas pancreáticas, portanto antes de começar a discutir a possibilidade de lesão neoplásica sempre se deve verificar se há história de pancreatite e, preferencialmente, verificar exames anteriores, eventualmente da fase aguda de uma pancreatite.

É preciso cautela, entretanto, pois algumas neoplasias pancreáticas podem induzir quadros de pancreatite aguda.

Qual a idade do paciente?

A idade tem relevância particularmente para o diagnóstico da neoplasia sólida pseudopapilífera (tumor de

Frantz), que é muito mais comum entre a segunda e a terceira décadas de vida.

As demais neoplasias císticas pancreáticas são mais comuns a partir da quinta década de vida.

Qual o sexo do paciente?

A neoplasia cística mucinosa e a neoplasia sólida pseudopapilífera (tumor de Frantz) são muito mais comuns em pacientes do sexo feminino. A neoplasia cística serosa também é mais comum em mulheres, porém não é tão excepcional em pacientes do sexo masculino.

Qual a localização da lesão no pâncreas?

A neoplasia cística mucinosa ocorre com muito mais frequência no corpo e na cauda do pâncreas. Vale lembrar também que o processo uncinado é uma localização relativamente frequente das neoplasias intraductais, embora elas possam ocorrer em todo o pâncreas.

Qual a morfologia da lesão?

Finalmente, analisam-se também detalhes da morfologia da lesão cística pancreática, procurando por calcificações parietais, septações, tamanho dos cistos e comunicação com o ducto pancreático principal. Considerados esses aspectos iniciais da avaliação de uma massa cística pancreática, passa-se a uma descrição mais detalhada das principais neoplasias císticas pancreáticas.

Neoplasia cística serosa

A quase totalidade das neoplasias císticas serosas (NCS) do pâncreas é benigna, o que reforça a importância de o radiologista tentar estabelecer esse diagnóstico quando se poderia adotar uma conduta não cirúrgica, ao contrário do que ocorre diante das demais neoplasias císticas pancreáticas.

A NCS é mais comum no sexo feminino (1,5 F: 1 M). Embora alguns trabalhos falem de localização preferencial, na nossa experiência temos observado uma distribuição quase igual por todas as regiões pancreáticas. Os casos típicos de NCS se apresentam como uma lesão com múltiplos pequenos cistos e alguns cistos maiores na periferia, eventualmente com calcificação nos septos ou no estroma central. Essas características resultam em um aspecto descrito como "em favo de mel". Raramente encontra-se calcificação periférica em NCS.

A NCS pode se apresentar ainda com formas atípicas, como a forma oligocística, a forma sólida (muito rara) e a forma difusa, essa mais comum em pacientes com síndrome de von Hippel-Lindau.

Neoplasia cística mucinosa do pâncreas

Existem duas principais neoplasias produtoras de mucina no pâncreas, a neoplasia intraductal papilífera mucinosa e a neoplasia cística mucinosa, anteriormente chamada de cistoadenoma ou cistoadenocarcinoma do pâncreas. Os patologistas fazem a distinção entre essas duas condições pela caracterização de um estroma ovariano na NCM.

A NCM ocorre quase que exclusivamente em pacientes do sexo feminino (mais de 90% dos casos) e tem uma localização preferencial pelo corpo e pela cauda do pâncreas. Essas características são tão marcantes que sempre que se vê uma massa cística na cauda pancreática em uma paciente do sexo feminino deve-se incluir a NCM na lista de possíveis diagnósticos. Nos exames de imagem, a NCM costuma se apresentar como uma massa bem delimitada, não lobulada, com septos espessos, vegetações e calcificações parietais.

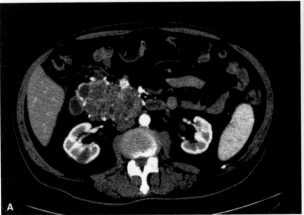 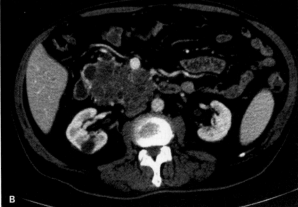

Figura 1 Neoplasia cística serosa. Tomografia computadorizada em fase arterial (A) e fase venosa (B). Lesão volumosa na cabeça do pâncreas sem infiltração das estruturas vasculares que se apresenta apenas deslocada. Veja os múltiplos pequenos cistos centrais e alguns cistos maiores periféricos.

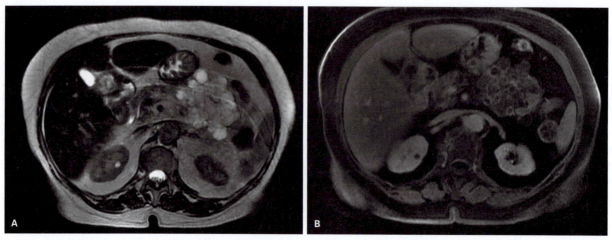

Figura 2 Neoplasia cística serosa. Ressonância magnética: imagem axial ponderada em T2 (A); imagem ponderada em T1 pós-contraste (B). Lesão lobulada constituída por múltiplos pequenos cistos e por um estroma central, lembrando um aspecto "em favo de mel".

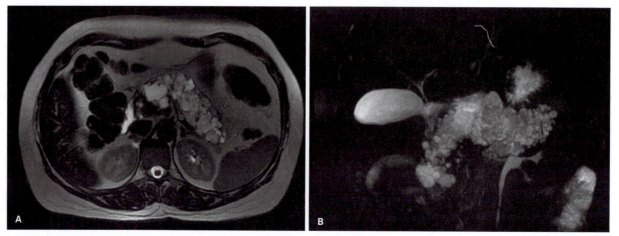

Figura 3 Neoplasia cística serosa difusa. Ressonância magnética (RM): imagem axial ponderada em T2 (A); imagem de colangiopancreatografia por RM (B). Inúmeros cistos distribuídos por todo o pâncreas em paciente com síndrome de von Hippel-Lindau.

Embora a presença de vegetações mais volumosas seja um sinal de alerta, não é possível assegurar o caráter benigno ou maligno de uma NCM apenas pelos aspectos observáveis em exames de imagem.

Neoplasia intraductal papilífera mucinosa

A neoplasia intraductal papilífera mucinosa é comumente chamada de IPMN, ao se utilizar as iniciais da denominação em inglês. A distribuição das neoplasias intraductais é praticamente igual nos dois sexos. A maioria dos casos é um achado incidental de exames de imagem, porém deve-se lembrar que as lesões intraductais podem ser causa de pancreatites de repetição.

Classicamente, as lesões intraductais são divididas em lesões do ducto principal, lesões de ductos secundários ou lesões mistas (ducto principal e ductos secundários). Essa classificação tem relevância, pois se entende que as lesões do ducto principal têm maior chance de já terem transformação maligna. Outro dado a ser avaliado é a presença de vegetações intraductais, também considerado um dado muito significativo da possibilidade de degeneração maligna.

Como já foi comentado, o uso cada vez mais frequente de exames de diagnóstico por imagem tem levado à descoberta de um grande número de pequenas lesões císticas pancreáticas, mais comumente lesões intraductais. Os radiologistas passam então a ter papel relevante na avaliação periódica desses pacientes para tentar identificar sinais de alerta de modo precoce. Atualmente, adotam-se os "critérios de Fukuoka", descritos por Tanaka et al., em 2010, para determinar o risco e a periodicidade do controle desses pacientes.

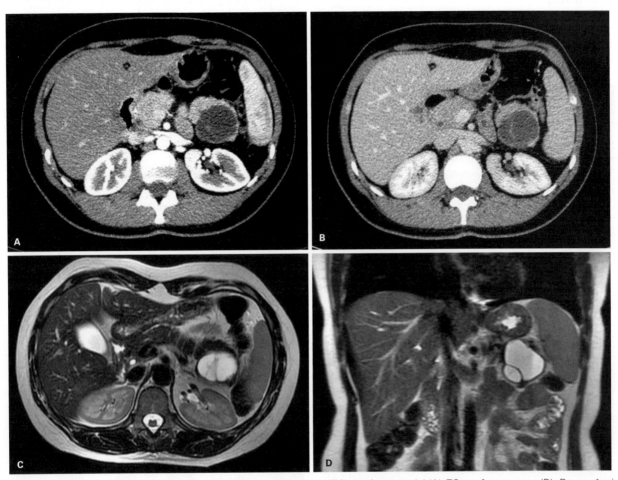

Figura 4 Neoplasia cística mucinosa. Tomografia computadorizada (TC) em fase arterial (A). TC em fase venosa (B). Ressonância magnética (RM) ponderada em T2 axial (C). Imagem ponderada em T2 coronal (D). Lesão globosa, septada, localizada na cauda do pâncreas em paciente do sexo feminino. Veja que os septos são mais bem demonstrados na RM.

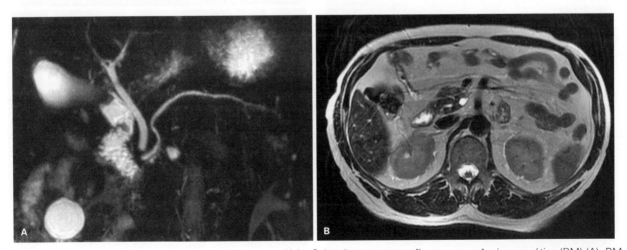

Figura 5 Neoplasia papilífera intraductal de ducto secundário. Colangiopancreatografia por ressonância magnética (RM) (A). RM ponderada em T2 no plano axial (B). Pequena lesão cística de ducto secundário do processo uncinado do pâncreas.

Neoplasia sólida pseudopapilífera (tumor de Frantz)

Ao se estudar as neoplasias císticas pancreáticas, deve-se lembrar que o tumor de Frantz é o que pode ter maior componente sólido. Esse tumor ocorre com mais frequência em pacientes jovens do sexo feminino.

Morfologicamente, é uma lesão única, bem delimitada, muitas vezes com uma cápsula bem definida, comumente com necrose e sangramento centrais, o que é mais bem demonstrado por exames de ressonância magnética. Na nossa experiência, não há uma localização preferencial, podendo ocorrer em qualquer parte do pâncreas. É comum que o tumor de Frantz atinja grandes volumes, sem invasão de estruturas adjacentes, ao contrário do adenocarcinoma pancreático.

Neoplasia neuroendócrina cística

As neoplasias neuroendócrinas (NN) pancreáticas muito mais comumente são sólidas, porém em pacientes com síndromes neuroendócrinas múltiplas pode-se observar NN císticas. Tais lesões costumam ter paredes espessas e que se realçam significativamente após o uso de meio de contraste.

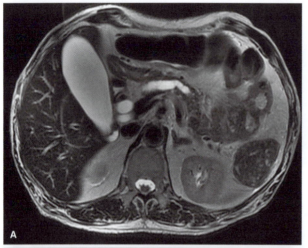
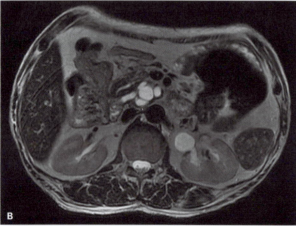
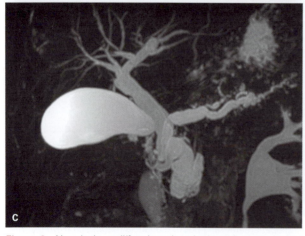

Figura 6 Neoplasia papilífera intraductal mista (ductos principal e secundários). Imagens de ressonância magnética (RM) ponderadas em T2 (A e B). Imagem de colangiopancreatografia por RM (C). Enovelado de ductos secundários dilatados no processo uncinado do pâncreas e dilatação do ducto pancreático principal.

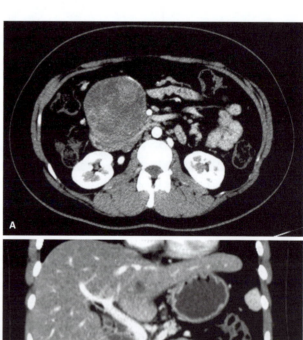
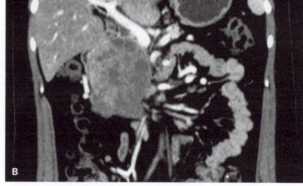

Figura 7 Tumor sólido pseudopapilífero (tumor de Frantz). Tomografia computadorizada (TC) em fase arterial (A). TC de fase venosa no plano coronal (B). Grande massa na cabeça do pâncreas com áreas sólidas e áreas liquefeitas. Veja que as estruturas vasculares estão apenas deslocadas.

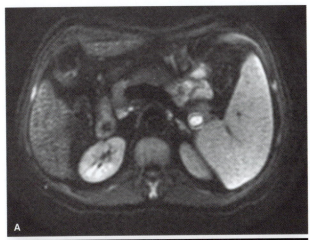
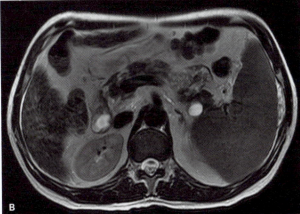
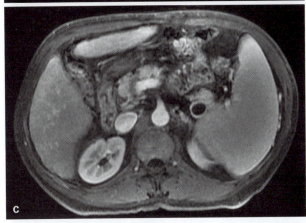

Figura 8 Neoplasia neuroendócrina cística. Ressonância magnética: sequência de difusão (A); imagem ponderada em T2 (B). Imagem ponderada em T1 pós-contraste (C). Destaque para o realce das paredes espessadas da lesão cística na face posterior da cauda do pâncreas.

Outras lesões císticas pancreáticas

Outras lesões pancreáticas mais raras podem se apresentar como lesões císticas como neoplasias mesenquimais, metástases e cistos linfoepiteliais, porém normalmente o diagnóstico dessas condições se faz *a posteriori*, pois os seus padrões clínicos e de imagem são inespecíficos.

Neoplasias sólidas pancreáticas

Diante de uma massa sólida pancreática, o radiologista precisa definir que se trata de uma neoplasia, diferenciando das massas inflamatórias relacionadas às pancreatites (*vide* capítulo de pancreatites).

Embora exista uma grande diversidade de lesões sólidas neoplásicas pancreáticas, os dois tipos mais frequentes são a neoplasia neuroendócrina e o adenocarcinoma de pâncreas.

Neoplasia neuroendócrina do pâncreas

Os tumores neuroendócrinos pancreáticos podem ocorrer na forma isolada (esporádica) ou como parte das síndromes das neoplasias endócrinas múltiplas ou síndrome de von Hippel-Lindau, ou neurofibromatose.

Clinicamente é possível classificar os TNE pancreáticos em não hiperfuncionantes e hiperfuncionantes. Os tumores não hiperfuncionantes produzem substâncias não ativas ou em quantidade insuficiente para produzir manifestações clínicas. Assim, costumam ser diagnosticados como massas maiores. Já os TNE hiperfuncionantes são definidos como aqueles nos quais há uma produção de um polipeptídeo ativo em quantidade suficiente para manifestação clínica, o que leva o paciente a procurar assistência médica mais precocemente, de tal forma que os tumores hiperfuncionantes costumam ser diagnosticados quando ainda são pequenos, em geral menores do que 2,0 cm.

Novas técnicas de Medicina Nuclear têm se mostrado muito eficazes para o diagnóstico e estadiamento de TNE, como os estudos com Gálio 68. Entretanto, na prática clínica a TC e particularmente a RM ainda são os métodos mais utilizados.

Os TNE bem diferenciados costumam apresentar uma hipervascularização na fase arterial dos exames pós-contraste (TC e RM), enquanto os tumores mais avançados e em particular os carcinomas neuroendócrinos podem não ter essa hipervascularização.

Os exames de RM são considerados preferenciais em relação à TC para a identificação de TNE, graças à alta eficácia das sequências de difusão, que conseguem identificar lesões ainda menores do que 1,0 cm. Embora não seja do escopo deste capítulo, vale destacar que os exames de ultrassonografia endoscópica também apresentam alta eficácia na identificação de pequenos TNE.

Dos diferentes tipos de TNE, os insulinomas são os mais frequentes e normalmente são diagnosticados quando ainda de pequenas dimensões. Os gastrinomas têm a peculiaridade de ocorrerem dentro do chamado "triângulo dos gastrinomas" (implantação do ducto cístico – cabeça do pâncreas – transição entre a segunda e a terceira porções do duodeno). Outros tipos de TNE incluem os VIPomas, os somatostatinomas e os glucagonomas.

Uma manifestação muito específica de TNE pancreático é a de tumores produtores de serotonina, que mesmo quando pequenos podem obstruir o ducto pancreático, provocando dilatação a montante. Assim, sempre que se observa uma estenose ductal abrupta com dilatação a montante temos que investigar cuidadosamente se não há um pequeno TNE que esteja envolvendo o ducto pancreático principal.

Nos casos de síndromes neuroendócrinas múltiplas é comum observar múltiplos focos de neoplasias pancreáticas.

Adenocarcinoma ductal do pâncreas

O adenocarcinoma ductal pancreático (ADP) é uma neoplasia extremamente agressiva, de tal forma que a maioria dos casos já é diagnosticada em fases tardias, com prognóstico muito ruim e sobrevida de 5 anos menor que 10%.

As manifestações clínicas dos ADP variam de acordo com a localização no pâncreas; as lesões da região cefálica se manifestam com icterícia e emagrecimento, enquanto as lesões do corpo e cauda levam a quadros de dor abdominal e emagrecimento.

As características macroscópicas dos ADP são as de uma massa mal delimitada, esquirrosa, com grande tendência a obstruir ductos e a infiltrar rapidamente as estruturas e planos adjacentes. Compreendido esse padrão macroscópico, é possível entender as manifestações nos diferentes métodos de diagnóstico por imagem.

Os dois grandes diagnósticos diferenciais do ADP são as massas relacionadas à pancreatite autoimune e as neoplasias neuroendócrinas, porém o ADP é sempre muito mais invasivo, sobretudo com maior repercussão sobre os vasos adjacentes. Especificamente em relação ao diferencial com formas focais de pancreatite autoimune, deve-se destacar que a presença de dilatação do ducto pancreático a montante da massa é sempre um sinal favorável a que se trate de um ADP em vez de uma pancreatite autoimune. Já a diferenciação com os TNE se faz mais facilmente quando esse TNE é bem diferenciado e apresenta hipervascularização na fase arterial, característica não esperada em um ADP.

Identificada uma massa sólida pancreática com aspecto sugestivo de um ADP, o grande papel da Radiologia passa a ser no estadiamento. Aqui vale destacar que o grande limitante do tratamento cirúrgico será o comprometimento de estruturas vasculares.

É necessário um adequado estudo, ou por TC (preferencial) ou por RM, que avalie as relações com as veias porta e mesentérica superior e com as artérias do tronco celíaco e artéria mesentérica superior.

A definição de irressecabilidade ou não de um ADP pode variar de serviço a serviço, porém preferencialmente devemos nos guiar por diretrizes de entidades de reconhecido valor, como o National Comprehensive Cancer Network (NCCN), que preconiza a classificação dos ADP em ressecável, limítrofe e irressecável.

A nós, radiologistas, cabe descrever se a lesão pancreática tem contato com, ou deforma, a estenose ou oclui a estrutura vascular. Nos casos em que há contato descrevemos se ele é menor, igual ou maior que 180°. Novas técnicas cirúrgicas permitem a ressecção de segmentos venosos com ou sem o uso de enxertos, de tal forma que o comprometimento arterial é o maior determinante de irressecabilidade. Outro ponto importante é a pesquisa e a descrição de eventuais variantes anatômicas vasculares como artéria hepática direita originária da artéria mesentérica superior ou mesmo um pâncreas circumportal, condições que podem dificultar uma ressecção de lesão na cabeça do pâncreas.

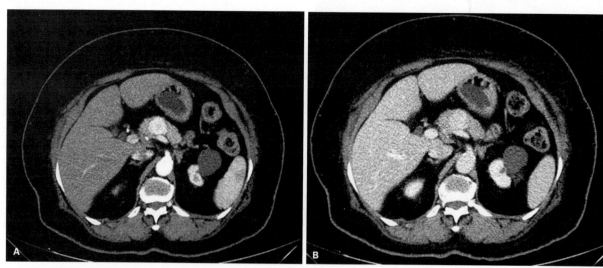

Figura 9 Neoplasia neuroendócrina. Tomografia computadorizada (TC) fase arterial (A). TC em fase venosa (B). Lesão sólida hipervascularizada na fase arterial.

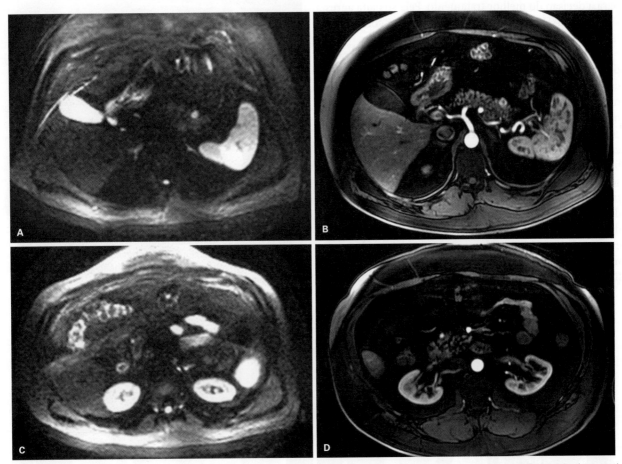

Figura 10 Neoplasias neuroendócrinas em paciente com síndrome da neoplasia neuroendócrina múltipla tipo 1. Ressonância magnética. Sequência de difusão (A e C). Ponderada em T1 pós-contraste, fase arterial (B e D). Perfeita correlação entre a restrição à difusão e a hipervascularização de lesões da cauda e da cabeça do pâncreas.

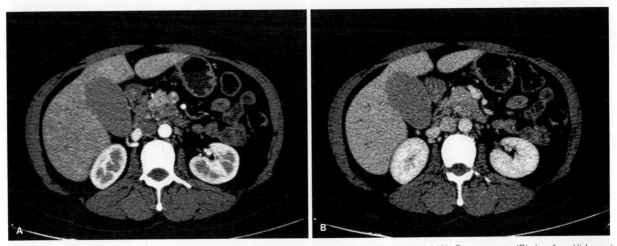

Figura 11 Adenocarcinoma ductal do pâncreas. Tomografia computadorizada. Fase arterial (A). Fase venosa (B). Lesão sólida mais bem demonstrada pela hipoatenuação na fase arterial do exame. Artéria mesentérica livre. Lesão em contato, sem deformação, com a face posterior da veia mesentérica superior (B). Neoplasia ressecável.

A adoção de laudos estruturados facilita que o radiologista descreva todas as relações anatômicas importantes para a decisão do melhor tratamento. Pela sua alta agressividade, o ADP muitas vezes já se apresenta com metástases hepáticas, linfonodais ou peritoneais.

Atualmente se preconiza tratamento neoadjuvante para alguns ADP considerados de ressecabilidade discutível (limítrofe). Vale mencionar que os controles tomográficos devem ser interpretados com cautela, pois mesmo casos com boa resposta à quimioterapia podem continuar apresentando "tecido" adjacente às estruturas vasculares, já que ocorrem alterações inflamatórias e fibrosantes nos tumores tratados que morfologicamente se assemelham ao padrão visto previamente ao início do tratamento. O mais relevante, nos exames de controle, é destacar se houve crescimento da lesão ou surgimento de lesões metastáticas. Além do estadiamento local, os exames de imagem precisam estudar também a disseminação à distância, procurando por metástases hepáticas, linfonodais, peritoneais e pulmonares.

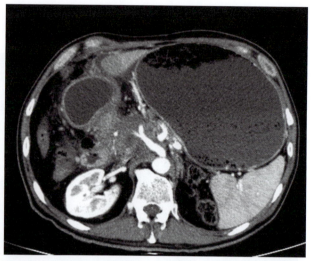

Figura 12 Adenocarcinoma ductal do pâncreas avançado. Tomografia computadorizada fase arterial. Massa envolvendo o tronco celíaco e as origens das artérias hepática e esplênica. Infiltração duodenal provocando acentuada distensão gástrica. Neoplasia irressecável.

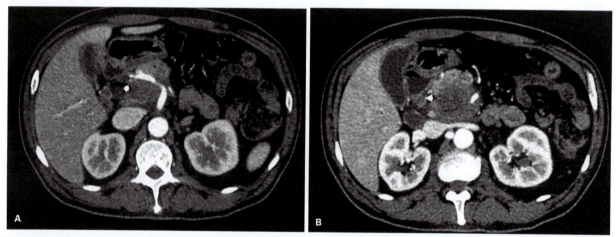

Figura 13 Adenocarcinoma ductal do pâncreas avançado. Fase arterial. Na sua porção mais superior (A), a massa sólida infiltra e estenosa a origem da artéria hepática comum, provocando dilatação pós-estenótica. Na sua porção mais inferior (B), a massa sólida envolve circunferencialmente a artéria mesentérica superior. Neoplasia irressecável.

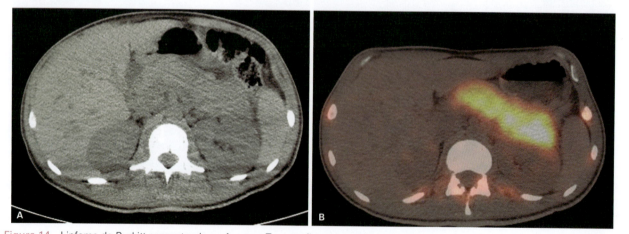

Figura 14 Linfoma de Burkitt acometendo o pâncreas. Tomografia computadorizada sem contraste (A). Tomografia por emissão de pósitrons (PET/CT) (B). Pâncreas aumentado de volume com intensa atividade metabólica demonstrada na imagem de PET-CT.

Outras neoplasias sólidas pancreáticas

Neoplasias mesenquimais sólidas, metástases e linfoma são os outros tipos de neoplasias sólidas pancreáticas, mais raros do que os ADP e os TNE. Os padrões de imagem dessas outras neoplasias são muitas vezes inespecíficos. Os tumores com componente gorduroso, com os lipomas e os lipossarcomas, podem ter a caracterização da gordura demonstrada pela TC ou pela RM.

As metástases para o pâncreas em geral estão dentro de um contexto de doença disseminada, mas por vezes podem ocorrer como única manifestação secundária, particularmente nos casos de neoplasias primárias do rim. Nesse caso, as metástases pancreáticas reproduzem o padrão renal, sendo vistas como hipervascularizadas na fase arterial dos exames. Os linfomas pancreáticos podem se manifestar como massas sólidas isoladas ou mais frequentemente como envolvimento difuso do pâncreas, acompanhado de linfonodomegalias e de lesões esplênicas.

Bibliografia sugerida

1. Al-Hawary MM, Kaza RK, Wasnik AP, Francis IR. Staging of pancreatic câncer: role of imaging. Semin Roentgenol. 2013;48:245-52.
2. Balachandran A, Bhosale PR, Charnnsangabej C, Tamm EP. Imaging of pancreatic neoplasms. Surg Oncol Clin North Am. 2014;23:751-88.
3. Bockhorn M, Uzunoglu FG, Adham M, Imrie C, Milicevic M, Sandberg AA, et al. Bordeline resectable pancreatic cancer: a consensus statement by the International Study Group of Pancreatic Surgery (ISGPS). Surgery. 2014;155:977-88.
4. Brook OR, Brook A, Vollmer CM, Kent TS, Sanchez N, Pedrosa I. Structured reporting of multiphasic CT for pancreatic cancer: potential effect on staging and surgical planning. Radiology. 2015;274:464-72.
5. Grajo JR, Paspulati RM, Sahani DV, Kambadakone A. Multiple endocrine neoplasia syndromes: a comprehensive imaging review. Radiol Clin North Am. 2016;54:441-51.
6. Katabathina VS, Flaherty EM, Dasyam AK, Menias CO, Riddle ND, Lath N, et al. Biliary diseases with pancreatic counterparts: Cross-sectional imaging findings. Radiographics. 2016;36:374-92.
7. Kucera JN, Kucera S, Perrin SD, Caracciolo JT, Schmulewitz N, Kedar RP. Cystic lesions of the pancreas: radiologic-endosonographic correlation. Radiographics. 2012;E283-301.
8. O'Neill E, Hammond N, Miller FH. MR imaging of the pancreas. Radiol Clin North Am. 2014;52:757-77.
9. Patel BN, Gupta RT, Zani S, Jefrey RB, Paulson EK, Nelson RC. How the radiologist can add value in the evaluation of the pre and post-surgical pancreas. Abdom Imaging. 2015;40:2932-44.
10. Tanaka M, Fernández-del Castillo C, Adsay V, Chari S, Falconi M, Jang JY, et al. International consensus guidelines 2012 for the management of IPMN and MCN of the pancreas. Pancreatology. 2012;12:183-97.
11. Tirkes T, Aisen AM, Cramer HM, Zyromski NJ, Sandrasegaran K, Akisik F. Cystic neoplasms of the pancreas: findings on magnetic resonance imaging with pathological, surgical, and clinical correlation. Abdom Imaging. 2014;39:1088-101.
12. Yeh R, Steinman J, Luk L, Kluger MD, Hecht EM. Imaging of pancreatic cancer: what the surgeon wants to know. Clin Imaging. 2017;42:203-17.
13. Xu MM, Sethi A. Imaging of the pancreas. Gastroenterol Clin North Am. 2016;45:101-16.

31

Pancreatite aguda

Gilberto Carlos Gomes

Introdução

A pancreatite aguda (PA) é um processo inflamatório da glândula pancreática decorrente da ação de enzimas proteolíticas que provocam edema, hemorragia e necrose do parênquima pancreático e dos tecidos peripancreáticos, acompanhado de repercussão sistêmica que vai da hipovolemia ao comprometimento de múltiplos órgãos e sistemas; e, por fim, ao óbito.

A PA é responsável por 300 mil internações hospitalares por ano nos Estados Unidos, com custo de 2,2 bilhões de dólares. No Brasil, de acordo com o Departamento de Informática do Sistema Único de Saúde (DATASUS/MS) representou 31.199 internações com custo anual de R$ 23.790.589,16 no ano de 2015 (Tabela 1).

No Estado de São Paulo, de acordo com DATASUS/MS representou 6.143 internações com custo anual de R$ 4.067.121,33 e taxa de mortalidade de 4,7 no ano de 2015 (Tabela 2).

A PA é uma das condições mais frequentes para indicação de exames de imagens no ambiente de emergência hospitalar e representa o 5º diagnóstico etiológico de abdome agudo mais registrado nas salas de urgência de hospitais de referência e a quarta causa de internação por abdome agudo em tais serviços.

Entre os óbitos, cerca de 50% ocorrem na fase precoce (14 dias da admissão), por conta principalmente da síndrome da resposta inflamatória sistêmica, secundária à necrose pancreática, enquanto os óbitos remanescentes ocorrem na fase tardia, em função de complicações infecciosas e da necrose pancreática.

Desde as primeiras observações clínicas e anatomopatológicas vêm-se buscando classificar as pancreatites, utilizando os parâmetros etiológicos, clínicos, evolutivos ou histológicos.

Na tentativa de se padronizar conceitos e terminologias, estudiosos da pancreatite aguda propuseram vários critérios prognósticos, como: critérios de Ranson, a dosa-

Tabela 1	Internações e valor total relativos à pancreatite aguda no SUS – Brasil		
Ano	Internações	Valor total	Taxa de mortalidade
2013	28.284	R$ 20.040.162,22	5,60
2014	29.900	R$ 21.477.923,03	5,69
2015	31.199	R$ 23.790.589,16	5,63

Fonte: DATASUS – Sistema de Informações Hospitalares do Sistema Único de Saúde (SUS) – SIH/SUS/CID-10/Ministério da Saúde.

Tabela 2	Internações e valor total relativos à pancreatite aguda no SUS – Estado de São Paulo		
Ano	Internações	Valor total	Taxa de mortalidade
2013	4.736	R$ 3.076.247,38	4,73
2014	5.691	R$ 3.642.157,00	4,38
2015	6.143	R$ 4.067.121,33	4,67

Fonte: DATASUS – Sistema de Informações Hospitalares do Sistema Único de Saúde (SUS) – SIH/SUS/CID-10/Ministério da Saúde.

gem de proteína C-reativa, os critérios de APACHE II, os critérios tomográficos de Balthazar e, mais recentemente, a classificação de Atlanta.

Os dois principais sistemas de classificação clínica da PA são os critérios de Ranson e o sistema APACHE II.

Ranson et al. identificaram 11 sinais precoces de prognóstico ruim para pancreatite aguda que são verificados durante as primeiras 48 horas (Quadro 1).

Para pacientes com dois ou menos fatores, a mortalidade é muito baixa, ao passo que o índice atinge 15% quando mais de três desses sinais estão presentes, eleva-se para cerca de 40% nos pacientes com cinco ou seis sinais e aproxima-se de 100% com sete ou oito sinais.

O sistema APACHE II se baseia no índice ponderado de 12 variáveis fisiológicas, dados clínicos e laboratoriais, é capaz de fornecer discriminação útil entre PA leve/branda e grave em poucas horas após a admissão do paciente (Tabela 3).

O escore de APACHE II é mais sensível e específico (75-92%) do que os critérios de Ranson (75-68%) na previsão da gravidade e das complicações, 48 horas após a admissão.

Níveis acima de 150 mg/L de proteína C-reativa são muito sugestivos de necrose pancreática (normal até 10 mg/L).

Em 1985, Balthazar et al. propuseram índices de gravidade da PA com base em achados de imagem obtidos por tomografia computadorizada (TC); e os mesmos autores em 1990 acrescentaram a esses critérios prognósticos os percentuais de necrose do parênquima glandular fornecidos pela TC com contraste intravenoso (IV) em *bolus*, a qual possibilita definir melhor as áreas pancreáticas cuja perfusão se encontra comprometida (Quadro 2).

Na prática clínica, os critérios prognósticos são pouco utilizados em virtude da complexidade.

A classificação de Atlanta, de 1992, é simples e prática. Aponta precocemente os casos graves, determinando a necessidade de monitoramento invasivo, de cuidados intensivos e de exames de imagem.

Revisada em 2012 por uma entidade multidisciplinar (clínicos, cirurgiões, intensivistas, radiologistas e intervencionistas), a classificação de Atlanta auxilia manuseio, triagem, tratamento, padronizando com nova terminologia para o diagnóstico de PA e suas complicações. Doravante será utilizada neste capítulo.

Quadro clínico

Os sintomas e sinais mais frequentemente observados na PA são:

- Dor abdominal epigástrica "em faixa" irradiando para a região lombar acompanhada de náuseas e vômitos.
- Sinal de Grey-Tuner: equimose em flanco (Figura 1).
- Sinal de Cullen: equimose periumbilical.

Estes sinais representam sangramento retroperitoneal: irritação peritoneal, derrame pleural geralmente à esquerda, febre, taquicardia, desidratação, hipotensão e choque podem ser observados no contexto clínico/exame físico.

Quadro laboratorial

- Aumento da amilase e lipase três vezes acima dos valores normais; estes marcadores podem estar em níveis normais em até 30% dos casos de PA.
- Amilasemia > 1.000 U/dL é sugestivo de causa biliar.
- Hiperglicemia e hipercalcemia.
- Leucocitose e queda do hematócrito.

O diagnóstico diferencial de hiperamilasemia é com úlcera perfurada e isquemia mesentérica.

Os valores das enzimas não têm relação com a gravidade da doença ou resolução do quadro.

Etiologia da pancreatite aguda

- Biliar e álcool – responsáveis por 80% dos casos.
- Hipertrigliceridemia.
- Hipercalcemia.
- Pós-opertório de cirurgias abdominais.
- Drogas/veneno.
- Trauma abdominal.
- Colangiopancreatografia retrógrada endoscópica (CPRE).
- Hereditária.
- Autoimune.

Quadro 1 Critérios de Ranson (preditor da gravidade da pancreatite aguda)
Critérios avaliados na admissão
Idade > 55 anos
Leucometria > 16.000/mm³
Glicose > 200 mg/dL
LDH (desidrogenase láctica) > 350 U/L
TGO > 250 U/L
Critérios avaliados 48 horas após admissão
Redução ≥ 10% no hematócrito
Aumento ≥ 10,7 mg/dL na ureia sérica, apesar da reposição volêmica
Cálcio sérico < 8 mg/dL
pO$_2$ < 60 mmHg
Déficit de base > 4 mEq/L
Sequestro de líquidos > 6.000 mL
A mortalidade aumenta significativamente quando há presença de três ou mais critérios

Tabela 3 Sistema APACHE II

Escore APACHE II = A + B + C

Variáveis fisiológicas	+4	+3	+2	+1	0	+1	+2	+3	+4
Temperatura retal (C)	> 41	39-40,9		385,-38,9	36-38,4	34-35,9	32-33,9	30-31,9	< 29,9
Pressão arterial média (mmHg)	> 160	139-159	110-129		70-109		50-69		< 40
Frequência cardíaca (bpm)	> 180	140-179	110-139		70-109	55-69	40-54		< 39
Frequência respiratória (irpm) (ventilados ou não)	> 50	35-49	25-34	12-24	10-11	6-9		< 5	
Oxigenação A–aDO$_2$									
a) FiO$_2$ > 0,5 A–aDO$_2$	> 500	350-499	200-349		< 200				
b) FiO$_2$ < 0,5 A–aDO$_2$					> 70	61-70		55-60	< 55
pH arterial	> 7,7	7,6-7,69		7,5-7,59	7,33-7,49		7,25-7,32	7,15-7,24	< 7,15
Sódio sérico (mEq/L)	> 180	160-179	155-159	150-154	130-149		120-129	111-119	< 110
Potássio sérico (mEq/L)	> 7	6-6,9		5,5-5,9	3,5-5,4	3-3,4	2,5-2,9		< 2,5
Creatinina sérica (mg/dL), dobrar pontos se IRA	> 3,5	2-3,4	1,5-1,9		0,6-1,4		< 0,6		
Hematócrito (%)	> 60		50-50,9	46-49,9	30-45,9		20-29,9		< 20
Número de leucócitos (103/cc)	> 40		20-39,9	15-19,9	3-14,9		1-2,9		< 1

Pontos para a idade

Pontos	0	2	3	5	6
Idade (anos)	< 44	45-54	55-64	65-74	> 75

Pontos para doença crônica
Se o paciente tiver história de insuficiência grave de órgãos ou for imunocomprometido, assinalar pontos como se segue:
  a) Para pacientes não cirúrgicos ou pós-operatórios de emergência: 5 pontos
  b) Para pacientes de pós-operatórios eletivos: 2 pontos
Definições: a insuficiência de órgão ou o estado de imunodepressão deve ser evidente antes da admissão hospitalar e deve obedecer os seguintes critérios:
- Fígado: cirrose comprovada por biópsia, hipertensão portal documentada; episódios passados de hemorragia gastrointestinal atribuídos à hipertensão portal; episódios anteriores de insuficiência hepática, encefalopatia ou coma
- Cardiovascular: New York Association classe IV
- Respiratória: doença crônica restritiva, obstrutiva ou vascular resultando em grave restrição ao exercício, isto é, incapaz de subir escadas ou fazer serviços domésticos, hipóxia crônica documentada, hipercapnia, policitemia secundária, hipertensão pulmonar grave (> 40 mmHg), dependência de prótese ventilatória
- Renal: recebendo diálise cronicamente
- Imunocomprometido: paciente tem recebido terapia que suprime a resistência à infecção, isto é, imunossupressores, quimioterapia, radioterapia, corticoides para suprimir a resistência à infecção, isto é, leucemia, linfoma, aids

IRA: injúria renal aguda.

Quadro 2 Critério de Balthazar

Achado tomográfico	Pontos
Normal (A)	0
Aumento difuso ou local do pâncreas	1
Inflamação peripancreática (C)	2
Coleção de um espaço (D)	3
Coleção em dois ou mais espaços	4
Necrose	**Pontos**
Nenhuma	0
< 33%	2
33-50%	4
> 50%	6
Total	(0-10)

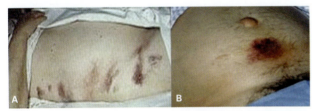

Figura 1   Sinal de Grey-Turner (A) e sinal de Cullen (B).

- Parasitose – áscaris.
- Virais – caxumba/hepatite/coxsackie.
- Bacterianas/tuberculosa.

Diagnóstico diferencial da pancreatite aguda

- Doença ulcerosa péptica.
- Doença das vias biliares – colecistite/colangite.
- Isquemia mesentérica.
- Obstrução intestinal aguda.
- Infarto agudo do miocárdio inferior.
- Dissecção aórtica aguda.
- Gravidez ectópica.

Tipos de pancreatite aguda

Pancreatite aguda intersticial edematosa

Define-se como inflamação do parênquima pancreático com aumento focal ou difuso do pâncreas, com perda do padrão glandular habitual, notando-se alterações inflamatórias peripancreáticas com densificação dos planos adiposos e pequena quantidade de líquido ao redor, sem necrose. É responsável por 80% dos casos de PA (Figura 2).

Pancreatite aguda necrotizante

Inflamação do parênquima pancreático com necrose parenquimatosa e dos tecidos peripancreáticos associada a acúmulos de líquidos.

Ocorre em 20-30% dos pacientes com curso prolongado, tem alto índice de complicações e alta mortalidade.

A pancreatite necrotizante representa de 5 a 10% dos casos de PA e como o próprio nome diz, existe necrose que pode ser parenquimatosa (5%), peripancreática (20%) ou combinada – pancreática e/ou peripancreática em 75% dos casos.

Quando o exame de imagem (TC ou ressonância magnética – RM) é realizado nos primeiros dias do início da PA, a necrose pode não ser detectada porque o pâncreas pode se apresentar edematoso com realce heterogêneo, sendo indistinguível da pancreatite aguda intersticial edematosa; nestes casos, convém repetir a TC ou RM dentro de 7 a 10 dias para melhor diagnóstico entre PA necrotizante e PA intersticial edematosa (Figuras 3 e 4).

Exames de imagem

- Radiografia abdominal simples (Figuras 5 e 6).
- Estudos com bário.
- CPRE.
- Ultrassonografia convencional, endoscópica e intraoperatória.
- TC.
- RM.

Radiografia abdominal simples

As radiografias convencionais de abdome e os estudos contrastados do tubo digestivo são muito raramente utilizados no diagnóstico da pancreatite aguda e são inespecíficos, não transmitem as informações necessárias quanto à gravidade do quadro.

Exames contrastados por bário

- Alça duodenal alargada.
- Sinal do 3 invertido (encontrado em PA, câncer de pâncreas e tumor periampular) (Figura 7).
- Irregularidade de contornos gastroduodenais e jejunais.

Colangiopancreatografia retrógrada endoscópica (CPRE)

Não é utilizada como diagnóstico na PA, pois pode piorar o quadro clínico levando a infecção (colangite ascendente); mas é uma opção para tratamento de pacientes com pancreatite biliar (extração de cálculo biliar, co-

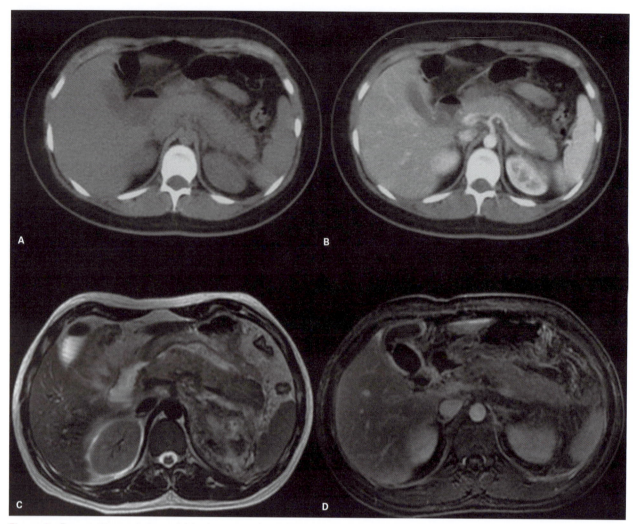

Figura 2 Pancreatite aguda intersticial edematosa. A e B: Tomografia computadorizada pré-contraste e pós-contraste intravenoso com aumento pancreático difuso e densificação dos planos adiposos ao redor. C e D: Ressonância magnética, cortes axiais T2 e pós-contraste paramagnético intravenoso mostrando aumento glandular, alteração de sinal da gordura peripancreática e fina lâmina de líquido peripancreático.

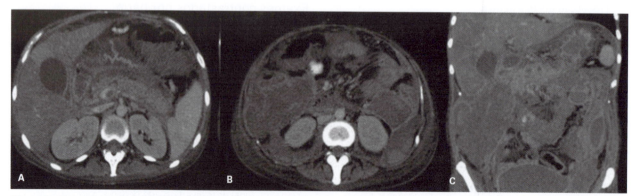

Figura 3 Pancreatite aguda necrotizante em paciente com lúpus eritematoso sistêmico. A e B: plano axial; C: reconstrução coronal. Tomografia computadorizada pós-contraste intravenoso mostrando necrose peripancreática e múltiplas coleções necróticas na cavidade abdominal, mais evidentes nos espaços pararrenais.

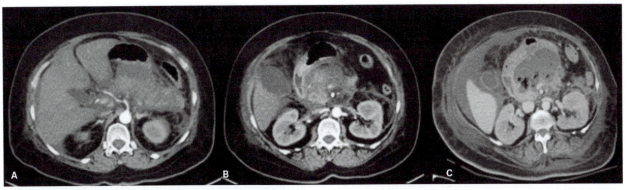

Figura 4 Pancreatite aguda necrotizante. A e B: TC e pós-contraste intravenoso mostrando aumento pancreático difuso com necrose parenquimatosa e peripancreática e densificação do espaço pararrenal anterior esquerdo. C: Tomografia computadorizada pós-contraste de fase venosa após 2 semanas mostrando coleção necrótica infectada na cabeça pancreática comprimindo o estômago e maior quantidade de líquido livre na cavidade abdominal.

Tabela 4 Incidências dos sinais radiográficos sugestivos de pancreatite

Sinal radiográfico	Incidência (%)
"Alça sentinela"	41
Dilatação do cólon transverso	22
Apagamento do psoas	19
Velamento do andar superior do abdome	19
Aumento da distância entre cólon e estômago	15
Distorção da curvatura maior do estômago	14
Distensão gasosa do duodeno	11
Efusão pleural	4
Calcificação pancreática	3
Um ou mais sinais listados	79

Fonte: Ranson, 2003.

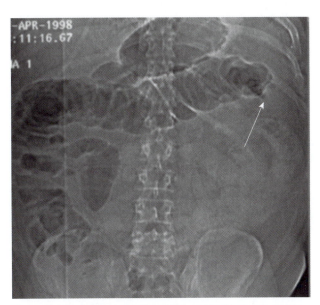

Figura 6 Sinal do *cut-off* cólico. Radiografia simples do abdome mostra espasmo do cólon transverso junto à flexura esplênica com distensão segmentar por ação enzimática em paciente com pancreatite aguda.

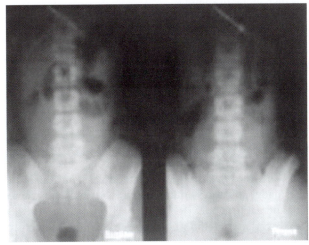

Figura 5 Alça sentinela. Radiografia simples do abdome mostrando distensão de alças intestinais de delgado no hipocôndrio esquerdo.

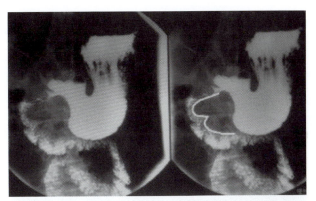

Figura 7 Sinal do 3 invertido que pode ser visto em casos de pancreatite aguda. Radiografia com estudo baritado via oral demonstrando alargamento do arco duodenal, caracterizando o sinal do 3 invertido.

locação de próteses biliares e no tratamento de estenose ou ruptura ductal).

A colângio-RM é um exame simples, não invasivo, que não requer meio de contraste e tem a mesma eficácia que a CPRE para o diagnóstico de obstrução biliar na PA.

Ultrassonografia

Este exame tem papel fundamental na pesquisa do diagnóstico etiológico das pancreatites, uma vez que a litíase biliar corresponde a cerca de 50% dos casos.

A ultrassonografia tem grande valor no exame das vias biliares para o diagnóstico de cálculos, barro biliar, dilatação das vias biliares e espessamento da parede vesicular.

A pancreatite idiopática é catalogada como a terceira condição mais frequente entre as pancreatites e tem sido associada em 65-75% dos casos à microlitíase biliar.

A ultrassonografia abdominal com equipamentos de alta resolução e a ecoendoscopia têm se mostrado de grande valor no diagnóstico da colecistomicrolitíase.

Os achados sonográficos mais típicos são as alterações texturais pancreáticas (hipoecogenicidade focal ou difusa) e peripancreáticas (Figuras 8 e 9), além de permitir a identificação de pequenas coleções líquidas peripancreáticas ou na pequena cavidade dos omentos.

O diagnóstico de necrose na ultrassonografia convencional é inespecífico e pode se apresentar somente com alteração textural difusa de parte ou de todo o pâncreas.

Esteatonecrose e sua extensão é de difícil avaliação sonográfica.

Coleções fluidas agudas são as complicações mais frequentes da PA grave, ocorrendo em 30-50% dos casos, e que se resolvem espontaneamente em 50% das vezes, podem ocorrer no leito pancreático ou nos compartimentos adjacentes (Figura 10).

Coleções fluidas heterogêneas com conteúdo ecogênico podem se relacionar a infecção ou hemorragia.

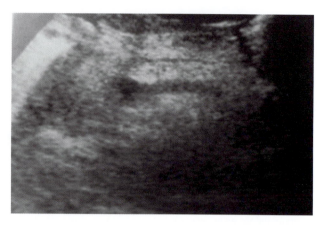

Figura 9 Ultrassonografia em caso de pancreatite aguda mostra alteração textural difusa (substituição adiposa) de todo o pâncreas.

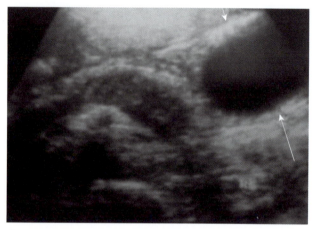

Figura 10 Ultrassonografia em paciente com pancreatite aguda mostrando alteração textural do pâncreas e pequena quantidade de líquido/coleção hipoecoica junto à cauda pancreática (setas).

Derrame pleural é facilmente visto e diagnosticado pelo exame sonográfico e é um achado frequente nos casos de pancreatite aguda.

As complicações vasculares da pancreatite aguda podem ser arteriais (pseudoaneurismas que ocorrem em 10% dos pacientes) e venosas (tromboses); e são bem detectadas pelo ultrassom Doppler.

Os vasos arteriais mais acometidos são: artéria esplênica (mais comum), artérias pancreatoduodenais e gastroduodenal.

Os vasos venosos mais acometidos são: veia esplênica (45%), porta e tributárias, conseguindo-se, na maioria das vezes, se caracterizar a circulação colateral e varizes.

A presença de distensão gasosa de alças intestinais e a obesidade são fatores limitantes para a acurácia do exame na pancreatite aguda.

É excelente método no segmento evolutivo de coleções e de pseudocistos.

A ultrassonografia também é muito útil quando a TC e a RM não podem ser realizadas, como em gestantes, na

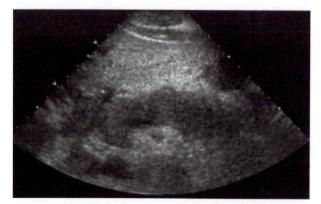

Figura 8 Ultrassonografia em paciente etílico com pancreatite aguda mostrando aumento e hipoecogenicidade difusa do parênquima pancreático.

presença de implantes metálicos ou em pacientes que não podem sair do centro de terapia intensiva.

É útil na identificação dos componentes não liquefeitos no interior das coleções e orienta as biópsias/punções e drenagens das coleções intra-abdominais.

O uso do contraste ultrassonográfico é uma nova ferramenta que poderá indicar áreas de necrose em casos de PA.

Tomografia computadorizada

É o melhor exame de imagem para diagnosticar as alterações pancreáticas e peripancreáticas na PA, excelente para estratificar a doença que, associada à condição clínica do paciente, permite diagnosticar complicações como a necrose pancreática e/ou peripancreática, mostra detalhes anatômicos, orienta punções e drenagens percutâneas e as condutas clínica e cirúrgica.

Técnica de exame

TC com múltiplos detectores (16 a 128 canais) e administração de água por via oral (600 mL) e meio de contraste iodado intravenoso não iônico (1,5 mL/kg), com aquisições pré e pós-contraste nas fases arterial parenquimatosa (30 a 40 segundos do início da administração do meio de contraste) e venosa (60 a 70 segundos do início da administração do meio de contraste), com velocidade de injeção de 4 mL/s e reconstruções de 2,5 mm.

Os principais achados tomográficos da pancreatite aguda são (Figura 11):

- Aumento focal e/ou difuso do pâncreas.
- Realce heterogêneo glandular após o contraste intravenoso com as áreas de necrose representadas como áreas hipoatenuantes/hipocontrastantes do parênquima pancreático.
- Densificação dos planos adiposos peripancreáticos.
- Líquido na cavidade peritoneal e retroperitoneal.
- Coleções peripancreáticas sendo mais evidentes no espaço pararrenal anterior e na retrocavidade dos epíplons.
- Derrame pleural e atelectasias basais, mais evidente à esquerda.
- Eventualmente pode ocasionar espessamento parietal de estômago e duodeno.

Permite a diferenciação e classificação dos acúmulos líquidos e das coleções pancreáticas/peripancreáticas de acordo com a classificação de Atlanta de 2012.

O que a TC avalia na PA:

- Detectar a presença de pancreatite.
- Definir a extensão da pancreatite.
- Detectar as complicações, como coleções, necrose, hemorragia.
- Detectar as complicações vasculares arteriais (pseudoaneurismas, principalmente da esplênica e gastroduodenal) e as tromboses venosas (veia esplênica, veia porta e mesentérica superior), além de avaliar a circulação colateral.
- Avaliação precisa dos acúmulos líquidos e das coleções pancreáticas e peripancreáticas de acordo com a nova classificação de Atlanta.
- Infecção, abscessos intracavitários e fístulas.
- Obstrução das vias biliares.
- Suboclusões gastrointestinais.

Ressonância magnética

Método de imagem introduzido na prática médica no final da década de 1980, não utiliza radiação ionizante, as aquisições de imagem são feitas por campo magnético de alto campo (1.5 e 3.0 T) com reconstruções multiplanares por meio de computadores cada vez mais modernos, atualmente mais disponível no Brasil.

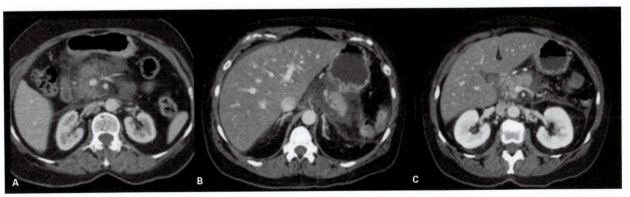

Figura 11 Pancreatite aguda intersticial edematosa. Tomografia computadorizada pós-contraste, IV fase venosa mostrando aumento da cabeça pancreática (A), líquido peripancreático com densificação da gordura peripancreática (B) e espessamento da fáscia pararrenal anterior esquerda (C).

É método mais oneroso, mais técnico e mais demorado em relação à TC, necessita de cooperação do paciente e às vezes é realizado sob anestesia em pacientes claustrofóbicos.

A RM é excelente método na detecção de coledocolitíase, efeito de massa no ducto biliar comum e na avaliação do ducto pancreático principal; e se há comunicação das coleções ou pseudocistos com o ducto de Wirsung.

A RM tem papel importante em pacientes que não podem realizar TC abdominal com contraste (alergia ao contraste iodado e gravidez) e em crianças.

Consegue melhor caracterização do material não liquefeito (debris, necrose e outros componentes tissulares) no interior das coleções pancreáticas e peripancreáticas.

Permite avaliação da necrose e caracterização das coleções melhor que a TC.

É mais sensível na detecção de hemorragia (hipersinal em T1 e hipossinal em T2).

A RM é menos sensível na detecção de gás/bolhas gasosas no interior das coleções.

Permite a utilização de sequências de colângio-RM para melhor avaliação da árvore bilar intra e extra-hepática (Figura 12).

Técnica de exame/protocolo

- Axial FSE T1.
- Axial FSE T2 sem e com *fat-suppression*.
- *Axial chemical-shift in* e *out-of-phase*.
- Coronal FSE T2.
- Sequências de colângio ponderadas em T2 (*single-shot*, *trigger* e HASTE com reconstrução MIP).
- Axial volumétrico com saturação de gordura após contraste paramagnético IV – estudo dinâmico trifásico e sequência tardia de 5 minutos.
- Coronal T1 pós-contraste IV.
- Possibilidade de usar contraste hepatobiliar específico na avaliação de fístulas ou extravasamento biliar.

Principais achados da PA na RM:

- Hipossinal difuso do parênquima pancreático nas imagens ponderadas em T1 indicando edema inflamatório.
- Áreas de hipersinal no parênquima pancreático nas imagens em T1 indicando hemorragia, observado em casos graves de pancreatite necro-hemorrágica.
- Hipersinal heterogêneo do parênquima pancreático e da gordura peripancreática em T2 indicando presença de edema e líquido.
- Realce heterogêneo com áreas hipocontrastantes compatíveis com necrose pancreática e/ou peripancreática nas sequência pós-contraste IV.
- Densificação/alteração de sinal dos planos adiposos peripancreáticos.
- Líquido livre na cavidade peritoneal e retroperitoneal.
- Falhas de enchimento no colédoco em exames de colângio-RM indicando cálculos/coledocolitíase.
- Acúmulos líquidos peripancreáticos na PA intersticial edematosa.
- Coleções necróticas agudas ou organizadas e pseudocistos na dependência do tempo de evolução da pancreatite.

Coleções pancreáticas e peripancreáticas

Existe importante distinção entre coleções que contém somente líquido/fluido puro encontrado na PA intersticial edematosa e de coleções que contém líquido com material não liquefeito (debris e necrose) encontrado na PA necrotizante.

O tempo de instalação destas coleções é muito importante (se ≤ 4 semanas ou ≥ 4 semanas), além de avaliar a presença ou não de necrose (Tabela 5).

Vamos finalmente apresentar os termos atualizados e os tipos de acúmulos líquidos e coleções pancreáticas e peripancreáticas utilizados na última revisão da classificação de Atlanta, de 2012, tanto para a TC como para RM.

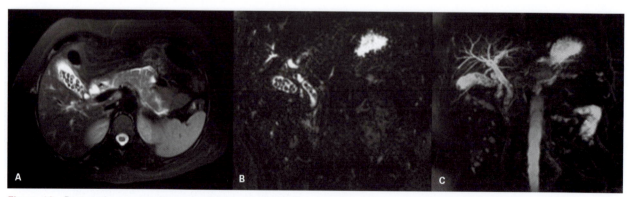

Figura 12 Pancreatite aguda edematosa litiásica. Ressonância magnética plano axial ponderado em T2 mostra cálculos na vesícula biliar, aumento pancreático e líquido peripancreático (A). Sequências de colângio-RM demonstrando com maior nitidez os cálculos no interior da vesícula biliar e no colédoco nas imagens fonte (B) e na reconstrução com projeção de intensidade máxima (MIP) (C).

Tabela 5 — Coleções pancreáticas e peripancreáticas

Coleção	Tempo do início da dor (semanas)	Tipos de pancreatite	Localização	Achados de imagem
Acúmulos líquidos agudos peripancreáticos	≤ 4	PA intersticial edematosa	Extrapancreática	Líquido retroperitoneal homogêneo, sem paredes
Coleção necrótica aguda	≤ 4	PA necrotizante	Intra e/ou extra pancreática	Líquido heterogêneo com debris, sem parede
Necrose organizada bem delimitada	> 4	PA necrotizante	Intra e/ou extra pancreática	Coleção circunscrita, encapsulada com paredes e componente líquido heterogêneo
Pseudocisto	> 4	PA intersticial edematosa	Extrapancreática	Coleção líquida homogênea e encapsulada, sem debris

PA: pancreatite aguda.
Fonte: Foster, 2016.

Terminologia atualizada

Acúmulos líquidos agudos peripancreáticos

Ocorre durante as primeiras 4 semanas em pacientes com PA intersticial edematosa (inflamação sem necrose).

São acúmulos líquidos de tamanho e localização variados na região peripancreática, não havendo paredes ou realce, geralmente ocupam os espaços retroperitoneais e são de pequena quantidade (Figuras 13 e 14).

Caso exista acúmulo de líquido no parênquima pancreático, é por definição uma coleção necrótica aguda em uma PA necrotizante.

A maioria destas coleções se resolve espontaneamente e drenagem percutânea não deve ser realizada, pois na maioria das vezes são coleções estéreis.

Como já foi mencionado que em alguns casos de pancreatite intersticial edematosa e PA necrotizante pode ser difícil distinguir pela TC ou RM na primeira semana, pode acontecer o mesmo com os acúmulos líquidos peripancreáticos e a coleção necrótica aguda.

Geralmente repete-se imagem a TC ou RM em 1 ou 2 semanas para melhor demonstração do interior desses acúmulos líquidos/coleções, sendo heterogêneo na coleção necrótica aguda.

Se os acúmulos líquidos peripancreáticos não se resolverem após 4 semanas e tornarem-se mais organizados, desenvolvendo uma cápsula que tem realce parietal após contraste IV, a coleção é rotulada como pseudocisto, desde que não haja necrose no seu interior, devendo conter somente líquido, sem debris ou necrose.

Se houver pequenas áreas de gordura ou de partes moles no interior desta coleção, o diagnóstico é de necrose organizada bem delimitada e não de pseudocisto.

Coleção necrótica aguda

As coleções necróticas agudas estão presentes nas primeiras 4 semanas do início dos sintomas da PA e são coleções líquidas/necróticas mal organizadas que ocorrem na PA necrotizante.

Geralmente estão localizadas nas regiões peripancreáticas, ocupando o espaço pararrenal anterior esquerdo, o omento menor e a retrocavidade dos epiplons, mas que podem se estender ao parênquima pancreático (necrose pancreática). Costumam ser múltiplas e loculadas e podem atingir a cavidade pélvica. Tipicamente têm maior quantidade de líquido do que os acúmulos líquidos agudos, apresentam debris, gordura heterogênea e material não liquefeito (necrose) (Figuras 15 a 18).

Nas fases precoces da PA, é muito difícil diferenciar acúmulos líquidos agudos peripancreáticos de coleção necrótica aguda e somente realizando TC ou RM na 2ª semana é possível fazer essa distinção.

Qualquer coleção peripancreática associada com necrose parenquimatosa do pâncreas deve ser rotulada como coleção necrótica aguda.

Necrose organizada bem delimitada (*walled-off necrosis*)

Após 4 semanas da pancreatite aguda necrotizante, a coleção necrótica aguda torna-se mais madura, organizada, com paredes e é chamada de necrose organizada bem delimitada (Figura 19).

A necrose organizada bem delimitada pode estar confinada ao parênquima pancreático, mas ocorre mais frequentemente nos espaços peripancreáticos e às vezes nos dois locais, pâncreas e tecido peripancreático.

A RM é melhor que a TC na avaliação do material heterogêneo/necrótico que aparece no interior da necrose organizada.

Como os pseudocistos, a necrose organizada contém líquido e tem paredes pouco espessadas, com realce pós-contraste, porém apresenta no seu interior necrose e tecido pancreático/debris/tecido heterogêno que são demonstrados nos exames de imagem de TC e RM pós--contraste (Figuras 20 a 22).

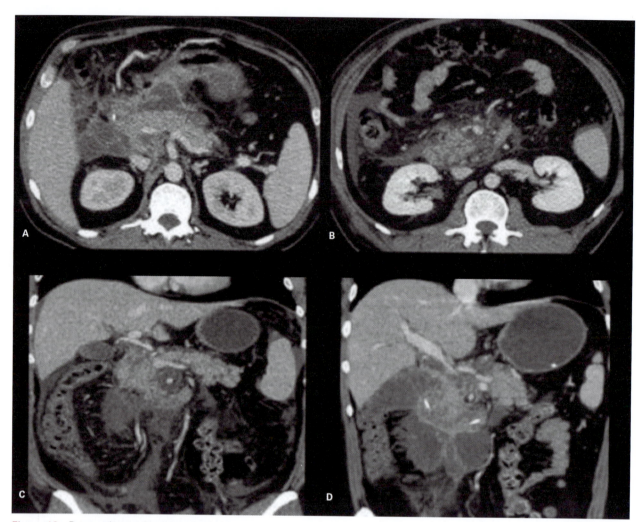

Figura 13 Pancreatite aguda com acúmulos líquidos agudos peripancreáticos. A e B: Tomografia computadorizada de pós-contraste de fase venosa mostra aumento pancreático com líquidos agudos acumulados nas regiões peripancreáticas estendendo-se ao espaço pararrenal anterior direito. Tomografia computadorizada com reformatação no plano coronal (C) mostra os acúmulos líquidos peripancreáticos e sua extensão na cavidade abdominal, bem como piora dos acúmulos líquidos (D) junto à cabeça pancreática em TC após 1 semana de evolução.

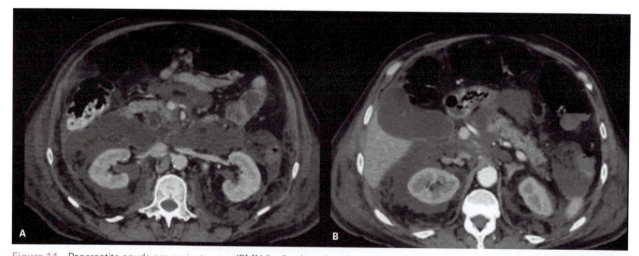

Figura 14 Pancreatite aguda em paciente com IPMN (lesões intraductais produtoras de mucina) com acúmulos líquidos. Tomografia computadorizada de pós-contraste de fase venosa mostrando as lesões císticas produtoras de mucina na cabeça pancreática com grande quantidade de acúmulos líquidos agudos nos espaços pararrenais anterior e lateroconais (A) e o corpo e cauda do pâncreas mais preservados e a distribuição dos acúmulos líquidos agudos perirrenais e peripancreáticos (B).

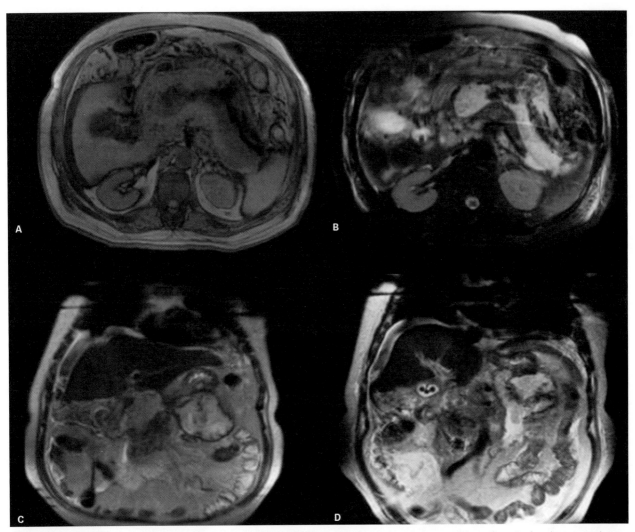

Figura 15 Pancreatite aguda necrotizante com coleções necróticas pancreáticas e peripancreáticas. Sequências de exame de ressonância magnética mostrando coleção necrótica ocupando praticamente todo o parênquima pancreático no axial T1 (A) e o material necrótico no seu interior caracterizado por focos hipointensos em T2 mais bem caracterizados no axial T2 (B). O plano coronal ponderado em T2 mostra as coleções peripancreáticas distribuídas aleatoriamente na cavidade abdominal (C) e cálculos na vesícula biliar (D).

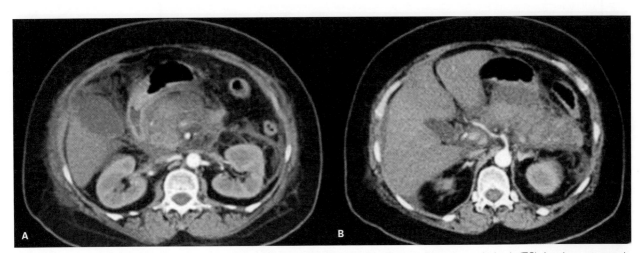

Figura 16 Pancreatite aguda necrotizante com coleções necróticas infectadas. Tomografia computadorizada (TC) de pós-contraste de fase venosa mostrando aumento heterogêneo da cabeça pancreática com densificação dos planos adiposos adjacentes (A) e aumento glandular com atenuação também heterogênea do corpo e cauda e esteatonecrose ao redor (B).

(continua)

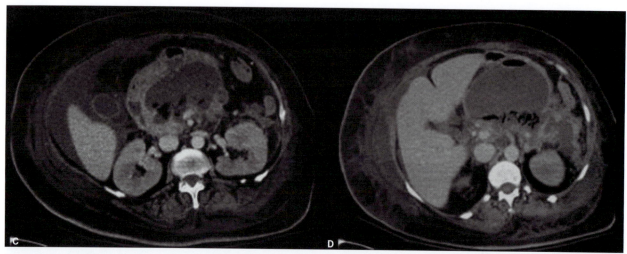

Figura 16 *(continuação)* TC após 14 dias evidenciando aumento da coleção necrótica na cabeça pancreática com bolhas gasosas de permeio inferindo infecção e piora do quadro inflamatório, com maior quantidade de líquido livre na cavidade abdominal (C e D).

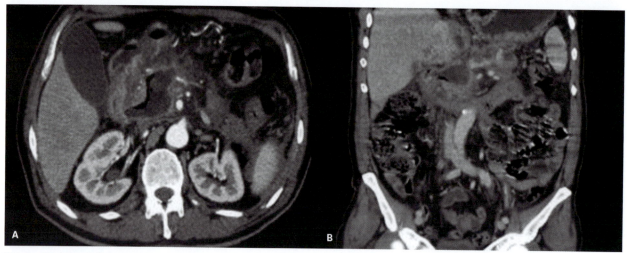

Figura 17 Pancreatite aguda necrotizante com fístula duodenal. Tomografia computadorizada pós-contraste intravenoso mostrando coleção necrótica heterogênea na cabeça pancreática com imagem linear gasosa de permeio que atinge o arco duodenal inferindo trajeto fistuloso da coleção com o duodeno associado a esteatonecrose e líquido peripancreático ao redor (A); e com visão panorâmica na reconstrução coronal (B).

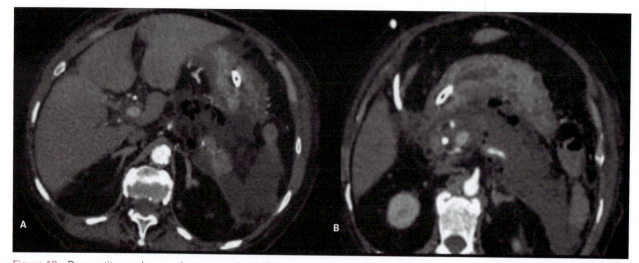

Figura 18 Pancreatite aguda necrotizante complicada. Tomografia computadorizada pós-contaste de fase venosa mostrando coleções necróticas no parênquima pancreático e esteatonecrose ao redor associada com bolhas gasosas de permeio indicando infecção (A e B).

(continua)

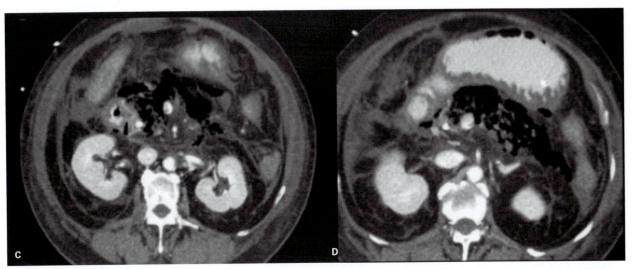

Figura 18   *(continuação)* Piora do quadro clínico após 1 semana mostrando agora maior quantidade de gás nas coleções pancreáticas (C e D).

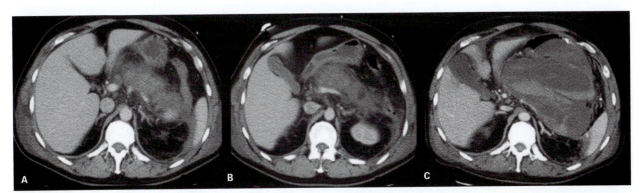

Figura 19   Pancreatite aguda necrotizante – evolução para necrose organizada bem delimitada. Excelente exemplo tomográfico mostrando a evolução de uma pancreatite aguda necrotizante parenquimatosa pancreática com densificação dos tecidos peripancreáticos (A e B); evolução para uma necrose organizada bem delimitada após 4 semanas mostrando paredes e componentes tissulares com diferentes atenuações no seu interior compatíveis com debris e hemorragia (C).

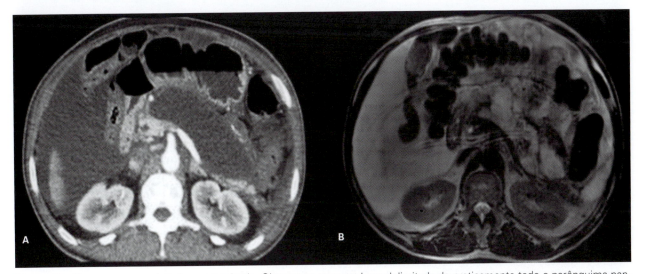

Figura 20   Necrose encapsulada bem organizada. Observa-se necrose bem delimitada de praticamente todo o parênquima pancreático visto como coleção hipodensa organizada sem realce e com paredes bem delimitadas (A). Melhor demonstração da necrose organizada com tecidos hipointensos no seu interior visto neste exame de ressonância magnética de plano axial ponderado em T2 (B).

(continua)

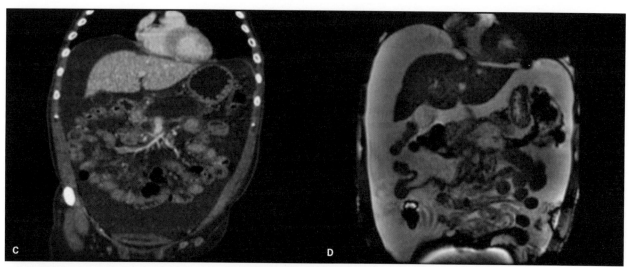

Figura 20 *(continuação)* Planos coronais em tomografia computadorizada pós-contraste (C) e ressonância magnética ponderada em T2 (D) mostrando a necrose pancreática bem delimitada com grande quantidade de líquido livre na cavidade abdominal.

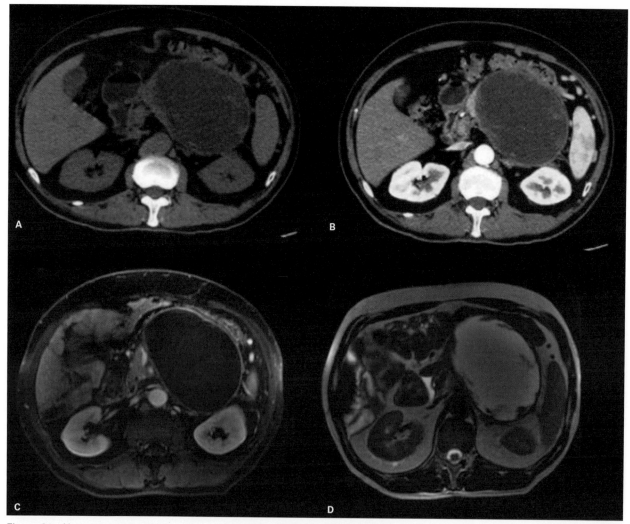

Figura 21 Necrose organizada bem delimitada (*walled-off*). Tomografia computadorizada pré (A) e pós-contraste intravenoso (B) demonstrando a necrose encapsulada bem delimitada com realce parietal e material não liquefeito/debris no seu interior. Ressonância magnética axial pós-gadolínio (C) e axial ponderada em T2 (D) mostrando com maior clareza o realce parietal e o material necrótico hipointenso no interior desta necrose organizada.

(continua)

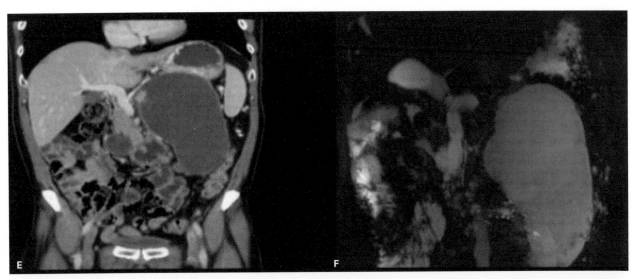

Figura 21 *(continuação)* Planos coronais na tomografia computadorizada (E) e sequência de colângio-RM (F) demonstrando a extensão da necrose organizada bem delimitada.

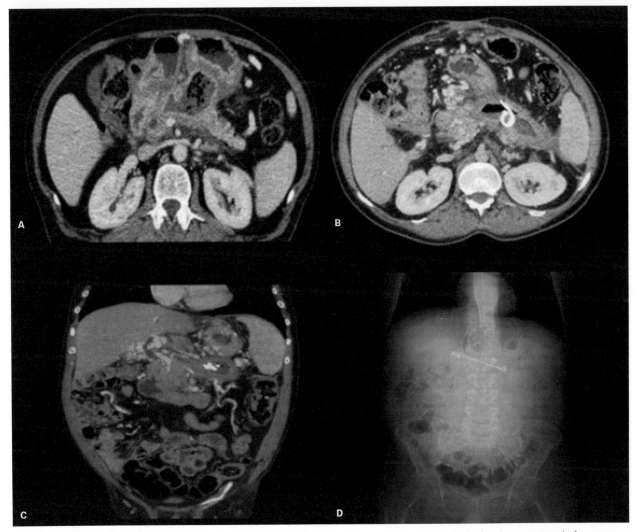

Figura 22 Necrose organizada infectada com drenagem transgástrica. Tomografia computadorizada pós-contraste de fase venosa mostrando coleção organizada infectada no colo/corpo pancreático com realce parietal e bolhas gasosas de permeio (A) e após colocação de cateter via transgástrica com redução da coleção (B). Tomografia computadorizada na reconstrução coronal mostrando a coleção drenada com redução de suas dimensões (C) e a radiografia digital mostrando o posicionamento do cateter (D).

Pseudocistos

São coleções líquidas/fluidas encapsuladas sem evidências de necrose no seu interior, geralmente de localização peripancreática que ocorre depois de pelo menos 4 semanas do início de uma pancreatite intersticial edematosa (Figura 23).

Acontecem em 10-20% dos casos como complicações da PA.

Na RM os pseudocistos podem ter conexão com o ducto pancreático principal e isto é mais bem demonstrado na colângio-RM.

Pseudocistos podem se desenvolver em poucos casos de PA intersticial edematosa (< 10%), são tipicamente de localização peripancreática, embora em raras ocasiões, podem ser de localização intrapancreática.

Os pseudocistos são assintomáticos em 50% dos casos, em 40% resolvem-se espontaneamente, porém, podem causar complicações (infecção e hemorragia), erodir vasos e causar obstrução gástrica.

Podem ter localizações bizarras como mediastino, cavidade pélvica e raiz da coxa (Figuras 24 e 25).

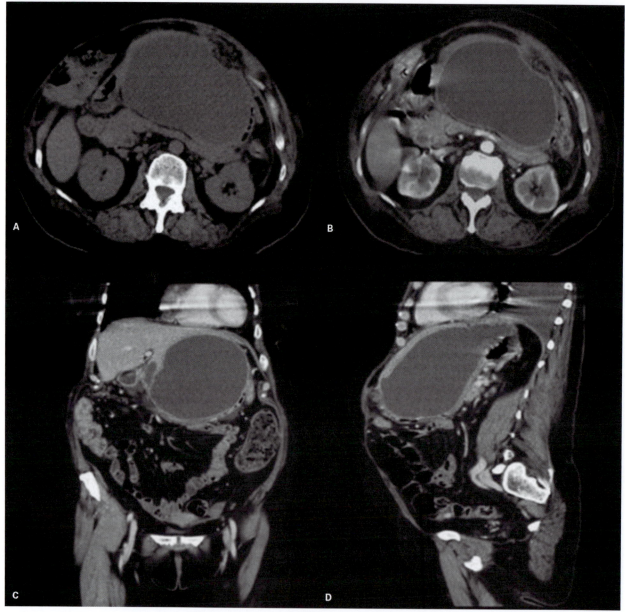

Figura 23   Pseudocisto extrapancreático. Tomografia computadorizada de pré (A) e pós-contraste intravenoso (B) mostrando grande formação cística homogênea acima do corpo e cauda do pâncreas com realce marginal comprimindo o estômago e o pâncreas em paciente com PA após 6 semanas. TC com reconstrução nos planos coronal (C) e sagital (D) demonstrando extensão e melhor localização do pseudocisto.

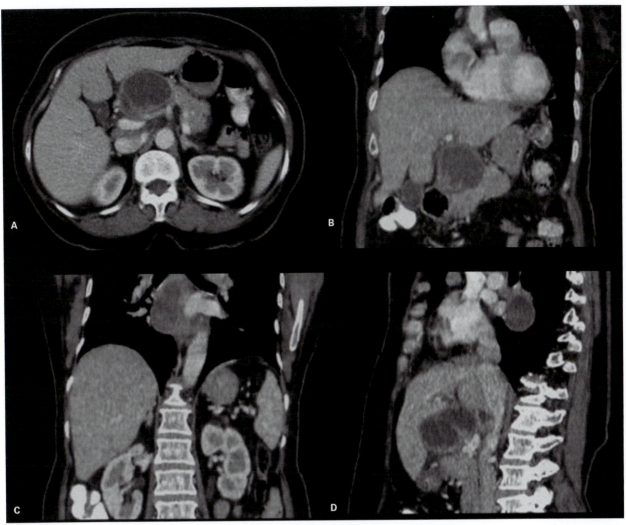

Figura 24 Pseudocistos pancreático e mediastinal. Tomografia computadorizada pós-contraste intravenoso mostrando o pseudocisto junto à cabeça pancreática no plano axial (A) e coronal (B) e a outra formação cística homogênea e bem delimitada no mediastino demonstrada nas reconstruções tomográficas nos planos coronal (C) e sagital (D).

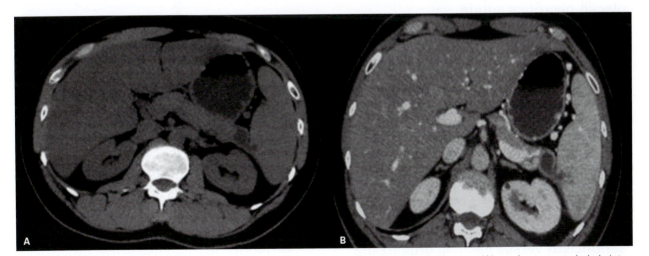

Figura 25 Pseudocisto de cauda com extensão intraesplênica. Tomografia computadorizada antes (A) e após contraste iodado intravenoso (B) mostrando pequena formação cística bem delimitada junto à cauda pancreática com realce periférico e discreta extensão para o parênquima esplênico adjacente.

(continua)

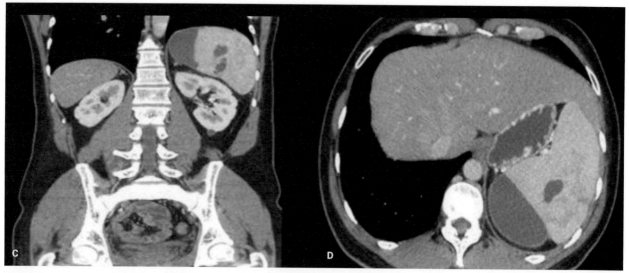

Figura 25 *(continuação)* Tomografia computadorizada pós-contraste intravenoso na reconstrução coronal (C) e no plano axial (D) mostrando formações císticas peri e intraesplênicas compatíveis com pseudocistos.

Síndrome da desconexão ductal

Esta situação ocorre quando uma área de necrose parenquimatosa provoca a descontinuidade do ducto pancreático principal, deixando uma porção a jusante da necrose com drenagem preservada e uma área de parênquima a montante da necrose com drenagem prejudicada, sendo assim, forma-se uma coleção/pseudocisto contendo suco pancreático geralmente na cauda, desconectada do ducto de Wirsung que se acumula ou fistuliza há necessidade drenagem cirúrgica com derivações pancreatojejunais na maioria das vezes (Figura 26).

Acúmulos líquidos agudos *versus* coleção necrótica aguda

- Ambas ocorrem em até 4 semanas após o quadro de PA.
- Acúmulos líquidos agudos ocorrem na pancreatite aguda intersticial edematosa.
- Coleção necrótica aguda ocorre na pancreatite aguda necrotizante.
- Distinguir as duas entidades nas primeiras semanas é quase impossível, necessitando de métodos de imagem (TC e/ou RM) após 2 semanas, sendo a RM melhor.
- Ambas são homogêneas com atenuação líquida e sem paredes.
- Se a coleção é heterogênea e tem necrose pancreática, é coleção necrótica aguda.

Pseudocisto *versus* necrose organizada

- Ambas ocorrem após 4-6 semanas da PA.
- Ambas são bem definidas e têm realce parietal.
- Desenvolvem-se de acúmulos líquidos não necróticos (pseudocisto) e das coleções necróticas (necrose organizada).
- Pseudocisto é líquido homogêneo geralmente peripancreático.
- Necrose organizada contém material necrótico, líquido, debris, gordura e pode envolver o pâncreas e o tecido peripancreático.
- Se a coleção cresceu e houve extensão, pensar em necrose organizada.
- Qualquer coleção que ocupa ou substitui o pâncreas é classificada como necrose organizada.
- Pseudocistos têm mais dilatação ductal do que a necrose organizada.

Infecção e complicações locais

Qualquer coleção pode ser estéril ou infectada, embora a infecção acometa mais as coleções necróticas.

Clinicamente suspeita-se de infecção quando o paciente previamente estável apresentar sinais de descompensação infecciosa.

A presença de bolhas gasosas no interior de qualquer coleção leva a pensar em processo infeccioso, e é o sinal mais confiável. No entanto, existe uma entidade chamada de pancreatite enfisematosa que é caracterizada por uma coleção pancreática que contém gás no seu interior, ocupando boa parte do parênquima pancreático decorrente de uma pancreatite necrotizante (Figura 27).

Estes pacientes têm uma evolução favorável, devendo-se considerar a condição e o quadro clínico, pois tem-se preconizado o tratamento conservador com antibioticoterapia e não cirúrgico ou abordagem percutânea.

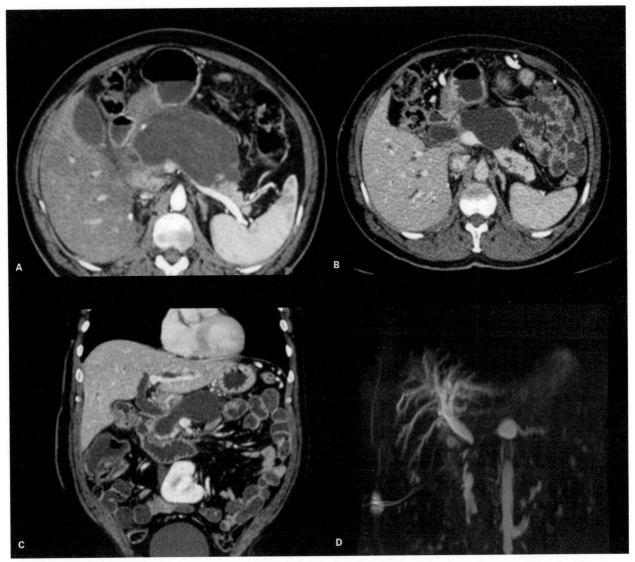

Figura 26 Necrose organizada com desconexão caudal. Tomografia computadorizada pós-contraste intravenoso mostrando necrose organizada no corpo e cauda do pâncreas, maior em A e após 2 meses de evolução mostrando redução da necrose no plano axial em B e coronal em C, havendo dilatação do hepatocolédoco. Sequência de colângio-RM após 6 meses de evolução demonstrando significativa redução da necrose organizada corpo-caudal, porém persistindo pequena coleção na cauda que se comunica com o ducto de Wirsung distal ectasiado e tortuoso compatível com desconexão ductal, permanecendo a dilatação do hepatocolédoco e das vias biliares intra-hepáticas (D).

O gás no interior da coleção do parênquima pancreático é de forma linear e não aleatória, geralmente em uma coleção estéril.

A evolução é boa e pode levar de semanas a meses com redução da coleção necrótica, podendo formar pseudocistos e redução do parênquima residual.

Fístulas entre pâncreas e cólon, duodeno, jejuno e pele – pode haver gás no interior do pâncreas ou no leito pancreático.

Outras possíveis causas de ar no pâncreas são: ampola de Vater patente, divertículo duodenal, úlcera duodenal penetrante e após procedimento endoscópico.

Resumo

- É importante saber o tempo de evolução da pancreatite aguda desde o primeiro dia de dor.
- Detectar se há ou não necrose e sua localização (pancreática, peripancreática ou ambas).
- Extensão e localização da necrose.
- Saber diferenciar pancreatite aguda intersticial edematosa da necrotizante e o tipo de coleção baseado na classificação de Atlanta.
- Coleções líquidas são definidas pela presença ou ausência de necrose e infecção.

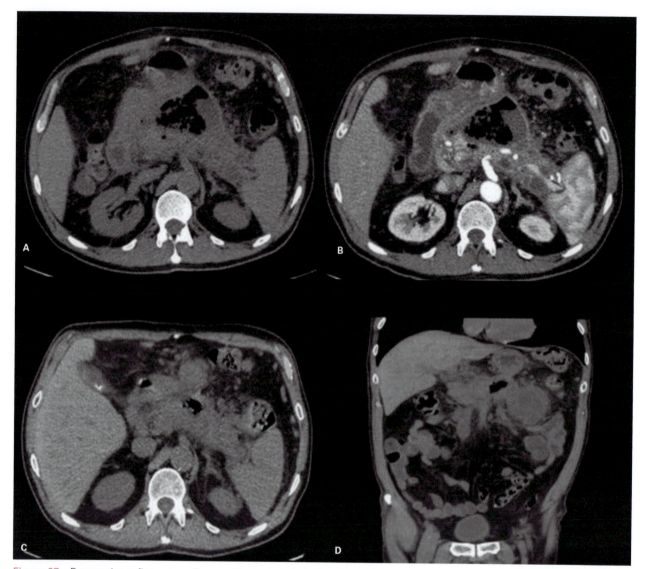

Figura 27 Pancreatite enfisematosa. Tomografia computadorizada antes (A) e após contraste intravenoso (B) mostra coleção hipodensa com bolhas gasosas no seu interior ocupando boa parte do pâncreas em paciente com pancreatite aguda necrotizante após 5 semanas com boa evolução, sem sinais infecciosos. Tomografia computadorizada sem contraste iodado intravenoso – exame de controle mostrando no plano axial (C) e coronal (D) importante redução da coleção gasosa pancreática somente com tratamento clínico e antibioticoterapia.

- Acúmulos líquidos agudos peripancreáticos – nas primeiras 4 semanas e sem necrose.
- Pseudocistos são coleções líquidas encapsuladas após 4 semanas, sem necrose.
- Coleções necróticas agudas são vistas nas 4 primeiras semanas com necrose.
- Necrose organizada bem delimitada – coleção encapsulada após 4 semanas com necrose.
- Coleções líquidas intrapancreáticas decorrentes de pancreatite aguda são rotuladas como coleção necrótica aguda ou necrose organizado e não como pseudocistos.
- Pseudocistos raramente se infectam ou requerem em intervenção.
- Coleções estéreis na coleção necrótica aguda e necrose organizada não necessitam de drenagem.
- Coleções infectadas na coleção necrótica aguda e na necrose organizada necessitam de intervenção cirúrgica ou drenagem.

Tratamento da pancreatite aguda

- A gravidade da pancreatite é que vai direcionar o tratamento adequado.
- O tratamento é clínico na maioria das vezes e em unidades de terapia intensiva na dependência da sua gravidade.

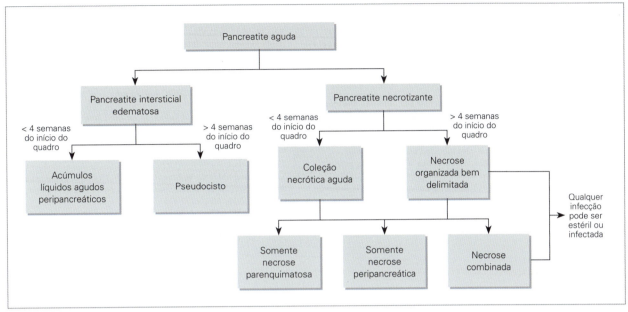

Figura 28   Algoritmo de diagnóstico da pancreatite aguda.

- Medidas iniciais como jejum, hidratação parenteral, nutrição parenteral, analgesia sistêmica, antibioticoterapia, bloqueadores de secreção gástrica e sonda digestiva são utilizadas.
- A pancreatite intersticial edematosa é autolimitada e medidas clínicas gerais são o suficiente.
- A maioria dos acúmulos líquidos agudos peripancreáticos se resolvem espontaneamente ou evoluem para pseudocisto.
- Drenagem endoscópica de pseudocisto é uma possibilidade terapêutica em pseudocistos bem formados e com paredes, havendo proximidade com a luz gastrointestinal.
- A pancreatite aguda necrotizante requer maior monitoramento clínico e procedimentos radiológicos invasivos, laparoscópicos, endoscópico e até mesmo cirúrgicos podem ser necessários.
- Drenagem percutânea das coleções, cistogastrostomia endoscópica, aspiração de coleções por agulha fina e necrosectomia são as opções tratamento intervencionista ou cirúrgico, existindo muita controvérsia entre cirurgiões e intervencionistas.
- É importante tratar as complicações e evitar novos episódios de pancreatite biliar.

Bibliografia sugerida

1. American Gastroenterological Association. AGA Institute medical position statement on acute pancreatitis. Gastroenterology. 2007;132:2019-21.
2. Ardengh JC, Francisco Neto MJ, Gomes DA. Microcálculos biliares. Ver Bras Pâncreas. 2000;3:26-30.
3. Balthazar EJ, Robinson DL, Megibow AJ, Ranson JHC. Acute pancreatitis: value of CT in establishing prognosis. Radiology. 1990;174:331-6.
4. Banks, PA, Freeman ML. Practice guidelines in acute pancreatitis. Am J Gastroenterol. 2006;101(10):2379.
5. Bollen TL, Besselink MG, van Santvoort HC, Gooszen HG, van Leeuwen. Toward an update of the Atlanta classification on acute pancreatitis: review of new and abandoned terms. Pancreas. 2007;35(2):107-13.
6. Bollen TL, van Santvoort HC, Besselink MG, van Es Wit, van Leeuwen MS. Update on acute pancreatitis: ultrasound, computed tomography and magnetic resonance imaging features. Semin Ultrasound CT MR. 2007;28(5):371-83.
7. Bradley E III. A clinically based classification system for acute pancreatitis: summary of the international symposium on acute pancreatitis. Arch Surg. 1993;128:586-90.
8. Burke JW, Erickson SJ, Kellum CD, Tegtmeyer CJ, Williamson BR, Hansen MF. Pseudoaneurysms complicating pancreatitis: detection by CT. Radiology. 1986;161(2):447-50.
9. Cerri GG, Machado MM, Bacchella T, Cunha JEM, Magalhães A, Pinotti WH. Diagnóstico ultra-sonográfico da pancreatite aguda e suas complicações. Arq Bras Cir Dig. 1986;1:20-3.
10. Cerri GC, Molnar LJ, Paranaguá-Vezozzo DC. Doppler. São Paulo: Sarvier; 1996.
11. Chammas MC, Cerri GG. Ultra-sonografia abdominal. 2.ed. Rio de Janeiro: Revinter; 2009.
12. Choi HY, Rubenstein W, Ramirez De Arellano E, Intriere L, Kazam E. CT and US of the pancreas. Clin Imaging. 1997;21(6):414-40.
13. Cunha EFC, Rocha MS, Pereira FP, Blasbalg R, Baroni RH. Necrose pancreática delimitada e outros conceitos atuais na avaliação da pancreatite aguda. Radiol Bras. 2014;47(3):165-75.
14. Foster BR, Jensen KK, Bakis G, Shaaban AM. Coakley FV. Revised Atlanta classification for acute pancreatitis: a pictorial essay. Radiographics. 2016;36(3):675-87.
15. Francisco Neto MJ, Machado MM, Oliveira IRS, Cerri GG. Pâncreas. In: Cerri GG, Oliveira IRS (eds.). Ultra-sonografia abdominal. Rio de Janeiro: Revinter; 2002.
16. Kiriyama S, Gabata T, Takada T, Hirata K, Yoshida M, Mayumi T, et al. New diagnostic criteria of acute pancreatitis. J Hepatobiliary Pancreat Sci. 2010;17(1):24-36.
17. Kylie K, Kriegler S, Mose M. Enphysematous pancreatitis. A less agressive form of infected pancreatic necrosis? Pancreas 2009;38(6):667-71.
18. Lee LS, Conwell DL. Update on advanced endoscopic techniques for the pancreas: endoscopic retrograde cholangiopancreatography, drainage and biopsy, and endoscopic ultrasound. Radiol Clin North Am. 2012;50(3):547-61.
19. Miller FH, Keppke AL, Delal K, Ly JN, Kamler VA, Sica GT. MRI of pancreatitis and its complications. I. Acute pancreatitis. AJR. 2004;183(6):1637-44.
20. Moon JH, Cho YD, Cha SW, Cheon YK, Ahn HC, Kim YS, et al. The detection of bile duct stones in suspect biliary pancreatitis: comparison of MRCP, ERCP and intraductal US. Am J Gastroenterol. 2005;100(5):1051-7.
21. Mortelé KJ, Girshnan J, Szejnfeld D, Ashley SW, Erturk SM, Banks PA, et al. CT-guided percutaneous cateter drainage of acute necrotizing pancreatitis:

clinical experience and observation in patients with sterile and infected necrosis. AJR. 2009;192(1):110-6.

22. Ranson JHC. Acute pancreatitis. In: Lenine BA, Copeland ME, Howard RJ, Sugerman HJ, Warshaw AL (eds.). Current practice of gastrointestinal and abdominal surgery. New York: Churchill Livingstone; 2003. p. 1-29.

23. Rickes S, Uhle C, Kahl S, Kolfenbach S, Monkemuller K, Effenberger O, et al. Echo enhanced ultrasound: a new valid initial imaging approach for severe acute pancreatite. GUT. 2006;55:74-8.

24. Sandrasegeran K, Tann M, Jennings SG, Maglinte DD, Peter SD, Sherman S, et al. Disconnection of the pancreatic duct: an importante but overlooked complications of severe acute pancreatitis. Radiographics. 2007;27:1389-400.

25. Santos JS, Elias Junior E, Scarpelini S, Sankarankutty AK. Pancreatite aguda: atualização de conceitos e condutas. Med Ribeirão Preto. 2003;36:266-82.

26. Shyu JY, Saiani NI, Chick JF, Sahni VA, Silverman SG. Necrotizing pancreatitis: diagnosis, imaging and intervention. Radiographics. 2014;34:1218-39.

27. Sutton D. Tratado de radiologia e diagnóstico por imagem, 6.ed., v. II. Rio de Janeiro: Revinter; 2003.

28. Takahashi N, Papachristou GI, Schmidt GD, Chahal P, LeRoy AJ, Sarr MG, et al. CT findings of walled-off pancreatic necrosis: differentiation from pseudocyst and prediction of outcome after endoscopic therapy. Eur Radiol. 2008;18(11):2522-9.

29. Tann M, Maglinte D, Howard TJ, Sherman S, Fogel E, Madura JA, et al. Disconnected pancreatic ducto syndrome: imaging findings and therapeutic implications in 26 surgically corrected patients. J Comput Assist Tomogr. 2003;27(4):577-82.

30. Thoeni RF. The revised Atlanta classification of acute pancreatitis: its importance for the radiologist and its effect on treatment. Radiology 2012;262(3):751-64.

31. Vege SS, Chari ST. Organ failure as an indication of severity of acute pancreatitis: time to revisit the Atlanta classification. Gastroenterology. 2005;128(4):1133-5.

32. Vujic I. Vascular complications of pancreatitis. Radiol Clin North Am. 1989;27:81-91.

33. Xiao B, Zhang XM, Tang W, Zeng NL, Zhai ZH. Magnetic resonance imaging for local complications of acute pancreatitis: a pictorial review. World J Gastroenterol. 2010;16(22):2735-42.

34. Whitcomb DC. Clinical practice: acute pancreatitis. N Engl J Med. 2006;354(20):2142-50.

Pancreatites crônicas

Gilberto Carlos Gomes
Ralph Tavares

Introdução

A prevalência de pancreatites crônicas vem aumentando no mundo ocidental. A mortalidade pela doença é de cerca de 30%. O álcool é o fator de risco mais importante (70% dos casos), mas apenas 10% dos alcoólatras têm pancreatite crônica, sugerindo fatores genéticos associados. Outros fatores são: distúrbios metabólicos (p. ex., hipertrigliceridemia), doenças genéticas (p. ex., genes da fibrose cística e outras pancreatites hereditárias), além de doenças autoimunes e obstruções (trauma, tumores, cálculos biliares).

Na pancreatite crônica, o parênquima pancreático é substituído por tecido fibrótico após repetidos insultos inflamatórios. Pode haver então perda da função exócrina e endócrina, surgimento de complicações como pseudocistos, estenoses de ducto pancreático, estenoses de duodeno, estenoses de colédoco distal e complicações vasculares. Há risco de aumento de adenocarcinoma de pâncreas em 4-16 vezes.

As manifestações clínicas não são específicas, mas incluem dores epigástricas crônicas e consequências da insuficiência endócrina (diabete melito) e exócrina (diarreia, esteatorreia, desnutrição e perda de peso).

O diagnóstico inicial de pancreatite crônica é muito difícil, já que os sintomas são muito inespecíficos. Devem ser avaliados parâmetros clínicos, morfológicos (por exames de imagem) e funcionais (laboratoriais).

Para avaliação por imagem, a ultrassonografia, quando feita por um profissional experiente e em pacientes não limitantes (p. ex., obesos), pode mostrar heterogeneidade do parênquima e alterações ductais. A ultrassonografia endoscópica também pode ser útil, além de haver possibilidade de punção, quando indicada. Inicialmente, a tomografia computadorizada (TC) e a ressonância magnética (RM) poderiam ser utilizadas para tentar esclarecer dúvidas da ultrassonografia. Além disso, são fundamentais para o planejamento cirúrgico, estadiamento da doença e exclusão de neoplasia.

Os achados de imagem na fase precoce da pancreatite crônica pela TC e pela RM são dilatação do ducto pancreático principal (2-4 mm), leve aumento do volume do parênquima, heterogeneidade/hipoperfusão/hipossinal na sequência pesada em T1 da RM, dilatação de ductos secundários, irregularidades de ductos e aparecimento de cistos de retenção (< 10 mm). Na fase tardia, ocorre maior dilatação do ducto principal (> 4 mm), aparecem cistos de retenção > 10 mm, cálculos/calcificações no parênquima, irregularidades/estenoses ductais (Figura 1). Na fase final da doença, há atrofia do parênquima.

Em pacientes com pancreatite crônica de etiologia genética, alguns achados, além da idade do paciente (geralmente < 30 anos), podem ajudar no diagnóstico. Lipossubstituição do parênquima em pacientes jovens é associada a mutações relacionadas a fibrose cística e cálculos radiolucentes, ovalados e maiores do que o ha-

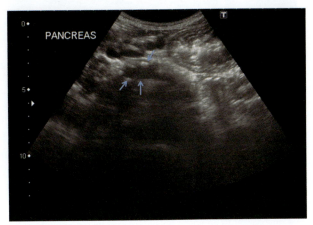

Figura 1   Pancreatite crônica. Ultrassonografia mostrando dilatação do ducto pancreático principal e múltiplos cálculos.

bitual são observados em algumas mutações das pancreatites hereditárias.

Pode haver acometimento heterogêneo/assimétrico ou focal na pancreatite crônica. Um dos locais de acometimento focal mais importantes é a cabeça, já que podem estar associadas a obstrução das vias biliares e obstrução duodenal (Figura 2). Alguns autores chegaram a dar um nome para o acometimento focal da pancreatite crônica na cabeça do pâncreas, envolvendo o duodeno: pancreatite do suco duodenal. É frequente o aparecimento de um tecido inflamatório na cabeça do pâncreas. A pancreatite crônica na forma focal pode ser de difícil (ou até impossível) diferenciação com processos neoplásicos (em especial com adenocarcinoma ductal) (Figura 3). Muitas vezes, a punção por endoscopia também é inconclusiva, então deve-se optar por acompanhar de perto a lesão ou fazer uma ressecção. A RM com sequências colangiográficas é o estudo mais adequado

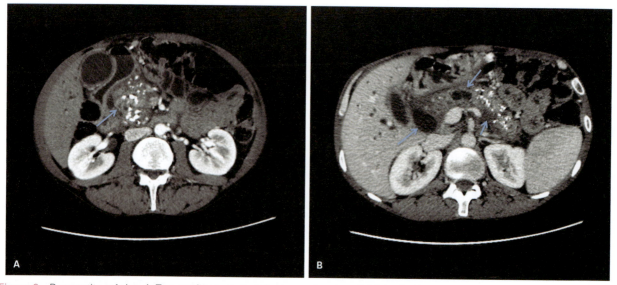

Figura 2 Pancreatite crônica. A: Tomografia computadorizada mostrando múltiplos cálculos na cabeça do pâncreas, além de tecido inflamatório que causa aumento da cabeça e densificação dos planos gordurosos adjacentes. B: Dilatação da via biliar e do ducto pancreático principal, cálculos na cauda e tecido inflamatório adjacente.

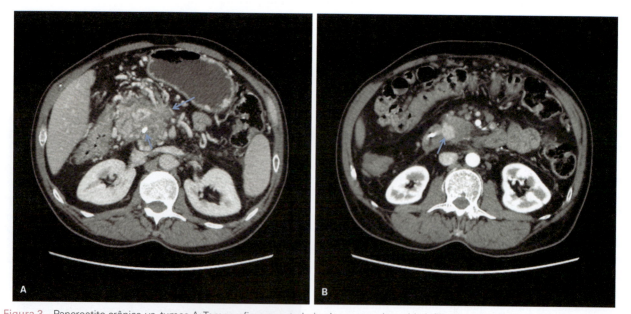

Figura 3 Pancreatite crônica vs. tumor. A: Tomografia computadorizada mostrando tecido infiltrativo na cabeça do pâncreas associado a envolvimento de vasos do sistema portal e do colédoco (com prótese biliar), não sendo possível diferenciar tecido inflamatório relacionado a pancreatite crônica ou neoplasia. B: Tecido pancreático preservado na cabeça do pâncreas simulando nódulo. Paciente com tecido inflamatório que causa aumento da cabeça e densificação dos planos gordurosos adjacentes.

para a tentativa de diferenciação entre alterações focais da pancreatite crônica e neoplasia.

Complicações

Pseudocistos são a complicação mais comum. A maioria dos casos regride espontaneamente de 6 a 12 semanas, mas alguns podem se complicar, com quadros obstrutivos (via biliar, duodeno, vasos) e infecções, devendo ser tratados. Podem ser avaliados e acompanhados pela ultrassonografia. Quando grandes ou associados à suspeita de complicações, podem ser mais bem avaliados por TC ou RM.

As complicações vasculares, como tromboses e pseudoaneurismas, podem ser mais bem avaliadas por TC ou RM (Figura 4).

A principal indicação cirúrgica na pancreatite crônica é o tratamento de dor. E estudos mostram que a dor está associada a dilatação ductal e massa inflamatória na cabeça do pâncreas. Então, as opções cirúrgicas são drenagem do ducto pancreático (p. ex., pancreatojejunostomia laterolateral) e ressecção/enucleação da cabeça do pâncreas.

Para planejamento cirúrgico, é importante mencionar existência de áreas de parênquima preservado, localização de estenoses dominantes, dimensões do ducto pancreático principal e, se houver massa inflamatória na cabeça do pâncreas, qual sua extensão.

Pancreatite autoimune (relacionada a IgG4)

Pancreatite autoimune refere-se a acometimento do parênquima pancreático e gordura peripancreática por infiltrado linfoplasmocitário contendo imunoglobulinas G4 (IgG4). Está associada a outras lesões autoimunes, como colangite, fibrose retroperitoneal, nefrite tubulointersticial, sialoadenite esclerosante, envolvimento da

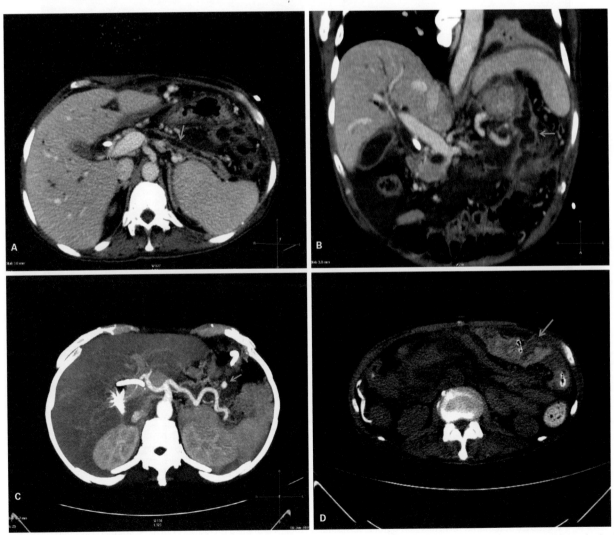

Figura 4 Pancreatite crônica e complicações. A: Tomografia computadorizada mostrando dilatação do ducto pancreático principal, afilamento do parênquima e sinais de dilatação das vias biliares com passagem de prótese. Surgimento de fístula pancreática (B), pseudoaneurisma (C) e hematoma peritoneal (drenado) (D).

glândula lacrimal, além de outras. É mais frequente nos homens acima de 50 anos. Também pode haver elevação sérica de IgG4, mas não em todos os casos, e muitas vezes é necessário amostra da lesão. A apresentação clínica mais comum é icterícia obstrutiva.

Em geral, o acometimento é difuso, mas algumas vezes pode ser focal ou multifocal. Os achados clássicos são aumento do volume do parênquima com perda dos contornos (aspecto encapsulado) e aparecimento de camada de tecido inflamatório peripancreático. Geralmente, não há extensão do processo inflamatório para o mesentério ou estruturas adjacentes, como nas pancreatites agudas.

O acometimento focal pode lembrar o adenocarcinoma ductal, mas na pancreatite autoimune geralmente o segmento acometido tem ducto levemente afilado e a dilatação a montante é discreta.

Na RM, pode haver hipossinal nas sequências pesadas em T1 e hipersinal nas sequências pesadas em T2 nos segmentos acometidos.

A colangite autoimune é uma das doenças associadas mais comuns, e o colédoco intrapancreático é comumente acometido (Figura 5).

Biópsas podem ser feitas por ultrassom endoscópico, mas algumas vezes não são diagnósticas.

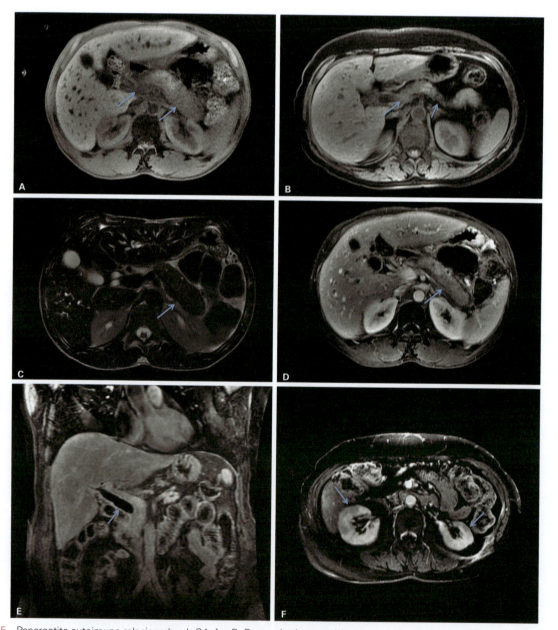

Figura 5 Pancreatite autoimune relacionada a IgG4. A e B: Ressonância magnética em sequência axial T1 sem contraste mostrando aumento das dimensões e perda de sinal da cauda e cabeça do pâncreas. C: Sequência axial T2 mostrando perda de contornos da cauda do pâncreas e tecido com hipossinal adjacente. D: Sequência axial T1 pós-contraste mostrando hiporrealce da cauda. Acometimento inflamatório do colédoco (E) e dos rins (F).

Em resumo, a pancreatite autoimune é de difícil diferenciação com processo neoplásico, mas alguns sinais típicos de imagens e a associação de outras doenças autoimune relacionadas a IgG4 podem sugerir o diagnóstico. As lesões respondem a corticoide, o que também pode ser usado para confirmar o diagnóstico.

Bibliografia sugerida

1. Busireddy KK, AlObaidy M, Ramalho M, Kalubowila J, Baodong L, Santagostino I. Pancreatitis-imaging approach. World J Gastrointest Pathophysiol. 2014;5(3):252-70.

2. Manikkavasakar S, AlObaidy M, Busireddy KK, Ramalho M, Nilmini V, Alagiyawanna M. Magnetic resonance imaging of pancreatitis: an update. World J Gastroenterol. 2014;20(40):14760-77.

3. Miller FH, Keppke AL, Wadhwa A, Ly JN, Dalal K, Kamler VA. MRI of pancreatitis and its complications: part 2, chronic pancreatitis. AJR Am J Roentgenol. 2004;183(6):1645-52.

4. Raman SP, Salaria SN, Hruban RH, Fishman EK. Groove pancreatitis: spectrum of imaging findings and radiology-pathology correlation. AJR. 2013;201:W29-W39.

5. Shanbhogue AK, Fasih N, Surabhi VR, Doherty GP, Shanbhogue DK, Sethi SK. A clinical and radiologic review of uncommon types and causes of pancreatitis Radiographics. 2009;29(4):1003-26.

6. Schreyer AG, Jung M, Riemann JF, Niessen C, Pregler B, Grenacher L, et al. S3 Guideline for chronic pancreatitis – diagnosis, classification and therapy for the radiologist. Rofo. 2014;186(11):1002-8.

33

Pâncreas

Miguel José Francisco Neto
Marcos Roberto Gomes de Queiroz
Alexandre Maurano
Rodrigo Gobbo Garcia
Luciana Dias Rodrigues Francisco
Antonio Sergio Zafred Marcelino
Marcelo Straus Takahashi

Técnica de exame e anatomia ultrassonográfica

O pâncreas representa o órgão que exige do examinador maior habilidade e treinamento da anatomia ultrassonográfica, dado decorrente de suas relações anatômicas com o estômago e o colo, o que aumenta a necessidade de o exame ser executado de forma sistematizada para reduzir os diagnósticos errôneos, sobretudo os falsos-negativos.

Importante ressaltar que esse exame exige extrema persistência e disciplina do ultrassonografista.

A abordagem inicial é feita com o paciente em decúbito dorsal com cortes transversais e longitudinais (Figuras 1 e 2), verificando-se, nesse momento, o grau de dificuldade para o exame do órgão, que geralmente varia:

- Com o biótipo.
- Tamanho do lobo esquerdo hepático.
- Do estado de distensão da câmara gástrica.
- Conteúdo dos intestinos e grosso e delgado.

A partir da posição inicialmente descrita, poderão ser utilizadas as posições: decúbito lateral esquerdo e direito, ortostática e as posições intermediárias. Mudanças bruscas de decúbito e a posição sentada, muitas vezes, serão as únicas manobras que possibilitarão o acesso à loja pancreática. A distensão do estômago com ingestão de água também é uma manobra que possibilita formação adequada de janela acústica para o exame do órgão (Figura 3). Na prática clínica, o jejum preconizado tem sido de 4 a 6 horas. Em exames de urgência o preparo fica dispensado.

Em alguns casos de extrema dificuldade para o exame ultrassonográfico, pode ser necessário retorno do paciente com preparo específico, utilização de jejum prolongado, preparo intestinal com laxantes e uso de simeticona.

É importante destacar o conhecimento que o ultrassonografista deve ter da textura pancreática segundo diferentes faixas etárias, que aumenta a ecogenicidade em função do aumento da faixa etária (Figura 4).

Com relação aos reparos anatômicos principais, deve-se considerar sempre o papel principal da veia esplênica, como reparo fundamental (Figura 5); destacam-se ainda como reparos importantes: a aorta, veia cava inferior, artéria mesentérica superior, veia renal esquerda e coluna vertebral (Quadro 1).

O conhecimento da topografia do pâncreas, que muitas vezes posiciona-se na topografia posterior ao estômago e ao cólon, impõe ao ultrassonografista utilizar-se de janelas específicas, como o espaço entre o estômago e o cólon (Figura 6), e a janela coronal com a utilização do baço como janela acústica para a cauda pancreática (Figuras 7 e 8).

Alterações congênitas

Pâncreas *divisum*

Pâncreas *divisum* é a alteração congênita mais comum, que ocorre nos 5-10% dos casos em que não há fusão dos dois brotos pancreáticos (dorsal e ventral) ou dos ductos pancreáticos. Consequentemente, a maior parte do órgão é drenada pelo ducto de Santorini na papila menor, podendo levar a uma maior frequência de pancreatite dessa porção dorsal.

Alguns trabalhos demonstram que a ultrassonografia (USG) e a tomografia computadorizada (TC) podem diferenciar a porção originada dos brotos dorsal e ventral por diferenças de ecogenicidade e atenuação, já que pode haver maior conteúdo gorduroso no pâncreas

33 PÂNCREAS 877

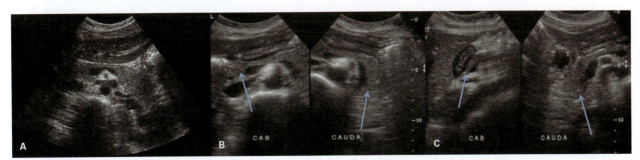

Figura 1 A-D: Anatomia ultrassonográfica do pâncreas – protocolo de documentação com racionalização dos planos e otimização das imagens. A: Corte axial do pâncreas, com utilização da janela do lobo esquerdo hepático. B: Cortes axiais com tela dividida, na topografia da cabeça apontada pelas setas (cab) e cauda. C: Cortes longitudinais com tela dividida na topografia da cabeça apontada pelas setas (cab) e cauda.

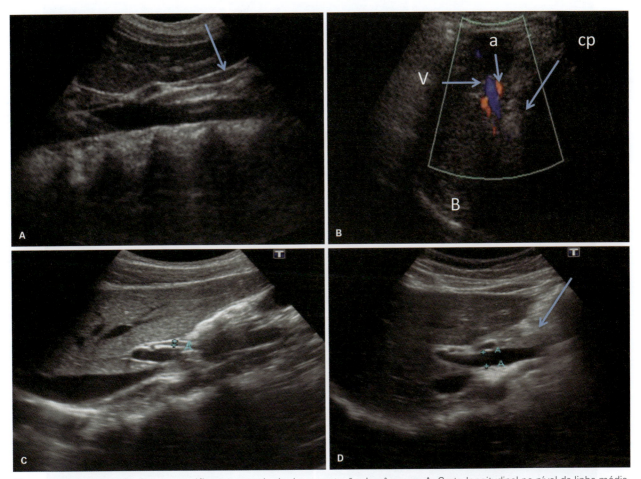

Figura 2 A-D: Anatomia ultrassonográfica e protocolo de documentação do pâncreas. A: Corte longitudinal no nível da linha média, demonstrando o corpo pancreático (seta). B: Corte coronal, com o uso do Doppler colorido, demonstrando a cauda pancreática (cp) e utilizando o parênquima esplênico como janela acústica (B); observar ainda no hilo espênico, a artéria (a) e a veia esplênica (v). C: Corte no hilo hepático, demonstrando o ducto biliar comum (assinalado pelos marcadores). D: Corte oblíquo no hilo hepático, demonstrando a veia porta, a junção esplenoportal entre os marcadores e o processo uncinado do pâncreas (seta).

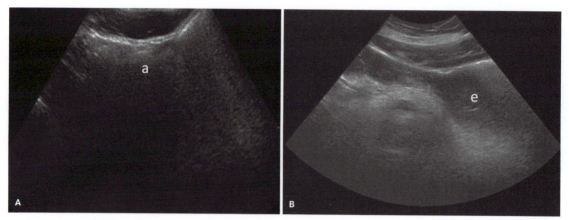

Figura 3 A: Técnica auxiliar de exame. Uso da distensão gástrica líquida no exame do pâncreas. Loja pancreática inacessível pela distensão de alças (a). B: Observa-se que após a repleção líquida do estômago (e) torna-se possível a visibilização do pâncreas.

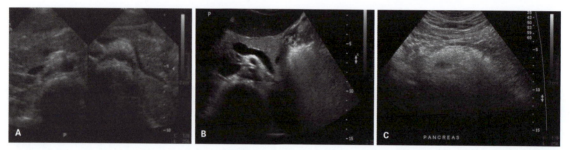

Figura 4 Anatomia ultrassonográfica do pâncreas, segundo diferentes faixas etárias. A: Criança com ecogenicidade ligeiramente superior ao parênquima hepático. B: Pâncreas do adulto jovem normal; a ecogenicidade pancreática aumentada fica mais evidente em relação ao parênquima do fígado. C: Pâncreas do idoso com hiperecogenicidade franca do parênquima pancreático.

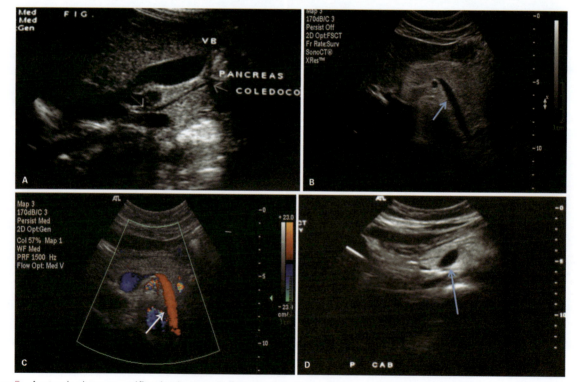

Figura 5 Anatomia ultrassonográfica do pâncreas. A: Observa-se o ducto biliar comum intrapancreático (seta). FIG: fígado; VB: vesícula biliar; pâncreas: visibilizado no entorno do ducto biliar comum. B: Cabeça, corpo e cauda, veia esplênica (seta) e ducto pancreático principal. Observa-se o trajeto retropancreático da veia esplênica, que lhe confere papel fundamental como reparo anatômico na visibilização do pâncreas (seta). C: Doppler colorido com identificação da veia esplênica (seta). (D) Junção esplenomesentérica identificada (seta); a cabeça pancreática fica bem demonstrada.

Quadro 1 Reparos anatômicos fundamentais na identificação do pâncreas
▪ Veia esplênica e junção esplenomesentérica. ▪ Artéria e veia mesentérica superior. ▪ Colédoco distal e ducto pancreático principal. ▪ Tronco celíaco e artéria gastroduodenal. ▪ Veia renal esquerda. ▪ Terceira porção do duodeno. ▪ Aorta. ▪ Veia cava inferior. ▪ Coluna vertebral.

dorsal. Mas a colangiorressonância é o método de escolha na avaliação dessa entidade.

Pâncreas anular

Pâncreas anular é a segunda alteração congênita em ordem de frequência, correspondendo à fusão precoce dos brotos pancreáticos. Os métodos de imagem mostram o pâncreas envolvendo a porção descendente do duodeno (Figura 9), muitas vezes se confundindo com espessamento em suas paredes e levando a dilatação a montante.

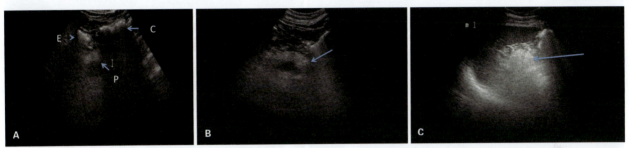

Figura 6 Técnica de exame – uso de janelas ultrassonográficas específicas. A: Topografia do pâncreas de difícil acesso por causa da proximidade do estômago (E) e do cólon (C) e pela ausência da janela acústica do lobo hepático esquerdo. Pâncreas avaliado parcialmente (P). B: Janela acústica após a mudança de decúbito, possibilitando a visibilização do parênquima pancreático (seta). C: Estudo da cauda (seta) pela via coronal utilizando o parênquima esplênico.

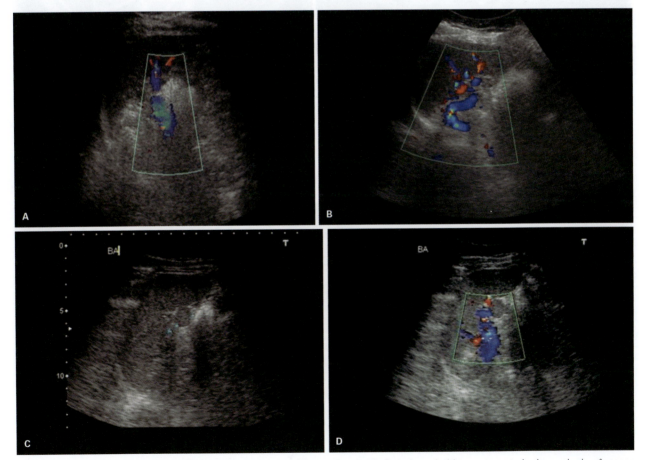

Figura 7 Técnica de exame com utilização de cortes coronais e utilização do Doppler colorido, para o estudo da cauda do pâncreas (A e B). Observa-se a presença de baço acessório, no hilo esplênico (C-D).

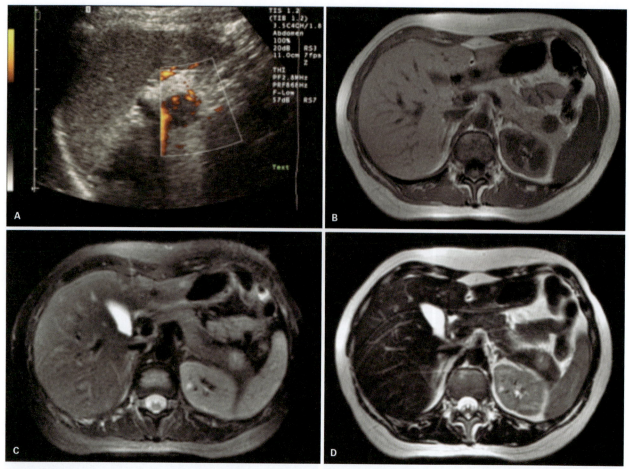

Figura 8 Técnica coronal com identificação de baço intrapancreático. A: Baço acessório na cauda do pâncreas, detectado pelo corte ultrassonográfico coronal. Observam-se o auxílio da técnica Doppler e as relações anatômicas da cauda pancreática com o parênquima esplênico, bem como o trajeto da veia esplênica nessa topografia. B-D: Ressonância magnética confirma o comportamento da imagem intraesplênica, idêntica ao baço, nas múltiplas sequências.
Imagens cedidas gentilmente pelo Dr. Ricardo Lange Filho.

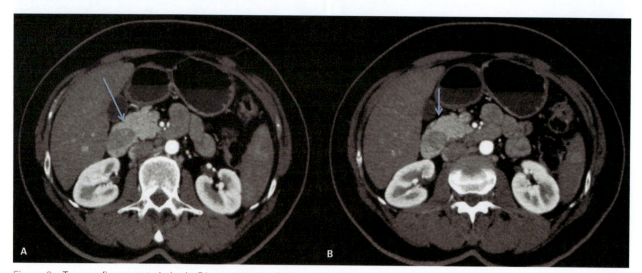

Figura 9 Tomografia computadorizada. Pâncreas anular. Cortes axiais com contraste (A e B) evidenciam tecido pancreático envolvendo o duodeno, de maneira a formar um anel em sua porção externa (setas).

Doenças inflamatórias

Pancreatite aguda

Definida como processo inflamatório do pâncreas, com envolvimento variável de outros tecidos e órgãos a distância. Seu diagnóstico é clínico-laboratorial, cabendo aos métodos de imagem papel de destaque na busca etiológica (USG) e no estadiamento (TC) (Quadro 2).

Aspectos etiológicos e fisiopatologia

A pancreatite aguda é uma condição clínica, em que a USG tem importância em sua avaliação, dada a facilidade com que o método pode ser executado e a disponibilidade do exame em medicina de urgência e unidades de terapia intensiva e principalmente para a identificação da litíase biliar, que juntamente com etilismo respondem como agentes causais mais frequentes. A pancreatite aguda é uma inflamação causada por ativação intracelular e extravazamento inapropriado de enzimas proteolíticas que provocam destruição do parênquima pancreático e dos tecidos peripancreáticos (Quadro 3). Litíase biliar e alcoolismo são os fatores etiológicos mais comuns e respondem por cerca de 80% dos casos em adultos.

Causas menos comuns incluem hipertrigliceridemia, hipercalcemia, drogas, doenças autoimunes, parasitoses, entre outras (Quadro 4). Relativamente comum, a pancreatite aguda é uma das condições mais frequentes para indicação de exames por imagem no ambiente da emergência.

Em crianças, as causas principais são idiopáticas e o trauma.

Quadro 2 Conceito atual de pancreatite aguda, segundo o Acute Pancreatitis Classification Working Group (APCWG)

Conceito de pancreatite aguda segundo a APCWG

De acordo com o APCWG, a atual definição do diagnóstico de pancreatite aguda requer dois de três critérios seguintes:
- Dor abdominal fortemente sugestiva de pancreatite aguda
- Elevação dos níveis séricos de amilase/lipase em pelo menos três vezes o valor normal
- Achados característicos nos exames de imagem

Quadro 3 Pontos-chave da fisiopatologia da pancreatite aguda

Mecanismo central intracelular
↓
Tripsinogênio
↓
Tripsina
↓
Ultrapassa mec. defesa
↓
Autodigestão pancreática
↓
Formas clínicas
↓
Inflamação – leve – grave – necrose
↓
Estadiamento por imagem

Quadro 4 Fatores etiológicos da pancreatite aguda

Metabólicos	Mecânicos
Álcool	Colelitíase
Hiperlipoproteinemia	Pós-operatório (biliar; gástrica)
Hipercalcemia	Pós-trauma
Drogas	Colangiopancreatografia retrógrada
Venenos	Obstrução do ducto pancreático
Fatores genéticos	■ Tumor pancreático
	■ Infestação por áscaris
	■ Obstrução duodenal

Vascular	Infecciosos
Pós-operatório (cirurgia cardiovascular)	Virais
	■ Caxumba
Periarterite nodosa	■ Vírus *Coxsackie*
Ateroembolismo	■ Hepatite
	Bacterianas
	■ Tuberculose

No Brasil, de acordo com o Datasus, no período de outubro de 2015 a outubro de 2016, houve 33.712 internações com diagnóstico de pancreatite aguda, com taxa de mortalidade geral de 5,24%.

O método ultrassonográfico assume papel fundamental na pesquisa do diagnóstico etiológico das pancreatites, uma vez que a litíase biliar (Figuras 10 e 11) responde por cerca de 50% dos casos e assume reconhecida vantagem para esse diagnóstico em relação ao estudo tomográfico e outros métodos de imagem.

Aspectos do estadiamento clínico

As manifestações clínicas dessa condição foram padronizadas, visando ao estadiamento da pancreatite para graduação do risco dos pacientes e normatização da conduta para os cuidados intensivos e procedimentos cirúrgicos.

Um dos principais sistemas de classificação clínica da pancreatite aguda são os critérios de Ranson (Tabela 1), cuja importância é muito relevante nos primeiros sete dias de evolução quando o quadro clínico é imperativo no estadiamento, sendo considerado pancreatite grave com 3 ou mais critérios de Ranson.

A forma leve da pancreatite é definida como a forma em que a alteração anatomopatológica predominante é o edema intersticial. Clinicamente essa forma é caracterizada por quadro clínico limitado, com regressão nas 72h iniciais, com boa resposta ao tratamento conservador.

Sendo a forma leve autolimitada, o papel dos métodos de imagem fica destacado nos casos de diagnóstico duvidoso ou em que não houve melhora em 48-72 h.

Pancreatite aguda grave (necrosante) é definida como a forma de apresentação em que há associação com falência de órgãos e/ou complicações locais, como pseudocisto, necrose pancreática delimitada ou difusa. Nesses casos, frequentemente o quadro clínico caracteriza-se por

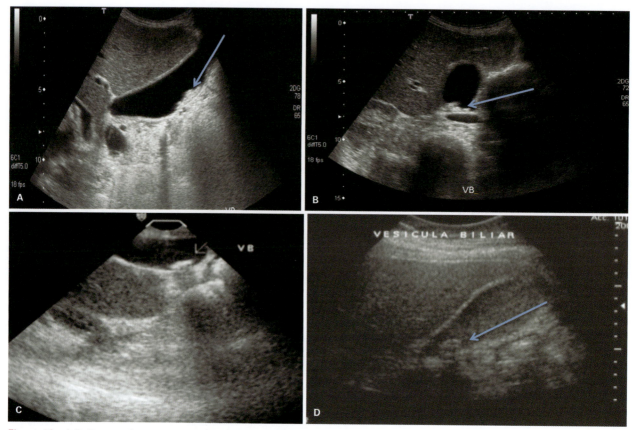

Figura 10 A-D: Formas de apresentação de cálculos (setas) na vesícula biliar.

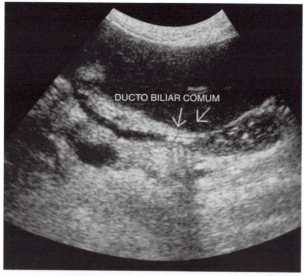

Figura 11 Litíase biliar, com identificação de múltiplos cálculos no ducto biliar comum, na sua porção distal.

Tabela 1 Resumo dos critérios de Ranson. Importantes no estadiamento da pancreatite aguda nos primeiros sete dias de evolução

Na admissão	Biliar	Alcoólica
Idade	> 70	> 55
Leucometria	> 18.000	> 16.000
Glicose	> 220	> 200
DHL	> 400	> 350
TGO	> 250	> 250
Dentro de 48 h	10 pontos Ht	10 pontos Ht
	Ureia 2 mg/dL	Ureia 5 mg/dL
	Calcemia < 8 mg/dL	Calcemia < 8 mg/dL
	–	PO_2 < 60 mmHg
	Déficit de base > 5 mmol/L	Déficit de base > 4 mmol/L
	Déficit de líquido estimado > 4 L	Déficit de líquido estimado > 6 L

desconforto abdominal, vômitos, dor intensa, distensão de alças com redução ou ausência de peristaltismo. Massa epigástrica pode estar presente. Pode ocorrer, na evolução da doença, equimoses de flanco (sinal de Grey-Turner) ou periumbilical (sinal de Cullen).

Aspectos ultrassonográficos

A forma mais frequente de pancreatite é a leve, que representa até 80% dos casos. Nesses casos, a USG representa importante método de imagem, pois permite a identificação de fatores causais (como a litíase biliar) e também possibilita o estudo de alterações da glândula (hipoecogenicidade difusa ou focal), além de permitir a identificação de pequenas coleções líquidas peripancreáticas ou na pequena cavidade dos omentos.

Na pancreatite grave, o exame ultrassonográfico poderá mostrar alterações no parênquima e, com o uso do contraste, poderá indicar áreas de necrose, além das complicações infecciosas pancreáticas e peripancreáticas, servindo ainda para guiar punções e drenagens. A TC e a RM devem ser utilizadas para estadiamento. O padrão ultrassonográfico da pancreatite aguda também obedece a um escalonamento, segundo a forma de apresentação.

Os Quadros 5 e 6 resumem os papéis da USG e da TC nessa condição. Nesse contexto poderíamos destacar, para cada forma de apresentação clínica da pancreatite, um espectro de alterações, como descrito a seguir.

USG na pancreatite aguda leve

As características incluem espectro de alterações em que podem ser destacados alguns aspectos.

- Pâncreas ecograficamente normal pode ocorrer em até 20-30% dos casos.
- Aumento glandular difuso com redução da ecogenicidade do parênquima pancreático, podendo ocorrer também alteração textural focal (Figuras 12 a 14). O ducto pancreático principal pode estar dilatado (Figura 15), mais comumente associado a cálculo na papila duodenal ou por causa da papilite determinada pela passagem de cálculo.

Pode-se encontrar também casos de pancreatite aguda leve, focal (Figuras 16 e17) ou difusa, com aumento das dimensões pancreáticas, sem alteração da ecogenicidade (Figura 18).

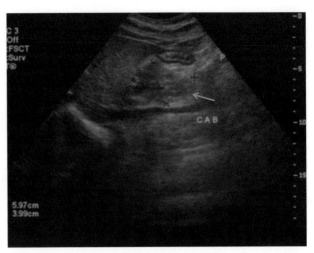

Figura 12 Pancreatite aguda – corte oblíquo. Observa-se o aumento glandular com hipoecogenicidade do parênquima e do tecido adiposo peripancreático (seta).

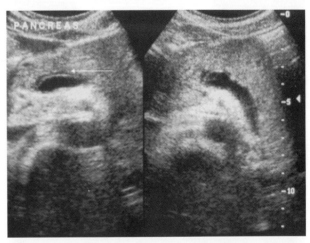

Figura 13 Pancreatite aguda – aumento glandular com hipoecogenicidade e lâmina líquida peripancreática (seta).

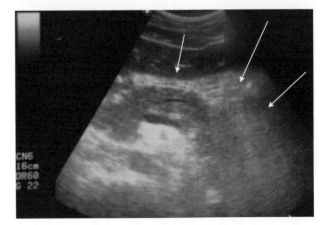

Figura 14 Pancreatite leve de etiologia alcoólica. Observam-se a hipoecogenicidade do parênquima, aumento de dimensões e o espessamento do tecido adiposo peripancreático (setas).

Quadro 5 Papel da ultrassonografia e pontos-chaves

Aplicações da ultrassonografia:
- Pancreatite leve com resposta ao tratamento
- Identificação de dilatação de vias biliares e sinais de obstrução
- Identificação da etiologia (pancreatite biliar)
- Seguimento de coleções líquidas já conhecidas
- Guiar intervenção de necrose, abcessos identificados na tomografia computadorizada

---

Quadro 6 Papel da imagem na avaliação das pancreatites

Aplicações da tomografia computadorizada
- Fundamental no estadiamento da pancreatite grave
- Exclusão de outros diagnósticos diferenciais
- Identificação de complicações, e diferenciar necrose pancreática delimitada e pseudocisto
- Guiar procedimentos de drenagem

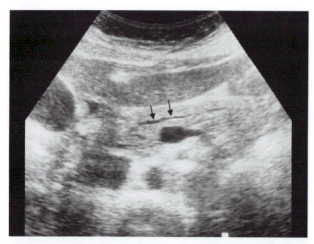

Figura 15 Pancreatite aguda leve, com dilatação do ducto pancreático principal (setas) e pequena quantidade de líquido adjacente ao fígado e vesícula biliar.

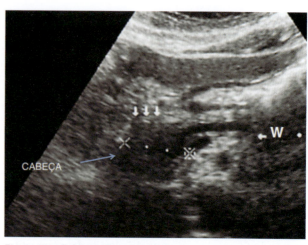

Figura 17 Pancreatite aguda focal, com aumento e hipoecogenicidade da cabeça pancreática (setas). O diagnóstico diferencial é com adenocarcinoma da cabeça pancreática. W: Ducto pancreático principal.

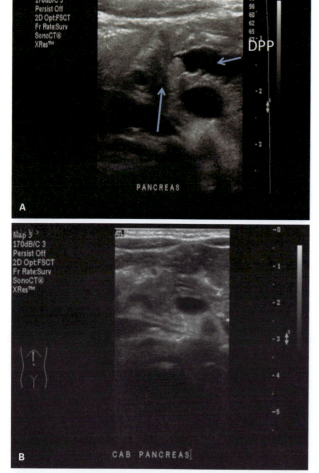

Figura 16 Pancreatite aguda. A: Corte transversal – aumento focal da cabeça, com textura hipoecoica (seta), com caracterização de dilatação do ducto pancreático principal (DPP). B: Controle evolutivo em 60 dias = corte transversal com regressão do aumento da cabeça pancreática e calibre normal do ducto pancreático principal.

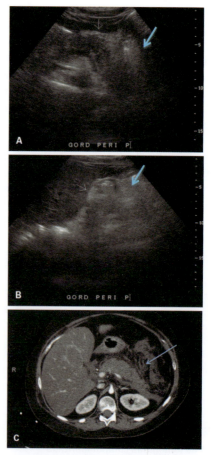

Figura 18 Pancreatite aguda leve (etiologia etílica) com alterações peripancreáticas, representada por hiperecogenicidade do tecido adiposo peripancreático em A, B e C (setas brancas).

USG na pancreatite aguda grave (necrosante)

O espectro dos achados ecográficos dessa forma de pancreatite é amplo e deve ser conhecido em detalhes pelo médico imaginologista, uma vez que em muitas situações clínicas o exame poderá ser utilizado como o primeiro método diagnóstico.

Entre os achados observam-se alterações da glândula associadas aos achados texturais peripancreáticos e necrose envolvendo o pâncreas e os tecidos peripancreáticos. Poderá haver identificação de derrame pleural, facilmente diagnosticado pelo exame ultrassonográfico (Figura 19). A ascaridíase pode ser identificada como causa nesse contexto das alterações graves (Figura 20).

O diagnóstico de necrose à USG convencional é inespecífico e pode apresentar-se somente como alteração textural difusa de partes ou de todo o pâncreas. Já está consagrada a utilização de ecorrealçadores com essa finalidade. Esse diagnóstico é sugerido, por meio do exame ultrassonográfico, pela perda da arquitetura habitual da glândula e por zonas de ausência de captação do contraste caracterizando necrose.

Destaca-se que o diagnóstico de tecido pancreático não viável é feito sempre com a utilização de contraste – seja pela TC, ressonância magnética (RM) ou USG com utilização de ecorrealçadores, ocorrendo nessa situação ausência de realce do meio de contraste, nas regiões do órgão que apresentarem essa condição. A nomenclatura do espectro de alterações da pancreatite grave foi atualizada nesta década, destacando-se o abandono do uso da expressão abscesso pancreático.

Nesse contexto, evolutivamente, podemos destacar na pancreatite as seguintes situações que cabem análise específica, seguindo os novos conceitos do último Acute Pancreatitis Classification Working Group (APCWG).

Evolução temporal

No contexto da evolução temporal, consideram-se atualmente duas fases evolutivas da pancreatite aguda:

- Fase precoce, na qual a doença está relacionada à resposta inflamatória sistêmica e à falência de órgãos.
- Fase tardia, período no qual a doença pode evoluir para resolução (pancreatite intersticial edematosa), estabilização ou apresentar um evolução prolongada, relacionada ao processo de necrose (pancreatite necrosante).

Definição de gravidade e tratamento

A importância da definição da gravidade da pancreatite aguda está relacionada diretamente à instalação da conduta terapêutica. Os pacientes com quadro de pancreatite aguda leve respondem bem ao tratamento conservador, enquanto os pacientes com pancreatite necrosante (Figuras 21 a 23) apresentam disfunção orgânica, necessitam de tratamento intensivo e frequentemente demandam intervenções terapêuticas, tendo um prognóstico com maior morbimortalidade.

Coleções fluidas agudas

São as complicações mais frequentes da pancreatite aguda grave, ocorrendo em 30-50% dos casos. Resolvem-se espontaneamente em mais de 50% das vezes. Ocorrem precocemente no curso das pancreatites agudas graves, no leito pancreático ou nos compartimentos adjacentes. O pâncreas está situado no espaço pararrenal anterior, e as coleções fluidas partem desse espaço para os compartimentos pararrenal posterior, perirrenal e retroperitônio pélvico.

Essas coleções fluidas, quando não se resolvem espontaneamente, representam o ponto inicial de desenvolvimento dos pseudocistos agudos e outras coleções infectadas. Persiste desconhecida a razão de a maioria delas regredir, enquanto outras evoluem para pseudocisto ou infectam.

Muitas vezes, as coleções fluidas, relacionadas à pancreatite aguda, podem assumir aspectos heterogêneos, com conteúdo ecogênico, que pode relacionar-se à infecção ou hemorragia.

Pseudocistos agudos de origem pancreática

Trata-se de acúmulo líquido circunscrito, homogêneo, com conteúdo rico em amilase, sem evidência de qualquer componente sólido/necrose tecidual no seu interior. Desenvolvem-se tardiamente no curso da pancreatite aguda (mais de 4 semanas de evolução após o início do quadro). Ocorrem em cerca de 10-20% dos pacientes (Figura 24).

A maioria dos pseudocistos que ocorrem na evolução da pancreatite aguda grave não é palpável, sendo descobertos nos exames de diagnóstico por imagem. São ge-

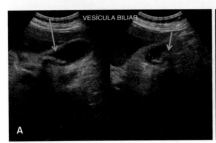
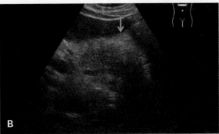
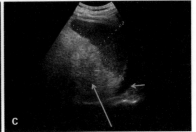

Figura 19 Pancreatite grave de etiologia biliar. A: Vesícula biliar com cálculos (setas). B: Observa-se o pâncreas com dimensões aumentadas e textura hipoecogênica e hiperecogenicidade da gordura peripancreática (setas). C: Corte transversal com evidência do baço (entre as medidas), a cauda pancreática (seta maior) e derrame pleural (seta menor).

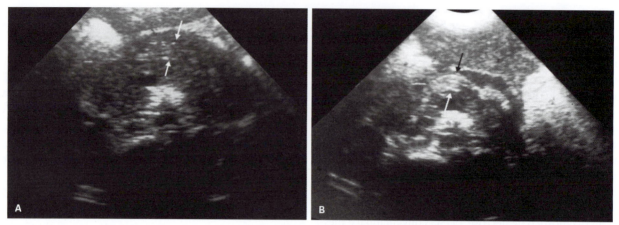

Figura 20 A-B: Pancreatite aguda por áscaris. Pâncreas aumentado de volume e hipoecogênico, com áscaris no interior do ducto pancreático principal (setas).

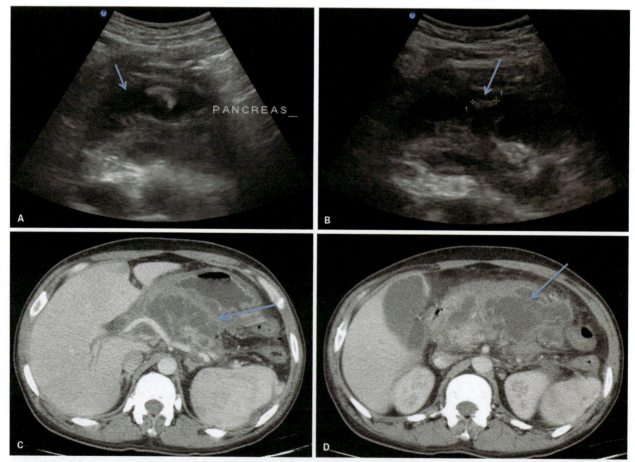

Figura 21 Pancreatite aguda grave. A e B: Cortes axiais no estudo ultrassonográfico, com evidência de perda da arquitetura anatômica do pâncreas, coleção na loja pancreática (setas) e áreas de parênquima pancreático (cáliper) em B. C: Tomografia computadorizada no estudo axial pós-contraste, no nível do tronco celíaco, com evidência de necrose do parênquima pancreático. D: Tomografia computadorizada com corte axial pós-contraste evidencia coleção na loja pancreática evidenciada, em correspondência com o achado ultrassonográfico (setas em A-D).
Imagens gentilmente cedidas pelo Dr. Shri Krishna Jayanthi.

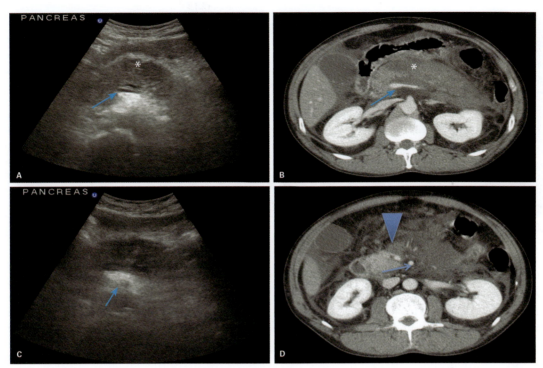

Figura 22 Pancreatite aguda grave. A e B com ultrassonografia em corte axial e tomografia computadorizada no mesmo plano, na projeção da veia esplênica (setas). Observa-se na tomografia em B a extensa área de necrose do parênquima pancreático, caracterizada pela não contrastação do parênquima (*). C e D: Ultrassonografia em corte axial e tomografia computadorizada no mesmo plano, na projeção da emergência da artéria mesentérica superior (setas). Observa-se a área de parênquima preservado na cabeça, em D, com captação de contraste (cabeça de seta).
Imagens gentilmente cedidas pelo Dr. Shri Krishna Jayanthi.

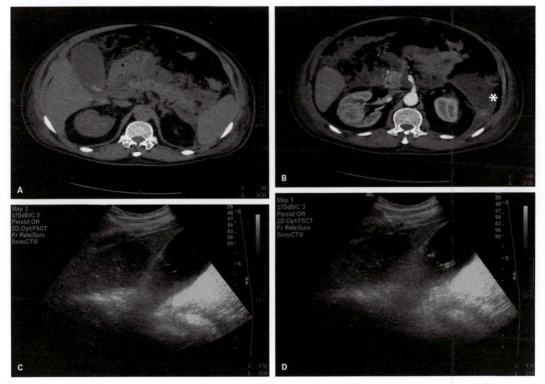

Figura 23 Pancreatite aguda grave. A-B: Tomografia computadorizada no plano axial, sem (A) e com contraste (B), caracterizando extensas áreas de necrose, sem captação de contraste, com coleções hipoatenuantes no espaço retroperitoneal anterior (*). C-D: Cortes oblíquos de estudo ultrassonográfico, dirigido para guiar punção e drenagem da vesícula biliar e procedimento de colecistostomia. Na pancreatite grave é importante o papel da ultrassonografia como guia de procedimentos percutâneos.
Imagens gentilmente cedidas pelos drs. Rodrigo Gobbo Garcia e Marcos Roberto G. de Queiroz.

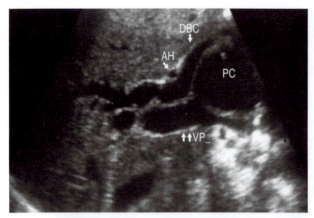

Figura 24 Pseudocistos. A: Imagem anecoica com paredes lisas e contornos bem definidos, determinando dilatação da via biliar.
AH: artéria hepática; DBC: ducto biliar comum. PC: pseudocisto; VP: veia porta.

> **Quadro 7** Pontos-chaves no diagnóstico de necrose pancreática delimitada (*walled off pancratitis*)
>
> Conceito: área circunscrita que contém líquido e restos pancreáticos necróticos que substituem parte do parênquima pancreático e surge a partir de uma área de necrose.
>
> É importante diferenciar do pseudocisto, pois há implicações diferentes no prognóstico. O tratamento dessa situação (necrose pancreática delimitada) inclui punção/drenagem percutânea ou por ecoendoscopia, podendo exigir cirurgia aberta.
>
> O quadro laboratorial de hemograma infeccioso com desvio à esquerda e provas de atividade inflamatória positivas contribuem para o diagnóstico de necrose pancreática delimitada.

ralmente arredondados ou ovoides; seu conteúdo é rico em enzimas pancreáticas e na maioria das vezes estéril. Podem ter localização extra ou intrapancreática, e não é necessário estabelecimento de conexão com o pâncreas para seu diagnóstico, podendo ocorrer nas mais diferentes topografias, incluindo mediastino. Complicações possíveis são a infecção e o sangramento.

Necrose pancreática delimitada (Quadro 7)

É definida como coleção purulenta dentro ou na proximidade do pâncreas, que ocorre como consequência de pancreatite aguda – anteriormente denominada abscesso pancreático, termo que foi abandonado nos últimos consensos realizados sobre essa condição. Em geral, ocorre após 4 semanas de evolução da pancreatite aguda, e conceitualmente a necrose pancreática delimitada origina-se numa área limitada de necrose com consequente liquefação e infecção secundária (Figura 25).

A necrose pancreática difusa infectada teria área de necrose proporcionalmente maior e aparecimento mais precoce, com maior gravidade. O padrão ultrassonográfico usual é de coleção de conteúdo espesso na loja pancreática ou nos compartimentos peripancreáticos, que podem apresentar gás em seu interior ("*walled off pancreatic necrosis*").

Complicações arteriais

Os pseudoaneurismas ocorrem em até 10% dos pacientes com pancreatite e podem desenvolver-se dentro de um pseudocisto ou o próprio pseudocisto pode erodir

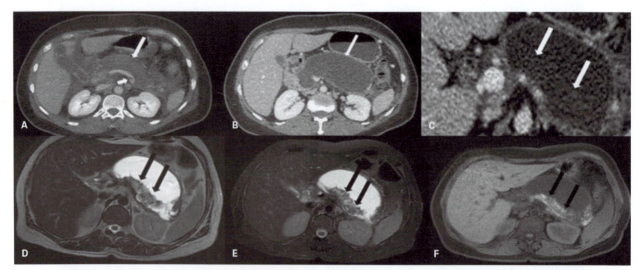

Figura 25 Necrose pancreática delimitada (*walled-off pancreatic necrosis*). A-C: Imagens axiais de tomografia computadorizada pós-contraste fase venosa. Extensa necrose do corpo e cauda pancreáticos, com alterações inflamatórias peripancreáticas (seta longa em A). Também é identificado trombo no interior da veia esplênica (seta curta em A). Após cerca de um mês, identifica-se a área de necrose pancreática delimitada (seta em B), que não deve ser confundida com um pseudocisto. Avaliando-se a mesma imagem com "janela mais fechada", é possível identificar os restos necróticos sem realce no interior dessa necrose pancreática delimitada (setas em C). D-F: Imagens axiais de ressonância magnética *fast-spin-echo* ponderadas em T2 com (D) e sem (E) supressão de gordura e gradiente-echo ponderada em T1 sem contraste (F) mostram restos necróticos do parênquima pancreático depositados na porção posterior da coleção (setas em E-F), que se apresentam com hiperintensidade de sinal em T1, indicando componente de hemorragia (setas em E).
Imagens gentilmente cedidas pelo Prof. Dr. Manoel de Souza Rocha.

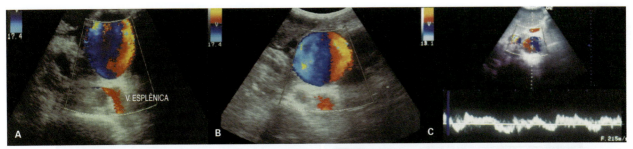

Figura 26 Pseudoaneurisma da artéria mesentérica superior. A-B: Doppler colorido e (C) espectral demonstrando fluxo turbilhonado no interior do pseudoaneurisma.

em uma artéria adjacente, causando a conversão de pseudocisto em pseudoaneurisma (Figura 26).

O exame ultrassonográfico pode muitas vezes ser o primeiro exame em alguns pacientes com pancreatite e aumento súbito da dor abdominal. Os achados ultrassonográficos que sugerem envolvimento vascular são:

- Rápido alargamento de massa pancreática cística.
- Alteração súbita na ecogenicidade de massa pancreática cística.
- Presença de massa pancreática com componente cístico.
- Crescente ecogênico na periferia de massa cística.
- Demonstração de turbulência dentro da massa cística ao estudo B convencional. Nessas ocasiões, o estudo Doppler deverá ser empregado, demonstrando fluxo dentro da massa cística.

Complicações venosas

Trombose de tributárias peripancreáticas da veia porta é uma complicação frequente da pancreatite. Nesse circuito, a veia esplênica é a mais acometida, havendo relatos de oclusão de até 45% dos pacientes com pancreatite. A trombose venosa pode acometer a junção esplenomesentérica, veia mesentérica superior, veia porta e seus ramos (Figuras 27 e 28). Quando ocorre envolvimento de múltiplos segmentos venosos, carcinoma de pâncreas deverá ser extensivamente investigado.

A trombose da veia esplênica causa formação de varizes gástricas. A drenagem venosa da veia esplênica fica derivada para as veias gástricas curtas que drenam para o circuito das veias gástricas direita e esquerda e, então, para a veia porta. Portanto, a presença de varizes gástricas sem varizes esofágicas deve sugerir a presença de trombose da veia esplênica e hipertensão porta compartimentalizada à esquerda.

Pancreatite crônica

A pancreatite crônica é alteração irreversível e progressiva do parênquima pancreático, secundária a alterações inflamatórias e/ou necróticas do pâncreas (Figuras 29 a 31).

Epidemiologicamente, a pancreatite crônica afeta predominantemente homens entre 25 e 50 anos, tendo como

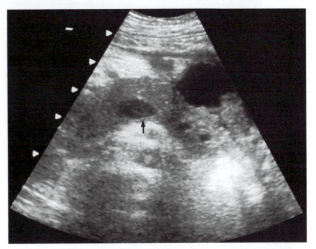

Figura 27 Trombose venosa em paciente com pancreatite crônica e pseudocisto pancreático em corpo-cauda. Observa-se a luz da junção esplenomesentérica (seta) apresentando material ecogênico em seu interior.

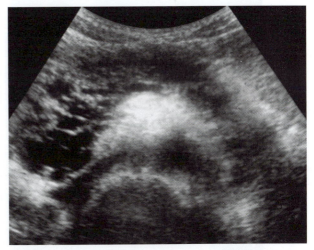

Figura 28 Trombose crônica da veia porta e esplênica, com transformação cavernomatosa. Observa-se a presença de imagens anecoides serpiginosas em corte transversal, representando as colaterais venosas que se desenvolveram após a trombose da veia porta.

etiologia principal o uso prolongado de álcool. Outros fatores causais são resumidos no Quadro 8. A fisiopatologia dessa condição é resumida no Quadro 9.

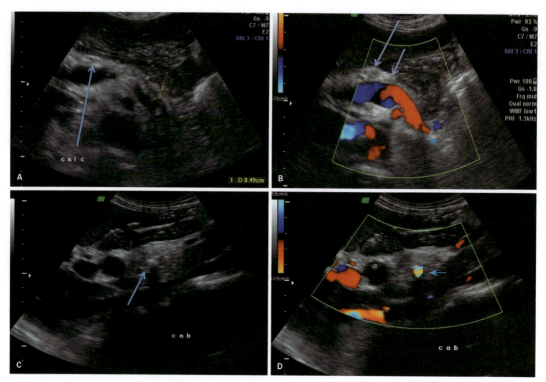

Figura 29 Pancreatite crônica. A-B: Corte axial com modo B e Doppler colorido (B). Em A, observam-se a textura hiperecoica, a redução do parênquima, as calcificações puntiformes (seta) e o ducto pancreático principal dilatado. Em B, observa-se a veia esplênica (VE) retropancreática e o tecido pancreático com textura variável, com áreas de hipoecogenicidade (seta grande) e outras hiperecoicas (seta menor). C-D. Cortes oblíquos com modo B e Doppler colorido (D) na topografia da cabeça evidenciando calcificação com sombra acústica (seta em C), fenômeno de "*twinckle*" (seta em D) posterior à calcificação.

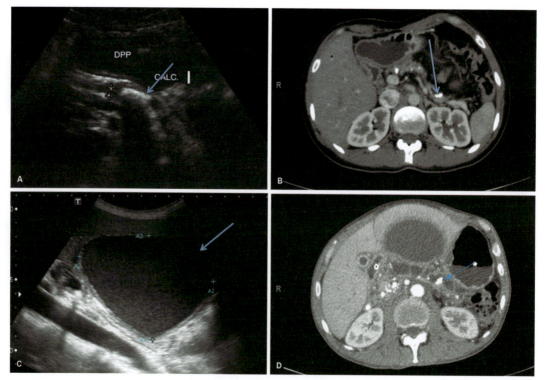

Figura 30 Pancreatite crônica. A: ultrassonografia no plano axial; B: tomografia computadorizada plano axial pós-contraste. Pâncreas apresenta-se com textura heterogênea e calcificações. Observa-se grande cálculo (CALC.) no ducto pancreático principal (DPP) (seta). C-D: Pseudocisto de pâncreas com massa hipoecoica, no plano longitudinal ao estudo ultrassonográfico em B e hipoatenuante na tomografia computadorizada pós-contraste em D. Observam-se também as múltiplas calcificações pancreáticas.
Imagens gentilmente cedidas pelo Dr. Adriano S. Bresser.

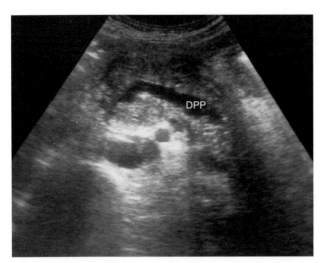

Figura 31 Pancreatite crônica reagudizada. Observa-se o aumento das dimensões do pâncreas com hipoecogenicidade.
DPP: ducto pancreático principal dilatado e irregular.

Quadro 8	Fatores etiológicos da pancreatite crônica
Álcool
Hiperparatireoidismo
Desnutrição
Pancreatite crônica hereditária
Lúpus
Pâncreas *divisum*
Terapia com prednisona
Idiopático

Quadro 9 Resumo da fisiopatologia da pancreatite crônica, com os pontos-chave destacados

Álcool
↓
Aumento da concentração do suco pancreático
↓
Precipitação nos ductos
↓
Formação de tampões e macroagregados
↓
Calcificação e ulceração do epitélio ductal
↓
Inflamação periductal e fibrose

As alterações macroscópicas e a sonomorfologia dos achados variam com a fase evolutiva dessa afecção em que analisamos o órgão (Quadro 10).

Na fase precoce a glândula é acometida de forma parcial, e as áreas acometidas são em geral endurecidas. Irregularidades ductais com formação de cálculos podem ser encontradas somente no nível dos ductos tributários.

Na fase avançada da pancreatite crônica, o grau de alteração no ducto pancreático principal (dilatação, irregu-

Quadro 10 Critérios derivados da ultrassonografia e pancreatografia para graduação da pancreatite crônica

- Critérios derivados da ultrassonografia e pancreatografia para graduação da pancreatite crônica
- Categoria – padrão ultrassonográfico

1. Normal – visualização de toda extensão glandular
- Ducto pancreático principal medido e normal
2. Leve alteração focal na ecogenicidade do parênquima
3. Moderada – dois ou mais sinais anormais
- Focos ecogênicos no parênquima
- Ecogenicidade da parede do ducto principal aumentada ou irregular
- Contorno irregular da glândula
4. Acentuada – imagens cavitárias maiores que 10 mm
- Cálculos
- Obstrução do ducto principal (mais de 4 mm) com irregularidade
- Invasão de estruturas e/ou órgãos vizinhos

laridade e distorção) e a frequência de cálculos estão correlacionados com a fibrose no parênquima (Figura 13). Os cálculos variam entre 1 mm e mais de 10 mm de diâmetro. Podem ocorrer pseudocistos, que variam de 3 a 10 cm de diâmetro, que podem conectar-se com sistema ductal e erodir para o sistema portal causando trombose, sangramento e, ocasionalmente, necrose gordurosa disseminada com nódulos subcutâneos, poliartrite e lesões ósseas.

Aspectos ultrassonográficos

- Alteração da ecogenicidade parenquimatosa, que se apresenta aumentada em mais de 50% das vezes. A ecotextura é difusamente heterogênea com focos hiper e hipoecoicos entremeados, os primeiros provavelmente relacionados a fibrose e calcificação, e os últimos a processo inflamatório.
- As dimensões globais do pâncreas dependem da associação com processo inflamatório agudo e, na sua ausência, geralmente as dimensões da glândula estão reduzidas pelo processo crônico.
- Poderá ocorrer aumento focal ou difuso da glândula em até 40% dos casos, sendo útil a presença de calcificações no diagnóstico diferencial com carcinoma pancreático.
- Ducto pancreático comum dilatado ocorre em cerca de 20-54% de padrão irregular e pode apresentar calcificações em seu trajeto.
- Dilatação da via biliar intra e extra-hepática pode ser observada em 10-20% dos casos, que ocorre muitas vezes mesmo sem massa na cabeça pancreática. Postula-se que o mecanismo para essa dilatação seria a fibrose periductal e estenose papilar.
- Análise detalhada do hepatocolédoco distal deve ser feita, pois caracteristicamente na pancreatite crônica há afilamento gradual e regular, embora possam ocorrer casos raros de afilamento súbito. Deve-se ter preocupação

também de não confundir calcificações pancreáticas em sua porção cefálica com litíase biliar, o que muitas vezes na USG convencional pode ser difícil, residindo nessa situação indicação precisa para ecoendoscopia, que executa esse diagnóstico diferencial com precisão.

- Massa focal na cabeça pancreática poderá ocorrer em até 7%, a qual é indistinguível dos carcinomas. Essas massas estão relacionadas à progressiva formação de cicatrizes, com superposição de processo inflamatório agudo e crônico, sendo bem conhecido o fato de a pancreatite aguda "focal" ocorrer primariamente na cabeça com consequente aumento dessa topografia. Em muitos casos essas massas na pancreatite crônica podem resultar de fibrose (Figura 30).
- Pseudocistos pancreáticos têm sido descritos em percentual que varia de 20-50%. Podem ter localização intra ou extraglandular, podendo assumir localizações bizarras, como mediastino e pelve.
- Calcificações pancreáticas apresentam-se como focos hiperecoicos que apresentam forte sombra acústica posterior. Podem causar obstrução e variar de aspecto ao longo do tempo.
- Alguns relatos destacam a possibilidade de ocorrer exames dentro do padrão normal em até 13% de pacientes portadores de pancreatite crônica.

Neoplasias pancreáticas

Adenocarcinoma de células ductais

Os adenocarcinomas ductais representam cerca de 90% de todas as neoplasias pancreáticas (Quadro 11), sendo a nona neoplasia maligna mais comum no mundo e a quarta causa de morte relacionada a câncer. Cerca de 80% dos casos ocorrem em pacientes com idade entre 60 e 80 anos, sendo duas vezes mais comum no sexo masculino.

Tumores originados na região cefálica (cerca de 70%) produzem sintomatologia mais precocemente determinada pela obstrução das vias biliares. Já os tumores localizados no corpo e cauda (10-20%) em geral apresentam

maiores dimensões pela dificuldade de diagnóstico precoce em virtude do quadro clínico inespecífico.

Aproximadamente dois terços dos pacientes apresentam invasão locorregional da neoplasia quando manifestam sintomatologia clínica, e cerca de 85% já possuem doença metastática. O Quadro 12 resume a classificação TNM de tumores pancreáticos. O Quadro 13 indica os principais pontos-chaves a serem considerados no encontro de nódulo sólido pancreático.

Os sítios metastáticos mais comuns são linfonodos (peripancreáticos, gástricos, mesentéricos, omentais e porto-hepáticos), fígado, pulmão, peritônio e suprarrenais.

Pelo fato de ser de difícil detecção, o câncer de pâncreas apresenta alta taxa de mortalidade, pelo diagnóstico tardio e seu comportamento agressivo. Sua sobrevida em 5 anos continua por volta de 5%, e a neoplasia maligna pancreática constitui um dos grandes desafios da luta contra o câncer no século XX. A sua baixa incidência dificulta metodologias para prevenção em larga escala.

Quadro 11 Classificação dos tumores pancreáticos	
Tumores epiteliais	
Tumores exócrinos	**Tumores endócrinos**
Adenocarcinoma ductal	Tumores funcionantes de
Carcinoma anaplásico	células de ilhotas
Carcinoma adenoescamoso	(insulinoma, gastrinoma,
Carcinoma mucinoso não cístico	somatostinoma, vipoma,
Carcinoma de células claras	glucagonoma)
Carcinoma ciliado	Tumores não funcionantes
Carcinoma ductal misto	de células de ilhotas
Outros tumores de origem ductal	**Tumores não epiteliais**
Neoplasia cística mucinosa	Linfoma primário
Neoplasia cística serosa	Tumores de partes moles
Carcinoma de células acinares	benignos e malignos
Cistadenocarcinoma de células	(hemangioma, linfangioma,
acinares	sarcoma, dermoide etc.)
Carcinoma misto acinar-endócrino	**Outras metástases**
Tumores de origem incerta	Linfoma secundário
Neoplasia sólido-cística	Pseudotumor
Tumor de células gigantes	Pancreatite crônica
Pancreatoblastoma	Pâncreas *divisum*, anular

Quadro 12 Classificação TNM dos tumores pancreáticos	
Tumor primário	**Metástases a distância**
TX: O tumor primário não pode ser acessado	MX: Presença de metástases a distância não pode ser acessada
T0: Não há evidências de neoplasia primária	M0: Ausência de metástases a distância
T1: Tumor limitado ao parênquima pancreático	M1: Metástases a distância
T1a: Tumor medindo 2 cm ou menos	**Grupos**
T1b: Tumor medindo mais que 2 cm no maior diâmetro	Estágio I: T1/N0/M0
T2: Tumor estende-se diretamente ao duodeno, ducto biliar e	T2/N0/M0
tecidos peripancreáticos	Estágio II: T3/N0/M0
T3: Tumor estende-se diretamente ao estômago, colo, baço,	Estágio III: Qualquer T/N1/M0
ou aos grandes vasos adjacentes	Estágio IV: Qualquer T/qualquer N/M1
Linfonodos regionais	
NX: Linfonodos regionais não podem ser acessados	
N0: Ausência de metástases linfonodais	
N1: Metástases linfonodais	

Quadro 13	Pontos-chave no estudo de lesões sólidas do pâncreas
Lesões sólidas	
Presença de nódulo pancreático, com dilatação ductal a montante → diagnóstico de câncer, embora raros tumores neuroendócrinos ou outras neoplasias (p. ex., tumor de Frantz) também possam levar à dilatação ductal	
Dilatação do Wirsung: tão importante que mesmo sem nódulo caracterizado deve-se considerar a possibilidade de câncer de pâncreas	
Nódulo sem dilatação → outros tumores que não o carcinoma	
A observação de síndromes hormonais sugere tumores neuroendócrinos	
Importância da ultrassonografia intraoperatória	

No Brasil, é responsável por cerca de 2% de todos os tipos de câncer diagnosticados e por 4% do total de mortes por essa doença. Segundo dados do INCA, o número de mortes em 2013 foi 8.708, sendo 4.373 homens e 4.335 mulheres.

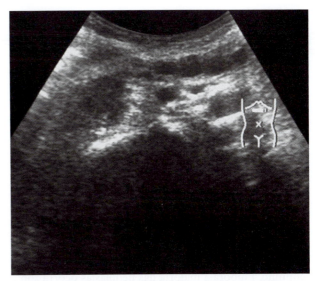

Figura 32 Massa hipoecogênica (M) na cabeça pancreática, com dilatação do ducto pancreático principal (DPP). Diagnóstico de adenocarcinoma pancreático.

Achados ultrassonográficos

Sinais diretos

O achado ecográfico mais comumente encontrado é massa sólida hipoecoica, homogênea ou heterogênea, de contornos imprecisos, localizada na região cefálica do pâncreas, na maioria dos casos (Figuras 32 e 33). Nos pacientes que apresentam aumento difuso da ecogenicidade do parênquima pancreático por substituição gordurosa, a lesão se torna mais evidente, pelo maior contraste inerente entre as partes.

Em algumas ocasiões a lesão pode ser isoecoica ao parênquima pancreático. Nesses casos torna-se importante a avaliação minuciosa dos contornos e das dimensões do órgão, uma vez que estas podem ser as únicas alterações evidentes. A presença de massa no processo uncinado altera sua forma alongada para uma forma ovalada.

Área cística central representando necrose é um achado ecográfico pouco frequente. Em geral pode ser facilmente diferenciada de outras lesões císticas pancreáticas por seus contornos irregulares, paredes espessas e seu conteúdo complexo. Entretanto, pseudocistos podem ser encontrados a montante da lesão neoplásica.

A neoplasia difusamente infiltrativa pode ser confundida com pancreatite aguda, considerando-se apenas os achados por imagem. O aspecto lobulado da lesão, associado à ausência de sinais inflamatórios nos tecidos adjacentes, e a história clínica podem auxiliar na diferenciação.

Sinais indiretos

Dilatação do ducto pancreático: o ducto pancreático principal tem suas paredes paralelas, trajeto retilíneo e calibre máximo de 2 a 3 mm. Pode aumentar com a idade devido à atrofia glandular, porém conserva seu paralelismo e é observado em todo o seu trajeto até a região da papila duodenal.

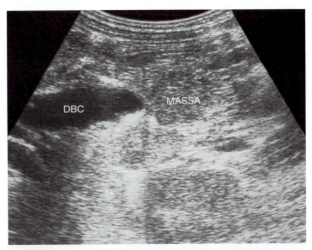

Figura 33 Adenocarcinoma pancreático. Massa na cabeça pancreática, com dilatação do ducto biliar comum (DBC) do pâncreas.

- Dilatação das vias biliares: nas neoplasias da cabeça pancreática muitas vezes se observa dilatação das vias biliares, que varia de acordo com o local de obstrução. Se a obstrução ocorrer no colédoco, ou seja, após a junção do ducto hepático comum e do cístico, haverá dilatação das vias biliares intra-hepáticas, do cístico, da vesícula biliar e do próprio colédoco. Entretanto, a obstrução pode ocorrer no hilo hepático, proximalmente ao cístico, seja por infiltração tumoral ou por linfonodomegalias. Nesses casos, a dilatação poderá ser apenas das vias biliares intra-hepáticas. Bile espessa e microcálculos podem ser achados adicionais, tanto na vesícula biliar quanto no colédoco, podendo simular lesões sólidas intraluminais.

- A redução abrupta do calibre do ducto biliar é fortemente sugestiva de malignidade, diferentemente das lesões benignas, nas quais ocorre afilamento gradual.

A combinação da dilatação do ducto biliar e do ducto pancreático, ocasionalmente, pode ser o único achado ultrassonográfico, representando sinais de alarme para a pesquisa ostensiva do adenocarcinoma pancreático.

Outros tumores de origens ductais

Neoplasia serosa microcística

Também chamada de cistadenoma seroso ou adenoma microcístico, é considerada uma neoplasia benigna.

Acomete mais frequentemente pacientes idosos na sétima década de vida e tem leve predileção pelo sexo feminino. Embora a maioria das neoplasias ocorra sob a forma esporádica, existe associação com a doença de von Hippel-Lindau. Pode se localizar em qualquer lugar do pâncreas, porém é mais encontrada no corpo e cabeça. Apresenta-se como massa multiloculada, de contornos lobulados e bem delimitados, sem cápsula verdadeira.

O aspecto ecográfico varia dependendo das dimensões individuais de cada cisto (Figura 34). Quando muito pequenos (menores que 1 a 2 mm), podem simular lesão sólida hiperecogênica por causa da interface entre as paredes finas dos cistos. Podem também se apresentar como massa parcialmente sólida com áreas císticas, predominantemente periféricas ou massas multicísticas. Em cerca de 20% dos casos se observa área central estrelada hiperecogênica, por vezes calcificada, que representa cicatriz central. Os septos dessa neoplasia são hipervascularizados, podendo ser demonstrado por meio do uso do Doppler colorido.

Raramente se observa dilatação do ducto pancreático principal ou das vias biliares, provavelmente em virtude da consistência amolecida desse tumor. A ecoendoscopia com análise do líquido aspirado tem se mostrado útil no seu diagnóstico diferencial.

Neoplasia cística mucinosa

São neoplasias malignas ou potencialmente malignas, que variam de cistadenoma a cistadenocarcinoma mucinoso francamente maligno.

Acomete pacientes na sexta década de vida, em contraste com pacientes mais idosos vistos com neoplasia cística serosa, tendo marcada predileção pelo sexo feminino (mais de 80% dos casos). Aproximadamente 70-95% desses tumores localizam-se no corpo e cauda do pâncreas.

A avaliação ultrassonográfica demonstra massas císticas, com contornos bem definidos, uni ou multiloculadas, com cistos com dimensões maiores que 2,0 cm e em número variável (Figuras 35 e 36), em geral inferior a seis. As paredes podem ser espessas, com septações internas e projeções papilares murais. Os cistos podem também apresentar calcificações murais curvilíneas. Quando uniloculadas, sem septações identificadas por métodos de imagem, torna-se impossível diferenciá-las de pseudocistos pancreáticos. Essas características são mais bem apreciadas por meio da USG que por meio da TC.

Neoplasia intraductal produtora de mucina (Figura 37)

Essa neoplasia é pouco comum. Também é chamada de tumor mucinoso ductetático, carcinoma coloide, carcinoma mucossecretor e neoplasia intraductal produtora de mucina. Corresponde a 1-3% das neoplasias das células ductais e apesar de ocorrer variante benigna, essas neoplasias são em geral malignas, mas de melhor prognóstico que outras neoplasias pancreáticas. Clinicamente, podem se caracterizar pela manifestação de pancreatites de repetição de causa desconhecida, em pacientes adultos do sexo masculino. Sua característica é pela excessiva produção de mucina, causando dilatação do ducto pancreático principal e de seus ramos, resultando em seu aspecto cístico.

Suas principais características sonomorfológicas:

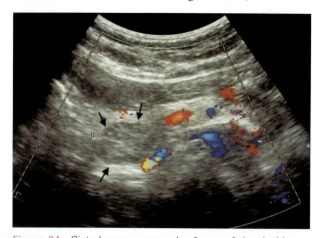

Figura 34 Cistadenoma seroso. Lesão ecogênica devida aos múltiplos pequenos cistos, apresentando pequenos cistos mais bem definidos na periferia.

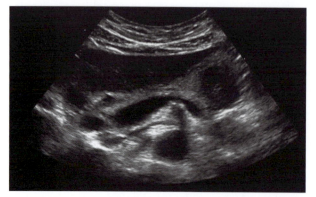

Figura 35 Neoplasia cística mucinosa, em topografia típica, paciente idoso, sexo feminino e na cauda pancreática.

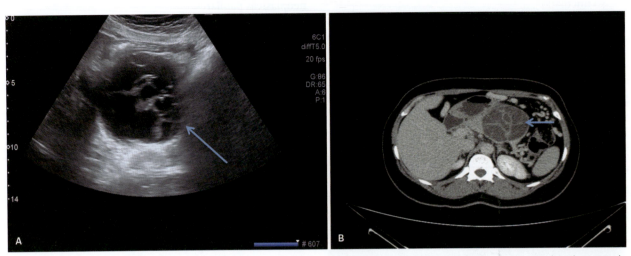

Figura 36 Neoplasia cística mucinosa do pâncreas. A: Observa-se lesão hipoecoica com as múltiplas septações (seta) no estudo ultrassonográfico (A) no corte axial na tomografia computadorizada; B: em corte axial na fase de equilíbrio, a mesma lesão hipoatenuante multisseptada (seta).

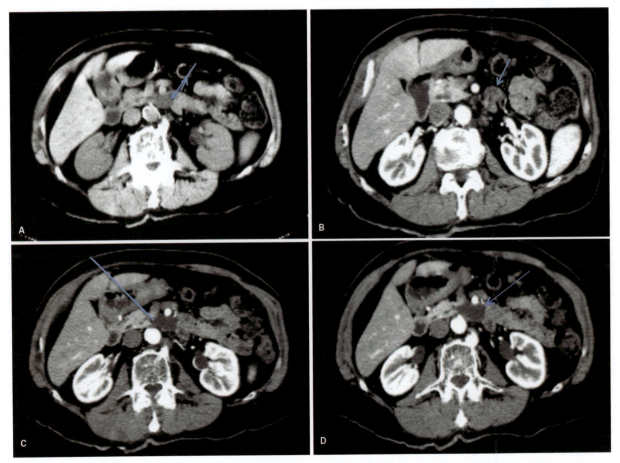

Figura 37 Neoplasia intraductil produtora de mucina. A-D: Tomografia computadorizada, no plano axial sem e com contraste, mostrando imagem hipoatenuante na topografia pancreática (setas), em paciente do sexo masculino com pancreatites de repetição.
Imagens gentilmente cedidas por Prof. Dr. Manoel de Souza Rocha.

- Localiza-se preferencialmente na cabeça e no processo uncinado.
- Pode ser indistinguível de outras neoplasias císticas.
- Por vezes assume o aspecto em cacho de uva pelo agrupamento de pequenos cistos.

A pancreatografia é o método de escolha para o diagnóstico, demonstrando dilatação ductal com falhas de enchimento, causadas por "plugs" de mucina, por projeções neoplásicas papilares.

O aspecto característico à endoscopia é a exteriorização de mucina através da papila. O pseudomixoma peritoneal pode ser encontrado em casos de disseminação peritoneal.

Neoplasias endócrinas (tumores de ilhotas, tumores neuroendócrinos)

As neoplasias de ilhotas originam-se aparentemente de células totipotentes do epitélio ductal. São neoplasias benignas ou de baixo grau de malignidade e correspondem a 1-2% de todas as neoplasias pancreáticas, sem predileção por sexo, com média etária de 58 anos ao diagnóstico.

O diagnóstico das neoplasias endócrinas funcionantes é feito por meio do quadro clínico e de exames laboratoriais. Assim sendo, resta aos métodos por imagem o desafio de detectar pequenos tumores e estadiar as neoplasias malignas.

Os tumores são geralmente hipoecogênicos, localizados na profundidade do parênquima pancreático, podendo ou não abaular os contornos da glândula (Figuras 38 e 39). Quando isoecogênicos, são de extrema dificuldade diagnóstica. Os tumores maiores podem ser hiperecogê-

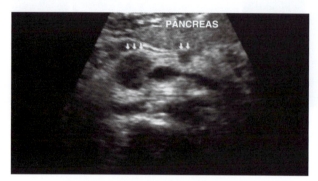

Figura 38 Insulinoma. Ultrassonografia em corte axial, demonstrando lesão em halteres, característica dos tumores neuroendócrinos.

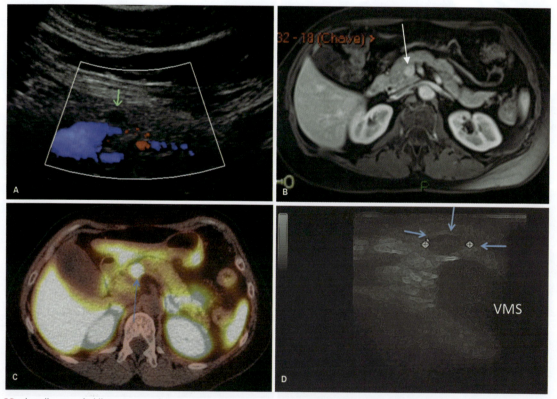

Figura 39 Insulinoma. A: Ultrassonografia com Doppler colorido, com evidência de nódulo hipoecoico, na intimidade do parênquima pancreático (seta). B: Ressonância magnética ponderada em T1, mostrando lesão hipervascular em correspondência com achado ultrassonográfico, característica dos tumores neuroendócrinos. C: Mapeamento com medicina nuclear mostrando lesão hipercaptante na cabeça. D: Ultrassonografia intraoperatória, para a localização exata da lesão (entre os marcadores e indicada pelas setas) e escolha do procedimento cirúrgico, uma vez que a lesão não é vista na superfície do órgão.
VMS: veia mesentérica superior.
Caso gentilmente cedido por Dr. Paulo Savóia Dias da Silva.

nicos e irregulares, com áreas de necrose e calcificações. Vale ressaltar que a USG intraoperatória associada à palpação do cirurgião ainda constitui o melhor método diagnóstico, com relatos de 100% de sensibilidade.

Neoplasia epitelial sólido-cística de pâncreas (tumor de Frantz)

A neoplasia sólido-cística é benigna ou de baixo grau de malignidade e ocorre preferencialmente em mulheres com idade média de 24 anos, sem predileção racial. São neoplasias solitárias, volumosas, com diâmetro médio de 10 cm, envoltas por uma cápsula fibrosa e espessa, podendo ocorrer em qualquer segmento pancreático.

Ao exame ultrassonográfico aparece como massa circunscrita, com ecotextura variável, dependendo da distribuição de seus componentes sólido, cístico e hemorrágico. Nível líquido-líquido com debris e calcificações podem ser encontrados em alguns casos (Figura 40).

Lesões císticas pancreáticas incidentais

Com o advento de múltiplas tecnologias e equipamentos de alta resolução, a descoberta de lesões císticas incidentais no pâncreas tem sido cada vez mais frequente e há a necessidade de um protocolo definido para o acompanhamento desses pacientes (Figura 41).

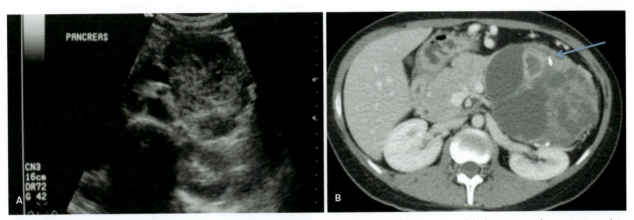

Figura 40 Neoplasia sólido-sística do pâncreas (tumor de Frantz). A: Ultrassonografia em corte axial, demonstrando a natureza mista da lesão com textura heterogênea. Imagem gentilmente cedida pela Dra. Andrea Cavalanti. B: Outro caso de tumor de Frantz – tomografia computadorizada no plano axial; observa-se o tumor com captação de contraste e áreas de menor atenuação, com calcificação (seta em B).
Imagem gentilmente cedida por Dr. Paulo Savóia Dias da Silva.

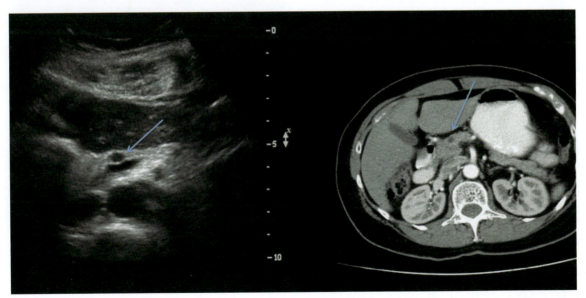

Figura 41 Lesão cística incidental (setas) no colo pancreático em paciente assintomático. A maioria dessas lesões é neoplásica benigna e pode ser acompanhada por ultrassonografia (A) ou tomografia computadorizada (B).

Com relação às pequenas lesões císticas, incidentais do pâncreas, é possível resumir seu diagnóstico diferencial da seguinte forma:

- Somente 4% assintomáticos são pseudocistos.
- Na ausência de doença cística sistêmica, como Von Hippel-Lindau, doença policística renal e fibrose cística, os cistos epiteliais verdadeiros são raros.

Portanto, a maioria desses achados incidentais deve ser assumida como neoplásicos e seguida segundo protocolo sugerido (Quadro 14). No Quadro 15 estão resumidos os pontos críticos ao encontrarmos lesão cística pancreática.

Outras neoplasias raras pancreáticas
Pancreatoblastoma

O pancreatoblastoma é um tumor extremamente raro, porém representa o tumor pancreático mais comum na infância. Acomete duas vezes mais o sexo masculino nos primeiros 7 anos de vida (média de 4 anos).

Esses tumores costumam apresentar grandes dimensões e a USG evidencia massa de limites bem definidos, habitualmente com aumento da ecogenicidade.

Metástases

As metástases para o pâncreas não costumam se manifestar clinicamente, até que determinem obstrução ductal, com consequente icterícia e pancreatite. Os sítios de origem primários mais frequentes são os tumores de mama, pulmão, pele e rins. Os achados radiológicos dependem das características dos tumores primários e muitas vezes são indistinguíveis dos adenocarcinomas ductais.

Linfoma

O envolvimento secundário do pâncreas por linfoma Hodgkin e não Hodgkin, não é incomum, enquanto o linfoma primário do pâncreas é uma raridade. A presença de lesões multifocais (Figura 42), acompanhadas de extensa adenomegalia, nos conduz a incluir o linfoma entre os diagnósticos diferenciais. O baço acessório intrapancreático muitas vezes pode simular quadros semelhantes, sendo importantes as sequências específicas de RM e exames de tomografia por emissão de pósitrons (PET/CT) para o diferencial.

Quadro 14 Achados incidentais de cistos pancreáticos simples
Achados incidentais de pequenas imagens císticas
Na ausência de doença cística sistêmica como Von Hippel-Lindau, doença policística e fibrose cística, os cistos epiteliais verdadeiros são raros
A maioria das lesões císticas incidentais faz parte do espectro das neoplasias císticas, principalmente IPMN
Não há protocolos definitivos de acompanhamento
I. Assintomáticos, até 1,0 cm seguimento anual USG/TC/RM
II. Assintomáticos, 1,0 a 2,5 cm USE com PAAF
III. Maiores que 2,5 cm e/ou pacientes sintomáticos, proposta de tratamento cirúrgico ou USE com PAAF
IPMN: neoplasia mucinosa papilar intraductal; PAAF: punção aspirativa com agulha fina; RM: ressonância magnética; TC: tomografia computadorizada; USG: ultrassonografia; USE: ultrassonografia endoscópica.

Quadro 15 Pontos-chave no estudo de lesões císticas do pâncreas
Lesões císticas
Definir com segurança caráter cístico
Lesão intrapancreática?
Pseudocisto × neoplasia cística
Parâmetros benignos × malignos – correlação dados clínicos, idade, sexo do paciente, localização da lesão
Paciente idoso + pancreatite crônica + lesão cística → pensar IPMN
IPMN: neoplasia mucinosa papilar intraductal.

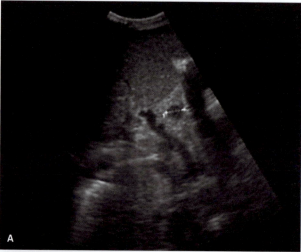

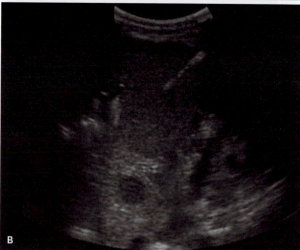

Figura 42 A-B: Linfoma não Hodgkin acometendo cauda do pâncreas, com nódulo hipoecogênico nessa topografia.
Imagens cedidas gentilmente pelo Dr. Ricardo Lange Filho.

Transplante de pâncreas

Embora invasivo, o transplante de pâncreas é atualmente a única forma definitiva de tratamento para pacientes portadores de diabetes tipo I e suas complicações secundárias.

Existem três modalidades de transplante de pâncreas: o simultâneo rim-pâncreas (85% dos casos), o de pâncreas isolado (5% dos casos) e o transplante de pâncreas após o rim (10% dos casos).

O pâncreas é transplantado no interior da cavidade peritoneal, geralmente na fossa ilíaca direita, com anastomoses vasculares no nível dos vasos ilíacos (comuns ou externos). Existe um conduto arterial (chamado de "Y") retirado do doador (artéria ilíaca comum, externa e interna) que será anastomosado nas artérias do receptor (na artéria ilíaca e nas artérias mesentérica superior e esplênica) do pâncreas transplantado. A drenagem venosa do pâncreas transplantado é sistêmica em direção à veia ilíaca comum ou externa.

A avaliação por imagem do transplante pancreático requer antes de tudo um bom detalhamento dos procedimentos realizados no pedido do exame, por conta das variações na técnica operatória e reconstruções vasculares complexas, que muitas vezes levam à confusão na sua interpretação.

O principal uso da USG encontra-se na avaliação das alterações vasculares, como trombose, estenose, pseudoaneurisma e fístula arteriovenosa por meio do Doppler, além de definir facilmente coleções na cavidade.

As alterações na ecotextura e ecogenicidade, focais ou não, são pouco específicas, principalmente na diferenciação entre pancreatite, rejeição ou lesão vascular.

Os diversos métodos de imagem são importantes na avaliação de complicações (Quadro 16), como abscessos, deiscências e coleções em geral, além de pancreatites, mas têm pouca utilidade na rejeição aguda e crônica. Uma grande utilidade da ultrassonografia no transplante pancreático é como guia de biópsia por ser método dinâmico e que monitoriza em tempo real a exata topografia da agulha. A utilização das microbolhas pode ser necessária na identificação do parênquima renal, para a execução da biópsia do órgão, pois muitas vezes sua topografia na fossa ilíaca direita pode apresentar textura isoecoica em relação aos tecidos adjacentes, necessitando da ultrassonografia contrastada para uma biópsia segura (Figura 43).

Quadro 16 Resumo das complicações dos transplantes de pâncreas

Tipo de evento	Ocorrência	Causa	Aspecto
Rejeição	7-9% perda precoce do enxerto	Vasculite e autoimune	Heterogêneo, aumento ou diminuição de ecogenicidade RM, realce, diminuição
Pancreatite	Autolimitada no pós-transplante (todos os pacientes)	Lesão de preservação	Aumentada ou normal, coleções, densificações da gordura peripancreática
Trombose	Até 19%	IMC > 30% tempo de preservação > 24 horas	Redução do fluxo arterial e venoso Diminuição do realce na TC/RM = rejeição
Síndrome linfoproliferativa pós-transplante Fístulas	Até 12% dos pacientes	Epstein-Barr/procedimentos	Aumento do pâncreas e outros órgãos, coleções

IMC: índice de massa corpórea; RM: ressonância magnética; TC: tomografia computadorizada.

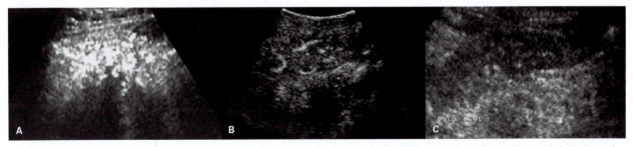

Figura 43   Pâncreas transplantado e estudo com contraste de microbolhas. A: Pâncreas transplantado apresentando intenso realce pelo meio de contraste por microbolhas na fase arterial característico de um pâncreas normal. B: Moderado realce do tecido pancreático após administração do meio de contraste por microbolhas. C: Mínimo realce do enxerto após administração do meio de contraste por microbolhas, caracterizando rejeição.
Imagens gentilmente cedidas pelo Dr. Sérgio Zafred Marcelino.

Bibliografia sugerida

1. Abu-Yousef MM, El-Zein Y. Improved US visualization of the pancreatic tail with simethicone, water, and patient rotation. Radiology. 2000;217:780-5.
2. Acute Pancreatitis Classification Working Group. Revision of the Atlanta classification of acute pancreatitis. Disponível em: htpp://www.pancreasclub/com/wp-content/uploads/2011/11/AtlantaClasification.pdf. Acessado em: 2 jan. 2017.
3. Anderson MA, Carpenter S, Thompson NW, Nostrant TT, Elta GH, Scheiman JM, et al. Endoscopic ultrasound is highly accurate and directs management in patients with neuroendocrine tumors of the pancreas. Am J Gastroenterol. 2000;95:2271-7.
4. Anderson E, Ansari D, Andersson R. Major haemorrhagic complications of acute pancreatitis. Brit J Surgery. 2010;97:1379-84.
5. Ardelean M, Sirli R, Sporea I, Bota S, Martie A, Popescu A, et al. Contrast enhancement ultrasound in the pathology of the pâncreas – a monocentric experience. Med Ultrason. 2014;16:325-31.
6. Ardengh JC, Francisco Neto MJ, Gomes DA. Microcálculos biliares. Rev Bras Pâncreas. 2000;3:26-30.
7. Atwell TD, Gorman B, Larson TS, Charboneau JW, Ingalls Hanson BM, Stegall MD. Pancreas transplants: experience with 232 percutaneous US-guided biopsy procedures in 88 patients 1. Radiology. 2004;231:845-9.
8. Balthazar EJ, Fisher LA. Hemorrhagic complications of pancreatitis: radiologic evaluation with emphasis on CT. Imaging Pancreatology. 2001;1:306-313.
9. Banks PA, Bollen TL, Dervenis C, Gooszen HG, Johnson CD, Sarr MG, et al. Classification of acute pancreatitis: revision of the Atlanta classification and definitions by international consensus. Gut. 2012;62:102-11.
10. Bipat S, Phoa SSS, van Delden OM, Bossuyt PM, Gouma DJ, Laméris JS, et al. Ultrasonography, computed tomography and magnetic resonance imaging for diagnosis and determining resectability of pancreatic adenocarcinoma: a meta-analysis. J Comput Assist Tomogr. 2005;29:438-45.
11. Bollen TL, van Santvoort HC, Besslink MG, van Leeuwen MS, Horvath KD, Freeny PC, et al. The Atlanta classification or pancreatitis revisited. Br J Surg. 2008;95:6-21.
12. Bollen TL. A comparative evaluation of radiologic and clinical scoring systems in the early prediction of severity in acute pancreatitis. Am J Gastroenterol. 2012;107:612-9.
13. Bollen TL, van Santvoort HC, Besselink MG, van Es WH, Gooszen HG, van Leeuwen MS. Update on acute pancreatitis: ultrasound, computed tomography, and magnetic resonance imaging features. Seminars in Ultrasound, CT and MRI. 2007;28:5.
14. Brasil. Ministério da Saúde. Datasus. Informações de saúde. Disponível em: http://tabnet.datasus.gov.br/cgi/tabcgi.exe?sih/cnv/niuf.def. Acesso em: 2 jan. 2017.
15. Brugge WR, Lauwers GY, Sahani D, Fernandez-del Castillo C, Warshaw AL. Cystic neoplasms of the pancreas. N Engl J Med. 2004;351:1218-1226.
16. Cerri GG, Leite GJ, Simões JB, Rocha DC, Correia Da Rocha DJ, Albuquerque FP, Machado MC, et al. Sonographic evaluation of ascaris in the biliary tract. Radiology. 1983;146:753-4.
17. Cerri GG, Machado MCC, Pinotti HW, Magalhães A, Bettarello A. Estudo ecográfico dos cistoadenomas e cistoadenocarcinomas do pâncreas. Rev Hosp Clin Fac Méd S Paulo. 1989;44:244-8.
18. Cripa S, Pergolini I, Rubini C, Castelli P, Partelli S, Zardini C, et al. Risk of misdiagnosis and overtreatment in patients with main pancreatic duct dilatation and suspected combined/main-duct intraductal papillary mucinous neoplasms. Surgery. 2016;159:1041-9.
19. Cunha E, Rocha MS, Pereira FP, Blasbalg R, Baroni RH. Necrose pancreática delimitada e outros conceitos atuais na avaliação radiológica da pancreatite aguda. Radiologia Brasileira. 2014;47:165-75.
20. D'Onofrio M, Canestrini S, De Robertis S. CEUS of the pancreas: still research or the standard of care. EJR. 2015;84:1644-9.
21. Demos TC, Posniak HV, Harmath C, Olson MC, Aranha G. Cystic lesions of the pancreas. Am J Roentgenol. 2002;179:1375-88.
22. DeWitt J, Devereaux B, Chriswell M, McGreevy K, Howard T, Imperiale TF, et al. Comparison of endoscopic ultrasonography and multidetector computed tomography for detecting and staging pancreatic cancer. Ann Intern Med. 2004;141:753-63.
23. Dietrich CF, Cui XW, Schreiber-Dietrich DG, Ignee A. EFMUB 2011 Guidelines: Comments and Illustrations. Ultraschall in Med. 2012;33(S 01):S11-S21.
24. Dillman JR, Elsayes KM, Bude RO, Platt JF, Francis IR. Imaging of pancreas transplants: postoperative findings with clinical correlation. J Comput Assist Tomogr. 2009;33:609-17.
25. Doucas H, Sutton CD, Zimmerman A, Dennison AR, Berry DP. Assessment of pancreatic malignancy with laparoscopy and intraoperative ultrasound. Surgical Endoscopy. 2007;21:1147-52.
26. Etemad B, Whitcomb DC. Chronic pancreatitis: diagnosis, classification, and new genetic developments. Gastroenterology. 2001;120:682-707.
27. Francisco Neto MJ. Pâncreas. In: Cerri GG, Chammas MC (eds.). Ultrassonografia abdominal. Rio de Janeiro: Revinter; 2009.
28. Francisco Neto MJ, Machado MM, Oliveira IRS, Cerri GG. Pâncreas. In: Cerri GG, Oliveira IRS. (Eds.). Ultrassonografia abdominal. Rio de Janeiro: Revinter; 2002.
29. Gandolfi L, Torresan F, Solmi L, Puccetti A. The role of ultrasound in biliary and pancreatic diseases. European Journal of Ultrasound. 2003;16:141-59.
30. Garcea G, Ong SL, Rajesh A, Neal CP, Pollard CA, Berry DP, et al. Cystic lesions of the pancreas. Pancreatology. 2008;8:236-51.
31. Gouya H, Vignaux O, Augui J, Dousset B, Palazzo L, Louvel A, et al. CT, endoscopic sonography, and a combined protocol for preoperative evaluation of pancreatic insulinomas. Am J Roentgenol. 2003;181:987-92.
32. INCA – Instituto Nacional do Cancer-José Alencar Gomes da Silva. Disponível em: http://www2.inca.gov.br/wps/wcm/connect/tiposdecancer/site/home/pancreas. Acesso em: 15 jan. 2017.
33. Johnson CD, Stephens DH, Charboneau JW, Carpenter HA, Welch TJ. Cystic pancreatic tumors: CT and sonographic assessment. Am J Roentgenol. 1988;151:1133-8.
34. Jones SN, Lees WR, Frost RA. Diagnosis and grading of chronic pancreatitis by morphological criteria derived by ultrasound and pancreatography. Clinical Radiology. 1988;39:43-8.
35. Kalra MK, Maher MM, Mueller PR, Saini, S. State-of-the-art imaging of pancreatic neoplasms. The Brit J Radiol. 2003;76:857-65.
36. Karlson BM, Ekbom A, Lindgren PG, Källskog V, Rastad J. Abdominal US for diagnosis of pancreatic tumor: prospective cohort analysis. Radiology. 1999;213:107-11.
37. Kloppel G, Maillet B. Pathology of acute and chronic pancreatitis. Pancreas. 1993;8:659-70.
38. Kloppel H, Solcia E, Longnecker DS, et al. Histological typing of tumors of exocrine pancreas. International histological classification of tumors. 2. ed. Berlin: Springer; 1996. Disponível em: http://apps.who.int/iris/bitstream/10665/37470/1/3540602801_eng.pdf. Acesso em: 15 jan. 2017.
39. Ko SE, Choi IY, Cha SH, Yeom SK, Lee SH, Chung HH, et al. Clinical and radiologic characteristics of pancreatic head carcinoma without main pancreatic duct dilatation: using dual-phase contrast-enhanced CT scan. Clin Imaging. 2016;40(3):548-52.
40. Kochman ML. EUS in pancreatic cancer. Gastrointestinal Endoscopy. 2002;56:6-12.
41. Koo BC, Chinogureyi A, Shaw AS. Imaging acute pancreatitis. Brit J Radiol. 2010;86:104-12.
42. Lee ES, Lee JM. Imaging diagnosis of pancreatic cancer: a state-of-the-art review. WJG. 2014;20:7864-77.
43. Lim JH, Lee G, Oh YL. Radiologic spectrum of intraductal papillary mucinous tumor of the pancreas. Radiographics. 2001;21:323-37.
44. Marcelino ASZ. Contribuição do meio de contraste ultrassonográfico na avaliação do pâncreas transplantado. Tese (Doutorado em Radiologia) – Faculdade de Medicina, Universidade de São Paulo, São Paulo, 2008. Acesso em: 1 jan. 2017.
45. Merkle EM, Görich J. Imaging of acute pancreatitis. Eur Radiol. 2002;12:1979-92.
46. Mitchell RMS, Byrne MF, Baillie J. Pancreatitis. Lancet. 2003;361:1447-55.
47. Mortelé KJ, Rocha TC, Streeter JL, Taylor AJ. Multimodality imaging of pancreatic and biliary congenital anomalies. Radiographics. 2006;26:715-31.
48. Müller MF, Meyenberger C, Bertschinger P, Schaer R, Marincek B. Pancreatic tumors: evaluation with endoscopic US, CT, and MR imaging. Radiology. 1994;190:745-51.
49. Nikolaidis P, Amin RS, Hwang CM, Mc Carthy RM, Clark JH, Gruber SA, et al. Role of sonography in pancreatic transplantation. Radiographics. 2003;23:939-49.
50. Parenti DM, Steinberg W, Kang P. Infectious causes of acute pancreatitis. Pancreas. 1996;133:56-371.
51. Piscaglia F, Nolsøe C, Dietrich CF. The EFSMUB and recommendations on the clinical practice of contrast enhanced ultrasound (CEUS): update 2011 on non-hepatic applications. Ultraschall in Med. 2012;33(1):33-59.
52. Procacci C, Megibow AJ, Carbognin G, Guarise A, Spoto E, Biasiutti C, et al. Intraductal papillary mucinous tumor of the pancreas: a pictorial essay. Radiographics. 1999;19:1447-63.
53. Raimondi S, Maisonneuve P, Lowenfels AB. Epidemiology of pancreatic cancer: an overview. Nat Rev Gastroenterol Hepatol. 2009;12:699-708.

54. Rickes S, Uhle C, Kahl S. Echo enhanced ultrasound: a new valid initial imaging approach for severe acute pancreatitis. GUT. 2006;55:74-8.

55. Rickes S, Unkrodt K, Neye H, Ocran KW, Wermke W. Differentiation of pancreatic tumours by conventional ultrasound, unenhanced and echo-enhanced power Doppler sonography. Scandinavian J Gastroenterol. 2002;37:1313-20.

56. Ripollés T, Martínez MJ, López E, Castelló I, Delgado F. Contrast-enhanced ultrasound in the staging of acute pancreatitis. Eur Radiol. 2010;202:518-2523.

57. Rizzo RJ, Szucs RA, Turner MA. Congenital abnormalities of the pancreas and biliary tree in adults. Radiographics. 1995;15:49-68.

58. Rosa I, Pais MJ, Fátima C, Queiroz A. Pancreatite aguda: actualização e protocolo de abordagem. Acta Med Port. 2004;17:317-24.

59. Rumancik WM, Megibow AJ, Bosniak MA. Metastatic disease to the pancreas: evaluation by computed tomography. J Comput Assist Tomogr. 1994;8:829-43.

60. Săftoiu A, Vilmann P. Role of endoscopic ultrasound in the diagnosis and staging of pancreatic cancer. J Clin Ultrasound. 2009;37:1-17.

61. Sahani DV, Kadavigere R, Saokar A, Fernandez-del Castillo C, Brugge WR, et al. Cystic pancreatic lesions: a simple imaging-based classification system for guiding management. Radiographics. 2005;25:1471-84.

62. Schima W, Ba-Ssalamah A, Kölblinger C, Kulinna-Cosentini C, Puespoek A, Götzinger P. Pancreatic adenocarcinoma. European Radiology. 2007;17:638-49.

63. Shanbhogue AKP, Fasih N, Surabhi VR, Doherty GP, Shanbhogue DKP, Sethi SK. A clinical and radiologic review of uncommon types and causes of pancreatitis. Radiographics. 2009;29:1003-26.

64. Stamatakos M, Stefanaki C, Stergiopoulus S, Giannopoulus G, Safialeas M. Walled off pancreatic necrosis. World J Gastroenterol. 2010;16(4):1707-12.

65. Tanaka S, Kitamra T, Yamamoto K, Fujikawa S, Imaoka T, Nishikawa S, et al. Evaluation of routine sonography for early detection of pancreatic cancer. Jpn J Clin Oncol. 1996;26:422-7.

66. Tanaka S, Nakaizumi A, Ioka T, Oshikawa O, Uehara H, Nakao M, et al. Main pancreatic duct dilatation: a sign of high risk for pancreatic cancer. Jpn J Clin Oncol. 2002;32:407-11.

67. Tanaka S, Nakaizumi A, Ioka T, Takakura R, Uehara H, Nakao M, et al. Periodic ultrassonography check up for early detection of pancreatic cancer: preliminary reports. Pancreas. 2004;28:268-72.

68. Tanaka S, Nakao M, Ioka T, Takakura R, Takano Y, Tsukuma H, et al. Slight dilatation of the main pancreatic duct and presence of pancreatic cysts as predictive signs of pancreatic cancer: a prospective study. Radiology. 2010;254:965-72.

69. Tenner S, Baillie J, DeWitt J, Vege SS. American College of Gastroenterology guideline: management of acute pancreatitis. Am J Gastroenterol. 2013;108:1400-15.

70. Thoeni RF. The Revised Atlanta Classification of Acute Pancreatitis: its importance for the radiologist and its effect on treatment. Radiology. 2012;262:751-64.

71. UICC – Union Internationale Contre le cancer. TNM classification of malignant tumors. 8. ed. Oxford: Wiley & Blackwell; 2017.

72. Vege SS. Clinical manifestations and diagnosis of acute pancreatitis. Up to Date: Disponível em: https://www.uptodate.com/contents/clinical-mainfestations-and-diafnosis-of-acute-pancreatitis. Acesso em: 2 jan. 2017.

73. Warshaw AL, Compton CC, Lewandrowski K, Cardenosa G, Mueller PR. Cystic tumors of the pancreas. New clinical, radiologic, and pathologic observations in 67 patients. Annals of Surgery. 1990;212:432.

74. Yu J, Turner MA, Fulcher AS, Halvorsen RA. Congenital anomalies and normal variants of the pancreaticobiliary tract and the pancreas in adults: part 2. Pancreatic duct and pancreas. Am J Roentgenol. 2006;187;1544-53.

34

Peritônio e mesentérios

Ralph Tavares

Introdução

O peritônio é uma membrana composta por uma camada de células mesoteliais sustentada por tecido conectivo que contém gordura, linfáticos, vasos sanguíneos e células inflamatórias.

Os mesentérios são uma extensão do peritônio a partir da parede peritoneal posterior (mesentério de alças delgadas, mesocólon transverso, mesossigmoide).

Os omentos maior e menor são extensões peritoneais que comunicam o estômago ao cólon transverso e o estômago ao fígado, respectivamente.

Na cavidade peritoneal existe um padrão normal de circulação de fluido. A movimentação desses fluidos segue predominantemente para a goteira paracólica direita até atingir o recesso subfrênico, no qual eles são absorvidos por linfáticos. Os omentos também funcionam como um local importante de drenagem linfática.

Existem algumas áreas de estase de líquido na cavidade peritoneal (e que predispõem a acometimento por lesões peritoneais): fundo de saco peritoneal, região ileocólica e raiz do mesosigmoide.

Quando existe uma doença com disseminação peritoneal, qualquer parte da superfície peritoneal pode estar envolvida, mas os locais mais frequentes de acometimento são o fundo de saco peritoneal, a região ileocólica, a raiz do mesosigmoide, a goteira paracólica direita, o recesso sub-hepático direito (espaço de Morison) e o recesso subfrênico direito e omento.

Didaticamente, dividem-se as lesões em sólidas e císticas.

Lesões peritoneais sólidas

Carcinomatose peritoneal/metástase peritoneal

Resulta mais comumente da disseminação de neoplasia ovariana ou gastrointestinal. Os sítios primários mais frequentes são ovário, estômago, cólon, pâncreas, útero, bexiga, mama, pulmão e melanoma. Como já comentado, há locais mais suscetíveis a implantes peritoneais e que devem ser olhados com atenção em pacientes oncológicos. As lesões podem se apresentar na forma de espessamentos ou nódulos peritoneais/omentais acompanhados de ascite (Figura 1).

Os achados de imagem da carcinomatose peritoneal não são específicos; então, quando este achado é observado incidentalmente, deve-se fazer uma busca ativa de um sítio primário, já que a biópsia do omento ou peritônio muitas vezes não indicará o diagnóstico definitivo.

Tuberculose

O acometimento peritoneal da tuberculose tem aspecto bem semelhante ao da carcinomatose peritoneal (espessamentos e nódulos peritoneais/omentais acompanhados de ascite). O que pode ajudar a fazer o diagnóstico além da apresentação clínica e análise do líquido ascítico são os achados de acometimento da doença em outras estruturas como espessamento parietal do íleo terminal, linfonodomegalias necróticas e opacidades pulmonares (Figura 2).

Linfoma

Geralmente, apresenta-se com grandes linfonodomegalias, às vezes confluentes, podendo acometer vários sítios, inclusive o mesentério. Uma outra forma de apresentação um pouco rara e associada a tipos agressivos (como linfoma difuso de grandes células B e Burkitt) é o acometimento peritoneal com múltiplas áreas de espessamento, chamada de linfomatose peritoneal (Figura 3).

Edema omental/retroperitoneal relacionado à hipertensão portal

É uma das causas mais comuns de densificação do omento, com aspecto semelhante a lesões sólidas infil-

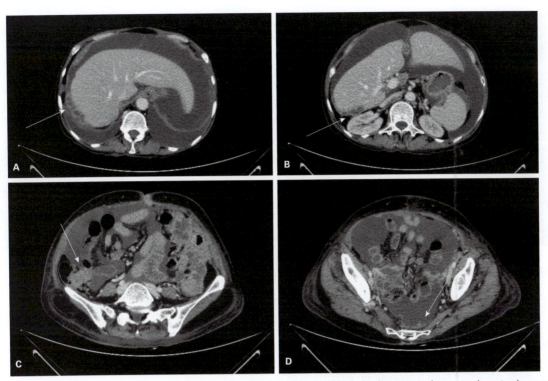

Figura 1 Carcinomatose peritoneal por neoplasia gástrica. Tomografia computadorizada mostrando acometimento de espaço subdiafragmático (A), espaço hepatorrenal (Morison) (B), válvula ileocecal (C) e fundo de saco posterior (D).

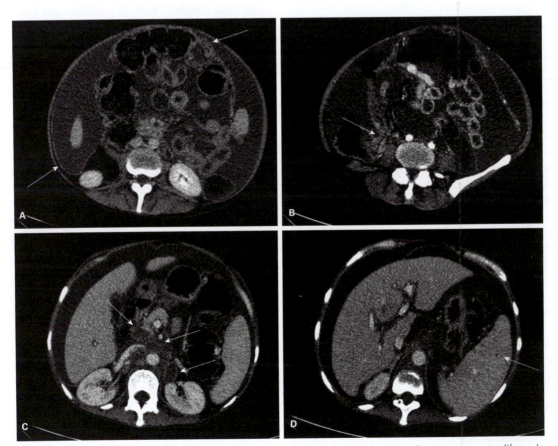

Figura 2 Tuberculose com acometimento peritoneal. Tomografia computadorizada mostrando espessamento difuso do peritônio e do omento (A), espessamento do íleo terminal (B), linfonodomegalias com centro necrótico (C) e nódulos esplênicos compatíveis com granulomas (D).

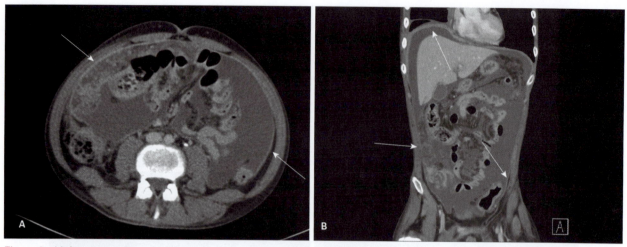

Figura 3 Linfomatose peritoneal. Tomografia computadorizada mostrando múltiplas áreas de espessamento peritoneal e do omento (A) e eixo coronal mostrando mesmos achados (B).

trativas, como carcinomatose peritoneal e tuberculose. É mais evidente em pacientes com cirrose hepática em grau avançado e em pacientes com trombose do sistema portal, podendo estar associada a edema de alças intestinais, principalmente do ceco.

Tumores estromais gastrointestinais (GIST)

São tumores primários de alças intestinais que podem se estender para o mesentério e o peritônio e, às vezes, quando grandes, podem dificultar o diagnóstico correto da origem da lesão. As lesões crescem com formato ovalado, são bem vascularizadas (podem ter certa hipervascularização) e, em alguns casos, sofrem necrose interna. Esses tumores não se disseminam para os linfonodos, mas ocorrem metástases para o fígado e em alguns casos para o peritônio. Para essa forma de disseminação peritoneal, alguns usam o termo gistomatose peritoneal (em contraponto a carcinomatose peritoneal, já que estes tumores não são de origem epitelial e sim mesenquimal). O acometimento peritoneal se apresenta como vários nódulos sólidos grandes e arredondados esparsos pela cavidade peritoneal (Figura 4).

Mesotelioma maligno

Neoplasia agressiva incomum, geralmente ocorrendo em homens idosos com história de exposição a asbesto. A forma maligna corresponde a 20% dos mesoteliomas. Apresenta-se como espessamento nodular do omento, ascite e massas intraperitoneais, geralmente com aspecto indistinguível da carcinomatose peritoneal. Placas pleurais calcificadas podem ajudar a pensar no diagnóstico, mas ocorrem em menos de 20% dos casos. Linfonodomegalias e metástases são incomuns. Em geral, a quantidade de ascite é menor do que na carcinomatose peritoneal (Figura 5).

Tumor desmoplásico de células redondas

É uma neoplasia rara do peritônio que acomete predominantemente homens jovens. Pode-se considerar esse diagnóstico quando são observadas lesões sólidas nodulares difusas no peritônio (semelhante a uma carcinomatose peritoneal) em um paciente jovem e sem história de neoplasia primária (Figura 6). A biópsia das lesões vai ser mandatória nesses casos.

Carcinoma seroso primário do peritônio

Ocorre exclusivamente em mulheres e é histologicamente idêntico à neoplasia serosa ovariana. A maioria dos pacientes se apresenta com ascite e marcador tumoral CA-125 elevado. A suspeita de neoplasia ovariana é investigada, mas os ovários são normais. As lesões peritoneais seguem o mesmo padrão da carcinomatose por outros tumores: nódulos, espessamentos e ascite. Uma característica que pode sugerir essa neoplasia é a presença de calcificações nas lesões, achado que é mais frequente do que em outras neoplasias peritoneais (Figura 7).

Em geral, as doenças peritoneais são biopsiadas para ajudar no diagnóstico.

Quando o paciente já tem uma doença conhecida e se apresenta com lesões peritoneais, deve-se analisar se o aspecto do acometimento peritoneal se enquadra como forma de acometimento pela doença. E, neste caso, a biópsia não é necessária.

Nos casos em que biópsia for necessária, pode-se ajudar indicando as lesões com características de acometimento e de fácil acesso percutâneo.

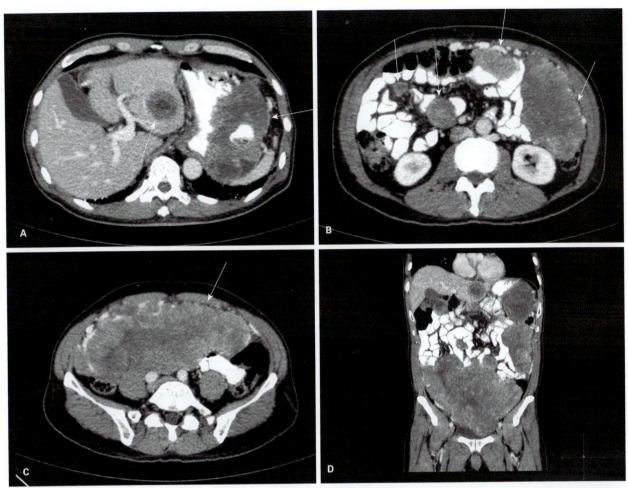

Figura 4 Tumor estromal gastrointestinal com disseminação peritoneal. Tomografia computadorizada mostrando lesão ulcerada no corpo do estômago compatível com sítio primário e lesão hepática metastática (A), nódulos e massas peritoneais metastáticas (B, C) e reconstrução no eixo coronal (D).

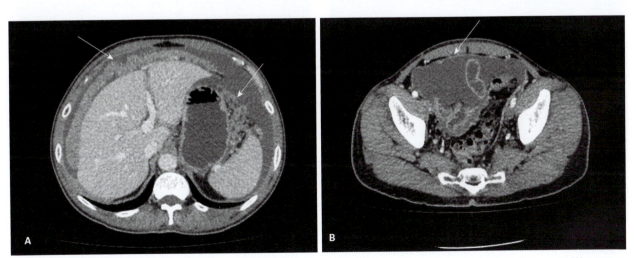

Figura 5 Mesotelioma maligno. Tomografia computadorizada mostrando massa peritoneal, espessamento do omento (A) e espessamento peritoneal e ascite (B).

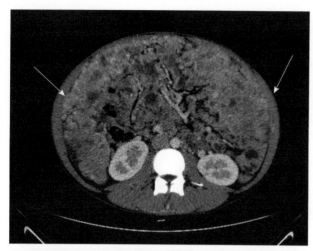

Figura 6 Tumor desmoplásico de células redondas. A: Tomografia computadorizada mostrando múltiplos nódulos peritoneais confluentes.

Lesões mesentéricas sólidas

Neoplasia neuroendócrina de alças intestinais

A metástase para linfonodos mesentéricos da neoplasia neuroendócrina pode ter um aspecto típico e específico. As lesões primárias são nódulos hipervasculares nas alças intestinais, mas em geral são pequenas e podem passar despercebidas. A metástase linfonodal é hipervascular, pode ter contornos espiculados por conta da reação desmoplásica e calcificações. Pode haver espessamento do segmento de alça que drena para o linfonodo acometido em decorrência da infiltração das estruturas vasculares (Figura 8). Metástases hepáticas hipervasculares também são frequentes. Uma pequena porcentagem dos pacientes vai apresentar quadro clínico relacionado à hiperprodução de serotonina (síndrome carcinoide), como rubor facial, diarreia, broncoconstrição e insuficiência cardíaca.

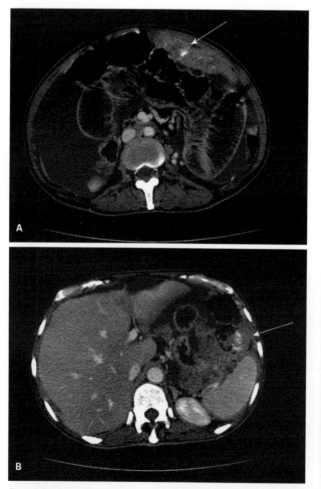

Figura 7 Carcinoma seroso primário do peritônio. A, B: Tomografia computadorizada mostrando massas peritoneais e omentais com calcificações.

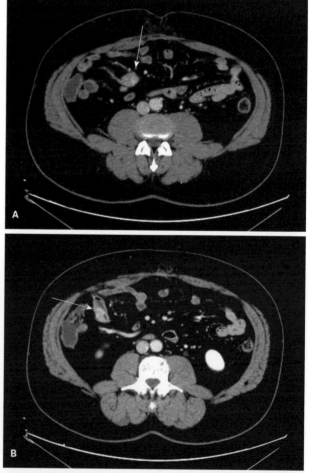

Figura 8 Neoplasia neuroendócrina de alça delgada. Tomografia computadorizada mostrando nódulo/linfonodomegalia hipervascularizada no mesentério (A) e nódulo hipervascularizado em alça delgada compatível com lesão primária (B).

Paniculite mesentérica

Pode ser encontrada na literatura por meio de vários nomes, como mesenterite fibrosante, mesenterite esclerosante e lipodistrofia mesentérica. É definida como inflamação crônica do mesentério sem causa conhecida. Na maioria das vezes, aparece como achado incidental nos estudos de imagem. Incomumente, pode se apresentar com dor abdominal e massa palpável. Alguns trabalhos mostram que pode haver associação com doenças neoplásicas, principalmente linfoma, mas esta relação parece estar superestimada, já que a "doença" é muito frequente na prática radiológica.

A paniculite mesentérica tem um espectro bem amplo. A apresentação mais frequente é uma leve densificação mesentérica com linfonodos proeminentes. Há casos em que essa densificação é mais exuberante, formando nodulações (Figura 9). E, em casos avançados, pode haver fibrose com retração do mesentério associadas a calcificações distróficas. Quando há dúvida diagnóstica, acaba-se fazendo biópsias do mesentério, que vão apenas mostrar áreas de processo inflamatório com focos de esteatonecrose.

Tumor desmoide/fibromatose mesentérica

Processo proliferativo benigno localmente agressivo e com alta taxa de recorrência, mas sem disseminação por metástases. Pode ser desencadeado por alterações cicatriciais pós-cirúrgicas e está relacionado à polipose adenomatosa familiar (PAF). A parede abdominal e o mesentério do intestino delgado são os locais mais comumente acometidos e podem ser sincrônicos. O aspecto de imagem é variável, podendo haver lesões com padrão expansivo (contornos ovalados) ou infiltrativo (contornos irregulares) (Figura 10). O paciente que apresenta história de polipose familiar hereditária ou sinais da doença (pólipos colônicos e outros tumores) torna muito provável o diagnóstico.

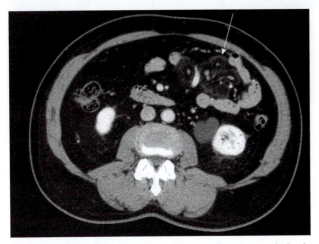

Figura 9 Paniculite mesentérica. Tomografia computadorizada mostrando densificação mesentérica ao redor dos linfonodos.

Neurofibromatose tipo 1

Doença genética que resulta na formação de tumores hamartomatosos benignos em qualquer órgão (p. ex., neurofibromas solitários ou múltiplos, neurofibromas plexiformes e leiomiomas). Neurofibromas plexiformes são considerados patognomônicos de neurofibromatose e consistem em tumores infiltrativos de crescimento lento ao longo de ramos neurais. No abdome, acometem o retroperitônio, a região paraespinhal e o mesentério. O acometimento do mesentério em geral é assintomático, mas pode estar associado a ulcerações, sangramentos e obstruções. Pode haver também obstrução vascular e linfática, resultando em edema e perda proteica. Os estudos de imagem mostram lesão infiltrativa e hipovascularizada, que se estende ao longo de vários ramos dos vasos mesentéricos (Figura 11).

Lesões císticas peritoneais

Ao se observar uma formação cística, deve-se lembrar que acúmulos líquidos como resultado de infecções/abscessos, surtos de pancreatite aguda, perfuração intestinal ou biliar podem simular uma lesão cística.

Carcinomatose mucinosa

Resulta da disseminação de neoplasias mucinosas do trato gastrointestinal (sobretudo cólon) e do ovário e geralmente é um sinal de mal prognóstico. Além de se apresentarem com espessamentos, nódulos peritoneais/omentais e ascite, as lesões são acompanhadas de um componente de mucina em quantidades variadas. As lesões são invasivas e podem ser acompanhadas de metástases para outros órgãos.

Pseudomixoma peritoneal (adenomucinose)

Refere-se a um tipo de lesão mucinosa de baixa agressividade com origem no apêndice cecal (ou ovariana, segundo alguns autores). Essa lesão se dissemina para a cavidade peritoneal e destaca-se por intensa produção de mucina, que acaba por deformar as estruturas abdominais (inclusive os órgãos sólidos como o fígado). Não há metástases para os outros órgãos. Apresenta-se como volumosa ascite que deforma os contornos dos órgãos peritoneais com alguns finos septos de tecido sólido e às vezes calcificações. A lesão no apêndice nem sempre está evidente e pode ou não estar associada à mucocele (Figura 12).

Mesotelioma multicístico

É uma doença considerada benigna (embora existam raros relatos de malignização) que ocorre em mulheres jovens e geralmente com história de cirurgia pélvica,

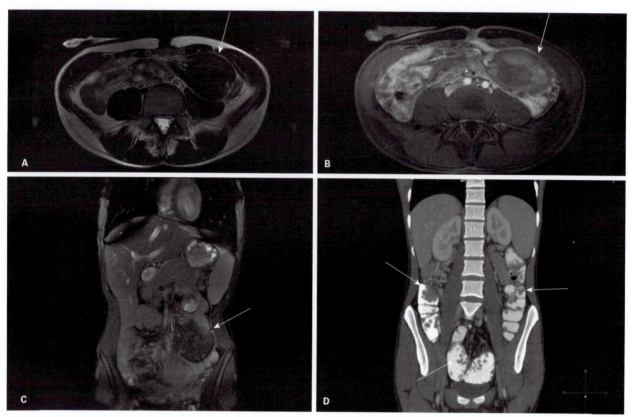

Figura 10 Tumor desmoide em paciente com polipose adenomatosa familiar. A: Ressonância magnética mostrando massa ovalada no mesentério apresentando hipossinal na sequência T2. B: Hipovascularização na sequência pós-contraste. C: Sequência T2 em corte coronal mostrando a massa em meio as alças intestinais. D: Múltiplos pólipos colônicos realcionados a polipose adenomatosa familiar (PAF).

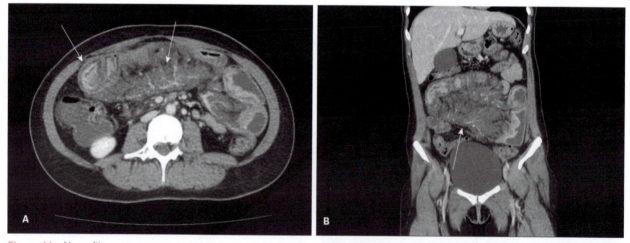

Figura 11 Neurofibromatose acometendo o mesentério. A: Tomografia computadorizada mostrando lesão infiltrativa que envolve os vasos do mesentério e causa congestão nas alças intestinais. B: A mesma lesão no eixo coronal.

doença inflamatória pélvica ou endometriose. Não há relação com exposição a asbesto. As lesões tipicamente têm aspecto de múltiplos pequenos cistos agrupados ou esparsos na cavidade peritoneal e são localizadas na pelve, no omento ou na região subdiafragmática direita (Figura 13).

Cistos de inclusão peritoneal

São acúmulos líquidos causados por aderências/loculações na cavidade peritoneal. O local de apresentação mais comum é a cavidade pélvica, que envolve os ovários, acometendo mulheres em idade fértil e com história de cirurgia

34 PERITÔNIO E MESENTÉRIOS   909

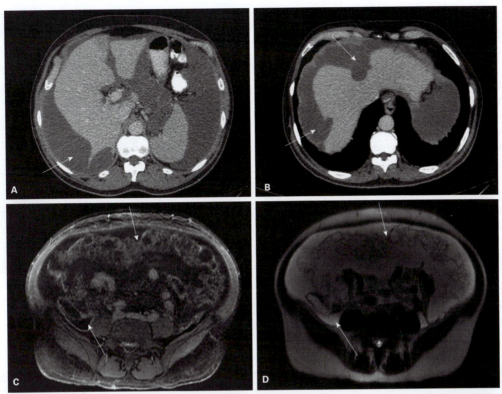

Figura 12   Pseudomixoma peritoneal. A e B: Tomografia computadorizada mostrando conteúdo peritoneal (mucinoso) que deforma os contornos do fígado. C e D: Ressonância magnética mostrando lesão na base do apêndice cecal com formação de mucocele e lesões peritoneais com grande quantidade de conteúdo cístico (mucinoso).

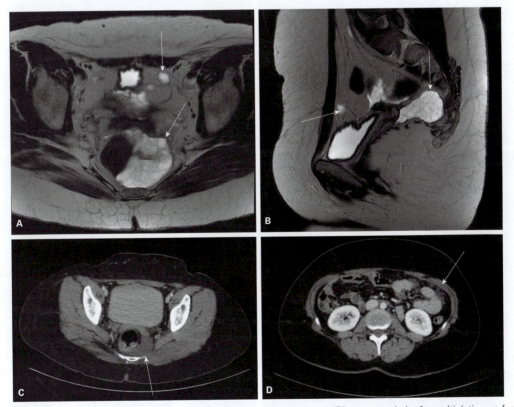

Figura 13   Mesotelioma multicístico. Ressonância magnética em sequência axial T2, mostrando lesão multicística no fundo de saco peritoneal (A) e a mesma lesão na sequência sagital (B). Tomografia computadorizada evidenciando a lesão no fundo de saco peritoneal (C) e focos da lesão no omento (D).

pélvica ou doença inflamatória pélvica. O líquido acumulado no peritônio durante a ovulação fica preso por conta das aderências, podendo simular um tumor (Figura 14).

Lesões císticas mesentéricas (cistos mesentéricos)

Cisto mesentérico é um termo genérico para descrever uma massa cística no mesentério, que pode corresponder a linfangioma, cistos de duplicação intestinal, pseudocistos não pancreáticos e outras lesões raras. Podem ser achados incidentais ou por investigação relacionada a alguma complicação, como obstrução intestinal/volvo, aumento do volume abdominal e infecção.

Linfangioma

O linfangioma é a lesão cística mais comum do mesentério. Apresenta-se como achado isolado de lesão cística com septos (Figura 15). A tomografia computadori-

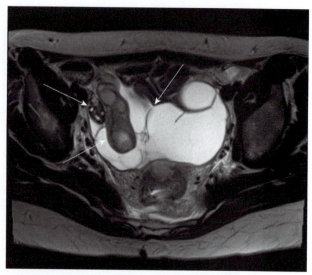

Figura 14 Cisto de inclusão peritoneal em paciente com história de doença inflamatória pélvica. Ressonância magnética mostrando acúmulo de líquido com septações na cavidade peritoneal da pelve envolvendo o ovário e a trompa dilatada à direita.

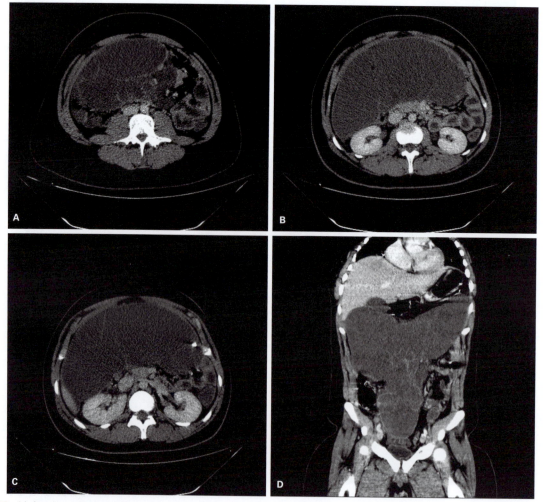

Figura 15 Linfangioma. Tomografia computadorizada mostrando massa cística multiloculada (A), com foco de calcificação (B) e foco de gordura (C). D: Massa no eixo coronal.

zada (TC) nem sempre evidencia os septos. Estudos de ultrassonografia (USG) e de ressonância magnética (RM) mostram melhor o aspecto interno desses cistos e podem contribuir com o diagnóstico. Podem estar presentes também pequenos focos de calcificação e gordura.

Cisto de duplicação intestinal

São raras malformações congênitas do trato gastrointestinal. Mais frequentemente, ocorrem no intestino delgado (sobretudo no íleo distal). Apresentam-se como estruturas císticas, às vezes alongadas, podendo ou não ter comunicação com alças intestinais. O aspecto mais específico dessa lesão, mas que nem sempre perceptível, é a visualização das camadas da parede intestinal, assim como é visto em alças normais. A USG é o melhor método para demonstrar a estratificação da parede intestinal, principalmente em crianças e com o uso de transdutores de alta frequência (Figura 16). A RM e a TC muitas vezes não conseguem ter definição dessa estratificação.

Pseudocistos não pancreáticos

É um termo genérico para definir uma cavidade cística encapsulada por tecido fibroso (e não epitelial) e mais comumente está relacionado a história de um hematoma ou infecção. Em geral, suas paredes são espessadas e existem debris/conteúdo espesso no interior da lesão.

Cisto mesotelial

São tumores benignos raros, mais comuns em mulheres jovens, possivelmente congênitos. Os locais mais frequentes de acometimento são o mesentério e o íleo. Geralmente, são pequenos e assintomáticos.

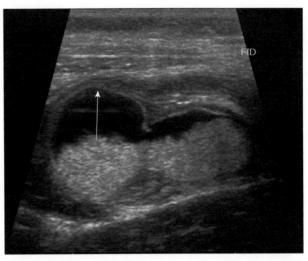

Figura 16   Cisto de duplicação intestinal no íleo terminal. Ultrassonografia mostrando lesão cística com conteúdo espesso e estratificação de suas paredes (linha interna hiperecogênica: mucosa; camada hipoecogênica externa: muscular própria).

Bibliografia sugerida

1. Marques DT, Tenório de Brito Siqueira L, Franca Bezerra RO, Menezes MR, de Souza Rocha M, Cerri GG. Imaging evaluation of peritoneal disease: overview of anatomy and differential diagnosis. Radiographics. 2014;34(4):962-3.
2. Tirkes T, Sandrasegaran K, Patel AA, Hollar MA, Tejada JG, Tann M. Peritoneal and retroperitoneal anatomy and its relevance. Radiographics. 2012;32(2):437-51.
3. Yoo E, Kim JH, Kim MJ, Yu JS, Chung JJ, Yoo HS. Greater and lesser omenta. Normal anatomy and pathologic processes. Radiographics. 2007;27(3):707-20.
4. Pickhardt PJ, Bhalla S. Unusual nonneoplastic peritoneal and subperitoneal conditions: CT findings. Radiographics. 2005;25(3):719-30.
5. Levy AD. Peritoneum and mesentery. Part I: anatomy. Radiology Assistant. 2009. Disponível em: www.radiologyassistant.nl
6. Levy AD. Peritoneum and mesentery. Part II: pathology. Radiology Assistant. 2009. Disponível em: www.radiologyassistant.nl

35

Retroperitônio

Gisele Warmbrand
Rosângela Pereira Maciel
Tatiana Cortez Romero

Introdução

O retroperitônio pode ser acometido por um largo espectro de patologias, desde coleções e hemorragias a linfonodomegalias, fibrose, tumores primários e secundários. Em geral, a tomografia computadorizada (TC) é o padrão-ouro para a avaliação das patologias retroperitoneais, em conjunto com a ressonância magnética. Porém, é importante enfatizar o papel da ultrassonografia (USG). Por não apresentar radiação ionizante, pode ser utilizada de maneira seriada para controle de coleções/hemorragias, como guia para procedimentos invasivos, além de apresentar uma importante vantagem quanto à sua portabilidade em relação aos outros métodos, permitindo a avaliação de pacientes graves quando suas condições clínicas impedem saída do leito.

Definições anatômicas

O espaço retroperitoneal contém uma variedade de órgãos de diferentes sistemas associados a inúmeras patologias. Seus limites determinam os locais por onde as doenças retroperitoneais vão se disseminar, portanto seu conhecimento é imprescindível para estabelecer a etiologia dos diferentes distúrbios.

O retroperitônio é delimitado anteriormente pelo peritônio parietal posterior e pela fáscia transversal, posteriormente. Estende-se superiormente desde o diafragma até a cavidade pélvica, inferiormente. Classicamente é subdividido em três compartimentos (Figuras 1 e 2):

- Espaço pararrenal anterior: delimitado pelo peritônio parietal posterior, anteriormente; pela fáscia renal anterior (fáscia de Gerota) posteriormente; e pelas fáscias lateroconais, lateralmente. Neste espaço estão contidos os segmentos não peritonizados dos cólons ascendente e descendente, segunda, terceira e quarta porções do duodeno e pâncreas. Consequentemente, é sitio para uma grande variedade de infecções, neoplasias e distúrbios inflamatórios.
- Espaço perirrenal: situa-se entre a fáscia renal anterior (fáscia de Gerota) e a fáscia renal posterior (fáscia de Zuckerkandl), que em conjunto compreendem a fáscia perirrenal. Neste espaço estão contidos os rins, as artérias e veias renais, glândulas adrenais, pelve renal, ureteres proximais, linfáticos e gordura perirrenal.
- Espaço pararrenal posterior: delimitado anteriormente pela fáscia renal posterior (fáscia de Zuckerkandl) e posteriormente pela fáscia transversal. Anterolateralmente o espaço pararrenal posterior se comunica com o espaço pré-peritoneal, e caudalmente com a região posterior da pelve. No espaço pararrenal posterior não há órgãos sólidos, apenas tecido fibroadiposo e vasos sanguíneos.

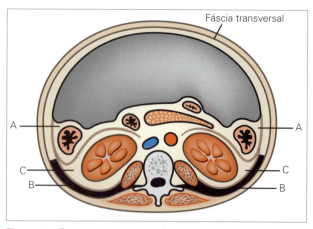

Figura 1 Esquema representativo dos compartimentos retroperitoneais. Corte transversal. A: Espaço pararrenal anterior; B: espaço pararrenal posterior; C: espaço perirrenal.

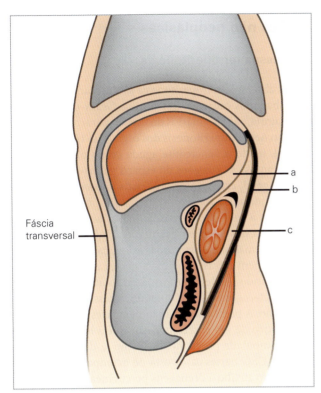

Figura 2 Esquema representativo dos compartimentos retroperitoneais. Corte longitudinal. a: Espaço pararrenal anterior; b: espaço pararrenal posterior; c: espaço perirrenal.

A tradicional compartimentalização anatômica descrita previamente não explica por completo a disseminação das coleções ou dos tumores do retroperitôneo. Acredita-se, atualmente, que a fáscia perirrenal seja uma estrutura multilaminada com planos interfasciais potencialmente expansíveis. Estes são denominados planos retromesentérico, retrorrenal, lateroconal e agrupamento interfascial (em inglês: *combined interfascial plane*).

O plano retromesentérico é um plano potencialmente expansível localizado entre o espaço pararrenal anterior e o espaço perirrenal. Os planos retromesentéricos, direito e esquerdo, se comunicam na linha média, anteriormente aos grandes vasos. Esses espaços fornecem potencial rota de difusão contralateral de coleções retroperitoneais.

O plano retrorrenal é um plano potencialmente expansível localizado entre o espaço perirrenal e o espaço pararrenal posterior. Este plano não cruza a linha média, pois é interrompido pelo plano dos grandes vasos. Coleções do espaço pararrenal anterior e do plano retromesentérico podem estender-se até o espaço retrorrenal. Este plano se une ao plano retromesentérico inferiormente, formando o plano do agrupamento interfascial, e estende-se até a pelve, anteriormente ao músculo psoas e pode ser uma rota de disseminação de algumas infecções como a tuberculose.

O plano lateroconal é um espaço potencialmente expansível localizado entre as camadas da fáscia lateroconal que se comunica aos planos retromesentérico e retrorrenal.

Os espaços pélvicos extraperitoneais são divididos em: pré-vesical, perivesical, paravesical e perirretal (Figura 3). O espaço pré-vesical localiza-se anterior e lateralmente à fáscia vesicoumbilical, e profundamente à fáscia transversal. Estende-se até a região umbilical e comunica-se com a gordura pré-peritoneal e o espaço pararrenal posterior.

O espaço perivesical é limitado pela fáscia vesicoumbilical e contém a bexiga, o úraco e as artérias umbilicais obliteradas.

O espaço paravesical situa-se lateralmente à fáscia pélvica visceral, que cursa ao longo das bordas laterais dos órgãos pélvicos com orientação anteroposterior, e medialmente à fáscia pélvica parietal que recobre a musculatura pélvica.

O espaço perirretal é limitado pela fáscia pélvica visceral.

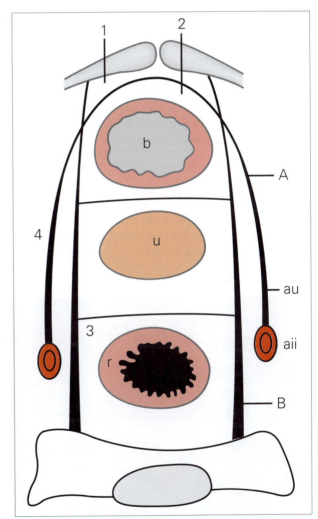

Figura 3 Esquema representativo dos compartimentos pélvicos extraperitoneais de uma mulher. Corte transversal. A: Fáscia vesicoumbilical; B: fáscia pélvica visceral; aii: artéria ilíaca interna; au: artéria umbilical obliterada; b: bexiga; r: reto; u: útero.1: espaço pré-vesical; 2: espaço perivesical; 3: espaço perirretal; 4: espaço paravesical. A fáscia vesicoumbilical encontra-se num plano mais cranial que a parte anterior da fáscia pélvica visceral.

Técnica ultrassonográfica e aspectos gerais

O exame ultrassonográfico das estruturas retroperitoneais é limitado pela interposição de gás no interior das alças intestinais e pelo biotipo do paciente. Por isso, é necessário jejum prévio de 8 a 12 horas, e em casos específicos realizar preparo intestinal com uso de laxantes e antifiséticos. A compressão do transdutor contra a parede abdominal muitas vezes se torna necessária, com a finalidade de afastar as alças intestinais interpostas. Pode-se ainda utilizar alguns artifícios como ingestão de água, já que o estômago repleto permite avaliar melhor o pâncreas e a região peripancreática.

O exame do retroperitônio compreende a avaliação do pâncreas, rins, aorta e veia cava inferior, artérias e veias ilíacas, artéria mesentérica superior, pilares diafragmáticos, músculos psoas e quadrado lombar e vasos femorais comuns. O pilar diafragmático direito é mais largo e espesso e, portanto, mais facilmente visualizado que o esquerdo (Figura 4). O fígado deve ser utilizado como janela acústica para avaliação dessa estrutura à direita. Assim, utilizando as noções anatômicas dos planos retroperitoneais e o conhecimento da relação entre os diferentes órgãos é possível, por meio da USG, indicar se determinada lesão encontra-se no espaço intra ou extraperitoneal.

Patologias

O retroperitônio pode estar acometido em um largo espectro de patologias. Para fins didáticos dividiremos em lesões não neoplásicas e neoplásicas.

Lesões não neoplásicas

Abscessos retroperitoneais

Os abscessos retroperitoneais são tipicamente processos subagudos causados por bacilos Gram-negativos. Na sua maioria, são originários do espaço pararrenal anterior das porções extraperitoneais dos órgãos do trato gastrointestinal, tendo a pancreatite aguda como uma das principais causas. As coleções do espaço pararrenal posterior são, em geral, extensão de processos infecciosos de outro local e aquelas do espaço perirrenal são muitas vezes secundárias a infecções renais. É importante lembrar, em nosso meio, das coleções secundárias à infecção por tuberculose, normalmente associadas à doença óssea (Figura 5).

A imagem ultrassonográfica nesses casos é inespecífica, variando desde uma formação totalmente anecogênica a heterogênea com conteúdo espesso ou debris em suspensão. A presença de gás aumenta a especificidade do diagnóstico de um abscesso, desde que a lesão não tenha sido manipulada previamente. Como já descrito, a utilidade da USG nestes casos está no acompanhamento das lesões e no auxílio a drenagens percutâneas.

Hemorragias/hematomas

A hemorragia retroperitoneal pode ser espontânea, pós-traumática ou secundária a outros processos, como coagulopatias, lesões vasculares e iatrogenia (pós-punção renal, litotripsia, cirurgias vasculares). A hemorragia espontânea classicamente se origina no espaço pararrenal posterior, podendo se estender até a gordura intraperito-

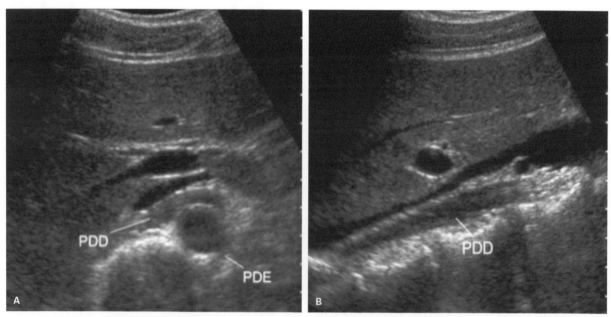

Figura 4 A: Corte transversal demonstrando o pilar diafragmático direito (PDD) e pilar diafragmático esquerdo (PDE). B: Corte longitudinal do pilar diafragmático direito.

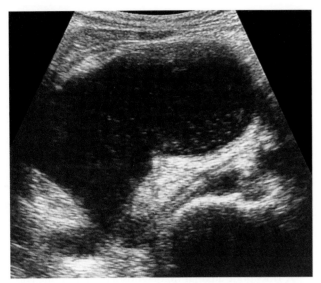

Figura 5 Abscesso retroperitoneal. Coleção líquida espessa, com debris, em paciente com tuberculose.

Ao ultrassom, a imagem em geral é de uma formação cística anecogênica, podendo mais raramente apresentar-se como formação complexa e multisseptada. O diagnóstico diferencial das linfoceles se faz principalmente com seromas e cistos retroperitoneais.

Urinoma

O urinoma é uma coleção não capsulada de extravasamento agudo ou crônico de urina. É geralmente encontrada no espaço perirrenal, podendo se estender para os planos interfasciais. É causado por uropatias obstrutivas (mais comum), trauma ou complicações de procedimentos urológicos. À USG, aparece como imagens anecogênicas ou hipoecogênicas.

neal, ao músculo psoas, pelve ou parede abdominal anterior. As hemorragias de origem traumática tendem a ficar confinadas aos planos interfasciais e a ser clinicamente incontroláveis quando se observa extensão para os planos subfasciais. Os sangramentos causados por ruptura de aneurisma da aorta tendem a ficar retidos no plano do músculo psoas, mas também podem se estender ao plano retrorrenal esquerdo.

Ao ultrassom, o aspecto da hemorragia retroperitoneal varia na sua ecotextura conforme o tempo de evolução. As hemorragias agudas se apresentam predominantemente anecogênicas, evoluindo para uma lesão complexa com áreas anecogênicas associadas a outras hiperecogênicas móveis, que representam o sangue coagulado. Tardiamente, com a reabsorção dos coágulos, a imagem torna-se novamente anecoica (Figura 6).

O diagnóstico diferencial do hematoma ao ultrassom se faz principalmente com os abscessos. Deve-se lembrar que as duas patologias podem estar presentes simultaneamente e a associação com a clínica do paciente é fundamental para o diagnóstico.

Linfocele

Linfoceles são coleções císticas, sem revestimento epitelial, que aparecem cerca de 3 a 4 semanas após as linfadenectomias (em mais de 30% dos pacientes) ou transplante renal (em mais de 18% dos pacientes). Na sua grande maioria, há resolução espontânea sem necessidade de tratamento específico. Este, quando necessário, pode ser feito por drenagem percutânea com auxílio do ultrassom, cirúrgica ou com uso de agentes esclerosantes.

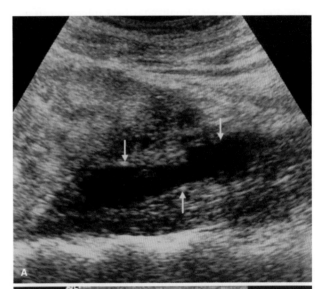

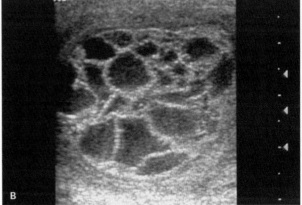

Figura 6 A: Hematoma agudo no músculo psoas em paciente hemofílico. Corte longitudinal mostra coleção praticamente anecogênica (setas) no interior do músculo psoas. B: Hematoma subagudo retroperitoneal. Corte transversal da fossa ilíaca mostra coleção complexa, com áreas anecogênicas, hipoecogênicas e hiperecogênicas. Cortesia do Dr. Osmar C. Saito.

Fibrose retroperitoneal

A fibrose retroperitoneal engloba uma gama de doenças caracterizadas pela proliferação aberrante de tecido fibroso, que geralmente envolve a aorta abdominal infrarrenal, veia cava inferior e vasos ilíacos. Esse processo pode estender-se às estruturas vizinhas, levando muitas vezes à obstrução dos ureteres e, eventualmente, à insuficiência renal. A forma idiopática da fibrose retroperitoneal responde por mais de dois terços dos casos; o restante dos casos são secundários ao uso de medicamentos, neoplasias ou infecções. O quadro clínico mais frequente é de dor lombar e nos flancos e perda de peso. Sintomas relacionados aos sistemas urinário e gastrointestinal também podem estar presentes (náuseas, vômitos, anorexia e mal-estar).

A USG, em geral, apresenta baixa sensibililidade para detecção da fibrose retroperitoneal. Alterações iniciais e sutis podem não ser visualizadas pela interposição gasosa de alças intestinais. Tipicamente, essa lesão é vista como uma formação iso ou hipoecogênica, bem delimitada e de contornos irregulares no nível da coluna lombar ou sacral, podendo estender-se superiormente, atingindo os hilos renais (Figura 7 e 8). A USG abdominal pode revelar diferentes graus de urétero-hidronefrose uni ou bilateral decorrente da obstrução ureteral. Outras massas retroperitoneais devem ser incluídas no diagnóstico diferencial, como o linfoma, sarcoma, hematoma e amiloidose.

Lesões neoplásicas

Linfonodomegalias

Os linfonodos retroperitoneais geralmente apresentam localização perivascular, junto à aorta, veia cava inferior e vasos ilíacos. A USG e a TC, método eletivo, têm como objetivo detectar linfonodos patológicos. A diferenciação pela imagem entre linfonodos reacionais e linfonodos metastáticos é baseada principalmente nas suas dimensões, com diferentes valores a depender da sua localização: no abdome, os linfonodos patológicos são aqueles que são encontrados isoladamente e maiores que 1,5 cm no seu maior eixo ou múltiplos maiores que 1,0 cm; linfonodos retrocrurais maiores que 0,6 cm e pélvicos maiores que 1,5 cm. Também deve-se considerar morfologia, ecotextura e vascularização com auxílio do Doppler colorido e de amplitude. A maioria dos linfonodos normais apresentam formato mais ovalado, são homogêneos com hilo gorduroso, enquanto linfonodos patológicos são mais arredondados e com distorção da sua arquitetura vascular.

O linfoma é a neoplasia maligna mais comum do retroperitônio, seguido das metástases. Entre as raras patologias benignas é possível citar: a sarcoidose, hepatite, doença de Whipple, doença de Castleman e a hiperplasia reativa em usuários de drogas.

Linfoma

O linfoma tipicamente se inicia como uma linfonodomegalia local que se dissemina pelos linfáticos aos linfonodos adjacentes, comumente no retroperitônio e, algumas vezes, sistemicamente. Podem se formar massas de conglomerados linfonodais que infiltram o espaço perirrenal. Enquanto o linfoma Hodgkin tende a manter-se confinado ao baço e ao retroperitônio com disseminação da doença por canais linfáticos contíguos, o linfoma não Hodgkin mais comumente envolve grupos nodais descontínuos e estruturas extranodais.

A USG pode auxiliar no diagnóstico do linfoma, com detecção e mensuração dos linfonodos e avaliação da extensão da doença.

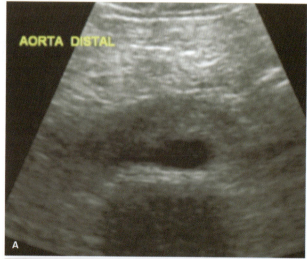
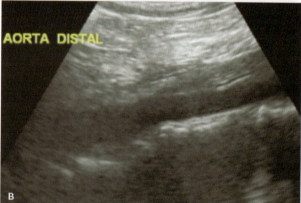

Figura 7 Fibrose retroperitoneal. A: Corte transversal do segmento distal da aorta abdominal. B: Corte longitudinal.

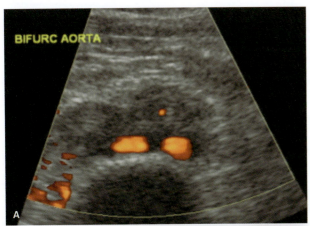
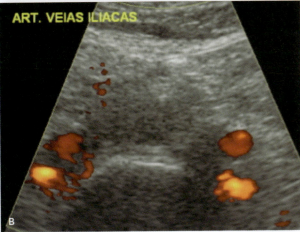

Figura 8 Fibrose retroperitoneal. Imagens no modo B e Doppler colorido, demonstrando fluxo apenas no interior dos vasos. A: Corte transversal da bifurcação da aorta abdominal. B: Corte transversal das artérias e veias ilíacas.

Tumores retroperitoneais

Em razão da difícil acessibilidade da região e, uma vez que esses tumores são frequentemente assintomáticos ou apresentam sintomas inespecíficos, no momento do diagnóstico são, geralmente, massas de tamanho substancial. Os sarcomas compreendem um terço dos tumores retroperitoneais, com dois subtipos histológicos predominantes: o lipossarcoma (70%) e o leiomiossarcoma (15%). Ao exame ultrassonográfico, o lipossarcoma pode apresentar-se como uma massa hiperecogênica, enquanto o leiomiossarcoma mostra um maior espectro de apresentação, desde pequenas massas sólidas no interior de vasos, com importante papel do Doppler colorido no acompanhamento de tais lesões, a massas sólidas de paredes irregulares com focos de necrose.

Os tumores benignos, muitas vezes, são um achado incidental durante uma investigação de sintomas inespecíficos. As patologias neoplásicas benignas mais comuns do retroperitônio e incluem os tumores neurogênicos (schwannomas, neurofibromas), paragangliomas (funcionantes e não funcionantes), angiomiolipomas renais e lipomas retroperitoneais benignos. Os sarcomas sempre devem ser considerados como diagnóstico diferencial.

Os tumores neurogênicos em geral apresentam-se à USG como nódulos ou massas hipoecogênicas com reforço acústico posterior, simulando imagens císticas. Já os paragangliomas têm aspecto variável, desde massas sólidas homogêneas a massas heterogêneas com áreas de hemorragia e calcificação.

Bibliografia sugerida

1. Caiafa RO, Vinuesa AS, Izquierdo RS, Brufau BP, Ayuso Colella JR, Molina CN. Retroperitoneal fibrosis: role of imaging in diagnosis and follow-up. Radiographics. 2013;33(2):535-52.
2. Goenka AH, Shetal N, Erick M. Imaging of the retroperitoneum. Radiol Clin North Am. 2012;50(2):333-55.
3. Lee SL, Young MK, Sung ER. Comprehensive reviews of the interfascial plane of the retroperitoneum: Normal anatomy and pathologic entities. Emergency Radiology. 2010;17(1):3-11.
4. Sanyal R, Erick MR. Radiology of the retroperitoneum: case-based review. Am J Roentgenol. 2009;192(6):S112-7.
5. Strauss DC, Hayes AJ, Thomas JM. Retroperitoneal tumours: review of management. Am R Coll Surg Engl. 2011;93(4):275-80.
6. Rajiah P, Sinha R, Cuevas C, Dubinsky TJ, Bush WH Jr, Kolokythas O. Imaging of uncommon retroperitoneal masses. Radiographics. 2011;31(4):949-76.
7. Tirkes T, Sandrasegaran K, Patel AA, Hollar MA, Tejada JG, Tann M, et al. Peritoneal and retroperitoneal anatomy and its relevance for cross-sectional imaging. Radiographics. 2012;32(2):437-51.

36

Baço

Iraí Oliveira

Baço normal

O baço é citado por muitos autores como um órgão "esquecido" ou misterioso, pela relativa baixa prevalência de lesões quando comparado a outros órgãos abdominais e pela dificuldade diagnóstica por meio dos métodos de imagem quando alterações focais são observadas. A baixa incidência de lesões focais no baço pode ser atribuída à alta concentração de células do sistema imunológico no baço, que provêm um bom mecanismo de defesa contra infecções e infiltrações tumorais. Entretanto, um grande espectro de doenças pode envolver esse órgão, variando de doenças benignas a malignas, alterações focais a difusas, além de variantes da normalidade. Traremos neste capítulo um resumo das principais alterações encontradas na prática clínica e do papel dos diferentes métodos de imagem na avaliação diagnóstica.

O baço representa o maior órgão linfoide do nosso corpo, apresentando um papel fundamental na defesa imunológica. É um órgão intraperitoneal localizado no quadrante superior esquerdo, tendo os ligamentos gastroesplênico e esplenorrenal como suporte anatômico. É um órgão linfático dividido em dois compartimentos histológicos: as polpas vermelha e branca. A polpa branca é composta de linfócitos B e T e a polpa vermelha é composta de sinusoides venosos tortuosos. A polpa branca do baço é um importante componente do sistema imune, enquanto a polpa vermelha desempenha papel fundamental no controle da população de células sanguíneas. Além disso, no período pré-natal a polpa vermelha tem a função de produzir células sanguíneas, funcionando como um órgão hematopoiético.

O seu aspecto habitual nas principais modalidades de exames de imagem é o seguinte:

- Ultrassonografia (USG): parênquima homogêneo com ecotextura intermediária a baixa, discretamente mais ecogênico do que o córtex renal normal, iso a discretamente hiperecogênico em relação ao parênquima hepático.
- Tomografia computadorizada (TC): atenuação em torno de 40 a 60 UH na fase pré-contraste, inferior a do fígado (cerca de 5-10 UH menor), com realce arterial precoce heterogêneo (por vezes chamado de padrão arciforme) por conta do fluxo variado de sangue das polpas vermelha e branca, tornando-se homogêneo na fase portal.
- Ressonância magnética (RM): apresenta baixo sinal em T1 e alto sinal em T2 (mais alto do que o parênquima hepático), com alto sinal habitual nas imagens de difusão e padrão de realce semelhante ao observado na TC.

Papel dos exames de imagem

Com o amplo uso dos métodos de imagem, muitas das alterações esplênicas são achados incidentais de exames, sendo lesões benignas mais comuns do que malignas. Infelizmente, poucas lesões apresentam um padrão de imagem típico o suficiente para um diagnóstico final, sendo muitas vezes necessário confirmação histológica, por meio de biópsia percutânea e sobretudo esplenectomia.

A USG muitas vezes é o primeiro exame radiológico realizado, pela sua ampla disponibilidade e baixo custo. Tem como vantagens a ausência de radiação ionizante (sendo muito utilizada sobretudo em crianças e adultos) e a possibilidade de realização à beira do leito. Em contrapartida, por conta de sua posição subdiafragmática, o baço pode ser de difícil acesso ao método, particularmente em pacientes não colaborativos; além disso, muitas vezes o padrão observado, sobretudo de lesões sólidas, é pouco específico para o diagnóstico final, sendo necessária complementação com outras modalidades radiológicas.

A TC e a RM apresentam um grande papel na avaliação das alterações esplênicas, permitindo avaliação completa do órgão e suas relações anatômicas, avaliação dos demais órgãos abdominais e de possíveis alterações associadas, muitas vezes permitindo também estreitar o diagnóstico diferencial.

A RM tem sido um método cada vez mais utilizado, em virtude de sua resolução espacial e das informações adicionais que podem ser obtidas em algumas de suas sequências. Apesar dos avanços, autores têm demonstrado que o sinal de lesões focais em T1 e T2 não costuma ser específico para o diagnóstico, sendo de grande valor o uso das imagens após a administração do meio de contraste endovenoso e da sequência de difusão. No estudo de Jang et al. com 53 pacientes, o sinal em T1 e T2 não foi significativamente diferente entre lesões benignas e malignas, assim como tamanho e margens. A performance diagnóstica para a avaliação de lesões malignas melhorou significativamente após a análise das imagens de difusão e 90,9% das lesões malignas demonstraram achados na difusão sugestivos de malignidade (hiper ou isossinal na sequência de difusão e iso ou hipossinal no mapa de coeficientes de difusão aparente – ADC). Nesse estudo, todas as lesões esplênicas malignas demonstraram um padrão de realce hipovascular progressivo e o padrão hipervascular foi observado apenas em lesões benignas. Esses dois critérios parecem, portanto, ser os mais úteis na diferenciação entre lesões benignas e malignas na RM. Em outro estudo realizado por Dhyani et al., USG e TC não foram considerados suficientes para chegar a um diagnóstico definitivo em uma lesão esplênica não cística com base na imagem inicial. A RM foi, por outro lado, uma modalidade útil para o diagnóstico de lesões esplênicas benignas, sendo diagnóstica em 71% desses casos. Esses autores acreditam que a RM deve ser realizada para todas as lesões incidentais do baço. O PET/CT foi uma modalidade útil na avaliação de lesões esplênicas em pacientes com uma história de neoplasia primária, atingindo uma avaliação correta em 100% das lesões esplênicas nessa população.

Esses mesmos autores sugerem um algoritmo na investigação de uma lesão esplênica focal não cística em pacientes pediátricos e adultos jovens (Quadro 1). Apesar de os casos incluídos no estudo serem limitados a pacientes com menos de 30 anos, talvez essa proposta de investigação possa ser extrapolada para faixas etárias mais velhas.

Variantes da normalidade/alterações benignas

Baço acessório

Representa um foco congênito de tecido esplênico normal heterotópico separado do parênquima esplênico principal. É a anomalia congênita mais comum, detectada em 10-30% dos pacientes em autópsias e em 16% das TC.

É um achado muito comum em exames de imagem, sem significado clínico. Sua importância se deve à possibilidade de ser confundido com lesão sólida abdominal, sobretudo em pacientes oncológicos, além da possibilida-

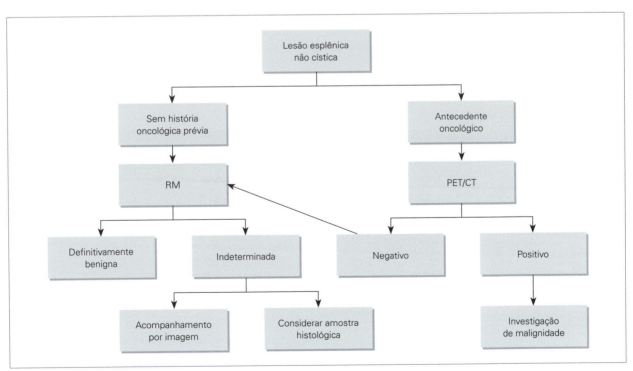

Fluxograma 1 Fluxograma sugerido na investigação de lesões esplênicas.
Fonte: Adaptada de Dhyani, 2013.

Quadro 1 Escala de lesão traumática esplênica da Associação Americana para Cirurgia do Trauma (AAST) (revisão de 1994)

Grau*	Tipo	Descrição da lesão
I	Hematoma	Subcapsular, ocupando menos de 10% da superfície
I	Laceração	Rotura capsular, estendendo-se por menos de 1 cm de profundidade no parênquima
II	Hematoma	Subcapsular, ocupando 10-50% da superfície Intraparenquimatoso menor do que 5 cm de diâmetro
II	Laceração	Estende-se por 1-3 cm, sem envolver vasos trabeculares
III	Hematoma	Subcapsular, ocupando mais de 50% da superfície ou em expansão; hematoma subcapsular ou parenquimatoso roto Intraparenquimatoso maior do que 5 cm de diâmetro ou em expansão
III	Laceração	Maior do que 3 cm ou envolvendo vasos trabeculares
IV	Laceração	Laceração envolvendo vasos segmentares ou hilares, produzindo grande desvascularização (> 25% do baço)
V	Laceração	Baço completamente fragmentado
V	Vascular	Lesão vascular com baço desvascularizado

* O grau é elevado no caso de múltiplas lesões, até o grau III.
Fonte: Adaptada de Moore, 1995.

Quadro 2 Graduação de lesões traumáticas esplênicas, incluindo lesão vascular

Grau	Critério
1	Hematoma subcapsular < 1 cm de espessura Laceração < 1 cm de profundidade no parênquima Hematoma parenquimatoso < 1 cm de diâmetro
2	Hematoma subcapsular de 1 a 3 cm de espessura Laceração com 1 a 3 cm de profundidade no parênquima Hematoma parenquimatoso com 1-3 cm de diâmetro
3	Rotura capsular esplênica Hematoma subcapsular > 3 cm de espessura Laceração > 3 cm de profundidade no parênquima Hematoma parenquimatoso > 3 cm de diâmetro
4ª	Sangramento ativo intraparenquimatoso e subcapsular esplênico Lesão vascular esplênica (pseudoaneurisma ou fístula arteriovenosa) Baço multifragmentado
4b	Sangramento ativo intraperitoneal

Fonte: Adaptada de Marmery, 2007.

Quadro 3 Resumo de lesões esplênicas

Lesões parenquimatosas difusas	Alterações não neoplásicas	Lesões benignas	Lesões malignas
Esplenomegalia	Baço acessório	Hemangioma	Metástases
Sarcoidose	Esplenose	Hamartoma	Linfomas
Doença de Gaucher	Baço vagante	SANT	Angiossarcoma
Hemocromatose	Poliesplenia/asplenia	Angioma de células litorâneas	
Amiloidose	Trauma	Linfangioma	
Hemoglobinopatias	Cistos	Pseudotumor inflamatório	
Púrpura trombocitopênica idiopática	Corpúsculos de Gamma-Gandy		
	Hematopoiese extramedular		
	Infarto		
	Abscessos bacterianos e fúngicos		
	Tuberculose		
	Hidatidose		

de de recorrência de doença após esplenectomia em pacientes com doenças hematológicas e autoimunes.

- Achado de imagem: pequena lesão arredondada e bem delimitada, em geral junto ao hilo esplênico. Podem também ocorrer ao longo dos vasos esplênicos, nos ligamentos gastroesplênico e esplenorrenal, dentro da cauda do pâncreas, na parede gástrica, no grande omento ou no mesentério, ou mesmo na pelve e no escroto (descrito como fusão esplenogonadal). Apresentam características semelhantes ao parênquima esplênico normal em todas as modalidades de imagem, devendo ser comparado com este em todas as fases e sequências disponíveis na TC e na RM.

A cintilografia com Tc-99m enxofre coloidal é a técnica mais sensível para detecção de tecido esplênico ectópico e pode ser adicionalmente utilizada nesses casos.

Esplenose

Presença de tecido ectópico esplênico na cavidade abdominal após a remoção do baço. É uma condição adquirida secundária ao implante de células esplênicas após esplenectomia ou trauma. Pode ser encontrada em qualquer localização, inclusive extraperitoneal. Achado benigno, porém pode ser confundido com outras lesões sólidas, principalmente com implantes peritoneais em pacientes oncológicos. Nesse contexto, a ausência do baço e a história clínica são fundamentais para o diagnóstico, sobretudo por causa da maior incidência após lesões traumáticas. O tamanho é variado e geralmente são observados múltiplos focos. Apresentam padrão de imagem semelhante ao tecido esplênico normal, com realce heterogêneo na fase arterial e homogeneização nas fases venosas na TC e RM (Figura 1). Caso persista dúvida diagnóstica quanto à origem do tecido, uma ferramenta que pode ser utilizada é a cintilografia com enxofre coloidal, exame de medicina nuclear capaz de detectar presença de tecido esplênico.

Baço vagante ("wandering spleen")

Termo utilizado para denotar a migração do baço de sua localização habitual para uma posição mais baixa na cavidade abdominal resultante de frouxidão ou mau desenvolvimento dos ligamentos de suporte (gastroesplênico e esplenorrenal). A localização mais comum é no abdome médio à esquerda. Pode ser uma alteração congênita ou adquirida. É mais comum em mulheres, na faixa dos 20 aos 40 anos.

Os pacientes podem se apresentar com dor abdominal não específica e massa palpável; crianças podem ter dor abdominal aguda. A presença de um pedículo longo e hipermóvel aumenta o risco de torção e trauma.

Imagem: ausência do baço em sua localização habitual (quadrante superior/região subfrênica à esquerda) e uma massa sólida com o formato semelhante ao baço em outra topografia. A TC pode ser especialmente útil na detecção de torção (aspecto em redemoinho dos vasos esplênicos) e de infarto do parênquima (atenuação consideravelmente menor do que a do fígado na fase pré-contraste e perda do realce habitual pós-contraste).

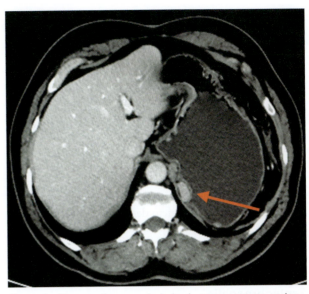

Figura 1 Tomografia computadorizada com contraste endovenoso, fase portal, cortes axiais. Nódulo com realce pelo meio de contraste junto ao estômago e à cúpula diafragmática esquerda em paciente com antecedente de esplenectomia, sugestivo de foco de esplenose.

Poliesplenia e asplenia

Fazem parte do espectro de alterações anatômicas conhecidas como heterotaxia/síndromes heterotáxicas. Em geral, são síndromes muito complexas, com apresentação bastante variável.

A síndrome de poliesplenia é uma normalidade congênita multissistêmica caracterizada por múltiplas pequenas massas esplênicas e achados de isomerismo esquerdo. Em geral diagnosticada precocemente na infância por conta das várias alterações cardíacas. Apresenta predileção feminina e a maioria dos pacientes com anomalias cardíacas graves vai a óbito ao redor dos 5 anos. Os pacientes também podem atingir a idade adulta assintomaticamente sem complicações e serem diagnosticados acidentalmente, quando apresentarem um coração normal ou alterações cardíacas menores.

A asplenia, por outro lado, refere-se à ausência congênita do baço e isomerismo direito. Apresenta predomínio masculino e associação com doença cardíaca congênita em 99-100% dos pacientes, em geral grave, levando a uma taxa de mortalidade muito alta (até 95% no primeiro ano de vida).

Achados de imagem:

- Poliesplenia: presença de múltiplos baços, em número variável, variando desde múltiplos e pequenos até um

único baço multilobulado com pequenos baços acessórios. O baço pode estar do lado direito ou esquerdo, mas sempre do mesmo lado do estômago, ao longo da grande curvatura (Figura 2).
- Asplenia: o baço está ausente em praticamente todos os pacientes, mas um baço de aspecto rudimentar pode ser visto.

Esses pacientes costumam apresentar outras anomalias dos órgãos abdominais, além das malformações cardíacas, como fígado situado na linha média, alteração da ramificação da veia porta e das vias biliares, atresia de vias biliares, pâncreas curto, vício de rotação intestinal, entre outros.

Alterações parenquimatosas difusas

Esplenomegalia

Manifestação comum e inespecífica de muitas doenças diferentes. A causa mais comum é hipertensão portal, frequentemente associada à hepatopatia crônica. Outras causas frequentes: doenças hematológicas (hemoglobinopatias, púrpura trombocitopenia idiopática, mielofibrose), doenças de depósito (doença de Gaucher, amiloidose, hemocromatose) e doenças do colágeno (lúpus eritematoso sistêmico, artrite reumatoide juvenil). As diferentes modalidades de exames de imagem podem ser usadas na sua avaliação, destacando-se também a importância e possibilidade de pesquisa de fatores etiológicos e doenças associadas.

Não há um consenso quanto ao critério diagnóstico de esplenomegalia. Na verdade, o tamanho do baço depende de uma série de fatores como idade, peso, índice de massa corpórea e sexo, sendo, portanto, difícil definir um único valor genérico para todos os indivíduos. Alguns sugerem uma medida prática em métodos seccionais, usando-se o valor de 13,0-15,0 cm no eixo craniocaudal como critério para esplenomegalia. Uma outra medida proposta é o índice esplênico, calculado como o produto das medidas do baço nos seus três eixos. O valor normal em diferentes estudos esteve em torno de 112-214.6 cm^3, com grande variabilidade. A apresentação clínica é variável, podendo variar de assintomática a franco hiperesplenismo, termo usado para denotar a remoção patológica de elementos hematopoiéticos pelo baço, levando a pancitopenia. Os sintomas também podem estar relacionados à apresentação clínica da causa etiológica da esplenomegalia.

- USG: aumento das dimensões esplênicas, sendo útil para a realização de suas medidas.
- TC e RM: ótimos métodos para avaliação das dimensões esplênicas, bem como dos seus possíveis fatores causais. Podem ser vistos também os corpúsculos de Gamma-Gandy (pequenos focos de depósito de hemossiderina).

Sarcoidose

É uma doença granulomatosa multissistêmica de etiologia incerta. Em geral, diagnosticada entre a terceira e a quarta décadas de vida, sendo as mulheres afetadas com mais frequência do que os homens. Pulmão e linfonodos são os sítios mais frequentemente envolvidos. O envolvimento extrapulmonar é observado em cerca de 30% dos pacientes, sendo o abdome a localização extratorácica mais comum. Dos órgãos abdominais, o fígado e o baço são os envolvidos com mais frequência pela doença. Em geral, o acometimento esplênico é assintomático.

A esplenomegalia pela sarcoidose é muitas vezes associada com envolvimento dos pulmões e do fígado. Pode se apresentar como uma infiltração homogênea do parênquima ou na forma de múltiplos nódulos.

- USG: baço aumentado e homogêneo, com linfonodomegalias no hilo esplênico e no retroperitônio. Pode ter uma forma nodular, com lesões múltiplas e hipoecogênicas de tamanhos variados.
- TC: esplenomegalia, lesões múltiplas mal delimitadas e discretamente hipoatenuantes, em geral sem realce ou com realce mínimo pelo meio de contraste (Figura 3).
- RM: os nódulos costumam ter baixo sinal em todas as sequências, podendo ajudar a diferenciá-los de infec-

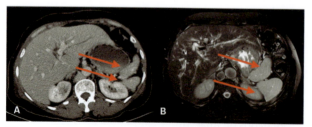

Figura 2 Paciente com síndrome heterotáxica e múltiplos baços de dimensões reduzidas no hipocôndrio esquerdo observados em imagens axiais de tomografia computadorizada com contraste (A) e imagens de ressonância magnética ponderadas em T2 (B).

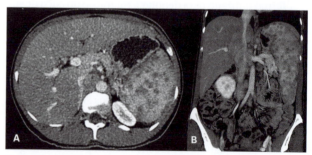

Figura 3 Imagens axiais e coronais de tomografia computadorizada com contraste endovenoso, fase portal, demonstrando baço de dimensões aumentadas com múltiplas pequenas lesões hipocontrastantes difusas pelo parênquima, em um paciente com diagnóstico de sarcoidose.

ções agudas. Costumam ser hipovascularizados, com mínimo realce. As lesões podem ser discretas, mas tendem a coalescer com o aumento do tamanho. Outro achado que pode ser observado é a irregularidade de contornos do baço.

Trauma

O baço é o órgão intra-abdominal que mais comumente se rompe em trauma, e é particularmente suscetível a lesões no contexto de trauma abdominal fechado por conta de suas conexões ligamentares complexas e a consistência do parênquima, correspondendo a até 25-40% das lesões de vísceras abdominais no trauma. Outras causas incluem lesões iatrogênicas (p. ex., após biópsias), além da possibilidade de hematomas relacionados ao uso de anticoagulação. O diagnóstico de pequenas lesões traumáticas pode ser difícil, por conta dos sintomas e alterações de exame físico serem mínimos ou ausentes. Mas pode se apresentar como dor abdominal aguda e com choque hipovolêmico, em razão do grande suprimento vascular do baço.

A TC é a modalidade de escolha na suspeita de trauma esplênico por conta de sua alta acurácia diagnóstica, além da rapidez na aquisição das imagens. Além da avaliação do parênquima esplênico, é de grande importância observar com atenção o pedículo vascular e procurar ativamente por lesões, que podem mudar a graduação do trauma e a indicação de tratamento. A USG tem um papel importante na pesquisa inicial de trauma esplênico em pacientes hemodinamicamente instáveis, sendo muitas vezes usada na sala de emergência. Os principais tipos de lesão esplênica observados no contexto de trauma são hematomas, lacerações, sangramento ativo e lesões vasculares (como pseudoaneurismas).

- Hematoma: área hiperatenuante nas imagens pré-contraste, subcapsular ou intraparenquimatosa, hipocontrastante nas imagens pós-contraste.
- Lacerações: são vistas como áreas hipocontrastantes lineares, muitas vezes estendendo-se a partir da cápsula esplênica.
- Sangramento ativo: observa-se extravasamento do meio de contraste, com uma área irregular hiperatenuante que tende a persistir ou aumentar de tamanho nas fases tardias do exame (Figura 4).

A classificação mais utilizada para graduação das lesões esplênicas na TC é baseada na escala da Associação Americana para Cirurgia do Trauma (AAST). Outra escala mais recentemente utilizada é a proposta por Marmery et al. (também conhecida como escala de Baltimore), que leva em consideração sangramento ativo e lesão vascular. No estudo desses autores, essa escala mostrou-se melhor do que a da AAST para predizer os pacientes que necessitariam de arteriografia ou intervenção esplênica, com uma

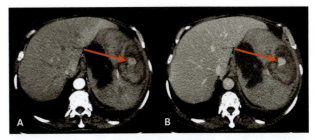

Figura 4 Imagens axiais de tomografia computadorizada com contraste. Baço de dimensões aumentadas, destacando-se um foco de realce pelo meio de contraste na fase arterial (A) que persiste nas imagens adquiridas na fase portal (B), sugerindo sangramento ativo.

chance maior do que 80% de corretamente diferenciar pacientes necessitando de arteriografia ou cirurgia e pacientes que podem ser tratados com conduta conservadora.

A conduta nos casos de trauma esplênico é variável, tendo sido cada vez mais utilizada atualmente uma abordagem conservadora, sobretudo em lesões de menor grau em pacientes estáveis clinicamente. Outra opção em casos de lesões vascular muito usada é a arteriografia.

Lesões focais benignas

A maioria das lesões focais esplênicas são benignas e dentro destas há predomínio de lesões de origem vascular.

Cistos

Podem ser classificados em primários (também chamados de verdadeiros ou epiteliais) e secundários (falsos ou pseudocistos), dependendo da presença de um revestimento epitelial interno. Os cistos primários são considerados lesões congênitas. As principais causas dos cistos secundários são trauma, infarto esplênico prévio, infecção e pancreatite. Os pseudocistos são mais comuns, constituindo cerca de 75-80% dos cistos esplênicos.

São lesões incomuns, achadas incidentalmente em pacientes assintomáticos. Podem causar sintomas se grandes. Complicações agudas também são incomuns, mas hemorragia, ruptura e infecção podem ocorrer. Costumam ser lesões únicas, predominantemente localizadas no polo inferior e na região subcapsular.

- USG: lesão hipoecogênica/anecogênica, bem definida. Ecos de baixa intensidade podem ser observados secundariamente a depósitos de cristais de colesterol.
- TC: lesão arredondada, bem delimitada, com atenuação próxima a da água, apresentando paredes finas ou imperceptíveis (Figura 5). Calcificações periféricas podem ser vistas, sobretudo nos pseudocistos.
- RM: sinal semelhante ao da água (baixo em T1 e alto em T2), podendo ser observado também alto sinal em T1 dependendo de sua composição.

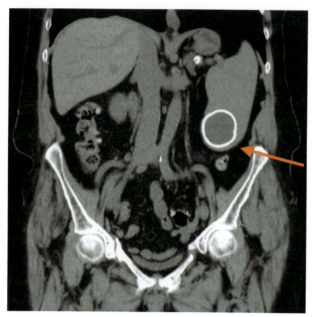

Figura 5 Tomografia computadorizada sem contraste, reconstrução coronal. Cisto com paredes calcificadas no terço inferior do baço, sugestivo de cisto epitelial.

Corpúsculos de Gamma-Gandy

São pequenos focos de depósitos de hemossiderina no parênquima, mais comumente observados em pacientes com hipertensão portal. Outras causas descritas são: linfomas, hemocromatose, leucemia, trombose do sistema portal e anemia hemolítica.

- USG: a depender da quantidade de cálcio presente na lesão, podem se apresentar como focos hiperecogênicos com sombra acústica posterior.
- TC: pequenos e múltiplos focos de baixa atenuação, podem ser hiperdensos se calcificados.
- RM: nódulos e pequenos focos de baixo sinal em T1 e T2, por conta da deposição de ferro.

Hematopoiese extramedular (HEM)

Refere-se à produção de elementos sanguíneos fora de sua localização normal, a partir de células-tronco pluripotentes distribuídas pelo corpo. Após o nascimento, a hematopoiese deveria ocorrer apenas na medula óssea e qualquer outro local extramedular é anormal. A hematopoiese extramedular ocorre quando há produção insuficiente (casos de substituição da medula óssea, como na mielofibrose) ou qualidade inadequada dos elementos sanguíneos produzidos (hemoglobinopatias, como anemia falciforme e talassemia).

Pode ser vista em mielofibrose, leucemia crônica, mieloma múltiplo ou outras condições sistêmicas com anemia crônica, sendo a causa mais comum de HEM em geral a mielofibrose.

Comumente envolve o fígado, baço e regiões paraespinais do tórax. O fígado e o baço são as duas localizações mais comuns no abdome, em geral se manifestando como visceromegalia sem massa focal. Lesões focais nesses órgãos são muito menos comuns. Também tem sido encontrada no leito esplênico em pacientes submetidos à esplenectomia por hematopoiese extramedular.

- USG: lesão bem delimitada, geralmente ecogênica.
- TC: lesões arredondadas e hipoatenuantes.
- RM: lesões ativas apresentam sinal intermediário em T1 e hipersinal em T2, com realce variável pelo meio de contraste. Lesões antigas e inativas podem ter hipossinal em T1 e T2, provavelmente pelo depósito de ferro. A presença de gordura dentro da lesão é típica e também pode mudar as características na RM.

Hemangioma

Neoplasia benigna primária mais comum do baço, com ocorrência em autópsias variando de 0,03-14,0%. É mais comum em adultos, na faixa etária de 35-55 anos, com prevalência semelhante em homens e mulheres. Acredita-se que sejam lesões de origem congênita, originadas do epitélio sinusoidal, sendo a maioria do tipo cavernoso. Trata-se em geral de achado incidental de exame, em pacientes assintomáticos. Podem ser vistos em pacientes com síndromes angiomatosas como Klippel-Trenaunay Tuner, Kasabach-Merritt-like, Beckwith-Wiedemann (hemangiomatose difusa).

Ruptura espontânea pode ocorrer em 25% dos casos. Podem também sofrer infarto, trombose, hemorragia ou fibrose. Raramente, hiperesplenismo ou degeneração maligna podem ocorrer. A síndrome de Kasabach-Merritt (coagulopatia) pode ocorrer com grandes hemangiomas.

Em geral são únicos, mas podem ser múltiplos. O aspecto de imagem varia de sólido a cístico e costumam ser uma combinação dos dois. Tendem a ser lesões pequenas, podendo ter calcificações.

- USG: apresentação variável, frequente hiperecogênico e homogêneo, sem fluxo ao Doppler.
- TC: lesão hipoatenuante na fase pré-contraste, com realce centrípeto e persistente pelo meio de contraste. Ao contrário dos hemangiomas hepáticos, não é frequente o padrão de realce periférico nodular/globuliforme.
- RM: apresenta hipersinal em T2, com realce precoce e progressivo pelo meio de contraste, podendo também ser homogêneo e precoce quando de pequenas dimensões.

Hamartoma

Pensava-se se tratar de lesão congênita, refletindo um distúrbio de desenvolvimento focal do baço. Tem sido proposto atualmente também que pode se tratar de neoplasia, um crescimento excessivo e desorganizado de uma polpa vermelha anormalmente formada ou ainda uma lesão pós-traumática. Outros acreditam se tratar de um processo proliferativo adquirido. É composto por quantidades variáveis de tecido tumoral e tecido esplênico normal, com tamanho variando entre 0,3 e 20 cm. Já recebeu vários nomes diferentes, como esplenoma, baço dentro do baço, hemangioma, cicatriz pós-traumática, nódulos fibróticos, malformação congênita *tumor-like* e nódulos hiperplásicos. É uma lesão muito rara e benigna. Pode ocorrer em qualquer faixa etária, sem predileção por sexo. Prevalência estudada de três casos em 200.000 esplenectomias em 17 anos e cerca de 0,024-0,13% em uma revisão de autópsias.

Geralmente assintomático, mas há relatos de casos associados com hiperesplenismo (trombocitopenia, anemia e pancitopenia) ou alterações hematológicas, incluindo malignidade. Em mulheres é comum a apresentação com sintomas secundários ao efeito de massa, sugerindo alguma influência hormonal. Raramente podem romper. Podem estar associados com síndromes, como esclerose tuberosa e Wiskitt-Aldrich.

A maioria das lesões é solitária e tende a ocorrer no terço médio do baço.

- USG: nódulos homogêneos e bem delimitados, com ecogenicidade variável, em geral hiperecogênico, com ou sem áreas císticas, frequentemente hipervascular ao Doppler.
- TC: isoatenuante em relação ao parênquima; calcificação, mudanças císticas e gordura podem ser vistos, costumam apresentar realce heterogêneo pelo meio de contraste. Podem também ser isoatenuantes ao parênquima após a administração do meio de contraste, sendo difíceis de detectar (o único achado nesses casos pode ser alteração dos contornos).
- RM: isossinal em T1 e hipersinal heterogêneo em T2 (mas não costuma ser tão alto quanto o do hemangioma). Podem ter áreas de baixo sinal em T2 dependendo da quantidade de tecido fibroso. Apresentam realce heterogêneo precoce, tornando-se uniforme e intenso tardiamente, com ou sem áreas hipocontrastantes centrais.

Pode ser sugerido por achados radiológicos, mas o diagnóstico definitivo requer estudo histopatológico.

Linfangioma

São tumores benignos do sistema linfático, de crescimento lento, mais comumente encontradas nos tecidos de partes moles do pescoço, axila, mediastino, retroperitônio ou extremidades. Acredita-se que sua formação seja relacionada ao desenvolvimento congênito anormal de vasos linfáticos. Também pode ser atribuído ao sangramento e inflamação do sistema linfático, o que causaria obstrução e consequente linfangiectasia. Ocorrem sobretudo em crianças, com poucos casos relatados em adultos. Na maioria dos casos, o processo envolve outros órgãos, como fígado e pulmão, sendo chamado de linfangiomatose. Podem fazer parte da síndrome de Klippel-Trenaunay (veias varicosas, hipertrofia óssea e de partes moles, hemangiomas cutâneos e/ou malformações do sistema linfático). A maior complicação é a recorrência, demonstrada em 9,5% dos pacientes.

Na maioria dos casos é assintomático, mas a manifestação clínica está geralmente relacionada ao tamanho do baço. Grandes lesões císticas podem causar sintomas, como dor no quadrante esquerdo superior, inapetência, náuseas, vômitos, distensão abdominal e massa palpável. Infecção ou ruptura podem se apresentar como abdome agudo. Já foram relatados casos de grandes linfangiomas complicados por coagulopatia de consumo, sangramento, hiperesplenismo e hipertensão portal.

O baço pode apresentar tamanho normal ou aumentado. Podem ser solitários ou múltiplos, e eventualmente substituir todo o baço (linfangiomatose).

- USG: cistos de diversos tamanhos, hipo ou anecogênicos, com situações que podem ter pequenas calcificações.
- TC: cistos de paredes finas, únicos ou múltiplos, em geral subcapsulares. Podem apresentar componente sólido com realce pelo meio de contraste. A presença de calcificações periféricas e curvilíneas na parede é sugestiva de linfangioma cístico, mas não é específico, uma vez que pode ser encontrada em cistos hidáticos.
- RM: áreas multiloculadas de hipersinal em T2, podem ter conteúdo de alto sinal em T1.

SANT (*Sclerosing Angiomatoid Nodular Transformation of the Spleen*)

É uma lesão vascular primária benigna do baço, rara, descrita pela primeira vez em 2004. É uma lesão de etiologia e patologia incertas, e seu nome representa a morfologia macroscópica da superfície de corte do tumor, que consiste em fibrose densa e nódulos angiomatoides. Acredita-se que represente uma reação não usual da polpa vermelha do baço a inflamação estromal ou a injúria vascular. Não está claro se representa uma entidade totalmente diferente ou representa a evolução morfológica normal de outras lesões benignas esplênicas, como peudotumor, hamartoma ou hematoma.

Os relatos sugerem predomínio feminino, em população de idade média. As lesões tendem a ser grandes, únicas e assintomáticas. Tem sido associado com pancitopenia, dor abdominal, esplenomegalia e aumento de VHS. Vinte por cento dos pacientes têm tumor maligno sincro ou metacrônico.

Em um estudo realizado por Kim et al. com sete casos, a idade variou entre 39 e 50 anos e nenhum paciente apresentou sintomas relacionados à lesão. As lesões geralmente eram únicas e, na maioria dos casos com acompanhamento (80%), foi observado algum aumento das dimensões.

- USG: apresentação variável, hipo ou hiperecogênico, com ou sem septos, em geral com vascularização interna ao Doppler.
- TC: lesão arredondada, solitária, que tende a ser discretamente hipoatenuante em relação ao parênquima adjacente na fase pré-contraste. Apresenta realce precoce periférico que gradualmente se estende centralmente, com aspecto radiado, um padrão descrito como "roda denteada". Nesse padrão, o centro da lesão permanece relativamente hipodenso, provavelmente refletindo áreas centrais de cicatriz fibrosa, com septos fibrosos irradiando em direção ao centro da lesão.
- RM: em T2 a lesão é hiperintensa na periferia e hipointensa no centro, com bandas radiadas de baixo sinal correspondendo às áreas de fibrose heterogêneo. Esse hipossinal em T2 pode ajudar a distinguir de outras lesões vasculares. Realce periférico e septado com cicatriz central estrelada hipovascular, com realce progressivo. Podem ter queda de sinal nas imagens *in-phase* e mais raramente focos de alto sinal em T1, sugerindo hemorragia. A maioria tinha baixo sinal na difusão e alto no mapa de ADC, mas foi descrito baixo sinal em ambos.

Têm sido relatados casos com avidez leve a moderada pelo FDG no PET/CT.

Os achados de imagem podem ser muito semelhantes ao hamartoma esplênico, mas a identificação de hemorragia antiga em T1 e fibrose densa em T2 podem ajudar a distinguir o SANT.

Angioma de células litorâneas

É um tumor vascular esplênico raro, originando-se das células litorâneas que revestem os sinusoides esplênicos da polpa vermelha. Por conta do número limitado de casos, a etiologia e história natural dos angiomas de células litorâneas não estão claras. Cerca de 33% têm uma associação com malignidade, incluindo linfoma, neoplasia colorretal, neoplasia de pulmão, angiossarcoma de células litorâneas, hemangioendotelioma, neoplasia de pâncreas, carcinoma de células renais, melanoma, leucemia, neoplasia de ovário, seminoma de testículo e carcinoma papilífero de tireoide. Ainda é descrito que 17% são associados com alterações imunológicas ou congênitas (doença de Crohn, espondilite anquilosante, doença de Gaucher, síndrome mielodisplásica e anemia aplásica, entre outros), então talvez haja alguma relação entre essa lesão e neoplasia, infecção crônica e doenças autoimunes. Hoje já não se classificaria mais como lesão puramente benigna, mas pelo menos como potencialmente maligna. Como pode coexistir com muitas neoplasias, e alguns relatam metástases encontradas em pacientes anos após a esplenectomia, um acompanhamento em longo prazo é necessário.

Em geral ocorre em adultos, com alguns casos reportados em crianças. Podem ser assintomáticos, ou se manifestar clinicamente com hiperesplenismo e esplenomegalia, além de sintomas sistêmicos (febre de origem indeterminada, calafrios, fraqueza, fadiga, dor abdominal). Esplenomegalia tem sido descrita quase sempre.

Costuma se manifestar como lesões multifocais, exceto por raros casos de lesão solitária descritos na literatura.

- USG: apresentação variável, com ecotextura de hiper a hipoecogênica. A apresentação também pode ser de ecotextura difusamente mosqueada, sem lesões evidentes. Pode também conter áreas anecogênicas representando espaços cavernosos proeminentes preenchidos por sangue. O Doppler pode mostrar vascularização central e periférica.
- TC: iso/hipoatenuante na fase pré-contraste, geralmente hipoatenuante na fase precoce, podendo se tornar isodenso ao parênquima nas fases tardias, sendo o realce homogêneo ou heterogêneo.
- RM: em geral hipossinal em T1 e hipersinal em T2, com realce arterial periférico e enchimento tardio, tornando-se semelhante ao parênquima. Há relatos também de apresentar hipossinal em T2, provavelmente pela deposição de hemossiderina.

Infelizmente não há nenhum achado de imagem que seja diagnóstico e a lesão pode mimetizar outras lesões sólidas esplênicas. O diagnóstico final é histopatológico e imuno-histoquímico.

Pseudotumor inflamatório

Termo utilizado para descrever uma variedade de lesões tumefativas em diversas localizações anatômicas, incluindo órbita, trato respiratório, trato gastrointestinal e fígado. Por vezes chamado de tumor estromal esplênico. É uma lesão rara, benigna e ainda de causa incerta, provavelmente resultando de uma resposta reparativa inflamatória anormal a injúrias (p. ex., infecção). A maioria ocorre em adultos de meia idade a mais idosos. Aparente predileção pelo sexo feminino. Costuma ser assintomático, achado incidental, mas pode se apresentar com dor abdominal. Tem sido proposta a associação com o vírus Epstein-Barr e cerca de 40-67% dos casos de pseudotumores inflamatórios esplênicos são positivos para o vírus.

- USG: lesão ecogênica ou discretamente hipoecogênica, bem delimitada, parcialmente calcificada.
- TC: massa bem delimitada, hipoatenuante nas fases pré-contraste. Pode apresentar uma região central estrelada de baixa atenuação, representando necrose e fibrose. O realce nas fases precoces é menor do que o parênquima adjacente, mas se torna isoatenuante progressivamente. Pode ter calcificações.
- RM: isointensa em T1, sinal variável em T2 (de iso a hipointenso), áreas de alto sinal em T2 podem ser vistas. A área central estrelada exibe baixo sinal em T1 e T2 e tipicamente realça nas fases tardias.

Pode ter hipermetabolismo no PET/CT.

Infecções

Infecções bacterianas

Abscessos piogênicos são mais frequentemente causados por disseminação hematogênica da infecção. Outras causas incluem trauma penetrante e infarto esplênico prévio. Os agentes mais comum são *Staphylococcus*, *Streptococcus*, *E. coli* e *Salmonella*. Complicações como ruptura, abscesso subfrênico e peritonite podem resultar do diagnóstico tardio e tem uma alta taxa de mortalidade. Podem ser solitários e uniloculados, multiloculados ou múltiplos.

- USG: lesão anecogênica ou hipoecogênica, mal definida, com limites imprecisos.
- TC: lesão de baixa atenuação circundada por uma cápsula espessa e irregular. Gás é observado na minoria dos casos, mas confirmaria o diagnóstico. Pode ter formato de cunha em pacientes com endocardite e êmbolos sépticos.
- RM: pouco utilizado no contexto clínico em que há suspeita de abscesso. Apresenta-se com sinal semelhante à água, podendo ter conteúdo hiperproteináceo (alto sinal em T1) e realce periférico pelo meio de contraste.

Infecções fúngicas

Abscessos fúngicos geralmente ocorrem em pacientes imunocomprometidos. Os agentes mais comuns são *Candida*, *Aspergillus* e *Cryptococcus*. Seu diagnóstico pode ser difícil, pois os pacientes podem se apresentar clinicamen-

te com sintomas também observados em suas doenças de base, como febre e esplenomegalia. Em geral são lesões múltiplas, de pequenas dimensões, disseminadas pelo parênquima esplênico.

- USG: diferentes padrões ultrassonográficos têm sido descritos: aparência em alvo (região central hiperecogênica por conta da inflamação, circundada por tecido fibrótico hipoecogênico), roda dentro de roda (quando essa porção central se torna parcialmente necrótica e consequentemente hipoecogênica), lesões hipoecogênicas e focos ecogênicos com sombra acústica posterior variável. O padrão sonográfico mais típico de candidíase é o padrão em alvo.
- TC: múltiplas áreas arredondadas hipoatenuantes ou calcificações, que podem não ter realce ou apresentar realce periférico pelo meio de contraste.
- RM: múltiplas lesões pequenas, com sinal baixo/intermediário em T1 e alto em T2.

Tuberculose (TB)

Infecção granulomatosa causada pelo *Mycobacterium tuberculosis*. Permanece um problema de saúde pública em paciente subdesenvolvidos, sobretudo nas últimas décadas, com a maior prevalência de indivíduos imunossuprimidos (pacientes oncológicos, em uso de terapias imunológicas/imunossupressoras e portadores do vírus HIV) e a emergência de cepas multirresistentes. O acometimento esplênico costuma ocorrer na forma miliar, causada por disseminação hematogênica a partir de um foco a distância. Os sítios mais comuns no abdome incluem linfonodos, trato genitourinário, cavidade peritoneal e trato gastrointestinal. TB esplênica é encontrada em 80-100% dos casos de tuberculose pulmonar miliar/disseminada em autópsias. Clinicamente os pacientes podem se apresentar com sintomas sistêmicos como febre, com achado de hepatoesplenomegalia e ascite. Podem ser concomitantes a doença pulmonar, mas 1/5 dos pacientes com tuberculose abdominal não tem evidência de doença extra-abdominal.

Radiologicamente, pode se apresentar como doença macronodular ou micronodular/padrão miliar, sendo este último o padrão mais comum.

- USG: esplenomegalia associada à hiperecogenicidade do parênquima (forma micronodular), pequenas lesões focais (hipo ou hiperecogênicas) também podem ser observadas nessa forma. A forma macronodular pode ser única ou múltipla, com lesões de tamanho entre 1 e 3 cm, sendo geralmente hipoecogênicas.
- TC: são observados múltiplos pequenos nódulos ou focos de baixa atenuação (Figuras 6 e 7). Calcificação pode ocorrer em fases tardias. Outros achados de acometimento abdominal podem auxiliar no diagnóstico,

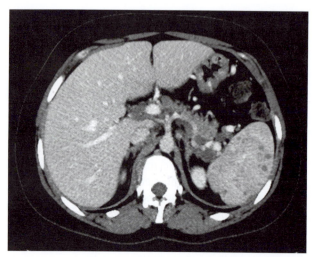

Figura 6 Imagem axial e coronais de tomografia computadorizada com contraste endovenoso, fase portal. Pequenas lesões hipocontrastantes no baço associadas a linfonodos no abdome superior necróticos/liquefeitos, em paciente com tuberculose.

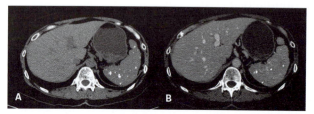

Figura 7 Imagens axiais de tomografia computadorizada sem contraste e pós-contraste, fase portal. Calcificações grosseiras no parênquima esplênico, de aspecto sequelar, após infecção por *Micobacterium avium*.

como linfonodomegalias necróticas/liquefeitas, acometimento hepático e peritoneal e derrame pleural.
- RM: em geral as lesões de ambas as formas são hipointensas em T1 e hiperintensas em T2, podendo apresentar realce periférico.

Hidatidose

É uma doença parasitária, podendo ser causada por diferentes tipos de *Echinococcus*, sendo o *E. Granulosis* o mais comum. Em seu ciclo biológico habitual, o *E. granulosis* costuma ter como hospedeiro definitivo o cão, que é infectado ao se alimentar de vísceras de bovinos (sendo estes os hospedeiros intermediários); acidentalmente pode acometer o homem na sua forma larvária, por meio da ingestão de ovos eliminados nas fezes. Sua ocorrência é observada em países subdesenvolvidos, em regiões com maior densidade de criação de gado, como parte da América do Sul, região mediterrânea, Oriente Médio e África. No Brasil, é mais comum em áreas rurais do Rio Grande do Sul. Outra espécie observada no Brasil nas regiões Norte, Centro-Oeste e Sudeste é o *E. Vogeli*, que tem como hospedeiro definitivo o cão selvagem ou doméstico e como hospedeiro intermediário a paca; as vísceras da paca contendo os cistos podem infectar o cão e o homem. O envolvimento esplênico é raro e geralmente ocorre pela disseminação sistêmica ou intraperitoneal de um cisto hepático roto. Os sintomas em geral se manifestam tardiamente, por conta do crescimento lento dos cistos, e estão relacionados à deformidade e alteração das funções dos órgãos quando atingem grandes dimensões. A maioria dos pacientes também apresenta doença hepática concomitante e o aspecto de imagem é semelhante ao observado no fígado. O aspecto de imagem depende do tempo do cisto e de suas possíveis complicações associadas.

- USG: lesões arredondadas anecogênicas ou com ecogenicidade mista. Um achado muito característico é a presença de múltiplos pequenos cistos dentro de um cisto (cistos-filhos). A presença de membranas colapsadas (sinal de lírio d'água) é considerada patognomônica.
- TC: lesões arredondadas, bem delimitadas, com atenuação semelhante à água, com paredes finas, sem realce pelo meio de contraste. Calcificações periféricas podem ser vistas, assim como áreas de maior atenuação (debris ou inflamação).
- RM: massa arredondada com sinal semelhante à água, mas pode apresentar alto sinal em T1 a depender do seu conteúdo.

Para que seja sugerido esse diagnóstico, é fundamental a correlação com os dados epidemiológicos.

Outras alterações

Infarto

Achado comum. Podem ser arteriais (secundários à oclusão da artéria esplênica ou de seus ramos) ou venosos (trombose da veia esplênica). As causas mais comuns são embolia em pacientes com doença cardiovascular, trombose associada a doenças hematológicas e trombose em casos de pancreatite. Os pacientes podem ser assintomáticos ou se apresentar com dor no quadrante superior esquerdo do abdome. Podem evoluir com complicações, como ruptura, infecção, hemorragia e formação de pseudocistos.

- USG: os infartos agudos apresentam-se como lesões hipoecogênicas em formato de cunha. O estudo Doppler pode revelar ausência de fluxo.
- TC: o achado mais típico é uma área periférica e em formato de cunha, bem demarcada, sem realce ou com hiporrealce pelo meio de contraste (mas esse achado é visto em menos da metade dos casos) (Figura 8). Pode também apresentar outros formatos e simular lesões

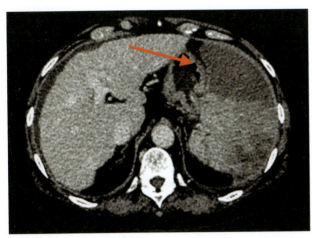

Figura 8 Tomografia computadorizada com contraste endovenoso, fase portal, cortes axiais. Área de hipocontraste com morfologia cuneiforme na face anterior do baço, compatível com infarto do parênquima.

focais esplênicas. Quando o infarto acomete todo o parênquima, observa-se hipoatenuação difusa do baço, com um realce capsular residual (pela presença de pequenos vasos capsulares). Cronicamente, levam a redução de tamanho e retração da cápsula esplênica. Podem ser vistas também calcificações puntiformes como sequela de infartos de repetição em hemoglobinopatias.
- RM: o sinal depende da fase da lesão e da presença de hemorragia associada. O padrão de realce é semelhante ao observado na TC.

Lesões focais malignas

Metástases

O acometimento do baço por metástases é raro. Os sítios primários mais comuns são: pulmão, melanoma, mama, ovários, estômago, pâncreas, fígado, cólon e próstata. Em geral, está associado com pior prognóstico, por muitas vezes ser observado em pacientes jovens e com doença avançada. As lesões podem ser solitárias ou múltiplas, e costumam seguir o padrão radiológico do tumor primário.

- USG: apresentação variável, em geral uma lesão hipoecogênica e vascularizada.
- TC: lesão com realce heterogêneo pelo meio de contraste.
- RM: é comum se observar isossinal em T2, com realce pós contraste.

Linfoma

Tumor maligno mais comum do baço. Pode ser primário do baço ou parte de acometimento sistêmico difuso, sendo o último muito mais comum. O linfoma esplênico é raro e ocorre em cerca de 1-2% entre todos os linfomas quando do diagnóstico, mais comumente sendo o linfoma difuso de grandes células B.

Envolvimento esplênico na apresentação inicial da doença é visto em 33% pacientes com linfoma Hodgkin e em 30-40% dos linfomas não Hodgkin (LNH). A infiltração esplênica é considerada como doença nodal da doença de Hodgkin (podendo elevar o estádio e alterar o tratamento), enquanto no LNH é considerado extranodal e nem sempre afeta o estadiamento, pois a maioria dos pacientes se apresenta com doença disseminada.

Podem ser observados diferentes apresentações de imagem: esplenomegalia homogênea sem lesão focal, infiltração difusa com lesões miliares pequenas (em geral < 5 mm), múltiplas lesões focais de tamanhos variados e massa única. Pode ocorrer infarto secundário. A esplenomegalia sozinha não pode ser utilizada para determinar o envolvimento esplênico pelo linfoma porque 30% dos baços podem ter acometimento neoplásico e a esplenomegalia pode ocorrer sem lesão neoplásica.

- USG: em geral lesão hipoecogênica.
- TC: lesões de baixa atenuação, mais bem visualizadas na fase portal.
- RM: sinal baixo a intermediário em T1, discreto a moderado alto sinal em T2, hipocontrastante em relação ao parênquima.

Em geral, a lesão esplênica apresenta importante captação no PET/CT com FDG (Figuras 9 e 10).

O PET/CT 18F-FDG tem sido descrito como a modalidade de escolha no estadiamento e acompanhamento da doença de Hodgkin e em LNH agressivos e tem sua importância demonstrada também nos casos de envolvimento esplênico. Um estudo realizado por De Jong et al. avaliando o envolvimento esplênico na apresentação inicial de linfomas demonstrou uma sensibilidade e especificidade de 100 e 95% para o PET/CT, comparado com 75 e 99% da TC, respectivamente. Um cuidado deve ser observado quando da realização desse exame em pacien-

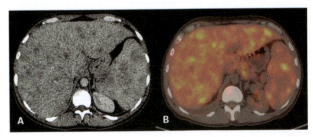

Figura 9 Cortes axiais das imagens de tomografia computadorizada com contraste (A) e imagens da fusão de tomografia por emissão de pósitrons (PET/CT) (B). Múltiplas lesões hipocontrastantes são observadas no fígado e no baço, com intensa captação de FDG, em paciente com diagnóstico de linfoma não Hodgkin.

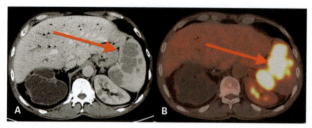

Figura 10 Cortes axiais das imagens de tomografia computadorizada com contraste (A) e imagens da fusão de tomografia por emissão de pósitrons (PET/CT) (B). Lesões hipocontrastantes no baço, com intensa captação de FDG, em paciente com diagnóstico de linfoma não Hodgkin.

tes pós-tratamento pela possibilidade de falsos-positivos em curto período após a terapia.

Angiossarcoma

É muito raro, mas é a neoplasia maligna primária não hematolinfoide mais comum do baço. Incidência aproximada de 0,2 casos/1.000.000. É uma neoplasia muito agressiva com prognóstico ruim. Origina-se do revestimento endotelial dos vasos sanguíneos esplênicos. A maioria dos pacientes apresenta, laboratorialmente, dor abdominal ou massa palpável, além de anemia e trombocitopenia. A apresentação também pode ser com metástases ou ruptura (hemorragia intraperitoneal secundária a ruptura em 30% casos). Em um estudo com 12 casos, a prevalência foi semelhante em homens e mulheres e a idade média foi de 55 anos. Uma discreta predominância em homens também é descrita. Os locais mais comuns de metástase são fígado, pulmão, ossos, medula óssea e sistema linfático. Muitas vezes fatal, com a maioria dos pacientes vindo a falecer em até 1 ano após o diagnóstico (cerca de 79% não sobrevivem mais do que 6 meses). Pode se apresentar como massa única, múltiplas massas ou infiltração esplênica difusa, com substituição de praticamente todo o parênquima esplênico.

- USG: esplenomegalia com massas sólidas, em geral ecogênicas heterogêneas.
- TC: baço aumentado com áreas de baixa e alta atenuação, por causa da hemorragia aguda e de depósitos de hemossiderina; calcificações podem ser vistas. Realce variável dependendo do grau de necrose tumoral, podendo mimetizar um hemangioma hepático com exuberante realce periférico. Numa das maiores séries de casos relatadas (12 pacientes), o achado mais comum foi de baço aumentado contendo massas complexas heterogêneas, por vezes substituindo todo o parênquima.
- RM: baixo sinal em T1 e sinal alto e heterogêneo em T2. Realce heterogêneo com múltiplos focos nodulares de realce. Projeções papilares e áreas sólidas dentro do tumor são comuns.

É muito comum o achado simultâneo de lesões secundárias hepáticas no momento do diagnóstico. Outros sítios de metástases frequentes são pulmão, pleura, linfonodos, ossos e cérebro.

Outras doenças menos comuns também podem afetar o baço, como mieloma múltiplo, doença de Gaucher, hemocromatose, amiloidose, brucelose, doença da arranhadura do gato etc. O diagnóstico diferencial das lesões esplênicas é amplo; infelizmente na maioria dos casos de lesões focais não há um padrão de imagem típico que seja suficiente para o diagnóstico, mas pode-se estreitar o diferencial a partir de algumas características radiológicas e dados clínico-epidemiológicos.

Bibliografia sugerida

1. Arber DA, Kamel OW, van de Rijn M. Frequent presence of the Epstein-Barr virus in inflammatory pseudotumor. Hum Pathol. 1995;26(10):1093-8.
2. Batouli A, Fairbrother SW, Silverman JF, Muniz Mde L, Taylor KB, Welnick MA, et al. Primary splenic angiosarcoma: clinical and imaging manifestations of this rare aggressive neoplasm. Curr Probl Diagn Radiol. 2016;45(4):284-7.
3. Bowerson M, Menias CO, Lee K, Fowler KJ, Luna A, Yano M, et al. Hot spleen: hypervascular lesions of the spleen. Abdom Imaging. 2015;40:2796-813.
4. Bui PL, Vicens RA, Westin JR, Jensen CT. Multimodality imaging of Epstein-Barr virus-associated inflammatory pseudotumor-like follicular dendritic cell tumor of the spleen: case report and literature review. Clin Imaging. 2015;39:525-8.
5. Chung SH, Park YS, Jo YJ, Kim SH, Jun DW, Son BK, et al. Asymptomatic lymphangioma involving the spleen and retroperitoneum in adults. World J Gastroenterol. 2009;15(44):5620-3.
6. De Jong PA, van Ufford HM, Baarslag HJ, de Haas MJ, Wittebol SH, Quekel LG, et al. CT and 18F-FDG PET for noninvasive detection of splenic involvement in patients with malignant lymphoma. AJR. 2009;192:745-53.
7. Dhyani M, Anupindi SA, Ayyala R, Hahn PF, Gee MS. Defining an imaging algorithm for noncystic splenic lesions identified in young patients. AJR. 2013;201:W893-W899.
8. Elsayes KM, Vamsidhar RN, Mukundan G, Lewis Jr JS, Menias CO, Heiken JP. MR imaging of the spleen: spectrum of abnormalities. Radiographics. 2005;25:967-82.
9. Falk S, Krishnan J, Meis JM. Primary angiosarcoma of the spleen: a clinicopathologic study of 40 cases. Am J Surg Pathol. 1993;17:959-70.
10. Fasih N, Gulati A, Ryan J, Ramanathan S, Prasad Shanbhogue AK, McInnes M, et al. The mysterious organ. Spectrum of focal lesion within the splenic parenchyma: cross-sectional imaging with emphasis on magnetic resonance imaging. Can A Radiol J. 2014;65:19-28.
11. Gartke-Udager K, Wasnik AP, Kaza RK, Al-Hawary MM, Maturen KE, Udager AM, et al. Multimodality imaging of splenic lesions and the role of non-vascular, image-guided intervention. Abdom Imaging. 2014;39:570-87.
12. Gezer NS, Basara I, Altay C, Harman M, Rocher L, Karabulut N, et al. Abdominal sarcoidosis: cross-sectional imaging findings. Diagn Interv Radiol. 2015;21:111-7.
13. Harris A, Kamishima T, Hao HY, Kato F, Omatsu T, Onodera Y, et al. Splenic volume measurements on computed tomography utilizing automatically contouring software and its relationship with age, gender, and anthropometric parameters. Eur J Radiol. 2010;75(1):e97-101.
14. Ioannidis I, Kahh AG. Splenic lymphangioma. Arch Pathol Lab Med. 2015;139:278-82.
15. Jang KM, Kim SH, Hwang J, Lee SJ, Kang TW, Lee MW, et al. Differentiation of malignant from benign focal splenic lesions: added value of diffusion-weighted MRI. AJR. 2014;203:803-12.
16. Kaneko J, Sugawara Y, Matsui Y, Ohkubo T, Makuuchi M. Normal splenic volume in adults by computed tomography. Hepatogastroenterology. 2002;49(48):1726-7.

17. Kaza RK, Azar S, Al-Hawary MM, Francis IR. Primary and secondary neoplasms of the spleen. Cancer Imaging. 2010;10:173-82.
18. Kim HJ, Kim KW, Yu ES, Byun JH, Lee SS, Kim JH, et al. Sclerosing angiomatoid nodular transformation of the spleen: clinical and radiologic characteristics. Acta Radiologica. 2012;53:701-6.
19. Kim MJ, Kim KW. Diffuse splenic lesions. In: Sahani D, Samir AE. Abdominal imaging. Philadelphia: Saunders; 2011.
20. Lam KY, Yip KH, Peh WC. Splenic vascular lesions: unusual features and a review of the literature. Aust N Z J Surg. 1999;69:422-5.
21. Lee H, Maeda K. Hamartoma of the spleen. Arch Pathol Lab Med. 2009;133:147-51.
22. Lee WK, Van Tonder F, Tartaglia CJ, Dagia C, Cazzato RL, Duddalwar VA, et al. CT appearances of abdominal tuberculosis. Clinical Imaging. 2012;67(6):596-604.
23. Loghlin P, Brady A, Spence RAJ. Epstein-Barr virus positive inflammatory pseudo-tumor of the spleen: a case report and literature review. Int J Surg Case Report. 2014;5(4):186-88.
24. Ma ZH, Tian XF, Ma J, Zhao YF. Inflammatory pseudotumor of the spleen: a casen report and review of published cases. Oncol Letters. 2013;5:1955-7.
25. Marmery H, Shanmuganathan K, Alexander MT, Mirvis SE. Optimization of selection for nonoperative management of blunt splenic injury: comparison of MDCT grading systems. AJR. 2007;189:1421-7.
26. Ministério da Saúde do Brasil. Hidatidose humana no Brasil: manual de procedimentos técnicos para o diagnóstico parasitológico e imunológico. 2011.
27. Moore EE, Cogbill TH, Jurkovich GJ, Shackford SR, Malangoni MA, Champion HR. Organ injury scaling: spleen and liver (1994 revision). J Trauma. 1995;38(3):323-4.
28. Muglia VF, Elias Jr. J. Baço. In: D'Ippolito G. Caldana RP. Gastrointestinal – Série Colégio Brasileiro de Radiologia e Diagnóstico por Imagem. 2011; vol. 11.

29. Prassopoulos P, Daskalogiannaki M, Raissaki M, Hatjidakis A, Gourtsoyiannis N. Determination of normal splenic volume on computed tomography in relation to age, gender and body habitus. Eur Radiol. 1997;7(2):246-8.
30. Raman SP, Singhi A, Horotn KM, Hruban RH, Fishman EK. Sclerosing angiomatoid nodular transformation of the spleen (SANT): multimodality imaging appearance of five cases with radiology – pathology correlation. Abdom Imaging. 2013;38:827-34.
31. Roberts AS, Shetty AS, Mellnick VM, Pickhardt PJ, Bhalla S, Menias CO. Extramedullary haematopoiesis: radiological imaging features. Clinical Radiol. 2016.
32. Saboo SS, Krajewskim O'Regan KN, Giardino A, Brown JR, Ramaiya N, et al. Spleen in haematological malignancies: spectrum of imaging findings. Br J Radiol. 2012;85:81-92.
33. Shah S, Wasnik A, Pandya A, Bude RO. Multimodality imaging findings in image-guided biopsy proven splenic littoral cell angioma: series of three cases. Abdom Imaging. 2011;36:735-8.
34. Sutherland T, Temple F, Hennessy O, Lee WK. Abdomen's forgotten organ: sonography and CT of focal splenic lesions. J Med Imaging Radiat Oncol. 2010;54:120-8.
35. Thipphavong S, Duigenan S, Schindera ST, Gee MS, Philips S. Nonneoplastic, benign and malignant splenic diseases: cross-sectional imaging findings and rare disease entities. AJR. 2014;203:315-22.
36. Thompson WM, Levy AD, Aguilera NS, Gorospe L, Abbott RM. Angiosarcoma of the spleen: imaging characteristics in 12 patients. Radiology. 2005;235:106-15.
37. Vancauwenberghe T, Snoeckx A, Vanbeckevoort D, Dymarkowski S, Vanhoenacker FM. Imaging of the spleen: what the clinicians needs to know. Singapore Med J. 2015;56(3):133-44.
38. Wang YJ, Li F, Cao F, Sun JB, Liu JF, Wang YH. Littoral cell angioma of the spleen. Asian J Surg. 2009;32(3):167-71.

Baço em radiologia pediátrica

Bety Spilberg Karpovas Chisman

Anomalias congênitas

Baço acessório

Corresponde a um foco arredondado de tecido esplênico normal separado do corpo do baço, geralmente localizado na região hilar. É decorrente de falta de fusão de brotos embrionários. Ocorre em 10-70% das crianças. Possui dimensões variáveis (1 cm em média), e pode ser solitário (88%), duplo (9%) ou múltiplo (3%).

Poliesplenia e asplenia

A poliesplenia é rara e cursa com *situs ambiguus* e pulmão esquerdo bilateral e é mais frequente no sexo feminino. Múltiplos pequenos baços são mais comuns à direita, mas podem ser bilaterais (Figura 1).

A asplenia cursa com *situs ambiguus* com pulmão direito bilateral e ocorre mais no sexo masculino.

Ambas podem estar associadas com outras malformações congênitas, como anomalias de rotação do trato gastrointestinal (TGI), anomalias cardíacas, ausência da vesícula biliar, fígado na linha média, ausência do segmento da veia cava inferior (VCI) e continuação da cava com a ázigos.

Lesões inflamatórias

Abscessos piogênicos

São complicações de infecções bacterianas. Geralmente ocorrem por disseminação hematogênica decorrente de endocardite, sepse, disseminação contígua de pancreatite, abscessos periféricos, subfrênico, perinefrético e resultado de trauma e infartos.

Os agentes etiológicos mais comuns são *S. aureus*, *Streptococcus* e Gram-negativos (*Salmonella*). Aparecem como lesões focais circunscritas, com centro necrótico (Figura 2). A maioria não contém ar e pode ter septo.

Microabscessos fúngicos

Ocorrem quase exclusivamente em pacientes imunocomprometidos. Os agentes etiológicos mais comuns são *Candida*, *Aspergillus* e *Cryptococcus*. À tomografia

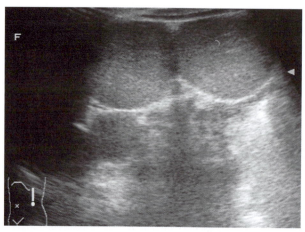

Figura 1   Poliesplenia.

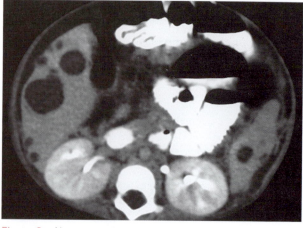

Figura 2   Abscessos piogênicos que acometem fígado e baço.

computadorizada (TC) observam-se múltiplas pequenas lesões de baixa atenuação, tipicamente menores que 2 cm.

Infecções granulomatosas

Tuberculose

Por disseminação hematogênica atinge o baço em 80-100% dos casos. Existe esplenomegalia moderada com nódulos muito pequenos de baixa atenuação. Linfonodomegalia hipodensa pode estar associada.

Aids

Raramente desenvolvem microabscessos fúngicos encontrados em outros imunocomprometidos. Igualmente cursam com focos hipoatenuantes resultantes de granulomas ou abscessos causados por micobactérias ou *Pneumocystis carinii*.

Em infecções por *P. carinii* (por disseminação hematogênica ou linfática), ocorre esplenomegalia, associada a lesões de baixa atenuação que progressivamente calcificam, com padrão puntiforme (baço em "céu estrelado") (Figura 3), associado a calcificações do fígado, rins, tireoide, adrenais e linfonodos.

Infarto

Resulta da oclusão da artéria esplênica ou de seus ramos. Em crianças, a trombose em razão das hemoglobinopatias, como anemia falciforme homozigota e talassemia, é a mais comum. Outras causas incluem esplenomegalias idiopáticas ou por linfoma, além de embolia séptica associada a endocardite e torção esplênica.

O aspecto de imagem é variável, dependendo da duração:

- Agudo (2-4 dias): lesão focal hipoecoica/hipoatenuante, com margens nítidas localizadas na periferia do baço.
- Subagudo (4-8 dias): área triangular de ecogenicidade aumentada, com perda do volume esplênico e áreas de retração secundárias à fibrose.
- Crônico (2-4 semanas): áreas de infarto podem desaparecer completamente com consequente autoesplenectomia, ou o baço calcifica-se completamente (Figura 4).

Cistos esplênicos

Cisto congênito

Também chamado de cisto verdadeiro e cisto epidemoide, é definido pela presença de um revestimento endotelial interno. Aparece como massa anecoica/hipoatenuante, unilocular, com paredes finas, que não realça após a administração de contraste endovenoso.

Cistos inflamatórios (cisto hidático, abscessos fúngicos ou piogênicos)

Cistos hidáticos (ou *Echinococcicus*), causados em geral pelo *Echinococcus granulosus*. Muitas vezes envolvem fígado e pulmões, mas ocasionalmente podem acometer o baço (menos que 5% nas regiões endêmicas). Os estudos de imagem mostram lesões císticas com "cistos filhos" na periferia de um cisto principal (Figura 5). Pode haver calcificações anelares na periferia.

Cistos pós-traumáticos (hematomas e pseudocistos)

- Hematomas: formados após trauma, em razão do extravasamento de sangue dentro da polpa. Área focal hipoecoica/hipoatenuante, intraparenquimatosa, mais bem visualizada com a injeção de contraste endovenoso.
- Pseudocisto (não pancreático): acredita-se ser o estágio final de um hematoma intraesplênico, que corresponde a 80% de todos os cistos esplênicos. Procede

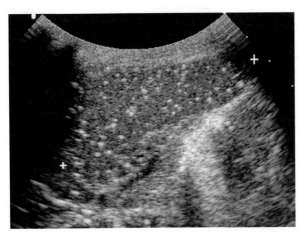

Figura 3   Infecção granulomatosa. Aspecto em céu estrelado.

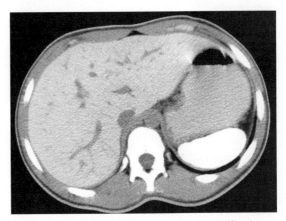

Figura 4   Infarto esplênico. Baço totalmente calcificado em paciente com anemia falciforme.

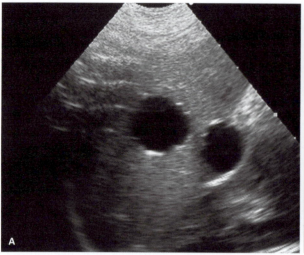
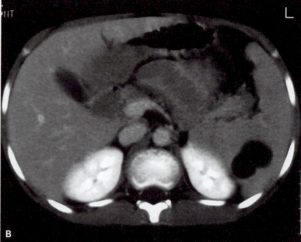

Figura 5 A: Cisto hidático. B: Cisto principal com "cisto filho".

uma história antiga de trauma no quadrante superior esquerdo. Não possui revestimento endotelial. Na ultrassonografia é impossível distinguir o falso do verdadeiro, mas geralmente são menores, possuem debris e calcificações parietais (Figura 6). Na TC, o aspecto é o mesmo do cisto verdadeiro e as calcificações são do tipo "casca de ovo".

Neoplasias benignas

Hemangioma

Apesar de raro (0,3-14% das autópsias), é a neoplasia benigna primária mais comum do baço. Geralmente são pequenos, únicos e assintomáticos, a não ser que ocorra ruptura. Se forem múltiplos, podem ser parte da angiomatose generalizada (síndrome de Klippel-Trenaunay-Weber).

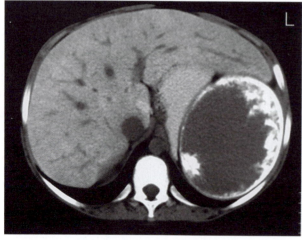

Figura 6 Hematoma esplênico calcificado.

Linfangioma

É uma malformação congênita do sistema linfático caracterizada por múltiplos espaços revestidos por endotélio e preenchidos por linfa. Podem ser únicos ou múltiplos (linfangiomatose). Os achados de imagem incluem esplenomegalia com massas hipoecoicas/hipodensas de paredes bem definidas que podem ter septos e debris no interior e não realçam após o contraste endovenoso (Figura 7). Pode cursar com calcificações marginais.

Neoplasias malignas

Linfoma

Constitui a neoplasia maligna esplênica mais comum que envolve o baço, tanto na forma Hodgkin quanto na forma não Hodgkin. O baço pode estar circundado como parte de envolvimento sistêmico difuso ou como linfoma esplênico primário (muito raro em crianças). Há várias formas de apresentação:

- Esplenomegalia homogênea.
- Grande massa solitária.
- Lesões múltiplas de tamanhos variados (2-10 cm).
- Heterogeneidade difusa (infiltração miliar).

Angiossarcoma

O angiossarcoma primário do baço é extremamente raro. Consiste em canais vasculares desorganizados, revestidos por células endoteliais atípicas. Metástases são frequentes para fígado, pulmão, osso e linfonodos. Nos estudos de imagem aparecem como massas heterogêneas de dimensões variadas com componentes císticos e sólidos (Figura 8).

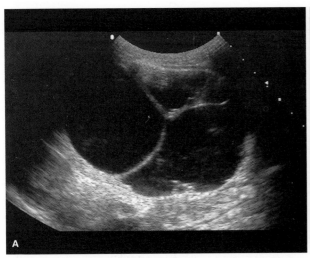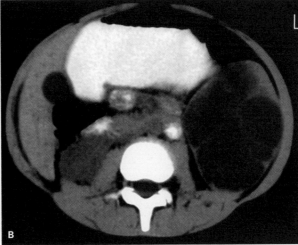

Figura 7 A: Linfangioma. B: Lesão esplênica hipoatenuante, com múltiplos septos.

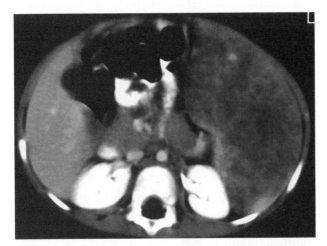

Figura 8 Angiossarcoma esplênico. Grande massa heterogênea, com componentes sólidos e císticos.

Leucemia

Cursa com esplenomegalia acentuada e homogênea. Apresenta grande incidência de sangramento, que pode evoluir para hematomas parenquimatosos e subcapsulares.

Metástases

Cerca de 7% das neoplasias malignas metastatizam para o baço, ocorrendo geralmente por via hematogênica ou extensão direta de tumores retroperitoneais, como neuroblastoma e linfoma.

Bibliografia sugerida

1. Freeman JL, Jafri SZH, Roberts JL, Mezwa DG, Shirkhoda A. Computed tomography of congenital and acquired abnormalities of the spleen. Radiographics. 1993;13:597-610.
2. Grumbach K, McDowell R. The spleen. In: Haaga JR, Lanzieri CF, Sartoris DF, Zerhorini ED (eds.). Computed tomography and magnetic resonance imaging of the whole body. 3. ed. St. Louis: Mosby; 1994. p. 1136-47.
3. Leonard E. Swichuk. Imaging of newborn, infant and young child. 4. ed. Philadelphia: Lippincott Williams & Wilkins; 2004.
4. Rabushka LS, Kawashima A, Fishman EK. Imaging of the spleen, computed tomography with supplemental M.R. examination. Radiographics. 1994;14:307-32.
5. Urrutia M, Mergo PJ, Ros LH, Torres GM, Ros PR. Cystic masses of the spleen: radiologic-pathologic correlation. Radiographics. 1996;16:107-29.

Baço: ultrassonografia

Simone Shibao
Mauro Mitsuru Hanaoka
Alexandre Fligelman Kanas
Felipe Carneiro

Introdução

O baço é o maior órgão linfático, possui funções hematológicas e imunológicas, e tem origem embriológica aproximadamente na quinta semana de vida, a partir de múltiplos agregados de células mesenquimais do mesogástrio dorsal, que progressivamente aumentam de volume e se fundem. Posteriormente, o baço sofre uma rotação para a esquerda da grande curvatura do estômago e, em decorrência da fusão do mesogástrio dorsal com o peritônio parietal, seus vasos se tornam retroperitoneais, enquanto o parênquima esplênico lateraliza-se para a esquerda e se apresenta peritonizado.

As condições que afetam o baço podem ser didaticamente divididas nas seguintes categorias: variações anatômicas e anomalias de desenvolvimento, trauma, processos inflamatórios infecciosos e não infecciosos, lesões vasculares, tumores benignos e malignos e doenças difusas.

Variações anatômicas, anomalias congênitas e de desenvolvimento

As alterações congênitas podem ser decorrentes basicamente da deficiência da fusão dos agregados mesenquimais primordiais, a qual pode ocorrer em graus variados, e das anomalias na fusão das porções do mesogástrio dorsal com o peritônio parietal.

Baço acessório

O baço acessório é uma variação anatômica e constitui um foco de tecido esplênico isolado do baço principal, de origem congênita, decorrente da falha na fusão de um dos precursores mesenquimais. Também é denominado baço supranumerário ou esplenúnculo. Geralmente mede menos de quatro centímetros, mas pode atingir maiores dimensões em decorrência de hipertrofia compensatória após esplenectomia. Ele está presente em até 40% da população. A localização mais comum é o hilo esplênico (75%), seguido da cauda pancreática (20%), mas pode ser encontrado em qualquer porção do abdome ou retroperitônio.

Geralmente é único, com incidência estimada em 88% dos casos, podendo também ser duplo em 9% dos casos e múltiplo em 3%, sendo que neste último caso geralmente encontra-se em uma única localidade.

Habitualmente é assintomático e raramente sofre complicações, como ruptura espontânea, infarto ou torção. A identificação de eventual baço acessório é desejável em pacientes que serão submetidos à esplenectomia terapêutica por conta da possibilidade de recorrência da doença de base.

Banda esplênica

A banda esplênica é uma variação anatômica caracterizada por uma lobulação extremamente profunda (Figura 2). Decorre da fusão dos tecidos mesodérmicos

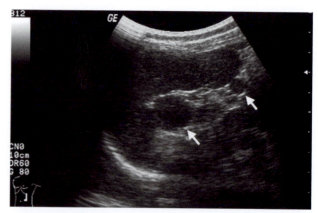

Figura 1 Baços acessórios: imagens nodulares junto ao hilo e à borda inferior do baço. A ecotextura é a mesma que a da massa esplênica principal.

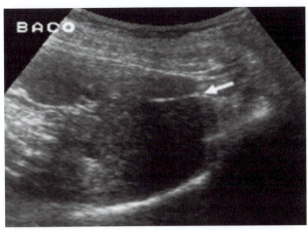

Figura 2   Banda esplênica: lobulação extrema caracterizada por imagem lineariforme hiperecogênica.

primordiais em um único ponto, sendo assintomática. A localização mais frequente é junto à borda superior do baço e pode ser confundida com uma laceração em casos de trauma abdominal.

Baço itinerante

O baço é denominado itinerante quando apresenta excesso de mobilidade, determinando sua visualização em localização anormal. Essa condição também é conhecida como baço ectópico, aberrante, ptótico ou flutuante.

É uma entidade rara, com incidência inferior a 0,5% em séries de esplenectomia. A teoria mais aceita para sua origem é a da não fusão da porção posterior do mesentério gástrico com o peritônio, resultando em um mesentério longo. Assim, a ausência dos ligamentos esplenorrenal e gastroesplênico origina as anomalias no posicionamento do baço. Condições adquiridas também podem aumentar a mobilidade esplênica, como a flacidez abdominal, a multiparidade, o efeito hormonal da gravidez e a esplenomegalia.

Os pacientes acometidos são mais frequentemente crianças ou mulheres jovens que podem ser assintomáticas ou se apresentar com desconforto abdominal intermitente e massa palpável como achado de exame. A principal complicação é a torção aguda. Os pacientes também podem evoluir com varizes gástricas que decorrem da limitação intermitente do fluxo sanguíneo através da veia esplênica.

A localização mais frequente do baço itinerante é um pouco mais baixa que a habitual, porém ele pode ser encontrado em qualquer região do abdome. O estudo Doppler é fundamental para avaliação de torção, para demonstrar a ausência de fluxo no pedículo.

Asplenia

Agenesia esplênica é rara, podendo ocorrer isoladamente, mas é mais comum (71%) na síndrome asplênica congênita, também conhecida como síndrome de Ivemark ou dextroisomerismo. Nessa síndrome, além da asplenia, há malformações toracoabdominais, como pulmões trilobulados, duplicidade da veia cava superior, transposição dos grandes vasos, valva atrioventricular única, ventrículo único, drenagem venosa pulmonar anômala total, má rotação intestinal e anomalias do trato genitourinário, como rins em ferradura e duplicidade do sistema coletor. Ocorre mais frequentemente em homens, com alto índice de mortalidade no primeiro ano de vida.

Polisplenia

A polisplenia é uma condição muito rara e caracterizada por múltiplos focos de tecido esplênico decorrentes da fusão anormal, ou seja, falta de fusão dos precursores mesenquimais, formando duas ou mais massas esplênicas. Esse quadro é geralmente associado a malformações em outros sistemas, concomitantemente ao situs ambíguo. Pode ser encontrado isoladamente, porém essa é uma situação bastante rara (Figura 3). Pode ocorrer concomitantemente ao situs inversus parcial ou total. É mais frequente em mulheres.

Os achados associados são pulmões bilobulados (levoisomerismo), interrupção infra-hepática da veia cava inferior com continuação pela ázigo, veia cava superior bilateral, defeitos de septos atrial ou ventricular, arco aórtico à direita, retorno venoso pulmonar anômalo parcial, transposição dos grandes vasos, estenose da válvula pulmonar, estenose subaórtica, situs ambiguus abdominal, situs inversus e situs solitus. Cerca de 50% dos pacientes evoluem para óbito nos primeiros 6 meses de vida em decorrência das alterações cardíacas.

A polisplenia também pode fazer parte de doenças com alterações no transporte mucociliar, como a síndrome de Kartagener (polisplenia, sinusite e bronquiectasia), estando relacionada a casos de atresia biliar extra-hepática.

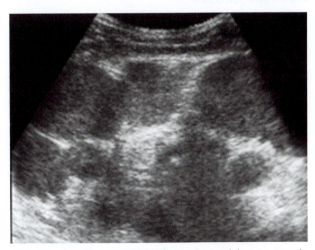

Figura 3   Polisplenia: múltiplas formações nodulares ocupando a loja esplênica.

Geralmente, o baço é dividido em 2 a 16 partes com dimensões semelhantes, situadas ao longo da grande curvatura do estômago, o qual pode estar localizado tanto no quadrante superior direito do abdome, quanto no esquerdo. Outra apresentação menos habitual é a de um ou dois baços maiores associados a outros de menores dimensões.

Fusão esplenogonadal

É uma anomalia congênita muito rara, originada na falha de separação normal entre o mesênquima esplênico, localizado junto ao mesogástrio dorsal e ao mesonefro. Dessa falha decorre a conexão entre o baço e uma das gônadas, ou a existência de tecido esplênico ectópico gonadal. A gônada mais frequentemente afetada é a esquerda, e essa anomalia apresenta relação de 17:1 entre os sexos masculino e feminino. Por ser mais habitual no sexo masculino, a apresentação inicial mais comum é de massa escrotal, podendo se manifestar também como desconforto escrotal após quadros infecciosos sistêmicos. Alguns autores sugerem o estudo por imagem em busca de fusão esplenogonadal nos casos das síndromes de Hanhart e de Möebius.

A presença de um misto de tecidos fibroso e esplênico, unindo o tecido esplênico acessório ao tecido esplênico principal, esse localizado no hipocôndrio esquerdo, classifica a fusão esplenogonadal como contínua. Esse tecido apresenta-se com aspecto de um colar de contas.

A fusão esplenogonadal é classificada como descontínua quando, além da massa esplênica principal no hipocôndrio esquerdo, há algum tecido esplênico junto à gônada. A ultrassonografia evidencia um tecido bem definido e com ecogenicidade semelhante junto ao testículo. Assim, os tumores testiculares constituem os principais diagnósticos diferenciais.

Doenças difusas

O baço pode ser difusamente comprometido pelas mais variadas etiologias, cuja manifestação mais frequente é a esplenomegalia.

Esplenomegalia

A esplenomegalia é a mais frequente das manifestações de comprometimento esplênico, seja por processos infecciosos, inflamatórios, tumorais ou distúrbios hematopoéticos, destacando-se, como uma das causas mais habituais em nosso meio, a hipertensão portal.

Para o diagnóstico de esplenomegalia é necessário conhecer seus valores normais. Vários trabalhos foram desenvolvidos nesse sentido, e tabelas foram organizadas. Em relação a crianças, as dimensões esplênicas não variam em relação ao gênero, mas há variações conforme a faixa etária e as referências da literatura estão disponíveis na bibliografia sugerida no final deste capítulo. Quanto aos adultos, as dimensões esplênicas normais são menores no sexo feminino que no masculino e apresentam correlação com o peso, a altura e a superfície corpórea. Nota-se também diminuição das mesmas com a progressão da idade, a partir dos 20 anos. Os valores superiores limítrofes classicamente conhecidos para adultos são 12 centímetros no eixo longitudinal, 7 centímetros no transversal e 5 centímetros no anteroposterior (espessura). O cálculo do volume esplênico é interessante, pois possibilita a comparação das medidas com outros métodos, nomeadamente a tomografia computadorizada e a ressonância magnética, ressaltando-se que a ultrassonografia é o método de escolha para o acompanhamento evolutivo da mensuração da esplenomegalia. Outra maneira de avaliar o baço quantitativamente é o índice esplênico obtido a partir da multiplicação dos diâmetros longitudinal e anteroposterior e que tem como limite normal o valor 60.

A esplenomegalia pode ter como complicação o hiperesplenismo e aumenta o risco de rotura esplênica.

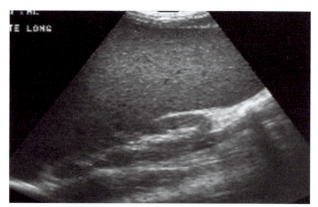

Figura 4   Esplenomegalia homogênea

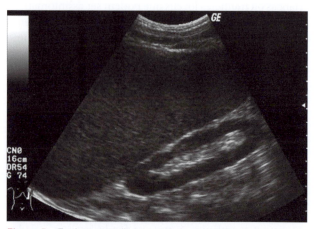

Figura 5   Esplenomegalia homogênea em paciente com macroglobulinemia de Waldstron

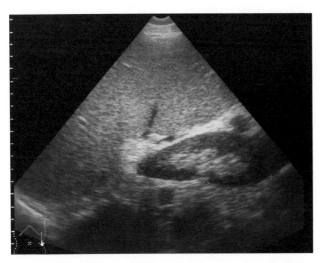

Figura 6 Esplenomegalia homogênea em paciente portador de talassemia.

Figura 7 Corpúsculos de Gamna-Gandy: esplenomegalia em paciente com hepatite pelo vírus C que apresenta também aumento de baço acessório, ambos com múltiplas imagens puntiformes hiperecogênicas dispersas (seta).

Nódulos sideróticos: corpúsculos de Gamna-Gandy

Em quadros de hipertensão portal, cerca de 9-12% dos pacientes cursam com depósitos sideróticos esplênicos, os chamados corpúsculos de Gamna-Gandy. Outras condições associadas à sua ocorrência são a anemia falciforme, a hemocromatose adquirida, a hemoglobinúria paroxística benigna, a leucemia e o linfoma. O aspecto ultrassonográfico é de focos puntiformes hiperecoicos.

Trauma

O trauma esplênico pode ser decorrente de uma variedade de mecanismos, que incluem lesão penetrante e trauma fechado, sendo também associado a procedimentos médicos diagnósticos.

Rotura esplênica e hematoma

A rotura esplênica pode ser traumática ou não traumática. O baço é o órgão mais frequentemente afetado no trauma abdominal fechado e fatores iatrogênicos também são causas relevantes. O mesmo se observa em relação aos hematomas. A rotura esplênica não traumática é rara, frequentemente tratável e não fatal, e os principais fatores etiológicos são neoplásicos, infecciosos e inflamatórios não infecciosos. Pode ocorrer mesmo que as dimensões esplênicas sejam normais e tem como fatores de risco para aumento da mortalidade a esplenomegalia, a faixa etária mais alta e a concomitância com doença oncológica.

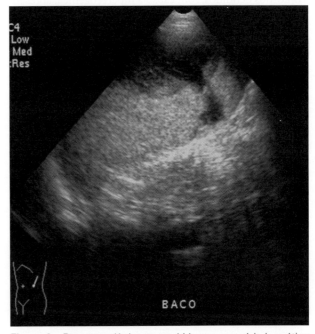

Figura 8 Rotura esplênica preenchida por conteúdo hemático recente, com aspecto líquido e heterogêneo.

Processos inflamatórios infecciosos e não infecciosos

Processos infecciosos

Abscesso

Abscessos esplênicos são achados incomuns, com frequência variável entre 0,14-0,7% na literatura médica em estudos de necropsia, e associados a alta mortalidade pela demora no diagnóstico e, consequentemente, na instituição da terapêutica.

Geralmente ocorrem com maior frequência em pacientes imunocomprometidos, integrando um quadro maior, o de infecção disseminada. Assim, sua incidência vem aumentando em função do crescente número dos pacientes com comprometimento imunológico, sejam pacientes com afecções hematológicas como leucemia, sejam pacientes transplantados de medula óssea ou com síndrome da imunodeficiência adquirida. Os pacientes diabéticos e em sepse com comprometimento respiratório, urinário e cutâneo e aqueles com anemia falciforme apresentam maior incidência.

Os abscessos podem ter disseminação por via hematogênica ou por contiguidade e podem ser secundários à lesão preexistente ou pós-traumáticos, com inoculação direta do agente.

A lesão pode ser única ou múltipla, sendo que a mortalidade é maior nos pacientes com várias lesões. O aspecto ultrassonográfico inicial é de uma lesão hipoecogênica e de limites mal definidos. Com a evolução do processo adquire contornos definidos, com cápsula hiperecogênica, apresentando debris e septações, assumindo o aspecto ultrassonográfico clássico. Também pode haver gás de permeio.

As complicações dos abscessos são ruptura, abscesso subfrênico e peritonite.

O diagnóstico diferencial se faz com cisto, infarto, hematoma, metástase, linfoma e peliose.

Tuberculose

O comprometimento extrapulmonar pelo Mycobacterium tuberculosis ocorre por disseminação hematogênica a partir de um foco à distância, habitualmente pulmonar. Em geral, o envolvimento é do tipo miliar, tendo sido demonstrado nesses casos o comprometimento do baço em cerca de 80-100% das necropsias de tuberculose miliar pulmonar.

É uma doença que permanece frequente em países em desenvolvimento e que apresenta aumento de casos em países desenvolvidos em função dos pacientes imunocomprometidos pelo HIV, seja por reinfecção, seja por reativação de um foco latente.

O envolvimento isolado macronodular do baço com formação de tuberculomas é muito raro. Assim, o comprometimento esplênico está, de modo habitual, relacionado a um quadro sistêmico.

A ultrassonografia evidencia esplenomegalia, que pode ser homogênea ou heterogênea. Podem ser visualizados múltiplos nódulos hipoecogênicos arredondados ou ovalados que representam microabscessos. Também pode haver adenomegalia peripancreática, pericaval, bem como no hilo hepático. Os linfonodos podem formar conglomerados e apresentar necrose central. Em caso de peritonite tuberculosa, pode ser evidenciada ascite, que é fluida no início do processo e progressivamente se torna espessa, com material particulado, septações e "bolo" de omento.

O aspecto sequelar do granuloma é de calcificação, sendo caracterizados pontos ecogênicos difusos com ou sem sombra acústica.

Os diagnósticos diferenciais nos pacientes HIV positivos são infecção fúngica, abscesso bacteriano e linfoma. Quando há linfonodomegalia, o diagnóstico diferencial se faz com doenças linfoproliferativas.

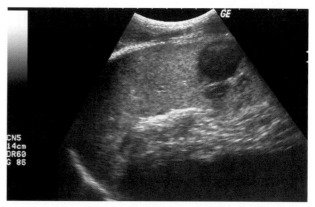

Figura 9   Abscessos em paciente com aids.

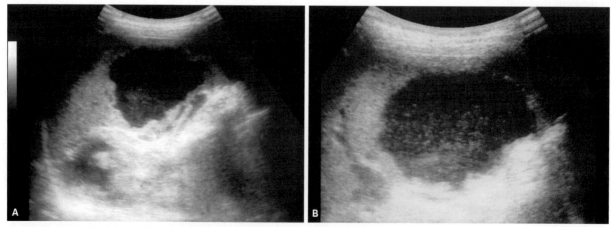

Figura 10   Abscesso por cândida em paciente com leucemia. Formação cística com conteúdo espesso.
Imagem gentilmente cedida pela Profa. Dra. Ilka R. S. de Oliveira.

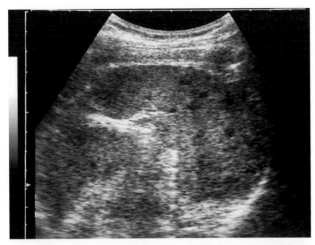

Figura 11 Tuberculose em fase ativa: múltiplas lesões nodulares hipoecoicas.
Imagem gentilmente cedida pela Profa. Dra. Ilka R. S. de Oliveira.

Granulomas calcificados

Granulomas calcificados são achados frequentes no baço e se apresentam com focos calcificados resultantes de infecções pregressas, como tuberculose, histoplasmose, brucelose e pneumocistose.

Sarcoidose

A sarcoidose é uma doença sistêmica granulomatosa, não infecciosa, de etiologia desconhecida.

O comprometimento esplênico microscópico é frequente, tendo sido demonstrado em 24-59% dos pacientes, porém seu significado clínico não é bem estabelecido. A manifestação mais frequente da doença esplênica é a visceromegalia, que no exame ultrassonográfico pode ser homogênea ou heterogênea. Podem também ocorrer alterações focais, que são geralmente menores que 1,0 cm, hipoecogênicas e hipovasculares.

As linfonodomegalias retroperitoneais podem ser concomitantes.

Lesões focais não neoplásicas e neoplasias benignas e malignas

As lesões focais esplênicas não traumáticas constituem um dilema no dia a dia do radiologista, pois em sua grande maioria apresentam aspecto inespecífico. Explicitando essa dificuldade e para auxiliar no manejo dessas lesões, em 2013 o ACR Incidental Findings Committee II publicou um algoritmo destinado à investigação de lesões esplênicas assintomáticas.

Cisto

As lesões císticas esplênicas possuem uma ampla gama de diagnósticos diferenciais, a saber, os cistos "verdadeiros" (também denominados de primários, epiteliais,

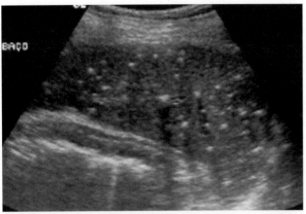

Figura 12 Granulomas residuais de tuberculose: calcificações esplênicas representadas por múltiplos focos hiperecogênicos e com sombra acústica posterior.

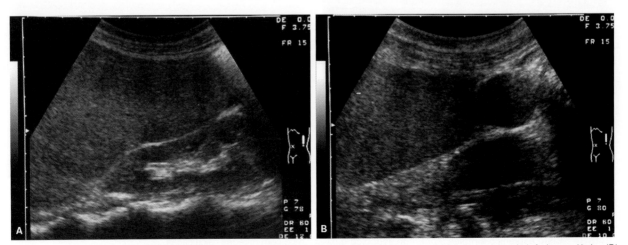

Figura 13 Esplenomegalia homogênea. Paciente com sarcoidose (A) e aumento de baço acessório junto à borda inferior esplênica (B).

epidermoides ou congênitos), os cistos "falsos", que são em sua maioria pós-traumáticos (hemorrágicos ou serosos), os cistos inflamatórios/infecciosos (abscesso, cisto hidático), os cistos vasculares (sequelar pós-infarto, peliose) e as neoplasias císticas (hemangioma, linfangioma, linfoma e metástases).

A ultrassonografia permite avaliar suas paredes, se finas ou espessadas, regulares ou irregulares, a presença de septações e de calcificações, bem como o conteúdo, se espesso ou fluido (anecoico).

Hemangioma

O hemangioma esplênico, apesar de pouco frequente, é a lesão neoplásica benigna mais comum do baço, tendo ocorrência de 0,03-14% em necropsias. Consiste em uma proliferação de canais vasculares de tamanhos variados, preenchidos por hemácias e definidos por uma camada epitelial. Pode ser classificado como cavernomatoso (o mais frequente), epitelial ou misto. A faixa etária predominante é entre 20-50 anos, sendo a incidência um pouco maior em homens. A lesão tende a ser pequena, habitualmente menor que 2,0 cm, mas pode assumir grandes proporções, comprometendo o órgão em toda a sua extensão, e assim estar associada à esplenomegalia.

Também pode ser manifestação da síndrome de Klippel-Trenaunay-Weber.

O hemangioma geralmente é assintomático, constituindo um achado incidental. O quadro de hemangiomatose multissistêmica pode apresentar-se como coagulopatia de consumo. Quando apresenta alto fluxo sanguíneo, pode determinar hipertensão portal e varizes

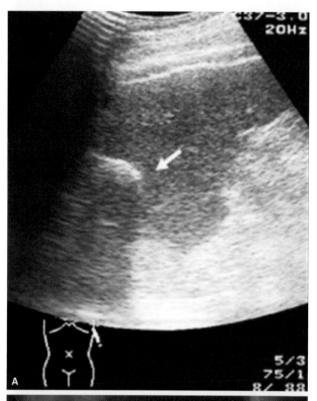

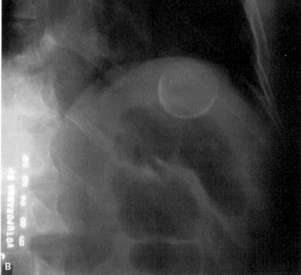

Figura 15 Cisto esplênico calcificado. A: Ultrassonografia demonstra imagem hiperecogênica arciforme e com sombra acústica posterior que representa a parede calcificada do cisto. B: Radiografia simples evidencia no hipocôndrio esquerdo imagem arredondada e com paredes calcificadas.
Imagem gentilmente cedida pelo Dr. Antonio S. Z. Marcelino.

Figura 14 Cisto esplênico simples: conteúdo anecoico e paredes finas

gastroesofágicas. A ruptura da lesão com hemoperitônio é rara e geralmente associada a lesões de grandes dimensões. Também podem ocorrer trombose, infarto e, consequentemente, fibrose. Outra complicação descrita é a transformação sarcomatosa.

O exame ultrassonográfico demonstra lesão nodular hiperecogênica única ou múltipla. O hemangioma de grandes dimensões, ou seja, o cavernomatoso, se apresenta como massa complexa, podendo ser caracterizado fluxo na avaliação com Doppler colorido.

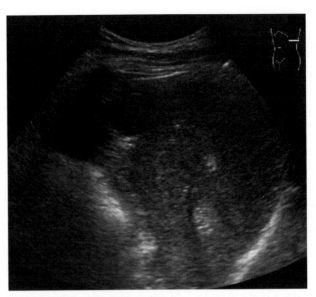

Figura 18   Múltiplos hemangiomas.

Hamartoma

O hamartoma esplênico é uma lesão rara, constituída pela proliferação celular ou de tecidos maduros normais de um órgão, porém com a arquitetura anormal em relação ao tecido circundante. Outras denominações para essa lesão são esplenoma, esplenoadenoma, fibroesplenoma e hiperplasia nodular do baço. Geralmente é assintomático e visto como achado de exame ou em necropsias, mais frequente nos adultos e com discreto predomínio no sexo feminino. Em casos sintomáticos, as manifestações são de anemia, trombocitopenia e hiperplasia da medula óssea, reversíveis com esplenectomia, além de esplenomegalia e ruptura.

Geralmente é uma lesão ovalada e única, com dimensões pequenas, habitualmente inferiores a 3,0 cm, podendo, entretanto, atingir proporções bem maiores. Apresenta-se heterogênea à ultrassonografia, algumas vezes com pequenos espaços císticos e pequenos focos hiperecogênicos esparsos, que podem representar calcificações.

Linfangioma

O linfangioma é uma alteração congênita com malformação do sistema linfático, caracterizando-se canais linfáticos dilatados envolvidos por um estroma conjuntivo escasso. O comprometimento esplênico isolado é bastante raro, e a apresentação clássica cursa com envolvimento difuso do órgão, sendo denominada linfangiomatose. Uma terceira apresentação é a de múltiplas lesões císticas.

A ultrassonografia evidencia cistos ou massa cística, cuja ecogenicidade é dependente da quantidade de material proteináceo e das septações, sendo geralmente hipoecoico. Pode haver calcificações curvilíneas periféricas.

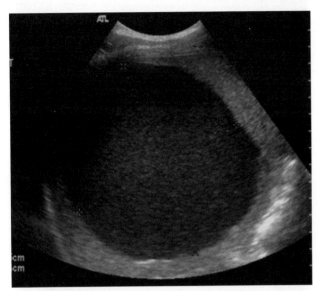

Figura 16   Cisto esplênico com conteúdo espesso: ecos em suspensão.

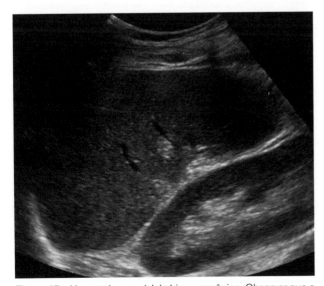

Figura 17   Hemangioma: nódulo hiperecogênico. Observar que a lesão não altera a arquitetura esplênica e que a estrutura vascular se mantém preservada.

Neoplasias malignas primárias e secundárias

Linfoma

O linfoma esplênico primário é muito raro e compreende cerca de 1% de todos os linfomas, estando associado a estimulações crônicas do sistema imune, como infecções e esplenomegalia idiopática. Entretanto, como manifestação secundária, os linfomas constituem a doença maligna mais comum do baço.

Considerando o linfoma sistêmico, observa-se que, quando do diagnóstico, o baço já está comprometido pelos linfomas de Hodgkin (LH) e não Hodgkin (LNH) em 40% e 30-40%, respectivamente, independentemente da caracterização de esplenomegalia ou alterações focais. Por isso, é importante salientar em relação ao LNH que as dimensões esplênicas, isoladamente, não são indicadores fiéis de comprometimento pela doença, embora a esplenomegalia sugira o envolvimento do órgão. Pacientes com esplenomegalia apresentam infiltração em cerca de 2/3 dos casos, estando o 1/3 restante não comprometido. Entretanto, a análise de pacientes com baço de dimensões normais apresenta infiltração linfomatosa em mais de 1/3 dos casos. Entretanto, quando o envolvimento hepático é confirmado por biópsia, o baço está quase sempre acometido.

Os achados ultrassonográficos esplênicos compreendem a organomegalia, as lesões focais e a linfadenopatia hilar. A esplenomegalia pode ser homogênea ou heterogênea, com presença de nódulos ou massas. As lesões focais podem ser únicas ou múltiplas, e neste último caso com pequenas dimensões ou tamanhos variados. O aspecto da lesão geralmente é de nódulo hipoecogênico de contornos irregulares ou mal definidos ou de lesão heterogênea. Podem haver áreas de necrose, conferindo o aspecto de lesão mista, com componentes sólidos e císticos, ou mesmo de lesão cística. Outras apresentações menos habituais são a lesão hipoecogênica e a lesão em alvo, cujo centro é hiperecogênico, e cujo halo é hipoecoico. Destaca-se que no baço esse padrão de lesão em alvo é bastante sugestivo de processo maligno. A presença de calcificação na lesão é rara no pré-tratamento.

Leucemia

A manifestação esplênica mais frequente é a organomegalia, sendo rara a ocorrência de lesão focal.

Metástases

As metástases esplênicas são raras, entretanto, podem ser observadas em até 50% dos pacientes com neoplasias malignas avançadas quando a doença se encontra disseminada. Juntamente com o linfoma, constituem as lesões malignas mais frequentes do baço. É raro o achado de metástases restritas ao baço. A disseminação usualmente é por via hematogênica.

As metástases esplênicas têm como sítios primários mais frequentes, em ordem decrescente, a mama, o pulmão, o ovário, o estômago, a pele, a próstata, o cólon, o

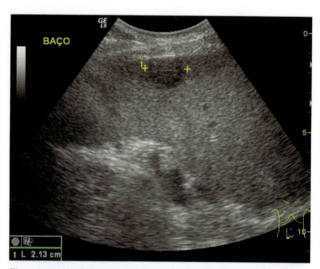

Figura 19   Linfoma: nódulo hipoecoico.

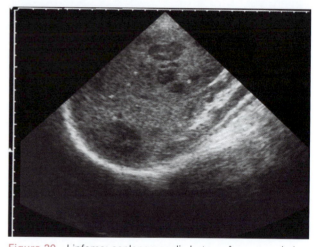

Figura 20   Linfoma: esplenomegalia heterogênea associada a múltiplos nódulos hipoecoicos.
Imagem gentilmente cedida pela Profa. Dra. Ilka R. S. de Oliveira.

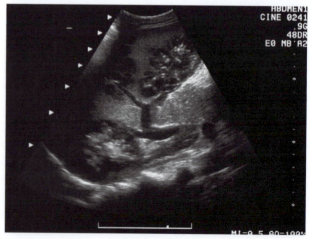

Figura 21   Linfoma: massas esplênicas de contornos lobulados, heterogêneas e com calcificações.
Imagem gentilmente cedida pelo Dr. Sérgio Kodaira.

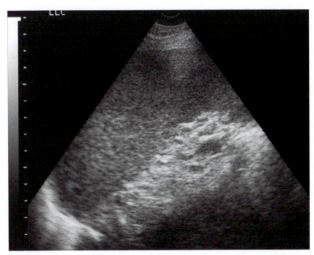

Figura 22 Esplenomegalia homogênea em paciente com leucemia.

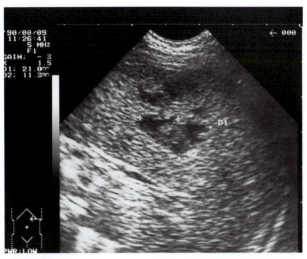

Figura 23 Metástase de neuroblastoma: nódulos hipoecogênicos e heterogêneos.
Imagem gentilmente cedida pela Profa. Dra. Ilka R. S. de Oliveira

fígado e o pâncreas. Podem ser lesões isoladas, múltiplas ou de padrão infiltrativo. A apresentação mais frequente é de lesão hipoecogênica; outros aspectos, porém, são possíveis, como os de lesão hipercogênica, mista ou em alvo.

Angiossarcoma

É um tumor bastante raro, porém é a neoplasia maligna primária esplênica não linfoide mais frequente. A faixa etária comprometida é dos 50 aos 59 anos. A incidência estimada é de 0,14-0,25 × 10-6. A ruptura da lesão é comum, ocorrendo em cerca de 30% dos casos, sendo a hemorragia frequente. Cerca de 80% dos casos apresentam metástases quando do diagnóstico com disseminação hematogênica para o fígado. Tem aspecto de lesão complexa com componentes sólidos e císticos, com o primeiro componente hiperecogênico, heterogêneo. A avaliação dopplervelocimétrica evidencia fluxo intralesional exuberante. Há esplenomegalia associada.

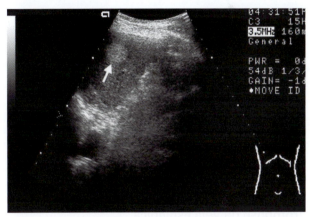

Figura 24 Metástase de carcinoma de próstata: nódulo hiperecoico.
Imagem gentilmente cedida pela Profa. Dra. Ilka R. S. de Oliveira.

Lesões vasculares

Infarto

É resultante da interrupção do fluxo sanguíneo, seja venoso ou arterial. Anemias hemolíticas, endocardites e hipertensão portal são causas de eventos tromboembólicos que culminam com a oclusão vascular.

Nas primeiras horas, a ultrassonografia pode não demostrar a área isquêmica, que pode ser caracterizada precocemente pela tomografia computadorizada e pela ressonância magnética. Na evolução, a lesão se torna mais definida pela ultrassonografia, e o aspecto mais típico é de uma área hipoecogênica periférica, com morfologia triangular com base periférica e ápice voltado ao hilo esplênico. Com a evolução, ocorre a retração do parênquima, muitas vezes associada a calcificações.

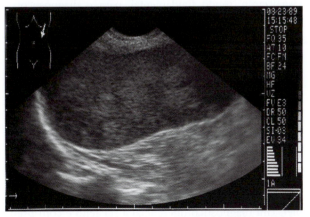

Figura 25 Metástase de carcinoma de mama: múltiplos nódulos hiperecoicos.
Imagem gentilmente cedida pela Profa. Dra. Ilka R. S. de Oliveira.

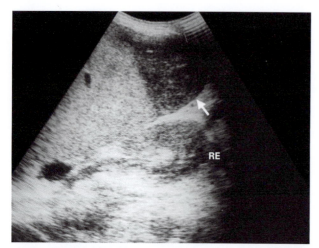

Figura 26 Infarto esplênico: imagem triangular de base periférica hipoecoica (seta).
RE: Rim esquerdo.

Shunt esplenorrenal

Shunt esplenorrenal espontâneo é observado em pacientes com hipertensão portal crônica, em nosso meio geralmente cirróticos e portadores de esquistossomose hepatoesplênica. Esses pacientes possuem, além das alterações clínicas de cirrose, menor tendência à hemorragia digestiva alta, já que há um desvio portossistêmico espontâneo pela veia renal esquerda, com fluxo reverso pela veia esplênica e consequente descompressão do plexo esofágico. Assim, o shunt esplenorrenal cirúrgico constitui uma opção terapêutica para aqueles pacientes com dificuldade de controle de sangramento de varizes esofágicas pelo tratamento endoscópico.

A ultrassonografia com avaliação Doppler evidencia extensa rede de colaterais no hilo esplênico em comunicação com a veia renal esquerda, que cursa com aumen-

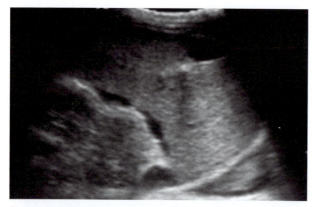

Figura 27 Sequela de infarto esplênico: retração no contorno.

Trombose da veia esplênica

A trombose está relacionada a quadros de hipertensão portal com lentificação do fluxo sanguíneo, estados de hipercoagulabilidade e lesão endotelial. O trombo intraluminal tem aspecto inicial hipoecogênico, o que limita sua visualização, sendo fundamental, para o diagnóstico, o emprego do Doppler, que evidencia a interrupção do fluxo sanguíneo. Posteriormente, cursa com aumento de sua ecogenicidade, o que possibilita sua caracterização no modo B.

Aneurisma da artéria esplênica

O aneurisma da artéria esplênica é uma entidade rara, apesar de ser o segundo local no abdome mais acometido por dilatação aneurismática, seguido do segmento aortoilíaco.

A ultrassonografia evidencia a dilatação arterial com fluxo turbilhonado em seu interior no mapeamento Doppler. Um diagnóstico diferencial a ser feito é com pseudoaneurismas decorrentes de lesão da parede vascular por processos inflamatórios e/ou infecciosos.

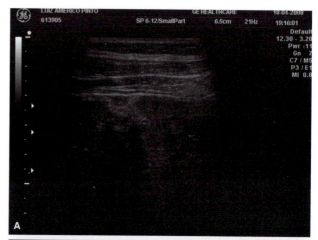

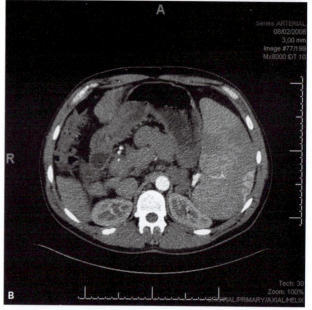

Figura 28 Sequela de infarto esplênico: retração no contorno (A) associada à calcificação caracterizada na tomografia (B).

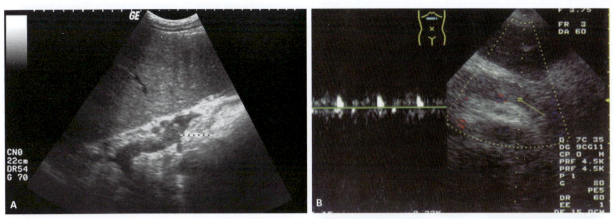

Figura 29 (A) Veia esplênica no hilo esplênico preenchida por material heterogêneo: trombose. (B) Trombose da veia esplênica no seu trajeto retropancreático. Há material hipoecogênico no seu interior e ausência de fluxo significativo ao mapeamento com Doppler colorido bem como ao estudo espectral.

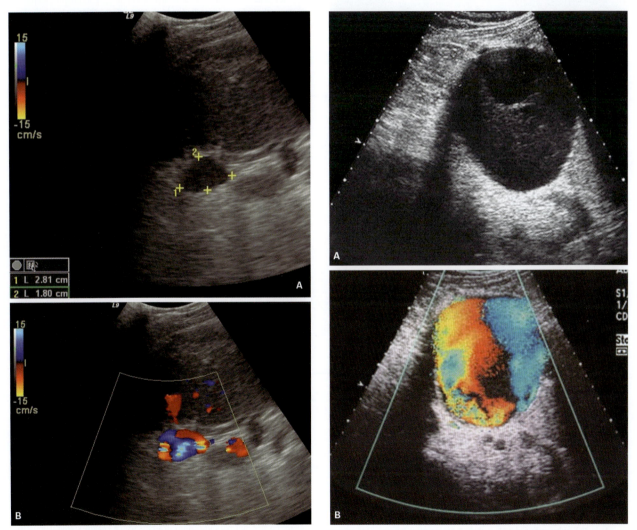

Figura 30 Aneurisma da artéria esplênica: imagem cística no hilo esplênico (A) com fluxo turbilhonado no mapeamento com Doppler colorido (B).

Figura 31 Pseudoaneurisma da artéria esplênica em paciente com diagnóstico prévio de pancreatite. Presença de trombo junto à artéria que se mantém pérvia (A) com padrão de fluxo Ying Yang ao mapeamento colorido (B).
Imagem gentilmente cedida pela Profa. Dra. Ilka R. S. de Oliveira.

to da sua velocidade. Bagheri et al. demonstraram que, se a velocidade da veia renal esquerda for maior que 35 cm/s, o Doppler apresenta sensibilidade de 61,9% e especificidade de 82,1% para a presença do *shunt*.

Anemia falciforme

Os pacientes com anemia falciforme apresentam comprometimento precoce do baço. Na primeira década de vida ocorre a esplenomegalia e, posteriormente, ocorre a redução volumétrica do órgão, decorrente da autoesplenectomia, que por vezes assume aspecto nodular.

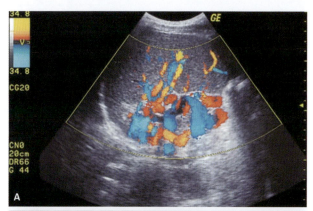
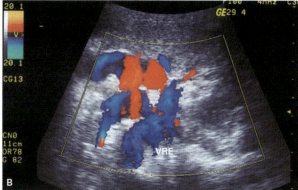

Figura 32 Ultrassonografia com Doppler evidencia exuberante circulação colateral no hilo esplênico (A) associada a anastomose esplenorrenal espontânea (B).
VRE: veia renal esquerda.

Bibliografia sugerida

1. Abbott RM, Levy AD, Aguilera NS, Gorospe L, Thompson WM. From the archives of the AFIP: primary vascular neoplasms of the spleen: radiologic-pathologic correlation. Radiographics. 2004;24(4):1137-63.
2. Akbar SA, Sayyed TA, Jafri SZ, Hasteh F, Neill JS. Multimodality imaging of paratesticular neoplasms and their rare mimics. Radiographics. 2003;23(6):1461-76.
3. Alonso Cohen MA, Galera MJ, Ruiz M, Puig la Calle J, Ruis X, Artigas V. Splenic abscess. World J Surg. 1990;14(4):513-6; discussion 516-517.
4. Arda K, Kizilkanat K, Celik M, Turkalp E. Intermittent torsion of a wandering spleen in a child: the role of MRI in diagnosis. JBR-BTR. 2004;87(2):70-2.
5. Bakir B, Poyanli A, Yekeler E, Acunas G. Acute torsion of a wandering spleen: imaging findings. Abdom Imaging. 2004;29(6):707-9.
6. Ben Ely A, Zissin R, Copel L, Vasserman M, Hertz M, Gottlieb P, Gayer G. The wandering spleen: CT findings and possible pitfalls in diagnosis. Clin Radiol. 2006;61(11):954-8.
7. Berkenblit RG, Mohan S, Bhatt GM, Rosenzweig M, Blitz A. Wandering spleen with torsion: appearance on CT and ultrasound. Abdom Imaging. 1994;19(5):459-60.
8. Bertolotto M, Gioulis E, Ricci C, Turoldo A, Convertino C. Ultrasound and Doppler features of accessory spleens and splenic grafts. Br J Radiol. 1998;71(846):595-600.
9. Boschmann H, Zimmermann HB, Wiechmann T, Wenisch HJ, Weinke T. [Ruptured splenic artery aneurysm – a rare cause of recurrent gastrointestinal hemorrhages]. Med Klin (Munich). 2001;96(6):351-4.
10. Britt AR, Francis IR, Glazer GM, Ellis JH. Sarcoidosis: abdominal manifestations at CT. Radiology. 1991;178(1):91-4.
11. Brizi MG, Celi G, Scaldazza AV, Barbaro B. Diagnostic imaging of abdominal tuberculosis: gastrointestinal tract, peritoneum, lymph nodes. Rays. 1998;23(1):115-25.
12. Cantarero JM, Llorente JG, Hidalgo EG, Hualde A, Ferreiro R. Splenic arteriovenous fistula: diagnosis by duplex Doppler sonography. AJR Am J Roentgenol. 1989;153(6):1313-4.
13. Caslowitz PL, Labs JD, Fishman EK, Siegelman SS. Nontraumatic focal lesions of the spleen: assessment of imaging and clinical evaluation. Comput Med Imaging Graph. 1990;14(2):133-41.
14. Catalano O, Lobianco R, Sandomenico F, D'Elia G, Siani A. Real-time contrast-enhanced ultrasound of the spleen: examination technique and preliminary clinical experience. Radiol Med. 2003;106(4):338-56.
15. Catalano O, Lobianco R, Sandomenico F, Siani A. Splenic trauma: evaluation with contrast-specific sonography and a second-generation contrast medium: preliminary experience. J Ultrasound Med. 2003;22(5):467-77.
16. Catalano O, Sandomenico F, Raso MM, Siani A. Real-time, contrast-enhanced sonography: a new tool for detecting active bleeding. J Trauma. 2005;59(4):933-9.
17. Catalano O, Sandomenico F, Vallone P, D'Errico AG, Siani A. Contrast-enhanced sonography of the spleen. Semin Ultrasound CT MR. 2006;27(5):426-33.
18. Chang KC, Chuah SK, Changchien CS, Tsai TL, Lu SN, Chiu YC, et al. Clinical characteristics and prognostic factors of splenic abscess: a review of 67 cases in a single medical center of Taiwan. World J Gastroenterol. 2006;12(3):460-4.
19. Changchien CS, Tsai TL, Hu TH, Chiou SS, Kuo CH. Sonographic patterns of splenic abscess: an analysis of 34 proven cases. Abdom Imaging. 2002;27(6):739-45.
20. Chou YH, Tiu CM, Chiou HJ, Hsu CC, Chiang JH, Yu C.= Ultrasound-guided interventional procedures in splenic abscesses. Eur J Radiol. 1998;28(2):167-70.
21. Chow KU, Luxembourg B, Seifried E, Bonig H. Spleen size is significantly influenced by body height and sex: establishment of normal values for spleen size at US with a cohort of 1200 healthy individuals. Radiology. 2016;279(1):306-13.
22. Cirillo RL, Coley BD, Binkovitz LA, Jayanthi RV. Sonographic findings in splenogonadal fusion. Pediatr Radiol. 1999;29(1):73-5.
23. Danaci M, Belet U, Yalin T, Polat V, Nurol S, Selçuk MB. Power Doppler sonographic diagnosis of torsion in a wandering spleen. J Clin Ultrasound. 2000;28(5):246-8.
24. De Schepper AM, Vanhoenacker F, Op de Beeck B, Gielen J, Parizel P. Vascular pathology of the spleen, part I. Abdom Imaging. 2005;30(1):96-104.
25. Denton T, Hossain J. A radiological study of abdominal tuberculosis in a Saudi population, with special reference to ultrasound and computed tomography. Clin Radiol. 1993;47(6):409-14.
26. Dodds WJ, Taylor AJ, Erickson SJ, Stewart ET, Lawson TL. Radiologic imaging of splenic anomalies. AJR Am J Roentgenol. 1990;155(4):805-10.
27. Duddy MJ, Calder CJ. Cystic haemangioma of the spleen: findings on ultrasound and computed tomography. Br J Radiol. 1989;62(734):180-2.
28. Erden A, Karaalp G, Ozcan H, Cumhur T. Wandering accessory spleen. Surg Radiol Anat. 1995;17(1):89-91.
29. Ferrozzi F, Bova D, Draghi F, Garlaschi G. CT findings in primary vascular tumors of the spleen. AJR Am J Roentgenol. 1996;166(5):1097-101.
30. Frank K, Linhart P, Bettendorf U, Christl HL. Sonographic determination of spleen size and spleen weight. Ultraschall Med. 1984;5(3):104-7.
31. Frank K, Linhart P, Kortsik C, Wohlenberg H. Sonographic determination of spleen size: normal dimensions in adults with a healthy spleen. Ultraschall Med. 1986;7(3):134-7.
32. Franquet T, Montes M, Lecumberri FJ, Esparza J, Bescos JM. Hydatid disease of the spleen: imaging findings in nine patients. AJR Am J Roentgenol. 1990;154(3):525-8.

33. Freeman JL, Jafri SZ, Roberts JL, Mezwa DG, Shirkhoda A. CT of congenital and acquired abnormalities of the spleen. Radiographics. 1993;13(3):597-610.
34. Fremont RD, Rice TW. Splenosis: a review. South Med J. 2007;100(6):589-93.
35. Gábor S, Back F, Csiffáry D. Peliosis lienis: uncommon cause of rupture of the spleen. Pathol Res Pract. 1992;188(3):380-2; discussion 382-383.
36. Gadacz TR. Splenic abscess. World J Surg 1985;9(3):410-5.
37. Gaetke-Udager K, Wasnik AP, Kaza RK, Al-Hawary MM, Maturen KE, Udager AM, et al. Multimodality imaging of splenic lesions and the role of non-vascular, image-guided intervention. Abdom Imaging. 2014;39(3):570-87.
38. Garvin DF, King FM. Cysts and nonlymphomatous tumors of the spleen. Pathol Annu. 1981;16 Pt 1:61-80.
39. Gayer G, Hertz M, Strauss S, Zissin R. Congenital anomalies of the spleen. Semin Ultrasound CT MR. 2006;27(5):358-69.
40. Gayer G, Zissin R, Apter S, Atar E, Portnoy O, Itzchak Y. CT findings in congenital anomalies of the spleen. Br J Radiol. 2001;74(884):767-72.
41. Gigot JF, Jamar F, Ferrant A, van Beers BE, Lengele B, Pauwels S, et al. Inadequate detection of accessory spleens and splenosis with laparoscopic splenectomy. A shortcoming of the laparoscopic approach in hematologic diseases. Surg Endosc. 1998;12(2):101-6.
42. Glazer M, Sagar V. SPECT imaging of the spleen in inflammatory pseudotumor. Correlation with ultrasound, CT, and MRI. Clin Nucl Med. 1993;18(6):527-9.
43. Goerg C, Schwerk WB, Goerg K. Splenic lesions: sonographic patterns, follow-up, differential diagnosis. Eur J Radiol. 1991;13(1):59-66.
44. Goerg C, Schwerk WB. Splenic infarction: sonographic patterns, diagnosis, follow-up, and complications. Radiology. 1990;174(3 Pt 1):803-7.
45. Gore RM, Miller FH, Yaghmai V. Acquired immunodeficiency syndrome (AIDS) of the abdominal organs: imaging features. Semin Ultrasound CT MR. 1998;19(2):175-89.
46. Görg C, Bert T. Contrast enhanced sonography of focal splenic lesions with a second-generation contrast agent. Ultraschall Med. 2005;26(6):470-7.
47. Görg C, Bert T. Second-generation sonographic contrast agent for differential diagnosis of perisplenic lesions. AJR Am J Roentgenol. 2006;186(3):621-6.
48. Görg C, Graef C, Bert T. Contrast-enhanced sonography for differential diagnosis of an inhomogeneous spleen of unknown cause in patients with pain in the left upper quadrant. J Ultrasound Med. 2006;25(6):729-34.
49. Görg C, Weide R, Schwerk WB, Köppler H, Havemann K. Ultrasound evaluation of hepatic and splenic microabscesses in the immunocompromised patient: sonographic patterns, differential diagnosis, and follow-up. J Clin Ultrasound. 1994;22(9):525-9.
50. Groell R, Machan L, Schaffler GJ, Uggowitzer M, Peichel KH. Morphometric measurement of abdominal organs. Comparison of ultrasound and spiral CT. Acta Radiol. 1997;38(6):982-5.
51. Haddad-Zebouni S, Hindy R, Slaba S, Aoun N, Mourani C, Abi Ghanem S, et al. Ultrasonographic evaluation of the kidney, liver and spleen size in children. Arch Pediatr. 1999;6(12):1266-70.
52. Halpert B, Gyorkey F. Lesions observed in accessory spleens of 311 patients. Am J Clin Pathol. 1959;32(2):165-8.
53. Harris W, Marcaccio M. Incidence of portal vein thrombosis after laparoscopic splenectomy. Can J Surg. 2005;48(5):352-4.
54. Hayasaka K, Soeda S, Hirayama M, Tanaka Y. Inflammatory pseudotumor of the spleen: US and MRI findings. Radiat Med. 1998;16(1):47-50.
55. Heller MT, Harisinghani M, Neitlich JD, Yeghiayan P, Berland LL. Managing incidental findings on abdominal and pelvic CT and MRI, part 3: white paper of the ACR Incidental Findings Committee II on splenic and nodal findings. J Am Coll Radiol. 2013;10(11):833-9.
56. Henderson RG, Henderson DC, Reid IN, Atkinson PM. Case report: splenic-gonadal fusion – the ultrasound appearances. Clin Radiol. 1991;44(2):117-8.
57. Hill SC, Reinig JW, Barranger JA, Fink J, Shawker TH. Gaucher disease: sonographic appearance of the spleen. Radiology. 1986;160(3):631-4.
58. Husni EA. The clinical course of splenic hemangioma with emphasis on spontaneous rupture. Arch Surg. 1961;83:681-8.
59. Iozzo RV, Haas JE, Chard RL. Symptomatic splenic hemartoma: a report of two cases and review of the literature. Pediatrics. 1980;66(2):261-5.
60. Kahramaner Z, Erdemir A, Arik B, Bilgili G, Tekin M, Genc Y. Reference ranges of liver and spleen dimensions in term infants: sonographic measurements. J Med Ultrason (2001). 2015;42(1):77-81.
61. Kapoor R, Jain AK, Chaturvedi U, Saha MM. Ultrasound detection of tuberculomas of the spleen. Clin Radiol. 1991;43(2):128-9.
62. Kessler A, Mitchell DG, Israel HL, Goldberg BB. Hepatic and splenic sarcoidosis: ultrasound and MR imaging. Abdom Imaging. 1993;18(2):159-63.

63. Kinare AS, Ambardekar ST, Pande SA. Sonographic diagnosis of splenic torsion in a spleen situated in the left upper quadrant. J Clin Ultrasound. 1990;18(7):586-8.
64. Koh DM, Burn PR, Mathews G, Nelson M, Healy JC. Abdominal computed tomographic findings of Mycobacterium tuberculosis and Mycobacterium avium intracellulare infection in HIV seropositive patients. Can Assoc Radiol J. 2003;54(1):45-50.
65. Lawhorne TW, Zuidema GD. Splenic abscess. Surgery. 1976;79(6):686-9.
66. Lee DH, Lim JH, Ko YT, Yoon Y. Sonographic findings in tuberculous peritonitis of wet-ascitic type. Clin Radiol. 1991;44(5):306-10.
67. Levy JM, Wasserman PI, Weiland DE. Nonsuppurative gas formation in the spleen after transcatheter splenic infarction. Radiology. 1981;139(2):375-6.
68. Lichman JP, Miller EI. Prenatal ultrasonic diagnosis of splenic cyst. J Ultrasound Med. 1988;7(11):637-8.
69. Loftus WK, Metreweli C. Normal splenic size in a Chinese population. J Ultrasound Med. 1997;16(5):345-7.
70. Masamune A, Okano T, Satake K, Toyota T. Ultrasonic diagnosis of torsion of the wandering spleen. J Clin Ultrasound. 1994;22(2):126-8.
71. McGahan JP, Horton S, Gerscovich EO, Gillen M, Richards JR, Cronan MS, et al. Appearance of solid organ injury with contrast-enhanced sonography in blunt abdominal trauma: preliminary experience. AJR Am J Roentgenol. 2006;187(3):658-66.
72. McLennan MK, Withers CE. Gaucher's disease involving the spleen. Can Assoc Radiol J. 1992;43(1):45-8.
73. Megremis S, Alegakis A, Koropouli M. Ultrasonographic spleen dimensions in preterm infants during the first 3 months of life. J Ultrasound Med. 2007;26(3):329-35.
74. Megremis SD, Vlachonikolis IG, Tsilimigaki AM. Spleen length in childhood with US: normal values based on age, sex, and somatometric parameters. Radiology. 2004;231(1):129-34.
75. Meneghelli UG, Martinelli AL, Llorach Velludo MA, Bellucci AD, Magro JE, Barbo ML. Polycystic hydatid disease (Echinococcus vogeli). Clinical, laboratory and morphological findings in nine Brazilian patients. J Hepatol. 1992;14(2-3):203-10.
76. Merran S, Karila-Cohen P, Servois V. [CT anatomy of the normal spleen: variants and pitfalls]. J Radiol. 2007;88(4):549-58.
77. Moir C, Guttman F, Jequier S, Sonnino R, Youssef S. Splenic cysts: aspiration, sclerosis, or resection? J Pediatr Surg. 1989;24(7):646-8.
78. Monzawa S, Tsukamoto T, Omata K, Hosoda K, Araki T, Sugimura K. A case with primary amyloidosis of the liver and spleen: radiologic findings. Eur J Radiol. 2002;41(3):237-41.
79. Morgenstern L, McCafferty L, Rosenberg J, Michel SL. Hamartomas of the spleen. Arch Surg. 1984;119(11):1291-3.
80. Morita S, Higuchi M, Takahata T, Honda H, Saito N, Suzuki K, et al. Magnetic resonance imaging for multiple macronodular localized splenic tuberculosis. Clin Imaging. 2007;31(2):134-6.
81. Moriyama S, Inayoshi A, Kurano R. Inflammatory pseudotumor of the spleen: report of a case. Surg Today. 2000;30(10):942-6.
82. Mortelé KJ, Mortelé B, Silverman SG. CT features of the accessory spleen. AJR Am J Roentgenol. 2004;183(6):1653-7.
83. Nahman B, Cunningham JJ. Sonography of splenic angiosarcoma. J Clin Ultrasound. 1985;13(5):354-6.
84. Nelken N, Ignatius J, Skinner M, Christensen N. Changing clinical spectrum of splenic abscess. A multicenter study and review of the literature. Am J Surg. 1987;154(1):27-34.
85. Nemcek AA, Miller FH, Fitzgerald SW. Acute torsion of a wandering spleen: diagnosis by CT and duplex Doppler and color flow sonography. AJR Am J Roentgenol. 1991;157(2):307-9.
86. Netto JM, Pérez LM, Kelly DR, Joseph DB, Royal SA. Splenogonadal fusion diagnosed by Doppler ultrasonography. Scientific World Journal. 2004;4(Suppl 1):253-7.
87. Ng KK, Lee TY, Wan YL, Tan CF, Lui KW, Cheung YC, et al. Splenic abscess: diagnosis and management. Hepatogastroenterology. 2002;49(44):567-71.
88. Niederau C, Sonnenberg A, Müller JE, Erckenbrecht JF, Scholten T, Fritsch WP. Sonographic measurements of the normal liver, spleen, pancreas, and portal vein. Radiology. 1983;149(2):537-40.
89. Niizawa M, Ishida H, Morikawa P, Naganuma H, Masamune O. Color Doppler sonography in a case of splenic hemangioma: value of compressing the tumor. AJR Am J Roentgenol. 1991;157(5):965-6.
90. Noguchi H, Kondo H, Kondo M, Shiraiwa M, Monobe Y. Inflammatory pseudotumor of the spleen: a case report. Jpn J Clin Oncol. 2000;30(4):196-203.

91. Norowitz DG, Morehouse HT. Isodense splenic mass: hamartoma, a case report. Comput Med Imaging Graph. 1989;13(4):347-50.

92. Pagoti R, Young E, Gie CA, Moorby T. Ectopic spleen presenting as a pelvic mass. Int J Gynaecol Obstet. 2007;96(1):51-2.

93. Pakter RL, Fishman EK, Nussbaum A, Giargiana FA, Zerhouni EA. CT findings in splenic hemangiomas in the Klippel-Trenaunay-Weber syndrome. J Comput Assist Tomogr. 1987;11(1):88-91.

94. Park JY, Song KT. Splenic cyst: a case report and review of literature. Am Surg. 1971;37(9):544-7.

95. Pastakia B, Shawker TH, Thaler M, O'Leary T, Pizzo PA. Hepatosplenic candidiasis: wheels within wheels. Radiology. 1988;166(2):417-21.

96. Peoples WM, Moller JH, Edwards JE. Polysplenia: a review of 146 cases. Pediatr Cardiol. 1983;4(2):129-37.

97. Pérez Fontán FJ, Soler R, Santos M, Facio I. Accessory spleen torsion: US, CT and MR findings. Eur Radiol. 2001;11(3):509-12.

98. Perisić-Savić M, Colović R, Milosavljević T, Ivanović L. Splenic vein thrombosis. Diagnosed with Doppler ultrasonography. Hepatogastroenterology. 1991;38(6):557-60.

99. Phillips GS, Radosevich MD, Lipsett PA. Splenic abscess: another look at an old disease. Arch Surg. 1997;132(12):1331-5; discussion 1335-1336.

100. Pietrabissa A, Moretto C, Antonelli G, Morelli L, Marciano E, Mosca F. Thrombosis in the portal venous system after elective laparoscopic splenectomy. Surg Endosc. 2004;18(7):1140-3.

101. Pomara G. Splenogonadal fusion: a rare extratesticular scrotal mass. Radiographics. 2004;24(2):417.

102. Porcel-Martin A, Rendon-Unceta P, Bascuñana-Quirell A, Amaya-Vidal A, Rodriguez-Ramos C, Soria de la Cruz MJ, Martín-Herrera L. Focal splenic lesions in patients with AIDS: sonographic findings. Abdom Imaging. 1998;23(2):196-200.

103. Quaia E. Microbubble ultrasound contrast agents: an update. Eur Radiol. 2007;17(8):1995-2008.

104. Radin DR, Baker EL, Klatt EC, Balthazar EJ, Jeffrey RB, Megibow AJ, et al. Visceral and nodal calcification in patients with AIDS-related Pneumocystis carinii infection. AJR Am J Roentgenol. 1990;154(1):27-31.

105. Ramani M, Reinhold C, Semelka RC, Siegelman ES, Liang L, Ascher SM, et al. Splenic hemangiomas and hamartomas: MR imaging characteristics of 28 lesions. Radiology. 1997;202(1):166-72.

106. Rathaus V, Zissin R, Goldberg E. Spontaneous rupture of an epidermoid cyst of spleen: preoperative ultrasonographic diagnosis. J Clin Ultrasound. 1991;19(4):235-7.

107. Reichel C, Theisen A, Rockstroh JK, Müller-Miny H, Spengler U, Sauerbruch T. Splenic abscesses and abdominal tuberculosis in patients with AIDS. Z Gastroenterol. 1996;34(8):494-6.

108. Ricci ZJ, Kaul B, Stein MW, Chernyak V, Rozenblit AM, Oh SK, Flusberg M, Mazzariol FS. Improving diagnosis of atraumatic splenic lesions, Part III: malignant lesions. Clin Imaging. 2016 Sep-Oct;40(5):846-55. doi: 10.1016/j.clinimag.2016.02.015. Review. PubMed PMID: 27179158.

109. Ricci ZJ, Oh SK, Chernyak V, Flusberg M, Rozenblit AM, Kaul B, et al. Improving diagnosis of atraumatic splenic lesions, part I: nonneoplastic lesions. Clin Imaging. 2016;40(4):769-79.

110. Robertson F, Leander P, Ekberg O. Radiology of the spleen. Eur Radiol. 2001;11(1):80-95.

111. Ros PR, Moser RP, Dachman AH, Murari PJ, Olmsted WW. Hemangioma of the spleen: radiologic-pathologic correlation in ten cases. Radiology. 1987;162(1 Pt 1):73-7.

112. Safak AA, Simsek E, Bahcebasi T. Sonographic assessment of the normal limits and percentile curves of liver, spleen, and kidney dimensions in healthy school-aged children. J Ultrasound Med. 2005;24(10):1359-64.

113. Scott GC, Berman JM, Higgins JL. CT patterns of nodular hepatic and splenic sarcoidosis: a review of the literature. J Comput Assist Tomogr. 1997;21(3):369-72.

114. Seo T, Ito T, Watanabe Y, Umeda T. Torsion of an accessory spleen presenting as an acute abdomen with an inflammatory mass. US, CT, and MRI findings. Pediatr Radiol. 1994;24(7):532-4.

115. Shapiro AJ, Adams ED. Inflammatory pseudotumor of the spleen managed laparoscopically. Can preoperative imaging establish the diagnosis? Case report and literature review. Surg Laparosc Endosc Percutan Tech. 2006;16(5):357-61.

116. Sheikh M, Moosa I, Hussein FM, Qurttom MA, Behbehani AI. Ultrasonographic diagnosis in abdominal tuberculosis. Australas Radiol. 1999;43(2):175-9.

117. Siniluoto TM, Tikkakoski TA, Lähde ST, Päivänsalo MJ, Koivisto MJ. Ultrasound or CT in splenic diseases? Acta Radiol. 1994;35(6):597-605.

118. Slater LN, Welch DF, Min KW. Rochalimaea henselae causes bacillary angiomatosis and peliosis hepatis. Arch Intern Med. 1992;152(3):602-6.

119. Solbiati L, Bossi MC, Bellotti E, Ravetto C, Montali G. Focal lesions in the spleen: sonographic patterns and guided biopsy. AJR Am J Roentgenol. 1983;140(1):59-65.

120. Spouge AR, Wilson SR, Gopinath N, Sherman M, Blendis LM. Extrapulmonary pneumocystis carinii in a patient with AIDS: sonographic findings. AJR Am J Roentgenol. 1990;155(1):76-8.

121. Stanek A, Makarewicz W, Stefaniak T, Kaska L, Podgórczyk H, Hellman A. Accessory spleens – diagnostic and therapeutic problem of the laparoscopic splenectomy in idiopathic thrombocytopenic purpura patients. Zentralbl Chir. 2004;129(2):114-8.

122. Stone IS. VII. Splenectomy for floating spleen, with twisted pedicle. Ann Surg. 1899;30(3):321-3.

123. Sty JR, Conway JJ. The spleen: development and functional evaluation. Semin Nucl Med. 1985;15(3):276-98.

124. Suri R, Gupta S, Gupta SK, Singh K, Suri S. Ultrasound guided fine needle aspiration cytology in abdominal tuberculosis. Br J Radiol. 1998;71(847):723-7.

125. Sutherland T, Temple F, Hennessy O, Lee WK. Abdomen's forgotten organ: Sonography and CT of focal splenic lesions. J Med Imaging Radiat Oncol. 2010 Apr;54(2):120-8. doi: 10.1111/j.1754-9485.2010.02149.x. PubMed PMID: 20518874

126. Tada T, Wakabayashi T, Kishimoto H. Peliosis of the spleen. Am J Clin Pathol. 1983;79(6):708-13.

127. The SplenoCalc app is free and available for iOS (https:// itunes.apple.com/us/app/splenocalc/ id1005559584?mt=8 (iOS)) and Android (https://play.google.com/store/ search?q=splenocalc).

128. Thompson SE, Walsh EA, Cramer BC, Pushpanathan CC, Hollett P, Ingram L, et al. Radiological features of a symptomatic splenic hamartoma. Pediatr Radiol. 1996;26(9):657-60.

129. Thompson WM, Levy AD, Aguilera NS, Gorospe L, Abbott RM. Angiosarcoma of the spleen: imaging characteristics in 12 patients. Radiology. 2005;235(1):106-15.

130. Tolgonay G, Ozbek SS, Oniz H, Süzer E, Yurdakul LO. Regression of splenic aneurysm following resolution of splenomegaly. J Clin Ultrasound. 1998;26(2):98-102.

131. Tung CC, Chen FC, Lo CJ. Splenic abscess: an easily overlooked disease? Am Surg. 2006;72(4):322-5.

132. Urrutia M, Mergo PJ, Ros LH, Torres GM, Ros PR. Cystic masses of the spleen: radiologic-pathologic correlation. Radiographics. 1996;16(1):107-29.

133. Uzunkoy A, Harma M. Diagnosis of abdominal tuberculosis: experience from 11 cases and review of the literature. World J Gastroenterol. 2004;10(24):3647-9.

134. Valentino M, Serra C, Zironi G, De Luca C, Pavlica P, Barozzi L. Blunt abdominal trauma: emergency contrast-enhanced sonography for detection of solid organ injuries. AJR Am J Roentgenol. 2006;186(5):1361-7.

135. von Eiff M, Essink M, Roos N, Hiddemann W, Büchner T, van de Loo J. Hepatosplenic candidiasis, a late manifestation of Candida septicaemia in neutropenic patients with haematologic malignancies. Blut. 1990;60(4):242-8.

136. von Sinner WN, Stridbeck H. Hydatid disease of the spleen. Ultrasonography, CT and MR imaging. Acta Radiol. 1992;33(5):459-61.

137. Wafula JM. Ultrasound and CT demonstration of primary angiosarcoma of the spleen. Br J Radiol. 1985;58(693):903-5.

138. Wan YL, Cheung YC, Lui KW, Tseng JH, Lee TY. Ultrasonographic findings and differentiation of benign and malignant focal splenic lesions. Postgrad Med J. 2000;76(898):488-93.

139. Warshauer DM, Semelka RC, Ascher SM. Nodular sarcoidosis of the liver and spleen: appearance on MR images. J Magn Reson Imaging. 1994;4(4):553-7.

140. Yee JM, Raghavendra BN, Horii SC, Ambrosino M. Abdominal sonography in AIDS. A review. J Ultrasound Med. 1989;8(12):705-14.

141. Zissin R, Lishner M, Rathaus V. Case report: unusual presentation of splenic hamartoma; computed tomography and ultrasonic findings. Clin Radiol. 1992;45(6):410-1.

39

Parede abdominal

Thiago Dieb Ristum Vieira
Guilherme de Araújo Ramin

Introdução

A parede abdominal é composta por músculos, fáscias e tecido adiposo. Estas estruturas garantem contenção, suporte e proteção ao conteúdo cavitário e participam da movimentação e da respiração. Todas elas podem ser acometidas por uma série de processos congênitos, inflamatórios, neoplásicos e iatrogênicos.

Os exames de imagem utilizados para a avaliação da parede abdominal são a radiologia convencional e contrastada, a ultrassonografia (USG), a tomografia computadorizada (TC) e a ressonância magnética (RM). Exames de USG com o objetivo de avaliar a parede abdominal devem ser realizados com transdutores de alta frequência, que garantem imagens com boa resolução de estruturas superficiais, mais próximas a eles. Protocolos de rotina de TC e RM para avaliação do abdome são adequados para a caracterização de alterações na parede.

Anatomia

A parede abdominal é dividida em partes anterior e posterior. A parede abdominal anterior é composta pelas seguintes estruturas, dispostas em camadas: pele, tecido celular subcutâneo, camada muscular, fáscia transversal e gordura extraperitoneal.

Quatro músculos compõem a parede abdominal anterior: reto abdominal, oblíquo externo, oblíquo interno e transverso do abdome. Existem dois músculos de cada, dispostos à direita e à esquerda da linha mediana.

Os músculos retos abdominais encontram-se em situação paramediana e são separados pela linha alba na região mediana. A linha alba se estende do apêndice xifoide à sínfise púbica. As bainhas dos músculos retos abdominais são compostas pelas aponeuroses dos outros três músculos e se fundem na linha alba. As bainhas posteriores dos retos abdominais se estendem inferiormente até a linha arqueada. Caudalmente a este plano, as estruturas musculares são separadas do peritônio pela fáscia transversal.

Lateralmente aos músculos retos abdominais e separados destes pelas linhas semilunares, encontram-se os músculos oblíquos externos, oblíquos internos e transversos do abdome. Estão dispostos em camadas, sendo o oblíquo externo mais superficial e o transverso do abdome mais profundo.

A parede abdominal posterior é composta por músculos que se fixam às vértebras, além da pele e do tecido celular subcutâneo.

A pele tem espessura de até 4 mm, apresenta-se hiperecogênica na USG, com média atenuação na TC e com médio sinal na RM, tanto nas sequências ponderadas em T1 quanto nas ponderadas em T2. O tecido celular subcutâneo tem espessura variável e é hiperecogênico na USG, marcadamente hipoatenuante na TC (com valores de atenuação abaixo de 0 UH) e hiperintenso na RM, tanto nas sequências ponderadas em T1 quanto nas ponderadas em T2. As estruturas musculares também têm espessura variável, apresentam-se hipoecogênicas na USG, com média atenuação na TC, com médio sinal nas sequências de RM ponderadas em T1 e com baixo sinal nas sequências de RM ponderadas em T2. O tecido adiposo pré-peritoneal tem espessura variável e as mesmas características do tecido celular subcutâneo em USG, TC e RM (Figuras 1, 2 e 3).

Anomalias congênitas

Anomalias do úraco

O úraco, ou ligamento umbilical mediano, é uma estrutura tubular mediana que se estende da cicatriz umbilical à parede anterossuperior da bexiga urinária. Trata-se de um remanescente obliterado do alantoide, que é com-

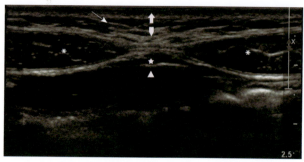

Figura 1 Anatomia ultrassonográfica da parede abdominal. Imagem transversa de ultrassonografia da parede abdominal demonstrando: pele (seta curta), tecido celular subcutâneo (seta), músculos retos abdominais (*), aponeurose dos músculos retos abdominais (pentágono), tecido adiposo pré-peritoneal (estrela) e peritônio (triângulo).

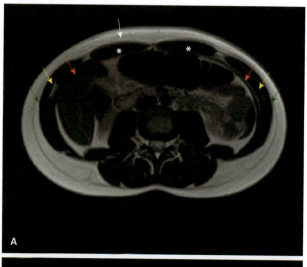

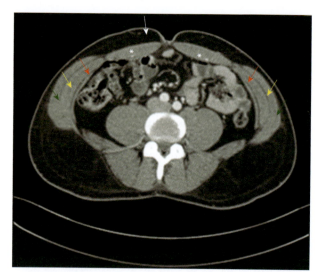

Figura 2 Anatomia da parede abdominal na tomografia computadorizada. Imagem axial de tomografia computadorizada do abdome após a administração intravenosa de meio de contraste demonstrando: tecido celular subcutâneo (seta branca), músculos retos abdominais (*), músculos oblíquos externos (setas verdes), músculos oblíquos internos (setas amarelas) e músculos transversos abdominais (setas vermelhas).

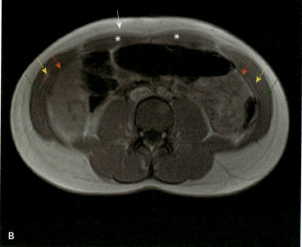

Figura 3 Anatomia da parede abdominal na ressonância magnética. Imagens axiais de ressonância magnética do abdome ponderadas em T2 (A) e T1 (B) demonstrando: tecido celular subcutâneo (seta branca), músculos retos abdominais (*), músculos oblíquos externos (setas verdes), músculos oblíquos internos (setas amarelas) e músculos transversos abdominais (seta vermelha).

posto por uma camada interna de epitélio transicional, circundada por vasos sanguíneos e linfáticos, e por uma camada externa muscular. Ao nascimento, o úraco é um cordão fibroso ou apresenta uma luz de cerca de 1 mm, rapidamente obliterada.

As lesões uracais ocorrem quando o úraco permanece patente. Existem quatro tipos de lesão, de acordo com a porção que está pérvia: úraco patente, quando todo o ducto está pérvio; cisto uracal, quando uma porção mediana permanece patente e as extremidades estão obliteradas; seio uracal, quando a extremidade umbilical está pérvia e as demais obliteradas e divertículo vesicouracal, quando a extremidade vesical está patente e as demais obliteradas.

O úraco patente corresponde a 50% das anomalias congênitas uracais e é frequentemente identificado nos primeiros momentos ou dias de vida, por meio da observação de extravasamento de urina pela cicatriz umbilical. A confirmação pode ser feita por meio da análise do líquido extravasado, não sendo necessários exames de imagem. A cistografia é o estudo de imagem mais utilizado, evidenciando opacificação de todo o úraco pelo meio de contraste injetado na bexiga por sonda. A USG e a TC evidenciam o úraco como uma estrutura tubular preenchida por líquido ou meio de contraste comunicando a bexiga com a cicatriz umbilical.

O cisto do úraco representa 30% das anomalias congênitas uracais e se manifesta em adultos como uma massa abdominal crescente, sensação de plenitude ou infecção. Essas lesões são mais frequentemente pequenas, mas podem atingir grandes dimensões. Apresentam-se na USG como formações ovaladas anecoides com paredes finas e regulares junto à superfície interna da região mediana da parede abdominal inferior. A TC e a RM também evidenciam formações ovaladas com paredes finas e conteúdo líquido, de baixa atenuação na TC, hipointenso em T1 e hiperintenso em T2. A infecção é a complicação mais frequente do cisto do úraco, usualmente em curso no momento do diagnóstico. Quando há infecção, as paredes do cisto apresentam-se geralmente mais espessas e o conteúdo mais ecogênico na USG, com atenuação mais elevada na TC, sinal intermediário ou alto em T1 e mais baixo em T2. Podem-se identificar, ainda, edema e realce em planos adiposos adjacentes à lesão na TC e na RM, traduzindo processo inflamatório. Outra função importante da US e da TC é a orientação de punção e drenagem percutânea do cisto do úraco. Embora o tratamento definitivo seja a ressecção cirúrgica, esse procedimento pode minimizar riscos de infecção perioperatória.

O seio uracal corresponde a 15% das anomalias congênitas uracais e é resultante da falha de fechamento da extremidade umbilical do úraco. Manifesta-se clinicamente como uma abertura na cicatriz umbilical, que pode, eventualmente, apresentar exteriorização de material purulento. A US, a TC e a RM evidenciam uma estrutura tubular com paredes finas e conteúdo líquido. Quando se associa quadro infeccioso, as paredes e o conteúdo apresentam-se espessos.

O divertículo vesicouracal representa 3-5% das anomalias congênitas uracais e resulta da falha de fechamento da extremidade vesical do úraco, persistindo, assim, sua comunicação com a bexiga. Essa lesão é assintomática, sendo diagnosticada incidentalmente em exames de imagem realizados por indicações não relacionadas. A USG evidencia uma formação sacular extraluminal preenchida por líquido anecoide (urina) na parede anterossuperior mediana da bexiga. O mesmo aspecto é observado na TC e na RM, de uma formação cística com paredes finas e conteúdo homogêneo comunicando-se com a luz vesical, o que confere um aspecto de divertículo. Complicações do divertículo vesicouracal incluem infecção, formação de cálculo intrauracal e prevalência aumentada de carcinoma após a puberdade. Em crianças, o divertículo vesicouracal é frequentemente acompanhado pela síndrome de Prune-Belly.

Síndrome de Prune-Belly

A síndrome de Prune-Belly, ou síndrome de Eagle-Barrett, compreende a ausência parcial ou completa ou hipoplasia dos músculos da parede abdominal anterior, criptorquidia e uma variedade de anormalidades do trato urinário, mais comumente refluxo vesicoureteral, que se manifesta por dilatação dos ureteres e da bexiga.

A causa e a embriogênese da síndrome de Prune-Belly são controversas. Três possíveis mecanismos são considerados: obstrução vesical, aprisionamento mesodérmico e disgenesia do saco vitelínico. É uma doença rara, acometendo um a cada 29 mil a 40 mil nascidos vivos. Como envolve criptorquidia, a síndrome não afeta o sexo feminino. Entretanto, o termo também é utilizado para designar manifestações semelhantes em meninas, que perfazem 3-5% dos indivíduos acometidos.

As manifestações são variáveis. Crianças mais significativamente acometidas geralmente morrem ao nascer ou pouco tempo depois, em decorrência de hipoplasia pulmonar por oligo-hidrâmnio. Pacientes com casos mais leves apresentam evolução mais favorável, sendo submetidos à correção de criptorquidia e de refluxo vesicoureteral. Estes casos podem cursar apenas com enrugamento da musculatura da parede abdominal ou diástase dos retos abdominais.

Os exames mais indicados para a avaliação da musculatura da parede abdominal são a TC e a RM. Estes exames demonstram facilmente a ausência, a hipoplasia e outras alterações desses músculos, além de evidenciarem alterações associadas do trato urinário (Figura 4). A USG e os exames radiológicos contrastados são mais indicados para a avaliação do trato urinário, mas têm pouca ou nenhuma utilidade para a investigação de malformações da parede abdominal.

Anomalias do ducto onfalomesentérico

O ducto onfalomesentérico é uma estrutura tubular que comunica a região umbilical com o intestino durante o início do desenvolvimento embrionário, obliterando-se ao redor da décima semana de gestação. Malformações ocorrem quando esta estrutura, ou parte dela, permanece patente. O fechamento incompleto da porção mais profunda deste ducto, que se comunica com o intestino, leva ao desenvolvimento do divertículo de Meckel. Esta é a anormalidade mais comum do ducto onfalomesentérico, correspondendo a 98% dos casos.

O seio onfalomesentérico é uma alteração rara, ocorrendo quando a porção mais superficial do ducto onfalomesentérico permanece patente, comunicando-se com a cicatriz umbilical. Esta lesão manifesta-se clinicamente por descarga de material mucoso pela cicatriz umbilical ou, quando infectada, de material purulento. A USG, a TC e a RM evidenciam uma formação alongada em fundo cego com conteúdo líquido e paredes finas comunicando-se com a cicatriz umbilical. Caso haja infecção associada, as paredes e o conteúdo assumem aspecto espesso, podendo haver alterações inflamatórias em planos teciduais adjacentes, traduzidas por hiperecogenicidade na USG, densificação com estriações na TC e edema e realce pelo meio de contraste na RM.

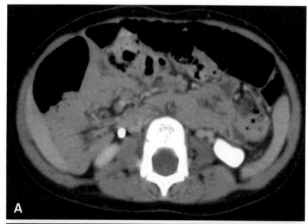
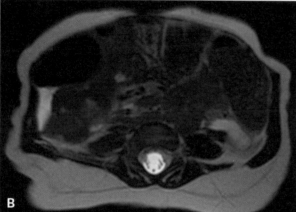
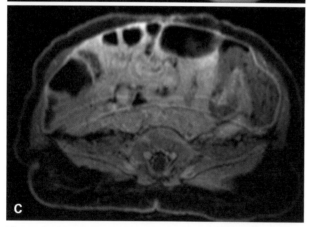

Figura 4 Síndrome de Prune-Belly. Imagens axiais de tomografia computadorizada do abdome após a administração intravenosa de meio de contraste (A) e de ressonância magnética do abdome ponderadas em T2 (B) e T1 com saturação do sinal da gordura após a administração intravenosa de meio de contraste (C) evidenciando displasia da musculatura da parede abdominal anterior e dilatação ureteral bilateral, predominantemente à esquerda.

Gastrosquise

A gastrosquise é uma alteração congênita da parede abdominal na qual as alças intestinais protruem-se por meio de um defeito paramediano, geralmente à direita do local de inserção do cordão umbilical. A prevalência dessa alteração é de 4,4 casos por 10 mil nascidos vivos, e sua causa não é completamente esclarecida, podendo estar relacionada a uma isquemia da parede abdominal ou a uma anormalidade da dobra lateral da parede corporal com mesênquima deficiente. O único fator de risco confirmado é a baixa idade materna. A taxa de sobrevida dos recém-nascidos com gastrosquise é alta, de 91-94%. Embora mais frequentemente ocorra como uma anomalia isolada, em 14% dos casos se associa a outras alterações, como cardíacas e do sistema nervoso central (SNC).

Essa alteração é facilmente observada ao exame físico de recém-nascidos, não sendo necessários exames de imagem. Pode, entretanto, ser identificada em exames pré-natais de USG obstétrica, a partir de 12 semanas de gestação. Nesses estudos, observam-se alças intestinais protruindo-se por meio de um defeito paramediano da parede abdominal, sendo a inserção do cordão umbilical normal. A posição do estômago também está alterada, com a porção fúndica retraída em direção ao defeito. Trauma direto e inflamação das alças herniadas podem causar espessamento de suas paredes e levar à atresia intestinal.

Onfalocele

A onfalocele é outro defeito congênito comum da parede abdominal, com prevalência de dois a três casos por 10 mil nascidos vivos. Resulta da herniação de vísceras abdominais por meio de um anel umbilical alargado para a base do cordão umbilical. Causas possíveis incluem a falência do retorno intestinal para a cavidade após a herniação fisiológica e a falha do fechamento da parede abdominal. A onfalocele é recoberta externamente por uma membrana composta por tecido amniótico e internamente por peritônio. As dimensões do defeito parietal e do saco herniário são variáveis, podendo conter alças intestinais, fígado e outras vísceras. O cordão umbilical se insere na membrana de revestimento externo, não na parede abdominal.

O diagnóstico da onfalocele também pode ser feito no exame físico, após o nascimento, ficando os exames de imagem reservados para a avaliação do conteúdo do saco herniário. No entanto, assim como nos casos de gastrosquise, a USG obstétrica também pode viabilizar o diagnóstico pré-natal. Como a herniação do intestino para o cordão umbilical é um evento normal durante o desenvolvimento embrionário, o diagnóstico de onfalocele não é feito antes de 11 a 12 semanas de gestação. Contudo, a herniação fisiológica não excede 1 cm para o interior do cordão e contém apenas alças intestinais. Caso haja dúvida em um exame realizado com 12 semanas de gestação, ele deve ser repetido com 14 semanas, período no qual não deve haver mais a herniação fisiológica do intestino.

Os exames de imagem evidenciam facilmente a herniação de vísceras abdominais por meio do anel umbilical para o interior do cordão (Figura 5). A onfalocele é frequentemente maior que as hérnias umbilicais e, ao contrário destas, não apresenta pele normal recobrindo o saco herniário.

A onfalocele se associa a outras anomalias congênitas cromossômicas e não cromossômicas em até 75% dos casos. Malformações cardíacas, urogenitais e do SNC são as mais comumente associadas. Além disso, a onfalocele pode compor, juntamente com outras anomalias, defeitos mais complexos da parede abdominal, pentalogia de Cantrell e extrofia cloacal.

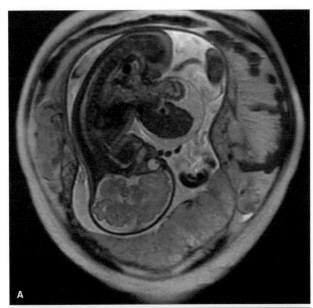

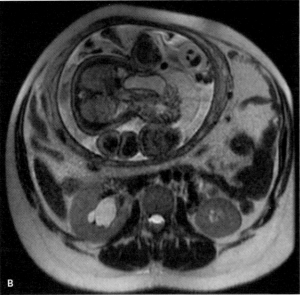

Figura 5 Onfalocele. Imagens de ressonância magnética fetal ponderadas em T2 nos planos coronal (A) e axial (B) em gestação de 32 semanas evidenciando alargamento do anel umbilical, através do qual ocorre herniação de grande parte do fígado, da vesícula biliar e de alças intestinais, que se apresentam recobertos por peritônio e tecido amniótico.

Extrofia vesical

A extrofia vesical resulta da falha do fechamento da porção inferior da parede abdominal anterior e da parede anterior da bexiga. O cordão umbilical se insere na parede abdominal, geralmente em posição mais inferior, e o defeito ocorre abaixo do sítio de inserção do cordão.

Assim como nos casos de gastrosquise e de onfalocele, o diagnóstico pode ser feito no exame físico, uma vez que a bexiga e a parede abdominal estão abertas e a urina drena para o meio externo. Entretanto, assim como nas outras duas anomalias, o diagnóstico pode ser facilmente realizado por USG obstétrica. Nestes exames, a bexiga é uma estrutura mediana preenchida por líquido anecoide, margeada pelas artérias umbilicais de ambos os lados. A identificação da bexiga é obrigatória na USG obstétrica, e o principal critério para a caracterização da extrofia vesical é a sua "ausência". Como tanto a bexiga quanto a parede abdominal anterior estão abertas, a urina é drenada diretamente para a cavidade amniótica e a bexiga nunca é observada como uma estrutura repleta de líquido. A bexiga está exposta e evertida, o que pode causar inflamação e, consequentemente, espessamento das suas paredes.

Anomalias genitais como epispádia, criptorquidia, bifidez de clitóris e alterações uterinas e vaginais podem ocorrer em associação com a extrofia vesical, sendo importante a sua investigação.

Extrofia cloacal

A extrofia cloacal é uma anomalia congênita rara, com prevalência estimada em um caso a cada 200 mil a 400 mil nascidos vivos, sendo mais frequente no sexo feminino. Caracteriza-se por defeito no aspecto inferior da parede abdominal anterior, bexiga não identificável e extrofia das estruturas que compõem a cloaca, ou seja, reto, bexiga e trato genitourinário inferior. A extrofia cloacal tem sido atribuída à ruptura precoce da membrana cloacal. Entretanto, existem múltiplas teorias alternativas, como desenvolvimento exacerbado da porção mais inferior da cloaca, que impede a migração de tecido mesenquimal, e fusão anormal do tubérculo genital abaixo da membrana cloacal.

O diagnóstico pode ser feito durante a gestação por USG obstétrica. O achado inicial na extrofia cloacal é o de uma onfalocele. Entretanto, nesses casos, a onfalocele compõe a porção cranial de um defeito mais extenso na parede abdominal anterior, que se estende inferiormente até a região púbica, na qual se observa herniação de alças intestinais por entre as metades vesicais. Associa-se, ainda, atresia do ânus, não se observando a protuberância anal. Outras anomalias podem ocorrer em associação com a extrofia cloacal, como defeitos da coluna vertebral e da medula espinhal, que incluem espinha bífida, meningomielocele, lipomeningocele e lipomeningocistocele. Além disso, anomalias do trato urinário podem ser observadas em até 60% dos casos, incluindo hidronefrose, anomalias de desenvolvimento renal e genitália anormal. Obstruções urinárias significativas podem resultar em oligoâmnio.

Hérnias da parede abdominal

As hérnias da parede abdominal são um achado extremamente frequente em exames de imagem do abdome. Apesar de a grande maioria destas hérnias ser assintomática, elas podem causar complicações que geram a necessidade de intervenção cirúrgica. Nos Estados Unidos, cerca de um milhão de cirurgias são realizadas por ano para a correção de hérnias de parede abdominal. Além disso, complicações de hérnias são a causa mais frequente de cirurgias de emergência em pacientes com idade acima de 50 anos. Dessa forma, para evitar complicações agudas e cirurgias de emergência, hérnias de parede abdominal são em geral corrigidas eletivamente. Para tanto, é necessário um diagnóstico rápido e acurado.

As hérnias da parede abdominal podem ser avaliadas utilizando-se praticamente todos os exames de imagem, incluindo radiologia convencional, estudos radiológicos contrastados, USG, TC e RM. Com o advento das técnicas de multidetectores, a TC tem sido utilizada como o exame de escolha para a avaliação dessas hérnias, incluindo o diagnóstico e a investigação de complicações, tanto das hérnias em si quanto daquelas relacionadas a eventuais intervenções cirúrgicas já realizadas para a sua correção. As vantagens da TC incluem ampla disponibilidade, boa resolução espacial com visualização adequada das estruturas abdominais, rápida aquisição das imagens e possibilidade de reformatações tridimensionais e multiplanares com obtenção de imagens isotrópicas nos diversos planos. Além disso, a TC permite a detecção de sinais discretos de complicação, como obstrução intestinal, encarceramento e estrangulamento. Quando existe a suspeita de hérnia de parede abdominal, é importante a obtenção das imagens durante a realização de manobras que aumentam a pressão abdominal, potencializando o surgimento de pequenas hérnias que poderiam não ser identificadas com o paciente em repouso.

Alguns estudos relataram, também, o bom desempenho da RM no diagnóstico de hérnias de parede abdominal. Destaca-se a vantagem da possibilidade de realização de sequências dinâmicas nos exames de RM, com os pacientes em repouso e durante a realização de manobra de Valsalva, o que permite a avaliação da redutibilidade das hérnias e das relações das estruturas insinuadas com os orifícios. Entretanto, além de se tratar de exames mais longos, requerendo maior cooperação dos pacientes, e de custo mais elevado, não há estudos clínicos robustos demonstrando o papel da RM na avaliação das complicações das hérnias.

Apesar de a USG ser um exame amplamente disponível, rápido e de relativo baixo custo e de demonstrar com eficácia o orifício herniário e as estruturas insinuadas por meio dele, trata-se de um método imagenológico com desempenho intimamente relacionado à experiência do examinador e ao biotipo do paciente. Além disso, pequenas hérnias podem não ser identificadas por meio desses estudos quando não há suspeita.

Hérnias inguinais

As hérnias inguinais são o tipo mais comum de hérnias da parede abdominal. Podem ocorrer tanto em crianças quanto em adultos e são mais frequentes em indivíduos do sexo masculino. São classificadas em diretas e indiretas, de acordo com sua posição em relação aos vasos epigástricos inferiores. As hérnias inguinais situadas lateralmente a esses vasos são denominadas indiretas, e as situadas medialmente a eles são denominadas diretas.

As hérnias inguinais indiretas são mais frequentes, ocorrendo pela falha de obliteração da extensão peritoneal que acompanha o testículo durante a sua migração embriológica para a bolsa escrotal, denominada *processus vaginalis*. Em indivíduos do sexo feminino, essa extensão peritoneal acompanha o ligamento redondo. Cerca de 33% das crianças e 15% dos adultos têm o *processus vaginalis* patente em um ou em ambos os lados. Essas hérnias são mais frequentemente pequenas e contêm apenas tecido adiposo peritoneal. Entretanto, podem conter alças delgadas e segmentos cólicos móveis, como o sigmoide, o ceco e o apêndice. Outras vísceras, como bexiga, útero e anexos, são menos frequentemente envolvidas.

Radiografias simples do abdome com o paciente em posição ortostática evidenciam convergência de alças intestinais distendidas em direção à região inguinal e uma massa com densidade de partes moles ou com conteúdo gasoso projetando-se sobre o forame obturatório do lado acometido. Estudos radiológicos contrastados do intestino demonstram estreitamento gradual ou obstrução da alça no plano em que ela adentra o orifício herniário. A USG pode demonstrar o anel inguinal interno e as estruturas herniadas para o interior do canal inguinal. A TC também evidencia o anel inguinal interno alargado e as estruturas abdominais insinuadas para o seu interior (Figuras 6, 7, 8 e 9). Esse exame demonstra facilmente quais os segmentos intestinais herniados, se há outras estruturas além de alças intestinais, além da relação do saco herniário com os vasos epigástricos inferiores. Demonstra, também, eventuais complicações que podem decorrer de hérnias inguinais indiretas, como encarceramento, estrangulamento e obstrução intestinal. Além disso, quadros como diverticulite, apendicite e desenvolvimento de neoplasias podem ocorrer no interior do saco herniário, dependendo do seu conteúdo e são facilmente identificados na TC.

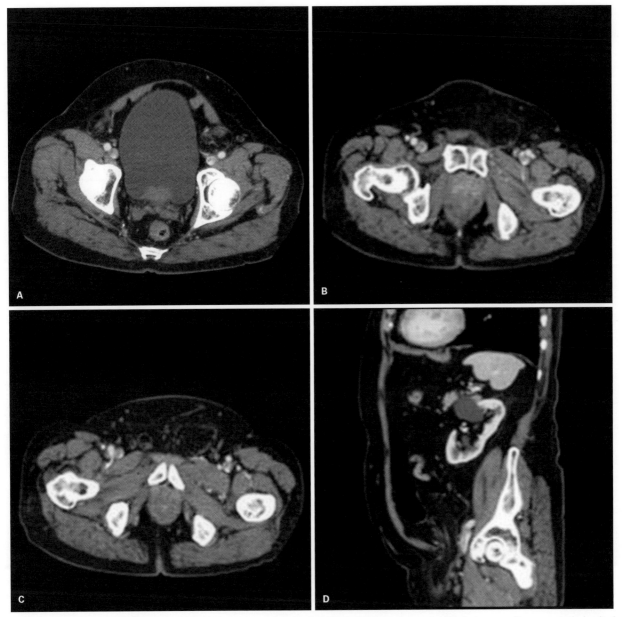

Figura 6 Hérnia inguinal indireta à esquerda. Imagens axiais (A, B e C) e reformatação sagital (D) de tomografia computadorizada do abdome após a administração intravenosa de meio de contraste demonstrando alargamento do canal inguinal esquerdo, pelo qual se insinua o tecido adiposo, lateralmente aos vasos epigástricos inferiores.

As hérnias inguinais diretas são menos comuns que as indiretas e acometem mais indivíduos adultos do sexo masculino, sendo mais raras em mulheres e crianças. São caracterizadas por protrusão visceral diretamente através da parede abdominal inferior, em uma região de maior fraqueza, de modo medial aos vasos epigástricos inferiores. Complicações como encarceramento, estrangulamento e obstrução intestinal são mais raras nesse tipo de hérnia inguinal.

Hérnias femorais

As hérnias femorais são menos comuns que as inguinais e ocorrem predominantemente em mulheres adultas. Manifestam-se medialmente à veia femoral e posteriormente ao ligamento inguinal, com mais frequência no lado direito. O diagnóstico clínico dessas hérnias é mais difícil por conta da localização profunda do canal femoral e da grande quantidade de tecido adiposo sobrejacente. Entretanto, a TC demonstra facilmente o saco herniário, seu conteúdo e suas relações anatômicas. O conteúdo herniário geralmente inclui tecido adiposo peritoneal, omento e segmentos curtos de intestino delgado. O saco herniário pode deslocar ou determinar afilamento da veia femoral e acompanhar o trajeto da veia safena magna, e o seu colo situa-se abaixo do ligamento inguinal e lateralmente ao tubérculo púbico.

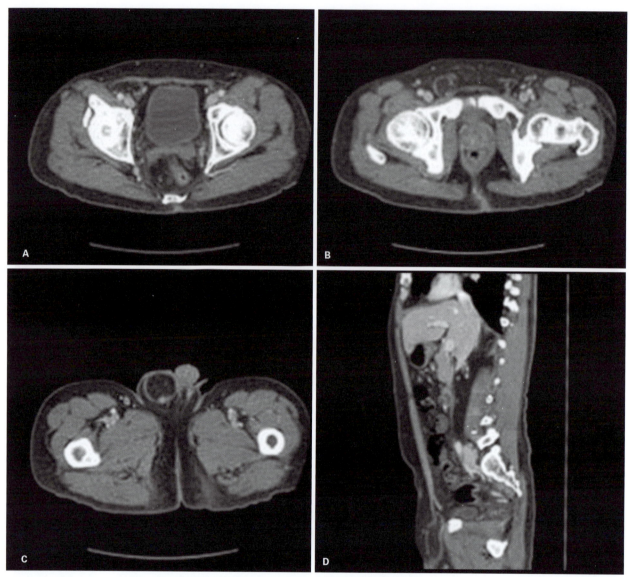

Figura 7 Hérnia inguinoescrotal à direita. Imagens axiais (A, B e C) e reformatação sagital (D) de tomografia computadorizada do abdome após a administração intravenosa de meio de contraste, demonstrando alargamento do canal inguinal direito, pelo qual se insinua o tecido adiposo, lateralmente aos vasos epigástricos inferiores, estendendo-se até a bolsa escrotal.

As hérnias femorais são de oito a doze vezes mais suscetíveis a encarceramento e estrangulamento do que as hérnias inguinais em razão da rigidez das margens do canal femoral. Dessa forma, é de grande importância o seu diagnóstico correto.

Hérnias obturatórias

As hérnias obturatórias são pouco frequentes e ocorrem no canal obturatório, situado no aspecto superolateral do forame obturatório. Trata-se de um canal fibro-ósseo que mede de 2 a 3 cm de comprimento por 1 cm de diâmetro, orientado obliquamente e por meio do qual passam o nervo e os vasos obturatórios.

Acometem mais frequentemente mulheres idosas, que correspondem a 80-90% dos casos, provavelmente por conta do alargamento do referido canal por gestações e pelo próprio envelhecimento. São mais comuns do lado direito e geralmente contêm alças ileais, que estão frequentemente encarceradas no canal ou no espaço entre os músculos pectíneo e obturador. Dessa forma, os pacientes podem apresentar quadros de obstrução intestinal aguda ou recorrente e massa dolorosa palpável na região obturatória no toque retal ou vaginal. Metade dos pacientes apresenta, ainda, dor na face interna da coxa na extensão ou abdução.

Exames contrastados do trato gastrointestinal podem demonstrar obstrução intestinal associada à alça fixa na

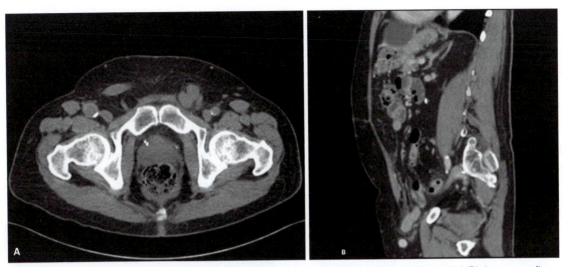

Figura 8 Hérnia inguinal esquerda contendo alça delgada ileal. Imagem axial (A) e reformatação sagital (B) de tomografia computadorizada do abdome após a administração intravenosa de meio de contraste demonstrando alargamento do canal inguinal esquerdo, pelo qual se insinua alça delgada ileal. Não há sinais de estrangulamento ou de obstrução.

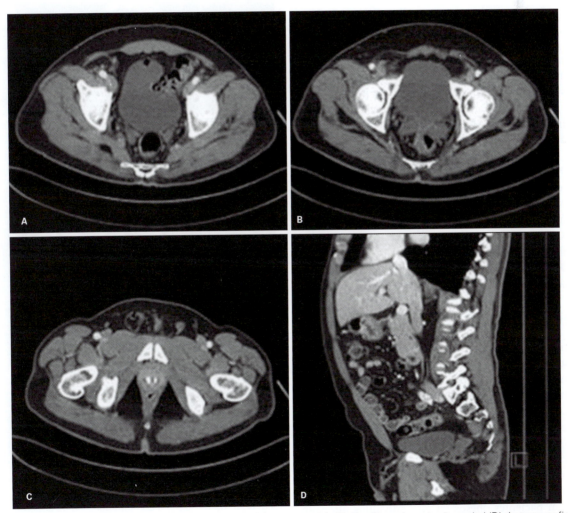

Figura 9 Hérnia inguinal direita contendo o apêndice cecal. Imagens axiais (A, B e C) e reformatação sagital (D) de tomografia computadorizada do abdome após a administração intravenosa de meio de contraste demonstrando alargamento do canal inguinal direito, pelo qual se insinuam o tecido adiposo e o apêndice cecal, lateralmente aos vasos epigástricos inferiores.

região obturatória, contendo gás ou meio de contraste. A TC demonstra a alça ileal protruída através do forame obturatório e contida entre os músculos pectíneo e obturador, além de eventual distensão intestinal a montante.

Hérnias isquiáticas

O forame isquiático maior é delimitado pela margem lateral do sacro, pela borda inferior do osso ilíaco e pelo ligamento sacrotuberoso. Esse forame contém o nervo ciático, os vasos e nervos glúteos e o músculo piriforme e representa um sítio potencial para herniação de vísceras abdominais para o espaço abaixo da musculatura glútea. O forame isquiático menor é uma pequena abertura situada mais caudalmente, menos suscetível a herniações. Poucos casos de hérnia isquiática foram relatados, a maioria contendo o terço distal do ureter ou uma alça de intestino delgado.

Hérnias perineais

Herniações envolvendo o assoalho pélvico são incomuns, ocorrendo sobretudo através do diafragma urogenital. Menos frequentemente, defeitos nos músculos elevador do ânus e coccígeo podem determinar a formação de hérnias mais posteriores.

Estas hérnias são mais prevalentes em mulheres com idade superior a 50 anos. Suas causas incluem fraqueza adquirida do assoalho pélvico por condições que aumentam a pressão abdominal, como gestação, obesidade e ascite, além de processos inflamatórios locais e defeitos pós-cirúrgicos, relacionados a ressecções abdominoperineais e prostatectomias transperineais.

Os pacientes apresentam geralmente massas perineais ou glúteas, que podem gerar desconforto ao sentar-se.

Exames contrastados do trato gastrointestinal podem demonstrar as alças intestinais insinuadas junto ao canal anal. A TC é o exame de escolha para a detecção do saco herniário nas fossas isquiorretais e seu conteúdo.

Hérnias umbilicais

Em crianças e recém-nascidos, um anel umbilical patente é um sítio comum de herniações. Essas hérnias podem conter tecido adiposo peritoneal, parte do grande omento ou curtos segmentos de alças delgadas. Costumam ser assintomáticas e tendem a regredir espontaneamente. Em raras ocasiões, podem ocorrer complicações como encarceramento e obstrução intestinal, sendo necessária a intervenção cirúrgica.

Em adultos, hérnias umbilicais surgem predominantemente em mulheres com histórico de múltiplas gestações, em pacientes obesos ou em indivíduos que apresentam aumento da pressão intra-abdominal resultante de ascite ou distensão intestinal crônica. Nestes casos, as hérnias tendem a ser maiores, contendo o grande omento e múltiplos segmentos intestinais delgados e cólicos. Podem se desenvolver aderências entre as vísceras herniadas e o peritônio que reveste internamente o saco, o que causa sintomas intestinais e outras complicações.

Exames contrastados do trato gastrointestinal demonstram alças intestinais distendidas proximalmente a uma área de estreitamento ou obstrução, observada na região umbilical, na qual os pacientes podem relatar dor. A USG, a TC e a RM demonstram o defeito parietal que representa o orifício herniário e as estruturas no interior do saco (Figura 10).

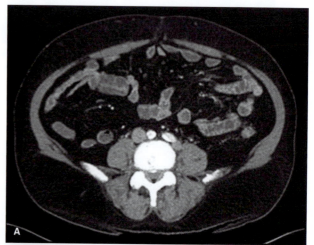
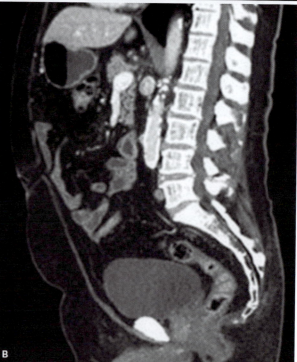

Figura 10 Hérnia umbilical. Imagem axial (A) e reformatação sagital (B) de tomografia computadorizada do abdome após a administração intravenosa de meio de contraste demonstrando alargamento do anel umbilical, pelo qual se insinua pequena quantidade de tecido adiposo.

Hérnias ventrais

As hérnias ventrais compreendem as herniações por meio dos aspectos anterior e lateral da parede abdominal. A maior parte dessas hérnias ocorre na linha mediana, emerge por meio da aponeurose dos músculos retos abdominais e é denominada hérnia epigástrica ou hipogástricas, de acordo com sua situação em relação à cicatriz umbilical. Os orifícios herniários são defeitos frequentemente pequenos e firmes que permitem a insinuação de parte do grande omento, de tecido adiposo pré-peritoneal e de curtos segmentos de alças delgadas. Encarceramento e estrangulamento do conteúdo herniário são comuns, causando sintomas que variam de acordo com as estruturas herniadas.

Hérnias ventrais laterais podem ocorrer espontaneamente ou em sítios de cirurgia abdominal prévia (aberta ou laparoscópica), de diálise peritoneal e de ferimentos por arma branca.

Exames contrastados do trato gastrointestinal demonstram alças intestinais distendidas proximalmente a uma área de estreitamento ou obstrução, que usualmente corresponde a uma região dolorosa na parede abdominal. A USG, a TC e a RM demonstram o defeito parietal que representa o orifício herniário e as estruturas no interior do saco (Figura 11).

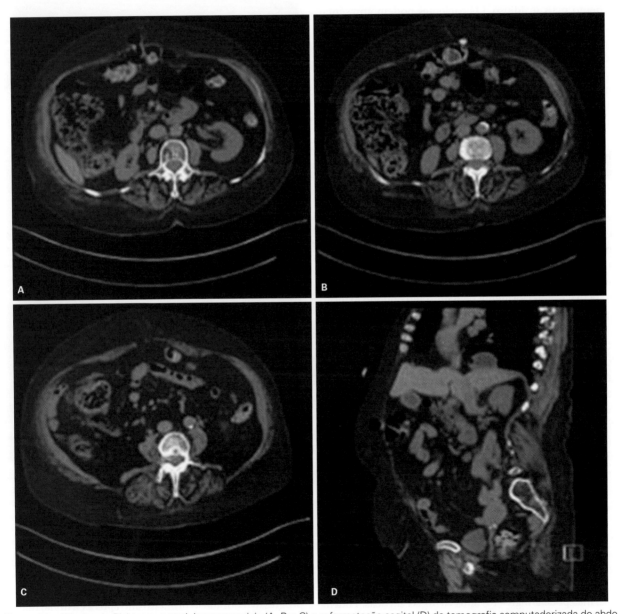

Figura 11 Hérnias de Richter e ventral. Imagens axiais (A, B e C) e reformatação sagital (D) de tomografia computadorizada do abdome sem a administração intravenosa de meio de contraste demonstrando três hérnias de parede abdominal anterior. As hérnias mais craniais, paramedianas direita (A e D) e esquerda (B) contêm curtos segmentos da parede anterior do cólon transverso, caracterizando hérnias de Richter. A hérnia mais caudal (C e D), paramediana direita, contém apenas tecido adiposo peritoneal.

Hérnias de Spiegel

As hérnias de Spiegel são incomuns, ocorrendo no aspecto anterolateral da parede abdominal inferior, ao longo da linha semilunar, que é formada pela união fibrosa da bainha do músculo reto abdominal com as aponeuroses dos músculos oblíquos e transverso do abdome. São causadas por fraqueza congênita da camada posterior da fáscia transversal, por meio da qual ocorre a insinuação de conteúdo abdominal. Podem acometer indivíduos de ambos os sexos, ser unilaterais ou bilaterais e se associar a outras hérnias ventrais ou inguinais.

O diagnóstico clínico da hérnia de Spiegel é mais difícil por sua localização mais profunda e seu desenvolvimento mais insidioso. Os pacientes podem apresentar quadros prolongados de dor abdominal baixa, obstrução intestinal, inchaço local ou massa palpável na parede abdominal anterolateral.

O conteúdo dessas hérnias inclui o grande omento e curtos segmentos de alças delgadas ou cólicas. A TC demonstra o defeito parietal que corresponde ao orifício herniário e as estruturas protruídas por meio dele (Figura 12).

Hérnias lombares

Duas áreas de fraqueza relativa na região lombar podem ser sítios de herniações. O espaço lombar superior de Grynfeltt-Lesgaft tem o formato de um triângulo invertido, delimitado superiormente pelo 12º arco costal, anteriormente pelo músculo oblíquo interno e posteriormente pelo músculo eretor da espinha. O triângulo lombar inferior, ou de Petit, é delimitado inferiormente pela crista ilíaca, anteriormente pelo músculo oblíquo externo e posteriormente pelo músculo grande dorsal.

As hérnias lombares acometem mais frequentemente homens e são mais comuns do lado esquerdo. A maioria dos casos ocorre no espaço lombar superior, e as estruturas mais frequentemente herniadas são alças intestinais, tecido adiposo retroperitoneal e rins. Essas hérnias tendem a crescer e causar sintomas como abaulamento local, dor lombar e obstrução intestinal. Encarceramento intestinal ocorre em 25% dos casos, e estrangulamento, em cerca de 10%. A TC evidencia facilmente a localização precisa e o conteúdo dessas hérnias.

Hérnias incisionais

Hérnias incisionais são complicações tardias de cirurgias abdominais, ocorrendo comumente durante os quatro primeiros meses após o procedimento. Sua prevalência varia de 0,5-13,9% para a maior parte das cirurgias abdominais, mas pode atingir 41% após cirurgias aórticas. Podem se manifestar em qualquer região da parede abdominal e se associam mais frequentemente a incisões longitudinais do que a incisões transversas. Tendem a crescer de modo

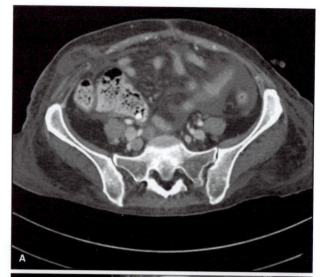
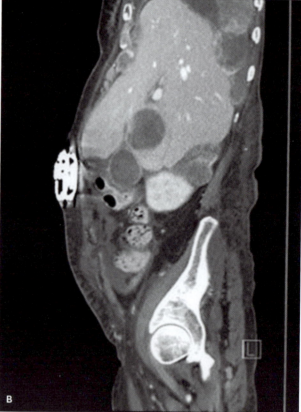

Figura 12 Hérnia de Spiegel. Imagem axial (A) e reformatação sagital (B) de tomografia computadorizada do abdome após a administração intravenosa de meio de contraste. Paciente com carcinomatose peritoneal e ascite de moderado volume apresentando hérnia de parede abdominal anterior à direita, no plano da linha semilunar, com insinuação do omento e de líquido ascítico por entre os ventres musculares oblíquos e do reto abdominal, configurando hérnia de Spiegel.

progressivo durante o primeiro ano após a cirurgia, mas de 5-10% dessas hérnias permanecem estáveis.

O tecido adiposo pré-peritoneal e parte do grande omento são o conteúdo inicial das hérnias incisionais, podendo causar sintomas inespecíficos como desconforto abdominal e sensibilidade no local de uma cicatriz cirúrgica. Em estágios mais avançados, uma massa persistente resultante da protrusão de alças intestinais pode ser observada. Aproximadamente 10% das hérnias incisionais podem não ser diagnosticadas no exame físico, o que pode ocorrer em razão de obesidade, queloides, dor abdominal de forte intensidade e dispersão das estruturas herniadas entre as camadas miofasciais da parede abdominal.

A TC é o exame de escolha para o diagnóstico de hérnias incisionais, evidenciando os defeitos no peritônio e nas camadas fasciais da parede abdominal, por meio das quais as estruturas intracavitárias se insinuam (Figura 13). Esse exame permite, ainda, a identificação de complicações como isquemia relacionada a estrangulamento, que constitui uma emergência cirúrgica.

Exames contrastados do trato gastrointestinal podem demonstrar hérnias incisionais clinicamente ocultas ou em áreas não suspeitas, sendo importante o posicionamento do paciente em perfil para a identificação da protrusão dos segmentos intestinais através das estruturas da parede abdominal.

A USG também pode identificar hérnias incisionais pela visualização do defeito na parede abdominal subjacente a uma cicatriz cirúrgica e da insinuação de estruturas abdominais por meio dele, sobretudo de alças intestinais, cujo conteúdo costuma determinar a formação de sombra acústica.

Outras hérnias da parede abdominal

Existem, ainda, duas variedades específicas de hérnias da parede abdominal: a de Littre e a de Richter.

A hérnia de Littre corresponde à protrusão de um divertículo de Meckel para o saco herniário. Essa hérnia ocorre mais frequentemente na região inguinal direita, mas pode estar presente em associação com outras hérnias ventrais ou pélvicas.

A hérnia de Richter é aquela que contém apenas uma parte da circunferência da parede intestinal. A luz visceral permanece, então, patente, não havendo sintomas relacionados à obstrução (Figura 11). Apesar disso, os pacientes podem apresentar quadros dolorosos importantes, relacionados a encarceramento da porção parietal herniada.

Complicações de hérnias da parede abdominal

As complicações mais frequentes de hérnias da parede abdominal são obstrução intestinal, encarceramento e estrangulamento, e seu diagnóstico é frequentemente realizado na avaliação clínica. Os pacientes apresentam dor na região em que se localiza a hérnia e/ou difusa pelo abdome, distensão abdominal e vômitos. O exame físico evidencia uma massa firme e dolorosa na parede abdominal. Podem ser identificados, ainda, sinais de irritação peritoneal e desidratação.

Os exames de imagem são importantes quando as manifestações clínicas são inconclusivas ou quando é necessária uma avaliação pré-operatória da hérnia ou de um eventual quadro obstrutivo. Além disso, esses exames, em especial a TC, são fundamentais para o diagnóstico precoce das complicações, favorecendo um tratamento que preserve a viabilidade intestinal.

As hérnias de parede abdominal são a segunda maior causa de obstrução intestinal, correspondendo a 10-15%

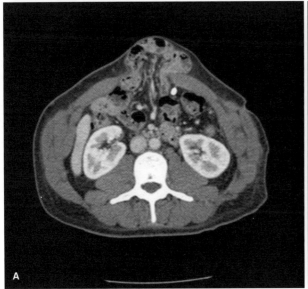
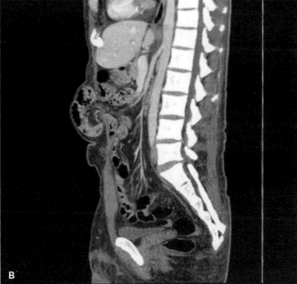

Figura 13 Hérnia incisional. Imagem axial (A) e reformatação sagital (B) de tomografia computadorizada do abdome após a administração intravenosa de meio de contraste demonstrando hérnia incisional mediana na região epigástrica, com insinuação de alças intestinais e de vasos mesentéricos, sem sinais obstrutivos ou inflamatórios.

dos casos, atrás apenas de quadros de aderência. A maior parte desses casos de obstrução ocorre após o encarceramento e o estrangulamento. Os principais achados na TC são de distensão intestinal proximal à hérnia com ponto de transição de calibre no segmento herniado e alças com calibre normal ou reduzido, ou mesmo colabadas, distais a este ponto. Outros achados incluem distensão das alças intestinais herniadas e fecalização do conteúdo intestinal proximal à hérnia, traduzindo dificuldade à progressão dele (Figura 14). Alterações relacionadas a estrangulamento também estão frequentemente presentes nos casos de obstrução.

O encarceramento corresponde à irredutibilidade de uma hérnia, sendo diagnosticado clinicamente quando não se consegue reduzir o seu conteúdo manualmente. Apesar de não ser possível se fazer esse diagnóstico com exames de imagem isoladamente, ele pode ser sugerido quando a herniação ocorre através de um orifício pequeno e quando o saco herniário apresenta um colo estreito. A detecção do encarceramento é importante, porque essa condição predispõe a outras complicações, como obstrução, inflamação e isquemia do segmento herniado. Deve-se suspeitar de um segmento em iminência de estrangulamento quando se observa líquido no interior do saco herniário, espessamento parietal ou distensão do segmento intestinal herniado. Se uma hérnia encarcerada contém apenas tecido adiposo ou líquido, o tempo não é uma limitação para a preparação do paciente para a cirurgia (Figura 15). Por outro lado, caso contenha um segmento intestinal encar-

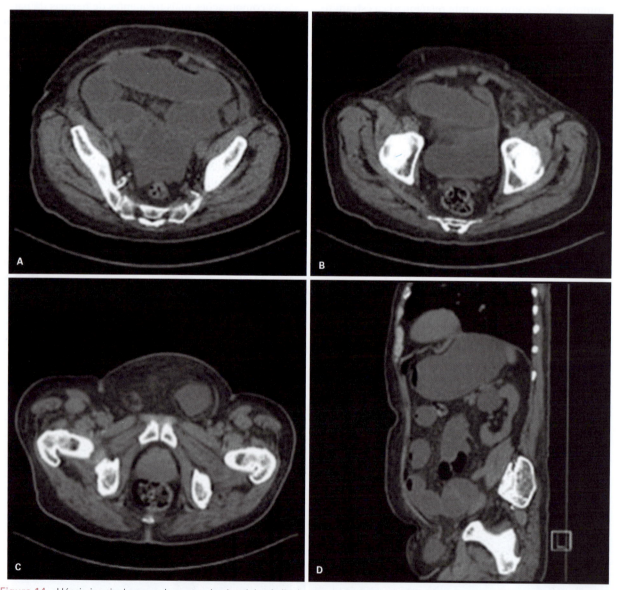

Figura 14 Hérnia inguinal esquerda contendo alça delgada ileal com sinais de obstrução. Imagens axiais (A, B e C) e reformatação sagital (D) de tomografia computadorizada do abdome sem a administração intravenosa de meio de contraste demonstram hérnia inguinal indireta à esquerda contendo alça delgada ileal. Nota-se redução abrupta do calibre do segmento herniado e distensão intestinal a montante, traduzindo obstrução.

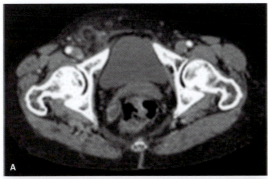
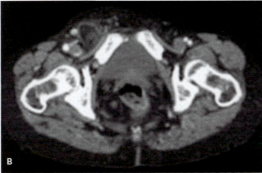
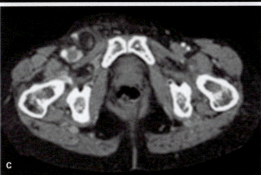
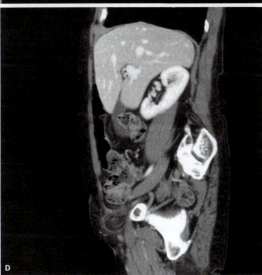

Figura 15 Hérnia inguinal à direita com sinais de inflamação do conteúdo. Imagens axiais (A, B e C) e reformatação sagital (D) de tomografia computadorizada do abdome após a administração intravenosa de meio de contraste demonstram alargamento do canal inguinal direito, que contém tecido adiposo densificado, traduzindo processo inflamatório.

cerado, a intervenção cirúrgica deve ser imediata para que sejam evitadas a necrose desse segmento e, consequentemente, a necessidade da sua ressecção.

O estrangulamento de uma hérnia refere-se à isquemia causada pelo comprometimento do suprimento sanguíneo do seu conteúdo, ocorrendo quando o orifício herniário obstrui as alças aferente e eferente e os vasos sanguíneos. Os principais achados na TC são os de obstrução em alça fechada e isquemia. Os aspectos observados na obstrução em alça fechada são alças intestinais distendidas preenchidas por líquido no interior do saco herniário e obstrução intestinal a montante. Os achados de isquemia incluem espessamento parietal das alças intestinais no interior do saco herniário, redução ou aumento da atenuação das paredes dessas alças, redução ou ausência de realce parietal pelo meio de contraste, ingurgitamento dos vasos mesentéricos, densificação do tecido adiposo mesentérico e ascite. Hérnias estranguladas da parede abdominal associam-se a aumento da mortalidade cirúrgica, estimado em 6-23%.

Coleções

Infecções e abscessos

Quadros infecciosos da parede abdominal são raros e potencialmente graves, podendo ocorrer espontaneamente ou em associação com diabete melito, imunossupressão, sepse, cirurgia, trauma, aterosclerose, alcoolismo, obesidade e desnutrição. O diagnóstico clínico desses quadros pode ser difícil, e os pacientes geralmente apresentam febre, dor e alterações cutâneas, que podem variar de palidez leve a necrose. Além disso, a extensão do acometimento subcutâneo é frequentemente subestimada no exame físico, e eventuais abscessos se estendem muito além das áreas visivelmente alteradas na pele. Dessa forma, pacientes com suspeita de quadros infecciosos da parede abdominal devem ser avaliados com exames de imagem, que permitem a caracterização do processo e de sua extensão. A USG, a TC e a RM podem ser utilizadas para a avaliação desses quadros. O primeiro objetivo dos exames de imagem é localizar o processo e caracterizar sua extensão. Um quadro de celulite deve ser diferenciado de um abscesso, uma vez que o primeiro deve ser tratado por antibioticoterapia e o segundo requer drenagem, percutânea ou cirúrgica. Além disso, a abordagem de um abscesso subcutâneo pequeno é diferente da de uma coleção maior e mais profunda. Outro objetivo dos exames de imagem é buscar a identificação de um fator causal para a infecção, como doença de Crohn, lesões neoplásicas infectadas ou perfuradas e abscessos intracavitários com extensão para a parede abdominal. A USG é significativamente limitada nesse aspecto, em razão de sua dificuldade em identificar alterações intestinais e mesentéricas. Em terceiro lugar, a USG e a TC podem ser utilizadas para a orientação de drenagem percutânea de abscessos, alternativa terapêutica que deve ser oferecida caso haja indicação.

A TC e a RM têm desempenho semelhante para a avaliação de quadros infecciosos da parede abdominal. Ambas caracterizam com boa acurácia os abscessos e a extensão dos processos, incluindo grupos musculares envolvidos e extensão intraperitoneal e retroperitoneal, possibilitando um eventual planejamento cirúrgico. Entretanto, a TC é o exame de escolha por ser mais rápida, mais disponível, de custo menor e por poder ser utilizada para a orientação de drenagem percutânea de abscessos. Conforme previamente mencionado, a USG é limitada para a determinação da extensão dos processos, sobretudo quando se estendem para a cavidade peritoneal e para o retroperitônio.

A celulite é o processo inflamatório subcutâneo, frequentemente relacionado a uma infecção, que pode preceder a formação de um abscesso. Esse processo é restrito por planos fasciais, não envolvendo a musculatura subjacente. Quando se estende para a musculatura e para o tecido adiposo pré-peritoneal, esse processo inflamatório é denominado flegmão. Apresenta-se na TC como espessamento e densificação do tecido celular subcutâneo, de planos musculares e do tecido adiposo pré-peritoneal com limites mal definidos, podendo haver espessamento cutâneo associado. A USG evidencia uma área hiperecogênica mal definida no tecido celular subcutâneo, cuja determinação dos limites é mais difícil do que pela TC. A profundidade de acometimento também é mais difícil de ser determinada pela USG, podendo ser observada também hiperecogenicidade da musculatura e do tecido adiposo pré-peritoneal. A celulite e o flegmão são representados na RM por áreas mal delimitadas de espessamento do tecido celular subcutâneo, da musculatura e do tecido adiposo pré-peritoneal, que apresentam hiperintensidade de sinal nas sequências ponderadas em T2 e hipointensidade de sinal nas sequências ponderadas em T1 e sofrem realce mais pronunciado pelo meio de contraste, traduzindo edema e processo inflamatório.

Os abscessos são evidenciados na TC como acúmulos líquidos de limites bem definidos com formato ovalado ou fusiforme que não sofrem realce pelo meio de contraste. A atenuação do seu conteúdo é semelhante à da água ou mais elevada, dependendo da quantidade de material necrótico. Podem conter, ainda, material gasoso. Suas paredes podem ser finas ou espessas e são geralmente circundadas por áreas de densificação em planos musculares e adiposos circunjacentes, que correspondem a processo inflamatório. Os abscessos podem estar restritos a um espaço, seja ele o tecido celular subcutâneo, a musculatura ou o tecido adiposo pré-peritoneal ou envolver múltiplos espaços, aspecto que é facilmente evidenciado

na TC e tem impacto direto na técnica utilizada para tratamento (Figura 16).

Assim como a TC, a RM demonstra coleções com conteúdo hiperintenso em T2 e hipointenso em T1 que não sofrem realce pelo meio de contraste envolvendo um ou mais espaços da parede abdominal. Os espaços envolvidos também são facilmente determinados pela RM. A intensidade de sinal do seu conteúdo pode variar, reduzindo-se nas sequências ponderadas em T2 e elevando-se nas ponderadas em T1, de acordo com a quantidade de material necrótico presente. Observam-se, ainda, na RM, edema e realce pelo meio de contraste em planos adiposos e musculares circunjacentes.

A USG evidencia acúmulos líquidos anecoides ou hipoecogênicos bem definidos. Podem, em raros casos, ser hiperecogênicos, sendo esta característica relacionada à quantidade de material necrótico que contêm. A inflamação de planos adiposos e musculares circunjacentes é representada, na USG, por aumento do seu volume e da sua ecogenicidade.

A fasciite necrotizante é uma forma rara e agressiva de infecção de tecido muscular e adiposo, mais frequentemente observada em diabéticos, alcoólatras e imunossuprimidos. A taxa de mortalidade é de 20-50%. Essa entidade é geralmente causada por uma infecção do trato urinário inferior ou da região perianal e, dessa forma, na maioria dos casos está centralizada na pelve. Pode, ainda, ser causada por trauma fechado ou penetrante, cirurgias, estase venosa e úlceras de decúbito. A trombose de pequenas artérias subcutâneas é identificada na análise histopatológica, e a isquemia resultante favorece a disseminação do processo infeccioso. O principal achado na TC, que é o exame de imagem mais utilizado para a avaliação desses pacientes, é o de uma extensa e acentuada densificação do tecido adiposo e muscular acometido com gás de permeio.

Hematomas

Os hematomas da parede abdominal frequentemente envolvem as bainhas dos músculos retos abdominais, apesar de coleções mais laterais também ocorrerem. Esses hematomas se originam de rupturas de fibras musculares ou de vasos sanguíneos e podem ser espontâneos ou relacionados a trauma, cirurgia, anticoagulação, tosse, esforço e causas iatrogênicas, como punções para biópsia e drenagem. Manifestações clínicas incluem dor, perda sanguínea, equimose e massa abdominal palpável. Entretanto, o quadro clínico pode ser inespecífico, sendo necessária a diferenciação de outras alterações da parede abdominal, como abscessos, linfoceles e urinomas.

A TC, por ser mais rápida, disponível, de custo relativamente mais baixo e por facilmente demonstrar toda a extensão da lesão, é o exame de imagem de escolha para a investigação de hematomas da parede abdominal. Além

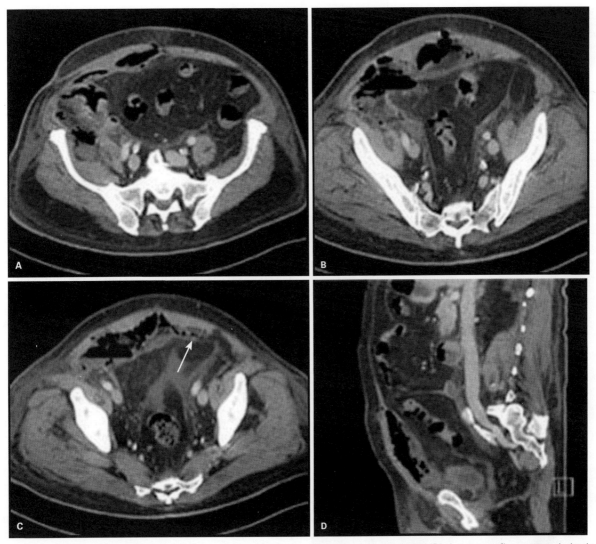

Figura 16 Abscesso de parede abdominal. Imagens axiais (A, B e C) e reformatação sagital (D) de tomografia computadorizada do abdome após a administração intravenosa de meio de contraste demonstram coleção hidroaérea situada no espaço pré-peritoneal, envolvendo o aspecto mais profundo da musculatura sobrejacente e se estendendo aos espaços extraperitoneais pélvicos à direita. A seta indica a linha peritoneal.

disso, com a injeção intravenosa de meio de contraste, a TC permite o diagnóstico de sangramentos ativos no interior dos hematomas, o que consiste em uma emergência e demanda tratamento imediato. A identificação do vaso responsável pela perda sanguínea na TC possibilita, ainda, o planejamento de um eventual tratamento endovascular.

O aspecto dos hematomas nos exames de imagem pode variar de acordo com o tempo de evolução, o hematócrito do paciente, a localização e, no caso de TC e RM, a administração intravenosa de meio de contraste. Os hematomas têm formato ovalado ou fusiforme e são heterogeneamente hiperatenuantes na TC (Figura 17). As áreas de atenuação mais elevada correspondem aos coágulos, e as menos atenuantes são serosas. Como os coágulos tendem a ser reabsorvidos com o tempo, lesões mais crônicas apresentam atenuação mais baixa, semelhante à da água. Os hematomas podem, ainda, sofrer realce pelo meio de contraste caso haja sangramento ativo no seu interior. Lesões da bainha do músculo reto abdominal são representadas por uma expansão de aspecto ovalado dela. Quando maiores, os hematomas da parede abdominal podem rechaçar estruturas adjacentes, como alças intestinais, bexiga e vísceras parenquimatosas, e se estender para espaços extraperitoneais e para o retroperitônio, o que é facilmente identificado na TC.

De maneira análoga à TC, a RM também permite a identificação de toda a extensão do hematoma, dos espaços envolvidos e das relações com as estruturas adjacentes. O sinal dessas lesões varia de acordo com o tempo de evolução, tendendo a se elevar nas sequências ponderadas em T1 e reduzir nas sequências ponderadas em T2. Podem-se observar, ainda, produtos de degradação

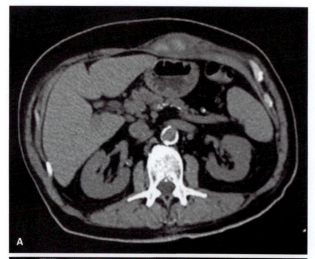

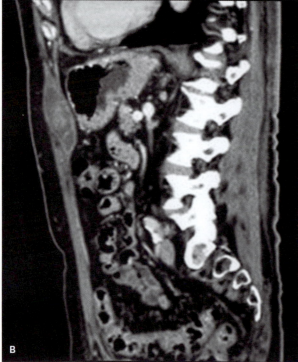

Figura 17 Hematoma do músculo reto abdominal esquerdo. Imagem axial (A) e reformatação sagital (B) de tomografia computadorizada do abdome antes e após a administração intravenosa de meio de contraste, respectivamente. Coleção heterogênea, predominantemente hiperatenuante, que não sofre realce pelo meio de contraste, em meio às fibras do músculo reto abdominal esquerdo de paciente anticoagulado.

da hemoglobina depositados nos aspectos dependentes dos hematomas. Esses produtos são representados por áreas mais hipointensas em T2 e hiperintensas em T1, que determinam formação de níveis líquido-líquido no seu interior.

A USG apresenta maiores limitações para a demonstração de toda a extensão de um hematoma, especialmente se há insinuação para espaços retroperitoneais. Os hematomas agudos e subagudos são representados por lesões de alta ecogenicidade. Com o tempo, sua ecogenicidade é reduzida, podendo se tornar anecoides. A USG pode, também, demonstrar produtos de degradação da hemoglobina como material ecogênico depositado nos aspectos dependentes dos hematomas.

Neoplasias

Neoplasias malignas primárias

As neoplasias malignas primárias da parede abdominal são raras e incluem sarcomas, linfoma e carcinoma uracal. A USG, por sua ampla disponibilidade, relativo baixo custo e rapidez, é geralmente o primeiro exame de imagem utilizado para a avaliação dessas lesões. A TC e a RM apresentam desempenho melhor que a USG na avaliação das relações das massas com as estruturas circundantes, incluindo eventual extensão para a cavidade abdominal, e para a pesquisa de metástases. São, portanto, fundamentais para o planejamento terapêutico. A USG e a TC podem ser utilizadas, ainda, para a orientação de biópsias percutâneas das lesões.

Sarcomas

Os sarcomas são neoplasias de origem mesenquimal e podem ser subdivididos de acordo com suas características histológicas em rabdomiossarcomas, leiomiossarcomas, fibrossarcomas, lipossarcomas, sarcomas sinoviais, schwannomas malignos, histiocitomas fibrosos malignos e sarcomas pouco diferenciados.

Os pacientes são muitas vezes assintomáticos, mas podem apresentar massas palpáveis na parede abdominal, eventualmente dolorosas.

A USG evidencia lesões isoecogênicas ou hipoecogênicas de limites mal definidos. Essas lesões podem estar localizadas no tecido celular subcutâneo ou na musculatura e podem infiltrar as estruturas adjacentes.

Os sarcomas são caracterizados, na TC, como massas de limites parcialmente definidos, com média atenuação e que sofrem realce pelo meio de contraste. Essas massas podem estar restritas ao tecido celular subcutâneo, às estruturas musculares ou infiltrar mais de um plano (Figura 18). Lesões com componente fibroso mais pronunciado podem apresentar contornos espiculados e atenuação mais elevada em relação à musculatura. Além disso, componentes mais bem diferenciados de lipossarcomas podem apresentar atenuação semelhante à do tecido adiposo.

A RM evidencia lesões parcialmente definidas com sinal intermediário em T1 e T2, que sofrem realce pelo meio de contraste. Pelo excelente contraste tecidual da RM, especialmente nas sequências ponderadas em T2, a relação dessas lesões com as estruturas circunjacentes é muito bem demonstrada (Figura 17). Assim como na TC, lesões com

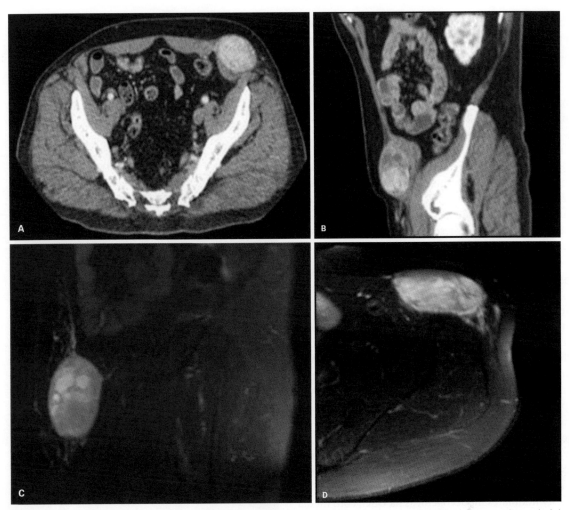

Figura 18 Lipossarcoma. Imagem axial e reformatação sagital de tomografia computadorizada do abdome após a administração intravenosa de meio de contraste (A e B) e imagens de ressonância magnética da pelve ponderadas em T2 com saturação do sinal da gordura (C e D) evidenciam lesão sólida, heterogênea e hipervascularizada na parede abdominal anterior à esquerda, entre os músculos oblíquos externo e interno.

componente fibroso mais pronunciado apresentam características específicas na RM, representadas por contornos espiculados, sinal mais baixo nas sequências ponderadas em T2 e realce menos intenso pelo meio de contraste. Componentes mais bem diferenciados de lipossarcomas também podem apresentar comportamento semelhante ao do tecido adiposo, caracterizado por alto sinal nas sequências ponderadas em T1 e T2 e ausência de realce pelo meio de contraste.

Linfoma

O linfoma primário da parede abdominal é bastante raro, geralmente originando-se no tecido celular subcutâneo e podendo ser das variedades de células B, de células T, histiocítico, entre outras. Os achados nos exames de imagem não são específicos. A USG evidencia massas hipoecogênicas ou isoecogênicas parcialmente definidas no tecido celular subcutâneo da parede abdominal. A TC demonstra lesões expansivas com média atenuação que sofrem realce pelo meio de contraste, e a RM demonstra lesões com sinal intermediário em T1 e T2, também sofrendo realce pelo meio de contraste. A TC é o exame mais utilizado para o estadiamento dessas lesões e, apesar dos achados inespecíficos, a caracterização de linfonodomegalias associadas favorece o diagnóstico de linfoma.

Carcinoma uracal

O carcinoma uracal é uma neoplasia maligna rara, geralmente originando-se no segmento justavesical do úraco. Os adenocarcinomas correspondem a 94% destas neoplasias, e 75% delas acometem indivíduos do sexo masculino com idades entre 40 e 70 anos. Os pacientes costumam ser assintomáticos pela situação extraperitoneal das lesões.

Essas lesões são geralmente caracterizadas na USG como cavidades preenchidas por líquido com ecogenicidade heterogênea e calcificações junto à superfície interna da parede abdominal anterior e à parede anterossuperior da bexiga urinária, em situação mediana.

A TC demonstra massas com paredes espessas preenchida por material hipoatenuante que não sofre realce pelo meio de contraste, correspondendo a mucina à análise histopatológica. Calcificações periféricas são observadas em 50-70% dos casos e podem ser puntiformes ou curvilíneas.

O aspecto na RM é semelhante ao da TC, sendo a mucina caracterizada por sinal elevado nas sequências ponderadas em T2. Tanto a TC quanto a RM permitem a identificação de extensão intravesical e da infiltração de estruturas adjacentes pelas lesões, assim como o seu estadiamento a distância.

Metástases

Metástases para o tecido celular subcutâneo são incomuns, mas são desenvolvidas por 5-10% dos pacientes com neoplasias malignas. As neoplasias primárias que mais frequentemente se associam a metástases no tecido celular subcutâneo da parede abdominal são as de pulmão, mama, rim e melanoma.

Apesar de clinicamente evidentes na grande maioria dos casos, essas lesões podem não ser identificadas no exame físico, particularmente em indivíduos obesos. A USG, a TC e a RM permitem a caracterização adequada das metástases pela homogeneidade do tecido celular subcutâneo que as circunda. Os achados incluem múltiplas lesões nodulares hipoecogênicas na USG, com média atenuação na TC e com sinal intermediário nas sequências de RM ponderadas em T1 e T2, sofrendo realce pelo meio de contraste (Figuras 19 e 20). Metástases de melanoma tendem a apresentar atenuação elevada na TC e hiperintensidade de sinal nas sequências de RM ponderadas em T1, por hemorragia ou pela presença de melanina.

Neoplasias benignas

As neoplasias benignas da parede abdominal, assim como as malignas, são raras e incluem lipomas, neurofibromas e outras lesões mesenquimais. Essas lesões podem ser palpáveis, geralmente sem dor associada, ou ser descobertas incidentalmente em exames de imagem.

Os lipomas são as neoplasias mesenquimais mais comuns e podem ocorrer em qualquer local em que haja gordura, incluindo partes moles, ossos, retroperitônio, mediastino e trato gastrointestinal. São lesões compostas por tecido adiposo, por vezes circundado por uma cápsula fibrosa. O tecido adiposo que compõe o lipoma pode ser indistinguível de gordura normal, mesmo na análise histopatológica. Existem, entretanto, diferenças bioquímicas e estruturais. Os lipomas da parede abdominal geralmente situam-se no tecido celular subcutâneo e se

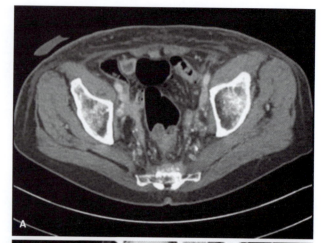

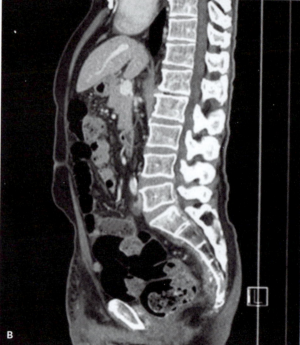

Figura 19 Metástase de neoplasia vesical. Imagem axial (A) e reformatação sagital (B) de tomografia computadorizada do abdome após a administração intravenosa de meio de contraste. Paciente em reestadiamento de neoplasia vesical apresenta nódulo sólido pré-peritoneal na região hipogástrica mediana, infiltrando a face posterior do músculo reto abdominal direito. Observa-se, além disso, outro implante peritoneal no plano da fossa ilíaca direita.

apresentam, no exame físico, como nódulos superficiais moles, bem delimitados, móveis e não dolorosos. São múltiplos em 5% dos casos e são mais comuns em pacientes com idade acima de 50 anos. Os lipomas são representados na USG, na TC e na RM por formações subcutâneas arredondadas, ovaladas ou fusiformes bem definidas. São hiperecogênicos na USG, hipoatenuantes na TC e hiperintensos nas sequências de RM ponderadas em T1 e T2. A identificação dessas lesões pode ser difícil pelo aspecto semelhante ao do tecido celular subcutâneo circundante.

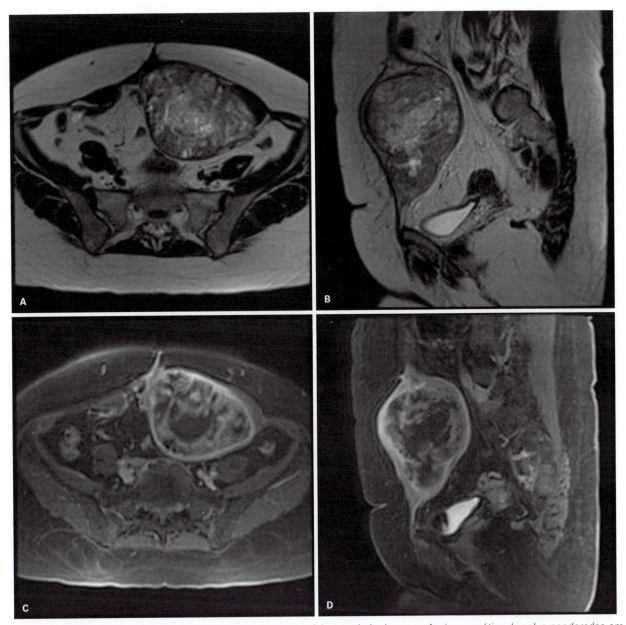

Figura 20 Metástase de leiomiossarcoma uterino. Imagens axiais e sagitais de ressonância magnética da pelve ponderadas em T2 (A e B) e em T1 com saturação do sinal da gordura após a administração intravenosa de meio de contraste de paciente em reestadiamento de leiomiossarcoma uterino. Massa sólida heterogênea vascularizada acometendo o músculo reto abdominal esquerdo.

Os neurofibromas são neoplasias benignas que se originam da bainha de nervos periféricos. Correspondem a cerca de 5% das neoplasias benignas de partes moles e acometem mais frequentemente indivíduos com idades de 20 a 30 anos. São classificados como localizados, difusos e plexiformes. Os neurofibromas localizados representam 90% dessas lesões, sendo a maioria solitária e não associada com neurofibromatose do tipo 1. No exame físico, os neurofibromas se apresentam como lesões nodulares bem delimitadas não dolorosas e de crescimento lento, geralmente medindo menos do que 5 cm no diagnóstico. Os neurofibromas da parede abdominal são, na grande maioria dos casos, localizados e situam-se no tecido celular subcutâneo.

Apresentam-se como lesões fusiformes hipoecogênicas em relação ao tecido adiposo circundante na USG, com média atenuação na TC, com médio sinal nas sequências de RM ponderadas em T1 e com sinal intermediário a elevado nas sequências de RM ponderadas em T2. Essas lesões sofrem, ainda, realce pelo meio de contraste na TC e na RM.

Miscelânea

Tumores desmoides

Os tumores desmoides são lesões que pertencem a um grupo de doenças denominadas fibromatoses, que se caracterizam por proliferação fibroblástica, sem evidência de inflamação ou de neoplasia. Apesar de as fibromatoses serem lesões benignas e de não apresentarem potencial metastático, seu comportamento biológico é agressivo, classificado entre o das proliferações fibrosas benignas e o do fibrossarcoma. As fibromatoses são classificadas como superficiais e profundas. A fibromatose superficial origina-se de fáscias ou aponeuroses palmares, plantares, articulares e penianas (doença de Peyronie). A fibromatose profunda é também conhecida como tumor desmoide e se origina de tecido conjuntivo presente em músculos, fáscias e aponeuroses. Acomete predominantemente adultos com idades entre 25 e 35 anos e se associa a trissomias dos cromossomos 8 e 20.

Os tumores desmoides são classificados de acordo com sua localização como intra-abdominais, abdominais e extra-abdominais. As lesões intra-abdominais originam-se na pelve e no mesentério, e as lesões extra-abdominais originam-se entre ou junto às fáscias e músculos dos ombros, parede torácica, região dorsal, coxas e joelhos.

Os tumores desmoides que acometem a parede abdominal são os abdominais e ocorrem predominantemente em mulheres durante a gestação ou no primeiro ano após o parto e naquelas que utilizam anticoncepcionais orais. Envolvem tipicamente os músculos retos abdominais e oblíquos. No exame físico, essas lesões se apresentam como massas firmes, profundas e mal definidas de crescimento lento.

O aspecto dos tumores desmoides nos exames de imagem pode variar de acordo com sua composição, uma vez que podem apresentar diferentes quantidades de células fusiformes, colágeno extracelular e matriz mixoide. Além disso, suas características histológicas podem mudar com o tempo. Lesões em estágios mais precoces tendem a ser mais celulares, e lesões em estágios mais tardios apresentam maior depósito de colágeno.

A USG é frequentemente utilizada como exame inicial, evidenciando massas com ecogenicidade variável (baixa, média ou elevada) e margens parcialmente definidas (regulares ou espiculadas).

A TC e a RM são mais utilizadas para a avaliação dos tumores desmoides por permitirem a caracterização adequada da extensão das lesões e do envolvimento de estruturas adjacentes, o que é particularmente útil para a programação cirúrgica. A TC demonstra lesões circunscritas ou mal definidas com atenuação intermediária, em geral pouco superior à das estruturas musculares, sofrendo discreto realce pelo meio de contraste.

A RM é o exame de escolha para a avaliação dos tumores desmoides por apresentar maior contraste tecidual, permitindo melhor caracterização das relações das lesões com as estruturas circundantes. As lesões exibem margens parcialmente definidas, por vezes irregulares, e sinal heterogêneo, geralmente intermediário, nas se-

quências ponderadas em T1 em T2. Na maioria dos casos, identificam-se traves de baixo sinal em meio às massas nas sequências ponderadas em T2, que correspondem a conglomerados de fibras colágenas. Observa-se, ainda, realce moderado a acentuado pelo meio de contraste (Figura 21).

O tratamento dos tumores desmoides é cirúrgico, sendo as lesões ressecadas com margens amplas. A taxa de recorrência é, entretanto, elevada, de aproximadamente 50%.

Endometriose

A endometriose é caracterizada pela presença de tecido endometrial funcionante, composto por glândulas e estroma, fora da cavidade endometrial. Acomete cerca de 10% das mulheres em idade reprodutiva e é identificada em 15-44% das mulheres submetidas a cirurgias. Implantes endometrióticos na parede abdominal são raros, e cerca de 94% deles ocorrem em cicatrizes cirúrgicas. Podem se desenvolver em cicatrizes de cesáreas, histerectomias, cirurgias laparoscópicas, episiotomias, amniocenteses e de ressecções de glândulas de Bartholin na vulva. A endometriose da parede abdominal em pacientes sem antecedente cirúrgico é extremamente rara, correspondendo a cerca de 6% dos casos. As cicatrizes de cesárea são os sítios mais comuns de endometriose da parede abdominal, com incidência de 0,03-0,4% entre todas as mulheres. A realização da cesárea antes do estabelecimento do trabalho de parto está relacionada a aumento do risco de desenvolvimento de endometriose na cicatriz.

Entre as pacientes com endometriose da parede abdominal, 14,3-26% apresentam endometriose pélvica concomitante. Implantes endometrióticos são classificados como císticos, sólidos ou mistos. A endometriose da parede abdominal pode estar confinada às camadas mais superficiais, mas geralmente infiltra as camadas mais profundas, sobretudo o músculo reto abdominal. Pode, ainda, raramente, manifestar-se como uma fístula uterocutânea. Existem duas teorias que explicam a patogênese da endometriose da parede abdominal. Uma delas postula que, sob circunstâncias propícias, células mesenquimais primitivas pluripotentes podem se diferenciar e formar focos endometrióticos. A segunda sugere que células endometriais que são transportadas durante procedimentos, particularmente naqueles em que há abertura da parede uterina e exposição da cavidade endometrial, podem se implantar nas cicatrizes.

No exame clínico, as pacientes com endometriose de parede abdominal apresentam massas palpáveis pequenas, elásticas, mal definidas e dolorosas em sítios de incisão cirúrgica prévia. A dor é frequentemente cíclica, coincidindo com o ciclo menstrual. Durante o período menstrual, além da dor, as pacientes podem apresentar inchaço no local. Os sintomas podem se iniciar em um

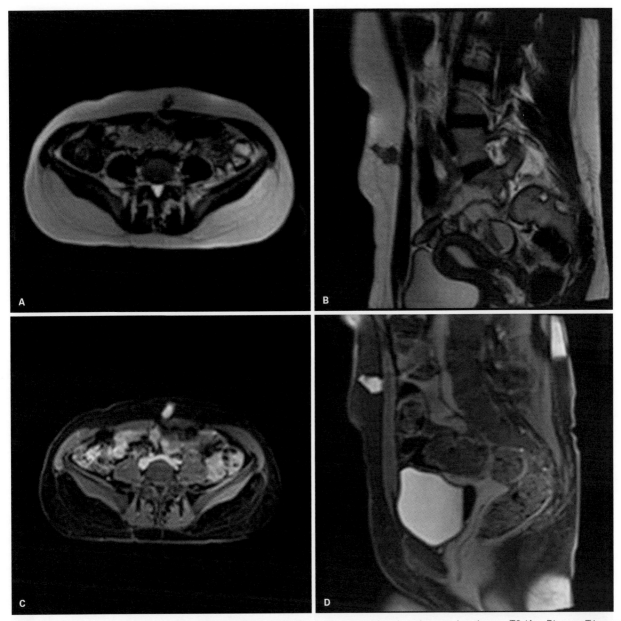

Figura 21 Tumor desmoide. Imagens axiais e sagitais de ressonância magnética da pelve ponderadas em T2 (A e B) e em T1 com saturação do sinal da gordura após a administração intravenosa de meio de contraste (C e D). Lesão nodular sólida hipervascularizada com médio sinal em T2 no tecido celular subcutâneo profundo da parede abdominal anterior paramediana esquerda, em contato com a face anterior do músculo reto abdominal desse lado.

período de 6 meses a 20 anos após o procedimento. As pacientes podem ser, ainda, assintomáticas, e os focos endometrióticos, identificados incidentalmente em exames de imagem.

A endometriose da parede abdominal pode ser identificada em exames de USG, de TC e de RM. A USG é geralmente o primeiro exame realizado, e os achados podem variar e ser inespecíficos. As lesões podem ser císticas (únicas ou múltiplas), sólidas ou mistas. O aspecto ultrassonográfico mais comum é o de uma massa sólida hipoecogênica com focos hiperecogênicos de permeio e margens espiculadas. O padrão de ecogenicidade relaciona-se a quantidade e distribuição de tecido fibroso e material hemorrágico e pode mudar de acordo com o ciclo menstrual. Pode haver, ainda, infiltração de tecidos circunjacentes e espessamento cutâneo e subcutâneo associados. O estudo dopplerfluxométrico frequentemente evidencia vascularização periférica e central nas lesões.

Os achados da endometriose da parede abdominal na TC podem ser inespecíficos, mas as lesões apresentam-se em geral como nódulos sólidos em meio a uma cicatriz. Sua atenuação é comumente elevada em relação à da musculatura, mas pode ser heterogênea e variar de acordo com a presença de fibrose, inflamação e hemorragia. A atenuação de lesões com conteúdo hemorrágico também pode variar de acordo com o tempo de evolução do sangramento. Os focos, quando sólidos, apresentam realce leve a moderado pelo meio de contraste.

A RM é o exame de escolha para a avaliação da endometriose da parede abdominal por apresentar maior contraste tecidual, permitindo a caracterização adequada da lesão e da sua relação com as estruturas circunjacentes. Possibilita, ainda, a identificação de lesões menores e de focos hemorrágicos intralesionais. É utilizada, também, para o planejamento cirúrgico, especialmente em pacientes sintomáticas com lesões mais extensas e infiltrativas. Os focos de endometriose apresentam-se, na RM, como nódulos heterogêneos, predominantemente hiperintensos nas sequências ponderadas em T1 e T2 e que sofrem realce pelo meio de contraste (Figura 22). Podem, ainda, mais raramente, exibir isointensidade de sinal em relação à musculatura em ambas as sequências. Lesões crônicas apresentam margens espiculadas e sinal mais baixo em T2 pelo predomínio de componente fibrótico e hemossiderina.

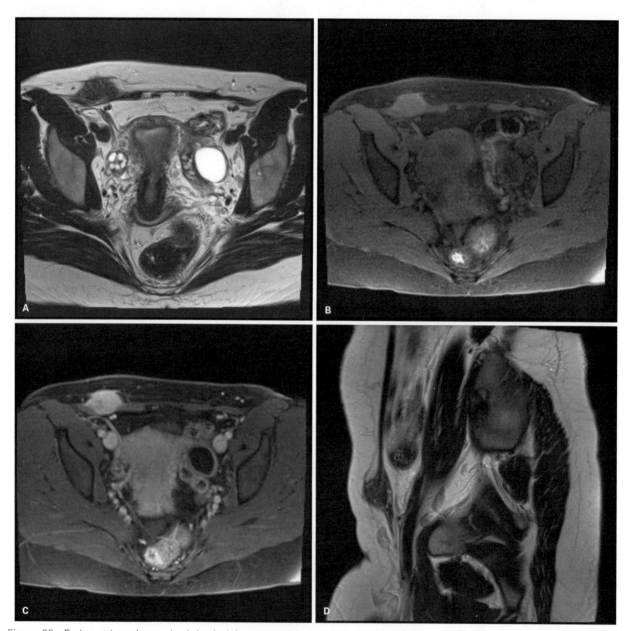

Figura 22 Endometriose da parede abdominal. Imagens axiais e sagitais de ressonância magnética da pelve ponderadas em T2 (A e D) e em T1 com saturação do sinal da gordura antes (B e E) e após a administração intravenosa de meio de contraste (C e F), evidenciando lesão sólida com pequenos focos hemáticos de permeio, que envolve o tecido celular subcutâneo profundo e o músculos reto abdominal e oblíquo direitos.

(continua)

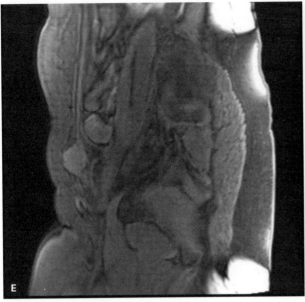
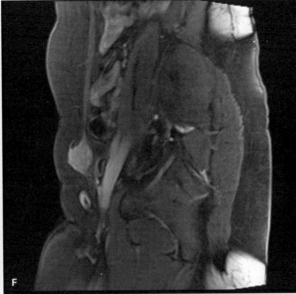

Figura 22   (continuação)

Considerações finais

Os exames de imagem, particularmente a USG, a TC e a RM, são excelentes métodos para a avaliação das alterações da parede abdominal. Fornecem dados relacionados a causa, natureza, localização e extensão dos processos, que são extremamente importantes para o planejamento terapêutico e o acompanhamento. A USG, pela sua ampla disponibilidade, rapidez e relativo baixo custo, é frequentemente utilizada como exame inicial. A TC e a RM permitem melhor avaliação da extensão dos processos e de suas relações com as estruturas circunjacentes, tendo impacto direto no desfecho clínico.

Bibliografia sugerida

1. Aguirre DA, Casola G, Sirlin C. Abdominal wall hernias: MDCT findings. AJR Am J Roentgenol. 2004;183:681-90.
2. Aguirre DA, Santosa AC, Casola G, Sirlin C. Abdominal wall hernias: imaging features, complications, and diagnostic pitfalls at multi-detector row CT. Radiographics. 2005;25:1501-20.
3. Al-Hindawi MK, Aman S. Benign non-infected urachal cyst in an adult: review of the literature and a case report. Br J Radiol. 1992;65:313-6.
4. Astarcioglu H, Sokmen S, Atila K, Karademir S. Incarcerated inferior lumbar (petit's) hernia. Hernia. 2003;7:158-60.
5. Barisic I, Clementi M, Häusler M, Gjergja R, Kern J, Stoll C; Euroscan Study Group. Evaluation of prenatal ultrasound diagnosis of fetal abdominal wall defects by 19 european registries. Ultrasound Obstet Gynecol. 2001;18(4):309-16.
6. Bendavid R. Complications of groin hernia surgery. Surg Clin North Am. 1998;78:1089-103.
7. Bennett HF, Balfe DM. MR Imaging of the peritoneum and abdominal wall. Magn Reson Imaging Clin N Am. 1995;3:99-120.
8. Berman SM, Tolia BM, Laor E, Reid RE, Schweizerhof SP, Freed SZ. Urachal Remnants in adults. Urology. 1988;31:17-21.
9. Berrocal T, López-Pereira P, Arjonilla A, Gutiérrez J. Anomalies of the distal ureter, bladder, and uretra in children: embryologic, radiologic, and pathologic features. Radiographics. 2002;22:1139-64.
10. Blichert-Toft M, Nielsen OV. Diseases of the urachus simulating intraabdominal disorders. Am J Surg. 1971;122:123-8.
11. Boudiaf M, Soyer P, Terem C, Pelage JP, Maissiat E, Rymer R. CT evaluation of small bowel obstruction. Radiographics. 2001;21:613-24.
12. Caoili EM, Paulson EK. CT of small-bowel obstruction: another perspective using multiplanar reformations. AJR Am J Roentegenol. 2000; 174:993-8.
13. Casillas J, Sais GJ, Greve JL, Iparraguirre MC, Morillo G. Imaging of intra- and extraabdominal desmoid tumors. Radiographics. 1991;11:959-68.
14. Cave DR, Robinson WR, Brotschi EA. Necrotizing fasciitis following percutaneous endoscopic gastrostomy. Gastrointest Endosc. 1986;32:294-6.
15. Cerejka A, Piazze J, Cozzi D. Early prenatal sonographic diagnosis of gastroschisis. J Clin Ultrasound. 2012;40(8):526-8.
16. Costakos DT, Williams AC, Love LA, Wood BP. Patent urachal duct. Am J Dis Child. 1992;146:951-2.
17. Courtney CA, Lee AC, Wilson C, O'Dwyer PJ. Ventral hernia repair: a study of current practice. Hernia. 2003;7:44-6.
18. Cyr DR, Mack LA, Schoenecker SA, Patten RM, Shepard TH, Shuman WP, et al. Bowel migration in the normal fetus: US detection. Radiology. 1986;161(1):119-21.
19. Das Narla L, Doherty RD, Hingsbergen EA, Fulcher AS. Pediatric case of the day: Prune-Belly syndrome (Eagle-Barrett syndrome, triad syndrome). Radiographics. 1998;18:1318-22.
20. Dinauer PA, Brixey CJ, Moncur JT, Fanburg-Smith JC, Murphey MD. Pathologic and MR imaging features of benign soft-tissue tumors in adults. RadioGraphics. 2007;27:173-87.
21. Fischer JR, Conway MJ, Takeshita RT, Sandoval MR. Necrotizing fasciitis, importance of roentgenographic studies for soft tissue gas. JAMA. 1979;241:803-6.
22. Friedland GW, Devries PA, Matilde NM, Cohen R, Rifkin MD. Congenital anomalies of the urinary tract. In: Pollack HM. Clinical urography. Philadelphia: Saunders; 2000. p.661-912.
23. Furukawa A, Yamasaki M, Furuichi K, Yokoyama K, Nagata T, Takahashi M, et al. Helical CT in the diagnosis of small bowel obstruction. Radiographics. 2001;21(2):341-55.
24. Ghahremani GG, Jimenez MA, Rosenfeld M, Rochester D. CT Diagnosis of occult incisional hernias. AJR Am J Roentgenol. 1987;148:139-42.
25. Ghahremani GG. Abdominal and pelvic hernias. In: Gore RM, Levine MS. Textbook of gastrointestinal radiology. 2.ed. Philadelphia: Saunders; 2000.
26. Gidwaney R, Badler RL, Yam BL, Hines JJ, Alexeeva V, Donovan V, et al. Endometriosis of abdominal and pelvic wall scars: multimodality imaging findings, pathologic correlation, and radiologic mimics. Radiographics. 2012;32:2031-43.
27. Goodman P, Raval B. CT of the abdominal wall. AJR Am J Roentgenol. 1990;154(6):1207-11.

28. Guzman ER. Early prenatal diagnosis of gastroschisis with transvaginal Ultrasonography. Am J Obstet Gynecol. 1990;162(5):1253-4.
29. Harrison LA, Keesling CA, Martin NL, Lee KR, Wetzel LH. Abdominal wall hernias: review of herniography and correlation with cross-sectional imaging. Radiographics. 1995;15:315-32.
30. Ianora AA, Midiri M, Vinci R, Rotondo A, Angelelli G. Abdominal wall hernias: imaging with spiral CT. Eur Radiol. 2000;10:914-9.
31. Inampudi P, Jacobson JA, Fessell DP, Carlos RC, Patel SV, Delaney-Sathy LO, et al. Soft-tissue lipomas: accuracy of sonography in diagnosis with pathologic correlation. Radiology. 2004;233(3):763-7.
32. Killeen KL, Girard S, De Meo JH, Shanmuganathan K, Mirvis SE. Using CT to diagnose traumatic lumbar hernia. AJR Am J Roentgenol. 2000;174:1413-5.
33. Koster IM, Cleyndert P, Giard RWM. Urachal carcinoma. Radiographics. 2009;29:939-42.
34. Kransdorf MJ, Bancroft LW, Peterson JJ, Murphey MD, Foster WC, Temple HT. Imaging of fatty tumors: distinction of lipoma and well-differentiated liposarcoma. Radiology. 2002;224:99-104.
35. Kronfli R, Bradnock TJ, Sabharwal A. Intestinal atresia in association with gastroschisis: a 26-year review. Pediatr Surg Int. 2010;26(9):891-4.
36. Lee GH, Cohen AJ. CT Imaging of abdominal hernias. AJR Am J Roentgenol. 1993;161:1209-13.
37. Lee NK, Kim S, Jeon TY, Kim HS, Kim DH, Seo HI, et al. Complications of congenital and developmental abnormalities of the gastrointestinal tract in adolescents and adults: evaluation with multimodality imaging. Radiographics 2010;30:1489-507.
38. Macari M, Megibow A. Imaging of suspected acute small bowel obstruction. Semin Roentgenol. 2001;36:108-17.
39. MacNeily AE, Koleilat N, Kiruluta HG, Homsy YL. Urachal abscesses: protean manifestations, their recognition, and management. Urology. 1992;40:530-5.
40. Marn CS. Anterior abdominal wall. In: Gore RM, Levine MS. Textbook of gastrointestinal radiology. 2.ed. Philadelphia: Saunders; 2000. p.2010-8.
41. Megibow AJ, Balthazar EJ, Cho KC, Medwid SW, Birnbaum BA, Noz ME. Bowel obstruction: evaluation with CT. Radiology. 1991;180:313-8.
42. Miller PA, Mezwa DG, Feczko PJ, Jafri ZH, Madrazo BL. Imaging of abdominal hernias. radiographics. 1995;15:333-47.
43. Morin ME, Tan A, Baker DA, Sue HK. Urachal cyst in the adult: ultrasound diagnosis. AJR Am J Roentgenol. 1979;132:831-2.
44. Murphey MD, Smith WS, Smith SE, Kransdorf MJ, Temple HT. From the archives of the AFIP: imaging of musculoskeletal neurogenic tumors: radiologic-pathologic correlation. Radiographics. 1999;19:1253-80.
45. Musella M, Milone F, Chello M, Angelini P, Jovino R. Magnetic resonance imaging and abdominal wall hernias in aortic surgery. J Am Coll Surg. 2001;193:392-5.
46. Nagasaki A, Handa N, Kawanami T. Diagnosis of urachal anomalies in infancy and childhood by contrast fistulography, ultrasound and CT. Pediatr Radiol. 1991;21:321-3.
47. Neblett WW 3rd, Pietsch JB, Holcomb GW Jr. Acute abdominal conditions in children and adolescents. Surg Clin North Am. 1988;68:415-30.
48. Pakdaman R, Woodward PJ, Kennedy A. Complex abdominal wall defects: appearances at prenatal imaging. RadioGraphics. 2015;35:636-49.
49. Parker SE, Mai CT, Canfield MA, Rickard R, Wang Y, Meyer RE, et al.; National Birth Defects Prevention Network. Updated national birth prevalence estimates for selected birth defects in the United States, 2004-2006. Birth Defects Res A Clin Mol Teratol. 2010;88(12):1008-16.
50. Raffetto JD, Cheung Y, Fisher JB, Cantelmo NL, Watkins MT, Lamorte WW, et al. Incision and abdominal wall hernias in patients with aneurysm or occlusive aortic disease. J Vasc Surg. 2003;37(6):1150-4.
51. Rettenbacher T, Hollerweger A, Macheiner P, Gritzmann N, Gotwald T, Frass R, et al. Abdominal wall hernias: cross-sectional imaging signs of incarceration determined with sonography. AJR Am J Roentgenol. 2001;177(5):1061-6.
52. Rodrigues MB, Amaro E Jr, Kodaira SK. Anatomia ultra-sonográfica do abdome. In: Cerri GG, Oliveira IRS. Ultra-sonografia abdominal. Rio de Janeiro: Revinter; 2002. p.31-53.
53. Rutkow IM. Demographic and socioeconomic aspects of hernia Repair in the United States in 2003. Surg Clin North Am. 2003;83:1045-51.
54. Rutkow IM. Epidemiologic, economic, and sociologic aspects of hernia surgery in the United States in the 1990s. Surg Clin North Am. 1998;78:941-51, v-vi.
55. Sarno RC, Kauber G, Carter BL. Computer assisted tomography of the urachal abnormalities. J Comput Assist Tomogr. 1983;7:674-6.
56. Schnyder P, Candardjis G. Vesicourachal diverticulum: CT diagnosis in two adults. AJR Am J Roentgenol. 1981;137:1063-5.
57. Sharif HS, Clark DC, Aabed MY, Aideyan OA, Haddad MC, Mattsson TA. MR imaging of thoracic and abdominal wall infections: comparison with other imaging procedures. AJR Am J Roentgenol. 1990;154:989-95.
58. Shiu MH, Weinstein L, Hajdu SI, Brennan MF. Malignant soft-tissue tumors of the anterior abdominal wall. Am J Surg. 1989;158(5):446-51.
59. Spataro RF, Davis RS, McLachlan MSF, Linke CA, Barbaric ZL. Urachal abnormalities in the adult. Radiology. 1983;149:659-63.
60. Stamenkovic I, Lew PD. Early recognition of pottentially fatal necrotizing fasciitis. N Engl J Med. 1984;310:1689-93.
61. Stein L, Elsayes KM, Wagner-Bartak N. Subcutaneous abdominal wall masses: radiological reasoning. AJR Am J Roentgenol. 2012;198:W146-51.
62. Stoll C, Alembik Y, Dott B, Roth MP. Omphalocele and gastroschisis and associated malformations. Am J Med Genet A. 2008;146A(10):1280-5.
63. Trerotola SO, Kuhlman JE, Fishman EK. CT and anatomic study of postcatheterization hematomas. Radiographics. 1991;11:247-58.
64. van den Berg JC, de Valois JC, Go PM, Rosenbusch G. Dynamic magnetic resonance imaging in the diagnosis of groin hernia. Invest Radiol. 1997;32:644-7.
65. van den Berg JC, de Valois JC, Go PM, Rosenbusch G. Groin hernia: can dynamic magnetic resonance imaging be of help? Eur Radiol. 1998;8:270-3.
66. Yeh HC, Rabinowitz JG. Ultrasonography and computed tomography of inflammatory abdominal wall lesions. Radiology. 1982;144:859-63.
67. Yu CY, Lin CC, Yu JC, Liu CH, Shyu RY, Chen CY. Strangulated transmesosigmoid hernia: CT diagnosis. Abdom Imaging. 2004;29:158-60.
68. Yu JS, Kim KW, Lee HJ, Lee YJ, Yoon CS, Kim MJ. Urachal remant diseases: spectrum of CT and US findings. Radiographics. 2001;21:451-61.
69. Zafar HM, Levine MS, Rubesin SE, Laufer I. Anterior abdominal wall hernias: findings in barium studies. Radiographics. 2006;26:691-9.
70. Zalcman M, Sy M, Donckier V, Closset J, Gansbeke DV. Helical CT signs in the diagnosis of intestinal ischemia in small-bowel obstruction. AJR Am J Roentgenol. 2000;175:1601-7.
71. Zarvan NP, Lee FT Jr, Yandow DR, Unger JS. Abdominal hernias: CT findings. AJR Am J Roentegnol. 1995;164:1391-5.

40

Abdome agudo

Shri Krishna Jayanthi

Introdução

Dor abdominal é uma causa comum e constante de procura por serviço de emergência. O abdome agudo corresponde ao quadro de dores intensas de início súbito, espontâneas e de origem não traumática, manifestadas na região abdominal, cuja possibilidade de tratamento envolve a intervenção cirúrgica.

A avaliação desse paciente no departamento de emergência muitas vezes é difícil, limitada por sintomas inespecíficos e localização imprecisa da dor (sugerindo a origem), o que pode retardar o diagnóstico.

Também se torna necessidade do clínico a diferenciação da causa da dor, entre doenças que não requerem mais que um simples tratamento com medicação sintomática daquelas que necessitam alguma intervenção. Portanto, um diagnóstico incorreto pode resultar em tratamento inadequado ou demorado, piorando o desfecho do quadro.

O abdome agudo pode ser dividido em grupos principais de causas:

- Abdome agudo inflamatório, que envolve processos inflamatórios, relacionado a pâncreas e vias biliares (pancreatite e colecistite), alças (apendicite e diverticulite).
- Abdome agudo obstrutivo, que envolve obstrução intestinal, suboclusão, relacionadas a bridas, hérnias internas ou tumores.
- Abdome agudo vascular, que envolve isquemia mesentérica ou trombose mesentérica.
- Abdome agudo perfurativo, que envolve doença péptica, ingestão de corpo estranho ou é evolução final de algumas doenças listadas nos outros grupos.

Outras doenças podem se sobrepor às causas abdominais, particularmente as de origem ginecológica em mulheres, incluindo MIPA/DIPA, torção ovariana, trombose de veia gonadal e complicações de gestação inicial, como gestação ectópica, não discutidas neste capítulo.

Assim, o fundamental para o abdome agudo é a rápida determinação dos quadros que necessitam de intervenção, em relação àqueles em que se preconizam condutas medicamentosa ou conservadoras.

Papel dos métodos de diagnóstico por imagem

Os métodos de diagnóstico por imagem têm sido um dos principais recursos na determinação e no estabelecimento da causa da dor, guiando a terapia.

A radiografia foi o primeiro método de auxílio no diagnóstico, sendo atualmente substituída pela ultrassonografia (USG) e pela tomografia computadorizada (TC) e, em alguns cenários, pela ressonância magnética (RM). Apesar disso, ainda exerce grande importância em locais em que não há rápido acesso aos demais métodos ou é o único método disponível. Alguns diagnósticos de causas de dor abdominal ainda podem ser realizados por meio da radiografia simples, não necessitando de investigação suplementar, como o pneumoperitônio ou o volvo de sigmoide (Figura 1). Mesmo quando não estabelece uma causa definitiva, a radiografia pode ser útil para guiar o próximo passo na investigação. Como exemplo, é possível ter um quadro de distensão gasosa intestinal, o que poderia recomendar uma TC subsequente.

O protocolo radiográfico preconizado em emergência corresponde às incidências anteroposterior, ortostática e de cúpulas diafragmáticas. Além disso, podem ser realizadas as incidências em decúbito lateral com raios horizontais ou em perfil. A primeira tem objetivo de pesquisar pneumoperitônio em pacientes acamado, e a segunda é fundamental na determinação e na localização de corpos estranhos.

Na interpretação da radiografia, fundamentalmente, avaliam-se o calibre e a distribuição das alças intestinais, a presença de gás extraluminal e a presença de calcificações anômalas. As linhas de interface peritoneal e

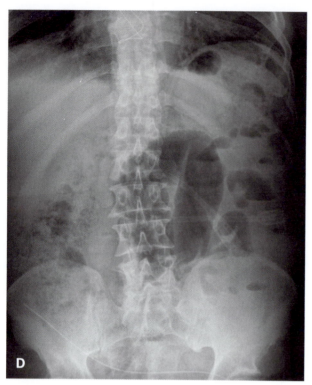

Figura 1 Volvo de sigmoide: segmento de sigmoide distendido formando um "U" invertido. Alças delgadas distendidas, formando níveis hidroaéreos, inferindo extensão do quadro para estas alças. Diante desse quadro, nenhum outro exame é necessário para indicar o tratamento.

as dimensões e contornos externos dos órgãos também podem ser avaliadas e fornecem informações adicionais para o diagnóstico.

A USG surgiu na sequência e causou grande impacto na investigação da dor abdominal. Embora ainda limitada por questões técnicas, como a interposição gasosa intestinal e o biotipo do paciente (obesidade), ela permite estabelecer corretamente a origem da dor em grande número de situações, possibilitando o imediato tratamento. Sua vantagem principal ainda reside na ausência do uso de radiação, mas ainda necessita de um examinador com experiência em pesquisar e reconhecer os achados. Como o diagnóstico é realizado no momento do exame, a disponibilidade de tempo e paciência também são componentes fundamentais para que o diagnóstico seja realizado. Atualmente, pode ser um exame de triagem inicial, exerce papel central na investigação de dores localizadas no hipocôndrio direito e pelve, papel importante em vias urinárias e nas fossas ilíacas e papel secundário em quadros vasculares ou obstrutivos. Durante o estudo ultrassonográfico, o operador pode conversar com o paciente, permitindo identificar com melhor precisão as áreas mais dolorosas e se concentrar nelas. Ele também pode variar o decúbito do paciente, que é útil em diversas situações para ter acesso a algumas estruturas ou avaliar mobilidade de cálculos vesiculares (Figura 2) ou sedimento vesical.

A TC tem implantação mais recente, porém com maior impacto no diagnóstico. Agora o tamanho do paciente e a sobreposição das alças intestinais não são mais fatores limitantes e inclusive essas alças podem ser diretamente mais bem avaliadas pelo método. Além disso, a TC fornece uma visão bastante ampla de todo o abdome, que pode ser demonstrada para o cirurgião. Tem indicação praticamente indistinta em todas as possibilidades diagnósticas para dor abdominal aguda, surgindo, dessa maneira, como o principal método de diagnóstico nesse contexto. Ainda apresenta como desvantagens o uso da radiação e a disponibilidade em centros menores ou mais remotos. A leitura do exame é feita após a sua realização e, com o uso de telecomunicações, o diagnóstico pode ser realizado de maneira remota.

Nesse método, o desenho do estudo é fundamental na resposta da dúvida clínica. Pode-se optar por realizar um estudo sem contraste ou com contrastes administrados de diversas maneiras (oral, endovenoso ou retal/vesical). Além do contraste, a aquisição em fases diferentes pode fornecer informações fundamentais em alguns casos ou ser irrelevante em outros.

A RM exerce um papel secundário na investigação do abdome agudo, particularmente em pacientes em que a TC está contraindicada e a USG não foi capaz de fornecer o diagnóstico, porém em que a suspeita ainda persiste. Como exemplo, existem as gestantes com suspeita de apendicite aguda. As limitações da RM são a baixa disponibilidade e o tempo de exame.

Pode-se chegar ao diagnóstico do abdome agudo de diversas maneiras; assim, a escolha do método de imagem envolve determinar qual dos principais grupos de causas e, com isso, hipótese ou uma localização grosseira, condições do paciente e a disponibilidade dos recursos.

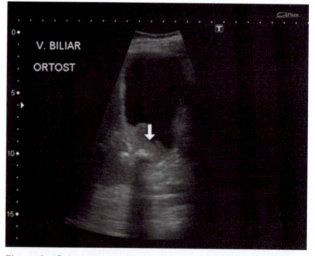

Figura 2 Colecistite. Imagem realizada em ortostase, mostrando imobilidade de cálculo situado na região infundibular, com barro biliar ao seu redor, inferindo sua impactação, reforçando a hipótese de processo inflamatório.

Finalmente, é fundamental que ocorra comunicação direta e efetiva entre o médico que fez a avaliação clínica e o radiologista responsável pelo exame para que eles discutam elementos propedêuticos (como histórico de cirurgias prévias) e para que se estabeleça uma hipótese primária. Isso permite a melhor realização do estudo, tornando-o objetivo na busca pela resposta. Essa comunicação deve persistir após o exame pelo fornecimento de dados que possam melhor orientar as decisões terapêuticas.

Achados e interpretação

Abdome agudo inflamatório

São quadros abdominais em que o componente principal envolvido é a inflamação. Podem atingir as vísceras ocas e as vísceras parenquimatosas. As causas que levaram ao processo inflamatório são diversas, porém têm um mecanismo semelhante que envolve obstrução da via de drenagem do seu conteúdo, resultando em consequentes edema, isquemia, inflamação e infecção. Outras causas de abdome agudo inflamatório podem envolver diretamente as vísceras parenquimatosas, com implantação primária por um agente infeccioso, gerando inflamação do órgão (como pielonefrite ou abscesso hepático).

Como o processo inflamatório acompanha todas essas doenças, os achados de imagem traduzem essa alteração próximo do órgão ou em todo o abdome, no caso de inflamação ou infecção disseminadas. A identificação desses achados auxilia no diagnóstico. Na TC, é caracterizada por espessamento e densificação dos planos adjacentes, como estrias de maior densidade na gordura ou borramentos. Na USG, é um pouco mais difícil o reconhecimento, mas com a experiência ela se torna facilmente reconhecível: apresentam-se como áreas de maior ecogenicidade ao redor dessas estruturas envolvidas. O espessamento dos planos também é evidente, às vezes as alças ficam em destaque em meio à inflamação (Figura 3). Na RM, o aspecto é semelhante ao da TC, com destaque ao hipersinal nas sequências ponderadas em T2, tornando sua identificação mais fácil.

Além dos achados genéricos já listados, existem os achados específicos de cada órgão ou estrutura:

- Apendicite: identificação de um apendicolito, espessamento das paredes do apêndice, distensão líquida e aumento do diâmetro anteroposterior (0,6 cm na USG e 0,9 cm na TC) (Figura 4). Pode haver maior vascularização nas fases iniciais, reconhecida pelo hiperfluxo no Doppler colorido ou realce pós-contraste na TC. Complicações como coleções e abscessos são facilmente reconhecidas pelos acúmulos líquidos periapendiculares, bem como a perfuração, em que há áreas de descontinuidade parietal comunicando o apêndice com essas coleções ou em que o apêndice se torna irreconhecível em meio a uma coleção.

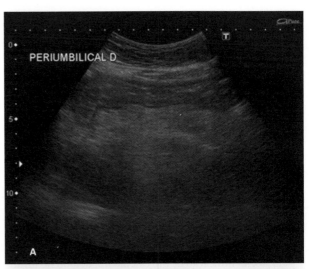

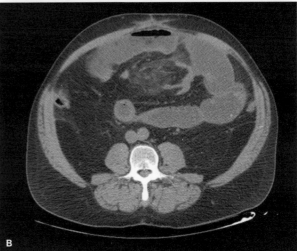

Figura 3 A: Sinais inflamatórios na região periumbilical, caracterizada por hiperecogenicidade dos planos com espessamento e densificação. B: Mesmo paciente visto na tomografia computadorizada, apresentando borramento e estriação da gordura mesentérica. Diverticulite de jejuno.

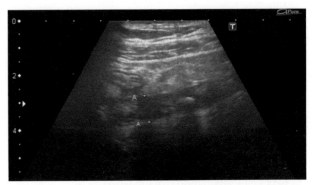

Figura 4 Apêndice espessado e com densificação dos planos adjacentes. Identifica-se imagem hiperecogênica no seu interior, com formação de sombra acústica, correspondendo ao apendicolito.

- Adenite mesentérica: presença de linfonodos aumentados em número (grupos de mais de três) e dimensões proeminentes (> 0,5 cm) distribuídos pelo mesentério, mantendo-se homogêneos, sem sinais de complicação (áreas centrais liquefeitas ou com componente sólido). É fundamental a ausência de sinais inflamatórios no apêndice, no cólon ou em alças delgadas. Isso ocorre, pois linfonodos reacionais podem surgir no contexto de outras doenças e a interpretação primária de adenite mesentérica na vigência de outras doenças pode resultar em um contexto evolutivo desfavorável pelo retardo na instauração de um tratamento correto.
- Colecistite: hiperdistensão da vesícula biliar (> 10 cm no eixo longitudinal ou > 5 cm no eixo transverso) e espessamento parietal (> 0,4 cm) com eventual delaminação, identificação de um cálculo impactado no infundíbulo. Eventualmente, este não é observado nos casos em que existe colecistite alitiásica. Achados adicionais na USG compreendem o Murphy ultrassonográfico, em que a dor é acentuada à passagem do transdutor sobre a vesícula biliar (em visualização direta) e hiperfluxo parietal no Doppler. Na TC, são distinguíveis áreas de distúrbio perfusional no parênquima hepático adjacente à vesícula biliar, caracterizado como realce precoce parenquimatoso na fase arterial, que se torna homogêneo em fase mais tardia. Também são distinguíveis complicações como perfuração, caracterizada por descontinuidade parietal relacionada a acúmulos líquidos perivesiculares, mais bem caracterizadas pela USG.
- Uma variação é a colecistite enfisematosa, observada em pacientes diabéticos, em que há focos gasosos intraparietais, como gás no interior da vesícula biliar, reconhecíveis tanto na USG quanto na TC.
- Diverticulite: por vezes, não é possível caracterizar pela TC qual o divertículo inflamado, mas os demais achados representam espessamento parietal do segmento cólico correspondente e os sinais inflamatórios ao seu redor. As complicações também são identificáveis, incluindo perfuração com pneumoperitônio ou pequenas coleções pericólicas ou pélvicas, bem como coleções heterogêneas difusas, indicando peritonite estercoral. Embora a USG não seja o método de escolha, eventualmente ela pode realizar o diagnóstico ao se atentar para os achados inflamatórios (hiperecogenicidade dos planos) ao redor de um segmento cólico, inclusive identificando o divertículo inflamado em meio a esses achados, caracterizado como uma imagem hipoecogênica com área central mais hiperecogênica, com eventual sombra acústica, junto da parede de um segmento cólico espessado. Pequenas coleções pericólicas também podem ser identificadas pela USG, auxiliando o diagnóstico.
- Apendagite: é relevante por ser uma doença de curso benigno e ser diagnóstico diferencial em relação a doenças mais graves, como a apendicite ou a diverticulite. Caracteriza-se como nódulo com densidade de gordura em meio ao processo inflamatório, situado na borda antimesentérica do segmento cólico afetado, que apresenta discreto espessamento parietal. Na TC esse nódulo é hipoatenuante e apresenta áreas de maior atenuação ao seu redor. Na USG esse nódulo é hiperecogênico e apresenta halo hipoecogênico ao seu redor. Durante a realização da USG, pode-se também pedir ao paciente que mostre o local da dor e ele aponta com bastante precisão a localização do apêndice epiploico torcido.
- Pancreatite: os achados estão relacionados diretamente ao pâncreas, com aumento das suas dimensões e perda do padrão acinar habitual. A textura pancreática pode variar, estando heterogênea com áreas de menor atenuação ou ecogenicidade, indicando inflamação mais avançada ou necrose. Os achados inflamatórios e as coleções líquidas se concentram na região peripancreática, posteriormente ao estômago e se estendem junto aos compartimentos pararrenais anteriores e goteiras parietocólicas e atingem a pelve. A USG exerce importante papel na identificação de cálculos na vesícula biliar que possam originar o processo inflamatório. Por vezes, o processo se estende além do compartimento abdominal, evoluindo como derrames pleurais ou coleções mediastinais, casos nos quais a TC consegue melhor delimitar a extensão dessas complicações do que a USG.

Abdome agudo obstrutivo

Trata-se de quadros clínicos em que há dificuldade no trânsito intestinal normal, sendo os de maior relevância aqueles em que há uma obstrução de efeito mecânico sobre as alças intestinais dificultando o trânsito do conteúdo destas. Subsequentemente, existem achados inflamatórios, sobreponíveis aos quadros de abdome agudo inflamatório, que podem evoluir com perfuração da víscera oca, tornando o cenário mais grave.

As principais questões que precisam ser respondidas diante dessa suspeita são:

- Existe obstrução intestinal?
- Qual o grau de obstrução?
- Qual a localização da obstrução?
- Qual a causa?
- Há sinais de complicação ou sofrimento?

A radiografia do abdome pode oferecer diversas dessas informações: presença de alças distendidas (> 2,5 cm), com paredes espessadas, mais de dois segmentos com nível líquido, sinal do colar de pérolas (pequenos focos gasosos dentro de líquido em segmentos justapostos), segmentos distais como cólon sem gás (indicando obstrução proximal), distensão difusa incluindo o cólon (indicando obstrução distal), pneumatose e gás na veia porta (indicando sofrimento).

Por vezes, todas as questões podem ser resolvidas diretamente pela radiografia de abdome e nenhum outro método se torna necessário, como no caso de um volvo de sigmoide.

A USG pode mostrar segmento de alça distendido (> 2,5 cm, com distensão líquida), por vezes com conteúdo fecaloide e peristaltismo presente e aumentado, o que indica a dificuldade na progressão do conteúdo enteral. Esses achados podem indicar obstrução intestinal em grau relevante, mostrando a necessidade na progressão da investigação diagnóstica. Eventualmente, a USG pode mostrar o ponto de obstrução, o que é particularmente comum no caso de intussuscepção intestinal.

A TC é o método de escolha preferencial para a investigação do abdome agudo obstrutivo por ser um exame minucioso na avaliação sequencial das alças intestinais. Se a suspeita for de obstrução de alto grau, não é necessário o uso de contraste por via oral. Além da baixa tolerância do paciente, causando vômitos, o próprio conteúdo de estase promove distensão das alças intestinais, ajudando na interpretação. Na suspeita de suboclusão intestinal, o contraste oral pode ser administrado em tempo mais prolongado na intenção de se observar uma zona de transição em que se localiza a obstrução.

A interpretação dos achados também valoriza o aumento do calibre das alças delgadas (> 2,5 cm), contrapondo-se a segmentos distais com menor calibre, para definir a existência de algum grau de obstrução intestinal. A ausência de passagem do meio de contraste indica obstrução completa, porém é necessário realizar uma aquisição diversas horas após sua administração para chegar a essa conclusão. Na maior parte das vezes, observa-se a passagem de pequena quantidade de contraste nos segmentos distais, de menor calibre, indicando suboclusão.

A parte mais complexa na interpretação desse estudo é a definição do ponto em que ocorre a obstrução. É importante realizar um inventário de todos os segmentos por meio de avaliação sistemática deles. Ele pode ser retrógrado quando há sinais de obstrução que inclui o cólon: a avaliação é ascendente desde o reto; e pode ser anterógrado quando há sinais de obstrução mais alta: a avaliação é descendente a partir do estômago.

Pode-se procurar sinais mais específicos da área de oclusão. Um sinal indicativo dela é a alteração abrupta do calibre da alça em segmentos próximos, formando um sinal de bico. A presença de material fecaloide no delgado ajuda a determinar uma zona de transição, pois indica a área de estase de conteúdo, e a área de obstrução pode estar próxima dela. Por fim, o sinal do redemoinho pode indicar rotação dos vasos, geralmente associada a hérnia interna ou a torção do mesentério.

A causa da obstrução pode estar evidente no exame, por exemplo um tumor cólico obstrutivo (Figura 5), hérnias, intussuscepção, bezoar; ou pode ser suposta por um antecedente cirúrgico, inferindo brida ou aderência ou endometriose.

Por último, uma informação bastante relevante a ser reportada é a existência de complicações no segmento de alça envolvido. Uma obstrução simples ocorre em um ou vários pontos e, se a parte proximal à obstrução está distendida, existe um caminho de trânsito possível. Uma obstrução em alça fechada ocorre quando um segmento está excluso do trânsito delimitado por dois pontos distintos porém sobrepostos (formando um "U" ou um "C"). Nesse caso, essa alça pode evoluir com isquemia (estrangulamento) e tardiamente pode perfurar, o que torna imperativo o tratamento cirúrgico. Outros sinais de sofrimento que também indicam tratamento cirúrgico incluem espessamento parietal, hipoatenuação da parede na fase pós-contraste ou hiperatenuação da parede na fase pré-contraste, pneumatose, gás no sistema venoso mesentérico ou portal e torção e ingurgitamento dos vasos mesentéricos.

Abdome agudo vascular

Aqui se trata especificamente dos casos relacionados aos eventos vasculares relacionados às alças intestinais, não se incluindo as doenças da aorta no espectro de aneurisma. Os eventos podem ser divididos em eventos de isquemia arterial ou de trombose venosa.

Os primeiros são mais graves, pois muitas vezes o quadro é de súbita instalação e evolução rápida antes da realização do diagnóstico por meio de exames laboratoriais ou sintomas clínicos mais específicos, em que o tratamento já não é mais eficaz e consequentemente a mortalidade é mais alta. Nesses casos, os métodos de diagnóstico por imagem têm obrigação de realizar precocemente o diagnóstico, com pesquisa ativa do evento sobre o qual o quadro se desenvolve: obstrução da artéria mesentérica superior. Tanto a USG com Doppler quanto a TC com contraste endovenoso conseguem mostrar ausência de fluxo na artéria mesen-

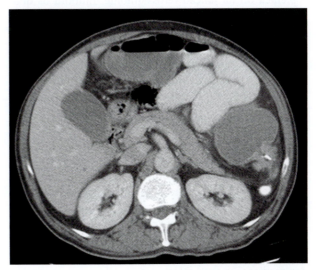

Figura 5 Neoplasia de cólon na flexura esplênica com obstrução aguda por material hiperdenso (resíduo fecal). Nota-se grande distensão a montante, incluindo segmentos delgados.

térica superior. A USG com Doppler por vezes apresenta limitações de acesso à emergência da artéria mesentérica superior ou sua porção proximal, mas isso ocorre numa menor parte dos casos. A TC apresenta visualização completa desse vaso, mas a pesquisa da perviedade da artéria precisa ser ativa, isto é, o interpretador das imagens precisa olhar a artéria, o que nem sempre ocorre rotineiramente.

Na maior parte das vezes, a causa é embólica, com origem cardíaca, sendo outra parte relacionada à aterosclerose, com evolução e trombose a partir de placas previamente existentes.

Com a evolução da doença, é possível haver alterações na parede das alças, mais evidentes na TC. Elas se caracterizam por espessamento parietal (> 0,3 cm) segmentar, hiporrealce ou ausência de realce da mucosa, edema estriação do mesentério adjacente às alças, sinais de redução de peristaltismo, com estase do conteúdo e tardiamente sinais de sofrimento com hemorragia parietal, pneumatose intestinal ou perfuração com pneumoperitônio.

A isquemia mesentérica de causa venosa ocorre pela obstrução na veia mesentérica superior ou seus ramos menores, mas distais. É menos frequente que a oclusão arterial e está relacionada a quadros de hipercoagulabilidade. Apresenta evolução menos grave que a oclusão arterial pela formação de redes colaterais. Os achados da TC são semelhantes aos da oclusão arterial, porém destacando-se o maior componente de espessamento parietal, ingurgitamento dos vasos mesentéricos e realce mucoso persistente nas fases tardias, denotando a dificuldade de drenagem do fluxo sanguíneo.

Um quadro particular de abdome agudo vascular é a colite isquêmica, na qual ocorre hipofluxo do cólon, comumente atingindo o segmento mais distal do território de vascularização mista cólica, compreendida pelas artérias mesentérica superior e inferior, localizada na flexura esplênica ou na junção retossigmoide. Embora os quadros sejam mais crônicos, pode haver uma manifestação aguda e o achado principal na TC é uma área de menor calibre e realce, com espessamento parietal observado no cólon esquerdo a partir da flexura hepática. A avaliação pós-contraste mostra oclusão segmentar ou fluxo reduzido nas respectivas artérias.

Abdome agudo perfurativo

Trata-se de quadros em que ocorre a perfuração da parede da víscera, com comunicação entre a luz da alça e o compartimento peritoneal, na qual o tratamento cirúrgico é imperativo.

A doença péptica gástrica, que evolui com úlceras gástrica ou duodenal, pode gerar uma perfuração em uma crise aguda. No cenário atual, com a disseminação das medicações antiácidas, esses quadros se apresentam com menor frequência.

O diagnóstico pode ser realizado apenas com a radiografia com a detecção de pequenos focos de pneumoperitônio, considerando a apresentação clínica. Na maior parte das vezes, não é necessário nenhum exame complementar. Ocasionalmente, em casos subagudos em que há bloqueio e melhora parcial dos sintomas, no qual o pneumoperitônio passa despercebido, a TC pode realizar o diagnóstico detectando os pequenos focos de pneumoperitônio, além da área de úlcera gástrica ou duodenal.

Outro cenário em que ocorre a perfuração está associado à ingestão de corpos estranhos, acidental (palitos, espinha de peixe etc.) ou não (pregos, alfinetes etc.). Quando há referência a essa ingestão, a pesquisa se torna mais fácil e objetiva. É possível utilizar radiografias para detecção de objetos metálicos ou a TC para detecção de suas complicações. A investigação se torna mais difícil quando não há a referência à ingestão desses objetos. Se o objeto for metálico, a radiografia pode detectar prontamente sua existência. No caso de objetos não metálicos, a avaliação tomográfica deve ser cuidadosa na avaliação de alterações de aspecto inflamatório em segmentos geralmente não acometidos por doença inflamatória focal, como apendicite ou diverticulite. Além do gasto extraluminal, podem ser detectadas pequenas coleções ou borramentos nos planos adjacentes. Imagens lineares ou geométricas nas alças intestinais ou na parede delas também devem aumentar a suspeita para objetos externos, uma vez que no organismo não é comum a existência de objetos com disposição geométrica. O contraste oral não é necessário na maior parte das vezes, pois os objetos apresentam densidade maior que o do conteúdo intestinal habitual, tornando-os facilmente identificáveis.

Mais frequentemente, a perfuração intestinal está relacionada à evolução dos outros quadros já citados, particularmente o abdome agudo vascular por isquemia e o abdome agudo inflamatório envolvendo alças.

Embora a USG não seja o método de escolha para realizar esse diagnóstico, pequenos focos gasosos extraluminais podem ser detectados incidentalmente durante uma USG para avaliação de dor abdominal. Não é um achado usual e de fácil interpretação, pois pode ser confundido com gás intraluminal, porém com um examinador experiente e atento esse diagnóstico pode ser realizado por esse método.

Bibliografia sugerida

1. Jeffrey RB, Manester BJ, Osborn AG, Rosado-de-Chirstenson M. Diagnostic imaging: emergency. 2. ed. Philadelphia: Lippincott Williams & Wilkins; 2013.
2. Marincek B, Dondelinger RF. Emergency radiology: imaging and intervention. Berlin: Springer; 2007.
3. Scaglione M, Linsenmaier I, Schueller G. Emergency radiology of the abdomen: imaging features and differential diagnosis for a timely management approach. Berlin: Springer; 2012.
4. Singh A. Emergency radiology: imaging of acute pathologies. Berlin: Springer; 2013.

41

Intervenções percutâneas e o trato gastrointestinal

Marcos Roberto de Menezes
Felipe Shoiti Urakawa
Marcello Siveira Rovella

Introdução

O avanço dos métodos de imagem e das técnicas biomoleculares, aliado à busca incessante por formas menos invasivas e dispendiosas de diagnóstico e tratamento das doenças gastrointestinais, impulsionou o crescimento da radiologia intervencionista percutânea guiada por imagem nas últimas décadas. Esta modalidade passou a exercer um papel fundamental nesta tendência atual do manejo multidisciplinar do paciente, sendo o método de escolha nos mais diferentes contextos clínicos.

Eficiência, acurácia, menor morbidade, menor tempo de procedimento, flexibilização no manejo do paciente crítico, baixíssimas taxas de mortalidade, menor custo e redução do tempo de internação são algumas características que colaboraram na disseminação da modalidade diante dos métodos diagnósticos e terapêuticos cirúrgicos e endoscópicos.

O avanço de outros campos da medicina, como a patologia e a oncologia, catalisaram o processo de desenvolvimento da radiologia intervencionista. O primeiro por ser capaz de realizar diagnósticos cada vez mais precisos, guiando tratamentos igualmente mais específicos. E o segundo por tornar possível sobrevidas cada vez mais longevas de seus doentes, com preocupação crescente com a qualidade de vida, em decorrência de terapêuticas cada vez mais personalizadas.

Biópsias, drenagens de coleções, neurólises químicas para controle da dor em pacientes oncológicos e o tratamento ablativo químico e por radiofrequência de tumo-

res hepáticos são algumas das aplicações desta seara, que serão abordadas com mais detalhes neste capítulo.

Princípios fundamentais da radiologia intervencionista guiada por imagem

Métodos de imagem

Os métodos de imagem tornaram possível observar o interior do ser humano sem a morbidade do bisturi, com um olhar por vezes mais acurado do que as mãos do cirurgião.

Os procedimentos intervencionistas podem ser guiados por ultrassonografia (USG), tomografia computadorizada (TC), fluoroscopia ou ressonância magnética (RM), sendo os três primeiros os mais utilizados.

Cada método possui suas vantagens e desvantagens, assim resumidamente descritas:

- USG
  - Vantagens: visualização do alvo em tempo real, baixo custo, maior disponibilidade, portabilidade e ausência de radiação ionizante.
  - Desvantagens: limitações relacionadas à interposição gasosa e ao biotipo do paciente.
- TC
  - Vantagens: menor interferência do biotipo do paciente e de interposição gasosa (p. ex., pulmão, estômago e alças intestinais).
  - Desvantagens: uso de radiação ionizante, maior custo, ausência de portabilidade e tempo de exame mais longo.

- Fluoroscopia
  - Vantagens: visualização do procedimento em tempo real e redução do tempo de procedimento.
  - Desvantagens: radiação ionizante e baixa resolução espacial.

A escolha do tipo de imagem que guiará o procedimento é um passo importantíssimo para sua realização. Deve-se levar em conta a boa visualização do alvo, assim como de todas as estruturas adjacentes e ao longo do trajeto a ser transpassado. Tendemos a optar pelo método mais rápido e menos dispendioso, à medida que este permita a realização do procedimento com eficácia e segurança.

Outro fator importantíssimo e que cada vez mais tem sido uma constante nas rodas de discussão entre especialistas é a radiação ionizante e os cuidados para minimizar seus efeitos. O uso de um método-guia como a TC ou a fluoroscopia deve ser bem indicado, e caso o seja, o intervencionista deverá estar devidamente paramentado com os equipamentos de proteção, assim como deverá proporcionar proteções pertinentes e oferecer a menor dose possível ao paciente.

Avaliação pré-procedimento

Em busca de uma medicina cada vez mais humanizada, a radiologia intervencionista também tem seguido esta tendência mundial tão urgente e necessária. Consultas clínicas pré-procedimento são uma prática cada vez mais frequente nos grandes centros, permitindo uma série de vantagens ao médico e ao paciente: estabelecimento de um vínculo médico-paciente mais sólido; esclarecimento de dúvidas, riscos e benefícios do procedimento; melhor avaliação da indicação do procedimento e das condições clínicas do paciente e, consequentemente, melhor preparo pré-procedimento.

Como dito, a avaliação da coerência da indicação do procedimento solicitado é ato primordial. O reconhecimento de padrões de imagem de determinadas lesões focais, por exemplo, pode evitar biópsias desnecessárias pela presunção de franca benignidade, assim como estratificar e antever riscos de punções inadvertidas ou até mesmo proscritas de outras lesões.

Reconhecer as indicações e, principalmente, as contraindicações de qualquer procedimento diagnóstico ou terapêutico é condição imprescindível para o sucesso da prática, sempre visando o melhor para o paciente.

Avaliada a indicação, o próximo passo é a estratificação dos riscos clínicos do paciente, envolvendo a análise de suas possíveis comorbidades, uso de medicações, principalmente anticoagulantes e antiagregantes plaquetários, alergias e exames laboratoriais mínimos, como hemograma, contagem de plaquetas, coagulograma e níveis séricos de ureia e creatinina.

Dependendo do porte do procedimento, a escolha do tipo de anestesia (local ou geral) ou emprego de sedação envolverá avaliação cardiológica e anestésica minuciosa, assim como a solicitação de exames adicionais.

A decisão ou não pela suspensão de medicações que influenciem a coagulação, assim como o período de suspensão, baseia-se no risco de hemorragia do procedimento, nas comorbidades e riscos da parada de seu uso, que serão pormenorizadas adiante.

Preparo

O esclarecimento ao paciente sobre todos os riscos e possíveis desdobramentos de um procedimento intervencionista é sem dúvida a peça-chave para a construção de uma relação médico-paciente transparente, além de ser um dever profissional. O termo de consentimento informado nada mais é que a formalização deste vínculo, atualmente documento obrigatório para todo serviço de intervenção.

A realização de qualquer procedimento minimamente invasivo exige também orientação detalhada sobre:

- Jejum: via de regra, recomenda-se período de jejum mínimo de 6-8 horas antes de qualquer procedimento intervencionista. Em casos de necessidade de anestesia geral, o motivo se torna claro por conta do risco de aspiração intrínseco à intubação. Porém, mesmo no emprego isolado da anestesia local, devemos considerar o risco de aspiração em eventual êmese, ou até mesmo a necessidade de outros procedimentos de urgência para controle de eventuais complicações, devendo o paciente estar preparado para qualquer cenário.
- Suspensão de medicações anticoagulantes e antiagregantes: o grande crescimento da especialidade deve-se à sua flexibilidade no atendimento de pacientes críticos, principalmente pela baixa morbidade oferecida. Cada vez mais a literatura tem respaldado a realização de procedimentos invasivos na vigência de uso de drogas antiagregantes plaquetárias, como o ácido acetilsalicílico e o clopidogrel, por exemplo, encurtando o tempo de preparo desses doentes e agilizando diagnósticos e tratamentos (Tabela 1 e Quadro 1).

Tabela 1 Exames laboratoriais	
Exames laboratoriais	Valor de referência
Hemoglobina (Hb)	8,0 g/dL
Contagem de plaquetas	50.000/mL
INR	1,5
Ureia	150,0 mg/dL

INR: índice internacional normalizado do tempo de atividade da protrombina.

Quadro 1 — Agentes anticoagulantes

Agentes anticoagulantes	Via de administração	Intervalo entre a suspensão e o procedimento
Heparina não fracionada	EV	EV, 2-6 horas, a depender da dose; SC, 12-24 horas, a depender da dose
Heparina de baixo peso molecular (enoxaparina)	SC	24 horas
Varfarina	Oral	1-8 dias, a depender do INR e características do paciente; INR reduz a $\leq 1,5$ em cerca de 93% dos pacientes em 5 dias
Dabigatrana	Oral	1 ou 2 dias com *clearance* de Cr $\geq$ 50 mL/min; 3-5 dias com *clearance* de Cr < 50 mL/min
Rivaroxabana	Oral	$\geq$ 1 dia quando função renal normal; dois dias com *clearance* de Cr de 60-90 mL/min; 3 dias com *clearance* de Cr de 30-59 mL/min; e 4 dias com *clearance* de Cr de 15-29 mL/min

Cr: creatinina; INR: índice internacional normalizado do tempo de atividade da protrombina; EV: endovenoso; SC: subcutâneo.

Quadro 2 — Procedimentos com baixo risco de sangramento

Procedimento

Toracocentese

Paracentese

Punções e biópsias superficiais

Drenagem de abscessos superficiais

Exames laboratoriais

INR: recomendado para pacientes em uso de anticoagulantes cumarínicos ou com hepatopatia suspeita ou conhecida

TTPA: recomendado para pacientes em uso de heparina não fracionada

Plaquetas: não recomendado de rotina

Hemograma: não recomendado de rotina

Cuidados

INR > 2,0: referência para tratamento (plasma fresco, vitamina K)

Hb: não é recomendada transfusão

Plaquetas: recomendada transfusão quando < 50.000/mL

Clopidogrel: não recomendado suspender

AAS: não recomendado suspender

HBPM (dose terapêutica): suspender uma dose antes

AAS: ácido acetilsalicílico; Hb: hemoglobina; INR: índice internacional normalizado do tempo de atividade da protrombina; HBPM: heparina de baixo peso molecular; TTPA: tempo de tromboplastina parcial ativada.

O quadro nos mostra uma classificação de procedimentos intervencionistas de acordo com seu risco de complicações hemorrágicas e recomendações de suspensão de medicações anticoagulantes e antiagregantes (Tabela 2 e Quadros 2 a 4).

- Parâmetros laboratoriais mínimos e correção de discrasias sanguíneas: uma das máximas da medicina: *"Primun non nocere"*, contido no juramento de Hipócrates, alerta sobre a importância de selecionar muito bem nossos pacientes.

O nível de hemoglobina (Hb) nos dá uma ideia da reserva sanguínea que o doente apresenta diante da possibilidade de sangramento. O índice internacional normalizado do tempo de atividade da protrombina (INR) e a contagem de plaquetas sabidamente são parâmetros diretamente envolvidos na coagulação e agregação plaquetá-

Quadro 3 — Procedimentos com moderado risco de sangramento

Procedimento

Biópsias ou drenagens intra-abdominais ou retroperitoneais

Colecistostomia percutânea

Gastrostomia

Exames laboratoriais

INR: recomendado

TTPA: recomendado para pacientes em uso de heparina não fracionada

Plaquetas: recomendado de rotina

Hemograma: recomendado de rotina

Cuidados

INR: correção para < 1,5

Hb: não é recomendada transfusão

Plaquetas: recomendada transfusão quando < 50.000/mL

Clopidogrel: recomendado suspender 5 dias antes

AAS: não recomendado suspender

HBPM (dose terapêutica): suspender uma dose antes

AAS: ácido acetilsalicílico; INR: índice internacional normalizado do tempo de atividade da protrombina; Hb: hemoglobina; HBPM: heparina de baixo peso molecular; TTPA: tempo de tromboplastina parcial ativada.

Tabela 2 — Agentes antiagregantes

Agentes antiagregantes	Via de administração	Intervalo entre a suspensão e o procedimento
Aspirina	Oral	7-10 dias
Cilostazol	Oral	7-10 dias
Clopidogrel	Oral	5 dias

Quadro 4 Procedimentos com alto risco de sangramento
Procedimento
Biópsias renais
Ablações por radiofrequência
Exames laboratoriais
INR: recomendado de rotina
TTPA: recomendado para pacientes em uso de heparina não fracionada
Plaquetas: recomendado de rotina
Hemograma: recomendado de rotina
Cuidados
INR: correção para < 1,5
TTPA: interromper uso ou reverter valores quando >1,5
Hb: não é recomendada transfusão
Plaquetas: recomendada transfusão quando < 50.000/mL
Clopidogrel: suspender por 5 dias
AAS: suspender por 5 dias
HBPM (dose terapêutica): suspender 24 horas antes

AAS: ácido acetilsalicílico; INR: índice internacional normalizado do tempo de atividade da protrombina; Hb: hemoglobina; HBPM: heparina de baixo peso molecular; TTPA: tempo de tromboplastina parcial ativada.

ria. Há outro parâmetro a ser considerado nesta avaliação inicial, por vezes pouco valorizado, que é o nível sérico de ureia. Altos níveis de ureia interferem na atividade de agregação plaquetária e, portanto, atuam favorecendo um cenário de sangramento. Em casos de altos níveis de uremia, acima de 150 mg/dL, recomenda-se a correção pré-procedimento a depender do risco de sangramento da intervenção.

A creatinina sérica reflete a função renal, fator importantíssimo quando se considera o uso de meio de contraste iodado endovenoso, muito empregado no Brasil.

Após a correção das discrasias sanguíneas, seja pela transfusão de plasma, seja pela transfusão de plaquetas, sugere-se a realização do procedimento imediatamente depois da administração desses concentrados.

Planejamento

O sucesso de um procedimento baseia-se principalmente no planejamento meticuloso, que visa a eficiência e menor risco possível de complicações.

De acordo com as características e a localização da lesão, será escolhido o método de imagem-guia. Feito isso, os próximos passos envolverão a determinação do trajeto a ser percorrido e então a opção da posição do paciente. Para a escolha do decúbito, deve-se levar em consideração possíveis limitações físicas do paciente, a forma de anestesia ou sedação, que podem influenciar na ventilação do doente, e também a acomodação e disposição dos órgãos internos, cedendo eventualmente vantagens ao intervencionista.

Além disso, o planejamento envolve antever riscos e complicações, e tentar minimizá-los.

O investimento de tempo nesta fase do processo pode ser determinante e, portanto, aconselha-se sempre dispendê-lo com sabedoria.

Assepsia e antissepsia

Qualquer procedimento invasivo deve seguir regras rigorosas de assepsia e antissepsia.

O primeiro passo são os cuidados relacionados ao intervencionista, que envolvem antissepsia das mãos com boa técnica de escovação e paramentação completa com touca, máscara, avental e luvas estéreis (Figura 1).

O segundo passo refere-se ao paciente, sendo todos os procedimentos realizados após vigorosa antissepsia do local a ser manipulado com solução degermante, seguida de solução alcoólica; só então colocam-se os campos igualmente estéreis.

Anestesia e sedação

Em apenas uma minoria dos casos, a anestesia geral é exigida na prática, estando a cargo da equipe de anestesiologistas a escolha e a combinação das melhores drogas para cada paciente. Geralmente é necessária em casos de procedimentos de maior porte, como radioablações, ou em situações em que haja a falta de colaboração do paciente, diante de um procedimento que exija uma grande precisão.

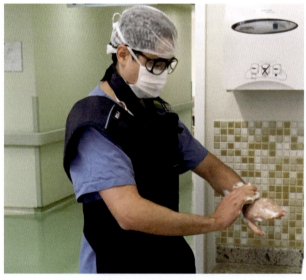

Figura 1 Os cuidados quanto à antissepsia e assepsia são fundamentais na prática intervencionista. A escovação das mãos com produtos e método adequados é parte destes cuidados.

Muitas vezes emprega-se a sedação consciente como forma de proporcionar maior conforto ao paciente durante seu procedimento. Os benzodiazepínicos (midazolam) e analgésicos narcóticos (fentanil, morfina e meperidina) são os mais empregados.

Naturalmente, ainda assim se lança mão do uso de anestésicos locais, mais comumente utilizando-se lidocaína a 1% sem vasoconstritor.

Cuidados pós-procedimento

Recomenda-se que todos os pacientes submetidos a procedimentos intervencionistas permaneçam em observação, com seus sinais vitais monitorizados por ao menos 2-4 horas.

O posicionamento do paciente após o procedimento é importante a fim de comprimir o local puncionado ou biopsiado, reduzindo o risco de sangramentos e diminuindo as taxas de pneumotórax clinicamente significativas em casos de violação pleural.

Quadro 5 Recuperação pós-procedimento e avaliação de condições de alta (critérios de Chung)

	Na admissão	No momento da alta
Sinais vitais		
Até 20% dos valores pré-procedimento	2	2
20%-40% dos valores pré-procedimento	1	1
Mais de 40% dos valores pré-procedimento	0	0
Deambulação		
Bem orientado e com andar firme	2	2
Bem orientado ou com andar firme	1	1
Nenhum	0	0
Náuseas e vômitos		
Mínimos	2	2
Moderados	1	1
Intensos	0	0
Dor		
Mínima	2	2
Moderada	1	1
Intensa	0	0
Sangramento cirúrgico		
Mínimo	2	2
Moderado	1	1
Grave	0	0
Total		

Neste período de observação, além de seus sinais vitais, parâmetros como dor, náuseas e dificuldade para se mobilizar alertam sobre possíveis complicações.

A objetividade dos critérios de alta é um instrumento necessário, a fim de padronizar condutas e minimizar erros. Existem muitos sistemas de alta descritos na literatura, um dos mais utilizados para procedimentos intervencionistas, muito pela simplicidade e fácil aplicabilidade, são os critérios de alta de Chung modificados, demonstrados no Quadro 5. Por fim, é de responsabilidade médica que o paciente deixe o serviço intervencionista suficientemente recuperado e devidamente orientado sobre sinais de alarme relacionados a possíveis complicações e planos de ação na vigência de um cenário desfavorável.

Biópsias percutâneas

Responsáveis por grande parcela da volumetria de qualquer serviço de radiologia intervencionista, as biópsias percutâneas, muito mais do que apenas instrumento diagnóstico, desempenham hoje um papel crucial no delineamento prognóstico de diversas patologias, com impacto decisivo na escolha terapêutica. Análises imuno--histoquímicas e moleculares revolucionaram a prática oncológica, individualizando cada vez mais os tumores e seus comportamentos e personalizando tratamentos. Ao mesmo passo, aspectos de cronicidade ou reversibilidade de determinadas doenças parenquimatosas ao estudo anatomopatológico também podem ser decisivos na opção de investir em determinados tratamentos.

A escolha adequada do instrumental, como o tipo de agulha e seu calibre, uso ou não de sistema coaxial, compõe passo fundamental para o sucesso diagnóstico. Da mesma forma, o bom conhecimento dos meios de fixação mais adequados para as amostras coletadas e a boa interação com a equipe de patologia são igualmente cruciais.

Biópsias por agulha grossa *vs.* agulha fina

São classificadas como biópsias por agulha grossa aquelas que obtêm fragmentos teciduais e que demonstram a arquitetura histológica, e por agulha fina as que permitem a coleta de células por aspiração (Figura 2).

As punções aspirativas por agulha fina (PAAF) são muito úteis em casos em que a citologia é suficiente para o diagnóstico e, portanto, em algumas situações constituem o método ideal pelo baixo risco, permitindo análises imunocitoquímicas e citogenéticas, citometria de fluxo e até mesmo microbiológicas.

O reconhecimento de certos padrões de imagem e o comportamento clínico das doenças colaboram para a escolha da melhor técnica. Em muitas situações, a PAAF não é suficiente, sendo necessário para o diagnóstico anatomopatológico a análise histológica, optando-se pela coleta de fragmentos do alvo.

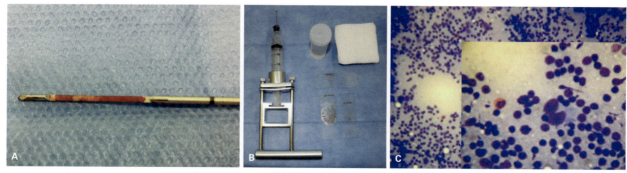

Figura 2 A: Aspecto macroscópico de fragmento de biópsia por agulha grossa. B: Esfregaços produzidos com material coletado por punção aspirativa por agulha fina. C: Avaliação citológica de linfonodo inguinal de um linfoma de Hodgkin

Tipos de agulhas

As agulhas de biópsia podem ser classificadas de duas formas, quanto ao calibre (finas e grossas) e quanto ao sistema de disparo (automáticas ou semiautomáticas). A unidade utilizada para mensurar o calibre de agulhas na área médica-hospitalar é o Gauge (G) e quanto maior a unidade, menor o calibre da agulha. Agulhas finas apresentam calibre superior a 20 G, obtendo amostras celulares por aspiração. Agulhas grossas inferiores a 20 G são utilizadas para obter fragmentos teciduais (Figura 3).

Agulhas semiautomáticas, *tru-cut,* permitem biópsias em dois tempos: posicionamento e disparo, oferecendo maior precisão, preferencialmente utilizadas no dia a dia, principalmente em lesões focais. Após o posicionamento da agulha e a abertura cuidadosa do mandril, com acomodação da amostra, pode-se fazer o disparo do corte com uma margem de segurança em relação às estruturas adjacentes e com a certeza da punção do alvo (Figura 4). Já as agulhas automáticas apresentam maior potência de corte, porém são mais imprecisas, já que realizam o avanço do mandril, a acomodação da amostra e a realização do corte, em apenas um movimento. São mais utilizadas em biópsias randômicas.

O sistema coaxial consiste em uma agulha de maior calibre, que após posicionada no alvo, recebe no seu inte-

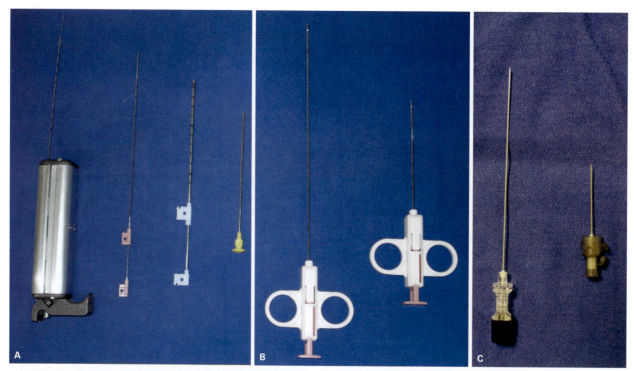

Figura 3 A: Sistema montado de biópsia com pistola automática e exemplos de agulhas avulsas. B: Agulhas de biópsia semiautomáticas de diferentes comprimentos. C: Agulhas finas para punções aspirativas.

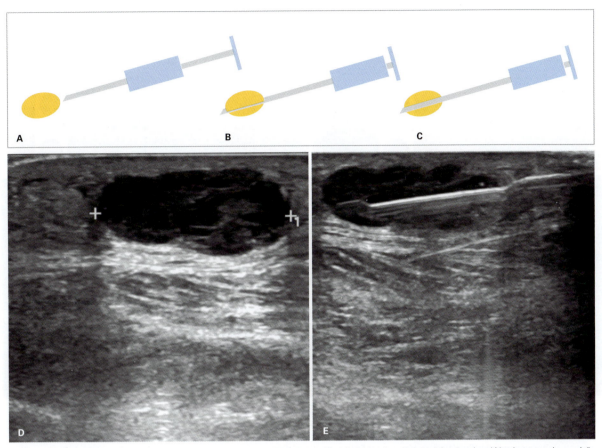

Figura 4 O esquema sequencial demonstra posicionamento da agulha de biópsia próxima à lesão alvo (A); abertura do canhão com acomodação tecidual (B) e disparo da agulha de biópsia (C). Em D e E, observam-se um linfonodo superficial e a abertura da agulha com a acomodação da amostra na janela da agulha, respectivamente.

rior uma agulha semiautomática, permitindo a obtenção de múltiplos fragmentos, com apenas uma punção (Figura 5). Além de reduzir a morbidade do procedimento relacionada a múltiplas punções, diminui a incidência de sangramento e reduz para níveis muito baixos as taxas de *seeding*, que nada mais é que a semeadura de células tumorais ao longo do trajeto da agulha de biópsia.

Aumentando a acurácia diagnóstica

A escolha do melhor alvo para a biópsia, seja pelo nível de segurança, seja pela maior probabilidade de diagnóstico, exige um estudo meticuloso de todas as imagens disponíveis.

A tomografia por emissão de pósitrons/tomografia computadorizada (PET-CT), de uso cada vez mais disseminado, fornece informações preciosas quanto a áreas de maior metabolismo e, por conseguinte, áreas com maior viabilidade tumoral ou atividade inflamatória (Figura 6).

O emprego de *softwares* que fundem informações de métodos axiais, como TC ou RM, a imagens ultrassonográficas obtidas em tempo real tem ganhado cada vez mais espaço. A técnica permite maior precisão e segurança na realização de alguns procedimentos, ao passo que torna possível identificar lesões não visíveis ou pouco visíveis à USG isoladamente, aliando vantagens de métodos diferentes.

Nesta mesma linha, o emprego de meios de contraste ultrassonográfico, como as microbolhas, torna visível lesões outrora inconspícuas ou pouco conspícuas e permite o uso de um método com tantas vantagens como a USG, reduzindo o emprego de radiação ionizante e contrastes nefrotóxicos.

Complicações

As taxas e os tipos de complicações para biópsias relacionadas ao trato gastrointestinal variam de acordo com o órgão no qual o alvo se encontra, podendo ser consideradas baixas. De forma geral, abrangem sobretudo hemorragia, lesões de órgãos adjacentes, mais raramente infecção. As taxas de mortalidade são extremamente baixas, menores que 0,3% em casos de biópsias hepáticas e pancreáticas (Figura 7).

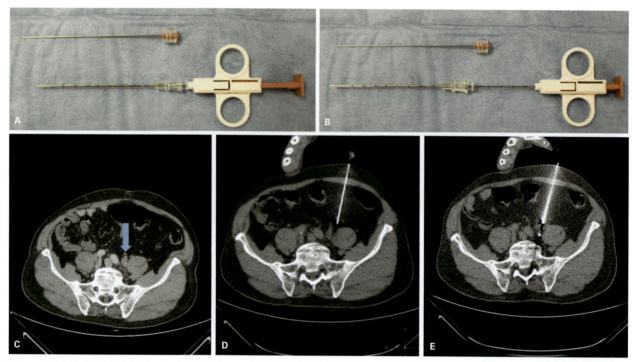

Figura 5 A: Agulha de biópsia semiautomática e agulha coaxial. B: Sistema coaxial montado, demonstrando a agulha de biópsia no interior da agulha coaxial. C, D, E: Biópsia de linfonodo abdominal guiada por tomografia; linfonodo ilíaco comum esquerdo (seta) (C); posicionamento da ponta da agulha coaxial adjacente à lesão alvo, percorrendo uma grande distância desde a pele (D); posicionamento da agulha de biópsia semiautomática no interior do linfonodo ilíaco comum esquerdo, por meio da agulha coaxial (E), permitindo quantos acessos forem necessários.

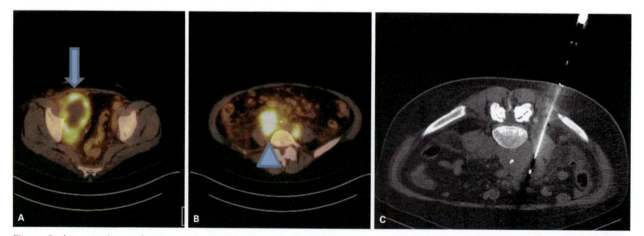

Figura 6 Impacto de estudos como a tomografia por emissão de pósitrons/tomografia computadorizada (PET/CT) na escolha do sítio mais conveniente para biópsia percutânea. A: Imagem de PET/CT demonstra grande lesão pélvica à direita (seta), que embora apresente sinais de hipermetabolismo periférico, denotando proliferação celular, mostra grande área não captante central, caracterizando provável área de necrose. B: Observa-se a intensidade de captação de FDG na lesão para-aórtica direita (ponta de seta) em PET/CT da mesma paciente, demonstrando viabilidade tecidual. C: Opta-se então pela realização de biópsia de conglomerado linfonodal para-aórtico direito, em decorrência da maior probabilidade de sucesso, cujo resultado anatomopatológico evidenciou linfoma não Hodgkin.

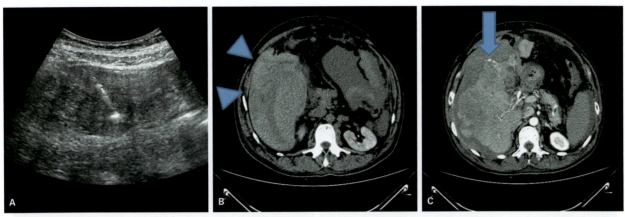

Figura 7   A sequência de imagens demonstra complicação hemorrágica em biópsia de nódulo hepático indeterminado. A: Ultrassonografia do procedimento demonstrando a agulha no interior da lesão. B: Tomografia de abdome sem contraste evidencia grande hematoma peri-hepático (pontas de seta). C: Na fase arterial do exame com contraste endovenoso, caracterizam-se sinais de sangramento ativo (seta).

Particularidades

Fígado

Biópsias hepáticas são realizadas por dois motivos principais: investigação de doenças parenquimatosas e de lesões focais.

Uma regra básica para biópsias de lesões focais é a realização de um trajeto pelo parênquima normal antes de alcançar o alvo (Figura 8). Isso se aplica mesmo em casos de lesões subcapsulares, optando-se pela realização de um trajeto mais longo, a fim de que o parênquima são sirva de contenção a possíveis sangramentos após a retirada da agulha de biópsia. Essa prática também é válida nos casos de biópsias randômicas, evitando-se a retirada dos fragmentos muito superficiais, optando-se sempre por adentrar um pouco mais profundamente o parênquima.

Pâncreas

Cada vez mais popularizada, a biópsia de pâncreas vem ganhando espaço de forma consistente na prática clínica, em razão da segurança que oferece e dos ótimos resultados, quando comparada a técnicas mais consagradas como a punção endoscópica, apresentando taxas de acurácia superiores a 90% (Figura 9).

Por conta de sua localização central, o acesso ao pâncreas exige em algumas situações o uso de vias mais arrojadas, como a transgástrica, trans-hepática ou transcaval, por exemplo.

Ao contrário do senso comum, a biópsia guiada por USG pode ser mais factível do que quando guiada por tomografia, uma vez que a compressão própria do uso do transdutor permite um afastamento natural de alças intestinais, criando-se caminhos interessantes e seguros (Figura 10).

A biópsia de pâncreas transplantado é uma situação cada vez mais corriqueira em grandes centros, que se destina a avaliação do parênquima, habitualmente no contexto de rejeição do órgão.

As taxas de complicações tendem a ser ligeiramente maiores do que as de biópsias de outros órgãos sólidos abdominais, girando em torno de 1-8% e envolvendo prin-

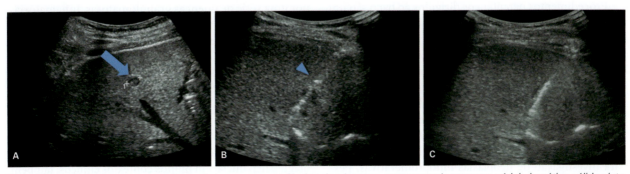

Figura 8   A: Paciente com antecedente de tumor neuroendócrino de pâncreas, apresentando pequeno nódulo hepático sólido visto à ultrassonografia (seta). B: Agulha de biópsia semi-automática no interior da lesão atravessando o parênquima hepático. C: Disparo da agulha de biópsia semiautomática. O estudo anatomopatológico confirmou a hipótese de metástase de tumor neuroendócrino.

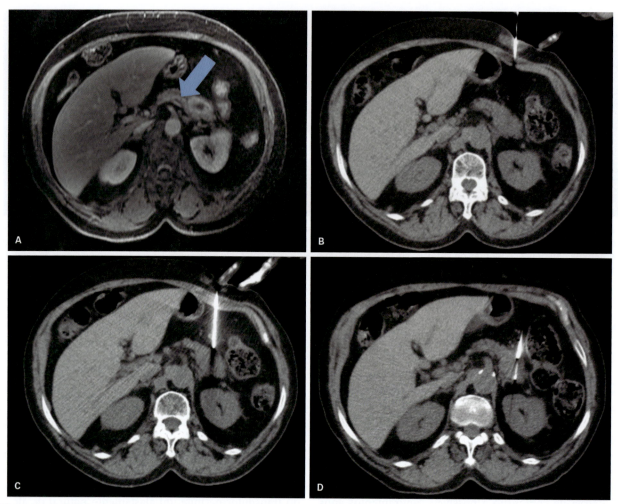

Figura 9   A: Sequência T1 pós-gadolínio de ressonância magnética demonstra lesão sólida com áreas de necrose na cauda pancreática (seta). A sequência de imagens seguinte mostra a biópsia da lesão focal guiada por tomografia: agulha coaxial com sua ponta ao nível da parede abdominal (B); agulha coaxial junto à lesão pancreática (C); agulha de biópsia semiautomática já no interior da lesão (D). Nota-se que o trajeto criado pela agulha coaxial permitirá diversas passagens da agulha de biópsia por um caminho delicado, sem a necessidade de múltiplas punções. O estudo anatomopatológico revelou um adenocarcinoma de pâncreas.

cipalmente sangramento, fístulas pancreáticas, infecção e pancreatite.

Baço

Procedimentos percutâneos dirigidos ao baço são um tabu, que aos poucos está sendo quebrado. A despeito do temor do risco de sangramento, a literatura nos mostra taxas de complicações hemorrágicas semelhantes às de biópsias hepáticas, por exemplo, com índices de complicações graves na ordem de 1,9%.

Por ser friável, o parênquima esplênico não é um bom contensor de possíveis sangramentos e, por isso, adota-se o menor trajeto para a realização da biópsia. Realizam-se biópsias percutâneas esplênicas randômicas para investigação de neoplasias linfoproliferativas, pesquisa de infecções granulomatosas e também de lesões focais (Figura 11).

Omento

Tanto o omento quanto o peritônio são locais comuns para o envolvimento tumoral primário ou secundário. Também podem ser mais raramente acometidos por uma série de doenças granulomatosas, inflamatórias e infecciosas.

A literatura demonstra taxas diagnósticas mais que satisfatórias tanto para biópsias de lesões focais, quanto para infiltrações sem formação de nódulos, com sensibilidade e especificidade de 89-100%, respectivamente (Figura 12).

Linfonodos

A biópsia linfonodal, além de desempenhar papel diagnóstico inicial em muitos contextos clínicos, também possui importante função prognóstica, ao passo que pode determinar ou mudar estadiamentos tumorais.

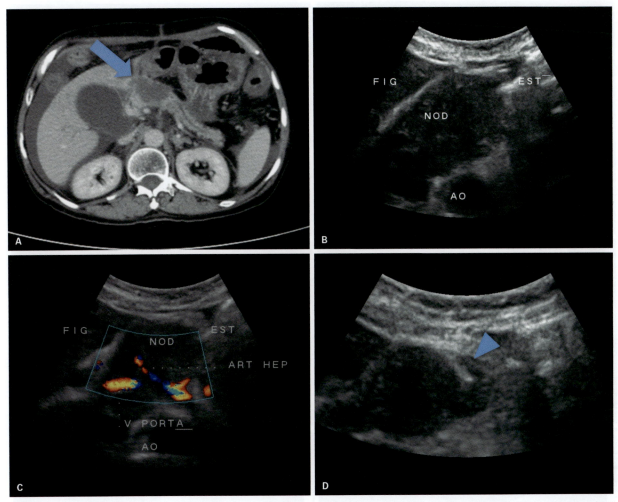

Figura 10 A: A imagem de tomografia de abdome com contraste evidencia lesão sólida na cabeça pancreática, suspeita para lesão primária (seta). Nota-se que a lesão apresenta-se circundada anteriormente pelo fígado e pelo estômago, não havendo aparentes trajetos livres para acesso direto para a biópsia. B: A pressão própria exercida pelo transdutor de ultrassonografia determinou o afastamento do lobo esquerdo do fígado e o estômago, permitindo uma ótima visualização do alvo e criando um trajeto seguro para a passagem da agulha de biópsia. C: A avaliação com o modo Doppler permitiu uma excelente caracterização dos vasos adjacentes, colaborando na escolha do melhor ponto para a amostragem. D: Observa-se o trajeto da agulha de biópsia no interior da lesão alvo. O estudo anatomopatológico revelou um adenocarcinoma de pâncreas.

O grande desafio das biópsias linfonodais percutâneas está na grande variedade de localizações possíveis que podem assumir, exigindo muitas vezes um verdadeiro malabarismo por parte do intervencionista (Figura 13).

Punções e drenagens percutâneas

As punções e drenagens percutâneas representam hoje um daqueles passos na história da medicina sem possibilidade de retrogressão. Permitiram o diagnóstico e tratamento de coleções de diversas etiologias de forma rápida e pouco mórbida, em muitas situações evitando abordagens ou reabordagens cirúrgicas.

Abscessos abdominais e pélvicos são uma importante causa de óbito. Quando não drenados, estão associa-dos a mortalidade que pode atingir 45-100%. Embora de tratamento tradicionalmente cirúrgico, ao longo dos últimos 20 anos a drenagem percutânea guiada por métodos de imagem tornou-se a primeira opção para a maioria desses abscessos, sendo recomendada por sociedades internacionais (incluindo Surgical Infection Society, Infectious Diseases Society of America, World Society of Emergency Surgery), em razão de sua menor invasividade e de suas taxas de sucesso inicial, que variam de 68-96% (Figura 14).

Punção aspirativa vs. drenagem

Nossa primeira preocupação é a distinção entre punção e drenagem. A punção consiste na introdução de uma

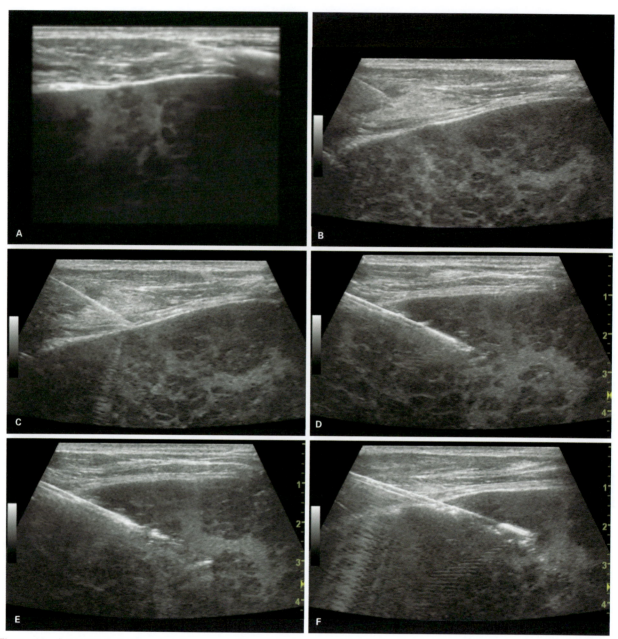

Figura 11 A sequência de imagens ultrassonográficas demonstra uma biópsia de baço em uma investigação de febre e perda de peso. A: Observa-se a heterogeneidade do parênquima esplênico, infiltrado por múltiplos pequenos nódulos. B a F: Processo de posicionamento da agulha de biópsia, abertura do canhão e disparo do mecanismo de corte. Nota-se o curto trajeto da agulha no interior do parênquima esplênico, medida preconizada em biópsias do baço. O estudo anatomopatológico e microbiológico revelaram infecção por *Mycobacterium tuberculosis*.

agulha em uma coleção ou acúmulo líquido qualquer, com aspiração deste material e imediata retirada da agulha. Pode ser *a priori* diagnóstica, coletando uma pequena amostra, mas também terapêutica, conforme retira parcialmente ou até mesmo a totalidade daquele material.

Já a drenagem exige a colocação temporária de um cateter no interior de uma coleção, utilizada quase que exclusivamente com intuito terapêutico, permitindo ao longo do tempo o esvaziamento da coleção.

Indicações

A maior acessibilidade aos métodos de imagem tornou cada vez mais frequente o diagnóstico de acúmulos líquidos/coleções abdominais. O contexto clínico e os aspectos de imagem são fundamentais na valorização desse achado e na decisão da abordagem invasiva ou não. Fala-se em caráter diagnóstico de uma punção aspirativa, uma vez que os métodos de imagem podem ser limitados na avaliação

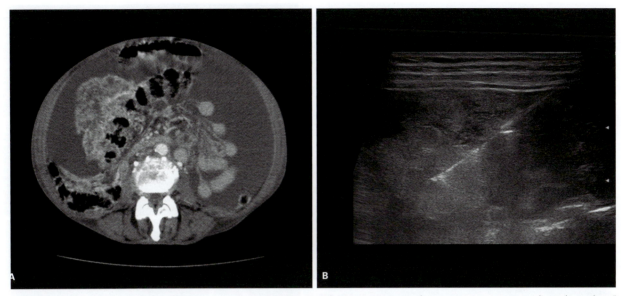

Figura 12   A: A imagem de tomografia com contraste endovenoso demonstra acentuado espessamento omental, em investigação de perda de peso e aumento do volume abdominal. B: Biópsia percutânea de omento guiada por ultrassonografia, notando-se o trajeto oblíquo da agulha de biópsia no interior do grande omento espessado. O resultado anatomopatológico revelou adenocarcinoma mucinoso metastático de cólon.

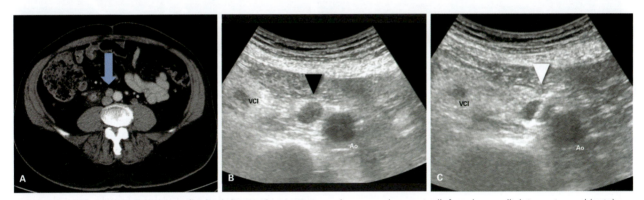

Figura 13   A: A imagem de tomografia de abdome pós-contraste endovenoso demonstra linfonodomegalia interaortocaval (seta) em paciente com antecedente de neoplasia de cólon. Sua localização central no abdome limita os acessos possíveis. B: A despeito da localização profunda, a linfonodomegalia (ponta de seta preta) mostra-se visível à ultrassonografia, cuja pressão exercida pelo transdutor na região mesogástrica determinou o rechaçamento de alças intestinais, permitindo guiar com segurança a biópsia. C: Observa-se a agulha de biópsia (ponta de seta branca) no interior da linfonodomegalia. Ao: aorta; VCI: veia cava inferior.

de casos em que os achados infecciosos não são totalmente conclusivos ou que não podem ser descartados.

O conhecimento dos métodos de imagem e sua minuciosa interpretação é condição *sine qua non*. Saber distinguir hematomas, lesões sólidas, acúmulos líquidos não infecciosos e abscessos é um ponto crítico, e mesmo um radiologista intervencionista experiente encontrará situações limítrofes.

Deve-se ter sempre em mente o princípio básico da medicina: *"primum non nocere"*. Abordar uma coleção ou um hematoma asséptico determina um risco de infectá-los. Drenar inadvertidamente uma lesão neoplásica determina risco de disseminação tumoral ao longo do trajeto de manipulação.

Indicações de punções aspirativas:

- Necessidade de caracterização da natureza de um acúmulo líquido.
    - Tratamento de pequenas coleções infectadas (< 3,0 cm).
    - Esvaziamento de acúmulos líquidos não infectados sintomáticos.
    - Adjuvância a outro procedimento (p. ex., paracentese pré-radioablação hepática).

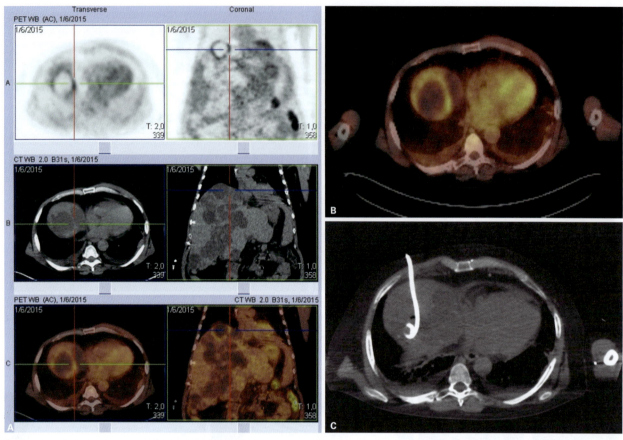

Figura 14 As imagens mostram a investigação e o tratamento percutâneo de cisto infectado em paciente portador de doença policística dominante. A e B: Imagens de tomografia por emissão de pósitrons/tomografia computadorizada (PET/CT) evidenciam hipermetabolismo nas paredes de cisto junto ao domo hepático, sugestivo de processo inflamatório/infeccioso. C: Abordagem percutânea com dreno *pigtail*, com saída de 120 mL de pus. A sequência de imagens tomográficas mostra drenagem de coleção e emprego de aerografia para estudo da morfologia da coleção. A: Coleção pélvica retrovesical. B: Posição final do dreno *pigtail*, já demonstrando aspiração total da coleção. C: Injeção de ar pelo dreno para caracterização da morfologia da coleção, descartando possíveis fístulas patentes.

Indicações de drenagens:

- Tratamento de abscessos.
- Esvaziamento de coleções com comunicações fistulosas.
- Tratamento de hematomas infectados.
- Esvaziamento de acúmulos líquidos não infectados sintomáticos.

Materiais

Drenos

Os drenos mais utilizados na prática intervencionista são os do tipo *pigtail*. Consistem em um sistema composto por três componentes: cateter de poliuretano flexível, cânula metálica rígida e mandril perfurante (Figura 15).

A maioria dos cateteres atualmente são revestidos por materiais hidrofílicos, que permitem um maior deslizamento através dos tecidos.

Diversos calibres estão disponíveis, sendo mais traumático quanto maior o seu diâmetro. A escolha do calibre é norteada pela fluidez do material a ser drenado, experiência do operador e naturalmente pelo nível de segurança do procedimento.

Realizada a passagem do dreno, geralmente conecta-se a ele uma bolsa coletora, que armazenará o material debitado em um sistema fechado (Figura 16).

Agulhas de punção

As agulhas de punção possuem os mais variados calibres e comprimentos (Figura 17). A punção da coleção permite aspiração e até mesmo esvaziamento total. A coleta inicial pode ajudar a determinar também a escolha do calibre do dreno a ser usado, a depender da viscosidade do material.

Outra função importante é o acesso que a agulha possibilita à passagem de um fio-guia no interior da coleção e posterior locação de dreno.

Técnicas

Existem duas principais técnicas utilizadas para a drenagem de coleções abdominais: Seldinger e Trocar.

41 INTERVENÇÕES PERCUTÂNEAS E O TRATO GASTROINTESTINAL 997

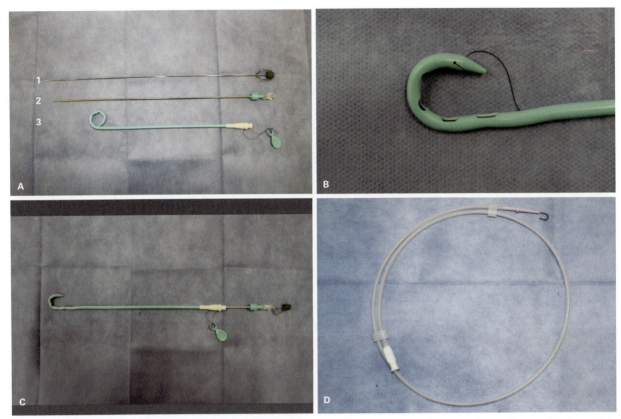

Figura 15   A: Dreno tipo *pigtail*, cujo sistema é composto por três componentes principais: (1) agulha perfurante, (2) alma rígida e (3) dreno. Ponta do dreno que o caracteriza: *pigtail* (cauda de porco) (B); sistema do dreno *pigtail* montado (C) e fio-guia comumente utilizado em drenagens pela técnica de Seldinger (D).

Seldinger

Bastante utilizada em acessos difíceis e delicados, consiste na drenagem em três passos: 1) punção da coleção com uma agulha; 2) passagem de fio-guia por essa agulha até alcançar a coleção; 3) retirada da agulha e passagem do dreno utilizando-se o trajeto criado pelo fio-guia. Esta é uma técnica elegante, que permite desbravar o ambiente de forma mais segura, evitando lesões inadvertidas pelo dreno.

Por conta da quantidade de passos, envolve maior tempo de procedimento e habilidade do intervencionista (Figura 18).

Trocar

Mais utilizada no dia a dia em razão de sua praticidade, é empregada em acessos mais fáceis e de trajetos mais óbvios, utilizando-se o próprio dreno para, de forma direta,

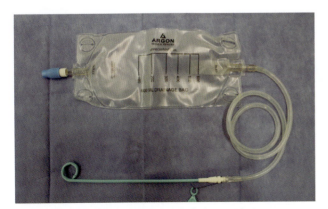

Figura 16   Dreno *pigtail* conectado a uma bolsa coletora, que armazenará o material debitado.

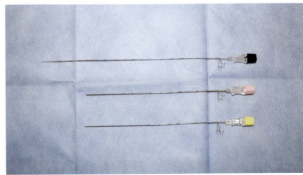

Figura 17   Agulhas do tipo Chiba de diferentes calibres (22 , 20 e 18 G), bastante utilizadas para punção de coleções. São compostas de duas partes: uma agulha biselada e um mandril.

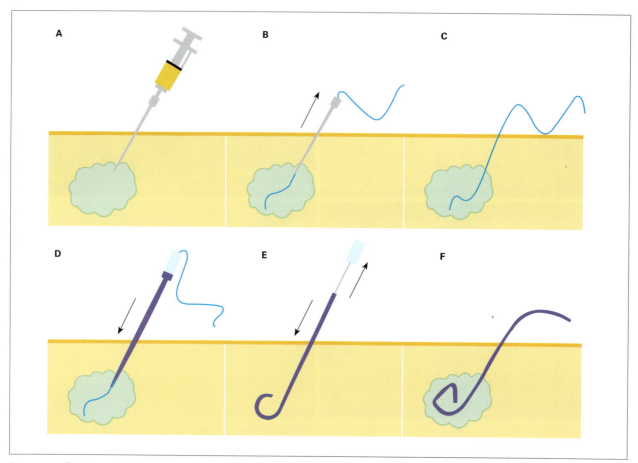

Figura 18 Técnica de Seldinger. Punção da coleção (A); passagem de fio-guia pela agulha de punção (B); retirada da agulha de punção (C); posicionamento do dreno na coleção por meio do fio-guia, com sua retirada posterior (D). Empurra-se o dreno para o interior da coleção, ao passo que se traciona a alma rígida (E). Posição final do dreno (F).

puncionar e drenar a coleção. Utilizando o sistema montado (dreno, cânula metálica rígida e mandril perfurante), realiza-se a punção direta da coleção e, em seguida, desliza-se apenas o dreno para o interior da coleção (Figura 19).

Criando acessos

Qualquer coleção abdominal pode ser drenada se houver acesso seguro. Em muitas situações quando na

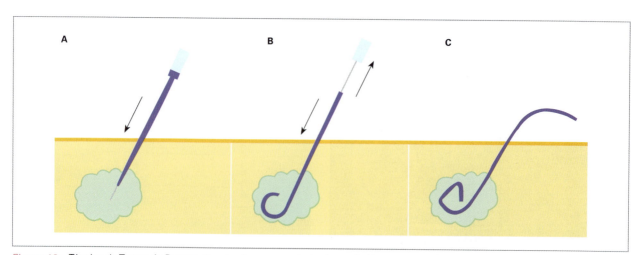

Figura 19 Técnica de Trocar. A: Punção da coleção com o próprio dreno. B: Empurra-se o dreno para o interior da coleção, ao passo que retira-se o mandril perfurante e a alma rígida. C: Posição final do dreno.

ausência de trajetos livres para a passagem do dreno, um pertuito pode ser fabricado por meio de técnicas como a hidrodissecção, que consiste no afastamento de órgãos por meio da infusão de soluções de soro fisiológico, como demonstrado na Figura 20. O uso do posicionamento do paciente na mesa de procedimento é outra ferramenta fundamental quando se quer produzir uma determinada disposição das estruturas internas a favor de provocar um trajeto mais viável para a passagem de um dreno.

Acessos transglúteos

Úteis principalmente em casos de coleções pélvicas pararretais. Com o paciente em decúbito ventral, realiza-se a passagem do cateter pelo forame isquiático maior, atravessando o ligamento sacroespinhoso, imediatamente abaixo do músculo piriforme, evitando o plexo sacral e os vasos glúteos.

Recomenda-se ainda a introdução do cateter o mais próximo possível do sacro, a fim de evitar lesões do nervo ciático (Figura 21).

Acessos transretais

Esta é uma via de acesso muito útil na punção de abscessos prostáticos, por exemplo. É mandatória a antibioticoprofilaxia por conta do ambiente de acesso sabidamente contaminado. Com auxílio de um guia acoplado ao transdutor endocavitário, utiliza-se uma agulha do tipo Chiba para a punção esvaziadora do abscesso em questão (Figura 22).

Acessos transvaginais

Abscessos tubovarianos relacionados à doença inflamatória pélvica aguda (DIPA) ou coleções pós-cirúrgicas ginecológicas são exemplos típicos em que o acesso trans-

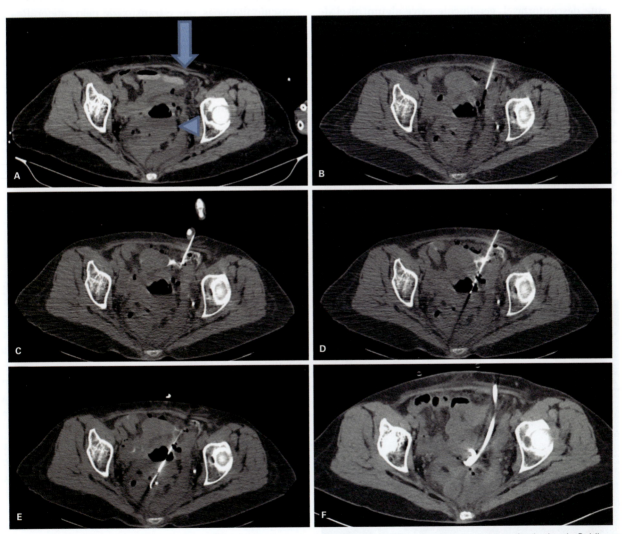

Figura 20 A sequência de imagens tomográficas demonstra uma drenagem de coleção pélvica com emprego da técnica de Seldinger associada à manobra de hidrodissecção para produção artificial de um trajeto. A: Notam-se alças intestinais (seta) interpostas entre a coleção (ponta de seta) e a parede. B: Caracteriza-se agulha de punção próxima a alças intestinais. C: Injeção de soro fisiológico marcado com meio de contraste iodado para afastamento de alças intestinais. D: Criado um pertuito seguro, avançou-se a agulha de punção. E: Passagem de fio-guia. F: Locação do dreno e esvaziamento da coleção.

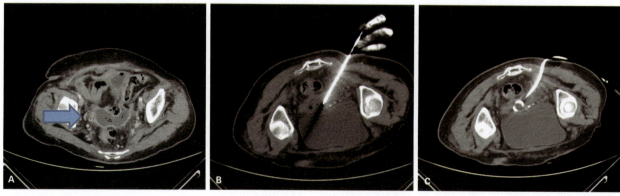

Figura 21 Esta sequência de imagens tomográficas demonstra em A uma coleção pélvica retrovesical e anterior ao sigmoide (seta) drenada por via transglútea. B: Observa-se a introdução do dreno transglúteo pela técnica de Trocar. C: Resultado final, notando-se esvaziamento completo da coleção.

vaginal pode ser utilizado. O procedimento é feito com a paciente em posição ginecológica e, por ser frequentemente desconfortável, geralmente exige algum nível de sedação para acompanhar a anestesia local.

Por se tratar de uma via de acesso contaminada, preconiza-se a antissepsia do introito e do canal vaginal com iodopovidona, fazendo-se necessário também a antibioticoprofilaxia.

Por essa via, pode-se realizar punções esvaziadoras e até mesmo drenagens de forma segura, não se restringindo ao tratamento de coleções ginecológicas, mas também mostra-se útil na abordagem de complicações de infecções complexas do trato gastrointestinal.

Para as punções utilizam-se guias acopláveis ao transdutor endocavitário, por onde percorrem as agulhas do tipo Chiba. Já nos casos de drenagem, pode-se utilizar um espéculo para garantir a patência do canal vaginal até o fundo de saco, sendo a locação do dreno guiada por USG suprapúbica, como visualizado na Figura 23.

Acesso extraperitoneal

Ótima via de acesso a coleções pélvicas adjacentes ao músculo iliopsoas, que é transfixado pelo cateter. Realizado com o paciente em decúbito dorsal, permite conforto ao doente e segurança ao procedimento, evitando os vasos ilíacos e as alças intestinais. Por ser mais doloroso, durante o procedimento pode-se exigir o emprego de algum grau de sedação e por ser igualmente mais incômodo na pós-drenagem, costuma-se utilizá-lo como opção secundária.

A maior preocupação neste tipo de acesso é a possível lesão do nervo femoral, que percorre o plano adiposo interposto entre os músculos ilíaco e psoas, situação extremamente rara (Figura 24).

Colecistostomia

As colecistites agudas são urgências cirúrgicas classicamente categorizadas em litiásicas e alitiásicas.

Em colecistites litiásicas, a colecistostomia é uma alternativa viável para pacientes sem condições cirúrgicas, permitindo clarear o processo infeccioso com baixa morbidade. A despeito de não retirar o fator causal, porta-se como solução temporária e ponte para eventual cirurgia em um segundo tempo.

Já nos casos de colecistite alitiásica, mais comuns em pacientes críticos e diabéticos, a etiologia não é obstrutiva e, portanto, a colecistostomia é uma técnica terapêutica definitiva.

A passagem do cateter segue os mesmos princípios de qualquer drenagem, muitas vezes utilizando-se um dreno de menor calibre como 8,5 Fr, por exemplo, podendo-se optar pela técnica de Trocar. A via de acesso não é unanimidade na literatura, mas a mais utilizada é a trans-hepática, que permite maior hermeticidade da parede vesicular, evitando vazamento de bile para a cavidade peritoneal (Figura 25).

Em ambas as situações, após a resolução do processo inflamatório/infeccioso, sugere-se a retirada do dreno em

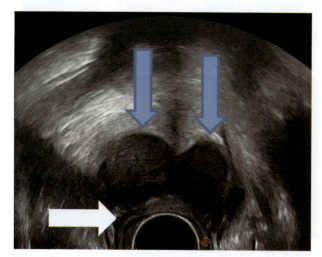

Figura 22 Abscessos prostáticos (setas azuis) caracterizados em ultrassonografia transretal. Apenas a parede do reto (seta branca) separa o transdutor dos abscessos, que são bem caracterizados pelo método, facilitando uma possível punção transretal.

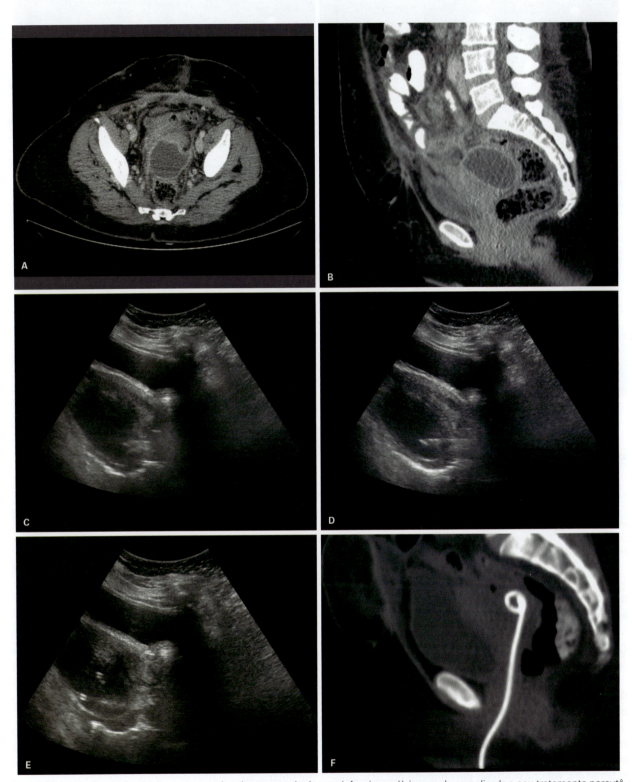

Figura 23 Coleção em fundo de saco posterior, decorrente de doença infecciosa pélvica aguda complicada e seu tratamento percutâneo. Imagens tomográficas pós-contraste demonstrando a coleção em fundo de saco posterior em corte axial (A) e sagital (B). Sob visão longitudinal da pelve em ultrassonografia suprapúbica, observa-se em C a insinuação do dreno no fundo de saco, atravessando o canal vaginal através de um espéculo. D: Dreno já no interior da coleção. E: Observa-se o *pigtail* locado no interior da coleção. F: Reformatação sagital do controle tomográfico da pelve, demonstrando o dreno no fundo de saco posterior.

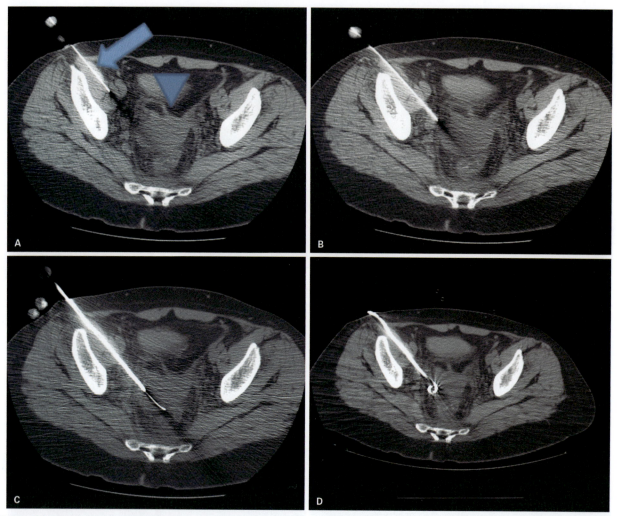

Figura 24 As imagens tomográficas demonstram uma drenagem de coleção pélvica por via extraperitoneal. A: Agulha de punção atravessando a musculatura ilíaca à direita (seta) em direção à coleção (ponta de seta). B: A agulha de punção apresenta-se na borda da coleção. C: Observa-se a agulha no interior da coleção, assim como a extremidade de um fio-guia. Em D, observa-se o dreno locado no interior da coleção.

um período de 3 a 6 semanas, a fim de o trajeto do dreno estar maturado.

Cuidados com o dreno

Tão importante quanto a passagem do dreno, os cuidados diários para manutenção de seu bom funcionamento são fundamentais.

A primeira conduta é mantê-lo pérvio e, para tanto, recomenda-se a lavagem diária do dreno de coleções espessas com cerca de 10 mL de soro fisiológico uma a duas vezes ao dia, volume suficiente para impedir que se acumulem detritos em sua luz que levem ao risco de obstrução.

O segundo passo consiste no acompanhamento da mensuração diária do débito do dreno e inspeção do aspecto da secreção drenada. Espera-se sempre que haja progressivo clareamento do material drenado, tendendo ao débito seroso com redução do volume diário retirado.

Drenos mal funcionantes

Diante da suspeita de um dreno mal funcionante em razão do baixo débito ou por conta da possibilidade de organização de uma coleção, um dos primeiros passos é a checagem da perviedade do dreno por meio da aspiração ativa com uma seringa e pela infusão de soro fisiológico. Essas manobras nos darão ideia sobre a resistência à aspiração e à infusão, configurando ou não uma obstrução parcial, total ou perviedade. Em algumas situações, pode ser necessária a troca de dreno por causa de obstrução.

O segundo passo na avaliação de um dreno mal funcionante é o reestudo por imagem da coleção. Em casos de coleção residual em que o dreno apresenta-se pérvio, porém, mal posicionado, pode-se tentar também um reposicionamento por tração, recuando sua extremidade para algum componente mais proximal da coleção.

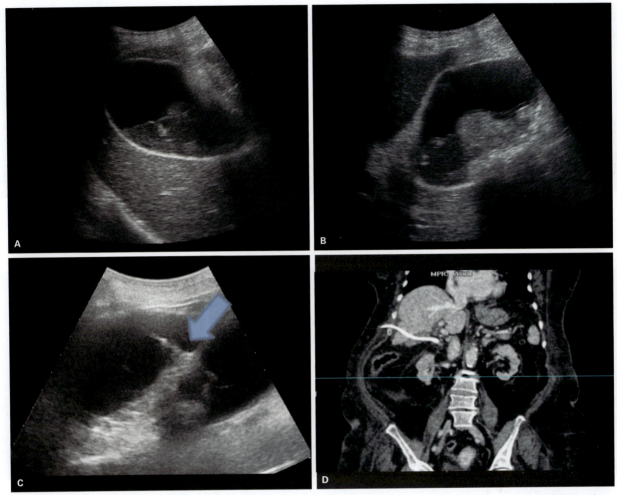

Figura 25 Colecistite aguda calculosa em um paciente sem condições cirúrgicas, sendo então tratado com colecistostomia percutânea. Imagens ultrassonográficas da vesícula distendida (A e B); imagens da drenagem da vesícula biliar através do parênquima hepático (seta) (C) e reformatação coronal de uma tomografia computadorizada de abdome (D), demonstrando a colecistostomia.

A imagem também pode demonstrar septações, compartimentos não comunicantes que não estão sendo contemplados pela drenagem.

Aerografia

Uma boa maneira de realizar a avaliação da coleção por TC sem uso de meio de contraste iodado endovenoso é a aerografia. Antes da aquisição de imagens tomográficas, injeta-se ar pelo dreno, a fim de que este "meio de contraste" delimite a coleção. A manobra oferece muitas informações sobre a coleção: sua morfologia, possíveis trajetos fistulosos, comunicação ou não com coleções adjacentes e posicionamento do dreno. Esses dados nortearão um possível reposicionamento do dreno, ou indicarão a necessidade de passagem de drenos adicionais ou até mesmo de realização de outras técnicas (Figura 26).

Uso de fibrinolíticos

Embora frequentemente bem-sucedida, alguns fatores de risco são relacionados à falha da drenagem percutânea: infecção fúngica, processo pancreático, fístulas, hematomas infectados, abscessos septados/loculados e conteúdo purulento muito espesso.

Estes últimos fatores de risco limitam a efetividade da drenagem, levando a entupimento dos drenos e impedindo o escoamento de acúmulos líquidos isolados por septos. Visando agir nestes últimos três fatores de risco, o uso de fibrinolíticos tem sido proposto como adjunto à drenagem percutânea. Os agentes fibrinolíticos incluem a estreptoquinase, a uroquinase e o ativador do plasminogênio tecidual (*tissue plasminogen activator*, tPA), sendo este último o mais empregado (Figura 27). Além de seguro, o tPA na drenagem de abscessos está associado a grandes taxas de eficácia.

Complicações

Segundo a literatura, as taxas de complicações alcançam 10% dos procedimentos, variando com a experiência do executante. Destas, 2-5% são graves.

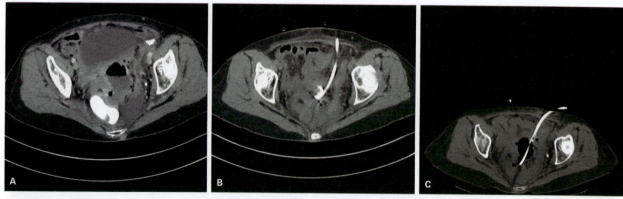

Figura 26 A sequência de imagens tomográficas mostra drenagem de coleção e emprego de aerografia para estudo da morfologia da coleção: coleção pélvica retrovesical (A); posição final do dreno *pigtail*, já demonstrando aspiração total da coleção (B) e injeção de ar pelo dreno para caracterização da morfologia da coleção (C), descartando possíveis fístulas patentes.

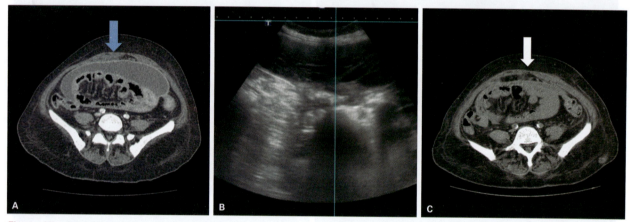

Figura 27 A: Imagem de tomografia de abdome pós-contraste endovenoso demonstra coleção loculada (seta) pós-hepatectomia. B: Em estudo ultrassonográfico, a coleção demonstrava numerosas septações de permeio, que limitaram a drenagem percutânea, sendo optado pela infusão de solução de fibrinolítico através do dreno. C: O controle tomográfico após 2 semanas demonstra total resolução da coleção (seta branca).

Em razão das intercorrências relacionadas à própria infecção (abscessos e coleções infectadas) serem comuns durante qualquer manipulação percutânea, tais como febre, bacteremia ou até mesmo choque séptico, recomenda-se, naqueles casos em que não houve a prévia introdução da antibioticoterapia, a realização de uma dose de ataque pré-procedimento.

Complicações hemorrágicas são extremamente raras, necessitando de transfusões sanguíneas em menos de 1% dos casos (Figura 28).

Queixas álgicas são mais frequentes em acessos intercostais ou transglúteos, sendo, de forma geral, facilmente controladas com analgesia simples.

Uma das condições mais indesejadas na locação de um dreno abdominal é o seu posicionamento transpleural. Essa situação é muito frequente no acesso a coleções subdiafragmáticas ou junto ao *domus* hepático, principalmente quando utilizada a USG como método de imagem-guia, limitada na avaliação dos recessos pleurais. Esse cenário é especialmente preocupante por conta do risco de translo-

cação de patógenos e contaminação da cavidade pleural, levando-se em consideração os desdobramentos, por vezes dramáticos e mórbidos, de empiema (Figura 29). Por isso, trajetos ascendentes em drenagens de coleções no abdome superior são preferidos a acessos intercostais altos, a fim de se evitar uma via transpleural (Figura 30).

Retirada do dreno

Além da melhora clínica e laboratorial, o momento ideal para a retirada de um dreno sabidamente funcionante baseia-se em dois critérios: débito claro (seroso ou sero-hemático) e volume em 24 horas inferior a cerca de 20-30 mL. Deve-se salientar que a própria presença do dreno estimula a produção tecidual de secreção serosa e, portanto, é esperado que se persista um pequeno débito natural em alguns casos, não sendo preciso esperar um cessamento total.

Em casos de drenagem de coleções complexas, multisseptadas ou de difícil acesso, recomenda-se a realização

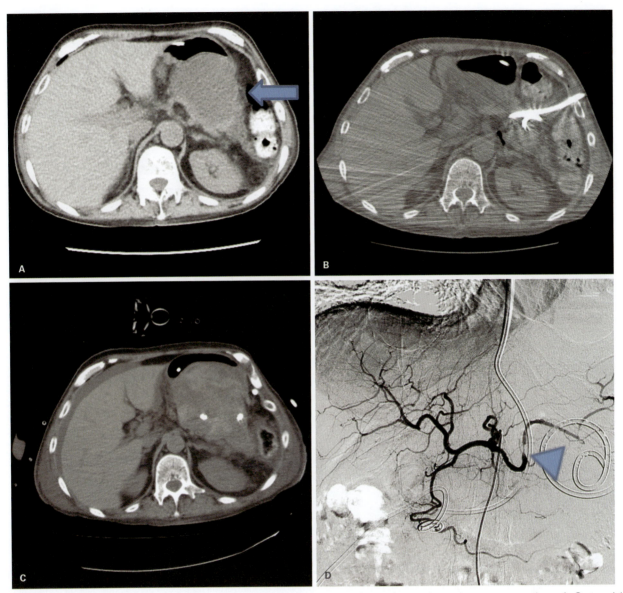

Figura 28 Coleção pancreática infectada, no curso de uma pancreatite aguda, sendo tratada por drenagem percutânea. A: Corte axial de uma tomografia sem contraste, evidenciando uma coleção junto ao corpo e cauda do pâncreas (seta), deslocando anteriormente o estômago. Em B, observa-se o dreno posicionado, tendo sido aspirada a totalidade da coleção. C: Após 5 dias com o dreno, o débito drenado passou a ser francamente hemorrágico, e a tomografia sem contraste evidenciou grande hematoma na tomografia da coleção. D: A arteriografia realizada no mesmo dia demonstrou lesão no terço proximal da artéria esplênica, causada pelo atrito mecânico com o dreno.

de exame de imagem para confirmação da resolução previamente à retirada do dreno.

Paracenteses guiadas por imagem

Ascite é definida como acúmulo de líquido maior que 25 mL na cavidade peritoneal. No Ocidente, 75% das ascites estão relacionadas à cirrose hepática, mas outras etiologias menos comuns como doenças malignas, insuficiência cardíaca congestiva, síndrome de Budd-Chiari, tuberculose e pancreatite devem ser consideradas, especialmente se a ascite for o sintoma inicial.

A paracentese consiste na punção percutânea do líquido ascítico, hoje mais frequentemente guiada por USG, podendo ter objetivo diagnóstico ou terapêutico; no primeiro visa-se à coleta de pequena amostra para análise laboratorial, no segundo almeja-se retirar um determinado volume que alivie sintomas do efeito de massa do acúmulo líquido.

Procedimento

Habitualmente realiza-se a punção em uma das fossas ilíacas, onde há tendência de maior concentração de líquido e menor presença de órgãos sólidos ou alças. No caso de

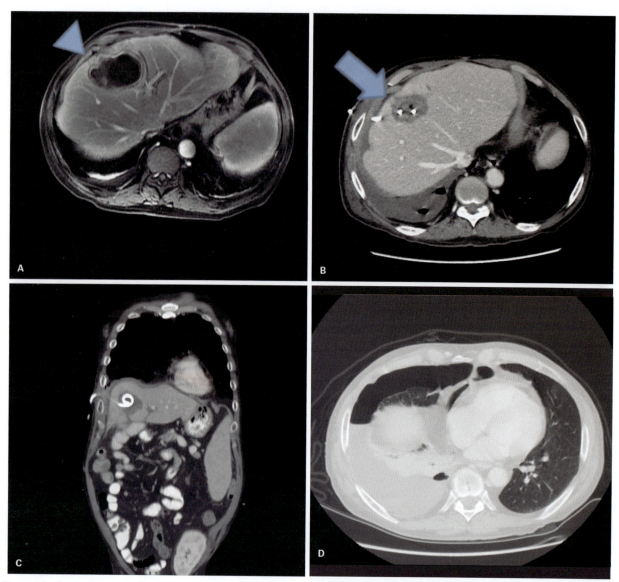

Figura 29 Drenagem percutânea de um abscesso hepático alto, com violação inadvertida do espaço pleural, que acabou complicando para um hidropneumotórax infectado. A: Imagem axial de ressonância magnética pós-contraste demonstra o abscesso no segmento IV do fígado (ponta de seta). Em B, C, observa-se o dreno no interior do abscesso atravessando o recesso pleural em um corte axial e coronal, respectivamente. D: Nesta tomografia de tórax pode-se observar um hidropneumotórax uma semana após a drenagem.

uma paracentese diagnóstica conecta-se uma seringa e retiram-se amostras (Figura 31). No caso de uma paracentese de alívio, conecta-se um sistema a vácuo à agulha e retira-se a quantidade de líquido necessária para esvaziamento com segurança da ascite (Figura 32). Caso haja a retirada de um volume muito grande, maior que 5 L, é recomendado repor albumina numa dose de 8-10 g/L de ascite removida, que na prática corresponde a 1 frasco de 50 mL de albumina humana a 20% para cada litro retirado.

A paracentese por punção com agulha exige a presença do intervencionista durante todo o procedimento, mantendo atenção redobrada à prevenção de lesões inadvertidas das estruturas abdominais. Como solução para isso, existem atualmente diversos dispositivos e cateteres maleáveis de fino calibre destinados a paracenteses, permitindo, pelas técnicas de Seldinger ou Trocar, a locação de um dreno que proporcione segurança ao paciente e maior liberdade ao intervencionista (Figura 33).

Implantação do cateter de paracentese de longa permanência

Ascites volumosas determinam enorme impacto na qualidade de vida dos pacientes, reduzindo sua mobilidade e disposição, além de provocar inapetência, falta de apetite e constipação.

A paracentese é usada no tratamento da ascite sem resposta ao tratamento clínico, como solução rápida para

41 INTERVENÇÕES PERCUTÂNEAS E O TRATO GASTROINTESTINAL   1007

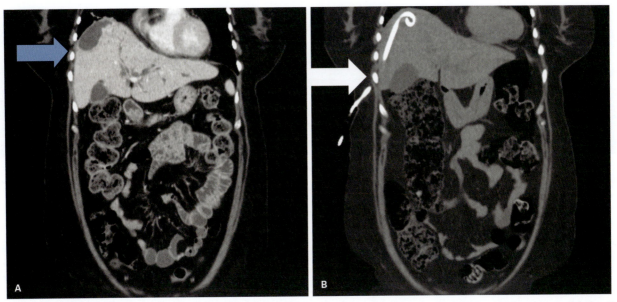

Figura 30   As reformatações tomográficas coronais demonstram: abscesso hepático junto ao domo, ou seja, em uma localização alta (A) e com a realização de acesso intercostal baixo ascendente (B), a fim de se evitar um acesso transpleural e suas complicações atreladas, como pneumotórax e empiema.

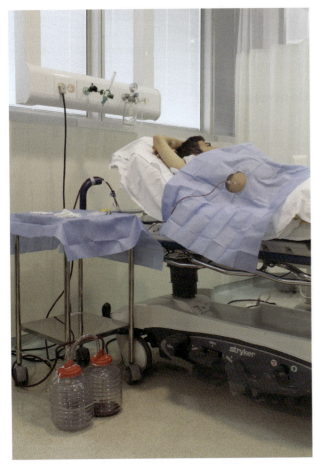

Figura 31   Procedimento de paracentese em ambiente seguro e asséptico.

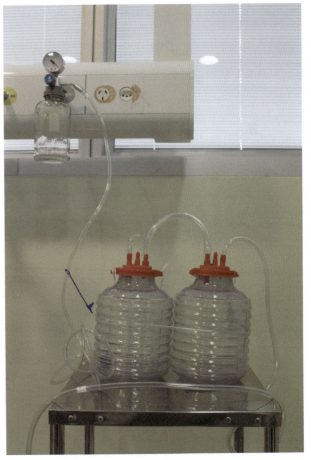

Figura 32   Frascos de paracentese ligados ao vácuo com capacidade para até 7 L.

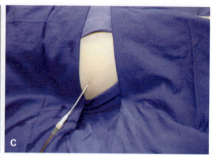

Figura 33 Cateter de paracentese. A, B: Cateter e seu sistema de punção, que consiste em uma agulha no seu interior. C: Paracentese realizada com o cateter, que foi locado pela técnica de Trocar.

ascite de grande volume e para tratar periodicamente a ascite refratária. Em 1996, o Clube Internacional de Ascite definiu ascite refratária como ascites que não podem ser mobilizadas ou recorrências precoces que não podem ser prevenidas por tratamento medicamentoso.

Paracenteses de repetição consistem em uma rotina desagradável para muitos pacientes oncológicos. Além de todo o ônus da doença, dos efeitos colaterais intrínsecos ao tratamento e do impacto sobre a qualidade de vida que a ascite determina, alguns pacientes precisam se submeter à presença hospitalar constante e ao desconforto das múltiplas punções periódicas para alívio de sintomas relacionados à ascite.

Com o intuito de proporcionar maior qualidade de vida a esses doentes, há alguns anos pratica-se com baixa morbidade a implantação de cateteres de paracentese de longa permanência (Figura 34). Em um procedimento ambulatorial, sob anestesia local, realiza-se a implantação de um cateter maleável no subcutâneo da parede abdominal, cuja extremidade distal permanecerá no compartimento intraperitoneal, e a extremidade proximal permitirá a manipulação para a retirada do líquido ascítico, sem a necessidade de novas punções, possibilitando maior autonomia, já que poderá realizar pequenos esvaziamentos domiciliares.

A despeito de o procedimento apresentar pouca morbidade, a seleção dos pacientes deve ser extremamente criteriosa. Os cuidados diários e constantes na manipulação do dreno são importantíssimos, haja vista os riscos de infecção atrelados, principalmente de peritonite. Além disso, existem riscos intrínsecos à espoliação hidroeletrolítica e ao prejuízo da função renal no manejo inadequado do esvaziamento mal supervisionado da ascite, principalmente em hepatopatas.

O impacto na qualidade de vida destes doentes é incontestável, uma vez havendo critério na seleção dos pacientes, orientação sobre o manejo e constantes cuidados na monitorização rígida.

Controle da dor

A dor é um dos sintomas mais debilitantes em pacientes com doenças malignas abdominais, responsável por grande impacto na qualidade de vida de pacientes com neoplasias abdominais. O uso crônico de analgésicos para controle da dor, principalmente de opioides, comumente em doses progressivamente mais altas, acarreta uma série de efeitos colaterais indesejados, como náuseas, constipação e sonolência, por vezes igualmente incapacitantes.

O plexo celíaco é constituído de uma densa rede de gânglios com fibras sensoriais viscerais, simpáticas e parassimpáticas. Localiza-se entre as emergências do tronco celíaco e da artéria mesentérica superior, junto à aorta, estendendo-se pelo retroperitônio. Fibras aferentes oriundas do fígado, pâncreas, diafragma, baço, estômago, adrenais, rins, assim como mesentério, intestino delgado, cólon ascendente e parte do cólon transverso passam pelo plexo celíaco.

Doenças inflamatórias crônicas pancreáticas e mais frequentemente malignidades abdominais avançadas, como o câncer de pâncreas, ao envolverem o plexo celíaco, comumente promovem dor. Desta forma, algumas substâncias químicas têm sido utilizadas com o intuito de destruir esse interposto neural, a fim de interromper o

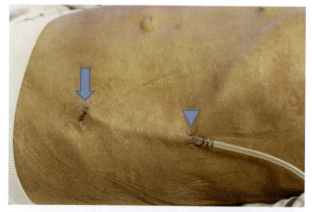

Figura 34 Exemplo de cateter de paracentese de longa permanência implantado no flanco esquerdo do abdome do paciente. A seta demonstra o ponto de entrada do cateter no peritônio, notando-se sutura na incisão de acesso ao peritônio. A cabeça de seta demonstra o local de exteriorização do cateter.

circuito álgico, sendo o etanol o mais empregado e difundido, tanto pela eficiência quanto pelo baixo custo.

Procedimento

O procedimento da neurólise do plexo celíaco consiste no posicionamento guiado por imagem de agulhas de fino calibre próximas ao plexo celíaco, lançando-se mão de reparos anatômicos, e infundindo-se alguma substância química sobre esta estrutura, mais comumente o etanol (Figura 35).

Inicialmente a fluoroscopia era muito utilizada como método guia, entretanto, a TC trouxe maior precisão para a localização do alvo, assim como segurança ao se prevenir lesões inadvertidas de órgãos adjacentes, deixando os profissionais menos reféns das variações anatômicas.

Diversas técnicas e vias foram descritas, entre elas as vias percutâneas anterior (através do abdome) e posterior (através do dorso). Além da classificação pela via de acesso, podemos categorizar o procedimento pelo local de posicionamento final das agulhas: antecrural ou retrocrural. A técnica mais difundida preconiza o posicionamento de ao menos duas agulhas finas pelo dorso do paciente, este estando em decúbito ventral, com suas extremidades no espaço retrocrural, como ilustrado na (Figura 36).

Como a distribuição do etanol pelo retroperitônio é um fator importante para o sucesso do tratamento, devendo envolver todo o plexo celíaco, realiza-se um teste com um pequeno volume de lidocaína marcada com meio de contraste iodado, que nos permite eventuais reposicionamentos das agulhas antes de prosseguir com a infusão de etanol igualmente marcado. Em geral, faz-se a infusão de 20 mL de etanol absoluto em cada lado (Figura 37). O teste com lidocaína marcada, além de nos mostrar um padrão de difusão do líquido por meio dos planos, também pode promover uma certa analgesia, sendo usado como um indicador de predição de resultados.

Este procedimento geralmente é realizado sob sedação consciente ou sob anestesia geral, em razão do desconforto e até mesmo pela paradoxal experiência de dor durante a infusão de etanol.

Por outro lado, a resposta ao tratamento tende a ser instantânea, havendo alívio praticamente imediato da queixa álgica visceral. Podem-se acompanhar sintomas temporários de hipotensão arterial e diarreia, sintomas esses atrelados às funções simpáticas e parassimpáticas, igualmente desequilibradas com o procedimento. Os sintomas devem ser precavidos e informados ao paciente de forma antecipada.

Por conta da absorção sistêmica do etanol, são frequentes sintomas de intoxicação alcoólica leve, igualmente temporários, como cefaleia, náuseas e fala pastosa.

As complicações são raras. Dores lombar e torácica transitórias, derrames pleurais reacionais a irritação química do etanol e pneumotórax em razão de acessos transpleurais são complicações menores e também um pouco mais frequentes. Porém, apesar de rara, sem dúvida a complicação mais temida é a "síndrome da artéria espinhal anterior", determinada pela injeção inadvertida de etanol em uma de suas colaterais, como na artéria radicular magna (artéria de Adamkiewicz), levando a um quadro de isquemia medular, quadro dramático, felizmente incomum nas alcoolizações guiadas por TC.

Terapias ablativas hepáticas

O fígado consiste em um dos maiores órgãos sólidos do corpo humano e um sítio comum para o desenvolvimento de neoplasias. De acordo com informações da American Cancer Society, o fígado é o quinto órgão mais acometido por câncer em homens e o nono em mulheres. Em 2012, estimou-se o surgimento de 782.500 novos casos de câncer de fígado no mundo, com cerca de 745.500 mortes.

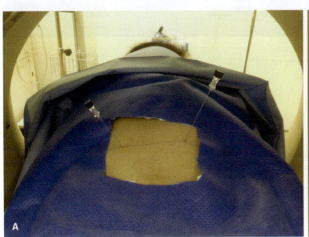
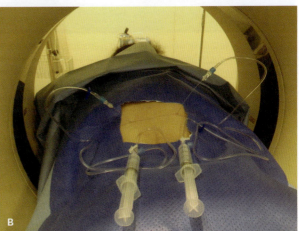

Figura 35   Neurólise de plexo celíaco, com o paciente em decúbito ventral já na mesa de tomografia. Em A, observam-se as agulhas do tipo Chiba 22 G já posicionadas através da região dorsal do paciente. Em B, observam-se seringas com etanol conectadas a essas agulhas através de extensores, prontas para a realização da injeção.

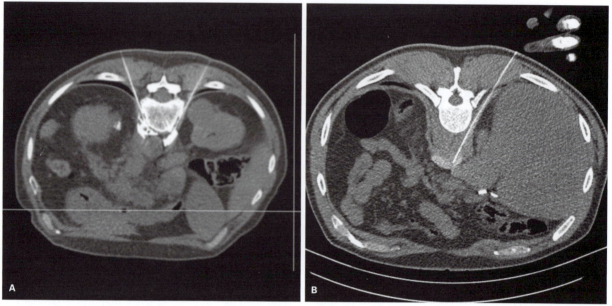

Figura 36 Cortes tomográficos axiais demonstrando exemplos de posicionamento de agulhas para neurólise de plexo celíaco. A: Duas agulhas posicionadas pelo dorso do paciente em situação retrocrural, notando-se injeção de parte da solução de etanol marcada com meio de contraste iodado. B: Agulha única posicionada em situação antecrural para neurólise de plexo celíaco, evidenciando-se injeção de etanol marcado com meio de contraste.

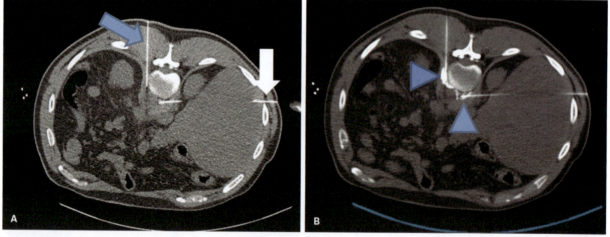

Figura 37 A: Neurólise de plexo celíaco retrocrural guiada por tomografia, notando-se o posicionamento da agulha à esquerda do paciente através da região lombar (seta azul) e a agulha da direita pela lateral do paciente, via trans-hepática (seta branca). B: Etanol marcado com o meio de contraste iodado sendo injetado (pontas de seta).

Os tumores hepáticos podem ser primários, com origem no próprio órgão, como: carcinoma hepatocelular, colangiocarcinoma, angiossarcoma e hepatoblastoma; ou secundários, sendo este o principal sítio de metástases do corpo, entre as mais frequentes provenientes dos seguintes órgãos: vesícula biliar, pâncreas, cólon, mama, pele, ovários, estômago, pulmão, entre outros.

O tratamento dos tumores hepáticos, sejam eles primários ou secundários, envolve uma abordagem multidisciplinar, tendo dentro do arsenal terapêutico associações entre cirurgia, quimioterapia, radioterapia e mais recentemente as terapias ablativas.

As terapias ablativas consistem em técnicas minimamente invasivas que utilizam meios químicos, térmicos e não térmicos para o tratamento tumoral por meio da inserção de agulhas, eletrodos, probes ou antenas no interior das lesões guiada por USG e TC. O uso mais indicado das terapias ablativas e com melhores resultados atualmente é no tratamento de carcinomas hepatocelulares e metástases hepáticas, com destaque para as de origem colorretal, que serão abordadas a seguir.

Ablação por radiofrequência

A ablação por radiofrequência (RFA) consiste na terapia ablativa térmica mais utilizada no mundo. O mecanismo de ação da RFA utiliza um circuito elétrico aplicado com um eletrodo através do corpo humano e placas aplicadas na superfície cutânea do paciente que varia de 300 até 500 kHz (Figura 38). A corrente elétrica é transformada em ondas de radiofrequência no eletrodo que determinam elevação da temperatura tecidual entre 60 e 100°C, provocando destruição tecidual local por necrose coagulativa. Hoje em dia há diversos sistemas de RFA que visam produzir zonas de ablação amplas, com uma margem entre 0,5 e 1,0 cm além da lesão, com o intuito de se evitar recidivas ou tumores residuais.

O carcinoma hepatocelular corresponde a cerca de 70-90% dos tumores primários do fígado e tem grande associação com a hepatopatia crônica na infecção pelos vírus da hepatite B e C; além de estar associado ao uso crônico de álcool, esteatose hepática, cigarro e diabete tipo 2. No contexto do carcinoma hepatocelular, a utilização da RFA está bem estabelecida, sendo o tratamento padrão para tumores precoces com até três lesões menores que 3,0 cm com classificação Child A/B na presença de contraindicação cirúrgica, segundo o algoritmo Barcelona Clinical Liver Cancer (Figura 39). Há diversos estudos clínicos que avaliaram os resultados da ablação hepática no carcinoma hepatocelular; um grande estudo realizado no Japão com 2.982 tratamentos evidenciou ablação completa em 99,4% dos casos, caracterizando o sucesso técnico do procedimento; progressão tumoral local em 10 anos de 3,2%, demonstrando o tratamento local efetivo; recidiva a distância em 10 anos de 80,8%, estando diretamente relacionada a carcinogênese hepática na hepatopatia crônica e um índice de complicações de 2,2-0,03% de óbito, caracterizado como um procedimento seguro (Quadro 6).

As metástases hepáticas constituem um dos principais sítios de acometimento sistêmico dos tumores colorretais. Caracterizam-se por sua recorrência e respondem pelo principal fator de óbito nesses pacientes. O tratamento das metástases hepáticas seja por cirurgia ou ablação hepática em conjunto com esquemas de quimioterapia é a

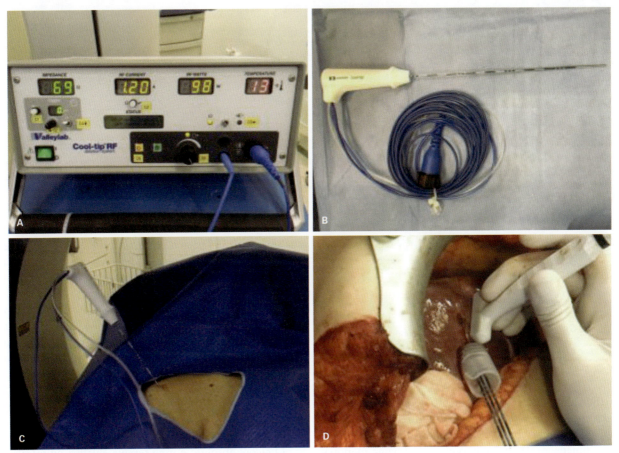

Figura 38   A: Aparelho gerador de radiofrequência. B: Modelo de agulha de radiofrequência do tipo *single*. C: Tratamento percutâneo por radiofrequência com agulha do tipo *single*. D: Tratamento intraoperatório por radiofrequência com agulha do tipo *cluster*.

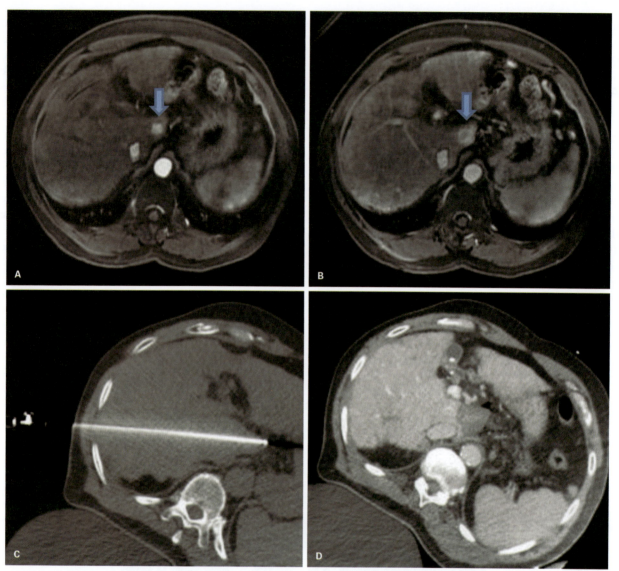

Figura 39 A: Ressonância magnética (RM) fase arterial com nódulo hipervascularizado no caudado. B: RM em fase portal com nódulo apresentando *washout* e pseudocápsula. C: Ablação por radiofrequência (RFA) guiada por tomografia do carcinoma hepatocelular (CHC). D: Controle tomográfico com injeção de contraste endovenoso imediatamente após a RFA hepática do CHC no caudado, demonstrando área de ablação adequada.

Quadro 6 Complicações na ablação por radiofrequência (RFA) hepática

Dor	Febre
Lesão biliar	Lesão gastrointestinal
Sangramento	Abscesso
Pneumotórax	Derrame pleural
Seeding tumoral	Óbito

melhor alternativa para o aumento de sobrevida destes pacientes. O sucesso terapêutico está diretamente ligado à seleção dos pacientes que apresentam até quatro lesões, com dimensões de até 5 cm, preferencialmente menores que 3 cm (Figura 40). Gilliams et al. demonstraram em sua série com 167 pacientes uma sobrevida em 5 anos de 30% nos pacientes tratados com RFA que se equipara à média de 32% de sobrevida em 5 anos dos pacientes submetidos a cirurgia.

Em relação às limitações desta técnica, temos um índice maior de tratamento incompleto e recorrências nas lesões próximas a grandes vasos por conta do roubo de calor local pelo fluxo sanguíneo, também conhecido como efeito *heat sink* (Figura 41).

Outras modalidades de terapias ablativas

Alcoolização

O álcool absoluto é uma terapia ablativa química de alta disponibilidade ao redor do mundo, de baixo custo,

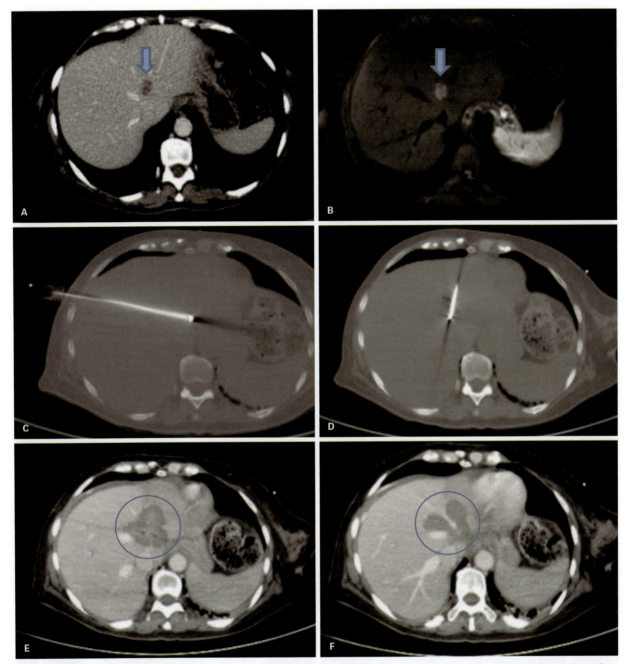

Figura 40 A: Tomografia computadorizada (TC) com contraste com metástase hepática de adenocarcinoma colorretal na confluência das veias hepáticas esquerda e média. B: Ressonância magnética de difusão caracterizando a metástase hepática. C: Ablação por radiofrequência (RFA) hepática da metástase colorretal, acesso lateral. D: RFA hepática da metástase colorretal, acesso anterior (cruzado). E: TC com contraste pós-tratamento com área de ablação adequada. F: TC com contraste pós-tratamento demonstrando a patência das veias hepáticas.

com poucas complicações e de bons resultados em pacientes selecionados. O tratamento necessita basicamente de agulhas com dimensões adequadas, álcool absoluto e aparelhos de USG e TC para guiar a injeção; entretanto, faz-se necessário um profissional bem treinado para realizar o procedimento (Figura 42).

O mecanismo de ação do álcool, assim como do ácido acético e do hidróxido de sódio, consiste na desidratação do citoplasma e denaturação das proteínas celulares associadas a trombose microvascular, que chegam a determinar necrose coagulativa local.

No contexto dos tumores hepáticos, o álcool é utilizado com frequência nos carcinomas hepatocelulares pequenos até 2 cm, com estudos demonstrando sobrevida em 5 anos de 32-38%, com resultados semelhantes aos de ablação por radiofrequência em tumores de 1-2 cm. Em

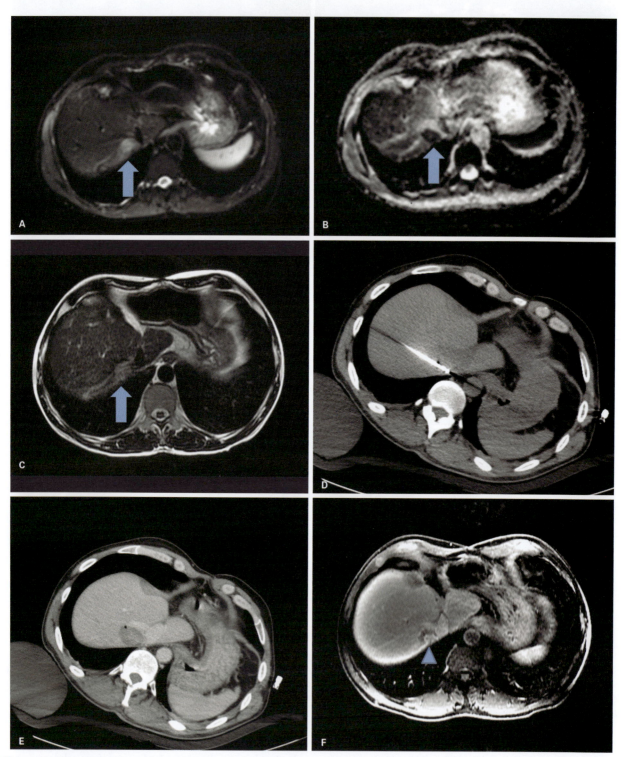

Figura 41 Tratamento de metástase hepática de neoplasia de cólon, no qual se observa falha de tratamento parcial decorrente do fenômeno de roubo de calor. As sequências de difusão (A) e mapa ADC (B) de ressonância magnética (RM) de abdome demonstram sinais de restrição apresentados por nódulo no segmento VII do fígado (seta), junto à veia cava inferior e a emergência da veia hepática direita, assim como alto sinal em T2 (C). Em D, observa-se o posicionamento da agulha de radioablação guiada por tomografia computadorizada e em E o resultado final no controle imediato do tratamento, demonstrando uma zona hipocontrastante. Em F, observa-se uma RM de abdome pós-gadolínio 6 meses pós-tratamento, identificando recidiva junto à borda da zona de ablação, próxima à veia cava inferior retro-hepática. Neste caso, a principal possibilidade é a recidiva estar relacionada a temperaturas subótimas alcançadas na zona de ablação, em decorrência do roubo de calor promovido pelo fluxo da veia cava inferior.

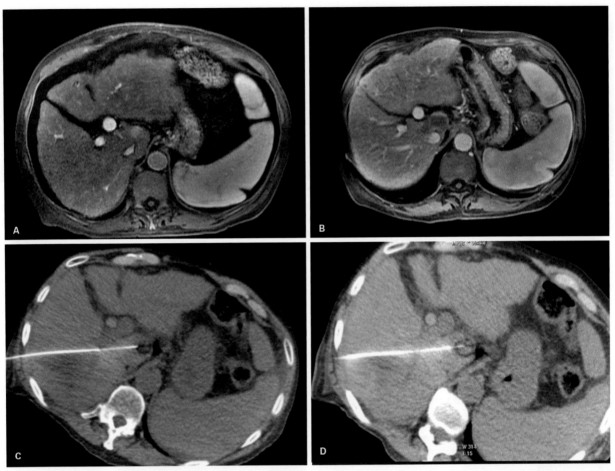

Figura 42 Alcoolização de lesão residual de carcinoma hepatocelular (CHC) pós-radioablação. A, B: Imagens axiais de ressonância magnética pós-gadolínio, demonstrando realce periférico no controle de três meses de CHC ablado por radiofrequência no segmento I, denotando lesão residual. Optado por alcoolização da lesão, nota-se em C e D a punção da lesão com uma agulha do tipo Chiba 22 G e injeção de etanol absoluto, que passou a demarcar bem a lesão nas imagens tomográficas.

razão de o tratamento ser composto por uma série de três aplicações com intervalos semanais em vez de ser único com as demais terapias ablativas, e também em decorrência do comportamento errático da injeção do álcool e dos melhores resultados obtidos com a ablação por radiofrequência em tumores maiores, essa modalidade ablativa tem se tornado opção nos casos em que as terapias ablativas térmicas são arriscadas ou possuem baixa efetividade, como nas proximidades de grandes vasos, de ramos biliares principais e de órgãos críticos (Figura 43).

Microondas

As características ablativas das microondas permitem a obtenção de áreas de ablação maiores e mais esféricas; estudos recentes com carcinomas hepatocelulares entre 3 e 7 cm demonstraram ablação completa entre 90 e 92,6% dos tumores. Em relação às metástases colorretais, entre os poucos estudos comparando abordagens cirúrgicas ou combinadas, os resultados indicam que não há diferenças na sobrevida média, complicações e tempo livre de doença nestes grupos.

Crioablação

A crioablação foi a primeira terapia ablativa térmica desenvolvida e utiliza o efeito Joule-Thompson para congelação tecidual. O crioprobe (Figura 44) que é inserido no interior das lesões possui um mecanismo que utiliza os gases argônio para resfriamento e hélio para aquecimento, os quais são responsáveis pelo processo de ablação. As temperaturas no probe atingem cerca de −100 a −150°C, determinando a formação de cristais de gelo intracelulares que lesam a membrana celular, assim como no interior vascular provocando lesão celular irreversível associada a isquemia tecidual.

A utilização da crioablação tem excelentes resultados em tumores renais, entretanto, a experiência com os tumores hepáticos não é favorável. A característica da formação da bola de gelo no interior do fígado, no contexto de um órgão vascularizado com grandes vasos, determinou um

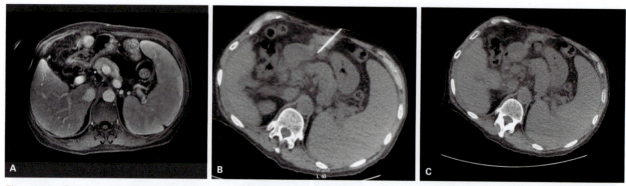

Figura 43 Exemplo de alcoolização de carcinoma hepatocelular (CHC) em paciente hepatopata, lesão esta que apresenta íntimo contato com o estômago e alças intestinais. A: Imagem axial de ressonância magnética pós-gadolínio demonstra nódulo hipervascularizado no segmento III. B: Punção do nódulo guiada por tomografia computadorizada. C: Controle tomográfico após injeção de etanol e retirada da agulha de punção, notando-se um halo hipoatenuante delimitando a lesão.

número mais elevado de complicações hemorrágicas e de maior recorrência local quando comparada à ablação por radiofrequência, sendo portanto deixada em segundo plano nas terapias ablativas hepáticas.

Eletroporação irreversível

A eletroporação irreversível é uma terapia ablativa não térmica recente, que utiliza pulsos elétricos de alta voltagem, entre 1.000 a 3.000 V/cm, os quais são aplicados no tecido a partir da introdução de um eletrodo na lesão. O mecanismo de destruição celular instantânea que decorre dos pulsos de alta voltagem, além do limiar celular, determina a abertura permanente de nanoporos na camada lipídica das células, provocando perda da homeostase e acarretando a morte celular. Essa terapia ablativa ainda não possui estudos em grande escala em seres hu-

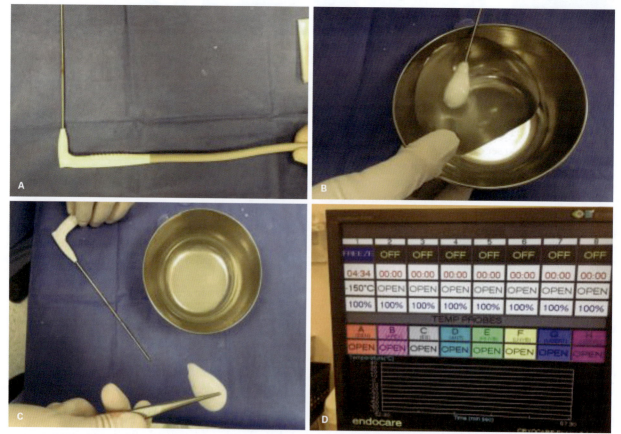

Figura 44 A: Probe de crioablação ("crioprobe"). B: Formação da "bola de gelo" no probe. C: Demonstração da "bola de gelo" ao final do processo de congelação. D: Monitor do aparelho de crioablação demonstrando a temperatura de −150 °C no probe da crioablação.

manos; estudos em animais demonstraram que apesar da apoptose celular, há preservação das estruturas celulares e ductos biliares e que a área tratada não sofre interferência significativa do *heat sink* dos grandes vasos, possibilitando o tratamento de estruturas mais centrais e próximas a vias biliares; entretanto, mais estudos são necessários para sua avaliação em longo prazo.

Bibliografia sugerida

Princípios fundamentais da radiologia intervencionista guiada por imagem

1. American Society of Anesthesiologists (ASA). Continuum of depth of sedation definition of general anesthesia and levels of sedation/analgesia. October 27, 2004. Amended October 21, 2009.
2. Jenkins K, Baker AB. Consent and anaesthetic risk. Anaesthesia. 2003;58(10):962-84.
3. Practice guidelines for preoperative fasting and the use of pharmacologic agents to reduce the risk of pulmonary aspiration: application to healthy patients undergoing elective procedures: a report by the American Society of Anesthesiologist Task Force on Preoperative Fasting. Anesthesiology. 1999;90(3):896-905.
4. Patel IJ, Davidson JC, Nikolic B, Salazar GM, Schwartzberg MS, Walker TG, et al. Consensus guidelines for periprocedural management of coagulation status and hemostasis risk in percutaneous image-guided interventions. J Vasc Interv Radiol. 2012;23(6):727-36.
5. Baron TH, Kamath PS, McBane RD. Management of antithrombotic therapy in patients undergoing invasive procedures. N Engl J Med. 2013;368(22):2113-24.
6. Covey AM, Gandhi R, Brody LA, Getrajdman G, Thaler HT, Brown KT. Factors associated with pneumothorax and pneumothorax requiring treatment after percutaneous lung biopsy in 443 consecutive patients. J Vasc Interv Radiol. 2004;15(5):479-83.
7. Moore EH, LeBlanc J, Montesi SA, Richardson ML, Shepard JA, McLoud TC. Effect of patient positioning after needle aspiration lung biopsy. Radiology. 1991;181(2):385-7.
8. Molino D, De Lucia D, Gaspare De Santo N. Coagulation disorders in uremia. Semin Nephrol. 2006;26(1):46-51.
9. Stacul F, van der Molen AJ, Reimer P, Webb JA, Thomsen HS, Morcos SK, et al. Contrast induced nephropathy: updated ESUR Contrast Media Safety Committee guidelines. Eur Radiol. 2011;21(12):2527-41.
10. Chung F, Chan VW, Ong D. A post-anesthetic discharge scoring system for home readiness after ambulatory surgery. J Clin Anesth. 1995;7(6):500-6.
11. Chung F. Recovery pattern and home-readiness after ambulatory surgery. Anesth Analg. 1995;80(5):896-902.
12. Di Minno G, Martinez J, McKean ML, De La Rosa J, Burke JF, Murphy S. Platelet dysfunction in uremia. Multifaceted defect partially corrected by dialysis. Am J Med. 1985;79(5):552-9.

Biópsias percutâneas

13. Chojniak R, Isberner RK, Viana LM, Yu LS, Aita AA, Soares FA. Computed tomography guided needle biopsy: experience from 1,300 procedures. Sao Paulo Med J. 2006;124(1):10-4.
14. de Bucourt M, Busse R, Zada O, Kaschke H, Weiss A, Teichgraber U, et al. CT-guided biopsies: quality, complications and impact on treatment: a retrospective initial quality control. Rofo. 2011;183(9):842-8.
15. El-Haddad G. PET-based percutaneous needle biopsy. PET Clin. 2016;11(3):333-49.
16. Rajagopal M, Venkatesan AM. Image fusion and navigation platforms for percutaneous image-guided interventions. Abdom Radiol (NY). 2016;41(4):620-8.
17. Park HJ, Lee MW, Lee MH, Hwang J, Kang TW, Lim S, et al. Fusion imaging-guided percutaneous biopsy of focal hepatic lesions with poor conspicuity on conventional sonography. J Ultrasound Med. 2013;32(9):1557-64.
18. Park HS, Kim YJ, Yu MH, Jung SI, Jeon HJ. Real-time contrast-enhanced sonographically guided biopsy or radiofrequency ablation of focal liver lesions using perflurobutane microbubbles (sonazoid): value of Kupffer-phase imaging. J Ultrasound Med. 2015;34(3):411-21.
19. Volpe A, Kachura JR, Geddie WR, Evans AJ, Gharajeh A, Saravanan A, et al. Techniques, safety and accuracy of sampling of renal tumors by fine needle aspiration and core biopsy. J Urol. 2007;178(2):379-86.
20. Amin Z, Theis B, Russell RC, House C, Novelli M, Lees WR. Diagnosing pancreatic cancer: the role of percutaneous biopsy and CT. Clin Radiol. 2006;61(12):996-1002.
21. Goldin SB, Bradner MW, Zervos EE, Rosemurgy AS 2nd. Assessment of pancreatic neoplasms: review of biopsy techniques. J Gastrointest Surg. 2007;11(6):783-90.
22. Paulsen SD, Nghiem HV, Negussie E, Higgins EJ, Caoili EM, Francis IR. Evaluation of imaging-guided core biopsy of pancreatic masses. AJR Am J Roentgenol. 2006;187(3):769-72.
23. Tseng HS, Chen CY, Chan WP, Chiang JH. Percutaneous transgastric computed tomography-guided biopsy of the pancreas using large needles. World J Gastroenterol. 2009;15(47):5972-5.
24. Gupta S, Ahrar K, Morello FA Jr., Wallace MJ, Hicks ME. Masses in or around the pancreatic head: CT-guided coaxial fine-needle aspiration biopsy with a posterior transcaval approach. Radiology. 2002;222(1):63-9.

Punções e drenagens

25. Montgomery RS, Wilson SE. Intraabdominal abscesses: image-guided diagnosis and therapy. Clin Infect Dis. 1996;23(1):28-36.
26. Branum GD, Tyson GS, Branum MA, Meyers WC. Hepatic abscess: changes in etiology, diagnosis, and management. Ann Surg. 1990;212(6):655-62.
27. Solomkin JS, Mazuski JE, Bradley JS, Rodvold KA, Goldstein EJ, Baron EJ, et al. Diagnosis and management of complicated intra-abdominal infection in adults and children: guidelines by the Surgical Infection Society and the Infectious Diseases Society of America. Surg Infect (Larchmt). 2010;11(1):79-109.
28. Sartelli M, Viale P, Koike K, Pea F, Tumietto F, van Goor H, et al. WSES consensus conference: guidelines for first-line management of intra-abdominal infections. World J Emerg Surg. 2011;6:2.
29. Cinat ME, Wilson SE, Din AM. Determinants for successful percutaneous image-guided drainage of intra-abdominal abscess. Arch Surg. 2002;137(7):845-9.
30. Lungren MP, Kim CY, Stewart JK, Smith TP, Miller MJ. Tunneled peritoneal drainage catheter placement for refractory ascites: single-center experience in 188 patients. J Vasc Interv Radiol. 2013;24:1303-8.
31. Narayanan G, Pezeshkmehr A, Venkat S, Guerrero G, Barbery K. Safety and efficacy of the PleurX catheter for the treatment of malignant ascites. J Palliat Med. 2014;17(8):906-12.
32. White J, Carolan-Rees G. PleurX peritoneal catheter drainage system for vacuum-assisted drainage of treatment-resistant, recurrent malignant ascites: a NICE Medical Technology Guidance. Appl Health Econ Health Policy. 2012;10(5):299-308.
33. Gervais DA, Hahn PF, O'Neill MJ, Mueller PR. CT-guided transgluteal drainage of deep pelvic abscesses in children: selective use as an alternative to transrectal drainage. AJR Am J Roentgenol. 2000;175:1393-6.
34. Ryan JM, Murphy BL, Boland GW, Mueller PR. Use of the transgluteal route for percutaneous abscess drainage in acute diverticulitis to facilitate delayed surgical repair. AJR Am J Roentgenol. 1998;170:1189-93.
35. Harisinghani MG, Gervais DA, Hahn PF, Cho CH, Jhaveri K, Varghese J, et al. CT-guided transgluteal drainage of deep pelvic abscesses: indications, technique, procedure-related complications, and clinical outcome. Radiographics. 2002;22(6):1353-67.
36. O'Neill MJ, Rafferty EA, Lee SI, Arellano RS, Gervais DA, Hahn PF, et al. Transvaginal interventional procedures: aspiration, biopsy, and catheter drainage. Radiographics. 2001;21(3):657-72.
37. Phillips VM, Bernardino M. The parallel iliac approach: a safe and accurate technique for deep pelvic node biopsy. J Comput Tomogr. 1984;8(3):237-8.
38. Gupta S, Wallace MJ, Morello FA Jr., Ahrar K, Hicks ME. CT-guided percutaneous needle biopsy of intrathoracic lesions by using the transsternal approach: experience in 37 patients. Radiology. 2002;222(1):57-62.
39. Spira RM, Nissan A, Zamir O, Cohen T, Fields SI, Freund HR. Percutaneous transhepatic cholecystostomy and delayed laparoscopic cholecystectomy in critically ill patients with acute calculus cholecystitis. Am J Surg. 2002;183(1):62-6.
40. Davis CA, Landercasper J, Gundersen LH, Lambert PJ. Effective use of percutaneous cholecystostomy in high-risk surgical patients: techniques, tube management, and results. Arch Surg. 1999;134(7):727-31; discussion 31-2.

41. Goldberg MA, Mueller PR, Saini S, Lee MJ, Girard MJ, Dawson SL, et al. Importance of daily rounds by the radiologist after interventional procedures of the abdomen and chest. Radiology. 1991;180(3):767-70.
42. Maher MM, Kealey S, McNamara A, O'Laoide R, Gibney RG, Malone DE. Management of visceral interventional radiology catheters: a troubleshooting guide for interventional radiologists. Radiographics. 2002;22(2):305-22.
43. Cinat ME, Wilson SE, Din AM. Determinants for successful percutaneous image-guided drainage of intra-abdominal abscess. Arch Surg. 2002;137(7):845-9.
44. Lahorra JM, Haaga JR, Stellato T, Flanigan T, Graham R. Safety of intracavitary urokinase with percutaneous abscess drainage. AJR Am J Roentgenol. 1993;160(1):171-4.
45. Haaga JR, George C, Weinstein AJ, Cooperman AM. New interventional techniques in the diagnosis and management of inflammatory disease within the abdomen. Radiol Clin North Am. 1979;17(3):485-513.
46. Gerzof SG, Robbins AH, Birkett DH, Johnson WC, Pugatch RD, Vincent ME. Percutaneous catheter drainage of abdominal abscesses guided by ultrasound and computed tomography. AJR Am J Roentgenol. 1979;133(1):1-8.
47. Jaques P, Mauro M, Safrit H, Yankaskas B, Piggott B. CT features of intraabdominal abscesses: Prediction of successful percutaneous drainage. AJR Am J Roentgenol. 1986;146(5):1041-5.
48. Cheng D, Nagata KT, Yoon H-C. Randomized prospective comparison of alteplase versus saline solution for the percutaneous treatment of loculated abdominopelvic abscesses. J Vasc Interv Radiol. 2008;19(6):906-11.
49. Wallace MJ, Chin KW, Fletcher TB, Bakal CW, Cardella JF, Grassi CJ, et al. Quality improvement guidelines for percutaneous drainage/aspiration of abscess and fluid collections. J Vasc Interv Radiol. 2010;21(4):431-5.

Paracenteses

50. Runyon BA, AASLD Practice Guidelines Committee. Management of adult patients with ascites due to cirrhosis: an update. Hepatology. 2009;49:2087.
51. Grabau CM, Crago SF, Hoff LK, Simon JA, Melton CA, Ott BJ, et al. Performance standards for therapeutic abdominal paracentesis. Hepatology. 2004;40:484.
52. Orman ES, Hayashi PH, Bataller R, Barritt AS 4th. Paracentesis is associated with reduced mortality in patients hospitalized with cirrhosis and ascites. Clin Gastroenterol Hepatol. 2014;12:496.

Controle da dor

53. Ventafridda GV, Caraceni AT, Sbanotto AM, Barletta L, De Conno F. Pain treatment in cancer of the pancreas. Eur J Surg Oncol. 1990;16(1):1-6.
54. Lankisch PG. Natural course of chronic pancreatitis. Pancreatology. 2001; 1(1):3-14.
55. Johnson CD, Davis CL. Pain relief in upper abdominal malignancy. Hepatobiliary Pancreat Dis Int. 2006;5(3):330-3.
56. Caraceni A, Portenoy RK. Pain management in patients with pancreatic carcinoma. Cancer. 1996;78:639-53.
57. Hanowell ST, Kennedy SF, Macnamara TE, Lees DE. Celiac plexus block: diagnostic and therapeutic applications in abdominal pain. South Med J. 1980;73(10):1330-2.
58. Mercadante S. Neurolytic coeliac plexus block in the treatment of abdominal cancer pain. Eur J Palliat Care. 2004;11:142-5.
59. Noble M, Gress FG. Techniques and results of neurolysis for chronic pancreatitis and pancreatic cancer pain. Curr Gastroenterol Rep. 2006;8(2):99-103.
60. Yamamuro M, Kusaka K, Kato M, Takahashi M. Celiac plexus block in cancer pain management. Tohoku J Exp Med. 2000;192(1):1-18.
61. Ischia S, Polati E, Finco G, Gottin L, Benedini B. 1998 Labat lecture: the role of the neurolytic celiac plexus block in pancreatic cancer pain management: do we have the answers? Reg Anesth Pain Med. 1998;23(6):611-4.
62. McCartney CJL, Chambers WA. Coeliac plexus block. Curr Anaesth Crit Care. 1998;9:318-24.
63. Eisenberg E, Carr DB, Chalmers TC. Neurolytic celiac plexus block for treatment of cancer pain: a meta-analysis. Anesth Analg. 1995;80(2):290-5.
64. Wang PJ, Shang MY, Qian Z, Shao CW, Wang JH, Zhao XH. CT-guided percutaneous neurolytic celiac plexus block technique. Abdom Imaging. 2006;31(6):710-8.
65. Nagels W, Pease N, Bekkering G, Cools F, Dobbels P. Celiac plexus neurolysis for abdominal cancer pain: a systematic review. Pain Med. 2013;14(8):1140-63.
66. Edelstein MR, Gabriel RT, Elbich JD, Wolfe LG, Sydnor MK. Pain outcomes in patients undergoing CT-guided celiac plexus neurolysis for intractable abdominal visceral pain. Am J Hosp Palliat Care. 2015.

67. Erdek MA, Halpert DE, Gonzalez Fernandez M, Cohen SP. Assessment of celiac plexus block and neurolysis outcomes and technique in the management of refractory visceral cancer pain. Pain Med. 2010;11(1):92-100.
68. Zhang CL, Zhang TJ, Guo YN, Yang LQ, He MW, Shi JZ, et al. Effect of neurolytic celiac plexus block guided by computerized tomography on pancreatic cancer pain. Dig Dis Sci. 2008;53(3):856-60.

Terapias ablativas

69. Ahmed M, Solbiati L, Brace CL, Breen DJ, Callstrom MR, Charboneau JW, et al. Image-guided tumor ablation: standardization of terminology and reporting criteria – a 10-year update. Radiology. 2014;273:241-60.
70. Goldberg SN, Gazelle GS, Mueller PR. Thermal ablation therapy for focal malignancy: a unified approach to underlying principles, techniques, and diagnostic imaging guidance. AJR Am J Roentgenol. 2000;174(2):323-31.
71. Crocetti L, de Baere T, Lencioni R. Quality improvement guidelines for radiofrequency ablation of liver tumours. Cardiovasc Intervent Radiol. 2010;33(1):11-7.
72. London WT, McGlynn KA. Liver cancer. In: Schottenfeld D, Fraumeni Jr. J, eds. Cancer epidemiology and prevention. 3rd ed. New York: Oxford University Press; 2006:763-86.
73. Mittal S, El-Serag HB. Epidemiology of hepatocellular carcinoma: consider the population. J Clin Gastroenterol. 2013;47(0):S2-S6.
74. Forner A, Llovet JM, Bruix J. Lancet. 2012;379(9822):1245-55.
75. Shiina S, Tateishi R, Arano T. Radiofrequency ablation for hepatocellular carcinoma: 10-year outcome and prognostic factors. Am J Gastroenterol. 2012;107:569-77.
76. Sag AA, Selcukbiricik F, Mandel NM. Evidence-based medical oncology and interventional radiology paradigms for liver-dominant colorectal cancer metastases. World J Gastroenterol. 2016;22(11):3127-49.
77. Gillams AR, Lees WR. Radio-frequency ablation of colorectal liver metastases in 167 patients. Eur Radiol. 2004;14:2261-7.
78. Clark TW, Soulen MC. Chemical ablation of hepatocellular carcinoma. J Vasc Interv Radiol. 2002;13(9, Pt 2):S245-S252.
79. Shiina S, Tagawa K, Niwa Y, Unuma T, Komatsu Y, Yoshiura K, et al. Percutaneous ethanol injection therapy for hepatocellular carcinoma: results in 146 patients. AJR Am J Roentgenol. 1993;160(5):1023-8.
80. Livraghi T, Giorgio A, Marin G, Salmi A, de Sio I, Bolondi L, et al. Hepatocellular carcinoma and cirrhosis in 746 patients: long-term results of percutaneous ethanol injection. Radiology. 1995;197(1):101-8.
81. Shiina S, Teratani T, Obi S, Sato S, Tateishi R, Fujishima T, et al. A randomized controlled trial of radiofrequency ablation with ethanol injection for small hepatocellular carcinoma. Gastroenterology. 2005;129(1):122-30.
82. Chen MS, Li JQ, Zheng Y, Guo RP, Liang HH, Zhang YQ, et al. A prospective randomized trial comparing percutaneous local ablative therapy and partial hepatectomy for small hepatocellular carcinoma. Ann Surg. 2006;243(3):321-8.
83. Di Vece F, Tombesi P, Ermili F, Maraldi C, Sartori S. Coagulation areas produced by cool-tip radiofrequency ablation and microwave ablation using a device to decrease back-heating effects: a prospective pilot study. Cardiovasc Intervent Radiol. 2014;37.
84. Poggi G, Montagna B, DI Cesare P, Riva G, Bernardo G, Mazzucco M, et al. Microwave ablation of hepatocellular carcinoma using a new percutaneous device: preliminary results. Anticancer Res. 2013;33:1221-7.
85. Yin XY, Xie XY, Lu MD, Xu HX, Xu ZF, Kuang M, et al. Percutaneous thermal ablation of medium and large hepatocellular carcinoma: long-term outcome and prognostic factors. Cancer. 2009;115:1914-23.
86. Tanaka K, Shimada H, Nagano Y, Endo I, Sekido H, Togo S. Outcome after hepatic resection versus combined resection and microwave ablation for multiple bilobar colorectal metastases to the liver. Surgery. 2006;139(2):263-73.
87. Erinjeri JP, Clark TW. Cryoablation: mechanism of action and devices. J Vasc Interv Radiol. 2010;21(8, Suppl):S187-S191.
88. Pearson AS, Izzo F, Fleming RY, Ellis LM, Delrio P, Roh MS, et al. Intraoperative radiofrequency ablation or cryoablation for hepatic maligancies. Am J Surg. 1999;178(6):592-9.
89. Sheen AJ, Siriwardena AK. The end of cryotherapy for the treatment of nonresectable hepatic tumors? Ann Surg Oncol. 2005;12(3):202-4.
90. Miller L, Leor J, Rubinsky B. Cancer cells ablation with irreversible electroporation. Technol Cancer Res Treat. 2005;4(6):699-705.
91. Lee EW, Chen C, Prieto VE, Dry SM, Loh CT, Kee ST. Advanced hepatic ablation technique for creating complete cell death: irreversible electroporation. Radiology. 2010;255(2):426-33.

42

Abdome agudo pediátrico

Maurício Gustavo Ieiri Yamanari
Alessandra Araújo de Castro
Ana Graziela Santana Antón
Marcela Larizzati Zacharias

Corpo estranho no trato gastrointestinal da criança

A ingestão de corpos estranhos é uma ocorrência comum na infância. Aproximadamente 80% dos casos acometem crianças de 1 a 3 anos de idade. Mais de 80% dos corpos estranhos ingeridos passam através do trato gastrointestinal (TGI) sem maiores intercorrências, causando apenas graus variáveis de desconforto. Cerca de 10-20% requerem remoção endoscópica, e menos de 1% necessitam intervenção cirúrgica.

As moedas são os corpos estranhos mais frequentemente ingeridos pelas crianças. Outros objetos incluem brinquedos, partes de brinquedos, magnetos, baterias, parafusos, alfinetes, ossos e joias.

Manifestações clínicas

As manifestações clínicas decorrentes da ingestão de corpos estranhos dependem das suas localizações e da possibilidade de ocasionarem complicações como obstrução, hemorragia ou perfuração.

Dor abdominal em cólica, sensação de plenitude gástrica, náuseas, vômitos, anorexia e perda de peso podem ocorrer nos casos de obstrução pilórica.

Perfurações e obstruções podem ocorrer em qualquer local do tubo digestivo, sendo mais frequentes nos locais de angulação ou estreitamento anatômico. Dessa forma, a cricofaringe, esôfago na região da carina traqueal, da impressão aórtica e na região do hiato diafragmático, junção esôfago gástrica, piloro, segunda e terceira porções duodenais, ângulo de Treitz, região ileocecal, cólon sigmoide, reto na sua reflexão peritoneal e ânus são os locais com maior possibilidade de impactação de corpos estranhos.

Avaliação radiológica na suspeita de ingestão de corpo estranho

A radiografia é o primeiro método de imagem realizado na suspeita de ingestão de corpo estranho, sendo realizadas incidências frontais e laterais do pescoço, tórax e abdome para adequada localização do objeto (Figura 1).

É importante descrever a localização, a quantidade de corpos estranhos, o tipo de objeto, se for possível (moeda, bateria, objeto pontiagudo), e se há sinais de obstrução ou perfuração.

Tomografia pode ser considerada nas situações em que o corpo estranho ingerido causa sintomas ou apresenta características preocupantes como grande dimensão (largura > 2 cm e comprimento > 5 cm), formato pontiagudo/cortante, magneto e bateria. A tomografia também pode ser considerada se nenhum objeto for identificado nas radiografias, apesar da forte suspeita clínica de ingestão, ou se há sinais clínicos de complicações após ingestão do corpo estranho (peritonite, obstrução).

Para objetos radiotransparentes como espinha de peixe, plástico e pedaço de madeira o contraste oral gastrointestinal baritado ou hidrossolúvel pode auxiliar na localização do corpo estranho. É importante destacar que o uso do bário pode obscurecer a visualização da endoscopia, assim como favorecer a aspiração nos casos de obstrução esofágica.

Avaliação de tipos específicos de corpos estranhos

Moedas

As moedas são facilmente identificadas nas radiografias simples como opacidade em forma de disco (Figura 2). São atóxicas, portanto, a informação mais im-

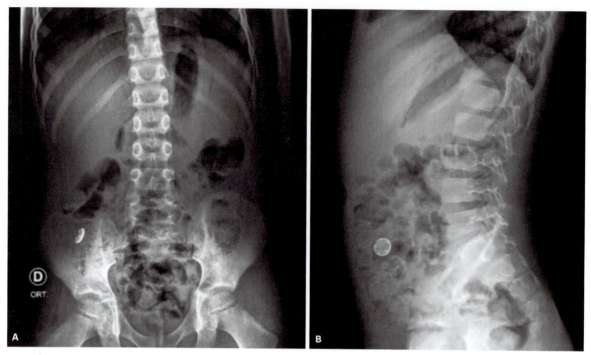

Figura 1 Paciente masculino, 7 anos de idade, com relato de ingestão de botão de roupa. A: Radiografia de abdome anteroposterior, opacidade ovalada (botão) na transição ceco/cólon ascendente. B: Radiografia de abdome em perfil confirma a localização do botão na transição ceco/cólon ascendente.

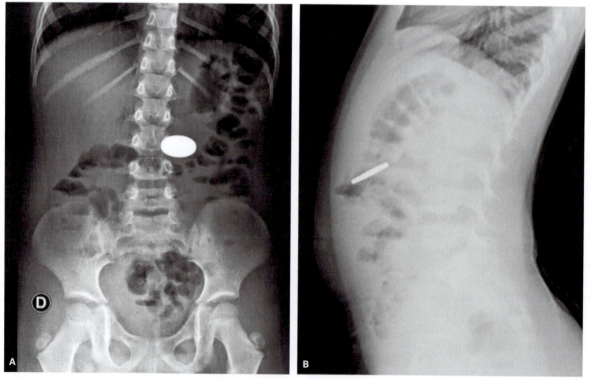

Figura 2 Paciente feminino, 5 anos de idade, que ingeriu uma moeda. A: Radiografia simples de abdome em AP, opacidade em forma de disco (moeda) projetada no antro gástrico. B: Radiografia de abdome em perfil confirma a localização da moeda no antro gástrico.

portante a ser referida é a sua localização e se há sinais de obstrução.

Moedas localizadas no esôfago, principalmente nos terços médio e distal, podem ser observadas por 24 h, pois em cerca de 30% dos casos há passagem espontânea para o estômago. Já nos casos de moedas localizadas na cricofaringe (topografia do esfíncter esofágico superior) (Figura 3) o sucesso da conduta conservadora é menor.

Criança assintomática com a moeda identificada no estômago pode ter conduta conservadora, com radiografias seriadas.

Se há sintomas (dor abdominal, vômito, febre) e a moeda encontra-se no esôfago ou estômago, ou se a criança é assintomática com moeda no esôfago por ≥ 24 h ou no estômago por ≥ 4 semanas, ou por tempo desconhecido, há indicação de remoção endoscópica.

Baterias

Baterias em formato de disco apresentam elevado risco de lesão corrosiva do TGI, como queimaduras, formação de fístulas e perfuração.

A lesão pode ocorrer por contato direto e pressão sobre mucosa do TGI, por condução de eletricidade quando a parede do TGI estabelece contato com os dois polos da bateria, como também pelo vazamento do material cáustico que as compõem. As baterias sem carga podem manter tensão suficiente para gerar corrente externa e, consequentemente, provocar lesões.

No esôfago, as lesões podem ocorrem em menos de 1-2 h, sendo a remoção endoscópica urgente. Portanto, é importante diferenciar moeda de bateria de disco, pois na primeira a conduta pode ser conservadora. A bateria tem estrutura bilaminar, com aspecto de anel duplo na incidência frontal e com bordas chanfradas na incidência lateral.

No estômago, a remoção da bateria está indicada se há sinais de peritonite ou se permanece no estômago ≥ 4 dias e possui mais de 15 mm de diâmetro.

Baterias cilíndricas apresentam menor risco de danos cáusticos no TGI após a ingestão, sendo aconselhável sua remoção se impactado no esôfago e permanecer no estômago por ≥ 2 dias.

Ímãs

Ímã solitário ingerido sem outros corpos estranhos metálicos no TGI pode ter conduta conservadora com radiografias seriadas. Se dois ou mais ímãs forem ingeridos, ou um ímã ingerido com outro corpo estranho metálico, principalmente em momentos diferentes, podem gerar atração das paredes intestinais e resultar em necrose de pressão, fístula, volvo, perfuração, infecção ou obstrução.

As radiografias simples podem não distinguir com certeza se há um ou múltiplos ímãs sobrepostos, podendo ser sempre considerada a remoção endoscópica nos casos de ímã acessível. E o aspecto radiográfico do ímã é

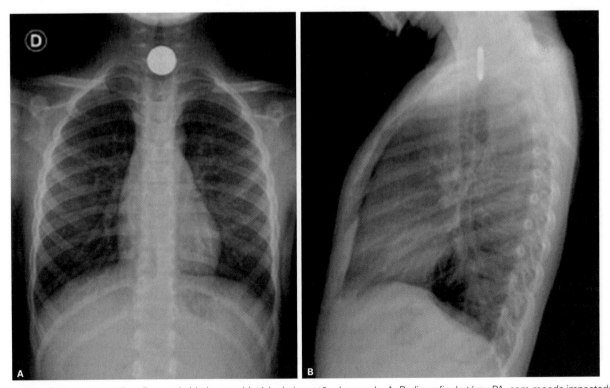

Figura 3 Paciente masculino, 5 anos de idade, com história de ingestão de moeda. A: Radiografia de tórax PA, com moeda impactada na cricofaringe. B: Radiografia de tórax em perfil.

semelhante a outros objetos metálicos, sendo a informação clínica da natureza do objeto importante.

A ingestão de mais de um ímã requer remoção imediata se localizados no esôfago e estômago. Se localizados no intestino e em crianças assintomáticas pode ser realizado o acompanhamento com radiografias seriadas, a cada 4-6 h ou, se acessível, remoção por enteroscopia ou colonoscopia. Em pacientes sintomáticos ou com ímãs que não progridem, a remoção cirúrgica está indicada.

Objetos pontiagudos e de vidro

Objetos pontiagudos (alfinetes, agulhas, espinha de peixe, grampos) e objetos de vidro são também ingeridos pelas crianças.

A maioria dos objetos pontiagudos são radiopacos, e geralmente a dificuldade para encontrá-los é devida ao seu pequeno tamanho (Figura 4).

Todo vidro é radiopaco e deve ser visível nas radiografias.

Por conta do risco de perfuração, corpos estranhos pontiagudos no esôfago e estômago devem ser removidos por via endoscópica.

Se o objeto estiver localizado no intestino delgado, devem ser realizadas radiografias seriadas até a sua eliminação. A perfuração pode ocorrer em qualquer lugar do TGI, sendo mais comum na região ileocecal.

A intervenção cirúrgica deve ser considerada se não houver progressão do objeto através do intestino após 3 dias, pois sugere impactação.

Bezoar

Bezoares consistem em corpos estranhos ingeridos e que se acumulam dentro do TGI. Eles são denominados de acordo com o tipo de corpo estranho ingerido: tricobezoar (cabelos ou pelos), fitobezoar (frutas e/ou fibras vegetais), tricofitobezoar (mistos), lactobezoar (leite ou fórmulas lácteas) e litobezoar (cimento, areia e pedras).

Os tipos mais comuns são o tricobezoar e o fitobezoar, e na faixa pediátrica o tricobezoar é o mais frequente, acometendo principalmente meninas na adolescência.

O quadro clínico é inespecífico e insidioso, apresentando sintomatologia de acordo com a localização. Com o aumento do volume do bezoar, os sintomas podem evoluir para anorexia, desconforto abdominal relacionado às refeições e perda de peso. E quando há obstrução surgem vômitos e dor abdominal.

A principal complicação descrita é a obstrução gastrointestinal, sendo também relatados úlceras, sangramentos e perfurações gastrointestinais, assim como a síndrome de Rapunzel nos casos de tricobezoar (extensão do tricobezoar do estômago até o cólon através de uma cauda de fios presa à massa principal intragástrica).

A radiografia simples de abdome pode diagnosticar sinais de obstrução intestinal; o bezoar não apresenta características radiográficas específicas e pode ser confundido com presença de fezes no cólon.

Na radiografia contrastada com bário, pode-se caracterizar a falha de enchimento intraluminal, sendo difícil estabelecer a natureza do bezoar.

A ultrassonografia (USG) pode caracterizar uma massa intraluminal com uma banda arciforme hiperecoica com marcada sombra acústica posterior, que, na suspeita de bezoar, torna-se um achado de imagem sugestivo.

Na tomografia, o bezoar é caracterizado como uma massa heterogênea com bolhas de gás de permeio, que, em um quadro de obstrução, estará associado a dilatação do segmento gastrointestinal à montante e calibre normal ou reduzido das alças à jusante.

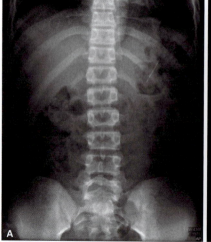
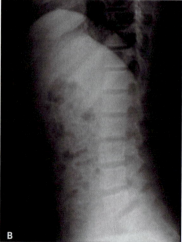
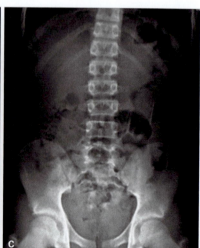

Figura 4   Paciente masculino, 15 anos de idade, que ingeriu agulha. A: Radiografia de abdome anteroposterior, opacidade linear projetada no cólon transverso, próximo à flexura esplênica. B: Radiografia de abdome em perfil, confirma a localização da agulha no cólon transverso. C: Controle radiográfico após 6 horas, agulha localizada no terço proximal do cólon descendente.

O tratamento do bezoar a princípio é conservador, com remoção endoscópica e utilização de soluções enzimáticas. A cirurgia está reservada para bezoares volumosos ou para pacientes portadores de complicações.

Obstrução intestinal alta neonatal

Anomalias congênitas do TGI são causas de obstrução intestinal neonatal, incluindo distúrbios obstrutivos completos (atresias) e incompletos (estenoses), anomalias de rotação e fixação, assim como duplicações e compressões extrínsecas.

Obstrução duodenal congênita

A obstrução duodenal congênita resulta da alteração do desenvolvimento normal fetal do TGI, podendo ser classificada em intrínseca e extrínseca, de acordo com o mecanismo subjacente.

As causas intrínsecas incluem a atresia e a estenose duodenal; as extrínsecas incluem o pâncreas anular, a duplicação duodenal e a má rotação intestinal.

Atresia duodenal

A atresia é a causa mais importante de obstrução duodenal, sendo decorrente da falência na recanalização duodenal, que ocorre entre 9 e 11 semanas de gestação, sendo mais frequente na segunda porção duodenal.

Mais de 50% dos casos de atresia duodenal associam-se a outras anomalias congênitas, como cardiopatias, má rotação do intestino delgado, ânus imperfurado, atresia biliar, pâncreas anular e anomalias renais. Também há elevada incidência dessa anomalia nos pacientes com síndrome de Down.

O quadro clínico é caracterizado por vômitos progressivos após o início da alimentação, geralmente biliosos (em dois terços dos casos a obstrução está abaixo da ampola hepatopancreática), podendo estar associado à distensão gástrica.

A atresia duodenal pode ser classificada em três tipos (Gray e Skandalakis) (Figura 5):

- Tipo I: há um diafragma mucoso (membrana duodenal completa) que obstrui a luz duodenal. Caracteriza-se a dilatação do segmento duodenal proximal à atresia, e estreitamento do segmento distal. As camadas musculares estão preservadas (92% dos casos).
- Tipo II: as extremidades atrésicas do duodeno estão unidas por um cordão fibroso (1% dos casos).
- Tipo III: há completa separação das extremidades do duodeno atrésico (7% dos casos).

O diagnóstico pode ser feito durante o sétimo/oitavo mês de vida intrauterina, com a associação dos achados de polidrâmnio e imagem de "dupla bolha" preenchida por líquido no abdome fetal.

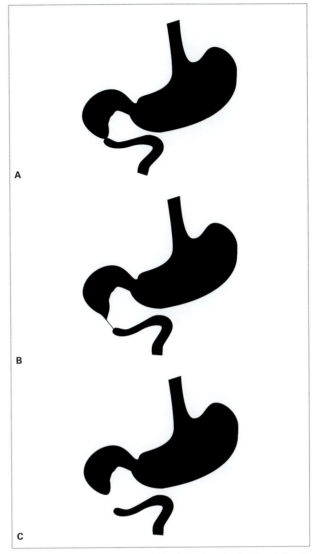

Figura 5 A: Atresia duodenal tipo I. B: Atresia duodenal tipo II. C: Atresia duodenal tipo III.

Na radiografia simples de abdome caracteriza-se o "sinal da dupla bolha", com a bolha maior à direita (estômago) e a menor à esquerda (duodeno proximal). A ausência de ar além da segunda bolha confirma a obstrução completa duodenal (atresia) (Figura 6). A radiografia contrastada não acrescenta informações adicionais, havendo o risco da aspiração do bário.

A USG pode caracterizar o duodeno em fundo cego, associada a peristalse acentuada à montante.

Estenose duodenal

A estenose duodenal pode ocorrer em razão de um estreitamento da camada muscular do duodeno ou pela presença de uma membrana perfurada no duodeno.

A membrana perfurada é rara, e sua localização e número variam. Habitualmente ocorre em número único na segunda porção do duodeno, perto da ampola de Vater.

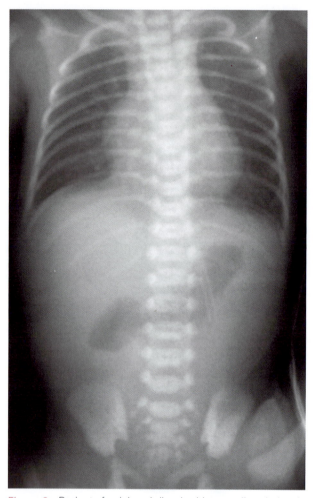

Figura 6 Paciente feminino, 4 dias de vida, com diagnóstico de atresia duodenal. Radiografia simples de abdome anteroposterior, sinal da "dupla bolha".

Na radiografia contrastada pode ser evidenciada a conformação de *windsock* ("biruta") no local da estenose como resultado do estiramento e balonização da membrana duodenal, por conta da pressão progressiva à montante.

Em razão da natureza incompleta da obstrução, os neonatos podem tolerar a alimentação em pequenas quantidades, apresentando-se mais tardiamente com quadro de vômitos e baixo peso.

Má rotação intestinal

Na embriogênese intestinal normal, o intestino delgado inicia um processo rápido de alongamento na 5ª semana e excede a capacidade da cavidade abdominal; isso leva a uma herniação fisiológica temporária para o cordão umbilical por volta da 6ª semana. Durante este período, o intestino sofre uma rotação anti-horária de 270° ao redor do eixo da artéria mesentérica superior. A redução progressiva da hérnia fisiológica do intestino delgado começa durante a 10ª semana de desenvolvimento e termina na 11ª semana.

A má rotação intestinal engloba as múltiplas alterações da rotação e da fixação do intestino durante o período embrionário, e que resultam no aumento dos riscos de obstrução intestinal.

Está associada a algumas síndromes genéticas e, com bastante frequência, a anormalidades gastrointestinais como estenoses/atresias duodenojejunais, pâncreas anular, megacólon congênito, intussuscepção e síndrome de heterotaxia. Também está presente em crianças com onfalocele, gastrosquise e hérnia diafragmática congênita.

As alterações de rotação intestinal podem ser assintomáticas, porém 40% dos pacientes vão apresentar sintomas na primeira semana de vida, e mais de 50%, antes do primeiro mês de vida. A manifestação clínica mais frequente é a presença de vômitos biliosos, com ou sem distensão abdominal, podendo estar associada a bandas duodenais obstrutivas e volvo intestinal.

Na radiografia contrastada podem ser caracterizados duodeno verticalizado, transição duodeno-jejunal baixa e medianizada, alças jejunais localizadas à direita e ileais, à esquerda, como também o ceco e o cólon ascendente medianizados.

A tomografia pode identificar as posições anormais do intestino delgado e do cólon como também o posicionamento contrário da veia mesentérica superior, situado no lado esquerdo da artéria mesentérica superior.

Bandas de Ladd

São bandas verticais fibrosas anormais de peritônio que fixam o duodeno e o ceco à parede abdominal, e são resultantes da falha da rotação fisiológica normal do intestino delgado. As bandas comprimem o duodeno, podendo causar obstrução ou acotovelamento das segunda e terceira porções duodenais (Figura 7).

Volvo do intestino médio

É uma complicação da má rotação intestinal, que resulta na obstrução do intestino proximal e isquemia, sem significativa dilatação da alça à montante. Na anatomia normal, a raiz do mesentério do intestino delgado forma uma linha diagonal do ligamento de Treitz até o ceco; nos pacientes com má rotação intestinal, a fixação do mesentério do intestino médio é anormalmente curta, principalmente da junção duodenojejunal ao ceco, o que propicia a rotação.

A radiografia contrastada é o exame de escolha na suspeita de volvo, e pode caracterizar o afilamento da alça intestinal com aspecto de bico na obstrução completa, assim como sinais de má rotação intestinal. Outro achado da radiografia contrastada é o *corkscrew sign* ("sinal de saca-rolhas"), que ilustra uma má rotação com volvo do intestino médio, com a quarta porção do duodeno e o jejuno proximal à direita (não cruzam a linha média) e torcidos com o aspecto de espiral.

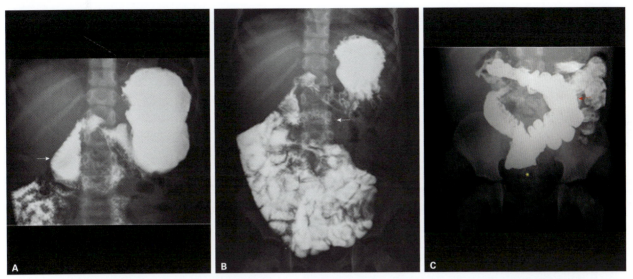

Figura 7   Paciente feminino, 4 anos de idade, queixa de vômitos há 5 meses e perda ponderal, com diagnóstico de má rotação intestinal com bandas de Ladd. Trânsito intestinal. A: Aquisição após 15 minutos da ingestão do contraste baritado; caracteriza-se certo grau de dilatação da segunda porção duodenal (seta). B: Após 30 minutos; transição duodeno-jejunal em situação baixa e medianizada (seta). Caracterizam-se alças jejunais localizadas à direita e alças ileais, à esquerda. C: Ceco medianizado (*) e cólon ascendente localizado à esquerda (seta).

Na USG, assim como na tomografia, pode ser caracterizado o *whirlpool sign* (sinal do redemoinho), que representa a torção da membrana do mesentério e da veia mesentérica superior ao redor da artéria mesentérica superior (Figura 8).

Pâncreas anular

Pâncreas anular é caracterizado pela rotação incompleta da porção ventral pancreática, que determina um anel parcial ou completo que circunda a segunda porção duodenal. O anel pancreático pode causar graus variados de obstrução duodenal, e se os sintomas surgirem logo após o nascimento, pode ser indistinguível dos quadros de atresia duodenal e má rotação intestinal (Figura 9).

Obstrução intestinal baixa

O principal sinal de obstrução intestinal baixa no recém-nascido é a não eliminação do mecônio em 24 a 48 horas. E o principal sintoma é a distensão difusa das alças intestinais, bem vista à radiografia simples do abdome.

As principais condições que levam a esse quadro são: atresia ileal, íleo meconial, doença de Hirschsprung e síndrome da rolha meconial.

Atresia ileal

A atresia ileal é uma afecção congênita em que há uma significativa estenose ou completa ausência de um segmento do íleo. A etiologia mais aceita atualmente é a de um evento vascular intraútero que causa isquemia de um

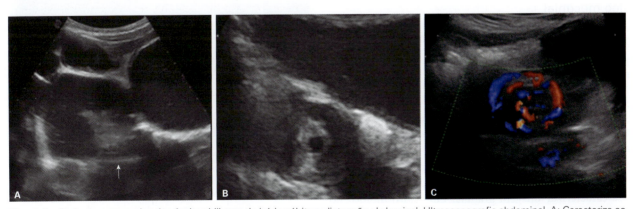

Figura 8   Paciente com queixa de vômitos biliosos de início súbito e distensão abdominal. Ultrassonografia abdominal. A: Caracteriza-se a dilatação do estômago (à direita da figura), com extensão para a primeira porção duodenal (à esquerda da figura), com afilamento abrupto do calibre da segunda porção duodenal (seta). B e C: Imagens transversais no ponto do afilamento abrupto da segunda porção duodenal – *whirlpool sign* (sinal do redemoinho).

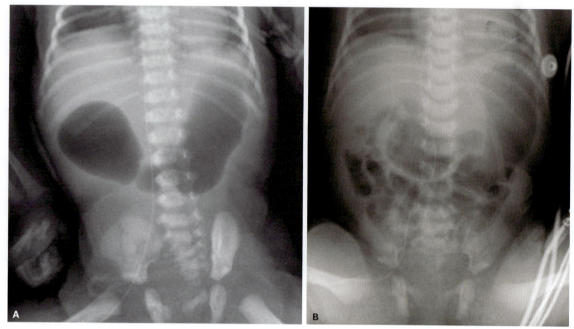

Figura 9 Paciente, 1 dia de vida, com quadro de obstrução duodenal causada por pâncreas anular. A: Radiografia simples de abdome anteroposterior, sinal da "dupla bolha". B: Radiografia do pós-operatório (laparotomia exploradora com duodenoduodenostomia), distribuição gasosa habitual das alças intestinais.

segmento ileal e consequente atresia. Quanto mais proximal a atresia, maior o risco de polidrâmnio.

A radiografia simples evidencia acentuada distensão gasosa de alças delgadas proximais, principalmente nos flancos, elevando os diafragmas e se tornando indistinguíveis de alças cólicas. Outro achado é a ausência de gás no reto. Estudos contrastados podem mostrar o nível da obstrução.

O enema opaco evidencia um cólon bastante afilado (por desuso – ausência de passagem de líquido ingerido ou suco entérico), chamado de microcólon.

O tratamento é cirúrgico e o prognóstico cada vez melhor com o aperfeiçoamento das técnicas cirúrgicas, cuidados perioperatórios e suporte nutricional.

Íleo meconial

O íleo meconial é a obstrução decorrente da impactação de mecônio viscoso e espesso no íleo terminal de recém-nascidos com fibrose cística, ou muito raramente em crianças com outras afecções como estenose ou atresia do ducto pancreático.

Complicações pré-natais do íleo meconial são comuns, como volvo intestinal com necrose de alças, perfuração e peritonite meconial.

Na radiografia simples, além da distensão das alças intestinais delgadas proximais, em alguns casos pode-se caracterizar imagem granular em "vidro moído" no flanco e fossa ilíaca à direita, descrita por Neuhauser em 1946, que deve corresponder à imagem do mecônio espesso nessa topografia (Figura 10).

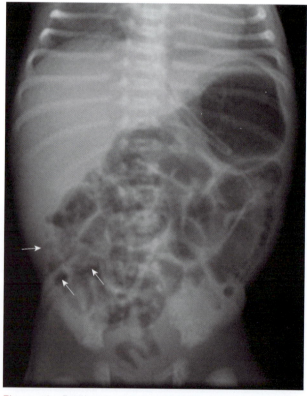

Figura 10 Radiografia simples de abdome de recém-nascido que não eliminou mecônio evidencia distensão gasosa de alças intestinais delgadas e imagem granular no flanco e fossa ilíaca à direita, com aspecto em "vidro moído" (setas).

No enema opaco, a imagem também é de microcólon (Figura 11). Deve-se tentar avaliar o refluxo para o íleo terminal e pesquisar a presença de falhas de enchimento, que correspondem a pedaços de mecônio viscoso e espesso. Caso ocorra refluxo para as alças delgadas dilatadas, está descartada a atresia ileal.

Além de diagnóstico, o enema opaco pode ser também terapêutico, caso ocorra fluidificação do mecônio e eliminação dele. No caso de complicações (peritonite meconial, volvo, perfuração) ou insucesso do enema, o tratamento cirúrgico é indicado.

Doença de Hirschsprung

A doença de Hirschsprung é a obstrução intestinal funcional pela ausência de células ganglionares que inervam o cólon. O segmento denervado de cólon fica espástico e causa a obstrução.

Acomete mais meninos (4:1) e está associada a outras síndromes, principalmente a síndrome de Down.

O principal sinal clínico é a ausência da eliminação do mecônio nas primeiras 24 horas de vida e obstrução intestinal. Alguns casos raros cursam com processo inflamatório (enterocolite).

O segmento denervado fica com calibre reduzido e o segmento proximal normal dilatado. A localização onde há essa diferença nos calibres é chamada de ponto de transição, e nem sempre essa localização macroscópica corresponde ao ponto de transição histológico.

O principal método radiológico para o diagnóstico continua sendo o enema opaco, direcionado para a localização do ponto de transição. O meio de contraste preferido é algum hidrossolúvel isosmolar, geralmente o contraste iodado. O bário deve ser evitado, pois pode dificultar ainda mais a eliminação de mecônio e fezes. O cateter não pode ter balão, pois o reto na doença de Hirschsprung é bastante afilado e se o ponto de transição for baixo a insuflação de balão pode dificultar o diagnóstico. Na maioria dos casos, o ponto de transição localiza-se na transição retossigmoide, por isso tipicamente encontramos uma relação de calibres reto/sigmoide < 0,9. Em alguns raros casos, a aganglionose ocorre em todo o cólon, ficando com calibre reduzido em toda a sua extensão, mimetizando um microcólon.

O diagnóstico definitivo é realizado com biópsia do cólon acometido, e o tratamento cirúrgico baseia-se na ressecção do segmento denervado.

Síndrome da rolha (plug) meconial

Também chamada de síndrome do cólon esquerdo pequeno, a síndrome da rolha meconial é a causa mais comum de ausência de eliminação do mecônio nos primeiros dias de vida. A causa é a imaturidade das células ganglionares no cólon distal, cursando com quadro obstrutivo. Embora muitos casos não tenham causa ou relação específica, a rolha meconial está associada a mães diabéticas ou que receberam sulfato de magnésio por eclâmpsia antes do parto. Não há relação com a fibrose cística, como ocorre no íleo meconial.

O diagnóstico também é realizado pelo enema opaco, que mostra o cólon esquerdo afilado e diversas falhas de enchimento (rolhas meconiais). Os cólons direito e transverso podem ter o calibre um pouco aumentado, e o reto em geral tem calibre normal, diferente da doença de Hirschsprung.

Além de diagnóstico, o enema opaco é terapêutico, pois em muitos casos o líquido e o contraste ajudam na eliminação das rolhas meconiais, e consequente melhora dos sintomas. Se não houver melhora, uma biópsia do cólon acometido é indicada para exclusão de doença de Hirschsprung.

Enterocolite necrosante

A enterocolite necrosante (ECN) é uma causa comum de abdome agudo no período neonatal, configurando a emergência cirúrgica mais frequente entre os recém-nascidos.

Estima-se que a doença acometa entre 5-15% dos prematuros e cerca de 7% dos recém-nascidos a termo internados em unidades de terapia intensiva neonatal. A taxa

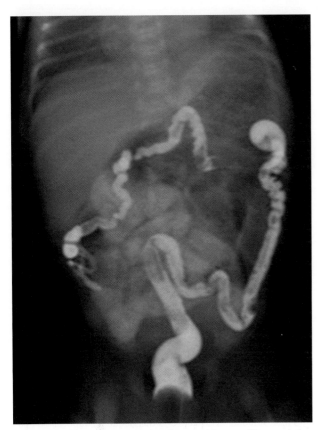

Figura 11 Enema opaco de recém-nascido com fibrose cística evidencia cólon afilado, com aspecto típico do chamado microcólon.

de mortalidade situa-se entre 18-45%. A incidência da doença é inversamente proporcional à idade gestacional, estando os recém-nascidos com menos de 28 semanas de idade gestacional, bem como os de extremo baixo peso, sob maior risco. Apenas 10% dos neonatos com ECN são nascidos a termo e, neste grupo, o principal fator de risco são cardiopatias congênitas.

O diagnóstico precoce com base nos achados de imagem, bem como a instituição precoce da terapêutica, são essenciais para limitar a morbimortalidade dessa afecção.

Etiologia

A etiologia da ECN ainda não está totalmente estabelecida, no entanto, acredita-se ser motivada por vários fatores de risco, destacando-se aí a prematuridade.

O mecanismo fisiopatológico é proveniente da lesão da mucosa intestinal, que determina isquemia e necrose. Instala-se um quadro flogístico que promove aumento do fluxo sanguíneo intestinal, bem como perda da integridade da mucosa, permitindo passagem de bactérias e toxinas para a circulação sistêmica.

Quadro clínico e tratamento

A doença se manifesta mais comumente na primeira ou segunda semana de vida. Os sintomas gastrointestinais incluem anorexia, vômito, diarreia e sangue nas fezes; porém sintomas inespecíficos podem dominar o quadro, como letargia, instabilidade pressórica e térmica ou mesmo choque, simulando um quadro séptico, o que torna o diagnóstico clínico desafiador.

O tratamento precoce é essencial para conter a progressão clínica, bem como o desenvolvimento de complicações e se baseia no repouso das alças intestinais com sonda nasogástrica, antibioticoterapia e hidratação. Nos casos refratários ao tratamento clínico, o papel da radiologia e da cirurgia pediátrica são essenciais no sentido de determinar o melhor momento para uma abordagem invasiva. Nesse contexto, o único achado radiológico que constitui consenso universal para a abordagem cirúrgica é a presença de pneumoperitônio. Esse achado, porém, é limitado, pois nem todos os recém-nascidos com perfuração ou necrose intestinal apresentam gás livre detectável em uma radiografia simples de abdome, que ainda é considerada a modalidade de imagem padrão para a avaliação da doença.

Imagem

Uma vez que os métodos axiais (ressonância magnética – RM – e tomografia computadorizada – TC) não têm se mostrado úteis na prática clínica, a radiografia simples de abdome e a USG são as duas modalidades de imagem utilizadas no diagnóstico e seguimento de ECN. A seguir, discorremos um pouco acerca das alterações radiológicas.

Padrão de distribuição gasosa intestinal

A distensão das alças intestinais com perda do padrão de mosaico habitual e o desenvolvimento de uma conformação arredondada e alongada das alças é um sinal inespecífico (Figura 12), porém pode ser o único achado sugestivo de anormalidade. Está presente em 90% dos casos, sendo sinal precoce que pode preceder o quadro clínico. O grau de distensão intestinal tem relação com a gravidade da doença, além de ser mais bem avaliado por radiografia.

Outro sinal ao qual devemos estar atentos é o padrão de distribuição gasosa em exames seriados. O achado de alças dilatadas fixas em um ponto do abdome sugere uma evolução desfavorável no sentido em que traduz o desenvolvimento de necrose de espessura completa de um segmento de alça, podendo preceder a deterioração clínica.

Pneumatose intestinal

É um sinal precoce que pode preceder os achados clínicos. Apesar de estar presente em outras afecções neonatais, é mais comumente visto na ECN, e sua presença, na suspeita clínica da doença, confirma o diagnóstico.

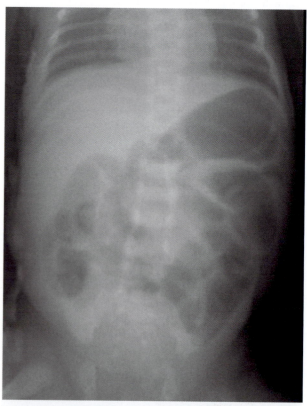

Figura 12 Radiografia do abdome de recém-nascido com enterocolite necrosante. Há distensão gasosa difusa das alças intestinais. Observe ainda o padrão gasoso de aspecto bolhoso visto em segmento de alça no quadrante inferior direito, denotando pneumatose.

Pode ocorrer em qualquer parte do intestino, porém é mais frequentemente visto no quadrante inferior direito do abdome, onde se localizam nos segmentos distais do delgado, bem como proximal do cólon.

A quantidade de gás intramural não tem relação com a gravidade da doença e o seu desaparecimento não necessariamente correlaciona-se com a melhora clínica.

Na radiografia, o gás intramural é visto como radiolucências arredondadas ou lineares, estas geralmente curvilíneas. Ecograficamente são vistos focos hiperecogênicos (Figura 13) que, quando em grande quantidade, dão o aspecto granulado à imagem.

Aeroportia

No contexto de ECN, gás no sistema porta traduz extensão do gás presente na parede intestinal por meio da passagem deste por veias de drenagem dos segmentos de alça afetados e daí para o leito portal.

Na radiografia é visto por meio de radiolucências lacunares, lineares, desde o hilo à periferia do parênquima hepático. Ao ultrassom observam-se focos ecogênicos intraluminais que se movem com o fluxo sanguíneo.

Pneumoperitônio

Resulta da perfuração intestinal, que mais comumente ocorre no íleo distal e cólon proximal.

A radiografia é o método padrão para a detecção de gás livre na cavidade abdominal, sendo caracterizadas radiolucências fora dos segmentos de alça (Figura 14), seja por meio de incidências no decúbito dorsal ou lateral com raios horizontais, seja na posição supina.

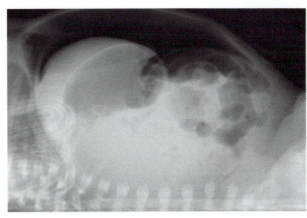

Figura 14 Radiografia de abdome em decúbito dorsal com raios horizontais evidenciando extenso pneumoperitônio.

Na USG são vistos focos hiperecogênicos com sombra suja, anteriormente à superfície hepática e junto à parede abdominal, entre alças ou flutuando no líquido livre intracavitário, profundamente à parede abdominal.

Líquido intracavitário

A presença de líquido livre abdominal é considerada um sinal de gravidade, sugerindo a disseminação bacteriana peritoneal em resultado de perfuração intestinal ou da translocação de bactérias através da parede intestinal (Figura 15).

O acúmulo de líquido livre intraperitoneal pode ser visto em neonatos com quadros mais graves de ECN, sendo esse achado mais facilmente caracterizado pela USG.

A presença de ecos em suspensão ou septações de permeio ao fluido é mais sugestiva de perfuração, uma vez que traduz a presença de pus ou conteúdo intestinal.

Avaliação da parede intestinal

A espessura parietal, a ecogenicidade, a perfusão e a peristalse da parede intestinal são mais bem avaliadas por ultrassonografia.

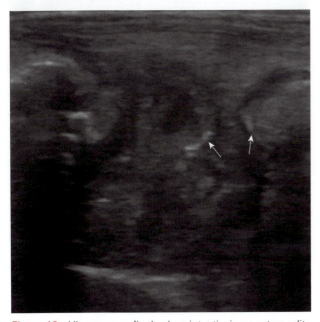

Figura 13 Ultrassonografia de alças intestinais na enterocolite necrosante. Há espessamento difuso do segmento de alça estudado. Note os pequenos focos hiperecogênicos na parede das alças (setas), que representam gás intramural.

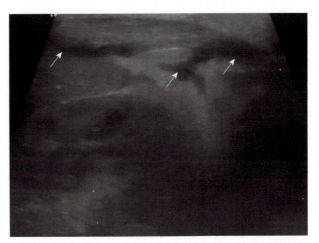

Figura 15 Ultrassonografia evidencia pequena quantidade de líquido (setas) entre alças em recém-nascido com diagnóstico de enterocolite necrosante.

Na ECN, a parede das alças acometidas pode se apresentar afilada ou espessada, neste último caso há um aumento difuso da ecogenicidade parietal além de halo hipoecogênico circunjacente.

O estudo da perfusão por meio do Doppler pode evidenciar sinais de hiperemia ao deflagrar um aumento do aporte vascular ou mesmo necrose transmural na ausência completa de fluxo (Figura 16).

Intussuscepção

A intussuscepção é uma emergência médica que ocorre quando há invaginação do intestino dentro da sua própria luz. A porção invaginada recebe o nome de intussuscepto e a parte do órgão que invagina a outra é chamada de intussuscipiente.

A intussuscepção é uma das causas mais comuns de abdome agudo e a principal causa de obstrução intestinal na infância, com incidência entre 1,5 e 4,3 casos para cada 1.000 nascidos. A compressão causada pela alça invaginada causa oclusão venosa, com consequente edema parietal e com a progressão deste processo pode haver comprometimento arterial, necrose e perfuração.

A apresentação clínica clássica é da tríade: dor abdominal, fezes sanguinolentas em "geleia de framboesa" e massa abdominal palpável, estando presente em menos de 25% dos casos, enquanto em cerca de 20% dos casos pode ser assintomática.

A intussuscepção intestinal pode ocorrer em qualquer ponto do trato, desde o duodeno até o reto. As invaginações restritas ao intestino delgado, especialmente aquelas de curtos segmentos e transitórias, estão sendo diagnosticadas cada vez mais como achados incidentais em exames de USG ou TC, muitas vezes com redução espontânea. Já a forma clássica na Pediatria é a invaginação do íleo terminal para o ceco, seja na forma ileocólica ou íleo-ileocólica. O capítulo enfoca neste tipo clássico da intussuscepção, tanto no diagnóstico quanto no tratamento.

Durante a infância, a maioria dos casos de intussuscepção não tem um fator causal definido, sendo considerados idiopáticos. Nesses casos em geral, a invaginação decorre de hipertrofia linfoide na parede do íleo terminal, por vezes após infecções virais. Quanto maior a idade do paciente, maior a possibilidade de haver um fator causal ou ponto inicial da invaginação, sendo os principais: divertículo de Meckel, cisto de duplicação e linfoma.

Métodos diagnósticos por imagem

Radiografia abdominal e enema baritado

A radiografia simples de abdome tem baixa sensibilidade e especificidade no diagnóstico da intussuscepção, mesmo quando avaliada por radiologistas experientes.

As principais utilidades da radiografia simples de abdome são: excluir perfuração ou obstrução, e na pesquisa de algum diagnóstico diferencial quando a suspeita de intussuscepção é baixa.

O principal sinal radiográfico da intussuscepção é a presença de uma massa de partes moles no curso da moldura cólica com o formato curvilíneo (sinal do crescente) (Figura 17), particularmente no trajeto do cólon transverso, logo após a flexura hepática.

Outro achado comum é a ausência de gás ou fezes no flanco/fossa ilíaca direita. No entanto, em casos de gastroenterite, o ceco e cólon ascendente podem estar repletos de líquido, falseando a presença de invaginação

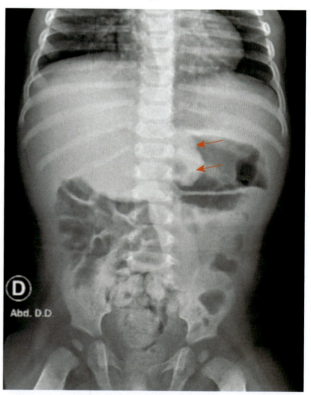

Figura 17 Radiografia simples de abdome de paciente com 4 anos, dor abdominal e fezes sanguinolentas evidenciam massa de partes moles com trajeto curvilíneo no trajeto do cólon transverso, formando o chamado sinal do crescente (setas).

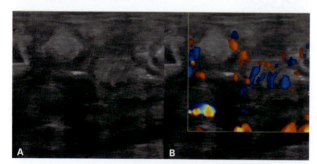

Figura 16 A: Ultrassonografia modo B evidenciando espessamento dos segmentos de alça avaliados. B: Estudo Doppler dos mesmos segmentos mostra aumento do fluxo vascular no local, traduzindo hiperemia.

neste local. Além disso, a presença de alças delgadas ou do cólon sigmoide redundante na fossa ilíaca direita pode mimetizar o ceco com gás.

A realização de enema diagnóstico é cada vez menos utilizada, mas em casos de ausência de outros recursos, pode ser ainda uma ferramenta de diagnóstico e terapia.

O meio de contraste de escolha é o bário, por ser barato e isosmolar, além de proporcionar excelentes detalhes. No entanto, tem a desvantagem de reação inflamatória no caso de perfuração de alça e extravasamento para o peritônio.

O principal sinal diagnóstico do enema baritado é o sinal do menisco, análogo ao sinal do crescente da radiografia simples, que consiste na imagem arredondada da cabeça da invaginação no conteúdo do contraste que assume uma imagem de crescente.

Nos últimos anos, o enema baritado tem sido cada vez menos utilizado no diagnóstico e tratamento da intussuscepção, e a USG tem tido caminho contrário.

Ultrassonografia

A ultrassonografia é o método de escolha para o diagnóstico da intussuscepção intestinal, com altas taxas de sensibilidade e especificidade.

Os principais achados à ultrassonografia são o sinal do "alvo" ou "casca de cebola", e o sinal do "pseudorrim" (Figura 18), localizados principalmente no quadrante superior direito. Esses sinais representam as visões transversal e longitudinal, respectivamente, da intussuscepção, caracterizadas por camadas hipoecogênicas e hiperecogênicas que representam as paredes de alças, mesentério e interface entre essas estruturas e outras que podem herniar como linfonodos e apêndice cecal, por exemplo.

O Doppler sempre deve ser utilizado, pois a ausência de fluxo pode representar ausência/redução de vascularização e maior risco de necrose. Estudos indicam que a ausência de fluxo tem menor taxa de redutibilidade por enema com gás ou hidrostático, mas não é uma contraindicação absoluta ao procedimento.

Outra utilidade da USG é o diagnóstico do fator causal da intussuscepção, nos casos em que há uma causa, como divertículo de Meckel ou massa tumoral, principalmente o linfoma. No entanto, a sensibilidade é menor do que a do diagnóstico da própria intussuscepção.

Tomografia computadorizada (TC) e ressonância magnética (RM)

Estas técnicas não são utilizadas rotineiramente no diagnóstico da intussuscepção, por serem caras, pouco disponíveis (no caso da RM), não terapêuticas e com radiação ionizante (no caso da TC).

O diagnóstico da intussuscepção por estes métodos é feito principalmente como achado incidental em pacientes que realizam estes exames por outros motivos.

Assim como a USG, estes métodos também são úteis no diagnóstico de algum fator causal da intussuscepção.

Tratamento

Antes tratado com cirurgia aberta, atualmente a principal forma de tratamento é a redução não cirúrgica guiada por método radiológico. O procedimento pode ser realizado com ar, bário ou solução salina e o método de observação radiológico pode ser fluoroscopia ou USG.

Nos Estados Unidos, a principal forma de tratamento é a redução com enema de gás guiada por fluoroscopia. O gás é considerado superior ao contraste líquido positivo na fluoroscopia, pois o líquido pode extravasar e se sobrepor às imagens e caso haja perfuração é menor a quantidade de conteúdo fecal para a cavidade peritoneal. Além disso, com o gás a redução é mais rápida e com menos radiação.

No entanto, o tratamento que tem se mostrado bastante eficaz e cada vez mais utilizado em diversos centros no mundo é a redução hidrostática guiada por USG,

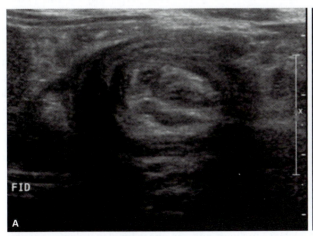
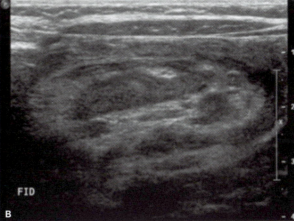

Figura 18 Ultrassonografia com transdutor linear de alta frequência em paciente com intussuscepção ileocecal evidencia imagem transversal da invaginação ileocecal formando o sinal do "alvo" (A) e imagem longitudinal formando o sinal do "pseudorrim" (B).

TRATADO DE RADIOLOGIA GASTROINTESTINAL

pelo baixo custo do procedimento, altas taxas de sucesso e principalmente pela não exposição à radiação ionizante, seguindo o princípio ALARA.

Descrição da redução hidrostática guiada por ultrassonografia

O pré-requisito para realização do procedimento é a estabilidade hemodinâmica do paciente.

São contraindicações absolutas para a realização do procedimento: peritonite, pneumoperitônio, choque e sepse.

Materiais necessários: solução salina aquecida a temperatura corporal, cateter de Foley adequado à idade do paciente, seringa para inflar o balão do cateter de Foley e fita adesiva de uso médico para selar as nádegas.

Posicione a criança em decúbito lateral esquerdo ou posição prona. Insira o cateter através do ânus e infle o balão. Deve-se unir as nádegas, prendendo-as com fita adesiva. Coloque a criança em posição supina. Eleve o saco de enema a 90 cm a fim de gerar cerca de 80 mmHg de pressão, e inicie a instilação da solução salina. Acompanhe o fluxo do líquido com a USG, até o nível da invaginação. Movimentos leves no abdome podem ser realizados para facilitar a redução.

A redução completa é definida por: visualização de todo o ceco e desaparecimento da intussuscepção, visualização da valva ileocecal patente ou fluxo livre de líquido para o íleo distal. Após a redução bem-sucedida, deve-se avaliar a presença de líquido livre, sendo comum haver pequena quantidade pela inflamação do processo, e pesquisar a presença de fatores causais como pólipos, divertículos ou massas.

O procedimento deve ser abortado imediatamente no caso de perfuração de alça.

Mesmo após uma redução bem-sucedida é comum haver recorrência da invaginação em cerca de 10% dos pacientes, por isso recomenda-se controle em 48 a 72 horas.

Abdome agudo inflamatório

Apendicite

Apendicite é a emergência abdominal cirúrgica mais comum na infância, acometendo crianças e adultos jovens, sendo rara abaixo de 2 anos.

A sintomatologia inclui cólica, dor periumbilical e no quadrante inferior do abdome, náuseas/vômitos e leucocitose com desvio para a esquerda. Apesar de o reconhecimento da apresentação clássica ser importante, o diagnóstico de apendicite em crianças nem sempre é simples, pelas manifestações atípicas, pela incapacidade de crianças menores descreverem seus sintomas e pelo fato de outras condições não cirúrgicas terem apresentações semelhantes. Por isso há necessidade de métodos complementares para elucidar as possibilidades diagnósticas.

Apesar de a rotina radiológica de abdome agudo (radiografia de tórax e de abdome em decúbito e ortostase) ainda ser empregada, ela é relativamente pouco sensível e não específica, tendo valor nos casos de suspeita de obstrução ou perfuração intestinal.

A USG é o exame complementar mais frequentemente empregado, útil no subgrupo de crianças nas quais os achados clínicos são inespecíficos, tanto para auxiliar no diagnóstico de apendicite quanto no de outras patologias abdominais e pélvicas que podem simular apendicite.

A técnica de compressão gradual descrita por Puylaert et al. é realizada com um transdutor linear de alta frequência, determinando-se uma pressão suave e gradual na parede abdominal anterior, resultando no deslocamento e na compressão de alças intestinais, permitindo a adequada visualização dos vasos ilíacos e do músculo psoas e, consequentemente, do apêndice cecal e do íleo distal, uma vez que estes encontram-se anterior a essas estruturas. A avaliação é feita nos planos transversal e longitudinal. A técnica não é eficaz na presença de dor ou obesidade do paciente, que impossibilitam uma compressão satisfatória.

O apêndice normal é compressível, em fundo cego, com aparência tubular e diâmetro máximo de 6 mm, medindo-se desde suas paredes externas. No plano longitudinal, o apêndice inflamado apresenta-se distendido por líquido, não compressível, com o diâmetro entre suas paredes externas superior a 6 mm (Figura 19A). Outros achados ultrassonográficos incluem a visualização de apendicolito (que aparece como focos hiperecogênico com sombra acústica), líquido pericecal e periapendicular, aumento da ecogenicidade periapendicular, representando inflamação da gordura adjacente, além de linfonodos mesentéricos aumentados (Figura 19B e C).

O Doppler auxilia na avaliação na suspeita de apendicite, mas não aumenta a sensibilidade do método. Nas apendicites não perfuradas, há vascularização parietal periférica, refletindo hiperemia pelo processo inflamatório (Figura 19D). Em estágios iniciais ou em apendicites perfuradas, o aumento do fluxo pode estar ausente.

A maioria dos falsos-negativos da USG ocorrem quando não há visualização de todo o apêndice cecal. As causas de não visualização incluem: a impossibilidade de comprimir adequadamente o quadrante inferior direito do abdome; uma posição apendicular anômala (retrocecal) e perfuração. Falsos-positivos são observados na presença de outros processos inflamatórios pericecais (como pode ocorrer na doença de Crohn ou na hiperplasia linfoide) ou doenças inflamatórias pélvicas.

A TC apresenta alta sensibilidade e especificidade no diagnóstico de apendicite. Outras vantagens em relação à USG incluem não ser operador-dependente, possibilidade de avaliar os diferentes valores de atenuação dos te-

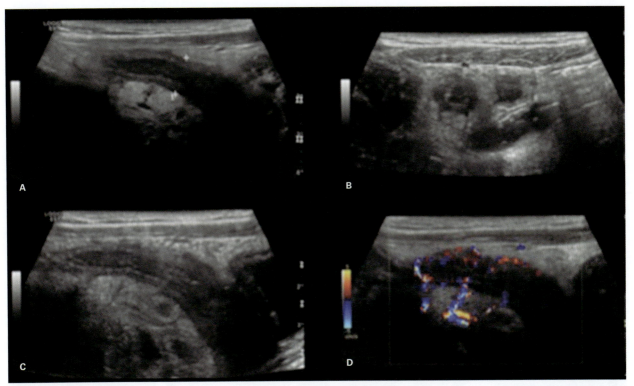

Figura 19   Ultrassonografia de paciente com 6 anos, queixando de dor abdominal, localizada na fossa ilíaca direita. A: apêndice cecal distendido e de paredes espessadas, com diâmetro transverso de 1,0 cm. B e C: Aumento da ecogenicidade dos planos gordurosos periapendiculares e linfonodo mesentérico locorregional. D: Aumento da vascularização ao estudo com Doppler.

cidos, bem como permitir a de complicações associadas, como abscessos ou perfuração.

Várias técnicas tomográficas podem ser empregadas, mas a maior eficácia foi observada com o uso de contraste retal associada a uma colimação fina e localizada no andar inferior do abdome, com sensibilidade entre 97-100% e especificidade entre 94-98%. Os achados tomográficos incluem: apêndice espessado, espessamento e realce da parede apendicular, presença de apendicolito, espessamento apical cecal focal ou circunferencial, densificação da gordura pericecal, líquido livre intraperitoneal, adenopatia mesentérica, flegmão ou abscessos intraperitoneais (Figura 20). O único achado tomográfico específico para apendicite é o espessamento apendicular e cecal, que representa extensão do processo inflamatório ao ceco. O diâmetro apendicular máximo de 6 mm pode ser extrapolado da USG para a TC. Mas alguns estudos ressaltam que as imagens ultrassonográficas são obtidas com compressão gradual no andar inferior do abdome, o que não é realizado na TC. Outro ponto a ser considerado é que pacientes assintomáticos podem apresentar apêndice normal com diâmetro superior a 6 mm. Brown et al., em seu estudo, determinaram o limite de normalidade de 10 mm e diâmetros apendiculares entre 6-10 mm foram considerados indeterminados, sendo necessária interpretação em um contexto clínico (Quadro 1).

Acometimento intestinal na púrpura de Henoch-Schönlein

A púrpura de Henoch-Schölnein é uma vasculite multissistêmica de pequenos vasos, mediada pelo mecanismo de hipersensibilidade tipo III, com depósito de imunocomplexos IgA e C3 na parede do vaso. É a vasculite mais comum da infância, frequente entre 3 e 10 anos, mas que também pode acometer adultos jovens. É uma desordem multissistêmica, caracterizada por púrpura palpável, acometimento articular, gastrointestinal (GI) e renal.

O acometimento GI ocorre em 50-75% dos casos, com apresentação clínica mais comum de dor abdominal tipo cólica, vômitos e hemorragia. O edema parietal e a hemorragia intramural contribuem para esses sintomas. O intestino delgado é o local do TGI mais frequentemente acometido, sobretudo sua porção proximal e o íleo distal. O sangramento gastrointestinal é confinado a mucosa e submucosa, sendo rara a ocorrência de necrose parietal de espessura total ou perfuração.

Os sinais e sintomas extracutâneos podem preceder o *rash* cutâneo em até 28 dias, podendo simular abdome agudo. As manifestações gastrointestinais podem preceder as lesões cutâneas em 10-15% dos casos.

Não são descritos achados radiológicos específicos. A USG pode ser usada como método inicial, com sensibilidade na detecção de alterações intestinais variando entre

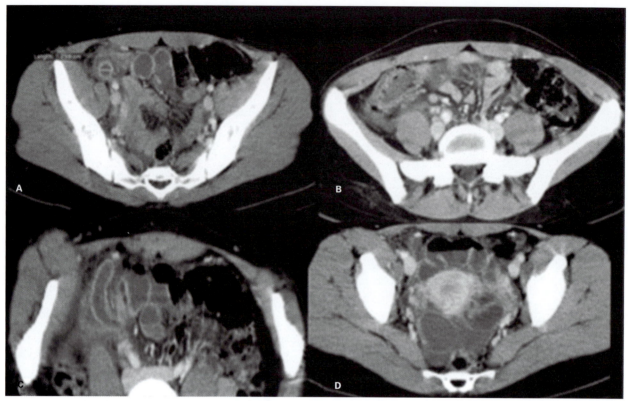

Figura 20 Tomografia computadorizada de adolescente com 16 anos, queixando-se de dor abdominal e apresentando descompressão brusca dolorosa na região da fossa ilíaca direita. A e C: Apêndice cecal com diâmetro transverso de 1,2 cm, distendido por conteúdo líquido, exibindo realce parietal. B: Aumento da atenuação dos planos gordurosos periapendiculares. D: Líquido livre na cavidade abdominal, com coleções associadas.

Quadro 1 Proposta de algoritmo para interpretação de achados tomográficos em pacientes sintomáticos

Interpretação	Achados TC	Recomendação
Exclui apendicite	< 6 mm ou > 6 mm com apêndice completamente preenchido por gás	Buscar outras causas de dor no andar inferior direito do abdome
Possível apendicite	6-10 mm, sem nenhum outro sinal tomográfico	Observação, se sintomático
Provável apendicite	6-10 mm + espessamento parietal (parede > 3 mm) + realce parietal (SEM densificação da gordura)	Cirurgia, se sintomático
Define apendicite	> 10 mm ou 6-10 mm + espessamento parietal (parede > 3 mm) + realce parietal + densificação da gordura	Cirurgia, se sintomático

Adaptada de Pinto Leite et al., baseada na experiência do autor, sem idade dos pacientes definidas e sem acurácia testada.

50-100% entre os estudos. Os achados ultrassonográficos não são específicos e variam entre os estudos, incluindo espessamento submucoso, espessamento parietal excêntrico e perda da diferenciação entre as camadas da parede intestinal. Eventualmente, pode-se observar focos hiperecoicos na submucosa, que podem ser secundários a sangramentos.

A TC é outro método auxiliar a ser empregado. Os achados tomográficos mais comuns são envolvimento intestinal multifocal, com espessamento parietal circunferencial e simétrico, distensão intestinal e edema mesentérico. Há realce da mucosa e subserosa, interpostos por uma submucosa hipoatenuante por conta do edema. Achados associados incluem líquido livre intraperitoneal, ingurgitamento vascular, linfadenopatia não específica.

As complicações GI são raras, reportadas entre 3,9-22,4%, sendo a intussuscepção a complicação cirúrgica mais comum na infância.

Processos infecciosos intestinais

O intestino por ser acometido por vários agentes infecciosos. Gastroenterite e colite são as causas mais comuns de espessamento parietal intestinal e seu diagnóstico usualmente é baseado na história clínica, sinais/sintomas, cultura ou testes sorológicos. Em alguns casos, os sintomas podem simular outras doenças intestinais (como apendicite ou doença inflamatória intestinal). Nesses casos, os métodos de imagem trazem informações que auxiliam no diagnóstico.

As bactérias mais comuns são: *Escherichia coli*, *Shigella*, *Yersinia*, *Campylobacter* e *Staphylococcus*. As causas virais incluem: *Rotavirus*, herpes e *Cytomegalovirus*. O *Rotavirus* é uma causa comum de gastroenterite em crianças de 6 meses a 2 anos, principalmente durante os meses de inverno.

É difícil determinar qual o agente etiológico somente pelos achados de imagem. Os segmentos cólicos acometidos podem sugerir alguns agentes etiológicos. A maioria das colites bacterianas envolvem o cólon direito. O acometimento linfonodal a esplênico associado sugerem *Salmonella*. O acometimento difuso sugere *E. coli* ou *Cytomegalovirus*. O acometimento do retossigmoide tende a ocorrer com herpes e *Neisseria gonorrhoeae*.

Os métodos a serem utilizados incluem USG ou TC. A USG comumente é o método inicial, por ser efetivo, não invasivo e bem tolerado.

Os achados ultrassonográficos incluem:

- Espessamento parietal ileal e/ou cólico (Figura 21). Um corte ultrassonográfico transverso mostra uma aparência em "alvo", com bandas paralelas. A camada interior hipoecoica (mucosa) e a camada de meio hiperecoica (submucosa) são geralmente espessadas difusamente, enquanto a camada muscular é normal; a ausência de gás intraluminal permite uma excelente avaliação do aspecto intestinal.
- Aumento dos linfonodos mesentéricos.
- Hiperecogenicidade dos planos adiposos perivisceral (principalmente peri-ileal), causada por edema e inflamação.
- Ascite ou coleções líquidas.

Das infecções bacterianas, duas merecem destaque: a colite pseudomembranosa e a infecção por *E. Coli*.

A colite pseudomembranosa (ou diarreia associada à antibioticoterapia), acomete de 5-30% dos pacientes no início do tratamento ou até dois meses após seu fim. Decorre de toxinas produzidas pelo supercrescimento de *Clostridium difficile*, mais comumente associada à antibioticoterapia de amplo espectro, principalmente o uso de clindamicina. A sintomatologia caracteriza-se por diarreia aquosa, febre e leucocitose. O reto e o sigmoide são frequentemente envolvidos. A USG e a TC mostram acentuado espessamento parietal segmentar ou difuso, mais evidente do que ocorre nos outros processos infecciosos. A TC pode evidenciar ainda um padrão nodular da mucosa e, por vezes, o padrão mais específico do "sinal do acordeão". A USG também é uma valiosa ferramenta para o acompanhamento desses pacientes.

A infecção por *E. coli* pode resultar em síndrome hemolítico-urêmica, que é uma resposta autoimune caracterizada por anemia hemolítica microangiopática, trombocitopenia e alteração renal. O ceco e o cólon ascendente são os locais mais acometidos. Os achados tomográficos incluem estratificação mural, estenoses do lúmen intestinal e densificação da gordura pericólica.

Bibliografia sugerida

1. Anupindi SA, Halverson M, Khwaja A, Jeckovic M, Wang X, Bellah RD. Common and uncommon applications of bowel ultrasound with pathologic correlation in children. Am J Roentgenol [Internet]. American Roentgen Ray Society; 2014;202(5):946-59.
2. Anupindi SA, Halverson M, Khwaja A, Jeckovic M, Wang X, Bellah RD. Common and uncommon applications of bowel ultrasound with pathologic correlation in children. Am J Roentgenol. American Roentgen Ray Society; 2014;202(5):946-59.
3. Applegate K., Anderson J. Intestinal malrotation in children: a problem-solving approach to the upper gastrointestinal Series. RadioGraphics. 2006;26:1485-500.
4. Brinkley M, Tracy E, Maxfield C. Congenital duodenal obstruction: causes and imaging approach. Pediatr Radiol. 2016;46:1084-95.
5. Chen SY, Kong MS. Gastrointestinal manifestations and complications of Henoch-Schönlein purpura. Chang Gung Med J. 2004;27(3):175-81.
6. Chung DJ, Park YS, Huh KC, Kim JH. Radiologic findings of gastrointestinal complications in an adult patient with Henoch-Schönlein purpura. AJR Am J Roentgenol. 2006;187(4):W396-8.
7. d'Almeida M, Jose J, Oneto J, Restrepo R. Bowel wall thickening in children: CT findings. Radiographics. 2008;28(3):727-46.
8. Devesa H, Lima B. Obstrução intestinal alta por bandas de Ladd. Revista Portuguesa de Cirurgia. 2015;(34):44-54.
9. Fatima A, Gibson DP. Pneumatosis intestinalis associated with Henoch-Schönlein purpura. Pediatrics. 2014;134(3):e880-3.
10. Figueiredo S, Ribeiro L, Nóbrega B. Atresia do trato gastrointestinal: avaliação por métodos de imagem. Radiol Bras. 2005;38(2):140-50.
11. Ha HK, Lee SH, Rha SE, Kim JH, Byun JY, Lim HK, et al. Radiologic features of vasculitis involving the gastrointestinal tract. Radiographics. 2000;20(3):779-94.
12. Hameed S, Dua S, Taylor HW. Henoch-Schönlein purpura with ischaemic bowel. Ann R Coll Surg Engl. 2008;90(7):W16-7.
13. Loureiro M, Cabral M. Obstrução duodenal congênita: um diagnóstico desafiante no lactente e na criança. Acta Pediatr Port. 2015;46:383-7.
14. Nchimi A, Khamis J, Paquot I, Bury F, Magotteaux P. Significance of bowel wall abnormalities at ultrasound in Henoch-Schönlein purpura. J Pediatr Gastroenterol Nutr. 2008;46(1):48-53.
15. Neira C. The Corkscrew sign: midgut volvulus. Radiology. 2007; 242(1).
16. Park NH, Oh HE, Park HJ, Park JY. Ultrasonography of normal and abnormal appendix in children. World J Radiol. 2011;3(4):85-91.

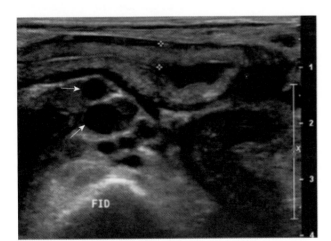

Figura 21 Ultrassonografia de abdome de paciente com colite infecciosa evidencia acentuado espessamento parietal do ceco e linfonodos regionais de aspecto reacional (setas).

17. Pickhardt P, Bhalla S. Intestinal malrotation in adolescents and adults: spectrum of clinical and imaging features. AJR. 2002:179.

18. Pinto Leite N, Pereira JM, Cunha R, Pinto P, Sirlin C. CT evaluation of appendicitis and its complications: imaging techniques and key diagnostic findings. AJR Am J Roentgenol. 2005;185(2):406-17.

19. Prathiba Rajalakshmi P, Srinivasan K. Gastrointestinal manifestations of Henoch-Schönlein purpura: A report of two cases. World J Radiol. 2015;7(3):66-69.

20. Quigley AJ, Stafrace S. Ultrasound assessment of acute appendicitis in paediatric patients: methodology and pictorial overview of findings seen. Insights Imaging. 2013;4(6):741-51.

21. Sargar KM, Siegel MJ. Sonography of acute appendicitis and its mimics in children. Indian J Radiol Imaging. 2014;24(2):163-70.

22. Sharma M, Agrawal A. Pictorial essay: CT scan of appendicitis and its mimics causing right lower quadrant pain. Indian J Radiol Imag. 2008; 18(1):80-9.

23. Sivit CJ, Siegel MJ, Applegate KE, Newman KD. When appendicitis is suspected in children. Radiographics. 2001;21(1):247-62; questionnaire 288-94.

24. Strouse PJ. Pediatric appendicitis: an argument for US. Radiology. 2010;255(1):8-13.

25. Tarantino L. Abdominal ultrasound in infectious enteritis. Gastrointest Imag; 2008;57-61.

26. Thoeni RF, Cello JP. CT imaging of colitis. Radiology. 2006;240(3):623-38.

27. Valete C, Correa L. Má-rotação intestinal – uma causa de vômitos não biliosos no período neonatal. Revista de Pediatria SOPERJ. 2006;7(2):14-7.

43

Anomalias do esôfago e do estômago

Telma Sakuno
Marcelo Straus Takahashi
Lisa Suzuki

Introdução

A avaliação radiológica inicial dos pacientes pediátricos com queixas relacionadas a esôfago, estômago e duodeno é geralmente realizada pelo estudo contrastado sob fluoroscopia. Utiliza-se na maioria dos casos o bário como meio de contraste, que acaba recobrindo a superfície das vísceras ocas, permitindo o estudo da mucosa, da submucosa, dos estreitamentos e das compressões extrínsecas. Em casos de suspeita de extravasamentos e/ou perfurações, o bário deve ser substituído por iodo.

A característica dinâmica desse tipo de estudo permite também a avaliação da motilidade, distensibilidade, relevo mucoso e do conteúdo intraluminal.

Vale aqui ressaltar que para algumas patologias específicas, mais notadamente a estenose hipertrófica do piloro (EHP), a avaliação inicial de escolha é a ultrassonografia (USG).

A radiografia simples é raramente solicitada, estando mais indicada na pesquisa de corpos estranhos radiopacos.

A tomografia computadorizada (TC) e a ressonância magnética (RM) estão indicadas na pesquisa de complicações e no estadiamento de processos específicos.

A RM, apesar de ser um método que não expõe a criança à radiação e permitir uma excelente diferenciação entre as estruturas, mesmo no estudo sem contraste, é pouco acessível, muito propensa a gerar artefatos de movimentação e frequentemente requer sedação/anestesia.

Já a TC, apesar de expor a criança à radiação e frequentemente necessitar da administração endovenosa do meio de contraste iodado, é muito rápida e pode na maioria dos casos ser realizada sem sedação/anestesia.

Atresia de esôfago e fístulas traqueoesofágicas

Define-se atresia de esôfago (AE) como uma alteração de desenvolvimento na qual há descontinuidade entre o esôfago proximal e distal.

Embora rara, a atresia é a anomalia mais comum do esôfago, geralmente associada à fístula traqueoesofágica, embora possa se apresentar de forma isolada. Em cerca de 50% dos casos há associação com outras malformações sistêmicas (VACTERL, cardíacas, anorretais, renais, entre outras).

A classificação da AE é baseada na localização da atresia e presença de fístula para a traqueia, sendo dividida em cinco variantes:

- AE com fístula traqueoesofágica distal (85% dos casos) (Figura 1A).
- AE sem fístula traqueoesofágica (8% dos casos).
- Fístula traqueoesfágica sem AE (4% dos casos).
- AE com fístula traqueoesofágica proximal (3% dos casos) (Figura 1B).
- AE com fístula traqueoesofágica proximal e distal (1% dos casos).

A suspeita diagnóstica é geralmente feita ao nascimento, nas crianças que apresentam dificuldades respiratórias, de alimentação e sialorreia.

A radiografia simples após sondagem digestiva pode mostrar uma sonda que não atinge o esôfago, enovelando-se na porção distal do bolsão esofágico. É importante nesses casos analisar com cuidado o esqueleto em procura de outras malformações associadas.

A maioria desses pacientes é submetida à cirurgia o mais rapidamente possível, não sendo avaliada pelo estu-

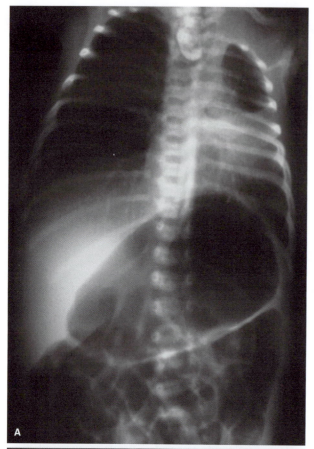

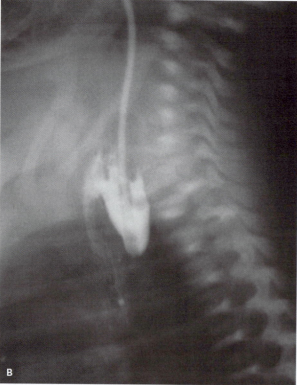

Figura 1 A: Atresia de esôfago com fístula distal. Coto proximal do esôfago opacificado com contraste. Presença da fístula distal representada por ar no estômago e intestino. B: Atresia de esôfago com fístula proximal.

do contrastado do esôfago, estômago e duodeno (EED). Caso o exame seja necessário, ele deve ser realizado de forma a reduzir os riscos de aspiração (evitar posição prona e administrar pequenas quantidade de contraste).

Muitos desses pacientes evoluem com complicações pós-operatórias como fístulas, estenoses e alterações de motilidade. Nesses casos, o exame de imagem inicial de escolha é o EED.

Estenoses congênitas de esôfago

As estenoses congênitas de esôfago são raras, e geralmente estão relacionadas a bandas esofágicas, remanescentes traqueobrônquicos ou hipertrofia fibromuscular. A depender do grau de estenose, os sintomas podem só surgir com a progressão da dieta da criança. O EED demonstra zonas de constrição que persistem durante todo o exame.

Distúrbio da deglutição

O videodeglutograma é o estudo dinâmico da deglutição. Nesse exame o paciente ingere diferentes texturas de alimentos misturados com o sulfato de bário. A avaliação é feita sob fluoroscopia, permitindo análise minuciosa de todo o processo de deglutição e é de enorme valor para o adequado planejamento da dieta e da terapia. A gravação do exame reduz a dose de irradiação e permite rever as imagens quantas vezes for necessário.

Dependendo da causa do distúrbio da deglutição, uma parte ou todos os componentes da deglutição podem estar comprometidos. Alguns pacientes não sugam e todo o contraste escorre da boca; em outros, a língua não se eleva para iniciar a deglutição. Defeitos no mecanismo de elevação do palato mole levam a refluxo de contraste para a nasofaringe e risco de aspiração; anormalidades nos músculos da epiglote, do esfíncter esofágico superior e do peristaltismo acarretam aspiração para as vias aéreas (Figura 2).

Doenças esofágicas

Doença do refluxo gastroesofágico

Define-se refluxo gastroesofágico (RGE) como o fluxo retrógrado de conteúdo gástrico para o esôfago.

A pHmetria, apesar de um pouco invasiva, é considerada o padrão-ouro no diagnóstico da DRGE, por permitir uma excelente avaliação funcional, podendo quantificar a frequência e a intensidade dos RGE. Já a avaliação anatômica do trato gastrointestinal superior é na grande maioria dos casos feita pelo EED, pela ótima resolução espacial e temporal, além de ser um exame acessível, de baixo custo e pouco invasivo. Contudo, vale a pena ressaltar que esse exame submete o paciente à radiação ionizante,

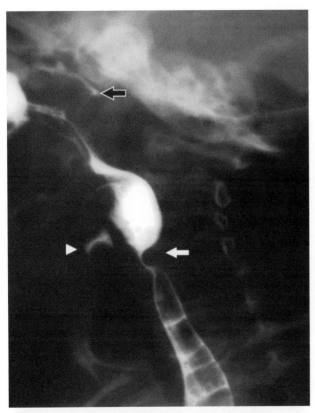

Figura 2 Distúrbio da deglutição. Deglutograma (vista lateral) demonstrando espasmo da musculatura cricofaríngea (seta branca), com refluxo de contraste para a nasofaringe (seta preta) e aspiração de contraste para a traqueia (ponta de seta).

o que pode limitar o tempo disponível para a pesquisa do refluxo.

Outra alternativa diagnóstica do RGE é a USG, pois é um exame capaz de avaliar não só o RGE (Figura 3), mas também a junção esofagogástrica, fornecendo informações funcionais e detalhes anatômicos do comprimento do esôfago intra-abdominal e do ângulo de His, estruturas importantes no mecanismo antirrefluxo.

Esofagite

A principal causa de esofagite em crianças é o RGE. Outras causas menos comuns são: infecciosa (candidíase, citomegalovírus, herpes simples e aids), epidermólise bolhosa, doença de Crohn, causa eosinofílica ou química (ingestão de substância cáustica).

A endoscopia digestiva é mais sensível no diagnóstico da esofagite, sobretudo nos casos iniciais e leves. O esofagograma tem sido menos utilizado atualmente. Em casos leves pode demonstrar uma diminuição da motilidade esofágica. Já nos casos moderados e avançados, o exame contrastado demonstra irregularidade da mucosa e ulcerações do esôfago (Figura 4).

No caso da esofagite por ingestão de substâncias cáusticas, é preferível a realização do esofagograma com contraste iodado à endoscopia, em virtude do risco de perfuração (Figura 5). O mesmo ocorre nos casos de epidermólise bolhosa, nos quais a endoscopia pode ser traumática e agravar as lesões.

Corpo estranho

Os corpos estranhos (CE) ingeridos podem ser objetos radiotransparentes (pedaços de brinquedos plásticos, alimentos e botões), não visíveis na radiografia simples, ou radiopacos (moedas e baterias), possíveis de serem identificados na radiografia simples (Figura 6).

Na suspeita de ingestão de CE, a avaliação por radiografia simples de todo o trato gastrointestinal (da nasofaringe até o ânus) está indicada, visando reduzir falso-negativos, além de permitir a detecção de múltiplos CE.

Nos casos em que a radiografia simples for negativa e a suspeita clínica de ingestão de corpo estranho for muito forte, está indicado o exame contrastado com contraste iodado (pelo risco da presença de perfuração), que pode demonstrar falha de enchimento no lúmen esofágico.

Nas crianças, os locais mais comuns para a impactação são os pontos de estreitamento: na transição do esôfago cervical com o esôfago torácico, no nível da impressão aórtica e na junção esofagogástrica. Na presença de perfuração esofágica ou do estômago, o extravasamento de contraste é facilmente identificado.

CE localizados no esôfago podem complicar com perfuração ou abscesso retrofaríngeo levando a compressão e desvio das vias aéreas. Nesses casos, um método seccional (TC ou RM) estaria indicado para a avaliação da extensão do processo.

Acalasia esofágica

A acalasia esofágica é definida como o não relaxamento do esfíncter inferior do esôfago na presença de uma musculatura esofágica preservada, sendo o diagnóstico definitivo feito pela manometria.

O esofagograma apresenta achados clássicos, como esôfago distal em forma de "bico" ou "rabo de rato", dilatação do esôfago proximal e peristaltismo normal acima do arco aórtico com peristaltismo anormal abaixo do arco aórtico.

Massas

São extremamente raras em crianças e geralmente benignas (hamartoma, leiomioma ou hemangioma), varizes (hipertensão portal) ou CE. Nos casos dos tumores com crescimento endoluminal (Figura 7) e nos CE, estes apresentam-se como falha de enchimento esofágica no esofagograma.

Nas varizes de esôfago, as falhas de enchimento no exame contrastado apresentam-se com aspecto serpigi-

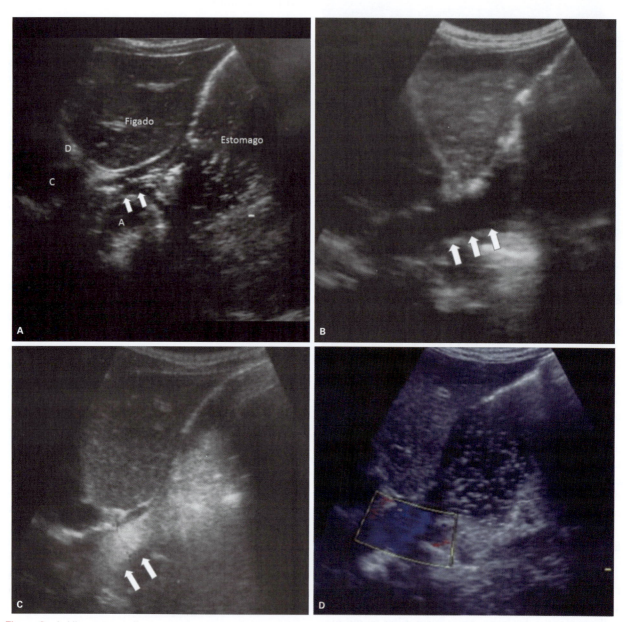

Figura 3 A: Ultrassonografia mostrando a anatomia normal da junção esofagogástrica (setas: porção intra-abdominal do esôfago). B: Visualização do refluxo gastroesofágico na ultrassonografia (setas), esôfago distendido por líquido anecoico. C: Refluxo gastroesofágico (RGE, setas) em outro paciente, líquido ecogênico (leite) sendo refluído para luz esofágica. D: RGE no exame com Doppler colorido, material refluído colorindo-se em azul.
A: aorta; C: coração; D: diafragma.

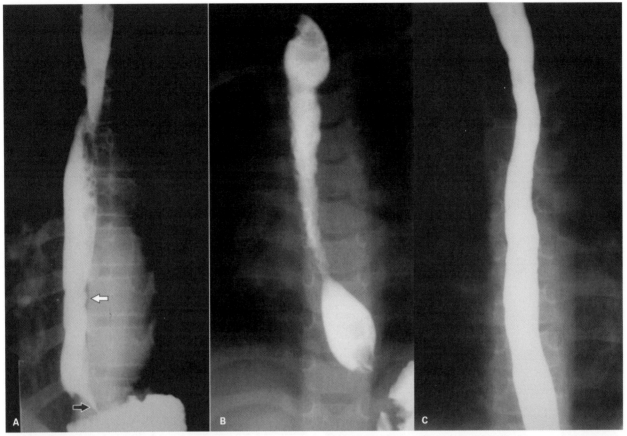

Figura 4 A: Esofagite secundária a refluxo gastroesofágico – esofagograma demonstrando irregularidade da mucosa esofágica com ulceração (seta branca) e estenose da porção distal do esôfago (seta preta). B: Esofagite por ingestão de substância cáustica – irregularidade da mucosa e espasmos dos dois terços superiores do esôfago. C: Esofagite eosinofílica – rigidez do esôfago e irregularidade da mucosa acometendo toda a extensão do esôfago.

noso e nesses casos a USG é útil na avaliação hepática e na pesquisa de outras circulações colaterais e outros sinais de hipertensão portal.

A TC com contraste ou a RM estão geralmente indicadas no estadiamento dos tumores.

Doenças gástricas

Hérnias hiatais

Podem ser divididas em dois tipos e são facilmente diferenciadas no EED: a hérnia hiatal por deslizamento e a hérnia paraesofágica.

A hérnia hiatal por deslizamento é a mais comum, é nela que a junção esofagogástrica hernia para a cavidade torácica e, frequentemente, há associação com incompetência do esfíncter esofágico inferior (Figura 8). Na hérnia paraesofágica, a junção esofagogástrica está abaixo do diafragma e o fundo gástrico hernia do lado do esôfago através do hiato esofágico (Figura 9).

Estenose hipertrófica do piloro

A USG é o exame de escolha para a avaliação da estenose hipertrófica de piloro (EHP), pois permite excelente visualização e detalhamento do piloro e também a avaliação quantitativa da espessura e comprimento da musculatura pilórica, além de não expor o paciente à radiação ionizante.

Há controvérsias na literatura sobre quais seriam as medidas normais da musculatura pilórica; de modo geral, considera-se hipertrofiada quando > 3 mm de espessura e > 15 mm de comprimento (Figura 10A e B).

O EED, agora pouco utilizado para esse diagnóstico, demonstra sinais indiretos da hipertrofia da musculatura pilórica que se traduzem em afilamento e alongamento do canal pilórico (Figura 11).

A grande dificuldade da EED é diferenciar a EHP do espasmo pilórico (EP), já que os achados radiográficos podem ser parecidos. Essa limitação não existe na USG, uma vez que a musculatura pilórica é avaliada diretamen-

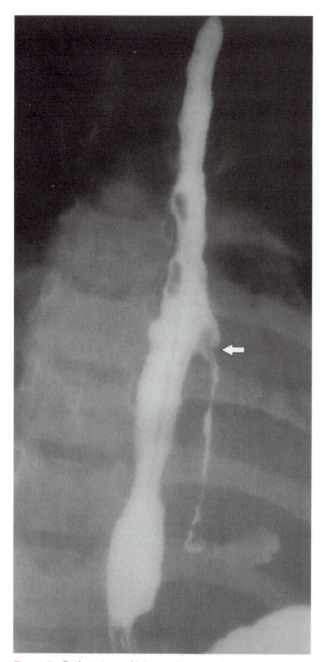

Figura 5 Perfuração esofágica por ingestão de substância cáustica – esofagograma realizado com contraste iodado demonstrando irregularidade da mucosa esofágica e perfuração esofágica (seta) com extravasamento de contraste para o mediastino.

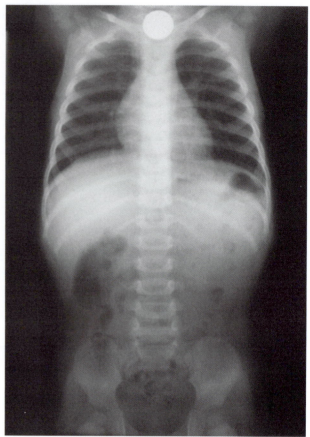

Figura 6 Corpo estranho – radiografia simples panorâmica do tórax e abdome, mostrando corpo estranho opaco (moeda) no esôfago proximal, no nível da transição cervicotorácica.

te. No EP, o piloro tem dificuldade de abrir, porém a musculatura tem espessura normal.

Úlcera péptica

Pouco frequente em crianças e, quando presente, geralmente apresenta causa predisponente: fibrose cística, síndrome de Zollinger-Ellison, medicamentosa, pacientes críticos (sepse, queimadura, trauma, pós-operatório e hipóxia). O exame contrastado pode demonstrar um depósito de contraste (a úlcera) com padrão de pregas radiantes.

Processos inflamatórios

Os diferentes processos inflamatórios, como a gastrite medicamentosa, a gastrite eosinofílica, a sífilis, a herpes simples, a tuberculose, a doença granulomatosa crônica e a doença de Crohn, podem apresentar achados semelhantes nos exames de imagem, assim como o espessamento das pregas mucosas nos exames contrastados e na USG pode demonstrar espessamento da parede do estômago (Figura 12).

Bezoar

Massas de material não digerível, como cabelo (tricobezoar), plantas (fitobezoar) e leite (lactobezoar), podem se apresentar na radiografia simples do abdome como massa gástrica misturada com gás (Figura 13A).

O exame contrastado demonstra falha de enchimento intragástrico, podendo levar à obstrução gástrica e ao retardo no esvaziamento gástrico. A USG tem papel limita-

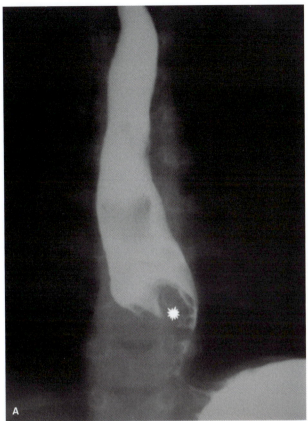

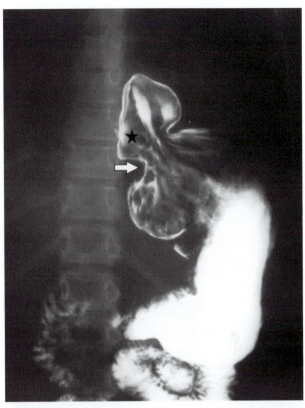

Figura 8 Hérnia hiatal por deslizamento – esofagograma demonstrando a junção esofagogástrica (*) acima do hiato esofágico (seta).

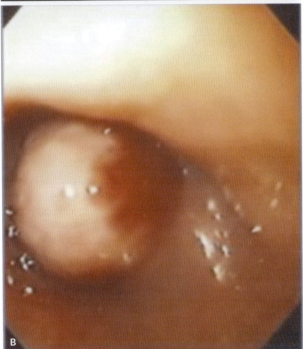

Figura 7 Hamartoma esofágico. A: Esofagograma demonstrando falha de enchimento (*) endoluminal no terço distal do esôfago. B: Endoscopia, do mesmo paciente, mostrando lesão vegetante na luz do esôfago.

do, mas algumas vezes pode identificar massa geralmente hiperecogênica dentro do estômago com sombra acústica posterior (Figura 13B e 13C).

Tumores

Os tumores gástricos também são raros na criança, sendo o teratoma o tumor mais comum. Outros tumores que podem acometer o estômago são linfoma, leiomioma, pólipos (síndrome de Gardner e Peutz-Jeghers), pâncreas ectópico e varizes.

O exame contrastado mostra falha de enchimento no interior da luz gástrica nos tumores com crescimento endoluminal. A USG pode ser útil na avaliação das massas que infiltram a parede gástrica (Figura 14) ou que apresentam crescimento extraluminal.

A TC ou a RM são importantes no estadiamento desses tumores.

Volvo

O volvo é definido como uma torção de algum segmento intestinal sobre ele mesmo. O volvo gástrico pode ser dividido em mesenteroaxial e organoaxial.

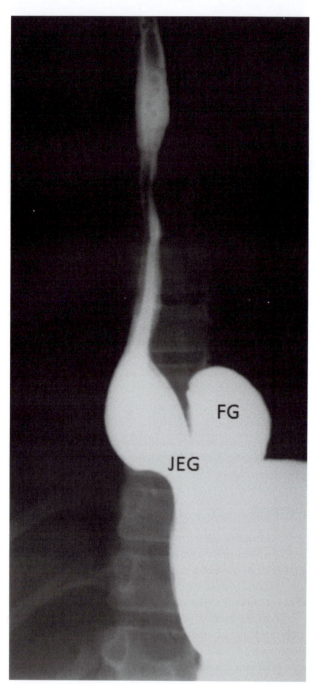

Figura 9 Hérnia hiatal paraesofágica – esofagograma demonstrando a junção esofagogástrica (JEG) abaixo do diafragma e o fundo gástrico (FG) herniando através do hiato, ao lado do esôfago.

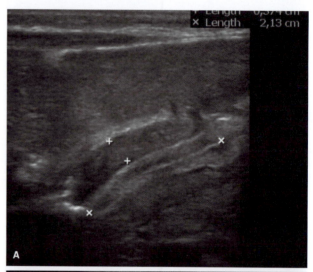

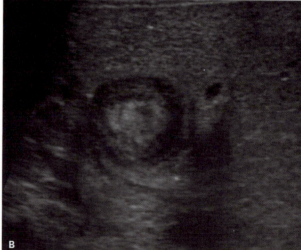

Figura 10 Estenose hipertrófica do piloro na ultrassonografia. A: Corte longitudinal no maior eixo do piloro, mostrando o espessamento da camada muscular (faixas hipoecoicas periféricas) com a camada mucosa (faixa hiperecoica central), imagem semelhante ao colo uterino. B: Corte transversal do piloro, imagem semelhante a uma roda, com a camada muscular espessada (faixa hipoecoica periférica) com a camada mucosa (imagem hiperecogênica central).

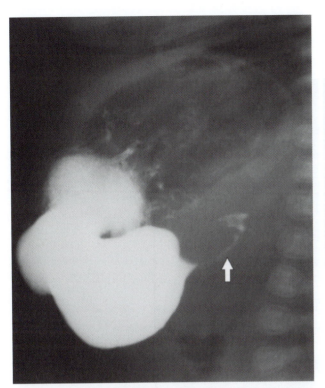

Figura 11 Estenose hipertrófica do piloro na SEGD (série esôfago-gastroduodenal) – alongamento e afilamento do canal pilórico (seta).

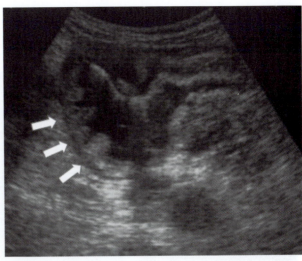

Figura 12 Gastrite – ultrassonografia, corte oblíquo no nível do corpo e antro gástrico demonstrando o espessamento e exuberância das pregas da mucosa gástrica (setas).

Na forma mesenteroaxial, o estômago roda perpendicularmente ao seu eixo longo; portanto, o piloro localiza-se em posição superior à junção esofagogástrica. É mais grave por obstruir tanto a via de entrada como de saída do estômago, podendo até evoluir com isquemia gástrica. Pode estar associado a hérnia ou eventração diafragmática.

Na forma organoaxial, o estômago roda em torno do seu eixo longo, podendo se apresentar de forma intermitente ou crônica e por vezes estar associado a hérnia hiatal ou obstrução alta.

O EED é o método indicado para a avaliação do volvo, já que permite não só a diferenciação entre os dois tipos, mas também uma avaliação panorâmica, possibilitando a detecção de outras anormalidades anatômicas que podem estar associadas.

Considerações finais

Os exames contrastados ainda são os mais utilizados para a investigação das doenças do esôfago e do estômago na criança, apresentando em muitos casos achados radiológicos típicos.

A USG tem ganhado espaço na avaliação de algumas alterações do trato gastrointestinal alto, em especial na avaliação da estenose hipertrófica de piloro, com a vantagem de ser um exame não invasivo e isento de radiação ionizante.

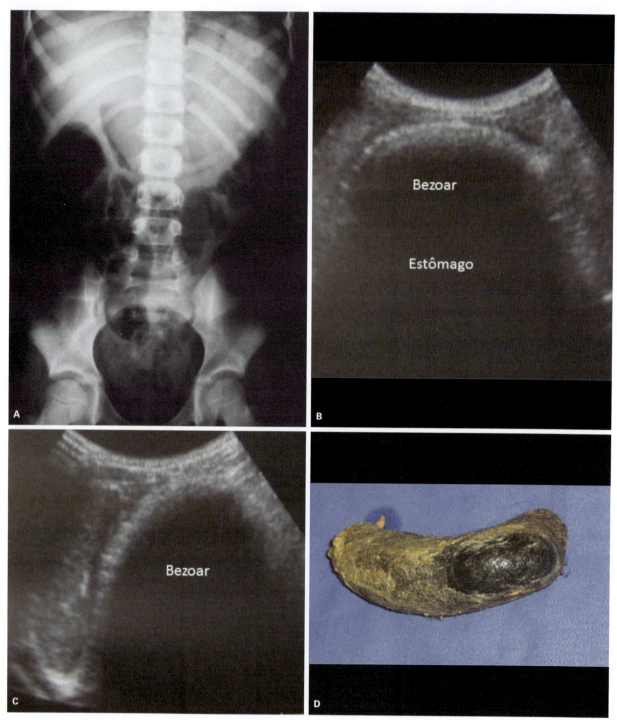

Figura 13 Tricobezoar. A: Radiografia simples do abdome demonstrando massa intragástrica, delineada por ar. Corte transversal (B) e corte longitudinal (C) – ultrassonografia no nível do epigástrio mostrando imagem hiperecogênica com intensa sobra acústica posterior. D: Peça cirúrgica.

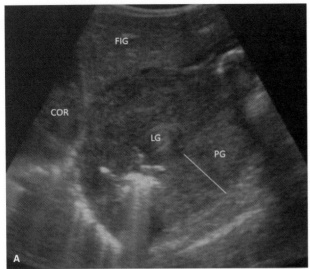

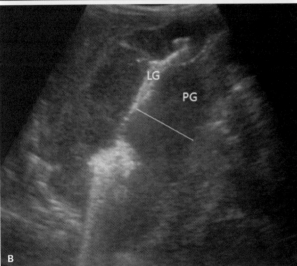

Figura 14 Linfoma gástrico. Corte longitudinal (A) e corte oblíquo (B) – ultrassonografia no nível do epigástrio mostrando importante espessamento da parede gástrica (PG). COR: coração; FIG: lobo esquerdo do fígado; LG: lúmen gástrico.

Bibliografia sugerida

1. Bruyn R. Pediatric ultrasound. How, why and when. The abdomen and the bowel. Philadelphia: Elsevier Churchill Livingstone; 2005. p. 181-206.
2. Buonomo C, Taylor GA, Share JC, Kirks DR. Gastrointestinal tract. In: Kirks DR, Griscom NT. Practical pediatric imaging diagnostic radiology of infants and children. 3. ed. Philadelphia: Lippincott-Raven; 1998. p. 822-910.
3. Fordham LA. Imaging of the esophagus in children. Radiol Clin N Am. 2005;43(2):283-302.
4. Gomes H, Lallemand A, Lallemand P. Ultrasound of the gastroesophageal junction. Pediatr Radiol. 1993;23(2):94-9.
5. Gomes H, Menanteau B. Gastro-esophageal reflux: comparative study between sonography and pH monitoring. Pediatr Radiol. 1991;21(3):168-74.
6. Hiorns MP, Ryan MM. Current practice in paediatric videofluoroscopy. Pediatr Radiol. 2006;36(9):911-9.
7. Hryhorczuk AL, Lee EY, Eisenberg RL. Esophageal abnormalities in pediatric patients. Am J Roentgenol. 2013;201(4):W519-32.
8. Jang HS, Lee JS, Lim GY, Choi BG, Choi GH, Park SH. Correlation of color Doppler sonographic findings with pH measurements in gastroesophageal reflux in children. J Clin Ultrasound. 2001;29(4):212-7.
9. Raske ME, Dempsey ME, Dillman JR, Dory CE, Garber M, Hayes LL, et al. ACR appropriateness criteria vomiting in infants up to 3 months of age. J Am Coll Radiol. 2015;12(9):915-22.
10. Riccabona M, Maurer U, Lackner H, Uray E, Ring E. The role of sonography in the evaluation of gastro-oesophageal reflux: correlation to pH-metry. Eur J Pediatr. 1992;151(9):655-7.
11. Rohrschneider WK, Mittnacht H, Darge K, Troyer J. Pyloric muscle in asymptomatic infants: sonographic evaluation and discrimination from idiopathic hypertrophic pyloric stenosis. Pediatr Radiol. 1998;28(6):429-34.
12. Simanovsky N, Buonomo C, Nurko S. The infant with chronic vomiting: the value of the upper GI series. Pediatr Radiol. 2002;32(8):549-50.
13. Slovis TL. Caffey's pediatric diagnostic imaging. 11. ed. Philadelphia: Mosby Elsevier; 2008;2:2005-100.
14. Swischuk LE. Imaging of the newborn, infant, and young child. 4. ed. Baltimore: Williams & Wilkins; 1997. p. 352-404.
15. Vazquez JL, Buonomo C. Feeding difficulties in the first days of life: findings on upper gastrointestinal series and the role of the videofluoroscopic swallowing study. Pediatr Radiol. 1999;29(12):894-6.

44

Intestino delgado e cólon

Maurício Gustavo Ieiri Yamanari
Alessandra Araújo de Castro
Marcela Larizzati Zacharias
Ana Graziela Santana Antón

Doenças congênitas intestinais

Malformações anorretais

As malformações anorretais (MAR) são um grupo complexo de anomalias congênitas envolvendo o reto distal e o ânus, em um amplo espectro que varia de estenose à atresia.

Em até 70% das vezes estão associadas a outras anomalias, destacadamente do trato urogenital (presentes em até 60% dos casos).

A incidência é de 1:5.000 nativivos com leve predominância no sexo masculino, não havendo predileção por raça.

O estudo imagenológico destas malformações desempenha papel crucial no manejo dos pacientes, sendo determinante no planejamento terapêutico, que repercute diretamente na qualidade de vida e prognóstico final. O tratamento é eminentemente cirúrgico e variável com a complexidade do caso.

Embriologia

No início do desenvolvimento embrionário a porção terminal do intestino primitivo (cloaca) é dividida em porções dorsal e ventral por um folheto de mesênquima chamado septo urorretal e separado da cavidade amniótica pela membrana cloacal.

Da 4ª à 6ª semana fetal, a cloaca se converte no depósito comum dos sistemas urinário, genital e retal em desenvolvimento, e se divide no seio urogenital anterior e conduto intestinal posterior, separados pelo septo urorretal. Duas pregas laterais de tecido cloacal se unem ao septo urorretal para completar a separação das vias urinárias. A face ventral do períneo acima do septo urorretal denomina-se lâmina uretral e a face posterior recebe o nome de lâmina anal que contém o músculo esfincteriano externo que se desenvolve separadamente. Nesse ponto existe a diferenciação sexual com o desenvolvimento concomitante dos sistemas genital e urinário.

Nos dois sexos ocorre, no mesmo período, a perfuração da lâmina anal. Deste modo, a estrutura anatômica genitourinária se completa na metade anterior e a anorretal na metade posterior. Alguma falha deste processo, a qualquer momento e por razões desconhecidas, ocasiona o desenvolvimento incompleto do embrião, determinando a migração incompleta da zona anorretal à sua posição normal. Ele produz um saco retal ou ânus cego em combinações com diversas conexões fistulosas entre o aparelho gastrointestinal em desenvolvimento e as vias genitourinárias.

Classificação

A classificação das MAR é baseada principalmente na posição do fundo de saco retal em relação ao músculo puborretal – estrutura mais importante para a continência fecal – e à presença ou ausência de fístulas.

A classificação mais conhecida é a de Wingspread, que leva em conta o posicionamento do fundo de saco retal em relação ao músculo puborretal. Por essa classificação há três tipos de malformações principais: baixas, intermediárias e altas, respectivamente, abaixo, no nível e acima do músculo puborretal. Outras duas categorias desta classificação incluem malformações da cloaca e alterações raras.

Uma classificação mais recente e atualmente mais utilizada – a de Krickenbeck – considera a presença ou ausência de fístulas, seu tipo e localização, assim como o posicionamento do fundo de saco retal. Para Krickenbeck, as fístulas podem ser de cinco tipos: retoperineal, retovestibular, reto-uretra bulbar, reto-uretra prostática e retovesical. Completam a classificação as malformações da cloaca, a estenose anal, a ausência de fístula e variantes regionais raras.

No sexo masculino, o defeito mais comum é a fístula retouretral, seguindo-se da fístula retoperineal. As fístulas retovesicais representam 10% das malformações. No sexo feminino, o tipo mais frequente é a fístula retovestibular, seguindo-se a fístula perineal e persistência da cloaca; as fístulas retovaginais praticamente inexistem. Ânus imperfurado sem fístula representa apenas 5% das malformações em ambos os sexos.

Imagem

O diagnóstico pré-natal das MAR é raro, ocorrendo em apenas 16% dos casos. Alguns achados possíveis são massa cística pélvica ou abdominal, hidropsia ou ascite fetal, distensão intestinal e oligoâmnio. Na suspeita ecográfica antenatal, a ressonância magnética (RM) fetal no terceiro trimestre pode ajudar a confirmar a hipótese diagnóstica.

A maioria das malformações, no entanto, são detectadas ao nascimento e aparentes ao exame físico, exceção feita aos pacientes com atresia retal. O exame físico do recém-nascido pode revelar uma fístula perineal ou vestibular. Se conteúdo fecal for detectado na urina, então uma fístula retouretral pode ser inferida. Meninas com orifício perineal único apresentam malformações da cloaca.

Os estudos de imagem devem ser feitos nos primeiros dois dias de vida e incluem radiografias (tórax, coluna e pelve), exames contrastados e ultrassonografias – USG – (perineal, pélvica, abdominal, cardíaca e da coluna), tendo como objetivo detectar anomalias congênitas associadas e determinar a anatomia fistulosa, se esta estiver presente. A RM é indicada como estudo complementar aos exames de imagem iniciais, de acordo com as anomalias encontradas. Em lactentes e crianças mais velhas, é o método de imagem mais eficiente para o estudo anatômico, bem como para determinar o grau de desenvolvimento da musculatura esfincteriana.

As radiografias de tórax, coluna e pelve devem ser feitas nas incidências anteroposterior e perfil, visando a caracterizar malformações cardíacas, costais e vertebrais.

O invertograma (Figura 1) consiste na visualização do reto preenchido por gás de forma a se caracterizar a sua terminação, bem como a relação com pontos de referência com os ossos pélvicos.

Uretrocistografia miccional pode ser útil na visualização de fístulas se o material contrastado refluir para o cólon distal atrésico durante a micção.

Após a colostomia, a instilação de contraste hidrossolúvel pela ostomia do coto retal (Figura 2) é bastante sensível na detecção de fístulas vesicais e ureterais.

Pacientes com anatomia externa normal são avaliados por enema contrastado, que poderá evidenciar reto distal curto com terminação em fundo cego.

A USG do períneo pode ser um excelente método para o estudo anatômico local, bem como para avaliar o

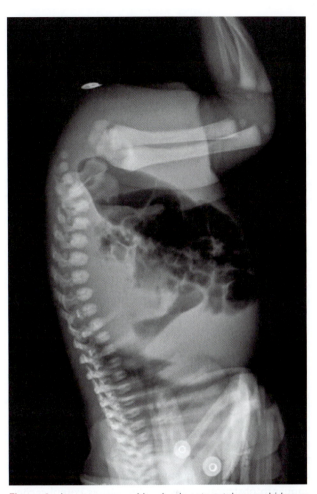

Figura 1 Invertograma evidenciando coto retal preenchido por gás, permitindo avaliar sua relação com os pontos de referência do arcabouço ósseo pélvico.

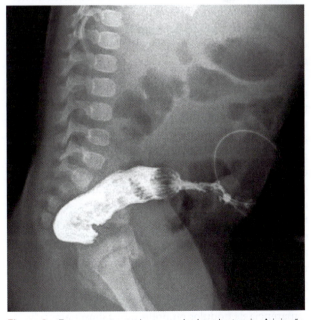

Figura 2 Exame contrastado por meio de colostomia. A injeção de contraste hidrossolúvel pela ostomia do coto retal permite o estudo anatômico e a pesquisa de eventuais fístulas.

fundo de saco retal e identificar e localizar fístulas urogenitais. A distância entre o fundo de saco do reto e o ânus, medida no plano sagital, quando superior a 15 mm traduz MAR alta; se inferior a 15 mm, sugere malformação baixa.

A USG da pelve e do abdome é útil no rastreamento de alterações no trato urogenital, inclusive de válvula de uretra posterior. Na presença de alterações ecográficas genitourinárias, está indicada a complementação com uretrocistografia.

Divertículo de Meckel

Divertículo de Meckel (DM) é a anomalia congênita mais comum do trato gastrointestinal, com incidência de 2-3% na população. Resulta do fechamento incompleto do ducto onfalomesentérico, determinando a formação em um divertículo verdadeiro – portanto, com todas as camadas do intestino –, situado na borda intestinal antimesentérica, mais frequentemente no íleo terminal, cerca 40 a 100 cm da válvula ileocecal.

O DM pode conter mucosa ectópica derivada de células pluripotentes em 15-50% dos casos. As mais comumente encontradas são as mucosas gástrica e pancreática.

É mais comumente assintomático, porém em 2-4% dos pacientes pode manifestar-se clinicamente por complicações como sangramento, obstrução intestinal, inflamação e degeneração neoplásica. Sangramento é a complicação mais frequente em pacientes pediátricos, enquanto obstrução e diverticulite são as complicações mais frequentes entre os adultos.

A aparência tomográfica do DM consiste em uma imagem em fundo cego, na borda antimesentérica do íleo distal, preenchida por gás ou líquido, entretanto a sensibilidade tomográfica na detecção de um DM não complicado é baixa, pois este se assemelha ao de um segmento de alça normal.

O diagnóstico tomográfico é mais frequentemente sugerido quando complicações conhecidas do DM são detectadas. Desta forma, pode-se inferir que sua aparência tomográfica é variável com a complicação existente. Em casos de intussuscepção com obstrução de intestino delgado, por exemplo, o DM funciona como intussuscepto e aparece como área central com atenuação de gordura, circundado por tecido com densidade de partes moles, que consiste em gordura mesentérica que invaginou juntamente com o DM. Nos casos de diverticulite de Meckel, observa-se massa cística com sinais inflamatórios junto ao intestino delgado, além de borramento da gordura mesentérica e coleções circunjacentes. Nos casos de sangramento ativo, o extravasamento do contraste pode ser detectado. Tecidos heterotópicos e neoplásicos podem ter a aparência de nódulos ou pólipos intraluminais.

Ecograficamente o DM não complicado, quando detectado, é visto como uma estrutura cística, tubular ou em gota, com paredes estruturadas como as do intestino (*gut signature*), podendo apresentar peristaltismo. Sinais de flogose, nos casos de diverticulite de Meckel, também podem ser detectados à USG. Neste sentido, o estudo com Doppler colorido pode ser uma ferramenta útil ao detectar hiperemia da parede do divertículo inflamado e a presença de vaso nutridor.

Cistos de duplicação gastrointestinal

Cistos de duplicação gastrointestinal são anomalias congênitas raras, de etiologia incerta, que podem correr ao longo da borda mesentérica de todo o trato gastrointestinal (TGI). São formações císticas cuja parede é composta por duas camadas: mucosa e muscular lisa. Os sítios mais frequentes são, em ordem decrescente: íleo distal, esôfago, cólon, jejuno, estômago e duodeno.

Podem ser subdivididos em dois tipos: duplicação cística de conformação esférica e sem comunicação com o TGI, que são os mais frequentes (80%); e duplicação tubular, com comunicação direta com a luz do trato, que respondem por 20% dos casos.

Costumam se manifestar durante o primeiro ano de vida, sendo as manifestações clínicas mais comuns: vômitos, massa abdominal palpável, dor abdominal, constipação, sangramento gastrointestinal, intussuscepção e sinais de obstrução intestinal. Em adultos costumam ser achados incidentais de exame de imagem, pois raramente apresentam sintomatologia.

Complicações são raras e incluem volvo, intussuscepção, sangramento, infecção e perfuração. Sangramento gastrointestinal pode ocorrer secundariamente à ulceração péptica na presença de mucosa gástrica heterotópica. A malignização é extremamente rara.

A USG apresenta grande importância no diagnóstico destas lesões ao evidenciar o sinal da dupla parede, que consiste em uma camada interna hiperecogênica – a mucosa – e uma camada externa hipoecogênica, que é a camada muscular (Figura 3).

O estudo tomográfico evidencia formação de paredes finas com ligeiro realce ao meio de contraste que se origina da parede intestinal ou situa-se extrinsecamente a ela. Conteúdo hiperatenuante no interior do cisto pode denotar hemorragia ou material proteico. Massas com paredes espessadas ou septos de permeio com sinais flogísticos circunjacentes podem indicar infecção. Nódulos sólidos com realce de partes moles são sugestivos de malignização.

Doença inflamatória intestinal

A doença inflamatória intestinal (DII) corresponde a um processo inflamatório crônico intestinal, sem causa definida e inclui principalmente duas afecções: retocolite ulcerativa e doença de Crohn.

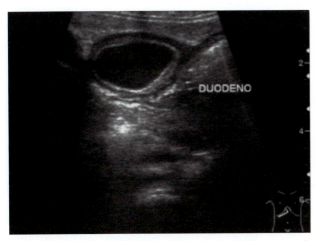

Figura 3 Cisto de duplicação entérica duodenal. Observar o sinal da dupla parede: mucosa hiperecogênica e camada muscular hipoecogênica.

Retocolite ulcerativa

É um processo inflamatório crônico e idiopático caracterizado por inflamação de mucosa, edema e ulceração no cólon distal, que tipicamente acomete o reto com envolvimento proximal por contiguidade e que não apresenta lesões separadas no TGI (as chamadas *skip lesions*). Acomete principalmente adolescentes e adultos jovens.

Os principais achados clínicos são diarreia sanguinolenta e dor abdominal. Outros sintomas podem aparecer como retardo de crescimento, artrites, uveíte, *rash* cutâneo, estomatite e disfunção hepática, sendo a colangite esclerosante e hepatite autoimune frequentemente associadas à retocolite ulcerativa.

O megacólon tóxico é uma complicação potencialmente fatal da colite, caracterizada por dilatação cólica não obstrutiva focal ou total, com toxicidade sistêmica (Figura 4).

Métodos de imagem

A radiografia simples do abdome pode mostrar edema da mucosa cólica, vista como "impressões digitais" (*thumb-printing*) no contorno do cólon acometido. No entanto, é um exame simples pouco específico e pouco sensível.

O enema com duplo contraste costumava ser o exame de preferência, que evidenciava uma alça cólica lisa, tubular, chamada de "cano de chumbo". O enema contrastado é contraindicado em casos de suspeita de megacólon tóxico pelo risco de perfuração.

O principal exame diagnóstico é a colonoscopia com biópsia, que permite visualização direta da mucosa inflamada e permite realização de biópsia.

Entre os métodos de imagem, os principais a serem realizados atualmente são os métodos axiais (TC e RM) com protocolo de avaliação de alças. Permitem avaliar o realce mucoso em pacientes com doença ativa, além de alterações adjacentes, como hipertrofia da gordura, linfonodomegalias reacionais e abscessos. Os exames axiais permitem avaliar ainda alterações hepáticas e biliares (colangite esclerosante), frequentemente associadas à retocolite ulcerativa.

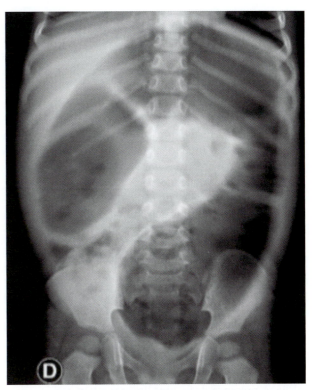

Figura 4 Radiografia anteroposterior de abdome de criança com megacólon tóxico evidenciando acentuada dilatação não obstrutiva do cólon, com perda de haustrações.

Doença de Crohn

É uma doença inflamatória com acometimento transmural da parede do intestino, mas pode acometer qualquer sítio do TGI, desde a boca até o ânus, sendo o íleo terminal o principal segmento afetado. O pico de incidência é no adulto jovem, mas a incidência entre crianças e adolescentes tem aumentado nos últimos anos.

A clínica da doença de Crohn é bastante variável, sendo os principais sintomas diarreia, dor abdominal, hiporrexia e perda de peso. É muito comum apresentar períodos de atividade clínica entremeados por períodos de remissão, por isso é muito importante a avaliação periódica desses pacientes. Fístulas perianais são comuns.

As principais manifestações extraintestinais são artralgias, artrites, estomatite, eritema nodoso e baqueteamento digital.

Os critérios para a avaliação ainda não são muito bem estabelecidos, sendo utilizada uma combinação de escores clínicos, dados laboratoriais, exames endoscópicos, histopatológicos e exames de imagem.

Métodos de imagem

Em razão de sua complexa distribuição pelo TGI, a doença de Crohn exige uma variada gama de métodos diagnósticos e de acompanhamento da doença, que pode durar por toda a vida do paciente.

Em geral, o diagnóstico inicial é realizado com algum exame endoscópico (colonoscopia), com múltiplas biópsias e evidência histológica da inflamação característica desta doença. No entanto, alguns segmentos de intestino delgado não são acessíveis por via endoscópica, o que dificulta ainda mais o diagnóstico.

Tradicionalmente avaliada com exame com contraste baritado do intestino delgado (trânsito intestinal), a doença de Crohn passou a ser avaliada principalmente com métodos axiais com protocolos específicos para avaliação das alças (enterotomografia e enterorressonância). Além destes, a USG com transdutores lineares de alta resolução também está ganhando importância na avaliação das alças e acompanhamento da doença.

Os achados típicos no trânsito intestinal são úlceras aftosas (erosões rodeadas por um halo radiolucente, que representa o edema ao redor da úlcera), irregularidades das paredes, com estenoses e espessamento parietal das alças. A presença de fissuras lineares e transversas, separando ilhas de mucosa normal, leva ao chamado aspecto em "pedra de calçamento" (ou *cobblestoning*). O trânsito pode ainda revelar presença de fístulas.

A USG tem se mostrado uma modalidade bastante útil na avaliação da doença de Crohn (Figura 5). A USG com transdutor linear de alta frequência pode detectar espessamento da alça (> 3 mm), redução de peristaltismo, hipertrofia da gordura mesentérica, linfonodos, abscessos e até mesmo trajetos fistulosos. Além disso, o Doppler pode evidenciar hiperemia das alças e do mesentério, que se aumentados podem estar relacionados com atividade da doença (Figura 6).

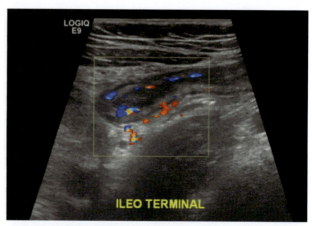

Figura 6 Ultrassonografia com Doppler colorido de paciente com doença de Crohn evidenciando hiperemia na alça e na gordura adjacente, achados que estão relacionados com atividade da doença.

A enterotomografia e a enterorressonância já substituíram o trânsito intestinal em diversos centros, dependendo da sua disponibilidade. Podem detectar o espessamento da alça, realce ao contraste, estenoses, além de proliferação de gordura mesentérica, linfonodos reacionais, abscessos e fístulas (Figura 7). A enterorressonância é considerada superior à enterotomografia na avaliação de doença perianal e suas complicações, principalmente os trajetos fistulosos.

O uso de uma modalidade em particular pode variar de acordo com diversas variáveis, como a realidade do serviço, a experiência de cada equipe, o estado do pacien-

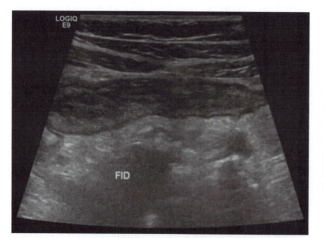

Figura 5 Ultrassonografia com transdutor linear de alta frequência de paciente com doença de Crohn evidenciando espessamento parietal do íleo distal e hipertrofia e hiperecogenicidade da gordura adjacente.

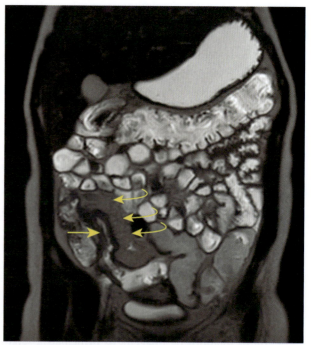

Figura 7 Imagem coronal de ressonância magnética ponderada em T2 de paciente com doença de Crohn evidenciando espessamento parietal do íleo terminal (seta) e hipertrofia da gordura adjacente (setas curvas).

te no momento do exame, a presença de estudos prévios, entre outras. Têm ganhado força, no entanto, a USG e a RM, principalmente pela ausência de radiação ionizante, seguindo os preceitos do ALARA (*as low as reasonably achievable*).

Tumores

Tumores primários do intestino delgado e cólon são extremamente raros em crianças, com incidência estimada em menos de 1% dos tumores na faixa pediátrica.

Os tumores intestinais que ocorrem na faixa pediátrica podem ser divididos em várias classificações, mas neste capítulo discutiremos as condições, que embora raras são as mais frequentes: linfoma intestinal e pólipos intestinais.

Linfoma intestinal

O linfoma não Hodgkin é o tumor maligno mais comum do trato gastrointestinal, sobretudo o linfoma de Burkitt. Íleo terminal, ceco e apêndice são os locais mais acometidos.

A apresentação clínica mais comum é dor abdominal com massa abdominal palpável. Podem ocorrer também sangramento intestinal ou obstrução intestinal causada por intussuscepção determinada pela massa.

O linfoma de Burkitt tem um crescimento muito rápido, porém apresenta resposta rápida aos medicamentos quimioterápicos e com prognóstico cada vez mais satisfatório.

Imagem

A radiografia simples do abdome pode ser normal ou mostrar um efeito de massa ou obstrução no caso de intussuscepção.

A USG geralmente evidencia uma massa heterogênea com limites mal definidos ou mostra um espessamento acentuado da parede intestinal. Pode ainda determinar imagem de intussuscepção, sendo o linfoma a causa patológica.

A TC e a RM evidenciam a infiltração das paredes intestinais, com dilatação do lúmen intestinal (Figura 8). O tumor pode ainda envolver outros sítios, por isso é mandatória a avaliação de órgãos retroperitoneais, fígado e baço.

Pólipos juvenis e síndromes que cursam com pólipos intestinais

Os pólipos do TGI podem ocorrer de forma solitária, como um achado isolado, ou estar associados a síndromes poliposas. O cólon é o local mais afetado, com exceção da síndrome de Peutz-Jeghers, em que o intestino delgado é o sítio mais acometido com pólipos hamartomatosos.

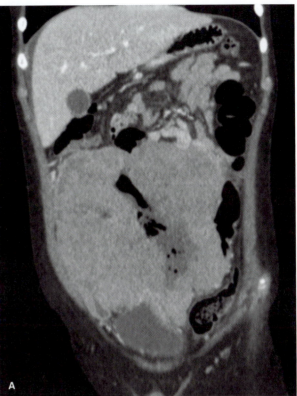
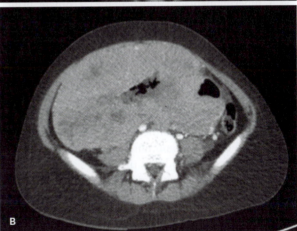

Figura 8 Imagens coronal (A) e axial (B) de tomografia computadorizada com contraste de paciente com linfoma de Burkitt evidenciando acentuado espessamento parietal de alça no flanco direito com conformação de uma massa heterogênea.

Pólipos juvenis

O pólipo juvenil, ou hamartomatoso, é o tumor intestinal mais comum na infância. Ocorre principalmente no cólon sigmoide ou reto, mas pode acometer qualquer ponto do TGI.

A principal apresentação clínica é de sangramento intestinal, mas pode também cursar com anemia ou dor abdominal, sobretudo na intussuscepção. A maioria dos casos se apresenta entre 2 e 5 anos de idade.

Assim como em outras doenças poliposas, o método diagnóstico usado antigamente era o enema opaco. No entanto, hoje em dia os métodos axiais (TC e RM) com protocolo de alças têm sido os métodos de imagem de escolha, e com destaque para USG, cada vez mais utilizada na avaliação das alças e seus conteúdos.

O tratamento de escolha é a polipectomia por via endoscópica.

Síndromes associadas com pólipos juvenis ou hamartomatosos

Síndrome de polipose juvenil

É uma doença autossômica dominante caracterizada por múltiplos pólipos hamartomatosos. Esta síndrome deve ser considerada no caso de paciente com cinco ou mais pólipos juvenis, pólipo em outra parte do TGI que não o cólon, e quando houver história familiar positiva.

O rastreamento contínuo de malignidade é muito importante, pois há risco aumentado para câncer de cólon.

Síndrome de Peutz-Jeghers

A síndrome de Peutz-Jeghers é uma doença autossômica dominante com penetrância incompleta caracterizada por hiperpigmentação mucocutânea associada a pólipos hamartomatosos do TGI.

A hiperpigmentação mucocutânea acomete principalmente lábios, mucosa bucal (Figura 9), face, palmas das mãos e plantas dos pés; surge tipicamente no início da infância e muitas vezes desaparece na adolescência.

Os pólipos ocorrem comumente no intestino delgado, seguido por cólon e estômago. Cerca de metade dos pacientes podem cursar com intussuscepção intestinal. Sangramento intestinal também pode ocorrer.

Há ainda um risco aumentado para tumores malignos, não só do TGI, como também de mama, pâncreas, órgãos do sistema reprodutor, tireoide e sistema biliar.

Os pólipos eram visualizados em exames contrastados como o trânsito intestinal. Atualmente são detectados sobretudo com os métodos axiais como TC e RM. A USG também pode diagnosticar pólipos, principalmente em casos em que houver intussuscepção associada.

Como tratamento, os pólipos podem ser ressecados por endoscopia e grandes ressecções cirúrgicas intestinais devem ser evitadas pela possibilidade de recidivas nos demais segmentos. É importante o *screening* de cânceres ao longo da vida destes pacientes.

Síndrome de Cowden

É uma rara doença autossômica dominante que se apresenta com pólipos hamartomatosos (mas podem cursar mais raramente com pólipos adenomatosos) do TGI, lesões de pele, hamartomas em órgãos sólidos e neoplasias de mama, tireoide e endométrio.

A clínica, achados de imagem e tratamento são similares a outras doenças poliposas intestinais, com a particularidade no rastreamento e diagnóstico de malignidades de mama, tireoide e endométrio.

Síndromes associadas com pólipos adenomatosos

Nas síndromes genéticas que cursam com pólipos adenomatosos há uma mutação no gene *APC (adenomatous polyposis coli)*, localizado no braço longo do cromossomo 5.

Polipose adenomatosa familiar (PAF) e síndrome de Gardner

A PAF é uma doença autossômica dominante que cursa com centenas de pólipos adenomatosos na mucosa cólica, começando tipicamente na adolescência ou início da fase adulta. Portanto, durante a infância pode ser assintomática e passar despercebida sem algum rastreamento.

A colectomia profilática é considerada tratamento padrão, pois sem ela praticamente todos os pacientes vão desenvolver carcinoma colorretal.

As alterações extraintestinais incluem: hiperplasia congênita do epitélio pigmentar da retina, considerada lesão patognomônica, além de osteomas (crânio e mandíbula), lipomas, fibromas, cistos dermoides, hepatoblastoma, colangiocarcinoma, carcinoma papilífero de tireoide, câncer de pâncreas e meduloblastoma.

Existe uma forma atenuada de PAF em que há menor número de pólipos e desenvolvimento mais tardio de câncer colorretal.

A síndrome de Gardner era considerada uma síndrome poliposa separada da PAF, mas atualmente muitos autores a consideram uma variação da PAF, em que os pólipos adenomatosos cursam com lesões extraintestinais citadas anteriormente e sendo a lesão clássica o tumor desmoide, que é uma forma agressiva de fibromatose que acomete fáscias, músculos e mesentério, com grande morbidade e mortalidade.

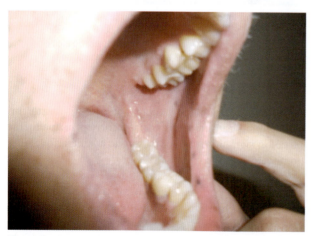

Figura 9 Paciente com síndrome de Peutz-Jeghers evidenciando hiperpigmentação da mucosa oral.

Síndrome de Turcot

É uma síndrome que cursa com pólipos adenomatosos no cólon, com risco de carcinoma colorretal e de tumores do sistema nervoso central (SNC), sendo o meduloblastoma o mais comum. Pode cursar também com manchas café com leite e múltiplos lipomas. Dependendo do caso, a colectomia profilática pode ser indicada.

Trauma

Trauma é uma causa frequente de admissões hospitalares e de morbidade e mortalidade em crianças menores de 1 ano. O abdome é o segundo local mais acometido. Cerca de 80% dos casos são decorrentes de trauma abdominal fechado, e destes cerca de 80% são decorrentes de trauma contuso.

Ao contrário do trauma abdominal perfurante, que tem uma incidência alta de lesão de vísceras ocas, o trauma abdominal fechado tem baixa incidência de lesão intestinal (3-18%), sendo o acometimento isolado deste raro (1-2%).

As causas mais comuns são acidentes automobilísticos (incluindo lesões pelo uso do cinto de segurança), seguido por lesões automóvel *vs.* pedestres, trauma por guidom de bicicleta, quedas e esportes. Em crianças menores, deve-se lembrar também de trauma intencional. Postulam-se três mecanismos de trauma: a) lesão por esmagamento; b) forças de cisalhamento do intestino e mesentério em pontos fixos; e c) rotura pelo aumento da pressão intraluminal. A lesão por esmagamento resulta do impacto de um objeto fixo na parede abdominal anterior, que comprime a alça intestinal contra a coluna vertebral e/ou um órgão sólido. O duodeno e cólon transverso são particularmente acometidos neste mecanismo, resultando em hematoma, contusão ou transecção. As lesões por cisalhamento ocorrem nos pontos normais de fixação intestinal (ligamento de Treitz e junção ileocecal) ou em aderências adquiridas, que servem como pontos de ancoragem. A rápida desaceleração permite que um segmento móvel mova-se rapidamente, afastando-se dos pontos fixos, causando lacerações. Rotura pelo aumento da pressão intraluminal ocorre quando há impacto contra objetos fixos, configurando um circuito intestinal fechado, elevando a pressão intraluminal até um ponto em que a parede intestinal rompe-se, resultando em perfuração de espessura total.

Há importantes diferenças fisiológicas entre crianças e adultos no contexto de trauma abdominal fechado. As crianças têm vasos sanguíneos menores, com resposta vasoconstritora mais eficaz. Assim, sangramentos associados a lesões e vísceras sólidas têm uma tendência a cessar espontaneamente, permitindo que a maioria delas seja tratada de modo conservador, com sucesso. O trauma abdominal tem um elevado risco por diversas circunstâncias, como hemorragia por lesão de órgão sólido ou vasos e peritonite por perfuração de vísceras ocas.

As lesões intestinais podem variar desde pequenos hematomas a perfuração. Pequenas perfurações podem ser clinicamente não reconhecidas. Dor abdominal e irritação peritoneal podem estar presentes precocemente, após grandes perfurações, ou se desenvolver lentamente, porque o conteúdo intestinal, sobretudo o jejunal, não é enzimaticamente ativo, além de terem um pH e uma contagem bacteriana baixos.

O manejo dos pacientes na faixa etária pediátrica segue o protocolo comum a todos os traumas, sugerido pelo ATLS (*advanced trauma life support*), com o mnemônico ABCDE. O intuito inicial é determinar se há instabilidade hemodinâmica e, na presença desta, determinar se é decorrente de uma lesão de víscera abdominal e se existem lesões associadas em outros segmentos. Posteriormente à estabilização inicial, e não havendo indicações cirúrgicas, realiza-se uma avaliação com métodos complementares. A evidência de equimoses/hematomas na parede abdominal, dor à palpação e defesa abdominal são alguns dos indicativos de possíveis lesões intra-abdominais. Em crianças pequenas é frequente a distensão da câmara gástrica, simulando um abdome agudo, o que pode ser melhorado clinicamente por sondagem, que ainda leva a diminuição do risco de aspiração, melhora a ventilação e facilita a exploração abdominal. A distensão abdominal progressiva é um indício de sangramento abdominal.

A avaliação clínica de crianças apresenta uma tarefa difícil e desafiadora, principalmente naquelas pré-verbais, pela não confiabilidade do exame abdominal nestas, visto que os sinais e sintomas podem ser ausentes, discretos ou tardios. Além disso, lesões de múltiplos sistemas são frequentes, fazendo diagnóstico e triagem mais difícil e complexo. Portanto, o diagnóstico por imagem desempenha um papel primordial no diagnóstico de lesões intestinais.

Os métodos complementares a serem utilizados incluem radiografias simples, USG e TC.

A radiografia de abdome pode ser útil para a avaliação de estruturas ósseas, pneumoperitônio, lesão diafragmática, apagamento da gordura retroperitoneal (sugerindo hematoma retroperitoneal) e localização de corpos estranhos. Mas pode ser normal na presença de lesão intestinal.

A USG é o método inicial de eleição. O *focused abdominal sonography for trauma* (FAST) é o exame de *screening* inicial, por sua rapidez e facilidade de execução, sendo realizado à beira do leito, na sala de emergência. Sua sensibilidde é variável e operador-dependente. Os achados mais frequentes são presença de líquido livre ou hemoperitônio.

A TC é o método de escolha. Apesar dos muitos achados de imagem de lesão do intestino, mais de um terço das crianças com perfuração intestinal apresentam alterações da TC que sugiram lesão. A visualização de descontinuidade parietal é um achado patognomônico de lesão, mas infelizmente de rara identificação. É preciso contar com achados secundários para fazer o diagnóstico de lesões. Os achados tomográficos mais comuns são líquido peritoneal livre e realce parietal. A presença de líquido peritoneal sem a evidência de lesão de víscera sólida que justifique é importante indicador de lesão intestinal. Outros achados incluem: presença de gás extraluminal, espessamento parietal, dilatação do intestino, defeito na parede intestinal, densificação ou fluido na raiz mesentérica, hematoma focal, hemorragia ativa e pseudoaneurisma mesentérico. Nenhum desses achados é específico, mas a especificidade aumenta à medida que um maior número deles está presente. O mais específico é a presença de gás extraluminal, pouco sensível, com incidência variando entre 0-67% nos casos de perfuração intestinal. Enquanto a presença de gás livre intraperitoneal é geralmente aceita como uma indicação absoluta de cirurgia, este pode ser um falso sinal de perfuração intestinal, podendo ocorrer no cenário de pneumomediastino ou pneumotórax.

Algumas situações podem simular lesão intestinal e devem ser lembradas que são hiper-hidratação e hipotensão profunda. A hiper-hidratação, ou aumento da pressão venosa central (nos casos de ressuscitação agressiva, com grandes quantidades de volume infundidas), pode levar a edema parietal ou do mesentério, obscurecendo ou simulando lesões. Nesse contexto, a veia cava inferior pode aparecer de calibre aumentado. O complexo hipoperfusão, ou "choque intestinal", ocorre após uma hipotensão profunda. As alças intestinais podem apresentar-se dilatadas, distendidas por líquido e com hiper-realce. Os órgãos sólidos também poderão exibir realce anormal e a veia cava inferior apresentar calibre reduzido.

As complicações da lesão do intestino incluem abscesso, formação de fístula, obstrução intestinal e infecção da ferida. O tempo entre a lesão e a conduta cirúrgica tem uma relação direta com a frequência/intensidade de complicações e o tempo de internação.

Bibliografia sugerida

1. Alamo L, Meyrat BJ, Meuwly JY, Meuli RA, Gudinchet F. Anorectal malformations: finding the pathway out of the labyrinth. RadioGraphics. 2013;33(2):491-512.
2. Bixby SD, Callahan MJ, Taylor GA. Imaging in pediatric blunt abdominal trauma. Semin Roentgenol. 2008;43(1):72-82.
3. Boechat PR. Patologia cirúrgica do recém-nascido. In: Moreira MEL, Lopes, JMA, Carvalho M. O recém-nascido de alto risco: teoria e prática do cuidar. Rio de Janeiro: Fiocruz; 2004. p. 377-420.
4. Concha A, Rey C, Rodríguez J. Traumatismo abdominal. Bol Pediatr. 2009;49(207):58-68.
5. Hanks PW, Brody JM. Blunt injury to mesentery and small bowel: CT evaluation. Radiol Clin North Am. 2003;41(6):1171-82.
6. Hiorns MP. Imaging of inflammatory bowel disease. How? Pediatr Radiol. 2008;38(Suppl. 3):S512-7.
7. Karam O, Sanchez O, Chardot C, La Scala G. Blunt abdominal trauma in children: a score to predict the absence of organ injury. J Pediatr. 2009;154(6):912-7.
8. Lee NK, Kim S, Jeon TY, Kim HS, Kim DH, Seo HI, et al. Complications of congenital and developmental abnormalities of the gastrointestinal tract in adolescents and adults: evaluation with multimodality imaging. RadioGraphics. 2010;30(6):1489-507.
9. Mizerkowski MD, Spolidoro JVN, Epifanio M, Bastos JC, Baldisserotto M. Divertículo de Meckel ao Doppler em cores: relato de dois casos. Radiologia Brasileira. 2011;44(4):268-270.
10. Sivit CJ. Imaging children with abdominal trauma. AJR Am J Roentgenol. 2009;192(5):1179-89.
11. Towbin AJ, Sullivan J, Denson LA, Wallihan DB, Podberesky DJ. CT and MR enterography in children and adolescents with inflammatory bowel disease. Radiographics. 2013;33(7):1843-60.
12. Vidmar D, Pleskovic A, Tonin M. Diagnosis of bowel injuries from blunt abdominal trauma: Our experience. Eur J Trauma. 2003;29(4):220-7.

45

Alterações hepáticas, biliares e pancreáticas

Lisa Suzuki
Silvia Maria Sucena da Rocha
Marcia Wang Matsuoka

Métodos de imagem para abordagem de alterações hepáticas, biliares e pancreáticas em pediatria

Radiografia simples

A radiografia (RX) simples apresenta papel restrito na investigação diagnóstica das doenças hepáticas, das vias biliares, baço e pâncreas. Uma das principais indicações é a pesquisa de alterações em outros órgãos ou sistemas que estejam associadas às doenças primárias do fígado, como nos casos de doenças metabólicas, em que os acometimentos ósseos e pulmonares são comuns. Embora hepatomegalia, esplenomegalia, calcificações parenquimatosas ou ar em vias biliares possam ser diagnosticados pela RX simples, outros métodos como a ultrassonografia ou a tomografia computadorizada apresentam maior sensibilidade e especificidade.

Ultrassonografia

A ultrassonografia (USG) é um método de imagem extremamente importante na investigação diagnóstica de doenças hepáticas em crianças, sendo o exame de escolha inicial na investigação diagnóstica, principalmente em razão da ausência de risco. O ideal é que o exame seja realizado em jejum, cuja duração varia conforme a faixa etária (de 2 a 6 horas em geral).

Ultrassonografia convencional

A USG convencional permite a avaliação das dimensões, contornos e textura, detecção de nódulos parenquimatosos, obstrução de vias biliares e cálculos. Pode detectar lesões focais pequenas, como o abscesso por cândida, e só não detectará lesões maiores se elas apresentarem características similares às do parênquima em torno. Nesses casos, em que o método for inconclusivo ou negativo, a

tomografia computadorizada (TC) e a ressonância magnética (RM) poderão auxiliar na investigação diagnóstica. Porém, um de seus maiores papéis é a investigação de colestase em recém-nascidos.

Ultrassonografia com Doppler colorido

A ultrassonografia com Doppler colorido (USDC) é indicada para o estudo dos vasos hepáticos, dos sinais secundários de hipertensão portal, no acompanhamento de crianças submetidas a "shunt" portossistêmico cirúrgico (TIPS), transplante de fígado e com malformação arteriovenosa hepática.

Tomografia computadorizada multi-*slice* (multidetectores)

Uma das principais indicações da TC é o estudo de lesões focais, sejam tumores benignos, malignos ou abscessos. A aquisição das imagens por múltiplos detectores aumentou o poder diagnóstico da TC de uma forma geral, mas principalmente dos tumores hepáticos, que apresentam sensibilidade e especificidade semelhantes às da RM. Além da radiação ionizante e do contraste iodado intravascular, a sedação poderá ser necessária. A criança deverá estar em jejum, pois na maioria dos casos o uso do contraste iodado é essencial. Por conta do potencial efeito prejudicial da radiação proveniente dos exames radiológicos diagnósticos, a sua indicação deve ser precisa, levando-se em consideração o benefício. Embora o efeito da radiação proveniente dos métodos de imagens de diagnóstico ainda seja desconhecido, sabemos que ele é cumulativo e que as crianças são mais sensíveis, com longevidade maior, portanto sujeitas a mais radiação durante a vida e maior tempo para desenvolver tumores. Atualmente existe uma preocupação quanto ao assunto expressa pelos conceitos ALARA (*as low as reasonably achievable*) e *Imagegently*, que propõem doses de radiação ajustadas para exames pediátricos, descritos com maiores detalhes nos capítulos específicos.

Angiografia por TC (ângio-TC)

A ângio-TC é indicada para o estudo dos vasos hepáticos pré e pós-operatório em casos de transplantes, nas suspeitas de estenose e trombose da artéria hepática, da veia porta ou das veias hepáticas. A sua maior vantagem é a rapidez do exame (menos de 5 minutos), porém utilizam-se a radiação ionizante e o contraste iodado, potencialmente alergênicos em alguns pacientes e contraindicados em outros com nefropatia.

Ressonância magnética

A indicação da RM é similar à da TC, sendo as principais avaliações de nódulos e massas hepáticas, hepatopatias difusas, hemocromatose, esteatose, doença de Gaucher e avaliação da vascularização, principalmente em pacientes pré e pós-transplante hepático. A vantagem da RM em relação à TC é a ausência da radiação ionizante, porém o método é menos disponível e o tempo de realização dos exames mais longo, o que causa maiores problemas com artefatos de movimentação em crianças menores. Disso decorre uma maior necessidade de procedimentos anestésicos. Em pacientes com insuficiência renal crônica, há ainda o risco de desenvolvimento de fibrose sistêmica nefrogênica pelo uso de gadolínio.

Angiografia por RM (ângio-RM)

Na ângio-RM os exames podem ser realizados sem contraste (para estudo de algumas veias) ou com contraste (estudo arterial). Ela apresenta uma acurácia semelhante à da ângio-TC, porém por ser um exame mais demorado, geralmente apresenta mais artefatos decorrentes de movimento, sendo a ângio-TC preferível em muitos casos.

Colangiografia por RM (colângio-RM)

O aprimoramento da técnica e a utilização de bobinas específicas para crianças e do sincronismo respiratório contribuíram para maior resolução no estudo das vias biliares em crianças por RM. Alguns estudos mostram que é possível a visibilização do ducto pancreático em neonatos em 65% na cabeça e no corpo e em 17% na cauda.

A colângio-RM é indicada em casos de cisto de colédoco, principalmente do tipo III de Todani, pois o colédoco distal é inacessível à USG na grande maioria dos casos. Outras indicações da colângio-RM incluem pesquisa de colangites esclerosantes, doenças fibrocísticas hepatorrenais e anomalias congênitas dos ductos pancreáticos.

Icterícia neonatal

A icterícia no período neonatal é um achado comum, sendo observada na primeira semana de vida em cerca de 60-80% dos recém-nascidos. A maioria é fisiológica, mas em alguns casos pode representar sintoma de uma doença mais grave, principalmente nas icterícias que persistem mais de 2 semanas. As causas de colestase neonatal são diversas e podem ser intra ou extra-hepáticas, e entre as causas mais comuns estão a atresia de vias biliares e a hepatite neonatal (Quadro 1). O diagnóstico e o tratamento precoce dessas doenças estão diretamente relacionados ao prognóstico e à evolução dessas crianças.

Atresia de vias biliares

A atresia de vias biliares (AVB) é a causa mais comum de icterícia colestática neonatal e causa mais frequente de transplante hepático no grupo pediátrico. É resultado de processo inflamatório idiopático de vias biliares, destrutivo e progressivo, com consequente obliteração da árvore biliar e desenvolvimento de cirrose biliar secundária. A importância do diagnóstico precoce, preferencialmente antes das 10 a 12 semanas de vida, está relacionada ao resultado da intervenção cirúrgica, cujo sucesso é maior quanto mais precocemente realizada. Após 12 semanas de vida, a cirurgia de Kasai, que consiste em portoenterostomia, não é mais realizada em razão do baixo índice de sucesso. Há dois tipos de AVB, a forma embrionária (10-30%) e a forma pós-natal. A forma embrionária está associada às malformações em 20% dos casos, como a síndrome da poliesplenia (defeitos cardíacos, asplenia, *situs inversus*, má rotação intestinal, anormalidades de posicionamento da veia porta e artéria hepática), agenesia de veia cava inferior retro-hepática, entre outros.

A USG convencional pode sugerir o diagnóstico de atresia de vias biliares (AVB) com sensibilidade de 98% baseada no sinal do cordão triangular, na forma e nas dimensões da vesícula biliar quando presente, na presen-

Quadro 1	Causas mais comuns de colestase neonatal
Causas intra-hepáticas	**Causas extra-hepáticas**
Idiopática	Atresia de vias biliares
Infecciosa (bacteriana e virais)	Cisto de colédoco
Metabólica	Colestase familiar intra-hepática
Colestase crônica progressiva	Perfuração espontânea do colédoco
Genética (síndrome de Down, trissomia E e síndrome de Donahue)	Colangite esclerosante neonatal
Multifatorial	Colelitíase
Outras	Síndrome do ducto comum

ça ou não do colédoco e no calibre da artéria hepática. O cordão triangular é a representação ultrassonográfica da massa fibrótica de ductos biliares obliterados na *porta hepatis* em crianças com AVB, e é observado como uma área hiperecogênica de aspecto tubular ou triangular próximo à bifurcação da veia porta ou no hilo hepático, com espessura maior que 3,5 mm e 4,0 mm, respectivamente (Figura 1). A vesícula biliar pode estar ausente em cerca de 60% e a sua presença não afasta o diagnóstico. Em muitos casos, observa-se uma vesícula biliar malformada, de pequenas dimensões, geralmente menor que 1,5 cm de comprimento, com contornos irregulares ou lobulados e ausência da mucosa interna (Figura 2). Na presença de vesícula biliar de aspecto normal, pode se realizar o teste do estímulo, medindo o volume da vesícula biliar em jejum e após a amamentação. Em casos de presença de atresia de vias biliares, não haverá contração da vesícula, e o seu volume permanecerá estável ou, em alguns casos, até aumentar. A artéria hepática pode se tornar proeminente por conta da hipertrofia e hiperplasia que ocorrem nestes casos, secundárias à fibrose hepática e malformação ductal, e é considerada aumentada quando o calibre for maior que 1,5 mm no hilo hepático. Além desses achados na USG convencional, o estudo complementar com Doppler colorido também pode auxiliar no diagnóstico. A presença de fluxo hepático subcapsular, definido como extensão da artéria hepática até a superfície hepática, foi demonstrada em 100% das crianças estudadas por Lee et al.

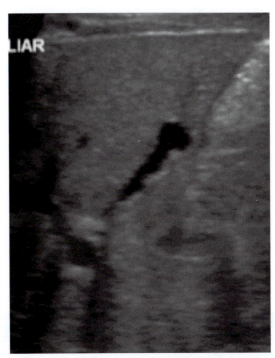

Figura 2 Vesícula biliar malformada em lactente com atresia de vias biliares: ultrassonografia evidencia vesícula biliar com dimensões reduzidas, contornos irregulares e ausência de mucosa interna.

Cisto de colédoco e doença de Caroli

Cisto de colédoco é uma dilatação localizada de vias biliares e apesar de ser incomum, é uma causa de icterícia neonatal tratável. A classificação mais aceita é a de Todani (Figura 3): o tipo 1, mais comum, é uma dilatação localizada do ducto biliar comum (Figura 4); o tipo 2, uma dilatação excêntrica, diverticular no ducto biliar comum; o tipo 3, dilatação da porção distal intramural do ducto biliar comum (coledococele); o tipo 4, múltiplas dilatações císticas intra e extra-hepáticas; e o tipo 5, múltiplas dilatações císticas intra-hepáticas (doença de Caroli). A doença de Caroli pode apresentar complicações por colangite, cálculos e cirrose biliar. Apesar da etiologia incerta, duas hipóteses são aceitas: um grupo que apresenta estenose ou atresia de parte da árvore biliar, geralmente diagnosticado no período neonatal, podendo ter associação com atresia de vias biliares ocasionalmente, e um outro grupo, em geral diagnosticado mais tardiamente, que apresenta anomalia da junção dos ductos pancreatobiliares, que permite refluxo do suco pancreático para a árvore biliar, muitas vezes associado a quadros de pancreatite e/ou coledocolitíase. A USG apresenta alta sensibilidade e especificidade para diagnóstico de cisto de colédoco, exceto o tipo III, mais bem caracterizado por colangiografia por ressonância magnética (colângio-RM).

Síndrome de Alagille

A síndrome de Alagille, também conhecida como displasia artério-hepática ou hipoplasia de vias biliares sindromática, é uma doença hereditária autossômica-dominante que apresenta escassez de ductos biliares intra-hepáticos. É a colestase familiar mais frequente, definida clinicamente pela associação de três das cinco caracterís-

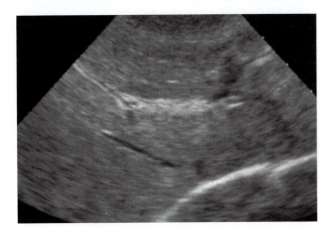

Figura 1 Sinal do cordão triangular em um lactente com 2 meses de vida: ultrassonografia do fígado evidencia uma área tubular hiperecogênica localizada cranialmente à bifurcação da veia porta, com espessura > 3,5 mm.

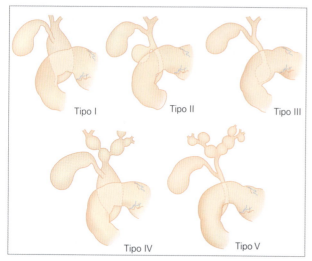

Figura 3 Tipos de cisto de colédoco segundo Todani.

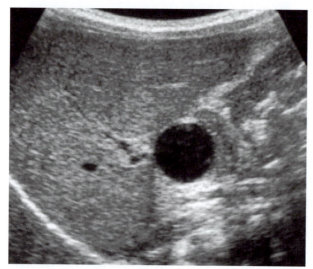

Figura 4 Cisto de colédoco tipo I. Ultrassonografia evidencia presença de formação cística de paredes regulares e conteúdo anecogênico na topografia do colédoco.

ticas (colestase crônica, doença cardíaca congênita, vértebra em borboleta, embriotoxon posterior e fácies típica). É causada pela mutação no gene JAGGED1 do cromossomo 20. O diagnóstico é frequentemente realizado no primeiro ano de vida e, em muitos casos, a evolução é benigna, com desaparecimento dos sintomas. Em outros, a colestase persiste, e a condição de escassez de ductos biliares resulta em cirrose, sendo uma das causas de transplante hepático em crianças.

Colangites

Existem quatro formas clínicas de colangites em crianças:

- Colangite neonatal, muito provavelmente uma doença genética transmitida por herança autossômica recessiva.
- Colangite relacionada a autoimunidade (referida como colangite autoimune). Consiste em uma das três doenças biliares autoimunes – as outras duas doenças são a cirrose biliar primária e colangite associada à IgG4 (colangite primária autoimune), com muito boa resposta à imunossupressão.
- Colangite esclerosante primária (CEP) de etiologia desconhecida (sem características de autoimunidade).
- Colangite secundária a várias doenças, incluindo histiocitose de células de Langerhans, imunodeficiências, fibrose cística, anemia falcifome, linfoma de Hodgkin e infecções.

A colangite neonatal representa uma colangiopatia grave, histologicamente semelhante à atresia de vias biliares, porém sem obliteração dos ductos biliares extra-hepáticos, que caracteriza a atresia de vias biliares. Apresenta uma alta incidência em filhos de pais consanguíneos, sugerindo uma herança autossômica recessiva. A colangite relacionada à autoimunidade apresenta sobreposição com outras doenças biliares e hepáticas autoimunes e geralmente apresenta uma boa resposta com terapia imunossupressora. A colangite esclerosante (CE) primária tem sido cada vez mais diagnosticada em crianças, com incidência de 0,2 caso por ano/100.000 pacientes. É uma doença que cursa com inflamação e fibrose dos ductos biliares intra e extra-hepáticos, resultando em estenose e obliteração dos ductos, e nas fases mais avançadas, cirrose biliar. Apresenta associação com doença inflamatória intestinal, principalmente retocolite ulcerativa, mais comumente do que a colangite autoimune, segundo alguns relatos. Os achados de exame são inespecíficos e à ultrassonografia observam-se dilatação de vias biliares, cálculo ou espessamento da parede de vias biliares (Figura 5). À TC, além da dilatação focal de vias biliares, pode-se observar realce de suas paredes pelo meio de contraste intravenoso. Em relação ao diagnóstico da colangite esclerosante por colângio-RM em crianças, há um estudo recente mostrando especificidade e valor preditivo positivo de 100% e acurácia de 85% para o diagnóstico de colangite esclerosante primária. Os achados característicos à colângio-RM são a de estenoses multifocais nos ductos biliares, alternadas com áreas de ductos com calibre normal ou dilatados, resultando em aspecto de colar de contas (Figura 6). Outros achados incluem irregularidade das paredes do ducto, dilatação, não visualização dos ductos biliares intra-hepáticos, formações saculares ou pseudodiverticulares nos ductos extra-hepáticos. A colangiografia é o exame padrão-ouro no diagnóstico definitivo.

O ácido ursodesoxicólico é considerado o tratamento de escolha para todas as formas de CE, mas sem comprovação de sua eficácia na prevenção da progressão para cirrose biliar secundária. Em pacientes com imunodeficiências, o transplante de medula óssea precoce é a única forma de evitar colangite secundária. O

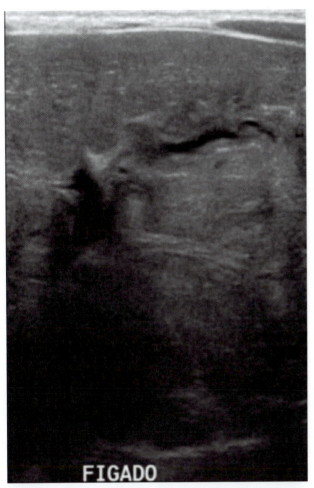

Figura 5 Colangite secundária à histiocitose em um paciente com 2 meses de vida. Ultrassonografia do fígado demonstra dilatação irregular de vias biliares, com hiperecogenicidade adjacente, provavelmente relacionada a processo inflamatório.

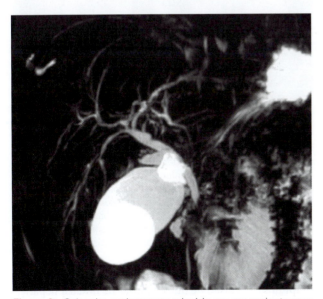

Figura 6 Colangite esclerosante primária em um paciente com 16 anos. Colângio-RM demonstra estenoses multifocais nos ductos biliares, alternadas com áreas de ductos com calibre normal ou discretamente dilatados.

transplante de fígado continua a ser o único tratamento validado em crianças com cirrose biliar. Recorrência de CE após o transplante hepático não foi claramente demonstrada em crianças; no entanto, a recorrência de lesão do ducto biliar em histiocitose de células de Langerhans tem sido relatada.

Fibrose hepática congênita

A fibrose hepática congênita (FHC) é uma doença multissistêmica rara, que compõe o grupo das doenças fibropolicísticas hepáticas, de herança autossômica recessiva. As alterações são decorrentes de uma malformação na placa ductal de pequenos ductos interlobulares, que resulta em dilatações biliares de graus variados e fibrose periportal. Há uma grande associação com a doença renal policística autossômica recessiva (DRPAR), apesar de relatos de casos de FHC isolada. A coexistência do acometimento renal e hepático é explicada pela mutação no gene PKHD1 localizada no cromossomo 6p12, que é responsável pela codificação da proteína fibrocistina, que atua nos epitélios ciliares renais e hepáticos. A disfunção da fibrocistina resulta em dilatação fusiforme não obstrutiva do sistema coletor no rim e malformação ductal no fígado, com dilatação dos ductos biliares e fibrose. Tanto a doença renal como a hepática são progressivas. Há também uma associação com outras doenças policísticas do fígado (doença de Caroli, cisto de colédoco, hamartomas de vias biliares e doença policística hepática autossômica dominante) e atresia de vias biliares. As manifestações clínicas incluem hepatoesplenomegalia, hipertensão portal, cirrose e complicações como colangite. As manifestações imaginológicas no fígado muitas vezes não são visíveis na fase inicial. Fibrose periportal, dilatação dos ductos biliares intra e extra-hepáticas e vesícula biliar hidrópica podem ser caracterizadas pela USG ou RM. A fibrose periportal pode ser hipo ou hiperecogênica à USG (Figura 7); é hipoatenuante à TC e apresenta alto sinal em T2 na RM, geralmente > 2 mm. A fibrose do parênquima hepático pode ser caracterizada como uma área focal irregular de sinal heterogêneo nas sequências ponderadas em T2 na RM. Na USG com Doppler colorido, pode-se evidenciar múltiplos vasos no hilo hepático, semelhante à transformação cavernomatosa, porém com veia porta pérvia. A hipótese mais provável é que esses vasos periportais representem duplicação de vasos hepáticos inerentes à FHC, e não uma doença adquirida, uma vez que geralmente são caracterizados antes da instalação da hipertensão portal. Na colângio-RM, os ductos biliares não apresentam afilamento gradual usual com a ramificação. Os ductos permanecem dilatados ao longo do parênquima, geralmente formando pequenos cistos ou "cisternas" (Figura 8A e 8B). Nas fases mais avançadas, observam-se hipertrofias do segmento lateral do lobo hepático esquerdo e caudado, segmento medial do lobo hepático

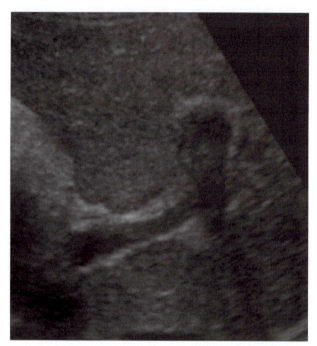

Figura 7 Paciente com diagnóstico de fibrose hepática congênita. USG evidencia hiperecogenicidade periportal e discreta alteração da textura do parênquima hepático.

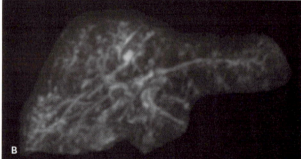

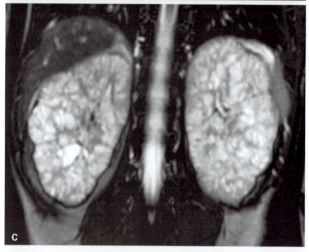

Figura 8 A e B: Paciente com diagnóstico de fibrose hepática congênita. Colângio-RM evidencia dilatação difusa dos ductos biliares, mais evidente na periferia, onde se observam dilatações de aspecto cístico. C: Paciente com diagnóstico de fibrose hepática congênita. Nota-se alteração renal devida a associação com doença renal policística autossômica recessiva. A RM (sequência ponderada em T2) evidencia rins com dimensões aumentadas e múltiplos cistos bilaterais, medulares e corticais, alguns maiores.

esquerdo normal ou hipertrófico e lobo direito atrófico. Quando há associação com outras doenças, elas também podem ser caracterizadas à USG, TC ou RM (Figuras 8C e 9). O padrão característico da DRPAR à USG é o de rins aumentados e difusamente hiperecogênicos, em razão de múltiplas interfaces de incontáveis diminutos cistos, sem distinção cortical, medular ou sinusal. Alguns macrocistos podem ser visualizados. À TC e RM, observam-se rins globosos, de dimensões aumentadas, e a presença de inúmeros cistos resulta em rins com aspecto difusamente hipoatenuante à TC e difusamente hipossinal em T1 e hipersinal em T2 à RM (Figura 8C).

Hepatite neonatal

Diversas etiologias podem ser identificadas dentro do grupo da hepatite neonatal, a maioria com um quadro inespecífico de colestase e consequente dificuldade ao pediatra, tanto na investigação como na conduta. Os achados radiológicos neste grupo também são inespecíficos inicialmente, e muitas vezes as alterações serão vistas apenas tardiamente, quando essas crianças já tiverem desenvolvido uma hepatopatia crônica.

Hepatite autoimune

A hepatite autoimune (HAI) é uma doença que cursa com inflamação crônica do fígado, de início e duração variáveis. O diagnóstico é baseado nos achados clínicos, laboratoriais e histológicos que sugerem condições autoimunes e exclusão de outras causas de doença hepática crônica. Predomina em pacientes jovens do sexo feminino e caracteriza-se laboratorialmente pela presença de hipergamaglobulinemia e autoanticorpos circulantes não

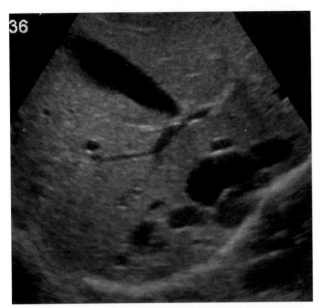

Figura 9 Paciente com diagnóstico de fibrose hepática congênita associada à doença de Caroli. Ultrassonografia evidencia múltiplas dilatações císticas dos ductos biliares.

órgão-específicos. Um critério importante para o diagnóstico é a resposta ao tratamento com corticosteroides ou imunossupressores. A classificação da HAI pode ser baseada em achados clínicos, laboratoriais, histológicos, genéticos e patogenéticos, mas a mais aceita pela maioria dos autores baseia-se na presença de autoanticorpos não órgão-específicos, que classifica as HAI em tipo I ou II. A apresentação clínica pode ser de uma hepatite aguda, crônica, fulminante ou mesmo insuficiência hepática grave. Não há diferenças quanto aos sintomas entre os vários tipos de HAI; entretanto, o tipo 2 ocorre mais frequentemente em idades mais precoces do que o tipo 1. Os achados de imagens são de cirrose e hipertensão portal na fase mais avançada da doença, não achados característicos que a diferenciem das outras hepatopatias crônicas.

Fibrose cística

O acometimento hepático significativo é observado em cerca de 13-25% dos pacientes com fibrose cística e geralmente desenvolve-se na primeira década de vida. A hepatopatia crônica é considerada a terceira causa de mortalidade, atrás das complicações cardiorrespiratórias e do transplante, sendo responsável por 2% da mortalidade em pacientes com fibrose cística. A lesão hepática mais comum é a cirrose biliar focal por conta da disfunção secretória dos epitélios biliares, que pode evoluir para acometimento multifocal e cirrose, com desenvolvimento da hipertensão portal e suas complicações. São descritos três tipos de acometimento hepático em pacientes com fibrose cística:

- Esteatose (mais comum, sendo observado em 30% das biópsias e 60% das autópsias), provavelmente decorrente de má nutrição ou deficiência de ácidos adiposos essenciais, apresenta melhora com terapia de reposição enzimática. Há um padrão de infiltração gordurosa hepática característico desses pacientes, que é chamado de "padrão pseudomassas", em que se observam estruturas gordurosas lobuladas de cerca de 1 a 2 cm. À USG, essas estruturas formam áreas hiperecogênicas nodulares com margens hipoecogênicas, e à TC, áreas nodulares de baixa atenuação e representam áreas gordurosas entre o parênquima hepático normal, formando padrão de pseudomassa (Figura 10).
- Cirrose biliar focal.
- Cirrose biliar. A colângio-RM pode demonstrar alterações dos ductos biliares intra e extra-hepáticos, mais comumente estenoses, redução difusa do calibre, irregularidades e dilatações focais intra-hepáticas, redução do calibre ou estenoses focais do ducto biliar comum e cálculos nos ductos biliares intra e extra-hepáticos. Esses achados são semelhantes aos da colangite esclerosante.

Esteatose hepática

Entre as várias patologias que podem acometer o fígado, têm se destacado as doenças de depósito, entre elas a esteatose hepática (EH).

Atualmente denominada doença hepática gordurosa não alcoólica (DHGNA), está presente tanto em crianças quanto nos adultos, com prevalência de 9,6% da população pediátrica. Ocorre por um acúmulo de triglicérides no interior dos hepatócitos sem a ingestão de álcool. Sua apresentação pode variar desde simples esteatose, com a presença de gordura e/ou fibrose, até esteato-hepatite com evolução para cirrose. A esteatose pode estar presente também em outras situações, como

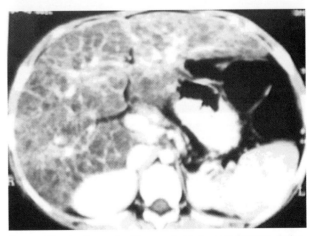

Figura 10 Paciente de 10 anos de idade com fibrose cística. Tomografia computadorizada com contraste evidencia infiltração gordurosa difusa do fígado com padrão "pseudomassas", com inúmeras áreas nodulares de baixa atenuação em meio ao parênquima hepático que apresenta realce normal.

hepatites B e C, hepatite autoimune, doença de Wilson, glicogenose (Figura 11), fibrose cística (Figura 10), uso de medicamentos (quimioterápicos, tetraciclina, prednisona) e nutrição parenteral (Quadro 2). Além disso, a EH é considerada fator de risco para o desenvolvimento de diabete, doença cardiovascular e cirrose, estando inclusive associada à necessidade de transplante hepático.

A biópsia hepática permanece o padrão-ouro para seu diagnóstico. Entretanto, por ser um procedimento invasivo, apresenta riscos com morbidade de 0,06-0,35% e mortalidade de 0,01-0,1%.

É importante salientar que histopatologicamente, as crianças apresentam um padrão hepático de DHGNA diferente do padrão dos adultos, sendo observadas inflamação portal e fibrose portal (irreversível) mais acentuada em crianças com esteato-hepatite do que em adultos. Dessa forma, o diagnóstico precoce da DHGNA torna-se importante, sendo a USG o método de imagem mais utilizado como pesquisa inicial.

Na USG os parâmetros habitualmente utilizados para o diagnóstico da EH são: aumento da ecogenicidade do parênquima hepático e aumento da atenuação do feixe acústico, sendo a atenuação um parâmetro mais fidedigno para o diagnóstico de EH que a ecogenicidade. Entretanto, apesar de a USG apresentar vantagens como baixo custo e acessibilidade, é um método operador e aparelho-dependente. Não existem parâmetros objetivos para quantificar a EH, além de haver uma importante redução de sua sensibilidade e especificidade nos pacientes obesos mórbidos. A sensibilidade e a especificidade do método é bastante baixa quando a EH é inferior a 30% à histologia. Outras situações que também podem aumentar a ecogenicidade hepática incluem a fibrose e processos inflamatórios, podendo induzir a interpretações equivocadas.

A ressonância magnética (RM) é o método mais sensível para o diagnóstico da DHGNA e está descrita em outro capítulo específico.

Anomalias vasculares

Derivações hepáticas congênitas

Derivações hepáticas congênitas são anomalias raras, que podem ser identificadas tanto em crianças sintomáticas como, de forma incidental, em crianças submetidas a USG. Consistem em comunicações anormais entre artéria hepática, ramos portais, veias hepáticas ou veias sistêmicas.

Segundo a classificação de Mullicken e Glowacki, as malformações vasculares hepáticas podem ser divididas em: a) de fluxo rápido (malformações arteriovenosas [MAV], fístulas arterioportais [FAP]), b) fluxo lento (derivações portossistêmicas intra e extra-hepáticas, malformações venosas e linfáticas) e c) formas combinadas.

Malformações vasculares hepáticas congênitas de fluxo rápido

Nas MAV hepáticas congênitas ocorre comunicação direta entre o sistema arterial e o venoso, que pode determinar hipertensão portal, além de hepatomegalia, congestão cardíaca e anemia. À USG os achados são de enovelado de vasos tortuosos e dilatados, com fluxo de alta velocidade, padrão arterial de baixa resistência e padrão venoso pulsátil.

As FAP congênitas são uma rara causa de hipertensão portal em crianças e podem estar associadas às síndromes de Rendu-Osler-Weber (telangectasia hemorrágica hereditária) e Ehlers-Danlos e à atresia de vias biliares.

Malformações vasculares hepáticas congênitas de fluxo lento

As MAV hepáticas congênitas de fluxo lento compreendem as derivações portossistêmicas intra e extra-hepáticas.

Derivações portossistêmicas intra-hepáticas congênitas

Consistem em comunicações anormais entre ramos portais e veias hepáticas, presumidamente em razão da

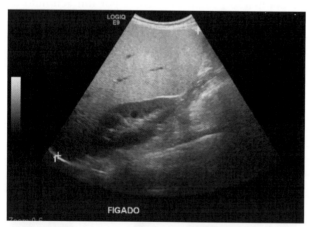

Figura 11 Esteatose em paciente com glicogenose; observa-se um fígado aumentado e difusamente hiperecogênico.

Quadro 2 Causas mais frequentes para esteatose hepática

Primárias	Secundárias
Doenças metabólicas:	Cirrose/hepatite viral
■ Glicogenose	Síndrome de Cushing
■ Doença de Wilson	Terapia com corticoide
■ Hiperlipoproteinemia familar	Quimioterapia
■ Fibrose cística	Hiperalimentação
	Má nutrição extrema

persistência de comunicações entre veias vitelínicas e seio venoso, dada por ausência focal de formação de sinusoides. Podem ser um achado incidental em exames ultrassonográficos de abdome em recém-nascidos assintomáticos (Figuras 12 e 13).

Usualmente evoluem com regressão espontânea nos primeiros 2 anos de vida, mesmo quando exuberantes.

Derivações portossistêmicas extra-hepáticas congênitas/agenesia da veia porta

As derivações portossistêmicas extra-hepáticas congênitas são condições raras, descritas pela primeira vez por Abernethy, em uma menina de 10 anos de idade, em 1793. São por esse motivo denominadas malformações de Abernethy.

Posteriormente, Morgan e Superina propuseram um sistema de classificação das anomalias portossistêmicas, que tem como base se o parênquima hepático é ou não perfundido por sangue do sistema venoso mesentérico (Tabela 1).

As derivações tipo I são congênitas e pacientes com este tipo de derivação são geralmente jovens e do sexo feminino. As derivações tipo II são muitas vezes adquiridas, com maior incidência na meia-idade.

Uma revisão da literatura revela um amplo espectro de manifestações clínicas. Nos pacientes com derivação tipo I, a encefalopatia – quando presente – é leve, apesar de os níveis séricos de amônia serem elevados. Com frequência há outras malformações associadas (má rotação

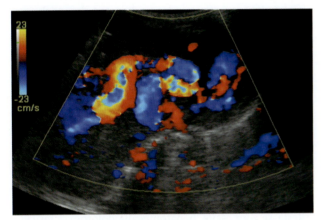

Figura 12   Ultrassonografia (USG) com Doppler colorido em recém-nascido assintomático evidencia comunicação do ramo portal esquerdo com a veia hepática média. USG de controle evidenciou resolução espontânea completa em três meses.

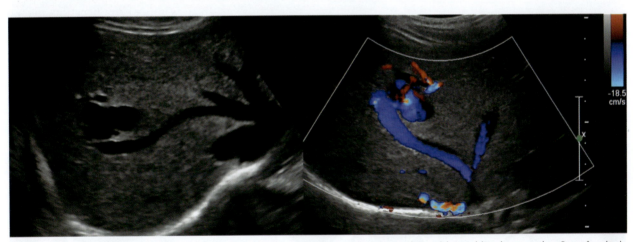

Figura 13   Ultrassonografia modo-B e Doppler colorido de outra criança, também assintomática, evidencia comunicação anômala de ramo portal direito com a veia hepática direita.

Tabela 1	Classificação das anomalias portossistêmicas (Morgan e Superina)		
Tipo		Subtipo	
I	Há agenesia da veia porta e todo o sangue das veias esplênica e mesentérica drena em uma veia sistêmica, sem passar pelo fígado	Ia	Não há a confluência das veias mesentérica superior e esplênica, que drenam separadamente em veia(s) sistêmica(s) Congênita Mais frequente em meninas
		Ib	A derivação se dá na presença da confluência dessas duas veias Geralmente adquirida Indivíduos de meia-idade
II	Há hipoplasia da veia porta e o fígado é parcialmente perfundido por sangue portal		

intestinal, atresia duodenal, atresia biliar, pâncreas anular, *situs inversus*, defeitos cardíacos, deformidades esqueléticas), além de aumento da incidência de neoplasias hepáticas, geralmente benignas (Figura 14). Especula-se que o desenvolvimento de hiperplasia nodular focal e de tumores hepáticos possa estar relacionado ao desenvolvimento hepático anormal, a fístulas arteriovenosas intra-hepáticas, ao aumento do fluxo sanguíneo arterial intra-hepático compensatório ou a regeneração secundária à ausência de fatores hepatotróficos.

Outras complicações clinicamente significativas associadas à derivação portossistêmica congênita são a hipertensão arterial pulmonar e a síndrome hepatopulmonar.

Na tomografia computadorizada (TC) e na ressonância magnética, a veia porta pode estar ausente, hipoplásica ou de tamanho normal. Quando a veia porta é atrésica, a artéria hepática geralmente torna-se proeminente e é o único vaso visto dentro do ligamento hepatoduodenal.

Os pacientes com derivações tipo II apresentam encefalopatia de origem desconhecida, e a anomalia vascular é geralmente detectada durante a investigação com USG ou TC.

A conduta terapêutica em crianças ainda é controversa. Algumas derivações intra-hepáticas podem regredir espontaneamente, antes dos 2 anos de idade; outras derivações podem permanecer assintomáticas por longos períodos de tempo. O fechamento cirúrgico ou percutâneo da derivação é recomendado quando há complicações graves (encefalopatia, tumores malignos, hipertensão arterial pulmonar e/ou síndrome hepatopulmonar), com potencial de reversibilidade dos sintomas após a supressão da derivação. No entanto, por vezes os ramos portais intra-hepáticos podem não se expandir após o fechamento cirúrgico da derivação congênita, com um risco de hipertensão portal aguda. Assim, em alguns casos, o transplante de fígado é considerado o melhor procedimento.

Síndrome de Budd-Chiari (SBC)

A SBC decorre da obstrução trombótica ou não das veias hepáticas, podendo estar associada ou não à obstrução ou estenose da veia cava inferior. Classicamente, manifesta-se com ascite, hepatomegalia dolorosa, icterícia e dor abdominal.

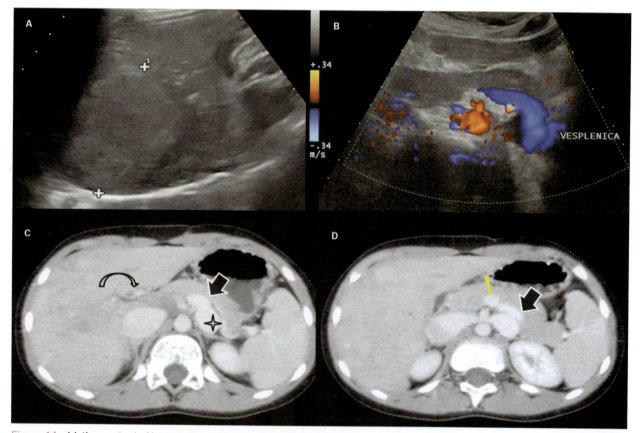

Figura 14 Malformação de Abernety tipo Ib (menina, 7 anos de idade). A: Ultrassonografia (USG) hepática modo-B: corte longitudinal no plano do lobo direito mostra massa sólida, isocogênica, de limites bem definidos (hiperplasia nodular focal, segundo resultado de estudo anátomo-patológico). B: Doppler colorido evidencia fluxo em sentido reverso na veia esplênica. C e D: Tomografia computadorizada com contraste endovenoso, fase portal, em que se observa o segmento retropancreático da veia esplênica (setas pretas), que se une à veia renal esquerda (estrela), caracterizando *shunt* esplenorrenal. Nota-se ainda a junção espleno-mesentérica (seta amarela) e a artéria hepática proeminente no hilo hepático (seta curva), onde a veia porta não é identificada.

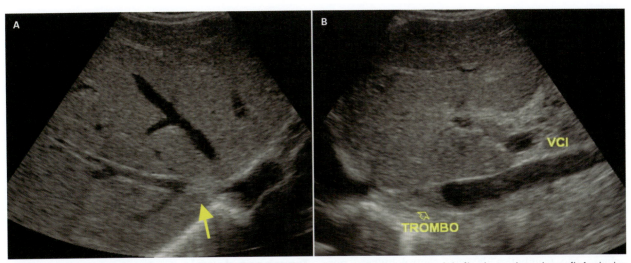

Figura 15 Síndrome de Budd-Chiari aguda. Ultrassonografia hepática. A: Corte transversal do fígado no plano da confluência das veias hepáticas com a veia cava inferior. Presença de componente sólido, ecogênico na luz da veia hepática direita, representando trombo (seta). B: No mesmo paciente, corte longitudinal no plano da veia cava inferior evidencia extensão do trombo nesse vaso (seta).

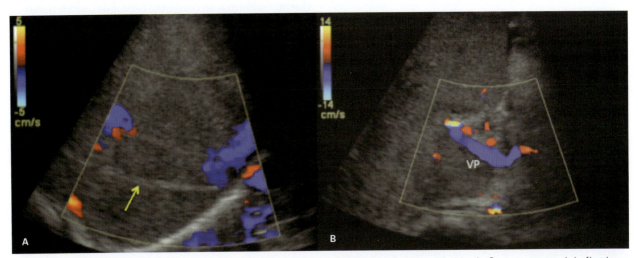

Figura 16 Síndrome de Budd-Chiari subaguda. Ultrassonografia hepática com Doppler colorido. A: Corte transversal do fígado no plano da confluência das veias hepáticas com a veia cava inferior evidencia ausência de fluxo nas veias hepáticas. Na topografia da veia hepática direita (seta) identifica-se imagem linear hiperecogênica, possivelmente representando a veia afilada e ocluída. B: Corte longitudinal no plano do tronco da veia porta mostra a veia porta (VP) pérvia, com fluxo em sentido reverso, neste caso aparentando tratar-se da via de drenagem do fluxo sanguíneo hepático.

Na fase aguda, os achados ecográficos incluem hepatomegalia, com característico aumento do lobo caudado, trombo intraluminal (Figura 15), ausência de fluxo ou padrão de fluxo monofásico nas veias hepáticas e reversão de fluxo ou fluxo turbulento nos segmentos não ocluídos das veias hepáticas. Pode haver reversão do sentido do fluxo na veia porta, como expressão de hipertensão portal ou quando torna-se via de drenagem do fluxo sanguíneo hepático (Figura 16). Ascite, derrame pleural e edema da parede da vesícula biliar são ainda achados comuns na obstrução aguda das veias hepáticas.

Com a cronificação da doença, observam-se afilamento e hiperecogenicidade das veias hepáticas, muitas vezes com colaterais tortuosas entre elas (Figura 17). O trajeto das veias hepáticas pode tornar-se irregular e descontínuo.

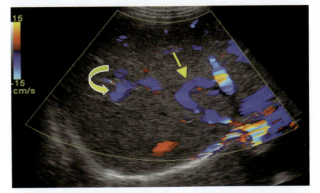

Figura 17 Budd-Chiari crônico. Ultrassonografia hepática com Doppler colorido: corte transversal do fígado no plano da confluência das veias hepáticas na veia cava inferior evidencia colateral (seta) entre as veias hepáticas média e direita, além de outras veias aberrantes (seta curva).

Ao Doppler colorido, as veias hepáticas podem apresentar fluxo em sentido hepatofugal habitual, ou reverso, por vezes havendo os dois sentidos de fluxo no mesmo vaso (Figura 18). Outros achados ecográficos na fase crônica da SBC incluem heterogeneidade do parênquima hepático e a presença de nódulos de regeneração (Figura 19).

Doença veno-oclusiva hepática (DVOH)

Na DVOH a oclusão se dá em veias sublobulares e pode ser idiopática ou ter como causas toxinas, radiação, quimioterapia e transplante de medula óssea. As hepatotoxinas causam edema hepático, com consequente estase e posterior trombose de vênulas portais e hepáticas. A quimioterapia e a irradiação, por sua vez, produziriam oclusão não trombótica de veias centrolobulares, por conta da necrose do tecido conectivo subendotelial e dos hepatócitos centrolobulares.

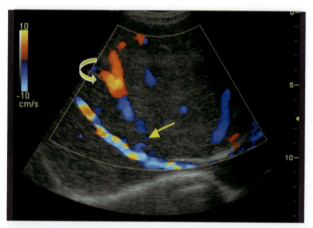

Figura 18   Budd-Chiari crônico. Ultrassonografia hepática com Doppler colorido: corte transversal do fígado no plano da confluência da veia hepática direita na veia cava inferior evidencia veia hepática acessória com trajeto tortuoso e descontínuo (seta), com fluxo hepatofugal e reverso, simultaneamente, em segmentos diversos do mesmo vaso (seta curva).

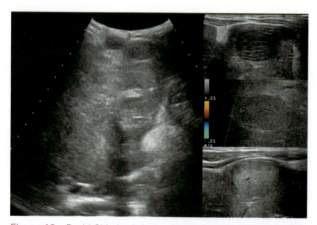

Figura 19   Budd-Chiari crônico – ultrassonografia hepática – corte longitudinal no plano do lobo direito mostra fígado de contornos lobulados, parênquima difusamente heterogêneo com nódulos sólidos hipo, iso e hiperecogênicos (nódulos de regeneração).

O estudo Doppler colorido é o método de imagem de escolha para o diagnóstico da DVOH e os seguintes sinais são indicativos dessa entidade:

- Fluxo pulsátil, bidirecional/hepatofugal, de baixa velocidade na veia porta.
- Fluxo de alta resistência (> 0,81) na artéria hepática, com diminuição ou reversão do componente diastólico. As veias hepáticas principais podem estar com calibre normal ou reduzido, mas pérvias, em geral com fluxo fásico normal, assim como a veia cava inferior. Outros achados ecográficos incluem ascite, acentuado espessamento da parede da vesícula biliar (> 6 cm) e hepatomegalia.

Trombose da veia porta

As causas de trombose da veia porta na infância incluem: malformação congênita (agenesia), cateterismo da veia umbilical, desidratação ou choque, flebite porta, colangite, cirrose, estados de hipercoagulação, além de causas idiopáticas e invasão tumoral (mais comumente em hepatoblastomas e carcinomas hepatocelulares).

É uma condição que pode se desenvolver de forma assintomática por anos, até que haja manifestação de sinais de hipertensão portal. O diagnóstico, em geral, é feito pela USG com Doppler colorido, que revela tipicamente sinais de transformação cavernomatosa da veia porta, isto é, o tronco portal geralmente não é reconhecido – o mesmo podendo ocorrer com os ramos portais intra-hepáticos – e no seu lugar identificam-se múltiplos vasos venosos tortuosos, com fluxo hepatopetal, formando um enovelado venoso no hilo hepático, que caracteriza o cavernoma (Figura 20). Outros sinais que podem estar presentes são: artéria hepática proeminente e vesícula biliar com paredes espessadas e contendo veias tortuosas (varizes císticas) (Figura 21).

A transformação cavernomatosa é a forma de evolução mais comum da trombose crônica da veia porta na criança e ocorre rapidamente (entre 6 e 20 dias) após o evento trombótico.

Tratamento cirúrgico da trombose de veia porta – shunt "fisiológico" (derivação mesentérico-porta esquerda ou Rex-shunt)

O tratamento cirúrgico é considerado para pacientes em que as complicações derivadas da hipertensão portal levam a transfusões sanguíneas ou procedimentos endoscópicos recorrentes e para aqueles que desenvolvem hiperesplenismo.

Entre os procedimentos cirúrgicos, o que tem se mostrado mais promissor para a correção dos efeitos da trombose da veia porta em crianças é a derivação mesentérico-porta esquerda, também denominada Rex-shunt.

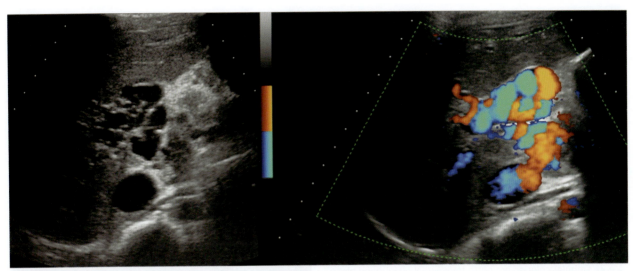

Figura 20 Cavernoma. Ultrassonografia modo-B e com Doppler colorido evidencia enovelado vascular no hilo hepático e tronco da veia porta não identificado.

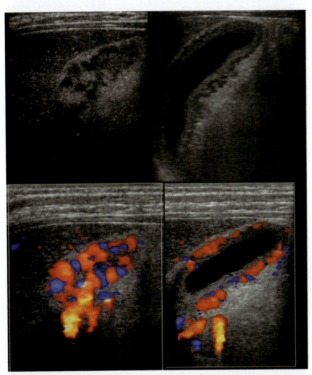

Figura 21 Varizes císticas na vigência de trombose crônica da veia porta. Ultrassonografia modo-B e com Doppler colorido evidencia espessamento parietal da vesícula biliar contendo vasos tortuosos, caracterizando varizes císticas.

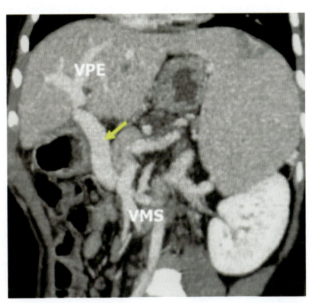

Figura 22 Reconstrução ângio-TC evidencia *shunt* mesentérico--veia porta esquerda (seta), composto pela interposição de veia autóloga (veia jugular interna) entre a veia mesentérica superior (VMS) e a veia porta esquerda (VPE).

Consiste na interposição de uma veia autóloga – habitualmente, a veia jugular interna – entre a veia mesentérica superior e o ramo portal esquerdo, passando pelo recesso de Rex (Figura 22). Dessa forma, há descompressão do sistema porta e o restabelecimento do fluxo portal normal para o fígado, cuja função geralmente encontra-se preservada nesses pacientes. A restauração do fluxo portal intra-hepático evita a encefalopatia hepática, o que torna essa técnica tão vantajosa em comparação com os procedimentos cirúrgicos convencionais.

Ao estudo Doppler colorido de monitoramento, observa-se vaso venoso, com fluxo hepatopetal, interposto entre a veia mesentérica superior e o ramo portal esquerdo. No interior do fígado o curso do fluxo segue em sentido habitual para ramos segmentares esquerdos e em sentido reverso na porção horizontal da porta esquerda, para irrigar a porta direita e seus ramos (Figura 23).

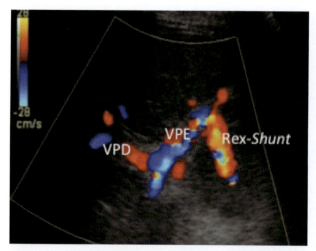

Figura 23 Controle pós-operatório de Rex-*shunt*. Ultrassonografia com Doppler colorido em corte transversal oblíquo, no plano da bifurcação portal, evidencia o sentido do fluxo na derivação cirúrgica, na veia porta esquerda (VPE) e na veia porta direita (VPD).

A derivação mesentérico-porta esquerda também é utilizada como tratamento da trombose da veia porta pós-transplante hepático (Figura 24). De fato, a técnica foi inicialmente concebida pelo cirurgião de Ville de Goyet e sua equipe, em 1992, para correção de trombose de veia porta em pacientes submetidos a transplante hepático.

Cirrose

Na evolução das hepatopatias para uma hepatopatia parenquimatosa crônica, é possível encontrar a cirrose. As causas mais frequentes de cirrose em crianças estão listadas no Quadro 3.

Assim como nos adultos, nos casos mais avançados, a USG demonstra fígado de dimensões reduzidas, com contornos irregulares, ecotextura heterogênea (Figura 25) e veias de calibre reduzido. Entretanto, nas fases iniciais, as alterações podem ser discretas ou mesmo ausentes. Os achados ultrassonográficos são inespecíficos, sendo difícil a definição da etiologia. Uma das complicações da cirrose é o aparecimento de nódulos, sendo a sua detecção possível pela USG, porém menos sensível que a TC ou a RM. Para pesquisa de nódulos em pacientes pediátricos com hepatopatia crônica, o estudo com contraste em diversos tempos vasculares (fases arterial, portal e tardia) é importante para melhor caracterização da lesão, tanto na TC como na RM.

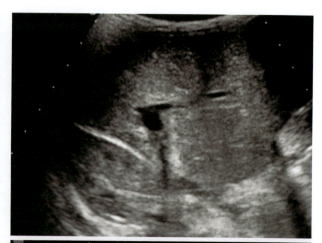

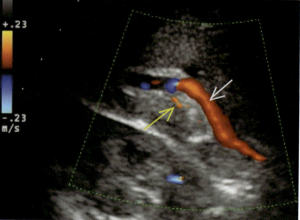

Figura 24 Rex-*shunt* para correção de trombose aguda da veia porta no pós-operatório de transplante hepático intervivos em criança receptora de enxerto do lobo hepático esquerdo: ultrassonografia modo-B em corte transversal do enxerto revela componente sólido hipoecogênico na luz da veia porta. Estudo Doppler colorido evidencia estrutura vascular com fluxo hepatopetal – Rex-*shunt* (seta branca) – situado medial e inferiormente à artéria hepática esquerda (seta amarela), ligando a veia mesentérica superior e o segmento intra-hepático do ramo portal esquerdo.

Quadro 3	Causas comuns de hepatopatia crônica em crianças
Gerais	Metabólicas
Atresia de vias biliares	Deficiência de α1-antitripsina
Hepatites virais	Glicogenose
Síndrome de Alagille	Galactosemia
Síndrome de Budd-Chiari	Tirosinemia
Obstrução biliar crônica	Doença de Wilson
	Fibrose cística

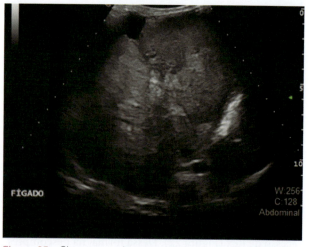

Figura 25 Cirrose em criança com 3 anos, portadora de atresia de vias biliares. Nota-se fígado de contornos lobulados, difusamente heterogêneo, com distorção da sua arquitetura habitual.

Atualmente, a utilização da elastografia para a avaliação da cirrose hepática parece ser um método bastante promissor, entretanto mais estudos são necessários na população pediátrica.

Hipertensão portal

Na hipertensão portal, os sinais decorrentes do aumento da pressão no sistema porta podem ser caracterizados pela USG convencional: aumento ou redução do calibre da veia porta, aumento da espessura do pequeno omento, ascite e esplenomegalia. A espessura do pequeno omento é um parâmetro utilizado em pediatria como um sinal de hipertensão portal. A espessura do omento é medida na linha média, entre a parede posterior do lobo hepático esquerdo e a parede anterior da aorta, no nível da emergência do tronco celíaco (Figura 26). Quando a espessura do omento for superior a 1,7 vez o calibre da aorta neste nível, é considerado aumentada (Figura 27). A utilização do "Doppler" colorido e pulsado aumenta a sensibilidade do método. A redução da velocidade e a inversão do sentido do fluxo da veia porta, a recanalização da veia paraumbilical e das veias colaterais são sinais de hipertensão portal caracterizados com a fluxometria ("Doppler"). Além desses achados, a trombose da veia porta, comum nesses pacientes, pode ser diagnosticada.

Transplante hepático

A USG com Doppler colorido é essencial no acompanhamento de crianças submetidas a transplante hepático, cujas complicações vasculares estão entre as maiores causas de perda do enxerto, tanto no pós-operatório imediato quanto no tardio. As tromboses e as estenoses da artéria hepática, da(s) veia(s) hepática(s) e da veia porta (Figura 28) podem ser diagnosticadas pela USG com alta sensibilidade e especificidade, tornando o exame de escolha inicial, que, só quando duvidoso, deverá ser complementado pela ângio-TC ou ângio-RM. Nesses casos há necessidade de estudo com contraste em diversas fases através de acesso venoso com agulha de maior calibre.

O enxerto hepático em crianças geralmente é constituído pelo segmento lateral do lobo esquerdo ou por todo o lobo hepático esquerdo (enxerto de fígado reduzido). Apenas raramente o fígado inteiro é transplantado, em geral apenas quando o doador é também criança.

Os parâmetros dopplervelocimétricos para o diagnóstico das complicações vasculares pós-transplante hepático em crianças são apresentados no Quadro 4.

O diagnóstico falso-positivo de trombose da artéria hepática pode ocorrer em razão de baixo fluxo, em circunstâncias tais como: a) hipotensão sistêmica; b) no pós-prandial; c) edema hepático grave; e d) estenose grave da artéria hepática.

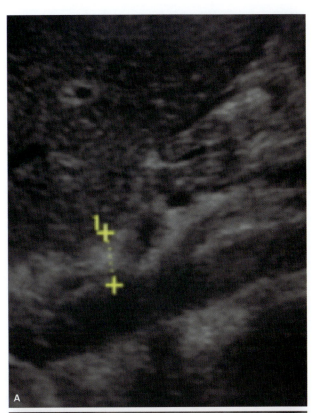

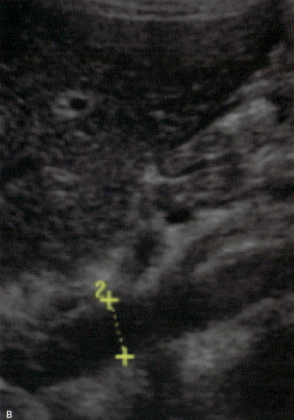

Figura 26 Espessura do pequeno omento normal em uma criança sem hipertensão portal. A distância entre a parede posterior do fígado e a parede anterior da aorta (A) não excede 1,7 vez o calibre da aorta no nível da emergência do tronco celíaco (B).

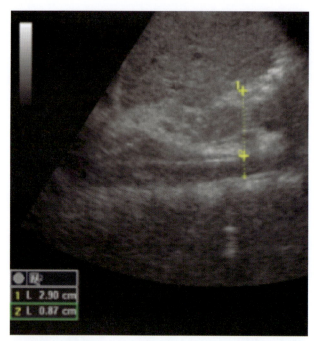

Figura 27 Aumento da espessura do pequeno omento em uma criança com hipertensão portal. A distância entre a parede posterior do fígado e a parede anterior da aorta excede 1,7 vez o calibre da aorta no nível da emergência do tronco celíaco.

O padrão *tardus parvus* intra-hepático nunca é normal e está associado a trombose da artéria hepática com revascularização via colaterais (o que pode ocorrer rapidamente após a oclusão da artéria) ou a acotovelamento grave/estenose significativa da artéria na região do hilo. Por sua vez, fluxo arterial intra-hepático de baixa resistência com aceleração normal frequentemente está associado a fístula arteriovenosa intra-hepática (pós-biópsia).

No pós-operatório imediato, não raro evidencia-se índice de resistência (IR) elevado – entre 0,80 e 1,00 – na artéria hepática, o que é considerado normal e, possivelmente, relacionado a danos causados ao enxerto pelo tempo de isquemia fria. Na maioria desses casos, observa-se redução paulatina do IR para níveis de até 0,80 em uma a duas semanas após o transplante. No entanto, há casos em que o IR persiste elevado (> 0,80) sem relevância clínica, porém há estudos que associam este achado à síndrome do roubo de fluxo da artéria hepática para a artéria esplênica/artéria gastroduodenal, com consequente hipoperfusão do enxerto.

Ainda no pós-operatório imediato, a evidência de fluxo arterial com diástole zero e velocidade sistólica muito baixa deve alertar para o risco de hipoperfusão, sendo mandatório o monitoramento diário por meio do estudo Doppler colorido, devendo-se suspeitar de complicação vascular se não houver reversão do padrão de fluxo em até 4 dias.

Complicações vasculares envolvendo a veia hepática e/ou a VCI têm baixa incidência (< 1%) e incluem trombose e estenose, que ocorrem, em geral, no sítio da anastomose cirúrgica. Essas complicações são mais comuns nos casos de retransplante, na população pediátrica e estão associadas a fatores técnicos, tais como: desproporção entre os vasos doador/receptor e acotovelamento na confluência da veia hepática na VCI por rotação do enxerto. Os sinais clínicos são congestão hepática, ascite, derrame pleural e edema de membros inferiores e os sinais ultrassonográficos/Dopplervelocimétricos: a) fluxo turbilhonado, de velocidade elevada, no local da estenose; b) razão entre a velocidade de fluxo na região da anastomose e a do segmento pré-anastomose, de até 4; c) fluxo reverso na veia hepática (estenose na anastomose superior da VCI); e d) dilatação do segmento distal à estenose com fluxo portalizado, de baixa velocidade.

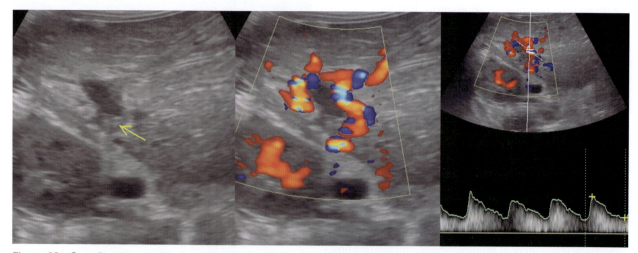

Figura 28 Complicação vascular pós-transplante hepático – trombose da veia porta. Ultrassonografia modo-B, Doppler colorido e Doppler espectral de enxerto hepático (segmento lateral do lobo hepático esquerdo): presença de trombo ecogênico (seta) na luz da veia porta, que não apresenta sinal Doppler (oclusão); artéria hepática proeminente, com fluxo de padrão habitual.

Quadro 4 Parâmetros dopplervelocimétricos para o diagnóstico das complicações vasculares no pós-operatório de transplante hepático em crianças

Complicação	Hilo/anastomose	Segmento intra-hepático
Trombose da artéria hepática	Ausência de fluxo	Padrão de fluxo *tardus-parvus** (na presença de colaterais)
Estenose da artéria hepática	VPSM > 200-300 cm/s	Padrão de fluxo *tardus-parvus**
Trombose da veia porta	Trombo intraluminal Ausência de fluxo na veia porta	Fluxo presente (colaterais) ou ausente Artéria hepática proeminente
Estenose da veia porta	Calibre < 3,5 mm Velocidade > 107 cm/s Razão vel. anastomose/pré-anastomose > 2,4	Dilatação pós-estenótica
Estenose da veia hepática	Razão vel. anastomose/pré-anastomose > 4	Fluxo portalizado de baixa velocidade

* Padrão de fluxo arterial *tardus-parvus*: índice de aceleração < 3 m/s^2 e índice de resistência < 0,50.
VPSM: velocidade do pico sistólico máximo; vel.: velocidade.

Quadro 5 Lesões hepáticas mais comuns em crianças

Benignas	Malignas
Hemangioma (hemangioendotelioma)	Hepatoblastoma
Hamartoma mesenquimal	Carcinoma hepatocelular
	Sarcoma mesenquimal indiferenciado
Adenoma hepático	Rabdomiossarcoma de vias biliares
Hiperplasia nodular focal	Tumor rabdoide
Hiperplasia nodular regenerativa	Metástase

Tumores hepáticos

Tumores hepáticos são raros na faixa pediátrica, correspondendo aproximadamente a 2% de todos os tumores pediátricos, porém são o terceiro tumor abdominal mais comum, depois de tumor de Wilms e neuroblastoma. Os tumores malignos são pouco mais frequentes (64%) que os benignos (Quadro 5). A investigação de massa abdominal palpável deve se iniciar com a USG e depois prosseguir com a TC ou a RM com contraste, para melhor caracterização do tumor e definição do tratamento, seja cirúrgico ou clínico.

Tumores benignos

Hemangioma hepático (hemangioendotelioma infantil)

É o tumor benigno do fígado mais comum na faixa pediátrica. Noventa por cento são diagnosticados até os 6 meses de vida, e um terço no primeiro mês. Existe uma discussão em relação à nomenclatura do tumor, porém a nomenclatura adotada para o estudo de anomalias vasculares é hemangioma hepático infantil, baseada na classificação de Mulliken e Glowacki, e são distintos dos hemangiomas comumente vistos nos adultos, pois estes são malformações vasculares e não tumores vasculares verdadeiros. Há dois subtipos do tumor, o congênito e o infantil. O hemangioma congênito geralmente é único (focal), assintomático, pode estar presente no período antenatal, raramente associado a hemangiomas cutâneos e costuma regredir espontaneamente nos primeiros 12-14 meses. Hemangiomas infantis são múltiplos ou difusos, não estão presentes ao nascimento, surgindo nas primeiras semanas de vida, com crescimento rápido no primeiro ano e involução lenta e progressiva até os 5 anos de vida. Estão associados a hemangiomas cutâneos. A forma difusa apresenta um quadro clínico mais grave, muitas vezes associado a complicações como insuficiência cardíaca de alto débito, hipotireoidismo, insuficiência hepática e síndrome de Kassabach-Merritt (coagulopatia devida a sequestro intratumoral de plaquetas). As duas formas apresentam características de imagem semelhantes. Ao ultrassom, as lesões geralmente são circunscritas e hipoecogênicas ou heterogêneas, sobretudo as lesões maiores (Figura 29). Podem apresentar focos de calcifação em até 36% dos casos. Ao Doppler colorido, podem apresentar artérias e veias calibrosas adjacentes, fístulas arteriovenosas e venovenosas e redução do calibre da aorta após a emergência do tronco celíaco. Nas formas difusas, pode-se evidenciar hepatomegalia difusa, sem massas definidas ou totalmente substituída por uma grande massa hipoecogênica. O aspecto hiperecogênico comumente visto nos hemangiomas em adultos é raramente visto no hemangiomas infantis. Na tomografia computadorizada, as lesões geralmente são hipoatenuantes na fase sem contraste e podem apresentar calcifações em até 50% dos casos, sobretudo nas lesões de grandes proporções (Figura 30). O padrão de realce após a administração do meio de contraste é semelhante ao do hemagioma do adulto, com realce periférico e algodonoso na fase arterial, com preenchimento centrípeto progressivo na fase portal e tardia. Pequenas

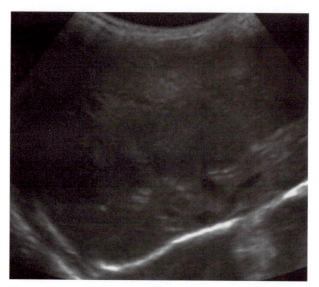

Figura 29 Hemangioma congênito: ultrassonografia de um lactente de 6 meses de vida evidencia uma grande lesão heterogênea, predominantemente hipoecogênica, ocupando os lobos direito e esquerdo do fígado.

lesões costumam apresentar realce intenso, precoce e uniforme (Figura 31), ao passo que lesões maiores com necrose, hemorragia ou fibrose central apresentam realce centrípeto, sem realce completo na região central, diferentemente do hemangioma de adultos. Lesões focais e multifocais costumam ser uniformes. À ressonância magnética, as lesões apresentam baixo sinal em T1, alto sinal em T2 e realce periférico pelo meio de contraste na fase arterial, com preenchimento gradual do nódulo nas fases mais tardias (Figura 32). Lesões maiores podem apresentar necrose e hemorragia central, dando um aspecto mais heterogêneo, principalmente em T2, e focos de alto sinal em T1 (hemorragia). Ausência de sinal (*flow voids*) pode ser vista na lesão ou no entorno. Hemangiomas multifocais são distintos das formas difusas pela presença de parênquima hepático normal entre as lesões. Quando há envolvimento difuso, geralmente observa-se hepatomegalia volumosa, com efeito compressivo sobre os órgãos e estruturas vasculares adjacentes.

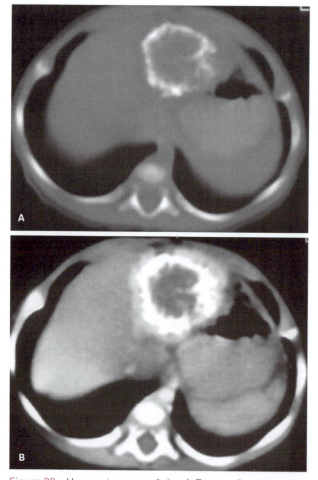

Figura 30 Hemangioma congênito. A: Tomografia computadorizada (TC) sem contraste de um lactente de 3 meses de idade apresenta massa no lobo hepático esquerdo, com calcificações periféricas. B: TC após a administração do meio de contraste; nota-se intenso realce periférico e centrípeto.

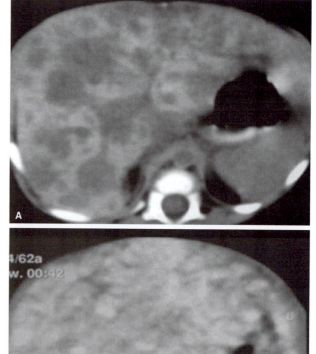

Figura 31 Hemangioma hepático infantil. Tomografia computadorizada de um lactente de 7 meses de vida evidencia um fígado com dimensões aumentadas e múltiplos nódulos hipoatenuantes na fase sem contraste (A) e com intenso realce homogêneo na fase com contraste (B).

Hamartoma mesenquimal

É o segundo tumor benigno mais comum em crianças pequenas, e 80% são diagnosticados antes dos 2 anos de idade e 95% antes dos 5 anos de idade. Hamartomas mesenquimais são lesões congênitas compostas por tecido mesenquimal, ductos biliares, cordões hepáticos e vasos sanguíneos. Geralmente são tumores grandes (> 10 cm) e podem ser predominantemente císticos (Figura 33) ou sólidos.

Na RM, apresenta sinal variável em T1 dependendo do conteúdo cístico, e geralmente alto sinal em T2, semelhante ao sinal de líquido. A porção sólida geralmente tem sinal mais baixo do que o parênquima hepático, tanto em T1 como em T2, decorrente de estroma fibroso. Após a administração do meio de contraste, há realce nos componentes sólidos e nos septos.

Hiperplasia nodular focal (HNF)

A HNF é um tumor benigno caracterizado por proliferação policlonal de hepatócitos, células de Kupffer, estruturas vasculares e dúctulos biliares ao redor de uma cicatriz central. É infrequente, representando cerca de 2% dos tumores hepáticos pediátricos. A sua etiologia é desconhecida, porém a teoria mais aceita é de que o tumor represente uma resposta hiperplásica a uma malformação vascular preexistente. Assintomática na grande maioria dos casos, a lesão é diagnosticada mais comumente em duas situações: como um achado incidental em uma criança submetida a rastreamento por imagem por algum outro motivo ou em crianças submetidas a tratamento oncológico prévio (cerca de metade dos casos dos HNF na faixa pediátrica). A forma esporádica é muito mais frequente em meninas (cerca de 2 a 8 vezes) e a forma associada aos sobreviventes oncológicos, em meninos.

À USG, elas geralmente são isoecogênicas ou discretamente hipo ou hiperecogênicas (Figura 34).

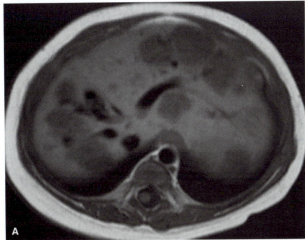
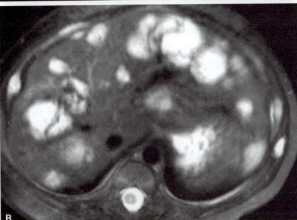
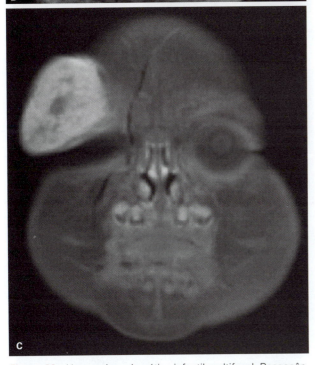

Figura 32 Hemangioma hepático infantil multifocal. Ressonância magnética de uma criança de 9 meses de idade evidencia múltiplos nódulos com baixo sinal em T1 (A) e alto sinal em T2 (B) em relação ao parênquima hepático adjacente. Esta criança apresentava um hemangioma periorbitário (C).

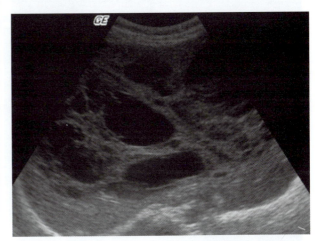

Figura 33 Hamartoma mesenquimal. Ultrassonografia de um menino de 2 anos de idade evidencia uma volumosa massa ocupando os lobos direito e esquerdo, predominantemente cística, multiloculada/multisseptada.

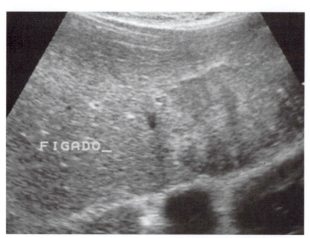

Figura 34 Hiperplasia nodular focal. Ultrassonografia em uma menina de 15 anos de idade. Observa-se uma massa bem delimitada com ecogenicidade discretamente menor em relação ao parênquima hepático adjacente.

À TC e à RM, a forma esporádica apresenta características semelhantes às dos adultos. Geralmente única, é iso ou discretamente hipoatenuante em relação ao parênquima hepático na fase sem contraste na TC, com intenso realce na fase arterial, tornando-se praticamente isoatenuante ou discretamente hipoatenuante nas fases venosas tardias (Figura 35). À RM, apresenta iso ou discreto hipossinal em relação ao parênquima hepático em T1 e iso ou discreto hipersinal em T2. A cicatriz central geralmente é visível, sendo hipointensa em T1 e hiperintensa em T2, sem realce pelo meio de contraste. O restante da lesão apresenta realce maior que o parênquima hepático na fase arterial e se torna isointenso na fase portal. A forma associada aos sobreviventes oncológicos apresenta características de imagem semelhantes à forma esporádica, porém tendem a ser menores e múltiplos, e geralmente não apresentam cicatriz central. A fase portal auxilia na diferenciação com as metástases nesses pacientes, uma vez que as HNF apresentam realce discretamente maior ou semelhante ao do parênquima hepático nesta fase, ao passo que as metástases geralmente apresentam realce menor.

Adenomas hepáticos

Os adenomas hepáticos são raros em crianças, porém têm sido descritos em associação com algumas doenças como anemia de Fanconi, doenças de depósito (glicoge-

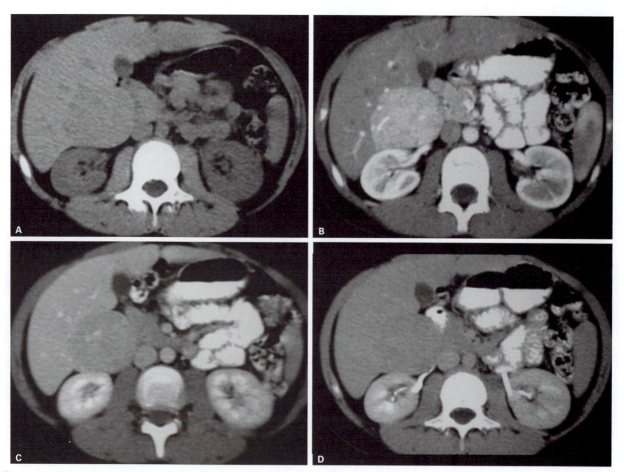

Figura 35 Hiperplasia nodular focal em uma menina de 12 anos de idade. A tomografia computadorizada sem contraste evidencia uma lesão com atenuação menor em relação ao parênquima hepático (A), com intenso realce na fase arterial (B) e discreta hipoatenuação nas fases venosas.

noses tipo I e III e galactosemia), diabete melito familiar, polipose adenomatosa familiar e anomalias vasculares hepáticas adquiridas ou congênitas (submetidos a corticoterapias). Eles são diagnosticados incidentalmente ou durante o rastreamento de crianças com condições predisponentes. Quando sintomáticos, geralmente o quadro é de uma dor abdominal vaga. Lesões maiores que 4,0 cm apresentam maior risco de ruptura, e podem cursar com dor abdominal aguda, hemorragia intraperitoneal ou choque hipovolêmico. Há quatro subtipos distintos de adenomas (inflamatório, mutação HNF 1α, mutação β catenina e não classificado); a descrição detalhada e as características de imagem se encontram em outro capítulo.

Tumores malignos

Hepatoblastoma

O hepatoblastoma é o tumor primário do fígado mais comum na faixa pediátrica (cerca de 65-80% dos tumores hepáticos) nos países ocidentais e corresponde a cerca de 1% das neoplasias pediátricas. Acomete principalmente lactentes e crianças abaixo de 3 anos (90 a 95% abaixo dos 4 anos de idade) e há um certo predomínio no sexo masculino. Existe evidência de associação com outras doenças, como tumor de Wilms, síndromes de Beckwith-Wiedemann, Down, hemi-hipertrofia e a polipose adenomatosa familiar. A prematuridade e o baixo peso são fatores de risco conhecidos para desenvolvimento de hepatoblastomas, sendo maior o risco quanto menor o peso ao nascimento (principalmente peso < 1.500 g). A anemia e a trombocitose são achados hematológicos habituais. A α-fetoproteína (AFP) é um marcador sensível, mas não específico e costuma estar elevada em até 90% dos casos. O prognóstico costuma ser pior nos casos em que não há detecção de AFP, pois geralmente são tumores mais agressivos. Em grupo pequeno há produção de HCG, o que pode levar à puberdade precoce ou à virilização.

As características da imagem dependem do subtipo histológico. Costumam ser heterogêneos à USG, geralmente hiperecogênicos com áreas hipoecogênicas (Figura 36). À TC, apresentam-se hipoatenuantes na fase sem

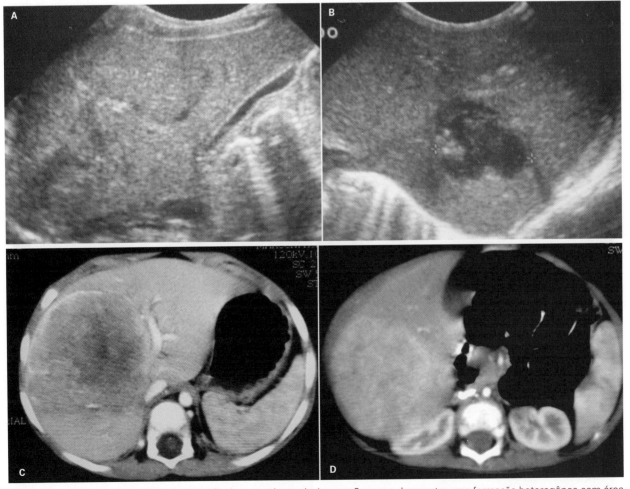

Figura 36 Hepatoblastoma. Ultrassonografia de uma criança de 1 ano e 6 meses demonstra uma formação heterogênea com área cística de permeio e limites parcialmente definidos no lobo hepático direito (A e B). A tomografia computadorizada com contraste delimita melhor a lesão, que apresenta um realce heterogêneo, com área central de necrose.

contraste, com realce heterogêneo na fase com contraste, geralmente menor do que o parênquima hepático adjacente (Figuras 36C, D). Tumores epiteliais são mais homogêneos, com hipossinal em T1, hipersinal em T2; já os tumores mistos epiteliais-mesenquimais são mais heterogêneos, dependendo do grau de hemorragia, necrose, fibrose, calcificação (Figura 37), cartilagem e septações. Os septos nos tumores mistos apresentam hipossinal tanto em T1 como em T2. Após a administração do contraste intravenoso, geralmente o realce do tumor é inferior ao do parênquima hepático, tanto na fase arterial como na fase portal. O estudo da fase contrastada apresenta maior importância para definir extensão do tumor (PRETEXT) e acometimento vascular.

As metástases a distância geralmente são pulmonares e, menos frequentemente, no sistema nervoso central, bulbo ocular, ósseo ou nas adrenais.

Estadiamento pré-operatório do hepatoblastoma por imagem

No início de 1990, a Sociedade Internacional de Oncologia Pediátrica (SIOP – Societé Internacional d'Oncologie Pediatrique) constituiu um grupo e elaborou uma avaliação imaginológica para determinar o estadiamento pré-operatório, denominado Pretext (*Pretreatment Extent of Disease*), baseado na segmentação hepática de Couinaud (Tabela 2) e Figura 38.

Carcinoma hepatocelular

O carcinoma hepatocelular (CHC) é o segundo tumor maligno mais frequente na faixa pediátrica e atinge crianças em idade escolar e adolescentes, sendo raro na infância. Apesar dos fatores de riscos conhecidos, somente 30-50% das crianças apresentam doença hepática de base. A cirrose, maior fator de risco para o desenvolvimento de CHC em adultos, não parece apresentar o mesmo risco em crianças, e está presente somente em 20-25% dos casos. A lista de outros fatores de risco é vasta e inclui desde hepatites crônicas B e C, doenças metabólicas (glicogenose, tirosinemia, deficiência de alfa-1-antitripsina), hemocromatose, hepatite autoimune, doenças de vias biliares (colangite esclerosante, atresia de vias biliares, colestases familiares, síndrome de Alagille), malformação de Abernethy, neurofibromatose, anemia de Fanconi e ataxia-telangectasia. A apresentação habitual é de uma massa abdominal palpável, com dor abdominal, febre e perda de peso e a alfafetoproteína está elevada em 70-80% dos casos.

Os CHC geralmente apresentam hipo ou isossinal em T1, porém podem apresentar sinal heterogêneo de-

Tabela 2	Pretext (SIOPEL)
Pretext I	1 segmento acometido, 3 segmentos contíguos livres
Pretext II	2 segmentos acometidos, 2 segmentos contíguos livres
Pretext III	3 segmentos acometidos, 1 segmento livre
Pretext IV	Todos os segmentos acometidos, nenhum segmento livre
V+	Invasão venosa
P+	Invasão da porta
E+	Doença extra-hepática
M+	Metástase a distância

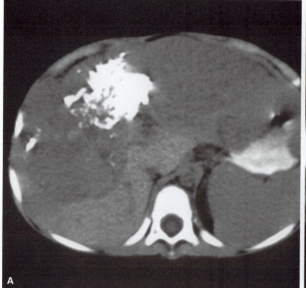
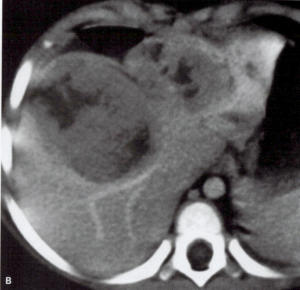

Figura 37 Hepatoblastoma. Observam-se calcificações exuberantes na tomografia computadorizada sem contraste (A). Após a administração do meio de contraste (B), há realce heterogêneo, com áreas de necrose.

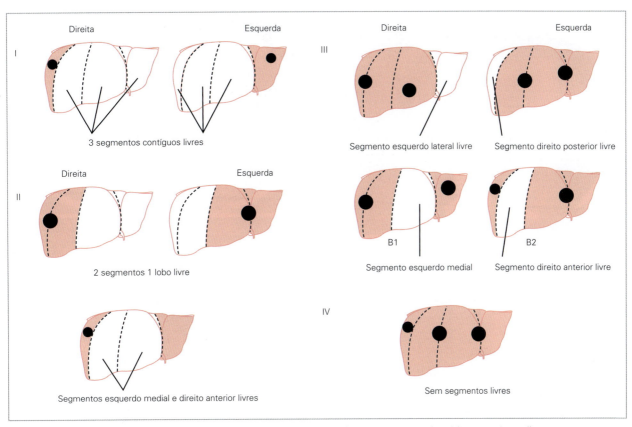

Figura 38   Pretext (*Pretreatment Extent of Disease*). Classificação conforme segmentos hepáticos contíguos livres.

pendendo da presença de áreas de necrose, hemorragia ou gordura. Em T2, costumam ser hiperintensos em relação ao parênquima hepático adjacente. Após a administração do meio de contraste intravenoso, observa-se realce intenso na fase arterial, com lavagem ("*wash-out*") precoce na fase venosa, se tornando menos intenso do que o parênquima hepático adjacente (Figura 39).

Carcinoma hepatocelular fibrolamelar

É uma variante rara do CHC, que apresenta características clínicas, imaginológicas, histológicas e de prognóstico diferentes do CHC típico. A sua incidência é de cerca de 0,85% de todos os tumores hepáticos e cerca de 0,9-3% de todos os CHC. É mais comum em adolescentes e adultos jovens do que em crianças menores, sendo a sua incidência de cerca de 13-22% dos casos nesta faixa etária. O prognóstico favorável do CHC fibrolamelar em relação ao CHC típico pode estar relacionado com a faixa etária menor ao diagnóstico e ausência de hepatopatia de base nos CHC fibrolamelares.

À imagem, as lesões geralmente são únicas, de contornos lobulados e com cicatriz central. O tumor comumente é hipointenso em T1, porém pode ser isointenso e, em T2, é discretamente hiperintenso, porém também pode ser isointenso. A cicatriz central, quando presente, é hipointensa em todas as sequências, uma característica útil para diferenciá-lo das HNF, cuja cicatriz é hiperintensa em T2. Eventualmente, calcificação central pode ser vista no CHC fibrolamelar, sendo mais bem caracterizada na TC, ou caracterizada como foco hipointenso em T2. Esses tumores geralmente apresentam realce intenso na fase arterial, com realce variável nas fases portais. A cicatriz central não apresenta realce.

Sarcoma embrionário indiferenciado

Corresponde a cerca de 15% dos tumores primários do fígado, acometendo principalmente a idade escolar (5 a 10 anos), sem predileção de sexo e é altamente maligno. Evidências histológicas, imuno-histológicas e citogenéticas sugerem que o sarcoma embrionário pode surgir de transformação maligna do hamartoma mesenquimal. O prognóstico é reservado, apesar da melhora da sobrevida nos últimos anos em razão da terapia associada entre quimioterapia neoadjuvante e ressecção cirúrgica do tumor. Não há dados laboratoriais que auxiliem no diagnóstico desses tumores, que geralmente são grandes e únicos. As características do tumor dependem da sua composição: pode ser sólido, cístico ou mucoide. À TC, geralmente são hipoatenuantes nas fases sem e com contraste, dando um aspecto cístico (Figura 40). À RM, geralmente apresentam carac-

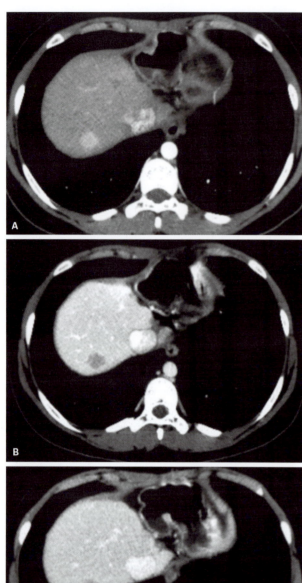

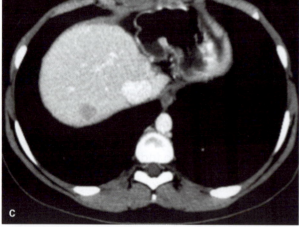

Figura 39 Carcinoma hepatocelular em uma adolescente com 14 anos de idade. Tomografia computadorizada com contraste evidenciando nódulo no segmento VIII do fígado com realce na fase arterial (A) e lavagem precoce na fase portal (B) e persistente na fase de equilíbrio (C).

terísticas de fluido tanto em T1 como em T2, envolto por tecido fibroso, dando aspecto de pseudocápsula. Áreas de hemorragia podem ser vistas como focos de hipersinal em T1 e hipossinal em T2, além de septos e nível líquido, com conteúdo espesso. A porção sólida e periférica geralmente apresenta realce na fase portal tardia.

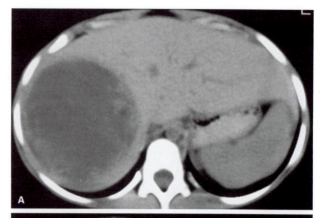

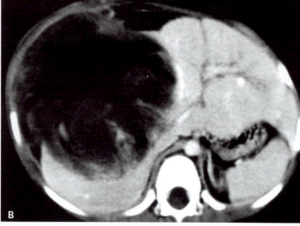

Figura 40 Sarcoma embrionário indiferenciado em uma criança de 5 anos de idade. O tumor apresenta atenuação menor em relação ao parênquima hepático adjacente na fase sem contraste (A). Na fase pós-contraste, observa-se realce na periferia e nos septos, com área central de necrose.

Anomalias congênitas de vesícula biliar

As anomalias congênitas de vesícula biliar mais comuns são agenesia, ectopia, duplicação e septações (Figura 41). A grande maioria representa anomalia isolada e geralmente são assintomáticas.

Litíase vesicular

Existem algumas causas comumente relacionadas à formação de cálculos biliares em neonatos e crianças maiores (Quadro 6). A USG é o exame de escolha para detecção de cálculo na vesícula biliar (Figura 42), porém cálculos no colédoco distal podem ser mais difíceis de serem visualizados, sendo mais bem caracterizados pela TC.

Fibrose cística

A vesícula biliar em pacientes com fibrose cística pode ser normal, reduzida ou indetectável. As alterações da vesícula biliar são descritas em cerca de 24-50% dos pacientes, tanto pela USG como na colângio-RM. Litíase

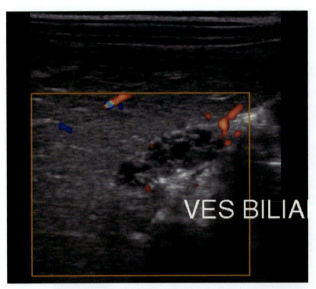

Figura 41   Vesícula biliar septada. Ultrassonografia de uma criança de 2 anos de idade evidencia vesícula biliar multisseptada como um achado de exame, sem qualquer sintomatologia relacionada.

Quadro 6	Etiologia de cálculo biliar em crianças
Neonatos e lactentes	Crianças maiores
Nutrição parenteral	Idiopático
Diurético	Anemia falciforme
Desidratação	Doenças pancreáticas
Infecção	Doença inflamatória intestinal
Anemia hemolítica	Fibrose cística
Síndrome do intestino curto	Síndrome do intestino curto
Anomalias congênitas de vias biliares	Anemia hemolítica
Antibióticos	Antibióticos

biliar também é um achado comum (Figura 43). A maioria dos pacientes são assintomáticos, não necessitando de tratamento ou prosseguimento da investigação. Microvesícula biliar tem sido descrita em até 23% das autópsias e a atresia ou a estenose do ducto cístico por conta do muco espesso ou hiperplasia mucosa, resultando em atrofia da vesícula biliar, são possíveis causas.

Tumores de vias biliares

Rabdomiossarcomas de vias biliares

São um tumor raro, representando 1% dos tumores hepático pediátricos e acometendo geralmente crianças menores que 5 anos de idade. Apesar de se apresentar de forma avançada na grande maioria dos casos na ocasião do diagnóstico, costumam ter prognóstico favorável. O quadro clínico confunde-se com outras doenças obstrutivas, retardando o seu diagnóstico e muitas vezes podendo evoluir para cirrose biliar.

O tumor comumente localizado no colédoco apresenta aspecto cístico (áreas de necrose) (Figura 44) e eventualmente pode ser confundido com cisto de colédoco ou transformação cavernomatosa. Menos comumente, apresenta-se como uma massa heterogênea intra-hepática com grandes áreas císticas e pode ser confundido com equinococose hepática. À RM, apresenta hipossinal em T1 e hipersinal em T2, com realce heterogêneo pelo meio de contraste intravenoso (Figura 45).

Colangiocarcinoma

Colangiocarcinoma é raro na faixa pediátrica. Apresenta uma incidência aumentada em pacientes portadores de

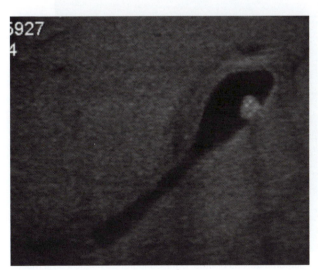

Figura 42   Neonato com litíase vesicular. Ultrassonografia evidencia cálculo em vesícula biliar em um neonato submetido a terapia com antibiótico.

Figura 43   Fibrose cística com litíase vesicular. Ultrassonografia de uma criança com fibrose cística evidencia vesícula biliar com dimensões reduzidas e cálculo no seu interior.

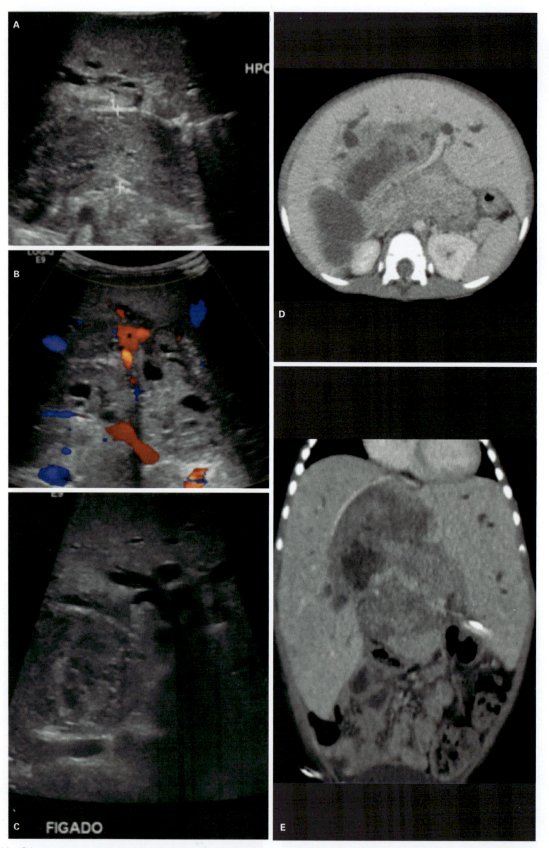

Figura 44 Criança de 4 anos de idade com diagnóstico de rabdomiossarcoma de vias biliares. Ultrassonografia evidencia uma massa heterogênea com áreas císticas de permeio ocupando o colédoco (A e B), com extensão intra-hepática, causando dilatação de vias biliares a montante (C). A tomografia computadorizada com contraste evidencia uma volumosa massa no colédoco e vias biliares intra-hepáticas, com áreas de necrose e dilatação de vias biliares a montante (D e E).

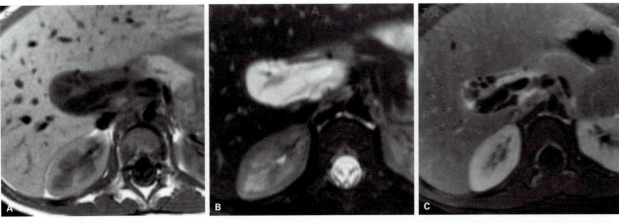

Figuras 45 Paciente com diagnóstico de rabdomiossarcoma de vias biliares. Ressonância magnética apresenta uma massa no colédoco, com hipossinal em T1, hipersinal em T2 e realce heterogêneo pelo meio de contraste intravenoso, com áreas de necrose no seu interior.

colangite esclerosante primária de longa data e portadores de cisto de colédoco, mesmo após a correção cirúrgica.

Patologias do pâncreas

Anomalias congênitas

As anomalias congênitas do pâncreas incluem o pâncreas *divisum*, o pâncreas anular, o pâncreas curto, a displasia pancreática e o tecido pancreático heterotópico.

Pâncreas *divisum*

O pâncreas *divisum* é a anomalia congênita mais comum, ocorrendo em aproximadamente 5-10% da população. Esta anomalia ocorre quando há falha na fusão dos ductos pancreáticos dorsal e ventral e o ducto pancreático principal drena para a papila menor, através do ducto dorsal de Santorini, o que leva a sua estenose funcional e estase dos sucos pancreáticos, resultando em pancreatite, tanto aguda como crônica. O ducto ventral de Wirsung drena para a papila maior, juntamente ao colédoco. A colângio-RM é o método de escolha, evidenciando a drenagem do ducto pancreático principal para a papila menor (Figura 46).

Anomalia de junção ductal pancreatobiliar

Quando a junção do ducto pancreático e do ducto biliar comum ocorre antes da parede duodenal, formando um ducto comum maior do que 5,0 mm, é considerada uma anomalia de junção ductal pancreatobiliar em crianças. Essa junção anormal tem sido apontada como uma possível etiologia dos cistos de colédoco e pancreatites, em razão do refluxo dos sucos pancreáticos e biliares em decorrência do ducto comum longo. A colângio-RM é o método de escolha para este diagnóstico.

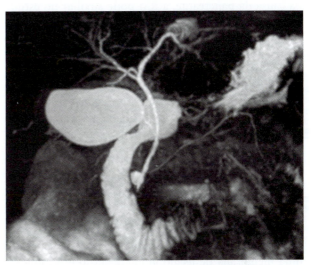

Figura 46 Paciente de 16 anos com dor abdominal recorrente e pancreatite leve. Colângio-RM evidencia drenagem do ducto pancreático principal para a papila menor. O colédoco drena para a papila maior, juntamente com o ducto ventral.

Pâncreas anular

O pâncreas anular é a segunda anomalia congênita mais comum, e ocorre quando as duas porções do pâncreas se fundem precocemente. É possível fazer o diagnóstico na TC quando se observa tecido pancreático envolvendo o duodeno descendente. O pâncreas anular pode cursar com dilatação duodenal proximal e estreitamento duodenal sintomático, principalmente em crianças mais velhas. É comumente associada a atresia ou estenose duodenal, atresia esofágica, fístula traqueoesofágica ou síndrome de Down.

Pancreatite

Pancreatite em criança tem alta morbidade e mortalidade em razão das complicações associadas. As causas mais comuns de pancreatite aguda são doenças biliares, anomalias anatômicas congênitas, trauma, idiopática, doença multissistêmica, drogas, toxinas e infecções. Já as causas de pancreatite crônica são menos estabelecidas e incluem fibrose cística, idiopática, erros inatos do metabolismo e as pancreatites autoimunes e fibrosantes (pancreatite hereditária, síndrome hemolítico-urêmica). Em crianças com pancreatite de origem indeterminada, deve-se considerar a hipótese de trauma não acidental. Os achados de imagem incluem aumento difuso ou focal do pâncreas, perda da definição do contorno, heterogeneidade do parênquima e à RM, redução do sinal em T1 e aumento em T2, com sinais inflamatórios peripancreáticos (líquido peripancreático, entre outros) (Figura 47). Quando o processo inflamatório estiver confinado em algum segmento, resultando em uma pancreatite focal, pode simular uma lesão neoplásica. Para elucidação da causa da pancreatite, a RM pode auxiliar no estudo anatômico dos ductos, porém a sua realização na fase aguda deve ser evitada, pois o processo inflamatório e o edema podem prejudicar a análise de pequenos cálculos ou ductos.

Complicações podem ser vistas tanto em pancreatites agudas como crônicas, incluindo pseudocisto, necrose, hemorragia, trombose e pseudoaneurisma vascular, abscesso e, raramente, fístula pancreaticopleural. Hemorragia pode ser caracterizada na TC como área espontaneamente hiperdensa ou na RM como área de alto sinal em T1. Pancreatite necrosante, definida como necrose envolvendo mais de 30% do pâncreas ou mais do que 3 cm³, é rara em crianças e é confirmada quando houver área que não realça após a administração do meio de contraste. Pseudocistos são coleções loculadas e envoltas por uma membrana de tecido granulomatoso e geralmente se formam após 4 semanas do início do quadro agudo. A colângio-RM poderá ser usada para identificar a comunicação entre o pseudocisto e o ducto pancreático e pode sugerir infecção superimposta, se houver espessamento e realce da capsula do pseudocisto. Em casos graves, uma trombose venosa ou uma formação de pseudoaneurisma podem ser observadas.

Nas pancreatites crônicas, as alterações morfológicas clássicas são: atrofia do pâncreas, contornos irregulares, dilatação do ducto pancreático principal, visualização dos ramos secundários, estenoses dos ductos e calcificações.

Nesidioblastose

Nesidioblastose ou hipoglicemia hiperinsulinêmica persistente da infância é uma doença caracterizada por proliferação e hiperfuncionamento das células β do pâncreas. São descritas duas formas, a focal e a difusa, esta última mais comum (70%). Os sintomas decorrentes de hipoglicemia podem ser graves, com potencial de consequências irreparáveis ao sistema nervoso central. Nos exames diagnósticos do recém-nascido, o pâncreas pode estar com dimensões e ecogenicidade aumentadas à ultrassonografia, porém na grande maioria dos casos, a imagem não fornece achados que auxiliam no diagnóstico. O tratamento é cirúrgico, com a ressecção parcial ou mesmo total do órgão.

Doenças císticas do pâncreas

Podem ter origem inflamatória, congênita ou neoplásica.

Pseudocisto

É a lesão mais comum, ocorrendo na evolução das pancreatites (Figura 48). Coleções líquidas, pseudocistos ou abscessos ocorrem nos processos inflamatórios ou traumas pancreáticos, sendo diferenciados pela história clínica, cronicidade e pelo aspecto tomográfico ou à RM.

Cistos pancreáticos congênitos

Cistos congênitos são raros e em geral são diagnosticados incidentalmente. Podem ser únicos ou múltiplos. Cistos isolados são raros. Os cistos múltiplos são mais comuns, e podem estar associados com doenças sistêmicas ou síndromes:

- Doença renal policística autossômica dominante.
- Síndrome de Von Hippel Lindau: anomalia congênita autossômica dominante, tendo como manifestações a angiomatose da retina, hemangioblastoma do SNC, neoplasia/cistos renais, feocromocitoma e cistoadenoma de epidídimo. Cistos múltiplos e cistoadenoma microcístico pancreático também podem ser observados (Figura 49).
- Fibrose cística: doença genética autossômica recessiva caracterizada por aumento das secreções exócrinas

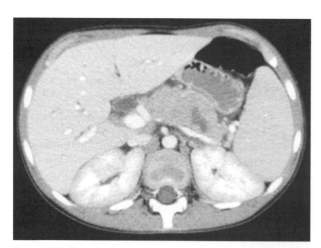

Figura 47 Pancreatite aguda em uma criança com 12 anos de idade. Tomografia computadorizada com contraste evidencia pâncreas de dimensões aumentadas, com pequena área de necrose na região da cauda.

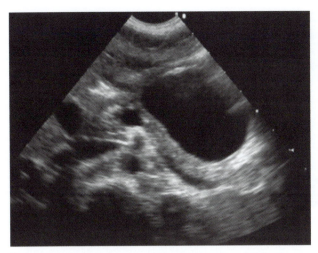

Figura 48 Pseudocisto em uma criança após episódio de pancreatite. Ultrassonografia evidencia uma grande formação cística na cauda do pâncreas.

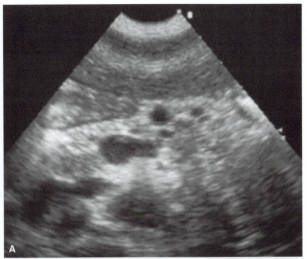

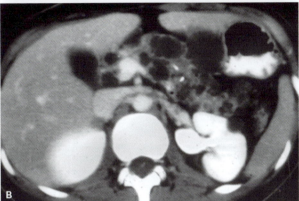

Figura 50 Paciente com fibrose cística. Ultrassonografia (A) evidencia pâncreas com múltiplos pequenos cistos, além do parênquima difusamente hiperecogênico em razão da substituição adiposa, ambos decorrentes da doença de base. Tomografia computadorizada com contraste (B) em outro paciente com fibrose cística evidencia múltiplos cistos em todas as porções do pâncreas.

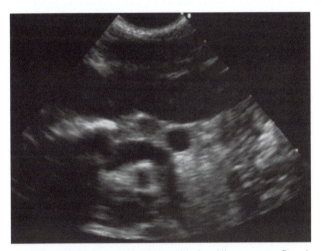

Figura 49 Síndrome de Von Hippel Lindau. Ultrassonografia evidencia vários cistos de aspecto simples no pâncreas.

anômalas, afetando o pulmão, pâncreas e fígado. A precipitação das secreções leva à obstrução dos ductos pancreáticos, com distensão e degeneração deles, e formação de pequenos cistos (Figura 50).

Substituição gordurosa do pâncreas na infância

A substituição gordurosa do pâncreas ocorre na faixa pediátrica em situações anormais, associada a algumas doenças e síndromes específicas, como na fibrose cística, síndrome de Schwachman-Diamond e síndrome de Johanson-Blizzard.

Fibrose cística

A fibrose cística é a causa mais comum de substituição gordurosa do pâncreas em crianças, e nos estágios tardios da doença o pâncreas tem suas dimensões reduzidas, com hiperecogenicidade à USG (Figura 51A) e atenuação tomográfica reduzida pela infiltração gordurosa (Figura 51B).

Síndrome de Schwachman-Diamond

É caracterizada por condroplasia metafisária, hipoplasia da medula óssea e insuficiência pancreática exócrina. Há infiltração gordurosa do pâncreas com aumento da sua ecogenicidade à USG, mantendo as suas dimensões. A TC evidencia pâncreas de dimensões normais, com atenuação reduzida (Figura 52).

Síndrome de Johanson-Blizzard

É uma rara anomalia congênita autossômica recessiva caracterizada por aplasia da asa nasal, hipotireoidismo, ausência dos dentes permanentes, nanismo e surdez. A insuficiência pancreática ocorre em razão da marcada perda

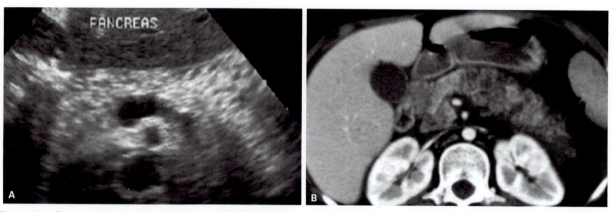

Figura 51 Paciente com fibrose cística. A ultrassonografia (A) evidencia hiperecogenicidade difusa e a tomografia computadorizada (B), parênquima pancreático heterogêneo com áreas de redução da atenuação devida à substituição adiposa.

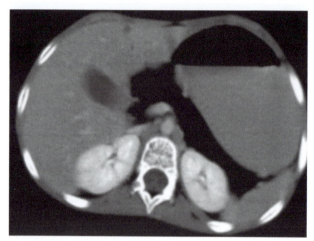

Figura 52 Paciente com síndrome de Schwachman-Diamond. Tomografia computadorizada com contraste evidencia redução difusa da atenuação do pâncreas decorrente da substituição adiposa.

do tecido pancreático com substituição gordurosa, caracterizada no USG por aumento da ecogenicidade do tecido pancreático e na TC, por redução da sua atenuação.

Neoplasias pancreáticas

São raras em crianças e geralmente se manifestam como massa palpável ou distensão abdominal. Podem ser classificadas segundo sua origem: epitelial ou não epitelial. O prognóstico costuma ser melhor do que o dos tumores pancreáticos de adultos e comumente são lesões expansivas bem delimitadas.

Pancreatoblastoma

Pancreatoblastoma é um tumor epitelial que se origina das células acinares e ocorre quase que exclusivamente em crianças, sendo o tumor mais frequente em crianças menores que 7 anos de idade. É muitas vezes confundido com neuroblastoma ou hepatoblastoma, e costuma se manifestar como uma massa palpável assintomática ou associada a anorexia, dor e vômitos. Assim como outros tumores embrionários, pode ter aumento no nível de α-fetoproteína. Cerca de metade deles tem origem na região da cabeça pancreática, porém a obstrução biliar não é um achado comum. Nos estudos de imagem aparece como uma grande massa (geralmente maior que 10 cm), bem definida, lobulada, heterogênea, com componentes sólidos e cístico e eventualmente focos de calcificação (Figura 53). À RM, geralmente apresenta sinal intermediário ou baixo em T1 e alto sinal em T2, com realce heterogêneo. Padrão infiltrativo tem sido descrito, porém é raro. Pode apresentar invasão de órgãos e estruturas adjacentes, como duodeno, e englobar estruturas vasculares (vasos mesentéricos e a veia cava inferior), porém a invasão vascular é rara. Metástases podem ocorrer, mais comumente para o fígado, linfonodos abdominais e omento. O prognóstico geralmente é favorável na ausência de doença metastática após a ressecção completa, porém a recorrência é comum.

Neoplasia epitelial sólida papilar (NESP)

A NESP foi inicialmente descrita por Frantz em 1959 e tem outras denominações, como tumor papilar cístico-sólido, tumor sólido pseudopapilar, neoplasia epitelial papilar e tumor de Frantz. É um tumor distinto dos tumores exócrinos do pâncreas pela Organização Mundial da Saúde (OMS). Ocorre mais comumente na cauda pancreática, em mulheres (90%), na segunda ou terceira décadas de vida e um terço ocorre em adolescentes. Em crianças, o local mais acometido é a cabeça pancreática. À imagem apresentam-se como massas bem definidas, heterogêneas, com componentes cístico e sólido. Podem conter áreas de necrose, hemorragias, com nível líquido e produtos de degradação de hemoglobina, estes últimos mais bem caracterizados na RM. Calcificações periféricas podem estar presentes em um terço dos casos. Nas fases

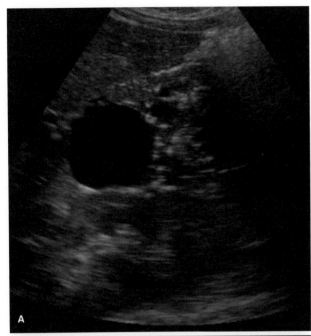

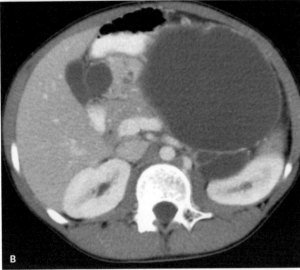

Figura 53 Paciente de 6 anos de idade com pancreatoblastoma. A ultrassonografia (A) e a tomografia computadorizada com contraste (B) evidenciam uma massa com grande componente cístico.

com contraste, há realce do componente sólido ou da cápsula fibrosa periférica. Realce periférico precoce, com preenchimento centrípeto tardio, também tem sido descrito. A parede é como uma grande massa, não calcificada, e sua retirada é geralmente curativa. Aproximadamente 85% acometem somente o pâncreas e a dilatação de vias biliares é rara, mesmo em tumores de grandes proporções. Algumas apresentações raras foram descritas, como invasão do parênquima adjacente ou extensão extracapsular, assim como calcificações densas. O prognóstico é favorável e a ressecção tumoral completa geralmente é curativa. Metástases são incomuns em crianças, sendo descritas em pacientes mais velhos.

Neoplasias endócrinas

Os tumores de origem endócrina são raros em crianças e podem ser benignos (adenomas) ou malignos (carcinomas), funcionantes (há produção de polipeptídeos hormonalmente ativos) ou não funcionantes. Os insulinomas são tumores de células da ilhota pancreática mais comuns na faixa pediátrica, sendo funcionantes ou hiperfuncionantes, produzindo sintomas clínicos. São compostos de célula β e geralmente acometem o corpo ou cauda do pâncreas. Os gastrinomas são o segundo tumor de células da ilhota mais comum, sendo compostos por células G e geralmente acometem a região da cabeça pancreática, porém podem ocorrer em localização extrapancreática (duodeno, jejuno proximal, estômago). Tumores pancreáticos de células da ilhota múltiplos podem ser vistos em neoplasia endócrina múltipla tipo I. Os tumores de células da ilhota geralmente são pequenos (menores que 2,0 cm), bem definidos e homogêneos. À USG, geralmente são hipoecogênicos e podem ter uma borda periférica hiperecogênica. À TC, comumente observa-se um intenso realce, maior do que o parênquima pancreático adjacente. À RM, pode ser hipointenso em T1 (nas sequências sem e com saturação de gordura), hiperintenso em T2, com intenso realce nas fases com contraste. Os tumores não funcionantes costumam ser maiores e frequentemente contêm calcificações.

Bibliografia sugerida

1. Abramson SJ, Treves S, Teele RL. The infant with possible biliary atresia: evaluation by ultrasound and nuclear medicine. Pediatr Radiol. 1982;12(1):1-5.
2. Adeyiga AO, Lee EY, Eisenberg RL. Focal hepatic masses in pediatric patients. AJR Am J Roentgenol. 2012;199(4):W422-40.
3. Akhan O, Karaosmanoglu AD, Ergen B. Imaging findings in congenital hepatic fibrosis. Eur J Radiol. 2007;61:18-24.
4. Akata D, Akhan O. Liver manifestations of cystic fibrosis. Eur J Radiol. 2007;61:11-17.
5. Alonso-Gamarra E, Parrón M, Pérez A, Prieto C, Hierro L, López-Santamaría, et al. Clinical and radiologic manifestations of congenitale portosystemic shunts: a comprehensive review. Radiographics. 2011;31:707-22.
6. Arndtz K, Hirschfield GM. The pathogenesis of autoimmune liver disease. Dig Dis. 2016;34(4):327-33.
7. Berrocal T, Parron M, Alvarez-Luque A, Prieto C, Santamaria ML. Pediatric liver transplantation: a pictorial essay of early and late complications. Radiographics. 2006;26(4):1187-209.
8. Brun P, Gauthier F, Boucher D, Brunelle F. Ultrasound findings in biliary atresia in children. A prospective study with surgical correlation in 86 cases. Ann Radiol (Paris). 1985;28(3-4):259-63.
9. Caiado AH, Blasbalg R, Marcelino ASZ, Pinho MC, Chammas MC, Leite CC, et al. Complications of liver transplantation: multimodality imaging approach. Radiographics. 2007;27(5):1401-18.
10. Caiado AHM, Rocha SMS, Leite ED. Doppler hepático. In: Romualdo AP (ed.). Doppler sem segredos. Rio de Janeiro: Elsevier; 2015. p. 277-300.
11. Chung EM, Cube R, Lewis RB, Conran RM. From the archives of the AFIP: Pediatric liver masses: radiologic-pathologic correlation part 1. Benign tumors. Radiographics. 2010;30(3):801-26.
12. Cogley JR, Miller FH. MR imaging of benign focal liver lesions. Radiol Clin North Am. 2014;52(4):657-82.
13. Colli A, Fraquelli M, Casazza G, Massironi S, Colucci A, Conte D, et al. Accuracy of ultrasonography, spiral CT, magnetic resonance, and alpha-fetoprotein in diagnosing hepatocellular carcinoma: a systematic review. Am J Gastroenterol. 2006;101(3):513-23.
14. Crossin JD, Muradali D, Wilson SR. US of liver transplants: normal and abnormal. RadioGraphics. 2003;23:1093-114.

15. de Ville de Goyet J, Alberti D, Clapuyt P, Falchetti D, Rigamonti V, Bax NM, et al. Direct bypassing of extrahepatic venous obstruction in children: a new technique for combined hepatic portal revascularisation and treatment of extrahepatic portal hypertension. J Pediatr Surg. 1998;33:597-601.

16. de Ville de Goyet J, Clapuyt P, Otte JB. Extrahilar mesenterico-left portal shunt to relieve extrahepatic portal hypertension after partial liver transplant. Transplantation. 1992;53:231-2.

17. Delaney L, Applegate KE, Karmazyn B, Akisik MF, Jennings SG. MR Cholangiopancreatography in children: feasibility, safety, and initial experience. Pediatr Radiol. 2008;38(1):64-75.

18. D'Onofrio M, Martone E, Brunelli S, Faccioli N, Zamboni G, Zagni I, et al. Accuracy of ultrasound in the detection of liver fibrosis in chronic viral hepatitis. Radiol Med (Torino). 2005;110(4):341-8.

19. Egbert ND, Bloom DA, Dillman JR. Magnetic resonance imaging of the pediatric pancreaticobiliary system. Magn Reson Imaging Clin N Am. 2013;21(4):681-96.

20. Ferrara C, Valeri G, Salvolini L, Giovagnoni A. Magnetic resonance cholangiopancreatography in primary sclerosing cholangitis in children. Pediatr Radiol. 2002;32(6):413-7.

21. Franchi-Abella S, Branchereau S, Lambert V, Fabre M, Steimberg C, Losay J, et al. Complications of congenital portosystemic shunts in children: therapeutic options and outcomes. J Pediatr Gastroenterol & Nutrition. 2010;51(3):322-30.

22. Frush DP, Donnelly LF, Rosen NS. Computed tomography and radiation risks: what pediatric health care providers should know. Pediatrics. 2003;112(4):951-7.

23. Gallego C, Velasco M, Marcuello P, Tejedor D, De Campo L, Friera A. Congenital and acquired anomalies of the portal venous system. Radiographics. 2002;22:141-59.

24. Gallego C, Miralles M, Marin C, Muyor P, Gonzalez G, Hidalgo EG. Congenital hepatic shunts. Radiographics. 2004;24:755-72.

25. García-Criado A, Gilabert R, Salmerón JM, Nicolau C, Vilana R, Bianchi L, et al. Significance of and contributing factors for a high resistive index of Doppler sonography of the hepatic artery immediately after surgery: prognostic implications for liver transplant recipients. AJR. 2003;181:831-8.

26. García-Criado A, Gilabert R, Berzigotti A, Brú C. Doppler ultrasound findings in the hepatic artery shortly after liver transplantation. AJR. 2009;193:128-35.

27. Girard M, Franchi-Abella S, Lacaille F, Debray D. Specificities of sclerosing cholangitis in childhood. Clin Res Hepatol Gastroenterol. 2012;36(6):530-5.

28. Govil S, Justus A, Korah I, Perakath A, Zachariah N, Sen S. Choledochal cysts: evaluation with MR cholangiography. Abdom Imaging. 1998;23(6):616-9.

29. Grammatikopoulos T, Sambrotta M, Strautnieks S, Foskett P, Knisely AS, Wagner B, et al. Mutations in DCDC2 (doublecortin domain containing protein 2) in neonatal sclerosing cholangitis. J Hepatol. 2016.

30. Gunay-Aygun M, Font-Montgomery E, Lukose L, Gerstein MT, Piwnica-Worms K, Choyke PL, et al. Characteristics of congenital hepatic fibrosis in a large cohort of patients with autosomal recessive polycystic kidney disease. Gastroenterol. 2013;144:112-21.

31. Gürakan F, Eren M, Koçak N, Yüce A, Ozen H, Temizel IN, et al. Extrahepatic portal vein thrombosis in children: etiology and long term follow-up. J Clin Gastroenterol. 2004;38:368-72.

32. Humphrey TM, Stringer MD. Biliary atresia: US diagnosis. Radiology. 2007;244(3):845-51.

33. Ikeda S, Sera Y, Ohshiro H, Uchino S, Akizuki M, Kondo Y. Gallbladder contraction in biliary atresia: a pitfall of ultrasound diagnosis. Pediatr Radiol. 1998;28(6):451-3.

34. Jaksic T, Yaman M, Thorner P, Wesson DK, Filler RM, Shandling B. A 20-year review of pediatric pancreatic tumors. J Pediatr Surg. 1992;1315-7.

35. Keup CP, Ratnaraj F, Chopra PR, Lawrence CA, Lowe LH. Magnetic resonance imaging of the pediatric liver: benign and malignant masses. Magn Reson Imaging Clin N Am. 2013;21(4):645-67.

36. Kozaiwa K, Tajiri H, Yoshimura N, Ozaki Y, Miki K, Shimizu K, et al. Utility of duplex Doppler ultrasound in evaluating portal hypertension in children. J Pediatr Gastroenterol Nutr. 1995;21(2):215-9.

37. Lassau N, Leclère J, Auperin A, Bourhis JH, Hartmann O, Valteau-Couanet D, et al. Hepatic veno-occlusive disease after myeloablative treatment and bone marrow transplantation: value of gray-scale and Doppler US in 100 patients. Radiology. 1997;204:545-52.

38. Lewis VA, Adam SZ, Nikolaidis P, Wood C, Wu JG, Yaghmai V, et al. Imaging of choledochal cysts. Abdom Imaging. 2015;40(6):1567-80.

39. Lim JH, Kim SH, Lee WJ, Choi D, Lim HK. Ultrasonographic detection of hepatocellular carcinoma: correlation of preoperative ultrasonography and resected liver pathology. Clin Radiol. 2006;61(2):191-7.

40. Lin Zu-Yau. Intrahepatic portosystemic venous shunts: the advantages and the limitations of ultrasonography. J Med Ultrasound. 2008;16(1):4145.

41. Loomba R, Sirlin CB, Schwimmer JB, Lavine JE. Advances in pediatric nonalcoholic fatty liver disease. Hepatology. 2009;50(4):1282-93.

42. Matsuoka MW, Oliveira IRS, Widman A, Zanoto A, Kodaira SK, Marinho LE, et al. Contribuição da ultrassonografia para o diagnóstico das alterações histopatológicas presentes na hepatite C crônica, com ênfase na esteatose hepática – Parte I. Radiol Bras. 2011;44(3):141-6.

43. Morag I, Epelman M, Daneman A, Moineddin R, Parvez B, Shechter T, et al. Portal vein thrombosis in the neonate: risk factors, course, and outcome. The J Pediatrics. 2006;148 (6):735-9.

44. Morgan G, Superina R. Congenital abscence of portal vein: two cases and a proposed classification for portosystemic vascular anomalies. J Pediatr Surg. 1994;29:1239-41.

45. Ozcan HN, Oguz B, Haliloglu M, Orhan D, Karçaaltincaba M. Imaging patterns of fatty liver in pediatric patients. Diagn Interv Radiol. 2015;21:355-60.

46. Paterson A, Frush DP. Dose reduction in paediatric MDCT: general principles. Clin Radiol. 2007;62(6):507-17.

47. Perez NE, Siddiqui FA, Mutchnick MG, Dhar R, Tobi M, Ullah N, et al. Ultrasound diagnosis of fatty liver in patients with chronic liver disease: a retrospective observational study. J Clin Gastroenterol. 2007;41(6):624-9.

48. Philpott C, Rosenbaum J, Moon A, Bekhit E, Kumbla S. Paediatric MRCP: 10 year experience with 195 patients. Eur J Radiol. 2013;82(4):699-706.

49. Pozzato C, Botta A, Melgara C, Fiori L, Gianni ML, Riva E. Sonographic findings in type I glycogen storage disease. J Clin Ultrasound. 2001;29(8):456-61.

50. Royo Cuadra Y, Elias Pollina J, Esteban Ibarz JA, Ruiz de Temino Bravo M, Alba Losada J. Cystic dilation of the bile duct in childhood. An Esp Pediatr. 1997;46(4):328-34.

51. Schettino GCM, Fagundes ED, Roquete ML, Ferreira AR, Penna FJ. Portal vein thrombosis in children and adolescents. J Pediatrics. 2006;82(3):171-8.

52. Schlesinger AE, Parler BR. Introduction to the hepatobiliary system. In: Kuhn JP, Slovis TL, Haller JO (eds.). Caffey's pediatric diagnostic imaging. Philadelphia: Mosby; 2004. p. 1446-50.

53. Sharafuddin MJA, Foshager MC, Steinbuch M, Weisdorf DJ, Hunter DW. Sonographic findings in bone marrow transplant patients with symptomatic hepatic venoocclusive disease. J Ultrasound Med. 1997;16:575-86.

54. Siegel M. Fígado. In: Siegel M (ed.). Ultrassonografia pediátrica. Rio de Janeiro: Guanabara Koogan; 2003. p. 189-244.

55. Strauss S, Gavish E, Gottlieb P, Katsnelson L. Interobserver and intraobserver variability in the sonographic assessment of fatty liver. AJR Am J Roentgenol. 2007;189(6):W320-3.

56. Srinath A, Shneider BL. Congenital hepatic fibrosis and autosomal recessive polycystic kidney disease. JPGN. 2012;54:580-7.

57. Suzuki L, de Oliveira IR, Widman A, Gibelli NE, Carnevale FC, Mahsoud JG, et al. Real-time and Doppler US after pediatric segmental liver transplantation: I. Portal vein stenosis. Pediatr Radiol. 2008;38(4):403-8.

58. Suzuki L, de Oliveira IR, Widman A, Gibelli NE, Carnevale FC, Mahsoud JG, et al. Real-time and Doppler US after pediatric segmental liver transplantation: II. Hepatic vein stenosis. Pediatr Radiol. 2008;38(4):409-14.

59. Takamizawa S, Zaima A, Muraji T, Kanegawa K, Akasaka Y, Satoh S, et al. Can biliary atresia be diagnosed by ultrasonography alone? J Pediatr Surg. 2007;42(12):2093-6.

60. Tan Kendrick AP, Phua KB, Ooi BC, Tan CE. Biliary atresia: making the diagnosis by the gallbladder ghost triad. Pediatr Radiol. 2003;33(5):311-5.

61. Tannuri U, Galvão F, Leal AJG, Gibelli NE, Tannuri AC. Congenital absence of the portal vein: a complex disease with multiple manifestations and types of treatment. Eur J Pediatr Surg. 2011;21:1-3.

62. The ALARA (as low as reasonably achievable) concept in pediatric CT intelligent dose reduction. Multidisciplinary conference organized by the Society of Pediatric Radiology. Pediatr Radiol. 2002;32(4):217-313.

63. Unsinn KM, Freund MC, Ellemunter H, Ladurner R, Gassner I, Koenigsrainer A, et al. Spectrum of imaging findings after pediatric liver transplantation. Part 1: Posttransplantation anatomy. AJR. 2003;181:1133-8.

64. Veigel MC, Prescott-Focht J, Rodriguez MG, Zinati R, Shao L, Moore CA, et al. Fibropolycystic liver disease in children. Pediatr Radiol. 2009;39(4):317-27; quiz 420-1.

65. Valls C, Andia E, Roca Y, Cos M, Figueras J. CT in hepatic cirrhosis and chronic hepatitis. Semin Ultrasound CT MR. 2002;23(1):37-61.

66. Lee MS, Kim MJ, Lee MJ, Yoon CS, Han SJ, Oh JT, et al. Biliary atresia: color Doppler US findings in neonates and infants. Radiology. 2009;252(1):282-9.

67. Chavhan GB, Babyn PS, Manson D, Vidarsson L. Pediatric MR cholangiopancreatography: principles, technique, and clinical applications. Radiographics. 2008;28(7):1951-62.

68. Chavhan GB, Roberts E, Moineddin R, Babyn PS, Manson DE. Primary sclerosing cholangitis in children: utility of magnetic resonance cholangiopancreatography. Pediatr Radiol. 2008;38(8):868-73.

69. Cassidy FH, Yokoo T, Aganovic L, Hanna RF, Bydder M, Middleton MS, et al. Fatty liver disease: MR imaging techniques for the detection and quantification of liver steatosis. Radiographics. 2009;29(1):231-60.

70. Yoshimitsu K, Kuroda Y, Nakamuta M, Taketomi, A, Irie H, Tahima T, et al. Noninvasive estimation of hepatic steatosis using plain CT vs. chemical-shift MR imaging: significance for living donors J Magn Reson Imaging. 2008;28(3):678-84.

71. Catalano O, Nunziata A, Lobianco R, Siani A. Real-time harmonic contrast material-specific US of focal liver lesions. Radiographics. 2005;25(2):333-49.

72. Wilson SR, Burns PN. An algorithm for the diagnosis of focal liver masses using microbubble contrast-enhanced pulse-inversion sonography. AJR Am J Roentgenol. 2006;186(5):1401-12.

73. Vaughn DD, Jabra AA, Fishman EK. Pancreatic disease in children and young adults: Evaluation with CT. Radiographics. 1998;18:1171-87.

74. Porta G. Hepatite auto-imune. J Pediatr. 2000;76 (supl.2):S181-S182.

75. Ferreira AR, Roquete MLV, Penna FJ, Toppa NH. Hepatite auto-imune em crianças e adolescentes estudo clínico, diagnóstico e resposta terapêutica. J Pediatr. 2002;78(4):309-14.

76. Wang CL, Ding HY, Dai Y, Xie TT, Li YB, Cheng L, et al. Magnetic resonance cholangiopancreatography study of pancreaticobiliary maljunction and pancreaticobiliary diseases. World J Gastroenterol. 2014;20(22):7005-10.

77. Wanaguru D, Jiwane A, Day AS, Adams S. Multiseptate gallbladder in an asymptomatic child. Case Rep Gastrointest Med. 2011;2011:470658.

78. Veigel MC, Prescott-Focht J, Rodriguez MG, Zinati R, Shao L, Moore CAW, et al. Fibropolycystic liver disease in children. Pediatr Radiol. 2009;39:317-27.

79. Turkbey B, Ocak I, Daryanani K, Font-Montgomery E, Lukose L, Bryant J, et al. Autosomal recessive polycystic kidney disease and congenital hepatic fibrosis (ARPKD/CHF). Pediatr Radiol. 2009;39:100-11.

Trato gastrointestinal

Leticia Martins Azeredo

Introdução

Até algum tempo atrás, a ultrassonografia (USG) não era considerada apropriada para o estudo das vísceras ocas. A presença de gás intraluminal e os movimentos peristálticos limitavam a avaliação detalhada das alças intestinais. No entanto, o avanço tecnológico dos equipamentos ultrassonográficos com transdutores de alta frequência faz hoje da USG importante ferramenta diagnóstica de quase todas as doenças que envolvem o trato gastrointestinal.

Atualmente, a USG é o método de escolha na avaliação inicial dos quadros abdominais, sobretudo os agudos.

O estudo das vísceras ocas deve ser obrigatoriamente incluído na rotina do exame ecográfico abdominal daqueles pacientes com suspeita de envolvimento do trato gastrointestinal e daqueles com quadro clínico inconclusivo.

Anatomia ecográfica

O tubo digestivo é um longo tubo oco e contínuo, formado por camadas concêntricas. No exame ultrassonográfico, analisando de dentro da luz visceral para fora, as camadas se alternam em ecogênicas e hipoecogênicas, podendo ser identificadas cinco camadas (Figura 1):

- 1ª camada: ecogênica – interface do conteúdo visceral com a superfície mucosa (incluindo a mucosa superficial).
- 2ª camada: hipoecogênica – mucosa profunda (incluindo a *muscularis mucosae*).
- 3ª camada: ecogênica – submucosa.
- 4ª camada: hipoecogênica – muscular própria.
- 5ª camada: ecogênica – serosa ou interface da muscular própria com a gordura visceral adjacente (no estômago e no reto, onde a serosa está ausente).

No tubo digestivo normal, a parede intestinal é uniforme, apresentando espessura média de 3 mm quando distendida e de até 5 mm quando não distendida. As camadas têm espessuras iguais, e a 2ª, 3ª e 4ª camadas não devem apresentar predomínio nítido de uma delas, ao passo que a 5ª camada deve estar nitidamente individualizada. A presença de espessura maior em uma das camadas geralmente indica alteração patológica. Em geral, a alça intestinal patológica espessada é mais bem visualizada no ultrassom do que a alça normal.

Alguns segmentos do trato gastrointestinal são difíceis de serem identificados ao ultrassom, como o fundo gástrico, a região da junção duodeno-jejunal, a flexura esquerda do cólon, o sigmoide distal, a junção sigmoide-

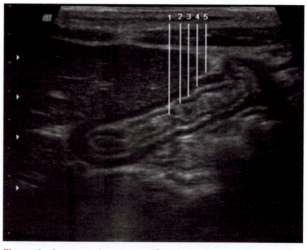

Figura 1 Imagem ultrassonográfica do estômago evidenciando a alternância de ecogenicidade entre as cinco camadas histológicas.

-retal e a porção distal do reto, pois quase sempre estão sobrepostos por outros segmentos intestinais.

Características ecográficas dos segmentos do trato gastrointestinal

Esôfago

- Em razão de sua profundidade, não é comum por via abdominal identificarmos a estratificação das camadas.
- A via endoscópica é a ideal para o estudo detalhado deste segmento.

Estômago

- Órgão mais facilmente visto pela USG.
- Espessura normal da parede: até 5 mm.
- Camadas bem definidas (com transdutores de alta frequência) (Figura 2).
- Característica ecográfica: pregas gástricas.
- Aspecto variável de acordo com o conteúdo.
- A ingestão de líquido facilita a identificação das camadas.

Duodeno

- Segmento mais difícil de ser visualizado.
- Camadas geralmente não são identificadas.
- Na segunda porção eventualmente pode-se identificar a camada muscular e as pregas mucosas (Figura 3).

Intestino delgado

- Alças móveis podem ocupar qualquer posição na cavidade abdominal.
- Sadias: vistas com dificuldade, exceto quando apresentam conteúdo líquido ou na presença de ascite.
- Parede fina com espessura de 1 a 3 mm.
- Camadas de difícil definição na alça normal.
- Presença de válvulas coniventes (quando apresentam conteúdo líquido) – indentações internas na mucosa e submucosa (teclado de piano) (Figura 4).
- Quando portadoras de patologias são mais bem identificadas.

Cólon

- Facilmente localizado e identificado pela sua posição topográfica emoldurando a cavidade abdominal.
- Forma alongada e conteúdo fecal típico (Figura 5).
- Presença de haustrações.
- Espessura da parede até 3 mm.
- Camadas identificadas com relativa facilidade.
- Segmentos mais bem visualizados: cólon descendente e sigmoide.

Apêndice cecal

- Estrutura tubular em fundo cego (Figura 6).
- Camadas geralmente bem identificadas.
- Pode ocupar posições variadas, sendo a mais comum a inferomedial seguida pela retrocecal.

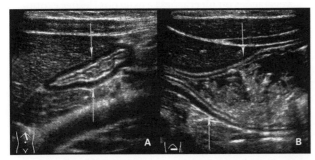

Figura 2 Corpo e antro gástricos normais após refeição habitual, examinados nos planos axial (A) e longitudinal (B).

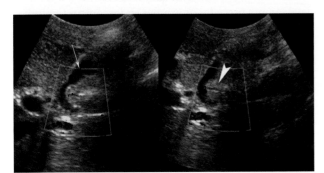

Figura 3 Duodeno com conteúdo líquido (seta). Observa-se a papila proeminente contendo canalículo não dilatado (ponta de seta).

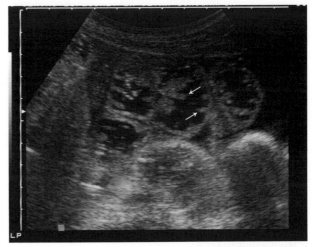

Figura 4 Alças de delgado com conteúdo líquido. Pode-se identificar as válvulas coniventes. Nota-se que a parede é fina e não há identificação da estratificação parietal.

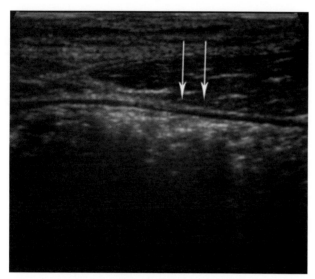

Figura 5 Alça do cólon ascendente com conteúdo fecal típico. Observa-se a estratificação das camadas parietais (setas), visualizadas com transdutor linear de alta frequência.

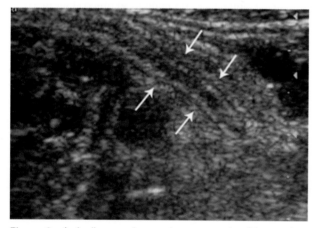

Figura 6 Apêndice cecal normal em seu maior diâmetro longitudinal.

Técnica do exame

O estudo ecográfico intestinal deve ser realizado, quando possível, na ausência de situações ou fatores que modifiquem o ambiente fisiológico. Portanto, não é necessário no exame inicial qualquer tipo de preparo ou ingestão de drogas que possam alterar o peristaltismo ou o mapa de distribuição gasosa utilizados como rastreadores de situações patológicas. Em condições especiais, o jejum, medicamentos redutores do conteúdo gasoso e a administração de líquido por vias oral ou retal podem ser utilizados como complemento ao exame inicial. As mudanças de decúbito às vezes auxiliam na redução de artefatos indesejáveis.

O exame de rotina é feito inicialmente com transdutor convexo de 3,5-5,0 MHz, possibilitando uma visão geral da cavidade abdominal, com completa avaliação dos órgãos sólidos, presença ou não de ascite, massas ou coleções. A partir deste estudo inicial, pode-se concentrar a avaliação no tubo digestivo, que deve ser feita com transdutores lineares de alta frequência (7,5 MHz ou mais) utilizando-se a técnica de compressão gradativa.

Esta técnica permite a redução da distância entre o transdutor e as alças intestinais e reduz os artefatos indesejáveis causados pelo conteúdo gasoso intraluminal. Além disso, permite a avaliação da compressibilidade da alça, característica fundamental na diferenciação entre segmentos normais e patológicos.

A compressão deve ser feita de maneira lenta, suave e gradativa, de modo a evitar que a dor, nos pacientes com irritação peritoneal, seja fator limitante ao exame.

O protocolo do exame deve contemplar uma varredura completa do tubo digestivo, concentrando-se na área de interesse. A região álgica apontada pelo paciente deve ser cuidadosamente estudada, e o segmento intestinal correspondente deve ser avaliado em relação a:

- Espessura da parede.
- Estratificação das camadas (avaliar a espessura e integridade de cada camada).
- Compressibilidade.
- Conteúdo intraluminal.
- Movimentos peristálticos no segmento acometido e nos segmentos proximais e distais à lesão.
- Regularidade dos contornos internos da alça (excluir vegetações ou ulcerações) e externos (lesões exofíticas ou invasão dos órgãos adjacentes).

Também devem ser avaliadas as estruturas adjacentes na busca de sinais de alterações extraintestinais (líquido livre ou coleções, adenomegalias e comprometimento da gordura mesentérica ou de órgãos contíguos).

É importante ressaltar que 99% do feixe sonoro é refletido quando este passa de um meio sólido para um meio gasoso. Isso ocorre quando a víscera oca contém gás, impedindo o estudo dos planos mais profundos. Também o bário residual dos exames radiológicos contrastados causa enorme reflexão do feixe sonoro. Portanto, o ultrassom deve sempre preceder os exames endoscópicos (endoscopia digestiva alta ou colonoscopia) que injetam ar no tubo digestivo e os exames contrastados. Caso isso não seja possível, a ultrassonografia deve ser complementada por outros métodos diagnósticos ou adiada (caso não exista urgência) para após a eliminação do contraste ou do ar injetado, o que ocorre em aproximadamente 24 horas.

Doenças inflamatórias

Apendicite aguda

É a causa mais comum de dor no quadrante inferior direito e a principal indicação cirúrgica abdominal de urgência.

Na apresentação clássica, o paciente com apendicite aguda tem uma sequência típica de sintomas: início com dor intermitente periumbilical ou na região epigástrica, seguida de náuseas e vômitos e posterior migração da dor para o quadrante inferior direito.

Geralmente, os pacientes são afebris ou apresentam febre baixa e leucocitose. A perfuração deve ser suspeitada na vigência de febre acima de 38,3°C. No entanto, apenas 50-60% dos pacientes têm esta apresentação clássica. Portanto, quase metade das apendicites diagnosticadas anátomo-patologicamente se apresenta com padrões atípicos e quadro clínico duvidoso.

Esta apresentação atípica ocorre principalmente nos idosos e pacientes imunodeprimidos que podem apresentar sintomas mais brandos, nos pacientes pediátricos, pacientes com dificuldade de comunicação, mulheres na idade reprodutiva, gestantes ou nas localizações atípicas do apêndice (Figura 7).

A apendicite aguda pode ocorrer em qualquer idade, com incidência máxima na segunda década de vida, declinando a partir desta idade.

O exame ecográfico do paciente com dor na fossa ilíaca direita (FID) consiste inicialmente em uma varredura completa de toda a cavidade abdominal, usando-se transdutores convexos com frequências de 3,5 MHz ou semelhantes, objetivando-se avaliação da distribuição gasosa e conteúdo líquido nos diferentes segmentos. Após exclusão de outras alterações não apendiculares relacionadas ao quadro clínico, devemos dirigir o estudo para a fossa ilíaca direita, utilizando transdutor de alta frequência, identificando-se inicialmente estruturas de reparo anatômico, como parede abdominal, músculo psoas e vasos ilíaco-femorais, com a seguinte rotina:

- Inicia-se o exame com cortes axiais na FID identificando-se o cólon ascendente.
- Deslocando-se o transdutor no sentido craniocaudal, atinge-se a região do ceco e íleo terminal.
- Prosseguindo-se com mínimo deslocamento caudal do transdutor, chega-se à base do ceco, onde origina-se o apêndice, aproximadamente 3 cm abaixo da válvula ileocecal.

Caso o apêndice não seja identificado na sua posição habitual, prossegue-se a varredura com cortes transversais até a flexura hepática do cólon e início do cólon transverso, e a seguir lateral e medialmente ao cólon ascendente.

O apêndice normal apresenta as seguintes características à USG (Figura 8):

- Estrutura tubular em fundo cego nos cortes longitudinais e ovalada nos cortes transversais.
- Longitudinal e ovalada nos cortes transversais.
- Facilmente compressível.
- Diâmetro anteroposterior máximo de 6 mm.
- Camadas parietais bem definidas.

Os aspectos ultrassonográficos da apendicite aguda dependem da fase da doença, iniciando com a fase exsudativa, seguida pela fase gangrenosa e finalmente com a fase de perfuração. Portanto, os achados ecográficos serão de acordo com o tempo de evolução e com a gravidade do processo inflamatório instalado (Quadro 1).

Quadro 1 Apendicite aguda

Diâmetro apendicular anteroposterior no corte transverso > 6 mm
Perda da compressibilidade do apêndice

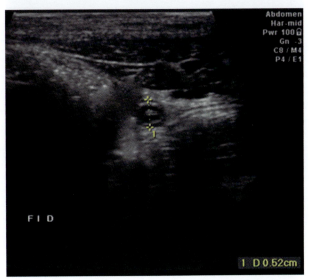

Figura 8 Apêndice cecal com espessura normal de 6 mm no plano axial. Observa-se a preservação da estratificação das camadas parietais.

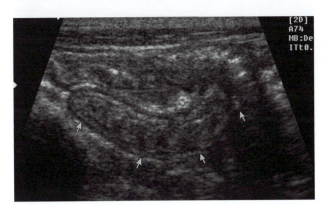

Figura 7 Apêndice cecal em posição retrocecal, com espessura aumentada.

Aumento da ecogenicidade da gordura mesentérica adjacente
Presença de apendicolito (35% dos casos)
Fluxo parietal facilmente detectável ao Doppler
Coleções periapendiculares indicam perfuração

Os achados ecográficos da apendicite (Figuras 9 e 10) são:

- Apêndice espessado (> 6 mm).
- Não compressível.
- Em 35% presença de apendicolito.
- Perda da delimitação das camadas.
- Distensão luminal.

- Aumento da ecogenicidade da gordura mesentérica adjacente.
- Líquido livre na cavidade abdominal.
- Linfonodos mesentéricos de volume aumentado.
- Doppler: aumento do fluxo parietal.
- Presença de coleções complexas periapendiculares indicam perfuração (Figura 11).

A associação do Doppler colorido aumenta a acurácia do exame ultrassonográfico, tornando o diagnóstico mais preciso. A presença de fluxo facilmente detectável na parede apendicular é altamente sugestiva de processo inflamatório (Figura 12).

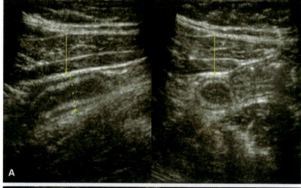

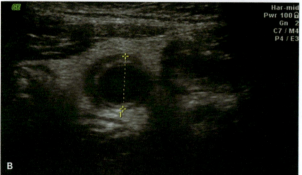

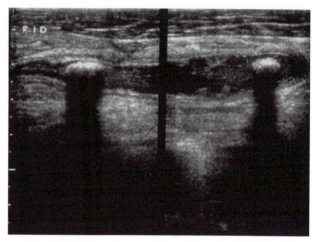

Figura 10 Apendicite aguda. Apendicolitos caracterizados como estruturas hiperecogênicas com sombra acústica posterior.

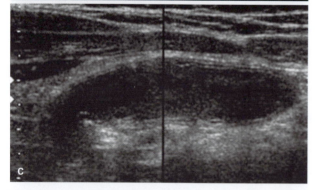

Figura 9 Apendicite aguda. A: Apêndice cecal nos planos sagital e axial, com diâmetro aumentado e camadas parietais ainda preservadas. B: Apêndice cecal de diâmetro aumentado no plano axial (11 mm). C: Apêndice cecal com distensão luminal e conteúdo anecoico, já apresentando perda da estratificação parietal. Nota-se aumento da ecogenicidade da gordura mesentérica periapendicular em todos os casos.

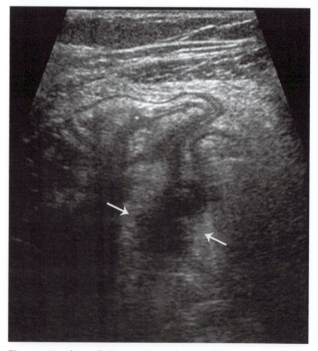

Figura 11 Apendicite aguda perfurada. Observa-se coleção complexa periapendicular.

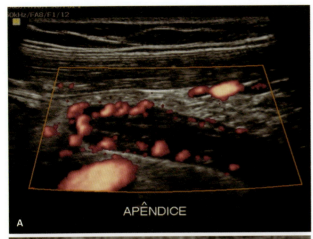

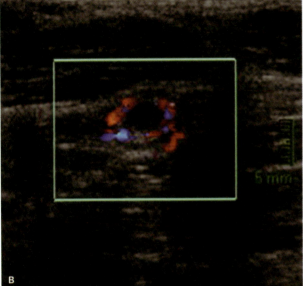

Figura 12 Apendicite aguda – estudo com Doppler colorido evidenciando intensa hiperemia na parede apendicular secundária ao processo inflamatório (A) longitudinal (imagem cedida por Dra. Fátima Ceccato) e (B) axial.

Os exames falsos-positivos podem ocorrer nas seguintes situações:

- Apêndice normal.
- Abscesso tubo-ovariano.
- Adenite mesentérica.
- Ileíte terminal.

Como diagnóstico diferencial da apendicite aguda, devemos considerar os processos inflamatórios ginecológicos (abscessos tubo-ovarianos, doença inflamatória pélvica), do trato digestivo (Crohn, diverticulite, tiflite, adenite, ileíte terminal, neos) e do trato urinário.

Diverticulite

Os divertículos do cólon podem ser congênitos ou adquiridos, sendo os últimos mais frequentes e geralmente associados à hipertrofia ou disfunção da camada muscular. Habitualmente são múltiplos, podendo ocorrer em qualquer segmento do intestino grosso, porém na grande maioria estão localizados no sigmoide e no cólon descendente.

A diverticulose, ou doença diverticular, é comum nos países do ocidente. Sua incidência aumenta com a idade, sendo rara antes dos 40 anos e frequente acima dos 50 anos. A obesidade é um fator de risco em pacientes mais jovens.

Clinicamente, cerca de 80-85% dos pacientes com doença diverticular são assintomáticos ou tem sintomatologia inespecífica. O restante (15-20%) pode evoluir com processo inflamatório, caracterizando o quadro de diverticulite aguda.

Apesar da alta acurácia, o exame ecográfico na avaliação da apendicite aguda tem suas limitações, que resultam em diagnósticos falsos-negativos nas seguintes situações:

- Pacientes obesos.
- Distensão gasosa acentuada.
- Impossibilidade de compressão adequada.
- Apêndice retrocecal ou pélvico.
- Perfuração do apêndice dificultando sua visualização.
- Exames realizados com equipamento e/ou técnica não adequados.

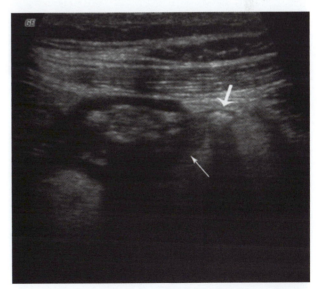

Figura 13 Diverticulite aguda. Alças de sigmoide com muscular espessada, apresentando imagem hiperecogênica exofítica com sombra acústica posterior (setas). Nota-se aumento da ecogenicidade da gordura mesentérica adjacente.

Nos casos clássicos, a diverticulite apresenta clinicamente: dor em fossa ilíaca esquerda, leucocitose e febre.

O exame ecográfico consiste em varredura completa de todo o quadrante inferior esquerdo, realizada com transdutores de alta frequência, utilizando-se a técnica de compressão gradativa.

Os principais achados ecográficos da diverticulite aguda são (Figura 13):

- Espessamento parietal segmentar do cólon, correspondendo ao aumento da camada muscular.
- Imagem hiperecogênica com sombra acústica posterior localizada na parede da alça.
- Aumento da ecogenicidade da gordura mesentérica adjacente.
- Doppler colorido com aumento da vascularização parietal (Figura 14).
- Coleções pericolônicas nos casos de perfuração diverticular (Figura 15).

Entre os diagnósticos diferenciais, destacam-se a doença de Crohn, a retocolite ulcerativa, colites inespecíficas, doenças do trato urinário, processos ginecológicos e processos neoplásicos.

Quadro 2 Diverticulite aguda
Mais frequente no sigmoide e cólon descendente
Espessamento parietal segmentar (camada muscular)
Divertículo inflamado: imagem hiperecogênica com sombra acústica posterior na parede da alça
Aumento da ecogenicidade da gordura mesentérica peridiverticular
Coleção peridiverticular: indica perfuração com formação de abscesso
Fístulas: imagens lineares hiperecogênicas em direção a bexiga, vagina ou alças adjacentes
Diverticulite à direita: diagnóstico diferencial com apendicite

Adenite mesentérica

A adenite mesentérica pode ser dividida em duas categorias: primária e secundária.

A adenite mesentérica primária é definida como uma inflamação benigna e autolimitada dos linfonodos mesentéricos, geralmente como resposta a processos infecciosos de natureza incerta, geralmente virais, podendo também ocorrer casos de natureza bacteriana ou fúngica. Acomete principalmente a população pediátrica, sendo o diagnóstico alternativo mais comum em crianças com suspeita de apendicite.

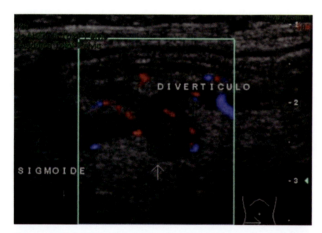

Figura 14 Diverticulite aguda. Doppler colorido com aumento da vascularização parietal.

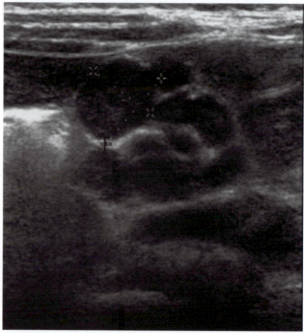

Figura 16 Adenite mesentérica. Linfonodos hipoecogênicos de dimensões aumentadas em pacientes com quadro de dor abdominal aguda.

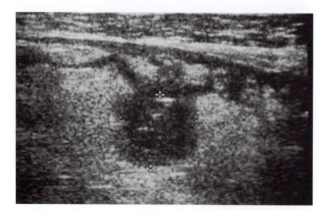

Figura 15 Diverticulite aguda perfurada. Coleção pericolônica com presença de gás no interior.

A adenite mesentérica secundária é definida como linfoadenopatia mesentérica que ocorre secundariamente a outros processos inflamatórios gastrointestinais, como apendicite, ileítes, ileocolites, doença celíaca e doença de Crohn, entre outros.

Clinicamente apresenta sintomas inespecíficos, como dor abdominal difusa ou localizada no quadrante inferior direito, febre e leucocitose.

Os achados ecográficos são (Figura 16):

- Linfonodomegalia mesentérica (linfonodos maiores que 1 cm) de aspecto hipoecogênico e lobulado.
- Doppler: aumento do fluxo nos linfonodos e na gordura adjacente.
- O diagnóstico de adenite mesentérica primária é de exclusão e deve ser sugerido em pacientes sintomáticos que apresentam linfonodomegalia mesentérica sem outros processos inflamatórios associados.

Quadro 3	Adenite mesentérica
Acomete principalmente população pediátrica
Etiologia na maioria das vezes é viral
Linfonodomegalia mesentérica (> 1,0 cm) com hiperfluxo ao Doppler
Diagnóstico de exclusão (ausência de outros processos inflamatórios)

Apendagite epiploica primária

Os apêndices epiploicos são pequenas bolsas que contêm gordura e vasos, que emergem da superfície serosa do cólon desde o ceco até o sigmoide.

Os apêndices epiploicos normais têm dimensões que variam de 0,5 a 5,0 cm e habitualmente não são visualizados à USG.

Quando ocorre torção ou trombose venosa espontânea de um apêndice epiploico, instala-se um quadro de isquemia com consequente processo inflamatório localizado que é denominado de apendagite epiploica ou epiploíte. Acontece mais frequentemente nos quadrantes inferiores (sobretudo no esquerdo), pois são o ceco e o sigmoide que apresentam maior número de apêndices epiploicos. Quando localizada no hemicólon esquerdo, pode clinicamente simular diverticulite, e no hemicólon direito apendicite ou colecistite.

Esta condição pode ocorrer em qualquer idade, inclusive na infância, sendo mais frequente em pacientes do sexo masculino. O principal sintoma clínico é a dor abdominal aguda e localizada.

O aspecto ultrassonográfico é de lesão sólida hiperecogênica, ovalada, não compressível e com fino halo hipoecogênico descontínuo, localizada adjacente ao cólon, no ponto de maior dor referida pelo paciente. Esta lesão é fixa ao peritôneo parietal, não se movimentando

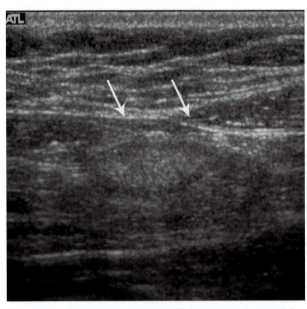

Figura 17 Apendagite epiploica. Efeito de massa ecogênica adjacente ao cólon esquerdo. Nota-se a presença de fino halo hipoecogênico (setas).

com os movimentos respiratórios. Eventualmente, observa-se discreto efeito de massa, que é identificado como compressão no nível do peritôneo parietal. É importante salientar que a parede da alça adjacente em geral tem aspecto normal (Figura 17).

Quadro 4	Apendagite epiploica primária
Lesão sólida hiperecogênica com halo hipoecoico e com discreto efeito de massa fixa ao cólon
Mais frequente no hemicólon esquerdo
Localizada no ponto de dor relatada pelo paciente
Parede da alça adjacente geralmente normal

Colite pseudomembranosa

A colite pseudomembranosa é uma colite infecciosa potencialmente fatal, causada por toxinas produzidas pela proliferação da bactéria *Clostridium difficile*. Esta proliferação ocorre secundariamente à alteração da flora bacteriana normal, na maioria das vezes por conta do uso de antibióticos.

As toxinas do *Clostridium difficile* levam a um processo inflamatório e necrótico da mucosa colônica, caracterizado pela formação de pseudomembranas.

A colite pseudomembranosa é classicamente uma pancolite; no entanto, pode estar restrita a alguns segmentos do cólon, sobretudo o sigmoide e o cólon descendente.

Clinicamente, a apresentação típica da doença é caracterizada por dor abdominal em cólica, diarreia aquosa, febre e leucocitose.

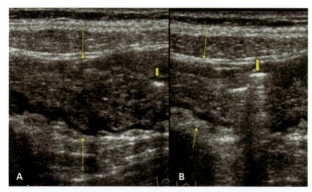

Figura 18 Colite pseudomembranosa. Imagem com transdutor linear de 7,5 MHz no cólon ascendente (A) e na flexura hepática do cólon (B). Nota-se espessamento e aumento da ecogenicidade das camadas mucosa e submucosa (setas). Muscular relativamente preservada (pontas de seta).

O diagnóstico definitivo é feito por meio da identificação endoscópica das placas pseudomembranosas na superfície do cólon e pela presença de toxinas do *Clostridium difficile* nas fezes. O enema contrastado é o único método de imagem capaz de identificar estas placas, porém está contraindicado nos casos mais graves em razão do risco de perfuração.

Os achados ultrassonográficos evidenciam:

- Espessamento moderado/acentuado da parede do cólon presente em 70-100% dos casos, à custa principalmente das camadas mucosa e submucosa, circundado por fino anel hipoecogênico periférico, que corresponde à muscular própria preservada (Figura 18).
- Colabamento do lúmen colônico secundário ao edema parietal, com redução ou até mesmo ausência de conteúdo intraluminal (presente em 70% dos casos).
- Ascite (presente em mais de 77% dos casos, principalmente nos mais graves).

Quadro 5	Colite pseudomembranosa
Em geral associada ao uso de antibióticos
Na maioria das vezes acomete todo o cólon, mas pode estar restrita a alguns segmentos (principalmente sigmoide e cólon ascendente)
Espessamento moderado/acentuado da mucosa e submucosa, poupando a muscular própria

Colite neutropênica ou tiflite aguda

A colite neutropênica ou tiflite consiste em colite necrosante aguda que acomete principalmente o ceco, podendo também envolver o cólon ascendente, o íleo terminal e eventualmente evoluir para pancolite.

A doença acomete pacientes que se encontram em estado neutropênico como nos tratamentos quimioterápicos, na anemia aplástica, no transplante renal e de medula

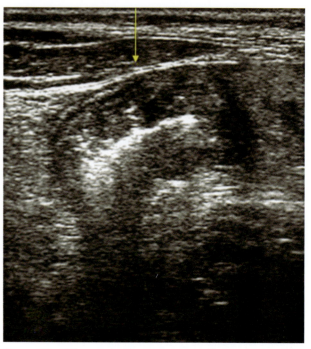

Figura 19 Tiflite aguda. Espessamento uniforme da parede do ceco, com redução luminar e pouco conteúdo gasoso.

óssea e na aids. Atualmente, são os pacientes com aids os responsáveis pela grande maioria dos casos de tiflite aguda.

Clinicamente apresenta-se com febre, diarreia aquosa ou sanguinolenta e dor abdominal, que pode estar localizada no quadrante inferior direito.

É importante ressaltar que a colonoscopia e o enema constratado são contraindicados por conta do risco de perfuração, sendo a ultrassonografia e a tomografia computadorizada os exames de imagem de escolha para investigação dos pacientes com suspeita de tiflite.

Os principais achados ecográficos são o acentuado espessamento uniforme da parede do cólon, de aspecto hipoecogênico, envolvendo principalmente o ceco e o cólon ascendente adjacente. Nota-se ainda espessamento da mucosa, que tem contornos lobulados e caráter pseudopolipoide (Figura 19). A gordura mesentérica adjacente apresenta-se hiperecogênica como consequência da infiltração inflamatória.

Nos casos mais graves, pode-se observar a presença de gás na parede da alça (pneumatose), caracterizado por focos hiperecogênicos parietais com reverberação acústica posterior. Eventualmente observa-se coleções líquidas pericolônicas e pneumoperitôneo secundários à perfuração. A detecção destas complicações é de fundamental importância, pois indica necessidade urgente de intervenção cirúrgica.

Várias patologias que envolvem o ceco cursam com alterações semelhantes às da tiflite e o diagnóstico diferencial deve ser feito com a doença de Crohn, apendicite, diverticulite, colite pseudomembranosa, hemorragia parietal intestinal e infiltração leucêmica da parede colônica.

Quadro 6	Colite neutropênica ou tiflite aguda
Acomete preferencialmente o ceco	
Os pacientes se encontram em estado neutropênico	
Espessamento parietal uniforme e hipoecogênico	

Gastroenterite e ileocecite infecciosa

Em geral, as infecções do trato gastrointestinal são de origem viral, porém podem ser bacterianas, fúngicas, por protozoários ou helmintos.

As gastroenterites de etiologia viral podem cursar com episódios de diarreia e suas alterações ultrassonográficas são variáveis e inespecíficas. Os principais achados ecográficos são distensão líquida das alças intestinais e peristaltismo aumentado. É importante salientar que nestes casos não há espessamento da parede das alças.

Nos quadros de etiologia bacteriana, a infecção é causada principalmente pelas bactérias *Yersinia enterocolitica*, *Campylobacter jejuni* e *Salmonella enteritidis*. Nestes casos, há uma forma específica de enterite com predileção pelo íleo teminal, ceco e cólon ascendente, denominada ileocecite infecciosa. Ao contrário das infecções de origem viral, as de natureza bacteriana evoluem quase sempre com espessamento parietal.

Em cerca de 50% dos casos, a ileocecite infecciosa apresenta sintomatologia relativamente branda, permitindo conduta expectante. Nos outros 50% restantes, os sintomas são mais agudos e alarmantes, e se o quadro infeccioso não for prontamente diagnosticado, a conduta na maioria das vezes é cirúrgica, com achado de apêndice normal na laparotomia.

O ultrassom tem papel fundamental no diagnóstico da ileocecite infecciosa, sendo atualmente a melhor ferramenta para diferenciar prontamente esta infecção da apendicite aguda, evitando cirurgias desnecessárias.

O achado ultrassonográfico característico da ileocecite é o espessamento parietal simétrico do íleo e do ceco (Figura 20). Este espessamento é confinado à mucosa e submucosa, sem envolvimento da muscular própria. Como o processo é de evolução benigna, não há acometimento da gordura mesentérica adjacente nem ocorrência de perfurações, fístulas ou coleções. Os linfonodos mesentéricos encontram-se aumentados na maioria dos casos, localizados mais comumente na região periumbilical direita. Não raramente, o apêndice normal pode ser identificado.

A apendicite aguda com espessamento secundário do íleo terminal e do ceco é, sem sombra de dúvida, o principal diagnóstico diferencial. Um achado diferencial importante quando o apêndice não é identificado é a presença da gordura mesentérica adjacente inflamada, hiperecoica e não compressível, quase sempre encontrada na apendicite aguda e nunca presente na ileocecite infecciosa.

Outro diagnóstico diferencial é com a doença de Crohn ileocecal, sobretudo na infecção por *Yersinia*, que apresenta quadro clínico mais prolongado.

Quadro 7	Gastroenterite e ileocecite infecciosa
Gastroenterite	
Geralmente de etiologia viral	
Distensão líquida das alças e peristaltismo aumentado	
Não apresenta espessamento parietal	
Ileocecite infecciosa	
De etiologia bacteriana	
Causada principalmente pela *Yersinia enterocolitica*	
Salmonella enteritidis e *Campylobacter jejuni*	
Acomete o íleo terminal, ceco e cólon ascendente	
Cursa com espessamento parietal	
Principal diagnóstico diferencial: apendicite aguda	

Doença inflamatória intestinal idiopática

O termo doença intestinal inflamatória idiopática engloba a doença de Crohn e a retocolite ulcerativa, que são distúrbios inflamatórios crônicos recidivantes de etiologia desconhecida.

Doença de Crohn

A doença de Crohn (DC) é uma doença granulomatosa caracterizada por inflamação transmural e descon-

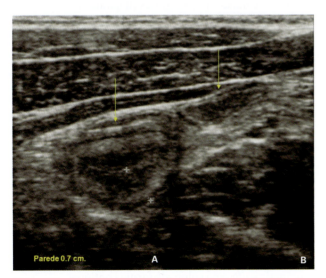

Figura 20 Ileocecite infecciosa. Espessamento parietal do cólon direito (A) e íleo (B).

tínua da alça intestinal, com períodos de atividade e remissão.

O processo inflamatório afeta todas as camadas da parede da alça, podendo ocorrer em qualquer segmento do tubo digestivo. Apresenta predileção especial pela região ileocecal (50% dos casos), mas pode estar presente isoladamente no intestino delgado em 30% dos casos e no cólon em 20%.

A DC ocorre em qualquer idade, desde o início da segunda infância até a idade avançada, com pico de incidência máxima na segunda e terceira décadas de vida, e um pico menor na sexta e sétima décadas. As mulheres são afetadas com frequência ligeiramente maior que os homens e a raça branca apresenta incidência até cinco vezes superior às demais raças.

A apresentação clínica é diversa e inespecífica, com manifestações agudas, subagudas e crônicas, dependendo da fase de atividade da doença. Os sintomas refletem a distribuição anatômica da doença, e a dor, presente em três quartos dos pacientes, tende a ser mais localizada no quadrante inferior direito nos casos de acometimento ileocecal e mais difusa quando envolve extenso segmento do cólon. Outro sintoma comum é a diarreia, característica da fase ativa da doença. Febre baixa, perda de peso e massa abdominal palpável também podem estar presentes.

Do ponto de vista ultrassonográfico, os principais achados na DC são (Figura 21):

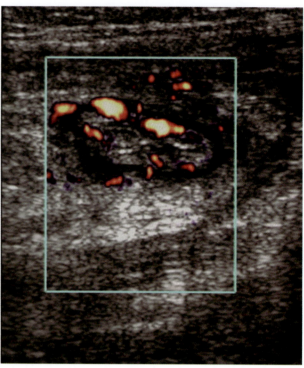

Figura 22 Doença de Crohn. Hiperemia na fase ativa da doença. Doppler colorido evidenciando aumento da atividade vascular parietal.

- Espessamento da parede intestinal.
- Espessamento fibrogorduroso do mesentério (aumento da ecogenicidade da gordura adjacente).
- Adenomegalia mesentérica.
- Hiperemia-Doppler: aumento do fluxo parietal e na gordura adjacente (Figura 22).
- A evolução clínica da DC, geralmente está associada à presença de complicações abdominais:
- Mais frequentes: estenoses e obstruções, fístulas, abscessos e massas inflamatórias (flegmões).
- Mais raras: perfurações e megacólon tóxico.

Quadro 8 Doença de Crohn
Inflamação transmural e descontínua
Preferência pela região ileocecal
Acometimento da gordura mesentérica adjacente
Principais complicações: fístulas, perfuração, abscessos e obstrução

Retocolite ulcerativa

A retocolite ulcerativa (RU) é caracterizada por processo inflamatório não granulomatoso exclusivo do cólon, que acomete predominantemente a mucosa. Quase sempre envolve o reto, desde a borda anal, estendendo-se proximalmente pelo cólon, de forma contínua.

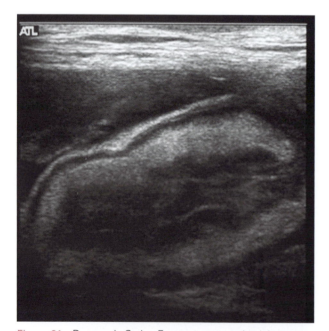

Figura 21 Doença de Crohn. Espessamento parietal de aspecto ecográfico característico como imagem em "pseudorrim" com predomínio da submucosa (ecogênica). Nota-se aumento da ecogenicidade e espessamento do mesentério adjacente.

O início da doença ocorre sobretudo entre os 25 e 30 anos de idade, mas pode surgir tanto nos indivíduos mais jovens quanto nos mais idosos.

Os sintomas clínicos mais comuns são a diarreia mucoide sanguinolenta, dor abdominal baixa, perda de peso e febre.

Os principais achados ecográficos são:

- Espessamento difuso da parede do cólon e reto.
- Múltiplos focos ecogênicos (fissuras intramurais e úlceras com gás).
- Perda da compressibilidade.
- Perda das haustrações (aspecto de tubo rígido).

Quadro 9	Retocolite ulcerativa
Acomete exclusivamente o cólon e o reto
Envolve principalmente a mucosa
Gordura mesentérica adjacente preservada
Principal complicação: megacólon tóxico

Neoplasias do trato gastrointestinal

Principais padrões de alterações parietais nas neoplasias do trato gastrointestinal:

- Lesão intramural (alvo).
- Lesão exofítica.
- Lesão intraluminal (difícil caracterização).

O espessamento parietal do tubo digestivo pode estar relacionado a uma grande variedade de doenças benignas ou malignas, sendo, portanto, um achado inespecífico. No entanto, algumas características são mais sugestivas de malignidade:

- Espessamento parietal acentuado, de aspecto irregular, hipoecogênico e heterogêneo, eventualmente com áreas de necrose no interior da parede.
- Envolvimento parietal assimétrico.
- Perda da estratificação da parede.
- Acometimento de segmentos curtos do tubo digestivo, com transição abrupta para o segmento normal.

Neoplasias do estômago

O adenocarcinoma é a neoplasia mais comum do estômago, respondendo por 90% de todos os tumores malignos gástricos. Ocorre mais frequentemente na região pilórica e no antro (50-60%), com predominância na pequena curvatura.

Apresenta três padrões de crescimento: exofítico, com protrusão de massa tumoral para dentro da luz; plano, no qual não se identifica massa tumoral óbvia e escavado, quando existe cratera superficial ou erosão profunda.

Em 10% dos casos, pode ocorrer infiltração maligna transmural de extensa região da parede gástrica ou de todo o estômago, denominada linite plástica.

O achado ultrassonográfico mais comum no exame transabdominal é o de lesão "em alvo", traduzindo um espessamento parietal, hipoecogênico e heterogêneo, de contornos irregulares e lobulados, frequentemente assimétrico. Nota-se ainda perda da estratificação parietal.

O linfoma gástrico, embora bem menos frequente, representa a segunda neoplasia maligna mais comum deste órgão, com incidência estimada em 1-5%. Seu processo patológico pode ser tanto como lesão primária do estômago quanto como parte da doença difusa disseminada.

Ao ultrassom, o linfoma gástrico apresenta-se com aspecto inespecífico de lesão "em alvo" ou "pseudorrim". No entanto, alguns achados adicionais mais específicos, como a imagem de "raios de uma roda", que corresponde ao conteúdo gástrico em meio ao pregueado mucoso espessado e a textura homogênea e bastante hipoecoica da lesão, são sugestivos de linfoma gástrico.

Neoplasias do intestino delgado

Apesar de o intestino delgado representar 75% do comprimento do trato alimentar, as neoplasias deste segmento são infrequentes e correspondem a menos de 5% de todos os tumores do trato gastrointestinal.

Apresentam ligeira predominância de tumores benignos, sendo os mais frequentes o leiomioma, o lipoma e o adenoma. A lesão maligna mais comum do intestino delgado é a carcinomatose peritoneal, com tumores primários originados principalmente no ovário, estômago, cólon, pâncreas, vesícula biliar, pulmão e útero.

Os tumores malignos primários do intestino delgado representam apenas cerca de 1% de todas as malignidades gastrointestinais. Os mais comuns no adulto são o adenocarcinoma e o tumor carcinoide.

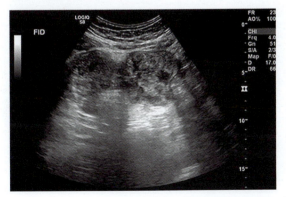

Figura 23 Tumor no cólon ascendente. Nota-se espessamento parietal assimétrico, com perda da definição das camadas e redução luminal.

Neoplasias do cólon

O câncer do cólon é a neoplasia maligna mais comum do trato gastrointestinal, sendo responsáveis por aproximadamente 60% de todos os casos. É o terceiro câncer mais frequente em ambos os sexos, superado apenas pelo câncer de pulmão e próstata nos homens e de mama e pulmão nas mulheres. O tipo histológico predominante é o adenocarcinoma (98%).

A incidência do carcinoma do cólon aumenta com a idade, sendo maior acima dos 50 anos (menos de 20% dos casos ocorrem antes desta idade), com pico máximo entre os 60 e 70 anos.

Cerca de 25% dos carcinomas estão localizados no ceco ou no cólon ascendente; 25% no cólon descendente e no sigmoide proximal; outros 25% no reto e no sigmoide distal.

Os achados ultrassonográficos refletem o comportamento patológico dos tumores e evidenciam dois padrões principais de alterações:

- Espessamento parietal segmentar assimétrico e excêntrico, hipoecogênico e de contornos irregulares, caracterizado como padrão "em alvo" (Figura 23).
- Massa sólida heterogênea, de crescimento intraluminal ou extrínseco, de dimensões variadas podendo atingir mais de 10 cm (Figura 24).

Quadro 10 Neoplasias do trato gastrointestinal
Podem apresentar três padrões básicos: lesão intramural, lesão exofítica e lesão intraluminal
Características que sugerem malignidade: espessamento parietal acentuado, irregular, hipoecogênico, heterogêneo, assimétrico, com perda da estratificação da parede, acometendo segmento curto e com transição abrupta entre o tumor e a alça sadia

(continua)

Quadro 10 Neoplasias do trato gastrointestinal (continuação)
Achados extraintestinais: invasão de tecidos adjacentes, linfonodomegalia regional e metástases em outros órgãos
Neoplasias mais comuns: ▪ Estômago: adenocarcinoma e linfoma ▪ Intestino delgado: adenocarcinoma, carcinoide, linfoma e tumor do estroma ▪ Cólon: adenocarcinoma (tumor maligno mais comum do trato gastrointestinal)

Obstrução do trato gastrointestinal

A obstrução intestinal consiste no impedimento à progressão do conteúdo do tubo digestivo, seja por causas mecânicas ou funcionais.

Considerando que, na maioria das vezes as obstruções intestinais cursam com distensão gasosa e que as aderências (causa mais comum dos processos obstrutivos) não são visíveis ao ultrassom, pode-se concluir que a USG desempenha papel limitado nestas situações.

Em algumas situações específicas, o ultrassom tem papel fundamental na identificação da etiologia da obstrução mecânica, sendo atualmente considerado o método de escolha no diagnóstico da estenose hipertrófica do piloro e na intussuscepção. Além disso, a USG pode auxiliar em várias outras situações, como nos casos de lesões tumorais benignas ou malignas, lesões inflamatórias, corpos estranhos, bezoares, bolo de áscaris, vólvulos e hérnias.

A avaliação ultrassonográfica da obstrução intestinal tem como objetivos:

- Definir o nível da obstrução (intestino delgado ou cólon).
- Identificar a causa básica.
- Auxiliar na definição da presença de sofrimento de alça.

Para isso, o exame ecográfico deve necessariamente incluir a avaliação do calibre do tubo digestivo em toda a sua extensão, do conteúdo do segmento dilatado, da atividade peristáltica no interior da alça dilatada e da natureza e local da obstrução.

As causas mais comuns de obstrução intestinal são:

- No intestino delgado, as hérnias e aderências.
- No cólon, os tumores e o volvo.

Os achados ecográficos nos quadros obstrutivos são:

- Distensão de alças com aumento do peristaltismo proximal ao ponto de obstrução inicial (luta).
- Aperistalse (íleo ou obstrução de longa duração).
- Espessura da parede normal – indica ausência de sofrimento.

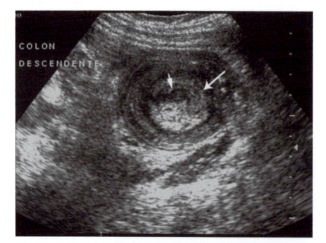

Figura 24 Tumor no cólon descendente. Massa sólida intraluminal (seta) apresentando pequenas áreas necróticas (seta pequena).

Quadro 11 Obstrução do trato intestinal
Causas podem ser mecânicas ou funcionais
Causas mecânicas: intraluminais, extrínsecas ou intrísecas à parede da alça
É importante determinar o nível da obstrução (delgado ou cólon)
USG: distensão da alça proximalmente ao ponto de obstrução com peristaltismo aumentado nos casos iniciais e ausente nos quadros de longa evolução
Principais causas: ■ Delgado: aderências e hérnias ■ Cólon: tumores e vólvulos
Obstrução funcional (íleo): alças dilatadas, cheias de líquido e aperistálticas
Doppler auxilia na definição da presença de estrangulamento
USG: ultrassonografia

Intussuscepção

A intussuscepção é definida como uma invaginação ou prolapso de um segmento intestinal (intussuscepto) para dentro do lúmen do segmento distal adjacente (intussuscipiente).

Ocorre mais frequentemente em crianças, com idade entre 5 meses e 4 anos, sendo uma das causas mais comuns de quadros abdominais agudos na infância.

Nos adultos, a intussuscepção é rara. Representa 5% de todos os casos e é responsável por apenas 1-5% das causas de obstrução neste grupo etário.

As intussuscepções em crianças são, na grande maioria, íleocólicas (o íleo invagina para dentro do cólon), sendo raras as invaginações enteroentéricas. Neste grupo etário, a maior parte é idiopática, sem lesão desencadeante identificável, sendo em 95% dos casos secundária à hipertrofia dos folículos linfoides no íleo terminal pós-infecção viral. As crianças menores de 3 meses e maiores de 5 anos apresentam mais frequentemente uma lesão desencadeante, sendo as mais comuns o divertículo de Meckel, a duplicação cística, pólipos intestinais e linfoma.

Clinicamente, as crianças apresentam um quadro agudo com dor abdominal tipo cólica, vômitos, diarreia sanguinolenta (descrita com o aspecto de geleia de groselha) e massa abdominal palpável.

Os achados ecográficos mais específicos da intussuscepção são o de múltiplos anéis concêntricos nos cortes transversais (imagem de casca de cebola) e o de "alça dentro de alça" nos cortes longitudinais (Figura 25).

O exame ecográfico nos casos de invaginação deve contemplar a avaliação da viabilidade da alça com objetivo de auxiliar na abordagem terapêutica, pois alças em sofrimento (necrose) não devem ser reduzidas por enema em razão do risco de perfuração.

A presença de líquido represado dentro da intussuscepção ou a ausência de fluxo parietal ao estudo Doppler tem significativa correlação com processos isquêmicos e com irredutibilidade.

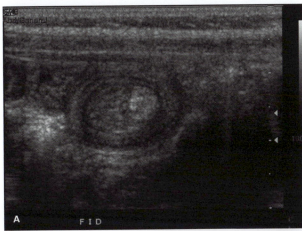
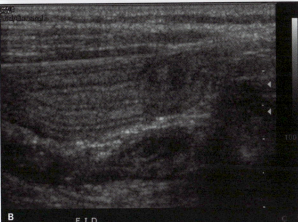

Figura 25 Intussuscepção. A: Imagens transversas evidenciando o aspecto de anéis concêntricos correspondendo às paredes da alça invaginada ("casca de cebola"). B: Imagem longitudinal com aspecto de "alça dentro de alça".

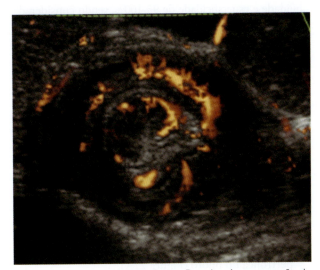

Figura 26 Intussuscepção. Power Doppler. A preservação do suprimento venoso e arterial afasta a possibilidade de isquemia ou sofrimento de alça.

Por outro lado, a presença de fluxo ao Doppler afasta comprometimento isquêmico da alça, sugerindo que a intussuscepção pode ser reduzida por métodos não cirúrgicos, com altas taxas de sucesso (Figura 26).

Quadro 12	Intussuscepção
Crianças: • Mais comum • Mais frequente entre 6 meses e 4 anos de idade • Raramente apresenta lesão desencadeante • Acomete principalmente a região ileocecal	
Adultos: • Rara • Geralmente tem lesão desencadeante • Não tem predileção por região anatômica	
USG: corte axial – múltiplos anéis concêntricos; corte longitudinal – alça dentro de alça	
Presença de líquido represado e ausência de sinal Doppler parietal tem alta correlação com isquemia e irredutibilidade	
USG: ultrassonografia	

Estenose hipertrófica do piloro

A estenose hipertrófica do piloro (EHP) é uma condição que acomete crianças nas primeiras semanas de vida, caracterizada por distúrbio de contratilidade do músculo circular do piloro, que resulta em hipertrofia progressiva da musculatura pilórica e estreitamento do canal pilórico. Como consequência, ocorre dilatação do estômago e obstrução ao esvaziamento gástrico. Sua etiologia é desconhecida, sendo que alguns estudos relatam uma pré-disposição familiar.

Clinicamente, a EHP deve ser suspeitada em recém-nascidos com 3 a 6 semanas de vida, que apresentam vômitos "em jato", não biliosos, logo após as mamadas.

Vários estudos confirmam que a USG apresenta sensibilidade e especificidade de 95-100%, sendo considerada atualmente o método de escolha para o diagnóstico de EHP.

O exame ecográfico deve ser realizado com transdutores lineares de 5 a 7,5 MHz.

Os principais parâmetros ultrassonográficos usados no diagnóstico da estenose hipertrófica do piloro são as medidas do comprimento do canal pilórico e da espessura do músculo pilórico, associadas ao estudo dinâmico-funcional, que deve ser realizado em tempo real durante o exame. Estas medidas são obtidas da seguinte forma:

- Comprimento do canal pilórico: em cortes longitudinais, deve ser medido da base do bulbo duodenal até o antro gástrico, tendo a linha ecogênica central da mucosa como referência. O valor igual ou maior que 16,0 mm é considerado diagnóstico para estenose hipertrófica do piloro (Figura 27A).
- Espessura do músculo pilórico: pode ser obtida em cortes longitudinais ou transversais, devendo ser medida apenas a camada muscular (hipoecogênica), excluindo-se a mucosa e o lúmen residual (ecogênicos). O valor igual ou maior que 3,0 mm é considerado diagnóstico (Figura 27B).

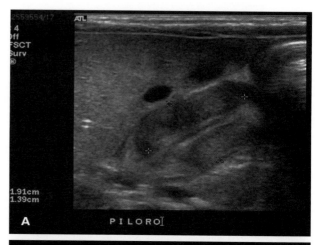
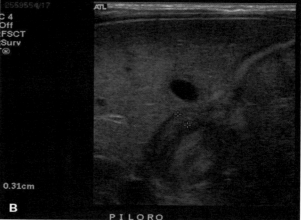

Figura 27 Estenose hipertrófica do piloro. Imagem longitudinal do piloro de criança que apresentava vômitos em jato com canal pilórico alongado. Imagem transversal demonstrando músculo pilórico espessado.

Quadro 13	Estenose hipertrófica do piloro
Clínica: vômitos em jato, não biliosos, "sinal da oliva"	
Piloro espessado e alongado, sem movimentos de abertura	
Diagnóstico de EHP (medidas): • Comprimento do canal pilórico ≥ 16 mm • Espessura da camada muscular ≥ 3 mm	

Bibliografia sugerida

1. Azeredo LM, Iglesias E, Tavares Jr. WC. Trato gastrointestinal. In: Cerri GG, Chammas MC: Ultra-sonografia abdominal. São Paulo: Revinter; 2009.
2. Birnbaum BA, Wilson SR. Appendicitis at the millennium. *Radiology*. 2000;215:337-48.
3. Breda Vriesman AC, Puylaert JBCM. Epiploic appendagitis and omental infarction: pitfalls and look-alikes. Abdominal Imaging. 2002;27:20-8.

Uroginecologia

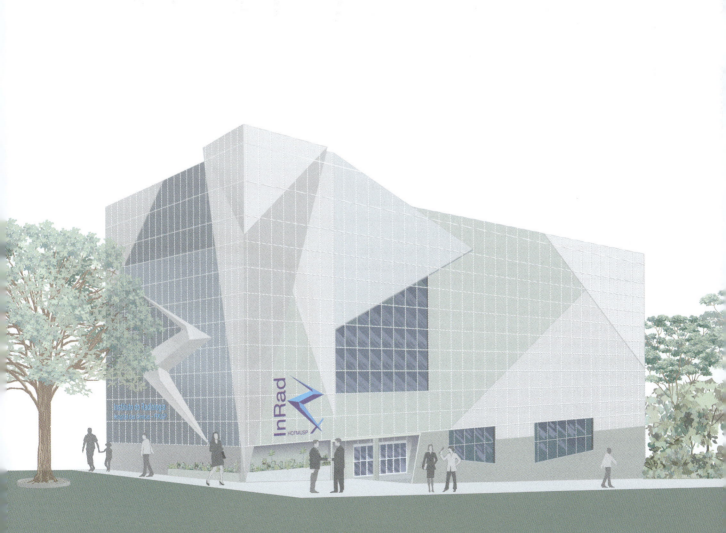

Rim

Regis Otaviano França Bezerra
Maíra Moraes Bezerra
Diogo Cunha de Medeiros

Embriologia

O sistema urogenital é formado na organogênese durante a terceira semana de vida intrauterina, a partir do mesoderma intermediário (cordão nefrogênico) em três estágios sucessivos: pronefro, mesonefro e metanefro. O pronefro e o mesonefro são transitórios e rudimentares.

O metanefro surge na quinta semana e adquire função na nona semana de gestação. As unidades excretoras renais são formadas a partir do blastema metanéfrico e o sistema coletor do broto ureteral. A formação dos rins é iniciada a partir da interação entre esses dois componentes embriológicos.

O broto ureteral surge a partir da invaginação do ducto mesonéfrico e em seguida cresce em direção ao blastema mesonéfrico, moldando-se a ele, ramifica-se para formar o bacinete, os cálices e os ductos coletores. No interior do blastema renal, os néfrons passam por um processo de diferenciação. A bifurcação precoce do broto ureteral pode ser o fator determinante de anomalias como a duplicidade parcial ou completa do ureter.

O desenvolvimento embriológico do rim ocorre a partir da fusão das "massas" parenquimatosas superior e inferior. A massa superior situa-se posteriormente, apresentando o hilo anteromedial; a massa inferior localiza-se em posição anterior, com o hilo em posição medial.

Na 28ª semana de vida intrauterina, o processo de lobulação renal atinge o seu desenvolvimento máximo; cada lobo é constituído por uma pirâmide e o parênquima cortical circunjacente.

Em relação à topografia, os rins estão localizados inicialmente na cavidade pélvica e por volta da nona semana de gestação já estão localizados em sua topografia habitual no retroperitônio. A ascensão dos rins é decorrente da redução da curvatura do corpo do embrião e do crescimento nas regiões lombar e sacral. Neste processo, há uma rotação medial de 90° do rim, fazendo o bacinete renal adquirir uma orientação anteromedial característica.

Anomalias nesse processo de deslocamento dos rins causam alterações como o rim pélvico, em ferradura e a ectopia renal cruzada.

Durante a sua ascensão, os rins recebem suprimento arterial de vasos adjacentes, progressivamente mais craniais, até atingir a posição habitual na qual são irrigados por ramos da aorta abdominal. Os vasos inferiores geralmente regridem, porém artérias supranumerárias podem persistir, originárias da aorta abdominal e das artérias mesentérica superior, suprarrenal, testicular e ovariana.

Anatomia

O retroperitônio é dividido em três compartimentos distintos: o espaço pararrenal anterior, perirrenal e espaço pararrenal posterior. O espaço pararrenal anterior estende-se desde a porção posterior da cavidade peritoneal à camada anterior da fáscia de Gerota e contém o pâncreas, da segunda à quarta porções do duodeno, cólons ascendente e descendente, artérias hepática e esplênica (Figura 1).

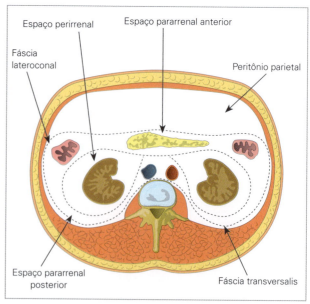

Figura 1 Anatomia do retroperitônio.

O espaço perirrenal é definido pelas fáscias pararrenal anterior e posterior e contém o rim, a adrenal, o ureter proximal e gordura.

Os rins são órgãos pareados, retroperitoneais, localizados no espaço perirrenal, entre as fáscias pararrenal anterior e posterior (Gerota), circundados por gordura. Medem entre 9-11 cm no adulto e apresentam uma diferenciação corticomedular. O seio renal contém os ramos vasculares principais, cálices, pelve renal e gordura (Figuras 2 e 3).

Técnicas de imagem e indicações

Urografia excretora

A urografia excretora (UE) tem sido o método tradicional de imagem dos rins, porém vem sendo paulatinamente substituída por outros métodos que demonstram melhor a anatomia renal e apresentam maior acurácia e capacidade para avaliação sistêmica.

Ultrassonografia (USG)

O uso da USG na urologia expandiu-se dramaticamente por causa de sua grande praticidade clínica, sendo utilizada primariamente como exame de triagem, também em procedimentos intervencionistas e acompanhamento longitudinal de doenças urológicas.

A dor abdominal aguda é uma das causas mais comuns de queixas nos serviços de emergência. Em 30% dos casos, o diagnóstico não é definido em razão da resolução espontânea dos sintomas. Na investigação, o ultrassom é o método mais utilizado por ser exame de baixo custo, não invasivo e de fácil acesso, além de permitir o direcionamento do exame para a área suspeita. As principais afecções urológicas que causam abdome agudo são litíase

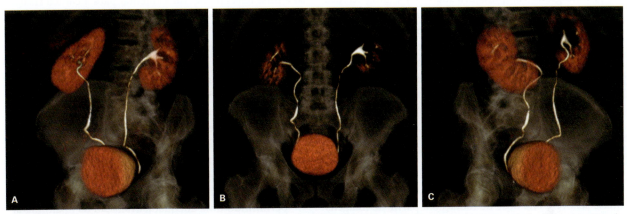

Figura 2 Tomografia computadorizada – imagens em *volume rendering* (VR) oblíquas (A, C) e coronal anteroposterior (B) demonstrando a anatomia renal em relação ao sistema coletor, assim como a morfologia da pelve renal, infundíbulos e cálices.

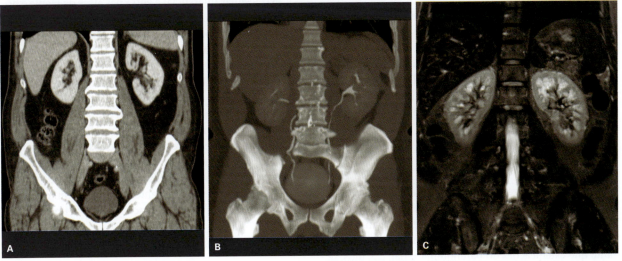

Figura 3 Tomografia computadorizada na incidência coronal com reconstrução multiplanar (MPR) e projeção de intensidade máxima (MIP) (A, B) mostrando a topografia renal, relações com o músculo psoas, fígado, baço e coluna lombar. Ressonância magnética ponderada em T2 demonstra a diferenciação corticomedular renal (C).

ureteral e infecção urinária, porém a USG pode servir de triagem na avaliação de afecções inflamatórias (colecistite, apendicite), além de causas ginecológicas (gravidez ectópica, cistos ovarianos rotos ou hemorrágicos, torção de ovário e doença inflamatória pélvica).

A USG com Doppler colorido está entre os métodos usados na avaliação da estenose de artérias renais. Existem duas abordagens para sua detecção: a visualização direta das artérias renais, destacando-se as alterações vistas no Doppler pulsátil com elevação do pico sistólico ultrapassando 200 cm/s e uma relação da velocidade máxima arterial renal para a velocidade máxima aórtica acima de 3,5; e a abordagem indireta, com análise das artérias intraparenquimatosas. Obesidade, dispneia e interposição de alças intestinais podem reduzir a sensibilidade desse método.

Tomografia computadorizada

A tomografia computadorizada (TC) é uma técnica de diagnóstico por imagem rápida, facilmente realizada e segura, que fornece informações valiosas sobre um amplo espectro de doenças renais. Atualmente, os aparelhos que utilizam multidetectores (TCMD) são altamente precisos para determinar a natureza e o estadiamento de massas renais, assim como desempenham um valioso papel na avaliação de pacientes com doença cística renal, trauma renal, infecções renais, distúrbios vasculares e hidronefrose de causa desconhecida.

No início de 1980, a exposição à radiação de imagiologia médica representava cerca de 15% da dose *per capita*. Hoje em dia, houve um aumento significativo de quase seis vezes na dose de radiação a partir de imagens médicas entre 1982 e 2006. Esse aumento é predominantemente impulsionado pelo aumento do uso da TC, com uma estimativa de 4 milhões de exames de TC pediátricos realizados em 2007.

As crianças são mais sensíveis aos efeitos estocásticos da radiação e têm uma expectativa de vida maior do que os adultos, o que resulta em maior suscetibilidade para expressar efeitos de radiação. Portanto, o uso excessivo deve ser reduzido, adaptando-se os protocolos TC para minimizar a dose desnecessária, além da indicação de métodos alternativos sem radiação, como USG e ressonância magnética (RM).

Protocolo de TC

A fase sem contraste deve ser realizada do abdome superior e pelve com o objetivo de excluir doenças urológicas frequentes, como cálculos renais. Essa fase permite que a atenuação de uma lesão renal seja medida e também garante que calcificações do parênquima renal, cálculos, hemorragia, gordura perirrenal e calcificação em uma massa renal não sejam obscurecidos pelo meio de contraste.

A fase sem contraste também desempenha uma importante função na diferenciação entre os cistos hiperatenuantes e os carcinomas de células renais. Os cistos renais benignos são comumente encontrados na TC, normalmente bem definidos, homogêneos e com atenuação da água. No entanto, alguns cistos renais benignos podem apresentar alto conteúdo proteico e se apresentam hiperatenuantes (> 20 HU), sendo de difícil diferenciação com lesões renais sólidas. Dessa forma, existem algumas características destas massas indeterminadas que podem ser úteis na avaliação dessas lesões.

Na TC sem contraste, a maioria dos carcinomas de células renais é heterogênea e com valores de atenuação entre 20-30 UH. Embora a atenuação de cistos espessos/hemorrágicos seja variável, um estudo recente demonstrou que essas lesões normalmente apresentam valores mais altos em relação ao carcinoma de células renais (CCR), variando entre 45-66 UH na TC sem contraste.

A administração de um meio de contraste intravenoso é uma necessidade fundamental para a caracterização da maioria das lesões renais. Deve ser utilizado contraste endovenoso (2 mL/kg), sem contraste por via oral e o exame consiste em três fases:

- A fase corticomedular começa à medida que o contraste entra nos capilares corticais e nos espaços peritubulares e é filtrado para os túbulos proximais corticais, no tempo de 25-30 s após a administração do contraste. O córtex renal pode ser diferenciado da medula renal neste estágio, porque a vascularização do córtex é maior do que a da medula. A máxima opacificação das artérias renais ocorre durante esta fase, permitindo uma adequada avaliação da anatomia arterial (Figura 4).
- A fase nefrográfica inicia-se à medida que o material de contraste prossegue dos vasos corticais e do espaço extracelular intersticial e entra nas alças de Henle e nos túbulos coletores. A fase nefrográfica começa em cerca de 80 segundos e dura até 180 segundos após o início da injeção e é a mais valiosa para a detecção de massas renais e caracterização de lesões indeterminadas.
- A fase excretora começa aproximadamente 180 segundos após o início da injeção de contraste. Deve ser realizada preferencialmente em decúbito ventral para melhor enchimento dos ureteres. Nessa fase, o meio de contraste é excretado para o sistema coletor, de modo que a atenuação do nefrograma diminua progressivamente. Ela auxilia na determinação da relação de uma massa centralmente localizada com o sistema coletor e é útil para a avaliação de lesões uroteliais.

Ressonância magnética (RM)

A RM pode substituir a TC na avaliação renal, nos pacientes que apresentem contraindicação alérgica aos

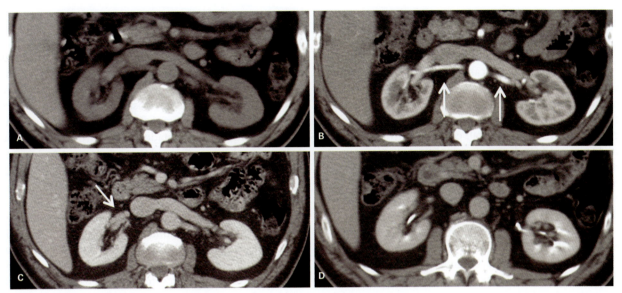

Figura 4 Urotomografia mostrando a fase pré-contraste e o padrão de realce dos rins nas fases arterial, portal e equilíbrio. Neste corte, também é possível observar a relação habitual das artérias e das veias renais (setas).

agentes de contraste iodados e tem a vantagem de não utilizar radiação ionizante. Entretanto, alguns cuidados devem ser tomados em pacientes com insuficiência renal (IR), como forma de prevenção da fibrose nefrogênica sistêmica relacionada ao gadolínio. Em paciente com IR grau 3 (*clearance* estimado de creatinina entre 30 e 59 mL/min/1,73 m²), deve ser considerada a utilização da menor dose que permita uma imagem adequada, se possível, meia dose. Já em pacientes com IR graus 1 e 2 (*clearance* estimado de creatinina entre 60 e 90 mL/min/1,73 m²) é sugerido que não seja utilizado contraste à base de gadodiamida.

As aquisições após administração do gadolínio em múltiplas fases fornecem imagens dinâmicas semelhantes à TC. A urografia com RM proporciona uma avaliação efetiva do sistema coletor e também detecção de massas renais, mas o papel mais significativo decorre de sua capacidade de caracterização do sinal tecidual, visibilização anatômica multiplanar, habilidade de avaliar a invasão vascular sem necessidade de contraste iodado (importante para pacientes alérgicos ou em insuficiência renal). Não se utiliza, portanto, a RM com objetivo primordial de detecção de lesões, mas sobretudo para caracterização de alterações visibilizadas em outros métodos.

Anomalias congênitas

As anomalias congênitas do trato urinário superior não são raras. Em 3-4% dos recém-nascidos, ocorre alguma anormalidade dos rins e dos ureteres, sendo as anomalias da forma e posição dos rins as mais comuns. A maior parte dessas doenças é apenas acompanhada clinicamente, mas requer o correto diagnóstico da alteração morfológica, assim como a adequada avaliação de possíveis complicações. No passado, as radiografias simples do abdome e a UE eram os métodos de escolha no diagnóstico por imagem dos rins e das vias urinárias.

Atualmente, a USG é o método mais utilizado na população infantil, com fácil acesso e sem radiação, sendo muito eficiente para a demonstração de dilatação do trato urinário e o nível de obstrução, contudo é limitado na diferenciação de dilatação obstrutiva ou não obstrutiva.

A TCMD e a RM são métodos utilizados para melhor caracterização das alterações detectadas na USG. As reconstruções multiplanares e as imagens pós-processamento dos aparelhos de TCMD permitem diagnósticos cada vez mais precisos, mesmo com protocolos de baixa dose, que deve ser preferível em crianças.

Anomalias de tamanho

As anomalias do tamanho, da forma e da posição dos rins ocorrem nas fases iniciais do desenvolvimento e são resultantes da incorreta união entre os blastemas metanéfricos. No rim hipoplásico, há falência do desenvolvimento, e apesar de pequenos e pouco numerosos os componentes do sistema coletor funcionam normalmente e guardam relação com o volume do parênquima, características que devem ser diferenciadas do rim atrófico adquirido, pequeno e contraído. A presença de hipoplasia renal tem sido associada a infecções e hipertensão arterial.

A hiperplasia, outra anomalia do tamanho, é associada a agenesia ou hipoplasia do lado contralateral, sendo denominada, de forma mais adequada, hipertrofia compensatória ou vicariância.

Anomalias de fusão

Durante a migração dos rins para a fossa renal, eles cruzam as artérias umbilicais. Qualquer alteração na posição destas artérias pode causar a fusão dos blastemas nefrogênicos, resultando em uma fusão que pode ser parcial, como ocorre nos rins em ferradura e na ectopia renal cruzada com fusão, ou total, como no rim em panqueca. O rim em ferradura é a anomalia renal mais comum, ocorrendo em 1 a cada 500 nascidos vivos e é mais encontrada entre os homens.

O grau de fusão renal é variável e ocorre, na maioria dos casos, entre os polos inferiores dos rins (em 90% dos casos), que se encontram mais próximos da linha média do que os rins normais.

O istmo, situado mais comumente na frente da aorta e da veia cava inferior, une as duas massas renais e pode conter parênquima funcionante ou corresponder a uma faixa de tecido fibroso. O próprio istmo dificulta a rotação renal, assim como sua ascensão decorrente da artéria mesentérica inferior. Seu suprimento sanguíneo pode ser variado, e frequentemente observam-se múltiplas artérias nutridoras e veias de drenagem. O sistema coletor também encontra-se anteriorizado com frequência (Figura 5).

A maioria dos pacientes é assintomática, e o achado é incidental durante exames de imagem. Quando sintomáticos, geralmente são relatados hidronefrose, infecção ou formação calculosa. Tem sido associada à maior propensão para neoplasias malignas, como o tumor de Wilms, assim como malformações sistêmicas, como na síndrome de Turner.

Na anomalia que caracteriza os rins em panqueca, os rins formam uma massa única, mediana, situada na cavidade pélvica ou no nível da bifurcação aórtica, de aspecto achatado, não reniforme, lobulado, com o sistema coletor anteriorizado e ureteres curtos, que drenam em orifícios independentes ou em ureter único. Sua irrigação sanguínea, também anômala, é fator de risco para o comprimen-

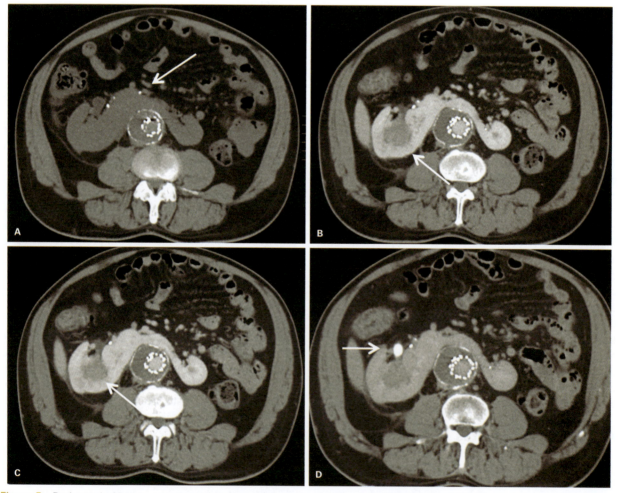

Figura 5 Paciente de 65 anos com hematúria. Tomografia computadorizada multidetectores (TCMD) em cortes axiais nas fases pré-contraste (A), arterial (B), portal (C) e equilíbrio (D) mostra rins medianizados e unidos pelos polos inferiores na porção anterior da aorta. Há cálculos calicinais visualizados na fase pré-contraste (A) (seta) e também lesão expansiva obliterando o agrupamento calicinal superior à direita nas fases pós-contraste (B, C e D) (setas). O paciente realizou nefrectomia parcial direita, e a lesão era de um tumor urotelial. Presença de prótese endoluminal para correção de dissecção aórtica.

to vascular renal, desde uma simples gestação até traumas pélvicos. De tal forma, a identificação das anomalias de fusão renal não consiste em pior prognóstico, porém elas devem ser precocemente identificadas para a avaliação de afecções concomitantes, assim como para os diagnósticos diferenciais que simulam massa pélvica e que não poderão ser inequivocamente removidas ou lesionadas.

Anomalias de posição

O rim ectópico resulta da falha em sua migração da cavidade pélvica para a fossa renal e comumente está relacionado à má rotação. Observa-se leve predileção pelo lado esquerdo, e 10% dos casos podem ser bilaterais.

A ectopia cranial é geralmente intratorácica, e a ectopia caudal pode ser classificada em abdominal, ilíaca ou pélvica, sendo esta a mais comum, além de ter associação com malformações genitais.

Na ectopia renal congênita, a posição mais baixa do rim é acompanhada de um ureter mais curto, de vasos renais com origem ectópica (vasos sanguíneos próximos a ele, podendo ser irrigado por vasos múltiplos) e algum grau de malformação do sistema coletor que torna essa condição mais suscetível a refluxo, infecções, litíase e quadros obstrutivos.

Não deve ser confundido com o rim anormalmente móvel, nem com o rim ptótico.

Na ectopia simples, o rim está do mesmo lado em que se originou. A localização pélvica, a mais comum, está associada à ausência de sua morfologia habitual, pois o rim é frequentemente mal rotacionado e tem sua imagem superposta aos ossos da bacia, dificultando a sua identificação (Figura 6).

A ectopia renal cruzada se dá quando um dos rins se encontra contralateral à inserção de seu ureter na bexiga urinária. O rim ectópico quase sempre tem ureter mais curto, portanto, em situação mais baixa em relação ao rim normal, que pode exibir grau variado de ptose e de vício de rotação (Figura 7).

O rim normal pode manter-se separado do rim ectópico ou formar massa única com ele. Quando em fusão, 85% dos casos, pode ser identificada em diversas formas de apresentação, sendo mais comum a fusão do polo superior do rim ectópico com o polo inferior do outro.

Anomalias de rotação

A migração do rim, desde a cavidade pélvica até o seu sítio lombar definitivo, ocorre simultaneamente com a sua rotação no plano longitudinal. Enquanto migra cefalicamente, cada rim sofre uma rotação medial de cerca de 90° e os hilos se orientam para a linha média, alinhados e voltados um para o outro anteromedialmente.

É importante estabelecer um correto diagnóstico a fim de excluir outras condições patológicas que podem produzir distorções similares dos rins.

A má rotação dos rins é comumente associada a um rim ectópico ou em fusão, além da possibilidade de obstrução parcial da pelve e do ureter dos rins.

Pode ocorrer em ambos os rins e observam-se mais a rotação incompleta e a não rotação quando comparada aos outros subtipos. Raramente, ocorre uma super-rotação dispondo o hilo renal voltado para o dorso.

Anomalias de número

A agenesia renal, com provável causa multifatorial, é definida como ausência de tecido renal secundária a falha na embriogênese, podendo ser uni ou bilateral. O rim supranumerário é extremamente raro e acha-se separado dos outros dois, além de possuir suprimento sanguíneo próprio.

A agenesia unilateral é uma anomalia relativamente comum que ocorre por volta de um em cada mil recém-nascidos. Possui bom prognóstico quando não associada a outras anomalias sistêmicas e está relacionada ao rim contralateral geralmente hipertrofiado como resultado compensatório.

A agenesia da glândula adrenal ipsilateral é encontrada em 10% dos casos, e a artéria e a veia renais não se desenvolvem.

O ureter correspondente está ausente na maioria dos casos, podendo corresponder a um cordão fibroso que pode terminar ectopicamente, por exemplo, na vesícula seminal contralateral. Deve-se suspeitar de agenesia renal unilateral em crianças com somente uma artéria umbilical.

A agenesia bilateral ocorre em um a cada três mil recém-nascidos, sendo incompatível com a vida e geralmente encontrada em natimortos. Essas crianças têm um aspecto facial característico e estão muitas vezes associadas a outros transtornos congênitos, como ocorre na síndrome de Potter. A urina fetal não é produzida, resultando em grave oligodrâmnia.

Anomalias da anatomia lobar

Os defeitos da anatomia cortical dos rins, como a persistência das lobulações fetais, "corcova de dromedário" e hipertrofia dos septos de Bertin, representam variações anatômicas frequentes do parênquima renal e podem simular tumores renais, porém com o parênquima saudável.

As lobulações do contorno renal são vistas em cerca de 5% dos adultos submetidos ao estudo por imagem dos rins. Trata-se da persistência de sulcos corticais bem definidos na superfície renal que são encontrados no rim fetal e costumam desaparecer durante a infância como consequência do crescimento e do aumento do número de néfrons.

Podem ser ainda confundidos com cicatrizes renais. Já o rim em "corcova de dromedário" caracteriza-se por ser

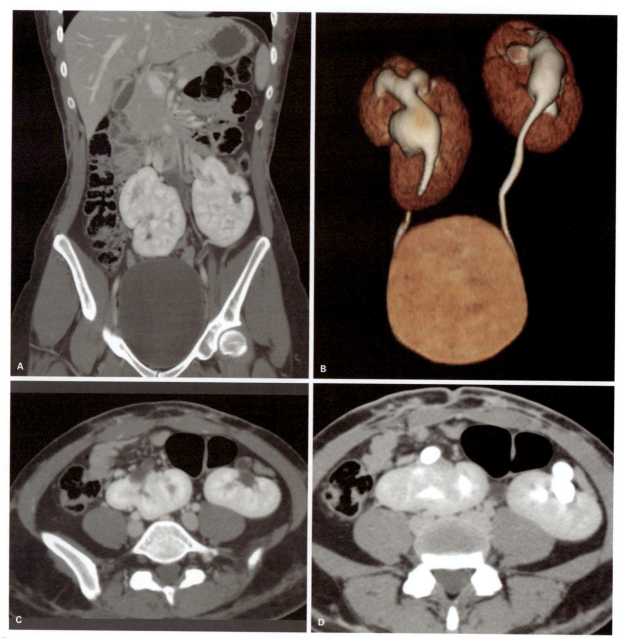

Figura 6 Paciente do sexo feminino, 20 anos. Tomografia computadorizada. A: Reconstrução multiplanar (MPR) demonstra rins ectópicos localizados na transição abdominopélvica, com medianização de seus polos inferiores. B: Reconstrução *volume rendering* (VR) demonstra a anteriorização das pelves renais e o curto trajeto ureteral. Imagens axiais em C e D mostram o padrão de realce desses rins.

uma alteração da forma e do contorno da face posterolateral do rim esquerdo consequente a uma proeminência focal do parênquima renal, provavelmente por conta de uma impressão do baço durante a vida embrionária.

Outra condição benigna que pode simular neoplasia é a hipertrofia do septo de Bertin, que corresponde a colunas de tecido cortical renal, localizadas entre as pirâmides, resultantes da fusão de dois ou mais lobos renais. Essas colunas podem ser mais espessas, hipertróficas e profundas, protruindo no seio renal e manifestando-se como nódulo cortical de aspecto regular, bem definido, situado na junção do terço renal superior com o médio.

A hipertrofia do septo de Bertin possui sinais que são sugestivos na UE e na USG, porém não específicos, devendo-se realizar TC, cujos achados são bem característicos, apresentando-se isodensos em relação ao parênquima cortical e impregnando-se uniformemente pós-contraste.

Anomalias dos cálices e das papilas

O divertículo pielocalicinal é uma cavidade cística, revestida de urotélio, situada no interior do parênquima renal e que pode ser adquirida ou congênita (mais comum) e única ou múltipla.

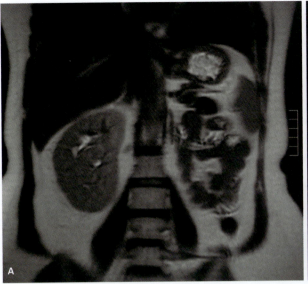 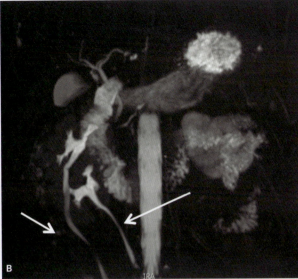

Figura 7   Ressonância magnética – coronal T2 e Uro-RM (A) e (B) demonstram ectopia renal cruzada com ambos os rins localizados no mesmo lado da linha média e fusão através dos polos inferiores. Os sistemas coletores têm aspecto habitual (setas), sem malformações associadas.

Podem ser divididos em dois tipos:

- O mais frequente é representado por lesões menores que acometem os cálices menores e que estão próximas da região do polo renal superior.
- O menos frequente, e de localização central nos rins, está relacionado a pelve renal ou cálices maiores.

Os divertículos menores são normalmente assintomáticos e achados incidentais nos exames de imagem. Os maiores geralmente são sintomáticos, e a estase urinária favorece o surgimento de infecção urinária e a formação de cálculos.

Enquanto a incidência do divertículo pielocalicinal é baixa, a frequência da formação calculosa associada ao divertículo é alta.

Megacalicose e megaureter congênito são condições raras de aumento dos cálices e/ou ureteres na ausência de obstrução ou refluxo. O diagnóstico pode ser feito por meio da UE (Figura 8) ou urotomografia, em que se caracterizam as ectasias calicinais, com pelve renal normal, sem evidência de obstrução e dilatação segmentar do ureter (> 6 mm), com terço distal de calibre preservado.

Anomalias da pelve renal e do ureter

O sistema coletor renal é sede frequente de variações anatômicas com respeito a tamanho, forma, grau de ramificação e grau de rotação em relação ao hilo renal.

A estenose da junção ureteropélvica (JUP) é a anomalia urinária mais comum na infância, ocorrendo em 1 a cada mil recém-nascidos, mais frequente nas crianças do sexo masculino (M:F, 2:1). Normalmente, é diagnosticada no primeiro ano de vida, mas pode seguir oculta até a vida adulta, sendo nesta faixa etária mais comum em mulheres (Figura 9).

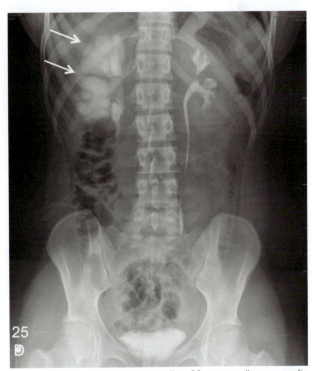

Figura 8   Paciente do sexo masculino, 20 anos, realizou urografia excretora com queixa de dor abdominal. Rim direito de dimensões aumentadas, com dilatação difusa dos cálices renais, que apresentam aparência achatada e sem impressão papilar (setas). Há aumento do número de cálices, conferindo aparência de policalicose. A pelve renal tem morfologia normal, o que ajuda no diagnóstico diferencial da megacalicose com hidronefrose obstrutiva.

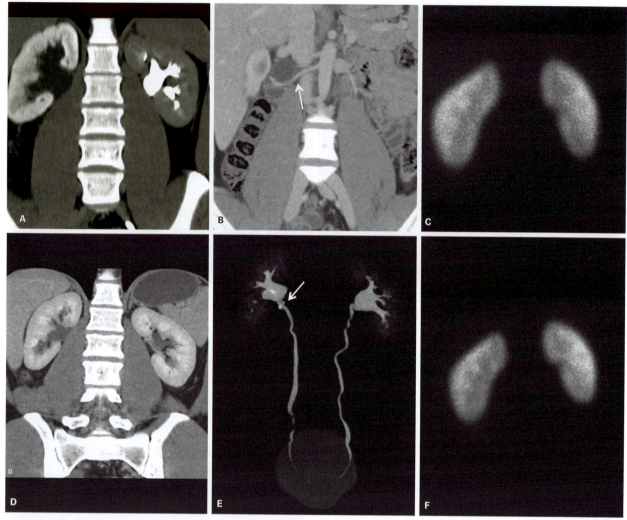

Figura 9 Paciente do sexo masculino de 22 anos com dor lombar direita há 1 dia. Imagens superiores (A, B e C) mostram moderada dilatação pielocalcinal até a transição com o ureter direito, que apresenta calibre preservado. Há acentuado retardo na concentração e excreção de contraste pelo rim direito. Imagem B mostra vaso anômalo cruzando o plano da pelve renal direita (seta). Cintilografia com o ácido dimercaptossuccínico (DMSA) (C) mostra função tubular relativa para o rim direito (RD): 45% e rim esquerdo (RE): 55%. Após o procedimento de pieloplastia (imagens D, E e F), não mais se observa a hidronefrose e surgiu discreta irregularidade na junção pieloureteral relacionada ao procedimento. A cintilografia pós-operatória revelou função tubular relativa para o RD: 51% e o RE: 49%, sem cicatrizes.

Nessa afecção, há um estreitamento da JUP, mais frequente à esquerda, que pode ser decorrente de lesão intrínseca muscular ou de descontinuidade funcional nesse segmento, que impede o esvaziamento adequado da pelve renal, resultando em hidronefrose.

A estenose também pode ser provocada por uma prega mucosa pieloureteral com comportamento valvular, ou ainda decorrente de compressão extrínseca por um vaso aberrante que comprime o infundíbulo da pelve renal e dificulta o seu esvaziamento. É uma das principais causas de dilatação do trato urinário (cerca de 35-40% dos casos), e sua origem não está totalmente esclarecida.

Deve-se ressaltar que a maior parte das anomalias da pelve renal e do ureter apresenta-se como duplicidade do sistema coletor, causa comum de assimetria de dimensões entre os rins durante a infância e que ocorre em 1-2% da população, sendo mais comum no sexo feminino.

Essa duplicação pode ser completa ou incompleta com a forma unilateral mais comum que a bilateral e frequentemente está associada a várias complicações.

O rim com duplo sistema coletor tem maior tamanho, sobretudo em seu eixo longitudinal, e maior volume do parênquima. Na duplicidade completa, há dois sistemas coletores para um único rim e dois ureteres de um mesmo lado, que desembocam em orifícios separados.

De acordo com a regra de Weigert-Meyer, o ureter que drena a parte superior passa pela parede da bexiga urinária para se inserir inferior e medialmente ao local normal de sua inserção. Com frequência, essa inserção é defeituosa, associada à ureterocele e, quando ectópica, pode desembocar na uretra posterior, na vagina ou na vulva. Por outro lado, o ureter do segmento inferior insere-se próximo ao local de normalidade e está sujeito a refluxo vesicoureteral por conta da distorção que sofre ao atravessar a parede da bexiga urinária associada à ureterocele.

Na UE, a dilatação completa da unidade superior aparece como o sinal característico e bem conhecido, o *dropping lily ou* sinal do lírio caído. As principais complicações da duplicação completa incluem infecções, refluxo vesicoureteral e obstrução da JUP. O refluxo no sistema coletor do segmento inferior pode produzir cicatrizes e deformidades deste segmento.

Já na duplicidade incompleta, há dois sistemas coletores e dois ureteres, que se fundem, em qualquer nível, entre o rim e a bexiga (normalmente entre no terço inferior do trajeto), para originar um ureter único que desemboca normalmente na base vesical.

Quando a junção se dá em um nível acima da cúpula vesical, o ureter é chamado em Y, e se ocorre no nível do segmento intramural dos ureteres, tem-se ureter em V. Pode haver refluxo uretero-ureteral decorrente da assincronia entre o peristaltismo dos ureteres antes da confluência.

Outras anomalias que resultam da divisão do sistema coletor são as anomalias da pelve. Na pelve renal bífida, apenas a pelve renal está dividida, continuando a existir apenas uma JUP. É uma anomalia relativamente comum, podendo ocorrer em até 10% da população, não havendo associação com outras anomalias.

A posição da pelve renal também é bastante variável. Classifica-se a pelve como intrarrenal quando há tecido renal abundante ao seu redor. Em contrapartida, a pelve é extrarrenal, mais comum, quando está realmente fora do hilo, sendo este ocupado apenas pelos infundíbulos calicinais. Geralmente, está associada a outras anomalias, como vícios de rotação ou de posição, podendo ocorrer estase e predisposição a infecções.

Inflamatórias/infecciosas

Infecção urinária é a doença urológica mais comum, e na maioria das vezes o diagnóstico é clinicolaboratorial. Os exames de imagem são reservados para pacientes que não respondem à antibioticoterapia após 72 h (5% dos pacientes), e é preciso investigar alterações estruturais e funcionais que necessitem de intervenção, bem como condições clínicas potencialmente fatais (idosos, diabéticos e imunocomprometidos).

Pielonefrite aguda

É o processo inflamatório do sistema pielocalicinal, papilas e túbulos, com posterior acometimento do interstício, sendo mais comum em mulheres de 15 a 40 anos e em homens acima de 65 anos.

Fatores de risco: obstrução, refluxo vesicoureteral, calculose, diabete melito (DM), imunossupressão, gravidez, cateterismo do trato urinário.

A disseminação ocorre tipicamente a partir do trato urinário inferior ou hematogênica e pode se estender pela gordura perinefrética, fáscia de Gerota e espaço extrarrenal. Quadros mais graves podem evoluir com liquefação, necrose e abscessos.

Radiografia

Gás e calcificações no trato urinário. A UE exibe alteração em 25% dos casos, com aumento renal, retardo na opacificação do sistema coletor, redução da densidade do nefrograma, nefrograma estriado e dilatação pielouroreteral.

Ultrassonografia

É usada como primeira linha na investigação, mas demonstra alterações em apenas 20-24% dos pacientes. É possível diagnosticar alterações estruturais como duplicidade pielocalcinal, cálculos ou hidronefrose. Os principais achados relacionados com pielonefrite aguda são: aumento renal, afilamento do complexo ecogênico central pelo edema, alteração da ecogenicidade do parênquima (hipoecogênico por edema ou hiperecogênico por hemorragia), espessamento parietal na pelve renal e áreas de hipoperfusão no Doppler colorido. É de fundamental importância a pesquisa de áreas hipoecoicas que podem corresponder a abscessos parenquimatosos. Além disso, a presença de debris no interior de um sistema coletor dilatado sugere a possibilidade de pionefrose que deve ser imediatamente drenada, pois representa risco de sepse para o paciente.

Tomografia computadorizada

A fase sem contraste é útil para demonstrar cálculos, gás, hemorragia e calcificações. As áreas do parênquima envolvidas podem aparecer com baixa atenuação pelo edema ou ainda com alta atenuação por hemorragia. Deve-se observar a presença de edema da gordura perirrenal, comumente associado com pielonefrite aguda.

A fase nefrográfica demonstra uma ou mais áreas em forma de cunha com menor realce que se estendem da papila até a cápsula renal. A alternância das áreas de hipo e hiperatenuação por diferença de realce do parênquima infectado e não infectado é bem definida, conhecida como nefrograma estriado (Figura 10).

Realce tardio e persistente pode ser visto após 3-6 horas da administração do contraste, que fica retido no parênquima infectado (Figura 11).

Achados associados: estriações dos contornos renais; espessamento da fáscia de Gerota; obliteração do seio renal; espessamento das paredes da pelve e dos cálices renais (pieloureterite); pequena dilatação pielouroreteral por perda do tônus muscular.

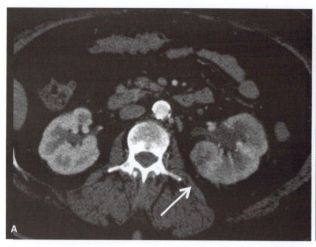
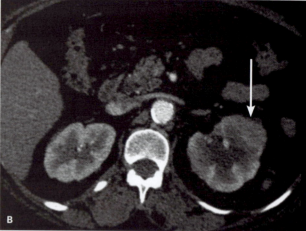

Figura 10 Paciente do sexo feminino de 27 anos com história de febre e dor lombar à esquerda. Tomografia computadorizada multidetectores (TCMD) mostra áreas esparsas e mal definidas de contrastação heterogênea no rim esquerdo, compatíveis com pielonefrite aguda (setas). Não se observavam focos liquefeitos sugestivos de abscessos. É comparado com o rim direito, que apresenta contrastação normal.

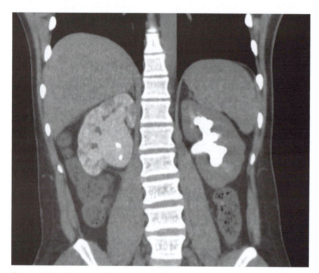

Figura 11 Tomografia computadorizada multidetectores (TCMD) mostra o padrão de realce tardio e persistente em rim obstruído e com pielonefrite aguda à direita. O rim esquerdo apresenta excreção habitual do contraste.

A fase excretora é realizada se houver suspeita de obstrução do trato urinário. Neste caso, ambos os ureteres devem estar opacificados em toda a sua extensão.

Complicações
Abscesso

Suspeitar quando não há resposta à antibioticoterapia; os pacientes diabéticos são predispostos a esta complicação e representam cerca de 75% dos casos.

Abscesso renal pode simular neoplasia, sobretudo na ausência de um contexto apropriado e dados clínicos favoráveis ao processo inflamatório/infeccioso. Os principais fatores de risco são urolitíase e DM. Os achados por imagem caracterizam-se por uma lesão arredondada ou geográfica localizada no parênquima renal, com baixa atenuação na TC, paredes espessadas e irregulares, por vezes com pseudocápsula e sem realce central. Adjacente à lesão, um halo de hiporrealce pode ser caracterizado na fase nefrográfica do estudo por TC, referente a edema e vasoconstricção reacional. A RM apresentará achados semelhantes aos da TC, e a coleção central frequentemente segue o padrão de líquido espesso, com alto sinal em T1 e sinal intermediário nas sequências ponderadas em T2.

Na ausência de um contexto clínico apropriado, a diferenciação entre neoplasia e abscesso torna-se difícil somente pelos achados de imagem. Nos casos em que o paciente apresentar um histórico de febre, leucocitose ou infecção do trato urinário, deve-se considerar a possibilidade de drenagem percutânea, sobretudo nos casos com extensão ao espaço perirrenal ou coleção com grande volume. Em pacientes com evolução desfavorável ou locais sem possibilidade de realizar drenagem percutânea, o tratamento cirúrgico deve ser indicado.

Coleções extraparenquimatosas podem se estender às estruturas adjacentes como espaços perirrenal e pararrenal, músculo psoas, musculatura lombar e até mesmo drenar através da pele.

Pielonefrite enfisematosa

Infecção necrotizante grave caracterizada por formação de gás no parênquima renal ou no espaço perirrenal, 90% dos pacientes apresentam DM mal controlada.

Pacientes não diabéticos são tipicamente imunocomprometidos ou apresentam obstrução do trato urinário por urolitíase, neoplasia. Os principais agentes são *E. coli*, *K. pneumoniae* e *Proteus mirabilis*.

Achados de imagem: USG de rim aumentado com focos gasosos no parênquima ou no sistema pielocalicinal.

TC é o método de escolha para definir o tipo de pielonefrite enfisematosa, com aumento renal, destruição do parênquima, focos gasosos, coleções fluidas, nível líquido-gasoso e necrose focal com ou sem formação de abscessos (Figura 12).

Dois tipos de distribuição do gás são descritos e têm correlação com prognóstico:

- Tipo 1: destruição do parênquima renal com áreas gasosas de permeio, sem coleções fluidas intra ou extrarrenais (mais agressivo – 69% de mortalidade).
- Tipo 2: coleções renais ou perirrenais que são associadas a bolhas gasosas ou gás no sistema coletor – pielite enfisematosa (18% de mortalidade).

Pionefrose

Trata-se de uma emergência urológica, caracterizada por sistema coletor obstruído, dilatado e infectado em decorrência de cálculos, neoplasias, complicações de pielonefrite/necrose de papila e estenoses.

USG: hidronefrose com debris, nível líquido-líquido, ocasionalmente gás no sistema coletor.

TC: espessamento parietal da pelve renal, alterações inflamatórias do parênquima renal e perinefréticas, hidronefrose com fluido de maior atenuação, nível líquido-líquido, depósito do contraste acima do fluido purulento nas fases excretoras.

Pielonefrite crônica

É a forma de pielonefrite em que existem sequelas de longa data. Doença controversa do ponto de vista da fisiopatologia, há debate se é caso de infecção crônica ativa, sequela de múltiplas infecções recorrentes ou alteração decorrente da infecção única prévia (Figura 13).

Achados de imagem em TC e RM: assimetria renal, observando-se cicatrizes, atrofia e afilamento cortical. Há ainda hipertrofia do parênquima residual, podendo mimetizar uma massa e abaulamento de cálices. O sistema pielocalicinal pode apresentar-se espessado e dilatado.

A cintilografia com o ácido dimercaptossuccínico (DMSA) marcado com tecnécio 99 (^{99m}Tc) tem sido muito utilizada no acompanhamento de crianças com RVU para detectar a presença de lesões corticais ou cicatriz renal secundária ao refluxo. Mais recentemente, o DMSA tem sido recomendado na fase aguda de ITU em crianças em razão da sua maior sensibilidade em detectar danos corticais, auxiliando, portanto, no diagnóstico diferencial com pielonefrite.

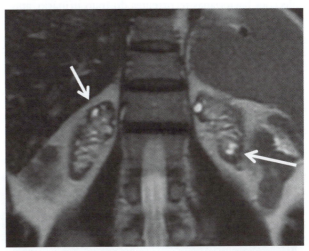

Figura 13 Paciente do sexo feminino de 55 anos com história de pielonefrites de repetição. Ressonância magnética ponderada em T2 em corte coronal mostra rins com dimensões reduzidas, parênquima difusamente afilado e perda de diferenciação corticomedular. Há também alguns cistos corticais e parapiélicos associados (setas).

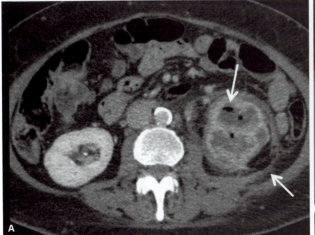
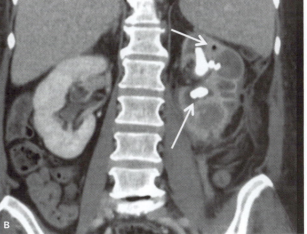

Figura 12 Paciente do sexo feminino de 55 anos com dor lombar e febre. Tomografia computadorizada multidetectores (TCMD) de corte axial demonstra acentuado retardo na concentração de contraste pelo rim esquerdo, com densificação da gordura perirrenal e bolhas gasosas no parênquima (setas). Corte coronal (B) mostra cálculos com morfologia coraliforme nos terços superior e médio, além das bolhas gasosas e o extenso processo inflamatório perirrenal, configurando pielonefrite enfisematosa.

A cintilografia renal com DMSA-^{99m}Tc é o método de imagem com maior sensibilidade para o diagnóstico de pielonefrite aguda, que se apresenta como áreas de hipocaptação do traçador que podem ser focais ou difusas pelo parênquima renal. Já na pielonefrite crônica, podem-se observar frequentemente, além do déficit na captação e redução volumétrica, alterações da morfologia renal com diferentes graus de irregularidade de contornos como sinais indicativos de retração do parênquima.

Pielonefrite xantogranulomatosa

Processo granulomatoso crônico e destrutivo que provavelmente resulta de uma resposta imune atípica a infecções bacterianas recorrentes do trato urinário, apresentando formações de nódulos com macrófagos cheios de lipídios. A maioria dos casos ocorre em associação com cálculos na pelve renal/coraliforme, consequentemente a hidronefrose é considerada um fator predisponente.

- Patógenos mais relacionados: *P. mirabilis*, *E. coli*.
- UE: cálculo coraliforme, aumento renal, exclusão funcional renal.
- USG: aumento do volume renal com áreas ecogênicas amorfas com sombra acústica posterior, perda da arquitetura habitual do rim; dilatação calicinal ou massas inflamatórias hipoecogênicas; coleções perinefréticas; acometimento focal simulando tumor ou massas.
- TC: essencial para o diagnóstico por melhor caracterização da doença e extensão perirrenal para planejamento cirúrgico. Rim aumentado, não funcionante, cálculo coraliforme em pelve contraída, expansão dos cálices renais e alterações inflamatórias perirrenais (Figura 14).

Áreas hipoatenuantes na pelve renal correspondem a infiltrado inflamatório na maior parte dos casos, e nefrostomia percutânea muitas vezes não é feita.

As complicações clínicas mais importantes são o abscesso de psoas e as fístulas cutâneas e colônicas.

Pode ser focal em 10% dos casos – sendo alguns relatados em duplicação do sistema coletor – alguns com achados semelhantes à forma difusa e outros simulando abscessos ou neoplasia.

Apresentações atípicas: atrofia renal, ausência de cálculos em cerca de 10% dos casos.

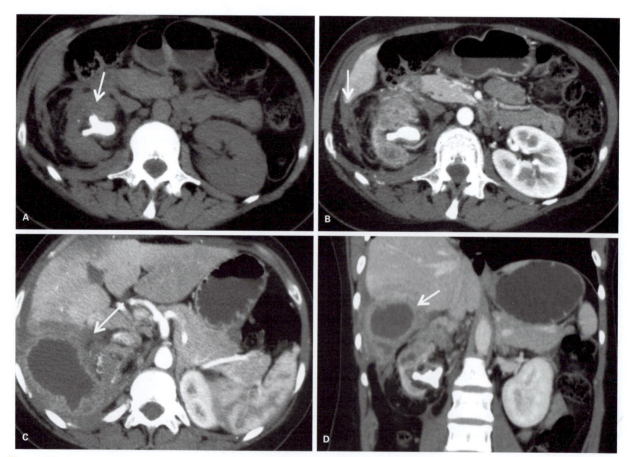

Figura 14 Paciente do sexo feminino de 45 anos com fraqueza, dor lombar e febre. Tomografia computadorizada multidetectores (TCMD), corte axial (A, B), mostra volumoso cálculo coraliforme (800 UH) ocupando a pelve renal e extenso processo inflamatório perirrenal. Há abscesso associado no polo superior do rim direito, fazendo contato com o fígado e o diafragma em C e D (setas).

Tuberculose genitourinária

A tuberculose é a principal causa de morbidade e mortalidade por doenças infecciosas em todo o mundo, com 8 a 10 milhões de novos casos e 1,9 a 3 milhões de mortes a cada ano. Nos países em desenvolvimento, há uma incidência anual de 100 a 450 novos casos por 100 mil habitantes, com 2-3 milhões de mortes por ano, 75% dos casos afeta pessoas com idade entre 15 e 50 anos. Nos países desenvolvidos, há menor incidência, com 7 a 15 novos casos em 100 mil habitantes. O patógeno é o *Mycobacterium tuberculosis*, um bacilo aeróbio.

O sistema genitourinário é afetado pela tuberculose em 15-20% dos doentes com envolvimento extrapulmonar.

O intervalo entre a infecção pulmonar inicial e a manifestação da doença genitourinária varia de 5 a 40 anos (período de latência). Os bacilos chegam ao rim formando granulomas que podem permanecer indolentes por anos. Após a reativação desses focos, a infecção progride de um único foco renal, poupando o contralateral. Posteriormente, há o envolvimento do sistema coletor por contiguidade, promovendo uma bacilúria. A infecção renal é lentamente progressiva, assintomática e destrutiva, levando à exclusão renal unilateral, causada por granulomas caseosos com consequentes fibrose e cavitação, promovendo obstrução do sistema urinário.

Muitos pacientes com tuberculose do trato urinário apresentam sintomas inespecíficos, como aumento da frequência urinária, disúria e hematúria microscópica ou macroscópica. Sintomas constitucionais tais como febre, perda de peso e fadiga também ocorrem, mas são menos comuns.

Estima-se que 20% dos pacientes com envolvimento genitourinário na tuberculose têm um resultado negativo no teste cutâneo derivado de proteína purificada (PPD). Além disso, as culturas de amostras de urina obtidas desses pacientes podem ser negativas para a tuberculose ou a presença de tuberculose na cultura pode ser obscurecida pela coexistência de agentes patógenos mais comuns do trato urinário.

Assim, sintomas inespecíficos e achados laboratoriais frequentemente atrasam o diagnóstico da doença.

Tuberculose não tratada pode levar à perda da função renal, e a infecção pode se estender pelos planos retroperitoneais para órgãos adjacentes como cólon.

Achados de imagem secundários a necrose de papila e destruição do parênquima:

- Sistema coletor apresenta espessamento, ulceração e fibrose, muitas vezes com estenoses – podem resultar em não excreção calicinal focal (sinal do cálice fantasma na UE).
- Calcificações presentes em 40-70% dos casos – esparsas ou substituindo parte ou quase a totalidade do parênquima renal no estágio terminal (autonefrectomia).
- Estenoses pelveinfundibulares, necrose de papila, massas corticais de baixa atenuação e calcificações são altamente sugestivas de tuberculose, mesmo na ausência de doença pulmonar.
- USG: áreas hipoecogênicas ou cavitadas, hidronefrose – em fase tardia sombras acústicas por conta do rim diminuído e calcificado.
- TC: granulomas corticais coalescentes, dilatação calicinal, calcificações, afilamento cortical, cicatrizes no parênquima, estreitamentos fibróticos de infundíbulo, pelve e ureter.
- Ureteres: estenoses, calcificações parietais, dilatações focais – aspecto em saca-rolhas. Posteriormente, as áreas de fibrose coalescem e o ureter fica fixo.
- Bexiga: cistite intersticial com espessamento e calcificação parietais.

Tuberculose também pode acometer tubas uterinas, epidídimos, vesículas seminais e próstata – espessamentos, estenoses, calcificações e abscessos.

Malacoplaquia

Processo inflamatório relacionado à resposta anormal a uma infecção crônica, achado histopatológico de material de inclusão intracelular fagocitado em grandes macrófagos (corpúsculos de Michaelis-Gutmann), mais comum em portadores do HIV e imunudeprimidos (doença autoimune ou pós-transplantados).

Ocorre mais comumente na bexiga urinária, mas qualquer tecido urotelial pode ser envolvido, até mesmo trato gastrointestinal e pele. É mais frequente em mulheres (3/4: 1 homem) e surge em geral na quinta década.

Hematúria e sintomas de trato urinário baixo são os sintomas mais frequentes, mas podem cursar com insuficiência renal.

Manifesta-se mais comumente como massa na bexiga ou ureter, o achado renal mais frequente é de obstrução secundária à lesão do trato urinário inferior.

Imagem pode sugerir o diagnóstico no contexto clínico apropriado, mas a biópsia é necessária para confirmação.

- USG: massas hipoecogênicas mal definidas em rim aumentado e com distorção de seus contornos e do complexo ecogênico central.
- TC: aumento de um ou ambos os rins, com múltiplas massas corticais hipovasculares mal definidas que variam de milímetros a 3-4 cm, que podem coalescer e formar massas dominantes de até 8 cm – distorcendo o contorno renal, expandindo e substituindo o parênquima. Lesões são multifocais em 75%, com 50% destes casos bilaterais.

- RM: múltiplos nódulos de hipossinal em T1 e T2 associado a realce tardio do estroma fibroso interposto.

Neoplasias benignas e malignas

O diagnóstico da maioria das lesões renais sólidas é feito de maneira incidental em exames de imagem rotineiros, sendo atualmente cenário comum na prática radiológica. Cerca de 85% dos tumores de rim são CCR, porém o diagnóstico diferencial de lesão renal sólida é amplo e inclui angiomiolipoma, oncocitoma, metástase, abscesso, infarto, malformação vascular, linfoma e pseudotumor, entre outros. O comportamento dessas lesões é heterogêneo, assim como a conduta, que varia desde observação, tratamento da doença de base e até nefrectomia radical. Além disso, nos últimos anos, o desenvolvimento de terapias locais e drogas-alvo tornou ainda mais desafiadora a avaliação dessas lesões.

Tumores benignos

Angiomiolipomas (AML) são os tumores benignos mais comuns, compostos por quantidades variáveis de tecido adiposo maduro, vasos sanguíneos dismórficos e músculo. São mais prevalentes em mulheres da 4ª a 6ª décadas e, quando surgem em pacientes com esclerose tuberosa, geralmente são múltiplos e bilaterais.

Os achados de imagens mais típicos são a presença de gordura macroscópica, apresentando áreas com atenuação inferior a 10 UH na TC, queda do sinal nas sequências com supressão de gordura e a presença do artefato de *chemical shift* nas sequências GRE fora de fase da RM (Figura 15).

AML pobres em gordura são raros e representam apenas cerca de 4% dos AML. Estas lesões são indistinguíveis de tumores malignos, porém quando necrose e calcificações estão presentes, favorecem o diagnóstico de CCR.

AML apresentam risco de sangramento progressivo de acordo com o tamanho do nódulo, de modo que lesões maiores que 4,0 cm são candidatas a intervenção cirúrgica ou embolização transarterial seletiva. Contudo, um grande estudo recente sugere que o melhor parâmetro para indicar tratamento seja o padrão de crescimento ($\geq 0,25$ cm/ano), o que ocorre na minoria dos casos, sendo mais frequentes em pacientes com esclerose tuberosa (ET). Assim, a vigilância ativa parece ser uma conduta segura e pode ser indicada para todos os pacientes assintomáticos, independentemente das dimensões iniciais do AML.

Oncocitomas são tumores sólidos, em geral multicêntricos e bilaterais, com características histológicas semelhantes às dos carcinomas cromófobos. Tanto pela TC quanto pela RM, as dos achados são variados e não específicos. Costumam apresentar baixo sinal em T1 e alto sinal em T2 com relação ao córtex e podem exibir cicatriz central com realce tardio, mas este achado não é específico. Dessa forma, mesmo com a suspeita radiológica de oncocitoma, permanece a indicação cirúrgica para a lesão renal.

Tumores malignos

Quanto maiores as dimensões de uma lesão renal sólida, maior é a probabilidade de malignidade. Quando um incidentaloma apresenta dimensões menores que 1,0 cm, possui cerca de 40% de chance de benignidade e, quando maior que 4,0 cm, essa probabilidade cai para menos que 10%. Clinicamente, a minoria dos pacientes com tumores malignos apresenta a tríade clássica de hematúria macroscópica, dor em flanco e massa palpável.

Segundo Dyer R. et al., o padrão de crescimento da lesão, "bola" *versus* "feijão", é uma estratégia inicial im-

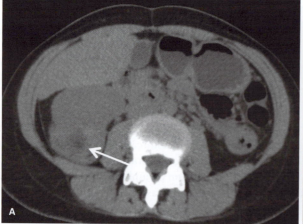 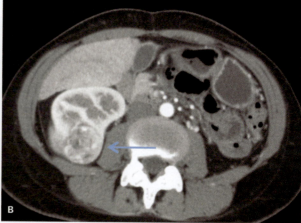

Figura 15 Paciente do sexo feminino com 28 anos, diagnóstico incidental de lesão renal na ultrassonografia. Tomografia computadorizada multidetectores (TCMD) nas fases sem contraste (A) e arterial (B) mostram lesão expansiva parcialmente exofítica na cortical posterior do rim direito (seta branca), que apresenta intenso realce, inclusive com alguns aneurismas intralesionais (seta azul). A lesão media cerca de 4,5 cm e em razão do risco aumentado de sangramento foi ressecada por nefrectomia parcial.

portante para caracterizar as massas renais. As lesões com padrão esférico, do tipo "bola", são expansivas, deformam o contorno renal e apresentam fácil distinção da interface entre o tumor e o parênquima adjacente após a injeção do meio de contraste endovenoso. Já o padrão "feijão" representa as lesões com crescimento mais infiltrativo, de contornos indefinidos, tipicamente mantém o padrão reniforme e por vezes são indistinguíveis na TC sem contraste.

CCR subtipo células claras (CCRcc), o mais comum, representa 70-80% dos CCR e é o protótipo da lesão expansiva com crescimento cortical esférico. São lesões hipervasculares e heterogêneas, que podem apresentar calcificações e, em alguns casos, queda de sinal nas sequências GRE fora de fase, demonstrando gordura intracelular (Figuras 16 e 17). O acometimento da circulação venosa, em particular, da veia renal, ocorre em 4-15% dos casos.

Cerca de 25% dos pacientes com CCRcc já apresentam metástases na ocasião do diagnóstico e mais que 50% dos pacientes com CCRcc em estádios iniciais, tratados com nefrectomia, apresentarão recidiva ou doença metastática. Classicamente, as metástases são hipervasculares e acometem de preferência os pulmões (50-60%), os ossos (30-40%) e o fígado (30-40%).

Os CCR associados à translocação *Xp11.2* (mutação TFE3) são tumores raros e predominantemente relatados em crianças. O subtipo células claras costuma ser o mais associado a esta translocação e, histologicamente, também já foi demonstrado em sarcoma alveolar de partes moles.

Os pacientes que apresentam CCR com mutação TFE3 costumam apresentar curso clínico indolente e são diagnosticados em estádio avançado, a maioria com metástases a distância. Em geral, na faixa etária pediátrica, não apresentam comportamento agressivo, entretanto esses tumores são muito agressivos e fatais nos adultos, com sobrevida de 18 meses após o diagnóstico.

CCR subtipo papilífero é o segundo mais comum (10-15%), representando lesões corticais e esféricas, porém com realce menos pronunciado em relação aos tumores de células claras.

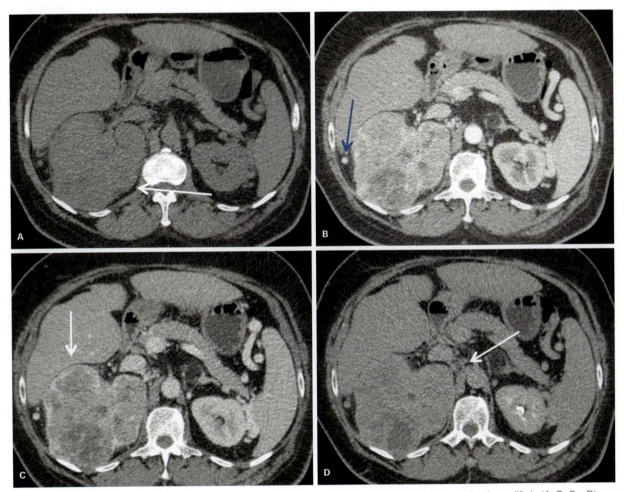

Figura 16 Imagens axiais de tomografia computadorizada nas fases de pré-contraste, arterial, portal e de equilíbrio (A, B, C e D) mostram lesão expansiva no rim direito, de caráter hipervascular e heterogêneo (setas brancas). Esta lesão tem extensão para a gordura perirrenal, e também é observada a circulação colateral peritumoral (seta azul). Não se observam linfonodomegalias retroperitoneais, achado infrequente, mesmo em tumores com estádio avançado.

Nos carcinomas papilíferos, a bilateralidade e a multifocalidade são mais frequentes, e histologicamente eles são divididos em tipos 1 e 2. O tipo 1 comumente apresenta o característico baixo sinal homogêneo em T2 na RM, enquanto o tipo 2 apresenta maior grau histológico, é de pior prognóstico e com achados de imagem mais complexos, incluindo áreas de necrose e hemorragia (Figura 18).

Quando apresentam grandes dimensões, maiores que 3,0 cm, podem ser heterogêneos, com áreas de necrose, calcificações e hemorragia, determinando baixo sinal em T2 no estudo com RM.

CCR cromófobos representam cerca de 4-11% dos CCR, o terceiro mais frequente, sem predileção por sexo, com incidência predominante na sexta década. Postula-se que se originem nas células intercaladas do córtex renal. A RM pode caracterizar transformação cística central, porém costumam ser tumores sólidos e homogêneos mesmo quando em grandes dimensões (Figura 19). O padrão de realce após a injeção do meio de contraste costuma ser semelhante ao dos angiomiolipomas pobres em gordura e intermediário entre CCRcc e CCR papilíferos.

Uma vez diagnosticado com CCR, o paciente deve ser submetido a exame físico e clínico minucioso, e devem ser solicitados exames laboratoriais para um painel metabólico basal.

O estudo tomográfico de todo o abdome e do tórax é essencial para o estadiamento inicial. A RM de abdome está indicada na suspeita do envolvimento tumoral da veia cava ou nos casos de contraindicação ao contraste iodado. Metástases ósseas e cerebrais são sintomáticas na ocasião do diagnóstico, portanto, cintilografia óssea está indicada nos casos de dor óssea e fosfatase alcalina elevada, assim como TC ou RM de crânio na presença de sintomas neurológicos.

O tratamento convencional estabelecido para os CCR é cirúrgico. A nefrectomia parcial tem resultados oncológicos comparáveis à nefrectomia radical, porém com maior taxa de preservação da função renal e menos eventos cardiovasculares. Entretanto, o único estudo randomizado que comparou nefrectomia parcial com radical demonstrou menor incidência de insuficiência renal, porém sem mudanças na sobrevida global dos pacientes.

A nefrectomia parcial tem sido usada cada vez mais em pacientes com tumores renais T1a e T1b (ou seja, com até 7 cm em sua maior dimensão) e um rim contralateral normal, com resultados equivalentes aos da nefrectomia radical.

Carcinoma de células transicionais (CCT) é o protótipo dos tumores infiltrativos e representa o 2º tumor renal maligno, 10% dos tumores do trato urinário superior. O CCT cresce no urotélio, produzindo falha de enchimento focal do sistema coletor e pode ser mais agressivo, infiltrando o parênquima, distorcendo os contornos calicinais e do seio renal, apresentando limites imprecisos como parênquima, porém mantendo os contornos renais preservados. O tabagismo e a exposição a aminas aromáticas são os principais fatores de risco. É mais frequente a observação de linfonodomegalias retroperitoneais nos CCT em relação aos CCR.

Na suspeita de CCT, deve-se considerar a citologia oncótica de urina e cistoscopia/ureteroscopia com biopsia de acordo com o algoritmo do NCCN. É de fundamental importância a suspeição de CCT, uma vez que

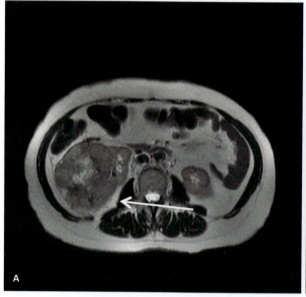
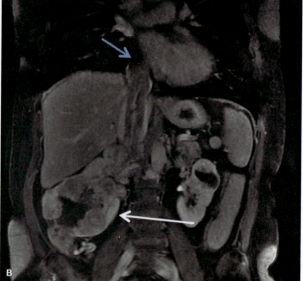

Figura 17 Ressonância magnética, imagens axial T2 (A) e T1 coronal pós-contraste mostram lesão expansiva de limites mal definidos e com sinal e realce heterogêneo no rim direito (setas brancas). Há invasão vascular da veia renal e também da veia cava inferior até a porção supradiafragmática (seta azul), achado que deve ser enfatizado no relatório radiológico, uma vez que indica abordagem cirúrgica combinada torácica e abdominal para a retirada dessa lesão.

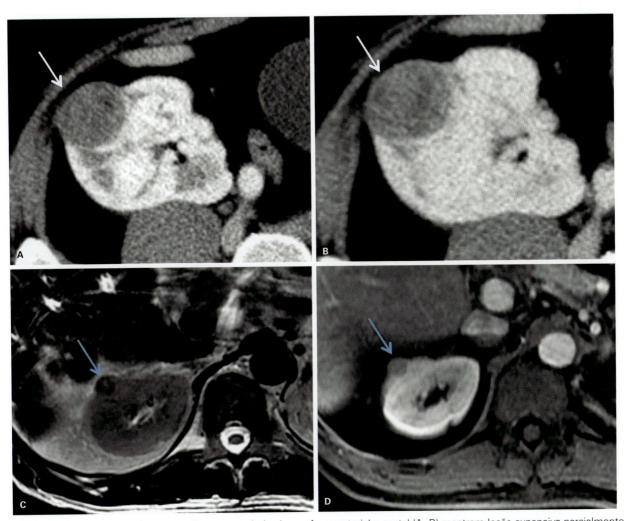

Figura 18 Imagens axiais de tomografia computadorizada nas fases arterial e portal (A, B) mostram lesão expansiva parcialmente exofítica, de limites bem definidos e com hiporrealce pós-contraste no rim direito (setas brancas). Ressonância magnética ponderada em T2 (C) e T1 pós-contraste (D) mostram a lesão com o característico baixo sinal em T2 e o padrão hipovascular.

nesse contexto todo o urotélio deve ser avaliado, em razão da probabilidade de multifocalidade. A abordagem cirúrgica difere dos CCR e envolve nefroureterectomia com retirada de *cuff* vesical.

O carcinoma de ductos coletores (CDC), também conhecido como tumor de Bellini, é uma neoplasia rara, originada da medula renal e muito agressiva. Apresenta pequena predominância para o sexo masculino, com idade média de 55 anos. Costuma manifestar-se como lesão infiltrativa hipovascular, centrada na medular renal, com insinuação ao seio renal, podendo ser indistinto do CCT (Figura 20). Com frequência, apresenta metástases linfonodais, pulmonares, hepáticas, ósseas e para glândula adrenal. A diferenciação histopatológica entre CDC e CCT torna-se importante, pois o tratamento do CCT baseia-se na nefroureterectomia e, como a maioria dos CDC é avançada na ocasião do diagnóstico, o tratamento de primeira escolha mais apropriado é a quimioterapia sistêmica.

Carcinoma medular (CM) renal representa um adenocarcinoma pouco diferenciado, raro e muito agressivo. Acomete pacientes jovens, com idade média na terceira década e com pequeno predomínio para o sexo masculino e lateralidade direta (2:1). Apresenta crescimento central infiltrativo e mal definido, por vezes com áreas hemorrágicas e necróticas. O CM tipicamente acomete o seio renal, podendo determinar caliectasia sem pelvectasia e encarceramento da pelve renal.

Metástases no diagnóstico estão presentes em mais de 50% dos pacientes, sendo linfonodos, fígado e pulmões os órgãos mais acometidos. O CM pode representar uma forma particularmente agressiva do CDC.

O termo linfoma renal primário (LRP) é utilizado quando a doença é localizada no rim, sendo o subtipo mais comum o linfoma não Hodgkin difuso de células B. A diferenciação entre linfoma e CCR é fundamental para o tratamento adequado (quimioterapia *vs.* ressecção cirúrgica). A apresentação mais comum (60% dos casos) é de múltiplas lesões sólidas, bilaterais com dimensões entre 1-3 cm. São hipovasculares, geralmente homogêneas, sem calcificações ou gordura e com padrão de cres-

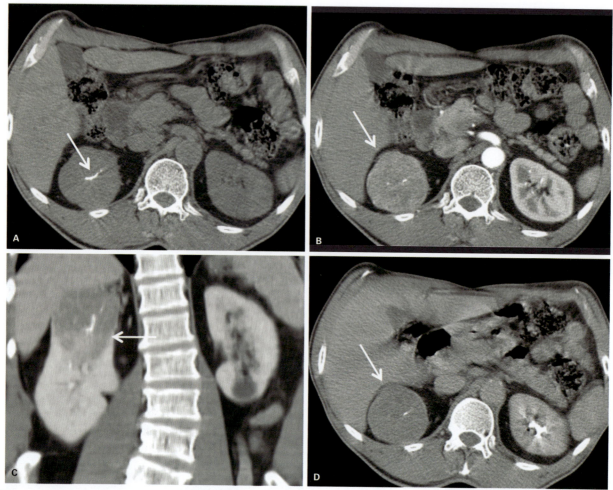

Figura 19 Imagens axiais de tomografia computadorizada nas fases pré-contraste, arterial, portal e equilíbrio mostram lesão de limites bem definidos com discreto realce pós-contraste e cicatriz central (setas).

cimento infiltrativo "em feijão". Quando se apresentam com lesões únicas, são de difícil diferenciação com CCR do subtipo papilífero. A nefromegalia é um padrão de acometimento raro, mais comum no linfoma de Burkitt.

O linfoma renal secundário tem as mesmas características, porém costuma estar associado a linfonodomegalias abdominais e, eventualmente, acometimento de outros órgãos. Na suspeita de linfoma renal, deve-se obter a confirmação por meio da biópsia (figura 20).

O tumor de Wilms (TW) é a massa renal mais comum na faixa pediátrica, com pico de incidência entre 3 e 4 anos, sendo unilateral na grande maioria dos casos. Comumente, é uma massa sólida heterogênea, que desloca as estruturas adjacentes, eventualmente com extensão para as veias renais, cava inferior e até mesmo o átrio, nos casos mais avançados, semelhante ao CCR. Cerca de 20% dos casos apresentam metástase a distância no diagnóstico.

O TW no adulto (pacientes com 19 anos ou mais) é raro, e sua apresentação clínica é geralmente indistinta do CCR, sendo assim, na maioria dos casos, o diagnóstico definitivo é realizado após nefrectomia. Apresenta pior prognóstico quando comparado com os pacientes pediátricos e costuma ser hipovascular, heterogêneo, de crescimento rápido e com limites imprecisos, frequentemente com extensão ao retroperitônio. Diante da raridade dos casos, a proposta de tratamento recomendada se baseia na adequação de protocolos pediátricos e atualmente consiste em nefrectomia, seguida de quimioterapia para todos os casos, devendo-se complementar com radioterapia nos casos mais avançados e/ou histologia desfavorável. Cirurgia conservadora, nefrectomia parcial e quimioterapia neoadjuvante podem ser realizadas nos casos raros em que o diagnóstico é pré-cirúrgico e precoce.

As metástases renais usualmente ocorrem em fases mais avançadas de doença primária e podem ser assintomáticas. Comumente, são lesões corticais hipovasculares de aspecto expansivo ou infiltrativo. Os tumores que mais cursam com metástases renais são os de pulmão, mama, melanoma e do trato grastrointestinal. Quando a paciente apresenta lesões disseminadas para outros órgãos e múltiplos focos renais bilaterais, o diagnóstico torna-se fácil, porém, nos casos de lesão única, a biópsia percutânea está indicada para confirmação diagnóstica (Figura 21).

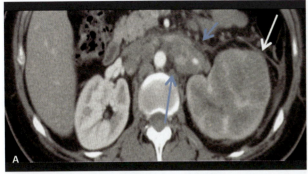
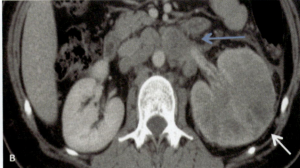

Figura 20   Imagens axiais de tomografia computadorizada nas fases arterial (A) e portal (B) mostram lesão expansiva com limites mal definidos e epicentro localizado na medular renal à esquerda (setas brancas). Há múltiplas linfonodomegalias retroperitoneais e invasão da veia renal (setas azuis) demonstrando padrão agressivo da lesão.

RENAL score

O tratamento de escolha para os tumores renais malignos é preferencialmente cirúrgico, sendo a nefrectomia tanto parcial quanto total a técnica mais preconizada. As informações cruciais para o adequado planejamento cirúrgico incluem a descrição das relações anatômicas da lesão, assim como das variações anatômicas presentes.

Como forma de padronizar as descrições de lesões renais sólidas, foi criado um sistema de estratificação de risco que possui o acrônimo em inglês de RENAL (R.E.N.A.L. *Nephrometric Score System*). Este sistema considera o diâmetro axial máximo da lesão (*radius*), endofítica ou exofítica (*exophytic/endophytic*), a proximidade com o sistema coletor (*nearness*) ou seio renal, a topografia (*anterior/posterior*) e a localização da lesão em relação a linhas polares (*location*) como informações cruciais que entram em um sistema de pontuação (Figura 22).

Drogas-alvo

Atualmente, diversas drogas-alvo têm sido utilizadas para o tratamento de lesões renais. Uma delas é o sunitinib, que é uma droga-alvo inibidora de múltiplos receptores da tirosina quinase, incluindo fatores de crescimento angiogênico e de proliferação celular e tem sido intensamente avaliada em CCR, sendo atualmente considerada o tratamento de escolha para CCR subtipo células claras em estágio IV (Figura 24).

Outra droga é o sirulimus, um agente imunossupressor inibidor da via do mTOR, associado à redução volumétrica dos angiomiolipomas em cerca de 50%, sobretudo no primeiro ano de tratamento (Figura 23).

Lesões císticas renais

As lesões renais císticas representam uma entidade comum na prática diária do radiologista. A grande maio-

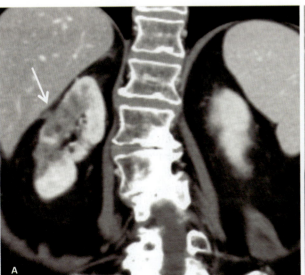
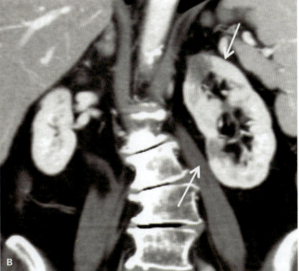

Figura 21   Tomografia computadorizada com contraste endovenoso (EV) no plano coronal (A, B) demonstra lesões hipoatenuantes e infiltrativas no parênquima renal bilateral, que admitem como diagnóstico diferencial linfoma e metástases, além de lesão renal primária. Após investigação sistêmica, foi diagnosticada uma lesão expansiva pulmonar, e a biópsia renal revelou que esses nódulos eram lesões secundárias.

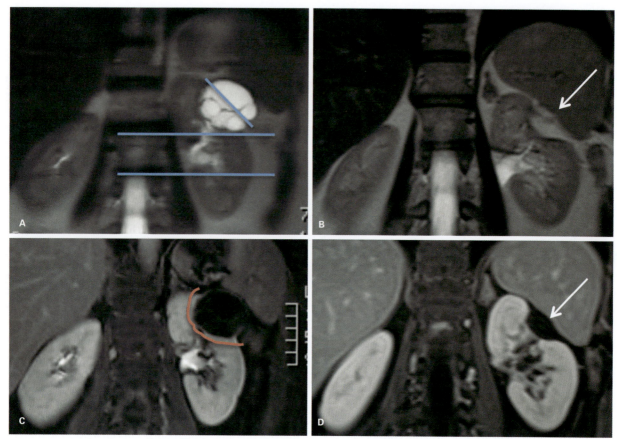

Figura 22 Imagens de ressonância magnética de paciente com lesão restrita ao parênquima renal, cortical polar superior (primeira coluna), demonstrando a utilização do RENAL *score* para a descrição mais precisa da lesão (linhas azuis). O paciente é candidato à nefrectomia parcial (linha vermelha). No controle pós-operatório (segunda coluna), nas sequências com contraste endovenoso (EV), não há sinais de persistência da lesão.

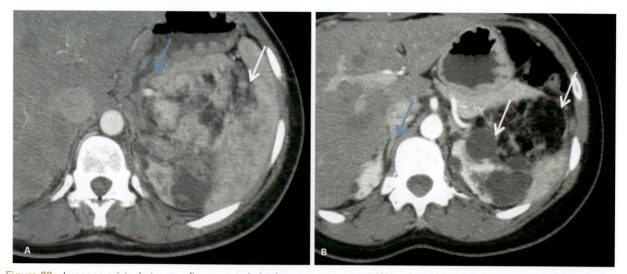

Figura 23 Imagens axiais de tomografia computadorizada com contraste pré (A) e pós-tratamento com sirulimus (B) demonstram volumoso angiomiolipoma (AML) em paciente com esclerose tuberosa (A), com componente de gordura (seta branca) e alguns aneurismas intralesionais (seta azul). Após 1 ano da terapia-alvo (B), houve redução de cerca de 50% da lesão e o componente gorduroso ficou mais proeminente em relação ao restante dos componentes.

ria dessas lesões constitui-se de cistos simples benignos, mas as lesões renais císticas complexas e multifocais também são relativamente comuns.

O diagnóstico de lesões renais aumentou nos últimos anos por conta da disseminação de métodos de imagem como USG, TC e RM. É estimado que cerca de 50% das pessoas com 50 anos tenham cistos renais.

As doenças renais císticas são categorizadas como focais, multifocais ou infecciosas. Doenças que se manifestam com lesões focais, como carcinoma de células renais cístico, tumor misto epitelial e estromal e nefroma cística, são muitas vezes difíceis de diferenciar, mas apresentam diferentes implicações para o acompanhamento após a ressecção.

Lesões renais císticas múltiplas podem ser categorizadas como adquiridas ou hereditárias. As entidades adquiridas, tais como doença renal glomerulocística, nefrotoxicidade induzida por lítio, rim multicístico displásico e doença renal cística localizada, muitas vezes exibem aspecto de imagem distinto, que, associado às características clínicas, permite diagnóstico definitivo. As doenças hereditárias, como a renal policística autossômica dominante, a de von Hippel-Lindau e a esclerose tuberosa são facilmente identificadas com várias implicações para o paciente.

As doenças infecciosas apresentam variados aspectos de imagem, e a possibilidade de infecção não deve ser esquecida quando se avalia uma lesão renal cística.

O conhecimento do espectro da doença renal cística permitirá ao radiologista fazer o diagnóstico específico e fornecer as recomendações ideais para o acompanhamento.

Com objetivo de classificar as lesões císticas renais de acordo com sua chance de malignidade e, dessa forma, orientar sua conduta, Morton A. Bosniak publicou em 1986 uma classificação que até hoje é a mais utilizada. Essa classificação inicialmente possuía quatro categorias (I, II, III e IV), mas em 1990 foi introduzida uma quinta classe chamada de IIF (*follow-up*). A classificação de Bosniak baseia-se em critérios morfológicos para caracterizar os cistos renais em exames de TC e RM, orientando o manejo e a comunicação adequada dentro da equipe multidisciplinar (Figura 25).

As classificadas em I e II são lesões benignas e não precisam de acompanhamento por apresentar taxa de 0% de malignidade, enquanto as lesões IIF são aquelas com risco de malignidade de até 25% e que, portanto, necessitam de acompanhamento com método de imagem (USG, TC ou RM). Já as lesões III e IV possuem alta taxa de malignidade (em torno de 54-100%, respectivamente), portanto, requerem tratamento cirúrgico.

Classificação de Bosniak (Quadro 1):

- Bosniak I: cistos simples, com atenuação líquida (0-20 UH), paredes finas, sem calcificações, septos ou realce.
- Bosniak II: cistos minimamente complicados, podem demonstrar finas calcificações ou segmentos curtos de espessamento calcificado na parede do cisto ou septo. Não demonstram realces. Lesões hiperatenuantes homogêneas (> 20 UH), medindo até 3 cm, completamente intrarrenais, sem realce também estão incluídas nesta categoria.
- Bosniak IIF: exibem elementos mais complexos do que o Bosniak II, mas sem justificar a intervenção cirúrgica ("F" de *follow-up*). Os cistos podem exibir várias finas septações internas sem realce mensurável, calcificações nodulares ou espessamento liso da parede do cisto. Cistos hiperatenuantes homogêneos, sem realce, maiores que 3 cm, completamente intrarrenais, também se en-

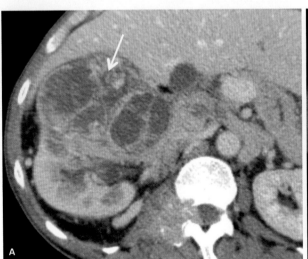
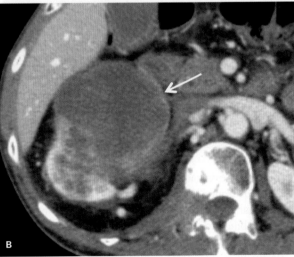

Figura 24 Imagens de tomografia computadorizada após a administração de contraste endovenoso (EV) nos planos axiais (A, B). Antes do tratamento com sunitinib (A), observa-se volumoso carcinoma de células renais (CCR), subtipo células claras, heterogêneo, com áreas de necrose e nodulares com realce, invasão da pelve renal e vascular para a veia cava inferior. O uso da terapia antiangiogênica demonstrou aumento da hipoatenuação, bem como redução das dimensões do tumor e do realce das áreas sólidas (B).

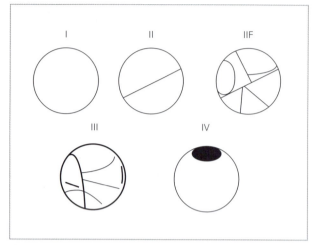

Figura 25 Classificação de Bosniak.

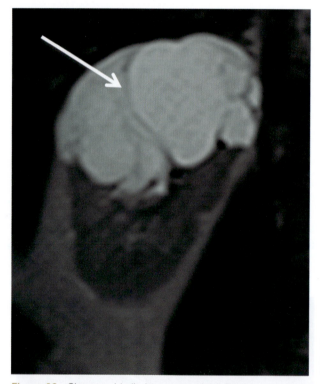

Figura 26 Cisto renal à direita em sequência T2 da ressonância magnética que apresenta múltiplas delgadas septações (seta), classificado em Bosniak IIF em razão do aumento do número de septos.

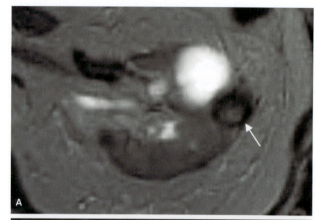

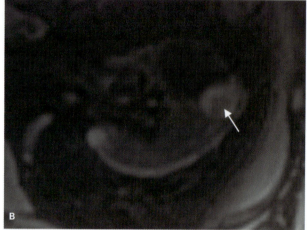

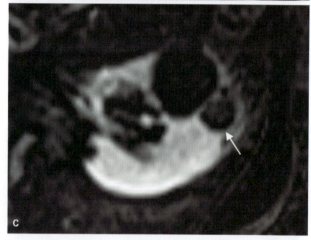

Figura 27 Sequências T2 (A), T1 pré-contraste (B) e T1 pós-contraste com subtração de imagens (C) de outro paciente, demonstrando novamente um cisto renal à esquerda (setas) que também apresenta conteúdo hemorrágico (alto sinal em T1) e, neste caso, paredes espessadas que sofrem realce não mensurável pelo meio de contraste.

quadram nessa categoria (Figuras 26 e 27). São cistos que requerem acompanhamento de imagem para determinar sua benignidade, por meio da demonstração da estabilidade, enquanto aqueles que mostram progressão são considerados cirúrgicos. As características de imagem que demonstram progressão baseiam-se em aparecimento de lesões sólidas, aumento da espessura, número ou irregularidade dos septos e da parede. Sugere-se que o período de pelo menos 5 anos seria um acompanhamento seguro para os pacientes classificados nessa categoria (Figura 28).

- Bosniak III: cistos com paredes irregulares e/ou septos que demonstram realce mensurável. Frequente-

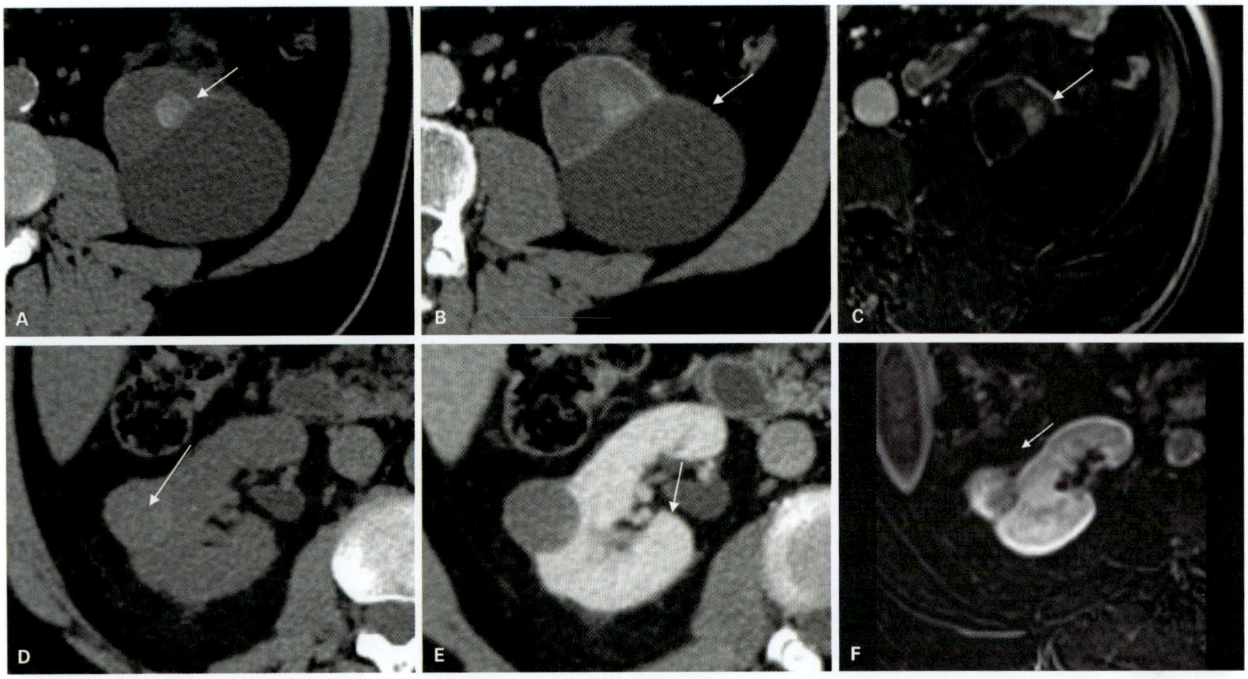

Figura 28 Paciente apresenta duas lesões espontaneamente hiperatenuantes corticais em ambos os rins (TC sem contraste em A e D), cujo realce pós-contraste não é possível de ser avaliado precisamente pela TC (fases pós-contraste em B e E). Pela TC estas lesões poderiam ser classificadas como Bosniak IIF, porém, a RM com sequência T1 pós-contraste com subtração de imagens (C e F) é de fundamental importância e caracterizou essas imagens como nódulos sólidos com realce pós-contraste, passando à classificação IV.

mente, a evolução de cistos infectados pode enquadrar estas lesões na classificação III, de forma que o conhecimento da história clínica e os exames de imagem pregressos são fundamentais (Figura 29).

- Bosniak IV: cistos exibindo nódulos sólidos com realce.

O diagnóstico diferencial de uma lesão cística complexa é amplo. Embora o sistema de classificação Bosniak proporcione uma ferramenta útil para categorizar e gerenciar cistos renais complexos, os radiologistas devem reconhecer as características de imagem de lesões císticas específicas e entender sua fisiopatologia (figuras 28 e 31).

Doenças renais císticas focais

Divertículo pielocalicinal

Formação cística no córtex renal epitelial que se comunica com o sistema coletor, relativamente raro. Existem dois tipos de divertículos, o tipo 1, mais comum, que se comunica com um cálice menor, e o tipo 2, que se conecta com o cálice maior ou a pelve.

A etiologia do divertículo pielocalicinal é controversa, a mais comum é congênita, resultante da falha de regressão dos brotos ureterais da terceira e da quarta gerações. Cerca de 50% dos casos têm como complicação cálculos, decorrentes da combinação de estase urinária e infecções repetidas.

Quadro 1	Classificação de Bosniak			
Classificação	Calcificação	Atenuação/sinal	Septações	Paredes
I	Ausente	Água	Ausentes	Finas, sem nódulos
II	Parietais ou septais, finas ou em curto segmento	Alta atenuação, homogênea, < 3 cm, sem realce	Finas, com realce não mensurável	Finas, sem nódulos
IIF	Parietais ou septais grosseiras ou nodulares	Alta atenuação com > 25% intrarrenal, sem realce	Minimamente espessadas, com realce não mensurável, sem nódulos	Minimamente espessadas, com realce não mensurável, sem nódulos
III	–	–	Espessas (irregular ou lisas), com realce mensurável	Espessadas (irregular ou lisas), com realce mensurável
IV	–	–	Nódulo/tecido com realce pós-contraste	

O aspecto de imagem é semelhante a um cisto, e na fase excretora o divertículo enche-se com o contraste por causa da comunicação com o sistema coletor.

Nefroma cístico multilocular

É um tumor benigno raro, com distribuição bimodal na idade e no sexo. Na população pediátrica (3 meses a 4 anos de idade), tem predileção pelo sexo masculino (75%), enquanto na população idosa (quinta e sexta décadas) ocorre predominantemente em mulheres.

O aspecto de imagem é caracterizado por uma massa cística multilocular, encapsulada, exibindo realce dos septos, sem componentes nodulares evidentes, podendo apresentar herniação para a pelve renal (Figura 30).

O nefroma cístico pode mimetizar uma variedade de lesões benignas e malignas, incluindo cistos renais complexos e carcinoma cístico de células renais, dessa forma a maior parte dos casos é tratada cirurgicamente.

Tumor misto epitelial e estromal (MEST)

Entidade patológica recentemente descrita, antes relatada como leiomioma renal hamartomatoso, cisto multilocular com estroma ovariano, hamartoma cístico da pelve renal ou nefroma mesoblástico do tipo adulto. Trata-se de massas císticas complexas caracterizadas histologicamente pela presença de elementos do estroma, que se assemelham ao estroma do ovário, assim como um componente de cistos com um revestimento epitelial (Figura 32).

MEST é mais frequente em mulheres na perimenopausa (razão de sexo feminino para masculino de 11:1), com uma idade média na apresentação de 56 anos.

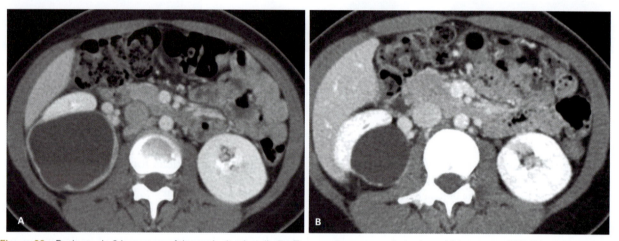

Figura 29 Paciente de 24 anos com febre e dor lombar direita. Tomografia computadorizada multidetectores (TCMD) axial (A) mostra volumoso cisto com conteúdo e paredes espessas deslocando o rim direito superiormente, compatível com cisto renal infectado. Três meses após antibioticoterapia, realizou exame de controle (B), que demonstrou acentuada redução de suas dimensões e menor grau de espessamento parietal.

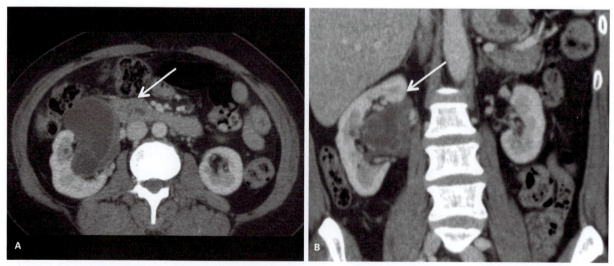

Figura 30 Paciente do sexo feminino, de 44 anos. Tomografia computadorizada multidetectores (TCMD) mostra lesão cística multisseptada, com paredes espessas e sinais de herniação para pelve renal (setas).

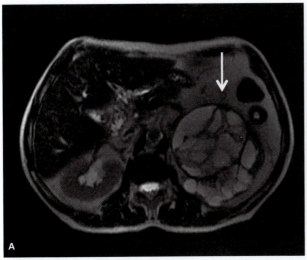 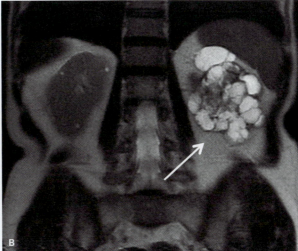

Figura 31   Paciente do sexo masculino de 74 anos com diagnóstico incidental de lesão renal. Imagens de ressonância magnética ponderadas em T2 mostram lesão cística com septos grosseiros (setas) e conteúdo espesso/hemorrágico localizado nos terços superior e médio do rim esquerdo. Havia áreas sólidas de realce no interior da lesão.

Os sintomas de apresentação mais comuns incluem hematúria, dor no flanco e massa abdominal, embora 25% dos pacientes sejam assintomáticos.

O uso de suplementos de estrogênio orais ou contraceptivos é frequentemente relatado em pacientes com MEST.

O aspecto de imagem não é específico, podendo mimetizar tumores renais benignos ou malignos.

Tem sido postulado que nefromas císticos e MEST façam parte do mesmo espectro de lesões epiteliais e estroma, e o aspecto de imagem normalmente apresenta-se como lesões circunscritas, multicísticas, com realce dos septos. As lesões muitas vezes herniam para a pelve renal ou o ureter proximal.

TC: cistos multiloculados com proporções dos componentes sólidos císticos variáveis e realce septal nas fases tardias, que podem herniar para a pelve renal.

Doenças renais císticas multifocais adquiridas

Doença renal glomerulocística

Forma rara de doença renal cística caracterizada histologicamente pela dilatação cística uniforme, poupando as porções tubulares dos néfrons da cápsula de Bowman. Localiza-se predominantemente na área subcapsular do córtex renal. Ocorre principalmente em recém-nascidos e crianças pequenas, em muitos casos associados a insuficiência renal e malformações congênitas.

O aspecto de imagem é de pequenos cistos renais subcapsulares e corticais, e os rins podem ser de dimensões normais ou hipoplásicos.

A caracterização desses cistos pode ser difícil no ultrassom, em razão de suas pequenas dimensões, podendo ser vistos como uma camada hiperecogênica cortical.

Os exames de tomografia são geralmente realizados sem contraste pela baixa função renal do paciente, limitando a sensibilidade desse método. A RM com sequência ponderada em T2 é o método de escolha.

Doença cística medular do rim

Grupo de doenças císticas renais da faixa pediátrica caracterizadas por progressiva atrofia tubular com glomeruloesclerose e múltiplos cistos medulares. Os pacientes apresentam poliúria e polidipsia, e os achados laboratoriais característicos compreendem uremia, anemia, hiponatremia e hipocalemia.

Os achados radiológicos são de múltiplos cistos medulares geralmente menores que 1,5 cm (Figura 33).

Nefrotoxicidade induzida por lítio

A nefrotoxicidade decorrente da terapia de lítio de longa duração é uma entidade bem descrita e é dividida em três categorias principais: intoxicação aguda, diabete insípido nefrogênico e doença renal crônica.

A diabete insípido é a complicação mais comum da nefrotoxicidade induzida pelo lítio e geralmente é reversível com a cessação da droga. No entanto, os pacientes que se submetem à terapia de lítio de longa duração podem desenvolver nefrite intersticial focal crônica, que resulta na insuficiência progressiva, irreversível, crônica renal.

Achados de imagem de TC e RM de nefrotoxicidade induzida pelo lítio normalmente incluem rins de tamanho normal com múltiplos microcistos renais (1-2 mm) distribuídos uniformemente no córtex e na medula. Microcistos têm sido relatados em 33-62% dos doentes que são submetidos à terapia de lítio.

Os microcistos são mais bem apreciados em imagens de RM ponderadas em T2, que retratam vários focos hiperintensos.

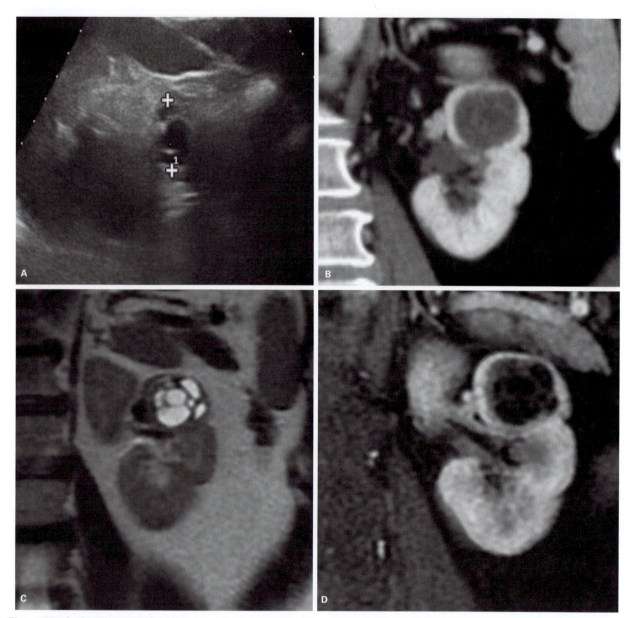

Figura 32 Paciente do sexo feminino, 55 anos, sem queixas. Diagnóstico de lesão cística renal em exame de ultrassonografia de rotina (A). Tomografia computadorizada mostra lesão cística parcialmente exofítica com septações no terço superior do rim esquerdo (B). Ressonância magnética com sequências ponderadas em T2 e T1 (C, D) pós-contraste mostra septos irregulares e paredes espessas.

Doença renal cística adquirida

Refere-se ao desenvolvimento de cistos renais em pacientes com doença renal em estágio final. A incidência aumenta com o tempo de diálise, exibindo taxas aproximadas de 13, 50 e 87%, após 2, 6 e 9 anos de diálise. Acredita-se ser decorrente de hipertrofia compensatória dos néfrons funcionais em resposta à destruição do parênquima adjacente.

Os exames de imagens vão demonstrar lesões císticas que variam em tamanho e quantidade.

Rim multicístico displásico

Lesão não hereditária, na qual o rim é substituído por cistos não comunicantes e não funcionantes. Existem várias teorias sobre a etiologia, a mais aceita é durante a embriogênese, em que ocorre uma falha na ascensão do botão ureteral que induz o blastema metanéfrico na diferenciação dos néfrons e nos elementos estromais do rim. Sem os sinais químicos do broto ureteral, o blastema metanéfrico se diferencia de forma desorganizada.

Em crianças, o diagnóstico é feito por meio do ultrassom, com múltiplos cistos não comunicantes que substituem o parênquima renal. É necessário avaliar o sistema coletor contralateral, pois pode haver refluxo ureteral em 5-43% dos casos.

Na maioria dos casos, o rim displásico vai regredir na vida adulta, podendo estar presente uma pequena massa cística residual na fossa renal.

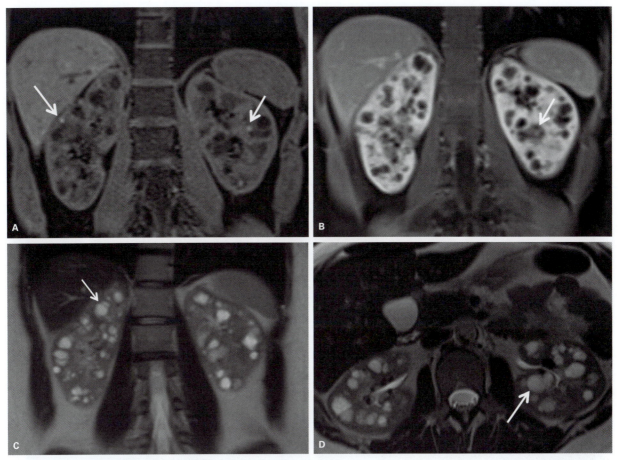

Figura 33 Paciente do sexo feminino, 29 anos, assintomática, com acompanhamento de doença cística medular renal. Ressonância magnética com corte coronal em T1 pré-contraste (A) e pós-injeção de gadolínio (B) e T2 (C, D) mostra múltiplos pequenos cistos dispersos pela medular e junção corticomedular, alguns deles com finos septos e com conteúdo hemático (setas) medindo até 1,5 cm.

O aspecto típico de imagem inclui cistos simples não comunicantes periféricos e ausência ou atrofia do ureter ipsilateral, do sistema coletor e vascularização.

Cistos da pelve renal

Os cistos envolvendo a pelve renal são classificados de duas formas: cistos peripiélicos, que são extraparenquimatosos benignos, de origem linfática, em geral múltiplos, pequenos e confluentes, raramente sintomáticos, e os cistos parapiélicos, que se originam do parênquima, insinuando-se no seio renal, geralmente únicos, de maiores dimensões. Ocasionalmente, podem exercer compressão vascular renal e no sistema pielocalicinal.

Doenças renais císticas multifocais hereditárias

Doença renal policística autossômica dominante (ADPKD)

É a doença renal hereditária mais comum (1 em 800 nascidos vivos) que consiste em cistos ao longo dos néfrons. Existem dois tipos. O tipo mais comum responsável por 85% dos casos é associado à mutação do gene PDK1 (braço curto do cromossomo 16), e o tipo menos comum é associado com mutações no gene PDK2 (braço longo do cromossomo 4), ocorrendo de forma mais branda e em idade mais tardia que na primeira.

O aspecto radiológico inclui aumento das dimensões renais, com múltiplos cistos bilaterais (Figura 34).

As manifestações extrarrenais incluem cistos hepáticos e menos comumente cistos pancreáticos, esplênicos e ovarianos.

As principais complicações incluem cistos hemorrágicos, infecção e ruptura dos cistos, além de nefrolitíase. Cerca de 50% dos indivíduos com ADPKD vão desenvolver doença renal em estágio final (corresponde a 7-10% de todos os pacientes em hemodiálise e transplante renal).

O diagnóstico na sua forma mais grave é relativamente simples, porém em pacientes mais jovens ou naqueles com a mutação PKD2 os achados de imagem podem simular cistos renais incidentais. O teste genético identifica apenas 70% dos indivíduos com ADPKD. Os critérios diagnósticos para pacientes com alto risco, com histótico em familiares de primeiro grau são:

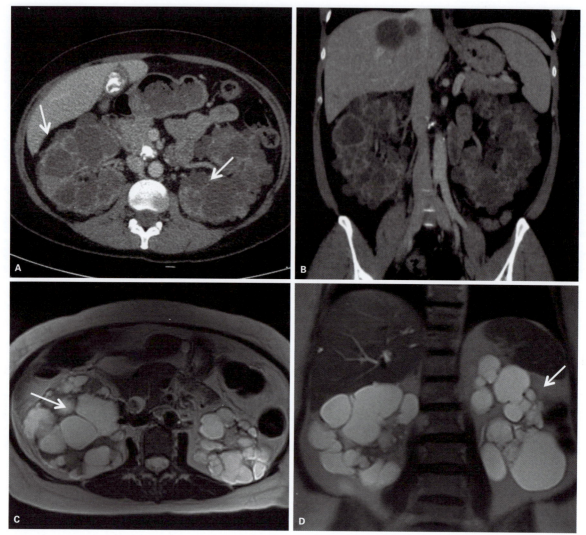

Figura 34 Imagens de tomografia computadorizada sem contraste axial (A) e coronal (B) mostram aumento volumétrico de ambos os rins, que apresentam parênquima completamente substituído por cistos, alguns deles com conteúdo espesso e septações (setas). Imagens de ressonância magnética ponderadas em T2 de outro paciente demonstram a heterogeneidade na apresentação destas lesões, tanto no tamanho quanto na presença de septações ou conteúdo espesso.

- Pacientes com idades entre 15-39 anos: a presença de três cistos renais confirma o diagnóstico.
- Entre 40-59 anos: pelo menos dois cistos em cada rim.
- Mais de 60 anos: a presença de quatro cistos em cada rim é necessária para o diagnóstico.

Doença von Hippel-Lindau (VHL)

É uma doença autossômica dominante que está ligada ao gene de supressão tumoral do cromossomo 3, com expressão variável. O indivíduo com a doença pode desenvolver 40 subtipos de lesões em 14 diferentes órgãos.

A neoplasia definidora da VHL é quase sempre o hemangioblastoma, acometendo qualquer parte do sistema nervoso central, vista em quase todos os pacientes.

As manifestações viscerais mais comuns são cistos renais (mais de 50% dos pacientes com a doença); carcinoma de células renais (24-45%); cistos pancreáticos (50-91%); feocromocitoma (0-60%) e tumores neuroendócrinos (5-17%) (Figura 35).

Esclerose tuberosa

Segunda facomatose mais comum após a neurofibromatose tipo 1, ocorre aproximadamente em uma a cada 6 mil pessoas. A esclerose tuberosa é uma síndrome neurocutânea autossômica dominante que causa hamartomas nos rins, pulmões, fígado, cérebro, olhos e pele, ocasionada por mutações nos genes TSC1 e TSC2, que codificam a hamartina e a tuberina.

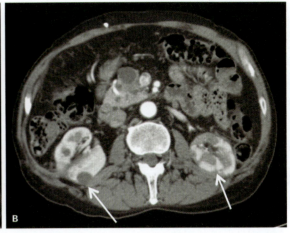

Figura 35 Paciente do sexo feminino, 50 anos. Tomografia computadorizada multidetectores (TCMD) coronal (A) e axial (B) mostra lesões císticas renais bilaterais, algumas septadas (setas brancas). Os rins estão posteriorizados (B) como resultado de alterações pós--operatórias para ressecção de carcinomas de células claras. Há ainda uma lesão sólida no rim direito (seta azul) em acompanhamento.

As manifestações renais mais comuns são os angiomiolipomas (55-75%), seguidas dos cistos renais.

Alterações pós-operatórias renais

Nos últimos anos, as modalidades de intervenção renal aumentaram significativamente, passando das nefrectomias radical e parcial abertas, para inúmeros procedimentos, incluindo laparoscópicos, robóticos, percutâneos e intravasculares.

Estes procedimentos aumentaram o arsenal disponível para diagnóstico e tratamento de doenças renais, o número de especialistas envolvidos e, consequentemente, o grau de exigência dos radiologistas na avaliação dos pacientes. Eles são utilizados em diversas áreas para diagnóstico e tratamento, incluindo traumas, doenças vasculares, tumores benignos e malignos e nefrolitíase. Portanto, a análise de pacientes com rins manipulados deve ser criteriosa, e o radiologista deve reconhecer alterações esperadas no pós-operatório, a fim de distingui-las das condições patológicas, como recidiva tumoral, infecções, complicações vasculares e do sistema coletor renal.

As indicações oncológicas para nefrectomia radical laparoscópica são semelhantes às da cirurgia aberta. Além disso, a nefrectomia citorredutora tem sido realizada em pacientes com doença metastática, inclusive com ressecção de tumores em veia cava inferior (Figuras 36 e 37).

O principal objetivo da crioablação e da radiofrequência é obter a destruição completa do tumor com a mínima morbidade. As potenciais vantagens são menor perda sanguínea, diminuição da necessidade de dissecção e menos complicações. As indicações são semelhantes e incluem lesões em pacientes com comorbidades significativas, rins solitários e RCC hereditária (Figura 38).

As principais complicações são hemorragia significativa e obstrução da junção ureteropélvica, necessitando de nefrectomia, urinoma, conversão para cirurgia aberta, pseudoaneurisma pós-embolização e isquemia renal.

Os achados de imagem em pacientes com história de manipulação renal, por vezes, podem mimetizar condições patológicas, e o radiologista terá fundamental importância na sua identificação, orientando nova abordagem ou simplesmente acompanhamento.

Miscelânea

Vasculares

Displasia fibromuscular

As duas principais causas da hipertensão renovascular são aterosclerose e displasia fibromuscular. A aterosclerose esquivale a 70% de todas as lesões arteriais renais. O restante das lesões é causado pela displasia fibromuscular, uma doença não inflamatória e não aterosclerótica caracterizada por focos de fibroplasia nas artérias de médio calibre, com as mulheres jovens sendo mais comumente afetadas. A principal artéria acometida é a artéria renal, responsável por metade dos casos.

Os sintomas mais comuns foram hipertensão, cefaleia e zumbido pulsátil. Hipertensão, aneurisma e dissecção arterial foram as indicações mais comuns de intervenção nos pacientes.

Existem quatro tipos de displasia fibrosa: fibroplasia medial, fibroplasia perimedial, fibroplasia da íntima e hiperplasia medial. As fibroplasias medial, íntima e perimedial podem afetar a artéria renal com uma incidência de 30, 5 e 5%, respectivamente, e que representam 70-85, 10-25 e 10%, respectivamente, de todas as doenças fibrosas da artéria renal (Figura 39).

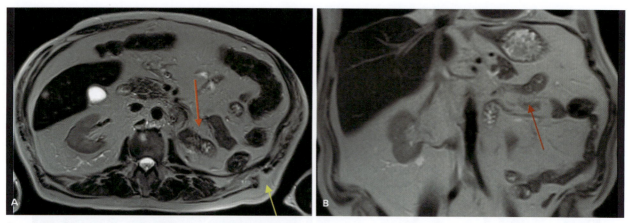

Figura 36 Ressonância magnética pós-operatória de nefrectomia total esquerda: loja renal ocupada por alças intestinais (seta vermelha) e falha na parede abdominal posterior (seta amarela).

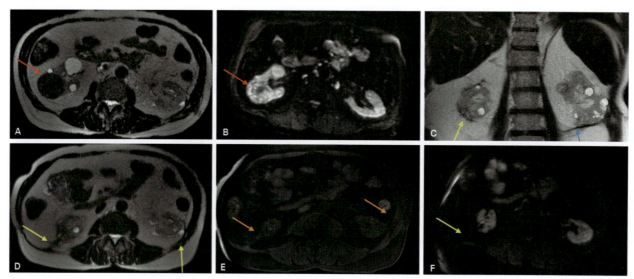

Figura 37 Nefrectomia parcial em dois tempos por tumor papilífero bilateral. Controle por ressonância magnética: em A e B, as imagens demonstram o tumor no rim direito (seta vermelha) e as alterações pós-operatórias no rim esquerdo caracterizadas por estrias retráteis com baixo sinal em T2 e aderência na parede abdominal posterior (seta amarela). Em C e D, houve a retirada do tumor à direita e surgiram alterações pós-operatórias semelhantes às do lado esquerdo. Notar nos locais de ressecção as estrias fibróticas e espessamento da fáscia perirrenal (seta azul). E e F demonstram as alterações pós-cirúrgicas com alto sinal em T1 (E) (setas laranjas) e sem sinais de restrição à difusão (F) (seta amarela).

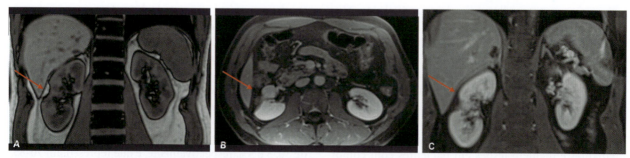

Figura 38 Ressonância magnética de controle pós-procedimento (1 ano) de crioablação renal de carcinoma de células claras no terço médio do rim direito. Imagem GRE *out of phase* (A) e T1 axial e coronal pós-contraste (B e C) demonstram estrias retráteis retroperitoneais sem áreas suspeitas para recidiva tumoral.

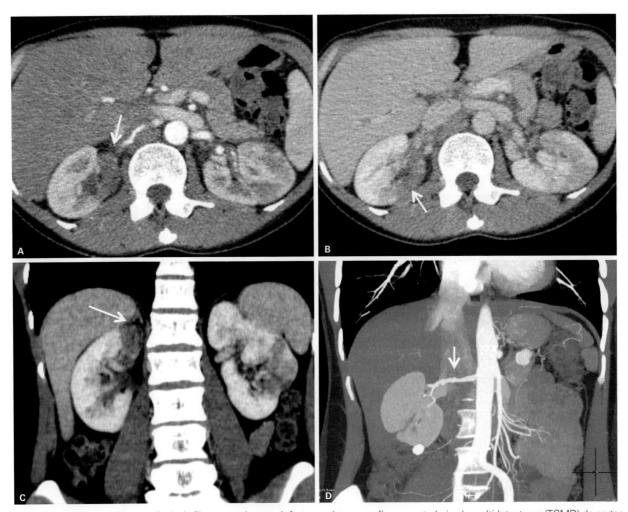

Figura 39 Mulher de 45 anos, displasia fibromuscular com infarto renal: tomografia computadorizada multidetectores (TCMD) de cortes axiais nas fases arterial e portal (A, B) mostrando múltiplas áreas de hipocontrastação em ambos os rins (setas). Em corte coronal (C), observa-se que essas áreas por vezes apresentam aspecto geográfico (setas). Reconstrução em projeção de intensidade máxima (MIP) (D) mostra irregularidade nos contornos da artéria renal direita e seus ramos segmentares, com aspecto de "colar de contas" (setas).

Essas lesões têm caracteristicamente o aspecto de "colar de contas" na angiografia e geralmente envolvem ambas as artérias renais. As lesões envolvem a metade distal da artéria renal principal e podem se estender para os ramos. Esses pacientes não são suscetíveis de evoluir para oclusão completa nem são propensos a uma diminuição da sua função renal global.

Malformações arteriovenosas renais

As malformações arteriovenosas renais (MAV) são condições patológicas raras, divididas em duas categorias:

- Traumáticas, mais comuns e normalmente iatrogênicas (Figura 45).
- Não traumáticas – congênitas e adquiridas.

Podem causar hematúria maciça, hemorragia retroperitoneal, dor e insuficiência cardíaca de alto débito.

A angiotomografia computadorizada pode fornecer informações precisas sobre a angioarquitetura dos *shunts* AV intrarenais antes do tratamento, geralmente realizado por meio de angiografia.

A angiografia pode realizar embolização como opção de tratamento menos invasivo e eficaz, porém tem um potencial risco de complicações, incluindo infarto renal e embolia pulmonar.

Infarto renal

O infarto renal resulta da interrupção do fluxo sanguíneo normal para o rim, seja total ou parcial.

Em geral, são pacientes idosos e a causa está relacionada com tromboembolismo cardíaco e aterosclerose. Causas menos frequentes são: dissecção de artéria renal, displasia fibromuscular, trauma, vasculite, oclusão de veia renal e torção de rim transplantado. Os principais diagnósticos diferenciais são com pielonefrite aguda e tumo-

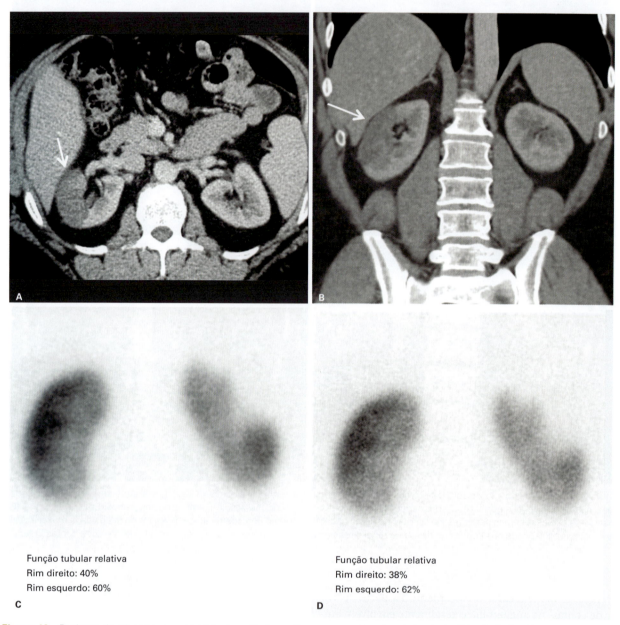

Figura 40 Paciente de 43 anos, com história de arritmia cardíaca; apresentou dor abdominal súbita à direita. Tomografia computadorizada multidetectores (TCMD) em cortes axial e coronal (A, B) mostra área geográfica de hipocontração no rim direito (setas). Cintilografia com ácido dimercaptossuccínico (DMSA) revelou cicatriz cortical no rim direito que persistiu no exame de controle após 6 meses, levando à perda relativa de função deste rim.

res, de maneira que a história clínica tem importância fundamental.

A TCMD mostra áreas geográficas de hiporrealce acometendo toda a espessura do parênquima renal e, ocasionalmente, pode mostrar o vaso ocluído (Figura 40).

Aneurisma de artéria renal

Aneurisma de artéria renal é considerado o segundo aneurisma visceral mais comum (20% dos casos), atrás somente dos aneurismas da artéria esplênica (60%). Geralmente, são assintomáticos e mais frequentes em mulheres. Em cerca de 70% dos pacientes, estão associados com hipertensão arterial (Figura 42).

O tratamento depende da idade, do tamanho da lesão e das condições clínicas. Em mulheres jovens, sugere-se tratamento endovascular, uma vez que a ruptura na gestação apresenta quase 80% de mortalidade.

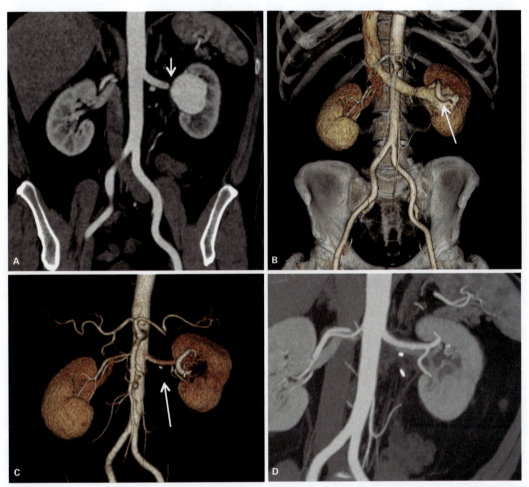

Figura 41   Paciente de 53 anos, com dor lombar esquerda. Angiotomografia com reconstrução multiplanar (MPR) oblíqua (A) mostra volumoso aneurisma de artéria renal (seta), com insinuação no hilo renal. A imagem em *volume rendering* (VR) (B) mostra de maneira mais clara a relação do aneurisma com o hilo renal e com as demais artérias segmentares (seta). Reconstrução em VR e MIP (C, D) do pós-operatório mostram a preservação da vascularização sadia do rim, sem áreas de infarto associadas.

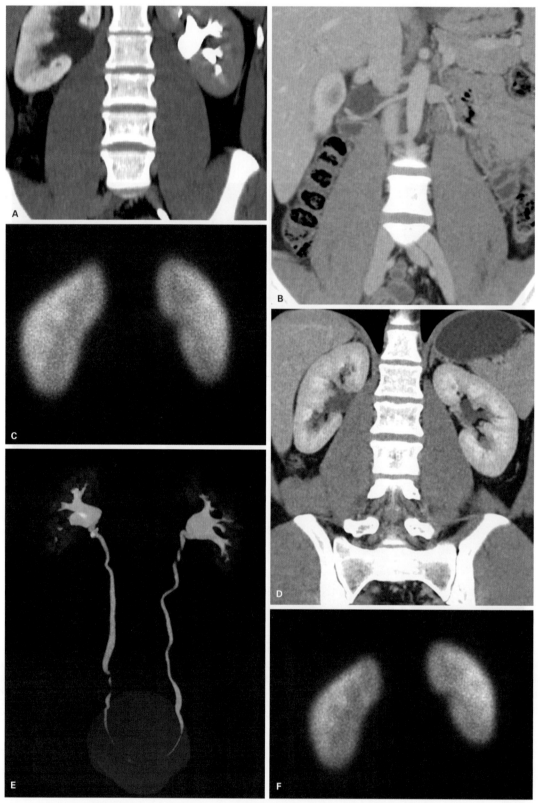

Figura 42 Paciente do sexo masculino de 22 anos com dor lombar direita há 1 dia. Imagens superiores (A, B e C) mostram moderada dilatação pielocalcinal até a transição com o ureter direito, que apresenta calibre preservado. Há acentuado retardo na concentração e excreção de contraste pelo rim direito. Imagem B mostra vaso anômalo cruzando o plano da pelve renal direita. Cintilografia com ácido dimercaptossuccínico (DMSA) (C) mostra função tubular relativa para o rim direito: 45% e o rim esquerdo: 55%. Após o procedimento de pieloplastia (D, B, E e F), não mais se observa a hidronefrose e surgiu discreta irregularidade na junção pieloureteral relacionada ao procedimento. A cintilografia pós-operatória revelou função tubular relativa para o rim direito: 51% e o rim esquerdo: 49%, sem cicatrizes.

Casos desafios

Caso 1 – Qual foi o procedimento realizado no rim da Figura 43?

Caso 2 – Qual a complicação observada na Figura 44?
Caso 3 – Qual a complicação observada na Figura 45?

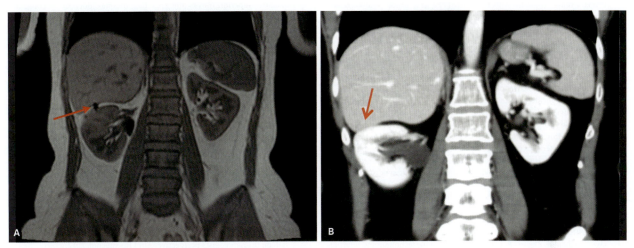

Figura 43   Nefropexia renal – procedimento cirúrgico para fixação do rim em sua loja no caso de nefropoptose. Observar o rim direito fixado no rebordo hepático inferior (setas).

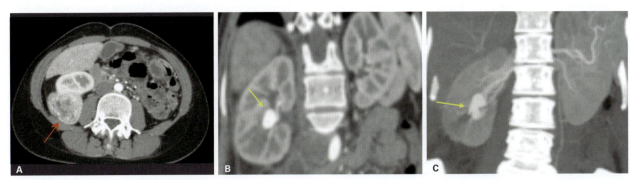

Figura 44   Pseudoaneurisma de artéria renal. Paciente com angiomiolipoma em (A) (seta vermelha) com cerca de 4,5 cm. Imagens coronais com reconstrução multiplanar (MPR) (B) e com projeção de máxima intensidade (MIP) (C) após a nefrectomia parcial mostram a formação de pseudoaneurisma de artéria segmentar renal (setas amarelas).

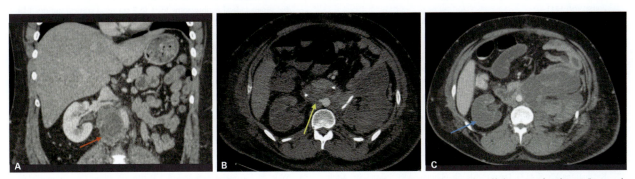

Figura 45   Lesão iatrogênica de artéria renal. Paciente do sexo masculino de 16 anos com tumor de células germinativas não seminomatoso e lesão residual de retroperitôneo pós-quimioterapia. Imagem com reconstrução multiplanar (MPR) coronal (A) mostra a lesão com amplo contato com a aorta e também com o pedículo renal (seta vermelha). Imagens pós-operatórias (B, C) mostram que não houve realce do rim direito nas fases arterial e portal e há uma parada abrupta de contrastação da artéria renal (setas amarela e azul), caracterizando obstrução vascular.

Bibliografia sugerida

1. Akbar SA, Mortele KJ, Baeyens K, Kekelidze M, Silverman SG. Multidetector CT urography: techniques, clinical applications, and pitfalls. Semin Ultrasound, CT MRI. 2004;25(1):41-54.
2. Alves RS, Souza AS, et al. Campbell-Walsh urology. Igarss. 2014;1-5.
3. Argani P, Antonescu CR, Illei PB, Lui MY, Timmons CF, Newbury R, et al. Primary renal neoplasms with the ASPL-TFE3 gene fusion of alveolar soft part sarcoma: a distinctive tumor entity previously included among renal cell carcinomas of children and adolescents. Am J Pathol. 2001;159(1):179-92.
4. Bissler JJ, McCormack FX, Young LR, Elwing JM, Chuck G, Leonard JM, et al. Sirolimus for angiomyolipoma in tuberous sclerosis complex or lymphangioleiomyomatosis. N Engl J Med. 2008;358(2):140-51.
5. Chen DYT, Uzzo RG. Optimal management of localized renal cell carcinoma: Surgery, ablation, or active surveillance. JNCCN. 2009;635-43.
6. Coelho RF, Schneider-Monteiro ED, Mesquita JLB, Mazzucchi E, Marmo Lucon A, Srougi M. Renal and perinephric abscesses: analysis of 65 consecutive cases. World J Surg. 2007;31(2):431-6.
7. Davenport MS, Caoili EM, Cohan RH, Ellis JH, Higgins EJ, Willatt J, et al. MRI and CT characteristics of successfully ablated renal masses: Imaging surveillance after radiofrequency ablation. Am J Roentgenol. 2009;192(6):1571-8.
8. De Bruyn R, Gordon I. Fetal renal anomalies and genetic syndromes. Prenat Diagn. 2001;21(11):992-1003.
9. Dyer R, DiSantis DJ, McClennan BL. Simplified imaging approach for evaluation of the solid renal mass in adults 1. Radiology. 2008;247(2):331-43.
10. Dyer RB, Chen MY, Zagoria RJ. Classic signs in uroradiology. Radiographics. 2004;24(Suppl 1):S247-80.
11. Dyer R, Chen M, Zagoria R. Intravenous urography: technique and interpretation. Radiographics. 2001;799-821.
12. Eble J, Sauter G, Epstein J, Sesterhenn I. Pathology and genetics of tumours of the urinary system and male genital organs. World Heal Organ Classifcation Tumours. ARC Press. 2004;217-78.
13. Epithelioid H. AIRP best cases in radiologic-pathologic correlation hepatic epithelioid. Radiographics. 2012;5642:789-94.
14. Faddegon S, So A. Treatment of angiomyolipoma at a tertiary care centre: the decision between surgery and angioembolization. Can Urol Assoc J. 2011;5(6):E138-41.
15. Figueiredo AA, Lucon AM. Urogenital tuberculosis: update and review of 8961 cases from the world literature. Rev Urol. 2008;10(3):207-17.
16. George V, Tammisetti VS, Surabhi VR, Shanbhogue AK. Chronic fibrosing conditions in abdominal imaging. Radiographics. 2013;33(4):1053-80.
17. Gore ME, Szczylik C, Porta C, Bracarda S, Bjarnason GA, Oudard S, et al. Final results from the large sunitinib global expanded-access trial in metastatic renal cell carcinoma. Br J Cancer. 2015;113(1):12-9.
18. Hawkins JS, Dashe JS, Twickler DM. Magnetic resonance imaging diagnosis of severe fetal renal anomalies. Am J Obstet Gynecol. 2008;198(3).
19. Heilberg IP, Schor N. Abordagem diagnóstica e terapêutica na infecção do trato urinário: ITU. Rev Assoc Med Bras. 2003;49(1):109-16.
20. Hindman NM, Hecht EM, Bosniak MA. Follow-up for Bosniak category 2F cystic renal lesions. Radiology. 2014;272(3):757-66.
21. Hui GC, Tuncali K, Tatli S, Morrison PR, Silverman SG. Comparison of percutaneous and surgical approaches to renal tumor ablation: metaanalysis of effectiveness and complication rates. J Vasc Interv Radiol. 2008;19(9):1311-20.
22. Iii CGW, Iii LJS, Harmath CB, Horowitz JM, Hammond NA, Casalino DD, et al. CT and MR imaging for evaluation of cystic renal lesions and diseases 1. Radiology. 2015;35:125-41.
23. Iizuka J, Kondo T, Hashimoto Y, Kobayashi H, Ikezawa E, Takagi T, et al. Similar functional outcomes after partial nephrectomy for clinical T1b and T1a renal cell carcinoma. Int J Urol. 2012;19(11):980-6.
24. Israel GM, Bosniak MA. How I do it: evaluating renal masses. Radiology. 2005;236(2):441-50.
25. Israel GM, Silverman SG. The incidental renal mass. Radiol Clin N Am. 2011;369-83.
26. Kalra MK, Maher MM, Toth TL, Hamberg LM, Blake MA, Shepard J-A, et al. Strategies for CT radiation dose optimization. Radiology. 2004;230(3):619-28.
27. Katabathina VS, Kota G, Dasyam AK, Shanbhogue AKP, Prasad SR. Adult renal cystic disease: a genetic, biological, and developmental primer. Radiographics. 2010;30(6):1509-23.
28. Katabathina VS, Vikram R, Nagar AM, Tamboli P, Menias CO, Prasad SR. Mesenchymal neoplasms of the kidney in adults: imaging spectrum with radiologic-pathologic correlation. Radiographics. 2010;30(6):1525-40.
29. Kim HL, Zisman A, Han K-R, Figlin RA, Belldegrun AS. Prognostic significance of venous thrombus in renal cell carcinoma. Are renal vein and inferior vena cava involvement different? J Urol. 2004;171(2 Pt 1):588-91.
30. Levy AD, Remotti HE, Thompson WM, Sobin LH, Miettinen M. From the archives of the AFIP. Radiographics. 2003;23(2):283-304.
31. Lonergan GJ, Rice RR, Suarez ES. Autosomal recessive polycystic kidney disease: radiologic-pathologic correlation. Radiographics. 2000;20(3):837-55.
32. Maia C, Rocha N, Jotta C, Padilha IG. Anomalias congênitas do trato urinário superior: novas imagens das mesmas doenças – congenital upper urinary tract abnormalities: new images of the same diseases. 2013;46(1):43-50.
33. Maranhão CPDM, Miranda CMNR De, Santos CJJ Dos, Farias LDPG De, Padilha IG. Congenital upper urinary tract abnormalities: new images of the same diseases. Radiol Bras. 2013;46(1):43-50.
34. Marhuenda A, Martín MI, Deltoro C, Santos J, Rubio Briones J. Radiologic evaluation of small renal masses (I): pretreatment management. Adv Urol. 2008;2008:415848.
35. Mosetti MA, Leonardou P, Motohara T, Kanematsu M, Armao D, Semelka RC. Autosomal dominant polycystic kidney disease: MR imaging evaluation using current techniques. J Magn Reson Imaging. 2003;18(2):210-5.
36. Motzer RJ, Hutson TE, Tomczak P, Michaelson MD, Bukowski RM, Rixe O, et al. Sunitinib versus interferon alfa in metastatic renal-cell carcinoma. N Engl J Med. 2007;356(2):115-24.
37. Newhouse JH, Bluth EI, Bush WH, Choyke PL, Jafri SZ, Older RA, et al. Diagnóstico por imagem na pielonefrite aguda. 1891;795-800.
38. Newhouse JH, Bluth EI, Choyke PL, Jafri SZ, Older RA, Rosenfield AT, et al. Insuficiência renal aguda (IRA). 1891;847-56.
39. Parsons RB, Canter D, Kutikov A, Uzzo RG. RENAL nephrometry scoring system: the radiologist's perspective. Am J Roentgenol. 2012.
40. Pedrosa I, Sun MR, Spencer M, Genega EM, Olumi AF, Dewolf WC, et al. MR imaging of renal masses: correlation with findings at surgery and pathologic analysis. Radiographics. 2008;28(4):985-1003.
41. Prasad SR, Humphrey PA, Catena JR, Narra VR, Srigley JR, Cortez AD, et al. Common and uncommon histologic subtypes of renal cell carcinoma: imaging spectrum with pathologic correlation. Radiographics. 2006;26:1795-806; discussion 1806-10.
42. Rohrschneider WK, Haufe S, Wiesel M, Tönshoff B, Wunsch R, Darge K, et al. Functional and morphologic evaluation of congenital urinary tract dilatation by using combined static-dynamic MR urography: findings in kidneys with a single collecting system. Radiology. 2002;224(3):683-94.
43. Segers H, van den Heuvel-Eibrink MM, Pritchard-Jones K, Coppes MJ, Aitchison M, Bergeron C, et al. Management of adults with Wilms' tumor: recommendations based on international consensus. Expert Rev Anticancer Ther. 2011;11(7):1105-13.
44. Singh S, Kalra MK, Moore MA, Shailam R, Liu B, Toth TL, et al. Dose reduction and compliance with pediatric CT protocols adapted to patient size, clinical indication, and Number of Prior Studies. 2009;252(1):200-8.
45. Stunell H, Buckley O, Feeney J, Geoghegan T, Browne RFJ, Torreggiani WC. Imaging of acute pyelonephritis in the adult. Eur Radiol. 2007;17(7):1820-8.
46. Sun MRM, Ngo L, Genega EM, Atkins MB, Finn ME, Rofsky NM, et al. Renal cell carcinoma: dynamic contrast-enhanced MR imaging for differentiation of tumor subtypes – correlation with pathologic findings. Radiology. 2009;250(3):793-802.
47. Thompson RH, Siddiqui S, Lohse CM, Leibovich BC, Russo P, Blute ML. Partial versus radical nephrectomy for 4 to 7 cm renal cortical tumors. J Urol. 2009;182(6):2601-6.
48. Tirkes T, Sandrasegaran K, Patel AA, Hollar MA, Tejada JG, Tann M, et al. Peritoneal and retroperitoneal anatomy and its relevance for cross-sectional imaging 1. Radiographics. 2012;32:437-451.
49. Tirkes T, Sandrasegaran K, Patel AA, Hollar MA, Tejada JG, Tann M, et al. Peritoneal and retroperitoneal anatomy and its relevance for cross-sectional imaging. Radiographics. 2012;32(2):437-51.
50. Torres VE, Harris PC. Mechanisms of disease: autosomal dominant and recessive polycystic kidney diseases. Nat Clin Pract Nephrol. 2006;2(1):40-55; quiz 55.
51. Tunaci A, Yekeler E. Multidetector row CT of the kidneys. Eur J Radiol. 2004;52(1):56-66.
52. Volpe A, Terrone C, Scarpa RM. The current role of percutaneous needle biopsies of renal tumours. Archivio Italiano di Urologia e Andrologia. 2009;107-12.
53. Wein AJ, Kavoussi LR, Novick AC, Partin AW, Peters CA. Campbell-Walsh urology 10th ed. [Internet]. Campbell-Walsh Urology. 2012;1834-46.
54. Wilson PD, Goilav B. Cystic disease of the kidney. Annu Rev Pathol. 2007;2:341-68.

2

Rins e vias urinárias

Peter Celio Françolin
Mario Junqueira de Andrade d'Ávila

A ultrassonografia no estudo renal

A ultrassonografia (USG) é excelente ferramenta para o estudo dos rins e das vias urinárias, por sua caracterização anatômica, pelo aspecto não invasivo, por ser indolor e por constituir método isento de radiação ionizante, compondo a investigação com os demais métodos de imagem (tomografia computadorizada – TC, ressonância magnética – RM, medicina nuclear, urografia excretora, uretrocistografia miccional, uretrocistografia retrógrada etc.).

O exame deve ser realizado em decúbito dorsal e lateral, por meio de varreduras longitudinais e transversas dos rins, das lojas ureterais e da bexiga. Cortes coronais podem ser úteis. O acesso intercostal utilizando fígado e baço como janela é obrigatório, lembrando que os rins devem ser varridos em toda a extensão. Acessos posteriores, utilizando a musculatura paravertebral como janela acústica, são particularmente úteis em crianças e adultos magros. Nestes pacientes, pode-se utilizar transdutores lineares de maior frequência para melhor avaliação.

Os fatores a serem avaliados são topografia, morfologia, contornos, dimensões, textura e mobilidade renal (Figura 1). A ecogenicidade do parênquima também deve ser examinada, assim como alterações na delimitação corticomedular. A ausência ou a presença de hidronefrose é tempo obrigatório no exame.

Com relação ao preparo do paciente para avaliação específica dos rins, o jejum não é necessário, mas hidratação prévia ao exame é recomendável para estudo complementar da bexiga, que deve estar cheia no momento do exame (quadros vesicais ou ureterais podem determinar

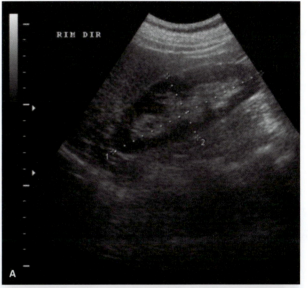

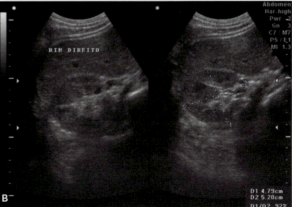

Figura 1 Imagem em modo B de rim direito normal com sua mensuração em corte longitudinal (A) e transversal (B).

hidronefrose a montante). Na vigência de dilatação do sistema coletor sem fator obstrutivo determinado, uma das causas pode ser a hiper-repleção vesical, devendo-se reavaliar o paciente com bexiga vazia, a fim de verificar a persistência ou não do quadro de hidronefrose.

Variações anatômicas

A USG permite a caracterização de variações anatômicas e seu papel é diferenciá-las de doenças tumorais e inflamatórias. Persistindo dúvida no diagnóstico diferencial, a TC ou a RM devem ser utilizadas. As principais variações anatômicas encontradas são:

- Defeito parenquimatoso juncional: apresenta-se como banda hiperecogênica de aspecto linear ou triangular, geralmente na face anterossuperior do rim direito ou posteroinferior do rim esquerdo, correspondendo à gordura do seio renal ou ao septo inter-renicular. Esta condição tem como diagnósticos diferenciais as retrações sequelares do parênquima renal, lobulações fetais e angiomiolipomas.
- Hipertrofia da coluna de Bertin: apresenta-se como uma banda hipoecogênica mesorrenal, interceptando parcialmente o seio renal, com dimensões variáveis, mais frequentemente à esquerda, e não determina efeito de massa nem abaula o parênquima renal. Esta condição não pode ser confundida com duplicidade renal, nódulos ou massas isoecogênicas (Figura 2).
- Lobulação infraesplênica: caracterizada por um abaulamento mesorrenal na face lateral à esquerda, também conhecida como "corcova de dromedário".
- Lobulações fetais: são indentações ou lobulações suaves no contorno externo renal, alinhadas em relação às colunas de Bertin, podendo estar presentes em até 50% dos adultos. Não devem ser confundidas

com processos sequelares e retrativos renais, os quais rotineiramente apresentam-se alinhados aos cálices renais e determinam irregularidades nos contornos.
- Hipertrofia compensatória: caracterizada como aumento das dimensões renais, sem outras alterações evidenciáveis. Pode ser focal ou difusa, rotineiramente observada no rim remanescente de paciente nefrectomizado, ou no rim preservado de pacientes com perda funcional de um dos rins.

Na forma focal, geralmente há interpolação de áreas hipertrofiadas com áreas retraídas e afiladas, acentuando o contraste entre elas, não devendo esta condição ser interpretada como nódulo ou massa renal.

Anomalias congênitas renais

A agenesia renal pode ser definida como a ausência do tecido renal, secundária à falha de embriogênese. Quando bilateral, é incompatível com a vida. Ao se deparar com uma loja renal vazia, deve-se buscar o rim em outros sítios (como na loja pélvica) e avaliar o rim contralateral, caracterizando sua morfologia, dimensões (se é vicariante) e posição.

Anomalias da pelve renal e do ureter

Na estenose de junção ureteropiélica (JUP), a USG demonstra hidronefrose sem dilatação ureteral, devendo ser diferenciada da pelve extrarrenal (Figura 3). Quando diagnosticada em fases tardias, pode-se observar acentuada hidronefrose, com afilamento do parênquima renal. Em fases terminais, a alteração renal é tão marcada que se pode observar apenas uma massa cística ocupando a loja renal.

Se a obstrução se der no nível da junção ureterovesical, tem-se o megaureter congênito, considerado a causa mais comum de hidronefrose no neonato. A dilatação ureteral pode ser focal (distal) ou em toda a sua extensão. O segmento obstruído distal apresenta calibre normal.

Outras anomalias passíveis de estudo incluem o ureter retrocavo e as duplicidades do sistema coletor. O ureter retrocavo (ou circuncaval) apresenta trajeto anômalo, com desvio medial e trajeto posterior à veia cava. Pode apresentar compressão ou estreitamento ureteral, com dilatação do sistema coletor a montante. Se não houver componente obstrutivo considerável, a TC ou a RM são métodos que permitem a identificação da anomalia.

Por fim, as duplicidades do sistema coletor estão relacionadas à duplicidade precoce do broto ureteral. Podem ser parciais ou completas. As duplicidades completas são bilaterais em até 20% dos casos. Podem estar associadas à displasia renal e à ureterocele ectópica.

É interessante lembrar que a unidade coletora superior drena através do ureter com inserção inferior e ec-

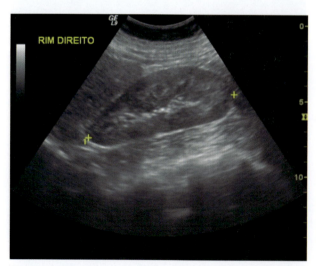

Figura 2 Imagem em modo B de rim direito com hipertrofia da coluna de Bertin.

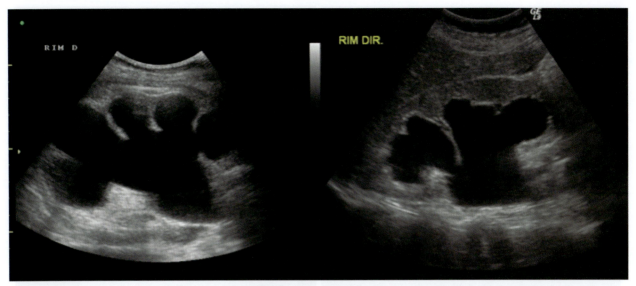

Figura 3   Imagens em modo B demonstrando acentuada hidronefrose (paciente com estenose de junção ureteropiélica).

tópica, e a unidade renal inferior drena através do ureter tópico, com inserção cranial (normal). Em alguns casos, pode-se caracterizar mais de dois jatos ureterais diferentes ao Doppler colorido.

As duplicidades do sistema coletor (Figura 4A e B) são, geralmente, achados incidentais. Estão relacionadas às seguintes malformações: anormalidades da inserção do ureter na bexiga, estenose do óstio de drenagem ureteral na bexiga e ureterocele ectópica na porção intramural vesical do ureter (Figura 4C e D).

Anomalias uretrais

Podem cursar com urétero-hidronefrose bilateral. A mais comum doença deste grupo é a válvula de uretra posterior. Achados de imagem à USG incluem hidronefrose, atrofia do parênquima renal, ureteres dilatados e/ou redundantes, tortuosos, espessamento parietal vesical com trabeculações e divertículos e, em alguns casos, ascite.

Nefropatias parenquimatosas

As nefropatias parenquimatosas formam um conjunto amplo de doenças, que podem envolver todos os elementos renais, dependendo de sua expressão e cronicidade do processo. A USG constitui método de avaliação inicial, diferenciando o quadro de instalação mais recente dos quadros com padrão crônico. Além disso, permite a exclusão de processos obstrutivos.

Apesar de sua sensibilidade, a USG tem limitada especificidade na diferenciação das múltiplas nefropatias, não permitindo, na maioria dos casos, estabelecer o diagnóstico específico. Este depende da correlação clínico-laboratorial e, muitas vezes, anatomopatológica para o estabelecimento do diagnóstico definitivo.

O papel do ultrassonografista é:

- Estabelecer se há sinais ecográficos de nefropatia parenquimatosa.
- Determinar se o quadro exibe sinais de cronicidade ou não.
- Excluir causas obstrutivas.
- Excluir outras patologias que possam estar associadas ao quadro clínico.

A nefropatia parenquimatosa é a causa mais comum de insuficiência renal aguda (IRA). Nos quadros de insuficiência renal de início recente, é comum observar rins de aspecto normal. Quando presentes, os sinais são inespecíficos. Podem ser identificados rins de dimensões normais ou discretamente aumentados. É característico o aumento difuso da ecogenicidade do parênquima renal, levando a uma clássica perda da diferenciação corticomedular (Figura 5). As pirâmides renais podem tornar-se bastante salientes e hipoecogênicas, não devendo ser confundidas com o sistema coletor. Pequena dilatação deste pode estar presente, por atonia pieloureteral. Pequena lâmina de líquido anecoide pode ser coletada no espaço perirrenal, devendo ser ativamente pesquisada (Figura 6). O Doppler colorido é inespecífico, demonstrando elevação dos índices de pulsatilidade (normal < 1,5) e resistividade intrarrenal (normal < 0,75), de maneira global ou isolada, mas esses achados não apresentam correlação direta com a gravidade ou a etiologia (Figura 7).

A seguir, encontram-se listadas as principais doenças parenquimatosas, salientando que a exuberância dos achados de imagem não apresenta relação direta com a gravidade da doença ou o grau da insuficiência renal, e vice-versa. A apresentação ultrassonográfica segue o padrão monótono anteriormente descrito, ressaltando-se em cada item eventuais variações.

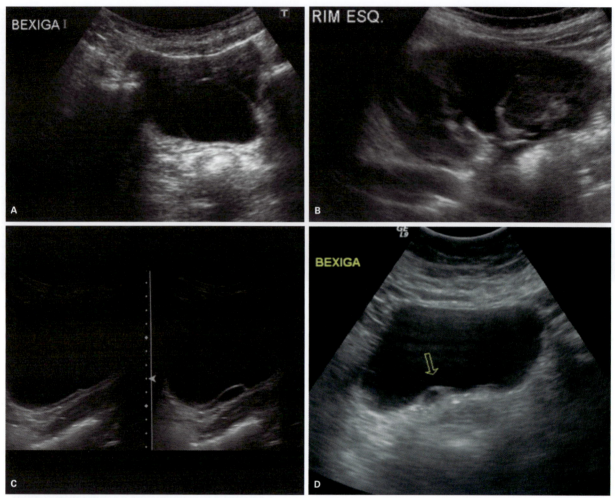

Figura 4 A: Imagem em modo B demonstrando ureterocele. B: Imagem em modo B mostrando dilatação isolada da unidade superior renal. C: Imagem em modo B demonstrando avalição dinâmica da ureterocele. D: Imagem em modo B mostrando ureterocele (seta).

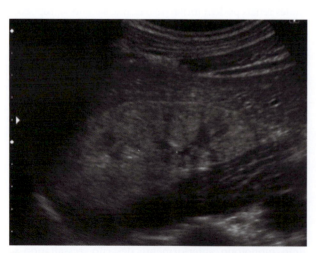

Figura 5 Imagem em modo B mostrando aumento da ecogenicidade do parênquima com perda da diferenciação corticomedular.

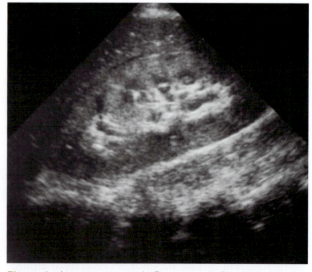

Figura 6 Imagem em modo B mostrando fina lâmina líquida anecoica no espaço perirrenal em paciente com sinais de nefropatia parenquimatosa.

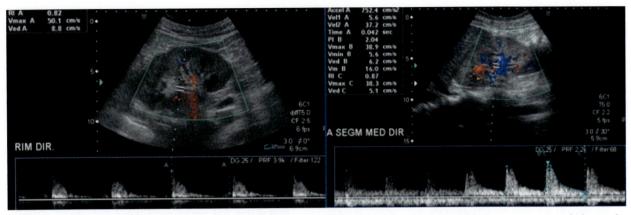

Figura 7   Mapeamento por dúplex-Doppler mostrando elevação dos índices de resistividade em paciente com necrose tubular aguda.

Necrose tubular aguda

É a principal causa de IRA em pacientes hospitalizados. Rotineiramente, é relacionada a fatores agressores renais, como hipotensão, isquemia renal (pacientes transplantados), sepse, meios de contraste iodado, drogas, desidratação, hemoglobinúria e mioglobinúria.

Necrose cortical aguda

Condição rara de IRA, que pode ocorrer em ambos os rins ou envolver áreas focais esparsas. O quadro ultrassonográfico é variável conforme a fase da doença. No início, observa-se aumento das dimensões renais e da ecogenicidade do parênquima. Um halo hipoecogênico fino pode ser observado na periferia do parênquima, correspondendo à área de necrose, com redução da ecogenicidade cortical (Figura 8). Após meses de evolução, cursa com redução volumétrica renal. Calcificações parenquimatosas também podem ser observadas na transição entre o parênquima viável e o necrótico, em período variável de 24 horas a 2 meses desde o início do quadro.

Nefrite intersticial aguda

Os achados de imagem são os sinais clássicos ultrassonográficos das nefropatias parenquimatosas, destacando-se, neste caso, que a ecogenicidade cortical está relacionada à gravidade da doença intersticial.

Doenças dos glomérulos e dos pequenos vasos

Apesar de pertencer a um grupo importante e muito prevalente de doenças parenquimatosas, as lesões glomerulares rotineiramente não determinam quadros ultrassonográficos exuberantes, exceto quando há comprometimento de outros elementos anatômicos do parênquima renal.

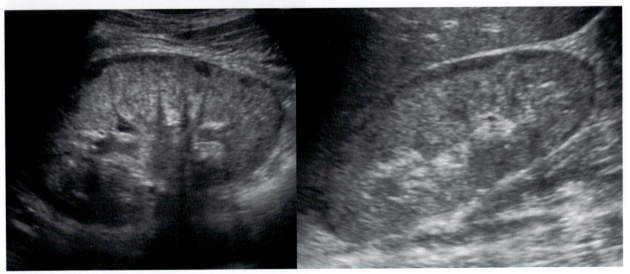

Figura 8   Imagens em modo B mostrando rins com aumento da ecogenicidade do parênquima, notando-se halo hipoecoico fino em sua periferia, compatível com área de parênquima necrosado. Imagens gentilmente cedidas pela dra. Sandra Tochetto.

Podem ser primárias ou associadas a doenças sistêmicas, destacando-se: nefroesclerose diabética, lúpus eritematoso sistêmico (LES), mieloma múltiplo, amiloidose e nefropatia por vírus da imunodeficiência humana (HIV).

- Nefroesclerose diabética: em estágios iniciais, observa-se nefromegalia, sem outros achados associados. Nas fases tardias, pode-se observar redução volumétrica renal, hiperecogenicidade do parênquima e perda da diferenciação corticomedular. A necrose papilar é uma complicação frequente, muitas vezes associada ao uso abusivo de analgésicos, anti-inflamatórios não hormonais (AINH), infecção, obstrução do trato urinário, anemia falciforme, trombose da veia renal, necrose tubular aguda (NTA) e alcoolismo crônico (Figura 9). À USG, áreas triangulares hipoecogênicas na projeção das papilas renais, com distribuição simétrica, podem estar associadas a calcificações apicais das papilas, em um número variável de pirâmides acometidas. Os principais diagnósticos diferenciais incluem as megacalicoses, o rim espongiomedular e divertículos caliciais.
- LES: observam-se alterações da arquitetura e ecogenicidade do parênquima renal, líquido livre ou coletado (serosites) e complicações (como a trombose da veia renal). Áreas hipoecogênicas de limites imprecisos esparsas pelo parênquima traduzem edema secundário à vasculite do LES.
- Mieloma múltiplo: determina aumento volumétrico renal e redução da ecogenicidade do parênquima (por edema intersticial), além de sinais de nefrocalcinose (resultado da hipercalcemia secundária às lesões líticas ósseas), litíase (decorrente da produção excessiva de ácido úrico) e amiloidose.
- Nefropatia por HIV: os achados de imagem podem estar presentes em até 50% dos pacientes com alteração da função renal e incluem aumento das dimensões renais, hiperecogenicidade cortical, porém mantendo a diferenciação corticomedular, calcificações parenquimatosas puntiformes, hidronefrose e sinais de infarto renal (Figura 10B). Nefrocalcinose parcial pode estar presente nos pacientes com infecções oportunistas, bem como envolvimento sistêmico, incluindo fígado, baço e linfonodos.
- Síndrome hemolítica-urêmica: anemia hemolítica mais frequente em crianças, relacionada à lesão tóxica direta por endotoxina. Pode cursar com rins de dimensões normais ou aumentadas. Os casos mais graves apresentam aumento da ecogenicidade cortical. O mapeamento com o dúplex-Doppler colorido evidencia a habitual elevação dos índices de resisti-

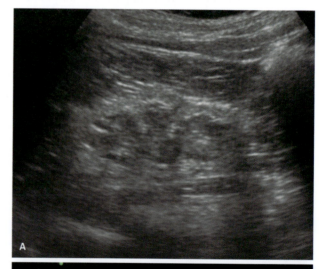
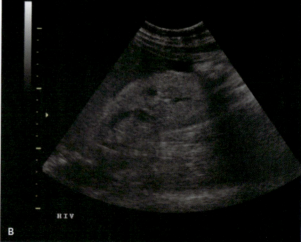

Figura 9 Imagem em modo B mostrando pirâmides aumentadas e hipoecoicas com área central necrótica anecogênica.

Figura 10 Imagens em modo B. A: Rim de dimensões reduzidas, parênquima afilado, com perda da diferenciação corticomedular, denotando nefropatia crônica. B: Nefropatia por HIV, demonstrando aumento difuso da ecogenicidade em rim de dimensões normais.

vidade intrarrenal. A redução desses índices pode ser um indicador de normalização do quadro.

- Outras condições que merecem destaque são: síndrome de Alport, que pode apresentar fibrose intersticial e envolvimento glomerular (glomerulonefrite), cursando com rins de dimensões reduzidas, parênquima hiperecogênico, com sinais de nefrocalcinose e calcificações corticais parenquimatosas eventualmente.

Doenças hematológicas

As doenças hematológicas estão associadas a várias anormalidades do parênquima renal, destacando-se entre elas:

- Anemia falciforme: aumento bilateral das dimensões, infartos lobares, necrose papilar e dilatação do sistema coletor, além da associação com o carcinoma renal medular. Apresenta aumento da ecogenicidade do parênquima renal em até 25% dos pacientes assintomáticos entre 10 e 20 anos de idade. Pode apresentar hiperecogenicidade corticomedular difusa, hiperecogenidade isolada medular e hiperecogenicidade focal das pirâmides renais, todas com causa desconhecida.
- Hemofilia: cursa com aumento volumétrico renal bilateral, hemorragias/hematomas retroperitoneais e uropatia obstrutiva (secundária a coágulos).
- Leucemia aguda: nefromegalia de causa maligna mais comum em crianças, podendo atingir grandes dimensões, associadas a hemorragia e edema.

Insuficiência renal crônica

Nas nefropatias crônicas, os rins habitualmente apresentam dimensões reduzidas, algumas vezes limitando sua localização. A perda da relação corticomedular é bem marcada, com acentuada hiperecogenicidade e afilamento do parênquima renal (1 cm). Ao estudo Doppler, nota-se redução do mapeamento colorido intrarrenal, traduzindo hipovascularização.

A redução volumétrica renal apresenta boa correlação com o grau de lesão histológica, mas os achados de imagem são inespecíficos, não indicando diagnóstico etiológico definitivo ou prognóstico (Figura 10A).

A USG na avaliação da hematúria

Com frequência, o paciente hematúrico é submetido à USG, seja por hematúria macroscópica, microscópica (laboratorial), seja após um trauma. Destacamos que esta avaliação geralmente é combinada com mais exames de imagem, bem como pela cistoscopia, para avaliação complementar da bexiga.

A USG, por sua disponibilidade, pelo baixo custo e pela ausência de radiação ionizante, via de regra é o exame inicial na avaliação desses pacientes. Com frequência, a USG é normal no paciente ambulatorial, indicando a necessidade de prosseguir investigação.

Nefrocalcinose e nefrolitíase

A USG é excelente método de diagnóstico da nefrolitíase. Os principais diagnósticos diferenciais incluem as calcificações distróficas e a nefrocalcinose. Entende-se por calcificação distrófica toda formação cálcica que não se inclua no diagnóstico das litíases e das nefrocalcinoses, compreendendo, portanto, as calcificações em paredes de vasos, calcificações tumorais, parietais císticas, massas inflamatórias, calcificações sequelares e em hematomas.

A nefrocalcinose pode ser definida como a deposição de sais de cálcio no parênquima renal, e geralmente está associada a situações clínicas acompanhadas de hipercalcemia. Habitualmente são bilaterais, mas podem envolver apenas um dos rins. Na USG, esses depósitos cálcicos não apresentam sombra acústica posterior, e sua distribuição pode variar conforme a patologia de base (Figura 11). As pirâmides renais são as áreas mais envolvidas, mas as calcificações também podem se distribuir pelo córtex renal.

Características ecográficas das urolitíases

Cálculos de todas as composições podem ser caracterizados na USG. Sua descrição clássica é de "imagem hiperecogênica que determina sombra acústica posterior", localizada em agrupamento calicinal (superior, médio ou inferior), em ureter (ureterolitíase) ou livre no interior da bexiga. Deve-se também discriminar o número e as dimensões dos cálculos, bem como suas localizações, e se apresentam componente obstrutivo ou não (Figura 12).

A USG pode identificar virtualmente qualquer cálculo com dimensões iguais ou superiores a 5 mm e, com grande precisão, cálculos com dimensões entre 3 e 5 mm.

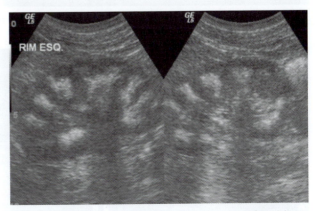

Figura 11 Imagem em modo B de paciente com nefrocalcinose demonstrando acentuada hiperecogenicidade das pirâmides renais.

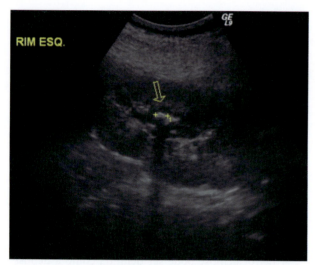

Figura 12 Imagem em modo B demonstrando cálculo no terço médio do rim esquerdo (seta).

Abaixo desta medida, a especificidade do método reduz-se muito. Cálculos inferiores a 3 mm podem ser identificados com precisão pela TC, se necessário.

A USG apresenta altas sensibilidade e especificidade para avaliação das nefrolitíases não obstrutivas, dos cálculos no interior da bexiga e nos terços proximal (JUP) (Figura 13), e distal (JUV) (Figura 14) do ureter. Cerca de 95% dos casos de litíase obstrutiva encontram-se nestas topografias.

Por ser um método amplamente disponível, isento de efeitos colaterais e de radiação ionizante, é muito empregado como método inicial na avaliação da faixa pediátrica, de gestantes e pacientes com cólica nefrética recorrente. Entretanto, fatores como interposição gasosa por vísceras ocas, biotipo e interposição por outras vísceras (útero muito aumentado/gravídico) limitam parcialmente sua sensibilidade, exigindo, em alguns casos, a complementação com radiografias ou com TC.

Especial atenção deve ser dada aos cálculos coraliformes. Apresentam grandes dimensões e determinam sombras posteriores muito compactas, que podem ser confundidas com gases de vísceras ocas, calcificações grosseiras sequelares renais ou nefrocalcinose. Além disso, a sombra impede a avaliação dos planos situados abaixo do cálculo. São cálculos que apresentam morfologia coraliforme, com "pontas" em múltiplos eixos, simulando a presença de cálculos em agrupamentos calicinais diferentes. Por esses motivos, a avaliação complementar com radiografia convencional é útil para evitar interpretações errôneas.

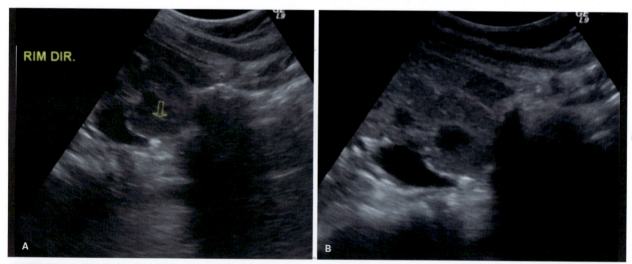

Figura 13 Imagem em modo B demonstrando cálculo no terço proximal do ureter.

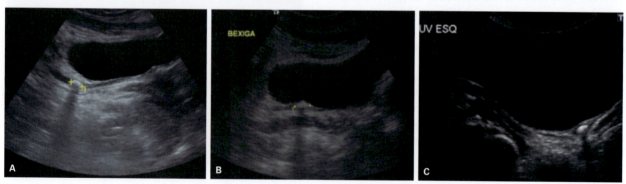

Figura 14 Imagens em modo B mostrando cálculo obstrutivo no segmento distal do ureter.

Quadro 1	Diagnóstico diferencial das doenças renais de acordo com o tamanho, a ecogenicidade e os sintomas	
Rins de dimensões normais ou aumentadas, com ecogenicidade preservada	**Rins de dimensões aumentadas, com ecogenicidade normal ou aumentada e função reduzida**
■ Nefropatia diabética incipiente	■ Glomerulonefrite ■ Vasculite ■ Doença tubulointersticial (p. ex.: nefrite intersticial aguda) ■ Amiloidose ■ Mieloma múltiplo ■ Pré-eclâmpsia ■ Nefropatia por HIV
Rins de dimensões aumentadas, com ecogenicidade e função preservada	**Aumento da ecogenicidade medular com o córtex preservado**
■ Uso de esteroide ■ Obesidade ■ Alta estatura ■ Acromegalia ■ Diabete	■ Nefrocalcinose medular ■ Precipitação de proteína de Tamm Horsfall nos túbulos renais ■ Rim esponja medular ■ Síndrome de Sjögren ■ Anemia falciforme
Assintomático com aumento de um dos rins	**Redução da ecogenicidade cortical**
■ Hipertrofia compensatória por hipofunção do rim contralateral ■ Duplicidade de um dos rins ■ Linfoma/leucemia (habitualmente acometem ambos)	■ Necrose cortical aguda ■ Edema
Sintomático com aumento de um dos rins	
■ Pielonefrite ■ Injúria vascular (p. ex., trombose da veia renal) ■ Nefropatia obstrutiva	

Hidronefrose

Entende-se como hidronefrose a dilatação da pelve renal e dos cálices, associada a atrofia progressiva do rim, em decorrência da obstrução do trânsito de urina.

Muitas são as classificações propostas para as hidronefroses, sendo reservado ao ultrassonografista a avaliação e diferenciação das hidronefroses em leve, moderada ou acentuada:

- Leve: dilatação da pelve renal e/ou agrupamentos caliciais, em grau inicial.
- Moderada: dilatação mais evidente da pelve e cálices, sem alterações associadas do parênquima renal.
- Acentuada: dilatação global do sistema pielocalicial, com afilamento da cortical renal.

A USG auxilia na diferenciação das hidronefroses agudas e crônicas, levando-se em consideração os dados de história clínica e a patologia de base. São achados de imagem associados à cronicidade:

- Dimensões renais reduzidas.
- Afilamento focal ou global do parênquima renal.
- Baqueteamento/distorção do sistema calicial.
- Hiperecogenicidade cortical com perda da relação corticomedular.
- Espessamento do urotélio (Figura 18).

Na vigência de hidronefrose, a ausência desses sinais pode ser um indicador de quadro agudo, além do quadro clínico, geralmente com manifestação dolorosa lombar ou pélvica ipsilateral à dilatação. Também é importante ressaltar que nem toda hidronefrose se acompanha de fator obstrutivo agudo. Elas podem estar associadas ao refluxo vesicoureteral, a quadro residual de processo obstrutivo pregresso ou a doenças inflamatórias, como a tuberculose.

Da mesma forma, nem toda obstrução aguda determina hidronefrose imediata. Para instalação da dilatação pielocalicial, podem ser necessárias até 6 horas, motivo pelo qual um rim obstruído pode se apresentar normal em exame precoce.

Por fim, quadros semiobstrutivos também podem cursar com achados ultrassonográficos pobres, até mesmo ausência de hidronefrose.

Dada a complexidade desses achados, a avaliação ultrassonográfica deve ser precisa, objetivando encontrar o fator obstrutivo, além da caracterização da hidronefrose. Como ferramenta auxiliar, o Doppler colorido e pulsado pode ser utilizado, acrescentando informações.

Avaliação ultrassonográfica das hidronefroses agudas e crônicas

É papel do ultrassonografista evidenciar se o quadro de imagem é compatível com processo obstrutivo agudo ou crônico (Quadro 2).

Quadro 2 Diagnóstico diferencial das hidronefroses

	Aguda	Crônica
Dimensões renais	Normais ou aumentadas	Geralmente reduzidas
Parênquima renal	Geralmente normal	Afilamento focal ou global
Sistema pielocalicial	Dilatação sem alteração morfológica	Baqueteamento/distorção do sistema calicial
Ecogenicidade cortical	Geralmente normal	Hiperecogenicidade difusa
Urotélio	Geralmente normal	Normal ou espessado

Na vigência de sinais ecográficos de hidronefrose aguda, associada ao quadro clínico, geralmente com manifestação dolorosa lombar ou pélvica ipsilateral à dilatação, deve-se levantar a suspeita de litíase obstrutiva – sem dúvida a causa mais comum de hidronefrose aguda – e indicar o pronto-atendimento por dor abdominal em cólica.

A USG é excelente ferramenta na avaliação das hidronefroses agudas, pois pode, além de caracterizar a presença da hidronefrose, determinar seu grau, e em número significativo de vezes, sua causa (cálculos, tumores, coágulos etc.).

Na suspeita de cálculos, deve-se avaliar meticulosamente os rins, determinando se há hidronefrose, e buscando o fator etiológico. Os cálculos "em trânsito" geralmente se localizam nos chamados pontos de estreitamento, que são:

- JUP.
- Cruzamento com os vasos ilíacos.
- JUV – terço distal do ureter.

Cerca de 95% dos cálculos obstrutivos se apresentam nessas topografias, que são de bom acesso pela USG. Nos 5% de casos restantes, rastreamento meticuloso do trajeto ureteral, com compressão adequada, deve ser realizado, mas a avaliação complementar por TC é o padrão-ouro diagnóstico.

Não pode ser esquecida a pesquisa de coleções perirrenais (podem estar presentes em pielonefrites, abscessos e ruptura do fórnice calicinal em cálculos obstrutivos – Figura 15).

Se a avaliação demonstrar sinais de hidronefrose crônica, o fator etiológico também deve ser pesquisado, destacando-se:

- Urolitíase.
- Estenose ureteral.
- Fibrose periureteral.
- Tumores retroperitoneais e pélvicos.
- Anomalias congênitas.
- Patologias e disfunções da bexiga.

Com a progressiva redução da massa renal e o afilamento do parênquima, o sistema pieloureteral pode assumir um aspecto de saculação flácida, ou múltiplas áreas císticas coalescentes, que corresponderiam aos cálices e à pelve renal (Figura 16). Podem assumir grandes dimensões, e o parênquima renal nesses casos apresenta acentuado afilamento, não devendo ser interpretado como formação cística complexa renal (Figura 17).

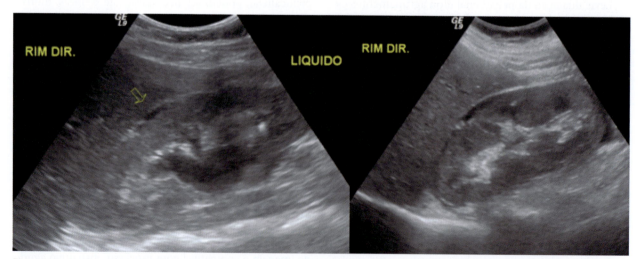

Figura 15 Imagem em modo B demonstrando pequena lâmina líquida anecoide (seta) perirrenal após rotura do fórnice calicinal em paciente com ureterolitíase obstrutiva. Observar a hidronefrose associada.

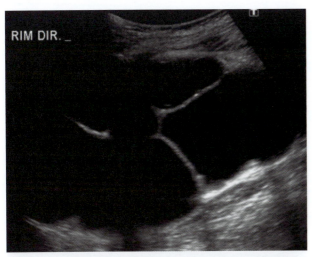

Figura 16   Múltiplas áreas císticas coalescentes, que corresponderiam aos cálices e à pelve renal.

- Diagnóstico diferencial de pseudo-hidronefroses: vasos hilares proeminentes podem simular ao modo B a hidronefrose. O mapeamento com Doppler colorido demonstra, de maneira inequívoca, se a estrutura anecoide trata-se de vaso ou sistema coletor.
- Perviedade dos jatos ureterais: os jatos ureterais podem ser facilmente detectados, colocando-se a amostra do Doppler colorido no assoalho da bexiga, junto aos meatos ureterais (Figura 19). Devemos recordar que os jatos não são absolutamente simétricos, e a amplitude, a frequência e a periodicidade dos jatos ureterais não são absolutamente iguais. Portanto, a ausência de observação do jato ureteral não configura, obrigatoriamente, uma causa obstrutiva, e a presença do jato ureteral não afasta causa obstrutiva (podemos citar como exemplo um cálculo semiobstrutivo).
- Estudo de massas no interior da bexiga: ao se deparar com uma formação amorfa na luz vesical, impõem-se os diagnósticos de processo expansivo e coágulo. Além da manobra de mudança de decúbito, pode-se procurar ativamente por fluxo ao Doppler no interior da formação. Se presente, deve-se pensar em massa vesical ou processo inflamatório.

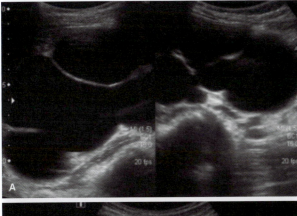

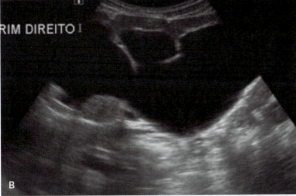

Figura 17   Imagem em modo B mostrando rim de dimensões aumentadas, com distorção do sistema calicial e afilamento do parênquima.

Papel do dúplex-Doppler colorido na avaliação das hidronefroses

O mapeamento com o Doppler colorido pode auxiliar no diagnóstico diferencial das hidronefroses, com ênfase na hidronefrose aguda (suspeita de cálculo):

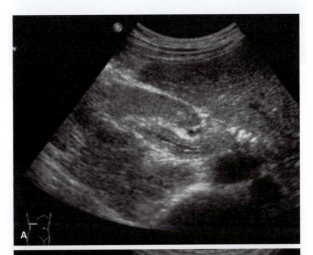

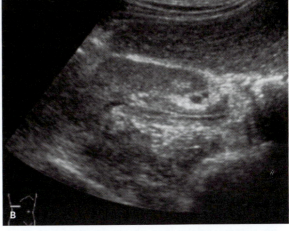

Figura 18   Imagem em modo B demonstrando espessamento urotelial na pelve renal.

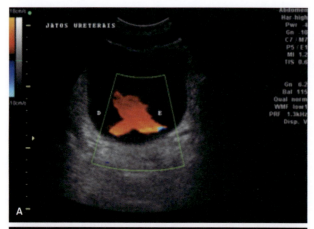

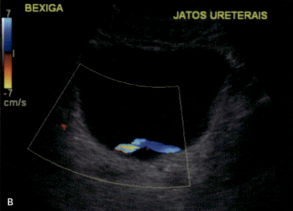

Figura 19 Mapeamento com o Doppler colorido demonstrando a presença dos jatos ureterais na bexiga, no nível dos meatos ureterais.

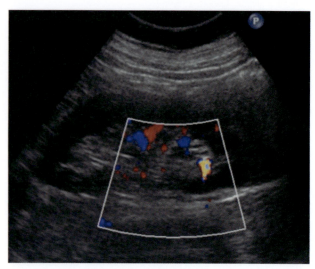

Figura 20 Imagem com Doppler colorido mostrando mosaico de cores na região posterior ao cálculo.

- Pesquisa do artefato posterior ao cálculo (*twinkle artifact*). Ao aplicar-se o Doppler colorido, pode-se observar um artefato posteriormente às estruturas cálcicas, caracterizado por um mosaico de cores na região da sombra acústica posterior (Figura 20). Esse artefato não é exclusivo dos cálculos e não deve ser confundido com outras situações, como fístulas. Sua aplicação reside em auxiliar na diferenciação de alças intestinais e gases quando o cálculo encontra-se no trajeto ureteral, sabidamente uma das maiores dificuldades na pesquisa das ureterolitíases. Quando o ureter apresenta-se dilatado, como estrutura tubuliforme alongada, o mapeamento com o Doppler colorido da região do cruzamento com os vasos ilíacos também pode auxiliar, diferenciando as estruturas vasculares (com mapeamento colorido) do ureter dilatado (sem mapeamento colorido). Isso pode ser particularmente útil em pacientes obesos ou com intenso meteorismo (Figura 21).
- Estudo da impedância vascular intrarrenal em artérias interlobares: é conhecido o aumento da pressão no sistema coletor por obstrução mecânica aguda. Esse aumento de pressão determina elevação da re-

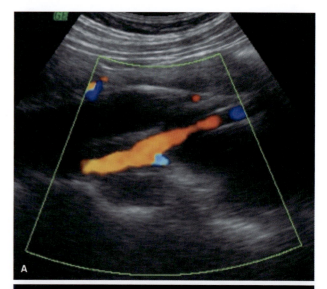

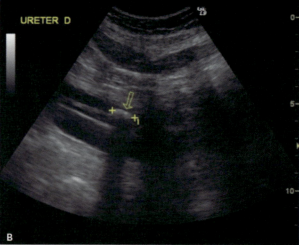

Figura 21 A: Imagem com Doppler colorido auxiliando na caracterização do ureter dilatado no nível do seu cruzamento com os vasos ilíacos. B: Imagem em modo B demonstrando cálculo no terço médio do ureter.

sistência ao fluxo arterial, com aumento dos índices de resistividade nas artérias interlobares. Esse método deve ser aplicado em ambos os rins, devendo-se buscar assimetria, com elevação significativa no rim obstruído (IR normal ≤ 0,7), ou gradiente superior a 0,1 quando comparado ao rim contralateral. A elevação do IR nas artérias interlobares ocorre apenas após 6 horas de quadro obstrutivo, inviabilizando esse método no estudo das dores agudas com início inferior a esse período.

- Estudo da impedância vascular intrarrenal em veias interlobares médias: a curva espectral normal da veia interlobar média no rim normal apresenta fasicidade característica. Na presença de fator obstrutivo ou semiobstrutivo, essa curva apresenta-se "achatada", com perda de sua fasicidade habitual (fenômeno chamado de portalização) (Figura 22). Observa-se essa alteração da morfologia da onda no rim acometido, comparativamente ao contralateral, mesmo em cálculos semiobstrutivos, nas rupturas do fórnice calicial e nas cólicas renais com menos de 6 horas de história (ainda sem instalação de hidronefrose).

Doenças císticas renais

Cistos são achados frequentes na rotina ultrassonográfica. É grande o espectro de doenças e de apresentações por imagem nas doenças císticas.

Doenças renais policísticas

Dividem-se em doença renal policística do adulto e da criança. Ambas são caracterizadas por cistos múltiplos de dimensões variadas, distribuídos pelo parênquima renal. A história familiar positiva e o quadro de insuficiência renal são a chave para o diagnóstico.

A doença renal policística (da infância) autossômica recessiva é uma anomalia rara, que compreende também achados hepáticos. As formas infantil e juvenil podem estar associadas à fibrose hepática congênita (podendo apresentar hipertensão portal e esplenomegalia, em torno de 5-10 anos de vida). A doença na sua apresentação juvenil tem quadro mais brando, com ectasia tubular e cistos renais. As dimensões renais reduzem-se gradativamente, estabilizando-se até os 5 anos de vida. A manifestação ultrassonográfica, nessas fases, compreende menor número de cistos, de maiores dimensões e contornos irregulares.

A doença renal policística (do adulto) autossômica dominante é mais prevalente que a recessiva, com apresentação bilateral e função renal relativamente preservada, por um período de vida variável. Sintomas de hipertensão e insuficiência renal podem surgir num período que compreende desde a adolescência até a 8ª década de vida. Na USG, nos estágios iniciais, podem ser visualizadas massas císticas em meio ao rim normal. Com a evolução da doença, os rins apresentam crescimento expressivo (às vezes, ultrapassando 20 cm no maior eixo), contornos lobulados e múltiplos cistos, de dimensões variáveis, que determinam distorção renal e perda da arquitetura habitual do órgão, além de exercerem efeito compressivo sobre o sistema pielocalicial (Figura 23). Hemorragias intracísticas e infecções podem ocorrer, o que pode ser observado pela presença de cistos complexos (paredes espessadas, septos, conteúdo ecogênico, níveis líquidos, calcificações parietais). Cistos hepáticos podem estar associados, mas sem perda de função hepática. Pâncreas, baço e pulmões podem apresentar envolvimento em menor frequência.

Por fim, podem ocorrer doenças císticas congênitas com expressão medular, que incluem o rim espongiomedular e a nefronoftise urêmica. O rim espongiomedular tem etiologia congênita desconhecida; consiste em múltiplas dilatações císticas dos ductos coletores das pirâmides renais, associadas a cistos papilares, porém sem comprometimento da função renal. Os cistos apresentam diminutas dimensões, geralmente não excedendo 3 mm. A doença já está estabelecida ao nascimento, mas as manifestações clínicas costumam ocorrer após a 3ª década de vida, podendo ser observadas hematúria, infecção e nefrolitíase. A manifestação ultrassonográfica inclui pirâmides renais hiperecogênicas, bem

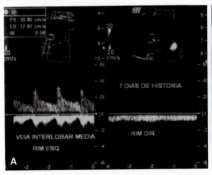 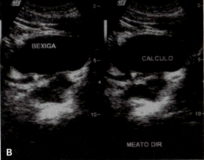 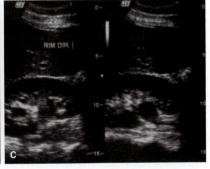

Figura 22 A: Doppler espectral mostrando à esquerda veia interlobar média do rim esquerdo de padrão habitual e, à direita, veia interlobar média do rim direito portalizada, em paciente com 7 dias de história de cólica nefrética. B: Imagem em modo B mostrando cálculo obstrutivo no terço distal do ureter direito. C: Imagem em modo B do mesmo paciente mostrando cálculo no agrupamento inferior do rim direito (formador de cálculos) e dilatação da pielocalicinal na imagem da direita.

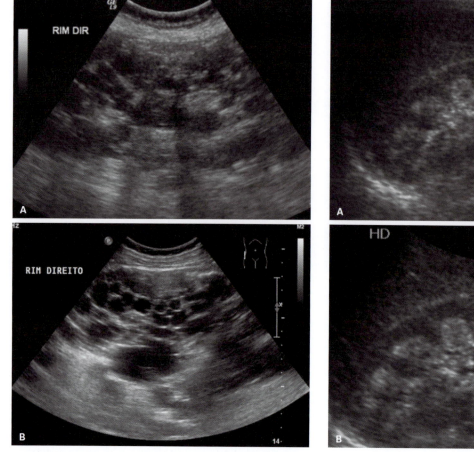

Figura 23 Imagem em modo B mostrando rim de dimensões aumentadas e contornos lobulados, com múltiplos cistos, de dimensões variáveis, que determinam distorção renal e perda da arquitetura habitual.

Figura 24 Imagens em modo B demonstrando aumento da ecogenicidade nas pirâmides renais em paciente com rim espongiomedular.

delimitadas, com envolvimento bilateral em 75% dos casos (Figura 24). Envolvimento unilateral é raro.

A nefronoftise urêmica é um complexo de doença cística medular, envolvendo um grupo de distúrbios renais que apresentam número de cistos medulares variáveis associados à atrofia tubular cortical e à fibrose intersticial. Manifesta-se como rins normais ou de dimensões reduzidas, com parênquima afilado, hiperecogênico, com perda de sua diferenciação corticomedular. Os cistos podem ser identificados na região medular, no córtex e na junção corticomedular, medindo até 2 cm. As diminutas dimensões das lesões císticas, por vezes, impedem sua adequada caracterização, podendo-se observar apenas a hiperecogenicidade difusa e monótona do parênquima renal.

Cistos renais adquiridos

Cistos corticais

É papel da USG identificar as lesões císticas, devendo-se diferenciar cistos simples de cistos complexos. Geralmente, cistos complexos podem demandar investigação complementar por imagem, enquanto os cistos simples não necessitam de outros exames complementares. Na avaliação das massas císticas, recomenda-se a utilização de frequências harmônicas para redução do ruído e melhor caracterização das paredes da lesão e do conteúdo, podendo auxiliar na diferenciação do cisto simples com os cistos com debris em suspensão (conteúdo espesso, ecos de baixa amplitude), bem como na melhor caracterização de septos e nodulações parietais.

- Cistos corticais simples: apresentam-se à USG como imagens de morfologia ovalada ou arredondada, de contornos regulares, paredes finas e conteúdo anecoide, com reforço acústico posterior (Figura 25). Ao mapeamento com Doppler colorido, não se observa fluxo em seu interior ou em suas paredes, que geralmente são delgadas. Devem ser descritos ao exame ultrassonográfico, destacando-se suas dimensões, localização (predominantemente cortical, exofítico, projetando-se para o seio renal) e distribuição (terços superior, médio e inferior). Essas características são importantes no controle evolutivo do paciente, podendo-se determinar precisamente sua estabilidade.

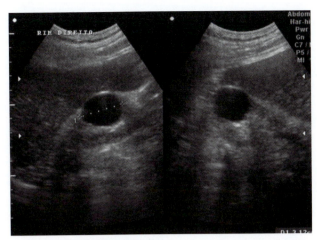

Figura 25 Imagem em modo B demonstrando cisto cortical simples de contornos regulares.

material determina reverberação posterior (podendo, ocasionalmente, gerar tênue sombra acústica posterior, não devendo ser confundida com cálculo). Este material pode apresentar mobilidade às manobras de mudança de decúbito, e nenhuma abordagem diagnóstica complementar se faz necessária.

Cistos do seio renal

Os cistos que se apresentam no seio renal compreendem os cistos peripélvicos, os cistos parapélvicos e os divertículos pielocaliciais.

- Cistos peripiélicos: apresentam-se como múltiplos cistos pequenos, confluentes e irregulares no seio renal, podendo ser bilaterais e atingir, eventualmente, grandes dimensões. Em decorrência de sua morfologia e distribuição, podem ser confundidos com a lipomatose do seio renal (aumento da ecogenicidade e da espessura do complexo ecogênico central) e com as hidronefroses. Neste último caso, deve-se procurar a comunicação entre os agrupamentos caliciais e a pelve renal dilatada (presente nas hidronefroses e ausente nos cistos peripiélicos múltiplos).
- Cistos parapiélicos: podem exercer efeito compressivo local, determinando obstrução local do sistema coletor. O diagnóstico diferencial com a hidronefrose pode ser difícil, exigindo complementação com TC (Figura 27).
- Divertículos pielocalicinais: localizam-se na junção corticomedular, e são lesões císticas menos frequentes que as anteriores. Podem apresentar "leite de cálcio" ou cálculos em seu interior.

- Cistos corticais complexos: os cistos corticais complexos não preenchem critérios para cistos simples, podendo apresentar uma ou mais das seguintes características: paredes espessadas, irregularidades parietais, septações, calcificações, conteúdo espesso e formações sólidas parietais (Figura 26). São geralmente associados a episódios de infecção, hemorragia ou processo sólido expansivo, o que determina necessidade de controle evolutivo ou investigação mais detalhada, conforme a complexidade da formação. A USG pode ser particularmente útil, guiando procedimentos intervencionistas nos cistos com suspeita de hemorragia ou infecção, auxiliando biópsias, alcoolização e drenagem, bem como na ablação por radiofrequência.
- Cistos com "leite de cálcio": a presença de sais de cálcio em suspensão no interior de um cisto cortical ou de um divertículo pielocalicial pode ser caracterizada por uma imagem cística com material hiperecogênico (geralmente puntiforme) em seu interior. Esse

Doenças vasculares renais

A USG e o mapeamento com Doppler colorido fornecem informações fundamentais para o diagnóstico de

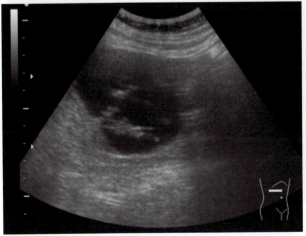

Figura 26 Imagem em modo B demonstrando cisto cortical complexo.

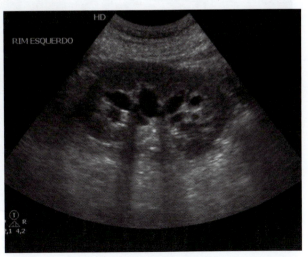

Figura 27 Imagem em modo B demonstrando cistos parapiélicos.

doenças vasculares, direcionando a conduta e destacando as doenças vasculares renais listadas a seguir.

Malformações vasculares

As malformações vasculares incluem as fístulas arteriovenosas e os aneurismas da artéria renal.

As fístulas arteriovenosas (FAV) podem ser congênitas, idiopáticas e adquiridas, constituindo comunicações anormais entre o sistema arterial e o sistema venoso. Apresentam-se como áreas de *aliasing* ao Doppler colorido, com fluxo turbulento arterial monofásico de altas velocidades e baixa resistência, ou fluxo venoso com fasicidade marcada (Figura 28). No caso das FAV adquiridas (após biópsias ou cirurgia), se houver extravasamento sanguíneo para partes moles, pode-se formar um pseudoaneurisma (PSA), que se apresenta na USG como área de padrão cístico, de morfologia ovalada ou arredondada, com fluxo turbulento, de padrão bicolorido ao mapeamento com Doppler (*ying-yang*) e multidirecional ao Doppler espectral (*to and fro*) (Figura 29).

Os aneurismas da artéria renal podem ser congênitos ou adquiridos, apresentando etiologia aterosclerótica, displásica, inflamatória ou infecciosa. Geralmente são assintomáticos, sendo muitas vezes um achado incidental. Na USG e no Doppler, apresentam-se como áreas de

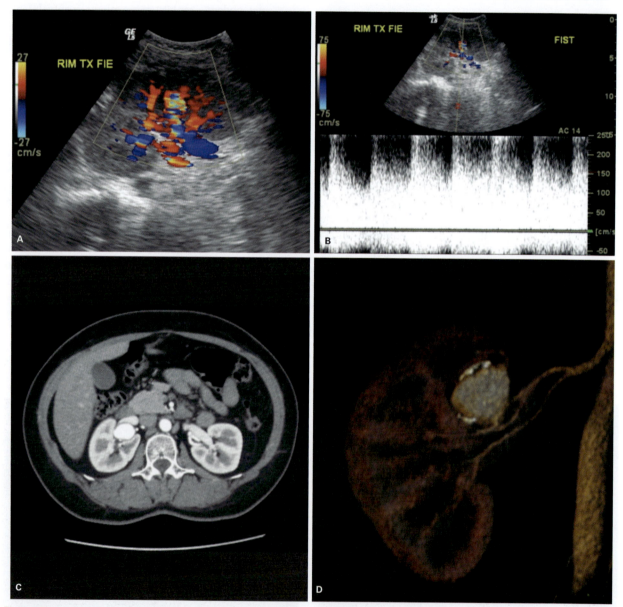

Figura 28 A: Mapeamento com Doppler colorido demonstrando a presença de fístula arteriovenosa secundária a biópsia renal em rim transplantado (pós-operatório recente). B: Dúplex-Doppler colorido demonstrando a presença de fístula arteriovenosa secundária a biópsia renal em rim transplantado (pós-operatório recente). C e D: Tomografia computadorizada demonstrando grande fístula arteriovenosa no rim direito.

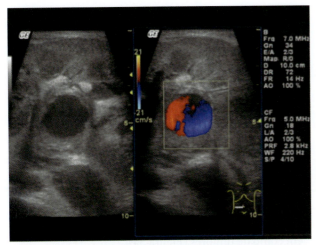

Figura 29 Imagem em modo B demonstrando formação cística junto ao hilo renal (pós-operatório recente de transplante renal, após procedimento de biópsia). Mapeamento com Doppler colorido de rim transplantado submetido a biópsia, demonstrando fluxo no interior da formação cística, compatível com pseudoaneurisma.

padrão cístico, de morfologia ovalada ou arredondada, geralmente com trombos e calcificações murais, com fluxo turbulento, de padrão bicolorido ao mapeamento com Doppler (Figura 30).

Processos isquêmicos renais

O aspecto ecográfico depende da área isquêmica e da duração do processo. Na fase hiperaguda, pouca ou nenhuma alteração se observa à USG. Aumento volumétrico discreto pode ser observado nos infartos globais. Alterações da ecogenicidade na área isquemiada podem estar presentes. O mapeamento com Doppler colorido e o Doppler de amplitude demonstram áreas com redução ou ausência de fluxo intrarrenal (Figura 31).

Evolutivamente, pode-se observar após 24 horas a formação de área cuneiforme hipoecogênica com base cortical (nos infartos segmentares) ou hipoecogenicidade difusa e monótona nos quadros globais. Após a fase aguda, inicia-se processo de redução da espessura parenquimatosa, com retração da superfície do órgão (atrofia cortical). Tardiamente, pode-se observar redução volumétrica de todo o órgão, no caso dos infartos globais. Se houver circulação colateral, ou se houver restabelecimento do fluxo na artéria renal (recanalização, tratamento cirúrgico, implantação de *stents*), este pode ser detectado ao mapeamento colorido intrarrenal. Na presença de circulação colateral efetiva, o fluxo intrarrenal é tipicamente de padrão *tardus-parvus*, com redução de sua impulsão sistólica e geralmente baixas velocidades (Figura 32).

Na suspeita de oclusão da artéria renal, a visualização do ponto de obstrução ou ausência de mapeamento pode ser observada, com padrão espectral em "staccatto" proximal à oclusão (Figura 33).

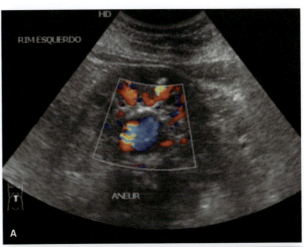

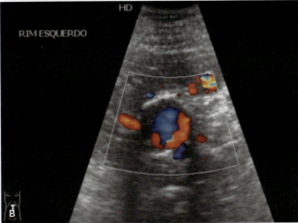

Figura 30 Mapeamento com Doppler colorido de aneurisma da artéria renal no nível do hilo renal.

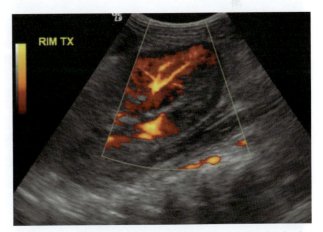

Figura 31 Mapeamento com Doppler de amplitude de rim transplantado na fossa ilíaca direita demonstrando zona isquêmica segmentar sem mapeamento vascular ao Doppler no terço inferior.

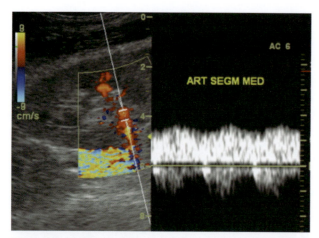

Figura 32 Dúplex-Doppler colorido de artéria segmentar média de rim transplantado, demonstrando fluxo *tardus-parvus* de baixa aceleração em paciente com estenose da anastomose arterial.

Salienta-se a aplicação do meio de contraste ultrassonográfico para estudo da circulação renal nos processos isquêmicos, uma vez que o contraste tem sensibilidade maior que o estudo com Doppler para avaliação dos vasos de menor calibre e baixa velocidade.

Trombose da veia renal

A trombose da veia renal pode ser observada em maior número na esfera pediátrica, secundária a casos de desidratação, hipóxia e anemia falciforme. Em adultos, pode ser decorrente de síndrome nefrótica, quadros de hipercoagulação, policitemia vera, trombose da veia cava inferior ou da veia ovariana e de traumas abdominais, bem como de tumores (Figura 34).

A análise ultrassonográfica e o mapeamento com Doppler colorido demonstram aumento de calibre da veia renal, que pode apresentar-se preenchida por material ecogênico em quadros agudos, ausência de fluxo ve-

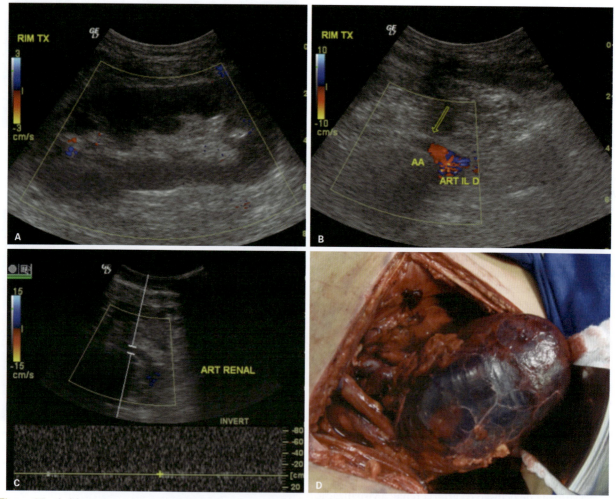

Figura 33 A: Mapeamento com Doppler colorido de rim transplantado, sem sinal de fluxo ao exame (silêncio vascular). B: Mapeamento com Doppler colorido ao nível da anastomose arterial demonstrando ausência de fluxo na artéria renal, com área de *stop* bem caracterizada (seta). C: Dúplex-Doppler colorido no nível da anastomose arterial, demonstrando ausência de fluxo na artéria renal. D: Imagem da peça cirúrgica – rim transplantado necrosado por trombose da artéria renal.

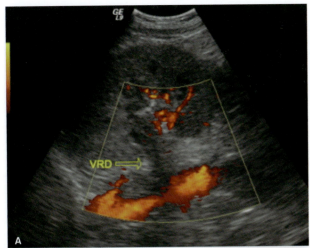
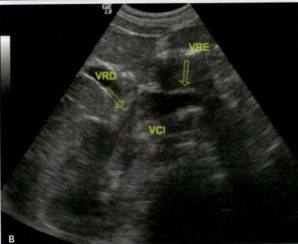

Figura 34 A: Mapeamento com Doppler colorido no nível do hilo renal direito demonstrando ausência de fluxo na veia renal direita (VRD). B: Imagem em modo B demonstrando trombo na luz da veia renal direita, alcançando a veia cava inferior (VCI).

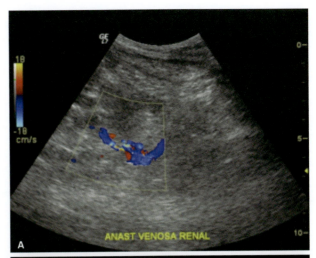
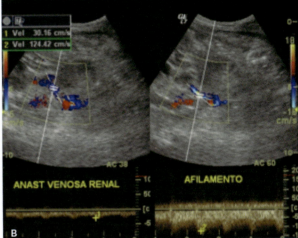

Figura 35 A: Mapeamento com Doppler colorido no nível da anastomose venosa terminolateral de rim transplantado demonstrando afilamento da veia renal, correspondendo a estenose. B: Mapeamento com dúplex-Doppler colorido no nível da anastomose venosa terminolateral de rim transplantado demonstrando afilamento da veia renal com aumento das velocidades no nível da estenose.

noso detectável no leito da veia renal ao Doppler colorido e espectral. Se a trombose for parcial, pode-se perceber fluxo filiforme permeando o trombo, com redução ou perda da fasicidade habitual deste vaso (Figura 35).

O mapeamento colorido intrarrenal, nos casos agudos, pode demonstrar redução do fluxo venoso no interior do órgão, e amostras obtidas dos segmentos arteriais podem demonstrar elevação dos índices de resistência. A presença de diástole zero ou diástole reversa é um marcador importante, que deve ser valorizado quando presente (Figura 36).

Estenose da artéria renal

A estenose da artéria renal constitui causa de hipertensão secundária (hipertensão renovascular) passível de tratamento cirúrgico com bons resultados. A perda progressiva de função renal e a possibilidade de reversão tornam obrigatória a sua investigação.

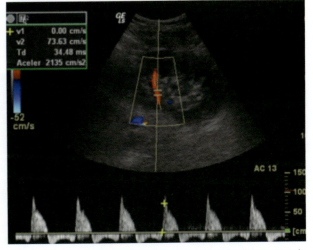

Figura 36 Imagem em dúplex-Doppler colorido demonstrando diástole reversa em rim transplantado com trombose da veia renal.

A doença aterosclerótica é, sem dúvida, a causa mais comum. Envolve, rotineiramente, o óstio (emergência) e o terço proximal da artéria renal, geralmente em pacientes com mais de 60 anos de idade. A displasia fibromuscular constitui a segunda causa mais importante de estenose das artérias renais, acometendo principalmente pacientes do sexo feminino, geralmente com menos de 40 anos de idade, e rotineiramente envolvendo os terços médio e distal da artéria renal ou artérias segmentares.

Algoritmo de avaliação de estenoses da artéria renal ao dúplex-Doppler colorido

A USG com mapeamento por Doppler colorido e avaliação espectral é método de imagem para triagem inicial, indicando quais pacientes têm indicação de prosseguir na investigação diagnóstica e quais podem ser excluídos do protocolo de investigação, pois apresenta alta sensibilidade de detecção, mas baixa especificidade, necessitando de confirmação por meio de arteriografia, ângio-TC ou ângio-RM.

O estudo inicia-se pela aorta abdominal, descrevendo seu trajeto, calibre e o eventual envolvimento por doença ateromatosa ou aneurismas. Em seguida, mapeia-se com Doppler colorido e espectral, utilizando ângulo Doppler adequado (< 60°), com mensuração da velocidade de pico sistólico (VPS). A seguir, em cortes transversais à aorta, identifica-se a emergência das artérias renais, cerca de 1 cm abaixo da emergência da artéria mesentérica superior (Figura 37).

Toma-se amostras espectrais, com especial cuidado ao ângulo de aquisição, mantendo-se sempre inferior a 60°. Mensurações das velocidades de pico sistólico nas artérias renais devem ser efetuadas (Figura 38).

Em seguida, estudam-se os rins, em todas as suas características (topografia, dimensões, contornos, textura, parênquima etc.). A utilização do mapeamento colorido pode identificar se a vascularização é normal (anatômica) ou reduzida (hipovascularização). Deve-se identificar três artérias segmentares (superior, média e inferior) e obter análises espectrais, corrigindo o ângulo Doppler e medindo o índice de aceleração e a VPS de cada artéria.

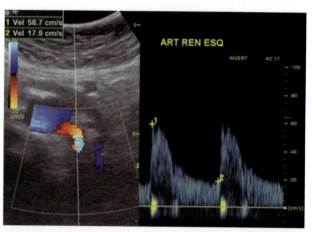

Figura 38 Dúplex-Doppler colorido da emergência da artéria renal esquerda. Observa-se a correção angular para o cálculo da velocidade de pico sistólico.

Análise dos resultados

A velocidade de pico sistólico na emergência das artérias renais é considerada normal quando se encontra abaixo de 180 cm/s.

Procede-se à relação entre a VPS das artérias renais e da aorta abdominal, que não deve exceder a razão absoluta de 3. Esta razão é conhecida como relação renal-aorta (RRA). Essas quatro medidas (velocidade de pico sistólico da artéria renal esquerda e direita, relação renal-aorta esquerda e direita) são conhecidas como método direto, pois se relacionam diretamente com a estenose da artéria renal. Quando presentes, são fortemente sugestivas de estenose superior a 60% da sua luz (considerada estenose significativa). Destes, a VPS na emergência da artéria renal é o critério mais sensível e específico utilizado na detecção de estenoses significativas nesse leito.

Em seguida, realiza-se a análise das curvas das artérias segmentares em ambos os rins. A curva espectral

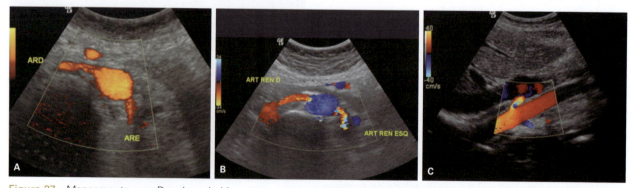

Figura 37 Mapeamento com Doppler colorido – cortes transversal (A e B) e longitudinal (c) da aorta abdominal demonstrando a emergência das duas artérias renais.

normal apresenta altos índices de aceleração (> 3 m/s²), ou tempos de aceleração curtos (< 0,08 s). A análise subjetiva da morfologia de curva das artérias segmentares tem padrão característico. Se ela apresentar impulsão sistólica achatada, infere-se que o índice de aceleração está reduzido e o tempo de aceleração, alargado. Essa curva, com morfologia patológica característica, é conhecida como *tardus-parvus*.

Por fim, procede-se à razão entre as VPS da artéria renal e as VPS das artérias segmentares. Essa razão é conhecida como relação renal-segmentar (RRS) e não deve exceder o valor absoluto de 5. Essas medidas efetuadas (tempo de aceleração, índice de aceleração e relação renal-segmentar) são conhecidas como método indireto, pois traduzem sinais do leito distal, indiretamente relacionados à estenose das artérias renais.

É importante lembrar que a RRS, dentro das variáveis do método indireto, é a que apresenta maior sensibilidade e especificidade, pois demonstra o gradiente velocimétrico acentuado na hipertensão renovascular, entre o leito proximal e distal. Esses dados são importantes, na tentativa de minimizar os resultados falso-positivos (em artérias renais acotoveladas) e falso-negativos (estenoses em territórios de difícil acesso, como o terço médio da artéria renal).

Também é consenso que pacientes com estenose de artéria renal com índice de resistividade (IR) intrarrenal normal são beneficiados clinicamente pela correção da estenose, enquanto pacientes com IR intrarrenais elevados (> 0,8) apresentam evolução desfavorável, mesmo corrigindo-se a estenose, em decorrência de nefropatia instalada.

Na conclusão, será especificado se há sinais (diretos ou indiretos) de estenose significativa das artérias renais ao mapeamento com dúplex-Doppler, ou se a doppler-velocimetria encontra-se dentro dos padrões de normalidade.

Dificuldades técnicas (obesidade, meteorismo, incapacidade de manter apneia adequada) podem ser determinantes na qualidade técnica do exame, limitando a caracterização das artérias renais em número significativo de vezes. Sugere-se a abordagem em decúbito lateral, para minimizar essas limitações descritas.

Realizado de maneira metódica, paciente, insistente e adequada, o exame apresenta, aproximadamente, sensibilidade para detecção de estenoses significativas de 79%, especificidade de 93%, valor preditivo positivo de 85% e valor preditivo negativo de 90% no estudo das artérias renais principais, e avaliação abaixo do ideal para estudo de artérias renais acessórias.

Processos infecciosos renais

As infecções do trato urinário em sua forma não complicada clássica não apresentam achados de imagem significativos, sendo o diagnóstico clínico e laboratorial. No entanto, a pesquisa de fatores associados (litíase, hidronefrose), complicações (abscessos) e principais diagnósticos diferenciais (prenhez ectópica, apendicite, cistos ovarianos, litíase) passam obrigatoriamente pela avaliação ultrassonográfica, fazendo do método a primeira linha nessa avaliação, juntamente com o exame laboratorial de urina.

Portanto, é papel da USG afastar doenças que mimetizam a clínica da infecção do trato urinário e detectar eventuais sinais de complicação, que poderiam exigir internação hospitalar e antibioticoterapia endovenosa.

Pielonefrite bacteriana

Quadros de refluxo vesicoureteral, nefrolitíase, obstrução urinária (ureterolitíase, neoplasias, alterações congênitas) e diabete melito são geralmente fatores predisponentes e/ou complicadores das pielonefrites agudas bacterianas (Figura 39).

Na USG, pode-se encontrar um espectro de alterações, conforme o *status* imunológico e o estágio da doen-

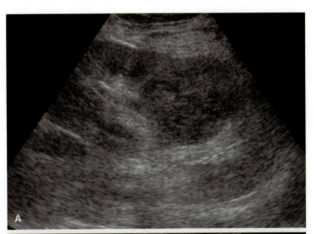
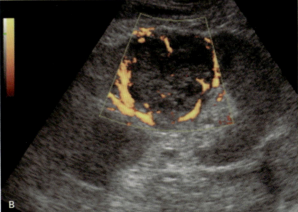

Figura 39 A: Imagem em modo B, corte longitudinal e transversal, de rim transplantado com área hipoecogênica de morfologia nodular em terço médio, correspondendo a abscesso em formação, mimetizando formação tumoral sólida. B: Mapeamento com Doppler colorido do abscesso demonstrando ausência de vascularização em seu interior.

ça, incluindo: aumento das dimensões renais, hipoecogenicidade difusa do parênquima, perda da diferenciação corticomedular, espessamento do urotélio, caliectasia. As complicações tardias podem incluir as necroses de papila e a perda de massa renal, com áreas de retração e atrofia do parênquima (Figura 40).

A presença de gás (caracterizado como formações hiperecogênicas amorfas, com reverberação posterior) em coleções, no sistema coletor ou no rim pode ser secundária a manipulações (cateteres em vias urinárias, nefrostomias, cirurgias), decorrente de fístulas com o sistema digestivo, ou de infecção urinária por patógenos Gram-negativos. Conhecida como pielonefrite enfisematosa, constitui condição grave, muitas vezes evoluindo com tratamento cirúrgico (nefrectomia).

Pielonefrite fúngica

As infecções por agentes fúngicos geralmente estão relacionadas a quadros de alteração da imunidade. O patógeno mais comum é a *Candida albicans*, mas outros agentes, como o *Cryptococcus* e o *Aspergillus* também podem estar presentes.

Apresenta-se como múltiplos abscessos corticais e medulares, com necrose de papilas. Havendo extensão para sistema coletor, podem-se formar bolas de fungo (micetomas), ocasionando hidronefrose obstrutiva. Os achados de imagem são rim heterogêneo, com aumento difuso da ecogenicidade do parênquima renal e com microabscessos. Os micetomas apresentam-se como formações hiperecogênicas de morfologia arredondada na pelve renal, com até 4 cm geralmente, e que não determinam sombra acústica posterior.

Pielonefrite granulomatosa

As principais doenças infecciosas renais crônicas granulomatosas são: tuberculose renal, pielonefrite xantogranulomatosa e malacoplaquia.

A tuberculose renal pode acometer um ou ambos os rins, a partir da disseminação hematogênica do *Mycobacterium tuberculosis*. Cursa, inicialmente, com formação de granulomas caseosos na junção corticomedular. Pode cavitar e evoluir para necrose papilar, desenvolvendo lesões ulcerativas e fibróticas no sistema coletor, culminando com a estenose infundibular, retração da pelve renal, estreitamento do ureter e espessamento das paredes da bexiga, com redução de sua capacidade (Figura 41).

A USG pode identificar redução volumétrica renal, com afilamento do parênquima, focal ou globalmente. Também podem ser encontradas irregularidade dos con-

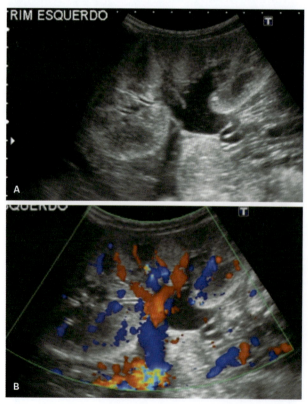

Figura 40 Rim esquerdo de dimensões aumentadas, com parênquima espessado e hipoecoico, notando-se aumento difuso da vascularização (B) e ectasia piélica associada. Imagens gentilmente cedidas pelo Dr. Thobias N. Oliveira.

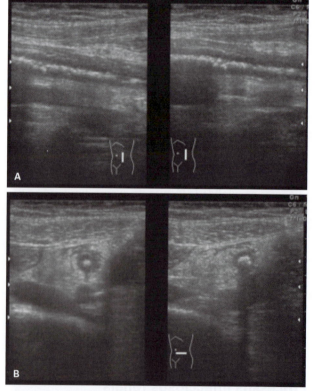

Figura 41 A: Imagem em modo B, corte longitudinal de ureter, demonstrando pieloureterite tuberculosa com calcificações. B: Imagem em modo B, corte transversal de ureter, demonstrando pieloureterite tuberculosa com calcificações.

tornos (retração e fibrose), áreas císticas de contornos irregulares no parênquima renal ou áreas de ecogenicidade variável (correspondendo à necrose caseosa), necrose de papila e calcificações parenquimatosas. De maneira clássica, observam-se distorção e dilatação calicial sem dilatação da pelve renal, correspondendo à estenose infundibular (Figura 42).

Envolvimento ureteral e vesical também pode ocorrer, com redução significativa da distensibilidade vesical, diminuindo sua capacidade de maneira significativa.

Outro processo granulomatoso a ser estudado é a pielonefrite xantogranulomatosa. Processo infeccioso crônico mais prevalente em mulheres, diabéticas, entre a 5ª e a 6ª décadas de vida, caracterizada por lesões destrutivas do parênquima renal. Essa doença geralmente é unilateral, com perda subtotal ou total da função renal. Ao estudo ultrassonográfico, observam-se: aumento das dimensões renais, calculose (geralmente cálculos coraliformes ou de grandes dimensões), fibrose peripiélica e hidronefrose, algumas vezes com material purulento no sistema coletor e pelve (pionefrose). Pode haver heterogeneidade do parênquima, com perda da relação corticomedular, e presença de "massas", hipoecogênicas ou isoecogênicas, com fluxo periférico (processo inflamatório). A doença pode apresentar acometimento focal, mas a forma difusa é a mais frequente (85% dos casos). Faz-se diagnóstico diferencial com processos tumorais (tanto histologicamente como nos achados de imagem), principalmente nos acometimentos focais (Figura 43).

Convém citar a equinococose (doença hidática), doença parasitária (não fúngica), de caráter granulomatoso, que pode acometer os rins. Os achados de imagem fazem diferencial com as lesões císticas, com os tumores malignos císticos e os abscessos renais. Geralmente, apresentam-se como cistos simples, multisseptados ou loculados, com paredes lisas ou espessadas, com ou sem calcificações. Podem alcançar 10 cm de diâmetro ou mais, nem sempre determinando sintomatologia específica.

Pielonefrite crônica e nefropatia por refluxo

A pielonefrite crônica é uma causa importante de nefropatia terminal. Trata-se de distúrbio túbulo-intersticial crônico e pode ser dividida em pielonefrite crônica obstrutiva e nefropatia por refluxo.

Na USG, observa-se redução volumétrica renal, com afilamento de parênquima (< 1 cm de espessura), áreas de retração cortical, fibrose e caliectasias, muitas vezes com distorção da arquitetura calicinal normal. Nota-se aumento difuso da ecogenicidade do parênquima renal remanescente, com perda da diferenciação corticomedular habitual. Nos casos de nefropatia por refluxo, o acometimento do parênquima renal pode ser segmentar, com hipertrofia compensatória adjacente. Pode-se ainda observar caliectasia focal, com distorção de sua morfologia normal, adjacente ao parênquima acometido.

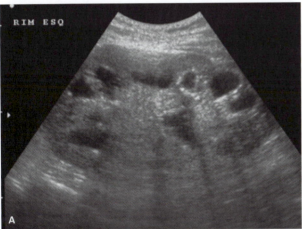
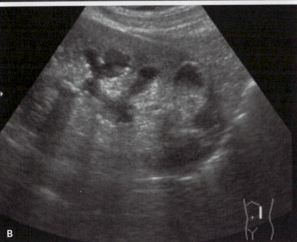

Figura 42 Imagem em modo B demonstrando rim com acometimento por tuberculose. Observar o material caseoso e a estenose infundibular.

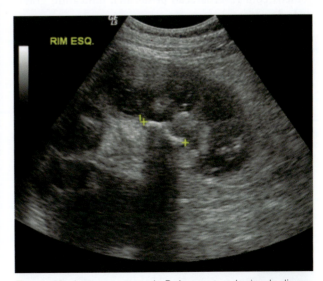

Figura 43 Imagem em modo B demonstrando rim de dimensões aumentadas, com perda de sua arquitetura habitual e presença de cálculos coraliformes em paciente diabética de 50 anos. Esse aspecto é compatível com pielonefrite xantogranulomatosa.

Abscessos renais

Podem se apresentar como lesões hipoecogênicas, de limites imprecisos, que atenuam parcialmente o feixe sonoro. Evoluem com maior determinação de seus contornos e liquefação central, com conteúdo espesso, ecogênico, debris e septações, podendo haver formação de nível líquido-líquido. A presença de gás está associada a microrganismos anaeróbios ou Gram-negativos. A formação de cápsula fibrosa bem definida delimitando o processo indica o caráter crônico da infecção.

O mapeamento com Doppler colorido não traduz achados patognomônicos, porém, a ausência de fluxo central e o pobre mapeamento periférico auxiliam no diagnóstico diferencial com tumores, às vezes necessitando-se de controle evolutivo (Figura 39B). Além disso, punções diagnósticas e drenagens (terapêuticas) podem ser facilmente guiadas pela USG.

Abscesso perinefrético

Pode ocorrer como extensão de um processo infeccioso intrarrenal, rompendo a cápsula e atingindo o espaço perirrenal (Figura 44). Apresentam-se desde coleções líquidas, anecoides ou hipoecogênicas, até efeitos de massa mal delimitados, heterogêneos, de limites mal definidos, conforme sua composição e localização, sendo muitas vezes não caracterizáveis em decorrência de sua localização retroperitoneal. Nesses casos, a TC é o método diagnóstico de escolha.

Especial atenção deve ser dada à redução ou à ausência de mobilidade renal, que apesar de constituir sinal indireto pode estar presente nos processos infecciosos graves, e à presença de gás em coleções (focos hiperecogênicos com reverberação posterior), indicando gravidade do processo.

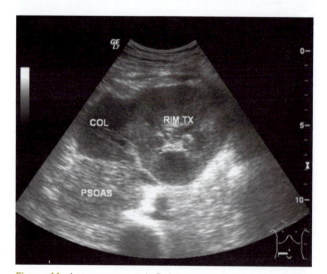

Figura 44 Imagem em modo B demonstrando coleção perirrenal (em rim transplantado).

Pionefrose

Pode ser definida como processo infeccioso grave associado às vias urinárias obstruídas. Por constituir emergência urológica, a USG tem papel de destaque, permitindo rápida diferenciação com a hidronefrose simples, na vigência do quadro clínico (dor, febre, calafrios).

Podem ser observados hidronefrose, com material espesso, ecogênico, no interior do ureter dilatado, pelve renal e cálices, formando, muitas vezes, níveis líquidos. Pode haver presença de gás (deve-se descartar introdução acidental de gás por manipulação, sondagem ou cirurgia). Espessamento urotelial também pode estar presente nos quadros mais crônicos. Deve-se determinar, quando presente, o fator causal (cálculo ureteral, tumor, aumento prostático etc.).

Tumores renais

A USG constitui excelente método para rastreamento das massas renais (exames de rotina ou *check-up*), permitindo sua identificação, mensuração e descrição. Sua sensibilidade é alta, porém a especificidade é baixa, exigindo outros métodos complementares de imagem.

Rotineiramente, os tumores renais apresentam-se como formações sólidas bem definidas, de contornos irregulares ou microlobulados, que podem acometer qualquer topografia renal (polar, mesorrenal, cortical, medular, exofítica etc.). Sua ecogenicidade é variável, podendo ser hipoecogênica, heterogênea, hiperecogênica (principalmente nos componentes adiposos), mista (cistos complexos, áreas de necrose). Invasão vascular, dos planos adjacentes e metástases à distância na cavidade abdominal também podem ser avaliadas pelo método.

O papel da USG não é determinar o diagnóstico anatomopatológico, mas caracterizar a presença da massa renal, sua descrição macroscópica e o diagnóstico de eventuais achados adicionais (hidronefrose, metástases etc.).

O Doppler colorido e o contraste ultrassonográfico por microbolhas podem auxiliar no diagnóstico dos tumores. Não são utilizados na distinção entre lesões sólidas malignas e benignas, mas são úteis na diferenciação das lesões pseudotumorais, como hematomas e na hipertrofia da coluna de Bertin.

Processos expansivos renais benignos

A caracterização de um processo tumoral benigno permite ao médico assistente controle evolutivo seriado do paciente, o que a USG pode realizar com absoluta precisão.

- Angiomiolipoma: a apresentação clássica é de imagem nodular hiperecogênica, circunscrita, bem definida e de contornos regulares em córtex renal, com dimensões variáveis. Tem constituição complexa (gordura, músculo etc.). Deve-se evitar tirar conclusões anatomopatológicas no relatório, pois tumores malignos em fases iniciais podem mimetizar os achados descritos para o angiomiolipoma (Figura 45). Pode se apresentar isoladamente ou de forma múltipla, neste caso, associado à esclerose tuberosa (facomatose ou doença de Bourneville). Geralmente é assintomático ("achado de exame"), mas pode determinar lombalgia, hematúria e massa palpável quando atinge grandes dimensões.

- Adenoma: diagnóstico geralmente incidental, também caracterizado como massa ou nódulo heterogêneo de ecogenicidade variável.
- Abscesso renal: geralmente complicação de processo infeccioso (pielonefrite ou infecção urinária). Pode estar associado aos quadros traumáticos e pós-cirúrgicos.
- Pseudotumores renais: incluem as hipertrofias da coluna de Bertin, a pielonefrite xantogranulomatosa, a corcova de dromedário e as lobulações fetais, todas já descritas anteriormente.

Processos expansivos renais malignos

Os tumores malignos renais podem apresentar quadro clínico clássico de hematúria, dor e emagrecimento, quando atingem dimensões maiores. Tumores renais pequenos são achados incidentais em exames do abdome, como *check-up* e rotina.

- Adenocarcinoma renal: é o tumor maligno mais frequente no adulto. Pode apresentar-se como massa hipoecogênica, lobulada ou irregular, com áreas centrais de necrose, abaulamento dos contornos renais e distorção de sua morfologia, com dimensões variáveis, conforme o momento do diagnóstico (Figura 46). Hidronefrose pode estar presente se determinar quadro obstrutivo, geralmente associado a hematúria. Pode apresentar invasão dos tecidos perirrenais, da veia renal e da veia cava inferior, o que deve ser ativamente pesquisado (Figura 47).

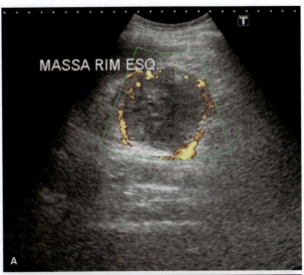
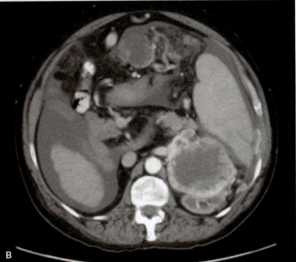

Figura 46 A: Imagem com Doppler colorido demonstrando massa vascularizada no rim esquerdo. B: Tomografia computadorizada demonstrando massa renal esquerda.

- Metástases: o aspecto por imagem é variável, podendo apresentar massa única ou múltipla, uni ou bilateral, de dimensões variáveis. Podem simular os hipernefromas, porém com menor mapeamento ao Doppler colorido (hipovascularização). Nos linfomas, o padrão por imagem pode ser infiltrativo difuso, com hiperecogenicidade global e aumento das dimensões renais, mas podem cursar com nódulos únicos ou múltiplos.
- Carcinoma de células transicionais: na USG pode-se evidenciar massa sólida acometendo o seio renal ou ureteres, com ou sem hidronefrose associada. O aspecto é infiltrativo, geralmente com ecogenicidade pouco superior ao parênquima renal.
- Oncocitoma: sua apresentação clássica corresponde a lesões homogêneas, bem delimitadas, geralmente hipoecogênicas e menores que 5,5 cm, assintomáticas e mais prevalentes em homens (2H:1M).

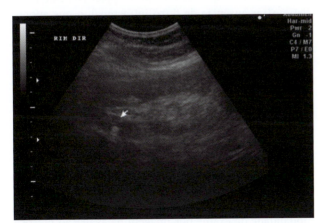

Figura 45 Imagem em modo B demonstrando pequeno nódulo hiperecogênico (angiomiolipoma).

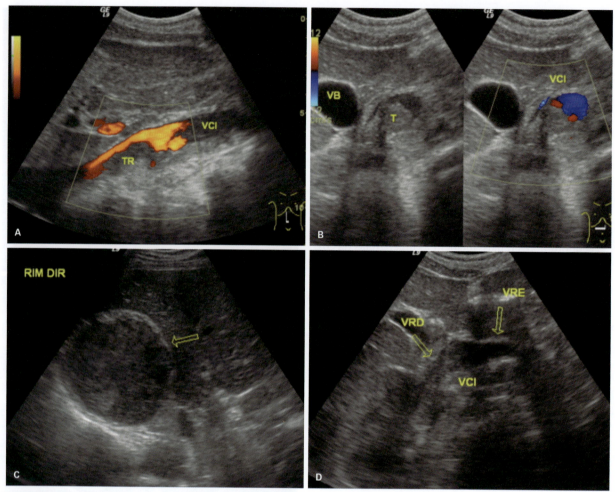

Figura 47 Mapeamento com Doppler colorido demonstrando trombo na luz da veia cava inferior (VCI). A: Longitudinal. B: Transversal. C: Imagem em modo B demonstrando grande massa em rim direito. D: Mapeamento com Doppler colorido no nível do hilo renal direito demonstrando ausência de fluxo na veia renal direita (VRD).

- Outros: podemos inserir nesta categoria as lesões de menor frequência, incluindo os leiomiossarcomas, fibrossarcomas, lipossarcomas, hemangiopericitomas e histiocitomas malignos. Todos se apresentam como massas circunscritas procedentes do seio renal, envoltas pelo parênquima circunjacente, com ecogenicidade e aspecto variável, e diagnóstico diferencial inespecífico pelo método.

Trauma renal

A USG é o método de escolha para avaliação inicial do paciente com traumatismo abdominal fechado, no intuito de buscar líquido livre ou coleções na cavidade abdominal (*focused assessment with sonography for trauma* – FAST). O exame é realizado na sala de emergência, determinando a conduta cirúrgica ou conservadora em segundos.

A presença de líquido livre na cavidade abdominal não aponta especificamente para lesão renal. Entretanto, coleções perirrenais podem falar a favor desse diagnóstico.

A USG de realização rápida não é adequada para avaliação de lesões renais parenquimatosas ou hilares. Se o paciente apresenta-se estável, pode-se proceder à USG de maneira minuciosa, na pesquisa ativa de lesões parenquimatosas. O mapeamento com Doppler colorido pode demonstrar ausência de fluxo intrarrenal, o que aponta para lesões hilares.

A USG no paciente estável pode determinar a alteração de contornos renais e da textura renal nos casos de laceração ou fratura da víscera, bem como a presença de coleções ou hematomas perirrenais. Porém, mesmo com exames ecográficos negativos, recomenda-se prosseguir a avaliação com outros métodos de imagem na presença de marcadores de trauma abdominal grave.

Transplante renal

A USG associada ao Doppler colorido é a primeira modalidade de exame por imagem na avaliação precoce e tardia do rim transplantado. Isso se deve ao fato de esse exame ser inócuo, de baixo custo e de grande sensibilidade, porém pouco específico (Figura 48).

Complicações

Várias são as complicações que acometem o rim transplantado, sendo que cerca de 80% das afecções estão relacionadas à perda da função renal pela NTA e à rejeição aguda. Os 20% restantes estão relacionados às demais complicações, como as coleções perirrenais e as complicações vasculares.

As complicações clínicas apresentam um padrão monótono de imagem, traduzindo-se por aumento difuso da ecogenicidade do parênquima, hipoecogenicidade marcada das pirâmides, dimensões renais normais ou aumentadas e aumento difuso dos índices de resistência e pulsatilidade, obtidos nas amostras intrarrenais ao Doppler colorido. Não é possível diferenciar por meio da USG isoladamente seu diagnóstico; faz-se, então, necessária a correlação com exames laboratoriais, quadro clínico, tempo pós-cirúrgico e biópsia renal.

A seguir, estão as principais complicações clínicas que podem cursar com piora do enxerto renal:

- NTA: na USG, nota-se uma acentuação das pirâmides renais, as quais se tornam mais hipoecogênicas, e aumento global da impedância vascular intrarrenal (Figura 49).
- Rejeição aguda: a rejeição é caracterizada pela perda abrupta da função renal e pode ser hiperaguda, aguda ou crônica. Em geral, ocorrem como resposta do sistema imunológico, razão pela qual esses pacientes recebem drogas imunossupressoras. O diagnóstico diferencial entre a rejeição e a NTA se faz por meio da biópsia percutânea.
- Rejeição crônica: na rejeição crônica há uma perda vagarosa e progressiva da função renal, conduzindo

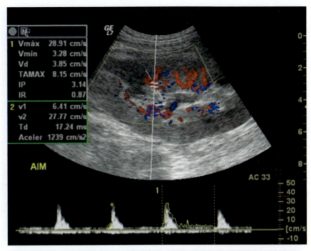

Figura 49 Mapeamento com dúplex-Doppler colorido de artéria interlobar média de rim transplantado demonstrando padrão de alta resistência em paciente com quadro de necrose tubular aguda.

à insuficiência. Diferentemente das complicações precoces, a rejeição crônica cursa com redução volumétrica do órgão, aumento da ecogenicidade e perda da diferenciação corticomedular. A análise com Doppler colorido demostra redução acentuada da vascularização intrarrenal e aumento dos índices de resistividade e pulsatilidade intrarrenais.

Coleções perirrenais

Após o transplante, é comum encontrar coleções de aspecto variado e não específico. Às vezes, a punção aspirativa se faz necessária para o diagnóstico diferencial. São elas:

- Hematoma/seroma: coleções em crescente adjacentes ao rim e que são detectadas imediatamente após a cirurgia. O tamanho, a velocidade de crescimento e a localização dessas coleções ditam se o tratamento será conservador ou cirúrgico. O aspecto ecográfico pode variar desde líquido anecoico com septos até coleção líquida hiperecogênica (Figura 50).
- Urinomas: constituem o extravasamento de urina após a cirurgia junto à anastomose vesicoureteral, seja por falha cirúrgica ou por necrose local. Ecograficamente, os urinomas não apresentam imagem específica, mas são caracterizados por coleções anecoides com poucos septos junto à anastomose vesicoureteral.
- Linfoceles: as linfoceles ocorrem de 4 a 8 semanas após a cirurgia e são causadas por rupturas de pequenos ductos linfáticos durante a dissecção vascular. Em sua grande maioria, essas coleções são inócuas, mas podem exercer compressão local, determinando hidronefrose ou trombose venosa. Apresentam-se como coleção arredondada, com septos finos, localizada no trajeto do ureter.

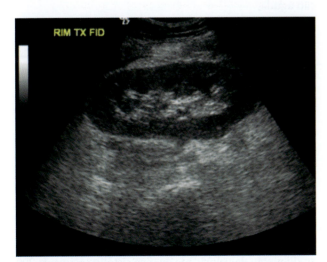

Figura 48 Imagem em modo B de rim transplantado normal na fossa ilíaca direita.

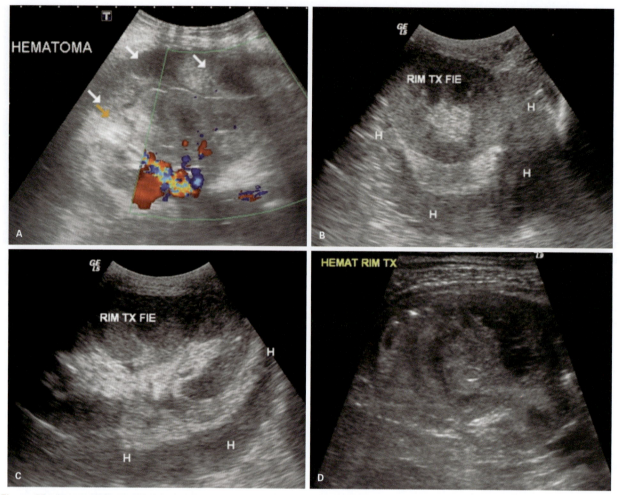

Figura 50   Imagens demonstrando hematoma perirrenal (em rim transplantado), com aspecto organizado em D.

Alterações vasculares

As alterações vasculares podem ser caracterizadas na USG, determinando a conduta diagnóstica ou terapêutica do paciente transplantado.

Trombose da veia renal

A trombose da veia renal é rara e, quando presente, causa uma série de alterações na função do enxerto. Geralmente ocorre na primeira semana após a cirurgia e clinicamente se manifesta com oligúria, inchaço local e aumento do volume do rim.

Dá-se ênfase à análise do hilo renal, no qual se nota a veia dilatada e preenchida por material ecogênico amorfo e ausência de preenchimento da luz do vaso no mapeamento com Doppler colorido. Outro sinal associado é o padrão espectral intrarrenal de alta impedância, podendo-se observar com frequência a diástole reversa nas amostras intrarrenais, traduzindo síndrome compartimental.

Trombose da artéria renal

A trombose da artéria renal ocorre precocemente após a cirurgia. Observa-se aumento do volume do órgão e hipoecogenicidade difusa. O mapeamento com Doppler colorido demonstra a ausência de vascularizações arterial e venosa intrarrenais ("silêncio vascular"). Entretanto, esse achado não é específico da trombose da artéria e pode também ser visto no quadro de rejeição aguda.

Estenose da artéria renal

A estenose da artéria renal é a complicação vascular mais comum e, na maioria das vezes, ocorre no local da anastomose ou no segmento da artéria doadora. Habitualmente, decorre de falha na técnica cirúrgica. Geralmente essa alteração é mais tardia, não devendo ser aventada no pós-operatório imediato.

A análise com Doppler colorido é um excelente método na avaliação da estenose da artéria renal, onde o segmento estenótico apresentará:

- Artefato de turbilhonamento no local da estenose, visto como área de mosaico ao mapeamento com Doppler colorido.
- Elevação da velocidade de pico sistólico acima de 200 cm/s (Figura 51).

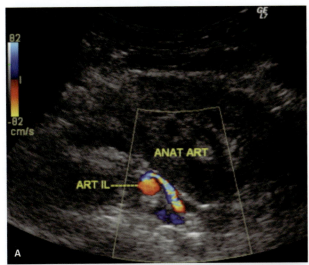
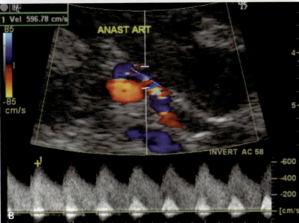

Figura 51   A: Mapeamento com Doppler colorido demonstrando tortuosidade e estenose da anastomose arterial de um rim transplantado. B: Dúplex-Doppler colorido demonstrando aumento das velocidades sistólicas em estenose da anastomose arterial de um rim transplantado.

- Gradiente de velocidade entre o ponto estenótico e o pré-estenótico acima de 3:1 (quando a estenose ocorre na anastomose arterial, utilizando-se a velocidade de pico sistólico da artéria ilíaca como referência pré-estenótica).
- Gradiente de velocidade entre o ponto estenótico e o pré-estenótico acima de 2:1 (quando a estenose ocorre ao longo do trajeto da artéria renal).
- Alargamento da curva espectral.
- Desaceleração da curva espectral no chamado efeito *tardus parvus* (distal ao leito estenótico).

No caso de suspeita de estenose da artéria renal, deve-se proceder à arteriografia, a fim de se confirmar o diagnóstico e também para se proceder à dilatação do segmento estenosado. Pacientes com alteração ao Doppler colorido, sem alteração clínica, podem ser monitorados de maneira mais conservadora.

Pseudoaneurisma e fístulas arteriovenosas

Geralmente os pseudoaneurismas e as fístulas aparecem em qualquer ponto do rim, seja intra ou extrarrenal, e normalmente ocorrem após procedimentos intervencionistas, como a biópsia. Clinicamente, essas lesões cursam com hematúria autolimitada que desaparece em algumas semanas. No caso das fístulas, identifica-se ponto de comunicação entre a artéria nutriente (segmentar ou interlobar) e a veia correspondente, de modo a se obter a artéria com padrão de baixa resistência e a veia com padrão arterializado, sempre com altas velocidades. Os pseudoaneurismas aparecem ao modo B como lesões císticas simples ou complexas, na topografia intra ou extrarrenal, sendo sempre aconselhável fazer o mapeamento com Doppler colorido para identificar fluxo arterial turbulento (mosaico) no interior da lesão.

Infarto segmentar do enxerto

O infarto renal segmentar aparece como área sólida hipoecogênica de contornos mal definidos. No infarto maciço, aparece com aumento do volume renal e hipoecogenicidade difusa. O mapeamento com Doppler colorido demostra a área avascularizada, mas esse achado não é específico do infarto, uma vez que ele pode ser visto nas rupturas renais por rejeição aguda e pielonefrites focais. No caso do infarto difuso há uma ausência de fluxo arterial e venoso em todo o órgão (Figura 33).

Bibliografia sugerida

1. Aktas S, Boyvat F, Sevmis S, Moray G, Karakayali H, Haberal M. Analysis of vascular complications after renal transplantation. Transplant Proc. 2011;43(2):557-61.
2. Ardissino G, Avolio L, Dacco V, Testa S, Marra G, Viganò S, et al. Long-term outcome of vesicoureteral reflux associated chronic renal failure in children. Data from the ItalKid Project. J Urol. 2004;172(1):305-10.
3. Barozzi L, Capannelli D, Imbriani M. Contrast enhanced ultrasound in the assessment of urogenital pathology. Archivio Italiano di Urologia e Andrologia. 2014;86:4.
4. Barr RG, Peterson C, Hindi A. Indeterminate renal masses at contrast-enhanced. US Radiology. 2014;271(1).
5. Barua M, Pei Y. Diagnosis of autosomal-dominant polycystic kidney disease: an integrated approach. Semin Nephrol. 2010;30(4):356-65.
6. Bergmann C, Senderek J, Windelen E, Küpper F, Middeldorf I, Schneider F, et al. Clinical consequences of PKHD1 mutations in 164 patients with autosomal-recessive polycystic kidney disease (ARPKD). Kidney Int. 2005;67(3):829-48.
7. Cannon GM Jr, Arahna AA, Graham DA, Passerotti CC, Silva A, Retik AB, et al. Improvement in vesicoureteral reflux grade on serial imaging predicts resolution. J Urol. 2010;183(2):709-13.
8. Casale P, Grady RW, Lee RS, Joyner BD, Mitchell ME. Symptomatic refluxing distal ureteral stumps after nephroureterectomy and heminephroureterectomy. What should we do? J Urol. 2005;173(1):204-6; discussion 206.
9. Chen KC, Hung SW, Seow VK, Chong CF, Wang TL, Li YC, et al. The role of emergency ultrasound for evaluating acute pyelonephritis in the ED. Am J Emerg Med. 2011;29(7):721-4.
10. Chen W, Kayler LK, Zand MS, Muttana R, Chernyak V, DeBoccardo GO. Transplant renal artery stenosis: clinical manifestations, diagnosis and therapy. Clin Kidney J. 2005;8(1):71-8.
11. Cheng PM, Moin P, Dunn MD, Boswell WD, Duddalwar VA. What the radiologist needs to know about urolithiasis: part 1 – pathogenesis, types, assessment, and variant anatomy. AJR Am J Roentgenol. 2012;198(6):W540-7.

12. Cosgrove DO, Chan KE. Renal transplants: what ultrasound can and cannot do. Ultrasound Q. 2008;24(2):77-87; quiz 141-2.

13. Eufrásio P, Parada B, Moreira P, Nunes P, Bollini S, Figueiredo A, et al. Surgical complications in 2000 renal transplants. Transplant Proc. 2011;43(1):142-4.

14. Faubel S, Patel NU, Lockhart ME, Melissa A. Cadnapaphornchai renal relevant radiology: use of ultrasonography in patients with AKI. Clin J Am Soc Nephrol. 2014;9(2):382-94.

15. Fontanilla T, Minaya J, Cortés C, Hernando CG, Arangüena RP, Arriaga J, et al. Acute complicated pyelonephritis: contrast-enhanced ultrasound. Abdom Imaging. 2012;37(4):639-46.

16. Gonzalez E, Papazyan JP, Girardin E. Impact of vesicoureteral reflux on the size of renal lesions after an episode of acute pyelonephritis. J Urol. 2005;173(2):571-4; discussion 574-5.

17. Katabathina VS, Kota G, Dasyam AK, Shanbhogue AK, Prasad SR. Adult renal cystic disease: a genetic, biological, and developmental primer. Radiographics. 2010;30(6):1509-23.

18. Li JC, Ji ZG, Cai S, Jiang YX, Dai Q, Zhang JX. Evaluation of severe transplant renal artery stenosis with Doppler sonography. J Clin Ultrasound. 2005;33(6):261-9.

19. Lim R. Vesicoureteral reflux and urinary tract infection: evolving practices and current controversies in pediatric imaging. AJR Am J Roentgenol. 2009;192(5):1197-208.

20. Liu DB, Armstrong WR 3rd, Maizels M. Hydronephrosis: prenatal and postnatal evaluation and management. Clin Perinatol. 2014;41(3):661-78.

21. Low G, Crockett AM, Leung K, Walji AH, Patel VH, Shapiro AM, et al. Imaging of vascular complications and their consequences following transplantation in the abdomen. Radiographics. 2013;33(3):633-52.

22. McArthur C, Geddes CC, Baxter GM. Early measurement of pulsatility and resistive indexes: correlation with long-term renal transplant function. Radiology. 2011;259(1):278-85.

23. Naesens M, Heylen L, Lerut E, Claes K, De Wever L, Claus F, et al. Intrarenal resistive index after renal transplantation. N Engl J Med. 2014;370(7):677-8.

24. Nicolau C, Buñesch L, Paño B, Salvador R, Ribal MJ, Mallofré C, et al. Prospective evaluation of CT indeterminate renal masses using US and contrast-enhanced ultrasound Abdom Imaging. 2015;40(3):542-51.

25. Novljan G, Levart TK, Kljucevsek D, Kenig A, Kenda RB. Ultrasound detection of vesicoureteral reflux in children. J Urol. 2010;184(1):319-24.

26. Peters C, Rushton HG. Vesicoureteral reflux associated renal damage: congenital reflux nephropathy and acquired renal scarring. J Urol. 2010;184(1):265-73.

27. Rodgers SK, Sereni CP, Horrow MM. Ultrasonographic evaluation of the renal transplant. Radiol Clin North Am. 2014;52(6):1307-24.

28. Rübenthaler J, Bogner F, Reiser M, Clevert DA. Contrast-enhanced ultrasound (CEUS) of the kidneys by using the Bosniak classification. Ultraschall Med. 2016;37(3):234-51.

29. Shaikh N, Ewing AL, Bhatnagar S, Hoberman A. Risk of renal scarring in children with a first urinary tract infection: a systematic review. Pediatrics. 2010;126(6):1084-91.

30. Sweeney WE Jr, Avner ED. Diagnosis and management of childhood polycystic kidney disease. Pediatr Nephrol. 2011;26(5):675-92.

31. Taskinen S, Rönnholm K. Post-pyelonephritic renal scars are not associated with vesicoureteral reflux in children. J Urol. 2005;173(4):1345-8.

32. Traubici J, Daneman A. High-resolution renal sonography in children with autosomal recessive polycystic kidney disease. AJR Am J Roentgenol. 2005;184(5):1630-3.

33. Turkbey B, Ocak I, Daryanani K, Font-Montgomery E, Lukose L, Bryant J, et al. Autosomal recessive polycystic kidney disease and congenital hepatic fibrosis (ARPKD/CHF). Pediatr Radiol. 2009;39(2):100-11.

Vias urinárias e bexiga

Francisco Donato Junior

Embriologia

No início da 4ª semana da vida embrionária surge a primeira unidade excretora, denominada pronefro, rudimentar e não funcional, que logo se degenera. No final da 4ª semana ocorre a formação do mesonefro (rim intermediário), funcional entre a 6ª e a 10ª semanas da vida embrionária. Os rins permanentes e as vias urinárias se originam do desenvolvimento do metanefro, na região caudal do mesonefro, a partir da 5ª semana de gestação e tornam-se funcionais a partir da 9ª semana gestacional. O parênquima renal é formado a partir do blastema metanéfrico, enquanto os ureteres, a pelve renal, os cálices, os ductos e os túbulos coletores se originam do broto uretérico, que se forma na região caudal do mesonefro. O blastema metanéfrico e o broto uretérico secretam fatores de crescimento que levam a uma indução recíproca de desenvolvimento dessas estruturas. Perturbações nessa indução podem levar à inibição do desenvolvimento do broto ureteral com hipoplasia ou agenesia renal. Por outro lado, a produção excessiva desses fatores pode levar à duplicação ou proliferação anormal desses tecidos. Durante o seu desenvolvimento, os rins ascendem da pelve para o retroperitônio posterior. Nessa ascensão os rins recebem o suprimento sanguíneo dos vasos adjacentes. Durante a ascensão dos rins ocorre formação de novos vasos nutridores com involução dos vasos mais inferiores.

A bexiga urinária desenvolve-se a partir da 7ª semana de gestação, quando o septo urogenital divide a cloaca embrionária no seio urogenital ventral e no reto dorsal. O seio urogenital é contínuo, com um saco membranoso que se estende até o umbigo, o alantoide, que posteriormente forma um cordão fibroso na linha mediana, o úraco. Durante o seu desenvolvimento, a bexiga recebe células dos ductos mesonéfricos que compõem o tecido conjuntivo do trígono vesical, e ao mesmo tempo os ureteres passam a desembocar na parede vesical posteroinferior. O seio urogenital também dá origem à próstata e à uretra peniana nos homens e à uretra e ao terço inferior da vagina nas mulheres (Figura 1).

Anatomia

Vias excretoras

A urina produzida pelos rins é drenada através dos ductos coletores até as papilas renais que desembocam nos cálices menores. Cada rim possui entre sete e nove cálices menores que se comunicam com dois ou três cálices maiores através dos infundíbulos calicinais. Os cálices maiores se unem para formar a pelve renal. Os cálices e a pelve renal são revestidos por epitélio de células transicionais e a parede da pelve renal é constituída por fibras musculares lisas longitudinais. Na junção ureteropiélica ocorre um estreitamento fisiológico do

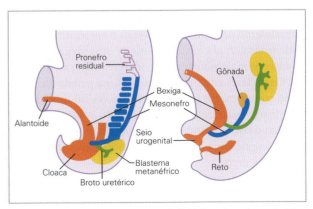

Figura 1 Desenvolvimento embriológico das vias urinárias e bexiga.

sistema coletor e a estenose dessa junção é uma causa frequente de hidronefrose.

Os ureteres medem cerca de 30 a 34 cm no adulto e têm entre 4 e 8 mm de diâmetro. O terço superior dos ureteres situa-se anteriormente ao músculo psoas e, em seu trajeto, os ureteres cruzam ventralmente os vasos ilíacos. Os ureteres, nos homens, desembocam posteriormente aos ductos deferentes e, nas mulheres, situam-se posteriormente ao ligamento redondo e à artéria uterina. Ao desembocarem de cada lado do trígono vesical, os ureteres apresentam outro estreitamento fisiológico. Esse estreitamento é um ponto frequente de impactação de cálculos.

Os ureteres são revestidos por epitélio de células transicionais, sua parede é constituída por fibras musculares lisas com orientação longitudinal e circular e por uma adventícia de tecido conectivo com rico plexo vascular nutrido pelas artérias renais, aorta, gonadais, ilíacas comuns e internas, vesicais superiores e uterinas. A drenagem venosa é feita pelas veias renais, gonadais, ilíacas internas e pelo plexo venoso vesical. Esse rico suprimento sanguíneo permite ampla mobilização cirúrgica dos ureteres sem causar isquemia. A inervação é feita pelos plexos parassimpático e simpático, sendo esse último o responsável pela dor visceral típica da cólica nefrética. A drenagem linfática do sistema pielocalicinal e dos dois terços superiores dos ureteres é feita pelos linfonodos periaórticos, pericavais e interaortocavais. O terço inferior dos ureteres drena para os linfonodos ilíacos e obturatórios.

Bexiga

A bexiga é uma estrutura extraperitoneal situada posteriormente à sínfise púbica e recoberta superior e posteriormente pelo peritônio. A reflexão peritoneal forma o espaço retovesical no homem e o espaço vesicouterino na mulher. O espaço entre a bexiga e a sínfise púbica é denominado espaço retropúbico (espaço de Retzius). A capacidade de volume vesical normal é cerca de 400 a 500 mL. O ligamento umbilical mediano (úraco) conecta o ápice vesical à cicatriz umbilical. O trígono vesical é delimitado lateralmente pelos meatos ureterais e anteriormente pelo óstio uretral. A plica interuretérica é uma prega de mucosa entre os meatos ureterais na margem superior do trígono. Os ureteres entram obliquamente na parede da bexiga e são comprimidos pelo enchimento vesical dificultando o refluxo vesicoureteral. No homem o colo vesical, que contém o óstio uretral, situa-se sobre a próstata. Na mulher a vagina situa-se posteriormente ao trígono, ao colo vesical e à uretra.

A mucosa vesical é revestida por epitélio estratificado de células transicionais. As paredes da bexiga são constituídas pelas fibras do músculo detrusor orientadas em três direções. O sistema nervoso simpático via nervo hipogástrico (T12-L2) determina o relaxamento do músculo detrusor e o estímulo parassimpático via nervos pélvicos (S2-S4) leva à contração do músculo detrusor e ao esvaziamento vesical. O controle da micção também é feito pelo esfíncter uretral interno constituído por fibras de musculares lisas que envolvem o colo vesical, com inervação autônoma e pelo esfíncter uretral externo é constituído por fibras de musculares estriadas com inervação somática, via nervo pudendo (S2-S4), permitindo o controle voluntário da micção. Lesões medulares acima do nível de T12 levam à perda do controle voluntário da micção com preservação do arco reflexo, assim, o estiramento das paredes vesicais estimula as fibras parassimpáticas na medula espinhal com esvaziamento reflexo da bexiga. Lesões abaixo de T12 lesam as fibras parassimpáticas com interrupção do arco reflexo e atonia vesical. O suprimento arterial da bexiga ocorre pelas artérias vesicais superiores e inferiores, ramos das artérias umbilicais e ilíacas internas, respectivamente, e por pequenos ramos das artérias uterinas, obturatórias e pudendas internas. A drenagem venosa vesical ocorre pelo plexo venoso vesical até as veias ilíacas internas.

Anomalias congênitas

Anomalias relacionadas ao broto ureteral

Duplicidade do sistema coletor

Esta é a anomalia congênita mais comum do trato urinário, com incidência entre 0,5-10% na população. A duplicação é completa quando há dois sistemas coletores e dois ureteres separados. A duplicação é incompleta quando os ureteres se unem antes de entrarem na bexiga. A duplicação ureteropiélica surge quando dois brotos ureterais se formam e se unem ao blastema metanéfrico. Na duplicação completa, o ureter que drena o polo inferior do rim assume sua posição normal do trígono da bexiga, porém este tem trajeto mais perpendicular na parede da bexiga, levando a um aumento de incidência de refluxo. O ureter que drena o polo superior do rim penetra na bexiga em uma posição inferior e medial, ocasionalmente drena na vagina, uretra e no reto (Figura 2). Este ureter está mais propenso à obstrução da junção ureterovesical e frequentemente está associado à ureterocele (Figura 3).

O ureter duplicado pode não ascender até o rim e terminar em um fundo de saco cego, um divertículo uretérico, com consequente estase de urina e infecção. Em alguns pacientes, o diagnóstico de duplicidade do sistema coletor pode ser suspeitado pela presença de hidronefrose restrita à metade superior do rim durante uma ultrassonografia de rotina. Esses pacientes também apresentam aumento da incidência de obstrução da junção ureteropiélica e de útero didelfo.

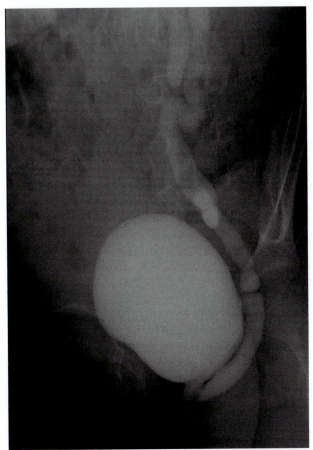

Figura 2 Menina de 4 anos com duplicidade do sistema coletor esquerdo – uretrocistografia miccional mostra implantação ectópica do ureter na uretra com refluxo vesicoureteral.

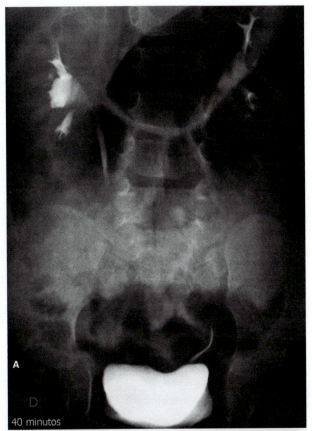

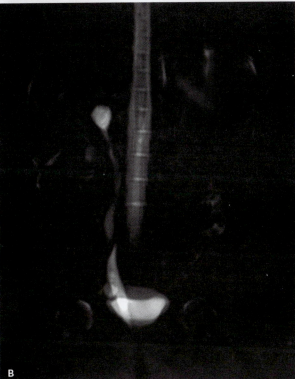

Figura 3 Menino de 8 meses com infecção do trato urinário. A: Urografia excretora mostra ausência de opacificação dos cálices superiores do rim direito. B: Urorressonância confirma duplicidade com inserção ectópica do ureter direito e uretero-hidronefrose até a junção ureterovesical.

Ureterocele

Ureteroceles são causadas pela insinuação intravesical da porção intramural dilatada do ureter. As ureteroceles podem ser muito grandes e ocupar grande parte do lúmen da bexiga. As ureteroceles podem provocar obstrução ureteral e dar origem a infecções recorrentes do trato urinário. Elas podem ser complicadas pela formação de cálculos. O tratamento das ureteroceles sintomáticas é cirúrgico, porém a maioria das ureteroceles é assintomática (Figura 4).

Estenose da junção ureteropiélica

A estenose da junção ureteropiélica (JUP) é uma anomalia frequente, mais comum no sexo masculino e no rim esquerdo (Figura 5). A estenose da JUP é bilateral em até 30% dos casos. As principais complicações são aumento da incidência de infecção, formação de cálculos e atrofia do parênquima renal. Os métodos de imagem vão mostrar dilatação pielocalicinal até a JUP com ureter de calibre normal, há um retardo na eliminação do meio de contraste pelo rim acometido (Figura 6). Não há fator obstrutivo evidente na maioria dos casos, ocasionalmente valvas intraluminais e compres-

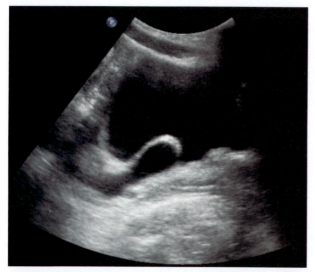

Figura 4 Ultrassonografia de rotina em menina de 14 anos mostra ureterocele à direita.

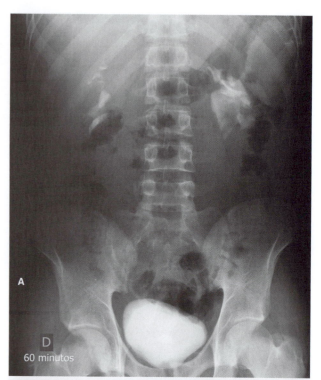

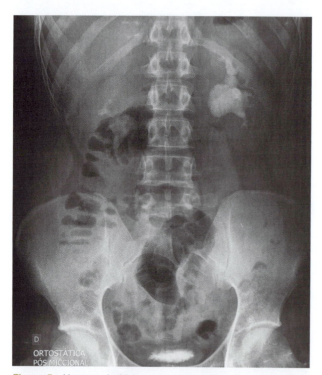

Figura 5 Homem de 28 anos com hidronefrose em ultrassonografia de rotina – urografia excretora mostra dilatação pielocalicinal persistente à esquerda até a junção ureteropiélica (JUP).

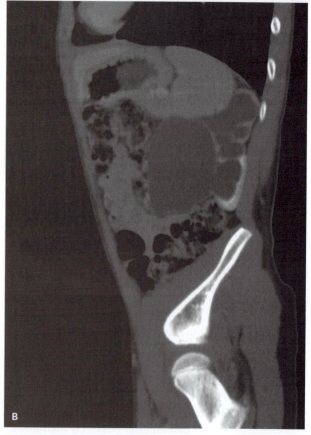

Figura 6 Adolescente de 17 anos com estenose da junção ureteropiélica (JUP). A: Urografia excretora. A radiografia de 60 minutos mostra dilatação pielocalicinal à esquerda até a JUP, indicando estenose. B: A tomografia computadorizada confirma estenose e mostra acentuada atrofia do parênquima do rim esquerdo.

são por artérias aberrantes podem ser identificadas. O tratamento tradicional é cirúrgico com pieloplastia, a dilatação com balão e a colocação de um cateter duplo J por seis semanas são uma alternativa de tratamento menos invasiva. Malformações que podem estar associadas incluem rim displásico multicístico contralateral e agenesia renal.

Megacálices congênitos

Os megacálices congênitos são cálices de dimensões aumentadas, normalmente unilaterais, sem repercussão no parênquima adjacente e na função renal, porém eles predispõem a aumento de infecções e de formação de cálculos.

Megaureter congênito

O megaureter congênito é mais comumente encontrado em pacientes do sexo masculino e frequentemente é bilateral. A fisiopatologia está relacionada à obstrução ureteral funcional em razão da presença de um segmento aperistáltico no ureter distal. Os exames de imagem mostram um ureter com graus variados de dilatação e tortuosidade sem evidências de fatores obstrutivos.

Vasos aberrantes

Os vasos aberrantes podem comprimir o ureter em qualquer parte de seu trajeto. Esses vasos geralmente estão associados à falha na regressão do suprimento sanguíneo primitivo dos rins durante sua ascensão.

Ureter retrocaval

O ureter retrocaval é uma anomalia congênita rara, mais frequente em pacientes do sexo masculino, que se deve a um desenvolvimento anormal da veia cava inferior e não do ureter. Os pacientes apresentam-se com quadro de dor lombar e dilatação do ureter proximal à direita. O ureter retrocaval apresenta-se medianizado, passando posteriormente à veia cava inferior antes de assumir seu trajeto normal para entrar na bexiga (Figura 7).

Agenesia renal

A agenesia é causada pela ausência de desenvolvimento do broto ureteral, do blastema metanéfrico ou de interação do broto ureteral com o blastema metanéfrico. Anomalias associadas à agenesia renal incluem agenesia de vesícula seminal, criptorquidia e malformações anorretais. Na maioria dos casos a glândula suprarrenal é normal. A cintilografia renal pode ajudar a diferenciar a agenesia renal de um rim pequeno hipoplásico ou displásico.

Rim em ferradura

A incidência dos rins em ferradura na população geral é de até 1/300. Os rins em ferradura surgem pela fusão do blastema metanéfrico geralmente nos polos inferiores. Consequentemente há um aprisionamento renal pela artéria mesentérica inferior que impede a sua ascensão para o abdome superior. A rotação anormal das pelves renais resulta com frequência em obstrução da junção ureteropiélica, predispondo a infecções e à formação de cálculos (Figura 8). Os rins em ferradura estão associados a maior incidência de refluxo vesicoureteral, duplicação do sistema coletor e outras malformações.

Refluxo vesicoureteral

O refluxo vesicoureteral (RVU) é uma desordem anatômica e funcional, que pode resultar em morbidade substancial, tanto pelas infecções quanto pelas sequelas da nefropatia de refluxo. As manifestações mais comuns são hidronefrose e infecção do trato urinário (ITU). Refluxo é a causa mais comum de hidronefrose antenatal, representando cerca de 40% dos casos. Hidronefrose é muitas vezes identificada na ultrassonografia pré-natal. A avaliação diagnóstica por imagem padrão inclui uma ultrassonografia das vias urinárias e uma uretrocistografia miccional (UCM). A UCM deve ser realizada somente após o tratamento da ITU (Figura 9).

Alguns especialistas recomendam também uma cintilografia com DMSA para avaliar a função renal e eventuais sequelas. Cistografia com radioisótopo também pode ser utilizada para identificar o refluxo, classificando-o em leve, moderado ou grave. A principal vantagem é a menor quantidade radiação em relação a UCM, a maior desvantagem é a definição anatômica limitada. A classificação do refluxo vesicoureteral é mostrada no Quadro 1.

A resolução espontânea do RVU é comum em crianças. Crianças que apresentaram episódios de ITU geralmente recebem profilaxia antibiótica (Figura 10). Indicações para o tratamento cirúrgico incluem ITU febril apesar da profilaxia com antibióticos, refluxo grave (grau V ou grau IV bilateral), refluxo leve ou moderado em mulheres que persiste até a puberdade, alteração da função renal ou aparecimento de novas cicatrizes (Figura 11).

Praticamente todas as cirurgias abertas antirrefluxo envolvem a reconstrução da junção ureterovesical para criar um túnel submucoso para o ureter, que funciona como uma válvula unidirecional quando a bexiga se enche. Atualmente alguns urologistas optam por uma abordagem intravesical ou cirurgia antirrefluxo endoscópica.

Anomalias do desenvolvimento da bexiga

Agenesia da bexiga

A agenesia da bexiga é uma anomalia rara e geralmente está associada com óbito fetal e múltiplas anomalias associadas.

Duplicação da bexiga

A duplicação da bexiga é uma malformação rara e pode ocorrer pela presença de uma prega peritoneal completa ou incompleta, por septos fibrosos transversais ou longitudinais ou por uma faixa muscular que divide a bexiga geralmente em cavidades assimétricas. Na duplicação incompleta as duas metades da bexiga drenam através de uma única uretra. As bexigas septadas drenam por uma única uretra e se a septação for completa o lado obstruído será displásico.

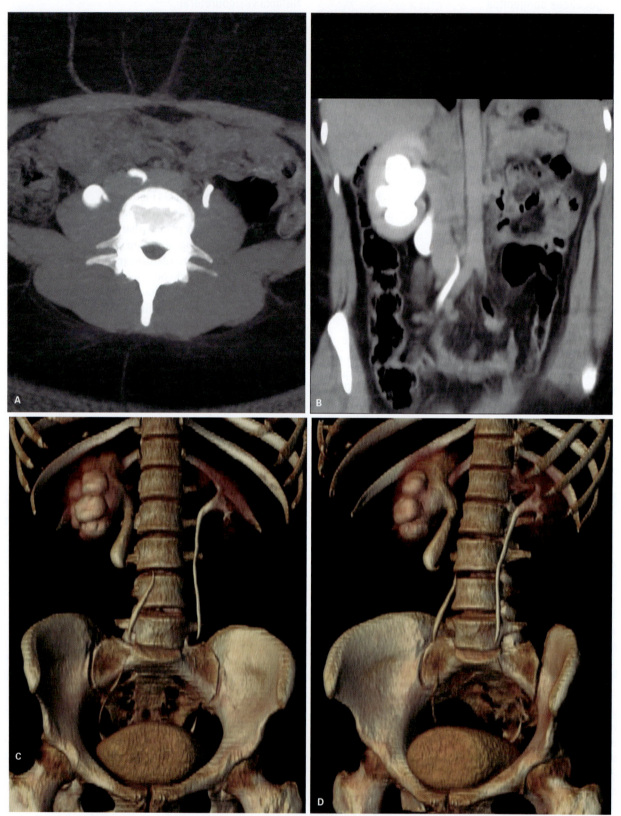

Figura 7 Mulher de 26 anos com ureter retrocaval – urotomografia com reformatações. Projeções de intensidade máxima (MIP) axial (A), multiplanar coronal (B) e volumétrica (C, D) mostram hidronefrose causada por compressão do ureter médio direito que apresenta trajeto anômalo retrocaval.

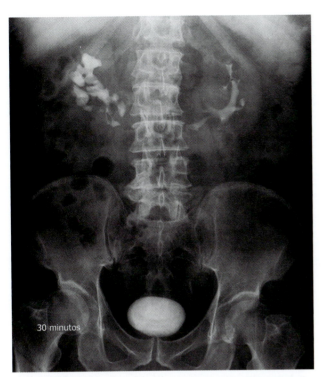

Figura 8 Rins em ferradura – urografia excretora mostra rins com polos inferiores medianizados e em topografia baixa. Notam-se deformidades dos grupamentos calicinais à direita, provavelmente relacionadas à presença de refluxo vesicoureteral.

Quadro 1	Classificação do refluxo vesicoureteral
Grau I – Refluxo em ureter não dilatado.
Grau II – Refluxo na pelve renal e cálices sem dilatação.
Grau III – Refluxo com leve dilatação e mínimo embotamento de fórnices.
Grau IV – Refluxo com tortuosidade moderada ureteral e dilatação da pelve e cálices.
Grau V – Refluxo com tortuosidade e dilatação acentuada do ureter, pelve e cálices.

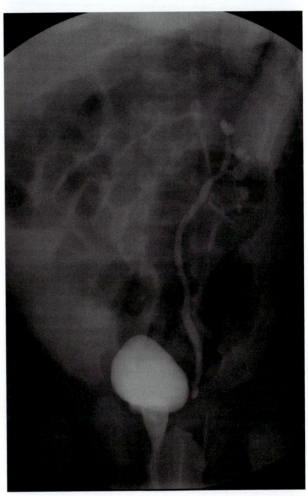

Figura 10 Menino de 8 semanas com infecção do trato urinário (ITU). Uretrocistografia miccional mostra refluxo vesicoureteral grau III à esquerda.

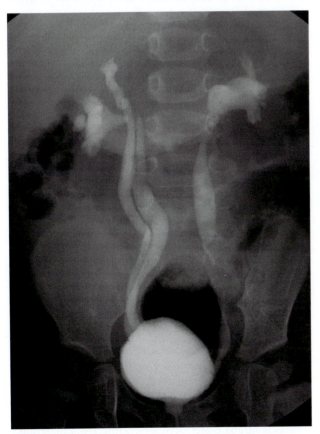

Figura 9 Menina de 12 meses com refluxo vesicoureteral – uretrocistografia miccional mostra duplicidade do sistema coletor renal direito e refluxo vesicoureteral grau III à direita e grau IV à esquerda.

Extrofia da bexiga

A extrofia da bexiga ocorre em 1 de cada 30 mil nascidos vivos, está associada a diástase da sínfise púbica e é três vezes mais frequente em meninos. A falha de desenvolvimento do mesoderma abaixo do umbigo leva à ausência da parede inferior do abdome e da parede anterior da bexiga. A correção do defeito geralmente requer várias cirurgias e a ampliação vesical. As derivações urinárias

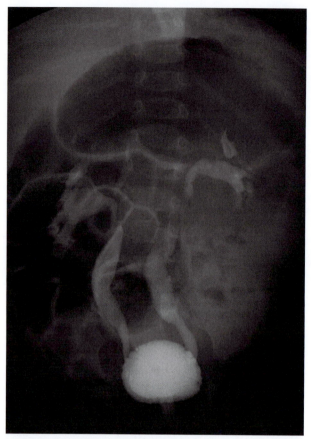

Figura 11 Paciente feminino de 3 meses com múltiplas infecções do trato urinário. Uretrocistografia miccional mostra bexiga com capacidade reduzida e refluxo vesicoureteral grau IV/V bilateral.

continentes tipo Mitrofanoff são atualmente o tratamento de escolha, interpondo um estoma continente caracterizável entre a bexiga reconstruída e a parede anterior do abdome. Frequentemente associam-se outras anomalias genitais, musculoesqueléticas e gastrointestinais. Os pacientes apresentam um acentuado aumento da incidência de adenocarcinoma da bexiga.

Malformação cloacal

Malformação cloacal representa a persistência de uma abertura perineal comum do trato urinário, genital e gastrointestinal, que resulta de uma falha na junção do septo urorretal à membrana cloacal durante a embriogênese. Esta anomalia rara ocorre apenas em pacientes com fenótipo feminino. A saída da urina, secreções vaginais e fezes ocorre pelo orifício único perineal. Malformações associadas da pelve óssea e da medula espinhal são comuns.

Persistência do seio urogenital

A persistência do seio urogenital é caracterizada pela comunicação congênita entre a bexiga e a vagina, que drenam em um orifício perineal comum. O canal anal está preservado e identifica-se o orifício anal posterior normal. A persistência do seio urogenital frequentemente está associada com anomalias congênitas como intersexo, comunicação retovaginal e hidrocolpo. Essa anomalia também ocorre apenas em pacientes com fenótipo feminino (Figura 12).

Síndrome de Prune-Belly

A síndrome de Prune-Belly é caracterizada por uma frouxidão da parede abdominal anterior, que resulta da ausência dos músculos retos e ocorre quase exclusivamente no sexo masculino. Geralmente, os testículos não são palpáveis, os rins apresentam dismorfismo, os ureteres são tortuosos e dilatados, a bexiga é alongada e dilatada, frequentemente com divertículo uracal e a uretra prostática se dilata durante a micção. A obstrução da saída vesical pode ser funcional ou secundária à obstrução uretral por atresia ou válvula de uretra posterior. Malformações associadas incluem anomalias gastrointestinais, musculoesqueléticas e cardiovasculares.

Anomalias do úraco

Normalmente, o úraco fecha-se na metade final da vida fetal. O úraco patente comunicando a bexiga com o umbigo é a anomalia congênita uracal mais comum (50%) e pode ser bem demonstrado pela UCM. O úraco patente pode ser consequência de uma obstrução uretral, neste caso o não fechamento do úraco funciona como um mecanismo protetor. Se o trajeto uracal for de pequeno calibre geralmente ocorre um fechamento espontâneo, mas em muitos casos a excisão cirúrgica é necessária. Os cistos uracais desenvolvem-se no terço inferior do úraco e podem manifestar-se com sintomas de infecção ou serem detectados durante o exame clínico. Os divertículos uracais resultam da obliteração incompleta do úraco junto à bexiga (Figura 13). Eles podem necessitar de incisão pelo risco de cálculos e adenocarcinomas.

Anomalias da uretra

A estenose congênita da uretra pode variar desde a estenose leve de parte da uretra até a atresia completa, nesses casos a persistência do úraco patente permite a sobrevida do feto.

A válvula da uretra posterior é a anomalia congênita da uretra mais comum em meninos, com incidência de aproximadamente 1 a cada 10 mil nascidos vivos do sexo masculino. O diagnóstico pré-natal é feito pela ultrassonografia, que mostra uma bexiga distendida com uretero-hidronefrose bilateral. Os casos de obstrução grave podem apresentar-se com oligo-hidrâmnio. A causa mais comum é a hipertrofia da crista uretral inferior. A ultrassonografia e uretrocistografia miccional mostram a dilatação da bexiga e da uretra proximal à obstrução, formando o clássico sinal do buraco de fechadura.

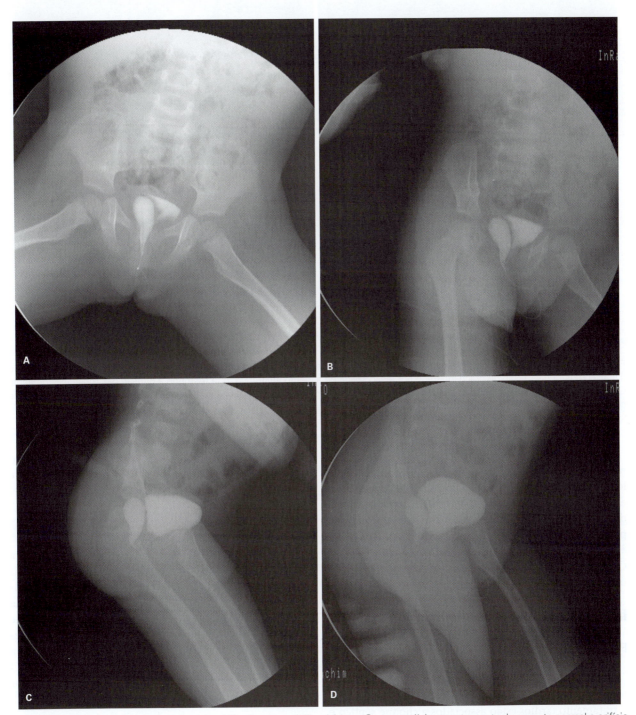

Figura 12 Recém-nascido do sexo feminino (46 xx) com genitália ambígua. O exame clínico mostrou reto de aspecto normal e orifício perineal anterior único com saída de urina. A injeção do meio de contrate pelo orifício perineal mostrou a opacificação da vagina seguida pela opacificação progressiva da bexiga por comunicação da parede vaginal anterior com a parede vesical posterior.

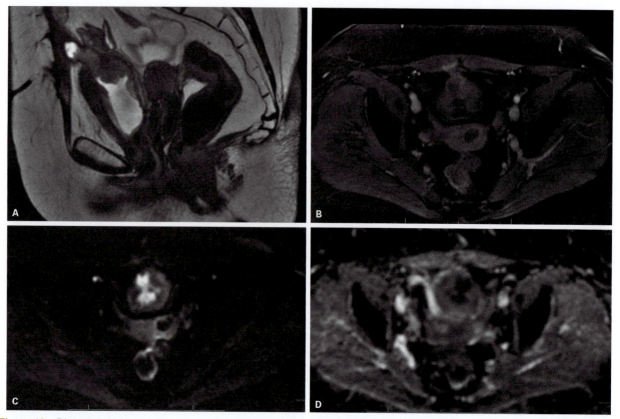

Figura 13 Divertículo de úraco. Ressonância magnética com sequências (A) coronal T2, (B) axial pós-contraste, (C) difusão B800 e (D) ACD mostra divertículo de úraco infiltrado por lesão sólida de aspecto infiltrativo, que restringe a difusão das moléculas de água. O paciente tinha antecedente de neoplasia de cólon com fístula cólon-vesical. A biópsia da lesão demonstrou adenocarcinoma de cólon metastático.

As válvulas da uretra anterior são raras e frequentemente ocorrem sob a forma de um divertículo (divertículo de uretra anterior), relacionado a um defeito no corpo esponjoso com afilamento da parede uretral que se abaula durante a micção e algumas vezes é visível ao longo da parede ventral do pênis.

A duplicação da uretra é rara e geralmente parcial. Os pacientes podem ser tratados com ressecção do septo uretral.

Inflamação/infecções genitourinárias

Pionefrose

Pionefrose é a presença de material purulento no interior de um sistema coletor obstruído. O diagnóstico e o tratamento tardios estão associados a choque séptico e alta taxa de mortalidade. A obstrução da junção uretero-piélica e cálculos ureterais são as causas mais comuns de pionefrose em jovens, enquanto obstrução por tumores é a principal causa de pionefrose em pacientes idosos. A ultrassonografia pode mostrar debris e nível líquido-debris no sistema coletor obstruído. A pionefrose pode evoluir com a formação de abscessos ao longo da via urinária. A TC e a RM podem caracterizar e delimitar com precisão esses abscessos. O tratamento inclui antibioticoterapia e drenagem percutânea ou cirúrgica.

Pielite enfisematosa

A pielite enfisematosa é caracterizada pela presença de gás no interior do sistema coletor. Ela ocorre com mais frequência em mulheres, pacientes diabéticos ou com cálculos obstrutivos (Figura 14). Esta entidade está associada a uma alta taxa de mortalidade. A ultrassonografia pode demonstrar focos ecogênicos com sombra acústica posterior suja no sistema coletor. A TC é o método de escolha para avaliar a extensão das alterações e o fator causal. O diagnóstico diferencial dos pacientes com gás no interior do sistema coletor deve incluir as causas iatrogênicas.

Pielonefrite crônica

A pielonefrite crônica com frequência está associada ao refluxo vesicoureteral. Ela é mais comum nas mulheres, geralmente começa na infância e é um importante fator causal de insuficiência renal crônica. A fisiopatologia envolve refluxo para o interior dos túbulos coletores pelos

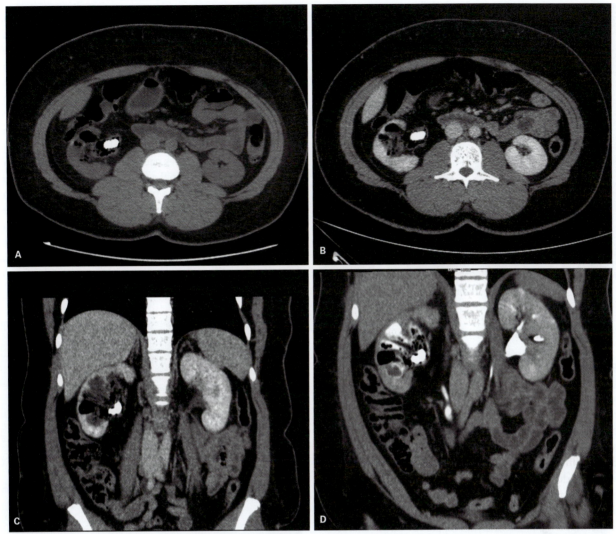

Figura 14   Mulher de 36 anos com pielite enfisematosa. A: Tomografia computadorizada (TC) axial sem contraste mostra cálculo obstrutivo na pelve renal que está distendida com grande quantidade de gás. TC axial (B) e coronal (C) na fase portal mostra afilamento do parênquima do rim direito, gás e conteúdo espesso nos cálices associados à hidronefrose. D: TC coronal oblíqua na fase excretora mostra o conteúdo espesso nos cálices circundado pelo contraste na via excretora.

orifícios papilares, que são incompetentes, especialmente nos polos dos rins (Figura 15). As alterações renais são multicêntricas e podem ser unilaterais ou bilaterais, mas em geral são assimétricas. Cronicamente há retração papilar e baqueteamento dos cálices. A hipertrofia compensatória do parênquima normal interposto pode simular uma lesão renal expansiva.

Necrose papilar

A necrose papilar é causada pela isquemia das papilas renais. Os principais fatores causais são uso abusivo de analgésicos, anemia falciforme, diabete, desidratação e hipotensão prolongada. Inicialmente a papila torna-se edemaciada, em seguida a parte central da papila sofre cavitação e pode se destacar. A papila destacada pode calcificar-se e ocasionalmente causar obstrução ureteral.

Ureterite cística

Acredita-se que ureterite cística represente uma sequela da inflamação e com necrose de células no suburotélio. Os exames de imagem mostram espessamento ureteral por numerosas diminutas formações císticas. Essas formações determinam múltiplos defeitos de enchimento com margens lisas e de tamanhos semelhante na urorressonância magnética e nas fases excretoras da TC e da urografia excretora. Inflamação crônica do ureter também causa uma redundância do urotélio, que aparece como estriações longitudinais ao longo dos ureteres nos estudos contrastados.

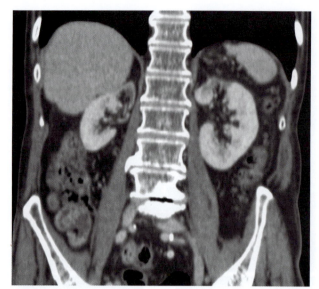

Figura 15 Sequela de pielonefrite crônica. Tomografia computadorizada com contraste mostra atrofia do parênquima dos polos renais superiores bilateralmente, com redução das dimensões do rim direito.

Pielite com incrustações alcalinas

A pielite com incrustações alcalinas é uma infecção rara descrita em pacientes imunocomprometidos e transplantados renais, causada pela bactéria *Corinebacterium urealyticum*, que hidrolisa a ureia. O quadro clínico inclui disúria, litíase, hematúria e odor de amônia na urina. Os métodos de imagem demonstram um urotélio espessado e com calcificações parietais que podem ser finas e regulares ou espessas e irregulares. A análise cuidadosa permite distinguir estas calcificações na parede da via excretora de cálculos do sistema coletor.

Infecções fúngicas

A *Candida albicans* é o fungo que mais causa infecções no trato urinário, geralmente afeta pacientes imunocomprometidos. O envolvimento renal leva à formação de pequenos abscessos parenquimatosos. A invasão do sistema coletor leva ao aparecimento de micetomas (bolas fúngicas), que podem causar obstrução e hidronefrose. No ultrassom os micetomas aparecem como massas hiperecogênicas e sem sombra no sistema coletor. Os dados clínicos e laboratoriais são necessários para diferenciar os micetomas do sistema coletor de coágulos, cálculos radiotransparentes e papilas destacadas.

Tuberculose

A tuberculose do trato urinário resulta da disseminação hematogênica do *Mycobacterium tuberculosis*. A tuberculose do trato urinário geralmente se manifesta 5 a 10 anos depois da infecção pulmonar inicial. O diagnóstico definitivo é feito pela detecção do *M. tuberculosis* na cultura de urina. As alterações iniciais incluem o desenvolvimento de pequenos tuberculomas renais bilaterais. A maioria dos tuberculomas cicatriza e o tubérculo sofre cavitação e desprende-se no sistema coletor. A ruptura para o interior do sistema coletor causa a disseminação da infecção para a via excretora e a bexiga. Nos ureteres ocorre ulceração e cicatrização com fibrose, causando múltiplos estreitamentos que podem resultar em um ureter em "saca-rolhas". As constrições causam estenoses infundibulares com dilatação calicinal e atrofia do parênquima renal. O envolvimento da bexiga manifesta-se inicialmente com edema e ulceração da mucosa e espessamento da parede vesical. As alterações crônicas da tuberculose no trato urinário incluem extensas calcificações, acentuada atrofia renal e fístulas para vísceras adjacentes (Figura 16). Na bexiga ocorre fibrose com espessamento parietal difuso e capacidade diminuída.

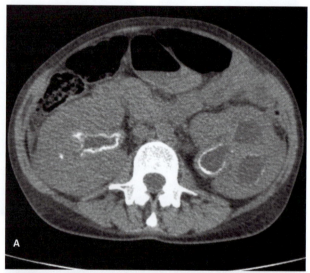

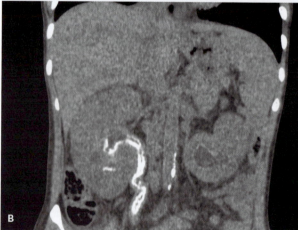

Figura 16 Tuberculose (TB) urinária. Paciente com antecedente de TB pulmonar evolui com alteração da função renal. Tomografia computadorizada sem contraste axial (A) e coronal (B) mostra dilatações calicinais com estenoses infundibulares e calcificações grosseiras nas paredes do sistema pielocalicinal e dos ureteres.

Equinococose (hidatidose)

A equinococose do trato urinário é causada pelos parasitas *Echinococcus multilocularis* e pelo *Echinococcus granulosus* e afeta até 5% dos pacientes com hidatidose. Os cistos hidáticos podem crescer nos rins, nos ureteres ou na bexiga. Os cistos podem ser simples, multiloculados com "cistos-filhos", com membranas desprendidas em seu interior ou com pequeno nódulo mural, representando o escólex. Pode ocorrer calcificação das paredes dos cistos, que classicamente apresenta padrão anelar ou em casca de ovo.

Cistite infecciosa

A cistite infecciosa é mais frequente nas mulheres por conta do pequeno comprimento da uretra feminina e da proximidade da flora retal. Nos homens, a cistite está associada a condições que causam estase urinária, como a hiperplasia prostática benigna. O patógeno mais comum é *Escherichia coli*. O principal papel dos exames de imagem é excluir complicações ou alterações anatômicas predisponentes. Na cistite não complicada estes exames geralmente são normais. A capacidade vesical funcional está frequentemente reduzida.

Cistite intersticial

A cistite intersticial é uma inflamação crônica idiopática da parede da bexiga, mais comum em mulheres de meia-idade e que pode estar associada a doenças autoimunes. Os sintomas assemelham-se aos da cistite infecciosa, porém as pesquisas de agente infeccioso na urina são negativas. A bexiga apresenta espessamento parietal difuso e capacidade reduzida.

Cistite crônica

A inflamação crônica da bexiga pode ser causada por diversos agentes patogênicos. A bexiga se torna pequena e com paredes espessadas. O urotélio hipertrofiado pode formar pseudopólipos que simulam lesões sólidas ou pequenos cistos. A cistocopia pode ser necessária para excluir a possibilidade de neoplasia. Transformação glandular do urotélio (cistite glandular) está associada a um risco aumentado para adenocarcinomas.

Cistite enfisematosa

A cistite enfisematosa é mais frequente em pacientes diabéticas e *Escherichia coli* é o patógeno responsável pela maioria dos casos. Os exames de imagem mostram a presença de gás intraluminal e intramural e em alguns casos pode haver gangrena da parede vesical.

Malacoplaquia

A malacoplaquia vesical é uma doença granulomatosa rara que afeta principalmente mulheres idosas, que apresentam quadro de infecções urinárias de repetição. Embora seja uma patologia benigna, pode apresentar um comportamento recidivante e agressivo. A sua fisiopatologia não está ainda bem definida, porém acredita-se que a doença está relacionada a uma alteração da resposta imunológica. Caracteriza-se macroscopicamente por placas amareladas e endurecidas que podem simular tumores nos exames de imagem. Microscopicamente há uma infiltração massiva de células inflamatórias com inclusões intracitoplasmáticas características (corpos de Michaelis-Gutmann).

Síndrome da imunodeficiência adquirida

As manifestações da infecção pelo vírus da imunodeficiência humana (HIV) têm se modificado rapidamente por causa dos avanços no tratamento dos pacientes HIV-positivos. O aspecto das infecções genitourinárias oportunistas geralmente é inespecífico, porém a presença de calcificações difusas é uma característica peculiar que pode ser encontrada em infecções oportunistas disseminadas por agentes como *Pneumocystis jiroveci*, *Citomegalovírus* e *Mycobacterium avium-intracellular*.

Esquistossomose

A esquistossomose é a infecção parasitária mais comum que afeta o trato urinário. Hematúria é a apresentação clínica mais frequente. O *Schistosoma haematobium* invade o plexo venoso perivesical a partir do plexo hemorroidário e deposita seus ovos nas vênulas do ureter e da parede da bexiga. Ocorre a formação de granulosas com espessamento nodular do urotélio e estenose da via excretora, especialmente nos ureteres distais, associados a calcificações que podem ser granulares, lineares ou espessas e irregulares (Figura 17). Cronicamente, a bexiga se torna pequena e fibrótica e há um risco aumentado de desenvolvimento de carcinoma de células escamosas.

Litíase urinária

A incidência de cálculos na população geral é de cerca de 10-15%. Eles são decorrentes de uma combinação de fatores genéticos, metabólicos, ambientais e anomalias estruturais que levam à estase urinária. A composição dos cálculos, e consequentemente suas características, irá depender das condições predisponentes:

- Cálculos de oxalato de cálcio e de fosfato de cálcio (70-80%): são cálculos densamente radiopacos. Os fatores predisponentes incluem um clima

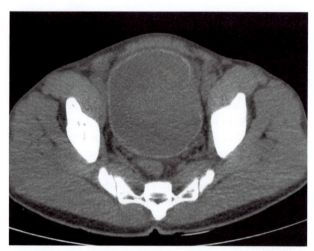

Figura 17 Carcinoma associado com esquistossomose vesical. Paciente natural de Guiné-Bissau apresentou quadro de hematúria, perda da função renal e emagrecimento. Tomografia computadorizada axial sem contraste mostra calcificações lineares delineando toda a parede da bexiga, exceto no local de implantação de massa sólida na parede lateral esquerda que se insinua no interior da bexiga.

quente, desidratação, uso crônico de antiácidos, ingestão excessiva de alimentos ricos em cálcio, chás e chocolate e hiperoxalúria. A hipercalciúria é isoladamente o fator de risco mais importante.

- Cálculos de estruvita ou cálculos de magnésio-amônia-fosfato (15-20%): eles estão associados a infecções do trato urinário por bactérias produtoras de urease, como *Proteus*, *Pseudomonas*, *Klebsiella* e enterococos. A hidrólise da ureia causa um aumento do pH urinário e a formação de carbonato de cálcio. Os cálculos geralmente são grandes e podem ser coraliformes. Eles apresentam densidade variada, mas frequentemente são pouco densos.
- Cálculos de ácido úrico (5%): são cálculos de baixa densidade, mais comuns em pacientes com hiperuricemia primária ou secundária ou pacientes com diarreia crônica levando à hiperuricúria.
- Cálculos de cistina (l-3%): são cálculos de baixa densidade que ocorrem em pacientes com cistinúria, uma doença familiar em razão de uma incapacidade da absorção tubular normal dos aminoácidos cistina, ornitina, arginina e lisina.
- Cálculos de xantina: são cálculos de baixa densidade relacionados a uma falha da oxidação normal das purinas.
- Cálculos induzidos por medicamentos ou cálculos de matriz: são causados pelo uso prolongado de medicamentos como os inibidores de protease utilizados no tratamento do HIV, efedrina, guaifenesina, triantereno e sulfonamidas. Alguns desses cálculos, especialmente cálculos relacionados com o indinavir, podem ser radiolucentes mesmo na tomografia computadorizada e apresentar-se como falhas de enchimento no sistema coletor.

Os pacientes com cálculos calicinais pequenos podem ter hematúria macroscópica ou microscópica sem outros fatores identificáveis. Quando um cálculo migra, frequentemente aloja-se em três áreas de estreitamento ureteral: imediatamente após a junção ureteropiélica (JUP); no cruzamento com os vasos ilíacos e na junção ureterovesical (JUV), sendo esta última o ponto de menor diâmetro. A maioria dos cálculos menores que 5 mm passarão de modo espontâneo. Cálculos maiores do que 5 mm ou aqueles que não são eliminados podem ser tratados com a litotripsia extracorpórea com ondas de choque (se o cálculo puder ser visualizado por ultrassonografia ou por fluoroscopia), fragmentação ureteroscópica, litotripsia intracorpórea e encestamento. Os cálculos do terço superior do ureter podem ser tratados pela manipulação retrógrada seguida de nefrolitotomia percutânea.

Os cálculos vesicais podem ser decorrentes da migração de cálculos renais, de estase vesical (cistocele, bexiga neurogênica, divertículos, prostatismo) ou, mais raramente, da presença de um corpo estranho na bexiga. Esses cálculos podem aderir à parede da bexiga por causa da inflamação adjacente.

Exames de imagens

Urografia excretora: a radiografia abdominal simples com incidências suplementares pode detectar os cálculos radiopacos e as radiografias pós-contraste confirmam a posição dos cálculos dentro da via excretora e mostram os efeitos da obstrução. Atualmente, a ultrassonografia e a tomografia computadorizada têm substituído a urografia excretora no acompanhamento dos pacientes com litíase urinária (Figura 18).

Ultrassonografia (USG): independentemente da sua composição química, os cálculos aparecem ecogênicos e formam sombra acústica. A visualização de cálculos calicinais pequenos, menores que 5 mm, é frequentemente difícil por conta da hiperecogenicidade normal do seio renal. A sensibilidade da detecção pelo ultrassom de cálculos urinários em pacientes com dor aguda em flanco é de até 90%. Por esse motivo recomenda-se a ultrassonografia como exame de varredura inicial para tais pacientes. A ultrassonografia é também o exame de escolha para a avaliação e o acompanhamento dos pacientes pediátricos e das gestantes. O uso do Doppler colorido pode auxiliar na identificação de cálculos pequenos, que podem produzir artefato de cintilação. Alterações na resistência dos vasos intrarrenais foram usadas em alguns trabalhos para avaliar as repercussões dos cálculos em migração, porém não há uma padronização bem estabelecida para sua utilização na prática clínica. O Doppler colorido também facilita a identificação e a visualização da simetria dos jatos ureterais. Pacientes com obstrução ureteral acentuada não exibirão jatos ou terão um jato de baixa intensidade do lado sintomático.

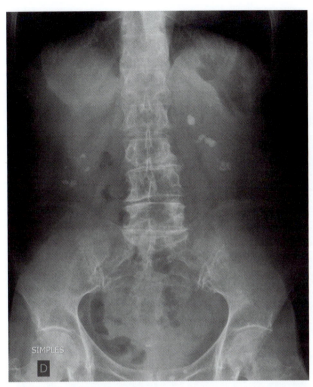

Figura 18   Radiografia simples do abdome mostra múltiplos cálculos na projeção dos grupamentos calicinais de ambos os rins.

Tomografia computadorizada (TC): os cálculos apresentam alta atenuação e a identificação do cálculo na via excretora é fácil. Atualmente, a TC sem o uso do meio de contraste iodado é o método de escolha para planejamento terapêutico em pacientes com múltiplos cálculos ou cálculos grandes. A TC também é utilizada nos pacientes cujos cálculos ureterais não foram visualizados no ultrassom inicial. Além de apresentar uma sensibilidade próxima a 100% para a detecção de cálculos urinários, a TC também é superior à USG para caracterizar outras causas de abdome agudo e é o estudo de escolha para a avaliação de eventuais complicações do tratamento da litíase urinária (Figura 19). A densidade dos cálculos medida pela TC ajuda a determinar a composição dos cálculos e as chances de sucesso de seu tratamento pela litotripsia extracorpórea com ondas de choque (LECO). Vários estudos têm demonstrado uma taxa menor de sucesso do tratamento por LECO de cálculos de alta densidade na TC (> 900 a 1.000 UH). As novas técnicas de redução de dose permitem diminuir a radiação da TC sem reduzir significativamente a acurácia para a caracterização de cálculos urinários. A TC com dupla-energia pode ser útil para diferenciar cálculos de ácido úrico de outros tipos de cálculos usando as diferenças de atenuação do cálculo nas imagens com alta e baixa energia. Além disso, naqueles pacientes com indicação para realizar TC com contraste, o exame com dupla-energia pode reduzir a radiação utilizada pela eliminação da fase sem contraste e a reconstrução de uma série pré-contraste virtual. A posição retrorrenal do cólon é uma variante anatômica que deve ser comunicada nos relatórios de pacientes que poderão ser submetidos à litotripsia percutânea para evitar lesão cólica inadvertida.

Neoplasias

Carcinoma de células de transição

O carcinoma de células de transição (CCT) é o tumor maligno mais comum das vias excretoras e da bexiga. A queixa clínica mais frequente é de hematúria. Os fatores de risco incluem tabagismo, exposição ocupacional a carcinógenos e terapia com ciclofosfamida. Em razão da grande área de superfície da bexiga, o CCT é 50 vezes mais comum na bexiga que no trato urinário alto. O pico de incidência ocorre nas sexta e sétima décadas de vida com uma predominância em homens (3:1). Cerca de 70-80% dos tumores da bexiga e de 60% dos tumores uroteliais do trato urinário alto são lesões papilíferas superficiais e de baixo grau. Essas lesões frequentemente são multifocais e tratadas com ressecção endoscópica e terapias intravesicais. As lesões invasivas apresentam comportamento agressivo e geralmente são tratadas com cistectomia e derivação urinária ou nefroureterectomia para lesões do trato urinário alto (Figura 20). Os Quadros 2 e 3 mostram o estadiamento dos tumores uroteliais do trato urinário alto e da bexiga, respectivamente.

Por conta da alta incidência de lesões sincrônicas e metacrônicas os pacientes com CCT devem ser submetidos a uma vigilância cuidadosa. Cerca de 4% dos pacientes com CCT da bexiga desenvolverão tumores no trato urinário alto e grande parte dos pacientes com tumores do trato urinário alto também apresentarão CCT na bexiga durante o estadiamento ou acompanhamento. Tradicionalmente, a vigilância dos pacientes é feita com cistoscopia, pielografia retrógrada e citologia urinária. A uro-TC apresenta grande sensibilidade para detecção dos tumores do trato urinário alto (> 95%), porém uma sensibilidade menor para os tumores da bexiga. Os CCT papilíferos são lesões polipoides exofíticas e pediculadas. Alguns tumores papilíferos de bexiga podem calcificar-se (Figura 21). As lesões não papilíferas geralmente são tumores nodulares ou planos frequentemente de alto grau e infiltrativos. Os tumores que crescem dentro de divertículos vesicais muitas vezes são inacessíveis ao exame cistoscópico.

A ressonância magnética recentemente tem sido utilizada no estadiamento local dos tumores de bexiga em alguns trabalhos. O tamanho do tumor, o seu componente intravesical e a sua extensão para a gordura perivesical são mais bem visualizados nas imagens ponderadas em T1 pós-contraste e em T2 com supressão de gordura.

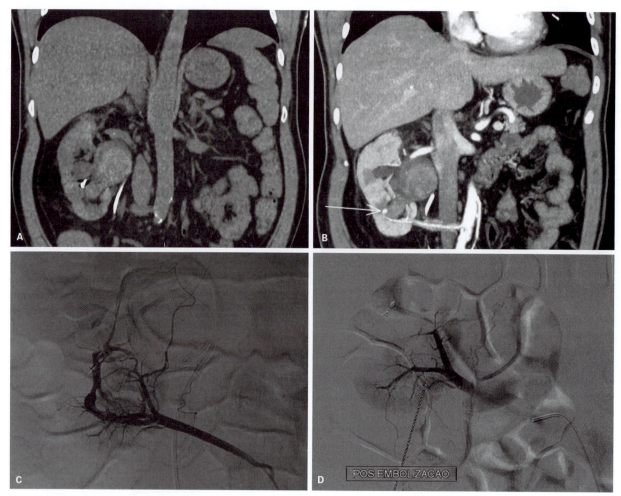

Figura 19 Paciente de 47 anos após nefrolitotomia percutânea evoluiu com pseudoaneurisma de artéria renal segmentar tratado com embolização arterial, porém persistiu com hematúria. A: Tomografia computadorizada (TC) pré-contraste mostra hematoma no sistema coletor, molas de embolização no parênquima do terço inferior do rim e extremidade de cateter duplo J na pelve renal. B: TC pós-contraste na fase arterial mostra pequeno pseudoaneurisma que é ramo de uma artéria polar inferior não identificada na arteriografia inicial. C: Nova arteriografia com cateterização da artéria polar demonstra o pseudoaneurisma. D: Imagem pós-embolização mostra o sucesso do tratamento.

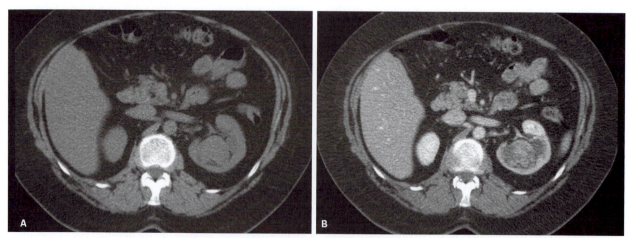

Figura 20 Mulher de 60 anos com hematúria. A: Fase sem contraste da uro-TC mostra lesão hiperdensa dilatando os cálices superiores do rim esquerdo. B: Fase nefrográfica mostra realce discreto da lesão e retardo na concentração do meio de contraste no parênquima adjacente.

(continua)

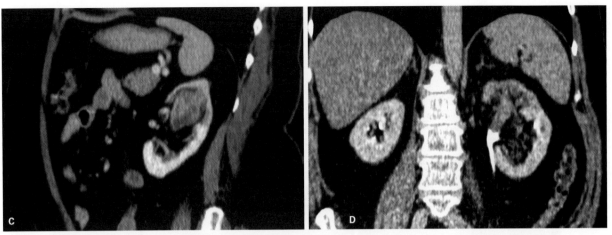

Figura 20 *(continuação)* C Fase nefrográfica mostra realce discreto da lesão e retardo na concentração do meio de contraste no parênquima adjacente. D: Na fase excretora, o contraste no sistema coletor delimita a lesão, que é compatível com uma neoplasia urotelial.

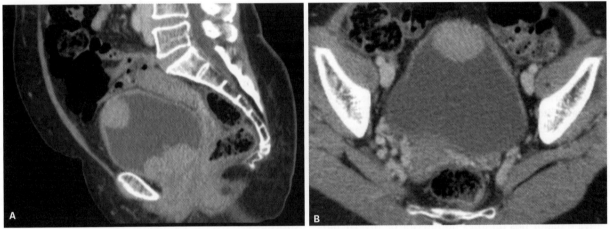

Figura 21 Neoplasias uroteliais papilíferas de baixo grau. Mulher de 55 anos com nódulos na bexiga em ultrassonografia de rotina. A: Tomografia computadorizada com reconstrução sagital na fase portal mostra dois nódulos sincrônicos situados no teto e no assoalho da bexiga. B: Imagem axial mostra que a lesão superior tem contornos regulares e não apresenta sinais evidentes de invasão da musculatura vesical.

Quadro 2 Estadiamento dos tumores uroteliais do trato urinário alto
Ta – Tumor papilífero não invasivo
Tis – Carcinoma *in situ*
T1 – Invade o tecido conjuntivo subepitelial
T2 – Invade a muscular
T3 – Invade o parênquima renal ou a gordura do seio renal/periureteral
T4 – Invade órgãos adjacentes ou a gordura perirrenal através do rim

Quadro 3 Estadiamento dos tumores uroteliais da bexiga
Ta – Tumor papilífero não invasivo
Tis – Carcinoma *in situ*
T1 – Invade a mucosa ou a submucosa sem invasão muscular
T2 – Invade o músculo detrusor
T3 – Invade a gordura perivesical
T4 – Invade o estroma prostático ou os órgãos adjacentes

Os tumores geralmente apresentam restrição à difusão das moléculas de água (Figura 22). Os carcinomas da bexiga que envolvem apenas a mucosa e a submucosa (estádio T1) não podem ser diferenciados com segurança daqueles com infiltração muscular superficial (estádio T2). Esses trabalhos mostraram alta sensibilidade para demonstrar a extensão tumoral para a gordura perivesical e para órgãos adjacentes. Os exames de imagem apresentam acurácia apenas moderada para o estadiamento linfonodal das neoplasias uroteliais. Os linfonodos obturadores internos são os mais acometidos nas neoplasias de bexiga.

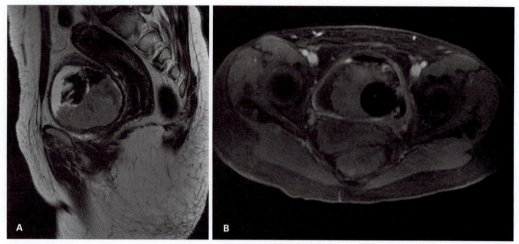

Figura 22   Mulher 65 anos com carcinoma urotelial papilífero – ressonância magnética com (A) imagem coronal T2 mostra grande lesão vegetante com sinal intermediário em T2 a muscular subjacente apresenta hipossinal normal. B: Imagem axial pós-contraste mostra que a lesão apresenta realce homogêneo e menor que da parede vesical subjacente. Nota-se um balão de sonda intravesical.

Carcinoma de células escamosas (CEC)

Os CEC representam cerca de 10% dos tumores do trato urinário alto e de 5-8% dos tumores de bexiga. Os principais fatores de risco são infecção e inflamação crônicas e os cálculos que causam metaplasia escamosa e leucoplasia do urotélio, sendo essa considerada uma lesão pré-maligna. Os CEC tendem a ser lesões planas, infiltrativas e ulceradas. A maioria dos pacientes apresentaram metástases no momento do diagnóstico. Os CEC de bexiga tendem a ser grandes e infiltrativos, sua incidência relativa é maior nos tumores no interior de divertículos vesicais. A TC é o principal exame para o estadiamento e seus principais objetivos são a identificação de invasão perivesical, linfonodomegalias e metástases à distância.

Adenocarcinoma

Os adenocarcinomas da via excretora e da bexiga são raros e geralmente associados a infecções urinárias crônicas e cálculos, estes frequentemente coraliformes. Esses tumores são geralmente agressivos e de mal prognóstico, apresentando-se como massas heterogêneas e infiltrativas, com envolvimento de linfonodos regionais e metástases a distância.

Linfoma

O linfoma primário da bexiga é raro e origina-se de folículos linfoides da submucosa, infiltrando as outras camadas da parede da bexiga e disseminando-se para os linfonodos adjacentes. O envolvimento do ureter geralmente ocorre por encarceramento pelo linfoma retroperitoneal, com consequente hidronefrose, sendo a invasão verdadeira da parede do ureter menos frequente (Figura 23).

Tumores mesenquimais da bexiga

Os tumores mesenquimais de bexiga são raros e são responsáveis por cerca de 1% de todos os tumores de bexiga. O leiomioma é o tumor benigno de bexiga mais comum. A maioria dos leiomiomas tem origem na submucosa e apresenta crescimento intravesical. Os exames de imagem mostram uma lesão sólida, redonda ou ovalada, de contornos regulares e realce homogêneo pelo meio de contraste. O diagnóstico diferencial deve incluir tumores neurais que tendem a ter um aspecto mais fusiforme.

Os tumores mesenquimais malignos de bexiga mais comuns são os leiomiossarcomas, que geralmente apresentam-se como grandes massas infiltrativas, muitas vezes com focos de calcificação e de necrose de permeio, com múltiplas metástases ao diagnóstico e prognóstico ruim (Figura 24).

Metástases

Metástases para a via excretora e para a bexiga são raras e geralmente associadas a doença disseminada ou invasão local de tumores pélvicos. Os tumores que dão metástases para a via urinária com maior frequência são melanoma, cólon, pulmão, estômago e mama.

Tumores do úraco

As neoplasias do úraco representam menos de 1% dos tumores da bexiga e geralmente são adenocarcinomas. A maioria tem origem na junção vesicouracal e podem apresentar calcificações. Os tumores do úraco têm mau prognóstico e tendem a invadir o espaço de Retzius e a parede anterior do abdome.

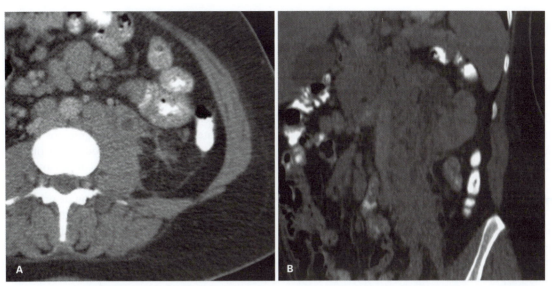

Figura 23 Homem de 39 anos com linfoma não Hodgkin. Tomografia computadorizada com contraste axial (A) e coronal (B) mostra tecido sólido envolvendo o retroperitônio à esquerda, que infiltra o ureter e determina espessamento difuso da parede ureteral com hidronefrose a montante e atrofia renal.

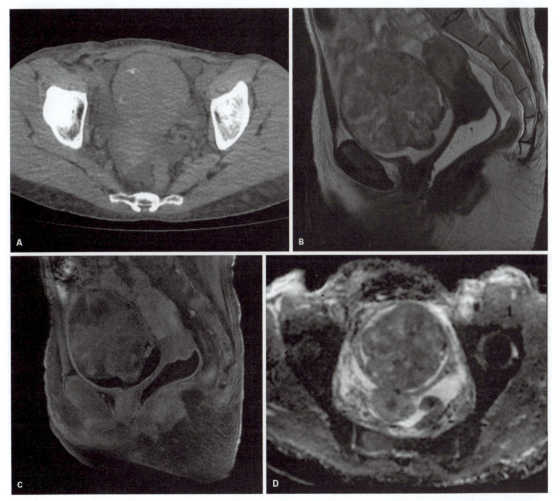

Figura 24 Leiomiossarcoma. Mulher, 36 anos, com quadro de perda ponderal e metástases disseminadas. A: Tomografia computadorizada sem contraste mostra massa intravesical com calcificações de permeio. A ressonância magnética delimita a massa intravesical que apresenta sinal intermediário em T2 (B), realce heterogêneo pelo meio de contraste paramagnético (C) e restrição à difusão das moléculas de água (D).

Tumores da uretra

Os tumores benignos incluem o papiloma de células transicionais e fibromas que são muito raros. Os tumores malignos da uretra são raros e os tipos histológicos mais comuns são o carcinoma de células transicionais, o carcinoma de células escamosas e o adenocarcinoma. Infecção e inflamação crônica são prováveis fatores de riscos. Esses tumores geralmente apresentam-se com sangramento uretral, obstrução ou massa palpável (Figura 25).

Trauma

A lesão da pelve renal geralmente é secundária à laceração renal em razão do traumatismo aberto ou fechado. Frequentemente há associação com lesão de outros órgãos abdominais, especialmente o fígado e o baço. A TC é o principal exame de imagem para avaliar o paciente vítima de trauma e tem as vantagens de ser rápida, disponível e mostrar os demais órgãos em um único exame (Figura 26).

A causa mais comum de lesão ureteral é iatrogênica. Nas cirurgias pélvicas e ginecológicas os ureteres podem ser ligados inadvertidamente. Estenoses cicatriciais podem ocorrer após manipulação ureteral ou periureteral e geralmente envolvem curtos segmentos (Figura 27). A urografia excretora e uro-TC podem ser utilizadas para avaliação dos casos de suspeita de lesão ureteral. Elas mostram o sítio, o tipo de lesão, assim como a presença de extravasamento ativo de urina ou de urinomas.

A lesão da bexiga pode decorrer de traumatismo fechado, penetrante ou iatrogênico e pode resultar em ruptura extraperitoneal ou intraperitonial. Raramente pode ocorrer ruptura espontânea da bexiga durante um esforço intenso, vômitos e trabalho de parto. Nos traumas pélvi-

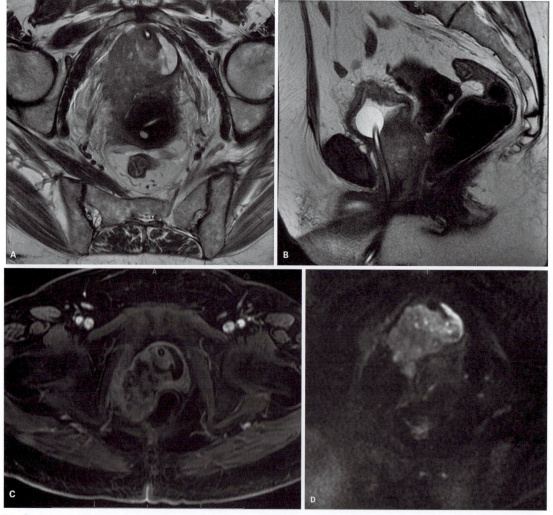

Figura 25 Paciente de 65 anos com adenocarcinoma de uretra. Ressonância magnética com imagens (A) axial e (B) sagital ponderadas em T2 mostram massa uretral infiltrando a vagina, o assoalho vesical e a musculatura do assoalho pélvico. A lesão mostra realce heterogêneo nas imagens ponderadas em (C) T1 pós-contraste, (D) alto sinal na sequência de difusão com B800 e restrição à difusão no mapa de ADC (não mostrado). Nota-se sonda vesical.

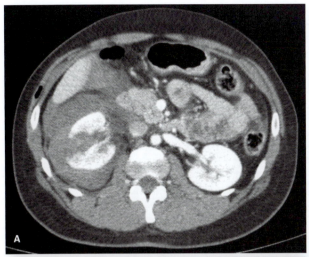

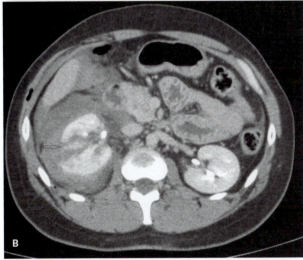

Figura 26 Mulher de 49 anos vítima de acidente de trânsito. A: Tomografia computadorizada (TC) na fase portal mostra extensa laceração na face lateral do rim direito com extensão até a pelve renal, associada a hematoma perirrenal e hemoperitônio no espaço hepatorrenal. B: TC na fase excretora mostra extravasamento do contraste excretado (seta) indicando lesão do sistema coletor.

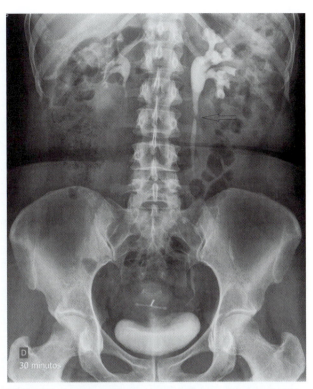

Figura 27 Mulher de 43 anos com dor lombar à esquerda e história prévia de passagem de cateter duplo J por cálculo ureteral. Urografia excretora mostra estenose cicatricial focal no ureter proximal com uretero-hidronefrose a montante. A persistência da estenose nas imagens subsequentes excluiu a possibilidade de contração ureteral transitória.

cos a maioria das rupturas é extraperitoneal. Na distensão terapêutica da bexiga no tratamento da cistite intersticial e da instabilidade do detrusor também pode ocorrer ruptura extraperitoneal. A ureterocistografia miccional (UCM) ou a cistografia com TC podem diferenciar as rupturas intraperitoneais das extraperitoneais. A ruptura intraperitoneal é caracterizada pelo extravasamento do meio de contraste para o peritônio, geralmente através do domo da bexiga, delineando alças intestinais e seu tratamento é cirúrgico. Na ruptura extraperitoneal, o contraste extravasa para os espaços perivesicais e o tratamento é geralmente conservador, com sonda vesical de demora. Na UCM, a radiografia pós-miccional da bexiga ajuda a diagnosticar pequenas rupturas.

A uretra pode ser lesada em pacientes submetidos a múltiplas sondagens vesicais, que podem levar a formação de falsos trajetos, fístulas ou estenoses (Figura 28). Trauma por cavalgamento com fraturas pélvicas com frequência é associado a lesões da uretra proximal. A lesão resultante pode variar desde uma contusão e edema até a transecção uretral completa (Figura 29). Nos pacientes que apresentam retenção urinária, uma uretrocistografia retrógrada deve ser realizada antes do cateterismo uretral para prevenir agravamento iatrogênico de uma eventual lesão uretral. Após a reconstrução uretral a UCM é utilizada para avaliar a anastomose e a função esfincteriana.

Miscelânea

Bexiga neurogênica

A micção é coordenada pelo córtex cerebral, por meio de um mecanismo que envolve um sinergismo funcional do músculo detrusor da bexiga e dos esfíncteres interno e externo da uretra. As lesões que causam bexiga neurogênica podem ser divididas em lesões do neurônio motor inferior, que causam arreflexia do detrusor, e lesões acima do arco reflexo sacral, que causam hiper-reflexia do detrusor. Nas lesões do neurônio motor inferior a bexiga torna-se lisa, com paredes finas, capacidade aumen-

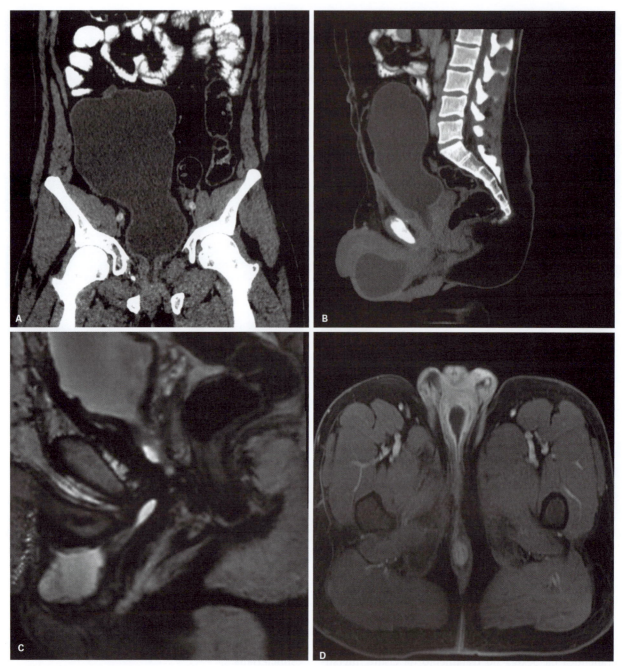

Figura 28 Homem de 65 anos submetido à ampliação vesical com alça ileal apresenta dificuldade de urinar. A tomografia computadorizada coronal (A) e sagital (B) mostra a ampliação vesical e o colo vesical aberto indicando ressecção parcial da glândula central da próstata. A imagem sagital mostra coleção inferiormente à base do pênis. As imagens de ressonância magnética T2 sagital (C) e T1 axial pós-contraste (D) confirmam uma fístula uretral causando a coleção na base do pênis.

tada e resíduo pós-miccional volumoso. A hiper-reflexia do detrusor produz uma bexiga trabeculada, alongada verticalmente e com paredes espessas, com frequência determinando refluxo ureteral. O resíduo pós-miccional geralmente é volumoso por conta da disfunção dos esfíncteres vesicais. O tratamento inadequado da bexiga neurogênica pode levar a uma rápida deterioração da função renal.

Divertículos

A maioria dos divertículos da bexiga é adquirida e resulta da obstrução da via de saída da bexiga. A mucosa e a submucosa da bexiga herniam através das regiões enfraquecidas do músculo detrusor. A estase urinária nos divertículos predispõe a infecção, formação de cálculos e tumores (Figura 30). Os tumores intradiverticulares têm

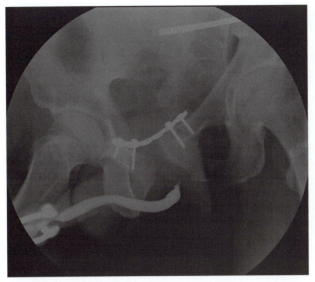

Figura 29 Homem de 28 anos vítima de acidente de moto com fraturas do anel ósseo pélvico, lesão uretral e cistostomia. A uretrocistografia retrógrada confirma obstrução uretral completa no nível da uretra membranosa.

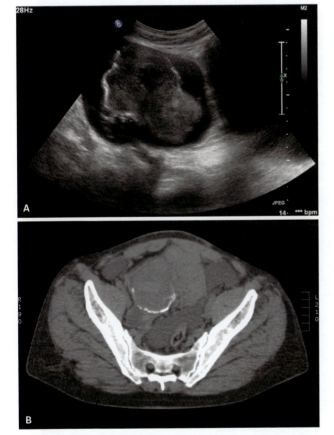

Figura 30 Homem de 68 anos com leiomiossarcoma em divertículo vesical. Ultrassonografia mostrou massa sólida heterogênea com calcificações periféricas em divertículo vesical. TC sem contraste (em razão da insuficiência renal) mostra a massa com calcificações periféricas grosseiras, múltiplas linfonodomegalias pélvicas, nódulos peritoneais e ascite.

pior prognóstico que os tumores intravesicais. Os divertículos congênitos são conhecidos como divertículos de Hutch e estão localizados próximo do óstio ureteral.

Os divertículos da uretra geralmente são adquiridos. A maioria dos divertículos uretrais em mulheres resultam de infecção das glândulas periuretrais. Muitos deles são bilaterais e podem ser palpados pela parede anterior da vagina. Como nos divertículos vesicais, a estase urinária pode levar à formação de cálculos e infecções. A ultrassonografia transvaginal pode ser utilizada para confirmar o diagnóstico. Divertículos infectados podem ser mais bem avaliados pela RM e aparecem como formações císticas com conteúdo espesso e realce parietal pelo meio de contraste.

Fístulas vesicais

As fístulas podem ser decorrentes de cirurgias ginecológicas ou urológicas, radiação, inflamação, trauma e tumores, sendo as complicações cirúrgicas a causa mais frequente. Fístulas da bexiga para o intestino grosso podem ser complicações de diverticulite aguda, da doença de Crohn e de tumores vesicais ou intestinais. O diagnóstico pode ser feito pela TC, cistografia ou estudos contrastados do intestino (Figura 31).

Endometriose

Aproximadamente 1% das mulheres com endometriose pélvica apresenta envolvimento do trato urinário, principalmente da bexiga. As queixas clínicas incluem disúria e hematúria. A endometriose vesical geralmente manifesta-se como lesão focal nodular ou em placa envolvendo a parede vesical posterior. Essas lesões são mais bem avaliadas pela RM e apresentam-se como lesões nodulares ou em placa com hipossinal em T2 que podem ter diminutos focos de hipersinal de permeio. As imagens ponderadas em T1 sem contraste mostram focos de hipersinal indicando a presença de produtos da degradação da hemoglobina (Figura 32). Os ureteres podem ser envolvidos por fibrose periureteral ou pelo envolvimento intrínseco da parede ureteral. As lesões podem cursar com hidronefrose e atrofia do rim ipsilateral.

Derivações urinárias

As derivações urinárias são construídas em pacientes submetidos à cistectomia ou em pacientes com bexigas não funcionantes. A derivação mais comum envolve a anastomose dos ureteres em um segmento ileal e a confecção de um conduto ileal até a pele da parede anterior do abdome (Bricker). Em alguns casos, o segmento ileal pode ser utilizado para a confecção de uma "neobexiga" ortotópica que é anastomosada na uretra. As complicações pós-operatórias são similares para ambos os casos e incluem extravasamento de urina, refluxo ou estenose das

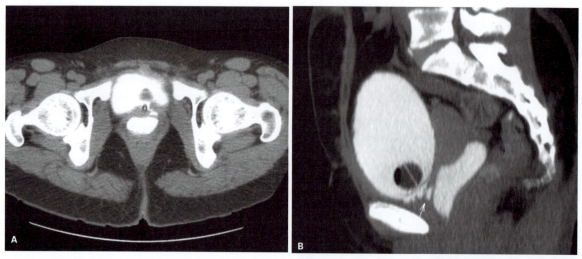

Figura 31 Mulher de 62 anos evoluiu com perda de urina contínua pela vagina após cirurgia ginecológica. Cistografia por tomografia computadorizada com aquisição axial (A) e reconstrução coronal de intensidade máxima (MIP) (B) mostra a fístula vesicovaginal com preenchimento da vagina pelo meio de contraste.

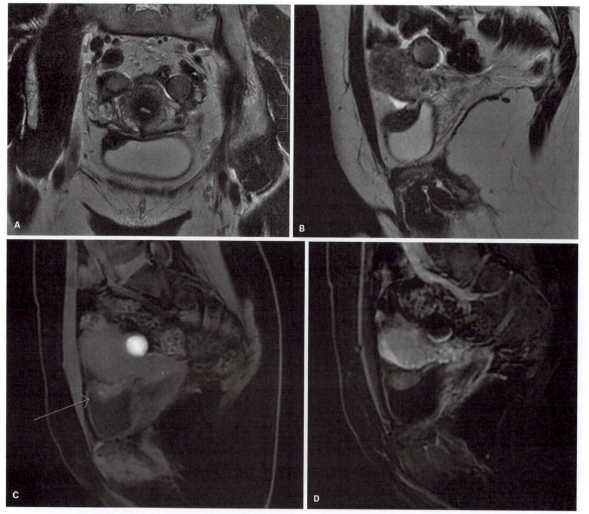

Figura 32 Mulher de 43 anos com dor pélvica e hematúria. A, B: Ressonância magnética de pelve mostra lesão nodular na parede superior da bexiga com hipossinal em T2 com diminutos focos de hipersinal de permeio. C: Imagem sagital T1 pré-contraste mostra focos hipersinal representando componente hemático na lesão. D: Imagem sagital T1 pós-contraste mostra discreto realce pelo meio de contraste paramagnético. Há também endometriomas ovarianos bilaterais.

anastomoses. Os ureteres também podem ser implantados diretamente para a parede anterior do abdome (ureterostomias cutâneas) ou no cólon, porém a derivação para o cólon associa-se a distúrbios eletrolíticos e maior risco de infecções do trato urinário. O refluxo e infecções supervenientes frequentemente levam a uma deterioração precoce da função renal.

Estenoses ureterais e uretrais

A radioterapia pélvica, especialmente no tratamento dos tumores da próstata e do colo uterino, pode levar a estenose actínica dos ureteres distais. As estenoses frequentemente estendem-se por vários centímetros (Figura 33). Uma complicação menos frequente da ureterite actínica é a ruptura ureteral (Figura 34).

A causa mais frequente de estenose uretral é a hiperplasia prostática benigna (HPB). A UCM mostra a uretra prostática alongada e com afilamento regular que pode ser difuso ou predominar nos segmentos proximal ou distal (Figura 35).

As estenoses uretrais adquiridas podem ser consequência de infecções, trauma e raramente tumores. As estenoses infecciosas acometem preferencialmente a uretra anterior e podem envolver vários centímetros da uretra. Entre os agentes destacam-se a gonorreia e a uretrite não específica.

As lesões da uretra durante a instrumentação e cirurgias podem causar estenoses cicatriciais e algumas podem tornar-se sintomáticas anos após a manipulação (Figura 36). As estenoses geralmente são curtas e podem ocorrer em qualquer parte da uretra, mas são mais comuns na região da uretra membranosa.

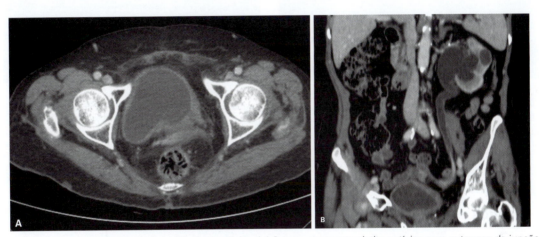

Figura 33 Paciente com antecedente de radioterapia pélvica, há 2 anos apresenta cistite actínica com estenose da junção ureterovesical. Tomografia computadorizada com contraste axial mostra espessamento assimétrico e irregular da parede vesical esquerda. Reconstrução coronal oblíqua mostra o espessamento da parede vesical e acentuada hidronefrose a montante.

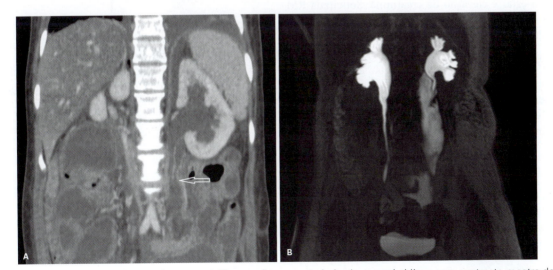

Figura 34 Lesão actínica com ruptura do ureter. A: Tomografia computadorizada coronal oblíqua com contraste mostra descontinuidade do ureter proximal esquerdo (seta) associada à coleção retroperitoneal. B: Urorressonância magnética com reconstrução de intensidade máxima (MIP) mostra a descontinuidade do ureter e permite avaliar o volume do urinoma retroperitoneal. Há também estenose actínica do ureter distal direito com moderada hidronefrose.

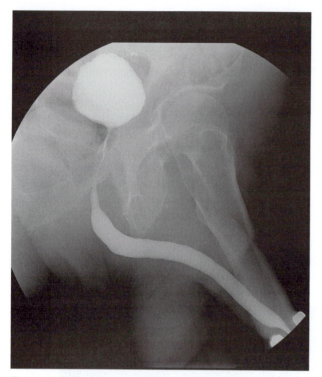

Figura 35 Hiperplasia prostática benigna. Homem de 77 anos com quadro clínico sugestivo de prostatismo. A uretrocistografia retrógrada mostra uretra prostática alongada e difusamente afilada. O resíduo vesical pós-miccional foi volumoso.

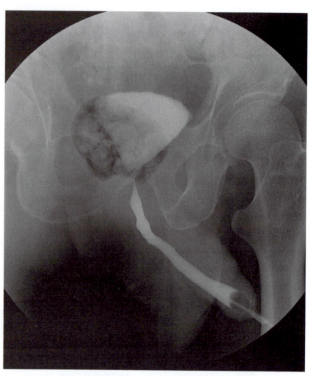

Figura 36 Homem de 68 anos com retenção urinária após prostatectomia radical por neoplasia. Uretrocistografia retrógrada mostra estenose da anastomose vesicouretral.

Casos desafios

Caso 1

Paciente transplantado renal apresentando quadro de febre, mal-estar e elevação da creatinina. Solicitada RM de pelve sem contraste intravenoso para avaliação do rim transplantado (Figura 37).

Caso 2

Paciente de 64 anos apresenta massa sólida na bexiga. Antecedente pessoal de câncer do colo uterino tratado com quimioterapia e radioterapia (Figura 38).

Caso 3

Paciente de 62 anos, natural de Juazeiro do Norte, apresenta insuficiência renal. Ultrassonografia de vias urinárias mostrou rim direito atrófico com calcificações grosseiras (Figura 39).

Caso 4

Paciente de 85 anos, em acompanhamento pós-operatório de retossigmoidectomia, apresenta polaciúria e disúria (Figura 40).

Caso 5

Paciente de 62 anos em acompanhamento na urologia por nefrolitíase e múltiplas pielonefrites prévias (Figura 41A, B). Evolui com lesão nodular no terço médio do rim direito, sendo submetido a nefrectomia parcial (Figura 41C, D).

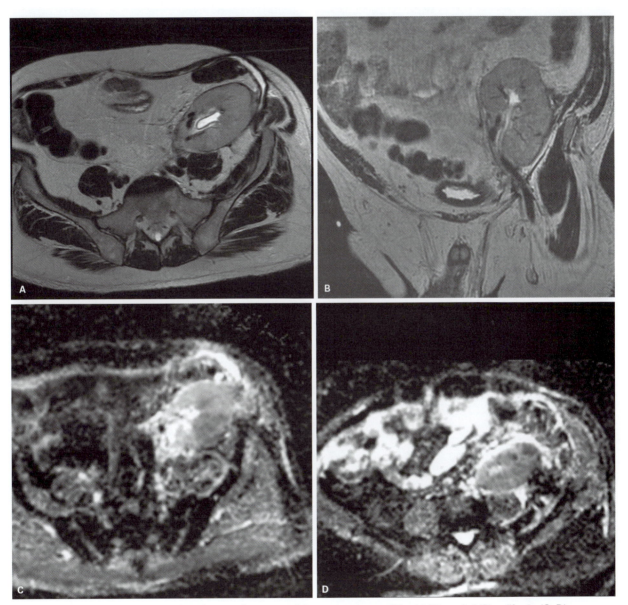
Figura 37 Ressonância magnética de pelve com imagens axiais ponderadas em T2 axial (A), sagital (B) e difusão (C, D).

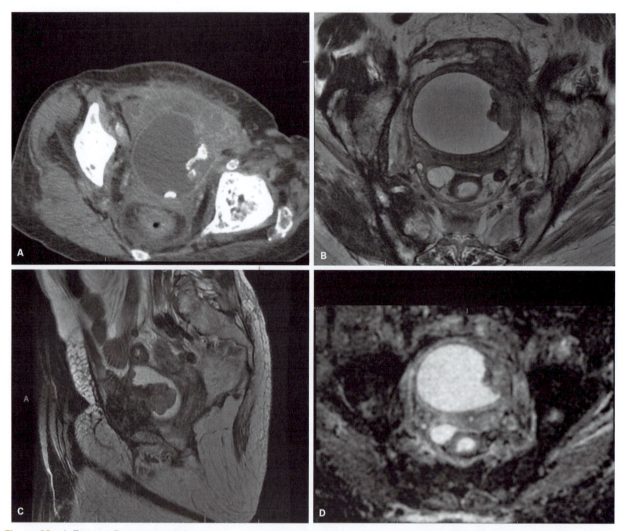

Figura 38 A: Tomografia computadorizada sem contraste e ressonância magnética com imagens axial (B) e sagital (C) ponderadas em T2 e imagem axial ponderada em difusão (D).

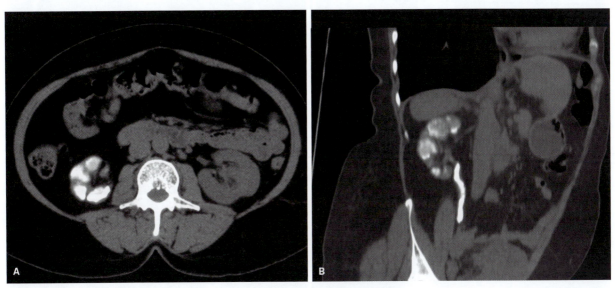

Figura 39 Tomografia computadorizada sem contraste axial (A) e coronal oblíqua (B).

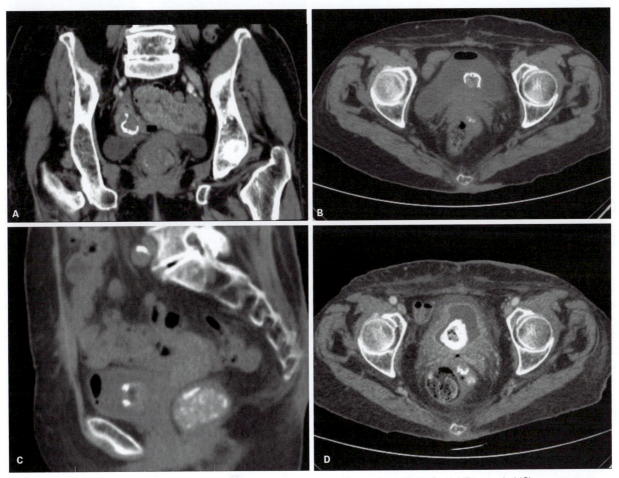

Figura 40 Tomografia computadorizada (TC) coronal com contraste (A) em julho de 2014. TC axial (B) e sagital (C) sem contraste em dezembro de 2014 e TC axial com contraste (C) em julho de 2015.

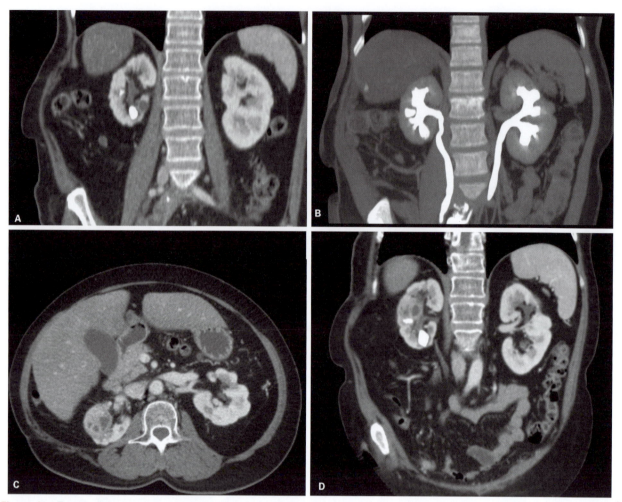

Figura 41   Tomografia computadorizada com reconstrução coronal na fase portal (A) e coronal com projeção de intensidade máxima (MIP) na fase excretora (B) em janeiro de 2015. Tomografia computadorizada axial (C) e reconstrução coronal oblíqua (D) na fase portal em novembro de 2015.

Diagnósticos dos casos desafios

Caso 1 – Diagnóstico

Pielonefrite aguda. Ressonância magnética de pelve com imagens ponderadas em T2 axial (Figura 37A) e coronal (Figura 37B) mostra um aumento difuso do sinal do parênquima renal com perda da diferenciação corticomedular. Imagens do mapa de difusão (Figuras 37 C, D) mostram áreas de restrição cuneiformes no parênquima renal, sem efeito de massa, análogas ao aspecto de nefrograma estriado classicamente descrito nos exames contrastados.

Caso 2 – Diagnóstico

Leiomiossarcoma radioinduzido. A TC e a RM mostram massa sólida infiltrativa com calcificações grosseiras na parede esquerda da bexiga. A radioterapia pélvica aumenta o risco de câncer na bexiga, principalmente o risco de sarcomas e carcinomas. Esses tumores são frequentemente pouco diferenciados e agressivos. As novas técnicas de radioterapia que minimizam a dose de radiação nos tecidos saudáveis tendem a reduzir esse risco.

Caso 3 – Diagnóstico

Tuberculose urinária. A TC sem contraste mostra rim direito atrófico e grosseiramente calcificado, associado a calcificação grosseira difusa do ureter. A cultura de urina confirmou o diagnóstico.

Caso 4 – Diagnóstico

Corpo estranho "fagocitado" pela bexiga. A TC de julho de 2014 mostra formação nodular na região anexial direita com imagem linear hiperdensa em seu interior (marcação radiopaca de gaze cirúrgica). Seis e doze meses após, observa-se migração da gaze para o interior da bexiga, bem como calcificação progressiva da mesma, além de espessamento inflamatório das paredes vesicais.

Caso 5 – Diagnóstico

Pielonefrite xantogranulomatosa focal. As imagens de janeiro de 2015 mostram rim direito de dimensões reduzidas com retrações corticais, cálculos e baqueteamento dos cálices. As imagens do acompanhamento mostram surgimento de lesão nodular com múltiplos septos espessos e áreas císticas espessas centrais. A lesão mimetiza uma neoplasia renal.

Bibliografia sugerida

1. Avni FE, Nicaise N, Hall M, Janssens F, Collier F, Matos C, et al. The role of MR imaging for the assessment of complicated duplex kidneys in children: preliminary report. Pediatr Radiol. 2001;31:215-23.
2. Aygun C, Guven O, Tekin MI, Peskircioglu L, Ozkardes H. Anterior urethral valve as a cause of end-stage renal disease. Int J Urol. 2001;8:141-3.
3. Bates AW, Baithun SI. Secondary neoplasms of the bladder are histological mimics of nontransitional cell primary tumours: clinicopathological and histological features of 282 cases. Histopathology. 2000;36:32-40.
4. Bates AW, Norton AJ, Baithun SI. Malignant lymphoma of the urinary bladder: a clinicopathological study of 11 cases. J Clin Pathol. 2000;53:458-61.
5. Bazot M, Darai E, Hourani R, Thomassin I, Cortez A, Uzan S, et al. Deep pelvic endometriosis: MR imaging for diagnosis and prediction of extension of disease. Radiology. 2004;232:379-89.
6. Bazot M, Darai E. Sonography and MR imaging for the assessment of deep pelvic endometriosis. J Minim Invasive Gynecol. 2005;12:178-85.
7. Berrocal T, Gayá F, Arjonilla A, Lonergan GJ. Vesicoureteral reflux: diagnosis and grading with echo-enhanced cystosonography versus voiding cystourethrography. Radiology. 2001;221:359-65.
8. Berrocal T, Lopez-Pereira P, Arjonilla A, Gutierrez J. Anomalies of the distal ureter, bladder, and urethra in children: embryologic, radiologic, and pathologic features. Radiographics. 2002;22:1139-64.
9. Cheng L, Pan CX, Yang XJ, Lopez-Beltran A, MacLennan GT, Lin H, et al. Small cell carcinoma of the urinary bladder: a clinicopathologic analysis of 64 patients. Cancer. 2004;101:957-62.
10. Dahm P, Gschwend JE. Malignant non-urothelial neoplasms of the urinary bladder: a review. Eur Urol. 2003;44:672-81.
11. Deserno WM, Harisinghani MG, Taupitz M, Jager GJ, Witjes JA, Mulders PF, et al. Urinary bladder cancer: preoperative nodal staging with ferumoxtran-10-enhanced MR imaging. Radiology. 2004;233:449-56.
12. Dinneen MD, Dhillon HK, Ward HC. Antenatal diagnosis of posterior urethral valves. Br J Urol 1993;72:364-9.
13. Dondalski M, White EM, Ghahremani GG, Patel SK. Carcinoma arising in urinary bladder diverticula: imaging findings in six patients. AJR Am J Roentgenol. 1993;161:817-20.
14. Dyer RB, Chen MY, Zagoria RJ. Classic signs in uroradiology. Radiographics. 2004;24(Spec Issue):S247-S280.
15. Gastol P, Baka-Jakubiak M, Skobejko-Wlodarska L, Szymkiewicz C. Complete duplication of the bladder, urethra, vagina, and uterus in girls. Urology. 2000;55:578-81.
16. Gupta DK, Srinivas M. Congenital anterior urethral diverticulum in children. Pediatr Surg Int. 2000;16:565-568.
17. Hughes MJ, Fisher C, Sohaib SA. Imaging features of primary nonurachal adenocarcinoma of the bladder. AJR Am J Roentgenol. 2004;183:1397-401.
18. Huguet-Perez J, Palou J, Millan-Rodriguez F, Salvador-Bayarri J, Villavicencio-Mavrich H, Vicente-Rodriguez J. Upper tract transitional cell carcinoma following cystectomy for bladder cancer. Eur Urol. 2001;40:318-23.
19. Iczkowski KA, Shanks JH, Gadaleanu V, Cheng L, Jones EC, Neumann R, et al. Inflammatory pseudotumor and sarcoma of urinary bladder: differential diagnosis and outcome in thirty-eight spindle cell neoplasms. Mod Pathol. 2001;14:1043-51.
20. Jennings RW. Prune belly syndrome. Semin Pediatr Surg. 2000;9:115-20.
21. Kim JK, Park SY, Ahn HJ, Kim CS, Cho KS. Bladder cancer: analysis of multi-detector row helical CT enhancement pattern and accuracy in tumor detection and perivesical staging. Radiology. 2004;231:725-31.
22. Kim SH, Cha KB, Choi YD, Cho NH. Solitary fibrous tumor of the urinary bladder. Yonsei Med J. 2004;45:573-6.
23. KinkelK, Frei KA, Balleyguier C, Chapron C. Diagnosis of endometriosis with imaging: a review. Eur Radiol. 2006;16:285-98.
24. Lambie D, Campbell P, Strutton GM. Forgotten but not gone: urinary tract tuberculosis. Pathology. 2005;37:392-3.
25. Mallampati GK, Siegelman ES. MR imaging of the bladder. Magn Reson Imaging Clin N Am. 2004;12:545-55.
26. Montironi R, Lopez-Beltran A. The 2004 WHO classification of bladder tumors: a summary and commentary. Int J Surg Pathol. 2005;13:143-53.
27. Moore KL, Persaud TVN, Torchia MG. The developing human: clinically oriented embryology. 10. ed. Philadelphia: Saunders; 2015.
28. Muttara KM, Chiang-Mai WN, Lojanapiwat B. Tuberculosis of the genitourinary tract: imaging features with pathological correlation. Singapore Med J. 2005;46:568-74.
29. Narla LD, Newman B, Spottswood SS, Narla S, Kolli R. Inflammatory pseudotumor. Radiographics. 2003;23:719-29.
30. Neal PM. Schistosomiasis – an unusual cause of ureteral obstruction: a case history and perspective. Clin Med Res. 2004;2:216-27.
31. Netter FH. Atlas of human anatomy. 6. ed. Philadelphia: Saunders; 2014.
32. Nigro KG, MacLennan GT. Rhabdomyosarcoma of the bladder and prostate. J Urol. 2005;173:1365.
33. Rosser CJ, Slaton JW, Izawa JI, Levy LB, Dinney CP. Clinical presentation and outcome of high-grade urinary bladder leiomyosarcoma in adults. Urology. 2003;61:1151-5.
34. Rumack CM, Wilson SR, Charboneau JW, Levine D. Diagnostic ultrasound. 4. ed. Philadelphia: Elsevier; 2011.
35. Salle JL, Sibai H, Rosenstein D, Brzezinski AE, Corcos J. Urethral duplication in the male: review of 16 cases. J Urol. 2000;163:1936-40.
36. Schoenwolf GC, Bleyl SB, Brauer PR, Francis-West PH, Philippa H. Larsen's human embryology. 5. ed. New York: Churchill Livingstone; 2015.
37. Serretta V, Pomara G, Piazza F, Gange E. Pure squamous cell carcinoma of the bladder in western countries: report on 19 consecutive cases. Eur Urol. 2000;37:85-9.
38. Shokeir AA, Nijman RJM. Primary megaureter: current trends in diagnosis and treatment. BJU International. 2000;86:861-8.
39. Shokeir AA. Squamous cell carcinoma of the bladder: pathology, diagnosis and treatment. BJU Int. 2004;93:216-20.
40. Solem CA, Loftus EV Jr, Tremaine WJ, Pemberton JH, Wolff BG, Sandborn WJ. Fistulas to the urinary system in Crohn's disease: clinical features and outcomes. Am J Gastroenterol. 2002;97:2300-5.
41. Sundaram CP, Rawal A, Saltzman B. Characteristics of bladder leiomyoma as noted on magnetic resonance imaging. Urology. 1998;52:1142-3.
42. Sutton D, Reznek R, Murfitt J. Textbook of radiology and imaging. 7. ed. Philadelphia: Elsevier; 2002.
43. Tekes A, Kamel I, Imam K, Szarf G, Schoenberg M, Nasir K, et al. Dynamic MRI of bladder cancer: evaluation of staging accuracy. AJR Am J Roentgenol. 2005;184:121-7.
44. Tekes A, Kamel IR, Imam K, Chan TY, Schoenberg MP, Bluemke DA. MR imaging features of transitional cell carcinoma of the urinary bladder. AJR Am J Roentgenol. 2003;180:771-7.
45. Thrasher JB, Rajan RR, Perez LM, Humphrey PA, Anderson EE. Cystitis glandularis: transition to adenocarcinoma of the urinary bladder. N C Med J. 1994;55:562-4.
46. Umaria N, Olliff JF. MRI appearances of bladder endometriosis. Br J Radiol. 2000;73:733-6.
47. Vijayaraghavan SB, Kandasamy SV, Arul M, Prabhakar M, Dhinakaran CL, Palanisamy R. Spectrum of high-resolution sonographic features of urinary tuberculosis. J Ultrasound Med. 2004;23:585-94.
48. Wilkinson LM, Manson D, Smith CR. Plexiform neurofibroma of the bladder. RadioGraphics. 2004;24(Spec Issue):S237-S242.
49. Wong-You-Cheong JJ, Woodward PJ, Manning MA, Davis CJ. Inflammatory and nonneoplastic bladder masses: radiologic-pathologic correlation. Radiographics. 2006;26(6):1847-68. Review.
50. Wong-You-Cheong JJ, Woodward PJ, Manning MA, Sesterhenn IA. Neoplasms of the urinary bladder: radiologic-pathologic correlation. Radiographics. 2006;26(2):553-80.
51. Wong JT, Wasserman NF, Padurean AM. Bladder squamous cell carcinoma. Radiographics. 2004;24:855-60.
52. Yu JS, Kim KW, Lee HJ, Lee YJ, Yoon CS, Kim MJ. Urachal remnant diseases: spectrum of CT and US findings. Radiographics. 2001;21:451-61.
53. Yu NC, Raman SS, Patel M, Barbaric Z. Fistulas of the genitourinary tract: a radiologic review. Radiographics. 2004;24:1331-52.
54. Zerin JM, Baker DR, Casale JA. Single-system ureteroceles in infants and children: imaging features. Pediatr Radiol. 2000;30:139-46.
55. Zia-ul-Miraj M. Anterior urethral valves: a rare cause of infravesical obstruction in children. J Pediatr Surg. 2000;35:556-8.

4

Adrenais

Pedro Junqueira de Godoy Pereira
Fernando Ide Yamauchi

Introdução

A maior parte dos livros e dos artigos aborda as lesões adrenais em categorias que remetem a anatomia e embriologia do órgão, como lesões corticais e lesões medulares. No entanto, do ponto de vista radiológico, por um lado, essas categorias nem sempre auxiliam no diagnóstico diferencial, uma vez que existe sobreposição do aspecto de imagem das diversas lesões adrenais. Por outro lado, as regras de ouro dos artigos radiológicos também escondem nuances como seleção de pacientes específicos e metodologias restritas que podem não se aplicar ao contexto clínico avaliado. Infelizmente, existem diversas particularidades e exceções na avaliação das lesões adrenais e a interpretação dos estudos de imagem depende fundamentalmente de história clínica, exames laboratoriais e estudos anteriores.

Este capítulo propõe uma abordagem extremamente prática e simples, baseada em um algoritmo resumido da literatura atual sobre o tema.

Como avaliar uma lesão adrenal

Incidentaloma ou investigação de lesão adrenal?

A primeira etapa na avaliação de uma lesão adrenal é identificar o contexto clínico. Incidentalomas são lesões identificadas nos estudos de imagem dirigidos para outro sintoma clínico. Existem diversas características de imagem que auxiliam o profissional a estreitar diagnósticos diferenciais, como a atenuação, o tamanho da lesão e o padrão de *washout* pós-contraste, mas que não devem ser aplicadas fora do cenário de lesões incidentais. Quando se trata da avaliação de pacientes com manifestações endócrinas relacionadas à glândula adrenal (suspeita clínica de feocromocitoma, síndromes virilizantes, entre outras), nenhuma das regras radiológicas se aplica.

Incidentalomas

Trata-se de uma lesão adrenal encontrada incidentalmente em estudo de imagem realizado para outro motivo. Estudos de necropsia apontam prevalência ao redor de 5-8%, quase 30 vezes maior em pacientes idosos quando comparados a jovens (prevalência de cerca de 0,2% em pacientes jovens e de 7% na população acima de 70 anos). Por esse motivo e pelas neoplasias exibirem comportamentos distintos, as regras radiológicas descritas a seguir não devem ser aplicadas em pacientes pediátricos.

Padrões de imagem

Lesões com gordura macroscópica

Lesões com gordura macroscópica na adrenal são virtualmente patognomônicas de mielolipomas. Com a exceção de tumores de colisão (descritos a seguir) e raríssimos relatos de carcinomas adrenais com gordura (lesões volumosas extremamente heterogêneas e com comportamento agressivo), a identificação de gordura em uma lesão adrenal permite o diagnóstico seguro de um mielolipoma (Figura 1).

Mielolipomas são neoplasias benignas relativamente incomuns compostas por tecido hematopoiético e adiposo maduro, portanto, não são funcionantes. Embora a localização adrenal seja a mais frequente, é possível a origem em tecido extra-adrenal. O aspecto de imagem reflete a composição da lesão: quanto maior o componente de tecido hematopoiético, maior o conteúdo de partes moles e menor o conteúdo gorduroso, tornando mais desafiador o seu diagnóstico. Em cerca de 25-30% dos casos, os mielolipomas podem exibir calcificações (Figura 2).

Na maior parte das vezes, a conduta é conservadora diante dessas lesões benignas. Às vezes, sobretudo em lesões grandes (maiores que 5-7 cm), existe risco de sangramento e a cirurgia pode ser considerada. Em alguns casos

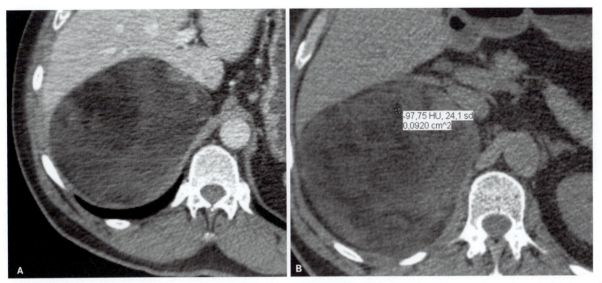

Figura 1 Mielolipoma. Tomografia computadorizada com e sem contraste (A e B). Lesão adrenal heterogênea permeando atenuação de partes moles (A) e grande conteúdo de gordura macroscópica (B) (atenuação de −97 UH).

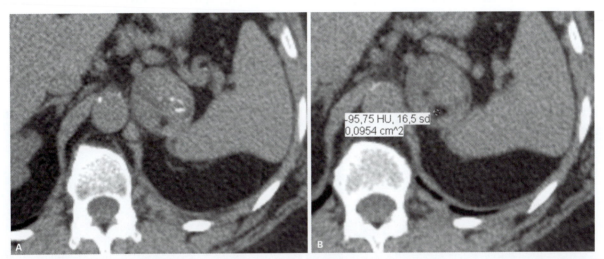

Figura 2 Mielolipoma com pouca gordura e predomínio de tecido hematopoiético. Tomografia computadorizada sem contraste (A e B). A: Lesão adrenal com calcificações. B: Mensuração de focos de gordura macroscópica (−95 UH).

de lesões volumosas, nem sempre é possível a identificação de clara origem adrenal, e o diagnóstico diferencial se faz com lipossarcomas retroperitoneais. Nesses casos, a ressecção cirúrgica também está indicada.

Mielolipoma:

- Gordura macroscópica.
- Tecido hematopoético (partes moles).
- Calcificações.

Lesões com características de adenoma

Existem duas características que permitem o diagnóstico por imagem de um adenoma adrenal: o conteúdo gorduroso microscópico homogêneo e o padrão de realce. O tamanho da lesão, seu crescimento e o antecedente oncológico também são características relevantes e devem ser considerados na avaliação adrenal.

Conteúdo gorduroso microscópico

A identificação de gordura microscópica em um adenoma adrenal reflete seu componente de células claras, que contém lipídios intracelulares. Quanto maior esse componente, mais específico é o diagnóstico de um adenoma típico.

A mensuração desse conteúdo gorduroso microscópico pode ser feita tanto pela tomografia computadorizada (TC) quanto pela ressonância magnética (RM):

- Na TC, o limiar arbitrário de < 10 UH no estudo sem contraste é o mais amplamente utilizado para seu diag-

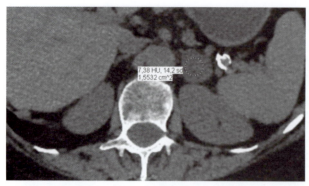

Figura 3 Adenoma típico. Tomografia computadorizada sem contraste evidencia lesão homogênea, < 4 cm e com atenuação inferior a 10 UH (7 UH). Vale ressaltar que o cursor (ROI) deve englobar pelo menos metade da lesão.

nóstico, desde que seja uma lesão homogênea (Figura 3). Vale ressaltar que os artigos originais utilizaram a atenuação na fase pré-contraste para a diferenciação entre adenomas e metástases, e, portanto, essa regra pode ser aplicada em pacientes oncológicos.

- Na RM, a técnica empregada para essa finalidade se baseia no *chemical shift*, nas sequências de *gradiente-echo* ponderadas em T1, com queda de sinal das sequências "em fase" para as sequências "fora de fase" (Figura 4). O limiar quantitativo para essa queda é ao redor de 20%, baseado na fórmula: (sinal em fase – sinal fora de fase)/sinal em fase. Ressalta-se a maior sensibilidade na caracterização de gordura na RM em relação à TC. Lesões indeterminadas na TC (atenuação superior a 10 UH) ainda podem ser caracterizadas pela RM utilizando essa técnica, sobretudo no intervalo de atenuação entre 10 e 30 UH.

Padrão de realce

Lesões adrenais com atenuação superior a 10 UH ainda podem representar adenomas, ditos pobres em lipídios, em cerca de 10-20% das vezes. Quando tal lesão é caracterizada como indeterminada no estudo de tomografia sem contraste ou RM, o padrão de realce pode confirmar seu diagnóstico.

O protocolo da TC consiste em fase sem contraste, fase portal (60-75 segundos após a injeção) e fase tardia (15 minutos após a injeção).

Adenomas apresentam *washout* na fase tardia do exame, que deve ser determinado pelas seguintes fórmulas:

- Fórmula do *washout* absoluto: (atenuação na fase portal – atenuação na fase tardia)/(atenuação na fase portal – atenuação na fase sem contraste) × 100; se o

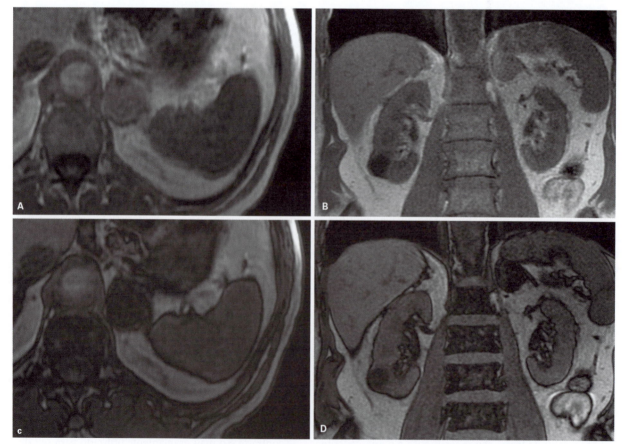

Figura 4 Adenoma típico. Ressonância magnética gradiente-*echo* T1 "em fase" (A e B) e fora de fase (C e D) demonstra queda de sinal nas sequências fora de fase (*chemical shift*), indicando componente gorduroso.

valor encontrado for maior ou igual a 60%, trata-se de um adenoma (Figura 5).

- Fórmula do *washout* relativo: (atenuação na fase portal – atenuação na fase tardia)/atenuação na fase portal × 100; o valor superior a 40% é utilizado para o diagnóstico de adenoma; essa fórmula é utilizada quando não se dispõe da fase pré-contraste.

Ressalta-se que feocromocitomas e metástases de neoplasias hipervascularizadas como carcinoma de células renais e carcinoma hepatocelular podem apresentar valores de *washout* absoluto e relativo idênticos aos dos adenomas, portanto, o cálculo de *washout* deve ser usado com cautela.

O cálculo do *washout* deve ser reservado apenas para os casos inconclusivos pela análise de gordura microscópica, sobretudo em lesões indeterminadas na RM ou lesões com atenuação > 30 UH na TC sem contraste.

Tamanho

Quanto maior a lesão, maior o risco de malignidade, e esta regra vale para a diferenciação de lesões corticais primárias adrenais (adenoma *vs*. carcinoma). A taxa de malignidade de lesões menores que 4,0 cm é inferior a 2%, enquanto para lesões maiores que 6,0 cm ela aumenta mais de 10 vezes (ao redor de 25%). Não existe limiar definitivo, embora a literatura preconize que o diagnóstico seguro de adenomas se faça em lesões menores que 4,0 cm.

Antecedente oncológico

Como mencionado anteriormente, as regras de conteúdo gorduroso microscópico (atenuação inferior a 10 UH na TC ou queda de sinal na sequência "fora de fase" na RM) e padrão de realce (*washout* absoluto ou relativo na TC) podem ser aplicadas com cautela em pacientes oncológicos. Nos casos inconclusivos, o emprego do PET/CT com FDG pode auxiliar na caracterização de metástases.

Por outro lado, na ausência de um tumor primário conhecido, a chance de uma lesão adrenal incidental tratar-se de uma metástase de tumor oculto é virtualmente desprezível. O estudo de Song et al. analisou 1.049 lesões adrenais incidentais e não encontrou nenhuma metástase.

Adenomas:

- Homogêneo.
- Gordura microscópica (atenuação < 10 UH na TC ou > 20% *chemical shift* na RM).
- *Washout* rápido (absoluto > 60% ou relativo > 40%).
- Tamanho < 4 cm.

Lesões indeterminadas

Qualquer lesão fora das características demonstradas anteriormente implica uma lesão adrenal indeterminada. Nesses casos, não existe padrão específico para determinada lesão adrenal, e novamente o estudo de imagem deve ser interpretado em conjunto com dados laboratoriais, estudos anteriores e antecedentes clínicos. A conduta subsequente deve ser discutida com o médico solicitante e incluída no relatório radiológico, como controle por imagem, biópsia, PET/CT ou mesmo cirurgia.

A seguir, serão discutidos brevemente alguns diagnósticos diferenciais de lesões adrenais indeterminadas que podem se manifestar na forma de incidentalomas.

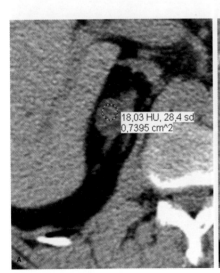 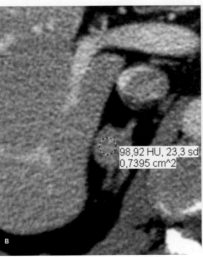 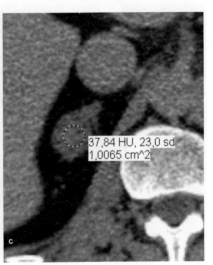

Figura 5 Adenoma atípico com pouca gordura. Na tomografia computadorizada (TC) sem contraste (A) o nódulo possui atenuação superior a 10 UH (18 UH), sendo, portanto, indeterminado. Cálculo do *washout* pela TC sem contraste (A), portal (B, 98 UH) e tardio –15 min (C, 37 UH) demonstra realce precoce e rápida lavagem do meio de contraste – *washout* de 76% (superior a 60%) confirmando o diagnóstico de adenoma.

Carcinoma adrenal

Carcinomas são lesões agressivas com prognóstico ruim e geralmente manifestação clínica pelo efeito de massa. Existem dois picos etários de distribuição, o primeiro na infância e o segundo entre a quarta e quinta década de vida. Geralmente, apresentam-se como volumosas massas heterogêneas, com necrose e invasão vascular (Figura 6), o que as diferencia dos adenomas, embora não exista nenhum critério por imagem definitivo. Ainda assim, o diagnóstico presuntivo de uma lesão neoplásica agressiva deve ser feito por imagem, pois a conduta de escolha é cirúrgica. Biópsias dessas lesões devem ser evitadas pelo risco de ruptura da cápsula e disseminação de implantes neoplásicos.

Os carcinomas se apresentam com hipersecreção hormonal em frequência muito superior a adenomas (ao redor de 55% das vezes), e nesses casos podem se apresentar como lesões menores nos estudos de imagem.

Feocromocitoma

Embora a maioria dos feocromocitomas exiba quadro clínico e/ou laboratorial típico, uma minoria dos casos ainda pode se apresentar como lesão incidental não funcionante ou subclínica. O aspecto de imagem do feocromocitoma é amplamente variável, sendo cunhado o termo "camaleão" por alguns autores. Por esses motivos, o achado de uma lesão adrenal incidental sempre passa pela avaliação laboratorial para excluir a hipótese de feocromocitoma. Em casos ainda duvidosos, a avaliação funcional com cintilografia com metaiodobenzilguanidina (MIBG) aumenta a sensibilidade e a especificidade dessa avaliação.

Feocromocitomas podem ainda exibir alto sinal na sequência T2 de RM e hipervascularização pós-contraste (Figura 7). Por conta desse padrão de realce, podem simular um adenoma nos estudos de *washout*.

Tumores de colisão

São definidos por duas lesões adrenais adjacentes distintas histologicamente, mais comumente um adenoma com mielolipoma ou adenoma com metástase, embora outras combinações possam existir. São tumores raros, que devem ser suspeitados em lesões heterogêneas com dois componentes claramente distintos, ou quando uma lesão conhecidamente benigna apresenta mudança de padrão nos estudos de acompanhamento, desde que excluída a hipótese de hemorragia.

Mimetizadores

Nem toda lesão adrenal representa uma neoplasia. O diagnóstico diferencial inclui etiologia infecciosa, hemorragias, cistos/pseudocistos e lesões extra-adrenais.

Lesões infecciosas

Os agentes mais comuns são *Paracoccus* sp., *Histoplasma* sp. e *Mycobacterium tuberculosis*. Por esse motivo, a avaliação conjunta com a TC de tórax é fundamental para esse diagnóstico (Figura 8).

A forma mais comum de acometimento adrenal é o aumento bilateral das glândulas, com relativa preservação

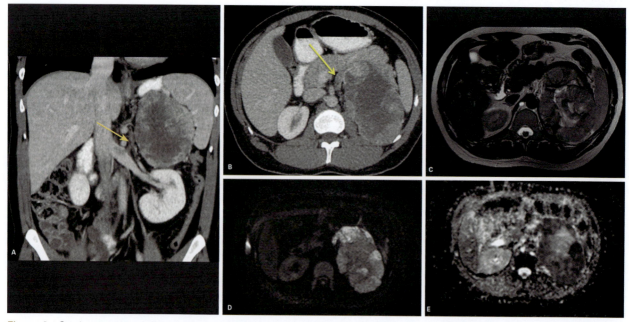

Figura 6 Carcinoma adrenal. Tomografia computadorizada pós-contraste coronal (A) e axial (B) demonstra lesão expansiva heterogênea na adrenal esquerda, com projeções sólidas murais e áreas centrais de necrose, indicando agressividade. Note a trombose tumoral da veia adrenal (seta). Ressonância magnética T2 (C) demonstra extensa necrose central, alto sinal na sequência de difusão (D) e correspondente baixo sinal no mapa ADC (E), indicando alta celularidade e, portanto, maior agressividade.

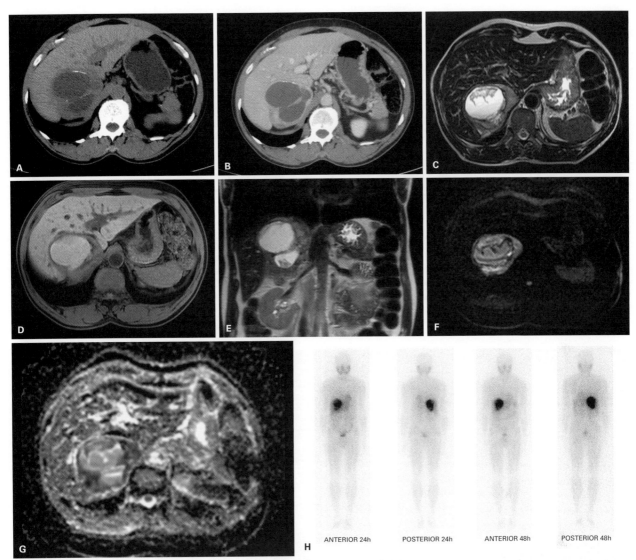

Figura 7 Feocromocitoma. Tomografia computadorizada pré-contraste (A) demonstra lesão com calcificações periféricas e pós-contraste (B) sem significativo realce. Não é possível distinguir entre lesão neoplásica e sequela de hemorragia. Ressonância magnética (RM) T2 (C): lesão cística heterogênea com componente sólido periférico. RM T1 (D): conteúdo hiperproteico que simula hemorragia. RM T2 coronal (E): lesão heterogênea com componente cístico centrada na adrenal. Difusão (F) e mapa ADC (G): áreas de restrição a difusão periféricas, indicando maior celularidade. Cintilografia com MIBG mostrando intensa captação na lesão adrenal, confirmando etiologia neuroendócrina (H).

arquitetural, podendo formar massas com necrose central. Após o tratamento, as lesões tendem a involuir de tamanho e calcificar, e a insuficiência adrenal pode ser uma sequela do tratamento.

Hemorragias

Por seu rico suprimento arterial oriundo de artérias frênicas, renais e aorta, as adrenais são sítios frequentes de hemorragias, podendo ser classificadas em traumáticas e não traumáticas, as últimas podendo estar relacionadas a resposta inflamatória sistêmica e coagulopatias.

O diagnóstico de uma hemorragia adrenal se baseia na elevada atenuação da lesão (ao redor de 50-90 UH na TC sem contraste) ou alto sinal na sequência T1 da RM (Figura 9). Vale ressaltar que nem sempre existe um evento agudo conhecido, e essas lesões podem se apresentar na forma de um incidentaloma. A identificação de sangue em uma lesão adrenal não permite excluir a concomitância de uma neoplasia e, portanto, a avaliação de estudos anteriores é imprescindível para demonstrar surgimento súbito e o controle evolutivo deve ser sugerido para avaliar a involução da lesão.

Cistos

Cistos adrenais são provavelmente subdiagnosticados nos estudos de imagem, uma vez que se apresentam como lesões homogêneas e com atenuação ao redor de 0 UH na

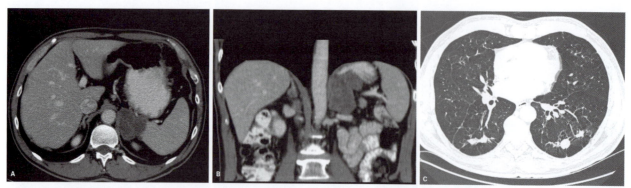

Figura 8 *Paracoccidioides brasiliensis* (Pb) – micose adrenal. Tomografia computadorizada axial (A) e coronal (B) demonstra lesão heterogênea na adrenal esquerda, com relativa preservação da morfologia e conteúdo central hipoatenuante (liquefeito). A avaliação da base pulmonar é fundamental para estabelecer o diagnóstico de etiologia infecciosa.

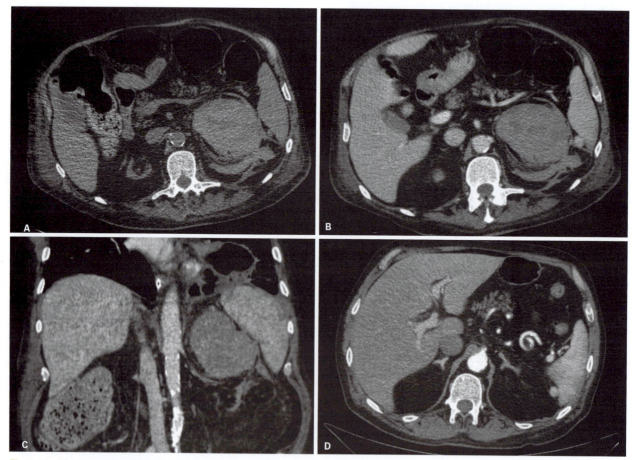

Figura 9 Hemorragia adrenal. Tomografia computadorizada (TC) axial pré-contraste (A): lesão expansiva hiperdensa (65 UH) e com densificação da gordura adjacente. Pós-contraste (B): sem significativo realce (70 UH). Coronal (C): essa reformatação é útil na diferenciação de lesões adrenais e lesões renais. TC 3 dias antes (D) demonstra adrenal normal em paciente em choque séptico, confirmando o diagnóstico de hemorragia adrenal.

TC sem contraste, portanto são semelhantes a adenomas. Seu diagnóstico é estabelecido nas fases pós-contraste pela ausência de realce.

Cistos adrenais verdadeiros são raros, e mais comumente essas lesões representam sequelas de hemorragias ou infecções, portanto, lesões benignas. A presença de calcificações pode auxiliar nesse diagnóstico, e o controle evolutivo deve mostrar redução volumétrica e aumento das calcificações (Figura 10).

Lesões extra-adrenais

São condições que podem simular uma lesão adrenal nos estudos de imagem. Alguns exemplos:

- Direita: tumores renais exofíticos no polo superior, tumores retroperitoneais, tumores exofíticos do lobo hepático direito (segmento VI).
- Esquerda: tumores renais exofíticos no polo superior, tumores retroperitoneais, divertículos gástricos, lesões volumosas na cauda pancreática.

Mimetizadores:

- Lesões infecciosas.
- Hemorragias.
- Cistos.
- Lesões extra-adrenais.

Não incidentalomas

A seguir, será discutida brevemente a avaliação de lesões adrenais no contexto não incidental, ou seja, lesões que produzem alguma sintomatologia por causa da hiperfunção da glândula.

A diferenciação das neoplasias corticais adrenais na patologia segue uma escala numérica com pontuações para grau nuclear, índice de mitoses, invasões e necrose, entre outros, podendo variar de 0-9 (escore de Weiss) ou 0-6 (escore de Weiss modificado), sendo o diagnóstico de malignidade (carcinoma) com três ou mais critérios e de benignidade (adenoma) com dois ou menos critérios. Portanto, percebe-se que existe amplo espectro de lesões corticais adrenais, com graus variados de agressividade, muito mais complexo que a simples diferenciação entre adenoma e carcinoma. O aspecto de imagem vai refletir essa composição histológica, sendo lesões volumosas, heterogêneas, com necrose e invasão vascular provavelmente representando escores mais elevados e maior agressividade.

Adenoma funcionante

Representa a menor parte dos adenomas (20-25%). Classicamente pode ocorrer produção primária no córtex adrenal de cortisol (síndrome de Cushing) ou aldosterona (síndrome de Conn).

Vale ressaltar que a produção de hormônios sexuais ou a associação de mais de um metabólito hormonal ativo é muito mais comum em carcinomas que adenomas, devendo-se analisar com cautela essas situações clínicas.

Não é possível distinguir adenomas funcionantes de não funcionantes por imagem. Alguns autores sugerem que a atrofia da glândula contralateral a um adenoma funcionante pode ser um indício de *feedback* negativo, mas esse achado é pouco prevalente.

Carcinomas adrenais

Conforme mencionado anteriormente, a apresentação clínica de síndrome virilizante ou a associação de mais de um metabólito hormonal ativo deve elevar a suspeição para carcinomas.

O aspecto de imagem de carcinomas já foi mencionado anteriormente. São lesões agressivas, com invasão vascular frequente. Quanto às dimensões, podem ser lesões menores quando funcionantes em razão do diagnóstico mais precoce.

Feocromocitoma

O diagnóstico de um feocromocitoma se baseia na análise de catecolaminas e metanefrinas plasmáticas e urinárias. Em termos de frequência, seguem a regra básica dos 10:

- 10% bilaterais e podem estar associadas a síndromes familiares como Von-Hippel-Lindau, NEM 2A e 2B, neurofibromatose, entre outros.
- 10% são extra-adrenais, nesses casos chamados de paragangliomas.
- 10% são malignos. Não existem achados de imagem que sugiram malignidade, com exceção de apresentação metastática.
- 10% ocorrem em crianças.
- 10% são assintomáticos/subclínicos, com diagnóstico mais tardio e lesões mais volumosas.

O papel dos métodos de imagem nesse cenário deve se restringir ao estadiamento locorregional e à pesquisa de metástase, uma vez que a conduta é cirúrgica e o diagnóstico já estabelecido pelos testes laboratoriais.

Conforme mencionado anteriormente, podem exibir alto sinal na sequência T2 de RM (*light bulb sign*) e hipervascularização pós-contraste.

Pontos-chave

- Estatisticamente, o diagnóstico mais provável de uma lesão adrenal incidental é de um adenoma não fun-

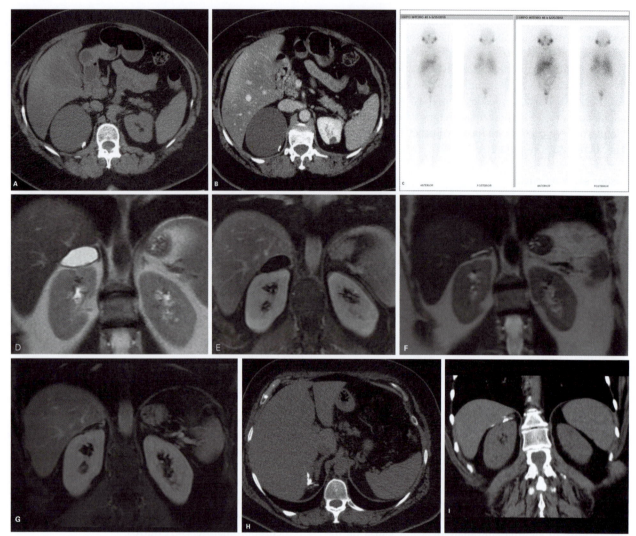

Figura 10 Pseudocisto adrenal. Tomografia computadorizada (TC) axial pré-contraste (A): lesão expansiva hipoatenuante (10 UH) com calcificação periférica. O diagnóstico de adenoma não se aplica em lesões maiores que 4 cm ou com calcificações. TC pós-contraste (B): ausência de realce. Neste caso, não é possível distinguir um cisto adrenal benigno de outra neoplasia com manifestação cística, como um feocromocitoma. C: A paciente não exibia elevação de catecolaminas ou metanefrinas, e o estudo de cintilografia com MIBG não demonstrou captação na lesão. Controle evolutivo 1 ano (D, E) e 5 anos após o primeiro estudo (F, G). Coronal T2 (D, F) e coronal pós-contraste (E, G) confirmam lesão de natureza cística sem realce pós-contraste, com significativa redução das dimensões. H, I: Aspecto crônico após 6 anos. TC sem contraste demonstra calcificações grosseiras na adrenal direita, de aspecto sequelar (presumivelmente pós-hemorragia).

cionante, ainda que não consigamos estabelecer esse diagnóstico por imagem.
- O diagnóstico de um adenoma por imagem se baseia na identificação de gordura microscópica. Quando inconclusiva por esse método, o padrão de realce (cálculo do *washout*) pode auxiliar.
- Lesões heterogêneas e/ou lesões maiores que 4,0 cm aumentam o risco de carcinomas adrenais, e nessas situações não é possível o diagnóstico de um adenoma com segurança.
- Ainda que o alto sinal em T2 e hipervascularização sejam características de feocromocitoma, essas lesões podem se apresentar nas diversas formas possíveis, simulando adenomas, carcinomas e metástases (camaleão).
- Existem vários mimetizadores que simulam neoplasias adrenais e de conduta não cirúrgica, como lesões infecciosas, hemorragias e cistos adrenais.
- A avaliação de estudos anteriores, o quadro clínico, os dados laboratoriais e os antecedentes oncológicos são de extrema importância na avaliação de lesões adrenais.

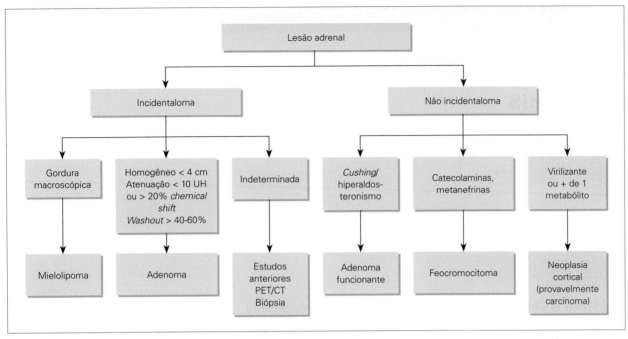

Figura 11   Fluxograma da avaliação de lesões adrenais.

Bibliografia sugerida

1. Boland GW, Blake MA, Hahn PF, Mayo-Smith WW. Incidental adrenal lesions: principles, techniques, and algorithms for imaging characterization. Radiology. 2008;249(3):756-75.
2. Berland LL, Silverman SG, Gore RM, Mayo-Smith WW, Megibow AJ, Yee J, et al. Managing incidental findings on abdominal CT: white paper of the ACR incidental findings committee. J Am Coll Radiol. 2010;7(10):754-73.
3. Song JH, Chaudhry FS, Mayo-Smith WW. The incidental adrenal mass on CT: prevalence of adrenal disease in 1,049 consecutive adrenal masses in patients with no known malignancy. AJR Am J Roentgenol. 2008;190(5):1163-8.
4. Zeiger MA, Thompson GB, Duh QY, Hamrahian AH, Angelos P, Elaraj D, et al. American Association of Clinical Endocrinologists and American Association of Endocrine Surgeons Medical Guidelines for the Management of Adrenal Incidentalomas: executive summary of recommendations. Endocr Pract. 2009;15(5):450-3.
5. Young WF Jr. Clinical practice. The incidentally discovered adrenal mass. N Engl J Med. 2007;356(6):601-10.

5

Próstata e vesículas seminais

Públio Cesar Cavalcante Viana
Diego Adrian Pucci de Araújo

Próstata e vesículas seminais

A próstata e as vesículas seminais fazem parte do sistema reprodutor masculino e apresentam como principal função a secreção de fluidos que fazem parte do sêmen. Os métodos de imagem mais utilizados na avaliação desses órgãos são a ultrassonografia (US) e a ressonância magnética (RM). Atualmente com o desenvolvimento de técnicas avançadas de RM, esse método tem assumido um papel de destaque na avaliação do câncer de próstata, aumentando muito a demanda por esse exame e trazendo novos desafios para o radiologista, sendo de extrema importância o conhecimento das formas de apresentação do câncer de próstata e os seus diagnósticos diferenciais, bem como de outras condições patológicas que acometem a próstata e as vesículas seminais.

Embriologia

O desenvolvimento da próstata e das vesículas seminais ocorre próximo à junção entre os ductos mesonéfricos (Wolff) e à uretra pélvica. Os ductos mesonéfricos originam as vesículas seminais, ductos deferentes, ejaculatórios e epidídimos. Vale lembrar que os brotos ureterais também derivam dos ductos mesonéfricos, portanto o desenvolvimento da vesícula seminal está intimamente relacionado ao ureteral e renal, consequentemente qualquer alteração no desenvolvimento do broto ureteral pode afetar a formação das vesículas seminais.

A próstata deriva do seio urogenital e inicia o seu crescimento ao redor da décima semana gestacional. O evento inicial do desenvolvimento prostático é caracterizado pelo crescimento de tecido epitelial para o interior do mesênquima adjacente. Entre a décima terceira e décima quinta semana a próstata inicia sua atividade secretória.

Anatomia

A glândula prostática apresenta formato piramidal com a base voltada para o trígono vesical e o ápice acima do diafragma urogenital. Anteriormente é separada da sínfise púbica por gordura extraperitoneal (espaço de Retzius) e posteriormente separa-se do reto pelo septo retovesical ou fáscia de Denonvillier. A cápsula prostática não existe histologicamente, sendo formada por uma mistura do estroma fibromuscular com a fáscia endopélvica. Ela envolve incompletamente a próstata, não existindo junto ao estroma fibromuscular anterior, na base (entre a próstata e a bexiga) e no ápice. O volume normal estimado da glândula é de 25 mL aos 30 anos e 30-45 mL aos 70 anos.

Os feixes vasculonervosos estão localizados no aspecto posterolateral da próstata, às 5 e às 7 horas, nos ângulos retroprostáticos, penetrando a glândula no ápice e na base. Na presença de neoplasia são rotas de disseminação extraprostática.

O suprimento arterial é feito pelas artérias vesical inferior, pudenda interna e retal média, ramos da artéria ilíaca interna. A drenagem venosa ocorre pelo plexo venoso periprostático que drena nas veias ilíacas internas e apresenta comunicação com o plexo venoso vertebral interno (plexo de Batson). A drenagem linfática é feita principalmente para a cadeia ilíaca interna e obturatória. A inervação ocorre através dos nervos cavernosos. A próstata é dividida em quatro regiões (Figura 1):

- Zona periférica: localizada posterolateralmente da base ao ápice da próstata (70% do tecido glandular).
- Zona central: localizada ao redor dos ductos ejaculatórios, mais proeminente na base e composta predominantemente de estroma.
- Zona de transição: envolve a uretra prostática, localizada predominantemente na base.
- Estroma fibromuscular anterior (aglandular).

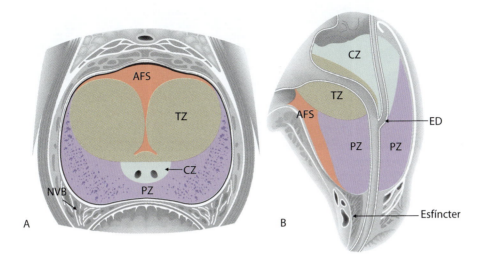

Figura 1 Desenho esquemático da anatomia zonal da próstata. Adaptada de Kim et al., 2013. AFS: estoma fibromuscular anterior; CZ: zona central; ED: ducto ejaculatório; NVB: feixe vasculonervoso; PZ: zona periférica; TZ: zona da transição.

O termo glândula central refere-se à zona central, zona de transição e ao tecido periuretral.

As vesículas seminais situam-se superolateralmente a próstata, entre a bexiga e o reto, distais em relação aos ureteres. Elas unem-se aos ductos deferentes para formar os ejaculatórios e drenam na uretra prostática na região do *verumontanum*, onde também se insere o utrículo prostático. As vesículas seminais produzem cerca de 50-80% do fluido seminal e aumentam de tamanho com o avançar da idade, reduzindo de dimensões nos idosos. Apresentam padrão ductal típico, com aspecto convoluto.

Anatomia na ressonância magnética

A próstata apresenta sinal homogêneo e intermediário nas sequências ponderadas em T1, não sendo possível caracterizar a anatomia zonal.

Nas sequências ponderadas em T2 a anatomia zonal é muito bem demonstrada (Figura 2). O sinal é diretamente proporcional à quantidade de tecido glandular (alto sinal) e inversamente proporcional à densidade estromal (baixo sinal). Na USG, a anatomia zonal da próstata não é tão bem demonstrada quanto na RM (Figura 3).

- Zona periférica: alto sinal simétrico e homogêneo em T2, envolvendo a glândula central posterolateralmente da base ao terço médio da glândula. No ápice circunda praticamente toda a uretra prostática.
- Zona central: tecido em formato de cone, apresentando baixo sinal em T2, localizado junto aos ductos ejaculatórios. É muito importante o reconhecimento desse aspecto pelo radiologista, pois pode ser confundido com lesão neoplásica.
- Zona de transição: sinal heterogeneamente baixo em T2.

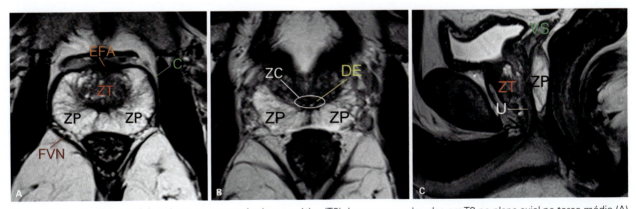

Figura 2 Anatomia normal da próstata na ressonância magnética (T2). Imagens ponderadas em T2 no plano axial no terço médio (A) e na base da próstata (B). Imagem ponderada em T2 no plano sagital (C). C: cápsula prostática; DE: ducto ejaculatório; EFA: estroma fibromuscular anterior; FVN: feixe vasculonervoso; U: uretra; VS: vesícula seminal; ZC: zona central; ZP: zona periférica (ZP); ZT: zona de transição.

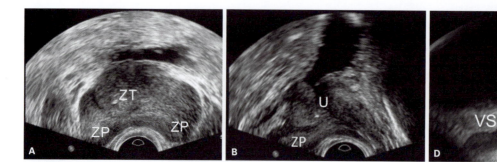

Figura 3 Ultrassom transretal da próstata. A anatomia zonal da próstata não é muito bem demonstrada no ultrassom, não sendo possível distinguir a zona central da zona de transição. A zona periférica (ZP) costuma demonstrar ecogenicidade homogênea e intermediária, enquanto a zona de transição (ZT) exibe ecogenicidade heterogênea. A: Corte axial da próstata. B: Corte sagital da próstata. C: Corte axial das vesículas seminais (VS). U: Uretra.

- Estroma fibromuscular anterior: tecido com marcado baixo sinal em T2, localizado na linha média do aspecto anterior do terço médio e da base da próstata.
- Cápsula prostática: fino halo de baixo sinal em T2.
- Vesículas seminais: estruturas císticas (alto sinal em T2) com paredes finas e septações com baixo sinal (Figuras 3 e 4).

Anomalias congênitas

As anomalias congênitas da próstata são raras e incluem agenesia, hipoplasia, ectopia e cistos prostáticos. As anomalias nesse órgão, assim como nas vesículas seminais, são comumente associadas a outras anomalias urogenitais.

Indivíduos com deficiência de 5-alfa-redutase e feminilização testicular podem ter agenesia da próstata associada a outras malformações (Figura 5). A hipoplasia congênita pode ocorrer em associação com prune-belly (Figura 6) e dilatação da uretra posterior. Já os casos de tecido prostático ectópico são extremamente raros e representam um desafio diagnóstico, com casos descritos na bexiga, uretra, testículo e até no canal anal.

A hipoplasia de vesícula seminal caracteriza-se por vesícula seminal pequena com poucos septos e pode estar associada a hipogonadismo, criptorquidismo ou outras anomalias genitourinárias. A agenesia unilateral da vesícula seminal é causada por insulto embriológico antes da sétima semana gestacional, e por isso costuma ocorrer em conjunto com agenesia renal ipsilateral (79% dos casos) ou outras anomalias renais (Figuras 7 e 8). Já a agenesia bilateral das vesículas seminais está relacionada à mutação no gene CFTR (regulador da condutância transmembrana da fibrose cística), sendo considerada uma forma genital de fibrose cística, provavelmente causada por obstrução luminal pela formação de muco espesso.

Cistos prostáticos e de vesículas seminais

Os cistos são as anomalias congênitas mais comuns (geralmente achado incidental). Eles podem se originar dos ductos müllerianos (cistos medianos) ou dos ductos de Wolff (cistos paramedianos ou laterais).

Cistos medianos

- Cistos de utrículo prostático: remanescente embriológico dos ductos müllerianos. Esses cistos apresentam comunicação com a uretra e são confinados à próstata (Figura 9).

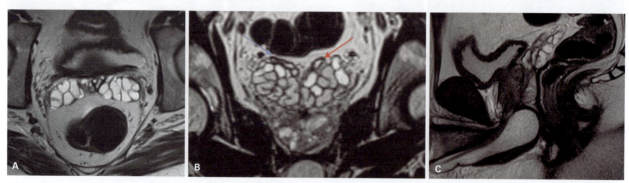

Figura 4 Anatomia normal das vesículas seminais na ressonância magnética. A: Imagem ponderada em T2 no plano axial mostra as vesículas seminais com alto sinal, paredes finas e septações com baixo sinal. B: Imagem ponderada em T2 no plano coronal mostrando os ductos deferentes (seta vermelha) mediais às vesículas seminais, pouco antes de se unirem com os ductos das vesículas seminais para formarem o ducto ejaculatório. C: Aspecto normal das vesículas no plano sagital.

5 PRÓSTATA E VESÍCULAS SEMINAIS   1217

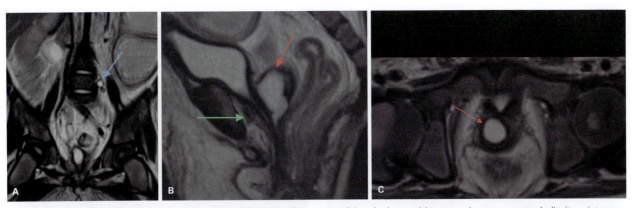

Figura 5 Paciente de 9 meses de idade com múltiplas malformações (hipoplasia renal à esquerda, megaureter à direita, cisto mediano com comunicação com a uretra e agenesia de pênis) apresentando agenesia da próstata. A: Imagem ponderada em T2 no plano coronal mostrando hipoplasia do rim esquerdo (seta azul). B e C: Imagens ponderadas em T2 nos planos sagital e axial mostrando cisto mediano (seta vermelha) com comunicação com a uretra e agenesia da próstata (seta verde).

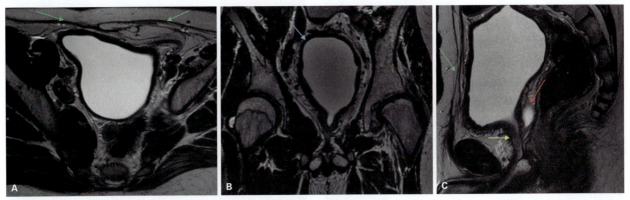

Figura 6 Paciente com síndrome de prune-belly (síndrome classicamente caracterizada pela tríade de deficiência da musculatura da parede abdominal, criptorquidia bilateral e anormalidades do trato urinário). A: Imagem ponderada em T2 no plano axial mostrando ausência da musculatura da parede abdominal anterior (seta verde). B: Imagem ponderada em T2 no plano coronal mostrando bexiga alongada e com paredes espessadas (seta azul). C: Imagem ponderada em T2 no plano sagital mostrando cisto mediano (de utrículo; seta vermelha) e hipoplasia da próstata (seta amarela).

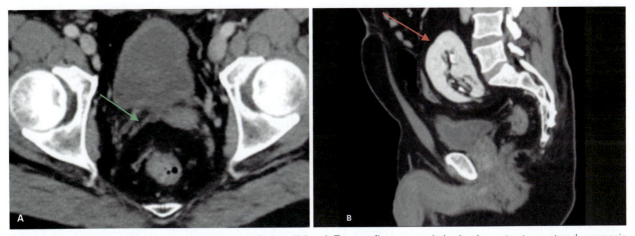

Figura 7 Agenesia da vesícula seminal direita e rim direito pélvico. A: Tomografia computadorizada pós-contraste mostrando agenesia da vesícula seminal direita (seta verde). B: Rim direito pélvico (seta vermelha).

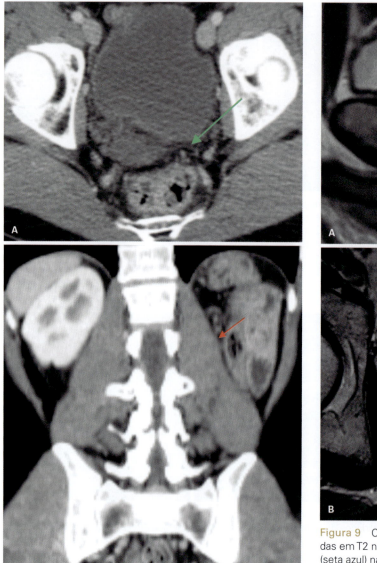

Figura 8 Agenesia da vesícula seminal esquerda e agenesia do rim esquerdo. A e B: Tomografia computadorizada pós-contraste mostrando ausência da vesícula seminal esquerda (seta verde) e do rim ipsilateral (seta vermelha).

- Cistos müllerianos: resultam da falha de regressão com dilatação focal e sacular do ducto mülleriano. Esses cistos não apresentam comunicação com a uretra e estendem-se além da próstata (Figuras 10 e 11).

Cistos paramedianos

Os cistos paramedianos (cistos de vesícula seminal e cistos do ducto ejaculatório) podem ser congênitos ou pós-inflamatórios (resultantes de obstrução do sistema ductal). Os pacientes frequentemente são assintomáticos, mas podem apresentar hematúria, hematoespermia, infertilidade e infecção do trato urinário (Figura 12). Em alguns casos, os cistos congênitos de vesícula semi-

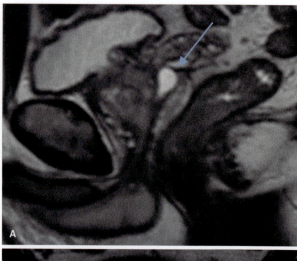
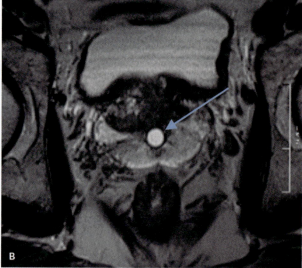

Figura 9 Cisto de utrículo prostático. A e B: Imagens ponderadas em T2 nos planos sagital e axial mostrando formação cística (seta azul) na linha média, confinada à próstata e com comunicação com a uretra prostática.

nal podem estar relacionados a outras anomalias, como quando associado à agenesia ou disgenesia renal ipsilateral (síndrome de Zinner; Figura 13). Cistos bilaterais de vesícula seminal ocorrem em 44-60% dos pacientes com doença renal policística autossômica dominante (Figura 14).

Próstata e vesículas seminais: inflamatórias/infecciosas

Próstata

Diversos processos inflamatórios e infecciosos podem acometer a próstata. Os casos mais comuns no dia a dia do radiologista são as prostatites, inclusive no diagnóstico diferencial com o câncer de próstata. Outras doenças são extremamente raras, como: malacoplaquia

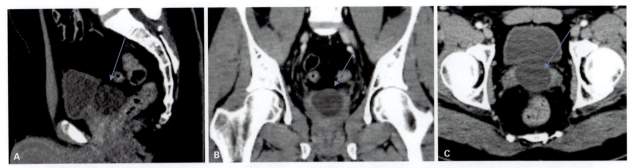

Figura 10   Cisto mülleriano. A a C: Tomografia computadorizada pós-contraste mostrando cisto mediano (seta azul) estendendo-se além dos limites da próstata.

(condição inflamatória granulomatosa associada a infecções recorrentes do trato urinário); prostatite granulomatosa idiopática; sarcoidose; e até mesmo prostatite relacionada à IgG4.

Prostatite

A prostatite é definida como inflamação ou infecção da glândula prostática. Engloba uma diversidade de doenças e de sintomas clínicos, muitas vezes com impacto significativo na vida dos homens. As prostatites são classificadas de acordo com o consenso do NIH (National Institutes of Health) em quatro categorias:

- Categoria I: prostatite bacteriana aguda.
- Categoria II: prostatite bacteriana crônica.
- Categoria III: prostatite crônica/síndrome da dor pélvica crônica.
- Categoria IV: prostatite inflamatória assintomática.

Epidemiologia

É o diagnóstico urológico mais comum em homens abaixo dos 50 anos e o terceiro mais comum acima dessa faixa etária. A prevalência estimada é de 9-12% dos homens.

Quadro clínico

O quadro clínico varia de acordo com o tipo de prostatite.

- Prostatite bacteriana aguda (PBA): causada pelos mesmos patógenos da infecção urinária (*Escherichia coli*, 80% dos casos). O quadro clínico agudo caracteriza-se por febre, calafrios, disúria e dor. Ao toque retal a próstata pode estar edemaciada, com consistência amolecida ou endurecida, dolorosa e quente.
- Prostatite bacteriana crônica (PBC): em geral é causada pelos mesmos patógenos da PBA, sendo muito fre-

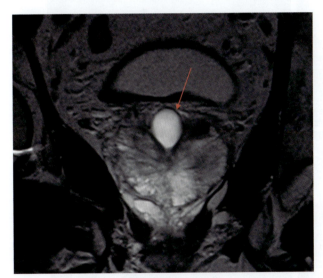

Figura 11   Cisto mülleriano. Imagem ponderada em T2 no plano coronal mostrando formação cística (seta vermelha) com alto sinal em T2 estendendo-se além da base da próstata.

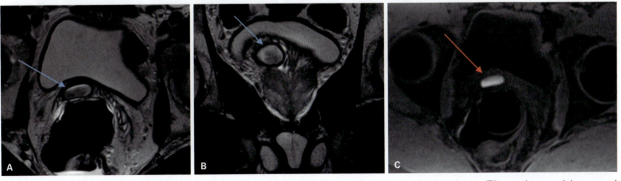

Figura 12   Cisto com conteúdo hemorrágico na vesícula seminal direita. A e B: Imagens ponderadas em T2 nos planos axial e coronal mostrando cisto na vesícula seminal direita (seta azul) com conteúdo heterogêneo. C: Imagem ponderada em T1 com saturação de gordura mostrando conteúdo hemorrágico no interior do cisto (seta vermelha).

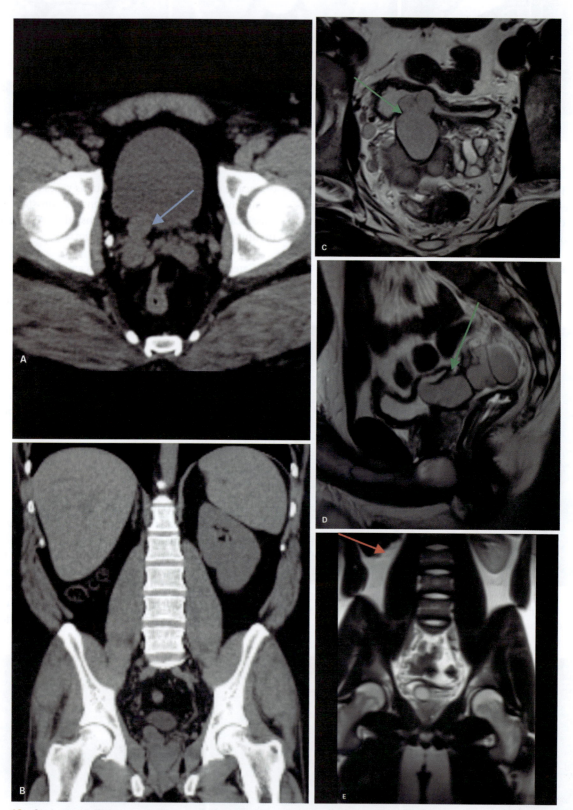

Figura 13 Síndrome de Zinner. A e B: Tomografia computadorizada sem contraste endovenoso mostrando cisto na vesícula seminal direita (seta azul) e agenesia do rim ipsilateral. Rim esquerdo e vesícula seminal esquerda de aspecto normal. C e D: Imagens ponderadas em T2 nos planos axial e sagital mostrando cisto na vesícula seminal direita (seta verde) se insinuando na bexiga. E: Imagem ponderada em T2 no eixo coronal mostrando agenesia do rim direito (seta vermelha).

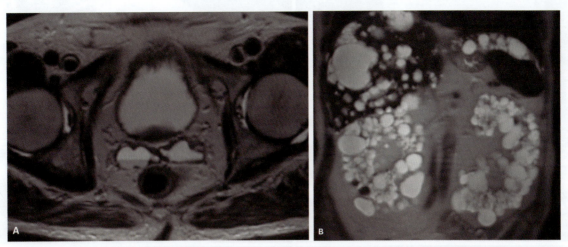

Figura 14 Paciente com doença renal policística autossômica dominante com cistos bilaterais de vesícula seminal. A: Imagem ponderada em T2 no plano axial mostrando cistos bilaterais de vesícula seminal. B: Imagem ponderada em T2 no plano coronal mostrando rins de dimensões aumentadas com múltiplos cistos e cistos hepáticos.

quente o quadro de infecção urinária de repetição e dor. Geralmente os sintomas perduram por mais de 3 meses.
- Prostatite crônica/síndrome da dor pélvica crônica: dor pélvica crônica (acima de 3 meses), disfunção urinária e ejaculatória.
- Prostatite inflamatória assintomática: a inflamação da próstata é detectável, porém o paciente permanece assintomático e apresenta níveis de antígeno prostático específico (PSA) elevados.

Métodos de imagem

Os métodos de imagem não têm grande relevância na avaliação das prostatites. No entanto, com o aumento do número de exames de RM da próstata é importante compreender as diferentes apresentações dessa doença, pois frequentemente cursam com aumento do PSA e apresentam aspectos de imagem que se sobrepõem aos do câncer de próstata.

A avaliação inicial é feita preferencialmente por USG suprapúbica ou tomografia computadorizada (TC) (principalmente na suspeita de abscesso). Achados de imagem:

- USG: próstata difusamente aumentada e hipoecoica, apresentando aumento difuso do fluxo ao Doppler.
  - Abscesso: coleção complexa com aumento da vascularização periférica ao Doppler.
- TC: próstata difusamente aumentada e edemaciada principalmente na zona periférica (Figura 15).
  - Abscesso: coleção uni ou multilocular com realce periférico, localizada comumente na zona periférica.
- RM: áreas de baixo sinal em T2 com margens indefinidas, focais ou difusas, predominando na zona periférica. Pode apresentar leve a moderada restrição à difusão em razão do infiltrado celular inflamatório, geralmente em menor grau em comparação com os casos de adenocarcinoma de próstata (Figura 16). A

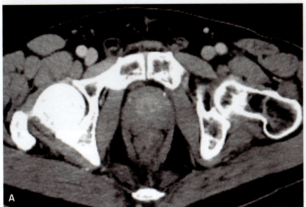
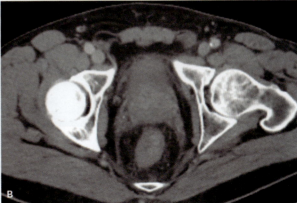

Figura 15 Paciente com diagnóstico clínico de prostatite. A e B: Tomografia computadorizada pós-contraste mostrando próstata de dimensões aumentadas com realce difuso e densificação dos planos adiposos adjacentes.

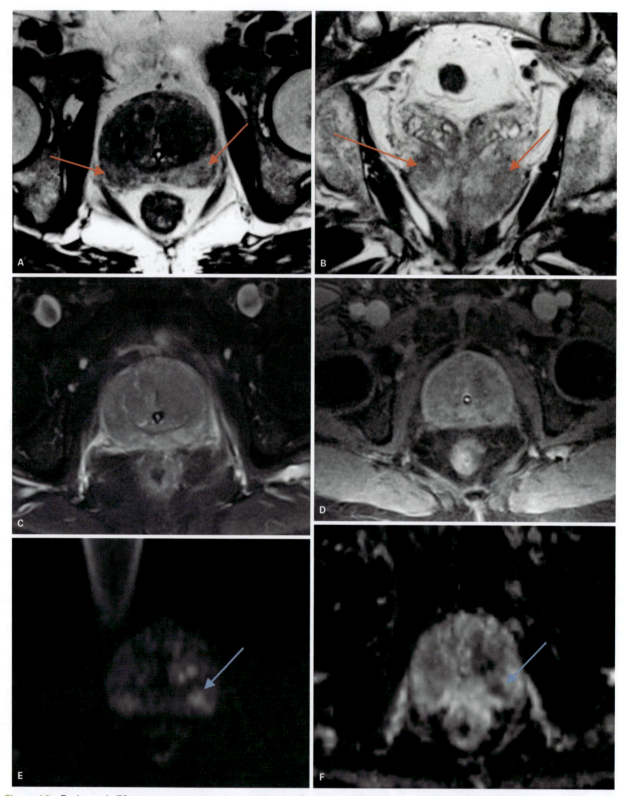

Figura 16 Paciente de 72 anos com suspeita de prostatite. A a C: As imagens de ressonância magnética ponderadas em T2 mostram próstata difusamente aumentada com áreas de baixo sinal (seta vermelha) associado a edema dos planos adiposos adjacentes, mais bem caracterizado na imagem com saturação de gordura (C). D: T1 pós-contraste mostra realce difuso e discretamente heterogêneo da próstata. E e F: Difusão e coeficiente de difusão aparente (ADC) demonstrando área focal de restrição à difusão na zona periférica esquerda (seta azul).

perfusão demonstra realce precoce e aumentado em comparação com o tecido prostático adjacente (Figura 17). Os achados de alteração do sinal do tecido adiposo periprostático e acometimento das vesículas seminais podem ocorrer nos casos agudos.
- Abscesso: coleção hiperintensa em T2 com realce periférico e marcada restrição à difusão (Figura 18).

Prostatites granulomatosas

A prostatite granulomatosa é uma condição rara da próstata, histologicamente caracterizada pela formação de granulomas. Pode ser dividida em quatro grupos: prostatite granulomatosa infecciosa específica; prostatite granulomatosa não específica; granulomas pós-biópsia; e prostatite granulomatosa sistêmica. As prostatites granulomatosas infecciosas podem ser causadas por diversos patógenos, porém os mais comuns são os fungos e o *Mycobacterium tuberculosis* (principalmente em pacientes imunocomprometidos). Atualmente a maioria dos casos está relacionada ao tratamento do câncer de bexiga com infusão de bacilo de Calmette-Guérin (BCG).

Diagnóstico por imagem

As prostatites granulomatosas podem simular o câncer de próstata clínica e radiologicamente. Na RM as prostatites granulomatosas sem áreas de necrose podem apresentar focos de baixo sinal em T2 com restrição à difusão e aumento perfusional, contudo, as alterações nas sequências funcionais (perfusão e difusão) tendem a ser menos pronunciadas quando comparadas às alterações do câncer de próstata. Nos casos duvidosos, os pacientes costumam ser biopsiados para excluir a possibilidade de câncer, porém homens com tuberculose sistêmica ou história de imunoterapia com BCG podem ser tratados empiricamente. As prostatites que cursam com necrose demonstram área de alto sinal em T2 com marcada restrição à difusão e sem realce pelo contraste (Figura 19).

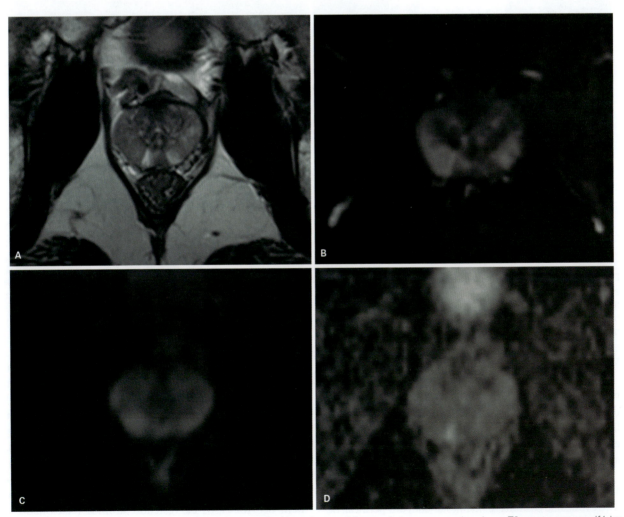

Figura 17 Paciente de 60 anos com suspeita de prostatite bacteriana recidivante. A: Imagem ponderada em T2 mostra zona periférica com faixas de baixo sinal. B: Perfusão (DCE) realce precoce e bilateral da zona periférica. C e D: Áreas de discreta restrição à difusão na zona periférica. Esses achados são comumente encontrados nos casos de prostatite e são relativamente frequentes em pacientes submetidos a RMmp por conta da leve elevação do antígeno prostático específico (PSA).

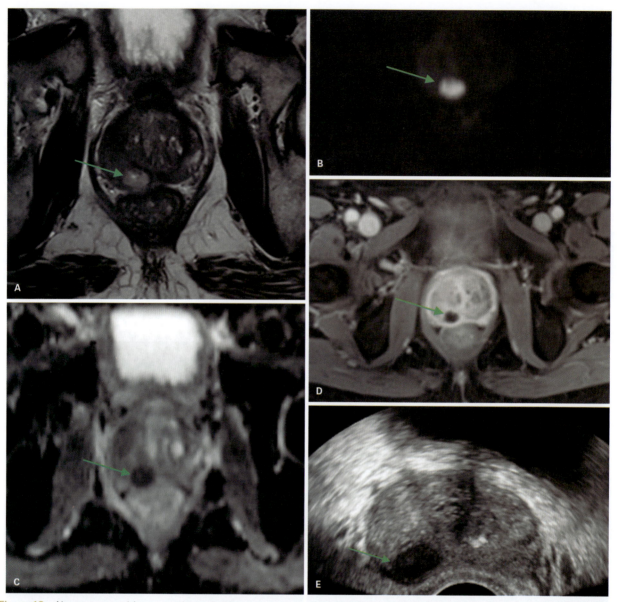

Figura 18 Abscesso prostático em paciente de 62 anos com antígeno prostático específico (PSA) de 32 ng/mL. A: Imagem ponderada em T2 mostrando pequena coleção hiperintensa na zona periférica direita (seta verde). B e C: Difusão e coeficiente de difusão aparente (ADC) mostrando marcada restrição à difusão da coleção. D: Imagem ponderada em T1 com saturação de gordura pós-contraste demonstrando realce periférico da coleção, sem realce no interior da lesão. E: Ultrassonografia transretal da próstata para drenagem do abscesso mostrando coleção bem delimitada e hipoecoica. Foi aspirado conteúdo purulento.

Vesícula seminal

A vesícula seminal pode ser acometida por diversos processos inflamatórios e infecciosos, apesar disso essas doenças são incomuns na prática clínica. Algumas delas cursam com hematoespermia, condição que provoca extrema ansiedade no paciente, mas que normalmente apresenta uma causa benigna.

Vesiculite

A vesiculite costuma se manifestar com dor perineal, hematoespermia e sintomas urinários irritativos. Os casos de vesiculite aguda são causados por infecções bacterianas muitas vezes associadas a prostatite e orquiepididimite. Os métodos de imagem (USG, TC e RM) podem demonstrar aumento das dimensões das vesículas com espessamento difuso das paredes e realce pelo contraste na TC e na RM (Figura 20). Na RM podemos ver em alguns casos conteúdo espesso ou hemorrágico no interior das vesículas. A formação de abscesso é infrequente, mas pode ocorrer nos pacientes diabéticos.

Vesiculite crônica é uma doença rara causada por infecções bacterianas crônicas ou de repetição, comumente associada à prostatite crônica. Em países endêmicos podem ocorrer casos de vesiculite crônica relacionados a tuberculose e esquistossomose. Nos exames de imagem, vemos aumento ou atrofia das vesículas com espessamento e realce das paredes e dos septos (Figura 21).

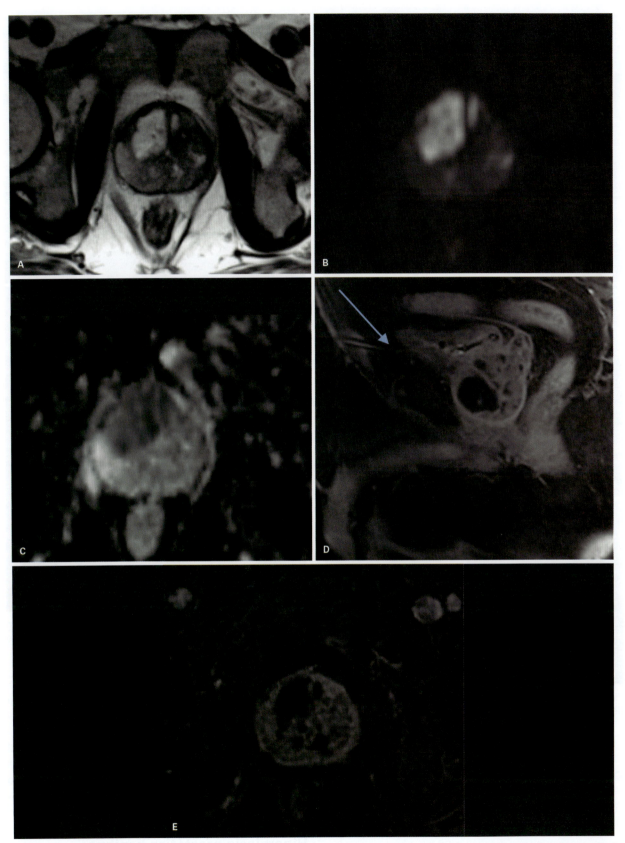

Figura 19 Paciente de 65 anos deu entrada no hospital com quadro de retenção urinária. Foi submetido à cistostomia e diagnosticado com prostatite granulomatosa não específica. Ressonância magnética multiparamétrica mostrando próstata de dimensões aumentadas com perda parcial da anatomia zonal, apresentando área de necrose na região anterior direita da zona de transição com marcada restrição à difusão e sem realce pelo contraste. Cateter de cistostomia (seta azul em D).

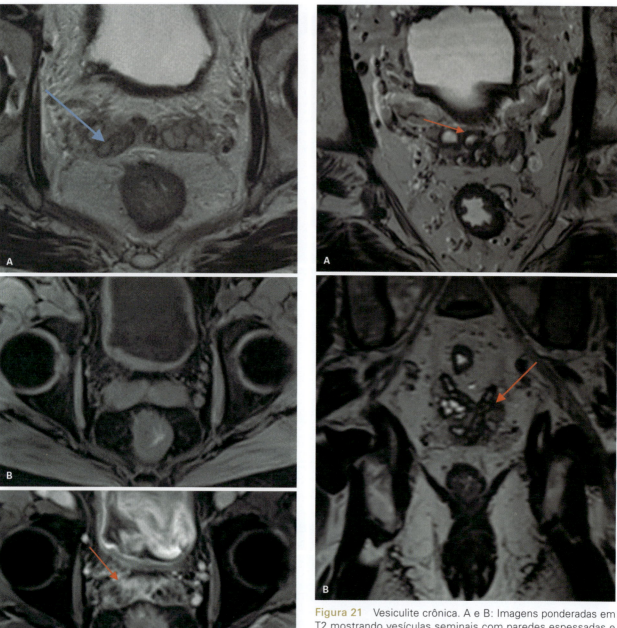

Figura 21 Vesiculite crônica. A e B: Imagens ponderadas em T2 mostrando vesículas seminais com paredes espessadas e dimensões reduzidas (seta vermelha).

Figura 20 Vesiculite aguda. A, B e C: Vesículas seminais com paredes espessadas (seta azul) e realce pelo contraste (seta vermelha).

Cálculo

Os cálculos de vesícula seminal são raros, mas podem cursar com hematoespermia. Na RM demonstram baixo sinal em T1 e em T2 (Figuras 22 e 23).

Amiloidose

A amiloidose localizada na vesícula seminal é um achado comum em idosos, ocorrendo em 21% dos homens com mais de 76 anos. É um processo senil causado pela deposição de proteína amiloide, geralmente sem importância clínica.

Na RM as vesículas seminais apresentam baixo sinal em T2 associado a espessamento difuso ou nodular das paredes, podendo conter áreas de hemorragia. Em razão do baixo sinal podem mimetizar infiltração tumoral nos casos de câncer de próstata.

Hiperplasia prostática benigna

A hiperplasia prostática benigna (HPB) é definida histologicamente como proliferação de células epiteliais

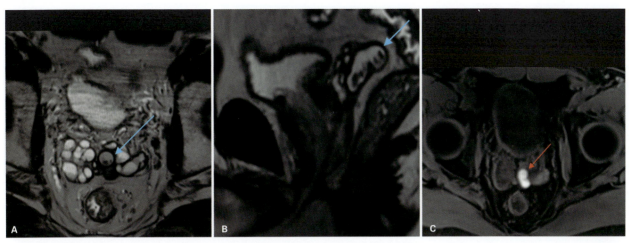

Figura 22 Paciente com queixa de hematoespermia. A e B: Imagens ponderadas em T2 mostrando cisto na vesícula seminal esquerda com cálculos no interior (seta azul). (C) Imagem ponderada em T1 com saturação de gordura demonstrando conteúdo hemorrágico no interior do cisto (seta vermelha).

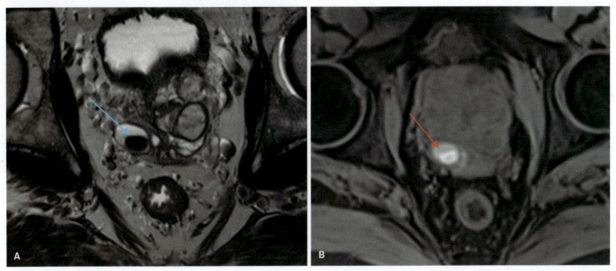

Figura 23 Cisto na vesícula seminal com cálculo no interior. A: Imagem ponderada em T2 mostrando cisto na vesícula seminal direita com cálculo (seta azul) no interior. B: Imagem ponderada em T1 com saturação de gordura mostrando conteúdo hemorrágico no interior do cisto (seta vermelha).

e de músculo liso na zona de transição da próstata. É um processo relacionado ao envelhecimento, afetando aproximadamente 50-60% dos homens acima dos 60 anos, sendo incomum antes dos 40 anos de idade.

Quadro clínico

A HPB manifesta-se como um conjunto de sintomas do trato urinário inferior conhecido pela sigla em inglês LUTS. Esses sintomas dividem-se basicamente em:

- Sintomas de armazenamento ou irritativos: polaciúria, urgência miccional, nictúria e disúria.
- Sintomas de esvaziamento ou obstrutivos: hesitação, gotejamento, jato fraco e esvaziamento incompleto.

- Acredita-se que o aumento da glândula decorrente da HPB contribua para a ocorrência desses sintomas de duas formas:
  – Obstrução direta da bexiga por conta do aumento da próstata (componente estático).
  – Aumento da resistência e do tônus do músculo liso do esfíncter interno relacionado ao aumento da glândula (componente dinâmico).

No toque retal detecta-se próstata de dimensões aumentadas, podendo cursar com aumento do PSA. Apesar de ser uma doença benigna, a HPB impacta consideravelmente a qualidade de vida dos pacientes e não deve ser subestimada. No curso da doença pode ocorrer obstrução vesical e até hidronefrose.

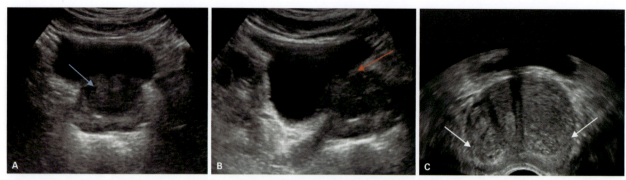

Figura 24 A e B: Ultrassom suprapúbico mostrando próstata de dimensões aumentadas com glândula central hipoecoica (seta azul) em relação à zona periférica, elevando o assoalho vesical (seta vermelha). C. Ultrassom transretal no plano axial mostrando zona de transição de dimensões aumentadas e heterogênea, comprimindo a zona periférica mais ecogênica. A interface entre a zona de transição e a periférica é conhecida como cápsula cirúrgica (seta branca).

Tratamento

As opções de tratamento variam da terapia farmacológica até os procedimentos cirúrgicos. Costuma-se optar pela realização de ressecção transuretral nas próstatas menores do que 80 gramas. Já nas próstatas maiores, a melhor opção é a prostatectomia aberta.

Métodos de imagem

A avaliação inicial é feita por meio da USG suprapúbica (Figura 24), em que é possível avaliar diversos aspectos da doença, como o tamanho e a protrusão intravesical da próstata, a espessura da parede da bexiga, a capacidade vesical e o resíduo pós-miccional. O tamanho da próstata é calculado por meio da fórmula da elipse prolata (altura × largura × comprimento × 0,52), lembrando que a próstata normal mede cerca de 20-40 gramas.

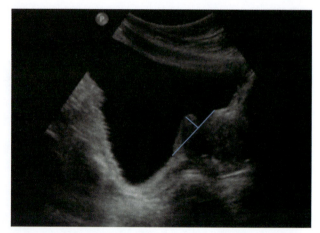

Figura 25 Protrusão intravesical da próstata (tecido prostático acima da linha traçada através do colo vesical).

É importante medir a protrusão intravesical da próstata (Figura 25), pois homens com protrusão maior do que 1,0 cm não respondem bem ao tratamento com bloqueadores alfa-adrenérgicos, sendo preferível o tratamento cirúrgico.

A bexiga pode demonstrar alterações compensatórias ao processo obstrutivo (bexiga de esforço), caracterizadas por espessamento parietal, trabeculações e formação de divertículos (Figura 26).

- Ultrassom: aumento da glândula central que fica relativamente hipoecoica em relação à zona periférica. Pode apresentar áreas nodulares com ecogenicidade variada, dependendo do componente estromal e glandular dos nódulos de hiperplasia.
- TC: próstata de dimensões aumentadas elevando o assoalho vesical (Figuras 27 e 28), podendo apresentar calcificações. A TC não costuma ser utilizada para avaliação de HPB.
- RM: as imagens ponderadas em T1 demonstram o aumento das dimensões da próstata. Nas sequências ponderadas em T2 a zona de transição apresenta sinal heterogêneo e múltiplos nódulos (Figura 29). Os nódulos da HPB apresentam sinal variado, dependendo da quantidade de tecido estromal e glandular. Os nódulos com hipossinal em T2 apresentam predomínio de tecido estromal e podem simular câncer de próstata, porém são encapsulados com contornos bem definidos (Figura 30). Raramente nódulos de HPB podem protruir para zona periférica.

Alterações pós-ressecção transuretral da próstata

As alterações relacionadas à ressecção transuretral da próstata (RTU) podem ser identificadas nos três métodos de imagem (Figura 31).

Diagnósticos diferenciais

O principal e mais importante diagnóstico diferencial é feito com câncer de próstata da zona de transição. As

5 PRÓSTATA E VESÍCULAS SEMINAIS **1229**

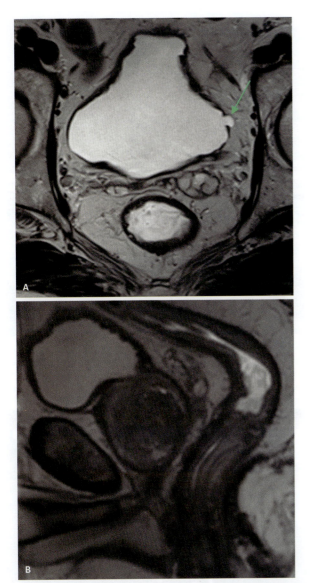

Figura 26 Bexiga de esforço. A e B: Imagens ponderadas em T2 nos planos axial e sagital mostrando bexiga com paredes espessadas, trabeculadas e com pequeno divertículo na parede lateral esquerda (seta verde).

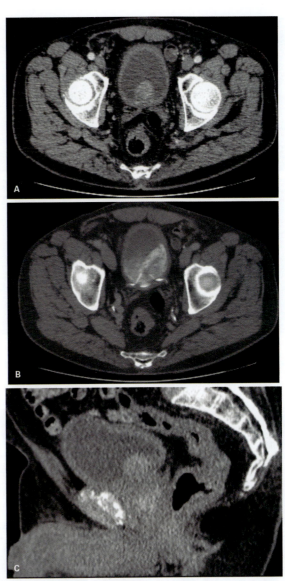

Figura 27 Próstata de dimensões aumentadas protruindo para o interior da bexiga. Notam-se as paredes difusamente espessadas da bexiga, achado compatível com obstrução crônica.

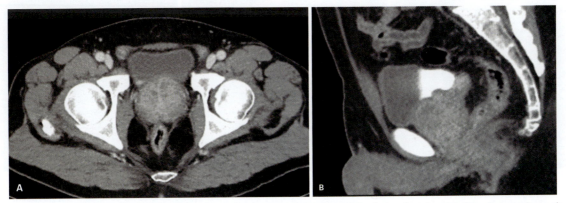

Figura 28 A e B: Tomografia computadorizada pós-contraste mostrando próstata de dimensões aumentadas e heterogênea elevando o assoalho vesical.

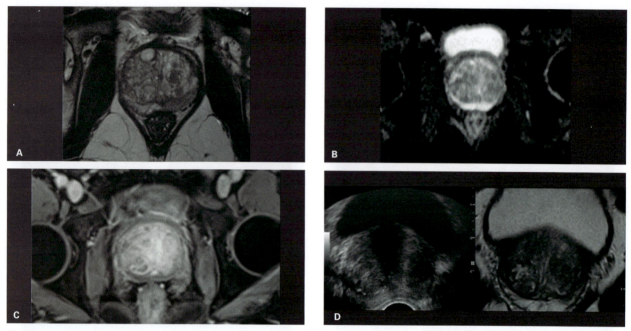

Figura 29 A e B: Imagens ponderada em T2 e coeficiente de difusão aparente (ADC) mostram aumento das dimensões da zona de transição com múltiplos nódulos de sinal variado, compatível com hiperplasia prostática benigna. C: Imagem ponderada em T1 com saturação de gordura e contraste endovenoso mostrando realce heterogêneo da zona de transição. D: Correlação dos aspectos de imagem da zona de transição no ultrassom transretal e na ressonância magnética (T2) em paciente submetido à biópsia transretal com fusão de imagens.

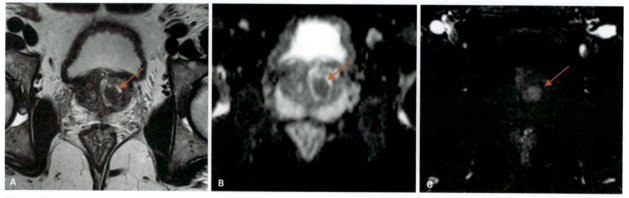

Figura 30 Nódulo de hiperplasia prostática benigna (HPB) com predomínio de tecido estromal (seta vermelha). A: Imagem ponderada em T2 mostrando nódulo bem definido, com baixo sinal, localizado na zona de transição. B e C: Coeficiente de difusão aparente (ADC) e perfusão (DCE) mostrando que o nódulo apresenta restrição à difusão e hiperrrealce.

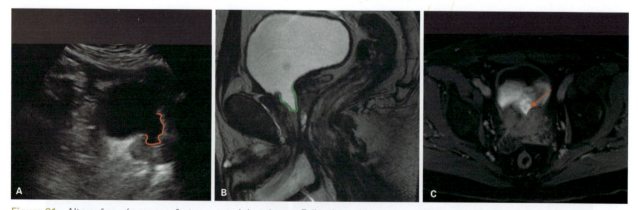

Figura 31 Alterações pós-ressecção transuretral da próstata. Falha de enchimento ou defeito na base da próstata com continuidade entre o colo vesical e a uretra prostática proximal. A: Ultrassom suprapúbico mostrando o defeito na base da próstata (delineado em vermelho). B: O mesmo achado pode ser visto na ressonância magnética (delineado em verde). C: Imagem ponderada em T1 pós-contraste com saturação de gordura mostrando contraste no interior da bexiga preenchendo o defeito na base da próstata (seta vermelha).

lesões neoplásicas da zona de transição apresentam baixo sinal homogêneo em T2 (*erased charcoal*), formato de lente e margens indistintas. Em contrapartida, os nódulos de HPB com predomínio estromal (baixo sinal em T2) são bem definidos e encapsulados.

O carcinoma de bexiga às vezes pode simular aumento do lobo mediano da próstata.

Próstata e vesículas seminais: neoplasias benignas e malignas

A Organização Mundial da Saúde (OMS) classifica os tumores prostáticos de acordo com a origem celular em tumores epiteliais, neuroendócrinos, de estroma prostático, mesenquimais, hematolinfoides e outros (miscelânia) (Quadro 1).

Quadro 1 Classificação histológica dos tumores da próstata pela Organização Mundial da Saúde

Tumores epiteliais
Neoplasias glandulares
Adenocarcinoma (acinar)
Carcinoma com diferenciação de células fusiformes (carcinossarcoma, carcinoma sarcomatoide)
Neoplasia prostática intraepitelial (PIN)
PIN, grau III (PIN III)
Adenocarcinoma ductal
Tumores uroteliais
Carcinoma urotelial
Tumores escamosos
Carcinoma adenoescamoso
Carcinoma de células escamosas
Tumores de células basais
Adenoma de célula basal
Carcinoma de célula basal
Tumores neuroendócrinos
Diferenciação neuroendócrina com adenocarcinoma
Tumor carcinoide
Carcinoma de pequenas células
Paraganglioma
Neuroblastoma
Tumores prostáticos estromais
Tumor estromal de potencial maligno incerto
Sarcoma estromal
Tumores mesenquimais
Leiomiossarcoma
Rabdomiossarcoma
Condrossarcoma

(continua)

Quadro 1 Classificação histológica dos tumores da próstata pela Organização Mundial da Saúde *(continuação)*

Angiossarcoma
Histiocitoma fibroso maligno
Tumor maligno da bainha do nervo periférico
Hemangioma
Condroma
Leiomioma
Tumor de células granulares
Hemangiopericitoma
Tumor fibroso solitário
Tumores miscelâneos
Cistoadenoma
Nefroblastoma
Tumor rabdoide
Tumor de célula germinativa
Coriocarcinoma
Adenocarcinoma de células claras
Melanoma
Tumores hematolinfoides
Linfoma
Leucemia

Apesar dessa extensa lista, 95% dos tumores malignos encontrados na próstata são do tipo adenocarcinoma. Os outros tumores são extremamente raros e como consequência apresentam poucos achados de imagem descritos na literatura. No entanto, o aumento do número de exames solicitados para avaliação prostática, sobretudo a RM, exige que o radiologista reconheça os diferentes padrões de imagem das neoplasias não adenocarcinoma, pois poderá auxiliar no diagnóstico diferencial, alterando inclusive o manejo oncológico do paciente. É importante ressaltar que o diagnóstico radiológico desses tumores é limitado pela sobreposição dos achados de imagem, sendo inevitável prosseguir investigação com biópsia. Discutiremos abaixo alguns dos principais tumores.

Cistoadenoma prostático

O cistoadenoma prostático é um tumor raro e benigno. A maioria dos pacientes apresenta sintomas de obstrução urinária ou massa abdominal palpável, entretanto, alguns indivíduos são assintomáticos e descobrem a lesão em razão do aumento dos níveis de PSA. Histologicamente é caracterizado por cistos e glândulas com epitélio cuboide revestido por estroma fibroso hipocelular. Apesar da benignidade do tumor, a ressecção é realizada para confirmação diagnóstica e alívio dos sintomas.

Nos exames de imagem, o cistoadenoma prostático se apresenta como grande massa cística multiloculada, com componente de partes moles, deslocando as estruturas adjacentes (Figura 32). Algumas lesões podem exibir nível líquido-líquido ocasionado por sangramento. O diagnóstico diferencial é feito com cisto hidático e carcinoma cístico.

Tumor estromal de potencial maligno incerto (STUMP)

Os tumores estromais de potencial maligno incerto (do inglês *stromal tumors of uncertain malignant potencial*, STUMP) são tumores raros do estroma especializado da próstata. Englobam uma variedade de subtipos histológicos e o curso clínico é imprevisível.

A maior parte das lesões tem um comportamento indolente; no entanto, alguns tumores são mais agressivos e podem invadir estruturas adjacentes, recorrer após ressecção cirúrgica e progredir para sarcoma.

Os pacientes costumam apresentar sintomas urinários obstrutivos e alteração no toque retal. Podem cursar com hematúria, hematoespermia, elevação do PSA e retenção urinária aguda. O diagnóstico costuma ser feito por biópsia ou ressecção transuretral da próstata.

Na RM os tumores estromais de potencial maligno incerto costumam se apresentar como lesões circunscritas e heterogêneas, com variabilidade do componente sólido e do componente cístico. As áreas de alto sinal em T2 correspondem à dilatação cística das glândulas prostáticas preenchidas por secreção. Já o componente sólido estromal demonstra baixo sinal em T2 e realce heterogêneo (Figura 33). Esses tumores são diferenciados do adenocarcinoma prostático pela heterogeneidade do sinal (componente com alto sinal em T2) e pelo tamanho. O diagnóstico diferencial também é feito com sarcoma de próstata e com nódulos de HPB, sendo indicado prosseguir investigação com biópsia nos pacientes que apresentem algum nódulo de HPB particularmente grande, de aspecto agressivo ou atípico (Figura 34). Em contraste com a HPB, os tumores estromais de potencial maligno incerto envolvem predominantemente a zona periférica da próstata e ocorrem em uma idade menos avançada.

Sarcomas

Os sarcomas prostáticos são tumores raros (apenas 0,1-0,2% de todas as neoplasias prostáticas) de origem mesenquimal e prognóstico relativamente ruim. Os pacientes podem apresentar sintomas relacionados a obstrução urinária por conta do rápido crescimento e do tamanho das lesões. Geralmente cursam sem aumento do PSA.

Nos exames de imagem, os sarcomas prostáticos manifestam-se como massas sólidas com realce heterogêneo pelo contraste. Os sarcomas de baixo grau podem apresentar margens relativamente circunscritas ou ser localmente invasivos. Já os tumores de alto grau invadem estruturas

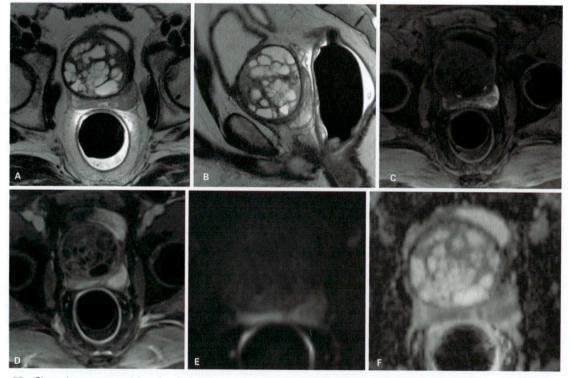

Figura 32 Cistoadenoma prostático. A e B: Imagens ponderadas em T2 nos planos axial e sagital mostrando volumosa formação sólido-cística ocupando a glândula central da próstata, deslocando a uretra anteriormente e elevando a base da bexiga. C e D: Imagens ponderadas em T1 com saturação de gordura, pré e pós-contraste, mostrando realce do componente sólido da lesão. E e F: A lesão não apresenta áreas de restrição à difusão.

5 PRÓSTATA E VESÍCULAS SEMINAIS 1233

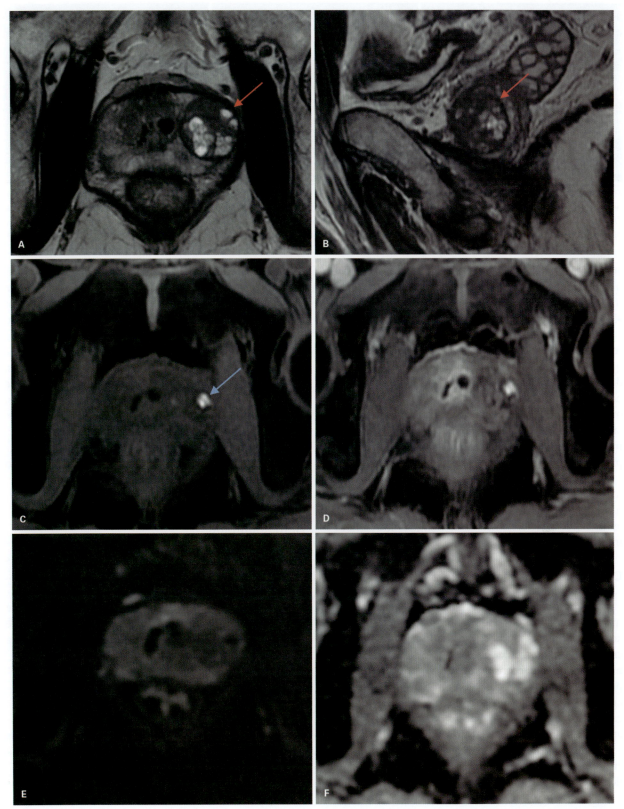

Figura 33 Tumor estromal de potencial maligno incerto. A e B: Imagens ponderadas em T2 mostrando lesão (seta vermelha) bem delimitada e heterogênea localizada na zona periférica esquerda da próstata. C: Imagem ponderada em T1 mostrando foco de alto sinal (seta azul), compatível com hemorragia intratumoral (pode ocorrer nesses tumores). D: Imagem ponderada em T1 pós-contraste mostrando discreto realce heterogêneo da lesão. E e F: A lesão não apresenta restrição à difusão. Notar como a lesão é muito bem delimitada nas sequências ponderadas em T2.

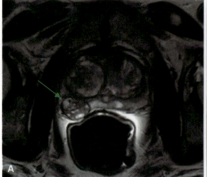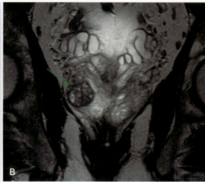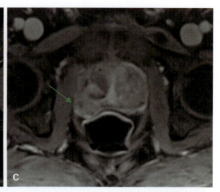

Figura 34 Nódulo localizado na zona periférica direita (seta verde). A e B: Imagens ponderadas em T2 mostrando nódulo bem delimitado e heterogêneo localizado na zona periférica direita. C: Imagem ponderada em T1 pós-contraste demonstrando realce heterogêneo do nódulo. Os achados de imagem são muito parecidos com os do caso anterior (Figura 33). O paciente foi submetido a biópsia para excluir a possibilidade de Tumor estromal de potencial maligno incerto (STUMP), porém o resultado foi compatível com hiperplasia prostática benigna.

adjacentes e apresentam áreas centrais de necrose, achado que ajuda a diferenciar essas lesões dos STUMP. Os sarcomas podem apresentar variados graus de restrição à difusão, dependendo da sua composição celular.

O rabdomiossarcoma é o tipo histológico mais comum, responsável por 42% dos casos, sendo o tumor mais frequente do trato genitourinário inferior nas primeiras duas décadas de vida. Esses tumores podem conter áreas de hemorragia ou necrose e apresentar margens infiltrativas ou bem definidas (pseudocápsula formada pelo tecido adjacente comprimido). O rabdomiossarcoma embrionário manifesta-se tipicamente como massa lobulada, em geral protruindo para o interior da bexiga (Figura 35).

O leiomiossarcoma é o sarcoma prostático mais comum nos adultos. Geralmente são lesões de alto grau e infiltrativas. Nos exames de imagem, ele apresenta-se como lesão sólida e heterogênea, com margens indefinidas e infiltração das estruturas adjacentes.

Carcinoma de células transicionais

O carcinoma de células transicionais pode ser primário da próstata, quando origina-se dos ductos ou dos ácinos prostáticos, ou pode ser secundário a lesões sincrônicas ou metacrônicas de bexiga e da uretra. A lesão primária é rara e corresponde a 2-4% dos tumores de próstata, sendo muito mais comum o acometimento secundário da próstata, a qual está envolvida em 23% dos casos de carcinoma urotelial de bexiga. Esses tumores apresentam um prognóstico ruim.

A presença de tumor sincrônico no trato genitourinário aumenta a chance de uma lesão prostática corresponder a carcinoma urotelial.

Neuroendócrino

O câncer neuroendócrino da próstata é uma forma extremamente letal de câncer prostático. A maioria dos pacientes morre em 1 a 2 anos após o diagnóstico.

Existem três formas: diferenciação neuroendócrina focal em adenocarcinoma convencional; carcinoma neuroendócrino de baixo grau (bem diferenciado/tumor carcinoide); e carcinoma neuroendócrino de alto grau (carcinoma de pequenas células). A primeira é a forma mais comum e pode ocorrer em 5-10% dos casos, podendo existir em casos de resistência às terapias hormonais. Clinicamente os tumores neuroendócrinos costumam se manifestar com metástases viscerais e de partes moles, PSA baixo e resposta insatisfatória às terapias hormonais. Nos exames de imagem, podemos ver extensas metástases ósseas, linfonodomegalias abdominais e pélvicas (Figura 36). A presença de lesões ósseas osteolíticas e baixo PSA podem ser a dica de que o tumor corresponde a carcinoma de pequenas células.

Hematolinfoide

Neoplasias hematolinfoides da próstata, sejam elas primárias ou secundárias, são extremamente raras, porém quando ocorrem, o mais comum é o envolvimento por linfoma não Hodgkin. A possibilidade de linfoma pode ser considerada quando uma grande massa prostática é palpada em adultos jovens (Figura 37).

Os sintomas sistêmicos relacionados ao linfoma (febre, calafrios, sudorese noturna e perda de peso) são observados apenas nos casos de doença avançada.

Os linfomas primários da próstata são ainda mais raros do que os secundários e podem ser diagnosticados quando a lesão está localizada exclusivamente na próstata e não há evidência de linfoma sistêmico.

Na USG vemos massa hipoecogênica acometendo as zonas periférica e central da próstata com extensão extraprostática. Na TC costumamos encontrar massa homogênea com densidade de partes moles (Figura 38). A RM pode auxiliar na detecção de envolvimento ósseo e, assim como a TC, demonstrar a extensão da doença e linfonodomegalias.

5 PRÓSTATA E VESÍCULAS SEMINAIS 1235

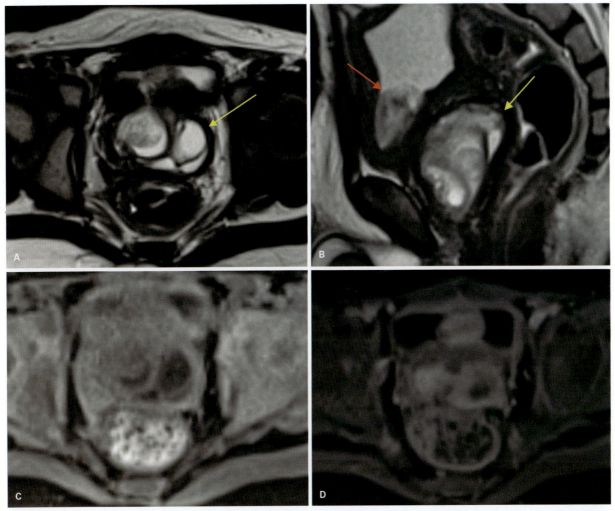

Figura 35 Paciente de 1 ano de idade com diagnóstico de rabdomiossarcoma embrionário da próstata. A e B: Imagens ponderadas em T2 nos planos axial e sagital mostrando lesão expansiva e heterogênea, bem delimitada pelo tecido adjacente comprimido e por fibrose (pseudocápsula; seta amarela). A lesão acomete difusamente a próstata e se insinua para o interior da bexiga (seta vermelha). C e D: Imagens ponderadas em T1 com saturação de gordura, pré e pós-contraste, mostrando realce relativamente homogêneo da lesão.

Metástases

O acometimento secundário da próstata é incomum, mas pode ocorrer por extensão direta de tumores localizados em órgãos adjacentes ou nos casos de metástases disseminadas. O carcinoma urotelial de bexiga é o tumor que mais frequentemente infiltra a próstata, seguido por tumores de uretra e colorretais. Em alguns casos pode ser desafiador distinguir entre um câncer primário do reto invadindo a próstata ou um adenocarcinoma da próstata envolvendo o reto (Figura 39). Os tumores que mais frequentemente geram metástases prostáticas são os de pulmão e pele (melanoma).

Vesículas seminais

As neoplasias primárias das vesículas seminais são raras, sendo o envolvimento secundário muito mais comum, principalmente por extensão direta do tumor de próstata.

Os tumores primários podem ser benignos (p. ex. adenoma papilar, cistoadenoma, leiomioma e teratoma) ou malignos (adenocarcinoma, sarcoma, cistossarcoma, seminoma, neuroendócrino etc.). Os pacientes apresentam sintomas inespecíficos, como hematoespermia e sintomas obstrutivos. Os exames de imagem podem auxiliar na caracterização de massa retrovesical com epicentro nas vesículas seminais ou, ainda, nos casos mais iniciais podem ajudar a excluir lesões de órgãos adjacentes.

O adenocarcinoma primário de vesícula seminal é o tumor maligno mais frequente desse órgão. Para o diagnóstico desse tumor, necessitamos excluir as possibilidades de envolvimento secundário por carcinomas de próstata, bexiga ou de reto, por meio de informações clínicas e imuno-histoquímicas. Na RM esses tumores são lobula-

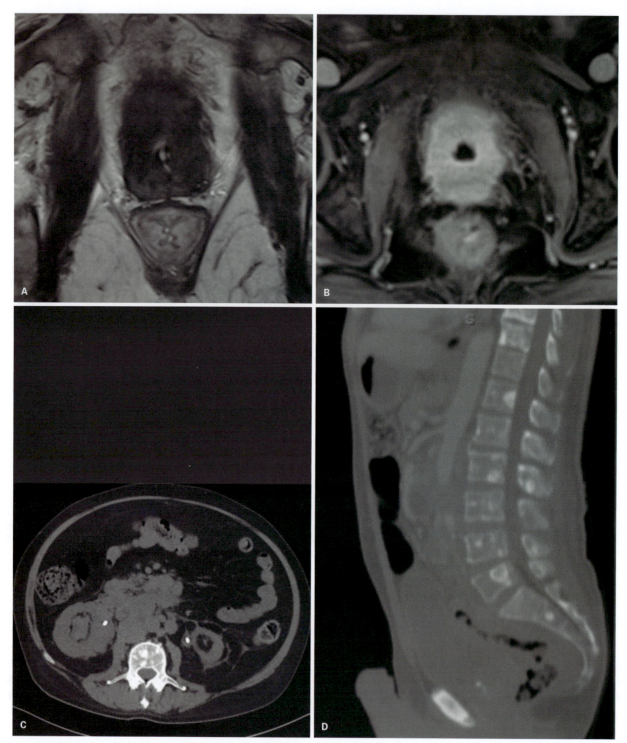

Figura 36 Paciente com diagnóstico de adenocarcinoma de próstata e de pequenas células (diferenciação neuroendócrina) resistente à hormonioterapia. A e B: Imagens de ressonância magnética ponderadas em T2 e em T1 pós-contraste mostrando extensa lesão infiltrando difusamente a próstata e a gordura periprostática. C: Tomografia computadorizada sem contraste mostrando linfonodomegalias retroperitoneais. D: Lesões osteoblásticas na coluna.

dos e heterogêneos, centrados ou confinados nas vesículas seminais, sendo esta a principal característica na diferenciação com outros tumores. O diagnóstico definitivo é feito por meio de biópsia.

Câncer de próstata

O câncer de próstata (adenocarcinoma prostático) surge em 70% dos casos na zona periférica e em 20-30% na zona de transição. Lesões da zona central são extremamen-

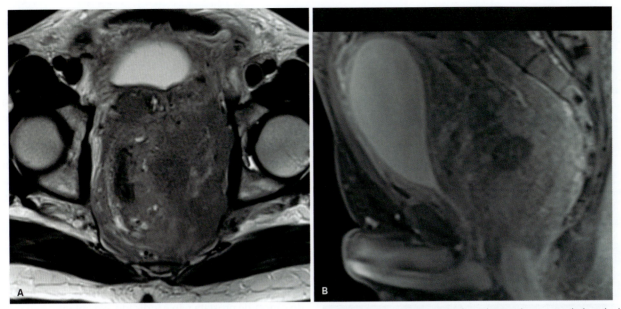

Figura 37 Paciente de 28 anos com linfoma não Hodgkin apresentando volumosa lesão expansiva e homogênea, com baixo sinal em T2, infiltrando o reto, a próstata, as vesículas seminais e a bexiga.

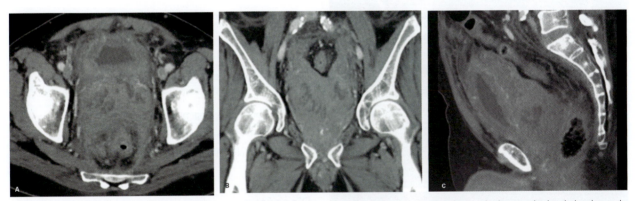

Figura 38 Tomografia computadorizada pós-contraste mostrando envolvimento da próstata, das vesículas seminais, da bexiga e do reto por tecido infiltrativo, predominantemente homogêneo.

te raras e costumam ser secundárias à invasão de tumores da zona periférica. Diferentemente das outras neoplasias de órgãos sólidos, apenas recentemente exames de imagem vêm sendo utilizados rotineiramente na detecção e localização do câncer de próstata. Nesse aspecto, a RM multiparamétrica (RMmp) tem ganho cada vez mais importância.

Epidemiologia

O câncer de próstata é a neoplasia não cutânea mais comum do homem e a segunda maior causa de morte relacionada ao câncer na população masculina. Cerca de 1 em cada 6 homens desenvolverá essa doença, mas apesar de sua elevada prevalência, apenas uma pequena proporção dos cânceres de próstata são letais. Estima-se que o risco de morte seja de apenas 3%, ou seja, a maioria dos homens portadores da neoplasia irá a óbito de outras causas (sobretudo cardiovascular).

Diversos fatores de risco estão relacionados ao desenvolvimento do câncer de próstata. Os três mais bem estabelecidos são idade, etnia (raça negra) e história familiar.

Quadro clínico

A maior parte dos casos são diagnosticados por conta da alteração nos exames de rastreamento, por isso a maioria dos pacientes é assintomática no momento do diagnóstico. Nos casos de doença avançada, os indivíduos

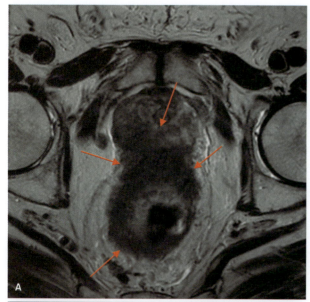
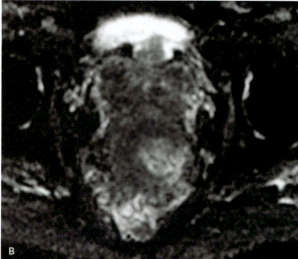
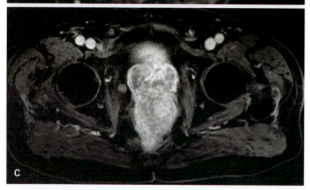

Figura 39 Adenocarcinoma de próstata infiltrando o reto. A: Imagem ponderada em T2 mostrando extensa lesão infiltrativa (seta vermelha) com baixo sinal em T2 envolvendo a próstata, o mesorreto, a gordura mesorretal e o reto. B e C: A lesão apresenta marcada restrição à difusão e realce pelo contraste.

podem apresentar sintomas inespecíficos, como disúria, noctúria, emagrecimento e hematúria.

Rastreamento

Atualmente, o rastreamento é realizado por meio do toque retal (exame digital retal) e dos níveis de PSA no sangue, ambos com baixa acurácia no diagnóstico específico da doença. Estima-se que 70% das biópsias realizadas em razão do aumento do PSA não demonstrem evidência de câncer, além disso, diversos casos diagnosticados somente pela elevação do PSA são clinicamente insignificantes.

Nos dias de hoje é universalmente reconhecido que muitos cânceres de próstata são diagnosticados e tratados em excesso.

Atualmente, a Associação Europeia de Urologia ressalta que do ponto de vista de saúde pública o rastreamento do câncer de próstata não é indicado. No entanto, pode ser realizado em indivíduos com expectativa de vida de pelo menos 10-15 anos e nos indivíduos com risco elevado para o desenvolvimento de câncer de próstata (Quadro 2).

Quadro 2 Grupos de risco para o desenvolvimento de câncer de próstata
Homem > 50 anos
Homem > 45 anos e história familiar de câncer de próstata
Afro-americanos
Homem com PSA > 1 ng/mL aos 40 anos de idade
Homem com PSA > 2 ng/mL aos 60 anos de idade

PSA: antígeno prostático específico.

Diagnóstico

A suspeita de câncer de próstata ocorre por conta da alteração no exame digital retal ou do PSA. Não existe um valor de consenso na medida desse marcador, porém quanto maior o nível, maior a probabilidade de câncer (Tabela 1).

Tabela 1		
Nível de PSA (ng/mL)	Risco de câncer de próstata (%)	Risco de Gleason ≥ 7 (%)
0,0-0,5	6,6	0,8
0,6-1,0	10,1	1,0
1,1-2,0	17,0	2,0
2,1-3,0	23,9	4,6
3,1-4,0	26,9	6,7

PSA: antígeno prostático específico.

O diagnóstico definitivo depende da caracterização histopatológica de adenocarcinoma nos fragmentos da biópsia prostática. Os fragmentos devem ser analisados de acordo com a graduação histológica de Gleason. Nela atribuem-se graus de 1 (menos agressivo) a 5 (mais agressivo) para cada lesão encontrada. O escore é calculado somando-se o padrão mais extenso (primário) com o segundo padrão mais comum (secundário) encontrado na amostra. Se existir apenas um padrão na amostra, o escore é calculado dobrando-se o valor do padrão encontrado. Nos casos com três padrões diferentes, o escore é calculado somando-se o padrão mais comum com o padrão de maior escore, independentemente da extensão desse padrão. Um escore menor ou igual a 4 não deve ser referido.

Estadiamento

O estadiamento do câncer de próstata avalia o grau de envolvimento da glândula pela lesão e a disseminação do tumor. O estadiamento utilizado é o proposto pela American Joint Commitee on Cancer (AJCC), publicado em 2010 (7ª edição), e está reproduzido no Quadro 3.

As lesões que infiltram pequenas partes da glândula e não têm extensão extraprostática apresentam melhor sucesso terapêutico. Ao contrário, lesões com disseminação linfonodal ou metastática apresentam os piores resultados.

Quadro 3 Sistema TNM proposto pela AJCC para definir o estágio do câncer de próstata

Tumor primário (categoria T)

T1: tumor clinicamente não palpável, não visível pelos métodos de imagem
- T1a: achado histológico incidental em 5% ou menos do tecido ressecado
- T1b: achado histológico incidental em mais de 5% do material ressecado
- T1c: tumor identificado pela biópsia por agulha em razão do aumento do PSA

T2: tumor palpável e/ou visível pelos métodos de imagem e confinado à glândula
- T2a: tumor não compromete mais que a metade de um lobo
- T2b: tumor compromete mais da metade de um lobo, mas não ambos
- T2c: tumor compromete ambos os lobos

T3: tumor se estende através da cápsula prostática, comprometendo o tecido conjuntivo periprostático, as vesículas seminais ou ambos, mas não invade outros órgãos
- T3a: tumor não invade a(s) vesícula(s) seminal(is). Tumor presente no colo vesical
- T3b: tumor invade a(as) vesícula(s) seminal(ais)

T4: tumor é fixo ou invade outras estruturas adjacentes, além das vesículas seminais (esfíncter externo, reto, bexiga, músculo elevador do ânus e/ou parede pélvica)

(continua)

Quadro 3 Sistema TNM proposto pela AJCC para definir o estágio do câncer de próstata

Linfonodos regionais (categoria N)

N0: sem metástases linfonodais

N1: metástases em linfonodos regionais

Metástases a distância (categoria M)

M0: sem metástases a distância

M1: com metástases a distância
- M1a: metástases para linfonodos a distância
- M1b: metástase óssea
- M1c: metástase para órgãos a distância

AJCC: American Joint Commitee on Cancer; PSA: antígeno prostático específico.

A disseminação do tumor de próstata pode ser:

- Local: vesículas seminais, bexiga e reto.
- Linfática: drenagem primária para cadeia ilíaca interna e depois para cadeias retroperitoneais. Linfonodos regionais são linfonodos da pelve verdadeira, abaixo da bifurcação das artérias ilíacas comuns.
- Hematogênica: duas rotas de disseminação – plexo venoso vertebral (Batson), relacionado a metástases ósseas osteoblásticas (principalmente para o sacro e coluna lombar).
  Veia cava, geralmente disseminação mais tardia para pulmões, pleura, fígado etc.

Estratificação de risco

Esquemas de estratificação de risco foram desenvolvidos baseados nos níveis de PSA, escore de Gleason e estadiamento. Estão associados ao risco de recorrência e mortalidade relacionadas ao câncer de próstata após prostatectomia radical, radioterapia e braquiterapia. A maioria baseia-se na classificação de risco de D'Amico (Tabela 2).

Tratamento

A escolha do tratamento depende principalmente da estratificação de risco e do estadiamento do tumor. Di-

Tabela 2 Classificação de risco de D'Amico para câncer de próstata

	Baixo risco	Risco intermediário	Alto risco
Gleason	≤ 6	7	8-10
PSA	< 10	10-20	> 20
Estadiamento	T1c-T2a	T2b	T2c ou maior

PSA: antígeno prostático específico.

versas modalidades terapêuticas podem ser instituídas, levando-se em consideração também a presença de comorbidades, idade e a decisão do paciente.

Algumas das principais opções de tratamento são:

- Vigilância ativa: o objetivo é evitar o sobretratamento em pacientes com doença de baixo risco, sem renunciar ao tratamento curativo. O paciente é submetido a testes periódicos (entre eles: biópsia, toque retal, marcadores biológicos e RMmp) para verificar se há mudança das características da doença. Em caso positivo, o tratamento curativo é instituído.
- Prostatectomia radical: ressecção completa da glândula prostática e das vesículas seminais com tecido periprostático suficiente para se obter uma margem negativa. Frequentemente é realizada linfadenectomia pélvica bilateral. O objetivo é erradicar a doença preservando a continência e se possível a potência do indivíduo.
- Radioterapia externa (intensidade modulada guiada por imagem ou 3D-conformacional).
- Radioterapia interna (braquiterapia).

Recidiva

Os critérios para recorrência do câncer de próstata variam conforme o tratamento proposto, de forma resumida vamos nos ater aos critérios de recorrência pós-prostatectomia radical e radioterapia. Os pacientes submetidos a esses tratamentos são seguidos basicamente por meio do toque retal e sobretudo do PSA.

Prostatectomia radical: espera-se que os valores de PSA se tornem indetectáveis 6 semanas após a cirurgia. Níveis de PSA persistentemente altos são ocasionados por câncer residual, micrometástases ou doença pélvica residual. Recidiva após prostatectomia radical = dois exames consecutivos de PSA com valores ≥ 0,2 ng/mL.

Radioterapia: os níveis de PSA decrescem lentamente após a radioterapia, podendo demorar até três anos para atingir o nadir. Recidiva após radioterapia = PSA > 2 ng/mL acima do nadir.

Métodos de imagem

Ultrassonografia

A avaliação ultrassonográfica da próstata é extremamente limitada, pois o método apresenta baixa acurácia no diagnóstico e no estadiamento do tumor. Em alguns casos, a neoplasia pode ser caracterizada como nódulo hipoecogênico (60-70%; Figura 40); no entanto, existem lesões hiperecoicas e isoecoicas, estas últimas indistinguíveis do parênquima circunjacente.

A USG transretal deve ser utilizado para guiar a biópsia prostática. O procedimento é realizado de forma sistemática, dividindo-se a próstata em sextantes. Retiram-se no mínimo doze fragmentos com enfoque principal nas

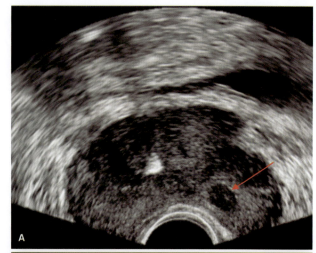

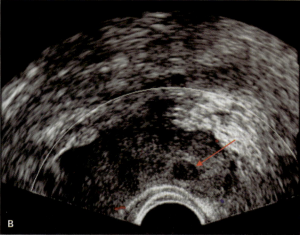

Figura 40 Paciente submetido a biópsia transretal por causa da elevação do antígeno prostático específico (PSA). A e B: Ultrassonografia transretal (USTR) da próstata mostrando nódulo hipoecoico (seta vermelha), sem aumento do fluxo ao Doppler, localizado no terço médio da zona periférica esquerda. Resultado histopatológico de adenocarcinoma Gleason 6.

porções laterais e apicais da zona periférica. Fragmentos adicionais devem ser retirados se existirem áreas suspeitas identificadas pela USG.

Tomografia computadorizada

A TC é utilizada principalmente na avaliação de doença avançada para detecção de linfonodomegalias e de metástases a distância (sobretudo ósseas; Figura 41). Não deve ser empregada no estadiamento local da doença, pois apresenta baixa resolução de contraste na pelve, resultando em baixa sensibilidade para demonstrar extensão extraprostática da lesão e invasão das vesículas seminais.

Ressonância magnética

A RM permite a avaliação da próstata com resolução espacial e de contraste superior aos outros métodos. Os

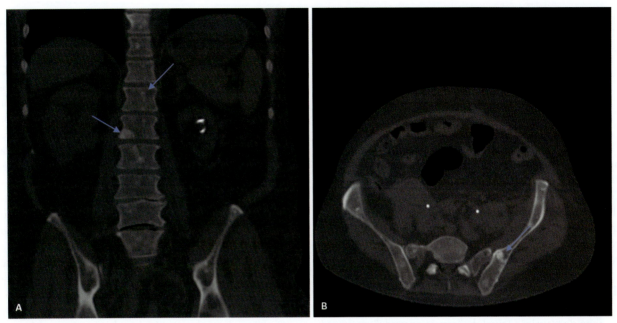

Figura 41 Metástases ósseas em paciente com adenocarcinoma de próstata Gleason 9. A e B: Tomografia computadorizada sem contraste nos eixos coronal e axial mostrando múltiplas lesões (seta azul) predominantemente escleróticas na coluna lombar e nos ossos da pelve.

recentes avanços nas técnicas de RMmp, que consiste na associação de sequências anatômicas (T1 e T2) e funcionais (difusão e perfusão), em conjunto com uma maior experiência na interpretação do exame, auxiliam na detecção do câncer de próstata clinicamente significativo e aumentam a confiança na detecção de doenças benignas e de neoplasia de baixa agressividade.

As aplicações clínicas da RMmp se expandiram de modo considerável. Atualmente, pode ser empregada no estadiamento locorregional, na detecção, na caracterização e na localização do câncer de próstata, no acompanhamento do paciente em vigilância ativa, na estratificação de risco e na recorrência do tumor. Também é utilizada para guiar biópsia, cirurgia, terapia focal e radioterapia.

Os protocolos de RMmp podem variar de uma instituição para outra; no entanto, devem conter sequências ponderadas em T1 e em T2 associadas às sequências de difusão e perfusão.

- Sequência ponderada em T1: utilizada principalmente para determinar a presença de sangue na próstata (Figura 42) e nas vesículas seminais, além de definir

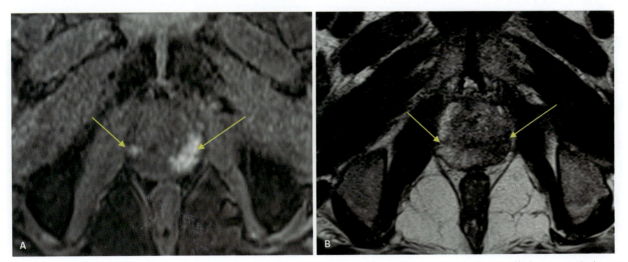

Figura 42 Hemorragia pós-biópsia. A: Imagem ponderada em T1 mostrando áreas de hipersinal na zona periférica compatíveis com hemorragia pós-biópsia (seta amarela). B: Imagem ponderada em T2 demonstrando as áreas de hemorragia com baixo sinal em T2 (seta amarela).

o contorno externo da glândula prostática. São úteis na caracterização de metástases linfonodais e ósseas.
- Sequências ponderadas em T2: utilizadas para caracterização da anatomia zonal da glândula e anormalidades na próstata. São úteis na avaliação de invasão da vesícula seminal, extensão extraprostática, infiltração do feixe vasculonervoso e metástases linfonodais.

O câncer de próstata na grande maioria das vezes apresenta hipossinal em T2. Os tumores de zona periférica se manifestam como lesões focais hipointensas, com configuração oval ou nodular e contornos bem ou mal definidos. É importante ressaltar que esse achado isoladamente não é específico e pode ser encontrado em inúmeras outras patologias como prostatite, cicatrizes, hemorragia, atrofia, hormonioterapia, radioterapia etc.

Na zona de transição, os tumores podem apresentar diversos padrões (Figura 43), tais como: lesão focal mal definida e homogênea apagando o padrão de fundo normal da zona de transição (sinal do "carvão apagado" ou *erased charcoal*); lesão com margens espiculadas ou mal definidas; lesão localizada anteriormente; lesão com forma de lente; perda dos contornos hipointensos em T2 dos nódulos hiperplásicos; perda da definição da cápsula cirúrgica; ou ainda sinais de invasão uretral ou do estroma fibromuscular anterior. A identificação dos tumores de zona de transição costuma ser desafiadora pela presença normal de áreas hipointensas na glândula central (tecido estromal).

- Difusão: sequência que reflete o movimento randômico das moléculas de água em diferentes meios físicos. Deve ser interpretada em conjunto com o mapa de coeficiente de difusão aparente (ADC). O câncer de próstata apresenta maior densidade celular em relação ao tecido prostático normal, por isso apresenta restrição à difusão. Os tumores bem diferenciados se caracterizam por um menor desarranjo arquitetural, enquanto os mais agressivos exibem um componente celular mais proeminente, exibindo uma maior restrição à difusão. Estudos demonstraram correlação entre os valores de ADC da lesão e o escore de Gleason, ou seja, quanto maior a restrição da lesão (ou menor o valor do ADC), maior será o escore de Gleason. A difusão apresenta melhor performance na detecção de lesões na zona periférica em comparação com as imagens ponderadas em T2. Na zona de transição, a difusão tem menor sensibilidade, complementando os achados das imagens em T2.
- Perfusão (DCE): permite a avaliação das propriedades microvasculares e da angiogênese dos tecidos. No câncer de próstata, um aumento da vascularização tumoral demonstra um padrão de realce intenso e precoce (*wash-in*), seguido de uma intensa e precoce lavagem (*wash-out*), ao contrário da zona periférica normal, que apresenta realce lento, discreto e progressivo. No entanto, os tumores podem apresentar padrões de realce variáveis e heterogêneos. Apesar disso, estudos demonstram que a perfusão melhora significativamente a localização dos focos tumorais, além de aumentar a acurácia na detecção de extensão extracapsular e acometimento das vesículas seminais.

Estadiamento tumoral

O estadiamento local é bem avaliado na RMmp, principalmente pela capacidade de diferenciar tumores confinados (≤ T2) ou com extensão além da glândula (≥ T3).

A detecção de extensão extracapsular pode ser inferida pelos seguintes sinais (Figura 44):

1. Sinais de rotura capsular com extensão direta para gordura periprostática.
2. Obliteração do ângulo retoprostático.

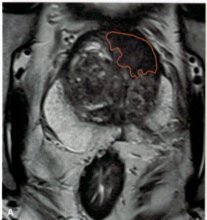 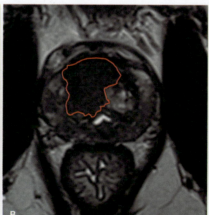 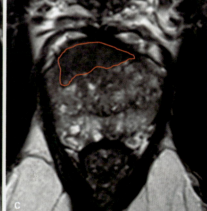

Figura 43 Exemplos de tumores de zona de transição. A: Lesão com baixo sinal em T2 e margens irregulares, localizada na região anterior da zona de transição esquerda. B: Lesão com marcado baixo sinal em T2 e margens irregulares, apagando o padrão de fundo normal da zona de transição. C: Lesão lenticular com marcado baixo sinal em T2.

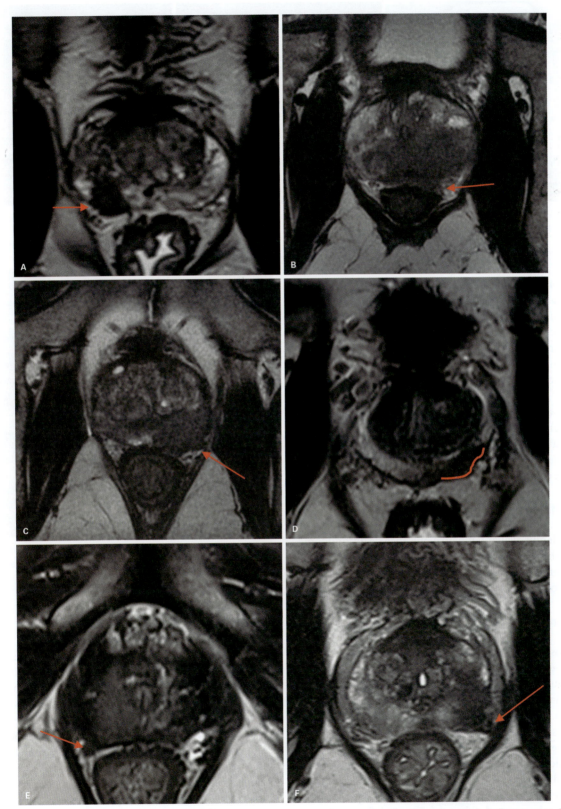

Figura 44 Imagens ponderadas em T2 demonstrando os sinais de extensão extracapsular (seta vermelha). A: Rotura capsular com extensão direta para gordura periprostática. B: Obliteração do ângulo retoprostático. C: Abaulamento e irregularidade do contorno prostático. D: Amplo contato do tumor com a cápsula prostática (> 1,0 cm). E: Assimetria do feixe vasculonervoso. F: Envolvimento macroscópico do feixe vasculonervoso.

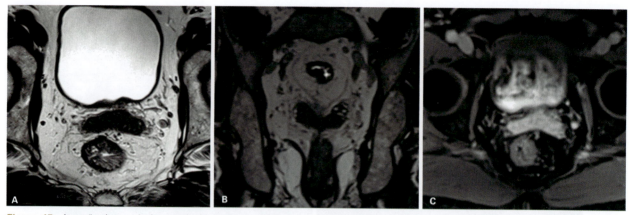

Figura 45   Invasão das vesículas seminais por extensão direta do tumor. Imagens ponderadas em T2 e T1 pós-contraste mostrando vesículas seminais com baixo sinal difuso e realce pelo contraste.

3. Espiculação ou irregularidade do contorno prostático.
4. Abaulamento focal do contorno prostático.
5. Assimetria ou envolvimento macroscópico do feixe vasculonervoso.
6. Retração capsular.
7. Contato do tumor com a cápsula prostática maior que 1,0 cm.

Os achados característicos de invasão das vesículas seminais são: extensão direta de lesão da base prostática (Figura 45); baixo sinal no interior ou de permeio na vesícula seminal; vesícula seminal aumentada e hipointensa em T2; e obliteração do ângulo vesicoprostático.

Estadiamento regional

Podemos avaliar também a presença de linfonodomegalias, invasão de estruturas periprostáticas e lesões ósseas. Linfonodos maiores do que 0,8 cm no menor eixo axial podem ser considerados suspeitos (Figura 46).

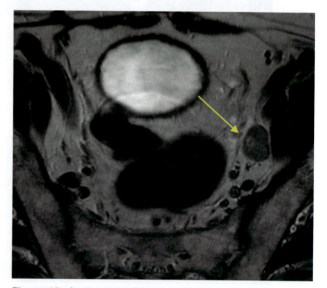

Figura 46   Imagem ponderada em T2 no eixo axial mostrando linfonodomegalia na cadeia ilíaca interna esquerda (seta amarela).

Recorrência

- Prostatectomia radical: local mais comum de recorrência é na anastomose vesicouretral/espaço retrovesical, seguido pelas vesículas seminais, uretra membranosa distal e pelas margens anterior e lateral da prostatectomia. A RMmp apresenta elevada acurácia na detecção dessas lesões, que se manifestam geralmente com leve hipersinal nas sequências ponderadas em T2, intenso realce pós-contraste e restrição à difusão (Figura 47).
- Radioterapia: o aspecto da próstata muda consideravelmente após o tratamento radioterápico, notando-se baixo sinal difuso em T2 e indefinição da anatomia zonal (Figura 48). Nos casos de recorrência, o tumor costuma recidivar no mesmo local, apresentando sinal ainda mais baixo em T2 e restrição à difusão (Figuras 49 e 50).

PI-RADS

Como se pode ver, o câncer de próstata pode se manifestar de diversas maneiras em diferentes sequências do exame, consequentemente há excessiva variação na interpretação, na performance e nos relatórios de RMmp da próstata. Na tentativa de corrigir esses problemas e melhorar a consistência e padronização do exame, a Sociedade Europeia de Radiologia Urogenital (ESUR) publicou em 2012 o primeiro PI-RADS (*Prostate Imaging and Data System*); e em 2015, em um esforço conjunto com o ACR (American College of Radiology), publicou a segunda versão (PI-RADS v2). Nesse sistema, é utilizada uma escala de 5 pontos, baseada na probabilidade da combinação dos achados encontrados em T2, difusão e perfusão correlacionarem-se com a presença de câncer clinicamente significativo em cada lesão encontrada na próstata (Quadro 4). O

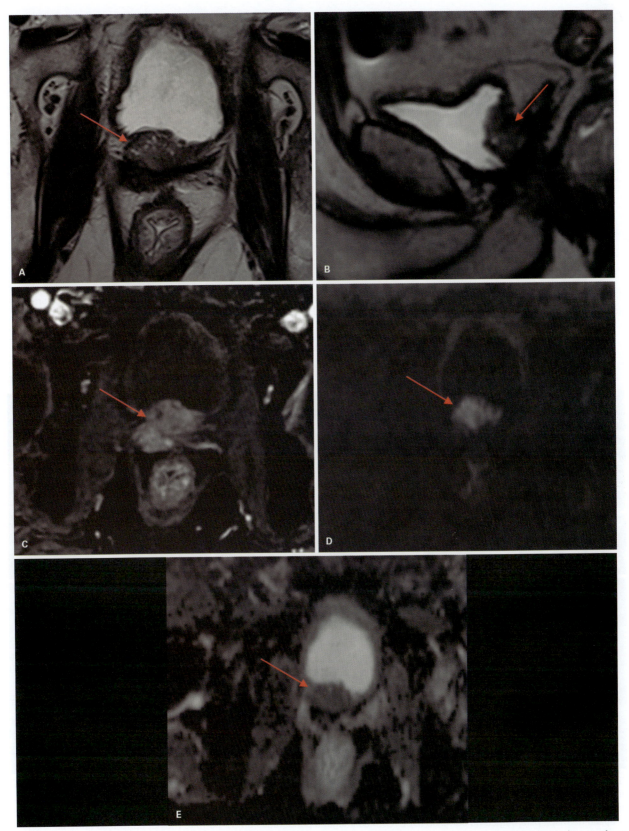

Figura 47 Recidiva local 13 anos após prostatectomia radical (antígeno prostático específico (PSA) = 8,3 ng/mL). Lesão heterogênea e hipervascularizada na loja prostática, infiltrando a parede posterior da bexiga, compatível com recidiva neoplásica. A e B: Imagens ponderadas em T2 mostrando lesão com discreto alto sinal em T2 infiltrando a parede posterior da bexiga (seta vermelha). C: Perfusão (DCE) mostrando intenso realce da lesão. D e E: A lesão apresenta marcada restrição à difusão.

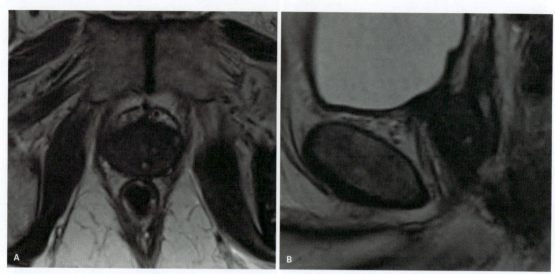

Figura 48 Radioterapia. A e B: Imagens ponderadas em T2 nos planos axial e sagital mostrando o aspecto da próstata pós-radioterapia: baixo sinal difuso e perda da diferenciação da anatomia zonal.

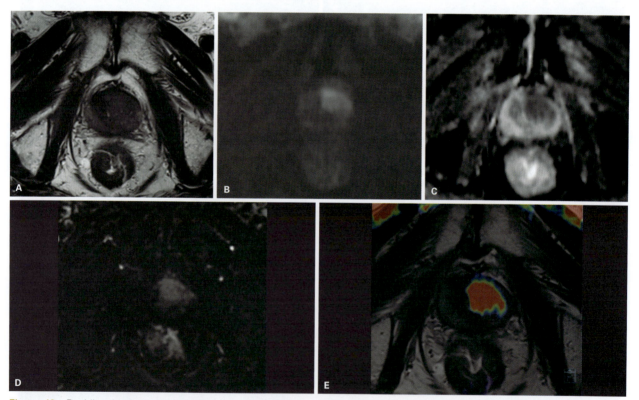

Figura 49 Recidiva de câncer prostático 10 anos após radioterapia (antígeno prostático específico atual de 48 ng/mL). A: Imagem ponderada em T2 mostrando redução difusa do sinal da próstata com perda parcial da anatomia zonal, achados relacionados à radioterapia. B a D: Lesão localizada na região anterior da zona de transição, com aumento perfusional e marcada restrição à difusão. E: Fusão do mapa paramétrico da perfusão (DCE) com as imagens ponderadas em T2 permite melhor correlação entre as imagens anatômicas e funcionais.

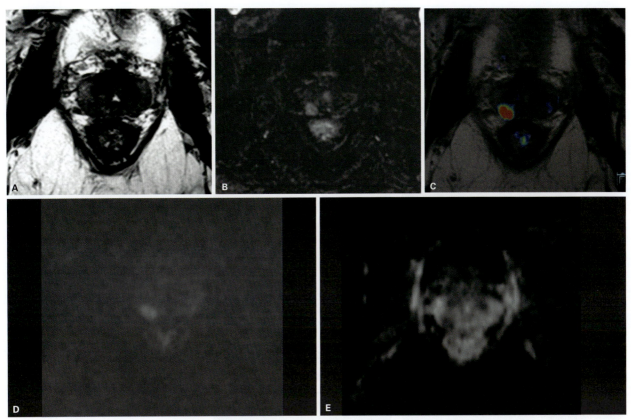

Figura 50 Recidiva de câncer prostático 12 anos após radioterapia. Antígeno prostático específico (PSA) atual de 4,0 ng/mL. A e B: Imagem ponderada em T2 no eixo axial mostrando baixo sinal difuso da glândula prostática relacionado à radioterapia. Nota-se área nodular de mais baixo sinal na região posterior da zona periférica direita, com aumento perfusional (B). C: Fusão do mapa paramétrico da perfusão (DCE), com as imagens ponderadas em T2, permitindo excelente localização anatômica da lesão. (D e E) A lesão também apresenta marcada restrição à difusão.

câncer de próstata clinicamente significativo é definido no PI-RADS v2 como tumor com Gleason ≥ 7, e/ou volume ≥ 0,5 cm³, e/ou com extensão extraprostática.

Quadro 4	PI-RADS versão 2
PI-RADS 1 – muito baixa (muito baixa probabilidade de câncer clinicamente significativo)	
PI-RADS 2 – baixa (baixa probabilidade de câncer clinicamente significativo)	
PI-RADS 3 – intermediária (a presença de câncer clinicamente significativo é duvidosa)	
PI-RADS 4 – alta (alta probabilidade de câncer clinicamente significativo)	
PI-RADS 5 – muito alta (muito alta probabilidade de câncer clinicamente significativo)	
PI-RADS: Prostate Imaging Reporting and Data System. Adaptado de, PI-RADS™, 2015.	

Apenas as sequências ponderadas em T2 e a difusão são utilizadas na definição do escore da lesão. Na zona periférica, a difusão é a sequência dominante, ou seja, a lesão é classificada conforme as suas características na difusão (Tabela 3), independentemente dos achados encontrados em T2 (Tabela 4). Ao contrário, na zona de transição a sequência dominante é a ponderada em T2 (Tabela 5). A perfusão (Quadro 5) apresenta papel auxiliar na classificação das lesões indeterminadas (escore 3) na zona periférica, então caso a lesão apresente perfusão (+), ela pode ser classificada como PI-RADS 4. Esse papel auxiliar é exercido na zona de transição pela difusão, ou seja, casos classificados como indeterminados nas sequências ponderadas em T2 podem ser classificados como PI-RADS 4, caso apresentem características compatíveis com escore 5 na difusão (Tabela 6). Ao avaliar uma lesão na próstata seguindo o PI-RADS seguimos o algoritmo da Figura 51.

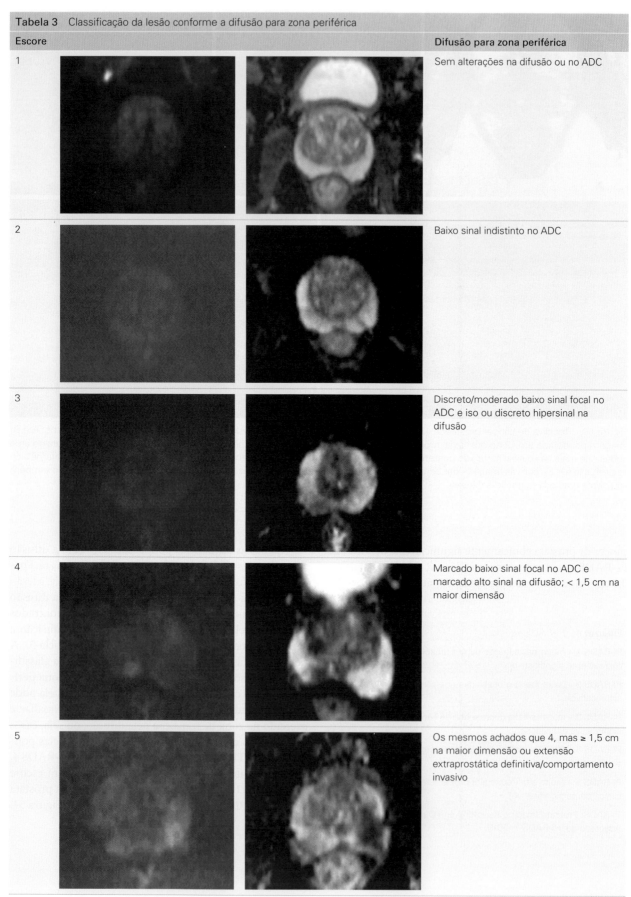

Tabela 3 Classificação da lesão conforme a difusão para zona periférica

Escore	Difusão para zona periférica
1	Sem alterações na difusão ou no ADC
2	Baixo sinal indistinto no ADC
3	Discreto/moderado baixo sinal focal no ADC e iso ou discreto hipersinal na difusão
4	Marcado baixo sinal focal no ADC e marcado alto sinal na difusão; < 1,5 cm na maior dimensão
5	Os mesmos achados que 4, mas ≥ 1,5 cm na maior dimensão ou extensão extraprostática definitiva/comportamento invasivo

ADC: coeficiente de difusão aparente. Adaptada de PI-RADSTM, 2015.

5 PRÓSTATA E VESÍCULAS SEMINAIS 1249

Tabela 4 Classificação da lesão conforme os achados encontrados em T2 na zona

Escore		T2 para zona periférica
1		Alto sinal difuso.
2		Baixo sinal linear ou em forma de cunha ou discreto baixo sinal difuso, geralmente com margens indistintas.
3		Sinal heterogêneo ou não circunscrito, arredondado, moderado baixo sinal. Inclui outras alterações não compatíveis com as 2, 4 ou 5.
4		Massa ou foco de moderado baixo sinal, circunscrito, confinado a próstata e < 1,5 cm na maior dimensão.
5		Os mesmos achados que 4, mas ≥ 1,5 cm na maior dimensão ou extensão extraprostática definitiva/ comportamento invasivo.

Adaptado de PI-RADSTM, 2015.

Tabela 5	Classificação da lesão conforme os achados encontrados em T2 na zona de transição
Escore	T2 para zona de transição
1	Sinal intermediário homogêneo.
2	Nódulo(s) encapsulados heterogêneos ou hipointensos.
3	Sinal heterogêneo com margens obscurecidas. Inclui outras alterações não compatíveis com 2, 4 ou 5.
4	Moderado baixo sinal em T2 não circunscrito ou lenticular, homogêneo e < 1,5 cm na maior dimensão.
5	Os mesmos achados que 4, mas ≥ 1,5 cm na maior dimensão ou extensão extraprostática definitiva/ comportamento invasivo.

Adaptada de PI-RADSTM, 2015.

Quadro 5

Escore	Perfusão (DCE)
(−)	Sem realce precoce ou realce difuso sem correspondência com alteração focal em T2 ou difusão; realce focal correspondendo a nódulo de HPB em T2
(+)	Realce focal e precoce ou simultâneo ao tecido adjacente

HPB: hiperplasia prostática benigna. Adaptado de PI-RADSTM, 2015.

Tabela 6   Classificação da lesão conforme a difusão para zona de transição

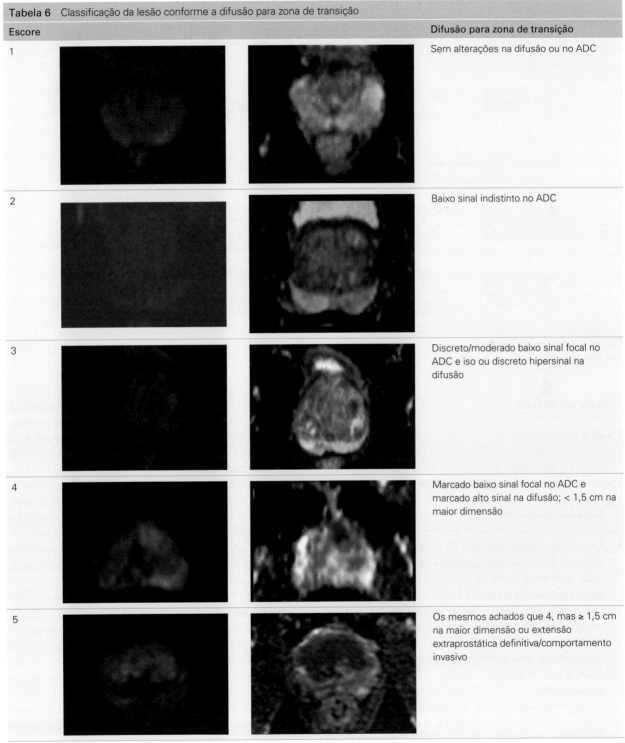

Escore	Difusão para zona de transição
1	Sem alterações na difusão ou no ADC
2	Baixo sinal indistinto no ADC
3	Discreto/moderado baixo sinal focal no ADC e iso ou discreto hipersinal na difusão
4	Marcado baixo sinal focal no ADC e marcado alto sinal na difusão; < 1,5 cm na maior dimensão
5	Os mesmos achados que 4, mas ≥ 1,5 cm na maior dimensão ou extensão extraprostática definitiva/comportamento invasivo

ADC: coeficiente de difusão aparente. Adaptada de PI-RADSTM, 2015.

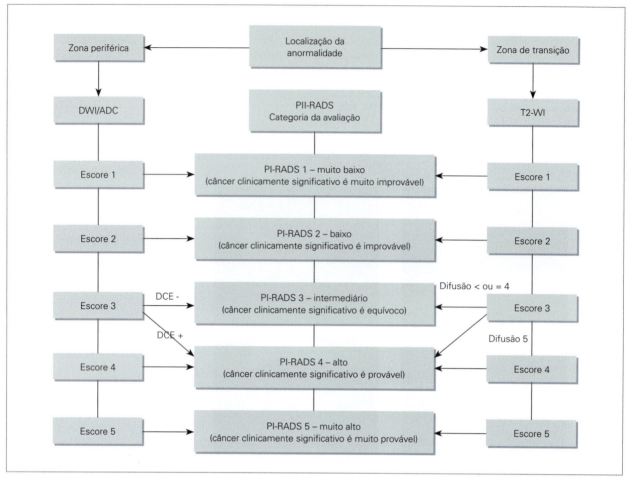

Figura 51 Fluxograma mostrando as categorias de avaliação do PI-RADS versão 2. DCE: *dynamic contrast-enhanced MR imaging*. Adaptada de Purysko, 2016.

Casos desafios

Caso 1

SY, sexo masculino, 62 anos, PSA 1,2 ng/mL, realizou RM da pelve para acompanhamento de neoplasia de bexiga (Figura 52).

Achados do exame:

- Lesão com baixo sinal em T2 envolvendo o aspecto anterior das zonas de transição e periférica direita. A lesão apresenta áreas de restrição à difusão e realce focal e precoce (perfusão +).
- Lesão polipoide na parede lateral esquerda da bexiga, compatível com neoplasia de bexiga.

Diagnóstico: prostatite granulomatosa secundária à imunoterapia com BCG.

Comentários:

Os tumores superficiais de bexiga são comumente tratados com ressecção transuretral e aplicação intravesical do BCG. A imunoterapia com BCG apresenta papel adjuvante no tratamento do câncer de bexiga, reduzindo o risco de recorrência e de progressão da doença. A maioria dos pacientes não apresenta nenhum efeito colateral relacionado à imunoterapia, no entanto, são conhecidas diversas complicações locais e sistêmicas.

A prostatite granulomatosa secundária à imunoterapia com BCG é considerada a causa mais comum de prostatite granulomatosa infecciosa. Os pacientes geralmente são assintomáticos, porém mais de 40% cursam com elevação do PSA. Histologicamente 80-100% dos pacientes submetidos a esse tratamento apresentam evidência de prostatite granulomatosa.

Na RM, as prostatites granulomatosas podem demonstrar marcado baixo sinal em T2 e restrição à difusão. Além disso, pode ocorrer infiltração da gordura periprostática pelo processo inflamatório, mimetizando extensão extraprostática tumoral (Figura 53).

Esse caso ressalta a importância da avaliação dos achados de imagem em conjunto com os dados clínicos do paciente. Ainda assim, em alguns casos a biópsia e a análise histopatológica são fundamentais para excluir neoplasia.

5 PRÓSTATA E VESÍCULAS SEMINAIS 1253

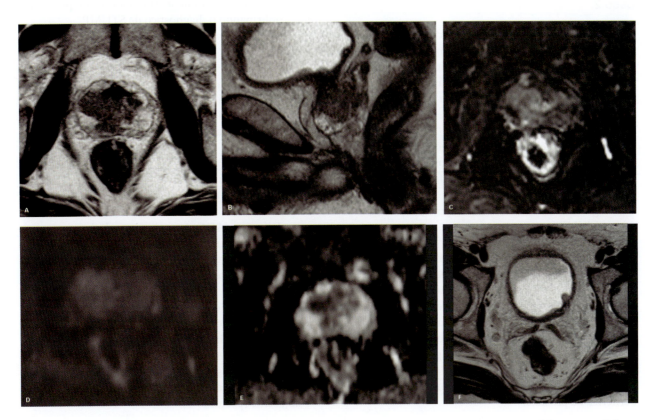

Figura 52 Caso desafio 1. A, B e F: Imagens ponderadas em T2 nos eixos axial e sagital. C: Perfusão. D e E: Difusão e coeficiente de difusão aparente (ADC).

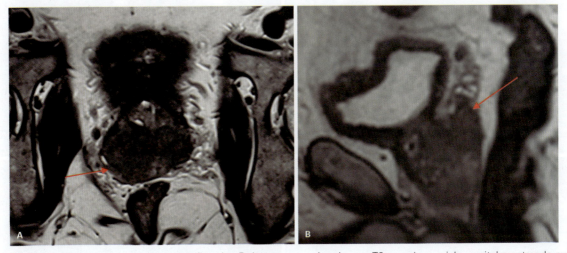

Figura 53 Prostatite granulomatosa inespecífica. A e B: Imagens ponderadas em T2 nos eixos axial e sagital mostrando extensa lesão com baixo sinal em T2, abaulando e infiltrando a gordura periprostática na base direita (seta vermelha). A lesão também infiltra a vesícula seminal. O aspecto de imagem é indistinguível de um adenocarcinoma de próstata agressivo.

Caso 2

NA, sexo masculino, 40 anos, PSA 0,0004 ng/mL, deu entrada no pronto atendimento com retenção urinária aguda. Após sondagem vesical foi solicitado ultrassom de vias urinárias e depois RM da próstata (Figura 54). História pregressa de hiperplasia prostática benigna.

Achados do exame:

- Lesão bem delimitada e heterogênea, com discreto realce pelo contraste, localizada predominantemente no aspecto posterior da zona periférica direita.

Diagnóstico: tumor estromal de potencial maligno incerto (STUMP).

Comentários:

Os tumores estromais de malignidade incerta podem ser confundidos radiológica e histologicamente com hiperplasia prostática benigna, inclusive esse paciente apresentava uma biópsia prévia (de outro serviço) com diagnóstico de HPB. No entanto, chama a atenção nesse caso a pouca idade do paciente e a localização da lesão. O tumor estromal de potencial maligno incerto muitas vezes origina-se da região posterior da próstata e protrui basalmente, além de envolver predominantemente a zona periférica da próstata.

O paciente foi novamente submetido à biópsia transretal, confirmando o diagnóstico de STUMP.

Caso 3

MFM, sexo masculino, 59 anos, PSA 5,2 ng/mL, solicitado RMmp da próstata para detecção de neoplasia clinicamente significativa (Figura 55).

Achados do exame:

- Lesão 1:
  - T2: foco de baixo sinal localizado na região posteromedial do terço médio da zona periférica direita.
  - Difusão e ADC: foco de marcado baixo sinal no ADC e alto sinal na difusão.
  - Perfusão: realce focal e precoce em relação ao tecido adjacente (perfusão +).
- Lesão 2:
  - T2: nódulo encapsulado com baixo sinal, localizado na região posterior do terço médio da zona de transição direita.
  - Difusão e ADC: moderado baixo sinal focal no ADC e isossinal na difusão.
- Perfusão: realce focal e precoce em relação ao tecido adjacente (perfusão +).

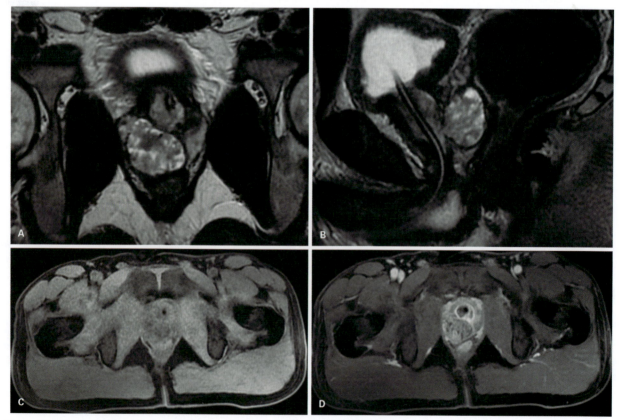

Figura 54 Caso desafio 2. A e B: Imagens ponderadas em T2 nos eixos axial e sagital. C e D: Imagens ponderadas em T1 com saturação de gordura antes e a após a injeção de contraste endovenoso.

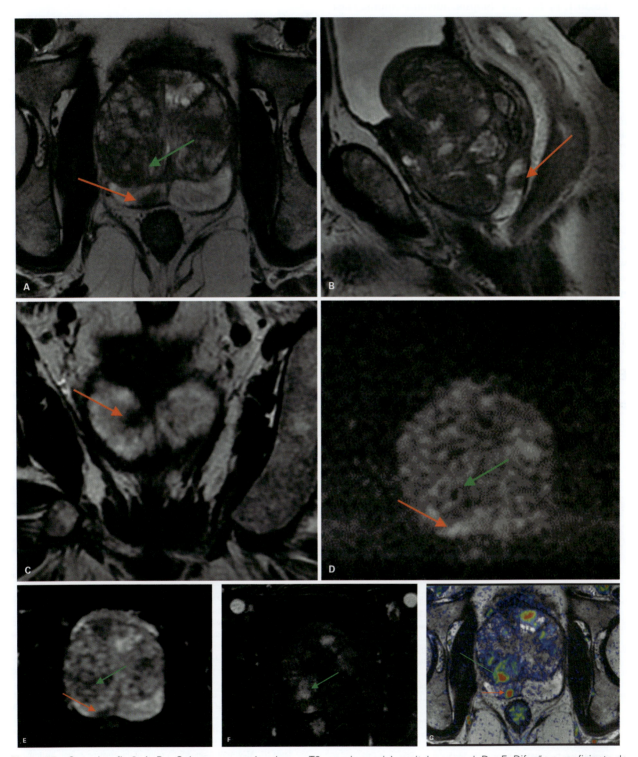

Figura 55 Caso desafio 3. A, B e C: Imagens ponderadas em T2 nos eixos axial, sagital e coronal. D e E: Difusão e coeficiente de difusão aparente (ADC). F: Perfusão (DCE). G: Fusão do mapa paramétrico da perfusão (DCE) com as imagens ponderadas em T2.

Diagnóstico:

- Lesão 1: PI-RADS 4. Biópsia: adenocarcinoma Gleason 7.
- Lesão 2: PI-RADS 2. Nódulo de HPB com predomínio estromal.

Comentários:

Ao avaliarmos a próstata utilizando o PI-RADS V2, podemos relatar até quatro achados suspeitos (escore atribuído de 3, 4 ou 5) e devemos identificar a lesão Index (lesão com maior escore). Já o relato de achados benignos (escore 2) é opcional.

Nesse caso, ressaltamos o nódulo com predomínio de componente estromal para enfatizar que a sequência ponderada em T2 é a dominante na avaliação da zona de transição, sendo importante identificar a cápsula do nódulo para não classificar incorretamente a lesão com um escore mais alto. Nota-se que o nódulo apresenta perfusão positiva, entretanto, esse achado não tem importância na avaliação da zona de transição. Já a lesão localizada na zona periférica possui todas as características compatíveis com câncer de próstata (baixo sinal focal, restrição à difusão e perfusão positiva).

Bibliografia sugerida

Próstata e vesículas seminais

1. Baroni RH, Novis MI, Caiado AHM, Cerri LMO, Leite CC, Cerri GG. Ressonância magnética da próstata: uma visão geral para o radiologista. Radiol Bras. 2009;42(3):185-92.
2. Berrocal T, López-Pereira P, Arjonilla A, Gutiérrez J. Anomalies of the distal ureter, bladder, and urethra in children: embryologic, radiologic, and pathologic features. Radiographics. 2002;22(5):1139-64.
3. Bittencourt LK, Hausmann D, Sabaneeff N, Gasparetto EL, Barentsz JO. Ressonância magnética multiparamétrica da próstata: conceitos atuais. Radiol Bras. 2014; 47(5):292-300.
4. Dean GE. Congenital prostatic abnormalities. Current Prostate Reports. 2008;6:39-42.
5. Kavoussi PK. Surgical, radiographic, and endoscopic anatomy of the male reproductive system. In: Wein AJ, Kavoussi LR, Novick AC, Partin AW, Peters CA. Campbell-Walsh urology. 11. ed. Philadelphia: Elsevier; 2016.
6. Kim B, Kim CK. Embriology, anatomy, and congenital anomalies of the prostate and seminal vesicles. Abdominal Imaging. 2013;113:1797-812.
7. Kim B, Kawashima A, Ryu JA, Takahashi N, Hartman RP, King BF Jr. Imaging of the seminal vesicle and *vas deferens*. Radiographics. 2009;29(4):1105-21.
8. McDermott VG, Meakem TJ, Stolpen AH, Schnall MD. Prostatic and periprostatic cysts: findings on MR imaging. AJR Am J Roentgenol. 1995;164:123.
9. Mittal PK, Camacho JC, Sahani DV, Kalb B, Harri PA, Master V, et al. Hematospermia evaluation at MR imaging. Radiographics. 2016;36(5):1373-89.
10. Nghiem HT, Kellman GM, Sandberg SA, Craig BM. Cystic lesions of the prostate. Radiographics. 1990;10:635-50.
11. Park JM. Embriology of the genitourinary tract. In: Wein AJ, Kavoussi LR, Novick AC, Partin AW, Peters CA. Campbell-Walsh urology. 11. ed. Philadelphia: Elsevier; 2016.
12. Shebel HM, Farg HM, Kolokythas O, El-Diasty T. Cysts of the lower male genitourinary tract: embryologic and anatomic considerations and differential diagnosis. Radiographics. 2013;33(4):1125-43.
13. Zagoria RJ. Genitourinary imaging: the requisites. 3. ed. Philadelphia: Elsevier; 2016.

Próstata e vesículas seminais: inflamatórias/infecciosas

14. Balasar M, Dogan M, Kandemir A, Taskapu HH, Cicekci F, Toy H, et al. Investigation of granulomatous prostatitis incidence following intravesical BCG therapy. Int J Clin Exp Med. 2014;7(6):1554-7.
15. Kim B, Kim CK. Embriology, anatomy, and congenital anomalies of the prostate and seminal vesicles. Abdominal Imaging. 2013;1797-812.
16. Kim B, Kawashima A, Ryu JA, Takahashi N, Hartman RP, King BF Jr. Imaging of the seminal vesicle and vas deferens. Radiographics. 2009;29(4):1105-21.
17. Kitzing YX, Prando A, Varol C, Karczmar GS, Maclean F, Oto A, et al. Benign conditions that mimic prostate carcinoma: MR imaging features with histopathologic correlation. Radiographics. 2016;36(1):162-75.
18. Li D, Kan Y, Fu F, Wang S, Shi L, Liu J, et al. IgG4-related prostatitis progressed from localized IgG4-related lymphadenopathy. Int J Clin Exp Pathol. 2015;8(9):11747-52.
19. Li Y, Mongan J, Behr SC, Sud S, Coakley FV, Simko J, et al. Beyond prostate adenocarcinoma: expanding the differential diagnosis in prostate pathologic conditions. Radiographics. 2016;36(4):1055-75.
20. Mittal PK, Camacho JC, Sahani DV, Kalb B, Harri PA, Master V, et al. Hematospermia evaluation at MR imaging. Radiographics. 2016;36(5):1373-89.
21. Murphy AB, Macejko A, Taylor A, Nadler RB. Chronic prostatitis: management strategies. Drugs. 2009;69(1):71-84.
22. Rosenkrantz AB, Taneja SS. Radiologist, be aware: ten pitfalls that confound the interpretation of multiparametric prostate MRI. Am J Roentgenol. 2014;202(1):109-20.
23. Rothman JR, Jaffe WI. Prostatitis: updates on diagnostic evaluation. Current Prostate Reports. 2007;5(4):185-90.

Hiperplasia prostática benigna

24. Cumpanas AA, Botoca M, Minciu R, Bucuras V. Intravesical prostatic protrusion can be a predicting factor for the treatment outcome in patients with lower urinary tract symptoms due to benign prostatic obstruction treated with tamsulosin. Urology. 2013;81(4):859-63.
25. Franco G, De Nunzio C, Leonardo C, Tubaro A, Ciccariello M, De Dominicis C, et al. Ultrasound assessment of intravesical prostatic protrusion and detrusor wall thickness – new standards for noninvasive bladder outlet obstruction diagnosis? J Urol. 2010;183(6):2270-4.
26. Kim B, Kim CK. Embriology, anatomy, and congenital anomalies of the prostate and seminal vesicles. Abdominal Imaging. 2013;1797-812.
27. McVary KT, Roehrborn CG, Avins AL, Barry MJ, Bruskewitz RC, Donnell RF, et al. Update on AUA guideline on the management of benign prostatic hyperplasia. J Urol. 2011;185(5):1793-803.
28. Prando A, Baroni RH. Urinário. Rio de Janeiro: Elsevier; 2013.
29. Rosenkrantz AB, Taneja SS. Radiologist, be aware: ten pitfalls that confound the interpretation of multiparametric prostate MRI. Am J Roentgenol. 2014;202(1):109-20.
30. Rukstalis DB. Pelvic ultrasound evaluation for benign prostatic hyperplasia: prediction of obstuction. Curr Urol Rep. 2014;15:403.
31. Toi A, Bree RL. Prostate. In: Rumack CM, Wilson SR, Charboneau. Diagnostic ultrasound. 3. ed. Philadelphia: Mosby; 2006.
32. Aggarwal R, Zhang T, Small EJ, Armstrong AJ. Neuroendocrine prostate cancer: subtypes, biology, and clinical outcomes. J Natl Compr Canc Netw. 2014;12:719-26.
33. Chang JM, Lee HJ, Lee SE, Byun S-S, Choe GY, Kim SH, et al. Unusual tumours involving the prostate: radiological-pathological findings. Br J Radiol. 2008;81:907-15.
34. Chu LC, Ross HM, Lotan TL, Macura KJ. Prostatic stromal neoplasms: differential diagnosis of cystic and solid prostatic and periprostatic masses. AJR. 2013;100:W571-80.
35. Herawi M, Epstein JI. Specialized stromal tumors of the prostate: a clinicopathologic study of 50 cases. Am J Surg Pathol. 2006;30:694-704.
36. Janet NL, May A-W, Akins RS. Sarcoma of the prostate: a single institutional review. Am J Clin Oncol. 2009;32:27-9.
37. Kitzing YX, Prando A, Varol C, Karczmar GS, Maclean F, Oto A. Benign conditions that mimic prostate carcinoma: MR imaging features with histopathologic correlation. Radiographics. 2016;36(1):162-75.
38. Li Y, Mongan J, Behr SC, Sud S, Coakley FV, Simko J, et al. Beyond prostate adenocarcinoma: expanding the differential diagnosis in prostate pathologic conditions. Radiographics. 2016;36(4):1055-15.

39. Murer LM, Talmon GA. Stromal tumor of uncertain malignant potencial of the prostate. Arch Pathol Lab Med. 2014;138:1542-5.
40. Parimi V, Goyal R, Poropatich K, Yang XJ. Neuroendocrine differentiation of prostate cancer: a review. Am J Clin Exp Urol. 2014;2(4):273-85.
41. Ramamurthy R, Periasamy S, Mettupalayam V. Primary malignancy of seminal vesicle: a rare entity. Indian J Urol. 2011;27(1):137-9.
42. Varghese SL, Grossfeld GD. The prostatic gland: malignancies other than adenocarcinomas. Radiol Clin N Am. 2000;38:179-202.
43. Zhou M, Magi-Galluzi C. Neoplastic diseases of the prostate. In: Zhou M. Genitourinary pathology: foundations in diagnostic pathology. 2. ed. Philadelphia: Elsevier; 2015.

Câncer de próstata

44. Ahmed HU, Akin O, Coleman JA, Crane S, Emberton M, Goldenberg L, et al. Transatlantic Consensus Group on active surveillance and focal therapy for prostate cancer. BJU Int. 2012;109(11):1636-47.
45. Baroni RH, Novis MI, Caiado AHM, Cerri LMO, Leite CC, Cerri GG. Ressonância magnética da próstata: uma visão geral para o radiologista. Radiol Bras. 2009;42(3):185-92.
46. Bittencourt LK, Hausmann D, Sabaneeff N, Gasparetto EL, Barentsz JO. Ressonância magnética multiparamétrica da próstata: conceitos atuais. Radiol Bras. 2014;47(5):292-300.
47. George AK, Turkbey B, Valayil SG, Muthigi A, Mertan F, Kongnyuy M, et al. A urologist's perspective on prostate cancer imaging: past, present, and future. Abdom Radiol. 2016;41(5):805-16.
48. Guimarães MD, Chijnuak R. Oncologia. Rio de Janeiro: Elsevier; 2014.
49. Gupta RT, Spilseth B, Patel N, Brown AF, Yu J. Multiparametric prostate MRI: focus on T2-weighted imaging and role in staging of prostate cancer. Abdom Radiol. 2016;41(5):831-43.
50. Horn Jr. GL, Hahn PF, Tabatabaei S, Harisinghani M. A practical primer on PI-RADS version 2: a pictorial essay. Abdom Radiol. 2016;41(5):899-906.
51. Kitajima K, Hartman RP, Froemming AT, Hagen CE, Takahashi N, Kawashima A. Detection of local recurrence of prostate cancer after radical prostatectomy using endorectal coil MRI at 3T: addition of DWI and dynamic contrast enhancement to T2-weighted MRI. AJR. 2015;205:807-16.
52. May EJ, Viers LD, Viers BR, Kawashima A, Kwon ED, Karnes RJ, et al. Prostate cancer post-treatment follow-up and recurrence evaluation. Abdom Radiol. 2016;41(5):862-76.

53. Mottet N, Bastian PJ, Bellmunt J, van den Bergh RCN, Bolla M, van Casteren NJ, et al. Guidelines on prostate cancer. European Association of Urology; 2015. p.57-62. Disponível em: http://www.uroweb.org/gls/pdf/09%20Prostate%20Cancer_LRLV2.pdf. Acessado em: 01/09/2016.
54. I-RADSTM Prostate Imaging-Reporting and Data System Version 2. (2015). http://www.acr.org/~/media/ACR/Documents/PDF/Quality Safety/Resources/PIRADS/PIRADS%20V2.pdf. Accessed 01/09/2016.
55. Prando A, Baroni RH. Urinário. Rio de Janeiro: Elsevier 2013.
56. Purysko AS, Rosenkrantz AB, Barentsz JO, Weinreb JC, Macura KJ. PI-RADS Version 2: a pictorial update. Radiographics. 2016;36(5):1354-72.
57. Rosenkrantz AB, Taneja SS. Radiologist, be aware: ten pitfalls that confound the interpretation of multiparametric prostate MRI. Am J Roentgenol. 2014;202(1):109-20.
58. Vargas HA, Hotker AM, Goldman DA, Moskowitz CS, Gondo T, Matsumoto K, et al. Updated prostate imaging reporting and data system (PIRADS v2) recommendations for the detection of clinically significant prostate cancer using multiparametric MRI: critical evaluation using whole-mount pathology as standard of reference. Eur Radiol. 2016;26(6):1606-12.

Casos desafios

59. Chu LC, Ross HM, Lotan TL, Macura KJ. Prostatic stromal neoplasms: differential diagnosis of cystic and solid prostatic and periprostatic masses. Am J Roentgenol. 2013;100:W571-80.
60. Herawi M, Epstein JI. Specialized stromal tumors of the prostate: a clinicopathologic study of 50 cases. Am J Surg Pathol. 2006;30:694-704.
61. Humphrey PA. BCG prostatitis. J Urol. 2012;188(3):961-2.
62. Ma W, Kang SK, Hricak H, Gerst SR, Zhang J. Imaging appearance of granulomatous disease after intravesical bacille Calmette-Guérin (BCG) treatment of bladder carcinoma. Am J Roentgenol. 2009;192(6):1494-500.
63. PI-RADSTM Prostate Imaging-Reporting and Data System Version 2. (2015). Disponível em: http://www.acr.org/~/media/ACR/Documents/PDF/Quality Safety/Resources/PIRADS/PIRADS%20V2.pdf. Acessado em: 01/09/2016.
64. Rosenkrantz AB, Taneja SS. Radiologist, be aware: ten pitfalls that confound the interpretation of multiparametric prostate MRI. Am J Roentgenol. 2014;202(1):109-20.

6

Próstata e vesículas seminais: ultrassonografia

Pedro Henrique De Marqui Moraes
Andrea Cavalanti Gomes

Anatomia ultrassonográfica da próstata

A análise ultrassonográfica da próstata é realizada nos planos axial/coronal e sagital/longitudinal, permitindo sua avaliação criteriosa, bem como das estruturas adjacentes, como a bexiga, vesícula seminal e até mesmo a parede do reto (Figura 1). O estudo pode ser feito pelas vias abdominal, transuretral, transperineal ou transretal. O exame ultrassonográfico da próstata ganhou grande impulso com o surgimento dos transdutores endorretais e principalmente após a introdução da tecnologia de alta frequência. Há flexibilidade de convenção para a avaliação endorretal da próstata. Assim, alguns autores estudam-na com o reto colocado na parte superior da tela do equipamento (semelhante ao utilizado nos estudos ultrassonográficos habituais), enquanto outros autores preferem colocá-la na região inferior da tela (imagem "invertida" em relação à ultrassonografia convencional). Qualquer que seja a convenção adotada, o importante é que o examinador esteja bastante familiarizado com ela e assim reconhecer a anatomia prostática.

O estudo axial/coronal da próstata permite uma rápida e simples visibilização do órgão, possibilitando identificar eventuais alterações presentes. Por esse motivo, muitos autores preconizam iniciar o exame nessa orientação. Em posição mais cranial, na orientação axial/coronal, as primeiras estruturas a serem visualizadas serão as vesículas seminais e a porção terminal do ducto deferente, bilateralmente (Figura 2A). Quando se angula o transdutor caudalmente, identifica-se a base prostática, que nesse nível apresentará formato semicircular (Figura 2B). O tecido prostático, no nível da base, apresentará ecotextura homogênea e ecogenicidade maior que a das vesículas seminais. No nível da porção anterior, na linha média da base prostática, muitas vezes se observa área hipoecoica, regular e homogênea, que corresponde ao tecido periu-

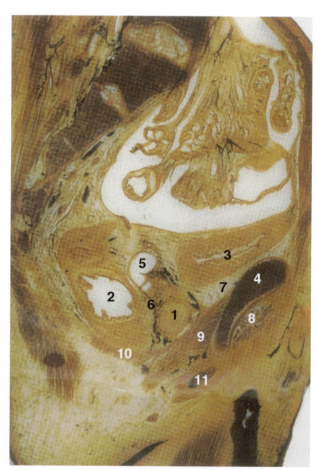

Figura 1 Corte sagital da pelve masculina submetido à plastinação. 1: próstata; 2: ampola retal; 3: bexiga urinária; 4: púbis; 5: vesícula seminal; 6: plexo venoso; 7: espaço retropúbico; 8: músculo pectíneo; 9: músculo puboprostático; 10: músculo levantador do ânus; 11: bulbo do pênis.

retral e ao esfíncter interno, não devendo ser confundido com nódulo hipoecoico.

Angulando-se o transdutor mais caudalmente, observa-se o corpo prostático (Figura 2C) e mais caudalmente ainda, o ápice glandular, o qual representa, de modo habitual, um formato aproximadamente triangular, estando constituído apenas por zona periférica. A zona periférica possui ecotextura homogênea (Figura 3). O câncer da próstata tem, de forma geral, aspecto hipoecoico.

O modelo tridimensional da próstata, idealizado por McNeal, tendo como ponto de referência a uretra, é o que melhor se correlaciona com achados clínicos e radiológicos. Esse modelo determina quatro regiões no parênquima prostático posterior, relacionadas às porções proximal e distal da uretra: zona periférica, zona central, zona de transição e área das glândulas periuretrais (Figura 4). A zona de transição apresenta, com frequência, ecotextura heterogênea, localizando-se, bilateralmente à uretra prostática proximal. É comum a presença de depósitos de cálcio nas glândulas periuretrais, obtendo-se assim áreas hiperecogênicas, por vezes, com sombra acústica posterior. Posteriormente à uretra, observa-se a zona periférica (Figura 5). Deslocando-se o transdutor lateralmente, saímos do plano uretral e, com ele, da glândula interna. De modo gradativo, a zona periférica torna-se predominante.

Nos cortes sagitais/longitudinais, novamente identificamos as vesículas seminais, que aparecerão como imagens alongadas, hipoecoicas, com formato em "asa" (Figura 6). Além da análise da próstata, o estudo endorretal permite a avaliação de vários tecidos e órgãos periprostáticos:

- Parede retal, permitindo a avaliação de sua espessura.
- Bexiga urinária, desde que esta se apresente com algum grau de repleção.
- Músculos obturadores internos, localizados lateralmente à próstata (Figura 7).
- Gordura periprostática com sua característica ecogenicidade.
- Vesículas seminais.

Finalmente, deve-se recordar que a próstata normal raramente é encontrada após a quinta década de vida, na

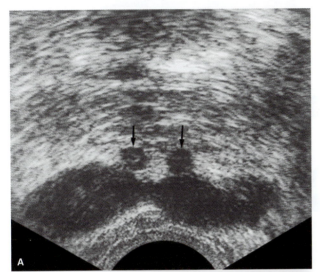
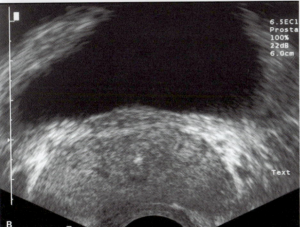
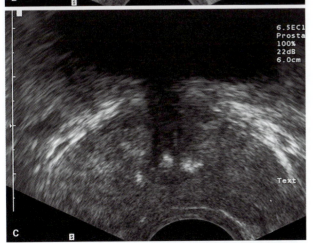

Figura 2 A: Vesículas seminais e ampola dos ductos deferentes (setas). B: Base da próstata. C: Corpo ou terço médio da próstata. A hipoecogenicidade central corresponde à musculatura do esfíncter periuretral.

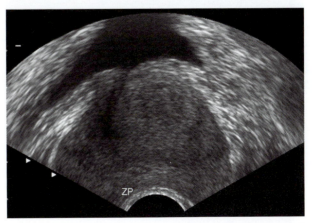

Figura 3 Zona periférica (ZP) homogênea. A ZP corresponde à faixa discretamente hiperecogênica em relação à glândula interna (GI).

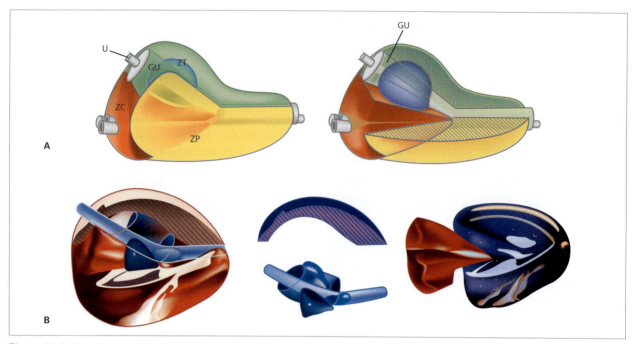

Figura 4 A: Anatomia zonal de McNeal. B: Outra representação da anatomia prostática idealizada por McNeal, segundo Lee, Torp--Pedersen: amarelo: zona periférica; vermelho: zona central; azul: zona de transição; verde: estroma fibromuscular anterior; DE: ductos ejaculatórios; GU: glândulas periuretrais; U: uretra prostática; ZC: zona central; ZP: zona periférica; ZT: zona de transição.

qual a frequência de calcificações e nódulos de hiperplasia glandular benigna é bastante alta, sendo adequada, para essa faixa etária, a substituição do termo "achados normais" por "achados comuns".

Técnica de exame

A ultrassonografia, seja pela via abdominal, transuretral, transperineal ou transretal, permitiu uma melhor caracterização do parênquima. As técnicas abdominal,

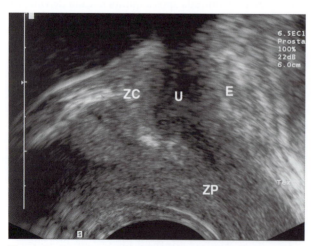

Figura 5 Corte longitudinal. E: estroma fibromuscular anterior; U: uretra proximal e tecido periuretral hipoecogênico; ZC: zona central; ZP: zona periférica.

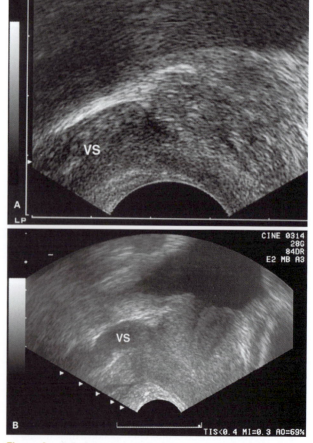

Figura 6 A-B: Corte longitudinal. VS: vesícula seminal.

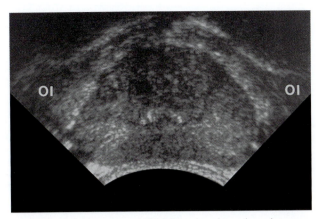

Figura 7   Corte transversal. OI: Músculos obturadores internos.

transuretral e transperineal apresentam limitações. Pequenas lesões e discretos aumentos das dimensões ou mesmo glândulas normais, quando houver acentuada repleção vesical, podem ser de difícil avaliação pela via abdominal. A abordagem transuretral, utilizando um transdutor semelhante a um cistoscópio, não é usada de rotina por conta de sua natureza invasiva com riscos de laceração, rupturas e infecções. A via transperineal é pouco empregada, em virtude da qualidade de imagem muitas vezes ruim por conta da atenuação do feixe acústico acarretada pelo tecido fibromuscular do períneo e pelos artefatos decorrentes da pilificação local. Atualmente, a ultrassonografia transretal consiste na abordagem de escolha com melhor visibilização de seus limites e de sua estrutura interna, inclusive de sua anatomia dividida por zonas. Os "probes" devem ser recobertos com preservativo lubrificado com vaselina ou gel sônico. Alguns apresentam um canal separado para instilação de água com a finalidade de criar uma interface entre o transdutor e a glândula, colocando-a na zona focal, eliminando artefatos da proximidade de campo que podem dificultar o estudo da zona periférica. Com o paciente em decúbito lateral esquerdo e as coxas fletidas, realiza-se inicialmente o exame digital retal para a avaliação da próstata, do esfíncter anal e da parede do reto. Com o transdutor direcionado posteriormente o introduzimos cerca de 8 a 9 cm, associado ou não à manobra de Valsalva, para diminuir o desconforto do paciente. No caso de se tratar de transdutor com bolsa d'água, somente após o posicionamento do "probe" é que a água deve ser instilada.

Múltiplos cortes são obtidos, estendendo-se desde as vesículas seminais e base da bexiga até o ápice da próstata e uretra membranosa, no plano transversal, e margens laterais da próstata e vesículas seminais, no plano longitudinal, incluindo também o tecido periprostático e a parede retal. Apesar de a ultrassonografia endorretal apresentar sensibilidade relativamente alta, é de baixa especificidade para lesões precoces clinicamente significa-

tivas, requerendo muitas vezes a associação com biópsia, tornando-a invasiva e cara. Algumas restrições são feitas à realização da ultrassonografia endorretal nos casos de proctite, prostatite bacteriana aguda, fissuras anais, amputação do reto e hemorroidas trombosadas.

Doenças benignas

Processos inflamatórios
Prostatites

A prostatite é uma afecção que acomete de 10-14% dos homens de todas as idades e raças. Existe uma estimativa de que 50% dos homens desenvolverão sintomas de prostatite em algum momento da sua vida. As prostatites podem ser classificadas conforme a presença ou não de bactérias, recorrência e alterações detectadas em exames laboratoriais.

- Categoria I: prostatite bacteriana aguda.
- Categoria II: prostatite bacteriana crônica.
- Categoria III: prostatite crônica abacteriana ou síndrome da dor pélvica crônica (SDPC). Ocorre quando não existe a comprovação de infecção bacteriana.
- Categoria IIIA: SDPC inflamatória. Presença de leucócitos no esperma, na secreção prostática após expressão ou na amostra de urina após massagem prostática.
- Categoria IIIB: SDPC não inflamatória. Ausência de leucócitos no esperma, secreção prostática após expressão ou na amostra de urina após massagem prostática.
- Categoria IV: prostatite inflamatória assintomática. Em pacientes assintomáticos, com presença de leucócitos na secreção prostática ou nos tecidos prostáticos.

A maior parte dos pacientes com prostatite se encontra na categoria III (prostatite crônica não bacteriana), que é a forma clínica de maior dificuldade de tratamento, quando comparada às prostatites bacterianas.

As bactérias mais frequentes causadoras de prostatite são as Gram-negativas, semelhantes àquelas que causam infecção do trato urinário: *Escherichia coli*, *Proteus*, *Klebsiella*, *Enterobacter*, *Pseudomonas* e *Serratia*.

Achados ultrassonográficos das prostatites
Prostatite aguda

Os achados de imagem são os de uma próstata aumentada, arredondada, globalmente hipoecogênica, e em casos mais graves observa-se distensão da bexiga urinária por conta da obstrução aguda. Outros achados de prostatite aguda ao ultrassom endorretal são: halo hipoecoico ao redor da glândula interna ou da zona periférica; áreas hipoecogênicas focais no interior da próstata, de difícil diagnóstico diferencial com outras patologias (p. ex., com tumor).

Prostatite crônica

As prostatites crônicas são de maior interesse do ponto de vista do ultrassonografista por serem mais comuns na rotina ambulatorial e em razão de algumas vezes representarem um importante *"pitfall"* no diagnóstico do câncer da próstata. Há também outras formas menos comuns de prostatite crônica, as prostatites crônicas granulomatosas, como a prostatite tuberculosa, que pode se desenvolver por disseminação miliar ou em pacientes em tratamento de neoplasia vesical em tratamento com bacilo de Calmette-Guérrin (BCG) (Figura 8).

Os achados ultrassonográficos das prostatites crônicas incluem dois grupos de sinais:

- Sinais frequentes, porém muito inespecíficos – ecos brilhantes e ecos de média intensidade, esses últimos mais comuns na ZP.
- Sinais pouco frequentes, porém mais sugestivos de prostatite, incluindo: áreas sonolucentes, cálculos nos ductos ejaculatórios, irregularidade capsular, espessamento capsular, irregularidades periuretrais. Há também alguns sinais indiretos de prostatite como a congestão do plexo venoso de Santorini, a dilatação e o espessamento das paredes e dos septos de uma ou ambas as vesículas seminais, e algumas vezes o espessamento do colo vesical decorrente de edema também pode ser observado.

A presença de área sonolucente em paciente sintomático é, entre todos, o achado mais significativo. A ultrassonografia é importante para a localização dessas lesões, realização de biópsias orientadas e eventualmente para o tratamento por meio de injeção de antibióticos.

Abscesso prostático

Os abscessos da próstata ocorrem geralmente em indivíduos entre a quinta e a sexta décadas de vida, e o principal agente etiológico nessa faixa etária é a *E. coli*. Um outro grupo etário acometido é o de recém-nascidos. O aspecto ultrassonográfico se resume a uma ou mais áreas hipoecogênicas ou anecogênicas de paredes espessas e irregulares com ou sem septações (Figura 9). O acometimento em geral é extenso e mais frequentemente observado na glândula interna.

O diagnóstico diferencial de tumor com pequenos abscessos, que se apresentam como pequenos nódulos hipoecoicos, pode ser difícil. Outros diagnósticos diferenciais incluem cistos de ductos müllerianos, de ductos ejaculatórios, de vesícula seminal, entre outros.

Lesões císticas

As estruturas císticas mais comumente observadas na próstata são os cistos degenerativos observados com frequência na HPB e os cistos de retenção. Entre os cistos adquiridos, há também os cistos de ducto ejaculatório formados em decorrência de processo obstrutivo (Figura 10). Outras estruturas císticas não raramente observadas são os cistos congênitos, os quais têm aspecto muito semelhante e, na sua maioria, localização mediana ou próxima à linha média, ficando por vezes difícil diferenciá-los. Os cistos eventualmente acarretam sintomas obstrutivos ou dor por serem muito grandes ou se infectarem. Nos pacientes sintomáticos a punção do cisto em geral fornecerá grande subsídio para o diagnóstico diferencial pela verificação da existência ou não de espermatozoides no líquido aspirado. Entretanto, a maioria dos cistos é assintomática, representando achado de exame.

Algumas vezes, por conta das volumosas dimensões do cisto prostático, não há maneira de se verificar sua posição anatômica. Nesses casos, o diagnóstico é inferido pela análise do líquido aspirado. A punção é realizada acoplando-se um guia ao transdutor transretal, através do qual se faz a punção com agulha apropriada (Figura 11).

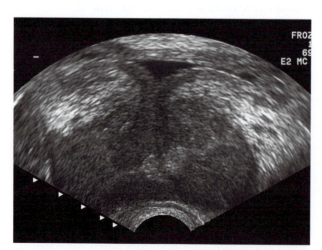

Figura 8 Prostatite tuberculosa em paciente HIV positivo. Área hipoecogênica em ZP sobretudo à esquerda, simulando tumor.

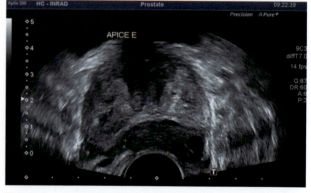

Figura 9 Abcesso prostático; imagem hipoecogênica, heterogênea, com áreas císticas de permeio, localizada entre a zona periférica e a glândula interna do ápice esquerdo. Confirmado na biópsia processo inflamatório com áreas de abscesso.

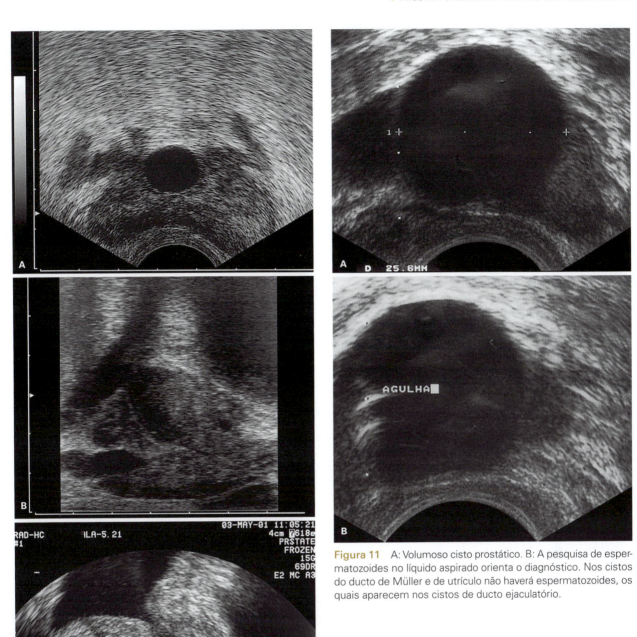

Figura 11 A: Volumoso cisto prostático. B: A pesquisa de espermatozoides no líquido aspirado orienta o diagnóstico. Nos cistos do ducto de Müller e de utrículo não haverá espermatozoides, os quais aparecem nos cistos de ducto ejaculatório.

Figura 10 Cisto dos ductos ejaculatórios. A: Corte transversal. B-C: Corte longitudinal.

Neoplasias benignas da próstata

Hiperplasia prostática benigna (HPB)

A prevalência da HPB cresce rapidamente após os 40 anos, atingindo uma taxa de quase 90% dos homens acima de 80 anos. A HPB é a neoplasia benigna mais comum da próstata e caracteriza-se por alteração da arquitetura do parênquima prostático que ocorre sob estimulação androgênica e presumivelmente estrogênica associada. As alterações são verificadas sobretudo na zona de transição (ZT) e em menor grau no tecido glandular periuretral da próstata, acarretando aumento volumétrico global da glândula. Embora possa haver nódulos de HPB originários na zona periférica (ZP), considera-se a entidade como uma alteração que se desenvolve primordialmente na glândula interna.

A próstata normalmente apresenta um crescimento acelerado que se inicia na puberdade e vai até a terceira década, quando atinge cerca de 20 g e daí desacelera para cerca de 0,2 g ao ano até os 70 anos. Nos indivíduos em que a doença se instala, as alterações começam a ocorrer por volta da terceira década e serão claramente detectadas a partir da quarta década de vida.

Os fatores que concorrem para o estabelecimento da HPB são a idade e a presença de testículos com produção hormonal ativa.

A HPB, também referida como hiperplasia nodular, consiste em aumento nodular da próstata decorrente da hiperplasia de ambos os componentes glandular e estromal. Os nódulos hiperplásicos são compostos de ambos os elementos em proporções variadas. As glândulas apresentam-se dilatadas e não incomumente císticas, muitas vezes contendo secreção glicoproteica (*corpora amylacea*), a qual algumas vezes se calcifica, dando as concreções calcárias grosseiras (também referidas como cálculos) observadas ao ultrassom. Outras alterações histopatológicas observadas são nódulos fibromusculares, os quais conferem à glândula um aspecto difusamente aumentado, sem individualização de nódulos à ultrassonografia.

As manifestações clínicas são complexas e não apresentam uma correlação linear com as dimensões da glândula, isto é, próstatas muito aumentadas nem sempre provocam obstrução importante, enquanto glândulas com crescimento apenas anterior e mediano podem levar à sintomatologia grave. Mesmo assim, o peso estimado da próstata por meio da ultrassonografia é um dos parâmetros utilizados para o acompanhamento dos pacientes com HPB.

Os sintomas são de natureza obstrutiva e irritativa, incluindo jato fraco, jato intermitente, noctúria, urgência, dificuldade para iniciar a micção, esvaziamento incompleto da bexiga, frequência aumentada, entre outros. Ocasionalmente podem ocorrer retenção urinária aguda, incontinência e azotemia.

O estudo ultrassonográfico do paciente com HPB deve se iniciar com a avaliação suprapúbica com bexiga cheia, usando transdutor de 3,5 MHz. A avaliação das condições da bexiga urinária em relação à espessura da parede, a presença de eventuais cálculos ou "debris", a verificação do volume urinário residual pós-miccional e eventual uretero-hidronefrose bilateral são parâmetros indispensáveis para a avaliação do paciente com HPB (Figura 12). Também pode ser útil a varredura por via suprapúbica nos casos em que, por causa do acentuado crescimento mediano (antigo lobo mediano), não for possível a correta estimativa do peso da glândula apenas por meio da via endorretal.

A avaliação pela via endorretal deve incluir a medida das dimensões da glândula, sendo o peso calculado utilizando-se a fórmula matemática para volume de elipsoide (diâmetros AP × T × L × 0,523) ou de esfera (4/3 de r3), de acordo com a conformação da glândula estudada (Figura 13). É também descrita a possibilidade de cálculo mais preciso do volume prostático por meio da reconstrução das imagens em 3D com a qual se consegue, inclusive, fazer a distinção entre zonas central e transicional estando a utilidade prática desse último método ainda a ser completamente estabelecida. De qualquer forma, uma vez calculado o volume da próstata, tem-se de imediato a estimativa do peso, visto que 1 cm³ de tecido prostático equivale a aproximadamente 1 g.

O cálculo do volume é um dado muito importante, sobretudo nos pacientes com sintomatologia mais exuberante, nos quais o aumento volumétrico se apresenta principalmente na região anterior da glândula, não sendo assim possível essa avaliação pelo toque retal.

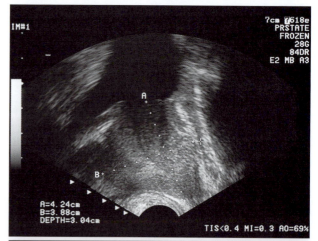

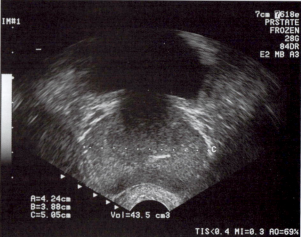

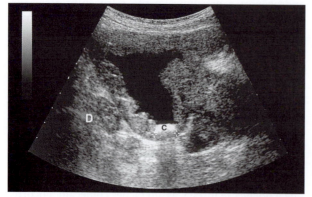

Figura 12 Exame via suprapúbica mostra acentuado aumento prostático. Bexiga com paredes espessadas, trabeculadas, divertículo (D) e cálculo (C).

Figura 13 Medidas da próstata: multiplicam-se os eixos longitudinal × anteroposterior × transversal × 0,52.

A ultrassonografia é também útil para a avaliação da próstata após as ressecções transuretrais quando se observa uma área de solução de continuidade na topografia da uretra anterior, de dimensões muitas vezes não correspondentes à quantidade de tecido ressecado (Figura 14).

As características ultrassonográficas incluem basicamente uma glândula interna aumentada, com contornos muito bem delimitados, podendo ser lisos ou bocelados e havendo nítida separação em relação à ZP.

Os nódulos são de tamanhos variados, podendo ser hipo e hiperecogênicos ou heterogêneos, dependendo da sua composição histológica. Os nódulos com predomínio estromal (verificados com maior frequência no estroma glandular periuretral) tendem a ser hipoecogênicos, os com predomínio glandular (ZT), mais hiperecogênicos, e os mistos, que correspondem à maioria, são heterogêneos (Figura 15). Nódulos hipoecoicos na ZT são hiperplásicos em aproximadamente 80-90% dos casos (Figura 16).

O contorno lateral tende a ser simétrico. A eventual assimetria é um achado que deve ser considerado com cuidado para não se deixar passar uma malignidade associada. O crescimento anterior na linha média referido como "lobo mediano" decorre da hiperplasia do estroma glandular periuretral, sendo o achado mais comumente associado a sintomas obstrutivos (Figura 17).

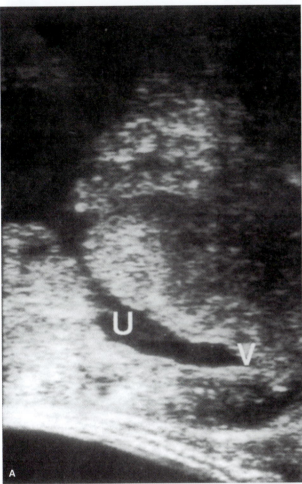
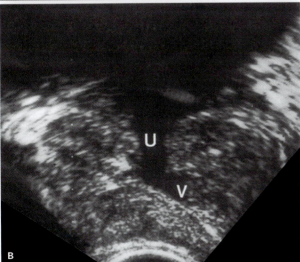

Figura 14 Área de solução de continuidade na topografia da uretra anterior por ressecção prostática transuretral. A: Corte longitudinal. B: Corte transversal. U: uretra; V: veromontanum.

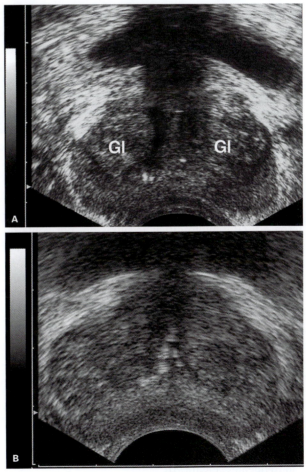

Figura 15 Hiperplasia prostática benigna (HPB) – glândula interna (GI) nodular. B: HPB – Glândula interna aumentada, com nítida separação em relação à zona periférica.

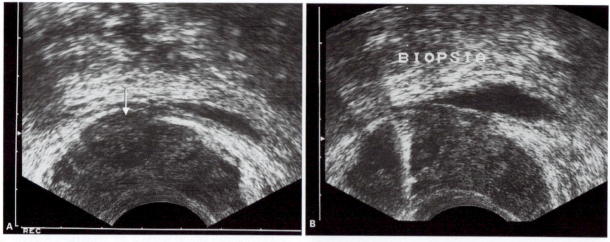

Figura 16 A: Nódulo hipoecogênico em glândula interna (seta). B: A biópsia revelou tratar-se de nódulo de hiperplasia.

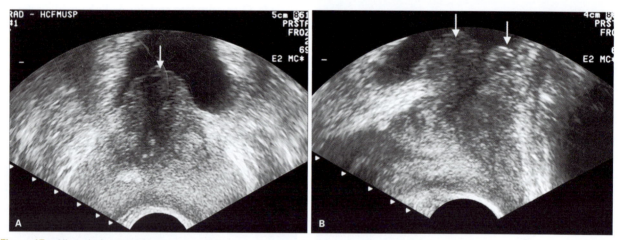

Figura 17 Hiperplasia prostática benigna (HPB) com proeminência do lobo mediano (setas). A: Corte transversal. B: Corte longitudinal.

Na próstata normal a distinção entre a glândula interna e a ZP é muito difícil ao ultrassom por conta da distribuição semelhante de ácinos em ambas. Com o crescimento da glândula interna na HPB verifica-se compressão e deformidade da ZP (Figura 18), tornando-se evidente a diferença de ecogenicidade de ambas e sendo, na maioria dos casos, a glândula interna mais hipoecogênica que a ZP (Figura 19A) (embora haja casos em que ocorre o inverso). Entre a glândula interna e a ZP forma-se uma nítida linha divisória: a assim chamada "cápsula cirúrgica", que pode ser visibilizada como um halo hipoecogênico, como uma faixa linear com áreas hiperecogênicas ou como uma faixa linear com áreas hiperecogênicas, algumas com sombra acústica, correspondendo a depósitos de *corporea amylacea* e calcificações (Figura 19B). Depósitos de cálcio na ZT também são frequentes (Figura 20).

Outros achados associados à HPB são os cistos que decorrem das dilatações acinares e as áreas de infarto

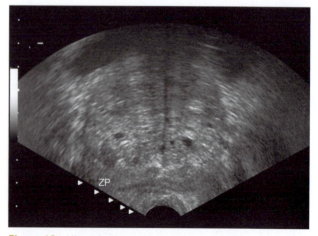

Figura 18 Hiperplasia prostática benigna (HPB) – aumento da glândula interna com compressão da zona periférica.

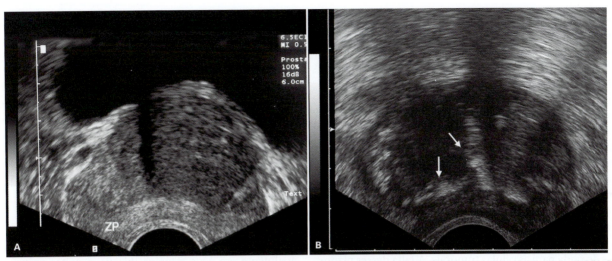

Figura 19 A: Zona periférica apresenta maior ecogenicidade em relação à glândula interna que está aumentada e nodular (HPB). B: Depósito de *corporea amylacea* e calcificações na cápsula cirúrgica e região periuretral (setas).

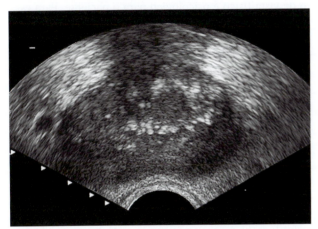

Figura 20   Hiperplasia prostática benigna (HPB) – depósito de *corporea amylacea* na glândula interna.

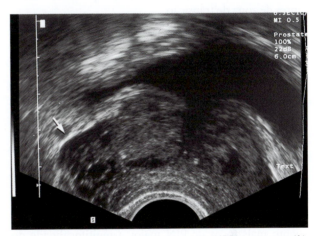

Figura 21   Hiperplasia prostática benigna (HPB) na zona periférica à direita (seta).

com ou sem degeneração cística. Eventualmente são observados nódulos de hiperplasia na ZP, os quais se originam de "herniações" da glândula interna para dentro da zona periférica, ou na própria ZP (Figura 21). Esses nódulos de HPB na zona periférica são em geral hipoecogênicos, não havendo maneira de se fazer o diagnóstico diferencial seguro com câncer de próstata apenas por meio da imagem, estando aí indicada a biópsia. O estudo com Doppler ou Power Doppler na HPB é inespecífico, apesar de alguns estudos preliminares mostrarem uma correlação entre um aumento do RI (RI > 0,7) e presença de sintomas obstrutivos.

Outras neoplasias benignas da próstata

A HPB é de longe a neoplasia benigna mais comum da próstata. Outras neoplasias benignas da próstata, como o sarcoma *phyllodes*, o cistadenoma e o tumor mixoide atípico de músculo liso, são extremamente raras, não sendo objeto deste capítulo.

Doenças malignas

Câncer de próstata

Na avaliação ultrassonográfica, duas considerações anatômicas relevantes ao desenvolvimento do CaP são sua heterogeneidade, sua distribuição regional na próstata e sua origem multicêntrica. Esses fatores têm importância tanto do ponto de vista de diagnóstico (clínico e radiológico), quanto de tratamento. A maioria dos tumores (75%) ocorrem na zona periférica da próstata, o que mostra ser este o sítio de origem da maioria dos tumores. Não se sabe se essa origem decorre de alterações metabólicas das células da zona periférica ou se isso é simplesmente explicado pela densidade celular aumentada dessa área. Com relação à origem multicêntrica, uma significativa incidência de múltiplos sítios tumorais, com características celulares e tamanhos diferentes, foi verificada tanto em autópsias quanto em espécimes de prostatectomias radicais. Ainda mais, outro estudo que avaliou alterações no DNA de tumores diferentes derivados do mesmo espécime cirúrgico mostrou que a origem tumoral era independente em 15 de 18 pacientes estudados.

As rotas de crescimento e metastatização são também muito importantes, tanto do ponto de vista de diagnóstico quanto de tratamento. Os tumores prostáticos inicialmente tendem a crescer ao longo de planos normais dentro da glândula. Estudo de McNeal mostrou que tumores menores que 3,7 mL tendem a acompanhar em vez de cruzar o plano entre as zonas periférica e de transição. Já tumores mais agressivos (Gleason 4 e 5) apresentam maior tendência a invasão dos planos entre as diversas zonas prostáticas. Os espaços perineurais, os ductos ejaculatórios, o esfíncter urinário periuretral e as camadas musculares da fáscia de Denonvilliers são potenciais rotas de saída para as células tumorais. A falta desses planos e a presença de barreiras anatômicas são possíveis razões para a menor incidência de invasão periprostática de tumores de zona de transição.

Classificação histológica e patologia
PIN

A neoplasia intraepitelial prostática (PIN) consiste em ductos e ácinos prostáticos normais sobre uma camada de células atípicas. É classificada em alto e baixo graus e não provoca elevação de antígeno prostático específico (PSA). O PIN de baixo grau não tem implicações clínicas nem deve ser comentado em exame anatomopatológico. O PIN de alto grau ocorre em aproximadamente 5% das biópsias e é considerado doença pré-maligna, uma vez que próstatas com tumores malignos apresentam muito mais focos de PIN que próstatas normais. Além disso, quanto mais focos de PIN maior a multifocalidade do CaP. Soma-se o fato de ambos (PIN e CaP) coexistirem na mesma região da glândula (zona periférica) e de ambos dividirem as mesmas alterações moleculares.

Adenocarcinoma

Tumores malignos de próstata podem ser divididos em quatro categorias: carcinomas epiteliais, cânceres não epiteliais, tumores raros primários da próstata e metástases prostáticas de outros tumores. Cânceres de origem epitelial (adenocarcinomas) constituem mais que 95% dos tumores prostáticos e originam-se sobretudo da zona periférica da próstata.

O escore de Gleason é o sistema mais utilizado para a graduação histológica dos tumores de próstata e é o fator prognóstico isolado mais importante do tumor. O escore de Gleason é constituído por cinco padrões (ou graus) representados numericamente de 1 a 5 e leva em consideração a arquitetura das glândulas, sua disposição e as características de crescimento. O padrão 1 é o mais diferenciado e o 5 o menos diferenciado. Os dois padrões mais comuns são informados entre parênteses e somados. Portanto, o escore varia de 2 a 10, sendo 10 o tumor mais indiferencia-

do. Tumores homogêneos são representados dobrando-se a numeração, por exemplo Gleason 6 (3 + 3).

Estadiamento local

A avaliação local é muito importante no estadiamento do câncer de próstata. Apesar de amplamente utilizado, o toque retal apresenta grandes limitações no estadiamento local do CaP, especialmente quando visa-se avaliar extensão extracapsular microscópica ou de vesículas seminais. Exames de imagem como a ultrassonografia transretal, a tomografia e a ressonância magnética têm sido utilizados para esse propósito.

Avaliação de doença metastática

O objetivo de se identificar doença metastática, principalmente em seus estágios iniciais, é evitar métodos desnecessários de tratamento local como a cirurgia ou a radioterapia, que trazem consequências sérias do ponto de vista físico e psicológico para o paciente. Para essa avaliação, o PSA tem papel importante e apresenta uma correlação próxima com o estádio da neoplasia e o volume tumoral. Pacientes com PSA < 10 ng/mL raramente apresentam comprometimento linfonodal ou metastático e, portanto, beneficiam-se sobremaneira de tratamento local. Já aqueles com PSA > 50 ng/mL apresentam doença extraprostática (em especial invasão de vesículas seminais) em 90% dos casos. Pacientes assintomáticos do ponto de vista ósseo e que tem PSA < 20 ng/mL raramente apresentam metástases ósseas e, portanto, podem ser excluídos da avaliação cintilográfica. Por outro lado, pacientes com tumores Gleason 8 a 10 ou tumores com extensão local conhecida (T3 ou T4) devem ser submetidos a cintilografia óssea, uma vez que metástases são comuns mesmo com PSA abaixo de 10 ng/mL.

Detecção precoce e rastreamento

A recomendação atual das principais sociedades de urologia é que homens negros ou com história familiar acima dos 40 anos de idade e todos acima dos 50 anos de idade com expectativa de vida maior que 10 anos devem ser submetidos a avaliação prostática anualmente.

Ultrassonografia

As principais indicações para realização da ultrassonografia endorretal nos pacientes com câncer ou quando há suspeita de câncer de próstata são: a presença de exame de toque retal anormal; marcadores prostáticos séricos com valores aumentados; sinais ou sintomas que sugiram doença metastática; avaliação e controle de tratamento de câncer prostático e para guiar biópsias.

Até 1985, a maioria dos estudos relata o carcinoma da próstata como sendo hiperecoico. Atualmente, considera-se que os tumores prostáticos podem ser divididos em três grupos maiores com base na sua ecogenicidade: hipo, iso, hiperecogênico, sendo, no entanto, mais frequente o hipoecoico (Figura 22A-E). Infelizmente cerca de 24-29% são isoecoicos ao parênquima prostático, o que reduz a sensibilidade do método (Figura 22F).

O primeiro passo do exame ultrassonográfico é obter uma impressão da forma e do tamanho da glândula, analisando-se os efeitos de massa como assimetria localizada, aumento na altura da zona periférica, interrupção localizada ou abaulamento da cápsula anatômica ou deslocamento das estruturas adjacentes, tanto do complexo uretral como da *corporea amylacea,* além da ecotextura que precisa ser avaliada juntamente a esses achados (Figura 23). A suspeita surge quando há alteração localizada, independentemente de sua ecogenicidade. A distorção do contorno lateral da próstata é menos significativa, por

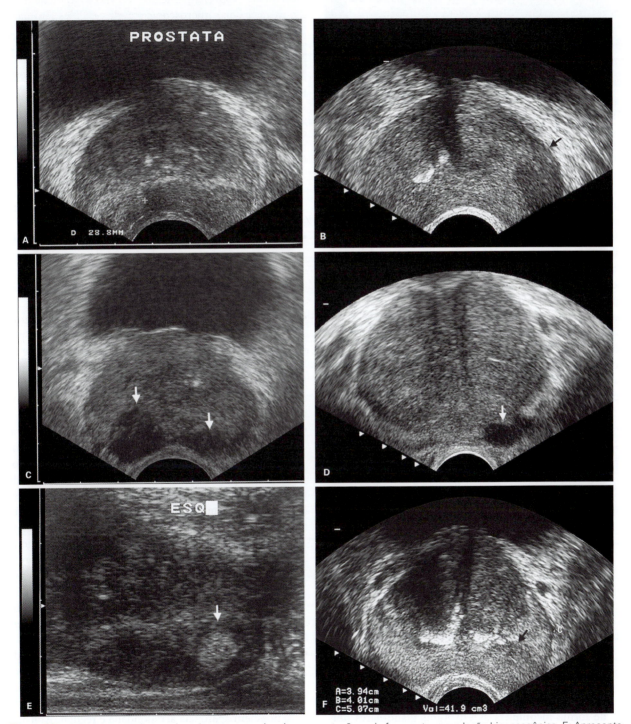

Figura 22   A-D: Adenocarcinoma de próstata: exemplos da apresentação mais frequente como lesão hipoecogênica. E: Apresentação rara do adenocarcinoma da próstata: nódulo hiperecogênico. F: Adenocarcinoma isoecogênico. A suspeita era de tumor em zona periférica (ZP) à esquerda por aumento na sua altura, que se confirmou na biópsia (seta).

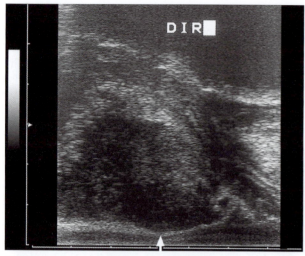

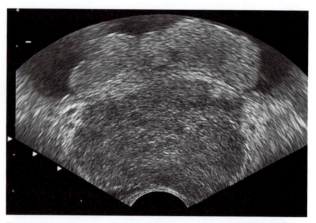

Figura 23   Adenocarcinoma. Nódulo hipoecogênico produzindo aumento na altura da zona periférica e efeito de massa abaulando a cápsula antômica (seta).

Figura 24   Adenocarcinoma. Extenso comprometimento, observando-se lesão hipoecogênica na zona periférica esquerda e sinais de infiltração difusa da próstata. Não mais se identifica a cápsula cirúrgica. A anatomia patológica confirmou a presença de tumor em 100% da extensão de todos os fragmentos biopsiados. Observa-se também infiltração da bexiga.

causa dos nódulos hiperplásicos no ângulo entre as zonas periférica e central, que podem causar considerável assimetria capsular. A margem entre a glândula central ou interna e a zona periférica é muitas vezes delineada por ecos densos da *corporea amylacea*; tumores na zona periférica frequentemente podem distorcer essa linha, e a ausência desta em uma próstata arredondada deve alertar para a presença de um grande tumor (Figura 24).

Uma alteração difusa da ecogenicidade, tanto hiper como hipoecogenicidade, deve levantar suspeita do envolvimento tumoral da glândula. Várias características tumorais podem contribuir para a formação do seu padrão ecográfico:

- Tamanho: tumores menores que 5 mm de diâmetro não são detectados com frequência, e os maiores que 49,5 mm não são identificados em 16% dos pacientes. Alguns tumores menores não substituem completamente a estrutura prostática normal, mas infiltram os ácinos normais, produzindo um padrão de ecos relativamente norma se, ao contrário, o tumor for muito grande e substituir toda a próstata, haverá pouco tecido normal para comparação. Quando um paciente possui grande adenoma, por conta da compressão da zona periférica pelo tecido hiperplásico, pode representar dificuldade adicional em detectar um carcinoma prostático na zona periférica. Compressão similar pode ser feita pelo próprio transdutor endorretal, fazendo uma pequena área hipoecoica desaparecer virtualmente. Em geral, o tumor aparece como sendo menor à ultrassonografia do que seu tamanho real. Na periferia do carcinoma, as células malignas invadem de forma incompleta as estruturas glandulares normais, fazendo com que o padrão ecográfico das margens do tumor permaneça isoecoico. Assim, à ultrassonografia endorretal, em geral, visualiza-se o centro do tumor, em vez da lesão inteira.
- Grau: existe bastante controvérsia a respeito desse aspecto, não havendo relação entre ecogenicidade e grau tumoral, exceto nos casos de carcinoma cribriforme (tumor de alto grau, intraductal, com focos de calcificação distrófica das áreas necróticas).
- Localização: tumores localizados na zona de transição podem ser mais difíceis de serem visualizados, por causa do padrão ecográfico mais heterogêneo dessa região, em razão dos nódulos de hiperplasia benignos ali situados. Cerca de 10% dos carcinomas de próstata se desenvolvem na zona de transição, 5-10% na zona central e 70% na zona periférica.
- Estadiamento: os tumores no estádio I são em geral localizados anteriormente a uretra, na zona de transição. São difíceis de ser identificados pela ultrassonografia, por não serem distintos dos ecos mistos de hiperplasia benigna. Nesse estádio, 65% dos tumores não são detectados pela ultrassonografia. Os tumores no estádio II localizam-se predominantemente na porção posterior da glândula prostática e em geral são vistos na ultrassonografia endorretal, por estarem perto do transdutor no reto e formarem discreto nódulo distinto do tecido normal ao redor (Figura 25). A extensão local do tumor caracteriza o estágio III (Figura 26), os tumores a partir do estágio IV determinam metástases a distância.
- Calcificação intratumoral: a causa mais comum de hiperecogenicidade na próstata são as calcificações prostáticas. Caracteristicamente, aparecem no ultrassom como uma cadeia, ao longo da cápsula cirúrgica, e possuem aparência arredondada e regular. A distribuição em "W" é característica da calcificação associada ao distúrbio benigno.

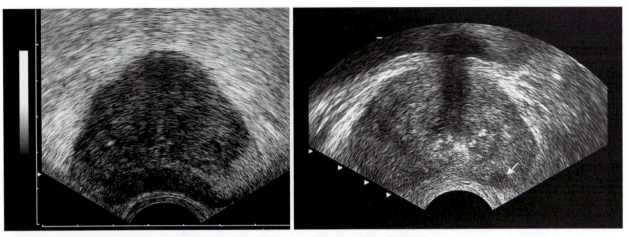

Figura 25 A-B: Exemplos de adenocarcinoma no estágio II: confinados à glândula (seta).

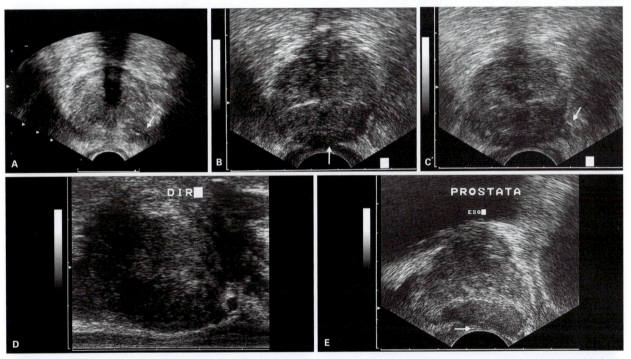

Figura 26 A-C: Exemplos de adenocarcinoma no estágio III: extensão local do tumor. Observam-se sinais de descontinuidade da cápsula anatômica e infiltração do tecido periprostático (setas). D: Abaulamento do contorno adjacente à lesão hipoecogênica. E. Abaulamento e descontinuidade dos ecos da cápsula anatômica adjacente à lesão (seta).

As calcificações, quando localizadas nas massas tumorais, têm um padrão mais irregular e, algumas vezes, estendem-se por meio dos limites zonais. O tipo histológico mais frequentemente associado à calcificação tumoral é o adenocarcinoma ductal, que sofre necrose central e posterior calcificação distrófica, a qual tem um aspecto fino e pontilhado, não produzindo sombra acústica. Também, é possível ter calcificação intraluminal irregular no carcinoma microfolicular. Cálculos prostáticos e focos de calcificação da *corporea amylacea* podem ser englobados pelo tumor, dando-lhe um padrão de ecogenicidade mista. Na glândula prostática com carcinoma e calcificação, mais de 90% das calcificações foram associadas a ácinos benignos ou ductos e, em geral, representam calcificações da *corporea amylacea*.

- Invasão tumoral: estudos histopatológicos têm demonstrado que a cápsula prostática é uma folha bem definida de tecido fibromuscular, separando os elementos glandulares do tecido adiposo ao redor desta, a qual se apresenta com ecogenicidade aumentada ao ultrassom. Há áreas em que a cápsula é fina ou ausente, na qual a extensão extracapsular do tumor pode ocorrer mais facilmente. São elas:

- Área trapezoidal: no ápice da próstata, a cápsula prostática afina-se, constituindo a dita área trapezoidal, a qual é formada proximalmente pela zona periférica, distalmente pelos músculos retais e anteriormente pela uretra membranosa.
- Invaginação do tecido extraprostático ao longo dos ductos ejaculatórios: aparece ao ultrassom como um "bico" que pode ser deslocado por causa do crescimento extracapsular do tumor (Figura 27).

O local em que as vesículas seminais e os ductos ejaculatórios penetram na glândula prostática é desprovido de cápsula. As vesículas seminais juntam-se aos vasos deferentes na base da próstata para formar os ductos ejaculatórios. O espaço extraprostático invagina-se ao redor dos ductos ejaculatórios e continua para o *veromontanum* como espaço extraprostático invaginado. Então surge um caminho que liga o espaço extraprostático basal à porção apical, no *veromontanum*.

Na projeção sagital, esse fenômeno é visto como uma área hipoecoica em configuração de um "bico" formada pela entrada das vesículas seminais e vasos deferentes na zona central. Esse "bico" segue como uma faixa hipoecoica constituída por músculos lisos ao redor dos ductos ejaculatórios e estende-se para o *veromontanum*.

Doppler

Na zona periférica normal, o sinal Doppler é baixo ou nenhum (Figura 28). O uso do Doppler no diagnóstico do carcinoma da próstata se baseia no fato de que nos tumores malignos prostáticos são encontrados maior número de vasos, principalmente vasos de pequeno calibre, e maior fluxo sanguíneo (Figura 29).

No entanto, o aumento focal de vascularização pode aparecer também em outras entidades como as prostatites, neoplasias intraepiteliais prostáticas e na hiperplasia prostática benigna.

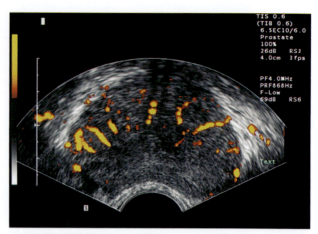

Figura 28 Estudo com *power* Doppler mostra baixo ou nenhum sinal em zona periférica normal.

Cerca de 10% dos tumores isoecoicos aparecem com aumento do fluxo ao Doppler.

O fluxo aumentado ao Doppler nos carcinomas prostáticos está relacionado a maiores escores de Gleason, maior incidência de invasão das vesículas seminais e maior incidência de recidivas; além disso, o aumento do fluxo na cápsula prostática está associado a tumores em estádios mais avançados. Esses dados podem ajudar na escolha da forma de tratamento. Não foram observadas alterações espectrais significativas em lesões difusas benignas e malignas.

É possível concluir que o Doppler colorido deve ser usado como mais uma ferramenta para guiar biópsia endorretal de próstata, apesar de não excluir a necessidade da realização de biópsias randomizadas em sextantes (Figuras 30 e 31).

Algumas vezes, há forte evidência de aumento focal de fluxo, sugerindo câncer, sem alterações apreciáveis à USTR, concluindo que o color Doppler é um importante adjuvante à USTR, definindo mais precisamente os sítios

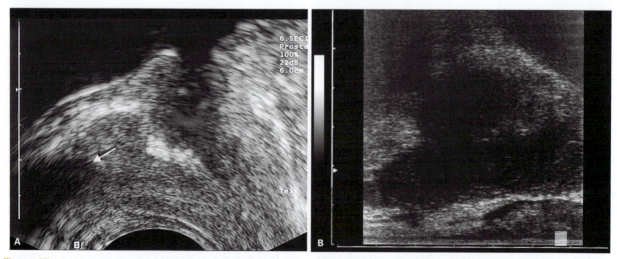

Figura 27 A: Aspecto normal do ângulo vesicoprostático. "Bico" da vesícula seminal (seta). B: Lesão hipoecogênica na base da próstata estendendo-se para as vesículas seminais, obliterando o "bico" da vesícula seminal.

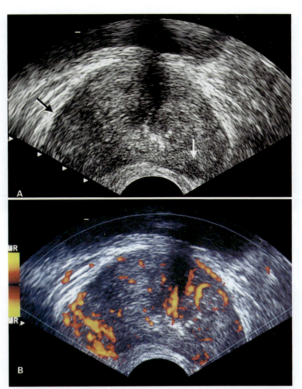

Figura 30 A: Corte transversal: mostra extensa área hipoecogênica em zona periférica à direita (seta) e nódulo hipoecogênico na zona periférica do terço médio à esquerda. B: *Power* Doppler mostra aumento da vascularização nas lesões descritas, que a biópsia confirmou o diagnóstico de adenocarcinoma.

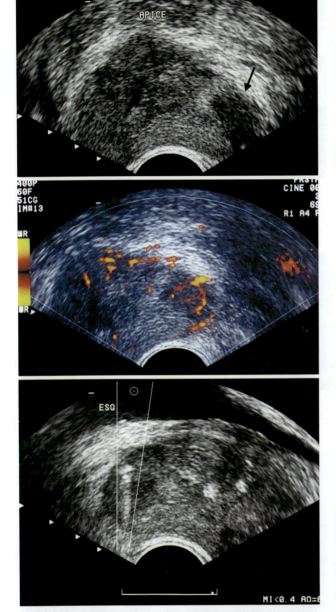

Figura 29 Exemplos do uso do Doppler colorido. A: Lesão hipoecogênica na zona periférica do ápice esquerdo (setas). B: O estudo com power Doppler mostra aumento da vascularização na lesão descrita. C: Biópsia do nódulo sob guia do USTR, confirmando adenocarcinoma. Observa-se que foi feita rotação de 180° do transdutor, observando-se o lobo esquerdo no lado direito do monitor.

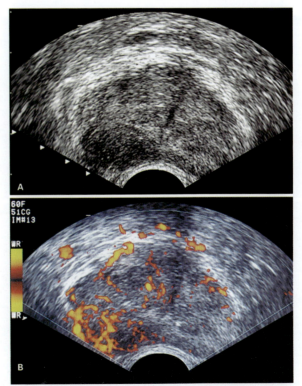

Figura 31 A: Lesão hipoecogênica na zona periférica direita. B: *Power* Doppler mostra intenso aumento da vascularização no tumor. AP: adenocarcinoma.

de biópsia, sobretudo nos casos em que nenhuma lesão focal foi detectada no modo B da USTR (Figura 32).

Estudos preliminares mostram que o uso do contraste parece aumentar a acurácia na identificação de lesões malignas menores (Figuras 33 a 35)

Biópsia

Usando-se a ultrassonografia como ferramenta auxiliar, tanto por via endorretal, como transperineal, pode-se

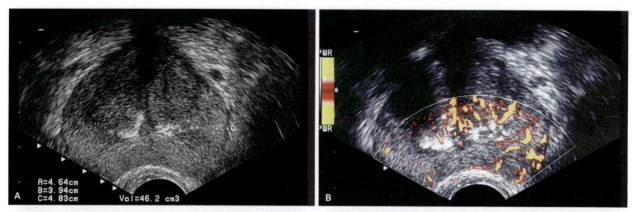

Figura 32 A: Lesão de difícil identificação em zona periférica à esquerda por tratar-se de lesão isoecogênica. Há aumento da altura da zona periférica à esquerda. B: O estudo colorido (*power* Doppler) mostrou aumento focal da vascularização em zona periférica à esquerda. AP: adenocarcinoma.

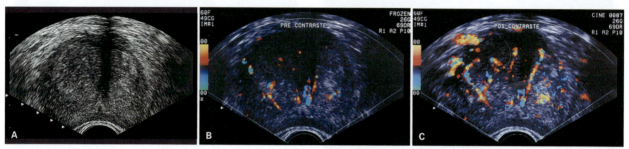

Figura 33 A: Modo B mostrando aumento prostático. Zona periférica (ZP) homogênea. B: Pré-contraste: não se identifica fluxo na zona periférica-padrão normal. C: Pós-contraste: não houve identificação de áreas hipervascularizadas em zona periférica.

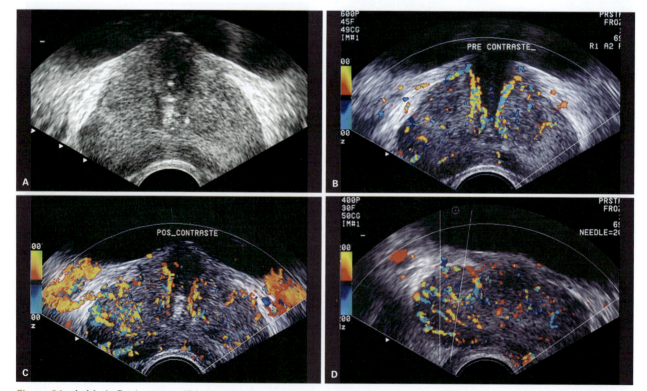

Figura 34 A: Modo B – imagem sólida hipoecogênica em zona periférica. B: O estudo com Doppler colorido pré-contraste mostra sinal em zona periférica à direita e à esquerda, posteriormente. C: Contraste: após a injeção de contraste, observa-se importante realce na zona periférica à direita. D: Realizada biópsia que confirmou o diagnóstico de adenocarcinoma.

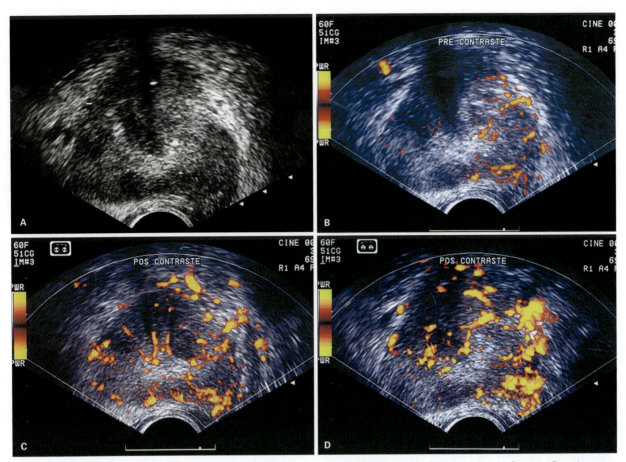

Figura 35   A: Modo B – imagem sólida hipoecogênica em zona periférica bilateralmente. B: Pré-contraste: O *power* Doppler mostra aumento da vascularização em zona periférica alterada, mais evidente à esquerda.

biopsiar quaisquer áreas prostáticas, vesículas seminais e massas pélvicas, além de se obterem amostras de fluidos intracísticos por aspiração para avaliação bacteriológica e de seus componentes na investigação de infertilidade e de abscessos.

O uso de ao menos dois planos de imagem permite a visualização em três dimensões, o que possibilita a localização mais acurada das anormalidades e a extensão do distúrbio. O desenvolvimento dos transdutores endocavitários de alta frequência (7 MHz) possibilitou a avaliação da estrutura interna da próstata e a imagem ultrassonográfica correlaciona-se muito bem com a anatomia zonal descrita por McNeal.

O estudo ultrassonográfico e a biópsia da próstata via transretal são realizados com o paciente em decúbito lateral esquerdo, com os membros inferiores em posição genupeitoral. O transdutor preferido é o tipo "*end fire*" de alta frequência, que permite a realização dos cortes em todos os planos. O transdutor é recoberto por preservativo lubrificado com vaselina, lidocaína ou gel ultrassônico, introduzido no reto e direcionado para a obtenção de cortes diagnósticos. O exame é feito em tempo real, com cortes sistemáticos nos planos transverso e longitudinal, à procura de anormalidades. Procedemos assim com a biópsia, a qual é realizada utilizando-se a incidência transversal ou sagital da próstata.

Ao transdutor é acoplado um guia mecânico, o qual também é recoberto por um preservativo, utilizando-se uma agulha de 18 gauge montada em um mecanismo de disparo de agulha. O local da punção é indicado no monitor por uma linha eletrônica. A agulha é vista como uma linha hiperecoica avançando ao longo do percurso da punção, devendo ser posicionada imediatamente atrás da área a ser puncionada. É realizada biópsia randomizada por meio da zona periférica nos sextantes da próstata, identificados como base, médio e ápice, à direita e à esquerda, técnica descrita primeiramente por Hodge et al. Caso tenha sido encontrada alguma área anormal da próstata (sinais indiretos de carcinoma, como assimetria e abaulamento focal da zona periférica, ou presença de nódulo, palpável ou não, bem como áreas focais de hipervascularização ao Doppler), no estudo preliminar, deve-se também biopsiá-la.

Se a lesão é adjacente aos ductos ejaculatórios, vesículas seminais ou base da próstata, biópsias dessas áreas devem ser realizadas. São recomendadas biópsias bilaterais das vesículas seminais nos pacientes com suspeita de invasão destas.

A técnica da biópsia da próstata tem evoluído nos últimos dez anos para melhorar nossa habilidade em detectar o câncer dessa glândula.

A abordagem cirúrgica dos pacientes visa, principalmente, promover a cura do câncer e ao mesmo tempo preservar o feixe vasculonervoso pélvico, na tentativa de manter as fisiologias da ereção e continência urinária em funcionamento satisfatório. Dessa forma, foi necessário um refinamento do diagnóstico de câncer da próstata, definindo melhor o grau e extensão do tumor. Além disso, algumas evidências em relação ao esquema sextante de biópsia foram apontadas como erro de amostragem no diagnóstico do câncer:

- Pacientes submetidos a duas biópsias tiveram maior taxa de positividade diagnóstica;
- A taxa de detecção de câncer era inversamente proporcional ao tamanho da próstata, ou seja, quanto maior a próstata, menor a taxa de positividade do método.

Dessa forma, a prática da biópsia estendida, ou seja, com um número maior de fragmentos, começou a ser utilizada.

Stamey propôs uma angulação mais lateral da agulha, para obter uma amostra maior da zona periférica. Essa recomendação veio de uma melhor compreensão da origem zonal do câncer prostático, oferecida pela meticulosa descrição patológica de McNeal et al. Está claro que a maioria dos cânceres da próstata (aproximadamente 80%) se origina na zona periférica. Portanto, o autor propôs uma excursão com direção lateral da agulha, tangenciando a zona periférica, maximizando a amostra dessa zona crítica.

O esquema sextante tradicional associado à aquisição das amostras tangenciais das regiões do ápice, terço médio e base, bilateralmente, aumentou muito a positividade do método.

Preconiza-se então, atualmente, uma biópsia inicial com doze fragmentos, dando especial atenção aos aspectos laterais da próstata.

Havendo necessidade de rebiópsia, orienta-se checar o número de fragmentos da biópsia inicial e o tamanho da próstata. Nesses casos a intenção é estender a biópsia inicial, dando particular atenção à região anterior do ápice, que pode não ter sido biopsiada anteriormente.

Em situações em que a biópsia inicial foi realizada com número considerado satisfatório de fragmentos, e a próstata não é aumentada, a técnica de "biópsia de saturação", ou seja, uma biópsia largamente estendida, pode ser considerada, embora haja muita controvérsia na literatura em relação ao benefício real dessa técnica. Além disso, como já foi referido anteriormente, cerca de 10% dos carcinomas de próstata desenvolvem-se na zona de transição na qual o diagnóstico ultrassonográfico é dificultado por conta da sua heterogeneidade. Em razão disso, são recomendadas biópsias sistematizadas da zona transicional nos casos em que, mesmo

após uma biópsia com resultado negativo para carcinoma prostático, os níveis de PSA forem muito elevados.

A biópsia da próstata por via transretal é vantajosa por permitir a visualização do percurso da agulha, sendo um procedimento rápido, bem tolerado pelos pacientes. Contudo, alguns cuidados devem ser tomados:

- Antibioticoterapia profilática: utilizamos rotineiramente ciprofloxacina na dose de 500 mg administrados via oral 12 horas antes da biópsia, 1 g (dois comprimidos de 500 mg) duas horas antes do procedimento e 500 mg 12 horas após a realização do exame. Concomitante a isso administram-se 2 g de ceftriaxone por via endovenosa na sala de biópsia, antes da indução anestésica.
- Pacientes em regime de anticoagulação devem descontinuar a terapia, por tempo que varia de acordo com o tipo da droga utilizada.

Outro aspecto diz respeito à questão analgesia para o procedimento de realização da biópsia transretal da próstata. Inicialmente esse procedimento era realizado sem qualquer analgesia. Vários autores relataram que o esquema sextante de biópsia da próstata sem analgesia é relativamente bem tolerado pela maioria dos pacientes.

Os principais fatores relacionados à menor tolerância dolorosa foram ansiedade, aumento do tônus do esfíncter anal, e o número de fragmentos obtidos no procedimento.

Como já discutido, os protocolos atuais preconizam uma biópsia inicial com 12 fragmentos, e a maioria dos pacientes submetidos a esse procedimento sem analgesia relataram dor em grau moderado ou insuportável. Dessa forma é consensual que algum tipo de analgesia deva ser utilizada para minimizar o desconforto do paciente.

Pode-se dispor basicamente de dois métodos analgésicos: o bloqueio periprostático e a sedação leve. O bloqueio periprostático é um método analgésico seguro, eficaz e relativamente fácil de ser realizado, promovendo uma significativa redução na intensidade da dor. É realizado por meio da introdução de uma agulha de 25 cm × 22 G pelo guia de biópsia acoplado ao transdutor, guiada por ultrassom. Injetam-se cerca de 3,0 mL de ropivacaína a 7% de cada lado na região periprostática, visando ao plexo neurovascular. Após cerca de 5 a 8 minutos, inicia-se o procedimento da biópsia. A sedação é um método que necessita da presença de um médico anestesista e de suporte hospitalar para ser realizado. Em geral é feita com propofol em dose de indução, com o intuito de promover o rápido relaxamento do tônus muscular do esfíncter anal e inconsciência do paciente.

Mesmo no paciente sedado é realizado o bloqueio anestésico local com a ropivacaína. Isso é feito para promover uma analgesia ao paciente por cerca de 5 a 8 horas após o procedimento. Com isso o paciente tem uma recuperação e retorno precoce das atividades habituais.

Tanto o bloqueio periprostático quanto a sedação reduzem a sensação de dor de uma maneira efetiva e segura, dando maior tolerabilidade ao exame e melhor aceitação em casos de rebiópsia. A biópsia de próstata guiada por ultrassom endorretal não é um procedimento isento de riscos. Assim é possível ter:

- Complicações hemorrágicas: sangramento no esperma, fezes e urina – em geral, desaparece em uma semana, sem necessidade de tratamento. A ocorrência desses sangramentos está diretamente relacionada ao aumento do número de fragmentos retirados no procedimento.
- Complicações infecciosas: infecção do trato urinário. Bacteremia transitória tem sido reportada em cerca de 73-100% dos pacientes que não recebem antibioticoterapia profilática. *Escherichia coli* é o microrganismo mais frequentemente encontrado. Bacterioides, *Enterococcus*, *klebsiella* e *Proteus* também têm sido isolados. *Pseudomonas aeruginosa* é mais raro. Há casos descritos de cistoprostatite por *pseudomonas cepacia* após biópsia de próstata guiada por ultrassom transretal, bactéria Gram-negativa que pode colonizar o gel, razão pela qual utilizamos gel estéril e em forma de sachê, de uso individual para cada paciente.

Podem ocorrer complicações fatais a despeito da profilaxia, porém de incidência rara.

Com o aumento do número de fragmentos coletados nos procedimentos de biópsia, temos observado um número maior de pacientes que relatam hematúria e sangramento retal, o que pode ser explicado pela maior injúria vascular prostática e retal decorrente das repetidas incursões da agulha. Essas complicações, entretanto, cursam com a mesma incidência autolimitada do esquema sextante, com resolução entre 2 e 7 dias.

Da mesma forma, o número maior de amostras é um fator de facilitação para infecções sistêmicas e do trato urinário, pois a cada aquisição de fragmento aumenta a chance de contaminação levada da ampola retal para a próstata, e também para o interior de estruturas vasculares perirretais e periprostáticas.

Esta é uma questão de suma importância para todos os médicos que realizam biópsia prostática. O uso da antibioticoterapia profilática é crucial nessa história, e esta deve ser de largo espectro, com boa penetração no tecido prostático, e com boas concentrações sérica e urinária. Optamos pela associação entre o ciprofloxacino via oral e o ceftriaxone endovenoso por causa do aumento da ocorrência da resistência às quinolonas pelo principal agente causador de prostatite e sepse pós-biópsia, a *E. coli*.

Aspectos ultrassonográficos da loja prostática após prostatectomia radical

A incidência de recorrência tumoral na fossa prostática após prostatectomia radical varia de 10-17% para o estágio II e de 30-43% para o estágio III.

O PSA é particularmente sensível para detectar a recorrência do carcinoma após prostatectomia radical. Contudo, níveis séricos aumentados de PSA não diferenciam se a recorrência é sistêmica (metástases) ou local (na fossa prostática).

O ultrassom transretal, quando usado em conjunto com níveis anormais de PSA e/ou lesão palpável após a cirurgia, pode delinear a doença local (Figura 36). No entanto, achados anormais ao ultrassom transretal no pós-operatório não excluem a possibilidade de distúrbio local. É necessário repetir a biópsia caso a inicial tenha sido negativa para o tumor, particularmente nos pacientes em que o tecido prostático foi obtido e naqueles que têm níveis aumentados de PSA. Os achados ultrassonográficos de recorrência tumoral local após prostatectomia radical podem ser:

- Detecção de massa hipoecoica, discernível da cicatriz fibrosa ao redor, na anastomose vesicouretral, ou na região perianastomótica.
- Áreas de espessamento assimétrico do colo vesical ou na região perianastomótica.
- Interrupção da ecogenicidade retroanastomótica no plano gorduroso.

A recorrência local ou o tumor residual tem localização preferencialmente posterior ou posterolateral à anastomose vesicouretral, por conta da maior frequência de origem do carcinoma na zona periférica.

Após prostatectomia radical, em que também há exérese das vesículas seminais, pode-se eventualmente encontrar formação cística complexa na topografia das vesículas seminais, que corresponde a granuloma espermático. Nesses casos, o paciente refere dor após a ejaculação (Figura 37).

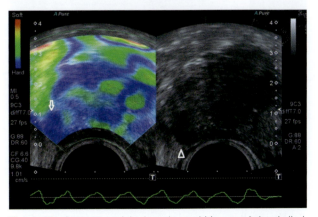

Figura 36 Imagem nodular (seta branca) hipoecogênica de limites mal definidos, ocupando a zona periférica da base ao ápice e ultrapassando a cápsula cirúrgica à direita. Com a elastografia *strain* observa-se área de maior dureza (azul escuro – cabeça de seta) no ápice direito, ajudando a guiar a biópsia, em que foi diagnosticado um adenocarcinoma Gleason 8 (4+4).

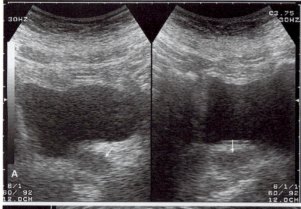
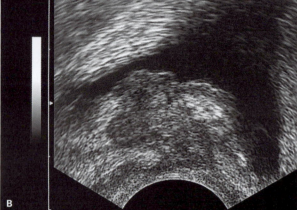
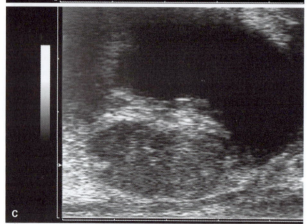

Figura 37 Recidiva tumoral. Paciente pós-prostatectomia radical apresentou elevação do PSA e nódulo em loja prostática ao toque retal. A: Exame via suprapúbica: nódulo em loja prostática (setas). B-C: Exame transretal mostra nódulo sólido de contornos bocelados na loja prostática. Realizada biópsia que confirmou tratar-se de recidiva de adenocarcinoma da próstata.

Aspectos ultrassonográficos da próstata irradiada

Várias alterações podem ocorrer na próstata irradiada

- Alterações no tamanho da próstata: esta se torna menor, porém o decréscimo no volume total da próstata não é bom indicador do prognóstico. Medidas do tumor primário seriam mais fidedignas, porém ainda não existem métodos precisos para a realização desse propósito. Lesões maiores que 5 mm de diâmetro, persistindo por dois meses após radioterapia, são especialmente suspeitas de malignidade. Se houver proctite associada à radioterapia, poderá existir aumento transitório da próstata.
- A radioterapia raramente produz foco hipoecoico no tecido prostático não maligno: algumas vezes, a próstata torna-se menos ecogênica após radioterapia, possivelmente porque as ondas sonoras são atenuadas pelo tecido localizado entre a próstata e o reto, espessado, como resultado da fibrose pós-radioterapia.
- Persistência do caráter hipoecoico da lesão: constitui critério ultrassonográfico para carcinoma persistente na próstata irradiada. Áreas que mostram melhor resposta à radioterapia tendem a se tornar isoecoicas. A hipoecogenicidade persistente também pode ser secundária à fibrose do estroma e não a tumor residual. O ultrassom não diferencia o tecido maligno do cicatricial. A biópsia é necessária para esclarecimento diagnóstico.

Há muita controvérsia sobre a frequência e o significado do tumor residual encontrado na biópsia do tecido prostático irradiado, e alguns autores consideram que os resultados das biópsias após radioterapia não têm significado clínico. Não há métodos precisos para medir a viabilidade das células cancerosas irradiadas em seres humanos.

Estudos recentes sugerem que carcinomas recorrentes ou residuais na próstata irradiada implicam falha do tratamento e risco potencial de progressão do distúrbio. A presença de carcinoma residual na biópsia por mais de 18 meses após radioterapia está associada à progressão do distúrbio, definida por metástases a distância (72%) e morte por causa do carcinoma (46%).

Biópsias sistemáticas randomizadas devem ser indicadas para aumentar a chance de detecção do carcinoma persistente após radioterapia, mesmo quando os achados ao ultrassom transretal são sugestivos de tumor, níveis de PSA elevados e toque retal anormal. Por outro lado, a biópsia negativa não exclui a presença de tumor residual.

Elastografia da próstata como adjuvante à ultrassonografia

É importante salientar que as ferramentas disponíveis para o diagnóstico do câncer da próstata têm limitações. *Screening* com PSA conduz a um número substancial de biópsias desnecessárias, com diagnóstico negativo para câncer ou uma neoplasia indolente. Estima-se uma taxa média entre 27-56% de superdiagnóstico. Falsos-negativos incidem numa taxa de cerca de 17-21%, mesmo com biópsias seriadas e de saturação.

A USTR tem baixa sensibilidade e especificidade para diagnóstico do câncer mesmo com o uso do Doppler. O contraste de microbolhas encontra-se em estudo. Os trabalhos mostram que há um aumento significativo da sensibilidade para guiar áreas suspeitas na biópsia.

A elastografia com USTR tem como finalidade a identificação de tecido com maior dureza (neoplasia maligna é mais dura que o tecido normal). Existem duas modalidades:

- *Strain* (cerca de 12 anos de uso).
- *Shear wave* (cerca de 5 anos de uso).

Elastografia *strain*

Strain significa deformação. Tecidos mais moles sofrem maior deformação que tecidos duros quando uma compressão é aplicada. Essa técnica consiste na análise da deformação do tecido numa região, induzida por uma compressão mecânica (transdutor). Em USTR essa compressão é feita na parede do reto adjacente à zona periférica prostática. Pode-se usar um balão com água entre o probe e o reto para homogeneizar a deformação obtida com a compressão. É feita uma comparação especular do tecido antes e após a compressão num mapa colorido chamado de elastograma. A dureza do tecido é estimada pela visualização das diferenças de deformação entre as regiões adjacentes. Portanto, não é disponível uma elasticidade quantitativa.

Metodologia do exame

Compressões e descompressões produzidas pelo probe transretal. Estuda-se toda a glândula em cortes transversais à procura de áreas suspeitas (mais duras). Áreas com maior dureza aparecem em azul no mapa de cores; áreas mais moles em vermelho (Figura 38).

Áreas hipoecoicas que são marcadas em azul na elastografia são altamente suspeitas.

Elastografia *shear wave*

Não requer compressão para termos o elastograma. Combina o uso de duas diferentes ondas ultrassônicas:

- *Shear wave*: informações sobre a dureza do tecido;
- Onda ultrassônica: informações de resolução espacial.

Oferece um mapa quantitativo em tempo real das propriedades viscoelásticas dos tecidos medidas em kiloPascal ou em metros/segundo.

Princípios básicos:

Uma *shear wave* é induzida pelo probe transretal por meio da parede do reto usando a força de radiação acústica de um emissor ultrassônico.

A propagação da *shear wave* é captada pela imagem da próstata em alto *frame rate*. A dureza do tecido, então,

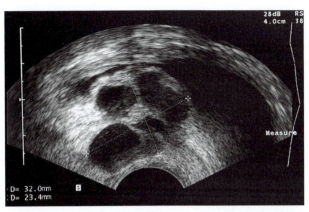

Figura 38 Granuloma espermático – formação complexa cística na topografia das vesículas seminais após prostatectomia radical.

é derivada da velocidade de propagação da *shear wave*. O método permite a medida da dureza da próstata em valores absolutos.

Metodologia do exame

É importante evitar pressão na glândula prostática com o transdutor. A glândula inteira é escaneada à procura de áreas suspeitas, sobretudo no plano transversal, usando parâmetros otimizados (máxima penetração e escala de elasticidade entre 70 a 90 kPa).

Tecidos mais duros são marcados em vermelho, e os mais moles são marcados em azul. Áreas hipoecoicas e marcadas em vermelho são altamente suspeitas.

Em pacientes jovens, sem doenças prostáticas, a glândula inteira aparece com valores de elasticidade em torno de 30 kPa.

Em casos de HPB, a ZP remanesce é homogênea e macia, enquanto a glândula interna heterogênea e nodular se torna mais dura, sobretudo se houver macrocalcificações.

- Nódulos benignos na ZP são macios, com elasticidade < 35 kPa.
- Nódulos malignos na ZP são duros, com elasticidade > 35 kPa.

Sobre o método

Vários estudos atestam o valor adicional da elastografia (*strain* e *shear wave*) na USG modo B e Doppler. Muitas indicações podem ser enumeradas: Caracterização de uma área suspeita vista previamente por um método de imagem – USG, USG Doppler, RMM; Caracterização de área não previamente vista pelos métodos de imagem; guiar biópsia para áreas suspeitas. A elastografia da próstata pode ser recomendada para aumentar a confiança diagnóstica na detecção do câncer da próstata e aumentar o valor preditivo positivo da biópsia.

A elastografia requer treinamento específico. No modo *strain*, a curva de aprendizado pode ser longa. É um método já disponível há um bom tempo (cerca de 12 anos). Muitos estudos atestam a validade do método identificando áreas mais duras e guiando biópsias com maior sensibilidade e especificidade.

Shear wave é um método relativamente novo e existem poucos trabalhos publicados. Os melhores *cut-off* encontrados para diferenciar as lesões benignas das malignas são 35 e 37 Kpa em dois estudos.

Limitações e artefatos

No método *strain* as limitações incluem:

- Dificuldade de se fazer uma compressão uniforme por toda a glândula.
- Operador-dependente.
- Nível de treinamento.
- Treinamento e o balão de água reduzem tais.

As limitações da *shear wave* incluem:

- Artefatos de pressão causados pelo transdutor.
- Intervalo para estabilizar os sinais de cada plano de aquisição.
- Atenuação do sinal em próstatas grandes, fazendo a avaliação das zonas anteriores difícil ou impossível.

Ambas as técnicas são sujeitas às mesmas limitações intrínsecas ao método:

- Nem todos os cânceres são duros.
- Nem todas as lesões duras são cânceres.

As informações de elasticidade devem ser combinadas com os dados da USTR, do Doppler e, quando disponíveis, da RMM.

Perspectivas futuras

A elastografia da próstata deve ser incorporada nos exames de USTR na rotina, como modalidade de adição ao modo B e ao Doppler. É um método que traz um novo dado, a dureza do tecido para a análise diagnóstica, guiando áreas suspeitas para a biópsia, melhorando a especificidade diagnóstica.

Perspectivas futuras incluem elastografia 3D/4D com reconstrução de artefatos por conta da derrapagem no plano de compressão multiplanar, além de fusão volumétrica com a RMM.

Vesículas seminais

Anatomia ultrassonográfica

As vesículas seminais podem em geral ser facilmente avaliadas pela ultrassonografia suprapúbica e transretal, sobretudo com o advento dos probes de alta resolução e de distância focal curta, tornando-se o exame de primeira escolha com custo baixo, não invasivo e de diagnóstico rápido e acurado das patologias num ambiente ambulatorial (Figura 39).

Ao ultrassom elas são individualizadas de forma simétrica, contornos regulares e textura homogênea e hipoecogênica (Figura 40). No estudo transretal estas apresentam aspecto simétrico, alongado, plano e homogêneo com múltiplas e diminutas saculações justapostas (Figura 41), situadas entre o reto e a bexiga e logo acima da próstata. O centro das vesículas é hipoecogênico com áreas de maior ecogenicidade relacionadas às pregas e saculações glandulares. O ducto ejaculador pode ser visto, em cortes sagitais, como um tubo tortuoso próximo à próstata ou até mesmo dentro do tecido glandular prostático. O *verumontanum* aparece como uma estrutura ecogênica na linha média junto à desembocadura dos ductos ejaculadores. Os cor-

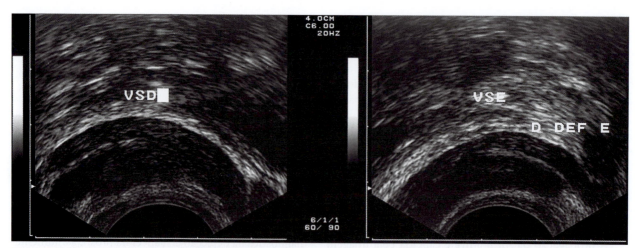

Figura 39   Vesículas seminais e ductos deferentes.

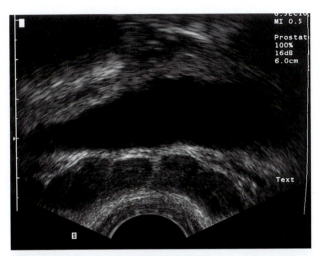

Figura 40 Vesículas seminais simétricas.

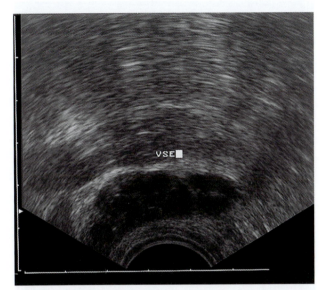

Figura 41 Ultrassonografia por via transretal mostrando vesícula seminal normal, destacando-se múltiplas lojas microcísticas justapostas.

tes sagitais são melhores para avaliar o comprimento e a anatomia das vesículas e ductos mas os axiais são melhores para avaliar simetria e volume. O estudo transretal não precisa de nenhum preparo especial, mas é mais bem realizado com a bexiga em média repleção.

Achados anormais no ultrassom transretal incluem atrofia, aplasia, obstrução ou formações sólidas ou císticas nas vesículas seminais. Aplasia e atrofia aparecem em 2,5% dos homens com infertilidade. Nesses casos pode-se também realizar uma vesiculografia seminal sob radioscopia guiada pela ultrassonografia para a avaliação do trato reprodutivo masculino distal e possíveis pontos de obstrução em nível das vesículas, ejaculadores ou deferentes. Achados consistentes com obstrução incluem diâmetro anteroposterior maior que 1,5 cm, comprimento maior que 3,5 cm e áreas anecoicas contendo esperma na aspiração.

Alterações congênitas

Agenesia da vesícula seminal

Entidade incomum, incidindo unilateralmente em 0,6-1% da população masculina, estando associada à agenesia do ducto deferente e a anomalias renais ipsilaterais. No exame ultrassonográfico, principalmente por meio do corte axial, observa-se ausência de uma ou de ambas as vesículas seminais (Figura 42). O diagnóstico da agenesia unilateral é mais fácil do que o da agenesia bilateral, no qual deve-se ter cuidado especial para se determinar que a "ausência" não se deve a dificuldades técnicas de exame. Também pode haver criptorquidia associada.

Ureter ectópico

Essa entidade está frequentemente associada à agenesia ou disgenesia renal ipsilateral e a presença de cisto nessa topografia. Ao exame ultrassonográfico observamos aumento da vesícula seminal envolvida com ecotextura diminuída, podendo ser cística, sólida ou complexa. Nesses casos, as lojas renais devem ser avaliadas, assim como os epidídimos pelo seu possível envolvimento secundário.

Cistos de vesícula seminal

Os cistos congênitos das vesículas seminais são achados comuns e em geral ocorrem concomitantemente a anomalias do trato urinário como a displasia, hipoplasia ou agenesia renal. Esses cistos costumam possuir forma elíptica, diâmetro abaixo de 5 a 6 cm e parede espessa (Figura 43). Ao estudo ultrassonográfico estes apresentam topografia paramediana, com ou sem finos septos e eventualmente pode apresentar debris por complicação como sangramentos e infecções.

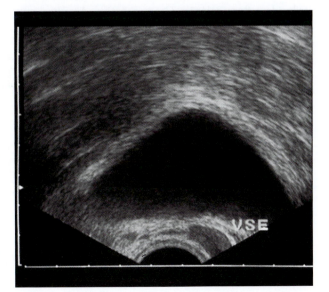

Figura 42 Agenesia da vesícula seminal direita.

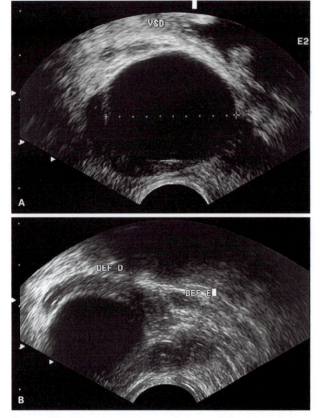

Figura 43 Ultrassonografia por via transretal mostrando imagem de cisto simples volumoso na topografia da vesícula seminal direita.

Vesiculite

A vesiculite seminal habitualmente é um processo secundário a prostatite bacteriana, sendo normalmente atribuída a flora colônica Gram-negativa. Ao ultrassom essas glândulas se apresentam de dimensões aumentadas e hipoecogênicas (Figura 44). Nos casos de infecção subaguda pode haver sangramentos no interior da vesícula detectados como líquido espesso e irregularidade parietal. Nos casos de abscedação, o emprego da via retal propicia quadro extremo de dor. O abscesso aparece como lesão cística de parede espessa e face interna irregular com líquido central, porém pode ter aspecto multisseptado.

Litíase seminal

Os cálculos de vesícula seminal também são raros, podendo ser uni ou bilaterais e em geral associados a obstrução, infecção ou ambos (Figura 45). Os cálculos estão muitas vezes associados à obstrução ductal e dilatação. O tratamento inclui antibioticoterapia adequada e a remoção do cálculo ou eventualmente de toda a vesícula seminal.

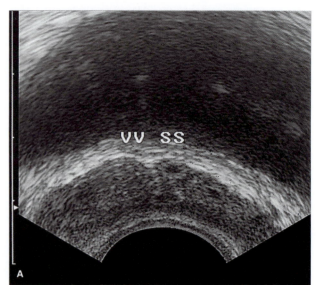
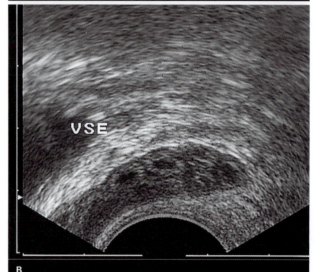
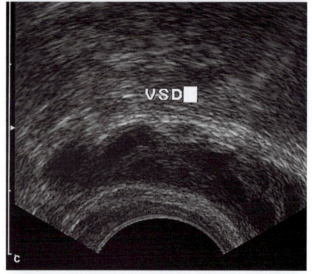

Figura 44 A-C: Ultrassonografia por via retal que mostra vesículas seminais com processo inflamatório crônico apresentando aumento de suas dimensões com hipoecogenicidade difusa e anéis hiper-refringentes demarcando as lojas microcísticas da vesícula.

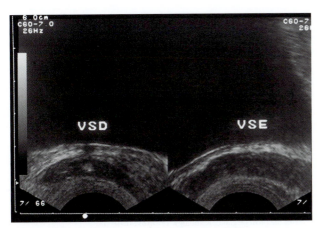

Figura 45 Calcificação na vesícula seminal direita.

Tumores

O envolvimento primário da vesícula seminal é muito raro e de diagnóstico difícil por ser oligo ou assintomático. Impressiona o fato de que um órgão quase análogo à próstata e também responsivo às mesmas influências hormonais tenha tão poucas condições patológicas reconhecidas. Pode ser benigno, em que se encontram tumores como o fibroma, cistadenoma, leiomioma, hamartoma e cisto dermoide. Por outro lado, os malignos primários são representados pelo carcinoma papilífero e sarcomas. Em geral, o diagnóstico é feito após a cirurgia para retirada da vesícula comprometida e análise anatomopatológica.

O carcinoma papilífero ocorre na faixa etária dos 50 anos e produz sintomas semelhantes aos processos obstrutivos relacionados à hiperplasia da próstata, sendo dessa maneira muitas vezes pouco valorizados. Pode haver hemospermia ou mesmo hematúria.

Os achados ultrassonográficos de um tumor da vesícula seminal dependem se ele for primário ou secundário. Os tumores primários são geralmente unilaterais e os secundários envolvem ambas as vesículas e muitas vezes não se define a origem deles (retal, vesical ou prostático). Os tumores aparecem isoecoicos em relação à próstata, mas hiperecoicos em relação à vesícula normal. Não existem características específicas indicativas de benignidade ou malignidade ou de tumores primários ou secundários. Apesar disso, tumores primários tendem a ser unilaterais e não contíguos à próstata, enquanto os tumores prostáticos invadem as vesículas pelas bases, havendo uma contiguidade com o tumor primário. Para maior facilidade diagnóstica ecográfica deve-se sempre correlacionar com a vesícula não acometida, avaliando-se assimetria em dimensões, forma e ecogenicidade.

Habitualmente os tumores de vesícula seminal se originam na mucosa de revestimento com extensão para a próstata, uretra posterior, vesícula contralateral, linfonodos regionais e ureter (Figura 46). No que diz respeito aos métodos de diagnóstico por imagem, é muito difícil determinar se a origem do tumor está na vesícula seminal, próstata, bexiga ou até reto. Cabe ao método de imagem procurar estabelecer o estadiamento detectando invasão dos diversos músculos e órgãos da região pélvica. Espécimes obtidos por biópsia auxiliam na diferenciação anatomopatológica e terapêutica adequada.

A utilização da ultrassonografia por via transretal orienta melhor o exato local da neoplasia prostática e envolvimento das vesículas seminais (Figura 47). A infiltração pelo carcinoma prostático é a forma mais comum de envolvimento das vesículas seminais por contiguidade ou mesmo através dos ductos ejaculatórios.

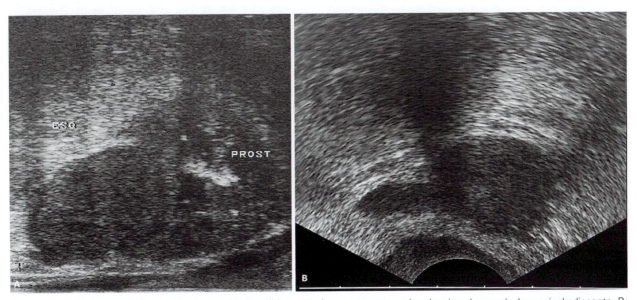

Figura 46 A: Base esquerda da próstata com lesão sólida tumoral que extravasa a cápsula e invade a vesícula seminal adjacente. B: Carcinoma de próstata com invasão da vesícula seminal esquerda.

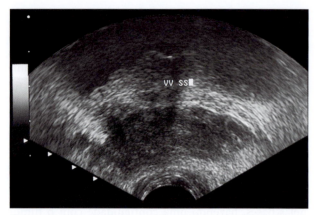

Figura 47 Invasão das vesículas seminais por adenocarcinoma da próstata.

Quando infiltrada, a vesícula seminal pode se tornar maior, porém nem sempre isso ocorre e então se deve estar atento aos sinais secundários de invasão tumoral. Entre esses sinais estão a irregularidade e apagamento dos contornos da glândula, obliteração do ângulo vesicosseminal e a infiltração da gordura periglandular.

Bibliografia sugerida

Próstata

1. Aigner F, Pallwein L, Mitterberger M, Pinggera GM, Mikuz G, Horninger W, et al. Contrast-enhanced ultrasonography using cadence-contrast pulse sequencing technology for targeted biopsy of the prostate. BJU International. 2009;103:458-63.
2. Barr RG, Memo R, Schaub CR. Shear wave ultrasound elastography of the prostate: initial results. Ultrasound Quarterly. 2012;28:13-20.
3. Brock M, von Bodman C, Sommerer F, Löppenberg B, Klein T, Deix T, et al. BJU International. 2011;108:E217-22.
4. Burks DD, Drolshagen LF, Fleischer AC, Liddell HT, McDougal WS, Karl EM, et al. Transrectal sonography of benign and malignant prostatic lesions. Comparison of real-time elastography with grey-scale ultrasonography for detection of organ-confined prostate cancer and extra capsular extension: a prospective analysis using whole mount sections after radical prostatectomy. AJR Am J Roentgenol. 1986;146(6):1187-91.
5. Cerri G, Rocha C. Ultrassonografia abdominal. São Paulo: Sarvier; 1993. p. 319-21.
6. Cerri L, et al. Ultrassonografia da próstata. São Paulo: Sarvier; 1996.
7. Correas JM, et al. Scientific exhibit presented at the European Congress of Radiology. 2012.
8. Hamper UM, Sheth S. Prostate ultrasonography. Semin Roentgenol. 1993;28(1):57-73.
9. Kellof GF, Choyke P, Coffey DS; Prostate Cancer Imaging Working Group. Challenges in clinical prostate cancer: role of imaging. Am J Roentegenol. 2009;192:1455-70.
10. Lee F, Siders DB, Torp-Pedersen ST, Kirscht JL, McHugh TA, Mitchell AE, et al. Prostate cancer: transrectal ultrasound and pathology comparison. A preliminary study of outer gland (peripheral and central zones) and inner gland (transition zone) cancer. Cancer. 1991;67(4 Suppl):1132-42.
11. McNeal JE, Bostwick DG. Intraductal dysplasia: a premalignant lesion of the prostate. Hum Pathol. 1986;17(1):64-71.
12. McNeal JE. Origin and development of carcinoma in the prostate. Cancer. 1969;23(1):24-34.
13. Oyen RH, Van de Voorde WM, Van Poppel HP, Brys PP, Ameye FE, Franssens YM, et al. Benign hyperplastic nodules that originate in the peripheral zone of the prostate gland. Radiology. 1993;189(3):707-11.
14. Partin AW, Coffey DS. Benign and malignant prostatic neoplasms: human studies. Recent Prog Horm Res. 1994;49:293-331.
15. Rifkin MD, Alexander AA, Helinek TG, Merton DA. Color Doppler as an adjunct to prostate ultrasound. Scand J Urol Nephrol Suppl. 1991;137:85-9.
16. Rumack C, Wilson S, Charboneau J. Diagnostic ultrasound. St. Louis: Mosby; 1998.
17. Schaeffer AJ. Classification (traditional and National Institutes of Health) and demographics of prostatitis. Urology. 2002;60(6 Suppl):5-6; discussion 6-7.
18. Siders DB, Lee F. Histologic changes of irradiated prostatic carcinoma diagnosed by transrectal ultrasound. Hum Pathol. 1992;23(4):344-51.
19. Tsutsumi M, Miyagawa T, Matsumura T, Endo T, Kandori S, Shimokama T, et al. Real-time balloon inflation elastography for prostate cancer detection and initial evaluation of clinicopathologic analysis.
20. Am J Roentegenol. 2010;194:W471-6.

Vesículas seminais

21. Anguiano A, Oates RD, Amos JA, Dean M, Gerrard B, Stewart C, et al. Congenital bilateral absence of the vas deferens. A primarily genital form of cystic fibrosis. JAMA. 1992;267(13):1794-7.
22. Cerri L, et al. Ultrassonografia da próstata. São Paulo: Sarvier; 1996.
23. Colpi GM, Negri L, Nappi RE, Chinea B. Is transrectal ultrasonography a reliable diagnostic approach in ejaculatory duct sub-obstruction? Hum Reprod. 1997;12(10):2186-91.
24. Donohue RE, Fauver HE. Unilateral absence of the vas deferens: a useful clinical sign. JAMA. 1989;261(8): 1180-2.
25. Jarow JP. Transrectal ultrasonography in the diagnosis and management of ejaculatory duct obstruction. J Androl. 1996;17(5):467-72.
26. Karmazyn B, Zerin JM. Lower urinary tract abnormalities in children with multicystic dysplastic kidney. Radiology. 1997;203(1):223-6.
27. Prando A, et al. Vesículas seminais. In: Urologia: diagnóstico por imagem. São Paulo: Sarvier; p. 336-46.
28. Redman J. Anatomy of the genitourinary system. In: Gillenwater J, et al., eds. Adult and pediatric urology. St. Louis: Mosby; p. 3-62.

7

Pênis e testículos

Bruno Aragão Rocha
Rodrigo Pamplona Polizio

Pênis

Anatomia

O pênis é composto por três estruturas cilíndricas que basicamente são espaços cavernosos de trabeculado endotelial, sendo uma delas o corpo esponjoso, estrutura única situada na linha mediana da face ventral, e as outras duas, os corpos cavernosos, estruturas pares simétricas situadas na face dorsal. As porções posteriores dos corpos cavernosos são conhecidas como crura dos corpos cavernosos e têm curvatura divergente lateral para se inserir nos ramos isquiopúbicos. O corpo esponjoso tem origem no períneo, a partir do bulbo esponjoso e distalmente no pênis dá origem à glande.

Os corpos cavernosos são separados entre si por um septo fenestrado e poroso, de maneira que o fluxo sanguíneo de um corpo cavernoso é livremente compartilhado para o outro. Em exames com injeção de meio de contraste intracavernoso, nota-se que o material injetado em um dos corpos cavernosos rapidamente se difunde para ambos. Já a comunicação arterial entre os corpos cavernosos e o corpo esponjoso é muito pequena.

Tanto os corpos cavernosos como o corpo esponjoso são envoltos por uma bainha fibrosa chamada de túnica albugínea. Externamente à túnica albugínea, encontra-se uma outra fáscia envolvendo também os corpos cavernoso e esponjoso, a chamada fáscia de Buck, que se funde proximalmente à fáscia profunda da região urogenital. Os vasos profundos (como a veia dorsal profunda) se encontram entre a túnica albugínea e a fáscia de Buck. Externamente à fáscia de Buck, encontram-se os vasos superficiais (como a veia dorsal superficial), repousando em uma camada fascial frouxa, também conhecida como fáscia de Dartos, continua como fáscia de Colles do períneo. Dessa maneira, quando há um sangramento proveniente dos vasos profundos com a fáscia de Buck íntegra, o hematoma fica confinado ao pênis; do contrário, se o sangramento for proveniente de vasos superficiais, o hematoma pode se estender ao escroto e parede abdominal (Figura 1).

O suprimento arterial do pênis é proveniente das artérias pudendas internas, que por sua vez são a continuidade da divisão anterior da artéria ilíaca interna. As artérias pudendas internas de cada lado originam dois ramos: a artéria perineal e a artéria peniana comum. A artéria peniana comum apresenta um padrão de ramificação variável, mas classicamente dá origem a três ramos: artéria bulbouretral, artéria dorsal do pênis e artéria cavernosa.

A artéria bulbouretral supre a região do bulbo peniano, as glândulas bulbouretrais (glândulas de Cowper) e o aspecto posterior do corpo esponjoso. Ela dá origem à artéria uretral, com trajeto paralelo à uretra no corpo esponjoso.

O par de artérias dorsais do pênis tem trajeto entre a túnica albugínea e a fáscia de Buck, ao lado da veia dorsal profunda do pênis. Elas suprem a pele do pênis e a região da glande.

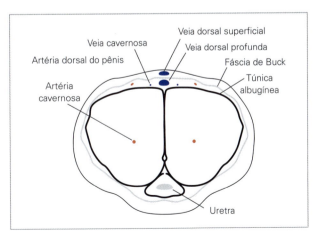

Figura 1 Esquema demonstrando um corte transversal da anatomia peniana.

As artérias cavernosas são facilmente caracterizadas em exames de RM em razão de seu trajeto no meio de ambos os corpos cavernosos. A partir das artérias cavernosas, surgem múltiplas pequenas artérias tortuosas chamadas de artérias helicinas, que suprem os sinusoides dos corpos cavernosos.

A resistência vascular do pênis flácido é alta em razão do estado normalmente contraído das artérias helicinas e do músculo liso dos sinusoides dos corpos cavernosos. Após estimulação, nervos parassimpáticos promovem a liberação de moléculas que dilatam as artérias helicinas e relaxam o músculo liso dos sinusoides, provocando assim o aumento do fluxo sanguíneo nas artérias cavernosas. Com o enchimento sinusoidal, os corpos cavernosos se expandem e comprimem as veias emissárias contra a túnica albugínea, que não é elástica, diminuindo assim a saída venosa e mantendo a ereção peniana.

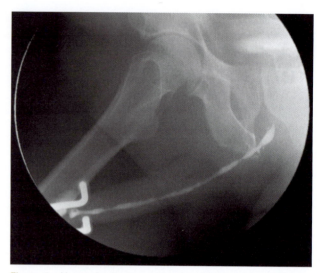

Figura 2 Uretrocistografia retrógrada evidenciando múltiplas estenoses sequenciais em praticamente toda a extensão da uretra anterior. Associa-se opacificação das glândulas de Littré.

Inflamatórias/infecciosas

Uretrite inflamatória

A uretrite inflamatória tem como sua principal causa a infecção pela *Neisseria gonorrhoeae*, que mesmo com a queda de sua incidência permanece como principal causadora dessa entidade, já as uretrites não gonocócicas têm como principal agente a *Chlamydia trachomatis*. É raro que as as uretrites precisem de métodos de imagem para seu diagnóstico e tratamento, sendo conduzidas de maneira clínica e com o uso de antibiótico.

As complicações são mais frequentes e mais graves nas uretrites gonocócicas e incluem as estenoses, fístulas e abscessos. Nesses casos, a avaliação por imagem é importante na decisão clínica.

Cerca de 15% dos homens vão desenvolver estenoses pós-gonocoicas em um intervalo de 2-30 anos. Para a avaliação das estenoses, o método de escolha é a uretrocistografia miccional e retrógrada. O achado típico é de um afilamento longo e irregular da uretra anterior, que pode estar associado à dilatação das glândulas de Littré. A uretra posterior é raramente acometida (Figura 2).

Abscessos e fístulas

Abscessos penianos e periuretrais são uma condição rara. Possuem múltiplas etiologias, incluindo a injeção de substâncias, pós-cateterização ou sondagem, trauma peniano e complicações infecciosas da uretra e de estruturas regionais. Podem ocorrer como complicação de uretrites e se desenvolvem a partir da obstrução de uma glândula de Littré. Como a túnica albugínea previne a disseminação para a região dorsal do pênis, as coleções tendem a se localizar na região ventral ao longo do corpo esponjoso. Se a fáscia de Buck for perfurada, então a infecção pode se disseminar para o tecido subcutâneo.

Na avaliação por imagem, o ultrassom permite uma análise mais rápida e direta do abscesso, porém pode ter dificuldades de localizar trajetos fistulosos ou a extensão completa do acometimento. Na presença de comunicação com a uretra, a uretrocistografia retrógrada pode caracterizar o trajeto fistuloso com a contrastação do abscesso. A tomografia computadorizada (TC) fornece informações adicionais quanto à extensão completa do acometimento, podendo revelar a sua origem; além disso, a cistotomografia com o uso do meio de contraste por via retrógrada pode mostrar a comunicação do abscesso com trajetos fistulosos. A ressonância magnética (RM) oferece melhor resolução de contraste para o estudo das estruturas pélvicas, permitindo a caracterização do abscesso como coleções líquidas com alto sinal nas sequências ponderadas em T2, além de realce periférico ao meio de contraste, bem como restrição à difusão com hipersinal em sequência de difusão (DWI) e hipossinal correspondente no mapa de coeficiente aparente de difusão (ADC). O trajeto fistuloso possui hipossinal nas sequências T1 e hipersinal nas sequências T2 com saturação de gordura, podendo ter realce periférico.

Em caso de presença de gás, deve-se atentar para a possibilidade de gangrena de Fournier (ver seção correspondente) (Figura 3).

Doença de Peyronie

A doença de Peyronie é uma condição inflamatória crônica, que pode ser secundária a traumas repetidos mais comumente, ou ainda estar relacionada à diabete melito, priapismo, após retirada de próteses penianas e após o uso de medicações para a indução da ereção. Provoca a formação de placas fibrosas na túnica albugínea. Está associada a outras doenças fibromatosas, como fibromatose plantar e Dupuytren.

Clinicamente a doença tem duas fases distintas, sendo uma aguda em que a dor predomina, e uma crônica, carac-

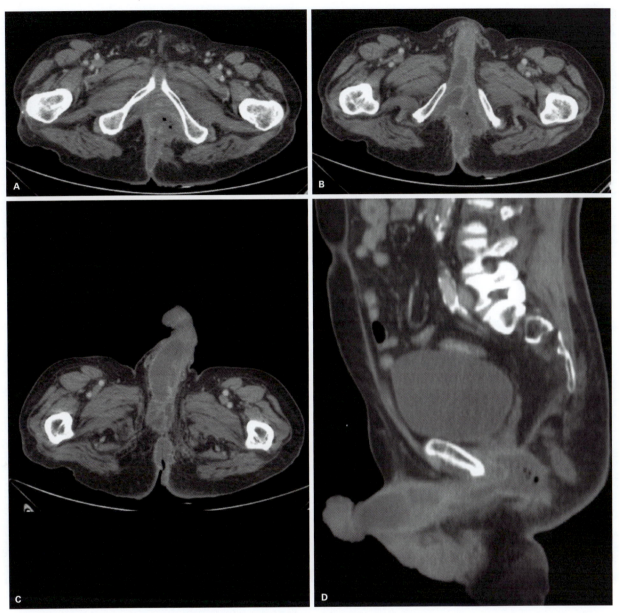

Figura 3   Abscesso perineal que se estende aos corpos cavernosos do pênis, secundário à carcinoma do canal anal.

terizada pela deformidade peniana, podendo cursar com limitações para a prática sexual. As placas normalmente são palpáveis e determinam uma curvatura peniana na sua face contralateral, pois limitam a elasticidade da pele.

A avaliação por imagem é importante para determinar a extensão da doença, se há envolvimento do septo peniano e sua relação com as estruturas vasculares. A ultrassonografia durante a indução farmacológica da ereção é o método de escolha para sua avaliação. As placas podem ser localizadas ou difusas e são caracterizadas como um espessamento da túnica albugínea. São mais comumente localizadas na face dorsal do pênis e podem calcificar, determinando artefatos de sombra acústica posterior na análise ultrassonográfica. O envolvimento do feixe neurovascular é raro, sendo mais frequente o acometimento da artéria cavernosa quando existem placas no septo, devendo ser relatado, pois está associado à disfunção erétil de origem arterial.

A RM possui sensibilidade semelhante para a determinação de placas, que se apresentam como espessamento irregular da albugínea com hipossinal em T1 e T2, porém tem baixa sensibilidade para a caracterização de calcificações. A RM eventualmente pode mostrar realce ao meio de contraste de algumas placas, quando na fase inflamatória da doença, porém seu uso segue controverso (Figuras 4 e 5).

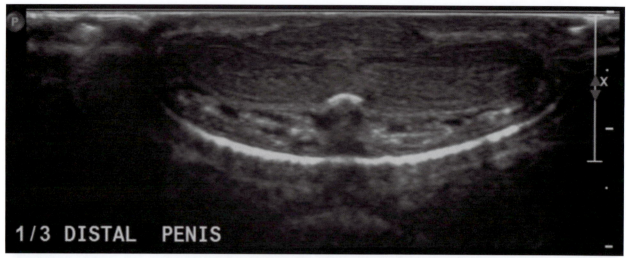

Figura 4 Corte axial do pênis evidenciando placa calcificada no septo intercavernoso.

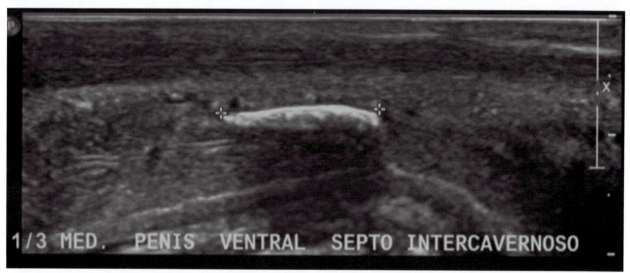

Figura 5 Corte longitudinal do pênis evidenciando placa calcificada no septo intercavernoso.

Neoplasias benignas e malignas

Neoplasias malignas

Carcinoma espinocelular (CEC) de pênis

Entre as neoplasias malignas primárias do pênis, o carcinoma espinocelular é o mais comum, ocorrendo mais frequentemente entre a sexta e sétima década de vida. Está relacionado a condições como má higiene, história de balanopostites de repetição, fimose e infecção por HPV 16 e 18.

Mais comumente, o CEC de pênis se inicia na região da glande e prepúcio, mas pode acometer qualquer outra região, como o sulco balanoprepucial e base do pênis. Apresenta-se como um espessamento da pele com ou sem ulceração, em geral não doloroso.

Os exames de imagem desempenham um papel relevante não no diagnóstico, mas sim na avaliação da extensão local e estadiamento linfonodal.

Na avaliação da extensão local do tumor por RM, deve-se estar atento a sinais de invasão dos corpos cavernosos e da uretra, caracterizados por borramento ou perda do hipossinal linear que representa a túnica albugínea.

A principal via de disseminação do CEC de pênis é linfática para cadeias inguinais e pélvicas, sendo o acometimento linfonodal o principal fator indicador de prognóstico.

A avaliação do acometimento linfonodal pode ser feita tanto por TC como por RM. Vale ressaltar que é muito comum haver infecção concomitante na região da lesão peniana, o que torna difícil a diferenciação entre linfadenectomia reacional e acometimento neoplásico por exames de imagem, em geral sendo necessária a confirmação por biópsias e punções, muitas vezes sendo feito antibioticoterapia empírica antes dos exames de imagem (Figuras 6 e 7).

Carcinoma de uretra

Os carcinomas de uretra masculina ocorrem mais comumente na uretra bulbar e membranosa, seguido da região da fossa navicular. A anatomia urotelial varia de acordo com a região da uretra masculina, havendo predomínio de células transicionais na uretra prostática e membranosa, epitélio colunar estratificado e pseudoestratificado na uretra bulbar e peniana e células escamosas na fossa navicular e meato uretral. Isso influencia a prevalência dos tipos histológicos de tumor uretral em cada segmento. Na uretra prostática e membranosa predominam os tumores de células transicionais, havendo uma pequena porcentagem de CEC (cerca de 90% de CCT para 10% de CEC); na uretra bulbar e peniana, predomina o CEC, havendo uma pequena porcentagem de carcinoma de células transicionais e adenocarcinoma (cerca de 80% de CEC, 10% de CCT e 10% de adenocarcinoma); na fossa navicular e meato uretral também predomina o CEC e há uma pequena porcentagem de carcinoma de células transicionais (cerca de 90% de CEC e 10% de CCT).

Sarcomas de pênis

Sarcomas são tumores que raramente podem acometer o pênis, sendo responsáveis por cerca de 5% dos tumores penianos. Os subtipos histológicos incluem sarcoma epitelioide, leiomiossarcoma, rabdomiossarcoma e sarcoma de Kaposi. Os aspectos de imagem desses tumores são inespecíficos e em geral se apresentam como lesões volumosas e agressivas. Especificamente o rabdomiossarcoma deve ser suspeitado no caso de lesão expansiva com características agressivas em crianças e adolescentes.

Lesões benignas

Hemangiomas e lesões de origem vascular

As lesões de origem vascular no pênis são raras e geralmente estão relacionadas a síndromes que cursam com hemangiomas e malformações vasculolinfáticas em outras regiões do corpo (Figura 8).

Miscelânea

Próteses penianas

As próteses penianas são uma importante opção de tratamento para a disfunção erétil de causa orgânica e definitiva. Embora altamente eficazes na restauração da vida sexual ativa, elas podem apresentar algumas complicações. Para a adequada avaliação pelos métodos de imagem, o radiologista deve estar habituado aos achados normais e saber reconhecer as possíveis complicações.

É possível separar as próteses penianas em dois subgrupos: as próteses semirrígidas e as próteses hidráulicas (ou infláveis).

As próteses semirrígidas são formadas por duas hastes simétricas compostas por prata ou aço inoxidável revestidas por uma camada de silicone. Essas hastes são inseridas independentemente em cada um dos corpos cavernosos (Figuras 9 e 10).

As próteses infláveis podem ser subdivididas ainda em dois subtipos: com reservatório supravesical e sem re-

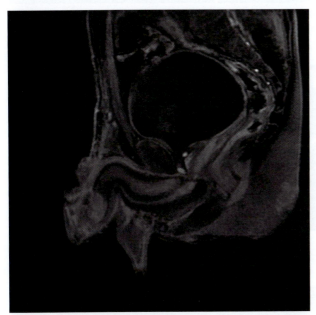

Figura 6   Carcinoma espinocelular (CEC) de pênis com invasão do corpo cavernoso (T1 pós-contraste).

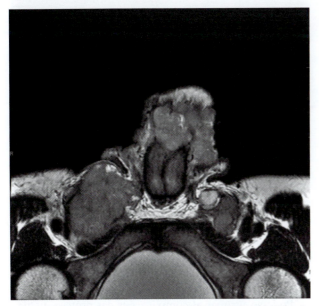

Figura 7   Carcinoma espinocelular (CEC) de pênis com invasão do corpo cavernoso e linfonodomegalias inguinais (T2).

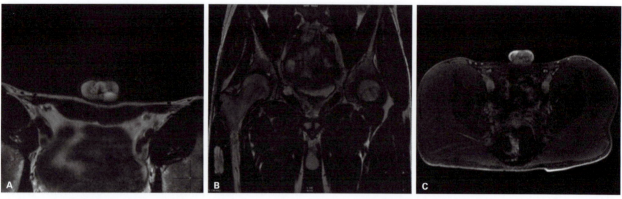

Figura 8   Lesão nodular na glande à esquerda com alto sinal em T2 e com realce globuliforme, em paciente com outras lesões de aspecto semelhante esparsas pelo corpo, achados compatíveis com hemangiomas (lesões de origem vascular).

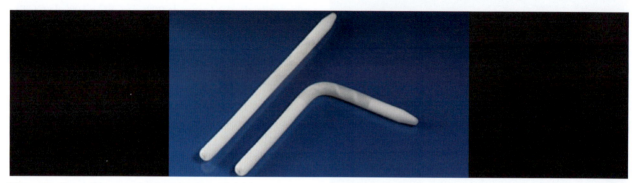

Figura 9   Exemplo comercial de prótese semirrígida.

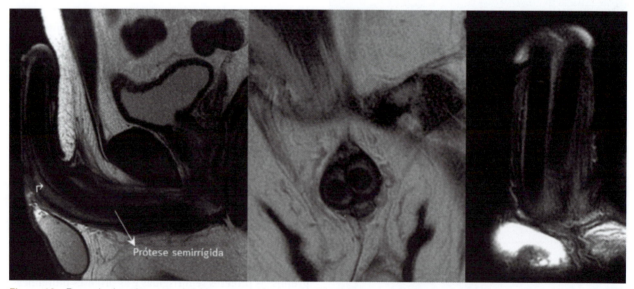

Figura 10   Exemplo de prótese semirrígida na ressonância magnética.

servatório supravesical. Essas próteses usam um sistema composto por dois cilindros que se alojam em cada corpo cavernoso, interligados por tubos a uma bomba localizada no escroto. Pode ou não haver um reservatório que fica alojado entre a bexiga e a parede abdominal no espaço de Retzius. O sistema é preenchido por uma solução salina que, a depender do acionamento da bomba, insufla os cilindros nos corpos cavernosos (Figuras 11 a 13).

Pode-se agrupar as complicações das próteses penianas em quatros grupos:

7 PÊNIS E TESTÍCULOS   1291

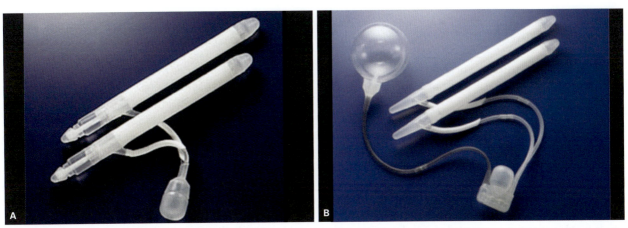

Figura 11   Exemplos comerciais de próteses insufláveis. A: AMS Ambicor penile implant; B: AMS 700 series penile implant. Fonte: American Medical Systems Corporation, Minneapolis, MN.

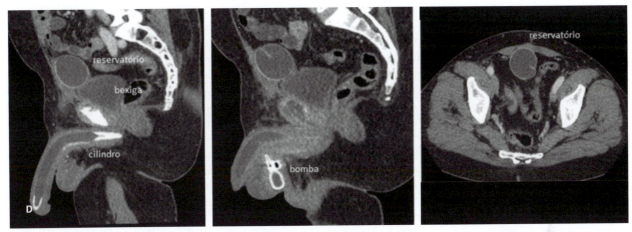

Figura 12   Exemplo de prótese insuflável na tomografia computadorizada.

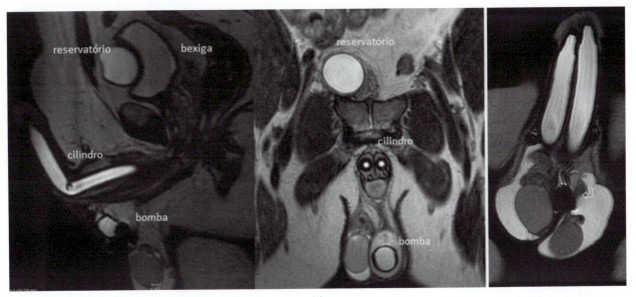

Figura 13   Exemplo de prótese insuflável na ressonância magnética.

- Falhas mecânicas: fraturas (semirrígidas) ou vazamentos (insufláveis).
- Infecção.
- Protrusão ou extrusão na pele.
- Deformidades: migração, tortuosidade e mau posicionamento.

Nas falhas mecânicas, os sintomas mais comuns são a dor e pode haver assimetria e deformidade visível. As fraturas em próteses semirrígidas podem ser facilmente avaliadas por radiografia simples. O vazamento da solução salina nas próteses insufláveis pode gerar perda da capacidade de insuflar e assimetria, sendo mais bem avaliadas por RM.

Infecções ocorrem em cerca de 1-5% das próteses novas e 5-10% das cirurgias de revisão de prótese. Podem ser mais bem avaliadas por RM e algumas vezes pode ser necessária a remoção da prótese.

Protrusões ou extrusões pela pele são eventos raros e podem estar relacionados à infecção. São mais comuns em próteses semirrígidas.

Na migração, o reservatório da prótese insuflável pode estar localizado fora da posição habitual no espaço de Retzius, podendo comprimir as vesículas seminais, reto e bexiga. Em alguns casos, nota-se uma migração do reservatório para o interior da bexiga, em razão de um processo inflamatório crônico com formação de trajeto fistuloso que culmina com a migração intravesical.

Na tortuosidade pode ser observada uma curvatura anormal do componente cavernoso, tanto em próteses semirrígidas como insufláveis, em geral acompanhada de queixa dolorosa.

As complicações de mau posicionamento do componente cavernoso geralmente estão associadas à ruptura da crura com deslocamento posterior. Essa complicação costuma acontecer por uma desproporção do componente cavernoso com o comprimento do corpo cavernoso do paciente.

Em alguns casos pode-se ainda observar uma migração parcial ou completa do componente cavernoso de um corpo cavernoso para o outro (Figuras 14 a 19).

Ligamento suspensor do pênis

Trata-se de uma estrutura ligamentar que une o aspecto dorsal da base do pênis à sínfise púbica, sendo responsável pela sustentação peniana tanto na flacidez como em estado ereto. Esse ligamento pode sofrer lesão durante o ato sexual, levando cronicamente a dor, deformidade e queixa de que o pênis aponta para baixo mesmo em ereção plena. Nesses casos, a RM tem um importante papel no diagnóstico, uma vez que a lesão dessa estrutura pode ser bem avaliada pelo método.

Testículo

Embriologia

Por volta da sexta semana de gestação, células germinativas primordiais migram do saco vitelínico para o seio urogenital, que é de origem mesodérmica. Gônadas bipotenciais se desenvolvem a partir dessas células e seu desenvolvimento posterior depende da presença ou ausência do cromossomo Y. Esse cromossomo possui os genes *SRY* e *SOX9*, que determinam a formação dos testículos a partir do seio urogenital. As células de Sertoli no testículo produzem hormônios antimüllerinanos, que inibem o desenvolvimento das estruturas paramesonéfricas ou dos ductos de Müller (trompas, útero, dois terços superiores da vagina). As células de Leydig produzem testosterona, que é responsável pelo desenvolvimento das estruturas mesonéfricas ou dos ductos de Wolff (epidídimos, vesículas seminais e ductos deferentes).

O seio urogenital tem localização próxima aos rins, na parede abdominal posterior, portanto os testículos preci-

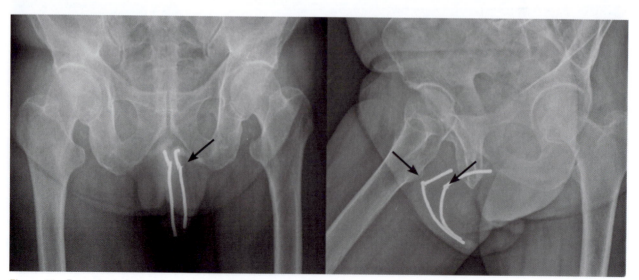

Figura 14 Exemplo de fratura da prótese semirrígida vista na radiografia.

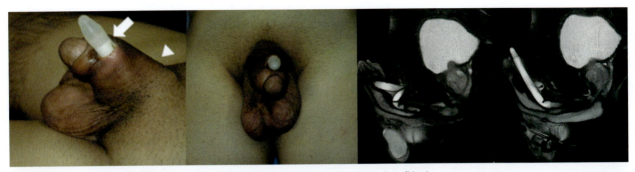

Figura 15   Exemplos de protrusão do componente cavernoso de uma prótese insuflável.

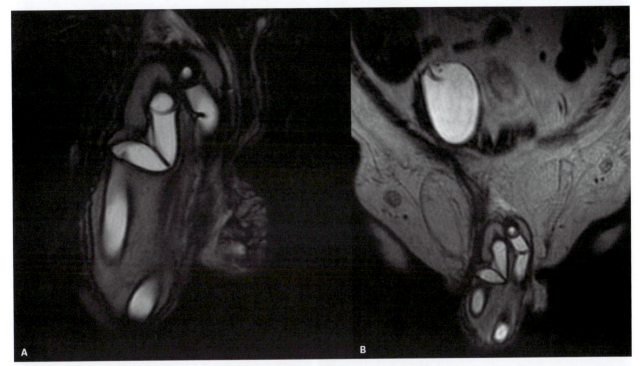

Figura 16   Exemplo de tortuosidade no componente cavernoso de uma prótese insuflável.

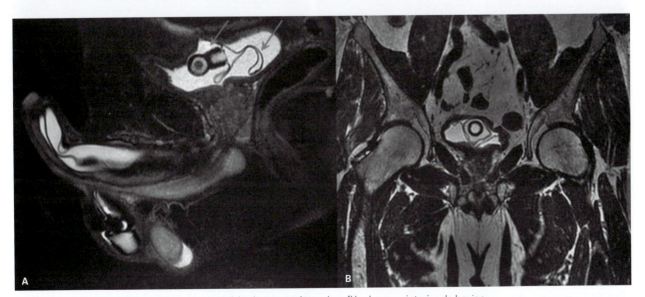

Figura 17   Exemplo de migração do reservatório de uma prótese insuflável para o interior da bexiga.

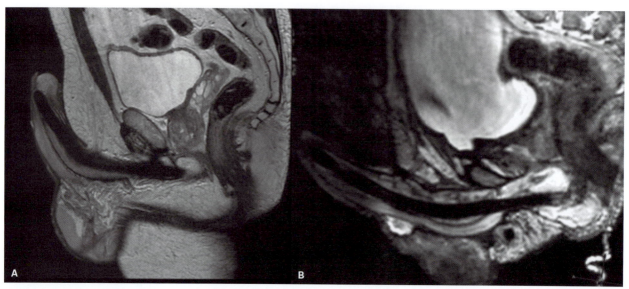

Figura 18 Exemplo de mau posicionamento da prótese semirrígida por desproporção de tamanho com o corpo cavernoso levando à lesão da região da crura.

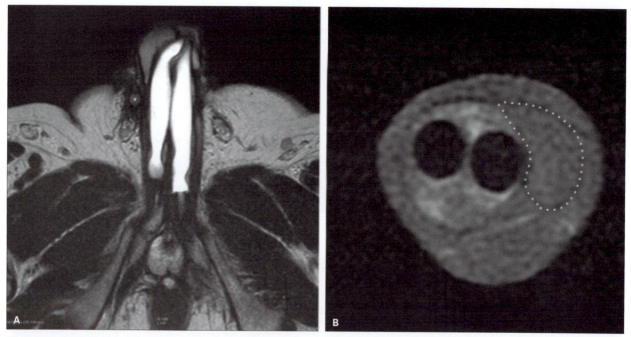

Figura 19 Exemplo de migração do componente cavernoso de uma prótese insuflável totalmente para o corpo cavernoso contralateral.

sam migrar inferiormente em direção à bolsa testicular. Nos dois primeiros trimestres de gestação os hormônios antimüllerianos determinam atrofia do ligamento suspensório, promovendo sua descida ao longo do gubernáculo (ligamento genitoinguinal do testículo) em direção ao canal inguinal. No terceiro trimestre de gestação, a testosterona é quem determina a descida do testículo da região inguinal para a bolsa testicular, que é englobado pela túnica vaginal, uma evaginação do peritônio parietal (Figura 20).

Anatomia

A bolsa escrotal envolve ambos os testículos, que estão suspensos pelo cordão espermático. A parede da bolsa testicular é formada por duas camadas: a pele, mais externamente; e o dartos, mais internamente. Ao ultrassom, as duas camadas de tecido são vistas como uma só. Existe uma separação interna em duas hemibolsas testiculares por um septo fibroso proveniente da dartos, a rafe mediana. As hemibolsas são completamente separadas uma

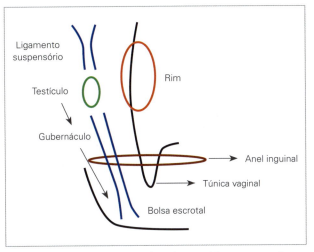

Figura 20   Esquema mostrando o desenvolvimento e movimentação gonadal no período embrionário.
Fonte: Adaptada de Price, 2014.

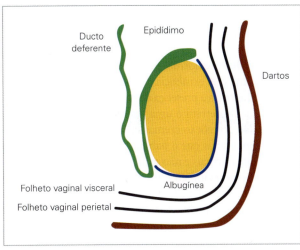

Figura 21   Esquema mostrando o testículo e o epidídimo com as camadas de tecido fibroso que recobrem ambos.

da outra e envolvem o testículo, o epidídimo e a porção intraescrotal do funículo espermático.

Cada testículo tem cerca de 3,0 a 5,0 cm no eixo longitudinal, 2,0 a 3,0 cm no eixo transverso e 1,5 a 2,0 cm no eixo anteroposterior. O testículo é coberto pela túnica vaginal e túnica albugínea. A túnica vaginal é uma membrana serosa de duas camadas derivada do processo vaginal do peritônio. A camada interna recobre a maior parte do testículo e epidídimo, enquanto a camada externa delineia a fáscia espermática interna da parede escrotal. Hidrocele e outras coleções como sangue ou pus se acumulam entre as duas camadas da túnica vaginal. A camada interna da túnica vaginal adere firmemente à túnica albugínea, uma cápsula fibrosa que recobre todo o testículo.

O epidídimo é aderido firmemente ao aspecto posterolateral do testículo, sendo composto de cabeça, corpo e cauda, com a cabeça localizada no polo superior do testículo e o corpo e cauda se estendendo inferiormente e continuando como ducto deferente até desembocar no ducto ejaculatório (Figura 21).

Congênitas

Criptorquidia

A criptorquidia é uma condição clínica que engloba várias causas, entre elas endocrinopatias, desenvolvimento anormal da gônada dentro do espectro das desordens do desenvolvimento sexual, malformações da parede abdominal (síndrome de Prune-Belly) e descida incompleta dos testículos.

A criptorquidia é definida como ausência de um ou ambos os testículos da bolsa escrotal, sendo a anomalia do trato genitourinário mais comum em crianças. Afeta cerca de 4% dos nascidos a termo e tem maior incidência nos pré-termos, com até cerca de 30%, aumento de incidência relacionado pela ausência de estimulação da testosterona. Até o primeiro ano de vida, o testículo ainda pode completar a sua migração até a bolsa escrotal, tendo incidência de cerca de 1,5% nessa idade.

A condição está associada a um aumento no risco de malignidade, especialmente com maior incidência de seminoma, além de maior da taxa de infertilidade, sendo mais suscetíveis a trauma e torções. Por conta disso, está indicada a cirurgia para fixação do testículo na bolsa escrotal, o que leva a uma redução da incidência de complicações. Pode ainda estar associada a outras malformações do trato urogenital, como hipospádia, agenesia e ectopia renal e das vesículas seminais e duplicação ureteral.

Mais comumente o testículo é localizado na região inguinal (cerca de 75-85% dos casos), quando pode ser bem avaliado pela ultrassonografia. Ao exame ultrassonográfico, ele é hipoecoico, tem dimensões reduzidas, possui menor quantidade de líquido na bolsa testicular e menor vascularização ao estudo com Doppler. Os testículos intra-abdominais são cerca de 5-15% dos casos e mais comuns próximos à região inguinal, localizações nas quais a ultrassonografia tem papel reduzido, sendo a RM o passo seguinte. Na RM, os testículos têm sinal variável na sequência T2, a depender do grau de atrofia, tendo sinal mais baixo quando mais atróficos e com maior fibrose associada. O uso da DWI demonstrou aumento da sensibilidade da detecção dos testículos em alguns estudos recentes. A presença de massas abdominais com restrição à difusão e realce ao meio de contraste, no contexto de criptorquidia, favorece a hipótese de neoplasia testicular do testículo criptorquídico.

Nos casos de testículos muito atrofiados, a RM pode não detectá-los. Nessa condição, a laparoscopia é um método que foi incorporado ao diagnóstico e ao tratamento da criptorquidia, permitindo julgar o aspecto macroscópico do testículo, planejando uma orquidopexia imediata ou em dois tempos cirúrgicos.

A anorquia (ou "*vanishing testis*") é caracterizada pela ausência de um ou ambos os testículos. Considera-se que essa condição se origina de uma atrofia intraútero de um testículo inicialmente normal que sofreu torção ou algum insulto isquêmico. A existência de estruturas do cordão espermático demonstra a presença de um testículo na vida fetal.

O testículo retrátil é uma condição caracterizada pela exacerbação do reflexo cremastérico, que leva o testículo a posições mais altas que o habitual. Os testículos são histologicamente normais e não exigem tratamento cirúrgico.

O testículo ectópico é uma condição rara, na qual o testículo atravessou o canal inguinal, contudo não possui seu posicionamento habitual na bolsa testicular. Ele pode estar localizado na região femoral, períneo, raiz do pênis ou na região inguinal superficial (Figuras 22 a 24).

Inflamatórias/infecciosas

Orquiepididimite

Epididimite e orquiepididimite são causas comuns de dor escrotal aguda em crianças e adultos jovens. Na maioria das vezes, a causa se dá pelo acometimento retrógrado originado do trato urinário inferior, com isso o envolvimento do epidídimo costuma ser mais inicial, ocorrendo orquite concomitante em cerca de 20-40% dos casos. Os organismos responsáveis na maioria das vezes são *Chlamydia trachomatis* e *Neisseria gonorrhoeae* em pessoas com menos de 35 anos, em que patologias sexualmente transmissíveis são mais comuns, e *Escherichia coli* e *Pseudomonas aeruginosa* em pacientes acima de 35 anos, com causas mais associadas ao trato urinário. A orquite como acometimento isolado é incomum e na maioria das vezes é de causa viral.

Frequentemente a avaliação por imagem é necessária para investigação e diagnóstico de dor testicular aguda, sendo a torção testicular seu principal diagnóstico diferencial mais relevante, uma vez que ela tem conduta cirúrgica, enquanto a primeira, na maioria das vezes requer tratamento ambulatorial. Ao exame físico, o sinal de Prenh pode ajudar nessa diferenciação. Ele é positivo quando o testículo é elevado e ocorre melhora da dor, o que acontece nos casos de orquiepididimite e não nas torções de testículo.

A ultrassonografia aparece como método inicial de avaliação, sendo muito disponível, bem tolerada e não utilizando radiação ionizante. O exame é feito com transdutores lineares de alta resolução (5-12 MHz), com o uso do modo B e Doppler. O epidídimo e o testículo são examinados nos planos longitudinal e transversal, permitindo que o paciente aponte locais de maior dor ou abaulamento.

Ao início do exame é importante obter uma imagem que compare ambos os testículos e epidídimos, que facilite a análise comparativa. Ao modo B, incialmente, pode se evidenciar um espessamento cutâneo do lado acometido, bem como hidrocele reacional. O acometimento do epidídimo pode ser difuso ou focal, e a porção acometida aparece aumentada de tamanho e heterogênea, comparativamente hipoecoica em relação ao testículo. A avaliação com Doppler evidencia aumento do fluxo, com aumento das velocidades, podendo ser o único achado no exame.

Como ja foi dito, uma vez que a infecção se dissemina de maneira retrógrada, o funículo espermático e a cauda do epidídimo são acometidos antes de o corpo e a cabeça do epidídimo serem afetados, sendo o testículo o último local a ser atingido. Desse modo, a avaliação completa do funículo e do epidídimo, em especial da cauda, é necessária para se diagnosticar a doença na sua fase inicial.

A orquite normalmente é difusa e se apresenta como um testículo aumentado de tamanho, hipoecoico e hipervascularizado. Quando focal, a sua diferenciação com tumor pode ser difícil, sendo conveniente sugerir controle evolutivo após o tratamento.

A formação de abscesso é uma das complicações possíveis e vai se apresentar como uma área de liquefação, hipoecoica e sem fluxo ao estudo com Doppler.

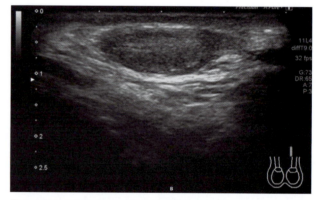

Figura 22 Ultrassonografia da região inguinal esquerda, demonstrando testículo criptorquídico, com dimensões reduzidas e hipoecoico.

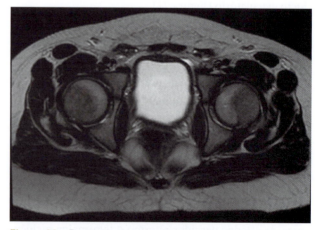

Figura 23 Ressonância magnética ponderada em T2, evidenciando ambos os testículos nas regiões inguinais, com dimensões reduzidas e pequenas formações císticas associadas.

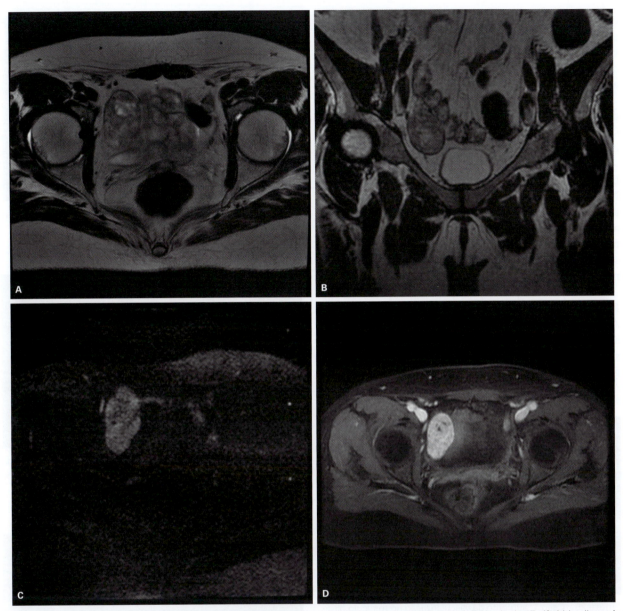

Figura 24 Imagens de paciente com desordem do desenvolvimento sexual, com diagnóstico de deficiência de 17-alfa-hidroxilase. As quatro figuras são de ressonância magnética; em A se evidencia uma sequência ponderada em T2 no plano axial, que mostra a gônada direita na região inguinal intra-abdominal, de dimensões muito aumentadas e sinal heterogêneo; B mostra também uma sequência ponderada em T2 em uma reconstrução no plano coronal; C é uma difusão (DWI), que evidencia marcada restrição à difusão; D é uma sequência ponderada em T1 com saturação de gordura após o uso do meio de contraste (gadolínio), que mostra realce intenso e heterogêneo pelo meio de contraste. A excisão cirúrgica da lesão mostrou tratar-se de tumor com componente germinativo e de células de Leydig.

Nessas situações, caso o tratamento com antibiótico não surta efeito, pode ser necessária intervenção com drenagem. O pus também pode se coletar entre as camadas da túnica vaginal, formando uma piocele, que pode conter debris e septações.

Outra complicação possível é a isquemia testicular, que se desenvolve quando o edema do epidídimo comprime as veias de drenagem testicular. Nesses casos, o testículo não vai apresentar fluxo ao estudo com Doppler, assim como nos casos de torção testicular. Para essa di-

ferenciação, novamente é importante a avaliação de todo o epidídimo e funículo, pois a sua hipervascularização é um achado que corrobora com causa inflamatória e não vai ocorrer na torção. Além disso, a torção pode ocorrer em todo o trajeto do epidídimo e funículo espermático; portanto, a sua avaliação completa pode ser diagnóstica dessa situação, indicando cirurgia.

A RM pode ser útil na avaliação de infecções complicadas. As epididimites focais podem se apresentar como áreas heterogêneas de baixo sinal em T2. O epidídimo normalmente está aumentado e apresenta realce pós-contraste nas sequências ponderadas em T1 com saturação de gordura com uso de gadolínio. Áreas de alto sinal em T2 sugerem edema nos tecidos de partes moles adjacentes.

A RM também pode ser útil para acessar a extensão do acometimento da inflamação e da infecção, que pode ser de extrema importância para guiar desbridamentos cirúrgicos ou drenagens percutâneas.

Como já foi dito, a infecção pode se disseminar entre as camadas da túnica vaginal, formando uma piocele. Na RM, o abscesso se apresenta com uma área central de marcado hipersinal em T2, e sinal variado em T1, com acentuado realce periférico nas sequências T1 com saturação de gordura. O abscesso apresenta restrição a difusão, com hipersinal em DWI e hipossinal correspondente no mapa ADC.

Na suspeita ou presença de uma fístula percutânea, a RM pode fornecer informações sobre o trajeto fistuloso. A fístula se manifesta como um trajeto de hipossinal nas sequências T1 e como hipersinal nas sequências T2 com saturação de gordura, podendo ter realce periférico (Figuras 25 a 33).

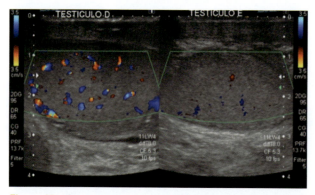

Figura 25 Caso 1: aumento da vascularização no testículo direito, com discreta hidrocele.

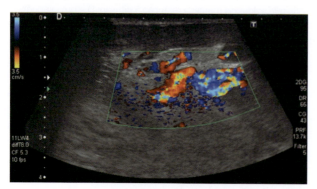

Figura 26 Caso 1: aumento de vascularização no epidídimo direito.

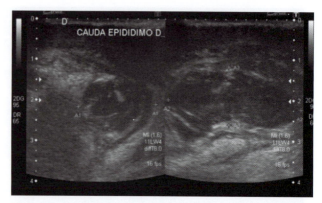

Figura 27 Caso 1: epidídimo direito de dimensões aumentadas e ecotextura heterogênea.

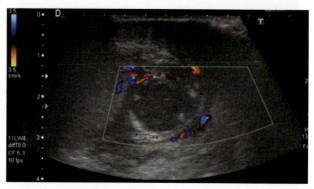

Figura 28 Caso 1: formação hipoecogênica na cabeça do epidídimo direito, sem vascularização ao estudo com Doppler, correspondendo a pequeno abscesso.

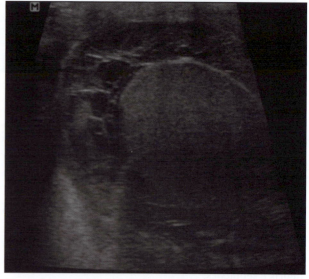

Figura 29 Caso 2: história de um mês de orquiepididimite sem tratamento adequado. Formação hipoecogênica, com septos de permeio entre as túnicas da albugínea, compatível com piocele.

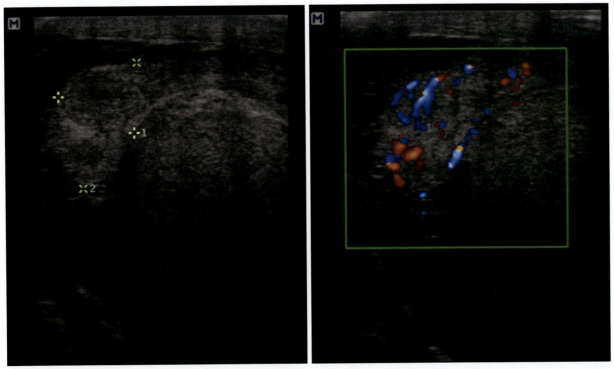

Figura 30 Caso 2: epidídimo aumentado e com aumento de sua vascularização. Nota-se ausência de vascularização detectável no testículo.

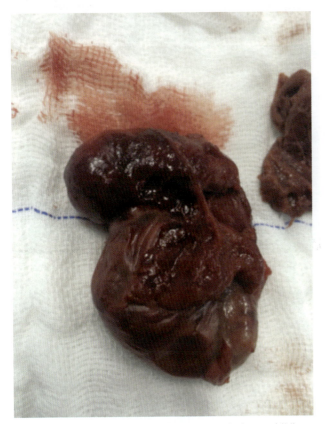

Figura 31 Caso 2: peça cirúrgica com testículo e epidídimo, que revelou abscesso entre as túnicas da albugínea e testículo necrótico, caracterizando isquemia como complicação infecciosa.

Gangrena de Fournier

A gangrena de Fournier é definida como uma fasceíte necrotizante que acomete as camadas superficiais e profundas, podendo envolver as genitálias, escroto e períneo. Acomete mais os homens (10:1) e pacientes com algum grau de imunocomprometimento, sendo mais prevalente em diabéticos, pacientes com síndrome da imunodeficiência adquirida e alcoólatras. O seu diagnóstico precoce é crucial, pois tem alta taxa de mortalidade (15-50%) e o tratamento exige desbridamento cirúrgico e a introdução precoce de antibióticos.

Pode ter origens conhecidas como colorretal (câncer colorretal, doenças inflamatórias intestinais e abscessos perianais), urológica (orquiepididimites e infecções do trato urinário) e cutânea (p. ex., úlceras de pressão), porém em algumas situações ainda tem causa desconhecida. A etiologia infecciosa normalmente é polimicrobiana, com a presença de bactérias anaeróbias e aeróbias.

A marca dessa doença é a presença de gás nos tecidos de partes moles, sendo a TC o método de escolha para sua avaliação. Preferencialmente, o estudo deve usar o meio de contraste endovenoso e estudar o abdome e pelve, além de se estender inferiormente, a fim de englobar a genitália e o escroto por completo. Isso é importante para delimitar com precisão a extensão da doença e possibilitar o estudo da origem infecciosa.

Os achados na TC são de espessamento da pele e fáscias, edema e borramento da gordura do subcutâneo, indicando inflamação. Podem estar presentes coleções lí-

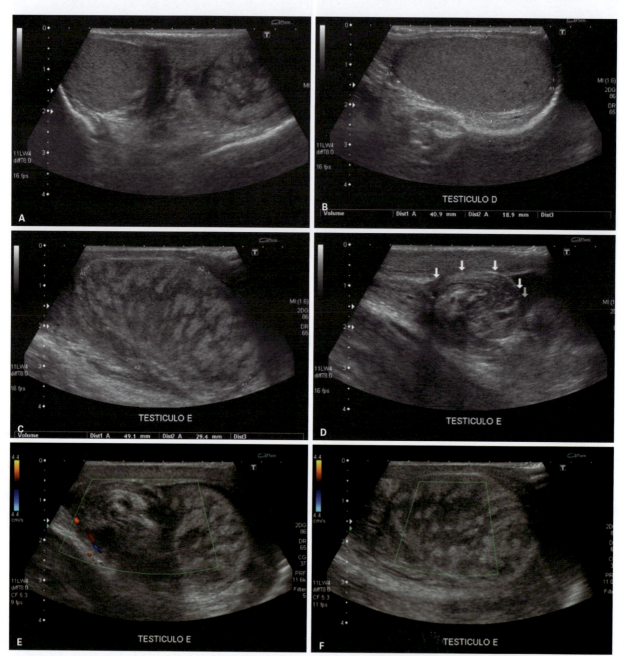

Figura 32 Caso 3. A: Ultrassonografia mostrando testículo direito de aspecto habitual e testículo esquerdo aumentado de tamanho e ecotextura heterogênea. B: Testículo direito de aspecto habitual. C: Testículo esquerdo de dimensões aumentadas e ecotextura heterogênea. D: Sinal do redemoinho, representativo de torção do funículo esquerdo. E: Testículo esquerdo e funículo com sinal de torção. F: Testículo esquerdo aumentado e com ecotextura heterogênea, sem sinais de vascularização ao estudo com Doppler. Achados compatíveis com torção testicular.

quidas e abscesso, além da presença de gás no subcutâneo decorrente de sua formação por bactérias.

A ultrassonografia pode não ser tolerada pelos pacientes por causa da dor durante a pressão exercida na análise, além de muitas vezes não ser possível avaliar a extensão da doença e a presença de gás na fossa isquioanal. Porém, pode ter importância na avaliação à beira do leito de pacientes em condições críticas que não podem realizar o estudo tomográfico. Apresenta-se como um espessamento cutâneo e múltiplos focos hiperecogênicos, que determinam sombra acústica posterior, denotando a presença de gás (Figuras 34 e 35).

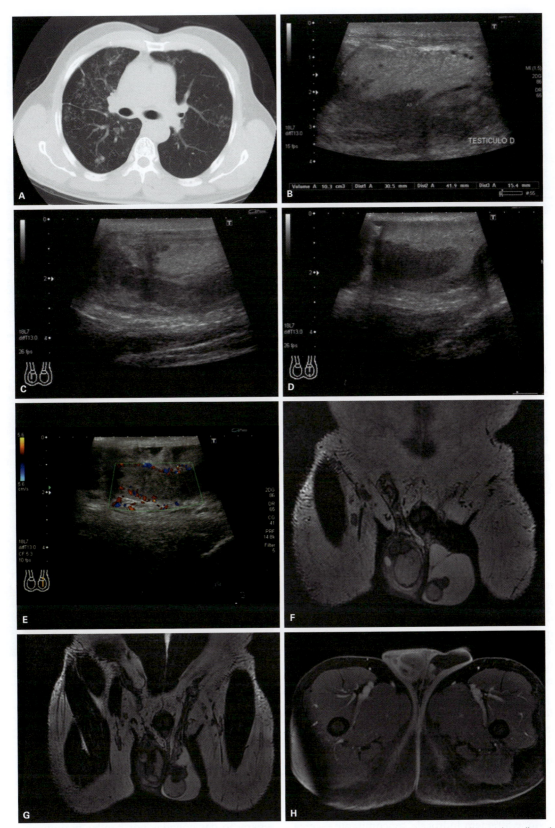

Figura 33 A: Tomografia de tórax em pacientes com achados compatíveis e biópsia transbrônquica confirmando o diagnóstico de tuberculose. B-E: Ultrassonografias com testículos de ecotextura heterogênea bilateralmente, à custa de área hipoecogênica que infiltra o hilo testicular bilateralmente. Espessamento ao longo de todo o trajeto dos epidídimos, que estão com ecotextura heterogênea e dimensões aumentadas. F-G: Ressonância magnética ponderada em T2 com testículos e epidídimos aumentados em todo o seu trajeto até a região inguinal bilateralmente. H: Ressonância magnética ponderada em T1 após o uso do meio de contraste com realce parietal dos testículos.

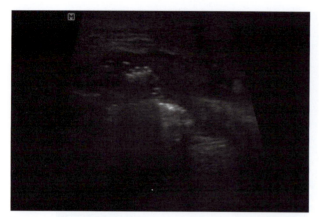

Figura 34 A: Ultrassonografia da região inguinal destacando-se a presença de pontos hiperecogênicos, refringentes, com a formação de sombra acústica posterior, caracterizando a presença de gás no subcutâneo.

Neoplasias benignas e malignas

Na avaliação de massas na bolsa testicular, uma primeira diferenciação a ser feita tanto por ultrassom como por RM é entre as lesões intratesticulares e extratesticulares. Cerca de 97% das lesões extratesticulares são benignas.

Lesões extratesticulares benignas
Lipoma extratesticular

Trata-se da lesão benigna extratesticular mais comum. Apresentam-se como lesões nodulares bem definidas e homogêneas com alto sinal em T1 e T2 e sem realce pós-contraste. As sequências com saturação de gordura ajudam a diferenciar os lipomas de eventuais lesões hemáticas ou com conteúdo hiperproteico.

Tumor adenomatoide

Essas lesões são a segunda lesão extratesticular mais comum, abaixo apenas dos lipomas. São localizadas no epidídimo, mais comumente na cauda. Apresentam-se como pequenas lesões nodulares bem definidas, com leve hipossinal em T2 e realce pós-contraste ligeiramente inferior ao do testículo.

Pseudotumor fibroso

Trata-se da terceira massa extratesticular mais frequente, após os lipomas e tumores adenomatoides. Os pseudotumores fibrosos não são neoplasias verdadeiras, mas uma reação proliferativa fibrosa resultando em um ou mais nódulos paratesticulares, originada da túnica vaginal. Aparentemente há relação com processo inflamatório prévio, e 50% tem hidrocele concomitante e cerca de 30% tem história de trauma ou orquiepididimite. Na RM apresenta aspecto de imagem de fibrose, caracterizado por marcado hipossinal em T2 e T1, com leve realce tardio ou ausente (Figura 36).

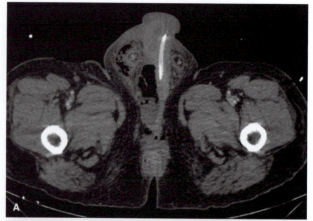
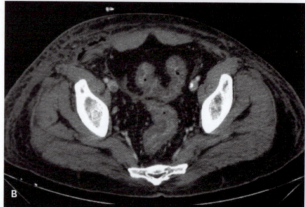
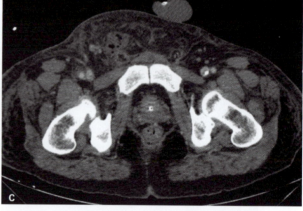

Figura 35 Espessamento e densificação de planos mioadiposos com múltiplos focos gasosos de permeio e pequenos acúmulos líquidos, acometendo a região perineal, bolsa escrotal bilateralmente e estendendo-se pela parede abdominal anterior e lateral direita desde a pelve até o hipocôndrio direito.

Poliorquidia

É uma anomalia do desenvolvimento decorrente da separação das gônadas por bandas peritoneais. São nódulos indolores com aspecto semelhante aos testículos "principais", estando associados à criptorquidia em cerca de 40% dos casos e podem sofrer torção testicular em cerca de 15% dos casos (Figura 37).

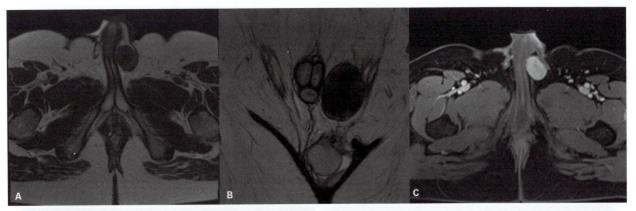

Figura 36 Paciente com 37 anos com nódulo sólido paratesticular à esquerda junto à base do pênis. A e B: Sequências ponderadas em T2 em que se observa marcado hipossinal do nódulo, inferindo componente fibroso. C: Sequência T1 pós-contraste, na qual se observa realce homogêneo tardio. O aspecto de imagem da lesão é compatível com pseudotumor fibroso.

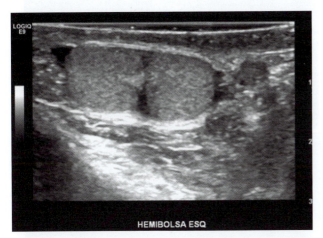

Figura 37 Testículos na bolsa esquerda, caracterizando quadro de poliorquidia.

Granuloma espermático

Trata-se de uma lesão comumente vista após vasectomia, sendo presente em cerca de 42% de pacientes vasectomizados em séries de autópsia. O granuloma espermático surge por conta de uma reação de corpo estranho com formação de células gigantes reativas ao extravasamento de esperma. Apresentam-se como pequenos nódulos com baixo sinal em T1 e T2 e leve realce pós-contraste junto aos vasos deferentes. Após vasectomia, outras alterações podem ser também encontradas, como aumento volumétrico e heterogeneidade dos epidídimos, bem como espermatoceles (Figura 38).

Torção do apêndice testicular

Trata-se de um pequeno nódulo calcificado móvel na bolsa testicular, resultante da torção e isquemia do apêndice testicular.

Sarcoidose

É uma doença granulomatosa crônica que pode afetar o trato genital em cerca de 5% dos casos de acometimento por sarcoidose pulmonar. A sarcoidose do trato genital é bilateral em cerca de 30% dos casos, atingindo mais frequentemente o epidídimo e as vesículas seminais, causando aumento dos epidídimos e redução volumétrica com baixo sinal na RM nas vesículas seminais. Menos frequentemente pode se apresentar com infiltração testicular multifocal bilateral, sendo diagnóstico diferencial com linfoma, leucemia, tuberculose e orquiepididimite.

Lesões extratesticulares malignas
Sarcomas do cordão espermático

Sarcomas do cordão espermático são tumores raros, que compreendem alguns tipos diferentes, sendo o mais comum o rabdomiossarcoma, seguido pelo lipossarcoma. Outros tipos de sarcoma possíveis incluem leiomiossarcomas, histiocitomas fibrosos malignos, fibrossarcomas e sarcomas indiferenciados. Com exceção do rabdomiossarcoma, que ocorre mais frequentemente em crianças, os demais ocorrem em pacientes mais velhos e se manifestam como massas paratesticulares complexas. Com exceção do lipossarcoma, que são massas complexas com conteúdo gorduroso, os demais sarcomas paratesticulares não possuem alguma característica específica de imagem que os diferencie, apresentando-se como volumosas massas sólidas com realce heterogêneo pelo meio de contraste.

Metástases extratesticulares

Menos de 8% das neoplasias do epidídimo são metástases. O tumor primário mais frequente é o tumor de próstata, seguido por tumor de rim, estômago, cólon, íleo (neuroendócrino) e pâncreas. Deve-se levantar a suspeita na presença de massas paratesticulares

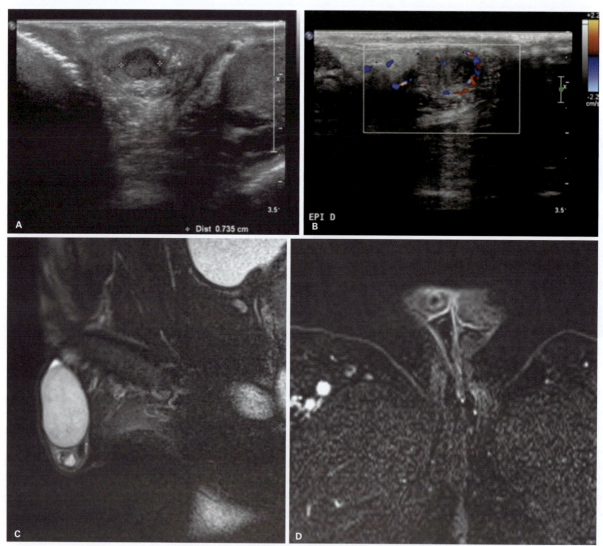

Figura 38 Paciente de 40 anos de idade com antecedente de vasectomia há 8 anos e queixa de nódulo doloroso e palpável na cauda do epidídimo direito. A: Nódulo bem delimitado hipoecogênico na ultrassonografia. B: Vascularização periférica do mapeamento com Doppler. C: Sequência de ressonância magnética ponderada em T2 com saturação de gordura demonstrando o nódulo com sinal alto em T2 e D é uma subtração das sequências T1 pós-contraste demonstrando leve realce periférico na cápsula da lesão. O aspecto de imagem junto ao antecedente de vasectomia é compatível com granuloma espermático. Mesmo com a hipótese de etiologia benigna, esse paciente foi submetido a cirurgia em razão do quadro doloroso e o resultado anatomopatológico confirmou a hipótese diagnóstica.

multifocais, na presença de tumor primário conhecido (Figura 39 e 40).

Lesões intratesticulares benignas
Hiperplasia de células de Leydig

Esta é uma entidade benigna rara, podendo se apresentar como um ou múltiplos nódulos bilaterais pequenos (em geral até 6 mm). Pode ocorrer em adultos e crianças, e nestas últimas pode estar relacionada à puberdade precoce por produção hormonal. É indistinguível de lesões malignas do ponto de vista de imagem (Quadro 1 e Figura 41).

Lipoma intratesticular

Também são raros, sendo caracterizados por pequenos nódulos testiculares com conteúdo gorduroso (alto sinal em T1 e T2 e queda de sinal nas sequências com saturação de gordura), sem realce significativo pós-contraste.

Uma entidade semelhante conhecida, como lipomatose testicular, pode ser encontrada em paciente com a síndrome de Cowden (síndrome dos múltiplos hamartomas). Pode-se fazer esse diagnóstico quando no contexto de um paciente com a síndrome de Cowden são vistos

Quadro 1	Relatório de patologia cirúrgica
Descrição macroscópica Recebido a fresco fragmento de testículo que mede 1,5 x 1,0 x 1,0 cm identificando-se lesão nodular que mede 0,8 x 0,5 x 0,4 cm, exibindo consistência firme, aspecto homogêneo e coloração esbranquiçada. Incluído todo o material.	
Sumário dos cortes: Sem designação: 2; total: 2	
Diagnóstico de congelação: nódulo de testículo esquerdo: benigno	
Diagnóstico de parafina: nódulo de testículo esquerdo: nódulo fibroso hialinizado em meio ao qual identificam-se agrupamentos ou filas de células de citoplasma claro e núcleo sem hipercromasia. Ao exame imuno-histoquímico (IH-22573) esses agrupamentos celulares foram positivos para inibina consistente com células de Leydig. Ausência de malignidade. O parênquima testicular adjacente tem túbulo seminíferos com tamanho conservado e espermatogênese mantida.	

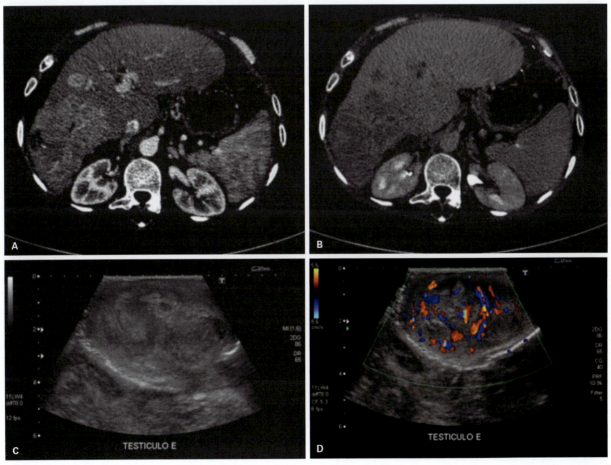

Figura 39 Carcinoma hepatocelular no lobo direito hepático hipervascularizado na fase arterial (A) e com *wash-out* na fase de equilíbrio (B). Massa heterogênea no testículo esquerdo do mesmo paciente (C) com intensa vascularização ao Doppler (D), representando uma metástase do tumor hepático.

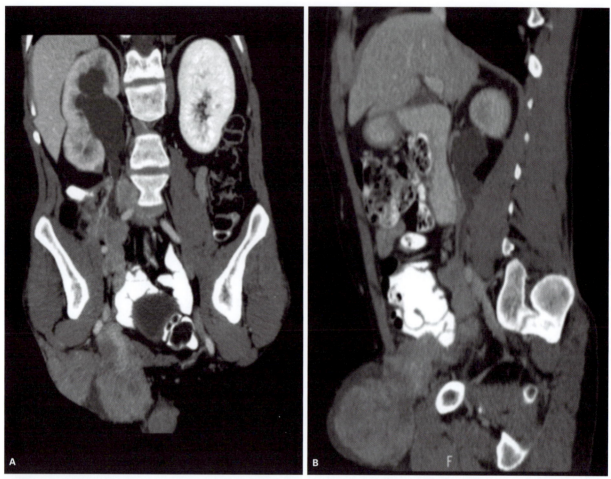

Figura 40 A e B: Paciente com leucemia, notando-se infiltração leucêmica do testículo e ureter direitos.

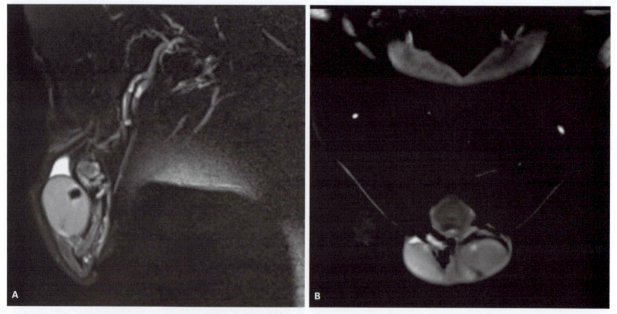

Figura 41 A e B: Sequências de ressonância magnética ponderadas em T2 e T1 pós-contraste, respectivamente, demonstrando uma pequena lesão intratesticular sólida com baixo sinal em T2 e leve realce pós-contraste tardio. O aspecto de imagem não pode afastar uma lesão intratesticular maligna, portanto o paciente foi submetido à cirurgia (enucleação). O resultado anatomopatológico é mostrado no Quadro 1, confirmando uma hiperplasia de células de Leydig.

múltiplos pequenos nódulos com sinal semelhante à gordura em ambos os testículos.

Restos adrenais intratesticulares

Essa entidade pode ocorrer em condições que levam a aumento da circulação de ACTH, sendo relacionado principalmente à hiperplasia adrenal congênita, síndrome de Cushing e doença de Addison. Podem se apresentar como nódulos múltiplos bilaterais de contornos lobulados. Com o tempo podem apresentar extensa fibrose. É importante conhecer esse diagnóstico dentro do acompanhamento de pacientes com hiperplasia adrenal congênita para se evitar orquiectomias desnecessárias.

Cisto epidermoide

Trata-se de uma rara lesão benigna de origem histológica controversa. Seu aspecto de imagem é característico, apresentando-se como uma lesão nodular bem definida e aspecto de "casca de cebola" ou "lesão em alvo". A importância do reconhecimento desse padrão de imagem é que o urologista pode evitar uma orquiectomia total, realizando a princípio uma enucleação ou orquiectomia parcial (Figura 42 e 43).

Lesões intratesticulares malignas

Os tumores testiculares são divididos em duas grandes categorias: tumores de células germinativas e tumores estromais. Os tumores de células germinativas representam 90-95% de todos os tumores testiculares e são os tipos histológicos clássicos quando se refere genericamente a câncer de testículo. Esse grupo ainda é subdividido em seminomas e tumores não seminomatosos, classificação que representa abordagens terapêuticas e prognósticos bem diferentes. De maneira simplificada, seminomas em geral são tumores extremamente radiossensíveis, enquanto tumores não seminomatosos respondem melhor a terapias cirúrgicas com quimioterapia. O seminoma é o tipo histológico que mais frequentemente se apresenta como tipo histológico puro. No entanto, a apresentação mais comum dos tumores de células germinativas são tumores mistos, que contêm elementos de múltiplos subtipos, tanto seminomatosos quanto não seminomatosos. Esses tumores são tratados como tumores não seminomatosos, mesmo que contenham componentes seminomatosos. Outros tipos histológicos vistos nos tumores não seminomatosos de forma pura ou mista são o carcinoma embrionário, coriocarcinoma, teratoma e tumor do saco vitelino (Figura 44).

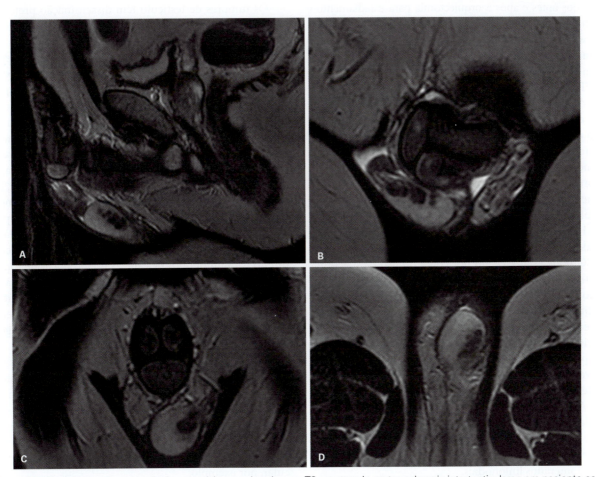

Figura 42 Sequências de ressonância magnética ponderadas em T2 mostrando restos adrenais intratesticulares em paciente com história de hiperplasia adrenal congênita.

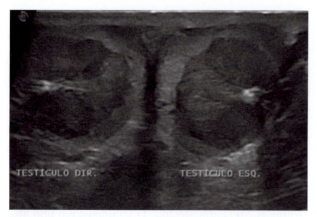

Figura 43 Imagem de ultrassonografia mostrando restos adrenais intratesticulares bilaterais em paciente com história de hiperplasia adrenal congênita.

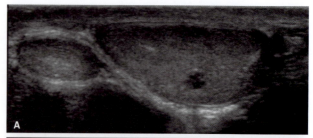
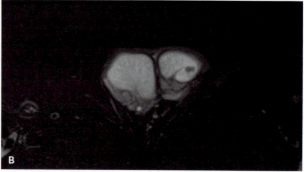

Figura 44 A: Ultrassonografia demonstrando um nódulo hipoecogênico no testículo de um homem de 25 anos. Os achados pós-operatório demonstraram se tratar de um seminoma puro. B: A mesma lesão vista por meio uma ressonância magnética.

Múltiplos marcadores tumorais estão disponíveis para auxiliar o estadiamento, prognóstico, monitoramento e predição de histologia em tumores testiculares. O câncer de testículo é a uma doença entre as neoplasias genitourinárias que inclui os marcadores tumorais como uma categoria separada no sistema de estadiamento. Esses marcadores são colhidos antes e após a orquiectomia para estadiamento e avaliação prognóstica, bem como são colhidos em intervalos regulares durante o tratamento e acompanhamento para monitorar progressão de doença. Os três marcadores bem estabelecidos em câncer de testículo são α-fetoproteína (AFP), HCG e a desidrogenase lática (DHL).

A AFP é uma glicoproteína com uma meia-vida de 4-6 dias. Na ausência de neoplasia testicular, uma elevação de AFP pode ocorrer em crianças com menos de 1 ano de idade, disfunções hepáticas (hepatite, cirrose ou tumores) e outras neoplasias não testiculares, como tumores de fígado, pâncreas, estômago e do pulmão. No câncer de testículo, a AFP não está elevada em casos de seminoma ou coriocarcinomas puros.

HCG é uma glicoproteína menor e tem uma meia-vida de 24-36 horas. Em homens sem câncer de testículo, o HCG pode estar elevado por conta do uso de maconha. Outros resultados falsos-positivos podem ocorrer no caso de elevação de hormônio luteinizante ou mais comumente na presença de anticorpos heterófilos, resultando em uma reatividade cruzada no teste com o HCG. Em pacientes com câncer testicular, HCG é sempre elevado na presença de coriocarcinoma, também podendo estar elevado na presença de carcinoma embrionário, teratoma e até 10% dos seminomas puros.

A desidrogenase láctica é uma enzima com uma meia-vida de 5-7 dias e pode estar elevada tanto em seminomas como em não seminomas. Seu aumento significativo deve levantar a suspeita para doença extensa ou grandes conglomerados linfonodais.

Os tumores de testículo têm disseminação preferencial pela via linfática. No entanto, o subtipo coriocarcinoma também pode ter disseminação hematogênica. Em geral, a disseminação linfática do câncer testicular segue um padrão relativamente previsível, iniciando-se pelos linfonodos do anel inguinal ao longo do cordão espermático, seguindo ao longo dos vasos testiculares junto ao cruzamento com os ureteres até atingir as cadeias linfonodais retroperitoneais. Os linfonodos retroperitoneais em casos de tumores do testículo direito acometem preferencialmente a cadeia inteaortocaval abaixo da altura do hilo renal, seguido pela cadeia pré-caval e pré-aórtica. No caso de tumores do testículo esquerdo, as cadeias retroperitoneais acometidas são a para-aórtica e linfonodos pré-aórticos. É possível haver drenagem linfática cruzada de cadeias linfonodais preferenciais de tumores do testículo direito para linfonodos de cadeias preferenciais de tumores do testículo esquerdo. No entanto, o contrário não é observado. Essas particularidades da drenagem linfática retroperitoneal são importantes para o estabelecimento de estratégias cirúrgicas diferentes no caso de abordagem cirúrgica dos linfonodos retroperitoneais (Figura 45).

Os tumores de testículo em geral se apresentam como formações nodulares bem definidas quando comparadas com o tecido testicular normal, mas podem também ser heterogêneos, contendo calcificações ou áreas de transformação cística. O aumento de vascularização não é um critério específico para tumor testicular, podendo estar presente em alterações de natureza inflamatória ou vascular, por exemplo.

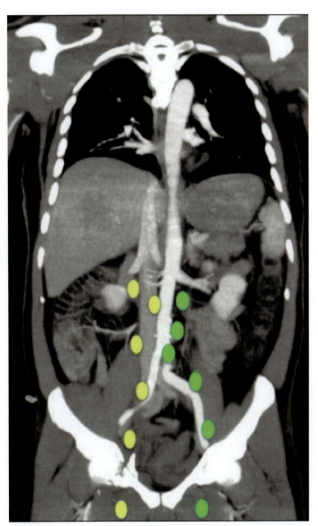

Figura 45 Amarelo – drenagem linfática de tumores do testículo direito; verde – drenagem linfática de tumores do testículo esquerdo.

O achado de microlitíase testicular ao ultrassom, caracterizado por pequenos focos hiperecogênicos distribuídos pelo parênquima testicular, é um achado comum em pacientes com tumor de testículo; por isso, historicamente, a presença de microlitíase testicular tem sido um tema controverso em relação ao risco de malignidade. No entanto, estudos mais recentes têm mostrado que a presença de microlitíase em pacientes sem outras alterações testiculares não predispõe a tumor de testículo. Um estudo de rastreamento ultrassonográfico em 1.504 recrutas saudáveis da reserva do exército dos Estados Unidos revelou uma incidência de microlitíase testicular de 5%, ou seja, 1.000 vezes maior do que a incidência de tumor de testículo. Ao que parece, a presença ou ausência de microlitíase testicular não é significativamente associada a risco de malignidade; e, portanto, não há boas evidências para suportar um papel para a vigilância de imagem na ausência de fatores de risco adicionais (Figura 46).

Uma apresentação possível de tumor testicular é o surgimento de conglomerados linfonodais retroperitoneais sem que os exames de imagem revelem lesão evidente no testículo. Nesse caso, deve-se considerar a possibilidade de tumor testicular que regrediu, conhecido pelo termo em inglês *burned-out tumor*. Uma outra hipótese menos comum é a possibilidade de tumor de células germinativas extragonadais, que essencialmente corresponde à mesma histologia dos tumores testiculares, mas se desenvolvem fora do testículo, em locais como a glândula pineal, mediastino, retroperitôneo e sacro. Tanto no fenômeno de *burned-out tumor* como em tumores de células germinativas extragonadais, os marcadores tumorais e biópsias dos conglomerados linfonodais retroperitoneais na ausência de imagem testicular são os responsáveis para que se pense nesses diagnósticos.

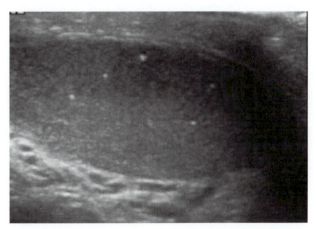

Figura 46 Microlitíase testicular vista ao ultrassom sem outras lesões testiculares.

Bibliografia sugerida

1. Carson CC, Mulcahy JJ, Govier FE. Efficacy, safety and patient satisfaction outcomes of the AMS 700CX inflatable penile prosthesis: results of a long-term multicenter study. AMS 700CX Study Group. J Urol. 2000;164:376-80.
2. Cassidy FH, Ishioka KM, McMahon CJ, Chu P, Sakamoto K, Lee KS, et al. MR imaging of scrotal tumors and pseudotumors. Radiographics. 2010;30(3):665-83.
3. Govier FE, Gibbons RP, Correa RJ, Pritchett TR, Kramer-Levien D. Mechanical reliability, surgical complications, and patient and partner satisfaction of the modern three-piece inflatable penile prosthesis. Urology. 1998;52:282-6
4. Kantarci M, Doganay S, Yalcin A, Aksoy Y, Yilmaz-Cankaya B, Salman B. Diagnostic performance of diffusion-weighted MRI in the detection of non-palpable undescended tests: comparison with conventional MRI and surgical findings. AJR Am J Roentgenol. 2010;195(4):W268-73.
5. Kim W, Rosen MA, Langer JE, Banner MP, Siegelman ES, Ramchandani P. US-MR imaging correlation in pathologic conditions of the scrotum. Radiographics. 2007;27(5):1239-53.
6. Kirkham AP, Illing RO, Minhas S, Minhas S, Allen C. MR imaging of nonmalignant penile lesions. Radiographics. 2008;28(3):837-53.
7. Krishnaswami S, Fonnesbeck C, Penson D, McPheeters ML. Magnetic resonance imaging for locating nonpalpable undescended testicles: a meta-analysis. Pediatrics. 2013;131(6):e1908-16.
8. Parker RA, Menias CO, Quazi R, Hara AK, Verma S, Shaaban A, et al. MR imaging of the Penis and Scrotum. Radiographics. 2015;35(4):1033-50.
9. Pretorius ES, Siegelman ES, Ramchandani P, Banner MP. MR imaging of the penis. Radiographics. 2001;2:S283-98; discussion S298-9.
10. Price G, Pathiraja F, Allen C, Walkden M, Ramachandran N, Kirkham A, et al. The role of MRI in undescended tests. G. Poster No.: C-1147 Congress: ECR 2014.
11. Tonolini M, Ippolito S. Cross-sectional imaging of complicated urinary infections affecting the lower tract and male genital organs. Insights Imaging. 2016;7(5):689-711.
12. Yu M, Robinson K, Siegel C, Menias C. Complicated genitourinary tract infections and mimics. Curr Probl Diagn Radiol. 2017;46(1):74-83.

Ultrassonografia do escroto

Osmar de Cássio Saito

Introdução

Geralmente o ultrassom é o primeiro exame na avaliação do escroto, tanto na pesquisa de nódulos testiculares palpáveis, quanto no trauma, suspeita de torção e pesquisa da infertilidade masculina. Os avanços tecnológicos possibilitam detectar detalhes cada vez maiores, principalmente com o advento do Doppler colorido e também da elastografia. O exame de ultrassom é preferido por ser indolor ao paciente, de baixo custo e de rápida execução.

Anatomia

O escroto é composto por pele e músculo que envolve os testículos suspensos pelo funículo espermático. Estes dois tecidos são vistos como uma única camada ecogênica à ultrassonografia com uma espessura que varia de 2 a 7 mm. O escroto é dividido por um septo central, denominado de rafe mediana. Esse septo resulta de fibras profundas do dartos, o qual divide o escroto em dois compartimentos independentes (Figura 1).

A irrigação arterial do escroto se faz através de ramos das artérias pudenda, testicular e cremastérica. Os testículos apresentam aspecto oval, com contornos regulares e ecotextura homogênea. Os testículos no adulto medem de 3 a 5 cm no seu eixo longitudinal, 2,0 a 3,0 cm no eixo transverso e 1,5 a 2,0 cm no eixo anteroposterior. O volume testicular pode ser calculado levando-se em conta seus três maiores eixos, multiplicando-os entre si e por uma constante matemática de 0,52, sendo o valor normal no adulto 15 +/−8 mL.

O testículo é coberto por um fino tecido fibroso firmemente aderido à sua superfície, denominado túnica albugínea. Por usa vez, o epidídimo se adere firmemente posterolateralmente ao testículo, mas existem diversas variantes anatômicas de posição. A túnica vaginal é formada por dois folhetos, o visceral e o parietal, sendo

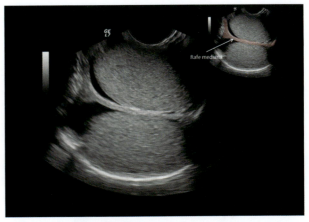

Figura 1 Corte ultrassonográfico em coronal identificando os dois testículos e a imagem da rafe mediana (seta).

normal o encontro de pequena quantidade de fluido fisiológico entre eles, e este líquido é mais bem visto junto aos polos superior e inferior. A cavidade vaginal é o espaço onde se coleta o líquido da hidrocele (Figura 2).

Pequenas quantidades de líquido no espaço vaginal são fisiológicas, e esse líquido fica restrito aos polos superior e inferior na avaliação em supino. Assim, considera-se hidrocele quando o líquido também estiver ocupando o equador do escroto. A face posterior do testículo não é recoberta pela túnica vaginal e se adere firmemente à parede do escroto, fato este que impede que a gônada gire em torno do seu eixo longitudinal (Figura 3). Na falta de aderência adequada deste ligamento posterior pode haver movimento de rotação e consequente torção testicular.

O exame ultrassonográfico detecta uma fina linha hiperecogênica que percorre polo a polo na porção posterolateral do testículo, estrutura essa denominada de mediastino testicular, que pode ser visto em outras topografias, tais como: medial, posterior e até anterior (Figura 4). Os testículos são constituídos por mais de 250 lóbulos,

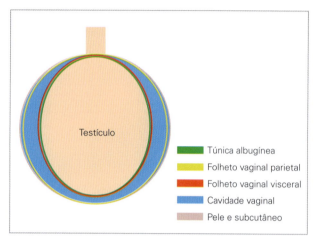

Figura 2 Testículo e as suas camadas. Esquema mostrando os envoltórios do testículo.

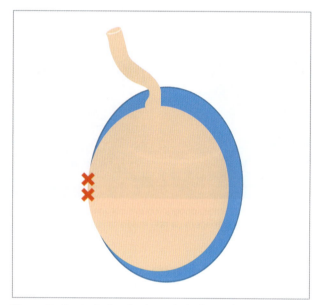

Figura 3 Ponto de fixação do testículo dentro do escroto (cruz).

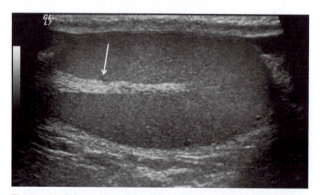

Figura 4 Corte ultrassonográfico do testículo evidenciando o mediastino testicular (seta).

separados entre si por finos septos fibrosos denominados de lóbulos testiculares.

O epidídimo consiste em um fino ducto aderido posterolateralmente ao testículo e continua como o ducto deferente até desembocar no ducto ejaculatório. O epidídimo pode apresentar várias alterações congênitas, tais como agenesia parcial ou completa e também inúmeras variantes de posição.

No ultrassom o epidídimo possui ecogenicidade ligeiramente maior ou semelhante à do testículo adjacente. A cabeça do epidídimo é também denominada *globus major*, sendo esta maior do que o restante do órgão e mede aproximadamente 8 a 12 mm. A cabeça do epidídimo ou *glomus major* recebe os ductos eferentes da *rede testis*, junto ao polo superior do testículo. A cauda do epidídimo também recebe o nome de *globus minor*, sendo ligeiramente mais espessa do que o corpo, e a partir daí começa o ducto deferente, que pode ser acompanhado e visto até a região inguinal externa. O ducto deferente normalmente é visto como estrutura tubular com paredes hipoecogênicas, em razão da grande quantidade de músculo liso, sendo o seu centro ligeiramente hiperecogênico, e com calibre de 2,0 mm. O deferente corre lateralmente ao epidídimo e vasos do plexo pampiniforme.

O suprimento vascular testicular se faz através das artérias testiculares que se originam da aorta, imediatamente abaixo da emergência das artérias renais, as quais seguem através do retroperitônio e funículo espermático até os testículos (Figura 5).

A artéria testicular origina diversos ramos que percorrem a superfície testicular nas chamadas artérias capsulares, que, por sua vez, emitem ramos que adentram o testículo, nas chamadas artérias centrípetas. No segmento distal das artérias centrípetas são originados ramos menores chamados recorrentes, os quais caminham na direção oposta às artérias centrípetas (Figura 6). A artéria epigástrica inferior origina a artéria cremastérica, enquanto a artéria deferente é ramo da artéria vesicular. O funículo ou cordão espermático é composto pelo ducto deferente, veia gonadal e por três artérias: a cremastérica, a deferente e a testicular.

A drenagem venosa do escroto é feita pelos plexos pampiniformes anterior e posterior (Figura 7), que, por sua vez, originam a veia gonadal, a qual desemboca em ângulo agudo na veia cava inferior à direita e no lado esquerdo desemboca em ângulo reto na veia renal (Figura 8).

Técnica de exame

No estudo ultrassonográfico do escroto é essencial a obtenção de imagens de alta qualidade com transdutores lineares de alta frequência (superior a 10,0 MHz) e Doppler colorido. A obtenção das imagens pode ser feita em cortes longitudinais, transversais e oblíquos. O eixo longitudinal do testículo normalmente atinge valores de até 5,0 cm, en-

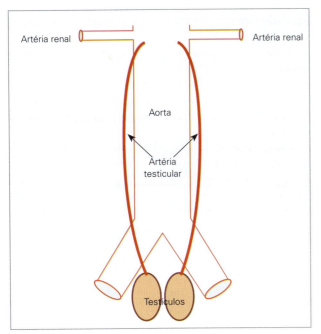

Figura 5   Esquema de irrigação arterial dos testículos a partir da aorta.

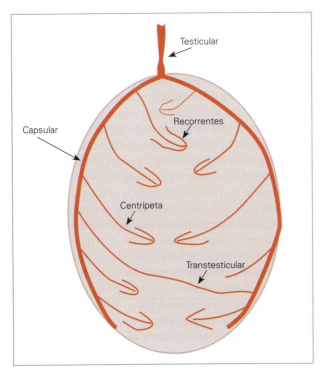

Figura 6   Esquema de irrigação arterial intratesticular.

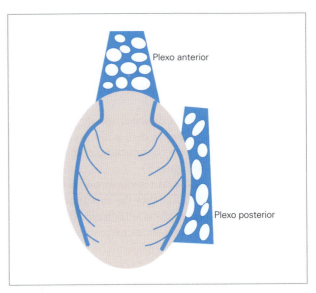

Figura 7   Esquema de drenagem venosa intratesticular.

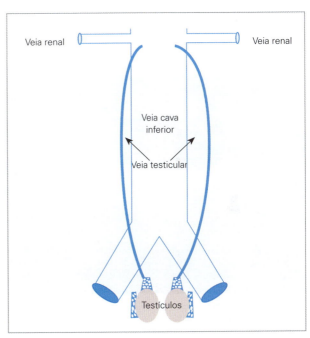

Figura 8   Esquema de drenagem venosa testicular até a veia cava inferior.

quanto o diâmetro transverso atinge valores de até 3,0 cm e o eixo anteroposterior possui valores normais de até 2,0 cm. A documentação sempre deve mostrar um corte comparativo entre o testículo direito e esquerdo.

Pode ser necessário o uso de transdutores de menor frequência (3,5-5,0 MHz) diante do aumento volumétrico exagerado do conteúdo escrotal, já que estes possuem maior penetração nos planos profundos, de maneira a se ter uma melhor visão de todo o conjunto.

Lesões extratesticulares

Hidrocele

A hidrocele consiste no acúmulo anômalo de líquido no espaço virtual existente entre ambos os folhetos da túnica vaginal e a região do funículo espermático. A presença de líquido seroso no espaço vaginal é considerada normal quando possuir volume de 1 a 2 mL, e quantidades acima deste valor são consideradas anormais.

A hidrocele pode ser congênita, com dois subtipos:

- Encistada ou também denominada de cisto de cordão: consiste na presença de líquido no funículo espermático, porém sem comunicação com o peritônio ou túnica vaginal (Figura 9).
- Funicular ou funiculocele: nessa forma há comunicação com o peritônio através do anel inguinal interno, entretanto não engloba o testículo. Essa forma é muito frequente em lactentes prematuros e crianças (Figura 10).

Hidrocele adquirida:

- Idiopática (Figura 11).
- Trauma.
- Processo inflamatório.
- Torção testicular.
- Neoplasia testicular.

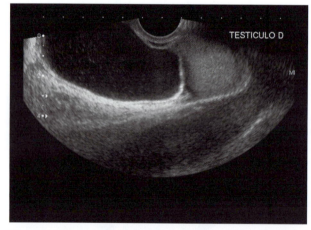

Figura 9   Hidrocele funicular. Corte ultrassonográfico longitudinal evidenciando presença de líquido anecoico coletado no funículo espermático.

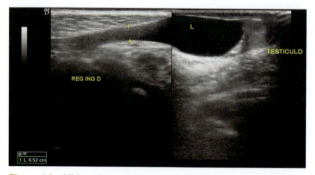

Figura 10   Hidrocele comunicante. Corte ultrassonográfico longitudinal evidenciando presença de líquido anecoico que se entende do funículo espermático até o escroto (L).

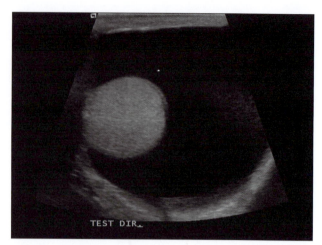

Figura 11   Hidrocele adquirida. Corte ultrassonográfico transversal mostrando líquido anecoico em volta do testículo.

Varicocele

Consiste em uma alteração muito comum na qual há dilatação dos vasos do plexo pampiniforme, atingindo cerca de 15% da população masculina entre os 15 e 25 anos. A dilatação das veias do plexo pampiniforme ocorre por conta de uma incompetência valvular das veias espermáticas internas. Normalmente os vasos do plexo pampiniforme apresentam calibre de 0,5 mm a 1,5 mm e a veia gonadal apresenta calibre máximo de 2,0 mm. A varicocele pode causar queixa de infertilidade, espessamento do funículo espermático, dor local e redução volumétrica testicular do lado acometido. Na varicocele decorrente do represamento de sangue no escroto, ocorre aumento da temperatura local, fato esse que altera diretamente a produção e qualidade dos espermatozoides. O exame de ultrassom com Doppler deve ser realizado na posição ortostática, principalmente para diagnóstico da varicocele subclínica. O exame mostra numerosos vasos tortuosos com diâmetro maior que 2 mm, composto pelo grupo pampiniforme anterior que corre à frente do ducto deferente, drenando para a rede venosa renoespermática, e o grupo pampiniforme posterior, que corre atrás do ducto deferente e parede posterior do escroto, drenando para a rede venosa ilíaca. O mapeamento com Doppler colorido mostra refluxo venoso acima de 1,0 segundo e velocidade venosa maior que 2,0 cm/s (Figura 12).

A varicocele pode ter uma forma mais rara de apresentação, que é a chamada intratesticular, mas que sempre está relacionada à varicocele extratesticular. O exame mostra inúmeros túbulos serpiginosos intratesticulares com refluxo venoso no interior dos túbulos intratesticulares e durante as manobras de Valsalva (Figura 13).

Gangrena de Fournier

A gangrena de Fournier consiste numa fasciite necrotizante polimicrobiana que acomete originalmente a pa-

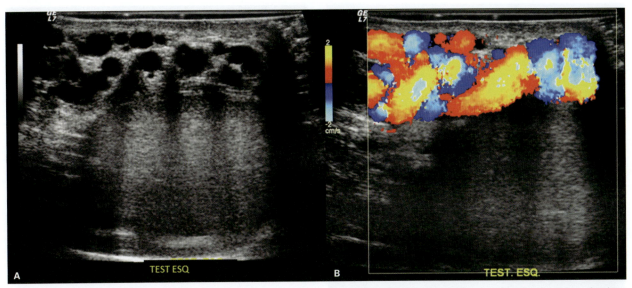

Figura 12 Varicocele extratesticular. A: Corte ultrassonográfico no modo B longitudinal evidenciando dilatação dos vasos do plexo pampiniforme em ortostase com Valsalva. B: Aplicação do Doppler colorido mostrando refluxo venoso durante manobra de Valsalva em ortostase.

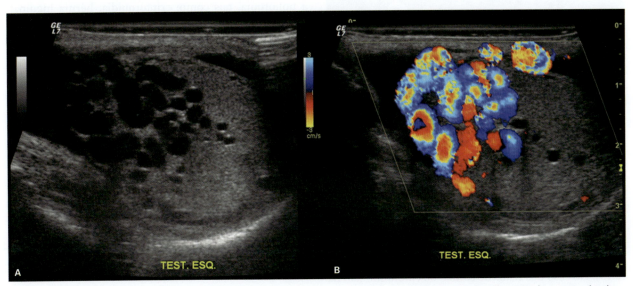

Figura 13 Varicocele intratesticular. A: Corte ultrassonográfico transversal no modo B mostrando dilatação dos vasos do plexo pampiniforme intratesticular. B: Aplicação do Doppler colorido mostrando refluxo venoso intratesticular durante manobra de Valsalva em ortostase.

rede do escroto, porém pode se estender até a parede do abdome inferior. Os agentes etiológicos encontrados são a *Klebsiella*, o *Proteus*, o *Streptococcus*, o *Staphylococcus* e a *Escherichia coli*. O Fournier consiste em uma entidade de extrema urgência, já que possui altas taxas de mortalidade (75%). Vários são os exames de imagem disponíveis para o diagnóstico da gangrena de Fournier, como as radiografias simples, o exame de ultrassom e a tomografia computadorizada. Clinicamente essa síndrome se caracteriza pela presença de crepitações na parede do escroto por conta de focos de gás. Este gás restrito na parede pode ser visto nas radiografias simples, na tomografia computadorizada e no ultrassom. O exame ultrassonográfico mostra espessamento difuso da parede do escroto, acompanhado de coleções líquidas laminares e numerosos focos hiperecogênicos reverberantes em razão da presença do gás (Figura 14). Apesar dessas alterações extremamente graves da parede do escroto, os testículos e epidídimos possuem aspecto normal.

Lesões císticas extratesticulares

As formações císticas mais comuns fora dos testículos são representadas pelos cistos do epidídimo, espermato-

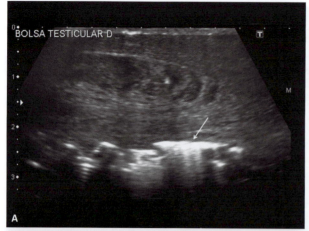

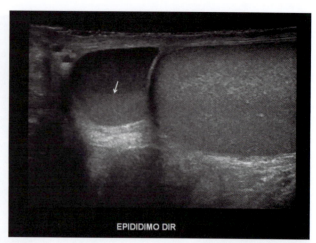

Figura 15 Espermatocele. Corte ultrassonográfico longitudinal mostrando formação cística de conteúdo espesso e nível líquido/líquido na projeção da cabeça do epidídimo (seta).

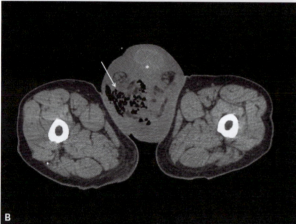

Figura 14 Fournier. A: Corte ultrassonográfico longitudinal evidenciando espessamento dos envoltórios e pele do escroto com focos hiperecogênicos com reverberação posterior por causa da presença de ar (seta). B: Corte tomográfico em axila mostrando espessamento da parede e pele do escroto com ar no seu interior (seta).

celes e cistos do cordão. A espermatocele apresenta cisto móvel, de pequeno volume, localizado junto ao polo superior do testículo com conteúdo espesso (espermatozoides mortos) e, em alguns casos, até septos internos (Figura 15). No caso dos cistos de cordão ou epidídimo não há espermatozoides no seu interior. Os cistos de epidídimo possuem diâmetro diverso e podem ocorrer na cabeça, no corpo e na cauda. O cisto de cordão, no geral, apresenta localização alta, próximo à raiz da coxa, e conteúdo anecoico homogêneo.

Alterações testiculares

Alterações congênitas

Anomalias de número

Poliorquia: consiste em uma alteração congênita rara que surge durante a sétima semana de vida embrionária, na qual há a formação do testículo supranumerário por conta de uma divisão transversal ou longitudinal da gônada primitiva. Geralmente, o testículo supranumerário desce até o escroto, sendo clinicamente descoberto na forma de massa sólida indolor intraescrotal (Figura 16).

Inúmeras anomalias genitourinárias estão associadas à poliorquia, tais como: criptorquidia, hérnia inguinal, torção testicular, hidrocele e infertilidade. Apesar de raro, o carcinoma familiar testicular pode ser visto nessa população, num risco seis vezes maior, se comparado à população geral. A imagem descrita nestas anomalias é a da presença de massa sólida homogênea, de ecogenicidade semelhante à do testículo homolateral e contralateral, ou ainda pode-se observar o testículo muito alongado com fusão incompleta entre as partes.

Distopia testicular

Consiste numa anomalia de posição do testículo, na qual este não é visto no seu sítio habitual. Os testículos distópicos podem ser encontrados desde o hilo renal até o anel inguinal externo, e geralmente esses testículos são menores, heterogêneos e com alteração de forma (Figura 17).

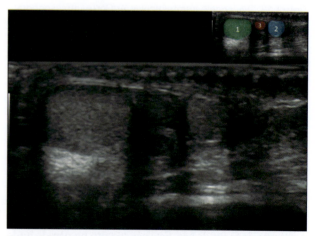

Figura 16 Poliorquia. Corte transversal do ultrassom mostrando três testículos, de tamanhos diferentes entre si.

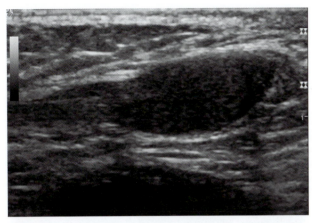

Figura 17 Criptorquidia. Corte ultrassonográfico longitudinal no canal inguinal evidenciando imagem de testículo atrófico heterogêneo e fortemente hipoecogênico.

As distopias testiculares podem ter associação com inúmeras síndromes genéticas, como Prune-Belly, Prader-Willy, Noonan, Klinefelter e Down, ou ainda malformações genitourinárias, como a má rotação renal, duplicidade ureteral e outras. Nas distopias testiculares há risco cinco vezes maior de aparecer seminoma do que na população normal.

É fácil de se entender a ocorrência da distopia ao se relembrar da embriologia. Os testículos no processo de sua formação se originam no retroperitônio, logo abaixo dos rins, e iniciam um processo de descida através do retroperitônio para o escroto, ainda na fase intraútero, por volta da 14ª a 16ª semanas. Essa descida dos testículos é orientada por um tecido embriológico denominado gubernáculo, o qual abre caminho no retroperitônio para os testículos migrarem até o seu destino final. Quando esta descida for interrompida em qualquer ponto do trajeto normal, estaremos diante da chamada criptorquidia. Assim, na criptorquidia o testículo pode ser encontrado no interior do abdome, pelve e canal inguinal. Já na ectopia, o testículo está desviado de sua rota habitual, podendo ser encontrado na região inguinal superficial, perineal, face dorsal da raiz do pênis e na região femoral.

A ultrassonografia é o exame inicial para a localização dos testículos ausentes no escroto. O exame ultrassonográfico começa inicialmente no escroto e depois avaliará regiões como a base do pênis, base da coxa e o canal inguinal. O testículo distópico pode ser visto com forma ovalada ou elipsoide, heterogênea, hipoecoica, de dimensões reduzidas e hipovascularizado ao mapeamento com Doppler colorido. Além da ultrassonografia, outras modalidades de exames podem ser utilizadas na pesquisa dos testículos ausentes na bolsa escrotal, tais como: ressonância magnética, cintilografia, tomografia computadorizada, e por último a laparoscopia. A tomografia apresenta limitação por conta do efeito da radiação, enquanto a laparoscopia pode predispor o aparecimento de focos de aderência.

Alterações de tamanho
Hipoplasia

As hipoplasias, embora raras, constituem anomalias onde o testículo possui forma habitual, textura homogênea e topografia habitual, porém o tamanho da gônada é significativamente menor do que a contralateral (Figura 18).

Alterações adquiridas

Lesões císticas testiculares benignas
Cistos simples intratesticulares

Geralmente os cistos testiculares são benignos e achados incidentalmente, sendo frequentes a partir dos quarenta anos de idade. O diâmetro é variado, mas na sua maioria são menores que 1,0 cm. Estes cistos não são palpáveis, exceto quando localizados na periferia do órgão, mas mesmo assim possuem consistência amolecida, o que os difere dos tumores. Apesar de benignos, não se deve esquecer a remota possibilidade de que algumas lesões tumorais podem sofrer degeneração cística central, seja por necrose ou hemorragia. Os cistos simples podem ser únicos ou múltiplos e podem ocupar qualquer local do testículo, sendo mais frequentes na região do mediastino testicular. O exame ultrassonográfico mostra lesão cística com paredes finas, conteúdo anecoide homogêneo, com boa transmissão sonora e reforço posterior (Figura 19).

Cistos albugíneos e vaginais

A etiologia dos cistos albugíneos não é bem conhecida, mas supõe-se que seja de origem mesotelial ou após trauma, infecção ou hemorragia. Os cistos albugíneos possuem pequenas dimensões que variam de 2 a 5 mm. Estes são frequentes a partir dos 40 anos. Ao exame de ultrassom estes cistos albugíneos possuem aspecto simples e se localizam na periferia da face anterossuperior ou lateral de ambos os testículos (Figura 20). Esses cistos podem ser uniloculados ou multiloculados.

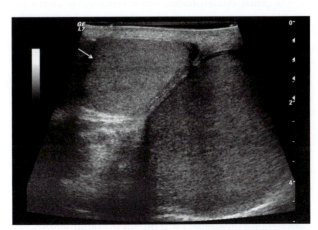

Figura 18 Hipoplasia testicular. Corte ultrassonográfico transversal mostrando os dois testículos, sendo o hipoplásico de aspecto normal, porém de dimensões reduzidas.

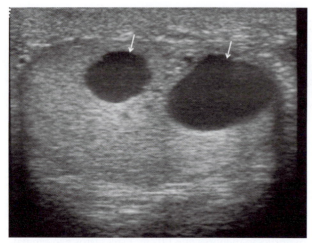

Figura 19   Cistos simples intratesticulares. Corte ultrassonográfico longitudinal do testículo mostrando imagem de cistos simples de conteúdo anecoico no seu interior (setas).

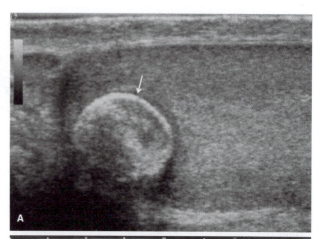

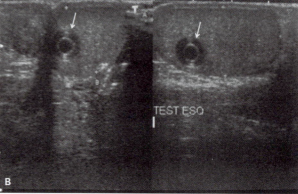

Figura 21   A: Cisto epidermoide. Corte ultrassonográfico longitudinal do testículo mostrando imagem de nódulo hiperecogênico (seta). B: Cisto epidermoide. Corte ultrassonográfico longitudinal do testículo mostrando imagem de "cisto dentro de cisto" (setas).

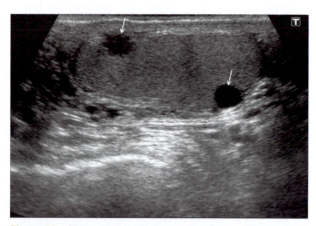

Figura 20   Cistos albugíneos. Corte ultrassonográfico longitudinal do testículo mostrando imagem de pequenos cistos simples de conteúdo anecoico na sua periferia (setas).

Cisto epidermoide

Os cistos epidermoides são considerados como tumores benignos originários das células germinativas. Eles possuem diâmetro variável de 1,0 a 3,0 cm. Muitas vezes são vistos como lesões palpáveis e endurecidas. O exame ultrassonográfico dessas entidades é muito variável e depende da fase de maturação e quantidade de queratina compactada no seu interior. Na maioria das vezes é detectado na forma de lesão em alvo semelhante à casca de cebola e sem fluxo ao mapeamento com Doppler colorido ou na forma de nódulo hiperecogênico (Figura 21).

Ectasia da rede testis ou transformação cística da rede testis

Consistem numa condição benigna com dilatação cística da *rede testis*. A ectasia tubular ocorre após obstrução completa ou incompleta dos dúctulos. Geralmente ocorrem bilateralmente em homens com idade superior aos 55 anos. O local mais frequente da ectasia tubular é o polo superior do testículo (Figura 22). Comumente são encontrados conjuntamente cistos na topografia da cabeça do epidídimo, pois estes dificultam a drenagem testicular e dilatam os túbulos retos da *rede testis*. O diagnóstico diferencial deve ser feito com a varicocele intratesticular, pois no caso da varicocele há refluxo durante manobra de Valsalva no mapeamento com Doppler colorido.

Abscesso

O abscesso testicular consiste na complicação de uma orquiepididimite, mas pode ser visto em outras situações como o trauma testicular, infarto testicular e até na caxumba. O exame ultrassonográfico mostra imagem de lesão cística de conteúdo espesso com paredes irregulares e ao mapeamento com Doppler colorido mostra padrão vascular de fluxo periférico e ausente no centro (Figura 23).

Lesões testiculares benignas
Microlitíase testicular

A microlitíase testicular consiste em achado infrequente e descoberto incidentalmente durante exame ultrassonográfico de rotina. Histologicamente, esta entidade aparece na forma de calcificações intratubulares. A

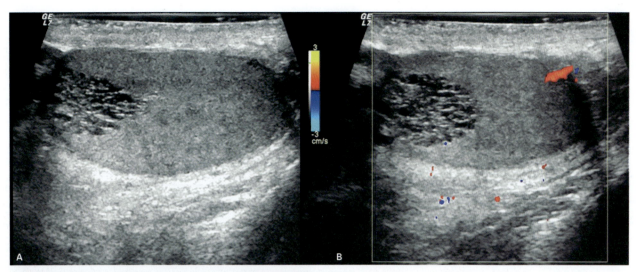

Figura 22 Dilatação da *rede testis*. A: Corte ultrassonográfico longitudinal evidenciando imagem de cisto multisseptado no polo superior do testículo. B: Aplicação do Doppler colorido sem evidência de refluxo durante manobra de esforço.

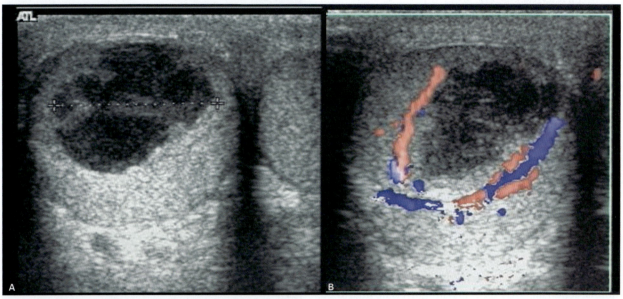

Figura 23 Abscesso intratesticular. A: Corte ultrassonográfico transversal mostrando imagem de cisto de conteúdo espesso e paredes internas irregulares. B: A aplicação do Doppler colorido mostra ausência de fluxo no interior do cisto e vasos na sua parede.

microlitíase testicular aparece na ultrassonografia como múltiplos pontos hiperecogênicos de 2 a 3 mm sem sombra posterior distribuídos por todo o parênquima (Figura 24). Considera-se como microlitíase testicular a presença de cinco ou mais focos numa área de 1,0 cm² dentro do testículo. A microlitíase testicular apresenta risco de desenvolver neoplasia em 18-75% dos casos, porém há controvérsias de que essa seja um agente pré-maligno. A microlitíase testicular pode estar relacionada a outras situações, tais como: criptorquidia, infertilidade, síndrome de Klinefelter, síndrome de Down e microlitíase alveolar. Deve-se suspeitar de lesão seminomatosa sempre que for encontrada imagem de nódulo sólido hipoecogênico, de limites imprecisos ou lobulados no interior do parênquima.

Orquiepididimite

A epididimite isolada ou associada à orquite constitui de longe a causa mais comum de dor aguda nos adolescentes e adultos. No caso da epididimite observa-se nodulação palpável amolecida e dolorosa. Isso pode ser compreendido se lembrarmos do caminho que a infecção percorre através da uretra, bexiga, próstata, ducto deferente, epidídimo e finalmente testículo. Entre os agentes infecciosos mais frequentes nas crianças e nos adultos acima de 35 anos, estão a *Escherichia coli* e o *Proteus mirabilis*, enquan-

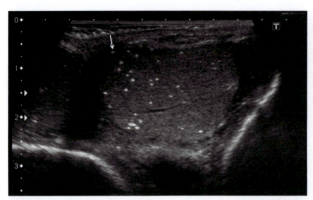

Figura 24 Microlitíase testicular. Cortes ultrassonográficos do testículo mostrando imagem de pontos hiperecogênicos dispersos no parênquima (seta).

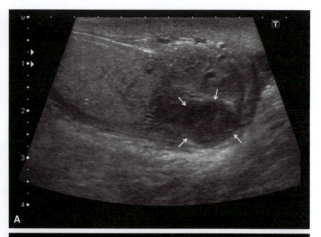

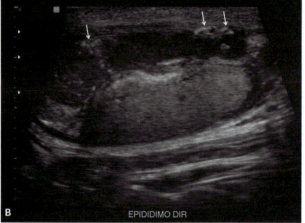

Figura 25 A: Abscesso na cauda do epidídimo. Corte ultrassonográfico longitudinal evidenciando aumento da cauda do epidídimo com formação cística de conteúdo espesso (setas). B: Epidídimo aumentado e espessado com focos de calcificação no seu interior (setas).

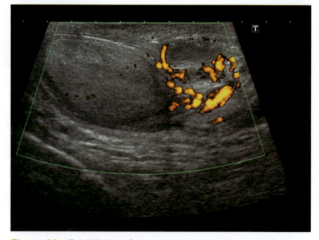

Figura 26 Epididimite. Cortes ultrassonográficos longitudinais da cauda do epidídimo com aplicação do Doppler de amplitude evidenciando área avascularizada do abscesso (seta).

to nos pacientes heterossexuais abaixo de 35 anos encontram-se como agentes mais frequentes a *Neisseria gonorrhoeae* e a *Chlamydia trachomatis*, ambas de transmissão sexual. Vários agentes etiológicos podem causar infecção, tais como como a tuberculose, a sarcoidose, a brucelose, a sífilis, as viroses, os traumas, agentes químicos e também de causa idiopática. Na caxumba observa-se orquite isolada sem comprometimento dos epidídimos.

A tuberculose atinge primeiro os epidídimos, e nas fases agudas eles possuem coleções complexas tanto em epidídimos quanto nos testículos, até que na fase crônica surgem pontos de calcificações grosseiras (Figura 25).

No exame ultrassonográfico, a epididimite aguda bacteriana aparece com aumento focal hipoecogênico da cauda, cabeça ou todo o epidídimo, mas na fase crônica, essas assumem o aspecto da área hiperecogênica. Nos casos mais graves de infecção, podem surgir abscessos no interior dos epidídimos (Figura 26).

Na orquite há aumento do volume testicular e textura heterogênea. Esse aumento na orquite se acompanha de áreas hipoecogênicas mal definidas dispersas pelo parênquima, sendo algumas vezes indistinguíveis de infarto ou tumor. Na infecção há a formação de pequena hidrocele, pois o processo inflamatório se estende para as túnicas vaginais. Outro achado ultrassonográfico de infecção é o espessamento hipervascularizado ao Doppler do funículo espermático (Figura 27).

À ultrassonografia a túnica albugínea é vista como fina linha hiperecogênica envolvendo toda a circunferência do testículo, e nas orquites são vistos focos de espessamento da albugínea ou vaginal com pontos de interrupção. O emprego do Doppler colorido é importante no diagnóstico da orquiepididimite, já que o processo inflamatório se assemelha bastante a uma torção. Na orquite o mapeamento com Doppler colorido detecta o aumento difuso da vascularização do parênquima testicular e funículo espermático.

Nas orquites virais, o agente mais comum é a caxumba, mas em menor frequência pode haver ação de outros vírus, como a varicela, o Coxsackie, o ecovírus e o citomegalovírus. O exame ultrassonográfico mostra aumento bilateral dos testículos, com ecogenicidade normal ou

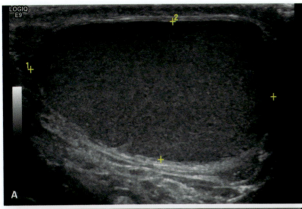
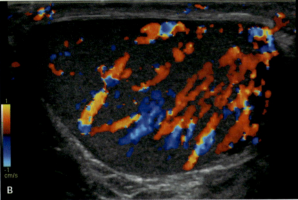

Figura 27 Orquite. A: Corte ultrassonográfico longitudinal no modo B do testículo mostrando aumento difuso da gônada. B: A aplicação do Doppler colorido mostra aumento difuso da vascularização.

pouco diminuída, e o mapeamento com Doppler colorido mostra aumento da vascularização intraparenquimatosa, porém deve-se sempre estar atento que na orquite viral os epidídimos estão normais.

Seja a orquite de origem bacteriana, viral ou tuberculosa, ela pode evoluir com atrofia testicular de ecotextura heterogênea com áreas hiperecogênicas de permeio, aspecto esse decorrente da substituição do parênquima por fibrose. Quando for bilateral, a atrofia resultará em quadro clínico de esterilidade, enquanto na forma unilateral teremos o testículo contralateral normal ou de aspecto vicariante.

Quadro 1	Processo inflamatório
Modo B	
▪ Aumento testicular ▪ Hipoecogenicidade difusa ▪ Aumento do epidídimo ▪ Pequena hidrocele reacional ▪ Espessamento parietal difuso	
Doppler colorido	
▪ Hipervascularização do parênquima (inferno testicular) ▪ Espectro arterial com padrão de baixa resistência ▪ Forma focal: nódulo hipervascularizado, muitas vezes semelhante ao tumor	

Torção testicular

A torção testicular constitui uma urgência cirúrgica por conta da obstrução venosa, seguida de obstrução arterial resultando em isquemia. A gravidade da torção depende do grau de rotação que varia de 180° a 720°. A torção pode ser extravaginal ou intravaginal, e a extravaginal ocorre quase que exclusivamente nos recém-nascidos (Figura 28), enquanto a torção intravaginal ocorre na maioria dos casos.

O quadro clínico é de dor súbita, vômito, febre baixa, inchaço escrotal e elevação com horizontalização da gônada comprometida. A recuperação cirúrgica da gônada é de 80-100% se diagnosticada nas 6 primeiras horas, de 70% entre 6 e 12 horas e de apenas 20%, quando diagnosticada acima de 12 horas.

A torção é mais frequente nos adolescentes e crianças, sendo a torção intravaginal a forma predominante. A torção intravaginal ocorre por conta de uma inserção anormalmente alta da túnica vaginal no cordão espermático de modo a permitir a rotação testicular, na chamada deformidade do badalo do sino (*Bell-clapper*). Já a torção extravaginal é mais rara e geralmente aparece nos recém-nascidos ou lactentes, já que o testículo e o cordão espermático estão fragilmente aderidos ao escroto posterior. Nem sempre é possível a ultrassonografia fazer a diferenciação exata do tipo de torção, se intra ou extravaginal, mas infere-se pela faixa etária em questão.

A torção pode ser classificada em aguda (abaixo de 24 horas), subaguda (1-10 dias) e crônica (acima de 10 dias). O exame ultrassonográfico é o primeiro a ser realizado, e o mapeamento com Doppler mostra ausência de fluxo intratesticular.

Geralmente as imagens ultrassonográficas são pouco precisas nas fases iniciais, já que o testículo torcido possui aspecto relativamente normal, mas pode apresentar diminuição da ecogenicidade do parênquima e espessamento hiperecogênico do mediastino. Nas fases mais tardias, nota-se espessamento cutâneo difuso, aumento do volume testicular, parênquima com textura hetero-

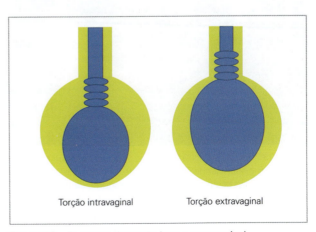

Figura 28 Esquema da torção intra e extravaginal.

gênea, marcadamente hipoecogênica, pequena hidrocele que disseca a face posterior do testículo e imagem de nódulo pseudotumoral hiperecogênico junto ao testículo. No caso de haver hemorragia intratesticular observa-se hiperecogenicidade do parênquima. O nódulo pseudotumoral peritesticular corresponde ao enovelamento e edema do ducto deferente, vasos linfáticos, vasos sanguíneos e nervos da região do funículo espermático. O próprio funículo espermático apresenta alterações imagenológicas apreciáveis na torção, pois este assume aspecto espiralado, em alvo ou roda de carroça. Na torção há ausência de fluxo no interior dos vasos do parênquima testicular e a artéria testicular no funículo espermático apresenta fluxo de alta resistência (IR > 0,70), com diástole nula ou reversa (Figura 29).

No caso da torção incompleta ou detorção, há melhora do quadro clínico temporário, e nesses pacientes há história de recorrência da torção. O exame ultrassonográfico geralmente é inespecífico ou quando muito mostra moderado aumento do volume testicular e diminuição da ecogenicidade do parênquima. Na torção crônica nota-se atrofia testicular de aspecto heterogêneo, marcadamente hipoecogênico, regressão ou desaparecimento do espessamento cutâneo e diminuição ou desaparecimento do nódulo pseudotumoral peritesticular.

Na torção do apêndice testicular, há quadro clínico semelhante ao de torção testicular, apresentando dor local, edema e eritema. O apêndice testicular consiste em remanescentes embrionários. Normalmente o apêndice testicular é visto como uma vegetação sólida ou mista séssil, localizada na face anterossuperior do testículo. O exame ultrassonográfico, no momento da torção, mostra imagem de nódulo sólido ou misto esférico, iso ou hipoecogênico, geralmente fixo na face superoanterior do testículo acompanhado por aumento da ecogenicidade do parênquima testicular adjacente e pequena hidrocele reacional. O estudo com mapeamento por Doppler colorido mostra ausência de fluxo no seu interior e hipervascularização testicular reacional adjacente (Figura 30).

Quadro 2 Achados da torção no ultrassom modo B

Fase aguda
- Aumento volumétrico do testículo com hipoecogenicidade
- Mediastino espessado e hiperecogênico
- Desvio do eixo testicular com posição oblíqua ou horizontalizada
- Hiperecogenicidade difusa do parênquima testicular (torção com infarto hemorrágico)
- Epidídimo globoso e marcadamente hipoecogênico
- Espessamento da pele escrotal (edema)
- Pequena hidrocele reacional que disseca o plano posterior

Fase subaguda
- Hiperecogenicidade da superfície testicular
- Hidrocele com debris (hematocele)
- Identificação do sítio da lesão no cordão espermático como um nódulo sólido
- Edema do epidídimo simulando massa paratesticular

Fase crônica
- Atrofia testicular heterogênea
- Desaparecimento da hematocele e nódulo no cordão espermático
- Resolução do espessamento da parede do cordão espermático

Doppler colorido
- Ausência de fluxo intratesticular
- Fluxo testicular presente, mas bastante diminuído (torção incompleta)
- Hipervascularização das estruturas peritesticulares e pele do escroto

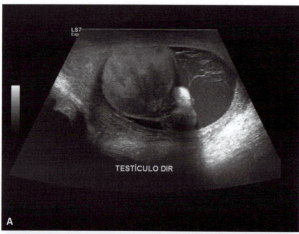
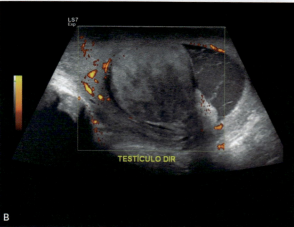

Figura 29 Torção testicular. A: Corte ultrassonográfico transversal modo B evidenciando espessamento de pele do escroto com aumento do testículo, diminuição da ecogenicidade, hidrocele septada de pequeno volume que disseca a porção posterior do testículo e massa hiperecogênica paratesticular. B: A aplicação do Doppler de amplitude mostra ausência de fluxo no interior do parênquima testicular.

Lesões testiculares malignas
Tumores testiculares

Há uma grande variedade de lesões testiculares benignas, cujo aspecto nodular entra no diagnóstico diferencial com tumores malignos, a saber: o hematoma, a

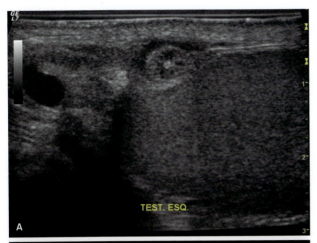

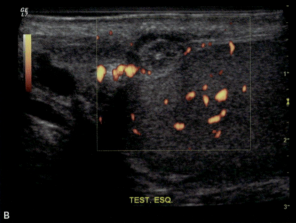

Figura 30 Torção do apêndice testicular. A: Corte ultrassonográfico longitudinal do testículo modo B mostra nódulo heterogêneo na face anterior e superior do testículo, com ecogenicidade diminuída e mínima hidrocele reacional adjacente. B: A aplicação do Doppler de amplitude mostra ausência de fluxo no interior do apêndice testicular torcido.

orquite focal, o abscesso, o infarto e os granulomas. O ultrassom no modo B geralmente identifica lesão nodular sólida hipoecogênica, mas pode haver outras apresentações como a lesão mista com componente cístico e sólido, os focos de calcificações tênues e grosseiras. Os tumores testiculares benignos são raros e geralmente são representados por certos tipos histológicos, como o cisto epidermoide, o cisto dermoide, o cisto da túnica albugínea, restos adrenais, lipoma, fibroma e leiomioma.

Os tumores testiculares apresentam vasta variedade histológica, o que explica por que não podem ser diferenciados por meio da imagem ultrassonográfica. O importante do exame ultrassonográfico é a confirmação da existência de lesão sólida, cística ou mista na topografia intra ou extratesticular, ressaltando que as lesões extratesticulares têm menor probabilidade de serem malignas.

O ultrassom tem sensibilidade de 100% na detecção de lesão intratesticular, porém é sempre importante tentar identificar a extensão para linfonodos, principalmente na região interaórtica caval e/ou hilo renal.

A metástase para os linfonodos inguinais consiste no último local de aparecimento, pois quando presente sugere extravasamento do tumor para fora do testículo ou disseminação sistêmica (pulmão e fígado). Qualquer lesão dentro do testículo deve ser valorizada, pois é importante o registro das dimensões dessa lesão para comparação futura, pois no caso dos nódulos subcentimétricos é de grande importância, já que qualquer variação de tamanho deve ser encarada como lesão de alto risco para malignidade.

O emprego do Doppler colorido ajuda bastante no mapeamento das lesões tumorais, porém os tumores menores que 1,0 cm são pouco vascularizados, enquanto os tumores maiores que 1,0 cm tendem a ser mais vascularizados. A análise espectral não pode predizer se um nódulo é maligno ou não, como ocorre com os nódulos de mama ou tireoide. Os nódulos tumorais do testículo apresentam vasos com baixa ou alta resistência. O padrão de baixa resistência ocorre em razão da presença de micro-*shunts* dentro do tumor, sendo os índices de resistividade inferiores a 0,70.

No caso do padrão de alta resistência, isso se deve a alta celularidade da lesão e, portanto, maior dificuldade de passagem de sangue.

Seminoma

É o tumor mais frequente dos testículos e representa aproximadamente 50% dos tumores das células germinativas. O seu pico de incidência ocorre por volta dos 40 anos de idade e quase nunca acomete as crianças.

Entre os tumores das células germinativas, os seminomas são considerados os de melhor prognóstico, uma vez que estes são sensíveis ao tratamento com radio e quimioterapia. O seminoma anaplásico é uma exceção a esse quadro, já que possui prognóstico ruim. Geralmente os seminomas surgem mais nos pacientes com microlitíase testicular e/ou criptorquidia.

Existem três tipos histológicos de seminomas:

- Seminomas típicos.
- Seminomas anaplásicos.
- Seminonas espermatocíticos.

O seminomas espermatocíticos surgem mais frequentemente na terceira idade e possuem excelente prognóstico. A disseminação tumoral dos tumores de testículo se

Quadro 3	Tumores das células germinativas
Seminomas	
Tumores não seminomatosos	
▪ Carcinoma embrionário (tumor de Teilum)	
▪ Teratoma	
▪ Coriocarcinoma	
▪ Teratocarcinoma	
▪ Tumor do saco vitelino	
Tumores mistos	

faz por via linfática, com envolvimento dos linfonodos situados no hilo renal, e a partir daí, a doença progride cranialmente em direção ao mediastino ou inferiormente em direção aos linfonodos inguinais. Já a disseminação hematogênica se faz inicialmente para os pulmões e, raramente, para o fígado e o cérebro. No exame ultrassonográfico nota-se imagem nodular sólida hipoecogênica de margens regulares ou não. O tamanho do tumor é muito variável, porém mais de 50% dos casos apresentam grandes tumores que ocupam toda a gônada (Figura 31). Geralmente o seminoma está confinado à túnica albugínea e raramente se estende para fora dela.

Tumores não seminomatosos

Os tumores não seminomatosos ocorrem frequentemente na faixa etária de 30 anos, sendo o seu padrão histológico bastante variável. O aspecto macroscópico depende da proporção tecidual histológica de cada componente. A apresentação imagenológica mostra nódulo sólido com textura heterogênea, de margens irregulares, focos de calcificação e conteúdo cístico.

- Carcinoma de células embrionárias (tumor de Teilum): compreende o segundo tumor mais frequente e apresenta comportamento agressivo com invasão das estruturas adjacentes, formação de áreas internas resultantes de necrose cística e hemorragia. O exame ultrassonográfico mostra nódulo sólido com ecotextura heterogênea, de tamanho variável, margens irregulares por conta da invasão da túnica albugínea e áreas de degeneração cística no seu interior (Figura 32).

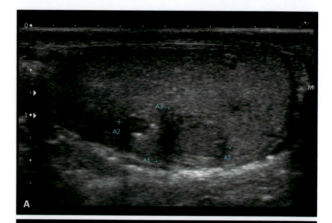

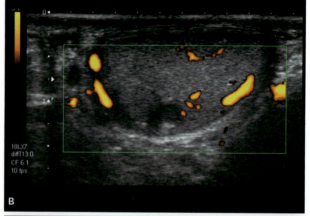

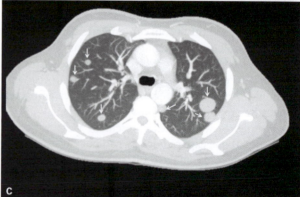

Figura 32 Carcinoma de células embrionárias. A: Corte ultrassonográfico longitudinal no modo B evidenciando nódulo sólido hipoecogênico de limites imprecisos e com macrocalcificações no seu interior. B: A aplicação do Doppler de amplitude mostra alguns vasos no interior do nódulo testicular. C: Tomografia computadorizada axial do tórax evidenciando nódulos metastáticos em ambos os pulmões (setas).

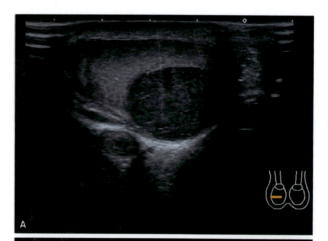

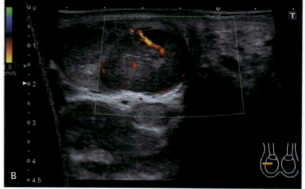

Figura 31 Seminoma testicular. A: Corte ultrassonográfico longitudinal modo B evidenciando nódulo sólido hipoecogênico dentro do parênquima testicular. B: A aplicação do Doppler colorido mostra ausência de vaso tortuoso e calibroso dentro do nódulo testicular.

- Teratoma: os teratomas ocorrem em qualquer faixa etária, sendo mais frequentes nos pré-púberes, mas também podem acometer 2-3% dos adultos. O teratoma pode apresentar duas formas: a benigna e a maligna. Quando o teratoma aparece nos adultos, é frequentemente maligno. O teratoma é composto por três folhetos germinativos: a endoderme, a mesoderme e a ectoderme. Esses tumores apresentam duas formas de apresentação:
    - Lesão cística septada e com conteúdo espesso heterogêneo.
    - Lesão nodular sólida hipoecogênica com pontos ecogênicos internos em razão de focos de calcificação, cartilagem, osso imaturo ou fibrose (Figura 33).
- Teratocarcinoma: consiste em uma fusão do teratoma e do carcinoma das células embrionárias. O aspecto imagenológico é o de lesão sólida de grandes dimensões e aspecto heterogêneo com focos de calcificação e áreas císticas internas.
- Carcinoma do saco vitelino: também conhecido como tumor do seio endodérmico ou carcinoma embrionário infantil. O carcinoma do saco vitelino atinge mais as crianças menores de 5 anos de idade e esses produzem a alfa-fetoproteína. Ao ultrassom esses tumores aparecem como nódulo sólido heterogêneo, de margens imprecisas e focos hiperecogênicos por conta de fibrose ou calcificação.
- Coriocarcinoma: é um tumor maligno altamente agressivo composto por focos microscópicos de células tumorais presentes em 16% dos tumores mistos. Histologicamente os coriocarcinomas são compostos por citotrofoblastos e sincíciotrofoblastos. Esses tumores apresentam alto grau de invasão vascular microscópica com metástases via hematogênica, especialmente para os pulmões. Esses tumores apresentam grandes áreas hemorrágicas no seu interior, vistas ao ultrassom na forma de áreas císticas dentro de nódulos sólidos.

Tumores não germinativos

- Tumores do estroma: a vasta maioria dos tumores não germinativos origina-se do estroma gonadal e representa aproximadamente 4% dos tumores testiculares. São descobertos incidentalmente e apresentam diminutas dimensões. Entre os tumores do estroma destaca-se o tumor das células de Leydig, seguido pelo tumor das células de Sertoli. Geralmente esses tumores intersticiais causam efeito feminilizante nos adultos (ginecomastia) e puberdade precoce nas crianças. A forma maligna do tumor de Leydig é rara e frequentemente associada aos pacientes da terceira idade, e neste grupo não há sintomas feminilizantes. Os pacientes com tumor de Sertoli também podem apresentar clínica de ginecomastia, entretanto numa escala bem menor. O ultrassom detecta pequenos nódulos sólidos hipoecogênicos (Figura 34).
- Tumores secundários do testículo: constituem cerca de 5% do total dos tumores, e se destaca a forma linfoproliferativa representada pelas leucemias agudas e pelo linfoma não Hodgkin. A forma mais frequente do linfoma testicular é a difusa, representada pelo linfoma não Hodgkin. O acometimento testicular pelo linfoma é frequente depois dos 60 anos de idade. O linfoma testicular apresenta aumento do volume escrotal acompanhado ou não de envolvimento do cordão espermático e epidídimo. No exame de ultrassom os linfomas apresentam três formas:
    - Forma difusa: aumento testicular difuso com hipoecogenicidade (Figura 35).
    - Forma focal com achado de nódulo solido hipoecogênico, indiferenciável de um seminoma (Figura 36).
    - Forma multinodular: achado de vários nódulos hipoecogênicos dispersos no seu interior do parênquima.

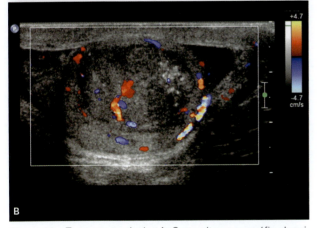

Figura 33 Teratoma testicular. A: Corte ultrassonográfico longitudinal modo B evidenciando nódulo sólido hipoecogênico heterogêneo com macrocalcificações no seu interior. B: A aplicação do Doppler colorido mostra vasos arteriais tortuosos dentro do nódulo testicular.

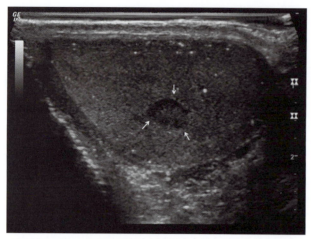

Figura 34   Tumor de Leydig. Corte ultrassonográfico transversal mostrando pequeno nódulo sólido dentro do parênquima testicular (setas).

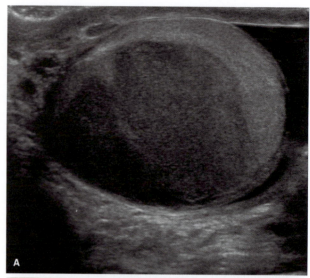

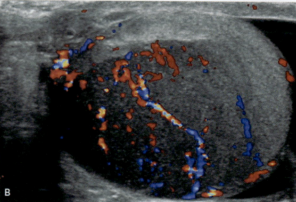

Figura 36   Linfoma não Hodgkin testicular na forma focal. A: Corte ultrassonográfico transversal mostrando grande nódulo sólido hipoecogênico no interior do testículo direito. B: O mapeamento com Doppler colorido mostra vasos aumentados e tortuosos no interior da lesão.

No caso das leucemias há história de aumento testicular endurecido, o que até prova em contrário deverá ser avaliado com exames histológicos ou citológicos, já que a quimioterapia não atravessa a barreira do escroto. O aspecto ultrassonográfico é o de aumento testicular heterogêneo associado a achado de hipervascularização no mapeamento com Doppler colorido (Figura 35).

- Metástases: as testiculares são muito raras e geralmente ocorrem em pacientes com doenças tumorais em estágio avançado, cujos sítios primários mais comuns seriam o carcinoma de próstata (35%), o carcinoma de pulmão (19%), o melanoma maligno (9%), o tumor de cólon (9%) e os rins (7%). O aspecto ultrassonográfico é o de lesão nodular sólida única ou múltipla de ecogenicidade variável, porém mais frequentemente hipoecogênica.
- Tumores de células germinativas mistos: são frequentes, atingem pacientes por volta dos 30 anos de idade e repre-

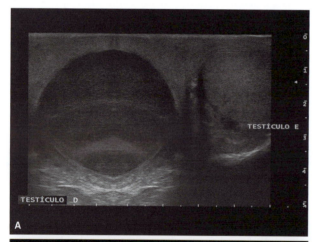

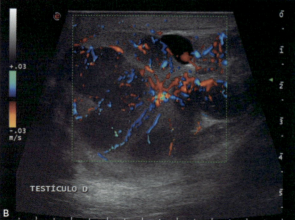

Figura 35   Linfoma não Hogdkin testicular na forma difusa. A: Corte ultrassonográfico transversal mostrando grande aumento e hipoecogenicidade do testículo direito. B: O mapeamento com Doppler colorido mostra hipervascularização difusa desordenada.

sentam cerca de 32-60% de todos os tumores das células germinativas. Histologicamente, eles resultam da associação de vários tipos celulares. Entre os vários componentes histológicos destaca-se o carcinoma, sendo frequente a presença acompanhada de outros tipos de tumores, como o teratoma, o seminoma e os tumores do saco vitelino. O achado ultrassonográfico é muito variado em razão de sua alta diversidade histológica, mas no geral são vistos na forma de tumores mistos com múltiplos cistos com septos espessos no seu interior (Figura 37).

- Restos de adrenais intratesticulares (tumores mistos benignos): esse tipo de alteração consiste na presença de restos de tecido adrenal no interior do testículo, o que ocorre em aproximadamente 8% dos pacientes com hiperplasia adrenal congênita. Durante a gestação as adrenais se desenvolvem próximas às gônadas, e a separação desses dois tecidos não ocorre até a formação da adrenal. Assim, parte do tecido adrenal aberrante pode acompanhar o testículo ou o ovário na sua migração para o escroto ou pelve.

Nesses pacientes o volume testicular pode ser normal, mas pode estar aumentado ou até diminuído. O nódulo tumoral de origem adrenal apresenta diâmetro variável e pode ser unilateral ou bilateral (Figura 38). Geralmente esses tumores originam-se na região do mediastino testicular. O exame ultrassonográfico está formalmente indicado na pesquisa de tumores testiculares nos pacientes com clínica de hiperplasia adrenal congênita, mesmo na ausência de tumoração testicular palpável. O diagnóstico pode ser feito por meio de biopsia ou prova terapêutica, em que os níveis de ACTH diminuem acompanhados da redução dos nódulos intratesticulares.

Trauma testicular

O trauma testicular é frequente e geralmente ocorre por conta dos acidentes automobilísticos, bicicletas, atletismo e lutas corporais. O trauma pode ser extratesticular com preservação dos testículos, porém a contusão determina espessamento da pele do escroto, hematoma na parede do escroto e hematocele. Por outro lado, pode haver lesão testicular com fratura parcial, completa ou ruptura testicular. A ruptura testicular constitui uma emergência cirúrgica, e mais de 80% desses pacientes podem ter a sua gônada preservada se forem atendidos no prazo máximo de 72 horas após o acidente.

A fratura testicular deve ser pesquisada em toda vítima de trauma fechado e que cursa com aumento doloroso do testículo. Fatores como a localização dos testículos,

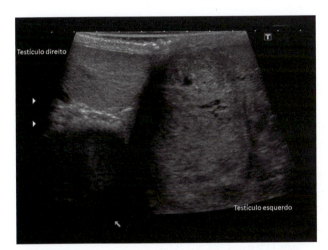

Figura 37 Tumor de células germinativas misto. Corte ultrassonográfico modo B transversal mostrando grande aumento e hipoecogenicidade do testículo esquerdo, o qual apresenta áreas císticas de permeio.

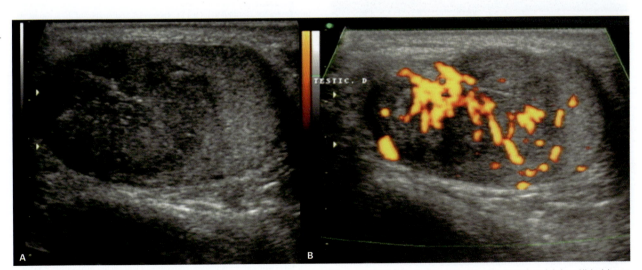

Figura 38 Restos adrenais intratesticulares. A: Corte ultrassonográfico modo B longitudinal mostrando grande nódulo sólido hipoecogênico localizado na projeção do mediastino testicular. B: O mapeamento com Doppler de amplitude mostra aumento da vascularização intranodular.

a pouca mobilidade e a rígida membrana da albugínea protegem a gônada. É relativamente grande o número de ocorrências que poderão advir após o trauma escrotal, tais como: lacerações da albugínea, hematomas intratesticulares, fratura incompleta com desnível superficial, fratura completa com avulsão, infartos e até orquiepididimites traumáticas (Figura 39).

Os hematomas constituem o achado mais comum após o trauma, e estes podem ser vistos na parede do escroto como focos de espessamento cutâneo e coleções fluidas septadas. No caso da hematocele há sangue coletado na cavidade vaginal. Nas fases agudas do trauma o coágulo agudo aparece na forma de material hiperecogênico associado a líquido espesso (sangue). Na fase subaguda, o coágulo se liquefaz e assume aspecto de líquido homogêneo. A fratura testicular é vista como focos de descontinuidade da túnica albugínea, falhas retilíneas no preenchimento do parênquima testicular e mesmo a explosão completa da gônada. Na fratura testicular o Doppler colorido mostra áreas de interrupção do suprimento vascular, enquanto nos hematomas parenquimatosos há somente o desvio da vasculatura local.

Na suspeita de penetração de corpos estranhos no interior do testículo, a ultrassonografia deve ser utilizada na procura de pontos hiperecogênicos com sombra posterior e associados a hidrocele de pequeno volume. O mapeamento com Doppler colorido é muito variável, mas classicamente apresenta hipervascularização difusa adjacente em razão do processo inflamatório reacional.

Considerações finais

O exame ultrassonográfico do escroto apresentou um grande desenvolvimento nos últimos anos, sendo a sensibilidade do método muito alta, uma vez que o método pode detectar 10% dos nódulos intraparenquimatosos, além de várias anomalias congênitas.

Bibliografia sugerida

1. Adham WK, Raval BK, Uzquiano MC, Lemos LB. Best cases from the AFIP: Bilateral testicular tumors: seminoma and mixed germ cell tumor. Radiographics. 2005;25:835-9.
2. Amodio JB, Maybody M, Slowotsky C, Fried K, Foresto C. Polyorchidism: report of 3 cases and review of the literature. J Ultrasound Med. 2004;23:951-7.
3. Aquino M, Nghiem H, Jafri SZ, Schwartz J, Malhotra R, Amin M. Segmental testicular infarction: sonographic findings and pathologic correlation. J Ultrasound Med. 2013;32:365-72.
4. Bertolotto M, Derchi LE, Secil M, Dogra V, Sidhu PS, Clements R, et al. Grayscale and color Doppler features of testicular lymphoma. J Ultrasound Med. 2015;34:1139-45.
5. Bhosale PR, Patnana M, Viswanathan C, Szklaruk J. The inguinal canal: anatomy and imaging features of common and uncommon masses. Radiographics. 2008;28(3):819-35.
6. Cassar S, Bhatt S, Paltiel HJ, Dogra VS. Role of spectral Doppler sonography in the evaluation of partial testicular torsion. J Ultrasound Med. 2008;27:1629-38.
7. Chang M-Y, Shin HJ, Kim HG, Kim MJ, Lee MJ. Prepubertal testicular teratomas and epidermoid cysts: comparison of clinical and sonographic features. J Ultrasound Med. 2015;34:1745-51.
8. Claahsen-Van der Grinten HL, Hermus ARMM, Otten BJ. Testicular adrenal rest tumours in congenital adrenal hyperplasia. International J Ped Endocrinology. 2009;1-8.
9. Deurdulian C, Mittelstaedt CA, Chong WK, Fielding JR. US of acute scrotal trauma: optimal technique, imaging findings, and management. Radiographics. 2007;27:357-69.
10. Dogra VS, Gottlied RH, Oka M, Rubens DJ. Sonography of the scrotum. Radiology. 2003;227:18-36.
11. Dogra VS, Gottlieb RH, Rubens DJ, Liao L. Benign intratesticular cysts lesions: US features. Radiographics. 2001;21:S273-S281.
12. Garriga V, Serrano A, Marin A, Medrano S, Roson N, Pruna X. US of the tunica vaginalis testis: anatomic relationships and pathologic conditions. Radiographics. 2009;29(7):2017-32.
13. Yusuf G, Konstantatou E, Sellars ME, Huang DY, Sidhu PS. Multiparametric sonography of testicular hematomas: features on grayscale, color Doppler, and contrast-enhanced sonography and strain elastography. J Ultrasound Med. 2015;34:1319-28.
14. Kilian CA, Paz DA, Patel SA, Austin MJ, Richman KM, Pretorius DH. False diagnosis of ruptured testes in a case of traumatic dislocation. J Ultrasound Med. 2009;28:549-53.
15. Krohmer SJ, McNulty NJ, Schned AR. Testicular seminoma with lymph nodes metastases. Radiographics. 2009;29:2177-83.
16. Lam DL, Gerscovich EO, Kuo MC, McGahan JP. Testicular microlithiasis: our experience of 10 years. J Ultrasound Med. 2007;26:867-73.
17. Luker GD, Siegel MJ. Pediatric testicular tumors: evaluation with gray scale and color Doppler US. Radiology. 1994;191:561-4.
18. Manning MA, Woodward PJ. Testicular epidermoid cysts: sonographic features with clinicopathologic correlation. J Ultrasound Med. 2010;29:831-7.
19. Moreno CC, Small WC, Camacho JC, Master V, Kokabi N, Lewis M, et al. Testicular tumors: what radiologists need to know – differential diagnosis, staging, and management. Radiographics. 2015;35:400-15.

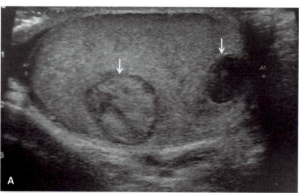

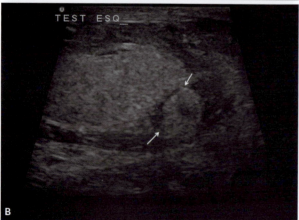

Figura 39 Trauma testicular agudo. A: Corte ultrassonográfico modo B longitudinal mostrando nódulos sólidos intraparenquimatosos isoecogênicos e hipoecogênicos (setas). B: Fratura testicular após trauma com pequena linha hipoecogênica e área de avulsão do fragmento (setas).

20. Puttemans T, Delvigne A, Murillo D. Normal and variant appearances of the adult epididymis and vas deferens on high-resolution sonography. J Clin Ultrasound. 2006;34(8):385-92.

21. Rafailidis V, Varelas S, Apostolopoulou F, Rafailidis D. Nonobliteration of the processus vaginalis: sonography of related abnormalities in children. J Ultrasound Med. 2016;35:805-18.

22. Ragheb D, Higgins JL. Ultrasonography of the scrotum: technique, anatomy, and pathologic entities. J Ultrasound Med. 2002;21:171-85.

23. Saito OC, Cerri GG. In: Saito OC. Bolsa escrotal: ultrassonografia de pequenas partes. 2.ed. São Paulo: Revinter; 2013. p. 174-225.

24. Shebel HM, Farg HM, Kolokythas O, El-Diasty T. Cysts of lower male genitourinary tract: embryologic and anatomic considerations and differential diagnosis. Radiographics. 2013;33:1125-43.

25. Solish IF, Germaine P. Bilateral intratesticular and extratesticular varicoceles secondary to extensive inferior vena cava thrombosis. J Ultrasound Med. 2010;29:141-3.

26. Tarantino L, Giorgio A, de Stefano G, Farella N. Echo color Doppler findings in postpubertal mumps epididymo-orchitis. J Ultrasound Med. 2001;20:1189-95.

27. Woodward PF, Sohaey R, Michael F, O'Donoghue LCDR. Tumors and tumor-like lesions of the testis: radiologic-pathologic correlation. Radiographics. 2002;22:189-216.

28. Wright LA, Gerscovich EO, Corwin MT, Lynch L, Lamba R. Tension hydrocele: additional cause of ischemia of the testis. J Ultrasound Med. 2012;31:2041-3.

29. Yagil Y, Naroditsky I, Milhem J, Leiba R, Leiderman M, Badaan S, et al. Role of Doppler ultrasonography in the triage of acute scrotum in the emergency department. J Ultrasound Med. 2010;29:11-21.

30. Yang DM, Kim HC, Kim SW, Lee HL, Min GE, Lim SJ. Sonographic findings of tuberculous vasitis. J Ultrasound Med. 2014;33:913-6.

31. Zinn HL, Cohen HL, Horowitz M. Testicular torsion in neonates: importance of power Doppler imaging. J Ultrasound Med. 1998;17:385-8.

9

Útero

Andrea de Souza Aranha
Carla Fingerhut

Anatomia

O útero é um órgão fibromuscular, dividido em colo (inferior) e corpo (superior). O colo apresenta duas porções: a parte exposta na vagina é a porção vaginal do colo (ectocérvice); a parte superior é a porção supravaginal. O canal endocervical tem cerca de 2 a 3 cm de comprimento e abre-se proximalmente para a cavidade endometrial no orifício interno.

A mucosa cervical contém o epitélio escamoso estratificado, característico da ectocérvice, e o epitélio colunar secretor de muco característico do canal endocervical. A intersecção entre esses dois epitélios é a junção escamocolunar (JEC), que é geograficamente variável, dependendo da estimulação hormonal. Essa interface dinâmica, a zona de transformação, é a região mais vulnerável ao desenvolvimento de neoplasia escamosa.

O corpo do útero tem tamanho e formato variáveis, dependendo do estado hormonal e da paridade.

Ao nascimento, o colo e corpo têm tamanhos aproximadamente iguais e em mulheres adultas o corpo é duas a três vezes maior do que o colo.

A posição do útero em relação a outras estruturas pélvicas também é variável e costuma ser descrita como anterior, médio, posterior; flexão e versão. Flexão é o ângulo entre o eixo longitudinal do corpo do útero e o colo, enquanto versão é o ângulo da junção do útero com a porção superior da vagina. Em alguns casos pode haver posicionamento anormal secundário a patologias pélvicas associadas, como endometrioses ou aderências.

O corpo do útero é dividido em várias regiões diferentes. A área onde o canal endocervical se abre para a cavidade endometrial é conhecida como istmo ou segmento inferior do útero. De cada lado da parte superior do corpo do útero, uma área afunilada recebe a inserção das tubas uterinas e é denominada corno do útero; a parte do útero acima desta área é o fundo.

A cavidade endometrial tem formato triangular e representa a superfície mucosa do corpo uterino. A camada muscular do útero, o miométrio, é formada por fibras musculares lisas entrelaçadas e sua espessura varia de 1,5 a 2,5 cm.

O útero é um órgão extraperitoneal e o peritônio cobre a maior parte do corpo e do colo uterino posterior.

Ligamentos

- Ligamento largo: é formado por duas camadas de peritônio contíguas com a cobertura peritoneal uterina. Estende-se lateralmente à parede pélvica lateral, formando um apoio para o útero e cobrindo seu suprimento neurovascular. A porção superior do ligamento largo é a mesossalpinge, que suporta as trompas.
- Ligamentos redondos: surgem do corno uterino, ligeiramente inferior e anterior às trompas. Cursam anteriormente, passam através do canal inguinal e inserem-se nos grandes lábios.
- Ligamentos cardinais: são as porções espessas da base do ligamento largo. Estendem-se lateralmente à parede pélvica lateral.
- Ligamentos uterossacros: estendem-se a partir da porção lateral do útero/colo até o sacro.
- Ligamento vesicouterino/vesicocervical: estende-se a partir das margens laterais do colo do útero e vagina para bexiga.

Suprimento sanguíneo: é feito pela artéria uterina que se anastomosa com as artérias ovariana e vaginal.

A inervação uterina é feita pelo plexo uterovaginal.

Anatomia do útero na ressonância magnética (RM)

A anatomia zonal do útero é mais bem avaliada nas imagens ponderadas em T2, tendo uma aparência trilaminar.

O endométrio tem alto sinal secundário à presença de glândulas endometriais ricas em mucina.

A espessura do endométrio varia com o ciclo menstrual e o estado de menopausa. Pode medir até cerca de

6-16 mm durante a fase secretora, e é fino durante a fase folicular. Nas mulheres pós-menopausa, o endométrio apresenta-se homogêneo, com espessura de até 5 mm.

O miométrio pode ser dividido em interior, também conhecido como a zona juncional, e exterior.

A zona juncional contém músculo liso compacto com uma escassez de matriz intercelular e tem baixo sinal em T2. A espessura normal é até 8 mm.

O miométrio exterior tem músculo liso menos compacto e aumento da matriz intercelular e vasos em comparação com a zona juncional, o que resulta em um sinal mais alto em T2.

Durante a fase secretora do ciclo menstrual ocorre um aumento da espessura do endométrio e do miométrio, com aumento do sinal em T2 do miométrio externo, e redução da espessura da zona juncional (Figura 1).

A anatomia zonal é mais bem visualizada durante os anos reprodutivos e pode ser mal representada em pré-púberes e pós-menopausa. Em mulheres que tomam pílulas anticoncepcionais, a zona juncional e o endométrio são mais finos do que em outras mulheres e o miométrio externo apresenta um sinal mais alto.

Embriologia e anomalias müllerianas

Embriologia

O desenvolvimento do aparelho genitourinário inicia-se 4 semanas após a concepção, resultando em três estruturas embrionárias: os canais de Wolff (ductos mesonéfricos ou masculino), os canais de Müller (ductos paramesonéfricos ou feminino) e o seio urogenital.

Para simplificar a embriologia uterina, foi adotada uma abordagem em três fases: desenvolvimento ductal, fusão ductal e reabsorção septal.

Desenvolvimento ductal

Durante as primeiras 6 semanas de desenvolvimento, os embriões do sexo masculino e feminino são indistinguíveis, ambos demonstrando ductos mesonéfricos e paramesonéfricos.

A presença do cromossomo Y codifica o fator determinante de testículos, produzido pelas células do cordão sexual somático. O fator determinante de testículos causa degeneração do córtex gonadal e a diferenciação da região medular da gônada em células de Sertoli.

As células de Sertoli secretam uma glicoproteína conhecida como hormônio antimülleriano (HAM), que promove regressão dos sistemas de ductos paramesonéfricos no embrião do sexo masculino.

Na ausência do fator determinante de testículos, a medula regride e os cordões sexuais corticais separam-se em grupos isolados de células (folículos primordiais).

Depois de 6 semanas de gestação, na ausência do HAM no embrião do sexo feminino, ocorre o crescimento bidirecional dos ductos müllerianos (paramesonéfricos) ao longo do aspecto lateral das gônadas em conjunto com a regressão simultânea do sistema de ductos mesonéfricos (de Wolff).

A interrupção do desenvolvimento dos ductos müllerianos durante este tempo dá origem a aplasia ou hipoplasia da vagina, colo do útero ou do útero.

Fusão ductal

O crescimento dos ductos de Müller é acompanhado por sua migração para a linha média e fusão para formar o primórdio uterovaginal.

A porção fundida inferior forma o canal uterovaginal que dará origem ao útero e à parte superior da vagina. As porções não fundidas craniais dos ductos paramesoné-

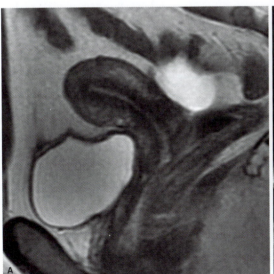 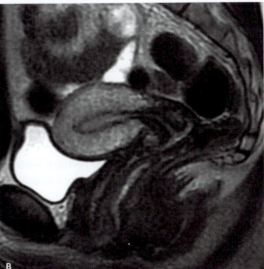

Figura 1 Ressonância magnética sagital T2 da anatomia uterina. A: Útero na primeira fase do ciclo menstrual com endométrio mais fino e zona funcional bem definida com espessura normal. B: Útero na segunda fase do ciclo menstrual com aumento da espessura e do sinal do miométrio externo, redução da espessura da zona juncional e aumento da espessura do endométrio.

fricos abrem-se para a cavidade celômica (futura cavidade peritoneal) e transformam-se nas tubas uterinas.

A interrupção do processo de fusão dos ductos de Müller dá origem a subtipos de anomalias müllerianas como útero bicorno e didelfo.

Reabsorção septal

Entre 9 e 12 semanas de gestação, os ductos de Müller fundidos sofrem um processo de reabsorção do septo uterovaginal.

A interrupção do desenvolvimento durante esta fase de reabsorção dá origem a úteros septados ou arqueados.

Atualmente é sugerido que o processo de reabsorção ocorra de forma bidirecional, em ambas as direções, cranial e caudal. Este modelo de reabsorção é mais congruente com algumas formas de anomalias müllerianas como septo vaginal isolado.

Com 12 semanas de gestação o útero tem sua configuração desenvolvida: contorno uterino externo fundido e cavidade endometrial triangular.

Anomalias müllerianas

Constituem um grupo heterogêneo de anomalias congênitas resultantes da ausência do desenvolvimento, da fusão ou da reabsorção dos ductos de Müller. A sua verdadeira prevalência na população geral é desconhecida, variando de 1-5% e aumentando para 13-25% em mulheres com antecedentes de aborto recorrente, aborto tardio e parto pré-termo.

Nas mulheres com infertilidade e abortos recorrentes, um estudo da anatomia uterina deve ser realizado com ultrassonografia (USG), RM ou ambos. A RM é considerada o melhor método para avaliar anomalias uterinas e pode ser utilizada para ajudar a definir condutas, diferenciando formas de anomalias cirurgicamente tratadas de não cirúrgicas.

Os tratos urinário e genital femininos estão intimamente relacionados, não apenas do ponto de vista anatômico, mas também embriológico. Ambos são derivados sobretudo do mesoderma e endoderma primitivos. Portanto, as anormalidades congênitas genitais podem estar associadas a anormalidades do sistema urinário.

A RM possibilita avaliar, além de outras anormalidades uterinas (leiomiomas, adenomiose), eventuais anomalias urinárias associadas.

O sistema de classificação American Fertility Society (AFS) é o sistema mais amplamente utilizado: é simples e claro, e direciona a anatomia visualizada e a necessidade de tratamento. É dividido em três grandes categorias, de acordo com as fases da embriologia uterina.

- Falha na fase de desenvolvimento (classes I e II): agenesia/hipoplasia uterina, cervical e/ou vaginal (classe I) ou útero unicorno com ou sem corno rudimentar (classe II).

- Falha na fase de fusão ductal (classes III e IV): útero didelfo ou bicorno.
- Falha de fase de reabsorção septal (classes V e VI): útero septado ou arqueado.
- Falha na fase de desenvolvimento.
  - Os dois ductos paramesonéfricos ainda estão separados e em desenvolvimento nesta fase e a interrupção ou desenvolvimento incompleto pode resultar em agenesia/hipoplasia uterina, cervical e/ou vaginal (classe I). Esta anormalidade engloba a síndrome de Mayer-Rokitansky-Küster-Hauser.
  - A interrupção do desenvolvimento pode ocorrer somente em um dos ductos paramesonéfricos com maturação incompleta ou ausência de sua maturação. Isso resulta em um útero unicorno (com o corno bem desenvolvido), com ou sem um corno rudimentar (classe II) (Figura 2). O corno rudimentar pode ou não conter endométrio funcionante e pode ou não se comunicar com o corno uterino bem desenvolvido. Caso o corno rudimentar tenha endométrio, porém sem comunicação com o corno desenvolvido, a paciente apresentará dores cíclicas em razão do hematométrio (Figura 3). Além disso, se o corno rudimentar tiver uma tuba desenvolvida, pode ocorrer uma gestação nele, aumentando o risco de ruptura. A ruptura de corno uterino rudimentar com gestação ocorre em 50-70% dos casos.
- Falha na fase de fusão: nessa fase os dois ductos müllerianos fundem-se na linha média.
  - A falha na fusão resulta em útero didelfo (classe III) ou bicorno (classe IV). Em ambas as anomalias o contorno externo do fundo uterino tem uma indentação, indicando que a fusão completa não ocorreu.
  - Se não houver fusão de nenhuma porção dos ductos müllerianos (exceto a vagina), o resultado será um útero didelfo. Em 75% dos casos de útero didelfo, o septo vaginal não sofre reabsorção e estará presente (Figura 4).
  - Se somente os segmentos caudais dos ductos müllerianos fundirem, dando origem aos segmentos inferior e médio uterinos, o resultado será um útero bicorno. Se os segmentos fundidos da vagina, colo e porção inferior do útero não forem reabsorvidos, o resultado será um útero bicorno bicolo (Figura 5). Septo vaginal está presente em 25% destes casos.
  - Tanto o útero bicorno bicolo quanto o útero didelfo têm duas cavidades uterinas, dois colos e potencialmente dois canais vaginais. O diagnóstico deve ser realizado com base no nível de fusão uterina. Não há fusão de nenhum segmento uterino no útero didelfo. O útero bicorno apresenta fusão nos seus segmentos médio e inferior.
- Falha de fase de reabsorção septal: as estruturas que fundiram na linha média formam um septo uterovaginal que é reabsorvido. A falha nessa fase resulta

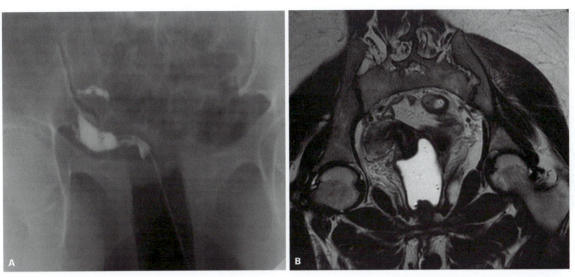

Figura 2 A: Histerossalpingografia que mostra opacificação da cavidade uterina lateralizada à direita e de apenas uma tuba uterina. B: Ressonância magnética T2 oblíqua mostrando somente um corno uterino bem desenvolvido à direita, caracterizando útero unicorno. Não foi observado corno rudimentar.

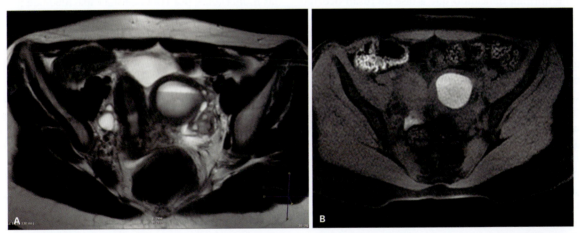

Figura 3 RM ponderada em T2 (A) e T1 com saturação de gordura (B) mostrando útero unicorno à direita com corno rudimentar não comunicante à esquerda. Observa-se distensão do corno rudimentar por conteúdo hemático (com alto sinal em T1), indicando hematométrio.

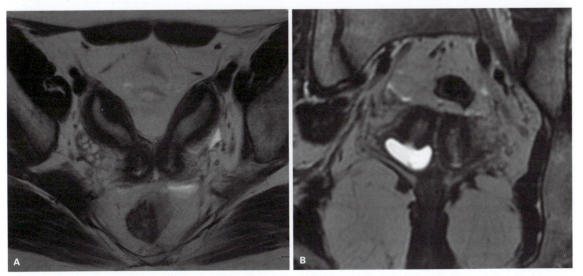

Figura 4 Ressonância magnética T2 axial (A) e plano coronal oblíquo (B) mostrando anomalia de fusão com dois cornos e dois colos separados caracterizando útero didelfo. Observam-se também duas vaginas; somente a da direita distendida por gel.

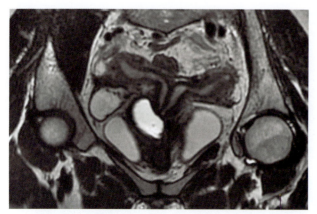

Figura 5 Ressonância magnética T2 plano coronal oblíquo mostrando falha de fusão no aspecto cranial uterino. Observam-se dois cornos e dois colos caracterizando útero bicorno bicolo.

em útero septado (classe V) ou útero arqueado (classe VI). Para ambos, o contorno externo do fundo uterino é normal, indicando que a fase de fusão ocorreu (Figura 6). Em um útero septado completo, pode haver duas cavidades endometriais, duas cavidades endocervicais e dois canais vaginais, porém o contorno externo uterino será preservado (diferenciando do útero didelfo e bicorno bicolo).

- Classe VII: anomalias relacionadas à exposição ao dietiletibestrol (DES) *in utero* como hipoplasia das tubas, útero e colo e aderências na cavidade uterina. Por imagem o achado mais comum é a cavidade uterina em T.

Exames de imagem
Histerossalpingografia

Histerossalpingografia (HSG) é a técnica mais antiga, realizada sob orientação fluoroscópica. As imagens são obtidas no local durante a injeção de contraste iodado na cavidade endometrial, através de um cateter endocervical. HSG avalia a anatomia da cavidade uterina e permeabilidade tubária, mas não pode avaliar o contorno externo uterino, ovários e outra anatomia pélvica. Assim, é necessária a realização de laparoscopia ou imagiologia adicional, a fim de determinar o contorno externo do fundo do útero, um fator importante para a classificação de anomalias uterinas. HSG também pode falhar na avaliação de anomalias obstrutivas, em que um septo transverso impede a canalização do colo do útero ou no caso de um septo vaginal longitudinal que obstrui um lado da vagina em um útero didelfo, bicorno bicolo ou útero septado completo.

Se apenas um lado do útero didelfo, bicorno bicolo ou septado for contrastado, estas entidades serão identificadas erroneamente como úteros unicornos (Figura 7). Além disso, não é possível identificar por HSG anomalias renais.

Ultrassonografia

Tornou-se comumente usada na avaliação de anomalias müllerianas, por conta de sua capacidade de avaliar a cavidade uterina, o contorno externo do fundo uterino, além de avaliar ovários e a anatomia pélvica.

É limitada na avaliação da vagina e colo do útero e na identificação de corno rudimentar em um contexto de útero unicorno.

O critério utilizado por USG para avaliar o contorno externo uterino é:

- Traçar uma linha intercornual e observar o contorno externo do fundo uterino.
- Útero bircorno – a indentação está abaixo da linha intercornual (Figura 8A) ou menos do que 5 mm acima da linha (Figura 8B).
- Útero septado – a indentação está acima da linha intercornual e é maior do que 5 mm (Figura 8C).

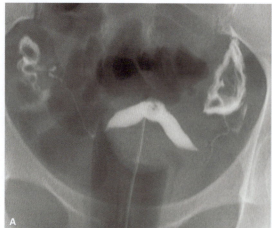
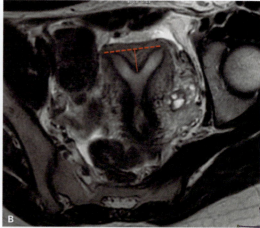

Figura 6 A: Histerossalpingografia mostrando opacificação da cavidade uterina que apresenta indentação no seu contorno fúndico. O contorno externo do fundo uterino não é avaliado por este exame, não sendo possível diferenciar anomalia de fusão de anomalia de reabsorção. B: Ressonância magnética T2 plano axial oblíquo da mesma paciente mostrando o contorno externo do fundo uterino normal, compatível com anomalia de reabsorção. Neste caso, a indentação interna é > 1,0 cm (linha vermelha), caracterizando útero septado (ver adiante os critérios para análise por RM).

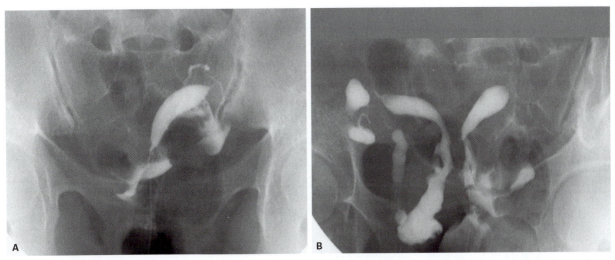

Figura 7 Histerossalpingografia mostrando (A) opacificação somente de uma cavidade uterina à esquerda, sugerindo útero unicorno. Após maior injeção de contraste (B) houve passagem dele para outra cavidade uterina à direita, por meio de pequena comunicação cervical. Esse caso pode corresponder a anomalia de fusão (útero bicorno bicolo/didelfo) ou reabsorção (útero septado).

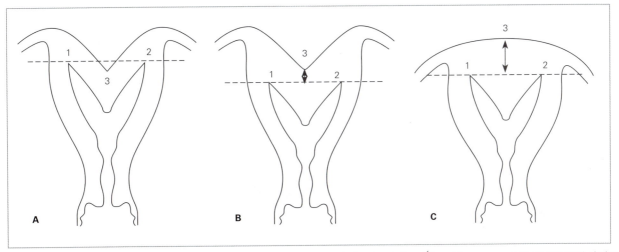

Figura 8 Traçar uma linha intercornual e observar o contorno externo do fundo uterino. Útero bircorno – a indentação está abaixo da linha intercornual (A) ou menos do que 5 mm acima da linha (B). Útero septado – a indentação está acima da linha intercornual e é maior do que 5 mm (C).

Ressonância magnética

A RM avalia a anatomia zonal do útero, contorno externo do fundo do útero, colo do útero, vagina, ovário e anatomia pélvica, além de avaliar possíveis anomalias renais associadas.

Sequências ponderadas em T2 exibem o contraste necessário para a avaliação da anatomia do sistema mülleriano. O contraste endovenoso não é necessário. A introdução de gel vaginal é útil na avaliação de septos vaginais e do colo ou colos uterinos, dependendo do subtipo da anomalia.

Tanto sequências axiais, oblíquas e coronais são úteis. A sequência coronal volumétrica (CUBE) pode ser reconstruída em qualquer plano e angulada conforme o eixo uterino, auxiliando na avaliação do contorno externo do fundo do útero.

Por último, uma sequência coronal ponderada em T2, como *single-shot fast spin echo*, deve ser obtida com um campo de visão maior para avaliar os rins.

A linha externa de indentação tem sensibilidade e especificidade próximas a 100% para diferenciar as anomalias de fusão (didelfo e bicorno) das anomalias de reabsorção (septado e arqueado).

Ao analisar as imagens de uma paciente com suspeita de anomalia mülleriana deve-se seguir o seguinte raciocínio (Figura 9):

- Avaliar se o útero está presente ou ausente e as suas dimensões – agenesia, hipoplasia ou unicorno.
- Avaliar o contorno externo do fundo uterino: desenhar uma linha entre o topo dos cornos uterinos direito e esquerdo (contorno externo). Medir a dis-

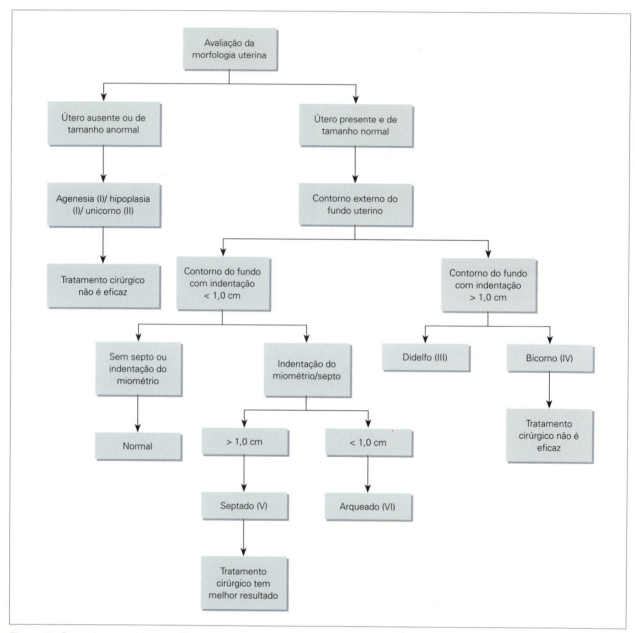

Figura 9   Como deve ser feita a avaliação por Imagem de RM da morfologia uterina.

tância entre esta linha e o contorno da indentação do fundo uterino, perpendicular à linha intercornual. Se a distância for > 1,0 cm: útero didelfo ou bicorno.
- Se o contorno externo uterino for normal: diferenciar útero septado e arqueado. Desenhar uma linha entre a região dos óstios das tubas uterinas nos cornos uterinos e uma linha perpendicular ao longo da indentação do miométrio/septo (Figura 6B). Se a medida da indentação for < 1,0 cm, tem-se um útero arqueado, se for maior do que 1,0 cm, um útero septado.

O principal desafio é a capacidade de distinguir um útero bicorno de um útero septado. O útero septado apresenta alto risco de aborto (65%) e pode ser controlado com ressecção do septo. Ausência da indentação no contorno externo do fundo do útero com duas cavidades endometriais é a característica fundamental utilizada para diagnosticar um útero septado, em vez de um útero bicorno.

Além disso, é importante mencionar no relatório se o septo é composto por miométrio ou tecido fibroso, uma vez que a abordagem cirúrgica é diferente para as duas entidades: enquanto uma septoplastia histeroscópica, menos invasiva, pode ser realizada para tratar o septo fibroso, uma abordagem transabdominal cirúrgica pode ser necessária para o tratamento de um septo muscular.

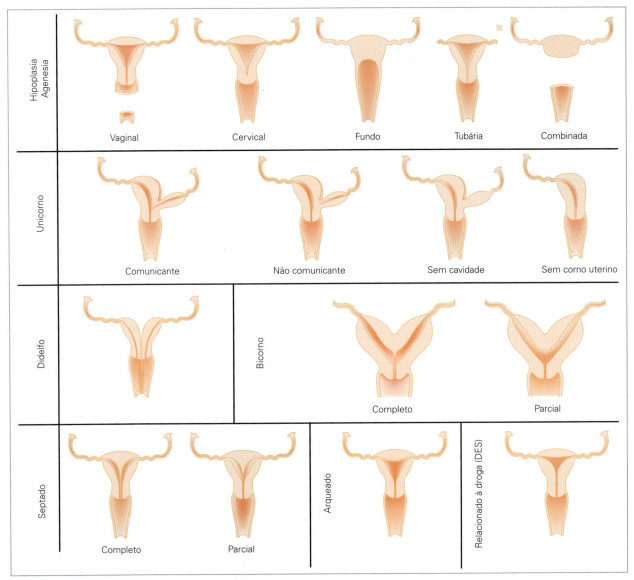

Figura 10   Resumo esquemático das anomalias Mullerianas.

Inflamações/infecções

Síndrome de Asherman/sinéquias uterinas

São aderências permanentes entre paredes uterinas, com obliteração parcial ou completa da cavidade endometrial.

Os sintomas incluem anormalidades menstruais (amenorreia secundária, dismenorreia), infertilidade, aborto recorrente e parto prematuro. No entanto, as pacientes podem ser assintomáticas.

Etiologia

Trauma na camada basal do endométrio que induz a formação de aderências durante a cicatrização e de focos de adesão entre porções da parede uterina.

Cicatrizes pequenas podem afetar apenas uma pequena área da parede ou o processo pode ser extenso, com envolvimento difuso e obliteração de grande parte da cavidade uterina.

Ocorre mais frequentemente por trauma decorrente de gestação prévia e curetagem uterina.

Menos comum em decorrência de cirurgia prévia, como cesariana, miomectomia, curetagem diagnóstica, irradiação pélvica, necrose endometrial de embolização das artérias uterinas, dispositivo intrauterino, endometrite tuberculosa e aborto séptico.

Raramente pode estar associada a adenomiose profunda e placenta acreta.

Características de imagem

Histerossalpingografia

Falhas de enchimento irregulares e bem definidas de diversos tamanhos que distorcem a cavidade uterina (Figura 11).

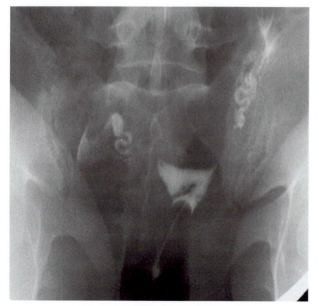

Figura 11 Histerossalpingografia: cavidade uterina com dimensões normais, apresentando falhas de enchimentos irregulares no corpo e junto ao corno uterino direito, sugerindo sinéquias.

As aderências podem ser localizadas central ou perifericamente.

Em casos graves, pode ocorrer obliteração completa da cavidade endometrial no orifício interno do colo ou segmento inferior uterino.

Achados ultrassonográficos

As sinéquias aparecem como bandas ecogênicas na cavidade endometrial, raramente têm calcificações.

Ressonância magnética

Aderências fibrosas apresentam baixo sinal em T2.

Há perda do alto sinal em T2 normal endometrial, com obliteração da cavidade endometrial.

Nas sequências pós-contraste, observa-se realce das aderências.

Endometrite

Endometrite é uma inflamação da mucosa endometrial do útero. Além do endométrio, o processo inflamatório pode envolver o miométrio e, ocasionalmente, paramétrios.

Pode ser dividida em endometrite relacionada com a gestação e endometrite não relacionada com a gestação (doença inflamatória pélvica).

Está frequentemente associada com salpingite, ooforite e peritonite pélvica.

O diagnóstico de endometrite geralmente é baseado em achados clínicos, como febre e dor pélvica.

Achados de imagem

Os achados de imagem podem ser normais nas endometrites não complicadas. Ou podem aparecer como espessamento do endométrio, aumento de conteúdo líquido e gasoso na cavidade endometrial (Figura 12).

Ao estudo ultrassonográfico com Doppler, pode-se visualizar vascularização aumentada (Figura 13). Podem, ainda, ser encontrados sinais inflamatórios parametriais, coleções e/ou piossalpinge.

Piomioma

Refere-se a um mioma infectado. É uma condição rara, mas potencialmente fatal, resultante de infarto e infecção do leiomioma uterino.

Os fatores de risco são: pós-curetagem, pós-parto, infecção uterina ascendente, estenose cervical, pós-embolização da artéria uterina ou pós-menopausa secundária a isquemia (em razão de hipertensão arterial sistêmica, diabete melito ou aterosclerose).

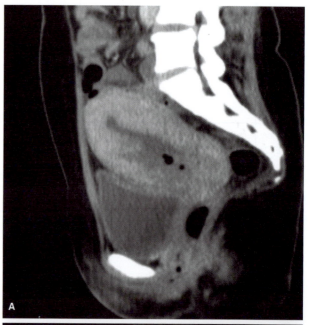

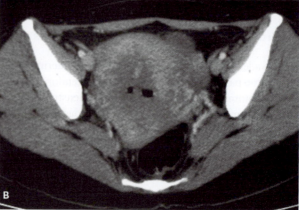

Figura 12 Tomografia computadorizada sagital (A) e axial (B) pós-contraste mostrando endométrio espessado e heterogêneo com focos gasosos de permeio, sugerindo endometrite. Há extensão do processo para o miométrio na região anterior.

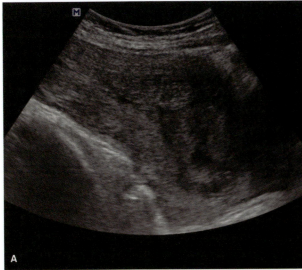
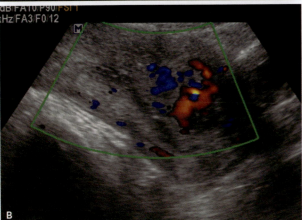

Figura 13 Ultrassonografia transvaginal mostrando endométrio espessado, heterogêneo (A) e com vascularização aumentada ao estudo complementar com Doppler (B), compatível com endometrite.

Pode ocorrer por disseminação por contiguidade do endométrio, por extensão direta de processo inflamatório de alças intestinais e/ou anexos, ou mesmo por disseminação hematogênica e linfática de focos de infecções distantes.

Tríade: mioma, bacteremia e febre.

Achados de imagem: gás e debris no interior de mioma uterino. Pode haver sinais inflamatórios parametriais associados.

Além do tratamento clínico com antibióticos, a intervenção cirúrgica frequentemente é necessária.

Endometriose

É uma doença ginecológica crônica caracterizada pela presença de tecido endometrial e estroma fora da cavidade uterina, principalmente como implantes peritoneais e no ovário.

Epidemiologia

A endometriose afeta 6-10% das mulheres em idade reprodutiva e ao menos 5% das mulheres na pós-menopausa. É uma doença estrogênio-dependente, encontrada em 20-50% das mulheres com infertilidade e em quase 90% das mulheres com dor pélvica crônica.

Mulheres que têm um parente de primeiro grau com endometriose apresentam risco 10 vezes maior que as mulheres sem tal relação. Há forte concordância em gêmeos monozigóticos.

Aproximadamente 1% das mulheres com endometriose desenvolve uma neoplasia associada a esta entidade. A prevalência de câncer de ovário em pacientes com esta patologia é de cerca de 1,4 a 4,2 vezes maior que na população geral.

Patogênese

Sua patogênese é complexa e não completamente elucidada. Várias teorias foram propostas para explicar a origem dos implantes endometrióticos, incluindo: menstruação retrógrada com implantação de glândulas endometriais e estroma no peritônio; disseminação hematogênica e linfática; metaplasia celômica; migração de células-tronco da medula óssea; fatores epigenéticos e herança poligênica multifatorial. Destas, a teoria da menstruação retrógrada (ou de Sampson) permanece a mais consensual.

Embora a endometriose profunda seja histologicamente benigna, pode seguir um curso clínico maligno com invasão de estruturas adjacentes e disseminação linfática e hematogênica.

Quadro clínico

As manifestações clínicas mais comuns são dismenorreia secundária, dispareunia de profundidade, dor pélvica crônica e infertilidade.

Dor relacionada com a endometriose pode não se correlacionar com o estágio da doença, mas pode estar associada com a profundidade de infiltração da lesão.

Diagnóstico

O diagnóstico definitivo de endometriose pélvica é baseado na confirmação histológica de lesões com aspecto suspeito ressecadas por via laparoscópica.

Há três formas de apresentação da endometriose pélvica:

- Superficial (pequenos implantes identificados principalmente por laparoscopia).
- Ovariano (endometrioma).
- Endometriose profunda (invasão subperitoneal de tecido endometrial, que exceda 5 mm de profundidade (Figura 14).

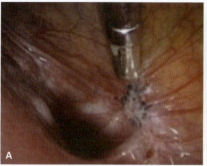 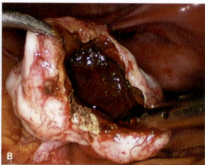 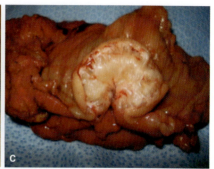

Figura 14 A: Visão laparoscópica mostrando foco endometriótico na superfície peritoneal. B: Visão intraoperatória de endometrioma ovariano com conteúdo "achocolatado" característico. C: Peça cirúrgica de segmento do retossigmoide demonstrando infiltração parietal profunda por endometriose até a mucosa.

Métodos de imagem

A USG transvaginal (USTV) e a RM são importantes ferramentas no estudo da endometriose pélvica, e o radiologista deve estar familiarizado com as manifestações por imagem, para dessa forma fornecer uma descrição detalhada das lesões, assim como mapeá-las para auxiliar no melhor resultado cirúrgico ou acompanhamento clínico evolutivo delas.

O diagnóstico de implantes superficiais normalmente não é possível por USTV e RM, com exceção dos implantes hemorrágicos, que podem ser detectados em sequências específicas de RM.

Ultrassonografia

A USTV realizada após preparo intestinal é a primeira linha de estudo na avaliação de pacientes com suspeita de endometriose. Tal método é tão preciso quanto a USG transretal para diagnosticar lesões intestinais e identificar as camadas afetadas do intestino. Apresenta melhores resultados do que RM na avaliação dos implantes da endometriose profunda em outros locais, especialmente as pequenas lesões (< 1,5 cm de diâmetro) do ligamento uterossacro e bexiga.

Preparo:

- Laxativo oral (bisacodil – 5 mg), às 8:00 horas da manhã e às 14:00 do dia que o antecede o exame.
- Dieta pobre em resíduo 24 horas antes.
- Enema (120 mL de difosfato de sódio), 1 hora antes do exame.
- 40-60 mL de gel endovaginal para distensão do fórnice vaginal posterior, facilitando a identificação de nódulos e espessamento da parede vaginal posterior.

O algoritmo de imagem inclui a avaliação das seguintes estruturas: útero; ovários; peritônio pélvico que recobre a bexiga, útero, fundo de saco de Douglas, região retrocervical, cólon retossigmoide, parede da bexiga, serosa uterina anterior, inserção uterina dos ligamentos redondos, septo retovaginal.

O cólon descendente, o apêndice e a transição ileocecal são acessados por via transabdominal após o estudo transvaginal, uma vez que não são passíveis de avaliação por esta última.

A principal limitação da USTV é o campo de visão restrito. Cistos ovarianos volumosos, miomas subserosos, retroflexão aguda uterina e alterações anatômicas podem limitar a avaliação de lesões pélvicas.

Ressonância magnética

É um excelente método, cujas vantagens são grande campo de visão, capacidade multiplanar e resolução de contraste. Aderências pélvicas extensas e envolvimento ureteral são duas importantes indicações para RM.

Preparo:

- Dieta pobre em resíduos no dia anterior e no dia do exame.
- Jejum de pelo menos 4 horas.
- Abster-se de micção por 1 hora antes do exame para correção do ângulo de anteversão uterina e para deslocamento cranial de alças delgadas.
- Laxativo oral (bisacodil – 5 mg), no dia anterior ao exame.
- Escopolamina 10 mg endovenosa antes do exame para reduzir o peristaltismo intestinal.
- 40-60 mL de gel endovaginal para distensão do fórnice vaginal.

Protocolo:

- T2 *fast spin-echo* axial, sagital e coronal;
- T1 gradiente-echo axial;
- T1 *in* e *out of phase* axial;
- T1 *fat sat* axial;
- LAVA dinâmico sagital;
- LAVA tardio axial (50 segundos após injeção endovenosa de gadolínio);

Uro-RM pode ser realizada em casos de grandes lesões paracervicais (≥ 2 cm de diâmetro) que se estendem ao plexo sacral inferior e ao assoalho pélvico ou aquelas com envolvimento ureteral.

Algumas limitações, como resíduos fecais e gás, podem impedir a visualização de focos de endometriose profunda. O peristaltismo intestinal pode determinar borramento dos contornos do intestino e órgãos adjacentes, simulando espessamento intestinal ou mascarando pequenas lesões. Assim como na USTV, grandes cistos ovarianos, miomas subserosos e retroflexão aguda uterina podem prejudicar a visualização de focos de endometriose.

Manifestações por imagem da endometriose profunda

As lesões consistem em focos de tecido endometrial circundados por hiperplasia muscular. As suas características de imagem refletem o predomínio da proliferação do músculo liso e o componente fibroso, que produzem frequentemente a aparência de uma massa tumoral sólida com fibrose associada.

Nas imagens de USG, as lesões de endometriose profunda são principalmente hipoecoicas em comparação com o miométrio, manifestando-se como nódulos, placas, espessamentos subperitoneais, *Indian headdress sign* (nódulos com algumas finas bandas ecogênicas que partem do centro da massa, encontrados particularmente no envolvimento do retossigmóide), distorção anatômica e/ou combinação de lesões.

Em imagens de RM, as lesões geralmente demonstram baixa a intermediária intensidade de sinal nas imagens ponderadas em T2 e em T1. Em alguns casos, focos de alto sinal são identificados nas sequências ponderadas em T2, indicando glândulas endometriais dilatadas. Focos de alto sinal podem ser vistos nas imagens ponderadas em T1 com saturação de gordura, indicando a presença de hemorragia.

Localizações anatômicas da endometriose profunda

Compartimentos

Anterior: espaço vesicouterino, septo vesicovaginal, bexiga e ureteres.

Médio: útero, ovários, tubas uterinas e ligamentos redondo e largo.

Posterior: recesso retovaginal, espaço retrocervical/torus uterino, ligamentos uterossacros, fórnice vaginal posterior, septo retovaginal e reto (Figura 15).

A endometriose é caracterizada pela multifocalidade. As estruturas anatômicas mais frequentemente envolvidas na endometriose profunda são ligamento uterossacro, cólon retossigmoide, vagina e bexiga, em ordem decrescente de frequência (Figura 16).

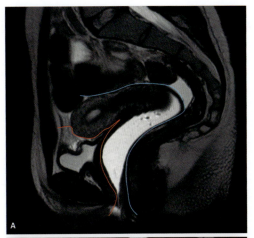
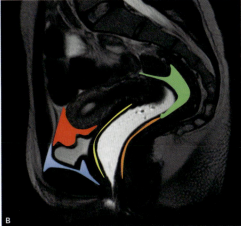

Figura 15 Anatomia normal da pelve feminina. Ressonância magnética no plano sagital ponderada em T2 mostra (A) os compartimentos pélvicos e (B) alguns recessos e septos destacados em diferentes cores. A: As estruturas situadas anteriormente à linha vermelha pertencem ao compartimento anterior. O espaço situado entre as linhas vermelha e azul compreende o compartimento médio. Posteriormente à linha azul situa-se o compartimento posterior. B: Espaço pré-vesical (azul), recesso vesicouterino (vermelho), septo vesicovaginal (amarelo), septo retovaginal (laranja) e o recesso retovaginal (verde).

Endometriose ovariana

Os ovários estão entre os sítios mais comuns de endometriose (20-40% dos casos). Podem se manifestar como implantes fibróticos superficiais associados a aderências fibróticas ou como endometriomas.

Endometriose confinada à superfície ovariana é normalmente subdiagnosticada por imagem em razão do tamanho microscópico das lesões.

Endometriomas são cistos de parede espessa com conteúdo denso que representa produtos de degradação da hemoglobina. Os cistos podem ser solitários ou múltiplos e são bilaterais em 50% dos casos. Endometriomas podem apresentar nódulos periféricos (coágulos sanguíneos) ou nível líquido-líquido por conta de hemorragias recentes.

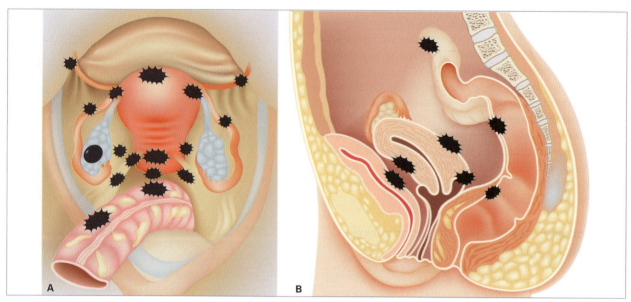

Figura 16 Ilustrações da anatomia pélvica feminina nos planos (A) axial e (B) sagital, cujas imagens caracterizadas por nódulos pretos espiculados representam focos de endometriose profunda e a imagem ovalada preta no ovário direito representa um endometrioma.
Adaptada de Chamié e Blasbalg, 2011.

Endometriomas são um marco de gravidade da endometriose profunda. O risco para doença multifocal e envolvimento intestinal em pacientes com endometrioma são duas a três vezes maiores que em pacientes com endometriose sem endometrioma.

É importante constar no laudo as dimensões do endometrioma, uma vez que lesões maiores que 3 cm precisam ter a cápsula retirada, enquanto lesões com dimensões menores que 3 cm podem ser submetidas apenas a punção e cauterização da cápsula.

Os endometriomas exibem conteúdo hipoecogênico homogêneo na USG. Podem ser observados septos finos ou espessos, nível líquido-líquido, nódulos periféricos ecogênicos e focos ecogênicos dentro do cisto. A análise com color Doppler é hipovascular, sem fluxo interno (Figura 17).

À RM, o sinal do *shading* representa produtos antigos de degradação da hemoglobina, os quais contêm alta concentração de proteína e ferro. Estes normalmente se apresentam com alto sinal em T1 e baixo sinal em T2. Não exibem queda de sinal na sequência com saturação de gordura, nem artefato de *chemical shift* na sequência fora de fase, excluindo a presença de conteúdo gorduroso (Figuras 18, 19). Tais sinais corroboram na diferenciação com teratomas císticos maduros, uma vez que ambos apresentam alta intensidade de sinal nas imagens ponderadas em T1.

Diagnósticos diferenciais: cisto de corpo lúteo hemorrágico, cisto dermoide, múltiplos corpos lúteos em mulheres submetidas a indução de ovulação.

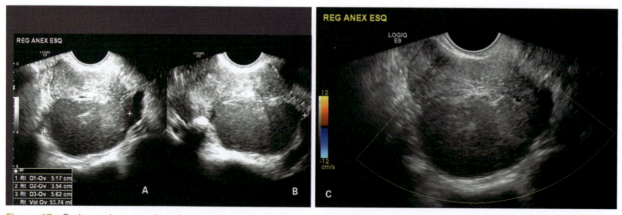

Figura 17 Endometrioma ovariano à esquerda em paciente de 31 anos. Ultrassonografia transvaginal mostrando formação cística de conteúdo espesso na região anexial esquerda, sem vascularização ao estudo com Doppler colorido (C), medindo 5,1 × 3,5 × 5,6 cm. O aspecto sugere endometrioma.

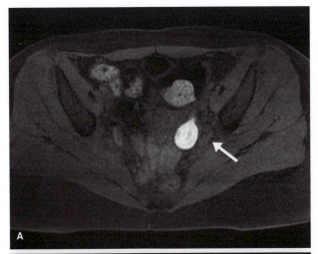

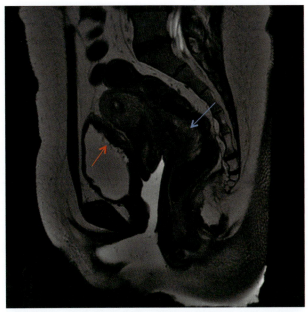

Figura 19 Endometriose vesical em paciente com 37 anos. Ressonância magnética sagital T2 demonstrando extensa lesão transmural na parede posterior da bexiga (seta vermelha). Nota-se ainda extensa lesão em manto no espaço retrouterino e retrocervical, envolvendo o retossigmoide (seta azul).

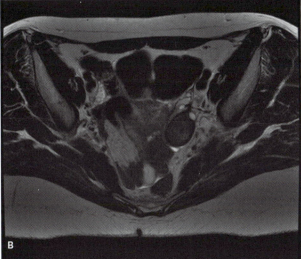

Figura 18 Endometrioma ovariano à esquerda em paciente de 31 anos. Ressonância magnética axial (A) T1 pré-contraste (B) T2, demonstrando formação cística (seta) com conteúdo hiperintenso em T1 (sangue) e baixo sinal em T2 (T2 *shading*).

Alguns autores advogam o papel da difusão na diferenciação de endometriomas de cistos hemorrágicos, tendo em vista que endometriomas apresentam valores significativamente menores de ADC quando comparados com cistos ovarianos hemorrágicos em todos os valores de b.

Outro achado auxiliar na diferenciação entre endometriomas ovarianos e outras lesões anexiais císticas hemorrágicas é a presença de T2 *dark spot sign* na sequência de suscetibilidade magnética (SWI), o qual acredita-se representar coágulos crônicos retraídos que contêm alta concentração de proteína e/ou hemossiderina.

Endometriose vesical

Endometriose do trato urinário ocorre em cerca de 20% dos casos, e a bexiga é o órgão mais frequentemente envolvido. É definida pela infiltração de espessura total do detrusor e se manifesta geralmente como uma massa mural aderida ao aspecto posterior da cúpula, na linha mediana, projetando-se para dentro do lúmen vesical. A mucosa está geralmente intacta (Figuras 19 e 20).

Diagnósticos diferenciais: remanescente uracal; tumores epiteliais e mesenquimais.

Endometriose da serosa uterina e ligamentos redondos

Lesões de endometriose profunda que envolvem a serosa uterina anterior e locais de inserção dos ligamentos redondos normalmente se apresentam com padrão infiltrativo e bordas indistintas (Figura 21)

Diagnóstico diferencial: leiomioma subseroso, neoplasias.

Endometriose da região retrocervical

A região retrocervical é comumente afetada por endometriose profunda. Associação com lesões vaginais e intestinais é frequente; na doença mais extensa, aderências entre as estruturas pélvicas podem resultar em uma pelve congelada (Figuras 20, 22 e 24). Pode se apresentar como espessamento do ligamento uterossacro ou nódulos no fundo de saco posterior (Figura 27). Outra forma de apresentação das lesões retrocervicais é com tecido infiltrativo com margens indistintas que recobre a serosa uterina posterior, geralmente a partir do fundo uterino

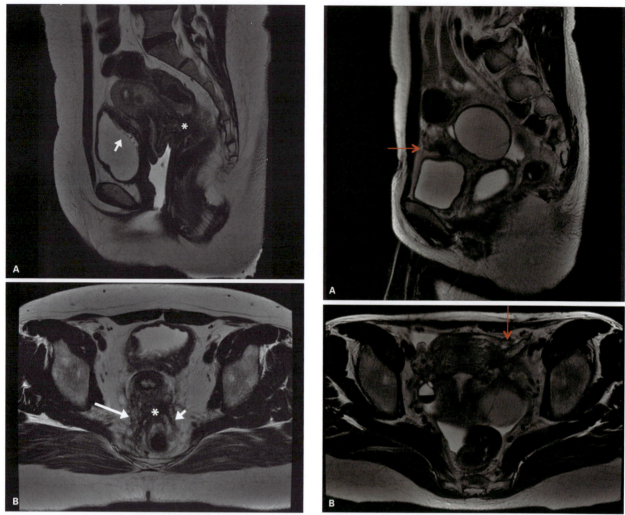

Figura 20 Endometriose vesical em paciente com 37 anos. Ressonância magnética (A) sagital T2 e (B) axial T2 demonstrando extensa lesão transmural de toda parede posterior da bexiga (seta longa). Nota-se ainda extensa lesão em manto no espaço retrouterino e retrocervical, envolvendo o retossigmoide (✱). Fórnice vaginal posterior com envolvimento transmural pela lesão. Ligamentos uterossacros difusamente comprometidos (setas curtas).

Figura 21 Endometriose no ligamento redondo em paciente com 34 anos. Ressonância magnética (A) sagital T2 e (B) axial T2 mostrando lesão nodular na inserção do ligamento redondo esquerdo (seta) com extensão superficial a parede vesical do mesmo lado, sem sinais de infiltração parietal profunda. Determina ainda retração do ovário esquerdo.

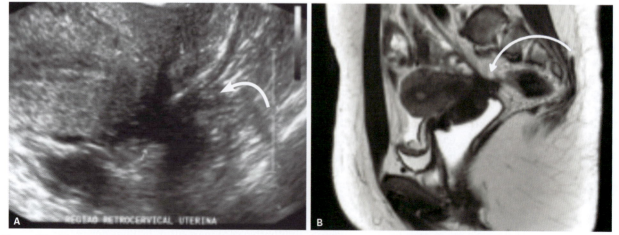

Figura 22 Ultrassonografia transvaginal (A) mostrando lesão espiculada hipoecoica retrocervical. Ressonância magnética sagital T2 (B) mostrando lesão retrátil com baixo sinal retrocervical (seta) compatível com endometriose.

para a região retrocervical, frequentemente com retroflexão retrátil uterina.

Diagnóstico diferencial: metástases peritoneais, mais comumente a partir de tumores primários do trato gastrointestinal e ovarianos.

Endometriose do espaço retovaginal

O espaço retovaginal é a região situada entre a parede vaginal posterior e a parede anterior do reto abaixo da reflexão peritoneal. Os dois terços inferiores desse espaço, conhecido como o septo retovaginal, raramente são afetados pela endometriose profunda.

Lesões retovaginais são geralmente extensões de lesões retrocervicais ou da parede vaginal posterior. É crucial determinar se a lesão infiltra a parede anterior do reto.

Endometriose intestinal

A endometriose intestinal ocorre em 12-37% das pacientes e é comumente associada com endometriose

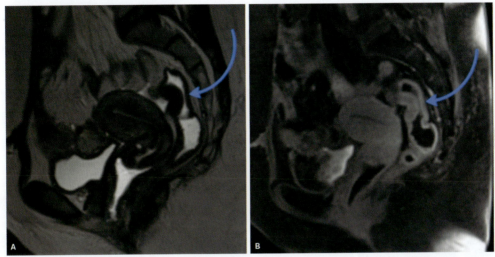

Figura 23 Endometriose intestinal em paciente com 35 anos. Ressonância magnética sagital (A) T2 e (B) em T1 pós-contraste mostrando lesão "em leque" da parede anterior do sigmoide (seta), com hipossinal em T2 e leve realce pelo meio de contraste. Este achado é tipicamente encontrado nos casos de endometriose profunda intestinal com invasão da camada muscular. A lesão envolve cerca de 30% da circunferência da alça e apresenta invasão parietal profunda até a mucosa. Estende-se por 4,5 cm, tem espessura máxima de 1,8 cm e sua margem inferior dista cerca de 15 cm da borda anal.

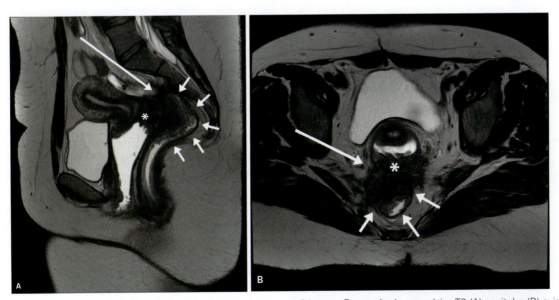

Figura 24 Endometriose com infiltração intestinal em paciente com 34 anos. Ressonância magnética T2 (A) sagital e (B) axial mostrando lesão de aspecto retrátil com baixo sinal na região retrocervical (seta longa), com acometimento do colo uterino, fórnice vaginal (✶), septo retovaginal e retossigmoide (setas curtas). O reto apresenta infiltração parietal profunda até a camada mucosa, notando-se componente endoluminal vegetante. A extremidade distal da lesão situa-se cerca de 6 cm da borda anal, com extensão aproximada de 9 cm, envolvendo mais de 50% da circunferência da alça.

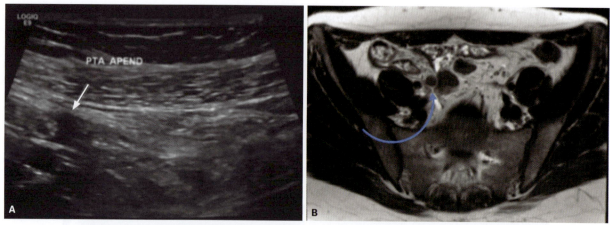

Figura 25 A: Ultrassonografia abdominal mostrando imagem hipoecoica envolvendo a ponta do apêndice cecal. B: Ressonância magnética axial T2 mostrando infiltração da ponta do apêndice cecal por tecido com baixo sinal compatível com endometriose (seta).

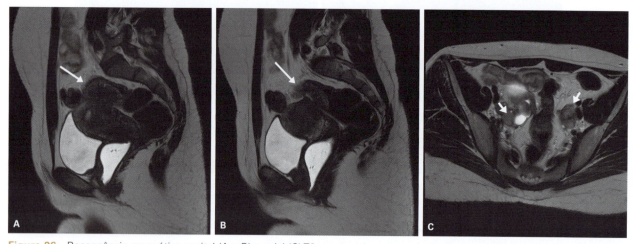

Figura 26 Ressonância magnética sagital (A e B) e axial (C) T2 mostrando extensa lesão "em manto" na região retrocervical e retrouterina (seta longa), com espessura aproximada de 1 cm, de natureza endometriótica. Estende-se para as regiões anexiais e à parede anterior do retossigmoide, a cerca de 15 cm da borda anal, com espessura de até 1,7 cm e extensão de 7,5 cm, atingindo a submucosa e envolvendo cerca de 40% da circunferência da alça. Ovários medianizados apresentando cistos com características de endometriomas (setas curtas).

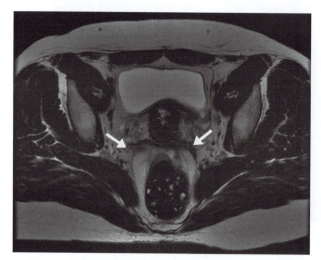

Figura 27 Ressonância magnética axial T2 mostrando espessamento dos ligamentos uterossacros (setas).

profunda em múltiplas localizações pélvicas (ligamento uterossacro, ovários, vagina, bexiga e parede pélvica).

É importante detalhar o número e o tamanho das lesões, profundidade de infiltração da parede (camada acometida), estimar a porcentagem da circunferência da luz afetada e a distância da margem inferior da lesão à borda anal (Figuras 23, 24 e 26).

As áreas mais frequentemente afetadas são o reto e a junção retossigmoide, mas lesões de endometriose também podem afetar o apêndice cecal (Figura 25), íleo, ceco e cólon descendente, por ordem decrescente de frequência. Deve-se procurar ativamente por outros focos de acometimento intestinal, uma vez que é alta a frequência de lesões intestinais sincrônicas.

Apresentação típica de imagem são nódulos sólidos e homogêneos com contornos irregulares aderidos à parede intestinal. As lesões estão geralmente localizadas na

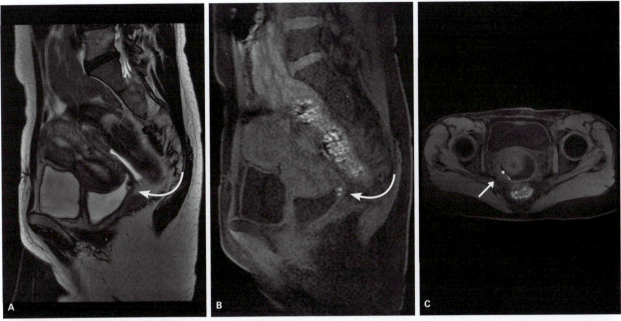

Figura 28 Endometriose vaginal em paciente com 34 anos. Ressonância magnética sagital (A) T2, (B) T1 *fat sat* pré-contraste e (C) axial T1 *fat sat* pré-contraste mostrando lesão retrátil com focos hemáticos, no fórnice vaginal lateral direito (seta), com cerca de 3 cm e infiltração parietal profunda.

projeção entre 10 e 2 horas. Apresentam forma piramidal com a base aderindo à parede retal anterior e o ápice orientado em direção à região retrocervical. As lesões estão geralmente confinadas à serosa ou muscular própria.

Diagnósticos diferenciais: neoplasia intestinal primária ou implantes metastáticos.

Endometriose vaginal

A endometriose vaginal está quase sempre associada com endometriose em outras localizações pélvicas (especialmente lesões retrocervicais e retais). Tal condição pode ser complicada pela formação de fístula retovaginal.

O aspecto de imagem varia de espessamento do terço superior da parede vaginal posterior sem nódulo definido a grandes massas polipoides que protruem para dentro do fórnice vaginal posterior (Figura 28).

Endometriose ureteral

Incomum, porém grave pelo risco de perda da função renal. O diagnóstico pré-operatório é improvável, a não ser que ocorra obstrução ureteral ou hidronefrose associados.

Envolvimento extrínseco ocorre em 80% dos casos, é causado por progressivo aprisionamento ureteral por tecido endometriótico.

Envolvimento intrínseco é definido histologicamente pela infiltração da camada muscular da parede uretral.

Lesões ureterais estão quase sempre associadas a lesões de endometriose profunda em outros locais (ligamento uterossacro, vagina ou intestino). A avaliação ureteral é limitada à USG, observando-se normalmente apenas hidronefrose. Ao estudo por RM, a possibilidade de envolvimento ureteral deve ser considerada na presença de grandes lesões paracervicais ($\geq$ 2 cm de diâmetro) (Figura 29).

Diagnóstico diferencial: extensão do câncer de colo uterino com invasão parametrial.

Aderências

Muitos casos de endometriose são complicados pela presença de aderências. Os processos aderenciais podem cursar com útero retrovertido fixo, ovários fixos, hidro ou hematossalpinge, elevação do fundo de saco posterior, angulação de alças intestinais, líquido loculado e até mesmo hidronefrose secundária ao envolvimento ureteral por tecido fibrótico (Figuras 30 e 31).

Caracteristicamente à RM, as aderências exibem aspecto espiculado com sinal intermediário em T1 e T2. À USG os órgãos pélvicos são fixos às manobras de mobilização (*sliding sign* negativo).

Endometriose de cicatriz da parede abdominal

Implantes endometriais dentro de cicatrizes da parede abdominal e pélvica são incomuns, porém o radiologista deve estar familiarizado com seus achados de imagem.

A maioria se desenvolve em sítios de cicatriz de cesárea ou histerotomia, mas também há relatos em trajetos de trocarter de laparoscopia, trajeto de agulha de amniocentese, sítio de episiotomia e sítio de excisão de glândula

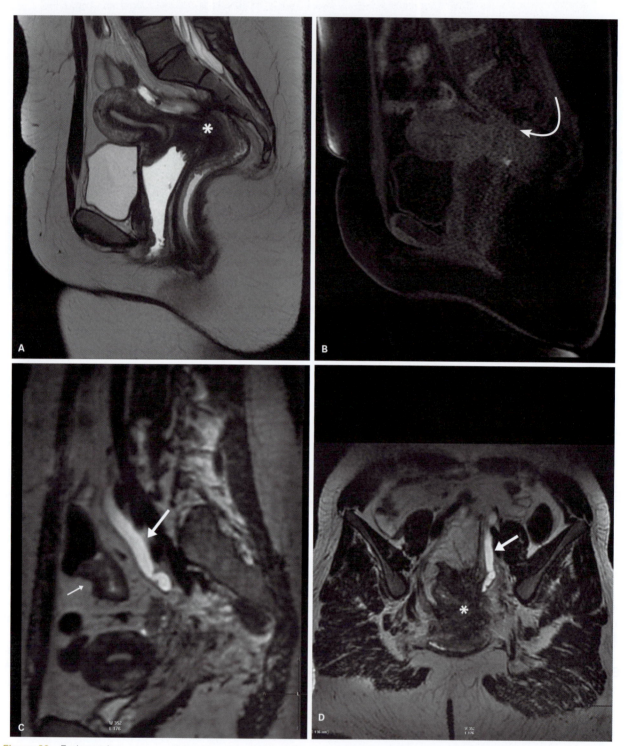

Figura 29 Endometriose com envolvimento ureteral em paciente com 34 anos. Ressonância magnética (A) sagital T2, (B) sagital T1 *fat sat* pré-contraste, (C) sagital T2, (D) coronal T2 plano oblíquo, demonstrando lesão com baixo sinal em T2 de aspecto retrátil com focos hemáticos de permeio representados por focos de hipersinal em T1 (seta curva), envolvendo a região retrocervical (✽), com acometimento do colo uterino, do fórnice vaginal posterior e retossigmoide. Tal tecido envolve o terço distal do ureter esquerdo determinando sua dilatação a montante (seta grossa). Nota-se ainda envolvimento de alça intestinal (seta fina).

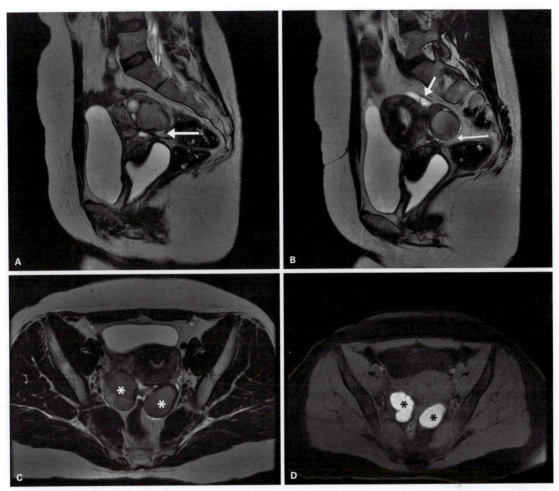

Figura 30 Ressonância magnética (A) e (B) sagital T2, (C) axial T2, (D) axial T1 *fat sat* pré-contraste mostrando lesão retrátil nas regiões retrocervical e retrouterina (seta), invadindo a serosa posterior uterina e determinando retroflexão fúndica retrátil (seta grossa). Há extensão da lesão ao fórnice vaginal posterior. Destaca-se que os ovários (ambos com endometriomas) estão retraídos e medianizados (✱) (*kissing ovaries*), como resultado de extensa formação de aderências.

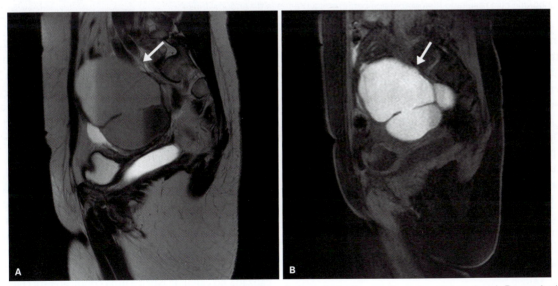

Figura 31 Paciente de 50 anos com endometriose profunda associada a aderências com hematossalpinge (seta). Ressonância magnética sagital T2 (A) e T1 *fat sat* pré-contraste (B) mostrando volumosa formação cística tubular na região anexial direita, preenchida por conteúdo hemático, com formação de nível líquido-líquido, compatível com hematossalpinge.

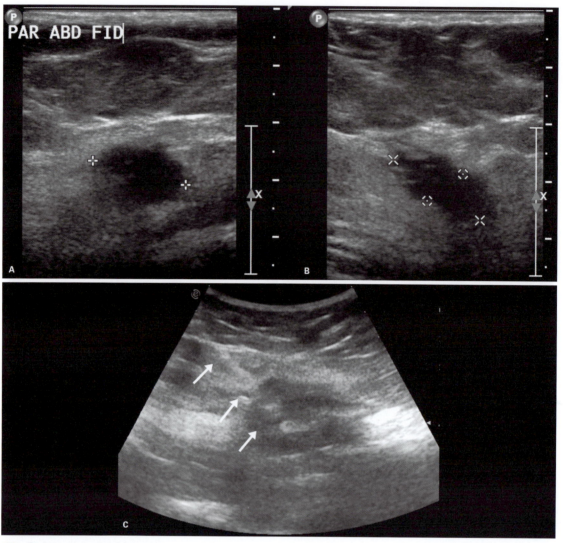

Figura 32 Endometriose de cicatriz da parede abdominal em paciente de 40 anos. A: Ultrassonografia mostrando imagem hipoecogênica com áreas hiperecogênicas no seu interior situada no tecido celular subcutâneo. B: Biópsia percutânea (setas) guiada por ultrassonografia cujo resultado histopatológico confirmou a presença de endometriose.

de Bartholin. Endometriose na parede abdominal anterior em pacientes sem cirurgia prévia é um achado raro.

Muitas pacientes com endometriose de cicatriz não apresentam sinais ou história de endometriose peritoneal, suportando a teoria de que é causada pela disseminação de células endometriais dentro da ferida operatória no momento da cirurgia.

A presença de produtos hemorrágicos na parede abdominal anterior sem outra explicação é fortemente sugestiva de endometriose de cicatriz.

À USG caracteriza-se massa sólida hipoecoica não homogênea, com focos ecogênicos ou finas trabeculações ecogênicas que representam componente fibrótico. O padrão de ecogenicidade está relacionado à quantidade e à distribuição do componente hemorrágico e tecido fibroso (Figura 32).

A tomografia computadorizada (TC) demonstra massa sólida de partes moles associada a área da cicatriz cirúrgica, a qual pode ser hiperatenuante em relação ao músculo, apesar de a atenuação poder variar. Geralmente apresenta leve a moderado realce pelo meio de contraste EV (Figura 33).

À RM nota-se nódulo associado à cicatriz cirúrgica heterogêneo, hiperintenso em T1 com e sem saturação de gordura e em T2, resultado de hemorragia subaguda dentro de criptas endometrióticas (Figura 34).

Endometriose do canal de Nuck

O canal de Nuck é um remanescente embriológico do processo vaginal que pode permanecer patente, caracterizado por uma evaginação do peritônio que acompanha o ligamento redondo e estende-se através do anel inguinal para dentro do canal inguinal até a vulva. Endometriose localizada no canal de Nuck é uma condição rara (Figura 35).

À USG os aspectos são variáveis, pode-se observar lesão cística septada por causa da hemorragia intralesional

9 ÚTERO 1351

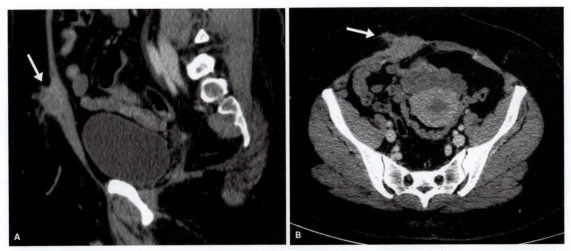

Figura 33 Endometriose de cicatriz de parede abdominal em paciente de 40 anos. Tomografia computadorizada (A) sagital e (B) axial pós-contraste mostrando formação nodular mal delimitada, no músculo reto abdominal à direita (seta). Não há sinais de infiltração de órgãos intra-abdominais.

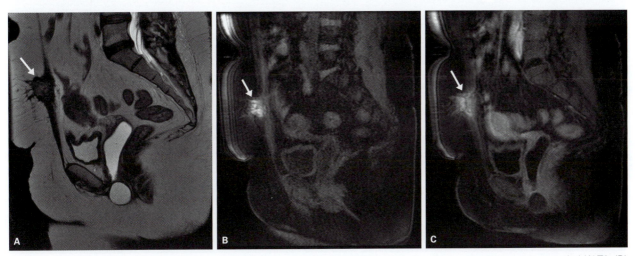

Figura 34 Endometriose de cicatriz da parede abdominal em paciente de 40 anos. Ressonância magnética no plano sagital (A) T2, (B) T1 *fat sat* pré-contraste e (C) T1 pós-contraste mostrando nódulo sólido (seta), de contornos irregulares, com componente hemático e realce pós-contraste, envolvendo o músculo reto abdominal direito e tecido subcutâneo adjacente do hipogástrio. Observa-se como achado adicional cisto da glândula de Bartholin, no introito vaginal posterior.

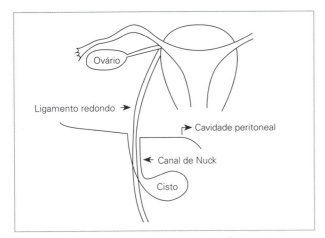

Figura 35 Ilustração demonstrando a anatomia do cisto do canal de Nuck.

associada à menstruação. A presença de massas sólidas e sólido-císticas também é descrita.

À TC, apresenta-se geralmente como massa de partes moles isoatenuante ao músculo.

À RM nota-se lesão com baixo sinal em T2 e focos hemáticos internos representados por alto sinal em T1 *fat sat*. No entanto, podem se manifestar por imagem com características não específicas de endometriose profunda (Figura 36).

Neoplasias ovarianas relacionadas à endometriose

De acordo com Scott et al., o critério histopatológico que define o carcinoma ovariano associado à endo-

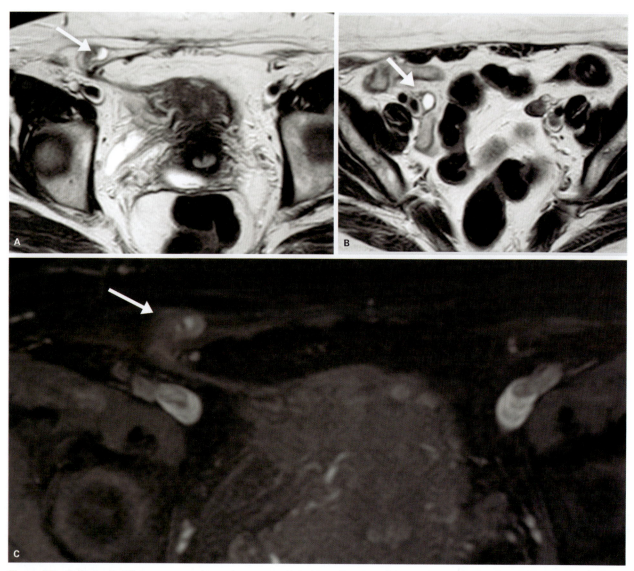

Figura 36 Paciente de 37 anos com endometriose no canal de Nuck. Ressonância magnética axial T2 (A e B) e T1 *fat sat* com contraste mostrando lesão nodular com baixo sinal em T2 e focos de hipersinal em T1 (componente hemático) no interior do conduto peritônio vaginal (seta).

metriose é a coexistência de endometriose e lesão transicional. Esta consiste de endométrio ectópico com leve a grave atipia interposta entre endométrio com atipia e adenocarcinoma.

A composição histológica de cânceres ovarianos associados à endometriose tem predomínio de carcinomas endometrioides (66,7%) e de células claras (14,8%). As pacientes geralmente são 10 anos mais jovens do que pacientes com outros subtipos de câncer ovariano epitelial. O prognóstico costuma ser melhor, uma vez que se apresentam com estadiamento precoce e doença de baixo grau.

Critérios para suspeição de malignidade à RM (Figura 37):

- Presença de nódulo mural com realce ao meio de contraste (achado mais sensível para o diagnóstico).
- Perda ou ausência de T2 *shading* em cistos endometrióticos.
- Nódulo mural com diâmetro maior que 3 cm.
- Aumento de tamanho do cisto em exames sequenciais.
- Achados auxiliares: metástases, ascite, implantes peritoneais.

Neoplasias extraovarianas relacionadas à endometriose

Aproximadamente 25% das malignidades associadas à endometriose são de sítios extraovarianos. A predominância de tipos histológicos varia na literatura, com a descrição de carcinomas endometrioides e sarcomas entre as malignidades extragonadais, outros descrevem

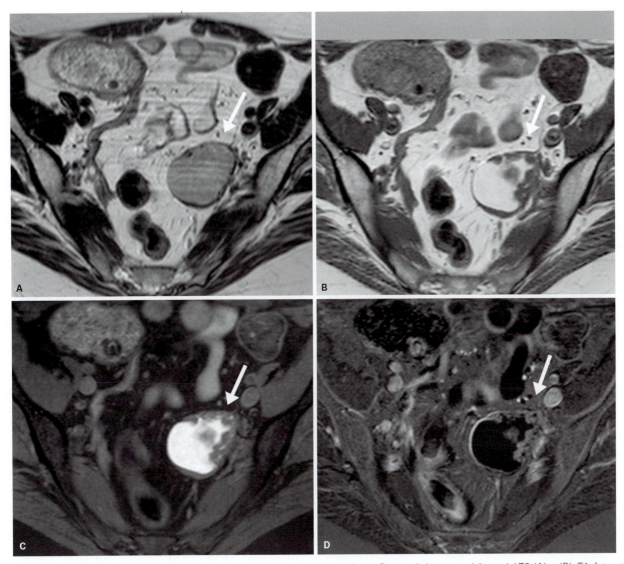

Figura 37 Carcinoma ovariano em paciente de 45 anos com endometriose. Ressonância magnética axial T2 (A) e (B), T1 *fat sat* pré-contraste (C) e subtração, mostrando formação cística no ovário esquerdo compatível com endometrioma (A) e nas imagens de controle (C, D, E) observa-se surgimento de projeções sólidas murais com realce pelo meio de contraste, suspeitas para neoplasia (seta).

similaridade entre esses tipos de câncer e os que surgem a partir de endometriomas.

Diagnóstico definitivo requer a coexistência de endometriose identificada na cirurgia ou análise histopatológica.

De acordo com Brooks et al., a frequência da ocorrência desses tumores ocorre em várias localizações anatômicas: retovaginal (36%), colorretal (11%), bexiga (9%), ligamentos pélvicos (4%), umbigo (4%), cérvix (4%) e tuba de falópio (4%), espelhando a distribuição dos implantes endometrióticos.

Disseminação metastática de malignidades extraovarianas relacionadas a endometriose geralmente ocorrem por via linfática, hematogênica e perineural.

À RM evidenciam-se lesões sólidas com sinal intermediário em T1 e T2, com realce característico pelo gadolínio e restrição à difusão das moléculas de água. O diagnóstico pode ser considerado quando coexistem uma lesão com característica endometriótica e outra com características malignas.

Adenomiose

A adenomiose é uma doença ginecológica benigna caracterizada pela presença de glândulas endometriais ectópicas no interior do miométrio.

Etiologia

A etiologia permanece incerta e provavelmente multifatorial, alguns mecanismos propostos sugerem a presença de um defeito na junção miométrio-endométrio ou migração via linfática ou vascular do tecido endometrial para o interior do miométrio. São considerados fatores de risco para o seu aparecimento traumas na parede uterina (partos, abortamentos, endometrite crônica) e estados de hiperestrogenemia (uso de tamoxifeno®).

Epidemiologia

É comumente observada em mulheres acima de 30 anos e multíparas (90%). A doença afeta 70-80% das mulheres na pré-menopausa (40-50 anos), sendo encontrada em até 70% das histerectomias.

Quadro clínico

Os sintomas são inespecíficos e incluem dismenorreia, menorragia, metrorragia, dor pélvica crônica e infertilidade. As formas mais brandas em geral são assintomáticas. As pacientes frequentemente (60-80% dos casos) têm outras patologias associadas, sendo o leiomioma o achado mais comum (35-50%), seguido da endometriose (36-40%).

Considerações anatômicas

A RM é o método de escolha para a avaliação da anatomia pélvica. O útero da mulher em idade reprodutiva possui três diferentes zonas bem definidas no corpo uterino. Nas sequências ponderadas em T2 caracterizam-se o endométrio na porção mais central, hiperintenso, o miométrio com uma camada mais externa de sinal intermediário e outra mais interna, denominada zona juncional, com marcado hipossinal (Figura 38). A zona juncional está situada na região subendometrial, seu baixo sinal decorre do fato de ser menos hidratada e mais compacta, nesta camada são observados focos endometriais heterotópicos.

Valores de espessura da zona juncional maiores que 12 mm são considerados de elevado valor preditivo positivo para o diagnóstico de adenomiose e quando menores que 8 mm praticamente excluem essa possibilidade.

Classificação

A doença pode ser classificada de acordo com o grau de penetração miometrial e o padrão de configuração do envolvimento, tais aspectos correlacionam-se com os sintomas e auxiliam no planejamento terapêutico. Nos casos mais superficiais, o tratamento pode ser conservador com terapia hormonal à base de antiestrogênicos ou ablação endometrial. Nos casos mais profundos, a terapia é mais radical, com histerectomia ou embolização das artérias uterinas. Do ponto de vista prático, a infiltração do tecido endometrial heterotópico pode ser inferior a 50% da espessura total do miométrio (zona juncional + miométrio externo) ou superior a 50%.

O padrão de configuração é bastante variável e inclui as formas focal, difusa, cística e nodular, sendo o termo adenomioma reservado à forma de apresentação nodular da doença. Na forma difusa toda a zona juncional está comprometida. Na forma focal apenas um segmento, seja na parede anterior ou na posterior. Na forma nodular, observa-se a formação de um pseudonódulo, de limites mal definidos e com microcistos de permeio. A forma cística resulta da reabsorção das paredes da glândula endometrial ectópica, com sangramento no seu interior e hiperplasia muscular circunjacente. O aspecto é de uma cavidade preenchida por sangue, mais frequente nas regiões cornuais, podendo aparecer em localização submucosa, intramural ou subserosa.

A existência de pequenas áreas císticas intramiometriais, hemáticas ou não, reflete a dilatação cística das glândulas endometriais migradas. Estes cistos são mais facilmente identificados na fase secretora do ciclo menstrual.

Diagnóstico por imagem

Atualmente os métodos mais utilizados são a USTV e a RM da pelve.

A USTV é comumente utilizada como a primeira modalidade diagnóstica na investigação de pacientes com suspeita de adenomiose. A sensibilidade e especificidade do método variam de 53-89% e 67-97%, respectivamente. O método apresenta algumas limitações importantes, como a posição uterina, a presença de lesões associadas (principalmente os leiomiomas) e a baixa reprodutibilidade nos controles evolutivos, aspectos que podem ser minizados/solucionados por meio da RM.

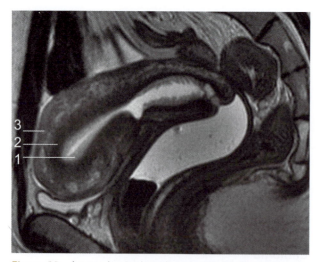

Figura 38 Anatomia zonal uterina normal. Ressonância magnética de pelve no plano sagital T2 demonstrando as diferentes zonas do corpo uterino: o endométrio, com hipersinal (1), a zona juncional com marcado hipossinal (2) e o miométrio mais externo com sinal intermediário (3).

A RM é considerada atualmente o melhor método para o diagnóstico não invasivo da adenomiose, em razão da excelente resolução anatômica.

Adenomiose nas formas difusa e focal

Ultrassonografia transvaginal
- Aumento volumétrico uterino.
- Assimetria na espessura entre as paredes anterior e posterior.
- Ecotextura miometrial heterogênea com padrão em "chuvisco".
- Nódulos ecogênicos e estriações lineares subendometriais.
- Indefinição na interface miométrio-endométrio.
- Múltiplas áreas lineares de atenuação do feixe acústico.
- Pequenos cistos intramiometriais: sua presença (acima de 50% dos casos) é extremamente específica para o diagnóstico de adenomiose.

Recentemente, com a introdução da tecnologia 3D aos exames de USTV, é possível reconstruir as imagens em um plano coronal, demonstrando de forma mais clara a distribuição dos cistos periendometriais (Figuras 39 a 42).

Ressonância magnética
- Espessamento focal ou difuso da zona juncional, com espessura superior a 12 mm.
- Aumento volumétrico uterino.
- Presença de cistos intramiometriais, que podem ter elevado sinal em T1 por conta do conteúdo hemorrágico.
- Estriações lineares com elevado sinal em T2 que surgem a partir do endométrio e se dirigem para o interior do miométrio.
- Indefinição da junção miométrio-endométrio. O padrão mais observado é o aspecto de "queijo suíço" em razão do realce do miométrio ao redor das glândulas dilatadas que não realçam pelo contraste (Figuras 43 a 49).

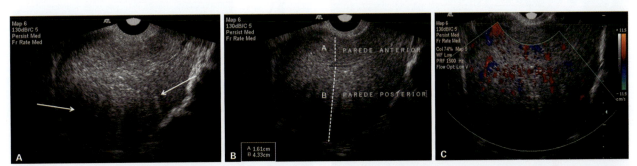

Figura 39 Adenomiose difusa. A: Ultrassonografia transvaginal (USTV) com imagem no plano sagital demonstrando útero globoso, com alteração textural difusa, caracterizada por estrias ecogênicas entremeadas por outras de menor ecogenicidade, predominando na parede posterior do útero (setas). B: Imagem obtida no mesmo plano demonstrando a diferença na mensuração da espessura das paredes da região corporal uterina, sendo a posterior mais espessa. C: USTV no plano axial com Doppler colorido demonstrando o padrão de vascularização na zona de adenomiose, com vasos "penetrando" o miométrio.

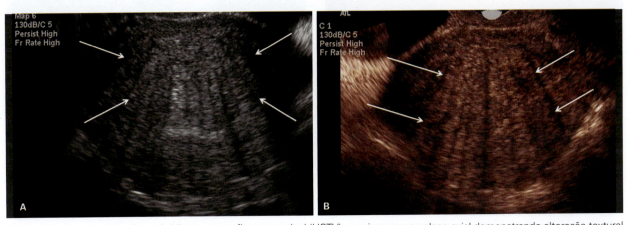

Figura 40 Adenomiose difusa. A: Ultrassonografia transvaginal (USTV) com imagem no plano axial demonstrando alteração textural difusa, caracterizada por estrias ecogênicas entremeadas por outras de menor ecogenicidade, predominando na parede anterior do útero (setas). B: USTV com imagem obtida no plano sagital. A mudança na coloração da imagem contribui para enfatizar a alteração textural miometrial e o padrão estriado, predominando na parede anterior do útero (setas).

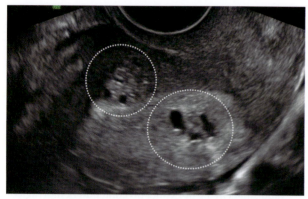

Figura 41 Ultrassonografia transvaginal no plano sagital oblíquo demonstrando duas áreas de adenomiose focais no corpo uterino nas paredes anterior e posterior (circundadas). Em ambas se observa espessamento da zona juncional associado a cistos intramiometriais.

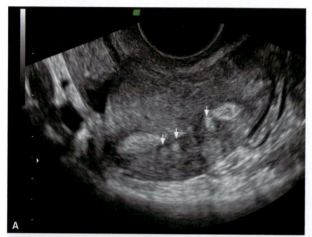

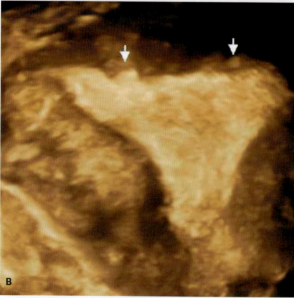

Figura 42 Adenomiose focal. A: Ultrassonografia transvaginal (USTV) no plano axial e na topografia do fundo uterino demonstrando a presença de cistos de conteúdo espesso hiperecogênicos periendometriais (setas). B: USTV com reconstrução 3D no plano coronal demonstrando melhor a distribuição periendometrial dos cistos (setas).

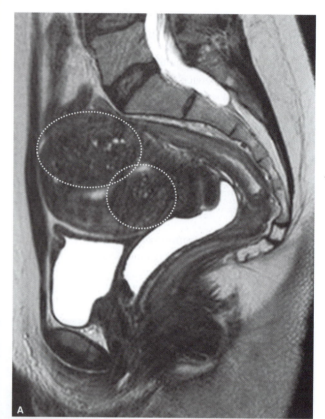

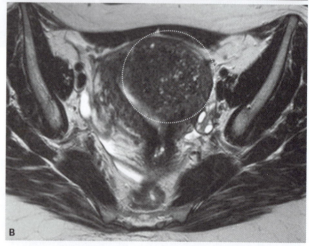

Figura 43 Adenomiose difusa. A: ressonância magnética (RM) no plano sagital T2 demonstrando útero de morfologia globosa, com importante espessamento difuso da zona juncional (> 50% da espessura miometrial), sendo mais pronunciado na parede posterior, associado a microcistos intramiometriais (circundados). B: RM no plano axial T2 demonstrando a importante assimetria entre as paredes uterinas e a zona de adenomiose posterolateral esquerda (circundada).

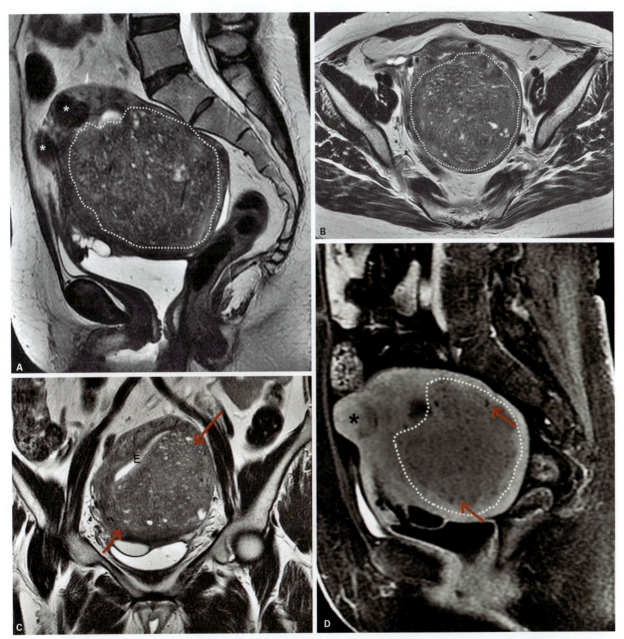

Figura 44 Adenomiose difusa. A: Ressonância magnética (RM) no plano sagital T2 demonstrando distorção da anatomia zonal uterina em razão de acentuado espessamento da zona juncional na região corporal lateral esquerda associado a microcistos intramiometriais (circundado). Na parede anterior observam-se, ainda, dois nódulos de miomas subserosos (*). B: RM no plano axial T2 demonstrando a zona de adenomiose exuberante (circundada). C: RM no plano coronal T2 demonstrando a adenomiose nas paredes anterior e corporal lateral esquerda (setas), deslocando o endométrio (E) superiormente. D: RM no plano sagital T1 pós-contraste demonstrando o padrão de realce semelhante na zona de adenomiose em comparação com o miométrio normal (circundada). As diminutas áreas sem realce de permeio correspondem aos microcistos (setas). O mioma subseroso anterior apresenta padrão de realce hipovascular (*).

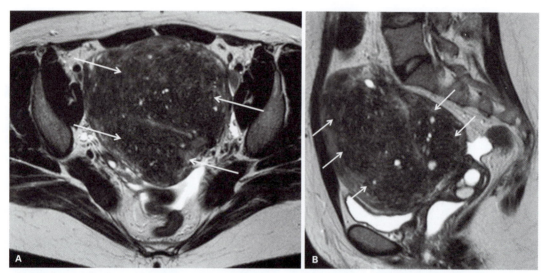

Figura 45 Adenomiose difusa exuberante. A: Ressonância magnética (RM) no plano axial T2 demonstrando acentuado espessamento difuso da zona juncional associado a microcistos intramiometriais (setas) em ambas as paredes (envolvimento superior a 50% da espessura miometrial). B: RM no plano sagital T2 demonstrando a distribuição da adenomiose nas paredes anterior e posterior (setas).

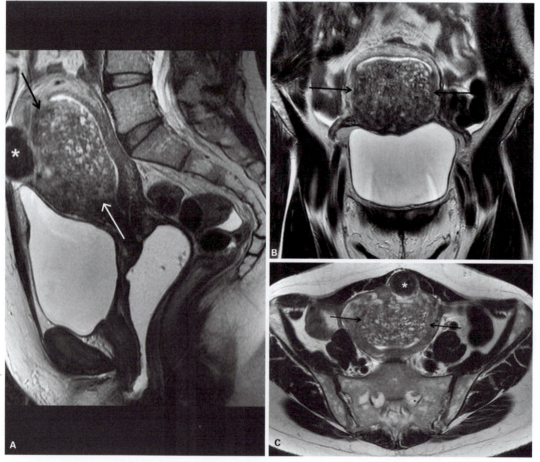

Figura 46 Adenomiose focal. A: Ressonância magnética (RM) no plano sagital T2 demonstrando espessamento da zona juncional na região corporal anterior, com inúmeros cistos intramiometriais associados, abaulando o endométrio (setas). Há, também, nódulo circunscrito com hipossinal, subseroso corporal anterior, compatível com mioma (*). B: RM no plano axial T2 demonstrando a zona de adenomiose anterior (setas) e o mioma subseroso (*). C: RM no plano coronal demonstrando uma visão frontal da adenomiose comprometendo a parede anterior do útero (setas).

(continua)

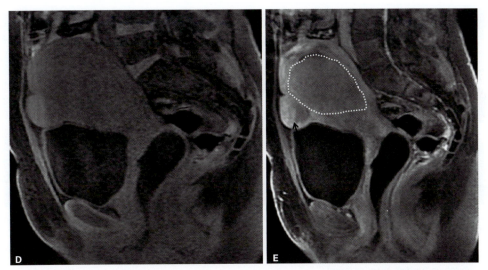

Figura 46 *(continuação)* D: RM no plano sagital T1 pré-contraste e (E) RM no plano sagital T1 pós-contraste demonstrando o padrão de realce da zona de adenomiose, semelhante ao miométrio (circundada). O mioma é discretamente hipovascular (seta).

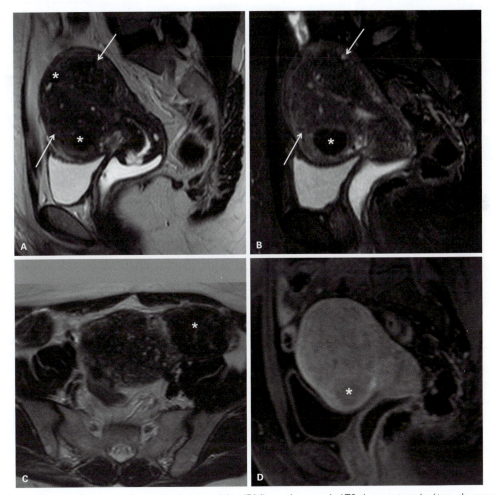

Figura 47 Adenomiose e miomas. A: Ressonância magnética (RM) no plano sagital T2 demonstrando útero de aspecto globoso e com sinal heterogêneo, com adenomiose difusa e cistos intramiometriais (setas). Notam-se, também, dois nódulos de miomas (*). B: RM no plano sagital T2 com saturação de gordura demonstrando a marcante diferença de sinal entre a zona de adenomiose (setas) e o mioma (*). C: RM no plano axial ponderada em T2 demonstrando, ainda, um mioma exofítico fúndico esquerdo (*). D: RM no plano sagital T1 pós-contraste demonstrando a diferença de realce entre a zona de adenomiose e o mioma intramural anterior, este último de padrão hipovascular em relação ao miométrio (*).

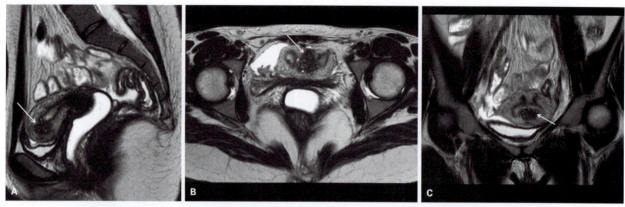

Figura 48 Adenomiose focal. A: Ressonância magnética (RM) no plano sagital ponderada em T2 demonstrando área de adenomiose focal na região fúndica uterina caracterizada por espessamento assimétrico da zona juncional com microcistos intramiometriais (seta). O restante da zona juncional apresenta espessura normal. B: RM no plano axial ponderada em T2, demonstrando a zona de adenomiose focal (seta) entre as regiões fundocornuais. C: RM no plano coronal ponderada em T2 demonstrando a zona de espessamento focal da zona juncional na região fúndica anterior (seta).

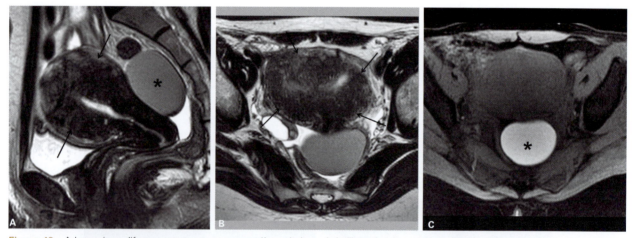

Figura 49 Adenomiose difusa em tratamento com análogo do hormônio liberador de gonadotrofina (GnRH). A: ressonância magnética (RM) no plano sagital ponderada em T2 demonstrando útero globoso com espessamento difuso da zona juncional em ambas as paredes (setas), com raros microcistos periendometriais. A redução dos cistos é atribuída ao uso prolongado de análogos do GnRH. Nota-se, também, volumoso cisto no ovário esquerdo compatível com endometrioma (*). B: RM no plano axial ponderada em T2 demonstrando o comprometimento extenso pela adenomiose, com mais de 50% da espessura miometrial comprometida (setas) e alguns diminutos cistos intramiometriais esparsos. C: RM no plano axial ponderada em T1 pré-contraste com saturação de gordura demonstrando o hipersinal característico do endometrioma (*).

Nos casos em que a espessura da zona juncional situa-se entre 8 e 12 mm, outros achados devem estar presentes, como: a) cistos intramiometriais (presentes em 50% dos casos); b) indefinição da junção miométrio-endométrio; c) estriações lineares com elevado sinal em T2 que surgem a partir do endométrio e se dirigem para o interior do miométrio. Nestes casos, é de fundamental importância excluir a possibilidade de contração miometrial (Figuras 50 e 51).

Adenomioma

Ultrassonografia transvaginal

Formação nodular de limites mal definidos, hipoecogênica e heterogênea, contendo pequenos cistos (50%) com dimensões que podem variar de 2 a 7 mm. Estes cistos podem apresentar conteúdo hipoecogênico secundário à presença de sangue. Ao Doppler colorido nota-se um padrão de vasos "penetrantes" no interior da formação nodular, sem a identificação de vasos periféricos como nos leiomiomas (Figura 52).

Ressonância magnética

Formações nodulares circunscritas com hipossinal em T2, de limites mal definidos, contendo pequenas áreas císticas no seu interior, submucosas ou intramurais, geralmente localizadas na região corporal uterina (Figura 53). Os cistos podem apresentar conteúdo hemorrágico representado por focos de elevado sinal em T1 (Figura 54). O padrão de realce é semelhante ao miométrio, com exceção das áreas císticas que são avascularizadas (aspecto em "queijo suíço").

9 ÚTERO   1361

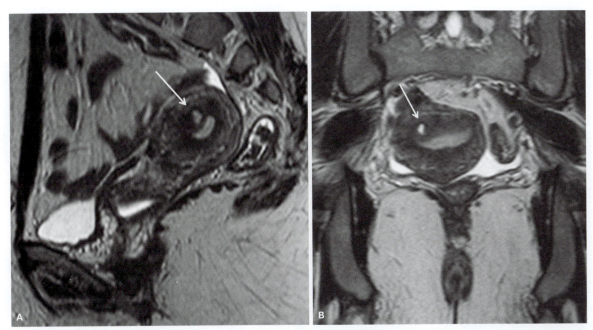

Figura 50 Adenomiose focal. A: Ressonância magnética (RM) no plano sagital ponderada em T2 demonstrando área de espessamento focal da zona juncional na região corporal anterior associada a cisto intramiometrial (seta). B: RM no plano coronal ponderada em T2 evidenciando a área focal de adenomiose (seta).

Adenomiose cística

Ultrassonografia transvaginal

Formação cística de conteúdo espesso hipoecogênico, circundada por um halo ecogênico espesso, podendo conter nível líquido por conta de sangramentos mais recentes. Geralmente os contornos internos da cavidade são regulares, o que pode ser um ponto importante na diferenciação dos leiomiomas com áreas de degeneração cística. Ao Doppler colorido nota-se um halo de vascularização aumentado ao redor da cavidade cística (Figura 55).

Ressonância magnética

A lesão apresenta-se como um cisto de conteúdo espesso, parcial ou totalmente envolto por uma parede espessa, de baixo sinal em T2, que lembra a zona juncional tópica, composta por tecido miometrial compacto. Pode ou não haver continuidade visível desta parede com a zona juncional. Esta, por sua vez, pode apresentar espessura normal ou áreas de adenomiose. O conteúdo do cisto pode variar de hiperintenso em T2 a cistos com áreas de sombreamento, ou *shading*, resultantes da presença de sangue antigo. Em T1 exibem hipersinal, com ou sem níveis líquidos associados (Figuras 56 e 57).

Diagnósticos diferenciais

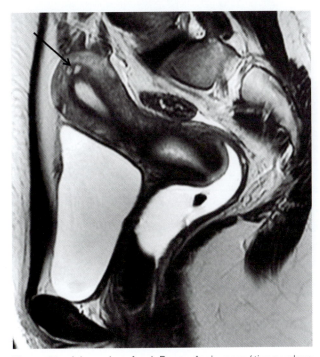

Figura 51 Adenomiose focal. Ressonância magnética no plano sagital ponderada em T2 demonstrando área de discreto espessamento focal da zona juncional na região fúndica associado a cistos intramiometriais (seta). O restante da zona juncional apresenta aspecto normal.

O principal diagnóstico diferencial de adenomioma é o leiomioma. Os leiomiomas típicos se apresentam como nódulos com hipossinal em T2, margens bem definidas e

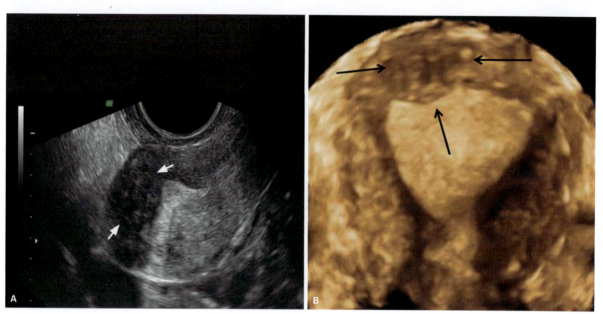

Figura 52 Adenomiose na forma nodular. A: Ultrassonografia transvaginal (USTV) no plano sagital demonstrando área de alteração textural focal de aspecto nodular na região fúndica à direita, com estrias ecogênicas e diminutos microcistos de permeio (setas), causando impressão no eco endometrial. B: USTV com reconstrução 3D no plano coronal demonstrando a área nodular causando leve impressão no eco endometrial (setas).

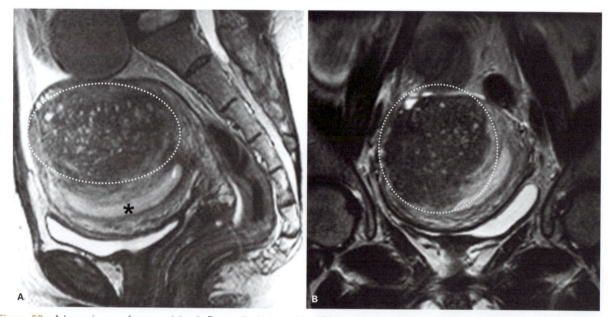

Figura 53 Adenomiose na forma nodular. A: Ressonância magnética (RM) no plano sagital ponderada em T2 demonstrando volumoso adenomioma com inúmeros cistos intramiometriais na parede corporal posterior (circundado), deslocando o endométrio anteriormente (*). B: RM no plano coronal ponderada em T2 demonstrando a volumosa adenomiose na forma nodular na região corporal posterior à direita (circundado).

9 ÚTERO   1363

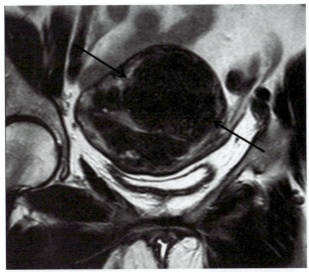

Figura 54   Adenomiose difusa e na forma nodular. Ressonância magnética no plano coronal ponderada em T2 demonstrando espessamento assimétrico da zona juncional com alguns microcistos associados. Na região corporal posterior à esquerda observa-se a concomitância de espessamento na forma nodular, também chamado adenomioma (setas).

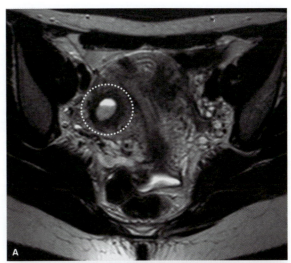

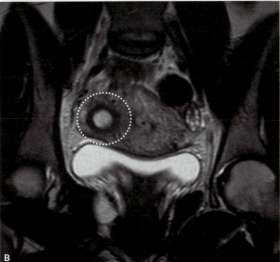

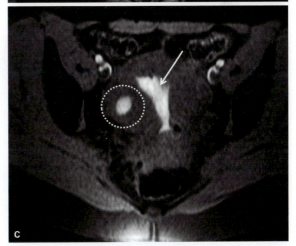

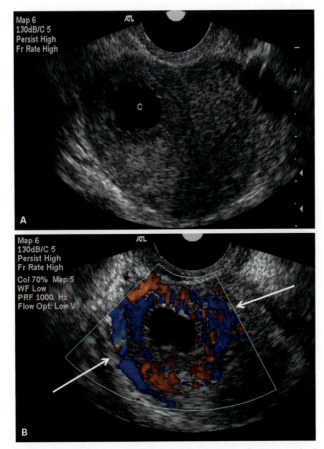

Figura 55   Adenomiose cística. A: Ultrassonografia transvaginal (USTV) com corte axial oblíquo da região fúndica demonstrando a presença de formação cística de conteúdo espesso (C), com paredes espessas e ecogenicidade semelhante ao miométrio. B: USTV com Doppler colorido demonstrando o halo de vascularização aumentada ao redor da cavidade cística (setas).

Figura 56   Adenomiose cística. A: Ressonância magnética (RM) com corte axial ponderada em T2 demonstrando área de adenomiose cística na região cornual direita, com nível líquido-líquido e paredes espessas de baixo sinal que lembram a zona juncional (circundada). B: RM no plano coronal ponderada em T2 demonstrando a cavidade cística de conteúdo espesso (circundada) na região cornual direita. C: RM no plano axial ponderada em T1 pré-contraste com saturação de gordura demonstrando melhor o conteúdo hemático do cisto (circundado) e da cavidade uterina (seta).

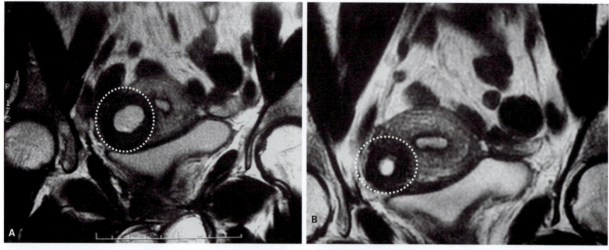

Figura 57 Adenomiose cística em tratamento com análogos do hormônio liberador de gonadotrofina (GnRH). A: Ressonância magnética (RM) no plano coronal ponderada em T2 demonstrando a área de adenomiose cística antes do tratamento com análogo do GnRH na região cornual direita (circundada). B: RM no plano coronal ponderada em T2, seis meses após o tratamento com análogo de GnRH, demonstrando redução das dimensões da cavidade cística central (circundada) associada a importante melhora clínica.

maior efeito expansivo local, com realce menor que o miométrio circunjacente. Outro achado frequente é a existência de um halo de hipersinal em T2, secundário a edema e ectasia de vasos ao redor do nódulo (Figuras 44, 46 e 47).

A adenomiose cística deve ser diferenciada do mioma com áreas de degeneração cística. Nos miomas, a área de degeneração em geral é excêntrica, possui contornos irregulares e geralmente é preenchida por líquido não hemático.

Como outro diagnóstico diferencial da adenomiose cística fundocornual, deve-se considerar a prenhez ectópica tubárea intramural, caso haja correlação com a história clínica e exames laboratoriais.

As contrações miometriais uterinas representam outra entidade que pode mimetizar a adenomiose. Apresentam-se tipicamente como uma zona de baixo sinal em T2, em "faixa", que se estende da zona subendometrial à superfície serosa oposta. Não apresenta estrias ou microcistos intramiometriais, associa-se ao encurtamento do eixo uterino e a um arqueamento do endométrio junto à zona de contração (Figura 58). Tais contrações ocorrem de forma assintomática e possuem um caráter transitório.

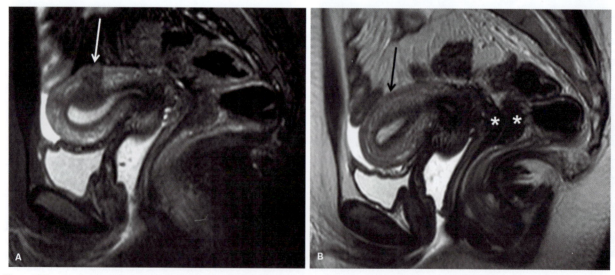

Figura 58 Contração miometrial transitória. A: Ressonância magnética (RM) no plano sagital ponderada em T2 com saturação de gordura demonstrando zona de contração miometrial na região corporal posterior (seta). Caracteriza-se por faixa de baixo sinal que se estende da serosa até a zona subendometrial e causa abaulamento do endométrio. B: RM no plano sagital ponderada em T2 demonstrando o desaparecimento da zona de contração, com anatomia zonal uterina normal (seta). A paciente apresentava lesões de endometriose profunda nas regiões retrocervical e na parede retal (*).

Neoplasias benignas

Miomas

São tumores benignos e correspondem à neoplasia ginecológica mais comum. Acometem cerca de 20-30% das mulheres em idade reprodutiva e são responsáveis por cerca de 30% das histerectomias nos Estados Unidos.

A RM é o método mais preciso para detectar e localizar miomas.

O diagnóstico diferencial é feito com adenomiose, nódulo anexial, contração miometrial e sarcomas.

Geralmente são lesões bem delimitadas, podem ser únicos ou, mais frequentemente, múltiplos.

Ocorrem em mulheres em idade fértil e podem aumentar de tamanho durante a gestação ou com o uso de anticoncepcionais orais. Geralmente regridem após a menopausa.

São tumores que envolvem geralmente o miométrio do corpo uterino, mas podem ocorrer no colo (< 5%).

São classificados de acordo com sua localização:

- Submucosos (5%) – projetam-se para a cavidade endometrial.
    - Causam mais sintomas (dismenorreia, menorragia e infertilidade).
    - Podem ser pediculados e protruirem no canal cervical e/ou vagina.
- Intramurais (mais comuns) – localizam-se no miométrio.
    - Geralmente assintomáticos.
    - Ocasionalmente causam menorragia e infertilidade.
- Subserosos – localizam-se abaixo da serosa uterina.
    - Normalmente assintomáticos.
    - Podem torcer e causar dor aguda, principalmente se forem pediculados.
    - Se muito grandes podem comprimir estruturas adjacentes.
    - Podem crescer lateralmente e se estenderem em meio ao ligamento largo simulando massa ovariana.
    - Podem se soltar do útero e aderir em outra estrutura com novo suprimento sanguíneo (mioma parasita).

A USG é modalidade primária para diagnosticar e avaliar, e deve ser realizada tanto por via transabdominal quanto transvaginal. Geralmente aparecem como nódulos bem delimitados e hipoecoicos (Figura 59). A via transabdominal é essencial para a avaliação de múltiplos e grandes miomas e para se obter o tamanho do útero e localizações dos miomas. A via transvaginal tem melhor resolução espacial, porém miomas subserosos pediculados, por exemplo, podem se localizar além do campo de visão, necessitando de avaliação transabdominal.

A RM é mais precisa para o diagnóstico de leiomioma e para avaliar tamanho, número e localização. Auxilia no planejamento cirúrgico (selecionar pacientes candidatas a histerectomia *versus* tratamentos que preservam a fertilidade, como *miomectomia*). Auxilia na avaliação pós-tratamento.

Os miomas apresentam características típicas à RM: massas bem delimitadas, com baixo sinal em T2 (Figura 60).

Com o crescimento do mioma, pode ocorrer uma desproporção entre a oferta e a demanda de oxigênio, causando áreas de degeneração. O tipo de degeneração depende do grau de rapidez de aparecimento dessa insuficiência vascular.

Tipos de degeneração e características na RM:

- Hialina – baixo sinal em T2, sem realce pós contraste (Figura 61).
- Mixoide – alto sinal em T2 com realce gradual pós-contraste (Figura 62).
- Calcificação distrófica (sinal mais específico para leiomioma).
- Cística (degeneração hialina com liquefação) – áreas císticas com alto sinal em T2 e sem realce pós-contraste (Figura 63).
- Degeneração gordurosa/lipoleiomioma – focos de gordura de permeio (Figura 64).
- Degeneração vermelha (hemorrágica), mais comum na gestação – ocorre secundariamente à trombose venosa na periferia do tumor ou ruptura das artérias intratumorais – alto sinal em T1, sinal variável em T2, com ou sem halo de baixo sinal em T2, sem realce pós contraste.
- Degeneração sarcomatosa (rara) – apresentação variável – crescimento rápido e sinal heterogêneo.

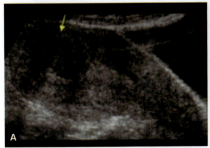 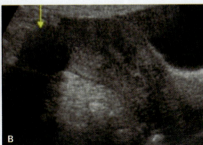 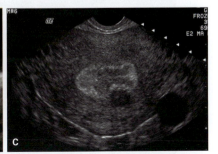

Figura 59 Imagens de ultrassonografia mostrando nódulos hipoecoicos bem delimitados compatíveis com miomas de localização intramural (A), subserosa (B) e submucosa (C).

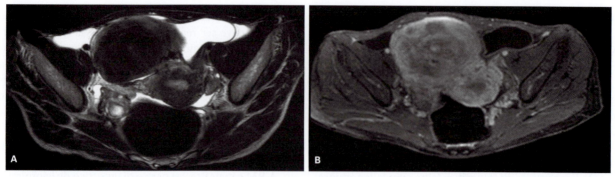

Figura 60 Ressonância magnética T2 axial (A) mostrando nódulo uterino bem delimitado subseroso pediculado anterior com baixo sinal difuso. T1 pós-contraste (B) mostrando a vascularização semelhante ao miométrio. O aspecto é compatível com mioma subseroso pediculado.

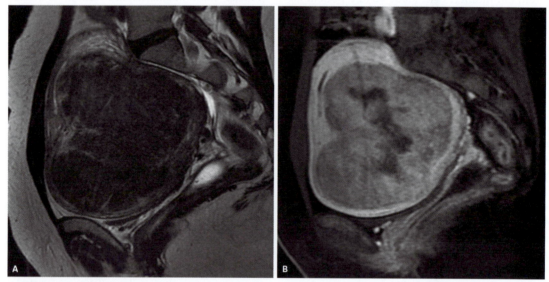

Figura 61 Ressonância magnética (RM) sagital T2 (A) e T1 pós-contraste com saturação de gordura (B) mostrando útero com formação nodular lobulada intramural na parede corporal anterior com baixo sinal em T2 e hiporrealce em relação ao miométrio. Apresenta áreas centrais sem realce. O aspecto é compatível com leiomioma intramural com focos centrais de degeneração hialina.

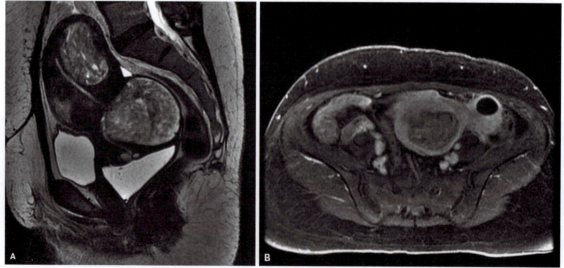

Figura 62 Ressonância magnética (RM) sagital T2 (A) e axial T1 pós-contraste com saturação de gordura (B) mostrando útero com nódulos intramurais com sinal alto em T2 e realce gradual pós-contraste sugerindo miomas com degeneração mixoide.

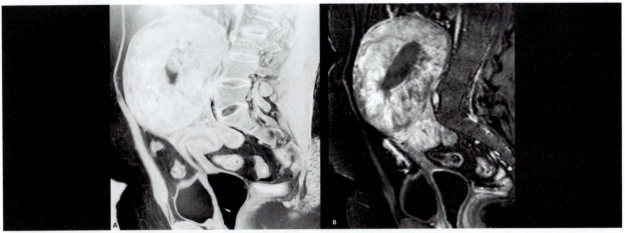

Figura 63 Ressonância magnética (RM) sagital T2 (A) e T1 pós-contraste (B), mostrando útero retrofletido com volumosa lesão hipervascularizada, bem delimitada, subserosa corporal anterior com ampla base de implantação uterina, com sinal predominante baixo em T2 e centro necrótico/liquefeito e heterogêneo. O aspecto sugere leiomioma subseroso com degeneração cística/necrótica.

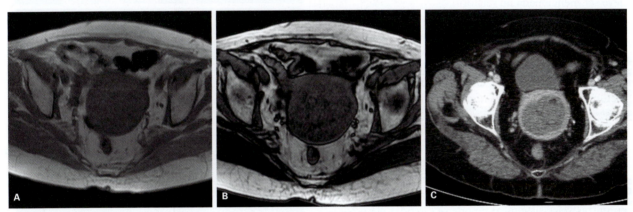

Figura 64 Ressonância magnética (RM) in-phase (A) e out-phase (B) mostrando mioma intramural com focos de queda de sinal no out-phase compatíveis com focos gordurosos. Tomografia computadorizada (TC) axial pós-contraste (C) mostrando focos de atenuação gordurosa em meio ao mioma. O aspecto é compatível com mioma com degeneração lipomatosa.

O laudo da RM deve conter:

- Tamanho do mioma.
- Características de sinal em T2.
- Características de realce em relação ao miométrio: hipovascular, isovascular ou hipervascular.
- Classificação: subseroso, intramural ou submucoso.
- Localização: fundo/corpo/istmo.
  - Parede anterior, posterior ou lateral.
  - Pediculado ou não (se submucoso ou subseroso).
- Manto interno (distância do mioma ao endométrio) e manto externo (distância do mioma à serosa uterina) (Figura 65).
- Se submucoso: porcentagem de componente intramural (< ou > 50%).

Tratamento

Cerca de 80% dos miomas são assintomáticos e não precisam de tratamento.

Existem diversas possibilidades terapêuticas, entre elas terapia hormonal, miomectomia, histerectomia, empoliza-

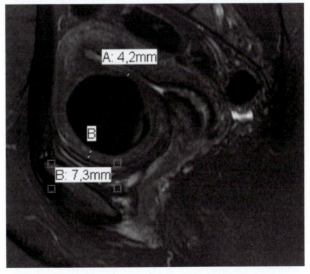

Figura 65 Ressonância magnética (RM) sagital T2 com saturação de gordura mostrando nódulo compatível com mioma, intramural corporal anterior com as medidas dos mantos interno (4,2 mm) e externo (7,3 mm).

ção da(s) artéria(s) uterina(s) e a termoablação por ultrassom focado de alta intensidade (HIFU) guiada por RM.

As características do mioma de melhor prognóstico para tratamento com embolização ou HIFU são: miomas com hipossinal ou isossinal em T2 e hipervascularizados.

Nas pacientes candidatas à embolização, é importante diagnosticar miomas pediculados submucosos ou subserosos, com pedículos menores do que 2 cm de espessura. Nesses casos, com a embolização, há maior chance de haver isquemia do pedículo e desprendimento do mioma subseroso que cai na cavidade peritoneal gerando peritonite ou desprendimento do mioma submucoso para a cavidade endometrial com exteriorização pela vagina do tecido necrótico (Figura 66). Além disso, debris necróticos na cavidade endometrial podem obstruir o canal endocervical e infectar, necessitando de intervenção cirúrgica. Portanto, nesses casos, a espessura do pedículo deve ser mencionada no relatório.

Ocasionalmente os leiomiomas podem ocorrer com padrões de crescimento incomuns ou em locais incomuns. Raramente os miomas podem metastatizar por via hematogênica para pulmões e apresentar-se como nódulos ou massas pulmonares. Ocorre geralmente após histerectomia por miomas. Os nódulos podem aparecer de 3 meses a 20 anos após a histerectomia.

Outra forma incomum é a leiomiomatose peritoneal difusa, que se manifesta como inúmeros nódulos peritoneais semelhantes à carcinomatose peritoneal (Figura 67).

A leiomiomatose intravenosa aparece como crescimento do mioma no interior da veia cava inferior (IVC) ou outras veias sistêmicas e pode se estender até o coração. Apesar de histologicamente benigna, é clinicamente agressiva.

O mioma parasitário e a leiomiomatose retroperitoneal geralmente se manifestam como massas pélvicas ou retroperitoneais únicas ou múltiplas.

É importante lembrar que nesses casos de crescimento incomum ou locais incomuns de miomas, a história de histerectomia por miomas ou a presença de miomas uterinos simultâneos podem ser sugestivas do diagnóstico.

Pólipos endometriais

São massas geralmente sésseis de variados tamanhos que se projetam na cavidade endometrial. Podem ser assintomáticos ou sintomáticos, causando sangramento uterino. A terapia com tamoxifeno é fator de risco para o desenvolvimento de pólipos endometriais.

Desenvolvem-se em 8-36% das mulheres pós-menopausa em uso de tamoxifeno.

Histologicamente, os pólipos endometriais contêm três elementos em diferentes graus: estroma de tecido fibroso denso, vasos de paredes espessas e glândulas endometriais.

A USTV é a primeira modalidade para a avaliação e podem ser visualizados como espessamentos focais inespecíficos ou como pequenas massas no canal endometrial, iso ou hiperecogênicas (Figura 68). O Doppler colorido pode ser utilizado para visualizar vasos no pedículo.

Os pólipos podem também ser vistos na histerossalpingografia como defeitos de enchimento pediculados dentro da cavidade uterina.

A RM tem melhor resolução de contraste para a avaliação dos pólipos. Eles aparecem como uma massa ou foco de baixo/intermediário sinal em T2 em meio ao endométrio, com realce pós-contraste. Podem apresentar focos císticos de alto sinal em T2 (que correspondem ao componente glandular) de permeio, além de focos hemorrágicos de alto sinal em T1.

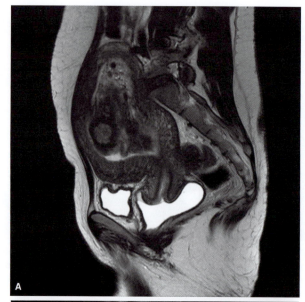
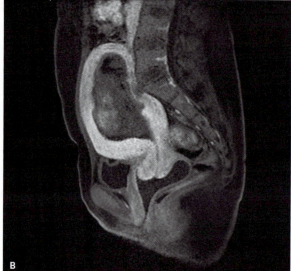

Figura 66 Ressonância magnética (RM) sagital T2 (A) e T1 pós-contraste com saturação de gordura (B) mostrando conteúdo heterogêneo na cavidade uterina, amorfo, predominantemente avascularizado e com focos de alto sinal em T1 (indicando necrose coagulativa), compatível com leiomioma submucoso degenerado/necrótico (pós-embolização).

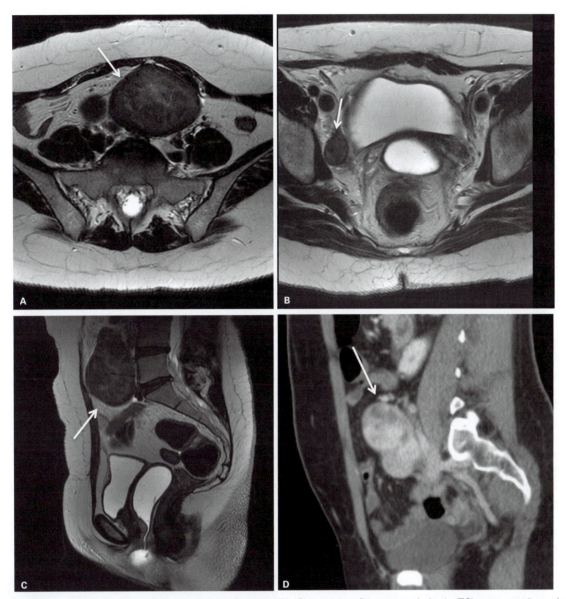

Figura 67   Ressonância magnética (RM) axial T2 (A e B) sagital T2 (C) e tomografia computadorizada (TC) reconstrução sagital pós--contraste (D) de uma paciente com história prévia de histerectomia por miomas, mostrando múltiplos nódulos com baixo sinal em T2 e hipervascularizados esparsos pelo peritônio (setas). O aspecto é compatível com miomatose peritoneal.

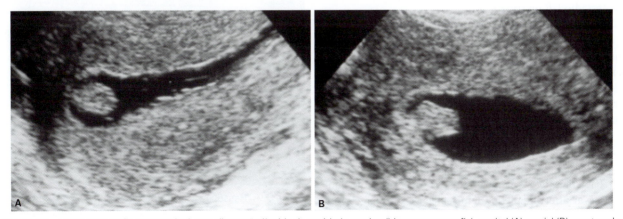

Figura 68   Ultrassonografia transvaginal com distensão líquida da cavidade uterina (histerossonografia), sagital (A) e axial (B) mostrando lesão nodular hiperecogênica projetando-se na cavidade endometrial, na região fúndica, compatível com pólipo.

Neoplasias malignas

Câncer cervical

O câncer cervical (CC) é a segunda neoplasia mais comum em mulheres no Brasil. O subtipo mais comum é o carcinoma de células escamosas (80-90%). Os demais subtipos correspondem a adenocarcinomas, carcinoma de pequenas células, neuroendócrino, carcinomas indiferenciados.

Origina-se na junção escamocolunar (JEC): transição do epitélio colunar (endocérvice) com o epitélio escamoso estratificado (ectocérvice). A JEC tem localização diferente nos diferentes grupos etários, sendo mais exofítica em mulheres jovens e mais endofítica nas pacientes mais idosas.

São fatores prognósticos: tamanho do tumor, invasão locorregional, invasão linfonodal e metástases à distância.

O estadiamento revisado pela Federação Internacional de Ginecologia e Obstetrícia (FIGO) em 2009 é o sistema mais amplamente utilizado e é baseado no exame clínico. Mas exames por imagem (TC e RM) são sugeridos quando disponíveis para pacientes com tumores macroscópicos (a partir do estádio IB).

O estadiamento clínico do câncer cervical tem deficiências na avaliação de vários fatores prognósticos importantes, incluindo tamanho do tumor, invasão parametrial e da parede pélvica e avaliação de metástases linfonodais. A concordância entre o estadiamento cirúrgico e o clínico tem sido relatada de 85,4%, 77,4%, 35,3% e 20,5% para os estádios IB, IB2, IIA e IIB, respectivamente.

Isso é um problema, pois a avaliação pré-tratamento precisa desses fatores prognósticos, especialmente da presença de invasão parametrial, para ajudar a determinar a escolha adequada do tratamento inicial, garantindo o melhor resultado para a paciente.

Existem duas opções de tratamento: cirurgia radical na fase inicial (IA, IB1 e IIA1) ou quimioterapia e radioterapia primária para as pacientes com doença volumosa/tumores > 4 cm (IB2 IIA2) ou doença localmente avançada (estádio IIB ou superior).

Se uma paciente for submetida ao tratamento cirúrgico primário para um tumor que pelo estadiamento clínico aparentava ser restrito ao colo, mas que depois foi encontrada invasão parametrial e/ou linfonodos acometidos no exame histológico, a paciente necessitará de quimioterapia adjuvante e radioterapia, levando ao aumento da morbidade.

A RM é o método ideal para o estadiamento local, sendo superior para avaliar o tamanho do tumor, invasão parametrial, extensão vaginal e extensão para parede pélvica.

Pacientes jovens, com tumores pequenos que desejam preservar a fertilidade, podem realizar a traquelectomia radical, que tem taxas de recorrências semelhantes à cirurgia de Wertheim-Meigs. A RM é um excelente método para definir critérios para traquelectomia: tumores restritos ao colo, ≤ 2,0 cm, distando mais de 1 cm do orifício interno e sem linfonodos (Figura 69).

Pacientes com tumores que apresentam invasão do paramétrio (IIB) já não são mais candidatas ao tratamento cirúrgico e sim ao tratamento quimiorradioterápico. A avaliação do paramétrio é realizada com uma sequência ponderada em T2, axial fina (3-5 mm), perpendicular ao colo uterino (Figura 70). Por isso, essa é uma das sequências mais importantes na avaliação do estadiamento locorregional, que pode ajudar na determinação da conduta.

As características do câncer do colo útero na RM são:

- T2: sinal intermediário, hipersinal em relação ao estroma fibroso do colo (Figura 71).
- Difusão: restringe à difusão (Figura 72).
- T1 pós-contraste: realce é variável, a depender do componente de necrose/liquefação da lesão. Geralmente hipervascular nas fases precoces, hipovascular nas fases mais tardias (Figura 73).

A principal via de disseminação do tumor de colo é por contiguidade. O tumor pode estender-se superiormente para o corpo uterino, inferiormente para a vagina, lateralmente para os paramétrios e/ou para a parede pélvica, anteriormente para a bexiga e posteriormente para o reto. Todas as estruturas acometidas devem ser mencionadas no relatório. Estadiamento:

- I: tumor restrito ao colo. IA é um tumor microscópico e IB macroscópico. A partir de IB ele pode ser avaliado por RM e aparecerá como uma lesão restrita ao colo.

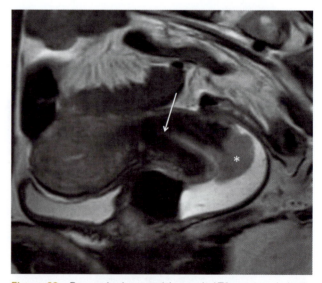

Figura 69 Ressonância magnética sagital T2 mostrando lesão com sinal intermediário no lábio posterior do colo uterino, predominantemente exofítica (*), < 2,0 cm e distando mais do que 1 cm do orifício interno do colo uterino (seta).

9 ÚTERO 1371

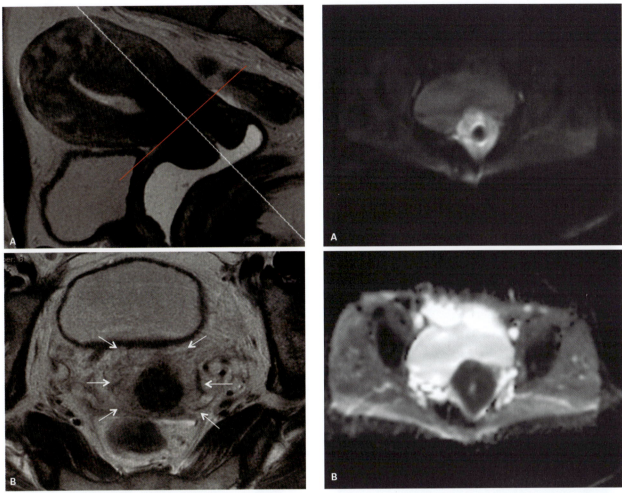

Figura 70   Ressonância magnética sagital T2 (A) mostrando a orientação perpendicular ao colo do útero para programar a sequência axial T2 do colo (linha vermelha). B: Sequência axial T2 do colo uterino mostrando o estroma cervical com baixo sinal. O paramétrio é o tecido ao redor do colo (setas).

Figura 72   Ressonância magnética: difusão (A) e mapa de ADC (B) mostrando lesão expansiva circunferencial cervical com restrição à difusão.

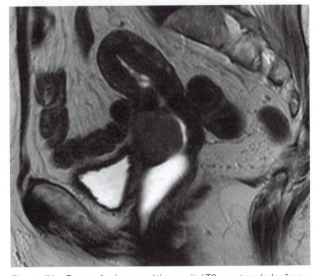

Figura 71   Ressonância magnética sagital T2 mostrando lesão expansiva com sinal intermediário no lábio anterior do colo uterino.

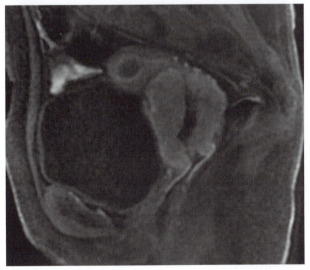

Figura 73   Ressonância magnética sagital T1 com saturação de gordura pós-contraste mostrando hiper-realce precoce da lesão expansiva do colo uterino.

- II: o estádio II é definido como o crescimento do tumor para além do colo do útero, mas sem extensão para a parede lateral pélvica ou o terço inferior da vagina.
- IIA: invasão dos dois terços superiores da vagina sem invasão parametrial, representados em T2 como interrupção segmentar do hipossinal da parede vaginal.
- IIB: tumor com invasão parametrial: a avaliação do paramétrio deve ser realizada na sequência ponderada em T2 axial fina perpendicular ao colo uterino observando-se descontinuidade da espessura total do anel estromal com baixo sinal em T2, com nodularidades no contorno cervical, bordas irregulares entre o tumor e o tecido parametrial ou com a presença de massa no paramétrio envolvendo plexo vascular periuterino (Figura 74).

Falso-positivo pode ocorrer por edema ou alterações inflamatórias peritumorais, principalmente em tumores grandes e/ou pós-biópsia.

A presença do estroma cervical com baixo sinal em T2 com espessura > 3 mm exclui invasão parametrial com uma especificidade de 96-99% e com valor preditivo negativo de 94-100%.

- III: é definido como extensão do tumor ao terço inferior da vagina e/ou parede lateral pélvica.
- IIIa: tumor envolve o terço inferior da vagina, sem extensão à parede lateral pélvica (Figura 75).
- IIIb: invasão da parede pélvica é representada na RM visualizando-se sinal de tumor até 3 mm dos múscu-

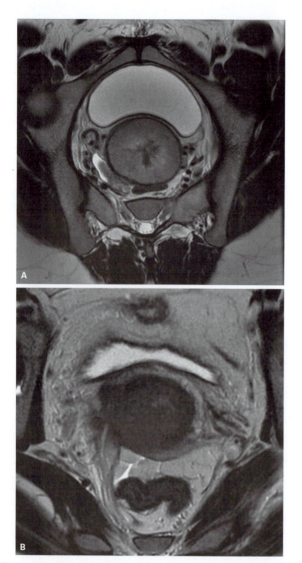

Figura 74 Ressonância magnética T2 axial do colo uterino mostrando lesões expansivas cervicais: (A) estroma cervical com baixo sinal íntegro ao redor da lesão, sem sinais de invasão parametrial; (B) perda do baixo sinal do estroma cervical com nodularidades à direita, compatível com invasão parametrial deste lado. Estroma cervical com baixo sinal íntegro à esquerda.

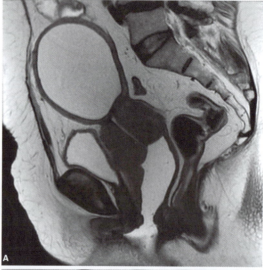

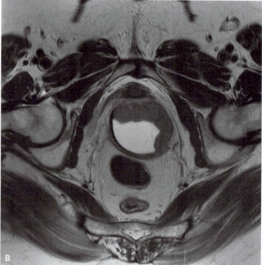

Figura 75 Ressonância magnética (RM) sagital T2 (A) mostrando lesão expansiva estenosante no colo uterino determinando distensão da cavidade endometrial. Há extensão da lesão até o terço inferior da vagina na parede anterior. B: RM axial T2 mostrando lesão acometendo as paredes vaginais anterior e lateral esquerda.

los: obturador interno, elevador do ânus ou piriforme; envolvimento dos vasos ilíacos ou envolvimento ureteral com hidronefrose (Figura 76).
- IV: indica invasão de órgãos adjacentes ou metástases à distância.
- IVa: envolvimento da bexiga e/ou reto. Observa-se nas imagens ponderadas em T2 a interrupção total do baixo sinal da parede, com sinal de tumor estendendo-se à mucosa vesical ou retal (Figura 77). A preservação do plano gorduroso entre o tumor e a bexiga/reto exclui invasão (acurácia de 100%).
- IVb: metástase à distância.

Para a avaliação linfonodal, dois critérios são definidos para linfonodos acometidos:

- Linfonodo > 1 cm no menor eixo. No entanto, a RM muitas vezes não consegue diferenciar aumento linfonodal inflamatório de metastático. Apresenta sensibilidade e especificidade de 43-73% (tanto a TC quanto a RM).
- Linfonodos redondos, com margens irregulares/massa extracapsular, sinal semelhante ao tumor ou necrose central, mesmo com dimensões preservadas. Nesses casos, a especificidade aumenta para 78-99%.

Tomografia por emissão de pósitrons/tomografia computadorizada (PET/CT) tem a melhor acurácia para detectar linfonodo metastático.

Vale lembrar que a presença de linfonodomegalia retroperitoneal indica doença à distância (IVb).

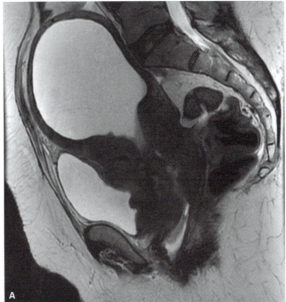

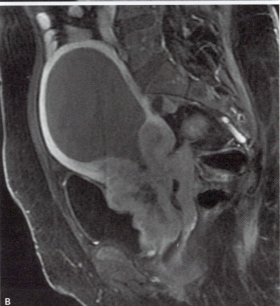

Figura 77 Ressonância magnética sagital T2 (A) e T1 pós-contraste (B) mostrando lesão expansiva estenosante no colo uterino com extensão à porção inferior do corpo e ao terço médio vaginal. Associa-se distensão da cavidade endometrial. Há perda do hipossinal em T2 normal da parede vesical posterior com massa tumoral infiltrando-a.

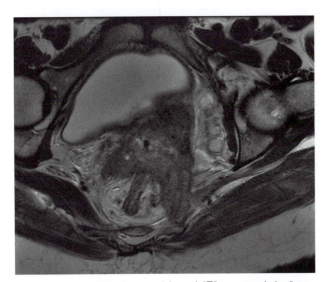

Figura 76 Ressonância magnética axial T2 mostrando lesão expansiva cervical com extensão posterior pelos ligamentos uterossacrais, maior à esquerda envolvendo o músculo piriforme deste lado. Associa-se atrofia do músculo piriforme esquerdo.

Modelo de laudo de RM no câncer de colo uterino:

- Localizar lesão:
  - Circunferencial, lábios/parede (anterior, posterior, lateral).
  - Tamanho.
  - Endofítico *versus* exofítico.
  - Obstrução da cavidade endocervical – distensão da cavidade uterina.

- Disseminação por contiguidade (principal via de disseminação).
  - Cranial: istmo/corpo uterino.
  - Caudal: vagina: dois terços superiores – terço inferior.
  - Lateral:
    - Paramétrios.
    - Parede pélvica (ureter, vasos ilíacos, musculatura pélvica).
  - Anterior: bexiga, espaço/ligamento vesicouterino.
  - Posterior: reto, espaço retrouterino.
- Linfonodos. Critério: menor eixo > 1 cm. Arredondados, margens irregulares, sinal semelhante ao tumor e presença de necrose, mesmo com dimensões preservadas.
- Disseminação hematogênica

Avaliação pós-tratamento quimiorradioterápico

Geralmente há rápida e significativa redução do sinal e do volume da lesão após o tratamento (4-8 semanas).

São critérios para resposta completa (Figura 78):

- Estroma cervical com sinal baixo e homogêneo em T2 (VPN > 97%).
- Realce homogêneo e tardio no pós-contraste.
- Não detecção de lesão cervical.

São critérios para recidiva/remanescente:

- Alteração no colo com sinal intermediário/discretamente alto em T2.
- Realce heterogêneo, geralmente hipervascular na fase arterial.
- Aumento da lesão em relação aos exames anteriores.

Algumas vezes é difícil diferenciarmos recorrência/remanescente tumoral de alterações actínicas/inflamatórias, principalmente dentro dos primeiros 6 meses do tratamento. Exames de controle são necessários para avaliar a evolução dessas alterações.

A recorrência tende a permanecer com as características da lesão primária e aumentar de tamanho em exames subsequentes.

Adenoma *malignum*

É um subtipo raro de adenocarcinoma mucinoso do colo do útero e a sua prevalência é muito baixa (1-3% de todos os adenocarcinomas colo do útero). O adenoma *malignum* exibe um padrão de crescimento endofítico e por imagem apresenta-se como múltiplas formações císticas, semelhantes a cistos de naboth. O padrão é de lesões multicísticas que se estendem a partir das glândulas endocervicais para estroma cervical profundo, podendo apresentar componentes sólidos.

À RM apresenta-se:

- T1: isointenso (maioria) ou ligeiramente hiperintenso em relação ao útero.
- T2: hiperintensos em relação ao útero.
- T1 + C (Gd): os componentes sólidos mostram realce pós-contraste.

O sintoma inicial comum é secreção aquosa vaginal ou sangramento.

O diagnóstico baseia-se na histopatologia. Estudos anteriores demonstraram que a análise citológica do colo do útero não é suficiente. No entanto, a biópsia do colo

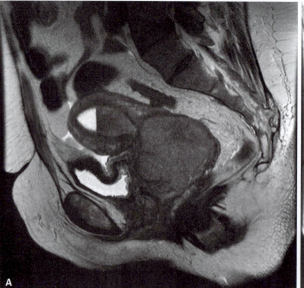 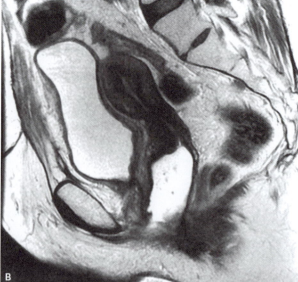

Figura 78 Ressonância magnética T2 sagital (A) mostrando lesão expansiva cervical determinando distensão da cavidade endometrial. B: Aspecto pós-tratamento quimiorradioterápico: colo uterino com baixo sinal em T2 indicando fibrose, sem sinal de tumor.

do útero e do canal cervical (com profundidade > 5 mm) e conização cervical podem contribuir para o diagnóstico definitivo.

Exames de imagem como RM e USG são muitas vezes difíceis de diagnosticar em razão da aparência benigna da lesão. Porém, desempenham um papel importante na avaliação da disseminação da doença.

Há relatos de associação de adenoma *malignum* com síndrome de Peutz-Jeghers e tumor mucinoso do ovário.

O prognóstico tem sido descrito como desfavorável, uma vez que pode ocorrer disseminação peritoneal na fase inicial da doença, além de apresentar pouca resposta a radio e quimioterapia.

Neoplasia de endométrio

É a neoplasia ginecológica maligna mais comum em países desenvolvidos, com o pico de incidência entre 55 e 65 anos.

O principal sintoma é a hemorragia uterina pós-menopausa.

Fatores de risco: obesidade, diabete melito, hipertensão, nuliparidade, terapia de reposição hormonal, hiperplasia endometrial adenomatosa.

Noventa por cento são adenocarcinomas, variando de bem diferenciados (grau 1) até anaplásicos (grau 3). Dez por cento correspondem a adenocarcinomas com diferenciação escamosa, carcinoma adenoescamoso, carcinoma seroso papilar e carcinoma de células claras.

O prognóstico depende do grau histológico, profundidade comprometida do miométrio, envolvimento do estroma cervical e envolvimento linfovascular.

A profundidade da invasão miometrial é o fator prognóstico morfológico mais importante (estádio IB).

Existe uma correlação entre a invasão do miométrio e o grau do tumor, extensão do tumor ao colo do útero, e a prevalência de linfonodos acometidos.

Tumores com invasão superficial (< 50%) apresentam 3% probabilidade de acometimento linfonodal.

Tumores com invasão profunda (> 50%) apresentam 46% probabilidade de acometimento linfonodal.

A RM com contraste tem acurácia de 91% para avaliação da invasão do miométrio.

O estadiamento pela FIGO é cirúrgico/patológico e consiste em histerectomia, salpingo-ooforectomia bilateral, lavado peritoneal e linfadenectomia retroperitoneal.

Dos casos, 80% apresentam-se no estádio I e o tratamento padrão é a histerectomia total abdominal e salpingo-oforectomia lateral. O desafio clínico é selecionar as pacientes com maior risco de recidiva para a cirurgia mais radical (isto é, ressecção linfonodal radical) e tratamento adjuvante; e evitar o tratamento excessivo para pacientes de baixo risco.

O principal fator necessário para a avaliação pré-operatória é diferenciar entre os estádios IA e IB, pois o risco de metástase linfonodal deve ser determinado para selecionar o tratamento cirúrgico adequado.

Diferenciação do estádio IB do IC tem implicações de prognóstico e de morbidade. Pacientes no estádio IB devem ser submetidas à amostragem de gânglios linfáticos, enquanto as pacientes no estádio IC devem ser submetidas à linfadenectomia radical.

A presença de invasão cervical requer radioterapia pré-operatória ou planejamento cirúrgico diferente, como a histerectomia radical em vez de histerectomia total abdominal.

As indicações para linfadenectomia incluem tumores grau 1 ou 2 com invasão profunda do miométrio; todos os tumores grau 3; tumores com invasão do estroma cervical; e subtipos histológicos de alto risco, como seroso papilar e de células claras. A linfadenectomia carrega um alto risco de complicações, portanto, as pacientes devem ser selecionadas criteriosamente e encaminhadas para cirurgiões especialistas em oncoginecologia.

As vias de disseminação dos tumores endometriais são:

- Extensão direta.
- Invasão linfática.
- Metástases peritoneais (transtubárias).
- Metástases hematogênicas (pulmões).

Diagnóstico e estadiamento:

- USG TV: é utilizada na avaliação inicial; podendo-se visualizar espessamento endometrial. Os resultados são variáveis na determinação da infiltração miometrial, não permitindo um adequado estadiamento.
- TC: permite estadiamento global, mas avaliação locorregional é limitada.
- RM: é o exame de imagem de escolha para o estadiamento locorregional pré-operatório.

Permite a avaliação da profundidade da invasão miometrial com impacto direto na probabilidade de envolvimento linfonodal e na extensão do procedimento cirúrgico.

A avaliação do endométrio pode ser realizada com imagens axiais finas perpendiculares ao eixo do corpo útero (ponderadas em T2).

O tumor tem hiporrealce em relação ao miométrio, portanto, a fase dinâmica pós-contraste tardia (2-5 minutos) é a melhor para avaliar invasão miometrial, pois temos um realce maior e mais homogêneo do miométrio, em relação ao tumor, delineando a interface da lesão com o miométrio.

Aspectos da lesão na RM:

- T1: isossinal ao endométrio.
- T2: discreto hipossinal em relação endométrio e hipersinal em relação ao miométrio.

- RM pós-gadolínio: a lesão tem realce menor do que o miométrio.
- Difusão: restrição (ac até 90%).

Avaliação de linfonodos: linfonodos são considerados acometidos quando > 1 cm no menor eixo e/ou quando apresentam sinal e/ou realce heterogêneos.

Aspecto na RM – estadiamento da FIGO:

- 0 – linha endometrial normal ou espessada.
- IA – tumor restrito ao endométrio ou com invasão menor do que 50%: Linha endometrial espessada com alteração difusa ou focal do sinal; linha endometrial pode ser normal; a zona juncional apresenta-se preservada com interface endométrio-miométrio lisa (Figura 79); ou há extensão da lesão ao miométrio por menos de 50% da espessura com interrupção parcial ou total da zona juncional com interface endométrio-miométrio irregular (Figura 80).
- IB – tumor restrito ao corpo uterino, porém com invasão miometrial maior que 50% da espessura. Observa-se extensão da lesão ao miométrio por mais de 50% da espessura com interrupção total da zona juncional com sinal de tumor estendendo-se ao miométrio; a linha externa do miométrio preservada (Figura 81).
- II – Tumor com extensão direta ao estroma cervical: orifício interno e canal cervical alargados; com sinal de tumor infiltrando o estroma fibroso. A caracterização do realce da mucosa cervical nas fases pós-contraste tardias excluem invasão estromal do colo. O achado mais específico de invasão é a perda/ruptura do baixo sinal T2 do colo pelo sinal intermediário do tumor (Figura 82).
- III: extensão da doença locorregional:
- IIIA – invasão da serosa uterina e/ou anexos (Figura 83). Interrupção da porção externa do miométrio; configuração uterina irregular; extensão da lesão às regiões anexiais.
- IIIB – envolvimento vaginal e/ou parametrial. Perda segmentar da parede vaginal hipointensa; ou perda do baixo sinal em T2 do estroma cervical com extensão da lesão às regiões parametriais (Figura 84).
- IIIC1 – linfonodos pélvicos > 1 cm no menor eixo.
- IIIC2 – linfonodos periaórticos > 1 cm no menor eixo.
- IVA – infiltração das paredes vesicais e/ou intestinais (retais).
- IVB – lesões em sítios distantes e/ou linfonodomegalias inguinais.

Sarcomas uterinos

São tumores raros, agressivos, de origem mesenquimal que correspondem a 2-3% de todas as malignidades uterinas. Eles diferem dos carcinomas do endométrio no que diz respeito ao comportamento clínico, padrão de disseminação e conduta e têm um prognóstico muito pior.

Nas imagens de RM, os casos que surgem dentro do endométrio podem ser indistinguíveis de carcinoma endometrial, enquanto aqueles que surgem a partir do miométrio, geralmente leiomiossarcomas, podem ser indistinguíveis de leiomiomas degenerados. No entanto, se existirem características que sugiram o diagnóstico pré-operatório, devemos alertar o cirurgião, que pode alterar a conduta, como em caso de um suposto mioma em programação para tratamento por embolização ou HIFU, se houver características suspeitas nos exames de imagem, o tratamento cirúrgico deverá ser preconizado.

São classificados em três principais subtipos: carcinossarcoma, também conhecido como tumor uterino maligno misto mülleriano; sarcoma estromal endometrial e leiomiossarcoma. No entanto, tem sido proposto que carcinossarcomas são mais bem classificados como uma forma agressiva de carcinoma do endométrio. Essa

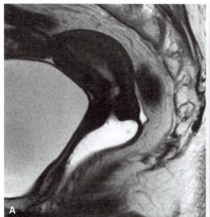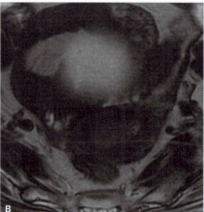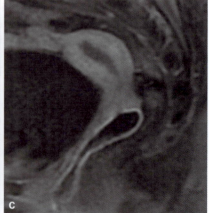

Figura 79 Ressonância magnética (RM) sagital T2 (A), axial do corpo uterino T2 (B) mostrando lesão expansiva endometrial com sinal intermediário. A zona juncional apresenta interface endométrio-miométrio preservada. RM sagital T1 pós-contraste tardio (C) mostrando hiporrealce da lesão em relação ao miométrio.

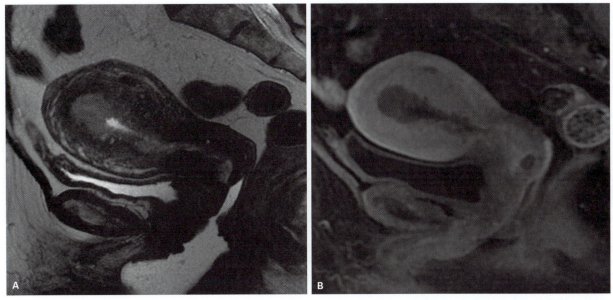

Figura 80 Ressonância magnética (RM) sagital T2 (A), mostrando lesão expansiva endometrial com sinal intermediário. A zona juncional apresenta interface endométrio-miométrio irregular. RM sagital T1 pós-contraste tardio (B) mostrando hiporrealce da lesão em relação ao miométrio com irregularidades da interface endométrio-miométrio e infiltração do miométrio por uma espessura menor do que 50%.

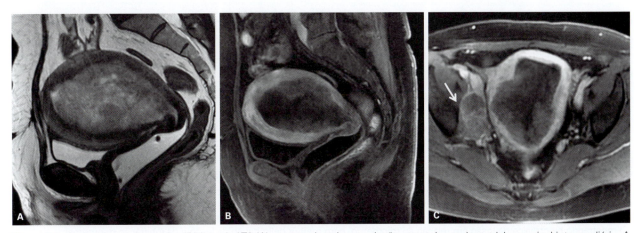

Figura 81 Ressonância magnética (RM) sagital T2 (A) mostrando volumosa lesão expansiva endometrial com sinal intermediário. A zona juncional está mal definida, há sinais de infiltração miometrial maior do que 50% na região posterior. RM T1 pós-contraste sagital (B) e axial (C) mostrando hiporrealce da lesão em relação ao miométrio, com melhor delimitação da lesão e da infiltração miometrial. Há ainda linfonodomegalia heterogênea ilíaca à direita (seta).

mudança reflete-se na mais recente revisão do sistema de classificação de FIGO, onde carcinossarcomas estão incluídos no mesmo sistema de estadiamento FIGO como carcinoma endometrial, enquanto outros sarcomas uterinos estão sob uma classificação separada.

Carcinossarcomas

Carcinossarcomas são responsáveis por aproximadamente 50% de todos os sarcomas uterinos e podem surgir em qualquer lugar ao longo do eixo mülleriano. Os fatores de risco incluem: história de radioterapia por neoplasia pélvica não relacionada ao sarcoma e uso de tamoxifeno.

Carcinossarcomas não têm uma aparência característica na RM e podem ser indistinguíveis dos carcinomas do endométrio. No entanto, quando comparados com carcinoma endometrial de um tamanho similar, carcinossarcomas são tumores mais heterogêneos com áreas de hemorragia e necrose e apresentam hiper-realce em relação ao miométrio adjacente. Eles apresentam mais frequentemente invasão miometrial profunda, invasão do estroma cervical, linfonodomegalias metastáticas e, portanto, têm um prognóstico pior do que o carcinoma endometrial.

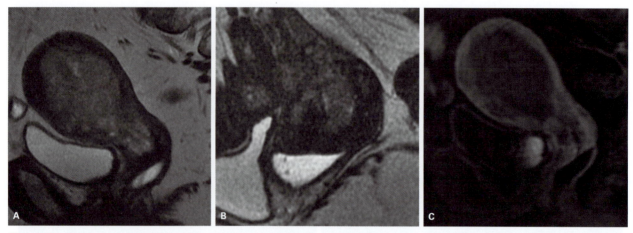

Figura 82 Ressonância magnética (RM) sagital T2 (A) mostrando volumosa lesão expansiva endometrial com sinal intermediário. A zona juncional está mal definida, havendo sinais de infiltração miometrial maior do que 50% (na região anterior). Ampliação de imagem de RM sagital T2 (B) mostrando extensão do sinal intermediário da lesão ao colo uterino com perda do sinal baixo do estroma cervical anterior, compatível com sua infiltração. RM sagital T1 pós-contraste tardio (C) mostrando hiporrealce da lesão em relação ao miométrio, com melhor delimitação da lesão e da infiltração miometrial.

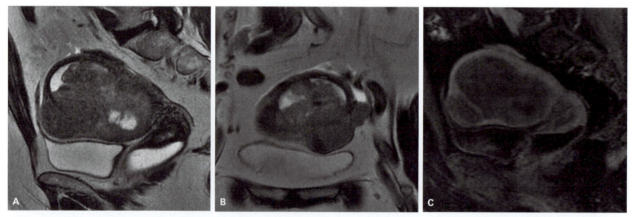

Figura 83 Ressonância magnética (RM) sagital T2 (A) mostrando volumosa lesão expansiva endometrial com sinal intermediário. Há interrupção da zona juncional com sinais de infiltração miometrial maior do que 50%, com extensão até a serosa uterina. RM axial T2 oblíquo do corpo uterino (B) mostrando extensão do sinal intermediário da lesão além da serosa. RM sagital T1 pós-contraste tardio (C) mostrando hiporrealce da lesão em relação ao miométrio, com melhor delimitação da lesão e da infiltração miometrial.

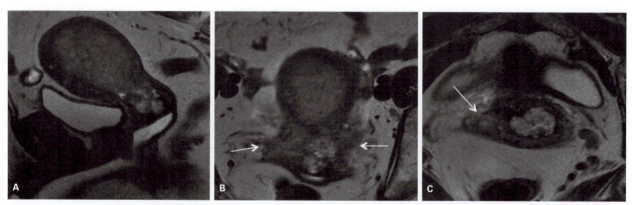

Figura 84 Ressonância magnética (RM) T2 sagital (A) mostrando lesão expansiva endometrial com sinal intermediário, com sinais de infiltração miometrial maior do que 50% (na região corporal posterior). RM T2 axial (B) e axial do colo (C) mostrando extensão da lesão ao colo, havendo perda do sinal baixo do estroma cervical com sinal de tumor infiltrando o paramétrio bilateral (setas).

Sarcomas estromais endometriais (SEE)

São responsáveis por 10% dos sarcomas uterinos primários. Eles podem ser subdivididos em baixo e alto grau, que têm diferentes manifestações. Os tumores de baixo grau tendem a ocorrer em uma faixa etária mais jovem (idade média de 39 anos) do que os de alto grau (idade média de 61 anos). Um diagnóstico pré-operatório de sarcoma estromal endometrial de alto grau é facilmente estabelecido pelo exame histopatológico, enquanto o de baixo grau pode ser difícil de distinguir de células estromais benignas do endométrio em uma pequena amostra obtida por curetagem.

Comumente aparecem como uma massa polipoide de alto sinal homogêneo nas imagens de RM ponderadas em T2. Áreas de necrose ou hemorragia também podem ser vistas. O realce do tumor é heterogêneo geralmente com iso ou hiper-realce em relação ao miométrio normal, em contraste com o carcinoma do endométrio, que tem hiporrealce em relação ao miométrio (Figura 85).

Características que são comumente vistas incluem miométrio mal delimitado com bandas de baixo sinal em T2 intramiometriais, que representam miométrio preservado em meio a áreas de infiltração neoplásica; presença de *flow voids* intratumorais por conta da neovascularização; múltiplos nódulos marginais ao tumor; extensão tumoral ao longo dos vasos, ligamentos e trompas em razão de marcada invasão vascular e linfática.

O sarcoma estromal endometrial de baixo grau pode simular adenomiose, mas a presença das características descritas anteriormente em imagens de RM permite o diagnóstico correto.

Leiomiossarcomas

Representam aproximadamente um terço dos sarcomas uterinos primários. A maioria surge independentemente, mas podem raramente (0,2%) resultar da transformação sarcomatosa de um leiomioma benigno. Ao contrário dos miomas benignos, que têm margem bem definida, os leiomiossarcomas geralmente aparecem irregulares e mal definidos nas imagens de RM. Eles costumam causar aumento rápido do útero, com áreas de realce heterogêneo, necrose extensa (50%), e hemorragia, bem como nódulos tumorais extrauterinos (Figura 86). Apresentam disseminação hematogênica precoce para pulmões e fígado. Apesar da RM não poder diferenciar de forma confiável a maioria dos casos de transformação sarcomatosa de um leiomioma de uma degeneração benigna, algumas características sugestivas de transformação sarcomatosa incluem: margens irregulares, necrose e crescimento rápido.

Malformação arteriovenosa uterina

Malformação arteriovenosa (MAV) uterina é uma alteração vascular rara. Caracteriza-se por múltiplas comunicações entre vasos arteriais intramurais e plexos venosos miometriais, sem a participação dos capilares. A distinção entre artérias e veias é difícil, pois ocorre um espessamento intimal venoso por conta do aumento da pressão intraluminal. Representa cerca de 1-2% de todas as hemorragias genitais e intraperitoneais.

As MAV uterinas podem ser congênitas ou adquiridas.

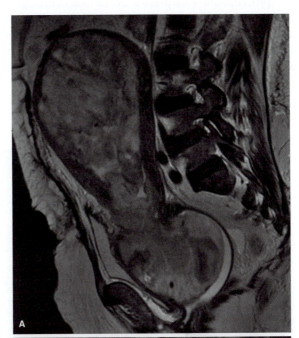

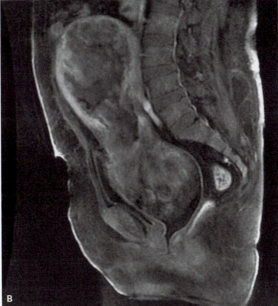

Figura 85 Ressonância magnética sagital T2 (A) e T1 pós-contraste (B) mostrando lesão expansiva sólida heterogênea, com focos de hiperrealce precoce e áreas de necrose ocupando toda a cavidade endometrial, com insinuação para o canal vaginal através do colo uterino. Há sinais de invasão miometrial até a serosa na região fúndica. O resultado anátomo-patológico é de sarcoma endometrial indiferenciado (sarcoma do estroma endometrial de alto grau).

A forma congênita é rara, resultando do desenvolvimento embriológico anormal das estruturas vasculares primitivas, determinando múltiplas comunicações anormais entre artérias e veias, e podem invadir estruturas adjacentes. Tem sido encontrada em casos isolados, mas também relatadas em associação com MAV em outros sítios.

A maioria das MAV é adquirida, sendo possíveis causas: procedimentos cirúrgicos (cesariana, curetagem), doença troflobástica gestacional, trauma pélvico, carcinoma de colo ou endométrio, infecção e exposição ao dietilestilbestrol. Podem ter suprimento sanguíneo de uma ou ambas as artérias uterinas, sem suprimento de artérias extrauterinas ou interposição de um plexo vascular.

Ocorrem em idade reprodutiva. Os sintomas mais comuns são menorragia ou menometrorragia. Outros incluem abortos espontâneos recorrentes, dor abdominal baixa, dispareunia e anemia secundária à perda sanguínea.

O exame físico pélvico revela massa pulsátil. Acredita-se que o sangramento ocorra quando os vasos da malformação são expostos pela descamação do endométrio durante a menstruação ou iatrogenicamente por curetagem.

A angiografia é o método padrão ouro, porém o método mais utilizado para o diagnóstico é a USTV com Doppler, reservando-se angiografia para casos submetidos a tratamento cirúrgico ou embolização.

Os achados à USG incluem massa mal definida, heterogênea, com múltiplas estruturas hipo/anecoicas ou tubularifomes de tamanhos variados, além de espessamento endometrial e miometrial focal ou assimétrico. O Doppler mostra *shunt* arteriovenoso com fluxo de baixa

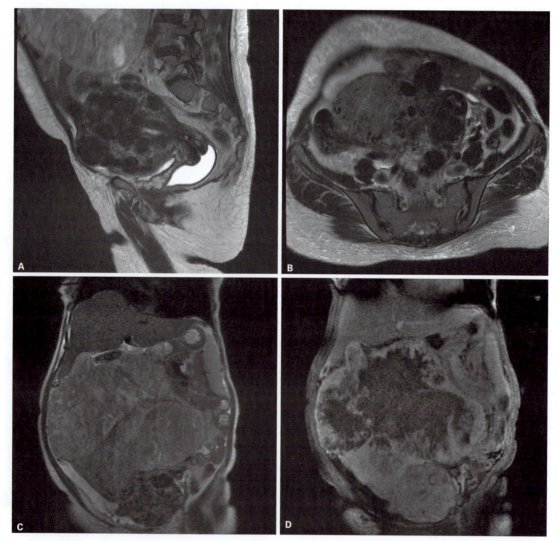

Figura 86 Ressonância magnética (RM) sagital (A) e axial (B) T2 mostrando útero de dimensões aumentadas com múltiplos nódulos com baixo sinal compatíveis com leiomiomas. Superiormente destaca-se volumosa massa exofítica, com sinal heterogêneo parcialmente caracterizada nas sequências da pelve. RM de abdome coronal T2 (C) e T1 pós-contraste (D) mostrando extensão da volumosa massa ao abdome superior. Observa-se sinal heterogêneo, com áreas de hiperrealce pós-contraste e extensas áreas centrais sem realce/necróticas. O resultado anatomopatológico é de leiomiossarcoma.

resistência e alta velocidade. A análise espectral pode predizer o grau de arterialização da lesão vascular e ajudar a definir o tratamento.

Embora a USG com Doppler possa sugerir fortemente presença de MAV, sua habilidade em determinar precisamente a extensão da lesão na pelve pode ser limitada.

A RM é um excelente método para determinar a extensão da doença e ajudar na confirmação diagnóstica por métodos não invasivos. Os achados incluem útero volumoso, massa mal definida, interrupção focal ou difusa da zona juncional, *flow voids* serpinginosos e vasos parametriais proeminentes (Figuras 87 e 88).

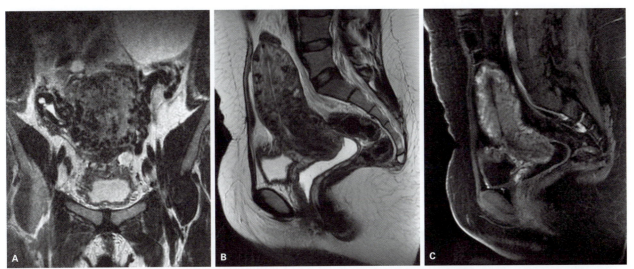

Figura 87 Ressonância magnética (RM) de paciente pós-curetagem de doença trofobástica gestacional. Planos coronal T2 (A), sagital T2 (B) e sagital T1 pós-contraste (C) evidenciam útero de dimensões aumentadas, com miométrio heterogêneo, apresentando múltiplos *flow voids* nas imagens ponderadas em T2 (A, B) em meio ao miométrio e periuterinos, com realce precoce pós-contraste (C), representando exuberante circulação miometrial e parauterina.

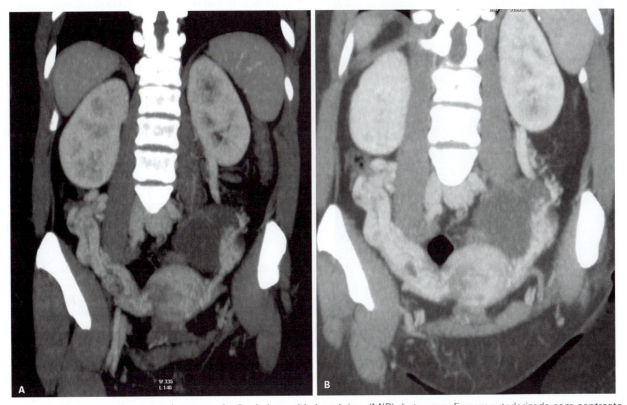

Figura 88 Reconstruções coronais com projeção de intensidade máxima (MIP) de tomografia computadorizada com contraste mostrando exuberante circulação miometrial e parauterina, drenando nas veias ovarianas.

Casos desafios

Caso 1

CMMS, 23 anos, com queixa de sangramento vaginal intenso há 6 meses. Em TC de outro serviço foi observada lesão expansiva uterina sendo solicitada RM (Figura 89).

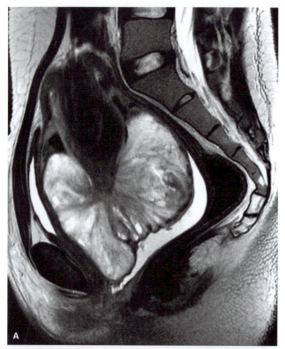

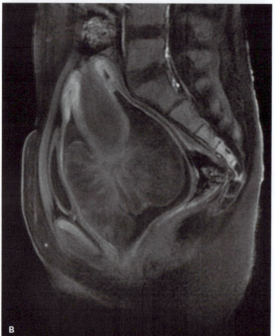

Figura 89 Ressonância magnética sagital ponderada em T2 (A) e sagital T1 pós-contraste (B) mostrando volumosa lesão expansiva sólida hipovascularizada uterina que determina inversão completa do útero, com protrusão do corpo através do canal cervical para o interior da vagina (vagina distendida por gel).

Diagnóstico: inversão uterina (por tumor).

A inversão uterina refere-se à descida do fundo do útero através do colo, de modo que o útero fica virado do avesso. Usualmente associada ao período puerperal (inversão uterina aguda).

A inversão uterina em período não puerperal é rara, geralmente ocorre de forma crônica, estando associada a tumores benignos (miomas submucosos) ou malignos (como por exemplo rabdomiossarcomas).

O diagnóstico clínico pode ser difícil, sendo realizado quando é possível perceber uma depressão fúndica uterina no exame retal.

Os sinais e sintomas incluem: sangramento vaginal intenso, corrimento vaginal, dor pélvica, protrusão de massa pelo introito vaginal e distúrbios urinários.

A causa de inversão uterina ainda não foi bem estabelecida e diversos mecanismos podem estar relacionados, como paredes uterinas finas, amolecimento da parede do útero em razão do crescimento do tumor para o interior da cavidade uterina (principalmente nos sarcomas), rápido crescimento tumoral, dilatação do canal cervical por distensão da cavidade uterina e pequeno pedículo tumoral.

Classificação:

- Incompleta: parte do corpo uterino se insinua para o interior do orifício interno do colo.
- Completa: protrusão do corpo através do canal cervical.
- Total: inversão completa + inversão vaginal.

A RM é o método de escolha não apenas para dar o diagnóstico correto, mas também para delinear a lesão e sua extensão locorregional.

A paciente do caso foi submetida ao tratamento cirúrgico e o resultado anatomopatológico foi: inversão uterina completa com teratoma imaturo, grau 2, com componente de neoplasia vitelínica, e tumor carcinoide em meio ao teratoma. Sem neoplasia em ovários e linfonodos (Figura 90).

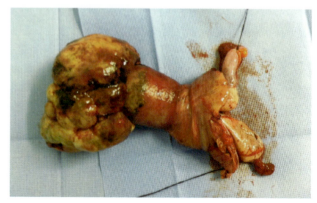

Figura 90 Peça cirúrgica mostrando útero invertido por lesão expansiva.

Na Figura 91, mostramos outro caso de inversão uterina com características de imagem semelhantes às do caso apresentando. O resultado anátomo-patológico foi de rabdomiossarcoma embrionário.

Caso 2

DRTC, 28 anos, no primeiro trimestre de gestação apresentando dor pélvica e sangramento vaginal com odor fétido.

Não foi possível realizar a USTV por conta da intensa algia da paciente, sendo solicitada RM de pelve (Figura 92).

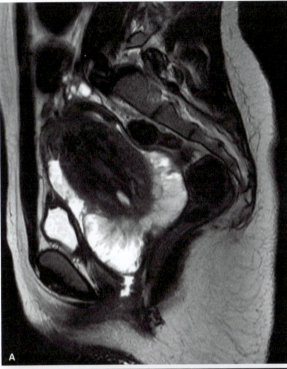
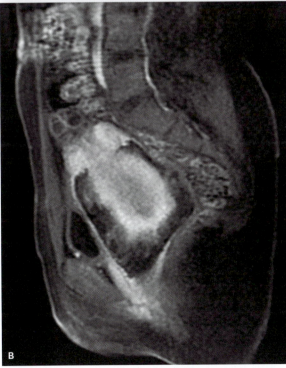

Figura 91 Ressonância magnética sagital ponderada em T2 (A) e sagital T1 pós-contraste (B) mostrando volumosa lesão expansiva sólida hipovascularizada uterina que determina inversão completa do útero, com protrusão do corpo através do canal cervical para o interior da vagina.

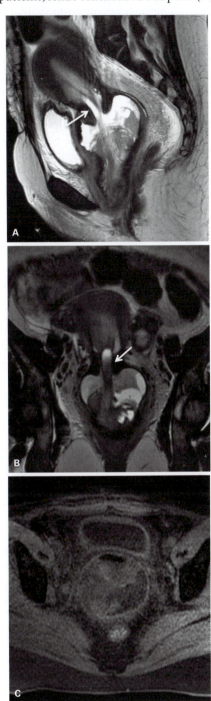

Figura 92 Ressonância magnética (RM) T2 sagital (A) e coronal oblíquo (B) mostrando grande quantidade de material heterogêneo ocupando a cavidade endometrial, estendendo-se pelo colo uterino até a cavidade vaginal. Destaca-se imagem cística (seta) compatível com saco gestacional no interior do colo uterino. Na RM axial T1 pré-contraste (C) não se observam focos de marcado hipersinal (hemorrágicos) de permeio. O conjunto dos achados sugere abortamento em curso.

Diagnóstico:

- Restos ovulares/abortamento em curso.

Restos ovulares ocorrem em quase 1% de todas as gestações, ocorrendo com maior frequência após a interrupção da gravidez do que após parto vaginal ou cesariana.

Os sintomas incluem sangramento vaginal e dor abdominal ou pélvica. Pacientes com doença trofoblástica gestacional podem apresentar sintomas pós-parto semelhantes e a diferenciação dessas entidades é importante porque os restos ovulares podem ser tratados de forma conservadora ou com curetagem e a doença trofoblástica gestacional pode necessitar de quimioterapia.

O nível sérico de beta-HCG auxilia na diferenciação no período pós-parto. O beta-HCG permanece elevado em pacientes com doença trofoblástica gestacional, em níveis superiores a 1.000 mUI/mL, ao passo que cai para níveis indetectáveis dentro de 2-3 semanas nas pacientes com restos ovulares.

A USG é o primeiro exame utilizado para a avaliação radiológica, mas a precisão do diagnóstico é variável.

À RM apresentam-se como uma massa heterogênea no interior da cavidade uterina com sinal variável em T1 e T2, realce variável e graus variáveis de afilamento do miométrio e obliteração da zona de junção. Apesar da presença presumida de produtos hemorrágicos, a massa intracavitária pode não mostrar focos de alto sinal T1, como nesse caso.

É importante lembrar que os achados da RM podem se sobrepor aos achados da doença trofoblástica gestacional, sendo difícil a diferenciação entre eles. No contexto de doença troflobástica gestacional, cistos tecaluteínicos podem estar presentes.

Bibliografia sugerida

Anatomia

1. Berek JS. Berek & Novak: Tratado de ginecologia, 14.ed. Rio de Janeiro: Guanabara Koogan; 2008.
2. Togashi K, Nakai A, Sugimura K. Anatomy and physiology of the female pelvis: MR imaging revisited. J Magn Reson Imaging. 2001;13:842-9.
3. Novellas S, Chassang M, Delotte J, Toullalan O, Chevallier A, Bouaziz J, et al. MRI characteristics of the uterine junctional zone: from normal to the diagnosis of adenomyosis. AJR. 2011;196:1206-13.
4. Kido A, Togashi K, Koyama T, Yamaoka T, Fujiwara T, Fujii S. Diffusely enlarged uterus: evaluation with MR Imaging. RadioGraphics. 2003;23:1423-39.
5. Behr SC, Courtier JL, Qayyum A. Imaging of mullerian duct anomalies. Radiographics. 2012;32:E233-50.
6. Olpin JD, Heilbrun M. Imaging of mullerian duct anomalies. Top Magn Reson Imaging. 2010;21:225-35.
7. Troiano RN, McCarthy SM. Mullerian duct anomalies: imaging and clinical issues. Radiology. 2004;233:19-34.
8. Robbins JB, Broadwell C, Cho LC, Parry JP, Sadowski EA. Mullerian duct anomalies: embryological development, classification, and MRI assessment. J Magnetic Res Imag. 2015;41:1-12.

Inflamações e infecções

9. Gizzo S, Saccardi C, Di Gangi S, Bertocco A, Vendemiati L, Righetto L, et al. Secondary amenorrhea in severe Asherman's syndrome: step by step fertility retrieval by Bettocchi's hysteroscope: some considerations. Minim Invasive Ther Allied Technol. 2014;23(2):115-9.
10. Sadow CA, Sahni VA. Imaging female infertility. Abdom Imaging. 2014;39(1):92-107.
11. Plunk M, Lee JH, Kani K, Dighe M. Imaging of postpartum complications: a multimodality review. AJR Am J Roentgenol. 2013;200(2):W143-54.
12. Rodgers SK, Kirby CL, Smith RJ, Horrow MM. Imaging after cesarean delivery: acute and chronic complications. Radiographics. 2012;32(6):1693-712.
13. Rosen ML, Anderson ML, Hawkins SM. Pyomyoma after uterine artery embolization. Obstet Gynecol. 2013;121(2 Pt 2 Suppl 1):431-3.
14. Del Borgo C, Maneschi F, Belvisi V, Morelli F, Vetica A, Marocco R et al. Postpartum fever in the presence of a fibroid: Sphingomonas paucimobilis sepsis associated with pyomyoma. BMC Infect Dis. 2013;13:574.

Endometriose

15. Chamié LP, Blasbalg R. Findings of pelvic endometriosis at transvaginal US, MR imaging and laparoscopy. Radiographics. 2011;31:77-100.
16. McDermott S, Oei TN, Iyer, VR, Lee SI. MR Imaging of malignancies arising in endometriomas and extraovarian endometriosis. RadioGraphics. 2012;32:845-63.
17. Siegelman ES, Oliver ER. MR Imaging of endometriosis: ten imaging pearls. Radiographics. 2012;32:1675-91.
18. Gidwaney R, Badler RL, Yam BL, Hines JJ, Alexeeva V, Donovan V, et al. Endometriosis of abdominal and pelvic wall scars: multimodality imaging findings, pathologic correlation, and radiologic mimics. Radiographics. 2012;32:2031-43.
19. Jr Coutinho A. MR Imaging in deep pelvic endometriosis: a pictorial essay. Radiographics. 2011;31:549-67.
20. Pavone ME. Endometriosis and ovarian cancer: links, risks and challenges faced. Int J Womens Health. 2015;7:663-72.
21. Scott RB. Malignant changes in endometriosis. Obstet Gynecol. 1953;2(3):283-89.
22. Brooks JJ, Wheeler JE. Malignancy arising in extragonadal endometriosis: a case report and summary of the world literature. Cancer. 1977;40(6):3065-73.
23. Cervini P, Mahoney J, Wu L. Endometriosis in the canal of nuck: atypical manifestations in an unusual localion. AJR Am J Roentgenol. 2005;185:284-5.

Adenomiose

24. Takeuchi M, Matsuzaki K. Adenomyosis: usual and unusual imaging manifestations, pitfalls, and problem-solving MR imaging techniques. Radiographics. 2011;31(1):99-115.
25. Tamai K, Togashi K, Ito T, Morisawa N, Fujiwara T, Koyama T. MR imaging findings of adenomyosis: correlation with histopathologic features and diagnostic pitfalls. Radiographics. [Review]. 2005;25(1):21-40.
26. Imaoka I, Wada A, Matsuo M, Yoshida M, Kitagaki H, Sugimura K. MR imaging of disorders associated with female infertility: use in diagnosis, treatment, and management. Radiographics. [Review]. 2003;23(6):1401-21.
27. Imaoka I, Ascher SM, Sugimura K, Takahashi K, Li H, Cuomo F, et al. MR imaging of diffuse adenomyosis changes after GnRH analog therapy. J Magn Reson Imaging. 2002;15(3):285-90.
28. Dong X, Yang Z. High-intensity focused ultrasound ablation of uterine localized adenomyosis. Curr Opin Obstet Gynecol. 2010;22(4):326-30.
29. Fukunishi H, Funaki K, Sawada K, Yamaguchi K, Maeda T, Kaji Y. Early results of magnetic resonance-guided focused ultrasound surgery of adenomyosis: analysis of 20 cases. J Minim Invasive Gynecol. 2008;15(5):571-9.
30. Lohle PN, De Vries J, Klazen CA, Boekkooi PF, Vervest HA, Smeets AJ, et al. Uterine artery embolization for symptomatic adenomyosis with or without uterine leiomyomas with the use of calibrated tris-acryl gelatin microspheres: midterm clinical and MR imaging follow-up. J Vasc Interv Radiol. 2007;18(7):835-41.
31. Kitamura Y, Allison SJ, Jha RC, Spies JB, Flick PA, Ascher SM. MRI of adenomyosis: changes with uterine artery embolization. AJR Am J Roentgenol. 2006;186(3):855-64.
32. Tamai K, Koyama T, Umeoka S, Saga T, Fujii S, Togashi K. Spectrum of MR features in adenomyosis. Best Pract Res Clin Obstet Gynaecol. 2006;20(4):583-602.
33. Onbas O, Kantarci M, Alper F, Kumtepe Y, Durur I, Ingec M, et al. Nodular endometriosis: dynamic MR imaging. Abdom Imaging. 2007;32(4):451-6.
34. Song SE, Sung DJ, Park BJ, Kim MJ, Cho SB, Kim KA. MR imaging features of uterine adenomyomas. Abdom Imaging. 2011;36(4):483-8.

35. Reinhold C, McCarthy S, Bret PM, Mehio A, Atri M, Zakarian R, et al. Diffuse adenomyosis: comparison of endovaginal US and MR imaging with histopathologic correlation. Radiology. 1996;199(1):151-8.

Neoplasias benignas

36. Deshmukh SP, Gonsalves CF, Guglielmo FF, Mitchell DG. Role of MR imaging of uterine leiomyomas before and after embolization. RadioGraphics. 2012;32:E251-81.
37. Ueda H, Togashi K, Konishi I, Kataora ML, Koyama T, Fujiwara T, et al. Unusual appearances of uterine leiomyomas: MR imaging findings and their histopathologic backgrounds. RadioGraphics. 1999;19:S131-45.
38. Murase E, Siegelman ES, Outwater EK, Perez-Jaffe LA, Tureck RW. Uterine leiomyomas: histopathologic features, MR imaging findings, differential diagnosis, and treatment. RadioGraphics. 1999;19:1179-97.
39. Verma SK, Bergin D, Gonsalves CF, Mitchell DG, Lev-Toaff AS, Parker L. Submucosal fibroids becoming endocavitary following uterine artery embolization: risk assessment by MRI. AJR Am J Roentgenol. 2008;190(5):1220-6.
40. Chen S, Zhang Y, Zhang J, Hu H, Cheng Y, Zhou J, et al. Pulmonary benign metastasizing leiomyoma from uterine leiomyoma. World J Surg Oncol. 2013;11:163.
41. Wei H, Liu Y, Sun H, Qian F, Li G. Benign pelvic metastatic leiomyoma: case report. Clin Exp Obstet Gynecol. 2013;40(1):165-7.
42. Fasih N, Prasad Shanbhogue AK, Macdonald DB, Fraser-Hill MA, Papadatos D, Kielar AZ, et al. Leiomyomas beyond the uterus: unusual locations, rare manifestations. Radiographics. 2008;28(7):1931-48.
43. Hase S, Mitsumori A, Inai R, Takemoto M, Matsubara S, Akamatsu N, et al. Endometrial polyps: MR imaging features. Acta Med Okayama. 2002;66(6):475-85.
44. Fang L, Su Y, Guo Y, Sun Y. Value of 3-dimensional and power Doppler sonography for diagnosis of endometrial polyps. J Ultrasound Med. 2013;32(2):247-55.

Neoplasias malignas

45. Sala E, Rockall AG, Freeman SJ, Mitchell DG, Reinhold C. The added role of MR imaging in treatment stratification of patients with gynecologic malignancies: what the radiologyst needs to know. Radiology. 2013;266(3):717-40.
46. American Cancer Society. What are the key statistics about cervical cancer? http://www.cancer.org/cancer/cervicalcancer/detailedguide/cervical-cancer-key-statistics. Accessed January 30, 2014.
47. Nougaret S, Tirumani SH, Addley H, Pandey H, Sala E, Reinhold C, et al. Pearls and pitfalls in MRI of gynecologic malignancy with diffusion-weighted technique. AJR Am J Roentgenol. 2013;200(2):261-76.
48. Tirumani SH, Shanbhogue AK, Prasad SR. Current concepts in the diagnosis and management of endometrial and cervical carcinomas. Radiol Clin North Am. 2013;51(6):1087-110.
49. Balleyguier C, Sala E, Cunha T, Bergman A, Brkljacic B, Danza F, et al. Staging of uterine cervical cancer with MRI: guidelines of the European Society of Urogenital Radiology. Eur Radiol. 2011;21:1102-10.
50. Son H, Kositwattanarerk A, Hayes AP, Chuang L, Rahaman J, Heiba S, et al. P ET/CT Evaluation of cervical cancer: spectrum of disease. RadioGraphics. 2010;30:1251-68.
51. Guo F, Hu Y, Xu X, Li R, Ru T, Wang J, et al. Diagnostic challenges in minimal deviation adenocarcinoma of the uterine cervix: a report of two cases and review of the literature. Mol Clin Oncol. 2013;1(5):833-838.
52. Park SB, Lee JH, Lee YH, Song MJ, Choi HJ. Multilocular cystic lesions in the uterine cervix: broad spectrum of imaging features and pathologic correlation. Am J Roentgenol. 2010;195:517-23.

Neoplasia do endométrio

53. Nougaret S, Tirumani SH, Addley H, Pandey H, Sala E, Reinhold C. Pearls and pitfalls in MRI of gynecologic malignancy with diffusion-weighted technique. AJR Am J Roentgenol. 2013;200(2):261-76.
54. Sala E, Rockall AG, Freeman SJ, Mitchell DG, Reinhold C. The added role of MR imaging in treatment stratification of patients with gynecologic malignancies: what the radiologist needs to know. Radiology. 2013;266(3):717-40.
55. Wakefield JC, Downey K, Kyriazi S, deSouza NM. New MR techniques in gynecologic cancer. AJR Am J Roentgenol. 2013;200(2):249-60.
56. Beddy P, O'Neill AC, Yamamoto AK, Addley HC, Reinhold C, Sala E. FIGO staging system for endometrial cancer: added benefits of MR imaging. Radiographics. 2012;32(1):241-54.
57. Sala E, Wakely S, Senior E, Lomas D. MRI of malignant neoplasms of the uterine corpus and cervix. AJR Am J Roentgenol. 2007;188(6):1577-87.

Malformação arteriovenosa uterina

58. Hashim H, Nawawi O. Uterine arteriovenous malformation. Malays J Med Sci. 2013;20(2):76-80.
59. Aiyappan SK, Ranga U, Veeraiyan S. Doppler sonography and 3D CT angiography of acquired uterine arteriovenous malformations (AVMs): report of two cases. J Clin Diagn Res. 2014;8(2):187-9.
60. Wani NA, Shaheen F, Kousar T, Gojwari T. Uterine arteriovenous malformation diagnosed with multislice computed tomography: a case report. J Reprod Med. 2010;55(3-4):166-70.
61. Farias MS, Santi CC, Lima AAA, Teixeira SM, Biase TCG. Aspectos radiológicos da malformação arteriovenosa uterina: relato de caso de uma causa incomum e perigosa de sangramento vaginal anormal. Radiol Bras. 2014;47(2):122-4.
62. Brien PO, Neyastani, A, Buckley AR, Chang SD, Legiehn GM. Uterine arteriovenous malformations from diagnosis to treatment. J Ultrasound Med. 2006;25:1387-92.

Casos desafios

63. Moulding F, Hawnaur JM. MRI of non-puerperal uterine inversion due to endometrial carcinoma. Clinical Radiology. 2004;59:534-37.
64. Buyukkurt S, Vardar MA, Zeren H, Ozgunen FT. Non-puerperal inversion of the uterus caused by leiomyosarcoma: a case report and clinical management. J Obstet Gynaecol Res. 2007;33:402-6.
65. Hanprasertpong J, Wootipoom V, Hanprasertpong T. Non-puerperal uterine inversion and uterine sarcoma (malignant mixed mullerian tumor): report of an unusual case. J Obstet Gynaecol Res. 2004;30:105-8.
66. Occhionero M, Restaino G, Ciuffreda M, Carbone A, Sallustio G, Ferrandina G. Uterine inversion in association with uterine sarcoma: A case report with MRI findings and review of literature. Gynecologic and Obstetric Ivestigation. 2012;73:260-4.
67. Amsalem H, Nadjari M, Prus D, Hiller N, Benshushan A. Growing teratoma syndrome vs. chemotherapeutic retroconversion case report and review of the literature. Gynecologic Oncology. 2004;92:357-60.
68. Umekawa T, Tabata T, Tanida K, Yoshimura K, Sagawa N. Growing teratome syndrome as an unusual cause of gliomatosis peritonei: a case report. Gynecologic Oncology. 2005;99:761-3.
69. Newsom-Davis T, Poulter D, Gray R, Ameen M, Lindsay I, Papanikolaou K, et al. Case report: malignant teratoma of uterine corpus. BMC Cancer. 2009;9:195.
70. Lee NK, Kim S, Lee JW, Sol YL, Kim CW, Hyun Sung K, et al. Postpartum hemorrhage: clinical and radiologic aspects. Eur J Radiol. 2010;74(1):50-9.
71. Noonan JB, Coakley FV, Qayyum A, Yeh BM, Wu L, Chen LM. MR imaging of retained products of conception. AJR Am J Roentgenol. 2003;181(2):435-9.

10

Lesões de ovário, tuba uterina, vulva e vagina

Paulo Henrique Sousa de Castro

Ovários

Anatomia

Os ovários fazem parte dos órgãos reprodutivos femininos internos, assim como a vagina, o útero, o colo do útero e as tubas uterinas (trompas ou trompas de Falópio). Os ovários estão localizados em ambos os lados do útero, dentro da porção do mesovário do ligamento largo, abaixo das tubas uterinas. Eles são responsáveis pela habitação e por liberar os óvulos ou ovos, que é necessário para a reprodução. Ao nascimento, os ovários têm aproximadamente 1-2 milhões de óvulos, mas apenas 300 desses óvulos são já maduros e liberados com a finalidade da fertilização.

Os ovários são pequenos e têm forma oval, exibem uma cor acinzentada e têm uma superfície irregular. O tamanho real de um ovário depende da idade da mulher e do estado hormonal; os ovários têm cerca de 3-5 cm de comprimento durante a idade fértil e tornam-se muito menores e atróficos quando a menopausa ocorre. Uma secção transversal do ovário revela muitas estruturas císticas que variam em tamanho. Essas estruturas representam folículos ovarianos em diferentes estágios de desenvolvimento e degeneração.

Vários ligamentos apoiam os ovários. O ligamento ovariano conecta o útero e o ovário. A porção posterior do ligamento largo forma o ligamento mesovário, que suporta o ovário e as estruturas vasculares. O ligamento suspensor do ovário (ligamento infundibular pélvico), uma dobra do peritônio que às vezes recobre os vasos ovarianos, conecta e sustenta os ovários à parede lateral pélvica.

As artérias ovarianas direita e esquerda se originam diretamente da aorta descendente no nível da vértebra L2. A veia do ovário esquerdo drena para a veia renal esquerda e a veia ovariana direita drena o sangue diretamente na veia cava inferior.

A drenagem linfática do ovário é feita em especial para os gânglios ilíacos e retroperitoneais para-aórticos.

Torção ovariana

A torção ovariana consiste na rotação do ovário no seu pedículo vascular, resultando na dificuldade do retorno venoso, em que evolui para congestão venosa e edema estromal, podendo levar a hemorragia interna e, finalmente, infarto do ovário. O uso do termo torção anexial é mais apropriado, já que o ovário e as trompas uterinas são tipicamente envolvidos. É uma causa rara, mas significativa de dor abdominal baixa aguda em mulheres. Estudos revelam que a torção do ovário é a quinta emergência cirúrgica ginecológica mais comum, respondendo por 2,7% dos casos de queixas ginecológicas agudas. A apresentação clínica é muitas vezes inespecífica com alguns achados físicos distintos, geralmente resultando em atraso no diagnóstico e tratamento cirúrgico. Pode ocorrer em qualquer idade, mas a maioria dos casos ocorre nos primeiros anos reprodutivos. A idade mediana relatada por uma grande revisão foi de 28 anos. A percentagem das pacientes com idade inferior a 30 anos é de cerca de 75%.

Em adultos, 50-90% têm associado à massa ovariana, geralmente benigna. Cistos foliculares fisiológicos grandes ou cisto do corpo lúteo são as causas mais comuns. Os cistos ovarianos são três vezes mais comuns na torção de ovário do que na população em geral, e as evidências sugerem que os cistos ovarianos são muito comuns em mulheres grávidas assintomáticas, mas se resolve espontaneamente com o avançar da gestação. A gravidez é um fator de risco para a torção, responsável por até 20% das torções ovarianas. As mulheres submetidas à indução da ovulação para a infertilidade também possuem um risco aumentado, na medida em que numerosos cistos tecaluteínicos aumentam de modo significativo o volume de ovário. A torção de um ovário normal é mais comum entre as crianças, em quem anormalidades do desenvolvimento (p. ex., as trompas uterinas excessivamente longas ou mesossalpinge ausente) podem ser os responsáveis.

A torção do ovário costuma ocorrer unilateralmente em um ovário patologicamente aumentado. Por volta de 60% dos casos de torção ocorrem no lado direito.

Um diagnóstico rápido e confiável é necessário para preservar as estruturas anexiais de infarto.

Imagem

Diante da suspeita de torção ovariana ou anexial, a ultrassonografia (USG) com Doppler colorido é o exame de escolha inicial. A imagem característica é de um ovário de volume aumentado, normalmente maior que 4,0 cm ou 20 cm³, com estroma heterogêneo, podendo-se observar vários pequenos folículos deslocados perifericamente por causa do edema do estroma ovariano. O pedículo vascular torcido (ligamento largo, trompa de Falópio, vasos ovarianos) apresenta como imagem típica o sinal do alvo caracterizado como estrutura redonda hiperecogênica, circundada por halos hipoecogênicos concêntricos, bem característico ao Doppler colorido com imagem típica do "redemoinho". A trompa tubária torcida, envolvida na grande maioria dos casos, apresenta-se como estrutura tubular heterogênea com extremidade característica em "bico". A ausência de vasos no interior de massa de ecotextura heterogênea (Figura 1), ou fluxo de alta impedância com ausência de diástole ou diástole reversa, por conta da isquemia vascular e consequente necrose tecidual, é achado suspeito.

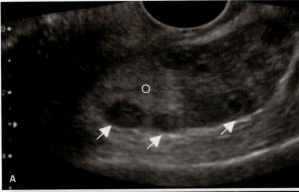

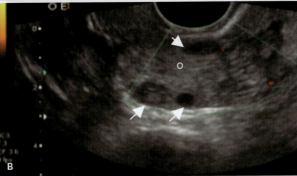

Figura 1 Torção ovariana. Dor pélvica aguda em paciente de 33 anos. A ultrassonografia demonstra ovário (O) retrouterino e paramediano, de dimensões aumentadas, heterogêneo, hiperecogênico, com redução do fluxo sanguíneo ao Doppler (B) e com múltiplos cistos periféricos de conteúdo espesso (setas).

Em casos em que a USG é inconclusiva, a ressonância magnética (RM) pode trazer informações adicionais. O ovário pode apresentar sinal variável que está diretamente relacionado ao tempo decorrido entre o início da torção e a hora da realização do exame. Nas sequências ponderadas em T1, seu sinal tende a ser baixo ou misto com áreas de mais alto sinal que podem representar infarto ou cisto hemorrágico. Áreas de hipersinal periférico são típicas de hematoma subagudo. Nas sequências ponderadas em T2 notamos o edema do estroma central com vários pequenos cistos periféricos. O realce ao meio de contraste paramagnético varia de acordo com o grau de isquemia e do infarto (Figura 2), porém ajuda na identificação do pedículo vascular torcido e de avaliação de possível lesão ovariana que possivelmente levou à torção.

Tratamento

Com o diagnóstico precoce e tratamento adequado, o prognóstico de torção do ovário é excelente. No entanto, a maioria dos pacientes com torção do ovário tem um diagnóstico retardado, muitas vezes resultando em infarto e necrose do ovário. A taxa de recuperação do ovário foi reportada abaixo de 10% em adultos e 27% em pacientes pediátricos.

Embora a perda de um único ovário seja pouco provável de resultar em uma fertilidade significativamente reduzida e não há relatos de casos de morte por conta da torção ovariana, o diagnóstico precoce permite o tratamento laparoscópico conservador e a redução de complicações. Em um estudo retrospectivo grande comparando pacientes grávidas com torção anexial aos pacientes não grávidas com torção anexial, a taxa de recorrência de torção foi de 19,5% em mulheres grávidas e 9,1% em mulheres não grávidas.

A preservação do ovário é possível se o fluxo sanguíneo normal é restaurado depois da distorção do pedículo. Do contrário, a salpingo-oforectomia é o tratamento indicado.

Cistos de inclusão peritoneal

Os cistos de inclusão peritoneal (PIC) representam coleções de líquido peritoneal (ascite), produzido pelos ovários contidos por adesões mesoteliais secundário à proliferação mesotelial reativa não neoplásica, formando volumosos cistos. A presença de concentrações elevadas de hormônios esteroides do ovário é muitas vezes vista em conteúdos dos cistos de inclusão peritoneal.

Ocorrem em mulheres na pós-menopausa, com histórico de cirurgia abdominal ou pélvica prévia, traumatismo, doença inflamatória pélvica ou endometriose. Costumam acontecer quase que exclusivamente em mulheres em idade fértil que têm ovários em ativos e aderências pélvicas com absorção reduzida de líquido peritoneal. Localizados mais comumente na pelve, associados

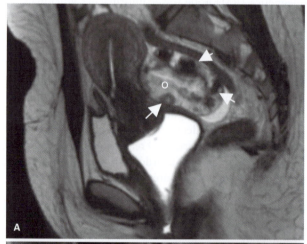
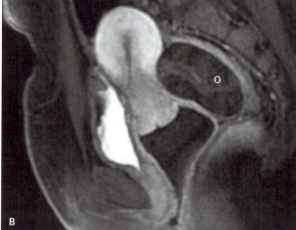
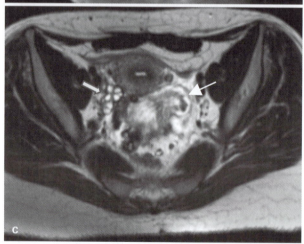

Figura 2 A ressonância magnética mostra o ovário (O) esquerdo de localização mediana e retrouterina, com dimensões aumentadas e sinal heterogêneo, com alto sinal em T2 (A), inferindo edema estromal e múltiplos cistos de distribuição periférica (setas), alguns com conteúdo hemorrágico. (B) Observa-se a torção do pedículo ovariano (seta) e ausência de impregnação do ovário esquerdo (C) após administração de meio de contraste paramagnético. Note o ovário direito de aspecto habitual com múltiplos folículos (seta aberta).

com os ovários, podem se estender para abdome, se em grandes dimensões. Varia de alguns milímetros, atingindo 20 cm ou mais.

Até 10% dos PIC podem ser diagnosticados incidentalmente em exames de imagens realizadas por outros motivos ou após realização de cirurgia. Quando sintomáticos, dor no abdome inferior, massa palpável ou aumento da região pélvica são os sintomas/sinais mais comuns.

Os principais diagnósticos diferenciais incluem cistos para-ovariano, carcinoma de ovário, hidrossalpinge, ascite septada e mucocele de apêndice. O tratamento é conservador.

Imagem

Na USG são identificadas coleções líquidas anexiais com formato variável, que geralmente se acomodam no formato da pelve, sendo multiloculadas com paredes finas ou não evidenciadas, e alças intestinais adjacentes ou relacionadas com a coleção. Deve-se tentar identificar o ovário que pode estar envolvido pela coleção anecogênica, diferenciando assim do cisto paraovariano, que fica separado do ovário. Essas lesões não têm potencial maligno. Na tomografia computadorizada (TC), lesão com atenuação cística sem componentes sólidos ou realce ao meio de contraste iodado. Nas imagens de RM, o PIC tem típico

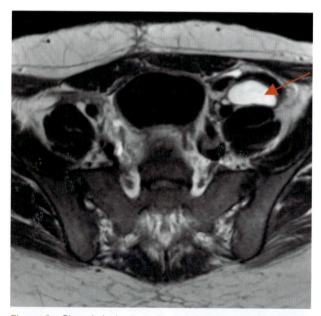

Figura 3 Cisto de inclusão peritoneal. Paciente de 22 anos submetida à ooforectomia esquerda há 2 anos por conta de um teratoma ovariano. No exame de ressonância magnética de controle, nota-se na imagem axial T2 uma formação cística na região anexial à esquerda, bem delimitada e com conteúdo homogêneo de alto sinal. Associado com o histórico de manipulação cirúrgica, esse achado é sugestivo de cisto de inclusão peritoneal.

baixo sinal nas sequências ponderadas em T1 e alto sinal em T2, podendo ser multilocular e com septos (Figura 3).

Síndrome do ovário policístico

A síndrome do ovário policístico (SOP) é uma condição morfológica policística ovariana com disfunção clínica e hormonal. As principais características da SOP incluem disfunção menstrual, anovulação e os sinais de hiperandrogenismo. Embora a etiofisiopatogenia exata dessa condição não esteja clara, SOP pode ser decorrente de uma disfunção do eixo hipotálamo-hipófise-ovário (HPO). A secreção inadequada de gonadotropina é uma característica típica da SOP, a qual é mais provável que seja consequência, em vez de causa, da disfunção do ovário. Além disso, uma das características bioquímicas mais consistentes de SOP é o elevado nível de testosterona sérica.

Stein e Leventhal foram os primeiros a reconhecer uma associação entre a presença de ovários policísticos e sinais de hirsutismo e amenorreia (p. ex., oligomenorreia, obesidade), com ótimos resultados clínicos após ressecção em cunha dos ovários das pacientes diagnosticadas na época, assim denominada síndrome de Stein-Leventhal. Desse modo, pensava-se ser o defeito ovariano o problema primário da síndrome. Atualmente sabe-se que, por meio de inúmeros estudos bioquímicos, clínicos e endocrinológicos, há uma série de anormalidades envolvidas. Embora a condição seja conhecida como SOP, mesmo mulheres sem cistos ovarianos podem desenvolver a síndrome, já que a morfologia dos ovários não é mais um requisito essencial para o diagnóstico.

A SOP é a anormalidade endócrina mais comum em mulheres em idade reprodutiva, afetando até 5 milhões de mulheres nos Estados Unidos. Clinicamente, a paciente apresenta manifestações de hiperandrogenismo (hirsutismo, acne, alopecia), ciclos menstruais irregulares (amenorreia, oligomenorreia) e infertilidade. Cerca de 60% são clinicamente obesas, embora isso não seja considerado causa, o excesso de tecido adiposo pode exacerbar os distúrbios metabólico e reprodutivo. Há evidências de predisposição genética, embora o padrão de herança não esteja definido com precisão.

Patologia e fisiopatologia

A real etiologia da SOP não está completamente conhecida, porém há grandes indícios de que a resistência à insulina pode ser a causa central.

Existem diversas anormalidades associadas à SOP, como a resistência à insulina, principalmente a intolerantes à glicose ou diabetes (tipo 2), hipertensão arterial sistêmica, dislipidemia, doença arterial coronariana, aterosclerose carotídea, bem como os pacientes apresentam 11x maior risco de síndrome metabólica e maior risco de carcinoma endometrial.

A fisiopatologia da SOP envolve disfunção ovariana inerente, que é fortemente influenciada por fatores externos, tais como distúrbios do eixo hipotálamo-hipófise-ovário e hiperinsulinemia. Excesso de secreção pulsátil de hormônio de gonadotrofina (GnRH) resulta na hipersecreção de hormônio luteinizante (LH), que tem efeitos tanto sobre a produção de andrógenos ovarianos quanto no desenvolvimento do oócito. A hipersecreção de andrógenos ocorre por meio do aumento da relação LH:FSH no organismo e consequente aumento da síntese de androgênios pelo ovários. Os andrógenos induzidos contidos nos folículos antrais determinam falha de seleção do folículo dominante e, assim, acúmulo de folículos ovarianos de 2-8 mm nos ovários. Alteração da retroalimentação (*feedback*) ovário-hipófise e hipotálamo acentua as anormalidades relacionadas às gonadotrofinas. A hiperinsulinemia é secundária tanto a resistência à insulina na periferia como função das células betas pancreáticas anormais. A insulina age sinergicamente com o LH para aumentar a produção de andrógenos pelas células da teca ovariana e inibe a síntese hepática da globulina ligadora de hormônio sexual, elevando a quantidade de testosterona livre na circulação e dos efeitos dos andrógenos no organismo.

Imagem

A USTV é a modalidade de imagem de escolha, com transdutor de pelo menos 8 MHz para contagem de folículos. A RM é útil quando USTV não pode ser realizada ou é tecnicamente abaixo do ideal.

Os critérios morfológicos ovarianos incluem (um critério por ovário é suficiente):

- ≥ 25 folículos por ovário, que variam de 2-9 mm de tamanho por meio de USG transvaginal. Considerado o critério de imagem de maior acurácia. A sensibilidade é de 85% e especificidade de 94%.
- ≥ 10 cm³ de volume ovariano; devem ser medidos na ausência de corpo lúteo ou folículo 10 mm.

O melhor momento para a realização do US em mulheres com ciclo menstrual regular é durante a fase folicular precoce (dias 3-5). Nas mulheres oligo/amenorreicas, o exame pode ser realizado em qualquer fase do ciclo ou 3-5 dias após a menstruação induzida por progesterona.

Tratamento

O tratamento é farmacológico e necessita de mudança de hábitos de vida. O tratamento farmacológico inclue os contraceptivos orais, os antiandrogênios para hirsutismo, progesterona cíclica, o DIU com progesterona, agentes sensibilizadores de insulina e agentes de indução da ovulação para os casos de infertilidade. As mudanças de hábito de vida são, principalmente, relacionadas à perda de peso corporal.

Doenças neoplásicas

O câncer de ovário é atualmente um dos cânceres mais comuns entre as mulheres em todo o mundo, responsável por 3,6% de todos os casos, com uma mortalidade de 4,3%. Na Europa, é a principal causa de morte por câncer entre malignidades ginecológicas, ocupando a quinta posição na incidência (superado apenas pelo de mama, colorretal, pulmão e útero) e sexto na mortalidade entre o câncer de todas as mulheres (abaixo de mama, colorretal, pulmão, pâncreas e estômago). Uma importante razão para as altas taxas de mortalidade para as neoplasias ovarianas é o diagnóstico tardio. Muitos pacientes apresentam a doença já em estágio avançado, chegando a uma taxa de 67% no momento do diagnóstico, e se deve, principalmente, pela doença ser muitas vezes assintomática ou associada com sintomas inespecíficos nas fases precoces. A detecção incidental de lesões anexiais é muito comum na prática clínica.

A sobrevida de pacientes com câncer de ovário tem melhorado ao longo dos últimos 40 anos. Na Inglaterra, por exemplo, a taxa de sobrevida em 5 anos dobrou, passando de 21% em 1971 para 42,9% em 2010, e nos Estados Unidos aumentou de 36,6% em 1975 para 44% em 2003. Esse aumento da sobrevida ocorreu, principalmente, em pacientes com estágio I da International Federation of Gynecology and Obstetrics (FIGO), indicando a importância na detecção precoce dessa doença.

Melhor compreensão das características biológicas do tumor e melhorias na quimioterapia dirigida, em conjunto com avançadas técnicas cirúrgicas, provavelmente levarão a aumento contínuo na sobrevida dos pacientes com câncer de ovário. No entanto, a detecção precoce continua a ser uma das estratégias mais importantes para melhorar o resultado global dos pacientes.

A caracterização de uma lesão ovariana representa um desafio diagnóstico; é de grande importância no cenário pré-operatório, a fim de planejar procedimentos terapêuticos adequados e podem influenciar a gestão do paciente. A avaliação de massas anexiais requer uma abordagem multidisciplinar, com base no exame físico, exames laboratoriais e de imagem técnicas.

Etiologia

A etiopatogenia dos tumores do ovário não é completamente compreendida; porém, parece ser multifatorial. O principal fator de risco é a familiaridade; ou seja, história de câncer de ovário em familiar de primeiro grau relativo. No entanto, apenas 5-10% dos casos estão relacionados com síndromes hereditárias: a principal delas é o câncer de síndrome mama-ovário, por conta de mutações dos genes supressores de tumores BRCA1 e BRCA2. Aproximadamente 90-95% dos casos são esporádicos, com um risco crescente relacionado à nuliparidade, menarca precoce e menopausa tardia, enquanto a gravidez, lactação, menopausa precoce e uso de contraceptivos orais parecem ser fatores de proteção. Casos hereditários ocorrem predominantemente em idade pré-menopausa, enquanto os esporádicos afetam sobretudo as mulheres mais velhas.

Patologia e classificação

Os tumores ovarianos primários podem ser classificados em três categorias principais, de acordo com a origem do tumor: epitelial, células germinativas e tumores do cordão estromal sexual (Tabela 1). Neoplasias de ovário podem ser benignas, *borderlines* ou malignas. Por meio de exames de imagem, com base na aparência morfológica, as massas anexiais podem ser classificadas em quatro grupos principais: cisto unilocular, cisto multilocular, cística e sólida, predominantemente sólida.

Tumores epiteliais são responsáveis pela maioria das neoplasias de ovário, os subtipos mais comuns são mucinoso, seroso e endometrioide. Os subtipos menos comuns incluem células claras, células de transição (Brenner e não Brenner variantes) e tumores mistos epiteliais. Os tumores *borderlines* e os tumores epiteliais malignos podem demonstrar características sem invasão estromal ovariano, mas alguns podem sofrer transformação maligna invasiva.

Pensa-se que os carcinomas mucinosos de alto grau pélvicos, que incluem os primários de ovário, trompa de uterinas e os tumores peritoneais, originam-se a partir de mucosa das trompas, em vez do ovário, o que pode justificar a elevada incidência de disseminação peritoneal no momento do diagnóstico. A inflamação crônica nas trompas uterinas resultantes da exposição a sangue menstrual retrógrado e infecção ascendente do trato genital inferior são duas teorias propostas e pesquisas futuras podem visar a possíveis causadores dos agentes inflamatórios no fluido vaginal como um método de triagem para carcinomas pélvicos serosos. Tumores epiteliais ocorrem mais comumente após a idade de 20 anos e são mais propensos a ser malignos com o aumento da idade e na pós-menopausa.

Os tumores de células germinativas ocorrem mais frequentemente em mulheres jovens, e o teratoma cístico maduro benigno (cisto dermoide) representa o tumor de células germinativas mais comum e a neoplasia ovariana benigna mais prevalente. Tumores do cordão estromal sexual são raros e podem ocorrer em qualquer idade. Alguns podem produzir hormônios (p. ex., estrogênio e testosterona) e podem se manifestar com características clínicas associadas, como a hiperplasia endometrial e masculinização (Figura 4).

Estadiamento e vias de disseminação

O estágio I descreve tumores confinados aos ovários, o estágio II reflete extensão pélvica ou neoplasia peritoneal primária, o estágio III indica disseminação para o peritônio fora da pelve e/ou metástases linfonodais retro-

10 LESÕES DE OVÁRIO, TUBA UTERINA, VULVA E VAGINA

Tabela 1 Classificação histológica dos tumores ovarianos adaptados da OMS 2014

Tumor primário (5%)	Tumor epitelial estromal (65%)	Seroso	Benigno	Cistoadenoma, cistoadenoma papilar, adenofibroma/cistadenofibroma
			Borderline	Tumor cístico papilar, tumor papilar superficial, Adenofibroma/cistadenofibroma
			Maligno	Adenocarcinoma, adenocarcinoma papilar superficial, adenocarcinoma-fibroma
		Mucinoso	Benigno	Cistadenoma, adenofibroma/cistadenofibroma
			Borderline	Tipo intestinal, do tipo endocervical
			Maligno	Adenocarcinoma, adenocarcinoma-fibroma
		Endometrioide		
		Células claras		
		Celulas de transição (Brenner)		
		Indiferenciados e não classificados		
	Tumores de células germinativas (15%)	Teratoma	Bifásica ou trifásica	Maturo
				Imaturo
			Monodérmico	*Struma ovarii*
		Disgerminoma		
		Tumor do saco vitelino		
		Coriocarcinoma		
		Carcinoma de células embrionárias		
	Cordão estromal sexual (10%)	Células da granulosa	Adulto	
			Juvenil	
		Grupo tecoma-fibroma	Fibroma	
			Tecoma	
			Tumor estromalesclerosante	
			Não classificado (fibrotecoma)	
		Células de Sertoli-Leydig		
		Células esteroides		
	Miscelânia	Carcinoma de pequenas céls., coriocarcinoma gestacional, outros		
Tumores secundários (5%)		Estômago, cólon, mama, pulmão, ovário contralateral		

Tabela 2 Estadiamento de câncer de ovário – FIGO

Estágio I			Tumor confinado nos ovários
	IA		Tumor limitado a um ovário, cápsula íntegra, sem tumor na superfície, lavagem peritoneal negativa
	IB		Tumor envolve ambos os ovários diferentemente de IA
	IC		Tumor limitado a 1 ou ambos os ovários
		I C1	Disseminação cirúrgica
		I C2	Ruptura da cápsula antes da cirurgia ou tumor na superfície
		I C3	Céls. malignas no líquido ascítico ou no lavado
Estágio II			Tumor envolve 1 ou ambos os ovários com extensão pélvica (abaixo da cavidade pélvica) ou neoplasia peritoneal primária
	IIA		Extensão e/ou implante no útero e/ou trompas
	IIB		Extensão para outras estruturas pélvicas intraperitoneal
Estágio III			Tumor envolve ou ambos os ovários com disseminação peritoneal fora da cavidade pélvica confirmado por citologia ou histologia e/ou metástases para linfonodos retroperitoneais

(continua)

Tabela 2		Estadiamento de câncer de ovário – FIGO *(continuação)*
Estágio III	IIIA	Linfonodos retroperitoneais positivos e/ou metástases microscópicas fora da pelve
	III A1	Linfonodos retroperitoneais positivos
	III A2	Microscópica, envolvimento peritoneal extrapélvica ± linfonodos retroperitoneais positivos
	IIIB	Macroscópica, extrapélvica, metástase peritoneal ≤ 2 cm ± linfonodos retroperitoneais positivos. Inclui extensão para a cápsula do fígado/baço
	IIIC	Macroscópica, extrapélvica, metástase peritoneal > 2 cm ± linfonodos retroperitoneais positivos. Inclui extensão à cápsula de fígado/baço
Estágio IV		Metástases a distância excluindo metástase peritoneal
	IVA	Derrame pleural com citologia positiva
	IVB	Metástase hepática e/ou esplênica, metástases para órgãos extra-abdominais (incluindo nódulos linfáticos inguinais e gânglios linfáticos fora da cavidade abdominal)

FIGO: International Federation of Gynecology and Obstetrics.

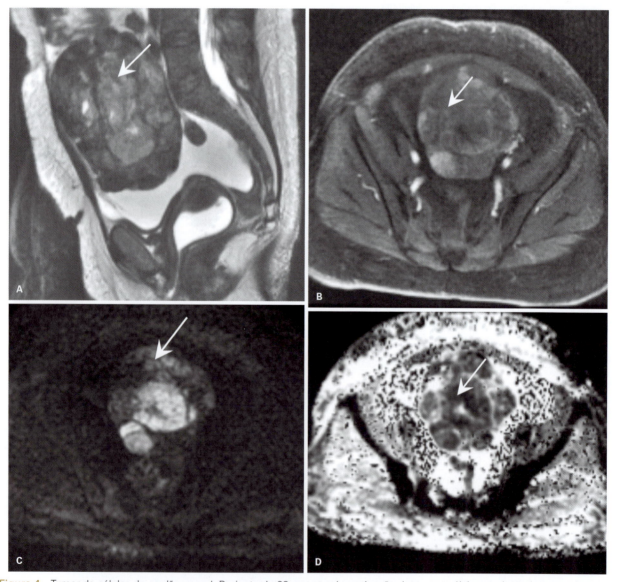

Figura 4 Tumor de células do cordão sexual. Paciente de 66 anos em investigação de massa pélvica, ascite e derrame pleural de repetição. As imagens de ressonância magnética demonstram volumosa formação expansiva sólida heterogênea pélvica, com sinal heterogêneo, predominando baixo sinal em T2 (A) e realce heterogêneo e progressivo ao meio de contraste (seta em B) e marcadas áreas de restrição à difusão das moléculas de água (seta em C e D).

peritoneais, enquanto o estágio IV refere-se a metástases à distância (Tabela 2). O câncer de ovário pode se estender diretamente para as estruturas pélvicas circundantes, bem como se disseminar por vias intraperitoneal, linfática ou hematogênica. A invasão local do útero, trompas uterinas e anexo contralateral pode ser encontrada, ao passo que o envolvimento da bexiga e reto é menos frequente (Figura 5).

A disseminação intraperitoneal é uma característica importante nos tumores de ovário, muitas vezes associada a uma quantidade variável de ascite: saco de Douglas, omento maior e região subfrênico são as regiões mais comuns de implante. Quando há doença omental inicial, tem características sutis como aparecimento de espessamento fino e de aspecto retículo nodular, enquanto na doença omental avançada o aspecto é de espessamento omental em massa (*omental cake*). A busca ativa para os locais peritoneais comumente envolvidos e cuidadosamente avaliados é essencial, incluindo recessos subfrênico, mesentérico e goteiras paracólicas. Quando encontrados sinais de pseudomixoma peritoneal, deve-se sempre considerar a possibilidade de neoplasia do apêndice cecal com metástase ovariana, em vez de neoplasia ovariana primária (Figura 6).

A disseminação linfática é a mais comum para as cadeias linfonodais para-aórtica e paracaval, seguindo as veias ovarianas no nível das veias renais; disseminação linfática também pode ocorrer para as cadeias ilíacas externas, hipogástrica, obturatória e cadeias inguinais. A doença peritoneal microscópica é indetectável aos métodos de imagem e os implantes peritoneais ≤ 2 cm são difíceis de serem caracterizados. Os métodos de imagem têm uma limitação na avaliação de metástases linfonodais. Pela TC e RM, a avaliação dos linfonodos fica na dependência do tamanho linfonodal para determinar possível envolvimento. Linfonodos aumentados em dimensões tendem a ser positivos, porém não é possível excluir doença metastática em linfonodos de tamanho normal. Utilizando-se o valor de ≥ 1 cm do eixo curto axial do linfonodo pélvico e para-aórtico para determinar acometimento linfonodal, a sensibilidade pré-operatória à TC é de 50% e à RM de 83%.

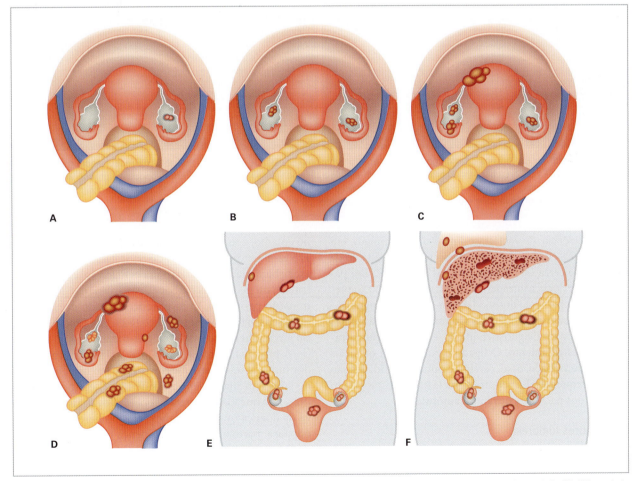

Figura 5 Diagramas ilustram os estádios do carcinoma de ovário. Estágio IA (A), estágio IB (B), estágio IIA (C), estágio IIB (D), estágio III do ovário carcinoma. As metástases podem ser sobre a cápsula do fígado (somenteira peritoneal), mas não no interior do parênquima (metástases hematogênicas), estágio IV. Há metástases distantes presentes, incluindo no parênquima hepático.

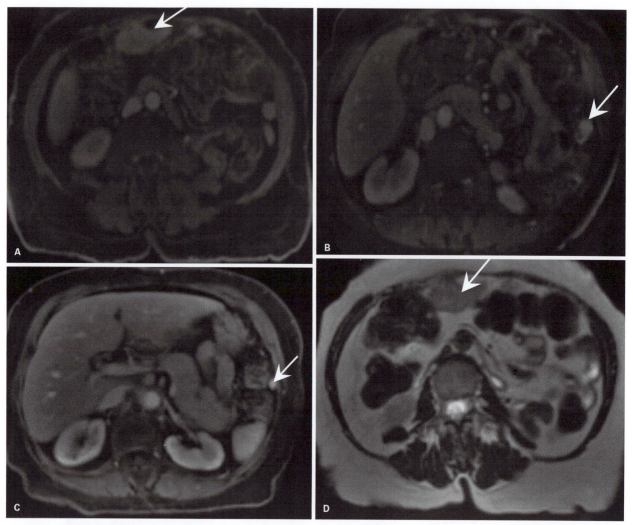

Figura 6 Paciente de 74 anos com diagnóstico de adenocarcinoma seroso de ovário. As imagens de ressonância magnética T1 pós-contraste (A-C) e T2 (D) para estadiamento mostram extensa carcinomatose peritoneal, predominando no grande aumento, nas goteiras parietocólicas, da pelve envolvendo os ovários e nos espaços subfrênicos bilateralmente. Notam-se também pequenos nódulos na parede da vesícula biliar e nas fissuras do ligamento redondo e falciforme.

A incidência de metástase linfática foi estimada em cerca de 25% em pacientes no estágio I, 50% no estágio da doença II e cerca de 74% em estágios avançados. Em pacientes com doença intraperitoneal disseminada, 30% apresentam envolvimento linfonodal para-aórtico ou inguinal.

Metástases hematogênicas são normalmente ausentes no momento do diagnóstico inicial, e são mais encontradas no reestadiamento. O fígado e pulmão são os locais mais comuns; baço, osso, cérebro e outras localidades são menos frequentes. É encontrada metástase a distância em até 50% dos pacientes durante a autópsia.

Marcadores tumorais

O biomarcador mais utilizado e amplamente disponível para o câncer epitelial de ovário é antígeno do câncer (CA-)125. Em mulheres pré-menopáusicas, uma dosagem de CA-125 de nível superior a 35 kU/L tem uma sensibilidade elevada (83%) para o carcinoma de ovário; no entanto, a sua especificidade é baixa (60%), pois o CA-125 também pode ser elevado na inflamação peritoneal, ascite benigna, doença ovariana benigna (p. ex., endometriose), ou neoplasias malignas não ovarianas com disseminação peritoneal. O nível sérico elevado de CA-125 é mais sensível (94%) e específico (82%) de câncer de ovário em mulheres que estão na pós-menopausa.

A proteína humana epididimal 4 (HE4) é um marcador tumoral relativamente novo. HE4 em níveis elevados no soro tem maior sensibilidade (89%) e especificidade (92%) do que CA-125 para neoplasias ovarianas, distintiva da doença ovariana benigna em mulheres na pré-menopausa, particularmente na doença em fase inicial. Em mulheres com níveis elevados de CA-125, a presença de um nível HE4 normal tem um elevado valor preditivo negativo, excluindo 98% dos cânceres invasivos. Várias combinações de marcadores tumorais estão sob investigação pelo potencial na detecção do câncer de ovário.

Imagem

O estudo por imagem desempenha um papel fundamental na detecção, caracterização e estadiamento das lesões anexiais.

USG: geralmente é o primeiro exame de imagem realizado na avaliação de uma lesão ovariana, porque é amplamente disponível, bem aceito pelos pacientes, não invasivo e de baixo custo. E muitas vezes pode ser o método de escolha para biópsia guiada por imagem. O Doppler acrescenta informações quanto à organização vascular da lesão ovariana para melhor caracterizá-la.

As características morfológicas sugestivas de malignidade incluem espessura (> 2-3 mm) e irregularidade das paredes e dos septos, presença de áreas sólidas e projeções papilares (Figura 7). A presença de ascite, nódulos peritoneais e lesões metastáticas fortalece a suspeição de malignidade. Doppler é essencial, predominantemente na caracterização do fluxo sanguíneo central, que está mais frequentemente associada à malignidade, enquanto um fluxo periférico é mais típico de uma lesão benigna.

A menos que as características morfológicas e de vascularização indicarem claramente uma lesão anexial benigna, uma avaliação mais aprofundada é obrigatória. Levine et al. sugerem que massas anexiais no âmbito fisiológico em termos de tamanho e aspecto em uma mulher na idade menstrual ou um cisto anexial simples inferior ou igual a 1 cm em uma mulher na pós-menopausa são provavelmente benignos.

Tomografia computadorizada

O estudo de TC do abdome e pelve após administração de contraste iodado é importante tanto na avaliação de disseminação de lesões malignas como na detecção de recidiva após terapia, porém um valor limitado na detecção primária e caracterização de uma massa ovariana. À TC, basicamente as lesões com componente de gordura e calcificações, como teratoma maduro, podem ser facilmente caracterizados (Figura 8).

Tomografia computadorizada por emissão de pósitrons (PET/CT)

A importância do PET/CT com o radiofármaco flúor fluorodeoxiglicose 18 (FDG) na avaliação inicial dos pacientes com câncer de ovário é limitada, especialmente em pacientes com doença em estágio inicial e na caracterização de massas anexiais. O PET/CT tem um papel importante no acompanhamento pós-operatório e de pacientes com suspeita de recorrência de tumor ovariano (sensibilidade de 91% e especificidade de 100%). Tem grande valor sobretudo nas situações em que o PET/CT é negativo nas pacientes com aumento dos níveis séricos de CA-125. Embora o carcinoma de ovário seja geralmente ávido ao FDG, muitas lesões benignas de ovário, tais como endometriomas, teratomas, lesões inflamatórias e alterações fisiológicas, demonstram também a captação de FDG. No entanto, o aumento de captação de FDG em mulheres na pós-menopausa tem sempre de ser considerado uma anormalidade.

Ressonância magnética

A realização da RM é fundamental na caracterização das lesões anexiais e para determinar a origem da lesão na cavidade pélvica. Ambos os métodos de imagem, RM e USG, têm uma sensibilidade elevada (97-100%, respectivamente) para lesões malignas anexiais. No entanto, RM tem maior especificidade (84%) e precisão (89%) para caracterizar as lesões malignas que o USG com Doppler (especificidade de 40% e acurácia de 64%). Portanto, uma lesão anexial suspeita no USG pode ser corretamente caracterizada como lesão de aspecto benigno pela RM, evitando a cirurgia desnecessária.

O estudo de RM com contraste paramagnético facilita o diagnóstico de lesões benignas específicas, como teratomas cístico maduro (tumores dermoides), cistos hemorrágicos, endometriose, tumores de Brenner (Figura 10), cistoadenomas (Figura 11), cistadenofibromas, fibrotecomas e fibromas (Figura 12), que pode ser tratado conservadoramente ou com cirurgia minimamente invasiva e preservação do ovário. A RM também tem seu papel em caracterizar a composição de uma lesão anexial complexa; por exemplo, tecidos sólidos que demonstram a intensidade de sinal muito baixa em T2 e baixo sinal em T1, que são indicativos de conteúdo fibroso ou mineralizado (Figuras 10 e 11). A ausência do realce ao meio de contraste paramagnético também é indicativa de benignidade.

Os indicativos de malignidade nas lesões anexiais incluem a presença de áreas sólidas e císticas, áreas de necrose, projeções papilares, septações espessas (> 3 mm) (Figura 12), lesões de grandes dimensões (> 6 cm); lesões bilaterais, ascite, doença peritoneal e linfadenopatia.

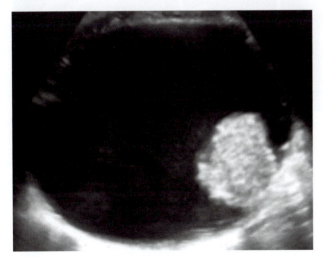

Figura 7 Ultrassonografia pélvica via suprapúbica mostra uma formação anexial complexa, com reforço acústico posterior, unilocular, com projeção papilar sólida heterogênea e irregular aderida à parede.

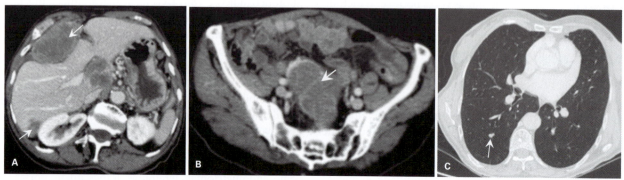

Figura 8 Tomografia computadorizada de abdome (A-C) e tórax (D) de estadiamento em um paciente de 78 anos com massa pélvica, mostra implantes peritoneais (setas em A e B) e volumosa massa anexial cística heterogênea com múltiplos septos espessos e projeções papilares (C). Na tomografia computadorizada de tórax (d), demonstrou um nódulo suspeito para metástase pulmonar. A biópsia do peritôneo confirmou ser adenocarcinoma seroso papilífero metastático.

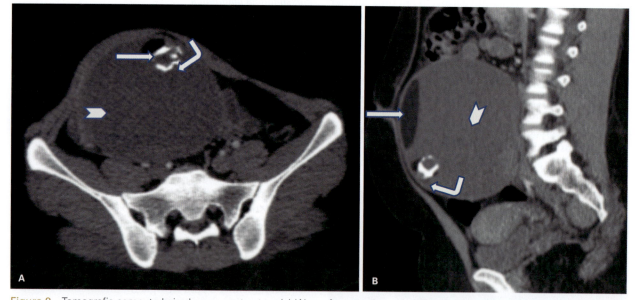

Figura 9 Tomografia computadorizada com contraste axial (A) e reformatação sagital (B) em um paciente de 30 anos com queixa de dor e aumento do volume abdominal. As imagens mostram formação expansiva na região anexial paramediana direita, com componente cístico (cabeça de seta), de gordura (seta aberta) e de calcificado (seta curva). Incidência anteroposterior (AP) confirmou ser um teratoma maduro cístico.

10 LESÕES DE OVÁRIO, TUBA UTERINA, VULVA E VAGINA 1397

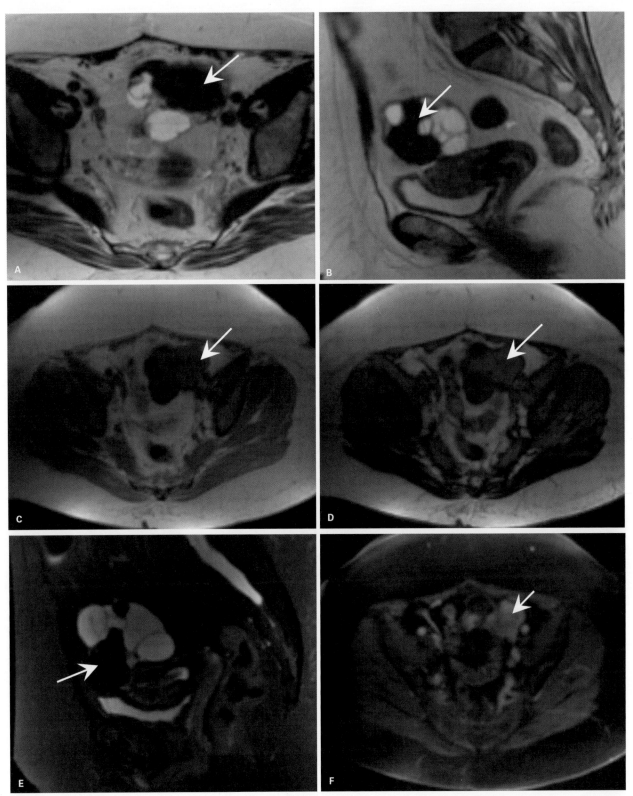

Figura 10 Paciente, 77 anos, com história de neo de mama, iniciou quadro de dor pélvica. A RM mostra lesão anexial esquerda sólido cístico. As sequências T2 (A e B) destacam o baixo sinal do componente sólido. Não há evidência de componente de gordura macroscópica nas sequências *in/out* fase (C e D). Após a injeção do meio de contraste paramagnético, a lesão demonstrou realce tardio (F), corroborando componente predominantemente fibrótico da lesão. O histopatológico demonstrou tumor de Brenner.

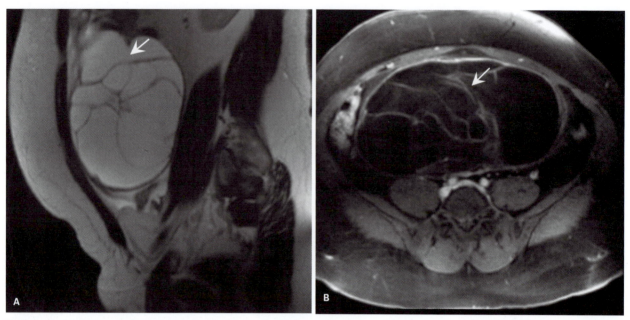

Figura 11   Aumento do volume abdominal em um paciente 45 anos. As imagens da ressonância magnética (sag T2 e axial T1 pós-contraste) demonstram volumosa lesão cística pélvica com alto sinal em T2 (A), multiloculada, com septos finos (setas) e sem evidências de componente sólidos após a injeção do contraste (B), inferindo ausência de características agressivas. Após cirurgia, confirmou-se tratar de um cistoadenoma mucinoso.

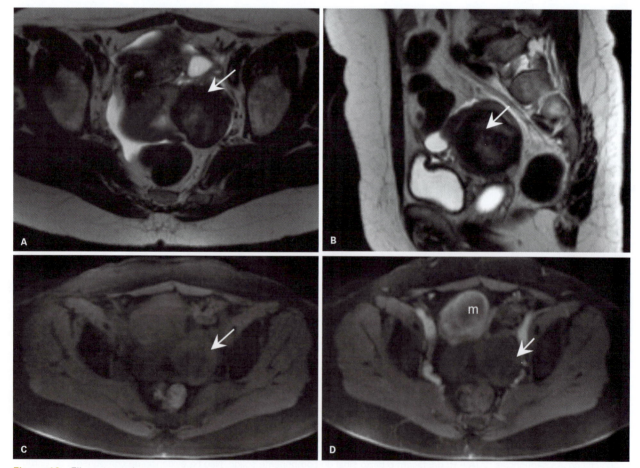

Figura 12   Fibroma ovariano em paciente de 51 anos. As imagens de ressonância magnética ponderadas em axial T2 (A), sagital T2 (B), axial T1 pré-gadolínio (C) e T1 pós-gadolínio (D) demonstram a lesão expansiva sólida na região anexial esquerda (setas), com marcado hipossinal em T2 (A, B) sem áreas de sangramento agudo (C) ou realce significativo ao contraste paramagnético (D). Note em (D) nódulo miomatoso (M).

Apesar de alta especificidade para lesões invasivas, as técnicas dinâmicas com contraste também são propensas a armadilhas. Resultados falsos-negativos podem ser vistos em tumores malignos pouco vascularizados, bem como o realce ao contraste paramagnético pode ser visto nas lesões benignas, tais como abscesso tubo-ovariano.

As técnicas adicionais de RM, como imagens de difusão (DWI) e seu derivado quantitativo, o coeficiente de difusão aparente (ADC), são utilizadas para avaliar massas anexiais. No entanto, a contribuição para diagnóstico diferencial entre lesões anexiais benignas e malignas permanece controversa. Em geral, as lesões malignas tendem a ser mais celulares e demonstram restrição à difusão às moléculas de água, mantendo assim a intensidade de sinal elevada com o aumento da intensidade de valores de "b" e baixo sinal em mapas correspondentes ADC (Figura 13). Portanto, DWI ajuda na detecção de lesões malignas, aumentando a sua conspicuidade, e é particularmente útil na identificação de metástases peritoneais e nas recidivas. Cabe ressaltar que algumas lesões benignas também podem demonstrar restrição à difusão hídrica, incluindo endometriomas, teratomas císticos maduros e fibrotecomas. Porém, essas lesões são muitas vezes diagnosticadas com precisão nas imagens convencionais de RM ponderadas em T1, T1 com supressão de gordura e T2. No entanto, por causa do seu conteúdo queratinizado, teratomas císticos maduros demonstraram apresentar valores mais baixos do que qualquer outra lesão anexial benigna ou maligna no ADC, uma característica que pode ajudar a diagnosticar lesões com baixo componente de gordura. Da mesma forma, os endometriomas tendem a ter menores valores de ADC que outras lesões císticas.

Quadro 1	Características tumorais específicas
Algumas características do tumor, quando presentes, podem sugerir um subtipo específico	
■ Calcificação em tumor cístico ou parcialmente cístico	
- Tumor epitelial seroso	
■ Hiperplasia ou carcinoma endometrial associado	
- Tumor epitelial endometrioide (20-30% dos pacientes)	
■ Densidade variável (ecogenicidade) dentro de loculações em tumor multiloculado	
- Tumor epitelial mucinoso	
■ Pseudomixoma peritoneal praticamente nunca ocorre em associação com tumores mucinosos ovarianos primários	

Tuba uterina

Anatomia

As tubas uterinas (também conhecidas como trompas de Falópio) são apêndices uterinos localizados na porção superolateral uterina bilateral. A sua principal função é transportar esperma até o óvulo e, em seguida, permitir a passagem do óvulo fertilizado para o útero para sua implantação.

As tubas uterinas surgem do útero através dos cornos uterinos e são uma ligação entre o endométrio e a cavidade peritoneal. A trompa mede aproximadamente 10 cm de comprimento e 1 cm de diâmetro e está situada dentro de uma porção do ligamento largo chamado mesossalpinge.

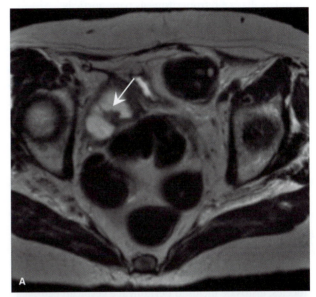
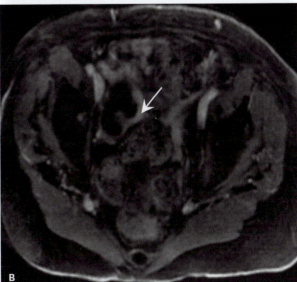

Figura 13 Adenocarcinoma seroso. Paciente de 77 anos realizou ressonância magnética para caracterizar melhor a lesão na região anexial visualizada pela ultrassonografia. As imagens em T2 (A) demonstram lesão na região anexial direita de apecto cístico, com septos espessos (setas) que demonstram realce após a administração do meio de contraste paramagnético (B) sugerindo sinais de malignidade.

A tuba uterina é dividida anatomicamente em três segmentos. O primeiro, o segmento proximal, é denominado istmo. O segundo segmento, o terço médio da tuba, é a ampola, local de maior calibre da tuba e o local típico da fertilização. O segmento distal, o infundíbulo, dá origem às fímbrias, projeções digitiformes que são responsáveis por transportar os óvulos liberados pelo ovário para o interior da tuba uterina.

O suprimento arterial para as tubas uterinas é de ramos das artérias uterinas e ovarianas, pequenos vasos que estão localizados dentro do mesossalpinge. A drenagem linfática dos tubos uterinos é feita através das cadeias linfonodais ilíaca e retroperitoneais para-aórticas.

Cisto paratubário

Os cistos paratubários também são conhecidos como cistos parovarianos ou cistos hidáticos de Morgagni. São responsáveis por cerca de 10-20% das massas anexiais. Eles geralmente ocorrem em mulheres com pico de incidência de 3ª e 4ª décadas de vida, com média de 30 anos de idade. Raramente ocorrem em crianças ou adolescentes. Normalmente são assintomáticos e achados de exame. Quando atingem 5,0 cm ou maiores, aumentam as probabilidades de se tornarem sintomáticos. Os sintomas mais comuns são dor abdominal, infertilidade, alteração do ciclo menstrual. A principal complicação é a torção, porque surgem em um pedículo fino ligado à tuba uterina, ligamento largo ou ovário. Os principais diagnósticos diferenciais são os cistos ovarianos, hidrossalpinge, linfoceles, cistos de inclusão peritoneal e gestação ectópica.

Patologia

Em geral, originam-se do mesotélio peritoneal do ligamento largo. Menos comumente, são remanescentes das estruturas do mesonefro (Wolff) ou paramesonéfrico. Os restos do ducto paramesonéfrico desenvolvem por conta da dilatação cística maiores fímbrias da tuba uterina. Macroscopicamente, é um cisto simples unilocular, de contornos lisos e preenchido com líquido seroso claro. Microscopicamente, apresenta-se revestido por uma única camada de epitélio cúbico ou colunar ciliado e não ciliado. Raramente ocorre transformação, quando acontece, geralmente é benigna, como incidência de malignidade de 2-3%.

Imagem

O aspecto do cisto paratubário nos exames de imagem são geralmente de um cisto simples anexial unilocular, separado do ovário, de tamanho variados, com média de 8,0 cm. Espessamento focal da parede ou hemorragia interna pode indicar torção. Componente sólido pode existir, podendo ser benigno ou indicar transformação maligna. Normalmente é observado cisto único, mas pode ser múltiplo, mais comumente unilateral, sendo cistos paratubários bilaterais incomuns. Raramente apresenta septado ou multiloculado.

Na USG, apresenta-se como cisto anexial único, anecogênico e unilocular, de paredes finas e regulares, com reforço acústico posterior, próximo, mas, separado do ovário ipsolateral, mais bem definido por meio do exame via transvaginal.

No estudo tomográfico, de avaliação limitada, observa-se lesão com atenuação cística, sem realce ao meio de contraste.

A RM pode ser útil se o cisto for complexo ou não pode ser separado do ovário pelo estudo ultrassonográfico, já que a RM apresenta alta resolução espacial. O cisto paratubário apresenta geralmente baixa intensidade de sinal nas sequências T1. Nos casos em que aparecem com alto sinal em T1, sugere hemorragia e/ou torção. Nas sequências ponderadas em T2, observa-se cisto simples homogêneo de alta intensidade de sinal em simples cisto. A heterogeneidade no líquido do cisto sugere hemorragia por conta da torção. A utilização do meio de contraste paramagnético é importante na avaliação de nódulos murais e/ou septos. O uso de subtração nas imagens T1 (pré-contraste menos pós-contraste) ajuda a encontrar componentes sólidos em cistos com conteúdo hemorrágico.

Tratamento

Nenhum tratamento ou acompanhamento é necessário para a grande maioria dos cistos paratubários. Se sintomático ou cisto complexo, pode ser removido por laparoscopia. Se a malignidade é suspeita, a ruptura da lesão deve ser evitada para prevenir disseminação peritoneal do tumor.

Doença inflamatória pélvica

A doença inflamatória pélvica (DIP) é uma doença inflamatória e infecciosa do trato genital feminino superior, incluindo o útero, trompas de Falópio e estruturas adjacentes pélvicas. A inflamação e infecção pode se espalhar para o abdome, incluindo as estruturas peri-hepáticas (síndrome de Fitz-Hugh-Curtis). O paciente de alto risco clássico é a mulher menstruada jovem de 25 anos, que tem múltiplos parceiros sexuais, não faz uso de contraceptivos e vive em uma área com uma alta prevalência de doença sexualmente transmissível (DST).

A DIP é iniciada pela infecção que sobe a partir da vagina e do colo do útero para o trato genital superior. *Chlamydiatrachomatis* é organismo sexualmente transmissível predominante associada à DIP. Outros organismos implicados na patogênese da DIP incluem *Neisseriagonorrhoeae*, *Gardnerellavaginalis*, *Haemophilusinfluenzae* e anaeróbios tais como espécies *Peptococcus* e *Bacteroides*. Os estudos laparoscópicos têm mostrado que em 30-40% dos casos a DIP é polimicrobiana.

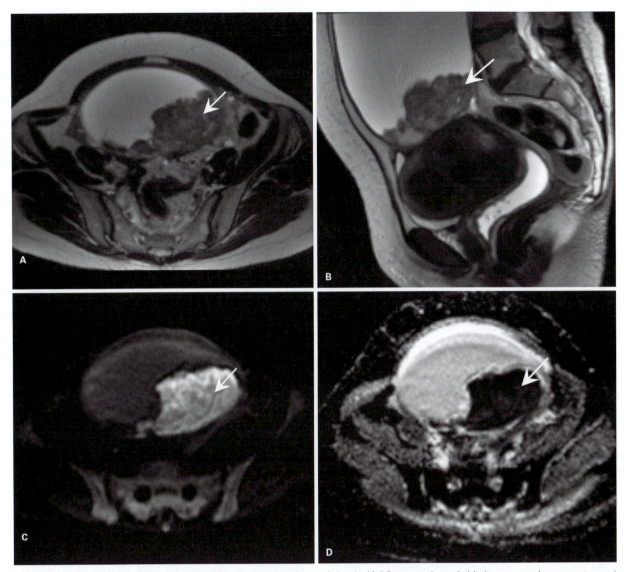

Figura 14 Paciente de 46 anos com queixa de aumento de volume abdominal há 2 meses, irregularidade menstrual, com metrorragia. Exames laboratoriais CA-125-233 e CA 19-9-554. As imagens de ressonância magnética ponderadas em T2 demonstram lesão cística complexa na pelve com extensão para o mesogátrico, predominantemente cística com componente sólido irregular e heterogêneo com intensa restrição à difusão das moléculas de águas nas imagens de DWI/ADC (C e D). Observa-se útero miomatoso na imagem sagital (B).

O diagnóstico de DIP aguda baseia-se principalmente nos achados históricos e clínicos. As manifestações clínicas da DIP variam amplamente, no entanto muitos pacientes apresentam pouco ou nenhum sintoma, enquanto outros têm doença aguda, grave. A queixa mais comum é dor abdominal inferior. Muitas mulheres relatam um corrimento vaginal anormal.

O diagnóstico diferencial inclui apendicite, cervicite, infecção do trato urinário, endometriose, gravidez ectópica e tumores anexiais.

A DIP pode produzir abscesso tubo-ovariano e pode evoluir para peritonite e síndrome de Fitz-Hugh-Curtis. O abscesso tubo-ovariano ocorre como resultado de infecção ascendente pelo trato genital feminino não tratado ou não reconhecido, que evolui para endometrite, salpingite, em seguida para abscesso tubo-ovariano. Pode levar à infertilidade e aumento em seis vezes o risco de gravidez ectópica. Em mulheres pós-menopausa os abscessos tubo-ovarianos podem estar associados à malignidade ginecológica concomitante em até 50% dos casos. O dispositivo intrauterino (DIU) aumenta em até três vezes o risco de DIP. Comumente ocorre dentro dos primeiros meses após a inserção, sendo maior ocorrência de actinomicose.

Uma complicação rara, mas potencialmente fatal de ruptura aguda de um abscesso tubo-ovariano pode resultar em peritonite difusa e necessita de cirurgia abdominal de urgência.

A laparoscopia é o critério padrão atual para o diagnóstico de DIP. Não existe um único teste de laboratório altamente específico ou sensível para a doença, mas estudos que podem ser usados para ajudar no diagnóstico incluem a taxa de sedimentação de eritrócitos (ESR), a proteína C-reativa (PCR), e por clamídia e sondas de DNA gonocócicas e culturas. Os exames de imagem podem ser úteis em casos pouco claros clinicamente, determinar a extensão da doença e em excluir outros diagnósticos diferenciais.

Imagem

A USG transabdominal e endovaginal é a modalidade de imagem de escolha inicial. Muitas vezes o exame é normal, em casos iniciais, e é um ótimo método para a exclusão de torção do ovário ou gravidez ectópica. Em casos mais avançados de DIP, lesões multiloculares complexas retrouterinas e regiões anexiais, com septações e paredes espessas e irregulares, podem ser observadas, comumente bilaterais. Associadamente nota-se aumento da ecogenicidade da gordura pélvica pelo processo inflamatório. O estudo com TC é utilizado na complementação à USG, em especial na determinação da extensão da doença. Geralmente observam-se massas pélvicas com coeficiente de atenuação de líquido que podem conter níveis ou presença de gás. Muitas vezes, uma imagem de tubular de paredes espessadas é mais sugestiva de uma piossalpinge. O estudo de RM pode acrescentar informações complementares aos demais métodos de imagem. Nas sequências ponderadas em T1, o líquido na cavidade pélvica pode apresentar-se com hipointensidade de sinal a intensidade de sinal intermediária, a depender do conteúdo de proteína. Nas sequências ponderadas em T2, apresenta-se com alta intensidade de sinal com septos de baixo sinal. Nas sequências pós-contraste, há intenso realce e espessamento das paredes das tubas.

A imagem típica do abscesso tubo-ovariano é de uma massa anexial complexa multilocular, de paredes espessas e irregulares, com septações e sem fluxo ao Doppler. Pode ter nível de líquidos-detritos ecogênicos. Associadamente, há aumento da ecogenicidade da gordura pélvica por conta da inflamação. A TC é útil se os sintomas são inespecíficos para excluir os diagnósticos diferenciais não ginecológicos, para avaliar possíveis complicações e também para avaliar a acessibilidade para a drenagem percutânea nos casos indicados. O aspecto do abscesso tubo-ovariano na TC é de uma massa anexial multilocular de paredes espessadas, com septos internos e realce periférico ao meio de contraste iodado. A presença de gás no interior da lesão é incomum, mas é específica.

O abscesso se apresenta classicamente no estudo de RM como uma lesão anexial de hipossinal em T1, hipersinal heterogêneo central e baixo sinal periférico e irregular em T2. Apresenta realce periférico ao meio de contraste paramagnético. Nas imagens de RM avançadas, o abscesso tubo-ovariano apresenta-se com restrição das moléculas de água e baixo sinal no mapa ADC na região central.

Tratamento

O tratamento consiste em terapia antibiótica. Em casos em que o tratamento clínico não foi o suficiente, a imagem guiada ou drenagem cirúrgica do abscesso pélvico deve ser realizada. O DIU deve ser removido se presente.

Doenças neoplásicas

Carcinomas de tuba uterina

As neoplasias primárias de tuba uterina são responsáveis por 0,3-1,8% das neoplasias malignas genitais femininas e a incidência anual é 3,6-4,1 por 1.000.000 mulheres. A verdadeira incidência pode ser subestimada por causa da dificuldade na diferenciação entre a neoplasia primária da tuba uterina do carcinoma epitelial de ovário, especialmente em casos avançados. Alguns trabalhos demonstraram lesões precursoras neoplásicas na trompa tubária (carcinoma tubário *in situ*) e têm especulado que muitos carcinomas serosos "do ovário" avançados podem ter se originado a partir das trompas em vez do ovário. Alguns trabalhos indicam as fímbrias como o local provavelmente mais comum em que se originariam as lesões neoplásicas tubárias. Na maioria das vezes ocorre entre a 4ª e 6ª décadas de vida. A idade média de ocorrência é de 55 anos (17-88 anos).

Atualmente, tanto em fase inicial como em estágio avançado, os cânceres de tuba uterina são tratados da mesma forma que os cânceres de ovário, com cirurgia seguida por quimioterapia.

Patologia

Os tipos histológicos de carcinoma de tuba uterina primário incluem: papilar carcinoma seroso (49,5-83,3%), o endometrioide (8,3-50%), o padrão misto (3,9-16,7%), células claras (1,9%) e os de células transicionais (11,7%).

A maioria surge na ampola com projeção para o lúmen tubário, muitas vezes causando oclusão. O padrão de crescimento pode ser nodular, papilar, infiltrativo ou expansivo.

Os critérios para diagnóstico são:

- Tumor principal na tuba e origem a partir de endossalpinge.
- O padrão histológico tem de reproduzir o epitélio da mucosa tubária (padrão papilar).

- Se a parede estiver envolvida, a transição do epitélio tubário benigno para epitélio maligno deve ser demonstrada.
- O ovário e endométrio devem estar normais ou terem muito menor volume tumoral do que a tuba uterina.

À análise microscópica, o tipo histológico mais comum é o carcinoma seroso papilífero, histologicamente idêntico ao adenocarcinoma seroso do ovário. Produz grande quantidade de componente seroso, que determina distensão tubária e hidrossalpinge. Os tumores serosos mostram padrões papilares em arranjos de cordões ou camadas de células pleomórficas.

Genética

Os tumores primários de tuba uterina têm sido descritos dentro da família de alto risco das neoplasias de mama-ovário com mutações da linhagem germinal do BRCA1 e BRCA2. As mutações BRCA foram observadas em 16% dos pacientes com neoplasias tubárias invasivas. Tumores ocultos de trompa foram encontrados em 5,6% dos pacientes com mutação do BRCA que se submeteram à redução de risco com salpingo-ooforectomia profilática. Enquanto 44% dos tumores malignos ocultos encontrados em ooforectomias profiláticas são de origem tubária. Há um aumento de evidência de que as fímbrias das trompas podem ser o principal local de origem das neoplasias anexiais em portadores de mutações do gene BRCA.

Em uma série, 35% das mulheres com o diagnóstico de carcinoma tubário tem história de câncer de mama.

Etiologia

A etiologia dos tumores primários de tuba uterina é desconhecida. Fatores hormonais, reprodutivos e genéticos possivelmente aumentam o risco de tumores ovarianos epiteliais e também pode aumentar o risco de neoplasias tubárias. Até 25-30% dos casos ocorrem em mulheres nulíparas e é cinco vezes maior a ocorrência bilateral em pacientes inférteis do que no fértil. Não foi encontrada nenhuma correlação estatisticamente significativa entre PFTC e idade, raça, peso, nível de educação, doença inflamatória pélvica, infertilidade, história de histerectomia, endometriose, intolerância à lactose ou em pacientes tabagistas. Porém, o de contraceptivos orais e gravidez reduz significativamente o risco de desenvolver essas neoplasias. Os tumores bilaterais são relatados em 10-27% dos casos.

Diagnóstico

A dosagem do marcador tumoral CA125 é utilizada para o diagnóstico, avaliação de resposta ao tratamento e detecção de recorrência do tumor durante o acompanhamento. Até 80% dos pacientes têm níveis séricos elevados de CA125 no pré-tratamento. O CA125 sérico é um fator prognóstico independente de sobrevida livre de doença e sobrevida global.

Imagem

O aspecto ultrassonográfico dos tumores primários de tuba uterina é inespecífico, mimetizando outras doenças pélvicas, como o abscesso tubo-ovariano, tumor de ovário e gravidez ectópica. A presença de componente parcialmente sólido/cístico separado do ovário é altamente sugestiva. Outras características ultrassonográficas incluem massa sólida alongada, estrutura tubular anecogênica cística com nódulos murais e lesão multilocular com aparência de "roda dentada". Ao estudo Doppler, o componente sólido apresenta-se com baixo fluxo.

No estudo tomográfico, quando associado à hidrossalpinge, é observada lesão sólido-cística anexial ou uma estrutura cística tubular com projeções papilares com atenuação igual à das estruturas pélvicas com menor realce ao meio de contraste em relação ao miométrio. Sempre se deve tentar identificar os ovários seguindo a veia ovariana ou ligamento redondo correspondente para excluir origem ovariana da lesão.

O componente cístico da lesão apresenta no estudo de RM intensidade do sinal baixo nas imagens ponderadas em T1, alta intensidade de sinal nas imagens em T2, e o componente sólido mostra realce após a administração de gadolínio IV. Tanto a TC quanto a RM têm ótima acurácia em visualizar ascite peritumoral resultante de descompressão das trompas através da extremidade fimbrial, do líquido intrauterino e de implantes peritoneais que podem estar associados em casos de doenças mais avançadas.

O PET/CT é utilizado para identificar o local do tumor primário como neoplasia de tuba uterina em pacientes com metástases e doença de origem desconhecida e em detectar as neoplasias tubárias durante o estadiamento de outros tumores, particularmente o carcinoma da mama.

Estadiamento

O estadiamento das neoplasias primárias de tuba uterina é cirúrgico, com base no sistema da FIGO (Tabela 3). Foi baseado no estadiamento e planejamento cirúrgico dos carcinomas de ovário.

Os métodos de imagem, tanto a TC quanto a RM, têm papel importante na avaliação e estadiamento pré-cirúrgico das neoplasias tubárias. Têm como principal objetivo determinar a extensão da doença, definir a operabilidade da lesão e identificar possíveis implantes para melhor planejamento cirúrgico e avaliar se há presença de doença metastática. Os critérios de inoperabilidade incluem invasão da parede pélvica, do reto, cólon sigmoide ou da bexiga, volumosa doença peritoneal no hilo e fissuras intersegmentares hepáticas e mesentério, bem como doença metastática, principalmente para o fígado, baço e pulmão.

Tabela 3 Estadiamento da neoplasia primária de tuba uterina (FIGO)

TNM	FIGO	Descrição
(T) Tumor primário		
TX		Não pode ser avaliado
T0		Sem evidência de tumor
Tis[1]		Carcinoma *in situ* (limitado à mucosa)
T1	I	Tumor limitado na(s) tuba(s) uterina(s)
T1a	IA	Tumor limitado a uma tuba, sem invasão da serosa; ausência de ascite
T1b	IB	Tumor limitado nas duas tubas, sem invasão da serosa; ausência de ascite
T1c	IC	Tumor limitado em 1 ou 2 tubas, com extensão para ou através da serosa, ou células tumorais no líquido ascítico ou no lavado peritoneal
T2	II	Tumor envolve 1 ou ambas as tubas com extensão pélvica
T2a	IIA	Extensão e/ou metástase para útero e ovários
T2b	IIB	Extensão para outras estruturas pélvicas
T2c	IIC	Extensão pélvica com células tumorais no líquido ascítico ou no lavado peritoneal
T3	III	Tumor envolve 1 ou ambas as tubas, com implantes peritoneais fora da pelve
T3a	IIIA	Metástases microscópicas fora da pelve
T3b	IIIB	Metástases macroscópicas fora da pelve ≤ 2 cm
T3c	IIIC	Metástases peritoneais >2 cm
(N) Linfonodos regionais		
NX		Linfonodos não podem ser avaliados
N0		Ausência de metástase linfonodal
N1	IIIC	Metástase linfonodal regional
(M) Metástase a distância		
M0		Ausência de metástases a distância
M1	IV	Metástase a distância

FIGO: International Federation of Gynecology and Obstetrics.

Leiomioma paratubário

O leiomioma paratubário é um tumor benigno de músculo liso com origem na camada muscular da tuba uterina. Ocorre em mulheres na pré e pós-menopausa, geralmente assintomática. Os sintomas, quando presentes são inespecíficos, como dor no abdome inferior ou massa palpável na região anexial. Na maioria dos casos é diagnosticado como achado incidental em autópsia ou em procedimento cirúrgico por outras causas. Os pacientes podem apresentar-se com abdome agudo no caso de desenvolverem uma complicação, como torção, degeneração, gravidez ectópica e obstrução tubária. Os principais diagnósticos diferenciais são leiomioma subseroso uterino, leiomioma/fibroma de ovário, adenocarcinoma de tuba e outros tumores mesenquimais tubares, como fibroma, lipoma, mesotelioma, linfangioma, fibroadenoma, pólipo mucosa, entre outros.

Patologia

O leiomioma paratubário tem origem dos ductos paramesonéfricos (ductos de Müller) como os leiomiomas uterinos, porém não surge da hipertrofia da camada muscular própria. Sugerem-se ser menos comum do que o leiomioma uterino, em razão da insensibilidade das tubas uterinas a estimulações hormonais.

Macroscopicamente, podem se apresentar como lesão bem circunscrita, não encapsulada, massa pedunculada, ovoide, lisa de pequenas dimensões, mais comumente unilateral.

Microscopicamente, apresentam-se como elementos musculares lisos alongados dispostos em entrelaçamento, feixes de intersecção e fascículos, em continuidade com a camada muscular das trompas. Tem positividade para o actina alfa de músculo alfa liso na imuno-histoquímica. Histologicamente pode conter depósito de colágeno, mastócitos e vasos sanguíneos. As características citológicas incluem células fusiformes com citoplasma eosinofílico, células epitelioides com eosinofílica ou citoplasma claro e células rabdoide com citoplasma eosinofílico com aparência arredondada/globoide. Pode apresentar mínima atipia celular citológica e atividade mitótica variável.

Imagem

À USG, tem características de massa sólida fusiforme hipoecogênica e homogênea na maioria das vezes. Por meio do US transvaginal consegue avaliar melhor a distinção da massa com o útero e ovários. Quando visto na TC, apresenta-se com realce variável ao meio de contraste iodado IV. À RM, o leiomioma parauterino apresenta-se com isossinal em relação ao miométrio nas sequências ponderadas em T, hipossinal nas imagens ponderadas em T2 e com hiporrealce ou isorrealce em relação ao miométrio após a administração do contraste paramagnético. A degeneração cística é incomum em razão de suas pequenas dimensões.

Tratamento

A cirurgia deve poupar ao máximo a tuba uterina quando possível. A salpingectomia é realizada quando o diagnóstico é incerto ou em casos complicados. E a confirmação da permeabilidade tubária após a ressecção do tumor deve ser feita.

Vulva e vagina

Lesões vaginais são detectadas no exame físico ginecológico e, em grande parte dos casos, o diagnóstico é feito por biópsia e estudo anatomopatológico. A USG é utilizada para avaliação complementar, porém com menor área de varredura e, consequentemente, limitação do estadiamento locorregional. A TC apresenta resolução de contraste inadequada e se limita ao diagnóstico de linfonodos pélvicos em doenças malignas. A RM apresenta atualmente como método para diagnóstico de lesões vaginais, estadiamento tumoral, acompanhamento pós-cirúrgico e avaliação de tratamento (quimioterapia e radioterapia). As patologias vulvovaginais são classificadas em inflamatórias, neoplásicas e congênitas (desenvolvimento).

Embriologia e anatomia

Os dois terços superiores da vagina surgem a partir da fusão do aspecto caudal dos ductos müllerianos (paramesonéfrico), enquanto o terço inferior da vagina se origina a partir do seio urogenital. Por volta da sétima semana de gestação, os dutos de Müller começam a se fundir com o seio urogenital. A vagina rudimentar está presente por volta da 10ª semana e se torna revestida por células escamosas na 11ª semana, quando irão se proliferar para preencher o lúmen vaginal rudimentar e os receptores de estrogênio tornam-se presentes no interior da parede vaginal. O desenvolvimento vaginal é completo por volta do 5º mês. A genitália externa começa a se desenvolver na quarta a sexta semana de gestação, com a formação de tubérculo genital, membrana urogenital, pregas urogenitais e aumento genitais.

A vagina formada é uma estrutura tubular fibromuscular mediana que se estende desde o colo do útero até a vulva, com comprimento estimado entre 7 e 9 cm. É composta de três camadas: mucosa, muscular e adventícia. Localizada no compartimento médio da pelve e interposta entre a bexiga e o reto, o qual é separado pelo septo vesicovaginal e retovaginal, respectivamente. A vagina é dividida em três segmentos: o terço superior, no nível dos fórnices vaginais; o terço médio, que se estende até o nível do assoalho da bexiga urinária; terço inferior, que vai até o nível da uretra. A porção superior da parede posterior da vagina é coberta pela reflexão do peritônio, formando bolsa retouterina (de Douglas). O segmento superior da vagina encontra-se acima do assoalho pélvico enquanto o inferior da vagina situa-se dentro do espaço perineal. A drenagem linfática do terço superior da vagina é feita pelas cadeias linfonodais ilíacas internas e externas, similar à drenagem do colo uterino. O terço médio drena para a cadeia ilíaca interna e o terço inferior para as cadeias linfonodais inguinais superficiais.

A vulva é o órgão genital feminino localizado dentro do espaço superficial do períneo, no triângulo urogenital anterior. É composta pelo púbis mentoniano, os lábios maiores e menores, o clitóris e o *aparatus* eréctil e o meato uretral externo. O vestíbulo vaginal é uma região composta pelo introito vaginal, meato uretral externo, hímen e os orifícios dos ductos de Bartholin, delimi-

tado medialmente aos pequenos lábios, que se estende desde o clitóris anteriormente até o ponto de fusão dos lábios menores (Fourchette). Contém o introito vaginal, meato uretral externo, hímen e os orifícios dos ductos de Bartholin. A drenagem linfática primária é para a cadeia linfonodal inguinal superficial. A maior parte da vulva é coberta por uma camada de células escamosas estratificada e queratinizada e o vestíbulo é revestido por uma camada de células escamosas estratificadas não queratinizadas. As glândulas de Skene, Bartholin e vestibulares são compostas por epitélio colunar e secretores, sobretudo de mucina.

Anomalias congênitas

Septo vaginal transversal

É um defeito de fusão vertical que ocorre em torno da 20ª semana de gestação, assim como as demais malformações congênitas vaginais. O septo divide a vagina em dois segmentos, reduz o seu comprimento funcional e provoca obstrução do canal vaginal. O estudo de RM está indicado para a programação da septoplastia, pois avalia a espessura do septo e permite a identificação do cérvix uterino. Também diferencia septo vaginal superior de agenesia cervical, informação relevante para a conduta.

Septo vaginal longitudinal

O septo vaginal longitudinal é um defeito de fusão dos ductos müllerianos laterais, resultando na duplicação do útero e da vagina, em graus variados.

Hímen imperfurado

O hímen é uma membrana dérmica que oclui total ou parcialmente o orifício externo da vagina e é geralmente perfurado. O hímen imperfurado representa falha do processo de recanalização da vagina e o diagnóstico ocorre principalmente durante a infância pelo abaulamento do óstio vaginal, causado por muco secretado decorrente da estimulação estrogênica materna ou então na menarca. Nos métodos de imagem observam-se distensão da cavidade vaginal em toda a sua extensão e frequentemente há distensão da cavidade endometrial. O USG transabdominal e o transperineal são usados como modalidade de imagem inicial, em que se nota conteúdo fluido na cavidade endometrial variável: anecogênico, hipoecogênico ou ecogênico por conta de produtos derivados de sangue. À RM, nas sequências T1 pode observar conteúdo de alto sinal referente a hematometrocolpo. Em T2, o conteúdo fluido frequentemente se apresenta como intermediário para o alto sinal (Figura 15). A membrana muitas vezes é imperceptível e difícil de delinear nos métodos de imagem. Os principais diagnósticos diferenciais incluem septo vaginal transverso, atresia vaginal, aderências labiais, agenesia vaginal com hipoplasia uterina.

Síndrome da insensibilidade androgênica

A síndrome da insensibilidade androgênica determina falha no desenvolvimento da genitália externa de indivíduos com cariótipo 46,XY. A síndrome resulta da diminuição ou ausência da ação biológica dos andrógenos por mutações em seu gene receptor, localizado no cromossomo X. Clinicamente, pode se manifestar como fenótipo feminino com diversos graus de virilização, secundários à insensibilidade androgênica parcial ou total. O diagnóstico geralmente é feito na puberdade em razão de amenorreia primária e os testículos podem ser encontrados no canal inguinal, grandes lábios e abdome.

Síndrome de Mayer-Rokitansky-Kuster-Hauser

Síndrome caracterizada por aplasia vaginal associada a outras anomalias dos ductos de Müller. A forma clássica consiste na ausência do útero e dos dois terços proximais da vagina (Figuras 16 e 17), podendo também ser identificados graus variados de comprometimento dessas estruturas. O tipo I é caracterizado por ausência isolada dos dois terços proximais da vagina, enquanto o tipo II é caracterizado por outras malformações; por exemplo, vertebral, cardíaca, urológica e otológica.

Síndrome de Turner

A síndrome de Turner (ou 45,X) é a anormalidade cromossômica sexual mais comum nas mulheres e uma das principais causas de amenorreia primária. É caracterizada pela ausência de uma cópia do cromossomo X (45,X0). Está associada com hipertensão, intolerância à glicose, doença inflamatória intestinal, hipotireoidismo e disgenesia gonadal. Os achados característicos na RM são de útero e ovários em "fita" e vagina curta (Figura 18).

Cisto do ducto de Gartner

O cisto do ducto de Gartner está relacionado a involução incompleta da porção vaginal do ducto mesonéfrico. Geralmente, são pequenos e assintomáticos, mas podem causar dispareunia, interferir com o parto e associar-se a malformações do trato urogenital. Localizam-se na parede anterolateral e superior da vagina, acima da sínfise púbica.

Anormalidades adquiridas benignas

Cistos das glândulas de Bartholin

As glândulas de Bartholin são derivadas do seio urogenital, secretam muco e estão localizadas no introito vaginal. Os cistos da glândula de Bartholin se desenvolvem por obstrução do ducto e estão localizados na altura ou abaixo da sínfise púbica. São geralmente assintomáticos, mas podem exigir drenagem em razão de infecção ou formação de abscesso. A bartholinite apresenta-se no estudo tomográfico como lesão hipoatenuante com realce periférico ao meio de contraste longo da região posterolateral do introito vaginal. Na RM, os cistos de Bartholin podem se apresentar com sinal variado em T1, dependendo da concentração de componente proteico e/ou hemático. Em T2, apresentam-se como lesão com hipersinal, podendo ser uni ou multilocular.

Cistos das glândulas de Skene

Glândulas de Skene são glândulas periuretrais pequenas localizadas na cúpula vaginal próximas à borda inferior da uretra distal e visíveis nos casos de infecção ou obstrução. São equivalentes à próstata masculina e as principais produtoras de antígeno prostático específico (PSA) nas mulheres. Além disso, são hormônio-dependentes, com aumento na gravidez e atrofia no climatério.

Condiloma acuminado gigante

Condiloma acuminado gigante ou tumor de Buschke-Loewenstein das regiões perianal e anorretal é uma entidade rara. Em geral, essas lesões são grandes e agressivas, com propensão a ulcerar e infiltrar os tecidos mais profundos.

Possuem alta taxa de recorrência (66%) e de transformação maligna para carcinoma de células escamosas (56%), porém sem metástases a distância.

Endometriose vaginal

Endometriose é definida pela presença de glândulas e estroma endometrial fora da cavidade uterina. Muitas vezes é encontrada em estruturas fibromusculares pélvicas, como ligamento uterossacro e ovários. A localização vaginal é frequente e pode se manifestar com dispareunia de profundidade e dismenorreia.

Doenças neoplásicas

Neoplasia de vulva

A neoplasia da vulva é responsável por cerca de 3-5% dos tumores do sistema reprodutor feminino e por menos de 1% dos tumores em mulheres. A doença se manifesta em pacientes na sétima e oitava décadas de vida, mas em mulheres infectadas pelo papiloma vírus humano (HPV) incide mais precocemente. Os fatores de risco que se relacionam à doença são: tabagismo, imunodeficiências e antecedente de câncer. Há maior risco relativo em pacientes infectadas com o vírus da imunodeficiência humana (HIV) e em pacientes que tenham tumores relacionados ao HPV, principalmente no colo do útero e vagina.

Prurido localizado é sintoma relatado em fases precoces, porém pode haver dificuldade de diagnóstico até o surgimento de nódulo, sangramento, dor, corrimento ou sintomas urinários. O diagnóstico é confirmado por meio de biópsia com estudo anatomopatológico. A paciente deve realizar colposcopia para pesquisa de neoplasias concomitantes no colo do útero e na vagina.

10 LESÕES DE OVÁRIO, TUBA UTERINA, VULVA E VAGINA **1407**

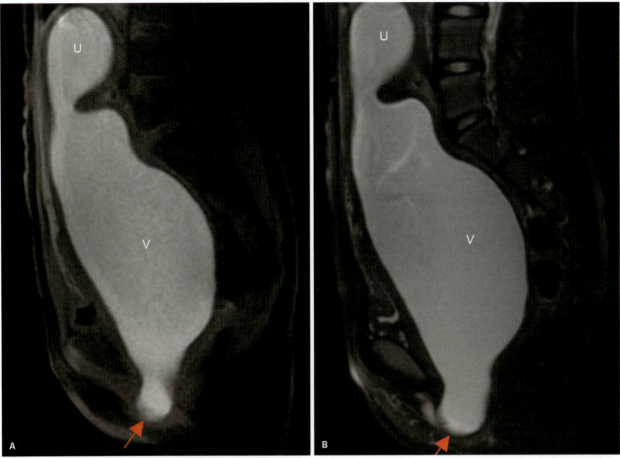

Figura 15 Hímen imperfurado (seta). Imagem de ressonância magnética sagitais nas sequências ponderadas em T2 (A) e T1 (B) demonstram útero (U) e vagina (V) distendidos por conteúdo hemático, que se estende inferiormente e protrui no óstio.

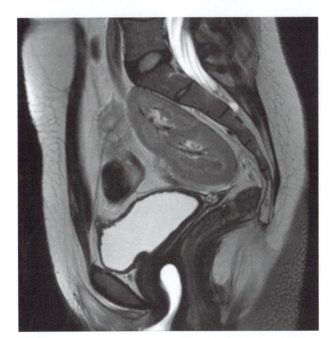

Figura 16 Síndrome de Mayer-Rokitansky-Kuster-Hauser (forma completa). Imagem sagital na sequência ponderada em T2 mostra ausência do útero e do terço superior da vagina (V). As imagens pélvicas confirmaram a presença de ovários normais e rim pélvico (R).

Patologia e classificação
- Tipos histopatológicos: carcinoma de células escamosas, carcinoma verrucoso, doença de Paget da vulva, adenocarcinoma, carcinoma de células basais, carcinoma das glândulas de Bartholin.
- Melanoma maligno mucoso não é incluído nessa classificação e estadiamento.

O tipo histológico mais frequente, diagnosticado em até 90% dos casos, é o carcinoma espinocelular (CEC), que pode ter padrão verrucoso, basaloide ou queratinizante. Os padrões não queratinizantes são mais comumente associados à infecção pelo HPV, presente em 40% dos tumores de vulva. Esses tumores normalmente são multifocais, indiferenciados e desenvolvem-se a partir de neoplasia intraepitelial vulvar (NIV). Já as lesões queratinizantes não se relacionam ao HPV e costumam ser únicas. Nesses casos, as lesões precursoras são: líquen escleroatrófico e hiperplasia de células escamosas.

A principal via de disseminação dos tumores de vulva é linfonodal, destacando-se inicialmente os linfonodos inguinofemorais e em seguida os ilíacos. O acometimento linfonodal constitui um dos principais fatores prog-

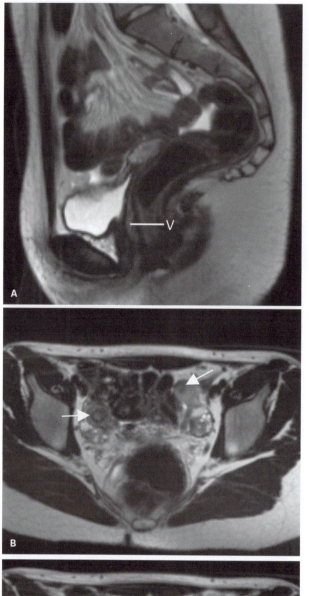
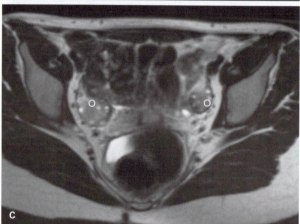

Figura 17 Síndrome de Mayer-Rokitansky-Kuster-Hauser (forma parcial). Imagens multiplanares na sequência ponderada em T2 mostram (A) ausência do útero e do terço superior da vagina (V) e (B) os remanescentes dos cornos uterinos (setas). (C) As imagens pélvicas confirmaram a presença de ovários (O).

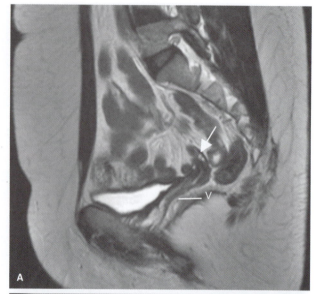
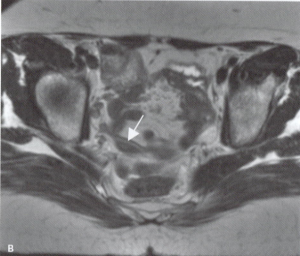

Figura 18 Síndrome de Turner. Imagens de ressonância magnética multiplanares na sequência ponderada em T2 (A, B) demonstram útero e ovários em "fita" (seta), vagina curta (V).

nósticos. Já as vias hematogênica ou por contiguidade são raras, principalmente se não houver acometimento linfonodal.

A sobrevida em cinco anos diminui consideravelmente em pacientes com linfonodos acometidos. Portanto, o estadiamento anatomopatológico linfonodal é o principal fator prognóstico da doença.

Outros tipos histológicos mais raros são: melanoma (Figuras 20 e 21), adenocarcinoma e sarcoma (Figura 22). Embora raros, melanomas são o segundo tipo histológico mais frequente nos tumores de vulva. Assim como nos melanomas de outros sítios, os fatores prognósticos correlacionam-se ao acometimento de linfonodos, assim como à presença de ulceração e à espessura da lesão.

Imagem

O estadiamento da doença é cirúrgico e os métodos de imagem auxiliam na avaliação sistêmica. A TC é utilizada na avaliação torácica e abdominal e a RM pode detectar a presença de linfonodomegalias (Tabela 4).

A USG não é indicada na detecção do tumor primário, embora tenha utilidade para avaliação de adenopatia inguinal: sensibilidade de 86% e especificidade de 96%. É útil também para guiar procedimentos.

A TC tem baixa sensibilidade para detectar tumores pequenos e superficiais. Porém, pode-se observar irregularidade da superfície vulvar quando maiores e mais profundos.

Na RM, os tumores apresentam hipointenso nas sequências ponderadas em T1, intermediário a alto sinal T2 e é um ótimo método para caracterizar a extensão do tumor (Figura 19). A injeção do meio contraste EV não ajuda a detecção. Por vezes, os tumores pequenos e lesões em placa têm limitada visualização pela RM. É limitada na detecção das linfonodopatias, com ampla variação de sensibilidade nos trabalhos publicados. Em contrapartida, a RM apresenta alta especificidade na avaliação das linfonodopatias malignas, com variação de 97-100%.

Tabela 4	Estadiamento do CEC de vulva
FIGO	Definições
I	Tumor confinado à vulva
IA	Tumor de 2 cm ou menos confinado à vulva ou peritôneo, e com invasão estromal menor ou igual a 1 mm; linfonodos negativos
IB	Tumor maior que 2 cm confinado à vulva ou peritôneo, ou com invasão estromal superior a 1 mm; linfonodos negativos
II	Tumor com extensão a estruturas pélvicas adjacentes (terço inferior da uretra, terço inferior da vagina ou ânus); linfonodos negativos
III	Tumor de qualquer tamanho com ou sem extensão para estruturas pélvicas adjacentes; linfonodos inguinofemorais positivos
IIIA	1 linfonodo acometido (≥ 5 mm) ou 1-2 (< 5 mm)
IIIB	2 ou mais linfonodos acometidos (≥ 5 mm) ou 3 ou mais (< 5 mm)
IIIC	Linfonodos positivos com disseminação extracapsular
IV	Tumor invade 2/3 superiores da uretra ou vagina ou outros órgãos
IVA	Tumor invade (i) uretra superior e/ou mucosa vaginal, mucosa vesical, retal ou fixo à pelve óssea ou (ii) linfonodos inguinofemorais fixos ou ulcerados
IVB	Presença de metástases a distância (inclui metástases para linfonodos pélvicos)

CEC: carcinoma espinocelular; FIGO: International Federation of Gynecology and Obstetrics.

Tratamento

Cirurgia é o tratamento de escolha. Diferentes técnicas de vulvectomia podem ser adotadas para ressecção da lesão. Caso não haja suspeita clínica de linfonodopatias inguinais, é realizada pesquisa do linfonodo sentinela para definir a necessidade de linfadenectomia inguinofemoral e pélvica. Na presença de linfonodomegalias inguinais, é realizada vulvectomia radical com linfadenectomia em bloco. Atualmente, nos casos mais precoces, tem sido propostas cirurgias mais conservadoras e menos mórbidas. Ressecções mais localizadas podem diminuir as complicações relacionadas à vulvectomia radical, principalmente na cicatrização da ferida cirúrgica. Além disso, cirurgias localizadas estão menos relacionadas a complicações tardias, como dificuldade de micção, edema vulvar e disfunção sexual. A radioterapia adjuvante é utilizada para evitar recorrência em linfonodos pélvicos, e em tumores muito avançados pode ser utilizada como método paliativo para reduzir a lesão.

Neoplasias primárias da vagina

Os tumores primários da vagina são ainda mais raros que os tumores de vulva. Compreendem 2% dos tumores do sistema reprodutor feminino e 0,1-0,2% de todos os tumores, atingindo mulheres na pós-menopausa, com idade por volta dos 60 anos. A vagina é sítio de acometimento por neoplasias ginecológicas, urológicas e pélvicas por contiguidade ou por disseminação linfática. Não é infrequente o envolvimento vaginal por neoplasias do colo do útero, endométrio, ovário ou reto. Portanto, para diagnóstico de tumor primário da vagina, deve-se inicialmente excluir doença metastática, pois esta é a afecção maligna mais frequente da vagina. Algumas pacientes apresentam sangramento vaginal, dor, corrimento ou sintomas urinários, mas podem ser completamente assintomáticas, retardando o diagnóstico. O tipo histológico mais frequente dos tumores primários também é o CEC, diagnosticado em até 85% dos casos, associado à infecção pelo HPV. A lesão precursora denomina-se neoplasia intraeptelial vaginal – VaIN ou NIVA. Como somente a menor parte dos pacientes infectados pelo HPV desenvolve a doença, outros fatores de risco, como tabagismo e antecedente de câncer anogenital, devem estar relacionados ao CEC vaginal.

Adenocarcinoma, melanoma e sarcomas são muito menos frequentes. O adenocarcinoma de células claras está associado à exposição intraútero ao dietilestilbestrol e outros fatores como vaginite crônica, antecedente de histerectomia por doença benigna, endometriose e radioterapia do colo do útero parecem ser predisponentes. Os padrões de disseminação da doença neoplásica vaginal dependem sumariamente de sua localização inicial e de um modo geral essa disseminação pode ser local, linfática ou hematogênica. A doença dissemina-se localmente para tecidos e órgãos adjacentes e pode invadir a bexiga, uretra, o reto e a parede pélvica. Cerca de um terço das pacientes apresentam metástases linfonodais ao diagnóstico.

As lesões dos terços superior e médio apresentam drenagem para linfonodos obturatórios, ilíacos internos e externos e paraórticos. Já lesões do terço inferior drenam para cadeias inguinais.

Tardiamente, pode haver doença secundária nos pulmões, fígado e ossos, por disseminação hematogênica.

Métodos de imagem

Nos exames de TC, as lesões vaginais são detectadas apenas em 43% dos casos e em estádios avançados o suficiente para alterarem os contornos vaginais. Porém, o estudo tomográfico tem um importante papel para o estadiamento linfonodal, seja ela inguinal em cadeias pélvicas ou retroperitoneais, além de detectar eventuais metástases a distância, principalmente pulmonares, lembrando que as metástases do carcinoma de vagina podem se apresentar como nódulos cavitados.

A RM é o método de escolha na avaliação do tumor de vagina, pois permite estadiar a lesão localmente, com detecção de extensão parametrial, invasão da bexiga, uretra e reto, além de avaliar o acometimento linfonodal. As lesões mais frequentemente localizam-se na parede posterior e no terço superior. O protocolo básico de avaliação por RM inclui fundamentalmente sequências ponderadas em T2 em alta resolução, sendo esta a melhor sequência para avaliação da localização e extensão do tumor. Outro fator tático na avaliação protocolar da vagina por RM é a instilação de gel de US intravaginal, para distensão do canal e melhor visualização das lesões.

O aspecto na RM correlaciona-se com os padrões macroscópicos de doença:

- Massa difusa, irregular e mal definida (padrão de doença ulcerativa).
- Massa lobulada bem definida (padrão de doença em placa).
- Espessamento circunferencial (padrão de doença anular constritiva). As características de sinal das lesões vaginais mais frequentemente seguem os seguintes padrões:
  - T1: isointensa ao músculo, podendo ser difícil a visualização, a não ser pela presença de alteração no contorno vaginal.
  - T2: lesão de intensidade de sinal homogênea e intermediária, diferente da baixa intensidade de sinal da parede vaginal. Intensidade de sinal maior que o músculo e mais baixa que a gordura. A presença de focos de alto sinal deve-se provavelmente à necrose: CEC pouco diferenciado, carcinoma adenoescamoso, adenocarcinoma mucinoso.

Outra modalidade funcional que pode ser útil no estadiamento do câncer de vagina é o PET/CT. Apesar de não ser utilizado de rotina na detecção, habitualmente as lesões vaginais são hipermetabólicas. Esse exame possui ainda uma maior sensibilidade que a TC na avaliação linfonodal local e a distância.

Tratamento

O tratamento pode ser por colpectomia e linfadenectomia nos tumores mais precoces ou por radioterapia nos

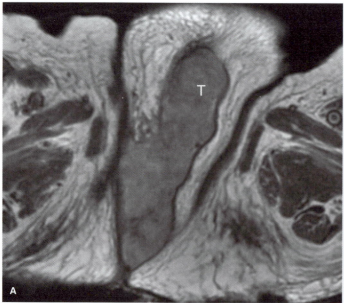 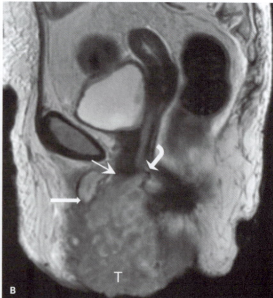

Figura 19 Carcinoma espinocelular de vagina. As imagens de ressonância magnética ponderadas em T2 axial (A) e sagital (B) mostram uma lesão (T) expansiva e infiltrativa centrada na vulva, acometendo os pequenos lábios (A). Anteriormente invade o clitóris (seta cheia), superiormente invade a uretra distal (seta fina) e o terço inferior da vagina (seta curva). *TNM T3/IV.*

10 LESÕES DE OVÁRIO, TUBA UTERINA, VULVA E VAGINA 1411

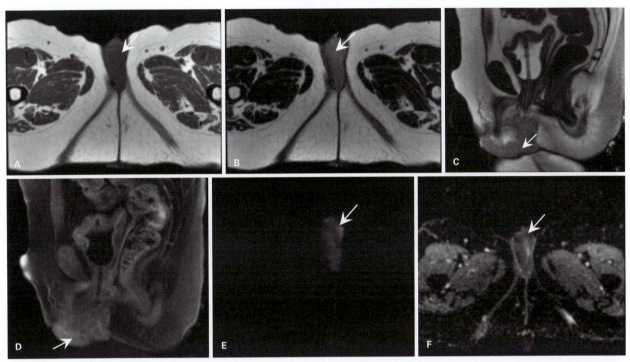

Figura 20 Melanoma vulvovaginal em uma paciente de 68 anos. Lesão expansiva e infiltrativa homogênea, de contornos irregulares, envolvendo os grandes e pequenos lábios, com intermediário sinal em T1 (A) e T2 (B), com realce pelo meio de contraste paramagnético e apresenta restrição à difusão das moléculas de água nas sequências DWI/ADC. Nas imagens sagitais T2 (C) e T1 após a injeção de contraste (D), nota-se que a lesão envolve o clitóris e a uretra inferior e estende-se desde o introito vaginal até o terço inferior da vagina.

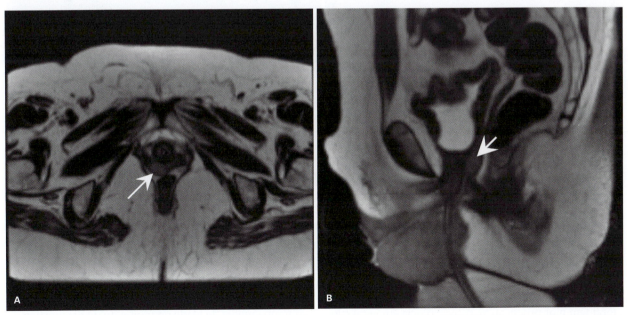

Figura 21 Mesma paciente da Figura 2. Nas sequências axiais e sagitais ponderadas em T2 (A, B) e T1 após a administração do contraste.

(continua)

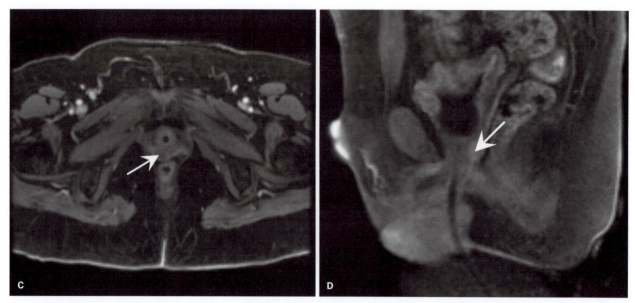

Figura 21 *(continuação)* (C, D) paramagnética, evidencia nódulo bem delimitado no terço inferior da vagina com mesmas características de sinal da lesão primária da vulva compatível com *skip metastasis*.

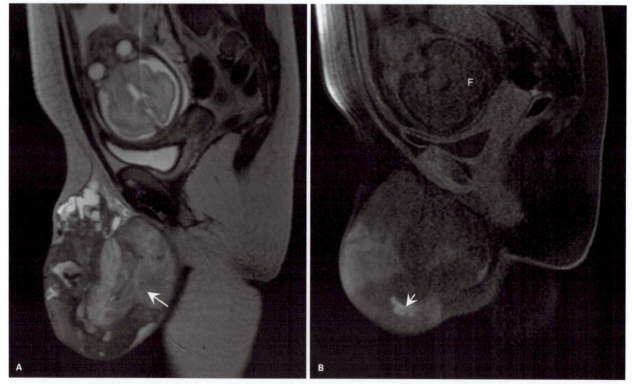

Figura 22 Sarcoma de vulva de alto grau em paciente gestante. As imagens de ressonância magnética sagital T2 (A) e sagital T1 sem contraste mostram volumosa lesão expansiva heterogênea, envolvendo a vulva, com áreas necróticas e nível líquido-líquido. A imagem em T1 (B) mostra áreas de alto sinal (seta), compatível componente hemático/hiperproteico. Feto (F) em posição cefálica.

casos mais avançados. Como esperado, a sobrevida em cinco anos é de 80% nos estádios I e II, reduzindo para 20% nos estádios III e IV. Pacientes com recorrência tumoral têm pior prognóstico. A recorrência em geral é local nas lesões do terço superior e a distância ou na parede pélvica nas lesões do terço inferior.

Melanoma vulvovaginal

O melanoma vulvovaginal é uma doença rara, com pico de incidência na sexta e sétima décadas de vida, com uma média de idade no momento do diagnóstico de 66 anos. Apresenta um prognóstico ruim, com taxas de sobrevida em cinco anos de 24-77% no melanoma vul-

10 LESÕES DE OVÁRIO, TUBA UTERINA, VULVA E VAGINA 1413

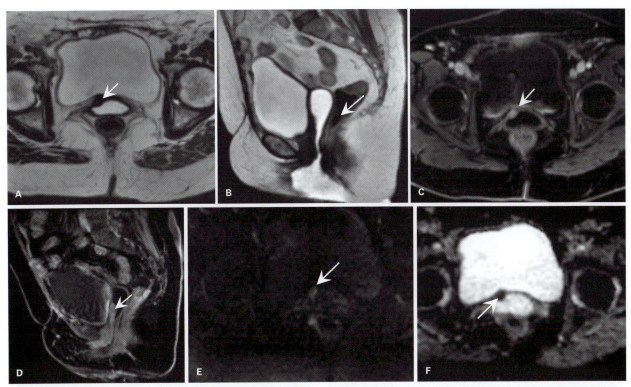

Figura 23 Sarcoma estromal endometrial de baixo grau. Paciente apresentou sangramento vaginal após 11 anos da histerectomia total por miomas. As imagens de ressonância magnética axial (A) e sagital (B) T2, axial (C) e sagital (D) T1 pós-contraste, DWI (E) e ADC (F) demonstram lesão em placa envolvendo a parede anterior dos terços médio e inferior da vagina (setas em A-D), com baixo sinal nas sequências T2, com intenso realce ao meio de contraste paramagnético. Nas sequências DWI/ADC demonstram restrição à difusão das moléculas de água.

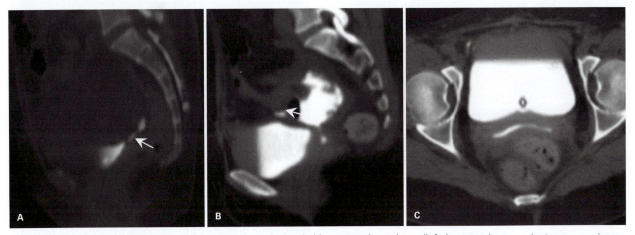

Figura 24 Fístula vesicoperitoneal e fístula peritônio-vaginal após histerectomia total com linfadenectomia em paciente com carcinoma de endométrio. As imagens da tomografia computadorizada após a administração do meio de contraste iodado endovenoso evidencia extravasamento do meio de contraste para a cavidade peritoneal (A) através de fístula vesicoperitoneal (A, B) e a passagem do meio de contraste peritoneal para o canal vaginal através da fístula peritônio-vaginal (B, C) por deiscência de anastomose na cúpula vaginal. A imagem axial (C) mostra contraste no canal vaginal.

var e de 5-25% nos melanomas vaginais. Os melanomas vulvovaginais são tratados com ampla excisão local com avaliação de linfonodo sentinela.

O melanoma vulvar é estadiado de acordo com o sistema TNM do American Joint Committee on Cancer (AJCC) para o melanoma de pele. Porém, nenhum sistema de estadiamento para o melanoma vaginal tem sido demonstrado ser útil preditor de prognóstico.

O melanoma vulvar ocorre em cerca de 50% na região clitoriana pré-clitoral e 50% nos pequenos e grandes lábios, enquanto o melanoma vaginal tem uma predileção pelo terço inferior e pelas paredes anterior e lateral (Figura 20).

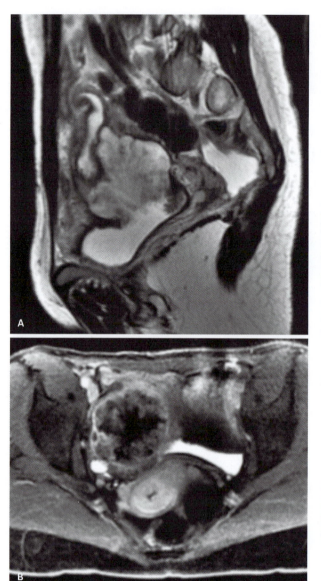

Figura 25 Caso desafio 1. História da doença atual: paciente, sexo feminino, 35 anos, com quadro de dor pélvica há 1 ano, com maior intensidade no flanco inferior direito e episódios de hematúria. Anterioposterior (AP): adenocarcinoma mucinoso de apêndice cecal.

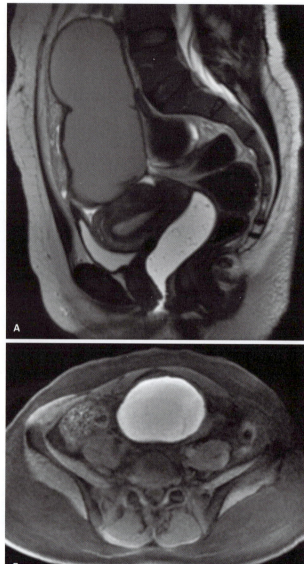

Figura 26 Caso desafio 2. História da doença atual: paciente do sexo feminino, 38 anos, apresenta cistos ovarianos bilaterais vistos em ultrassonografia de rotina. Anteroposterior (AP): endometriose estromal e glandular, forma cística.

Neoplasias secundárias da vagina

Mais comuns que os tumores primários, constituem 80% dos tumores vaginais. Ocorrem por disseminação direta de tumores de órgãos pélvicos adjacentes. As origens mais comuns são ovário, endométrio (Figura 23), colo uterino e reto, e raramente a origem é linfática ou hematogênica.

Miscelânia

Fístulas vaginais

A radioterapia é bastante utilizada no tratamento do câncer ginecológico, principalmente no câncer de colo uterino, e pode precipitar a formação de fístulas, induzir endarterite obliterante progressiva e resultar em necrose/ruptura das superfícies mucosas. Cerca de 2% das pacientes submetidas à radioterapia para câncer de colo uterino desenvolvem fístulas que podem ocorrer até 30 anos após o tratamento. Outras causas de fístulas vaginais são tumores de bexiga infiltrativos, tumores de retossigmoide avançados e deiscência de suturas após cirurgias (Figura 24) como histerectomia total.

Prolapso vaginal

É um sintoma prevalente e debilitante causado pelo enfraquecimento do assoalho pélvico e frouxidão do aparelho de suspensão. Os principais fatores de risco são multiparidade, idade avançada, menopausa, obesidade, doenças do tecido conjuntivo, tabagismo e doença pulmonar obstrutiva crônica. Os sintomas são relacionados a incontinência urinária, intestinal e disfunção sexual.

Transexual

Há mais de 30 anos vêm sendo realizadas cirurgias de mudança de sexo. O procedimento cirúrgico incluiu orquiectomia bilateral e penectomia, com a criação de uretrostomia, neovagina, estruturas labiais e neoclitóris, sendo a RM o melhor método para avaliar a anatomia pélvica nessas pacientes.

Bibliografia sugerida

Ovários

1. Ackerman S, Irshad A, Lewis M, Anis M. Ovarian cystic lesions: a current approach to diagnosis and management. Radiol Clin North Am. 2013;51(6):1067-85.
2. Adolph AJ, Smith TE, Adolph J. Benign multicystic mesothelioma: a case report. J Obstet Gynaecol Can. 2002;24(3):246-7.
3. Advincula AP, Hernandez JC. Acute urinary retention caused by a large peritoneal inclusion cyst: a case report. J Reprod Med. 2006;51(3):202-4.
4. American Joint Committee on Cancer: AJCC cancer staging manual. 7 ed. New York: Springer; 2010; p. 419-28.
5. Amesse LS, Gibbs P, Hardy J, Jones KR, Pfaff-Amesse T. Peritoneal inclusion cysts in adolescent females: a clinicopathological characterization of four cases. J Pediatr Adolesc Gynecol. 2009;22(1):41-8.
6. Balen AH, Laven JS, Tan SL, Dewailly D. Ultrasound assessment of the polycystic ovary: international consensus definitions. Hum Reprod Update. 2003;9(6):505-14.
7. Barber TM, Alvey C, Greenslade T, Gooding M, Barber D, Smith R, et al. Patterns of ovarian morphology in polycystic ovary syndrome: a study utilising magnetic resonance imaging. EurRadiol. 2010;20(5):1207-13.
8. Battaglia C, Battaglia B, Morotti E, Paradisi R, Zanetti I, Meriggiola MC, et al. Two- and three-dimensional sonographic and color Doppler techniques for diagnosis of polycystic ovary syndrome. The stromal/ovarian volume ratio as a new diagnostic criterion. J Ultrasound Med. 2012;31(7):1015-24.
9. Bharwani N, Crofton ME. Peritoneal pseudocysts: aetiology, imaging appearances, and natural history. ClinRadiol. 2013;68(8):828-36.
10. Booth SJ, Turnbull LW, Poole DR, Richmond I. The accurate staging of ovarian cancer using 3T magnetic resonance imaging – a realistic option. BJOG. 2008;115(7):894-901.
11. Brustmann H. Multilocular peritoneal inclusion cyst with extensive xanthogranulomatous stromal changes: a differential diagnosis of cystic pelvic tumors in women. Ann Diagn Pathol. 2000;4(5):308-10.
12. Chang RJ. A practical approach to the diagnosis of polycystic ovary syndrome. Am J Obstet Gynecol. 2004;191(3):713-7.
13. Chang WC, Meux MD, Yeh BM, Qayyum A, Joe BN, Chen LM, et al. CT and MRI of adnexal masses in patients with primary nonovarian malignancy. AJR Am J Roentgenol. 2006;186(4):1039-45.
14. Chen M, Wang WC, Zhou C, Zhou NN, Cai K, Yang ZH, et al. Differentiation between malignant and benign ovarian tumors by magnetic resonance imaging. Chin Med Sci J. 2006;21(4):270-5.
15. Coakley FV. Staging ovarian cancer: role of imaging. Radiol Clin North Am. 2002;40(3):609-36.
16. Dewailly D, Lujan ME, Carmina E, Cedars MI, Laven J, Norman RJ, et al. Definition and significance of polycystic ovarian morphology: a task force report from the Androgen Excess and Polycystic Ovary Syndrome Society. Hum Reprod Update. 2014;0(3):334-52.
17. Dewailly D, Gronier H, Poncelet E, Robin G, Leroy M, Pigny P, et al. Diagnosis of polycystic ovary syndrome (PCOS): revisiting the threshold values of follicle count on ultrasound and of the serum AMH level for the definition of polycystic ovaries. Hum Reprod. 2011;26(11):3123-9.
18. Dolz M, Osborne NG, Blanes J, Raga F, Abad-Velasco L, Villalobos A, et al. Polycystic ovarian syndrome: assessment with color Doppler angiography

and three-dimensional ultrasonography. J Ultrasound Med. 1999;18(4):303-13.
19. Durak E, Cokmez A, Orsel A, Tarcan E. Multilocular peritoneal inclusion cyst. Surgery. 2005;137(5):580.
20. Erdem CZ, Bayar U, Erdem LO, Barut A, Gundogdu S, Kaya E. Polycystic ovary syndrome: dynamic contrast-enhanced ovary MR imaging. Eur J Radiol. 2004;51(1):48-53.
21. Ferreira CR, Carvalho JP, Soares FA, Siqueira SA, Carvalho FM. Mucinous ovarian tumors associated with pseudomyxomaperitonei of adenomucinosis type: immunohistochemical evidence that they are secondary tumors. Int J Gynecol Cancer. 2008;18(1):59-65.
22. Fujii S, Matsusue E, Kanasaki Y, Kanamori Y, Nakanishi J, Sugihara S, et al. Detection of peritoneal dissemination in gynecological malignancy: evaluation by diffusion-weighted MR imaging. EurRadiol. 2008;18(1):18-23.
23. Guerriero S, Ajossa S, Mais V, Angiolucci M, Paoletti AM, Melis GB. Role of transvaginal sonography in the diagnosis of peritoneal inclusion cysts. J Ultrasound Med. 2004;23(9):1193-200.
24. Griffin Y, Sudigali V, Jacques A. Radiology of benign disorders of menstruation. Semin Ultrasound CT MR. 2010;31(5):414-32.
25. Heilbrun ME, Olpin J, Shaaban A. Imaging of benign adnexal masses: characteristic presentations on ultrasound, computed tomography, and magnetic resonance imaging. Top Magn Reson Imaging. 2010;21(4):213-23.
26. Heilbrun ME, Olpin J, Shaaban A. Imaging of benign adnexal masses: characteristic presentations on ultrasound, computed tomography, and magnetic resonance imaging. Clin Obstet Gynecol. 2009;52(1):21-39.
27. Hoffer FA, Kozakewich H, Colodny A, Goldstein DP. Peritoneal inclusion cysts: ovarian fluid in peritoneal adhesions. Radiology. 1988;169(1):189-91.
28. Ho-Fung V, Jaimes CE, Pollock AN. Peritoneal inclusion cyst. Pediatr Emerg Care. 2011;27(5):430-1.
29. Jain KA. Imaging of peritoneal inclusion cysts. AJR Am J Roentgenol. 2000;174(6):1559-63.
30. Jeong JY, Kim SH. Sclerotherapy of peritoneal inclusion cysts: preliminary results in seven patients. Korean J Radiol. 2001;2(3):164-70.
31. Kim CK, Park BK, Choi JY, Kim BG, Han H. Detection of recurrent ovarian cancer at MRI: comparison with integrated PET/CT. J Comput Assist Tomogr. 2007;31(6):868-75.
32. Kim JS, Lee HJ, Woo SK, Lee TS. Peritoneal inclusion cysts and their relationship to the ovaries: evaluation with sonography. Radiology. 1997;204(2):481-4.
33. Kurachi H, Murakami T, Nakamura H, Hori S, Miyake A, Kozuka T, et al. Imaging of peritoneal pseudocysts: value of MR imaging compared with sonography and CT. AJR Am J Roentgenol. 1993;161(3):589-91.
34. Lee TT, Rausch ME. Polycystic ovarian syndrome: role of imaging in diagnosis. Radiographics. 2012;32(6):1643-57.
35. Lim HK, Cho JY, Kim SH. Sclerotherapy of peritoneal inclusion cysts: a long-term evaluation study. Abdom Imaging. 2010;35(4):431-6.
36. Liu J, Xu Y, Wang J. Ultrasonography, computed tomography and magnetic resonance imaging for diagnosis of ovarian carcinoma. Eur J Radiol. 2007;62(3):328-34.
37. Low RN, Sebrechts CP, Barone RM, Muller W. Diffusion-weighted MRI of peritoneal tumors: comparison with conventional MRI and surgical and histopathologic findings – a feasibility study. AJR Am J Roentgenol. 2009;193(2):461-70.
38. Lujan ME, Jarrett BY, Brooks ED, Reines JK, Peppin AK, Muhn N, et al. Updated ultrasound criteria for polycystic ovary syndrome: reliable thresholds for elevated follicle population and ovarian volume. Hum Reprod. 2013;28(5):1361-8.
39. McFadden DE, Clement PB. Peritoneal inclusion cysts with mural mesothelial proliferation. A clinicopathological analysis of six cases. Am J Surg Pathol. 1986;10(12):844-54.
40. Mitchell DG, Gefter WB, Spritzer CE, Blasco L, Nulson J, Livolsi V, et al. Polycystic ovaries: MR imaging. Radiology. 1986;160(2):425-9.
41. Moyle PL, Kataoka MY, Nakai A, Takahata A, Reinhold C, Sala E. Nonovarian cystic lesions of the pelvis. Radiographics. 2010;30(4):921-38.
42. Nozawa S, Iwata T, Yamashita H, Banno K, Kubushiro K, Aoki R, et al. Gonadotropin-releasing hormone analogue therapy for peritoneal inclusion cysts after gynecological surgery. J ObstetGynaecol Res. 2000;26(6):389-93.
43. Omeroglu A, Husain A. Multilocular peritoneal inclusion cyst (benign cystic mesothelioma). Arch Pathol Lab Med. 2001;125(8):1123-4.
44. Paspulati RM, Dalal TA. Imaging of complications following gynecologic surgery. Radiographics. 2010;30(3):625-42.
45. Patel MD, et al. Managing incidental findings on abdominal and pelvic CT and MRI, part 1: white paper of the ACR Incidental Findings Committee II on adnexal findings. J Am Coll Radiol. 2013;10(9):675-81.

46. Peri N, Ascher SM, Paspulati RM, Shanbhogue AK, Siegelman ES, Stein MW, et al. Sonographic evaluation of the endometrium in patients with a history or an appearance of polycystic ovarian syndrome. J Ultrasound Med. 2007;26(1):55-8; quiz 59-60.

47. Phy J, Foong S, Session D, Thornhill A, Tummon I, Dumesic D. Transvaginal ultrasound detection of multifollicular ovaries in non-hirsute ovulatory women. Ultrasound Obstet Gynecol. 2004;23(2):183-7.

48. Ross EK, Kebria M. Incidental ovarian cysts: When to reassure, when to reassess, when to refer. Cleve Clin J Med. 2013;80(8):503-14.

49. Savelli L, de Iaco P, Ghi T, Bovicelli L, Rosati F, Cacciatore B. Transvaginal sonographic appearance of peritoneal pseudocysts. Ultrasound Obstet Gynecol. 2004;23(3):284-8.

50. Saxena AK, Castellani C, Zaupa P, Höllwarth ME. Pre-pubertal presentation of peritoneal inclusion cyst associated with congenital lower extremity venous valve agenesis. JSLS. 2011;15(2):264-7.

51. Sebastian S, Lee SI, Horowitz NS, Scott JA, Fischman AJ, Simeone JF, et al. PET-CT vs. CT alone in ovarian cancer recurrence. Abdom Imaging. 2008;33(1):112-8.

52. Seidman JD, Kurman RJ. Pathology of ovarian carcinoma. Hematol Oncol Clin North Am. 2003;17(4):909-25, vii.

53. Shanbhogue AK, Shanbhogue DK, Prasad SR, Surabhi VR, Fasih N, Menias CO. Clinical syndromes associated with ovarian neoplasms: a comprehensive review. Radiographics. 2010;30(4):903-19.

54. Sohaey R, Gardner TL, Woodward PJ, Peterson CM. Sonographic diagnosis of peritoneal inclusion cysts. J Ultrasound Med. 1995;14(12):913-7.

55. Suga K, Kawakami Y, Hiyama A, Kusano T, Nawata S. F-18 FDG PET-CT findings in a case of normal-sized ovarian cancer syndrome. ClinNucl Med. 2009;34(10):706-9.

56. The Rotterdam ESHRE/ASRM-Sponsored PCOS consensus workshop group: Revised 2003 consensus on diagnostic criteria and long-term health risks related to polycystic ovary syndrome (PCOS). Hum Reprod. 2004;19(1):41-7.

57. Thomassin-Naggara I, Daraï E, Cuenod CA, Rouzier R, Callard P, Bazot M. Dynamic contrast-enhanced magnetic resonance imaging: a useful tool for characterizing ovarian epithelial tumors. J Magn Reson Imaging. 2008;28(1):111-20.

58. Toprak U, Paşaoğlu E, Karademir MA, Gülbay M, et al. Sonographic, CT, and MRI findings of endometrial stromal sarcoma located in the myometrium and associated with peritoneal inclusion cyst. AJR Am J Roentgenol. 2004;182(6):1531-3.

59. Tsili AC, Tsampoulas C, Charisiadi A, Kalef-Ezra J, Dousias V, Paraskevaidis E, et al. Adnexal masses: accuracy of detection and differentiation with multidetector computed tomography. GynecolOncol. 2008;110(1):22-31.

60. Vallerie AM, Lerner JP, Wright JD, Baxi LV. Peritoneal inclusion cysts: a review. Obstet Gynecol Surv. 2009;64(5):321-34.

61. Veldhuis WB, Akin O, Goldman D, Mironov S, Mironov O, Soslow RA, et al. Peritoneal inclusion cysts: clinical characteristics and imaging features. EurRadiol. 2013;23(4):1167-74.

62. Woodward PJ, Hosseinzadeh K, Saenger JS. From the archives of the AFIP: radiologic staging of ovarian carcinoma with pathologic correlation. Radiographics. 2004;24(1):225-46.

Tuba uterina

63. Alpern MB, Sandler MA, Madrazo BL. Sonographic features of parovarian cysts and their complications. AJR Am J Roentgenol. 1984;143(1):157-60.

64. American Joint Committee on Cancer: AJCC cancer staging manual. 7. ed. New York: Springer; 2010; p.429-36.

65. Athey PA, Cooper NB. Sonographic features of parovarian cysts. AJR Am J Roentgenol. 1985;144(1):83-6.

66. Baekelandt M, Jorunn Nesbakken A, Kristensen GB, Tropé CG, Abeler VM. Carcinoma of the fallopian tube. Cancer. 2000;89(10):2076-84.

67. Barloon TJ, Brown BP, Abu-Yousef MM, Warnock NG. Paraovarian and paratubal cysts: preoperative diagnosis using transabdominal and transvaginalsonography. J Clin Ultrasound. 1996;24(3):117-22.

68. Bau A, Atri M. Acute female pelvic pain: ultrasound evaluation. Semin Ultrasound CT MR. 2000;21(1):78-93.

69. Berzal-Cantalejo F, Montesinos-Carbonell M, Montesinos-Carbonell ML, Calabuig-Crespo C, Martorell-Cebollada MA. Solitary fibrous tumor arising in the fallopian tube. Gynecol Oncol. 2005;96(3):880-2.

70. Breitowicz B, Wiebe BM, Rudnicki M. Torsion of bilateral paramesonephric cysts in young girls. Acta Obstet Gynecol Scand. 2005;84(2):199-200.

71. Crissman JD, Handwerker D. Leiomyoma of uterine tube: report of a case. Am J ObstetGynecol. 1976;126(8):1046.

72. Escoffery CT, Fletcher H. Leiomyoma of the fallopian tube: an unusual cause of abdominal pain. Int J Gynaecol Obstet. 1992;38(2):128-9.

73. Eshed I, Halshtok O, Erlich Z, Mashiach R, Hertz M, Amitai MM, et al. Differentiation between right tubo-ovarian abscess and appendicitis using CT – a diagnostic challenge. ClinRadiol. 2011;66(11):1030-5.

74. Fujii T, Kozuma S, Kikuchi A, Hanada N, Sakamaki K, Yasugi T, et al. Parovarian cystadenoma: sonographic features associated with magnetic resonance and histopathologic findings. J Clin Ultrasound. 2004;32(3):149-53.

75. Gadducci A, Landoni F, Sartori E, Maggino T, Zola P, Gabriele A, et al. Analysis of treatment failures and survival of patients with fallopian tube carcinoma: a cooperation task force (CTF) study. Gynecol Oncol. 2001;81(2):150-9.

76. Greenstein Y, Shah AJ, Vragovic O, Cabral H, Soto-Wright V, Borgatta L, et al. Tuboovarian abscess. Factors associated with operative intervention after failed antibiotic therapy. J Reprod Med. 2013;58(3-4):101-6.

77. Ha HK, Lim GY, Cha ES, Lee HG, Ro HJ, Kim HS, et al. MR imaging of tubo-ovarian abscess. ActaRadiol. 1995;36(5):510-4.

78. Harisinghani MG, Gervais DA, Maher MM, Cho CH, Hahn PF, Varghese J, et al. Transgluteal approach for percutaneous drainage of deep pelvic abscesses: 154 cases. Radiology. 2003;228(3):701-5.

79. Hiller N, Sella T, Lev-Sagi A, Fields S, Lieberman S. Computed tomographic features of tuboovarian abscess. J Reprod Med. 2005;50(3):203-8.

80. Honore LH, Dunnett IP. Leiomyoma of the Fallopian tube. A case report and review of the literature. Arch Gynakol. 1976;221(1):47-50.

81. Hosokawa C, Tsubakimoto M, Inoue Y, Nakamura T. Bilateral primary fallopian tube carcinoma: findings on sequential MRI. AJR Am J Roentgenol. 2006;186(4):1046-50.

82. Jeong WK, Kim Y, Song SY. Tubo-ovarian abscess: CT and pathological correlation. ClinImaging. 2007;31(6):414-8.

83. Kim JS, Woo SK, Suh SJ, Morettin LB. Sonographic diagnosis of paraovarian cysts: value of detecting a separate ipsilateral ovary. AJR Am J Roentgenol. 1995;164(6):1441-4.

84. Kim MY, Rha SE, Oh SN, Jung SE, Lee YJ, Kim YS, et al. MR Imaging findings of hydrosalpinx: a comprehensive review. Radiographics. 2009;29(2):495-507.

85. Kim SH, Kim SH, Yang DM, Kim KA. Unusual causes of tubo-ovarian abscess: CT and MR imaging findings. Radiographics. 2004;24(6):1575-89.

86. Kishimoto K, Ito K, Awaya H, Matsunaga N, Outwater EK, Siegelman ES. Paraovarian cyst: MR imaging features. Abdom Imaging. 2002;27(6):685-9.

87. Kitamura Y, Ascher SM, Cooper C, Allison SJ, Jha RC, Flick PA, et al. Imaging manifestations of complications associated with uterine artery embolization. Radiographics. 2005;25(Suppl 1):S119-32.

88. Korbin CD, Brown DL, Welch WR. Paraovarian cystadenomas and cystadenofibromas: sonographic characteristics in 14 cases. Radiology. 1998;208(2):459-62.

89. Kosary C, Trimble EL. Treatment and survival for women with Fallopian tube carcinoma: a population-based study. Gynecol Oncol. 2002;86(2):190-1.

90. Lande IM, Hill MC, Cosco FE, Kator NN. Adnexal and cul-de-sac abnormalities: transvaginal sonography. Radiology. 1998;166(2):325-32.

91. Lee DC, Swaminathan AK. Sensitivity of ultrasound for the diagnosis of tubo-ovarian abscess: a case report and literature review. J Emerg Med. 2011;40(2):170-5.

92. Low SC, Ong CL, Lam SL, Beh ST. Paratubal cyst complicated by tubo-ovarian torsion: computed tomography features. Australas Radiol. 2005;49(2):136-9.

93. Makhija S, Howden N, Edwards R, Kelley J, Townsend DW, Meltzer CC. Positron emission tomography/computed tomography imaging for the detection of recurrent ovarian and fallopian tube carcinoma: a retrospective review. GynecolOncol. 2002;85(1):53-8.

94. McCormack WM. Pelvic inflammatory disease. N Engl J Med. 1994;330(2):115-9.

95. Misao R, Niwa K, Iwagaki S, Shimokawa K, Tamaya T. Leiomyoma of the fallopian tube. Gynecol Obstet Invest. 2000;49(4):279-80.

96. Moore OA, Waxman M, Udoffia C. Leiomyoma of the fallopian tube: a cause of tubal pregnancy. Am J Obstet Gynecol. 1979;134(1):101-2.

97. Moyle PL, Kataoka MY, Nakai A, Takahata A, Reinhold C, Sala E. Nonovarian cystic lesions of the pelvis. Radiographics. 2010;30(4):921-38.

98. Mroueh J, Margono F, Feinkind L. Tubal pregnancy associated with ampullary tubal leiomyoma. Obstet Gynecol. 1993;81(5 (Pt 2)):880-2.

99. Oliva E. Leiomyoma and variants. In: Nucci M, et al. Diagnostic pathology: gynecological. 1. ed. Salt Lake City: Amirsys; 2014.

100. Patel PV, Cohade C, Chin BB. PET-CT localizes previously undetectable metastatic lesions in recurrent fallopian tube carcinoma. GynecolOncol. 2002;87(3):323-6.

101. Pectasides D, Pectasides E, Economopoulos T. Fallopian tube carcinoma: a review. Oncologist. 2006;11(8):902-12.

102. Rabban JT, Barnes M, Chen LM, Powell CB, Crawford B, Zaloudek CJ. Ovarian pathology in risk-reducing salpingo-oophorectomies from women with BRCA mutations, emphasizing the differential diagnosis of occult primary and metastatic carcinoma. Am J SurgPathol. 2009;33(8):1125-36.

103. Rezvani M, Shaaban AM. Fallopian tube disease in the nonpregnant patient. Radiographics. 2011;31(2):527-48.

104. Salamon C, Tornos C, Chi DS. Borderline endometrioid tumor arising in a paratubal cyst: a case report. Gynecol Oncol. 2005;97(1):263-5.

105. Sam JW, Jacobs JE, Birnbaum BA. Spectrum of CT findings in acute pyogenic pelvic inflammatory disease. Radiographics. 2002;22(6):1327-34.

106. Samaha M, Woodruff JD. Paratubal cysts: frequency, histogenesis, and associated clinical features. Obstet Gynecol. 1985;65(5):691-4.

107. Schust D, Stovall DW. Leiomyomas of the fallopian tube: a case report. J Reprod Med. 1993;38(9):741-2.

108. Shaaban AM, Rezvani M. Imaging of primary fallopian tube carcinoma. Abdom Imaging. 2013;38(3):608-18.

109. Slanetz PJ, Whitman GJ, Halpern EF, Hall DA, McCarthy KA, Simeone JF. Imaging of fallopian tube tumors. AJR Am J Roentgenol. 1997;169(5):1321-4.

110. Terek MC, Sahin C, Yeniel AO, Ergenoglu M, Zekioglu O. Paratubal borderline tumor diagnosed in the adolescent period: a case report and review of the literature. J Pediatr Adolesc Gynecol. 2011;24(5):e115-6.

111. Tukeva TA, Aronen HJ, Karjalainen PT, Molander P, Paavonen T, Paavonen J. MR imaging in pelvic inflammatory disease: comparison with laparoscopy Nand US. Radiology. 1999;210(1):209-16.

112. Uslu H, Varoglu E, Kadanali S, Yildirim M, Bayrakdar R, Kadanali A. 99mTc-HMPAO labelled leucocyte scintigraphy in the diagnosis of pelvic inflammatory disease. Nucl Med Commun. 2006;27(2):179-83.

113. van Leeuwen BL, Pruim J, Gouw AS, van der Zee AG, Slooff MJ, de Jong KP. Liver metastasis as a first sign of fallopian tube carcinoma and the role of positron emission tomography in preoperative diagnosis. Scand J Gastroenterol. 2002;37(12):1473-4.

114. Varras M, Polyzos D, Perouli E, Noti P, Pantazis I, Akrivis Ch. Tubo-ovarian abscesses: spectrum of sonographic findings with surgical and pathological correlations. ClinExpObstet Gynecol. 2003;30(2-3):117-21.

115. Wen KC, Yang CC, Wang PH. Primary fallopian tube leiomyoma managed by laparoscopy. J Minim Invasive Gynecol. 2005;12(3):193.

116. Wethington SL, Herzog TJ, Seshan VE, Bansal N, Schiff PB, Burke WM, et al. Improved survival for fallopian tube cancer: a comparison of clinical characteristics and outcome for primary fallopian tube and ovarian cancer. Cancer. 2008;113(12):3298-306.

117. Wilbur AC, Aizenstein RI, Napp TE, et al. CT findings in tuboovarian abscess. AJR Am J Roentgenol. 1992;158(3):575-9.

118. Yang CC, Wen KC, Chen P, Wang PH. Primary leiomyoma of the fallopian tube: preoperative ultrasound findings. J Chin Med Assoc. 2007;70(2):80-3.

Vulva e vagina

119. Abou-El-Ghar ME, El-Assmy AM, Refaie HF, El-Diasty TA. Radiological diagnosis of vesicouterine fistula: role of magnetic resonance imaging. J Magn-Reson Imaging. 2012;36(2):438-42.

120. Adaletli I, Ozer H, Kurugoglu S, Emir H, Madazli R. Congenital imperforate hymen with hydrocolpos diagnosed using prenatal MRI. AJR Am J Roentgenol. 2007;189(1):W23-5.

121. Addley HC, Vargas HA, Moyle PL, Crawford R, Sala E. Pelvic imaging following chemotherapy and radiation therapy for gynecologic malignancies. Radiographics. 2010;30(7):1843-56.

122. Avritscher R, Madoff DC, Ramirez PT, Wallace MJ, Ahrar K, Morello FA Jr, et al. Fistulas of the lower urinary tract: percutaneous approaches for the management of a difficult clinical entity. Radiographics. 2004;24(Suppl 1):S217-36.

123. Berger MB, Betschart C, Khandwala N, DeLancey JO, Haefner HK, et al. Incidental bartholin gland cysts identified on pelvic magnetic resonance imaging. Obstet Gynecol. 2012;120(4):798-802.

124. Bitti GT, Argiolas GM, Ballicu N, Caddeo E, Cecconi M, Demurtas G, et al. Pelvic floor failure: MR imaging evaluation of anatomic and functional abnormalities. Radiographics. 2014;34(2):429-48.

125. Bora SA, Condous G. Bartholins, vulval and perineal abscesses. Best Pract Res Clin Obstet Gynaecol. 2009;23(5):661-6.

126. Botsikas D, Caviezel A, Becker CD, Montet X. A new MDCT technique for the detection and anatomical exploration of urogenital fistulas. AJR Am J Roentgenol. 2012;198(2):W160-2.

127. Brenner B. Laser vaporisation of Bartholin duct cysts. N Z Med J. 1991;104(906):80-1.

128. Chaudhari VV, Patel MK, Douek M, Raman SS. MR imaging and US of female urethral and periurethral disease. Radiographics. 2010;30(7):1857-74.

129. Cho JY, Ahn MO, Cha KS. Window operation: an alternative treatment method for Bartholin gland cysts andabscesses. Obstet Gynecol. 1990;76(5 Pt 1):886-8.

130. Cunningham FG. Williams obstetrics. 22. ed. New York: McGraw-Hill; 2005.

131. Dewdney S, Kennedy CM, Galask RP. Leiomyosarcoma of the vulva: a case report. J Reprod Med. 2005;50(8):630-2.

132. Dmochowski RR, Ganabathi K, Zimmern PE, Leach GE. Benign female periurethral masses. J Urol. 1994;152(6 Pt 1):1943-51.

133. Domany E, Gilad O, Shwarz M, Vulfsons S, Garty BZ. Imperforate hymen presenting as chronic low back pain. Pediatrics. 2013;132(3):e768-70.

134. Downs MC, Randall HW Jr. The ambulatory surgical management of Bartholin duct cysts. J EmergMed. 1989;7(6):623-6.

135. Dujardin M, Schiettecatte A, Verdries D, de Mey J. Cystic lesions of the female reproductive system: a review. JBR-BTR. 2010;93(2):56-61.

136. Dwarkasing RS, Schouten WR, Geeraedts TE, Mitalas LE, Hop WC, Krestin GP. Chronic anal and perianal pain resolved with MRI. AJR Am J Roentgenol. 2013;200(5):1034-41.

137. Dwarkasing S, Hussain SM, Hop WC, Krestin GP. Anovaginal fistulas: evaluation with endoanal MR imaging. Radiology. 2004;231(1):123-8.

138. Eilber KS, Raz S. Benign cystic lesions of the vagina: a literature review. J Urol. 2003;170(3):717-22.

139. Eksioglu AS, Maden HA, Cinar G, Tasci Yildiz Y. Imperforate hymen causing bilateral hydroureteronephrosis in an infant with bicornuate uterus. Case Rep Urol. 2012;2012:102683.

140. Elsayes KM, Narra VR, Dillman JR, Velcheti V, Hameed O, Tongdee R, et al. Vaginal masses: magnetic resonance imaging features with pathologic correlation. ActaRadiol. 2007;48(8):921-33.

141. Elsayes KM, Narra VR, Dillman JR, Velcheti V, Hameed O, Tongdee R, et al. Vaginal masses: magnetic resonance imaging features with pathologic correlation. ActaRadiol. 2007;48(8):921-33.

142. Eppel W, Frigo P, Worda C, Bettelheim D. Ultrasound imaging of Bartholins cysts. Gynecol Obstet Invest. 2000;49(3):179-82.

143. Ergen FB, Arslan EB, Kerimoglu U, Akata D. Magnetic resonance fistulography for the demonstration of anovaginal fistula: an alternative imaging technique? J Comput Assist Tomogr. 2007;31(2):243-6.

144. Ergeneli MH. Silver nitrate for Bartholin gland cysts. Eur J Obstet Gynecol Reprod Biol. 1999;82(2):231-2.

145. Fedele L, Frontino G, Motta F, Restelli E. A uterovaginal septum and imperforate hymen with a double pyocolpos. Hum Reprod. 2012;27(6):1637-9.

146. Ferris DG. Modern colposcopy. 2. ed. Dubuque: Kendall/Hunt; 2004.

147. Filmar GA, Lotze PM, Fisher HW. Retroperitoneal duplication cyst with a fistulous tract to the vagina: a case report. Female Pelvic Med Reconstr Surg. 2012;18(6):376-7.

148. Fischer JW, Kwan CW. Emergency point-of-care ultrasound diagnosis of hematocolpometra and imperforate hymen in the pediatric emergency department. Pediatr Emerg Care. 2014;30(2):128-30.

149. Ghadian A, Heidari F. Is hymenotomy enough for treatment of imperforated hymen? Nephrourol Mon. 2013;5(5):1012.

150. Gocmen A, Inaloz HS, Sari I, Inaloz SS, et al. Endometriosis in the Bartholin gland. Eur J Obstet Gynecol Reprod Biol. 2004;114(1):110-1.

151. Grant LA, Sala E, Griffin N. Congenital and acquired conditions of the vulva and vagina on magnetic resonance imaging: a pictorial review. Semin Ultrasound CT MR. 2010;31(5):347-62.

152. Griffin N, Grant LA, Sala E. Magnetic resonance imaging of vaginal and vulval pathology. Eur Radiol. 2008;18(6):1269-80.

153. Hill DA, Lense JJ. Office management of Bartholin gland cysts and abscesses. Am Fam Physician. 1998;57(7):1611-6; 1619-20.

154. Hoeffel C, Arrivé L, Mourra N, Azizi L, Lewin M, Tubiana JM. Anatomic and pathologic findings at external phased-array pelvic MR imaging after surgery for anorectal disease. Radiographics. 2006;26(5):1391-407.

155. Holroyd DJ, Banerjee S, Beavan M, Prentice R, Vijay V, Warren SJ. Colovaginal and colovesical fistulae: the diagnostic paradigm. Tech Coloproctol. 2012;16(2):119-26.

156. Horiguchi H, Matsui-Horiguchi M, Fujiwara M, Kaketa M, Kawano M, Ohtsubo-Shimoyamada R, et al. Angiomyofibroblastoma of the vulva: report of a case with immunohistochemical and molecular analysis. Int J Gynecol-Pathol. 2003;22(3):277-84.

157. Hosseinzadeh K, Heller MT, Houshmand G. Imaging of the female perineum in adults. Radiographics. 2012;32(4):E129-68.
158. Hricak H, Secaf E, Buckley DW, Brown JJ, Tanagho EA, McAninch JW. Female urethra: MR imaging. Radiology. 1991;178(2):527-35.
159. Janco JM, Markovic SN, Weaver AL, Cliby WA. Vulvar and vaginal melanoma: case series and review of current management options including neoadjuvant chemotherapy. Gynecol Oncol. 2013;129(3):533-7.
160. Johal NS, Bogris S, Mushtaq I. Neonatal imperforate hymen causing obstruction of the urinary tract. Urology. 2009;73(4):750-1.
161. Kao PF, Tseng CJ, Weng JH, Lee JK. Vesicovaginorectal fistula on a FDG PET/CT of a patient with recurrent cervical cancer and end-stage renal disease. Clin Nucl Med. 2012;37(10):1013-5.
162. Kaur A, Makhija PS, Vallikad E, Padmashree V, Indira HS. Multifocal aggressive angiomyxoma: a case report. J ClinPathol. 2000;53(10):798-9.
163. Keller DS, Thomay AA, Gaughan J, Olszanski A, Wu H, Berger AC, et al. Outcomes in patients with mucosal melanomas. J Surg Oncol. 2013;108(8):516-20.
164. Kier R: Nonovarian gynecologic cysts: MR imaging findings. AJR Am J Roentgenol. 1992;158(6):1265-9.
165. Kozawa E, Irisawa M, Heshiki A, Kimura F, Shimizu Y. MR findings of a giant Bartholins duct cyst. MagnReson Med Sci. 2008;7(2):101-3.
166. Kruskal JB, Kane RA, Morrin MM. Peroxide-enhanced anal endosonography: technique, image interpretation, and clinical applications. Radiographics. 2001;21(Spec No):S173-89.
167. Lang EK, Ordonez A, Sethi E, Aberg C, Colon I. Urethral rectovaginal fistula assessed by magnetic resonance imaging. J Urol. 2008;179(3):1148.
168. Lashgari M, Keene M. Excision of Bartholin duct cysts using the CO2 laser. Obstet Gynecol. 1986;67(5):735-7.
169. Laterza RM, De Gennaro M, Tubaro A, Koelbl H. Female pelvic congenital malformations. Part I: embryology, anatomy and surgical treatment. Eur J Obstet Gynecol Reprod Biol. 2011;159(1):26-34.
170. López C, Balogun M, Ganesan R, Olliff JF. MRI of vaginal conditions. ClinRadiol. 2005;60(6):648-62.
171. Marzano DA, Haefner HK. The bartholin gland cyst: past, present, and future. J Low Genit Tract Dis. 2004;8(3):195-204.
172. Mert I, Semaan A, Winer I, Morris RT, Ali-Fehmi R. Vulvar/vaginal melanoma: an updated surveillance epidemiology and end results database review, comparison with cutaneous melanoma and significance of racial disparities. Int J Gynecol Cancer. 2013;23(6):1118-25.
173. Moshiri M, Chapman T, Fechner PY, Dubinsky TJ, Shnorhavorian M, Osman S, et al. Evaluation and management of disorders of sex development: multidisciplinary approach to a complex diagnosis. Radiographics. 2012;32(6):1599-618.
174. Moulopoulos LA, Varma DG, Charnsangavej C, Wallace S, et al. Magnetic resonance imaging and computed tomography appearance of asymptomatic paravaginal cysts. Clin Imaging. 1993;17(2):126-32.
175. Narayanan P, Nobbenhuis M, Reynolds KM, Sahdev A, Reznek RH, Rockall AG. Fistulas in malignant gynecologic disease: etiology, imaging, and management. Radiographics. 2009;29(4):1073-83.
176. Omole F, Simmons BJ, Hacker Y. Management of Bartholins duct cyst and gland abscess. Am Fam Physician. 2003;68(1):135-40.
177. Outwater E, Schiebler ML. Pelvic fistulas: findings on MR images. AJR Am J Roentgenol. 1993;160(2):327-30.
178. Owen JW, Koza J, Shiblee T, Robertazzi RR, Cabbad MF, Hsu CK. Placement of a Word catheter: a resident training model. Am J ObstetGynecol. 2005;192(5):1385-7.
179. Ozturk H, Yazici B, Kucuk A, Senses DA. Congenital imperforate hymen with bilateral hydronephrosis, polydactyly and laryngocele: a rare neonatal presentation. Fetal Pediatr Pathol. 2010;29(2):89-94.
180. Parikh JH, Barton DP, Ind TE, Sohaib SA. MR imaging features of vaginal malignancies. Radiographics. 2008;28(1):49-63; quiz322.
181. Paspulati RM, Dalal TA. Imaging of complications following gynecologic surgery. Radiographics. 2010;30(3):625-42.
182. Peters WA 3rd. Bartholinitis after vulvovaginal surgery. Am J Obstet Gynecol. 1998;178(6):1143-4.
183. Prasad SR, Menias CO, Narra VR, Middleton WD, Mukundan G, Samadi N, et al. Cross-sectional imaging of the female urethra: technique and results. Radiographics. 2005;25(3):749-61.
184. Puppo V. Anatomy and physiology of the clitoris, vestibular bulbs, and labia minora with a review of the female orgasm and the prevention of female sexual dysfunction. Clin Anat. 2013;26(1):134-52.

185. Puppo V. Embryology and anatomy of the vulva: the female orgasm and women sexual health. Eur J Obstet Gynecol Reprod Biol. 2011;154(1):3-8.
186. Quiroz LH, Shobeiri SA, Nihira MA. Three-dimensional ultrasound imaging for diagnosis of urethrovaginal fistula. IntUrogynecol J. 2010;21(8):1031-3.
187. Rorat E, Ferenczy A, Richart RM. Human bartholin gland, duct, and duct cyst. Histochemical and ultrastructural study. Arch Pathol. 1975;99(7):367-74.
188. Rouzier R, Azarian M, Plantier F, Constancis E, Haddad B, Paniel BJ. Unusual presentation of Bartholins gland duct cysts: anterior expansions. BJOG. 2005;112(8):1150-2.
189. Ruggeri G, Gargano T, Antonellini C, Carlini V, Randi B, Destro F, et al. Vaginal malformations: a proposed classification based on embryological, anatomical and clinical criteria and their surgical management (an analysis of 167 cases). Pediatr Surg Int. 2012;28(8):797-803.
190. Salhan B, Omisore OT, Kumar P, Potter J. A rare presentation of imperforate hymen: a case report. Case Rep Urol. 2003;2013:731019.
191. Semelka RC, Hricak H, Kim B, Forstner R, Bis KG, Ascher SM, et al. Pelvic fistulas: appearances on MR images. Abdom Imaging. 1997;22(1):91-5.
192. Siegelman ES, Outwater EK, Banner MP, Ramchandani P, Anderson TL, Schnall MD. High-resolution MR imaging of the vagina. Radiographics. 1997;17(5):1183-203.
193. Siegelman ES, Outwater EK, Banner MP, Ramchandani P, Anderson TL, Schnall MD. Multicoil MR imaging of symptomatic female urethral and periurethral disease. Radiographics. 1997;17(2):349-65.
194. Smayra T, Ghossain MA, Buy JN, Moukarzel M, Jacob D, Truc JB. Vesicouterine fistulas: imaging findings in three cases. AJR Am J Roentgenol. 2005;184(1):139-42.
195. Sofic A, Beslic S, Sehovic N, Caluk J, Sofic D. MRI in evaluation of perianal fistulae. Radiol Oncol. 2010;44(4):220-7.
196. Stoker J, Rociu E, Schouten WR, Laméris JS. Anovaginal and rectovaginal fistulas: endoluminalsonography versus endoluminal MR imaging. AJR Am J Roentgenol. 2002;178(3):737-41.
197. Sugiyama VE, Chan JK, Shin JY, Berek JS, Osann K, Kapp DS. Vulvar melanoma: a multivariable analysis of 644 patients. Obstet Gynecol. 2007;110(2 Pt 1):296-301.
198. Tcheung WJ, Selim MA, Herndon JE 2nd, Abernethy AP, Nelson KC. Clinicopathologic study of 85 cases of melanoma of the female genitalia. J Am Acad Dermatol. 2012;67(4):598-605.
199. Trone JC, Guy JB, Mery B, Langrand Escure J, Lahmar R, Moncharmont C, al. Melanomas of the female genital tract: state of the art. Bull Cancer. 2014;101(1):102-6.
200. Ventolini G. Vulvar pain: anatomic and recent pathophysiologic considerations. Clin Anat. 2013;26(1):130-3.
201. Verma A, Vyas S, Patwari S, Verma M, Srivastava A, Chandra Shukla R. Magnetic resonance fistulogram demonstration of urethrovesicovaginal fistula in a case of müllerian agenesis due to traumatic urethral coitus. J Minim Invasive Gynecol. 2012;19(2):259-61.
202. Viswanathan C, Kirschner K, Truong M, Balachandran A, Devine C, Bhosale P. Multimodality imaging of vulvar cancer: staging, therapeutic response, and complications. AJR Am J Roentgenol. 2013;200(6):1387-400.
203. Vitale V, Cigliano B, Vallone G. Imperforate hymen causing congenital hydrometrocolpos. J Ultrasound. 2013;16(1):37-9.
204. Volkmer BG, Kuefer R, Nesslauer T, Loeffler M, Gottfried HW. Colour Doppler ultrasound in vesicovaginal fistulas. Ultrasound Med Biol. 2000;26(5):771-5.
205. Walker DK, Salibian RA, Salibian AD, Belen KM, Palmer SL. Overlooked diseases of the vagina: a directed anatomic-pathologic approachfor imaging assessment. Radiographics. 2011;31(6):1583-98.
206. Wechter ME, Wu JM, Marzano D, Haefner H. Management of Bartholin duct cysts and abscesses: a systematic review. Obstet Gynecol Surv. 2009;64(6):395-404.
207. Wheelock JB, Goplerud DR, Dunn LJ, Oates JF 3rd. Primary carcinoma of the Bartholin gland: a report of ten cases. Obstet Gynecol. 1984;63(6):820-4.
208. Willis RA. The borderland of embryology and pathology, 2. ed. Washington: Butterworth; 1962. p. 42.
209. Yu NC, Raman SS, Patel M, Barbaric Z. Fistulas of the genitourinary tract: a radiologic review. Radiographics. 2004;24(5):1331-52.
210. Yuce K, Zeyneloglu HB, Bükülmez O, Kisnisci HA. Outpatient management of Bartholin gland abscesses and cysts with silver nitrate. Aust N Z J ObstetGynaecol. 1994;34(1):93-6.

11

Trato urinário pediátrico

Silvia Maria Sucena da Rocha
Marcia Wang Matsuoka
Gisele Corrêa de Almeida
Marcelo Straus Takahashi
Carla Rachel Ono
Lisa Suzuki

Ultrassonografia

A ultrassonografia (USG) é o método de escolha para avaliação inicial dos rins e das vias urinárias em crianças, por tratar-se de modalidade multisseccional, com aquisição de imagens em tempo real, sem sedação e sem exposição à radiação ionizante. Por meio da USG, em um curto espaço de tempo, pode-se estudar a posição, a forma e as dimensões dos rins, avaliar o aspecto e a espessura do parênquima renal, o sistema coletor e a bexiga, além de auxiliar no planejamento de biópsia. O estudo com transdutores de alta frequência, possível em razão das pequenas proporções corporais na faixa pediátrica, aprimora o exame, fornecendo avaliação do parênquima renal com riqueza de detalhes.

Uma vez que muitas das anormalidades urogenitais, atualmente são diagnosticadas no período antenatal, os exames de imagem pós-natais têm seu foco voltado para a avaliação do crescimento, da função e das complicações renais.

Ecogenicidade

O parênquima renal normal é hipoecogênico em relação ao parênquima hepático e esplênico, exceto nos recém-nascidos, até aproximadamente 6 meses de idade, nos quais a cortical renal pode ser hiperecogênica, com pirâmides hipoecogênicas proeminentes e marcada diferenciação corticomedular (Figura 1). Essa disparidade é atribuída à variação no volume e distribuição glomerulares.

Doppler colorido renal

O estudo Doppler colorido realiza o mapeamento vascular renal e por meio da análise espectral obtém-se informações sobre o padrão do fluxo e quantifica-se a ve-

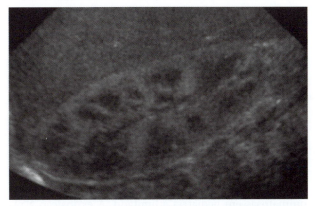

Figura 1 Ultrassonografia de rim de um lactente de 1 mês de vida. A cortical renal é mais hiperecogênica em relação ao fígado e as pirâmides são hipoecogênicas e proeminentes.

locidade, o tempo de aceleração, os índices de resistência e de aceleração do fluxo (arterial). O índice de resistência (IR) reflete as condições do leito vascular. Normalmente, os órgãos parenquimatosos apresentam IR intermediário (< 0,70) após 6 anos de idade e seu aumento costuma representar comprometimento do parênquima, em um ou mais compartimentos (intersticial, vascular ou celular), por condições como edema, vasculopatia e fibrose. Por sua vez, índices de resistência muito baixos devem alertar para a possibilidade de fístula arteriovenosa ou estenose da artéria renal.

Limitações da USG

Apesar de ser um método de imagem extremamente versátil e valioso na avaliação das doenças parenquimatosas renais, a USG, além de limitações técnicas, derivadas, em especial, do prejuízo à progressão do feixe sonoro produzido pelo meio gasoso, tem a limitação de não fornecer dados sobre a função renal.

O estudo Doppler também tem sua qualidade e acurácia limitadas, especialmente na população pediátrica, não só pela interposição gasosa, mas, especialmente, pelos artefatos de movimento, produzidos pela inquietação do paciente durante o exame e pela impossibilidade de parada da respiração, decorrente da incapacidade em colaborar dos pacientes de pouca idade ou de uma atitude deliberada de não colaboração, de alguns pacientes maiores. Em qualquer dessas circunstâncias, o exame torna-se penoso e a análise espectral do fluxo, muitas vezes, deficiente, uma vez que não se consegue obter uma sequência de ondas apropriada, suficiente para uma análise mais precisa.

Urografia excretora

A indicação da urografia excretora (UE) atualmente na prática clínica pediátrica está muito reduzida, limitada a casos específicos em que há necessidade de estudo mais detalhado da morfologia das vias urinárias, como avaliação da anatomia ureteral ou controles pós-operatórios em casos selecionados, e na indisponibilidade de ressonância magnética (RM) ou tomografia computadorizada (TC). Com a evolução e maior disponibilidade da RM, a tendência é a substituição da urografia excretora convencional pela uro-radiografia por RM (Uro-RM).

Tomografia computadorizada

O papel da TC na avaliação das nefropatias parenquimatosas em pediatria é limitado. A exposição à radiação ionizante, necessidade de anestesia em crianças pequenas e o uso de contraste iodado potencialmente nefrotóxico, fazem com que o método seja utilizado com cautela e parcimônia. Na prática pediátrica, a sua indicação está restrita a casos complicados ou nos quais a US não for suficiente para conclusão diagnóstica e a RM não estiver disponível. Em algumas circunstâncias, como em casos não elucidados de pielonefrite xantogranulomatosa, cálculos e componente gorduroso podem ser mais bem evidenciados pela TC, auxiliando no esclarecimento diagnóstico. A TC apresenta maior sensibilidade que a USG para o diagnóstico de pielonefrite, complicações infecciosas e do transplante renal (caracterização de hematomas, coleções e complicações vasculares, por meio da ângio-TC).

Ressonância magnética

A RM realizada em condições adequadas pode fornecer detalhes anatômicos e funcionais dos rins. A Uro-RM fornece dados morfológicos superiores à urografia excretora, detectando alterações de difícil caracterização por outros métodos, como inserção ureteral ectópica e estenose do segmento médio do ureter. A Uro-RM con-

vencional utiliza as imagens ponderadas em T2 para a visualização das vias excretoras, uma vez que, nessa sequência, as estruturas que contêm líquido apresentam hipersinal, mesmo sem a administração de gadolínio. Com a utilização do meio de contraste endovenoso (EV), podemos analisar a função renal por meio da concentração e eliminação pelo rim, sendo capaz de diferenciar as hidronefroses obstrutivas das não obstrutivas. A vantagem da obtenção de praticamente todos os dados necessários em um único exame, substituindo a urografia excretora e a cintilografia, pode eventualmente compensar a desvantagem do tempo longo da realização do exame, geralmente de cerca de 45 minutos, e a necessidade de sedação na grande maioria dos pacientes, sobretudo menores de 6 anos.

Outros protocolos de RM convencional, com sequências específicas e sem uso de contraste, vêm sendo utilizados para avaliação da anatomia vascular em crianças com indicação de transplante renal. Na maioria das crianças, contudo, a USG com Doppler é suficiente para a realização desse estudo, ficando a RM restrita aos casos mais complexos.

Avaliação da função renal

Medicina nuclear

Dos métodos de diagnóstico por imagem, aquele de escolha para avaliação da função renal é a cintilografia renal, método diagnóstico da medicina nuclear, que, por meio da administração EV de radiofármacos, permite a avaliação qualitativa e semiquantitativa das funções glomerular e tubular renais. É uma técnica pouco invasiva, que expõe o paciente a baixa dose de radiação e é praticamente isenta de complicações.

A cintilografia renal estática emprega o radiofármaco ^{99m}Tc-DMSA (ácido dimercaptosuccínico marcado com tecnécio-99m), substância que se concentra nos túbulos contornados proximais, por extração peritubular, com pouca eliminação urinária, permitindo avaliar o córtex renal funcionante, tornando-a a técnica de imagem mais sensível para avaliação do parênquima. Está indicada no diagnóstico de infecção urinária alta, tendo maior sensibilidade que a USG e a urografia excretora para pielonefrite aguda. Apesar de sensível, a cintilografia com ^{99m}Tc-DMSA é, no entanto, inespecífica e deve ser interpretada em conjunto com os achados da USG, visto que áreas de hipocaptação focais não podem ser diferenciadas de outras causas de substituição do parênquima, como: cisto, tumor, hematoma, infarto, cicatriz, hidronefrose, abscessos e duplicidade do sistema coletor. A cintilografia estática está também indicada: no acompanhamento de pacientes com episódios prévios de pielonefrite ou refluxo vesicoureteral, para detecção de lesões cicatriciais e de variações da função renal em exames seriados; e para identificação e avaliação morfológica e funcional dos rins na suspeita de malformações. É o exame cintilográfico de escolha para a avaliação da função renal relativa. Informações sobre o sistema coletor, ureteres ou bexiga não são obtidas por este exame.

A cintilografia renal dinâmica, com uso do radiofármaco ^{99m}Tc-DTPA (ácido dietilenotriaminopentacético marcado com tecnécio-99m) permite avaliar a função glomerular e a função excretora dos rins, uma vez que este radiofármaco é filtrado nos glomérulos e posteriormente excretado pela via urinária, espontânea e após uso de diurético. Está indicada no estudo da hidronefrose e da dilatação das vias excretoras, diferenciando causas obstrutivas de causas funcionais. Nos casos obstrutivos, há persistência do radiofármaco na pelve renal e não há declínio da curva de excreção após a administração de diurético EV (prova do *washout*). O retardo na excreção do radiofármaco, contudo, nem sempre indica obstrução. Entre as causas mais frequentes de resultado falso-positivo para obstrução estão a dilatação acentuada e com grande complacência das vias excretoras e o déficit importante da função renal, condições que retardam a resposta ao diurético.

A avaliação da função excretora fica limitada nos casos de insuficiência renal acentuada, uma vez que a concentração do radiofármaco é dependente do funcionamento do tecido renal.

Variações e anormalidades anatômicas congênitas

As anormalidades congênitas dos rins e do trato urinário são responsáveis por 15-20% de todos os distúrbios congênitos diagnosticados no pré-natal, tendo alto índice de diagnóstico na USG obstétrica do segundo trimestre.

Agenesia renal

O rim pode estar ausente por nunca ter se desenvolvido (agenesia) ou por regressão completa de um rim displásico (aplasia).

A agenesia renal bilateral é incompatível com a vida extrauterina, em razão da prolongada ausência de líquido amniótico, levando a hipoplasia pulmonar e resultando em grave insuficiência respiratória ao nascimento. Sua incidência é de 1:10.000 a 3:10.000 nascimentos vivos, e os meninos são mais acometidos quando comparados com as meninas.

A agenesia renal unilateral ocorre em cerca de 1:1.000 nascimentos vivos. Crianças com agenesia renal unilateral verdadeira não apresentam o ureter ipsilateral e o hemitrígono da bexiga urinária. Crianças com ausência de um rim, mas com desenvolvimento normal da bexiga e do ureter distal, provavelmente apresentam involução de um rim displásico multicístico.

A USG demonstra a ausência de um rim e a presença da glândula adrenal com configuração alongada ou elíptica, em vez de sua configuração triangular ou em Y habitual. Como a embriologia da adrenal é independente da do rim, a adrenal encontra-se na sua topografia usual mesmo quando o rim não alcança a sua fossa.

Ectopias e fusões renais

A ectopia renal e as anomalias de fusão são decorrente de falhas na migração embriológica normal.

Ectopia renal simples (anomalia de posição)

A ectopia renal é uma anomalia de posição, havendo falha na ascensão normal do rim para a sua fossa retroperitoneal (no nível da segunda vértebra lombar), ocorrendo em uma incidência de 1:800 a 1:1000. A ectopia renal simples se refere ao rim que permanece no lado correto, mas em posição anormal. O rim pélvico é a forma mais comum de ectopia simples, correspondendo a cerca de 60% dos casos. Em cerca de 10% das crianças, o rim pélvico pode também ser rim único. A ectopia renal bilateral já foi descrita, mas é uma ocorrência rara e ambos os rins podem estar fundidos em uma unidade.

O rim ectópico intratorácico é a forma menos comum de ectopia renal, correspondendo a menos de 5% dos casos. O rim intratorácico com o diafragma intacto é ainda mais raro, sendo a forma mais comum uma grande herniação em conjunto através do forame de Bochdalek. O rim intratorácico localiza-se no mediastino posterior, e na radiografia simples do tórax pode simular um tumor neurogênico, que usualmente se desenvolve nesta região.

Anomalias de rotação e de vascularização são esperadas nas ectopias renais. Na avaliação por USG, o sistema pielocalicial do rim pélvico pode ser predominantemente extrarrenal e a obstrução da junção ureteropiélica é comum por conta da orientação anormal do ureter em relação à pelve renal, dificultando uma boa drenagem.

USG, TC, RM e a cintilografia renal são comumente utilizadas tanto para localizar como para definir a morfologia do rim ectópico.

Rim em ferradura (anomalia de fusão)

O rim em ferradura é a anomalia de fusão mais comum, envolvendo a migração anormal de ambos os rins. A incidência de rim em ferradura, com base em dados de registros de defeitos congênitos, varia de 0,4 a 1,6 em 10.000 nascimentos vivos. Seu nome deriva da configuração em U produzida pela fusão dos polos inferiores, que corresponderá ao istmo. Dependendo do grau de fusão, o istmo pode ser composto de parênquima renal ou de banda fibrosa. A fusão ocorre antes da migração dos rins para a sua posição dorsolombar, geralmente entre a 5ª e a 9ª semana de gestação. Rins em ferradura com istmo fibroso são resultantes de fusões após a quinta semana de gestação, mas antes da migração. Se grandes porções do parênquima se fundem, a fusão perde a sua aparência em ferradura e adquire aspecto em bolo. A USG demonstra a porção superior de cada rim em uma localização paravertebral mais baixa. O istmo costuma se posicionar na linha média, mas pode ter uma localização lateral à linha média, sendo normalmente visualizado anteriormente à coluna vertebral, logo abaixo da origem da artéria mesentérica superior (Figura 2). O eixo longitudinal do rim em ferradura está alterado e pode se apresentar curvado. A má rotação com orientação anterior da pelve é comum, assim como a pelve extrarrenal. O suprimento vascular dos rins em ferradura é bem variável, podendo derivar da aorta abdominal, artérias ilíacas e artéria mesentérica inferior. Os rins em ferradura podem ser assintomáticos, entretanto apresentam significativa incidência de refluxo vesicoureteral, o que predispõe às infecções. Outras anormalidades urológicas relacionadas ao rim em ferradura incluem a obstrução de junção ureteropiélica, duplicação ureteral, ureter ectópico, ureterocele e ureter retrocaval.

Ectopia renal cruzada (anomalia de posição e fusão)

Ectopia renal cruzada corresponde a um rim que cruza a linha média, migrando para o lado contralateral, ambos os rins permanecendo de um só lado da coluna vertebral, na maioria das vezes sendo o rim esquerdo que se move da sua posição normal. O rim ectópico e o ureter cruzam a linha média, mas o ureter do rim ectópico mantém sua inserção normal na bexiga. Esta anomalia é observada em 1:7.500 crianças, sendo mais comum nos meninos do que nas meninas. Em aproximadamente 85% das ectopias renais cruzadas os rins estão fundidos e englobados por uma fáscia comum. A maioria das fusões estão orientadas no eixo vertical, mas o rim inferior, geralmente o que cruzou, pode estar em situação oblíqua ou horizontal em relação ao rim superior. Como esperado em qualquer tipo de ectopia, a vascularização arterial pode ser anômala e a pelve renal, especialmente do rim inferior, pode estar rodada.

A TC e a RM demonstram dois ureteres separados, cada um entrando normalmente no trígono vesical. A USG com Doppler colorido pode ser utilizada para demonstrar os jatos urinários na posição normal da junção ureterovesical.

Considerações gerais

A causa mais comum de ausência do rim na sua fossa habitual é a ectopia renal, seguida da agenesia renal unilateral, rim em ferradura e ectopia renal cruzada. Nos fetos e nos recém-nascidos em que existe a suspeita de agenesia unilateral, ectopia ou fusão renal, assim como de outras alterações renais unilaterais, como o rim multicístico displásico, deve-se atentar para a possibilidade de outras anormalidades, principalmente quando são observadas alterações como um reto proeminente, uma bolha gástrica pequena ou anormalidade de membros. A ecocardiografia também deve ser realizada, pois anormalidades cardíacas podem estar associadas a anormalidades genitourinárias e ambas podem estar associadas a outras anormalidades estruturais ou a síndromes de maior morbidade, como a de VACTERL (defeito vertebral, atresia anal, defeito cardíaco, fístula traqueoesofágica, anomalia renal e anomalia de membros) ou a CHARGE (coloboma, defeito cardíaco, atresia de coanas, restrição do crescimento e desenvolvimento, anomalia genital ou urinária e anomalia da orelha).

As anormalidades renais comumente se associam a anormalidades do sistema genital, nas meninas incluindo

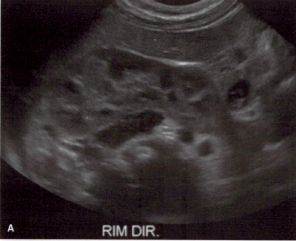
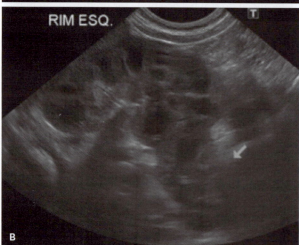

Figura 2 A, B: Rim em ferradura: os rins estão localizados nas lojas renais habituais, porém nota-se fusão dos polos inferiores através de um istmo parenquimatoso localizado anteriormente à aorta e à veia cava inferior.

sobretudo o útero unicorno, útero didelfo e a síndrome de Mayer-Rokitansky-Kuster-Hauser (alterações müllerianas) e nos meninos anormalidades ipsolaterais, como ausência da vesícula seminal, do epidídimo, do ducto deferente, ausência ou hipoplasia do testículo, cisto na vesícula seminal e displasia cística da rede testis.

As anormalidades renais unilaterais, sem evidência de outras anormalidades mais importantes, são na maioria das vezes assintomáticas, mas das alterações urológicas associadas com as agenesias unilaterais, ectopias ou fusões renais, o refluxo vesicoureteral (RVU) é a mais comum. Em uma série de 90 pacientes com ectopia, o RVU foi demonstrado em 20% das ectopias cruzadas, 30% das ectopias simples e em 70% das ectopias simples bilaterais. Nesta mesma série foram observadas outras alterações, como displasia renal contralateral (4 casos), estenose de junção ureteropiélica (1 caso), criptorquidismo (5 casos) e hipospádia (5 casos).

Hidronefrose é relatada em cerca de 85% dos rins em ferradura; pode ser causada pelo RVU ou por obstrução do sistema coletor, como estenose de junção ureteropiélica, cálculo ou compressão externa do ureter por vaso aberrante. A estase urinária resultante da obstrução e o maior risco para infecções parecem ser os principais fatores para a formação de cálculos.

A avaliação adicional das ectopias e fusões renais se baseia no resultado de três estudos:

- USG pós-natal.
- Uretrocistografia miccional.
- Creatinina sérica.
  - Se o paciente apresentar o rim contralateral com aspecto normal e sem hidronefrose no rim ectópico ou fundido, não é necessária avaliação adicional.
  - Se a creatinina sérica estiver elevada ou se o rim contralateral tiver aspecto anormal, deve-se realizar uma cintilografia renal estática com ^{99m}Tc--DMSA para avaliar a função tubular dos rins.
  - Se existir hidronefrose significativa e a uretrocistografia miccional não demonstrar refluxo, deve-se realizar cintilografia renal dinâmica com ^{99m}Tc-DTPA com prova do *washout* para avaliação de processo obstrutivo ou não como causa da hidronefrose.
  - Se a hidronefrose for pequena a moderada e a uretrocistografia for normal, deve-se acompanhar com USG em 3 e 6 meses. Se houver hidronefrose progressiva, deve-se realizar a cintilografia renal dinâmica com ^{99m}Tc-DTPA com prova do *washout* para avaliação de processo obstrutivo ou não como causa da hidronefrose.

Nos casos em que houver indicação cirúrgica, a angiotomografia ou a angioressonância são necessárias, a fim de definir a anatomia vascular.

Dilatação congênita de vias urinárias

As anomalias do trato urinário representam aproximadamente 23% de todas as anomalias diagnosticadas no período pré-natal. A dilatação do trato urinário ocorre em cerca de 1-5% das gestações e é um achado incidental na maioria dos casos, porém ocasionalmente pode ser a causa de oligodramínio em fetos pequenos para a idade gestacional, uma vez que os rins são os responsáveis pela produção de líquido amniótico após 14 semanas de vida. Pequena ectasia piélica é habitualmente observada no período pré-natal e deve ser considerada relevante se o diâmetro anteroposterior dela no plano transversal for maior que 4 mm em fetos de até 32 semanas e maior que 7 mm após esta idade gestacional. Há ainda controvérsias e dilemas em relação à conduta clínica e à investigação diagnóstica pós-natal destas crianças.

A USG convencional pode sugerir o provável local da obstrução baseada nos segmentos dilatados e no aspecto vesical (Quadro 1) e outros autores, como Garcia-Pena et al., vão além, sugerindo parâmetros para hidronefrose obstrutiva. Já em casos de RVU, a sua sensibilidade e a especificidade são menores, necessitando de outros estudos para o seu diagnóstico definitivo. A USG pós-natal deve ser realizada entre o sexto e o sétimo dias de vida, exceto em casos de hidronefrose acentuada, que necessitam de diagnóstico e tratamento precoces. Este intervalo é necessário para evitar resultados falso-negativos por conta da desidratação fisiológica e imaturidade renal do recém-nascido.

Alguns autores preconizam a utilização de USG com Doppler na diferenciação entre hidronefrose obstrutiva e não obstrutiva, porém outros demonstram que a USG com Doppler é útil somente em casos de obstrução aguda, não apresentando diferença significativa nos casos de hidronefrose obstrutiva crônica com perda da função renal, das demais hidronefroses.

Principais causas de dilatação do trato urinário neonatal

- Estenose da junção ureteropiélica.
- Estenose da junção ureterovesical.
- Refluxo vesicoureteral.
- Duplicidade pielocalicinal com dilatação da unidade superior.
- Válvula de uretra posterior.
- Síndrome de Prune-Belly.

Estenose da junção ureteropiélica (estenose de JUP)

É a causa mais comum de hidronefrose obstrutiva em neonatos (cerca de 48% das hidronefroses nesta faixa etária), sendo mais comum em meninos e à esquerda. Pode

Quadro 1	Principais causas de dilatação do trato urinário perinatal e seus principais achados de imagem				
	Dilatação pielocalicinal	Dilatação ureteral	Espessamento da parede vesical	UCM (pode ter associação com refluxo)
Estenose de JUP	Difusa ou predomínio piélico	Geralmente ausente	Geralmente ausente	Sim
Estenose de JUV	Difusa	Geralmente presente	Geralmente ausente	Sim
Duplicidade com hidronefrose de umas das unidades			Geralmente ausente	Sim
Válvula de uretra posterior	Acentuada, difusa ou ausente (obstrução crônica, com nefropatia)	Geralmente presente	Presente	Sim
Refluxo vesicoureteral	Pode ser intermitente, discreta, sem predominância	Pode estar presente, transitória	Presente (se associada à bexiga neurogênica)	Sim
Síndrome de Prune-Belly	Graus variáveis, sem predominância	Geralmente presente	Ausente, bexiga aumentada	Sim

JUP: junção ureteropélvica; JUV: junção uterovesical; UCM: uretrocistografia miccional.

ser bilateral em 10-20% dos casos e pode estar associada a outras anomalias: RVU, estenose da junção ureterovesical (JUV), duplicidade pielocalicinal e rim multicístico diplásico. A etiologia mais aceita é de uma estenose intrínseca e mesmo nos casos em que há cruzamento de vasos, este frequentemente representa um achado adicional a uma estenose intrínseca preexistente.

À USG, observa-se dilatação pielocalicinal, por vezes predominante da região piélica (Figura 3), podendo ser confundida com cisto, sobretudo se estiver associada a duplicidade pielocalicinal. Os demais segmentos do sistema coletor e a bexiga encontra-se normais.

Atualmente, em razão do diagnóstico precoce pelo rastreamento pré-natal, a maioria das crianças é assintomática, sendo o maior desafio diferenciar entre uma ectasia piélica não obstrutiva de uma obstrutiva, o que poderá ser feito com base nos dados clínicos e cintilografia renal dinâmica com ^{99m}Tc-DTPA com utilização de diurético (prova do *washout*) (Figuras 4 e 5).

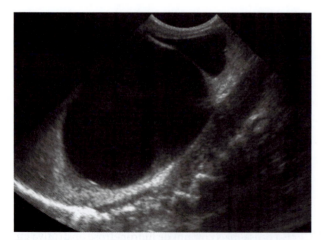

Figura 3 Estenose de junção ureteropiélica: ultrassonografia evidenciando acentuada hidronefrose no rim direito, com predomínio piélico em um lactente 1 mês de vida.

Refluxo vesicoureteral

O refluxo vesicoureteral representa cerca de 6-11% das hidronefroses antenatais; se consideradas apenas as ectasias pielocalicianais discretas, a incidência pode aumentar para 50%, sendo uma das causas mais comuns de hidronefrose pré-natal. Após a confirmação da hidronefrose na USG pós-natal ou na ocorrência de infecção do trato urinário, a uretrocistografia miccional (UCM) deve ser realizada para pesquisa de RVU. O grau de dilatação detectada à USG geralmente não apresenta correspondência com o grau de RVU (Figura 6).

Estenose de junção ureterovesical (estenose de JUV, megaureter)

Também conhecida como megaureter, pode ser primária ou secundária a diversas causas, como bexiga neurogênica, ureterocele tópica ou ectópica ou ureter ectópico (Figura 7). Apresenta uma incidência de aproximadamente 24% e pode estar associada a refluxo vesicoureteral. É mais comum à esquerda e é bilateral em 25% dos casos.

Outras causas congênitas de obstrução ureteral incluem estenose por válvulas ou dobras (geralmente no terço médio) e ureter retrocaval.

Duplicidade do sistema coletor com dilatação de uma ou ambas as unidades

A duplicidade do sistema coletor é uma das anomalias mais comuns do trato urinário e pode ser completa ou parcial, bilateral ou unilateral (seis vezes mais comum). A duplicidade incompleta pode variar de uma pelve bífida até presença de dois ureteres, que se juntam em qualquer nível do trajeto ureteral antes da inserção na bexiga. Quando a duplicidade é completa, o ureter que drena

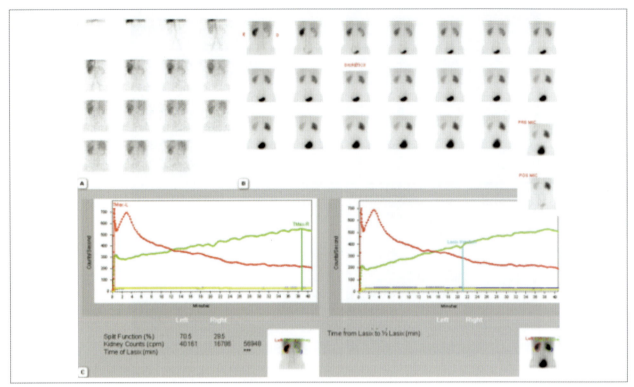

Figura 4 Estenose de junção ureteropiélica: cintilografia renal dinâmica com ^{99m}Tc-DTPA. A: Fase angiográfica. B: Fase de acúmulo, eliminação e excreção demonstrando retenção do radiofármaco no sistema pielocalicinal dilatado à direita, sem resposta após a injeção de furosemida. C: Representação gráfica das imagens dinâmicas ilustradas em A e B. O padrão cintilográfico sugere hidronefrose obstrutiva.

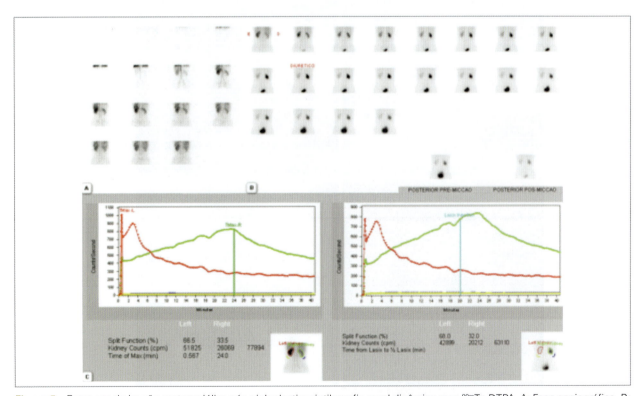

Figura 5 Estenose de junção ureteropiélica pós-pieloplastia: cintilografia renal dinâmica com ^{99m}Tc-DTPA. A: Fase angiográfica. B: Fase de acúmulo, eliminação e excreção demonstrando retenção do radiofármaco no sistema pielocalicinal dilatado à direita, com resposta parcial após a injeção de furosemida e principalmente após a imagem pós-miccional, sugerindo hidronefrose não obstrutiva (exame do mesmo paciente da imagem anterior após pieloplastia).

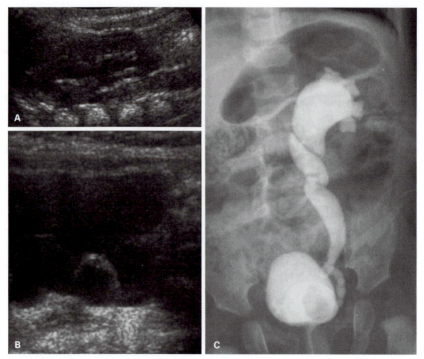

Figura 6 Ultrassonografia evidenciando discreta dilatação piélica (A) e ureterocele (B) na bexiga à esquerda. A uretrocistografia miccional evidencia refluxo vesicoureteral grau IV (retorno do meio de contraste até o rim, com dilatação pielocalicinal e ureteral, este último tortuoso).

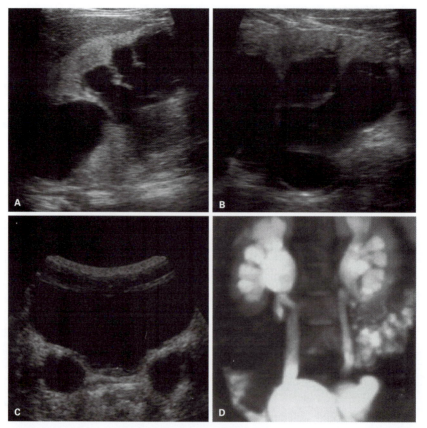

Figura 7 Megaureter bilateral. A e B: ultrassonografia evidenciando rins com dimensões aumentadas em razão da acentuada dilatação pielocalicinal. O parênquima renal apresenta-se difusamente hiperecogênico, com perda da relação corticomedular e espessura reduzida. C: Acentuada dilatação ureteral e espessura da parede vesical normal. D: urografia por ressonância magnética evidenciando dilatação bilateral das vias urinárias e a bexiga.

o polo superior insere inferiormente e medialmente ao ureter que drena o polo inferior, com um trajeto submucoso mais longo (regra de Weigert-Meyer) (Figura 8) e frequentemente está associado à obstrução (15%). O ureter do polo inferior insere superiormente e lateralmente, com menor trajeto submucoso e um ângulo mais verticalizado, e muitas vezes está associado a RVU (Figura 9). O RVU pode estar presente nos dois ureteres, porém

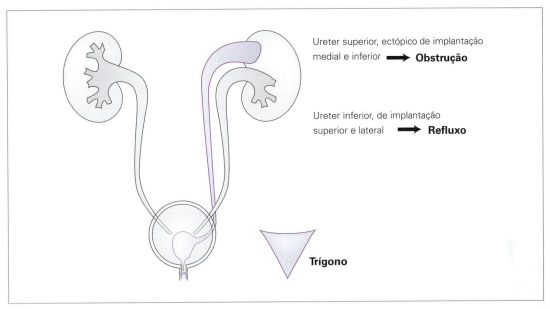

Figura 8   Lei de Weigert-Meyer em duplicidade completa.

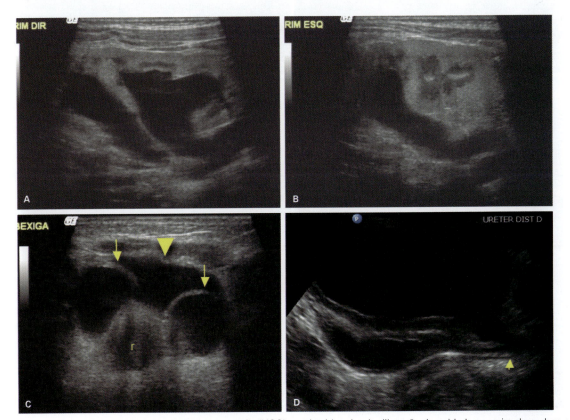

Figura 9   A, B: Duplicidade renal bilateral. Ultrassonografia (USG) renal evidenciando dilatação da unidade superior de ambos os rins (obstrução) e dilatação da unidade inferior à direita (refluxo). C: USG da região pélvica revelando ureterocele à direita e à esquerda (setas) onde se inserem os ureteres das unidades superiores que se projetam na bexiga (ponta de seta). D: Em outro paciente, inserção ectópica do ureter; ureter distal dilatado, com urotélio espessado. r: reto.

somente para a unidade superior é raro. A duplicidade geralmente não tem significado clínico a não ser que esteja associada a RVU e outras anomalias congênitas, como inserção ectópica do ureter, ureterocele e estenose de JUP (geralmente da unidade inferior).

O diagnóstico da duplicidade somente pela USG pode ser difícil ou mesmo impossível nesta faixa etária, a não ser que haja um segmento espesso de parênquima renal entre os dois sistemas (coluna de Bertin). A TC com uso do meio e contraste EV ou a RM poderá estabelecer o diagnóstico definitivo da duplicidade ureteral completa.

Válvula de uretra posterior

Apesar de não ser uma causa frequente de hidronefrose antenatal (cerca de 5%), é a causa mais comum de obstrução uretral nesta faixa etária e a causa mais grave de hidronefrose em meninos. A válvula representa uma fusão das dobras da mucosa na base do veromontano, normalmente presentes na uretra masculina, resultando em estenose do canal uretral e dilatação a montante da uretra posterior.

A USG pós-natal geralmente evidencia uretero-hidronefrose bilateral e espessamento difuso da parede vesical (Figura 10A-C). A dilatação da uretra posterior também pode ser observada, sobretudo por via transperineal. A associação com RVU é frequente (cerca de 50% dos casos, sendo bilateral em 15%). Em pacientes maiores ou em casos de obstrução de longa data, muitas vezes é observada uma nefropatia crônica, que pode ser secundária à obstrução ou ao RVU. Nesses casos, a hidronefrose nem sempre é observada, podendo causar certa dificuldade no diagnóstico e o aumento da ecogenicidade do parênqui-

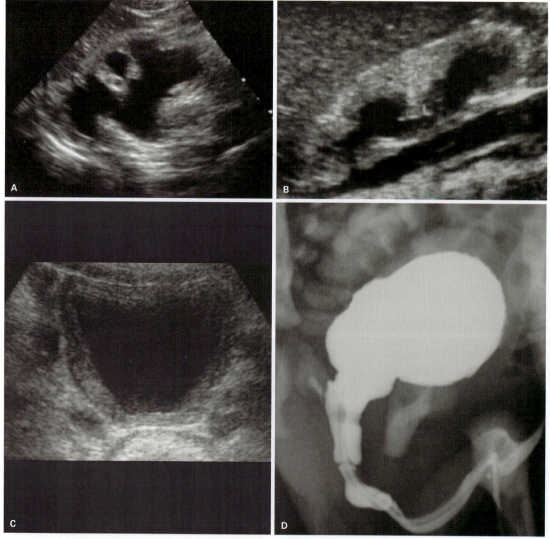

Figura 10 Válvula de uretra posterior. Ultrassonografia (USG) pós-natal evidenciando hidronefrose bilateral (A e B) e espessamento difuso da parede vesical (C). Nota-se parênquima renal difusamente reduzido e hiperecogênico por conta da obstrução crônica. A uretrocistografia miccional (UCM) evidencia presença de membrana na uretra posterior, com dilatação à montante (D) da uretra e bexiga de contornos irregulares.

ma renal e a perda da diferenciação corticomedular são sinais indicativos de mau prognóstico. Outros achados associados incluem coleções perirrenais e ascites.

A USG pode sugerir fortemente a presença de válvula uretral como a causa da obstrução de vias urinárias, porém o exame de escolha para o diagnóstico definitivo da válvula de uretra posterior é a UCM (Figura 10D), que além de caracterizar a válvula e a sua localização, pode demonstrar alterações secundárias, como trabeculações e divertículos na parede vesical e RVU.

Síndrome de Prune-Belly (síndrome de Eagle-Barret)

É uma síndrome caracterizada por ausência congênita da musculatura abdominal, deficiência da musculatura do sistema coletor e criptorquidia. A deficiência da musculatura do sistema coletor geralmente resulta em hidronefrose e distensão vesical, com múltiplos divertículos. Podem estar associados a anomalias da uretra, como dilatação (megauretra com hipoplasia prostática) ou atresia uretral, dilatação ou atresia do utrículo. Os rins geralmente são displásicos, muitas vezes associados à insuficiência renal. Há associação com anomalias cardiovasculares, gastrointestinais (em 30%, geralmente má--rotação intestinal) e musculoesqueléticas.

A dilatação do sistema coletor geralmente não é obstrutiva e resulta da anomalia do peristaltismo ureteral e retardo na drenagem vesical. A USG poderá avaliar o sistema coletor e a dilatação do utrículo (via transperineal), porém a UCM deverá ser realizada para avaliação da uretra e pesquisa de RVU.

Doenças císticas renais

As doenças císticas renais constituem alterações do desenvolvimento do parênquima renal denominadas, genericamente, disgenesias, que podem ou não ser transmitidas aos descendentes, razão pela qual são classificadas como transmissíveis – dominantes ou recessivas – e não transmissíveis.

Atualmente, as doenças císticas renais são consideradas parte do espectro das doenças fibrocísticas hepatorrenais, caracterizadas por anormalidades do desenvolvimento do sistema portociliar, em associação com degeneração fibrocística dos rins. São designadas ciliopatias e resultam de defeito na estrutura ou no funcionamento dos cílios primários, organelas celulares que regulam a proliferação e diferenciação celulares no rim em desenvolvimento e no rim maduro. As ciliopatias abrangem vários distúrbios potencialmente letais, das quais as doenças policísticas renais representam o maior subgrupo. O envolvimento hepático inclui a fibrose hepática congênita, a síndrome de Caroli, a doença de Caroli, a doença hepática policística e eventualmente atresia de vias biliares. Os rins são os órgãos mais comumente afetados e seu comprometimento pode variar da concentração urinária deficiente até a doença renal terminal.

Os estudos de imagem, em especial a USG, têm papel importante na detecção e caracterização de muitas das doenças císticas. As alterações podem ser identificadas nos períodos pré ou pós-natal. Algumas doenças císticas renais apresentam padrões de imagem bastante típicos que, associados às manifestações clínicas, praticamente definem o diagnóstico. Já outras doenças apresentam padrões inespecíficos e, nessas circunstâncias, podem ser necessários os estudos genético e histopatológico para o estabelecimento do diagnóstico.

A seguir, são apresentadas as doenças císticas renais mais frequentes na população pediátrica e seus padrões ultrassonográficos, uma vez que esse é o método de escolha para a identificação e acompanhamento das doenças císticas. Alguns sinais típicos, observados em outros métodos de imagem, são ressaltados e ilustrados nas figuras subsequentes.

Doenças císticas renais bilaterais

Doença renal policística autossômica recessiva (DRPAR)

Esta anormalidade congênita, com transmissão autossômica recessiva, é a ciliopatia mais comum da infância, ocorrendo em uma frequência de 1:20.000 nascidos vivos. Estudos histológicos demonstram dilatação fusiforme dos ductos coletores renais e malformação da placa ductal no fígado, resultando em fibrose e dilatações císticas, em graus variados, que determinam a expressão de diferentes formas da doença (fibrose hepática, síndrome de Caroli, entre outras). Na DRPAR, o comprometimento renal e hepático varia inversamente: quando o comprometimento renal se manifesta ao nascimento (rins aumentados e disfunção renal), a disfunção hepática é mínima. Ao contrário, quando o comprometimento hepático tem manifestação precoce, o comprometimento renal se revelará mais tardiamente, sendo esta forma denominada por alguns autores de doença policística juvenil.

À USG, o padrão característico da DRPAR em neonatos é o de rins acentuadamente aumentados, difusamente hiperecogênicos – em razão das múltiplas interfaces de incontáveis diminutos cistos – e sem distinção cortical, medular ou sinusal. Alguns macrocistos podem ser visualizados (Figura 11).

Doença renal policística autossômica dominante (DRPAD)

Doença cística renal de caráter familiar, com transmissão autossômica dominante. Os cistos acometem não só os rins e o fígado, mas também o pâncreas e, menos frequentemente, os pulmões, o baço, os ovários, os testí-

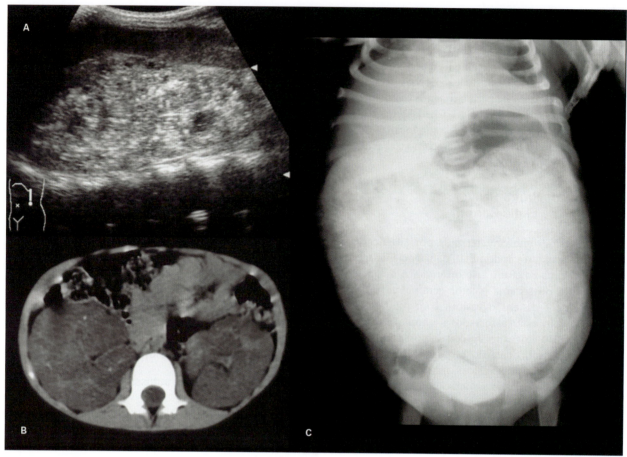

Figura 11 Aspectos de imagem da doença renal policística autossômica recessiva. A: Ultrassonografia; rim de grandes dimensões, hiperecogênico, com múltiplos diminutos cistos e alguns cistos maiores. Ausência de diferenciação corticomedular ou parenquimossinusal. B: Tomografia computadorizada sem contraste; rins de dimensões acentuadamente aumentadas, com perda do padrão arquitetural habitual. C: Urografia excretora evidenciando típico nefrograma estriado.

culos e as vesículas seminais. A USG é o melhor método para identificar o envolvimento renal e hepático, embora um exame normal não exclua DRPAD até o paciente atingir os 30-40 anos de idade, uma vez que os cistos têm desenvolvimento progressivo. Contudo, os cistos podem estar presentes em crianças, inclusive em neonatos.

Dois padrões de imagem distintos podem ser evidenciados à USG:

- Em neonatos: rins aumentados e difusamente ecogênicos, por conta das múltiplas interfaces dos pequenos cistos no parênquima. O aspecto ecográfico pode simular aquele da forma autossômica recessiva.
- Em crianças maiores e adolescentes: cistos corticais e medulares em número e de tamanho variados, com aumento progressivo do número ao longo dos anos. Os cistos em geral apresentam paredes finas e conteúdo anecogênico (sem ecos e, portanto, expresso em preto à USG) (Figura 12). Cistos complicados por hemorragia ou infecção mostram paredes espessadas e ecos internos, septações ou nível líquido/restos celulares.

Doença glomerulocística

Rara doença renal, que pode ocorrer em associação com a síndrome de Zellweger, a síndrome orofacial-digital e a displasia renal-retiniana. Caracteriza-se pela dilatação cística do espaço de Bowman, com grau variado de dilatação dos ductos coletores proximais. Pode-se identificar fibrose hepática, cistos hepáticos e dilatação dos ductos biliares. Os achados ecográficos assemelham-se àqueles da DRPAR em neonatos, com cistos periféricos de até 1 cm.

Doença cística da medula renal

As doenças císticas medulares incluem o rim em esponja medular, a nefronoftise juvenil e a doença cística medular urêmica.

O rim em esponja medular é acometido por dilatação cística dos túbulos coletores na área das pirâmides renais. É uma condição assintomática, exceto quando ocorrem complicações, como infecções ou urolitíase. Quando ocorre a nefrocalcinose, as pirâmides renais apresentam-se hiperecogênicas à USG, inicialmente na periferia,

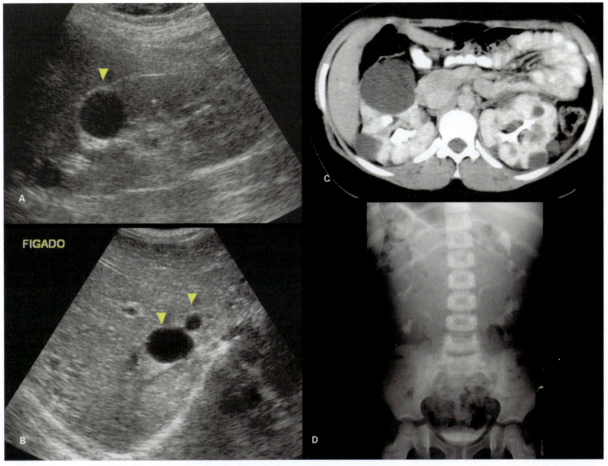

Figura 12 Aspectos de imagem da doença renal policística autossômica dominante. A: Ultrassonografia (USG) renal evidenciando cisto simples em projeção do parênquima renal (ponta de seta). B: USG hepática do mesmo paciente identificando dois cistos hepáticos simples (pontas de seta). C: Tomografia computadorizada contrastada de outro paciente: múltiplas imagens hipoatenuantes, sem realce pelo meio de contraste, de tamanhos variados (cistos), distorcem o sistema coletor renal; D) Urografia excretora evidencia grande aumento dos rins e sistema coletor distorcido, com impressões de cistos.

progredindo para a hiperecogenicidade medular difusa. O diagnóstico mais preciso por imagem é por meio da urotomografia, com a evidência de presença de ectasias pré-caliciais bilaterais na fase excretora.

A nefronoftise e a doença cística medular urêmica são doenças hereditárias raras, que se manifestam com poliúria, polidipsia, perda de sal, anemia grave e, por fim, falência renal. Os rins são pequenos ou de tamanho normal e apresentam cistos medulares e na junção corticomedular.

Outras doenças podem estar associadas a cistos renais, como a esclerose tuberosa, a doença de Von Hippel-Lindau, as síndromes de Turner e de Meckel, a distrofia torácica asfixiante de Jeune, entre outras.

Doença cística adquirida

A doença cística renal ocorre em uma grande porcentagem de pacientes em hemodiálise. A incidência aumenta com os anos em diálise e avalia-se que o aparecimento de cistos pode ser secundário a isquemia ou fibrose. A USG mostra rins pequenos e ecogênicos, com múltiplos cistos.

Doença cística renal unilateral

Rim displásico multicístico (RDM)

O rim displásico multicístico é uma anomalia do desenvolvimento renal frequente e não hereditária. É uma forma grave de displasia renal, considerada decorrente de obstrução precoce do trato urinário intraútero, determinando atresia piélica e do ureter proximal. Quando bilateral, é incompatível com a vida, que é a forma mais comum de displasia unilateral e apresenta padrão característico, com múltiplas formações císticas, não comunicantes, de tamanhos variados, sem parênquima renal normal identificável (Figura 13). Esta forma pode ser confundida com hidronefrose grave, porém, geralmente é possível fazer a distinção entre as duas entidades à USG. A maior parte dos RDM involuem e, aos 6 anos de idade, cerca de 60% dos casos não mais são identificáveis e, embora anteriormente se acreditasse haver associação com maior risco de malignidade, verifica-se hoje que o RDM não apresenta risco de malignidade maior que o dos rins normais.

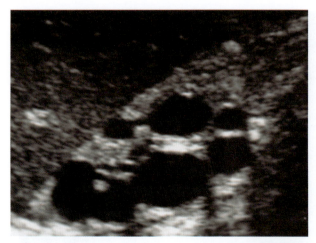

Figura 13 Rim displásico multicístico: na loja renal direita não se identifica a imagem típica do rim. Em seu lugar observam-se múltiplas imagens císticas, não comunicantes, anecogênicas e de tamanhos variados.

Cisto cortical simples

Frequente em adultos, o cisto cortical simples é raro em crianças. Os cistos originam-se do córtex renal e são mais comumente solitários que múltiplos. São uniloculados, revestidos por uma camada única de epitélio achatado, contêm líquido seroso claro, não apresentam comunicação com o sistema coletor e, geralmente, são assintomáticos. Cistos corticais simples foram relatados como manifestação da síndrome de imunodeficiência adquirida em crianças. À USG apresentam-se como formações arredondadas ou ovais, com paredes finas, margens regulares, conteúdo anecoico e reforço acústico posterior.

Doenças parenquimatosas renais

No contexto das doenças parenquimatosas renais, os exames de imagem mostram-se essenciais em todos os estágios, do período prénatal ao transplante, auxiliando no diagnóstico e na avaliação da função renal, de efeitos metabólicos, de tratamentos e no acompanhamento pós-transplante renal. Na insuficiência renal crônica, o principal objetivo é excluir doença cística ou obstrutiva, uma vez que a presença dessas condições pode alterar o manejo.

O aumento da ecogenicidade do parênquima renal é um sinal importante de nefropatia parenquimatosa, apesar de inespecífico e sem correlação com a condição patológica ou com a gravidade da doença. IR intrarrenal > 0,70 é considerado um forte preditor de mau prognóstico (evolução para insuficiência renal) no acompanhamento das nefropatias crônicas, tão bom ou melhor, que o ritmo de filtração glomerular em adultos. Com a progressão da insuficiência renal crônica há, geralmente, a perda gradual da relação corticomedular. Na doença glomerular com síndrome nefrótica, os rins em geral apresentam dimensões e ecogenicidade aumentadas (Figura 14). No Quadro 2 são apresentadas as causas mais comuns de aumento da ecogenicidade do parênquima renal em associação com alteração do tamanho dos rins, segundo nossa experiência e dados da literatura.

Tamanho renal

A mensuração do tamanho renal é fundamental no acompanhamento de longo prazo das nefropatias. Uma redução gradual das dimensões renais é esperada na evolução para a insuficiência renal crônica. Rins hipoplásicos ou com escaras cicatriciais também tendem a apresentar dimensões reduzidas. Rins de tamanho aumentado são encontrados nas obstruções, nas doenças císticas e nas glomerulonefrites (Figura 15).

O tecido renal displásico é sempre ecogênico, com perda ou ausência da diferenciação corticomedular.

O termo displasia possibilita múltiplas interpretações. Em sentido amplo designa um rim com desenvolvimento anormal e com parênquima desorganizado. Cistos frequentemente estão presentes no parênquima displásico e,

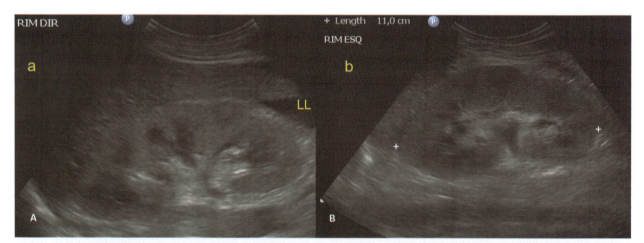

Figura 14 Ultrassonografia renal de paciente, com 6 anos de idade, com síndrome nefrótica, apresentando aumento do tamanho de ambos os rins (entre calipers: diâmetro bipolar do rim esquerdo medindo 11 cm) e aumento da ecogenicidade do parênquima. LL: líquido livre intra-abdominal.

Quadro 2	Causas mais comuns de aumento da ecogenicidade do parênquima renal em associação com alteração do tamanho dos rins		
Diagnóstico	Tamanho dos rins		
	Reduzido	Normal	Aumentado
Síndrome nefrótica		X	X
Glomerulonefrite (aguda)		X	X
Doença de depósito de glicogênio			X
Síndrome hemolítico-urêmica		X	X
Doença renal policística (autossômica recessiva)			X
Nefrite lúpica		X	X
Pielonefrite aguda		X	X
Linfoma		X	X
Anemia falciforme		X	X
Displasia renal	X		
Insuficiência renal crônica	X		
Síndrome de imunodeficiência adquirida		X	
Modificada de Kraus RA et al., 1990.			

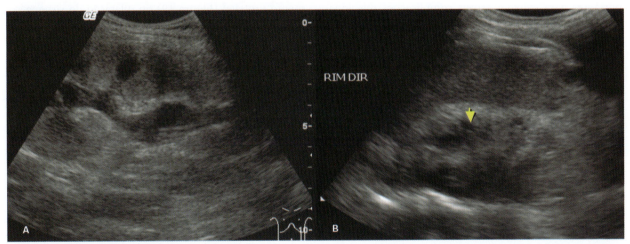

Figura 15   Doença parenquimatosa. Ultrassonografia renal evidenciando aumento da ecogenicidade do parênquima. A: Síndrome hemolítico-urêmica. B: nefropatia parenquimtosa crônica (rim de dimensões reduzidas, hiperecogênico, com perda da diferenciação corticomedular e alguns diminutos cistos de permeio (seta).

nesse caso, aplica-se o termo displasia cística. A extensão do comprometimento displásico é variável, podendo ser focal ou difusa, uni ou bilateral (Figura 16). Na extremidade do espectro da displasia (cística) renal encontra-se uma entidade distinta, RDM.

Escaras cicatriciais

O contorno renal deve ser atentamente estudado, sendo importante a identificação de irregularidades associadas a retração do parênquima e a dilatações caliciais focais, que caracterizam as cicatrizes de natureza sequelar, frequentemente presentes no curso de infecções e doença de refluxo. As escaras devem ser distinguidas de possíveis variações normais, como lobulações fetais e defeitos de fusão (Figura 17).

Infecção do trato urinário

A infecção do trato urinário (ITU) é uma das infecções bacterianas mais comuns em crianças. Sua incidência varia de acordo com o sexo e idade dos pacientes, com uma prevalência estimada entre 4,5-7,8% das crianças febris.

A apresentação clínica varia tanto conforme a idade do paciente quanto conforme a localização anatômica. Infecções baixas, restritas à bexiga (cistite), costumam cursar com disúria, polaciúria, sensação de esvaziamento vesical incompleto, hematúria, prostração e inapetência.

Infecções altas, que acometem a pelve e parênquima renal (pielonefrite), costumam cursar com sintomas parecidos com os das infecções baixas, associadas a febre e dor lombar. O diagnóstico de ITU bacteriana é confirmado pela urocultura positiva.

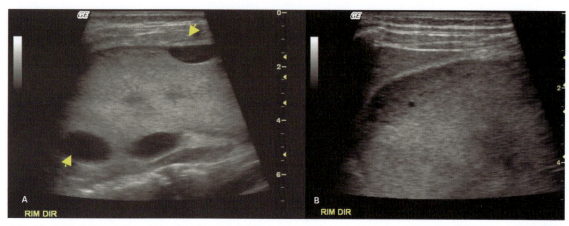

Figura 16 Displasia cística pós-trombose de veia renal. A: Ultrassonografia do rim direito com transdutor de alta resolução evidenciando parênquima renal hiperecogênico, com perda da diferenciação corticomedular e cistos subcapsulares (setas). B: Imagem ampliada do rim direito, evidenciando microcistos subcapsulares.

O diagnóstico precoce e tratamento adequado são importantes para evitar possíveis complicações relacionadas, como sepse, formação de abcessos, cicatrizes renais, insuficiência renal ou hipertensão.

Avaliação radiológica

A avaliação radiológica na ITU em crianças tem como principais objetivos nesses pacientes:

- Diagnóstico de anomalias congênitas que predispõem as ITU.
- Documentação das dimensões renais e possíveis alterações sequelares para comparações futuras.
- Diagnóstico de RVU.
- Diagnóstico de pielonefrite e complicações associadas.

Ultrassonografia

Exame inicial de escolha, pois permite excelente avaliação tanto dos rins quanto das via urinárias e é útil tanto na avaliação da extensão da infecção quanto na avaliação de outras alterações estruturais predisponentes. Vale, no entanto, ressaltar que menos de 15% dos exames vão demonstrar alguma alteração. O exame deve ser realizado preferencialmente com a bexiga distendida, para permitir uma boa avaliação das paredes vesicais, dos meatos ureterais e ureteres. Os volumes da bexiga pré-miccional e pós-miccional devem ser relatados sempre que possível, visto que a disfunção de esvaziamento vesical está muitas vezes relacionada à recorrência das ITU. Especial atenção deve ser dada ao sistema coletor, tendo em vista que muitas patologias que cursam com dilatação do sistema coletor estão diretamente associadas à infecção renal e a alterações sequelares, incluindo estenoses de junção ureterovesical (JUV), estenoses de junção ureteropélvica (JUP), válvula de uretra posterior (VUP) e duplicidade do sistema coletor (Figura 18). A presença de espessamento urotelial (Figura 19) ou dilatação do sistema coletor também pode estar relacionada ao RVU, patologia que será discutida pouco mais adiante.

A avaliação dos rins nesses casos deve ser minuciosa, envolvendo alguns pontos-chave:

- Mensuração de suas dimensões, importante não só para avaliação de nefropatia já instalada, mas também como parâmetro de comparação para exames futuros.
- Avaliação do parênquima renal, sempre que possível com transdutores lineares e estudo com Doppler colorido, para avaliação de áreas e cicatrizes (retrações corticais) ou sinais sugestivos de pielonefrite e abscessos (regiões focais hipoecogênicas ou hipovascularizadas). Nas pielonefrites agudas, a USG em muitos casos é normal. Quando alterada, pode-se verificar aumento global ou focal do rim, com áreas de ecogenicidade aumentada ou diminuída (Figura 20), perda da diferenciação corticomedular e espessamento das paredes da pelve renal e do ureter.

Alterações ultrassonográficas relacionadas a ITU:

- Espessamento parietal vesical: pode estar relacionado tantoà cistite como à bexiga neurogênica ou VUP. No primeiro caso se resolve junto à infecção e no segundo e terceiro persiste se não tratado, podendo progredir com o passar do tempo e assumindo um aspecto grosseiro e trabeculado (Figura 10D), com formação de divertículos.
- Resíduo pós-miccional: pode estar relacionado à disfunção vesical, bexiga.
- Espessamento urotelial: pode estar relacionado tanto ao RVU quanto à ITU (Figura 19).
- Dilatação do sistema coletor: pode estar relacionado tanto a malformações renais obstrutivas – como JUV,

JUP, VUP, duplicidade pielocalicinal com dilatação de uma das unidades (Figuras 9 e 18) – como também ao RVU.
- Alterações sequelares como retrações corticais, redução das dimensões renais ou aumento da ecogenicidade do parênquima: podem estar relacionadas ao RVU, a cicatrizes renais pós-infecciosas ou a anomalias do desenvolvimento fetal (Figura 17 A).

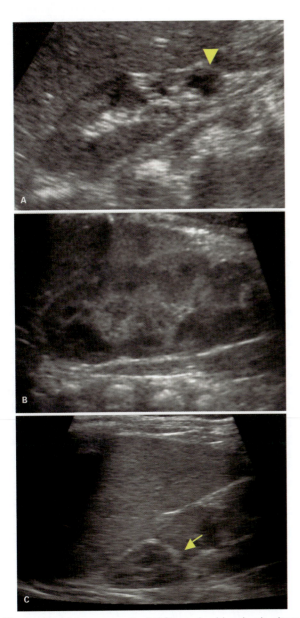

Figura 17 Ultrassonografia (USG) renal evidenciando alterações do contorno renal. A: Escara cicatricial – sequela de refluxo vesicoureteral. USG do rim direito evidencia irregularidade do contorno renal, no polo inferior, associada a área de retração do parênquima e ectasia calicinal focal (seta). B: Lobulações fetais típicas dos rins de recém-nascidos normais, que podem, em alguns casos, persistir até a vida adulta. C: Defeito de fusão (variação anatômica); imagem linear hiperecogênica (seta), que intercepta completamente o parênquima renal.

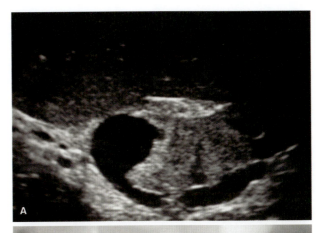

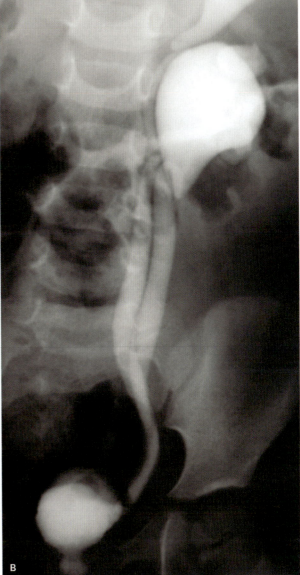

Figura 18 Ultrassonografia do rim esquerdo evidenciando morfologia compatível com duplicidade pielocalicinal, com dilatação da unidade superior e discreta dilatação da unidade inferior (A). A uretrocistografia miccional (UCM) evidencia refluxo vesicoureteral para as duas unidades, com moderada dilatação da unidade inferior (grau IV).

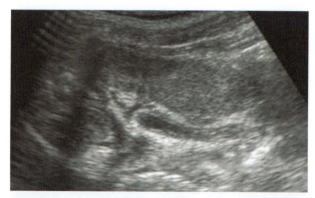

Figura 19   Espessamento do urotélio caracterizado na pelve renal em uma criança com infeção do trato urinário agudo.

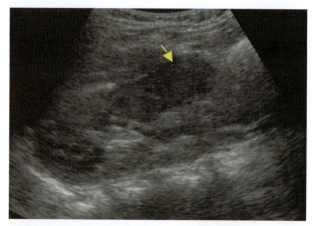

Figura 20   Pielonefrite aguda; comprometimento focal. Área hipoecogênica no parênquima renal, abaulando o contorno do órgão (seta). Anteriormente esse tipo de alteração era denominada nefronia lobar aguda. A lesão focal pode, por vezes, simular massa tumoral.

Quadro 3	Achados frequentemente relacionados à ITU
Exame normal	
Área focal geralmente nodular no parênquima renal, hipoecogênica ou heterogênea, avascular ao Doppler colorido (pielonefrite focal)	
Morfologia: duplicidade pielocalicinal com enfropatia ou dilatação segmentar	
Espessamento do urotélio (ITU, RVU)	
Sinais de nefropatia secundárias ao RVU (dimensões reduzidas, retrações corticais e hiperecogenicidade parenquimatosa)	
Ureterocele	
Hidronefrose (estenose de JUP, estenose de JUV, VUP)	
Espessamento da parede vesical (bexiga neurogênica, VUP ou cistite)	
Resíduo pós-miccional (disfunção vesical, RVU)	

ITU: infeção do trato urinário; JUP: junção ureteropélvica; JUV: junção uterovesical; RVU: refluxo vesicoureteral; VUP: válvula de uretra posterior.

- Ureterocele: Pode ser um achado isolado, mas em alguns casos está associado à duplicidade do sistema coletor e RVU (Figuras 6 B,C e 9 C).

Uretrocistografia miccional e urossonografia miccional

Define-se RVU como o fluxo anômalo de urina, da bexiga em direção ao sistema coletor, e estima-se que cerca de 24% das crianças com ITU apresentem algum grau de RVU. Apesar disso, o verdadeiro significado clínico do RVU e a importância do seu diagnóstico ainda é alvo de muita discussão entre os principais grupos de especialistas do mundo e a indicação de quando realizar a investigação varia muito entre consensos.

A uretrocistografia miccional (UCM) ainda é atualmente o método de escolha na investigação e classificação do RVU. O exame tem excelente poder de detalhamento anatômico dos ureteres (na presença de refluxo), bexiga e também da uretra, mas é invasivo (necessidade de sondar a bexiga), além de expor o paciente a radiação ionizante (doses reduzidas com o uso de equipamentos modernos).

O RVU é diagnosticado quando há refluxo do contraste da bexiga para os ureteres e pelve renal. O sistema de classificação mais utilizado é proposto pelo International Reflux Study Commitee (1981), que divide o RVU em 5 graus, baseando-se tanto na extensão do refluxo quanto na dilatação do sistema coletor (Figura 21). É importante que durante o exame sejam registradas imagens durante a micção (pesquisa de refluxo vesicoureteral ativo), o que torna o exame mais sensível e específico. Vale ressaltar que os refluxos grau III a V são considerados de alto grau e estão mais associados às cicatrizes renais, enquanto os graus I e II são considerados de baixo grau e em muitos casos, especialmente em pacientes pequenos, são autolimitados e não têm relação com cicatrizes renais.

Recentemente alguns grupos de radiologia pediátrica iniciaram o uso da urossonografia miccional (USG com

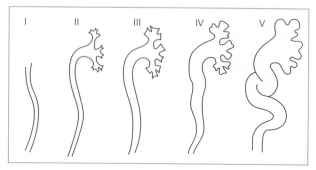

Figura 21   Classificação do refluxo vesicoureteral segundo o International Reflux Study Commitee. I: retorno do meio de contraste somente para o ureter; II: retorno até o rim, sem sinais de dilatação; III: discreta dilatação pielocalicinal e ureteral; IV: moderada dilatação do sistema coletor, com baqueteamentos calicinais e discreta tortuosidade do ureter; V: acentuada hidronefrose e do dolicomegaureter.

administração de contraste de microbolhas via vesical) como método alternativo à UCM (Figura 22). As vantagens são a eliminação da radiação ionizante e a possibilidade de incluir a pesquisa do RVU na USG. Mas ainda é um exame invasivo (requer sondagem vesical) e não permite uma avaliação panorâmica como a UCM.

Tomografia computadorizada

A TC apresenta maior sensibilidade que a USG para o diagnóstico de pielonefrite, complicações infecciosas e também de cálculos. No entanto, por conta da frequente necessidade de utilização do meio de contraste EV e da radiação ionizante, sua utilização na prática pediátrica é rara, estando restrita a casos complicados ou nos quais a USG por si só não foi suficiente para conclusão diagnóstica.

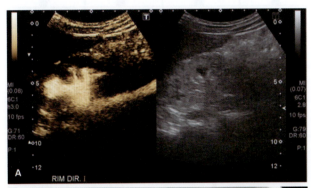

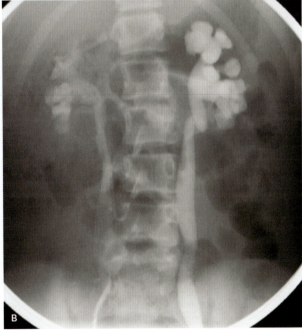

Figura 22 Urossonografia miccional com administração de contraste de microbolhas via vesical evidenciando refluxo vesicoureteral com discreta dilatação do sistema coletor à direita e moderada dilatação à esquerda. A uretrocistografia miccional do mesmo paciente (B) mostra a correspondência com a urossonografia miccional, com RVU grau III à direita e grau IV à esquerda.

Ressonância magnética

Assim como a TC, possui boa sensibilidade para o diagnóstico de pielonefrite e complicações infecciosas, mas também é de uso limitado para pacientes com ITU, em especial pela frequente necessidade de sedação das crianças pequenas e uso do meio de contraste EV, o gadolínio, que está associado a risco aumentado de fibrose sistêmica nefrogênica em pacientes com insuficiência renal. A RM permite excelente avaliação anatômica do trato urinário, em especial do sistema coletor, sendo muito útil na avaliação de malformações ureterais. Além disso, algumas técnicas mais modernas, como a uroressonância magnética, permitem avaliar quantitativamente a perfusão e a função renal após a injeção do gadolínio.

Medicina nuclear

A cistocintilografia é um exame utilizado para avaliar se os mecanismos de contenção do fluxo urinário são capazes ou incapazes de garantir que não ocorra fluxo retrógrado da bexiga para os ureteres. Portanto, é um exame que necessita de presença do radiofármaco na bexiga urinária. A cistocintilografia pode ser realizada segundo duas formas: direta (Figura 23), que avalia a presença de RVU durante o enchimento e esvaziamento da bexiga (durante a micção); e indireta, que avalia a presença do refluxo na fase miccional. A cistocintilografia direta é realizada por meio da instilação do radiofármaco na bexiga do paciente após cateterização uretral asséptica. O estudo indireto feito após a realização de uma cintilografia renal dinâmica, com a aquisição de imagens dinâmicas durante a micção, após a bexiga urinária estar cheia com o ^{99m}Tc-DTPA que foi filtrado e excretado pelos rins.

A cintilografia renal com o ^{99m}Tc-DMSA (ácido dimercaptossuccínico marcado com tecnécio 99 metaestável) é um método altamente sensível para o diagnóstico de pielonefrite (Figura 24) e de cicatrizes renais (Figura 25), mas tem uma resolução anatômica baixa, além de expor o paciente a radiação ionizante.

Litíase de vias urinárias

Nefrolitíase

Os principais para a formação de cálculos em crianças são genéticos e/ou distúrbios metabólicos. Entretanto, o número de crianças que apresentam cálculos renais vem aumentando mundialmente, em todas as idades, estando provavelmente relacionado a fatores como obesidade e hábitos alimentares. A incidência de cálculos renais em crianças corresponde a 10% da incidência observada em adultos.

Como principais fatores de risco para a presença de cálculos, citamos a hipercalciúria, assim como a hipoci-

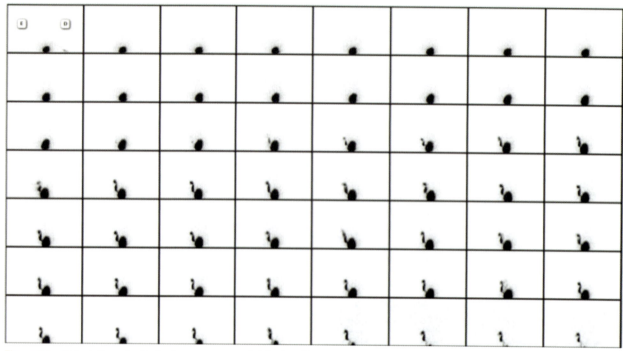

Figura 23 Cistocintilografia direita demonstrando episódio de refluxo vesicoureteral esquerdo durante a fase de enchimento atingindo o sistema pielocalicinal, que persiste até o final da fase de micção.

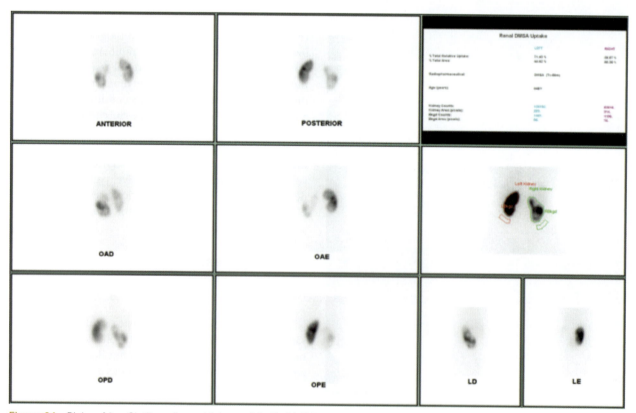

Figura 24 Pielonefrite. Cintilografia estática com 99mTc-DMSA nas projeções anterior, posterior, oblíquas e laterais de abdome demonstrando rim esquerdo com função tubular preservada e rim direito com várias áreas focais de déficit de concentração do radiofármaco em criança de 5 anos com quadro clínico de pielonefrite aguda. Achados cintilográficos compatíveis com pielonefrite aguda no rim direito. LD: lateral direita; LE: lateral esquerda; OAD: oblíqua anterior direita; OAE: oblíqua anterior esquerda; OPD: oblíqua posterior direita; OPE: oblíqua posterior esquerda;

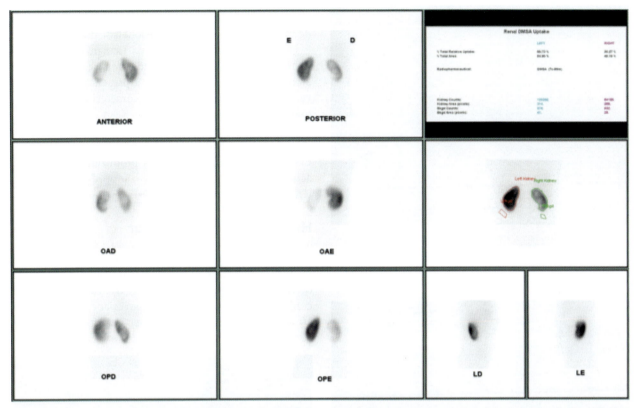

Figura 25 Cicatriz renal. Cintilografia estática com ^{99m}Tc-DMSA nas projeções anterior, posterior, oblíquas e laterais de abdômen, demonstrando rim direito de dimensões reduzidas e com déficit funcional tubular e alteração de contorno medial do terço inferior. Rim esquerdo com função tubular preservada. Exame de paciente com 10 anos, com antecedente de infecção urinária de repetição demonstrando sinais de sequela pielonefrítica no rim direito.

tratúria ou hiperoxalúria, bem como condições que as predispõem, como a hipervitaminose. Outras situações que também predispõem a formação de cálculos renais incluem: acidose tubular renal, uso de certos medicamentos (furosemida, dexametasona, hormônio adrenocorticotrófico), assim como a presença de patologias como síndrome de Barter, síndrome de William, síndrome de Cushing e insuficiência adrenal.

Em relação à infecção urinária, existem bactérias que elevam o pH, favorecendo a formação de cálculos, sendo *Proteus* a bactéria predominante.

Ainda com relação aos cálculos no sistema urinário, o termo urolitíase se refere à presença de cálculos no sistema coletor do rim ou no ureter. Geralmente idiopática, mas pode ser complicação de obstrução do trato urinário e associado a infecção, imobilização prolongada, síndromes tubulares renais, distúrbios enzimáticos etc.

Nefrocalcinose

É uma deposição patológica de cálcio no parênquima renal, mais comumente na porção medular. As causas mais frequentes para nefrocalcinose medular em neonatos e crianças maiores são multifatoriais, podendo estar relacionadas ao uso crônico de diuréticos para displasia broncopulmonar, uso de corticoides e distúrbios metabólicos como hipercalciúria e hipercalcemia.

Em recém-nascidos pré-termo em particular, esta entidade é bastante frequente, podendo estar relacionada à imaturidade renal, associada ao uso de medicamentos que promovem hipocitratúria. Além disso, a estase urinária está presente em neonatos, resultante da deposição glicoproteica dentro dos túbulos renais, acarretando obstrução tubular transitória. Caracteristicamente, esses pacientes vão apresentar oligúria. Ultrassonograficamente, observa-se aumento na ecogenicidade das pirâmides, com resolução espontânea após a primeira semana de vida. Os rins apresentam tamanho normal.

Em mais que 75% das crianças que apresentam nefrocalcinose e/ou urolitíase há um distúrbio metabólico associado. Dessa forma, o diagnóstico preciso torna-se essencial a fim de se evitar a formação de novos cálculos. E em cerca de 25% dos pacientes não há causa definida para a nefrocalcinose (idiopática).

Assim como nos adultos, tanto a nefrocalcinose quanto a urolitíase aparecem à USG como áreas hiperecogênicas com ou sem sombra acústica posterior (Figura 26). Na nefrocalcinose observa-se uma hiperecogenicidade variável das pirâmides renais (Figura 27). Na nefrolitíase, a sombra acústica posterior característica dos cálculos só será

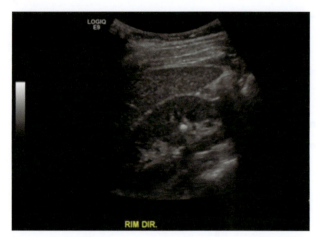

Figura 26　Nefrolitíase. Paciente de 5 anos de idade com pequeno cálculo no grupamento calicinal médio do rim direito, com sombra acústica posterior.

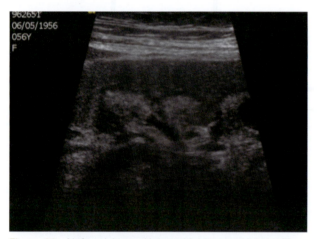

Figura 27　Nefrocalcinose. Nota-se hiperecogenicidade difusa das pirâmides renais em um paciente com acidose tubular renal.

evidente em cálculos ≥ 5 mm. Quando menores, podem não apresentar a sombra, especialmente se não estiverem localizados na zona focal do transdutor. A sensibilidade e a especificidade da USG na detecção de cálculos são de aproximadamente 95 e 85%, respectivamente. Quando localizados nos ureteres, são mais facilmente identificados quando estão no seu terço distal, sobretudo quando localizados na junção ureterovesical. Ao estudo Dopplerfluxométrico, pode-se inferir o grau de obstrução: fluxo ausente ou com velocidade reduzida do jato ureteral na obstrução total e fluxo normal ou fluxo baixo na obstrução parcial.

Diagnóstico diferencial

Com relação à hiperecogenicidade das pirâmides renais, é importante salientar que nem sempre é resultado de depósito de cristais. O aumento da ecogenicidade das pirâmides também pode estar presente em pacientes desidratados, na proteinúria transitória de Tamm-Horsfall em neonatos, na anemia falciforme, na necrose papilar, na doença renal policística e na pielonefrite por *C. albicans*.

Na anemia falciforme em particular, a hiperecogenicidade observada nas pirâmides renais está associada à congestão venosa secundária à presença dos glóbulos vermelhos em formato de foice, característicos desta patologia (Figura 28).

Com relação aos cálculos renais, a presença de ar no sistema coletor pode mimetizar a presença de cálculos. Entretanto, à USG, os cálculos produzem uma sombra acústica bem definida, enquanto o ar produz uma sombra tênue, pouco definida (Figura 29).

Hipertensão renovascular

A incidência de hipertensão arterial sistêmica (HAS) na faixa pediátrica é de aproximadamente 2 a 4%, e 10% dessas crianças apresentam HAS grave. As causas variam conforme o grupo etário, porém em crianças menores que 10 anos, cerca de 60-80% são secundários. No período

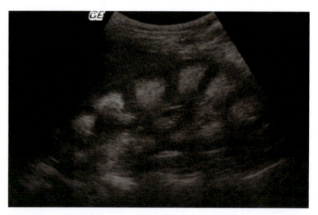

Figura 28　Paciente com anemia falciforme. Nota-se hiperecogenicidade difusa das pirâmides renais. A ausência de quadro clínico de nefrocalcinose exclui este diagnóstico nesses pacientes.

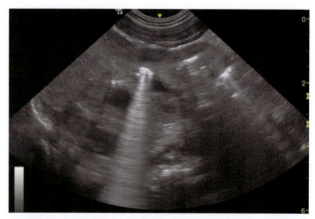

Figura 29　Ar em sistema coletor de recém-nascido, pós-sondagem vesical. Imagem hiperecogênica no grupamento calicinal do terço médio do rim, com intensa reverberação posterior, o que a diferencia de cálculo renal.

neonatal, a causa mais comum é a trombose da artéria renal secundária à cateterização umbilical; em adolescentes e crianças maiores que 10 anos, a incidência de HAS essencial ou secundária ao uso de medicamentos é maior. Já em lactentes e pré-escolares, aproximadamente 70% é de causa renovascular. Outras causas incluem nefropatia parenquimatosa, obstrução, tumores ou disfunções endocrinológicas. Atualmente, com a melhoria dos equipamentos radiológicos, diversos métodos podem ser utilizados na investigação diagnóstica, como USG convencional e com Doppler colorido, angiografia por TC (ângio-TC) ou por RM (ângio-RM) e a medicina nuclear, porém a arteriografia digital por subtração ainda é considerada o padrão-ouro no diagnóstico de estenose de artérias renais.

Principais causas de HAS em crianças

1. Renal: glomerulonefrite aguda (causa mais comum de HAS aguda em todos os grupos etários), glomerulonefrite crônica, insuficiência renal crônica, refluxo, obstrução, diabete e trauma.
2. Cardiovascular: coarctação da aorta, arterites e estenose da artéria renal.
3. Primária (essencial): obesidade, história familiar.
4. Drogas: corticoides, contraceptivos, cocaína, simpatomiméticos, entre outros.
5. Oncológico: neuroblastoma, feocromocitoma, adenocarcinoma de adrenal.
6. Distúrbios endocrinológicos: hipertireoidismo, hiperplasia congênita da adrenal, hiperparatireoidismo e hiperaldosteronismo primário.
7. Neurológicos: hipertensão intracraniana, disautonomia familiar e síndrome de Guillain-Barré.

Principais causas de HAS renovascular em crianças

1. Displasias fibromuscular e fibrosa (mais comuns).
2. Inflamatórias: arterite de Takayasu, doença de Kawasaki, doença de Moyamoya, irradiação, síndrome da aorta média.
3. Genéticas: síndrome de Williams (Williams-Beureau) e neurofibromatose.
4. Malformações vasculares: malformações arteriovenosas, aneurisma de artéria renal e tromboembolismo.
5. Síndromes: Klippel-Trénaunay-Weber, Rett, Feuerstein-Mims e Marfan.
6. Aterosclerose: dislipidemias.
7. Tranplante renal: estenose da anastomose e rejeição.
8. Outros: rubéola congênita, compressões por massas, bandas, pós-trauma e fibrose retroperitoneal.

USG convencional

A USG convencional pode detectar achados secundários sugestivos de presença de estenose da artéria renal, como redução das dimensões renais ou presença de retrações segmentares ou corticais decorrentes de hipofluxo crônico. Além desses dados, poderá estudar presença de massas, obstruções do trato urinário ou nefropatias parenquimatosas.

USG com Doppler colorido

O exame geralmente é realizado em jejum de aproximadamente 4-6 horas, sem anestesia ou sedação, mesmo em crianças pequenas, exceto em casos selecionados. A sensibilidade da USG com Doppler colorido (USDC) varia de 60-100% na literatura, em estudos envolvendo população adulta, provavelmente decorrente de vários fatores que incluem a *expertise* do examinador, do equipamento utilizado, do biótipo do paciente, local da estenose e da população estudada. Embora a sensibilidade possa ser variável, existem parâmetros ao USDC que quando presentes são específicos no diagnóstico de estenose de artéria renal hemodinamicamente significativa, como velocidade de pico sistólico da artéria renal principal > 170-200 cm/s (Figura 30), desaceleração do fluxo distal à estenose, com tempo de aceleração > 70 ms e índice de aceleração < 300 cm/s² nas artérias intrarrenais (segmentares ou interlobares), com caracterização de fluxo de padrão *tardus-parvus* em estenoses acentuadas (Figura

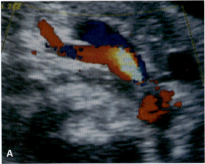 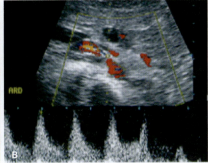 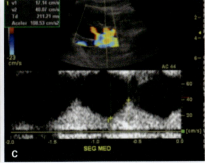

Figura 30 Ultrassonografia com Doppler colorido evidenciando estenose acentuada na origem da artéria renal direita, com dilatação pós-estenótica (A). Nota-se um acentuado aumento da velocidade (521 cm/s) no local da anastomose e um fluxo de padrão *tardus--parvus* distalmente, na artéria intrarrenal, no segmento médio, em uma criança portadora de síndrome de Willians-Beuren.

30C). O índice de aceleração reflete o "impulso" com o qual o sangue atinge determinada região e, quando reduzido, indica obstrução significativa à passagem do sangue em qualquer artéria nutridora à montante, como nos casos de estenose da artéria renal ou da aorta suprarrenal.

Outros parâmetros comparando as velocidades entre a artéria renal principal estenosada e outros vasos, como a aorta (relação renal/aorta > 2,5-3), a artéria renal contralateral (relação renal/renal) e artérias segmentares (relação renal/segmentar) também são utilizados para aumentar a sensibilidade do método. Apesar de todos esses parâmetros existentes, a USDC apresenta limitações, não somente decorrentes do biótipo do paciente, da presença de hipermeteorismo intestinal, mas também pela eventual presença e acometimento de artérias renais acessórias ou estenose de artérias segmentares intrarrrenais, muitas vezes frequentes na displasia fibromuscular, uma causa comum de HAS renovascular na faixa pediátrica. Perante um resultado de USCD negativo ou inconclusivo em pacientes com forte suspeita clínica de HAS renovascular, a ângio-TC ou a ângio-RM devem ser consideradas como opções no prosseguimento da investigação diagnóstica.

Ângio-TC e Ângio-RM

A sensibilidade e a especificidade da ângio-TC (Figura 31) no diagnóstico de estenose das artérias renais variam entre 90-95% e 94-99%, respectivamente, e não apresentam diferenças estatisticamente significativas em relação à ângio-RM. Portanto, os fatores que devem ser considerados na hora da indicação do exame são os riscos de cada um: a radiação e a nefrotoxicidade do meio de contraste iodado utilizado na TC e o potencial desenvolvimento da fibrose sistêmica nefrogênica pelo gadolínio utilizado em RM, nos pacientes com insuficiência crônica. Já os riscos de reação alérgica pelo contraste iodado têm se reduzido nos últimos anos pelo uso de contraste não iônico.

Um cuidado que devemos ter quando se indicam métodos de imagens que utilizam a radiação ionizante é o potencial risco de desenvolvimento de tumor induzido por esta radiação. Não existem estudos comprovados sobre a incidência de tumores induzidos por utilização de radiação nos métodos diagnósticos até o momento. No entanto, todo cuidado para minimizar este potencial risco deve ser considerado, desde doses de radiação apropriadas ao peso da criança, protocolos enxutos e indicação clínica precisa (conceito ALARA – *as low as reasonably achievable*, ou seja, a radiação deve ser o mínimo possível, desde que a imagem ou o estudo seja diagnóstico).

Medicina nuclear

A cintilografia renal dinâmica com ^{99m}Tc-DTPA associada ao teste com inibidores da enzima conversora da angiotensina (ECA) é indicada para os pacientes com suspeita de HAS de causa renovascular, determinando se a estenose da artéria renal é a causa da HAS, uma vez que nem todas as estenoses renais cursam com HAS. O padrão cintilográfico positivo neste exame é a observação da piora da função glomerular do rim comprometido pela estenose da artéria renal após o uso do captopril, em razão da queda da pressão de filtração glomerular, seguindo alguns critérios cintilográficos estabelecidos que envolvem mudança na curva do renograma, redução na captação relativa do rim comprometido, prolongamento do tempo de trânsito renal e na curva de atividade máxima. Portanto, o ideal é que sejam realizados dois estudos (um estudo basal e outro com o teste do captopril), para a comparação dos padrões obtidos em cada situação.

Quanto aos isótopos empregados no estudo, o ^{99m}Tc-DTPA é um traçador de filtração glomerular que apresenta baixa extração renal (cerca de 20%) e é amplamente utilizado na prática clínica pelo baixo custo, enquanto o ^{99m}Tc-MAG3 (mercaptoacetilglicina) é um traçador de secreção tubular, com alta taxa de extração renal (cerca de 50%), melhor qualidade de imagem, consequentemente torna-se o agente de escolha em neonatos e crianças com imaturidade renal, inclusive é o traçador recomendado pelo Comitê Internacional de Uso de Radioisótopos, porém pouco utilizado no Brasil pela sua menor disponibilidade e maior custo.

Embora controverso na literatura, infelizmente, o método apresenta baixa sensibilidade e especificidade em crianças, além de não fornecer detalhes anatômicos das artérias renais. As principais causas de estudos falso-negativos são: presença de estenose renal bilateral simétrica e função renal deteriorada, que dificulta a análise do exame realizado com o ^{99m}Tc-DTPA.

Angiografia digital por subtração

A arteriografia ainda é considerada o padrão-ouro no diagnóstico de estenose de artéria renal, sobretudo nas estenoses de segmentos distais intrarrenais, de difícil

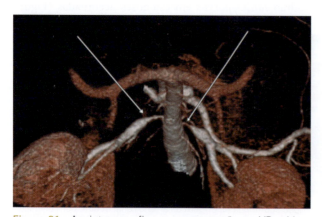

Figura 31 Angiotomografia com reconstrução em VR evidenciando estenose de artéria renal bilateral na origem (setas).

acesso por outros métodos de diagnóstico por imagem menos invasiva. Portanto, nos casos em que há forte suspeita de HAS renovascular, cujo outros métodos foram negativos ou inconclusivos, a arteriografia poderá fornecer informações para o diagnóstico definitivo, além da possibilidade de intervenção terapêutica em um único procedimento.

Trombose da artéria renal

A trombose da artéria renal é menos comum e pode ser encontrada em filhos de mães diabéticas, recém-nascido com sepse, desidratação ou submetidos a cateterismo umbilical arterial. Em crianças maiores, pode ser complicação de dissecção traumática da artéria, vasculite ou secundário à liberação de êmbolo. Quando a trombose ocorre na artéria principal, acontece um infarto global do rim. Inicialmente, o rim apresenta dimensões habituais, entretanto difusamente ecogênico secundário ao edema e à hemorragia. Eventualmente, pode-se identificar a presença do trombo no interior da artéria. Pode-se ainda observar um fluxo ausente, diminuído ou reverso nas artérias segmentares principais. Já o rim isquêmico crônico é pequeno, com parênquima apresentando ecogenicidade aumentada ou normal. No estágio final, quando o rim torna-se pequeno, não é possível identificar se a causa foi obstrução arterial ou venosa.

A oclusão segmentar causa um defeito cortical hipoecogênico, em forma de cunha, com o ápice no hilo renal e a base na cápsula. A sequela do infarto segmentar pode apresentar-se como cicatriz cortical ou hiperecogenicidade focal.

Ao Doppler colorido, na trombose aguda da artéria renal principal verifica-se ausência ou redução do fluxo na artéria renal ou nas artérias segmentares. Na oclusão segmentar, a área de infarto apresenta-se avascular ao mapeamento Doppler colorido.

Transplante renal

Como em adultos, o estudo Doppler colorido é aplicado no monitoramento do enxerto, após o transplante renal. As indicações, a técnica do exame, os critérios diagnósticos e as complicações são os mesmos descritos para a população adulta, ressaltando-se, apenas que, em receptores com menos de 6 anos de idade foram encontrados valores normais de IP e IR um pouco mais elevados. A elevação do IP e do IR é um achado inespecífico, que pode estar associado a complicações vasculares, a quadros de rejeição aguda ou crônica, necrose tubular aguda, reação nefrotóxica induzida por drogas, entre outros.

Uma particularidade em crianças é a presença de anastomoses arterial e venosa do rim transplantado, que podem ser realizadas diretamente na aorta e na veia cava inferior, respectivamente, e não nas ilíacas externas, como nos adultos. Por vezes, quando o doador é também uma criança, ambos os rins do doador são transplantados "em bloco" e são posicionados justapostos, na fossa ilíaca/flanco (Figura 32).

Trombose da veia renal

A trombose venosa ocorre predominantemente nos RN, podendo no entanto ocorrer em qualquer idade. Geralmente, é uma complicação de desidratação grave e associada a situações com hemoconcentração, como perda se sangue, diarreia ou sepse. Em RN, a trombose geralmente tem início nas veias menores intrarrenais, estendendo para as veias maiores ou veia cava inferior (VCI). Em crianças maiores, pode ocorrer pós-trauma, pós-invasão neoplásica ou na desidratação, sendo comum na síndrome nefrótica, com o trombo começando na VCI e se propagando para a veia renal.

Os aspectos sonográficos encontrados dependem da fase em que o exame está sendo realizado. Na fase aguda, o rim encontra-se aumentado, com aumento difuso da ecogenicidade e pirâmides hipoecogênicas. Após 1-2 semanas, o edema aumenta e o rim torna-se heterogêneo, com perda da diferenciação corticomedular. Pode-se ainda identificar o trombo na veia renal principal e/ou veia cava inferior. O quadro pode evoluir com recanalização venosa ou a formação de colaterais, que diminuem o edema. O grau de sequela depende do dano produzido no parênquima renal, tanto maior quanto forem extensão e duração da trombose, de forma que o aspecto do rim nos estágios mais tardios é variável, podendo haver recuperação total, formação de cicatrizes focais ou atrofia. Ao Doppler, pode-se observar: ausência de fluxo venoso ou um fluxo parcial em torno do trombo na veia renal principal, com fluxo apresentando padrão monofásico; alguns pequenos vasos venosos intrarrenais podem ser identificados, mesmo havendo trombose completa da veia renal, caso haja drenagem via rede colateral; fluxo arterial apresenta padrão de alta resistência (Figura 33).

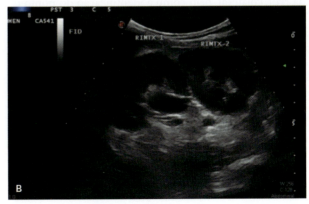

Figura 32 Transplante renal duplo "em bloco" em uma criança com 6 anos de idade.

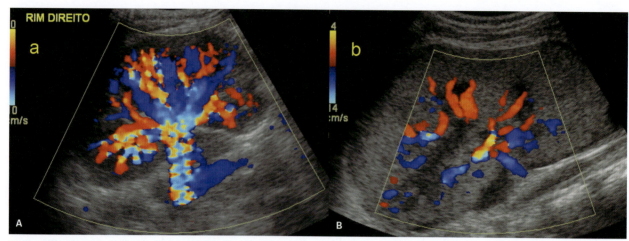

Figura 33 Mapeamento Doppler colorido renal. A: rim normal: fluxo sanguíneo identificado nas estruturas vasculares aferentes (artérias) e eferentes (veias), nas cores vermelho e azul, respectivamente, como convencionado neste estudo. B: trombose da veia renal: pequenos vasos venosos intrarrenais (em azul), representando colaterais. Veia renal principal não identificada.

Síndrome do "quebra-nozes" (*nutcracker*)

Causada pela compressão da VRE no ângulo formado pela aorta e a emergência da artéria mesentérica superior (anterior) ou entre a aorta e a coluna vertebral em caso de veia renal retroaórtica (porterior). A prevalência é desconhecida, um pouco maior no sexo feminino, idade variável, com os pacientes mais sintomáticos entre a 2ª e a 3ª décadas. Relacionada à ptose renal, localização alta da VRE, origem anômala da AMS, características físicas e emagrecimento abrupto.

A venografia retrógrada associada à medida da pressão na VRE e na VCI é considerada o exame padrão-ouro. A USG com Doppler colorido é capaz de identificar sinais indicativos de estenose significativa da VRE. O diagnóstico definitivo de hipertensão na VRE, no entanto, se dá com a caracterização de veias colaterais (p. ex., adrenais e paravertebrais), o que raramente é possível à USG, por conta da interposição gasosa intestinal. A TC com contraste endovenoso permite a identificação clara da rede colateral, bem como a identificação do ponto de estenose e a mensuração do ângulo aorto mesentérico.

Na realização da USG, o estudo tem início com o paciente em posição supina, complementando-se na posição ortostática caso na posição supina o resultado seja negativo. No plano longitudinal, faz-se a mensuração do ângulo aortomesentérico e a distância entre o segmento descendente da AMS e a aorta. No plano transversal, busca-se a identificação da VRE, com a mensuração do calibre nos pontos de maior e menor diâmetro (próximo ao hilo e no ângulo aortomesentérico, respectivamente) (Figura 34). Os critérios diagnósticos são: razão entre o maior e o menor diâmetro VRE > 5 (sensibilidade: 69%; especificidade: 89% para o diagnóstico de *nutcracker*); razão entre a maior e a menor velocidade na VRE > 5 (sensibilidade 80%, especificidade 94%) (Figura 35); razão entre os diâmetros + razão entre as velocidades/2 > 5 (sensibilidade de 90%; especificidade de 100%); ângulo aortomesentérico (normal < 41° em decúbito dorsal; < 21° em ortostase).

Considerações finais

Os métodos de diagnóstico por imagem têm papel importante no diagnóstico e acompanhamento das doenças renais na faixa pediátrica. O conhecimento das particularidades destes, com suas vantagens e limitações, auxilia na formação de uma consciência crítica sobre esses procedimentos e evita a realização de exames desnecessários e, por vezes, a exposição do paciente a riscos, sem que haja benefício efetivo, em contrapartida. A exposição clara do que se pretende elucidar, quando da solicitação de um exame, é o que permite atingir melhores resultados, visto que é a partir desses dados que o imaginologis-

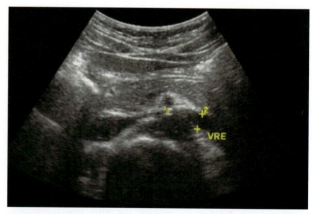

Figura 34 Síndrome de quebra-nozes: redução do calibre da veia renal no nível da artéria mesentérica superior, com dilatação a montante.

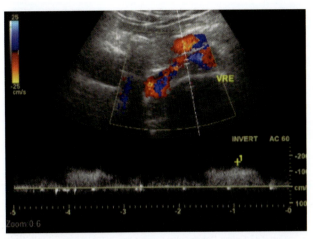

Figura 35 Síndrome de quebra-nozes: aumento focal da velocidade máxima da veia renal no local da estenose, acima de cinco vezes em relação ao segmento anterior, nos terços médio ou distal da veia renal esquerda.

ta fará a escolha da técnica ou protocolo adequado para responder à demanda clínica.

Bibliografia sugerida

1. Alladi A, Agarwala S, Gupta A, Bal C, Mitra D, Bhatnagar V. Postnatal outcome and natural history of antenatally-detected hydronephrosis. Pediatr Surg Int. 2000;16(8):569-72.
2. Avni F, Hall M. Renal cystic diseases in children: new concepts. Pediatr Radiol. 2010;40:939-46.
3. Bayazit AK, Yalcinkaya F, Cakar N, Duzova A, Bircan Z, Bakkaloglu A, et al. Reno-vascular hypertension in childhood: a nationwide survey. Pediatr Nephrol. 2007;22(9):1327-33.
4. Beregi JP, de Cassin P, Lions C, Gaxotte V, Willoteaux S. Imaging of the renal arteries: when, how and why? J Radiol. 2004;85(6 Pt 2):808-19.
5. Bloom DA. Dilatation of the neonatal urinary tract. In: Kuhn JP, Slovis TL, Haller JO (eds.). Caffey's pediatric diagnostic imaging. 10. ed. Philadelphia: Mosby; 2004. p. 204-23.
6. Brkljačić B, Kuzmić A, Dmitrović R, Rados M, Vidjak V. Doppler sonographic renal resistance index and resistance index ratio in children and adolescents with unilateral hydronephrosis. Eur Radiol. 2002;12(11):2747-51.
7. Broekhuizen-de Gast HS, Tiel-van Buul MM, Van Beek EJ. Severe hypertension in children with renovascular disease. Clin Nucl Med. 2001;26(7):606-9.
8. Brophy M, Austin P, Yan Y, Coplen D. Vesicoureteral reflux and clinical outcomes in infants with prenatally detected hydronephrosis. J Urol. 2002;168(4 Pt 2):1716-9; discussion 9.
9. Bruyn R. Pediatric ultrasound: how, why and when. London: Churchill Livingtone; 2005.
10. Buchpiguel CA. Avaliação da função renal com radioisótopos. In: Giron AM, Dénes FT, Srougi M. Urologia. Barueri: Manole; 2011. p. 12-22.
11. Carmichael J, Easty M. Imaging chronic renal disease and renal transplant in children. Pediatr Radio. 2010;40:963-74.
12. Cauchi J, Chandran H. Congenital ureteric strictures: an uncommon cause of antenatally detected hydronephrosis. Pediatr Surg Int. 2005;21(7):566-8.
13. Clinton CM, Chasen ST. Unilateral fetal renal abnormalities. Are they really isolated? J Ultrasound Med. 2016;35(3):561-4.
14. Chopra A, Teele R. Hydronephrosis in children: narrowing the differential diagnosis with ultrasound. J Clin Ultrasound. 1980;8(6):473-8.
15. Coley BD. Pediatric applications of abdominal vascular Doppler: Part II. Pediatr Radiol. 2004;34(10):772-86.
16. Craig W, Wagner B, Travis M. Pyelonephritis: radiologic-pathologic review. Radiogr. 2008;28:255-76.
17. Dickerson EC, Dillman JR, Smith EA, DiPietro MA, Lebowitz RL, Darge K. Pediatric MR urography: indications, techniques, and approach to review. Radiographics. 2015;35(4):1208-30.
18. Eli A, Rabelo S, Eduardo A. Natural history of of multicystic kidney conservatively managed: a prospective study. Pediatr Nephrol. 2003;19:1102-7.
19. Estrada C, Peters C, Retik A, Nguyen H. Vesicoureteral reflux and urinary tract infection in children with a history of prenatal hydronephrosis – should voiding cystourethrography be performed in cases of postnatally persistent grade II hydronephrosis? J Urol. 2009;181(2):801-6; discussion 6-7.
20. Estrada CJ. Prenatal hydronephrosis: early evaluation. Curr Opin Urol. 2008;18(4):401-3.
21. Evans WP, Resnick MI. Horseshoe kidney and urolithiasis. J Urol. 1981;125:620.
22. Fernbach SK. Congenital renal anomalies. In: Kuhn JP, Slovis TL, Haller JO, eds. Caffey's pediatric diagnostic imaging. 10. ed. Philadelphia: Mosby; 2004. p. 1758-86.
23. Garcia-Peña B, Keller M, Schwartz D, Korsvik H, Weiss R. The ultrasonographic differentiation of obstructive versus nonobstructive hydronephrosis in children: a multivariate scoring system. J Urol. 1997;158(2):560-5.
24. Giron AM. Hidronefrose perinatal. In: Schvartsman BG, Maluf Jr PT (eds.). Urologia. Barueri: Manole; 2010. p. 75-90.
25. Glockner JF, Vrtiska TJ. Renal MR and CT angiography: current concepts. Abdom Imaging. 2007;32(3):407-20.
26. Grattan-Smith J, Jones R. MR urography: technique and results for the evaluation of urinary obstruction in the pediatric population. Magn Reson Imaging Clin N Am. 2008;16(4):643-60, viii-ix.
27. Guarino N, Tadini B, Camardi P, Silvestro L, Lace R, Bianchi M. The incidence of associated urological abnormalities in children with renal ectopia. J Urol. 2004;172:1757.
28. Haller JO, Berdon WE, Frieman AP. Increased renal cortical echogenicity: a normal finding in neonates and infants. Radiology. 1982;142:173-4.
29. Hartman DS. Renal cystic disease in multisystem conditions. Urol Radiol. 1992;14:13-7.
30. Hricak H, Slovis TL, Callen CW, Callen PW, Romanski RN. Neonatal kidneys: sonographic-anatomic correlation. Radiology. 1983;147:699-702.
31. Idée JM, Port M, Dencausse A, Lancelot E, Corot C. Involvement of gadolinium chelates in the mechanism of nephrogenic systemic fibrosis: an update. Radiol Clin North Am. 2009;47(5):855-69.
32. Subcommittee on Urinary Tract Infection, Steering Committee on Quality Improvement and Management, Roberts KB. Urinary tract infection: clinical practice guideline for the diagnosis and management of the initial UTI in febrile infants and children 2 to 24 months Pediatrics. 2011;128(3):595-610.
33. Jequier S, Kaplan BS. Echogenic renal pyramids in children. J Clin Ultrasound. 1991;19(2):85-92.
34. Kääriäinen H, Koskimies O, Norio R. Dominant and recessive polycystic kidneys disease in children: evaluation of clinical features and laboratory data. Pediatr Nephrol. 1988;2:296-302.
35. Kavanagh E, Ryan A, Awan A, McCourbrey S, O'Connor R, Donoghue V. Can MRI replace DMSA in the detection of renal parenchymal defects in children with urinary tract infections? Pediatr Radiol. 2005;35:275-81.
36. Kramer SA, Kelalis PP. Ureteropelvic junction obstruction in children with renal ectopy. J Urol (Paris). 1984;90(5):331-6.
37. Kraus RA, Gaisie G, Toung LW. Parenchymal ecogenicity: causes in pediatric patients. RadioGraphics. 1990;10(6):1009-18.
38. Lee R, Cendron M, Kinnamon D, Nguyen H. Antenatal hydronephrosis as a predictor of postnatal outcome: a meta-analysis. Pediatrics. 2006;118(2):586-93.
39. Lee HY, Grant EG. Sonography in renovascular hypertension. J Ultrasound Med. 2002;21(4):431-41.
40. Li JC, Jiang YX, Zhang SY, Wang L, Ouyang YS, Qi ZH, et al. Evaluation of renal artery stenosis with hemodynamic parameters of Doppler sonography. J Vasc Surg. 2008;48(2):323-8.
41. Lim G, Jang H, Lee E, Lim Y, Jung S, Lee J, et al. Utility of the resistance index ratio in differentiating obstructive from nonobstructive hydronephrosis in children. J Clin Ultrasound. 1999;27(4):187-93.
42. Lopez Pereira P, Espinosa L, Martinz-Urruntina M. Posterior urethral valves: prognostic factors. BJU. 2003;91(7):687-90.
43. Majd M, Nussbaum Blask AR, Markle BM, Shalaby-Rana E, Pohl HG, Park JS, et al. Acute pyelonephritis: comparison of diagnosis with 99mTc-DMSA spect, spiral CT, MR imaging, and power Doppler US in an experimental pig model 1. Radiology. 2001;218(1):101-8.
44. Meister M, Olsen O, de Bruyn R, McHugh K, Marks SD. What is the value of magnetic resonance vonography in children before renal transplantation? Pediatr Nephrol. 2008;23:1157-62.
45. Merlini E, Spina P. Primary non-refluxing megaureters. J Pediatr Urol. 2005;1(6):409-17.
46. Miura IK. Doenças fibrocísticas do fígado. In: Porta G, Koda YKL. Gastroenterologia e hepatologia. Barueri: Manole; 2011. p. 190.

47. Montini G, Tullus K, Hewitt I. Febrile urinary tract infections in children. N Engl J Med. 2011;365(3):239-50.
48. Narchi H. Risk of Wilms' tumor with multicystic kidney disease: a systematic review. Arch Dis Child. 2005;90:147-9.
49. Nguyen H, Herndon C, Cooper C, Gatti J, Kirsch A, Kokorowski P, et al. The Society for Fetal Urology consensus statement on the evaluation and management of antenatal hydronephrosis. J Pediatr Urol. 2010;6(3):212-31.
50. Rosenblum ND. FRCP; 2016 UpToDate.
51. Odiase VO. Horseshoe kidney. A review of 25 cases. J R Coll Surg Edinb. 1983;28:41.
52. Oliveira LAN, Suzuki L, Baroni RH. Diagnóstico por imagem das doenças urológicas e genitais. In: Giron AM, Dénes FT, Srougi M. Urologia. Barueri: Manole; 2011. p. 23-57.
53. Parolini C, Noce A, Staffolani E, Giarrizzo GF, Costanzi S, Splendiani G. Renal resistive index and long-term outcome in chronic nephropaties. Radiology. 2009;252(3):888-96.
54. Passerotti C, Kalish L, Chow J, Passerotti A, Recabal P, Cendron M, et al. The predictive value of the first postnatal ultrasound in children with antenatal hydronephrosis. J Pediatr Urol. 2011;7(2):128-36.
55. Patriquin H. Stasis nephropathy. In: Siegel BA, Proto AV (eds.). Pediatric disease (fourth series) test and syllabus. Reston: American College of Radiology; 1993. p.556-83.
56. Patti G, Menghini M, Todini A, Marrocco G, Calisti A. The role of the renal resistive index ratio in diagnosing obstruction and in the follow-up of children with unilateral hydronephrosis. BJU Int. 2000;85(3):308-12.
57. Peña Carrión A, Espinosa Román L, Fernández Maseda M, García Meseguer C, Alonso Melgar A, Melgosa Hijosa M, et al. Neonatal pelvic ectasia: long-term outcome and association with ureterovesical anomalies. An Pediatr (Barc). 2004;61(6):493-8.
58. Queiroz e Silva FA. Anomalias do desenvolvimento renal. In: Giron AM, Dénes FT, Srougi M. Urologia. Barueri: Manole; 2011. p. 91-112.
59. Radermacher J, Chavan A, Schäffer J, Stoess B, Vitzthum A, Kliem V, et al. Detection of significant renal artery stenosis with color Doppler sonography: combining extrarenal and intrarenal approaches to minimize technical failure. Clin Nephrol. 2000;53(5):333-43.
60. Riccabona M. Obstructive diseases of the urinary tract in children: lessons from the last 15 years. Pediatr Radiol. 2010;40(6):947-55.
61. Riccabona M. Pediatric MRU – its potential and its role in the diagnostic work-up of upper urinary tract dilatation in infants and children. World J Urol. 2004;22(2):79-87.
62. Roth CG, Spottswood SE, Chan JC, Roth KS. Evaluation of the hypertensive infant: a rational approach to diagnosis. Radiol Clin North Am. 2003;41(5):931-44.
63. Rountas C, Vlychou M, Vassiou K, Liakopoulos V, Kapsalaki E, Koukoulis G, et al. Imaging modalities for renal artery stenosis in suspected renovascular hypertension: prospective intraindividual comparison of color Doppler US, CT angiography, GD-enhanced MR angiography, and digital substraction angiography. Ren Fail. 2007;29(3):295-302.

64. Tekgül S, Riedmiller H, Hoebeke P, Kočvara R, Nijman RJ, Radmayr C, et al. EAU guidelines on vesicoureteral reflux in children. Eur Urol. 2012;62(3):534-42
65. Saeed A, Bergström G, Zachrisson K, Guron G, Nowakowska-Fortuna E, Fredriksen E, et al. Accuracy of colour duplex sonography for the diagnosis of renal artery stenosis. J Hypertens. 2009;27(8):1690-6.
66. Schwartsman BG. Infecção do trato urinário. In: Schvartsman BGS, Jr. (eds.). Urologia. Barueri: Manole; 2011. p. 223-47.
67. Shaikh N, Morone NE, Bost JE, Farrell MH. Prevalence of urinary tract infection in childhood: a metaanalysis. Pediatr Infect Dis J. 2008;27(4):302-8.
68. Shaikh N, Morone NE, Bost JE, Farrell MH. Prevalence of urinary tract infection in childhood: a meta-analysis. Pediatr Infect Dis J. 2008;27:302.
69. Shaikh N, Ewing AL, Bhatnagar S, Hoberman A. Risk of renal scarring in children with a first urinary tract infection: a systematic review. Pediatrics. 2010;126(6):1084-91.
70. Siegel MJ. Trato urinário. In: Ultra-sonografia pediátrica. 3. ed. Rio de Janeiro: Guanabara Koogan; 2003. p. 345-425.
71. Singh, HP, Hurley RM, Myers TF. Neonatal hypertension. Incidence and risk factors. Am J Hypertens. 1992;5(2):51-5.
72. Souza de Oliveira IR, Widman A, Molnar LJ, Fukushima JT, Praxedes JN, Cerri GG. Colour Doppler ultrasound: a new index improves the diagnosis of renal artery stenosis. Ultrasound Med Biol. 2000;26(1):41-7.
73. Staff AUA. Management and screening of primary vesicoureteral reflux in children. AUA Guideline; 2010.
74. Staub D, Canevascini R, Huegli RW, Aschwanden M, Thalhammer C, Imfeld S, et al. Best duplex-sonographic criteria for the assessment of renal artery stenosis – correlation with intra-arterial pressure gradient. Ultraschall Med. 2007;28(1):45-51.
75. Stein MW, Koenigsberg M, Grigoropoulos J, Cohen BC, Issenberg H. Aortic coarctation diagnosed in a hypertensive child undergoing Doppler sonography for suspected renal artery stenosis. Pediatr Radiol. 2002;32(5):384-6.
76. Vivier PH, Sallem A, Beurdeley M, Lim RP, Leroux J, Caudron J, et al. MRI and suspected acute pyelonephritis in children: comparison of diffusion-weighted imaging with gadolinium-enhanced T1-weighted imaging. European Radiology. 2014;24(1):19-25.
77. Vo NJ, Hammelman BD, Racadio JM, Strife CF, Johnson ND, Racadio JM, et al. Anatomic distribution of renal artery stenosis in children: implications for imaging. Pediatr Radiol. 2006;36(10):1032-6.
78. Wacksman J, Philips L. Report of the multicystic kidney registry: preliminaryfindings. J Urol. 1993;10:1870-2.
79. Warren J, Pike J, Leonard M. Posterior urethral valves in Eastern Ontario: a 30 year perspective. Can J Urol. 2004;11(2):2210-5.
80. Wollenberg A, Neuhaus T, Willi U, Wisser J. Outcome of fetal renal pelvic dilatation diagnosed during the third trimester. Ultrasound Obstet Gynecol. 2005;25(5):483-8.
81. Yuksel A, Batukan C. Sonographic findings of fetuses with an empty renal fossa and normal amniotic fluid volume. Fetal Diagn Ther. 2004;19:525.
82. Zinn HL, Rosberger ST, Haller JO, Schlesinger AE. Simple renal cysts in children with AIDS. Pediatr Radiol. 1997;27:827-8.

Tumores renais e retroperitoneais

Bety Spilberg Karpovas Chisman

Tumores renais

Uma massa abdominal palpável em uma criança no primeiro ano de vida geralmente é de origem renal. A massa renal mais comum no período neonatal é a hidronefrose, seguida do rim displásico multicístico; somente 20% das massas renais no primeiro ano de vida são neoplásicas. A neoplasia mais comum nessa faixa etária é o nefroma mesoblástico congênito.

Após o primeiro ano de vida, os tumores renais são mais comuns, e incluem os tumores de Wilms, rabdoide renal e outros, menos frequentes.

Até alguns anos atrás, muitos tumores renais eram agrupados e caracterizados como tumores de Wilms. Porém, recentemente esses tumores foram reconhecidos como diversas patologias distintas e, atualmente, uma grande variedade de massas renais da faixa etária pediátrica pode ser diferenciada do tumor de Wilms baseando-se nos seus aspectos clínicos e de imagem.

Tumor de Wilms (nefroblastoma)

Epidemiologia

É a massa abdominal maligna mais comum da infância. Corresponde a 87% das massas renais na faixa etária pediátrica e ocorre em cerca de 1:10.000 pessoas. Origina-se de tecido embrionário primitivo. Não há predileção por sexo ou raça. Por volta de 80% das crianças têm entre 1 e 5 anos no momento da apresentação, com pico de incidência entre 3 e 4 anos. É raro em neonatos (menos de 0,16%).

É bilateral em 4-13% dos casos. Costuma ser esporádico, mas aproximadamente 10% dos casos são associados a várias síndromes ou anomalias congênitas, que incluem as síndromes de hipercrescimento (Beckwith-Wiedemann, Perlman, hemi-hipertrofia e outras), síndromes WT1 (WAGR e Denis-Drash) e síndromes associadas a alterações genéticas, que incluem a trissomia do 13 e do 18. O *screening* para o tumor de Wilms em pacientes que apresentam síndromes associadas deve começar aos 6 meses de idade com tomografia computadorizada, seguido de ultrassonografia a cada 3 meses, até completar 7 anos, quando o risco de desenvolvimento do tumor diminui de modo significativo.

O tumor de Wilms mais comumente se apresenta como massa palpável; hematúria e dor são achados menos comuns. Sintomas constitucionais são pouco frequentes, mas pode haver hipertensão em 25% dos casos por conta da produção de renina.

O tumor se origina de precursores mesodérmicos do parênquima renal (metanefros). Histologicamente, é composto de quantidades variáveis de blastema, estroma e epitélio. A quantidade de anaplasia está diretamente relacionada ao prognóstico negativo e resistência à quimioterapia. A maioria dos tumores de Wilms apresentam achados histopatológicos favoráveis.

Manifesta-se como uma massa sólida intrarrenal, com uma pseudocápsula e distorção do parênquima renal e do sistema coletor (Figura 1). Calcificações são raras (9%). Tipicamente, dissemina-se por extensão direta e

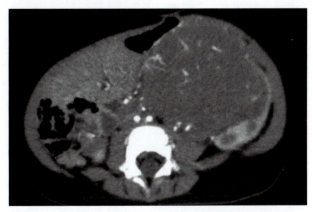

Figura 1 Tumor de Wilms. Massa sólida intrarrenal que distorce o parênquima e o sistema coletor.

desloca estruturas adjacentes (Figura 2), mas não envolve ou eleva a aorta (características do neuroblastoma). Pode haver invasão vascular da veia renal e veia cava inferior, ocasionalmente estendendo-se ao átrio direito. As metástases são mais comuns para os pulmões (85% dos casos), fígado e linfonodos regionais, além da invasão vascular.

Ao ultrassom, a massa apresenta ecogenicidade heterogênea, representando hemorragia, gordura, necrose ou calcificação (Figura 3). A tomografia mostra a massa heterogênea e as metástases linfonodais, assim como calcificações e gordura. O uso de contraste endovenoso é mandatório para detecção de metástases linfonodais ou hepáticas, extensão tumoral para a veia renal ou veia cava inferior (Figura 4), tumores sincrônicos contralaterais e restos nefrogênicos associados. A ressonância magnética é o método mais sensível para determinar a patência da veia cava, mas necessita-se de sedação. Na ressonância magnética, o tumor em geral é hipointenso ao córtex e isointenso à medula em T1, podendo apresentar áreas hiperintensas correspondentes a hemorragia. Em T2, ge-

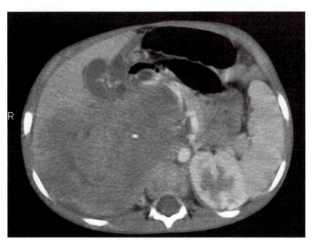

Figura 2   Tumor de Wilms deslocando a aorta para a esquerda.

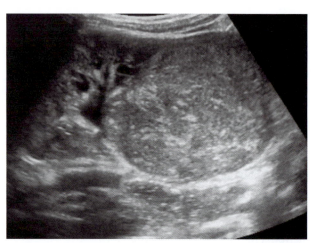

Figura 3   Massa sólida exofítica, heterogênea, no polo inferior do rim esquerdo.

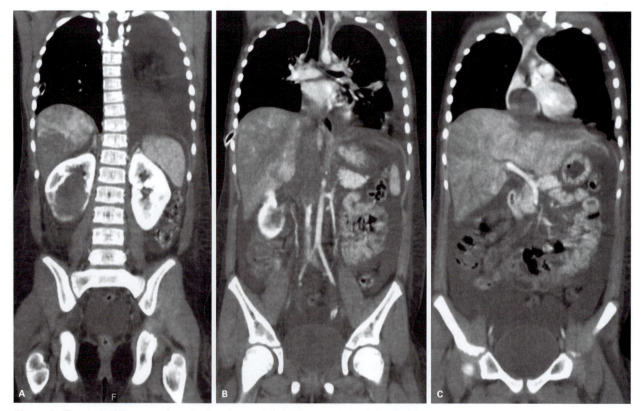

Figura 4   Tumor de Wilms com invasão da veia cava inferior e extensão ao átrio direito.

ralmente o tumor é isointenso ao córtex. O realce ao gadolínio é heterogêneo, em razão das áreas de hemorragia e necrose.

O tumor de Wilms unilateral costuma ser tratado com nefrectomia seguida de quimioterapia, ou pode-se fazer quimioterapia pré-operatória para reduzir o volume tumoral. Nos casos bilaterais, faz-se quimioterapia pré-operatória, e a cirurgia tenta poupar o parênquima renal preservado. As taxas de cura dos tumores de Wilms subiram de 10% em 1920 para mais de 90% nos dias atuais.

Nefroblastomatose

Consiste em envolvimento difuso ou multifocal dos rins com restos nefrogênicos (focos de blastema metanéfrico que persistem após a 36ª semana gestacional e têm potencial para transformação maligna em tumor de Wilms). É encontrada em 40% dos tumores de Wilms. Existem dois tipos de restos nefrogênicos que parecem originar-se de alterações e distúrbios do desenvolvimento renal, com persistência do blastema, que normalmente se perde após 35 semanas gestacionais. Os restos perilobares estão na periferia da cortical ou nas colunas de Bertin, enquanto os restos intralobares estão localizados na cortical ou profundamente na medular. Os restos perilobares estão associados à síndrome de Beckwith-Wiedemann, hemi-hipertrofia, síndrome de Perlman e trissomia do 18. Os restos intralobares são menos comuns, porém há maior associação com o desenvolvimento do tumor de Wilms. Estes são encontrados em 78% dos pacientes com síndrome de Drash, e quase 100% dos pacientes com aniridia.

À tomografia computadorizada, os restos nefrogênicos macroscópicos aparecem como nódulos periféricos de baixa atenuação, com menor realce pelo meio de contraste em relação ao parênquima adjacente (Figura 5). À ressonância magnética, apresentam intensidade de sinal homogênea ao contrário do tumor de Wilms, e geralmente hipointenso ao córtex.

Carcinoma de células renais

Tumor muito raro em crianças, responsável por menos de 7% de todos os tumores renais primários que aparecem nas primeiras duas décadas de vida. É associado à doença de von Hippel-Lindau, na qual os tumores tendem a ser múltiplos e se manifestam mais precocemente. Também podem aparecer como tumores pós-quimioterapia, incluindo tratamento para neuroblastoma e tumor de Wilms.

As manifestações clínicas são semelhantes às dos adultos, e incluem hematúria, dor lombar e massa palpável.

O carcinoma de células renais tende a ser menor que o tumor de Wilms, porém seu aspecto é semelhante, podendo ser indistinguível. O tumor forma uma massa sólida infiltrativa, com graus variáveis de necrose, hemorragia, calcificação e degeneração cística (Figura 6). Há distorção da arquitetura renal normal e formação de pseudocápsula. O tumor invade localmente, com disseminação a linfonodos retroperitoneais adjacentes. As metástases, mais frequentemente para pulmões, ossos, fígado e sistema nervoso central (SNC), são encontradas em 20% dos pacientes no momento do diagnóstico. Há maior frequência de calcificações no carcinoma de células renais (25%) em comparação ao tumor de Wilms (9%). O prognóstico depende do estádio no momento da apresentação, com sobrevida de aproximadamente 64%.

Nefroma mesoblástico

É o tumor renal sólido mais comum do neonato, também referido como hamartoma fetal renal ou hamartoma leiomiomatoso. É geralmente identificado nos primeiros três meses de vida, e 90% dos casos são descobertos no primeiro ano de vida. Há leve predominância pelo sexo masculino.

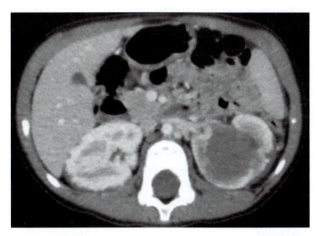

Figura 5 Nefroblastomatose associada a tumor de Wilms à esquerda.

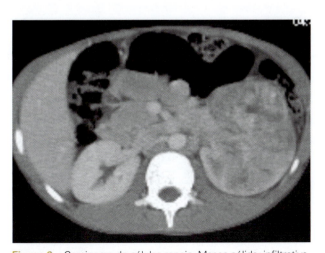

Figura 6 Carcinoma de células renais. Massa sólida, infiltrativa, ocupando a totalidade do rim esquerdo.

A forma mais comum de apresentação é como uma massa abdominal palpável; hematúria é pouco frequente. Alguns casos são detectados no ultrassom pré-natal e podem estar associados a poli-hidrâmnio, hidropsia e parto prematuro.

Macroscopicamente, o tumor tem aspecto emborrachado e tende a ser uma grande massa infiltrativa, com margens mal-definidas e sem cápsula. Os estudos de imagem mostram grandes massas sólidas intrarrenais, que tipicamente envolvem o seio renal e deslocam o parênquima (Figura 7). Podem conter áreas císticas, hemorragia e necrose, além de infiltração local dos tecidos perinéfricos. Calcificações são visíveis em menos de 5% dos casos.

Sua evolução é geralmente benigna, sendo tratado unicamente com nefrectomia. Raramente, pode ocorrer recidiva local, se a ressecção for incompleta, ou metástases para pulmões, SNC ou ossos. O prognóstico é melhor se for diagnosticado e ressecado antes de 6 meses de vida.

Tumor renal cístico multilocular

O termo tumor renal cístico multilocular refere-se a um espectro que varia de uma lesão puramente cística, revestida por epitélio e septos fibrosos que contém túbulos maduros (nefroma cístico) a uma lesão cujos septos contêm focos de células blastomatosas (nefroblastoma cístico parcialmente diferenciado). Os septos são os únicos componentes sólidos desses tumores, e o nefroblastoma cístico parcialmente diferenciado se diferencia do tumor de Wilms cístico pela ausência de massas sólidas de tecido nefroblastomatoso.

Os tumores renais císticos multiloculares apresentam dois picos de incidência: crianças de 3 meses a 4 anos (predominantemente meninos com nefroblastoma cístico parcialmente diferenciado) e adultos (predominantemente do sexo feminino, com nefroma cístico).

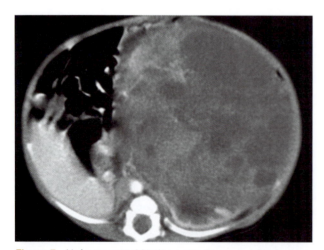

Figura 7 Nefroma mesoblástico – grande massa heterogênea, com áreas de liquefação e distorção do parênquima renal.

O nefroma cístico e o nefroblastoma cístico parcialmente diferenciado são indistinguíveis por meio dos estudos de imagem. Aparecem como uma massa circunscrita, encapsulada, com múltiplos cistos que variam de poucos milímetros a 4 cm de diâmetro, com realce variável nos septos, mas sem preenchimento dos espaços císticos com contraste. O ultrassom é o melhor método para demonstrar sua estrutura multicística. O tumor pode ou não se estender além da cápsula renal.

O tratamento é cirúrgico e o prognóstico é excelente, com a retirada completa do tumor. Não há relatos de doença metastática.

Sarcoma de células claras

Inicialmente considerado uma variante do tumor de Wilms, é responsável por 4-5% dos tumores renais primários da infância. O pico de incidência é de 1 a 4 anos, e há predominância masculina. Sua forma de apresentação é inespecífica, em geral se manifesta como massa palpável.

Os estudos de imagem não permitem a diferenciação entre sarcoma de células claras e o tumor de Wilms. Geralmente aparece como massa sólida intrarrenal, de margens nítidas e sem extensão intravascular.

O tumor é caracterizado pelo seu comportamento agressivo, e é associado a uma maior taxa de mortalidade que o tumor de Wilms. Metástases são mais comuns para ossos, linfonodos, SNC e pulmões. O tratamento consiste em nefrectomia e quimioterapia, com sobrevida de 60-70% no longo prazo.

Tumor rabdoide

É um tumor raro e altamente agressivo, e corresponde a uma entidade diferente do tumor de Wilms e rabdomiossarcoma em seus aspectos patológicos. É visto somente na infância, e a maioria dos casos ocorre antes de 1 ano de vida. Há leve predominância masculina. Clinicamente, pode se manifestar com hematúria, mas em razão de sua natureza agressiva, os sintomas são geralmente decorrentes de doença metastática.

Ao contrário do tumor de Wilms, o tumor rabdoide geralmente se origina da porção central do rim e envolve o hilo renal. Costuma ser volumoso no momento da apresentação (mais que 9 cm) e se dissemina pelo parênquima renal (Figura 8). A invasão da veia renal é comum. As metástases para pulmões e fígado são comuns, como no tumor de Wilms, mas também podem ocorrer metástases para SNC e esqueleto. Há associação do tumor rabdoide com tumores primários do SNC, em geral tumores de fossa posterior, como meduloblastoma e tumor neuroectodérmico primitivo.

Os estudos de imagem mostram uma massa grande, heterogênea, de localização central, envolvendo o hilo

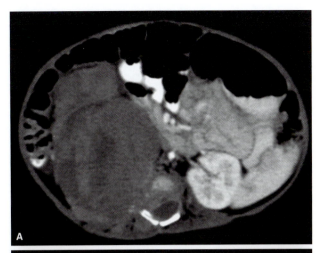

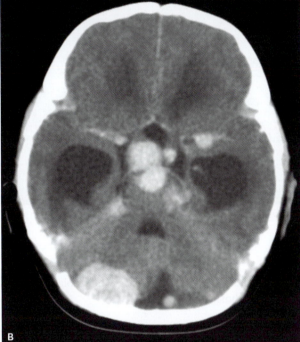

Figura 8   Tumor rabdoide. Volumosa massa renal associada a tumores no sistema nervoso central.

renal, com margens indistintas. O aspecto pode se assemelhar ao tumor de Wilms, mas algumas características podem sugerir o diagnóstico: coleções líquidas subcapsulares, lobulações separadas por áreas de necrose ou hemorragia, e calcificações lineares envolvendo os lóbulos tumorais. Invasão vascular e invasão local são comuns.

O tumor rabdoide apresenta o pior prognóstico dos tumores renais. Oitenta por cento desenvolvem doença metastática. A taxa de sobrevida é de 20% em 18 meses.

Linfoma

O linfoma comumente envolve o rim secundariamente à extensão retroperitoneal ou a metástases hematogênicas. Em crianças, o linfoma não Hodgkin (em especial o linfoma de Burkitt) acomete frequentemente o rim. Dos pacientes com linfoma, 62% apresentam envolvimento renal nas autópsias, enquanto somente 3-8% demonstram envolvimento renal na tomografia computadorizada. Como o parênquima renal não apresenta vasos linfáticos, o linfoma primário renal é pouco provável. Porém, raros casos de linfoma renal isolado foram descritos.

Os achados de imagem são variáveis e incluem múltiplos nódulos ou massas renais (Figura 9), infiltração difusa, invasão direta por extensão retroperitoneal e, menos comumente, doença perinéfrica isolada. A doença retroperitoneal pode causar obstrução vascular ou ureteral.

Tumores retroperitoneais

As principais lesões retroperitoneais na faixa etária pediátrica, além dos tumores renais, são os tumores originários do sistema nervoso simpático (neuroblastoma, ganglioneuroblastoma e ganglioneuroma). São chamados genericamente de tumores neuroblásticos. Originam-se em qualquer local onde existe tecido simpático, podendo ocorrer no pescoço, mediastino posterior, adrenal, retroperitôneo e pelve.

Os tumores diferem no grau de maturação celular e extracelular. Os tumores imaturos tendem a ser agressivos e ocorrem em pacientes mais jovens (abaixo de 2 anos), enquanto os maduros ocorrem em pacientes mais velhos (aproximadamente 7 anos) e tendem a se comportar de maneira mais benigna.

São derivados das células primordiais da crista neural. Essas células precursoras podem permanecer indiferenciadas (referidas como neuroblastos), ou podem se tornar maduras (referidas como gânglios ou células de Schwann). O tumor composto primariamente de neuroblastos é referido como neuroblastoma; o tumor composto inteiramente de células maduras é referido como ganglioneuroma; e o tumor composto de células maduras e imaturas é referido como ganglioneuroblastoma.

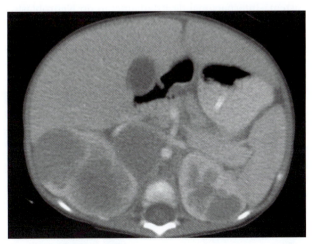

Figura 9   Linfoma. Múltiplas massas renais bilaterais; linfonodomegalias retroperitoneais.

Neuroblastoma

É o tumor extracraniano mais comum da infância. Origina-se do sistema nervoso simpático, sendo 65% com origem retroperitoneal e destes, 35% são da adrenal. A grande maioria dos casos (90%) surge antes dos 5 anos, porém a idade média do diagnóstico é por volta de 2 anos.

O neuroblastoma pode ser congênito, sendo o tumor maligno mais comum no primeiro mês de vida (correspondendo a 30-50% dos tumores malignos nessa faixa etária).

O quadro clínico costuma ser caracterizado por dor (local ou pela doença metastática), distensão abdominal, mal-estar, irritabilidade, perda de peso, dificuldade respiratória e déficits neurológicos periféricos; podem ocorrer também síndrome de Horner e *opsoclonus-mioclonus*.

Ao ultrassom, aparecem como massas ecogênicas heterogêneas, podendo apresentar áreas anecoides correspondentes a hemorragia ou necrose, e calcificações. A tomografia mostra a extensão tumoral, o órgão de origem, a presença de invasão regional e envolvimento vascular (Figura 10), adenopatia (Figura 12) e calcificação (presente em 80-90% dos casos) (Figura 11). A ressonância magnética é geralmente considerada o método de escolha para avaliação do neuroblastoma abdominal, sendo excelente para aferir a relação da massa com órgãos e vasos adjacentes; porém, a presença de calcificação é mais difícil de detectar do que na tomografia computadorizada. Na ressonância magnética, o tumor é tipicamente heterogêneo, com baixo sinal em T1 e alto sinal em T2, e padrão variável de realce.

As metástases são mais comuns em osso (presentes em dois terços dos casos no momento do diagnóstico), medula óssea (40-60% no momento do diagnóstico), fígado (forma nodular ou difusa) e pele ("*blueberry muffin syndrome*"); menos comumente acometem a dura-máter, o pulmão e o SNC (Figura 13).

O estadiamento atual do neuroblastoma (INRGSS – Sistema Internacional de Estadiamento do Neuroblastoma para Grupos de Risco) é baseado em um estadiamento pré-cirúrgico e utiliza fatores de risco definidos por imagem (IDRF).

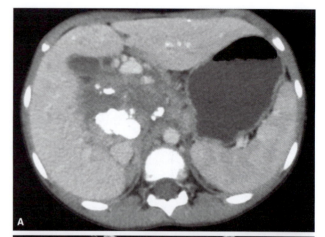
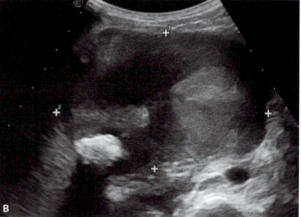

Figura 11 Neuroblastoma. Calcificações grosseiras.

O sistema INGRSS classifica os neuroblastomas em quatro estádios:

- L1 – o tumor não cresceu no local onde se originou e não envolve estruturas vitais, como definido pela lista de fatores de risco definidos por imagem e está confinado a um local, como pescoço, tórax ou abdome.
- L2 – o tumor não cresceu longe de onde se originou, porém tem pelo menos um fator de risco definido por imagem.

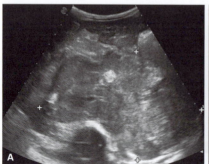
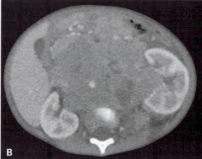
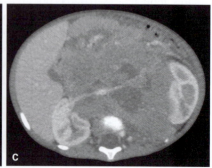

Figura 10 Neuroblastoma. Volumosa massa sólida heterogênea, envolvendo a aorta e vasos renais.

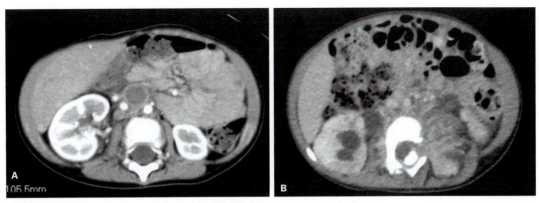

Figura 12   Neuroblastoma. A: Adenopatia retroperitoneal. B: Invasão do forame neural para o espaço epidural.

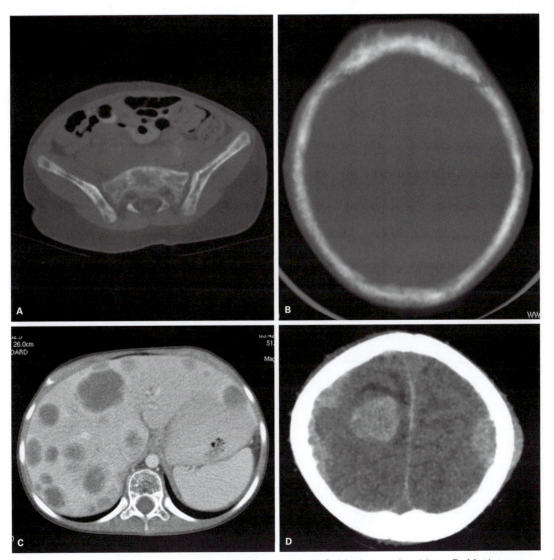

Figura 13   Metástases de neuroblastoma. A e B: Metástases ósseas. C: Metástases hepáticas. D: Metástases em sistema nervoso central.

- M – o tumor se disseminou para outros órgãos, exceto os tumores estádio MS.
- MS – doença metastática em crianças menores de 18 meses, com disseminação só para a pele, o fígado e/ou a medula óssea.

Exemplos de fatores de risco definidos por imagem (IDRF):

- Tumor ipsilateral com extensão para dois compartimentos do corpo: pescoço–tórax, tórax–abdome, abdome–pelve.
- Pescoço: tumor envolvendo vasos sanguíneos, extensão para a base do crânio, tumor comprimindo a traqueia.
- Junção cervicotorácica: tumor envolvendo raízes do plexo braquial, tumor envolvendo vasos sanguíneos, tumor comprimindo a traqueia.
- Tórax: tumor envolvendo a aorta e/ou grandes ramos, tumor comprimindo a traqueia e/ou brônquios principais.
- Abdome/pelve: tumor infiltrando o *porta hepatis*, tumor envolvendo vasos sanguíneos, tumor invadindo um ou os dois pedículos renais.

O tratamento do neuroblastoma é variável, de acordo com o estadiamento e risco tumoral, mas se baseia em ressecção tumoral e quimioterapia. Em alguns casos, a radioterapia também pode ser utilizada.

Bibliografia sugerida

1. Brisse HJ, McCarville MB, Granata C, Krug KB, Wootton-Gorges SL, Kanegawa K, et al. Guidelines for imaging and staging of neuroblastic tumors: consensus report from the International Neuroblastoma Risk Group Project. Radiology. 2011;26(1):243-57.
2. Charles AK, Vujanic GM. Renal tumours of childhood. Histopathology. 1998;32:293-309.
3. Chung CJ, Lorenzo R, Rayder S, Schemankewitz E, Guy CD, Cutting J, et al. Rhabdoid tumors of the kdney in children: CT findings. AJR. 1995;164:697-700.
4. Geller E, Smergel EM, Lowry PA. Renal neoplasms of childhood. Radiol Clin North Am. 1997;35:1391-413.
5. Green DM, D'Angio GJ, Beckwith JB, Breslow NE, Grundy PE, Ritchey ML, et al. Wilms tumor. CA Cancer J Clin. 1996;46:46-63.
6. Gylys-Morin V, Hoffer FA, Kozakewich H, Shamberger RC. Wilms tumor and nephroblastomatosis: imaging characteristics at gadolinium-enhanced MR imaging. Radiology. 1993;188:517-21.
7. Jianbo S, Daoyu H. Primary malignant renal tumors in infancy and childhood: CT appearances. The Chinese-German Journal of Clinical Oncology. 2006;5:128-31.
8. Lonergan GF, Schwab CM, Suarez ES, Carlson CL. From the archives of the AFIP – neuroblastoma, ganglioneuroblastoma and ganglioneuroma: radiologic-pathologic correlation. Radiographics. 2002;22:911-34.
9. Lonergan GJ, Martinez-Leon MI, Agrons GA, Montemarano H, Suarez ES. Nephrogenic rests, nephroblastomatosis, and associated lesions of the kidney. Radiographics. 1998;18:947-68.
10. Lowe LH, Isuani BH, Heller RM, Steirn SM, Johnson JE, Navarro OM, et al. Pediatric renal masses: Wilms tumor and beyond. Radiographics. 2000;20:1585-603.
11. Papaioannou G, McHugh K. Neuroblastoma in childhood: review and radiological findings. Cancer Imaging. 2005;5:116-27.
12. Rajiah P, Sinha R, Cuevas C, Dubinsky TF, Bush WH, Kolokythas O. Imaging of uncommon retroperitoneal masses. Radiographics. 2011;31:949-76.
13. Vujanic GM, Charles AK. Renal tumours of childhood: an update. Pathology. 2008;40:217-27.

Puberdade precoce e tardia

Keityane Rodrigues
Abner Donato Dorazio Souza
Lisa Suzuki

Introdução

Puberdade é a transição entre infância e fase adulta, caracterizada por uma série de alterações endócrinas e psicológicas, o que resulta em maturação sexual e desenvolvimento da capacidade reprodutiva, ocorrendo aceleração do crescimento somático, do crescimento ósseo e desenvolvimento de características sexuais secundárias do estágio adulto.

Inicia-se com a ativação do eixo hipotálamo-hipófise-gônada, geralmente entre 8 e 13 anos de idade em meninas e 9 e 14 anos de idade em meninos.

No período pós-natal, uma significativa secreção do hormônio liberador das gonadotrofinas (GnRH) de origem hipotalâmica é evidenciada, seguida de uma fase de relativa quiescência hormonal até o início da puberdade. Nesta fase, ocorre a reativação da secreção pulsátil do GnRH com consequente ativação do eixo hipotálamo-hipófise-gônada. Há aumento de estímulos excitatórios e concomitante redução dos aferentes inibitórios sobre a secreção pulsátil de GnRH hipotalâmico, sendo esse processo independente da inibição exercida pelos esteroides sexuais. Esses pulsos estimulam a produção das gonadotrofinas, hormônio luteinizante (LH) e hormônio foliculoestimulante (FSH), pela hipófise anterior, que, por sua vez, promovem a produção dos gametas maduros e a síntese dos esteroides sexuais pelas gônadas (testosterona pelas células de Leydig testiculares e estradiol pelos folículos ovarianos).

Os mecanismos envolvidos na supressão relativa da secreção de GnRH durante a infância, mantida pelo predomínio de fatores inibitórios, e a subsequente ativação puberal ainda não são totalmente compreendidos. Além dos moduladores neuronais, diversos fatores endógenos, ambientais, étnicos, nutricionais e genéticos interagem para determinar o início preciso da puberdade.

Os primeiros sinais de puberdade em meninas são desenvolvimento da mama e pelos pubianos, seguidos de estirão e posteriormente desenvolvimento de pelos axilares e menarca.

Em meninos, o primeiro sinal é aumento do volume testicular (volume testicular > 4 mL ou maior diâmetro > 2,5 cm é considerado púbere), seguido de desenvolvimento de pelos pubianos, aumento do pênis, desenvolvimento dos pelos axilares e faciais e, por fim, estirão. A puberdade geralmente se completa em aproximadamente 4 anos.

Os caracteres sexuais secundários (mamas e pelos pubianos) devem ser classificados segundo os critérios de Marshall e Tanner (Figura 1).

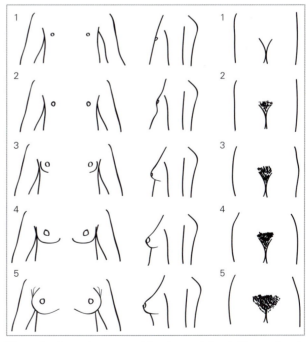

Figura 1 Desenho esquemático dos estágios de Tanner. 1: pré-puberal; 2: início da puberdade; 5: adulto.

Puberdade precoce

A puberdade precoce é definida como desenvolvimento de qualquer característica sexual em idade cronológica imprópria, mais de dois desvios-padrão inferior à média de uma determinada população. Na literatura americana e europeia, a puberdade é considerada precoce quando a menarca ocorre antes dos 8 anos de idade cronológica em meninas e quando o menino apresenta estágio II de puberdade antes dos 9 anos. Pelos dados obtidos em população brasileira por Colli et al., é considerada precoce a menarca antes dos 9 anos de idade. Em meninos brasileiros, a pubarca e o aumento do volume testicular antes dos 8 anos de idade são considerados precoces.

A puberdade precoce é mais comum em meninas e é classificada em dois grupos principais: puberdade precoce central (completa, verdadeira, dependente da gonadotrofina) ou puberdade precoce periférica (incompleta, pseudopuberdade, independente da gonadotrofina).

A puberdade precoce central (PPC) geralmente é isossexual, sendo os caracteres sexuais secundários concordantes com o sexo do paciente, enquanto a puberdade precoce periférica pode ser iso ou heterossexual (feminização de meninos ou virilização de meninas), além da progressão desordenada dos caracteres sexuais secundários, podendo a menarca ser a primeira manifestação.

Em ambas as formas de puberdade precoce, iso ou heterossexual, os esteroides sexuais determinam aceleração da velocidade de crescimento e da maturação esquelética, culminando com a fusão prematura das epífises ósseas e comprometimento da estatura final.

A avaliação laboratorial é útil no diagnóstico diferencial das formas de precocidade sexual.

São causas de puberdade precoce central:

- Sem anormalidade no sistema nervoso central (SNC).
  - Idiopática.
  - Causas genéticas.
  - Mutações ativadoras nos genes *KISS1R* e *KISS1*.
  - Mutações inativadoras no gene *MKRN*.
  - Secundária à exposição crônica a esteroides sexuais (p. ex., tratamento tardio das formas virilizantes simples de hiperplasia adrenal congênita, após ressecção de tumores secretores de esteroides sexuais, testotoxicose, síndrome McCune Albright).
  - Hipotireoidismo crônico.
  - Após exposição a desreguladores endócrinos.
- Com anormalidade no SNC:
  - Hamartoma hipotalâmico.
  - Tumores: astrocitoma, craniofaringeoma, ependimoma, glioma óptico ou hipotalâmico, adenoma secretor de LH, pinealoma, neurofibroma, disgerminoma.
  - Malformações congênitas: cisto suprasselar, cisto aracnoide, displasia septo-óptica, hidrocefalia, espinha bífida, malformação vascular, meningomielocele, neuro-hipófise ectópica, duplicação hipofisária.
  - Doenças adquiridas: infecções e processos inflamatórios no SNC (abscesso, meningite, encefalite, sarcoidose, tuberculose), radiação do SNC, quimioterapia, asfixia perinatal, trauma cranioencefálico.

São causas possíveis de puberdade precoce incompleta:

- Tumores produtores de gonadotrofinas (SNC, hepatoblastoma, coriocarcinoma).
- Hipersecreção de esteroides sexuais (cistos ovarianos, tumores ovarianos e adrenais, síndrome de McCune Albright, síndrome de Peutz-Jeghers, exposição exógena aos estrógenos).
- Telarca precoce.
- Pubarca precoce.
- Menarca precoce isolada.
- Virilização no sexo feminino (síndrome adrenogenital, tumor ovariano virilizante, síndrome de Cushing e exposição aos andrógenos).
- Hipertireoidismo.

Puberdade precoce central ou completa isossexual

A PPC é uma condição rara, com incidência estimada de 1:5.000 a 1:10.000, mais frequente no sexo feminino.

Resulta da ativação do hipotálamo, com produção de gonadotrofinas e hormônios sexuais. Pode ser idiopática ou secundária a lesões do SNC. Em meninas, aproximadamente 70-80% dos casos são idiopáticos, enquanto em meninos, cerca de 10-40%.

A idade óssea encontra-se superior à cronológica com fechamento precoce das epífises dando origem a baixa estatura na idade adulta. Há indícios que apontam risco aumentado de desenvolvimento de síndrome metabólica e carcinoma da mama em adultos.

Ao contrário do sexo feminino, aproximadamente 75% dos meninos com PPC apresentam uma causa orgânica, e o hamartoma hipotalâmico (HH) é a causa orgânica mais comum em ambos os sexos.

Os HH são malformações congênitas não neoplásicas, compostas por massa heterotópica de tecido hipotalâmico, contendo neurônios de GnRH. Atuam como tecido hipotalâmico ectópico com produção autônoma de GnRH, localizada na base do crânio, no assoalho do III ventrículo, próximo ao *tuber* cinéreo ou aos corpos mamilares. Quando sintomáticos, os HH cursam com PPC em 80% dos casos, geralmente de início antes dos 3 anos de idade e mais associada aos hamartomas para-hipotalâmicos ou pedunculados, enquanto as formas intra-hipotalâmicas e sésseis maiores que 10 mm apresentam maior risco de manifestações neurológicas (epilepsia gelástica, crises focais ou generalizadas, distúrbios cognitivos e comportamentais).

A puberdade precoce central ainda pode ser observada em crianças com hipotireoidismo crônico não tratado, por estímulo da hipófise pela deficiência tireoidiana e aumento da liberação de gonadotrofinas e prolactina. A situação resulta da capacidade do TSH de ativar diretamente os receptores da FSH, dada a similaridade estrutural de ambas. Frequentemente acompanhado de galactorreia, não apresenta desenvolvimento de características sexuais secundárias ou pode ter apenas um discreto desenvolvimento de pelos pubianos. Geralmente, a idade óssea não é avançada e observa-se uma parada de crescimento linear.

Outros tumores do SNC associados com PPC são: astrocitoma, ependimoma, tumores da pineal, gliomas ópticos e hipotalâmicos. A irradiação do SNC pode associar-se a PPC com déficit de GH. Outras lesões do SNC, como traumatismos, hidrocefalia, cistos, doença inflamatória do SNC e defeitos da linha média, como a displasia septo-óptica, são também causas raras de PPC.

A maturidade esquelética da criança pode ser estimada pela comparação da idade óssea com medidas-padrão estabelecidas por Greulich e Pyle. A altura previsível em adulto pode então ser calculada pelo método de Bayley-Pinneau, que utiliza quadros de predição de altura no atlas de idade óssea.

Puberdade precoce periférica (PPP) ou incompleta isossexual

É mais rara que a PPC. Ocorre em menos de um quinto das meninas com desenvolvimento sexual precoce. Costuma acontecer em meninas menores de 5 anos de idade por excesso de estrógeno endógeno (proveniente do ovário ou glândula adrenal) ou exógeno (alimentação, medicamentos, cremes, loções ou outras substâncias). O nível de gonadotrofina (FSH e LH) é baixo, não há estímulo das gônadas e há aceleração da idade óssea.

A causa ovariana mais comum é cisto folicular funcionante. Pode ser recorrente, romper ou regredir espontaneamente, com consequente queda no nível de estrógeno e sangramento vaginal. Os tumores ovarianos secretores de estrógenos também são relativamente comuns, sobretudo o tumor de células granulosas. Já os tumores adrenais secretores de estrógenos são mais raros (adenomas ou carcinomas).

Na síndrome de McCune-Albright, doença rara caracterizada pela tríade clássica displasia fibrosa poliostótica, manchas cutâneas "café com leite" e puberdade precoce, geralmente periférica, o sangramento vaginal é um dos sinais iniciais e cisto ovariano funcional pode ser observado em alguns casos. A sua forma de apresentação clássica é desenvolvimento mamário acelerado e início súbito da menarca. A razão para esse início súbito e rápida evolução é a existência de cistos ovarianos produtores

de estrógenios. Existe hiperatividade ovariana não controlada com produção de estrogênio acentuada, resultando em níveis de estradiol altos.

Em outros casos, não há causa anatômica. Em alguns casos, ainda, a puberdade pode ser central, provavelmente decorrente de maturação precoce do eixo hipotálamo-hipófise-gônada secundária à exposição prolongada de estrógeno.

No sexo masculino, o tamanho testicular pode auxiliar no diagnóstico da causa de puberdade: na PPC, o volume testicular é aumentado, assim como na puberdade normal. Na PPP, o volume testicular é geralmente reduzido, exceto nos casos de testotoxicose, tumores testiculares secretores de testosterona, presença de restos adrenais e tumores produtores de gonadotrofina coriônica humana (hCG).

Distúrbios virilizantes em meninas (puberdade precoce heterossexual)

Há uma virilização decorrente do aumento dos níveis de andrógenos séricos ou aumento da sensibilidade dos órgãos-alvo a níveis normais de andrógenos.

A hiperplasia congênita da adrenal é a causa mais comum de hiperandrogenismo. Decorre de um de vários defeitos enzimáticos que resultam na síntese diminuída de cortisol. Inclui as formas clássica e não clássica. A mais frequente é a deficiência de 21-hidroxilase. Na clássica, os fetos femininos estão expostos *in útero* a níveis elevados de androgênios, o que resulta em virilização e ambiguidade genital externa ao nascimento. A forma não clássica pode tornar-se clinicamente evidente na infância com sinais de androgenicidade (pelos púbicos, odor corporal, acne) ou mesmo virilização.

Outras causas de virilização em meninas incluem tumores de adrenal (adenomas e carcinomas) e tumores ovarianos (tumor de células de Sertoli-Leyddig, tecoma ou gonadoblastoma). O hirsutismo idiopático e a doença policística ovariana também são considerados distúrbios virilizantes.

Puberdade precoce periférica isossexual em meninos

A hiperplasia congênita da adrenal é a causa mais comum de aumento de andrógenos em meninos, seguida de tumores do córtex da adrenal (adenocarcinoma e adenoma) e raramente tumor testicular (tumor de células de Leydig). Tumores das adrenais, que podem ser malignos, associados em 85% dos casos com virilização, são diagnosticados na idade média de 5 anos. Alguns tumores extra-hipofisários também podem secretar hCG e causar puberdade precoce periférica, como hepatoblastoma, hepatocarcinoma, coriocarcinoma, teratoma e corioepitelioma de mediastino e retroperitônio, pois o hCG é estruturalmente semelhante ao LH e estabelece ligações de alta afinidade com os receptores de LH.

Germinomas suprasselares ou pinealoma ectópico também podem secretar hCG. Andrógenos exógenos e administração de hCG para criptorquidia podem ser outras causas de virilização incompleta em meninos.

Telarca e pubarca precoces

Os desenvolvimentos da mama (telarca) antes dos 8 anos de idade e dos pelos pubianos (pubarca ou adrenarca) antes dos 6,5 anos em meninas são considerados precoces, sendo relativamente comuns e geralmente autolimitados, sem progressão para a maturação, não associados a outros sinais puberais e por idade óssea adequada à cronológica.

A telarca pode ser uni ou bilateral. Os níveis de gonadotrofinas e estradiol são normais. De causa desconhecida, são consideradas variantes normais do desenvolvimento da puberdade. A telarca precoce ocorre geralmente entre 1 e 4 anos de idade e o curso é variável. Resolve-se espontaneamente em um terço das meninas, em um terço permanece constante e um terço progride, não passando normalmente o estádio 3 de Tanner. A causa exata é desconhecida. A vigilância deve ser mantida, já que uma pequena percentagem (18%) das meninas desenvolve uma verdadeira PPC).

A pubarca refere-se ao desenvolvimento de pilosidade púbica e/ou axilar antes dos 8 anos de idade, mais frequentemente entre 6 e 8 anos. É mais frequente no sexo feminino, em crianças obesas e de raça negra. É uma entidade benigna rara, de etiologia desconhecida, apresenta em cerca de 73% dos casos uma distribuição diferente da que ocorre na puberdade normal, nos grandes lábios e monte de Vênus.

Pode haver ligeira aceleração do crescimento e avanço mínimo da idade óssea.

A resolução espontânea ocorre na grande maioria dos casos em até 12 meses. Cerca de 20% progridem para PPC.

Há risco aumentado de desenvolver, na adolescência e na idade adulta, síndrome dos ovários policísticos, hiperinsulinismo, dislipidemia, doença cardiovascular precoce e síndrome metabólica. O desenvolvimento precoce dos pelos pubianos e axilares em meninos, sem outros sinais de desenvolvimento puberal, também é considerado uma variante comum, provavelmente secundária a discreto aumento de andrógenos liberados pelas adrenais. Tanto a idade óssea como a curva de crescimento encontram-se discretamente aceleradas em ambos os sexos.

Menarca prematura define-se como a ocorrência de um ou mais episódios de hemorragia vaginal ainda sem desenvolvimento mamário e sem alterações físicas, hormonais ou imaginológicas. É condição rara, em razão da atividade ovariana transitória e autolimitada, por eventual exposição a estrogênios exógenos. Em cerca de 25% dos casos não se estabelece uma causa.

Ginecomastia da adolescência e distúrbios feminizantes em meninos

Discreto desenvolvimento mamário transitório em adolescentes pode ocorrer entre 13 e 15 anos de idade e raramente requer correção cirúrgica. Geralmente bilateral e idiopática, apresenta regressão em 2 a 3 anos, porém pode persistir na idade adulta. Ginecomastias patológicas podem estar associadas à exposição exógena de estrógenos ou a tumores testiculares ou adrenais (cortical) secretoras de estrógenos ou tumor de hipófise secretora de prolactina.

A ginecomastia também pode ser observada na síndrome de Klinefelter, anorquia bilateral congênita, insuficiência testicular adquirida e outras condições de anomalias de produção de testosterona ou a sensibilidade alterada dos órgãos-alvo.

Puberdade atrasada ou ausência de desenvolvimento puberal

Na população brasileira, a ausência de telarca aos 13 anos, pubarca aos 14 anos e menarca aos 16 anos de idade é considerada sinal de puberdade atrasada em meninas. Em meninos, a ausência de desenvolvimento de características sexuais secundárias após 14 anos é sinal de retardo na puberdade.

A maioria dos casos é funcional (53%) com atraso puberal simples e de bom prognóstico.

A puberdade tardia pode ser idiopática ou secundária a uma doença crônica, distúrbio no eixo hipotálamo-hipófise-gônadas (hipogonadismo hipogonadotrófico) ou distúrbios primários das gônadas.

A grande maioria das crianças com puberdade atrasada não apresentará patologias: como crianças com atraso constitucional de crescimento e desenvolvimento. Crianças com esta variante benigna da normalidade possuem excelente prognóstico para estatura normal e desenvolvimento sexual secundário. No entanto, elas precisam ser distinguidas da pequena porção de crianças com puberdade precoce por causas patológicas.

Atraso constitucional do crescimento e da puberdade

É uma variante benigna da puberdade atrasada, mais frequente no sexo masculino. O padrão de desenvolvimento puberal é normal, apesar de seu início ser tardio. Associado a história familiar pelo que na sua origem pode estar uma causa genética, contudo o gene ou genes envolvidos são desconhecidos. Apresentam baixa estatura (2 a 3 desvios-padrão abaixo da média de altura para a idade) e idade óssea atrasada (2 a 3 anos abaixo da idade cronológica), atraso na adrenarca e imaturidade sexual. É um diagnóstico de exclusão e muitas vezes é difícil distinguir entre causas hipotálamo-hipofisárias. A maioria das crianças com atraso constitucional atinge a altura final de adulto do seu potencial genético.

Hipogonadismo hipogonadotrófico

A redução da produção dos hormônios gonadotróficos secundária ao distúrbio hipotálamo-hipófisário resulta em função gonadal ausente e consequentemente na ausência da puberdade. Os órgãos sexuais secundários permanecem subdesenvolvidos para a faixa etária, de aspecto infantil, sem sinais de estímulo hormonal.

As causas orgânicas mais comuns são as anomalias intracranianas, como tumores (craniofaringioma, gliomas ópticos ou hipotalâmicos), histiocitose de células de Langerhans e alguns defeitos congênitos da linha média (displasia septo-óptico e holoprosencefalia). Hipopituitarismo idiopático, deficiências gonadotróficas esporádicas ou familiais estão entre as causas funcionais e podem estar associados às síndromes (síndromes de Kallmann, Prader-Willi e Laurence-Moon-Biedl).

A síndrome de Kallman, definida como a combinação de hipogonadismo hipogonadotrófico e anosmia, é a causa mais comum de deficiência isolada de gonadotrofinas. Anosmia é um dado importante da história clínica. Outros achados associados são a agenesia renal unilateral (40%) e a hipoacusia neurossensorial. A aplasia dos bulbos olfatórios pode ser às vezes identificada na ressonância magnética (RM).

Qualquer doença sistêmica grave, doença crônica ou má nutrição significativas pode provocar uma disfunção hipotálamo-hipofisária que resulta em puberdade tardia e em crescimento deficiente. Quando o peso corporal é inferior a 80% do ideal para a altura, pode ocorrer deficiência funcional de gonadotrofinas como a que se associa à anorexia nervosa e à amenorreia induzida pelo exercício. O tratamento adequado da doença crônica subjacente pode resolver a disfunção hipotálamo-hipofisária e a puberdade pode progredir normalmente.

Hipogonadismo hipergonadotrófico

O hipogonadismo é secundário à lesão gonadal, com redução da produção dos hormônios sexuais e aumento dos hormônios gonadotróficos hipofisários séricos. As causas mais comuns são síndrome de Turner (causa mais frequente de disgenesia gonadal em meninas), disgenesias gonadais XX, XY e com galactosemia e ooforite (frequentemente associado à tireoidite de Hashimoto, hipoparatireoidismo, insuficiência adrenal, anemia perniciosa, hepatite crônica e candidíase). O hipogonadismo também pode ser secundário a falência ovariana por infarto, remoção cirúrgica, pós-radioterapia, pós-quimioterapia e ooforite autoimune. Em meninos, pode ser secundário a anorquia, atrofia testicular por torção, radioterapia ou lesão durante a orquipexia.

O estudo de cariótipo é parte fundamental da avaliação.

Crianças submetidas a quimioterapia ou radioterapia como parte de tratamento oncológico estão em risco de desenvolver hipogonadismo primário.

Algumas causas raras de hipogonadismo primário adquirido incluem erros inatos do metabolismo e doenças autoimunes.

Amenorreia

A amenorreia é considerada primária quando a menstruação não ocorre após os 16 anos de idade e secundária quando há interrupção da menstruação em qualquer momento entre a menarca e a menopausa.

São causas de amenorreia primária:

- Hipotalâmica.
  - Doença sistêmica.
  - Doença crônica.
  - Estresse.
  - Atletas.
  - Obesidade.
  - Drogas.
  - Distúrbios de alimentação.
  - Causa familiar.
- Hipofisária.
  - Idiopática.
  - Tumores.
  - Hemocromatose.
- Tireoide.
  - Hipertireoidismo.
  - Hipotireoidismo crônico.
- Adrenal.
  - Tumores.
  - Hiperplasia adrenocortical congênita.
- Ovariana.
  - Tumores.
  - Falência ovariana.
  - Síndrome dos ovários policísticos.
  - Disgenesia gonadal.
- Cérvix (agenesia).
- Vagina (agenesia, septo).
- Hímen imperfurado.

Métodos de diagnósticos

Radiografia simples da mão e do punho esquerdos (radiografia – idade óssea)

A radiografia simples da mão e do punho esquerdos é utilizada para a determinação da idade óssea sempre que houver suspeita de aceleração ou retardo de crescimento. Estudos mostram que não há diferença estatisticamente significativa de maturação óssea entre as mãos direita e esquerda, sendo a mão esquerda utilizada como padrão. Antes da análise propriamente dita da idade óssea, parâmetros técnicos devem ser observados, como o posicionamento da mão e a penetração da radiografia, pois radiografias hiperexpostas ("muito escuras") podem dificultar a análise de pequenos detalhes, que muitas vezes são cruciais para a determinação entre uma idade e outra. A radiografia pode ser analisada pelo método de Greulich e Pyle ou pelo método de Tanner-Whitehouse.

O método de Greulich e Pyle é o mais utilizado e consiste na determinação da idade óssea com base na sequência de aparecimento e na morfologia dos núcleos de ossificação das falanges, metacarpos, ossos do carpo, rádio e ulna. Vários padrões de idade óssea foram determinados, geralmente intervalados a cada 6 a 12 meses, desde o nascimento até a maturação completa, que ocorre com a fusão de todos os núcleos de ossificação. Na metodologia de análise, os núcleos de ossificação das epífises distais merecem maior peso na determinação da idade, seguidos das falanges médias, proximais, metacarpo, rádio e ulna. Os ossos do carpo são menos representativos na determinação final da idade óssea, pois apresentam grande variação no decorrer da sua maturação, muitas vezes impossibilitando de classificá-los adequadamente, além de não causarem impacto significativo na determinação da altura final do indivíduo, que é o grande objetivo dos tratamentos para os distúrbios de crescimento. Alguns ossos são considerados importantes marcadores da puberdade, como o adutor sesamoide do polegar, cuja ossificação ocorre em média aos 123 meses (desvio-padrão de 11 meses) em meninas (Figura 2) e aos 152 meses (desvio-padrão de 12 meses) em meninos.

O método de Tanner-Whitehouse é mais utilizado nos países europeus e consiste na determinação da idade óssea com base na morfologia dos núcleos de ossificação do rádio, ulna, primeiras, terceiras e quintas falanges e metacarpos (radio-ulna and short bones – RUS), independentemente da sequência de aparecimento deles. Também existe a opção do estudo baseado nos ossos do carpo (índice carpal), porém, pelos motivos expostos anteriormente, não são considerados na análise final da idade óssea. Por este método é possível o estudo da idade óssea de crianças entre 2 e 16,5 anos no sexo masculino e entre 2 e 15 anos no feminino, intervalados a cada decimal, ou seja: 2,1; 2,2; 2,3 e assim por diante. É um método mais demorado, porém com menor variação intra e interobservador, com a vantagem de um controle mais preciso, muitas vezes realizado a cada 6 meses.

Existem outros métodos de determinação de idade óssea que são úteis em casos específicos, como o método de Sontag, que apresenta boa definição em crianças menores que 2 anos de idade. Ainda podemos avaliar a idade por meio da maturação óssea do joelho (Pyle e Hoerr) e da apófise da crista ilíaca (sinal de Risser).

A idade óssea pode ser utilizada para predição da estatura adulta pelo método de Bayley-Pinneau, apesar de pouco preciso (intervalo de confiança de 95%, com variação de aproximadamente 8 cm da altura predita e com tendência a superestimar a altura final).

Ultrassonografia

A ultrassonografia (USG) é o exame indicado para pesquisa de sinais de estímulo hormonal do útero e ovários, presença de cistos ou eventualmente tumores ovarianos/testiculares.

Útero

A morfologia, as dimensões uterinas e a presença de eco endometrial são os parâmetros mais específicos de estímulo hormonal. Comprimento uterino acima de 4,5 cm, espessura do corpo > 1,0 cm, presença de eco endometrial e volume uterino > 4,0 cm³ são parâmetros fortemente sugestivos de resposta a estímulo hormonal (Tabela 1, Figuras 3A e 4A). Já a relação das espessuras do corpo e colo (razão fundo-cervical) apresenta menor sensibilidade, embora específica, pois na grande maioria dos casos a razão é em torno de 1, atingindo padrões adultos somente após a menarca.

A análise espectral por Doppler colorido das artérias uterinas também fornece informações úteis na avaliação puberal. Foram descritos três padrões espectrais da artéria uterina nesta fase. Padrão pré-puberal, em que se observa um fluxo sistólico estreito, sem fluxo diastólico (Figura 3B);

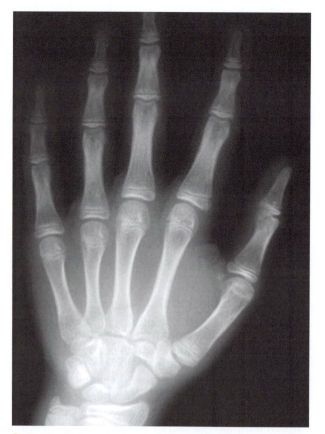

Figura 2 Radiografia da mão esquerda evidenciando presença de ossificação do adutor sesamoide do polegar, comumente visto entre 10 e 11 anos no sexo feminino, em uma menina de 8 anos de idade com sinais de puberdade precoce.

Tabela 1 Aspecto e dimensões gerais uterinas em meninas do nascimento à puberdade

	Aspecto geral	Comprimento	Espessura do corpo	Espessura do colo
Período neonatal	Colo > corpo	2,3 a 4,6 cm	0,8 a 2,1 cm	0,8 a 2,2 cm
Pré-púbere	Colo ≥ corpo	2 a 4,5 cm	0,5 a 1 cm	
Púbere > 13 anos	Colo > corpo	5 a 8 cm	1,6 a 3 cm	

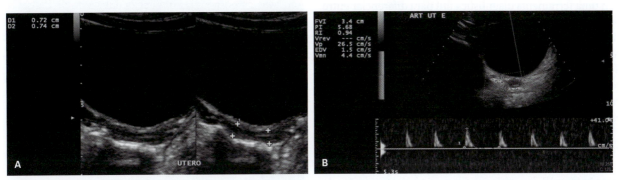

Figura 3 A: Ultrassonografia pélvica evidenciando útero de aspecto pré-púbere, com colo proeminente e sem evidência de eco endometrial em uma menina de 6 anos de idade; B: Doppler espectral da artéria uterina evidenciando fluxo de alta resistência, sem fluxo diastólico, compatível com padrão pré-púbere.

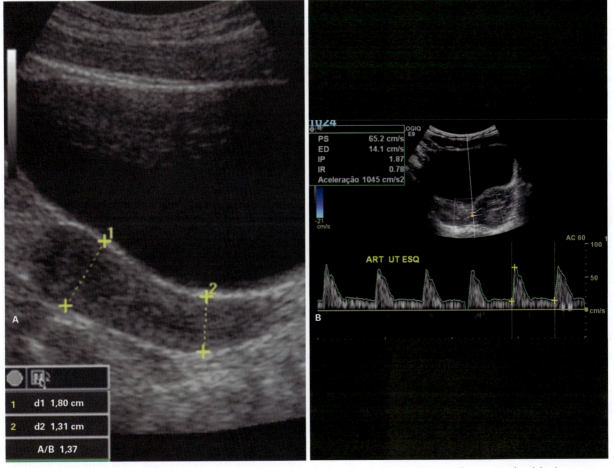

Figura 4 A: Ultrassonografia pélvica evidenciando útero com sinais de estímulo hormonal, com discreto predomínio do corpo, que apresenta espessura > 1 cm, em uma menina de 12 anos de idade; B: Doppler espectral da artéria uterina evidenciando presença de fluxo diastólico contínuo e índice de pulsatilidade < 2,5 (IP = 1,87), compatível com padrão puberal (B) em uma menina de 8 anos de idade com sinais de puberdade precoce.

padrão intermediário, em que se observa um pequeno fluxo diastólico, sinalizando início da puberdade, e padrão com franco estímulo hormonal, em que se observa fluxo diastólico contínuo (Figura 4B). Segundo Battaglia et al., a análise com Doppler colorido das artérias uterinas e a presença de baixa impedância nelas (≤ 2,5) têm um valor de diagnóstico geralmente elevado para puberdade precoce e representam uma ferramenta diagnóstica útil para diferenciar entre puberdade precoce verdadeira e suas formas intermediárias. O índice de pulsatilidade (IP) da artéria uterina parece refletir o tônus arterial ou modificações na resistência no fluxo do leito vascular, inversamente correlacionado com concentrações plasmáticas de LH. Níveis plasmáticos elevados de LH podem ser responsáveis pela vascularização estromal aumentada por diferentes mecanismos.

Em meninas com eixo hipotálamo-hipófise-gônada ativado, os efeitos na vascularização uterina podem ser reforçados pela atividade do estrogênio em uma correlação inversa entre o IP da artéria uterina e os níveis circulantes de estrogênio. O estrogênio age na parede dos vasos, reduzindo a resistência vascular por meio de diversos mecanismos.

Ovários

A avaliação ovariana é menos específica que a uterina. O ovário pré-púbere geralmente é menor que 2 cm³, atingindo volume médio de aproximadamente 3 cm³ no período pré-menarca imediato e acima de 4-5 cm³ na puberdade (Tabela 2). O aspecto multifolicular, com pelo menos seis folículos acima de 4 mm bilaterais, é descrito como sinal de estímulo hormonal, porém há um consenso entre diversos autores, mostrando que este parâmetro pode ser pouco específico, uma vez que folículos estão presentes em meninas desde o nascimento, com medidas que variam de 1 a 17 mm (Figura 5). Na avaliação de cisto

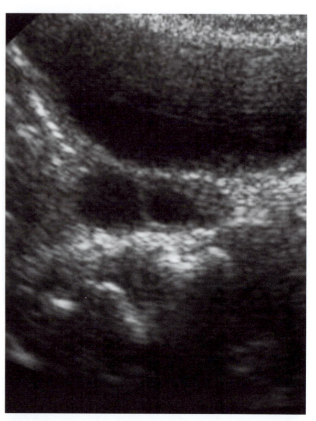

Figura 5 Ultrassonografia pélvica em uma menina normal de 2 anos de idade, sem sintomas de distúrbio puberal, evidenciando folículos ovarianos à direita.

folicular, estudos mostram que cistos podem ser funcionantes a partir de 9 mm em crianças (Figura 6).

O diagnóstico ultrassonográfico de doença policística ovariana deve ser realizado entre o terceiro e o quinto dias do ciclo menstrual em pacientes que menstruam, e os critérios estabelecidos atualmente são aumento das dimensões ovarianas > 10 cm³ e/ou presença de mais de doze folículos em um dos ovários.

Estes critérios são determinados e utilizados em mulheres adultas, realizados por meio do acesso transvaginal. A significância desses achados morfológicos para fazer diagnóstico de ovários policísticos em adolescentes é controversa por conta de alguns fatores, como: mudanças fisiológicas observadas nesta fase, a alta prevalência desses achados em meninas adolescentes normais, além de os ovários das adolescentes serem maiores que os das mulheres adultas e a ultrassonografia transabdominal não ser adequada para a contagem folicular necessária ao diagnóstico, especialmente em meninas obesas.

Portanto, alguns autores sugerem, por meio de evidências atuais, que até que novas pesquisas estabeleçam critérios definitivos, uma média de volume ovariano ≥ 12 cm³ (ou único ovário ≥ 15 cm³) seja considerado aumentado em adolescentes.

A USG do testículo pode detectar tumores das células de Leydig não palpáveis e deve ser realizada em

Tabela 2 Volumes ovarianos pediátricos

Idade (anos)	Volume (cm³)	Desvio-padrão
1	1,05	0,7
2	0,67	0,35
3	0,70	0,2
4	0,80	0,4
5	0,90	0,02
6	1,2	0,4
7	1,3	0,6
8	1,1	0,5
9	2,0	0,8
10	2,2	0,7
11	2,5	1,3
12	3,8	1,4
13	4,2	2,3

Fonte: Garel et al., 2001.

casos de volume testicular assimétrico ou puberdade precoce periférica.

Adrenais

A USG é o exame de escolha na pesquisa de hiperplasia congênita das adrenais, principalmente no período neonatal, em que o aspecto é bem característico. Em crianças maiores, a USG se torna pouco específica, assim como a tomografia computadorizada (TC) e a RM.

Nos tumores adrenais (adenomas e carcinomas) e ovarianos (tumor de células de Sertoli-Leyddig, tecoma ou gonadoblastoma), a USG é o método inicial indicado. Na presença de tumores, indica-se TC ou RM para melhor caracterização tumoral e estadiamento.

Mamas

A ultrassonografia mamária é um método simples e objetivo para avaliar presença ou ausência e extensão de tecido fibroglandular.

A escala de Tanner é amplamente utilizada para graduar o desenvolvimento mamário em cinco estágios puberais em meninas. No entanto, esta classificação é baseada na descrição física sem considerar outros fatores, como os achados ultrassonográficos. Áreas de deposição de gordura podem ser confundidas com o brotamento mamário em razão das atuais mudanças dietéticas das crianças modernas, levando a uma suspeita de aumento mamário. Portanto, a acurácia da escala de Tanner é, em alguns casos, duvidosa.

Algumas escalas de graduação morfológica de desenvolvimento glandular mamário pela USG vêm sendo propostas, uma vez que a visualização dos estágios de desenvolvimento por USG de mama é um método mais preciso e quantitativo do que a tradicional escala de Tanner.

A USG é o único exame indicado para os diagnósticos de ginecomastia nesta faixa etária, tumores mamários e testiculares. A presença de tecido mamário fibroglandular em diversos estágios de desenvolvimento pode ser caracterizada pela USG.

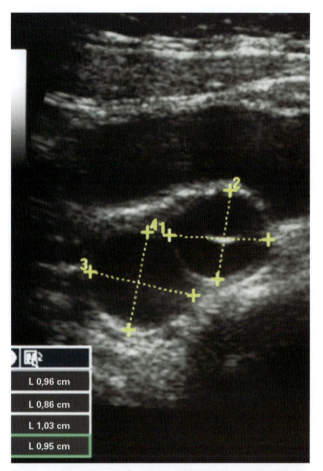

Figura 6 Ultrassonografia pélvica evidenciando cistos ovarianos em uma menina de 4 anos com sinais de puberdade precoce.

Segundo Calcaterra et al., a mensuração ultrassonográfica do volume mamário foi estabelecida como uma ferramenta útil na determinação do diagnóstico de puberdade precoce.

García et al. relataram as características ultrassonográficas de cada estágio de Tanner do desenvolvimento mamário normal, mas foi apenas um relatório descritivo, sem análise estatística (Quadro 1, Figura 7).

Quadro 1	Graus ultrassonográficos da mama com achados característicos detalhados comparados aos estágios clínicos de Tanner	
Grau	Estágio de Tanner	Grau de ultrassonografia
I	Mama infantil, com elevação somente da papila	Estágio pré-puberal; tecido retroareolar hiperecoico mal definido
II	Broto mamário. Elevação de mama e papila; aumento do diâmetro areolar. Há pequeno desenvolvimento glandular subareolar	Broto subareolar palpável antes da elevação; nódulo retroareolar hiperecoico com centro estrelado ou área linear hipoecoica
III	Maior aumento da mama e da aréola, sem separação dos seus contornos. O tecido mamário extrapola os limites da aréola	Elevação e aumento evidentes; tecido glandular hiperecoico se estendendo além da área retroareolar com região central hipoecoica em forma de "aranha"
IV	Maior crescimento da mama e da aréola, e esta forma uma segunda saliência acima do contorno da mama (duplo contorno)	Elevação areolar transitória; tecido fibroglandular hiperecoico periareolar com nódulo hipoecoico central proeminente e às vezes tecido adiposo subcutâneo
V	Mama de aspecto adulto, em que o contorno areolar novamente é incorporado ao contorno da mama	Contorno da mama madura; tecido glandular hiperecoico com tecido adiposo subcutâneo aumentado e sem nódulo hipoecoico central

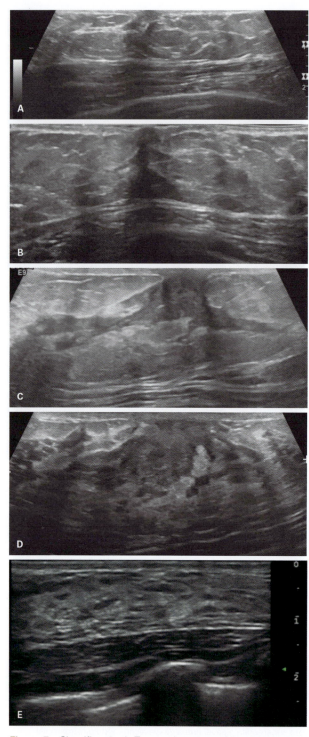

Figura 7 Classificação de Tanner ultrassonográfica da mama. A: Estágio I de Tanner em uma menina de 6 anos, mostrando tecido hiperecoico retroareolar. B: Estágio II de Tanner em uma menina de 7 anos, ultrassonografia (USG) mostrando um nódulo retroareolar com área hipoecoica central. C: Estágio III de Tanner. Menina de 10 anos, com USG mostrando tecido glandular hipoecoico e região retroareolar hipoecoica central com aspecto aracneiforme. D: Estágio IV de Tanner. Menina de 11 anos, com tecido fibroglandular hiperecoico periareolar com um nódulo retroareolar hipoecoico central proeminente. E: Estágio V de Tanner. Menina de 15 anos com USG mostrando tecido glandular hiperecoico com tecido adiposo subcutâneo aumentado e sem nódulo hipoecoico central.

Tireoide

Na pesquisa de alterações tireoidianas, a USG também é o exame de escolha. É possível a determinação das dimensões e da textura do parênquima tireoidiano, sugerindo hipotireoidismo e tireoidites.

Tomografia computadorizada

A TC é indicada na pesquisa de tumores abdominais, de origem adrenal e as ovarianas, tanto para o diagnóstico como para estadiamento (Figura 8). Quando disponível, a RM deve ser priorizada na pesquisa de tumores abdominais pela ausência de radiação ionizante, porém a necessidade de sedação é grande na faixa pediátrica, sobretudo em crianças menores. Portanto, os riscos e os benefícios devem ser dosados nas respectivas indicações.

Ressonância magnética

A RM é indicada na pesquisa de lesões do SNC em casos de puberdade precoce central ou atraso no desenvolvimento puberal. As alterações incluem tumores, cistos, hidrocefalia, sequelas de trauma ou processos inflamatórios. Entre os tumores causadores de puberdade precoce, os hamartomas do túber cinério ou do hipotálamo são os mais comuns. Geralmente são pequenos, benignos, não progressivos, sendo mais comuns em meninos. A puberdade precoce decorrente do hamartoma comumente se manifesta em idade mais precoce (geralmente em torno de 2 anos de idade) do que a idiopática. Outros tumores do SNC que podem causar puberdade precoce central são: glioma óptico (Figura 9), astrocitoma, ependimoma, disgerminoma e prolactinoma. O disgerminoma suprasselar (pinealoma ectópico) pode causar puberdade precoce periférica em meninos pela liberação de hCG. Entre os tumores que podem causar puberdade atrasada estão os craniofaringeomas, germinomas, astrocitomas, tumores hipofisários e gliomas.

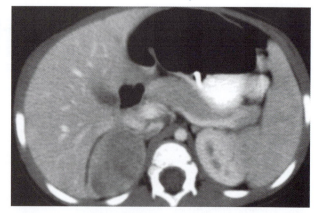

Figura 8 Tomografia computadorizada com contraste de abdome evidenciando processo expansivo na adrenal (carcinoma) em uma criança de 2 anos de idade com sinais de puberdade precoce.

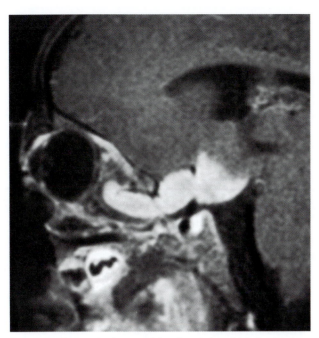

Figura 9 Ressonância magnética de crânio evidenciando acentuado espessamento difuso do nervo óptico, com acometimento do quiasma e da região hipotalâmica. Observa-se intenso realce pelo meio de contraste da lesão nesta criança com quadro de baixa estatura e diagnóstico de glioma.
(Imagem gentilmente cedida pela Dra. Andréa Ferme.)

A RM permite a identificação de lesões que anteriormente eram indetectáveis, resultando em um declínio dos casos considerados idiopáticos.

Bibliografia sugerida

1. Aguiar A, Jorge CC. Puberdade e seus distúrbios. Man Ginecol. 2009; vol. I.
2. Anasti JN, Flack MR, Frohlich J, Nelson LM, Nisula BC. A potential novel mechanism for precocious puberty in juvenile hypothyroidism. J Clin Endocrinol Metab. 1995;80(1):276-9.
3. Argyropoulou M, Kiortsis D. MRI of the hypothalamic-pituitary axis in children. Pediatr Radiol. 2005;35(11):1045-55.
4. Arisaka O, Shimura N, Nakayama Y, Yabuta K, Yoshizawa Y, Hirai Y, et al. Ovarian cysts in precocious puberty. Clin Pediatr (Phila). 1989;28(1):44-7.
5. Balen A, Laven J, Tan S, Dewailly D. Ultrasound assessment of the polycystic ovary: international consensus definitions. Hum Reprod Update. 2003;9(6):505-14.
6. Bar A, Linder B, Sobel EH, Saenger P, DiMartino-Nardi J. Bayley-Pinneau method of height prediction in girls with central precocious puberty: correlation with adult height. J Pediatr. 1995;126:955-8.
7. Battaglia C, Regnani G, Mancini F, Iughetti L, Venturoli S, Flamigni C. Pelvic sonography and uterine artery color Doppler analysis in the diagnosis of female precocious puberty. Ultrasound Obstet Gynecol. 2002;19(4):386-91.
8. Brämswig J, Dübbers A. Störungen der pubertätsentwicklung. Dtsch Arztebl Int. 2009;106:295-304.
9. Calcaterra V, Sampaolo P, Klersy C, Larizza D, Alfei A, Brizzi V, et al. Utility of breast ultrasonography in the diagnostic work-up of precocious puberty and proposal of a prognostic index for identifying girls with rapidly progressive central precocious puberty. Ultrasound Obstet Gynecol. 2009;33(1):85-91.
10. Carel JC, Léger J. Precocious puberty. N Engl J Med. 2008;358:2366-77.
11. Caronia LM, Martin C, Welt CK, Sykiotis GP, Quinton R, Thambundit A, et al. A genetic basis for functional hypothalamic amenorrhea. N Engl J Med [Internet]. 2011;364(3):215-25. Disponível em: http://www.nejm.org/doi/full/10.1056/NEJMoa0911064.
12. Cisternino M, Arrigo T, Pasquino A, Tinelli C, Antoniazzi F, Beduschi L, et al. Etiology and age incidence of precocious puberty in girls: a multicentric study. J Pediatr Endocrinol Metab. 2000;13(Suppl 1):695-701.
13. Cohen H, Haller J. Abnormalities of puberty and amenorrhea. In: Kuhn JP ST, Haller JO, editor. Caffey's pediatric diagnostic imaging. 10. ed. Philadelphia: Mosby; 2004. p. 1980-95.
14. Cukier P, Castro LH, Banaskiwitz N, Teles LR, Ferreira LR, Adda CC, et al. The benign spectrum of hypothalamic hamartomas: infrequent epilepsy and normal cognition in patients presenting with central precocious puberty. Seizure. 2013;22:28-32.
15. Daneman D, Daneman A. Diagnostic imaging of the thyroid and adrenal glands in childhood. Endocrinol Metab Clin North Am. 2005;34(3):745-68, xi.
16. Dreizen S, Parker G, Snodgrasse R, Spies T, Webbpeploe H. Bilateral symmetry of skeletal maturation in the human hand and wrist. AMA J Dis Child. 1957;93(2):122-7.
17. García C, Espinoza A, Dinamarca V, Navarro O, Daneman A, García H, et al. Breast US in children and adolescents. Radiographics. 2000;20(6):1605-12.
18. Garel L, Dubois J, Grignon A, Filiatrault D, Van Vliet G. US of the pediatric female pelvis: a clinical perspective. Radiographics. 2001;21(6):1393-407.
19. Gilli G. The assessment of skeletal maturation. Horm Res. 1996;45(Suppl 2):49-52.
20. Golub MS, Collman GW, Foster PMD, Kimmel CA, Rajpert-De Meyts E, Reiter EO, et al. Public health implications of altered puberty yiming. Pediatrics. 2008;121:s218-30.
21. Greulich W, Pyle S. Radiographic atlas of skeletal development of hand and wrist. 2. ed. California: Stanford University Press; 1959.
22. Grumbach MM. The neuroendocrinology of human puberty revisited. Horm Res. 2002;57:2-14.
23. Herter L, Golendziner E, Flores J, Becker EJ, Spritzer P. Ovarian and uterine sonography in healthy girls between 1 and 13 years old: correlation of findings with age and pubertal status. AJR Am J Roentgenol. 2002;178(6):1531-6.
24. Herter LD, Golendziner E, Flores JAM, Moretto M, Di Domenico K, Becker E, et al. Ovarian and uterine findings in pelvic sonography: comparison between prepubertal girls, girls with isolated thelarche, and girls with central precocious puberty. J Ultrasound Med [Internet]. 2002;21(11):1237-46; quiz 1247-8. Disponível em: http://www.ncbi.nlm.nih.gov/pubmed/12418765.
25. Hoffman B, Bradshaw KD. Delayed puberty and amenorrhea. Semin Rep Med. 2003;21(4):353-62.
26. Ibanez L, Diamantino-Nardi J, Potau N, Saenger P. Premature adrenarche – normal variant or ferrunner of adult disease? Endocr Rev. 2000;21:671-96.
27. Junqueira BLP, Allen LM, Spitzer RF, Lucco KL, Babyn PS, Doria AS. Müllerian duct anomalies and mimics in children and adolescents: correlative intraoperative assessment with clinical imaging. Radiographics. 2009;29:1085-103.
28. Kenigsberg LE, Agarwal C, Sin S, Shifteh K, Isasi CR, Crespi R, et al. Clinical utility of magnetic resonance imaging and ultrasonography for diagnosis of polycystic ovary syndrome in adolescent girls. Fertil Steril [Internet]. 2015;104(5):1302-9.e4. Disponível em: http://dx.doi.org/10.1016/j.fertnstert.2015.08.002.
29. Klein O. Precocious puberty: who has it? Who should be treated? J Clin Endocrinol Metab. 1999;84(2):411-4.
30. Lujan ME, Jarrett BY, Brooks ED, Reines JK, Peppin AK, Muhn N, et al. Updated ultrasound criteria for polycystic ovary syndrome: reliable thresholds for elevated follicle population and ovarian volume. Hum Reprod. 2013;28(5):1361-8.
31. Merke DP, Cutler Jr GB. Evaluation and management of precocious puberty. Arch Dis Child. 1996;75:269-71.
32. Macedo DB, Cukier P, Mendonca BB, Latronico AC, Brito VN. Avanços na etiologia, no diagnóstico e no tratamento da puberdade precoce central. Arq Bras Endocrinol Metab. 2014;58(2).
33. Monte O, Calliari LEP. Puberdade precoce: dilemas no diagnóstico e tratamento. Rev Bras Ginecol Obs. 2001;45(2):96-102.
34. Nussbaum AR, Sanders RC, Jones MD. Neonatal Uterine morphology as seen on real-time US. Radiology. 1986, 160(3):641-3
35. Orbak Z, Sağsöz N, Alp H, Tan H, Yildirim H, Kaya D. Pelvic ultrasound measurements in normal girls: relation to puberty and sex hormone concentration. J Pediatr Endocrinol Metab. 1998 1998;11(4):525-30.
36. Orsini L, Salardi S, Pilu G, Bovicelli L, Cacciari E. Pelvic organs in premenarcheal girls: real-time ultrasonography. Radiology. 1984;153(1):113-6.
37. Palmert MR, Boepple PA. Variation in the timing of puberty: clinical spectrum and genetic investigation. J Clin Endocrinol Metab. 2001;86:2364-8.
38. Partsch CJ, Heger S, Sippell WG. Management and outcome of central precocious puberty. Clin Endocrinol (Oxf). 2002;56:129-48.
39. Patil K, Ransley P, McCullagh M, Malone M, Spitz L. Functioning adrenocortical neoplasms in children. BJU Int. 2002;89(6):562-5.

40. Plant TM, Barker-Gibb M. Neurobiological mechanisms of puberty in higher primates. Human Reprod Update. 2004;10:67-77.

41. Razzaghy-Azar M, Ghasemi F, Hallaji F, Ghasemi A, Ghasemi M. Sonographic measurement of uterus and ovaries in premenarcheal healthy girls between 6 and 13 years old: correlation with age and pubertal status. J Clin Ultrasound. 2011;39(2):64-73.

42. Reinhold C, Hricak H, Forstner R, Ascher SM, Bret PM, Meyer WR, et al. Primary amenorrhea: evaluation with MR imaging. Radiology [Internet]. 1997;203(2):383-90. Disponível em: http://www.ncbi.nlm.nih.gov/pubmed/9114092.

43. Rieth KG, Comite F, Dwyer AJ, Nelson MJ, Pescovitz O, Shawker TH, et al. CT of cerebral abnormalities in precocious puberty. Am J Roentgenol. 1987;148(6):1231-8.

44. Rosenfeld R. Diagnosis and management of delayed puberty. J Endocrinol Met. 1990;70(3):559-62.

45. Rosenfield RL. The diagnosis of polycystic ovary syndrome in adolescents. Pediatrics [Internet]. 2015;136(6):1154-65. Disponível em: http://www.ncbi.nlm.nih.gov/pubmed/26598450.

46. Rosenfield RL. The polycystic ovary morphology-polycystic ovary syndrome spectrum. J Pediatr Adolesc Gynecol [Internet]. 2015;28(6):412-9. Disponível em: http://dx.doi.org/10.1016/j.jpag.2014.07.016.

47. Scoles P, Salvagno R, Villalba K, Riew D. Relationship of iliac crest maturation to skeletal and chronologic age. J Pediatr Orthop. 1988;8(6):639-44.

48. Sedlmeyer IL, Palmert MR, Hospital CNS. Delayed puberty: analysis of a large case series from an academic center. J Clin Endocrinol Metab. 2002;87(4):1613-20.

49. Setian N. Anomalias puberais no sexo masculino. In: Setian N, ed. Endocrinologia pediátrica. 2. ed. São Paulo: Sarvier; 2002. p. 532-42.

50. Setian N, Manna TD. Anomalias puberais no sexo feminino. In: Setian N, ed. Endocrinologia pediátrica. 2. ed. São Paulo: Sarvier; 2002. p. 487-520.

51. Sharafuddin MJA, Luisiri A, Garibaldi L, Graviss ER, Fulk DL, Klein JB, et al. MR imaging diagnosis of central precocious puberty: importance of changes in the shape and size of the pituitary gland. Am J Roentgenol 1994;162(5):1167-73.

52. Soriano-Guillén L, Argente J. Pubertad precoz central: aspectos epidemiológicos, etiológicos y diagnóstico-terapéuticos. An Pediatr (Barc). 2011;74:336.e1-e13.

53. Tanaka YO, Tsunoda H, Kitagawa Y, Ueno T, Yoshikawa H, Saida Y. Functioning ovarian tumors: direct and indirect findings at MR imaging. Radiographics. 2004;24(Suppl 1):S147-66.

54. Tanner J, Healy M, Goldstein H, Cameron N. Assessment of skeletal maturity and prediction of adult height (TW3 Method). 3. ed. London: WB Saunders; 2001.

55. Youn I, Park SH, Lim IS, Kim SJ. Ultrasound assessment of breast development: distinction between premature thelarche and precocious puberty. Am J Roentgenol. 2015;204(3):620-4.

14

Testículo pediátrico: diagnóstico por imagem das doenças da bolsa testicular em pediatria

Yerma Lima Fugikawa
Andrea Langone Ferme

Introdução

A ultrassonografia (USG) é utilizada como primeira modalidade diagnóstica na avaliação da dor escrotal aguda, nas lesões testiculares palpáveis, na avaliação da hidrocele e no auxílio nos casos de testículos não palpáveis.

O emprego de transdutores de alta frequência mostra com precisão detalhes da anatomia escrotal, sendo um método capaz de diferenciar lesões testiculares palpáveis, sólidas e císticas, localizando-as em intratesticulares e paratesticulares. A associação das imagens em escalas de cinza, aliada à técnica com Doppler colorido, pode ajudar no diagnóstico da dor testicular aguda, diferenciando uma torção testicular aguda, que necessita de tratamento cirúrgico de urgência, de outras doenças, como orquiepididimite e torção dos apêndices, de tratamento clínico.

O médico deve estar familiarizado com as manifestações clínicas escrotais mais comuns em pediatria que demandam avaliação por imagem, que incluem: dor, edema, hiperemia e massa escrotal palpável. Além do conhecimento da anatomia e dos achados de imagem normais encontrados no escroto pediátrico, diferenciando-os dos achados patológicos observados nas doenças mais comuns, que serão discutidas neste capítulo e divididas em: desordens relacionadas ao processo vaginal (criptorquidia, hérnia inguinoescrotal, hidrocele); varicocele; escroto agudo (torção testicular, torção dos apêndices, orquiepididimite); tumores escrotais; microlitíase testicular; trauma escrotal e doenças sistêmicas com envolvimento escrotal (púrpura de Henoch-Schönlein).

Técnica

O exame deve ser realizado com o paciente em posição supina. O pênis deve ser levantado e colocado sobre o abdome e coberto com um lençol. Em meninos maiores, o escroto é elevado com uma toalha dobrada colocada entre as coxas.

São usados transdutores de alta frequência (8 a 15 MHz) e gel aquecido e não há necessidade de sedação. Cada testículo deve ter varredura nos planos longitudinal e transversal, avaliando-se o tamanho, a ecogenicidade e a ecotextura. Uma imagem transversal com os dois testículos deve ser realizada a fim de compará-los, tanto no modo B como no Doppler. O epidídimo e a parede escrotal também devem ser avaliados e comparados, assim como o cordão espermático, que deve ser seguido ao longo do trajeto no canal inguinal até a parte posterossuperior do testículo (principalmente na suspeita de varicocele e torção testicular).

O volume testicular deve ser calculado, usando-se a fórmula L × AP × T × 0,52, sendo normalmente encontrado um volume testicular de cerca de 1-2 cm^3 antes dos 12 anos de idade e de 4 cm^3 em púberes.

O *color* Doppler deve ser usado com parâmetros otimizados (filtro de parede e escala baixos, ganho maximizado para o nível logo abaixo do patamar de não produzir artefatos). O *power* Doppler também deve ser usado, sobretudo quando não se identificar fluxo no *color* Doppler, já que esse tem maior sensibilidade para fluxos baixos; sua desvantagem é ser mais suscetível ao movimento, algo que pode ser significativo em crianças. Tanto o fluxo arterial como o venoso devem ser documentados e confirmados com o Doppler espectral.

Anatomia ultrassonográfica do escroto

O escroto é formado por uma bolsa de pele e pelo músculo dartos, cujas fibras profundas continuam para o interior da bolsa escrotal a fim de formar um septo mediano (rafe), que divide o escroto em duas câmaras. Cada metade da bolsa contém um testículo, um epidídimo e a porção escrotal do cordão espermático. A pele e o dartos são vistos na USG como uma camada única, que mede cerca de 6 mm em crianças maiores.

O testículo é caracterizado na USG como uma estrutura ovoide, envolta por uma cápsula fibrosa aderida a sua superfície, a túnica albugínea, que corresponde a uma linha ecogênica na USG. A superfície posterior da túnica albugínea se projeta para dentro do testículo, formando o mediastino testicular, que também pode ser visibilizado como uma linha ecogênica que atravessa o testículo e é mais bem observado na puberdade. Envolvendo a túnica albugínea existe a túnica vaginal, remanescente do peritôneo que se estende para o escroto, cujo pertuito se oblitera depois do nascimento. A túnica vaginal apresenta as camadas visceral e parietal, contendo de 1 a 2 mL de fluido.

O tamanho, a forma e a ecogenicidade dos testículos dependem da testosterona e se alteram desde recém-nascidos para adolescentes. O testículo normal de uma criança mede cerca de 1-2 mL antes dos 12 anos de idade, chega a 4 mL na puberdade, atinge até 15-25 mL aos 15 anos e cessa o crescimento aos 18 anos de idade. A ecogenicidade aumenta progressivamente dos 8 anos até a puberdade em razão do desenvolvimento das células germinativas, e a ecotextura se mantém homogênea.

O epidídimo é uma estrutura tubular, aderida no aspecto posterolateral do testículo, que continua como ducto deferente até desembocar no ducto ejaculatório. É dividido em três partes (Figura 1): a cabeça, que é a maior parte, tem forma piramidal e está localizada na porção posterossuperior do testículo; o corpo, porção estreita e alongada localizada posteriormente ao testículo; e a cauda, estrutura curva no polo inferior do testículo. Na USG, o epidídimo é isoecogênico a ligeiramente hiperecogênico em relação ao testículo.

Os apêndices são em número de cinco, representam remanescentes embrionários e são caracterizados mais facilmente quando há hidrocele (Figura 2). Apenas três deles podem ser identificados na USG: o apêndice testicular, também chamado de hidátide de Morgagni, é visto como uma estrutura ovalada isoecogênica em relação ao testículo, mede menos de 5 mm e pode ser identificado no polo superior do testículo, entre este e a cabeça do epidídimo. O apêndice do epidídimo, observado na cabeça do epidídimo, tem o mesmo tamanho e ecogenicidade do apêndice testicular e geralmente é pediculado. O apêndice da cauda do epidídimo é raramente identificado. A distinção entre eles é difícil de ser feita e não tem importância clínica.

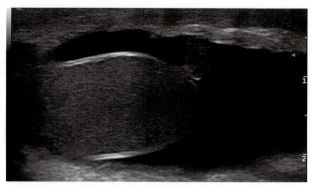

Figura 2   Apêndice testicular normal.

O suprimento arterial do testículo e do escroto é feito por três artérias: testicular, cremastérica e deferente.

A artéria testicular nutre primariamente o testículo, é ramo da aorta, originando-se logo abaixo das emergências das artérias renais, seguindo através do retroperitôneo até o cordão espermático. Quando atinge o testículo, a artéria testicular origina diversos ramos que penetram na túnica albugínea, originando as artérias capsulares, estas, por sua vez, emitem ramos chamados de artérias centrípetas, que penetram no interior do testículo em direção ao mediastino testicular. As artérias capsulares e algumas centrípetas são mais facilmente identificadas no Doppler colorido em meninos na puberdade. No entanto, em testículos menores e pré-puberais, essas artérias intratesticulares são mais difíceis de serem identificadas, surgindo como pontos pulsáteis. O espectro de onda das artérias intratesticulares apresenta um padrão de baixo fluxo e baixa resistência, com índice de resistividade de cerca de 0,62 (Figura 3); em pré-puberais com volume testicular menor que 4 cm^3, o índice de resistividade é maior, muitas vezes não se detectando o fluxo diastólico testicular.

A artéria cremastérica, que é um ramo da artéria epigástrica inferior, e a artéria deferente, ramo da artéria vesicular, nutrem o epidídimo, o ducto deferente e os tecidos peritesticulares. No Doppler, os ramos que suprem os epidídimos apresentam baixo fluxo e alta resistência.

A drenagem venosa do escroto é feita pelo plexo pampiniforme, que drena o sangue para a respectiva veia gonadal de cada lado, que à direita desemboca na veia cava inferior e à esquerda, na veia renal.

O cordão espermático é constituído pelo ducto deferente (continuação do epidídimo), pelas artérias testiculares, deferentes e cremastéricas, pelo plexo venoso pampiniforme, os nervos e os linfáticos. O aspecto ultrassonográfico no corte longitudinal é de uma imagem

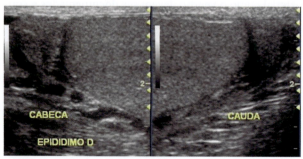

Figura 1   Epidídimo normal.

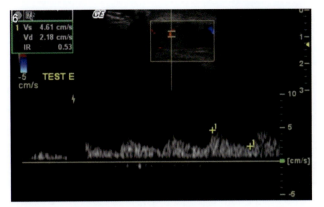

Figura 3   Estudo Doppler normal do testículo.

linear ecogênica e, no corte transversal, de uma estrutura ovoide delimitada por margens ecogênicas.

Desordens relacionadas ao processo vaginal

Criptorquidia e ectopia testicular

A criptorquidia é a falha na descida do testículo embrionário intra-abdominal para a bolsa escrotal. Os testículos são originados no retroperitônio, logo abaixo dos rins, descem ainda na vida intrauterina, guiados pelo guabernáculo, através do anel inguinal interno, canal inguinal e anel inguinal externo em direção ao escroto. Portanto, o testículo criptorquídico pode estar localizado em qualquer ponto ao longo dessa rota descendente.

A criptorquidia está presente em até 30% dos recém-nascidos prematuros e em 3-5% dos nascidos a termo. A maioria dos casos se resolve espontaneamente até os 9 meses de vida. Após o primeiro ano, a migração testicular espontânea é incomum, necessitando de tratamento cirúrgico. A importância do reconhecimento e do diagnóstico da criptorquidia está relacionada às complicações como infertilidade, risco aumentado para tumores testiculares e hérnia inguinal indireta.

O testículo ectópico é um testículo desviado de sua rota normal e pode ser encontrado nas regiões inguinal superficial, perineal, pré-pubiana, femoral e na raiz do pênis.

O diagnóstico de criptorquidia é feito pelo exame físico, ao se palpar o testículo nos locais citados; ou não palpá-lo, no caso de um testículo intra-abdominal ou ausente. O testículo também pode ser retrátil, quando está normalmente localizado na bolsa escrotal, e se mover para a região inguinal por um exagero no reflexo cremastérico. Esta condição se resolve espontaneamente até a puberdade sem necessidade de cirurgia.

A USG é útil para a localização dos testículos, que podem ser identificados no canal inguinal, localização mais comum, ocorrendo em 70% dos casos; pré-escrotal, loca-

lizado logo após o anel inguinal externo, que ocorre em 20% dos casos; e no abdome, em 8% dos casos. O aspecto do testículo criptorquídico é geralmente menor, iso ou hipoecogênico em relação ao testículo normal (Figura 4).

A tomografia computadorizada (TC) e a ressonância magnética (RM) também podem identificar testículos localizados junto do escroto e no canal inguinal. A RM possui alta acurácia para identificar o testículo nessa localização, até 94%. O aspecto do testículo na RM é de alto sinal em T2 e baixo em T1, devendo ser diferenciado dos linfonodos pelas suas características internas e pela localização esperada das cadeias linfonodais. A utilidade da RM também é identificar tumores nos testículos criptorquídicos.

Quando o testículo não é palpável, tanto a USG como a RM são limitadas no auxílio diagnóstico, sendo frequentemente indicada a laparoscopia para exploração cirúrgica.

Hidrocele

Hidrocele é um acúmulo anormal de líquido entre as camadas visceral e parietal da túnica vaginal e/ou ao longo do cordão espermático. O escroto normal contém cerca de 1 a 2 mL de líquido entre as túnicas e não deve ser confundido com hidrocele.

A hidrocele pode ser congênita ou adquirida. Em neonatos e lactentes, as hidroceles são congênitas, em decorrência do processo vaginal patente, que permite a passagem de fluidos peritoneais para o escroto. É a principal causa de edema escrotal indolor nessa faixa etária, e a maioria se resolve espontaneamente antes dos 2 anos de idade. Após esse período, a correção cirúrgica é indicada. Se há falha no fechamento do processo vaginal e a comunicação entre a cavidade peritoneal e o escroto é mantida, forma-se uma hidrocele comunicante.

Em crianças maiores, as hidroceles são geralmente adquiridas e decorrem de qualquer doença escrotal inflamatória, infecciosa e traumática (Figura 5).

O diagnóstico das hidroceles é confirmado no exame de USG, com a demonstração de coleção líquida ane-

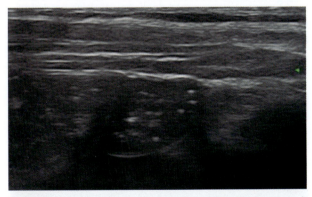

Figura 4   Criptorquidia. Testículo na fossa ilíaca direita com microlitíase.

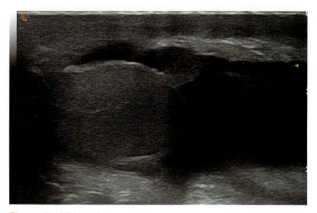

Figura 5   Hidrocele.

cogênica nos aspectos anterolaterais dos testículos, que algumas vezes se estendem pelo canal inguinal. Podem conter ecos e septações no interior.

Se o fechamento do processo vaginal ocorre acima dos testículos e abaixo do anel inguinal interno, surge a hidrocele encistada ou cisto de cordão espermático, que é um tipo menos comum de hidrocele (Figura 6). No exame ultrassonográfico, aparece como uma estrutura cística em qualquer parte do trajeto do cordão espermático, separada do testículo e do epidídimo e podendo deslocá-los inferiormente.

Há ainda a hidrocele funicular, em que o segmento do colo do processo vaginal permanece aberto e sua porção distal se oclui. O exame ultrassonográfico mostra uma coleção anecogênica no canal, até o anel inguinal interno, sem comunicação distal com o conteúdo da bolsa escrotal.

Hérnias inguinoescrotais

São definidas como a passagem de alças intestinais e/ou omento para bolsa escrotal. Podem simular tumores escrotais. Hérnias inguinais congênitas ocorrem em prematuros por conta da não obliteração do processo vaginal, que não acontece até o 7º mês de gestação, permitindo que o conteúdo abdominal atravesse o canal inguinal para o escroto e sendo, nesse caso, indiretas.

O exame físico é capaz de diagnosticá-las na maioria dos casos. A USG é usada nos casos em que o exame físico é inconclusivo, em pacientes com quadro de dor escrotal aguda e para investigar envolvimento contralateral em pacientes com hérnia inguinal unilateral clinicamente evidente, sendo mais bem caracterizada com o paciente em ortostase.

O achado ultrassonográfico é de intestino ou omento no escroto ou no canal inguinal. O intestino pode ser identificado pela presença de peristalse, mucosa ecogênica, fluido e ar eventualmente. Quando o intestino herniado está dilatado e sem peristalse, deve-se considerar a possibilidade de estar estrangulado, não sendo demonstrado fluxo no estudo com Doppler colorido. Quando apenas o omento está herniado, observa-se uma estrutura alongada hiperecogênica identificada no canal inguinal e no escroto. O exame ultrassonográfico deve incluir ambos os canais inguinais, pois uma hérnia oculta contralateral poderá ser encontrada em 88% dos casos.

Varicocele

É a dilatação anormal das veias do plexo pampiniforme, causada por incompetência das valvas das veias espermáticas internas que geram fluxo retrógrado. A varicocele idiopática ou primária ocorre mais frequentemente em adolescentes e adultos jovens. É incomum em meninos menores de 10 anos, neste caso deve-se suspeitar de compressão tumoral do cordão espermático. A varicocele primária é mais comum do lado esquerdo, provavelmente porque a veia testicular esquerda é mais longa, drena na veia renal esquerda em ângulo reto, pode sofrer compressão pelo cólon descendente distendido e pela artéria testicular esquerda.

A varicocele pode ser visível e palpável no exame físico. Com base nesses achados, é classificada em grau I: não é visível nem palpável quando o paciente está em ortostase e sem realizar esforço, mas durante a manobra de Valsalva os vasos se tornam palpáveis; grau II: não é visível, mas os vasos são palpáveis em ortostase e visíveis quando se realiza a manobra de Valsalva; grau III: visíveis e palpáveis com o paciente em pé, sem necessidade de se fazer Valsalva, neste caso o achado é de uma massa escrotal semelhante a um "saco de vermes" junto ao testículo. Na maioria dos casos, são encontradas varicoceles grau I; em cerca de 10% dos casos grau III, levando ao achado clínico típico.

O exame ultrassonográfico evidencia estruturas tubulares anecoicas e serpiginosas ao longo do cordão espermático, nos aspectos superior, lateral e/ou posterior do testículo. Em geral, as veias do plexo pampiniforme medem entre 0,5 e 1,5 mm, tornando-se maiores de 2 mm nos casos de varicocele (Figura 7). A avaliação com Doppler colorido e pulsado demonstra o fluxo venoso nas estruturas tubulares, com enchimento retrógrado mais evidente na manobra de Valsalva e o paciente em posição ortostática (Figura 8).

Como a varicocele pode afetar o crescimento dos testículos, o volume testicular deve ser sempre acessado no

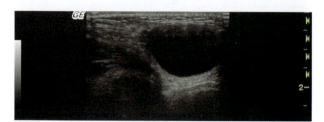

Figura 6   Cisto de cordão espermático.

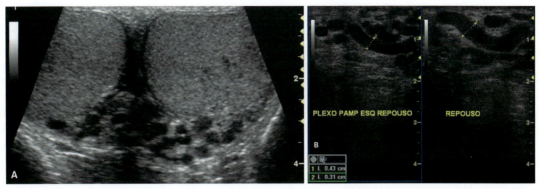

Figura 7 Varicocele. A: Veias do plexo pampiniforme. B: Dilatação das veias do plexo pampiniforme na varicocele.

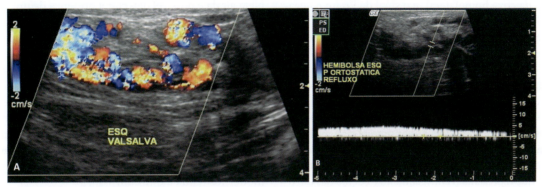

Figura 8 Varicocele. A: O mapeamento com Doppler colorido mostra refluxo. B: Refluxo maior que 1 segundo na manobra de Valsalva.

exame ultrassonográfico para demonstrar assimetrias, que são importantes quando maiores de 2 mL.

O tratamento da varicocele é baseado em vários parâmetros. A cirurgia é comumente indicada no caso de atrofia testicular e também em associação com maior grau de gravidade ao exame clínico.

Escroto agudo

Escroto agudo é definido por um episódio de dor e edema escrotal agudos, sendo um importante motivo de procura pelo serviço de emergência entre meninos. Os diagnósticos diferenciais incluem torção do apêndice testicular, epididimite e torção testicular. Diante dessa situação, história clínica, exame físico e achados ultrassonográficos devem ser usados para ajudar na elucidação diagnóstica.

Torção testicular

A torção testicular se define pela rotação do testículo e do cordão espermático sobre seu próprio eixo longitudinal, levando inicialmente a uma obstrução venosa, seguida de comprometimento arterial, isquemia testicular e, em alguns casos, infarto testicular. A evolução para isquemia depende do grau de torção e do tempo da sua duração.

Estima-se que a incidência da torção testicular ocorra em 30% das doenças escrotais agudas na faixa etária dos 11 aos 18 anos, sendo a causa de escroto agudo de maior importância por se tratar de uma emergência cirúrgica.

Em razão da característica de interrupção do fluxo sanguíneo, a rapidez no diagnóstico se torna item fundamental, com chances de preservação da gônada de 80-100% se o tratamento cirúrgico for conduzido em até 6 horas do início do quadro agudo e menos de 20% se a cirurgia ocorrer depois de 12 horas.

A torção é classificada como intravaginal ou extravaginal. A torção extravaginal acontece em neonatos e inclusive intraútero, representando cerca de 10% dos casos de torção. Ocorre durante a descida do testículo, por conta da inserção incompleta do gubernáculo e da túnica vaginal na parede escrotal, permitindo que o testículo e a túnica vaginal girem livremente dentro do escroto. O quadro clínico pode ser de edema escrotal indolor. Se o testículo já está necrótico ao nascimento, apresenta-se endurecido e fixo à pele adjacente, que se encontra hipocorada. Os achados ultrassonográficos variam, incluindo: testículo aumentado e com ecotextura heterogênea, hidrocele ipsilateral e espessamento cutâneo; testículo atrófico, hidrocele complexa e calcificação da túnica albugínea. No *color* Doppler, há ausência de fluxo no testículo e no cordão espermático.

A torção intravaginal é a mais comum. Ela pode ocorrer em qualquer idade, mas é mais comum em adolescentes. Na anatomia normal, a túnica vaginal reveste os lados e a superfície ventral do testículo, e o epidídimo dorsal não é revestido, encontrando-se fixo no interior da túnica e não propenso a sofrer rotação. Quando a túnica reveste todo o epidídimo, o cordão espermático e o testículo permite que ele fique solto dentro da túnica, predispondo-o a torção. O quadro clínico é de dor com início súbito, edema escrotal, náuseas e vômitos. O exame físico mostra elevação e horizontalização do testículo torcido, associado ao aparecimento de uma massa sólida do mesmo lado em que ocorreu a torção, perda do reflexo cremastérico (discreta elevação do testículo ao se estimular a face superomedial da coxa homolateral) e o sinal de Prehn é negativo (a elevação do testículo não melhora a dor).

O exame ultrassonográfico nas fases iniciais da torção (entre 1 e 3 horas) é inespecífico. Com a progressão dos sintomas, o testículo afetado aumenta de tamanho e pode apresentar hipoecogenicidade difusa ou heterogêneo, sendo este um sinal de mau prognóstico para a viabilidade testicular (Figura 9). Hidrocele reacional, edema do epidídimo e da parede escrotal também podem estar presentes. A avaliação do cordão espermático demonstra o aparecimento de uma lesão pseudotumoral hiperecogênica no polo superior do testículo, que representa o enovelamento e edema das estruturas do cordão torcido, que assume o aspecto em espiral, alvo ou roda no corte transversal. A avaliação do epidídimo nos casos suspeitos oferece sinais auxiliares no diagnóstico da torção, destacando-se o aumento de suas dimensões, alteração textural e aumento de ecogenicidade.

A avaliação com Doppler na suspeita de torção testicular aumenta a sensibilidade e a especificidade no diagnóstico, particularmente nas primeiras horas quando os achados ultrassonográficos testiculares são inespecíficos. Inicia-se com a avaliação da gônada normal com a finalidade de ajustar os parâmetros do aparelho para detecção de fluxos baixos (filtro de parede e o PRF [*pulse frequence repetition*] baixos e ganho adequado). Após isso, avalia-se a captação de fluxo sanguíneo nas artérias intratesticulares do testículo envolvido (artérias centrípetas). O diagnóstico ultrassonográfico definitivo de torção testicular é feito pela ausência ou diminuição do fluxo sanguíneo nas artérias intratesticulares do testículo envolvido ao *color* Doppler, sendo um achado altamente sensível e específico de torção (Figura 10). A perfusão também deve ser avaliada no *power* Doppler, mais sensível na detecção dos fluxos sanguíneos, inclusive os de baixas velocidades. Uma avaliação comparativa meticulosa do testículo normal deve ser realizada para que sejam identificadas assimetrias. Detectada a presença de fluxo no *color* Doppler, deve-se completar a avaliação com o espectral para evitar resultados falsos-positivos, pois na torção incompleta ainda é possível detectar a presença de um pequeno fluxo arterial residual no testículo torcido, que na análise espectral terá um padrão de alta resistência com diástole zero ou reversa.

Falsos-negativos no estudo Doppler ocorrem na torção parcial, na detorsão espontânea e quando há a detecção de fluxo nas artérias da periferia do testículo. Falsos-positivos podem ocorrer em casos de testículos pré-púberes que possuem fluxo sanguíneo intratesticular reduzido, que podem não ser visíveis mesmo com o *power* Doppler, embora a utilização de aparelhos mais modernos tenda a diminuir isso.

A utilização da cintilografia mostra melhor especificidade para diagnóstico das alterações da perfusão testicular, quando comparada ao estudo com Doppler colorido. No entanto, não está disponível facilmente para o diagnóstico de torção, que necessita de urgência para conduta.

Torção dos apêndices

Os apêndices testicular e epididimal são remanescentes embriológicos dos ductos mesonéfrios e paramesonéfrios, que podem ser vistos como estruturas sésseis no polo superior do testículo ou na cabeça do epidídi-

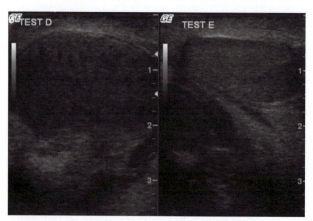

Figura 9 Torção testicular. Testículo direito aumentado e heterogêneo.

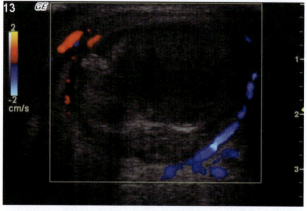

Figura 10 Torção testicular. Testículo sem fluxo vascular no Doppler.

mo. A distinção entre eles é difícil de ser feita e não é importante clinicamente.

A torção ocorre principalmente em meninos na idade pré-puberal, entre 7 e 12 anos, e se manifesta com dor escrotal intensa de início gradual ou súbito. Em cerca de um terço dos casos, pode ser observado um pequeno ponto azul escuro na pele do escroto ("sinal do ponto azul"), que é um achado patognomônico.

O exame ultrassonográfico evidencia um nódulo oval extratesticular medindo cerca de 6 mm, com ecogenicidade variável, localizada no polo superior do escroto entre o testículo e o epidídimo. A torção do apêndice testicular provoca uma resposta inflamatória que inclui edema escrotal, aumento do epidídimo, edema testicular e aumento do fluxo sanguíneo testicular e epididimal, sendo difícil de distinguir da epididimite se nenhum nódulo extratesticular for encontrado. No estudo Doppler, o apêndice torcido é avascular, mas há uma hipervascularização reacional adjacente ao apêndice torcido, incluindo epidídimo. Achados adicionais incluem hidrocele reativa e espessamento da pele do escroto.

O tratamento não é cirúrgico, necessitando apenas de medidas de suporte.

Ocasionalmente, o apêndice torcido pode ser encontrado em exames ultrassonográficos posteriores como uma calcificação escrotal ou pérola escrotal.

Orquiepididimite

A orquiepididimite é uma importante e comum causa de escroto agudo de causa infecciosa. A etiologia é variável dependendo da faixa etária, ocorrendo por disseminação hematogênica ou extensão local. Nos sexualmente ativos (adolescentes e adultos jovens), os agentes causadores mais comuns são a *Chlamydia trachomatis* e *Neisseria gonorrhaea*. Nos extremos de idade, o agente mais comum é a *Escherichia coli*, estando frequentemente relacionada a infecções do trato urinário. Nos menores de 2 anos de idade, malformações congênitas do trato urinário, como ectopia ureteral, válvula de uretra posterior, disfunção vesical, além de ânus imperfurado, predispõem a orquiepididimite nessa faixa de idade.

Os patógenos normalmente ascendem via uretra peniana, próstata, bexiga, ducto deferente, cordão espermático, atingindo o epidídimo, iniciando-se pela cauda, corpo, cabeça e por último o testículo.

O quadro clínico é semelhante ao da torção, com dor escrotal aguda e edema. Febre pode estar associada. No exame físico, o reflexo cremastérico está presente e o sinal de Prehn é positivo (a elevação do testículo melhora a dor, o que não ocorre na torção).

Os achados ultrassonográficos mostram o epidídimo com dimensões aumentadas, hipoecogênico ou hiperecogênico e heterogêneo, dependendo do tempo de evolução, hidrocele e espessamento da parede do escroto podem estar presentes. Áreas focais hipoecogênicas no epidídimo, representando abscessos, também podem ser vistas. No Doppler, observa-se vascularização aumentada no epidídimo e, na análise espectral, o padrão do fluxo é de baixa resistência (Figura 11). O ultrassom também tem papel importante na avaliação de complicações, que aparecem sob forma de coleções fluidas intratesticulares com vascularização periférica no Doppler. Se houver acometimento do testículo (na orquiepididimite), ele se apresenta aumentado, podendo estar hipoecogênico e também heterogêneo, com vascularização aumentada no Doppler.

A USG é importante no diagnóstico diferencial com outras causas de dor aguda, como a torção e as alterações pós-traumáticas.

A utilização de USG com contraste CEUS pode ser útil na identificação de áreas não viáveis de parênquima testicular ou abscessos em formação.

Orquite aguda

Ainda entre as causas infecciosas na população pediátrica, a orquite pode estar presente sem epididimite nas

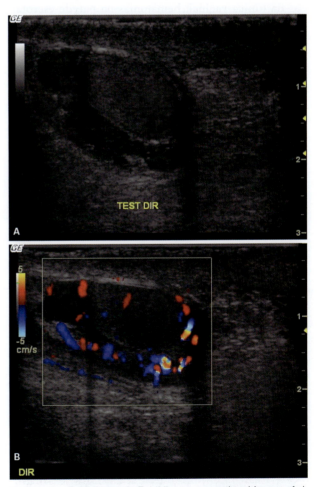

Figura 11 Epididimite. A: Epidídimo espessado e hipoecogênico. B: Hipervascularizado no Doppler.

crianças com história de caxumba, ocorrendo em 20-35% dos meninos.

O quadro clínico é de dor aguda, edema e aumento de volume escrotal que se inicia de 3 a 4 dias após o início da parotidite. Os achados ultrassonográficos são de aumento de volume testicular, com ecogenicidade normal ou discretamente diminuída e vascularização aumentada no Doppler, sem acometimento do epidídimo.

Trauma escrotal

O trauma escrotal em meninos geralmente resulta de atividades esportivas (mais de 50%), seguida de acidentes motociclísticos e automobilísticos (17%), com pico de incidência por volta dos 13 aos 30 anos.

Como a dor e o edema limitam o exame físico, a USG tem papel importante na avaliação, demonstrando lesões que variam desde hematomas extratesticulares até rotura testicular.

Os hematomas constituem os achados mais comuns após o trauma, podendo ser intra e extratesticulares. Os hematomas extratesticulares ocorrem sob forma de hematoceles, que são coleções de sangue entre as camadas da túnica vaginal; hematomas na parede escrotal, que aparecem como espessamentos focais ecogênicos na parede escrotal ou coleções complexas na parede; e hematomas no epidídimo. Tanto hematomas como hematoceles sofrem liquefação e subsequente reabsorção, mudando sua ecogenicidade com o passar do tempo e variando de ecogênico na fase aguda a anecogênico na fase tardia, sendo comuns achados como septações e loculações antes da reabsorção. Hematomas intratesticulares aparecem como áreas nodulares heterogêneas intratesticulares e avasculares no Doppler. O tratamento do hematoma é conservador, exceto no caso de grandes hematomas, que podem necessitar de drenagem cirúrgica caso exerçam efeito de massa e comprometam o fluxo sanguíneo testicular.

A fratura testicular envolve a quebra ou a descontinuidade do parênquima testicular, mas mantendo intacta a túnica albugínea. Os achados ultrassonográficos mostram uma linha hipoecogênica que se estende pelo parênquima, avascular no Doppler, sem interromper a túnica albugínea, mantendo o testículo com sua forma intacta. O tratamento é usualmente conservador. Se ocorrer rotura do bulbo uretral associada, pode resultar em extravasamento de urina na bolsa testicular, que simula hidrocele.

A rotura testicular é rara e constitui uma emergência que requer tratamento cirúrgico imediato. Ocorre quando a túnica albugínea é rompida e o parênquima testicular extravasa. Os achados ultrassonográficos incluem um testículo heterogêneo, com contornos irregulares pela descontinuidade da linha ecogênica da túnica albugínea, perda da forma do testículo e interrupção do fluxo

sanguíneo capsular ao Doppler. Nesses casos, a RM pode aumentar a acurácia do diagnóstico.

O trauma leve é mais comum em crianças, e o diagnóstico diferencial deve ser feito com as outras afecções como torção ou tumor.

Tumores intratesticulares

Os tumores testiculares representam cerca de 1-2% de todos os tumores sólidos pediátricos. A maioria das lesões intratesticulares é maligna e se apresenta como uma massa escrotal indolor. O tratamento usualmente é a orquiectomia.

Existem dois picos de prevalência das neoplasias testiculares na faixa etária pediátrica, um antes dos 3 anos de idade e outro no período pós-puberal.

Os tumores testiculares são classificados de acordo com sua célula de origem. Os tumores das células germinativas, que se originam de células imaturas que dão origem aos espermatozoides, são subdivididos em seminomas e não seminomatosos. E os tumores do estroma, que se originam nos tecidos de suporte do testículo. Os seminomas são mais comuns em adultos. Os não seminomatosos são os mais comuns em meninos e incluem: tumor do saco vitelínico, teratomas, carcinomas embrionário e coriocarcinoma. Os tumores com origem no estroma gonadal são mais raros, inclusive nas crianças menores, e incluem o tumor das células de Sertoli e o tumor das células de Leydig.

Nos testículos pré-puberais, o tumor mais prevalente é o do saco vitelínico (mais de 80%) e o segundo mais comum é o teratoma. Tumores das células do estroma são incomuns e podem estar relacionados à puberdade precoce.

O papel do ultrassom é diferenciar uma massa escrotal de outras patologias, se a lesão é sólida ou cística e intratesticular ou extratesticular.

Tumor do saco vitelino

Também denominado carcinoma embrionário juvenil, tumor do seio endodérmico, orquidoblastoma ou tumor de Teillum (é o tumor pré-puberal das células germinativas mais comum). Ocorre em sua maioria antes dos 2 anos de idade e apresenta alfafetoproteína elevada em mais de 80% dos casos. Em geral, apresenta-se como neoplasia localizada, mas pode apresentar disseminação para linfonodos retroperitoneais e para o pulmão.

Os achados ultrassonográficos não são específicos, geralmente demonstram uma massa sólida heterogênea e hipervascularizada no Doppler, que substitui todo o testículo. É possível observar áreas hipoecogênicas dentro da lesão, indicando necrose.

A avaliação complementar para doença metastática deve compreender também TC do tórax, abdome e pelve.

O tratamento da lesão primária é feito com orquiectomia radical. Nos casos de doença metastática, associam-se quimioterapia sistêmica e, eventualmente, radioterapia nas lesões residuais. O prognóstico costuma ser favorável nas crianças, com cura de 87-100%, havendo maiores índices de recorrência naqueles com diagnóstico após os 2 anos de idade. O acompanhamento é feito com monitorização rotineira dos níveis de alfafetoproteína.

Teratomas

São tumores com origem em células germinativas, ocupam o segundo lugar entre os tumores testiculares mais comuns em pediatria e se manifestam em menores de 4 anos. Associam-se com aumento dos níveis séricos de gonadotrofinas.

O aspecto ultrassonográfico e dos outros métodos de imagem depende dos componentes das camadas germinativas que compõem o tumor. Pode se apresentar como uma massa heterogênea, complexa, geralmente com componentes sólido e cístico. Calcificações e gordura ecogênica intratumoral também podem ser vistas.

Em pré-púberes, a lesão é geralmente benigna e sua enucleação pode ser feita com preservação do tecido normal, além da orquiectomia. Em pós-púberes, são tumores malignos e devem ser tratados com orquiectomia.

Tumores de células de Sertoli

São tumores do estroma gonadal, benignos em menores de 5 anos, mas que podem ser malignos em meninos maiores de 5 anos.

Manifestam-se como aumento do volume testicular e ginecomastia em 30-50% dos casos, pois secretam estrógeno. O achado ultrassonográfico é de uma lesão hipoecogênica e bem delimitada. Existe um subtipo associado com a síndrome de Peutz-Jeghers com lesões bilaterais e focos ecogênicos de calcificação.

Tumores de células de Leydig

São tumores do estroma gonadal que acometem crianças entre 3 e 6 anos de idade, frequentemente são secretores de hormônios (andrógenos ou estrógenos), levando a puberdade precoce e, ocasionalmente, ginecomastia ou síndrome de Cushing. O achado ultrassonográfico demonstra uma lesão hipoecogênica homogênea e bem delimitada.

O tratamento também é cirúrgico. As manifestações de virilização não costumam regredir após a remoção do tumor, necessitando de tratamento farmacológico associado.

Metástases

O envolvimento secundário do testículo é comum em pacientes com leucemia e linfoma não Hodgkin.

Os achados ultrassonográficos no linfoma testicular incluem: testículos aumentados e hipoecogênicos, no caso do envolvimento difuso (apresentação mais comum); um nódulo hipoecogênico no caso do envolvimento focal ou múltiplos nódulos hipoecogênicos, sendo comum o envolvimento bilateral.

Na leucemia, o achado ultrassonográfico é de aumento testicular heterogêneo e difuso com hipervascularização no Doppler colorido, simulando processo inflamatório (Figura 12). O testículo é denominado um santuário para células tumorais leucêmicas, pois a barreira vascular testicular dificulta a penetração dos agentes quimioterápicos, sendo comum a recorrência pós-tratamento.

Metástases de tumores sólidos, como tumor de Wilms, neuroblastoma, retinoblastoma, podem afetar os testículos. Além disso, fibrossarcoma e leiomiossarcoma são neoplasias malignas raras originárias do tecido de sustentação.

Tumores testiculares benignos

Lesões testiculares benignas podem mimetizar tumores malignos, já que o exame físico se apresenta como um nódulo palpável. Nesse caso, a USG pode ter um importante papel no diagnóstico correto dessas lesões, evitando orquiectomias desnecessárias.

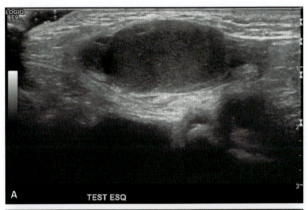
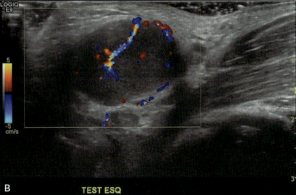

Figura 12 Leucemia. A: Testículo difusamente heterogêneo. B: Hipervascularizado no Doppler.

Os principais achados ultrassonográficos benignos podem ser císticos ou heterogêneos. As lesões benignas císticas incluem os cistos epidermoides, os cistos de túnica albugínea e os cistos intratesticulares. E as lesões heterogêneas compreendem os restos adrenais intratesticulares e o infarto segmentar testicular.

Os cistos epidermoides são lesões benignas raras em crianças. O aspecto ultrassonográfico é de uma lesão sólida com aspecto em alvo ou em anéis de cebola pela presença de alternância de camadas ecogênicas e anecogênicas na lesão, sem vascularização no Doppler.

Os cistos intratesticulares e os cistos de túnica albugínea aparecem como lesões císticas simples na ultrassonografia. A diferenciação entre eles pode ser difícil, mas usualmente os cistos da túnica albugínea têm localização mais periférica, próximos à túnica albugínea.

A displasia cística da rede testis é uma malformação congênita rara que usualmente ocorre em combinação com anomalias genitourinárias como agenesia renal ispilateral ou rins multicístico. O quadro clínico é de aumento testicular indolor. Na USG, aparece como múltiplas dilatações císticas anecoicas irregulares predominantemente no mediastino testicular medindo mais de 5 mm.

Restos adrenais intratesticulares são causados pelo aprisionamento de tecido adrenal aberrante no interior do testículo durante do desenvolvimento embrionário. Têm associação com hiperplasia adrenal congênita e pode causar a infertilidade. São frequentemente bilaterais. Os achados ultrassonográficos incluem testículos heterogêneos, hipoecogênicos, com áreas nodulares hipoecogênicas de variados tamanhos e hipervascularizados no Doppler (Figura 13).

O infarto segmentar testicular pode ser iatrogênico ou relacionado a condições como policitemia vera ou anemia falciforme. O achado ultrassonográfico é de uma lesão hipoecogênica, em forma de cunha, avascular no Doppler, que se resolve espontaneamente com o tempo.

Massas paratesticulares

O tumor sólido paratesticular mais comum é o rabdomiossarcoma paratesticular. Setenta e cinco por cento dos rabdomiossarcomas em meninos são paratesticulares. Os tumores variam em aparência, de sólidos a predominantemente císticos com áreas sólidas. Os achados ultrassonográficos são de massa heterogênea, inicialmente bem delimitada que rapidamente infiltra as estruturas adjacentes. Podem dar metástases para linfonodos retroperitoneais, pulmão e medula óssea.

O tumor desmoplásico de pequenas células é uma neoplasia maligna rara e agressiva que ocorre em adolescentes e pode acometer a cavidade peritoneal pélvica e a túnica vaginal do testículo. O achado é de um nódulo solitário ou múltiplos nódulos, heterogêneos, podendo ter áreas de necrose, hemorragia e componente fibrótico.

Cistos de epidídimo e espermatoceles aparecem na puberdade e também se apresentam como causas de massas palpáveis. A aparência ultrassonográfica, em ambos os casos, é de uma lesão cística simples, que eventualmente pode conter septações internas. Cistos de epidídimo podem estar localizados em qualquer parte do epidídimo, já espermatoceles aparecem apenas na cabeça do epidídimo.

Microlitíase testicular

É um achado ultrassonográfico incidental que ocorre em pacientes submetidos à USG escrotal, observados em pacientes de 10 meses a 70 anos de idade. A microlitíase é incomum em crianças, com relatos de prevalência de 1,6-4,2%.

Clinicamente assintomática e de causa desconhecida, representa depósitos laminares de cálcio na luz dos túbulos seminíferos. Pode estar associada com síndrome de Klinefelter, criptorquidismo, síndrome de Down,

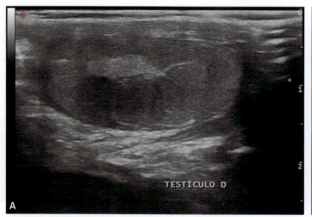 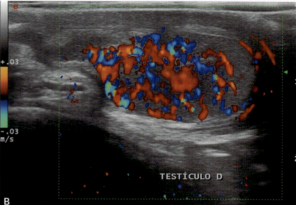

Figura 13 Restos adrenais intratesticulares. A: Testículo heterogêneo. B: Hipervascularizado no Doppler.

pseudo-hermafroditismo masculino, microlitíase alveolar pulmonar e estados de infertilidade.

No exame ultrassonográfico, surge como vários pequenos focos hiperecogênicos não produtores de sombra acústica, difusamente distribuídos no parênquima testicular, medindo entre 1 e 3 mm e encontrados de 5 ou mais por campo, sendo uni ou bilateral (Figura 14).

Há relatos sobre a predisposição dos indivíduos portadores de microlitíase e neoplasias germinativas testiculares, sugerindo-se o acompanhamento desses indivíduos com marcadores tumorais ou com USG anual.

Doenças sistêmicas com envolvimento escrotal

A púrpura de Henoch-Schönlein é uma vasculite de acometimento sistêmico, de etiologia incerta, que afeta crianças entre 2 e 7 anos, caracterizada pela tríade: púrpura não trombocitopênica, artrite ou artralgia, envolvimento renal e do trato gastrointestinal (dor abdominal, sangramento gastrointestinal) e ocasionalmente dor escrotal. Os testículos podem estar afetados em 15-37% dos casos, e os sintomas escrotais podem ser a primeira manifestação da doença. Os achados ultrassonográficos são espessamento da parede escrotal, aumento do epidídimo, hiperemia e hidrocele reativa. O envolvimento é usualmente bilateral e deve ser considerado quando o paciente apresenta sinais de epididimite bilateral.

Outras doenças sistêmicas que podem acometer o escroto são histiocitose das células de Langerhans, doença de Kawasaki e neurofibromatose.

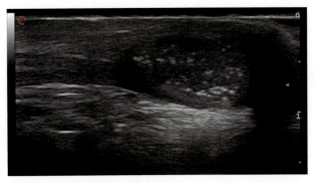

Figura 14   Microlitíase testicular.

Considerações finais

As doenças escrotais nas crianças são satisfatoriamente avaliadas pela USG, inclusive com o estudo Doppler colorido. Associado aos achados clínicos, o conhecimento dos aspectos normais e das principais alterações detectadas nos estudos por imagens auxilia o diagnóstico e a conduta da maioria das doenças escrotais.

Bibliografia sugerida

1. Aso C, Enríquez G, Fité M, Torá N, Piró C, Piqueras J, et al. Gray-scale and color doppler sonography of scrotal disorders in children: an update. RadioGraphics. 2005;25:1197-214.
2. Baldisserotto M, Souza JCK, Pertence AP, Dora MD. Color Doppler sonography of normal and torsed testicular appendages in children. AJR. 2005;184:1287-92.
3. Bhat S, Dogra VS. Role of US in testicular and scrotal trauma. RadioGraphics. 2008;28:1617-29.
4. Blask ARN, Rushton HG. Sonographic appearance of the epididymis in pediatric testicular torsion. AJR. 2006;187:1627-35.
5. Cassar S, Bhatt S, Paltiel HJ, Dogra VS. Role of spectral Doppler sonography in the evaluation of partial testicular torsion. J Ultrasound Med. 2008;27:1629-38.
6. Cohen HL. Abnormalities of the male genital tract. In: Slovis TL, eds. Caffey's pediatric diagnostic imaging. 11. ed. Philadelphia: Mosby Elsevier; 2008. p. 2406-27.
7. Delaney LR, Karmazyn B. Ultrasound of pediatric scrotum. Semin Ultrasound CT MRI. 2013;34:248-56.
8. Deurdulian C, Mittelstaedt CA, Chong WK, Fielding JR. US of acute scrotal trauma: optimal technique, imaging findings, and management. RadioGraphics. 2007;27:357-69.
9. Dogra VS, Gottlieb RH, Oka M, Rubens DJ. Sonography of the scrotum. Radiology. 2003;227:18-36.
10. Lin EP, Bhatt S, Rubens DJ, Dogra VS. Testicular torsion twists and turns. Semin Ultrasound CT MRI. 2007;28:317-28.
11. Nguyen HT, Cvoakley F, Hricak H. Cryptorchidism: strategies in detection. European Radiology. 1999;9:336-43.
12. Paltiel HJ, Connolly LP, Atala A, Paltiel AD, Zurakowski D, Treves ST. Acute scrotal symptoms in boys with an indeterminate clinical presentation: comparison of color Doppler sonography and scintigraphy. Radiology. 1998;207:223-31.
13. Schneider-Monteiro ED. Criptorquidia, hidrocele e varicocele. In: Giron AM, Dénes T, Srougi M. Urologia. Coleção Pediatria do Instituto da Criança HC-FMUSP. Barueri: Manole; 2011. p. 305-22.
14. Srougi M. Neoplasias testiculares. In: Giron AM, Dénes T, Srougi M. Urologia. Coleção Pediatria do Instituto da Criança HC-FMUSP. Barueri: Manole; 2011. p. 365-83.
15. Sung EK, Setty BN, Aragon IC. Sonography of the pediatric scrotum: emphasis on the Ts-torsion, trauma, and tumors. AJR. 2012;198:996-1003.
16. Vital RJ, Mattos LA, Souza LRMF, Figueirêdo SS, Szejnfel J. Aspectos ultrassonográficos das alterações não neoplásicas do testículo. Radiol Bras. 2007;40(1):61-7.
17. Yusuf GT, Sidhu PS. A review of ultrasound imaging in scrotal emergencies. J Ultrasound. 2013;16:171-8.

Índice remissivo

A

Abdome
agudo 977
inflamatório 977, 979, 1032
obstrutivo 977, 980
pediátrico 1019
perfurativo 977, 982
vascular 977, 981
Ablação por radiofrequência 1011
Abscesso(s)
amebiano 755
fúngicos 927, 933
hepático
em paciente imunodeficiente 673
em pacientes imunocompetentes 672
piogênico 762
perinefrético 1166
piogênicos 927, 932
pulmonar 96
renal 1116, 1166
retroperitoneais 914
testicular 1318
Acalásia 572
esofágica 1039
Acesso(s)
extraperitoneal 1000
transglúteos 999
transretais 999
transvaginais 999
Acometimento intestinal na púrpura de Henoch-Schönlein 1033
Actinomicose 673
Acúmulo(s)
focal de contraste 326
líquidos agudos

peripancreáticos 857
versus coleção necrótica aguda 866
Adenite mesentérica 980, 1096
Adenocarcinoma 198, 592, 596, 634, 1190
de células ductais 892
do reto 660
ductal do pâncreas 844
gástrico 565
renal 1167
Adenoma(s) 538
de paratireoide 234
funcionante 1211
hepático 532, 674, 765, 1076
malignum 1374
Adenomatose hepática múltipla 765
Adenomioma 1360
Adenomiomatose 830
Adenomiose 1353
cística 1361
Adenomucinose 907
Adenopatia 442
Administração endovenosa de contraste iodado 485
Adrenais 1204, 1463
antecedente oncológico 1207
hemorragias 1209
lesões
com características de adenoma 1205
com gordura macroscópica 1204
indeterminadas 1207
infecciosas 1208
mimetizadores 1208
não incidentalomas 1211
Aerobilia 522, 818

Aerografia 1003
Aeroportia 522, 1029
Agenesia
da bexiga 1177
da veia porta 1065
esplênica 937
renal 1144, 1177, 1421
Agentes
antiagregantes 985
anticoagulantes 985
Agulhas
de biópsia 988
de punção 996
Aids 933
Alças de delgado 520
Alcoolização 1012
Alterações
hepáticas, biliares e pancreáticas em pediatria 1057
parenquimatosas difusas 922
pós-operatórias renais 1135
pós-ressecção transuretral da próstata 1228
testiculares 1316
Amebíase 754
Amenorreia 1459
Amianto 142
Amiloidose 174, 1226
cardíaca 372
Análise dos resultados 1162
Análogos da somatostatina 549
Anastomose entérica 648
Anatomia
arterial coronariana 341
do esôfago 570
do estômago 571
Anéis vasculares 440

1480 TRATADO DE RADIOLOGIA

Anel
de Schatzki 601
pulmonar 286
Anemia falciforme 948
Anestesia 986
Aneurisma
da aorta torácica 304
diagnóstico 306
tratamento 309
da artéria esplênica 946
de artéria renal 1138
Angiectasia 642
Angiografia pulmonar 209
Angioma de células litorâneas 926
Angiomatose bacilar 673
Angiomiolipomas 677, 1120
hepáticos 765
Angiossarcoma 780, 934
hepático 678
Angiotomografia de coronárias 348
Anomalia(s)
congênitas costais 17
congênitas de vesícula biliar 1080
congênitas do fígado 749
congênitas do trato urinário superior
1109
da anatomia lobar 1111
da pelve renal e do ureter 1113
da posição 1111
de fusão 1110
de número 1111
de rotação 1111
dos cálices e das papilas 1112
do tamanho 1109
congênitas renais 1144
da caixa torácica 18
da pelve renal e do ureter 1144
da uretra 1180
de junção ductal pancreatobiliar 1083
de Sprengel 452
do ducto onfalomesentérico 953
do esôfago e do estômago 1037
do úraco 951, 1180
relacionadas ao broto ureteral 1174
uretrais 1145
vasculares 440, 1064
Antebraço 476
Antígeno do câncer 1394
Antissepsia 986
Antro gástrico retido 548
Aorta
abdominal 528
e seus ramos 60
no idoso 59
torácica 304

análise vascular 308
avaliação automática da aorta
torácica 308
Aortite 332
isolada 334
Apendagite 980
epiploica primária 1097
Apêndice(s) 1468
cecal 1091
do epidídimo 1468
Apendicite 471, 762, 979, 1032
aguda 1093, 1094, 1095
perfurada 1094
Artéria(s)
circunflexa 341
coronária direita 341
cremastérica 1468
descendente anterior 341
diagonalis 341
hepática 789
ilíacas 314
testicular 1468
Arteriomegalia 304
Arterite
de células gigantes 337
de Takayasu 167, 334, 336
Articulação glenoumeral 476
Artrite reumatoide 147
acometimento das vias aéreas 148
acometimento pleural 148
acometimento pulmonar 148
Árvore traqueobrônquica 42, 64
Asbesto 142
Asbestose 142
Ascaridíase 803
Asma 91, 432
Aspergiloma 113
Aspergilose 112
angioinvasiva 115
broncopulmonar alérgica 114
saprofítica 113
semi-invasiva ou necrotizante crônica
114
Aspiração 297
de corpo estranho 298, 420
Asplenia 921, 932, 937
Assepsia 986
Atelectasia 298
redonda 190
Ateromatose 528
Atraso constitucional do crescimento e da
puberdade 1458
Atresia
anorretal 472
brônquica 285

das vias biliares 813
de esôfago 1037
de vias biliares 530, 1058
do esôfago 472
duodenal 472, 1023
ileal 1025
Ausência de desenvolvimento puberal
1458
Avaliação
da árvore biliar no pós-operatório 531
da função renal 1420
da parede intestinal 1029
das estruturas ósseas 524
dos enxertos vasculares na aorta 311
pós-operatória da aorta 312
pré-procedimento 984

B

Baço 527, 918, 936
abscesso 939
acessório 539, 919, 932, 936
angiossarcoma 930, 945
cisto 923, 941
doenças difusas 938
em radiologia pediátrica 932
granulomas calcificados 941
hamartoma 943
hemangioma 942
hematoma 939
infarto 928, 945
itinerante 937
linfangioma 943
linfoma 929, 944
metástases 929, 944
normal 918
processos infecciosos 939
trauma 923, 939
ultrassonografia 936
vagante 921
Bacteremia 762
Banda(s)
congênitas duodenais 611
de Ladd 1024
esplênica 936
parenquimatosas 78
Betabloqueadores 345
Bexiga 528
urinária 1173
Bezoar 1042
gástrico 603
Bile espessa 828
Biliomas 825
Biópsia(s)
de pâncreas 991

Índice Remissivo

hepática 991, 1064
linfonodal 992
percutâneas 987
esplênicas 992
por agulha grossa *vs.* agulha fina 987
Bloqueadores dos canais de cálcio 345
Broncoaspiração 297
Broncocele 190
Broncografia 487
Broncopneumonia 93
Bronquiectasias 85, 90, 177
Brônquio cardíaco acessório 285
Bronquiolite(s) 180
aspirativa 183
celular 181
constritiva 181
folicular 183
infecciosa aguda 181
obliterante 181
respiratória 182
associada a doença pulmonar
intersticial 126
Brônquio(s)
principais 63
traqueal 283

C

Cadeias linfonodais 62
Calcificações abdominais 524
Cálculos
de vesícula seminal 1226
renais 527
Câncer
cervical 1370
colorretal 655
avaliação do cólon após colonoscopia
incompleta 656
do cólon 656
estadiamento local da neoplasia do
reto 659
estadiamento local e sistêmico da
neoplasia
rastreamento 655
reestadiamento após tratamento
neoadjuvante 661
das vias biliares 559
de esôfago 244, 556
de ovário 1390
de pâncreas 562
de próstata 1236
neuroendócrino da próstata 1234
Candidíase 116
hepática 754
Caracteres sexuais secundários 1455

Carcinoide tímico 227
Carcinoma(s)
adenoide cístico 172
adrenal 1208, 1211
colorretal 554
da vesícula biliar 835
de células de transição 1187
de células escamosas 172, 1190
de células renais 1449
de células transicionais 1122, 1234
de ductos coletores 1123
de grandes células 199
de tuba uterina 1402
do tipo não pequenas células 198
do tipo pequenas células 199
embrionário juvenil 1474
espinocelular 199
ou escamocelular 590
fibrolamelar 775
hepatocelular 679, 767, 1078
fibrolamelar 680, 1079
medular
da tireoide 551
renal 1123
papilíferos 1122
seroso primário do peritônio 904
tímico 227
Carcinomatose
mucinosa 907
peritoneal 902
Carcinoma uracal 969
Carcinossarcomas 1377
Cardiomiopatia(s)
chagásica 371
congênitas 378
ecocardiografia 378
ressonância magnética 378
tomografia computadorizada 379
de Takotsubo 375
dilatada 371
hipertrófica 369
siderótica 375
Cateter
umbilical
arterial 473
venoso 473
venoso central 473
Células de Reed-Sternberg 438
Chlamydophila pneumoniae 417
Cintilografia 485
com hemácias marcadas 547
com tecnécio-99m 536
de esvaziamento gástrico 542
de fígado e vias biliares 530
de glândulas salivares 535

hepatoesplênica 538
na avaliação de colecistite aguda 529
para avaliação de esvaziamento gástrico
542
aplicações em pediatria 542
com alimento líquido 545
com alimento sólido 544
realizada em paciente com
gastroparesia diabética 544
terapia farmacológica 542
para avaliação de trânsito esofágico
541, 543
para pesquisa de refluxo
gastroesofágico 543
pulmonar 209
Cirrose 733, 1070
biliar 735
primária 798
criptogênica 742
hepática 538, 559
por vírus da hepatite B 744
por vírus da hepatite C 744
por doença de Wilson 741
por esteato-hepatite não alcoólica 740
por hepatite autoimune 740
Cirurgia(s)
bariátrica 604
de Kasai 531
de mudança de sexo 1415
gástricas 647
Cistite
crônica 1185
enfisematosa 1185
infecciosa 1185
intersticial 1185
Cistoadenocarcinoma 779
Cistoadenoma prostático 1231
Cisto(s)
adrenais 1209
albugíneos 1318
e vaginais 1317
broncogênicos 235, 283, 440
congênito 933
corticais 1156
simples 1432
da pelve renal 1133
das glândulas de Bartholin 1406
das glândulas de Skene 1406
de colédoco 532, 795, 816, 1059
de duplicação 440, 611
entérica 235
esofágica 237, 440
gastrointestinal 1050
intestinal 911
de inclusão peritoneal 908, 1387

de túnica albugínea 1476
de utrículo prostático 1216
de vesículas seminais 1216
dermoide 1390
do ducto de Gartner 1406
do seio renal 1157
epidermoides 1318, 1476
esplênicos 933
folicular funcionante 1457
hepático 749, 764
ciliado 671
com comunicação com a árvore
biliar 532
simples 669
hidático 933
inflamatórios 933
intratesticulares 1476
mesentéricos 910
neuroentéricos 237, 440
pancreáticos congênitos 1084
paratubário 1400
peribiliares 670, 753, 816
pericárdicos 237, 441
pós-traumáticos 933
prostáticos 1216
pulmonares 82
simples intratesticulares 1317, 1318
tímico 229, 439
Cistouretrografia 486
Classificação
das vasculites 335
de Child-Pugh 733
de Svenson para ruturas intimais 331
Clavículas 22, 475
Cloroma 781
Coarctação da aorta 381
Colagenoses 147
Colangiocarcinoma 559, 807, 823, 1081
intra-hepático 679, 776
Colangiopatia
do HIV 805
portal 808
Colangite 532, 1060
aguda 820
autoimune 874
biliar primária 798
esclerosante 798, 822
piogênica 800
recorrente 821
relacionada à IgG4 800
Coleção necrótica aguda 857
Colecistectomia laparoscópica 531
Colecistite 978, 980
acalculosa 529
aguda 833

aguda 529, 800
calculosa aguda 832
crônica 834
xantogranulomatosa 834
Colecistoquinina sintética 530
Colecistostomia 1000
Coleções 792
fluidas agudas 885
intra-hepáticas 824
pancreáticas e peripancreáticas 856
perirrenais 1169
Colédoco 813
Coledocolitíase 820
Colelitíase 828
Colestase familiar 798
Colesterolose 830
Colimação 385
Colite
neutropênica 1098
pseudomembranosa 1097, 1098
Cólon 520, 1091
Coluna
cervical 477
de Bertin 527
toracolombar 477
Compartimento mediastinal 434
Complexos de Von Meyenburg 752, 813
Condiloma acuminado gigante 1406
Côndilos 476
Condrossarcoma costal 277
Consolidação alveolar 77
Constipação 491
Contraste
baritado 486
de baixa osmolalidade 485
de microbolhas 526, 528
iodado 485
por microbolhas 774
Contusão(ões)
cardíacas 300
e laceração pulmonar 422
pulmonar 291, 296
Coração 50, 60, 468
do idoso 59
Cordão espermático 1468
Corpo estranho 1039
no trato gastrointestinal da criança
1019
avaliação de tipos específicos 1019
avaliação radiológica na suspeita de
ingestão 1019
baterias 1021
bezoar 1022
manifestações clínicas 1019
moedas 1019

objetos pontiagudos e de vidro 1022
Corpúsculos de Gamma-Gandy 733,
924, 939
Costela cervical 17
Cotovelo 476
Crioablação 1015
Criptococose 116
Criptorquidia 1317, 1469
Critérios
de Diamond-Forrester 357
de Marshall e Tanner 1455

D

D-dímero 209
Defeito fibroso cortical 277
Deficiência de surfactante 411
Deformidades cirúrgicas 21
Densidade de partes moles 524
Depósito de ferro 700
Derivações
hepáticas congênitas 1064
portossistêmicas
extra-hepáticas congênitas 1065
intra-hepáticas congênitas 1064
urinárias 1195
Dermatomiosite 158
Derrame
pleural 96, 215, 262, 419, 449
intrafissural encistado 264
loculado 265
subpulmonar 264
Desconforto respiratório 410
Diafragma 26, 271, 456
alterações anatômicas 456
alterações funcionais 458
neoplasias 459
trauma 459
Diarreia 491
Dieulafoy 642
Dilatação
congênita de vias urinárias 1423
dos ductos biliares 820
Dímeros não iônicos 482
Discinesia 827
ciliar primária 179
Disfagia 440, 541
Disfunção do esfíncter de Oddi 822
Dispepsia 541
Displasia
arritmogênica do ventrículo direito
372
broncopulmonar 414
cística da rede testis 1476
fibromuscular 1135

fibrosa 276, 277

Dissecção
- clássica da aorta 318
- da aorta 320, 321
- da aorta torácica
  - tratamento 323

Distensão abdominal 489

Distopia testicular 1316

Distribuição
- centrolobular 72
- de gás intraluminal 520
- perilinfática 72
- randomica 73

Distúrbio(s)
- da deglutição 1038
- de motilidade 571
- feminizantes em meninos 1458
- respiratórios no recém-nascido 410
- virilizantes em meninas 1457

Diverticulite 762, 980, 1095
- aguda 1095, 1096
  - perfurada 1096
- de jejuno 979

Divertículo(s) 575, 1194
- de delgado 654
- de Killian-Jamieson 577
- de Meckel 546, 547, 613, 1050
- de pulsão 576
- de tração 576
- de Zenker 576
- epifrênicos 577
- gástricos 578
- pielocalicinal 1129

Doença(s)
- agudas do sistema respiratório 416
  - infecções atípicas 417
  - infecções bacterianas 416
  - infecções fúngicas 417
  - infecções virais 416
- biliares crônicas acalculosas 530
- celíaca 624
- cística adquirida 1431
- cística da medula renal 1131, 1430
- císticas do pâncreas 1084
- císticas renais 1155, 1429
  - bilaterais 1429
  - unilaterais 1431
- congênitas intestinais 1048
- das vias aéreas 171
- de Behçet 166, 334
- de Caroli 751, 796, 813, 1059
- de Castleman 259
- de Chagas 541
- de Crohn 616, 1051, 1099, 1100
- de Erdheim-Chester 333

- de Hirschsprung 1027
- de Kawasaki 334, 1477
- de Ménétrier 604
- de Ormond 333
- de von Hippel-Lindau 1449
- de Whipple 625
- de Wilson 733
- difusas da traqueia 173
- do colágeno e vasculites 147
- do enxerto contra hospedeiro 625
- do refluxo gastroesofágico 581, 1038
- dos glomérulos e dos pequenos vasos 1147
- esofágicas 1038
- fibropolicísticas hepatobiliares 795
- focais da traqueia 171
- fúngicas 754
- gástricas 1041
- gastrointestinal 470
- glomerulocística 1430
- hepática 732
  - aguda 732
  - gordurosa não alcoólica 743, 745
- hepatocitária 530
- hidática 755
- infecciosas do fígado 754
- inflamatória(s)
  - crônicas pancreáticas 1008
  - intestinal 1050
  - intestinal idiopática 1099
  - pélvica 1400
- intersticiais da infância 424
- mediastinais 224
- mista do tecido conjuntivo 159
- neoplásicas 1402
- parasitárias 754
- parenquimatosas renais 1432
- pleural relacionada ao asbesto 142
- policística
  - autossômica dominante 797
  - da infância 750
  - do adulto 750
  - hepática 670
- pulmonar intersticial 147
  - associada à bronquiolite respiratória 182
- pulmonar obstrutiva crônica 183
- pulmonares crônicas pediátricas 424
- pulmonares difusas 120
- relacionadas ao asbesto 142
- renal(is)
  - cística adquirida 1132
  - cística focal 1129
  - císticas multifocais adquiridas 1131
  - císticas multifocais hereditárias 1133

- glomerulocística 1131
- policística 1155
- policística autossômica dominante 1133, 1429
- policística autossômica recessiva 1429
- vasculares renais 1157
- veno-oclusiva hepática 1068
- von Hippel-Lindau 1134

Dominância coronariana 344

Doppler colorido renal 1419

Dor 1008
- controle 1008
- abdominal 489
- torácica aguda
  - avaliação 351
  - avaliação pela técnica de *triple rule-out* 356

Drenagem
- linfática pulmonar 65
- venosa
  - do escroto 1468
  - pulmonar anômala 289

Drenos 996
- mal funcionantes 1002
- retirada 1004
- torácicos 473

Ducto(s)
- de Müller 1331, 1404
- torácico 64

Dumping 542

Duodenites 616

Duodeno 606, 610, 634, 1091

Dúplex-Doppler colorido 771

Duplicação da bexiga 1177

Duplicidade do sistema coletor 1174, 1424

E

Ecogenicidade
- do pâncreas 527
- do parênquima renal 527
- hepática 525

Ectasia da rede testis 1318

Ectopia
- renal
  - cruzada 1422
  - simples 1421
- testicular 1469

Edema omental 902

Efeito Mach 45

Elasticidade hepática 526

Elastofibroma 277

Elastografia 717

Elevação do diafragma 54
Embolia
de corpo estranho 221
gordurosa 221
pulmonar 208
não trombótica 220
tumoral 222
séptica 94, 220
Empiema 96
Endometriose 972, 1195, 1339
da região retrocervical 1343
da serosa uterina 1343
de cicatriz da parede abdominal 1347
do canal de Nuck 1350
do espaço retovaginal 1345
intestinal 1345
localizações anatômicas 1341
manifestações por imagem 1341
ovariana 1341
ureteral 1347
vaginal 1347, 1406
vesical 1343
Endometrite 1338
Endopróteses 312
Endoscopia digestiva alta 546
Enema
baritado 1030
opaco 487, 488
Enfisema 82, 85
lobar congênito 282
Enterectomia 648
Enterite
actínica 628
infecciosa 628
Enterocolite necrosante 473, 1027
Enterostomia 648
Enxerto(s)
de artéria mamária interna esquerda
(AMIE) 353
de artérias mamárias 353
vasculares de revascularização
miocárdica 353
venoso de veia safena 355
Enxofre coloidal 546
Epicôndilos 476
Epidídimo 1468
Epífise 475
Equinococose 671, 802, 1185
Escala de Tanner 1463
Escápulas 21, 475
Escaras cicatriciais 1433
Escavação (cavidade) 72
Esclerodermia 541, 575, 627
Esclerose
sistêmica progressiva 155

achados na radiografia do tórax 156
achados na TCAR 156
acometimento esofágico 157
acometimento pleural 156
acometimento pulmonar 156
tuberosa 1134
Escore
de cálcio 341, 347
de risco de Framingham 347
Escroto 1311
agudo 1471
pediátrico 1467
anatomia ultrassonográfica 1467
Esofagite 1039
actínica 583
cáustica 582
e gastrite eosinofílica 584
herpética 585
infecciosa 584
medicamentosa 584
por Candida 585
por citomegalovírus 585
Esôfago 64, 606, 1091
de Barrett 582
em quebra-nozes 541, 574
Espaço
perirrenal 1107
pleural 22
retroperitoneal 912
Espasmo esofágico difuso 541, 573
Espessamento
de septos interlobulares 80
do interstício peribroncovascular 80
intersticial 78
intralobular (linhas intralobulares)
81
pleural 266
difuso 267, 269
Esplenomegalia 740, 922, 938
Esplenose 539, 921
Espondilite anquilosante 160
achados na radiografia do tórax 161
acometimento
do arcabouço ósseo torácico 162
pleural 161
pulmonar 161
Esquistossomose 756, 1185
Estadiamento 201
atual do neuroblastoma 1452
do câncer de esôfago 593
pré-operatório do hepatoblastoma
1078
Estádios
INRGSS 445
INSS 445

Estágios de Tanner 1455
Esteato-hepatite 721
Esteatose 685, 721
hepática 1063
Estenose(s)
biliares 822
cicatricial 809
congênitas de esôfago 1038
da artéria renal 1161, 1170
da junção ureteropiélica 1144, 1175,
1423
de junção ureterovesical 1424
duodenal 1023
hipertrófica 1104
do piloro 1041, 1104
ureterais e uretrais 1197
traqueal pós-intubação 171
Estômago 595, 606, 1091
Estratificação do risco cardiovascular
347
Estudo por imagem das vias biliares
812
Esvaziamento gástrico 542
Eventração diafragmática 271
Exame(s)
contrastado do esôfago, estômago e
duodeno 569
pediátricos 467
Extravasamentos de contraste 315
Extremidades proximais
dos úmeros 21
Extrofia
cloacal 955
da bexiga 1179
vesical 955

F

Fasciolíase 802
Faveolamento 81, 85
Fêmur 477
Feocromocitoma 551, 1208, 1211
Ferro 700
Fibroelastose pleuroparenquimatosa
idiopática 131
Fibroma não ossificante 277
Fibromatose mesentérica 907
Fibrose 715
cística 178, 1063, 1080, 1085
hepática 525
congênita 750, 798, 1061
periportal 757
pulmonar idiopática 90, 120
retroperitoneal 333, 916
Fibroxantoma 277

Fíbula 477
Fígado 525, 529, 767
cirrótico 766
nódulos regenerativos 766
gorduroso 766
esteatose focal 766
tumores malignos 767
Fissura do lobo ázigos 36
Fístulas
arteriovenosas 1171
traqueoesofágicas 1037
vaginais 1414
vesicais 1195
Fluoroscopia 8
Fossa romboide 22
Fração de ejeção da vesícula biliar 530
Fratura(s)
costais 18
da coluna vertebral 293
de costelas 292, 421
do esterno 293
supracondilar 476
testicular 1474
Fundo gástrico 542
Fusão(ões)
esplenogonadal 938
renais 1421

G

Ganglioneuroma 443
Gangrena de Fournier 1314
Gás
em delgado 521
no estômago 520
Gastrite
crônica atrófica 586
enfisematosa 586
Gastroenterite 1099
Gastroparesia 575
diabética 542
Gastrosquise 954
Germinomas suprasselares 1458
Ginecomastia da adolescência 1458
Glândulas
de Bartholin 1406
de Brunner 632
salivares 534
Grandes veias 61
Granulomatose
com poliangeíte (granulomatose de Wegener) 163, 173
eosinofílica com poliangeíte (Churg--Strauss) 164

H

Hamartoma(s) 925
biliares 670, 752, 765, 797
dos ductos biliares 813
hipotalâmico 1456
mesenquimal 455, 1075
Hemangioendotelioma
epitelioide 678, 779
infantil 1073
Hemangioma 674, 924, 934
atípico 764
esplênico 942
hepático 536, 1073
Hematolinfoide 1234
Hematoma 933, 966
intramural 321, 325
retroperineal 915
Hematopoiese extramedular 252, 924
Hematoquesia 489
Hemi-hipertrofia 1449
Hemobilia 824
Hemopericárdio 240
Hemorragia
adrenal 1209
retroperitoneal 914
Hemotórax 295
Hepatite
autoimune 742, 1062
crônica por doença de Wilson 743
de causa genética 531
infecciosa 530
metabólica 531
neonatal 1062
idiopática 530
viral 732, 761
Hepatoblastoma 776, 1077
Hepatocarcinoma 531, 539, 559
Hepatocolédoco 526
Hepatopatia crônica 559, 721, 733
cardiogênica 738
Hepatopatias difusas 685
Hérnia(s)
da parede abdominal 956, 963
de Bochdalek 272, 273
de hiato 272, 458, 579
de Morgagni 272, 273, 458
de Spiegel 962
diafragmáticas 272
femorais 957
gástrica de hiato 273
hiatais 1041
incisionais 962
inguinais 956
inguinoescrotais 1470

internas 643
isquiáticas 960
lombares 962
obturatórias 958
paraduodenal 644
direita 645
esquerda 644
na pequena cavidade 645
pericecal 646
relacionada à anastomose em Y de Roux 646
relacionada ao grande omento 645
relacionada ao mesentério do intestino delgado 645
relacionada ao mesocólon transverso 646
perineais 960
umbilicais 960
ventrais 961
Hidatidose 671, 928, 1185
Hidrocele 1313, 1469
funicular 1470
Hidrodissecção 999
Hilos pulmonares 37
Hímen imperfurado 1405
Hiperbilirrubinemia 530
neonatal 530
Hiperinsuflação lobar congênita 282
Hiperplasia
congênita das adrenais 1463
nodular focal 532, 539, 676, 1075
prostática benigna 1226
tímica 229, 436
Hipertensão
portal 733, 759, 902, 1071
pulmonar 157
renovascular 1440
Hipoatenuação pulmonar 82
Hipogonadismo
hipergonadotrófico 1459
hipogonadotrófico 1459
Hipoplasia 1317
testicular 1317
Histerossalpingografia 1334, 1337
Histiocitose das células de Langerhans 145, 455, 1477
Histoplasmose 110
HIV 104

I

Icterícia
neonatal 1058
persistente 530
Idade óssea 1456, 1460

Ileocecite infecciosa 1099

Íleo 610
   meconial 472, 1026

Ileostomia 649

Ímãs 1021

Imperfuração anal 472

Implantação do cateter de paracentese de
      longa permanência 1006

Incidentaloma 1204

Índice de pulsatilidade 1462

Infarto 933
   pulmonar 213
   renal 1137
   segmentar
      do enxerto 1171
      testicular 1476

Infecção(ões)
   bacterianas 93, 927
   do trato urinário 1433
   e complicações locais 866
   fúngicas 107, 927, 1184
   genitourinárias 1182
   granulomatosas 933
   micobacterianas 100
   pulmonares 93
      complicações infecciosas
         pleuropulmonares 96
   respiratória 416
   urinária 1115

Ingestão de corpos estranhos 471, 1019

INRGSS – Sistema Internacional
      de Estadiamento do
      Neuroblastoma para Grupos de
      Risco 1452

Insuficiência renal crônica 1149

Insulinoma 896

Interrupção proximal da artéria pulmonar
      285

Interstício pulmonar 66

Intestino delgado 606, 1091
   alterações congênitas 610
   alterações pós-cirúrgicas 647
   anatomia 610
   desordens vasculares 640
   doenças inflamatórias e infecciosas 614
   doenças metabólicas 630
   e grosso 488
   lesões tumorais não neoplásicas 630
   metástases 640
   neoplasias 630
   protocolos e métodos de imagem 606

Intussuscepção 1030, 1103
   intestinal 528

Iodoterapia 485

Isquemia mesentérica 640

J

Jejuno 610

Jejunostomia 648

Joelho 477

L

Laceração pulmonar 297

Leiomioma 587, 599, 632
   paratubário 1404

Leiomiossarcomas 1379

Leite radiomarcado 545

Lesão(ões)
   cardíacas 300
   císticas 439, 669, 838
      extratesticulares 1315
      mesentéricas 910
      pancreáticas 843
      pancreáticas incidentais 897
      peritoneais 907
      renais 1125
      testiculares benignas 1317
   congênitas pulmonares 279
   da adrenal
      avaliação 1204
   da árvore traqueobrônquica 422
   da mucosa 630
   da traqueia e brônquios 301
   da tuberosidade anterior da tíbia por
      tração 477
   de Dieulafoy 642
   diafragmáticas 295
   esofágicas 301
   extra-adrenais 1211
   extratesticulares 1313
   gordurosas 439
   hepáticas focais 531, 668, 791
   inflamatórias 932
   malignas primárias hepáticas 559
   mediastinais 298
      na infância 434
   mesentéricas sólidas 906
   não acidental 479
   não císticas 672
   não teratomatosas 439
   não vasculares 440
   no esqueleto axial 477
   no membro inferior 477
   no membro superior 475
   no pericárdio 300
   peritoneais sólidas 902
   pulmonares 296
   sólidas 435
   submucosas 631

testiculares
   benignas 1318
   malignas 1322
   traumáticas da aorta torácica 299

Leucemia 258, 935, 944

Linfadenopatias 441
   mediastinais 250

Linfangiectasia intestinal 630

Linfangioleiomiomatose 144

Linfangioma 234, 910, 925, 934

Linfocele 915

Linfoma 252, 437, 635, 780, 902, 916,
      934, 969, 1190, 1451
   de Hodgkin 437
   esofágico 594
   esplênico 944
   gástrico 601
   intestinal 1053
   mediastinal 234
   não Hodgkin 437
   renal
      primário 1123
      secundário 1124

Linfonodomegalias 528, 916

Linha subpleural curvilínea 78

Lipoma 439, 599, 633
   hepático 765, 677

Líquido intracavitário 1029

Litíase 534
   biliar 882
   de vias urinárias 1437
   intra-hepática 803
   urinária 1185
   vesicular 1080

Lobos pulmonares 31

Lóbulo pulmonar secundário 67

Lordose 469

Lúpus eritematoso sistêmico 153, 1148
   acometimento muscular 155
   acometimento pleural 153
   acometimento pulmonar 153

Luxação esternoclavicular 293

M

Malacoplaquia 1119, 1185

Malformação(ões)
   adenomatoide cística 279
   anorretais 1048
   arteriovenosas 643
      pulmonares 289
      renais 1137
      uterinas 1379
   broncopulmonares 279
   cloacal 1180

linfática 439
pulmonar congênita de vias aéreas 279
vasculares 285, 1158
hepáticas congênitas de fluxo lento 1064
hepáticas congênitas de fluxo rápido 1064
Mamas 1463
Mão 477
Marcadores tumorais 1394
Má rotação intestinal 612, 1024
Massas 1039
císticas pancreáticas 838
do mediastino
anterior 224, 435
médio 440
na infância 434
posterior 442
posteriores não neurogênicas 447
paratesticulares 1476
tireoideanas 233
Mastocitose sistêmica 627
Mediastino 48, 224
anatomia 60, 434
compartimentos mediastinais 60
Medidas da atenuação do pulmão normal na tomografia de alta resolução 67
Megacálices congênitos 1177
Megaesôfago chagásico 572
Megaureter 1424
congênito 1177
Melanoma vulvovaginal 1412
Melena 489
Meningocele lateral 252
Mesotelioma
maligno 904
da pleura 143
multicístico 907, 909
pleural 269
Metástase(s) 781, 935, 970, 1190, 1475
esplênicas 944
hepáticas 658, 682, 1011
peritoneal 902
Método de Tanner-Whitehouse 1460
Micobacterioses atípicas 105
Microabscessos fúngicos 932
Microlitíase testicular 1318, 1476
Micronódulos pulmonares 69
Microondas 1015
Mielografia 487
Mielolipomas 1204
Mieloma múltiplo 781
Miocardiopatia não compactada 374

Miocardites 374
Miomas 1365
Monômeros
iônicos 481
não iônicos 482
Motilidade gástrica 542
Mycoplasma pneumoniae 417

N

Napkin-Ring Sign 350
Necrose
cortical aguda 1147
organizada bem delimitada 857
pancreática delimitada 888
papilar 1183
tubular aguda 1147
Nefrectomia parcial 1122
Nefrite intersticial aguda 1147
Nefroblastoma 1447
cístico 1450
Nefroblastomatose 1449
Nefrocalcinose 1149, 1439
Nefroesclerose diabética 1148
Nefrolitíase 1149, 1437
Nefroma
cístico 1450
multilocular 1130
mesoblástico 1449
Nefropatia
induzida por contraste 484
por refluxo 1165
Nefrotoxicidade induzida por lítio 1131
Neonatos 472
cuidados técnicos 472
Neoplasia(s) 155, 968, 1187
benignas 934, 970
biliares intra-hepáticas 824
cística(s)
biliares 805
mucinosa 671, 894
mucinosa do pâncreas 839
serosa 839
da vesícula biliar 805, 836
de cólon 981
de endométrio 1375
de tireoide 269
de vulva 1406
do cólon 1102
do esôfago 244
do estômago 1101
do intestino delgado 1101
do trato gastrointestinal 1101
endócrinas 896, 1087

epitelial
sólida papilar 1086
sólido-cística de pâncreas 897
gástricas 565
intraductal
papilífera mucinosa 840
produtora de mucina 894
malignas 934
do esôfago 590
primárias 968
neuroendócrina 637
cística 842
de alças intestinais 906
do pâncreas 843
ovarianas relacionadas à endometriose 1351
pancreáticas 838, 892, 1086
papilífera intraductal de ductos biliares 776
pericárdicas 239
primárias 198
da vagina 1409
secundárias da vagina 1414
serosa microcística 894
sólida pseudopapilífera 842
sólidas pancreáticas 843
traqueais 171
Nesidioblastose 1084
Neuroblastoma 443, 551, 1452
Neurofibromatose 1477
tipo 1 907
Nódulo(s)
hepático 764
pulmonar 69, 186, 187
perifissural 188
sólido 187
subsólidos 194
sideróticos 733, 939

O

Obstrução
da árvore biliar 818
de cólon 521
de intestino delgado 520
do ducto biliar comum 530
do ducto hepático comum 530
do trato gastrointestinal 1102
duodenal congênita 1023
intestinal
alta neonatal 1023
baixa 1025
por aderências 650
Onfalocele 954
Opacidades reticulares 78

Opacificação focal 326

Opsoclonus-mioclonus 443

Organização
   lobar e segmentar pulmonar 66
   subsegmentar pulmonar 67

Orquidoblastoma 1474

Orquiepididimite 1319, 1473

Orquite aguda 1473

Ortopedia 478

Ossos 524

Osteocondroma 276

Ovários 1386, 1462

P

Padrão de atenuação (perfusão) em
   mosaico 88

Panbronquiolite difusa 182

Pâncreas 527, 876
   alterações congênitas 876
   anular 879, 1025, 1083
   divisum 876, 1083
   doenças inflamatórias 881

Pancreatite(s) 980, 1083
   aguda 838, 848, 881
      intersticial edematosa 851
      necrotizante 851
   autoimune 873
   crônica 871, 889

Pancreatoblastoma 898, 1086

Paniculite mesentérica 907

Papiloma 172

Papilomatose
   mucinosa biliar 821
   traqueobrônquica 174

Paracenteses guiadas por imagem 1005

Paracoccidioidomicose 108

Paraganglioma 252, 447, 551

Paralisia diafragmática 271

Parasitas biliares 821

Parede
   abdominal 951
   torácica
      aspectos do desenvolvimento 452
      comprometimento sistêmico 453
      em pediatria 452
      infecção 455
      lesões traumáticas 453
      neoplasias 455
   vesicular 829
      alterações 829

Parênquima pulmonar 28, 67, 420

Partes moles 524

Patologias do pâncreas 1083

Pé 477

Pectus carinatum 20, 275, 452

Pectus excavatum 20, 274, 275, 452

Peculiaridades pediátricas 482

Peliose hepática 766

Pelve 478

Penetração 385

Perda de peso 495

Perfusão miocárdica 361

Periaortite 333

Pericárdio 50

Peritônio 902

Persistência do seio urogenital 1180

Pertecnetato de sódio ($Na99mTcO_4$) 534

PESI (*Pulmonary Embolism Severity
   Index*) 212

Pesquisa de mucosa gástrica ectópica
   547, 548

PET/CT com 18FDG 560
   no carcinoma colorretal 554

Pielite
   com incrustações alcalinas 1184
   enfisematosa 1182

Pielonefrite
   aguda 1115
   bacteriana 1163
   crônica 1117, 1165, 1182
   enfisematosa 1116
   fúngica 1164
   granulomatosa 1164
   xantogranulomatosa 1118

Pinealoma ectópico 1458

Piomioma 1338

Pionefrose 1117, 1182

PI-RADS 1244

Placas
   ateroscleróticas 348
   pleurais 267

Pleura 262
   anatomia 262
   em pediatria 449
   neoplasias 451

Pneumatocele 96

Pneumatose intestinal 522, 1028

Pneumocistose 117

Pneumoconiose 140, 148

Pneumomediastino 298

Pneumonia(s) 93, 416
   de hipersensibilidade 91
   em organização criptogênica 129
   intersticial 94
      aguda 130
      descamativa 128
      idiopática 120
      linfocítica 131
      não específica idiopática 125

lobar 93

necrotizante 96

neonatal 413

virais 98

Pneumonite de hipersensibilidade 133

Pneumoperitônio 522, 1029

Pneumotórax 265, 294, 422, 449
   espontâneo 266
   secundário 267

Poliangeíte microscópica 165

Policondrite recidivante 173

Poliesplenia 921, 932

Polimiosite 158

Poliorquia 1316

Pólipo(s) 831
   duodenal 630
   endometriais 1368
   fibrovascular 590
   gástricos 595
   juvenis 1053

Polipose adenomatosa familiar 1054

Polisplenia 937

Politraumatizado 291

Posições anormais do estômago 578

Pouch ileoanal 649

Preparo intestinal 607

Presbiesôfago 574

Princípios físicos e técnicos da
   ultrassonografia 462

Procedimento minimamente invasivo 984
   orientação 984
      jejum 984
      suspensão de medicações
         anticoagulantes e antiagregantes
         984

Processos
   expansivos renais
      benignos 1166
      malignos 1167
   infecciosos
      intestinais 1034
      renais 1163
   inflamatórios 1042
   isquêmicos renais 1159

Prolapso vaginal 1414

Próstata 1214

Prostatite 1219
   granulomatosa 1223

Proteína humana epididimal 1394

Próteses 311

Protocolo de aquisição para triplo
   descarte 356

Pseudoaneurisma 304, 329, 1171

Pseudocistos 864, 873, 933, 1084
   agudos de origem pancreática 885

não pancreáticos 911
versus necrose organizada 866
Pseudodiverticulose intramural 577
Pseudolipoma
da cápsula de Glisson 677
hepático 677
Pseudomixoma peritoneal 907, 909
Pseudotumor inflamatório 926
Pubarca 1458
Puberdade 1455
atrasada 1458
precoce 1456
central 1456
completa isossexual 1456
heterossexual 1457
incompleta isossexual 1457
periférica 1457
periférica isossexual em meninos 1457
Pulmão
molhado 410
e vias aéreas
anatomia 64
Punção
aspirativa vs. drenagem 993
e drenagens percutâneas 993
Punho 477
Púrpura de Henoch-Schönlein 1033, 1477

Q

Quadril 477
Quelatos de gadolínio 484

R

Rabdomiossarcomas de vias biliares 1081
Radiação 341
Radiofármacos
análogos da somatostatina 549
para cintilografia 549
PET 549
Radiografia de tórax 2
decúbito lateral com raios horizontais 7
em perfil 6
expirada 8
incidência lordótica ou apicolordótica 8
oblíqua 7
outras incidências oblíquas 7
pós-processamento da radiografia digital 8
posteroanterior ou frontal 4

tórax normal 10
Radiografia – idade óssea 1459
Radiografia simples de abdome 519
avaliação 520
incidências mais utilizadas 519
Radiologia contrastada em pediatria 467
área de interesse a ser incluída 469
artefatos 469
escolha da projeção 469
exposição 469
fatores de exposição e proteção radiológica 470
projeções radiográficas suplementares 469
respiração 469
rotação 469
técnica radiográfica do abdome 471, 474
em ortostase 471
supino 471
técnica radiográfica para o tórax 474
Radiologia intervencionista guiada por imagem 983
Rádio proximal 476
Realce miocárdico precoce e tardio 361
Rebote tímico 231
Recesso azigoesofágico 43
Recuperação pós-procedimento e avaliação de condições de alta (critérios de Chung) 987
Refluxo
em crianças e adultos 543
vesicoureteral 1177, 1424
Ressecção transuretral da próstata 1228
Ressonância magnética cardíaca 359
na cardiopatia isquêmica 363
nas cardiopatias não isquêmicas 367
Retocolite ulcerativa 1051, 1100
Retroperitônio 528, 912, 1106
definições anatômicas 912
Rim 527, 1106
displásico multicístico 1431
em ferradura 1177, 1421
multicístico displásico 1132
Rotura
esplênica 939
testicular 1474
Ruptura diafragmática 422

S

Saco aneurismático 315
S. agalactiae 413
Sangramento
digestivo alto 546

do intestino grosso 547
gastrointestinal
agudo 546
obscuro 642
intestinal 546
Sangue nas fezes 489
Sarcoidose 82, 137, 534, 673, 922, 941
cardíaca 372
Sarcomas 968
de células claras 1450
embrionário indiferenciado 1079
estromais endometriais 1379
prostáticos 1232
uterinos 1376
Schwannomas 240, 446, 599
Sclerosing Angiomatoid Nodular Transformation of the Spleen 925
Sedação 986
Seldinger 997
Seminoma 439, 1323
do mediastino 232
Septicemia 762
Septo(s)
interlobulares 36
vaginal longitudinal 1405
vaginal transversal 1405
Sequestro pulmonar 281
Shunt esplenorrenal 946
Shunt "fisiológico" 1068
Sialoadenite 534
Sialografia contrastada 534
Silicose 140
Sinal
da bola de futebol americano 522
da interface 79
de Friemann-Dahl 522
de Risser 1460
do grão de café (ou do "U" invertido) 522
do halo 71
do menisco 263
do sulco profundo 294
do úraco 522
do "V" invertido 522
Síndrome(s)
Blueberry-Muffin 443
aórticas agudas 321
coronariana aguda (SCA) 351
da alça cega 648
da angústia respiratória do recém--nascido 411
da artéria mesentérica superior 651
da aspiração meconial 412
da bolsa (*pouch*) em fundo-cego 648

da cimitarra 286
da desconexão ductal 866
da hepatite neonatal 530
da imunodeficiência adquirida 119, 1185
da insensibilidade androgênica 1406
da membrana hialina 411
da rolha (*plug*) meconial 1027
de Alagille 1059
de Asherman 1337
de Beckwith-Wiedemann 1449
de Boerhaave 601
de Budd-Chiari 538, 733, 1066
de Caroli 751
de Cogan 334
de Cowden 1054
de Cushing 551
de *dumping* 542, 647
de Eagle-Barret 1429
de Fitz-Hugh-Curtis 1400
de Gardner 1054
de Goodpasture 168
de Hutchinson 443
de Johanson-Blizzard 1085
de Mayer-Rokitansky-Kuster-Hauser 1406
de McCune-Albright 1457
de Mirizzi 820
de Perlman 1449
de Peutz-Jeghers 1054
de Poland 275, 276, 452
de polipose juvenil 1054
de Prune-Belly 953, 1180, 1429
de Schwachman-Diamond 1085
de Sjögren 148, 534
    acometimento das vias aéreas 151
    acometimento pleural 151
    acometimento pulmonar 151
    doença linfoproliferativa 151
de sobreposição 800
de Turcot 1055
de Turner 1406
do desconforto respiratório do recém-
    -nascido 411
do intestino curto 648
do esvaziamento rápido 542
do ovário policístico 1389
do pulmão hipogenético 286
do "quebra-nozes" (*nutcracker*) 1444
Pepper 443
que cursam com pólipos intestinais 1053
venolobar congênita 286
Sinéquias uterinas 1337

Sistema
    arterial pulmonar 62
    INGRSS 1452
    urogenital 1106
Sítio de ancoragem 313
Sling da artéria pulmonar esquerda 286
Som 462
Somatostatina 549
Sonda(s)
    convexa 525
    de alimentação 473
Spotty calcification e placas de baixa
    atenuação 350
Stents 352
Substituição gordurosa do pâncreas na
    infância 1085
Susceptometria 715

T

Tabagismo 126
Taquipneia transitória do recém-nascido 410
Telarca 1458
Terapias ablativas 1012
    hepáticas 1009
Teratoma 439, 1475
    cístico maduro benigno 1390
    do mediastino 231
Testículo 1311, 1468
Tíbia 477
Tiflite aguda 1098
Timo 51, 224, 468
    ectópico 435
Timolipoma 228, 439
Timomas 226, 437
Timo normal 64, 435
Tireoide 1464
Tomografia computadorizada de alta
    resolução (TCAR) 69
    padrões de envolvimento pulmonar 69
Tomografia computadorizada de tórax
    normal 60
Tomomielografia 487
Tórax 385, 468
    cifoescoliótico 20
    do idoso normal 55
    pediátrico 51
Torção
    dos apêndices 1472
    intravaginal 1472
    ovariana 1386
    testicular 1321, 1471
Tornozelo 477
Transdutor linear 525

Transexual 1415
Transformação cística da rede testis 1318
Trânsito
    esofágico e gastrointestinal 541
    intestinal 488, 606
Transmuralidade 366
Transplante
    de células-tronco hematopoiéticas 118
    de órgãos sólidos 119
    de pâncreas 899
    hepático 531, 786, 808, 1071
        avaliação ultrassonográfica pós-
            -transplante 788
        avaliação ultrassonográfica pré-
            -transplante 786
        indicações 786
        noções das técnicas cirúrgicas 787
    intestinal 649
    renal 1168, 1443
Traqueia 63
    em bainha de sabre 174
Traqueobroncomalácia 175
Traqueobroncomegalia 176
Traqueobroncopatia osteocondroplástica 173
Tratamento de aneurismas do segmento
    descendente da aorta 312
Trato
    gastrointestinal 528, 1090
    genitourinário 495
    urinário pediátrico 1419
        medicina nuclear 1420
        ressonância magnética 1420
        tomografia computadorizada 1420
        ultrassonografia 1419
        urografia excretora 1420
Trauma
    abdominal
        fechado 1055
        perfurante 1055
    duodenal 651
    escrotal 1474
    esplênico 939
    esquelético 475
    renal 1168
    testicular 1327
    torácico 291, 416, 421
        fechado 291
        penetrante 291
Triângulo mediastinal anterior 47
Trissomia do 18 1449
Trocar 997
Tromba de elefante (*elephant trunk*) 311

ÍNDICE REMISSIVO **1491**

Tromboembolismo pulmonar
    agudo 208
    crônico 215
Trombose
    da artéria renal 1170, 1443
    da veia esplênica 946
    da veia porta 1068
    da veia renal 1160, 1170, 1443
    intra-stent 352
Trompas de Falópio 1399
Tronco coronário esquerdo 341
Tuba uterina 1399
Tuberculose 100, 418, 629, 902, 927, 933,
        940, 1184
    genitourinária 1119
    hepática 673
    miliar 104
    na parede torácica 105
    pericárdica 104
    pleural 104
    pós-primária 102
    primária 101
Tubo
    digestivo 487, 1090
    endotraqueal 473
Tumor(es)
    benignos 1073
    carcinoide 200
    da bainha neural 446
    da papila de Vater 824
    da uretra 1192
    de células de Leydig 1475
    de células de Sertoli 1475
    de células germinativas 438, 1390
        combinados sem componentes
            teratomatosos 439
        do mediastino 231
        não seminomatosos 232
        não seminomatosos e não
            teratomatosos 439
    de células granulares 589
    de colisão 1208
    de Frantz 842, 897
    de ganglionares da cadeia simpática
        443
    de gânglios simpáticos 242
    de ilhotas 896
    de Klatskin 824
    de Leydig 1326
    de nervos periféricos 240
    de origem neural 633
    de origens ductais 894
    de ovário 1393
    de reto 662
        baixo 665

de rim 1120
de Teillum 1474
de vias biliares 1081
de Wilms 1124, 1447, 1450
desmoides 907, 971
desmoplásico de células redondas 904
do intestino delgado e cólon 1053
do saco vitelino 1474
do seio endodérmico 1474
do sistema simpaticoadrenal 551
do úraco 1190
estromal(is)
    de potencial maligno incerto
        1232
    gastrointestinais 566, 633, 638,
        904
gástricos 1043
gastrointestinal estromal (GIST) do
    esôfago 589
glômico 599
hepáticos 1010, 1073
intratesticulares 1474
mediastinais 434
mesenquimais da bexiga 1190
metastáticos 824
misto epitelial e estromal 1130
não germinativos 1325
não seminomatosos 1324
neuroblásticos 445
neuroendócrinos 550, 600, 896
neurogênicos 240
pleurais 268
rabdoide 1450
renais 1447
renal cístico multilocular 1450
retroperitoneais 917, 1451
testiculares 1322
    benignos 1475

U

Ulceração 326
Úlcera(s)
    de Mallory-Weiss 546
    duodenal 614
    gástricas 586
    penetrante 321
        aterosclerótica 327
    péptica 1042
Ulna proximal 476
Ultrassonografia
    abdominal 525, 527, 528
    do escroto 1311
    modalidades ultrassonográficas 464
    novas tecnologias 466

    parâmetros técnicos dos equipamentos
        e artefatos acústicos 463
    princípios físicos e técnicos 462
Úmero proximal 476
Ureterite cística 1183
Ureterocele 1175
Ureter retrocaval 1177
Uretrocistografia
    miccional 1436
    retrógrada 509
Urinoma 915
Urografia excretora 486, 509, 1107
Urossonografia miccional 1436
Urotomografia 1109
Uso de fibrinolíticos 1003
Útero 1330, 1460
    anatomia 1330
    anomalias müllerianas 1332
    desenvolvimento ductal 1331
    embriologia 1331
    infecções 1337
    inflamações 1337
    ligamentos 1330
    neoplasias
        benignas 1365
        malignas 1370

V

Vagina 1404
Valvas porcinas 311
Válvula de uretra posterior 1428
Varicocele 1314, 1470
Varizes
    císticas 836
    esofágicas e gástricas 603
Vascularização pulmonar 65
Vasculites 162, 332, 334
Vasos aberrantes 1177
Veia(s)
    cava inferior 528, 791
    hepáticas 526, 791
    porta 526, 790
Vesícula
    biliar 526, 825
    hidrópica 829
    seminais 1214, 1224, 1235
Vesiculite 1224
Via(s) aérea(s)
    centrais
        alterações 171
    inferior (intratorácica) 469
    superior (extratorácica) 469
Vias biliares 526, 529, 789, 793, 812
    alterações congênitas 813

anatomia normal e variações
    anatômicas 794
complicações pós-operatórias 808
doenças congênitas 795
doenças imunomediadas 798
doenças infecciosas 800
doenças neoplásicas 805
doenças vasculares 808
métodos de imagem 793

Vias excretoras 1173
Vias urinárias 527, 1173
Vidro fosco 73
Volvo 1043
    de ceco 521
    de cólon sigmoide 521
    de intestino delgado 521
    de sigmoide 978
    do intestino médio 1024

gástrico 580
intestinal 521
Vômitos 491
Vulva 1404

W

Wandering spleen 921